ビルマ(ミャンマー)語辞典

A BURMESE(MYANMAR)-JAPANESE DICTIONARY

Edited by
OHNO Toru

Published
by
DAIGAKUSYORIN
2000

Printed in Japan

ビルマ（ミャンマー）語辞典

မြန်မာ - ဂျပန် အဘိဓာန်

大野 徹 著

大学書林

はしがき

　わが国初の本格的なビルマ語辞典が、文部省の科学研究費補助金(研究成果刊行費)の交付を受けて公刊されたのは、昭和54年の事であった。語彙の選択、発音の表記、文例の採択等、当時としては最善を尽くしたつもりであったが、初版の序文に記されている通り、参考文献の量的不足という制約もあって、語彙的には決して「網羅的と言える代物」でなかった事は確かである。

　そのビルマ語辞典の出版から既に20年の歳月が経った。この間、ビルマの政治、経済、産業、社会、文化各方面における変動発展には著しいものがあり、語彙追加の必要性が痛感されるに至った。他方、ビルマ(1990年以降国名を「ミャンマー」と改称)本国では、初めての国語辞典5冊の完成(1978年)、その縮刷版の発行(1991年)、緬英辞典の刊行(1993年)などが相次ぎ、参考とすべき資料が著しく豊富になった。そこでビルマ語学習、ビルマ文化研究の上で多角的な利用に耐え得るような内容の標準ビルマ語辞典の編纂に着手する事にした。その際、既成の辞書、百科事典はもとより、新聞、雑誌、小説等、現在の段階で参照可能な限りの文献を渉猟する事によって語彙の拡充を行った。臓器移植、クローン人間、試験管ベビー、高速増殖炉、非政府組織、インターネット、クレジット・カード、エルニーニョといった極めて今日的な単語を取り入れる事ができたのは、もっぱら新聞のお陰である。

　発音、声調、意味、用法等については、ビルマで刊行されている辞典の記述を原則として採択したが、曖昧なもの、異論があるものについては、大阪外国語大学のビルマ語客員教授に直接尋ねて確認する事にした。快く協力してくれた歴代の客員教授、ウー・ウン (U Wun)、ウー・テインフラ (U Tin Hla)、ウー・エーペー (U Aye Pe)、ウー・ミャテイン (U Mya Thein)、ウー・オントー (U Ohn Thaw)、ウー・テインシュエ (U Tin Shwe)、ウー・キンエー (U Khin Aye) の7氏に対しては、この紙面を借りて謝意を表したい。

　この辞典は1ページ92行組みで、930ページある。昭和54年発行の「ビルマ語辞典」に較べると、300ページ近い増ページになっている。それだけ採り上げられた単語の数が多い事は勿論だが、文例の豊富さもまたこの辞典の特徴の一つになっている。特に付属語の場合には可能な限り文例を添えるよう心掛けた。また、外来語については、その出自を明らかにすると共に元の形もできるだけ添付するよう努めた。

　尚、この辞典の原稿は、高橋俊行氏のビルマ字フォントを使用して編者自らがコンピューターに入力、プリントしたものを原稿版下として大学書林に使用して貰った。

　この辞典が日の目を見るに至るまでには、大学書林の佐藤政人社長からの息の長い励ましがあった。編纂作業は一貫して続けられたのではなく、諸般の事情から途中何回も中断、再開を繰り返さざるを得なかった。その都度、原稿の仕上がりを忍耐強く待機して下さった事が今日の完成に至る原動力になったと思う。編者として深甚の謝意を表したい。

1999年10月　　　　　　　　大　野　　徹

凡　例

I・文字

1・語彙の配列は、ビルマ文字の文字表の配列順に従う。即ち、ＡＢＣ順ではなく、インド系の文字が使用される言語では共通する形、軟口蓋音、摩擦音、歯茎音、両唇音、半母音その他、母音の順となっている。これをビルマ文字で示すと次のようになる。

က　ခ　ဂ　ဃ　င
စ　ဆ　ဇ　ဈ　ည
ဋ　ဌ　ဍ　ဎ　ဏ
တ　ထ　ဒ　ဓ　န
ပ　ဖ　ဗ　ဘ　မ
ယ　ရ　လ　ဝ　သ
ဟ　ဠ　အ

2・同一文字内での母音の配列順は、a．i．u．e．ɛ．ɔ．o とする。
例　　က｜ကိ｜ကု｜ကေ｜ကယ်｜ကော｜ကို॥

3・声調は、開音節、閉音節のいずれを問わず、第一（高降型）、第二（低平型）、第三（高平型）の順とする。例 က｜ကာ｜ကား॥ကိ｜ကီ｜ကီး॥ကု｜ကူ｜ကူး॥ကေ့｜ကေ｜ကေး॥
ကော့｜ကော်｜ကော။ကို့｜ကို｜ကိုး။ကန့်｜ကန်｜ကန်း॥

4・閉音節語は開音節語の後に配列してある。配列順は、語末の子音として用いられる文字の文字表配列の順序による。これをローマ字転写形で示すと、−ｋ，−ŋ，−ｓ，−ɲ，−ｔ，−ｎ，−ｐ，−ｍとなる。これらの語末子音の文字が結合する母音の順序は、−ａ−，−ɔ−，−ｏ−および−ａ−，−ｉ−，−ｕ−の２系列である。これをビルマ文字で示すと、次のようになる。

အက်｜အောက်｜အိုက်॥အင်｜အောင်｜အိုင်॥အစ်｜အည်॥
အတ်｜အိတ်｜အုတ်॥အန်｜အိန်｜အိန်း｜အပ်｜အိပ်｜အုပ်॥
အံ｜အိမ်｜အုံ॥

5・破擦音および口蓋化音、唇音化音は、各子音文字の後に配置してある。即ち、

က　→　ကျ　→　ကြ　→　ကွ　→　ကျွ　→　　ပ　→　ပျ　→　ပြ　→　ပွ　→　ပျွ　→
ခ　→　ချ　→　ခြ　→　ခွ　→　ချွ　→　　ဖ　→　ဖျ　→　ဖြ　→　ဖွ　→　ဖျွ　→
ဂ　→　ဂျ　→　ဂြ　→　ဂွ　→　ဂျွ　→　　မ　→　မျ　→　မြ　→　မွ　→　မျွ　→

6・文字を上下に重ねて書く場合、上の文字は先行文字の語末の子音を示す。従ってそれらの単語は、先行文字の語末音と同じ形と見做して配列してある。例えば、

အက္ခရာ→အက်ခရာ॥ ဥစ္စာ→အုတ်စာ॥ ဣန္ဒြေ→အိန်ဒြေ

II・発音

発音は、国際音声符号（International Phonetic Alphabet）によって表記してある。

1・語頭子音

発音表記をビルマ文字の配列順に従って示すと、次のようになる。

軟口蓋閉鎖音　　k　k'　g　ŋ　ŋ̊
硬口蓋破擦音　　tʃ　tʃ'　dʒ　ɲ　ɲ̊
歯茎摩擦音　　　s　s'　z
歯茎閉鎖音　　　t　t'　d　n　n̥
両唇閉鎖音　　　p　p'　b　m　m̥
半母音その他　　j　(r)　ʃ　w　t̪　d̪　h　l　l̥

2・声調

ビルマ語には、開音節の場合と単語の終りが鼻音で終る閉鎖節の場合に3種の声調が区別される。これらの声調はビルマで刊行されている辞書で用いられている方法、即ち無符号は第二声調（低平型）、文字の右下にピリオドがある場合は第一声調（高降型）、文字の右側にコロンがある場合は第三声調（高平型）を、それぞれ現す。

例　　က[ka.]　ကာ[ka]　ကား[ka:]　ကန်[kan.]
　　　ကိ[ki.]　ကီ[ki]　ကီး[ki:]　ကင်[kan]

III・品詞および略語の表示

この辞典で使用した品詞および略語は次の通りである。

1・品詞

（名）名詞　（代）代名詞　（指代）指示代名詞　（疑代）疑問代名詞　（数）数詞
（動）動詞　（形）形容詞　（疑形）疑問形容詞　（副）副詞　（疑副）疑問副詞
（助）助詞　（接助）接続助詞　（副助）副助詞　（末助）文末助詞　（助動）助動詞
（感）感嘆詞　（間）間投詞　（格）格言　（諺）諺　（比）比喩　（慣）慣用的表現
（頭）接頭辞　（尾）接尾辞　（中）接中辞

2・略語

（動物）動物　（蛇）蛇　（鳥）鳥類　（魚）魚類　（虫）昆虫　（植）植物　（鉱）鉱物　（星）星　（人）人名　（地）地名　（国）国名　（病）疾病　（文）文語形　（古）古語形　＝類似語、同義語　→正書法　←派生　＜語源　cf・参考

3・外来語表示

パ＝パーリ語　サ＝サンスクリット語　ヒ＝ヒンデイー語　英＝英語　漢＝中国語
日＝日本語　フ＝フランス語　ポ＝ポルトガル語　オ＝オランダ語　ア＝アラビア語
ペ＝ペルシア語　タ＝タイ語　マ＝マレー語　モ＝モン語　シャ＝シャン語

က

က [ka.]（名）ビルマ文字体系第一番目の文字、その名称は ကကြီး[ka.ʤiː]（大きなカ）

ကကြီးခခွေး[ka.ʤiː k'a.gweː]（名）ビルマ文字のイロハ

ကကြီးထွန်[ka.ʤiːt'un]（名）刃が数本付いた馬鍬

က [ka.] ① (格助) 主格 ～が、～は ဒီအလုပ်ကသက်သာတယ်။ この仕事は、楽だ ပင်လယ်ရေကဆားငန်ရေတွေဘဲ။ 海水は、塩水だ သူကျွန်တော်ထက်အသက်ကြီးသည်။ 彼は私よりも年上だ ရာသီကပူပြင်းလှသည်။ 気候は著しく暑い မိုးရွာသည်ကအရေးမဟုတ်။ 雨が降った事は大した事ではない

② (格助) 奪格 ～から ဒါဈေးကဝယ်လာတဲ့အင်္ကျီပါ။ これは市場から買ってきた上着です အိမ်ကဘယ်မှမထွက်နဲ့။ 家からどこへも出かけるな ဒီလှေခါးကတက်ပါ။ この階段から上がりなさい ဒီလမ်းကမသွားနဲ့။ この道からは行くな

③ (格助) 属格 ～の လက်ကအနာပျောက်သွားပြီလား။ 手の傷は、治りましたか

④ (格助) 於格 ～で、～に ခင်ဗျားတို့နက်ဖြန်ခါမနက်ဆယ်နာရီလက်ဖက်ရည်ဆိုင်ကစောင့်။ あなた達は明日午前10時に喫茶店で待て နေမထွက်မီကထသည်။ 日の出前に起きた အဖိုးကတော့လွန်ခဲ့တဲ့ငါးနှစ်လောက်ကဆုံးသွားတယ်။ 祖父は5年ほど前に死にました

⑤ (接助) 仮定、～ならば အချက်အပြုတ်မတတ်ပါက ရှက်စရာကောင်းသည်။ 料理ができなければ恥ずかしい

⑥ (助) 強調 လက်ထဲမှာကငွေလေးငါးဆယ်သာရှိသည်။ 手元には小銭が50チャットしかない ဒီနားမှာကလယ်မရှိဘူး။ この付近には水田が無い ဒီအိမ်မှာကြာကြာနေလို့မဖြစ်ဖူး။ この家には長居できない သည်ငွေနှင့်ကမုန့်လောက်ရရှိသည်။ この金では、菓子ぐらいしか買えない

~ကတော[ga.gɔː]（助）～はどうなのか、～について はいかが သူတို့ကတော့အခုချက်ခြင်းရွာကိုပြန်လာကြမလား။ 彼等はどうなのだろう、今すぐに村へ帰って来るのだろうか အများကတော့ဒီနည်းကိုလိုက်ပါ့မလား။ 皆はどうなのだろうか、このやり方に賛同するだろうか

~ကကို[ga.go]（助）先行助詞の強調 စိတ်ထဲကကကိုယုံကြည်ပြီးသား ဖြစ်ပါတယ်။ 内心既に信じていた

~ကချည်း[ga.ʤíː]（助）～ばかりが သူကချည်းစားတယ်။ 彼ばかりが食べた

~ကစပြီး[ga.sa.pi]（接）～から、～以来、～以降 ဒီနေ့ကစပြီးအလုပ်ကိုကြိုးစားလုပ်တော့မယ်။ 今日からは仕事を真面目にしよう

~ကစ၍[ka.sa.jue.]（接）~ကစပြီးの文語形

~ကတည်[gədɛ.ga.]（助）～以来、～から =ကတည်း မြန်မာနိုင်ငံတွင်၁၉၅၈ခုနှစ်ကထဲကနေထိုင်သည် ビルマの国に1958年以来住んでいる တွေ့ကတည်ကာဘောပေါင်ဂျီမိပါတယ်။ 会った時から様子を察していた ဦးလေကပြန်ကထကပြန်တာဘဲ။ 僕は叔父が帰って来た時には起き上がっていた

~ကတော့[gədɛ.]（助詞）～は、～はと言うと အရောင်ကတော့နက်ပြာရောင်ဘဲ 色は青色だ အလုပ်ကတော့လယ်လုပ်တဲ့အလုပ်ပါဘဲ။ 仕事は百姓です ရွာကတော့မဝေးလှပါဘူး။ 村はそれ程遠くない

~ကတည်းက[gədɛ.ga.]（助）=ကတဲ့က မနေ့ကတည်းကမအီမသာဖြစ်သည်။ 昨日からずっと調子が悪い

~ကနေ[ga.ne]（助）～から လမ်းချိုးကနေထွက်လာကြီး ပေါ်လမ်းကိုလာသည်။ 曲がり角から大通りへ出てきた အဲဒီမြွေဒီဘက်ချုံကနေဟိုဘက်ချုံကိုသွားတာဘဲ။ その蛇はこちらの茂みから向うの茂みへと行った

~ကဖြင့်[ga.p'jin.]（助）主語の強調 ခုသက်တမ်းကဖြင့်ရာလောက်ထဲရှိတော့တယ်။ 今や寿命はもう百歳位にはなっている ကိုယ်ကပ်လှူထားတဲ့ဆွမ်းတော်ကဖြင့်ဘာမှ ဖျယ်ဖျယ်ရာရာမဟုတ်။ 自分が献上した斎飯は取り立ててご馳走と言ったものではない နေ့တွက်ကဖြင့်တလတောင်မရှိသေးဘူး။ 暮したのはまだひと月にも満たない

~ကဘဲ[ga.bɛː]（助）主語の強調 ကျုပ်ကဘဲဦးထယဆိုပါမယ်။ 僕が、最初に歌います

~ကမှု[ga.mu]（助）主語の強調 လူလတ်ပိုင်းကမှုသဘောမတွေ့ကြဘူးတဲ့။ 中年の人達は賛成しないそうだ

~ကလဲ[ka.lɛː~ga.lɛː]（助）～も、～もまた အဖေကလဲခုထက်ထိမလာသေးဘူး။ 父も未だ来ない ခွေးကလဟောင်းနေရိုက်တာ။ 犬もよく吠えるものだ

~ကလည်း[ka.lɛː~ga.lɛː]（助）主格、～は、～が、~としても、～も、～もまた =ကလဲ

~ကလွဲပြီး[ka.lwɛːpiː]（接助）～を除いて、～は別として、以外 သူတို့နှစ်ယောက်ကလွဲပြီးဘယ်သူမှမသိဘူး။ 彼ら二人以外誰も知らない ခင်ဗျားတယောက်ကလွဲပြီးဘယ်သူမကန့်ကွက်ဖူး။ あなた一人を除いて誰も反対はしない ငါးကလွဲပြီးအသားမစားရဘူး။ 魚を除き肉は食べてはならない

~ကလွဲရင်[ka.lwɛːjin]（接助）～を別とすれば、～を除けば ကျွန်တော့်အဖေယောက်ကလွဲရင်အားလုံးကသဘောတူတယ်။ 私の父だけは別として全員が賛成した

~ကလွဲ၍[ka.lwɛːlo.]（接助）～は別として、～は除いて ဒီလမ်းထဲကျောင်းကားကလွဲ၍ဘယ်ကားမှမဝင်ရဘူး။ この道には学校の車を除いてどの車も進入してはならない

~ကလွဲလို့ရှိရင် [ka.lwɛːloʃi.jin]（接助）~は別とすれば、~を除くならば

~ကဿ [ka.d̪a]（助）~だけが、~でだけ ၀၉၀၀ကသာ ရှောင်ပါတော့။ 遠方で避けていなさい

က [ka.]（名）鞍

က [ka.]（動）①踊る ②（家畜に乗物を）繋ぐ ဆင်ကညည်။ 象に繋ぐ မြင်းကညည်။ 馬に繋ぐ နွားကညည်။ 牛車を繋ぐ ထွန်ကညည်။ 唐鋤を繋ぐ ရထားကိုသွားရှိုကရှိလော့။ 馬車を繋ぎに行きなさい

ကကြိုး [ka.tɕo]（名）①（家畜に）鞍を取付けるベルト ②（マリオネットの）吊し糸、操り糸

ကကြိုးကဟန် [ka.tɕoː ka.han]（名）踊り方

ကကြိုးကကွက် [ka.tɕoː ka.gwɛʔ]（名）踊り方

ကကြိုးတန်ဆာ [ka.tɕoː d̪əza]（名）飾り馬具

ကခုန် [ka.kʼoun]（動）踊る

ကခြေသည် [ka.tɕed̪ɛ]（名）踊り子、舞姫、ダンサー

ကခြင်း [ka.tɕinː]（名）舞踊

ကဇာတ် [ka.zaʔ]（名）舞踊劇（出演者は踊るだけで歌わない）

ကနေကျအတိုင်း [ka.netɕa. ətainː]（副）いつも踊っている通りに

ကနည်းကဟန် [ka.niː ka.han]（名）踊り方

ကပြ [ka.pja.]（動）踊って見せる

ကပွဲ [ka.bwɛː]（名）踊り、舞踊の催し、ダンス・パーティー

ကပွဲခန်းမ [ka.bwɛː kʼanːma.]（名）ダンス・ホール

က [ka.]（名）魚名に付く接頭辞 ＜モ ka

ကကတစ် [ka.gətiʔ]①（魚）アカメ（ハタ科）Lates calcarifer =ငါးတောက်တူ 汽水性 ②（名）（ビルマ人と華僑との）混血

ကကူရံ [ka.kujan]（魚）ミナミツバメコノシロ（ツバメコノシロ科）Polynemus tetradactylus 海産

ကဘီလူး [ka.bəluː]（魚）鯔（ボラ科）の１種 Mugil macrolapis

ကသပေါင် [ka.d̪əbaunː]（魚）アカメに似た海産魚

ကသဗို [ka.d̪əbo]（魚）ハゼ、フタゴハゼ（ハゼ科）Glossogobius guiris

ကကုတန် [ka.ku.taṇ]（名）拘留孫仏（過去四仏の一）

ကချော်ကချွတ် [kətɕɔʔ kətɕʼuʔ]（副）①粗雑に、乱雑に、でたらめに、杜撰に、だらしなく ②軽率に

ကချင် [kətɕin]（名）カチン民族（ビルマ北部の住民、自称はジンポー、中国では景頗族と呼ばれる）

ကစား [gəzaː]（動）①遊ぶ ②運動する ③賭け、賭博をする ④（国王が）狩猟をする ⑤からかう、冷やかす ⑥（気持が）ぐらつく ⑦（車輪が）揺れ動く、不安定だ、余裕（遊び）がある ⑧投機をする

ကစားကွင်း [gəzaː gwinː]（名）運動場

ကစားကွက် [gəzaː gwɛʔ]（名）競技の駆け引き、プレイのテクニック

ကစားစရာ [gəzaː zəja]（名）遊ぶもの、玩具

ကစားဘော် [gəzaː bɔ]（名）遊び仲間

ကစားဘော်ကစားဘက် [gəzaː bɔ gəzaː bɛʔ] =ကစားဘော်

ကစားဝိုင်း [gəzaː wainː]（名）①賭場、賭博仲間 ②遊び仲間

ကစားသမား [gəzaː d̪əma]（名）賭博打ち

ကစီကစဲ [gəzi.gəzɛʔ]（副）壊して、破壊的に

ကစီ [gəzi]（名）①糊、澱粉 ②噛み砕いた飯 c f. ကော်ရည်

ကစီကရင် [gəzi gəjin]（副）無秩序に、乱雑に

ကစီးကနင် [gəziː gəninː]（副）カずくで、強引に

ကစဲကရဲ [gəzɛ gəjɛ]（副）無秩序に、散乱して

ကစော် [gəzɔ.]（植）ハブソウ、クサセンナ（ジャケツイバラ科）Cassia occidentalis

ကစော်ခါး [gəzɔ.gaː]（植）スズメナスビ、テンジクナスビ（ナス科）Solanum indicum 葉、実、根の全てに苦みがある

ကစော်ပို [gəzɔ.bouʔ] =ကစော်

ကစော [gəzɔ]（名）醸造酒（蒸した餅米に麹を混ぜて醗酵させる）

ကစောပေါက် [gəzɔ pauʔ]（動）醗酵する

ကစောဖောက် [gəzɔ pʼauʔ]（動）醗酵させる

ကစော် [gəzɔ]（植）シンシ、テッシ（ヤブコウジ科）Myrsine semiserrata

ကစင်ကရဲ [gəzin.gəjɛː]（副）ちりぢりばらばらに、四分五裂になって မီးလောင်တဲ့အခါမှာလူတွေကစင်ကရဲပြေးကြတယ်။ 火事の時人々は算を乱して逃げた

ကစင်ကလျာ [gəzin.gəja]（副）ばらばらに、ちりぢりに、てんでばらばらに、算を乱して

ကစင်ကရဲ [gəzin.gəjɛː] =ကစင်ကရဲ

ကစင်ကလျာ [gəzin.gəja] =ကစင်ကလျာ

ကစိမ်းကဝါ [gəzeinː gəwa]（副）冷たい眼差しで、えぐるような眼差しで

ကစွဲကစောင်း [gəzwɛː gəzaunː]（副）矛盾して、相反して

ကစွန်ဥ [gəzunː u]（植）サツマイモ →ကန်စွန်းဥ

ကဆစ် [kəsʼiʔ]（植）サンリョウカ（ウリ科）Cucumis trigonus

ကဆုန် [kəsʼoun]（名）ビルマ暦２月（太陽暦の５月）

ကဆုန်လ [kəsʼoun la.] =ကဆုန်

ကဆုန်လပြည့်နေ့ [kəs'oun la.bje.ne.] (名) ビルマ暦2月の満月の日、花祭り（釈尊降誕、成道、入涅槃の日）
ကဆုန်ချ [kəs'on tʃa.] (動) 疾駆する လားမကလေးသည်ကဆုန်ချ၍ပြေးလေသည်။ 牝のラバは全速力で駈けた ကိုယ့်အိမ်ကိုကဆုန်ချ၍ပြေးခဲ့ပါသည်။ 自分の家目指して全速力で駈けつけた
ကဆုန်စိုင် [kəs'on sain:] (動) 疾駆させる、ギャロップで走らせる
ကဆုန်ပေါက် [kəs'on pau'] (動) 疾駆する、ギャロブで走る
ကဆုန်ပြေး [kəs'on pje:] (動) =ကဆုန်ပေါက်
ကဇော် [gəzɔ] =ကစော်
ကည [kəɲa.] (動) 恭順する、迎合する
ကညဝယလုပ် [kəɲa.wəja.lou'] (動) 取り入る、お世辞を言う、機嫌を結ぶ、胡麻をする
ကညာ [kəɲa] (名) ①少女（ロー・ティーン）②処女
ကညင် [kəɲin] (植) ①オオミフタバガキ（フタバガキ科）Dipterocarpus grandiflorus ②ケッホラコウ（フタバガキ科）dipterocarpus turbinatus
ကညင်ဆီ [kəɲinzi] (名) オオミフタバガキの樹脂
ကညင်ဆီတိုင် [kəɲinzidain] (名) 松明、かがり火
ကညင်နီ [kəɲinni] (植) アビトン（フタバガキ科）
ကညင်ပြန် [kəɲinbjan] (植) オオミフタバガキ
ကညင်ဖြူ [kəɲinbju] (植) ガージュン（フタバガキ科）Dipterocarpus alatus
ကညောင် [kəɲaun] (植) フタバガキ科の植物 Dipterocarpus argentea
ကညှင် [kəɲi'] (名) 鉄筆
ကညွတ် [Kəɲu'] (植) ①アスパラガス（ユリ科）Asparagus officinalis ②シマミソハギ（ミソハギ科）Ammannia baccifera
ကညွတ်ကလေး [Kəɲu'kəle:] (植) シノブボウキ（ユリ科）Asparagus plumosus
ကညွတ်နင် [Kəɲu'nɛ'] (植) キンバイザサ（ヒガンバナ科）Curculigo orchioides
ကကန်း [gənan:] (動物) 蟹
ကကန်းလက်မ [gənan:lɛ'ma.] (名) (道具の) スパナ、レンチ
ကတိ [gədi.] (名) 約束
ကတိကဝတ် [gədi.kəwu'] (名) 約束の遵守
ကတိကဝတ်ထား [gədi.kəwu' t'a:] (動) 約束する
ကတိဝန်ခံချုပ် [gədi. k'an wunɡ̊ou'] (名) 借用書、借金証書
ကတိစာချုပ် [gədi. saʧou'] (名) 契約

ကတိစောင့် [gədi. saun.] (動) 約束を守る
ကတိတည် [gədi. ti] (動) 約束を守る
ကတိထား [gədi. t'a:] (動) 約束する
ကတိပေး [gədi. pe:] (動) 約束する、約束を与える
ကတိပျက် [gədi. pjɛ'] (動) 約束が反古になる
ကတိပြု [gədi. pju.] (動) 約束する
ကတိဖောက် [gədi. p'au'] (動) 約束を反古にする
ကတိဖျက် [gədi. p'jɛ'] (動) 約束を破る
ကတိမှန် [gədi. man] (動) 誠実だ
ကတိမြဲ [gədi. mjɛ'] (動) 約束が堅い
ကတိသစ္စာ [gədi. ti'sa] (名) 誓い、誓約
ကတူး [gədu:] (名) ガドウ族（インドージー湖西岸地方に住むチベット・ビルマ系の民族）
ကတူးပြန် [gədu:bjan] (植) ムラサキカミカシヨモギ（キク科）Vernonia cinerea
ကတူးဖို [gədu:bo] (植) カッコウアザミ（キク科）Ageratum conyzoides
ကတော် [gədɔ.] (名) 漏斗
ကတော့ပန်း [gədɔ. ban:] (植) ツクバネアサガオ
ကတော် [gədɔ] (名) 夫人、奥方（他人の夫人） ဆရာကတော် 先生の奥さん ဝန်ကြီးချုပ်ကတော် 首相夫人
ကတော [kətɔ] (動) (鶏が) こっこっと鳴く
ကတောကမျော [gədɔ: gəmyɔ:] (副) 大急ぎで、せかせかと ဒီနေ့ အိမ်က ကတောကမျောထုက်လာလို့စာအုပ်မေ့ကျန်ခဲ့တယ်။ 今日は家を慌てて出たものだから本を忘れてきた
ကတို့ [gədo.] →ကူးတို့
ကတိုး [gədo:] ①(動物) ジャコウジカ（シカ科）生殖門付近に麝香線を持つ Moschus moschiferus ②(名) 麝香
ကတိုးကြောင် [gədo: tʃaun] =ကတိုး
ကတောက်ကဆတ် [gədau'gəs'a'] (副) 仲が悪くて、いがみ合って、いさかい合って ကတောက်ကဆတ်ပြောတယ်။ 悪し様に言う、がみがみ言う လင်မယား:ကတောက်ကဆတ်ဖြစ်ရသည်။ 夫婦喧嘩をする
ကတောက်ကတက် [gədau' gədɛ'] (副) 落ち着かなくて、動揺して、混乱して စိတ် ကတောက်ကတက်ဖြစ်တယ်။ 気持が動揺する
ကတိုက်ကရိုက် [gədai' gəjai'] (副) 慌てて、そそくさと、せかせかと、大急ぎで အချိန်နဲ့လုပြီးကတိုက်ကရိုက်တင်သည်။ 時間を争って大急ぎで積んだ
ကတောင်ချောက်ချား [gədaun: tʃau'tʃa:] (副) うろたえて、おろおろして、気が動転して、取り乱して
ကတတ်ငှန်း [gəda'ŋan:] (植) ①イランイラン（バン

ကတုတ်

レイシ科）Cananga odorata ②オオソウカ（バンレイシ科）Artabotrys odoratissimus

ကတုတ်[gədouʔ]（名）塹壕
　ကတုတ်ကျင်း[gədouʔtʃin:]＝ကတုတ်
ကတုန်ကယင်[gədoun gəjin]（副）震えて、おののいて ကတုန်ကယင်ဖြစ်သည်။戦く
ကတုန်းကတိုက်[gədoun: gədaiʔ]（副）告げ口をして、悪し様に言って
ကတမ်းကရမ်း[gədan:gəjan:]（副）不用意に、前後の見境もなく、慎重さを欠いて
ကတိမ်းကပါး[gədein:gəba:]（副）①よろよろして、よろめいて ②落ち着きを失って、動揺して、不安定になって ကတိမ်းကပါးဖြစ်သည် 間違いが生じる、非常事態となる
ကတုံး[gədoun:]（名）坊主頭＝ခေါင်းတုံး။
　ကတုံးတုံး[gədoun toun:]（動）坊主頭にする、丸坊主にする
　ကတုံးရိတ်[gədoun jeiʔ]（動）坊主頭に剃る
　ကတုံးပေါ်ကထိပ်ကုက်။（諺）上には上がある、ミイラ取りがミイラになる（坊主頭の上の禿）
ကတွေးဥ[gədwe:u.]（植）フサヤマノイモ（ヤマノイモ科）Dioscorea fasciculata
ကတွတ်[gəduʔ]（植）ミミイチジク（クワ科）Ficus cunia
　ကတွတ်မုန့်[gəduʔ moun.]（名）団子、餡入りの菓子
ကတွတ်[gəduʔ]（名）水田の水抜き、水の出口
　ကတွတ်ပေါက်[gəduʔ pauʔ]＝ကတွတ်
　ကတွတ်ပေါက်၊ပျိုင်းစောင့်။（諺）待てば海路の日和あり（水抜きの傍、鷺が待つ）
ကတ္တဝတ္တု[kətˈa wuʔtˈu.]（名）カターヴァストウ（論事）、南伝上座部の論蔵7論のひとつ
ကထိက[kətˈi.ka.]（名）①法師、説教師、講師 ②（大学の）講師＜パKathika
ကထိကပါး[kətˈi.kəba:]（副）諷刺して
ကထိကကြီး[kətˈi.kəji:]（副）①侮って、失礼にも ②皮肉って、諷刺して
ကထိန်[kətˈein]（名）ビルマ暦7月満月から8月満月までの間に挙行される迦希那衣（功徳衣、袈裟）贈呈の催し
　ကထိန်ခင်း[kətˈein kˈin:]（動）袈裟を献呈する
　ကထိန်ပွဲ[kətˈeinbwe:]（名）ビルマ暦8月満月の日に行われる迦希那衣（功徳衣、袈裟、僧衣）献呈祭
　ကထိန်သင်္ကန်း[kətˈein tin̩:gan:]（名）功徳衣、比丘に献呈する袈裟 cf. ဝါဆိုသင်္ကန်း
　ကထိန်သင်္ကန်းကပ်လှူ[kətˈein tin̩:gan: kaʔɬu]（動）功徳衣を比丘に献呈する

ကဒူး[gədu:]（名）①カドゥ族（カター県内に居住するチベット・ビルマ系民族）②箕の一種、防水具
ကဒတ်ငန်း→ကတတ်ငန်း
ကဒွတ်→ကတွတ်
ကနက်ို[kənəgouʔ]（動物）カワヘビ Honalopsis buccata 汽水に棲息する無毒の蛇
ကနက်ို[kənəkˈo]（植）ハズ（トウダイグサ科）Croton tiglium 実を食べたら下痢、嘔吐をする下剤の原料
　ကနက်ိုလေး[kənəkˈo gəle:]（植）ハズの仲間（トウダイグサ科）Croton calococcus
ကနစို[kənəzo]（植）スオウノキ、スンドリ（アオギリ科）Heritiera fomes デルタ地帯の汽水域に生育する、薪に使用
ကနစိုနာ[kənəzona]（名）歯槽膿漏
ကနစို[kənəzo:]（植）インドメテング（トウダイグサ科）Baccaurea sapida 常緑樹
ကနဖော့[kənəbɔ.]（植）①ヌマキクナ（キク科）Enhydra fluctuans ②ミズキキンバイ（アカバナ科）Jussiaea repens
ကနဦး[kənəu:]（名）初め、最初
ကနပ်ကျင်[kənəpˈjin:]（名）仮小屋
ကနုကမာ[kənu.kəma]（名）牡蠣、真珠貝（螺鈿細工の原料とされる）ကန はモン語起源
ကနုဒန်[kənu.dan]（名）（排便後使用する）出家用のちゅう木、搔木
ကနေ့[gəne.]（名）今日、本日
　ကနေ့ည[gəne.ɲa.]（名）今晩、今夜
ကနေဒါ[kəneda]（国）カナダ
～ကနဲ[gənɛ:]（接尾辞）副詞を形成する ချာကနဲလှည့်လိုက်သည်။ くるりと振向いた ဘွာကနဲပေါ်လာသည်။忽然と表れた အပေါ်ထပ်ကလား ကနဲခုန်ချသည်။二階からひらりと飛び降りた မီးခလုတ်ကိုချက်ခနဲဖွင့်လိုက်သည် スイッチをパチンと入れた စာအုပ်ကိုဖြန်းကနဲပိတ်ချလိုက်သည်။本をばたりと閉じた
ကနော်ဂဒန်[kənɛˈgədan]（名）（王朝時代に使用された）黄金の柄付きの白絹の傘蓋
ကနောက်ကနင်း[kənauʔ kənin:]（副）混乱して
ကနောင်ကနင်း[kənaun.kənin:]＝ကနောက်ကနင်း
ကနုတ်ပန်း[kənouʔpan:]（名）唐草模様
ကနန်[gənan]（名）ガナン族（インドージー湖西部に住むチベット・ビルマ語系の民族）
ကနန်း[gənan:]（名）蟹 →ကဏန်း
　ကနန်းလက်မ[gənan: lɛʔma.]（名）スパナ、レンチ →ကဏန်းလက်မ
ကနွဲ့ကယာ[kənwɛ.kəja.]（副）なよなよと、しなやか

に、甘えるように＝ကန့္ကရ။ သမီးလေးဟာအမေဘေး မှာကန္ကသျှန်နဲ့လိုက်လာလယ်။ 幼い娘が甘えるように母親の傍についてきた

ကန္နပ်[kənwɛ] (植) イチジクの仲間（クワ科）Ficus heterophylla

ကပိလဝတ်[ka.pi.ləwuʼ] (名) 迦毘羅城（悉達多太子の父浄飯王の居城）〈パ Kapilavatthu

ကပေကရေ[gəbe gəje] (副) 汚れて、汚くて

ကပိုကရို[gəbo gəjo] (副) だらしなく、自堕落に、しどけなく、取り立てて構う事なく လုံချည်ကိုကပိုကရိုဝတ်တတ်သည်။ ロンジーをだらしなく着る

ကပက်စက်[gəbɛʼgəsɛʼ] (副) ①尊大に、傲慢に ②不揃いで、乱れて、無秩序に

ကပေါ်ကရော်[gəbauʼgəjauʼ] (副) その場限りの、思い付きの、話があちこち飛んで、取り止めがなく

ကပေါ်ချီကပေါ်ချာ[gəbauʼtʃi.gəjauʼtʃa] (副) 気まぐれで、取り止めがなく、その場限りで

ကပျာကယာ[gəbja gəja] (副) 急いで、慌てて、せかせかと、忙しげに မျက်နှာကပျာကယာသစ်သည်။ 大急ぎで洗顔した အိတ်ထဲမှ၃တစျပ်ကိုကပျာကယာထုတ်လိုက်သည်။ ポケットの中から１チャットをそそくさと取り出した

ကပျာကသီ[gəbja gədi] (副) 素早く、そそくさと、慌てて

ကပျက်ကချော်[gəbjɛʼkətʃɔ] (副) いい加減に、杜撰に

ကပျက်ကချော်လုပ်[gəbjɛʼkətʃɔ louʼ] (動) 蔑ろにする အလုပ်ကိုကပျက်ကချော်မလုပ်ပါနဲ့။ 仕事をいい加減にするな

ကပျစ်ကညစ်[gəbjiʼkəɲiʼ] (副) ①だらしなく、薄汚れて、不潔で သူ့ကိုကြည့်လျှင်အမြဲတမ်းကပျစ်ကညစ်တွေရသည်။ 彼を見るといつもだらしない姿をしている ②苦労して、辛い思いをして အဝတ်အစားဝတ်ရင်ကပျစ်ကညစ်မဝတ်ပါနဲ့။ 服を着るならだらしなく着るな

ကပြာ:[ka.bja:] (名) 混血児、合いの子

ကပြာ:မ[ka.bja:ma.] (名) 混血の娘

ကပြင်[gəbjin] (名) 濡れ縁、上がりがまち、玄関前、外階段

ကပြောင်:ကပြန်[gəbjaun:gəbjan] (副) 逆さまに、ちぐはぐに、目茶苦茶に、支離滅裂に

ကပို[gəbwi:] (植) モクマオウ、トキワギョリュウ、ポリネシアテツボク（モクマオウ科）Casuarina equisetifolia ＝ပင်လယ်ထင်းရှူး

ကဖျက်ယဖျက်[ka.bjɛʼ ja.bjɛʼ] (副) 妨害して、とにかく壊そうと

ကဖျက်ယဖျက်လုပ်[ka.bjɛʼjaʔbjɛʼ louʼ] (動) けちを付ける、徹底的に妨害する、何としてでも邪魔をする အမြဲကဖျက်ယဖျက်လုပ်သည်။ いつも邪魔立てをする

ကဗျာ[gəbja] (名) 詩

ကဗျာစပ်[gəbja saʼ] (動) 詩を詠む

ကဗျာဆရာ[gəbja sʼəja] (名) 詩人

ကဗျာဆန်[gəbja sʼan] (形) 詩的だ

ကဗျာတပုဒ်[gəbja dəbouʼ] (名) 詩一首

ကဗျာလင်္ကာ[gəbja linga] (名) 詩歌

ကဗျာသန်[gəbja tan] (形) 詩が得意だ

ကဗျာလွတ်[gəbjaluʼ] (名) 楽器演奏だけ（歌無し）の舞踊

ကဗျာကရာ→ကပျာကယာ

ကဗျာကသီ→ကပျာကသီ

ကဗို→ကပို

ကဘို:[kəbo:] (植) ビルマネム（ネムノキ科）Albizzia lebbek

ကဘောက်တိကဘောက်ချာ[gəbauʼti.gəbauʼtʃa] (副) 話の脈絡がなく、取り止めがなく、ばらばらで、不体裁で →ကပေါက်ချီကပေါက်ချာ

ကဘိုင်[kəbain] (植) コヒルギ（ヒルギ科）Ceriops roxburghiana

ကမကထ[kəma.kɛtʼa.] (副) 率先して、先頭に立って

ကမကထပြု[kəma.kɛtʼa. pju.] (動) 主催する、音頭をとる、先頭に立つ

ကမကထလုပ်[kəma.kɛtʼa. louʼ] (動) 中心となる、先頭に立つ、音頭を取る

ကမချ[ka.mɛtʃa.] (名) ビルマ文字のイロハ、基本文字表

ကမာ[kəma] (貝) 牡蠣 ＝ကန္ကမာ

ကမာကို[kəmatʃi] (名) 下ビルマ産の晩生種の米

ကမူ[gəmu] (名) 塚、丘 ＝တောငကမူ၊ ကုန်းမြင့်ကမူ၊

ကမူ:ရှူး:ထို:[gəmu:ʃu:do:] (副) 猛り狂って、盲滅法に、前後も弁えず、無鉄砲に

ကမောက်ကမ[kəmauʼkəma.] ①（名) 無秩序、混沌、ちぐはぐ ②（副) 無秩序で、不統一のまま、混沌として、目茶苦茶に

ကမောက်ကမဖြစ်[kəmauʼkəma. pʼjiʼ] (動) 混沌とする ဒီလိုကမောက်ကမဖြစ်မှာစိုးရတယ်။ このように混沌となりはせぬかと心配していた

ကမောင်:[kəmaun:] (植) オオバナサルスベリ（ミソハギ科）Lagerstroemia speciosa

ကမုန်ကြာ[kəmouʼtʃa] (植) キバナハス ကြာညို

～ကမန်:[gəman:] (助) 今にも～のように、まさに～せんばかりに သွား:ရည်ကျလာကမန်:ဆာ လောင်မှတ်သိပ်

ကမန်းကတန်း

သည်။ 今にも涎が垂れ落ちんばかりにひもじい
ကမန်းကတန်း[gəman:gədan:] （副）大急ぎで、慌てて、そそくさと、တံခါးဖွင့်ပြီးကမန်းကတန်းဝင်လိုက်တယ်။ 扉を開けて慌てて入った ကမန်းကတန်းမတ်တတ်ရပ်လိုက်သည်။ そそくさと立ち上った မုန့်ကိုကမန်းကတန်းစားသည်။ 菓子を大急ぎで食べた
ကမျဉ်း[kəmjin:] （植）ブナ科コナラ属の樹木 Quercus fenestrata
ကမျဉ်းနီ[kəmjin:ni] （虫）ダニ
ကမြင်း[kəmjin:] （形）①腕白だ、悪戯が過ぎる、落着きがない、手に負えない ②淫乱だ、淫らだ、猥褻だ
ကမြင်းကြောဆဲ[kəmjin:ʧɔ:sʰwɛ:] （動）淫乱だ、性的に放縦だ、異性にだらしがない
ကမြင်းကြောထ[kəmjin:ʧɔ: t'a.] =ကမြင်းကြောဆဲ
ကမြင်းမ[kəmjin:ma.] （名）①色気違い、淫乱女、売女 ②（女性への罵倒語）この色気違い cf. ဘိန်ပ်စာမ၊ သေခြင်းဆိုးမ
ကမြင်းမသား[kəmjin:ma. ta:] （男性への罵倒語）この野郎、この禄でなし
ကယား[kəja:] （名）カヤー族（カヤー州の主要民族、カレン系の言語を話す）
ကယားပြည်နယ်[kəja: pjinɛ] （名）カヤー州
ကယုကယင်[kəju.kəja.] （副）懇切に、丁寧に、親切に
ကယုကယင်[kəju.kəjin] ① （副）優しく、親切に ② （名）落着き、着着いた物腰、静かさ
ကယော[kəjɔ:] （植）シマシラキ（トウダイグサ科） Excoecaria agallocha
ကယိုတိုက်[gəjo tai'] （動）指を曲げたり伸したりする（相手を揶揄する動作）
ကယောက်ကယက်[gəjau'gəjɛ'] （副）落着かなくて、不安定で、気が動転して、混乱して
ကယောင်ကတမ်း[gəjaun gədan:] （副）取り乱して、動転して、錯乱して、おろおろして、しどろもどろで ယောင်ကတမ်းဖြစ်သည်။ 錯乱する ကယောက်ကတမ်းတွေပြောတယ်။ うわ言を言う
ကယောင်ကယင်[gəjaun gəjin] （副）気が動転して、取り乱して
ကယောင်ချောက်ချား[gəjaun ʧ'au'ʧa:] （副）うわ言を言って、精神錯乱の状態で、心身喪失して
ကရက[kərəka'] （星）①蟹座（獅子座と双子座の間にある） ②巨蟹宮（黄道十二宮の4番目）
ကရကဋ်ရာသိ[kərəka' jadi] （名）ビルマ暦4月 ②巨蟹宮（黄道十二宮の4番目）
ကရကတ်[kərəka'] （鳥）ナンキンオシ（ガンカモ科）

=ကုလားကတ်
ကရကွက်[kərəgwɛ'] （鳥）シロハラクイナ（クイナ科） =ကလူကွက်
ကရမက်[kərəmɛ'] （植）白檀（テナセリム地方に多い）
ကရဝေ[kərəwe:] （植）月桂樹（クスノキ科） Cinnamomum inunctum
ကရဝေရက်[kərəwe:jwɛ'] （植）タマラグス（クスノキ科） Cinnamomum tamala
ကရဝိက်[kərəwei'] （名）迦陵頻伽（カリョウビンガ）、経典に登場する極楽に棲むという鳥
ကရဝိက်ဖောင်[kərəwei' p'aun] （名）王朝時代に国王が乗船した双胴船
～ကရာ[gəja] （接尾）名詞を形成、～は悉く、တွေကရာစကားတွေပြောမနေမ်းပါနဲ့။ 口から出任せを言うな ပေါ်ကရာသီချင်းများဆိုနေသည်။ 次から次へと鼻歌を歌っている
ကရာတေး[kərate:] （名）空手
ကရား[kəja:] （名）湯沸かし、やかん、急須、茶出し
ကရားနှတ်ခမ်း[kəja: nək'an:] （名）（やかん、急須等の）注ぎ口
ကရားရေလျှော[kəja: jeɬu'] （副）立て板に水の如く ကရားရေလျှောပြောသည်။ 立て板に水の如く喋る、休む間もなく喋りまくる
ကရိကထ[gəji.gəda.] （名）苦労、辛さ、厄介、面倒
ကရိကထခံ[gəji.gəda. k'an] （動）苦しい思いをする、辛い思いをする ကရိကထခံပြီးပြုစုတယ်။ 辛い思いをして育てた
ကရိကထခံမနိုင်[gəji.gəda. mək'an nain] （動）苦しい思いはできない
ကရိကထများ[gəji.gəda. mja:] （形）苦痛を味わう、苦労を味わう ကလေးတကယ်နဲ့ကရိကထများလှပါတယ်။ 子供を抱えて苦労しました
ကရိကပဲရှိ[gəji.gəba ʃi.] （動）疲れ果てる
ကရိယာ=ကရိယာ
ကရိယတ်[kəri.ja'] （植）アンドログラフイス（キツネノマゴ科） Andrographis paniculata
ကရီလ[kərila.] （植）ハナシケーパー（フウチョウソウ科） Capparis aphylla
ကရုဏာ[gəju.na] （名）慈、慈悲、慈愛、憐憫
ကရုဏာကြေး[gəju.na ʤe:] （名）補助金、助成金、下賜金
ကရုဏာဒေါသော[gəju.na dɔ:dɔ:] （名）義憤、憐憫と怒り
ကရုဏာရ[gəju.na ra.ta.] （名）感銘
ကရုဏာရွှေထား[gəju.na ʃe.t'a: jwe.]

（副）御願いですから

ကရုဏာသက်[gəju.naⁱtɛʔ]（動）憐れみを覚える、憐憫の情が湧く

ကရေကရာ[kəje kəja]（名）ビルマ菓子の一種（餡入りの白い団子）

ကရော်ကမည်[kɛjɔʔ kəmɛ]（副）①不躾に、ぞんざいに、無礼にも、失礼にも ②軽率に、無頓着に、不注意に

ကရော်တိုက်[kəjɔʔ taiʔ]（動）からかう、揶揄する、皮肉る ကရော်တိုက်သည်မျက်နှာမျိုးဖြင့်ကြည့်သည်။ 疑わしい顔つきで見た သူ့အား၊ ကရော်တိုက်နေသောစကားများသာ ဖြစ်ချေသည်။ 彼に対して揶揄する類の言葉に過ぎなかった

ကရောသောပါး[gəjɔːdɔːbaː]（副）慌てて、大急ぎで

ကရိုး[kəjo.]（名）割符、しるし木

ကရို[kəjo]（相手の気を引き付ける、呼び掛け）ホレ ဟိုနား၊ကရို။ ဒီနား၊ကရို။ そっちの牛、ホレ、こっちの牛、ホレ ဟွေးဟွေးပါတယ်၊ကရို၊ကရို။ アーアー、恥ずかしい、ホラホラ

ကရင်[kəjin]（名）カレン族（イラワジ河下流およびカレン州内に居住する民族）

ကရင်ချောချော[kəjinჩɔː ʧɔː]（形）カレン人のように奇麗だ

ကရင်စကား[kəjin zəga:]（名）カレン語

ကရင်နီ[kəjinni]（名）①カレンニー族、カヤー族 ②赤蟻

ကရင်ပြည်နယ်[kəjin pjinɛ]（名）カレン州

ကရင်ဝါး[kəjin wa:]（植）イチジクタケ（タケ科） Melocanna bambusoides

ကရင်အမျိုးသား[kəjin əmjo:da:]（名）カレン人

ကရင်သံ[kəjin ɔːdan]（名）ビルマ古典歌謡の一種

ကရောင်ကရင်[gəjaungəjin]（副）気もそぞろで、上の空

ကရိုင်း[kəjain:]（名）①水濾し（出家が携行する8種類の持ち物の一つ）=ရေစစ် ②凶日、不吉日 cf. ပြဿဒါး

ကရိန်း[kərein:]（名）起重機、クレーン＜英Crane

ကရု[kəju]（名）（円形の）鍋敷き ကရုတ်ကင်းလျော့ကပ်။（慣）堂々巡り、エンドレス、際限がない（鍋敷きをムカデが這う）

ကလက်→ကလျက်

ကလဒက်→ကုလားတက်

ကလန[kələna]（名）布の縁

ကလဖန့်ထိုး[kələpʼanʼtʼo:]（動）トランプを繰る、トランプをシャッフルする =ကုလား ဖဲ့ ထိုး

ကလမက်[kələmɛʔ]（植）インドコカ（アオギリ科） Mansonia gagei

~ကလား[gəla:]（感）～だなあ、～ではないか ခုထက် ထိမလာသေးပါကလား။ 今になってもまだ来ないじゃないか အိမ်တွေတော်တော်ပျက်စီး ကြပါကလား။ 家々が大分壊れているなあ ဆိုင်ထဲတယ်သူမှမရှိပါကလား။ 店の中には誰もいないじゃないか ဘာမျှကိုယ်ဖြစ်စေချင်သလိုမဖြစ်ပါကလား။ 何ひとつ望み通りにはならないものだなあ

ကလိ[kəli.]（動）①嬲る、挑発する、悩ます、焦らす、苦々させる、誘惑する ②くすぐる

ကလိစွာ[kəli.sʼwa.]（動）=ကလိ

ကလိထိုး[kəli.tʼo:]（動）くすぐる

ကလိယုဂ်[kəli.jouʔ]（名）極悪の時（四つある時の4番目、43万2千年間続く）＜パKaliyuga

ကလီကမာ[kəli kəma]（副）でたらめに、いい加減に

ကလီကမာလုပ်[kəlikəma louʔ]（動）迷わす、欺く、騙す

ကလီစာ[kəliza]（名）（鳥や魚の）内臓

ကလူ[kəlu]（動）①もてあそぶ、②苦める သူ့ငယ်လက် ချောင်းတုတ်တုတ်ကြီးဖြင့်ပါးနူးနူးကလေးကိုကလူလိုက်သည်။ 彼の太い指が軟らかい頬を弄んだ

ကလူပြု[kəlupju.]（動）苦める、弾圧する

ကလူကွက်[kəluɡwɛʔ]（鳥）シロハラクイナ（クイナ科） Amaurornis phoenicurus

ကလေကချေ[kəle kəʧe]①（副）うろついて、遊びほうけて、放浪して ဆရာမလာတဲ့အတွက်တို့မှာ ကလေကချေ ဖြစ်သွားသည်။ 先生が来たので子供達が遊び歩いている ②[gəleɡəʧe]（名）浮浪者、放浪者、住所不定、ホームレス

ကလေကချေဂေါင်း[ɡəleɡəʧe ɡaun]（名）放浪者 無宿者、ホームレス

ကလေကလင်[kəle kəlwin]①（副）うろうろして、風のまにまに ②（名）浮浪者、住所不定

ကလေကဝါ[kəle kəwa.]①（副）うろついていて ②（名）浮浪者、放浪者

ကလေး[kəle:]（名）①子供、縮小辞、小、小さな物 ယုန်ကလေး 小兎、စမ်းချောင်းကလေး 小川 ထိုင်ခုံကလေး 小さな椅子 ထူးခြားချက်ကလေး 一寸した特徴 အဖြစ်အပျက်ကလေး 些細な出来事 ③遠慮、控え目な表現 သွားစရာကလေးရှိတယ် 一寸出かける用事がある

ကလေးကလား[kəle:kəla:]（副）はしたなく、大人げなく、年にも似合わず ကလေးကလားတွေမလုပ်နဲ့။ 大人げない事、はしたない事をするな

ကလေးကလား[kəle:kəla: tʃa.]（形）幼稚だ

ကလေးကလားဆန်[kəle:kəla: sʼan]（形）子供っぽい、幼稚だ သူကကလေးကလားဆန်နေတယ်။

ကလေးကလားနိုင်[kəle:kəla: nain]（形）幼稚だ、子供っぽい

ကလေးချီ[kəle: tʃʼi]（動）子守りをする

ကလေးချော့ကချော့[kəle:tʃʼɔ. gəbja]（名）子守り歌

ကလေးချော့ဂီတ[kəle:tʃʼɔ. gita.]（名）子守り歌

ကလေးဆေးရုံ[kəle:sʼe: joun]（名）小児病院

ကလေးဆန်[kəle:sʼan]（形）子供らしい

ကလေးဌာန[kəle: tʼana.]（名）小児科

ကလေးထိန်း[kəle: tʼein:]①（動）子守りをする ②[kəle:dein:]（名）子守り、保母

ကလေးထိန်းကျောင်း[kəle:dein: tʃaun:]（名）保育所

ကလေးထိန်းဌာန[kəle:dein: tʼana.]＝ကလေးထိန်းကျောင်း

ကလေးနို့ဖြတ်စာ[kəle:no.pʼjaˀsa]（名）離乳食

ကလေးပျက်[kəle: pjɛˀ]（動）子供を流産する

ကလေးဖျက်[kəle: pʼjɛˀ]（動）堕胎する

ကလေးဖျက်ချ[kəle: pʼjɛˀtʃʼa.]＝ကလေးဖျက်

ကလေးဘဝ[kəle: bəwa.]（名）子供の頃

ကလေးမ[kəle:ma.]（名）女児、女の子

ကလေးရှက်တော့ရှိ၊ လူကြီးရှက်တော့ရယ်။（諺）子供は恥ずかしければ泣き、大人は笑う

ကလေးလက်တွန်းလှည်း[kəle: lɛˀtʼun:ɬɛ:]（名）乳母車

ကလေးသူငယ်[kəle:təŋɛ]（名）幼児、児童

ကလေးသူငယ်မွေးစားမှု[kəle:təŋɛ mwe:zaːmu.]（名）養子縁組

ကလေးသူငယ်အခွင့်အရေးစာချုပ်[kəle:təŋɛ əkʼwin.əje: sadʒouˀ]（名）児童権利条約

ကလေးအနှီး[kəle: əni:]（名）おしめ

ကလေးအလုပ်သမား[kəle: əlouˀtəma:]（名）児童労働者

ကလဲစား[gəlɛ.za: tʃʼe]（副）復讐する、仇討をする、仕返しをする

ကလယ်[kəlɛ]（名）南インド人 ＝ကျေးကုလား

ကလော[kəlɔ]（動）①梃子で持ち上げる ②耳の中をほじくる ③悪事をばらす、暴露する

ကလောစ်[kəlɔ sʼɛ.]（動）口汚なく罵る、罵り雑言を浴せる

ကလောတူ[kəlɔ touˀ]（動）過去を暴き立てる

ကလောတံ[kəlɔdan]（名）屋根の留め木（両端が尖っている）

ကလောဖွင့်[kəlɔ pʼwin.]（動）こじ開ける

ကလောမ[kəlɔ ma.]（動）梃子で持ち上げる

ကလော[kəlɔ:]（植）①ダイフウシ（イイギリ科）Hydnocarpus anthelmintica ②クルチダイフウシ（イイギリ科）Hydnocarpus kurzii

ကလောစို[kəlɔ:zo]（植）ペグーダイフウシ（イイギリ科）Hydnocarpus heterophyllus 癩病の治療に効くと言われた

ကလက်[kəlɛˀ]（動）落着きがない、下品だ、厚顔無恥だ

ကလက်[kəlɛˀ]（植）サンゴジュウドノキ（ウドノキ科）Leea sambucina

ကလက်တက်တက်[kəlɛˀtɛˀtɛˀ]（副）無愛想に、ぶっきらぼうに နေထိုင်ပုံကကလက်တက်တက်ရှိတယ်။ 言動は厚顔無恥だ

ကလောင်[kəlaun]（名）ペン

ကလောင်တံ[kəlaundan]（名）ペン

ကလောင်နာမည်[kəlaun nanmɛ]（名）筆名

ကလောင်အမည်[kəlaun amji]（名）ペンネーム

ကလောင်ရှင်[kəlaunʃin]（名）作家、筆者

ကလိုင်[kəlain]（名）白錫

ကလစ်[kəliˀ]（名）クリップ ＜英 Clip

ကလိတ်[kəleiˀ]（植）ハトムギ、ジュズダマ（イネ科）Cloix lachryma-jobi

ကလန့်[gəlan.]→ကန့်လန့်

ကလန့်ဖွင့်[gəlan. pʼwin.]（動）こじ開ける

ကလန်[kəlan]（植）カユプテ（シクンシ科）Melaleuca leucadendron

ကလန်[kəlan]（名）（王朝時代の）下級官吏 cf. သံပျင်

ကလန်ကဆန်[gəlan gəsʼan]（副）反対して、反抗的で

ကလန်ကဆန်လုပ်[gəlangəsʼan louˀ]（動）反抗する သူကကလန်ကဆန်လုပ်လို့အလကားပါဘဲ။ 彼は反抗しているが無駄ですよ

ကလန်ကဆန်ပြု[gəlangəsʼan pju.]（動）手向かう、反抗する

ကလန်ကဆန်ပြော[gəlangəsʼan pjɔ:]（動）口答えする

ကလန်ကဆန်ဖြစ်[gəlangəsʼan pʼji ˀ]（動）反抗的だ

ကလန်ကလား[gəlan gəla:]（副）釣合いが取れずに、ちぐはぐで、不様で、不格好で、妙ちくりんで

ကလိန်ကလက်[kəlein:kəlɛˀ]（副）不真面目で、無作法で、荒っぽく、無鉄砲で

ကလပ်[kəlaʔ]（名）①（足付きの）丸盆 ②霊柩台 ③クラブ ＜英 Club

ကလာပ်စည်း[kəlaʔsi:]（名）①（生物の）細胞 ②（政党の）細胞、下部組織

ကလိမ်[kəlein]（植）リスノツメ、シロツブ（ジャケツイバラ科）Caesalpinia bonducella

ကလိမ်ကျ[kəlein tʃa.]（動）胡麻化す、欺く、誤魔化す、悪知恵が働く、厄介だ

ကလိမ်ခြူ[kəleinʤoun]（名）鼻つまみ者、厄介

ကလိမ်စေ့ဌာန်ဆင်[kəleinzi. ɲansʼin]（慣）リスノツメの種に足場を組む（できもしない事を言う、でっち上げる、捏造する）

ကလိမ်ဉာဏ်[kəleinɲan]（名）悪知恵

ကလျာ[kəlja]（名）貞淑な婦人、美徳を備えた女性

ကလျာဏပန်[kəljana.ban:]（植）サルビア

ကလျော့ကလျဉ်း[kəjɔ.kəjɛ:]（副）緩んでいて、弛緩して、緩めで

ကလျစ်ကလျူ[kəljiʔkəlju]（副）愛らしく、可愛くて

ကလျင်ကထိ[kəljin.gəḍi]（副）だらりと下がって、引きずって

ကလွဲကလက်[kəlwɛ:kəlɛʔ]（副）ちぐはぐで、不調和で、調和が取れずに、ぎくしゃくして ရှေ့နောက်မညီဘဲကလွဲကလက်ဖြစ်နေတယ်။ 前後が合わずぎくしゃくしている

ကလွင်ကပေါက်[kəlwin gəbauʔ]（副）いい加減に、軽んじて、蔑ろにして လူကြီးတွေကိုစကားပြောရင် ကလွင်ကပေါက်မပြောနဲ့။ 長老達と話をする時にはぞんざいな調子で話してはいけない

ကလွှာ[kəɬwa]（植）ミフクラギ、オキナワキョウチクトウ（キョウチクトウ科）Cerbera odollam

ကဝပိုက်[kəwa.paiʔ]（名）河川用の底曳き網

ကဝိ[kəwi.]（名）①詩人 ②識者

ကဝိမြောက်[kəwi mjauʔ]（形）博識だ

ကဝေ[kəwe]（名）魔法使い（魔術を行使し人を惑わすと言われる）

ကဝေမ[kəwema.]（名）魔法使いの女

ကဝေပညာ[kəwe pjiɲɲa]（名）魔術、妖術

ကဝိုကဝါး[kəwo kəwa:]（副）はっきりせず、曖昧で

ကဝင်[ka.wɛʔ]（名）ビルマ文字の最初の5文字、すなわち ကーခーဂーဃーင

ကဝိန်[kəwein]＝ကဝေ

ကဿပဘုရား[kaʔtəpa. pʼəja:]（名）迦葉仏（釈迦牟尼より1代前の仏陀）

ကသား၊ငါးရာ[kəta: ŋa:ja]（名）あらゆる人、色々な人、様々な人

ကသိကအောက်[kəti.kauʔ]（副）不快で、調子が悪くて、気分が悪くて、体調が悪くて

ကသိကအောက်ဖြစ်[kəti.kauʔ pʼjiʔ]（動）①気分が悪い ②難儀する、困り果てる、困惑する ဒီနေ့ခေါင်းကိုက်လွန်းလို့ကသိကအောက်ဖြစ်နေတယ်။ 今日は頭痛がひどくて調子がよくない အတော်ကသိကအောက်ဖြစ်နေကြသည်။ ずいぶんと困り果てていた ကသိကအောက်ရောက်ခံရတယ်။ 体が不調だ ဆောင်းဒဏ်ကိုကသိကအောက်ခံစားနေရသည်။ 冬の厳しさを堪え忍ばなければならなかった

ကသိ[kəti]（形）①慌てる、うろたえる、おろおろする ②辛い思いをする

ကသီကရီ[kətigəji]（副）①慌てふためいて、何も手につかず、あくせくて、②困り果てて、辛い思いをして、辛さに耐えて

ကသီလင်တ[kətilinda.]（副）うろたえて、狼狽して、当惑して、困惑して、辛い思いをして、困った事で、せっぱつまって

ကသီလင်တဖြစ်[kətilinda. pʼjiʔ]（動）困り果てる、支障を来たす အိမ်မှာအိမ်တော်မရှိလို့ကသီလင်တဖြစ်နေတယ်။ お手伝いさんがいないので困り果てた အမေနေမကောင်းတော့အိမ်လဲကသီလင်တဖြစ်သပေါ။ 母が体調をくずしたものだから家の中が支障を来した ခင်ပွန်းသည်ကွယ်လွန်ခဲ့သော်လည်းကသီလင်တဘာမျှမဖြစ်ခဲ့ပါ။ 配偶者が他界したけれども困り果てる事はなかった

ကသယ်[kətɛ]（名）垢擦り、垢落とし

ကသော့ပို့[kətʃɔ.bouʔ]（植）クサセンナ、ハブソウ（ジャケツイバラ科）Cassia occidentalis

ကသောကမျော[kətɔ:gəmjɔ:]（副）大急ぎで、慌てて、せかせかと ထမင်းကိုကသောကမျောစားသည်။ 飯をせかせかと食べた ဆန်ပြုတ်ကိုကသောကမျောတိုက်သည်။ 粥を大急ぎで食べさせた အိမ်ပေါ်ကကသောကမျောဆင်းခဲ့လေသည်။ 家の中からそそくさと外へ出た

ကသောက်ကရောက်[kətauʔ kəjauʔ]（副）あっち飛びこっち飛びして、まとまりがなく、話に脈絡がなく

ကသောင်းကနင်း[kətaun gənin:]（副）①散り散りに、ばらばらになって、乱雑に ②強引に、荒っぽく မီးလောင်လို့လူတွေကသောင်းကနင်းနဲ့ပြေးကြတယ်။ 火事になったものだから人々は蜘蛛の子を散らすように逃げ散った လူတဖက်သားကိုကသောင်းကနင်းမပြောပါနဲ့။ 相手に対して脈絡のない話し方をするな

ကသိုဏ်း[kətain:]（名）一切偏処、精神集中 ＜パKasina

ကသိုဏ်းကွက်[kətain:gwɛʔ]（動）精神集中の対象

ကသိုဏ်းရှု[kətain: ʃu.]（動）精神を統一する、精

ကသစ်

神を一点に集中する

ကသစ်[kət̪iʔ] (植) デイコ、カイコウズ（マメ科）①Erythrina india ②Erythrina variegata

ကသစ်ခါး[kət̪iʔkaʔ] (植) ビルママホガニー（シナノキ科）Pentace burmanica

ကသည်း[kət̪ɛ:] (植) サマデラ（ニガキ科）Samadera indica

ကသည်း[kət̪ɛ:] ① (地名) マニプール ②マニプール地方に住むメイテイ族

ကသည်းပင်စိမ်း[kət̪ɛ: pinzein:] (植) カミボウキ（シソ科）Ocimum sanctum

ကသုတ်ကရက်[kət̪ouʔkəjɛʔ] (副) 大急ぎで、慌てて、あたふたと ကသုတ်ကရက်ပြန်လည်ထွက်ခွါသွား:သည်။ 大急ぎで戻って行った

ကသုတ်ကသတ်[kət̪ouʔkət̪ɛʔ] (副) 急いで、そそくさと

~ကာ[ka] (助) ~して、~しながら= ပြီး၊ ရွေ။ သေတ္တာကိုထမ်း:ကာထွက်သွား:သည်။ 箱を担いで出て行った အချင်း:ချင်း:လက်တို့ကာရယ်ကြကုန်။ 互いに指で突つき合いながら皆で笑った ဗျိုင်း:တအုပ်သည်တောင်ပံဖြန့်ကာပျံသန်:သွား:ကြသည်။ 1群の白鷺が翼を広げて飛んで行った ငှင်း:အား:ဖောင်ထက်တင်ကာရေမျှောလိုက်၏။ それを筏に乗せて流した

ကာ[ka] ① (動) 防ぐ、防禦する ခေါင်း:ကိုလက်ကလေး:နှင့်ကာသည်။ 頭を手で覆う ②遮る、遮蔽する ③囲う、囲いをする ဝါး:ထရံကာသည်။ 竹壁で囲う ④入る、収まる、収容可能だ ဒီအခန်း:ထဲမှာကာပါ့မလား:။ この部屋の中に入りきれるだろうか ⑤ (名) 丸楯 cf. လှော:၊ ဒိုင်း။

ကာကွယ်[kagwɛ] (動) ①防ぐ、防衛する ②保護する、庇う、弁護する

ကာကွယ်ခုခံ[kagwɛ kʰuʔgan] (動) 防禦抵抗する

ကာကွယ်ခုခံပိုင်ခွင့်[kagwɛ kʰuʔganbaingwin:] (名) 防衛権、抵抗権

ကာကွယ်ဆေး[kagwɛze:] (名) 予防薬

ကာကွယ်ဆေးထိုး[kagwɛze: tʰo:] (名) 予防注射をする

ကာကွယ်တား:ဆီး[kagwɛ ta:sʰi:] (動) 阻止する、防止する、防禦する

ကာကွယ်ပြော[kagwɛ pjɔ:] (動) 弁護する

ကာကွယ်ရေး:[kagwɛje:] (名) ①防衛 ②防止、予防

ကာကွယ်ရေး:ဝန်ကြီး[kagwɛje: wundʑi:] (名) 国防相、国防大臣

ကာကွယ်ရေး:ဝန်ကြီးဌာန[kagwɛje: wundʑi: tʰa

na.] (名) 国防省、防衛庁

ကာကွယ်ရေး:အရာရှိ[kagwɛje: əjaʃi.] (名) 国防省高官

ကာကွယ်ရေး:အဖွဲ့[kagwɛje: əpʰwɛ.] (名) 村落自衛組織、自警団（ビルマ政府がシャン州で編成した）

ကာကွယ်ရေး:အသုံ:စရိတ်[kagwɛje: ət̪oun: zəjeiʔ] (名) 国防費

ကာကွယ်ရေး:ဦး:စီး:ချုပ်[kagwɛje: u:zi:tɕʰouʔ] (名) 参謀総長

ကာကွယ်ရေး:ဦး:စီး:ချုပ် (လေ) [kagwɛje:u:zi:tɕʰouʔ (le)] (空軍) 参謀総長

ကာကွယ်ရေး:ဦး:စီး:ချုပ် (ရေ) [kagwɛje:u:zi:tɕʰouʔ (je)] (海軍) 参謀総長

ကာကွယ်ရောင်[kagwɛjaun] (名) 保護色

ကာချင်း:[kadʑin:] (名) 楯歌、楯を持って踊るビルマの古代歌謡

ကာဆီး[kasʰi:] (動) 遮る、遮断する、阻止する

ကာပစ်ပစ်[kabjiʔ pjiʔ] (動) 援護射撃する

ကာပြန်[kapjan] (動) 口答えする、刃向かう、恩を仇で返す

ကာမိ[kami.] (動) 元が取れる、採算が合う

ကာမိုး:[kamo:] (動) かざす

ကာရံ[kajan] (動) 囲む、包囲する、張り巡らす

ကာကတွဏ္ဍီ[kaka.toundi] (植) トウワタ（ガガイモ科）Asclepias curassavica

ကာကမာရီ[kaka.mari] (植) アナミルタ（ツヅラフジ科）Anamirta cocculus

ကာကကုလား:[kaka kəla:] (名) インド出身のイスラム教徒

ကာကာဆိုင်[kakazain] (名) （インド人イスラム教徒の）万屋（よろずや）

ကာကီရောင်[kaki jaun] (名) カーキー色

ကာတွန်း[katun:] (名) 漫画 ＜英 Cartoon

ကာတွန်း:စာအုပ်[katun: saouʔ] = ကာတွန်း

ကာပီ[kapʰi:] ① (植) コーヒー ② (名) コーヒー ③喫茶店

ကာပိုက်[kabaiʔ] (名) 炭化物 ＜英 Carbide

ကာဗွန်[kabun] (名) 炭素 ＜英 Carbon

ကာဗွန်ဓာတ်ငွေ့[kabun daʔwe.] (名) 二酸化炭素

ကာဗွန်ဒိုင်အောက်ဆိုက်[kabundain auʔsʰaiʔ] (名) 炭酸ガス

ကာဗွန်မိုနိုအောက်ဆိုက်ဒတ်[kabun mono auʔsʰaiʔ daʔ] (名) 一酸化炭素

ကာဗောလစ်ဆီ[kabɔliʔsʰi] (名) 石炭酸

ကာဘိုင်[kabain] (名) カービン銃（銃身が短い）＜英 Carbine

ကာဘိုင်သေနတ်[kabain tənaʔ]＝ကာဘိုင်
ကာမ[kama.]（名）①欲望、欲情、肉欲　②性交　＜パ Kāma
ကာမကျမ်း[kama.ʤan:]（名）ポルノ本
ကာမဂုဏ်[kama.goun]（名）①五官（色、声、香り、味、触覚）②欲望　③性交
ကာမကြူး[kama.tʃu:]（動）肉欲に耽る
ကာမဂုဏ်[kama.goun]（名）①性交　②五種欲　＜パ Kāmaguṇa
ကာမစိတ်[kama.zeiʔ]（名）性欲、情欲
ကာမစပ်ယှက်[kama. saʔʃɛʔ]（動）性交する
ကာမဆန္ဒ[kama. sʼanda.]（名）性欲、肉欲
ကာမဒေဝ[kama. dewa.]（名）愛の神
ကာမပိုင်[kama.bain]（名）既婚者、配偶者、夫
ကာမပွဲစား[kama. pwɛ:za:]（名）女衒、ぽん引
ကာမဘုံ[kama.boun]（名）欲界（三界の一つ）
ကာမရာဂစပ်ယှက်[kama. jaga. saʔʃɛʔ]＝ကာမစပ်ယှက်
ကာမလောက[kama.lɔ:ka.]（名）欲界（四悪趣、裟婆、六欲天を含む）
ကာမသား[kama.da:]（名）有情、欲界の住人
ကာမအရုံခံစား[kama. ajoun kʼanza:]（動）肉欲を楽しむ
ကာမအား တိုး[kama.a: to:]（動）性力を増強する
ကာမတ္တ[kamaʔta]（助）～だけで、り単に　ပြောကာမတ္တ 話すだけ　သွားကာမတ္တ 只行くだけ　စားကာမတ္တ 今食べかけたところ、食べようとしていたところ
〜ကာမျှ[kamja.]（助）〜するだけで　လေးကိုချီကြည့်နိုင်ကာမျှသည်။ この弓を単に持ち上げ得ただけだ　အသစ်ကိုမြင်ကာမျှနှင့်အဟောင်းကိုစွန့်ပစ်သည်။ 新品を見ただけで中古品を棄てた　နှုတ်အမူအရာကိုတွေ့မြင်ကာမျှနှင့်သူ၏အတွင်းသဘောကိုသိမြင်နိုင်သည်။ 話し振りを見ているだけでその人の性格を知る事ができる　အပေးကိုမြင်ကာမျှမည်သည့်အပင်ဖြစ်သည်ကိုသိနိုင်သည်။ 古い樹皮を見ただけで何の木かと言う事が判る
ကာယ[kaja.]（名）体、身体　＜パ Kāya
ကာယကံ[kajəgan]（名）身業
ကာယကံမြောက်[kajəgan mjauʔ]（副）実際に、具体的に、自ら体験して　တော်လှန်ရေးကိုကာယကံမြောက်သူဆင်နွှဲ၏။ 彼自身抗日戦に参加した
ကာယကံရှင်[kajəgan ʃin]（名）当人、当事者、本人
ကာယပညာ[kaja. pjiɲɲa]（名）体育
ကာယဗလ[kaja. bəla.]（名）体力
ကာယလုပ်သား[kaja. louʔta:]（名）肉体労働者

ကာယအလုပ်သမား[kaja. əlouʔtəma:]＝ကာယလုပ်သား
ကာယိန္ဒြေ[kajeindəre]（名）謹慎、節制
ကာယိန္ဒြေနည်[kajeindəre nɛ]（形）慌てふためく、落着きを失う
ကာရက[karəka.]（名）（文法の）格
ကာရတေး[karete:]（名）空手　＜日
ကာရအိုကေဆိုင်[kara.okezain]（名）カラオケ．ショップ　＜日
ကာရိုက်[kajaiʔ]（名）他動詞　cf. သုဒ္ဒ
ကာရန်[kajan]（名）韻、脚韻　cf. နဘေ
ကာရန်ငှဲ့[kajan ŋɛ.]（動）韻を踏む
ကာရန်မဲ့ကဗျာ[kajan mɛ. gəbja]（名）自由詩、韻無しの詩
ကာရန်သင့်[kajan tin.]（動）①韻を踏む　②都合がよい、順調だ　③ウマが合う、仲がよい　ကာရန်သင့်ရင်တော့အိမ်ကိုလာလည်ပါအုံးမယ်။ 都合がつけばお宅へ遊びに行きます
ကာရန်ဟပ်[kajan haʔ]（動）韻を踏む
ကာလ[kala.]（名）時
ကာလကြာမြင့်စွာ[kala. tʃamjin.zwa]（副・文）長い間、長期間
ကာလကြာရှည်စွာ[kala. tʃaʃezwa]＝ကာလကြာမြင့်စွာ
ကာလငြိမ်[kala.ɲein]（名）安定期、平静な時代
ကာလဆူ[kala.sʼu]（名）動乱期、不安定な時代
ကာလတိုးမြှင့်ပေး[kala. to:m̥jin. pe:]（動）時間を延長してやる
ကာလတန်ဘိုး[kala. tanbo:]（名）時価
ကာလနာ[kala.na]（名）①コレラ　②罵り言葉　cf. သေခြင်းဆိုး
ကာလပေါ်ဝတ္ထု[kala.bɔ wuʔtʼu.]（名）現代小説
ကာလပေါ်သီချင်း[kala.bɔ tətʃin:]（名）流行歌、歌謡曲
ကာလပေါက်ဈေး[kala. pauʔze:]（名）時価
ကာလပတ်လုံး[kala. paʔloun:]（副）全期間を通じて
ကာလဗျက်[kala.bjeʔ]（名）国内混乱、国内荒廃、無秩序状態、無政府状態
ကာလရှည်လျား စွာ[kala. ʃeljaːzwa]（副・文）長期間、かなり長い間
ကာလဝမ်းရောဂါ[kala.wun joga]（名）コレラ
ကာလအတန်ကြာ[kala. ətantʃa]（副）かなり長い間
ကာလအားလျော်စွာ[kala. a:ljɔzwa]（副）場合によって、時宜に即して

ကာလနဂါး

ကာလနဂါး[kala. nəga:] (名) ①朝寝坊 ②仏陀が悟りを開いた時に目を覚ますという龍
ကာလသမီး[kala.dəmi:] (名) 娘、乙女、未婚女性
ကာလသား[kala.da:] (名) 若者、青年、未婚男性
　ကာလသားခေါင်း[kala.da:gaun:] (名) 若者頭、若者のリーダー
　ကာလသားချက်[kala.da: tɕɛʔ] (名) 油と水とを使った肉または魚の料理
　ကာလသားရောဂါ[kala.da: jɔ:ga] (名) 性病、花柳病
　ကာလသားဟင်း[kala.da: hin:] (名) 肉、魚の料理
ကာလီ[kali] (名) 唐辛子の１種=မို့မျှော့
ကာသာပေး[kaṯa pe:] (動) えこ贔屓する、偏愛する、寵愛する、特別扱いする
ကား[ka:] (名) 自動車
　ကားခ[ka:ga.] (名) 自動車賃
　ကားခေါင်း[ka:gaun:] (名) 自動車の前部
　ကားချင်းတိုက်[ka:dʑin taiʔ] (動) 車が正面衝突する
　ကားဂိုဒေါင်[ka: godaun] (名) 車庫
　ကားဂိတ်[ka: geiʔ] (名) バス・ターミナル
　ကားဆရာ[ka: sʼəja] (名) 運転手
　ကားတိုက်ခံရ[ka:daiʔ kʼan ja.] (動) 車にはねられる
　ကားတင်[ka: tin] (動) 駆け落ちする
　ကားထူထပ်[ka: tʼudaʔ] (形) 車が渋滞する
　ကားပျက်[ka: pjɛʔ] (動) 車が故障する
　ကားဖုံး[ka:boun:] (名) ボンネット
　ကားဘရိတ်[ka: bəreiʔ] (名) ブレーキ
　ကားဘီး[ka: bein:] (名) タイヤ
　ကားဘီးပေါက်[ka:bein: pauʔ] (動) タイヤがパンクする
　ကားမောင်း[ka: maun:] (動) 車を運転する
　ကားမောင်းခွင့်လိုင်စင်[ka: maun:gwin. lain sin] (名) 運転免許証
　ကားမောင်းသူ[ka: maun:du] (名) 運転手
　ကားမှောက်[ka: mauʔ] (動) 車が転覆する
　ကားလမ်း[ka: lan:] (名) 自動車道路
　ကားသော့[ka: tɔ.] (名) 車のキー
　ကားအရှိန်[ka: əʃein:] (名) 車の勢、車のスピード
ကား[ka:] (名) ①幕 ②絵 ③映画 ④[ga:] 沿海用の漁網
　ကားချပ်[ka: dʑaʔ] (名) 厚紙 ရုပ်ပုံကားချပ် 肖像画 မြေပုံကားချပ် 掛け地図

ကားလိပ်[ka:leiʔ] (動) 舞台の緞帳、芝居用の幕
ကားလိပ်ချ[ka:leiʔ tɕʼa.] (動) 幕を降ろす
ကားသစ်[ka:diʔ] (名) 新作映画
ကား[ka:] (動) ①張る、広がる ②広げる ③誇張する ●ကား:ကား:သည်။ 大袈裟に言う နား:ရွက်ကား:သည် 耳たぶがふくよかだ မေး:ရိုး:ကား:သည်။ 顎が張っている
ကား:ကနဲ[ka:gənɛ:] (擬) パッと広がって
ကား:ကြက်[ka: tɕɛʔ] (動) 十字架にかける
ကား:စင်[ka:zin] (名) 十字架
ကား:စင်တင်[ka:zin tin] (動) 十字架に掛ける、張り付けにする
ကား:ယား[ka:ja:] (副) 大の字になって、手足を広げて
ကား:ယား:ကား:ယား:ဖြစ်[ka:ja:ka:ja: pʼjiʔ] (動) 大の字になる、手足を大きく伸ばす ။လက်ကား:ယား:ကား:ယား။ 手を大きく伸ばして
ကား:ယား:ခွ[ka:ja: kʼwa.] (動) 馬乗りになる、跨る ဖေဖေပေါင်ပေါ်တွင်ကား:ယား:ခွရှိုင်နေသည်။ お父さんの膝の上に跨って座っている
ကား:လျှား=ကား:ယား:
~ကား:[ka:] (助) ①主格 ထိုညကား:လဆန်း ၁၃ ရက်နေ့ ညဖြစ်လေသည်။ その夜は、自分１３日の晩であった ရထားကား:မြန်မြန်ကြီးထွက်သွား၏။ 汽車は大急ぎで出発した သူ၏အသက်ကား:သုံးဆယ့်ငါးနှစ်ခန့်ရှိပေလိမ့်မည်။ 彼の年齢は３５歳位であろう ②強調 ကျွေး:ကား:ကျွေး:၏။ ၁၈၀။ 食わせてくれはしたが、腹一杯にはならなかった သားကလေးမှာကား:ဘာမျှမသိ။ 幼児は、何も知らなかった ပိုးတို့တွင်ကား:လှုပ်ရှား:နိုင်သောတောင်ပံရှိသည်။ 昆虫には動かす事のできる羽がある
ကိမိလပိုး[ki.mi.la.po:] (名) 蜘蛛、蠍、ダニの類
ကိမိလဗေဒ[ki.mi.la.beda] (名) 昆虫学
ကိရိယာ[kəri.ja] (名) 道具、器具 =ကရိယာ
ကိလေသာ[ki.leta] (名) 煩悩、汚れ、穢れ <パ Kilesa
ကိမိုနိုထမိန်[kimono tʼəmein] (名) 日本の着物地で縫製したロンジー <日
ကိမိုနိုပိတ်စ[kimono peiʔsa.] (名) 日本の着物地または柄模様の入った布団生地 <日
ကီလို[kilo] (名詞) キロ <英 Kilo
ကီလိုဂရမ်[kilogran] (名) キログラム <英
ကီလိုမီတာ[kilomita] (名) キロメーター <英
ကီလိုလီတာ[kilolita] (名) キロリットル <英
ကီလိုဝပ်[kilowaʔ] (名) キロワット <英
ကု[ku.] (動) 治す、治療する
ကုစား:[ku.za:] (動) ①治療する、手当をする ②

ကုလား：

贖う、贖罪する
ကုံး：ကုနှည်း[ku.tʻoun： ku.ni：]（名）伝統的治療法
ကုမ[ku.ma.]（動）①治療する 手当する ②援助する
ကုသ[ku.ta.]（動）治す、治療する
ကုဍိ[ku.di]（名）①寺の便所 ②寺の物置
ကုဋေ[gəde]（数）千万
ကုဋေကုဋာ[gəde gəda]（名）無数
ကုဋ္ဌ[kouʼtʻa.]（名）癩病、ハンセン病 = နူနာ
ကုဋ္ဌရောဂါစွဲရောက်[kouʼtʻa.jɔ：ga swɛːjauʼ]（動）癩病を患う、ハンセン病に罹る
ကုဋ္ဌရောဂါရောက်[kouʼtʻa.jɔ：ga jauʼ]=ကုဋ္ဌရောဂါစွဲရောက်（動）癩病を患う、ハンセン病に罹る
ကုတို[gədo.]（名）①渡し舟、フェリー=ကတို ②渡し場、船着き場
ကုတိုခ[gədo.ga.]①渡し賃 ②（死者の口に入れる）三途の川の渡し賃
ကုတိုဆိပ်[gədo.zeiʼ]（名）船着き場、フェリーの発着場
ကုဗတုံး[ku.ba.toun：]（名）立方体
ကုမုဒြာ[ku.mouʼdəra]（植）白蓮、エジプトスイレン、ムラサキスイレン Nymphaea stellata
ကုလသမဂ္ဂ[ku.la.ta.mɛʼga.]（名）国際連合
ကုလသမဂ္ဂကလေးများရန်ပုံငွေအဖွဲ့[ku.la.ta.mɛʼga. kəle：mja： janbounŋwe əpʻwɛ.]（名）ユニセフ
ကုလသမဂ္ဂငြိမ်းချမ်းရေးထိန်းသိမ်းရေးတပ်[ku.la.ta.mɛʼga. ɲeinʤan：je： tʻein：tein：je：daʼ]（名）国連平和維持軍
ကုလသမဂ္ဂစားနပ်ရိက္ခာနှင့်လယ်ယာစိုက်ပျိုးရေးအဖွဲ့[ku.la.ta.mɛʼga. sa：naʼjeiʼkʻa nɛ. lɛja saiʼpjo：je： əpʻwɛ.]（名）FAO、国連食糧農業機構
ကုလသမဂ္ဂဒုက္ခသည်များဆိုင်ရာမင်းကြီးရုံး[ku.la.ta.mɛʼgaʼ douʼkʻa.dɛmja sʻain ja min：ʤi：joun：ʼ]（名）国連難民高等弁務官事務所
ကုလသမဂ္ဂနိုင်ငံရေးကော်မတီ[ku.la.ta.mɛʼga. naingan je kɔ：miti]（名）国連政治委員会
ကုလသမဂ္ဂပညာရေး၊သိပ္ပံနှင့်ယဉ်ကျေးမှုအဖွဲ့[ku.la.ta.mɛʼga. pjiɲɲaje： teiʼpan nɛ. jin tʻje：mu. əpʻwɛ.]（名）ユネスコ、国連教育科学文化機構
ကုလသမဂ္ဂပဋိညာဉ်စာတမ်း[ku.la.ta.mɛʼga. bədeinɲin sadan：]（名）国連憲章

ကုလသမဂ္ဂလူ့အခွင့်အရေးကြေညာစာတမ်းကြီး[ku.la.ta.mɛʼga. lu.əkʻwin.əje tʃeɲa sadan：ʤi：]（名）国連人権宣言憲章
ကုလသမဂ္ဂလုံခြုံရေးကောင်စီ[ku.la.ta.mɛʼga. lounʤoun je： kaunsi]（名）国連安全保障委員会
ကုလသမဂ္ဂအထွေထွေအတွင်းရေးမှူးချုပ်[ku.la.ta.mɛʼga. ətʻwedwe ətwin：je：mu：ʤouʼ]（名）国連事務総長
ကုလသမဂ္ဂအဖွဲ့ဝင်[ku.la. ta.mɛʼga. əpʻwɛ. win]（名）国連加盟国
ကုလား：[kəla：]（名）①インド ②外来、舶来
ကုလား：ကောဂျာ[kələgauʼ]（鳥）ダイシャクシギ（シギ科）Nemenius arquata
ကုလား：ကင်ပုန်း[kəla：kinbun：]（植）ムクロジ（ムクロジ科）Sapindus trifoliatus
ကုလား：ကတ်[kələgaʼ]（鳥）ナンキンオシ（ガンカモ科）Nettapus coromandelianus
ကုလား：ကျောက်ကြည့်သလို။（慣）丹念に、じっくりと（インド人が宝石を見るように）
ကုလား：ကျောင်း[kələʤaun：]（名）①方形の基壇 ②煉瓦造りの古代寺院
ကုလား：ကြီးနဲ့၊အရာကြီးအတူတူ။（慣）一つ穴の狢（カラージーとアヤージーとは同じ）
ကုလား：ကြက်သွန်[kəla： tʃɛʼtun]（植）タマネギ
ကုလား：ကတ်တဲ့ရေ၊ကုလား：ဖင်ဆေးလို့ကုန်။（諺）江戸っ子は宵越しの金を残さない（インド人が汲んだ水、インド人の尻を洗って無くなる）
ကုလား：ချဉ်ပေါင်[kəla：tʃinbaun]（植）ダイオウ（タデ科）①Rheum nobile ②Rumex vesicarius
ကုလား：ချဉ်ပေါင်ငယ်[kəla：tʃinbaunŋe]（植）ナガバギシギシ（タデ科）Rumex crispus
ကုလား：စပါး[kəla：zəba：]（植）小麦
ကုလား：ဆေးဘား[kəla：zaun：]（植）センニンサボテン（サボテン科）Opuntia dillenii
ကုလား：ဆင်[kələsʻin]（名）インド人そっくり、インド人類似
ကုလား：ဆံ[kəla：sʻaʼ]（植）トウジンビエ（イネ科）Pennisetum typhoides
ကုလား：ဇော[kəla：zɔ：]=ကုလား：ဆောင်း
ကုလား：တမာ[kəla：təma]（植）タイワンセンダン（センダン科）Melia azadarach
ကုလား：တက်[kələdɛʼ]（名）寺で使う木製の[ほう]
ကုလား：တက်ခေါက်[kələdɛʼ kʻauʼ]（動）[ほう]を叩く、[ほう]を鳴らす

ကုလား:တည်[kələdɛ] (名) マンゴー、ヒメアカタネノキの実等を油、胡椒、ウコン等と混ぜ合せた漬物

ကုလား:တိမ်[kələdein] (名) ビルマ化したインド人

ကုလား:ထီး[kələt'i:] (名)（トランプの）ジャック

ကုလား:ထိုင်[kələt'ain] (名) 椅子

ကုလား:နက်သွေး[kələnɛʔtʃwe:] (動) モツヤクノキ（カンラン科）Balsamodendron myrrha

ကုလား:ပိတောက်[kəla:bədauʔ] (植) シッソノキ（マメ科）Dalbergia sissoo

ကုလား:ပဲ[kələbɛ:] (植) ヒヨコマメ（マメ科）Cicer arietinum

ကုလား:ပင်စိမ်း[kəla:pinzein:] (植) カミボウキ（シソ科）Ocimum sanctum

ကုလား:ပိန္နဲ[kəla:pein:nɛ:] (植) ハラミツ、ナガミパンノキ（クワ科）Artocarpus integrifolia

ကုလား:ပြည်[kələbje] (名) インド国

ကုလား:ဖန့်ထိုး[kələp'an t'o:] (動) トランプを繰る ဖဲထုပ်ကိုကုလား:ဖန့်ထိုးသည်။トランプをシャッフルする

ကုလား:ဖြူ[kələpjʹu] (名) 白人、西洋人

ကုလား:ဖြူပိန္နဲ[kələpjʹu pein:nɛ:] ＝ပိန္နဲ

ကုလား:မ[kələma.] (名) トランプのクイーン

ကုလား:မကြက်တူရွေး[kələma.tʃɛʔtujwe:] (鳥) ジャワダルマ（オウム科）Psittacula alexandri

ကုလား:မခြေထောက်[kələma.tʃʹidauʔ] (名) 竹馬

ကုလား:မစည်:နင်း[kələma.si:nin:] (名) 地上に描いた7個の枠の上をモダマの実を滑らせて超えて行く遊び、ケンケンパッ遊び

ကုလား:မနှာ:ဆင်[kələma.na:sʹin] (貝) アワビ、ミミガイ

ကုလား:မနိုင်၊ရခိုင်မဲ့။ (諺) 腹癒せのハつ当たり（インド人に勝てず、アラカン人に当る）

ကုလား:မောင်း[kələmaun:] (名) 天秤秤

ကုလား:မန်ကျည်း[kəla:məʤi:] (植) キンキジュ（マメ科）Pithecellabium dulce

ကုလား:မျက်စိ[kəla:mjɛʹsi.] (植) フウセンカツラ（ムクロジ科）Cardiospermum halicacabum

ကုလား:မို့[kəla:mo] (植) インドワタノキ、カボック（パンヤ科）Eriodendron aufractuosum

ကုလား:ရွှေ[kələʃwɛ] (名) 装飾用の金属、金属箔

ကုလား:ရွှေ၊ခွေး:နင်း။ (諺) 泰山鳴動、鼠一匹、事実ではないのに大騒ぎする（インド人の金を犬が踏む）

ကုလား:လိုလုပ်၊တရုတ်လိုရှာ၊ဗမာလိုမဖြုန်း:နဲ့။ (慣) インド人のように働き、中国人のように稼ぎ、ビルマ人のようには無駄使いするな

ကုလား:လက်ထုပ်ပြောင်း[kəla: lɛʔtʹouʔpjaun:] (植) シャルー（イネ科）Sorghum roxburghii

ကုလား:လက်ဝါ[kəla: lɛʔwa:] (植) サボテンの1種 Opuntia cochinillifera

ကုလား:သေကုလား:မောအိပ်[kələde:kələmɔ:eiʔ] (動) 死んだように眠る

ကုလား:သိုက်၊ကျား:ဝင်ကိုက်သလို။ (諺) 蜂の巣をつついたような騒がしさ（インド人の群を虎が襲ったかの如く）

ကုလား:သစ်နက်[kəla:tiʔnɛʔ] (植) 丸葉紫檀

ကုလား:ဟင်း[kəla:hin:] (名) インド式カレー（ジャガイモ、ナス等を干し魚と煮込んだカレー）

ကုလား:အော်[kələɔ] (名) ①釘抜き ②唐辛子、鷹の爪

ကုလား:အင်ကြင်း[kəla: inʤin:] (植) サラノキ（沙羅の木）Shorea robusta

ကုလား:အုပ်[kələouʔ] (動物) ラクダ

ကုလား:အုပ်ပြောက်[kələou.pjauʔ] (動物) キリン

ကုဝေလနာ[ku.wela.naʔ] (名) 多門天、毘沙門天（須弥山の北側を守護する四天王の一人）

ကုသိနာရုံ[kouʔteinnajoun] (地名) クシナガラ（仏陀入滅の地）

ကုသိုလ်[ku.do] (名) 功徳、福徳、善業、善行 ＜パ Kusala

ကုသိုလ်ကံ[ku.do kan] (名) 業、前世の功徳、運命

ကုသိုလ်ကံကောင်း[ku.do kan kaun:] (形) 運がよい、幸運だ

ကုသိုလ်ကံနိုပါ[ku.do kan nein.ba:] (形) 巡り合わせがよくない、運が悪い

ကုသိုလ်ကံပေးမရသေး၊နော့င့်နေး:ဂျာပါမရြော။ (諺) 先の事を考えてくよくよするな（徳の成果なくとも憂うべからず）

ကုသိုလ်ကံအကြောင်:မလှ[ku.do kan ətʃaun: mə.ɬa.] (形) 巡り合わせが悪い

ကုသိုလ်ကံအရ[ku.do kan əja.] (副) 前世の因縁で、廻り合せによって

ကုသိုလ်ကောင်:မှု[ku.do kaun:mu̥.] (名) 善行、善根、功徳

ကုသိုလ်ကောင်:မှုပြု[ku.do kaun:mu̥. pju.] (動) 善行を施す、善根を積む、功徳を積む

ကုသိုလ်ဆက်[ku.do sʹɛʔ] (動) 功徳を献上する

ကုသိုလ်တပဲ၊ငရဲတပိဿာ။ (諺) 労多くして報われず（功徳は1ぺー、地獄は1ぺイター）

ကုသိုလ်ထူး[ku.do tʹu:] (形) 功徳が大きい、特別

ကုသိုလ်ပြု[ku.do̞ pju.]（動）功徳を積む
ကုသိုလ်ပွင့်[ku.do̞ p'win.]（動）運が開ける、運に恵まれる
ကုသိုလ်ရ[ku.do̞ ja.]（動）善根を責む
ကုသိုလ်ရှာ[ku.do̞ ʃa]（名）善行を求める、功徳を求める
ကုသိုလ်ရှင်[ku.do̞ ʃin]（名）功徳の主、功徳を積んだ人
ကုသိုလ်လဲရ၊ ဝမ်းလဲဝ။（諺）一石二鳥、一挙両得、情は人の為ならず（徳も得られ腹もくちくなる）
ကုသိုလ်အကုသိုလ်ကံ[ku.do̞ a.ku.do̞ kan]（名）善悪の報い
ကုသိနာရုံ[kou'deinnajoun]（名）クシナガラ（釈尊入滅の地） ＝ကုသိနာရုံ
ကူ[gu]（名）①窟、洞窟 ②窟院 ③陵墓
ကူတည်[gu tɛ]（動）窟院を建てる
ကူ[ku]（動）手伝う、協力する、援助する
ကူညီ[kuɲi]（動）協力する、手伝う
ကူညီစောင်မ[kuɲi saunma.]（動）援助する、手助けする
ကူညီထောက်ပံ့[kuɲi t'au'pan.]（動）援助協力する
ကူညီထောက်ပံ့ငွေ[kuɲi t'au'pan. ŋwe]（名）援助金、支援金
ကူညီဖော်ရ[kuɲibo ja.]（動）協力者が得られる
ကူနုတ်[ku no̞u']（動）抜くのを手伝う
ကူပံ့[kupan.]（動）援助する、助成する
ကူပြော[ku pjɔ]（動）口添えする
ကူဖော်လောင်ဖက်[kubɔlaunbɛ']（名）仲間、支援者、協力者
ကူမ[kuma.]（動）支援する
ကူသယ်ပေး[ku tɛpe]（動）運ぶのを手伝う
ကူပွန်[kupun]（名）クーポン ＜英 Coupon
ကူလီ[kuli]（名）労務者、ポーター、苦力
ကူလီခ[kuliga.]（名）ポーター代、労賃
ကူလီထမ်း[kuli t'an]（動）苦力をする、ポーターをする
ကူး[ku]（動）①渡る ရောဝတီမြစ်ကိုကူးသည်။ イラワジ河を渡る ②移る、移り変わる ③広がる、伝染する ④泳ぐ ⑤写す、書き写す ⑥（写真を）焼き付ける ⑦商売する
ကူးခပ်[kuk'a']（動）①泳ぐ ②対岸へ渡る
ကူးချည်သန်းချည်[ku:dʑi tan:dʑi]（副）行ったり来たり
ကူးစက်[ku:sɛ']（動）伝わる、広がる、伝染する

ကူးစက်တတ်သောရောဂါ[ku:sɛ'ta'tɔ: jɔ:ga]（名）伝染病
ကူးစက်ရောဂါ[ku:sɛ' jɔ:ga]＝ကူးစက်တတ်သောရောဂါ
ကူးစက်လောင်ကျွမ်း[ku:sɛ' launtʃun:]（動）延焼する、類焼する
ကူးတို့[gədo.]＝ကူးတို့။
ကူးတို့ခ[gədo.ga.]（名）①渡し賃, フェリー代 ②三途の川の渡し賃
ကူးတို့ဆိပ်[gədo.zei']（名）渡し場、埠頭
ကူးတို့ရေယာဉ်[gədo. jejin]（名）フェリー、渡し船
ကူးတို့သမား[gədo.dəma:]（名）渡し守、渡し舟の船頭
ကူးတို့သင်္ဘော[gədo. tin:bɔ:]（名）フェリー
ကူးပြောင်း[ku:pjaun:]（動）①移る、移動する ②移転する ③移り変わる、変化する、変容する、変貌する、変質する
ကူးဖြတ်[ku:p'ja']（動）渡る、横断する
ကူးယူ[ku:ju]（動）書き写す、写し取る、（絵を）描く
ကူးလာ[ku:lu:]（動）行ったり来たりする
ကူးလာဆက်ဆံ[ku:lu:s'ɛ's'an]（動）①行ったり来たりする、行き交う、交流する ②付き合う、交際する
ကူးလူးပျံ့နှံ့[ku:lu:pjan.n̥an.]（動）拡散する、広がり伝わる
ကူးသန်း[ku:tan:]（動）①移動する ②通過する ③交易する、商売する
ကူးသန်းရောင်းဝေ[ku:tan: jaun:we]（動）交易する
ကူးသန်းရောင်းဝေရေး[ku:tan: jaun:weje:]（名）交易、貿易
ကေ[ke]（接尾辞）人を呼ぶ時に使用。c f. ရေ
ကေတိကာတိ[keti.kati.]（名）言い訳、屁理屈、逃げ口上
ကေတုမတီ[ketu.məti]（地名）タウングーの別名
ကေဒါ[keda]（名）幹部 ＜英 Cadre
ကေသရာဇာ[ketəjaza]（名）百獣の王
ကေသာ[keta]（名）髪、毛髪、頭髪
ကေအင်ဒီအို[keindio]（名）K.N.D.O.（カレン民族防衛組織の略称）
ကဲ[kɛ.]（動）ずらす、そろりそろりと動かす
~ကဲ့[kɛ.]（助）属格ရဲ့の変形、語末が声門閉鎖音で終る名詞の後に現れる ပရုတ်ဆီကဲ့အရသာ 樟脳油の味
~ကဲ့[kɛ.]（助）ရဲ့の変形 ဟုတ်ကဲ့ その通りだ

~ကဲ့လား：[kɛ.la:]（助動）~ရဲ့လား の変形（声門閉鎖音で終る動詞の後に現れる）အုန်းထမင်းကြိုက်ကဲ့လား॥ ココナッツ飯は好きですか ကျောင်းမှန်မှန်တက်ကဲ့လား॥ 学校へはきちんと通っていますか？ ငါပြောတဲ့အတိုင်းဟုတ်ကဲ့လား။ 私が言ったその通りかね？ ရှင်ကျုမကိုချစ်ကဲ့လား။ あなたは本当に私を愛しているの？

ကဲ့ရဲ့[kɛ.jɛ.]（動）けなす、悪口を言う、中傷する

ကဲ့ရဲ့ခံရ[kɛ.jɛ. k'an ja.]（動）けなされる、中傷される

ကဲ့ရဲ့ခုနစ်ရက်၊ ချီးမွမ်းခုနစ်ရက်॥（諺）人の噂も75日（悪口7日、誉め言葉7日）

ကဲ့ရဲ့ခြင်း[kɛ.jɛ. ʧin:]（名）非難

ကဲ့ရဲ့စရာ[kɛ.jɛ. zəja]（名）非難の対象、中傷の的

ကဲ့ရဲ့ပြစ်တင်[kɛ.jɛ. pji'tin]（動）非難する、けなす

ကဲ့ရဲ့သြောပြိုပြိုဟ်[kɛ.jɛ. ṭin:ʤo]（名）毀誉褒貶、中傷と賞賛

ကဲ့ဖွတ်[kɛ.phwɛ']（動）くすねる

~ကဲ့သို့[kɛ.do~gɛ.do.]（助）あたかも~の如く、まるで~のように ဆင်သည်နာမောင်းကိုလက်ကဲ့သို့အသုံးပြုသည်။ 象は鼻をまるで手のように使う ကမ္ဘာကြီးသည်လိမ္မော်သီးကဲ့သို့လုံးဝိုင်းသောသဏ္ဍာန်ရှိသည်။ 地球はまるでミカンのように丸い形をしている

~ကဲ့သို့သော[~gɛ.do.dɔ:]（形）~の如き、~のようなနင်ကဲ့သို့သောသူသည်အဘယ်မျှလောက်ရှိသနည်း။ 次の如き者がいかほど居るのか လိမ္မော်သီး၊ ကျောက်ခဲကဲ့သို့သောပုံသဏ္ဍာန် ミカンや石塊のような形

ကယ်[kɛ]（間）呼掛け（声門閉鎖音で終る名前の後で使用）cf. ရယ်

ကယ်[kɛ] 声門閉鎖音で終る名詞や動詞の後に付けられる韻文での調音詞 သွေးပြည်ပုပ်ကယ်နှင့်၊ စက်ဆုပ်ဘွယ်ကို၊ နှုတ်ဝယ်ကျွန်မျိုပါပြီသည်။ 気味の悪い血や膿を私の口の中に飲み込みました

ကယ်[kɛ]（動）膨らむ、ガスが溜まる ဗိုက်ကယ်သည်။ 腹がもたれる ရင်ကယ်သည်။ 胸がつかえる ရင်ပြည့်ရင်ကယ်ဖြစ်သည်။ 胸焼けがする

ကယ်[kɛ]（動）救う、助ける、救助する、救済する

ကယ်ဆယ်[kɛzɛ]（動）救う、助ける、救助する

ကယ်ဆယ်ရေးပစ္စည်း[kɛzɛje: pji'si:]（名）救援物資

ကယ်ဆယ်ရေးလုပ်ငန်း[kɛzɛje: lou'ŋan:]（名）救助活動

ကယ်တော်မူကြပါ[kɛ dɔmu ʤaba]（動）お助け下さい（救助を求める時の表現）

ကယ်တင်[kɛtin]（動）救う、救助する

ကယ်တင်ရှင်[kɛtinʃin]（名）救助者

ကယ်ပါ[kɛba]（名）乞食、世襲的乞食

ကယ်ပေါက်[gɛbau']（名）動物達の抜け穴

ကယ်လိုရီ[kɛlori]（名）カロリー ＜英 Calorie

ကဲ[kɛ:]（間）さあ、では、じゃ、さて ကဲ-ပြောစမ်းပါအုံး။ さあ、話してご覧 ကဲ-သွားတော့။ じゃ、行き給え ကဲ-မိုးလဲချုပ်ပြီ။ さて、夜も更けた cf. ကိုင်း

ကဲ-ကဲ[kɛ:kɛ:]（間）さあさあ ကဲကဲ-ထိုင်ကြပါအုံး။ さあさあ、御座りなさい

ကဲပါ[kɛ:ba]（間）さて、さあ、ところで＝ကိုင်းပါ ကဲပါ ငါပြောပေးမယ်။ さて、私が言ってあげましょう ကဲပါ ငါကူညီပါမယ်။ さて、私が手伝ってあげましょう

ကဲ[kɛ:]（動）①過ぎる、超える、度が過ぎる、傑出する အနီရောင်ကဲသည် 赤色の度が過ぎる ②支配する

ကဲကြည့်[kɛ:tʃi.]（動）身を乗り出して見る

ကဲလွန်း[kɛ:lun:]（形）限界を超えている、限度を超えている

ကဲလား[kɛ:la:]（名）蔀戸（しとみど）、（扉を上に挙げてつっかい棒で支える構造の）開き戸

ကဲလားချ[kɛ:la.tʃa.]（動）蔀戸を閉める

ကော့[kɔ.]①（動）反らせる、伸ばす、張る ②（形）反った、反り返った ခါးကော့သည် 腰を伸ばす မျက်တောင်ကော့သည် まつ毛が反っている ရင်ကော့သည် 胸を反らす ကျောကော့သည်။ 背を反らす

ကော့လန်[kɔ. lan]（動）反らせる、反り返る

ကော့လပ်ကော့လပ်[kɔ. la'kɔ. la']（副）①腰を反らせて ②いい加減に、杜撰に

ကော့ကော်ကံကား[kɔ.kɔ kanka:]（副）遮って、逆らって、あがらって、反対して、邪魔して သိပ်ပြီးတော့ကော့ကော်ကံကား:တေ့လုပ်မနေနဲ့။ あまり逆らうなよ

ကော့စတာရီကာ[kɔ.sətarika]（国）コスタリカ

ကော်[kɔ]（名）①糊 ကော်ဖြင့်ကပ်သည်။ 糊で貼る ကော်သုတ်သည်။ 糊を付ける ②澱粉 ③セルロイド

ကော်ကပ်[kɔ ka']（動）糊付けする

ကော်စေး[kɔzi:]（名）樹脂

ကော်တင်[kɔ tin]（動）糊付けをする

ကော်ဓာတ်[kɔ da']（名）澱粉質

ကော်ပြား[kɔbja:]（名）フィルム ＝ဖလင်ပြား

ကော်ဘီး[kɔ bi:]（名）セルロイドの眼鏡

ကော်မုန့်[kɔmoun.]（名）澱粉、小麦粉、片栗粉

ကော်ရုပ်[kɔ jou']（名）セルロイド人形

ကော်သကြား‌ဓာတ်[kɔ dəga:da']（名）炭水化物

ကော်[kɔ]（民族）アカ族（シャン州東部に住むチベット・ビルマ語系の民族）

ကော်[gɔ]（名）スコップ、シャベル、十能

ကော်[kɔ]（動）①（挺子で）持ち上げる、掬い上げる

ပေါက်ပြား-နှင့်မြေကြီး-ကိုကော်သည်။ シャベルで土を掘起した ②（俗）ぼろ儲けをする、儲かる、甘い汁を吸う、うまい具合にいく、得をする ဒီနေ့တော့ကော်တာဘဲ။ 今日は儲かった（しめた、得をした）

ကော်ကောင်း[kɔ kaun]（動）媚び諂う、歓心をかう、機嫌を取る、すり寄る

ကော်ပြား[gɔbja]（名）シャベル、スコップ、塵取り

ကော်ဆဲ[kɔsʻɛ]（動）罵る、悪態をつく

ကော်ဇော[kɔzɔ:]（名）絨毯、カーペット ကော်ဇောခင်းသည်။ 絨毯を敷く、カーペットを敷く

ကော်ပီ[kɔpi]（名）①コピー、写し、複写 ②原稿

ကော်ပီ[gɔbi]（植）キャベツ

ကော်ပိုရေးရှင်း[kɔpore:ʃin:]（名）公社 ＜英

ကော်ပြန့်ကြော်[kɔpjan.ʥɔ]（名）（中華料理の）春巻

ကော်ဖီ[kɔpʻi~kapʻi]（名）コーヒー＜英語Coffee

ကော်ဖီပန်းကန်လုံး[kɔpʻi bəganloun:]（名）コーヒー茶碗

ကော်ဖီဖျော်[kɔpʻi pʻjɔ]（動）コーヒーを入れる

ကော်ဖီရောင်[kɔpʻi jaun]（名）コーヒー色＝ဇော်ဂျီရောင်

ကော်ဘာ[kɔba']（植）①ゴムノキ、パラゴムノキ（トウダイグサ科）Hevea brasiliensis ＝ကြက်ပေါင်ပင် ②マニホット・ゴムノキ（トウダイグサ科）Manihot glaziovii

ကော်ဖတ်[kɔba']（名）紙やすり、サンドペーパー

ကော်ဖတ်စာ[kɔba' sa:]（動）サンドペーパーで磨く

ကော်မတီ[kɔməti]（名）委員会＜英 Committee

ကော်မရှင်[kɔməʃin]（名）①審議会、委員会 ②手数料、口銭 ＜英 Commission

ကော်လာ[kɔla]（名）襟、カラー

ကော်လံ[kɔlan]（名）（新聞の）コラム、欄

ကော[kɔ:]（動）①（底が）浅くなる ချောင်းကောသည် 川底が浅くなる မြစ်ကောသည်။ ②衰退する ③無駄になる、役に立たなくなる ④自慢する、威張る

~ကော[kɔ:~gɔ:]（感）文末で使用、~だねえ、~ではないか、確かに~だ ညည့်နက်လာပါပြီကော။ 夜が更けてしまったね ဉီသံမွေး့သွားပြီကော။ サイレンが鳴ってしまったね မတွေ့ရတာတော်ကြာပါပကော။ 随分久し振りだねえ cf. -ပါပကော။ -ပါပြီကော။

~ကော[kɔ:~gɔ:]（助）両者の比較による疑問、~は、~どうなんだ？ ~の方は如何？ ညစာကောစားပြီပြီလား။ 夕飯はどうなんだね、もう食べ終わったのか

ဖတ်လို့ကော ဖြစ်ပါ့မလား။ 読むのはどうかね？ ちゃんとできるのか？ အဖေကောထထားပြီလား။ お父さんはどうなの、もう起きているのか ငါ့ကိုကောညာနိုင်ပါ့မလား။ どうなんだ、僕を騙せるものか အရင်ကရောက်ဖူးသလား။ 以前にはどうなの、来た事があるのか လုပ်ငန်းတွေကောဟန်ကျရဲ့လား။ 仕事はどうなんだ、うまく行っているのか

ကောဇာသက္ကရာဇ်[kɔ:za dəgəjiʼ]（名）ビルマ暦（西暦６３８年を元年とする）

ကောဏာဂုံဘုရား[kɔ:nagoun pʻja:]（名）拘那含牟尼仏（釈迦牟尼仏より３代前の仏陀）

ကောလာဟလသတင်း[kɔ:lahəla. dədin:]（名）噂、流言飛語

ကောလိသိန်[kɔ:li.tein]（植）チョウセンニンジン（ウコギ科）Panax ginseng

ကောလိပ်[kɔ:leiʼ]（名）単科大学 ＜英 College

ကို[ko~go]（男性名に添付する称号）相手が同年配又は年下の場合に使用する、~君 ကိုအောင်သိန်း။ アウンテイン君

ကို[ko~go]（助）①対格、~を ငါဒီသစ်ပင်ကိုခုတ်မယ်။ 僕はこの木を伐採する တဖက်အသင်းကိုအထင်သေးနဲ့။ 相手チームをなめるな သူငယ်ချင်းလာ၍ကြိုနေသည်ကိုတွေ့ရ၏။ 友達が出迎えに来ているのが見えた ②与格 ~に ငါ့ကိုဒုက္ခမပေးနဲ့။ 僕には迷惑をかけるな အဖေကို ငါ့အရည်အချင်းပြမယ်။ お父さんに僕の能力を見せよう ③方向を示す、~へ မေမြို့ကိုသွားမယ်။ メー町へ出かける ④~に付き တနေ့ကိုတနာရီလမ်းလျှောက်ရတယ်။ 1日1時間は歩く အစိုးရကတနေ့ကိုငါးကျပ်ပေးတယ်တဲ့။ 政府が1日5チャッ支給してくれるそうだ

~ကိုကာ[goga:]（助）目的語の強調 သူ့ကိုကာ：မရံရုင် ငါ့တို့ကိုသူကရံမည်အဟန့်အရှိသည်။ 彼を包囲する事はできない、我々を彼が包囲しそうな形勢だ ခင်းဦးရွာမျှ ကိုကာ：ဂါရာ့လေး：လောက်ကိုချ်နှင့်ရသည်။ たかがキンウー村如きをと歯牙にも掛けず早々と進軍した

~ကိုကော[gogɔ:]（助）目的語についての疑問 သူ့အသံကိုကောကျက်မိရဲ့လား။ 彼の声については、どうかね、聞き覚えがあるかね？

~ကိုတော့[godɔ.]（助）目的語の強調 အိမ်ရှင်ကိုတော့မပြောဘူး။ 大家へは言わない

~ကိုတောင်[gotaun]（助）目的語の強調、~さえ、~でさえも မျက်နှာကိုတောင်မကြည့်ချင်ဘူး။ 顔も見たくない အစ်ကိုကိုတောင်မယုံတူးလား။ 兄でさえ信用しないのか

~ကိုဘဲ[gobɛ]（助）対格の限定、~だけを、~だけに ကျွန်တော်တို့ကဒါကိုဘဲလိုချင်တာ။ 私達が欲しいのはこれなんだ အခက်အခဲရှိရင်ကျွန်တော့်ကိုဘဲပြောပါ။ 困っ

た事があれば私に言いなさい
~ကိုမှ [goma.]（助）目的語の絶対否定、~にも、~に対しても ဘယ်သူ့ကိုမှမပြောပါနဲ့။ 誰にも言うな ဝတ်ဆင်အပ်သောထမိန်ကိုမျှသတိမရှိဖြစ်ခဲ့သည်။ 自分が着るべきスカートにさえ気が付かなかった
~ကိုမျှ [gomja.]（助・文）＝ကိုမှ
~ကိုလဲ [golɛ:]（助）~をも သေသွားတဲ့အခါကျတော့ ရှိသမျှပစ္စည်းအားလုံးကိုလဲစွန့်ပစ်ထားခဲ့ရမယ်။ 死ぬ時には財産全てを後に残さなければならない
~ကိုလည်း [goli:]（助・文）＝ကိုလဲ
~ကိုလျက် [goljɛ']（助・文）~でさえも အဝပြည်ကြီးကိုလျက်အလွယ်တကူရလေသည်။ アワの大国でさえやすやすと手に入れた
~ကိုသာ [goda]（助）対格の限定、~だけを、~だけに ကြိုက်မကြိုက်ကိုသာပြောပါ။ 好きか嫌いかだけ言いなさい သခွား:သီးကိုသာစားသည်။ キュウリだけを食べた သူတို့လာလာလာကိုသာမျှော်ရတော့သည်။ 彼らが来るのを待つだけだった
ကို [ko]（助）①副詞の強調 ကောင်းကောင်းကိုမအိပ်ရဘူး။ 存分には眠れなかった နေကလဲခြစ်ခြစ်တောက်ကိုပူနေတယ်။ 日差しがじりじりと暑い စစ်ဆေးရတာနဲ့ ကိုအချိန်ကုန်နေတာဘ။ 取調べで時間がかかってしまった ဘာမှကိုသတိမရတော့ဘူး။ 何も思い出せない လှေတွေစင်းမှကိုမမြင်ရသေးဘူး။ 船はまだ1隻も見当らない ②同じ動詞を繰返しその間に挟んで絶対性を示す သွားကိုသွားမယ်။ 絶対に行くんだ ဝတ်ကိုဝတ်ရမယ်။ 絶対に着なければならない သိကိုမသိကြဘူး။ 知りもしない ကျုပ်တော့ယုံကိုမယုံဘူး။ 僕は絶対に信じない ဒီကတော့ပေးကိုမပေးဘူး။ 我々は絶対に渡さない ဒီမြွေကျတော့သေကိုမသေနိုင်သေးဘူး။ この蛇は（しぶとい）まだ死なない
ကို [ko]（助）文末で使用、話者の感心、感嘆、納得を示す ဒါကြောင့်သူကမာနကြီးတာကို။ だから彼は横柄なんだね လုပ်သက်အင်မတန်နေသေးတာကို။ 職歴は未だ浅いんだね မင်းကခေါင်းမာနေတာကို။ 君は頑固なんだね
ကိုက [goga.]（助）主格の強調 ဒီကောင်ကိုကရှုပ်ပါဘိယ်။ こいつは一筋縄で行く奴ではない စာအုပ်ကိုက လေးလိုက်တာ။ 本は重いなあ ဝယ်ရင်ဈေးကိုက နေ့တက်တက်နေတာ။ 元値は日に日に騰貴している သူဘဝအတွေ့ကိုကထူးခြားဆန်းကျယ်လှသည်။ 彼の人生体験は誠に珍しい
ကိုကို [koko]（名）①（親愛の情を示す）お兄ちゃん ②（妻から夫への、または女性から恋人への呼掛け）お兄様、あなた
ကိုကြီး [kodʑi:]（名）上の兄

ကိုလေး [kole:]（名）下の兄
ကိုကို [koko:]①（名）ココア ②（植）カカオ（アオギリ科）Theobroma cacao
ကိုကင်း [kokin:]①（名）コカイン ②（植）コカ（コカ科）①Erythroxylon coca ②Erythroxylon burmanicum
ကိုကင်းဂိုဏ်း [kokin: gain:]（名）コカイン・カルテル
ကိုဒိုမျက်သီးဆန် [kodo mjɛ'ti:zan]（植）スズメノヒエ（イネ科）Paspalum scorbiculatum
ကိုရီးယား [kori:ja:]（名）朝鮮、韓国
ကိုရင် [kojin]（名）沙弥、見習僧 ＝သာမဏေ
ကိုရင်လူထွက် [kojin ludwe']（名）沙弥から還俗した者
ကိုရင်ဝတ် [kojin wu']（動）得度する、沙弥になる
ကိုလိုနီ [koloni]（名）植民地 ＜英 Colony
ကိုလံဘီယာ [kolanbija]（国）コロンビア
~ကိုး [ko:]（助）文末で使用、予期しなかった事、驚き等を現わす、~じゃないか、確かに~だね、やはり~だね ဒီလိုကိုး။ そういう事か ဩ-မိတ်ဆွေကြီးလဲပါသကိုး။ アー、あなたもいたんですね မင်းကအခုမှနားလည်တာကိုး။ 君は今やっと判ったのか တို့ဗမာပြည်မှာကပဲလား ကျည်းဘဲကိုး။ ビルマの国なのにインド人ばかりだな မင်းနားတွေကထယ်ရိုင်းတာကိုး။ 君の所の牛はなんと荒っぽいんだな ဘုရားအကြောင်းတရားအကြောင်းတယ်ပြောသကိုး။ 仏や仏法の事をずいぶんと話すのね သေနတ်ပစ်ဝါသနာပါတာကိုး။ 射撃の趣味があるんだね ရထားတညအိပ်ရတာကိုး။ 列車は1晩停車するんだね
ကိုး [ko:]（数）九、数字の形は ၉
ကိုးကြောင်း [ko: tɕaun:]（名）九九 ကိုးတလီကိုး၊ ကိုးနှစ်လီဆယ်ရှစ် 九一が九、九二＝十八
ကိုးခရိုင် [ko: k'əjain]（名）九つの県（チャウセー地方の別称）
ကိုးခု [ko:gu.]（数）九つ、九個
ကိုးဆယ် [ko:zɛ]（数）九十
ကိုးဆယ့်ခြောက်ပါးသောရောဂါ [ko:zɛ.t'ʃau'pa:do: jɔ:ga]（名）諸々の病、万病、老衰（九十六種の病）
ကိုးဆယ့်တစ္ဆနအုပ်ချုပ်ရေး [ko:zɛ.tət'ana. ou't'ʃou'je:]（名）1937年のインド、ビルマ分離後の統治形態
ကိုးတန်း [ko:dan:]（名）第九学年
ကိုးထောင် [ko:daun]（数）九千
ကိုးပါးသီလ [ko:ba: tila.]（名）九戒（ရှစ်ပါးသီလ 八戒に祈祷が加わったもの）
ကိုးမီး [ko:mi:]（名）バカラ（カードを3枚ずつ配

って遊ぶトランプ遊び）
ကိုးမီးရိုက်[ko:mi: jaiʔ]（動）バカラをする
ကိုးမြို့ရှင်[ko:mjo.ʃin]（名）上ビルマの地方神
ကိုးရာ[ko:ja]（数）九百
ကိုးသောင်း[ko:ḍaun:]（数）九万
ကိုးသိန်း[ko:ḍein:]（数）九十万
ကိုးသန်း[ko:ḍan:]（数）九百万
ကိုး[ko:]（動）①基く、根拠とする ②頼る、依拠する ③礼拝する、崇拝する、信仰する
ကိုးကာ[ko:ka:]（動）頼る、依る、依拠する、引用する
ကိုးကွယ်[ko:gwɛ]（動）信仰する、信心する
ကိုးကွယ်ခွင့်[ko:gwɛgwin.]（名）信教の権利
ကိုးကွယ်ရာ[ko:gwɛja]（名）信仰の対象
ကိုးစား[ko:za:]（動）期待を寄せる、頼る、依存する
ကိုးရိုးကွယ်ရိုးရှိ[ko:jo:kwɛjo:ʃi.]（動）昔から信仰している、代々信仰している、伝統的に信仰している
ကိုးကန့်[ko:gan.]（名）コーカン族（シャン州東北部に住む漢民族）
ကိုးရိုးကားယား[ko:jo:ka:ja:]（副）混乱して、無秩序で、変な具合で、ちぐはぐで、妙ちくりんで、不似合いで、不様で、ぎこちなく、不器用で、でたらめに、ごたごたと ကိုးရိုးကားယား:တွေရောက်လုပ်မနေနဲ့။ やたらと妙な事はするな သစ်ကိုင်းခြောက်များကိုးရိုး:ကားယား:ဖြစ်သည်။ 沢山の枯枝が散らばっている
ကိုးရိုးကားယား:နိုင်လှ[ko:jo:ka:ja: nainḷa.]（形）不格好だ、不器用だ
ကိုးရိုးကားယား:[ko:jo:ka:ja:]=ကိုးကားယား:
ကိုးလန်ကန်လန်[ko:lo:kan.lan.]（副）逆って、反対して、逆らって、すねて
ကိုးလန်ကန်လန်လုပ်[ko:lo:kan.lan. louʔ]（動）逆らう、反対する ကိုးလန်ကန်လန်လုပ်မနေနဲ့。 あまり手を焼かせるなよ
ကိုယ်[ko.]（代）自分の
ကိုယ့်ကိုယ်ကို[ko.kogo]（副）自分自身で ကိုယ့်ကိုယ်ကိုသတ်သေသည်။ 自殺する
ကိုယ်ကိုကိုယ်[ko.go ko]（副）自分自身、我と我が身を
ကိုယ့်ကိုယ်ကိုဖော်.မသူတော်ခနှစ်ပါ။（慣）わが身の宣伝、畜生七種（インドコキンメフクロウ、オニカッコウ、セグロカッコウ、インドトサカゲリ、オオヤモリ、フタオビヒメコノハドリ等、自分の名を叫ぶ生き物）、自己顕示、目立ちたがり屋の意で使う
ကိုယ်ကိုယ်တိုင်[ko.kodain]（名）自分自身

ကိုယ်ငါးချဉ်.ကိုယ်ချဉ်။（諺）自画自賛、手前味噌、強い自惚れ（自分が作ったなれ寿司は酸い）
ကိုယ်စပ်နှံ့ခြင်း.မရှိင်း။（諺）他人への思いやり（我が心と比べよ、穏和になる）
ကိုယ်တိုင်ပြည်[ko. tain:pji]（名）自分の国、祖国
ကိုယ်ထမင်းကိုယ်စား.ကြီးတော်နှာ:အလကားကြောင်း။（諺）お人好し（手弁当で伯母の牛の世話をする）
ကိုယ်တီး:ကိုယ်နန်း[ko.t'i: ko.nan:]（名・副）独立した形で、自分達の王統で
ကိုယ်တီး:ကိုယ်နန်း.ကိုယ်ကြေငြန်း.နဲ့[ko.t'i: ko.nan. ko.tʃəɲan:nɛ.]（副）完全に独立していて
ကိုယ်ဒူး:ကိုယ်ချုပ်[ko.du: ko tʃun]（副）自前で、自分の力を頼りに、自立自尊で、独立独歩で
ကိုယ်နေရာတွင်ကိုယ်[ko.nejadwin ko]（副）自分の場所に応じて
ကိုယ်နေရာနဲ့ကိုယ်[ko.nejanɛ. ko]（副）各自に応じて
ကိုယ်နောက်[ko.nauʔ]（名）自分の後
ကိုယ်နည်း:ကိုယ်ဟန်[ko.ni: ko.han]（名）自分なりのやり方
ကိုယ်ပေါင်.ကိုယ်လှန်ထောင်း။（諺）わが身に跳ね返る、因果は巡る（我が太股を自分で肘打ちする）
ကိုယ်ဖင်ကိုယ်မနိုင်.ပဲကြီးဟင်းသော။（諺）自信の無い事には手を出すな（我が尻さえ制御できずに、フジマメ料理を食う）
ကိုယ်ဘာသာ[ko.p'aḍa]（副）勝手に、自分勝手に
ကိုယ်ဘက်[ko.bɛʔ]（名）自分の方
ကိုယ်ဘက်ကတော့[ko.bɛʔkədɔ.]（名）自分の方は
ကိုယ်မင်း:ကိုယ်ချင်း[ko.min: ko.tʃin:]（名）独立独歩、自主自立
ကိုယ်မင်း:ကိုယ်ချင်းအဖွဲ့[ko.min:ko.tʃin əp'wɛ.]（名）1937年のインド・ビルマ分離の時に「我等ビルマ人連盟」が創設した政党、3議席を獲得した
ကိုယ်မျက်ချေး:ကိုယ်မမြင်.သူများမျက်ချေး:ကိုယ်မြင်။（諺）他人の1寸、我が1尺、人の振り見て我が振り直せ（わが目糞我には見えず、他人の目糞我に見ゆ
ကိုယ်မြင်း:ကိုယ်စိုင်:.စစ်ကိုင်း:ရောက်ရောက်။（諺）馬耳東風、我が道を行く（我が馬を早駆けさせる、仮令サガインに到達しようと）
ကိုယ်ရှု:ကိုယ်ပတ်[ko.ʃu: ko paʔ]（格言）天に唾する、自業自得だ、天罰覿面だ
ကိုယ်လု[ko.lu]（代）君（二人称、味方の者）
ကိုယ်လိပ်ပြာ[ko.leiʔpja]（名）自分の良心
ကိုယ်လိပ်ပြာကိုယ်[ko.leiʔpja ko]（副）我ながら
ကိုယ်လှေကိုယ်ထိုး:.ပဲခူး:ရောက်ရောက်။（諺）最後までやり

ကိုယ့်ဝမ်းနာ၊ ကိုယ်သာသိ။

抜く、後の事は構わず（我が舟を漕ぐ、仮令ペグーに辿り着こうとも）

ကိုယ့်ဝမ်းနာ၊ ကိုယ်သာသိ။（格言）苦痛は他人には判らぬ（我が腹の痛み、我のみぞ知る）

ကိုယ်ဟာကိုယ်[ko.ha ko]（副）自分で、自分なりに、勝手に、一人で

ကိုယ်အတတ်နဲ့ကိုယ်စူ။（諺）自業自得（自分の技で自ら傷つく）

ကိုယ်အား၊ ကိုယ်ကိုး[ko.a: ko ko:]①（動）自立する、自活する、自力で暮す ②（副）自力で、我が力を頼りに、自力本願で

ကိုယ်အင်ကိုယ်အား[ko.in ko.a:]（名）自らの力、自分達の財力

ကိုယ်အိမ်ကိုယ်[ko.ein ko]（副）各自我が家へ

ကိုယ်အိမ်ကိုယ်ရွာ[ko.ein ko.jwa]（名）我が故郷

ကိုယ်[ko]（名）体、身体、肉体

ကိုယ်ကာယ[ko kaya.]（名）体、身体

ကိုယ်ကောင်းရင်ခေါင်းဘယ်မရှေ။（諺）正しければ泰然自若（胴体よければ、頭はどこへも動かない）

ကိုယ်ကျပ်အင်္ကျီ[kodʑa' in:dʑi]（名）女性用肌着

ကိုယ်ခန္ဓာ[ko k'anda]（名）肉体、身体

ကိုယ်ခန္ဓာအစိတ်အပိုင်းအစားထိုးလဲလှယ်မှု[kok'anda əsei'əpain: əsa:t'o: lɛːɪ̯ɛ.m̥u.]（名）臓器移植

ကိုယ်ခန္ဓာအပူချိန်[kok'anda əpudʑein]（名）体温

ကိုယ်ခံပညာ[kogan pjiɲa]（名）護身術（柔道、空手など）

ကိုယ်ခဲ[kogwɛ:]（名）①後継者 ②分身、身代わり、代用

ကိုယ်ငွေ့[koŋwe.]（名）体温、体のぬくもり

ကိုယ်စိတ်နှစ်ဖြာ[ko sei' nəp'ja]（名）心身共々

ကိုယ်ဆက်အမွှာ[kozɛ' əmwa]（名）シャム双生児

ကိုယ်ခြမ်းသေ[ko tətʃan te]（動）半身不随になる

ကိုယ်ခြမ်းသေရောဂါ[ko tətʃande jɔːga]（名）半身不随

ကိုယ်တပိုင်း[ko dəbain:]（名）半身

ကိုယ်တပိုင်းသေ[ko dəbain: te]（動）半身不随に

ကိုယ်တုံးလုံး[ko toun:loun:]（名）裸、裸体

ကိုယ်တုံးလုံးအက[kotoun:loun: əka.]（名）ヌード・ショウ、ヌード・ダンス

ကိုယ်ထဲဝင်အစိတ်အပိုင်း[koudwin: inga əsei'əpain:]（名）五臓六腑

ကိုယ်ထည်[kodɛ]（名）①上体、上半身、胴体 ②本体 ③（自動車の）ボディー

ကိုယ်ထင်ပြ[ko t'inpja.]（動）姿を現わす、本性

を現わす

ကိုယ်နံ့[konan.]（名）体臭

ကိုယ်နေကိုယ်ထာ[kone koda]（名）体つき、体の様子

ကိုယ်နေကိုယ်ဟန်[kone kohan]（名）体つき、体の格好

ကိုယ်ပူ[ko pu]①（形）熱がある、発熱している ②[kobu]（名）発熱

ကိုယ်ပူကျ[kobu tʃa.]（形）熱が下がる

ကိုယ်ပူရှိန်[kobuʃein]（名）体温

ကိုယ်ပူဖလက်ပဖ[kobji' lɛ'pji']（副）手足をだらんとさせて、疲労困憊して

ကိုယ်ပြည့်လက်ပြည့်[kobje. lɛ'pje.]（名）懐妊、妊娠

ကိုယ်ပွါး[kobwa:]（名）分身

ကိုယ်ဖိရင်းဖိ[kobi. jinbi.]（副）心を込めて、力一杯、全身込めて、全身全霊で ကိုယ်ဖိရင်ဖိကူညီသည်။ 誠心誠意協力した ကိုယ်ဖိရင်ဖိပြုစုသည်။ 心を込めて介抱した ကိုယ်ဖိရင်ဖိလေ့ကျင့်ပေးသည်။ 全身全霊を込めて訓練してくれた

ကိုယ်မကောင်းဘူး[ko məkaun:bu:]（形）癩病を患っている

ကိုယ်မသန့်ဖြစ်[ko mətan. p'ji']（動）癩病を発病する

ကိုယ်ရေပြာရောဂါ[kojebja: jɔːga]（名）ハンセン氏病、癩病

ကိုယ်ရောစိတ်ပါ[kojɔ: sei'pa]（副）熱心に、熱意をもって、心身共々

ကိုယ်ရောင်ပြ[kojaun pja.]（動）①姿を現わす ②ほのめかす

ကိုယ်ရောင်ဖျောက်[kojaun p'jau']（動）姿を消す、身を隠す、行方をくらます

ကိုယ်ရံတော်[kojandɔ]（名）護衛、ガード

ကိုယ်ရံတော်တပ်[kojandɔ ta']（名）親衛隊、近衛部隊

ကိုယ်ရံ[kojon]（名）七条、上衣、出家の三衣の一つ ＝ကော။

ကိုယ်ရှိန့်သတ်[koʃein ta']（動）①気持を鎮める、事態を沈静させる ②取り澄ます、取り繕う

ကိုယ်လေး[kole:]（名）体重

ကိုယ်လေးလက်ဝန်[kole:lɛ'wun~win]（名）出産間近、臨月

ကိုယ်လေးလက်ဝန်နှင့်[kole:lɛ'wun nɛ.]（副）臨月の身で

ကိုယ်လေးလက်ဝန်ဖြင့်[kole:lɛ'wun p'jin.]=ကိုယ်လေးလက်ဝန်နှင့်

ကိုယ်လေးလက်ဝန်ရှိ[kole:lɛʔwun ʃi.]（動）身篭っている、臨月の身だ

ကိုယ်လက်[kolɛʔ]（名）四肢

ကိုယ်လက်ကျန်းမာရေး[kolɛʔ tʃan:maje:]（名）健康、保健

ကိုယ်လက်ကြွခိုင်ရေး[kolɛʔ tʃan.k'ain je:]（名）体育、スポーツ

ကိုယ်လက်နှီးနှော[kolɛʔ n̪i:n̪ɔ:]（動）性交する

ကိုယ်လက်မသန်စွမ်းဘူး[kolɛʔ mət̪answan:bu:]（形）体が不自由だ、身体不具だ

ကိုယ်လက်ရင်းနှီးစွာဆက်ဆံ[kolɛʔ jin:n̪i:zwa sʼɛʔ sʼan]（動）肉体関係をもつ

ကိုယ်လက်လှုပ်ရှားမှု[kolɛʔ ɬ̪ouʃa:m̪u.]（名）スポーツ、運動

ကိုယ်လက်သုတ်သင်[kolɛʔ t̪ouʔt̪in]（動）排泄する

ကိုယ်လက်အမူအရာ[kolɛʔ əmu əja]（名）体の様子

ကိုယ်အင်္ဂါ[kolɛʔ inga]（名）身体器官

ကိုယ်လုံးကိုယ်ထည်[koloun: kodɛ]（名）体、体躯、体つき

ကိုယ်လုံးကိုယ်ထည်ကောင်း[koloun: kodɛ kaun:]（形）体格がよい、頑丈な体をしている、大柄な体格をしている

ကိုယ်လုံးကိုယ်ပေါက်[koloun: kobauʔ]（名）体格、体つき

ကိုယ်လုံးပေါ်မှန်[kouloun:bɔ m̪an]（名）姿見

ကိုယ်လွတ်ရုန်း[koluʔ joun:]（動）自分一人だけ逃れる

ကိုယ်လွတ်လက်လွတ်[koluʔ lɛʔluʔ]（副）①何も持たずに、身一つで ②心配なく、不安なく ③単身で、独身で

ကိုယ်လုပ်တော်[koluʔtɔ]（名）①女御、側室 ②女官

ကိုယ်လုပ်မောင်းမ[koluʔ maun:ma.]（名）側室、女官、侍女

ကိုယ်ဝတ်[kowuʔ]（名）＝ ကိုယ်ရံ

ကိုယ်ဝန်[kowun~kowin]（名）妊娠

ကိုယ်ဝန်ဆောင်[kowun sʼaun]①（動）妊娠する、身篭る ②[kowunzaun]（名）妊婦

ကိုယ်ဝန်ဆောင်အမျိုးသမီး[kowunzaun əmjo: dəmi:] ＝ကိုယ်ဝန်ဆောင်

ကိုယ်ဝန်နေ့စေ့လစေ့နှင့်[kowun ne.zi. la.zi. nɛ.]（副）臨月で

ကိုယ်ဝန်ပျက်[kowun pjɛʔ]（動）流産する

ကိုယ်ဝန်ဖျက်[kowun pʼjɛʔ]（動）堕胎する

ကိုယ်ဝန်ဖျက်ချမှု[kowun pʼjɛʔtʃa.m̪u]（名）堕胎、堕胎罪

ကိုယ်ဝန်ရှိ[kowun ʃi.]（動）身篭る、妊娠する

ကိုယ်ဝန်သည်[kowund̪ɛ]（名）妊婦

ကိုယ်ဝန်အရင့်အမာ[kowun əjin.əma]（名）臨月

ကိုယ်သုတ်ပုဝါ[kod̪ou pəwa]（名）タオル

ကိုယ်ဟန်[kohan]（名）身振り

ကိုယ်ဟန်ပြ[kohan pja.]（動）ジェスチャーで示す

ကိုယ်အလေးချိန်[ko əle:dʑein]（名）体重

ကိုယ်အား[ko a:]（名）体力

ကိုယ်အင်္ဂါ[ko inga]（名）身体器官、身体各部

ကိုယ်အင်္ဂါချို့တဲ့သူ[ko inga tʃʼotɛ.dɛ. tu]（名）身体不具者

ကိုယ်အင်္ဂါထိခိုက်မှု[ko inga t'ik'aiʔm̪u.]（名）身体障害、身体障害罪

ကိုယ်အင်္ဂါအစိတ်အပိုင်း[ko inga əseiʔəpain:]（名）身体器官、四肢

ကိုယ်အစိတ်အပိုင်း[ko əseiʔəpain:]（名）四肢、身体器官

ကိုယ်[ko]（名）①君、汝 ②私 ③自己、自身

ကိုယ်ကကျူးကိုယ်ဒူးမှမယုံရ။（諺）我が身ほど可愛いものはない、他人を見たら泥棒と思え（踏み出した我が足さえも信じられぬ）

ကိုယ်ကျိုး[kodʑo:]（名）利己、私利

ကိုယ်ကျိုးစွန့်[kodʑo: sun.]（動）自己を犠牲にする

ကိုယ်ကျိုးနည်[kodʑo: nɛ:]（形）損をする、犠牲を蒙る

ကိုယ်ကျိုးရှာ[kodʑo: ʃa]（動）打算的だ、私利私欲を図る

ကိုယ်ကျိုးရှာသမား[kodʑo:ʃa dəma:]（名）利己主義者、エゴイスト

ကိုယ်ကျိုးသုံးစွဲ[kodʑo: toun:swɛ:]（動）私腹を肥やす

ကိုယ်ကျင့်တရား[kodʑin.təja:]（名）道徳、倫理

ကိုယ်ချင်းစာ[kodʑin:sa]（動）思いやる、労る

ကိုယ်ချင်းစာနာ[kodʑin: sana] ＝ကိုယ်ချင်းစာ

ကိုယ်ချင်းစာတရား[kodʑin:sa təja:]（名）思いやり、労り

ကိုယ်စား[koza:]（名）代わり、代理 （副）代理で

ကိုယ်စားပြု[koza: pju.]（動）①代表する ②代理をする

ကိုယ်စားလှယ်[kozəlɛ]（名）代表

ကိုယ်စားလှယ်ယူ[kozəlɛ ju]（動）代理権を得る

ကိုယ်စားလှယ်အဖွဲ့[kozəlɛ əpʼwɛ.]（名）代表団、使節団

ကိုယ်စီ[kozi]（副）各自、各人、各々　တာဝန်ကိုယ်စီယူထားသည်။ それぞれ任務を分担する

ကိုယ်စီကိုယ်င့[kozikoɲa.]（副）各自、各人、各々

ကိုယ်စိုးကိုယ်ပိုင်ပြု[kozo:kobain pju.]（動）主体的に行動する、自分で判断し自分で行動する

ကိုယ်စောင့်နတ်[kozaun.na']（名）個人の守護神、守護霊

ကိုယ်တူပြု[kodu pju.]（動）対等に接する

ကိုယ်တော်[kodɔ]（名）（国王や出家、比丘等への尊称）陛下、お坊様、貴方様、御貴殿、御尊体

ကိုယ်တော်ကြီး[kodɔdʑi:]（名）御尊体、（王族に対して）殿下

ကိုယ်တော်ချော[kodɔtɕɔ:]（名）男前、大将、先生（幾らか揶揄して）、奴さん

ကိုယ်တော်မြတ်[kodɔmja']（名）①仏様、お釈迦様 ②（揶揄的に）先生、奴さん

ကိုယ်တို့[kodo.]（代）①二人称、君達 ကိုယ်တို့ဘယ်သွားကြမလဲ။ 君達はどこへいくのか？ ②一人称 僕達 ကိုယ်တို့ဘယ်သွားကြမလဲ 僕達はどこへ行こうか ကိုယ်တို့ကတော့ဒါမျိုးမလုပ်ဖူး။ 僕達は、そんな事はしない

ကိုယ်တိုင်[kodain]①（名）自身 ②（副）自ら、自身が、自で

ကိုယ်တိုင်ကိုယ်ကျ[kodain koʥa.]（副）自分自身でしっかりと、自分流に

ကိုယ်တိုင်ကိုယ်ကြပ်[kodain koʥa']（副）自らちゃんと、自らしっかりと、自らきちんと

ကိုယ်တိုင်ရေးအတ္ထုပ္ပတ္တိ[kodain je: a't'ou'pa'ti.]（名）自叙伝

ကိုယ်တိုင်လှည့်ရပ်ဝေးတယ်လီဖုန်း[kodainlɛ. ja'we:tɛlip'oun:]（名）自動式市外電話

ကိုယ်တွေ့[kodwe.]（名）体験

ကိုယ်တွေ့မျက်မြင်[kodwe.mjɛ'mjin]（名）自分自身の経験、自分自身の見聞、実際の体験

ကိုယ်တွင်းရေး[kodwin:je:]（名）自分の事、内緒話

ကိုယ်ထဲလက်ရောက်[kodi.lɛ'jau']（副）自ら、本人自ら、自分自身で実際に

ကိုယ်ထီး[kodi:]（名）寄る辺なき身、天涯孤独

ကိုယ်ထီးကျန်ဘဝ[kodi:ʥan bəwa.]（名）孤独の身

ကိုယ်ထူကိုယ်ထ[kot'u kot'a.]（副）自分の力で、他人に頼らずに、自立して

ကိုယ်ထူးကိုယ်ချွန်[kodu:kotʃun]（副）自力で、自らの力で、自分に努力して、他人に頼らず

ကိုယ်ထင်ရင်ကုတင်ရွှေနန်း။（諺）住めば都（自分が信じれば、寝台とて宮殿）

ကိုယ်နှစ်သက်လျှင်ထန်းပလပ်နတ်ရုပ်ထင်။（諺）鰯の頭も信心から（我が好み、扇椰子の枝を神像とぞ思う）

ကိုယ်ပိုင်[kobain]①（名）私有、個人所有 ②（形）自己所有の

ကိုယ်ပိုင်ကား[kobain ka:]（名）自家用車、マイカー

ကိုယ်ပိုင်ကျောင်း[kobain tʃaun:]（名）私立学校

ကိုယ်ပိုင်ဆိုင်[kobain s'ain]（名）個人所有の店

ကိုယ်ပိုင်ဆုံးဖြတ်ချက်[kobain s'oun:p'ja'tʃɛ']（名）自分の判断、自分の決定

ကိုယ်ပိုင်ဉာဏ်[kobain ɲan]（名）自分の考え、自分の知恵

ကိုယ်ပိုင်ပစ္စည်း[kobain pji'si:]（名）私物

ကိုယ်ပိုင်လယ်[kobain lɛ]（名）自分の田圃、自己所有の水田

ကိုယ်ပိုင်အသိဉာဏ်[kobain əti.ɲan]（名）自分の認識、自覚

ကိုယ်ပိုင်အုပ်ချုပ်ခွင့်[koubain ou'tʃou'k'win.]（名）自治権

ကိုယ်ပိုင်အုပ်ချုပ်ရေး[kobain ou'tʃou'je:]（名）自治

ကိုယ်ပိုင်အိမ်[kobain ein]（名）自宅、自己所有の家

ကိုယ်မချိ၊ အမိသော်လဲသားတော်ခဲ။（諺）背に腹は代えられぬ（耐えられねば母親とて吾が子を置き去りにする）

ကိုယ်မလှကိုယ်မမြင်၊ သူများမလှတဲ့ကိုယ်ရယ်ချင်။（諺）猿の尻笑い、目糞、鼻糞を笑う（我が醜さ、我には見えず、他人の醜さを笑いながら）

ကိုယ်မွေးတဲ့မျောက်၊ ကိုယ်ပြန်ချောက်။（諺）恩知らず、飼犬に手を噛まれる（我が養いたる猿に脅さる）

ကိုယ်ရေးကိုယ်တာ[koje:koda]（副）私事、個人的な事、個人的な問題

ကိုယ်ရေးကိုယ်တာကိစ္စ[koje:koda kei'sa.]（名）個人的な事柄

ကိုယ်ရေး၊ ကြံ၊ သက်လုံကောင်းစေ။（格）個人的な問題に直面したら、粘り強くあれ

ကိုယ်ရေးပုံ[koje:pondu]（名）自画像

ကိုယ်ရေးမှတ်တမ်း[koje: ma'tan:]（名）履歴書

ကိုယ်ရေးရာဇဝင်[koje: jazəwin]（名）履歴書

ကိုယ်ရေးအချက်အလက်[koje: ətʃ'ɛ'əlɛ']（名）身元調書、身上調書、個人調書

ကိုယ်ရည်ကိုယ်သွေး[kojekodwe:]（名）個性

ကိုယ်ရည်သွေး[koji twe:]（動）自慢する、自画自賛する、自己顕示をする、目立とうとする、鼻に掛け

ကိုယ်ရံကြီး[kojanʥi:]（植）ハマオモト（ヒガンバナ科）Crinum asiaticum

ကဲ့[kɛʔ]（名）①籾64緬斗入りの大篭 ②麻雀に似た賭博道具（数が記入された64枚の赤丸と白丸とを使用）

ကဲ့ကစား:[kɛʔ gəza:]（動）麻雀をする

ကဲ့ကင်:ဓာတ်[kɛʔ kin:daʔ]（名）星占いで対立するもの（泥棒除けのために玄関に置くタマネギ、強盗除けのための水銀等逆になる曜日の数字を使用する、空き巣防止のため家の入口に置く玉葱の場合は、空き巣＝သူခိုး＝62、玉葱＝ကြက်သွန်＝26、強盗の襲撃を免れる持物としての水銀の場合は、強盗＝ဓာ:ပု＝75、水銀＝ပြဒါး＝57）

ကဲ့ဆွဲ[kɛʔ sʻwɛ:]（動）＝ကဲ့ကစား:

ကက္ကဋာရာ[kɛʔkəta. taja]（星）蟹座

ကက္ကဋသစ်[kɛʔkəta. teingi]（植）ハゼ、ウルシ

ကက္ကူကမ္ဇင်:[kɛʔkuʔkəmjin:]（植）アンソクコウノキ、スマトラエゴノキ（エゴノキ科）Styrax benzoin

ကဲ့ကဲ့လန်[kɛʔkɛʔlan]（副）口汚なく ကဲ့ကဲ့လန်ပြောသည်။ 口汚なく言った

ကဲ့ကဲ့လန်အောင်[kɛʔkɛʔlan aun]（副）喚き立てて、口汚なく、ものすごい剣幕で、けたたましく ကဲ့ကဲ့လန်အောင်ရန်တွေ့သည်။ すごい剣幕で咎め立てた

ကက်ဆက်[kɛʔsʻɛʔ]（名）①カセットテープ ②カセットレコーダー ＜英 Casette

ကဲ့တလော[kɛʔtəlau]（名）カタログ ＜英 Catalogue

ကဲ့ပတိန်[kɛʔpətein]（名）キャプテン、リーダー ＜英 Captain

ကဲ့သလစ်[kɛʔtəli]（名）カトリック ＜英 Catholic

ကဲ့ဦးထုပ်[kɛʔouʔtʻouʔ]（名）キャップ、帽子

ကောက်[kauʔ]（名）稲

ကောက်ကြီ:[kauʔtʃi:]（名）晩生種の稲（刈入れは12月、その代表種は မြီးထုံး၊）

ကောက်ကြီ:တက်ချိန်[kauʔtʃi: tɛʔtʃein]（名）晩稲の収穫期

ကောက်စောဝပါ:[kauʔsɔ: zəba:]（名）早稲の稲

ကောက်စိုက်[kauʔ sai̯ʔ]（動）田植えをする

ကောက်စိုက်တန်[kauʔsaiʔtan]（名）田植えの道具

ကောက်စိုက်မ[kauʔsai̯ʔma.]＝ကောက်စိုက်သမ

ကောက်စိုက်သမ[kauʔsaiʔ təma.]（名）早乙女

ကောက်စိုက်သီချင်:[kauʔsaiʔ tətʃjin:]（名）田植え歌

ကောက်စိုက်သူမ[kauʔsaiʔ tuma.]＝ကောက်စိုက်သမ

ကောက်ဆိုင်ပုံ[kauʔsʻainboun]（名）積み上げた薬束

ကောက်ဆွ[kauʔsʻwa.]（名）刈り入れた稲を掻き回すための棒（先端に鉤を取付けてある）

ကောက်ညှင်:[kauʔɲin:]（名）餅米

ကောက်ညှင်:ဝပါ:[kauʔɲin: zəba:]＝ကောက်ညှင်:

ကောက်ညှင်:ကမ္ဘေ:၊ဆန်ကြမ်:ကဘေ:။（諺）石が流れて木の葉が沈む、物事が逆、不自然（餅米に粘りなく、粳米に粘りあり）

ကောက်ညှင်:ဆန်[kauʔɲin:zan]（名）（脱穀した）餅米

ကောက်ညှင်:ကျည်တောက်[kauʔɲin: tʃidauʔ]（名）竹筒に入れ火で炙った餅米

ကောက်ညှင်:ထုပ်[kauʔɲin:douʔ]（名）ちまき（葉で包み熱湯で茹でる）

ကောက်ညှင်:ပေါင်:[kauʔɲin:baun:]（名）おこわ、蒸した餅米

ကောက်တီ[kauʔti]（名）乾季に潅漑水田で栽培される米、夏稲（2～3月に植え5～6月に刈入れる）

ကောက်နယ်တလင်:[kauʔnɛ təlin:]（名）脱穀場

ကောက်နံ[kauʔnan]（名）穂

ကောက်ပဲ[kauʔpɛ:]（名）穀物、作物

ကောက်ပဲသီ:နှံ[kauʔpɛ:ti:nan]（名）穀物、穀類、農産物

ကောက်ပင်[kauʔpin]（名）稲

ကောက်ပင်ရိတ်လိ:[kauʔpin jeiʔli:]（名）揚げ足取り、相手をやり込める話し方

ကောက်ရိုး[kauʔjo:]（名）薬

ကောက်ရိုး:နွယ်[kauʔjo:nwɛ]（植）①セイヨウヒルガオ（ヒルガオ科）Convolvulus arvensis ②オキシステマ（ガガイモ科）Oxystelma esculentum

ကောက်ရိုး:ပန်:ချီ[kauʔjo: bədʒi]（名）切り薬の絵

ကောက်ရိုး:ပုံ[kauʔjo:boun]（名）薬束の山、干し草の山

ကောက်ရိုး:မီ:[kauʔjo: mi:]（名）一寸の辛抱、一寸の我慢

ကောက်ရိုး:မှို[kauʔjo: mo]（植）フクロタケ（マツタケ科）Agaricus campestris 薬に生える茸

ကောက်ရိုး:အိတ်[kauʔjo: eiʔ]（名）俵、かます

ကောက်ရိတ်[kauʔ jeiʔ]（動）稲刈りをする

ကောက်လတ်[kauʔlaʔ]（名）中暴米（6月に植え、8月に刈り入れる）、早稲と晩稲との中間種、その代表種は ငခွယ်မယ်၊

ကောက်ရှဉ်း[kauʔjin]（名）早稲（栽培期間が140日から150日位、刈入れは10月）

ကောက်ရှဉ်းကြီ:[kauʔjindʒi:]（植）シュクシャ、ベニバナシュクシャ（ショウガ科）

ကောက်လှိုင်း[kau'ɬain:] (名) 稲束
ကောက်လှိုင်းစည်း[kau'ɬain: si:] (動) 稲を束ねる
ကောက်လှန်း[kau' ɬan] (動) 刈り取った稲を日に干す
ကောက်သား၀င်[kau'ta: win] (動) 稲が結実する
ကောက်သင်း[kau'tin:] (名) 落穂、刈り残しの稲
ကောက်သင်းကောက်[kau'tin: kau'] (動) ①落ち穂拾いをする ②あちこちから拾い集める、散らばっているものをかき集める
ကောက်သင်းကောက်စကား[kau'tin:kau' zəga:] (名) 取り止めのない話、脈絡のない話
ကောက်သင်းကောက်သူ[kau'tin: kau'tu] (名) 落ち穂拾いをする人
ကောက်သစ်ကောက်ဦး[kau'ti'kau'u:] (名) 初穂、新米
ကောက်သစ်စားပွဲ[kau'ti' sa:bwɛ:] (名) 新嘗祭
ကောက်သစ်ပွဲ[kau'ti'pwɛ:] =ကောက်သစ်စားပွဲ
ကောက်သိမ်း[kau' tein:] (動) 収穫する、稲を取り入れる
ကောက်သိမ်းပွဲ[kau'tein:bwɛ:] (名) 収穫祭
ကောက်ဦး[kau'u:] (名) 初穂、新米
ကောက်[kau'] (動) ①曲がる、湾曲する ②縮れる 波打つ ဆံပင်ကောက်သည်။ ③むくれる、すねる、ふくれ面をする စိတ်ကောက်သည်။ ④[gau'] (名) 捻れた物、曲った物、エンジンを始動させるクランク
ကောက်ကျစ်[kau'tʃi'] (形) ①曲っている、湾曲している ②不正直だ、ずるい、狡猾だ、抜け目がない、悪賢い
ကောက်ကျစ်စဉ်းလဲ[kau'tʃi' sin:lɛ:] (形) ずるい、狡猾だ、不正直だ
ကောက်ကျစ်စိစစ်[kau'tʃi'sei'] (名) 企み、悪企み
ကောက်ကြောင်း[kau'tʃaun:] (名) 輪郭
ကောက်ကွေး[kau'kwe:] (動) うねる、屈曲する
ကောက်တီကောက်ကွေး[kau'ti. kau'kwe:] (副) 曲がりくねって
ကောက်[kau'] (動) ①拾う、拾い上げる、取り上げる ②集める、徴収する အခွန်ကောက်သည်။ ③(家畜が牛車、馬車、鋤等を)取付ける ④解釈する အဓိပ္ပါယ်ကောက်သည်။ ⑤妃に取立てる
ကောက်ကရ[kau'kəja.] ① (副) とりとめなく、出たらめに、杜撰に、いい加減に ②その場限りで、咄嗟に ③ (名) 根拠のないもの、値打ちの無いもの、でたらめ
ကောက်ကာငင်ကာ[kau'k'a ŋinga] (副) ①自発的に、自然に、円滑に、容易に ②不意に、突然、素早く、すかさず、間髪を入れずに ကောက်ကာငင်ကာမေးသည်။ 不意に質問した ကောက်ကာငင်ကာလုပ်ကြံသတ်ဖြတ်လိုက်သည်။ 突然殺害した
ကောက်ကောက်ပါ[kau'kau'pa] (副) ぴったりくっついて、離れずに
ကောက်ကောက်ပါအောင်[kau'kau' pa aun] =ကောက်ကောက်ပါ ကောက်ကောက်ပါအောင်လိုက်လာမိသည်။ 離れずについて来た
ကောက်ခံ[kau'k'an] (動) ①寄付を集める ②税を徴収する
ကောက်ခံရရှိ[kau'k'an ja.ʃi.] (動) 徴収し得る、徴収し得する
ကောက်ချက်[kau'tʃɛ'] (名) ①論点、論争点、争点、要点 ②判決
ကောက်ချက်ချ[kau'tʃɛ' tʃa.] (動) 結論を出す
ကောက်နုတ်[kau'nou'] (動) 引き出す、抜き出す、引用する、抜粋する
ကောက်နုတ်ချက်[kau'nou'tʃɛ'] (名) 抜粋、引用
ကောက်ယူ[kau'ju] (動) 拾い上げる
ကောက်ရ[kau'ja.] (動) 拾う
ကောက်လန့်တီ[kau'lan:ti] (植) 紫色の花を咲かせる多年草 Aeginetia indica
ကိုက်[kai'] (動) 合う、合致する、一致する မှန်းခြေကိုက်သည်။ 見込み通りになる
ကိုက်ညီ[kai'ɲi] (動) 相応しい、合致する、適応する、似合う
ကိုက်[kai'] (動) 痛む ခေါင်းကိုက်သည်။ 頭痛がする ပေါင်ကိုက်သည်။ 太股が痛む ပြည်ကိုက်သည်။ 化膿して痛む လက်ကိုက်သည်။ 腕が痛む သွားကိုက်သည်။ 歯が痛む အနာကိုက်သည်။ 傷が痛む
ကိုက်ခဲ[kai'k'ɛ:] (動) ①痛む、疼痛がする ②噛む、(虫が) 刺す
ကိုက်[kai'] (動) (鋏で) 切る ကတ်ကြေးနှင့်ကိုက်သည်။ 鋏で切る
ကိုက်[kai'] (動) ①噛む ခြင်ကိုက်သည်။ 蚊に刺される ခွေးကိုက်သည်။ 犬にかまれる ကြမ်းပိုးကိုက်သည်။ 南京虫に刺される
ကိုက်ချီ[kai'tʃi] (動) 口でくわえて運ぶ
ကိုက်ဖြတ်[kai'p'ja'] (動) 噛み切る
ကိုက်ဖြတ်သတ္တဝါ[kai'p'ja' dədəwa] (名) 齧歯類
ကိုက်တာ[kai'ta'] (動) 噛み殺す、くわえる、嘴で挟む
ကိုက်[gai'] (名) ①万力 ② (ブリキ等を切る) 大鋏、金切り鋏 ③缶切り
ကိုက်ထိုး[kai't'o:] (動) 刃物で板に溝を彫る、溝を付ける

ကိုက်[gaiʔ] (名詞) 長さの単位、ヤード、ヤール
ကိုက်တံ[gaiʔtan] (名) ヤード尺
ကင်[kin] (動) 焼く、あぶる ခေါပုတ်ကင်သည်။ 餅を焼く ငါးကင် 焼き魚 အမဲသားကင် ステーキ ပေါင်မုန့်မီးကင် トースト
ကင်ဆာရောဂါ[kins'a jo:ga] (名) 癌
ကင်ညာ[kinɲa] (国) ケニヤ
ကင်ပလင်း[kinbəlin:] (植) ブニノキ、ナンヨウゴミシ（トウダイグサ科） Antidesma bunius
ကင်ပလင်းနက်[kinbəlin:nɛʔ] (植) イズセンリョウ（ヤブコウジ科） Maesa indica
ကင်ပဒီး[kinbədi:] (植) ムクロジ（ムクロジ科） Sapindue rarak
ကင်ပေတိုင်[kinpetain] (名) 憲兵、憲兵隊 ＜日
ကင်ပိန်း[kinbein.] (植) ツルムラサキ（ツルムラサキ科） Basella rubra
ကင်ပိန်းနီ[kinbein.ni] (植) =ကင်ပိန်း
ကင်ပွန်း[kinbun:~kinmun:] (植) コンチンナアカシア（マメ科） Acacia concinnna
ကင်ပွန်းချင်[kinbun:dʑin] (植) =ကင်ပွန်း
ကင်ပွန်းတပ်[kinbun: taʔ] (動) ①新生児の頭を洗う ②新生児に命名する
ကင်ပွန်းပေး[kinbun: pe:] =ကင်ပွင်းတပ်
ကင်ပွန်းသီး[kinbun:di:] (名) コンチンナアカシアの実
ကင်မရာ[kinməra] (名) カメラ ＜英 Camera
ကင်မရွန်[kinmərun] (国) カメルーン
ကင်း[kin:] (名詞) ①見張り、監視、歩哨 ②斥候、パトロール ③関所
ကင်းစခန်း[kin: səkʼan:] (名) 監視所、警備本部
ကင်းစောင့်[kin: saun.] ① (動) 歩哨に立つ、見張りをする ②[kin:zaun.] (名) 歩哨、見張り
ကင်းစောင့်သူ[kin:saun.du] (名) 見張り、警備、監視人
ကင်းတပ်[kin:daʔ] (名) 斥候部隊
ကင်းထောက်[kin: tʼauʔ] ① (動) 偵察に出る、斥候に出る ②[kindau] (名) 歩哨、斥候、偵察 ②ボーイスカウト
ကင်းထောက်လေယာဉ်ပျံ[kin:dauʔ lejinbjan] (名) 偵察機
ကင်းထောက်အမျိုးသမီး[kin:dauʔ əmjo:dəmi:] (名) ガールスカウト
ကင်းလှည့်ပျံသန်း[kin:ɬɛ. pjantan:] (動) 偵察飛行をする
ကင်းလှည့်ရေယာဉ်[kin:ɬɛ. jejin] (名) 掃海艇、哨戒艇
ကင်းသမား[kin:dəma:] (名) 監視、歩哨、見張り
ကင်းအဖွဲ့[kin: əpʼwɛ.] (名) 監視団、警護団
ကင်း[kin:] (動物) 百足、蠍類の総称
ကင်းခြေများ[kin:tʃi mja:] (動物) ムカデ
ကင်းစုန်း[kin:zoun:] (虫) ツチボタル
ကင်းနာသန့်[kin:nətan] (動物) ヤスデ、ゲジゲジ
ကင်းပစွန်[kin: bəzun] (動物) （黒色大型の）サソリ
ကင်းပုံ[kin:boun] (植) ヤサイカラスウリ（ウリ科） Coccinia indica
ကင်းမလက်မဲ[kin:ma.lɛʔmɛ:] (動物) （鋏の黒い）蠍
ကင်းမော့ကကြီး[kin:mauʔka.dʑi:] (植) クラリンドウ（クマツヅラ科）
ကင်းမြီးကောက်[kin:mi:gauʔ] (動物) サソリ
ကင်းမြီးကောက်ထောင်[kin:mi:gauʔ tʼaun] (動) 逆立ちをする、倒立する
ကင်းမွန်[kin:mun] (動物) 烏賊、ヤリイカ
ကင်းမွန်အဲလိပ်[kin:mun bɛ:leiʔ] =ကင်းမွန်
ကင်းလိပ်ချော[kin:leiʔtʃɔ:] (動物) オナガトカゲ Mahuja macularario
ကင်းသပွတ်ကြီး[kin:dəbuʔtʃi:] (植) ウラジロゴシュ（ミカン科）
ကင်း[kin:] (動) ①離れる、無い、欠ける、免れる、無縁だ ကျေးဇူးမကင်းဘူး။ 恩がある တာဝန်မကင်းဘူး။ 責任がない訳ではない、責任は逃れられない အပြစ်အဆာအနာမကင်း။ 欠陥がない訳ではない、疾しいところがある အန္တရာယ်မကင်းဘူး။ 危険から免れない ②芽り始める、芽生える
ကင်းကွာ[kin:kwa] (動) 離れる、分離する、別離する、疎遠だ、無縁だ
ကင်းငြိမ်း[kin:ɲein] (形) 無い、免れる
ကင်းစင်[kin:sin] (形) 全く無い、潔白だ、汚れがない、無実だ
ကင်းပျောက်[kin:pjauʔ] (動) 無くなる、消滅する
ကင်းမဲ့[kin:mɛ.] (形) 無い、欠ける
ကင်းရှင်း[kin:ʃin:] (形) 無縁だ、何も無い、すっからかんだ、
ကင်းလွတ်[kin:luʔ] (動) 逃れる、免れる、自由になる、免除になる、無縁だ
ကင်းလွတ်ကုန်[kin:luʔ koun] (名) 自由品目、非統制品目
ကင်းလွတ်ခွင့်[kin:luʔkʼwin.] (名) 統制解除、免税
ကင်းဝေး[kin:we:] (形) 遠ざかる、無縁となる、離

ကောင်

れる、欠ける
ကင်းဝပ်[kin:wuʔ]（動）待ち構える、身を潜めて待つ
ကောင်[kaun]（名）①親密な呼称、こいつ、奴　②軽蔑的呼称、野郎
~ကောင်[kaun~gaun]（助数）動物、鳥、魚、昆虫等を現わす、頭、匹、羽　နှာ：တကောင်　牛1頭　ကြက်တကောင်　鶏1羽　ခွေ：တကောင်　犬1匹　ကြောင်တကောင်　猫1匹　ငါ：တကောင်　魚1匹　ပုရွက်ဆိတ်တကောင်　蟻1匹　ဘယ်နှစ်ကောင်လဲ။　何匹ですか
ကောင်လေ:[kaungəle:]（名）少年、男児
ကောင်မ[kaunma.]（名）①親密な呼称、女の子　②軽蔑的呼称、女
ကောင်မကလေ:[kaunma.gəle:]（名）女の子
ကောင်မလေ:[kaunma.le:]（名）女の子、娘
ကောင်လေ:[kaunle:]（名）男の子、男児、坊や　少年、若者
ကောင်စီ[kaunsi]（名）評議会＜英 Council
ကောင်စစ်ဝန်[kaunsiʔwun]（名）領事＜英 Consul
ကောင်စစ်ဝန်ချုပ်[kaunsiʔwunʤouʔ]（名）総領事
ကောင်စစ်ဝန်ရုံ:[kaunsiʔwun joun:]（名）領事館
ကောင်ဆယ်[kaunsʼɛ]（名）参事会＜英Councillor
ကောင်:[kaun]（形）①よい、良い、優れている　အဆို：ကောင်:သည်　歌がうまい　အတီ：ကောင်:သည်　演奏が巧みだ　အပြော：ကောင်:သည်　話が上手だ　အက：ကောင်:သည်　踊りが上手だ　ထမင်:စာ:ကောင်:သည်။　食事が美味しい　အိပ်ကောင်:သည်။　熟睡する　ဓာ:ကောင်:　優良品　ဓာ:ကောင်:　優れた刀剣　ဆင်ကောင်:　မြင်:ကောင်:　優れた象や馬　②豊かだ、豊富だ　ဆံပင်ကောင်:သည်　髪が豊富だ　ဒေါက်ကောင်:သည်　体格がよい、丈が高い
~ကောင်:[kaun:]（助動）①~するのによい、好ましい　ထမင်:စာ:ကောင်:သည်　おいしい、美味だ　အိပ်ကောင်:သည်။　熟睡する　②（不確実性を示す）~かも知れない　ရှိကောင်:ရှိမယ်။　いるかも知れない　ထင်ကောင်:ထင်မယ်။　思うかも知れない　သူခိုး：ဖြစ်ကောင်:ဖြစ်လိမ့်မယ်　泥棒かも知れない　③否定形で、~してはいけない　တရာ:ပစ္စည်:ဆိုတာမယူကောင်:။　仏像関係の品物は取ってはいけない　မိန်:မထောက်ထလင်နှစ်ယောက်မယူကောင်:။　一人の女が夫を二人持ってはいけない　သူ့ကိုငါတို့ကမခွေ့စိတ်မထာ:ကောင်:ဘူ:　我々は彼等に羨望心を抱いてはならない
ကောင်:ကောင်:[kaun:gaun:]（副詞）よく、十分に　ဒူ:ယာ:တလိပ်ကောင်:ကောင်:ဖွာတယ်။　1本の紙巻き煙草を存分にくゆらせた　ကောင်:ကောင်:မမှတ်မိတော့ဘူ:　よくは覚えていない　ကောင်:ကောင်:မအိပ်ရဘူ:။　よ

く眠れない　ကောင်:ကောင်:မစာ:ရဘူ:။　十分には食べられない
ကောင်:ကောင်:ကလေ:[kaun:gaun:gəle:]（副）程よく
ကောင်:ကောင်:ကြီ:[kaun:gaun:ʤi:]（副）よく、十分に　အကြောင်:ရင်:ကိုကောင်:ကောင်:ကြီ:သိသည်　原因をよく知っている
ကောင်:ကောင်:ကန်:ကန်:[kaun:gaun:kan:gan:]（副）役立たず、無価値で
ကောင်:ကောင်:မွန်မွန်[kaun:gaun:munmun]（副）よく、十分に、立派に、丁寧に、まともに、真面目に
ကောင်:ကျို:[kaun:ʤo:]（名）好い結果、（宗教、道徳、倫理、社会上の）利益、よい結果
ကောင်:ကျို:ဆို:ကျို:[kaun:ʤo: sʼo:ʤo:]（名）功罪
ကောင်:ကျို:ပေ:[kaun:ʤo: pe:]（動）よい結果をもたらす
ကောင်:ကျို:ပြု[kaun:ʤo: pju.]（動）貢献する、役立つ、利益をもたらす
ကောင်:ကွက်[kaun:gwɛʔ]（名）長所
ကောင်:ချီ:ပေ:[kaun:ʤi: pe:]=ကောင်:ချီ:သြဘာပေ:
ကောင်:ချီ:သြဘာ[kaun:ʤi: ɔ:ba]（名）賞賛、祝福
ကောင်:ချီ:သြဘာပေ:[kaun:ʤi: ɔ:ba pe:]（動）賞賛する、祝福する、慶賀する
ကောင်:ချင်:ငါ:ပါ:[kaun:ʤin:ŋa:ba:]（名）女性の長所5種（色、艶、肌、骨格、頭髪がよくて若々しい）
ကောင်:စာ:[kaun:za:]（動）栄える、向上する、発展する、繁栄する
ကောင်:စာ:ရေ:[kaun:za:je:]（名）向上、改善
ကောင်:စွ[kaun:zwa.]（感）お見事、素敵だ
ကောင်:စွာ[kaun:zwa]（副.文）よく、十分に、立派に、素敵に
ကောင်:တလှည့်ဆို:တလှည့်[kaun:təlɛ.sʼo:təlɛ.]（慣）山あり谷あり、照る日曇る日、七転び八起き
ကောင်:တိုင်ပင်ဆို:တိုင်ပင်ဖြစ်[kaun:tainbin sʼo tainbin pʼji:]（動）良きにつけ悪しきにつけ相談する
ကောင်:တူဆို:ဘက်[kaun:dusʼobɛʔ]（副）良きにつれ悪しきにつれ、苦楽を共にして
ကောင်:နို:နို:[kaun:no:no:]（形）良さそうだ、よいようだ
ကောင်:နို:ရာရာ[kaun:no:jaja]（名）良さそうな物、好いと思うもの

ကောင်းပြီ[kaun:bi] （形）同意、賛成を示す、よかろう、結構だ、承知した

ကောင်းမကောင်း[kaun:məkaun:]（名）善悪、善し悪し ကောင်းမကောင်းစစ်ဆေးသည်။ 善し悪しを調べた

ကောင်းမြတ်[kaun:mjaʔ]（形）優れている、貴い、高貴だ

ကောင်းမွေ[kaun:mwe]（名）好い遺産、好い伝統

ကောင်းမွန်[kaun:mun]（形）好い、素敵だ、素晴らしい

ကောင်းမွန်ချောမော[kaun:mun tʃɔ:mɔ:]（形）優良で円滑だ、優れていて順調だ

ကောင်းမွန်စွာ[kaun:munzwa]（副・文）よく、誠意を以って、盛大に

ကောင်းမှု[kaun:m̥u.]（名）①善行、善根、善業、善い行ない、福徳 ②お供え、奉納品 ③（植）メルサワ（フタバガキ科）Anisoptera scaphula

ကောင်းမှုတော်[kaun:m̥u.dɔ]（名）ザガイン市郊外にある、タールン王建立の仏塔

ကောင်းရာ[kaun:ja]（名）良い所,極楽

ကောင်းရာကောင်းကြောင်း[kaun:jakaun:dʒaun:]（名）ともかく良いと思う事

ကောင်းရာသုဂတိ[kaun:ja tu.gəti.]（名）極楽、極楽浄土、天国

ကောင်းရာသုဂတိလာ[kaun:ja tu.gəti. la:]（動）極楽往生する、成仏する

ကောင်းလာ[kaun:la]（形）良くなる

~ကောင်းလား[kaun:la:]（助動）非難、叱責の表現、~してよいと思うのか မေးရကောင်းလား။ 聞いてもよいと言うのか ရေမချိုးရကောင်းလား။ 行水をしなくてよいと言うのか ခေါ်တာမလာရကောင်းလား။ 呼んだのに来なくてもよいと言うのか အလုပ်မလုပ်ဘဲစာဖတ်နေရ ကောင်းလား။ 仕事もせずに本を読んだりしていてよいのか ထမင်းချက်မထားကောင်းလား။ 飯も炊かずにいるなんてそれで済むと思うのか

ကောင်းကင်[kaun:gin]（名）空、天

ကောင်းကင်ယံ[kaun:gin jan]（名）天空

ကောင်းကင်ကြိုး[kaun:ginɟo:]（名）アンテナ

ကောင်းကင်အထက်[kaun:gin ətʔɛʔ]（名）上空

ကိုင်[kain]（動）①持つ、手に持つ、手で握る、手に下げる ②触れる、触る ③取り扱う ④仕上げる、整える

ကိုင်စွဲ[kainswɛ:]（動）①保持する、所持する、携帯する ②固守する、信奉する

ကိုင်ဆောင်[kains'aun]（動）所持する、携帯する、持ち運ぶ

ကိုင်တွယ်[kaintwɛ]（動）取り扱う、処置する

ကိုင်တွယ်စမ်းသတ်[kaintwɛ san:taʔ]（動）手で触れてみる、手に持ってみる

ကိုင်ယူ[kain ju]（動）手に取る、手にする

ကိုင်လှုပ်[kain ɬouʔ]（動）手で揺り動かす、手に持って揺り動かす

ကိုင်ဟန်[kain han]（名）持ち方、操作のやり方、処置の仕方

ကိုင်း[kain:]（間）さて、じゃ、では、それでは ကိုင်း-ဆိုစမ်းပါအုံး။ さあ、話してごらん ကိုင်း-သွား ပေတော့။ さあ、行き給え

ကိုင်း[kain:]（植）ワセオバナ（イネ科）Saccharum spontaneum

ကိုင်းဆပ်ဖဲ့[kain: s'aʔni]（植）ササキビ（イネ科）Setaria palmifolia

ကိုင်းပြောင်းခါး[kain: pjaun:ga:]（植）カゼクサ（イネ科）Eragrostios interrupta

ကိုင်းဥ[kain.u.]（植）ヒメガマ（ガマ科）Typha elephantina 根茎は食用

ကိုင်း[kain:]（名）①河川の沖積地、砂州 ②沖積地の農地

ကိုင်းကုန်[kain:goun]（名）沖積地の農産物、砂州農地で栽培された作物

ကိုင်းကျွန်း[kain:tʃun:]（名）①砂州 ②沖積地の農耕

ကိုင်းကျွန်းမြေ[kain:tʃun: mje]（名）砂州、沖積地の土壌

ကိုင်းကျွန်းလယ်ယာ[kain:tʃun: lɛja]（名）沖積地での農業

ကိုင်းကျွန်းမှီ၊ ကျွန်းကိုင်းမှီ။（諺）相互扶助、持ちつ持たれつ（葦は中州を頼りにし、中州は葦を頼りにする

ကိုင်း[kain:]①（動）垂れる、下方に曲がる ②前に屈める、腰を曲げる ခါးလည်းမကိုင်းသေး။ まだ腰も曲っていない ③（名）大枝 ④[gain:]（眼鏡の）フレーム、（傘の）骨、柄、取っ手、曲がったもの、湾曲

ကိုင်းကူး[kain: ku:]（動）挿し木をする

ကိုင်းခွ[kain:gwa.]（名）枝の分かれ目、二股

ကိုင်းဆက်ကူး[gain: s'ɛʔku:]（動）接ぎ木をする 接ぎ枝をする

ကိုင်းညွတ်[kain:ɲuʔ]（動）①垂れ下がる ②腰を屈める、お辞儀をする、敬意を払う

ကိုင်းပြထိုး[kain:bjaʔ t'o:]（動）接ぎ木をする

ကိုင်းရှိုင်း[kain:ʃain:]（動）①敬虔だ、（信仰に）熱心だ、篤く信仰する ②屈む

ကိုင်းသမား[kain:dəma:]（名）沖積地での農業従事者

ကစ္စည်း[kiʔsi:] (名) パーリ語文法書 =သဒ္ဒါကစ္စည်း
ကတ်[kaʔ] (動) ①難しい ②難しくする、意地悪をする ကော:ကတ်သည်။ ③厭な感じがする အမြင်ကတ်သည်။ みっともない မြင်ပြင်ကတ်သည်။ 見る気がしない အကြား:ကတ်သည်။ 聞き苦しい ④(偏平な物を現わす助数詞) ကြယ်သီး:တကတ် ボタン一つ
ကတ္တီး:ကတ်ဖဲ့[kaʔti:kaʔpʼɛ.] (副) 強情で、強情を張って、意固地で
ကတ်ဖဲ့[kaʔpʼɛ.] (副) 逆らって、反対して
ကတ်ဖဲ့လုပ်[kaʔpʼɛ. louʔ] (動) 頑固だ、手強い
ကတ်သီး:ကတ်သတ်[kaʔti:kaʔtaʔ] (副) ①故意に、態と、意地悪く ②厄介なことに、困ったことに
ကတ်သီး:ကတ်သတ်နိုင်[kaʔti:kaʔtaʔ nain] (形) 頑固だ、聞く耳を持たぬ
ကတ်သီး:ကတ်သတ်လုပ်[kaʔti:kaʔtaʔ louʔ] (動) 難癖をつける、意地悪をする
ကတ်သတ်[kaʔtaʔ] (形) 厄介だ、困難だ、困難にする ပြောရရဲ့ရကတ်သတ်သည်။ 言っても聞かない
ကာ:သူပုန်[kaʔ dəboun] (名) (トルコ、イラク、イラン国内の) クルド族叛徒
ကတ်ကျေး:[kaʔtʃi:] →ကတ်ကြေး: <パ
ကတ်ကျေး:ကိုက်[kaʔtʃi:gaiʔ] (名) 掏り (刃物を使って切り取る) cf. ခါ:ပိုက်နိုက်
ကတ်ကြေး:[kaʔtʃi:] (名詞) 鋏 =ကတ်ကျေး:
ကတ္တာ:[kaʔta] (名) 台秤 <ဟ
ကတ္တရာချေ[kaʔtəra.tintʃe] (植) ハゼ (ウルシ科) Rhus succedanea =ကတြာချေ
ကတ္တရာစေး[kaʔtəjazi:] (名) タール、ピッチ
ကတ္တရာခင်း[kaʔtəja kʼin:] (動) アスファルト舗装する
ကတ္တရာလမ်း[kaʔtəja lan:] (名) アスファルト道路
ကတ္တဝါ[kaʔtəwa] (鳥) ボタンインコ <ヒ
ကတ္တား:[kaʔta:] (名) ①主語 ②台秤
ကတ္တား:ခြား:[kaʔta: tʃa:] (動) 別々にする、仕切る、仕分ける
ကတ္တီပါ[gədiba] (名) ①ビロード <ア ②(植) アボガド
ကတ္တီပါပန်:ဝါ[gədiba pan:wa] (植) アフリカマリーゴールド、センジュギク (キク科) Tagetes erecta
ကတ္တူ[kaʔtu] (名) ①大型の帆船 ②戦闘用舟艇 <モ
ကတ်ပြား:[kaʔpja:] (名) カード <英 Card
ကတ်ဖို[kaʔpʼo] (植) ヤマモモ (ヤマモモ科) Myrica nagi

ကိစ္စ[keiʔsa.] (名) 用事、要件
ကိစ္စချော[keiʔsa. tʃɔ:] (動) ①片付く、落着する、うまく行く、順調に進む ②事切れる、死ぬ
ကိစ္စငြိမ်[keiʔsa. ɲein:] (動) 息ぐ、片付く
ကိစ္စတုံး:[keiʔsa. toun:] (動) ①片付く、事が決着する ②死ぬ
ကိစ္စမရှိဘူ:[keiʔsa. məʃi.bu:] (動) ①差し支えない、構わない、支障ない、問題ない ②用はない
ကိစ္စများ:[keiʔsa. mja:] (形) ①多忙だ ②問題に直面する ③困難になる、苦境に陥る
ကိစ္စဝိစ္စ[keiʔsa. weiʔsa.] (名) 用事、要件
ကိတ်[keiʔ] (名) 計都 (九曜星の九番目)
ကိတ်ကြိုက်[keiʔtʃo] =ကိတ်
ကိတ္တိမ ဇကာ:[keiʔti.ma. zəga:] (名) 外来語
ကိတ္တိမသာ:[keiʔti.ma.ta:] (名) 糞子
ကိတ်မုန့်[keiʔmoun.] (名) ケーキ <英 Cake
ကုတ်[kouʔ] ①(名) 梃子 ②(動) 梃子で持ち上げる、こね上げる ③掻く、引っ掻く ပေါင်ကိုကုတ်သည်။ 股を掻く တင်ပါ:ကိုကုတ်သည်။ 尻を掻く ဝဲခြောက်ကုတ်သည်။ かいせんを掻く ④努力する、奮闘する ⑤媒む、怯む
ကုတ်ကတ်[kouʔkaʔ] ①(動) 苦労する、苦心する ②(形) 吝嗇だ、質素だ、始末屋だ ကုတ်ကတ်၍လည်:ပေါ်သိအောင်:တက်သည်။ 苦労して馬車の上に這い上がった
ကုတ်ကုတ်ကတ်ကတ်[kouʔkouʔkaʔkaʔ] (副) 苦労して、苦心して
ကုတ္စ[kouʔkouʔsa.] (名) ①吝嗇、貪欲 ②不正行為 ③悔恨、懺悔
ကုတ်ခြစ်[kouʔtʃiʔ] (動) 掻く、引っ掻く
ကုတ်ပဲ့[kouʔpʼɛ.] (動) 掻きむしる、爪で引っ掻く
ကုတ်ရာခြစ်ရာ[kouʔja tʃiʔja] (名) 引っ掻き跡
ကုလန်[kouʔkəlan] (名) (船舶の帆柱の先に取付ける、風向きを知るための) 幟
ကုက:[kouʔka:] (名) 紙を切り刻んで綱状の筒にした旗、幟 (仏陀とその弟子8人に奉納する)
ကုက္က[kouʔko] (植) 合歓の木 သဘောကုက္က アメリカネムノキ အညာကုက္က ビルマネムノキ
ကုပ်[kouʔko] =ကုက္က
ကုတ်[gouʔto] (植) モロコシ (イネ科) Sorghum dochna wightii
ကုပ်ဟီး:[kouʔhi:] (病) 喘息
ကုပ်အင်္ကျီ[kouʔin:dʒi] (名) コート、背広、上着 <英 Coat
ကန်[kan.] (名) ①硫黄 ②船の座り板 =လှေကန်.
ကန်ငြေး:မီ:[kan. ŋjɛ: mi:] (名) 硫化水素、硫

黄から製造した酸
ကန့်[kan.]（動）①遮る、ブロックする　②隔てる、仕切る　③門にする、交差させる
ကန့်ကွက်[kan.gwɛʔ]（動）拒否する、反対する、抗議する
ကန့်ကွက်ချက်[kan.gwɛʔtʃɛʔ]（名）拒否、反対、抗議
ကန့်ကွက်ပွဲ[kan.gwɛʔpwɛ:]（名）反対集会、抗議集会
ကန့်ကွက်မဲ[kan.gwɛʔmɛ.]（名）反対票
ကန့်လန့်[kan.lan.]①（副）十字に、横向きに、横切って　②遮って、逆らって、邪魔をして　③[gəlan.]（名）門
ကန့်လန့်ကာ[kəlaga]（名）カーテン
ကန့်လန့်ကာချ[kəlaga tʃa.]（動）①カーテンを降す　②幕を下す、締め括る、終える
ကန့်လန့်ကန့်လန့်[kan.lan. kan.lan.]（副）遮って、邪魔して、妨げて　လူကြီးဆွဲခေါ်ရာသို့ကန့်လန့်ကန့်လန့်နှင့်ပါသွား သည်။　じたばたしながら大人の人に連れて行かれた
ကန့်လန့်ကျင်[gəlan.dʒin]（名）閂
ကန့်လန့်စင်[kan.lan. sin:]（名）横縞
ကန့်လန့်တိုက်[kan.lan. taiʔ]（動）無視する、物ともせず跳ね返す、頑強に反抗する
ကန့်လန့်ထိုး[gəlan. tʼo:]（動）門を降ろす
ကန့်လန့်ဖြတ်[kan.lan.bjaʔ]（副）十字に、交叉して、横切って、遮って
ကန့်လန့်လုပ်[kan.lan. louʔ]（動）逆らう、横槍を入れる
ကန့်သတ်[kan.daʔ]（動）①区切りをつける、画定する　②制限する、限定する、統制する
ကန့်သတ်ကုန်[kan.daʔ koun]（名）統制品
ကန့်သတ်ချက်[kan.daʔtʃɛʔ]（名）制限、限定
ကန့်သတ်သီးနှံ[kan.daʔ ti:nan]（名）統制作物
ကန္ဓလာ：[gan.gəla:]（植）ハリフタバ（アカネ科）Spermacoce hispida 苦みがある
ကန္ဓလာ：ခါး[gan.gəla:ga:]（植）ハコベモドキ（ザクロソウ科）Mollugo spergula
ကန့်ကူ[kan.gu]（名）凍石、滑石 ＝ကံ့ကူ
ကန့်ကူဆံ[kan.guzan]（名）滑石ペンの芯
ကန့်ကူတံ[kan.gudan]（名）筆写用の滑石
ကန့်ကူလက်လှည့်ဆရာ[kan.gu lɛʔn̥ɛ. sʼəja]（名）手ほどきしてくれた師、人生最初の師
ကန့်ကူလက်လှည့်သင်[kan.gu lɛʔn̥ɛ. tin]（動）手取り足取りして教える
ကန့်ချုပ်[kan.dʒouʔ]（植）ルリマツリ（イソマツ科）

Plumbago capensis
ကန့်ချုပ်ညှို[kan.dʒouʔ ɲo] ＝ကန့်ချုပ်နက်
ကန့်ချုပ်နီ[kan.dʒouʔ ni]（植）①アカマツリ（イソマツ科）Plumbago rosea ②オオバコ（オオバコ科）
ကန့်ချုပ်နက်[kan.dʒouʔ nɛʔ]（植）ルリマツリ（イソマツ科）Plumbago capensis
ကန့်ချုပ်ပြာ[kan.dʒouʔ pja]（植）＝ကန့်ချုပ်ညှို
ကန့်ချုပ်ဖြူ[kan.dʒouʔ pʼju]（植）セイロンマツリ（イソマツ科）Plumbago zeylanica
ကန့်ပလူ[kanʔbəlu]（植）センキュウ、カノコソウ（セリ科）Valeriana hardwickii 全草芳香がある
ကန်[kan]（名）池、溜め池
ကန်တောင်[kanbaun]（名）堤、池の土手
ကန်တောင်ရိုး[kanbaun jo:] ＝ကန်တောင်
ကန်ရိုး[kan jo:]（名）堤
ကန်သင်း[gəzin:]（名）①畦、畦道　②盛り土
ကန်သင်းပေါက်[gəzin: pauʔ]①（動）畦の補修をする　②[gəzin:bauʔ]（名）畦の出水口
ကန်သင်းရိုး[gəzin:jo:]（名）あぜ道
ကန်[kan]（名）①アメリカの略称　②乙女座（十二宮の6番目）　③（星）乙女座のスピカ、角宿 ＝စိတြ
ကန်ဆင်းမိုး[kan sʼin:mo:]（名）ビルマ暦6月（太陽暦9月頃）に降る雨
ကန်ရာသီ[kan jadi]（名）ビルマ暦9月（太陽暦の12月）
ကန်[kan]（動）①蹴る　ခြေထောက်နဲ့ကန်တယ်။ 足蹴にする　ဘောလုံးကန်သည်။ サッカーをする　②支える　ကျား：ကန်သည်။（家を）支える　③押す、突く　④船を岸から離す、離岸させる　⑤反動がある、跳ね返る　သေနတ်ကန်သည်။　⑥吹き出る、噴出する　အပူကန်သည်။ 熱気が吹き出す
ကန်ကျောက်[kan tʃauʔ]（動）蹴る
ကန်ကျောက်ခြင်းခံရ[kantʃauʔtʃin: kʼan ja.]（動）蹴られる
ကန်ကြိုး[kandʒo:]（名）牛を操るロープ
ကန်တွင်း[kan twin:]（動）サッカーのボールをゴールに蹴り入れる、シュートする
ကန်အား[kan a:]（名）蹴る力、弾力
ကန်စွန်း[gəzun:]（植）アカバナヨウサイ（ヒルガオ科）Ipomoea aquatica 水辺で栽培される食用野菜
ကန်စွန်းကလေး[gəzun:gəle:]（植）①ヨウサイ、エンサイ（ヒルガオ科）Ipomoea reptans　②アカバナヨウサイ

ကန်စွန်းကြီး

ကန်စွန်းကြီး[gəzun:dʑi:] (植) ①オオバウラジロアサガオ（ヒルガオ科）Argyreia speciosa ②サツマイモ

ကန်စွန်းပန်[gəzun:ban:] (植) 朝顔

ကန်စွန်းရွက်[gəzun:jwɛʔ] (植) アカバナヨウサイ

ကန်စွန်းဥ[gəzun.u.] (植) サツマイモ、カンショ（ヒルガオ科）Ipomoea batatas

ကန်စွန်းဥပိုး[gəzun:u.bo:] (虫) アリモドキゾウムシ（ミツギリゾウムシ科）

ကဏ္ဍ[kanda.] (名) 欄、分野、部門

ကန္တာရ[gandaja.] (名) ①難路、険路 ②原生林、密林

ကန်တော့[gədɔ.] (動) ①合掌礼拝する、拝む、お辞儀する ②捧げる、奉納する ③謝る、許しを乞う ④ (名) 失礼、御免 ဒီငွေသုံးဆယ်အဖွားကိုကန်တော့ပါရစေ။ このお金３０チャッはお婆さんに差し上げます

ကန်တော့စေဇ[gədɔ.zeja] (名) 供え物

ကန်တော့ဆွမ်း[gədɔ.zun:] (名) 托鉢への備えがない時に行う出家の挨拶、合掌だけする

ကန်တော့ပန်း[gədɔ.ban:] (名) 神仏、出家への供花、神仏に供える花

ကန်တော့ပါရဲ့[gədɔ.bajɛ.] (挨拶) 一寸失礼、一寸御免、英語の Excuse me に相当する

ကန်တော့ပွဲ[gədɔ.bwɛ:] (名) ①神仏への供物 (コヨヤシ、バナナ、キンマ、タバコ、茶等を乗せた盆) ②国王、師匠、両親等への捧げ物

ကန်ထရိုက်[kantʼərai ʔ] (名) ①契約、請負 ②請負人、請負業者 ＜英 Contractor

ကန်း[kan:] (動) ①盲になる、目が見えなくなる、失明する ②水が涸れる、干上がる ③尽き果てる、失う

ကန္နား[kanna:] (名) ①人が集まる場所、集会所 ②露天 ＝ကန္နား

ကန္နားဖျင်း[kənəpʼjin:] (名) 臨時の集会所 ＝ကန္နားဖျင်း

ကိန္နရာ[keinnəja] (名) 緊那羅 (仏教では天竜八部衆の一つ、上半身が人間、下半身は鳥の姿をした神話上の異類)、人非人、音楽天女

ကိန္နရာနာ[keinnəja na] (名) 腋の下にできるおでき、化膿性の腫れ物 ＝ချိုင်းတွင်းနာ

ကိန္နရီ[keinnəji] (名) 緊那羅の牝

ကိန်း[kein:] (動) ①宿る、孕む ②祀る、秘蔵する ③ (尊貴な方が) お休みになる、唾眠をお取りになる

ကိန်းဝပ်[kein:wuʔ] (動) 宿る、胎shavasana作する、奉安する

ကိန်းအောင်[kein:aun:] (動) ① (仏陀が) 入胎する ②心に宿る ③潜む、潜在する

ကိန်း[kein:] (名) ①数 ②因果、運 ③ (占星上の) 巡り合わせ、チャンス、好機、吉日 တည်ကိန်း 存在の見込み ပြောင်းကိန်း 変化の可能性 ဖြစ်ကိန်းရောက်သည် 実現の機会が訪れる ရာထူးတက်ကိန်းရှိသည်။ 昇進のチャンスに恵まれる

ကိန်းကြီးခန်းကြီး[kein:dʑi: kʼan:dʑi:] (副) ①派手に ②偉そうに、横柄に、傲慢に

ကိန်းခန်း[kein:kʼan:] (名) ①宿命、運星による因果 ②折、時期 ③数

ကိန်းခန်းကြီး[kein:kʼan: tʃi:] (形) 自尊心が強い、お高くとまる、横柄だ、傲慢な

ကိန်းခန်းဖွဲ့[kein:kʼan: pʼwɛ.] (動) 運星図を作る

ကိန်းခန်းလုပ်[kein:kʼan: louʔ] (動) 横柄に振舞う、傲慢な言動をする

ကိန်းခန်းအလျောက်[kein:kʼan: əljauʔ] (動) 宿命によって

ကိန်းချေ[kein: tʃʼe] (動) 災難を払いのける

ကိန်းဂဏန်း[kein: gənan:] (名) 数、数詞

ကိန်းစစ်[kein:ziʔ] (名) 実数

ကိန်းစဉ်[kein:zin] (名) 数列、級数、連続数

ကိန်းစဉ်တန်း[kein:zindan:] (名) 数列、連続数

ကိန်းဆိုက်[kein: sʼaiʔ] (動) 廻り合わせになる、予期したとおりの結果となる ရှင်နှင့်ရာအဂ္ဂလှုထွက်တဲ့ကိန်းဆိုက်တယ်။ 娑弥が少ない上にエッガ迄が還俗する始末と相成った သားရှေ့အိုးရသည့်ကိန်းဆိုက်သည်။ 息子が金の壷を手に入れる廻り合せとなった

ကိန်းတန်း[kein:dan:] (名) (数学の) 式、公式

ကိန်းပြည့်[kein:bje.] (名) 整数（分数、小数を含まない）

ကိန်းယောင်[kein:jaun] (名) 虚数

ကိန်းရော[kein:jɔ:] (名) 帯分数

ကိန်းရင်း[kein:jin:] (名) (数学の) 根 例 ルート１６＝４

ကိန်းရှိ[kein: ʃi.] (動) 廻り合せになる ဆင်ဖြူတော်နှင့်ဝင်ကိန်းရှိသည်။ 白象が手に入る回り合わせになる ပစ္စည်းဥစ္စာအစုလိုက်အပုံလိုက်ဝင်ကိန်းရှိသည်။ 財が山のように手に入る回り合せとなる

ကိန်းရှင်[kein:ʃin] (名) 変数、不定数、変動する数

ကိန်းသေ[kein: te] (動) ①変りない、変動しない ② (形) 確実だ、確かだ ③[kein:de] (名) 常数、係数、定数 ④ (副) 確かに、確実に、絶対に、間違いなく

ကိန်းသေပေါက်[kein:debauʔ] ＝ကိန်းသေ④

ကုန်[koun] (名) ①商品 ②積荷、貨物

ကုန်ကူး[koun kuː] (動) 商いをする、交易する

ကုန်ကူးမှု[koun kuːmṵ.] (名) 交易

ကုန်ကူးသန်းရောင်းဝယ်ရေး[koun. ku:tan: jaun: wɛje:] (名) 交易

ကုန်ကျ[koun tʃa.] (動) 金額になる、費用がかかる、経費がかかる、消費する、消耗する、支出する

ကုန်ကျခံ[kountʃa. k'an] (動) 費用を負担する、経を引き受ける

ကုန်ကျငွေ[kountʃa. ŋwe] (名) 費用、経費、所要経費

ကုန်ကျစရိတ်[kountʃa. zəjeiʔ] =ကုန်ကျငွေ

ကုန်ကြမ်း[kounʤan:] (名) 原料、原材料

ကုန်ကြမ်းပစ္စည်း[kounʤan: pjiʔsi:] =ကုန်ကြမ်း

ကုန်ချ[koun tʃa.] (動) 荷を下ろす、荷下しをする

ကုန်ချော[kounʤɔ:] (名) 製品、完成品

ကုန်ခြောက်[kounʤauʔ] (名) 干物、乾物

ကုန်စည်[kounzi] (名) 物資、商品

ကုန်စည်ကူးသန်းရောင်းဝယ်[kounzi ku:tan: jaun:wɛ] (動) 交易する

ကုန်စည်ဒိုင်[kounzi dain] (名) 卸し売り

ကုန်စည်ပို့ဆောင်ရေးလေယာဉ်[kounzi po.s'aun je: lejin] (名) 貨物輸送機

ကုန်စည်ပြပွဲ[kounzi pja.bwɛ:] (名) 物産展、商品見本市

ကုန်စည်အာမခံငွေ[kounzi ama.k'an ŋwe] (名) 商品保証金

ကုန်စိမ်း[kounzein:] (名) 青物、生鮮食料品

ကုန်စိမ်းသည်[kounzein:dɛ] (名) 八百屋、青果商

ကုန်စုံဆိုင်[kounzoun zain] (名) 雑貨屋

ကုန်ဆိုင်[koun zain] (名) 商店

ကုန်ဈေး[koun ze:] (名) 物価

ကုန်ဈေးနှုန်း[koun ze:noun:] =ကုန်ဈေး

ကုန်တိုက်[koundaiʔ] (名) ①百貨店、デパート ②商館

ကုန်တင်ကား[koundin ka:] (名) 貨車、貨物車

ကုန်တင်ကုန်ချ[koundin kounʤa.] (名) 貨物の積み降し

ကုန်တင်ကုန်ချအလုပ်သမား[koundin kountʃa. əlouʔtəma;] (名) 仲仕、荷役労働者

ကုန်တင်ရထား[koundin jətʻa:] (名) 貨物列車

ကုန်တင်လေယာဉ်[koundin lejin] (名) 貨物航空機

ကုန်တံဆိပ်[koun dəzeiʔ] (名) 商標

ကုန်တွဲ[koundwɛ:] (名) 貨車 cf ကုန်တင်ရထား

ကုန်ထုတ်ကိရိယာ[kountʻouʔ kəri.ja] (名) 生産資材

ကုန်ထုတ်စွမ်းအား[kountʻouʔ swan:a:] (名) 生産力、生産能力

ကုန်ထုတ်လုပ်ငန်း[kountʻouʔ louʔŋan:] (名) 生産活動、生産事業

ကုန်ထုတ်လုပ်မှု[koun tʻouʔlouʔmu.] (名) 生産

ကုန်ထုတ်သမဝါယမအသင်း[kountʻouʔ təma. wajəma. ətin:] (名) 生産協同組合

ကုန်ထုတ်အရင်းအနှီး[kountʻouʔ əjin:əni:] (名) 生産資本

ကုန်ထုပ်စက္ကူ[kountʻouʔ sɛʔku] (名) 包み紙

ကုန်ပဒေသာဆိုင်[koun bədeda zain] (名) 総合商店、スーパーマーケット、雑貨店

ကုန်ပဒေသာတိုက်[koun bədeda daiʔ] (名) 百貨店

ကုန်ပို့[koun po.] (名) 商品を送る

ကုန်ပစ္စည်း[koun pjiʔsi:] (名) 貨物、商品

ကုန်ဖိုး[kounbo:] (名) 商品の代金

ကုန်ဖက်[kounbɛʔ] (名) 共同経営者

ကုန်မာ[kounma] (名) 金物、荒物、建築資材 (蝶番、螺子等)

ကုန်ရထား[koun jətʻa:] (名) 貨物列車

ကုန်ရောင်းကုန်ဝယ်[koun jaun: koun wɛ] (名) 交易、売買

ကုန်ရောင်းကုန်ဝယ်လုပ်[koun jaun: koun wɛ louʔ] (動) 売買する、商取引をする

ကုန်ရင်း[koun jain:] (名) 原料、材料

ကုန်ရုံ[koun joun] (名) 倉庫

ကုန်ရှုံးလျှပ်တဝေါက်၊ လင်ကုန်ရှုံးလျှပ်တသက်လုံးမှောက်။ (諺) 商売の損は一回きり、夫の不作は一生の損

ကုန်လှောင်တိုက်[kounlaundaiʔ] (名詞) 倉庫

ကုန်ဝယ်စာအုပ်[koun wɛ saouʔ] (名) 配給通帳

ကုန်သဘော[koun tinbɔ:] (名) 貨物船

ကုန်သည်[koundɛ] (名) 商人、商売人、あきんど

ကုန်သွယ်[kountwɛ] (動) 商いをする、交易する

ကုန်သွယ်ဖက်နိုင်ငံများ[kountwɛbɛʔnainganmja:] (名) 貿易相手国

ကုန်သွယ်မှု[kountwɛmu.] (名) 交易、貿易

ကုန်သွယ်ရေး[kountwɛje:] (名) 交易、貿易

ကုန်သွယ်ရေးစာချုပ်[kountwɛje: saʤouʔ] (名) 通商条約

ကုန်သွယ်ရေးစစ်[kountwɛje: siʔ] (名) 貿易戦争

ကုန်သွယ်ရေးပိုငွေ[kountwɛje: poŋwe] (名) 貿易黒字

ကုန်သွယ်ရေးပိုလျှံငွေ[kountwɛje:poʃan ŋwe] (名) =ကုန်သွယ်ရေးပိုငွေ

ကုန်သွယ်ရေးလိုငွေပြမှု[kountwɛje: loŋwe pja. mu.] (名) 貿易赤字

ကုန်သွယ်ရေးဝန်ကြီးဌာန[kountwɛje: wunʤi: tʻana.] (名) 貿易省、通産省

ကုန်သွယ်ရေးအငြင်းပွားမှု[kountwɛje; əɲin:pwa:mu.]（名）貿易摩擦、貿易紛争

ကုန်သွယ်ရေးအထူးအခွင့်အရေး[kountwɛje: ətʻu: əkʻwin.əje:]（名）貿易特恵

ကုန်သွယ်ရေးအထူးအခွင့်အရေးပေးနိုင်ငံအဆင့်[kountwɛje:ətʻu:əkʻwin.əje:be:nainganəsʻin.]（名）特恵国待遇

ကုန်အမှတ်တံဆိပ်[koun əma̱ʔ dəzeiʔ]（名）商標

ကုန်[koun]（動）①尽きる、無くなる ②終る、終了する ပိုက်ဆံကုန်မယ် お金が無くなる ထန်းလျက်ကုန်နေပြီ။ 椰子砂糖が尽きた တပေါင်းလမကုန်သေးဘူး။ ビルマ暦12月はまだ終っていない

ကုန်ခဲ့တဲ့အပတ်[koungɛ.dɛ. əpaʔ]（名）過ぎ去りし週、先週

ကုန်ကုန်[koungoun]（副）悉く、皆、全部 ကုန်ကုန်ပြောမယ်။ 何もかも言おう

ကုန်ခါနီး[koungani:]（名）無くなる間際、尽き果てる寸前、終り間近

ကုန်ခန်း[kounkʻan:]（動）完全に無くなる、尽きてしまう、空になる、払底する、消耗する အားအင်ကုန်ခန်းသည်။ 精力を消耗する、力が尽き果てる

ကုန်စင်[kounsin]（動）完全に無くなる、尽きてしまう、すっからかんになる ကြေးညှော်ကုန်စင်သည်။ 垢がすっかり取れる

ကုန်စင်အောင်[kounsin aun]（副）悉く、一切合財

ကုန်ဆုံး[kounsʻoun:]（動）尽きる、無くなる、終る

ကုန်လွန်[kounlun]（動）時が経つ、経過する

ကုန်[koun]（助動・文）複数を示す ကလေးတွေအိပ်ကုန်ကြပြီ။ 子供達は寝てしまっている သူတို့သွားကုန်ပြီ။ 彼等は全員（一人残らず）一斉に出かけた cf. သွား:ကြသည်။ 皆がそれぞれ出かけた （会話では ကြ も ကုန် も用いない、သူတို့သွားပြီ。と言うのが普通）

ကုန်[koun]（助動・文）全体として、全面的に、悉く、完全に、すっかり、本当に ကော်ဖီတွေအေးကုန်ပြီ။ コーヒーが冷めてしまった ဆံပင်တွေကျွတ်ကုန်တယ်။ 頭髪が完全に抜けてしまった ကြိုးပြတ်ကုန်တော့မှာဘဲ။ ロープが完全に切れてしまうよ တကိုယ်လုံးရေတွေစိုကုန်ပြီ။ 全身ずぶ濡れになっっている ရှာရပတ်ရေတွေဖိကုန်ပြီ။ シャーベットが零れてしまった ချောင်းရေတွေခန်းခြောက်ကုန်ပြီ။ 川の水も干上がってしまった

ကုန်း[koun:]（名）①陸、陸地 ②丘、丘陵

ကုန်းကတိုး[koun:gədo:]（植）ジャコウアオイ、ニオイトロロアオイ（アオイ科）Hibiscus abelmoschus

ကုန်းကြောင်း[koun:dʑaun:]（名）①陸路 ②徒歩

ကုန်းကြောင်းလျှောက်[koundʑaun ʃauʔ]（動）歩く、徒歩で行く

ကုန်ကြောင်းသယ်ယူပို့ဆောင်ရေး[koundʑaun: tɛju po.sʻaun je]（名）陸運、陸上運送

ကုန်ခတက်[koun:gədeʔ]（植）ギョボク（フウチョウソウ科）Crataeba religiosa

ကုန်ခရာ[koun:kʻja]（植）アザミゲシ

ကုန်ချင်းယာ[koun: tɕʻin:ja]（植）シマヒトツバハギ（トウダイグサ科）Fluggea leucopyrus

ကုန်းစောင်း[goun:zaun:]（名）坂、斜面

ကုန်းတပ်[koun:daʔ]（名）陸軍 = ကြည်းတပ်

ကုန်းတာ[goun:dəda]（名）陸橋

ကုန်ထိကရုံ[koun:tʻi.gəjoun:]（植）オジギソウ、ネムリグサ（ネムノキ科）Mimosa pudica

ကုန်းနေရေနေသတ္တဝါ[koun:ne jene dədəwa]（名）両棲類

ကုန်းနေသတ္တဝါ[koun:ne dədəwa]（名）陸上の生物

ကုန်းပျဉ်းမ[koun: pjin:ma]（植）サルスベリ（ミソハギ科）の１種 Lagerstroemia macrocarpa

ကုန်းပြင်မြင့်[koun: bjinmjin.]（名）高原、高地、台地

ကုန်းမြေမြင့်[koun mjemjin.]（名）= ကုန်းမြင့်

ကုန်းမြင့်[koun: mjin.]（名）高台、台地

ကုန်းရိုး[koun:jo:]（名）山の嶺

ကုန်းလိပ်[koun:leiʔ]（動物）陸亀 Testudo elongata

ကုန်းလိပ်ငယ်[koun:leiʔŋɛ]（動物）小型の陸亀 Gopherus

ကုန်းလမ်း[koun:lan:]（名）陸路

ကုန်းသမန်းမြက်[koun: təman: mjɛʔ]（植）ヤエガヤ（イネ科）Manisurls granularis

ကုန်းသတ္တဝါ[koun: dədəwa]（名）陸地の生物

ကုန်း[koun:]（名）①背 ②鞍 ③（自転車の）サドル

ကုန်းခါ[koun:kʻa]（動）（家畜が）暴れる、跳ね回る

ကုန်းနှီး[koun:ɲi:]（名）（馬の）鞍

ကုန်းပို့[goun: po:]（動）背負う、おんぶする

ကုန်းပတ်[koun:baʔ]（名）（船の）デッキ、甲板

ကုန်းပေါက်[koun: pauʔ]（動）股ずれする

ကုန်းဘောင်[koun:baun]（名）船への渡し板、踏み板

ကုန်း[koun:]（動）①腰が曲がる ②かがむ、腰を曲げる、腰を屈める ③奮闘する、努力する

ကုန်းကောက်[koun: kauʔ]（動）腰を屈めて拾う

ကုန်းမ[koun:ma]（名）せむし女 ခါ:ကုန်းမ

ကုန်းလုပ်[koun:louʔ]（動）腰を曲げて働く、一生懸命働く
ကုန်းချော[goun:tɕɔ:]（動）告げ口をする、陰口をきく、ざん言する
ကုန်းချောတိုက်[goun:tɕɔ: taiʔ] =ကုန်းချော
ကုန်းတိုက်[goun: tai?] =ကုန်းချော
ကုန်းဘောင်ကြီး[koun:baundʑi:]（名）紅宝鶏（中華料理の一つ、鶏の細切れ肉にニンニク、タマネギ、ショウガ等を加えてフライパンで蓋をして揚げた料理）
ကုန်းဘောင်ခေတ်[koun:baun kiʔ]（名）コンバウン時代（1752年から1885年まで続いたビルマの王朝時代）
ကုန်းဘောင်ဆက်[koun:baunzɛʔ]（名）コンバウン王朝（アラウンパヤーによって創設された王朝）
ကပ်[kaʔ]（名）①劫 ②災い、災害 ③担架 ④代、時代 ⑤竹製の屋根 =ဝါးကပ်
ကပ်ကြီးသုံးပါး[kaʔtɕi: toun:ba:]（名）三大災事（戦争、疾病、飢饉）
ကပ်ဆေး[kaʔ se:]（動）三大災事の間に大雨がふる
ကပ်ဆိုက်[kaʔ sʔaiʔ]（動）災難に遭遇する
ကပ်နာ[kaʔ na]（名）伝染病（天然痘、チフス等）
ကပ်ရောဂါ[kaʔ jɔga]（名）伝染病、流行病
ကပ်လေးပါး[kaʔ le:ba:]（名）四劫（壊劫、空劫、成劫、住劫）
ကပ်သုံးပါး[kaʔtoun:ba:] =ကပ်ကြီးသုံးပါး
ကပ်ဦး[kaʔu:]（名）原始時代、太古の時代
ကပ်[ka?]（動）（仏、出家、王等に）差し上げる、献上する、奉納する သင်္ကန်းကပ်သည် 袈裟を差し上げる ဆွမ်းကပ်သည် 托鉢の出家に飯を提供する
ကပ်လှူ[kaʔɬu]（動）（仏、出家）に供える、寄進する、奉納する
ကပ်[kaʔ]（動）①くっつく、付着する ②近付く、接近する ③自分の利益のため接触する、下心があって近づく
ကပ်ခို[動]（動）居候する、寄生する =မှီခိုနေရသည်
ကပ်ငြိ[kaʔɲi.]（動）くっつく、寄り付く ရောဂါ ကပ်ငြိသည်။ 病気に罹る
ကပ်စီးကပ်ဖြစ်[kaʔsi:kaʔsi: pʔji:]（形）粘ば粘ばする、べとべとする
ကပ်စေးနဲ[kaʔsi:nɛ:]①（形）吝嗇だ、けちだ ②（植）オナモミ（キク科）Xanthium strumarium folia ③カジバラセンソウ（シナノキ科）Trim-fetta rhomboidea ④アメリカキンゴジカ（アオイ科）Sida spinosa ⑤アルバキンゴジカ（アオイ科）Sida cordifolia ⑥ホソバキンゴジカ（アオイ科）Sida rhombifolia

ကပ်စေးနဲကလေး[kaʔsi:nɛ:gəle:]（植）キンゴジカ（アオイ科）Sida veronicifolia
ကပ်စေးနဲကြီး[kaʔsi:nɛ:dʑi:]（植）オナモミ
ကပ်စေးနဲ့[kaʔsi:nɛ:] =ကပ်စေးနဲ
ကပ်စေးနဲသူ[kaʔsi:nɛ:du]（名）けちん坊
ကပ်စေးနဲ၊ ကော်တရာ။（諺）オナモミに糊百倍（付着したら剥せない、極端な吝嗇）
ကပ်တတ်တတ်လုပ်[kaʔtaʔtaʔ louʔ]（動）頑固だ、言う事を聞かない
ကပ်ပါး[kaʔpa:]（名）①食客、居候 ②寄生虫 ③王朝時代の身分の一つ、他所から来て住みついた人で役人でない人、流れ者
ကပ်ပါးပိုး[kaʔpa:bo:]（名）寄生虫
ကပ်ပါးရပ်ပါး[kaʔpa:jaʔpa:]（名）食客、居候
ကပ်ပယ်[kaʔpɛ]（名）睾丸
ကပ်ပယ်အိတ်[kaʔpɛ eiʔ]（名）陰嚢
ကပ်မှီ[kaʔmi]（動）巣食う、寄生する、居候する
ကပ်မြှောင်[kaʔmjaun]（動）寄生する、居候する
ကပ်ရပ်[kaʔja?]（動）せびる、たかる
ကပ်သီးကပ်သပ်[kaʔti:kaʔta?] =ကတ်သီးကတ်သပ်
ကပ်သီးကပ်သပ်နိုင်[kaʔti:kaʔta? nain]（形）困り果てる、困惑する
ကပ်သီးကပ်သပ်ပြော[kaʔti:kaʔta? pjɔ:]（動）無理難題を言う
ကပ်သီးကပ်သပ်လုပ်[kaʔti:kaʔta? louʔ]（動）意地悪をする
ကပ်ကြေး[kaʔtɕi:]（名）鋏 =ကတ်ကြေး
ကပွတိန်[kaʔpətein]（名）船長、キャプテン
ကပွလီ[kaʔpəli]（名）黒人、ニグロ
ကပွလီကျွန်း[kaʔpəli tʃun:]（地）アンダマン諸島
ကပွလီပိတောက်[kaʔpəli bədauʔ]（植）アンダマンカリン（マメ科）Pterocarpus dalbergio-ides
ကပိတန်[kaʔpi.tan]（名）船長
ကပိယ[kaʔpi.ja.]（名）寺の浄人、寺院の奉仕者、寺男（出家の身の回りの世話をする在家）cf. ဖိုးသူတော်
ကပီလဝတ်ပြည်[kaʔpiləwuʔpji]（地）迦毘羅城（釈迦が生れた国）
ကပြား[kaʔpja:]（名）カード ＜英 Card
ကုပ်[gouʔ]（名）①頸、首筋、うなじ、襟首 ②シャツの襟 ③魚を捕える簗（やな）
ကုပ်ဆက်[gouʔsʔɛʔ]（名）頸、うなじ、頸骨
ကုပ်ပိုး[gouʔpo:]（名）①肩の筋肉 ②肩パット
ကုပ်[kouʔ]（動）①曲がる、垂れ下がる、下にカーブする အမြီးကုပ်သည်။ 尾が垂れ下がる ②すくむ、縮じ

ကုပ်ကမြင်း

こまる、身をすくめる、小さくなる ③閉じ篭る、蟄居する ④しっかり固定する သံချောင်းနဲ့ကုပ်ထား:တယ် ∥ 釘で固定してある ⑤抱き付く ⑥記録をとる စာရင်း။ကုပ်သည်။

ကုပ်ကမြင်း[kouʔkəmjin:] (名) 偽善者 ＝ ကြောင်သူတော်၊သီလကြောင်။

ကုပ်ကလူ[kouʔkəlu] (鳥) オオフクロウ（フクロウ科）Strix leptogrammica

ကုပ်ကလောင်[kouʔkəlaun] (鳥) アオガオゴシキドリ（ゴシキドリ科）Megalaima asiatica

ကုပ်ကုပ်ကလေး[kouʔkouʔkəle:] (副) 恐縮して、首を縮めて

ကုပ်ကုပ်ကျစ်ကျစ်[kouʔkouʔ tʃiʔtʃiʔ] (副) ぎっしりと、詰め合せて、鮨詰めに

ကုပ်ကုပ်ရုပ်ရုပ်[kouʔkouʔ jouʔjouʔ] (副) 慎ましやかに、慎重に、身を持して、真面目に、きっちりと

ကုပ်ချောင်းချောင်း[kouʔtʃaun:tʃaun:] (副) こそこそと、首を竦めて、人目を盗んで、背を丸めて

ကုပ်ရုပ်ရုပ်[kouʔkouʔ jouʔjouʔ] (副) 厳粛に、静粛に、威儀を正して

ကမ်ဇော်[kanzɔ] (植) モワ（アカテツ科）Madhuca longifolia

ကမ္ပလာ[gəbəla] (植) ①ダイダイ（ミカン科）＝ကမ္ပလာ ②(名) フェルト、毛氈 ③マント

ကမ္ပလွှေ[kəməlwe] (名) 貝葉のカバー、包み布

ကမ္ပည်း[gəbji:] (名) 記録、碑銘

ကမ္ပည်းကျောက်စာ[gəbji: tʃauʔsa] (名) 碑文

ကမ္ပည်းစာ[gəbji:za] (名) 碑文、碑銘

ကမ္ပည်းတိုင်[gəbji:dain] (名) 石碑、石塔

ကမ္ပည်းထိုး[gəbji: tʼo:] (動) 銘を刻す、碑銘を記す

ကမ္ပုတ်[gəbaʔ] (名) (書物の) 結論

ကမ္ပလာ[gəbəla] (植) ①ダイダイ（ミカン科）Citrus aurantium ②ケオラ（ハマザクロ科）Sonneratia apetala ＝ ကမ္ပလာ ③(名) 毛氈

ကမ္ဘောဇ[kanbɔza] (地) ①カンボジア ②シャン州

ကမ္ဘောဇဝါ[kanbɔza.wa] (植) ケブカワタ、リクチメン（アオイ科）Gossypium hirsutum

ကမ္ဘာ့[gəba.] (形) 世界の ＝ နိုင်ငံတကာ။

ကမ္ဘာ့ကုလသမဂ္ဂအစာအာဟာရစိုက်ပျိုးရေးအဖွဲ့[gəba. ku.la.ta.mɛʔga. əsa ahaja nɛ. saiʔpjo:je: əpʼwɛ.] (名) FAO（世界食料農業機構）

ကမ္ဘာ့ကုန်သွယ်ရေး[gəba. kountwɛje:] (名) 世界貿易

ကမ္ဘာ့ကုန်သွယ်ရေးအဖွဲ့ကြီး[gəba. kountwɛje: əpʼwɛ. tʃi:] (名) W.T.O.

ကမ္ဘာ့ကုန်သွယ်ရေးအဖွဲ့ချုပ်[gəba. kountwɛje: əpʼwɛ. tʃouʔ] (名) WTO（世界貿易機構）

ကမ္ဘာ့ကုန်သွယ်ရေးကောင်စီ[gəba. kountwɛje: kaunsi] (名) ウルグアイ・ラウンド

ကမ္ဘာ့ကုန်သွယ်ရေးအဖွဲ့ကောင်စီ[gəba. kountwɛje: əpʼwɛ. kaunsi] (名) ウルグアイ・ラウンド

ကမ္ဘာ့ကျန်းမာရေးအဖွဲ့[gəba. tʃan:maje: əpʼwɛ.] (名) WHO（世界保健機構）

ကမ္ဘာ့ကွန်ပျူတာကွန်ရက်လုပ်ငန်း[gəba. kunpjuta kun jɛʔ louʔŋan:] (名) インターネット、コンピューター網

ကမ္ဘာ့ခရီးသွားလာမှု[gəba. kʼəji: twa:lamu.] (名) 海外旅行、海外往来

ကမ္ဘာ့ငြိမ်းချမ်းရေး[gəba. ɲein:dʒan:je:] (名) 世界平和

ကမ္ဘာ့ငွေကြေးရန်ပုံငွေအဖွဲ့[gəba. ŋwetʃe:janboun ŋwe əpʼwɛ.] (名) IMF（国際通貨基金）

ကမ္ဘာ့ငွေကြေးလောက[gəba. ŋwetʃe:lɔ:ka.] (名) 国際金融市場

ကမ္ဘာ့စားနပ်ရိက္ခာအဖွဲ့[gəba. sa:naʔjeiʔkʼa əpʼwɛ.] (名) FAO（世界食糧農業機構）

ကမ္ဘာ့စီးပွားပျက်ကပ်[gəba. si:bwa: pjɛʔkaʔ] (名) 世界恐慌

ကမ္ဘာ့ဈေးကွက်[gəba. ze:gwɛʔ] (名) 世界市場、国際市場

ကမ္ဘာ့တရားရုံး[gəba. təja:joun] (名) 国際司法裁判所

ကမ္ဘာ့တောရိုင်းတိရစ္ဆာန်ရန်ပုံငွေအဖွဲ့[gəba. tɔ:jain: tərɛiʔsʼan janbounŋwe əpʼɛ.] (名) WWF（世界野生生物基金）

ကမ္ဘာ့ပုလိပ်ကြီးဝါဒ[gəba. pəleiʔtʃi: wada.] (名) 世界の警察官思想（冷戦構造終結後のアメリカを指す）

ကမ္ဘာ့ဖလားဘောလုံးပြိုင်ပွဲ[gəba. pʼəla: bɔ:loun: pjainbwɛ:] (名) ワールド・サッカー

ကမ္ဘာ့ဖွံ့ဖြိုးမှုအနည်းဆုံးနိုင်ငံ[gəba. pʼun.bjo:mu. ənɛ:zoun: naingan] (名) LLDC（後発開発途上国、世界最貧国）

ကမ္ဘာ့ဘဏ်[gəba.ban] (名) 世界銀行

ကမ္ဘာ့ရေနံထုတ်နိုင်ငံများအဖွဲ့[gəba. jenan tʼouʔ nainganmja: əpʼwɛ.] (名) OPEC（国際産油国機構）

ကမ္ဘာ့ရေးဟောင်းအမွေအနှစ်[gəba. ʃe:haun: əmwe əɲiʔ] (名) 世界遺産

ကမ္ဘာ့လူ့အခွင့်အရေးကြေညာစာတမ်း[gəba. lu. ək'win.əje: tʃeɲa sadan:]（名）国際人権宣言

ကမ္ဘာ့သဘာဝထိန်းသိမ်းရေးရန်ပုံငွေအဖွဲ့[gəba. dəba wa. t'ein:t̪ein:je: janbounŋwe əp'wɛ.]（名）世界自然保護基金

ကမ္ဘာ့အဆင်းရဲဆုံးနိုင်ငံ[gəba. əs'in:je:zoun: naingan]（名）世界最貧国、後発開発途上国

ကမ္ဘာ့အလုပ်သမားနေ့[gəba. əlouʔt̪əma: ne.]（名）メーデー

ကမ္ဘာ[gəba]（名）①世界 ②地球 ③宇宙 ④劫（極めて長い時間の単位）＜サ Kalpa

ကမ္ဘာကျော်[gəbadʒɔ]（形）世界的に有名な

ကမ္ဘာကြေ[gəba tʃe]（動）世界が消滅する

ကမ္ဘာဂြိုဟ်[gəbadʒo]（名）地球

ကမ္ဘာစစ်ကြီး[gəba siʔtʃi:]（名）世界大戦

ကမ္ဘာတပတ်ပတ်[gəba dəbaʔ paʔ]（動）世界を一周する

ကမ္ဘာတည်ဦး[gəba ti u:]（名）宇宙創世、世界の始まり

ကမ္ဘာနာ[gəbana]（名）疫病、伝染病

ကမ္ဘာပတ်လမ်းကြောင်း[gəba paʔ lan:dʒaun:]（名）地球の軌道

ကမ္ဘာမီးလောင်။သား၊ကောင်ချနှင်၊（諺）わが身可愛さ、背に腹は替えられぬ、命あっての物種（この世の大火、我が子さえ踏み敷く）

ကမ္ဘာမီးလောင်ရာ၊ဆီမီးခုက်ကတောက်（諺）大事に小事が加わる（この世の大火に燭台の灯明）

ကမ္ဘာမီးလောင်ရာ၊ပိုးစုံး[ကြူ]လက်။（諺）大事に小事が加わる（この世の大火にホタルの光）

ကမ္ဘာမြေကြီး[gəba mjedʒi:]（名）大地

ကမ္ဘာရန်[gəba jan]（名）天敵

ကမ္ဘာလေးပါ[gəba le:ja]（名）神判、神明裁判（我国古代の探湯［くかだち］の如きもの、灯火、米噛み、潜水、鉛浸しの4種がある）

ကမ္ဘာလိပ်[gəba leiʔ]（動物）海亀

ကမ္ဘာလုံး[gəbaloun:]（名）地球

ကမ္ဘာလုံးခြမ်း[gəba loun:dʒan:]（名）半球

ကမ္ဘာလှည့်ပြည်ဝင်ဗီဇာ[gəbaɬɛ. pjewin biza]（名）観光ビザ、旅行者用ビザ

ကမ္ဘာလှည့်ခရီးသည်[gəbaɬɛ. k'əji:dɛ]（名）観光客

ကမ္ဘာအရပ်ရပ်[gəba əjaʔjaʔ]（名）世界各地

ကမ္ဘာဦးသူ[gəba u:d̪u]（名）世界最初の人

ကမ်း[gəba:~kan:ba:]（名）川岸、川岸の土手

ကမ္ဘာယံ[kan:ba:jan]＝ကမ္ဘာ；

ကမ္ဘော်ဇဝါ[kanbɔ:za.wa]（植）ケブカワタ（アオイ科） Gossypium hirsutum

ကမ္ဘောဒီးယား[kanbɔ:di:ja:]（国）カンボジア

ကမ္မဋ္ဌာန်[kəmətʼan]（名）瞑想、座禅 ＜パ Kammaṭṭhāna ＝တရား:ထိုင်

ကမ္မဋ္ဌာန်းစီးဖြန်း[kəmətʼan si:pʼjan:]（動）瞑想する

ကမ္မဋ္ဌာန်းထိုင်[kəmətʼan tʼain]（動）座禅する

ကမ္မဝါ[kəməwa]（名）かつ磨儀規（出家授戒の作法）

ကမ္မဝါစာ[kəməwasa]（名）かつ磨儀規（出家授戒の作法語をパーリ語で記した貝葉）＜パ Kammavācā

ကမ္မဝါညှာ[kəməwa ɲaʔ]（動）かつ磨儀規を朗誦する

ကမ္မသက[kanma.t̪əga]（名）業、因果

ကမ်း[kan:]（動）①渡す 差し出す 手渡す ②配る

ကမ်းလှမ်း[kan:]（動）①手渡す、差し出す ②配る ③申し入れる、提案する

ကမ်း[kan:]（名）岸

ကမ်းကုန်[kan:koun]（動）頂点を極める、免許皆伝になる

ကမ်းကုန်အောင်[kan:koun aun]（副）完璧に、徹底的に ယနေ့ရဲ့အချမ်းမှာကမ်းကုန်နေသလား:ထင်ရသည် 今日の寒さはこれ以上はないと思われた

ကမ်းခြေ[kan:dʒe]（名）岸辺、海岸

ကမ်းစောက်[kan:zauʔ]（名）崖

ကမ်းစပ်[kan:zaʔ]（名）水際、水辺、渚

ကမ်းတက်[kan:tɛʔ]（動）①上陸する ②増長する、つけ上がる、図に乗る、図々しい

ကမ်းတက်သင်္ဘော[kan:dɛʔtin:bɔ:]（名）上陸用舟艇

ကမ်းထိပ်[kan:deiʔ]（名）崖の上

ကမ်းနဖူး[kan:nəpʼu:]（名）崖の淵、水際

ကမ်းနား[kan:na:]（名）浜、磯、川岸、河沿い

ကမ်းနီး[kan:ni:]（名）近海

ကမ်းပါး[kan:ba:]（名）岸、土手、堤防

ကမ်းပါးပြတ်[gəbabjaʔ]（名）崖、断崖、絶壁 ＝နတ်သမီးကမ်းပါး:

ကမ်းပါးယံ[gəbəjan]（名）（河川の）土手、堤防

ကမ်းပါးလျှော[kan:ba:ʃɔ:]（名）坂、斜面、傾斜

ကမ်းမြှောင်ဒေသ[kan:mjaun det̪a.]（名）沿岸地帯

ကမ်းရိုး[kan:jo:]（名）岸辺、沿岸

ကမ်းရိုးတန်း[kan:jo:dan:]（名）沿岸、海岸

ကမ်းရိုးတန်းဒေသ[kan:jo:dan: det̪a.]（名）海岸地方、沿岸地帯

ကမ်းလွန်ပင်လယ်[kan:lun pinlɛ]（名）沿岸、近

海
ကမ်းဝေး[kan:we:] (名) 遠海
ကမ်းဦး[kan:u:] (名) 高潮と小潮との中間帯
ကမ်းဦးရေတိမ်ပိုင်[kan:u: jeteinbain:] (名) 大陸棚
ကမ်းယံ[kan:jan] (名) カンヤン族（太古、ビルマ西部に住みついた民族の一つ）
ကုမ္ပဏီ[kounbəni] (名) 会社 ＜英 Company
ကုမ္ဘဏ်[gounban] (名) 鳩般茶（くはんだ）、甕形夜叉、馬頭人身の夜叉鬼 ＜パ Kumbhaṇḍa
ကုမာရီ[kounmaji] (名) 少女、乙女、処女、未婚女性 ＜パ Kumārī
ကံ့ကော်[gan.gɔ] (植) セイロンテツボク（オトギリソウ科）Mesua ferrea
ကံ[kan] (名) ①運、運命 ②業、行為 ③報い、応報、因に対する果、因業に対する果報 ④律蔵の定め ⑤（文法の）目的語
ကံကောင်း[kan kaun:] (形) ①運がよい、巡り合わせがよい、幸運だ ②[kangaun:] (名) 幸運
ကံကောင်းချင်တော့[kan kaun:ʤindɔ.] (副) うまい具合に、運よく
ကံကောင်းထောက်မ[kangaun: t'auʔma.lo.] (副) 運よく、幸運にも
ကံကောင်းထောက်မချင်တော့[kaungaun: t'auʔma.ʤindɔ.] =ကံကောင်းထောက်မ
ကံကောင်းထောက်မရှိ[kangaun: t'auʔma.jwe:] =ကံကောင်းထောက်မ
ကံကောင်းထောက်မလို့[kangaun: t'auʔma.lo.] =ကံကောင်းထောက်မ
ကံကောင်းထောက်သဖြင့်[kangaun: t'auʔma.təp'jin.] (副) 運よく、幸運にも
ကံကုန်[kan koun] (動) (王妃、王族、皇族等が)逝去する、死去する
ကံကျွေး[gəʤwe:] (名) ①食封、封地、封土 ②労働作業 ③労賃
ကံကျွေးချစံနစ်[gəʤwe:tʃa. səniʔ] (名) 封建制度
ကံကျွေးပေး[gəʤwe: pe:] (動) 封土を与える
ကံကြီး[kan tʃi:] (形) 好運だ
ကံကြီးထိုက်[kandʒi: t'aiʔ] (動) 父親殺し、母親殺し等五つの大罪を犯した者に罰が当たる
ကံကြမ္မာ[kan tʃəma] (名) ①運、運命、運勢 ②因果
ကံကြမ္မာဖီစီး[kantʃəma p'i.zi:] (動) 運勢がよくない、廻り合せが悪い、運が悪い
ကံခေ[kan k'e] (形) 運が悪い、ついていない

ကံငြိမ်[kan ɲein:] =ကံကုန်
ကံစပ်[kan saʔ] (動) 運を共にする、因果を共にする
ကံစမ်း[kan san:] (動) 運を試す、運試しをする
ကံစု[kan suʔ] (動) 僥倖だ
ကံစုကံညာ[kanzuʔ kanɲa] (副) 運よく、巡り合わせよく
ကံဆိုး[kan sʔo:] (形) ①不運だ、運が悪い ②うまくいかない ③罰が当る
ကံဆိုးချင်တော့[kan sʔo:ʤindɔ.] (副) 運悪く、不幸な事に
ကံဆိုးမသွားလေရာ၊မိုးလိုက်လို့ရွာ။(諺) 泣き面に蜂、踏んだり蹴ったり、不幸の追い打ち（不運な女の行く後から雨が降る）
ကံဆိုးမိုးမှောင်[kanzo: mo:ṃaun] (名) 不運、悲運、凶運、悲惨な運命、不幸
ကံဆိုးမိုးမှောင်ကျ[kanzo:mo:ṃaun tʃa.] (動) 不幸な星の下に生れる
ကံဆိုးမိုးမှောင်ဖြစ်[kanzo:mo:ṃaun p'jiʔ] (動) 運が悪い、不幸が続く
ကံဆောင်[kan sʔaun] (動) (出家が) 律蔵の規定を実践する
ကံဇာတာ[kan zata] (名) 福、幸運
ကံဇာတာတက်[kan zata tɛʔ] (動) 運が上向く
ကံဇာတာနိမ့်[kan zata nein.] (形) 運がつかない
ကံဇာတာမြင့်[kan zata mjin.] (形) 運が上昇する、運が上向きになる
ကံတရာ:[kan təja:] (名) 運
ကံတူအကျိုးပေး[kandu ətʃo:be:] (名) 同じ星の下に生れた者、同じ境遇、同じ立場、同じ運命
ကံထူး[kan t'u:] (形) 特別に好運だ
ကံထမ်းလာတာမမြင်ရ၊လုပ်ထမ်းလာတာမြင်ရ။(諺) 運は目に見えない、運を予測できない（担いで来るのが見えるのは、運ではなくて槍）
ကံတော်ကုန်[kandɔ koun] (動) =ကံကုန်
ကံနာ[kanna] (名) 業病
ကံနာဝင်နာ[kanna wuʔna] (名) 不治の病
ကံနိမ့်[kan nein.] (形) つきが逃げる、ついてない
ကံပေးလိုပြား[kan: pe:lo pe:ɲa:] (副) 運命に甘んじて
ကံပေါ်[kan pɔ] (動) 好運に恵まれる、チャンスに恵まれる
ကံပြင်း[gəbjin:] (植) ナンヨウゴミシ=ကငုပလင်း
ကံမကောင်းဘူး[kan məkaun:bu:] (形) 運が悪い

ကံမကောင်း၊အကြောင်းမလှ။（諺）何事も運次第（運が悪ければ何事も裏目に出る）

ကံမရှိ ဉာဏ်ရှိတိုင်းမဲ့။（諺）運も必要（運がなければ、智慧があっても貧乏暮し）

ကံမြောက်[kan mjauʔ]（形）運が上向く、うまく行く

ကံမလှဘူး[kan məla.bu:]（形）不運だ

ကံယုံ၍ဆူးပုံမနင်းရာ။（諺）運のみを当てにするな、万事慎重に行動せよ（運を頼りに茨を踏むな）

ကံလမ်းကြောင်း[kan lan:d͡ʑaun:]（名）運命線

ကံသာလျှင်အမိ၊ကံသာလျှင်အဘ။（諺）何事も運次第（運のみぞ母、運のみぞ父）

ကံသီ[kan ti]（形）不幸中の幸だ

ကံဒယံမ[kande kanma.]（副）間違いなく、確実に

ကံထုံးပါး[kan toun:ba:]（名）（ကာယကံ 身業、ဝစီကံ 口業、မနောကံ 意業の）三業

ကံအားမ[kan a: ma.]（動）運が幸いする

ကံအားလျော်စွာ[kan a:ljɔzwa]（副）好運にも、好都合にも、運よく、僥倖にも ကံအားလျော်စွာဘာမှမဖြစ်ပါ။ 運よく何も起きなかった

ကုံ[koun] ① （形）揃っている、十分だ ပညာကုံသည် 知恵が豊富だ ② （名）水瓶宮、十二宮の第十一番目

ကုံထံ[kountʔan]（形）豊かだ、豊富だ、十分だ

ကုံထံကြွယ်ဝ[kountʔan t͡ʃwɛwa.] =ကုံထံ

ကုံလုံ[kounloun]（形）豊かだ、十分だ

ကုံကမံ[goungəman]（植）サフラン（アヤメ科）Grocus sativus

ကုံရာသီ[koun jadi]（名） ① ビルマ暦11月 ② 水瓶座 =ကုံ②

ကုံး[koun:]（動） ① 花輪を作る、花を糸に通す ② 文を綴る ③ （助数）数珠、首飾り等

ကုံးစပ်[kounsaʔ] ① （動）繋ぐ、接続する ② [kounzaʔ]（名）繋ぎ、繋ぎ目

ကုံးစပ်ထဘီ[kounzaʔ tʔəmein]（名）二倍の大きさの女性用ロンジー

ကျ[t͡ʃa] （動） ① 落ちる、落下する、降下する、下落する အပူချိန်ကျသည် 温度が下がる အဖျားကျသည်။ 熱が下がる ② 雪が降る နှင်းကျသည်။ ③ 値段がする ဘယ်လောက်ကျသလဲ 幾らしましたか ④ 時間になる、時期になる တနင်္ဂနွေနေ့ကျသွားကြရအောင်။ 日曜日になったら行こう ညမှမကျကာပြောနိုင်သည်။ 夜にならなければ話せない နက်ဖြန်ကျတော့ငါလုပ်မယ်။ 明日になったら僕がする သင်္ကြန်ရက်ကျရင်တွေ့ရအောင်။ 水祭りになったら会おう ⑤ 落第する စာမေးပွဲကျသည်။ ⑥ 陥落する ⑦ 落命する ⑧ 容貌が衰える ရုပ်တော်

တော်ကျသည် ⑨ 味が出る ⑩ 気に入る သူ့ကိုကျနေတာ 彼女が気に入っている ⑪ 寄りになる ⑫ ～風になる、～的だ တရားမမျှတရာကျသည်။ 不公平と言う事になる ဇိမ်ကျသည်။ 贅沢だ ဟန်ကျသည်။ 好都合だ、好調だ ခင်ဗျား့အိမ်ကတိရစ္ဆာန်ရုံနှင့်ကျနေတာဘဲ။ 君の家は動物園と変りがない

~ကျကျ[t͡ʃa.d͡ʑa.]（副）（場所、質、量について）～寄りに、～的に ရွာ၏အနောက်ပိုင်းကျကျတွင်အိမ်ကလေးရှိ၏။ 村の西寄りに小さな家がある ထောင့်ကျကျတွင်ထိုင်နေသည်။ 隅の方に座っている ဒီမိုကရေစီကျကျအခွင့်အရေးတောင်းသည်။ 民主主義的な権利を要求した အတွင်းပိုင်းကျကျအရပ် 内部よりの地域 သဘာဝကျကျ 極めて自然に ကော်ဖီကျကျကိုသောက်သည်။ 濃い目のコーヒーを飲んだ အခါးရည်ကျကျလေးလုပ်ကွာ။ 濃い目のお茶を入れろよ

ကျကျနန[t͡ʃa.d͡ʑa.na.na.]（副）的に、きちんと、ちゃんと အကျီနှင့်ဘောင်းဘီရှည်ကိုကျကျနနဝတ်သည်။ 上着とズボンをきちんと着こなしている

ကျကျန်[t͡ʃa.t͡ʃan]（動）落ちて残る、路上に落ちている

ကျခံ[t͡ʃa.kʔan]（動）自分が負担する、支払う

ကျဆင်း[t͡ʃa.sʔin:]（動）下がる、下落する、下降する ကုန်ဈေးနှုန်းကျဆင်းလာသည်။ 物価が下がってきた

ကျဆုံး[t͡ʃaʔsʔoun:]（動）戦死する cf. သေဆုံး

ကျေးရေး[t͡ʃaʔze:]（名）値下がり

~ကျတော့[t͡ʃa. dɔ.]（助）～になると、～の場合は ငါ့ဖေဖော့တော့သူငွေမဟုတ်ဖူး。 僕の父親の場合は富豪ではない

ကျန[t͡ʃa.na.] ① （動）費用が掛かる ② （形）正確だ、きちんとしている ③ （植）ニリスホウガン（センダン科）Xylocarpus moluccensis

ကျနေ[t͡ʃa.ne]（名）落日、沈むタ日

ကျမ်း[t͡ʃa.ban:]（形）行き当たりばったり、手当たり次第、随時、臨時の、仮の

ကျမ်းစကားပြော[t͡ʃa.ban: zəga: pjɔ:]（動）即興で話をする

ကျမ်းလုပ်[t͡ʃa.ban: louʔ]（動）手当たり次第にする

ကျမ်းပြော[t͡ʃa.ban: pjɔ:]（動）とにかく口に出す、即興で話をする

ကျမ်းအလုပ်[t͡ʃa.ban: əlouʔ]（名）臨時の仕事 သူ့အလုပ်ကသင့်သလိုလုပ်သောကျမ်းအလုပ်ဖြစ်၏။ 彼の仕事はできる事を引受けるフリーターの仕事だ

ကျရာ[t͡ʃa.ja]（形）担当の

ကျရာကဏ္ဍ[t͡ʃa.ja ganda.]（名）担当の部門

ကျရာအခန်းကဏ္ဍ[tʃa.ja ək'an:ganda.]（名）担当の部門、該当する分野

ကျရေ[tʃa.je]（名）鉄砲水

ကျရောက်[tʃa.jauʔ]（動）①落ちる、掛かる、降りかかる အန္တရာယ်ကျရောက်သည် ။ 災いが降りかかる ②到達する、日時になる ရေကြီးမှုကျရောက်မည့်အချိန် 増水する時期 သီးနှံတွေမှာကျရောက်တတ်တဲ့မှို့မျိုး 穀物に発生するかび

ကျရှုံ့[tʃa.ʃoun]（動）落第する

ကျလာ[tʃa.la]（動）落ちてくる

ကျလူ[tʃa.lu]（名）落ち目の人、年取った人

ကျသင့်[tʃa.din]（動）費用がかかる

ကျသင့်ကျထိုက်[tʃa.din tʃa.daiʔ]（動）費用が当然かかる、経費が掛かるのは避けられない

ကျသင့်ငွေ[tʃa.din ŋwe]（名）経費

ကျခတ်[tʃaek'aʔ]（植）インドトゲタケ=ကြခတ်

ကျနော်[tʃənɔ.]（代）ကျနော့် の斜格形、私の、私に ကျနော့်ကား: 私の車 ကျနော့်ကိုပြောသည် 私に言った

ကျနော်[tʃənɔ]（代）男性用一人称、私 =ကျန်တော်

ကျပဟုံ[tʃa.bəhoun:]（名）①小児病 ②（植）タヌキマメ（マメ科） Flemingia chappar

ကျပဟုံ[tʃa.bəhoun:] =ကျပဟုံ:

ကျမ[tʃama.]（代）女性用一人称、私、私の =ကျွန်မ ကျမအဖေ わたしの父

ကျာကျာ[tʃadʒa]（名）大音声で အသံကျာကျာ

ကျာပွတ်[tʃabuʔ]（名）馬車の御者が使う鞭（革を捩じって長くしてある）

ကျား[tʃa:]（名）ビルマ将棋（四角、八角等の盤上での勝負）

ကျားထိုး[tʃa: t'o:]（動）将棋を指す

ကျားကပ်ရွေ့[tʃa:gweʔ we.]（動）将棋の駒を動かす

ကျား[tʃa:]（名）建築の支柱、支え木

ကျားကန်ကျားထောက်ပြု[tʃa:gan tʃa:dauʔ pju.]（動）支える、支えとなる

ကျားကန်[tʃa: kan]（動）①支える、建物を支柱で支える ②踏張る

ကျားမော[tʃəmɔ.]（名）梁を斜めに支える支柱

ကျား[tʃa:]（動物）①虎、ベンガルトラ（ネコ科） Panthera tigris ②九曜星の第2番目の象徴 ③（形）縞模様がある

ကျားကိုလုပ်၊ သစ်ငုတ်သင်ဖျူး၊ ဆူးကိုမှောက် ။ （諺）鹿を追う猟師は山を見ず（虎への妨げ、木の切株は敷物、茨は寝具）

ကျားကိုက်[tʃa: kaiʔ]（動）虎に噛まれる

ကျားကိုက်ပါတယ်ဆို၊ နာတာရှည်လာ:မေ: ။（諺）自明の理を聴くおか者、不見識（虎に襲われたのに、慢性の病かと尋ねる）

ကျားကိုက်ပါတယ်ဆိုမှ၊ အပေါက်ကလေးနဲ့မေ: ။（諺）とんちんかん、ピント外れ（虎に噛まれたと言うのに、御怪我ですかと尋ねる）

ကျားကုပ်ကျားခဲ[tʃəgouʔ tʃəkʔɛ:]（副）懸命に、必死に、是が非でも

ကျားကျားလျားလျား[tʃa:dʒa: ja:ja:]（副）①男らしく、雄々しく、大胆に ②強健で、頑丈

ကျားကြီးဆည်[tʃa:dʒi: sʔɛ]（名）魚捕りの簗

ကျားကြီးတော့၊ ခြေရာကြီး။（格）収入が殖えれば支出も殖える（虎が大きければ足跡も大きい）

ကျားကြောက်လို့ရှင်ကြီးကိုး၊ ရှင်ကြီးကျားထက်ဆိုး ။ （諺）逆効果、一難去ってまた1難、前門に虎を防ぎ後門に狼を防ぐ（虎が怖くて神霊頓み、神霊は虎よりもっと怖い）

ကျားကွက်[tʃa:gwɛʔ]（名）縞模様

ကျားကြွေ[tʃa:dʒwe]（貝）ホシダカラ（タカラガイ科）

ကျားချင်းကိုက်ရာ၊ သမင်လမ်းကူးမှာ ။ （諺）蛙は口ゆえ蛇に呑まるる、藪をつついて蛇を出す（二頭の虎の争い場面を通り抜けようとする鹿）

ကျားဆရာကြော၊ ခ်ကြောင်ဆရာကြွက် ။ （諺）負うた子に教えられ浅瀬を渡る（虎の師匠は猫、猫の師匠は鼠）

ကျားဆွဲခံ[tʃa:zwɛ: kʔan ja.]（動）虎にさらわれる

ကျားတုတ်ကျားခဲ[tʃədouʔ tʃəkʔɛ:]（副）是が非でも

ကျားထိုး[tʃa: tʔo:]（動）ビルマ将棋を指す

ကျားနန်ငင်[tʃa: nənwin:]（植）キョウオウ、ハルウコン（ショウガ科） Curcuma aromatica

ကျားနာ[tʃəna]（名）手負いの者

ကျားနေမြဲ၊ ပိုနေမြဲ။（諺）君子危うきに近寄らず、危険な事には手を出すな（虎も元通り、ボーも元通り）

ကျားပစပ်[tʃa:bəzaʔ]（名）①（流れに設ける）魚捕りの簗 ②刑務所の通用門 ③起重機=ဝန်ချီစက်

ကျားပစပ်ပန်း[tʃa:bəzaʔpan:]（植）着生蘭の1種 Antirihinum

ကျားပစပ်ဖိနပ်[tʃa:bəzaʔ pʔənaʔ]（名）紐無しの靴

ကျားပိန်ခဲ[dʒəbeingɛ: kʔɛ:]（動）一旦咥えたら梃子でも離さない

ကျားပိန်တွယ်[dʒəbeindwɛ]（副）必死で、懸命に、夢中で

ကျားပိန်တွယ်တွယ်[dʒəbeindwɛ twɛ]（動）懸命にしがみつく、しがみついて放さない

ကျား:မ[tʃaːma.]（名）①雌の虎　②男女
ကျား:မင်:[tʃaːmin:]（動物）コンジキネコ（ネコ科）Felis tenmincki
ကျား:မျက်လုံ:[tʃaː mjɛˀloun:]（名）カンテラ
ကျား:မြီးဆွဲမိ[tʃaːmiː sˀwɛːmi.]（動）進退に窮す、身動きが取れない、にっちもさっちも行かない
ကျား:ရဲမဟစ်၊ လူရဲမဟစ်။（諺）能ある鷹は爪を隠す（勇敢な虎は吼えず、勇敢な人は絶叫せず）
ကျား:ရဲရာ၊ ကြမ္မာမယိုးသာ（諺）火中の栗は拾うな、李下に冠を正さず、夜道川立ち馬鹿がする（虎の出る所を運のせいにするべからず）
ကျား:ရဲရာ၊ မီ:ထည့်အိပ်ရ။（諺）転ばぬ先の杖、備えあれば憂い無し（虎の出没場所、火を燃やして寝よ）
ကျား:လဲကြောက်ရ၊ ကျား:ချေ:လဲကြောက်ရ။（諺）熱物に懲りて膾を吹く（虎が怖ければその糞まで怖い）
ကျား:လက်သည်:[tʃaːlɛˀtʰɛ]（貝）シラナミ（シャコガイ科）Tridacna gigas
ကျား:လျှာ[tʃaːʃa]（名）①鑢（やすり）　②（植）カラムシ
ကျား:သနာ:မှ၊ နွား:ချမ်:သာ။（諺）所詮、虎口を脱する事能わず（牛の命は虎の憐れみ）
ကျား:သာ:မိုး ကြို:[tʃaːdamoːdʒoː]（名）破天荒、晴天のへきれき
ကျား:သေကိုအသက်သွင်:လို့၊ စင်:စင်:သေရ။（諺）虎を養いて自ら患を遺す（虎を蘇らせて命失う）
ကျား:သေမှ၊ လူရမ်:ကောင်:ပေါ်။（諺）犬の遠吠え、下衆の後智慧（虎の死後、勇士現わる）
ကျား:သစ်[tʃətiˀ]（動物）豹（ネコ科）Panthera Pardus
ကျား:သစ်နက်[tʃətiˀnɛˀ]（動物）黒豹
ကျား:ဟိန်:[tʃaː hein:]（動）虎が吼える
ကျား:မ[tʃaːma.]（名）男女
ကျား:မပညာရေ:[tʃaːma. pjinɲaje:]（名）男女共学
ကျိ[tʃi.]（形）ねばねばした、ぬるぬるした
ကျိခဲ[tʃi.tʃwɛː]（動）ねばねばする、ぬるぬるする
ကျီ[tʃi]（名）米倉、穀倉
ကျီဝန်[tʃi wun]（名）王朝時代の穀倉奉行
ကျီတော်[tʃidɔ]（名）王室の米倉
ကျီစာ:[tʃizaː]（動）（友人同士で面白半分に）からかう、揶揄する、冷やかす
ကျီးယဲ[tʃizɛ]（動）（男女間で）戯れる、揶揄する
ကျီ:[tʃi:]（鳥）カラス、イエガラス（カラス科）Corvus splendens
　ကျီ:ကိုဘုတ်ရှိသေမှ၊ ဘုတ်ကိုကျီးရှိသေ။（諺）魚心あれば水心（カラスをハシナガバンケンが敬えば、カラスもまたハシナガバンケンを敬う）
ကျီ:ကန်:[tʃiːgan:]（鳥）カラス、イエガラス
ကျီ:ကန်:တောင်:မှောက်[tʃiːgan: taun. mauˀ]（副）びくびくして、ひやひやして、左右をきょろきょろ窺って、おっかなびっくりで、きょときょと落着きなく
ကျီ:ကန်:ပါ:စပ်[tʃiːgan: bəzaˀ]（名）口角炎、ヘルペス
ကျီ:ကန်:မျို:လို၊ အမျို:မှန်:သိ။（格）偏狭な身内意識、郷土意識（カラスの如き身内意識を持つ）
ကျီ:ကန်:မျက်စိ၊ တောင်ကြည့်မြောက်ကြည့်။（諺）小心翼翼、きょろきょろと落着きなく（カラスの目、南を見たり北を見たり）
ကျီ:ကန်:လုမိဖြစ်[tʃiːgan: lumi. pˀjiˀ]（動）思いがけない災難に遭う
ကျီ:ကန်:သူကောင်:မြောက်၊ ချေ:ခြောက်ကောက်စာ:။（諺）血筋は争えぬ、百石取っても手鼻かむ（カラスを貴族に列しても、乾し糞を啄ばむ）
ကျီ:ကန်:အဆီမရှိ[tʃiːgan: əsˀi məʃi.]（副）骨と皮とに衰弱して
ကျီ:ကြည့်ကြည့်[tʃi. dʒi. tʃi.]（動）きょろきょろする
ကျီ:ခြေ[tʃiːtʃi]（名）①鎹（かすがい）　②物を置く台
ကျီ:ခြေနွယ်[tʃiːtʃinwɛ]（植）ヒラブキゴヨウブドウ
ကျီ:ခြေမီ:စာ[tʃiːtʃi mi:za]（名）三脚の燭台
ကျီ:စောင့်ကြက်စောင့်[tʃiːzaun. tʃɛˀsaun.]（名）小用、雑用
ကျီ:စောင့်ကြက်နှင့်[tʃiːzaun. tʃɛˀnin]（名）雑用係、使い走り
ကျီ:တကောင်အတွက်၊ ကျီ:များစွာပျက်ရသည်။（諺）愚か者のせいで一門全員が迷惑を蒙る（1羽のせいで多くのカラスが命失う）
ကျီ:တာရာ[tʃi: taja]（星）ペルセウス座
ကျီ:နီနွယ်[tʃiːninwɛ]（植）=ကျီ:ခြေနွယ်
ကျီ:နံ:[tʃiːno:]（名）暁、早暁、夜明け
ကျီ:နှင့်ဖုတ်ဖုတ်ဖြစ်[tʃi: nɛ. pˀouˀpouˀ pˀjiˀ]（形）閑散としている
ကျီ:နှုတ်သီ:[tʃiːnoutiˀ]（植）ニオイナゴラン Aerides odoratum
ကျီ:ပေါင်:[tʃiːbaun:]（植）ヤドリギ、ホヤ（マツグミ科）①Viscum album ②Loranthus longiflorus ③バンダ Vanda roxburghii
ကျီ:ပေါင်:[tʃiːbaun:]（名）しこり、肉腫

ကျီးပေါင်းတက်[tʃiːbaunː tɛʔ]（動）いぼができる、こぶが生じる

ကျီးပေါင်းတွယ်[tʃiːbaun twɛ]（動）しこりができる

ကျီးဖို[tʃiːbo]（名）雄鴉

ကျီးမ[tʃiːma.]（名）雌鴉

ကျီးမွေးရောင်[tʃiːmweː jaun]（名）カラスの濡れ羽色

ကျီးလန့်စာစား[tʃiːlan. sazaː]（副）怖ろ気づいて、恐る恐る、びくびくして、ひやひやしながら
　ကျီးလန့်စာစားနေထိုင်ရသည်။ びくびくしながら暮す
　ကျီးလန့်စာစားအိပ်ကြရသည်။ とろとろとまどろむ（熟睡はできない）

ကျီးသာ[tʃiː ta]（動）カラスがさえずる、カラスが美声を発する

ကျီးသတ်[tʃiːdaʔ]（植）アナミルタ（ツヅラフジ科）Anamirta cocculus 実は有毒

ကျီးအ[tʃiːa.]（鳥）ミヤマガラス（カラス科）

ကျီးအာ[tʃiː a]（動）（濁み声で）カラスが鳴く

ကျီးအာ[tʃiː a]（植）ケカラスウリ、フトエカラスウリ（ウリ科）Trichosanthes palmata

ကျီးအာကြီး[tʃiːadʒiː]（植）マルミノオオカラスウリ（ウリ科）Trichosanthes cordata

ကျီးအက်[tʃɛʔ]（名）片側の増設屋根

ကျူ[tʃu]（植）①ヨシタケ、ダンチク（イネ科）Arundo donax ②セイコノアシ（イネ科）Phragmites karka

ကျူကိုင်း[tʃugainː]（植）セイコノアシ（イネ科）

ကျူကြီး[tʃudʒiː]（植）アツバミゾカクシ（キキョウ科）Loberia nicotianaefolia

ကျူတော[tʃudɔː]（名）葦原

ကျူထရံ[tʃu dəjan]（名）よしず cf. ဝါးထရံ

ကျူပင်ခုတ်၊ကျူငုတ်မျှမကျန်စေနှင့်။（諺）毒食わば皿までも、物事は徹底的に行え（葦を切るなら根元残すな）

ကျူဖျာ[tʃubja]（名）葦で織った筵（むしろ）、ござ

ကျူမ[tʃuma.]（植）ダンチク（イネ科）A.donax

ကျူဝါး[tʃuwaː]（植）=ကျူကိုင်း

ကျူအာ[tʃu a]（植）=ကျူဝါး

ကျူကျူ[tʃutʃu]（擬）さめざめと（泣く）
　ကျူကျူပါအောင်[tʃutʃu pa aun]（副）大声で（泣く）

ကျူတာ[tʃuta]（名）大学の助手＜（英）Tutor

ကျူရှင်[tʃuʃin]（名）塾、学習塾＜英 Tuition
　ကျူရှင်တက်[tʃuʃin tɛʔ]（動）塾に通う
　ကျူရှင်ဖွင့်[tʃuʃin pʼwin.]（動）塾を開く

ကျူရှင်ယူ[tʃuʃin ju]（動）塾に通う

ကျူလယကုလား[tʃuləja kəlaː]（名）マラバール出身インド人イスラム教徒＜インド Chūliā

ကျူး[tʃuː]（動）さえずる、美声を発する
　ကျူးရင်[tʃuːjin.]（動）さえずる

ကျူး[tʃuː]（動）①越す、追い越す、通り過ぎる、越える ②犯す、違反する

ကျူးကျော်[tʃuːtʃɔ]（動）侵す、侵入する、侵犯する、侵略する

ကျူးကျော်စော်ကား[tʃuːtʃɔ sɔːgaː]（動）①侵入侮辱する ②婦女を犯す、凌辱する、強姦する

ကျူးကျော်တဲ[tʃuːtʃɔ dɛː]（名）不法建築物

ကျူးကျော်တိုက်ခိုက်[tʃuːtʃɔ taiʔkʼaiʔ]（動）侵入攻撃する

ကျူးကျော်မှု[tʃuːtʃɔmu.]（名）侵入、侵略

ကျူးကျော်ဝင်ရောက်[tʃuːtʃɔ win jauʔ]（動）侵入する、不法侵入する

ကျူးလွန်[tʃuːlun]（動）①過ちを犯す、罪を犯す、違反する、法を破る ရာဇဝတ်မှုကျူးလွန်သည် 犯罪を犯す ②超える、超過する、凌駕する အချုပ်သက္ကရာဇ်နှစ်လကျူးလွန်သည်။ 契約書の年月が期限切れになっている

ကျူးမြစ်[tʃuːmjiʔ]（植）ニラ

ကျူးလစ်[tʃuːliʔ]（植）カエンボク（ノウゼンカズラ科）Spathodea campanulata

ကျူးလစ်ပန်း[tʃuːliʔ panː]（植）チューリップ

ကျေ[tʃe]（動）①片付く、解決する、落着する ②責任、任務を果す、全うする ③債務を完済する ④消える、消滅する ⑤気が済む ⑥粉になる、砕ける、こなれる =ကြေ။ ကိုယ်လုပ်ရမဲ့တာဝန်ကိုကျေရတော့မှာ။ 自分がしなければならない責任は果さねばならぬ

ကျေကွဲ[tʃekwɛː]=ကြေကွဲ

ကျေကုန်[tʃekoun]（動）完全だ、完璧だ

ကျေကျေနပ်နပ်[tʃedʒe naʔnaʔ]（副）満足して、納得して

ကျေချမ်း[tʃetʃʼanː]（動）気が治まる、気が鎮まる、納得する、氷解する cf. မကျေမချမ်း 不満で

ကျေညာ[tʃeɲa]=ကြေညာ

ကျေညာချက်[tʃeɲadʒɛʔ]=ကြေညာချက်

ကျေညာ[tʃeɲuː]=ကြေညာ

ကျေနပ်[tʃenaʔ]（動）満足する、納得する

ကျေနပ်အားရ[tʃenaʔ aːja.]満足する、気に入る

ကျေနပ်အားရစွာ[tʃenaʔ aːja.zwa]（副・文）満足げに、頼もしげに

ကျေပ[tʃepa.]（動）①債務を完済する ②揉め事が解決する

ကျေပျက်[tʃepɛʔ]（動）砕ける
ကျေပျောက်[tʃepjauʔ]（動）滅びる、衰える
ကျေပွန်[tʃepun~tʃebjun]（動）①義務を果す、全うする ②精通している
ကျေပွန်စွာ[tʃepunzwa]（副・文）忠実に、存分に、十分に
ကျေပွန်အောင်[tʃepun aun]（副）＝ကျေပွန်စွာ
ကျေပြန်[tʃebjun] ＝ကျေပွန်
ကျေမွ[tʃemwa.] ＝ကြေမွ
ကျေလည်[tʃelɛ]（動）（問題が）解決する、清算する、無事に決着する
ကျေအေး[tʃe e:]（動）（怒り、憎しみ等が）解ける、鎮まる、和らぐ、納まる
ကျေး[tʃe:]（名）①鳥、小鳥の総称 ②オウム
ကျေးကုလား[tʃe: kəla:]（鳥）①ズグロホンセイ（オウム科）Palaeornis finschi ②ズグロコセイ（オウム科）Psittacula himalayana
ကျေးကျွတ်[tʃe:ʨouʔ]（鳥）セネガルホンセイ（オウム科）Psittacula krameri
ကျေးငှက်[tʃe:ŋɛʔ]（名）小鳥の総称
ကျေးတမာ[tʃe: təma]（鳥）バライロコセイ（オウム科）Psittacula roseata
ကျေးနို့[tʃe:nouʔ])（植）ランの１種 Aerides odoratum
ကျေးနို့သီး[tʃi: nouʔti:]（名）釘抜き、やっとこ
ကျေးဖောင်းကား[tʃe: paunga:]（鳥）オオホンセイ（オウム科）Psittacula eupatria
ကျေးမြီးမ[tʃe:mi:ma.]（植）フジボグサ、ホソバフジボグサ（マメ科）Uraria picta
ကျေးသား[tʃe:da:]（鳥）オウム
ကျေးသန္တာ[tʃe: tanda]（鳥）ミドリサトウチョウ（オウム科）Loriculus vernalis
ကျေးငှက်[tʃe:ŋɛʔ]（名）鳥、小鳥の総称
ကျေး[tʃe:]（名）村落、集落＝ကျေးရွာ
ကျေးကျွန်[tʃe:tʃun]（名）奴隷
ကျေးကျွန်စနစ်[tʃe:tʃun səniʔ]（名）奴隷制度
ကျေးစား[tʃe:za:]（名）封土を賜わった者、食封を下賜された者
ကျေးစွန့်ရွာလွတ်[tʃe:zun jwalɛʔ]（名）辺地、僻地
ကျေးတော[tʃe:dɔ]（名）田舎、地方
ကျေးတောသား[tʃe:dɔ:da:]（名）田舎者、田舎の人、地方の人
ကျေးတောသူမ[tʃe:dɔ:duma.]（名）田舎の女
ကျေးရွာ[tʃe:jwa]（名）村落、部落

ကျေးရွာကျန်းမာရေးဆေးခန်း[tʃe:jwa tʃan:maje: s'e:gan:]（名）村落診療所、村落保健所
ကျေးရွာကြက်ခြေနီအသင်း[tʃe:jwa tʃɛʔtʃeni ətin:]（名）村落赤十字
ကျေးရွာငြိမ်ဝပ်ပိပြားမှုတည်ဆောက်ရေးအဖွဲ့[tʃe:jwa ɲein wuʔpi.bja:mu. tis'auʔje: əpʰwɛ.]（名）村落法秩序建設組織
ကျေးရွာဆေးပေးခန်း[tʃe:jwa s'e:pe:gan:]（名）村落診療所
ကျေးရွာဖွံ့ဖြိုးတိုးတက်ရေး[tʃe:jwa pʰunbyo: to:tɛʔje:]（名）村落の発展
ကျေးရွာသူကျေးရွာသား[tʃe:jwadu tʃe:jwada:]（名）村人、田舎の人
ကျေးရွာအရန်မီးသတ်တပ်ဖွဲ့[tʃe:jwa əjan mi:taʔ taʔpʰwɛ.]（名）村落準消防組織
ကျေးရွာအုပ်စု[tʃe:jwa ouʔsu.]（名）行政村（部落の集合体）
ကျေးလက်[tʃe:lɛʔ]（名）集落、村落、田舎、地方
ကျေးလက်တောရွာ[tʃe:lɛʔ tɔ:jwa]（名）田舎
ကျေးလက်နယ်ပယ်[tʃe:lɛʔ nɛpɛ]（名）地方
ကျေးစုပ်[tʃe:suʔ]（動）恩を仇で返す、恩知らずだ ＝ကျေးဇူးကန်း
ကျေးဇူး[tʃe:zu:]（名）恩、恩義、恩恵、お陰、感謝
ကျေးဇူးကန်း[tʃe:zu: kan:]（形）恩知らずだ
ကျေးဇူးကြီးလှ[tʃe:zu: tʃi:ɬa.]（形）深く感謝する
ကျေးဇူးခံကျေးဇူးစား[tʃe:zu:gan tʃe:zu:za]（名）受益者、恩恵を蒙る人
ကျေးဇူးစားကျေးဇူးခံ[tʃe:zu:gan tʃe:zu:za] ＝ကျေးဇူးခံကျေးဇူးစား
ကျေးဇူးစိတ်[tʃe:zu:zeiʔ]（名）感謝の念、感謝の気持
ကျေးဇူးဆပ်[tʃe:zu: s'aʔ]（動）恩を返す、恩返しをする
ကျေးဇူးတရား[tʃe:zu: təja:]（名）恩義
ကျေးဇူးတရားသိ[tʃe:zu:təja: ti.]（動）恩義を知る、恩義を弁える
ကျေးဇူးတင်[tʃe:zu: tin]（動）感謝する
ကျေးဇူးတင်စကား[tʃe:zu:tin zəga:]（名）謝辞、感謝の言葉
ကျေးဇူးတင်စရာတဲ့[tʃe:zu: tinzəja bɛ:]（形）有難い事だ、感謝すべき事だ
ကျေးဇူးတင်စွာဖြင့်[tʃe:zu: tinzwa pʰjin.]（副）喜んで、感謝して、有難く思って
ကျေးဇူးတင်ရှိ[te:zu: tinʃi.]（動）感謝する、有難く思う

ကျေးဇူးတုံ့ပြန် [tʃeːzuː toun.pjan] (動) 恩を返す、恩返しをする
ကျေးဇူးပါတဲ့ [tʃeːzu babɛː] (名) 有難う、有難いことです
ကျေးဇူးပြု [tʃeːzu pju.] (動) ①役に立つ、貢献する ②世話をする、面倒を見る、親切にする
ကျေးဇူးပြုပြီး [tʃeːzu pju.piː] (副) どうぞ、どうか、済みませんが、恐れ入りますが ဒီအခန်းထဲကို ကျေးဇူးပြုပြီးကြပါ။ どうぞこの部屋の中へお入り下さい ကျေးဇူးပြုပြီးကျွန်နေရာချင်းလဲထိုင်ပါရှင်။ 済みませんが私と座席を交替して貰えませんか ကျေးဇူးပြုပြီးအနားကိုမလာပါနဲ့။ 済みませんが側へ寄らないで下さい
ကျေးဇူးပြုရှု [tʃeːzu pju.jwe] = ကျေးဇူးပြုပြီး
ကျေးဇူးမကင် [tʃeːzu məkin] (形) 恩を受けている、恩を蒙っている、恩恵と無縁ではない
ကျေးဇူးမဲ့ [tʃeːzu mɛ.] (形) ①恩知らずだ、恥知らずだ ②(名) 恩知らず
ကျေးဇူးမဲ့စွာ [tʃeːzu mɛ.zwa] (副) 恩を忘れて
ကျေးဇူးရှိ [tʃeːzu ʃi.] (動) ①恩恵を蒙る ②役立つ、有益だ
ကျေးဇူးရှင် [tʃeːzu ʃin] (名) 恩人
ကျေးဇူးသိတတ် [tʃeːzu ti.daʔ] (動) 恩義を弁える
ကျေးဇူးသစ္စာ [tʃeːzu ti.sa] (名) 恩義
ကျေးဇူးအပြုခံရ [tʃeːzu əpju. k'an ja.] (動) 親切にされる
ကျယ် [tʃɛ] (形) ①広い ②声が大きい ③大言壮語する
ကျယ်ကျယ် [tʃɛ.ɕɛ] (副) ①広く ②大声で
ကျယ်ကျယ်ပြန့်ပြန့် [tʃɛ.ɕɛ pjan.bjan.] (副) のんびりと、ゆったりと、気楽に ②大々的に、大規模に、拡大して ကျယ်ကျယ်ပြန့်ပြန့်စုံစမ်းမေးမြန်းသည်။ 大々的に取調べた
ကျယ်ကျယ်လောင်လောင် [tʃɛ.ɕɛ launlaun] (副) 大声で
ကျယ်ကျယ်ဝန်းဝန်း [tʃɛ.ɕɛ wunːwunː] (副) 広い範囲で
ကျယ်ကျယ်ဝန်းဝန်းရှိ [tʃɛ.ɕɛ wunːwunːʃi.] (形) 広大だ
ကျယ်ပြော [tʃɛpjɔ] (形) 広い、広大だ
ကျယ်ပြန့် [tʃɛpjan.] (形) ①広い、広大だ ②広っている
ကျယ်လောင် [tʃɛlaun] (形) 声が大きい、大声だ
ကျယ်လောင်သောကြောင်သံ 大きな話し声
ကျယ်လောင်စွာ [tʃɛlaunzwa] (副) 大声で ကျယ်

လောင်စွာဟောင်သည်။ (犬が) 大声で吠える
ကျယ်ဝင်း [tʃɛwinː] = ကျယ်ဝန်း
ကျယ်ဝန်း [tʃɛwunː] (形) 広い、広々している
ကျဲ [tʃɛː] (形) 疎らだ、間隔が開いている လူနေကျဲသည်။ 人が疎らに住んでいる လူသွားလူလာကျဲသည်။ 人通りが疎らだ ②味が薄い、希薄だ
ကျဲကျဲ [tʃɛːɕɛː] (副) ①疎らに、間隔を開けて ခြေလှမ်းကျဲကျဲနှင့်ရောက်လာသည်။ 大股でやって来た မိုးကျဲကျဲရွာမည်။ ②所々雨が降るだろう ③激烈に、強烈に နေပူကျဲကျဲ 強烈な陽光
ကျဲတောက်တောက် [tʃɛ tauʔtauʔ] (副) 薄味で、水っぽくて
ကျော့ [tʃɔ.] (動) ①繰り返す、再びする ②洗練されている ③罠に掛ける、罠に捕らえる
ကျော့ကွင်း [tʃɔ. gwinː] (名) 動物を捕らえる罠、縄仕掛け、環縄 cf. ညှပ်ကွင်း၊ထောင်ချောက်။
ကျော့ဖမ်း [tʃɔ. p'anː] (動) 罠で捕らえる
ကျော့ရှင်း [tʃɔ. ʃin] (形) 風采が立派だ、洗練されている、スマートだ
ကျော် [tʃɔ] (動) ①越える、過ぎる ②(名) 過ぎ、以上
ကျော်ကျော် [tʃɔɕɔ] (副) 以上、過ぎ ရွာတွင်အိမ်ခြေတရာကျော်ကျော်ရှိသည်။ 村には人家が百戸以上ある
ကျော်ကြည့် [tʃɔ tʃi.] (動) 越えて見る、越しに見る
ကျော်တက် [tʃɔ tɛʔ] (動) 追い越す
ကျော်တက်သွား [tʃɔ tɛʔtwaː] (動) 追い抜く、抜き去る
ကျော်နင်း [tʃɔ ninː] (動) ①違反する ②犯す、蹂躙する
ကျော်ဖြတ် [tʃɔp'jaʔ] (動) 乗り越える、通過する
ကျော်လွန် [tʃɔlun] (動) 越える、超過する、凌駕する、以上になる
ကျော်လွား [tʃɔlwa] (動) 飛び越える、越えて通る
ကျော်သွား [tʃɔtʃwaː] (動) 追い抜く、追い越す အသက်သုံးဆယ်ကျော်လောက်မိန်းမ 年齢30過ぎの女
ကျော် [tʃɔ] (形) 有名だ、著名だ、よく知られた、知れわたった
ကျော်ကြား [tʃɔtʃaː] (形) 名高い、著名だ、有名だ
ကျော်စော [tʃɔzɔː] (形) よく知られている、著名だ、有名だ
ကျော်စောထင်ရှား [tʃɔzɔː t'inʃaː] (形) 有名だ
ကျော်တော့လေသူကြီး၊ ငွားတော့လေထိုးသား။ (諺) 予想外の結果 (噂では船主、嫁いでみれば船頭)
ကျော်ထင် [tʃɔt'in] (形) 有名だ

ကျော်ငြာ [tʃɔna:] (動) 広告する、宣伝する =ကြော်ငြာ
ကျော်ငြာကား [tʃɔnaga:] (名) 宣伝カー
ကြော်ငြာစာ [tʃɔnaza] (名) 広告、宣伝
ကျော်ညာ [tʃɔna] =ကြော်ငြာ
ကျော်ဟို: [tʃɔho:] (動) 広く知れわたる
ကျော်စံကေး [tʃɔsanke:] (動物) 小型の食用蛙
ကျော [tʃɔ:] (動) ①ロープで固定する ②他人を凌駕する
ကျော [tʃɔ:] (名) ①背、背中 ②背後、背面
ကျောကသား၊လဲသား၊ရင်ကသား၊လဲသား။ (諺) 背の子も胸の子も同じ子供 (実子も養子も差別するなかれ)
ကျောကော်သား [tʃɔ kɔ.twa:] (動) のけぞる
ကျောကုန်း [tʃɔ:goun:] (名) 背、背中
ကျောခင်း [tʃɔ: k'in:] (動) 仰向けに寝る、横たわる
ကျောခိုင် [tʃɔ: k'ain:] (動) 背を向ける
ကျောချမှ၊ ဈေးပြမှသိ။ (諺) 油断大敵、後の祭 (わが身襲われ、初めて追いはぎなるを知る)
ကျောချင်းကပ် [tʃɔ:dʒin ka'] ① (動) 背中合せになる ②[tʃɔ:dʒin:ga'] (副) 背中合わせに
ကျောချင်းကပ်ထိုင် [tʃɔ:dʒin:ga' t'ain] (動) 背中合せに座る
ကျောချမ်း [tʃɔ: tʃan:] (形) 背筋が寒くなる、背筋がひやりとする
ကျောခွံ [tʃɔ:gun] (名) (亀の) 甲羅
ကျောစိမ့် [tʃɔ: sein.] (動) 背筋が冷たくなる、背筋がぞんとする
ကျောဆူတောင် [tʃɔ: s'u:daun] (名) 背鰭
ကျောဆူတောင်ငါး [tʃɔ: s'u:daun ŋa:] (魚) トゲウオ
ကျောတချမ်းချမ်းဖြစ် [tʃɔ: tətʃan:dʒan: p'ji'] (動) 背筋がぞくぞくする
ကျောတံ [tʃɔ: dan] (名) 風の骨
ကျောထောက်နောက်ခံ [tʃɔ:dau' nau'k'an] (名) ①支えるもの ②支持者 ③背景、後背地
ကျောထောက်နောက်ခံပြု [tʃɔ:dau'nau'k'anpju] (動) 支援する、後盾となる
ကျောပူခေါင်းပူ [tʃɔ:bu gaun:bu] (名) 子供の微熱
ကျောပူမုမ်းအေး။ (格) 働かざる者、食うべからず (背中熱ければ、初めて腹涼し)
ကျောပေး [tʃɔ: pe:] (動) 背を向ける
ကျောပို [tʃɔ: po:] (動) 背負う
ကျောပိုးအိတ် [tʃɔ:bo: ei'] (名) リュックサック、背嚢

ကျောပြင် [tʃɔ:bjin] (名) 背中
ကျောဘက် [tʃɔ:bɛ'] (名) 裏側、裏面、背面
ကျောမဲ့ [tʃɔ:mwɛ:] (名) 極貧、貧民、貧乏人
ကျောရိုး [tʃɔ: jo:] (名) ①背骨、脊椎 ②基盤、支持層
ကျောရိုးစိမ့် [tʃɔ:jo: sein.] (動) 背筋が寒くなる
ကျောရိုးမဲ့သတ္တဝါ [tʃɔ:jo:mɛ. dədəwa] (名) 無脊椎動物
ကျောရိုးရှိသတ္တဝါ [tʃɔ:jo:ʃi. dədəwa] (名) 脊椎動物
ကျောလျား [tʃɔ: ja:] (名) 背筋
ကျောသားရင်ခွဲ [tʃɔ:da: jinda: k'wɛ:] (動) 差別する
ကျောသားရင်သားမခွဲခြား [tʃɔ:da:jinda: mə k'wɛ:dʒa:] (動) ①差別しない ②公私混同しない
ကျောသပ်ရင်သပ်ပြုလုပ် [tʃɔ:da' jinda' pju.lou'] (動) 親密にする、肉親同様の情愛を示す
ကျို့ [tʃo.] (動) ①服従する、温和しくなる、従順になる ②侍る、奉仕する ③項垂れる、うつむく、下を向く
ကျို့ကျို့ရို့ရို့ [tʃo.dʒo.jo.jo.] (副) 恭しく、従順に、温和しく
ကျို [tʃo] (動) ①湯を沸かす、煮る ②溶かす、溶解する
ကျိုချက် [tʃotʃɛ'] (動) ①沸かす、煮沸する ②精練する
ကျိုး [tʃo:] (動) ①折れる ခြေကျိုးသည်။ 足を骨折する လက်ကျိုးသည်။ 腕が折れる ②壊れる、崩れる
ကျိုးကျိုးနွံ့နွံ့ [tʃo:dʒo:nunnun] (副) ①温和しく、従順に ②奮って、生真面目に ကျိုးကျိုးနွံ့နွံ့ပညာသင်သည် 真面目に勉強する
ကျိုးနွံ့ [tʃo:nun] (動) ①言うことを聞く、畏敬する 従順だ ②真面目に取組む、熱心に打込む
ကျိုးပဲ့ [tʃo:pɛ.] (動) 欠ける、破損する、折損する ရေကာတာများကျိုးပဲ့သည်။ ダムが決壊した
ကျိုးပေါက် [tʃo:pau'] (動) 破裂する、破損する、決壊する
ကျိုးယုတ်ရှက်ကွဲ [tʃo:jou'ʃɛ'kwɛ:] (副) 人前で恥を掻いて
ကျိုးယုတ်ရှက်ကွဲဖြစ် [tʃo:jou'ʃɛ'kwɛ:p'ji'] (動) 人前で恥をかく
ကျိုးကြောင်း [tʃo:tʃaun:] (名) 道理
ကျိုးကြောင်းညီညွှတ် [tʃo:tʃaun: ɲiɲu'] (動) 理に適う
ကျိုးကြောင်းမသိ [tʃo:tʃaun: məti.] (動) 道理を

ကျိုးကျွန် 知らない
ကျိုးကျွန် [tʃoːdʒun] (助動) (否定形の動詞の後に付いて) 素振り、見せかけ、一振りをする မသိကျိုးကျွန်ပြုလိုက်သည်။ 知らぬ振りをする
ကျိုးတိုးကျိုတဲ [tʃoːdoːtʃɛːdɛː] (副) 疎らに、ちらりほらりと
ကျက် [tʃɛʔ] (動) ①煮える、炊ける ②覚えがある、親しい、熟知している အသံကိုကျက်မိသည်။ 声に聞き覚えがある ③暗記する စာကျက်သည်။ ④傷が癒える အနာကျက်သည်။ ⑤ (地獄で) 苦しむ、苦痛を味わう
ကျက်စား [tʃɛʔsaː] (動) ①活動する、棲息する、出没する、ばっこする ②放牧する、牧畜する
ကျက်နပ် [tʃɛʔnaʔ] (動) 煮える
ကျက်ထုပ် [tʃɛʔtʼouʔ] (動) 温湿布する
ကျက်ထုပ်ထိုး [tʃɛʔtʼouʔ tʼoː] =ကျက်ထုပ်
ကျက်ပူ [tʃɛʔpu] (名) 手のぬくもり
ကျက်ပူတိုက် [tʃɛʔpu taiʔ] (動) 傷口を手のぬくもりで癒す
ကျက်မိ [tʃɛʔmi] (動) 聞き覚えがある、見覚えがある
ကျက်မှတ် [tʃɛʔmaʔ] (動) 記憶する、記憶がある、聞き覚えがある
ကျက်သရေ [tʃɛʔtəje] (名) 品位、威厳
ကျက်သရေကင်းမဲ့ [tʃɛʔtəje kinːmɛ] (形) 品がない、上品さに欠ける
ကျက်သရေခန်း [tʃɛʔtəje ganː] (名) 庫裏、寺院の食料倉庫
ကျက်သရေဆောင် [tʃɛʔtəje zaun] (名) 名誉
ကျက်သရေတိုက် [tʃɛʔtəje daiʔ] (名) (王族の) 寝室
ကျက်သရေနတ် [tʃɛʔtəje naʔ] (名) (仏教の) 吉祥天、(ヒンズー教の) シュリー、ラクシュミー
ကျက်သရေရှိ [tʃɛʔtəje ʃi] (動) 感じがよい、品がある、素敵だ
ကျောက် [tʃauʔ] (動) 蹴る、足蹴にする ခြေထောက်နှင့်ကျောက်သည်။ 足蹴にする
ကျောက်ကန် [tʃauʔkan] (動) 蹴る、蹴とばす
ကျောက် [tʃauʔ] (名) ①石 ②岩、岩石 ③宝石 ④結石 ⑤錨 ⑥天然痘
ကျောက်ကာထည် [tʃauʔkadɛ] (名) (上ビルマの) チャウカー村産の赤色系漆器
ကျောက်ကုန်သည် [tʃauʔkoundɛ] (名) 宝石商
ကျောက်ကုန်း [tʃauʔkounː] (名) 動物の背、背中
ကျောက်ကပ် [tʃauʔkaʔ] (名) 腎臓
ကျောက်ကပ်တုစက် [tʃauʔkaʔdu sɛʔ] (名) 人工透析機
ကျောက်ကပ်ပျက်စီး [tʃauʔkaʔ pjɛʔsiː] (動) 腎臓障害を起す、腎臓が悪くなる
ကျောက်ကပ်ရောဂါ [tʃauʔkaʔ jɔːga] (名) 腎臓病
ကျောက်ကပ်ဝေဒနာရှင် [tʃauʔkaʔ wedana ʃin] (名) 腎臓病患者
ကျောက်ကပ်အစားထိုး [tʃauʔkaʔ əsaːtʼoː] (動) 腎臓移植をする
ကျောက်ကပ်အစားထိုးကုသမှု [tʃauʔkaʔ əsaːtʼoː ku.ta.mu.] (名) 腎臓移植
ကျောက်ကပ်အစားထိုးခွဲစိတ်ကုသမှု [tʃauʔkaʔ əsaːtʼoː kʼwɛːseiʔ ku.ta.mu.] (名) 腎臓移植手術
ကျောက်ကပ်အလှူရှင် [tʃauʔkaʔ əɬuʃin] (名) 腎臓の提供者
ကျောက်ကျော [tʃauʔtʃɔː] (名) (緑豆の濃粉で作った) 寒天
ကျောက်ကျောရေပက်မဝင်။ (諺) 蛙の面に小便、平気のへいざ (寒天に水を掛けても変り無し)
ကျောက်ကြီးရောဂါ [tʃauʔtʃiːjɔːga] (名) 天然痘
ကျောက်ကြိုး [tʃauʔtʃoː] (名) 投錨用ロープ、錨綱
ကျောက်ကျွန်း [tʃauʔtʃunː] (名) 岩礁
ကျောက်ခဲ [tʃauʔkʼɛː] (名) 石ころ、小石
ကျောက်ခက် [tʃauʔkʼɛʔ] (名) ①珊瑚 ②羊歯
ကျောက်ခေတ် [tʃauʔkʼiʔ] (名) 石器時代
ကျောက်ခေတ်သစ် [tʃauʔkʼiʔ tiʔ] (名) 新石器時代
ကျောက်ခေတ်ဟောင်း [tʃauʔkʼiʔ haunːʔ] (名) 旧石器時代
ကျောက်ချ [tʃauʔ tʃa.] (動) 錨を降ろす、投錨する
ကျောက်ချော [tʃauʔtʃɔː] (植) センソウ (シソ科) Mesona chinensis
ကျောက်ချဉ် [tʃauʔtʃin] (名) 明ばん、硫酸アルミ
ကျောက်ချဉ်ပေါင်း [tʃauʔtʃinbaunː] (植) フヨウ (アオイ科) の仲間 Hibiscus lunariifolius
ကျောက်ချဉ်ပန်း [tʃauʔtʃinbanː] (植) ベゴニア、秋海堂
ကျောက်ဂွမ်း [tʃauʔgunː] (名) 石綿
ကျောက်ငဝေ [tʃauʔŋəwɛʔ] (魚) ①ヨコフエダイ (フエダイ科) Lutjanus erythropterus ②オキフエダイ (フエダイ科) L. fulvus
ကျောက်စရစ် [tʃauʔsəriʔ] (名) 砂利
ကျောက်စလင်း [tʃauʔsəlinː] (名) 石英
ကျောက်စာ [tʃauʔsa] (名) 碑文、石碑
ကျောက်စက် [tʃauʔsɛʔ] (名) ①研磨機 ②鍾乳石
ကျောက်စက်ပန်းဆွဲ [tʃauʔsɛʔpanːzwɛː] (名) 鍾乳石
ကျောက်စက်မိုးမြှော် [tʃauʔsɛʔmoːmjɔ] (名) 石筍
ကျောက်စက်ရေ [tʃauʔsɛʔje] (名) 岩清水

ကျောက်စစ်[tʃau'si'] (名) 水濾し
ကျောက်စိမ်း[tʃau'sein:] (名) 翡翠（ひすい）、硬玉
ကျောက်စိမ်းအရိုင်းတုံး[tʃau'sein: əjain:doun:] (名) 翡翠原鉱
ကျောက်စုန်းတောက်[tʃau'soun: tau'] (動) 燐光を発する
ကျောက်စွဲ[tʃau' swɛ:] (名) ①白内障 ②（動）錨を降ろす
ကျောက်ဆူး[tʃau's'u:] (名) 錨
ကျောက်ဆူးချ[tʃau's'u: tʃa.] (動) 錨を降ろす、投錨する
ကျောက်ဆူးတင်[tʃau's'u: tin] (動) 錨を揚げる
ကျောက်ဆေးထိုး[tʃau's'e: t'o:] (動) 種痘する
ကျောက်ဆင်းတု[tʃau' s'in:du.] (名) 石仏
ကျောက်ဆောင်[tʃau's'aun] (名) 岩礁、暗礁
ကျောက်ဆစ်[tʃau's'i'] (名) 石工
ကျောက်ဆစ်လက်ရာ[tʃau's'i' lɛ'ja] (名) 石製彫刻
ကျောက်တောင်[tʃau'taun] (名) 岩山
ကျောက်တိုင်[tʃau'tain] (名) 石柱、境界石
ကျောက်တည်[tʃau' tɛ] (動) 体内に石が生じる、結石ができる
ကျောက်တန်း[tʃau'tan:] (名) 岩礁
ကျောက်တိမ်[tʃau'tein] (名) 白内障
ကျောက်တံ[tʃau'tan] (名) 石筆（石版に書く）
ကျောက်တုံး[tʃau'toun:] (名) 石塊、石ころ
ကျောက်တွင်း[tʃau'twin:] (名) 鉱山
ကျောက်ထီး[tʃau't'i:] (名) 仏塔の傍らに建てる石の傘蓋
ကျောက်ထိုး[tʃau' t'o:] (動) 種痘する
ကျောက်ထက်အက္ခရာ[tʃau't'ɛ' ɛ'k'əja] (名) 碑銘
ကျောက်ထင်းရှူး[tʃau' t'in:ju:] (植) ①セイヨウイチイ、トドマツ（イチイ科）Taxus baccata ②モミ（マツ科）Abies webbiana
ကျောက်ဒိုး[tʃau'do:] (名) ビー玉、（遊戯用のマーブル）
ကျောက်နီ[tʃau'ni] (名) 紅玉、ルビー
ကျောက်နို့[tʃau'no.] (名) 鍾乳石
ကျောက်နုတ်[tʃau' nou'] (動) 錨を揚げる
ကျောက်ပုစွန်[tʃau' bəzun] (名) イセエビ
ကျောက်ပိုး[tʃau'po:] (貝) ヒザラガイ
ကျောက်ပေါက်[tʃau' pau'] (動) 痘痕になる
ကျောက်ပေါက်မာ[tʃau'pau'ma] (名) 痘痕
ကျောက်ပတ်တီး[tʃau' pa'ti:] (名) 石膏
ကျောက်ပန်း[tʃau'pan:] (植) コノテガシワ（マツ科）Biota orientalis
ကျောက်ပန်း၊ကျောက်ခက်[tʃau'pan'tʃau'k'ɛ'] (名) 珊瑚
ကျောက်ပျဉ်[tʃau'pjin] (名) （化粧液を作る時の）石盤
ကျောက်ပြား[tʃau'pja:] (名) 石板
ကျောက်ပွ[tʃau'pwa.] (名) 軽石
ကျောက်ပွင့်[tʃau'pwin.] (名) 藻、海草
ကျောက်ပွင့်၊ကျောက်ခက်[tʃau'pwin. tʃau'k'ɛ'] (名) 藻、海藻
ကျောက်ဖရုံ[tʃau'p'əjoun] (植) 冬瓜、トウガン（ウリ科）Benincasa cerifera
ကျောက်ဖျာ[tʃau'p'ja] (名) 岩盤、敷石
ကျောက်ဖြူ[tʃau'p'ju] (名) ①大理石 ②水疱、水疱瘡
ကျောက်ဖြူနု[tʃau'p'junu.] (名) 石膏、石花石膏
ကျောက်ဖြစ်ရုပ်ကြွင်း[tʃau'p'ji'jou'tʃwin:] (名) 化石
ကျောက်ဖြုန်း[tʃau'p'joun:] (名) ①屑石、瓦礫 ②痘痕面
ကျောက်မီးသွေး[tʃau'mi:dwe:] (名) 石炭
ကျောက်မင်းပေါ[tʃau'min:bɔ:] (植) クジャクヤシ（ヤシ科）Caryota urens
ကျောက်မုန်ညင်း[tʃau'mounɲin:] (植) ヤリテンツキ（カヤツリグサ科）Fimbristylis monostachya
ကျောက်မျက်[tʃau'mjɛ'] (名) 宝石
ကျောက်မျက်ရတနာ[tʃau'mjɛ'jədəna] (名) 宝石
ကျောက်မျက်ရတနာပြပွဲ[tʃau'mjɛ'jədəna pja.bwɛ:] (名) 宝石展示会
ကျောက်မျက်ရတနာအချောထည်[tʃau'mjɛ' jədəna ət∫'ɔ:dɛ] (名) 加工宝石、研磨済み宝石
ကျောက်မျက်ရွဲ[tʃau'mjɛ'jwɛ:] (名) 猫目石
ကျောက်မြေ[tʃau'mje] (名) 石ころのおおい土地
ကျောက်မြင်းခွါ[tʃau' mjin:gwa] (植) チドメグサ（セリ科）Hydrocotyle sibthorpioides
ကျောက်ရောဂါ[tʃau'jɔga] (名) 天然痘
ကျောက်ကြီးရောဂါ[tʃau'tʃi: jɔ:ga] (名) 天然痘
ကျောက်ရိုင်း[tʃau'jain:] (名) 原鉱、原鉱石
ကျောက်ရုပ်[tʃau'jou'] (名) 石像
ကျောက်လက်နက်[tʃau'lɛ'nɛ'] (名) 石器
ကျောက်လွှာ[tʃau'llwa] (名) 地層
ကျောက်ဝါ[tʃau'wa:] (植) イタチガヤ（イネ科）Pogonatherum saccharoideum
ကျောက်ဝိုင်း[tʃau'wain:] (名) 丸石
ကျောက်သင်ပုန်း[tʃau'tinboun:] (名) 石版、スレ

ကျောက်သင်ပုန်းကြီး

ကျောက်သင်ပုန်းကြီး[tʃauʔ tinbounːdʒiː] (名) 黒板

ကျောက်သံပတ္တမြား[tʃauʔtan bədəmjaː] (名) 宝石の総称

ကျောက်သွေး[tʃauʔ tweː] (動) 宝石を研磨する

ကျောက်အိုး[tʃauʔoː] (名) ①指環の宝石台 ②瘡痕面

ကျိုက်[tʃaiʔ] (動) ①ロンジーを尻端折る ②沸く、沸騰する ③呑み込む

ကျိုက်ကျိုက်ဆူ[tʃaiʔtʃaiʔ sʻu] (動) 沸騰する、煮えたぎる、ぐらぐら煮える

ကျိုက်ချ[tʃaiʔ tʃa.] (動) ①呑む、呑み込む ②沸き立つ、沸騰する

ကျိုက်ထီးရိုး[tʃaiʔtiːjoː] (地) チャイティーヨー (モン州チャイトー町の近くにある仏塔)

ကျင့်[tʃin.] (動) ①練習する、訓練する အပြေးကျင့်သည် ランニングの練習をする ②振舞う、行う、行動する、実行する ③ (助動) ～する習慣だ ခြောက်နာရီထကျင့်ဖြစ်နေသည် ‖ 6時に起きる習慣だ

ကျင့်ကြံ[tʃin.tʃan] (動) ①企む ②慎重に考えて行動する

ကျင့်ကြံနေထိုင်[tʃin.dʒan netʼain] (動) 考えて生活する

ကျင့်ကြံလုပ်ကိုင်[tʃin.dʒan louʔkain] (動) 考えて行動する

ကျင့်ကြံအားထုတ်[tʃin.dʒan aːtʼouʔ] (動) 考えて努力する

ကျင့်ဆောင်[tʃin.sʼaun] (動) 励行する、履行する、規則を守る

ကျင့်စဉ်[tʃin.zin] (名) 伝統、慣例、仕来り

ကျင့်ထုံး[tʃin.tʼounː] (名) 守るべき仕来り、

ကျင့်ရိုး[tʃin.joː] (名) 伝統、昔からのやり方

ကျင့်ဝတ်[tʃin.wuʔ] (名) 務め、成すべき事、果すべき事柄、道義

ကျင့်သားရ[tʃin.daːja.] (動) 馴れる、馴れてくる

ကျင့်သုံး[tʃin.tʼounː] (動) 実行する、実践する、履行する、励行する

ကျင်[tʃin] (動) ①疼く、疼痛がする ②精通している、熟達している ③水で洗って砂金を採る、砂金を篩に掛ける

ကျင်[tʃin] (名) 糞、大便

ကျင်ကြီး[tʃindʒiː] (名) 大便

ကျင်ကြီးစွန့်[tʃindʒiː sun.] (動) 大便をする

ကျင်ချောင်း[tʃindʒaunː] (名) 尿道

ကျင်ချောင်းရောင်[tʃindʒaunː jaun] (動) 尿道炎になる

ကျင်ငယ်[tʃinɲɛ] (名) 尿、小便

ကျင်ငယ်စွန့်[tʃinɲɛ sun.] (動) 小便をする、排尿する

ကျင်ငယ်ပုံး[tʃinɲɛ bounː] (名) 小便桶、肥桶

ကျင်ငယ်လွန်စွာသွား[tʃinɲɛ lunzwa tʃwaː] (動) 頻尿になる

ကျင်စွယ်[tʃinzwɛ] (名) 髭

ကျင်တွယ်[tʃintwɛ] (名) 大工用の直角定規、金差し

ကျင်လည်[tʃinlɛ] (動) ①回転する、変転する ②巧みだ、得意だ、堪能だ、精通している

ကျင်း[tʃinː] (名) 穴、窪み

ကျင်းတူး[tʃinː tuː] (動) 穴を掘る

ကျင်း[tʃinː] (動) 皿をゆすぐ、口をすすぐ

ကျင်းပ[tʃinː pa.] (動) 開く、催す、開催する

ကျောင်း[tʃaunː] (動) 家畜の世話をする、家畜を追う、家畜の番をする နွားကျောင်းသည်‖ 牛の世話をする ကျွဲကျောင်းသည်‖ 水牛の世話をする

ကျောင်း[tʃaunː] (名) ①学校 ②寺、寺院、僧院、精舎

ကျောင်းကန်[tʃaunːkan] (名) 堂塔伽藍

ကျောင်းကြိုယာဉ်[tʃaunːtʃo jin] (名) 通学バス、スクール・バス

ကျောင်းခေါ်ကြိမ်[tʃaunː kɔdʒein] (名) 出席回数、出席日数

ကျောင်းခေါ်ချိန်[tʃaunːkɔdʒein] (名) 始業時間

ကျောင်းခေါ်ချိန်စာရင်း[tʃaunːkɔdʒein səjinː] (名) 出席簿

ကျောင်းခေါ်ကြိမ်ဇယား[tʃaunːkɔdʒein zəjaː] (名) 出席簿

ကျောင်းစရိတ်[tʃaunː zəjeiʔ] (名) 学費、修学費用、文房具費

ကျောင်းစာ[tʃaunːza] (名) 学校の勉強

ကျောင်းဆရာ[tʃaunː sʼəja] (名) 教師、学校の先生

ကျောင်းဆင်း[tʃaunː sʼinː] (動) ①授業が終る、下校する ②卒業する、学業を終える

ကျောင်းဆင်းချိန်[tʃaunːsʼinːdʒein] (名) 下校時間

ကျောင်းဆင်းပွဲ[tʃaunːsʼinːbwɛ] (名) 終了式、卒業式

ကျောင်းဆောင်[tʃaunːzaun] (名) ①学校の寮、寄宿舎 ②(寺院の) 僧坊 ③厨子

ကျောင်းတကာ[tʃaunːdəga] (名) 檀家、寺の施主、寺院の檀越

ကျောင်း

ကျောင်းတက်[tʃaun: tɛ] (動)登校する、学校へ行く

ကျောင်းတက်ခေါင်းလောင်း[tʃaun:dɛʔ kʻaun:laun] (名)始業ベル

ကျောင်းတက်အချက်ပေးခေါင်းလောင်း[tʃaun:dɛʔ ətʃʻɛʔpe: kʻaun:laun:] (名)始業ベル

ကျောင်းတက်ချိန်[tʃaun: tɛʔtʃʻein] (名)登校時間

ကျောင်းတက်စာရင်း[tʃaun:dɛʔ səjin:] (名)出席簿

ကျောင်းတိုက်[tʃaun:daiʔ] (名)寺院（僧坊、伽藍を含む）

ကျောင်းထား[tʃaun: tʻa:] (動)就学させる、子供を学校に入れる、学校に行かせる

ကျောင်းထိုင်[tʃaun:tʻain] (動)一山を統括する、寺院の和尚となる

ကျောင်းထိုင်[tʃaun:dain] (名)和尚、住職

ကျောင်းထိုင်ဆရာတော်[tʃaun:dain sʻəjadɔ]) =ကျောင်းထိုင်

ကျောင်းထိုင်ဘုန်းကြီး[tʃaun:dain pʻoun:dʒi:] =ကျောင်းထိုင်

ကျောင်းထုတ်ခံရ[tʃaun:douʔ kʻan ja.] (動)放校処分にあう

ကျောင်းထွက်[tʃaun: tʻwɛʔ] (動)退学する

ကျောင်းဒါယကာ[tʃaun: dajəka] (名)寺院の建立者

ကျောင်းနေ[tʃaun: ne] (動)在学している

ကျောင်းနေဘက်[tʃaun:nebɛ] (名)学友、同窓生

ကျောင်းနေဘက်သူငယ်ချင်း[tʃaun:nebɛ təŋɛ dʒin:] =ကျောင်းနေဘက်

ကျောင်းနှုတ်[tʃaun: nʻouʔ] (動)学校を止めさせる、学校を退学させる

ကျောင်းပရဝုဏ်[tʃaun: pərəwun] (名)校庭、学校の敷地

ကျောင်းပိတ်[tʃaun: peiʔ] (動)休校になる、学校が休みになる

ကျောင်းပိတ်ရက်[tʃaun: peiʔjɛ] (名)学校の休み祝祭日

ကျောင်းပြီး[tʃaun: pi:] (動)学校を終える、卒業する

ကျောင်းပြေး[tʃaun: pje:] (動)授業をサボる、学校をずる休みする

ကျောင်းပျက်[tʃaun: pjɛʔ] (動)欠席する、学校を休む

ကျောင်းပျက်ကုတ်[tʃaun:pjɛʔkwɛʔ] =ကျောင်းပျက်

ကျောင်းဖွင့်[tʃaun: pʻwin.] (動)学校が始まる、新学期が始まる

ကျောင်းရေ၀[tʃaun:je wa.] (動)学校の事に熟知する、学校経験が豊富だ

ကျောင်းလခ[tʃaun: la.ga.] (名)授業料、月謝

ကျောင်းလစ်[tʃaun: liʔ] (動)学校を抜け出す

ကျောင်းလွယ်အိတ်[tʃaun: lwɛ eiʔ] (名)ランドセル

ကျောင်းလွှတ်[tʃaun: ɬluʔ] (動)下校させる

ကျောင်းလွှတ်ချိန်[tʃaun: ɬluʔtʃʻein] (名)放課後

ကျောင်းဝင်ကြေး[tʃaun: windʒe:] (名)入学金

ကျောင်းဝင်း[tʃaun:win:] (名)学校の敷地、キャンパス

ကျောင်းဝတ်စုံ[tʃaun: wuʔsoun] (名)制服

ကျောင်းသား[tʃaun:da̠:] (名)①男子学生、男子生徒 ②生徒、学生 ③稚児、学童（沙弥とは異なり剃髪はしていない、寺の中で暮し、出家が外出する時に傘や鉢を持ってつき従う） ④家畜の世話をする少年 ကျွဲကျောင်းသား: 水牛飼い နွားကျောင်းသား: 牛飼い

ကျောင်းသားသစ်[tʃaun:da̠:diʔ] (名)新入生

ကျောင်းသားဟောင်း[tʃaun:da̠:haun:] (名)在校生

ကျောင်းသူ[tʃaun:d̠u] (名)女子学生、女生徒

ကျောင်းသူကျောင်းသား[tʃaun:d̠u tʃaun:da̠:] (名)(男女)学生

ကျောင်းသက်[tʃaun:dɛʔ] (名)在学年数

ကျောင်းသုံးကရိယာ[tʃaun:d̠oun: kəri.ja] (名)学用品、文房具

ကျောင်းသုံးစာအုပ်[tʃaun:d̠oun: sauʔ] (名)教科書

ကျောင်းအဆင်း[tʃaun: əsʻin:] (名)下校

ကျောင်းအမ[tʃaun: əma.] (名)女性の檀越、寺院建立の女性

ကျောင်းအပ်[tʃaun: aʔ] (動)子供を入学させる、子供を学校に入れる、子供を就学させる

ကျောင်းအိပ်ကျောင်းစား[tʃaun:eiʔtʃaun:za:] (名)寮生、寄宿生活者

ကျောင်းအုပ်[tʃaun:ouʔ] (名)校長

ကျောင်းအုပ်ကြီး[tʃaun:ouʔtʃi:] (名)校長

ကျောင်းအုပ်ဆရာကြီး[tʃaun:ouʔ sʻəjadʒi:] =ကျောင်းအုပ်

ကျိုင်း[tʃain:] (形)体が大きい、大柄だ

ကျိုင်း[tʃain:] (名)①国王下賜の錫杖 ②（虫）甲虫類 ③イナゴ、バッタの類

ကျိုင်းကောင်[tʃain:gaun] (虫)イナゴ、バッタ

ကျိုင်းခေါင်းမြေ[tʃain:gaun:mwe] (動物)無毒の蛇 Lycodon aulicus

ကျင်းတုံပန်း[tʃain:toun ban:]（植）ガーベラ

ကျစ်[tʃiʔ]（動）撚る、（縄を）綯う、編む

ကျစ်[tʃiʔ]（形）密だ、緊密だ、緻密だ、引き締まっている

ကျစ်ကျစ်ပါအောင်[tʃiʔtʃiʔpa aun]（副）力強く（握る）、ぎゅっと（握り締める） လက်သီးကိုကျစ်ကျစ်ပါအောင်ဆုပ်ထားသည်။ 拳をぎゅっと握り締めていた

ကျစ်လစ်[tʃiʔliʔ]（形）①引き締まっている、密度が高い、ぎっしり詰まっている ②小ぎれいだ、小ざっぱりしている

ကျစ်စာ[tʃiʔsa]（名）（蟹、モグラ等が掘った）盛り土

ကျစ်ဆံမြီး[tʃiʔs'sanmi:]（名）お下げ髪、三つ編みに編んだ髪、ポニーテイル

ကျည်[tʃi]（名）①筒、竹筒 ②銃弾

ကျည်ကာအင်္ကျီ[tʃiga in:dʒi]（名）防弾チョッキ

ကျည်ဆေ့[tʃizi.]（名）銃弾

ကျည်ဆန်[tʃizan]（名）弾、弾丸

ကျည်ဆန်အမြန်ရထား:[tʃizan əmjan jətʔa:]（名）（新幹線の）超特急

ကျည်ဆန်အခွံ[tʃizan əkʔun]（名）薬莢

ကျည်တောက်[tʃidauʔ]（名）筒、竹筒

ကျည်ပေါက်[tʃi pauʔ]（動）弾が貫通する

ကျည်ပွေ့[tʃəbwe.]（名）杵

ကျည်ပွေ့အတက်ပေါက်။（諺）あり得ない事が起る（杵に芽が出る）

ကျည်ဖူး[tʃibu:]（名）弾、弾丸

ကျည်၀[tʃiwa.]（名）（大砲や銃の）口径

ကျည်ကျည်လောင်လောင်[tʃidʒi launlaun]（副）金切り声を上げて、甲高い声を出して

ကျည်း[tʃi:]（名）①ボルト ②（植）ゴバンノアシ（サガリバナ科）Barringtonia racemosa

ကျည်းကုလား[tʃi:gəla:]（名）タミール人、南インド人

ကျည်းခွေ[tʃi:gwe]（名）（井戸の中の）木製の枠

ကျည်းတောင်[tʃi:baun]（名）（ドアや窓の）枠、枠組み

ကျည်းသား[tʃi:da:]（名）両端を斜めに切断した楔（片方に力を加えると回転する）遊び道具

ကျည်းသားတောက်[tʃi:da: tauʔ]=ကျည်းသားရိုက်

ကျည်းသားရိုက်[tʃi:da: jaiʔ]（動）木製の楔を飛ばして遊ぶ

ကျဉ်[tʃin]（虫）オオアリ

ကျဉ်[tʃin]（動）ひりひりする、疼く

ကျဉ်တက်[tʃintɛʔ]（動）腫れる、腫れ上がる

ကျဉ်း[tʃin:]（形）①狭い、狭隘だ、密集している、窮屈だ ②（動）（計算で）約分する

ကျဉ်းကျပ်[tʃin:dʒaʔ]（形）窮屈だ、狭苦しい

ကျဉ်းမြောင်း[tʃin:mjaun:]（形）①狭い、狭隘だ ②窮屈だ、不自由だ

ကျတ်[tʃaʔ]（名）①地中に棲む妖怪 ②不毛の地

ကျတ်ငန်ရေ[tʃaʔŋan je]（名）塩分を含んだ水

ကျတ်တီးကုန်း[tʃaʔti:goun]（名）不毛の地、草木も生えぬ土地

ကျတ်တီးပြင်[tʃaʔti:bjin]=ကျတ်တီးကုန်း

ကျတ်တီးမြေ[tʃaʔti:mje]=ကျတ်တီးကုန်း

ကျတ်တွင်း[tʃaʔtwin:]（名）含塩地（野生の動物達が舐めに来る）

ကျိတ်[tʃeiʔ]（植）ジュズダマ、ハトムギ（イネ科）Coix lachryma-jobi

ကျိတ်[tʃeiʔ]（副）密かに、内心

ကျိတ်ပြီး[tʃeiʔpi:]=ကျိတ် ကျိတ်ပြီးကြိုးစားသည်။ 他人に知られぬよう密かに努力する

ကျိတ်၍[tʃeiʔjwe.]=ကျိတ် စိတ်ထဲတွင်ကျိတ်၍ ကျေးဇူးတင်နေသည်။ 心中密かに感謝している

ကျိတ်ပိုးပိုး[tʃeiʔpo: po:]（動）片思いをする

ကျိတ်မှိတ်[tʃeiʔmeiʔ]（副）目を瞑って、仕方なく

ကျိတ်ဝိုင်း[tʃeiʔwain:]（名）内緒の賭事

ကျိတ်ကျိတ်တိုး[tʃeiʔtʃeiʔto:]（副）わんさと、ひしめき合って、押し合いへし合いで＝ကြိတ်ကြိတ်တိုး ကျိတ်ကျိတ်တိုးစည်ကားသည်။ 押すな押すなの盛況だ

ကျိတ်နာ[tʃeiʔna]（名）顎の腫瘍

ကျိုတ်[tʃouʔ]（動）眉をひそめる、顔をしかめる

ကျန်[tʃan]（動）残る、余る

ကျန်ငွေ[tʃan ŋwe]（名）残金

ကျန်ရစ်[tʃan jiʔ]（動）①残る、後に残る、残留する ②異性に拒絶される、振られる

ကျန်ရှိ[tʃan ʃi.]（動）残存している

ကျန်လူများ[tʃanlumja:]（名）残りの人達

ကျန်း[tʃan:]（形）①硬い、荒い စိတ်ကျန်းသည်။ 気性が荒い ②頑丈だ、丈夫だ、健康だ

ကျန်းကျန်းမာမာ[tʃan:dʒan:mama]（副）元気で、丈夫で、健やかで

ကျန်းခန့်[tʃan:kʔan:]（形）丈夫だ、健やかだ、つつがない、無病息災だ

ကျန်းတော[tʃan:do:]（名）①気難し屋、気の荒い人 ②丈夫な人、頑健な人

ကျန်းတန်း[tʃan:dan:]（形）気が荒い、気難しい

ကျန်းမာ[tʃan:ma]（形）元気だ、丈夫だ、健康だ

ကျန်းမာရေး[tʃan:maje:]（名）健康、保健

ကျန်းမာရေးချို့တဲ့[tʃan:maje: tʃo.tɛ.]（動）

ကျပ်ပြည့်တင်းပြည့်

健康を害する
ကျန်းမာရေးစစ်ဆေး[tʃan:maje: si's'e:]（動）健康診断をする
ကျန်းမာရေးထိခိုက်[tʃan:maje: t'i.k'ai']（動）健康を損ねる
ကျန်းမာရေးမှူး[tʃan:maje: m̥u:]（名）保健婦
ကျန်းမာရေးလက်မှတ်[tʃan;maje: lɛ'ma']（名）健康手帳
ကျန်းမာရေးဝန်ကြီးဌာန[tʃan:maje: wunʥi: t'ana.]（名）厚生省
ကျန်းမာသန်စွမ်း[tʃan:ma t̪anzwan:]（形）壮健だ、健康だ
ကျန်းမာရေးအခြေအနေ[tʃan:maje: ətʃ'e əne]（名）健康状態
ကျန်းမာရေးအသုံးစရိတ်[tʃan:maje: ət̪oun:zəjei']（名）医療費
ကျန်းမာရေးအာမခံစနစ်[tʃan:maje ama.gan səni']（名）健康保険制度
ကျိန်[tʃein]（動）①誓う、誓約する ②呪う、呪詛する
ကျိန်စာ[tʃeinza]（名）呪い、呪詛
ကျိန်စာတိုက်[tʃeinza tai']（動）宣誓する
ကျိန်စာရွက်[tʃeinza jwɛ']（動）誓約する
ကျိန်စာသင့်[tʃeinza t̪in.]（動）呪われる、呪いにかかる
ကျိန်ဆဲ[tʃeinzɛ:]（動）呪う、呪詛する
ကျိန်ဆို[tʃeins'o]（動）呪う
ကျိန်တွယ်[tʃeintwɛ]（動）誓う、誓約する
ကျိန်ရေ[tʃein je]（名）誓いの水
ကျိန်း[tʃein:]（動）①疼痛がする、チクチクする、ズキズキする ခေါင်းကျိန်းသည်။ 頭がずきずきする ②（歯に）凍みる ချဉ်သီးကိုစားလျှင်သွားကျိန်း၏။ 酸ぱいものを食べると歯に凍みる ③（聖なるものが）在す ④（聖なる人が）眠る
ကျိန်းစက်[tʃein:sɛ']（動）（仏陀、出家等が）就寝なさる、睡眠をお取りになる
ကျိန်းစပ်[tʃein:sa']（動）疼痛がする、ズキズキチクチクする、ヒリヒリする မျက်စိကျိန်းစပ်သည်။ 目がチカチカする
ကျိန်းဝပ်[tʃein:wu']（動）（聖なるものが）在す
ကျိန်းအောင်း[tʃein:aun:]（動）宿る、潜む、存する、存在する
ကျိန်းကျေ[tʃein:tʃe]（動）①小事にこだわり大事を逸する、大魚を逃す ②災が除かれる
ကျိန်းချေ[tʃein:tʃ'e]（動）災を祓う、災厄を取除く
ကျိန်းသေ[tʃein:t̪e]（副）必ずや、きっと ဒါတော့

ကျိန်းသေဘဲ။ これは絶対だ ကျိန်းသေလာပါမယ်။ 必ず来る
ကျိန်းသေပေါက်[tʃein:d̪ebau']（副）必ず、確実に、絶対に
ကျပ်[tʃa']（名）①チャッ、ビルマ貨幣の単位 ②チャッ、重量の単位（約16グラム）③瘰癧（首のリンパ腺の腫れ、ぐりぐり）④（骨折の時に使用する）当て木、添え木 ⑤大型の籠
ကျပ်စည်း[tʃa'si:]（動）骨折に添え木を当てる
ကျပ်ထုပ်[tʃa't'ou']（名）（生姜を入れた布袋を湯に浸して暖めた）温湿布
ကျပ်ထုပ်ထိုး[tʃa't'ou' t'o:]（動）温湿布する ရေနွေးကျပ်ထုပ်ထိုးသည်။ 湯で温湿布する
ကျပ်ပူတိုက်[tʃa'pu tai']（動）（両手を擦って暖め患部に当てる）温湿布
ကျပ်ပူထိုး[tʃa'pu t'o:]=ကျပ်ပူတိုက်။ ရောင်နေသောမျက်လုံးကိုကျပ်ပူထိုးပေးသည်။ 腫れている目を温湿布してくれた
ကျပ်ပေါက်[tʃa'pau']（動）首に瘰癧ができる、首にぐりぐりができる
ကျပ်ပြား[tʃa'pja:]（名）ビルマ貨幣のチャッ硬貨（1チャッ＝百ピャー）
ကျပ်သား[tʃa'ta:]（助数）1チャッ分の重量 ငါးကျပ်သား：5チャッ分の重さ
ကျပ်[tʃa']（形）①混む、狭い、窮屈だ、余裕がない လူကျပ်သည်။ 混雑する ကားကျပ်သည်။ 車が混む ②（動）（ねじ回しで）ねじ込む ③耳の垢を取る、管の中の汚れを落とす、パイプの中を掃除する
ကျပ်တည်း[tʃa'tɛ:]（形）窮屈だ、きつい、苦しい
ကျပ်[tʃa']（名）燻蒸用の棚
ကျပ်ခိုး[tʃa'k'o:]（名）煤、煤煙、油煙
ကျပ်ခိုးစင်[tʃa'k'o:zin]（名）（竈の上に設けられた）燻蒸用の棚
ကျပ်ခိုးစွဲ[tʃa'k'o: swɛ:]（動）煤が付く、煤ける
ကျပ်စင်[tʃa'sin]（名）燻蒸用棚、燻製を作る棚
ကျပ်တိုက်[tʃa' tai']（動）燻す、燻製を作る
ကျပ်တင်[tʃa' tin]（動）燻す、燻蒸する
ကျပ်ချွတ်[kʃa'tʃ'u']（名）新品、さら ဆရာကျပ်ချွတ်：新米教師
ကျပ်စက္ကူ[tʃa'sɛ'ku]（名）厚紙=ကျပ်ထူဖုံး
ကျပ်ထူပုံး[tʃa't'uboun:]（名）厚紙
ကျပ်ဖန်[tʃa'nan]（植）ニリスホウガン（センダン科）Xylocarpus moluccensis
ကျပ်ပြည့်တင်းပြည့်[tʃa'pje.tin:pje.]（副）存分に、十分に、とっくりと အရသာကိုကျပ်ပြည့်တင်းပြည့်ခံစားရသည် 味を十分に楽しむ

ကျပ်လုံး[tʃaʔloun:]（名）直径1インチの筒、パイプ
ကျိပ်[tʃeiʔ]（数）＋ ရဲဘော်သုံးကျိပ် （ビルマ独立軍の母胎となった）三十人の志士 နှစ်ကျိပ်ရှစ်ဆူဘုရား：（燃灯仏以降の）二十八仏
ကျု[tʃouʔ]（代）（男性用一人称）僕
ကျုပ်တို့[tʃouʔto.]（代）僕達
ကျမ်း[tʃan:]（名）①文献、書籍、典籍 ②貝葉の挟み板
ကျမ်းကိုးကျန်းကား[tʃan:go: tʃan:ga:]（名）①典拠、根拠、出典 ②文献、参考文献、引用文献
ကျမ်းကိုးစာရင်း[tʃan:go: səjin:]（名）参考文献の一覧表
ကျမ်းကျေ[tan:tʃe]（動）通暁している、習熟している
ကျမ်းကြီးကျမ်းခိုင်[tʃan:ʤi: tʃan:gain]（名）依拠するに足る文献
ကျမ်းဂန်[tʃan:gan]（名）仏典、経典、典籍 ＝ပိဋကတ်ကျမ်းဂန်။
ကျမ်းစာ[tʃan:za]（名）典籍、聖書
ကျမ်းပြု[tʃan: pju.]（動）編纂する、執筆する
ကျမ်းရိုး[tʃan:jo:]（名）伝統的教本、伝統の教え方
ကျမ်းရင်း[tʃan:jin:]（名）基本的文献
ကျမ်းဦးစကား[tʃan:u: zəga:]（名）序文
ကျမ်း[tʃan:]（名）誓い、誓約
ကျမ်းကိုင်[tʃan: kain]（動）誓約する
ကျမ်းကျိန်[tʃan: tʃein]（動）誓詞を読む、誓約文を手にして誓う
ကျမ်းကျိန်လွှာ[tʃan:tʃein ɫwa]（名）誓詞、宣誓書
ကျမ်းစာ[tʃan:za]（名）誓約文
ကျမ်းစူး[tʃan: su:]（動）誓いに背いた罰が当る、呪いがかかる
ကျမ်းတိုက်[tʃan: taiʔ]（動）誓詞を頭上に戴いて誓う
ကျမ်းရွက်[tʃan: jwɛʔ]＝ကျမ်းတိုက်
ကျမ်းတုံး[tʃan:doun:]（名）田植え直前の水田の土壌を滑らかにするために家畜に牽かせる道具
ကျံ[tʃan]（動）塗る、薄く塗る、均等に塗る
ကျုံ့[tʃoun.]（動）①縮む、縮まる、収縮する、瘦せる ②身を縮める、恐れ畏まる ကျုံ့ကျုံ့ထိုင်သည်။ 身縮って座る、身を縮めて座る ကျုံ့ကျုံ့နေရသည်။ 身を縮めて暮す
ကျုံ့ကျုံ့ယုံ့ယုံ့[tʃoun.ʤoun. joun.joun.]（副）畏まって
ကျုံး[tʃoun:]（名）①堀、濠 ②野生の象を捕獲する濠、柵
ကျုံးမြောင်း[tʃoun:mjaun:]（名）堀、濠
ကျုံးသွင်း[tʃoun: twin:]（動）野生の象を柵の中に追い込む
ကျုံး[tʃoun:]（動）①拾い集める、収集する、まとめる ②さらえる、取り片付ける အမှိုက်ကျုံးသည်။ 塵を集める မြင်းချေးကျုံးသည်။ 馬糞を片ずける
~ကြ[tʃa.~ʤa.]（助動）主語が複数である事を示す သူတို့စောင့်နေကြတယ်။ 彼等が待っている သူတို့ရွှေတိဂုံဘုရားသွားကြတယ်။ 彼等はシュエダゴン・パゴダへ出かけた
~ကြကုန်[tʃa.goun]（助動）複数を示す သတင်းစာများကလည်းအကြီးအကျယ်ရေးသားကြကုန်၏။ 新聞も大々的に報じた
~ကြရအောင်[tʃa.ja.aun]（助動）勧誘を現わす စကားပြောကြရအောင်။ 話をしよう
ကြခပ်ဝါး[tʃəkʔaʔwa:]（植）インドトゲタケ（幹に刺があり、生垣に使用）Bambusa arundinacea
ကြငှန်း[tʃəɲan:]（名）①（6本ある家の柱の内）東北の柱 ②宮殿
ကြငှန်းဖွင့်[tʃəɲan: pʔwin]（動）宮殿を造営する
ကြစု[tʃəzu.]（植）ビンガス（シクンシ科）Terminalia citrina
ကြပိုင်[tʃəbain]（植）コヒルギ（ヒルギ科）
ကြသောင်းဝါး[tʃətaun:wa:]（植）ベチュア（竹の1種）Bambusa polymorpha
ကြာ[tʃa]（植）スイレン、エジプトスイレン（スイレン科）Nymphea lotus
ကြာချည်[tʃaʤi]（名）蓮の繊維
ကြာခေါင်းလောင်း[tʃa kʔaun:laun:]（植）ハス（スイレン科）Nelumbium speciosa
ကြာခွက်[tʃagwɛʔ]（名）蓮の実
ကြာစွယ်[tʃazwɛ]（名）蓮根
ကြာညို[tʃaɲo]（植）ムラサキスイレン（スイレン科）Nymphae cyanea
ကြာနီ[tʃani]（植）アカハス
ကြာပဒုမ္မာ[tʃa bədounma]（植）①ハス（スイレン科）Nelumbium speciosum ②オニバス（スイレン科）Euryale ferox ＝ပဒုမ္မာကြာ
ကြာပြာ[tʃabja]（植）オオスイレン Nymphae alba
ကြာပွင့်[tʃabwin.]（名）蓮華、蓮花
ကြာဖူး[tʃabu:]（名）蓮の蕾
ကြာဖက်[tʃabɛʔ]（名）蓮の葉
ကြာဖက်နင်း[tʃabɛʔnin:]（鳥）①レンカク（レンカク科）Metopidius indicus ②トウバネレン

ကြ カク（レンカク科）Hydrophasianus chirurgus

ကြာ၍[tʃabju]（植）オオスイレン、蓮、白蓮 Nymphae alba

ကြာမျိုး ငါးပါး[tʃamjo: ŋa:ba:]（名）五種の蓮（エジプトスイレン、白蓮、オニハス、アカハス、ムラサキスイレンの5種）

ကြာမှောက်[tʃamau']（名）伏せ花（仏塔の一部）

ကြာလန်[tʃalan]（名）受け花（仏塔の一部）

ကြာဝတ်ဆံ[tʃa wu's'an]（名）蓮の雌蕊（めしべ）

ကြ[tʃa]（動）魅惑する、魅感する

ကြကြည့်ကြည့်[tʃadʒi. tʃi.]（動）秋波を送る

ကြခို[tʃak'o]（動）姦通する、密通する、浮気をする、他人の妻を寝取る

ကြပေး[tʃa pe:]（動）流し目を送る、媚を売る

ကြပစ်[tʃa pji']（動）目配せする

ကြရုပ်[tʃajou']（名）色気のある人、コケティッシュな人

ကြ[tʃa]（動）時が経つ、時間がかかる、時間が経過する ထမင်းစားတာသိပ်ကြာတာပဲ။ 食事に時間がかかりすぎる

ကြကြ[tʃadʒa]（副）長い間、長時間

ကြကြာဝါးမည့်သား၊ အရိုးကြည့်ရှောင်။（諺）永く使う歯、骨を見たら避けよ（慎重に行動せよ、君子危うきに近寄らず）

ကြချိန်[tʃadʒein]（名）経過時間、かかった時間

ကြညောင်း[tʃaɲaun]（動）時が経つ、経過する

ကြတင်[tʃatin]（動）時間がかかる

ကြမြင့်[tʃamjin.]（動）時が経つ、久しく経つ、長く経過する

ကြရှည်[tʃaʃe]（形）時間が長くかかる

ကြရှည်စွာ[tʃaʃezwa]（副・文）長い間

ကြဆူး[tʃazu:]（名）皮膚に生じるいぼ

ကြဆန်[tʃazan]（名）（米または小麦粉、豆の粉等を原料とした）麺類

ကြဆန်ကြီး[tʃazandʒi:]（名）うどん（玉が太い）

ကြညို[tʃaɲo.]（名）醬油、溜り醬油

ကြသပတေး[tʃadəbəde:]（名）①木曜日 ②木星

ကြသပတေးဂြိုဟ်[tʃadəbəde: dʒo]（名）木星

ကြသပတေးနေ့[tʃadəbəde: ne.]（名）木曜日

ကြသပတေးနံ[tʃadəbəde: nan]（名）ビルマ文字表の唇音5文字（ပ၊ဖ၊ဗ၊ဘ၊မ）

ကြသပတေးအရပ်[tʃadəbəde: əja']（名）西、西方

ကြား[tʃa:]（動）①聞える、耳に入る、耳にする ②告げる、知らせる、伝える

ကြားကြားချင်း[tʃa:tʃa:dʒin:]（副）聞いた途端

ကြားနာ[tʃa:na]（動）聞く、聴聞する

ကြားနာမှတ်သား[tʃa:na ma'ta:]（動）聞いて記憶する

ကြားပြင်း[tʃa:bjin:]（形）聞きたくない、聞くだけで不愉快だ、聞き辛い

ကြားဘူးနားဝ[tʃa:bu: na:wa. ʃi.]（動）聞き覚えがある、耳にした事がある、知識を持っている

ကြားယောင်[tʃa: jaun]（動）耳に蘇る

ကြားလား[tʃa:la:]（動）いいかね（念を押す）

ကြားသိ[tʃa:ti.]（動）聞いて知る

ကြား[dʒa:]（名）間、中間、空間、隙間

ကြားကာလ[dʒa: kala.]（名）中間期間

ကြားခံ[dʒa:gan]（名）緩衝地帯

ကြားခံ[dʒa:k'an]（動）介在する、仲介する、媒介する

ကြားညှပ်[dʒa: ɲa']（動）さし挟む、間に挟む

ကြားနေ[dʒa: ne]（動）中立だ、中立を守る

ကြားနေနိုင်ငံ[dʒa:ne naingan]（名）中立国

ကြားနေရေးဝါဒ[dʒa:neje: wada.]（名）中立主義、中立思想

ကြားနိုင်ငံ[dʒa: naingan]（名）緩衝国、中立国

ကြားပေါက်[dʒa: pau]①（動）第三者が割り込んで賭ける ②[dʒa:bau']（名）副業、副職

ကြားဖောက်[dʒa: p'au']（動）口を差し挟む、間に割って入る、横槍を入れる

ကြားဖျန်[dʒa: p'jan]（動）調停する、仲介する

ကြားဖြတ်[dʒa: p'ja']①（動）話を遮る、介入する ②（形）暫定的な、臨時の、中間的な

ကြားဖြတ်ရွေးကောက်ပွဲ[dʒa:p'ja' jwe:kau'pwɛ:]（名）中間選挙

ကြားဖြတ်အစီရင်ခံစာ[dʒa:p'ja' əsijinganza]（名）中間報告書

ကြားဖြတ်အစိုးရ[dʒa:p'ja' əso:ja.]（名）暫定内閣、臨時政府

ကြားလူ[dʒa: lu]（名）間にいる人

ကြားဝင်[dʒa: win]（動）口を挟む、間に入る

ကြားဝင်စေ့စပ်[dʒa:win se.za']（動）仲裁する

ကြားဝင်ဆောင်ရွက်[dʒa:win s'aun jwɛ']（動）介入して行う

ကြားဝင်ဖျန်ဖြေ[dʒa:winp'janbje]（動）調停する

ကြားဝင်ဖျန်ဖြေမှု[dʒa:win p'janbjemu.]（名）調停

ကြိတ်ကြောင်တောင်[tʃi.di.tʃaundaun]（副）①びくびく、怖ごわ、恐る恐る ②呆気に取られて

ကြိယာ[kəri.ja]（名）①道具 ②動詞

ကြိယာနာမ်[kəri.ja nan] (名) 動名詞
ကြိယာဝိသေသန[kəri.jawi.tetəna.] (名) 副詞
ကြီး[tʃi:] (形) ①大きい ②年齢が上だ、年長者だ ③ (接尾辞) 大を示す လမ်းမကြီး 大通り အပင်ကြီး 大木、巨木 ④ (接尾辞) 強調 ဖြူဖြူကြီး ဖွေးဖွေးကြီး 真っ白 နေပူကြီးထဲဘာလို့လာတာတုံး။ この暑い最中にどうして来たのだね
ကြီးကဲ[tʃi:kɛ] (動) 監督する
ကြီးကောင်င်[tʃi:gaun ŋin] (動) 思春期に達する、年頃になる
ကြီးကောင်ဝင်[tʃi:gaun win] = ကြီးကောင်ငင်
ကြီးကောင်ဝင်စအရွယ်[tʃi:gaun winza. əjwɛ] (名) 思春期、大人になりかけ
ကြီးကျယ်[tʃi:tʃɛ] (形) ①広い、広大だ ②誇張する、大袈裟に言う、大袈裟に振舞う
ကြီးကြီးကျယ်ကျယ်[tʃi:tʃi: tʃɛtʃɛ] (副) ①大々的に、大規模に、盛大に ②大袈裟に
ကြီးကျယ်ခမ်းနား[tʃi:tʃɛ k'an:na:] (形) 豪華だ、立派だ
ကြီးကျယ်ထွန်းကား[tʃi:tʃɛ t'un:ga:] (動) 繁栄する
ကြီးကျယ်မြင့်မြတ်[tʃi:tʃɛmjin.mjaʔ] (形) 崇高だ
ကြီးကြီး[tʃi:tʃi:] (副) ①大きく ② (名) 伯母 (父の姉)
ကြီးကြီးမာမာ[tʃi:tʃi:mama] (副) 大きく、巨大で
ကြီးကြပ်[tʃi:tʃaʔ] (動) 監督する、監理する
ကြီးကြပ်ကပ်ကဲ[tʃi:tʃaʔkuʔkɛ] (動) 指揮監理する
ကြီးကြပ်စီစဉ်[tʃi:tʃaʔ sizin] (動) 指揮采配する
ကြီးကြပ်စီမံ[tʃi:tʃaʔ siman] (動) 監督采配する
ကြီးကြပ်မှုကော်မတီ[tʃi:tʃaʔmu.kɔməti] (名) 管理委員会
ကြီးကြပ်ရေးမှူး[tʃi:tʃaʔje:mu:] (名) 警視
ကြီးယံမရွေး[tʃi:ɲɛ məjwe:] (副) 大小に拘らず、大小を問わず、軽重を問わず
ကြီးစိုး[tʃi:zo:] (動) 君臨する、支配する
ကြီးစိုးအုပ်ချုပ်[tʃi:zo: ouʔtʃ'ouʔ] (動) 支配する
ကြီးစဉ်ငယ်လိုက်[tʃi:zin ɲɛlaiʔ] (副) ①大きさ順に、大から小へ、小から大へ ②年齢順に
ကြီးစွာသော[tʃi:zwa dɔ:] (形.文) 大きな
ကြီးတော်[tʃi:dɔ] (名) 伯母 (母の姉)
ကြီးထွား[tʃi:t'wa:] (動) 大きくなる、育つ、成長する
ကြီးထွားနှုန်း[tʃi:t'wa: noun:] (名) 成長率
ကြီးထွားများပြားလာ[tʃi:t'wa: mja:pja:la] (動) 増加する、増大する
ကြီးနိုင်ငယ်ညှဉ်း[tʃi:nain ɲɛhin:] (名) 強い者

勝ち、弱いもの苛め、弱肉強食
ကြီးပေါင်း[tʃi:baun:] (名) 成長後の友人
ကြီးပြင်း[tʃi:bjin:] (動) 大きくなる、育つ、成長する
ကြီးပွား[tʃi:bwa:] (動) ①栄える、盛んになる、発育する、発展する、繁栄する、繁盛する、②裕福になる、暮し向きがよくなる
ကြီးပွားချမ်းသာ[tʃi:bwa: tʃan:da] (形) 発展して豊かになる
ကြီးပွားတိုးတက်[tʃi:bwa: to:tɛʔ] (動) 発展する、進歩する
ကြီးပွားတိုးတက်လာမှု[tʃi:bwa: to:tɛʔ lamu.] (名) 発展
ကြီးပွားထွန်းကား[tʃi:bwa: t'un:ga:] (動) 栄える、繁栄する
ကြီးပွားရာကြီးပွားကြောင်း[tʃi:bwa:ja tʃi:bwa:dʒaun:] (副) とにかく発展のために、発展の道筋
ကြီးပွားရေး[tʃi:bwa:je:] (名) 発展、繁栄
ကြီးမား[tʃi:ma:] (形) ①大きい、巨大だ ②重大だ、責任が重い ③愛情が大きい ငွေကြေးဖောင်းပွမှုကြီးမားလာသည်။ インフレが進行してきた
ကြီးရင့်သန်လွန်[tʃi:ma: jin.tan lun] (動) 成長しすぎる
ကြီးမားလွန်း[tʃi:ma: lun:] (形) 大きすぎる
ကြီးမားသောမေတ္တာ[tʃi:madɔ mjiʔta] (名) 大きな愛情
ကြီးမြင့်[tʃi:mjin.] (動) 高くなる、高騰する ကုန်ဈေးနှုန်းကြီးမြင့်သည်။ 物価が高い
ကြီးမြတ်[tʃi:mjaʔ] (形) 貴い
ကြီးမှူး[tʃi:mu:] (動) 主催する
ကြီးမှူးကျင်းပ[tʃi:mu: tʃin:pa.] (動) 中心となって開催する、主催する
ကြီးရင့်[tʃi:jin.] (形) 年取っている、年寄りだ、老成している
ကြီးလေး[tʃi:le:] (形) 大きくて重い、重大だ ကြီးလေးသည့်တာဝန် 重い責任 ကြီးလေးတဲ့အမှားဖြစ်တတ်တယ်။ 大きな間違いが起こりやすい
ကြူ[tʃu] (動) ①匂う、匂いがする ②良い匂いがする、芳香を発する
ကြူကြူမွှေး[tʃutʃu mwe:] (動) 馥郁と香る
ကြူကြူပါအောင်[tʃutʃu paaun] (副) 声を上げて
ကြူကြူပါအောင်ငို[tʃutʃu pa aun ŋo] (動) 声を上げて泣く
ကြူး[tʃu:] (動) 耽る、溺れる、熱中する သေသောက်ကြူးသည်။ 酒に溺れる အစားကြူးသည်။ 食い意地が張っている အအိပ်ကြူးသည်။ 意地汚く眠る အပျော်

ကျူး:သည် ။ 遊びに耽る
ကြေ [tʃe] (動) ①こなれる、消化する ②粉になる、砕ける ③くしゃくしゃになる ④解消する、帳消しになる
ကြေကွဲ [tʃekwɛ:~tʃegwɛ:] (動) 哀しく感じる、痛ましく思う、辛い思いをする、悲痛な思いを味わう
ကြေကွဲမှု [tʃekwɛ:mu.] (名) 悲しみ
ကြေကွဲဝမ်းနည် [tʃekwɛ: wun:nɛ:] (動) 哀しい、残念
ကြေကွဲဝမ်းနည်ဘွယ်ရာ [tʃekwɛ: wun:nɛ: bwɛ ja] (名) 残念な事、遺憾な事
ကြေညာ [tʃeɲa] (動) 発表する、声明を出す = ကျေညာ
ကြေညာချက်ထုတ်ပြန် [tʃeɲadʑɛʔ tʼouʔpjan] (動) 声明を発表する
ကြေညက် [tʃeɲɛʔ] (動) こなれる、消化する = ကျေညက်
ကြေနပ် [tʃenaʔ] (動) 満足する、納得する = ကျေနပ်
ကြေပြုန် [tʃepjun] (動) 全うする、果す、完遂する = ကျေပြုန်
ကြေမြဲ့ [tʃemje.] (動) 傷む、古くなる
ကြေမွ [tʃemwa.] (動) 砕ける、粉々になる、しわくちゃになる、ぐしゃぐしゃになる = ကျေမွ
ကြေ [tʃe e:] (動) 解消する、落着する、解決する = ကျေအေး
ကြေး [tʃe:~tʃi:] (名) ①銅 ②貨幣、金銭 ③ [dʑi:] 垢
ကြေးကိုင် [tʃe:kain] (動) ①課税する、徴税する ②値切らない、負からない
ကြေးကြီး [tʃe: tʃi:] (形) ①賭け金が大きい ②高価だ
ကြေးကြီးပေး [tʃe:dʑi: pe:] (動) 大金を支払う
ကြေးခွဲ [tʃe:kʼwɛ:] (動) 税を分担させる、税を割当てる
ကြေးချွတ် [dʑi:tʃuʔ] (動) 垢を落とす
ကြေးငွေ [tʃe:ŋwe] (名) 貨幣、金銭
ကြေးစလောင်း [tʃe:səlaun:] (名) ①豚の鼻先 ②仏塔の一部
ကြေးစား [tʃe:za:] (名) ①プロ、職業性 ②(形) 金で雇われた、有償の
ကြေးစားစစ်သား [tʃe:za: siʔta:] (名) 傭兵、職業軍人
ကြေးစားမ [tʃe:za:ma.] (名) 売春婦、娼婦
ကြေးစားလက်ဝှေ့ [tʃe:za: lɛʔhwe.] (名) プロボクシング
ကြေးစည် [tʃi:zi] (名) (瞑想の時に使用する小型

偏平の) 三角形の銅鑼、けい
ကြေးစွပ် [tʃe:suʔ] (動) 不当に非難する、理由なく非難する、濡れ衣を着せる、冤罪に陥れる、恩を仇で返す
ကြေးညို [tʃi:no] (名) 青銅 (銅と錫の合金)
ကြေးညှိ [tʃi:ɲi.] (名) 緑青 ကြေး:ညှိတက်သည် ။ 緑青が出る
ကြေးညှော် [dʑi:ɲɔ] (名) 垢、汚れ
ကြေးတက် [tʃe:tɛʔ] (動) 値上がりする
ကြေးတိုက် [tʃe:daiʔ] (名) 牢屋、牢獄
ကြေးတိုက်စိတ် [tʃe:dainsaiʔ] (動) 地租を査定する
ကြေးတမ်းတိုက် [tʃe:dan tai?] (形) 消極的だ、積極性に乏しい、自主性に欠ける、主体性がない
ကြေးတွန် [dʑi: tun:] (動) 垢を落とす
ကြေးထူ [dʑi: tʼu] (形) ①汚ない、垢だらけだ ②口実を口にする
ကြေးထမ်း [tʃe:dan:] (名) 納税者
ကြေးနီ [tʃi:ni] (名) 赤銅 ကြေး:နီရောင် 赤銅色
ကြေးနီခေါင်းမြွေ [tʃi:nigaun: mwe] (動物) 百歩蛇 (有毒蛇の1種) Agkistrodon
ကြေးနောင် [tʃi:naun] (名) 環形楽器に吊す金属製の銅鑼
ကြေးနန်း [tʃe:nan:~tʃe:nan:] (名) ①電信、電報 ②銅線、針金
ကြေးနန်းကြိုး [tʃe:nan:dʑo:] (名) ①針金 ②電線
ကြေးနန်းခွေ [tʃe:nan:gwe] (名) 針金の環
ကြေးနန်းစာ [tʃe:nan:za] (名) 電報
ကြေးနန်းရိုက် [tʃe:na jaiʔ] (動) 電報を打つ、打電する、発信する
ကြေးနန်းရုံ [tʃe:nan:joun] (名) 電報局
ကြေးပါ [tʃe:pa] (動) ①見栄を張る、自惚れる ②賭け金が高い
ကြေးပံ့ [tʃe:pan.] (動) 援助する、支援する
ကြေးပြာ [tʃi:bja:] (名) 小銭
ကြေးဖြူ [tʃi:bju] (名) 白銅
ကြေးမုံ [tʃe:moun] (名) 銅鏡
ကြေးမုံတာရာ [tʃe:moun taja] (星) 小熊座
ကြေးများ [dʑi:mja:] (形) ①垢だらけだ ②口実を言う
ကြေးရတတ် [tʃe:jədaʔ] (名) 富豪、金持ち
ကြေးရုပ် [tʃi:jouʔ] (名) 銅像
ကြေးဝါ [tʃi:wa] (名) 真鍮 (銅と亜鉛の合金)
ကြေးဝိုင် [tʃi:wain:] (名) 環形の楽器 (内側に金属性の銅鑼を大きさ順に吊り下げたビルマの打楽器)
ကြယ် [tʃɛ] (名) ①星 ②星形のマーク

ကြယ်ကြွေ[tʃɛ tʃwe](動)流れ星が流れる
ကြယ်ငါး[tʃɛŋa:](動物)ヒトデ
ကြယ်တံခွန်[tʃɛ dəgun](名)彗星
ကြယ်နဂါး[tʃɛ nəga:](星)蠍座
ကြယ်နီ[tʃɛni](星)明けの明星、金星＝မိုးသောက်ကြယ်
ကြယ်နံပေါ်ချိန်[tʃɛni pɔdʑein](名)早暁、早朝
ကြယ်နက္ခတ်[tʃɛ nɛʔkʼaʔ](名)星座
ကြယ်ပေါက်[tʃɛ pauʔ](動)星が出る
ကြယ်ပွင့်[tʃɛbjan](名)流れ星
ကြယ်ပွင့်[tʃɛbwin.](名)星印、星形
ကြယ်မိကြောင်း[tʃɛ mi.dʑaun:](星)北斗七星＝ခုနစ်စည်ကြယ်
ကြယ်လွဲ[tʃɛ lwɛ:](動)スバルが南中する
ကြယ်သီး[tʃidi:~tʃɛdi:](名)鈕
ကြယ်သီးတပ်[tʃidi: taʔ](動)①鈕を付ける ②鈕を掛ける
ကြယ်သီးပေါက်[tʃidi:bauʔ](名)鈕穴
ကြယ်သီးပြုတ်[tʃidi: pjouʔ](動)鈕が外れる
ကြယ်သီးဖြုတ်[tʃidi: pʼjouʔ](動)鈕を外す
ကြဲ[tʃɛ:](動)①蒔く、種を蒔く ②撒く、ばらまく ③振舞う ④努力する ⑤ပါ:ကြသည် 籾を蒔くငါသလိုကြနေတာဘဲ။ 思うままに振舞っている
ကြခင်း[tʃɛ:gin:](名)苗代、直蒔きの水田 cf. စိုက်ခင်း
ကြချ[tʃɛ:tʃa.](動)ばらまく
ကြော[tʃɔ.](形)秀麗だ、洗練されている
ကြောမော့[tʃɔ.mɔ.](形)奇麗だ、洗練されている
ကြောရှင်း[tʃɔ.ʃin:](形)眉目秀麗だ、均整がとれている、優雅だ
ကြောကွင်း[tʃɔ.gwin:](名)罠
ကြော်[tʃɔ](動)油で揚げる、炒める
ကြော်ချက်[tʃɔdʑɛʔ](名)油炒め
ကြော်ငြာ[tʃɔɲa](動)①宣伝する、広告する ②叫ぶ、大声を出す
ကြော်ငြာစာ[tʃɔɲaza](名)宣伝、広告
ကြော်ငြာစာထုတ်[tʃɔɲaza tʼouʔ](動)広告を出す
ကြော[tʃɔ:](名)屋根、筋 မြစ်ကြော 本流、川筋
ကြော်[tʃɔ:](動)人を利用する、他人を出し抜く
ကြို[tʃo.](植)クスム、セイロンオーク
ကြို[tʃo.](動)①頭を下げる、腰を屈める ②しゃっくりが出る
ကြိုတက်[dʑo. təʔ](動)しゃっくりが出る
ကြိုထိုး[dʑo. tʼo:]＝ကြိုတက်

ကြိုထိုးပျောက်[dʑo.do: pjauʔ](動)しゃっくりが止まる
ကြို[tʃo](動)迎える、出迎える
ကြိုဆို[tʃozo](動)出迎える
ကြို[tʃo](動)①沸かす ရေနွေးကြိုသည် 湯を沸かす ②金属を溶かす
ကြိုကြား:ကြိုကြား:[tʃodʑa:tʃodʑa:](名)狭苦しい所
ကြိုကြိုကြား:[tʃodʑotʃadʑa:](副)狭苦しい思いをして
ကြိုတင်[tʃotin](動)①予めする ②[tʃodin](副)予め、前以って、事前に
ကြိုကြိုတင်တင်[tʃodʑo tindin](副)前もって
ကြိုတင်ကာကွယ်[tʃodin kagwɛ](動)前以って防ぐ、予防する
ကြိုတင်ကာကွယ်မှု[tʃodin kagwɛmu.](名)予防
ကြိုတင်ခန့်မှန်းရေး[tʃodin kʼan.man:je:](名)予測
ကြိုတင်စီစဉ်[tʃodin sizin](動)前以って準備する、予め用意する
ကြိုတင်တွက်ဆ[tʃodin twɛʔsʼa.](動)予想する
ကြိုတင်ပြီး[tʃodinpi:](副)前もって、予め
ကြိုတင်၍[tʃodin jwe](副)事前に、前もって
ကြိုး[tʃo:](名)①紐、縄、綱、ロープ ②弦楽器 ③ビルマ古典音楽の1ジャンル ＝ကြိုးသီချင်း
ကြိုးကိုင်[tʃo:kain](動)①操る、コントロールする ②[tʃo:gain](名詞)黒幕
ကြိုးကိုင်အဖွဲ့[tʃo:gain əpʼwɛ.](名)司令機構、中枢機構、監理機構
ကြိုးကျစ်[tʃo: tʃiʔ](動)縄を絢う
ကြိုးကွင်း[tʃo:gwin:](名)①獲物捕獲用の罠 ②縛り首に使うロープ
ကြိုးခုန်[tʃo: kʼoun](動)縄跳びをする
ကြိုးချင်းထား:ကြိုးချင်း:ငို、အိုးချင်းထားအိုးချင်းထိ။(諺)遠くて近きは男女の仲(綱同志置けば縺れ、壷同志置けば触れ合う)
ကြိုးချည်[tʃo: tʃi](動)紐で結ぶ
ကြိုးစင်[tʃo:zin](名)絞首台、死刑台
ကြိုးစင်တင်[tʃo:zin tin](動)絞首刑にする
ကြိုးဆက်တုတ်[tʃo:zɛʔdouʔ](名)鎖付きの棍棒、ヌンチャク
ကြိုးဆွဲ[tʃo: sʼwɛ:](動)①ロープを引っ張る ②後から操る
ကြိုးဆွဲချ[tʃo: sʼwɛ:tʃa.](動)縊死する、首を吊る
ကြိုးဆွဲချသေ[tʃo:zwɛ:tʃa. te](動)首吊り自殺

ကြို：ကြို：ကြို：ကြို：[tʃoːdʒaːtʃoːdʒaː]（副）しばし
ကြိုးဆွဲချသတ်သေ[tʃoːzwɛːtʃa. taʔte] = ကြိုးဆွဲ ば、間断的に、ちらほらと
ချ
ကြိုး：ကြို：ကုတ်ကုတ်[tʃoːdʒoːkouʔkouʔ]（副）努力し
ကြိုးတာ：[tʃoːtaː]（動）縄を張る、ロープを張る て
ကြိုးတိုက်[tʃoːdaiʔ]（名）死刑囚の監房 ကြိုး：ကြို：စာ：စာ：[tʃoːdʒoːsaːzaː]（副）努力して、
ကြိုးတန်းလျှောက်[tʃoːdanːʃauʔ]（動）綱渡りをす 頑張って
る ကြိုး：ကြောင်း：ပြ[tʃoːdʒaunːpja.]（動）理由を述べ
ကြိုးတုပ်[tʃoːtouʔ]（動）ロープで縛る る、事情を説明する
ကြိုးတံတာ：[tʃoːdəda:]（名）吊り橋 ကြိုးစာ：[tʃoːzaː]（動）努める、努力する
ကြိုးဒဏ်[tʃoːdan]（名）絞首刑 ကြိုးစာ：က ဘုရား：ဖြစ်။（諺）努力すれば仏にだって馴れ
ကြိုးဒဏ်ပေးလိုက်[tʃoːdan peːlaiʔ]（動）絞首刑 る（努力は成功の元）
にする ကြိုးစာ：ပမ်း：စာ：[tʃoːzaː panːzaː]（副）努力し
ကြိုးပေး[tʃoː peː]（動）絞首刑にする て、頑張って
ကြိုးပေးကွပ်မျက်[tʃoːbeː kuʔmjɛʔ]（動）絞首刑を ကြိုးစာ：ပမ်း：စာ：လုပ်[tʃoːzaː panːzaː louʔ]
執行する （動）頑張る、奮闘する
ကြိုးပေးကွပ်မျက်ခံရ[tʃoːbeːkuʔmjɛʔ k'an ja.] ကြိုးစာ：လေ့လာ[tʃoːzaː le.la]（動）努力して学
（動）絞首刑にされる ぶ、頑張って勉強する
ကြိုးဖြေ[tʃoː p'je]（動）縄を解く、ロープを解く ကြိုးစာ：အား：ထုတ်[tʃoːzaː aːt'ouʔ]（動）努力奮
ကြိုးမဲ့ကြေးနန်း[tʃoːmɛ.tʃeːnan:]（名）無電、無 闘する
線電信 ကြိုးတိုး：ကြိုတဲ[tʃoːdoːtʃɛːdɛː]（副）疎らに、点在
ကြိုးမဲ့တယ်လီဖုန်း[tʃoːmɛ. tɛlip'oun:]（名）コ して、ぽつんぽつんと、ばらばらに
ードレス電話 ကြိုးတိုး：ကြောင်တောင်[tʃoːdoːtʃaundaun]（副）目
ကြိုးမဲ့ရေ：ဆောင်တယ်လီဖုန်း[tʃoːmɛ. k'əjiːzaun をぱちくりさせて
tɛlip'oun:]（名）携帯電話 ကြိုးနှံနှစ်[tʃoːni səniʔ]（名）公文書、官僚の文書
ကြိုးမိန့်[tʃoːmein.]（名）絞首刑の判決 ကြိုးပမ်း[tʃoːban]（動）努力する、奮闘する
ကြိုးမိန့်ပေး[tʃoːmein. peː]（動）死刑の判決を下 ကြိုးပမ်း：ဆောင်ရွက်[tʃoːban s'aun jwɛʔ]（動）
す 努力遂行する
ကြိုးရုံ့ကတ္တီပါအိတ်[tʃoːʃoun. gədiba eiʔ]（名） ကြိုးပမ်း：စွမ်း：ဆောင်မှု[tʃoːban s'aun jwɛʔmu.]
巾着 （名）努力、努力奮闘
ကြိုးလိမ်[tʃoːlein]（名）二、三本捻った腕輪、 ကြိုးပမ်း：မှု[tʃoːbanːmu.]（名）努力
ネックレース ကြိုးသီချင်း[tʃoː təʧinː]（名）ビルマ古代歌謡の
ကြိုးလွန်း[tʃoːlunː]（名）撚った縄 一つ cf. ထဲ့သီချင်း：
ကြိုးလှေကား：[tʃoːɬegaː]（名）縄梯子 ကြိုးသံ[tʃoːdan]（名）弦楽器のリズム
ကြိုးလွှဲ[tʃoː ɬwɛː]（動）縄跳びの縄を回す ကြက်[tʃɛʔ]（動）ピンと張る、張り広げる、伸ばして
ကြိုးဝိုင်：[tʃoːwain:]（名）ボクシングのリング 張る သား：ရေကြက်သည်။（太鼓に）皮を張る မျက်
ကြိုးဝိုင်း：တော[tʃoːwainːto]（名）保護林、禁猟区 နှာ：ကြက်ကြက်သည်။天井を張る
域
ကြိုးသမာ：[tʃoːdəmaː]（名）死刑囚 ကြက်[tʃɛʔ]（鳥）鶏
ကြိုးသိုင်း：တောင်း：တီ[tʃoːdain: baun:bi]（名）吊 ကြက်ကလေး：ကို ကြက်မကြီး：လုပ်စာ：သလို。（慣）雛鳥を雌
リズボン 鳥が胡麻化すように（宥めすかして胡麻化す）
ကြိုး：ကြီး：ချုပ်[tʃoːdʒiːdʒeiʔ]（名）精密な織りの布 ကြက်ကောင်း：။ မြင်း：မကွာ။（諺）子供の教育には人格者
（晴着に使用、アマラプーラ製） の薫陶が最良（良い鶏は縄を離れず）
ကြိုး：ကြာ[tʃoːdʒa]（鳥）鶴、オオヅル（頭部は赤い） ကြက်ကန်း：ဆန်အိုး：တိုး။။（諺）犬も歩けば棒に当る、棚か
Grus antigone ら牡丹餅（盲目の鶏、米鉢に突き当たる）
ကြိုး：ကြာနီ[tʃoːdʒani]（鳥）フラミンゴ ကြက်ခေါင်း：ဆိတ်မခံ။။（諺）癇癪持ち、独善家、他人の
ကြိုး：ကြာ：[tʃoːdʒaː]（副）ちらほら 批判は受付けない（鶏は頭を突かれる事を嫌う）
ကြက်ချည်သော ကြိုး：နှင့်ဆင်ချည်သော ပြုတ်၏။（諺）過ぎ

ကြက်ခြေ

たるは及ばざるが如く（鶏を繋ぐ縄で象を縛ってもすぐ切れる）

ကြက်ခြေ[tʃɛʔtʃi～tʃɛʔtʃe]（名）バツ印、×印
ကြက်ခြေခတ်[tʃɛʔtʃi kʰaʔ]（動）×印をする
ကြက်ခြေအမှတ်[tʃɛʔtʃi əmaʔ]（名）×印、バツ印、ペケ印
ကြက်ခြေနီ[tʃɛʔtʃʻeni]（名）赤十字
ကြက်ခြေနီအသင်း[tʃɛʔtʃʻeni ətin:]（名）赤十字社、赤十字団体
ကြက်ခြံ[tʃɛʔtʃʻan]（名）養鶏場
ကြက်ခြံထဲကမြင်းစကားပြော။（諺）雑魚の魚混じり（養鶏場で馬の話をする）
ကြက်ငယ်[tʃɛʔŋɛ]（名）雛
ကြက်စုန်း[tʃɛʔsoun:]（名）共食いの鶏、産んだ卵を喰う鶏
ကြက်ဆီ[tʃɛʔsʻi]（名）黄色を帯びたダイヤ
ကြက်ဆူ[tʃɛʔsʻu]（植）ヒマ、トウゴマ（トウダイグサ科）Ricinus communis
ကြက်ဆူနှင့်စို[tʃɛʔsʻu kənəkʻo]（植）アカバヤトロパ（トウダイグサ科）Jatropa gossypifolia
ကြက်ဆူကြီး[tʃɛʔsʻudʒi:]（植）ナンヨウアブラギリ（トウダイグサ科）Jatropa curcas
ကြက်ဆူး[tʃɛʔsʻu:]（名）①鶏の蹴爪　②バセドー氏病
ကြက်ဆင်[tʃɛʔsʻin]（名）（鳥）七面鳥
ကြက်ဆင်းချိန်[tʃɛʔsʻindʒein]（名）夜明け、黎明（鶏がねぐらを出る時刻）
ကြက်ဆောင်း[tʃɛʔsʻaun:]（名）ビルマ暦１２月
ကြက်ဆုတ်ခွပ်ပစ်[tʃɛʔsʻouʔkʻuʔpjiʔ]（名）話の駆け引き、状況に応じて硬軟使い分けた話し方
ကြက်ညှာ[tʃɛʔɲa]（名）百日咳
ကြက်တူရွေး[tʃɛʔtujwe:]（名）オウム
ကြက်တူရွေးကတော်မယ်ဘော်ကက။（諺）誇張し過ぎ（オウムの物真似は程々、メーボーの自慢は度が過ぎる）
ကြက်တူရွေးတန်း[tʃɛʔtujwe:dan:]（名）（板または竹の）格子、組み格子
ကြက်တော[tʃɛʔtɔ:]（名）（鳥）オオホンセイ（オウム科）Psittacula eupatria
ကြက်တက်နွယ်[tʃɛʔtɛʔnwɛ]（植）コンブレツム（シクンシ科）Conbretum pilosum
ကြက်တက်ရည်[tʃɛʔtɛʔji～tʃɛʔtɛʔji]（名）上澄み液
ကြက်တိုက်[tʃɛʔtai]（動）闘鶏をする、闘鶏賭博をする
ကြက်တောင်[tʃɛʔtaun]（名）①鶏の羽根　②バドミ

ントンの羽根

ကြက်တောင်စည်း[tʃɛʔtaunzi:]（名）頭頂で括った髪
ကြက်တောင်ရိုက်[tʃɛʔtaun jaiʔ]（動）バドミントンをする
ကြက်တောင်ရိုက်ကစား[tʃɛʔtaun jaiʔ gəza:]＝ကြက်တောင်ရိုက်
ကြက်တွန်[tʃɛʔtun]（動）鶏が時を告げる
ကြက်တွန်း[tʃɛʔnin:]（名）屋根押え（茅葺き、ニッパヤシ葺き等の屋根が捲れないように被せる竹製の枠
ကြက်ပေါင်စော[tʃɛʔpaunzi:]（名）ゴムノキ、パラゴムノキ（トウダイグサ科）Hevea brasiliensis
ကြက်ပေါင်သီ[tʃɛʔpaundi:]（植）ビルマウルセオラ（キョウチクトウ科）Urceola esculenta
ကြက်ပျံမကျအောင်[tʃɛʔpjan mətʃa.aun]（副）雑踏していて、蠢めき合っていて、密集していて、立錐の余地もなく
ကြက်ပျောက်ငှက်ပျောက်ပျောက်[tʃɛʔpjauʔŋɛʔpjauʔpjauʔ]（動）いつの間にかいなくなる、不意に姿を消す
ကြက်ပွဲ[tʃɛʔpwɛ:]（名）闘鶏の催し
ကြက်ဖ[tʃɛʔpʻa.]（名）雄鶏
ကြက်ဖတည်တော်ကိုဝင်[tʃɛʔpʻa. dəɲindɔ:go win]（動）ビルマの遊びの一つ
ကြက်ဖေ့[tʃɛʔpʻin]（名）雀斑（そばかす）
ကြက်မ[tʃɛʔma.]（名）雌鶏
ကြက်မတန်း[tʃɛʔmədan:]（名）若い雌鶏、産卵経験の無い雌鶏
ကြက်မတွန်လျှင်မယ်မလင်း။（諺）所詮、女は女（牝鶏が鳴いても夜は明けぬ）
ကြက်မအုပ်[tʃɛʔma.ouʔ]（植）ヤブコウジ（ヤブコウジ科）①Ardisia humilis ②Ardisia helferiana
ကြက်မောက်[tʃɛʔmauʔ]（植）①鶏冠（とさか）②（植）ケイトウ（ヒユ科）Celosia cristata ③ヒモゲイトウ（ヒユ科）Amarantus candaーatus
ကြက်မောက်ပန်း[tʃɛʔmauʔpan:]（植）①ケイトウ ②ノゲイトウ（ヒユ科）Celosia argentea
ကြက်မောက်ပြန်[tʃɛʔmauʔpjan]（植）インドイノコヅチ（ヒユ科）Achyranthes aspera
ကြက်မောက်သီ[tʃɛʔmauʔti:]（植）①レイシ Nephelium litchi ②ランブータン（ムクロジ科）Nephelium lappaceum ③リュウガン（ムクロジ科）Nephelium longana

ကြက်မျက်သင့်[tʃɛʔmjɛʔtin.]（動）鶏目になる、夜盲症になる

ကြက်မွေးမြှုရေး[tʃɛʔmwe:mjuje:]（名）養鶏

ကြက်မှာအရိုး၊ လူမှာအမျိုး။（諺）鶏は骨、人は家系（血筋は争えぬ、瓜の蔓に茄子は成らぬ）

ကြက်မွေး[tʃɛʔmwe:]（名）羽根帚

ကြက်ရိုး[tʃɛʔjo:]（植）ルバンニンジンボク（クマツヅラ科）Vitex pubescenes

ကြက်ရိုးထိုး[tʃɛʔjo:t'o:]（動）鶏骨占いをする

ကြက်ရိုးဖို[tʃɛʔjo:bo]（植）ニンジンボク、オオニンジンボク（クマツヅラ科）Vitex quinata

ကြက်လည်ချေးကျရာပျော်[tʃɛʔlo tʃi:tʃa.ja pjo]（諺）人生至る所青山あり（鶏は糞をした所で元気溌剌だ）

ကြက်လျှာ[tʃɛʔʃa]（名）三角形の旗、ペナント

ကြက်လျှာစွန်း[tʃɛʔʃazun:]（名）岬

ကြက်လျှာထိုး[tʃɛʔʃa t'o:]（動）ほぞ穴にほぞをはめ込む

ကြက်ဝိုင်း[tʃɛʔwain:]（名）闘鶏賭博

ကြက်သမာ[tʃɛʔtəma]（名）麦粒腫、物貰い

ကြက်သဟင်[tʃɛʔtəhin:]（植）キダチミカンソウ（トウダイグサ科）Phyllantus niruri

ကြက်သား[tʃɛʔta:]（名）鶏肉 ကြက်သား:ဟင်း鶏肉料理

ကြက်သီး[tʃɛʔtein:]（名）鳥肌

ကြက်သီးထ[tʃɛʔtein: t'a.]（動）鳥肌が立つ、身の毛がよだつ

ကြက်သီးမွေးညှင်းထ[tʃɛʔtein: mwe:ɲin: t'a.]（動）鳥肌が立つ、身の毛がよだつ

ကြက်သီးနွေး[tʃɛʔtein:nwe:]（名）微温湯、ぬるま湯

ကြက်သေသေ[tʃɛʔtete]（動）（驚き、恐怖のあまり）微動だにできない、立ちすくむ、金縛りに遭う

ကြက်သွေး[tʃɛʔtwe:]（名）真っ赤、真紅

ကြက်သွန်[tʃɛʔtun]（植）タマネギ（ユリ科）Allium cepa

ကြက်သွန်ကလေး[tʃɛʔtun gəle:]（植）ワケギ、アカワケギ、シャロット（ユリ科）Allium ascalonicum

ကြက်သွန်နီ[tʃɛʔtun ni]（植）タマネギ

ကြက်သွန်နီကလေး[tʃɛʔtun nigəle:]（植）アカワケギ（ユリ科）= ကြက်သွန်ကလေး:

ကြက်သွန်ဖြူ[tʃɛʔtunbju]（植）ニンニク（ユリ科）Allium sativum

ကြက်သွန်မြိတ်[tʃɛʔtun mei]（植）ネギ

ကြက်သွန်လှီး[tʃɛʔtun ɬi]（動）タマネギを切る

ကြက်သွန်ဥ[tʃɛʔtun u.]（名）玉葱

ကြက်ဟင်းခါး႐ြက်[tʃɛʔhin:ga:jwɛʔ]（植）ニガウリの葉

ကြက်ဟင်းခါးသီး[tʃɛʔhin:ga:di:]（植）ツルレイシ、ニガウリ（ウリ科）Momordica charantia

ကြက်ဥ[tʃɛʔu.]（名）鶏卵

ကြက်ဥကြော်[tʃɛʔu.tʃɔ]（名）卵焼き，フライド・エッグ

ကြက်ဥဆန်ချောင်[tʃɛʔu. s'anjaun]（名）孵化しない卵、古い卵

ကြက်ဥဖောက်[tʃɛʔu. p'auʔ]（動）卵を割る

ကြက်ဥပြုတ်၊ သံတုတ်နှင့်ချ။（諺）適材適所（茄で卵を金槌で割る）

ကြက်ဥအရောင်၊ တိမ်တောင်သဘွယ်၊ မင်းရေးကျယ်။（比）千変万化（卵の色、雲の色の如く政治はめまぐるしい）

ကြက်ဦးတွန်ချိန်[tʃɛʔu:tunjein]（名）鶏がときを告げる時刻（夜明け前）

ကြက်အိပ်တန်း[tʃɛʔeiʔtan:]（名）鶏のねぐら

ကြက်အိပ်ကြက်နိုးမှိန်း[tʃɛʔeiʔtʃɛʔno:mein:]（動）仮眠する、（警戒して）浅い眠りにつく

ကြောက်[tʃauʔ]（動）恐れる、怖がる

ကြောက်ကန်ကန်[tʃauʔkankan]（動）恐怖のあまり抵抗する

ကြောက်ကြောက်[tʃauʔtʃauʔ]（副）恐る恐る、恐々と

ကြောက်ကြောက်ရွံ့ရွံ့[tʃauʔtʃauʔjun.jun.]（副）恐れて、恐怖を感じて

ကြောက်ကြောက်လန့်လန့်[tʃauʔtʃauʔlan.lan.]（副）恐々、おっかなびっくり

ကြောက်ခမန်းလိလိ[tʃauʔk'əman:li.li.]（副）恐しい程に、恐しいばかりに

ကြောက်ချေးပါ[tʃauʔtʃi:pa]（動）恐怖のあまりウンチを漏らす

ကြောက်စရာ[tʃauʔsəja]（名）恐怖、恐ろしいもの

ကြောက်စရာကောင်း[tʃauʔsəja kaun:]（形）とても恐ろしい

ကြောက်စိတ်[tʃauʔseiʔ]（名）恐怖心

ကြောက်စိတ်ရှိ[tʃauʔseiʔ ʃi.]（動）恐怖心がある

ကြောက်ဆုတ်ကြောက်ဆုတ်[tʃauʔs'ouʔtʃauʔs'ouʔ]（副）恐怖で後退りして

ကြောက်ဒူးတုန်[tʃauʔdu: toun]（動）恐怖で膝が震える

ကြောက်ပါတယ်ဆို၊ ကြောင်နှင့်တို့။（諺）図に乗っての厭がらせ（怯えているところへ猫を押し付ける）

ကြောက်မက်[tʃauʔmɛʔ]（動）魂消る、仰天する

ကြောက်မက်ဘွယ်ကောင်း[tʃauʔmɛʔpʼwɛ kaun:]（形）とても恐ろしい

ကြောက်မှန်းသိလေ၊ဖြေခြောက်လေ။（慣）益々図に乗る（怖れていると更に脅かす）

ကြောက်ရှ့[tʃauʔjun.]（動）恐れる、恐怖を感じる

ကြောက်ရှ့တတ်[tʃauʔjun. daʔ]（動）臆病だ、怖がりがちだ

ကြောက်လန့်[tʃauʔlan.]（動）驚く、魂消る、恐怖を覚える

ကြောက်လန့်တကြား[tʃauʔlan. dəʤa:]（副）恐れて、恐怖を感じて

ကြောက်လျှင်လပ်လျှ၊ရဲလျှင်မင်းဖြစ်။（諺）怖ければ好運を逃し、勇気を出せば王様にさえなれる（臆病者はチャンスを逃す）

ကြောက်သေးပန်း[tʃauʔte: pan:]（動）恐怖のあまり失禁する

ကြောက်အားပို[tʃauʔa: po]（形）著しく恐怖を覚える

ကြောက်အားလန့်အားနဲ့[tʃauʔa:ʔlan.a:nɛ:]（副）怖さのあまり、恐れ脅えて、恐怖を覚えて、魂消て

ကြောက်အိုး[tʃauʔo:]（名）臆病者、怖がり屋

ကြိုက်[tʃaiʔ]（名）時 ပုဆိမ်မြို့သို့ရောက်ကြိုက်ငါးအမျိုးမျိုးခရုအမျိုးမျိုးမြင်ရသည်။ パテインへ行った時様々な魚、様々な貝を見かけた

ကြိုက်[tʃaiʔ]（動）好む、好きになる

ကြိုက်ဈေး[tʃaiʔze:]（名）好みの値段

ကြိုက်ညီ[tʃaiʔni]（動）気に入る

ကြိုက်နှစ်သက်[tʃaiʔ ninʔtɛʔ]（動）好む、気に入る

ကြိုက်မရှက်၊ငိုက်မရှက်၊ငတ်မရှက်။（慣）恥も外聞もない（好きな時、眠い時、ひもじい時には、恥ずかしがってはおれぬ）

ကြိုက်ရာ[tʃaiʔja]（名）好きなもの、好きな所

ကြိုက်သွေးမွှန်း[tʃaiʔtwe: mun:]（動）異性に夢中になる、逆上せ上がる、うつつを抜かす

ကြင်[tʃin]（動）慈しむ

ကြင်ကြင်နာနာ[tʃinʤin nana]（副）慈しんで

ကြင်နာ[tʃinna]（動）慈しむ、優しくする、可愛がる、愛する

ကြင်ဖော်[tʃinbɔ]（名）伴侶、連れ合い

ကြင်ဖက်[tʃinbɛʔ]（名）連れ添い、配偶者

ကြင်ဘော်[tʃinbɔ]＝ကြင်ဖော်

ကြင်ဘက်[tʃinbɛʔ]＝ကြင်ဖက်

ကြင်ရာ[tʃin ja]（名）妻、愛妻

ကြင်ယာတော်[tʃin jadɔ]（名）王妃、国王や王子の妃

~ကြောင့်[tʃaun.~ʤaun.]（接助）～のせいで、～の

故に、～ために သူ့ကြောင့်နောက်ကျတယ်။ 彼のせいで遅刻した မိုးကြောင့်ကျောင်းမတက်နိုင်ဘူး။ 雨のために登校できない

ကြောင့်ကြ[tʃaun.ʤa.]（動）憂える、気にする、気遣う、不安に思う

ကြောင့်ကြကြီးစွာ[tʃaun.ʤa. tʃi:zwa]（副）深く憂慮して

ကြောင့်ကြမဲ့[tʃaun.ʤa. mɛ.]（副）①憂いなく、何の心配もなく ②何の苦労もなく

ကြောင်[tʃaun]（動物）①猫 ②猫目石

ကြောင်ကတိုး[tʃaun gədo:]（動物）マメジャコウネコ（ジャコウネコ科）Viverricula malaccensis 雌雄共に麝香腺を持つ、夜行性

ကြောင်စကြုန်[tʃaunzɛʔkʼoun]（動物）クサムラネコ（ネコ科）Felis chaus

ကြောင်တံငါ[tʃaun təŋa]（動物）スナドリネコ（ネコ科）Felis viverrina 湿地帯、河川近くの森等に棲息

ကြောင်နဂါး[tʃaun nəga:]（動物）キノボリジャコウネコ（ジャコウネコ科）Actofacta trivirgata

ကြောင်နဲသာ[tʃaun nəda]（動物）ジャコウネコ

ကြောင်ပုဆိုးကြမ်းရသလို။（慣）雑巾を手にした猫のように（手に余る、持て余す）

ကြောင်ပန်း[tʃaunban:]（植）ハマゴウ、ミツバハマゴウ（クマツヅラ科）Vitex trifolia

ကြောင်ပန်းကြီး[tʃaunban:ʤi:]（植）タイワンニンジンボク（クマツヅラ科）Vitex negundo

ကြောင်ဖြူ[tʃaunbju]（植）チシャノキ（ムラサキ科）Ehretia laevis

ကြောင်ဘာ[tʃaunba:]（動物）①牡蠣 ②イタチ

ကြောင်မင်း[tʃaun min:]（動物）コンジキネコ、コガネヤマネコ、オウゴンヤマネコ（ネコ科）Felis tenmincki 森林に棲息

ကြောင်မျက်ရွဲ[tʃaunmjɛʔjwɛ:]（名）宝石

ကြောင်မြူး[tʃaunmi:]（植）キンエノコロ（イネ科）Setaria glauca

ကြောင်မြူးကူ[tʃaunmi:gu]（植）タイワンフジウツギ（フジウツギ科）Buddleia asiatica

ကြောင်မြူးကောက်[tʃaunmi:gauʔ]（動物）パーム・シベット（ジャコウネコ科）Paradoxurus albifrons

ကြောင်မြင့်[tʃaun min:]（動物）インドジャコウネコ（ジャコウネコ科）Viverra zibetha 我が国にも徳川時代に霊猫の名で輸入された事がある

ကြောင်ရဲသော[tʃaun jote]（植）キダチアミガサ

ကြည်

（トウダイグサ科）Acalypha indica

ကြောင်လက်သည်းဂုပ်၊လိမ္မထုက်॥（諺）能ある鷹は爪隠す（爪を隠した猫、必要に迫られて爪を出す）

ကြောင်လိမ္မာကြောင်စာ၊၊ကြက်လိမ္မာကြက်စာ၊॥（諺）先んずれば人を制す（賢い猫は猫を食い、賢い鼠は鼠を食う）

ကြောင်လိမ့်လှေကား[tʃaunlein ɬlega:]（名）螺旋状階段

ကြောင်လျှာ[tʃaunʃa]（植）オオナタミノキ（ノウゼンカズラ科）Oroxylum indicum

ကြောင်ဝင်[tʃaunwin]（名）（屋根の下の）破風

ကြောင်ဝံ[tʃaun wun]（動物）レッド・パンダ（パンダ科）Ailurus fulgens

ကြောင်ဝံပိုက်[tʃaun wunbaiʔ]（動物）マレージャコウネコ（ジャコウネコ科）Paradoxurus hermaphroditus

ကြောင်သူတော်[tʃauntudɔ]（名）偽善者

ကြောင်သွေး[tʃaundwe:]（植）ナンヨウザンショウ（ミカン科）Murraya koenigii

ကြောင်ဦးကျည်[tʃaun u:dʒi]（動）インドイタチアナグマ（イタチ科）Melogale personata

ကြောင်အိမ်[tʃaun ein]（名）蠅入らず、水屋、食器棚

ကြောင်[tʃaun]（動）①色がぼける、混じり合う ②目が血走る ③音が曖昧だ、はっきりしない ④ボケッとする、ボカンとする

ကြောင်ကြည့်[tʃaun tʃi.]（動）どうしてよいか分らず茫然とする、ぼかんとして見る、当惑してじっと見る

ကြောင်ကျောင်[tʃaundʒaun]（副）はっきりと、くっきりと

ကြောင်ကျောင်ပြော[tʃaundʒaun pjɔ:]（動）ずばり言う

ကြောင်ကျောင်ကြည့်[tʃaundʒaun tʃi.]（動）凝視する、じっと見る

ကြောင်တိကြောင်တက်ဖြစ်[tʃaundi.tʃaundɛʔ pʔjiʔ]（形）気もそぞろだ、上の空だ

ကြောင်တီးကြောင်တောင်[tʃaundi: tʃaundaun]（副）しどろもどろに

ကြောင်တက်တက်[tʃauntɛʔ]（副）①うまく行かずに、どっちつかずで ②ぼっとして、茫然として、判断がつかなくて

ကြောင်တက်တက်ဖြစ်[tʃauntɛʔtɛʔpʔjiʔ]（形）判断に迷う、どうしてよいか咄嗟に判らぬ

ကြောင်တောင်[tʃauntaun]（副）隠す術もなく、あからさまに

ကြောင်တောင်ကန်[tʃauntaungan:]（名）①緑内障 ②明き盲

ကြောင်တောင်တောင်[tʃauntauntaun]（副）①うろうろと、所在なげに、ああでもなくこうでもなく ②我を忘れて、狂ったように

ကြောင်တောင်တောင်ဖြစ်[tʃauntaundaun pʔjiʔ]（動）①ぼんやりする、ふさぎ込む、しょげかえる ②取り乱す、我を忘れる、ちぐはぐだ、しっくりしない

ကြောင်အလှုပ်[tʃaun a.a. louʔ]（動）きょとんとなる、ぼかんとする

ကြောင်အမ်း:အမ်းဖြစ်[tʃaun an:an:pʔjiʔ]（動）呆気にとられる、ぼかんとなる、きょとんとする

~ကြောင်:[tʃaun:~dʒaun:]（尾）①名詞を形成、事柄、訳、旨 ②線、路線 လေကြောင်:空路 ရေကြောင်:水路 ကုန်:ကြောင်:陸路 ③（新聞の見出しや文末で使用される形）သိရပါကြောင်:॥ 知っている由

ကြောင်:တူသံကွဲ[tʃaun:du tangwɛ:]（名）意味は同じで読み方が違う言葉、同義語

ကြောင်:[tʃaun:]（動）先に読んで聞かせる、音読みしてやる

ကြောင်:ပေး[tʃaun: pe:]（動）先に朗読して見せる、先に読んで聞かせる ဆရာကကြောင်:မပေးလိ့မ ဖတ်တတ်သေး:ဘူ:॥ 先生が読んで聞かせてくれないので未だ読めない

ကြောင်:လမ်:[tʃaun:lan:]①（動）婚約する ②（名）事柄

ကြိုင်[tʃain]（形）香ばしい、馥郁たる匂いがする

ကြိုင်လှိုင်[tʃain ɬain]（動）香る

ကြိုင်တင်[tʃain tin]（動）香りが漂う

ကြိတ်[tʃiʔ.]（動）日蝕、月蝕が起きる

ကြည့်[tʃi.]（動）①見る ရုပ်ရှင်ကြည့်သည်॥ 映画を見る ②（助動）~してみる စာ:ကြည့်သည်॥ 食べてみる မေး:ကြည့်သည်॥ 尋ねてみる တွေ:ကြည့်သည်॥ 考えてみる ကြိုး:ကျစ်ကြည့်သည်॥ 縄を綯ってみる တယ်လီဖုန်:ဆက်ကြည့်ဟယ်॥ 電話を掛けてみる

ကြည့်ကောင်:[tʃi.kaun:]（形）見た目によい、見苦しくない

ကြည့်ချင်:ငါ:ပါ:[tʃi.dʒin: ŋa:ba:]（名）兜卒天での菩薩

ကြည့်ပျော်ရှုပျော်ရှိ[tʃi.bjɔ ʃu.bjɔ ʃi.]（形）魅力的だ、見た目に愛らしい、見ていて楽しい

ကြည့်မဝရှုမဝဖြစ်[tʃi.məwa.ʃu.məwa.pʔjiʔ]（形）見飽きない

ကြည့်မှန်[tʃi.man]（名）鏡

ကြည့်မျော်[tʃi.mjɔ]（動）眺める、展望する

ကြည့်ရစ်[tʃi.jiʔ]（動）見送る

ကြည့်ရှု[tʃi.tʃu.]（動）見る、観覧する、眺める、見物する

ကြည့်ရှုစစ်ဆေး[tʃi.ʃu. siʔsʔeʔ]（動）観察する、診察する

ကြည့်ရှောင်[tʃi.ʃaun]（動）見て避ける

ကြည့်လို့ကောင်း[tʃi.lo.kaun:]（形）感じが良い、見た目が良い

ကြည့်လုပ်[tʃi.louʔ]（動）何とかする、然るべく処置する

ကြည့်သူ[tʃi.du]（名）見る人、目撃者

ကြည်[tʃi]（形）①澄んでいる、透明だ ②気に入る、好む အဖေကငါ့ကိုမကြည်ဘူး။ 父は僕が気に入らない

ကြည်ကြည်ဖြူဖြူ[tʃiʤi pʔjubju]（副）素直に、気持よく、誠意をもって ကြည်ကြည်ဖြူဖြူလက်ခံသည်။ 誠意を持って受入れる、受諾する

ကြည်ညို[tʃiɲo]（動）①崇める、信心する、帰依する、信仰する ②貴ぶ、敬愛する ③信心深い ရတနာသုံးပါးကိုကြည်ညိုသည်။ 三宝に帰依する

ကြည်ညိုဘွယ်ရာရှိ[tʃiɲobwɛ ʃi.]（形）荘厳だ、宗教的な雰囲気に満ちている

ကြည်ညိုမြတ်နိုး[tʃiɲo mjaʔno:]（動）貴ぶ、愛好する

ကြည်ညိုလေးစား[tʃiɲo le:za]（動）信仰敬愛する

ကြည်ညိုလေးမြတ်[tʃiɲo le:mjaʔ]（動）崇め貴ぶ、尊崇する

ကြည်ညိုအားကိုး[tʃiɲo a:ko:]（動）信仰信頼する

ကြည်နူး[tʃinu:]（動）①嬉しく思う、喜びの感情に浸る、うきうきする ②気が和む、気が晴れやかになる ③うっとりする、魅力を感じる

ကြည်နူးစရာကောင်း[tʃinu:zəja kaun:]（形）魅力的だ

ကြည်နူးစွာနှင့်[tʃinu:zwanɛ.]（副・文）敬愛して

ကြည်နူးဖို့ကောင်း[tʃinu:bo. kaun:]（形）素晴らしい、素敵だ

ကြည်နူးဘွယ်ရာမြင်ကွင်း[tʃinu: bwɛja mjin gwin:]（名）楽しい光景

ကြည်နူးလွမ်းဆွတ်[tʃinu: lwan:sʔuʔ]（動）恋慕する

ကြည်နူးဝမ်းသာ[tʃinu: wun:ta]（動）喜ぶ

ကြည်နူးသာယာ[tʃinu: taja]（形）快い

ကြည်နူးမှု[tʃinu:mu.]（名）喜び、感動

ကြည်ဖြူ[tʃibju]（形）①懇篤で、丁寧だ、誠実だ、誠意をもって接する、素直に受取る ②快く思う、好意的な、寛大な ③（動）納得する、了解する、承諾する

ကြည်ရွှင်[tʃiʃwin]（形）朗らかだ、晴れ晴れしている

ကြည်လင်[tʃilin]（形）①透明だ、澄んでいる、清らかだ ②怒り、悲しみ等がない、平静だ

ကြည်သာ[tʃita]（形）心穏やかだ、心が煩わされない

ကြည်း[tʃi:]（名）陸、陸上、陸路

ကြည်းကြောင်း[tʃi:dʒaun:]（名）陸路、陸上

ကြည်းတပ်[tʃi:daʔ]（名）陸軍

ကြဉ်[tʃin]（動）避ける、回避する သူ့ကိုကြဉ်ထား:မှဖြစ်မယ်။ 彼は避けた方が無難だ

ကြဉ်ဖယ်[tʃinpʔɛ]（動）退ける、排斥する

ကြဉ်ရှောင်[tʃinʃaun]（動）避ける、回避する

ကြတ်[tʃaʔ]（動）日蝕、月蝕が起きる＝ကြပ်

ကြတ္တိကာ[tʃaʔti.ka]（星）①スバル、プレアデス、六連星＝ဖျောက်ဆိပ် ②昴宿、二十七星宿の内の第3番目

ကြပ်နန့်[tʃaʔnan]（植）ニリスホウガン（センダン科）Xylocarpus molluccensis

ကြပ်ဝါ[tʃaʔwa:]（植）①イガフシタケ Cephalo-stachyum pergracile ②ビルマイガフシタケ（イネ科）Cephalostachyum burmanicum

ကြိတ်[tʃeiʔ]（副）密かに、内心 ကြိတ်၍ချစ်နေသည်။ 内心愛している ကြိတ်၍ဆုတောင်းမိသည်။ 密かに祈る

ကြိတ်[tʃeiʔ]①（動）すり潰す、粉砕する、粉にする、臼で挽く ②搾油する ③（名）籾摺り機

ကြိတ်ကြိတ်တိုး[tʃeiʔtʃeiʔto:]（副）押し合いへし合いする

ကြိတ်ခဲ[tʃeiʔkʔɛ:]（動）歯噛みする、奥歯を噛み締める、我慢する、忍耐する

ကြိတ်ခွဲ[tʃeiʔkʔwɛ:]（動）精米する

ကြိတ်ဆုံ[tʃeiʔsʔoun]（名）挽き臼、摺り臼

ကြိတ်ထိုး[tʃeiʔtʔo:]（動）籾を摺る、籾摺り機で籾を摺る

ကြိတ်ဓား：[tʃeiʔda:]（名）鞘入りの刀（抜き身ではない）

ကြိတ်နယ်[tʃeiʔnɛ]（動）捏ねる、揉む

ကြိတ်နုန်း[tʃeiʔnoun:]（名）平均、平均値

ကြိတ်မနိုင်ခဲမရ[tʃei.mənain kʔɛ:məja.]（副）堪えて、耐えて、歯噛みして、口惜しがって

ကြိတ်မနိုင်ခဲမရဖြစ်[tʃeiʔmənain kʔɛ:məja. pʔji]（動）じっと耐える、堪える、口惜しがる、歯噛みする

ကြိတ်မွန်[tʃeiʔman]（植）タカサブロウ（キク科）

Eclipta alba

ကြိတ်ဝါး[tʃeiʔwaː] (動) 咀嚼する

ကြိတို[tʃouʔ] (名) ①厨子、ロケット状の容器 ② (植) コナラ Quercus semiserrata ③柿の1種 Diospyros oleifolia

ကြိတိုကြိတို[tʃouʔtʃouʔ] (擬) ゴロゴロ လည်ချောင်းကတကြိတိုကြိတိုနဲ့မြည်သည်။ 喉がゴロゴロ鳴る အူကကြိတိုကြိတိုဖြစ်နေသည်။ お腹がグウグウ言う

ကြန့်[tʃan.dʒa] (動) 遅れる、日数がかかる、時間がかかる

ကြန်[tʃan] (名) 人間や動物の体の特徴

ကြန်အင်[tʃan in] (名) 肉体の特徴

ကြန်အင်္ဂါ[tʃan inga] (名) 身体上の特徴

ကြန်အင်လက္ခဏာ[tʃan in lɛʔkʼəna] (名) (人間或いは象の) 身体上の特徴

ကြပ်[tʃaʔ] (動) きつくする、締める、締め付ける

ကြပ်ကြပ်[tʃaʔtʃaʔ] (副) きつく、しっかりと、きっちりと

ကြပ်ကြပ်တင်းတင်း[tʃaʔtʃaʔ tinːdinː] (副) しっかりと、堅固に

ကြပ်ကြပ်တည်းတည်း[tʃaʔtʃaʔ tiːdiː] (副) 厳格に、厳正に

ကြပ်ကြပ်မတ်မတ်[tʃaʔtʃaʔ maʔmaʔ] (副) 厳しく、厳格に

ကြပ်တည်း[tʃaʔtiː] (形) 生活が苦しい、窮屈だ

ကြပ်တည်းမှု[tʃaʔtiːm̥u] (名) 困難、困窮

ကြပ်မ[tʃaʔma.] (動) 率先実行する、監督掌握する

ကြပ်ပူထိုး[tʃaʔpu tʼoː]=ကျပ်ပူထိုး

ကြမ်း[tʃanː] (名) ①床 ②(魚獲り用の)簗(やな)

ကြမ်းကြား‌လေကြား[tʃanːdʒaːledʒaː] (名) 口止め話、内緒話 (壁に耳あり障子に目あり)

ကြမ်းခင်း[tʃanːkʼinː] (動) 床に敷く

ကြမ်းခင်းဈေး[tʃanːkʼinːzeː] (名) 競争入札での最低価格

ကြမ်းဆွေးတင်ဆွေး[tʃanːzweː tinzweː] (副) なかなか腰を上げようとしない、長居をしていて

ကြမ်းတပြေးတည်း[tʃanːdəbjeːdɛː] (名) 平坦な床、凹凸無しの床

ကြမ်းတိုက်[tʃanːtaiʔ] (動) ①床を磨く ②簗を設置する

ကြမ်းပိုး[dʒəboː] (名) ①南京虫、トコジラミ ②不良、与太者、ならず者

ကြမ်းပိုးထိုး[dʒəboː tʼoː] (動) 何にでも干渉して私利私欲を図る

ကြမ်းပြင်[tʃanːbjin] (名) 床、床面

ကြမ်း[tʃanː] (形) ①粗い ②荒い、乱暴だ

ကြမ်းကြုတ်[tʃanːdʒouʔ] (形) 粗暴だ、獰猛だ、過酷だ、残忍だ

ကြမ်းတမ်း[tʃanːdanː] (形) 粗い、険しい、粗野だ、粗暴だ、乱暴だ

ကြမ်းတမ်းခက်ထရောရှိ[tʃanːdanː kɛʔtəjɔː ʃi.] (形) 獰猛だ

ကြမ်းတမ်းရက်စက်[tʃanːdanː jɛʔsɛʔ] (形) 乱暴且つ残忍だ

ကြမ္မာ[tʃəma] (名) ①運命 ②因果、因縁、業

ကြမ္မာကုန်[tʃəma koun] (動) 死ぬ、世を去る

ကြမ္မာငင်[tʃəma ŋin] (動) 不幸になる宿命だ、不運だ、運が悪い

ကြိမ်[tʃein] (植) トウ (ヤシ科)

ကြိမ်ကုလားထိုင်[tʃein kələtʼain] (名) 籐製の椅子

ကြိမ်ခါး[tʃeingaː] (植) トウの仲間 Calamus viminalis

ကြိမ်ချုပ်[tʃeindʒouʔ] ①(形) 籐製の、蔓巻きの ②(名) 釘を使わず籐で括り上げた舟

ကြိမ်ခြင်[tʃeindʒin] (名) 籐製の篭

ကြိမ်ဒဏ်[tʃeindan] (名) 鞭打ちの刑 (窃盗、家宅侵入、犯罪教唆等で5年以下の禁固刑を宣告された者に対する代替措置)

ကြိမ်နီ[tʃeinni] (植) トウの仲間 Calamus guruba

ကြိမ်ပယ်[tʃeinwɛ] (植) トウ Calamus rotang

ကြိမ်ပုပ်[tʃeinbouʔ] (植) トウの仲間 Calamus myrianthus

ကြိမ်ဖြူ[tʃeinbju] (植) トウの仲間 Calamus pseudorivalis

ကြိမ်ဖြူကလေး[tʃeinbju gəleː] (植) トウの仲間 Calamus helferianus

ကြိမ်လုံး[tʃeinlounː] (名) 籐製の棒、籐を切断した短い棒

~ ကြိမ်[tʃein] (助数) 回、度 သုံးလေးကြိမ် 3、4回

ကြိမ်ဖန်များစွာ[tʃeinpʼan mjaːzawa] (副) 何度も

ကြုံ[tʃein] (動) 遭う、遭遇する

ကြုံတိုင်း[teindainː] (副) 遭う度に

ကြိမ်း[tʃein] (動) ①自慢する ②怒鳴る、叱咤する

ကြိမ်းပ[tʃeinpa.] (動) 自慢する

ကြိမ်းမောင်း[tʃeinːmaunː] (動) 怒号する、怒声を張り上げる、怒鳴り散らす、小言を言う、がみがみ叱る

ကြိမ်းမောင်းဆုံးမ[tʃeinːmaunː sʼounːma.]

（動）叱って矯正する
ကြမ်းလားမောင်းလားလုပ်[tʃein:la: maun:la: louʔ]（動）脅したりすかしたりする
ကြိမ်းဝါး[tʃein:wa:]（動）①怒鳴る、脅かす、威嚇する ②うそぶく、豪語する ③悲憤こうがいする
ကြံ[tʃan.]（動物）サイ
ကြံစာ[tʃan.za]（植）①ヒシグリ（ブナ科）Castanopsis tribuloides ②サルカケミカン（ミカン科）Toddalia aculeata
ကြံဆင့်[tʃan.s'in]（動物）イッカクサイ、ヒメイッカクサイ、ジャワサイ（サイ科）Rhinoceros unicolor 夜行性
ကြံပိုး[tʃan.bo:]（虫）カブトムシ、タイワンカブトムシ
ကြံရှော[tʃan.ʃɔ]（動物）スマトラサイ、スマトラニカクサイ（サイ科）Rhinoceros sumatrensis テナセリム地区に棲息
ကြံသူတော်[tʃan. tudɔ]（動物）バク、マレーバク（バク科）Tapirus indicus 夜行性
ကြံ့[tʃan.]（形）堅固だ、がっちりしている
ကြံ့ကြံ့[tʃan.dʒan.]（副）頑強に、退く事なく
ကြံ့ကြံ့ခိုင်ခိုင်[tʃan.dʒan. k'aingain]（副）頑丈に、堅固に、丈夫に
ကြံ့ကြံ့ခံ[tʃan.dʒan. k'an]（動）頑強に抵抗する
ကြံ့ခိုင်[tʃan.k'ain]（形）頑丈だ、堅固だ、強固だ、丈夫だ
ကြံ့ခိုင်ရေးနှင့်ဖွံ့ဖြိုးရေးအသင်း[tʃan.k'ain je:nɛ. p'un.p'jo:je: ətin:]（名）健康増進協会
ကြံ[tʃan]（植）サトウキビ（イネ科）Saccharum officinarum
ကြံစာ[tʃanza]（植）ブランガン（ブナ科）Castanopsis diversifolia
ကြံဆစ်လက်ကောက်[tʃans'iʔ lɛʔkauʔ]（名）円筒形のブレスレット
ကြံညွှတ်[tʃanɲuʔ]（植）アスパラガス（ユリ科）Asparagus officinalis
ကြံညွှတ်ကလေး[tʃanɲuʔ kəle:]（植）シノブボウキ（ユリ科）Asparagus plumosus
ကြံပိုး[tʃanbo:]（虫）サトウキビの害虫
ကြံပန်းခိုင်[tʃan pan:gain]（名）輪切りにしたサトウキビ
ကြံဖတ်[tʃanbaʔ]（名）サトウキビの搾り粕
ကြံရောင်[tʃan jaun]（名）赤褐色、くすんだ赤色
ကြံရည်[tʃan je]（名）サトウキビの汁
ကြံသကာ[tʃan dəga]（名）黒砂糖
ကြံသာအစေ့ချိုလူ့အစေ့မချို။（諺）人は見掛けによら

ぬ（いつも甘いのはサトウキビだけ、人は甘いとは限らぬ）
ကြံဟင်း[tʃanhin:]（植）ヨルガオ（ヒルガオ科）Ipomoea bona-nox
ကြံဟင်းကလေးနွယ်[tʃanhin: gəle: nwɛ]（植）ブドウヒルガオ（ヒルガオ科）Ipomoea vitifolia
ကြံဟင်းနဲ့[tʃanhin:nɛʔ]（植）フウセンアサガオ（ヒルガオ科）Ipomoea turpethum
ကြံ[tʃan]（動）思い付く、意図する、企む、企てる
ကြံကောင်းစည်ရာ[tʃangaun: sija]（名）あり得ない事、奇想天外な事
ကြံကြီးစည်ရာ[tʃandʒi: sija]（名）でたらめ、いい加減な事、とてつもない事 ကြံကြီးစည်ရာတွေးသည်大それた事を考える
ကြံစည်[tʃandʒan sizi]（名）でたらめ
ကြံဖန်ဖန်[tʃandʒan p'anban]（副）選りに選って、練りに練って
ကြံစည်[tʃanzi]（動）考える、企てる、策を練る、計画する
ကြံဆ[tʃans'a.]（動）物事を推し量る
ကြံဆောင်[tʃans'aun]（動）検討する
ကြံဆောင်အားထုတ်[tʃans'aun a:t'ouʔ]（動）検討努力する
ကြံတိုင်းလွဲ[tʃandain: lwe:]（動）考えた事すべてが裏目になる、悉く失敗に終る
ကြံတွေး[tʃantwe:]（動）考える、考慮する
ကြံဖန်[tʃanp'an]（動）策を練る、考え出す、工夫する、案出する
ကြံဖန်ပြော[tʃanp'an pjɔ:]（動）考えて言う、何とか言う
ကြံဖန်လုပ်[tʃanp'an louʔ]（動）考えてする
ကြံဖန်လုပ်ကိုင်[tʃanp'an louʔkain]（動）考えてする
ကြံမိကြံရာကြံ[tʃanmi. tʃan ja tʃan]（動）あれこれ考える、何か考える
ကြံရာ[tʃan ja]（名）思い付き
ကြံရာမရဖြစ်[tʃan ja məja. p'jiʔ]（動）考えあぐねる、途方に暮れる
ကြံရည်ဖန်ရည်[tʃan je p'an je]（名）策略、智慧
ကြံရွယ်[tʃan jwɛ]（動）意図する、企図する
ကြံရွယ်ချက်[tʃan jwɛdʒɛʔ]（名）企み、下心、意図
ကြံလုံးစည်လုံး[tʃanloun: siloun:]（名）創意工夫
ကြံလုံးထုတ်[tʃanloun: t'ouʔ]（動）纏まった考え

ကြုံ[tʃoun] (動)出会う、遭遇する
ကြုံကြိုက်[tʃoundʑaiʔ] (動)幸先よく出くわす、遭遇する
ကြုံတောင့်ကြုံခဲဖြစ်[tʃoundaun. tʃoungɛː pʰjiʔ] (動)滅多に出くわさない
ကြုံတုန်း[tʃoundounː] (副)序に、遭ったのを幸い
ကြုံတွေ့[tʃoun twe.] (動)出くわす、遭遇する
ကြုံသလို[tʃoundəlo] (副)その場その場で、行き当たりばったり
ကြုံ[tʃoun] (形)痩せている、か細い、やつれている、しょうすいしている
ကြုံလို[tʃounɬi] (形)痩せている、やつれている
ကြုံပ[tʃoun.pa.] (動)喚く、怒鳴る、がなり立てる
ကြုံဝါ[tʃoun.waː] (動)自慢する、豪語する
က္က[kwa.] (動)①身を縮める、身を屈める ②(歩き過ぎて)がに股になる、膝がくがくする
~က္က[kwa.] (助)文末で使用、同年輩又は後輩に対して親近感を現わす ဟုတ်တာပေါ့က္က∥ そうだよ မဟုတ်ဖူးက္က∥ 違うよ နေပါအုံးက္က∥ 一寸待てよ
က္ကကျ[gwa.tʃa.]=ခ္ကကျ
~က္ကာ[kwa] (助)文末で使用、同年輩又は後輩に対して親近感を現わす ဒုက္ခပါပဲက္ကာ∥ 困ったな ဟုတ်တာပေါ့က္ကာ∥ そうなんだよ ငါပြန်မယ်က္ကာ∥ 僕は帰るよ စဉ်းစားကြည့်ဦးက္ကာ∥ 考えてみろよ
က္ကာ[kwa] (動)①離れる、分離する ဆေးက္ကာသည်∥ 塗料が剥げる ထရံက္ကာနေသည်∥ 壁が剥離する ②違う、異なる、差異がある လုပ်နည်းက္ကာသည်∥ 手段が違う ③離縁する、離婚する ④距離がある အလှမ်းက္ကာသည်∥ 離れている
က္ကာကင်း[kwakinː] (動)離れる、無縁となる
က္ကာခြား[kwatʃaː] (動)①離れている ②違う、異なる、差がある
က္ကာခြားချက်[kwatʃadʑɛʔ] (名)差異、違い
က္ကာရှင်း[kwaʃinː] (動)離婚する
က္ကာရှင်းပြတ်စဲ[kwaʃinː pjaʔsɛː]=က္ကာရှင်း
က္ကာလှမ်း[kwaɬanː] (形)離れている
က္ကာဝေး[kwaweː] (形)遠い
က္ကာဟ[kwaha.] (動)無縁、無関係だ
က္ကာဟချက်[kwaha.dʑɛʔ] (名)隔たり、差異
က္ကာစီ[kwasi.] (名)炒った西瓜の種＝漢 瓜子
က္ကာတာ[kwata] (名)四分の一 ＜英 Quarter
က္ကာတာချ[kwata. tʃa.] (動)営倉に入れる
ကွီနိုင်း[kwinainː]① (名)キニーネ ② (植)ボリビアキナノキ（アカネ科）Cinchona ledgeriana

③ (植)アカキナノキ（アカネ科）Cinchona succirubra
ကွေ့[kwe.] ① (動)曲がる、左折する、右折する ညာဘက်ကွေ့ပါ∥ 右側に曲がれ ② [gwe.] (名)入江、湾、カーブ
ကွေ့ကောက်[kwe.kauʔ] (形)曲がりくねっている、湾曲している、屈折している
ကွေ့ကွေ့ကောက်ကောက်[kwe.gwe. kauʔkauʔ] (副)湾曲して、屈折していて、カーブが多くて ကွေ့ကွေ့ကောက်ကောက်သွားသည်∥ 湾曲して進む、右折左折を繰返して進む
ကွေ့ပတ်[kwe.paʔ] (動)迂回する
ကွေ့လည်ချောင်ပတ်[kweʔlɛ dʑaunbaʔ] (副)遠回りして、迂回して
ကွေ့လိမ်[kweʔlein] (動)①ねじ曲げる ②騙す
ကွေကင်း[kwekinː] (動)離れる＝ကွေကွင်း
ကွေး[kweː] (動)① (鉄板等を)曲げる ②体を屈める、体を丸める、縮じこまる ③曲がる、湾曲する、角になっている တံတောင်ဆစ်ကိုကွေးသည်∥ 肘を曲げる
ကွေးကောက်[kweːkauʔ] (動)湾曲する、(体が)しなる
ကွေးရစ်[kweːjiʔ] (動)巻き込む
ကွေးလွေး[kweːlweː] (形)幼い、幼少である
~ကွဲ[kwɛ.] (助)文末で使用、親近感を現わす ဘယ်သွားမလဲကွဲ∥ どこへ行くの？ နားလည်ရဲ့လားကွဲ∥ 判ったかね？ ဟိုဘက်တိုးစီးကွဲ∥ もっと向こう側に寄って乗れよ တို့မင်းတို့ရဲ့အတွင်းအကြောင်းဘယ်သိနိုင်မလဲကွဲ∥ 我々が君達の内部事情をどうして知り得ようか
~ကွယ်[kwɛ] (助)文末で使用、親近感を現わす ဟုတ်တာပေါ့ကွယ်∥ そうだよ ဟေ့၊မငိုပါနဲ့ကွယ်∥ おい、泣くなよ မြန်မြန်လုပ်စမ်းပါကွယ်∥ 早くしろよ
ကွယ်[kwɛ] (動)①隠れる、身を隠す ②避ける、晦ます ③隠す ④見えなくなる、盲目になる နောက်မှာကွယ်နေပါ∥ 木の陰に隠れていろ
ကွယ်ရာ[kwɛja] (名)物陰、人目につかぬ所 သစ်ပင်ကွယ်ရာ 木陰
ကွယ်ကာ[kwɛka] (動)①制止する ②防ぐ
ကွယ်ပျောက်[kwɛpjauʔ] (動)姿を消す、姿が消える、消滅する、見えなくなる
ကွယ်ရာ[kwɛja] (名)物陰、人目につかない所
ကွယ်လွန်[kwɛlun] (動)亡くなる、死亡する、死去する
ကွယ်လွန်ဆုံးပါးသွား[kwɛlun sʼounːbaː twaː] (動)死亡する
ကွယ်လွန်နှစ်[kwɛlun n̥iʔ] (名)没年
ကွယ်လွန်ပျက်ပြားသွား[kwɛlun pjɛʔpja twaː]

ကွယ်လွန်သူ[kwɛlunḍu] (名) 故人
　ကွယ်လွန်သက္ကရာဇ်[kwɛlun dəgəji'] (名) 没年
　ကွယ်လွန်အနိစ္စရောက်[kwɛlun ənei'sa. jau'] (動) 他界する、崩御する
ကွယ်ဝှက်[kwɛhwɛ'~kwɛp'wɛ'] (動) 隠す、隠匿す、隠蔽する
ကွဲ[kwɛ:] (動) ①割れる、壊れる ခေါင်းကွဲသွားပြီ။ 頭を怪我した、頭に裂傷を負った မှန်ကွဲသည်။ ガラスが割れる ②分れる、離れる、分離する လူစုကွဲသည်။ 解散になる ③異なる、違う、差が生じる ④夫婦別れする ⑤会議が終る
ကွဲကွာ[kwɛ:kwa] (動) 別れる、別々になる、離れ離れになる、離別する
ကွဲကွဲပြာပြာ[kwɛ:gwɛ: pja:bja:] (副) くっきりと、はっきりと、確かに、明確に ဒါကွဲကွဲပြာပြာ မသိဘူး။ この事はよくは知らない မှန်ဘီလူးနဲ့ဆိုတော့ ကွဲကွဲပြာပြာ မြင်ရတာပေါ့။ 拡大鏡で見ればはっきり見えるさ
ကွဲပြာ:[kwɛ:bja:] (動) ①違う、異なる ②別の物になる、別れる、分離する ③分裂する、ばらばらになる
ကွဲပြာ:ခြာ:နာ:[kwɛ:bja: tʃa:na:] (動) 異なる、相違する
ကွဲပြာ:ခြာ:နာ:မှု[kwɛ:bja: tʃa:na:mṵ] (名) 違い、相違
ကွဲပြာ:မှု[kwɛ:bja:mṵ] (名) 差異、相違
ကွဲပြဲ[kwɛ:pjɛ:] (動) 裂ける
ကွဲလွဲ[kwɛ:lwɛ:] (動) 異なっている、喰い違っている
ကွဲလွဲချက်[kwɛ:lwɛ:dʑɛ'] (名) 相違点
ကွဲဟ[kwɛ:ha.] (動) 裂ける、ひび割れする、割れ目が生じる、亀裂が入る
ကွဲအက်[kwɛ:ɛ'] (動) 裂ける、ひび割れする、亀裂が生じる
ကွဲအောင်[kwɛ:aun] (副) 凄く、著しく、極端に
ကွဲအောင်လှ[kwɛ:aun l̥a.] (形) 抜群に奇麗だ
ကွက်[kwɛ'] ① (名) 升目、枠 ② (動) (円形、方形等に)区画する ③斑点が生じる ④丸を付ける、括弧で囲む ⑤別扱いする ⑥塵が付く、汚れが付く အကျီ့ဆီ ကွက်တယ်။ 上着に汚れが付く ဘောင်းဘီဆီကွက်သည်။ ズボンに染みが付く
ကွက်ကျာ:[kwɛ'tʃa:] (副) 所々、点々と、点在して、間隔をおいて、交互に
ကွက်ကျာ:ကွက်ကျာ:[kwɛ'tʃa: kwɛ'tʃa:] (副) 所々、あちこちに、点々と

ကွက်ကျော်[kwɛ'tʃɔ] (副) 伝統を超えて、順番を飛ばして、一足先に
ကွက်ကျော်မြင်[kwɛ'tʃɔ mjin] (動) 一足先に目にする、一足先に予測する
ကွက်ကွက်[kwɛ'kwɛ'] (名) 部分、局部
ကွက်ကွက်ကွင်းကွင်း[kwɛ'kwɛ' kwin:gwin:] (副) くっきりと、鮮明に
ကွက်ချန်ထာ:[kwɛ'tʃan t'a:] (動) 別扱いする ငါ့ ကိုကွက်ချန်မထာနဲ့။ 僕を別扱いするな
ကွက်စိပ်[kwɛ'sei'] (名) ① (一人で何人もの声を使い分ける) 講談 ②網の目模様
ကွက်စိပ်ရိုက်[kwɛ'sei' jai'] (動) 詳細に行う、微に入り細を穿つ
ကွက်တိ[kwɛ'ti.] (副) 丁度、ぴったりと、過不足なく、予想通りに、都合よく
ကွက်တိကွက်ကျာ:[kwɛ'ti. kwɛ'tʃa:] (副) あちこちに、点々と
ကွက်ရိုက်ကြမ်:[kwɛ'jai'tʃan:] (名) 格子模様入りの床
ကွက်လပ်[kwɛ'la'] (名) 空き間、空き地、空所、空白部分、余白
ကွက်လပ်ဖြည့်[kwɛ'la' p'je.] (動) 隙間を埋める、空所を埋める、空白部分を埋める
ကွင်:[gwin:] (名) ①空き地、平地、広場 ②運動場 ③環、環型 ကြိုးကွင်: 輪になったロープ နာ:ကွင်: 耳たぶ သံကွင်: 鉄の環 ④ (助数) 指輪など လက်စွပ်တစ် ကွင်: 指輪1個 ⑤[kwin:] (動) 環にする、丸くする ကျောက်ကိုရွှေနှင့်ကွင်:တယ်။ 宝石を金の指輪にする
ကွင်:ကွင်:ကွက်ကွက်[kwin:gwin:kwɛ'kwɛ'] (副) くっきりと、鮮明に ကွင်:ကွင်:ကွက်ကွက်ပေါ်သည်။ くっきりと現れる
ကွင်:ဆင်:[kwin:s'in:] (動) 現場に出る、地方に出張する、地方を視察する
ကွင်:ဆင်:လေ့လာ[kwin:s'in: le.la] (動) 現場で実習する、実地研究する
ကွင်:ဆက်[gwin:zɛ'] (名) 連鎖
ကွင်:ဆက်ပြု[gwin:zɛ' pju.] (動) 繋がりを持つ
ကွင်:ထိုးဖိနပ်[gwin:do: p'əna'] (名) スリッパ、サンダル、突っかけ (鼻緒はない)
ကွင်:နာ[kwin:na] (名) 稲のイモチ病
ကွင်:ပိုင်[gwin:bain] (名) 土地の神様
ကွင်:ပိတ်[gwin:bei'] (名) 閉じ括弧
ကွင်:ပြင်[kwin:bjin] (名) 空き地、広場、原っぱ
ကွင်:လုံ:ကျွတ်[gwin:loun dʑu'] (副) 何の妨げもなく、無条件で、するりと、完全に、丸々
ကွင်:လျှော့ချည်[gwin:ʃɔ: tʃi] (動) (ネクタイを

ကွင်းလျှို့[gwin:ʃo:]（動）環潜りをする
ကွင်းသိုင်း[gwin:tain:]（動）ロンジーを肩から斜めに掛ける（若者に見られる）
ကွတ်[kuʔ]（容量）1ガロンの4分の1 ＜Quart
ကွတ်အင်္ကျီ[kuʔinʤi]（名）コート、背広 ＜Coat
ကွန်.[kun.]（動）①満ちる、豊かにする、充満させる ②立ち上る、上昇する、遠方へ拡散する ယုံတမ်ဥာဏ်ကွန်.သည်။ 破天荒な事を考える
ကွန်.မြူး[kun.mju:]（動）①後光を放つ、光を発散する ②きらめく ③ひらめく、思い付く、妙案が浮ぶ、霊感を得る ရောင်ခြည်တော်ကွန်.မြူးသည်။ 後光が射す ကွန်.မြူးသောစိတ်ကူးဉာဏ် 自由奔放に広がる空想
ကွန်[kun]（名）網、投網
ကွန်ကွက်[kungwɛʔ]（名）網の目
ကွန်ချာ[kunʧa]（名）網
ကွန်ချာလုပ်ငန်း[kunʧa louʔŋan:]（名）ネットワーク
ကွန်ချက်[kunʧɛʔ]（名）穴場、網を打つポイント、魚の採れる場所
ကွန်စိပ်[kunzeiʔ]（名）目の細かい網
ကွန်ပစ်[kun pjiʔ]（動）網を打つ
ကွန်ရက်[kun jɛʔ]（名）網、網目、網細工、メッシュ ＝ကွန်ရွက်
ကွန်ကရိ[kungəri.]（名）コンクリート＜Concrete
ကွန်ကရစ်[kungəriʔ]＝ကွန်ကရိ
ကွန်ကရစ်လမ်း[kungεriʔ lan:]（名）舗装道路、コンクリート道路
ကွန်ဂရက်[kungərɛʔ]（名）大会 ＜英 Congress
ကွန်ဆာဗေးတစ်ပါတီ[kunsabe:tiʔ pati]（名）保守党 ＜英 Conservative
ကွန်တိုမြှင်း[kuntomjin:]（名）等高線
ကွန်ပါ[kunpa]（名）①分回し、幾何学用のコンパス ②羅針盤 ＜英 Compass
ကွန်ပါအိမ်မြှောင်[kunpa einmjaun]＝ကွန်ပါ
ကွန်ပျူတာ[kunpjuta]（名）コンピューター ＜英 Computer
ကွန်ပျူတာဂဏန်းပေါင်းစက်[kunpjuta gənan: paun:zɛʔ]（名）電卓
ကွန်ပျူတာဉာဏ်စည်းစိမ်စဉ်[kunpjuta ɲan ji əsiəsin]（名）コンピューターのプログラム、コンピューター・ソフト
ကွန်ပျူတာပန်းချီ[kunpjuta bəʤi:]（名）コンピューター・グラフィック
ကွန်ပျူတာဗိုင်းရပ်（စ်）ပိုး[kunpjuta bain:raʔ po:]（名）コンピューター・ウイルス
ကွန်ပျူတာဗိုင်းရပ်（စ်）ပိုးဝင်[kunpjuta bain:raʔ po: win]（動）コンピューター・ウイルスが侵入する
ကွန်ပျူတာအစီအစဉ်[kunpjuta əsiəsin]（名）コンピューターのプログラム
ကွန်ပျူတာအနုထည်[kunpjuta ənu.dɛ]（名）コンピューターのソフト
ကွန်ဖရင်[kunp'ərin.]（名）大会＜Conference
ကွန်ဖြူးရှင်း[kunpʔjuʃin:]（名）儒教、孔子の教え ＜英 Confucian
ကွန်ဘေယာပတ်ကြိုး[kunbeja paʔʧo:]（名）ベルト・コンベヤー ＜英 Belt Conveyer
ကွန်မြူနစ်[kunmjuniʔ]（名）共産主義＜Communist
ကွန်မြူနစ်ပါတီ[kunmjuniʔ pati]（名）共産党
ကွန်မြူနစ်ပြောက်ကျား[kunmjuniʔ pjauʔʧa:]（名）共産ゲリラ
ကွန်မြူနစ်ဝါဒ[kunmjuniʔwada.]（名）共産主義
ကွန်း[kun:]（名）①神殿 ②大黒柱（家の中央の柱）
ကွန်းခို[kun:k'o]（動）旅の途中に木陰で休憩する
ကွန်းစာ[kun:za:]（名）分量（片手で16摑み分）
ကွန်းဇင်တိုင်[kun:zindain]（名）建築の中央の柱
ကွန်းထောက်[kun: t'auʔ]（動）途中で休む、一休みする
ကွပ်[kuʔ]（動）①処刑する、死刑を執行する ②四肢を切断する ③去勢する ④押える、押えつける ⑤管理する、コントロールする
ကွပ်ကဲ[kuʔkɛ:]（動）指揮する、監督する、宰配する、統御する、統制する
ကွပ်ကဲခေါင်ဆောင်[kuʔkɛ: gaun:s'aun]（動）指揮する、統率する
ကွပ်ကဲစီမံ[kuʔkɛ: siman]（動）統御する、宰領する
ကွပ်ညှပ်[kuʔɲa]（動）①処刑する ②処罰する ③折檻する ④苛める、弾圧する、鎮圧する ⑤諌める、諌言する
ကွပ်ပြစ်[kuʔpjiʔ]（名）縁台、露台
ကွပ်မျက်[kuʔmjɛʔ]（動）処刑する、死刑を執行する
ကွမ်း[kun:~kwan:]（植）キンマ（コショウ科）Piper betle
ကွမ်းကတိုး[kun:gədo:]（植）ニオイトロロアオイ（アオイ科）Hibiscus abelmoschus
ကွမ်းကလပ်[kun: kəlaʔ]（名）キンマ入れ
ကွမ်းခွက်[kun:gwɛʔ]（名）キンマの容器
ကွမ်းစား[kun: sa:]（動）キンマを噛む（辛みと渋味とがある）

ကွမ်းစားဂမုန်း[kun:za:gəmoun:]（植）バンウコン
（ショウガ科）Kaempferia galanga

ကွမ်းညှပ်[kun:ɲaʔ]（名）ビンロウの実を割る道具

ကွမ်းတယာညက်အချိန်[kun: təja ɲɛʔ ətʃein]（名）キンマー包みを消化する時間（約5分）

ကွမ်းတောင်[kun:daun]（名）蓋付きのキンマの容器

ကွမ်းတောင်ကိုင်[kun:daungain]（名）①小町娘、隣近所の評判娘 ②得度式の時キンマ容器を捧げ持って先頭を進む娘

ကွမ်းတည်[kun: tɛ]（動）キンマを差し出す、キンマを馳走する

ကွမ်းပန်း[kun:pan:]（名）キンマ

ကွမ်းဖတ်[kun:baʔ]（名）キンマの噛み粕

ကွမ်းဘိုး[kun:bo:]（名）（王朝時代の）訴訟費用（敗訴者が法廷に納付する）

ကွမ်းယာ[kun:ja]（名）ビンロウジや石灰を包んだキンマの葉、味は အခါးမို့။

ကွမ်းယာဆိုင်[kun:ja zain]（名）キンマ売りの店

ကွမ်းယာယာ[kun:ja ja]（動）一口分のキンマを用意する（キンマの葉に、石灰、ビンロウジ等を包み込む）

ကွမ်းလင်းနေ[kun:lin:ne]＝ကွမ်းလင်းလေ

ကွမ်းလင်းလေ[kun:lin:le]（植）センネンボク、ドラセナ（ユリ科）Cordyline terminalis

ကွမ်းလောင်းငယ်[kun:laun:ŋɛ]（名）台付きの装飾されたキンマ容器

ကွမ်းဝါး[kun: wa:]（動）キンマを噛む

ကွမ်းသီး[kun:di:]（植）ビンロウ、ビンロウジュ（ヤシ科）Areca catechu

ကွမ်းသီးညှပ်[kun:di: ɲaʔ]（動）ビンロウの実を砕く

ကွမ်းသီးကြိက်၊တောင်ငူပို့။（諺）渡りに舟、思う壷（キンマ好きをタウングーに送る）（タウングーはキンマの産地）

ကွမ်းသွေး[kun:dwe:]（名）キンマの噛み汁、キンマを噛んだ後の唾液

ကွမ်းအစ်[kun:iʔ]（名）円筒形をした蓋付きのキンマ容器

ကျွေး[tʃwe:]（植）①ミツバドコロ（ヤマノイモ科）Dioscorea triphylla ②ゴヨウドコロ（ヤマノイモ科）Dioscorea pentaphylla ③アケビドコロ

ကျွေးဖြူ[tʃwe:bju]（植）ヤツデアサガオ（ヒルガオ科）Ipomoea digitata

ကျွေးဥ[tʃwe:u.]（植）①ゴヨウゴロ ②ミツバドコロ

ကျွေးဥကြီး[tʃwe.u.dʒi:]＝ကျွေးဖြူ

ကျွေး[tʃwe:]（動）①食べさせる、食事を与える ②奢る、馳走する ③養う、扶養する ④（家畜に餌を）与える、餌を食わせる ထမင်းကျွေးသည်။ 飯を食わせる နွားမကိုအစာကျွေးသည်။ 牝牛に餌を食わせる

ကျွေးစာ[tʃwe:zaja]（名）食べさせる物

ကျွေးတုံ့ကျွေးလှည့်[tʃwe:doun.tʃwe:ɬ̥ɛ.]（名）恩返し、交互の扶養（親子の間柄）

ကျွေးမွေး[tʃwe:mwe:]（動）①馳走する、歓待する ②養う、扶養する

ကျွေးမွေးပြုစု[tʃwe:mwe: pju.zu.]（動）扶養する、面倒をみる

ကျွဲ[tʃwɛ:]（動物）水牛

ကျွဲကော်[tʃwɛ:gɔ]（名）①セルロイド ②膠

ကျွဲကော်ကိုင်း[tʃwɛ:gɔ gain:]（名）セルロイドの眼鏡の枠

ကျွဲကော်ရုပ်[tʃwɛgɔ jouʔ]（名）セルロイドの人形

ကျွဲကော်[tʃwɛ:gɔ:]（植）ザボン、ブンタン、ウチムラサキ（ミカン科）Citrus decumana

ကျွဲကော်သီး[tʃwɛ:gɔ:di:]（植）ザボンの実

ကျွဲကျောင်း[tʃwɛ: tʃaun:]（動）水牛を飼う、水牛の世話をする

ကျွဲကျောင်းဗျိုင်း[tʃwɛ:tʃaun:bjain:]（鳥）アマサギ（サギ科）Bubulcus ibis

ကျွဲကျောင်းမင်းစေး[tʃwɛ:tʃaun:minzi:]（植）①タイワンニシキソウ（トウダイグサ科）Euphorbia hirta ②シマニシキソウ（トウダイグサ科）Euphorbia pilulifera

ကျွဲခေါ်[tʃwɛ:gaun:]（植）ヒシ（アカバナ科）Trapa bispinosa

ကျွဲခေါ်သီး[tʃwɛ:gaun:di:]（植）菱の実

ကျွဲခတ်[tʃwɛ: kʼaʔ]（動）水牛が角で突き合う

ကျွဲခတ်ပွဲ[tʃwɛ:kʼaʔpwɛ:]（名）水牛の闘牛

ကျွဲချေ[tʃwɛ: tʃ̑i:]（名）水牛の糞

ကျွဲချိုး[tʃwɛ: tʃ̑i:bo:]（虫）ダイコクコガネ

ကျွဲချိုလိမ်၊လူနံပိန်။（諺）人は見掛けによらぬもの（角の曲がった水牛は強い、痩せた人間は丈夫）

ကျွဲစ[tʃwɛ:za]（植）シズイボク、ニルギリエルム（ニレ科）Celtis tetranda

ကျွဲဆဲ[tʃwɛ:zwɛ:]（名）水牛飼い

ကျွဲတညင်း[tʃwɛ:dəɲin:]（植）オオマメノキ（マメ科）Millettia atropurpurea

ကျွဲနပေါင်း[tʃwɛ:nəbaun:]（植）パレイラ（ツヅラフジ科）

ကျွဲနံ[tʃwɛ:nan]（名）壁の中心に横に張り渡した板

ကျွန်နှင့်ကောင်ခတ်တဲ့ကြာ။မြေဇာပင်မခဲ့နိုင်။ (ဆို) 傍杖を食う、とばっちりを受ける (水牛の決鬪、下草は堪らぬ)

ကျွဲပဲခုံ:[tʃwɛ: pəkʼoun:] (名) 皮膚のたこ、皮膚の硬結

ကျွဲပါးစောင်းတီး: (諺) 馬耳東風、馬の耳に念仏 (水牛の傍で豎琴を弾く)

ကျွဲပြည့်စင်[tʃwɛ:pji.zin] (植) ナンヨウゴミシ、ブニノキ (トウダイグサ科) Antidesma bunius

ကျွဲဘီလူး:[tʃwɛ: bəlu:] (貝) クモガイ、スイジガイ

ကျွဲမြီးဆွဲငှက်[tʃwɛ:mji:zwɛ: ŋɛʔ] (鳥) カザリオオチュウ

ကျွဲမြီးတို[tʃwɛ:mi: to] (形) 気が短い

ကျွဲရိုက်နွား‌ရိုက်ရိုက်[tʃwɛ:jaiʔ nwa:jaiʔ jaiʔ] (動) 乱暴に叩きのめす、思いきり打ちのめす

ကျွဲရိုင်:[tʃwɛ:jain:] (名) 野牛

ကျွဲရန်ငယ်[tʃwɛ:janŋe] (植) イボタクサギ (クマツヅラ科) Glerodendrum inerme

ကျွဲဝံ[tʃwɛ:wun] (動物) マレーグマ (クマ科) Helarctos malayanus 小型で全身が黒、胸に馬蹄形の白斑がある

ကျွဲသွေး[tʃwɛ:twe:] (植) ニクズクの1種 Myristica angustifolia 及び M. glauca M. prainii

ကျွဲအော်နွား‌အော်အော်[tʃwɛ:ɔ nwa:ɔ ɔ] (動) 哀れな泣き声を出す

ကျွတ်ကျွက်ဆူ = ကြိုက်ကြိုက်ဆူ

ကျွတ်ကျွက်ည်အောင် = ကြိုက်ကြိုက်ည်အောင်

ကျွစီကျွစီ[tʃwɛʔsi tʃwɛʔsi] (副) ざわざわ、がやがや、ぶつぶつ

ကျွတ်[tʃuʔ] (名) ①昆孫 (やしゃごの孫) ② (陸棲の) 蛭 ③チューブ <英 Tube

ကျွတ်တွယ်[tʃuʔ twɛ] (動) 蛭が吸い付く

ကျွတ်[tʃuʔ] (動) ①外れる、取れる、脱げる、抜ける ②解脱する、成仏する ③日の目を見る、生まれる မိခင်၏ဝမ်းမှကျွတ်သည်။ 母胎から生れる

ကျွတ်ဆု[tʃuʔsʼu.] (名) 輪廻からの解脱

ကျွတ်တမ်းဝင်[tʃuʔtan:win] (動) 羅漢になる、解脱の道に達する

ကျွတ်လွတ်[tʃuʔluʔ] (動) 自由になる、開放される

ကျွတ်[tʃuʔ] (接尾) 全部、悉く、例外なく ပင်လုံးကျွတ် 樹木全体 အိမ်လုံးကျွတ် 家中 တန်းလုံးကျွတ် 全学年

ကျွတ်ကျွတ်ဝါး[tʃuʔtʃuʔwa:] (動) ポリポリ噛む

ကျွတ်နွယ်[tʃuʔnwɛ] (植) バイマトウ (グネツム属)

ကျွန်[tʃun] (名) 奴隷

ကျွန်ခံ[tʃun kʼan] (動) 奴隷になる、支配を受ける

ကျွန်ခံသွင်း[tʃunzaʔ twin:] (動) 奴隷階級に組み入れる

ကျွန်တော့[tʃənɔ.] (代) ကျွန်တော် の斜格形 ①私の ကျွန်တော့အလုပ် 私の仕事 ကျွန်တော့အိမ် 私の家 ကျွန်တော့အသက် 私の年齢 ②私を ဆေးရုံမှာကျွန်တော့ထားခဲ့။ 私を病院に置いていけ

ကျွန်တော်[tʃənɔ~tʃundɔ] (代) 男性用1人称、私

ကျွန်တော်ခံ[tʃundɔ kan] (動) 奴隷になる

ကျွန်တော်တို့[tʃənɔdo.] (代) 私達、我々

ကျွန်တော်တို့တွေ[tʃɛnɔdo.dedwe] (代) 我々一同

ကျွန်တော်မ[tʃɔma.] (代) 私 (女性) =ကျွန်မ

ကျွန်တော်မျိုး[tʃənɔmjo:] (名) 私儀、私如き者

ကျွန်ုပ်[tʃənou~tʃunnouʔ] (代) 僕 =ကျွန်ုပ်

ကျွန်ုပ်တို့[tʃənɔdo.] (代) 僕達

ကျွန်ုပ်တို့တိုင်းပြည်[tʃənɔdo. tain:pji] (名) 我が祖国

ကျွန်ုပ်တို့ယုံကြည်ချက်[tʃəɛnɔdo. jountʃiʤɛʔ] (名) 我々の信念

ကျွန်ဘဝ[tʃun bəwa.] (名) 奴隷の身、奴隷の暮し、奴隷の立場

ကျွန်မ[tʃəma.~tʃunma.] (代) 女性用1人称、私

ကျွန်လေးမျိုး[tʃun le:mjo:] (名) 四種類の奴隷 (家で生れた奴隷、購入した奴隷、自発的奴隷、戦争捕虜)

ကျွန်ဝယ်ရာ၊အဆင်ပါ။ (諺) おまけが付いてくる (奴隷を購入したら付録が付いてきた)

ကျွန်သပေါက်[tʃun dəbauʔ] (名) 世襲的奴隷

ကျွန်သီးတော်[tʃuntiːdɔ] (名) 三宝奴隷、仏塔奴隷

ကျွန်ဝယ်အဆင်ပါ။ (諺) 奴隷を買ったらおまけ付き

~ကျွန်ပြု[tʃunpju.] (動) 装う、振りをする မသိကျွန်ပြုသည်။ 知らない振りをする <မသိကျိုးကျွန်ပြုသည်။

ကျွန်း[tʃun:] (名) ①島 ②中洲、砂洲

ကျွန်းကလေး[tʃun:gəle:] (名) 小島

ကျွန်းကိုင်းမှီ၊ကိုင်းကျွန်းမှီ။ (慣) 相互依存 (中洲は葦に依存し、葦は中洲に依存している)

ကျွန်းကြီးလေးကျွန်း[tʃun:ʤi: leːʤun:] (名) (仏教宇宙の) 四大洲 (東勝身洲、南閻浮提洲、西牛貨洲、北拘慮洲)

ကျွန်းစု[tʃun:zu.] (名) 群島、諸島

ကျွန်းစွယ်[tʃun:zwɛ] (名) 半島 =ကျွန်းဆွယ်။

ကျွန်းဆက်ကုန်းရိုး[tʃun:zɛʔkoun:jo:] (名) 地峡

ကျွန်းမျော[tʃun:mjo:] (名) 浮島

ကျွန်းဦး[tʃun:u:] (名) 岬

ကျွန်း[tʃun:] (植) チーク (クマツヅラ科) Tectona

ကျွန်းကောက်နွယ်

grandis
ကျွန်းကောက်နွယ်[tʃun:kauʾnwɛ] (植) ハマゴウ（クマツヅラ科）Vitex limonifolia
ကျွန်းနလင်[tʃun:nəlin] (植) オオケムラサキ（クマツヅラ科）Callicarpa tomentosa
ကျွန်းလုလင်[tʃun:nəlin] =ကျွန်းနလင်
ကျွန်းသား[tʃun:da:] (名) チーク材
ကျွန်းသစ်[tʃun:diʾ] (名) チーク樹
ကျွပ်[tʃuʾ] (名) タイヤのチューブ ＜英 Tube
ကျွမ်း[tʃun:~tʃwan:] (動) ①焼ける、焦げる、燃え尽きる ②重態になる、危篤に陥る ③精通している、熟知している、馴れている ④巧みだ、上手だ、達者だ ⑤親しい、親密だ、じっこんだ သူ့နှင့်သိပ်မကျွမ်းဘူး။ 彼とはそれ程親しくない ⑥ (名) 軽業、アクロバット
ကျွမ်းကျင်[tʃun:tʃin~tʃwan:tʃin] (形) ①巧みだ、堪能だ、熟練している、馴れている ②親しい、親密だ
ကျွမ်းကျင်မှု[tʃun:tʃinmṵ.] (名) 熟練、精通
ကျွမ်းကျင်သူ[tʃun:tʃindṵ] (名) 専門家
ကျွမ်းကျင်းကျင်[tʃun:tʃun: tʃintʃin] (副) 巧みに、上手に
ကျွမ်းစိုက်[tʃun:saiʾ] (動) 逆立ちをする、倒立する、上下逆様になる
ကျွမ်းထိုး[tʃun:tʾo:] (動) ①とんぼ返りをする、空中回転する ②真っ逆様に飛び込む
ကျွမ်းထိုးကောင်[tʃun:do:gaun] (名) ぼうふら
ကျွမ်းထိုးငှက်[tʃun:tʾo: ŋɛʾ] (鳥) ミドリサトウチョウ（オオム科）=ကျေး:သင်္ဘော
ကျွမ်းထိုးမှောက်ခုံ[tʃun:tʾo: mauʾkʾoun] (副) 真っ逆様に、上下逆様に
ကျွမ်းပစ်[tʃun:pjiʾ] (動) ①とんぼ返りをする、一回転する ②難儀だ、厄介だ
ကျွမ်းပြန်[tʃun:pjan] (動) 宙返りする、とんぼ返りする、体を上下逆に振じる
ကျွမ်းဘား[tʃun:ba:] (名) 鉄棒上での倒立
ကျွမ်းလောင်[tʃun:laun] (動) 燃焼する
ကျွမ်းဝင်[tʃwan:win] (形) 親しい
ကျွမ်းသန္တာလန်[tʃun:dədalan] (動) ①倒立する ②大迷惑を蒙る、大損害を受ける
ကျွ[tʃun] (動) 陷没する、めり込む、落ち込む သဲ့ကျွ သည် 砂にめり込む
ကြွ[tʃwa.] (動) ①おいでになる、お越しになる、いらっしゃる ②立ち去られる ③持ち上がる、膨らむ、盛り上がる ④身を起す
ကြွတော်မူ[tʃwa. dɔmu] (動) お越しになる、お見えになる

ကြွပါ[tʃwa.ba] (動) いらっしゃいませ
ကြွမြန်[tʃwa.mjan:] (動) お越しになる
ကြွရောက်[tʃwa.jauʾ] (動) いらっしゃる、到着なさる
ကြွလာ[tʃwa.la] (動) お出でになる
ကြွသွား[tʃwa.twa:] (動) お出かけになる、立ち去られる、出発なさる
ကြွား[tʃwa:] (動) ①自慢する、威張る ②盛り上がる、殖える
ကြွားချင်ဝါချင်[tʃwa:tʃin watʃin] (動) 威張りたがる、自慢したがる
ကြွားလုံး[tʃwa:loun:] (名) 自慢
ကြွားလုံးထုတ်[tʃwa:loun: tʾouʾ] (動) 自慢する
ကြွားဝါ[tʃwa:wa] (動) 威張る、自慢する
ကြွားဝင့်[tʃwa:win] (動) 自慢する
ကြွေ[tʃwe] ①(貝) タカラガイ、コヤスガイ ②(焼き物の) うわぐすり
ကြွေကစား[tʃwe gəza:] (動) コヤスガイ6個を鉢に入れその裏表を賭ける
ကြွေကရား[tʃwe: kʾəja:] (名) 磁器のお湯入れ、ポット
ကြွေစေ့[tʃwezi.] (名) コヤスガイ
ကြွေညို[tʃwe sɛʾku] (名) アート紙
ကြွေနံ[tʃwezun:] (名) ちりれんげ
ကြွေလက်၊ ကြက်တခွန်။ (諺) 勝負は時の運、七転び八起き（さいころの一振り、鶏の一蹴り）
ကြွေတိုက်[tʃwe taiʾ] (動) アイロンをかける =မီး ပူတိုက်
ကြွေထည်[tʃwedɛ] (名) 磁器、磁器製品
ကြွေနက်[tʃwenɛʾ] (貝) ハチジョウダカラ（タカラガイ科）
ကြွေပါ[tʃweba:] (貝) タカラガイ =ကြွေပုလဲ။
ကြွေပန်းကန်[tʃwe bəgan] (名) 瀬戸物
ကြွေရောင်[tʃwejaun] (名) てかてかした光、光沢
ကြွေရောင်တိုက်[tʃwejaun taiʾ] (動) アイロンをかける
ကြွေရည်[tʃweji~tʃweje] (名) ①焼き物のうわぐすり ②ほうろう
ကြွေရည်သုတ်[tʃweji touʾ] (動) ほうろう引きにする
ကြွေအန်[tʃwe an] (名) さいころ
ကြွေအန်ကစား[tʃwe an gəza:] (動) さいころ賭博をする
ကြွေး[tʃwe:] (名) 借金、負債、つけ
ကြွေးကျွန်နိုင်ငံ[tʃwe:tʃun naingan] (名) 債務国、債務未返済国

ကြေး:ချ[tʃweːtʃʼa.]（動）①掛けで売る、付けで売る　②利息を取って貸す
ကြေး:စာရင်:[tʃweːsəjinː]（名）請求書
ကြေး:ဆပ်[tʃweːsʼaʼ]（動）借金を返す、返済する、付けを払う
ကြေး:တင်[tʃweːtin]（動）借金がかさむ
ကြေး:ထူ[tʃweːtʼu]（形）借金だらけだ
ကြေး:ပူ[tʃweːpu]（動）借金返済を催促する
ကြေး:ပေး:[tʃweːpeː]（動）掛けで売る ＝ကြေး:ချ
ကြေး:ပုန်:[tʃweːbounː]（名）隠れた負債、表面に出ない債務
ကြေး:မြီ[tʃwemji]（名）債務、借金、負債
ကြေး:မြီလျော့ပါ:သက်သာစေ[tʃwemji jɔːbaːtɛʔta ze]（動）債務を軽減する
ကြေး:မြီလျော့ချပေးရေး:[tʃwemji ʃɔ.tʃʼa.peːjeː]（名）債務の削減
ကြေး:မြီသက်သာရေး:[tʃwemjitɛʔtajeː]（名）債務の軽減
ကြေး:ရှင်[tʃweːʃin]（名）債権者
ကြေး:ရှင်မြီရှင်[tʃweːʃin mjiʃin]（名）債権者
ကြွေး[tʃweː]（動）叫ぶ、大声を出す
ကြွေး:ကြော်[tʃwetʃɔ]（動）気勢を挙げる、歓声を挙げる
ကြွေး:ကြော်သံ[tʃwetʃɔdan]（名）叫び声、気勢、歓声
ကြွေး:ဟစ်[tʃwehiʼ]（動）叫ぶ、大声を出す
ကြယ်[tʃwɛ]（形）豊かだ、豊富だ
ကြယ်ပင်ပေါက်[tʃwɛbin pauʼ]（動）俄か成り金になる
ကြယ်ဝ[tʃwɛwa.]（形）①豊かだ、豊富だ　②富裕だ、裕福だ、金持ちだ
ကြယ်ဝချမ်:သာ[tʃwɛwa.tʃʼanːda]（形）裕福だ、富裕だ
ကြယ်ဝချမ်:သာသူ[tʃwɛwa.tʃʼanːdadu]（名）金持、資産家、富豪、長者
ကြက်[tʃwɛʼ]（名）筋肉
ကြက်တက်[tʃwɛʼtɛʼ]（動）痙攣する、脛脛の筋肉が引きつる、こむらがえりが起きる
ကြက်သာ:[tʃwɛʼtaː]（名）筋肉
ကြက်[tʃwɛʼ]①（動物）ネズミ　②木星の象徴
ကြက်တကို:[tʃwɛʼ kədoː]（動物）ジャコウネズミ
ကြက်[tʃwɛʼ tʃa.]（動）ペストにかかってネズミが死ぬ、ペストが発生する
ကြက်ချေး:[tʃwɛʼtʃʼiː]（名）鼠の糞
ကြက်ခုန်တောင်:လင်:နဲ့လင်:ခုန်ခုန်တောင်:ကြက်॥（諺）のらりくらりと言い逃れをする（鼠に課税すると蝙蝠だと言い、蝙蝠に課税すると鼠だと言う）
ကြက်စာနီ[tʃwɛʼsani]（植）コナラの仲間（ブナ科）Quercus dealbata
ကြက်စာနက်[tʃwɛʼsanɛʼ]（植）コナラの仲間（ブナ科）Quercus truncata
ကြက်စာ:[tʃwɛʼ saː]（動）鼠に齧られる
ကြက်စုတ်[tʃwɛʼsouʼ]（動物）トガリネズミ（トガリネズミ科）Soriculus fumidas　デルタに多い
ကြက်တွင်[tʃwɛʼtwin]（名）鼠の穴
ကြက်ထောင်ချောက်[tʃwɛʼtʼaundʒauʼ]（名）鼠捕り
ကြက်နပေါင်:[tʃwɛʼnəbaunː] ＝ကြက်နာ:ပေါင်:နယ်
ကြက်နာ:ပေါင်:နယ်[tʃwɛʼnəbaunːnwɛ]（植）アオツヅラフジ（ツヅラフジ科）①Cocculus hirstus　②Cocculus villosus　③パレイラ（ツヅラフジ科）Cissampelos pareira
ကြက်နို[tʃwɛʼno.]（名）疣（いぼ）
ကြက်ဖျူ[tʃwɛʼpʼju]（動物）ハツカネズミ
ကြက်မနိုင်၊ကျိုမီးရှို့॥（諺）ならぬ堪忍、するが堪忍、自制せよ（鼠に手を焼き、倉を燃やす）
ကြက်မြီ:[tʃwɛʼmiː]（植）リュウキュウハンゲ（サトイモ科）Typhonium divaricatum
ကြက်မြီ:တန်:[tʃwɛʼmiːtanː]（動）（糊、血液等が）粘つく
ကြက်လျောက်[tʃwɛʼʃauʼ]（名）梁、桁、鴨居
ကြက်ဝဖျူ[tʃwɛʼwunːbju]（動物）二十日鼠
ကြက်သတ်ဆေး[tʃwɛʼtaʼsʼeː]（名）殺鼠剤
ကြက်ကြက်ဆ＝ကျက်ကျက်ဆူ
ကြက်ကြက်ည＝ကျက်ကျက်ည
ကြင်:[tʃwinː]（動）①残る、残存する　②算数で数字が割り切れない、数字の余りが出る
ကြင်:ကျန်[tʃwinːtʃanː]（動）残る、残存する
ကြင်:ရစ်[tʃwinːjiʼ]（動）後に残る
ကြပ်[tʃuʼ]（名）①蒼鉛、ビスマス　②皮膚硬結、たこ
ကြပ်တက်[tʃuʼ tɛʼ]（動）皮膚にタコができる
ကြပ်[tʃuʼ]（形）①脆い、砕けやすい　②癇が強い、怒りっぽい、苛々しやすい
ကြပ်ဆတ်[tʃuʼsʼaʼ]（形）①脆い、折れやすい　②癇が強い、激昂しやすい、癇癪持ちだ
ကြပ်ဆတ်ဆတ်[tʃuʼsʼaʼsʼaʼ]（副）苛々して、かっとなって、むっとして、ぶっきらぼうに
ကြပ်ဆတ်ဆတ်ဖြစ်[tʃuʼsʼaʼsʼaʼ pʼjiʼ]（動）①（煎餅のように）ばりばりしている　②ぶっきらぼうだ、③癇が強い、激昂し易い
ကြပ်လာ[tʃuʼla]（動）脆くなる

ခ

ခ[k'a.] (名) ビルマ文字表第 2 番目の子音文字、その名称は ခခွေး[k'a.gwe:]

ခ[k'a.] (動) ①落ちる、落下する မြေခသည်။ ②仕える、侍る ③破損させる、損害を与える မီးခသည်။ ④ (数) 零

ခဂယျဂယျ[k'a.ga.ja.ja.] (副) 恭しく、謙虚に、従順に

ခစား[k'a.za:] (動) (君主に) 仕える、侍る、伺候する、仕官する

ခညောင်း[k'a.naun:] (動) 仕える、奉仕する

ခယ[k'a.ja.] (動) 仕える、恭しく侍る、恭順に奉仕する

ခယရိုသေစွာ[k'a.ja. jotezwa] (副) 恭しく、謹んで ခယရိုသေစွာရှိခိုးသည်။ 恭しく礼拝する

ခယဝယ[k'əja.wəja.] (副) へり下って、謙虚に

ခယဝပ်တွား[k'a.ja.wuʔtwa:] (動) ひれ伏す、平伏する、平身低頭する

ခကောက်[k'əgauʔ] (名) ひかがみ

ခဆယ့်ပဉ္စင်း[k'a.s'a.pjinsa.kein:] (名) パガン王朝のポウパーソーヤハンによって 560 字削除された紀元 (ခ=0, ဆ=6, ပဉ္စ=5, 065 を逆にして 560 を削除した) cf. ဒေါ်ဒေါ်ရသက်

ခဆီးဝပ်မြဲ[k'ezi:baʔmjɛ] (名) 口約束、空約束

ခဏ[k'əna.] ①(名) 一瞬、一寸、瞬間 ②(副) 一寸の間 ခဏစောင့်ပါ။ 一寸待ちなさい ခဏနှင့်ပြီးစီးသွားသည်။ 直ぐに終った

ခဏကြာ[k'əna.tʃa] (副) 暫くの間、一寸の間

ခဏကြာမှ[k'əna. tʃama.] (副) 一寸してからようやく、少し後でようやく

ခဏခဏ[k'əna.k'əna.] (副) しばしば、頻繁に ခဏခဏမြင်ဘူးသည်။ よく見掛ける လမ်းလိုငံကြည့်တယ်။ 思い出してはよく泣く ဖုန်းခဏခဏဆက်တယ်။ 電話を頻繁に掛ける ဆီခဏခဏသွားတယ်။ 頻尿だ

ခဏချင်း[k'əna.dʒin:] (副) 直ちに、直ぐに

ခဏဖြုတ်ပျော့[k'əna.təpʔjouʔ] (副) 一寸の間

ခဏပန်း[k'əna.ban:] (名) 現在、唯今

ခဏမျှ[k'əna.mja.] (副) 一寸だけ、ほんの少し

ခဏလောက်[k'əna.lauʔ] (副) 少しばかり、一寸 ခဏလောက်ကြည့်ရအောင်။ 一寸見てみよう

ခတက်[gadεʔ] (植) ギョボク (フウチョウソウ科) =ခဲတက်

ခနိဇဗေဒ[k'əni.za.beda.] (名) 鉱物学

ခနဲ့[k'ənε.] (動) ①皮肉を言う、厭味を言う ②びっこを引く ဒီလိုတော့ မခနဲ့ပါနဲ့။ そんなに厭味を言うな ခနဲ့တဲ့ပြု[k'ənε.tε.də.pju.] (動) 厭味を言う ခနဲ့တဲ့ပြော[k'ənε. pjɔ:] (動) 皮肉る、厭味を言う、諷刺する ခနဲ့တဲ့လုပ်[k'ənε.tε.də.louʔ]=ခနဲ့တဲ့ပြု

~ခနဲ[k'ənε:] (接尾) 副詞形成、突然性を表わす ထိတ်ခနဲ びくっと ဒိုင်းခနဲ ばんと、ばたんと、どすんと ဒိတ်ခနဲ どきんと、ぎくりと ဖျန်းခနဲ さっと、ざぶりと cf. ~ကနဲ

ခနော်ခနဲ့[k'ənɔʔk'ənε.] (副) よろよろと、ぐらぐらと、不安定に ခနော်ခနဲ့ဖြစ်နေသောပါ:ကြမ်းခင်း 不安定な割り竹の床 ခနော်ခနဲ့ဆောက်ထား:သောအဆောက်အဦး 不安定に建てられた建物 ခနော်ခနဲ့လက်ရေးများ:ဖြင့်ရေးထား:သည်စာ 不安定な筆跡で書かれた文字

ခနှိးခနဲ့[k'əno:k'ənε.] (副) 皮肉っぽく、悪戯っぽく ခနှိးခနဲ့တွေမပြောပါနဲ့။ 皮肉を言うな ခနှိးခနဲ့စကား:အတွက်အံ့:ကို 皮肉な言葉に激怒した ခနှိးခနဲ့မေးသည်။ 悪戯っぽく尋ねた

ခနော်[k'ənauʔ] (名) 混炉、七輪 =ခုလောက်

ခနော်စိမ်း[k'ənauʔsein:] (鉱) アンチモニー

ခနောင်း[k'ənaun:] (名) 渦

ခနုံထွပ်[k'ənoundouʔ] (名) ギョウザ、シュウマイに似たタイ系の食物 (小麦粉とアヒルの卵とを捏ね合わせ薄く伸ばして肉を包み込み油で炒めたもの)

ခနွဲ[k'ənwɛ] (名) ①あか汲み (舟底の水の汲み出しや水田への水の汲み入れに使う箱型の道具) ②(植) イチジクの仲間 (クワ科) Ficus heterophylla

ခနွဲထိုး[k'ənwɛ: tʼo:] (動) (舟底の水を) あか汲みで汲み出す

ခပင်[k'əbin:] (名・古) 全て、皆

ခပေါင်း[k'əbaun:] (植) マチン (フジウツギ科) Strychnos nux-blanda

ခပေါင်းကြီး[k'ɛbaun:dʒi:] (植) ストリキニーネ (フジウツギ科) Strychnos nux-vomica

ခပေါင်းကြံ[k'ɛbaun: tʃein] (植) トウの仲間 Calamus longisetus

ခပေါင်းနွယ်[k'əbaun:nwɛ] (植) コルプリナ・ストリキナ (フジウツギ科) Strychnos colubrina

ခပေါင်းရေကြည်[k'əbaun:jedʒi] (植) ミズスマシノキ (フジウツギ科) Strychnos potatorum

ခမာ[k'əma] (名) クメール、カンボジア

ခမာနီ[k'əmani] (名) クメール・ルージュ (ポルポト派)

ခမိ[k'əmji] (名) ①嫁の母親 ②婿の母親

ခမိးခမက်[k'əmi:k'əmɛʔ] (名) ①嫁の両親 ②婿

ခမဲ[kəmɛː] (名) ①（国王または出家の）父君 ②子供の病気回復に必要な贈り物 =ခမည်း

ခမဲတောင်း[k'əmɛː taunː] (動) 病気回復のために贈り物をねだる

ခမဲပေး[k'əmɛː peː] (動) 子供の病気回復に贈り物を贈る（田舎では今でも行われている）=ခမည်းပေး

ခမဲလို[k'əmɛː lo] (動) 子供の病気回復に贈り物が必要だ =ခမည်းလို

ခမက်[k'əmɛʔ] (名) ①嫁の父親 ②婿の父親

ခမက်ဖမ်[k'əmɛʔp'anː] (動) 姻戚となる

ခမောက်[k'əmauʔ] (名) 菅笠 cf. မောက်တို

ခမောက်ဆောင်း[k'əmauʔ s'aunː] (動) 菅笠を被る

ခမောင်း[k'əmaunː] (植) オオバナサルスベリ（ミソハギ科）Lagerstroemia speciosa

ခမောင်းထွေ[k'əmaunː dwɛ] (植) ウラゲサルスベリ Lagerstroemia tomentosa

ခမည်း[k'əmɛː~k'əmjiː] (名) ①父君、父上 ②病弱の子供の健康回復を折る贈り物

ခမည်းတော်[k'əmɛː dɔ] (名) 父君、御父上

ခမည်းတောင်း[k'əmɛː taunː] (動) 病気の回復を願って贈り物をせがむ

ခမည်းပေး[k'əmɛː peː] (動) 病弱の子供に父母が贈り物をして健康回復を折る

ခမည်းလို[k'əmɛː lo] (動) 子供の健康回復に贈り物を求める

~ခမန်း[k'əman~kəmanː] (助動) 将に~せんばかりに、今にも~せんばかり ငတ်လှခမန်းဖြစ်သည်။ 将に飢え死にせんばかりであった အူတက်ခမန်းရယ်မောမိကြသည်။ 我々は腸も上がって来んばかりに笑った လျာထုတ်ခမန်းပင်ပန်းလှသည်။ 舌を出さんばかりに疲れた

ခမန်းလီလီ[k'əman liliː] =ခမန်း

~ချမ္မာ[k'əmja] (接尾) 同情的表現、名詞に後接する、助動詞としてရှာを伴うのが普通、可哀想に、気の毒に သူများနားလည်နိုင်ရှာမည်မဟုတ်ပါ။ 可哀想に彼は何も理解できないだろう သူ့ချမ္မာစိတ်မကောင်းဖြစ်ရှာပေလိမ့်မည်။ 可哀想に彼は気の毒に思う事だろう သူ့ချမ္မာမနေမထိုင်တတ်ဖြစ်နေရှာပြီ။ 可哀想に彼はいても立ってもいられない状態だ

ခမြာ[k'əmja] (接尾) =ချမ္မာ။ သူတို့ခမြာဘာမှသိရှာကြဘူး။ 可哀想に彼等は何も知らない

ခယား[k'əjaː] (植) ①ミサキノハナ（アカテツ科）Mimosops elengi ②ムラサキミズヒイラギ（キツネノマゴ科）Acanthus ilicifolius =ခရာ

ခယား:စောက်[k'əjaːzauʔ] (名) 罫紙

ခရာ[k'əja] (名) ①ホイッスル、ラッパ ②漏斗型をした漁具 ③指折り数える間の時間 ④（植）アザミ、アザミゲシ（ケシ科）Argemone mexicana =ကုန်း ⑤ムラサキミズヒイラギ（キツネノマゴ科）Acanthus ilicifolius =ရေရာ

ခရာတုတ်[k'əja touʔ] (動) ラッパを鳴らして合図する

ခရာနီ[k'əjani] (植) ニチニチソウ（キョウチクトウ科）Rochnera rosea

ခရာမွေး[k'əjamwe:] (植) メダンクラワル（ホルトノキ科）Elaeocarpus robustus

ခရာ[k'əja] (動)（女や子供が相手に対して）愛嬌を振りまく

ခရား[k'əjaː] (名) ①パゴダの下部の膨らみ ②湯沸かし、薬缶、土瓶 =ကရား

ခရားရေလှတ်[k'əjaːjeʲluʔ] (副) べつ幕なしに、ひっきりなしに、立て板に水の如く =ကရားရေလှတ်

ခရီး[k'əjiː] (名) 旅、旅行、旅程、行程 距離 ခရီးဘယ်လောက်ဝေးသလဲ။ 距離はどれ位離れていますか

ခရီးကြာ[k'əji tʃa] (名) 時間を食う、時間が掛かる

ခရီးကြောင်း[k'əjiː dʒaunː] (名) 経路、行程

ခရီးကြမ်း[k'əjiː dʒanː] (名) 難路、険路

ခရီးကြု[k'əji tʃoun] ① (動) 道連れになる、通りかかる ② [k'əji dʒoun] (名) 道連れ

ခရီးကြုလို့[k'əji tʃounlo.] (副) 途中で、通りすがりに

ခရီးကွေ့[k'əjiːgwe.] (名) 遠回り、迂回

ခရီးကျံ[k'əji tʃun] (動) 行き過ぎる、通り過ぎる

ခရီးခဲ[k'əji gɛː] (名) 険路、難路

ခရီးခက်[k'əjigɛʔ] (名) 難路、険路

ခရီးချ[k'əjiː tʃa.] (動) 道案内する

ခရီးခွ[k'əjiː gwa.] (名) 分岐点、分かれ道

ခရီးစရိတ်[k'əjiː zəjeiʔ] (名) 旅費、交通費

ခရီးစဉ်[k'əjiː zin] (名) 道順、旅程、旅行計画

ခရီးဆက်[k'əji sɛʔ] (動) 旅を続ける

ခရီးဆောင်[k'əji zaun] (名形) 携帯品

ခရီးဆောင်ချက်လက်မှတ်[k'əji zaun tʃɛʔlɛʔmaʔ] (名) トラベラーズ・チェック

ခရီးဆန့်[k'əji s'an.] (動) 休憩後出発する

ခရီးတွင်[k'əji twin] (動) 捗る、調子よく進む

ခရီးတစ်တောက်[k'əji tətauʔ] (名) 通過、途中、立ち寄り

ခရီးတောင်[k'əji t'auʔ] (動) ①途中で泊まる、旅の途中で宿泊する ②旅が捗らない、うまく行かな

ခရီး

い ③道を逸れる、踏み外す ④（名）中継地

ခရီးထောင့်[k'əji:t'aun.] =ခရီးထောက်

ခရီးထွက်[k'əji t'wɛˀ]（動）旅に出る、出発する

ခရီးပေါက်[k'əji: pauˀ]（動）捗る

ခရီးပန်း[k'əji: pan.]（動）歩き疲れる、旅行疲れする

ခရီးပြင်း[k'əji:bjin:]（副）急いで、がむしゃらに、不眠不休で、強行軍で

ခရီးပြင်းနှင်[k'əji:bjin: ṇin]（動）遮二無二急ぐ、強行軍で進む、先を急ぐ

ခရီးဖင့်[k'əji: p'in.]（動）のろのろ進む、旅が捗らない ခလေးပါလို့မတွင်ဘူး။ ခရီးဖင့်တယ်။ 子連れなので捗らない、のろのろだ

ခရီးမတ်တတ်[k'əji: maˀtaˀ]（副）途中で

ခရီးယာယီရှိ[k'əji: jaji ʃi.]（動）引越しをする、家移りする、仮住まいする

ခရီးရောက်[k'əji: jauˀ]（動）①行き着く ②うまく行く、思うとおりになる

ခရီးရောက်မဆိုက်[k'əji:jauˀməsˀaiˀ]（副）到着早々、着くや否や、着いた途端

ခရီးလေးဆုံ[k'əji:le:zoun]（名）十字路、四つ角

ခရီးလမ်း[k'əji:lan]（名）道、道筋、路程

ခရီးလမ်းကြောင်း[k'əji: lan:dʒaun:]（名）道、路線、道程

ခရီးလမ်းစဉ်[k'əko: lan:zin]（名）旅程、旅行経路

ခရီးလမ်းညွှန်[k'əji: lan:ɲun]（名）旅行案内、ガイドブック

ခရီးလွန်[k'əji: lun]（動）①行きすぎる ②その場に居合わせない ③取り返しがつかない

ခရီးသည်[k'əji: lɛ.]（動）旅を続ける

ခရီးသည်လသည်[k'əji: lɛ.lɛ]（動）巡行する、旅回りをする

ခရီးဝေးကွာ[k'əji: we:kwa]（形）距離がある、遠く離れている

ခရီးဝေးပြေးကားလမ်း[k'əji:we:pje: ka:lan:]（名）高速道路

ခရီးသည်[k'əji:dɛ]（名）①旅行者 ②乗客

ခရီးသည်တင်လေယာဉ်[k'əji:dɛdin lejin]（名）旅客機

ခရီးသည်လမ်းညွှန်[k'əji:dɛ lan:ɲun]（名）旅行ガイド、旅行案内書

ခရီးသည်သိပ်သည်းမှု[k'əji:dɛ teiˀti:mu.]（名）列車内の混雑

ခရီးသွား[k'əji:twa]①（動）旅行に出る、旅に出る ②[k'əji:dwa:]（名）旅行者、旅人、通行

人

ခရီးသွားမှတ်တမ်း[k'əji:dwa: m̥aˀtan:]（名）旅行日誌

ခရီးသွားဟန်လွှဲ[k'əji:dwa: han˜wɛ:]（諺）事の序、旅に出た序、一石二鳥

ခရီးသွားသေတ္တာ[k'əji:dwa: tiˀta]（名）旅行トランク、スーツケース

ခရီးသွားအာမခံထားရေး[k'əji:dwa: ama.gan t'a:je:]（名）旅行保険

ခရီးသွားဧည့်သည်[k'əji:dwa: ɛdɛ]（名）ツーリスト、旅行者、観光客

ခရီးအကြား[k'əji: atʃa:]（名）旅の間、旅の途中

ခရီးဦးကြိုဆို[k'əji:u tʃozo]（動）出迎える

ခရီးဦးကြိုပြု[k'əji: u:dʒo pju.]=ခရီးဦးကြိုဆို

ခရု[k'əju.]（貝）貝、巻貝 cf. ယောက်သွား

ခရုကနန်း[k'əju. gənan.]（貝）クモガイ、スイジガイ Pteroceras scorpius

ခရုကျောက်ဖောက်[k'əju. tʃauˀp'auˀ]（貝）Lithodomus obesus

ခရုကြံ့[k'əju. dʒan]（貝）ヘソカドガイの仲間 Paludina bengalensis 陸棲貝

ခရုကွယ်[k'əju.gwɛˀ]（貝）巻貝の仲間 Cyclostoma aurantiacum

ခရုခေမောက်[k'əju. kˀəmauˀ]（貝）オオベッコウ

ခရုခွံ[k'əju.gun]（名）貝殻

ခရုစဝင်း[k'əju. sizin:]（名）カワニナ Melania variabilis 淡水産

ခရုစေတီ[k'əju.zedi]（名）巻貝の1種

ခရုတုတ်[k'əju.zouˀ]（鳥）①スキハシコウ（コウノトリ科） Anastomus oscitans ②ダイシャクシギ（シギ科） Numenius arguata

ခရုတုတ်အနက်[k'əju.zouˀ ənɛˀ]（鳥）アカアシトキ（トキ科） Pseudibis papillosa

ခရုတုတ်အပြူ[k'əju.zouˀ əpˀju]（鳥）クロトキ（トキ科） Threskiornis melanocephalus

ခရုဆင်နှမောင်း[k'əju.ɲo]（貝）マテガイ Soren abbreviatus, Soren diphas

ခရုညို[k'əju.ɲo]（貝）ムラサキガイ 海産

ခရုတုတ်[k'əju.douˀ]（鳥）スキハシコウ

ခရုနှုတ်ခေါင်း[k'əju. nəgəgaun:]（貝）サツマツブリ（アクキガイ科） Murex haustellum

ခရုနှာစာ[k'əju. naˀsa]（貝）マメグルミガイ（マメグルミガイ科）の仲間 Nucula turgidy

ခရုပက်ကျိ[k'əju. pɛˀtʃi.]（貝）カタツムリ

ခရုပတ်[k'əju.baˀ]（名）渦巻、螺旋

ခရုပတ်ကွေ့[k'əju.baˀ kwe.]（動）旋回する

ခရုပတ်ပွေး[k'əju.baʔpwe:]（名）かいせん、田虫の水溜し
ခရုပတ်ငေ့ာ[k'əju.baʔ bwe]（名）指紋
ခရုပတ်လမ်း[k'əju.baʔ lan:]（名）螺旋道路
ခရုပို[k'əju.bouʔ]（貝）ミズヒラマキガイ（ミズヒラマキガイ科）の仲間 Planorbis indicus
ခရုပျော့စားမျိုး[k'əju.bjɔ.za:mjo:]（名）軟体動物
ခရုပင်ပိတ်[k'əju. pʼinbeiʔ]（貝）Desmodium oblatum
ခရုပင်လိမ်[k'əju. pʼinlein]（貝）キリガイダマシ
ခရုဖြူ[k'əju.bju]（貝）トミガイ、ロウイロトミガイ
ခရုပိုင်းလုန်း[k'əju. bain:lun:]（貝）ジュドウマクラ（マクラガイ科）Oliva utricula
ခရုမျက်စိတ်[k'əju. mjɛʔseiʔ]（貝）イモガイ（イモガイ科）の仲間 Conus betiomis
ခရုယားကြီး[k'əju. ja:ʥi:]（貝）タニシ
ခရုဝတ်ထောင်း[k'əju. wuʔtaun:]（貝）Pyrula ficus
ခရုသတီ[k'əju. dədi]（貝）タツマキサザエ、リュウテン（リュウテン科）
ခရုသင်း[k'əju.din:]（名）①法螺貝 ②しらくも
ခရုသင်းစွဲ[k'əjudin: swɛ]（動）しらくもにかかる
ခရုသစ်ပင်တက်[k'əju. tʼiʔpindɛʔ]（貝）マルテンスマツムシ（タモトガイ科）Columbella duclosiana
ခရုသံကလေး[k'əju tangəle:]（貝）ナツメガイ（ナツメガイ科）の仲間 Bulla vellum
ခရုအိုးစည်[k'əju. o:zi]（貝）カワニナの仲間 Melania varieabillis
ခရုအုန်းညို[k'əju. oun:ɲo]（貝）ナツメガイ、タイワンナツメガイ（ナツメガイ科）Bulla
ခရေ[k'əje]（植）ミサキノハナ（アカテツ科）Mimusops elengi =ချရ:
ခရေစေ့တွင်းကျ[k'əjezi. twin:ʥa.]（慣）徹底的に、詳細に、微に入り細にわたって、事細かく、一言の洩れもなく、一分の取残しもなく
ခရေရိုင်း[k'əjejain:]（植）サワノキ（アカテツ科）Mimusops kauki
ခရေပွင့်[k'əjebwin.]（名）星印、星のマーク
ခရံ[k'əjo:]（名）生垣
ခရင်း[k'əjin:]=ခက်ရင်း
ခရောင်းတော[k'əjaun:dɔ:]（名）荒れ地、休耕地
ခရိုင်[k'əjain]（名）①県 ②要、傘の付け根 ③出家

ခရိုင်ဝန်[k'əjain wun]（名）県知事 cf. အရေးပိုင်
ခရိုင်ရဲဝန်[k'əjain jɛ:wun]（名）県警察本部長
ခရစ်[k'əriʔ]（人）キリスト
ခရစ္စမတ်[k'əriʔsəmaʔ]（名）クリスマス
ခရစ်တော်[k'əriʔtɔ]（名）イエス・キリスト
ခရစ်နှစ်[k'əriʔ niʔ]（名）西暦
ခရစ်ယာန်[k'əriʔjan]（名）キリスト教徒（ビルマでは凡そ６０万人）
ခရစ်ယာန်ပုပ်ရဟန်းမင်းကြီး[k'əriʔjan pouʔ jəhan: min:ʥi:]（名）ローマ法王
ခရစ်ယာန်ဘာသာ[k'əriʔjan bada]（名）キリスト教
ခရစ်ယာန်ဘာသာဝင်[k'əriʔjan badawin]（名）キリスト教徒
ခရစ်သက္ကရာဇ်[k'əriʔ dəgəjiʔ]（名）西暦紀元
ခရမ်း[k'əjan:]（植）ナス（ナス科）Solanum melongena
ခရမ်းကစော့[k'əjan:gəzɔ.]（植）シロスズメナスビ、テンジクナスビ（ナス科）Solanum indicum
ခရမ်းကစော့ခါ:[k'əjan:gəzɔ.ga:]（植）セイバンナスビ、スズメナスビ（ナス科）Solanum torvum
ခရမ်းခေါင်း[k'əjan:gaun:]（名）各種ナスの総称
ခရမ်းချဉ်[k'əjan:ʥin]（植）トマト（ナス科）Lycopersicum esculentum
ခရမ်းချဉ်သီး[k'əjan:ʥindi:]（名）トマトの実
ခရမ်းစပ်[k'əjan:zaʔ]（植）葉に刺のあるナス科の植物 Solanum surattense
ခရမ်းပိမ့်[k'əjan:bein.]（植）金柑（ミカン科）
ခရမ်းဘေးရောင်ခြည်[k'əjan:be: jaunʥi]（名）紫外線
ခရမ်းမြေပြင့်[k'əjan:mjeboun]（植）ツルダチスズメナスビ =မြေပုံခရမ်:
ခရမ်းရင့်ရောင်[k'əjan:jin.jaun]（名）濃紫色
ခရမ်းရောင်[k'əjan:jaun]（名）紫色
ခရမ်းလွန်ရောင်ခြည်[k'əjan:lun jaunʥi]（名）紫外線
ခရမ်းသီး[k'əjan:di:]（植）ナスの実
ခရမ်းသီးပိမ့်၊ဓားတုံးဟု（諺）適材適所（鈍刀で茄子を切る）
ခလေး[k'əle:]（名）子供、児童 →ကလေး
ခလေးချော့တေးကဗျာ[k'əle:ʥɔ. te:gita.]（名）子守り歌
ခလေးထိန်း[k'əle: tʼein:]①（動）子守りをする ②[k'əle:dein:]（名）子守り

ခလေး:မ[k'əle:ma.] (名) 女児、女の子
ခလေး:လူကြီး:မဟူ[k'əle: luʤi: məhu] (副) 大人も子供も、成人未成人を問わず
ခလေး:အိပ်ပုခက်[k'əle: ei' pək'ɛ'] (名) 揺り籠
ခလဲ[k'əlɛ.] (名) 腰の周りに付ける魔除けの護符 →ခါး:လွဲ
ခလယ်[k'əlɛ] (名) 中央、中間 လက်ခလယ် 中指
ခလောက်[k'əlau'] ① (名) (牛、水牛等家畜の首に吊す) 木製の鈴、鳴子 ② (動) 振り動かす ပုလင်းကို ခလောက်တယ် 壜を振ってみる အုန်:သီးကိုခလောက်သည် 椰子の実を振ってみる
ခလောက်ဆန်[k'əlau's'an] (名) ① 木製の鈴の舌 ② 厄介者、疫病神
ခလောက်ဆဲ[k'əlau's'wɛ:] (名) 開き廊下、涼み廊下
ခလောက်ဆဲမြေ[k'əlau's'wɛ: mwe] (蛇) ガラガラヘビ
ခလုတ်[k'əlou'] (名) ① つまみ ② スイッチ ③ 時計の龍頭 ④ 銃の引き金 ⑤ ピアノの鍵盤 ⑥ 出っ張り、障害物、邪魔物
ခလုတ်ကန်သင်:[k'əlou' gəzin:] (名) 目の上のたんこぶ、邪魔物
ခလုတ်တိုက်[k'əlou' tai'] (動) 躓く
ခလုတ်တိုက်မိ[k'əlou' tai'mi.] (動) 思わず躓く
ခလုတ်နှိပ်[k'əlou' ṇei'] (動) スイッチを押す
ခလုတ်ပိတ်[k'əlou' pei'] (動) スイッチを切る
ခလုတ်ဖြုတ်[k'əlou' p'jou'] (動) 引き金を引く
ခလုတ်ဖွင့်[k'əlou' p'win.] (動) スイッチを入れる
ခလုတ်မထိဆူးမငြိ[k'əlou' mət'i. s'u: məɲi.] (副) つつがなく、支障なく、安全に
ခလုပ်စာ:ချေ[gəlɛ.za: ʧ'e] →ကလုပ်စာ:ချေ
ခဝါ[k'əwa] (名) 洗濯屋 =ဒို:ဘီ
ခဝါချ[k'əwa ʧ'a.] (動) 洗濯する
ခဝါဖုပ်[k'əwa p'u'] (動) 洗濯する
ခဝါသည်[k'əwaḍe] (名) 洗濯屋
ခဝဲ[k'əwɛ:] (植) トカドヘチマ (ウリ科) Luffa acutangula
ခဝဲသီး[k'əwɛ:ḍi:] (名) トカドヘチマの実
ခအောင်:[k'əaun:] (植) ミミイチジク (クワ科) Ficus hispida
ခအောင်:ကြီး[k'əaun:ʤi:] (植) クサギの仲間 (クワ科) Clerodendrum petasites
ခါ[k'a] (動) ① 振う、振い落す、払い落とす、左右に振る အင်္ကျီခါသည် 上着を振る ② 断る、拒絶する ခေါင်:ခါသည် 頭を振る (否定する) ③ (助数) 回、

度 တခါ 1度 အခါနှစ်ဆယ် 20回
ခါချ[k'a ʧ'a.] (動) 振い落す
ခါတွက်[k'a t'wɛ'] (動) 打ち振るう
ခါပြ[k'a pja.] (動) 振って見せる
ခါယမ်:[k'a jan:] (動) 左右に振る
ခါ[k'a] (鳥) ① シマシャコ (キジ科) Francolinus pondicerianus ② コモンシャコ (キジ科) Francolinus pintadeanus
ခါချဉ်[k'aʤin] (虫) ツムギアリ、サイホウアリ (樹上に巣を作る)
ခါချဉ်ကောင်[k'aʤin gaun] =ခါချဉ်
ခါချဉ်ကောင်ပမာကြီး:လွဲ။ (諺) 蟷螂の斧 (自尊心の強いアカアリ)
ခါ[k'a] (名) 時 <အခါ
~ခါ[k'aza.] (名) ~したて、~早々 စစ်ပြီ:ခါ 終戦直後 ရောက်ခါ 到着早々 ဆောက်လုပ်ပြီ:ခါ 竣工早々 စခါ 知り染めたばかりの頃 ပွင့်ခါစပန်: 咲きかけた花 ညား:စခါလင်မယား: 新婚夫婦 ခုမှတွေ့ခါစဖြစ်တယ်။ 今出会ったばかりだ
ခါတော်မှီ[k'adomi] ① (副) 祭や祝日に間に合って ② (植) ハゴロモノキ、キヌガシワ (ヤマモガシ科) Grevillea robusta
ခါတိုင်:[k'adain:] (名) いつも、平常
ခါတိုင်:ဆို[k'adain: s'o] (副) いつもなら
ခါတိုင်:ဆိုလျှင်[k'adain: s'oɬjin] (副) いつもであれば
ခါတိုင်:တစေ[k'adain: dəze] (副) いつも
ခါတိုင်:နှစ်[k'adain: ṇi'] (名) 例年、いつもの年
ခါတိုင်:တက်[k'adain:dɛ'] (副) いつもより、いつも以上に
ခါတိုင်:လို[k'adain:lo] (副) いつものように
~ခါနီ:[k'ani:~gani:] (名) 間際 စစ်ဖြစ်ခါနီ: 開戦直前
ခါနွေ:[k'a nweu:] (名) 初夏
ခါလည်[k'alɛ] (名) 1周年、1年経過 cf. အခါလည်
ခါလည်ခါကျ[k'alɛ k'aʧu:] (副) 長い間、1年以上
ခါသမယ[k'a təmaja.] (名) 時、時候
ခါသာ[k'aṭa] (名) (王朝時代に用いられた) 綿布、木綿の布、キャラコ =ပိတ်
ခါသာပိတ်ပြို[k'aṭa pei'ɲo.] =ခါသာ
ခါး[k'a:] (形) 苦い
ခါး:ခါး:သီး:သီး:[k'a:ga:ṭi:ḍi:] (副) 苦々しく、そっけなく、にべもなく、憤然として、乱暴に
ခါး:သီး[k'a:ṭi:] (形) 不快だ

ခါးသက်[k'a:tɛʔ]（形）苦みがある、少し苦い
ခါးသက်သက်ဖြစ်[k'a:tɛʔtɛʔ p'jiʔ]（形）やや苦い、幾分苦い
ခါးသက်သက်ရှိ[k'a:tɛʔtɛʔ ʃi.]（形）やや苦みがある、幾らか苦い
ခါး[k'a:]（名）腰
ခါးကိုက်[k'a kaiʔ]（動）腰が痛む ခါးနာ
ခါးကိုင်း[k'a kain:]（動）やや腰が曲がる、前屈みになる
ခါးကုန်း[k'a koun:]（動）①腰が曲がる ②腰を屈める
ခါးကျိုး[k'a tʃo:]（動）①腰が折れる ②挫折する 途中で失敗する、中止になる
ခါးကြား ညှပ်[k'a ʤa: ɲaʔ]（動）尻はしょる、尻を捲くる
ခါးချီ = ခါးချည်
ခါးချီးလုပ်[k'a:tʃo: louʔ]（動）奮闘する、健闘する、努力する
ခါးချည်[k'a tʃi.]①（動）腰が抜ける ②（名）せむし
ခါးချပ်[k'ətʃaʔ]（名）腰周りを覆う女性用ロンジー
ခါးစောင်း[k'əzaun:]（名）脇腹、腰骨
ခါးစောင်းတင်[k'əzaun: tin]（動）①腰骨に載せる ②こき使う、思いのままに操る、手玉に取る
ခါးစည်း[k'a si]①（動）帯を締める ②（名）[k'a:zi:] 帯、腰帯 ③腰の回り
ခါးစည်းခံ[k'a:si: k'an]（動）苦労に耐える、苦難に耐える、苦労に挑む
ခါးဆီးပတ်[gəzi:baʔ]（名）①口約束、空手形 ②しっぺ返し
ခါးဆီးပတ်တင်[gəzi:baʔ tin]（動）約束を果たさない、空手形を出す、口約束をする
ခါးဆီးပတ်မြေ[gəzi:paʔmji]（名）古証文、古い債務
ခါးဆစ်[k'əsʼiʔ]（名）腰椎、脊椎
ခါးဆန့်[k'a sʼan.]（動）腰を伸ばす
ခါးဆံမြီးဖတ်[k'əsʼan mi:baʔ]（名）鶏の尾羽根
ခါးညောင်း[k'a ɲaun:]（動）腰が強ばる
ခါးညွတ်[k'a ɲuʔ]（動）腰を屈める
ခါးတောင်အင်္ကျီ[gədaun in:ʤi]（名）踊り子、芝居の役者等が着用する裾の張った上着
ခါးတောင်းကျိုက်[gədaun: tʃaiʔ]（動）スポーツや作業等の時にロンジーを）捲り上げる、尻端折る、尻からげる、褌スタイルにする =အောက်ပိုးကျိုက် ပုဆိုး ခါးတောင်းကျိုက်သည်။ ロンジーを尻端折る ခါးတောင်းမြှောင်အောင်ကျိုက်သည်။ ロンジーを緩まないようにしっかりと捲り上げる

ခါးတုတ်[k'a: touʔ]（形）腰回りが太い
ခါးထောက်[k'a: t'auʔ]（動）両手を腰に当て肘を張る
ခါးထစ်[k'ətʼiʔ]（名）腰骨
ခါးထစ်ချီ[k'ətʼiʔ tʃi]（動）腰骨の上に抱え上げる
ခါးထစ်ခွ[k'ətʼiʔ k'wa.]（動）（子供を）腰骨の上に跨らせる cf. ခါးထစ်ခွင်ချီ
ခါးထစ်ခွင်ချီ[k'ətʼiʔk'win tʃi]（動）（子供を）腰骨の上に載せる、横抱きにする ကလေးကိုခါးထစ်ခွင်ချီသည်။ 子供を腰骨の上に抱え上げる
ခါးပိုက်[gəbaiʔ]（名）ロンジー上部にできる袋状、ポケット、物入れ
ခါးပိုက်ဆောင်[gəbaiʔsʼaun]（名）携帯品
ခါးပိုက်ဆောင်တပ်[gəbaiʔsʼaun daʔ]（名）私兵、私軍
ခါးပိုက်ဆောင်နာရီ[gəbaiʔsʼaun naji]（名）懐中時計
ခါးပိုက်နှိုက်[gəbaiʔ ɲaiʔ]①（動）すりを働く、（他人の物を）する ②（名）すり cf. ကတ်ကြေးကိုက်
ခါးပိုက်နှိုက်ခံရ[gəbaiʔɲai kʼan ja.]（動）すりにされる
ခါးပတ်[gəbaʔ]（名）バンド、ベルト
ခါးပန်း[gəban:]（名）①敷居、上がりがまち ②腰帯、ベルト
ခါးပန်းကြိုး[gəban:ʤo:]（名）出家が使用する腰帯
ခါးပုံစ[gəbounza.]（名）男性用ロンジーの前部の垂れ布
ခါးပြတ်မှန်ဘီရို[gəbjaʔ m̥an biro]（名）ショーケース
ခါးပြတ်အင်္ကျီ[gəbjaʔ in:ʤi]（名）チョッキ
ခါးရိုး[k'a:jo:]（名）腰骨
ခါးလည်[k'əɫɛ.]（名）腰の周りに括り付ける護符
ခါးဝတ်[k'a:wuʔ]（名）男性が着用する腰布、ロンジー
ခါးဝတ်ပုဆိုး[k'a:wuʔ pəsʼo:] = ခါးဝတ်
ခါးဝတ်မဆည်း[k'a:wuʔ məsi:]（動）（緩んだ）ロンジーを締め直さない
ခါးသွယ်[k'a: tw̥ɛ]（形）腰が細い
ခါးအောင့်[k'a: aun.]（動）腰が痛む cf. ခါးနာ
ခါးပူ[k'a:bu.]（植）キュウケイカンラン（アブラナ科）Brassica oleracea caulorapa
ခါးပူဖြူ[k'a:bu.bju]（植）カブ、カブラ（アブラナ科）Brassica rapa
ခု[k'u.~gu.]（助数）①~個 တခု 1個 ②~年
ခုဂိန်း[k'u.gein:]（名）基数
ခုဂဏန်း[k'u.gənan:]（名）一桁の数字

ခုနေရာ[k'u.neja] (名) 一桁の数字
ခု[k'u.] (動) ①支える、下から支える、持上げる ②補う、代える ဆန်မလောက်၍ပြောင်းခုရသည်။ 米が足りないので、セイバンモロコシで補う
ခုခံ[k'u.gan] (動) ①抵抗する ②下から支える
ခုခံကာကွယ်[k'u.gan kagwɛ] (動) 抵抗防衛する
ခုခံတိုက်ခိုက်[k'u.gan taiʔk'aiʔ] (動) 抗戦する
ခုခံပြော်ဆို[k'u.gan pjɔːsʼo] (動) 言い返す、反論する
ခုခံမှု[k'u.ganmu.] (名) 抵抗
ခုခံမှုစွမ်းအင်[k'u.ganmu. swanːin] (名) 抵抗力、抵抗能力
ခုခံမှုနည်း[k'u.ganmu. nɛː] (形) 抵抗が少ない
ခုခံအား[k'u.gan aː] (名) 抵抗力
ခုခံအားကျဆင်းမှုကူးစက်ရောဂါ[k'u.gan aː tʃa. sʼinːmu. kuːsɛʔ jɔːga] (名) エイズ = အေအိုင်ဒီအက်စ်
ခုတုံး[k'u.dounː] (名) ①支え、支点 ②利用される人
ခုတုံးလုပ်[k'u.dounː louʔ] (動) 踏み台にする、利用する
ခုနှိမ်[k'u.ɲein] (動) 差し引く、控除する、天引きする、源泉徴収する
ခုလီခုလတ်[k'u.liː k'u.laʔ] (副) どっちつかず、中途半端
ခုလုခုလု[k'u.lu.k'u.lu.] (副) ①ごとごと、ごろごろ、凹凸状で ②調子が合わず、うまく行かず
ခုလတ်[k'u.laʔ] (名) 途中
ခုလုံးခံလုံး[k'u.loun: k'anloun:] (名) 反論
ခု[k'u.~gu.] (名・副) 今、現在
ခုစားလေးကြော်၊ ခုဆီထမင်း။ (諺) 猫の目のように気が変わる(今食べたのは雀のフライ、今度はやき飯)
ခုတလော[gu.təlɔː] (副) 最近、この頃
ခုတော့[gu.dɔ.] (副) 今では、今回は、この度は
ခုတင်[k'u.din~gu.din] (副) 今先、たった今
ခုတင်က[k'u.dinga.~gu.dinga.] (副) つい先程、たった今しがた
ခုတင်ခဏ[gu.dingu.] (副) しばしば
ခုတောင်[gu.daun] (副) 今でも、今でさえ、今ですら
ခုထိ[gu.tʼi.] (副) 今まで、今に至るも、今になっても、今でも
ခုထက်ထိ[gu.dəʔtʼi.] (副) 今に至るも、今になっても ခုထက်ထိမနက်စာမစားရသေးဘူး။ 今でもまだ朝食を食べていない
ခုန[k'u.na.~gu.na] (副) 先程、先刻、今しがた = ခုနက
ခုနင်က[k'u.ninga.] (副) 今しがた、先程
ခုဘဲ[k'uːbɛː] (副) 今、たった今
ခုမှဲ[k'u.m̥a.bɛː] (副) 今、たった今
ခုရိုက်ခုယူ[k'u.jaiʔ k'u.ju] (名) スピード写真、速成写真
ခုရှုမှနှောင်ရှင်။ (諺) 何事も始めが肝心、始めよければ終りよし(今はややこしくても後ではすっきり)
ခုလေးတင်[gu.leːdin] (副) 先程、今しがた
ခုလို[k'u.lo] (副) 今のように
ခုလောက်ဆို[gu.lauʔsʼo] (副) 今頃は、今時分
ခုလုပ်ခုစား[gu.louʔ gu.saː] (名) その日暮し
ခုတင်[gədin] (名) 寝台、ベッド
ခုနစ်[k'unniʔ] (数) 7、数字の形は ၇
ခုနစ်စဉ်ကြယ်[k'unnəsin tʃɛː] (名) 北斗七星
ခုနစ်စဉ်ကြယ်အမြီးထောင်[k'unnəsin tʃɛ əmiː tʼaun] (動) 深夜になる
ခုနစ်စဉ်တိုက်[k'unnəsindaiʔ] (副) 行き当たりばったり
ခုနစ်ညခုနစ်လီ[k'unnəɲa.k'unnəli] (名) 長時間
ခုနစ်ထွေ[k'unnətʼwe ga.] (名) ビルマの7種の伝統舞踊
ခုနစ်ရက်ခုနစ်လီ[k'unnəjeʔ k'unnəli] (名) ①長時間 ②七七四十九日(仏陀成道後7ヶ所で7日間ずつ瞑想)
ခုနစ်ရက်သားသမီး[k'unnəjeʔ tḁːdəmiː] (名) 全員、皆
ခုနစ်သံ[k'unnətan] (名) 金切り声、甲高い声、オクターブの高い声、ソプラノ
ခုနစ်သံချီ[k'unnətantɕi] (名) ビルマ楽器の最高音階、C調
ခုနစ်အိုရှစ်အိုပုံစံ[k'unnəo ʃiʔo pounzan] (名) 子沢山の母
ခုနစ်အိမ်ကြားရှစ်အိမ်ကြား[k'unnein tʃaː ʃiʔ ein tʃaː] (副) 隣近所に丸聞えになる程
ခုနှစ်[k'u.niʔ] (助数) ~年 ၁၉၄၅ခုနှစ် 1945年
ခုနှစ်သက္ကရာဇ်[k'u.niʔ dəgəjiʔ] (名) 年月日
ခု[k'u.] ①毛虫、芋虫 ②水母(クラゲ) ③ひょうそ(手足の指、関節等の化膿性炎症、激痛を伴う) ④(水田に水を供給する)足踏みの水車
ခုဆံ[k'uzan] (植) キナモドキ(アカネ科) Hymenodictyon excelsum = ခုသန်
ခုနာ[k'una] (名) ひょうそ
ခုနင်း[k'uninː] (動) 水車を踏む
ခုမောင်း[k'umaunː] (名) 足踏み式の水車 = ခု
ခုသံ[k'udan] (名) (馬車の車輪の)鉄製リム、

鉄製の外輪
ခွံအိမ်[k'uein] (名) 蛹、繭
ခူး[k'u:] (動) ①摘む、もぐ、ちぎり取る ပန်းခူးသည် 花を摘む မန်ကျည်းရွက်ခူးသည်။ タマリンドの葉をちぎり取る အုန်းသီးခူးသည် ココ椰子の実をもぎ取る ②飯をよそう、飯をつぐ ထမင်းခူးသည်။
ခေ[k'e] (形) ①劣っている ②拙い、下手だ、拙劣だ ငါ့သမီးဟာရုပ်မခေပါဘူး။ うちの娘は不細工ではない ဖခင်သည်စဉ်းစားဉာဏ်ခေလှသူတယောက်မဟုတ်ပါ။ 父は思慮の浅い人間ではなかった
ခေမာ[kema] (名) 涅槃 = နိဗ္ဗာန်
~ခဲ့[k'ɛ.~gɛ.] (助動) ①移動を示す、〜して来る ထမင်းစားခဲ့ပြီ။ ご飯は食べてきた ယူခဲ့ပါ။ 持って来なさい ပြီးရင်ကျွန်မှုန်ပြန်လာခဲ့မယ်။ 終わったらできるだけ早く帰ってきます ②過去を示す မြွေသည်အလွန်ကြောက်စရာဖြစ်ခဲ့သည်။ ယခုအခါတွင်ကြောက်စရာမဟုတ်တော့။ 以前蛇は怖かった、今ではもう怖くない ၁၈၈၅ခုနှစ်မှာတပြည်လုံးသိမ်းခဲ့တယ်။ １８８５年に全土を占領した
ခမဲ[k'ɛma.] (名) 義理の妹 ①妻の妹 ②弟の嫁
ခဲ[gɛ:] (名) ①石、石ころ ②塊 ဆပ်ပြာခဲ 石鹸の塊 ဒိန်ခဲ チーズ မြေစိုင်ခဲ 土塊 ③[k'ɛ:]鉛 ④(助数) 〜個 ဆပ်ပြာတခဲ 石鹸１個
ခဲစာလုံး[k'ɛ: səloun:] (名) 鉛の活字
ခဲဆိပ်တက်[k'ɛ:zeiʔ tɛʔ] (動) 鉛中毒にかかる
ခဲဆိပ်သင့်[k'ɛ:zeiʔ tin.] = ခဲဆိပ်တက်
ခဲဆံ[k'ɛ:zan] (名) 鉛筆の芯
ခဲတပစ်[gɛ dəbjiʔ] (名) 石を投げたら届く距離
ခဲတစ်စာ[gɛ:dəbjiʔ sa] = ခဲတပစ်
ခဲတပစ်အကွာ[gə:dəbjiʔ əkwa] = ခဲတပစ်
ခဲတံ[k'ɛ:dan] (名) 鉛筆
ခဲတံချွန်[k'ɛ:dan tʃun] (動) 鉛筆を削る
ခဲတံချွန်စက်[k'ɛ:dan tʃunzɛʔ] (名) 鉛筆削り
ခဲတံချွန်ဓါး[k'ɛ:dan tʃunda:] (名) 鉛筆削りのナイフ
ခဲထိုး[k'ɛ: to:] (動) 写真を修正する、映像を修正する
ခဲပစ်[gɛ: pjiʔ] (動) 石を投げる
ခဲပိုဒ်[k'ɛ:bouʔ] (名) 方鉛鉱
ခဲပိုဒ်ရောင်[k'ɛ:bouʔjaun] (名) 藍色
ခဲပြာတံ[k'ɛ:bjadan] (名) 青鉛筆
ခဲဖိုး[gɛ:bo:] (名) 石代（新郎が地元の若者達に支払う飲み代、酒代、祝儀）
ခဲဖျက်[k'ɛ:bjɛʔ] (名) 消しゴム
ခဲမ[k'ɛ:ma.] (鉱) 黒鉛 = သလွဲမည်း
ခဲမနက်[k'ɛ:ma.nɛʔ] = ခဲမ သလွဲမည်း။

ခဲမပိုဒ်[k'ɛ:ma.bouʔ] (鉱) 方鉛鉱
ခဲမဖြူ[k'ɛ:ma.pju] (鉱) 錫 = သံဖြူ
ခဲမတေ[k'ɛ:məte] (鉱) タングステン
ခဲမန်[gɛ: man] (動) 石をぶつけられる、石を投げつけられる
ခဲမှန်ဘူးတဲ့စာသူငယ်။ (諺) 熱物に懲りて鱠を吹く（石をぶつけられた雀）
ခဲယမ်းမီးကျောက်[k'ɛ:jan:mi:dʒauʔ] (名) 火薬、弾薬
ခဲ[k'ɛ:] (動) ①痛む ခေါင်းခဲသည်။ 頭痛がする ②口でくわえる、歯で噛む、(虫が)刺す ဆေးတံကိုခဲတယ် パイプをくわえる
ခဲဖွယ်[k'ɛ:bwɛ] (名) 出家に差出す食事以外の食物（果物など生で食べられるもの）
ခဲဖွယ်စားဖွယ်[k'ɛ:bwɛ sa:bwɛ] (名) ご馳走（煮炊きが必要なものと煮炊きが不要のもの）
ခဲဖွယ်[k'ɛ:bwɛ] = ခဲဖွယ်
ခဲဖွယ်ဘောဇဉ်[k'ɛ:bwɛ bo:zin] (名) 出家に差上げる食べ物
ခဲလမ်းတော်[l'ɛ:lan tʃidau] (名) 竹筒に入れてあぶった餅米、おこわ = ကောက်ညှင်းကျတော်
ခဲ[k'ɛ:] (動) ①凝結する、凝固する、固まる ②氷になる、凍る ရေခဲသည်။ ③頑張る、熱中する ④耐える ⑤群がる သကြားမှာပုရွက်ဆိပ်များခဲနေပြီ။ 砂糖に蟻が群がっている
ခဲလေမှုသဲရေမှု။ (諺) 水泡に帰す（固まった砂全てが水中に落ちる）
ခဲ[k'ɛ:~gɛ:] ①(形) 難しい、楽ではない ②(助動) 〜し難い、滅多に〜でない ဆန်ကေးကအာကြေခဲသည်။ 餅米は消化しにくい အစစ်ကိုမြင်ရခဲလှပါတယ်။ 本物は滅多に見かけられない ဖေဖေသည်အလွန်ပြုံးခဲရှိခဲ့ဖြစ်သည်။ 父は滅多に笑わない人だった အမျိုးသမီးများကားနာမည်ကိုပြောင်းတတ်ခဲကြသည်။ 女性は改名する事が殆どない ဟင်းကောင်ဟင်းမှန့်ဟူ၍အလွန်စားရခဲကြသည်။ ご馳走が食べられる事は滅多になかった
ခဲခဲယဉ်းယဉ်း[k:gɛ:jin:jin:] (副) 苦労して、やっとの思いで
ခဲယဉ်း[k'ɛ:jin:] (形) 難しい、困難だ
ခဲရာခဲဆစ်[k'ɛ:ja k'ɛ:ziʔ] (名) 難解な箇所
ခဲရာခဲဆစ်ဖြေရှင်း[k'ɛ:ja k'ɛ:ziʔ p'jeʃin:] (動) 難問を解く
ခဲအို[k'ɛ:o] (名) 義理の兄 ①夫の兄 ②姉の夫
ခေါ်[k'o] (動) ①呼ぶ、招く、呼び寄せる ②称する、名付ける、命名する ③連れて行く、連れて来る ④(会議を)招集する
ခေါ်ခေါ်ခြင်း[k'ɔk'ɔdʒin:] (副) 呼んだ途端、呼ん

ခေါ်တော

だら直ぐに

ခေါ်ခေါ်ပြောပြော[kʼɔgɔ pjɔːbjɔː] (副) 親しく、仲良く (言葉を交わす間柄)

ခေါ်ငင်[kʼɔŋin] (動) 呼び止める、呼び寄せる、連れて行く

ခေါ်ဆို[kʼɔsʼo] (動) 言う、呼ぶ、称する

ခေါ်ဆောင်[kʼɔsʼaun] (動) 連れて行く、連れ去る、連行する、連れて来る

ခေါ်ဆောင်လာ[kʼɔsʼaun la] (動) 連れて来る

ခေါ်ဆောင်သွား[kʼɔsʼaun twa] (動) 連れて行く

ခေါ်တွင်[kʼɔtwin] (動) 称する、呼ぶ、名付ける、命名する

ခေါ်ပြော[kʼɔ pjɔː] (動) 呼んで言い聞かせる

ခေါ်ဗုံ[kʼɔboun] (名) 小型の鼓

ခေါ်ယူ[kʼɔju] (動) ①連れて行く ②募集する လျှောက်လွှာခေါ်ယူသည် 公募する ကျောင်းသားသစ်များခေါ်ယူသည်။ 学生を新規募集する

ခေါ်ယူသွား[kʼɔju twaː] (動) 連れて行く

ခေါ်လာ[kʼɔla] (動) 連れて来る、呼んで来る

ခေါ်ဝေါ်[kʼɔwɔ] (動) 呼ぶ、称する

ခေါ်သွား[kʼɔtwaː] (動) 連れて行く

ခေါ်တော[kʼɔtɔː] (名) チッタゴン出身のイスラム教徒インド人、ベンガル人イスラム教徒

ခေါ်တောကုလား[kʼɔtɔː kəlaː] =ခေါ်တော

ခေါ်[kʼɔː] (名) 悪霊、怨霊、精霊への供え物を入れた草で編んだ小さな篭、容器

ခေါ်ဂွက်[kʼɔːgwɛʼ] (名) 精霊への供え物を入れた篭

ခေါ်စာ[kʼɔːza] (名) 精霊への供え物

ခေါ်စာကျွေး[kʼɔːza tʃweː] (動) 精霊に供える

ခေါ်စာပဇ္ဈိ[kʼɔːza pjiʼ] =ခေါ်စာကျွေး

ခေါ်[kʼɔː] (動) (歯等が) 突き出る、飛び出る、出っ歯だ သွားခေါ်သည်။ 出っ歯になっている

ခေါ်ခေါ်[kʼɔːkʼɔː] (擬) ぐーぐー (いびきの音)

ခေါ်စီ[kʼɔːsi] (名) 蒸した餅米を突き潰して平らにした食べ物

ခေါ်ပုပ်[kʼɔːbouʼ] (名) (胡麻入りの) 切り餅

ခေါ်ပျဉ်[kʼɔːbjin] (名) 蒸した餅米に胡麻を加えて突き潰し平にした食べ物

ခေါ်ဘဏီ[kʼɔːbəni] (数) ゼロが14個付く数 = အခေါ်ဘဏီ ＜パ AkkhohinI

ခေါ်မ[kʼɔːma] (名) ①ギリシア ②(植) アマ

ခို[kʼo] (鳥) ドバト

ခိုကော့[kʼogo] (鳥) オオギバト

ခိုပြာရောင်[kʼobjajaun] (名) 灰色、鼠色

ခို[kʼo] (動) ①避ける、陰に入る、宿る နေခိုသည်။ 日差しを避ける မိုးခိုသည်။ 雨宿りする ② 居付く

棲み付く မှိုကျင်းမှာမြေခိုတက်သည်။ 茸の茂みには蛇が潜んでいる ③怠ける、ずるける、楽をしたがる ④しがみつく、すがり付く မန်ကျည်းကိုင်းကိုဆွဲပြီးခိုလိုက်သည် タマリンドの枝を引き寄せてしがみついた

ခိုကပ်[kʼokaʼ] (動) 身を寄せる、居候する

ခိုကိုး[kʼogoː] (動) 頼る、頼りにする、庇ってもらう

ခိုကိုးရာကင်းမဲ့[kʼogoːja kinːmɛ.] (形) 身寄りがない、頼る所がない

ခိုကိုးရာမဲ့[kʼogoːja mɛ.] (名) 身寄りのない者

ခိုကိုးရာမဲ့ဒု[kʼogoːja mɛ.du] =ခိုကိုးရာမဲ့

ခိုကပ်[kʼokaʼ] (動) 横着をする、ずるける、さぼる အလုပ်လုပ်ရာတွင်ခိုကပ်ခြင်းမရှိ။ 仕事中に陰日向がない

ခိုကပ်[kʼokaʼ] (動) 身を寄せる、寄宿する、居候する、寄生する

ခိုစီး[kʼosiː] (動) 便乗する、車にぶら下がって行く

ခိုတက်[kʼotɛʼ] (動) よじ登る

ခိုနား[kʼonaː] (動) 憩う

ခိုမှီ[kʼomiː] (動) ①寄り掛かる、依存する ②身を潜める、隠れ棲む

ခိုရာမဲ့ဖြစ်[kʼojamɛ. pʼjiʼ] (動) 頼る所がない

ခိုလှုံ[kʼoɛʼoun] (動) ①身を寄せる、避難する、亡命する ② (木陰で) 憩う

ခိုဝင်[kʼowin] (動) 頼って入る、庇護を求めて入る

ခိုအောင်း[kʼo aunː] (動) 潜む、身を潜める、潜伏する

ခိုအောင်းရာ[kʼo aunːja] (名) 潜伏場所

ခိုး[kʼoː] (動) ①盗む、窃盗する ②さらう、誘拐する ③無断で模写する、無許可で複写する、剽窃する、海賊版を作る、真似る、模倣する

ခိုးကူး[kʼoːkuː] (動) 違法で複写する、無許可で複製する

ခိုးကြောင်းဝှက်[kʼoɕaun kʼoːpʼwɛʼ] (副) こっそりと、密かに、秘密裡に、人知れず

ခိုးကြည့်[kʼoːtʃi.] (動) 盗み見る、ちらりと見る ရုံးချိန်တွင်ရုပ်ရှင်ခိုးကြည့်သည်။ 勤務時間内に映画を見た

ခိုးချ[kʼoːtʃa.] (動) ①カンニングする စာခိုးချသည်။ ②剽窃する

ခိုးချင်တာလဲပြာလို့၊လက်နှေးတာလဲချာလို့။ (諺) 他人に遅れを取る (盗みたくても目が霞み、拙いことには手も遅い)

ခိုးစား[kʼoːsa] (動) ①盗み食いする ②盗みで暮す

ခိုးစီး[kʼoːsiː] (動) (乗物に) 只乗りする、無賃乗

車する
ခိုးထုတ်[k'o:t'ouʔ]（動）①こっそり持ち出す、密輸出する ②密出国させる
ခိုးထုပ်ခိုးထည်[k'o:douʔk'o:dɛ]（名）故買品、盗品、贓物
ခိုးဒဏ်[k'o:dan]（名）窃盗罪
ခိုးပြေး[k'o:pje:]（動）駆け落ちする
ခိုးပြစ်[k'o:bjiʔ]（名）窃盗の罪
ခိုးမှု[k'o:mṵ.]（名）窃盗、窃盗事件、窃盗罪 ကျွဲခိုးမှု 水牛の窃盗
ခိုးယူတုပလုပ်မှု[k'o:ju tu.pa. t'ouʔlouʔ mṵ.]（名）海賊版の作成
ခိုးယူဖျက်ဖျက်[k'o:ju ta̠ʔp'jaʔ]（動）密猟する
ခိုးရာပါပစ္စည်း[k'o:jaba pjiʔsi:]（名）故買品、贓品、贓物
ခိုးရာပါနွား[k'o:jaba nwa:]（名）盗み出してきた牛
ခိုးရာလိုက်ပြေး[k'o:ja laiʔpje:]（動）駆け落ちする
ခိုးဝင်[k'o:win]（動）不法侵入する、こっそりと入る
ခိုးဝှက်[k'o:p'wɛʔ]（動）盗む、窃盗をはたらく
ခိုးဝှက်ပစ်[k'o:p'wɛʔ pjiʔ]（動）密猟をする
ခိုးသား[ko:da:]（名）泥棒、窃盗犯
ခိုးသားဓားပြ[k'oḏa:dəmja.]（名）強盗、山賊
ခိုးသူ[k'o:du]（名）泥棒
ခိုးသားဓားပြ[k'o:de: dəmja.]（名）（王朝時代の）こそ泥、窃盗、軽犯罪
ခိုးသေးမီးဟုး[k'o:de:mi:bwa:]（名）（王朝時代の）こそ泥、窃盗放火、軽犯罪
ခိုးသောက်[k'otauʔ]（動）盗み飲む ဆေးလိပ်ခိုးသောက်သည် ‖ タバコを隠れて吸う
ခိုးသွင်း[k'otwin:]（動）密輸入する
ခိုးခိုးခစ်ခစ်[k'o:k'o:k'iʔk'iʔ]（副）きゃーきゃーと
ခိုးခိုးခစ်ခစ်ရယ်[k'o:k'o:k'iʔk'iʔ ji]（動）きゃーきゃー笑う、嬌声を挙げる
ခိုးလိုးခုလု[k'o:lo:k'u.lu.]（副）①ごろごろと ②ぎくしゃくして
ခက်[k'ɛʔ]（形）①難しい、困難だ、厄介だ ②硬い、荒っぽい、粗暴だ ③（動）縄で絡める、巻き付ける နားလည်ရခက်သည် 理解困難だ
ခက်ခဲ[k'ɛʔk'ɛ:]（形）難しい、困難だ
ခက်ခဲနက်နဲရှိ[k'ɛʔk'ɛ: nɛʔnɛ: ʃi.]（形）深遠だ
ခက်ခဲမှု[k'ɛʔkɛ:mṵ.]（名）難事、困難
ခက်ခဲခဲ[k'ɛʔk'ɛʔk'ɛ:gɛ:]（副）苦労して、困難の末に ခက်ခက်ခဲခဲရှာသည် ‖ 苦労して探す

ခက်ဆစ်[k'ɛʔsiʔ]（名）難問、難題、理解困難な問題
ခက်ဆစ်အဖြေ[k'ɛʔsiʔ əp'je]（名）用語解釈、難問の解答
ခက်တရော့[k'ɛʔtɛjɔ]（動）硬く、硬直して
ခက်တရော့ဖြစ်[k'ɛʔtɛjɔ p'jiʔ]（動）①険しい、険悪だ ②こわばる、硬くなる、硬直する
ခက်တင်မောင်းနှင်း[k'ɛʔtin˚maun:nin:]（名）言質を取られぬ話し方、曖昧な話し方
ခက်ထန်[k'ɛʔt'an]（形）気難しい、険悪だ、容赦しない、非情だ、過酷だ
ခက်ထန်ကြမ်းကြုတ်[k'ɛʔt'an tʃan:dʒouʔ]（形）粗野だ ခက်ထန်သောမျက်နှာထား: 気難しい表情
ခက်မာ[k'ɛʔma]（形）硬い、粗暴だ
ခက်ရာခက်ဆစ်[k'ɛʔja k'ɛʔsiʔ]（名）難問、難題
ခက်[k'ɛʔ]（名）枝 =အခက်
ခက်ဖျား[k'ɛʔpja:]（名）枝先
ခက်မ[k'ɛʔma.]（名）大枝
ခက်မငါးဖြာ[k'ɛʔma. ŋa:bja]（名）身体各部、四肢と頭部
ခက်ရင်း[k'əjin:]（名）①フォーク ②（武器）鉾、刺股 ③先が二股になった農具の1種 =ခက်ရင်းခု ④刃が二股の武器
ခက်လက်[k'ɛʔlɛʔ]（名）枝
ခက်သေး[k'ɛʔte:]（名）小枝
ခေါက်[k'auʔ]（動）①叩く、撃つ、ノックする တံခါးကိုခေါက်သည် ドアをノックする ②攪拌する、掻き混ぜる ကြက်ဥကိုခေါက်သည် ‖ 卵を攪拌する ဥရှန်ဒီနှင့်ကြက်ဥနှင့်ခေါက်သောက်တယ် ブランデーに卵を掻き混ぜて飲む ③（助数）~回、~度 တခေါက် 1回 နှစ်ခေါက် 2回
ခေါက်ခေါက်ရက်ရက်[k'auʔk'auʔjɛʔjɛʔ]（副）無慈悲に、冷酷に
ခေါက်မိ[k'auʔmi.]（動）幾らか判る、多少は判る、察する
ခေါက်ရက်[k'auʔjɛʔ]（副）容赦なく、遠慮会釈なく
ခေါက်ရှာငှက်[k'auʔʃa ŋɛʔ]（鳥）啄木鳥（キツツキ）
ခေါက်[k'auʔ]（動）畳む、折り畳む、折り曲げる
ခေါက်ကုတင်[k'auʔ gədin]（名）折り畳みベッド、キャンバス製ベッド
ခေါက်ကုလား:ထိုင်[k'auʔ kələt'ain]（名）折り畳み椅子
ခေါက်ကြောင်း[k'auʔtʃaun:]（名）襞、折り目
ခေါက်ကွေး[k'auʔkwe:]（副）折り曲げて、湾曲して
ခေါက်ခနဲ[k'auʔk'ənɛ:]（副）突然、不意に
ခေါက်ခုတင်[k'auʔ gədin]（名）折り畳みベッド
ခေါက်ခေါက်[k'auʔk'auʔ]（副）①遠慮会釈なく、思いっきり ②血の繋がった、直結した အစ်မခေါက်

ခေါက်ဆွဲ

ခေါက်တဲ။ 実の姉だ（従姉妹ではない）
ခေါက်ချို：[k'auʔtʃoː] (名) ①半分 သူနဲ့အသက်ခေါက်ချို：နည်းပါးကွာ ခြားနေတယ်။ 彼とは年齢が２倍近く違う ②曲がり、湾曲 ③(副) 浮かぬ顔をして、渋面で、不愉快な表情で မျက်နှာကရှုံ့စပ်ခေါက်ချို：နဲ့ဘာ ဖြစ်သလဲ။ 浮かぬ顔をしてどうしたんだね？
ခေါက်ချိုချို：[k'auʔtʃoː tʃoː] (動) 二つ折りにする、半分に折り畳む ခေါက်ချို：စောင် 二つ折りにした毛布
ခေါက်ချို：ညီ[k'auʔtʃoː ɲi] (動) (鏡に映った姿のように) 左右が逆になる
ခေါက်ချင်း[k'auʔtʃinː] (副) １回だけ、１回きり
ခေါက်စာ：[k'auʔsaː] (名) １回きりの雇用、１回きりの人夫
ခေါက်တိခေါက်ကွေ：[k'auʔti.k'auʔkwɛː] (副) 体を縮めて、湾曲して
ခေါက်တုံ့ကွင်[k'auʔtounʔ.gwin] (名) 正結び (紐の一方を引っ張ればすぐに解ける結び方)
ခေါက်တုံ့ခေါက်ပြန်[k'auʔtounʔ k'auʔpjan] (副) 行きつ戻りつ、行ったり来たりして
ခေါက်တုံ့ချည်[k'auʔtoun. tʃi] (動) 二本の紐を正結びで結ぶ
ခေါက်တုံ့[k'auʔtun.] (動) 紐、コード等で正結びを作る、正結びができるように結ぶ
ခေါက်ထား[k'auʔtʔa.] (動) 放置する、放っておく、無視する
ခေါက်ထီး[k'auʔtʔiː] (名) 折り畳み傘
ခေါက်ပေတံ[k'auʔpedan] (名) 折り尺
ခေါက်ပြန်ပေး[k'auʔpjanbeː] (名) 付け買い、信用買い (現金決済ではない)
ခေါက်ဖျာ[k'auʔpʔja] (名) 折っても折れない良質のござ
ခေါက်ယပ်တောင်[k'auʔ jaʔtaun] (名) 扇子
ခေါက်ရိုး[k'auʔjoː] (名) 折り目
ခေါက်ရိုးကျ[k'auʔjo. tʃoː] (動) 折り目が付く
ခေါက်လက်[k'auʔlɛʔ] (名) 折り返しの袖 (カフス釦で留める)
ခေါက်လက်ကြယ်သီး[k'auʔlɛʔ tʃɛdiː] (名) カフス釦
ခေါက်ဆွဲ[k'auʔsʔwɛː] (名) (米、小麦、豆等の粉末で作った) 麺、うどん、そば
ခေါက်ဆွဲကြော်[k'auʔsʔwɛː.kʔjɔ] (名) やきそば
ခေါက်ဆွဲဆိုင်[k'auʔsʔwɛː zain] (名) うどん屋、そば屋
ခေါက်ဆွဲပြုတ်[k'auʔsʔwɛː.bjouʔ] (名) 汁そば
ခိုက်[k'ai] (名) ～した時、～した折 အသီ：မည်ပျော: ၀င်：၀င်းရှိနေခိုက်အကင်မျာ：ကကြွေကျသည်။ 熟した果実が金色に輝いている頃青い果実が落果する အမောင်ရောက်လာခိုက်ငါ့နွာ：ပျောက်၏။ お前さんが来た時わしの牛が姿を消した
ခိုက်[k'ai] (動) ①触れる、接触する ②ぶち当たる ③苦しむ、損害を蒙る、不幸に見舞われる နေ့နှင့်မတည့်တဲ့နာမည်မှည့်မိရင်ခိုက်တယ်။ 誕生曜日と合わない名前を付けたら不幸になる
ခိုက်ခိုက်တုန်[k'aiʔk'aiʔtoun] (動) 身震いする、がたがた震える、震えおののく ခိုက်ခိုက်တုန်အောင်ချမ်း နေတယ်။ 身震いする程寒い
ခိုက်ရန်[k'aiʔjan] (名) 争い、対立、衝突
ခိုက်ရန်ဒေါသ[k'aiʔjan dɔːda.] (名) 怒り、争い、喧嘩
ခိုက်ရန်ဖြစ်ပွာ：[k'aiʔjan p'jiʔpwaː] (動) 争いが起る、紛争が発生する
ခိုက်ရန်ဖြစ်ပွာ：မှု[k'aiʔjan p'jiʔpwaː.mu.] (名) 紛争の発生
ခင်[k'inʔ] (代) ①(女性専用) 私の ②(男性から女性に、親愛の情がこもった表現) 君の
~ခင်[k'in~gin] (接助) 否定詞မ と組合って、～する前、～しない内に ကျောင်：မတက်ခင် 登校前に လုပ်ငန်း မပြီ：ခင် 仕事が終らない内に သွာ：ခင် 出かける前に
ခင်[k'in] ① (代) 君(男性から女性に向って) ခင်ဘယ် သွာ：မလဲ။ 君はどこへ行くの？ ②台地
ခင်တန်[k'indan] (名) 台地、平たい丘
ခင်ရို့[k'in joː] (名) 丘陵
ခင်[k'in] (形) 親しい、仲が良い、親近だ、じっこんだ
ခင်ကြို：[k'in tʃiː] (名) ①坊さま、和尚様 ②行者、修行者、修験者
ခင်ခင်မင်မင်[k'ingin minmin] (副) 親しく、仲良く、じっこんに
ခင်တွယ်[k'intwɛ] (動) 愛着を持つ、思いを寄せる
ခင်ပွန်[k'inbun] (名) ①配偶者、伴侶、連れ添い ②夫 ③妻
ခင်ပွန်：မ[k'inbun:ma.] (名) 妻
ခင်ပွန်：ပစ်[k'inbun:bjiʔ] (名) 裏切り者
ခင်ပွန်：သည်[k'inbun:dɛ] (名) ①夫、主人 ②妻、女房
ခင်ဗျာ[k'əmja.] (代) ခင်ဗျာ:の斜格形、あなたの
ခင်ဗျာ[k'əmja] ① (男性用の丁寧な返事) はい ② (文末に添加、敬意、丁寧さ等を表現) ~よ ဟုတ်ပါ တယ်ခင်ဗျာ။ さようでございます
ခင်ဗျာ：[k'əmjaː] (代) ①男性用二人称、あなた ②男性用の丁寧な返事、はい

ခင်မင်[k'inmin] (形) 親しい、親密だ、じっこんだ

ခင်မင်ရင်းနှီး[k'inmin jin:ṇi:] (形) 親しい、仲がよい

ခင်မင်ရင်းနှီးမှု[k'inmin jin:ṇi:ṃu.] (名) 親密さ、親しさ、仲のよさ

ခင်မင်ရင်းနှီးမှုရှိ[k'inmin jin:ṇi:ṃu.ʃi.] (形) 親しみがある、仲がよい

ခင်တိတ်[k'indeiʔ] (名) 車輛

ခင်ပုလေ[k'inbəlwɛ] (名) 笙 (フルートの1種、フクベに竹筒を差し込んだ笛)

ခင်ပက်[k'inbouʔ] (鳥) アオバズク (フクロウ科) Ninox scululata

ခင်ပုပ်[k'inbouʔ] (植) ツルウメモドキ

ခင်း[k'in:] (名) ①クロス、敷物 ②(果樹、作物の)栽培園、耕地 ပြောင်းခင်း: モロコシ畑 ဝါခင်း: 綿畑 အာလူးခင်း: ジャガイモ畑 ③豊かさ、裕福さ ငွေကြေးဝါသိန်းခင်းလောက်ချမ်းသာဝယ်။ 五十万チャットも裕福だ

ခင်း[k'in:] (動) ①敷く、広げる ဖျာခင်းတယ်။ 筵を敷く ကော်ဇောခင်းသည်။ 莫蓙を広げる (敷く) ②(おはじき、ビーダマ等を)遠くへ飛ばす ③セットする တပ်ခင်းသည်။ 部隊を展開する ဆိုင်ခင်းသည်။ 店を出す တံတားခင်းသည်။ 橋を架ける ကျောခင်းသည်။ 背を伸ばす、背伸びする စကားခင်းသည်။ 話を始める

ခင်းကျင်း[k'in:tʃin:] (動) ①並べる、揃える、配置する、配列する ②展示する

ခင်းကျင်းပြသ[k'in:tʃin: pja.ta.] = ခင်းကျင်း

ခင်းကြီးခင်းငယ်[k'in:dʒi: k'in:ŋɛ] (名) ①大小の用事 ②排泄、大小便

ခင်းနှီး[k'in:ṇi:] (名) 敷物、カーペット、座布団

~ခေါင်းခဲ[~k'aun.~kɛ:] (助動) 滅多に~ない ခေါင်းခဲဖြစ်ခဲ [k'aun.dʒɛ k'aun.kɛ̀] 滅多に起らない လုတ်ခေါင်းခဲ့တဲ့ なかなか自由になれない cf. ~တော့ခဲ

ခေါင်[k'aun] (形) ①極めて高い မြင့်ခေါင်သည်။ 極めて高い ②極めて深い ③極めて遠い ကြာခေါင်သည်။ 極めて時間がかかる ④極めて乏しい မိုးခေါင်သည်။ 早になる、干ばつだ အတွေးခေါင်သည်။ 思考力に乏しい ⑤ (名) 大棟 ⑥ 頂点、頂上、最高点

ခေါင်ကိုင်း[gaungain:] (名) 梢

ခေါင်ခိုက်[k'aun kaiʔ] (動) 頂点に達する ဆန်ဈေးနှုန်းခေါင်ခိုက်နေလို့လူတွေဆန်ဝယ်မစားနိုင် 米の値段が鰻登りなので、庶民は米を買って食べる事ができない

ခေါင်ခေါင်[k'aungaun] (形) 内よりの、中央の နေ့ခေါင်ခေါင် 真夏、夏の盛り နေ့ပူခေါင်ခေါင် 暑い盛り တောခေါင်ခေါင် 僻地

ခေါင်ခေါင်ဈျာဈျာ[k'aungaun p'ja:bja:] (名) 僻地、人跡稀な土地

ခေါင်ချုပ်[k'aundʒouʔ] (名) ①屋根の棟、大棟 ②立身出世した人、功なり名遂げた人

ခေါင်စောင်း[k'aunzau:ʔ] (名) (多雨地帯での) 急傾斜の屋根

ခေါင်ညွန့်[gaunɲun] (名) 梢の芽、新芽

ခေါင်တိုင်[k'aundain] (名) 大黒柱 (大棟を支える柱)

ခေါင်တန်း[k'aundan:] (名) 棟木 = ခေါက်လျောက်

ခေါင်နိမ်[gaun ṇein] (動) (成長を留めるために)植物の芽を摘む

ခေါင်ပေါက်[k'aunbauʔ] (名) 鼻緒の孔

ခေါင်ပြိုက်[k'aunbeiʔ] (名) 破風

ခေါင်ပြန့်[k'aunbjan] (名) 傾斜の緩やかな屋根

ခေါင်ဖျား[k'aunbja:] (名) 頂点、先端

ခေါင်မို[k'aunmo:] (名) 屋根 = အိမ်ခေါင်မို

ခေါင်ရေ[k'aun je] (名) 高潮、大潮

ခေါင်လျောက်[k'aun jauʔ] (名) 大棟の棟木

ခေါင်ဝါ[k'aunwa:] (名) ニッパ屋根の重し、抑え板

ခေါင်သူကြီး[gaun dədʒi:] (名) (通せんぼ遊びの) ゴールキーパー、餓鬼大将

ခေါင်အုပ်[k'aun ouʔ] (名) 棟木抑え

ခေါင်အေး[k'aun je] (名) 餅米を原料に麹を加えて作ったどぶろく

ခေါင်ရန်းပန်း[k'aun jan:ban:] (植) 仏桑華、ハイビスカス (アオイ科) Hibiscus rosa-sinensis

ခေါင်ရန်းပြာ[k'aun jan:bja] (植) キキョウ

ခေါင်လွန်တီ[k'aunɬandi] (植) ナンバンギセル (ハマウツボ科) Aeginetia indica

ခေါင်း[k'aun:] (名) ①棺、柩 ②窪み、空ろ、空所 ③飼い葉桶

ခေါင်းစပ်[k'aun: saʔ] (動) 棺を作る

ခေါင်းတိုင်[k'aun:dain] (名) 煙突

ခေါင်းပါး[k'aun:ba:] (形) 乏しい、不足する、欠乏する、少ない、稀だ ငွေခေါင်းပါးသည်။ 手持ちの金が少ない ဗဟုသုတပညာခေါင်းပါးသည်။ 無知である

ခေါင်းပိတ်[k'aun:beiʔ] ①(動) 穴が詰まっている、中身が詰まっている ②[gaun:beiʔ] (名) 管詰まり ဒီဝါးဟာခေါင်းပိတ်ဘဲ။ この竹には空洞がない

ခေါင်းပူ[k'aun:bwa.] (形) 中空だ、管の中が空いている

ခေါင်းလောင်း[k'aun:laun:] (名) 鐘、梵鐘

ခေါင်းလောင်းတီး[k'aun:laun: ti:] = ခေါင်းလောင်းထိုး

ခေါင်းလောင်းထိုး[k'aun:laun: t'o:]（動）鐘を鳴らす、鐘を撞く

ခေါင်းလောင်းဘောင်းဘီ[k'aun:laun: baun:bi]（名）ラッパ・ズボン（裾広のズボン）

ခေါင်းသွင်း[k'aun:twin:]（動）納棺する、亡骸を柩に納める

ခေါင်း[gaun:]（名）①頭 ②切手 ③コインの表 cf. ပန်း ④ボス、親玉 အပျိုခေါင်း: 村落での乙女頭 လူပျိုခေါင်း: 村落での若者頭 ⑤売春婦の元締め

ခေါင်းကိုက်[gaun: kai']①（動）頭が痛い、頭痛がする ②[gaun:gai']（名）頭痛

ခေါင်းကောင်း[gaun: kaun:]（形）頭がよい、頭脳明晰だ

ခေါင်းကုတ်[gaun: kou']（動）頭を掻く

ခေါင်းကျ[gaun: tʃa.]（動）（コインを投げ上げて）表が現れる

ခေါင်းကြီး[gaun: tʃi:]①（動）逆上する、頭に血が上る、かっとなる、理性を失う ②（名）社説

ခေါင်းကြီးငိုက်စိုက်ဖြင့်[gaun:dʒi: ŋai'sai'p'jin.]（副）首を項垂れて

ခေါင်းကြီးပိုင်း[gaun:dʒi:bain:]（名）①社説 ②首脳陣

ခေါင်းကွဲ[gaun: kwə:]（動）①頭に怪我をする、頭部に裂傷を負う ②四散する、ばらばらになる

ခေါင်းခါ[gaun: k'a]（動）頭を横（左右）に振る、断る、拒否する、否定する

ခေါင်းခု[gaun: gu.]（名）頭上に物を載せて運ぶ時のクッション用の布

ခေါင်းခုအဝတ်[gaun: gu. əwu']=ခေါင်းခု

ခေါင်းခဲ[gaun: k'ɛ:]（形）頭が痛い=ခေါင်းကိုက်

ခေါင်းခေါက်[gaun:k'au']（動）①指を曲げて頭をコツンと打つ ②白羽の矢を立てる、選び出す、指名する

ခေါင်းချ[gaun: tʃa.]（動）①死ぬ、息絶える、絶命する、永眠する ②寝る、眠る

ခေါင်းချင်းဆက်အမြွှာပူး[gaun:dʒin:zɛ' əmwa bu:]（名）シャム双生児、頭部接触双生児

ခေါင်းချင်းဆိုင်[gaun:dʒin:s'ain]①（動）額を突き合わせる、密談する ②（副）額を突き合わせて、鳩首協議して ခေါင်းချင်းဆိုင်တိုက်မိသည် 頭と頭をぶつける、正面衝突する

ခေါင်းချင်းရိုက်[gaun:dʒin:jai']①（動）密談する ②（副）額を寄せ集めて ခေါင်းချင်းရိုက်ကာတီးတိုးပြောဆိုကြတယ်။ 額を寄せ合ってひそひそ話す

ခေါင်းခြောက်[gaun: tʃau']（動）考えあぐねる、途方に暮れる

ခေါင်းခွံ[gaun:gun]（名）頭蓋骨

ခေါင်းငိုက်[gaun: ŋai']（動）項垂れる

ခေါင်းငိုက်စိုက်ကျ[gaun: ŋai'sai' tʃa']（動）項垂れる

ခေါင်းငုံ့[gaun:ŋoun.]（動）頭を下げる、俯く、項垂れる ခေါင်းငုံ့မခံဘူး။ 頭は下げない、屈辱には甘んじない

ခေါင်းငုံ့ခံ[gaun:ŋoun. k'an]（動）頭を下げて我慢する、うつ向いて仕打ちに耐える

ခေါင်းငြိမ့်[gaun: ɲein.]（動）肯く、同意する

ခေါင်းစီး[gaun:zi:]（名）①見出し ②ヘッディング、レターヘッド

ခေါင်းစည်း[gaun:zi:]（名）鉢巻き、ヘヤーバンド

ခေါင်းစည်းကြိုး[gaun:zi:dʒo:]=ခေါင်းစည်း

ခေါင်းစည်းပုဝါ[gaun:zi:pəwa]（名）スカーフ

ခေါင်းစဉ်[gaun:zin]（名）①見出し、表題、題目 ②文字順

ခေါင်းစွပ်[gaun:zu']（名）帽子

ခေါင်းဆေး[gaun: s'e:]（動）新生児の頭を洗う、新生児の洗髪をする

ခေါင်းဆေးမင်္ဂလာ[gaun:s'e: mingəla]（名）洗髪儀式

ခေါင်းဆောင်[gaun:s'aun]①（動）指導する ②[gaun:zaun]（名）指導者、リーダー

ခေါင်းဆောင်မှု[gaun:s'aun̥mu.]（名）指導、リーダーシップ

ခေါင်းဆောင်း[gaun:zaun:]（名）防寒用帽子、保温用帽子

ခေါင်းဆတ်[gaun: s'a']（動）頭を素早く上下に振る、合槌を打つ

ခေါင်းညိတ်[gaun: ɲei']（動）①首を縦に振る、肯く ②肯定する

ခေါင်းတခြမ်းကိုက်ရောဂါ[gaun: təʧan:gai' jɔ: ga]（名）偏頭痛

ခေါင်းတမော့မော့[gaun: təmɔ:mɔ:ne.]（副）頭を上げて、昂然と

ခေါင်းတလုံးနှင့်ရေအိုးနှစ်လုံးမရွက်နိုင်။（諺）二兎を追う者は一兎をも得ず（一つの頭に水瓶二つは載せられない）

ခေါင်းတိုက်[gaun: tai']（動）（サッカー）ヘッディング・シュートする

ခေါင်းတိုက်သွင်း[gaun:dai' twin:]=ခေါင်းတိုက်

ခေါင်းတည်[gaun:tɛ]（動）①指導者を選ぶ ②肝心要だ、本質的だ

ခေါင်းတပ်[gaun:ta']（動）①名指しする、名前を明らかにする ②宛名を書く、住所を書く

ခေါင်း:ရှင်း

ခေါင်းတိမ်း[gaun:tein:]（動）責任逃れをする
ခေါင်းတုံး[gədoun:]（名）坊主頭
ခေါင်းတုံးဆံတောက်[gədoun: zədauˀ]（名）五分刈りの頭
ခေါင်းတုံးပေါ်က၊ထိပ်ကုပ်။（諺）ミイラ取りがミイラになる、上には上がある、ベテランを出し抜く（そり上げた頭の上の剥げ）
ခေါင်းတုံးရိတ်[gədoun: jeiˀ]（動）坊主頭にする、頭を丸坊主にする
ခေါင်းတွဲ[gaun:dwɛ:]（名）機関車
ခေါင်းထီးခေါင်းခံ[gaun:di; gaun:gan]（名）門扉
ခေါင်းထောင်[gaun: tʻaun]（動）①頭を上げる、頭をもたげる ②勢力を盛り返す、再興する
ခေါင်းနှန်းကြီး[gaun:nəban: tʃiː]（動）気が気でない、思わずどきりとする、頭に血が上る、血が逆流する、思い悩む
ခေါင်းနောက်[gaun: nauˀ]（動）頭が混乱する、話がややこしい、判りにくい、煩わしい
ခေါင်းနင်းဆင်း[gaun:nin: sʻin:]①（動）血の繋がった実の兄弟として生れる②[gaun:nin:zin:]（名）実の兄弟、血の繋がった兄弟
ခေါင်းပေါင်း[gaun:baun:]（名）（ビルマ人男性用の）帽子
ခေါင်းပေါင်းချွတ်[gaun:baun: tʃuˀ]（動）ビルマ帽を脱ぐ
ခေါင်းပေါင်းစထောင်[gaun:baun:za. tʻaun]（動）奢り昂ぶる、偉そうにする
ခေါင်းပေါင်းစုပ်[gaun:baun: suˀ]（動）ビルマ帽を被る
ခေါင်းပေါင်းပေါင်း[gaun:baun: paun:]=ခေါင်းပေါင်းစုပ်
ခေါင်းပိုင်း[gaun:bain:]（名）頭の部分、先頭の部分、前部
ခေါင်းပုတ်[gaun: pouˀ]（動）頭をこずく、拳骨を食らわす
ခေါင်းပန်းမြှောက်[gaun:pan: m̥jauˀ]（動）コインを投げ上げ、落ちてきた時の裏表で物事を決める
ခေါင်းပန်းလှန်[gaun:pan: l̥an]=ခေါင်းပန်းမြှောက် သား၊ရမလား၊သမီးရမလားခေါင်းပန်းလှန်ကာကံမဲ့ကြသည်။ 息子が生れるか、娘が生れるかコインを投げ上げて占った
ခေါင်းပန်းလှည့်[gaun:pan:l̥ɛˀ]（動）コインを指で弾いて回転させ倒れた時の裏表で物事を決める
ခေါင်းပုံဖြတ်[gaun:boun pjaˀ]（動）くすねる、上前をはねる、ピンはねする、不正取得をする

ခေါင်းပြု[gaun: pjuˀ]（動）①指導者になる ②指導する ③一方を向くအရှေ့ဘက်ခေါင်းပြုအိပ်သည်။ 頭を東側に向けて寝る
ခေါင်းပြူ[gaun: pju]（動）（窓から）顔を出す、頭を突き出す
ခေါင်းပြောင်[gaun:bjaun]（名）禿頭、毛のない頭、つるつる頭
ခေါင်းဖု[gaun:buˀ]（名）頭上に物を載せて運ぶ時のクッション用の布 =ခေါင်းခု
ခေါင်းဖျောက်[gaun: pʻjauˀ]（動）①顔を隠す ②頭を掻く
ခေါင်းဖြီး[gaun: pʻiː]（動）髪を梳く、整髪する、調髪する
ခေါင်းဖြူ[gaun:bju]（名）①白髪 ②白髪の老人
ခေါင်းဖြူစပ်ကျီး[gaun:bju swedʑoː]（名）年寄り、老人、老齢者
ခေါင်းဖြတ်[gaun: pʻjaˀ]（動）首を斬る
ခေါင်းဖြတ်ကုပ်မျက်[gaun:pʻjaˀ kuˀmjɛˀ]（動）斬首する
ခေါင်းဖြတ်သတ်[gaun:pʻjaˀ t̪aˀ]=ခေါင်းဖြတ်ကုပ်မျက်
ခေါင်းဖောင်း[gaun:baun:]（名）ビルマ人男性が被る帽子、ビルマ帽
ခေါင်းမကောင်း[gaun: məkaun:]（形）頭が悪い
ခေါင်းမာ[gaun: ma]（形）頑固だ、頑なだ、強情だ、頑迷だ
ခေါင်းမူး[gaun: mu:]（動）目眩がする
ခေါင်းမြီးခြုံ[gaun:miː tʃoun]（動）頭からすっぽり被るခေါင်းမြီးခြုံအိပ်နေသည်။ 頭からすっぽり被って寝ている
ခေါင်းမွေး[gaun:mwe:]（名）頭髪、毛髪
ခေါင်းယမ်း[gaun: jan]（動）①頭を横に振る、頭を左右に振る ②否認する、否定する、断る
ခေါင်းရင်း[gaun:jin:]（名）枕許 cf.ခြေရင်း:足元
ခေါင်းရင်းအိမ်[gaun:jin: ein]（名）奥の家
ခေါင်းရိတ်[gaun: jeiˀ]（動）①頭髪を刈る、散髪する ②（出家するために）頭を剃る
ခေါင်းရွက်[gaun: jwɛˀ]（動）頭に物を載せる
ခေါင်းရွက်သည်[gaun: jwɛˀtɛ]（名）（頭に物を載せて売り歩く）物売り
ခေါင်းရွက်ရေးသည်[gaun:jwɛˀ zeːdɛ]（名）（頭に物を載せて売り歩く）物売り
ခေါင်းလျှော်[gaun: ʃɔ]（動）洗髪する
ခေါင်းရှင်း[gaun: ʃin:]（形）気分爽快だ、気分がすっきりしている、煩わしさがない

ခေါင်းရှောင်[gaun: ʃaun］（動）①身をかわす、回避する ②責任逃れをする
ခေါင်းရှုပ်[gaun: ʃouʔ］（形）ややこしい、厄介だ、煩わしい
ခေါင်းလေး[gaun: le:］（形）頭が重い、頭がすっきりしない、気が重い
ခေါင်းလိမ်းဆီ[gaun:lein:zi］（名）ポマード、整髪用の油
ခေါင်းလျှော်[gaun: ʃɔ］（動）頭を洗う、洗髪する
ခေါင်းဝင်ကိုယ်ဆံ့[gaun:win kosʻan.］（動）万事順調だ、物事がスムーズに進む
ခေါင်းအေး[gaun: e:］（形）気分爽快だ、気が晴れ晴れする
ခေါင်းအိုက်[gaun: aiʔ］（動）考えあぐねる
ခေါင်းအုန်[gaun: oun］（形）頭が重い、頭がぼんやりする
ခေါင်းအုံ[gaun:oun］＝ခေါင်းအုန်
ခေါင်းအုံး[gaun:oun:］①（名）枕 ②（動）枕にする
ခေါင်းအုံးခံ[gaun:oun kʻan］（動）枕をする、枕にする
ခေါင်းအုံးစွပ်[gaun:ounzuʔ］（名）枕カバー
ခိုင်[kʻain］（形）①丈夫だ、堅固だ、しっかりしている、安定している ②耐久性がある、長持ちする
ခိုင်ခိုင်လုံလုံ[kʻaingain lounloun］（副）確実に
ခိုင်ခံ့[kʻaingan.］（形）堅い、丈夫だ、堅固だ、頑丈だ、安定している
ခိုင်ခံ့တောင့်တင်း[kʻaingan. taun.tin:］（形）丈夫だ、堅固だ、頑丈だ
ခိုင်မာ[kʻainma］（形）硬い、堅牢だ、丈夫だ、がっちりしている
ခိုင်မာစွာ[kʻainmazwa］（副）しっかりと
ခိုင်မာတောင့်တင်း[kʻainma taun.tin:］（形）しっかりしている、頑丈だ
ခိုင်မြဲ[kʻainmjɛ］（形）堅い、丈夫だ、堅固だ
ခိုင်မြဲတည်တံ့[kʻainmjɛ: tidan.］（形）安定している、堅固だ
ခိုင်လုံ[kʻainloun］（形）①堅固だ、堅牢だ、難攻不落だ ②（証拠が）しっかりしている、根拠がある、確実だ အထောက်အထား:မခိုင်လုံဘူး။ 物証が確かでない ③（資産が）豊かだ
ခိုင်ရွှေဝါ[kʻainʃwewa］（植）セイタカアワダチソウ
ခိုင်း[kʻain:］（動）①使う、使役する、用事を言いつける、仕事をさせる တောင်ပေါ်ကိုသွားပါလို့ခိုင်းတယ်။ 山の上へ行けと命じた ②隣接する ③比べる、比較する

~ခိုင်း[kʻain:］（助動）~させる ဝယ်ခိုင်းသည် 買わせる ထိုင်ခိုင်းသည် 座らせる ပြောခိုင်းသည် 言わせる တံခါးကိုပိတ်ခိုင်းသည် ドアを閉めさせる
ခိုင်းကျွဲ[kʻain tʃwɛ:］（名）使役用の水牛
ခိုင်းခိုင်း[kʻain:nain:］（動）例える、比べる、比較する
ခိုင်းနွား[kʻain:nwa:］（名）役牛、使役牛
ခိုင်းဖတ်[kʻain:baʔ］（名）使い走り、雑役夫
ခစ်ကနဲ[kʻiʔkənɛ:］（擬）クスリと（笑う）
ခေတ်[kʻiʔ］①（名）時代 ②（形）現代の
ခေတ်ကာလ[kʻiʔkalaʔ］（名）時代
ခေတ်ကောင်း[kʻiʔ kaun:］（形）①繁栄する、繁盛する ②（名）太平の世の中
ခေတ်ကုန်[kʻiʔ koun］（動）時代遅れになる、役立たずになる
ခေတ်ကျပ်[kʻiʔtʃaʔ］（名）非常時、不景気、窮屈な時代
ခေတ်ကြို[kʻiʔtʃo］（名）前世、前時代
ခေတ်စား[kʻiʔsa:］（動）流行する、流行る、もてはやされる
ခေတ်စစ်စာပေ[kʻiʔsan: sape］（名）ビルマの文学革新運動（１９３０年代にラングーン大学を中心に勃興した）
ခေတ်ဆိုး[kʻiʔ sʻo:］①（形）時代が悪い ②（名）不遇の時期、難局
ခေတ်ဆန်[kʻiʔ sʻan］（形）今風だ、現代的だ、モダンだ
ခေတ်ဉာဏ်[kʻiʔnan］（名）時代の智慧、時の考え
ခေတ်တိမ်[kʻiʔ tein］（動）盛りが過ぎる、人気が衰える、時代遅れになる
ခေတ်ထ[kʻiʔ tʻa.］（動）盛んになる、勃興する、繁盛する、人気が出る、流行する ဗီဒီယိုတွေခေတ်ထလာတယ်။ ビデオが大流行りだ
ခေတ်နောက်ကျ[kʻiʔ nauʔtʃa.］（形）時代遅れだ、時代に取り残される、時代にそぐわない、古臭い
ခေတ်နောက်ပြန်ဆွဲ[kʻiʔ nauʔpjan sʻwɛ:］（動）時代に逆行する、逆戻りする、退歩する、退化する
ခေတ်နောင်း[kʻiʔnaun:］（名）後期、時代の後半
ခေတ်ပညာ[kʻiʔpjinɲa］（名）近代教育、近代知識
ခေတ်ပေါ်[kʻiʔpɔ］（形）はやりの、流行の、現代の
ခေတ်ပေါ်တေးအဆိုကျော်[kʻiʔpɔ te: əsʻoʃɔ］（名）ポピュラー歌手、流行歌手
ခေတ်ပျက်[kʻiʔpjɛʔ］①（動）世の中が混乱する、無法状態になる ②（名）無法状態、無政府状態
ခေတ်ပြောင်း[kʻiʔpjaun:］（動）時代が変わる、世の中が変わる

ခေတ်ပြောင်းခေတ်လွဲ[k'iʔpjaun:kiʔlwɛ:]（名）変革期

ခေတ်ပြိုင်[k'iʔpjain]①（形）同時代の ②（副）同時代に

ခေတ်မှီ[k'iʔmi]（形）最新だ、近代的だ、現代的だ

ခေတ်မှီနိုင်ငံ[k'iʔmi naingan]（名）近代国家

ခေတ်မှီလက်နက်[k'iʔmi lɛʔnɛʔ]（名）近代的武器

ခေတ်မမှီတော့ဘူး[k'iʔ məm̥idɔ.bu:]（形）もう時代遅れだ

ခေတ်မှိန်[k'iʔm̥ein]（動）時代遅れになる、流行遅れになる

ခေတ်ရှေ့က[k'iʔʃe.ga.]（副）時代に先んじて、時代に先行して

ခေတ်ရှေ့ပြေး[k'iʔʃe.pje:]①（動）時代を先取りする、時代に先行する ②[k'iʔʃe.bje:]（名）時代の先駆け

ခေတ်လယ်[k'iʔlɛ]（名）時代の中頃

ခေတ်သမယ[k'iʔtəməja.]（名）時代

ခေတ်သစ်[k'iʔti̥ʔ]（名）近代、新時代

ခေတ်သစ်တည်[k'iʔti̥ʔ ti]（動）新しい時代を築く

ခေတ်သစ်ထူထောင်[k'iʔti̥ʔ t'udaun]=ခေတ်သစ်တည်

ခေတ်သုန်း[k'iʔ toun:]（動）時代が終る、時代遅れとなる

ခေတ်ဟောင်း[k'iʔhaun:]（名）旧時代、過去の時代

ခေတ်ဦး[k'iʔu:]（名）時代の前期、初期

ခေတ္တ[k'iʔta.]（名）暫時、一寸の間

ခေတ္တခဏ[k'iʔta. k'əna.]=ခေတ္တ

ခေတ္တဘုရင်ခံ[k'iʔta. bəjingan]（名）臨時総督

ခေတ္တမျှ[k'iʔta.mja.]（副）ほんの一寸の間、（否定文で）ほんの一寸の間も

ခတ်[k'aʔ]（動）①蹴る ခြေင်းလုံးခတ်သည်။ ②打つ မောင်းခတ်သည်။ ③櫓で漕ぐ လှေခတ်သည်။ ④扇ぐ ယပ်ခတ်သည်။ ⑤毒を盛る အဆိပ်ခတ်သည်။ ⑥塩や茶の葉を入れる လက်ဖက်ခြောက်ခတ်သည်။ 茶の葉を入れる ဆားခတ်သည်။ 塩を加える ⑦目薬を挿す မျက်စဉ်းခတ်သည်။ ⑧瞬きをする မျက်တောင်ခတ်သည်။ ⑨牛や水牛が押し合う、角突き合わせる ကျွဲခတ်သည်။ ⑩罰を与える ဒဏ်ခတ်သည်။ ⑪手枷、足枷をはめる လက်ထိပ်ခတ်သည်။ ⑫印章を押す တံဆိပ်ခတ်သည်။ ⑬×印を付ける ကြက်ခြေခတ်သည်။ ⑭鍵をかける သော့ခတ်သည်။ ⑮ダムを作る တမံခတ်သည်။ ⑯帚で掃く ⑰囲う、区画する ခြံခတ်သည်။၊ ဝင်းခတ်သည်။ 柵を張り巡らす

ခတ်ကွင်း[k'aʔkwin:]（名）舟の櫓を繋ぎ止める環状のループ紐

ခတ်တက်[k'aʔtɛʔ]（名）ボートのオール、両手で漕ぐ櫂

ခတ်တိုင်းငန်[k'aʔtain:ŋan]（名）でしゃばり

ခတ်နှိပ်[k'aʔnei̥ʔ]（動）捺印する、押印する

ခတ်ပုတ်[k'aʔpouʔ]（動）叩く、掌で叩く =ပုတ်ခတ်

ခတ်လှေ[k'aʔl̥e]（名）櫓で漕ぐ舟

ခတ်ချို[k'aʔt͡ʃo]（植）サルトリイバラ（ユリ科）Smilax macrophylla

ခတ္တာ[k'aʔta]（植）塊根植物の1種 Crinum amoenum

ခတ္တိယ[k'aʔti.ja.]（名）クシャトリヤ（カースト制度の第2番目の階層、武士、軍人階層）

ခတ်မဆိုတ်[k'aʔməsʼeiʔ]（副）無言で、物を言わずに =ခပ်မဆိုတ်၊ ခပ်မဆိုတ်သာနေသည်။ 只黙っている

ခုတ်[k'ouʔ]（動）①切る、伐る、斬る ဝါးခုတ်သည်။ 竹を伐る ထင်းခုတ်သည်။ 薪を伐る ②エンジンを動かす စက်ခုတ်သည်။ ③金銀を加工する ④粉を箕で篩う

ခုတ်ငမန်း[k'ouʔŋaman:]（魚）ノコギリエイ

ခုတ်ထွင်[k'ouʔt'win]（動）切り開く、開墾する

ခုတ်ထွင်ရှင်းလင်း[k'ouʔt'win ʃin:lin:]（動）開墾する、開拓する

ခုတ်ပိုင်း[k'ouʔpain:]（動）切り分ける、切断する

ခုတ်ဖြတ်[k'ouʔpjaʔ]（動）切る、切断する

ခုတ်မောင်း[k'ouʔmaun:]（動）エンジンが動く、始動する ရထားခုတ်မောင်းသည်။ 汽車が走る သင်္ဘောခုတ်မောင်းသည်။ 船舶が航行する

ခုတ်ရာတခြား၊ရှရာတခြား။（諺）予想外の結末、思惑外れ、目論見外れ（斬り付けた所と切れた所とは別の箇所）

ခုတ်လှဲ[k'ouʔl̥ɛ:]（動）切り倒す、伐採する

ခုတ်သား[k'ouʔta:]（名）魚の切り身

ခုတ်သတ်[k'ouʔtaʔ]（動）斬り殺す、斬殺する

ခုဒ္ဒကနိကာယ်[k'ouʔdəka. ni.kɛ]（名）小部経典（五部経典の一つ）

~ခန်း[k'an:]（名）（本の）章、（芝居の）幕 =ခန်း

~ခန့်[k'an.]（助）約、大体、凡そ~ばかり、~位、~程 ငါးရက်ခန့်ကြာသည်။ 5日程たった ငါးမိုင်ခန့်ဝေးသည်။ 約5マイル離れている အသက်ငါးဆယ်ကျော်ခန့်ရှိပြီ။ 年齢は凡そ50を過ぎている

ခန့်[k'an.]（動）①任命する ②推定する、推し量る ③敬う、畏れる、畏敬する 4（形）立派だ、威儀がある、貫禄がある

ခန့်ခန့်ကြီး[k'an.gan.d͡ʒi:]（副）悠然と、悠々と、堂々と

ခန့်ခန့်ညားညား[k'an.gan.ɲa:ɲa:]（副）威風堂々と、周囲を圧倒して

ခန့်ခွဲ[k'an.kwɛ:]（動）企画する、取り仕切る、宰

配する

ခန့်စာ[k'an.za] (名) 辞令、任命書

ခန့်ညား:[k'an.ɲaː] (動) ①畏敬する、畏怖する ②脅しに屈する ③(形) 豪壮だ、壮大だ、雄大だ、どっしりしている ခန့်ညား:သော ရုပ်ရည် 貫禄のある風貌 ကိုယ်လုံးကိုယ်ပေါက်မှာ ခန့်ညား:သည်။ 体つきは堂々としている

ခန့်ညား:တင့်တယ်[k'anɲaː tin.dɛ] (形) 威風堂々としている

ခန့်ထား:[k'an.t'aː] (動) 任命する、配置する

ခန့်မှန်း[k'an.man:] (動) 推定する、推量する、推測する

ခန့်မှန်းချက်[k'an.man:ʥɛʔ] (名) 見積り、予想、推定値

ခန့်မှန်းခြေ[k'an.man:ʥe] (名) 推定、凡そ

ခန့်မှန်းခြေသုံးငွေစာရင်း[k'an.man:ʥe ja.toun: ŋwe zəjin:] (名) 予算

ခန့်မှန်းခြေအား ဖြင့်[k'an.man:ʥe a:p'jin.] (副) 凡そ、推定して、推測で

ခန့်အပ်[k'an.aʔ] (動) 任命する

ခန့်အပ်ခြင်းခံရ[k'an.aʔt͡ʃin: k'an ja.] (動) 任命される

ခန့်အပ်လွှာ[k'an.aʔlwa] (名) 辞令、認証状

ခန္ဒီရှမ်း[k'andi.ʃan:] (名) カムテイ・シャン族 (インド、ビルマ国境の山地に住むタイ系民族)

ခန္ဓာ[k'anda] (名) 体、身体、肉体

ခန္ဓာကုန်[k'anda koun] (動) 死ぬ

ခန္ဓာကျေ[k'anda t͡ʃwe]=ခန္ဓာကုန်

ခန္ဓာငါးပါး[k'anda ŋaːbaː] (名) (仏教の) 五温

ခန္ဓာစုန်[k'anda sun.] (動) 死ぬ

ခန္ဓာပျက်[k'anda pjɛʔ]=ခန္ဓာစုန်

ခန္ဓာပြောင်း[k'anda pjaun:]=ခန္ဓာပျက်

ခန္ဓာကိုယ်[k'anda ko] (名) 体、身体、五体

ခန္ဓာကိုယ်ကြံ့ခိုင်မှု[k'andako t͡ʃan.k'ainmu.] (名) 身体の鍛錬

ခန္ဓာကိုယ်အစိတ်အပိုင်း[k'andako əseiʔəpain:] (名) 身体器官

ခန္ဓာကိုယ်အလေးချိန်[k'andako əle:ʥein] (名) 体重

ခန်း[k'an:] (動) 涸れる、干上がる ရေခန်း:သည်။ 水が涸れる ဆီခန်း:သည်။ 油が切れる

ခန်းခြောက်[k'an:t͡ʃauʔ] (動) 涸れる、干上がる

ခန်း[k'an:] (名) ①室、部屋 ②(本の) 章

ခန်းဆီး[k'an:ziː] (名) ①仕切り、衝立 ②カーテン ③簾 (すだれ)

ခန်းနေ[k'an:ne] (名) (住職でない) 比丘

ခန်းမ[k'an:ma.] (名) ホール、広間

ခန်းမဆောင်[k'an:ma.zaun] (名) 大広間、大会議場

ခန်းဖွင့်[k'an:bwin.] (名) 家の柱と柱の間

ခန်းလုံးပြည့်[k'an:loun.bje] (名) 部屋全体、部屋全部

ခန်းလုံးလျှံ[k'an:loun.ʃan] (副) 部屋一杯に、部屋中溢れんばかりに

ခန်းဝ[k'an:wa] (名) 場所、住まい

ခန်းဝင်ပစ္စည်း[k'an:win pjiʔsiː] (名) 結納品 (新婚夫婦に双方の親が贈る財産)

ခန်းတော်[k'an:dauʔ] (植) オオレン (キンポウゲ科) Coptis teeta アルカロイドを含む、苦み

ခန်းမင်းကြီး[k'an:min:ʥiː] (人) フビライカン

ခုန်[k'oun] (動) ①跳ぶ、跳ねる、飛び跳ねる ②跳び掛かる、襲いかかる ③動悸を打つ、鼓動がする နှလုံးခုန်သည်။ 心臓が鼓動する သွေးခုန်သည်။ 脈を打つ、脈拍がある ရင်ခုန်သည်။ 胸が動悸を打つ

ခုန်ကျော်[k'ountʃɔ] (動) 跳び越える

ခုန်ချ[k'ountʃa.] (動) 跳び降りる

ခုန်ဆင်း[k'ouns'in:] (動) 跳び込む、跳び降りる

ခုန်ဆွခုန်ဆ[k'ouns'wa.k'ouns'wa.] (副) ぴょんぴょんと (飛び跳ねる)

ခုန်တက်[k'ountɛʔ] (動) 跳び乗る

ခုန်ပေါက်[k'ounpauʔ] (動) 飛び上がる、跳躍する

ခုန်ပျံ[k'ounpjan] (動) 高く跳ぶ

ခုန်ပြေးတမ်းကစား[k'ounpje:dan: gəzaː] (動) 跳躍をする、跳躍をして遊ぶ

ခုန်လွှား[k'ounlwa:] (動) 跳び越える、跳躍する

ခုန်ဝင်[k'ounwin] (動) 跳び込む

ခုန်အုပ်[k'oun ouʔ] (動) 襲いかかる、飛び掛かる

ခပ်[k'aʔ] (動) 汲む ခပ်ယူသည်။ 掬い取る ရေခပ်သည်။ 水を汲む

ခပ်ချို[k'aʔt͡ʃo] (名) 杓子、杓文字

ခပ်သိမ်း[k'aʔtein:] (名) 全部、一切合財

ခပ်သိမ်းသော[k'aʔtein:dɔ] (形) 全ての、悉く、残らず

ခပ်[k'aʔ] (接頭) 副詞形成辞、いささか、やや、比較的、どちらかと言えば

ခပ်ကင်းကင်း[k'aʔkin:gin] やや疎遠に

ခပ်ကောင်းကောင်း[k'aʔkaun:gaun:] やや良く、いくらか良く

ခပ်ကျယ်ကျယ်[k'aʔt͡ʃɛt͡ʃɛ] やや広く

ခပ်ကျဉ်းကျဉ်း[k'aʔt͡ʃin:t͡ʃin:] 比較的狭く

ခပ်ကြီးကြီး[k'aʔt͡ʃi:ʥi:] 比較的大きく、やや大きく

ခပ်ကြောက်ကြောက်[kʰaʔtʃauʔtʃauʔ] 幾らか恐れをなして、幾らか恐怖心を覚えて

ခပ်ကြမ်းကြမ်း[kʰaʔtʃanʤan:] ①やや荒っぽく、比較の手荒に ②やや拙くて、比較の粗悪に

ခပ်ကွေ့ကွေ့[kʰaʔkweːgweː] やや屈みこんで

ခပ်ခွာခွာ[kʰaʔkʰwagwa] やや離れ気味に

ခပ်ငယ်ငယ်[kʰaʔŋɛŋɛ] 幾らか小さくて、比較的幼くて

ခပ်စောစော[kʰaʔsɔːzɔː] やや早めに、いくらか早く

ခပ်စိုက်စိုက်ကြီး[kʰaʔsaiʔsaiʔtʃiː] 黙々と

ခပ်စောင်းစောင်း[kʰaʔsaun:zaun:] やや傾いて、幾らか斜めになって

ခပ်စိပ်စိပ်[kʰaʔseiʔseiʔ] いくらか密に、やや稠密に

ခပ်ဆိုးဆိုး[kʰaʔsʰoːzoː] 幾らか悪く

ခပ်ဆင်ဆင်[kʰaʔsʰinzin] 幾らか似ていて、比較の似ていて ခပ်ဆင်ဆင်တူသည်။ 幾らか似ている、比較の似ている

ခပ်ဆိတ်ဆိတ်[kʰaʔsʰeiʔsʰeiʔ] 黙りがちで、言葉少なめに

ခပ်ဆတ်ဆတ်[kʰaʔsʰaʔsʰaʔ] ややぶっきらぼうに

ခပ်ညိုညို[kʰaʔɲoɲo] 肌が浅黒くて

ခပ်ညစ်ညစ်[kʰaʔɲiʔɲiʔ] 薄汚くて

ခပ်တိုတို[kʰaʔtodo] 短かめに、やや短く

ခပ်တိုးတိုး[kʰaʔtoːdoː] 幾分小声で、幾らか小声で

ခပ်တည်တည်[kʰaʔtidi] 比較的厳しく、やや硬い表情で

ခပ်နိမ့်နိမ့်[kʰaʔnein.nein.] やや低めに

ခပ်နွမ်းနွမ်း[kʰaʔnun:nun:] 幾らか古ぼけていて

ခပ်နေ့နေ့[kʰaʔɲeːɲeː] 比較的ゆっくりと

ခပ်ပုပု[kʰaʔpu.bu.] (背が)やや低めで

ခပ်ပူပူ[kʰaʔpubu] 幾らか暑くて、やや熱くて

ခပ်ပိန်ပိန်[kʰaʔpeinbein] 痩せ気味で、やや痩せていて

ခပ်ပျစ်ပျစ်[kʰaʔpjiʔpjiʔ] 幾分濃いめに

ခပ်ပျံ့ခပ်နန့်[kʰaʔpjanbjan kʰaʔnan.nan.] 幾分おきゃんで、お転婆で

ခပ်ပြင်းပြင်း[kʰaʔpjin:bjin:] やや強烈に

ခပ်ပြောင်ပြောင်[kʰaʔpjaunbjaun] ①幾分無神経に、幾分平気で ②ややきらめいて

ခပ်ပြတ်ပြတ်[kʰaʔpjaʔpjaʔ] ややぶっきら棒に

ခပ်ပြုံးပြုံး[kʰaʔpjoun:bjoun:] 微笑みを浮かべて

ခပ်ပွပွ[kʰaʔpwa.bwa.] だぶだぶで、ぶくぶくしていて、膨らみ気味で

ခပ်ဖောဖော[kʰaʔpʰɔːbɔː] たっぷりと、物惜しみせず

ခပ်ဖိုင်ဖိုင်[kʰaʔpʰain.bain.] 太り気味で、やや太っていて

ခပ်ဖန့်ဖန့်[kʰaʔpʰan.ban.] 丁度よい硬さで、硬からず柔らかからず

ခပ်ဖန်ဖန်[kʰaʔpʰanban] やや渋味があって

ခပ်ဖြေးဖြေး[kʰaʔpʰjeːbjeː] 比較的ゆっくりと、やや遅く

ခပ်မဆိတ်[kʰaʔməseiʔ] (副)沈黙して、無言で

ခပ်မာမာ[kʰaʔmama] ややむっとして、内心立腹して

ခပ်မိုက်မိုက်[kʰaʔmaiʔmaiʔ] ①いささか乱暴に、いささか無謀に ②やや暗く

ခပ်များများ[kʰaʔmja:mja:] やや多めに、幾らか多めに

ခပ်မြင့်မြင့်[kʰaʔmjin.mjin.] 比較的高く、幾らか高く

ခပ်မြန်မြန်[kʰaʔmjanmjan] やや速めに、比較的早く

ခပ်ယဲ့ယဲ့[kʰaʔjɛ.jɛ.] 弱々しく

ခပ်ယိုယို[kʰa.jo.jo.] やや腰を屈めて

ခပ်ယိုင်ယိုင်[kʰaʔjain jain] 幾らか傾いて

ခပ်ရိုးရိုး[kʰaʔjoːjoː] 比較的の素朴で、どちらかというと率直で

ခပ်ရွဲ့[kʰaʔjwɛ.jwɛ.] 幾らか歪んでいて

ခပ်ရွယ်ရွယ်[kʰaʔjwɛjwɛ] 相対的に若くて

ခပ်ရှားရှား[kʰaʔʃa:ʃa:] やや少なめに

ခပ်ရှင်းရှင်း[kʰaʔʃin:ʃin:] 比較的はっきりと

ခပ်ရှည်ရှည်[kʰaʔʃeʃe] やや長めに

ခပ်လတ်လတ်[kʰaʔlaʔlaʔ] ①かなり新鮮で ②相対的に中位で

ခပ်လေးလေး[kʰaʔle:le:] ①やや重くて ②かなり緩慢で ③幾らか訛って、訛り気味で

ခပ်လွယ်လွယ်[kʰaʔlwɛlwɛ] 相対的に容易で

ခပ်လှလှ[kʰaʔɬa.ɬa.] 相対的に奇麗で

ခပ်လှမ်းလှမ်း[kʰaʔɬan:ɬan:] 幾らか離れていて、遠からず近からず

ခပ်ဝဝ[kʰaʔwa.wa.] やや太り気味で、比較的太っていて

ခပ်ဝေးဝေး[kʰaʔwe:we:] 幾らか遠くて

ခပ်သေးသေး[kʰaʔte:de:] 相対的に小さく、やや小さめで

ခပ်သုတ်သုတ်[kʰaʔtouʔtouʔ] やや足早に

ခပ်သွက်သွက်[kʰaʔtwɛʔtwɛʔ] ①急ぎ足で ②かなりの早口で ③てきぱきと

ခပ်ဟောင်းဟောင်း[kʰaʔhaun:haun:] 比較的古く

ခပ်အေးအေး[k'aʔeːeː] 比較的冷静に
ခပ်အင့်အင့်[k'aʔɛʔɛʔ] やや濁み声で
ခပ်အင်အင်[k'aʔin in] あまり気乗りせずに
ခပ်အုပ်အုပ်[k'aʔouʔouʔ] 声を抑え気味に
ခပ်ပြာ[k'aʔpja] (名) 金色銅（銅と亜鉛の合金）
ခုပ်[k'ouʔ] (動) 手掴みにする、手で捕まえる ကျားခုပ်သည်။ 虎が襲う ကြောင်ခုပ်သည်။ 猫が手で捕まえる
ခမ်းကြီးနား[k'an.dʑiːnaːdʑiː] (副) 大々的に、大規模に
ခမ်းနားနား[k'an.ganːnaː] (副) 豪華に、華やかに、派手に、立派に、堂々と
ခမ်းနား[k'anːnaː] ① (形) 豪華だ、豪壮だ、壮麗だ、盛大だ、立派だ、見事だ ② (名・文) 財
ခမ်းနားကြီးကျယ်[k'anːnaː tʃiːtʃɛ] (形) 絢爛豪華だ、盛大だ、雄大だ
ခမ်းနားစွာ[k'anːnaːzwa] (副・文) 盛大に、立派に、見事に、豪華に、壮麗に
ခမ်းနားသိုက်မြိုက်[k'anːnaː tai̯ʔmjai̯ʔ] (形) 豪勢だ、豪華だ
ခံ့[k'an.] (形) 丈夫だ、がっちりしている、強い、耐久性がある
ခံ့ညား[k'an.ɲaː] (動) 畏敬する、畏怖する ＝ခန့်ညား:
ခံ့ညားတင့်တယ်[k'an.ɲaː tin.dɛ] (形) 威風堂々としている
ခံ[k'an] (植) カリッサ（キョウチクトウ科）Carissa carandas
ခံစိပ်[k'anzaʔ] (植) トゲベニガキ（キョウチクトウ科）Carissa spinarium
ခံတပ်[gədɛʔ] (植) ギョボク（フウチョウソウ科）
ခံ[k'an] (動) ①受ける ②享受する ③耐える、忍耐する、我慢する、堪忍する ④持続する、持久力がある、長持ちする、耐久性がある ⑤下から支える、下に敷く、基になる ⑥逆らう、応戦する
ခံကတုတ်[k'an gədouʔ] (名) 胸壁
ခံချီ[k'antʃi.] (動) 堪える、我慢する
ခံစား[k'anzaː] (動) ①味わう、感じる、受け止める ②受ける、蒙る、(苦楽を)享受する
ခံစားချက်[k'anzaː dʑɛʔ] (名) 味わい、感じ、印象、感慨、所感
ခံစားစံစား[k'anzaː sanzaː] (動) 享受する
ခံစားမှု[k'anzaːmu.] (名) ①感じ、印象、フィーリング、感情 ②受難、苦痛
ခံစစ်[k'anziʔ] (名) 応戦、守備
ခံဆွမ်း[k'anzunː] (名) 托鉢食、鉢食、檀家から貰い受けた食べ物

ခံတောင်း[k'andaunː] (名) 広口の浅い笊、物売りが頭に載せる笊
ခံတပ်[k'andaʔ] (名) 砦、要塞、城塞、陣地
ခံတွယ်[k'antwɛ] (動) やり返す、反抗する
ခံတွင်း[gədwinː] (名) 口、口腔
ခံတွင်းကောင်း[gədwinː kaunː] (形) 美味しい
ခံတွင်းချဉ်[gədwinː tʃin] (形) 後口が悪い、口の中が苦い、苦々がする
ခံတွင်းတောင့်[gədwinː taun.] (動) 食欲を覚える
ခံတွင်းတွေ့[gədwinː twe.] (動) ①口に合う、美味に感じる、舌鼓を打つ ②気に入る
ခံတွင်းပေါက်[gədwinː pauʔ] (動) 食欲が出てくる、食欲を取り戻す
ခံတွင်းပျက်[gədwinː pjɛʔ] (動) 食欲がない、食欲不振だ、味気ない
ခံတွင်းရှင်း[gədwinː ʃinː] (動) 口の中が爽やかだ
ခံတွင်းလိုက်[gədwinː laiʔ] (動) ①口に合う、うまい ②食欲がわく、食欲を取り戻す
ခံနိုင်[k'annain] (動) 耐えられる、忍耐できる
ခံနိုင်စွမ်းရည်[k'annain zwanːji] (名) 忍耐力、忍耐能力
ခံနိုင်ရည်[k'annain je] (名) 忍耐力
ခံနိုင်ရည်စွမ်းအား[k'annain je swanːaː] (名) ＝ခံနိုင်စွမ်းရည်
ခံပြင်း[k'anbjinː] (形) 我慢ならない、耐えられない、堪え難い、口惜しい、情ない
ခံမြို့[k'anmjo.] (名) 砦、要塞、城塞
ခံယူ[k'an ju] (動) ①受け取る、受け止める、受入れる ②理解する、解釈する ခေါင်းဆောင်မှခံယူသည်။ 指導を受ける
ခံယူချက်[k'an ju dʑɛʔ] (名) 理解、見解、信念
～ခံရ[k'an ja.] ① (動) 受ける、蒙る、やられる ② (助動) 受身、～される ကြိုးချည်ခံရသည်။ 縄で縛られる ဓားထိုးခံရသည်။ 刃物で切られる သေနတ်ပစ်ခံရသည်။ 銃で撃たれる အသတ်ခံရသည်။ 殺される လူလိမ်ခံရသည်။ 騙される မီးလောင်ခြင်းခံရသည်။ 火災に遭う ဓားပြတိုက်ခံရသည်။ 強盗に遭う
ခံရပ်[k'an jaʔ] (動) ①不動の姿勢でいる ②耐える (否定形で使用) မခံမရပ်နိုင် 耐え難い、耐えられない
ခံလင့်[k'an lin.] (動) 待ち受ける、待機する
ခံဝန်[k'an wun] (動) 誓う、誓約する、保障する
ခံဝန်ချက်[k'an wundʑɛʔ] (名) 誓い、誓約、保障
ခံဝန်ချုပ်[k'an wundʑouʔ] (名) 保証書

ခံဝန်ပေး[k'an wun pe:]（動）保障する
ခံသာ[k'anda]（動）耐えられる、我慢できる、苦痛が少ない
ခုံ[k'oun]（名）①腰掛け、ベンチ ②杭 ③法廷 ④判官
ခုံတရားသူကြီး[k'oun təja:tuʤi:]（名）判事、裁判官
ခုံတော်[k'oundo]（名）法廷
ခုံတိုင်[k'oundain]（名）杭
ခုံတန်းရှည်[k'oundan:ʃe]（名）長椅子、ベンチ
ခုံတန်းကျော်[k'oun tan:ja:]（名）背もたれ付きの長椅子
ခုံဖိနပ်[k'oun pəna']（名）下駄、木製の履物
ခုံဘိနပ်[k'oun pəna']＝ခုံဖိနပ်
ခုံမြင့်[k'ounmjin.]（名）壇、高台
ခုံမြင့်ဖိနပ်[k'ounmjin. p'əna']（名）ハイヒール
ခုံရုံး[k'oun joun:]（名）法廷
ခုံရှည်[k'ounʃe]（名）長椅子、長ベンチ
ခုံလူကြီး[k'oun luʤi:]（名）判事
ခုံလောက်[k'ounlau'][k'ənau']（名）七輪、火鉢 ＝ခနောက်၊ဖိုနောက်။
ခုံသမာဓိ[k'oun təmadi.]（名）判事
ခုညင်း[gounɲin:]（植）モダマ、タイワンフジ（マメ科）Entada phaseoloides
ခုညင်းထိုး[gounɲin: t'o:]（動）（モダマの種を使って）おはじきをする
ခုညင်းရိုး[gounɲin:jo:]（名）膝頭、膝蓋骨
ခုညင်းယား[gounɲin:ja:]（植）オオシマコバノノキ（トウダイグサ科）Breynia rhamnoides
ခုမင်[k'ounmin]（動）欲しがる、切望する、渇望する
ခုမင်ခုမင်[k'oungoun minmin]（副）切望して、渇望して
ခုတမင်[k'ountəmin]（副）①欲しくて、切望して ②素早く
ခုံး[k'oun:]①（形）アーチ状の、弓なりになった、凸面になった ②[goun]（貝）①ハマグリ ＝ယောက်သား၊②シロインコガイ、ムラサキインコガイ（イガイ科）
ခုံးကောင်[goun:gaun]（貝）ハマグリ
ခုံးတံတား[goun:dəda]（名）陸橋、アーチ橋
ခုံးထ[goun: t'a.]（動）アーチ状になる
ချ[tʃ'a.]（動）①落とす ②降ろす、下に置く ③配置する ④（俗）やっつける
ချမှတ်[tʃ'a.ma']（動）下す、決定する、立案する、企画する　ဆုံးဖြတ်ချက်ချမှတ်သည်။ 決定を下す　အခြေခံမူကိုချမှတ်သည်။ 基本原則を決める　ဒဏ်ငွေ

သောင်းချမှတ်သည်။ 1万チャッの罰金を課す
ချရပ်[tʃ'a.ja']（動）駐屯する
ချပါတီ[tʃ'əpati]（名）チャパティ（水で練った小麦粉を平たく伸ばして焼いたインド系の食物）
ချရာ:[tʃ'əja:]（植）ミサキノハナ（アカテツ科）mimusops elengi ＝ခရာ
ချရာသီး[tʃ'əja:di:]（名）紡錘状の物
ချလန်[tʃ'əlan]（名）伝票、送り状、銀行での入金証明書、納付証明書 ＜ヒ
ချာ[tʃ'a]（形）劣っている、拙劣だ、粗末だ
ချာတူးလံ[tʃ'atu:lan]（名）役立たず、能無し、下手くそ、劣等生、屑
ချာ[tʃ'a]（名）中心、中軸
ချာကနဲ[tʃ'agənɛ:]（擬）くるりと（振り向く）
ချာချာ[tʃ'aʤa]（擬）くるくると
ချာချာလည်[tʃ'aʤa lɛ]（動）ぐるぐる回る、旋回する
ချာလပတ်လည်[tʃ'alaba' lɛ]（動）旋回する、回転する
ချာလည်လည်[tʃ'ale lɛ]（動）くるくる回る
ချာတိတ်[tʃ'atei']（名）坊や
ချား:[tʃ'a:]（名）①糸車、糸巻き器 ②メリーゴーラウンド
ချားရဟတ်[tʃ'a: jəha']（名）回転観覧車
ချိ[tʃ'i.]（動）耐えられる、堪えられる、我慢できる　မချိ 耐えられない、我慢できない
ချိနဲ့[tʃ'i.nɛ.]＝ချည့်နဲ့
ချီ[tʃ'i]（動）①上げる、持ち上げる、抱え上げる　မျက်ခုံးကိုချီသည်။ 眉を釣り上げる　ကလေးချီသည်။ 子供を抱き上げる ②負う、おんぶする ③（鳥や動物が）口にくわえる ④進む、前進する ⑤達する　ထောင်ချီသည် 1千に達する　သိန်းချီသည် 10万に達する
ချီကောက်[tʃ'igau']（名）出来高払い（劇団、芝居、舞踊などの出演回数に応じた支払い）
ချီတက်[tʃ'ite']（動）進軍する、進撃する
ချီတုံချတုံ[tʃ'idoun tʃ'a.doun]（動）ためらって、逡巡する
ချီတုံချတုံဖြစ်[tʃ'idoun tʃ'a.doun p'ji']（動）ためらう、逡巡する
ချီတုံချတုံလုပ်[tʃ'idoun tʃ'a.doun lou']（動）ためらう、決めかねる、逡巡する
ချီပိုး[tʃ'ipo:]（動）おんぶする、背負う
ချီပင့်[tʃ'ipin.]（動）持ち上げる
ချီယူ[tʃ'iju]（動）抱え上げて来る、抱きかかえて来る
~ချီ~ချီ[tʃ'i~tʃ'i]（助）~したり~したり　ထုတ်ချီဝင်ချီ

~ချိရဲ

လုပ်သည်။ 出たり入ったりする　ပိတ်ချိဖွင့်ချိလုပ်သည်။ 開けたり閉めたりする　နိမ့်ချိမြင့်ချိဖြစ်သည်။ 低くなったり高くなったりする

~ချိရဲ[~tʃi.jɛ.]（助動）感情の表現 ဟုတ်လှချိရဲ။ まったくだ、まったくその通りだ

ချီလီ[tʃili]（国）チリ

ချီး[tʃi:]（動）①誉める、賞賛する ②抜擢する

ချီးကျူး[tʃi:tʃu:]（動）誉める、賞賛する

ချီးကျူးခန်းဖွင့်[tʃi:tʃu:gan: p'win.]（動）誉めそやす

ချီးကျူးစရာ[tʃi:tʃu:zəja]（名）誉める事、賞賛する事

ချီးကျူးထောပနာပြု[tʃi:tʃu: t'ɔ:məna pju.]（動）誉め称える

ချီးမွမ်း[tʃi:mun:~tʃi:mwan:]（動）誉める、称える、賞賛する

ချီးမွမ်းခြေကျောက်[tʃi:mun tʃi:dʒau']（名）お世辞、上辺だけの賞賛

ချီးမွမ်းခုနစ်ရက်၊ ကဲ့ရဲ့ခုနစ်ရက်။（諺）人の噂も７５日（賞賛７日、非難７日）

ချီးမြောက်[tʃi:mjau'] →မြှောက်

ချီးမြှောက်[tʃi:mjau']（動）①抜擢する、昇進させる ②援助する、支援する ③おだてる、協力を求める ④授ける、下賜する

ချီးမြှင့်[tʃi:mjin.]（動）授与する、表彰する

ချီးတွဲမဲ[tʃi:dɛ.ma.bɛ:]（捨て台詞）糞っ垂れ

ချူ[tʃu]（名）鈴、小鈴 ချူဆွဲသည်။ 鈴を付ける

ချူးကုံး[tʃugoun:]（名）鈴なり

ချူး[tʃu]（動）①（竹竿で）ねじり取る、もぎ取る ②浣腸する ③ふんだくる、巻き上げる ငွေချူးသည်။ 金をせびり取る、金を巻き上げる

ချူချာ[tʃudʒa]（形）①病弱だ、ひ弱だ、病気がちだ 虚弱体質だ ②貧しい、貧乏だ သမီးလေးမှာမွေးပြီးထဲကချူသည်။ 娘は誕生以来病気勝ちだ

ချူနာသည်[tʃunadɛ]（名）病気勝ちな人、腺病質な子供

ချူသံပါအောင်[tʃudan pa aun]（副）絶えず、絶間なく、ひっきりなしに、のべつまく無しに（ぼやく、嘆く）

ချူးပန်းချူးနွယ်[tʃu:ban: tʃu:nwɛ]（名）唐草模様 ＝ချိုးပန်းချိုးနွယ်

ချိုး[dʒi]（動物）インドキョン、インドムンチャク、ホエジカ（シカ科）Muntiacus Muntjak

ချိုးဟောက်[dʒi hau']（動）インドキョンが鳴く

~ချေ[tʃe~dʒe]（助動・古）相手への催促、督促を現わす သွား၍စုံစမ်းချေလော့။ 行って調べよ

~ချေ[tʃe~dʒe]（助動・文）強調を現わす မဟုတ်ပါ

ချေ။ 違う အကြံမြောက်ချေမည်။ 謀り事はうまく行くだろう

ချေ[tʃe]（動）①消す、打ち消す、取り消す、抹消する ②粉にする、粉々に砕く ③清算する、つけを払う ④反撃する、反論する、反ばくする ⑤[tʃi]くしゃみをする

ချေကိန်း[tʃegein:]（名）厄払い用の数字

ချေချေလည်လည်[tʃedʒe lɛlɛ]（副）こなれていて စကားချေချေလည်လည်ပြောတတ်သည်။ 噛み砕いた話ができる

ချေချွတ်[tʃetʃu']（動）解脱させる

ချေင်[tʃeŋan]（形）丁寧だ、丁重だ、慇懃だ

ချေပ[tʃepa.]（動）言い返す、反論する、やり返す

ချေပချက်[tʃepa.dʒɛ']（名）反ばく、反論

ချေပရှင်းလင်း[tʃepa. ʃin:lin:]（動）反論し明らかにする

ချေဖျက်[tʃep'jɛ']（動）消す、抹消する

ချေမှုန်း[tʃemoun:]（動）①もみ消す、粉々にする ②（敵を）殲滅する、やっつける

ချေမှုန်းသုတ်သင်[tʃemoun: tou'tin:]（動）全滅させる、一掃する

ချေမွ[tʃemwa.]（動）砕く、粉々にする

ချေလဲ[tʃelɛ:]（動）やり返す、口答えする

ချေဆတ်[tʃe s'a']（動）くしゃみをする

ချေဆတ်[tʃeza']（植）トキンソウ（キク科）Centipeda minima

ချေး[tʃe:]（植）スミウルシノキ（ウルシ科）Semicarpus anacardium

ချေးသီး[tʃe:di:]（名）スミウルシノキの実

ချေး[tʃi:]（動）①（金を）貸す ②（金を）借りる

ချေးငွေ[tʃi:ŋwe]（名）借金、借款、債務、負債

ချေးငှား[tʃi:ŋa:]（動）借りる、貸借する

ချေး[tʃi:]（名）糞、排泄物 ＝မစင်၊ ကျင်ကြီး။ နွားချေး: 牛糞 ကြက်ချေး: 鼠の糞 ②[dʒi:] 垢 ③（ဆေး）錆 ခါးချေး: 鉄錆

ချေးကုန်း[tʃi: koun:]（動）尻を拭く ချေးကုန်းပေးသည်။ 尻を拭いてやる

ချေးခံတွင်းပေါက်[tʃi: gədwin:bau']（名）便壺

ချေးချွတ်[dʒi: tʃu']（動）錆を落とす

ချေးညှိ[dʒi:ɲi.]（名）垢、汚れ

ချေးတုန်း[dʒi: tun:]（動）垢を落とす、垢を擦る

ချေးထူ[dʒi: t'u]（形）①垢だらけだ、不潔だ、汚い ②（動）言い逃れをする

ချေးပါ[tʃi: pa]（動）糞を垂れる、脱糞する

=အခင်းကြီးသွားသည်။နောက်ဖေးသွားသည်။
ချေးပိုးထိုး[tʃíːboːdoː]（虫）カブトムシ
ချေးပိတ်[tʃíːpeiʔ]（動）塵が詰まる、塵で塞がる
ချေးများ[tʃíːmjaː]（動）①言い訳する、弁解する、責任逃れをする、言い逃ればかりする、言を左右にする、何だかんだと言う ②貪欲だ
ချေးယို[tʃíːjo]（動）糞をたれる＝စာတ်သွားသည်။ဝမ်းသွားသည်။
ချဲ[tʃɛ́ː]（動）①広げる、拡大する ②誇張する、大袈裟に言う ③ひ弱い、虚弱だ
ချဲကား[tʃɛ́ːkaː]（動）①広げる、拡大する ②大袈裟に言う
ချဲ့ထွင်[tʃɛ́ːtʰwin]（動）①広げる、拡大する、拡張する ②誇張する လုပ်ငန်းချဲ့ထွင်သည် 事業を拡大する
ချဲ့ထွင်မှု[tʃɛ́ːtʰwinmṵ]（名）拡張、拡大
ချယ်[tʃɛ̀]（動）=ခြယ်
ချယ်ရီပန်း[tʃɛ̀ri banː]（植）①サクラ ②ヒマラヤザクラ（バラ科）Prunus cerasoides ③オウトウ、サクランボ（バラ科）Prunus avium
ချယ်လှယ်[tʃɛ̀ɛ̀ɛ̀]（動）=ခြယ်လှယ်
ချဲ[tʃɛ́ː]（動）疎らにする
ချော[tʃɔ́ː]（動）①あやす、宥める、慰める ②味方に引き入れる
　ချော့မော့[tʃɔ́ːmɔː]（動）慰める、宥めすかす、機嫌を取る cf. နစ်သိမ့်
　ချော့မြူ[tʃɔ́ːmju]（動）（子供を）あやす、宥める、慰める
ချော်[tʃɔ̀]（名）①溶岩 ②（金属の）滓、鉱滓
ချော်ရည်[tʃɔ̀ɔje]（名）溶岩、マグマ
ချော်ရည်ချော်မြှုပ်[tʃɔ̀ɔje tʃɔ̀ɔmjouʔ]= ချော်ရည်
ချော်[tʃɔ̀]（動）①滑る ②逸れる、行き違いになる ③（形）つるつるする、滑りやすい
ချော်ကျ[tʃɔ̀ tʃa]（動）滑り落ちる
ချော်ချွတ်[tʃɔ̀ tʃʰuʔ]（動）①逸れる、ずれる ②間違う、誤まる
ချော်ချွတ်ချွတ်[tʃɔ̀ tʃʰuʔtʃʰuʔ]（副）つるつるして、滑べ滑べして
ချော်တော်ငဲ့[tʃɔ̀ɔtɔːŋɛ̰]（動）（目標を）逸れる、ずれる
ချော်လဲ[tʃɔ̀lɛ́ː]（動）滑って転ぶ
ချော[tʃɔ́ː]（名）郵便、手紙
ချောစာ[tʃɔ́ːza]（名）手紙、郵便
ချောဆင့်[tʃɔ́ːsinʔ]（動）郵便物を渡す
ချောဆဲ့[tʃɔ́ːsʰwɛ̰]（動）調達する
ချောထောက်[tʃɔ́ːtʰauʔ]（動）リレー方式で送る、

駅伝式で伝送する
ချောထုပ်[tʃɔ́ːdouʔ]（名）小包
ချောပို့[tʃɔ́ːpoʔ]（動）郵送する、駅伝式で送る
ချောလှဲ[tʃɔ́ːɬɛ̰]（名）郵送順番
ချော[tʃɔ́ː]（形）①滑々している、つるつるしている、滑らかだ ②奇麗だ、容貌が優れている ③（動）滑らかにする ④うまく行く、無事に完了する ⑤すっからかんになる、使い果たす
ချောကန်[tʃɔ́ːgənɛ]（副）容易に、簡単に
ချောကျ[tʃɔ́ːtʃa]（動）滑り落ちる
ချောကျိကျိ[tʃɔ́ːtʃiːtʃi]（副）滑々して、ぬるぬるして
ချောချ[tʃɔ́ːtʃaʔ]（動）話をすり変える、話題を胡麻化す
ချောချောမောမော[tʃɔ́ːtʃɔ́ːmɔːmɔː]（副）①無事に、つつがなく ②順調に、安穏に、支障なく ③首尾よく、巧みに、見事に
ချောချောလှလှ[tʃɔ́ːtʃɔ́ːɬa̰ɬa̰]（名）美人、美女
ချောစာ[tʃɔ́ːsa]（動）ざん言する、仲を割く
ချောဆီ[tʃɔ́ːzi]（名）潤滑油、グリース
ချောတိုင်[tʃɔ́ːdain]（名）滑り竹（ビルマ競技の一つ、油を塗った竹によじ登る）
ချောပစ်[tʃɔ́ːpjiʔ]（動）ざん言する
ချောမော[tʃɔ́ːmɔː]（形）順調だ、円滑だ、スムースだ
ချောမောစွာ[tʃɔ́ːmɔːzwa]（副・文）順調に、円滑に、無事に
ချောမောလှ[tʃɔ́ːmɔːɬa̰]（形）奇麗だ
ချောမြဲ[tʃɔ́ːmje]（形）順調だ
ချောမွေ့[tʃɔ́ːmwḛ]（形）①優美だ、洗練されている、繊細だ ②スムーズだ、順調だ、滑らかだ လုပ်ငန်းချောမွေ့သည်။仕事は順調だ
ချောမွတ်[tʃɔ́ːmuʔ]（形）きめが細かい、肌が滑らかだ
ချောလျောရောထိုင်[tʃɔ́ːlɛːjɔːtain]（動）胡麻化す、取り繕う
ချောလျောရောထိုင်ပေါင်း[tʃɔ́ːlɛːjɔːdain paunː]（動）皆と調子を合わせる、皆と一緒になる、集団の中に溶け込む
ချောကလက်[tʃɔ́ːkəlɛʔ]（名）チョコレート
ချောကလက်ပြား[tʃɔ́ːkəlɛʔpja]（名）板チョコ
ချို့[tʃò̰]（形）①足りない、不足する、欠乏する、欠如する ②（肉体的に）障害がある、不具者だ
ချို့ငဲ့[tʃò̰ŋɛ̰ ŋɛ̰]（副）足りなくて、不足して
ချို့ငဲ့ဖြစ်[tʃò̰ŋɛ̰ ŋɛ̰ pʰjiʔ]（形）暮し向

きが苦しい、生活が苦しい

ချို့[tɕʼo.ɲɛ.]（形）（品物が）足りない、不足する、（金銭）に欠く

ချို့တဲ့[tɕʼo.tɛ.]（形）①欠ける、足りない、不足する、不十分だ ②（身体、四肢等に）欠陥がある、障害がある ③貧しい、貧困だ

ချို့ယွင်း[tɕʼo.jwin:]（動）①欠点がある、短所がある ②障害がある

ချို့ယွင်းချက်[tɕʼo.jwin:tɕʰɛʼ]（名）欠点、短所

ချို[tɕʰo]（名）（動物の）角

ချိုကြွ[tɕʰo tɕwa.]（動）威張りくさる、喧嘩早い

ချိုကျိုး[tɕʰo tɕo:]（動）角が折れる

ချိုကျိုးနွားလား၊ ခုန်းစကားဏာ။（諺）判ってはいるが、体力が伴わぬ（角の折れた牛、隠亡）

ချိုကျိုးနွားရုပ်ပဲ့[tɕʰotɕʰo: nəjwɛʼpɛ.]（名）欠陥品、不良品

ချိုဆောင်း[tɕʰozaun:]（名）側頭（こめかみの上部）

ချိုတည်လုံး[tɕʰotɛlu:]（名）角が曲がった牛

ချိုထောင်[tɕʰo tʼaun]（動）付け上がる、威張りくさる

ချိုသွေး[tɕʰo twe:]（動）爪を研ぐ、喧嘩に備える、戦闘準備をする

ချို[tɕʰo]（形）①甘い ②うまい、美味だ ③（値段）が割安だ ဈေးချိုသည်။ ④声が甘美だ စကား ချိုသည်။ ⑤顔が晴れやかだ、にこやかだ မျက်နှာချိုသည်။ ⑥勢が和らぐ နေခြည်ချိုသည်။ 日差しが弱まる

ချိုချို[tɕʼotɕʼo]（名・幼児語）おっぱい

ချိုချိုစို့[tɕʼotɕʼo so.]（動）おっぱいを吸う

ချိုချဉ်[tɕʼotɕʼin]（名）飴、キャンデー

ချိုချဉ်ကြော့[tɕʼotɕʼintɕɔ]（名）（中華料理の）肉団子のあん掛け

ချိုထား[tɕʼo tʼa:]（動）手を抜く、手抜きをする、一部を残す、全力ではなくゆとりを残す

ချိုပျပျ[tɕʼo pja.bja.]（形）やや甘みがある、少し甘い

ချိုပြုံး[tɕʼo pjoun:]（名）微笑、笑顔

ချိုမိန်မိန်[tɕʼo mainmain]（幼児語）結んで開いて

ချိုမျမျ[tɕʼo mja.mja.]（形）やや甘い、幾らか甘みがある

ချိုမြေ့[tɕʼomje.]（形）耳に心地良い、楽しい

ချိုမြိန်[tɕʼomjein]（形）美味しい、魅力的だ

ချိုမြူ[tɕʼomju]（動）笑顔で迎える

ချိုရယ်[tɕʼo jɛ:jɛ:]（形）甘ったるい

ချိုသာ[tɕʼoda]（形）①心地良い、快い、快適だ ②安値、割安で、経済的だ ချိုသာသော မျက်နှာ：素敵な笑顔 ချိုသာသော စကား：耳に心地良い話

ချို[tɕʰo:]（鳥）キジバト（ハト科）Streptopelia orientalis

ချိုကြူ[tɕʰo: ku]（動）キジバトが鳴く

ချိုစိမ်း[tɕʰo:zein:]（鳥）キンバト（ハト科）Chalcophaps indica

ချိုနာမိမို။（諺）踏んだり蹴ったり、不幸の追い打ち（傷ついたキジバト、雨に濡れる）

ချိုနီတို[tɕʰo:nido]（鳥）ベニバト（ハト科）Streptopelia tranquebarica

ချိုနီပူ[tɕʰo:nibu.]（鳥）ベニバト

ချိုပိန်းတူး[tɕʰo:peintu:]（鳥）キジバト（ハト科）

ချိုမူး[tɕʰo: mouʼ]（動）両手で鳩の鳴声を作る

ချိုလင်ပြာ[tɕʰo:lin:bja]（鳥）シラコバト（ハト科）Streptopelia decaocto

ချိုလည်ပြောက်[tɕʰo:lɛbjauʼ]（鳥）カノコバト（ハト科）Streptopelia chinensis

ချိုသိမ်း[tɕʰo:tein:]（鳥）①ミナミハイタカ（ワシタカ科）Accipiter badius ②メジロサシバ（ワシタカ科）Butastur teesa

ချို[tɕʰo:]（名）飯の焦げ

ချိုကပ်[tɕʰo: kaʼ]（動）（釜の底に）飯が焦げ付く

ချိုး[tɕʼo:]（動）①折る、曲げる ②曲がる、屈折する ③洗う、水浴する ④記録を破る ⑤無理を通す ⑥部分 ၃ချိုး ၁ချိုး：三分の一

ချိုးကွေ့[tɕʼo:kwe.]（動）曲がる、方向転換する

ချိုးချိုးချပ်ချပ်[tɕʼo:tɕʰo:tɕʼaʼtɕʼaʼ]（副）静寂を破って、がさごそと

ချိုးချိုးဖဲ့ဖဲ့[tɕʼo:tɕʰo:pʼɛ.pʼɛ.]（副）一方的にけなして、下品に、価値を損なうように、糞味噌に

ချိုးနှိမ်[tɕʼo:nein]（動）ぺちゃんこにする、芽を潰す、押し潰す、へし曲げる、屈伏させる、抑える、抑制する

ချိုးဖဲ့[tɕʼo:pʼɛ.]（動）へし折る、もぎ取る、砕く

ချိုးဖဲ့ဖျက်ဆီးသည်။ 打ち破る、壊滅させる

ချိုးဖောက်[tɕʼo:pʼauʼ]（動）（約束、規則を）破る、違反する（慣習）に背く စည်းကမ်းကိုချိုး ဖောက်သည်။ 規則を破る လူ့အခွင့်အရေးချိုးဖောက် သည်။ 人権を犯す

ချိုးဖောက်သူ[tɕʼo:pʼauʼtu]（名）違反者

ချိုးဖျက်[tɕʼo:pʼjɛʼ]（動）破る、打ち壊す、破壊する

ချိုးရေ[tɕʼo:je]（名）行水用の水

ချက်[tɕʼɛʼ]（名）①臍 ②壁の底の中央 ③植物の実が落ちた痕

ချက်ကလီ[tɕʼɛʼkəli.-tɕʰɛʼkəli.]（名）腋の下 = ချိုင်းကြား

ချက်ကြိုး[tʃɛʔtʃo:] (名) 臍の緒
ချက်ကြေ[tʃɛʔtʃwa.] (名) 出生地、誕生地
ချက်စု[tʃɛʔsu] (名) 出臍
ချက်ထီး[tʃɛʔti:] (名) 出臍
ချက်ပြုတ်ဝတ်[tʃɛʔpjouʔ wuʔ] (動) ロンジーを臍の下で留める
ချက်မ[tʃɛʔma.] (名) 中心、中央
ချက်မြွေ့ပ်[tʃɛʔm̥jouʔ] (名) 出身地、出生地
ချက်[tʃɛʔ] (名) ①門 ②中心、中軸
ချက်ကောင်း[tʃɛʔkaun:] (名) ①急所 ②好機、チャンス
ချက်ကောင်းကြ[tʃɛʔkaun: tʃoun] (動) チャンスに回り会う
ချက်ကောင်းမိ[tʃɛʔkaun: mi.] (動) まともにパンチを食らう
ချက်ကျ[tʃɛʔtʃa.] (動) 効果的だ、うまく行く、その通りになる
ချက်ကျလက်ကျ[tʃɛʔtʃa.lɛʔtʃa.] (副) 効果的に、適切に、要領良く
ချက်ချာ[tʃɛʔtʃa] (形) 賢明だ、聡明だ、はきはきしている、きびきびしている
ချက်စေ့လက်စေ့[tʃɛʔsi.lɛʔsi.] (副) 隙間なく、残りなく、完璧に
ချက်ပိုင်[tʃɛʔpain] (形) 効果的だ、うまく行く、予想通りになる
ချက်မိ[tʃɛʔti.] (動) 要領を心得る、ポイントを押える
ချက်သိလက်သိ[tʃɛʔti.lɛʔti.] (副) 要領を知っていて、ツボを心得ていて、万事承知していて
ချက်ထိုး[tʃɛʔto:] (動) 錠を降ろす
ချက်[tʃɛʔ] (動) ① (飯を) 炊く ② (おかずを) 煮る、料理する ③製造する、(石油を) 精製する、(酒やビールを) 醸造する、(阿片を) 精製する
ချက်ကျောက်[tʃɛʔtʃauʔ] (名) 模造宝石、練り宝石
ချက်စား:[tʃɛʔsa:] (動) 自炊する
ချက်ဆား[tʃɛʔsʔa:] (名) 食塩、海水から採った塩 天日製塩の塩
ချက်ဆေး[tʃɛʔsʔe:] (名) 漢方薬を混合した薬
ချက်ပြုတ်[tʃɛʔpjouʔ] (動) 煮炊きする、料理する
ချက်လုပ်[tʃɛʔlouʔ] (動) ②煮込む ③製造する ဆပ်ပြာချက်လုပ်သည်။ 石鹸を製造する
ချက်အရက်[tʃɛʔʔəjɛʔ] (名) 密造酒
~ချက်[tʃɛʔ~tʃʔɛʔ] ① (接尾) 名詞を形成、事、事項、もの ထင်မြင်ချက် 見解 ရည်ရွယ်ချက် 目的 ② (助数) 一発 ခေါင်းကိုသုံးချက်ပုတ်သည်။ 頭を3回叩った
ချက်ကနဲ[tʃɛʔkənɛ] (擬) パチリと、パチッと、ガチ

ャッと
ချက်ဆို၊နွာ:ကွက်ကမီး:တောက်။ (諺) カチリと音、信管から発光 (一を聴いて十を知る、反応が素早い)
ချက်ကိုစလိုဗက်ကီး:ယာ:[tʃɛʔkosəlobɛʔki:ja:] (国) チェコスロバキア
ချက်ချင်း[tʃɛʔtʃin:] (副) 直ちに、すぐに、即刻
ချက်ချင်းလက်ငင်း[tʃɛʔtʃin: lɛʔŋin:]=ချက်ချင်း
ချက်လက်မှတ်[tʃɛʔlɛʔmaʔ] (名) 小切手、チェック
ချောက်[tʃauʔ] (名) 峡谷、渓谷、割れ目、裂け目
ချောက်ကမ္ဘာ:[tʃauʔgəba:] (名) 崖、絶壁
ချောက်ချ[tʃauʔ tʃa] (動) 苦境に立つ、困難に直面する
ချောက်ချ[tʃauʔ tʃaʔ] (動) 苦境に陥れる、窮地に追い込む
ချောက်တွန်:[tʃauʔtun:] (動) 他人を窮地に追い込む、苦境に立たせる
ချောက်ပေါက်[tʃauʔpauʔ] (名) 難題、難問
ချောက်[tʃauʔ] (動) 脅かす、驚かせる =ခြောက်
ချောက်ကပ်[tʃauʔkaʔ] (形) 潤いがない、森閑としている、殺風景だ =ခြောက်ကပ်
ချောက်ကပ်ကပ်ရှိ[tʃauʔkaʔkaʔ ʃiʔ] (形) 味気ない 潤いがない、殺風景だ、殺伐としている =ခြောက်ကပ်ကပ်ရှိ
ချောက်ချား:[tʃauʔtʃa:] (動) ①動揺する、不安になる、落着きを失う ②騒然となる ③通暁する
ချောက်တီးချောက်ချက်[tʃauʔti:tʃauʔtʃɛʔ] (副) 辛うじて、かつがつ、やっと、程々に
ချောက်ပြ =ခြောက်ပြ
ချောက်လှန် =ခြောက်လှန်
ချောက်ငြိမ်း =ခြောက်ငြိမ်း
ချိုက်[tʃaiʔ] (動) 窪む
ချင်[tʃinʔ] (動) (米、籾等を) 量る、計量する
ချင့်နှိန်း[tʃinʔɕein] (動) (善悪、可否等を) 検討する、様子をみる、比較検討する、斟酌する、前後を弁え
ချင့်ဆ[tʃin.sʔa.] (動) 思案する、比較検討する、比較考慮する
ချင့်တွယ်[tʃin.twɛʔ] (動) 推し量る、比較検討する、熟慮判断する
ချင့်ဝန်:[tʃin.wun:] (名) 度量衡 cf. ချိန်ဝန်:
~ချင့်စဘွယ်[tʃin.səbwɛ] (接尾) 名詞形成、いかにも~しそうな もの စား:ချင့်စဘွယ်ဖြစ်သည်။ いかにもおいしそうだ သူသည်နား:ထောင်ချင့်စဘွယ်ပြော ပြတတ်၏။ 彼は聞く気持を起させるような話し方ができる ၍ မှောင်မှာ ကြည့်ချင့်စဘွယ်မကောင်:လှဘူ:။ 暗闇では眺める気にはなれない

~ချင် [tʃin~dʒin]（助動）①（欲求）～したい မျက်မှန်ဝယ်ချင်တယ်။ 眼鏡を買いたい ကျွန်တော်ထမင်းမစားချင်ဘူး။ 私は御飯を食べたくない ②（予感）～しそうだ ဖျားချင်သလိုလိုရှိတယ်။ 熱が出そうだ ခြေထောက်များကချော်ချင်နေသည်။ 足が滑りそうだ ငွေမှာနှစ်ရာပင်မပြည့်ချင်တော့။ お金はもう200チャッもなさそうだ

ချင်ခြင်း [tʃinːdʒinː]（名）妊婦の欲求、悪阻

ချင်ခြင်းဖြစ် [tʃinːdʒinː pʼjiʼ]（動）願望が生じる

ချင်ရပြေ [tʃin jɛːpje]（動）満たされ、望みが叶う

~ချင်မှ~မှာ [~dʒinma. ~ma]（助動）~でないかも知れない ဒီအချိန်မှာဘတ်စ်ကားတွေရှိချင်မှရှိမှာ။ この時間にはバスはないかも知れない ဝင်ခွင့်ရချင်မှရမှာဘဲ။ 入れてもらえないかも知れない

~ချင်ယောင်ဆောင် [~dʒin jaun saun]（助動）～素振りをする ငိုချင်ယောင်ဆောင်သည်။ 泣く振りをする အိပ်ချင်ယောင်ဆောင်သည်။ 寝た振りをする မကြားချင်ယောင်ဆောင်သည်။ 聞えない振りをする

ချင်ပေါင် = ချင်ပေါင်
ချင်ပိတ် = ခြင်ပိတ်

ချင်ရွေး [tʃin jwɛː]（植）ソウシジ（相思子）、トウアズキ ②（名）ソウシジ1粒分の重さ ငွေတချင်ရွေးရသည်။ 金が少し手に入った

ချင်း [tʃinː]（名）チン族（ビルマ、インド国境の山岳地帯、チン州内の主要民族）

ချင်းတောင်ဒေသ [tʃinː taun deta.]（名）チン山地

ချင်းပြည်နယ် [tʃinː pjinɛ]（名）チン州

ချင်းဘာသာ [tʃinː bada]（名）チン語（チベット・ビルマ系の言語）

ချင်း [tʃinː]①（代名）あの人、彼 ②（名）臣下、従臣、家来

ချင်း [tʃinː]（動）貫く、貫通する

~ချင်း [tʃinː~dʒinː]（接尾辞）①同一部類を示す အရွယ်ချင်းညီသည်။ 同年配だ ခရီးသည်ချင်းကိုယ်ချင်းစာကြပါ။ 旅行者同志互いに譲り合いましょう အရဲချင်းအချင်းယှက်နေသည်။ 枝同志、葉同志が交差し合っている အရည်အချင်းချင်းမတူ။ 能力は互いに異なる ②唯一性を示す နေ့ချင်းပေါင် 一日行程で ချင်းပြန် 日帰りで ③同時性を示す ရောက်ရောက်ချင်း 着くや否や ရောက်လျှင်ရောက်ချင်း 到着早々 ဝင်ဝင်ချင်း 入った途端 လာလာချင်း 来るや否や ④各自性を示す တယောက်ချင်းမေးမယ်။ 一人ずつ尋ねる

ချင်း [tʃinː]（動）貫く、貫通する

ချင်းနှင့် [tʃinː ninː]（動）入り込む、貫入する

ချင်းနှင့်ဝင်ရောက် [tʃinː nin win jauʼ]（動）侵入する

ချင်း [tʃinː]（植）ショウガ（ショウガ科） Zingiber officinale

ချင်းခါး [tʃinː gaː]（植）ニガウリ ＝ ကြက်ဟင်းခါး

ချင်းစိမ်း [tʃinː zeinː]（名）生の生姜

ချင်းစိမ်းနှင့်မြီးသလင် သုံးကြမှကိုယ်ကြင်။（諺）同等だ、遜色ない（生姜とショウガモドキ、先方が優しくしなければ当方も優しくしない）

ချင်းတွင်းမြစ် [tʃinː dwinː mjiʼ]（地）チンドィン河

ချင်းတွင်းလှက် [tʃinː dwinː lɛʼ]（名）チンドィン河で使われる大型の舟

ချင်းဝက် [tʃinː wɛʼ]（名）半径 ＝ အချင်းဝက်

ချောင် [tʃaun]（名）底に穴の開いた籠、蒸籠

ချောင် [tʃaun]（動）①緩む、だぶだぶになる ②隙間がある、混まない ③ゆとりがある、余裕がある ④窪む、凹む

ချောင်ချိ [tʃaundʒi.]（形）ゆったりしている、窮屈でない、ゆとりがある、楽だ

ချောင်ချောင်လည်လည်ရှိ [tʃaundʒaun lɛlɛ ʃi.]（形）ゆとりがある、ゆったりしている

ချောင်လည် [tʃaunlɛ]（動）暮しが楽だ、裕福だ、暮しに余裕がある

ချောင်လည်ချောင်ပတ် [tʃaunlɛ tʃaunbaʼ]（副）あだこうだと

ချောင် [dʒaun]（名）①僻地、過疎地、辺鄙な片田舎 ②奥、暗部 ③底、谷底 ④隠通所

ချောင်ကုပ် [dʒaun kouʼ]（動）引退する、隠棲する、隠棲する

ချောင်ကျ [dʒaun tʃa.]（形）①辺鄙だ、人里離れている、過疎だ ②老け込む、老い込む、やつれる、憔悴する

ချောင်ခို [dʒaun ko]（動）①隠棲する、隠通する ②怠ける、ずるける、サボる

ချောင်ထိုး [dʒaun toː]（動）無視する、放置する

ချောင်လည်ချောင်ပတ် [dʒaunlɛ dʒaunbaʼ]（副）ああでもないこうでもないと、うろうろと

ချောင်း [tʃaunː]（名）川、大河の支流（မြစ်よりは小さい）

ချောင်းကော [tʃaunː gɔː]（名）①天井川 ②水無し川

ချောင်းကိုပစ်၍မြစ်ကိုရှာ။ ရေသာများ၍ငါးမတွေ့။（諺）能力以上の事はできる筈がない、移り気な者は大成しない（小川を離れて大河を探す、水流多くて魚は見えず）

ချောင်းကျရေ [tʃaunː dʒa.je]（名）土石流、鉄砲水

ချောင်းကြိုမြောင်းကြား[tʃ'aun:ʥo mjaun:ʥa:] ①（名）河川の間 ②（副）至る所、あちらこちら
ချောင်းစီး[tʃ'aun:si:]（動）①川が流れる ②とうとうと流れる、勢いよく流れる、（汗や涙が）淋漓と流れる
ချောင်းဆုံ[tʃ'aun:zoun]（名）合流点、合流地
ချောင်းပေါက်[tʃ'aun: pau']（動）頻繁に往来する
ချောင်းဗျာခံ[tʃ'aun:bja: k'an]（動）川の源となる
ချောင်းရေ[tʃ'aun:je]（名）川水、河の水
ချောင်းရိုး[tʃ'aun:jo:]（名）川筋、河川の流域
ချောင်း[tʃ'aun:]（名）咳
ချောင်းဆိုး[tʃ'aun:s'o:]（動）咳をする
ချောင်းဆိုးနာ[tʃ'aun:so:na]（名）咳
ချောင်းဆိုးပျောက်ဆေး[tʃ'aun:so:pjau's'e:]（名）咳止め ချောင်းတဟွတ်ဟွတ်နှင့်ဆိုသည်။ ゴホンゴホンと咳をする
ချောင်းဟန့်[tʃ'aun: han]（動）咳払いをする
ချောင်း[tʃ'aun:]（動）機会を窺う、隙を狙うချောင်းပြီးနားထောင်သည်။ 盗み聴きする
ချောင်းကြည့်[tʃ'aun:tʃi.]（動）覗き見する
ချောင်းကြည့်ပေါက်[tʃ'aun:tʃi.bau']（名）覗き窓、覗き穴
ချောင်းမြောင်း[tʃ'aun:mjaun:]（動）隙を窺う、身を潜めて様子を見る
ချောင်းမြောင်းကြည့်ရှု[tʃ'aun:mjaun: tʃi.ʃu.]（動）覗き見する
ချောင်းမြောင်းလုပ်ကြံ[tʃ'aun:mjaun: lou'tʃan]（動）闇討にする、不意打ちを食わせる、暗殺する
~ချောင်း[~tʃ'aun:~ʥaun:]（助数）細長いもの、又は抽象的存在を示す、~本 ကြိုးတချောင်း: ロープ1本、လက်ညှိုးတချောင်း: 人差指1本 ခြေထောက်တချောင်း: 足1本 အသက်တချောင်း: 命一つ
ချောင်းချောင်းကြီး[tʃ'aun:ʥaun:ʥi:]（副）（怒りが）むらむらと、（湯気が）ほかほかと ဒေါသအမျက်ချောင်းချောင်းကြီးထွက်သည်။ 怒り心頭に発する
ချောင်းတလိုင်း[tʃ'aun:təlain:]（名）（鳥）ツメバゲリ（チドリ科）Vanellus spinosus
ချောင်းပေါက်[tʃ'aun:pau']（動）足繁く出入りする
ချောင်းသား[tʃ'aun:da:]（名）チャウンダー族（アラカン地方に住む少数民族）
ချိုင့်[tʃ'ain.]①（形）窪んでいる、凹んでいる、陥没している မျက်တွင်းချိုင့်သည်။ 眼が窪んでいる ②[ʥain.]（名）窪み、窪地 ③檻 ④アルミ製円筒形の重箱
ချိုင့်ခွက်[ʥain.gwɛ']（名）窪み、深み

ချိုင့်ပုံး[ʥain.boun:]（名）バケツ、柄付きの手桶
ချိုင့်ဝှမ်း[ʥain.hwan:]（名）窪み、盆地、谷底
ချိုင်[tʃ'ain]（動）①枝をせんていする、枝を切る ②奪う、強奪する
ချိုင့်[ʥain:]（形）深く窪んでいる、凹んでいる、陥没している（ချိုင့်は、窪みの度合がချိုင်より深い）
ချိုင်း[ʥain:]（名）腋、脇の下
ချိုင်းကြား[ʥain:ʥa:]（名）腋、脇の下
ချိုင်းထောက်[ʥain:dau']（名）松葉杖
ချိုင်းထောက်ခွ[ʥain:dau'k'wa.]=ချိုင်းထောက်
ချစ်[tʃ'i']①（動）愛する ②（形）焦げた、焼けた
ချစ်ကြိုးနှောင်[tʃ'i'tʃ'o:ṇaun]（動・文）愛の絆で結ばれる
ချစ်ကြိုးသွယ်[tʃ'i'tʃ'o:twɛ]（動・文）愛の絆で繋がれる、好きになる、愛し合う
ချစ်ကြိုက်[tʃ'i'tʃ'ai']（動）好きになる、愛する、異性を愛する
ချစ်ကြင်နာ[tʃ'i.tʃ'inna]（動）慈しむ
ချစ်ကြည်ရေး[tʃ'i'tʃ'ije]（名）親善、友好
ချစ်ကြည်ရေးခရီး[tʃ'i'tʃ'ije: k'əji:]（名）親善旅行
ချစ်ကြည်ရင်းနှီးမှု[tʃ'i'tʃ'i jin:ṇi:ṃu.]（名）友好、親善
ချစ်ကျွမ်းဝင်[tʃ'i'tʃ'un:win~tʃ'i'tʃ'wan:win]（動）（男女が）親しくなる、ねんごろになる、睦まじくなる、相愛の仲となる
ချစ်ခင်[tʃ'i'k'in]（動）好意を抱く、好きになる
ချစ်ခင်ခြင်း[tʃ'i'k'inʥin:]（名）情愛
ချစ်ခင်စိတ်[tʃ'i'k'inzei']（名）愛する気持
ချစ်ခင်နှစ်သက်[tʃ'i'k'in ṇi'tɛ']（動）好む、好きになる
ချစ်ခင်မြတ်နိုး[tʃ'i'k'in mja'no:]（動）親愛の情を抱く、いとおしく思う
ချစ်ခင်ရင်းနှီး[tʃ'i'k'in jin:ṇi:]（動）親しい、親近だ、仲睦まじい
ချစ်ခင်လေးစား[tʃ'i'k'in le:za:]（動）愛し慈しむ、愛し敬う
ချစ်ခန်းကြိုက်ခန်း[tʃ'i'k'an: tʃ'ai'k'an]（名）愛の場面、（芝居の）濡れ場
ချစ်ချစ်ခင်ခင်[tʃ'i'tʃ'i'k'ingin]（副）親しく
ချစ်ခြင်းမယား၁ရှင်စားလှလှ။（諺）耐えられぬ思い（愛妻との別れ、恋人を奪われる）
ချစ်စဖွယ်ကောင်း[tʃ'i'səbwɛ kaun:]（形）愛らしい、可愛らしい
ချစ်စနိုး[tʃ'i'səno:]（副）愛らしく、親しみを込めて、愛情を込めて

ချစ်စနိုး:ခေါ်[tɕiʔsəno: kʼɔ] (動) 愛情を込めて呼ぶ
ချစ်စရာကောင်း[tɕiʔsəja kaun:] (形) 愛らしい、愛くるしい
ချစ်စေလိုခံတွင်း:လေး:လက်သစ်။မုန်း:စေလိုခံတွင်း:လေး:လက်သစ်။ (諺) 舌先3寸 (愛も憎しみも4寸の口)
ချစ်ဆွေ[tɕiʔswe] (名) 親友
ချစ်တင်း:နှီး:နှော[tɕiʔtin:ɲi:nɔ:] (動) 睦言を言う、愛を語る
ချစ်မြဲ[tɕiʔ məɲi:] (形) 無限に愛しい
ချစ်မိတ်ဆွေ[tɕiʔ meiʔswe] (名) 親友
ချစ်မြတ်နိုး[tɕiʔmjaʔno:] (動) 慈しむ、深く愛する
ချစ်ရေး:ဆို[tɕiʔje: sʼo] (動) 口説く、愛を打ち明ける、愛を囁く
ချစ်ရေး:ဆိုသံ[tɕiʔje: sʼoðan] (名) 口説き、愛の囁き
ချစ်သား:[tɕiʔta:] (名) 愛児
ချစ်သူ[tɕiʔtu] (名) 愛人、恋人
ချစ်သွေး:[tɕiʔtwe:] (名) 情欲、性欲
ချစ်ချစ်တောက်[tɕiʔtɕiʔtauʔ] (副) じりじりと、かんかん照りで
ချစ်ချစ်တောက်ပူ[tɕiʔtɕiʔtauʔ pu] (形) じりじりと暑い
ချစ်ချစ်တောက်လောင်[tɕiʔtɕiʔtauʔ laun] (動) じりじりと燃え上がる
ချစ်တီး:[tɕiʔti:] (名) インド人高利貸し、世襲的なタミール人高利貸し
ချစ်တီး:ခေါင်း:။သန်း:ရှာ။ (諺) 無駄な事をする (インド人高利貸しの頭で虱を探す、禿頭を探しても見つかる筈がない)
ချည့်[tɕiʔ.] (形) 病弱だ、虚弱だ ခါ:ချည့်သည်။ 腰が弱い
ချည့်နဲ့[tɕi.nɛ.] (形) 虚弱だ、病弱だ
~ချည့်လား:[~tɕi.la:] (助動) 強調、随分と~ではないか စောလျှည့်လား:။ 随分と早いなあ နောက်ကျလျှည့်လား:။ 随分遅いではないか
ချည်[tɕi] (動) 縛る、結ぶ、括る、繋ぐ ကြိုးဖြင့်ချည်သည်။ 紐で括る
ချည်နှောင်[tɕiɲaun] (動) 縛る
ချည်[tɕi] (名) ①糸、繊維 ②綿、木綿 ＝ချည်
ချည်ကြိုး[tɕiɡo:] (名) 綿糸、木綿糸
ချည်ငင်[tɕiɡin] (名) 糸玉、糸束、繊維玉
ချည်ငင်စု[tɕiɡinzuʔ] (鳥) エンビコウ
ချည်ငင်[tɕi ɲin] (動) 糸を紡ぐ=ပိုင်:င်ငံ:သည်။
ချည်ငင်ရစ်[tɕiɲin jiʔ] (名) 糸車
ချည်ထုံး:[tɕi tʼoun:] (動) 糸を結び合わせる

ချည်ထည်[tɕide] (名) 綿布、綿織物、綿製品
ချည်ပုဆိုး:[tɕi pəsʼo:] (名) 木綿のロンジー
ချည်မျှင်[tɕi mjin] (名) 繊維
ချည်လုံချည်[tɕi lounʥi] (名) 綿のロンジー
ချည်:[ʥi] (助動) 事実を示す သေရချည်သေးရဲ့။ 死は免れない
~ချည်:~ချည်:[~ʥi:~ʥi:] (助動) 交互の反復を現わす、~したり~したり ထိုင်ချည်ထချည်ဖြစ်သည်။ 座ったり立ったりする ဆင်း:ချည်တက်ချည်လုပ်သည်။ 登ったり降りたりする နေ့စဉ်သွား:ချည်ပြန်ချည်မလုပ်နိုင်ဘူး:။ 毎日行ったり来たりはできない
~ချည်:[~ʥi:] (助) ~ばかり အသား:တွေချည်:မစား:နဲ့ 肉ばかり食うな စာချည်:ဖတ်နေတယ်။ 本ばかり読んでいる ငါး:တွေဟာရေထဲမှာချည်:နေတယ်။ 魚は水中にしか棲まない အရာရာသည်အကောင်း:စား:ချည်:ဖြစ်သည်။ 万事高級品ばかりだ
ချဉ်[tɕin] ① (形) 酸い、酸っぱい ② (動) 酸っぱくなる、酸化する ③気に食わない、憎む
ချဉ်ချဉ်တူး:တူး:[tɕinʥin tu:du:] (副) どんな結果になろうと、なるようになれ、破れかぶれ
ချဉ်စုတ်[tɕinsouʔ] (形) すごく酸い、著しく酸い、極めて酸い
ချဉ်ဆား:မှီး:[tɕinza: mi:] (動) 酸味や塩味を貯える
ချဉ်ဆူ:[tɕinsʼu:] (形) 極めて酸い
ချဉ်ပေါင်[tɕinbaun] (植) ①ローゼルソウ ②ケナフ、アンバリアサ (アオイ科) Hibiscus cannabinus
ချဉ်ပေါင်နီ[tɕinbaunni] (植) ローゼルソウ (アオイ科) Hibiscus sabdariffa
ချဉ်ပဲ[tɕinbji:] (植) フイリソシンカ、マラバリカバウヒニア (ジャケツイバラ科) Bauhinia malabarica
ချဉ်ဖတ်[tɕinbaʔ] (名) ①漬物 ②嫌われ者、憎まれ者
ချဉ်ဖြုဖြု[tɕin pʼjoun.bjoun.] (名) 程々の酸味
ချဉ်ယုတ်[tɕin jouʔ] (植) カダド (カンラン科) Garuga pinnata
ချဉ်ရေဟင်း:[tɕin jehin:] (名) 酸味の強いスープ
ချဉ်ည်နှင့်ဆား:။အတူ:ထား:မှီ။ (諺) 遠くて近きは男女の仲 (酸果と塩とをうかつにも一緒に置く)
ချဉ်သီး:ပင်အောက်။ချဉ်သီး:ရှာ:။ (諺) 愚の骨頂 (酸果の木の下で酸果を探す)
ချဉ်း:[tɕin:] (動) ①近づく、接近する ②狭める

ချဉ်းကပ်[tʃinːkaʔ]（動）近づく、近寄る、接近する

ချိတ်[tʃeiʔ]（動）①掛ける、引っ掛ける、吊す、下げる ②それとなく皮肉る、諷刺する ③誘う、気を引く

ချိတ်[dʒeiʔ]（名）①安全ピン ②留め金、フック ③鳶口 ④衣紋掛け

ချိတ်ကုန်တိုက်ကုန်[tʃeiʔkoun taiʔkoun]（名）量り売りの商品、重量売りの商品

ချိတ်ဆက်[dʒeiʔsʼɛ]（名）繋がり、接続

ချိတ်ဆွဲ[tʃeiʔsʼwɛ]（動）掛ける、引っ掛ける、吊るす

ချိတ်တိတိတိတိ[tʃeiʔteiʔtei]（副）それとなく、暗示して

ချိတ်သန်ဆွဲရောဂါ[dʒeiʔtanzwɛː jɔːga]（病）十二指腸虫病

ချိတ်လုံချည်[tʃeiʔloundʑi]（名）波模様のロンジー＝အချိတ်လုံချည်

ချိုချယ်＝ချိုခြယ်

ချန်[tʃan]（動）残す、後に残す、空けておく、余す

ချန်ရစ်[tʃan jiʔ]（動）残す

ချန်လှပ်[tʃan ɫaʔ]（動）残す、除く、空けておく、省いておく

ချန်ပီယန်[tʃanpijan]（名）チャンピオン ＜英

ချိန်[tʃein]（動）①（重さを）計る ②狙う、目指す ③（銃口を）向ける ④推量する、心中勘案する ⑤（名）秤、計量器

ချိန်ကိုက်[tʃein kaiʔ]（動）①水平を測る ②垂直を測る ③検算する ④前以って調節する

ချိန်ခွင်[tʃeingwɛʔ]（名）①（銃の）照準 ②（カメラの）覗き窓

ချိန်ခွင်[tʃeingwin]（名）天秤秤

ချိန်ခွင်ခွက်[tʃeingwin gwɛʔ]（名）天秤秤の皿

ချိန်ခွင်လက်[tʃeingwin lɛʔ]（名）天秤秤の竿

ချိန်ခွင်လျှာ[tʃeingwin ʃa]（名）天秤秤の指針

ချိန်စက်[tʃeinsɛʔ]（動）秤で均衡をとる、秤で調節する、釣り合わせる

ချိန်ဆ[tʃeinsʼa.]（動）①重さを推量する ②推量する、推測する、勘案する、見当を付ける、目星を付ける

ချိန်တာရာ[tʃein taja]（星）天秤座

ချိန်တွယ်[tʃeintwɛ]（動）重さを計る

ချိန်ထိုး[tʃeintʼoː]（動）照合する、比較検討する

ချိန်ရပ်နာရီ[tʃein jaʔnaji]（名詞）ストップ・ウオッチ

ချိန်ရွယ်[tʃein jwɛ]（動）狙う、狙い定める

ချိန်ဝန်[tʃeinwun]（名）重量、重さ

ချိန်သာ[tʃeindaː]（名）錘

ချိန်သာကိုက်[tʃeindaː kaiʔ]（動）予想が当る、目論見通りになる

ချိန်သီ[tʃeindiː]（名）錘、（時計の）振り子

ချိန်သီနာရီ[tʃeindiː naji]（名）振り子時計

ချိန်သီတပ်နာရီ[tʃeindiː taʔ naji]＝ချိန်သီးနာရီ

ချိန်း[tʃein]（動）時間を打合わせる、日取りを決める、日時を指定する、場所を定める ဘယ်နေရာမှာချိန်းမလဲ။ 何処で会う事にするのか？

ချိန်းချက်[tʃein tʃɛʔ]（動）日時を打合わせる

ချိန်းတွေ့[tʃein twe.]（動）約束して会う、デートする

ချိန်းထား[tʃein tʼaː]（動）日時を打合わせておく、場所を約束しておく

ချိန်းကြိုး[tʃein dʑoː]（名）自転車のチェイン

ချုန်း[tʃoun]（動）大音響を発する、雷が鳴る

ချပ်[tʃaʔ]（形）①平たい、薄っぺらだ、偏平だ ②（動）平坦になる、腫れが退く အနာချပ်သွားပြီ။ 腫れが退いた ③差す、挟む、差し挟む ④（名）薄い物、平たい物 ⑤王朝時代の鎖帷子、鎧 ⑥カスタネット ⑦（助数）～枚 ပန်းကန်ပြားဘယ်နှစ်ချပ်ဝယ်မလဲ။ 皿は何枚買うのか

ချပ်ကာ[tʃaʔka]（名）鎖帷子

ချပ်ချပ်ရပ်ရပ်[tʃaʔtʃaʔjaʔjaʔ]（副）①きちんと、凹凸がないように、滑らかに ②きっちりと、ぴったりと、隙間なく、間隔を詰めて ခါးပတ်ဖြင့်ချပ်ချပ်ရပ်ရပ်စည်းနောင်းထားသည်။ ベルトできっちりと締め付けてある

ချပ်တန်ဆာ[tʃaʔdəza]（名）鎖帷子＝ချပ်ဝတ်တန်ဆာ

ချပ်ပြား[tʃaʔpja]（名）厚紙

ချပ်လိုက်[tʃaʔlaiʔ]（動）リズムに合わせる、拍子を取る

ချပ်အင်္ကျီ[tʃaʔ indʑi]（名）鎖帷子

ချိပ်[tʃeiʔ]（動）艶が出る

ချိပ်[tʃeiʔ]（名）ラック、シェラック（ラック貝殻虫が分泌する赤色樹脂）

ချိပ်တံဆိပ်[tʃeiʔ dəzeiʔ]（名）封印、スタンプ、ラックの上に記した封印

ချိပ်ပိုး[tʃeiʔpoː]（虫）ラックカイガラムシ

ချိပ်ပိတ်[tʃeiʔ peiʔ]（動）①封印する、ラックで封印する ②差し押さえ封印する

ချိပ်ပိတ်တင်ဒါ[tʃeiʔpeiʔ tinda]（名）密封入札

ချိပ်ပိတ်ဈေးနှန်းလွှာ[tʃeiʔpeiʔ zeːnoun ɫwa]（名）密封入札の価格

ချုပ်[tʃouʔ]（動）①縫う、縫製する、仕立てる စက်ချုပ် ミシン縫い လက်ချုပ် 手縫い ②留置する、幽閉

ချမ်း

する、監禁する ③統制する、管理する ④怒りを抑える ⑤短くする、短縮する ⑥便秘になる、通じがない ⑦色落ちしないようにする、色あせしないようにする ⑧契約を結ぶ ⑨終る、終了する

ချုပ်ကိုင်[tʃouʔkain](動) ①統御する、制御する、掌握する、司る ②拘束する

ချုပ်ချယ်[tʃouʔtʃɛ](動)拘束する、制約する、抑圧する

ချုပ်နံ[tʃouʔkoun](名)裁縫台、針山、針刺し

ချုပ်ငြိမ်း[tʃouʔɲein](動)消える、消滅する、片がつく、終ってしまう、落着する

ချုပ်စာ[tʃouʔsa](名)便秘を引起こす食べ物
ကောက်ညှင်းများများစားရင်ဝမ်းချုပ်တယ်။ 餅を沢山食べたら便秘になる မန်ကျည်းစေ့စားရင်ဆီးချုပ်တယ်။ タマリンドの種を食べたら尿が不通になる

ချုပ်စပ်[tʃouʔsaʔ](名)連接、隣接

ချုပ်ဆေး[tʃouʔseː](名)色あせ防止用の洗剤

ချုပ်ဆို[tʃouʔsʼo](動)（条約、契約を）締結する

ချုပ်တီး[tʃouʔtiː](動)→ချုပ်တည်း

ချုပ်တည်း[tʃouʔtiː](動)①（心、気持を）抑える、抑制する、自制する ②拘束する、監禁する

ချုပ်ထိန်း[tʃouʔtʼein](動)拘束する、監禁する

ချုပ်နှောင်[tʃouʔnaun](動)身柄を拘束する、監禁する、留置する、投監する

ချုပ်ပုံချုပ်နည်း[tʃouʔpoun tʃouʔniː](名)縫い方、縫合の仕方

ချုပ်ရိုး[tʃouʔjoː](名)縫い目

ချုပ်ရိုးကြောင်း[tʃouʔjoːtʃaun]=ချုပ်ရိုး

ချုပ်ရက်[tʃouʔjɛʔ](名)①契約日、締結日 ②収容日

ချမ်း[tʃan](形)寒い、寒く感じる、冷たい

ချမ်းချမ်းစီးစီး[tʃan:dʒan:si:zi:](副)寒さに耐えて、寒さを堪えて

ချမ်းစိမ့်[tʃan:seinʔ](形)寒気がする、冷え冷えする、寒さが凍みこむ、ぞくぞくする

ချမ်းဗျားတုန်ဗျား[tʃan:bja:tounbja:](名)寒さから来る震えと熱

ချမ်းမြ[tʃan:mja](形)涼しい、ひんやりする、爽やかだ

ချမ်းမြေ့[tʃan:mje](形)①心地好い、快い、楽しい、穏やかだ、のどかだ ②ひんやりする、冷涼だ

ချမ်းမြေ့ရွှင်လန်းပါေစ[tʃan:mje. ʃwinlan: ba ze](動)祈願形、どうかお幸せに

ချမ်းသာ[tʃan:da](形)①豊かだ、裕福だ ②苦しみがない、息災だ ③幸せだ、幸福だ ④（名）幸せ、幸福 ငွေကြေးချမ်းသာသည်။ 資産が豊富だ、裕

福だ

ချမ်းသာစွာ[tʃandazwa](副・文)豊かに、幸せに

ချမ်းသာကြယ်ဝ[tʃanːda tʃwewa.](形)豊かだ、裕福だ

ချမ်းသာခွင့်ပေး[tʃandagwin. peː](動)赦す、釈放する、刑の執行を免除する

ချမ်းသာပေး[tʃan:da peː](動)赦す、勘弁する、堪忍する、容赦する、命を助ける

ချမ်းသာသုခ[tʃan:da tu.kʼa.](名)幸せ、幸福

ချမ်းအေး[tʃan:eː](形)①涼しい ②のどかだ、平静だ、安穏だ

ချမ့်[tʃein.](助動)ချေအံ့の融合形、未来を示す、～であろう အယ်အတွင်လယ်ထွန်ချိမ့်မည်နည်း။ いつ田を耕すのだろう မကြာခင်ရောင်းစား~ခြင်းကိုခံရချိမ့်မည်။ まもなく売り飛ばされるだろう

ချု.[tʃoun.](動)縮める、収縮させる、短くする、狭める

ချုံ[tʃoun](名)薮、茂み、叢林、雑木林

ချုံခိုတိုက်[tʃounkʼo taiʔ](動)闇討する、待ち伏せして襲う、奇襲する

ချုံခိုတိုက်ခိုက်[tʃounkʼo taiʔkʼaiʔ]=ချုံခိုတိုက်

ချုံတော[tʃoundoː](名)叢林

ချုံနွယ်[tʃoun nwɛ](名)薮、茂み、叢林

ချုံနွယ်ပိတ်ပေါင်း[tʃounnwɛ peiʔpaun]=ချုံနွယ်

ချုံပိတ်ပေါင်း[tʃoun peiʔpaun](名)茂み、薮、潅木林

ချုံတိုးချိုင့်[tʃoundoːbjain:](鳥)ムラサキサギ（サギ科）Ardea purpurea

ချုံဖုပ်[tʃounbouʔ](名)茂み、叢林＝ချုံပုတ်

ချုံအုပ်[tʃoun ouʔ](名)茂み、雑木林

ချုံအုပ်ချုံပုတ်[tʃoun ouʔ tʃounbouʔ]=ချုံအုပ်

ချုံး[tʃoun](①(形)瘦せこけた、瘦せ衰えた、憔悴した ②(動)縮める、短くする、狭める

ချုံးကျ[tʃountʃa.](動)瘦せ衰える、憔悴する

ချုံးချ[tʃountʃa. ŋo](動)号泣する

ချုံးပွဲချ[tʃoun bwɛ:tʃa.](副)痛烈に、激しく

ချုံးပွဲငို[tʃoun bwɛ:tʃa. ŋo]=ချုံးချ

ချုံးမဲ့ငို[tʃoun mɛ.tʃa. ŋo]=ချုံးချ

ချုံးချ=ချို့ချ

ခြ[tʃa.](虫)①白蟻 ②汚職をした人

ခြစား[tʃa.saː](動)①白蟻の被害を受ける ②汚職をする、収賄する

ခြစားမှု[tʃa.sa.mu.](名)白蟻の被害

ခြတက်[tʃa. tɛʔ](動)白蟻にやられる

ခြေတောင်ပို့[tʃa.taunbou](名)蟻塚

ခြနီကောင်[tʃa.nigaun](虫)赤蟻

ခြပုံ[tʃa.bjan] (名) 羽蟻
ခြမင်း[tʃa.min:] (名) 女王蟻
ခြအုံ[tʃa.oun] (名詞) 白蟻の巣
ခြာ[tʃa] (動) 隔たる、間隔が開く
ခြား[tʃa:] (動) ①異なる、違いがある、差がある ②隔てる、分け隔てる ③~置きに တရက်ခြား：1日置きに
ခြားထား[tʃa:t'a:] (動) 分けて置く、分けてある
ခြားနား[tʃa:na:] (動) ①異なる、差異がある ②離反する、謀反する ③隔てる
ခြားနားချက်[tʃa:na:dʑɛʔ] (名) 違い、相違点
ခြားနားမှု[tʃa:na:m̥u] (名) 差、違い
ချုံသံပါအောင်[tʃuɖan pa aun] (副) ぺらぺらと、立て続けに →ချူသံပါအောင်
ချူ[tʃu:] (名) 唐草文様、植物文様
ချူးကောင်း[tʃu:gaun] (名) 唐獅子
ချူးပန်း[tʃu:ban:] (名) 唐草文様
ချူးပန်းချူးနွယ်[tʃu:ban: tʃu:nwɛ] =ချူးပန်း
ချူးရုပ်[tʃu:jouʔ] (名) 唐獅子、獅子の像
ခြေ[tʃi~tʃe] (名) 足、脚
ခြေကန်[tʃi kan] (動) ①足で蹴る ②足を踏ん張る
ခြေကုန်[tʃi koun] (動) 疲れ果てる、疲労困憊する
ခြေကုန်လက်ပန်းကျ[tʃigoun lɛʔpan: tʃa.] (動) 疲労困憊する、へとへとになる、全身が疲れる
ခြေကုန်သုတ်[tʃigoun touʔ] (動) 大急ぎで行く、駆け出す
ခြေကုပ်[tʃigouʔ] (名) 足掛かり、拠点
ခြေကုပ်စခန်း[tʃigouʔ səkʰan:] (名) =ခြေကုပ်
ခြေကျ[tʃi tʃa.] (動) 脚力が落ちる
ခြေကျင်[tʃi dʑin] (副) 徒歩で
ခြေကျင်းငှုပ်[tʃ'idʑin:zuʔ] (鳥) エンビコウ（コウノトリ科）Ciconia episcopus
ခြေကျိုး[tʃi tʃo:] (動) 足を骨折する、足が折れる
ခြေကျံ[tʃi tʃun] (動) 足がめり込む
ခြေကြ[tʃidʑwa.] (名) 往診料
ခြေခလယ်[tʃi kʰəlɛ] (名) 足の中指
ခြေခုံ[tʃigoun] (名) 足の甲
ခြေခင်းလက်ခင်း[tʃigin:lɛʔkʰin:] (名) 足元
ခြေခင်းလက်ခင်းသာယာတယ်။ ခြေခင်းလက်ခင်းမသာယာဘူး။ (雨などで) 足元が悪い
ခြေချ[tʃi tʃa.] (動) 足を踏みしめる、上陸する、至る、到着する
ခြေချော်[tʃi tʃɔ] (動) 足を滑らせる
ခြေချော်ကျ[tʃidʑɔ tʃa.] =ခြေချော်

ခြေချော်လက်ချော်[tʃidʑɔ lɛʔtʃɔ] (副) 万が一、うっかりして、失敗して
ခြေချင်း[tʃidʑin:] (名) ①足輪、足飾り、アンクレット ②足枷
ခြေချင်းခတ်[tʃidʑin: kʰaʔ] (動) 足枷をはめる
ခြေချင်းဆိုင်[tʃidʑin: sʰain] (動) 足を向い合わせる
ခြေချင်းရှုပ်[tʃidʑin: ʃouʔ] (動) 足が縺れる
ခြေချင်းလိမ်[tʃidʑin: lein] (動) 込み合う、ごった返す、雑踏する
ခြေချင်းဝတ်[tʃidʑin:wuʔ] (名) 踝
ခြေချောင်း[tʃidʑaun:] (名) 足の指
ခြေချုပ်[tʃi tʃouʔ] ① (動) 足留めする、禁足する ②[tʃidʑouʔ] (名) 禁足
ခြေချုပ်မှု[tʃidʑouʔmu.] (名) 不法監禁罪
ခြေချုပ်မိ[tʃidʑouʔmi.] (動) 足留めを食う
ခြေချေမြစ်မြစ်[tʃedʑe mjiʔmjiʔ] (副) 根本的に、基本的に、確実に、詳細に、徹底的に ခြေခြေမြစ်မြစ်သိသည်။ 詳細に知っている ခြေခြေမြစ်မြစ်နား လည်သည်။ 存分に理解している
ခြေခွင်[tʃi kʰwin] (動) 足が曲がる、がに股になる、O脚になる
ခြေခွင်ရှိုက်[tʃigwin jaiʔ] (動) 足裏で蹴り上げる
ခြေစလက်စတ်[tʃeɲouʔlɛʔɲouʔ] (名) やり残し、やりかけの仕事
ခြေင်[tʃeɲan] (形) 上品だ、優雅だ →ချေင်
ခြေလာဝတ်[tʃiza.lɛʔsa.] (名) 才能、素質
ခြေစောက်စောင်း[tʃizaun.lɛʔsaun.] (名) 不時の出費、まさかの時の貯え
ခြေစစ်ပွဲ[tʃizipwɛ] (名) (スポーツの) 選抜戦
ခြေစမ်း[tʃi san] (動) 能力を試す、検定する
ခြေစုံ[tʃizoun] (名) 両足 ခြေစုံပစ်ဝင်သည်။ 全力を注ぐ、全身を投じる、専念する ခြေစုံရပ်သည်။ 両足で立つ
ခြေစွယ်ငုတ်[tʃizwɛ ŋouʔ] (動) 捲き爪になる
ခြေစွပ်[tʃizuʔ] (名) 靴下
ခြေစွမ်းထက်[tʃizwan: tʰɛʔ] (動) 足技にすぐれる、足技が見事だ
ခြေဆေး[tʃi sʰe:] (動) 足を洗う
ခြေဆော့လက်ဆော့[tʃizɔ.lɛʔsʰɔ.] (副) 手癖が悪くて、人の物に手を付けて
ခြေဆန့်[tʃi sʰin:] (動) 足を伸ばす、足を投げ出す
ခြေဆင်းလဲလူ[tʃizin: lɛ:lu] (副) 足を垂らして
ခြေဆုပ်လက်နယ်[tʃizouʔlɛʔnɛ] (副) 手足を揉んで
ခြေဆံလက်ဆံ[tʃizan lɛʔsʰan] (名) 手足、四肢

ခြေဆုံးခေါင်းဆုံး[tʃizoun:gaun:zoun:]（副）頭のてっぺんから爪先まで、全身

ခြေဆွံ့နာ[tʃizun.na]（名）足萎え

ခြေညို့[tʃiɲo:]（名）足の人差し指

ခြေညှော်င်းလက်ဆန့်[tʃiɲaun:lɛ's'an.]（副）手足を伸ばして、くつろいで

ခြေတပေါင်း:ကျ:[tʃi dəbaun:ɕo:]（副）片足で

ခြေတလှမ်း။ ကုဂ္ဂေတသန်း။（諺）女たるもの、淑やかに振舞うべし（一歩の歩みに千金の値あり）

ခြေတလှမ်းလှမ်း[tʃi təɬan:ɬan:]（動）一歩を踏み出す

ခြေတု[tʃidu.]（名）義足

ခြေတော်တင်[tʃidɔ tin]（動）手を付ける、肉体関係を持つ

ခြေတော်ရင်း[tʃidɔjin:]（名）お傍、お足元

ခြေတော်ရာ[tʃidɔja]（名）仏足跡

ခြေတို[tʃi to]（動）足繁く往来する、絶えず行き来する

ခြေတင်[tʃi tin]（動）足を載せる

ခြေတုံရှည်အိမ်[tʃidaɲe ein]（名）高床式の家、杭上家屋

ခြေထိုး[tʃi t'o:]（動）①足払いを掛ける ②横槍を入れる、裏工作をする

ခြေထောက်[tʃi t'au']①（動）足を踏ん張る ②[tʃidau']（名）足（膝から下） ③（机、椅子等の）脚

ခြေထောက်ကျိူ[tʃidau' tʃo:]（動）足を骨折する

ခြေထောက်ထောင်[tʃidau' t'aun]（動）膝を立てる

ခြေထိတ်[tʃ'idei']（名）（木製の）足枷 cf. ခြေချင်း

ခြေနာ[tʃi na]（動）足を痛める

ခြေနင်း[tʃinin:]（名）①（爪先が反り上がった）靴（五種の神器の一つ）②（自転車の）ペダル ③（ミシンの）足踏み

ခြေနင်းကွင်း[tʃinin:gwin:]（名）（馬の）鐙

ခြေနင်းခံ[tʃinin: k'an]（動）踏まれても応えない、踏まれても平気だ

ခြေနင်းခုံ[tʃinin:goun]（名）（バスの）乗降口、ステップ

ခြေနင်းဘတ်[tʃinin:ba']（名）①人に踏まれる床、地面、脚の下 ②踏みにじられた人達、被抑圧者

ခြေနင်းဘုံ:[tʃinin: boun]（名）地雷

ခြေနိုင်လက်နိုင်[tʃinain lɛ'nain]（副）できる範囲で、可能な範囲で

ခြေနစ်ချောင်းလဲမကယ်နှင့်၊ မင်းလှေမျော်လဲမဆည်နှင့်။

（諺）善意が報われるとは限らない、慎重に対処せよ（二本足は助けるな、流されている国王の舟も救い上げるな）

ခြေပေါင်း[tʃibɔ.nin:]（動）抜き足差し足で歩く

ခြေပေါ်[tʃi pɔ]（動）（スポーツで）足技が巧みだ

ခြေပေါက်[tʃi pau']（動）①足にまめができる ②どこにでも出没する

ခြေပစ်လက်ပစ်[tʃibji' lɛ'pji']（副）手足を伸ばして、大の字になって、ゆったりして

ခြေပစ်လက်ပစ်ထိုင်[tʃibji'lɛ'pji' t'ain]（動）手足を伸ばして座る

ခြေပန်းလက်ပန်း:ကျ[tʃiban:lɛ'pan:tʃa.]（動）疲れて四肢がだるくなる

ခြေပုန်းခုတ်[tʃiboun: k'ou']（動）陰謀を企てる、密かに企む

ခြေပွ[tʃibwa.]（名）足の六本指

ခြေပွ:လက်ပွ:[tʃibwa: lɛ'pwa:]（名）奇形児

ခြေပုတ်တိုင်[tʃibu'tain]（名）踝の骨

ခြေပုတ်တိုင်လည်[tʃibu'tain lɛ]（動）足首を捻挫する

ခြေပေနှင့်[tʃibənaun.]（名）踵

ခြေဖမိုး[tʃibəmo:]（名）足の甲＝ခြေဖ

ခြေဖမျက်[tʃibəmjɛ']（名）足首

ခြေဖဝါ:[tʃibəwa:]（名）足裏

ခြေဖဝါ:အပြာ:ကြီးသူ[tʃibəwa: əpja: tʃi:du]（名）偏平足

ခြေဖျာ:[tʃibja:]（名）爪先

ခြေဖျာ:ထောက်[tʃi:bja: t'au']（動）①背伸びする、爪先立つ ②つけ上がる、のぼせる

ခြေဖဝါ[tʃibəwa:]＝ခြေဖဝါ:

ခြေမ[tʃima.]（名）足の親指

ခြေမကြိုး[tʃima.ɕo:]（名）遺体の両足の親指を括り合せる紐

ခြေမကျုူ:ရင်ခြေမ၊ လက်မကျုူ:ရင်လက်မဖြတ်စတမ်း။（格）過ちを犯したらそれ相応の罰を応報として受ける（足の親指が犯せば足の親指を、手の親指が犯せば手の親指を切断する）

ခြေမကိုင်မိ လက်မကိုင်မိဖြစ်[tʃ'i məkainmi. lɛ' mək'ainmi. p'ji']（動）為す術もなくおろおろする、途方に暮れる

ခြေမထောက်နိုင်[tʃi mət'au' nain]（動）足が（底に）届かない、立つ事ができない

ခြေမျာ:[tʃi mja:]（動）あれこれ画策する

ခြေမျက်စေ့[tʃi mjɛ'si.]（名）足首＝ခြေဖမျက်

ခြေမြန်တပ်မ[tʃimjan ta'ma.]（名）軽歩兵師団

ခြေမြန်လက်မြန်[tʃimjan lɛ'mjan]（副）早々と、

ခြေအိတ်

慌てて

ခြေမွေးမီးမလောင်။လက်မွေးမီးမလောင်[tʃimwe miː məlaun lɛʔmwe:mi:məlaun] (副) 箱入り娘として、深窓の令嬢として

ခြေမှုန့်[tʃemouṇ:] (動) 撃滅する

ခြေမွ[tʃemwa.] (動) 粉砕する、打ち砕く→ခြေမှု

ခြေရာ[tʃija] (名) 足跡

ခြေရာကောက်[tʃija kauʔ] (動) ①足跡を辿る ②原因を調べる

ခြေရာခံ[tʃija kʼan] (動) 足跡を追う

ခြေရာတိုင်း[tʃija tain:] (動) 刃向かう、抵抗する

ခြေရာနင်း[tʃija nin:] (動) 先人の跡を受け継ぐ、衣鉢を継ぐ、他人の真似をする

ခြေရာပျောက်[tʃija pʼjauʔ] (動) 行方を晦ます

ခြေရာလက်ရာ[tʃija lɛʔja] (名) ①先人の作品 ②糸口、手掛かり

ခြေရာလဲပျောက်။ရေလဲနောက်။ (諺) 虹蜂採らず、元も子もなくす（足跡も消え、水も濁る）

ခြေရင်း[tʃijin:] (名) ①足元、土台 ②横になった時の足元

ခြေရင်းအိမ်[tʃijin: ein] (名) 裏の家

ခြေရှုပ်[tʃi ʃe] (動) 徘徊する、うろつく

ခြေရှုပ်[tʃi ʃouʔ] (動) ①出入りが激しい ②足手まといになる ③御節介を焼く、干渉する

ခြေလေးလက်လံ[tʃile:lɛʔlan] (副) のろのろと、ゆっくりと、緩慢に

ခြေလယ်[tʃilɛ] (名) 足の中指

ခြေလက်[tʃi lɛʔ] (名) 手足

ခြေလမ်း[tʃilan:] (名) 小道

ခြေလမ်းပျက်[tʃilan: pjɛʔ] (動) 豹変する、様子が急変する

ခြေလျင်[tʃidʑin] ① (副) 徒歩で ② [tʃʼeljin] (名) 歩兵

ခြေလျင်ခရီးသွား[tʃidʑin kʼəji:dwa:] (名) 歩行者

ခြေလျင်စစ်သား[tʃidʑin siʔta:] (名) 歩兵

ခြေလျင်တပ်[tʃidʑinda̰ʔ] (名) 歩兵部隊

ခြေလျင်လျောက်[tʃidʑin ʃauʔ] (動) 徒歩で歩く

ခြေလျင်လျောက်သူ[tʃidʑin ʃauʔtu] (名) 歩行者

ခြေလွတ်လက်လွတ်ဖြစ်[tʃilṵʔ lɛʔlṵʔ pʼjiʔ] (動) 自由になる、伸び伸びする、拘束から免れる

ခြေလွန်လက်လွန်[tʃilun lɛʔlun] (副) 過度に、極度に、極端に、限界を超えて

ခြေလှုပ်[tʃi ɬouʔ] (動) 足を動かす

ခြေလှမ်း[tʃiɬan:] ① (動) 足を運ぶ、足を動かす

② (名) 足取り、歩行、ステップ

ခြေလှမ်းကျဲ[tʃiɬan: tɕɛ:] (形) 野心的だ

ခြေလှမ်းပျက်[tʃiɬan: pjɛʔ] (動) 態度が変わる、異常な行動をする

ခြေလှမ်းပြင်[tʃiɬan: pjin] (動) 準備する、用意を始める

ခြေလှမ်းမှား[tʃiɬan: ma:] (動) 失敗する、過ちを犯す、行動を誤まる

ခြေဝက်[tʃi hwɛʔ] (動) 能力を出し惜しみする、手加減をする

ခြေသပ္ပလိုက်[tʃidəbuʔlaiʔ] (動) 足の裏に打ち身ができる

ခြေသလုံး[tʃidəloun:] (名) こむら、ふくらはぎ、脛の内側

ခြေသလုံးကြွက်သား[tʃidəloun: tɕwɛʔta:]＝ခြေသလုံး

ခြေသလုံးသား[tʃidəloun:da:]＝ခြေသလုံး

ခြေသလုံးအိမ်တိုင်[tʃidəloun: eindain] (名) 浮浪者、風来坊、無宿者、住所不定者、ホームレス

ခြေသာ[tʃi ta̰] (形) 足技が優れている

ခြေသူကြွယ်[tʃidədʑwɛ] (名) 足の薬指

ခြေသေလက်သေ[tʃide lɛʔte] (名) 中風、手足の麻痺、手足の萎え

ခြေသည်လက်သည်[tʃidi lɛʔti] (名) 執事、幹事＝ခြေသည်းလက်သည်း

ခြေသည်း[tʃide:] (名) 足の爪

ခြေသည်းညှပ်[tʃide: ɲa̰ʔ] (動) 足の爪を切る

ခြေသည်းလှီး[tʃide: ɬi:] (動) 足の爪を切る

ခြေသုတ်ပုဆိုး[tʃidouʔpəsou:] ① (名) 足拭き、雑巾 ②卑下

ခြေသုတ်ပုဆိုး။မြွေစွယ်ကျိုး။ (諺) 使い走りをする（足拭きの雑巾 牙の折れた蛇）

ခြေသုတ်ပုံ[tʃidouʔpʼoun] (名) 靴拭き、玄関マット

ခြေသန်း[tʃidan:] (名) 足の小指

ခြေသိမ်းခေါင်းပိုက်[tʃedein:gaun:baiʔ] (副) まとめて、総括して

ခြေသံ[tʃidan] (名) 足音

ခြေသွက်[tʃi twɛʔ] (形) ①足が速い、すばしこい ②機転が利く、素早い、敏捷だ

ခြေဟန်လက်ဟန်[tʃihan lɛʔhan] (名) 身振り手真似

ခြေဦးတည့်ရာ[tʃi u:tɛ.ja] (名) 当てもなく、行定めず、足の向くまま、漫然と

ခြေဦးလှည့်[tʃi u: ɬɛ.] (動) 足を向ける、目指す、向う

ခြေအိတ်[tʃi eiʔ] (名) 靴下

ခြယ်[tʃɛ](動) ①飾る、装飾する ②塗る、塗装する အနီရောင်ကိုခြယ်သည်။ 赤色を塗る
ခြယ်မှုန်း[tʃɛmoun:](動) ①飾る、装飾する ②描く
ခြယ်လှယ်[tʃɛɬɛ](動) ①飾る ②操る、糸を引く
ချို:ခြို:[tʃo:dʒan](動) ①倹約する、節約する、質素にする ②不足に耐える
ခြောက်[tʃauʔ](数)六、数字の形は ၆
ခြောက်ဆယ်[tʃauʔsʔɛ](数)６０
ခြောက်ဆယ်လီစနစ်[tʃauʔsʔɛ li səniʔ](名)六十進法
ခြောက်ထောင်[tʃauʔtʰaun](数) 6千
ခြောက်ပေါက်[tʃauʔpauʔ](名)ビルマ音楽の音階の一つ
ခြောက်ပေါက်မ[tʃauʔpauʔma.](名)ドミノ遊び
ခြောက်ပြစ်[tʃauʔpjiʔ](名)女の六種の欠陥(でぶ、痩せすぎ、のっぽ、ちび、色黒、色白)
ခြောက်ပြစ်ကင်[tʃauʔpjiʔ kin](名)①純真無垢な女性 ②(形)女として非の打ちどころがない
ခြောက်ပြစ်ကင်းသဲလဲစင်။(諺)完璧、完全無欠(六難がなく、砂も白い)
ခြောက်လပန်း[tʃauʔla.ban](植)アジサイ
ခြောက်လုံးပတ်[tʃauʔloun:baʔ](名)鼓6個を取付けた環状の楽器
ခြောက်လုံးပြူ[tʃauʔloun:bju:](名)拳銃、六連発銃、ピストル
ခြောက်သောင်း[tʃauʔtaun:](数) 6万
ခြောက်သန်း[tʃauʔtan:](数) 6百万
ခြောက်သိန်း[tʃauʔtein:](数) 6 0万
ခြောက်[tʃauʔ](動)①乾く、乾燥する ②枯れる ③涸れる、干上がる ④(形)索漠としている、人の気配がない
ခြောက်ကပ်[tʃauʔkaʔkaʔ](形)乾いている、枯れている
ခြောက်ကပ်ကပ်ရှိ[tʃauʔkaʔkaʔ ʃi.](形)人気がない、閑散としている、森閑としている
ခြောက်ခန်း[tʃauʔkan:](動)乾燥する、蒸発する
ခြောက်သွေ့[tʃauʔtwe.](動)①乾燥する、干上がる ②萎れる、生気がない③人の気配がない、閑散としている ခြောက်သွေ့စေသည် 乾燥させる
ခြောက်[tʃauʔ](動)脅す、脅かす
ခြောက်မြိမ်း[tʃauʔtʃein:](動)脅す、脅迫する
ခြောက်စောင်း[tʃauʔsaun:](名)藪睨み、斜視
ခြောက်လုံးလှန်လုံး[tʃauʔloun: ɬan.loun:](名)脅しの言葉、脅迫
ခြောက်လှန့်[tʃauʔɬan.](動)脅す、威嚇する

ခြောက်သရောင်း[tʃauʔtəjaun:](形)臆病だ
ခြိုက်[tʃaiʔ](動)凹む、窪む
ခြိုက်ခြိုက်မြိုက်မြိုက်[tʃaiʔtʃaiʔ mjaiʔmjaiʔ](副)喜んで、好んで、満足して
ခြင်[tʃin](動)(容量、容積を)量る ဆန်ကိုခြင်သည် 米を量る
ခြင်တွယ်[tʃintwɛ](動)容量を量る
ခြင်ယူ[tʃin ju](動)容量を量る
ခြင်[tʃin](虫)蚊 = ခြင်ကောင်
ခြင်ကာ[tʃinga](名)網戸
ခြင်ကိုက်[tʃin kaiʔ](動)蚊が刺す
ခြင်ကိုက်ခံရ[tʃingaiʔ kʰan ja.](動)蚊に刺される
ခြင်ကျ:[tʃindʒa:](虫)縞蚊(流行性出血熱を媒介する) Aedes aegypti
ခြင်ဆေး[tʃinze:](名)防虫剤、蚊取り
ခြင်ထောင်[tʃindaun](名)蚊帳 ဇာခြင်ထောင် レース網の蚊帳 ပိတ်ခြင်ထောင် 布製の蚊帳
ခြင်ထောင်ထောင်[tʃindaun tʰaun](動)蚊帳を吊る
ခြင်နှင်ဆေး[tʃinnainze:](名)蚊取り線香
ခြင်ဗိတ်[tʃinbeiʔ](名)柱の出っ張りを隠すための板
ခြင်ပုန်း[tʃinboun:](名)隠れた蚊
ခြင်သတ်ဆေး[tʃin tasze:](名)蚊取り線香、殺虫剤
ခြင်ဆီ[tʃinzi](名)髄、骨髄
ခြင်္သေ့[tʃinde.](名)獅子、ライオン
ခြင်္သေ့လည်မွေးငါး[tʃinde. lɛzanmwe: ŋa:](魚)ミノカサゴ
ခြင်း[tʃin:](名)篭
ခြင်းကြာ[tʃin:dʒa:](名)目の粗い篭
ခြင်းလုံး[tʃin:loun:](名)(籐製の)蹴鞠
ခြင်းလုံးခတ်[tʃin:loun: kʰaʔ](動)鞠を蹴る
ခြင်းဝိုင်း[tʃin:wain:](名)蹴鞠のグループ
~ခြင်း[~tʃin:~dʒin:](接尾)名詞を形成する ကန့်ကွက်ခြင်း 反対 ထောက်ခံခြင်း 支持 ခြောက်သွေ့ခြင်း 乾燥 တိတ်ဆိတ်ခြင်း 静寂
~ခြင်း[~tʃin:~dʒin:](接尾)驚愕、憐憫等を示す ဖြစ်ရလေခြင်း။ 何という事を ရက်စက်ဘိခြင်း။ 何という残酷さ တော်မှတော်ဘိခြင်း။ 抜群に優秀だ
~ခြင်းငှါ[~dʒin:ŋa](接)~するために ခစားမှုပဂျိုပါ:စေခြင်းသီချင်းအော်ဆိုမိသည်။ 気持を浮き立たせるため大声で歌を歌った
~ခြင်းပြု[~dʒin:pju.](動)~をする ကြေးကြေး

အော်ဟင်ခြင်း[ခြင်း:ပြုရသည်။ 大声で叫んだ မီးရထား:တဲ့ထက်သိုတက်ရောက်ခြင်း:ပြုရသည်။ 列車に乗り込んだ

~ခြင်း:ဖြစ်[~ʧin: pʼjiʼ]（動）~である လေအေး：များတောင်ဘက်သို့ပျံ့နှံ့လာခြင်း:ဖြစ်သည်။ 冷風が南側へと広がって来たのである

ခြင်း:ခြင်း:နီ[ʧinː ʧin ni]（形）血まみれになる、血だらけになる

ခြောင်း:ခြောင်း:[ʧaunːʧaunː]（副）もくもくと、むらむらと、かんかんに ဒေါသခြောင်း:ခြောင်း:ထက်သည်။ かんかんに怒る = အမျက်ခြောင်း:ခြောင်း:ထက်သည်။ အငွေ့ခြောင်း:ခြောင်း:ထက်သည်။ 煙がもくもくと出る

ခြစ်[ʧiʼ]①（動）掻く、引っ掻く、削ぐ、こそぐ တုတ်ချွန်နှင့်ခြစ်မိတယ်။ 尖った棒で引っ掻いた ②（名）掻き落とすための道具

ခြစ်ခြစ်ကုပ်ကုပ်[ʧiʼʧiʼ kouʼkouʼ]（副）慎ましく、細々と

ခြစ်ခြစ်ချုပ်ချုပ်[ʧiʼʧiʼ ʧʼouʼʧʼouʼ]（副）爪に火を灯すようにして

ခြစ်ချုပ်[ʧiʼʧʼouʼ]（副）慎ましく、質素に

ခြစ်ထုတ်[ʧiʼtʼouʼ]（動）掻き出す、掻き落とす

ခြစ်ပစ်[ʧiʼ pjiʼ]（動）引っ掻く、掻きなぐる

ခြစ်သား:[ʧʼiʼṭaː]（名）墨壷（大工道具の一つ）

ခြစ်ခြစ်တောက်[ʧʼiʼʧʼiʼtauʼ]→ချစ်ချစ်တောက်

ခြည်[ʧʼi]（名）線、光線 နေရောင်ခြည် 陽光、日光

ခြမ်း[ʧʼanː]①（動）割る、二分する、両分する、折半する、山分けする ②（名）半分

ခြိမ်ခြိမ်[ʧʼein.ʧein.]（副）雷鳴の如く

ခြိမ်ခြိမ်သဲ[ʧʼein.ʧein.tɛː]（副）轟然と、大音響を発して

ခြိမ်ခြိမ်သဲမျှ[ʧʼein.ʧein.tɛːmja.]（副）= ခြိမ်ခြိမ်သဲ

ခြိမ်ခြိမ်သဲဖြစ်[ʧʼein.ʧein.tɛːdɛ pʼjiʼ]（動）轟然となる、大音響を発する

ခြိမ်သဲ[ʧʼein.tɛː]（動）轟く、大音響を発する

ခြိမ်း[ʧʼeinː]（動）①響く、鳴り響く ②脅す、威嚇する、脅迫する

ခြိမ်း:ခြောက်[ʧʼeinːʧʼauʼ]（動）大声で脅す、威嚇する

ခြိမ်း:ခြောက်ခံရ[ʧʼeinːʧʼauʼʧʼin: kʼanja.]（動）脅迫される

ခြိမ်း:မောင်း[ʧʼeinːmaunː]（動）脅す、威嚇する

ခြံ[ʧʼan]①（動）囲む、取巻く ②（名）垣、垣根、柵 ③庭、庭園、菜園

ခြံခတ်[ʧʼan kʼaʼ]（動）垣を作る、柵を設ける

ခြံခုန်[ʧʼan kʼoun]（動）①垣を飛び越える ②浮気をする、密通する、不倫をする ③政治信念を変える、政党を変える

ခြံစည်း:ရိုး[ʧʼan siːjoː]（名）垣、垣根

ခြံစည်း:ရိုးပင်[ʧʼan siːjoːmainː]（植）ハウチワノキ（ムクロジ科）

ခြံတော[ʧʼandoː]（名）農園、菜園

ခြံထွက်[ʧʼandwɛʼ]（名）自家栽培品、自家産品

ခြံပေါက်[ʧʼanbauʼ]（名）自家で生まれた家畜

ခြံပိုင်အိမ်ပိုင်ဖြစ်[ʧʼanbain einbain pʼjiʼ]（動）庭付きの家を手に入れる、庭付きの家の所有者となる

ခြံရံ[ʧʼan jan]（動）取り巻く、取り囲む、随伴する、従える

ခြံဝါ[ʧʼan wa]（植）キダチワタ、アジアワタ（アオイ科）Gossypium arboreum

ခြံဝင်း:[ʧʼanwinː]（名）庭、囲いの中、柵の中

ခြုံ[ʧʼoun]①（動）覆う、蓋をする、被る ②（副）全体的に、総括して

ခြုံကြည့်[ʧʼoun ʧi.]（動）まとめて見る、総合的に見る

ခြုံငုံ[ʧʼounŋoun]①（動）まとめる、一括する ②（副）まとめて、一括して

ခြုံငုံကြည့်[ʧʼounŋoun ʧi.]（動）まとめて見る、総括してみる

ခြုံစောင်[ʧʼounzaun]（名）掛け毛布

ခြုံထည်[ʧʼoundɛ]（名）覆い、被り物

ခြုံပြော[ʧʼoun pjɔː]（動）まとめて言う、概括して言う、一括して言う

ခြုံလုပ်ကိုင်[ʧʼoun louʼkain]（動）まとめてする

ခွ[kʼwa]（動）①分岐する ②二股になる ③跨る ခြေနှစ်ဖက်ခွသည်။ 両足を開いて跨る

ခွ[gwa.]（名）①又、分岐、二俣 သစ်ခွ 木の又 လမ်း:ခွ 交差点 ②（小石や粘土玉を弾に使う）ゴム製パチンコ ③プライヤー、スパナ ④（副）どっちつかず、曖昧で ⑤反対して、逆らって、刃向って

ခွချာ[gwa.ʧa.]（動）①どっちつかずだ、落着かない、あちらでもなければこちらでもない ②困る、困惑する

ခွဇ[gwa.za]（名）つむじ曲がり、へそ曲がり、天の邪鬼、反対ばかりする人、一言居士

ခွစီး[gwa.siː]（動）馬乗りになる、跨いで乗る

ခွဆုံ[gwa.zoun]（名）分岐点

ခွတိုး:ခွတိုက်[gwa.tiː gwa.taiʼ]（副）反対して、逆らって

ခွဒေါ[gwa.do]（名）せむし、がに股

ခွတိုက်[gwa. taiʼ]（動）逆らう、反対する

ခွတပ်[k'wa. touʔ]（動）双方から甘い汁を吸う
ခွထိုင်[gwa. tain]（動）馬乗りになる
ခွပိုး[gwa.bo:]（名）稲のイモチ病
ခွပြော[gwa. pjɔ:]（動）揚げ足を取る
ခွရှင်[gwa. ʃin]（名）モンキー・レンチ、間隔を調節できるスパナ
ခွလုပ်[gwa.louʔ]（動）一人で二役をこなす
ခွါ[k'wa]（動）①皮を剥く、剥ぐ、剥がす、離す သစ်ခေါက်ခွါသည် 樹皮を剥がす ②剥がれる
ခွါပြဲ[k'wapjɛ:]（動）喧嘩別れする、仲違いして別れる
ခွါတပ်[k'wataʔ]（動）①（ボクシングで）クリンチを離れて戦う ②遠隔操作する
ခွါ[k'wa]（名）蹄
ခွါကြီးခွါငယ်[k'wadʑi:k'waɲɛ]（名）家畜、牛馬
ခွါညိုပန်း[k'waɲo ban:]（植）センニンソウ（キンポウゲ科）Clematis smilacifolia
ခွါနာလျှာနာ[k'wana ʃana]（病）口蹄病
ခွါမြင့်ဖိနပ်[k'wamjin.p'ənaʔ]（名）ハイヒール ＝ခွါမြင့်ဖိနပ်
ခွါရတိုင်း[k'waja tain:]（動）逆らう
ခွါရစ်[k'waʃaʔ]（動）（家畜が）蹄で地面を掻く
ခွေ[k'we.]（動）①頭突きをする ②（家畜が）角で突く ＝ခွ ③（形）ぐったりする、ぐにゃりとなる
ခွေ[k'we]（動）①曲げる、体を丸める ②ぐったりする ③巻く、コイルにする ④（蛇が）とぐろを巻く ⑤（墨や石灰で）顔に印を付ける ⑥薪を集める ⑦トランプをチェックする ⑧チェスで王を捕獲する位置へ駒を進める ⑨妨げる、妨害する ⑩[gwe]（名）輪、環状の物、リング
ခွေကနဲ[k'wegənɛ:]（副）ぐったりと、ぐにゃりと、どたりと
ခွေကုန်[k'wekoun]（動）丸くなる、体を丸める
ခွေကျ[k'wetʃa]（動）（体が）崩れ落ちる
ခွေခွေလေးကွေး[k'wegwegəle: kwe:]（動）体を小さく丸める、縮こまる
ခွေထိုင်[k'we tain]（動）あぐらをかいて座る
ခွေဆိုင်[k'we jain]（動）項垂れる
ခွေး[k'we:]（動物）①犬 ②犬畜生（二人称の蔑称）
ခွေးကတက်[k'we:gədɛʔ]（名）靴脱ぎ
ခွေးကလေး[k'we:gəle:]（名）小犬
ခွေးကလေးအရောင်၊ပါးလျက်နားလျက်။（諺）気を許せば益々付け上がる、程々にせよ、親しき中にも礼儀あり（小犬を可愛がれば頬や耳まで舐められる）
ခွေးကိုက်[k'we: kaiʔ]（動）犬が噛む
ခွေးကိုက်ခံရ[k'we:gaiʔ k'an ja.]（動）犬に噛まれる
ခွေးကောင်း[k'we:gaun:]（名）健康な犬、狂犬病に罹っていない犬
ခွေးကျကျ[k'we:dʑa.tʃa.]（動）犬畜生に等しくなる
ခွေးကျင်ခွေးကြံကြံ[k'we:dʑin.k'we:dʑan tʃan]（動）犬畜生にもとる行為をする、卑劣なことをしでかす
ခွေးခြေ[k'we:tʃi]（名）床机、背もたれのない腰掛け、踏み台
ခွေးခေါ်ရှိ[k'we:k'ɔji:]（鳥）イシチドリ（イシチドリ科）Burhinus oedicnemus
ခွေးရဂင်္ဂါနာ[k'we:gəjindʑina]（病）痔瘻、いぼ痔
ခွေးစကားဝက်စကား[k'we:zəga: wɛʔzəga:]（名）聞くに耐えない言葉、乱暴な言葉
ခွေးစားဝက်စား[k'we:za:wɛʔsa:]（副）がつがつと、貪るように（食う）
ခွေးစွယ်သွား[k'we:zwɛdwa:]（名）犬歯
ခွေးဆဲ[k'we:zwɛ:]（名）臀部
ခွေးမော့[k'we:təmɔ.]（副）犬が顔を上げているように
ခွေးတဟောင်[k'we:təhaun]（名）犬の声が届く距離
ခွေးတဟောင်အကွာ[k'we:təhaun əkwa]＝同上
ခွေးတဟောင်အရောက်[k'we:təhaun əjauʔ]＝同上
ခွေးတူတူ[k'we:du wɛʔdu]（動物）ブタアナグマ（イタチ科）Actonyx collaris
ခွေးတို[k'we:do:]（名）（荷を持上げる）ジャッキ
ခွေးတိုဝက်ဝင်[k'we:do:wɛʔwin]（副）犬畜生と変らぬほど、惨めに
ခွေးတောက်[k'we:dauʔ]（植）タシロカズラ、ワタカカ（ガガイモ科）Dregea volubilis
ခွေးတောက်နွယ်[k'we:dauʔnwɛ]＝ခွေးတောက်
ခွေးထီး[k'we:di:]（名）牡犬
ခွေးနှာရစ်[k'we:nəjwɛʔ]（名）書物の折り目
ခွေးပါးစပ်က၊နတ်စကားထွက်။（諺）身の程知らず（犬の口から神の言葉が出る）
ခွေးပြေးဝက်ပြေးပြေး[k'we:bje:wɛʔpje: pje:]（動）ほうほうの態で（命からがら）逃げる
ခွေးဖင်သီရင်၊ညဉ့်သည်လာ။（慣）犬が腰を降ろせば、来客あり
ခွေးဖြူ၊လျှာတောမတိုးဝှ။（諺）臆病者（白い犬、人中に入れず）
ခွေးဖြစ်[k'we:p'ji:]（動）犬畜生に成り果てる
ခွေးလူး[k'we:bəlu:]（動物）ブルドッグ

ခွေးမ[k'we:ma.]（名）牝犬
ခွေးမသား:[k'we:ma.da:]（名）馬鹿野郎（怒声）
ခွေးမြီး[k'we:mi:]①（名）犬の尾 ②（植）キンエノコロ（イネ科）Setaria lutescens
ခွေးမြီးကောက်၊ ကျည်တောက်စပ်။（諺）所詮無駄だ、無駄な事をする（曲がった犬の尾を竹筒の中に入れる）
ခွေးမြီးနီ[k'we:mi:ni]（植）キンエノコロ（イネ科）Setaria lutescens
ခွေးမြီးဖြုတ်[k'we:mi:bou']（植）キンエノコロ Setaria glauca
ခွေးမြင်ဝက်မြင်[k'we:mjin wɛ'mjin]（名）三日月
ခွေးမွေးအပ်[k'we:mwe:a']（名）細い針
ခွေးဝက်ကြောင်ယက်ယက်[k'we:jɛ' tʃaun jɛ'jɛ']（動）両手で掘る
ခွေးရူး[k'we:ju:]（名）狂犬
ခွေးရူးကောင်းစား၊ တမန်းတည့်။（諺）直ぐに化けの皮が剥げる（狂犬が威勢を奮っても、せいぜい一時）
ခွေးရူးတိုင်ဦးကစား[k'we:ju:tain u: gəza:]（動）柱取り遊びをする（柱の数が人数より少ない）
ခွေးရူးပြန်[k'we:ju pjan]（動）狂犬病にかかる
ခွေးရူးပြန်ရောဂါ[k'we:ju:bjan jɔ:ga]（名）狂犬病
ခွေးရူးလိုက်တမ်းကစား[k'we:ju:lai'tan:gəza:]（動）追いかけっこ遊びをする
ခွေးလေခွေးလွင့်[k'we:lekwe:lwin.]（名）野犬、浮浪犬
ခွေးလေးပဲ[k'we:le:bɛ:]（植）ビロードマメ、ハッショウマメ（マメ科）Mucuna Pruriens
ခွေးလည်ပတ်ကြိုး[k'we:lɛpa'tʃo:]（名）犬の首輪
ခွေးလေး:[k'we:le:]（虫）蚤
ခွေးလေးခုန်၍ဖုံမထ။（諺）大した事はない、取るに足りない（蚤が跳ねても埃は立たぬ）
ခွေးလေးကြမ်းပိုး:[kwe:le dʒəbo:]（名）屑、取るに足りない奴
ခွေးလေးပျား:[k'we:lja:pja:]（虫）小型の有毒蜂
ခွေးလေးပျားတော[k'we:le: pj:dɔ:]（副）わんさと、ふんだんに、たっぷりと
ခွေးလေးယား:[k'we:lja:]（植）ビロードマメ（マメ科）Mucuna pruriens 豆鞘の表面の毛が皮膚に触れると猛烈なかゆみをもたらす
ခွေးဝင်စား:[kwe:winza:]（名）居付いた犬
ခွေးဝံ[kwe:wun]（動物）マライグマ（クマ科）Helarctos malayanus 胸に馬蹄形の白斑あり
ခွေးသတောင်[k'we:dəbin]（名）人の後を付いて歩く犬
ခွေးသမင်[k'we:təmin]（名）猟犬、グレイハウンド

ခွေးသေဝက်သေသေ[k'we:de wɛ'te te]（動）無残な死に方をする、犬死にする
ခွေးသွား:စိပ်[k'we:twa:zei']（名）歯車
ခွေးဟောင်[k'we: haun]（動）犬が吠える
ခွေးအ[k'we:a.]（動物）キンイロジャッカル（イヌ科）Canis aureus
ခွေးအကြီး၊ လည်းနှင့်သလို။（副）キンイロジャッカルが牛車に轢かれたように（まともには喋れない）
ခွေးအမြီး[k'we:əmi:]（植）コササガヤ（マメ科）Perotis indica
ခွေးအူ[k'we: u]（動）犬が遠吠えする
ခွေးအို:ကြီး၊ လက်ပေးသင်သလို။（副）もはや時過ぎる、後の祭（老犬に「お手」を教えるように）
ခွဲ[k'wɛ:]（動）①割る、半分に割る ②分ける、切り離す、分離する ③（時間が）半になる ④[gwɛ:]（名）～半 ရှစ်နာရီခွဲ 8時半
ခွဲခြား:[k'wɛ:dʒa:]（動）分ける、区分する
ခွဲခြား:ကြည့်[k'wɛ:dʒa: tʃi.]（動）分けてみる
ခွဲခြား:မသိ[k'wɛ:dʒa: məti.]（動）明確には知らない、区別しては知らない
ခွဲခြား:မှု[k'wɛ:dʒa:mu.]（名）区別、識別、差別
ခွဲခြား:သိ[k'wɛ:dʒa: ti.]（動）認識する
ခွဲခြမ်း[k'wɛ:dʒan:]（動）①分ける、切り離す ②等分する
ခွဲခြမ်းစိတ်ဖြာ[k'wɛ:dʒan: sei'p'ja]（動）①切り分ける、細分する ②分析する
ခွဲခွာ[k'wɛ:k'wa]（動）分れる、別れる、離れる、去る、分離する
ခွဲစိတ်[k'wɛ:sei']（動）①分割する、細分する ②解剖する、手術する ခွဲစိတ်ကုသည် 手術治療する
ခွဲစိတ်ကုခြင်းခံ[k'wɛ:sei' ku.ta.dʒin: k'an ja.]（動）手術される
ခွဲစိတ်ကုမှု[k'wɛ:sei' ku.ta.mu.]（名）手術
ခွဲစိတ်ကုမှုခံယူ[k'wɛ:sei' ku.ta.mu. k'an ju]（動）手術を受ける
ခွဲစိတ်ခန်း[k'wɛ:sei'k'an:]（名）手術室
ခွဲစိတ်စင်[k'wɛ:sei'sin]（名）手術台
ခွဲတမ်း[k'wɛ:dan:]（名）①分け前、物資の配分、配給 ②遺産の分割
ခွဲတမ်းချ[k'wɛ:dan: tʃa.]（動）分け前を決める
ခွဲတမ်းပေး:[k'wɛ:dan: pe:]（動）分け前を与える
ခွဲထာ[k'wɛ:da:]（名）押韻に同音異義語を用いたビルマの詩
ခွဲထုတ်[k'wɛ:t'ou']（動）①切り離す、分離する ②手術して取り出す
ခွဲထက်[k'wɛ:t'wɛ']（動）離脱する、脱退する、

ခွဲထုတ်ရေး:[k'wɛ:t'wɛʔje:]（名）分離問題
ခွဲထုတ်ရေးဝါဒီ[k'wɛ:t'wɛʔje: wadi]（名）分離主義者
ခွဲပုံ[k'wɛ:boun]（名）分割の仕方、（遺産の）分割法
ခွဲပုံခွဲနည်း[k'wɛ:boun k'wɛ:wɛ:ni:]（名）分割の仕方、分け方
ခွဲရေးတွဲရေး[k'wɛ:je:twɛ:je:]（名）分離の可否（1935年のインド・ビルマ分離統治の問題）
ခွဲဝေ[k'wɛ:we]（動）分け与える、分配する、配分する
ခွဲသား[k'wɛ:da:]（名）切断済みの板
ခွက်[k'wɛʔ]①（形）窪んでいる、陥没している、中だるみしている ②（名）コップ、茶碗 ③1 縮升（ပြည်）の半分の容量 ④1ペイター（ပိဿာ）の重量 ⑤（助数）~杯 ရေနွေးကြမ်းတခွက် お茶1杯
ခွက်ချင်းပြီးဆေး:[k'wɛʔtʃin:bi:s'e:]（名）特効薬
ခွက်ခြင်[k'wɛʔtʃin]（副）量って、計量して
ခွက်ခွက်လန်[k'wɛʔk'wɛʔlan]（副）激しく、猛烈に、強烈に、量り知れないほど ခွက်ခွက်လန်ရှုံးသည်။ 大損をする
ခွက်ခွင်း:[k'wɛʔk'win:]（名）シンバル
ခွက်စောင်းခွက်[k'wɛʔsaun:k'ou']（動）骨肉の争いをする、同士討ちをする、仲間割れする、共倒れする（元来、乞食同士の喧嘩から生じた表現）
ခွက်စောင်းဖြင့်ခွက်[k'wɛʔsaun:p'jin. k'ou']（動）器を手にして殴る
ခွက်တောင်:[k'wɛʔtaun:]（名）半縮升入る篭
ခွက်ထိုးခွက်လန်[k'wɛʔt'o: k'wɛʔlan]（副）腹を抱えて
ခွက်ထိုးခွက်လန်ရယ်[k'wɛʔt'o:k'wɛʔlan ji]（動）抱腹絶倒する
ခွက်လန်းသမား:[k'wɛʔpoun:dəma:]（名）人に隠れた大酒飲み
ခွက်ဟောင်းခွက်အို[k'wɛʔhaun:k'wɛʔo]（名）古い什器
ခွင့်[k'win.]（名）①権利、機会 ②許可、許し ဝင်ခွင့် 入場許可 သွားခွင့် 出発許可 လွတ်လပ်ခွင့် 自由権
ခွင့်တောင်း:[k'win. taun:]（動）許しを乞う、許可を願い出る
ခွင့်တိုင်[k'win. tain]（動）休暇を願い出る
ခွင့်ပေး:[k'win. pe:]（動）①許す、許可する ②休暇を認める
ခွင့်ပန်[k'win. pan]（動）許しを乞う、許可を願い出る

ခွင့်ပန်ကြား:[k'win. pantʃa:]（動）懇願する
ခွင့်ပြု[k'win. pju.]（動）①許す、許可する ②認める、承認する
ခွင့်ပြုချက်[k'win.pju.dʒɛʔ]（名）承認、許可
ခွင့်ပြုပါအုံး:[k'win.pju ba oun:]（動）挨拶用語、失礼します
ခွင့်ယူ[k'win. ju]（動）休みを貰う、休暇を取る
~ခွင့်ရ[k'win. ja.]（助動）~する事が許される、~する事が可能だ、~する機会に恵まれる တွေ့ဆုံခွင့်ရသည်။ 会える、会う機会に恵まれる
ခွင့်ရက်[k'win.jɛʔ]（名）休暇、年次休暇、賜暇
ခွင့်ရက်ရှည်[k'win.jɛʔʃe]（名）長期休暇
ခွင့်သာ:[k'win.ɬu']（動）許す、勘弁する、堪忍する、大目に見る、容赦する、赦免する
ခွင့်သွား:[k'win.twa:]（動）休む、休暇を取る
ခွင်[k'win]①（形）やや曲がった、やや湾曲した ②[gwin]（名）場、場所、現場 အလုပ်ခွင် 職場、現場 ③（鍋、釜を載せる）五徳
ခွင်ကျ[gwin tʃa.]（動）ぴったり合う、しっくりする、うまく行く
ခွင်လုံးကျွတ်[gwinloun:dʒu']（副）悉く、一つ残らず
ခွင်း:[k'win:]（動）①貫く、突き通す、貫通する、当る、命中する ②（矢を）射る လေးဖြင့်ခွင်းသတ်ဘိသည် 弓で射殺した ③離す、引き離す
ခွင်းသိုင်း:[gwin. tain:]①（動）襷掛けにする、環状にする ②[gwin:dain:]（名）襷掛け→ကွင်းသိုင်း: လုံချည်ကိုခွင်းသိုင်းသည်။ ロンジーを環状にする
ခွတ်လမ်း[k'u'la']（名）途中、中間
ခွန်[k'un]（名）①税、租税＝အခွန် ②力、体力＝ခွန်အား: ③長い柄が付いた手斧 ④シャン民族の男性名に付けられる冠称
ခွန်ရှင်[k'unʃin]（名）王朝時代の租税、変動税
ခွန်သေ[k'unde]（名）王朝時代の租税、固定税
ခွန်အား:[k'un a:]（名）力、体力、勢力
ခွန်အား:စိုက်[k'un a: saiʔ]（動）力を入れる、力を加える
ခွန်အား:ပြ[k'un a: pju]（動）力を発揮する
ခွန်အား:ဘလ[k'un a: bəla:]（名）体力
ခွန်:[k'un:]（名）語句
ခွန်:ကြီးခွန်:ယဲ[k'un:dʒi:k'un:ŋɛ]（名）激しい口論、感情丸出しのいさかい、激論
ခွန်:ပြန်ပြန်[k'un:doun.pjan]（動）やり合う、反論する、反ばくする
ခွန်:ထောက်[k'un:dauʔ]（名）芝居の幕間の歌、主役が休憩している時に歌われる歌

ခုံ[k'uʔ]（動）（鶏が）蹴り合う、（鳥が）嘴で突つく、決闘する、殴り合う
ခုံကြက်[k'uʔtʃɛʔ]（名）闘鶏用の鶏
ခွံ့[k'un.]（動）食べさせる、口の中に入れる、押し込む　ထမင်းခွံ့ကျွေးသည်။ 飯を口の中に入れてやる
ခွံ[k'un]（名）殻＝အခွံ
ခွံနီ[k'unni]（名）（籾が赤褐色をした）餅米の１種
ခွံပြောင်း[k'unbjaun:]（植）モロコシ、タカキビ（イネ科）Sorghum vulgare
ခွံမာသီး[k'unmadi:]（名）堅果（クリ、クルミ、ナッツ等）
ချွေ[tʃwe]（動）①消す、消滅させる　②落とす、散らす　③節約する、倹約する
ချွေတာ[tʃweta]（動）節約する、倹約する
ချွေတာသုံးစွဲ[tʃwetatounswɛ:]（動）節約して使う
ချွေး[tʃwe:]（名）①汗　②結露
ချွေးခံအင်္ကျီ[tʃwe:gan in:dʒi]（名）シュミーズ、女性用肌着
ချွေးငုံ[tʃwe: ŋouʔ]（動）急に汗が止まる、汗が引込む
ချွေးစာ:[tʃwe: sa:]（動）汗で変色する、汗で色が褪せる
ချွေးစေး[tʃwe:zi:]（名）冷や汗
ချွေးစေးပြန်[tʃwe:zi: pjan]（動）冷や汗が出る
ချွေးစို့[tʃwe: soʔ]（動）汗ばむ　ချွေးများစို့ထွက်သည်။ 汗が滲む
ချွေးစက်ချွေးပေါက်[tʃwe:zɛʔ tʃwe:bauʔ]（名）大粒の汗
ချွေးတဒီးဒီး[tʃwe: dədi:di:]（副）汗がたらたら
ချွေးတလုံးလုံးနဲ့[tʃwe:təloun:loun:nɛ.]（副）汗だくで、汗がぼたぼたと
ချွေးတပ်[tʃwe:daʔ]（名）（太平洋戦争当時ビルマ国内で徴発された）建設労務者
ချွေးထွက်[tʃwe: twɛʔ]（動）汗が出る、発汗する
ချွေးထွက်ပေါက်[tʃwe: tʼwɛʔpauʔ]（名）汗腺
ချွေးထုတ်[tʃwe:touʔ]（動）汗を出す、発汗させる
ချွေးနဲ့သွေးနဲ့[tʃwe:nɛ.twe:nɛ.]（副）血と汗とで
ချွေးနှီးစာ　＝ချွေးနှီးစာ
ချွေးနံ[tʃwe:nan.]（名）汗の臭い
ချွေးနှီးစာ[tʃwe:nɛ:za]（名）汗の結晶、苦労して獲得したもの
ချွေးပေါက်[tʃwe:bauʔ]（名）①汗の滴　②毛穴
ချွေးပေါင်း[tʃwe:baun:]（名）蒸風呂、サウナ
ချွေးပေါင်းအိုး[tʃwe:baun:o:]（名）蒸風呂の釜
ချွေးပြန်[tʃwe: pjan]（動）①汗をかく　②汗になる、汗と化す　③冷や汗が流れる

ချွေးပွတ်[tʃwe: puʔ]（動）汗を拭く
ချွေးလန့်[tʃwe: lan.]（動）汗が急にひく、汗の出が停まる
ချွေးလမ်းကြောင်း[tʃwe:lan:dʒaun:]（名）汗腺
ချွေးလွန်[tʃwe: lun]（動）異常に汗をかく、汗の出が多い
ချွေးသီးချွေးပေါက်[tʃwe:di: tʃwe:bauʔ]（名）大粒の汗
ချွေးသိပ်[tʃwe: tei̯ʔ]（動）①汗が出ないようにする、発汗を抑える　②宥める、宥和する
ချွေးသုတ်[tʃwe: touʔ]（動）汗を拭く、汗を拭う
ချွေးဥ[tʃwe:u.]（名）汗の粒
ချွေးအေး[tʃwe:e:]（名）冷や汗
ချွေးအောင်း[tʃwe:aun:]（動）（蒸風呂に入って）汗をかかせる、発汗させる
ချွေးအိတ်[tʃwe:eiʔ]（名）汗腺
ချွေးအုပ်[tʃwe:ouʔ]（動）毛布を被って汗を出す
ချွေးမ[tʃwe:ma.]（名）嫁（息子の妻）
ချဲ[tʃwɛ:]①（形）粘ば粘ばする、ぬるぬるする　②（動）甘える、鼻を鳴らす　③（名）痰＝သလိပ်
ချဲကျိ[tʃwɛ:tʃi.]（形）粘ば粘ばする、ぬるぬるする
ချဲကျိကျိ[tʃwɛ:tʃi.dʒi.]（副）滑々していて、ぬるぬるしていて
ချဲချဲနွဲ့နွဲ့[tʃwɛ:dʒwɛ:nwɛ.nwɛ.ʃi.]（形）甘えたような感じがある
ချဲချဲပြစ်ပြစ်[tʃwɛ:dʒwɛ:pjiʔpjiʔ]（副）①粘り気があって　②甘えて
ချဲချဲပြစ်ပြစ်ပြော[tʃwɛ:dʒwɛ:pjiʔpjiʔ pjɔ:]（動）甘えて言う、宥めすかして言う
ချဲထ[tʃwɛ: tʼa.]（動）喉に痰が生じる
ချဲပျစ်[tʃwɛ: pjiʔ]（動）①濃縮凝固する　②痰が濃くなる
ချဲပျစ်ပျစ်[tʃwɛ: pjiʔpjiʔ]（副）粘ば粘ばした、粘りけのある
ချဲရှင်း[tʃwɛ: ʃin:]（動）咳払いをする
ချဲဟပ်[tʃwɛ: heʔ]（動）痰を切る、咳払いする
ချဲယိုဆေး[tʃwɛ:jainze:]（名詞）痰を取る薬
ချင်ချင်မြည်[tʃwindʒwin mji]（動）チリンチリンと鳴る
ချင်းချက်[tʃwin:dʒɛʔ]（名）→ချင်းချက်
ချုတ်[tʃuʔ]（動）①抜く　②（衣服を）脱ぐ　အဝတ်အစားချွတ်သည်။ 服を脱ぐ　ပုဆိုးကိုချွတ်သည်။ ロンジーを脱ぐ　③（靴を）脱ぐ　ဖိနပ်ကိုချွတ်သည်။ 靴を脱ぐ　④（帽子を）取る　ဦးထုပ်ကိုချွတ်သည်။ 帽子を取る　⑤（指環、眼鏡等を）外す　မျက်မှန်ကိုချွတ်သည်။ 眼

ချတ်

鏡を外す ⑥（汚れを）取る ချေး：ချတ်သည် 錆を落す ⑦悟りを得る、解脱する

ချတ်ခြေကျ[tʃuʔtʃoun tʃa.]（動）零落れる、零落する、極貧状態になる、文無しになる、貧困極まる

ချတ်စုပ်[tʃuʔsuʔ]（副）そっくりで

ချတ်စုပ်တူ[tʃuʔsuʔ tu]（形）酷似している、そっくりだ、瓜二つだ

ချတ်လု[tʃuʔlu.]（動）外して奪う、剥ぎ取る

ချတ်[tʃuʔ]（動）過ちを犯す、間違いを犯す

ချတ်ချော်[tʃuʔtʃɔ]（動）①足を踏み外す ②逸脱する、外れる

ချတ်တိမ်းလွဲမှား:မှု[tʃuʔtein lwɛ:ma:mu.]（名）過ち、逸脱

ချတ်ယွင်း[tʃuʔjwin]（動）①間違う、逸れる ②破損している、欠けている、欠陥がある

ချတ်ယွင်းချက်[tʃuʔjwin:tʃɛʔ]（名）欠陥、欠点、障害、破損

ချတ်လွဲ[tʃuʔlwɛ:]（動）ずれる、逸脱する

ချတ်နင်း[tʃuʔnin]（動）抜き差し足で歩く

ချတ်နင်းနင်း[tʃuʔnin: nin:]（動）＝ချတ်နင်း

ချွန်[tʃun]（動）①尖らせる、鋭利にする ②（鉛筆を）削る ③抜きんでる、卓越する ④（形）鋭い、先が尖っている ဒီးကုက်ရုပ်မှာ နှတ်သီးချွန်သည်။ インドコキンメフクロウの置物は、嘴が尖っている

ချွန်စက်[tʃunzɛʔ]（名）鉛筆削り

ချွန်ထက်[tʃun'untʼɛʔ]（形）鋭い、先端が尖っている

ချွန်း[tʃun:]①（形）鋭い、先が尖っている ②（名）象突きの棒、象を制御する棒

ချွန်းထက်[tʃun:tʼwɛʔ]（形）突き出ている、尖っている

ချွန်းဖွင့်[tʃun:pwin.]（動）突き棒を使用せずに象を操る

ချေ[tʃwe]（動）高める、高くする、持ち上げる

ချေ[tʃwe]（動）①落とす ②摘み取って渡す、もぎ取って渡す、毟り取って渡す အသီးခြေသည်။ 果実をもぎ取ってやる

ချေရံ[tʃwejan]（名）侍使、お付きの者、護衛

ချင်း[tʃwin:]（動）残す、余す

ချင်းချန်[tʃwin:tʃan]（動）残す、余す、外す、除外する

ချင်းချက်[tʃwin:tʃɛʔ]（名）例外、註

ချင်းချထား：[tʃwin:tʃɛʔ tʼa:]（動）例外とする

ချင်းချကမဲ့[tʃwin:tʃɛʔmɛ.]（副）無条件で

ချင်းချမရှိ[tʃwin:tʃɛʔməʃi.]（副）＝ချင်းချကမဲ့

ဂ

ဂ[ga.]（名）ビルマ文字体系第3番目の子音文字、名称は ဂငယ်[ga.ŋe]（小さなガ）

ဂယနန[ga.ga.na.na.]（副）はっきりと、正確に、確実に、厳密に နိုင်ငံရေးကိုဂယနနနာ:မလည်သေး:ပါ။ 政治の事は、まだはっきりとは判っていません

ဂဇသတ္တရ[gəza.ʃaʔtəra.]（名）象の文献、象の書物

ဂဇော်[gəzɔ]＝ကစော်

ဂတိုက်ဂရိုက်[gədaiʔgəjaiʔ]＝ကတိုက်ကရိုက်

ဂဏာ＝ဂဏာ

ဂဏာမငြိမ်＝ဂဏာမငြိမ်

ဂဏန်[gənan:]（動物）蟹（下ビルマでの呼称、上ビルマでの呼称は ပုဇွန်လုံး:)

ဂဏန်ခုံ[gənan:gun]（名）蟹の甲羅

ဂဏန်သောင်းနီ[gənan: baun:ni]（動物）シオマネキ

ဂဏန်ရင်မ[gənan: jinma.]（動物）ガザミ、ワタリガニ

ဂဏန်းလက်မ[gənan: lɛʔma.]（名）モンキー・レンチ

ဂဏန်[gənan:]（名）数字

ဂဏန်းခြေ[gənan:tʃe]（名）数字（၁၊၂၊၃၊၄၊၅၊၆၊၇၊၈၊၉၊၁၀၁ 等）

ဂဏန်းတွက်[gənan: twɛʔ]（動）数える、計算する、勘定する

ဂဏန်းတွက်စက်[gənan: twɛʔsɛʔ]（名）計算機、電卓

ဂဏန်းပြနာရီ[gənan:bja. naji]（名）デジタル時計

ဂဏန်းသချာ[gənan: tintʃa]（名）算数（加減乗除）

ဂဏာ[gəna]（名）牛乳炊きの飯

ဂဏာငြိမ်[gəna ɲein]（動）落着きを取り戻す

ဂဏာမငြိမ်[gəna məɲein]（副）そわそわして、落着かなくて、狼狽して

ဂဏာမငြိမ်ဖြစ်[gəna məɲein pʼjiʔ]（動）落着きを失う、うろたえる

ဂတိ[gədi.]（名）①約束＝ကတိ။ ②六道（命あるものが赴く所）

ဂတိစောင့်[gədi. saun.]（動）＝ကတိစောင့်

ဂတိထား：[gədi. tʼa:]＝ကတိထား：

ဂတိပျက်[gədi. pjɛʔ]＝ကတိပျက်

ဂတိပြ[gədi. pju.]＝ကတိပြ

ဂနိုင်[gənain]（名）密林、原生林
ဂနိုင်ကြက်သရေ[gənain tʃɛʔtəje]（植）ポインセチア、ショウジョウボク（トウダイグサ科）Euphorbia pulcherima
ဂနန်း[gənan:]=ကကြ:
ဂမူး၍:ထိုး[gəmu:ʃu:do:]（副）慌てふためいて、無我夢中で、見境もなく、理性を失って、盲滅法に =ကမူး၍:ထိုး
~ဂမန်:[~gəman:]（副詞形成接尾辞）まさに~せんばかりに →ခမန်:
ဂမုန်း[gəmoun:]（植）①バンウコン（ショウガ科）Kaempferia galanga ②ヒヤシンス、クロッカス等塊根植物の総称 ③マメヅタラン等球根を持つ蘭の総称
ဂမုန်းကြက်သွန်ဖြူ[gəmoun: tʃɛʔtunbju]（植）フリテイラリア・ロイレイ（ユリ科）Fritillaria roylei
ဂမုန်းဝင်းထိုး[gəmoun: gwin:do:]（植）インドハマユウ（ヒガンバナ科）Crinum latifolium
ဂယက်[gəjɛʔ]（名）①漣、さざ波、波紋 ②影響、反響、波紋
ဂယက်တ[gəjɛʔ tˈa.]（動）①波立つ ②反響を起す
ဂယက်ရှိက်[gəjɛʔ jaiʔ]（動）①波紋を起す ②波及する、反響する ③影響を及ぼす、衝撃を与える
ဂယက်ရှိက်မှု[gəjɛʔjaiʔmu.]（名）影響、波紋
ဂယောက်ယက်=ကယောက်ကယက်
ဂယောင်ချောက်ချား:=ကယောင်ချောက်ချား:
ဂယောင်ကတန်:=ကယောင်ကတမ်:
ဂရိ[gəri.]（国）ギリシア =ခရီမ
ဂရု[gəju.]（名）注意、関心
ဂရုစိုက်[gəju. saiʔ]（動）注意する、注意を払う、気を付ける
ဂရုတစိုက်[gəju.dəzaiʔ]（副）慎重に
ဂရုထား:[gəju. tˈa:]（動）気にする、気にかける
ဂရုပြု[gəju. pju.]（動）①気を付ける、注意を払う ②気がつく、気付く
ဂရုမစိုက်ဘူး[gəju. məsaiʔpˈu:]（動）無頓着だ、構わない、注意を払わない
ဂရုဏာ[gəju.na]（名）慈悲=ကရုဏာ
ဂရင်ဂျီနာ[gəjindʒina]（病）痔ろう ＜ヒ
ဂရမ်[gəram]（名）グラム（重さの単位）＜英 Gram
ဂလီထိုး[gəli.tˈo:]（動）くすぐる=ကလီထိုး
ဂလဲစား:ချေ[gəlɛ.za. tʃˈe]（動）復讐する、報復する、仕返しをする =ကလဲ့စား:ချေ
ဂလိုင်[gəlain]（名）始業を告げる鐘

ဂလန် ထိုး[gəlan. tˈo]（動）差し錠を掛ける =ကန်းလန်ထိုး
ဂလန်ကဆန်=ကလန်ကဆန်
ဂဝံကျောက်[gəwun tʃau?]（名）ラテライト、紅土
ဂဟေ[gəhe]（名）ハンダ
ဂဟေစပ်[gəhe saʔ]（動）ハンダ付けをする、溶接する
ဂဟေဆော်[gəhe sˈɔ]（動）ハンダ付けをする
ဂဟေဆက်[gəhe sˈɛʔ]（動）ハンダ付けをする
ဂဟေမီး[gəhe mi:]（名）溶接の炎
ဂဠုန်[gəloun]（名）①ガルーダ、迦楼羅（ヴィシュヌ神の乗物、八部衆の一つ、龍の宿敵）②占星術上の日曜の象徴 ＜パ Garuḷa、サ Garuḍa
ဂဠုန်တောင်ပြံ[gəloun taunbjan]（植）コマツナギ（マメ科）Indigofera viscosa
ဂါထာ[gətˈa]（名）①パーリ語のげ頌（げじゅ）②呪文、呪語 =ဂါထာမန္တန်
ဂါထာစုတ်[gatˈa souʔ]（動）げ頌、呪文を唱える
ဂါထာမန်:[gatˈa man:]（動）真言を唱える
ဂါထာရွတ်[gatˈa juʔ]（動）げ頌を唱える
ဂါထာလိုက်[gatˈa laiʔ]（動）呪文の効果が現れる
ဂါထာမန္တရား:[gatˈa mandəja:]（名）げ頌、真言、陀羅尼
ဂါထာမန္တရား:ရွတ်ဖတ်[gatˈa mandəja: juʔpˈaʔ]（動）真言を唱える、陀羅尼を唱える
ဂါရဝတရား:[garəwa.təja:]（名）敬意、尊敬の念
ဂါရဝပြု[gajəwa.pju.]（動）敬礼する、敬意を払う
ဂါလန်[galan]（名）ガロン（ガソリン等の容量）
ဂါဝုတ်[gawouʔ]（名）牛呼（1由旬の四分の一、約3・5哩）＜パ Gāvuta
ဂါဝန်[gawun]（名）①ガウン ②女児用のワンピース
ဂါး[ga:]（名）エンジン付きの舟（イラワジ・デルタの海岸で使用）
ဂိမှန်[geinman]（名）暑季、夏=ဂိမှ ＜パ Gimha
ဂိမှန္တ[geinmanda.]（名）夏
ဂီတ[gita.]（名）音楽、歌 ＜パ Gīta
ဂီတပန္တျကျောင်း[gita. pantəja tʃˈaun:]（名）音楽学校
ဂီတသင်္ကေတ[gita tinketa.]（名）楽譜、音符
ဂီတာ[gita]（名）ギター=ဂစ်တာ ＜英 Guitar
ဂီတာတီး[gita ti:]（動）ギターを弾く
ဂီယာ[gija]（名）ギヤー ＜英 Gear
ဂီယာသွင်:[gija twin:]（動）ギヤーを入れる
ဂီယာပြောင်:[gija pjaun:]（動）ギヤーを入れ替える、加速する
ဂုဏဝုတ္တိ[guna.wouʔdi.]（名）特質、長所

ဂူ[gu] (名) ①洞穴、ほこら、洞窟 ②（仏像を内部に安置した）寺院 ③（遺体を納めた）陵墓 =ဂူ॥
ဂူဘုရား[gu p'əja:] (名) 向背及び内陣、外陣等を供えた仏塔、寺院
ဂူလီ[guli] (名) ポロ競技
ဂူလီကစား[guli gəza:] (動) ポロ競技をする
ဂူလီရှုံး[guli ʃoun:] (動) ポロ競技に負ける
ဂူလိုက်[guɨain] (名) 墜道、トンネル
ဂေဇက်[gəzɛʔ] (名) 官報 <英 Gazette
ဂယ်ပေါက်[gɛbauʔ] (名) ①（モグラや鼠が地中に掘った）トンネル ②抜け穴、脱出口
ဂေဟာ[geha] (名) 邸宅、屋敷
ဂေါပလ္လင်[gɔ.pəlin] (名) （仏像の）台座
ဂေါ[gɔ] (動) 口説く、言い寄る
ဂေါမစုံ[gɔ məsun] (名) もてない男
ဂေါ[gɔ] (名) ①スコップ、ショベル ②宝石の傷
ဂေါပြာ[gɔbja:] (名) シャベル、つるはし
ဂေါပီ[gɔp'i] (植) セイロンテツボクとオクロカルプス（ကံ့ကော်၊သရဖီ）
ဂေါဘီထုပ်[gɔbidouʔ] (植) キャベツ、カンラン、タマナ（アブラナ科）Brassica oleracea capitata
ဂေါဘီထုပ်ရွက်လိမ်[gɔbidouʔ jwɛʔlein] (植) ハゴロモカンラン（アブラナ科）Brassica oleracea acephala
ဂေါဘီထုပ်လိပ်ပြာ[gɔbidouʔ leiʔpja] (虫) モンシロチョウ
ဂေါဘီပန်း[gɔbiban:] (植) ハナヤサイ、カリフラワー（アブラナ科）Brassica oleracea botrytis
ဂေါဘီပွင့်[gɔbibwin.] =ဂေါဘီပန်း
ဂေါမီတိ[gɔmeiʔ] (名) ジルコン
ဂေါမုတ်[gɔmouʔ] (鉱) ガーネット、石榴石
ဂေါရခါ[gɔrəkʼa:] (名) グルカ族
ဂေါရခါသီး[gɔrəkʼa:di:] (植) ハヤトウリ（ウリ科）Sechium edule
ဂေါရင်ဂျီကုလား[gɔrindʑi kəla:] (名) 南インド（現アンドラ・プラデシュ州）出身のテルグ人 < Coringhi
ဂေါလီ[gɔli] (名) お弾き（おはじき）
ဂေါလီလုံး[gɔli loun:] =ဂေါလီ
ဂေါလီကစား[gɔli gəza:] (動) お弾きをして遊ぶ
ဂေါလီဂျိုက်[gɔli jaiʔ] (動) ビー玉遊びをする
ဂေါလီဂျိုက်တမ်းကစား[gɔli jaiʔtan: gəza:] (動) マーブル遊びをする
ဂေါလီလုံး[gɔliloun:]=ဂေါလီ

ဂေါဇာသက္ကရာဇ်[gɔ:za dəgəjiʔ] (名) ビルマ暦紀元（西暦638年を元年とする）
ဂေါတမ[gɔ:dəma.] (人) ゴーダマ仏陀、釈迦牟尼、釈尊 <パ Gotama、サ Gautama
ဂေါတမဘုရား[gɔ:dəma. p'əja:] =ဂေါတမ
ဂေါတမမြတ်စွာဘုရား[gɔ:dəma. mjaʔswa p'əja:] =ဂေါတမ
ဂေါဒန်[gɔdan] (鉱) 石英
ဂေါဒန်ကျောက်[godan tʃauʔ] (鉱) 石英岩
ဂေါပကအဖွဲ့[gɔ:pəka.] (名) 仏塔管理委員会
ဂေါယာကျွန်း[gɔ:ja tʃun:] (名) （仏教宇宙世界の）牛貨州（須彌山の西側）<パ Aparagoyana
ဂေါယာစင်[gɔ:jazin] (名) 牛黄（ごおう）
ဂိုဒေါင်[godaun] (名) 倉庫 <英 Godown
ဂိုး[go] (名) ゴール <英 Goal
ဂိုးစောင့်[go: saun.] ①(動) ゴールを守る ②[go:zaun.] (名) ゴール・キーパー
ဂိုးတိုင်[go:dain] (名) ゴールのポール
ဂိုးပေါက်[go:bauʔ] (名) 二本のポールの間にあるゴール、シュート圏
ဂိုးဖမ်းသူ[go:p'an:du] (名) ゴール・キーパー =ဂိုးသမား
ဂိုးမရှိ[go: məʃi.] (名) サッカーで引き分け、得点無し
ဂိုးလုံလု[go:loun ɬa.] (形) ゴールの守りが堅い
ဂိုးသွင်း[go: twin:] (動) サッカー・ボールをシュートする
ဂေါက်သီး[gauʔti:] (名) ゴルフ
ဂေါက်သီးကစား[gauʔti: gəza:] (動) ゴルフをする
ဂေါက်ကွင်း[gauʔkwin:] (名) ゴルフ場
ဂေါက်သီးရိုက်ကွင်း[gauʔti: jaiʔkwin:] =ဂေါက်ကွင်း
ဂိုက်[gaiʔ] (名) ①ヤード、ヤール ②姿、姿勢、態度、様子、素振り <英 Guise
ဂိုက်ကြီးဆိုက်ကြီးနှင့်[gaiʔtʃi: sʼaiʔtʃi:nɛ.] (副) 気取って、悠然と、ふんぞり返って
ဂိုက်ဆိုက်[gaisʼaiʔ] (名) 格好
ဂိုက်ပေး[gaiʔpe:] (動) 気取る、いい格好をする
ဂိုက်ဖမ်း[gaiʔ pʼan:] (動) 気取る、意気揚々とする、鼻高々となる
ဂင်တို[gindo] (名) 小柄な人
ဂင်တိုတို[gin todo] (副) 小柄だががっちりした体格をしていて
ဂင်တိုတိုပုပြတ်ပြတ်[gintodo pu.pjaʔpjaʔ] (副) ずんぐりしていて

ဂင်္ဂါ[gin:ga] （地）ガンジス河
ဂစ်တာ[gi'ta] （名）ギター ＝ဂီတာ
ဂစ်တာကိုင်[gi'ta kain] （動）ギターを抱える
ဂိုဏ်း[gain:] （名）①集団、派、派閥 ②宗派 ③韻文上の決まり（3文字ずつに分けた文字群）
ဂိုဏ်းကွဲ[gain: kwɛ:] （動）分裂する
ဂိုဏ်းခွဲ[gain: k'wɛ:] （動）宗派を分裂させる、分派を作る
ဂိုဏ်းချုပ်[gain: tɕoú'] （名）（仏教の）宗派の長、管長 ဂိုဏ်းချုပ်の下はဂိုဏ်းအုပ်၊ その下はဂိုဏ်းထောက်။
ဂိုဏ်းဂဏ[gain:ga.na.] （名）派閥、分派
ဂိုဏ်းဆရာ[gain:s'əja] （名）派閥の長
ဂိုဏ်းထောက်[gain:dau'] （名）仏教宗派の副管長補佐
ဂိုဏ်းဖွဲ့[gain: p'wɛ.] （動）派閥を形成する、グループを結成する
ဂိုဏ်းအုပ်[gain:ou'] （名）仏教宗派の長の補佐、副管長
ဂတ်း[ga'] （名）警察署 ＝ရဲစခန်း။
ဂါ[ga'] ＝ဂတ်
ဂါတ်တဲ[ga'tɛ:] （名）警察署 ＝ဂတ်တဲ
ဂါတ်တိုင်[ga' tain] （動）告発する、警察に届け出る
ဂါတ်ပို့[ga' po.] （動）警察に突き出す
ဂါတ်ဗိုလ်[ga'bo] （名）車掌 ＝ရထားထိန်း။
ဂိတ်[gei'] （名）①ゲート、出入口 ②（バスの）発着所 ＝ကား:ဂိတ်။ ③踏切、遮断機 ④ゲージ（厚みを測定する計器）
ဂန်ကျာ[gandʑa] （植）アサ、大麻、インド大麻（クワ科） Cannabis sativa
ဂန်ဇာ[ganza] ＝ဂန်ကျာ
ဂန္ထဝင်[gandəwin] （名）古典作品、古典文学
ဂန္ထီပျင်[gandi p'jin] （名）インド製の粗布
ဂန္ဓု:[gandu:] （名）ふたなり、半陰陽 ＝မိန်းမလျာ၊ အခြောက်။
ဂန္ဓကုဋီ[ganda.gu.di.] （名）寺院の香堂、本堂、本陣
ဂန္ဓမာပန်း[gandəmaban:] （植）①菊（キク科） ②シュンギク（キク科） Chrysanthemum coronarium
ဂန္ဓမာဒနတောင်[ganda.madəna taun] （地）香酔山
ဂန္ဓာရုံ[gandajoun] （名）嗅覚
ဂန္ဓာလရာဇ်[gandala.ri'] （地名）中国、特に南招
ဂန္ဓဗ္ဗနတ်[ganda'ba.na'] （名）乾達婆（八部衆の一、須彌山の最上層に住む音楽神）＜パ Gandhabba
ဂုဏ်[goun] （名）①徳、名誉、品位、品格、尊厳、体面 ②特徴、特性、特質 ③素質、能力

ဂုဏ်ကြီး[goun tʃi:] （形）人格が高潔だ
ဂုဏ်ငယ်[goun ŋɛ] （形）①卑しい、卑賤だ ②気が引ける、肩身が狭い
ဂုဏ်ခံ[goun k'an] （動）居丈高に振舞う
ဂုဏ်ဆယ်ပါး[goun s'ɛba:] （名）文章構成上の十種の規範
ဂုဏ်တုဂုဏ်ပြိုင်[goundu. gounbjain] （副）競って、張り合って
ဂုဏ်တုဂုဏ်ပြိုင်လုပ်[goundu. gounbjain lou'] （動）張り合う
ဂုဏ်တော်[goundɔ] （名）仏法僧三宝の恩恵
ဂုဏ်တော်ကိုးပါး[goundɔ ko:ba:] （名）釈尊の九つの福徳 ＝ဘုရားဂုဏ်တော်ကိုးပါး
ဂုဏ်တက်[goun tɛ'] （動）①威信が高まる、格が上がる ②名声を喜ぶ
ဂုဏ်တင်[goun tin] （動）称える、賞揚する
ဂုဏ်ထူး[goundu:] （名）栄誉、優秀、優等
ဂုဏ်ထူးဆောင်[goundu:zaun] （形）名誉の
ဂုဏ်ထူးဆောင်တံဆိပ်[goundu:zaun dəzei'] （名）勲章
ဂုဏ်ထူးဆောင်ပါမောက္ခ[goundu: zaun pamau' k'a.] （名）名誉教授
ဂုဏ်ဒြပ်[goun dəja'] （名）名誉、名声、声望、人格識見
ဂုဏ်ပုဒ်[gounbou'] （名）長所、得意の点、自慢の種
ဂုဏ်ပြု[goun pju.] （動）栄誉を称える、表彰する、叙勲する、授爵する
ဂုဏ်ပြုခြင်းခံရ[gounpju.tɕin: k'an ja.] （動）表彰される
ဂုဏ်ပြုစကား[gounbju. zəga:] （名）祝辞
ဂုဏ်ပြုညစာ[gounbju. ɲa.za] （名）歓迎レセプション、歓迎晩餐会
ဂုဏ်ပြုညစာစားပွဲ[gounbju. ɲa.za sa:bwɛ:] ＝ဂုဏ်ပြုညစာ
ဂုဏ်ပြုပွဲ[goun pju.bwɛ:] （名）表彰式
ဂုဏ်ပြုမှတ်တမ်း[gounbju. ma'tan:] （名）表彰状、感謝状
ဂုဏ်ပြုမှတ်တမ်းလွှာ[gounbju. ma'tan:ɬwa] ＝ဂုဏ်ပြုမှတ်တမ်း
ဂုဏ်ပျက်[goun pjɛ'] （動）名を汚す、体面を汚す、不名誉だ
ဂုဏ်ဖော်[goun p'ɔ] （動）威張る
ဂုဏ်မြောက်[goun mjau'] （形）能力素質を具えている、品格に溢れている、最高に誇り高い
ဂုဏ်ယူစရာ[goun juzəja] （名）名誉な事
ဂုဏ်ယူ[goun ju] （動）誇りに思う、名誉に思う、光

ဂုဏ်ရည် 栄に思う
ဂုဏ်ရည်[goun ji] (名) ①特質 ②尊厳、威厳
ဂုဏ်ရည်တူ[goun ji tu] (形) 同じ立場だ
ဂုဏ်ရှိ[goun ʃi.] (動) 名誉だ、光栄だ、晴れがましい
ဂုဏ်ရှိစွာ[goun ʃi.zwa] (副・文) 誇りをもって
ဂုဏ်သကတ်[goun təkaʔ] (名) 特質
ဂုဏ်သတင်း[goun dədin:] (名) 名声、評判
ဂုဏ်သရေ[goun təje] (名) 名誉
ဂုဏ်သရေရှိ[gountəje ʃi.] (動) 徳がある、人格が優れている
ဂုဏ်သတ္တိ[goun taʔti.] (名) 特徴、特性、性質
ဂုဏ်သိက္ခာ[goun teiʔkʻa] (名) 品位、威信、体面、名誉
ဂုဏ်သိက္ခာကြီး[goun teiʔkʻa tʃi:] (形) 品位がある、威信を具えている
ဂုဏ်သိက္ခာကြီးမား[goun teiʔkʻa tʃi:ma:] =ဂုဏ်သိက္ခာကြီး
ဂုဏ်သိက္ခာချွတ်[goun teiʔkʻa tʃo.tɛ.] (名) 品位に欠ける、威信に欠ける
ဂုဏ်သိက္ခာငယ်[goun teiʔkʻa ŋɛ] (名) 品位がない、威信に欠ける、不名誉だ
ဂုဏ်သိမ်ငယ်[goun teinŋɛ] (形) 肩身が狭い
ဂုဏ်အရှိန်[goun əʔein] (名) 威力、威厳
ဂုဏ်အရှိန်အဝါ[goun əʔein əwa] =ဂုဏ်အရှိန်
ဂုဏ်အင်္ဂါလက္ခဏာ[goun inga lɛʔkʻəna] (名) 人格的特質
ဂုန်ညှင်း[gounɲin:] (植) モダマ、タイワンフジ(マメ科) =ခုံညှင်း။
ဂုဏ္ဍာန်[goundan] (名) 螺鈿、螺鈿細工
ဂုဏ္ဍာန်[gounban] (名) 鳩槃荼、馬頭人身の吸血悪神 <パKumbhāṇḍa
ဂုံ[goun] (名) ①黄麻、ジュート ②クン族(サルウィン東岸のチャイントン地方に住むタイ系の民族)
ဂုံစက္ကူ[goun sɛʔku] (名) シャン州で作られる紙、和紙
ဂုံဘာသာ[goun bada] (名) クン語(タイ系言語の一つ)
ဂုံရှမ်း[goun ʃan:] (名) クン族
ဂုံလူမျိုး[goun lumjo:] (名) クン民族
ဂုံးညှင်း[gounɲin:] (植) =ခုံညှင်း
ဂုံးညှင်းထိုး[gounɲin: tʻo:] (動) モダマの種でお弾き遊びをする
ဂုံးညှင်းဝိုင်းလောင်းကစား[gounɲin:wain: laun: gəza:] (動) モダマの種を使って賭博をする
ဂုံနီအိတ်[gounni eiʔ] (名) 南京袋、ドンゴロス

ဂုံလျှော်[goun ʃɔ] (植) ジュート、ツナソ、イチビ(シナノキ科) Corchorus capsularis
ဂုံးချော[goun:tʃɔ:] (動) ざん言する、仲を割く =ကုန်းချော
ဂျပိုး[dʒəbo:] (虫) 南京虫 =ကြမ်းပိုး
ဂျပန်[dʒəpan] (国) 日本
ဂျပန်ခေတ်[dʒəpan kʻiʔ] (国) 日本占領時代(1941年から45年迄)
ဂျပန်စကား[dʒəpan zəga:] (名) 日本語
ဂျပန်နိုင်ငံ[dʒəpan naingan] (名) 日本国
ဂျပန်ပုဇွန်ထိုးငှက်[dʒəpan bəzin:do: ŋɛʔ] (鳥) オオルリ
ဂျပန်ဖိနပ်[dʒəpan pʻənaʔ] (名) ゴム草履
ဂျပန်မီးအိမ်[dʒəpan mi:ein] (名) 日本製のランプ
ဂျပန်လူမျိုး[dʒəpan lumjo:] (名) 日本人、日本民族
ဂျပန်ယန်းငွေ[dʒəpan jan:ŋwe] (名) 円貨
ဂျပန်ဦးနှောက်ရောင်ရောဂါ[dʒəpan ouʔnauʔjaun jo:ga] (名) 日本脳炎
ဂျမဒါ[dʒəməda] (名) 植民地時代の巡査長、英印軍の軍曹
ဂျလေဘီ[dʒəlebi] (名) インドの砂糖菓子
ဂျာကင်အက်ျီ[dʒakin in:dʒi] (名) 羅紗製ジャケット
ဂျာနယ်[dʒanɛ] (名) 週刊誌、ジャーナル<Journal
ဂျာမေကာ[dʒameka] (国) ジャマイカ
ဂျာမန်[dʒaman] (国) ドイツ
ဂျာမဏီ[dʒaməni] =ဂျာမန်
ဂျာမနီ[dʒaməni] =ဂျာမဏီ
ဂျာမန်လူမျိုး[dʒamən lumjo:] (名) ドイツ人
ဂျာအေးသွားမေရိုက်[dʒae: tu.əme jaiʔ] (名) ビルマ語の廻文の文言
ဂျိ[dʒi] =ချေ
ဂျိကုန်နံအုပ်စုငါနိုင်ငံ[dʒi kʻunnəouʔsu. win nain gan] (名) 先進七か国 =G7
ဂျိစီဘီအေ[dʒisibie] (名) ビルマ人団体総評議会 =GCBA
ဂျိရှစ်အုပ်စု[dʒi ʃiʔouʔsu.] (名) 先進八か国 =G8
ဂျိအိပတ္တများ[dʒi i.paʔta.mja:] (形) こうるさい、気難しい
ဂျိုဩမေတြိ[dʒɔmetəri.] (名) 幾何学<Geometry
ဂျိုးတော်[dʒi:dɔ] =ကြိုးတော်
ဂျိုးများ[dʒi: mja:] =ချေး:များ
ဂျူဒို[dʒudo] (名) 柔道 <日
ဂျူဒိုပြိုင်ပွဲ[dʒudo pjainbwɛ:] (名) 柔道競技
ဂျူရီ[dʒuri] (名) 陪審

ဂျူး[dʑuː] (名)①ユダヤ人 ②(植)ニラ (ユリ科) Allium tuberosum =ချွေး:မြစ်
ဂျေး[dʑeː] (貝) リュウテン、タツマキサザエ (タンドウェー方言形)
ဂျော်ဂျက်[dʑɔ́dʑɛʔ] (名) ジョーゼット (薄地の絹クレープ) <英 Georgette
ဂျော်ဒန်[dʑɔ́dan] (国) ヨルダン
ချို:[dʑoː] (名)飯の焦げ =ချို:
ချို:ကပ်[dʑoːkaʔ] (動) 鍋底が焦げ付く =ချို:ကပ်
ချို:ချို:ချောင်းချောင်း[dʑoːdʑoːdʑaundʑaun] (擬) ぎしぎしと
ချက်ချ[dʑɛʔ tɕa] (動) 差し金を差す、閂を掛ける
ချက်တိုက်လေယာဉ်[dʑɛʔ taiʔlejin] (名) ジェット戦闘機
ချက်လေယာဉ်[dʑɛʔ lejin] (名) ジェット機
ချောက်[dʑauʔ] (名) 谷底、絶壁 =ချောက်
ချောက်ချ[dʑauʔ tɕa] (動) 窮地に陥る、危険に晒される =ချောက်ကျ
ချောက်တွန်း[dʑauʔtuń] (動) 窮地に追い込む = ချောက်တွန်း
ချက်သို:[dʑaiʔtoː] (病) 風疹
ချင်[dʑin] (名) 独楽 (こま)
ချင်ခြေလည်[dʑindʑi lɛ] (動) てんてこ舞いをする
ချင်ထိပ်တက်ရှုံးသုတ်။ (諺) 独楽の上に乗って石灰を塗る (人を出し抜く、人の上前をはねる)
ချင်ပေါက်[dʑin pauʔ] (動) 独楽を回す
ချင်ဘူ[dʑinbu] (名) 舟の櫓臍
ချင်း[dʑiń] (植) ショウガ (ショウガ科) =ချင်း။ Zingiber officinale
ချင်းစိမ်း[dʑinzeín] (名) 生の生姜
ချင်းစိမ်းနှင့်မောင်လင်:။သူကြင်မှတင်ယ်ကြင်မယ်။ (諺) 情は人の為ならず (ショウガとショウガモドキ、相手優しければこちらも優しくする)
ချင်းသုတ်[dʑiːndouʔ] (名) 生姜のサラダ =ချင်းသုတ်
ချင်းဖော[dʑin pʰɔ] (名) ジンボー族 (カチン州の主要民族)
ချစ်ကား[dʑiʔkaː] (名) ジープ <英 Jeep
ချစ်ကန်ကန်[dʑiʔkangan] (形) 生意気だ、利かん気だ
ချစ်ကန်ကန်မျက်နှာပေးနှင့်ရပ်နေသည်။ 頑固な表情で立っている
ချပ်[dʑaʔ] (動物) エラブウナギ Enhydrina sehistosa 有毒の海蛇
ချပ်မွှေ[dʑaʔ mwe] =ချပ်
ချိပ်[dʑeiʔ] (貝) アマオブネガイ (タンドウェー方言形)
ချိပ်လက်[dʑeiʔlɛʔ] (貝) シラナミ (シャコガイ科)

ချုပ်[dʑouʔ] (名) 熊手 (物を掻き集める道具)
ချုပ်ချုပ်ချက်ချက်[dʑouʔdʑouʔdʑɛʔdʑɛʔ] (擬) シュッシュッポッポ、ガタゴト
ဂျိန်းဘာသာ[dʑeinːbada] (名) ジャイナ教
ချပ်[dʑaʔ] ① (名) いざり機 ② (虫) 毛蚤
ချပ်ကောင်[dʑaʔkaun] (虫) =ချပ်
ချပ်ကြိုး[dʑaʔdʑoːbja] (名) 真田紐、組み紐
ချပ်ခုပ်[dʑaʔkʰouʔ] ① (動) いざり機で織る ② (名) いざり機、手織り機
ချပ်စက္ကူ[dʑaʔsɛʔku] (名) 厚紙
ချပ်မွှေ[dʑaʔmwe] (動物) =ချက်မွှေ
ချမ်း[dʑan pʰjiʔ] (動) 壊れる、故障する、動かなくなる <英 Jam
ချိန်းချိန်းချုပ်ချုပ်[dʑeindʑeindʑouʔdʑouʔ] (擬) シュッシュッポッポ
ဂျုံ[dʑoun] (植) ①小麦 (イネ科) Triticum vulgare ②パン小麦 (イネ科) Triticum aestivum ③マカロニ小麦 (イネ科) Triticum durum =ဂလာ:ဝါ:။
ဂျုံမှုန့်[dʑoun moun] (名) 小麦粉
ဂျုံပိုး[dʑounboː] (虫) 小麦に付く虫
ဂြိုဟ်[dʑo] (名) ①惑星 (水星、金星、火星、木星、土星等、太陽系の惑星) ②運星
ဂိုးကိုးလုံး[dʑoːkoːlouń] (名) ①太陽を取巻く9個の惑星 ②占星術で人の運を支配すると考えられる9個の運星、日曜から土曜迄の7個に、羅睺 (暗黒惑星)、計都の2個を加えた9曜星 (တနင်္ဂနွေဂြိုဟ်၊တနလာဂြိုဟ်၊အင်္ဂါဂြိုဟ်၊ဗုဒ္ဓဟူးဂြိုဟ်၊ကြာသပတေးဂြိုဟ်၊သောကြာဂြိုဟ်၊စနေဂြိုဟ်၊ရာဟုဂြိုဟ်၊ကေတုဂြိုဟ်)
ဂြိုဟ်ကြီးကိုးလုံး[dʑodʑi koːlouń] =ဂြိုဟ်ကိုးလုံး
ဂြိုဟ်ကြီးရှစ်လုံး[dʑodʑi ʃiʔloun] =ဂြိုဟ်ရှစ်လုံး
ဂြိုဟ်ကောင်[dʑogaun] (名) ①運星と関わりを持つ生き物 ②疫病神、不幸をもたらす人、縁起の悪い人
ဂြိုဟ်ကျ[dʑo tɕa] (動) 困る、苦境に陥る
ဂြိုဟ်စာကျွေး[dʑoza twe] (動) 運星に供物を供える
ဂြိုဟ်စား:သက်ရောက်[dʑoːza tɛʔjauʔ] (名) 人の一生または年齢と運星の寿命との平行
ဂြိုဟ်ခံခြ[dʑozi kʰan ja] (動) 悪運に襲われる
ဂြိုဟ်ဆီးကြီး:နိုင်စဲ[dʑozi dʑiː neiʔsɛ] (動) 悪運に見舞われる、凶運に付きまとわれる
ဂြိုဟ်ဆီးဂြိုဟ်နင်း[dʑozi dʑonin] (名) 人の運星と太陽、月との重なり
ဂြိုဟ်ဆီးဂြိုဟ်နင်းကြ[dʑozi dʑonin tɕoun]

ဂြိုဟ်ဆိုး[dʑozo:] ①（動）廻り合せが悪い ②（名）凶星、悪運をもたらす運星

ဂြိုဟ်ဆိုးမွှေ[dʑozo: m̥we]（動）①人に不幸をもたらす、人を不運にする ②困らせる、横槍を入れる

ဂြိုဟ်ဆိုးဝင်[dʑozo: win]（動）運に見放される ＝ဂြိုဟ်ဆိုးမွှေ

ဂြိုဟ်တု[dʑodu.]（名）人工衛星

ဂြိုဟ်တုဆက်သွယ်ရေး[dʑodu. sʼɛʼtwɛje:]（名）衛星通信

ဂြိုဟ်တုဓာတ်ပုံ[dʑodu. daʼpoun]（名）衛星写真

ဂြိုဟ်တုရုပ်မြင်သံကြား[dʑodu. jouʼmjintaɲdʑa:]（名）衛星放送、衛星テレビ

ဂြိုဟ်တုလွှတ်တင်[dʑodu. ɬuʼtin]（動）人工衛星を打ち上げる

ဂြိုဟ်တုလွှတ်ဒုံးပျံ[dʑodu.ɬuʼ doun:bjan]（名）人工衛星、打ち上げロケット

ဂြိုဟ်တိုင်[dʑodain]（名）①仏塔の周囲に立ててある8本のボール ②運星に灯明を供えるため作られた運星の形をした蝋燭

ဂြိုဟ်ထ[dʑo tʼa.]（動）逆境にある、不遇だ

ဂြိုဟ်ပြေနံပြေ[dʑobje nanbje]（副）厄払いのために、悪運を払うために

ဂြိုဟ်မွှေ[dʑo m̥we]（動）厄をもたらす、苦しめる、不幸にする、不運に見舞われる

ဂြိုဟ်ရှစ်လုံး[dʑo ʃiʼloun:]（名）占星術で使われる八曜星（九曜星から最後の計都を除く）

ဂြိုဟ်သက်[dʑodɛʼ]（名）運星の寿命

ဂြိုဟ်သင်နံသင်ညှို့[dʑodin. nandin. mɛ.]（動）誕生曜日の文字を用いて命名する

ဂြိုဟ်ဝင်[dʑo win]（動）①人の誕生日又は年齢が8曜星のどれかと合致する ②悪運に見舞われる、惨めい思いを味わう

ဂြိုဟ်သိမ်ဂြိုဟ်မွှာ[dʑodein dʑomwa:]（名）星屑

ဂွ[gwa.]（名）①叉、二股 ②ゴム製のパチンコ ③逆ねじ ＝ခွ။

ဂွကျ[gwa. tʃa.]（動）①困る、困惑する、立ち往生する ②うまく行かない、思う通りにならない ③はっきりしない、どっちつかずだ、ああでもないこうでもない ＝ခွကျ။

ဂွကျသူ[gwa. tʃa.du]（名）天の邪鬼、ひねくれ者

ဂွချော[gwa. dʑɔ:]（名）大型、中型の蝦で作られた蝦醤 ＝ခွချော။

ဂွဇာ[gwa.za]（名）天の邪鬼、ひねくれ者、困った奴 ＝ခွဇာ

ဂွဆန်ဆန်[gwa. sʼanzan]（副）いかにも困ってい

るように ＝ခွဆန်ဆန်

ဂွတီးဂွချိုင်တီတတ်[gwa.ti:gwa.tʃa nainda?]（形）抵抗を感じる

ဂွတိုက်[gwa. taiʼ]（動）逆らう、反対を唱える ＝ခွတိုက်

ဂွဒို[gwa.do:]（名）コノシロを原料とする魚醤 ＝ခွဒို။

ဂွပြော[gwa. pjɔ:]（動）逆ねじを食わす、憎まれ口を叩く、矛盾した事を言う ＝ခွပြော။

ဂွမျို[gwa.mjo:]（名）困惑した様子、失望した姿 ＝ခွမျို

ဂွလုပ်[gwa. louʼ]（動）困らせる、困惑させる ＝ခွလုပ်

ဂွေး[gwe:]（名）①睾丸 ②（名）アミ（蝦醤の原料となる小型の蝦） ③（植）アムラタマゴノキ、キミドリモンビン（ウルシ科） Spondias mangifera ＝ဂွေး

ဂွေးဇီ[gwe:zi.]（名）睾丸 ＝ဂွေးဇီ

ဂွမ်း[gun:～gon:]（名）綿、脱脂綿

ဂွမ်းကပ်[gun:gaʼ]（名）掛け布団（シャン州で使用される）

ဂွမ်းခက်[gun:gɛʼ]（名）多層の綿

ဂွမ်းခံအင်္ကျီ[gun:gan in:dʑi]（名）綿入れ

ဂွမ်းစောင်[gun:zaun]（名）掛け毛布

ဂျုတ်[dʑuʼ]（名）陰金、股または陰部に生じる温疹

ဂျုတ်ပွေး[dʑuʼpwe:] ＝ဂျုတ်

ဂျုတ်ပေါက်[dʑuʼ pauʼ]（動）陰金に罹る

ဂျုန်း[dʑun:]（地）クメール、カンボジア

ဂျုန်း[dʑun:]（名）アクロバット、軽業

ဂျုန်းစိုက်ကျ[dʑun:saiʼtʃa.]（動）暴落する

ဂျုန်းထိုး[dʑun:tʼo:]（動）逆立ちする、倒立する

ဂျုန်းထိုးကောင်[dʑun:do:gaun]（名）ぼうふら

ဂျုန်းထိုးကျ[dʑun:do:tʃa.]（動）逆様に落ちる

ဂျုန်းထိုးငှက်[dʑun:do:ɲɛʼ]（鳥）ミドリサトウチョウ（オウム科）Loriculus vernaris ＝ကျေးသစ္စာ။

ဂျုန်းထိုးမှောက်ခုံဖြစ်[dʑun:do:mauʼkʼoun pʼjiʼ]（動）ひっくり返る、転覆する

ဂျုန်းပြန်ကျ[dʑun:bjan tʃa.]（動）逆様に落ちる

ဂျုန်းဘ[dʑun:ba:]（名）①機械体操 ②曲芸

ဂျုန်းဘကစား[dʑun:ba gəza:]（動）①機械体操をする ②曲芸をする

ဂျုန်းသမား[dʑun:dəma:]（名）①機械体操の選手 ②曲芸師

ဂျုန်းအတတ်[dʑun:ataʼ]（名）①曲技 ②機械体操

ဃ

ဃ[ga.]（名）ビルマ文字体系第4番目の子音文字、その名称は ဃကြီး:[ga.dʑiː]（大きなガ）
ဃနာနို့ဆွမ်း[gəna no.zun:]（名）牛乳炊きの飯
ဃရာဝါသ[gəjawaṭa.]（名）庵
ဃာနပဋာဒ[gana.paṭada.]（名）嗅覚
ဃောဏေဏဂေါဏော၊သာမဏေနသာမဏော။（諺）類は友を呼ぶ（牛は牛連れ、馬は馬連れ）
ဃောသ[gɔta.]（名）有声音文字 = ဃောသအက္ခရာ

င

င[ŋa.]（名）ビルマ文字表の第5番目の子音文字
င[ŋa.]（名）男性名の前に付ける冠称、親密な間柄で使用された、今日ではやや侮蔑的な意味で使われる
ငကန်းသေ၊ငစွေပေါ်လိမ့်မယ်။（諺）捨てる神あれば、拾う神あり（ンガ・カンが死んだら、ンガ・スウェーが現れる）
ငစဉ်းလဲ[ŋəsin:lɛ:]（名）狡猾な奴、陰険な野郎
ငဆဲ[ŋəs'a.]（名）手前、貴様、野郎、田舎者 = လူယုတ်မာ။
ငစင်ကာ[ŋəzinga]（人名）16世紀にシリアムを本拠に勢力を誇ったポルトガル人、本名はFelipe de Brito
ငတိ[ŋəti.]（名）こいつ、この野郎、小僧（親近感を表わす、やや揶揄的でもある）
ငတေ[ŋəte]（名）奴、いたずらっ子、やんちゃ坊主
ငနဲ[ŋənɛ:]（名）奴、あの野郎、あいつ = ငတိ
ငပု[ŋəpu.]（名）ちび（太平洋戦争当時使用された日本人に対する蔑称）
ငပေါ[ŋəpɔ:]（名）落着きのない人間、おっちょこちょい、軽桃浮薄
ငဗုဒ်[ŋəbou']（名）羅喉星（日蝕、月蝕を引起す暗黒星）= ရာဟုဂြိုဟ်။
ငဗုဒ်ဖမ်း[ŋəbou' p'an:]（動）①日蝕になる ②月蝕になる = လငဗုဒ်ဖမ်း:
ငမိုက်သား:[ŋəmai'ṭa:]（名）乱暴者
ငရှည်[ŋəʃe]（名）のっぽ（インド人への蔑称）
င[ŋə]（接頭）稲の品種を表わす
ငကျောက်[ŋətʃau']（名）晩生種の稲の品種
ငကြဲ[ŋətʃwɛ:]（名）バテイン産の晩生種の粳米
ငချိပ်[ŋətʃei']（名）赤色または紫色をした餅米
ငစိန်[ŋəsein]（名）晩生種の米の品種
င[ŋə]（接頭）魚の名称を表わす < = ငါး:
ငကြော[ŋəʃɔ] = ငါးကြော
ငကြင်း:[ŋədʑin:] = ငါးကြင်း:
ငပိ[ŋəpi.] = ငါးပိ
ငရံ့[ŋəjan.] = ငါးရံ့
ငချုပ်ဝါး:[ŋətʃa'wa:]（植）インドトゲタケ（タケ科） Bambusa arundinacea
ငဆောင်ချမ်း[ŋəzaundʑan:]（地）ンガサウンジャン（ビルマと中国との間で西暦1277年に起きた戦闘の現場）
ငပြုတ်သီး:[ŋəpjou'ṭi:]（植）上ビルマ産の瓜
ငဖျူကြီးပင်[ŋəp'judʑi:bin]（植）アコン、カロトロ

ငမြောင်တောင်

ပစ်（ガガイモ科）Calotropis gigantea

ငမြောင်တောင်[ŋəmjaundaun]（虫）シロナヨトウ（ヤガ科）Spodoptera mauritia 作物の害虫

ငရဲ[ŋəjɛː]（名）①地獄　②苦境

ငရဲကလူ၊ပြာပူမကြောက်။（諺）最低限の体験者は少々の不幸には驚かない（地獄の経験者、熱い灰を恐れず

ငရဲကျ[ŋəjɛː tʃa.]（動）地獄に堕ちる

ငရဲကြိုက်[ŋəjɛː tʃiː]（形）罰が当たる、地獄に墜ちる

ငရဲကြီးရှစ်ထပ်[ŋəjɛː tʃiː ʃiʔtʰaʔ]（名）八大地獄（上から下に向って、順番に、等活、黒縄、衆合、叫喚、大叫喚、焦熱、大焦熱、無間）

ငရဲခံ[ŋəjɛː kʰan]（動）苦痛を味わう

ငရဲငုတ်[ŋəjɛː ŋoun]（名）冥土、地獄

ငရဲယာဂုဏလုံး[ŋəjɛːŋɛ təjanəsʔɛ.ʃiʔpaː]（名）百二十八小地獄（八大地獄それぞれに１６ずつ付随している小地獄の合計）

ငရဲမီး[ŋəjɛː miː]（名）①地獄の炎　②劇薬（硝酸、塩酸、硫酸等）　③留管

ငရဲကောင်မည့်သူ၊ပြာပူမကြောက်။（諺）=ငရဲကလူ၊ပြာပူမကြောက်။

ငရဲလား[ŋəjɛː laː]（動）地獄に堕ちる

ငရဲအိုးထဲစောက်ထိုးကျမဲ့လူ[ŋəjɛː oː dɛː zauʔtʼoː tʃa.mɛ. lu]（名）間違いなく地獄行き

ငရဲသစ်ငုတ်[ŋəjɛː tʼiŋouʔ]（名）罰当たり者、地獄から抜け出せない罪人

ငရုတ်[ŋəjouʔ]（植）①トウガラシ（ナス科）Capsicum annum　②キダチトウガラシ、シマトウガラシ Capsicum frutescens

ငရုတ်ကောင်း[ŋəjouʔkaunː]（植）コショウ（コショウ科）Piper nigrum

ငရုတ်ကောင်းကြီး[ŋəjouʔkaunːdʒiː]（植）ヒッチョウカ（コショウ科）Piper cubeba

ငရုတ်ဆုံ[ŋəjouʔsʼoun]（名）石を原料とするすり鉢

ငရုတ်မိုးမျှော[ŋəjouʔmoːmjo]（植）小粒だが辛い唐辛子の１種

ငရုတ်ရှပ်[ŋəjouʔʃe]（植）ヒハツ、ナガコショウ

ငရုတ်သီး[ŋəjouʔtʰiː]（名）唐辛子の実

ငရုတ်သီးထောင်း[ŋəjouʔtʰiː tʰaunː]（動）唐辛子を潰す

ငရုတ်သီးမှုန့်[ŋəjouʔtʰiːmoun.]（名）唐辛子の粉

ငရဲပုထူ[ŋəjan.bədu]（植）クサギ（クマツヅラ科）Clerodendrum siphonanthus

လျှင်[ŋjin]（名）地震

လျှင်တိုင်းကရိယာ[ŋjin tainːkəriːja]（名）地震計

လျှင်တုန်လှုပ်[ŋjin toun ɬouʔ]（動）地震が起

る、地震が発生する

လျှင်ဒဏ်သင့်ဒုက္ခသည်[ŋəjindan tʰin.douʔkʼa.dɛ]（名）地震の罹災者、震災者

လျှင်ဗဟိုချက်[ŋəjin bəhoʔdʒɛʔ]（名）震源

လျှင်ဘေးဒုက္ခသည်[ŋəjinbeː douʔkʼa.dɛ]（名）震災者

လျှင်ဘေးဒဏ်ရ[ŋəjin beːdan kʼan ja.]（動）地震の災害を蒙る、震災を受ける

လျှင်လှုပ်[ŋəjin ɬouʔ]（動）地震が起る

သရောင်း[ŋətɛjaun]（植）タイワンアイアシ（イネ科）Ischaemum rugosum

ဟစ်[ŋəhiʔ]（鳥）①アオサギ（サギ科）Ardea cinerea　②ムラサキサギ（サギ科）Ardea purpurea

ငါ[ŋa.]（代名）1人称 ငါ の斜格形　①僕の ငါမိငါဘ 吾が両親 ငါသာ: 吾が子 ငါသမီး: 吾が娘 ငါ့ဥစ္စာ 僕の物 ငါ့ဦးထုပ် 僕の帽子 ငါ့အိမ် 我が家　②僕の　③僕を ဆရာဝန်ကငါ့ကိုမမှတ်မိဘူး။ 医者は僕を覚えていなかった　④僕には ငါမှာအပြစ်မရှိဘူး။ 僕には罪はない

ငါစကား:နား:ရပြော[ŋa.zəga: nwaːja. pjɔː]（動）頭ごなしに言う、一方的に言う

ငါ့ဘို့[ŋa.bo.]（名）①僕の分、僕の分け前　②利己主義者、エゴイスト

ငါ့မြင်:ငါ့ဝိုင်:၊စစ်ကိုင်:ရောက်ရောက်။（諺）自分は自分（我が馬を早駆けさせる、仮令サガインに着こうとも

ငါ့မှာဖြင့်[ŋa.mapʔjin.]（副）僕としては

ငါ့ရှင်[ŋa.ʃin]（代名）貴僧（比丘同士の間で使用）

ငါ့လခမ်း[ŋa.ləkʼwiː]（捨て科白）畜生、この野郎

ငါ့လချေး:[ŋa.ləltʃiː]=ငါ့လခမ်း

ငါ့လော့ငါ့ထိုး:၊ပဲခူးရောက်ရောက်။（諺）周囲の事等お構いなし、吾が道を行く（我が舟を我漕ぐ、仮令ペグーに着こうとも）

ငါဟာငါ[ŋa.ha ŋa]（副）私は私で勝手に

ငါ[ŋa]（代）男性用1人称、僕、俺 ငါမသိ။ 僕は知らぬ ငါမကြား။ 僕は聞いてない

ငါကိုယ်တော်မြတ်[ŋa kodɔmjaʔ]（代）国王使用の一人称、朕、余

ငါစ:[ŋaza]（名）利己主義

ငါ့စွဲ[ŋazwɛː]（名）自分への執着

ငါတို့[ŋado.]（代）僕達

ငါတကော[ŋa dəgɔː]（名）わがまま、自分勝手、傍若無人

ငါတကောကော[ŋa dəgɔː kɔː]（動）自分勝手に振舞う、傍若無人に振舞う

ငါ့နှိုင်းငါသာ၊ဆိုင်:စရာ။（諺）強い自惚れ（比較するのは

ငါဘုရား:[ŋap'əja:]（代）仏陀の一人称、如来、世尊

ငါ:[ŋa:]（数）五、数字の形は ၅

ငါ:စပ်စောင်[ŋa:za'saun]（名）5枚張り合わせの毛布

ငါ:ဆယ်[ŋazɛ]（数）50

ငါ:ဆယ်သာ:[ŋazɛda:]（名）半緬斤、1vissの半分、825グラム

ငါ:ထောင်[ŋa:daun]（数）5千

ငါ:ပါ:မှော်ကဲ့[ŋa:ba: mau']（動）破滅する、危険に遭う（ငါ:ပါ:＝ရှန်သူငါ:ပါ:)

ငါ:ပါ:သီလ[ŋa:ba: tila.]（名）五戒（不殺生、不愉盗、不姦淫、不妄語、不飲酒）

ငါ:ပေါက်သီ:[ŋa:bau'ti:]（植）イボモモ（ウルシ科）Dracontomelum magniferum

ငါ:ပွင့်ဆိုင်[ŋa:bwin.zain]（名）五党連合（1937年のインド・ビルマ分離の選挙で46議席を獲得して第1党となった連合組織、指導者はウー・バペー）

ငါ:ရာငါ:ဆယ်ဇာတ်[ŋa:ja.ŋa:zɛ za']（名）ジャータカ、仏陀の前生物語（547話で構成）

ငါ:ရာ[ŋa:ja]（数）5百

ငါ:ရာတွင်:[ŋa:jadwin:]（名）5百ターの距離、1タインの半分、凡そ1マイル

ငါ:လီစနစ်[ŋa:li səni']（名）五進法（算盤等）

ငါ:သောင်:[ŋa:daun:]（数）5万

ငါ:သန်:[ŋa:dan:]（数）5百万

ငါ:သိန်:[ŋa:dein:]（数）50万

ငါ:[ŋa:]（名）魚

ငါ:ကတို:[ŋəkəto:]（魚）海産魚の1種 Eutropi -ichythys

ငါ:ကင်[ŋəgin]（名）焼き魚

ငါ:ကင်:[ŋəkin:]（魚）鯔（ボラ科）Mugil corsula

ငါ:ကင်:ပါ:[ŋəkin:pa:]（魚）ミナミイケカツオ（アジ科）Scomberoides toloo=ငါ:ကန်:သျှပ်

ငါ:ကန်ဘျိုင်:[ŋəkan.bjain]（魚）鯔（ボラ科）の1種 ①Mugil speigleri ②M. carinatus ③M. waigiensis

ငါ:ကန်[ŋa:gan]（名）養漁場

ငါ:ကိန္နရာ[ŋa:keinnəja]（魚）①チョウチョウウオ ②エンゼル・フィッシュ

ငါ:ကပ်[ŋəka']（魚）コバンザメ

ငါ:ကျို:ကန်:[ŋəʤi:gan:]（魚）①オアカムロ（アジ科）Caranx crumenophthalmus ②アンダマンアジ（アジ科）Caranx gymnostethoides ③インドマルアジ（アジ科）Caranx kurra

ငါ:ကျောက်ဖာ:[ŋətʃauɲp'a:]（魚）アンコウ

ငါ:ကျည်:[ŋəʤi:]（魚）鯰 Heteropneustes fossilis 又はSaccobranchus 水田棲息の淡水魚、全身黒色、口の周囲に髭がある、食用

ငါ:ကြီ:[ŋa:ʤi:]（名）大魚

ငါ:ကြီ:ဆီ[ŋa:ʤi:zi]（名）肝油

ငါ:ကြီ:အန့်ဖတ်[ŋa:ʤi:anba']（名）龍涎香

ငါ:ကြော်[ŋəʤɔ]（名）魚のフライ

ငါ:ကြော်မကြိုက်၊ကြောင်မိုက်။（諺）魚のフライが嫌いな猫は愚か者（据え膳食わぬは男の恥）

ငါ:ကြင်:[ŋəʤin:]（魚）ニシニゴイダマシ、淡水魚 Cirrhina mrigala 河川を遡行して産卵、体長約1メートル

ငါ:ကြင်:ငါ:သိုင်:အရွယ်[ŋəʤin: ŋətain: əjwɛ]（名）思春期

ငါ:ကြင်:ဇော်[ŋəʤin:zau']（魚）鯉の仲間

ငါ:ကြင်:ဆီနှင့်ငါ:ကြင်:ကြော်။（諺）ニシニゴイダマシの油でニシニゴイダマシをフライにする（他人の褌で相撲を取る）

ငါ:ကြောင်မစာ:[ŋətʃaunməsa:]（魚）セダカタカサゴイシモチ（アカメ科）Ambassis malua

ငါ:ကြောင်:[ŋəʤaun:]（魚）鯰の仲間 Mystus aor

ငါ:ကုန်:ညှပ်[ŋɛkun:ɲa']（魚）ハイレン（イセゴイ科）Megalops cyprinoides =ငါ:အုပ်ဖာ:

ငါ:ကုန်:ရှပ်[ŋəkun:ʃa']=ငါ:ကန်:သျှပ်

ငါ:ကုန်:သျှပ်[ŋɛkun:ʃa']（魚）ミナミイケカツオ（アジ科）Scomberoides toloo

ငါ:ခု[ŋək'u]（魚）ヒレナマズ（ヒレナマズ科）Clarius batrachus 湖水棲息の淡水魚、食用、

ငါ:ခို:သင်္ဘော[ŋa:k'o:tin:bo:]（名）密漁船

ငါ:ခေါင်:ကြီ:[ŋəgaun:ʤi:]（魚）グルクマ（サバ科）Rastrelliger kanagurta =ငါ:အပိုပို

ငါ:ခေါင်:ပ[ŋəgaun:bwa.]（魚）湖水産の魚 Catla catla

ငါ:ခုတ်တုံ:[ŋa:k'ou'toun:]（名）魚用のまな板

ငါ:ခုံ:မ[ŋək'oun:ma.]（魚）ニゴイ（コイ科）の仲間 Barbus sarana、B. chola シャン州インレー湖に棲息、大魚を釣る時の生き餌に使用される

ငါ:ခုံ:မတကောင်ကြောင့်၊တလှေလုံ:ပုပ်။（諺）一匹のニゴイのせいで舟1艘の魚が腐る（千里の土手も蟻の一穴から）

ငါ:ခုံ:မမြီ:ကွက်[ŋək'oun:ma.mji:gwɛ']（魚）コイ科バルブス属の魚 Barbus sophore

ငါ:ခုံ:မမြီ:နီ[ŋək'oun:ma.mji:ni]（魚）コイ科バルブス属の魚 Barbus farana 又は B. cola

ငါးခုံးမမြီးဗြူ[ŋəkʼounːma.mjiːbju] （魚）コイ科バルブス属の魚 Barbus burmanicus

ငါးချဉ်[ŋətʃʼin]（名）なれ寿司（鮮魚と飯とを塩漬けにして発酵させた食べ物） cf. ပုဇွန်ချဉ်

ငါးခြောက်[ŋətʃʼauʼ]（名）干し魚

ငါးခွေလျှာ[ŋəkʼweːʃa]（魚）①ウシノシタ、シタビラメ Cynoglossus spp. ②ヒラメ Plagusia mormorata ③カレイ Solea heterorhina、Solea elongata

ငါးခွဲဓား[ŋaːkʼweːda]（名）出刃包丁

ငါးငရုံ့[ŋaːgəloun]（魚）アンコウ Amtennarius spp.

ငါးငယ်[ŋaːŋɛ]（魚）小魚

ငါးစပါးစား[ŋaːzəbaːsa]（魚）ニベ科の魚 Sciaena dussumieri 又は S. russelli

ငါးစာ[ŋaːza]（名）釣りの餌

ငါးစာပိုးကောင်[ŋaːza poːgaun]（虫）ミミズ

ငါးစားဖား[ŋəsapʼa]（魚）ニベ科の魚 Scioene Dussumieri 又は Scioene russelli

ငါးစဉ်[ŋəzin]（魚）鯰の仲間 Mystus gulio

ငါးစဉ်စပ်[ŋəzinzaʼ]（魚）タカサゴイシモチ Ambassis bucalis

ငါးစဉ်ပွမ်း[ŋəzinbjun]（魚）スレンダー・ラスボラ（コイ科） Rasbora daniconius

ငါးစဉ်ရိုင်း[ŋəzin jainː]（魚）ナマズの1種 Mystus cavasius

ငါးစဉ်ရိုင်းကြက်ချေး[ŋəzinjainːtʃɛʼtʃʼeː]（魚）ミストウス・ヴィッタトウス Mystus vittatus 鯰の一種

ငါးစဉ်ရိုင်းကျဲ[ŋəzinjainːtʃwɛː]（魚）ナマズの1種 Mystus bleekeri

ငါးစဉ်း[ŋəzinː]（魚）ヨツメウオ Mystus glio

ငါးစဉ်ပြာ[ŋəzinːbja]（魚）ヒラ（ニシン科）の仲間 Ilisha sladeni

ငါးစပ်စလီ[ŋəsiʼsəli]（魚）カタクチイワシ科の魚 Engraulis tri

ငါးစိမ်း[ŋaːzeinː]（名）鮮魚＝ငါးစိမ်းငါးစို။

ငါးစိမ်းတန်း[ŋəzeinːdan]（名）魚市場

ငါးစိမ်းမြင်ငါးကင်ပစ်။[ŋəzeinːmjinːŋaːkinpiʼ]（慣用）飽きっぽい、新しい物好き（鮮魚を見て、焼き魚を捨てる）

ငါးစိမ်းသည်[ŋəzeinːdɛ]（名）鮮魚商、魚売り

ငါးဆားနှပ်[ŋəsʼənɛ]（名）塩魚、塩をまぶした魚

ငါးဆင်[ŋəsʼin]（魚）メカジキ

ငါးဆင်နှာရှည်[ŋəsʼinnəjwɛʼ]（魚）ナンヨウツバメウオ（スダレダイ科） Platax orbicularis

ငါးဆုပ်[ŋəsʼouʼ]（名）（魚肉の）つみれ、薩摩揚げ

ငါးဆံလျှ[ŋəsʼanta.]（魚）イトヒキサギ（クロサギ科） Gerres filiamentosum 沿岸の砂泥に棲息

ငါးတကာယိုသည့်ချေး၊ပုဇွန်ဆိတ်ခေါင်းမှာစု။（諺）魚の垂れた糞、蝦の頭に集結（濡れ衣を着せる）

ငါးတရော[ŋətəjoː]（魚）ツバメコノシロ

ငါးတလာ[ŋətəla]（魚）ニシン科の魚①Clupea moluccensis ②Raconda russeliana

ငါးတောက်[ŋətauʼ]（魚）コイ科バブルス属の魚 Barbus (Tor) mosal

ငါးတောက်တူ[ŋətauʼtu]（魚）①サラサハタ（ハタ科）Cromileptes altivelis ②カンモンハタ（ハタ科）Epinephelus merra ③ヒトミハタ（ハタ科）Epinephelus tauvina ④ハタ科の一種 Epinephelus stoliezkae

ငါးတောင်ညှင်း[ŋətaunɲinː]（魚）①オキザヨリ（サヨリ科）Tylosuous crocodilus ②ホシザヨリ（サヨリ科）Hemirhampus far ③アカヤガラ（ヤガラ科）Fistularia petimba

ငါးတစွေ[ŋədəsʼe]（魚）Cyclocheilichthus afosgon

ငါးတန်[ŋədan]（魚）①イボダイ Gagata gagata 鱗がない ②Silonia childreni

ငါးတံခွန်[ŋaːdəgun]（魚）タチウオ（タチウオ科）の一種 Trichiurus savala 又は Trichiurus haumela 体長約1.5メートル

ငါးတံတ[ŋaːtəna]（魚）タイワンヒイラギ（ヒイラギ科）Leiognathus splendens

ငါးတွတ်[ŋaː tuʼ]（動）魚が餌に食いつく、魚が掛かる

ငါးထားရှည်[ŋədəʃe]（魚）＝ငါးစားရှည်

ငါးထီး[ŋətʼi]（動物）水母

ငါးထန်ရှတ်[ŋətʼanːjwɛʼ]（魚）イセゴイ（カライワシ科） Entraulis telera

ငါးထွေ[nətʼwe]（魚）ナマズの仲間 Rita rita 又は R. Buchanari

ငါးဒိုင်း[ŋədain]（魚）雷魚、タイワンドジョウ

ငါးဒိန်[ŋədein]（魚）鯉の仲間 Labeo gonius

ငါးဒို့[ŋədouʼ]（魚）ニゴイ Barbus tor

ငါးဓားရှည်[ŋədəʃe]（魚）オキイワシ（オキイワシ科）Chirocentrus dorab 体長約30センチ

ငါးဓားလွှ[ŋədəlɛ]（魚）鯰の1種

ငါးန[ŋənu.]（魚）ゴンズイ科の魚 Plotosus canius または Plotosus arab

ငါးနုသန်[ŋənu.dan]（魚）鯰の1種 ①Callichrous pabda ②C. pabo ③C. bimaculatus 魚醤の原料

ငါးနက်ကတော်[ŋəneʔkətɔ] (魚) ニベ科の1種 Johnius chaptis

ငါးနက်ပြာ[ŋəneʔpja] (魚) 鯉の仲間 Labeo calbasu =ငါးနံ့

ငါးနောက်သွား[ŋənauʔtwa:] (魚) ナマズの仲間 Mystus leucophasis

ငါးနံကြောင်[ŋənanʤaun] (魚) ①カタクチイワシの仲間 Stolephorus commersonii ②イボダイの仲間 Gagata cenia

ငါးနွား:[ŋənwa:] (魚) ハコフグ

ငါးနံ့[ŋəṉaʔ] (魚) テナガミズテング (ダツ科) Harpodon nehereus 体長約40センチ

ငါးပစော[ŋəpəzu.dɔ:] (魚) ドジョウ

ငါးပနော့[ŋəpənɔ] (魚) 小型の魚 Ophiocephalus punctatus

ငါးပသျှူး[ŋəpəʃu:] (魚) Alosatoli cuvier

ငါးပါး:[ŋəba:] (魚) ミナミタレクチ (カタクチイワシ科) Engraulis purava 又は E. telera あるいは Thrissocles kammalensis、T. hamiltoni、T. malabarica アラカン沿岸

ငါးပါးနီ[ŋəba:ni] (魚) ミナミフエダイ (フエダイ科) Lutjanus jonnii

ငါးပိ[ŋəpi.] (名) 魚醤 (魚や蝦を塩漬にし自家醗酵させた調味料、塩辛の1種)

ငါးပိကောင်[ŋəpi.gaun] (名) 魚の塩漬け

ငါးပိကြော်[ŋəpi.ʧɔ] (名) 唐辛子、玉葱等と炒めた干し蝦の魚醤 (1種の振掛け)

ငါးပိချက်[ŋəpi.ʧɛʔ] (名) 唐辛子、玉葱等と煮付けた魚醤

ငါးပိထောင်း:[ŋəpi.daun:] (名) 蝦の塩辛を火であぶり、干し蝦、唐辛子、玉葱等と一緒に突き潰した食べ物

ငါးပိနှင့်လောက်၊ ရွှေနှင့်ကျောက်။ (比喩) 魚醤と蛆虫、金と石 (影の形に寄り添うごとく)

ငါးပိရည်[ŋəpi.je] (名) 魚醤に、塩、ウコン等を加えて煮詰めた煮汁 (醤油の代りに使われる)

ငါးပိသိပ်သိပ်ချည်သိပ်[ŋəpi.deiʔ nəʧindeiʔ] (副) 寿司詰め状態で

ငါးပုစွန်[ŋa:bəzun] (魚) Psettus argenteus

ငါးပုဇဉ်း:[ŋa:puzin:] (魚) ①サワラ=ငါးပြင်း ②タイワンサワラ (サバ科) Scomberomorus guttatus

ငါးပုတင်း[ŋəbudin:] (魚) ①河豚 ②モヨウフグ (フグ科) Tetraodon pennantii ③ネズミフグ (ハリセンボン科) Diodon hystrix ④ Triodonthus bursarius

ငါးပုတင်းဆူးပုံ[ŋəbudin:sʼu:bjan] (魚) ハリセンボン (ハリセンボン科) Diodontidae

ငါးပက်[ŋa: pɛʔ] (動) 池や小川の水を汲み出して魚を探る

ငါးပေါင်းကြော်[ŋəbaun:ʧɔ] (名) 米の粉で練った小魚の天ぷら

ငါးပတ်[ŋəbaʔ] (魚) 鮫の仲間 Jaw-fish、Wallago attu =ရေချိုငါးမန်း: 海、河川に棲息

ငါးပုတ်သင်[ŋəpouʔtin] (魚) キス Scioene coitor

ငါးပိန့်နေ[ŋa:pein:nɛ:zi.] (魚) カタクチイワシの1種 Engraulis meletta

ငါးပုဏ္ဏား:[ŋəpounna:] (魚) ヒゲハゼ (ツバメコノシロ科) Polynemus paradiseus 又は Eleutheronema paradiseus 海産魚、食用

ငါးပုပ်ချောက်[ŋəbouʔʧauʔ] (名) 塩漬にして発酵させた魚の干物

ငါးပျဉ[ŋəbja] (魚) 鯵

ငါးပျဉ်[ŋəbjaʔ] (魚) Sciaenoides pama

ငါးပုံ[ŋəbjan] (魚) ①飛魚 Scombresocidee ②ツマリトビウオ (トビウオ科) Parexocoetus brachypterus 体長20センチ弱

ငါးပုံကြူ[ŋəbjanʤwɛ:] (魚) ホウボウ

ငါးပြတိုက်[ŋa: pja.daiʔ] (名) 水族館

ငါးပြာ:[ŋəbja:] (魚) ①鰈 (カレイ) ②ヒラメ ③ヒラ (ニシン科) の仲間 Ilisha melastoma

ငါးပြေမ[ŋəbjema.] (魚) キノボリウオ (トウギョ科) Anabas testudineus 又は Perca scandens 河川、湖沼に棲息

ငါးပြေမ၊ဆား၊ပက်သလို။ (比喩) はしたない (木登り魚に塩を振り掛けたように)

ငါးပြင်[ŋəbjeʃin] (植) バンレイシ科の蔓性植物 Artabotrys burmanicus 幹を攀じ登る

ငါးပျက်[ŋəpjɛʔ] (魚) ①Chorimenus lyson ②Otolechus pama

ငါးပျံက[ŋəpjoun:ka.] (魚) Theutis virgata

ငါးပက်ရာ၊ငါးစာချ။ (諺) 移り気は大成しない (魚の群れる所に釣り糸を垂れる)

ငါးပေ[ŋəpəlwe] (魚) モトキス (キス科) Sillago sihama

ငါးဖားမ[ŋəpʼa:ma.] (魚) コノシロの仲間 Rohtee cotio =ငါးလေးတောင့်

ငါးဗီးမ[ŋəpʼi:ma.] (魚) タイワンヒイラギ (ヒイラギ科) Leiognathus splendens =ငါးတံပါ

ငါးဖယ်[ŋəpʼɛ] (魚) イラワジニシン ①Notoptrus

ငါး ဖယ် က၊ အရိုးများသည်၊ ပြောရသေး။

chitala ②Notopterus notopterus 食用淡水魚

ငါး ဖယ် က၊ အရိုးများသည်၊ ပြောရသေး။ (諺) 目糞、鼻糞を笑う、五十歩百歩 (イラワジニシンンが骨が多いと言う)

ငါး ဖယ် တေ [ŋəp'ɛde] (副) 何度も何度も、繰返し

ငါး ဖယ် တေ တေ [ŋəp'ɛde te] (動) 何度も何度も撞き潰す

ငါး ဖယ် လိမ် [ŋəp'ɛ lein] (動) 身もだえする

ငါး ဖယ် အောင်း [ŋəp'ɛ aun:] (魚) コノシロ Rohtee belangeri 魚醬の原料

ငါး ဖင် ပု [ŋəp'inbu.] (魚) Aspidoparia morar

ငါး ဖောင် ရို့ [ŋəp'aun jo:] (魚) ①テナガミズテング (ダツ科) Zenentodon (Belone) cancila ②オキザヨリ (ダツ科) Belone (Tylosuous) crocodilus

ငါး ဖန် ခွေး [ŋəp'angwɛˀ] (動物) 水母

ငါး ဖန် မ [ŋəp'an:ma.] (魚) 鯉の仲間 Rohtee cotio

ငါး ဖိန်း [ŋəp'ein:] (魚) 鯉 (コイ科) Cyprinus carpio

ငါး ဖမ်း [ŋa: p'an:] (動) 魚を捕る

ငါး ဖမ်း ကက် [ŋa: p'an:gwɛˀ] (名) 漁場

ငါး ဖမ်း ဆီး မှု [ŋa: p'an:s'i:mu.] (名) 魚の捕獲

ငါး ဖမ်း ဆီး မှုလုပ်ပိုင်ခွင် [ŋa: p'an:s'i:mu. louˀ paingwin.] (名) 漁業権

ငါး ဖမ်း ထက် [ŋa:p'an: t'wɛˀ] (動) 出漁する

ငါး မ်း ရေယာဉ် [ŋa:p'an: jejin] (名) 漁船

ငါး မ်း လုပ်ငန်း [ŋa:p'an: louˀŋan:] (名) 漁業

ငါး မ်း လုပ်သား [ŋa:p'an: louˀta:] (名) 漁師

ငါး မ်း သင်္ဘော [ŋa:p'an: tin:bɔ:] (名) 漁船

ငါး ဖျံ [ŋəp'jan] (魚) トビハゼ (ハゼ科) の仲間 Periopthalmus koelleuteri

ငါး ဖျင်း ကြံ [ŋəp'jin:ʥan] (魚) Perilampus atpar

ငါး ဖျင်း သလက် [ŋəp'jin:təlɛˀ] (魚) グラミーの1種 Tricogaster fasciata 河川魚、上ビルマ及び下ビルマのイラワジ・デルタに多い、魚醬の原料

ငါး ဘာ [ŋəba:] (魚) ミナミタレクチ (カタクチイワシ科) Engraulis purava =ငါး ပါး

ငါး ဘူ ဇီ [ŋəbuzi] (魚) タイワンサワラ (サバ科) Scomberomorus guttatus

ငါး ဘူ ရင် [ŋa:bəjin] (魚) シイラ

ငါး ဘဲ ပြူ [ŋəbɛ:bju] (魚) Amblypharyngodon mola

ငါး တော ငန် [ŋəbɔ.ŋan] (魚) ヤマトミズン (ニシン科) Sardinella fimreiata 海面を群遊するビルマ沿岸でよく見かける

ငါး မူး ဇင် [ŋəmu:zin:] (魚) コバンアジ (アジ科) Trachinotus bailloni 沿岸を群で泳ぐ

ငါး မဲလို့ [ŋəmɛ:loun:] (魚) ①カツオ ②マグロ

ငါး မဲ့ တော [ŋəmɔ.dɔ.] (魚) Nuria daurica

ငါး မိုး မျော [ŋəmo:mjɔ] (魚) オコゼ

ငါး မောင်း မ [ŋəmaun:ma.] (魚) Bagarius bagarius アラカン、テナセリム両地方で獲れる

ငါး မုတ် [ŋəmouˀ] (魚) ①シロマナガツオ (アジ科) Alectis sinensis ②クロアジモドキ (クロアジモドキ科) 共にテナセリム地方での呼称

ငါး မုတ် ငွေရောင် [ŋəmouˀ ŋwejaun] (魚) マナガツオ (マナガツオ科) Pampus argenteus

ငါး မုတ် ဖြူ [ŋəmouˀp'ju] (魚) シロマナガツオ

ငါး မုတ် မဲ [ŋəmouˀmɛ:] (魚) クロアジモドキ (クロアジモドキ科) Alectis niger

ငါး မန်း [ŋəman:] (魚) 鮫、鱶 ベンガル湾に広く棲息

ငါး မန်း ကား [ŋəman:ga:] (魚) サカタザメ科の鮫 Rhinobatus Djeddensis または Rhinobatus obtusus 体型は鮫類よりエイ類に近似

ငါး မန်း ကိုက်ခံရ [ŋəman:gaiˀ k'an ja.] (動) 鮫に襲われる、鮫に食われる

ငါး မန်း ကျွဲ [ŋəman:ʥwɛ:] (魚) シュモクザメ科の鮫 Sphyrna blochii

ငါး မန်း ခါး [ŋəman:ga:] = ငါး မန်း ကား

ငါး မန်း ခေါင်းရှင် [ŋəman:gaun:jain:] (魚) メジロザメ (メジロザメ科) Carcharhinus gangeticus

ငါး မန်း ခေါင်းဝှင် [ŋəman:gaun:wain:] (魚) メジロザメ科の鮫 Carcharhinus gangeticus ベンガル湾に多い

ငါး မန်း ငှက်ပျံ [ŋəman:ŋɛˀpjan] (魚) メジロザメ科の鮫 Hypoprion hemiodon

ငါး မန်း စွယ် [ŋəman:zwɛ] (名) ①ノコギリザメの歯 ②横引き鋸

ငါး မန်း စွယ်သည် [ŋəman:swɛdɛ] (魚) ノコギリエイ (ノコギリエイ科) Pristis cuspidatus 又は P. microdon 長い吻が鋸状を呈している アラカンでの呼称 ခုတ်ငါးမန်း: テナセリムでの呼称

ငါး မန်း တောင် [ŋəman:daun] (名) ①鮫の鰭 ②スクリュー

ငါး မန်း တောင်မည် [ŋəman:daunmɛ:] (名) メジロザメの仲間 Carcharinus melanopterus

ငါးမန်းစားလွယ်[ŋəman:dəlwɛ] (魚) メカジキ

ငါးမန်းနီ[ŋəman:ni] (魚) メジロザメの仲間、全身黒、尾鰭は赤い Carcharinus manisorrah

ငါးမန်းပြောက်[ŋəman:bjau'] (魚) イタチザメ

ငါးမန်းဘီလူး[ŋəman:bəlu:] (魚) エイ

ငါးမန်းမြွေခွေး[ŋəman:mjegwe:] (魚) マオナガ (オナガザメ科) Alopias vulpes

ငါးမန်းဟိုင်း[ŋəman:hain:] (魚) ジンベエザメ (ジンベエザメ科) Rhincodon typus

ငါးမုန့်[nəmoun.] (名) エビセンベイの1種 (鯖のすり身を小麦と混ぜて蒸し、それを干した煎餅類似の食べ物、食べる時には油で揚げる)

ငါးမျက်စိ[ŋa:mjɛ'si.] (名) 魚の目、いぼ

ငါးမျက်ဆန်ကျယ်[ŋəmjɛ's'anɡɛ] (魚) ヒラ (ニシン科) Ilisha elongata = ငါးသိုင်းကြီး 沿岸に多い

ငါးမျက်ဆန်နီ[ŋəmjɛ's'anni] (魚) 鯉の1種 Labeo kontius

ငါးမြီးတောင်[ŋəmji:daun] (魚) ベンガルウナギ (ウナギ科) Anguilla bengalensis 淡水魚

ငါးမြင်း[ŋəmjin:] (魚) 草魚 (コイ科) Danio nigrofasciatus 又は Proentropiichtys taakree

ငါးမြင်းကကလောင်[ŋəmjin:ka.kəlaun] (魚) Eutropiichthys vocha = ကကလောင် 体長約 40 センチ

ငါးမြင်းရင်း[ŋəmjin:jin;] (魚) 鯰の1種 Silonia silondia 又は Pseudeutropius goongwaree

ငါးမြစ်ချင်း[ŋəmji't∫in:] (魚) 鯉の1種 Labeo rohita 又は Caprinus rohita 体長約1メートル

ငါးမွေးကန်[ŋa:mwe:gan] (名) 養魚池

ငါးမွေးမြူရေး[ŋa:mwe:mjuje:] (名) 養魚事業

ငါးမွေးမြူရေးကန်[ŋa:mwe:mjuje:gan] (名) 養魚池

ငါးမြွေထိုး[ŋəmwedo:] (魚) アジロ科の魚、淡水魚 Mastacembelus armatus 又は Rhynchobdilla ocilatta 河川の土手に穴を開けて棲息、干物及び魚醤の原料

ငါးမျှား[ŋa: mja:] (動) 魚を釣る

ငါးမျှားကြိုး[ŋəmja:ɡjo:] (名) 釣り糸

ငါးမျှားချိတ်[ŋəmja:ɡei'] (名) 釣り針

ငါးမျှားတံ[ŋəmja:dan] (名) 釣り竿

ငါးမျှူသူ[ŋa:mja:du] (名) 釣り人、太公望

ငါးယုဇန[ŋəju.zəna.] (魚) シロマナガツオ (アジ科) Alectis cinereus アラカンでの呼称

ငါးယုဇနသမျှ[ŋəju.zəna.tanbu] (魚) クロアジモドキ (アジ科) Alectis niger アラカン呼称

ငါးယုတ်[ŋəjou'] (魚) ハマギキ科の魚 Arius acutirostris 海魚

ငါးရဲ[ŋa:jɛ:] (魚) ハマギキ科の魚 Arius jatius

ငါးရိုးချုပ်[ŋa:jo:ɡou'] (名) 鱗形の縫合の仕方

ငါးရိုးမျက်[ŋa:jo:mjɛ' | လက်တို့] (諺) わが身の無能力を嘆く (魚の骨が刺さる、手は届かず)

ငါးရင်ကုန်း[ŋəjingoun:] (魚) ハマギキ科の魚 Arius platystomus 海魚

ငါးရောင်[ŋəjaun] (魚) ハマギキ科の魚 Arius burmanicus 海魚

ငါးရစ်[ŋəji'] (魚) 鯉科バルブス属の仲間 Barbus schanicus

ငါးရစ်ငါး[ŋəji ŋa:] (名) 抱卵した魚

ငါးရစ်တက်[ŋəji'tɛ'] (動) ①魚が産卵する群れる、川を遡る ②戯れる、はしたなく振舞う、いちゃつく

ငါးရစ်မ[ŋəji'ma.] (魚) 鯉科バルブス属の1種 ①Barbus dubius ②Barbus carnatcus ③Barbus micropogon

ငါးရံ့[ŋəjan.] (魚) 雷魚 Ophiocephalus striatus 体長約1メートル 食用

ငါးရံ့ကိုယ်[ŋəjan.go] (名) 肥りじし、むっちりした肢体、丸みのある肉体、グラマー ပြည့်ဖြိုးလုံးကျစ်နေသော ငါးရံ့ကိုယ်လေး ဖြစ်သည်။ 丸々とした肢体の持主であった

ငါးရံ့ခေါင်းတို[ŋəjan.gaun.do] (魚) 雷魚の1種 Ophiocephalus gachua

ငါးရံ့ဒိုင်း[ŋəjan.dain:] (魚) 雷魚の仲間 Ophiocephalus marulius または Channa asiaticus

ငါးရံ့နက်[ŋəjan.nɛ'] (魚) 雷魚の1種 Ophiocephalus marulius

ငါးရံ့ဗတု[ŋəjan.bədu] (植) ①クラリンドウ ②ツツナガクサギ (クマツヅラ科) = cရံ့ပတု

ငါးရံ့ဗန်ဒ[ŋəjan.bənɔ] (魚) 雷魚の仲間 Ophiocephalus punctatus

ငါးရံ့ပျာလူး[ŋəjan. pjalu:] (副) 落着きがなくて、はしたなくて、あられもない姿で

ငါးရံ့ရအတု၊ ငါးခရုခြစ်ခြင်ခြစ်။ (諺) 乏しき時は分かち合い、豊かになれば独り占め (雷魚が手に入れば共同所有、ヒレナマズが手に入れば自分の物)

ငါးရံ့အော်[ŋəjan.au'] (魚) 雷魚の仲間 Ophiocephalus stgriatus

ငါးရွေး[ŋəjweː] (魚) မျှင်၏仲間 Mystus gulio
ငါးရှဲ[ŋəjwɛː] (名) 魚၏卸し屋
ငါးရှဉ့်ကျော်[ŋəʃeʤaː] (魚) ①ベンガルウナギ（ウナギ科）Anguilla bengalensis 又は 二色鰻 Anguilla bicolor 海魚
ငါးရှဉ့်[ŋəʃin.] (魚) タウナギ、カワヘビ、淡水魚 Amphipnous cuchia
ငါးရှဉ့်ပုက်ထ[ŋəʃin.bwɛʔ tʼa.] (動) 潰瘍ができる、おできができる
ငါးရှွေ[ŋəʃwe] (魚) ハモ（ハモ科）၏仲間 Muraenesox telabonoides
ငါးရွှေရေး[ŋəʃweje:] (魚) コバンアジ=ငါးမူးစင်း
ငါးလဝါ[ŋələwa] (魚) ①Barilius guttatus ②Coila dussumiere ③Coila ramcarati
ငါးလူး[ŋəlu:] (魚) ①鯉の仲間 Crossochilus latia ②鯔（ボラ科）Mugil Hamiltoni
ငါးလေးတောင့်[ŋəle.daun.] (魚) コノシロの仲間 Rohtee cotio
ငါးလဲ[ŋəlɛː] (魚) 鯉の仲間 Osteochilus chalybeatus 又は O. cephalus
ငါးလက်ကိုက်[ŋəlɛʔkai'] (魚) 平目、鰈
ငါးလက်ခွါ[ŋəlɛʔkʼwa] (魚) ミナミツバメコノシロ
ငါးလက်ထုံ[ŋəlɛʔtʼoun] (魚) タイワンシビレエイ Narcine timlei
ငါးလင်ပန်း[ŋəlinban:] (魚) オオウナギ、二色鰻 Anguilla bicolor 又は A. nebulosa
ငါးလိပ်ကျောက်[ŋəleiʔtʃauʔ] (魚) ①ガンギエイ ②アカエイ
ငါးလိပ်ကျောက်တံခွန်[ŋəleiʔtʃauʔ dəgun] (魚) ツカエイ（アカエイ科）Dasyatis sephen
ငါးလိပ်ပြာ[ŋəleiʔpja] (魚) ①チョウチョウウオ ②シテンヤッコ（チョウチョウウオ科）Holacanthus annularis
ငါးလုပ်ငန်း[ŋa:louʔŋan] (名) 漁業、水産業
ငါးလုပ်ငန်းဦးစီးဌာန[ŋa:louʔŋan u:z:tʼana.] (名) 漁業局
ငါးလုံးငါး[ŋəloun:ŋa:] (魚) マンボウ
ငါးလှုပ်မှကွန်စွန့်။ (諺) 時、既に遅し（魚が居なくなってから網を打つ）
ငါးဝယ်ရောင်း[ŋəwɛjaun:] (魚) ①ニベ（ニベ科）Pseudoscioene diacanthus ②Scioene cuja
ငါးဝက်[ŋəwɛʔ] (魚) アカメの仲間
ငါးဝက်စပ်[ŋəwɛʔsaʔ] (魚) ①クロサギ（クロサギ科 Gerres oyena ②Gerres sentifer 共に海産魚

ငါးဝက်ပါးနီ[ŋəwɛʔpa:ni] (魚) ①ヨスジフエダイ（フエダイ科）Lutjanus kasmira 4本の横筋あり ②アミメフエダイ（フエダイ科）Lutjanus decussatus 体に網目模様がある
ငါးဝက်မ[ŋəwɛʔma.] (魚) ①リーフ・フィッシュ Nandus nandus ②スズキの仲間 Datnioides polota
ငါးဝံ[ŋəwun] (動物) ①鯨 ②ジュゴン
ငါးဝံပူ[ŋəwun:nu] (魚) 小魚の仲間 Chatoessus chacunda
ငါးသကလပ်[ŋətəkəlaʔ] (魚) =ငါးသံချိတ်ဖား:
ငါးသပို့[ŋətəpʼo:] (魚) シジミハゼ（ハゼ科）Gobius giuris
ငါးသဖွဲ့ငါးရှဉ့်[ŋətəpʼwɛ:ŋəʃin.] (魚) 鰻に類似した魚 Chaudhuria caudata
ငါးသလထိုး[ŋətəlɛ:do:] (魚) ドジョウ Acanthopsis botia, Lepidocephalus herdmorei、Nemacheilus spp.等 泥中に棲息
ငါးသလောက်[ŋətəlauʔ] (魚) ヒルサ Hilsa ilisha イラワジ川、サルウイン川に棲息、産卵前には上流に遡行する、食用
ငါးသလောက်ဖို[ŋətəlauʔ bo] (魚) ニシン科の魚 Clupea variegata
ငါးသလောက်ယောက်ဖ[ŋətəlauʔ jauʔpʼa.] (魚) 鮭
ငါးသေးငါးမွှား[ŋa:d̪e:ŋa:mwa:] (名) 小魚
ငါးသတော်ပေါက်[ŋətin:bɔ:bauʔ] (魚) マアナゴ
ငါးသတော်မို[ŋətin:bɔ:mo] (魚) アジロ科の淡水魚 ①Mastacembelus guentheri ②M.armatus
ငါးသိုင်း[ŋətain:] (魚) 鯉の1種 Catla catra 又は C.buchanani, 或いはCyprinus rohita
ငါးသိုင်းကြီး[ŋətain:ʤi:] (魚) ヒラ（ニシン科）Ilisha elongata 深海性
ငါးသိုင်းများ၊ဟင်းဟူ။ (諺) 過ぎたるは及ばざるが如し（鯉が多すぎれば、おかずの味が不味くなる）
ငါးသည်[ŋa:d̪e] (名) 魚屋、魚売り
ငါးသတ္တာ[ŋa:tiʔta] (名) 魚の缶詰
ငါးသန်[ŋətan] (名) 稚魚、幼魚
ငါးသံချိတ်[ŋətanʤeiʔ] (魚) ナマズの仲間 Pseudotropius acutirostris
ငါးသံချိတ်ဖား:[ŋətanʤeiʔpʼa:] (魚) ナマズの仲間 Pseudotropius acutirostris
ငါးသံရှည်မင်းကြား:[ŋətanʃe min:ʤa:] (魚) タチウオ科の魚 Trichiurus savala 又は T. muticus
ငါးဟူ[ŋəhu] (魚) 鯉の仲間 Labeo gonius

ငါးဟောက်[ŋəhauʔ] (魚) ヤツメウナギ
ငါးအောက်သာမ[ŋəauʔtama.] (魚) ギンカガミ（ギンカガミ科）Mene maculata
ငါးအိုက်[ŋəaiʔ] (魚) ナマズ
ငါးအပိုင်[ŋəaʔpoun] (魚) グルクマ、タカサゴ（サバ科）Rastrelliger kanagurta 水面下を群遊する =ငါးခေါင်းကြီး アラカンでの呼称
ငါးအုပ်ဖား[ŋəouʔpʻa] (魚) ハイレン（イセゴイ科）Megalops cyprinoides 河口で産卵、群遊する
ငါးအုတုံ[ŋəoundoun] (魚) 鯉の仲間 Labeo nandina
ငါးအုံး[ŋəoun:] (魚) ①バラハタ（ハタ科）Variola louti ②アカメの仲間 Anthias multidens
ငါးအုံးမ[ŋəoun:ma.] (魚) 雷魚の仲間 Ophiocephalus harcourt-butlers
ငု[ŋu.] (植) ナンバンサイカチ、バライロモクセンナ、ゴールデン・シャワー（ジャケツイバラ科）Cassia fistula 花は黄金色
ငုကြီး[ŋu.dʑi:] =ナンバンサイカチ
ငုစပ်[ŋu.zaʔ] (植) ①マルババライロセンナ（ジャケツイバラ科）Cassia renigera ②バライロモクセンナ（ジャケツイバラ科）C.nodosa
ငုရွေ[ŋu.ʃwe] =ငု
ငုသိမ်[ŋu.dein] (植) バライロモクセンナ
ငု[ŋu] ① (形) 陰気だ、不機嫌だ ② (鳥) ムネアカアオバト（ハト科）Treron bicincta
ငုငုငိုင်ငိုင်[ŋuŋu ŋainŋain] (副) うな垂れて、元気なく
ငုတုတု[ŋu tudu] (副) 不機嫌で、陰鬱で
ငုတုတုနေတေးဖြစ်[ŋutudu ŋete:de: pʻji] (動) 心を奪われる、恍惚となる
ငုတုတုအေးစက်စက်[ŋutudu e:sɛʔsɛʔ] (副) 冷淡で
ငုတုတုအေးစက်စက်အမှုအရာ 冷淡な様子
ငေး[ŋe:] (動) ①凝視する、見つめる ②ぼんやり眺める ③見とれる
ငေးကြည့်[ŋe:tʃi.] (動) ①ぼんやり見る、ぼかんと見る、呆気にとられて見る ②見とれる、うっとり見る
ငေးငေးငိုင်ငိုင်[ŋe:ŋe: ŋainŋain] (副) 意気消沈して、しゅんとなって、項垂れて
ငေးငိုင်[ŋe:ŋain] (動) しゅんとなる、項垂れる
ငေးစိုက်ကြည့်[ŋe:saiʔtʃi.] (動) 凝視する、見つめる
ငေးတေးတေးဖြစ်[ŋe:te:de:pʻji] (動) 放心状態になる

ငေးမော[ŋe:mɔ:] (動) ぼんやり眺める、放心状態になる
ငေးမှိုင်[ŋe:main] (動) しょんぼりする、ふさぎこむ、沈みこむ
ငေးမျှော်ကြည့်[ŋe:mjɔ tʃi.] (動) ぼんやり眺める 放心状態で眺める
ငဲ့[ŋɛ.] ① (間) 王室用語ရဲ့ の変形、呼掛け ကိုယ်တိုင် ဆောင်ချေပါမည် ။ သခင်ငဲ့ ။ 自ら連れて参ります、御主人様 ② (助動) 王室用語 属格助詞ရဲ့ の変形、~の ကျွန်မာယာ ဂန်ဘီ の謀み ကိဿကိန္ဒရာ ၊ ဘာလီဒဲ့ရာ ။ キシュキンダー、そこはバーリーの縄張り
ငဲ့[ŋɛ.] (動) ①気を配る、配慮する ②傾く
ငဲ့ကွက်[ŋɛ.kweʔ] (動) 気に掛ける、配慮する
ငဲ့စောင်း[ŋɛ.saun:] (動) 気を配る、気を利かせる
ငဲ့ညှာ[ŋɛ.ɲa] (動) 思いやる、労る、気を配る、配慮する、相手の身になって考える
ငယ်[ŋɛ] (名) マメジカ科の小型の鹿 Tragulidae
ငယ်[ŋɛ] (形) ①幼い、幼少で、若い、年下で ②小さい ③縮小辞 ယုန်ငယ် 子兎 စားပွဲငယ် 小机
ငယ်ကချစ်အနှစ်တရာမမေ့သာ ။ (諺) 初恋は百年たっても忘れられぬ（三つ子の魂百まで）
ငယ်ကျိုးငယ်နာ[ŋɛdʑo:ŋɛna] (名) 古傷、小さい頃犯した罪、昔の過失
ငယ်ကြောက်[ŋɛdʑauʔ] (名) 子供の頃怖かった相手
ငယ်ကြိုက်[ŋɛdʑaiʔ] (名) 子供の頃好きだった人
ငယ်ကျွန်[ŋɛdʑun] (名) 昔からの召使
ငယ်ကျွမ်း[ŋɛdʑwan:] (名) ①幼な馴染み ②初恋の人
ငယ်ချေး[ŋɛtʃi:] (名) ①嬰児の初めての排泄物 ②臨終の際の排泄物
ငယ်ချစ်[ŋɛdʑiʔ] (名) ①初恋の人 ②幼馴染み
ငယ်ခြေ[ŋɛdʒe] (名) ①幼少の頃からの得意 ②若い頃の暮し、立場
ငယ်ငယ်တုန်းက[ŋɛŋɛdoun:ga.] (副) 幼い頃に、子供の頃に、若い頃に
ငယ်ငယ်ရွယ်ရွယ်နှင့်[ŋɛŋɛ jwɛjwɛnɛ.] (副) 幼くして、幼少の頃、若くして
ငယ်စာရင်း[ŋɛzəjin:] (名) ①基本名簿 ②幼少の頃に記された名簿
ငယ်စဉ်က[ŋɛzinga.] (副) 幼い頃に
ငယ်စဉ်ကြီးလိုက်[ŋɛzin tʃi:laiʔ] (副) (小から大に向って) 順番に
ငယ်စဉ်တောင်ကျေး[ŋɛzin taundʑe:] (名) 子供時代、幼少時代
ငယ်စဉ်တောင်ကျေးကလေးဘဝ[ŋɛzin taundʑe kʻəle: bəwa.] =ငယ်စဉ်တောင်ကျေး

ငယ်စဉ်ဘဝ[ŋezin bəwa.] (名) 幼少時代
ငယ်စိတ်[ŋezeiʔ] (名) 童心、幼心、子供心
ငယ်စိတ်မပျောက်[ŋezeiʔ məpjauʔ] (動) 童心を失わない、無邪気だ
ငယ်ဆရာ[ŋesʼəja] (名) 恩師、子供の頃の師＝ကိုယ့်ကိုလှည့်ဆရာ
ငယ်ထိပ်[ŋedeiʔ] (名) ひよめき、大泉門
ငယ်နာမည်[ŋe nanmɛ] (名) 幼名
ငယ်နိုင်[ŋenain] (名) ①子供の頃の苛め相手 ②子供の頃の餓鬼大将
ငယ်ပါ[ŋɛba] (名) 男性の生殖器
ငယ်ပေါင်း[ŋɛbaun:] (名) 幼馴染み
ငယ်ပေါင်းကြီးဖော်[ŋɛbaun: tʃi:bɔ] (名) 永年の友、幼馴染み＝ငယ်သူငယ်ချင်း၊
ငယ်ပေါင်းရောင်းရင်း[ŋɛbaun: jain:jin:] =ငယ်ပေါင်းကြီးဖော်
ငယ်ဖြူ[ŋɛbju] (名) ①沙弥から比丘になった人 သက်တော်ခြောက်ဆယ်၊ ဝါတော်လေးဆယ်ကျော်ဟူဖြေလျှင်ထိုဘုန်းကြီးကိုငယ်ဖြူဟုခေါ်ကြရ၏။ 年齢60、出家歴40と返事すればその比丘は沙弥から比丘になった人だと言ってよい ②独身者
ငယ်မှု[ŋɛmu] (名) 面影
ငယ်မှုငယ်ရာ[ŋɛmuŋɛja] =ငယ်မှု
ငယ်မှုငယ်သွေးပေါက်[ŋɛmu ŋɛdwe: pauʔ] (動) 子供の頃の面影が現れる
ငယ်မှုငယ်သွေးပျက်[ŋɛmu ŋɛdwe: pjɛʔ] (動) 幼時の面影が消えている 否定形はငယ်မှုငယ်သွေးမပျက်ဘူး 幼い頃の面影が残っている
ငယ်မှုပြန်[ŋɛmu pjan] (動) ①童心に帰る ②年齢に似合わぬ事をする、年甲斐もない
ငယ်မွေး:ခြေပေါက်[ŋɛmwe:tʃanbauʔ] (名) 子飼いの者、幼い頃から手塩にかけて育てた者
ငယ်ရုပ်[ŋɛjouʔ] (名) 子供の頃の面影
ငယ်ရုပ်ပေါက်[ŋɛjouʔ pauʔ] (動) 若々しい、若く見える
ငယ်ရုပ်မပေါ်[ŋɛjouʔ məpɔ] (動) 初期の面影はない
ငယ်ရွယ်[ŋɛjwɛ] (形) 幼い、年が若い
ငယ်ရွယ်နုပျို[ŋɛjwɛ nu.pjo] (形) 若々しい、初々しい
ငယ်ရွယ်သူ[ŋɛjwɛdu] (名) 幼い人、若い人
ငယ်လင်ငယ်မယား:[ŋɛlin ŋɛməja:] (名) 初婚の夫婦
ငယ်သား:[ŋɛda:] (名) 部下、手下
ငယ်သူငယ်ချင်း[ŋɛtəŋɛdʒin:] (名) 幼な友達
ငယ်ဒံ[ŋɛdan] (名) 金切り声、甲高い声、悲鳴
ငယ်ဒံပါ[ŋɛdan pa] (動) 金切り声を上げる

ငယ်ဒံပါအောင်[ŋedan pa aun] (副) 金切り声を上げて
ငယ်သွား:[ŋɛdwa:] (名) 乳歯
ငေါ်[ŋɔ.] (形) ①突き出る、突出する ②突き出す、突き放す ③辛辣に言う、皮肉っぽく言う、冷たく言う、邪険に言う ④顎を突き出す
ငေါ်တော့တော့[ŋɔ.tɔ.tɔ.] (副) 辛辣に、皮肉っぽく、反感を込めて
ငေါ်တော့တော့မျက်နှာထား:[ŋɔ.tɔ.tɔ. mjɛʔnə tʼa:] (名) 辛辣な表情、皮肉っぽい表情
ငေါ်[ŋɔ:] ① (動) 突き出る、飛び出る ②はっきりする、顕著になる、③ (形) 不味い、味がよくない
ငေါ်တော်တော်[ŋɔtɔtɔ] (副) ①不味くて ②耳障りで
ငေါ်[ŋɔ:] (動) 突き出る、飛び出る、突出する
ငေါ်ထွက်[ŋɔ:tʼwɛʔ] (動) 突き出る ပါးရိုးနာ:ထင်ရိုးများသည်ငေါ်ထွက်နေကြသည်။ 頬骨が突き出ている
ငိုဘ[ŋo.ba.] (名) 利己主義者、一人よがり＜ငါ့တို့
ငို[ŋo] ① (動) 泣く ② (形) 温っている
ငိုကြီးချက်မ[ŋodʒi:tʃɛʼma.]① (名) 号泣 ② (副) 号泣して、泣き伏して
ငိုကြောရှည်[ŋodʒɔ:ʃe] (動) 泣き続ける、泣き止まない
ငိုကြွေး:[ŋotʃwe:] (動) 声を上げて泣く、泣き喚く
ငိုချင်လျက်ငလက်ဂုပ်။ (諺) 泣きたい時に手で触れる（一寸のきっかけで実現する）
ငိုချင်း:[ŋodʒin:] (名) 悲哀の歌、挽歌、哀悼歌、葬送歌
ငိုချင်း:သည်[ŋodʒin:dɛ] (名) 泣き屋（葬儀の時に雇われて泣き声をあげる人）
ငိုမဲ့မဲ့ဖြစ်[ŋomɛ.mɛ.pʼji:ʔ] (動) 泣き出しそうだ、べそをかく
ငိုမြည်တမ်း:[ŋo mjitan:] (動) 嘆き悲しむ
ငိုယို[ŋojo] (動) 涙を流して泣く
ငိုယိုဒဲ[ŋojodan] (名) 泣き声
ငိုရယ်ငိုရယ်၊ ဆန်တပြည်။ (比喩) 泣いたり笑ったりして米を1升手に入れる（乞食のように）
ငိုရှိုက်[ŋoʃaiʔ] (動) すすり泣く、むせび泣く
ငိုလုံး:ကြီး[ŋoloun: tʃi:] (動) よく泣く
ငိုသံပါ[ŋodan pa] (動) 泣き声になる
ငိုအား:ထက်ရယ်အား:သန်။ (諺) 泣き笑いする（禍転じて福となる）
ငိုတိုးငေါ်တောက်[ŋo:do:ŋauʔtau] (副) にょっきりと、突っ立って
ငေါ်[ŋauʔ] (動) 怒鳴る、一喝する、大声で叱る
ငေါ်ကနဲ[ŋauʔkʼənɛ:] (副) ①ガバッと、不意に

（跳ね起きる） ②愕然と ငေါက်ကနဲပန်းသည်။ 迸り出る、噴出する

ငေါက်ငမ်း[ŋau'ŋan:]（動）怒鳴る、一喝する、雷を落とす

ငေါက်ဆတ်[ŋau's'a']（動）声を荒げる

ငေါက်ဆတ်ဆတ်[ŋau's'a's'a']（副）邪険に、ぶっきらぼうに、無愛想に

ငေါက်တက်တက်ဖြစ်[ŋau'tɛ'tɛ' p'ji']（動）孤独だ

ငေါက်တောက်[ŋau'tau']（副）にょきにょきと

ငေါက်လောက်[ŋau'lau']＝ငေါက်တောက်

ငိုက်[ŋai']（動）①頭を垂れる、うつむく、下を向く ②うとうとする、こくりこくりする

ငိုက်စိုက်[ŋai'sai]（副）項垂れて、うつ向いて ခေါင်းကိုငိုက်စိုက်ချသည်။ 頭を垂れる

ငိုက်ဆိုက်[ŋai's'ai'ka.]（副）うなだれて、うつむいて

ငိုက်ဆိုက်ကျ[ŋai's'ai' tʃa.]（動）項垂れる

ငိုက်ဆိုက်ချ[ŋai's'ai' tʃa.]（動）うつむく

ငိုက်မျဉ်း[ŋai'mji:]＝ငိုက်မျဉ်း

ငိုက်မျဉ်း[ŋai'mjin:]（動）うとうとする、うつらうつらする

ငိုက်ရွမ်း[ŋai'jwan:]（動）稲穂が垂れる

ငင်[ŋin.]（動）紡ぐ ဗိုင်းငင်သည်။ 糸を紡ぐ ရက်ငင်သည်။ 日を繰り延べる

ငင်[ŋin]（動）①引く、引っ張る、引上げる ②曳く、牽引する ③紡ぐ ＝ငင်

ငေါင်းစင်းစင်း[ŋaun:sin:zin:]（副）①にょっきり、抜きん出て ②孤独に အိမ်သားများချည်းငေါင်းစင်းစင်းကျန်ခဲ့သည်။ 家族ばかりが惨然と残った သုံးထပ်သား:ငေါင်းခုတင်သာငေါင်းစင်းစင်းကျန်ရစ်တော့သည်။ 合板製の折り畳み寝台だけがぽつんと残った

ငေါင်းစင်းစင်းဖြစ်[ŋaun:sin:zin: p'ji']（形）孤独だ、かけ離れている、唯一人目立つ

ငိုင်[ŋain]（動）ぼんやりする、しょんぼりする ဘာငိုင်နေသလဲ။ 何をぼんやりしているの

ငိုင်တွေ[ŋaintwe]（動）＝ငိုင်

ငတ်[ŋa']（形）①飢える ②ひもじい、空腹だ ③渇望する ရေငတ်သည်။ 喉が渇く ထမင်းငတ်သည်။ 飯にありついていない、飯を食べていない

ငတ်တနပ်၊ပြတ်တနပ်ဖြစ်[ŋa'təna' pja'təna' p'ji']（形）三度の食事もままならない

ငတ်တလှည့်၊ပြတ်တလှည့်နေ[ŋa'tələ. pja'tələ. ne]（動）飢え寸前の貧しい暮らしをする

ငတ်ပေါက်[ŋa'pau']（名）飢餓

ငတ်ပြတ်[ŋ'pja']（動）①食べ物が手に入らない、食料が尽き果てる ②貧しい、貧困だ

ငတ်မူ[ŋa'mu]（動）飢える、ひもじい、空腹だ

ငတ်မွတ်ခေါင်းပါး[ŋa'mu' k'aun:ba:]（形）食べ物に飢える、飢饉になる

ငတ်မွတ်ဆလောင်[ŋa'mu' s'alaun]＝တ်မွတ်

ငုတ်[ŋou']（名）残骸、残り

ငုတ်တို[ŋou'to]（名）木の株、切り株

ငုတ်တိုင်[ŋou'tain]（名）杭

ငုတ်တုတ်[ŋou'tou']（副）①ぽつんと、つくねんと ②見じろぎもせず ③何もできず、抵抗する事もなく

ငုတ်တုတ်ထိုင်[ŋou'tou' t'ain]（動）ぽつんと座る、つくねんと座る

ငန်[ŋan]（形）塩辛い

ငန်ညှိညှိ[ŋan ɲi.ɲi.]（形）塩味がある、少し塩気がある、薄い塩味だ

ငန်တူးတူး[ŋan tu:du:]（形）塩気が強い、塩味が濃い

ငန်ပျဉပျဉ[ŋan pja.bja.]（形）やや塩気がある、薄い塩味がある

ငန်ပြာရည်[ŋanpjaje]（名）ビルマ製の魚醤油（魚に塩を加えて醗酵させた調味料、ショッツルに類似）

ငန်း[ŋan:]（名）①鵞鳥 ②雁、ハイイロガン（ガンカモ科） Anser anser イラワジ、チンドウイン両河川で冬冬見られる

ငန်း[ŋan:]（蛇）アマガサヘビ Bungarus

ငန်းဇောင်း[ŋan:zaun:]（蛇）Elaphe radiata

ငန်းတော်ကျား[ŋan:dɔdʒa:]（蛇）マルオアマガサ（コウガ科） Bungarus fasciatus 黄色と黒の縦縞模様をもつ

ငန်းတော်ရည်[ŋan:dɔʃe]＝ငါန်းတော်ကျား

ငန်းမြွေ[ŋan:mwe]（蛇）キング・コブラ（コウガ科） Naja hannah

ငန်း[ŋan]（名）ひきつけ、発作、人事不省

ငန်းဆေး[ŋan:ze:]（植）ヨモギ（発作止めの薬）

ငန်းဖောက်[ŋan: p'au']（動）ひきつけを起す、発作を起す ခလေးကငန်းဖောက်နေပြီ။ 子供が引きつけを起している

ငန်းဖမ်း[ŋan: p'an:]（動）ひきつけを起す、発作を起す

ငန်းဖျား[ŋan:bja:]（名）ひきつけの高熱、発作による高熱

ငန်းရူ[ŋan:ju:]（名）うわ言、精神錯乱

ငန်းပြာ[ŋan:bja:]（名）①ショベル、踏み鍬 ②十能 ＝တူးရှင်းပြာ

ငုပ်[ŋou']（動）①潜る、潜水する ②没する、姿が見えなくなる、潜伏する

ငုပ်မသဲတိုင်၊တုတ်နိုင်ဖျားရောက်။（慣）徹頭徹尾、初志

貫徹

ငုပ်လျှိုး[ŋouʔʃo:] (動) ①水中に潜る ②地中に潜む

ငမ်း[ŋan:] (形) 貪欲だ、しつこい

ငမ်းငမ်းတက်[ŋan:ŋan:tɛʔ] ①(動) 猛烈に欲しがる 無性に欲しがる ②(副) 欲しくて欲しくて、虎視眈々と သား:သမီး:ကိုငမ်းငမ်းတက်လိုချင်နေသည်။ 無性に子供を欲しがっている

ငံ့[ŋan.] (動) ①待つ、待ち望む ②待機する、懸案とする、未決定とする

ငံ့လင့်[ŋan.lin.] (動) 待つ

ငံပြာရည်[ŋanpjaje] (名) =ငံ့ပြာရည်

ငုံ့[ŋoun.] (動) 下げる、うつむく、項垂れる、前屈みになる

ငုံ့ကြည့်[ŋoun.tʃi.] (動) 下を見る、見下ろす、うつ向いて見る

ငုံ့ခံ[ŋoun.k'an] (動) 黙って耐える、じっと耐える、抵抗せずに受け止める

ငုံ့ခံရ[ŋoun.k'an ja.] (動) やれっぱなしになる、されるがままになる

ငုံ[ŋoun] (動) ①くわえる、口に含む ②くるむ、包み込む、封入する ③蕾を持つ、蕾が膨らむ ငုံထား:လောက်ချစ်သည်။ 目の中に入れても痛くない程可愛い

ငုံမိ[ŋoun mi.] (動) ①全てを含む ②全てを見通す、一切合財了解する、筒抜けだ

ငုံမိအောင်[ŋoun mi.aun] (副) 一切合財

ငုံခြုံမိအောင်[ŋounmi. tʃounmi. aun] (副) 悉く、一切合財

ငုံး[ŋoun:] (鳥) ①鶉 ②ナンキンヒメウズラ(キジ科) Coturnix chinensis ③ムナグロウズラ(キジ科) Coturnix coromandelica

ငုံးတိ[ŋoun:di.] (名) (木の切り株等) 短いもの =ငုံ့တိ

ငုံးမြက်[ŋoun:mjɛʔ] (植) オキナワミチシバ(イネ科) Chrysopogon aciculatus

ငုံးဥ[ŋoun:u.] (名) 鶉の卵

ငြာ[ŋa] (動) 歓声をあげる、ときの声を上げる

ငြာသံ[ŋadan] (名) 歓声、ときの声

ငြာသံပေး[ŋadan pe:] (動) 歓声をあげる、気勢を上げる

ငြာ:[ŋa:] (動) ①男女が同棲する、性的関係を持つ =ညား: ②(助動) 動詞の強調

~ငြာ:သော်လည်း[~ɲa:dɔlɛ:] (接助) ~ではあるが、~にも拘らず မနှစ်သက်ငြာ:သော်လည်းဖျော်:ဖျပြောဆိုရမည်။ 厭でも宥めなければならない

ငြိ[ɲi.] (動) くっつく、引っ掛かる ပိုက်ထဲမှာငြိတယ်။ (魚が) 網に掛かる

ငြိစွန်း[ɲi.zun:] (動) ①繋がりを持つ、関り合いを持つ ②性的関係を持つ ③法に触れる、違法行為になる

ငြိတွယ်[ɲi.twɛ] (動) くっつく、引っ掛かる、捕まる

ငြီး[ɲi:] (動) 飽きる、厭になる

ငြီးငွေ့[ɲi:ŋwe.] (動) 飽きる、厭になる、詰らない 退屈だ အဲဒီရွာမှာနေရင်တော့ငြီးငွေ့မှာဘဲ။ その村で暮せば厭になるだろう

ငြီးစိစိဖြစ်[ɲi:sizi p'jiʔ] (動) 嫌気が差す、不快だ、気分が悪い

ငြီးနောက်နောက်[ɲi:nauʔnauʔ] (副) 楽しくなくて、愉快でなくて、爽やかでなくて

ငြီးစော်နံ[ɲi:zɔnan] (動) 吐き気を催す、(玉葱が腐ったような) 悪臭がする

ငြူစူ[ɲuzu] (動) 妬む、嫉む、反目する、悪意を抱く 目の敵にする

ငြူစူစောင်းမြောင်းခြင်းခံရ[ɲuzu saun:mjaun: dʒin: k'an ja.] (動) 妬まれる、嫉まれる、反目される

ငြော[ɲo] (動) 妬む、嫉む

ငြောငြင်[ɲoɲin] (動) ①妬む、嫉む、怨む、憎む、忌み嫌う ②禍に遭う、不幸になる、苦しみを受ける ③苦しい、貧しい ငြောငြင်မှုကိုခံရသည်။ 怨まれる、迫害される

ငြိုး[ɲo:] (動) 敵意を抱く、恨みを持つ、深く憎悪する、根に持つ

ငြိုးသူရန်ဘက်[ɲo:dujanbɛʔ] (名) 敵、宿敵、怨敵

ငြိုးငြိုးနိန်းနိန်း[ɲo:ɲo:nein.nein.] (副) ①耳に快く響いて ②そろりそろりと

ငြင်[ɲin:] (名) 笙 =ညှင်း

ငြင်း[ɲin:] (動) ①否定する、否認する ②断る、拒絶する、拒否する ③口論する

ငြင်းကွယ်[ɲin:kwɛ] (動) 否定する、否認する

ငြင်းခုံ[ɲin:k'oun] (動) 言い争う、口論する

ငြင်းချက်[ɲin:dʒɛʔ] (名) 拒否、否定

ငြင်းဆို[ɲin:s'o] (動) 否定する、拒否する、拒絶する

ငြင်းဆန်[ɲin:s'an] (動) 拒否する、拒絶する、服従しない、従わない

ငြင်းပယ်[ɲin:pɛ] (動) 断る、拒絶する、受付けない

ငြင်းလုံး[ɲin:loun:] (名) 言い争い、口論

ငြင်းလုံးထုတ်[ɲin:loun t'ouʔ] (動) 拒否する、拒絶する

ငြောင့်[ɲaun.] (名) 逆茂木、障害物

ငြောင့်စူး[ɲaun. su:]（動）刺を踏み抜く
ငြောက်[ŋəjouʔ]＝ရှောက်
ငှမ်း[ɲan:]（名）（竹を組立てた建築用の）足場
ငှမ်းဆင်[ɲan: sʼin]（動）足場を組む
ငှမ်းထိုး[ɲan: tʼo:]（動）足場を組む
ငှမ်းဖျက်[ɲan: pʼjɛʔ]（動）足場を取り壊す、足場を取り払う
ငြိမ့်[ɲein.]（形）穏やかだ、快い、ゆったりしている
ငြိမ့်ငြိမ့်ညောင်းညောင်း[ɲein.ɲein.ɲaun:ɲaun:]（副）穏やかに、ゆったりと
ငြိမ့်ညောင်း[ɲein.ɲaun:]（形）快適だ、心地好い ဥသြံသံငြိမ့်ညောင်းသည်။サイレンの音が耳に心地好い
ငြိမ်[ɲein]（形）①動きがない、平静だ ②静寂だ、静まり返っている ③黙っている、沈黙している
ငြိမ်ချက်သား:ကောင်း[ɲeintɕʼɛʔtʰa: kaun:]（形）閑静だ、静まり返っている、音無しの構えだ ဒီအစည်းအဝေးမှာတော့ ငြိမ်ချက်သား:ကောင်းလှချည်းလား။ この会議では随分とおとなしいね
ငြိမ်ငြိမ်[ɲeinɲein]（副）静かに、おとなしく、じっと、騒がずに、物音を立てずに
ငြိမ်ငြိမ်ဆိမ်ဆိမ်[ɲeinɲeinseinzein]（副）静かに 閑静に ဒီရပ်ကွက်ကငြိမ်ငြိမ်ဆိမ်ဆိမ်ရှိပါတယ်။ この地域は、閑静だ
ငြိမ်စိမ်[ɲeinzein]（形）静かだ、静寂だ
ငြိမ်ဝပ်[ɲeinwuʔ]（形）平静だ、平穏だ、太平だ
ငြိမ်ဝပ်ပိပြား[ɲeinwuʔ pi.bja:zwa]（副・文）平静に、平穏に
ငြိမ်ဝပ်ပိပြားမှု[ɲeinwuʔ pi.bja:mu.]（名）平静、平穏、安穏、安寧、治安
ငြိမ်ဝပ်ပိပြားရေး[ɲeinwuʔ pi.bja:je:]（名）安寧、治安
ငြိမ်ဝပ်ပိပြားရေးအက်ဥပဒေ[ɲeinwuʔ pi.bja:je: ɛʔ u.bədei]（名）治安維持法
ငြိမ်သက်[ɲeintɛʔ]（形）静かだ、安穏だ、平穏だ
ငြိမ်သက်စွာ[ɲeintɛʔswa]（副）静かに、平穏に
ငြိမ်သက်တိတ်ဆိတ်[ɲeintɛʔ teiʔsʼei]（形）静寂だ、平穏だ、平穏だ
ငြိမ်း[ɲein:]（動）①静かになる、平和になる ②落着する、落着く、片附く ③火が消える ④明りが消える
ငြိမ်းချမ်း[ɲein:tɕan:]（形）平和だ、平穏だ
ငြိမ်းချမ်းခြင်း[ɲein:tɕan:tɕin:]（名）平和、平穏
ငြိမ်းချမ်းစွာ[ɲein:tɕan:zwa]（副・文）平和に
ငြိမ်းချမ်းစွာအတူတကွရှင်တွဲရေးမှုကြီးငါးရပ်[ɲein:tɕan:zwa ətu ʃintwɛ:je: mutɕi: ŋa:jaʔ]（名）平和共存五原則
ငြိမ်းချမ်းမှုထိန်း:သိမ်းရေးတပ်[ɲein:tɕan:mu. tʼein:tein:je:daʔ]（名）平和維持軍、PKF
ငြိမ်းချမ်းရေး[ɲein:tɕan:je:]（名）平和
ငြိမ်းချမ်းရေးစာချုပ်[ɲein:tɕan:je: satɕʼouʔ]（名）平和条約
ငြိမ်းချမ်းရေးဆွေးနွေးပွဲ[ɲein:tɕan:je: sʼwe:nwe:bwɛ]（名）和平協議
ငြိမ်းချမ်းရေးထိန်းသိမ်းမှု[ɲein:tɕan:je: tʼein:tein:mu.]（名）平和の維持
ငြိမ်းချမ်းရေးနိုဘယ်ဆု[ɲein:tɕan:je: nobe sʼu.]（名）ノーベル平和賞
ငြိမ်းချမ်းရေးဝါဒီ[ɲein:tɕan:je: wadi]（名）平和主義者
ငြိမ်းချမ်းသာယာ[ɲein:tɕan: taja]（形）平穏だ、平和だ、のどかだ
ငြိမ်းလုငြိမ်းခင်ဖြစ်[ɲein:lu. ɲein:gin pʼjiʔ]（動）（火が）消えかけている、消滅しかけている
ငြိမ်းသတ်[ɲein:tʰaʔ]（動）消火する
ငြိမ်းအေး[ɲein:e:]（形）静まる、収まる、平静になる、静かになる
ငြါးငြါးငြင်ငြင်[ŋwa:ŋwa: ŋwin.ŋwin.]（副）にょっきりと、高く聳えて
ငြါးငြါးစွင့်[ŋwa:ŋwa: swin.]（動）高く聳える
ငြါးငြါးစွင့်စွင့်[ŋwa:ŋwa: swin.zwin.]（副）高く聳えて、きつ立して
ငွေငွေ[ŋwe.ŋwe.]（副）①仄かに（暖かい）②微かに（息がある）အဖျား:သိပ်မရှိဘူး၊ငွေငွေဘဲရှိတယ်။ 熱はそれ程無い、微熱程度だ
ငွေ[ŋwe]（名）①銀（純銀ではない）②お金、金銭
ငွေကောက်[ŋwe kauʔ]（動）お金を集める、お金を徴収する、募金をする
ငွေကိုင်စာရေး[ŋwegain səje:]（名）会計係
ငွေကုန်[ŋwe koun]（動）お金がかかる
ငွေကုန်ကြေးကျ[ŋwegoun tʃeːtɕa.]（名）支出、経費
ငွေကုန်ကြေးကျခံ[ŋwegoun tʃeːtɕa. kʼan]（動）費用を掛ける、出費に耐える
ငွေကုန်ကြေးကျများ[ŋwegoun tʃeːtɕa. mja:]（形）多大の費用がかかる
ငွေကုန်ခံ[ŋwegoun kʼan]（動）出資に耐える、大金の支出に耐える
ငွေကုန်လူပန်ခံ[ŋwegoun luban kʼan]（動）金の支出と肉体の疲れとに耐える
ငွေကုန်သံပြာ[ŋwegoun tanbja]（名）努力が実らない、無駄な努力、蛭蜂捕らず
ငွေကြေး[ŋwetʃeː]（名）貨幣

ငွေကြးတန်ဘိုး[ŋwetʃe: tanbo:] (名) 貨幣価値
ငွေကြးတန်ဘိုးမြင့်တက်[ŋwete: tanbo: mjin.tɛˀ] (形) 貨幣価値が上がる
ငွေကြးထောက်ပံ့မှု[ŋwetʃe: t'auˀpan.m̥u.] (名) 資金援助、資金助成
ငွေကြးပမာဏ[ŋwetʃe: pəmana.] (名) 金額
ငွေကြးဖလှယ်နှုန်း[ŋwetʃe: p'əɬɛŋoun:] (名) 為替レート、換金比率
ငွေကြးဖောင်းပွနှုန်း[ŋwetʃe: p'aunpwa. n̥oun:] (名) インフレの割合、インフレ上昇率
ငွေကြးဖောင်းပွမှု[ŋwetʃe: p'aunpwa. m̥u.] (名) インフレ、通貨のだぶつき
ငွေကြးသမဝါယမသင်း[ŋwetʃe: təma. ətin:] (名) 金融組合
ငွေကြးအရှုံးပေါ်[ŋwetʃe: əʃoun:pɔ] (動) 赤字になる、損失が出る
ငွေကြို့[ŋwecɟo:] (名) 銀製の鎖
ငွေခဲ[ŋwegɛ:] (名) 銀塊
ငွေချ[ŋwe tʃ'u] (動) 金を巻き上げる、金をせびり取る
ငွေချေ[ŋwe tʃ'e] (動) お金を払う、支払いをする、清算する
ငွေချေး[ŋwe tʃ'i:] (動) ①金を借りる、借金する ②金を貸す
ငွေချေးစားသူ[ŋwe tʃ'i:za:d̥u] (名) 金貸し
ငွေချည်ထိုး[ŋwetʃi t'o:] (動) 銀糸の刺繍、銀糸の縫い取りをする
ငွေခွန်တော်[ŋwegundɔ] (名) 王朝時代の租税
ငွေခွန်ဝန်[ŋwegun wun] (名) 王朝時代の銀税奉行
ငွေခွန်မှူး[ŋwegun m̥u:] (名) (王朝時代の) 銀税官 (銀を国庫に納入する土地の支配者)
ငွေစ[ŋweza.] (名) お金、金銭
ငွေစပေါ[ŋweza. pɔ:] (形) 金がたっぷりある
ငွေစာရင်း[ŋwe zəjin:] (名) ①会計、経理 ②会計簿、帳簿 ③口座
ငွေစာရင်းကိုင်[ŋwezəjin: kain] ①(動) 会計を受け持つ ②[ŋwe səjin:gain] (名) 会計監査
ငွေစာရင်းအမှတ်[ŋwezəjin: əm̥aˀ] (名) 口座番号
ငွေစာရင်းဖွင့်[ŋwezəjin: p'win.] (動) 口座を開く、口座を設ける
ငွေစား[ŋwe sa:] ①(動) 収賄する ②[ŋweza:] (名) お金の借り主、債務者
ငွေစု[ŋwe su.] (動) お金を貯める、貯蓄する、預金する
ငွေစုငွေချေးအသင်း[ŋwezu. ŋwecɟe: ətin:] (名) 信用組合

ငွေစုစာအုပ်[ŋwezu. sauˀ] (名) 預金通帳
ငွေစံနစ်[ŋwezu. səni] (名) 預金制度
ငွေတံဆိပ်ခေါင်း[ŋwezu. dəzeiˀgaun:] (名) 預金証書
ငွေလက်မှတ်[ŋwezu. lɛˀm̥aˀ] (名) 預金証書
ငွေစက္ကူ[ŋwe sɛˀku] (名) 紙幣
ငွေစက္ကူအတု[ŋwesɛˀku ətu.] (名) 偽札、偽紙幣
ငွေဆိုင်းထုတ်[ŋwe saiˀtouˀ] (動) 金を立て替える
ငွေဆို့မှန်[ŋwezeiˀ m̥un] (動) 金に取付かれる
ငွေညှစ်[ŋwe ɲ̥iˀ] (動) 金をせびる、金をせしめる、(脅して) 金を巻き上げる、金を騙し取る
ငွေတိုး[ŋwe to:] ①(動) 金が殖える、利子が殖える ငွေတိုးရှိပေးသည်။ 支払いを増やす ②[ŋwe do:] (名) 利子
ငွေတိုးချ[ŋwedo: tʃ'a.] (動) 利子付きで金を貸す
ငွေတိုးချစား[ŋwedo: tʃ'a.sa:] (動) 利子付きの金貸しで暮す
ငွေတန်ဘိုး[ŋwe tanbo:] (名) 貨幣価値
ငွေတန်ဘိုးတက်[ŋwe tanbo: tɛˀ] (動) 貨幣価値が上がる
ငွေတိုက်[ŋwedaiˀ] (名) 国庫
ငွေတင်[ŋwe tin] (動) 前払いする
ငွေတင်တောင်း[ŋwetin taun:] (動) (新郎から新婦の方に) 結納を納める
ငွေတွင်း[ŋwedwin:] (名) 銀鉱山
ငွေထိုး[ŋwe t'o:] (動) 賄賂を送る、収賄する
ငွေထည်[ŋwedɛ] (名) 銀細工、銀細工製品
ငွေထည်လုပ်ငန်း[ŋwedɛ louˀŋan:] (名) 銀細工加工業
ငွေထုတ်[ŋwe t'ouˀ] (動) 金を引き出す、金を受取る、給料を受取る
ငွေထိန်း[ŋwedein:] (名) 会計掛り、出納員
ငွေဒင်္ဂါး[ŋwe din:ga:] (名) 銀貨
ငွေဒဏ်[ŋwedan] (名) 罰金刑
ငွေနီ[ŋweni] (名) 銀と銅との合金
ငွေပေါ်[ŋwe pɔ] (動) 財物を売却して金を工面する
ငွေပို့[ŋwe po.] (動) 送金する
ငွေပို့လွှာ[ŋwe po.ɬwa] (名) 郵便為替
ငွေပိုငွေလျှံ[ŋwebo ŋweʃan] (名) 剰余金
ငွေပင်ငွေရင်း[ŋwebin ŋwejin:] (名) 資金、資本元手
ငွေပန်း[ŋweban:] (植) サンナ (ショウガ科) Hedychium spicatum
ငွေပန်းထိမ်[ŋwe bədein:] (名) 銀細工職人
ငွေဗျူ[ŋwebju] (名) 正常な金、正規の金
ငွေမက်[ŋwe mɛˀ] (動) 金に目がない、金に貪欲だ

ငွေမည်း[ŋwemɛː] (名) 不正常な金、闇の金
ငွေမွေး[ŋwemweː] (名) 銀の合金の表面の繊維
ငွေယိုပေါက်[ŋwejobauʔ] (名) 要らぬ出費、余計な出費
ငွေရတု[ŋwe jədu.] (名) 25周年 ငွေရတုအခမ်းအနား: 25周年記念式典
ငွေရပေါက်[ŋweja.bauʔ] (名) 収入の道、財源
ငွေရေးကြေးရေး[ŋwejeː tʃeːjeː] (名) 金融問題、財政状況、懐具合
ငွေရင်း[ŋwejinː] (名) 資金、資本、元金
ငွေရင်းနှီး[ŋwe jinːniː] (動) 出資する、投資する
ငွေညှိစိမ်[ŋweji sein] (動) 銀メッキする cf. ရွှေညှိစိမ်
ငွေရှင်ကြေးရှင်[ŋweʃin tʃeːʃin] (名) 貸方、債権者
ငွေရှင်း[ŋwe ʃinː] (動) 支払いをする、清算する
ငွေရှင်[ŋwe ʃwin] (動) 金回りがよい、懐具合が暖かい
ငွေလဲနှုန်း[ŋwelɛː noun̥ː] (名) 為替レート、通貨の交換レート
ငွေလဲနှုန်းထား[ŋwelɛː noun̥ːdaː] =ငွေလဲနှုန်း
ငွေလဲလှယ်မှုနှုန်းထား[ŋwe lɛːɫe̥mu. noun̥ːdaː] =ငွေလဲနှုန်း
ငွေလဲလက်မှတ်[ŋwelɛːlɛʔmaʔ] (名) 為替
ငွေလည်[ŋwe lɛ] (動) 金回りがよい、金が入る
ငွေလည်ပတ်မှု[ŋwe lɛpaʔmu.] (名) 通貨の循環
ငွေလိမ်ထုတ်[ŋwe leintʼouʔ] (動) 金を騙して引き出す
ငွေလုံးငွေရင်း[ŋweloun̥ːŋwejinː] (名) 資本、資本勘定
ငွေလွှဲ[ŋwe ɫwɛː] (動) 送金する、金を振込む
ငွေလွှဲလက်မှတ်[ŋweɫwɛːlɛʔmaʔ] (名) 小切手、為替、手形
ငွေလှည်[ŋwe ɫɛ.] (動) 金を借りる、借金する
ငွေဝင်လမ်း[ŋwe winlanː] (名) 財源、収入の道
ငွေသား[ŋwedaː] (名) ①銀貨 ②現金
ငွေသီ[ŋwe tiː] (動) 金回りが良い、金が湯水のように入ってくる သူ့လက်ဖျားငွေသီးတဲ့လူဘဲ။ 彼は金に不自由しない
ငွေသတ္တုတွင်း[ŋwe taʔtu.dwinː] (名) 銀鉱
ငွေသိမ်းစားပွဲ[ŋwedein: zəbwɛː] (名) 勘定台、キャッシャー、レジスター
ငွေအကြည်[ŋwe ətʃwe] (貝) キイロダカラ
ငွေအလွယ်ဆုံးစားလုပ်[ŋwe əlwɛːtounːza.louʔ] (動) 金を横領する
ငွေအသပြာ[ŋwe ədəbja] (名) 銀貨、シルバー・

コイン
ငွေအာမခံလုပ်ငန်း[ŋwe ama.gan louʔŋanː] (名) 預金保証、預金保険
ငွေအင်အား[ŋwe in aː] (名) 資金、資金力
ငွေအိပ်[ŋwe eiʔ] (名) 財布
ငွေအပ်နှံသူ[ŋwe aʔnan̥du] (名) 預金者
ငွေအိပ်[ŋwe eiʔ] (動) 金が死蔵される、金が活用されない
ငှါ[ŋa] ①(接助)(名詞に直接又はအလို့၊ ခြင်း等を介して)の為に、する為に ဤဆိပ်နှင့်ရေချိုးခြင်းငှါ အလို့မရှိ။ この水辺は水浴する以外には必要ない အသက်ရှည်ခြင်းငှါအကျိုးမရှိ။ 長生きしても無意味だ ②もの မည်သည့်ငါမျှ どんなものも
ငှါး[ŋaː] (動) ①(物を)借りる စာအုပ်ငါးသည်။ 本を借りる အိမ်တအိမ်ငါးသည်။ 家を1軒借りる ②(物を)貸す ③(人を)雇う လူငှါးသည်။
ငှါး[ŋaːga.] (名) 借り賃
ငှါးရမ်း[ŋaːjanː] (動) 雇う、雇用する
ငှဲ့[ŋɛ̥.] (動) 傾ける、流し出す、注ぐ
ငှက်[ŋɛʔ] (名) マラリア
ငှက်ဖျား[ŋɛʔpʼjaː] (名) マラリア
ငှက်ဖျားထ[ŋɛʔpʼjaː tʼa.] (動) マラリア熱が出る、マラリアの発作が起る、熱発する
ငှက်ဖျားနိုင်ဆေး[ŋɛʔpʼjaː nainzeː] (名) マラリア治療薬
ငှက်ဖျားမိ[ŋɛʔpʼjaː mi.] (動) マラリアに罹る
ငှက်ဖျားရောဂါ[ŋɛʔpʼjaː jɔːga] (名) マラリア
ငှက်ဖျားသင့်[ŋɛʔpʼjaː tin̥.] (動) マラリアに罹る
ငှက်မိ[ŋɛʔ mi.] (動) マラリアに罹る ရှမ်းပြည်သွားတာငှက်မိလှာလို့ဆေးကုနေရတယ်။ シャン州に行ってマラリアに罹ったため治療していた
ငှက်သင့်[ŋɛʔ tin̥.] (動) マラリアに罹る
ငှက်[ŋɛʔ] (名) ①鳥 ②イラワジ川中流で使用する小舟
ငှက်ကုလား[ŋɛʔkəlaː] (鳥) セイタカコウ (コウノトリ科) Xenorhynchus asiaticus
ငှက်ကုလားအုပ်[ŋɛʔkələouʔ] (鳥) ダチョウ
ငှက်ကျား[ŋɛʔtʃaː] (鳥) ①カササギ (カラス科) Pica pica ②インドトキコウ (コウノトリ科) Mycteria leucocxephalus ③クロノドビタキ (ヒタキ科) Saxicola caprata
ငှက်ကြီးတောင်[ŋɛʔtʃiːdaun] (植) 羊歯の1種
ငှက်ကြီးတောင်ဓား[ŋɛʔtʃiːdaun daː] (名) 刀身の長い護身用の刀、青龍刀
ငှက်ကြီးပုံစံ[ŋɛʔtʃiːdounzaʔ] (鳥) オオハゲコウ (コウノトリ科) Leptoptilos dubius

ငှက်ကြီးဝန်ပို[ŋɛʔtʃi:wunbo] (鳥) ハイイロペリカン（ペリカン科）Pelecanus philippensis

ငှက်ခါ:[ŋɛʔkʻaː] (鳥) インドブッポウソウ（ブッポウソウ科）Coracias benghalensis

ငှက်ခါ:တောင်[ŋɛʔkʻa:daun] (名) 青緑色

ငှက်ချေ:ခံ[ŋɛʔtʃi:gan] (名) 柩の天蓋、柩の覆い

ငှက်ချောက်[ŋɛʔtʃauʔ] (植) ①ユーカリ（フトモモ科）Eucalyptus globulus ②サザンブルーガム（フトモモ科）

ငှက်ငှာ:[ŋɛʔŋnwa:] (鳥) ミカドバト（ハト科）Ducula aenea

ငှက်ငှာ:ပြောက်[ŋɛʔŋənwa:bjauʔ] (鳥) ソデグロバト（ハト科）Ducula bicolor

ငှက်စပ်[ŋɛʔsaʔ] (鳥) サンジャク（カラス科）Urocissa erythrorhyncha

ငှက်စိမ်း:[ŋɛʔsein:] (鳥) ①キビタイコノハドリ（コノハドリ科）Chloropsis aurifrons ②アオバネコノハドリ（コノハドリ科）Chloropsis cochinchinensis

ငှက်ဆိုး[ŋɛʔsʻoː] (鳥) メンフクロウ（メンフクロウ科）Tyto alba

ငှက်ဆော်[ŋɛʔsʻaʔ] (鳥) オナガヒロハシ（ヒロハシ科）Psarisomus dalhousiae

ငှက်တဗစ်[ŋɛʔdəzaʔ] (鳥) アカモズ（モズ科）Lanius cristatus

ငှက်တလိင်:[ŋɛʔtəlain:] (鳥) 千鳥

ငှက်တော်[ŋɛʔtɔ] (鳥) ①オウチュウ（オウチュウ科）Dicrurus macrocercus ②カザリオウチュウ（オウチュウ科）Dicrurus paradiseus

ငှက်တော်ပြာ[ŋɛʔtɔbja] (鳥) サンジャク（カラス科）Urocissa erythrorhyncha

ငှက်တော်မြီး[ŋɛʔtɔ miː] (植) チヂミシバ、ツルヒメシバ（イネ科）Axonopus compressus

ငှက်တော်မြီးရှည်[ŋɛʔtɔ miːʃe] (鳥) カザリオウチュウ（オウチュウ科）Dicrurus paradiseus

ငှက်တောင်[ŋɛʔtaun] (名) 鳥の羽根、翼

ငှက်တောင်မွေး[ŋɛʔ taunmweː] (名) 羽毛

ငှက်ပုစဉ်း:ထိုး[ŋɛʔbəzin:doː] (鳥) ミドリハチクイ（ハチクイ科）Merops orientalis

ငှက်ပုတီး[ŋɛʔbədiː] (鳥) ①ギンパラ Lonchura malacca ②シマキンパラ L. punctulata

ငှက်ပန်း:ထိမ်[ŋɛʔbədein] (鳥) ムネアカゴシキドリ（ゴシキドリ科）Megalaima haematocephala

ငှက်ပြာချောက်[ŋɛʔpjadʑauʔ] (鳥) チャバラアオゴジュウカラ（ゴジュウカラ科）Sitta castanea

ငှက်ပြာစိမ်[ŋɛʔpjazeiʔ] (鳥) ルリコノハドリ（コノハドリ科）Irena puella

ငှက်ပြင်း[ŋɛʔpjin:] (鳥) ヨタカ Caprimulgas

ငှက်ဘီလူး[ŋɛʔbəluː] (鳥) ハイガシラモズ（モズ科）Lanius collurioides

ငှက်မင်း:သာ:[ŋɛʔmin:daː] (鳥) サンショウクイ（サンショウクイ科）Pericrocotus speciosus

ငှက်မြတ်နာ:[ŋɛʔmənaː] (名) 仏塔の1部、塔上の三角形の風貝

ငှက်မွေး:[ŋɛʔmweː] (名) 鳥の羽毛

ငှက်ရွှေဝါ[ŋɛʔʃwewa] (鳥) コウライウグイス（コウライウグイス科）Oriolus chinensis

ငှက်လက်မ[ŋɛʔlɛʔmaː] (鳥) ①ハウチワドリ（ムシクイ科）Prinia criniger ②オナガハウチワドリ（ムシクイ科）Prinia subflava

ငှက်ဝါ = ငှက်ရွှေဝါ

ငှက်သွေ:ထို:[ŋɛʔtəkʻoː] (鳥) イソヒヨドリ（ヒタキ科）Monticola solitaria

ငှက်သိုက်[ŋɛʔtaiʔ] (名) ①鳥の巣 ②燕の巣（中華料理で使われる、ジャワアナツバメ Collocalia fuciphaga 及び シロハラアナツバメ Collocalia esculata の巣）

ငှက်ဥ[ŋɛʔu] (名) 鳥の卵

ငှက်အောင်မယ်[ŋɛʔaunma] (鳥) サンジャク（カラス科）Urocissa erythrorhyncha

ငှက်ပျော:[ŋəpjɔː] (植) ①バナナ（バショウ科）Musa sapientum ②サンカクバナナ、リョウリバナナ（バショウ科）Musa paradisiaca

ငှက်ပျောခိုင်[ŋəpjɔ:gain] (名) バナナの枝

ငှက်ပျောခြောက်[ŋəpjɔ:dʑauʔ] (名) 干しバナナ

ငှက်ပျောခြံ[ŋəpjɔ:dʑan] (名) バナナ園

ငှက်ပျောညွန့်[ŋəpjɔ:nun] (名) 淡緑色

ငှက်ပျောပင်[ŋəpjɔ:bin] (名) バナナの木

ငှက်ပျောပွဲအုန်း:ပွဲ[ŋəpjɔ:bwɛː oun:bwɛː] (名) 神仏に供えるバナナや椰子の実

ငှက်ပျောပေါ်[ŋəpjɔ:baʔ] (名) バナナの皮

ငှက်ပျောဖီး[ŋəpjɔ:biː] (名) バナナの房

ငှက်ပျောဖူး[ŋəpjɔ:buː] (名) ①バナナの包み ②仏塔の1部、宝輪の下の膨らみ

ငှက်ပျောဖက်[ŋəpjɔ:bɛʔ] (名) バナナの葉

ငှက်ပျောသီး[ŋəpjɔ:diː] (名) バナナの実

ငှက်ပျောအူ[ŋəpjɔ:u] (名) バナナの幹の芯、髄

ငြင်:[ɲin:] (名) 笙

ငြိမ်:[ɲein:] (動) 火を消す、消火する =မီး:ငြိမ်:

စ

စ[sa.]（名）ビルマ文字表6番目の子音文字、その名称は စလုံး[sa.loun:] 丸いサ

စုံးလုံး[sa.toun:loun:]（名）特別検察局（経済犯罪の捜査を担当）

စ[sa.]（動）①始まる အစည်းအဝေးစသည်။ 会議が始まる ②始める ထမင်းစားပြီးမှလုပ်ငန်းစမယ်။ 飯を食べ終ってから仕事を始める ③からかう、揶揄する、冷やかす、嬲る

~စတဲ့[~sa.dɛ.]（接続）~と言った、~等の

~စပြု[~za.pju.]（助動）~し始める စိတ်ပျက်စပြုလာသည်။ 失望し始める မှောင်စပြုလာပြီ။ 日が暮れかける မျက်ခုံးမွေးအချို့သည်ဖြူစပြုနေပြီ။ 眉毛が一部白くなり始めている

~မှစပြု[~zəma?pju.]（助動）~し始める ဆိုစမှစပြုလေသည်။ 言われ始めた ခေါ်စမှစပြုကြလေသည်။ 呼ばれるようになった

~စရွေ[sa.jwe.]（接）~を初めとして、~以来、~以降

~စတပြင်[sa.təp'jin.]（名）~等、~等など、~等と、~等のように ကြိုးခုန်ရာတွင်တစ်၊ နှစ်၊ သုံးစတပြင်ရေတွက်ရသည်။ 縄跳びをする時には、1、2、3等と数える

~စသော[sa.dɔ:]（形容詞形成）~等の

~သည်တို့[sa.dido.]（名）複数の物の羅列、~等

~သည်ပြင်[sa.dipjin.]=စတပြင်။

စ[sa.]（名）①始め、初期 အလုပ်ဝင်စ 就職仕立て လစ်လပ်ရေးရာ 独立当初 ②断片、細切れ မူးစမဝတ် 小銭 တစ်စနှစ်ဦးစ၀ 一人二人 ကြယ်ကလေးတလုံးစနှစ်လုံးစ၀။ 小さな星が一つ二つ စကားတစ်စနှစ်စ၀။ 話を一言二言

စကတည်းက[sa.gədɛ:ga.]（副）最初から

စ[sa.]（副）初めに、最初から

စဆွဲ[sa.s'wɛ:]（動）描き始める

စတင်[sa.tin]（動）真先に始める、先手を取って開始する ငါ:ဆယ်တနိုင်ငံဖြင့်စတင်ခဲ့သောကုလသမဂ္ဂအဖွဲ့ကြီး 51か国で創設した国連

စတင်ကျင်းပ[sa.tin tʃin:pa.]（動）初めて催す

စတင်ပြီး[sa.tinpi:]（副）初めて（~する）

စတင်တည်ထောင်[sa.tin tidaun]（動）創設する

စတင်ပေါ်ပေါက်လာ[sa.tin pɔbau?la]（動）初めて出現する

စတင်ဖြစ်ပွား[sa.tin p'ji?pwa:]（動）初めて発生する

စတင်ဖွဲ့စည်း[sa.tin p'wɛ.zi:]（動）初めて結成する

စတင်ရေးသား[sa.tin je:ta:]（動）初めて執筆する

စတင်ရောင်းချ[sa.tin jaun:tʃ'a.]（動）売り始める

စတင်လုပ်ကိုင်[sa.tin lou?kain]（動）働き始める

စတင်အသုံးပြု[sa.tin ətoun:pju.]（動）初めて活用する

စပြော[sa.pjɔ:]（動）話し始める、口を利く အစကတည်းကပြောမယ်။ 最初から言いなさい

စထွက်[sa.t'wɛ?]（動）出発し始める

~စ[~sə]（助辞）動詞と他の動詞との中間に挿入して意味を深める ရှက်စနိုး 恥ずかしげに、きまり悪しげに မပြောစမ်း 絶対に言うまい မမြင်စဖူးမြင်သည်။ 滅多に見掛けない

~စ[~za.]（助辞）文末で使用、疑問、不審を現わす ဘယ်နှယ်ရှိစ။ どうしたんだ？ ဟုတ်ပါစ။ 果して本当か？ ကျန်းမာပါစ။ 元気ですか？ အသက်မှရှိပါလေစ။ 果して命はあるのだろうか？ စိတ်မှရှိပါလေစ။ 果して正気だろうか？ နှာ:မှလည်ကြပါစ။ 果して皆判っただろうか？ အခန်းမှာဆယ်ပေပတ်လည်မျှရှိပါလေစ။ 部屋は10フィート前後はあったろうか

စက[zəga.]（名）中途半端=စပ်ကူးမတ်ကူး။ ခုတ်လပ်

စက[zəga]（名）（目の開いた）篩=ဆန်ခါ။ cf. စကော

စကတင်[zəgədin]（名）選抜品、優秀品

စကား[zəga:]（名）①話 ②言葉 ③言語 ဗျပန်စကား 日本語 ဗမာစကား ビルマ語 အင်္ဂလိပ်စကား 英語 တရုတ်စကား 中国語 ④（植）キンコウボク（モクレン科）Michelia champaca =စကား။

စကားကား[zəga:ka:]（動）誇張して言う、強調して言う、大袈裟に言う

စကားကိုဆို့ခဲ၊ မြေ၀။（格）口は慎め、言ったら守れ（沈黙は金）

စကားကောင်း[zəga: kaun:]（動）話が弾む、話に花が咲く、話に油がのる

စကားကုန်[zəga:koun]（動）話が終る、話が尽きる

စကားကမ်းလှမ်း[zəga: kan:lan:]（動）申し入れる、呼掛ける、提案する

စကားကျ[zəga:tʃa.]①（動）と言う意味になる、と言う意味を現わす ②[zəgədʒa.]（名）意味

စကားကြီးစကားကျယ်[zəgədʒi:zəgədʒɛ]（名）大言壮語 စကားကြီးစကားကျယ်ပြောသည်။ 大袈裟に言う、大言壮語する、大口を叩く

စကားကြီးဆယ်မျိုး[zəga:dʒi: s'ɛmjo:]（名）十種の話し方、討論法（ကောက်ပင်ရိုက်လှို:）=相手の言葉尻

စကား:ကြော

を捉える ကြက်ဆုတ်ခုပ်ပစ် = 駆け引きをする、相手の弱点を捉える ခက်တင်မောင်းနင်း = 曖昧に話す、二通りの解釈ができるように話す ဆီပုတ်ကျည်ပွေ့ = 肝心な点を反復して述べる ရေးကြိုညာတင် = 予め伏線を敷いておく ရေစီးဖောင်ဆန် = 比喩や例えを駆使して効果的に話す ရေစစ်ကရား:ရေသွား:သောသင်း = 相手が自己矛盾、自己撞着に落ち込むように話す အိုးတန်ဆန်ခုပ် = 過不足ないように話す等)

စကား:ကြော [zəgaʤɔ:] (名) 話の筋

စကား:ကြောရှည် [zəgəʤɔ: ʃe] (動) 長々と喋る、だらだら喋る、回りくどく言う

စကား:ကြယ် [zəga: tʃwɛ] (形) 話が豊富だ、話題が豊富だ、表現力に富む、雄弁だ

စကား:ကျွံ [zəga: tʃun] (動) つい言い過ぎる、喋り過ぎる、失言する、言質を取られる

စကား:ကျွံတော့နို့မရ၊ ခြေကျွံတော့နို့မရ။ (諺) 覆水、盆に返らず(一旦口に出した事は撤回できない)

စကား:ခေါ် [zəga: kɔ] (動) 誘いを掛ける、誘い水を向ける、鎌を掛ける、探りを入れる

စကား:ခင်း [zəga: kin:] (動) 話を向ける、話題を提供する

စကား:ခံ [zəga: kan] (動) 話の前に前置きをする

စကား:ချီ: [zəga: tʃi:] ①(動) 前置きをする ②[zəgətʃi:] (名詞) 前置き、序論

စကား:ချိတ် [zəga: tʃeiʔ] (動) 仄めかす、暗示する、婉曲に表現する

စကား:ချပ် [zəga: tʃaʔ] ①(動) 話の間に挟む ②[zəgətʃaʔ] (名) 挿入語句、挿入、割り注

စကား:ခြေင် [zəga:tʃeŋan] (形) 言葉遣いが上品だ

စကား:ခြောက်ခွန်းလွန်ထွန်းလေးခွန်းကိုပယ်၊ နှစ်ခွန်းတည် (格) 人の世に六種の言葉、四種を捨てて二種を活かせ (正しい事を言え、不要な事は言うな)

စကား:ခွန်း [zəga:k'un:] (名) 語句

စကား:စ [zəga: sa.] ①(動) 話を始める、話を持ち出す、話を切り出す ②[zəgəza.] (名) 話のきっかけ、話の糸口、話の口火、話の切り出し

စကား:စကားပြောပါများ:၊ စကားထဲကဇာတ်ပြီ။ (諺) 喋りすぎると、ぼろが出る (お里が知れる)

စကား:စဖော် [zəgaza.pɔ] (動) 話の糸口を付ける

စကား:စမ်ညီ [zəga:səmji] (名) 懇談

စကား:စမ်ညီပြော [zəga:səmji pjɔ:] (動) 雑談する、懇談する、談話する

စကား:စစ်ထိုး [zəga:siʔtɔ:] (動) やり合う、論争する、口論する、議論する

စကား:စစ်ထိုးပွဲ [zəga: siʔtɔ:bwɛ:] (名) 非難の応酬

စကား:စဉ် [zəgəzin] (名) ①言い伝え、伝承 ②話の筋立て、話の在り方、話の内容

စကား:စပ် [zəga: saʔ] ①(動) 話が及ぶ、話題にする、関係のある話をする ②[zəgəzaʔ] (名) 文脈、話の脈絡

စကား:စပ်မိလို့ [zəga: saʔmi.lo.] (接) 話の序に、事の序に、ところで

စကား:စပ်မိရှို့ [zəga: saʔmi.jwe.] = စကား:စပ်မိလို့

စကား:မစပ် [zəga: məsaʔ] = စကား:စပ်မိလို့

စကား:ဆို [zəga: sʰo] (動) ①話をする ②意志を明らかにする

စကား:ဆက် [zəgəzɛʔ] (名) 話の続き

စကား:ဇာစ်မြစ် [zəga: ziʔmjiʔ] (名) 語源

စကား:ညှပ် [zəga: ɲaʔ] ①(動) 話に挟む ②(名) [zəgəɲaʔ] 挿入話題、挿入語句

စကား:တောက် [zəga: tauʔ] (動) 水を向ける、話を引き出す、鎌を掛ける

စကား:တင်စား:ပြော [zəga: tinza:pjɔ:] (動) 喩えて言う、比喩的に言う

စကား:တင်ဆို [zəgədin: sʰo] (動) 悪口を言う、陰口を利く、告げ口する、密告する

စကား:တင်းပြော [zəgədin: pjɔ:] (動) 非難する、悪口を言う、陰口を叩く

စကား:တောင်စား: [zəgədaunza:] (名) 屁理屈、言い抜け、逃げ口上

စကား:တည် [zəga:ti] (動) 約束を守る、約束が堅い

စကား:တတ် [zəga: taʔ] ①(動) 話が上手だ、話が巧みだ ②[zəgədaʔ] (名) 話し上手、雄弁家

စကား:တန်ဆာဆင် [zəga tanza sʰin] (動) 美文調で綴る、美辞麗句を連ねる

စကား:တုံ့ [zəgədoun.] (名) 返事、返答、反応

စကား:ထာ [zəgətʰa] (名) 謎、謎なぞ 例① ရေပတ်လည်ဆောင်း၊ အလည်ခေါင်းသောင်ထွန်း၊ မိန်းမလှမျှန်း။ 周囲には水、中央は小高い盛り上がり、メインマフラ島、答 ကျောက်ပျဉ် 化粧液を作る硯 ②မဖုပ်ဘဲဖြူ၊ သည်းနတ်ပုဆိုး၊ မလောင်းဘဲပြည်သည်းနတ်ရေအိုး။ 洗いもせぬのに白いロンジー、注ぎもせぬのに水一杯の桶、答 အုန်းသီး ココ椰子の実 ③ရင်နို့ကထား:၊ သား:လည်း:မဟုတ်၊ မြေးသက်၊ ငှက်လည်း:မဟုတ်၊ အမြီး:ကောက်၊ မျောက်လည်း:မဟုတ်၊ မုတ်ဆိတ်ဖွား:၊ ကုလား:မဟုတ်။ 胸に抱いても子供でない、地上には降りぬが鳥ではない、尻尾は曲っていても猿ではない、髭はもじゃもじゃインド人ではない 答 စောင်း:ကောက် (竪琴)

စကား:ထာဖွက် [zəgəʰa pʰwɛʔ] (動) 謎掛けをする

စကား:ထာဖွက် [zəgətʰa pʰwɛʔ] = စကား:ထာဖွက်

စကား:ထစ် [zəga: tʰiʔ] (動) 吃る、口篭る

စကားထည့်[zəga: t'ɛ.]（動）入れ智慧する、前以って教える

စကားနာထိုး[zəgəna t'o:]（動）詰る、恨み言を言う

စကားနောက်၊တကူးပါ။（諺）雉も鳴かずば撃たれまい

စကားနိုင်လု[zəgənainlu.]（動）相手を言い負かす

စကားနည်[zəga: nɛ:]（形）口数が少ない

စကားနည်း၊ရန်စံ။（格言）口は禍の門（口数少なければ争いにはならぬ）

စကားနှိုက်[zəga: n̥aiʔ]（動）話を引き出す、情報を聞き出す、探り出す、かまを掛ける

စကားနှုတ်[zəga: n̥ouʔ]（動）引用する

စကားနှစ်ခွ[zəga: n̥əkʰwa.]（名）不確かな話、いい加減な話、曖昧な話、意味が二通り取れる話

စကားပလ္လင်[zəga: pəlin]（名）前置き、序言、序文

စကားပလ္လင်ခံ[zəga: pəlin kʰan]（動）前置きをする、話を切り出す

စကားပေါ[zəgəbɔ.]（名）ありふれた言葉、陳腐な言葉

စကားပေါက်စကားဝ[zəgəbauʔ zəgəza.]（名）脈絡のない話、自己矛盾し易い話

စကားပုံ[zəgəboun]（名）諺

စကားပျိုး[zəga: pjo:]①（動）話の枕を置く、前置きを述べる ②[zəgəbjo:]（名）前置き、序論

စကားပျက်[zəga: pjɛʔ]（動）約束が流れる、約束が反古になる

စကားပြေ[zəgəbje]（名）①散文 ②取り成し、和解の言葉、仲裁の言葉

စကားပြေထိုး[zəgəbje t'o:]（動）双方を取り成す

စကားပြော[zəga: pjɔ:]（動）①話す、語る ②話をする、話を付ける、決着を付ける ③物を言う、知らせる

စကားပြောကြေးနန်[zəga:bjɔ: tʃe:nan:]（名）電話＝တယ်လီဖုန်:

စကားပြောခွက်[zəga:bjɔ:gwɛʔ]（名）①受話器 ②マイクロフォン

စကားပြောဖော်ရ[zəga: pjɔ:bɔ ja.]（動）話し相手ができる

စကားပြောပုံ[zəga: pjɔ:boun]（名）話し方、喋り方

စကားပြောပါများ၊စကားထဲဇာတိပြ။（諺）喋りすぎると、ぼろが出る（お里が知れる）

စကားပြက်[zəgəbjɛʔ]（名）もじり、諷刺、パロディ

စကားပြင်[zəgəbjin]（名）①前以って用意してあ

る言葉 ②主題意外の話

စကားပြောင်[zəga:pjaun:]（動）話題を変える

စကားပြန်[zəgəbjan]（名）①通訳 ②返答、返事

စကားဖာ[zəga: pʰa]（動）言い繕う、話を取繕う

စကားဖိုစကားမ[zəgəpʰo zəgəma.]（名）①同義語 ②元の言葉（စကား:မ）に別の言葉（စကား:ဖို）を加えて合成した複合語（ကဆီကရီ の場合、သီရိ がစကား:မ、ကが စကား:ဖိုになる、或いはကဆီ が စကား:မ でကရီ が စကား:ဖိုになる。သက်သောင့်သက်သာ の場合はသက်သောင့် が စကား:ဖို、သက်သာ がစကား:မになる）

စကားဖောင်ဖွဲ[zəgəpʰaun pʰwɛ.]（動）談笑する、雑談する、話に花を咲かせる စကားဖောင်ဖွဲ့အောင်ပြောသည်။ 立て板に水のように喋る

စကားဖန်ထိုး[zəgəpʰan tʼo:]（動）相手に興味を持たせるように話す

စကားဖြတ်[zəga: pʰjaʔ]（動）話を打ち切る

စကားဖွာ[zəga: pʰwa]（動）お喋りだ、饒舌だ

စကားမစပ်[zəga: məsaʔ]（間）ところで、話は変るが、それはそうと

စကားမရှိ၊စကားရှာပြော[zəga:məʃi. zəga:ʃa pjɔ:]（動）口実を設けて話す、話題を作って話す

စကားမရှည်နဲ့[zəga:məʃenɛ.]（動）無駄口を叩くな、減らず口を利くな

စကားမေ့မရဘူး[zəgəme: məja.bu:]（動）気を失う、意識を失う、失神する、気絶する

စကားများ[zəga: mja:]（動）①よく喋る、饒舌だ ②煩い、口喧しい ③言い争う、口喧嘩する、口論する

စကားများ၊အမှား:ပါ။（格言）余計な事は口にするな

စကားရောဖောရော[zəgəjɔ:pʰɔ:jɔ:]（副）べらべらと、ああだこうだと、ああでもないこうでもないと

စကားရင်[zəgəjin:]（名）元の言葉、基本的な話

စကားရောင်းစကားဝယ်[zəgəjaun: zəgəwɛ]（名）ゴシップ、スキャンダル、噂話の交換

စကားရောင်းစကားဝယ်လု[zəgəjaun: zəgəwɛ lou]（動）言いたい事は話し、聴きたい事は聞く

စကားရိုင်း[zəga: jain:]①（形）（話し方が）不躾だ、口の利き方がぞんざいだ ②[zəgəjain:]（名）荒っぽい話、下品な話

စကားရည်လုပွဲ[zəgəje lu.bwɛ:]（名）弁論大会

စကားရပ်[zəga: jaʔ]（名）話の主題

စကားရိပ်[zəgəjeiʔ]（名）暗示、仄めかし、ヒント

စကားရှင်[zəga: ʃin]（名）話の駆け引き、融通の利く話し方

စကားလက်ဆုံကျ[zəga: lɛʔsʼoun tʃa.]（動）話に花が咲く、話に夢中になる、話に油が乗る

စကားလိမ်[zəgəlein]（名）母音転換、母音の前後交代 Metathesis　例 ငို့‹ငို့ဘို့။ 僕の分 နို့မှ သောင်‹နောင်မှသိ။ 後で判る＝今に見ておれ ဘူးမျှ မထာ‹ဘာမျှမထူး။ 何も変りはない ခွေးကျေး‹ ခွေးကျကျသည်။ 犬畜生みたいだ

စကားလုံး[zəgəloun:]（名）単語

စကားလွန်[zəga: lun]（動）①言い過ぎる、取消しの利かない事を口にする ②乱暴な言葉を使う

စကားလွဲ[zəga: ɨwɛ:]（動）話題を変える、話を逸らせる

စကားဝိုင်း[zəgəwain:]（動）話の輪、談論の場

စကားဝိုင်ဖွဲ့[zəgəwain: p'wɛ.]（動）話の輪ができる

စကားဝှက်[zəgəhwɛʔ]（名）合言葉、暗語（2段構造の謎、解答には စကားလိမ် を含む）

စကားသေ[zəgəde]（名）確定した言葉、修正の利かない言葉、言い直しできない言葉

စကားသံ[zəgədan]（名）発音、音声

စကားသွားစကားလာ[zəgədwa:zəgəla]（名）話の中身、話の趨勢

စကားသွင်[zəga:twin:]（動）入れ智恵をする、前以って教える

စကားဟောင်း[zəga:haun:]（名）昔の人の言葉、格言

စကားအူပေါက်[zəga:ubauʔ]（名）取止めのない話、散漫な話

စကားဦးသန်[zəgəu: tan:]（動）①先手を取って話す ②仄めかす、暗示する

စကားအို[zəgəo:]（名）饒舌家

စကားအိမ်ဖွဲ့[zəgəein p'wɛ.]（動）筋道を立てて話

စကီးစီး[səki si:]（動）スキーをする ＜英 Ski

စကီးစီးပြိုင်ပွဲ[sɛki:si: pjainbwɛ:]（名）スキー競技

စကု[zəgu.]（地名）ザグ、イラワジ川右岸にある町

စကုဖြာ[zəgu.bjaʔ]（名）上ビルマ産の晩稲の1種

စကေး[səke:]（名）スケール、縮尺、比例、規格＜英

စကော[zəgɔ:]（名）（目の詰った）篩 cf. စကော

စကောစက[zəgɔ: zəga.]（名）①どっちつかず、中途半端 ပညာစကောစက။ 学業半ば အရွယ်ကလည်းစ ကောစက။ 年齢も中途半端（大人でも子供でもない）

စကောစကဖြစ်[zəgɔ:zəga. p'jiʔ]（動）どっちかずだ、中途半端 လူကြီးမမှညား၊ ကလေးမကျ၊ စကော စကဖြစ်နေသည်။ 大人とは言えず、子供でもない、中途半端だ

~စကောင်း[~zəgaun:]（助動）①~に値する ဆရာ

တော်၏စိတ်နေသဘောထားများကိုကြည့်ညှိရစကောင်းမှန် သိသည်။ 僧正の心情を敬愛すべきだと言う事は承知している ②（否定形で）殆ど～し得ない程 တန်ဘိုးပင် ဖြတ်မရစကောင်းသော ကြက်ဖငယ်။ 値段も付けられない位の雑鳥

စကိတ်စီး[səkeiʔsi:]（動）スケートをする ＜英

စကိတ်အစီးခြင်း[səkeiʔ əɨa. si:ʥin:]（名）フィギュア・スケート ＜英 Skate

စကိတ်စီးပြိုင်ပွဲ[səkeiʔ əɨa.si:pjainbwɛ:]（名）フィギュア・スケート競技

စကျင်ကျောက်[zəʥin tʃauʔ]（鉱）（仏像等を彫刻する白色の）石英岩

စကြဝတေးမင်း[sɛʔtʃəwəde:min:]（名）転輪王、転輪聖王（四大洲の統治者）＜ サ Cakravatin

စကြဝဠာ[sɛʔtʃawəla]（名）①鉄囲山（須彌山、四大洲、四大海等を取り囲む鉄の山）（2）（須彌山、四大洲、四大海等で構成される仏教上の）世界 ③宇宙 ＝စကြာဝဠာ ＜サ Cakravāda

စကြာ[sɛʔtʃa]（名）①輪、輪盤、舵輪、車輪 ②風車（かざぐるま）　③卍、神の武器、ヴィシュヌ神の円盤（回転円盤）④打ち出の小槌（望みを叶えてくれる）⑤百八の紋をもつ仏足跡

စကြာပုံ[sɛʔtʃa boun]（名）卍、鉤十字

စကြာမင်း[sɛʔtʃa min:]（名）転輪聖王

စကြာရှင်[sɛʔtʃa ʃin]（名）転輪聖王

စကြာလည်[sɛʔtʃa lɛ]（動）くるくる回る

စကြာဝတေးမင်း[sɛʔtʃəwəde: min:]＝စကြာဝတေး မင်း

စကြာဝဠာ[sɛʔtʃawəla]＝စကြဝဠာ

စကြော[səkjɔ:]（名）寄せ棟、四面の屋根

~ကျွန်ပြု[~zəʥun pju.]（助動）~振りをする မသိစကျွန်ပြုသည်။ 知らぬ振りをする

~ကျွန်လုပ်[~zəʥun louʔ]（助動）~振りをする မသိစကျွန်လုပ်သည်။ 知らぬ振りをする

စခန်း[səkʻan:]（名）基地、陣地、駐屯地、野営場所

စခန်းကုန်လမ်းကုန်[səkʻan:goun lan:goun]（副）一生懸命、精一杯、最大限

စခန်းကြီး[səkʻan tʃi:]（形）横柄だ、傲慢だ

စခန်းချ[səkʻan: tʃa.]（動）露営する、キャンプを張る、野営する

စခန်းထ[səkʻan: tʻa.]（動）①駐屯地を出発する ②再生する、再興する

စခန်းထောက်[səkʻan: tʻauʔ]①（動）途中で休憩する、途中で宿泊する、駐屯する、野営する ②[səkʻan:dauʔ]（名）中継地点、駐屯地、野営地

စခန်းထောင်[səkʻan: tʻaun.]（動）往来に支障

が生じる
စခန်းသိမ်း[sək'an: tein:]（動）①片ずく、終了する ②店仕舞いする、基地を撤収する
စခန်းသွား[sək'an: twa:]（動）①デュエットする、一緒に踊る ②合同でする、合同で行動する
စခုန်[sək'un.]（名）両面太鼓
စတိ[zədi.]（名）①象徴、形ばかり、名目的、形式的、表面上 ②密閉、密集、充実
စတုဂံ[sətu.gan]（名）四角 စတုဂံပုံ 四角形、方形
စတုဒိသာ[sətu.diḍa]（名）①四方、東西南北 ②（参集者への）振舞い、馳走
စတုမဓု[sətu.mədu]（名）4種の材料（胡麻油、蜂蜜、糖蜜、バター）を混合した練り薬
စတုမဟာရာဇ်[sətu.məhari']（名）①四王天（六欲天の第一、須彌山の中腹にある）②四天王（四方鎮護の四神、東の持国天、南の増長天、西の広目天、北の多門天）＜パ Catu Mahā Rāja
စတုမဟာရာဇ်နတ်မင်းကြီး=စတုမဟာရာဇ်
စတုရန်း[sətujan:]（名）正方形
စတုရန်းပုံ[sətu.jan:boun]（名）四角形
စတုရန်းမိုင်[sətu.jan:main]（名）平方哩
စတုလောကပါလ[sətu.lɔ:ka.pala.]（名）四天王
စတူဒီယို[sətudijo]（名）スタジオ ＜英 Studio
စတေ[səte]（名）純粋、混じり気なし、本物
စတေး[zəde:]（動）①人柱を立てる、生贄として供える ②自己を犠牲にして捧げる、贖う စတေးခံရသည်။ 人柱にされる、生贄にされる
စတိုင်ဂန်း[sətin:gan:]（名）自動小銃 ＜英
~စတောင်း[~zədaun:]（助辞）文末で使用、希少性を示す မတွေ့စတောင်းဖြစ်သည်။ 滅多に見かけない မဖြစ်စတောင်းဖြစ်သည်။ あり得ない事が起る
စတိုင်[sətain]（名）スタイル、様子、態度 ＜英
စတိုင်ကျ[sətain tʃa.]（動）格式ばる
စတိုင်ကျကျ[sətain tʃa.dʒa.]（副）格式張って、威儀を正して
စတိုင်နှင့်[sətainne:]（副）勿体ぶって、澄ました顔で、何気ない振りをして
စတည်းချ[zəde:tʃa.]（動）仮泊する、臨時に泊まる、暫く休憩する、暫く滞留する
စတုတ်[zədou']（名）米や籾を升で計る時に均しに使う棒
စတုတ္ထ[sədou't'a.]（形）第四の、四番目の
စတန်[sətan]（動）①虚勢、取り繕い、見せかけ ②能力の誇示
စတန်လုပ်[sətan.lou']（動）虚勢を張る
~စတမ်း[~zədan:]（助辞）文末で使用、誓い、約束等を現わす、~するまい တာ့လုံးမအိပ်ကြစတမ်း။ 一晩中寝ないでよう သူ့နယ်မြေကိုမကျူးကျော်စတမ်း။ 彼の縄張りは犯さないでおこう လုံးဝမညှာ့ညှစတမ်း။ 絶対に愚痴を言わないようにしよう အင်အားကြီးလျှင်အနိုင်ရစတမ်း ဖြစ်သည်။ 勢力が強ければ絶対に勝つのだ
စတွေးဥ[zədwe:u.]（植）フサヤマノイモ（蔓に刺がある）Dioscorea fasciculata
စတောဘယ်ရီ[sətɔbɛri]（植）苺＝စတော်ဘယ်ရီ။
စနုဆောင်[sənu.zaun]（名）（宮殿や寺院内の）渡りの間、繋ぎの間
စနေ[səne]（名）①土曜 ②土星
စနေကြိုဟ်[sənedʒo]（名）土星
စနေထောင့်[sənedaun.]（名）南西隅、南西方角=စနေဒေါင့်
စနေနေ့[sənene.]（名）土曜日
စနေနံ[sənenan]（名）①菌茎音の5文字（生物の場合は前の文字、無生物の場合は後の文字を使う、例 ကံကော်=月曜、ဘောဇင်=火曜、စံပယ်=木曜、စာ:ပု=木曜）②女性の乳房
စနေရပ်[səneja']（名）南西方向
~စနော:[səno:]（尾）ရှက်စနိုးဖြစ်သည် 恥ずかしい、きまりが悪い ချစ်စနိုးခေါ်သည် 愛らしく呼ぶ
စနိုးစနောင့်[zəno:zənaun.]（副）不安で、心配で、落着かなくて စိတ်ထဲမှာစနိုးစနောင့်ဖြစ်သည်။ 心中落着かない、不安で落着かない
စနက်[sənɛ']（名）①（火薬やダイナマイトの）導火線 ②爆薬信管=စနက်တံ ③差し金 ဒါသူ့စနက်ပေါ့။ これは彼の差し金だ
စနိုင်ငှက်[sənai'ŋɛ']（鳥）タシギ Gallinago gallinago ＜英 Snipe
စနောင့်စနင်[zənaun.zənin:]（副）落着かなくて、不安で、動揺して、周章狼狽して=စနိုး စနောင့်
စနစ်[səni']（名）制度、方式、システム
စနစ်ကျ[səni' tʃa.]（形）整然としている、体系的だ
စနစ်တကျ[səni' dədʒa.]（副）整然と、規則正しく、体系的に လွယ်အိတ်ကိုစနစ်တကျချိတ်ပါ။ 下げ鞄をきちんと吊しなさい
စနစ်ပုံ[səni'poun]（名）設計図、青写真
စနစ်သစ်[səni'ti']（名）新制度、新方式
စနစ်ဟောင်း[səni'haun:]（名）旧制度、旧方式
စနဲ:[sənɛ:]（名）①国王謁見の際、元老や枢密官より低位の臣下が座る指定席（နေ့စဉ်ခါးသူ့ပ်၏の一つ
စနဲ:[sənɛ:]（名）②前兆、兆としての音や声
စနဲ:နာ[sənɛ: na]（動）様子を探る、情勢を確かめる မသွားခင်စနည်းနာ ကြည့်အုံး။ 出かける前に情勢

စပ္စင်း

を確かめよ
စနွင်း[sənwin:]（植）ウコン=နနွင်း
စပရင်[səpərin]（名）スプリング、ばね ＜英
စပါး[zəba:]（植）①イネ（イネ科）Oryza sativa ②（名）稲、籾米（脱穀前）
စပါးကျီ[zəbədʑi]（名）籾入れ、籾竈、籾倉
စပါးကြီး[zəbədʑi:]（蛇）①アミメニシキヘビ（オウジャ科）Python reticulatus ②ビルマニシキヘビ
စပါးကြည့်ကြည့်[zəbədʑi.tʃi.]（動）両目を目頭に寄せて見る
စပါးကြိတ်စက်[zəba:tʃei'sɛ']（名）精米機
စပါးခင်း[zəbəgin:]（名）水田、田圃
စပါးခွံ[zəbək'un]（名）籾殻
စပါးစေ့[zəbəzi.]（名）籾粒
စပါးစိုက်[zəba:sai']（動）稲を植える、田植えをする
စပါးဈေး[zəba:ze:]（名）籾米の価格
စပါးဒိုင်[bəbədain]（名）籾の買付けセンター
စပါးနယ်[zəba:nɛ]（動）脱穀する、稲穂から籾を採る
စပါးနက်[zəbənɛ']（名）バテイン産の晩稲の１種
စပါးနှံ[zəbəṇan]（名）穂、稲穂
စပါးပေး[zəbəbe:]（動）籾での返済を条件とする金融 cf. နွေပေး、ပါးပေး
စပါးပုတ်[zəbəbou']（名）籾を入れる大竃
စပါးဖုံ[zəbəp'oun]（名）稲穂の膨らみ
စပါးမြီး[zəbəmi:]（名）稲穂の「のげ」
စပါးမွေး[zəbəmwe:]（名）＝စပါးမြီး
စပါးမွေးစူး[zəbəmwe:su:]（動）目障りだく稲穂の「のげ」が刺さる
စပါးမှည့်[zəba:mɛ.]（動）稲が稔る
စပါးရိတ်[zəba:jei']（動）稲刈りをする စပါးရိတ်စက် 稲刈り機
စပါးရွက်လိပ်ပိုး[zəba:jwɛ'lei'po:]（虫）ミズメイガ Nymphula depunta の幼虫、稲の害虫
စပါးလင်[zəbəlin]（植）レモングラス（イネ科）Cymbopogon citratus
စပါးလင်မွေး[zəbəlin mwe:]（植）コウスイガヤ、シトロネラグラス（イネ科）Cymbopogon nardus
စပါးလုံး[zəbəloun:]（名）cf. ထမင်းလုံး
စပါးလှေ့[zəba:ɬe.]（動）籾を笑う（籾を上から下へ落して籾と「しいら」とを扇ぎ分ける）
စပါးလှေ့စက်[zəba:ɬe.zɛ']（名）笑、唐箕
စပါးလှောင်[zəba:ɬaun]（動）籾を貯蔵する

စပါးအူလျှောက်ပိုး[zəba:u ʃau'po:]（虫）オオメイガ Echoenobius bipunetifer の幼虫
စပါးအုံး[zəbəoun:]（蛇）インドニシキヘビ（オウジャ科）Python mohelus
စပယ်[zəbɛ]（植）マツリカ、ソケイ=စံပယ်
စပယ်ယာ[səpeja]（名）（バスの）車掌、切符売り
စပေါင်[zəbɔŋwe]（名）保証金、権利金 စပေါင်နှင့်ငှါးသည်။ ①保証金を取って貸す ②保証金を払って借りる
စပို့ရှပ်[səpo.ʃa']（名）スポーツ・シャツ ＜英
စပိန်[səpein]（国）スペイン
စပျစ်[zəbji']（植）葡萄 ＜ア Zabib
စပျစ်ရည်[zəbji'je]（名）葡萄酒
စပျစ်သီး[zəbji'ti:]（名）葡萄の実
စပျစ်သီးခြောက်[zəbji'ti:dʑau']（名）干し葡萄
စပြီး[sa.pi:]（副）初めて စပြီးတော့ 先ず初めに
စဖို[səp'o]（名）竃（かまど）=တောဖို
~စဖွယ်[~səp'wɛ~zəp'wɛ]（尾）名詞または副詞を形成 ချစ်စဖွယ်ဖြေဆိုသည်။ 可愛らしく答えた
~စဖွယ်ကောင်း[~səp'wɛ kaun:]（尾）形容詞形成、いかにも～らしい ချစ်စဖွယ်ကောင်းသည်။ 可愛らしい စိတ်ပျက်စဖွယ်ကောင်းသည်။ 実に情ない သနားစဖွယ်ကောင်းသည်။ 誠に可哀想だ
~စဘူး[~səp'u:]（助動）（否定詞と組合って）滅多に～でない မတောင်းစဖူးတောင်းသည်။ これまでねだった事ががないのにねだった မပြောစဘူးပြောဆိုလိုက်သည်။ 滅多に口にしない事を言った မခေါ်စဘူးခေါ်သည်။ 今まで呼んだ事がないのに呼んだ မရစဖူးရသည်။ 滅多に得られないのに手に入った
စတော်ငွေ[zəbɔŋwe]=စပေါင်ငွေ
စမ[sema.]（名）金儲け、恋愛成就等の目的で表の中に書き込むビルマ文字４文字①।∘।∘।။ ။।∘।∘।။
စမူဆာ[səmus'a]（名）サムーサー、油で揚げたインド餃子、三角形をしたインドの練り菓子 ＜ヒ
စမဲ[səmɛ:]（名）獣肉、四つ足の獣の肉
စမော်ကော့ရုံး[səmɔkɔ joun:]（名）戦前の軽犯罪法廷 ＜英 Small Cause
စမတ်ကျ[səma'tʃa.]（形）スマートだ、瀟洒だ、格好がいい
စမတ်ကျကျ[səma'tʃa.dʑa.]（副）格好よく、スマートに
စမုတ်[səmou']（名）向拝、宮殿や寺院への入口
စမုတ်ဆောင်[səmou' s'aun]=စမုတ်
စမုန်[səmoun]（植）モクベ、モクベッシ（ウリ科）Momordica cochinchinensis

စမုန်စပါ：[səmounzəba:]（植）①ウイキョウ（セリ科）Foeniculum vulgare ②オオウイキョウ、アニス（セリ科）Pimpinella anisum
စမုန်ညှ[səmounɲo]（植）ヒメウイキョウ、ジル（セリ科）Peucedanum graveolens
စမုန်နှံ[səmounni]（植）コショウソウ（アブラナ科）Lepidium sativa
စမုန်နက်[səmounnɛʔ]（植）ニオイクロタネソウ（キンポウゲ科）Nigella sativa
စမုန်နွယ်[səmounnwɛ]（植）モクベ、モクベツシ
စမုန်နံ့သာ[səmounnan.da]（植）ヒヨス（ナス科）Hyoscyamus niger
စမုန်ဖြူ[səmounbju]（植）カルム、アヨワン（セリ科）Carum copticum
စမုန်ဖြူရှင်း[səmounbju jain]（植）イブキジャコウソウ（シソ科）Thymus serphyllum
~စမြဲ[~səmjɛ:]（助動）常に~する သာမှုနှာမှုကိုတော့တွေ့ကြုံရစမြဲဖြစ်ပါတယ်။ 幸不幸には常に遭遇するものだ ညဆိုမှာ ကြယ်ရောင်လရောင်အနည်းငယ်တော့ရှိတက်စမြဲပါ။ 夜間にはいつでも月光や星明りが少しはあるものだ
စမြင်[səmjin]（名）ベランダ
စမြင်း[səmjin:]（名）宿便
စမြောင်[səmjaun]（名）国王の御前座を告げる役人、先触れの役人
စမြော်[səmjeiʔ]（植）ヒメウイキョウ（セリ科）Peucedanum graveolens
စမြူပြန်[səmjoun.pjan]（動）反芻する＝စာ：မြုံပြန်သည်။
စမွတ်[səmuʔ]（植）①セロリ、オランダミツバ（セリ科）Apium graveolens ②インドジル（セリ科）Anethum sowa
စရနယ်[sərənɛ]（動）混ぜる、捏ねる、練る、合成する
~စရာ[~səja~zəja]（尾）名詞形成 ①~するもの စာ：စရာသောက်စရာ။ 食べ物飲み物 စိုးရိမ်စရာမရှိပါဘူး။ 心配は要りません ထည့်စရာတခုခုပေးပါ။ 何か入れ物を下さい ဒါရှက်စရာမဟုတ်ဖူး။ これは恥ずかしい事ではない ②動詞を名詞に繋ぐ働き、~するための、~するべき ဖတ်စရာစာအုပ် 読むべき書物 ထီး：ထား：စရာနေရာ 傘を置く場所 စာ：စရာဆန်နှင့်ချက်ပြုတ်စရာအိုး：ခုံ 食べるための米と煮炊きをするための鍋釜
~စရာကောင်း[~səjakaun:~zəjakaun:]（尾）形容詞形成、誠に~だ、~に値する ခေါင်း：ရှုပ်စရာကောင်း：သည်။ 実に厄介な事だ ချစ်စရာကောင်း：သည်။ とても可愛らしい ပျော်စရာကောင်း：သည်။ 実に楽しい ပျင်း：

ရာကောင်း：သည်။ まったく退屈だ ရယ်စရာကောင်း：သည်။ 誠に可笑しい သနာ：စရာကောင်း：သည်။ 実に可哀想だ အံ့ဩစရာကောင်း：သည်။ 実に不思議だ、驚くべき事だ
စရော်စလိုက်[zəjɔ:zəlaiʔ]（副）応じて、一致して、快く
စရိုဟ်[səjo]（植）①ヒハツ（コショウ科）Piper longam ②ヒッチョウカ（コショウ科）Piper cubeba
စရိုက်[zəjaiʔ]（名）①性質、性格、気性 ②習性、習わし、癖 စရိုက်ကြမ်：တမ်：သည်။ 気性が激しい
စရိုက်တူသူ[zəjaiʔ tuḍu]（名）性質の似た人、性格の似た人、気性の似た人
စရစ်ပြုန်：ကျောက်[səjiʔpjoun: tʃauʔ]（鉱）礫岩
စရုပ်：[zəji:]（植）ジタノキ、トバンノキ（キョウチクトウ科）Alstonia scholaris
စရိတ်[zəjeiʔ]（名）費用、経費
စရိတ်ကြီး[zəjeiʔ tʃi:]（形）費用が高くつく、高額の費用がかかる
စရိတ်ကြီးမာ：မှု[zəjeiʔ tʃi:ma:mu.]（名）経費の高騰
စရိတ်ငြိမ်：[zəjeiʔ ɲein:]（副）送料無しで、運送費抜きで、FOB
စရိတ်ငြိမ်：ငှါ：[zəjeiʔɲein: ŋa:]（動）飯代抜きで雇う
စရိတ်စက[zəjeiʔ zəga.]＝စရိတ်
စရန်[səjan]（名）（購入の際の）手付金
စရန်ငွေ[səjan ŋwe]＝စရန်
စရန်ငွေဆုံ:သွာ:[sɛjan ŋwe s'oun:twa:]（動）手付金を失う、手付金を没収される
စရပ်[zəjaʔ]（名）宿坊、寺院付属の無料宿泊所＝ဇရပ်
စရေ：[səjwe:]（名）ほぞ、木材の切り込み、木材の填め込み部分
စရေ：တံ[səjwe:dan]＝စရေ：။
စရေ：ပေါက်[səjwe:bauʔ]（名）ほぞ穴
စရုပ်[səjuʔ]（助数）容量の単位、ပြည် の2倍
စလူ[səlu]（植）キレハマルオウギ（ヤシ科）Licuala peltata
စလူဖူ：ဓာ：[səlubu:da:]（名）切っ先の尖った長い刀
စလယ်[səlɛ]（助数）両掌を合わせた分量の2倍
စလယ်တောင်：[səlɛ daun]（名）1サレー入りの籠
စလယ်ဝင်：ခင်မဲမခင်မ။ ကွဲရျက်နာ။။（諺）1サレー入りの釜、釜底が黒ずまない内に割れてしまう（新婚夫婦で破鏡の憂き目）
စလင်：[səlin:~təlin:]（鉱）水晶、石英＝သလင်：
စလင်：ခဲ[səlin:gwɛ:]（鉱）紫水晶＝သလင်：ခဲ
စလောင်：[səlaun:]（名）土鍋の蓋

စလောင်း:ဖုံး[səlaun:boun:]＝စလောင်း

စလုတ်[zəlouʔ]（名）①（鳥の）砂嚢、砂ずり ②（人間の）喉仏

စလုပ်[zəlaʔ]（植）①サンユウカ、ヤエサンユウカ（キョウチクトウ科）②コブシア（キョウチクトウ科）③シャクナゲ＝စလုပ်နီ ツツジ＝စလုပ်ဖြူ シセンチョウフヨウ（ツツジ科）

~စလုံး[səloun:]（尾）共 နှစ်ခုလုံး 二個共 ညီအစ်မနှစ်ယောက်စလုံး 姉妹二人共

စလုံးစခဲဖြစ်[zəloun:zək'u.pʼjiʔ]（形）ごつごつしている、ごろごろしている、ざらざらしている ပါရာမိနဝတ္တုကို ယခုခေတ်လူတို့အဖြေ့စလုံးစခဲဖြစ်နေသည်။ 彼岸道物語は現代人にとってスムースには読めない

စလွယ်[səlwɛ]（名）綬（国王、王族、貴族、貴臣顕官等が身に付けた位階を現わす１種のたすき、左肩から右腋下へ掛けて吊す）

စလွယ်သိုင်း[səlwɛ tain:]①（動）たすき掛けにする ②[səlwɛdain:]（副）たすき掛けに、裂袈裟掛けに

စလွယ်သိုင်းချ[səlwɛdain: tʃa.]（動）たすき掛けにする

စလွယ်သိုင်းလွယ်[səlwɛdain: lwɛ]（動）たすき掛けにする

စလွန်[səlun]（名）刃が内側に湾曲した鑿、大工道具の１種

စအို[səo]（名）肛門

စအိုအူကျ[səowa. uʨa.]（名）脱腸

စာ[sa]（名）①雀 ②イエスズメ

စာကလေး[sagəle:]（鳥）イエスズメ（ハタオリドリ科）Passer domesticus

စာကလေးပန်း[sagəle:ban:]（植）ヒエンソウ Larkspur

စာခေါင်းကုပ်[sa gaun:gweʔ]（鳥）キムネコウヨウジャク（ハタオリドリ科）Ploceus philippinus

စာချောက်ရုပ်[saʨauʔjouʔ]（名）案山子（かかし）

စာနီ[sani]（鳥）シマキンパラ（カエデチョウ科）Lonchyura punctulata

စာပြောက်[sabjauʔ]（鳥）シマアオジ（ホオジロ科）Emberiza aureola

စာဖြူ[sabju]（鳥）カワリサンコウチョウ（ヒタキ科）Terpsiphone paradisi

စာဘုန်းကြီး[sa pʼoun:ʨi:]（鳥）キンイロコウヨウジャク（ハタオリドリ科）Ploceus hypoxanthus

စာဘူးတောင်း[sa bu:daun:]（名）キムネコウヨウジャクの巣（細長い草で筒状に編まれる、入口は下）

စာမည်[samɛ:]（鳥）クロエリヒタキ（ヒタキ科）Hypothyrnis azurea

စာဝတီ[sa wədi:]（鳥）キムネコウヨウジャク

စာဝတီနီ[sawədini]（鳥）ベニスズメ（カエデチョウ科）Amandava amandava

စာဝါ[sawa]（鳥）マキエスズメ（ハタオリドリ科）Passer flaveolus

စာသခွါး[sa təkʼwa:]（植）ザラメキスズメウリ（ウリ科）Mukia scabrella

စာသငယ်[sa təŋɛ]（名）雀の子

~စာ[sa]（名）①食べ物 မနက်စာ 朝食 နေ့လည်စာ 昼食 ညစာ 夕食 ②派生物、出現物 လျှာစာ 鋸屑 ရေပေါ်စာ 鮑屑 မီးစာ（蝋燭やランプの）芯、燃え残り ပတ်စာ（太鼓の面に塗る）糊 ③分、分量、割当て နှစ်ယောက်စာ 二人分 တခွက်စာ １杯分 ငါးရက်စာ ５日分

စာမျိုချောင်း[samjoʨaun:]（名）食道

စာလုတ်[zəlouʔ]（名）①喉仏 ②（鳥の）砂嚢、砂肝

စာ[sa]①（動）気を配る、配慮する ②べる、比較する ဒါနဲ့စာပါ။ これと比べなさい ③（形）甲高い အသံက စာတာပဲ။ 声が小さくて甲高い

စာနာ[sana]（動）①労る、思いやる、案じる、気にかける

စာနာထောက်ထာ:[sana tʼauʔtʼa:]＝စာနာ

စာနာထောက်ထာမှု[sana tʼauʔtʼa:mu.]（名）労り、思いやり

စာနာမှု[sanamu.]（名）思いやり

စာ[sa]（名）①字、文字 ②文、文章 ③手紙 ④文書 ⑤言葉、言語 ⑥（生まれつきの）あざ、黒子

စာကူ[sa ku:]（動）文を写す、コピーする

စာကူစက်[saku:zeʔ]（名）複写機、コピー機

စာကိုယ်[sago]（名）本文、本体

စာကိုယ်စာသား[sago sada]＝စာကိုယ်

စာကောင်းပေမွန်[sagaun: pemun]（名）名作、優れた文芸作品

စာကုံး[sa koun:]（動）作文する、文を綴る

စာကျ[sa tʃa.]（動）（タイプする時）文字を打ち浅らす、打ち忘れる、脱字する

စာကျို:စာပျက်[saʨo: sabjɛʔ]（名）欠陥作品

စာကျက်[sa tʃɛʔ]（動）①覚え込む、暗記する ②勉強する

စာကျက်ပျင်း[saʨɛʔ pjin:]（形）勉強嫌いだ

စာကြီးပေမွန်[saʨi: peʨi:]（名）文芸大作

စာကြောင်း[saʤaun:]（名）文章の行
စာကြောင်းရေ[saʤaun:je]（名）文章の行数
စာကြ[sa tʃi.]（動）①黙読する、本を読む、読書をする ②勉強する
စာကြည့်ခန်း[satʃi.gan:]（名）図書室
စာကြည့်တိုက်[satʃi.daiʔ]（名）図書館
စာကြည့်တိုက်မှူး[satʃi.daiʔmu:]（名）図書館長
စာကြည့်ပေါ်သွား[saʤi. pɔ.twa:]（動）学習に身が入らない
စာကြမ်း[saʤan:]（名）下書き、草稿
စာခေါင်း[sagaun:]（名）レターヘッド、便箋上部に印刷された住所等
စာခွန်[sagoun]（名）活字棚
စာခ[sa tʃ'a.]（動）（僧侶が）仏典を講義する
စာချီ[setʃ'i]（名）（王朝時代の）書記
စာချော[saʤɔ:]（名）清書、浄書
စာချိုး[sa tʃ'o:]①（動）即興で時を詠む ②[saʤo:]（名）即興詩
စာချုပ်[sa tʃ'ouʔ]①（動）契約する、契約を結ぶ ②[saʤouʔ]（名）契約、協約 ③条約
စာချုပ်ချုပ်[saʤouʔ tʃ'ouʔ]（動）条約を締結する
စာချုပ်ချုပ်ဆို[saʤouʔ tʃ'ouʔso]＝စာချုပ်ချုပ်
စာချုပ်စာတမ်း[saʤouʔ sadan:]（名）契約書、協約、条約
စာချွန်[saʤun]（名）（王朝時代の）勅令（素材は両端を尖らせた扇椰子の葉） စာကြောင်းစာချွန် 国王名による1行書き勅令 နှစ်ကြောင်းစာချွန် 元老院発令の2行書き文書
စာချွန်တော်[saʤundɔ]＝စာချွန်
စာစကား[sazəga:]（名）文語
စာစီ[sa si]（動）①文を正確に書く ②活字を拾う、植字する ③[sazi]（名）植字工
စာစီကုံး[sa sikoun:]（動）文章を書く、作文する
စာစီစာကုံး[sazi sagoun:]（名）作文、文章執筆
စာစီသမား[sazidəma:]（名）植字工
စာစောင်[sazaun]（名）定期刊行物、文集
စာစစ်[sa siʔ]①（動）試験する、テストする ②[saziʔ]（名）試験の採点委員
စာစစ်ခုံနံပါတ်[saziʔk'oun nanbaʔ]（名）受験番号
စာစဉ်[sazin]（名）シリーズ刊行物
စာစပ်[sasaʔ]（動）作詞する、作詩する、作文する
စာဆို[sa sʔo]①（動）作詩する、詩を詠む、詩を朗読する ②[sazo]詩人
စာဆိုတော်[sasʔɔdɔ]（名）作家、詩人、文芸家
စာဆိုတော်နေ့[sasʔɔdɔ neʔ]（名）文芸記念日、文芸の日、文学者の日（ビルマ暦の9月10日）

စာညံ့[sa ɲan.]（形）勉強ができない、成績が悪い
စာညွှန်း[saɲun:]（名）索引
စာတော်[sa tɔ]（形）勉強ができる、成績がよい
စာတော်ပြန်[sadɔ pjan]（動）出家が（パーリ語経典の試験を）受験する
စာတိုရှည်[sado saʃe]（名）各種の文
စာတိုက်[sa taiʔ]①（動）校正する、（誤字、脱字、剰字を）補正する ②[sadaiʔ]（名）郵便局 ③[zedaiʔ]（名）長持、貝葉、折り本等を収納する蓋付きの保管箱
စာတိုက်ပုံး[sadaiʔpoun:]（名）郵便ポスト
စာတိုက်သေတ္တာ[sadaiʔtiʔta]（名）郵便私書箱
စာတင်[sa tin]（動）①文字に書き残す、書き記す ②上司に文書を提出する
စာတည်း[sa ti:]①（動）編集する ②[sadi:]（名）編集者
စာတည်းအဖွဲ့[sadi: əp'wɛ.]（名）編集部
စာတတ်[sa taʔ]①（動）字が読める ②＝စာတတ်ပေတတ်
စာတတ်ပေတတ်[sadaʔ pedaʔ]（名）識者、知識人
စာတတ်[sadaʔ]＝စာတတ်ပေတတ်
စာတန်း[sadan:]（名）文章の行
စာတမ်း[sadan:~zədan:]（名）①文書、古文書 ②論文、論考 ③官報、法令
စာတွေ့[sadwe.]（名）文献上の知識、書物の上の知識
စာထည့်[sa tɛ.]（動）手紙を出す、投函する
စာထွက်[sadwɛʔ]（名詞）文献上の根拠、出所、出典
စာနယ်ဇင်း[sanɛzin:]（名）各種出版物、マスメディア
စာနယ်ဇင်းသမား[sanɛzin dəma:]（名）マスコミ関係者、出版報道関係者、文芸家
စာပလွှေ[sa pəlwe]（名）貝葉の袱紗、貝葉の包み
စာပေ[sape]（名）文学、文芸
စာပေဆန်[sape sʔan]（形）文学的だ、文学がかっている、文語的だ
စာပေပညာရှင်[sape pjinɲaʃin]（名）文学者
စာပေလောက[sape lɔ:ka.]（名）文学界
စာပေး:စာယူ[sabe: saju]（名）手紙のやり取り、通信、文通
စာပေးစာယူသင်တန်း[sabe: saju tindan:]（名）通信講座、通信教育
စာပို့[sa po.]（動）①手紙を出す、郵送する ②僧侶が弟子に経を説く ③[sabo.]（名）郵便車
စာပို့ဂ[sabo.ga.]（名）送料、郵送料
စာပို့တိုက်[sabo.daiʔ]（名）郵便局

စာပို့လူလင်[sabo. lu.lin] (名) 郵便配達員
စာပို့သမား[sabo. dəma:] (名) ①郵便配達員 ②メッセンジャー
စာပို့သင်္ကေတ[sabo. tinketa.] (名) 郵便番号
စာပစ်[sa pji'] (動) 手紙を匿名で出す
စာပိုဒ်[sabai'] (名) ①文章 ②文節
စာပုံနှိပ်စက်[sa pounṇei'sɛ'] (名) 印刷機械、輪転機
စာပုံနှိပ်တိုက်[sa pounṇei'tai'] (名) 印刷所
စာပြ[sa pja.] (動) 教える、授業する
စာပြု[sabju.] (名) 作者、著者
စာပြင်[sa pjin] ①(動) 校正する ②[sabjin] (名) 校正者
စာပြင်ဆရာ[sabjin s'əja] (名) 校正者
စာပြောင်[sabjaun] (名) 諷刺、戯画、戯れ言
စာပြောင်စာထွေ[sabjaun sade.] =စာပြောင်
စာပြန့်[sa pjan] (動) ①暗唱する、経典を朗唱する ②翻訳する
စာဖတ်[sa p'a'] (動) ①読書する ②勉強する
စာဖတ်ပရိသတ်[sap'a' pəjei'ta'] (名) 読者
စာဖတ်ပျက်[sap'a' pjɛ'] (動) 読書の邪魔だ、読書の妨げになる
စာဖတ်များ[sap'a' mja:] (形) 読書量が多い
စာဖတ်ဝါသနာ[sap'a' wadəna] (名) 読書の趣味
စာဖတ်သူ[sap'a' tu] (名) 読者
စာဖျက်[sa p'jɛ'] (動) 添削する
စာဖွဲ့[sa p'wɛ.] (動) ①文章を作る、文を書く、作文をする ②賞賛する、賛辞を呈する
စာမတတ်ပေမတတ်[sa məta' pe məta'] (名) 無学文盲
စာမူ[samu] (名) 原稿
စာမူခ[samuga.] (名) 原稿料
စာမူများဖိတ်ခေါ်[samumja: p'ei'k'ɔ] (動) 原稿を募集する
စာမေးပွဲ[same:bwɛ:] (名) 試験、テスト
စာမေးပွဲကျ[same:bwɛ: tʃa.] (動) 落第する
စာမေးပွဲကျချုန်း[same:bwɛ: tʃa.ʃoun:]=စာမေးပွဲကျ
စာမေးပွဲခန်း[same:bwɛ: gan:] (名) 受験室
စာမေးပွဲစစ်[same:bwɛ: si'] (動) 試験をする
စာမေးပွဲဖြေ[same:bwɛ: p'je] (動) 受験する
စာမေးပွဲဖြေဆိုခွင့်ကတ်ပြား[same:bwɛ: p'jes'o gwin. ka'pja:] (名) 受験票
စာမေးပွဲဝင်ကြေး[same:bwɛ: windʒe:] (名) 受験料
စာမေးပွဲအောင်[same:bwɛ: aun] (動) 合格する

စာမျက်နှာ[samjɛ'ṇa] (名) ページ
စာရေး[sa je:] ①(動) 手紙を書く ②[səje:] ②(名) 事務員 ③事務官 အထက်တန်းစာရေး: 上級職事務官 အောက်တန်းစာရေး: 下級職事務官 ၅ှနခဲစာရေး:ကြီး: 係長事務官
စာရေးကရိယာ[saje: kəri.ja] (名) 文房具
စာရေး:ကြီး[səje:dʒi:] (名) (王朝時代、元老院に執務していた) 上級書記官
စာရေးစာချို[saje: sətʃi] (名) 書記、事務員
စာရေးစာဖတ်[saje: sap'a'] (名) 読み書き
စာရေးစားပွဲ[saje: zəbwɛ:] (名) 事務用デスク
စာရေးစက္ကူ[saje: sɛ'ku] (名) 用紙
စာရေးစုတ်တံ[saje: sou'tan] (名) 筆、毛筆
စာရေးဆရာ[saje: s'əja] (名) 作家、文学者
စာရေးတံ[saje:dan] (名) 割り竹でこしらえた籤、出家への喜捨を決める籤
စာရေးတံပွဲ[saje:danbwɛ:] (名) (ビルマ暦5月に行われる出家への喜捨を決める) 抽選の催し
စာရေးတံမဲပွဲ[saje:dan mɛ:bwɛ:]=စာရေးတံပွဲ
စာရေးတံမဲဖောက်[saje:dan mɛ:p'au'] (動) 出家への喜捨を籤引きで決める
စာရေးပျင်း[saje: pjin:] (形) 筆無精だ
စာရေးမ[səje:ma.] (名) 女事務員、女性事務官
စာရေးသူ[saje:du] (名) 筆者、著者
စာရင်း[səjin:] (名) 統計、表、リスト
စာရင်းကာလ[səjin: kala.] (名) 会計年度
စာရင်းကောက်[səjin: kau'] (動) 統計を取る
စာရင်းကိုင်[səjin: kain] ①(動) 帳簿を扱う、経理を担当する ②[səjin:gain] (名) 会計係、会計担当者、経理担当者
စာရင်းကိုင်ပညာ[səjin:gain pjinṇa] (名) 会計学
စာရင်းကျယ်[səjindʒɛ] (名) 詳細な記録、統計
စာရင်းကွာ[səjin: kwa] (動) 帳簿が合わない、帳簿に穴が開く
စာရင်းချ[səjin: tʃa.] (動) 数える
စာရင်းချုပ်[səjin: tʃou'] ①(動) 帳簿をまとめる、帳簿を整理する ②[səjin:dʒou'] (名) 決算、帳簿整理
စာရင်းငှား[səjin:ŋa:] (名) 雇用労働者、農業労働者 =သူငှား:ငှား:
စာရင်းစစ်[səjin: si'] ①(動) 監査する、会計検査を行なう ②[səjin:zi'] (名) 会計検査官、監査役
စာရင်းစစ်ချုပ်[səjin:zi'tʃou'] (名) 会計検査院長
စာရင်းတိုင်[səjin:dain] (名) 雇用主、(農業労働

者の）雇い主
စာရင်းပေး[səjin: pe:]（動）登録する、エントリーする
စာရင်းပိတ်[səjin: peiʔ]（動）①帳簿を締める、帳簿を整理する ②口座を閉じる
စာရင်းပြု[səjin: pju.]（動）表を作る、リストを作成する
စာရင်းဖွင့်[səjin: p'win.]（動）口座を開設する
စာရင်းရှင်[səjin: ʃin]（名）（いつでも引出し自由な）普通口座
စာရင်းရှင်း[səjin: ʃin:]（動）清算する
စာရင်းရှုပ်[səjin: ʃouʔ]（動）帳簿が合わない、帳簿がややこしい
စာရင်းသေ[səjin:de]（名）定期預金
စာရင်းသွင်း[səjin: twin:]（動）①応募する ②名簿に名前を連ねる、エントリーする
စာရင်းအင်း[səjin:in:]（名）①表、統計 ②会計帳簿
စာရင်းအင်းသချ်ာ[səjin:in: tintʃa]（名）統計
စာရွက်[sajwɛʔ]（名）紙、用紙
စာရွက်စာတန်း[sajwɛʔ sadan:]（名）文書、ファイル
စာရွက်စာတမ်း[sajwɛʔ sadan:]（名）文書、記録文書
စာရွက်ဖြူ[sajwɛʔp'ju]（名）白紙
စာရွတ်[sa juʔ]（動）暗唱する
စာရှုသူ[saʃu.du]（名）読者
စာလာ[sa la]（動）手紙が届く
စာလုံး[saloun:]（名）文字
စာလုံးပေါင်း[saloun: paun:]①（動）文字を綴る ②[saloun:baun:]（名）綴字、スペリング
စာလွှာ[saɬwa]（名）①文書 ②メッセージ
စာသတင်း[sa təwun]（名）知らせ、連絡
စာသား[sada:]（名）文面、文言、文体、内容
စာသိ[sadi.]（名）文献上の知識
စာသေ[sade]（名）住所が不完全な手紙、配達不能の手紙、差出人不祥の手紙
စာသင်[sa tin]①（動）学ぶ、勉強する ②[sa din]（名）戦前の警部
စာသင်ကျောင်း[sadin tʃaun:]（名）学校
စာသင်ခန်း[sadingan:]（名）教室
စာသင်တိုက်[sadindaiʔ]（名）出家の学習場
စာသင်နှစ်[sadin niʔ]（名）学年
စာသင်ဘက်[sadinbɛʔ]（名）学友、同期生
စာသင်သား[sadinda:]（名）①（僧院内の）受講生 ②生徒、学生

စာသုံးစကား[sadoun:zəga:]（名）文章語
စာသွား[sa twa:]①（動）文章がすらすら読める ②[sadwa:]（名）文の書き方、文のスタイル
စာသွားစာလာ[sadwa: sala]（名）①文のあり方 ②手紙のやり取り
စာဟောင်း[sahaun:]（名）古文、古書
စာဟန်[sahan]（名）文体、文のスタイル
စာအိတ်[saeiʔ]（名）封筒
စာအိတ်ခေါင်း[saeiʔgaun:]（名）切手
စာအိတ်ဖောက်[saeiʔ p'auʔ]（動）開封する
စာအုပ်[saouʔ]（名）本、書物、書籍
စာအုပ်ငှား[saouʔ ŋa:]（動）①本を借りる ②本を貸す
စာအုပ်ငှားခ[saouʔ ŋa:ga.]（名）貸し本の料金
စာအုပ်စာရွက်စားကောင်[saouʔsajwɛʔ sa:gaun]（虫）衣魚（しみ）
စာအုပ်စာတမ်းစာရင်း[saouʔ sadan: səjin:]（名）文献リスト
စာအုပ်စင်[saouʔsin]（名）本棚
စာအုပ်ဆိုင်[saouʔ s'ain]（名）本屋
စာအုပ်ပိုး[saouʔpo:]（虫）紙魚
စာအုပ်ပိတ်[saouʔ peiʔ]（動）本を閉じる
စာအုပ်ဖုံး[saouʔp'oun:]（名）本の表紙、カバー
စာအုပ်လွယ်အိတ်[saouʔ lwɛei]（名）ランドセル、教科書を入れた鞄
စာအုပ်အငှါးဆိုင်[saouʔ əŋa:zain]（名）貸本屋
စာအံ[sa an]（動）朗読する
စာဂ[zaga.]（名）①喜捨 ②行為、振舞い、品行
စာမရီ[saməji]（動物）ヤク ＜パ Camarī
စာရိတ္တ[zereiʔta.~sereiʔta.]（名）道徳、倫理、品行
စာရိတ္တကောင်း[zareiʔta.kaun:]（形）品行方正だ
စာရိတ္တမြင့်တင်ရေး[zareiʔta. mjin.tin je:]（名）道徳の高揚
စား[sa:]（接尾）単音節の動詞に付加されてその動詞の意味を強める ကု＞ကုစား: 治療する စံ＞စံစား: 統治する ယုံ＞ယုံစား: 信用する ရောင်း＞ရောင်းစား: 売却する လုပ်＞လုပ်စား: 働く ဝတ်＞ဝတ်စား: 身に付ける、着用する
စား[sa:]（動）①食べる ငှက်ပျောသီးစားသည်။ バナナを食べる ပုဇွန်စားသည်။ 蝦を食べる ②浸食する ရေစားသည်။ 浸食する သံချေးစားသည်။ 腐蝕する、錆が出る ③暮す、生活する ရွေ့ရောင်းစားသည်။ 物売りをして生計を立てる ④（割算で）割る ထုက်လုပ်မှုတန်ဘိုးကိုလူဦးရေနှင့်စားသည်။ 生産額を人口で割る ⑤日がたつ နေ့ကိုရက်ကို၊ရက်ကိုစားသည်။ 幾日幾月と

စားကောင်း

経過する ⑥（燃料を）消耗する ⑦徴収する、接収する、収納する ⑧（賭事に勝って相手の賭け金を）没収する ⑨（大名として封土を）領有する ရွာစားသည်။ 村を封土として領有する မြို့စားသည်။ 町を封土として領有する ⑩少し（越える）、やや（高い）စားစားလေးမြင့်သည်။ ⑪（ハンダ付けの時に）うまく行く မီးစားသည်။

စားကာနှံးထမင်းလဲ၊ ကြောင်လဲ။（諺）水泡に帰す

စားကောင်း[sa: kaun:]（形）食用になる、食べられる、食べても毒ではない

စားကောင်းသောက်ဖွယ်[sa:gaun:tau'pwɛ]（名）御馳走、山海の珍味

စားကိန်း[sa:gein:]（名）除数、割り算の数

စားကုန်[sa:goun]（名）食糧、食料品

စားကုန်သောက်ကုန်[sa:goun tau'koun] = စားကုန်

စားကျေး[sa:ʤe:]（名）国王より下賜された封土

စားကျေးစားလက်[sa:ʤe: sa:lɛ'] = စားကျေး

စားကျက်[səʤɛ'~zəʤɛ']（名）①餌場 ②商売、取引き上の基盤、儲かる場所 ③地盤、縄張り ④牧場

စားကျက်ကျ[zəʤɛ' tʃa.]（動）縄張りにする、出入りする場所にする

စားကျက်လု[zəʤɛ' lu.]（動）縄張り争いをする、地盤を奪い合う

စားကျင်း[zəʤin:]（名）飼葉桶

စားကြွင်း[sa:ʤwin:]（名）食べ残し

စားကြွင်းစားကျန်[sa:ʤwin:sa:ʤan:] = စားကြွင်း

စားခန့်[sək'an:]（名）= စခန်း

စားခန့်ချ[sək'an: tʃa.]（動）= စခန်းချ

စားခန့်ထောက်[sək'an:t'au'] = စခန်းထောက်

စားချဉ်ပြန်[sətʃin.pjan]（動）げっぷが口に上がる

စားခြေ[sa:ʤe]（名）除数で割った数

စားခွက်[sək'wɛ']（名）①飼葉桶 ②[sa:gwɛ'] 食器、料理を盛った皿

စားခွက်လု[sək'wɛ' lu.]（動）奪い合う、横取りする

စားငါး[sa:ŋa:]（名）食用になる魚

စားစရာ[sa:zəja]（名）食べ物

စားစရာမရှိ၊ လျှော့စရာရှိ။（諺）食う事より金の工面を優先させる

စားစရိတ်[sa:zəjei']（名）食費

စားဆေး[sa:ze:]（名）錠剤、内服薬 cf. သောက်ဆေး

စားဆော်ဒါ[sa:d'oda]（名）膨らし粉

စားတော်မဲ့စား၊ ကြောင်ကန်၍လဲ။（諺）天罰覿面

（食事寸前の膳を猫がひっくり返す）

စားတော်ကဲ[zədɔgɛ:]（名）国王専属の料理人、御用達司厨師、国王のシェフ

စားတော်ခေါ်[sədɔ k'ɔ]（動）国王がお召し上がりになる = ပွဲတော်တည်

စားတော်ချက်[sa:dɔ tʃ'ɛ']（動）国王の食事を用意する

စားတော်တိုက်[zədɔtai']（動）神仏に供える

စားတော်ပဲ[zədɔbɛ:]（植）①エンドウ（マメ科） Pisum sativum ②アカエンドウ（マメ科） Pisum arvense

စားနကျကြောင်ဇာ[sa:neʤa.tʃaunba:]（名）利己主義者、私利私欲

စားနပ်ရိက္ခာ[sa:na'jei'k'a]（名）食糧

စားနပ်စားပေါက်[sənou'səbau']（名）食べ残し、残り飯

စားပိုးနင့်[zəbo: nin.]（動）食べ過ぎて苦しい、胃がもたれる

စားပေါက်[sa:bau']（名）チャンス、好機

စားပေါက်ချောင်[sa:bau: tʃaun]（動）チャンスを窺う

စားပေါက်ပိတ်[sa:bau' pei']（動）チャンスを逸する

စားပေါက်ပွင့်[sa:bau' pwin.]（動）やって行く望みがある、好機に恵まれる、チャンスが訪れる

စားပေါက်ရှာ[sa:bau' ʃa]（動）好機を求める

စားပိန်း[sa:pein:]（植）ベンガルクワズイモ（サトイモ科）Alocasia indica

စားပွဲ[zəbwɛ:]（名）①テーブル、食卓 ②机

စားပွဲခင်း[zbwɛ:gin:]（名）テーブルクロス

စားပွဲဇွန်း[zəbwɛ:zun:]（名）ティー・スプーン、小型の匙

စားပွဲတင်တင်းနစ်[zəbwɛ:din tin:ni']（名）ピンポン、卓球

စားပွဲတင်နာရီ[zəbwɛ:din naji]（名）置き時計

စားပွဲတင်ပန်ကာ[zəbwɛ:din panka]（名）卓上扇風機

စားပွဲတင်မီးအိမ်[zəbwɛ:din mi:ein]（名）卓上ランプ

စားပွဲထိုး[zəbwɛ: t'o:]①（動）食事の用意をする ②[zəbwɛdo:]（名）給仕、ウェイター、ボーイ

စားပွဲထိုးမယ်[zəbwɛ:do:mɛ]（名）ウェイトレス

စားပွဲထိုးအလုပ်[zəbwɛ:do: əlou']（名）給仕の仕事

စားပွဲထိုင်[zəbwɛ: t'ain]（動）食卓を囲む、食事をする

စားဖား:[saːbaː] (名) ①食用蛙 ②利己主義者
စားဖားကြီး[saːbaːdʑiː] (動物) 食用蛙 (アカガエル科) Rana tigrina
စားဖို[səpʼo] (名) 台所, 厨房
စားဖိုခန်း[səpʼogan:] (名) 台所, 厨房
စားဖိုဆောင်[səpʼozaun] (名) 台所
စားဖိုမှူး[səpʼomu:] (名) 司厨長, 料理長
စားပွဲသောက်ပွဲ[saːbwɛ tauʼpʼwɛ] (名) 食べ物
စားပွဲသောက်ပွဲ[saːbwɛ tauʼpʼwɛ]=စားဖွယ်သောက်ဖွယ်
စားဘို့ဝတ်ဘို့[saːboːwuʼpʼoː] (名) 生活費, 衣食住費
စားမဝင်အိပ်မပျော်ဖြစ်[saːməwin eiʼməpjɔpʼjiʼ] (動) 食べ物も喉を通らず睡眠もできない
စားမာန်ခုပ်[səman kʼouʼ] (動) 敵意を示す, 妬む, 嫉む
စားမာန်ထ[səman tʼa.] (動) 食べ物の事で腹を立てる
စားမြုံ့ပြန်[smjoun.pjan] (動) ①反芻する ②思い起す, 回顧する, 追憶する
စားရက်ကြို[saːja.kan tʃoun] (動) 運よく食べ物にありつく, 棚から牡丹餅だ
စားရက်ကြိုလို့မုတ်ဆိတ်ပျားခဲ့။ (諺) 棚から牡丹餅, 渡りに舟 (うまい具合に顎髭に蜜蜂が群がる)
စားရမဲ့သောက်ရမဲ့ဖြစ်[saːja.mɛ.tauʼja.mɛ. pʼjiʼ] (動) 食べる物にも事欠く, どん底の生活だ
စားရမှန်းအိပ်ရမှန်းမသိဘဲ[saːja.man eiʼja.man: məti.bɛ:] (副) 寝食を忘れて
စားရေးဝတ်ရေး[saːje: wuʼje:] (名) 食べる事と着る事, 生活
စားရေးသောက်ရေး[saːje: tauʼje:] (名) 食べる事, 生活
စားရန်ငွေ[səjan ŋwe]=စရန်ငွေ
စားရိတ်[zəjeiʼ]=စရိတ်
စားရံငွေ[səjannŋwe]=စရံငွေ
စားလဒ်[saːlaʼ] (名) 除数の答, 割り算の答
စားလမ်း[saːlan:] (名) チャンス, 好機
စားဝတ်နေရေး[saːwuʼneje:] (名) 衣食住, 生活
စားသောက်[saːtau] (動) 食べる, 食べ物を取る
စားသောက်ကုန်[saːtauʼkoun] (名) 食糧, 食料品
စားသောက်ကုန်ပစ္စည်း[saːtauʼkoun pjiʼsiː] (名) 食品, 食料品
စားသောက်ကုန်လုပ်ငန်း[saːtauʼkoun louʼŋan:] (名) 食品産業
စားသောက်ကုန်လုပ်ငန်းရှင်[saːtauʼkoun louʼŋan: ʃin] (名) 食品業者
စားသောက်ဆိုင်[satauʼsʼain] (名) ①食料品店 ②食べ物屋
စားသောက်နေထိုင်[saːtauʼ netʼain] (動) 生活する, 暮す
စားသောက်ဖွယ်ရာ[saːtauʼpʼwɛja] (名) 食べ物
စားသုံး[saːtoun:] (動) 消費する
စားသုံးကုန်[saːtoun:goun] (名) 消費財, 消費物資
စားသုံးမှု[saːtoun:mu.] (名) 消費
စားသုံးသူ[saːtoun:du] (名) 消費者
စားသုံးသူသမဝါယမအသင်း[saːtoun:du təma. wajəma.ətin:] (名) 消費者協同組合
စားအတူသွားအတူဖြစ်[saːətu twa:ətu pʼjiʼ] (動) 一緒に行動する, 影の形のように付き従う
စားဦးစားဂျာ[saːuː saːbja:] (名) 初物, 炊き立ての飯, 誰も箸を付けていない飯
စားအိုးကြီး[saːoː tʃiː] (形) 扶養家族が多い
စားအိုးစားခွက်[saːoː saːgwɛʼ] (名) 鍋釜食器, 什器
စားအိမ်သောက်အိမ်[saːein tauʼein] (名) 親しい間柄
စိစစ်စိစစ်[si.zi.siʼsiʼ] (副) 根掘り葉掘りして
စိစစ်စိစစ်ဝေဖန်သည်။ 細かく批判した
စိစစ်ညက်ညက်[si.zi. ɲɛʼɲɛʼ] (副) ①粉々に, 粉微塵に ②微細に, 微に入り細をうがち, 徹底的に
စိစစ်မွမွ[si.zi.mwa.mwa.] (副) 粉々に, 粉微塵に
စိစစ်[si.ziʼ] (動) ①吟味する, 取調べる, 検査する ②検閲する
စိစစ်မှု[si.ziʼmu.] (名) 検閲
စိတြ[seiʼtəra.] (名) ①角宿 (二十七宿の第１４番目) ②(星) 乙女座のスピカ
~စီ[si] (名) ~ずつ တထုပ်စီ 一包みずつ တစ်ခုစီ 半分ずつ တယောက်စီ 一人ずつ
စီ[si] (動) ①揃える, 並べる, 整える ②稼ぐ, 儲かる
စီကာပတ်ကုံး[siga paʼkoun:] (副) (文を) 推敲して, (文を) 創意工夫して, 美辞麗句を用いて
စီကုံး[sikoun:] (動) 文章を書く, 著述する
စီခြယ်[sitʃʼɛ] (動) 飾る, 装飾する
စီစစ်[siziʼ] (形) (何かに付けて) 細かい = စိစစ်
စီစဉ်[sizin] (動) ①準備する, 用意する, 手配する ②揃える, 整える
စီတန်း[sitan:] (動) 並ぶ, 列を作る, 整列する
စီမံ[siman] (動) 計画する, 企画する
စီမံကိန်း[simangein:] (名) 計画大綱

စီမံကိန်းချ[simangein: tʃa.]（動）計画を実行する

စီမံကိန်းဆွဲ[simangein: s'wɛ:]（動）計画を立てる、立案する

စီမံကိန်းဌာန[simangein: t'ana.]（名）（経済）企画庁、（国家）計画省

စီမံချက်[simandʑɛʔ]（名）計画事項

စီမံခန့်ခွဲ[siman k'an.k'wɛ:]（動）取り仕切る、立案指揮する、企画統括する、管理する

စီမံခန့်ခွဲရေး[siman k'an.k'wɛ:je:]（名）管理、統括、指揮統括

စီမံခန့်ခွဲရေးကော်မတီ[siman k'an.k'wɛ:je: kɔmǝti]（名）企画委員会

စီမံအုပ်ချုပ်[siman ouʔtʃ'ouʔ]（動詞）統括する、統治する

စီရီရီ[sirǝri]（副）ずらりと、列になって、次から次へと ရေအိုးစင်ဒွရေအိုးခြောက်လုံးကိစီရရီတွေမြင်ရ၏ 棚の上に水甕が6個ずらりと置いてあるのが見えた

စီရင်[sijin]（動）①判決を下す ②運営する、実施する、行政を行う、執行する、管理する ③作る、編纂する ④殺す、処刑する

စီရင်ခင်းစီရင်ဘွယ်[sijingin: sijinbwɛ]（名）準備すべき事柄、整えておくべき事柄

စီရင်ချက်[sijindʑɛʔ]（名）判決

စီရင်ချက်ချ[sijindʑɛʔ tʃa.]（動）判決を下す

စီရင်စု[sijinzu.]（名）戦前の地方行政区画、県 =ခရိုင်

စီရင်ထုံး[sijin t'oun]（名）判例

စီရင်အုပ်ချုပ်[sijin ouʔtʃ'ouʔ]（動）統治する、行政を執行する

စီဇိ：[sidʑi:]（名）娼婦、売春婦 <အချောင်: のချ

စီဇီ[sizi]（名）騒がしさ、喧騒

စီဇီညံ[siziɲan]（形）がやがやと騒がしい、喧騒だ

စီဇီညံညံ[siziɲaɲɲan]（副）甲高い声で、金切り声で、がやがやと

စီဒီရွမ်[sidirun]（名）シーディーロム <英

စီး[si:]（動）流れる

စီးဆင်း[si:s'in:]（動）流れる、流れ下る、流れ行く

စီးတွဲရေ၊ ဆည်တွဲကန်သင်း။（諺）入るを計って出ずるを制す（流れる水、貯める堰）

စီး[si:]（動）①乗る မြင်းစီးသည်။ 馬に乗る မီးရထားစီးသည်။ 汽車に乗る သင်္ဘောစီးသည်။ 乗船する လှေစီးသည်။ 舟に乗る ဖောင်စီးသည်။ 筏に乗る ②履く ဖိနပ်စီးသည်။ 履物を履く ③襲う、襲撃する ④မြို့ကိုသူပုန်ဝင်စီးမယ်။ この町は叛徒に襲撃される ④

（霊が）乗り移る、取り付く、憑依する သရဲစီးသည်။ 悪霊が取り付く

~စီး[si:~zi:]（助数）~台、漕、隻、頭 ကား:တစီး: 自動車1台 ကုန်လည်းတစီး 荷車1台 ဆင်တစီး 象1頭 လေယာဉ်တစီး 飛行機1機

စီးကြောင်းတိုက်[si:dʑaun:taiʔ]（動）牧童が牛又は水牛に乗って群を追う

စီးကြည့်[si:tʃi.]（動）①上から見下ろす ②乗って見る

စီးချင်းတိုက်[si:dʑin:taiʔ]（動）馬又は象に乗って戦う、一騎打ちをする

စီးချင်းထိုး[si:dʑin: t'o:]=စီးချင်းတိုက်

စီးနင်း[si:nin:]（動）①乗る、乗車する ②履く ③攻める、攻略する

စီးနင်းလိုက်ပါ[si:nin: laiʔpa]（動）（乗物に）乗って行く

စီးနင်းလိုက်ပါလာ[si:nin: laiʔpa la]（動）乗車してくる、乗ってやって来る

စီးပိုး[si:po:]（動）①乗っかかる ②嵩にかかる、私利を計る、自分に有利に計らう、私利を貪る

စီးရေ[si:je]（名）乗物の台数

စီးလားရိုက်[si:la: jaiʔ]（動）①前以って準備する、予め用意する ②馬に試乗する

စီးကရက်[si:kǝrɛʔ]（名）煙草 <英 Cigarette

စီးကရက်ညှိ[si:kǝrɛʔ ɲi.]（動）タバコに火を点ける

စီးကရက်ဗူး[si:kǝrɛʔ bu:]（名）タバコの箱、タバコの缶

စီးကရက်မှိန်း[si:kǝrɛʔ mein:]（動）タバコをくゆらせる

စီးကရက်သောက်[si:kǝrɛʔ tauʔ]（動）タバコを吸う、喫煙する

စီးပွါ:[si:pwa:]①（動）殖える、増大する ②[si:bwa:]（名）財、商品 ③儲け、利益

စီးပွါးပျက်[si:bwa: pjɛʔ]（動）経済が破綻する、家運が傾く、破産する =ေ၀လီဲ။

စီးပွါးပျက်ကပ်[si:bwa: pjɛʔkaʔ]（名）不景気、経済破綻

စီးပွါးပွင့်လန်း[si:bwa: pwin.lan:]（動）好況だ、繁盛する

စီးပွါးဖြစ်[si:bwa:p'jiʔ]（動）繁盛する、儲かる

စီးပွါးရေး[si:bwa:je:]（名）経済

စီးပွါးရေးကူညီမှုစာချုပ်[si:bwa:je: kuɲimu. sadʑouʔ]（名）経済協力協定

စီးပွါးရေးကဏ္ဍ[si:bwa:je: ganda.]（名）経済分野

စီးပွါးရေးကပ်[si:bwa:je:kaʔ]（名）不況、不景気、経済恐慌

စီးပွါးရေးကပ်ဆိုက်[si:bwa: je:kaʔs'aiʔ]（動）不況になる、不景気になる

စီးပွါးရေးကြပ်တည်း[si:bwa:je: tʃaʔtɛ:]（動）経済的に苦しい、経済的に窮屈だ

စီးပွါးရေးငွေတိုက်[si:bwa:je: ŋwedaiʔ]（名）商工無尽、相互銀行

စီးပွါးရေးစုံစမ်းရေးဌာန[si:bwa:je: sounzan: je: t'ana.]（名）経済調査局

စီးပွါးရေးဆုတ်ယုတ်[si:bwa:je: s'ouʔjouʔ]（動）景気が後退する、経済不況だ

စီးပွါးရေးတက္ကသိုလ်[si:bwa:je: tɛʔkəto]（名）経済大学

စီးပွါးရေးနိုင်ငံကြီး[si:bwa:je: nainganʤi:]（名）経済大国

စီးပွါးရေးပူးပေါင်းဆောင်ရွက်[si:bwa:je: pu: baun: s'aun jwɛʔ]（動）経済協力を実施する

စီးပွါးရေးပူးပေါင်းဆောင်ရွက်မှု[si:bwa:je: pu: baun: s'aun jwɛʔmu.]（名）経済協力

စီးပွါးရေးပိတ်ဆို့မှု[si:bwa:je: peiʔs'oṃu.]（名）経済封鎖

စီးပွါးရေးပိတ်ဆို့အရေးယူမှု[si:bwa:je: peiʔs'o. əje:jumu.] ＝စီးပွါးရေးပိတ်ဆို့မှု

စီးပွါးရေးပြုပြင်ပြောင်းလဲမှု[si:bwa:je: pju. bjin pjaun:lɛ:ṃu.]（名）経済改革

စီးပွါးရေးပြောင်[si:bwa:je: p'jaun.]（形）景気が上向く、景気が順調だ

စီးပွါးရေးပျက်ကပ်မှု[si:bwa:je: pjɛʔkaʔmu.]（名）経済破綻、経済恐慌

စီးပွါးရေးလုပ်ငန်း[si:bwa:je: louʔŋan:]（名）経済活動

စီးပွါးရေးလုပ်ငန်းရှင်[si:bwa:je: louʔŋan:ʃin]（名）企業家、企業経営者

စီးပွါးရေးသဘောထား:[si:bwa:je: dəbɔ:da:]（名）経済理念、経済観念

စီးပွါးရေးသမား:[si:bwa:je:dəma:]（名）商売人、利潤を追求する人

စီးပွါးရေးအကူအညီ[si:bwa:je: əkuəɲi]（名）経済協力

စီးပွါးရေးအခြေအနေ[si:bwa:je: ətʃ'e əne]（名）経済情勢

စီးပွါးရေးအချက်အလက်[si:bwa:je: ətʃɛʔəlɛʔ]（名）経済上の資料、データ

စီးပွါးရေးအထောက်အပံ့[si:bwa:je: ət'auʔ əpan.]（名）経済支援、経済援助

စီးပွါးရှာ[si:bwa: ʃa]（動）利潤を追求する、儲けを図る

စီးပွါးလမ်း[si:bwa:lan:]（名）稼ぎ、収入の道

စီးပွါးလမ်းဖြောင့်[si:bwa:lan: p'jaun.]（形）商売が順調だ、好況だ

စီးပွါးဥစ္စာ[si:bwa: ouʔsa]（名）財、財産

စီးဖြန်း[si:p'jan:]（動）黙想する、瞑想する、祈祷する　ကမ္မဋ္ဌာန်းစီးဖြန်းသည်။ 精神を集中する

စု[su.]（動）①集まる ②集める ③（金を）貯える

စုကြီးစုကိုင်[su.ʤi: su.gain]（名）王朝時代の役職名（軍人階層の支配者）

စုငွေ[su.ŋwe]（名）貯えた金、貯金、預金

စုစုပေါင်း[su.zu.baun:]（名）計、合計

စုစုပေါင်းပြည်တွင်းထုတ်ကုန်[su.zu.baun: pji dwin: t'ouʔkoun]（名）国内総生産＝ＧＤＰ

စုစုပေါင်းအမျိုးသားကုန်ထုတ်လုပ်မှု[su.zu.baun: əmjo:da: koun t'ouʔlouʔṃu.]（名）国民総生産＝ＧＮＰ

စုစုရုံးရုံး[su.zu. joun:joun:]（副）寄り集まって、かたまり合って、纏まって、集合して

စုစည်း[su.zi:]（動）束ねる、まとめる　အိပ်ရာခင်းများကိုစုစည်းချည်နှောင်သည်။ シーツを束ねて括る

စုစည်းခေါ်[su.zi: k'ɔ]（動）呼び集める

စုစပ်[su.zaʔ]（動）合資する

စုဆောင်း[su.zaun:]（動）①（物を）集める ②収集する ③募集する

စုဆောင်းငွေ[su.zaun: ŋwe]（名）集めた金、預金

စုဆောင်းရှာဖွေ[su.zaun: ʃap'we]（動）探し求める、捜索収集する

စုပေါင်း[su.paun:]（動）①一緒になる、合同する ②まとめる、合計する

စုပေါင်းဆုံးဖြတ်[su.paun: s'oun:p'jaʔ]（動）集団で決定する

စုပေါင်းဆွေးနွေး[su.paun: s'wɛ:nwe:]（動）集団で協議する

စုပေါင်းတီးမှုတ်ကြ[su.paun: ti:ṃouʔtʃa.]（動）団体演奏する

စုပေါင်းမျက်စိ[su.paun: mjɛʔsi.]（名）（昆虫の）複眼

စုပေါင်းရပ်သာ[su.paun: jeiʔta]（名）団地、集合住宅

စုပေါင်းလယ်ယာ[su.paun: lɛja]（名）集団農場、共同農場

စုပေါင်းလုပ်ကိုင်[su.paun: louʔkain]（動）集団で働く、合同で働く

စုပေါင်းလုပ်ဆောင်[su.paun: louʔsʔaun] (動) 合同で行う、共同で実行する

စုပေါင်းလုပ်အား[su.paun:louʔa:] (名) 共同作業

စုပေါင်းလုံခြုံရေး[su.paun: loungʒoun je:] (名) 集団防衛

စုပေါင်းအင်အား[su.paun: in a:] (名) 合同の力、集団力

စုပေါင်းအိမ်ရာ[su.paun:ein ja] (名) 団地、集合住宅

စုပုံ[su.poun] (動) ①積み重なる、山積みになる、山積する ②積み重ねる、積み上げる、山積みする

စုပြို[su.pjoun]① (動) 群がる、群れる ② (副) 群って

စုဘူး[su.bu:] (名) 貯金箱

စုရေး[su.je:] (名) 王朝時代の役人、官吏、軍人

စုရေးစုဂိုင်း[su.je:su.gain] (名) 王朝時代の官吏の身分

စုရုံး[su.joun:] (動) ①集まる、群がる、集合する ②集める

စုလိုက်ပုံလိုက်[su.laiʔ pounlaiʔ] (副) 積み重ねたままで、山積みの形で

စုဝေး[su.we:] (動) ①集まる、集う、集会する ②集める

စုစ်ပန်း[su.zaʔpan:] (植) ケタデ (タデ科) Polygonum barbatum

စုတိ[su.di] (動) 死ぬ、没する

စုတိစိတ်ကျ[su.ti.zeiʔ tʃa.] (動) 死の間際の心を安らかにする（枕元で ကြေးစည် を鳴らす）

စုဒိတက[su.di.təka.] (名) 被疑者、容疑者

စုဒိတကာ[su.di.dəka.] (名) 壇越、出家の面倒を見る人

စုတေ[su.de.] (動) 死ぬ、没する＝စုတိ

စုလစ်[su.liʔ] (名) 宮殿、寺院、宿坊等の屋根の上に取付けられた尖塔

စုလျာ[su.lja:] (名) ①肩を覆う薄い布 ②根元で括って先を横に垂らした髪型

စုလျာရစ်ပတ်[su.lja: jiʔpaʔ] (動) 王族が結婚する、華燭の典をあげる、王女がかしずく、挙式する（新郎新婦二人の肩に肩掛けを掛ける、二人の手を布で結び合わせる）

စူ[su] (動) ①膨れ上がる、盛り上がる အနာစူသည်။ 傷が腫れ上がる ချက်ကလေးစူသည်။ 出臍だ ②唇を尖らす、膨れっ面をする、不機嫌になる နှုတ်ခမ်းစူသည်။ 唇を尖らせる

စူကာ[suka:] (動) 膨れ上がる、膨張する

စူစု[suzu] (副) 唇を尖らせて、不機嫌な顔をして

စူအောင့်[su aun.] (動) 膨れっ面をする、口を尖らせる

စူကာ[suka] (植) タマゴトケイ、ミズレモン (トケイソウ科) Passiflora laurifolia

စူသီးနှယ်[sukadi:nwɛ] (植) オオミノトケイソウ、オオナガミクダモノトケイ (トケイソウ科) Passiflora quadrangularis

စူလိဖ္ဝာ[sulinəpʔa] (名) がらくた、寄せ集め

စူလဂဏ္ဍိ[sula.gandi.] (名) ビルマ仏教の宗派

စူလလိပ်၊ရေထဲလွှတ်။ (諺) 相手の思う壺 (スーラ亀を水中に放つ)

စူဠမဏိ[sulaməni.] (名) ①釈尊の聖髪を祀った「とう利天」にある舎利塔 ②パガンにある仏塔名 ③ザガイン郊外にある仏塔名 ＝ကောင်းမှုတော်ဘုရား

စူး[su:] (動) ①刺さる、突き刺さる ပုလင်းကွဲစူးသည်။ 瓶の破片が刺さった ②舌を刺す ③声が甲高い ④目が眩む、目がちかちかする မျက်စိစူးသည်။ ⑤匂いがきつい、鼻を突く အနံ့စူးသည်။ 刺激臭がする ⑥呪われる、罰が当る ဘုရားစူးသည်။ 神仏の崇りがある ⑦ (名) 錐

စူးကောက်[su:gauʔ] (名) ドリル、手回しドリル

စူးစူး[su:zu:] (副) まっすぐ、真正面に မြောက်စူးစူးသို့ပျံသန်းနေသည်။ 真北に向って飛んでいる တောင်အရပ်စူးစူးတွင်တည်ရှိသည်။ 真南に位置している အရှေ့ဘက်စူးသို့လျှောက်သွားသည်။ 真東へ歩いて行った

စူးစူးစိုက်စိုက်[su:zu: saiʔsaiʔ]＝စူးစိုက်

စူးစူးရှရှ[su:zu: ʃa.ʃa.] (副) 鋭く、甲高く

စူးစူးဝါးဝါး[su:zu: wa:wa:] (副) ① (声が) 甲高く、喚いて、響きわたって စူးစူးဝါးဝါးအော် 甲高い声 ②食い入るように စူးစူးဝါးဝါးစိုက်ကြည့်သည်။ 凝視する

စူးစိုက်[su:zaiʔ] (動) ①集中する、凝視する ② (副) じっと、真剣に、食い入るように

စူးစိုက်ကြည့်[su:zaiʔ tʃi.] (動) 凝視する、じっと見つめる

စူးစိုက်နာထောင်[su:zaiʔ na:tʔaun] (動) 耳を澄ませる、耳を傾ける

စူးစမ်း[su:zan:] (動) 調べる、取調べる、調査する

စူးထိုးစိုက်ပျိုး[su:tʔo: saiʔpjo:] (動) 棒植え栽培をする

စူးနေရာ၊ဆောက်နေရာဆောက်။ (諺) 適材適所 (錐には錐、鑿には鑿)

စူးရှ[su:ʃa.] (形) ①鋭い、尖鋭だ、先端が尖っている စူးရှထက်မြက်သောကျောက်ချွန်း 鋭く尖った岩

礁 ②視線が鋭い、きつい စူးရှသောမျက်လုံး ③音声が鋭い、甲高い အသံစူးရှသည်။ ④日差しが強い、強烈だ နေရောင်ကစူးရှလှသည်။ ⑤匂いが強烈だ、異臭がする အနံ့စူးရှသည်။

စူးဝါး[su:wa:] (形) ①声が甲高い ②匂いが強烈だ

စူးဝင်[su:win] (動) 突き刺さる、突き入る

စေ[si.] (名) 高祖父の曾祖父

စေ[si.] (動) ①（予定の時に）至る、達する、終了する ဆယ်လစေသည်။ １０か月が満了する ②（数が）満ちる、達する ③（お金が）ぴったりだ、丁度になる ④隙間なく塞ぐ、ぴったり閉ざす တံခါးစေသည်။ 扉をぴっちりと閉める နှုတ်ခမ်းကိုစေသည်။ 唇を閉ざす

~စေ[~si.] (助動) きっと、必ずや ဘုရားစူးရစေ။ 必ずや神仏の祟りがあるように စိတ်ချမ်းချမ်းသာသာနေရစေမယ်။ きっと幸せに暮せるようにする တစ်နေ့တော့သိစေမယ်။ その内きっと思い知らせてやる နေရာကောင်းတော့ရပါစေမယ်။ 必ずやよい場所を確保してやる

စေင[se.ŋa.] (形) 十分だ、存分だ、余す所がない

စေင့[se.ŋu.] (形) ①確かだ、確実だ、綿密だ ②慎重だ

စေင့်စွာ[se.ŋu.zwa] (副・文) 存分に、確実に、丹念に、子細に、綿密に

စေင့်သေချာစွာ[se.ŋu. tɕazwa]＝စေင့်စွာ

စေင့်အောင်[se.ŋu.aun] (副) 明確に、確実に、とっくりと

စေ့စိ[si.zi.] (副) 十分に、存分に、丹念に、じっくりと、注意深く

စေ့စိကြည့်[si.zi. tʃi.] (動) 丹念に見る、凝視する

စေ့စိစပ်စပ်[si.zi.sa'sa'] (副) とっくりと、じっくりと、丹念に ဓာတ်ပုံကိုစေ့စိစပ်စပ်ကြည့်သည်။ 写真に見入る

စေ့စေ့တွေး[si.zi. twe:] (動) じっくりと考える

စေ့စေ့တွေး၊ရေးရေးပေါ်။ (諺) よく考えれば自ずと判明する

စေ့စပ်[se.za'] (動) ①協調する、解決する ②調停する、丸く納める ③仲介する、仲を取り持つ ④徹底する、綿密にする、ちゃんとする、きちんとする အလုပ်လုပ်သည်အခါစေ့စပ်ရမည်။ 仕事をする時には完璧でなければならない

စေ့စပ်ကြောင်းလမ်း[se.za' tʃaun:lan:] (動) 婚約する

စေ့စပ်ဆွေးနွေး[se.za' s'we:nwe:] (動) 子細に協議する

စေ့စပ်ဆွေးနွေးပွဲ[se.za' s'we:nwe:bwɛ:] (名) 徹底協議

စေ့စပ်ပူးပေါင်း[se.za' pu:baun:] (動) 団体交渉する

စေ့စပ်သေချာ[se.za' tɕa] (形) 几帳面だ

စေ့စုံ[si.zounzwa] (副) 漏れなく、完璧に

စေ့ဆော်[se.s'ɔ] (動) ①促す、促進する、勧める ②刺激を与える、衝動をもたらす အမျိုးသားလွတ်မြောက်ရေးကိုစေ့ဆော်သည်စာပေ 民族解放を促す文学

စေ့ပိတ်[si.pei'] (動) ぴっちりと閉める

စေ့မြဲ[se.mje.] (形) 確かだ、秩序がある、きちんとしている、整然としている

စေ့မြောက်[se.mjau'] (動) 期間が満ちる、時期が至る ဆယ်လစေ့မြောက်၍၄င်း၊မြင်သည်။ １０ヶ月が経って分娩した

စေ[se] (動) ①遣わす、派遣する、送り込む ②命じる、命令を下す、指令する

~စေ[~se-ze] (助動) ①~させる အန်ဆေးဖြင့်အန်စေသည်။ 催吐剤で嘔吐させた အသီးသီးအိပ်ကြစေသည်။ それぞれ眠らせた ဆိုဖာပေါ်တွင်ကျွန်တော်ကိုထိုင်စေသည်။ ソファーの上に私を座らせた နေသည်ရေကိုခန်းခြောက်စေသည်။ 太陽は水を干上がらせる ကြက်သွန်ဖြူထဲရှိရောဂါပိုးများသေစေသောအာရှိသည်။ ニンニクの中には細菌を死なせる成分がある ②命令を現わす（現在では判決文で使用) ကြိုးနှင့်ချည်၍ယူခဲ့လေ။ ロープで縛って連行せよ ③祈願を現わす ဖွံ့ကြီးပါစေ။ 栄光偉大でありますように အသက်ရှည်ပါစေ။ 長寿でありますように ဆောင်းမြန်မြန်ရောက်ပါစေ။ 早く冬が来ますように

~စေကာမူ[~segamu] (接助) ~にも拘らず、~であっても、~にせよ、~ものの တိတိကျကျမဟုတ်စေကာမူသိသယောင်ယောင်ရှိသည်။ はっきりとではないにせよ、知っているようではあった လူပျိုလူရွယ်ပင်ဖြစ်စေကာမူခြုံခြုံဝတ်စားသည်။ 若者ではあったものの服装は質素だった အရေအတွက်ပမာကကြီးစေကာမူပေါ့သည်။ 数もサイズも大きかったが軽かった မှန်ဘီလူးဖြင့်ကြည့်စေမူမတွေ့တော့။ ルーペで見たけれども見つからなかった မည်မျှပင်တော်သူကောင်းသူဖြစ်စေကာမူချွတ်ယွင်းမှုနှင့်မကင်းနိုင်။ どんなに優秀な人でも欠点と無縁ではあり得ない

စေခိုင်း[sek'ain:] (動) 命ずる、させる、使役する、酷使する、使いに出す လိင်ကျွေးကျွန်အဖြစ်စေခိုင်းသည်။ 従軍慰安婦として酷使した

~စေချင်[~seʤin] (助動) ~してもらいたい、~して欲しい မြန်မြန်သွားစေချင်တယ်။ 早く行ってもら

いたい ဒါကိုသူတို့နား:လည်စေချင်တယ်။ この事は彼等に理解してもらいたい သိရင်ကျွန်တော်တို့ကိုပြောပြစေချင်တယ်။ 知っていれば私達に説明して欲しい စိတ်ချမ်းသာအောင်နေစေချင်တယ်။ 幸せに暮してもらいたい ချစ်သူကိုစားစေချင်တယ်။ 愛する人に食べてもらいたい

~စေခြင်းငှါ [~seʤin:ŋa] (接助) ~させるために နှစ်သိမ့်စေခြင်းငှါ၍သို့ဖြေလိုက်လေသည်။ 安心させるためにそう答えた အမေးကိုမဖြေစေခြင်းငှါဘာမျှမပြောဘဲ အမေးငှါ အဖြေမပေးနိုင်ရင် 質問に答えられないよう何も言わなかった

စေတာ: [seza:] (動) 使う、こき使う、使役する

စေတမန် [setəman] (名) 使節

စေပါ: [seba:] (動) 送る

~စေရန် [~sejan] (接助) ~するために、~するべく、~するには

~စေလို [~selo] (助動) ~してもらいたい ကျုပ်ကိုကတိပေးစေလိုပါတယ်။ 僕に約束してもらいたい ကျုပ်ကိုချက်ခြင်း အကြောင်းကြား:စေလိုပါတယ်။ 直ぐに僕に報告して貰いたい

စေလွှတ် [seɬuʔ] (動) 派遣する、遣いに出す、送り出す

~စေသတည်: [~sedədi:] (助辞) 文末で使用、祈願を現わす、~であるように အပူအချမ်း:တို့သည်မရှိကုန်စေသတည်:။ 暑さや寒さがありませんように

~စေသော: [seda:] (助辞) 文末で使用、祈願を現わす、~でありますように ဘီလူး:တထောင်စုံကြပါစေသော:။ 1千頭の羅刹が全滅しますように

~စေသော [sedɔ:] (助辞) 文末で使用、祈願を現わすように~であるようにအောင်စေသော။ 成就しますように ကောက်ပဲကောင်း:၍ပြောသာယာပါစေသော။ 穀物がよく採れて豊でありますように အသက်ရာကျော်ရှည်စေသော။ 百歳以上長寿でありますように

~စေအံ့သောငှါ [~se anɔ:ŋa] (接助) ~させるために、~させようとして အပင်မပေါက်စေအံ့သောငှါ အညွန်းထွက်ရာနေရာကိုမှား:ရိုး:ဖြင့်ထိုး:ဖောက်ထည်။ 木を生えさせないようにするため出た芽を鎌の柄でえぐり出した

စေတနာ့ [sedəna.] (形) စေတနာ の斜格形、善意の

စေတနာ့ဝန်ထမ်: [sedəna.wundan:] (名) 無料奉仕者、勤労奉仕者、ボランテイアー

စေတနာ [sedəna] (名) ①気、気持、気立て、気性、性質 ②誠意、心遣い

စေတနာကောင်: [sedəna kaun:] (形) 気立てがよい、親切だ

စေတနာဆို: [sedənazo:] (名) 悪意

စေတနာတရား:ရှိ [sedəna təja: ʃi.] (動) 誠意がある

စေတနာထာ: [sedəna t'a:] (動) 気を配る

စေတနာထက်တန် [sedəna t'ɛʔtan] (形) 熱意だ、熱意がある、情に厚い、気前がよい

စေတနာပျက် [sedəna pjeʔ] (動) 愛想が尽きる、誠意が無くなる、心遣いが無駄になる

စေတနာရောက် [sedəna jauʔ] (動) 心が向く、気持が赴く

စေတနာရှင် [sedəna ʃin] (名) 善意の持主、慈善家

စေတီ [zedi] (名) 仏塔、パゴダ

စေတီပုံ [zediboun] (名) 円錐形

စေ: [si:-se:] (形) 粘りがある、ねばねばする、べとつく

စေ:ကပ် [si:kaʔ] (形) 粘り気がある

စေ:ကပ်ကပ်ဖြစ် [si:kaʔkaʔ p'jiʔ] (動) ねばねばする

စေ:ထိုင် [si:t'ain:] (形) 粘ばつく

စေ:ထိုင် [si:t'an:] (形) 粘ばつく、やや粘る

စေ:နဲ [si:nɛ:] (形) けちだ、吝嗇だ

စေ:နဲ့ [si:nɛ:] (形) =စေ:နဲ

စေ:ပိုင် [si:pain] (形) ねばねばする、べとべとする

စေ:ပျစ် [si:bjiʔ] (形) 粘つく、べとつく

စေ:ပျစ်ပျစ်နဲ့ [si:pjiʔbjiʔnɛ.] (副) 粘ば粘ばしていて

စေ:မခန်: [se:məkan:] (植) サケバヤトロパ Jatropha multifida

စဲ [sɛ:] (動) 止む、停まる မိုးစဲသည်။ 雨が上がる အသံစဲသည်။ 音が止む ရန်ပွဲစဲသည်။ 争いが止む

စဲစဲ [sɛ:zɛ:] (副) 新鮮で=အသစ်စစ်

စော် [sɔ] (名) 臭気、悪臭 ＜အစော်

စော်နံ [sɔnan] (形) 臭い、悪臭がする ချဉ်ဖတ်စော်နံသည်။ 漬物の匂いがする ဆေ:လိပ်ခိုး:စော်နံသည်။ タバコの煙の匂いがする ငါ:စိမ်:စော်နံသည်။ 生魚の匂いがする ငါ:ပိစော်နံသည်။ 魚醤の匂いがする

စော်ကား: [sɔga:] (動) ①侮辱する、無礼を働く、蔑ろにする、コケにする ②凌辱する、犯す

စော်ကား:မော်ကား: [sɔga: mɔga:] (副) 相手を侮辱して

စော်ကား:မော်ကား:ပြု [sɔga:mɔga: pju.] (動) 侮辱する、蔑ろにする

စော်ကား:မော်ကား:ပြုမှု [sɔga:mɔga: pju.mu] =စော်ကား:မော်ကား:ပြု

စော်ကား:မော်ကား:လုပ် [sɔga:mɔga: louʔ] =စော်ကား:မော်ကား:ပြု

စော်ကဲ [sɔkɛ:] (名) カレン族の (昔の) 首長

စော်ဘွား:စာ [sɔbwa:za] (植) エンベリア (ヤブコウ

ジ科）Embelia ribes

ေစာ်ဘွာ:[sɔbwa:]（名）シャン族の（昔の）世襲的首長 ＜シャ Tsao Pha cf. タ Cao Fa

ေစာ[sɔ:]（形）（時間的に）早い、（時期的に）早い

ေစာေၾကာ[sɔ:tʃɔ:]（動）問い質す、究明する、取調べる

ေစာေစာ[sɔ:zɔ:]（副）①早く、早めに、早々と ေစာေစာအိပ်သည်။ 早めに寝る ②朝早く မနက်ေစာေစာ 朝早く

ေစာေစာက[sɔ:zɔ:ga.]（副）①先程、先刻 ②以前には ေစာေစာကထက် 以前よりは

ေစာေစာစီးစီး[sɔ:zɔ:si:zi:]（副）（時間的に）早々と、早めに、真っ先に

ေစာေစာပိုင်း[sɔ:zɔ:bain:]（名）初期

ေစာအက[sɔ:dəga.]（名）①取調べ、尋問 ②弁解、言い訳、口実

ေစာအကတက်[sɔ:dəka.tɛʔ]（動）反論する、異議を唱える、疑義がある

ေစာအကရှိ[sɔ:dəka.ʃi]（動）疑義がある

ေစာအကဝင်[sɔ:dəka.win]（動）反論する、反ばくする

ေစာအနာ[sɔ:dəna]①（動）取調べる、査問する、尋問する ②責める、叱責する ③（名）査問、尋問 ④叱責

ေစာပြာ[sɔ:bja]（植）タルト（アオギリ科）Pterocymbium tinctorium

ေစာရ[sɔ:ja.]（名）盗賊、泥棒

ေစာရနက္ခတ်[sɔ:ja.nɛʔkʰaʔ]（名）盗賊星、泥棒星

ေစာရနက္ခတ်ယှဉ်[sɔ:ja.nɛʔkʰaʔʃin]（動）悪い星の下に生れる

စို[so.]（名）①（西に現れる）虹 cf. သက်တံ ②リベット、鋲、楔 ③冷鉄用たがね ④新芽

စိုပေါက်[so.pauʔ]（動）虹が出る

စို[so.]（動）①吸う、しゃぶる、すする နို့စိုသည်။ 父を吸う ②滲む、滲み出る ေသွးစိုသည်။ 血が滲む ခြေးစိုသည်။ 汗ばむ ③露む、露出する

～စို[~so.~zo.]（助動）勧誘を現わす、～しよう ဒီမှာခဏနာ:ကြစို့ ここで暫く休もう တိုတိုဆိုကြပါစို့ 小声で話そう ရုပ်ရှင်သွာ:ကြည်ကြစို့ 映画を見に行こう ရှာကြပါအုံးစို့ これから探そう

စိုစိုပိုပို[so.zo.po.bo.]（副）大量に、沢山、ふんだんに

စို[so]（形）①濡れいれる、湿っている စိုကုန်ေတာ့မှာ။ 濡れてしまうよ ②艶がある、鮮やかだ

စိုစိစိ[sosi.zi.]（副）①冷たく、素っ気無く、冷淡に ②口をあまり開けずに、ぼそぼそと ေစာ:ကိုစိစိပြောေလ့ရှိယ်။ ぼそぼそと話す癖がある

စိုပြည်ပြည်[sozopjebje ʃi.]（形）①活き活きしている、艶々している、瑞々しい ②賑やかだ、活気がある

စိုစတ်[sosuʔ]（形）濡れている

စိုထိုင်:[sotʰain:]（形）湿っている、湿気が多い

စိုထိုင်:ဇ[sotʰain:za.]（名）湿度

စိုထိုင်:ထိုင်:ဖြစ်[sotʰain:dain:pʰjiʔ]（名）じめじめしている

စိုထိုင်:မှု[sotʰain:mu.]（名）湿り気

စိုထန်[sotʰan:]（形）湿気がある、湿っぽい ①繁茂している ②皮膚に艶がある

စိုပြေ[sopje]（形）①瑞々しい、艶がある、肌が滑々している、生き生きしている ②草木が青々している、繁茂している

စိုရွှေ[soʃwe:]（形）ずぶ濡れだ

စိုေသာ်လက်၊ မေခြောက်ေစနှင်။ ။（諺）友は大事にせよ、失うべからず（濡れた手は乾かすな）

စိုး[so:]（動）治める、支配する、統治する

စိုးစံ[so:san]（動）君臨する、統治する

စိုးပိုင်[so:pain]（動）支配する、占有する

စိုးမိုး[so:mo:]（動）支配する、統治する、君臨する

စိုးမိုးေရ:[so:mo:je:]（名）支配、君臨

စိုးအုပ်[so:ouʔ]（動）統治する＝အုပ်စိုး

စိုး[so:]（動）気にかける、懸念する、心配する မင်:တို့အိုက်မှာစိုးတယ်။ 君達は暑いのではないかと気にかけている

စိုးစဉ်:[so:zin:]（名）少し、ごく僅か、いささか、ちょっぴり

စိုးစဉ်:မျှ[so:zin:mja.]（副・文）少しも、いささかなりとも အလင်:ေရာင်ဟူ၍စိုးစဉ်:မျှမရှိပါ။ 明りといっては少しもない

စိုးထင်နေပုံရ[so:tʰin.neboun ja.]（動）憂えている様子だ、心配しているようだ

စိုးရိမ်[so:jein]（動）憂える、憂慮する、心配する

စိုးရိမ်ေၾကာင်ၾက[so:jein tʃaun.dʒa.mu.]（名）心配、不安、惧れ、懸念、危惧

စိုးရိမ်ၾကီ:[so:jein dədʒi:]（副）心配して、心配げに、心配そうに

စိုးရိမ်ပုန်[so:jein puban]（動）心配する、不安に思う、憂慮する

စိုးရိမ်မကင်:[so:jein məkin:]（副）心配を免れない、心配と無縁ではない

စိုးရိမ်မကင်:ဖြစ်[so:jein məkin:pʰjiʔ]（形）気懸かりだ、心配になる

စက်

စိုးရိမ်မကင်းရှိ[so:jein məkin: ʃi.]（動）心配がある、懸念している
စိုးရိမ်မှု[so:jeinmu.]（名）不安、憂慮
စိုးရွံ့[so:jun.]（動）畏怖する、畏敬の念を抱く
စက်[sɛʔ]（動）①（国王が）就寝なさる စက်တော်ခေါ်သည်။ 御就寝なさる ②転移する、連鎖する、繋がる ဇယ်စက်သည်။ おはじきを弾く ကူးစက်သည်။ 伝染する ③較べる ရွှေနှင်းစက်သည်။ 金と比べる
စက်[sɛʔ]（名）①機械 ②製作所、製造所 ဆန်စက် 精米所 ③輪、環 စက်ဝိုင်း 真円 ④仏陀の掌にある紋様 စက်တော်ရာ 仏足跡 ⑤権力、威力、勢力 ⑥（武器としての）円盤、回転円盤 ⑦帝釈天の金剛杵 ⑧標的 ⑨超人の口中から発せられる炎 ခံတွင်းမှစက်ပြောင်ပြောင်ထွက်သည်။ 口の中から炎がめらめらと出た ⑩（助数）滴 ရေစက်တစက် 水滴1滴
စက်ကလေး[sɛʔ kəle:]（名）軽機関銃
စက်ကိရိယာ[sɛʔ kəri.ja]（名）機器、機械部品
စက်ကတ်ကြေး[sɛʔ kaʔtʃi:]（名）バリカン
စက်ကြီး[sɛʔtʃi:]（名）重機関銃
စက်ကြိုး[sɛʔtʃo:]（名）①機械のベルト、機械を取付けたワイヤー ②滑車に取付けたロープ、綱
စက်ကွင်း[sɛʔkwin:]（名）①回転円盤 ②範囲、勢力範囲 ③磁場 ④標的
စက်ခလုတ်[sɛʔ kʰəlouʔ]（名）機械のスイッチ
စက်ခေါင်း[sɛʔgaun:]（名）①エンジン ②機関車
စက်ခေါင်းဖုံး[sɛʔgaun:pʰoun:]（名）（自動車の）ボンネット
စက်ခေါင်းမောင်း[sɛʔgaun:maun:]（名）（汽車の）機関士
စစ်ခုတ်[sɛʔkʰouʔ]（動）エンジンが始動する、機械が駆動する
စက်ခန်း[sɛʔkʰan:]（名）エンジン・ルーム、機関室
စက်ခန်းအုပ်[sɛʔkʰan:ouʔ]（名）機関長
စက်ချုပ်[sɛʔ tʃʰouʔ]①（動）ミシンを踏む、ミシンで縫う ②（名）ミシン縫製
စက်ချုပ်လက်ချုပ်[sɛʔtʃʰouʔ lɛʔtʃʰouʔ]（名）ミシン縫い手縫い
စစ်ဆရာ[sɛʔ sʰəja]（名）技師、エンジニア
စက်ဆီ[sɛʔsʰi]（名）エンジン・オイル、機械油、グリース
စစ်တော်ရာ[sɛʔtɔja]（名）仏足跡
စက်တင်ရိုက်[sɛʔtin jaiʔ]（動）タイプで打つ
စက်တိုင်[sɛʔtain]（名）①絞首台、断頭台 ②標的柱
စက်တိုင်တက်[sɛʔtain tɛʔ]（動）絞首台に上がる
စက်တိုင်တင်[sɛʔtain tin]（動）絞首台に架ける

စက်တပ်သင်္ဘော[sɛʔtaʔ tin:bɔ:]（名）エンジン付きの船舶
စက်ထွန်[sɛʔtʰun]（名）回転まぐわ、除草機
စက်နာရီ[sɛʔ naji]（名）電池時計
စက်နှိုး[sɛʔ nʰo:]（動）エンジンを始動させる
စက်နှိုးမော်တာ[sɛʔnʰo: mota]（名）セル・モーター、発動機
စက်ပစ္စည်း[sɛʔpjiʔsi:]（名）部品、スペヤーパーツ
စက်ပုန်းခုတ်[sɛʔpoun:kʰouʔ]（動）密かに行う、秘密裡に実行する、暗躍する
စက်ပျက်[sɛʔ pjɛʔ]（動）機械が故障する、エンジンが故障する
စက်ဖုံး[sɛʔpʰoun:]（名）（自動車の）ボンネット
စက်ဘီး[sɛʔbein:]（名）自転車
စက်ဘီးခေါင်းလောင်း[sɛʔbein: kaun:laun:]（名）自転車のベル
စက်ဘီးစီး[sɛʔbein: si:]（動）自転車に乗る
စက်ဘီးနင်း[sɛʔbein: nin:]（動）自転車を漕ぐ
စက်ဘီးတာယာ[sɛʔbein: taja]（名）自転車のタイヤ
စက်ဘီးပြိုင်ပွဲ[sɛʔbein: pjainbwɛ:]（名）自転車競技
စက်မဲ့လေယာဉ်[sɛʔmɛ.lejin]（名）グライダー
စက်မောင်း[sɛʔmaun:]（名）機械工
စက်မောင်းတံ[sɛʔmaun:dan]（名）起重機、クレーン
စက်မှု[sɛʔmu.]①（名）工業 ②（形）機械の
စက်မှုခုနစ်နိုင်ငံ[sɛʔmu.kʰunnənaingan]（名）先進7ヶ国、G7
စက်မှုခုနစ်နိုင်ငံထိပ်သီးအစည်းအဝေး[sɛʔmu.kʰunnənaingan teiʔti: əsi:əwe:]（名）先進7ヶ国首脳会議
စက်မှုဇုန်[sɛʔmu.zoun]（名）工業地帯、工業地区
စက်မှုတက္ကသိုလ်[sɛmu.tɛʔkətɔ]（名）工業大学
စက်မှုထုတ်ကုန်ပစ္စည်း[sɛʔmu.tʰouʔkoun pjiʔsi:]（名）工業製品
စက်မှုနိုင်ငံကြီး[sɛʔmu.naingandʒi:]（名）工業国
စက်မှုပညာ[sɛʔmu.pjinɲa]（名）工業技術、メカニック
စက်မှုလက်မှု[sɛʔmu. lɛʔmu.]（名）工業、製造業、産業
စက်မှုလုပ်ငန်း[sɛʔmu.louʔŋan:]（名）工業
စက်မှုလုပ်ငန်းရှင်[sɛʔmu. louʔŋan:ʃin]（名）工業経営者
စက်မှုဝန်ကြီးဌာန[sɛʔmu. wundʒi:tʰana.]（名）工業省

စက်ယက်ကန်း[sɛʔ jɛʔkan:] (名) 自動織機
စက်ယန္တရား[sɛʔ jan:dəja:] (名) 機関、機構、メカニズム
စက်ရုပ်[sɛʔjouʔ] (名) ロボット
စက်ရုံ[sɛʔjoun] (名) 工場 ဆပ်ပြာစက်ရုံ 石鹸工場 ဓာတုဗေဒစက်ရုံ 化学工場 မော်တော်ကားစက်ရုံ 自動車工場 လယ်ယာသုံးပစ္စည်းစက်ရုံ 農業機械工場 သံမဏိစက်ရုံ 鋼鉄工場 စက်ရုံမှူး 工場長 စက်ရုံအလုပ်သမား 工場労働者
စက်ရှိန်[sɛʔʃein] (名) エンジンの回転
စက်ရှိန်မြှင့်တင်[sɛʔʃein m̥jin.tin] (動) エンジンの回転を上げる
စက်ရှိန်လျှော့[sɛʔʃein ʃɔ.] (動) エンジンの回転を下げる
စက်လုံး[sɛʔloun:] (名) 球、真球
စက်လှေ[sɛʔ l̥e] (名) エンジン付きの舟 cf. ရက်လှေ
စက်လှေကား[sɛʔ l̥ega:] (名) エスカレーター cf. ဓာတ်လှေကား: エレベーター
စက်လှည့်လှန်[sɛʔ l̥ɛ.lun] (名) ドリル、穿孔機
စက်ဝိုင်း[sɛʔwain:] (名) 円、真円
စက်ဝိုင်းခြမ်း[sɛʔwain:dʒan:] (名) 半円
စက်ဝိုင်းခြမ်းပုံ[sɛʔwain:dʒan:boun] (名) 半円形
စက်ဝိုင်းဘိုင်း[sɛʔwain:bain:] (名) 弧
စက်ဝိုင်းပုံ[sɛʔwain:boun] (名) 円形
စက်ဝိုင်းလုံးချွန်[sɛʔwain:loun:dʒun] (名) 円錐形
စက်ဝန်း[sɛʔwun:] (名) 円周
စက်ဝန်းတခြမ်း[sɛʔwun: təʧan:] (名) 半円
စက်သမား[sɛʔtəma:] (名) 機械工
စက်သီး[sɛʔti:] (名) 滑車、釣瓶
စက်သေနတ်[sɛʔtəna] (名) 機関銃
စက်သေနတ်ကြီး[sɛʔtənaʔʧi:] (名) 重機関銃
စက်သေနတ်ဆင်[sɛʔtənaʔ s'in] (動) 機関銃を据え付ける
စက်ဆီ[sɛʔtoun:s'i] (名) 機械油、エンジン・オイル
စက်အမြောက်[sɛʔəmjauʔ] (名) 機関砲
စက်အလည့်ကောင်း[sɛʔəl̥ɛ.kaun:] (動) 人を巧みに操る、背後から操る
စက္ကတုံး[sɛʔkədoun:] (植) ガマリ (トウダイグサ科) Trewia nudiflora
စက္ကဝေ[sɛʔkəwɛʔ] (鳥) モモイロペリカン (ペリカン科) Pelecanus onocrotalus
စက္ကူ[sɛʔku] (名) 紙
စက္ကူကပ်[sɛʔku kaʔ] (動) 紙を貼る
စက္ကူကြမ်း[sɛʔkudʒan:] (名) 藁半紙
စက္ကူချပ်[sɛʔkudʒaʔ] (名) 書類挿み

စက္ကူစက်[sɛʔkuzeʔ] (名) 製紙工場
စက္ကူထီး[sɛʔkudi:] (名) 唐傘
စက္ကူပန်း[sɛʔkuban:] ① (名) 造花 ② (植) イカダカズラ (オシロイバナ科) Bougainvillae spectabilis ③ テリハイカダカズラ B.glabra
စက္ကူပျော့ဖတ်[sɛʔkubjɔ.baʔ] (名) パルプ
စက္ကူဖြူ[sɛʔkubju] (名) 白紙
စက္ကူမြှား[sɛʔkum̥ja:] (名) 紙飛行機
စက္ကူလက်ထုပ်ပုဝါ[sɛʔku lɛʔtouʔ pəwa] (名) 紙ナプキン
စက္ကူလုပ်နည်း[sɛʔku louʔni:] (名) 製紙法
စက္ကူအိတ်[sɛʔku eiʔ] (名) 紙袋
စက္ကန့်[sɛʔkan.] (名) 秒
စက္ကန့်တံ[s:ʔkan.dan] (名) (時計の) 秒針
စက္ကူ[sɛʔʧa.] (動) よく行き来する、よく姿を現わす
စက္ခု[sɛʔk'u.] (名) 目 <パ Cakkhu ဒိဗ္ဗစက္ခု 神眼、天眼 ပသာဒစက္ခု 肉眼
စက္ခုအာရုံ[sɛʔk'u. ajoun] (名) 視覚、視力
စက္ခုအာရုံကြော[sɛʔk'u. ajoundʒɔ:] (名) 視覚、視力
စက္ခုငှဲ့ချ[sɛʔk'oundəre ʧa.] (動) 視線を下に向ける、うつむいて見る
စက်စက်[sɛʔsɛʔ] (副) ①ぼとぼと、ぼたりぼたり ②新鮮で、鮮やかで
စက်ဆုပ် = စက်ဆုပ်
စက်ဆုပ်[sɛʔs'ouʔ] (動) ①忌み嫌う、嫌悪する ②厭になる、厭がる ③忌わしく思う、気味悪がる、気味が悪い
စက်ဆုပ်ဘွယ်ရှိ[sɛʔs'ouʔpwɛ ʃi.] (形) 忌わしい
စက်ဆုပ်မုန်းတီး[sɛʔs'ouʔ moun:di:] (動) 気味悪がる、厭がる
စက်ဆုပ်ရွံရှာ[sɛʔs'ouʔ junʃa] (動) 気味悪がる、忌わしく思う
စက်ဆုပ်ရွံရှာစရာကောင်း[sɛʔs'ouʔ junʃazəja kaun:] (形) 気味が悪い
စက်ဆုပ်ရွံရှာဘွယ်ကောင်း[sɛʔs'ouʔ junʃabwɛ kaun:] (形) 忌まわしい、気持が悪い
စက်တော်ခေါ်[sɛʔtɔk'ɔ] (動) (国王が) 就寝なさる
စက်တော်ဖြန့်[sɛʔtɔ p'jan.] (動) (国王が) 行幸なさる
စက်တင်ဘာလ[sɛʔtinbala.] (名) 九月
စက်တန်း[sɛʔtan.] (名) ①虹=သက်တံ ② (病) 鼠径リンパ肉腫
စက်ရှင်တရားရုံး[sɛʔʃin təja:joun:] (名) 刑事裁判所、刑事法廷 (殺人、強盗等の凶悪犯罪を裁く、民

စက်ရှင်တရားသူကြီး[sɛʔʃin təjaːtuʨiː] (名) 治安判事、刑事裁判官

စက်လက်[sɛʔlɛʔ] (副) ぽたぽたと မျက်ရည်စက်လက်ဖြင့်ပြောဆိုလိုက်သည်။ 涙を流しながら語った

ဇောက်[sauʔ] (形) 険しい、峻険だ、急勾配だ

ဇောက်[sauʔ] (名) ①膣、女陰 ②[zauʔ]深さ、深度 ③ (船舶の) 喫水

ဇောက်ကမြင်းမ[sauʔ kəmjinːma.] (名) 罵倒語、あばずれ、淫乱女 =သောက်ကမြင်းမ

ဇောက်ကန်းမ[sauʔkanːma.] (名) 罵倒語

ဇောက်ခေါင်း[sauʔkʼaunː] (名) (女性の) 尿道

ဇောက်ချ[zauʔʨʰa.] (副) ①一心不乱に、専念して、只ひたすら、ひたむきに ②真下に向って

ဇောက်ချဆောင်ရွက်[zauʔʨʰa. sʼaun jwɛʔ] (動) 専念する、専心する

ဇောက်ချပြီး[zauʔʨʰa.piː] (副) =ဇောက်ချ

ဇောက်ချရွ[zauʔʨʰa.jwe.] (副・文) =ဇောက်ချ

ဇောက်ချရေး[zauʔʨʰa. jeː] (動) 一気に書く

ဇောက်ချလေ့လာ[zauʔʨʰa. le.la] (動) ひたすら研究する

ဇောက်ထိုးဇောက်ထိုး[zauʔtʼi.zauʔtʼoː] (副) 上下逆に、上下逆に

ဇောက်ထိုး[zauʔtʼoː] (副) 逆様に、上下逆になって =ဦးခေါင်းဇောက်ထိုး

ဇောက်ထိုးကျ[zauʔtʼoː tʃa.] (動) 真逆様に落ちる

ဇောက်ထိုးမိုးမျှော်[zauʔtʼoː moːmjɔ] (副) 逆様に

ဇောက်ပင်[sauʔpa] (名) 女陰

ဇောက်ပျင်းထူ[sauʔpjinː tʼu] (形) 怠け者だ

ဇောက်မြင်ကပ်[sauʔmjin kaʔ] (動) 目障りだ、見るのも厭だ

ဇောက်ရူး[sauʔjuː] (名) 罵倒語

စိုက်[saiʔ] (動) ①植える、栽培する အာလူးစိုက်သည်။ 馬鈴薯を植える ကြက်သွန်စိုက်သည်။ 玉葱を植える ② (棒や杭を) 立てる ③立て替える ငွေစိုက်ပေးသည် お金を立て替えてくれた

စိုက်ကြည့်[saiʔtʃi.] (動) 見つめる、凝視する

စိုက်ခင်း[saiʔkʼinː] (名) 農園、菜園、果樹園

စိုက်ထူ[saiʔtʼu] (動) (棒や杭を) 立てる、建てる

စိုက်စိုက်[saiʔsaiʔ] (副) 真直ぐに

စိုက်စိုက်စိုက်စိုက်[saiʔsaiʔsaiʔsaiʔ] (副) ①脇目も振らずに、只ひたすら ②頭を下げて、項垂れたまま

စိုက်စိုက်မတ်မတ်[saiʔsaiʔmaʔmaʔ] (副) 真直ぐに、脇目も振らずに

စိုက်ထူ[saiʔtʼu] (動) 立てる、打ち立てる、樹立する

စိုက်ထုတ်[saiʔtʼouʔ] (動) 立て替える、立て替えて支払う

စိုက်နားထောင်[saiʔnaːtʼaun] (動) 耳を傾ける、熱心に聴取する

စိုက်ပေး[saiʔpeː] (動) 立て替える、立て替えて支払う

စိုက်ပျိုး[saiʔpjoː] (動) 栽培する

စိုက်ပျိုးခင်း[saiʔpjoːginː] (名) 農園

စိုက်ပျိုးရေး[saiʔpjoːjeː] (名) 栽培、農業

စိုက်ပျိုးရေးတက္ကသိုလ်[saiʔpjoːjeː tɛʔkətoː] (名) 農業大学

စိုက်ရွ[saiʔjwe.] (副) じっと、一心に သူများပြောသမျှကိုစိုက်ရွနားထောင်သည်။ 他人が話す事柄に熱心に耳を傾ける

စိုက်လိုက်မတ်တတ်[saiʔlaiʔmaʔtaʔ] (副) ①脇目も振らずに、まっすぐに、曲がる事なく ②熱心に、只ひたすらに、専念して ခရီးသွားသည်စိုက်လိုက်မတ်တတ်လျှောက်သွားသည်။ 旅人は脇目も振らずに歩み去った

စင်[sin] (名) ①棚 ②台 ③壇、舞台

စင်တို[sin tʼoː] (動) 棚を作る

စင်မြင့်[sinmjinː] (名) 壇

စင်[sin] (形) 清らかだ、清潔だ、汚れがない、残存物がない ခွေးကခွက်ကိုစင်အောင်လျှာဖြင့်လျက်လိုက်သည် 犬が舌で皿をきれいに舐めた

စင်ကြယ်[sintʃɛ] (形) 清潔だ、清浄だ、清らかだ、汚れがない

စင်စင်[sinzin] (副) すっかり、完全に မိုးစင်စင်လင်းသည်။ すっかり夜が明けた

စင်စစ်[sinziʔ] (副) 事実、実際、確かに、本当に

စင်စစ်မူ[sinziʔmu] (副) 実を言うと、本当の所

စင်စစ်သော်ကား[sinziʔtʼɔga.] (副) 実は、現実には、本当は

စင်စစ်အားဖြင့်[sinziʔ aːpʼjin.] (副) 確かに、事実、実際に、本当に

~စင်[sin] (副助) ~さえ、~も ဤသို့စင်ပင်ပန်းတော်မူလေစွ။ それ程までにお疲れになったのだ

စင်ကာပူ[singapu] (国) シンガポール

စင်ကိုနာ[sinkona] (植) キナノキ (キニーネが採れる) <英 Cinchona

စင်တီဂရိတ်[sintigərei] (名) 摂氏

စင်တီမီတာ[sintimita] (名) センチメートル

စင်တော်[sindɔ] (名) 勅命で設立された人形劇団

စင်ပြိုင်[sinbjain] (名) 並立、併存

စင်ပြိုင်အစိုးရ[sinbjain əsoːja.] (名) 対立政府、敵対政府

စင်ပြိမ်း[zinbjun:]（植）ロワダン（ビワモドキ科） Dillenia pentagyna 花は黄色、皮は厚い

စင်ရော်ငှက်[zinjɔ ŋɛˀ]（鳥）キバシカワアジサシ（カモメ科）Sterna aurantia

စင်း[sin:]①（形）真直ぐだ、一直線に伸びている စင်းသောမျက်စိ 細い目 ②目が座っている、不動だ、反応しない ③（動）伸ばす ④刻む、細切りにする ⑤（助数）機、台、隻、本 လေယာဉ်ပျံတစင်း 飛行機1機 ကားတစင်း 自動車1台 တက္ကစီတစင်း タクシー1台 လှေယယ်တစင်း 小舟1艘 မီးသင်္ဘောတစင်း 汽船1隻 (刀、槍、弓) 本 မြှားတစင်း 矢1本

စင်းချော[sin:ʨɔ:]（名）普通、並み、平凡

စင်းစင်းကြီး[sin:zin:ʨi:]（形）長々と、だらりと

စင်းလုံး[sin:loun:]（副）丸々、そっくり စင်းလုံးငှါးလေယာဉ် チャーター機

စင်းလုံးချော[sin:loun:ʨɔ]（名）①完璧、完全無欠な存在 ②優等生、模範生、世話のやけない子

စင်းလျင်း[sin:ljin:]（副）常に、絶えず

စင်းလျင်းဝပ်တွား[sin:ljin:wuˀtwa:]（動）絶えず畏まる

စင်္ကြံ[zinʨan]（名）①往復 ②歩道 ③回廊、通路 廊下 ④プラットホーム <サ Caṅkrama

စင်္ကြံလျှောက်[zinʨan ʃauˀ]（動）行ったり来たりする

စောင့်[saun.]（動）①待つ、待機する ကား:စောင့်သည် ။ 自動車を待つ ②見張りをする ခွေးစောင့်သည် ။ 犬が番をする ③守る、順守する、身を慎む သီလစောင့်သည် ။ 八戒（又は十戒）を持する

စောင့်ကြပ်[saun.ʨaˀ]（動）監視する、見張る、保護監督する

စောင့်စား[saun.za:]（動）待つ、待機する、待望する、期待する

စောင့်စောင့်စည်းစည်း[saun.zaun.si:zi:]（副）慎重に、自制して

စောင့်စည်း[saun.zi:]（動）行動を慎む、抑制する、自制する、身を慎む

စောင့်ဆိုင်း[saun.sʰain:]（動）待つ、待機する、待ち望む

စောင့်ထိန်း[saun.tʰein:]（動）①守る、保護する、保護監督する ②順守する ③抑える、抑制する

စောင့်မ[saun.ma.]（動）援助する、支援する

စောင့်မျှော်[saun.mjɔ]（動）待つ、待機する、待ち望む

စောင့်ရှောက်[saun.ʃauˀ]（動）①守る、見守る、保護する ②世話をする

စောင့်လင့်[saun.lin.]（動）人を待つ、待ち合せる

စောင့်သိ[saun.ti.]（動）守る、順守する、尊重する

စောင်[saun]①（名）毛布、タオルケット ②（助数）（手紙、本、雑誌など）冊、部 စာတစောင် 手紙1通

စောင်ခြုံ[saun tʃʰoun]（動）毛布を被る、毛布を掛ける

စောင်ခြုံစောင်ကြား:ခြုံ၍မလုံ၊ မေတ္တာခြုံ၍မလုံ ။（諺）どんな毛布を掛けても暖かくない、愛にくるまれてこそ暖かい

စောင်ရေ[saun je]（名）発行部数

စောင်[saun]（動）①配備する、配置する ②取って置く、残して置く、手許に置く ③慎む、抑制する နှုတ်စောင်သည် ။ 口を慎む ④機を窺う ယောက်နဲ့တယောက်စောင်နေကြတယ် ။ 互いに相手の様子を窺っている

စောင်ချမ်း[zaunʨan:]（植）ケーパー（フウチョウソウ科）Capparis flavicans

စောင်မ[saunma.]（動）①支持する、支援する、援助する、手助けする ②見守る、気を配る、注意を払う စောင်မကြည့်ရှုသည် ။ 世話をする、面倒を見る

စောင်မာန်[saunman]（名）自惚れ、傲慢、自尊心

စောင်ရန်း[saun jan:]（名）生垣

စောင်း[saun:]（名）竪琴、ビルマの琴

စောင်းကောက်[saun:gauˀ]（名）竪琴

စောင်းတီး[saun: ti:]（名）竪琴を演奏する

စောင်း[saun:]（動）①傾く、斜めになる လဝန်းသည် အတော်စောင်းနိမ့်လျက်ရှိသည် ။ 月はかなり傾いている ဦးထုပ်စောင်းနေတယ်၊ တည့်လိုက် ။ 帽子が傾いている、直せ ②揶揄する、当て付けて言う、当てこする သူမှစောင်းပြောနေတာမဟုတ်ဖူး ။ 誰の事も当て付けて言っているのではない

စောင်းကန်[saun:gan:]（副）それとなく、当て付けて

စောင်းကန်းစောင်းကန်း[saun:gan:saun:gan:]（副）横向きに、横目で

စောင်းချိတ်[saun:tʃʰeiˀ]（動）仄めかす、当てこする、諷刺する

စောင်းငဲ့[saun:ŋɛ.]（動）傾ける、横向きにする

စောင်းတန်း[zaun:dan:]（名）（仏塔への）参道

စောင်းပလေး[saun:pəle:]（植）百日紅（ミソハギ科）の1種 Lagerstroemia villosa

စောင်းပါးရိပ်ခြေ=စောင်းပါးရိပ်ခြည်

စောင်းပါးရိပ်ခြည်[saun:ba:jeiˀtʃe]（副）間接的に、それとなく、控え目に、遠慮がちに

စောင်းပြော[saun:pjɔ:]（動）当て付けて言う、諷刺する

စောင်းမာန်[saun:man] (名) 傲慢、横柄
စောင်းမြောင်း[saun:mjaun:] (動) ①諷刺する、当てつける ②妬む、嫉む ③けなす、そしる
စောင်းမြောင်းကြည့်သည်။ 横目で見る
စောင်းလာချိတ်လာလုပ်[saun:la: tʃei'la: lou'] (動) 当てこすりをする、かこつけて言う、遠回しに当て付けて言う
စောင်းလျာ:[zaun:ja:] (植) ゴレンシ (カタバミ科) Averrhoa carambola
စောင်းအိပ်[saun:ei] (動) 横向きに寝る、寝返りを打つ
စိုင်[sain] ① (動物) バンテンウシ、ジャワヤギュウ (ウシ科) Bos banteng ② (名) 塊 <အစိုင်
စိုင်ကော်လို့ချုပေါ်ရောက်။ (諺) バンテンウシウシに持上げられて茂みの上に上がる (怪我の功名)
စိုင်စာ[sainza] (植) ギョリュウ (ギョリュウ科) Tamarix gallica
စိုင်တာရာ[sain taja] (星) 琴座のベガ
စိုင်ပေါင်[sainbaun] (名) 門の上に取付けられた飾り
စိုင်ရှူ:[sainʃu:] (星) 金星
စိုင်လုံ[sainloun] (植) ナンヨウカルカヤ (イネ科) Themeda villosa
စိုင်:[sain:] (動) (馬を) 急がせる、早駆けさせる、疾走させる、疾駆させる
စိုင်းနှင်[sain:nin] (動) =စိုင်း
စိုင်းပြင်:[sain:bjin:] (動) ①思案する、考慮検討する ②対策を練る
စစ်[si'] (動) ①漉す、濾過する ②(飯の重湯を) 外に出す ③凹む、減る、痩せる မြစ်ရေစစ်သည်။ 河の水が減る
စစ်ခနဲ[si'k'ənɛ:] (副) ちくりと
စစ်စီ[si'si] (形) ①慎ましい、質素だ ②出し惜しむ、けちだ、吝嗇だ
စစ်စစ်ကိုက်[si'si'kai'] (動) ちくちく痛む、疼痛がする
စစ်စစ်ကုတ်ကုတ်[si'si'kou'kou'] (副) こつこつと
စစ်စစ်ခုတ်ခုတ်[si'si' k'ou'k'ou'] (副) こつこつと、あくせくと စစ်စစ်ခုတ်ခုတ်စုသည်။ こつこつと貯める
စစ်စီစီစီ[si'si' sizi] (副) 慎ましく
စစ်ထုတ်[si't'ou'] (動) 分泌する
စစ်ထုတ်ရည်[si't'ou'je] (名) 分泌液
စစ်[si'] (形) 純粋だ、本物だ、混りけなしだ
စစ်စစ်[si'si'] (形) 純粋の、生粋の
စစ်မစစ်[si'məsi'] (名) 真偽、本物かどうか

စစ်မှန်[si'man] (形) 本物だ、純粋だ、純正だ
စစ်[si'] (動) ①調べる、取調べる、尋問する ②試験をする、テストする
စစ်ကြော[si'tʃɔ:] (動) 尋問する、審査する
စစ်ချက်[si'tʃɛ'] (名) 取調べ事項、尋問事項
စစ်စစ်ပေါက်ပေါက်[si'si'pau'pau'] (副) 確かに、確実に
စစ်ဆေး[si's'e:] (動) ①調べる、調査する ②検査する ③取調べる、尋問する
စစ်ဆေးကြာနာ[si's'e: tʃa:na] (動) 尋問する
စစ်ဆေးရေး[si's'e:je:] (名) 調査、審査、尋問
စစ်တမ်း[si'tan:] (名) (村落、人口、産業等の) 調書、白書、報告
စစ်တမ်းကောက်ယူ[si'tan: kau'ju] (動) 調書を作る、調査を行う
စစ်ပေါက်[si'pau'] (動) 詮索する、根掘り葉掘り訊く
စစ်မေး[si'me:] (動) 問い質す、取調べる、訊問する

စစ်[si'] (植) タイワンネム (マメ科) Albizzia procera =စစ်ပင်
စစ်ကိုင်း[si'kain:] ① (植) ワセオバナ (イネ科) Saccharum spontaneum ②[zəgain:] (地) ザガイン (イラワジ川を挟んでアマラプラの対岸にある町)
စစ်ပုပ်[si'pou'] (植) タイワンネム
စစ်[si'] (名) 戦、戦争
စစ်ကစား[si'gəza:] (動) ①攻める、攻略する ②軍事演習をする
စစ်ကရိယာ[si' kəri.ja] (名) 武器、戦闘装備
စစ်ကား:[si'ka:] (名) ①軍用車 ②軍事映画、戦争映画
စစ်ကူ[si' ku] (動) ①援軍を送る、支援する ②(名) 援軍
စစ်ကူခေါ်[si'ku k'ɔ] (動) 援軍を乞う、援軍を求める
စစ်ကူစေလွှတ်[si'ku seɬu'] (動) 援軍を送る
စစ်ကူတောင်း[si'ku taun:] (動) 援軍を要請する
စစ်ကူတပ်[si'kuda'] (名) 援軍
စစ်ကူသွား:[si'ku t̪wa:] (動) 援軍に行く
စစ်ကဲ:[si'kɛ:] (名) ① (王朝時代の) 副官 (တပ်မှူး:の補佐) 又は地方総督 မြို့ဝန်の補佐 ② (将棋の) 角
စစ်ကပ်[si' ka'] (動) 参戦する
စစ်ကျေညာ[si' tʃena] (動) 宣戦布告する
စစ်ကြိုခေတ်[si'tʃok'i'] (名) 戦前、開戦前、第二次世界大戦以前の時代

စစ်ကြောင်း[siʔtʃaun:]（名）進攻路線、戰線
စစ်ကြောင်းမှူး[siʔtʃaun:mu:]（名）作戰司令官
စစ်ခရာသံ[siʔkʻəjadan]（名）進軍ラッパ
စစ်ခင်း[siʔkʻin:]（動）布陣する、戰鬪配置に付く
စစ်ခံ[siʔkʻan]（動）戰に耐える、戰鬪に耐える
စစ်ခုံရုံး[siʔkʻoun joun:]（名）軍事法廷、軍法会議
စစ်ချီ[siʔ tʃʻi]（動）進擊する、進軍する
စစ်ချီသီချင်း[siʔtʃʻi tətʃʻin:]（名）軍歌、進軍歌
စစ်ချွေ[siʔ kʻwa]（動）退却する
စစ်ငင်[siʔin]（動）敵を誘い出す、敵を引き寄せる
စစ်ခနန်း[siʔ sək'an:]（名）軍事基地
စစ်ရိတ်[siʔ zəjeiʔ]（名）戰費、軍費
စစ်ဝလီ[siʔsəli]（鳥）アカリュウキュウガモ（ガンカモ科）Dendrocygna bicolor
စစ်ဝလီကြီး[siʔsəlidʒi:]（鳥）リュウキュウガモ（ガンカモ科）Dendrocygna javanica
စစ်စည်းကမ်း[siʔ si:kan:]（名）軍紀、軍律
စစ်စည်းရုံး[siʔ si:joun:]（動）動員する
စစ်ဆန္ဒစစ်သွေး[siʔseiʔ siʔtwe:]（名）鬪爭心、鬪鬪心
စစ်ဆရာဝန်[siʔ sʻəjawun]（名）軍医
စစ်ဆေးရုံ[siʔ sʻe:joun]（名）陸軍病院
စစ်ဆင်[siʔ sʻin]（動）戰鬪に入る、作戰を展開する、軍事行動を起す
စစ်ဆင်နည်း[siʔsʻinni:]（名）戰鬪法
စစ်ဆင်ရေး[siʔsʻin je]（名）作戰、軍事行動
စစ်ဆိုင်အလံ[siʔsʻain:əlan]（名）白旗、休戰旗
စစ်ဆုတ်[siʔ sʻouʔ]（動）退却する
စစ်နန့်ကျင်ရေး[siʔ sʻan.tʃin je:]（名）反戰
စစ်နန့်ကျင်ရေးဝါဒီ[siʔsʻan.tʃin je wadi]（名）反戰主義者
စစ်ညောင်း[siʔ ɲaun:]（動）①戰を長引かせる ②戰に飽きる、厭戰気分になる
စစ်ဌာနချုပ်[siʔtʻana.dʒouʔ]（名）軍司令部
စစ်ဌာနချုပ်မှူး[siʔtʻana.dʒouʔmu:]（名）軍司令官
စစ်တရားခံ[siʔ təjəkʻan]（名）戰犯、戰争犯罪人
စစ်တရားရုံ[siʔ təja:joun:]（名）軍事法廷
စစ်တလင်း[siʔ təlin:]（名）戰場
စစ်တလိုင်း[siʔtəlain:]（鳥）ツメバゲリ（チドリ科）Vanellus spinosus
စစ်တဝိုင်း[siʔ ti:wain:]（名）軍樂隊
စစ်တုရင်[siʔbəjin]（名）ビルマ將棋（正方形の盤上を縱橫8区画ずつに区切り、互いに16駒ずつ配置して戰う。駒の数は兵士8、參謀1、象2、馬2、車2、王1。駒は直進、斜め、1区画跳び等で進める）

စစ်တုရင်ကစား[siʔbəjin gəza:]（動）ビルマ將棋を差す
စစ်တုရင်ထိုး[siʔbəjin tʻo:]（動）=စစ်တုရင်ကစား
စစ်တက်[siʔ tɛʔ]（動）進擊する、進軍する
စစ်တက္ကသိုလ်[siʔ tɛʔkətou]（名）士官学校
စစ်တိုက်[siʔ tai]（動）攻擊する、戰鬪する
စစ်တိုက်ရင်ရေး[siʔtaiʔkʻai je:]（名）戰鬪
စစ်တောင်းမြစ်[siʔtaun:mjiʔ]（地）シッタウン川
စစ်တိုင်း[siʔtain:]（名）地方軍管区
စစ်တန်းလျာ[siʔ tan:ja:]（名）兵舍
စစ်တပ်[siʔtaʔ]（名）軍隊、部隊
စစ်တွေ[siʔtwe]（地）シットエー（ヤカイン州の中心地、カラダン河の河口に位置、旧称アキャブ）
စစ်တွင်းကာလ[siʔtwin: kala.]（名）戰時中
စစ်တုးလွယ်[siʔ dəlwɛ]（名）軍刀
စစ်ထဲဝင်[siʔtʻɛ win]（動）入隊する
စစ်ထိုး[siʔ tʻo:]（動）攻擊する、戰鬪する
စစ်ထောက်[siʔtʻauʔ]（名）兵站、軍事補給
စစ်ထောက်ချုပ်[siʔtʻauʔtʃouʔ]（名）兵站局長
စစ်ထောက်လှမ်းရေး[siʔ tʻauʔɬan:je:]（名）軍事情報、軍事探索
စစ်ထွက်[siʔ tʻwɛʔ]（動）出陣する、出征する
စစ်ထွက်သူ[siʔtʻwɛʔtu]（名）出征兵士
စစ်ဒုက္ခသည်များ[siʔ douʔkʻa.dɛmja:]（名）戰爭難民
စစ်ဒဏ်[siʔdan]（名）戰災、戰禍、戰爭による被害
စစ်ဓား[siʔda:]（名）軍刀
စစ်နယ်[siʔnɛ]（名）戰場
စစ်နင်း[siʔnin:]（動）攻略する
စစ်နိုင်[siʔ nain]（動）戰に勝つ、勝利を得る
စစ်နည်းဗျူဟာ[siʔni:bjuha]（名）戰術
စစ်နွမ်း[siʔnwan:]（動）士気が衰える、厭戰気分になる
စစ်ပညာ[siʔ pjinɲa]（名）軍事知識、兵法
စစ်ပရိယာယ်[siʔ pəri.jɛ]（名）戰術
စစ်ပုလိပ်[siʔ pəlei]（名）憲兵
စစ်ပျက်[siʔ pjɛʔ]（動）戰に敗れる、敗走する
စစ်ပြီး[siʔ pi:]（動）戰が終る、終戰になる
စစ်ပြီးခေတ်[siʔpi:kʻiʔ]（名）戰後
စစ်ပြု[siʔ pju.]（動）攻擊する
စစ်ပြေငြိမ်း[siʔ pjeɲein:]（動）戰が終る、戰爭が終結する
စစ်ပြေငြိမ်းစာချုပ်[siʔpjeɲein: sadʒouʔ]（名）休戰条約、講和条約
စစ်ပြေး[siʔ pje:]①（動）疎開する ②（名）難民、戰爭難民 ③脱走兵

စစ်ပြေးဒုက္ခသည်[siʔpje: douʔkʼaʔdɛ] (名) 戦争難民
စစ်ပြေးအစိုးရ[siʔpje: əso:ja.] (名) 亡命政府
စစ်ပြင်[siʔpjin] (名) 戦の準備をする
စစ်ပြိုင်[siʔpjain] (動) 競い合う、張り合う
စစ်ပြန်[siʔpjan] ① (動) 退却する ② (名) 復員兵、退役軍人
စစ်ပြန်ရဲဘော်ဟောင်း[siʔpjan jɛ:bɔhaun:] (名) 退役軍人、復員兵
စစ်ပွဲ[siʔpwɛ:] (名) 戦争 စစ်ပွဲကြီး: 大戦
စစ်ဖက်[siʔpʼɛʔ] (名) 軍事関係 cf. နယ်ဖက်
စစ်ဖက်ဆိုင်ရာ[siʔpʼɛʔ sʼain ja] (形) 軍事関係の
စစ်ဖြစ်[siʔ pʼjiʔ] (動) 戦になる、戦争が起る
စစ်ဗိုလ်[siʔbo] (名) 将校
စစ်ဗိုလ်လောင်း[siʔbolaun:] (名) 見習士官
စစ်ဗျူဟာ[siʔbjuha] (名) 戦略、作戦
စစ်ဗျူဟာမှူး[siʔbjuhaṃu:] (名) 戦略司令官、作戦司令
စစ်ဘိနပ်[siʔ pʼanaʔ] (名) 軍靴
စစ်ဘုရင်[siʔbəjin] = စစ်တုရင်
စစ်ဘေးဒဏ်[siʔ be:dan] (名) 戦禍、戦災
စစ်ဘေးစစ်ဒဏ်[siʔbe: siʔdan] (名) 戦禍、戦災
စစ်ဘေးဒဏ်ခံရ[siʔbe:dan kʼan ja.] (動) 戦災を蒙る
စစ်ဘေးအန္တရာယ်[siʔ be:andəjɛ] (名) 戦禍、戦火、戦争の危機
စစ်ဘက်[siʔpʼɛʔ] (名) 軍事、軍関係 = စစ်ဖက်
စစ်ဘက်ကင်းစခန်း[siʔpʼɛʔ kin:səkʼan:] (名) 軍事監視所
စစ်ဘက်စုံထောက်ငှာန[siʔpʼɛʔ soundauʔtʼana.] (形) 憲兵隊
စစ်ဘက်ဆိုင်ရာ[siʔpʼɛʔ sʼain ja] (形) 戦に関する、軍事に関する、軍関係の = စစ်ဖက်ဆိုင်ရာ
စစ်ဘက်ဆိုင်ရာအဖွဲ့[siʔpʼɛʔsʼain ja əpʼwɛ.] (名) 軍事部、軍関係機関、軍関係組織
စစ်ဘက်စုံထောက်ငှာန[siʔpʼɛʔ soundauʔtʼana.] (名) 憲兵隊
စစ်ဘက်ရဟတ်ယာဉ်[siʔpʼɛʔ jəhaʔjin] (名) 軍用ヘリコプター
စစ်မဖြစ်မီက[siʔ məpʼjiʔmiga.] (副) 戦前
စစ်မရောက်မီက[siʔ məjauʔmiga.] (副) 戦前
စစ်မရောက်မီ၊ မြားကုန် ॥ (諺) 戦になる前に矢が尽きる (いざと言う時に役立たず)
စစ်မဟာဗျူဟာ[siʔməhabjuha] (名) 戦術
စစ်မီး[siʔmi:] (名) 戦火
စစ်မီးစစ်လျှံ[siʔmi:siʔʃan] (名) 戦火

စစ်မီးတောက်[siʔmi: tauʔ] (動) 戦火が燃え上がる、戦火が広がる
စစ်မီးအေး[siʔmi: e:] (動) 戦火が下火になる、戦火が収まる
စစ်မဲ့နှင့်[siʔmɛ.zoun] (名) 休戦地帯、停戦地帯
စစ်မော်တော်ကား[siʔ mɔtɔka:] (名) 軍用自動車
စစ်မက်[siʔmɛʔ] (名) 戦、戦闘
စစ်မက်ပြု[siʔmɛʔ pju.] (動) 戦を起す、戦争をする
စစ်မက်ဖြစ်ပွါ[siʔmɛʔ pʼjiʔpwa.] (動) 戦争が起る
စစ်မက်ရေး[siʔmɛʔje:] (名) 戦争、戦闘
စစ်မက်ရေးရာ[siʔmɛʔje:ja] (名) 戦争関係
စစ်မျက်နှာ[siʔ mjɛʔṇa] (名) 戦場、戦線
စစ်မျက်နှာဖြန့်[siʔmjɛʔṇa pʼjan.] (動) 戦線を拡大する
စစ်မြီး[siʔmji:] (名) 後衛、しんがり
စစ်မြေ[siʔmje] (名) 戦地、戦場
စစ်မြေပြင်[siʔ mjebjin] (名) 戦地、戦場
စစ်မှုထမ်း[siʔmu. tʼan:] ① (動) 軍務に就く、軍務に服する ②[siʔmu.dan] (名) 軍人、兵士
စစ်မှုထမ်းဆောင်[siʔmu. tʼan:sʼaun] (動) 軍務に就く、軍務に服する、軍務に従事する
စစ်မှုထမ်းဟောင်း[siʔmu.dan:haun:] (名) 退役軍人
စစ်မှုရေးရာ[siʔmu.je:ja] (名) 軍事、軍事関係
စစ်မှုပညာ[siʔmu.pjinṇa] (名) 軍事知識、軍事教育
စစ်မြူ[siʔ mju] (動) 敵を誘い出す、敵をおびき寄せる
စစ်ယူနီဖောင်း[siʔ junipʼaun:] (名) 軍服
စစ်ရာဇဝတ်ကောင်[siʔ jazəwuʔkaun] (名) 戦争犯罪人
စစ်ရေယာဉ်[siʔ jejin] (名) 軍用車、軍用乗物
စစ်ရေး[siʔje:] (名) 軍事
စစ်ရေးချုပ်[siʔje:tɕʰouʔ] (名) 軍務局長
စစ်ရေးငင်[siʔje: ŋin] (動) 陽動作戦をする = စစ်မြူ
စစ်ရေးစစ်ရာ[siʔje: siʔja] (名) 軍事問題、軍事に関する事柄
စစ်ရေးစွမ်းအင်[siʔje: swan:in] (名) 軍事能力、戦闘能力
စစ်ရေးတောင်း[siʔje: taun:] (動) 軍事挑発をする
စစ်ရေးနိုင်[siʔje: nein.] (動) 戦況が不利だ
စစ်ရေးပြ[siʔje: pja.] (動) 閲兵する、観閲する、軍事パレードをする

စစ်ရေးပြအခမ်းအနား[siʔje:bja. ək'an:əna:] (名)閲兵式、軍事パレード
စစ်ရေးပြိုင်[siʔje: pjain:] (動)軍事力を競う
စစ်ရေးမလှရှိ[siʔje: məɬa. ʃi.] (形)戦況が思わしくない、敗北の惧れあり
စစ်ရေးလေ့ကျင့်ခန်း[siʔje:le.tʃin.gan:] (名)軍事教練
စစ်ရေးလှ[siʔje: ɬa.] (形)戦況が好転する、勝利の見通しが立つ
စစ်ရေးသာ[siʔje: ta.] (形)①戦況が有利だ ②軍備が豊かだ
စစ်ရေးသုံး[siʔje: toun:]①(動)軍事に使用する ②[siʔje:doun:](名)軍用
စစ်ရေးအကူအညီ[siʔje: əkuəɲi](名)軍事協力
စစ်ရဲ[siʔjɛ:](名)①憲兵 ②武装警察
စစ်ရောင်စစ်ခြည်[siʔjei siʔtʃi](名)戦況
စစ်ရောင်စစ်ငွေ့[siʔjeiʔsiʔŋwe.](名)戦雲、戦争の気配
စစ်ရုံး[siʔjoun:](名)司令部
စစ်ရုံးချုပ်[siʔjoun:dʑouʔ](名)軍司令部、作戦本部
စစ်ရှုံး[siʔʃoun:](動)戦に敗れる、戦争に敗北する
စစ်ရှိန်မြင့်တက်[siʔʃein mjin.tɛʔ](動)戦局が悪化する
စစ်လေ့ကျင့်ရေး[siʔ le.tʃin.je:](名)軍事訓練
စစ်လေယာဉ်[siʔ lejin](名)軍用機
စစ်လက်နက်ပစ္စည်း[siʔ lɛʔnɛʔ pjiʔsi:](名)軍備、軍需物資、武器弾薬
စစ်လျော်ကြေး[siʔ jɔdʑe:](名)戦争賠償
စစ်လျင်[siʔljin](名)①軽歩兵 ②哨戒兵
စစ်ဝါဒီ[siʔ wadi](名)軍国主義者
စစ်ဝတ်[siʔwuʔ](名)軍服
စစ်ဝတ်စစ်စား[siʔwuʔ siʔsa:](名)軍服
စစ်ဝတ်စုံ[siʔ wuʔsoun](名)軍服
စစ်ဝတ်တန်ဆာ[siʔwuʔtanza](名)鎧兜
စစ်တဒင်း[siʔ dədin:](名)戦況、戦の情報
စစ်မီး[siʔtəmi:](名)女性兵士
စစ်မိုင်း[siʔtəmain:](名)戦史
စစ်သား[siʔta:](名)兵士、兵隊、軍人
စစ်သာလူထွက်[siʔta:ludwɛʔ](名)復員軍人、退役軍人、在郷軍人
စစ်သူကြီး[siʔtudʑi:](名)武将、王朝時代の司令官
စစ်သူရဲ[siʔtəjɛ:](名)王朝時代の兵士
စစ်သေနာပတိ[siʔtenapəti.](名)王朝時代の総大将、総司令官(現在の စစ်ဦးစီးချုပ် に相当)
စစ်သက်[siʔtɛʔ](名)軍歴、軍人歴、兵役歴

စစ်သင်တန်း[siʔtindan:](名)軍事教育、軍事訓練
စစ်သင်္ဘော[siʔ tin:bɔ:](名)軍艦、軍用艇
စစ်သည်[siʔti](名)王朝時代の兵士、戦士
စစ်သည်တော်[siʔtidɔ](名)王朝時代の兵士
စစ်သည်ဗိုလ်ပါ[siʔtiboba](名)将兵
စစ်သံမှူး[siʔ tanmu:](名)駐在武官
စစ်သံမှူးရုံး[siʔ tanmu: joun:](名)駐在武官室
စစ်သုံ့ပန်း[siʔ toun.ban:](名)戦争捕虜
စစ်သုံးပစ္စည်း[siʔtoun pjiʔsi:](名)軍用品
စစ်သွေးကြွ[siʔtwe:tʃwa.]①(動)戦意が高まる、好戦的だ ②(名)武闘派、過激派
စစ်သွေးကြွအုပ်စု[siʔtwe:tʃwa. ouʔsu.](名)過激派、過激グループ
စစ်သွေးစစ်ရည်[siʔtwe:siʔje](名)戦闘能力
စစ်အခြေချက်စခန်း[siʔ ətʃesaiʔsək'an:](名)軍事基地
စစ်အစိုးရ[siʔ əso:ja.](名)軍政権
စစ်အတွင်း[siʔ ətwin:](名)戦時中
စစ်အရာရှိ[siʔ əjaʃi.](名)将校
စစ်အာဏာပိုင်[siʔ anabain:](名)軍当局
စစ်အား[siʔa:](名)軍事力
စစ်ဥပဒေ[siʔ u.bəde](名)軍法、軍律、軍命令
စစ်ဦး[siʔu:](名)前衛、先鋒
စစ်ဦးစီး[siʔu:zi:](名)参謀
စစ်ဦးစီးချုပ်[siʔu:zi:dʑouʔ](名)参謀長
စစ်ဦးစီးဌာနချုပ်[siʔu:zi: t'ana.dʑouʔ](名)参謀本部
စစ်ဦးစီးဗိုလ်မှူးကြီး[siʔu:zi:bomu:dʑi:](名)作戦参謀、高級参謀
စစ်ဦးဘီလူးပါ[siʔu: bəlu:ba](副)荒々しく、粗野に
စစ်အေး[siʔ e:](形)戦がない、平和だ
စစ်အေးကာလ[siʔe: kala.](名)冷戦時代
စစ်အေးတိုက်ပွဲ[siʔe: taiʔpwɛ:](名)冷戦
စစ်အင်အား[siʔ in a:](名)戦力、軍事力
စစ်အင်္ကျီ[siʔ in:dʑi](名)軍服
စစ်အင်္ဂါ[siʔinga](名)王朝時代の軍事力
စစ်အင်္ဂါလေးပါး[siʔinga le:ba:](名)王朝時代の四軍(象軍、騎馬軍、戦車軍、歩兵軍)
စစ်အောင်[siʔ aun](動)戦に勝つ、勝利を得る
စစ်အုပ်ချုပ်ရေး[siʔ ouʔtʃouʔje:](名)①軍政 ②戒厳令
စဉ်.[sin.](名)(磁器に塗る)うわ薬
စဉ်ရည်သုတ်[sin.je touʔ](動)うわ薬をかける
စဉ်အိုး[sin.o:](名)磁器製の壺、瓶
စဉ်[sin](動)①水がかかる、水が跳ねかかる ②跳

ね落ちる ③並べる、揃える စဉ်ထွက်သည်။ 跳ね跳ぶ、飛び出る
စဉ်[sin] (名) <အစဉ် ①継続性を示す လစဉ် 毎月 ②〜した時、〜した折 သွား:စဉ် 行った時 နေစဉ် いる間
စဉ်:[sin:] (名) ①竿秤、天秤秤 ②矢
စဉ်:သွာ:[sin:dwa:] (名) 鏃
စဉ်:[sin:] (動) 切る、刻む、細切りにする
နွာ:စာစဉ်:သည်။ 牛の餌を刻む စဉ်:ေကာ ミンチ肉
စဉ်:တုံ:[sin:doun:] (名) まな板
စဉ်:နှီ:တုံ:[sin:ni:doun:] (名) =စဉ်:တုံ:
စဉ်:စာ:[sin:za:] (動) 考える、思考する、熟考する
စဉ်:စာ:ကြည့်[sin:za tʃi.] (動) 考えてみる
စဉ်:စာ:ခန်း[sin:za:gan:] (名) 思考、考え事
စဉ်:စာ:ခန်း:ဖွင်[sin:za:gan: p'win.] (動) 考え事をする
စဉ်:စာ:ခန်း:ဝင်[sin:za:gan: win] (動) 考えに耽る、熟考する、熟慮する =စိတ်ကူး။
စဉ်:စာ:ဉာဏ်[sin:za:ɲan] (名) 思考力
စဉ်:စာ:ဆင်ခြင်[sin:za: s'indʒin] (動) 思案する、思慮を尽す
စဉ်:စာ:ရကြပ်[sin:za:ja. tʃa'] (動) 途方に暮れる、考えあぐねる
စဉ်:လဲ[sin:lɛ:] (形) ずるい、狡猾だ、悪賢い
စည်[si] (名) ①鼓、太鼓 ②樽、桶
စည်တီ:[si ti:] (動) 太鼓を叩く
စည်ေတာ်[sidɔ] (名) (枠に吊された) 大太鼓
စည်ေတာ်ဆံ[sidɔdan] (名) 大太鼓に合せて歌われる歌
စည်လက်ခတ်[si lɛ'k'a'] (名) 太鼓のばち
စည်သမား:[sidəma:] (名) ドラマー
စည်ပိုင်:[sibain:] (名) 桶、たらい、円筒形の容器
စည်ေဘာင်း[sibaun:] (名) 魚の浮袋
စည်သွတ်[situ'] (動) ①缶詰めにする ②(名) 缶詰
စည်သွတ်ဗူ:[situ'bu:] (名) 缶詰
စည်သွတ်ဘူ:[situ'bu:] (名) 缶詰
စည်[si] (形) 賑やかだ、賑わう
စည်ကာ:[siga:] (形) 賑やかだ
စည်ကာ:ခမ်းနာ:[siga: k'an:na:] (形) 賑やかで盛大だ、賑やかで豪華だ
စည်ကာ:တိုးမြှက်စွာ[siga:tai:mjai'swa] (副) 賑やかに、盛大に
စည်စဉ်ကာ:ကာ:[sizika:ga:] (副) 賑やかに
စည်ပင်[sibin] (動) 繁盛する、繁栄する、発展する
စည်ပင်ဝေပြာ:[sibin wa.pjɔ:] (形) 豊かだ、繁栄している

စည်ပင်သာယာ[sibin taya] (形) のどかだ、のんびりしている
စည်ပင်သာယာေရ:[sibin tajaje:] (名) 開発、発展
စည်ပင်သာယာေရ:အဖွဲ့[sibin tajaje:əp'wɛ] (名) 市庁、市行政当局
စည်ပင်သာယာဝပြောေရ:[sibin taja wa.bjɔ:je:] (名詞) 発展、向上、充実
စည်:[si:] ①(動) 縛る、括る、束ねる ②(助数) 束
ေကာက်လှိုင်:မျာ:ကိုဖွဲ့ကြို:နှင်စည်:သည်။ 藁を縄で束ねる
စည်:ကြို:[si:dʒo:] (名) 包装用のロープ
စည်:ဖွဲ့[si:p'wɛ] (動) 藁をなう、藁で縄をなう
စည်:[si:] (名) ①垣、柵 ②境、境界 ③規律、規則、規定 ④拍子、リズム、テンポ ⑤金属製の小型シンバル (紐を通し右手で持つ)
စည်:ကိုက်ဝါ:ကိုက်[si:gai'wa:gai'] (副) リズムに乗って、リズミカルに =ချက်ကျလက်ကျ
စည်:ကမ်း[si:kan:] (名) ①規則 ②規律、戒律
စည်:ကမ်း:ကြို:[si:kan tʃi:] (形) ①厳格だ、規則がやかましい ②几帳面だ
စည်:ကမ်း:ချက်[si:kan:dʒɛ'] (名) 決まり、規定、規約、規則
စည်:ကမ်း:ေဖာက်[si:kan: p'au'] (動) 規律を破る、規則を犯す
စည်:ကမ်း:မဲ့[si:kan: mɛ.] (形) 規則がない、無規律だ
စည်:ကမ်း:ရှိ[si:kan: ʃi.] (動) 規則正しい、秩序がある
စည်:ကမ်း:ရှိရှိနှင့်[si:kan: ʃi.ʃi.nɛ.] (副) 規則正しく、規律を守って、規律正しく
စည်:ကမ်း:ေလျှော[si:kan: jɔ.] (動) 規律が緩む
စည်:ကမ်း:ေသာဝပ်စွာ[si:kan:tewu'swa] (副・文) 秩序正しく、整然と
စည်:ကမ်း:ေသာေသာဝပ်ဝပ်နှင့်[si:kan: tedewu'wu'nɛ.] (副) 秩序正しく、規律を守って、整然と
စည်:ကျဝါ:ကျ[si:ga.wa.dʒa.] (副) 拍子をとって、リズミカルに
စည်:ကြပ်[si:tʃa'] (動) ①課税する、徴税する ②管理する、監督する စည်:ကြပ်ေကာက်ခံသည်။ 徴税する
စည်:ချ[si: tʃa.] (動) 線を引く、遮蔽する
စည်:ချက်ညီညီ[si:dʒɛ' ɲiɲi] (副) 拍子を合わせて、リズミカルに
စည်:ချက်ဝါ:ချက်[si:dʒɛ'wa:dʒɛ'] (名) 拍子
စည်:ခြံ[si:dʒoun] (名) 垣根
စည်:စာ:[sin:za:] =စဉ်:စာ:

စည်းစောင့်[si:saun.](動)規則を守る
စည်းစိမ်[si:zein](名)富貴、贅沢、栄耀栄華、幸せ
စည်းစိမ်ခံ[si:zein k'an](動)贅沢を味わう
စည်းစိမ်ရှိ[si:zein ʃi.](形)豪華だ、豪勢だ、贅沢だ
စည်းထုပ်ပစ်[si:t'ouʔpjiʔ](名)子供の遊びの一つ（互いに馬乗りになり、円陣を組んで投げ上げた布のボールを奪い合う）
စည်းထုပ်ဖန်[si:t'ouʔp'an](動)子供の遊びの一つ（蹴り上げられた布のボールを2軍に分れたグループが奪い合う）
စည်းပြေဝါးပြေ[si:bje:wa:bje:](副)音楽のアレグロ、急速なリズム
စည်းဖောက်[si: p'auʔ](動)規則を破る、規則を犯す
စည်းမရှိကမ်းမရှိ[si:məʃi.kan.məʃi.](副)規則を無視して、無規律に、無秩序に
စည်းမဲ့ကမ်းမဲ့[si:mɛ.kan:mɛ.](副)不規則に、規則を無視して、無秩序に、無規律に
စည်းမျဉ်း[si:mjin:](名)規則、規約
စည်းမျဉ်းဥပဒေ[si:mjin:u.bəde](名)法規
စည်းမျဉ်းကန့်သတ်ချက်[si:mjin:kan.taʔtʃɛʔ](名)規定、規制、制約、制限
စည်းရိုး[si:jo:](名)垣、垣根、フェンス＝ခြံစည်းရိုး
စည်းရုံး[si:joun:](動)①組織する、編成する②説得する、引き込む、誘い込む
စည်းရုံးဖွဲ့စည်း[si:joun p'wɛ.si:](動)組織する、編成する
စည်းရုံးမှု[si:joun:mu.](名)団結
စည်းလေး[si:le:](名)音楽のアダージョ、緩やかなテンポ
စည်းလိုက်[si: laiʔ](動)拍子をとる、拍子に合わせる
စည်းလုံး[si:loun:](動)団結する、統一する、合体する、合同する
စည်းလုံးညီညွတ်[si:loun ɲiɲuʔ](動)団結統一する
စည်းလုံးညီညွတ်မှု[si:loun: ɲiɲuʔmu.](名)団結統一
စည်းလုံးရေး[si:loun:je:](名)団結
စည်းလွတ်ဝါးလွတ်[si:luʔ wa:luʔ](副)伴奏なしで
စည်းဝါး[si:wa:](名)リズム、拍、拍子（စည်းは弱拍、ဝါးは強拍）
စည်းဝါးကိုက်[si:wa: kaiʔ](動)リズムに乗る、拍子が合う

စည်းဝါးကျန[si:wa: tʃa.na.](形)リズミカルだ
စည်းဝါးရိုက်[si:wa: jaiʔ](動)打合わせておく、教え込んでおく
စည်းဝေး[si:we:](動)集まる、集合する、集会する
စည်းဝိုင်း[si:wain:](名)圏、枠
စည်းသား[si:ta:](動)線を引く、枠をこしらえる
စည်းသိမျဉ်းသိ[si:di.mjin:di.](副)規則に通じていて、規則を知っていて
စည်းသုတ်[si:douʔ](名)音楽のクイック
စိတ်[seiʔ]①(動)区分けする、細分する、切り分ける、切り裂く、スライスする ②(名)四分の一
စိတ်[seiʔ](名)①心、気持、精神 ②考え、認識 ③望み、願望 အိမ်ပြန်ချင်စိတ် 家へ帰りたい気持ち ငိုချင်စိတ် 泣きたい気持ち အလှူးမဲ့စိတ် 慕情 အားငယ်စိတ် 心細さ မခံချင်စိတ် 反発 သားသမီးတွေနှင့်နေလိုစိတ်ဖြစ်လာသည်။ 子供達と一緒に暮したい気持ちになってきた စားလိုစိတ်ဖြစ်ပေါ်သည်။ 食欲が湧き起こる
စိတ်ကစား:[seiʔ gəza:](動)思いを巡らす、幻想する
စိတ်ကယောင်ချောက်ချား ဖြစ်[seiʔ gəjaun tʃauʔ tʃa: p'jiʔ](動)取り乱す、錯乱状態になる
စိတ်ကသိကအောက်ဖြစ်[seiʔ kəti.kəau p'jiʔ](動)釈然としない、気持がすっきりしない
စိတ်ကူး[seiʔku.]①(動)考える、想像する、思い付く②(名)考え、思い付き、想像、空想
စိတ်ကူးကောင်း[seiʔku: kaun:](形)想像力豊かだ、良い思いつきだ
စိတ်ကူးစိတ်သန်း[seiʔku:seiʔtan:](名)考え、思い付き、想像
စိတ်ကူးဉာဏ်[seiʔku:ɲan](名)想像力、思考力、アイデア
စိတ်ကူးထား[seiʔku: t'a:](動)思い付く
စိတ်ကူးထည်[seiʔku: t'ɛ.](動)考慮に入れる
စိတ်ကူးထုတ်[seiʔku: t'ouʔ](動)策を練る、智慧を絞る
စိတ်ကူးနံရူး[seiʔku:nɛ. ju:](動)考えに夢中になる、想像の世界に遊ぶ
စိတ်ကူးပေါက်[seiʔku: pauʔ](動)思い付く、考えが浮ぶ
စိတ်ကူးပေါက်ပေါက်နှင့်[seiʔku: pauʔpauʔnɛ.](副)思い付いて、思い立って
စိတ်ကူးဖဲ့ရိုက်[seiʔku: p'ɛ:jaiʔ](動)空想を広げる
စိတ်ကူးယဉ်[seiʔku: jin]①(動)想像に耽る②

စိတ်ကူးယဉ်ဝတ္ထု

(名) 空想、想像
စိတ်ကူးယဉ်ဝတ္ထု[sei'ku:jin wu't'u.] (名) 空想小説、虚構小説、フィクション
စိတ်ကောက်[sei'kau'] (動) 機嫌を損ねる、すねる、むくれる、臍を曲げる
စိတ်ကောင်းနှလုံးကောင်းရှိ[sei'kaun: nəloun: kaun: ʃi.] (形) 気立てがよい
စိတ်ကောင်းလက်ကောင်းနှင့်[sei'kaun:lɛ'kaun:nɛ.] (副) 安心して
စိတ်ကုန်[sei' koun] (動) 嫌気がさす、愛想が尽きる、厭になる、意欲を失う
စိတ်ကုန်လက်ကုန်[sei'koun lɛ'koun] (副) 疲労困憊して
စိတ်ကျ[sei'tʃa.] (動) 自尊心が薄らぐ、気が弱くなる、士気が衰える、意欲が萎える
စိတ်ကျဝေဒနာခံစားရ[sei'tʃa.wedəna k'anza:ja.] (動) 意気消沈する、落胆する
စိတ်ကျဉ်းကြပ်[sei' tʃin:dʒa'] (動) 息詰る様だ、暑苦しく感じる
စိတ်ကြီး[sei'tʃi:] (形) 気性が激しい、癇が強い、激怒し易い、かっとなり易い
စိတ်ကြီးဝင်[sei'tʃi:win] (動) つけ上がる、自惚れる
စိတ်ကြေ[sei'tʃe] (動) 気持が納まる、気持が静まる
စိတ်ကြိုက်[sei'tʃai'] ① (名) 好み、嗜好 ② (副) 思うように、意のままに、好きなように စိတ်ကြိုက်သောက်ပါ။ 好きなように飲みなさい
စိတ်ကြိုက်ဘာသာ[sei'tʃai' bada] (名) 選択科目
စိတ်ကြည်နူး[sei' tʃinu:] (形) 楽しい、愉快だ、気持が晴れ晴れする
စိတ်ကြည်လင်[sei' tʃilin] (形) 心が和む、気持が晴れる
စိတ်ကွက်[sei' kwɛ'] (動) むっとする、少し不快になる
စိတ်ကြွဆေး[sei'tʃwa.ze:] (名) ①興奮剤 ②向精神薬
စိတ်ကြွပ်[sei'tʃu'] (形) 癇が強い、癇癪持ちだ
စိတ်ခု[sei'k'u.] (動) 憤慨する、恨みを抱く、内心敵意を持つ、心中不満を抱く、僻む
စိတ်ခိုင်[sei'k'ain] (形) 落着いている、気持が安定している、冷静だ、冷徹だ
စိတ်ခံစားမှု[sei' k'anza:mu.] (名) 感受性
စိတ်ချ[sei'tʃa.] (動) 気持が安らかだ、安心だ、気を許す
စိတ်ချရ[sei'tʃa.ja.] (動) 気を落ち着ける事ができる、安心できる、大丈夫だ
စိတ်ချလက်ချ[sei'tʃa.lɛ'tʃa.] (副) 安心して、のんびりと
စိတ်ချလက်ချနှင့်[sei'tʃa.lɛ'tʃa.nɛ.] (副) 憂いなく、安心して
စိတ်ချောက်ချား[sei' tʃau'tʃa:] (動) 気が動転する、気持が動揺する
စိတ်ချဉ်ပေါက်[sei'tʃin pau'] (動) ①苛立つ、悩む、じれる ②むっとする、感情を害する、腹が立つ
စိတ်ချမ်းသာ[sei' tʃan:da] (形) 気持が晴れる、気が和む、喜びを感じる、幸せに思う
စိတ်ငယ်[sei'ŋɛ] (形) 心細い
စိတ်ငြိမ်ဆေး[sei'ɲeinze:] (名) 精神安定剤
စိတ်စနောင့်စနင်းဖြစ်[sei' sənaun.sənin:p'ji'] (動) 気持が動揺する、不安になる
စိတ်စေတနာ[sei' sedəna] (名) 気持、意向
စိတ်စော[sei' sɔ:] (動) 気が急く、気がはやる、焦る
စိတ်စက်[sei'sɛ'] (名) 心、気持
စိတ်စွဲ[sei'swɛ:] (動) 気になる、気にかかる、気が咎める
စိတ်ဆိုး[sei' s'o:] (動) 腹を立てる、怒る
စိတ်ဆိုးခြင်း[sei's'o:dʒin:] (名) 立腹
စိတ်ဆိုးမာန်ဆိုး[sei's'o: manzo:] (副) 腹を立てて、憤慨して
စိတ်ဆိုးမာန်ဆိုးနှင့်[sei's'o:manzo:nɛ.]=စိတ်ဆိုးမာန်ဆိုး
စိတ်ဆိုးမာန်ဆိုးဖြင့်[sei's'o:manzo:p'jin.] (副) =စိတ်ဆိုးမာန်ဆိုး
စိတ်ဆင်းရဲ[sei's'in:jɛ:] (動) 情なく思う、惨めに思う、惨めな気持になる、不幸に思う=စိတ်ဒုက္ခဖြစ်
စိတ်ဆောင်[sei's'aun] (動) 乗り気になる、気持が前向きだ
စိတ်ဆတ်[sei' s'a'] (形) 気が短い、癇が強い、怒りっぽい
စိတ်ဆန္ဒ[sei' s'anda.] (名) 意志、意欲、願望
စိတ်ဆေးမြေ[sei' s'we:mje.] (形) 憂鬱だ
စိတ်ဇော[sei'zɔ:] (名) 熟意、やる気
စိတ်ညစ်[sei'ɲi'] (動) 厭になる、情なく思う、気が滅入る
စိတ်ညစ်စရာကောင်း[sei'ɲi'səja kaun:] (形) 実に情ない、誠に憂鬱だ
စိတ်ညစ်ညူး[sei' ɲi'nu:] (動) 気持が滅入る
စိတ်ညစ်ညစ်နှင့်[sei'ɲi'ɲi'nɛ.] (副) しょげ返って
စိတ်ညစ်ပြေ[sei'ɲi' pje] (動) 憂さが晴れる
စိတ်ညွတ်[sei' ɲu'] (動) その気になる、気持が傾く

စိတ်ညှို့[seiʔɲo.]（動）催眠に掛ける
စိတ်တဇောဇောဝင်တကြိကြိရှိ[seiʔ dəzɔːzɔː pʼin dəʤwa.ʤwa.ʃi.]（動）腰が浮きかける、立ち上がりかける
စိတ်တငင့်တင့်ဖြစ်[seiʔtətʼin.tʼin.pʼjiʔ]（動）気が気でない、気が落着かない
စိတ္တဇ[seiʔdəza.]（名）精神病
စိတ္တဇဆေးရုံ[seiʔdəza.sʼeːjoun]（名）精神病院
စိတ္တဇနာမ်[seiʔdəza.nan]（名）抽象名詞
စိတ္တဇပန်းချီ[seiʔdəza.bədʑi]（名）抽象画
စိတ္တဇဖြစ်[seiʔdəza.pʼjiʔ]（動）乱心する、錯乱状態になる
စိတ္တဇရောဂါ[seiʔdəza.jɔːga]（名）精神病
စိတ္တဗေဒ[seiʔta.beda.]（名）心理学=စိတ်ပညာ
စိတ်တူ[seiʔtu]（形）同じ気持だ
စိတ်တူကိုယ်တူ[seiʔtu kodu]（副）気持を合せて、心を一つにして
စိတ်တူကိုယ်မျှ[seiʔtu komja.]（副）万事同じ気持で、同じ感情で
စိတ်တူသဘောတူ[seiʔtu dəbɔːdu]（副）同じ気持で
စိတ်တူသူ[seiʔtudu]（名）同じ気持の人、同じ考えの人
စိတ်တို[seiʔto]（形）気が短い、短気だ、怒りっぽい
စိတ်တက်ကြွ[seiʔtɛʔtʃwa.]（動）士気が上がる、意欲が高まる
စိတ်တင်း[seiʔtinː]（動）気を取り直す、気を引き締める、気を持ち直す
စိတ်တိုင်းကျ[seiʔtainːtʃa.]①（動）気に入る ②（副）思う存分、納得行くように、意に沿った形で、意に任せて
စိတ်တိုင်းမကျ[seiʔtainːmətʃa.]（動）気に食わない、意に沿わない
စိတ္တပွား[seiʔtouʔpaʔ]（名）感情
စိတ်တုန်လှုပ်[seiʔ tounlouʔ]（動）動揺する、ショックを受ける
စိတ်တွေ့[seiʔtwe.]（動）気に入る
စိတ်တွက်[seiʔtwɛʔ]（名）暗算
စိတ်တ[seiʔtʼa.]（動）怒る、腹を立てる
စိတ်ထား[seiʔtʼaː]（名）気心、心情、気性、気質
စိတ်ထားကြည်[seiʔtʼaː tʃi]（形）気持が穏やかだ
စိတ်ထားညံ့ဖျင်း[seiʔtʼaː ɲan.pʼjinː]（形）性悪だ、性根が卑しい、人間が卑屈だ
စိတ်ထားမွန်မြတ်[seiʔtʼaː munmjaʔ]（形）気高い、崇高だ、精神が高尚だ

စိတ်ထိခိုက်[seiʔ tʼi.gaiʔ]（動）①ショックを受ける、衝撃を受ける ②胸が痛む、悲嘆に暮れる、傷心する ③感動する
စိတ်ထိခိုက်မှု[seiʔ tʼi.gaiʔmu.]（名）ショック、心の衝撃
စိတ်ထက်[seiʔtʼɛʔ]（形）気が強い=စိတ်ပြင်းထန်=ဒေါသဖြစ်လွယ်။
စိတ်ထက်သန်[seiʔtʼɛʔtan]（形）①熱心だ、熱烈だ ②気性が激しい
စိတ်ထင်[seiʔtʼin.]（動）不安に思う、懸念を抱く
စိတ်ထောင်း[seiʔtʼaunː]（動）悩む、苦悩する、ストレスを覚える
စိတ်ထောင်းကိုယ်ကြေ[seiʔtʼaunː kotʃe]（副）身心共に疲労して、ストレスを蒙って
စိတ်ထွက်[seiʔ tʼwɛʔ]（動）怒る、立腹する
စိတ်ဒွိဟဖြစ်[seiʔ dwi.ha. pʼjiʔ]（動）あれこれ迷う、あれこれ悩む、当惑する
စိတ်ဓာတ်[seiʔdaʔ]（名）精神、気持、心理、意識、心意気
စိတ်ဓာတ်ကျ[seiʔdaʔ tʃa.]（動）沈み込む、しょげ返える、気落ちする、士気が衰える
စိတ်ဓာတ်ကျဆင်း[seiʔdaʔ tʃa.sʼinː]（動）士気が衰える、士気阻喪する
စိတ်ဓာတ်ခိုင်မာ[seiʔdaʔ kʼainma]（動）健全な考えを持つ、意欲が高い
စိတ်ဓာတ်တက်ကြွ[seiʔdaʔ tɛʔtʃwa.]（動）意気盛んとなる、士気が高まる、士気が鼓舞される
စိတ်ဓာတ်ပျော့[seiʔdaʔ pjɔ.]（形）気持が軟弱だ
စိတ်ဓာတ်ပျက်ပြား[seiʔdaʔ pjɛʔpjaː]（動）意気消沈する
စိတ်ဓာတ်ပြင်း[seiʔdaʔ pjinː]（形）意識が強い、心意気が激しい
စိတ်ဓာတ်မြင့်[seiʔdaʔ mjin]（形）志が高い
စိတ်နာ[seiʔna]（動）気を悪くする、著しく立腹する、忌々しく思う、恨み骨髄に徹する=မကြေနပ်မှုပြင်းထန်
စိတ်နာရေကောင်း[seiʔ nazəja kaunː]（形）憤懣やる方ない、忌々しくて仕方がない
စိတ်နု[seiʔnu]（形）①気が弱い、気が小さい、気が脆い、感じやすい ②心が小さい、狭量だ
စိတ်နေစိတ်ထား[seiʔne seiʔtʼaː]（名）気持、心理、心情、性情、性格
စိတ်နေသဘောထား[seiʔne dəbɔːdaː]（名）性格、気性、気持、心情
စိတ်နှောက်[seiʔnauʔ]（動）①狼狽する、気が転倒する、錯乱する ②乱心する、発狂する、気が狂う

စိတ်နောက်ကိုယ်ပါ ＝စိတ်မကြည်မသာ ဖြစ်။

စိတ်နောက်ကိုယ်ပါ[seiʔnauʔkoba]（副）衝動的に、感情的に

စိတ်နိုင်[seiʔnain]（動）動揺を抑える、気持を抑制する

စိတ်နှစ်ဝ[seiʔ nəkʼwa.]（名）気の迷い、判断の迷い、悩み

စိတ်နှလုံး[seiʔ nəloun:]（名）心

စိတ်နှင့်မာန်နှင့်[seiʔnɛ. mannɛ.]（副）心底から、感情を込めて

စိတ်နှံ့[seiʔnan.]（形）気は確かだ

စိတ်ပညာ[seoʔpjinɲa]（名）心理学

စိတ်ပါ[seiʔpa]（動）気乗りする、その気になる

စိတ်ပါလက်ပါ[seiʔpa lɛʔpa]（副）心から、本気で、熱を入れて

စိတ်ပါဝင်စား[seoʔpa winza:]（動）興味を抱く、関心を寄せる

စိတ်ပူ[seiʔpu]（動）案じる、心配する＝စိုးရိမ်၊ ကြောင့်ကြ။

စိတ်ပေါ့[seiʔpɔ.]（動）ほっとする、気が晴れる

စိတ်ပေါ့သွပ်[seiʔ pɔ.tuʔ]（形）白痴だ

စိတ်ပေါ့သွပ်သူ[seiʔpɔ.tuʔtu]（名）精神病患者

စိတ်ပေါက်[seiʔpauʔ]（動）①腹が立つ、怒る ②逆上せ上がる、頭が混乱する

စိတ်ပင်ပန်း[seiʔ pinban:]（動）気が重い、うんざりする

စိတ်ပိုင်းဆိုင်ရာ[seiʔpain:sʼain ja]（形）心理的、心理に関する

စိတ်ပိုင်းဖြတ်[seiʔpain:pʼjaʔ]（動）意を決する、決意する、決心する、決断する

စိတ်ပိုင်းရုပ်ပိုင်း[seiʔpain: jouʔain:]（名）心身両面、物心両面

စိတ်ပန်းလူပန်းဖြစ်[seiʔpan:luban: pʼiʔ]（動）心身共に疲労する

စိတ်ပုပ်[seiʔpouʔ]（動）性根が腐っている

စိတ်ပျော်ရွှင်[seiʔpjɔwin]（形）楽しい、愉快だ

စိတ်ပျော်လက်ပျော်[seiʔpjɔ lɛʔpjɔ]（副）心身共に楽しく、愉快に

စိတ်ပျော်လျှင်ကိုယ်နု။（格）気持が朗らかであれば肉体も若々しくなる

စိတ်ပျိုကိုယ်နု[seiʔpjo konu.]（名）①心身共に若々しい状態 ②年が若くて気持も幼い状態

စိတ်ပျက်[seiʔpjɛʔ]（動）気落ちする、落胆する、失望する、意気消沈する、心の張りを失う

စိတ်ပျက်စွာ[seiʔpjɛʔswa]（副・文）落胆して、失望して

စိတ်ပျက်ပျက်နှင့်[seiʔpjɛʔlɛʔpjɛʔnɛ.]（副）失望して、落胆して、意気消沈して

စိတ်ပျက်ဘွယ်ရာကောင်း[seiʔpjɛʔpʼwɛja kaun:]（副）嫌気が差す

စိတ်ပျက်လက်ပျက်[seiʔpjɛʔlɛʔpjɛʔ]（副）落胆してがっかりして、しょげ返って

စိတ်ပြေ[seiʔpje]（動）気持が和らぐ

စိတ်ပြေလက်ပျောက်[seiʔpjɛʔlɛʔpjauʔ]（副）気晴しに、気分一新のために、気分転換に

စိတ်ပြောင်း[seiʔpjaun:]（動）気が変わる

စိတ်ပေါက်ပြန်[seiʔpʼauʔpjan]（動）①正気を失う、理性を失う、変な気を起す、怪しい気持になる ②気がふれる；発狂する

စိတ်ဖြူစင်[seiʔpʼjusin]（形）純真だ、純朴だ

စိတ်ဖြေ[seiʔpʼje]（動）気を和ませる、気持を落させる

စိတ်မကောင်းဖြစ်[seiʔməkaun:pʼjiʔ]（動）①気の毒に思う、胸が痛む、お悔やみの気持を抱く、御愁傷様に思う ②気が狂う、発狂する

စိတ်မကောင်းလက်မကောင်းနှင့်[seiʔməkaun: lɛʔmɛkaun: nɛ.]（副）気の毒に思って

စိတ်မကျေပွဲ[seiʔmətʃebwɛ:]（名）リターン・マッチ

စိတ်မကြည်မလင်ဖြစ်[seiʔmətʃimɛlin pʼjiʔ]（形）精神に異常を来す、言動がおかしくなる

စိတ်မချ[seiʔməta.]（動）気がかりだ

စိတ်မချမသာဖြစ်[seiʔ mətʃan:məta pʼjiʔ]（形）①気掛かりだ ②気が晴れない、不愉快だ、情ない

စိတ်မချမ်းမြေ့ဘူး။[seiʔ mətʃan:mje.bu:]（形）気が晴れない

စိတ်မချမ်းမြေ့ဘွယ်[seiʔmətʃan:mje.bwɛ]（名）気の毒な出来事

စိတ်မချမ်းမြေ့ဘွယ်ရာဖြစ်[seiʔ mətʃan:mje.bwɛja pʼjiʔ]（形）気持が晴れない

စိတ်မချမ်းသာခြင်း[seiʔ mətʃan:daɡin:]（名）辛い事、苦しい事、

စိတ်မချမ်းသာဖြစ်[seiʔ mətʃanda pʼjiʔ]（形）気が晴れ晴れしない、不愉快だ

စိတ်မဆိုး[seiʔ məsʼo:]（動）怒らない、腹を立てない

စိတ်မဆိုးပါနဲ့[seiʔ məsʼo:banɛ.]（動）怒らないで欲しい

စိတ်မဆိုးကြပါနဲ့[seiʔ məsʼo:dʒa.banɛ.]（動）皆気にしないで欲しい

စိတ်မနှံ့ဘူး[seiʔmənan.bu:]（形）正気ではない＝ရူး

စိတ်မနှံ့သူ [sei²mənan̥.du] (名) 精神障害者
စိတ်မပါဘဲ [sei²məpabɛː] (副) 心ならずも、気乗りせぬまま
စိတ်မရှိပါနှင့် [sei²məʃi.banɛ.] (動) 気に止めるな、悪く思うな、お許しあれ
စိတ်မလုံ [sei²məloun] (形) 落着かない、不安だ
စိတ်မလုံမလဲဖြစ် [sei² məlounməlɛː p'ji²] (形) 気持が落着かない、気持が不安だ
စိတ်မသန့်လိုက်တာ [sei² mət̥an.] (動) 自責の念に駆られる
စိတ်မော [sei²mɔː] (動) 気疲れする、気が重い、うんざりする、げんなりする
စိတ်မာန်တက်ကြ [sei²man tɛ²tʃwa.] (動) 気持が高揚する
စိတ်မျော [sei²mjaː] (動) 憂慮する、心配する
စိတ်မြဲမြံ [sei²mjɛːmjan] (動) 健気だ、気丈夫だ、不撓不屈だ
စိတ်မြန် [sei²mjan] (形) ①気が早い ②衝動的だ、感情的だ、怒りっぽい
စိတ်မြန်ကိုယ်မြန်ဖြစ် [sei²mjan komjan p'ji²] (形) 怒りっぽい、気が早い
စိတ်မြန်လက်မြန် [sei²mjan lɛ²mjan] (副) きびきびと、敏捷に =သက်သက်လက်လက်
စိတ်မှတ် [sei²ma²] (名) 気持、記憶
စိတ်မှတ်ကြီး [sei²ma² tʃiː] (動) 不平を抱く、不満を抱く
စိတ်မှန်း [sei²man̥ː] (名) 見当、目安、推測、当てずっぽう ဘာကိုမျှမမြင်သဖြင့်စိတ်မှန်းနှင့်ပြန်လာသည်။ 何も見えなかったので当てずっぽうで帰ってきた
စိတ်ယုတ်စိတ်ညံ့ [sei²jou² sei²ɲan.] (名) 邪心、邪な心、下衆な感情、卑劣な心情
စိတ်ရူးပေါက် [sei²ju² pau²] (動) 前後の見境を失う、衝動的になる
စိတ်ရောကိုယ်ပါ [sei²jɔː koba] (副) 心身共々、心底から
စိတ်ရောဂါ [sei²jɔːga] (名) 精神病
စိတ်ရောက် [sei²jau²] (動) 気を奪われる、熱中する
စိတ်ရင်း [sei²jinː] (名) 生れながらの性格
စိတ်ရင်းကောင်း [sei²jinː kaunː] (形) 生まれながらの性格はよい、性格の芯はよい
စိတ်ရှိ [sei²ʃi.] (動) ①する気がある =အလိုဆန္ဒရှိသည်။ ②気分を害する、気を悪くする
စိတ်ရှိတိုင်း [sei²ʃi.dainː] (副) 思い通りに、気の向くままに
စိတ်ရှိလက်ရှိ [sei²ʃi. lɛ²ʃi.] (副) 思う存分、心行くまで、納得が行くまで

စိတ်ရှည် [sei² ʃe] (形) 気が長い、根気がある、忍耐強い、粘り強い =စွဲရှိသည်။
စိတ်ရှည်ရှည် [sei² ʃeʃe] (副) 気長に、根気よく、忍耐強く စိတ်ရှည်ရှည်စောင့်ဆိုင်းသည်။ 辛抱強く待つ
စိတ်ရှည်လက်ရှည် [sei²ʃe lɛ²ʃe] (副) 気長に、時間を掛けて、根気強く、丹念に、懇切丁寧に စိတ်ရှည်လက်ရှည်ပြောပြသည်။ 根気強く説明した
စိတ်ရှုပ် [sei²ʃou²] (動) 気持が混乱する、気持がすっきりしない、ややこしい =စိတ်ညစ်သည်။
စိတ်ရွှင်လန်း [sei² ʃwinlanː] (形) 楽しい
စိတ်လေ [sei² le] (形) 気がそぞろになる、気が散る、気が抜けてしまう、気が落着かない
စိတ်လေလွင့် [sei²lelwin.] (動) 気持が落着かない
စိတ်လေး [sei² leː] (動) 不安を感じる、気が滅入る、気が重い、憂鬱だ
စိတ်လိုလက်ရ [sei²lo lɛ²ja.] (副) 心から、進んで、意欲的に、思う存分 =စိတ်ပါလက်ပါ
စိတ်လက် [sei²lɛ²] (名) 心
စိတ်လိုက်မာန်ပါ [sei²lai² manba] (副) 感情のままに、感情の赴くまま、感情剥き出しで、自己抑制を失って
စိတ်လည် [sei² lɛ] (動) 気が変わる、元の考えに戻る、原状に戻る
စိတ်လုပ် [sei²lou²] (動) すねる、むくれる、怒った振りをする
စိတ်လုံ [sei² loun] (動) 心に秘める、明確な意識を持つ
စိတ်လွတ်ကိုယ်လွတ်ဖြစ် [sei²lu²ko²lu² p'ji²] (形) 心身共々のんびりする
စိတ်လှုပ်ရှား [sei² ɬou²ʃaː] (動) ①感動する ②動揺する、ショックを受ける
စိတ်လှုပ်ရှားမှု [sei² ɬou²ʃa.m̥u.] (名) 感情、気持の動揺、心の動揺、情緒
စိတ်လျှော့ [sei²ʃɔ.] (動) 諦める、断念する
စိတ်ဝင်စား [sei²winzaː] (動) 興味を持つ、関心を抱く
စိတ်ဝင်စားစရာကောင်း [sei²winzaːzəja kaunː] (形) 興味深い、とても面白い
စိတ်ဝင်စားစွာဖြင့် [sei²winzaːzwap'jin.] (副・文) 興味を持って、興味深く
စိတ်ဝင်စားဘွယ်ကောင်း [sei²winzaːbwɛ kaunː] (形) 関心を引かれる、興味をそそられる、興味深い
စိတ်ဝင်တစား [sei²windəzaː] (副) 興味を寄せて、関心を抱いて
စိတ်ဝင်တစားရှိ [sei²windəzaː. ʃi.] (動) 興味がある、関心がある

စိတ်ဝမ်း

စိတ်ဝမ်း[sei'wun.~sei'wan:]（名）心、気持、精神
စိတ်ဝမ်းကွဲ[sei'wun. kwɛ:]（動）意見が違う、意見が対立する、仲違いする、分裂する
စိတ်ဝမ်းမကွဲ[sei'wun. məkwɛ:]（副）心を一つに、一致協力して
စိတ်သဘော[sei' dəbɔ:]（名）性質、心情
စိတ်သဘောထား[sei' dəbɔ:da:]（名）①気持、心情 ②性格
စိတ်သဘောထားသေးငယ်[sei'dəbɔ:da: tẹ:ŋɛ]（形）心が狭い、気持が小さい、人間味に欠ける
စိတ်သောက[sei' tɔ:ka.]（名）不安、憂い、心配
စိတ်သောကရောက်[sei' tɔ:ka.jau']（動）憂う、憂慮する、心配する
စိတ်သက်သာ[sei' tɛ'ta]（動）安堵する
စိတ်သက်သာရာ[sei' tɛ'taja ja.]（動）安堵する、気持が安らぐ、愁眉を開く
စိတ်သန်[sei' tan]（形）衝動が強い、感情が強い ＝ဆန္ဒပြင်းပြ။
စိတ်အကူးခိုင်[sei'əku:k'ain:]（動）想像させる
စိတ်အနံ့မသင့်ဖြစ်[sei' ək'an.məṭin. p'ji']（動）虫の居所が悪い
စိတ်အချပေါက်[sei' ətʃin pau']（動）変心する、邪な気持になる
စိတ်အပျက်ကြီးပျက်[sei' əpjɛ'tʃi: pjɛ']（動）大いに落胆する、非常に失望する
စိတ်အာရုံ[sei' ajoun]（名）関心、興味
စိတ်အား[sei'a:]（名）気力、精神力
စိတ်အားငယ်[sei'a: ŋɛ]（形）心細い
စိတ်အားထက်သန်[sei'a: t'ɛ'tan]（形）意気込む、張り切る、熱意を持つ、威勢がよい
စိတ်အားထက်သန်စွာ[sei'a: t'ɛ'tanzwa]（副・文）意気込んで、勢ずいて、威勢良く
စိတ်အာမာန်[sei'a:man]（名）心意気、意気込み
စိတ်အာသိမ်ငယ်မှု[sei'a: teinŋɛmu.]（名）卑屈さ、気落ち、劣等感
စိတ်အေး[sei' e:]（動）安堵する、安心する
စိတ်အေးချမ်းသာ[sei'e: tʃanda]（副）落着いた気持で、ゆったりした気持で
စိတ်အေးလက်အေး[seiʻe: lɛ'e:]（副）寛いで、のんびりと、ゆっくりと、悠々と、安心して、気楽に
စိတ်အိုက်[sei' ai']（動）困惑する、当惑する、途方に暮れる、情なく思う＝စိတ်ရှုပ်သည်။

စုတ်[sou']（名）筆、毛筆、ブラシ＝စုတ်တံ
စုတ်ထိုး[sou' t'o:]（動）刺青を彫る
စုတ်[sou']（動）①破れる ②（砂糖黍などを）かじる ကြံစုတ်သည်။ ③（ヤモリが）鳴き声をたてる အိမ်မြှောင်စုတ်ထိုးသည်။ ④（悲哀、憐憫、同情、痛み、驚き等の時に）舌打ちをする ⑤吟じる、詠唱する ဂီတာစုတ်သည်။ ⑥（形）みすぼらしい、貧弱だ、貧相だ တဲစုတ် あばら屋 အဝတ်စုတ် ぼろ布
စုတ်ချာ[sou'tʃa]（形）拙い、拙劣だ、下手だ
စုတ်တသတ်သတ်နှင့်[sou' təta'ta'nɛ.]（副）（同情、憐憫の気持で）しきりに舌打ちをして
စုတ်ပြဲ[sou'pjɛ:]（動）破れる、裂ける
စုတ်ပြတ်[sou'pja']（動）破れる、千切れる、ほころびる、破損する
စုတ်ဖွား[sou'p'wa:]（副）（頭髪が）ぼさぼさで、乱れていて ဦးခေါင်းကစုတ်ဖွားဖွားနှင့်
စုတ်လာဘ်ဝင်[sou'la' win]（動）幸運に恵まれる
စုတ်သတ်[sou'ta']（動）（同情、憐憫、苦痛等で）舌を鳴らす、舌打ちをする
စန့်[san.]（動）①まっすぐに伸びる、長くなる ②死ぬ、事切れる
စန့်ဇန်းကြီး[san.zan.dʒi:]（副）長々と、延々と
စန့်စန့်ရန့်ရန့်[san.zan.jan.jan.]（副）長く伸びて စန့်စန့်ရန့်ရန့်အိပ်ပါ။ 手足を伸ばして寝なさい
စန်း[san:]（名）①（惑星としての）月 ②（占星術で使われる）月曜の運星（出生票に記される）、数字2で現わされる運星としての月
စန်းငှာစန်း[san't'ana.]（名）黄道12宮の月の位置、月が宿る場所
စန်းထ[san:t'a.]（動）つきに恵まれる、巡り合わせがよい、よい時期に巡り合わせる
စန်းပွင့်[san:pwin.]（動）人気が高い、異性にもてる、皆からもてはやされる
စန်းယှဉ်နက္ခတ်[san.ʃin nɛ'k'a']（名）太陽による星座、黄道12宮で満月と同じ宮に同宿する星座
စန္ဒကူး[sandəgu:]（植）白檀
စန္ဒကူးနီ[sandəgu:ni]（植）紫檀、紅木紫檀（マメ科）Pterocarpus santalinus
စန္ဒကူးဖြူ[sandəgu:bju]（植）白檀（ビャクダン科）Santalum album
စန္ဒမာသ[sandəja.mata.]（名）陰暦 cf. သူရိယမာသ 太陽暦
စန္ဒမာသပြက္ခဒိန်[sandəja.mata.pjɛ'gədein]（名）太陰暦
စန္ဒရား[san:dəja:]（名）ピアノ
စန္ဒရားတီး[san:dəja: ti:]（動）ピアノを弾く
စန္ဒဝါ[sandəwa]（植）オシロイイヌジシャ（ムラサキ科）Cordia fragrantissima
စန္ဒာ[sanda]（名）月 ＜パ Canda
စဏ္ဍာလ[sandala.]（名）非人、隠亡、墓掘り ＜パ

Caṇḍāla
စဉ္စာ:[san:da:] (名)（沿岸で使用される竹製の）大型の簗（やな）

စိန်တိုင်း[sein.tain:] (名) 清国（旧称）=စိန်ပြည်

စိန်[sein] (名) ①ダイヤモンド ②砒素

စိန်ကတ္တီပါ[sein gədiba] (名) 上質のビロード

စိန်ကွဲ[seingwɛʔ] (名) 菱形

စိန့်ခေါ်[seinkʼɔ] (動) 挑む、挑発する、挑戦する

စိန့်ချယ်[seintʃɛ] (植) コスモス

စိန့်ချယ်ပန်း[seintʃɛ ban:]=စိန့်ချယ်

စိန်တန်းလုတ်တမ်းကစား[seidan:luʔtan: gəza:] (動) 鬼ごっこ遊びをする

စိန်တံချူ[seindəʤu] ①（植）タチノウゼン（ノウゼンカズラ科）Tecoma stans ②（名）蔦口

စိန်နဖော်[seinnəbɔ] (植) サルトリイバラ（ユリ科）Smilax china, Smilax prolifera

စိန်နဘော်[seinnəbɔ]=စိန်နဖော်

စိန်နားကပ်ရောင်ကြောင့်ပါးပြောင်။ (諺) 親の七光（ダイアモンドの耳飾りのせいで頬が輝く）

စိန်နပန်း[seinnəban:] (植) シチヘンゲ、ランタナ（クマツヅラ科）Lantana aculeata

စိန်နမြင့်သွား[seinnimjin:dwa:] (鉱) 鶏冠石

စိန်ပန်း[seinban:] (植) ホウオウボク（ジャケツイバラ科）Poinciana regia

စိန်ပန်းကလေး[seinban:gəle:] (植) オオゴチョウ（ジャケツイバラ科）Caesalpinia pulcherrima

စိန်ပန်းအပြာ[seiban: əpja] (植) ブラジルヤカランダノキ（ノウゼンカズラ科）Jacaranda mimosaefolia

စိန်ပြေးတမ်း[seipje:dan:] (名) 鬼ごっこ、追っ駆けっこ遊び（鬼役の名を呼び、ထမင်းစား၍မြန်။ と囃したてて逃げる、鬼が追いかけて捕える）

စိန်ပြေးတမ်းကစား[seipje:dan: gəza:] (動) 鬼ごっこ遊びをする

စိန်ပြောင်း[seinbjaun:] (名) 白砲、迫撃砲

စိန်ဘူ:[seinbu:] (名)（パゴダ上部の）宝珠

စိန်ဇေဒု[sein jədu.] (名) 75周年記念

စိန်သွား[seindwa:] (名) ガラス切り

စိန်းစိန်း[sein:zein:] (副) じろじろと、凝視して

စိန်းစိန်းကြည့်[sein:zein: tʃi.] (動) 凝視する、じっと見つめる =စူးစူးစိုက်စိုက်ကြည့်။

စိန်းစိန်းဝါးဝါး[sein:zein:wa:wa:] (副) ①噛み付かんばかりに ②涎を垂らさんばかりに

စိန်းစိန်းဝါးဝါးကြည့်[sein:zein:wa:wa: tʃi.] (動) ①（物欲しげに）見つめる ②（冷たい眼差

しで）凝視する、睨みつける

စုန်စုန်[soun.zoun.] (副) ふっくらと、こんもりと、盛り上がって

စုန်[soun] (動) 下る、（川を）下る

စုန်ဆင်း[souns'in:] (動) 川を下る

စုန်း[soun:] (名) 魔女、妖婦、妖術師

စုန်းကဝေ[soun:kəwe] (名) 妖術師（額に冠毛があると言われる

စုန်းပူး[soun:pu:] (動) たぶらかされる、妖術にかかる、魔法にかけられる

စုန်းပြူ[soun: pju:] ①（動）豆が煮えない ②持て余す、問題児だ、厄介者だ ③[soun:bju:] (名) ①規格外れ、風変り者、問題児、厄介者、持て余し者、異端者 ②堅い豆、煮えない豆

စုန်းမော်ပညာသည်[soun:mɔ pjinɲadɛ] (名) 妖術師、魔法使い

စပ်[saʔ] (動) ①辛い、ぴりぴり辛い ②（傷が）痛む、ずきずきする、ひりひりする、疼痛がする မျက်စိစပ်သည်။ 目がちかちかする

စပ်စပ်ထိ[saʔsaʔ tʼi.] (動) ずきずき痛む

စပ်ပျဉ်းပျဉ်း[saʔpʼjin:bjin:] (副) ひりひりと နေကစပ်ပျဉ်းပျဉ်းပူလှသည်။ 太陽がじりじりと照りつける

စပ်ပျဉ်းပျဉ်းရှိ[saʔpʼjin:bjin: ʃi.] (形) ひりひりする、ずきずきする

စပ်ရှားရှားရှိ[saʔʃa:ʃa: ʃi.] (動)（ソーダのような）刺激がある、耐えられない痛みがある

စပ်ရှိမ်းရှိမ်းရှိ[saʔʃein:ʃein: ʃi.] (動)（味が）ぴりぴりする

စပ်သီး[saʔti:] (植) 唐辛子 =cရွတ်သီး

စပ်[saʔ] (動) ①混じる、混じり合う、混在する ②混ぜる ③繋がる、接する ④繋ぐ、接合する ⑤組み立てる ⑥（詩や歌を）詠む ကဗျာစပ်သည်။

စပ်ကူးမတ်ကူး[saʔku:maʔku:] (名) ①移管期、過渡期 ②接合点、合わせ目

စပ်ကြ[saʔtʃa.] (動) 混血児が生れる、合いの子が生れる

စပ်ကြား[saʔtʃa:] (名) 間、中間

စပ်ကြားပြူ[saʔtʃa: pju.] (動) 仲介する、仲立ちする

စပ်ကြောင်း[saʔtʃaun:] (名) 合わせ目、繋ぎ目、縫い目

စပ်စု[saʔsu.] (動) 詮索する、口を出す、干渉する、お節介を焼く

စပ်စောင်[saʔsaun] (名) 二枚を縫い合わせた木綿製の毛布、二枚合わせのタオルケット

စပ်စပ်[sa'sa'] (副) ①釣合いの採れた、均整の採れた、左右相似の　လေးထောင့်စပ်စပ်ရှိသည်။ 真四角だ　②お節介焼きの、干渉好きの　ဟိုစပ်စပ်ဒီစပ်စပ်လုပ်သည်။ あっちこっちに手を出す　③水っぽい　ရေစပ်စပ်ရှိသည်။ ④薄い色合いの　အသားနီစပ်စပ်ရှိသည်။ 皮膚が赤みを帯びている、赤らんでいる　⑤弱めに　စပ်စပ်ရိုက်သည်။ 殴るのに手心を加える

စပ်စပ်စုစု[sa'sa'su.zu.] (副) 根掘り葉掘り　စပ်စပ်စုစုနဲ့မေးသည်။ 根掘り葉掘りして聞く

စပ်ဆို[sa's'o] (動) 詩を詠む、作詩する ＝ဖွဲ့ဆိုသည်။

စပ်ဆိုင်[sa's'ain] (動) 関わる、関係がある

စပ်တူ[sa'tu] (名) 合同、共同、合弁　စပ်တူလုပ်သည် 合弁で行う

စပ်ထမိန်[sa' t'əmein] (名) 寄せ布の女性用ロンジー、端切れを寄せ集めて縫い合わせた女性用ロンジー、パッチワークのロンジー

စပ်ပြဲပြဲ[sa'p'jɛ:bjɛ:] (副) にやにやして、にやりとして、せせら笑って

စပ်ပြဲပြဲနဲ့[sa'p'jɛ:bjɛ:nɛ.] (副) ＝စပ်ပြဲပြဲ　စပ်ပြဲပြဲနဲ့ကြည့်သည်။ にやにやして見る　စပ်ပြဲပြဲနဲ့ပြောသည်။ にやにやしながら言う

စပ်ပြဲပြဲလုပ်[sa'p'jɛ:bjɛ: lou'] (動) にやにやする、にやりとする、ふざけた笑いをする、せせら笑う ＝နောက်တောက်တောက်လုပ်သည်။မခိုးမခန့်လုပ်သည်။

စပ်မိစပ်ရာ[sa'mi.sa'ja] (名) 問わず語り、四方山話、聞かれるままについ語った話

စပ်ယှက်[sa'ʃɛ'] (動) ①関わる、関連する、繋がりがある　②肉体関係を持つ、性交する

စပ်လျဉ်း၍[sa'ɬjin:jwɛ.] (接) ついて、関して　ရေယာဉ်နစ်မြုပ်ခြင်းနှင့်စပ်လျဉ်း၍အတည်ပြုချက်မရှိ။ 船の沈没に関して確認はされていない

စပ်ဟပ်[sa'ha'] (動) ①合わせる、重ねる、繋ぐ、一緒にする、合同する　②文を作る、詩を詠む

စိပ်[sei'] (形) 密だ、緻密だ、疎らでない

စိပ်စိပ်[sei'sei'] (副) 密に、詰めて

စိပ်[sei'] (動) 数珠を繰る、爪繰る　ပုတီးစိပ်သည်။

စိပ်ပုတီး[sei'bədi:] (名) 数珠

စုပ်[sou'] (動) ①吸う、すする　②吸収する

စုပ်ကပ်[sou'kwɛ'] (名) 吸盤

စုပ်ထုတ်[sou't'ou'] (動) 吸い出す、吸い取る

စုပ်စမြုပ်[sou'sa.mjou'sa.] (副) 痕跡を残さずに、すっかり姿を消して

စုပ်စုပ်[sou'sou'] (副) とっぷりと　မိုးစုပ်စုပ်ချုပ်သည် 日がとっぷりと暮れる　စုပ်စုပ်မြုပ်သည်။ 完没する

စမုခန်[səmək'an] (名) ①行者、修験者が敷く獣皮の敷物　②仏像の台座の上の敷物 ＜パ Cammakhaṇḍa

စမ်း[san:] (名) 泉、湧き水

စမ်းချောင်း[san:dʑaun:] (名) 小川

စမ်းရေ[san:je] (名) 泉の水、湧き水

စမ်းစမ်း[san:zan:] (副) 目に涙をためて　မျက်ရည်စမ်းစမ်းနှင့် 目に涙を一杯浮べて

စမ်း[san:] (動) ①触る、触れる　②試す、試みる　ကားစက်စမ်းသည်။ エンジンの調子をみる　③ (助動) 命令を表わす、～してみる　စား：ကြည့်စမ်းပါ။ 食べてみなさい　ဟေ့။ထစမ်း။ おい、立ってみろ　လုပ်ကြည့်ကြစမ်း　やってみろよ（只では済まぬぞ）　ခိုင်းလိုက်တဲ့စွာအတွက်မပူစမ်းပါနဲ့။ 依頼した用件については心配御無用

စမ်းကြည့်[san:tʃi.] (動) 試してみる、試みる

စမ်းတဝါးဝါး[san:təwa:wa:] (副) 手探りで　စမ်းတဝါးဝါးနှင့်တက်လာသည်။ 手探りで上ってきた

စမ်းသပ်[san:ta'] (動) ①試す、試みる、実験する　②調べる、検査する、手探りする

စမ်းသပ်ခန်း[san:ta'k'an:] (名) 診察室

စမ်းသပ်ခံ[san:ta'k'an] (名) 実験台、実験動物

စမ်းသပ်ဖန်ပြွန်သန္ဓေသား[san:ta' p'anbjun dəde da:] (名) 試験管ベビー

စပယ်[zəbɛ] ＝စွယ်

စိမ့်[sein.] (動) ①滲む、滲み出る　②ひんやりする　(背筋が) 寒くなる、(寒気で) ぞくぞくする　③ (名) 沼、沼沢

စိမ့်စမ်း[sein.san:] (名) 湧き水、沼沢

စိမ့်စိမ့်[sein.zein.] (副) じわじわと、じんわりと

စိမ့်ထွက်[sein.t'wɛ'] (動) 滲み出る、浸出する

စိမ့်ယို[sein.jo] (動) 浅れ出る、滲み出る

စိမ့်ရေ[sein.je] (名詞) 泉の水、湧き水

စိမ့်ဝင်[sein.win] (動) しみ込む、浸透する

စိမ့်[sein.] (助動) ～させる、～ならしめる ＝စေအံ့　ငါ၏မိဖုရားတို့ကိုသား:စုဆောင်းစိမ့်မည်။ 余の妃達に子宝祈願をさせよう　နား:ခါမှဆိုစိမ့်မယ်။ 休憩時間に思い知らせてやる

~စိမ့်သော၄[sein.dɔ:ŋa] (接助) ~ならしめるために、~させるために　နား:လည်စိမ့်သော၄ရေး:သား:ဖော်ပြလိုက်ရဥ်:မည်။ 理解してもらうために書いて説明しよう　ယုံကြည်စိမ့်သော၄၄င်းက်ကိုဆောင်၍မင်း:ကြီးအား:ပြမည်။ 信じてもらうためにこの豚を連れて帰り王様に見せよう

စိမ်[sein] (動) 浸す、漬ける　ရေထဲမှာနှစ်ညစိမ်တယ်။ 水中に二晩漬けた

စိမ်ပြေနပြေ[seinbje nəbje] (副) のんびりと、寛いで、悠然と　စိမ်ပြေနပြေလက်ဖက်ရည်သောက်နေတယ် 寛いで紅茶を飲んでいる　ကမ်းနားလမ်းတလျှောက်စိမ်ပြေနပြေလျှောက်နေတယ်။ 海岸通りをのんびりと散歩

စိမ်ရည်[sein je] (名) (蒸した餅米を醱酵させた) 酒 =သော
စိမ်း[sein:] (形) ①緑色をしている、青々としている ②生だ、煮ていない、加工していない ③未熟だ、熟れていない ④馴染みがない、よそよそしい、素気ない、つれない ⑤အရပ်သည် သူ့အဖို့ စိမ်းသည်။ ここは彼にとって馴染みのない所だ
စိမ်းကား:[sein:ga:] (形) つれなくする、薄情にする、冷たくあしらう、情容赦なく接する
စိမ်းစားငပိ[sein:za:ŋəpi.] (名) (その侭で食べる) 蝦の塩辛、蝦をペースト状に潰して塩漬けにした調味料
စိမ်းစားဥ[sein:za:u.] (植) クズイモ、マメイモ (マメ科) Pachyrhizus angulatus
စိမ်းစို[sein:so] (形) 青々としている、新緑だ、生い茂っている
စိမ်းစိမ်း=စိန်းစိန်း
စိမ်းစိမ်းကားကား:[sein:zein:ka:ga:] (副) よそよそしく
စိမ်းစိမ်းစိုစို[sein:zein: sozo] (副) 青々として
စိမ်းစိမ်းစိုစိုနှင့်[sein:zein: sozonɛ.]=စိမ်းစိမ်း
စိမ်းစိမ်းစိုစိုဖြို[sein:zein: sozo p'ji'] (形) 青々としている、緑豊かに生い茂っている
စိမ်းစိမ်းဝါးဝါး:[sein:zein:wa:wa:] (副) よそよそしく、冷たい眼差しで=စိန်းစိန်းဝါးဝါး
စိမ်းဆတ်ဆတ်[sein:s'a's'a'] (副) 生煮えの、半熟の
စိမ်းညိုရောင်[sein:ɲojaun] (名) 濃い緑色、深い緑色
စိမ်းပြာရောင်[sein:bjajaun] (名) 紺碧色、コバルト色
စိမ်းဖန့်ဖန့်[sein:p'an.ban.] (形) 薄い緑の စိမ်းဖန့်ဖန့်အရောင် 薄緑色
စိမ်းမြမြ[sein:mja.mja.] (形) 濃い緑色の
စိမ်းလဲ့[sein:lɛ.] (形) 淡い緑色をした、澄んだ緑色をした စိမ်းလဲ့အေး:မြသောရေဝတီမြ 青く澄んだイラワジ川
စိမ်းလဲ့လဲ့[sein:lɛ.lɛ.] (副) 薄緑色をして စိမ်းလဲ့လဲ့ကုလစက်ဝိုင် 薄青い色をした地平線
စိမ်းလန်း:[sein:lan:] (形) 新鮮だ、瑞々しい、青々している、活き活きしている
စိမ်းလန်းစိုပြေ[sein:lan:sopje] (形) 青々している、瑞々しい
စုဏ္ဏဒတ်[sounbəda'] (植) コハラミツ、ヒメハラミツ (クワ科) Atrocarpus champeden

စံ[san.] (助辞) 文末で使用、疑問を現わす ကျန်းမာပါတီရှိပါစံ 健やかなりや？ ချစ်ဘွယ်တော့ကောင်းပါစံ။ 果して可愛いであろうか？
စံ[san] (動) ①享受する、享楽する、幸せに暮す ② (神、国王が) おわす、お暮しになる、お住まいになる=စံတော်မူ။
စံစား:[sanza:] (動) 楽しむ、享受する、豪勢に暮す
စံပယ်[sanpɛ]① (形) 品がある、気品がある、優雅である ② (動) (仏が) おわす、いらっしゃる、お住まいになる、滞在なさる、鎮座なさる
စံပယ်တင်[sanpɛ tin] (動) 裂袈 (又はロンジー) の端を左肩に載せ、残りを背中から右脇の下を潜らせて再び左肩の上に載せるように着る
စံပယ်တင်မဲ့[sanpɛdin mɛ.] (名) 唇の端の黒子 cf. မျက်ရည်ခံမဲ့ 目の下の黒子、泣き黒子
စံမြန်:[sanmjan:] (動) (仏や国王が) 起居遊ばされる、お過しになる
စံ[san] (名) ①標本、見本 ②モデル、基準
စံကိုက်[san kai'] (動) 水準に達する
စံကိန်း:[sangein:] (名) 基準値
စံချိန်[sanʤein] (名) (スピード、競技等の) 記録
စံချိန်ကျို[sanʤein tʃo:] (動) 記録が破られる
စံချိန်ချို:[sanʤein tʃo:] (動) 記録を破る
စံချိန်စံညွှန်:[sanʤein sanɲjun:] (名) 基準
စံချိန်တင်[sanʤein tin] (動) 新記録を樹立する
စံချိန်တင်တိုးပွါ:[sanʤeindin to:bwa:] (動) 記録を更新する
စံချိန်မှီ[sanʤein mi] (動) 基準を満たす、水準に達する နိုင်ငံတကာစံချိန်မီအစား:အစာ 国際的水準の食事
စံချိန်သစ်[sanʤeindi'] (名) 新記録
စံချိန်သစ်တင်[sanʤeindi' tin] (動) 新記録を樹立する
စံညွှန်:[sanɲjun:] (動) 基準を示す
စံတော်ချိန်[sandoʤein] (名) 標準時刻
စံတင်[san tin] (動) 基準とする、基準に定める、模範とする
စံတည်[san ti] (動) 記録を認める
စံထာ:[san t'a:] (動) 模範とする
စံနမူနာ[san nəmuna] (名) 基準、模範、モデル、典型
စံနှန်း:[sannoun:] (名) 基準、基準値
စံပြ[sanbja.] (名) ①手本、見本、モデル、基準、模範 ②見せしめ
စံမှီ[sanmi] (動) 標準に達する、規格に合う
စံမှီတင်းကိုက်[sanmi tin:gai'] (名) 標準的

စံကား

စံယူ[san ju] (動) 模範とする、モデルになる
စံရွေး[san jwe:] (動) ①ベストを選ぶ、見本を選ぶ ②気に入らない、気に食わない
စံကား[zəga:] (植) キンコウボク（モクレン科） Michelia champaca
စံကားဆီမီး[zəgəzein:] (植) イランイラン（バンレイシ科） Canangium odoratum
စံကားဖြူ[zəgəbju] (植) オガタマノキ（モクレン科） Michelia excelsa
စံကားဝါ[zəgəwa] (植) ホワイト・チャンパカ（モクレン科） Michelia nilagirica
စံကားသိန်[zəgədein] (植) タイワンウリノキ（ウリノキ科） Alangium chinense
စံကော[zəgɔ:] (名) 箕＝စကော
စံနစ်[səni'] (名) ①方式、やり方 ②制度＝စနစ်
စံနစ်တကျ[səni'dəd͡ʑa.] (副) 手順よく、秩序よく型に合うように、整然と
စံပယ်[zəbɛ] (植) ①マツリカ（モクセイ科）＝စံပယ်ဖြူ: Jasminum sambac ②ヤブソケイ（モクセイ科） Jasminum pubescens
စံုစံုပုံပုံ[soun.zoun.pounboun ʃi.] (形) ふっくらしている、ふわりと盛り上がっている＝စုစုစုံစုံ
စံု[soun] (動) ①対になる、番いになる ②揃う、完全になる လှစုံသည်။ 人が揃う ③ (名) 偶数 ④密林、原生林 ⑤ (助数) 1対、1揃い တစုံ 1揃い、1対
စံုကန်[soun kan] (動) ①両足で蹴る ②冷たくあしらう、冷酷に扱う、無慈悲に捨て去る
စံုကိန်း[soungein:] (名) 偶数
စံုကြန်း[soun gənan:] (名) 偶数
စံုနှပ်[sounzi nəp'a] (名) がらくた、骨董品
စံုစမ်း[sounzan:] (動) 調べる、取調べる、調査する
စံုစမ်းစစ်ဆေး[sounzan: si's'e:] (動) 調査する
စံုစမ်းရေးအဖွဲ့[sounzan: je:əp'wɛ.] (名) 調査委員会
စံုညီညီ[sounzoun ɲiɲi] (副) 揃って、全員打ち揃って
စံုလင်လင်[sounzoun linlin] (副) 詳しく、詳細にたっぷりと
စံုဆွဲ[zoun s'wɛ:] (動) 両手で引く、両手で引き抜く
စံုညီ[sounɲi] (形) 揃う、出揃う
စံုတော[soundɔ:] (名) 密林、原生林
စံုတွဲ[zoundwɛ:] (名) 二人連れ、アベック
စံုထောက်[soun t'au'] ① (動) 探索する、情報を集

168

める ② [soundau'] (名) 探偵 ③刑事＝အထောက်တော်
စံုဖက်[sounp'ɛ'] (動) ①夫婦となる、所帯を持つ、結婚する ②嫁がせる、結婚させる
စံုဖက်＝စံုဖက်
စံုမက်[sounmɛ'] (動) ①気に入る、好きになる ②見初める、愛する ③欲しがる＝ချစ်ခင်သည်။နှစ်သက်သည်။မြတ်နိုးသည်။
စံုမြိုင်[sounmjain] (名) 密林、原生林
စံုရေမက်ရေ[soun je mɛ'je] (副) 貪欲に
စံုရပ်[soun ja'] (動) 両足を揃えて立つ
စံုလင်[sounlin] (動) 揃う、完備する
စံုလုံးကန်း[zounloun:kan:] (動) 両眼とも視力を失う、両眼とも見えなくなる
စံုအောင်[soun aun] (副) 洩れなく、揃うように、あれこれ ဆေးတွေစံုအောင်သောက်သည်။ 薬を洩れなく飲む
စံုပတက်＝စမွေတက်
စံုးစံုး[soun:zoun:] (副) とっぷりと、深々と နေလုံးသည်စံုးစံုးဝင်သွားတော့သည်။ 太陽はとっぷりと沈んで行った စံုးစံုးမြုပ်သည်။ 全てを失う

~စွ[swa.~zwa.] (助辞) 文末で使用、感嘆を表わす အံ့ဩခြင်းအရှိပေစွ။ 驚いた事だ လူတယောက်၏ပါးစပ်ကို ကာပိတ်ထား ခဲ့ခြင်းမှာ ခဲယဉ်း၏စွ။ 人の口を封じて置く事は至難の業だ
~စွတကား[swa.dəga:~zwa.dəga:] (助辞) 文末で使用、感嘆を表わす အလွန်မြတ်စွတကား။ 極めて尊いものだ ငါသည်မှားလေစွတကား။ 私は間違っていたのだ ပညာရှိစွာတကား။ 何と智慧のある事よ စိမ်းကားရက်စက်စွာတကား။ 何と言う冷酷な事よ
~စွာ[swa~zwa] (尾) 副詞を形成 များစွာရှိသည်။ 沢山ある လျင်မြန်စွာပြေးသည်။ 素早く走る လှေပေါ်၌တည်ငြိမ်စွာခုန်တက်သည်။ 舟の上に静かに跳び乗った
~စွာဖြင့်[~zwap'jin.] (尾) 副詞を形成 ပြုံးရှင်စွာဖြင့်အနားကပ်လာသည်။ にこにこしながら近づいて来た ငြိမ်သက်တိတ်ဆိတ်စွာဖြင့် ကြည့်နေသည်။ 黙ったまま見とれている
စွာ[swa] (動) 構う、手出しをする、挑む、突っかかる 喧嘩腰に言う、居丈高に言う ဒီကလေးမထယ်စွာလော။ この女の子は、何という跳ねっ返りだ
စွာကျယ်ကျယ်[swat͡ʃɛd͡ʑɛ] (副) 邪険に、突っけんどんに、やかましく
စွာကျယ်စွာကျယ်[swad͡ʑɛ swad͡ʑɛ] (副) やかましく音を立てて
စွာလောင်စွာလောင်[swalaun swalaun] (副) や

かましく、賑やかに、音を立てて
ေရြ[swe.]①（動物）リスモドキ（リス科）Sciurus epomophorus ②ツパイ、ボルネオリスモドキ（ツパイ科）Tupaia tana または T. peguana ③オナガモリチメドリ ＝ေရြငှက်
ေရြကနဲ[swe.kənɛ:]（擬）ひょいと、楽々と、易々と、容易に
ေရြငှက်[zwe.ŋɛʔ]（鳥）オメガモリチメドリ（ムシクイ科）Turdoies gularis
ေရြေရြ[swe.zwe.]（副）機敏に
ေရြ[swe]（形）①斜視だ、藪睨みだ ②（動）横目で見る、流し目で見る ③しとしと降る、しょぼしょぼ降る ရက်ရက်ည်လည်းေရြတက်သည်။ 何日も降り続く
ေရြတေတကနဲ[swetede kan:tan:dan:nɛ.]（副）やぶ睨みで
ေရြကြည့်[swetʃi.]（動）横目で見る、流し目で見る
ေရြေရြ[swezwe]（副）色鮮やかで
စွယ်[swɛ]（名）牙、犬歯
စွယ်စုံ[swɛzoun]（名）①二本の牙を持つ象 ②博識、博学、博覧強記、多芸 ေလာကီေလာကုတ္တရာစွယ်စုံ ပညာရှင်ကြီးဖြစ်သည်။ 世間、脱世間の双方に通じた博識者だ
စွယ်စုံကျမ်း[swezoun tʃan:]（名）百科事典
စွယ်ေတာ်[swɛdɔ]①（名）仏歯、仏陀の犬歯 ②（植）フイリソシンカ、コチョウボク（ジャケツイバラ科）Bauhinia variegata ③シロバナソシンカ（ジャケツイバラ科）Bauhinia candida
စွယ်ေတာ်ဇင်း[swɛdɔzin]（名）王城内にあった仏歯台
စွယ်ေယာင်ပြ[swɛjaun pja.]（動）振りをする、見せかける
စွယ်သွား[swɛdwa:]（名）犬歯
စွဲ[swɛ:]（動）①手に持つ ②くっつく、こびり付く ③心に残る、思いを寄せる ④病みつきになる、愛着を持つ ⑤慢性化する、持病になる
စွဲကိုင်[swɛ:kain]（動）手に持つ、握る、握り締める
စွဲကပ်[swɛ:kaʔ]（動）①くっつく、付着する ②罹病する、罹患する ငှက်ဖျား:ေရာဂါစွဲကပ်သည်။ マラリアに罹る
စွဲကြိုး[swɛ:dʒo:]（名）手綱
စွဲချက်[swɛ:dʒɛʔ]（名）告訴
စွဲချက်တင်[swɛ:dʒɛʔ tin]（動）起訴する
စွဲမြ[swɛ:ɲi.]（動）①くっつく ②魅惑される、夢中になる、虜になる
စွဲစွဲလမ်းလမ်း[swɛ:zwɛ: lan:lan:]（副）強く惹

かれて、執着して、執心して
စွဲဆို[swɛ:sʔo]（動）起訴する、訴追する
စွဲမက်[swɛ:mɛʔ]（動）執着する、愛着を持つ
စွဲမြဲ[swɛ:mjɛ:]（動）①固着している、こびりつく ②（信念が）堅い、不屈だ
စွဲမြဲစွာ[swɛ:mjɛ:zwa]（副・文）しっかりと
စွဲမှတ်[swɛmaʔ]（動）信じ込む、思い込む、確信する、信念を堅く持つ
စွဲေလာင်[swɛ:laun]（動）延焼する
စွဲလမ်း[swɛ:lan:]（動）強く惹かれる、魅惑される、虜になる、ほれる、執着する
စွက်[swɛʔ]（動）①補う、補充する、添加する ②お節介を焼く、口を出す、干渉する
စွက်ဖက်[swɛʔpʔ]（動）干渉する、口出しする
စွက်ဖက်ကျူးေကျာ်[swɛʔpʔɛʔtʃu:tʃɔ]（動）干渉侵略する
စွင့်[swin.]（形）高い、高峻だ、聳え立つ
စွတ်[suʔ]①（動）濡れる မိုးရွာလျှင်ေရြတက်လိမ့်မည်။ 雨が降れば濡れるでしょう ②引きずる ③[zuʔ]（副）無頓着に、強引に、無理矢理
စွတ်ကပါစိနံပါစိ[suʔkəpasi. nanpasi.]（名）子供の遊び（円陣を組み物を背中に隠す）
စွတ်ကယ်စွတ်ကယ်[suʔkɛ suʔkɛ]（副）繰返し
စွတ်ေကြာင်း[suʔtʃaun:]（名）轍
စွတ်စို[suʔso]（動）びしょ濡れになる、ずぶ濡れになる
စွတ်စိုတိုင်းမိုင်း[suʔso tʔain:main:]（形）湿気が高い、湿り気が多い
စွတ်စွတ်ရွတ်ရွတ်[suʔsuʔjuʔjuʔ]（副）①確信を持って怯まずに ②ずかずかと（入って来る）
စွတ်တရွတ်[zuʔdəjuʔ]（副詞）無理矢理、力ずくで、強引に＝ဇွတ်တရွတ်
စွတ်ထိုး[zuʔtʔo:]（副）強引に、ごり押しで＝ဇွတ်ထိုး
စွတ်ပါး[suʔpʔa:]（名）（運搬用の）槍
စွတ်ရွတ်[zuʔjuʔ]（副）強引に、無理矢理＝ဇွတ်ရွတ်
စွန်[sun.]（動）①捨てる、廃棄する、放棄する ②排泄する ကျင်ကြီးစွန့်သည်။ 大便をする ③明け渡す ④喜捨する、布施をする ⑤冒険する、危険を冒す、敢行する、思い切ってする、敢然と立ち向う
စွန့်ကျဲ[sun.tʃɛ:]（動）施す、布施をする
စွန့်ခြင်း:ငါးပါး[sun.dʒin:ŋa:ba:]（名）菩薩としての修業（財、四肢、子女、妻、命の五つを捨てる事）
စွန့်ခွာ[sun.kʰwa]（動）捨て去る、放棄する、置き去りにする、遺棄する
စွန့်စား[sun.za:]（動）冒険する、危険を冒す、命

စွန့်စားခန်း

懸けでする、必死でする
စွန့်စားခန်း[sun.za:gan:] (名) 冒険、冒険の場面
စွန့်စွန့်စားစား[sun.zun. sa:za:] (副) 命懸けで、危険を冒して、懸命に
စွန့်ပယ်[sun.pɛ] (動) 捨てる、放棄する、遺棄する
စွန့်ပစ်[sun.bjiʔ] (動) ①放り捨てる、放り投げる ②放棄する、遺棄する、廃棄する
စွန့်ပစ္စည်း[sun.pjiʔsi:] (名) ①廃棄物＝စွန့်ပစ်ပစ္စည်း။ ②排泄物
စွန့်လွှတ်[sun.ɬuʔ] (動) 手放す、捨てる、放棄する
စွန်[sun] (名) ①凧 ②(鳥) 鳶 (ワシタカ科) Milvus migrans
စွန်ခေါင်းဖြူ[sungaun:bju] (鳥) シロガシラトビ (ワシタカ科) Haliastur indus
စွန်ချီ[sun tɕʰi] (動) トビが咥え去る
စွန်တောင်ဆွဲ[sundaun sʰwɛ:] (動) (女性が怒りで) ロンジーの端を捲くる
စွန်လွှတ်[sun ɬuʔ] (動) 凧上げをする
စွန်လွှတ်ကစား[sun ɬuʔ gəza:]＝စွန်လွှတ်
စွန်ဒေါ်[sundouʔ] (名) 鷲掴み
စွန်လက်သည်း[sun lɛʔtɛ:] (植) フタダネジャケツイバラ (ジャケツイバラ科) Caesalnipia digyna
စွန်[sun] (動) 麦粒腫 (ものもらい) ができる
စွန်တာနီပဲ[suntanibɛ:] (植) 赤色のライマメ、皇帝豆 (マメ科) Phaseolus lunatus
စွန်တာပြာပဲ[suntabjabɛ:] (植) 緑色のライマメ (マメ科) Phaseolus lunatus
စွန်ပလွံ[sunbəlun] (植) ①ナツメヤシ (ヤシ科) Phoenix dactylifera ②サトウナツメヤシ (ヤシ科) Phoenix sylvestris
စွန်ပလွံ့[sunbəlun]＝စွန်ပလွံ
စွန်း[sun:] (動) 超える、超過する、凌駕する တစ်လငါးရက်စွန်းသည်။ 一か月と５日経った
စွန်း[sun:] (動) ①(色が) 付く ②(インク、墨等が) 付く、汚れる ③汚点が付く မဲ့တပေါက်မစွန်းရဘူး။ 指１本汚れていない
စွန်းထင်း[sun:tʰin:] (動) 汚れが付く、染みが付く、汚点が残る
စွန်းလွန်းတမံ[sun:lun:təman] (副) 効果が上がるように＝စွပ်စွပ်တမံ
စုပ်[suʔ] (動) 填める、差し込む မျက်နှာဖုံးစုပ်သည်။ マスクを被る
စုပ်ကျယ်[suʔtɕɛ] (名) (男性用の) 下着、肌着、アンダーシャツ
စုပ်ကျယ်အင်္ကျီ[suʔtɕɛ in:dʑi]＝စုပ်ကျယ်

စုပ်စွဲ[suʔswɛ:] (動) 咎める、責める、非難する、疑いをかける
စုပ်စွဲချက်[suʔswɛ:dʑɛʔ] (名) 嫌疑
စုပ်စုပ်ရွတ်ရွတ်[suʔsuʔjuʔjuʔ] (副) 運良く、好運にも
စုပ်တံ[suʔtan] (名) パイプ
စုပ်ပြုတ်[suʔpjouʔ] (名) スープ ＜英 Soup
စွမ်း[sun~swan:] (動) ①能力がある、できる ②効き目がある、有効だ ③(助動) ～できる、可能だ
စွမ်းစွမ်းတမံ[sun:zun:təman~swan:zwan:təman] (副) 懸命に、精一杯頑張って、努力して、奮闘して、健闘して、ベストを尽くして
စွမ်းဆောင်[sun:sʰaun~swan:sʰaun] (動) 果す、実行する、遂行する、達成する、完遂する、実現する
စွမ်းဆောင်ချက်[sun:sʰaundʑɛʔ] (名) 能力、成果
စွမ်းဆောင်နိုင်မှု[sun:sʰaunnainmṵ.] (名) ①能力、手腕 ②成果
စွမ်းဆောင်မှု[sun:sʰaunmṵ.] (名) 働き、機能
စွမ်းဆောင်မှုအား[sun:sʰaunmṵ. in a:] (名) 能力、能率
စွမ်းဆောင်ရည်[sun:sʰaun je] (名) 能力、機能
စွမ်းပကား[swan:bəga:] (名) 能力、力量、素質、実力
စွမ်းရည်[swan:je] (名) 能力、資質、才能、機能
စွမ်းရည်ပြ[swan:je pja.] (動) 腕前を披露する
စွမ်းရည်သတ္တိ[swan:je tatti.] (名) 能力
စွမ်းသန်[swan:tan] (形) 丈夫だ、強い、強力だ
စွမ်းအား[swan:a:] (名) 能力、機能、素質
စွမ်းအင်[swan:in] (名) エネルギー
စွမ်းအင်လိုအပ်ချက်[swan:in loaʔtɕʰɛʔ] (名) エネルギーの需要
စွမ်းအင်လုပ်ငန်း[swan:in louʔŋan:] (名) エネルギー産業
စွမ်းအင်ဝန်ကြီး[swan:in wundʑi:] (名) エネルギー省大臣、エネルギー庁長官
စွမ်းအင်ဝန်ကြီးဌာန[swan:in wundʑi:tʰana.] (名) エネルギー省
စွမ်းအင်အရင်းအမြစ်[swan:in əjin:əmjiʔ] (名) エネルギー源
စွံ[sun] (動) ①順調だ、うまく行く、儲かる ရောင်းရမစွံသောကုန်။ 売れ行きが捗々しくない商品 ②もてる、人気を博する

ဆ

ဆ[s'a.]（名）ビルマ文字表第7番目の子音文字、その名称は ဆလိမ်[s'a.lein]（捩じれたサ）

ဆ[s'a.]（動）①手で重さを推し量る ②推し量る、推測する、見当をつける

ဆ[s'a.]（助数）~倍 နှစ်ဆ 2倍

ဆကဲ[s'a.kɛ:]（副）何倍にも တဆကဲလျော်ပေ။ 倍返しせよ

ဆခွဲကိန်း[s'a.gwɛ:gein:]（名）因数、係数、約数

ဆဒူ[s'a.du]（名）同数、同量、同一規格、同一寸法

ဆတိုးကိန်း[s'a.do:gein:]（名）倍数

ဆတက်ထမ်းပိုး[s'a.dɛʔdəbo:]（副）何倍にも အဆက်အသွယ်တွေဆထက်ထမ်းပိုးတိုးပြီးလုပ်သည်။ 連絡を何倍にも増して行なった

ဆပွါး[s'a.pwa:]（動）殖やす、増大させる、何倍にも増殖させる

ဆဋ္ဌဂံ[s'aʔt'əgan]（名）六角形

ဆဋ္ဌမ[s'aʔt'əma.]（形）第六の、6番目の

ဆဋ္ဌမတန်း[s'aʔt'əma.dan]（名）第6学年

ဆဋ္ဌမသင်္ဂါယနာ[s'aʔt'əma. tingajəna.]（名）第六結集（1954年から56年までラングーンで開催された仏典編纂会議）

ဆနွင်း[s'ənwin:~nənwin:]（植）①ウコン（ショウガ科）Curcuma longa ②ガジュツ、シロウコン（ショウガ科）Curcuma zedoaria

ဆနွင်းမုန့်[s'ənwin: məkin:]（名）米の粉または小麦粉に砂糖、ココナツミルク、油、バター等を加えて上下から焼き上げた1種のプリン ＝အထက်မီး：အောက်မီး
ဆမူရာ ＝စမူဆာ

ဆရာ[s'əja.]（形）ဆရာ の斜格形、先生の、師の
ဆရာ့စေတနာ[s'əja. sedəna]（名）先生の誠意

ဆရာ[s'əja]（名）①（学校の）教師、先生 ②師、師匠 ③開業の専門家 စာရေးဆရာ 作家 ပန်းချီဆရာ 画家 သတင်းစာဆရာ 新聞記者 ကာတွန်းဆရာ 漫画家 ④下士官への呼称 ⑤ボス、親分、首領

ဆရာကတော်[s'əja gədɔ]（名）先生の奥様
ဆရာကိုင်[s'əjagain]（名）教師用指導要領
ဆရာကြီး[s'əjadʑi:]（名）①校長 ②年長者、尊敬する人への呼掛け
ဆရာစာချန်[s'əjaza: tʃan]（動）免許皆伝とはしない、部分教えをする

ဆရာစံ[s'əjazwɛ:]（名）盲目的服従
ဆရာတော်[s'əjadɔ]（名）和尚、住職、僧正（20年以上の出家歴を有する）比丘、僧侶
ဆရာတင်[s'əja tin]（動）師と仰ぐ
ဆရာပေါက်စ[s'əja pauʔsa.]（名）新人教師
ဆရာပင့်[s'əja pin.]（動）①師を招く ②医者を呼ぶ
ဆရာဖြစ်သင်ကျောင်း[s'əja bjiʔtin tʃaun:]（名）師範学校、教員養成学校
ဆရာမ[s'əjama.]（名）①女性教師 ②女の師匠 ③看護婦
ဆရာမကြီး[s'əjama.dʑi:]（名）女性校長
ဆရာမိဘကြေး[s'əja mi.ba. tʃe:]（名）父兄会費、PTA会費
ဆရာမိဘအသင်း[s'əja mi.ba. ətin:]（名）父兄会、PTA
ဆရာမွေး[səja mwe:]（動）おべっかを使う、ご機嫌取りをする
ဆရာလေး[s'əjale:]（名）①若い正学女（頭を剃り八戒を持する女性）への呼掛け ②若い男性教師への呼掛け
ဆရာလောင်း[s'əjalaun:]（名）教員候補、見習い教員、教師の卵
ဆရာလုပ်[s'əja louʔ]（動）①教師になる ②指導的立場に立つ ③先輩面をする、師匠風を吹かせる、あれこれ指図する
ဆရာဝန်[s'əjawun]（名）医者
ဆရာဝန်ကြီး[s'əjawundʑi:]（名）年期の入った医者、経験豊富な医者
ဆရာသမား[s'əjadəma:]（名）師、師匠、恩師
ဆရာအတတ်သင်သိပ္ပံ[s'əja ətaʔtin tei?pan]（名）師範学校

ဆလိုက်[s'əlaiʔ]（名）スライド ＜英 Slide
ဆလိုက်ထိုး[s'əlaiʔ t'o:]（動）スライドを映写する
ဆလတ်[s'əlaʔ]（植）チシャ、レタス（キク科）Lactura sativa
ဆလတ်ရွက်[s'əlaʔjwɛ?]（名）レタス ＜英 Salad
ဆလတ်အစိမ်း[s'əlaʔ əsein:]（名）野菜サラダ
ဆလန်[s'əlan]（名）挨拶 ＜アラビア語
ဆလံ[s'əlan]＝ဆလန်
ဆလံတိုက်[s'əlan taiʔ]（動）愛想を尽かす、断念する、降参する
ဆလံပေး[s'əlan pe:]（動）①敬礼する、挙手の礼をする ②降参する、お手上げだ、御免蒙る
ဆလံထ[s'əlan t̥a.]（動）①敬礼する ②降参する
ဆလုံ[s'əloun]（名）サロン族（ベイ諸島を中心に水

ဆလှန်းကား

上生活をしている、言語はマライ系）
ဆလှန်းကား[s'əlun:ka:]（名）セダン型の乗用車
ဆဗူဒီအာရေဗျ[s'əu:di arebja.]（国）サウディアラビア
ဆာ[s'a]（形）①ひもじい、空腹だ ထမင်းဆာသည်။ ဗိုက်ဆာသည်။ お腹が空いた ရေဆာသည်။ 喉が渇いた ②（動）欲しがる、渇望する သွေးဆာသည်။ 殺してやりたい ③（足が）萎える ခြေတဖက်ဆာနေသည်။ 片足が萎えている
ဆာငတ်[s'a ŋa']（形）ひもじい、飢える
ဆာဆာနှင့်[s'aza nɛ.]（副）腹ぺこで
ဆာမွတ်[s'amu']（形）ひもじい、空腹だ
ဆာလောင်[s'alaun]（形）ひもじい、空腹だ
ဆာလောင်မွတ်သိပ်[s'alaun mu'tei']（形）空腹だ、ひもじい
ဆာလောင်မွတ်သိပ်ခြင်း[s'alaun mu'tei'tʃin:]（名）空腹、ひもじさ、飢え
ဆာချေ့[zatʃɛ.]（動）選り好みする、気難しい、こ煩さい ＝ဇာချေ့.
ဆား[s'a:]（名）塩
ဆားကျင်း[s'a:dʒin:]（名）塩田
ဆားခတ်[s'a: k'a']（動）塩を入れる
ဆားခါး[s'əka:]（名）硫酸マグネシュウム
ဆားချက်[s'a: tʃɛ']（動）製塩する
ဆားချက်အလုပ်သမား[s'a:dʒɛ' əlou'təma:]（名）製塩人夫
ဆားငန်[s'a:ŋan]（形）塩辛い、塩分が多い
ဆားငန်ရေ[s'a:ŋan je]（名）塩水
ဆားငန်သီး[s'a:ŋandi:]（名）梅干し
ဆားငွေ့ရိုက်[s'a:ŋwe.jai']（動）潮風に晒される
ဆားစိမ်[s'a: sein]①（動）塩漬けにする ②[s'a:zein]（名）塩漬け、塩漬け製品
ဆားတုံးဆားခဲ[s'a:doun s'a:gɛ:]（名）塩の結晶、塩の塊
ဆားဓာတ်[s'a:da']（名）塩気、塩分
ဆားနယ်[s'a nɛ]（動）塩で揉む、塩揉みにする ငါးဆားနယ် 塩漬けの魚
ဆားပေါ[s'a: pɔ.]（形）塩気が少ない
ဆားပေါခြောက်[s'əb.cdə.dʒau']（名）塩分の少ない干物、減塩干物
ဆားပေါက်[s'a:pau']（動）①塩気が多い、塩分が舌を刺す ②塩を振り掛け撹き混ぜる ③（乾電池等に）塩が吹く
ဆားပုပ်[s'əbou']（名）薬用塩
ဆားပျော့သင့်[s'a:pja tin.]（形）よい塩梅だ、塩味のバランスが採れている

172

ဆားဖျူး[s'a: p'ju:]（動）塩を振り掛ける
ဆားမျော့[s'a:mjɛ']（形）塩気が薄い、塩味が弱い
ဆားမြည်း[s'a:mji:]（動）味見をする、塩味を見る
ဆားရေ[s'a:je]（名）塩水
ဆားရည်[s'a:je]＝ဆားရေ
ဆားရည်ပျံ[s'a:je pjan]（動）溶解した塩分が付着する
ဆားလေး[s'a: le:]（形）塩辛い、塩気が多い
ဆားသိပ်[s'a: tei']（動）塩詰めにする
ဆီ[s'i~zi]（名）所、場所 ခင်ဗျားဆီလာတာပါ။ あなたの所へ来たのです တောလုံကိုအဝေးကြီးဆီပစ်လိုက်တယ်။ ボールを遠方へ放り投げた ငါ့သူငယ်ချင်းဆီကိုသွားတာဘဲ။ 僕の友達の所へ出かけたのだ
ဆီဆိုင်[s'is'ain]（動）①関わりを持つ、関係を持つ ②適切だ、要領を得ている ③一致する、符合する
ဆီလျော်[s'ijɔ]（形）相応しい、似つかわしい、適切だ、要領を得ている ＝သင့်လျော်သည်။
ဆီ[s'i]（名）油 နှမ်းဆီ 胡麻油 ဝက်ဆီ ラード
ဆီကိုရေချိုး・ဆေးရိုး・မီးလှုံ・ဝါပါ・တောင်လိုပုံ။（金言）油を湯水の如く使い、煙草の茎を燃やし、籾米を山のように積み上げる（豊かな暮し、贅沢三昧）
ဆီကုန်[s'i koun]（動）油切れになる、ガソリンが底を尽く、ガス欠になる
ဆီချက်[s'idʒɛ']（名）油炒めにした玉葱
ဆီချိန်ရေကျန်ချက်[s'idʒan jedʒan tʃɛ']（動）油も水分も残るように料理する
ဆီချိန်ရေကျန်ဟင်း[s'idʒan jedʒan hin:]（名）油も水分も残した料理
ဆီကြော်[s'i tʃɔ]（動）油で揚げる、油で炒める
ဆီကြည်[s'idʒi]（名）（胡麻油等の）透明な油
ဆီညှစ်[s'i tʃei']（動）搾油する
ဆီခန်း[s'i k'an:]（動）（料理の際に）油が尽きる、油が無くなる、油を飛ばす
ဆီချေး[s'idʒi:]（名）グリース
ဆီချေးစော်နံ[s'idʒi:zɔnan]（動）油の腐敗臭がする
ဆီချိုလိပ်[s'idʒo lei']（動物）ミヤビガメ（サガイン管区内に棲息する亀）Testudo elegans
ဆီချက်[s'idʒɛ']（名）玉葱やにんにくを炒めた油、料理用油
ဆီချက်ခေါက်ဆွဲ[s'idʒɛ' k'au's'wɛ:]（名）油で揚げた麺
ဆီချွတ်ဆေး[s'itʃu'se:]（名）ベンジン、シンナー
ဆီစိမ်တက္ကူ[s'izein sɛ'ku]（名）油紙
ဆီစိမ်ပုဆိုး[s'izein pəs'o:]（名）艶が出るように油に浸した繊維で織り上げたロンジー

ဆီစိမ်လဖက်[s'izein ləp'ɛʔ](名)油漬けにした茶
ဆီဆေး[s'ize:](名)油絵の具、油絵の材料 cf. ရေဆေး
ဆီဆေးကား[s'ize:ka:](名)油絵 cf. ရေဆေးကား
ဆီဆေးပန်းချီ[s'ize: bəʤi](名)=ဆီဆေးကား
ဆီဆမ်း[s'i san:](動)油を掛ける
ဆီဆုံ[s'izoun](名)油搾り器、(牛に挽かせる)油搾りの臼
ဆီတိုင်ကီ[s'i tainki](名)ガソリン・タンク
ဆီထမင်း[s'idəmin:](名)油で炒めた餅米=ရေထမင်း
ဆီထိုး[s'it'o:](動)(機械に)油を差す、注油する
ဆီထည့်[s'it t'ɛ.](動)=ဆီထိုး
ဆီထွေး[si:dwe:](名)油滓
ဆီထွက်ထန်း[s'idwɛʔt'an:](植)アブラヤシ(ヤシ科) Elaeis guineensis
ဆီထွက်သီးနှံ[s'idwɛʔ ti:naɴ](名)油脂作物
ဆီပူထိုး[sibu t'o:](動)(魚を)少量の油でフライにする
ဆီပြန်[s'i pjan]①(動)水分を飛ばして油だけを残す、(具に)油が染み込む ②脂ぎっている ③ [s'ibjan](名)油炒め、水分を飛ばして油分だけを残した魚又は肉の料理
ဆီပြန်ချက်[s'ibjan ʨʰɛʔ](動)魚や肉を水と油で煮付ける(水分は無くなり油は残る)
ဆီပွတ်[s'i puʔ](動)油を搾る
ဆီပွတ်ကျည်ပွေ့[s'ibuʔ ʤəbwe.](名)反復話法、繰り返し
ဆီဖိုး[s'ibo:](名)油代
ဆီဖြည့်[s'i p'je.](動)給油する、油を補給する
ဆီဗူး[s'ibu:](名)鳥や獣の臀部の肉
ဆီဗူးဆွဲ[s'ibu:zwɛ:](名)竹屋根の棟木、竹の桁
ဆီမီး[s'imi:](名)灯明
ဆီမီးခွက်[s'imi:g'wɛʔ](名)灯油皿、燭台
ဆီမီးခုံ[s'imi:gun](貝)オオベッコウ(ツタノハガイ科)
ဆီမီးစက်[s'imi:zɛʔ](虫)有毒昆虫の1種
ဆီမီးတောက်[s'imi:dauʔ](植)ユリグルマ(ユリ科) Gloriosa superba 根に毒がある
ဆီမီးတောက်နွယ်[s'imi:dauʔ nwɛ]=ဆီမီးတောက်
ဆီမီးတိုင်[s'imi:dain](名)燭台
ဆီမီးထွန်းမှူး[s'imi:t'un:mṵ:](名)王朝時代の役職名(灯火の維持及び宿直兵の点検を担当)
ဆီမီးပူဇော်[s'imi: puzɔ](動)灯明を供える
ဆီမန်[s'iman:](名)真言、陀羅尼を唱えて威力を吹き込んだ油
ဆီမန်မန်[s'iman: man:](動)ぶつぶつ呟く、絶えず呟く
ဆီမန်လူး[s'iman: lu:](動)(腫れた患部に)油を塗る
ဆီလည်ရေလည်[s'ilɛjelɛ](名)=ဆီကျန်ရေကျန်
ဆီလိမ်း[s'i lein:](動)(髪に)油を付ける、油を塗る
ဆီလှောင်ကန်[s'iɬaungan:](名)油槽、油の貯蔵タンク
ဆီဝင်[s'i win:](動)脂ぎっている、油光りする
ဆီသတ်[s'i taʔ](動)煮立った油に玉葱、ニンニクを加える
ဆီသပ်[s'i taʔ](動)油をまぶす、油を塗る
ဆီအရိုင်း[s'i əjain:](名)原油、未精製の油
ဆီဦး[s'i u.](名)乳脂
ဆီနိုက်[s'inei](名)上院
ဆီမီးဖိုင်နယ်ပွဲ[s'imi:p'ainnɛ bwɛ:](名)準決勝<英 Semifinal
ဆီး[s'i](動)①立ち向う、遮る、妨げる、阻止する ②先手を打つ ③(裳裾を)着る、身にまとう、(ロンジーを身に)巻き付ける、腰に巻く
ဆီးကြို[s'itʃo](動)出迎える、到着を待つ
ဆီးကြိုစောင့်[s'itʃo saun.](動)待ち受ける
ဆီးကြိုတ်ဆက်[s'itʃo nouʔsʔɛʔ](動)出迎えて挨拶する
ဆီးကြိုညှော်ခံ[s'itʃo e.k'an](動)歓待する、歓迎する、出迎えてもてなす、饗応する
ဆီးဆို့[s'i:sʔo.](動)①遮る、妨げる、阻止する、邪魔する ②尿閉塞になる、尿が出ない
ဆီးတား[s'i:ta:](動)制する、制止する、遮る=တားဆီး။

ဆီး[s'i:](名)霧、靄、霞
ဆီးနှင်း[s'i:nin:](名)①露 ②霧、濃霧 ③雪
ဆီးနှင်းကျ[s'i:nin: tʃa.](動)①露が降りる ②霧がかかる ③雪が降る
ဆီးနှင်းမျော့ပြုကျ[s'i:nin:mja: pjotʃa.](動)雪崩が起きる

ဆီး[s'i:](名)尿、小便=ကျင်ငယ်၊ သေး။အပေါ်။
ဆီးကောင်း[s'i: kaun:](形)尿の出がよい
ဆီးကျောက်[s'i: ʤauʔ](名)膀胱結石、腎臓結石
ဆီးကျိတ်ကင်ဆာ[s'i:ʤeiʔkinsʔa](名)前立腺癌
ဆီးကျန်[s'i: tʃan](動)尿が残る、排尿が不全だ
ဆီးကျန်ရောဂါ[s'i:ʤan jɔ:ga:](病)排尿不全症(残尿感が残る)
ဆီးခုံ[s'i:goun](名)恥骨

ဆီးချုံ[s'i: tʃu] （動）（人為的に）排尿させる、尿の通じをよくさせる
ဆီးချို[s'i: tʃo]①（動）糖尿病になる ②[s'i: tʃo]（名）糖尿病
ဆီးချိုထိန်းဆေး[s'i:tʃo t'ein:ze:]（名）インシュリン、糖尿病の治療薬
ဆီးချိုရောဂါ[s'i:tʃo jɔːga]=ဆီးချို
ဆီးချက်[s'i: tʃɛʔ]（動）糖尿の検査をする
ဆီးချိုက်[s'i:tʃaiʔ]（名）下腹部
ဆီးချောင်း[s'i:tʃaun:]（名）尿道
ဆီးချုပ်[s'i tʃouʔ]（動）尿閉塞になる、尿が不通になる、尿が出なくなる
ဆီးစစ်[s'i: siʔ]（動）尿を検査する
ဆီးစပ်[s'iza ʔ]（名）骨盤
ဆီးဆေး[s'ize:]（名）利尿剤
ဆီးတန့်[s'i tan.]（動）尿が止まる
ဆီးပူ[s'i: pu]（形）尿道に熱を感じる、排尿の際に尿道に痛みを覚える
ဆီးပူညောင်းကျရောဂါ[s'i:bu ɲaun:tʃa.jɔːga]（名）淋病（尿が白濁する）
ဆီးပိတ်[s'i: peiʔ]（動）尿が出なくなる、尿閉塞になる
ဆီးပြွန်[s'i:bjun]（名）尿道、尿管
ဆီးယိုခွက်[s'i:jogwɛʔ]（名）便器
ဆီးရောဂါ[s'i: jɔːga]（名）膀胱炎
ဆီးရှင်[s'i: ʃwin]（形）尿の出がよい、尿が盛んに出る、尿が勢いよく出る
ဆီးရှင်ဆေး[s'i:ʃwinze:]（名）利尿剤
ဆီးသွား[s'i: twa:]（動）排尿する、放尿する
ဆီးလမ်းကြောင်း[s'i: lan:tʃaun:]（名）尿道
ဆီးအိုး[s'i:o:]（名）便器、小児用便器（お丸）
ဆီးအောင့်[s'i: aun.]（動）①尿の出が悪い、排尿困難だ、膀胱炎を起す、排尿時に痛みを覚える ②尿意を堪える
ဆီးအိုး[s'i:o:]（名）小児用便器、おまる
ဆီးအိတ်[s'i:eiʔ]（名）膀胱
ဆီးအိမ်[s'i:ein]（名）膀胱=ကျင်ငယ်အိမ်
ဆီးအိမ်ရောင်[si:ein jaun]（動）膀胱炎になる
ဆီးအိမ်အောက်အကျိတ်[s'i:ein auʔ ətʃeiʔ]（名）前立腺
ဆီးအိမ်အကျိတ်ကင်ဆာရောဂါ[s'i:ein ətʃeiʔ kin s'a jɔːga]（名）膀胱淋巴腺腫
ဆီး[zi:]（植）ナツメ、サネブトナツメ（クロウメモドキ科） Zizyphus jujuba =ဆီး
ဆီးကင်း[zi:gin:]（名）成りたちのナツメの実
ဆီးစေ့နှင့်မြင့်မိုရ်တောင်။（諺）ナツメの種と須彌山

（月とスッポン） 普通は、逆の形 မြင့်မိုရ်တောင်နှင့် ဆီးစေ့။ として使われる
ဆီးတောင်း[zi:zaun:]（植）トウダイグサ科の灌木 Euphorbia neriifolia
ဆီးဆောက်[zi:zauʔ]（動物）鹿の1種
ဆီးတော်[zi:dɔ]（植）ナツメ、サネブトナツメ
ဆီးပင်[zi:bin]（名）なつめの木
ဆီးဖြူ[zi:bju]（植）ユカン、アンマロク（トウダイグサ科） Phyllanthus emblica
ဆီးဖြူသီး[zi:bjudi:]（名）アンマロクの実（蛇が嫌うので、稲刈りの直前にはこの実を田圃に散布して蛇の害を防ぐ）
ဆီးယို[zi:jo]（名）なつめのジャム
ဆီးသီး[zi:di:]（名）なつめの実
ဆီးသီးကောက်[zi:di:gauʔ]（名）見習い踊り子、ダンサー見習い
ဆီးဆော့စီး[s'i:sɔːsi:]（動）シーソーに乗る
ဆီးရီးယား[s'i:ri:ja:]（国）シリア
ဆု[s'u.]（名）①賞、褒美、報酬 ②望み、願望
ဆုကြေး[s'u.tʃe:]（名）賞金
ဆုချ[s'u. tʃa.]（動）賞を授ける、授賞する、褒美を出す、表彰する
ဆုချီးမြင့်[s'u. tʃi:mjin.]（動）表彰する、授賞する
ဆုငွေ[s'u.ŋwe]（名）①賞金 ②謝礼、謝金
ဆုတောင်း[s'u.taun:]①（動）祈る、祈願する、願う သက်ရှည်ကျန်းမာပါစေဟုဆုတောင်းလိုက်သည်။ 健康で長寿でありますようにと祈願した ②[s'u. daun:]（名）祈願、祈り
ဆုတောင်းပြည့်[s'u.daun: pje.]（動）願いが叶う、望みが達せられる、祈願成就する
ဆုတောင်းမပြည့်[s'u.daun: məpje.]（動）望みが叶わない、祈願が成就しない
ဆုတောင်းမေတ္တာပို့[s'u.taun: mjiʔta po.]（動）祈念する、祈願する
ဆုတံဆိပ်[s'u.dəzeiʔ]（名）表彰メダル、勲章
ဆုနှင်း[s'u. ɲin:]（動）表彰する、授賞する
ဆုနှင်းသဘင်[s'u.ɲin: dəbin]（名）表彰式、授与式典
ဆုပေး[s'u. pe:]（動）①授賞する、賞を与える ②幸を祈る
ဆုပန်[s'u. pan]（動）恵みを乞う、祈願する
ဆုပစ္စည်း[s'u. pjiʔsi:]（名）賞品
ဆုမွန်တောင်း[s'u.mun taun:]（動）望む、祈る、祈願する
ဆုမွန်ကောင်းတောင်း[s'u.mungaun: taun:]

ဆေး

（動）幸多かれと祈る、祈願する
ဆုယူ[s'u.ju]（動）賞を得る、賞を獲得する
ဆုလုပွဲ[s'u.lu.bwɛ:]（名）競技会
ဆုလာဘ်[s'u.la']（名）賞、報酬、論功行賞
ဆုလပ်[s'u.la']=ဆုလာဘ်
ဆူ[s'u]（助数）仏像や仏塔の数え方 စေတီအဆူဆူတို့ကို ဖျော်၍ကြည့်သည်။ 多数の仏塔が望まれる
ဆူရေ[s'uje]（名）経典、経文の数、巻数
ဆူလှယ်[s'uɬe]（副）かわるがわる、交代で
ဆူ[s'u]（動）①沸く、沸騰する、泡立つ ရေနွေးဆူပြီ お湯が沸いた ထမင်းအိုးဆူနေပြီ။ 飯が炊けた ဆူအောင်ပြုတ်သည်။ 沸騰するように茹でる ②喧しくする、煩くする、騒ぐ、騒ぎ立てる、騒動を起す ③叱る、小言を言う、うるさく言う ဖေဖေဆူမှာစိုးတယ်။ 父さんに叱られるかも知れない
ဆူဆူညံညံ[s'uzuɲaɲɲan]（副）賑やかに、喧しく、がやがやと
ဆူဆူပူပူလုပ်[s'uzupubu lou']（動）①小言を言う ②喧しくする、騒がしくする、煩くする
ဆူညံ[s'uɲan]（形）騒がしい、喧騒だ
ဆူညံရိုက်ပုတ်လုပ်[s'uɲan jai'pou'lou']（動）騒動を惹き起す、騒ぎ立て殴打する
ဆူညံသံ[s'uɲandan]（名）騒音
ဆူပူ[s'upu]（動）①小言を言う、叱る、がみがみ言う ②騒ぐ、騒動を起す
ဆူပူတောင်းဆို[s'upu taun:s'o]（動）喧しく要求する、騒ぎ立て要求する
ဆူပူထကြ[s'upu t'a.tʃwa.]（動）蜂起する、暴動を起す、反乱を起す、謀反を起す
ဆူပူမှု[s'upumṵ.]（名）騒ぎ、騒動
ဆူပူသူ[s'upudu]（名）暴徒
ဆူပူသောင်းကျန်း[s'upu taun:dʒan:]（動）騒ぎ立てる、暴動を起す
ဆူပူအုံကြ[s'upu ountʃwa.]（動）騒ぎを起す、騒動になる
ဆူပွေ[s'upwɛ']（動）①沸く、沸騰する ②激昂する、騒然となる
ဆူမှု[s'ummṵ.]（名）騒ぎ、騒動、動乱
ဆူလွယ်နပ်လွယ်[s'ulwɛ na'lwɛ]（副）①容易に、簡単に ②上辺だけ、表面上
ဆူ[s'u]（形）太っている、肥えている、肉付きがよい
ဆူကြုံနိမ့်မြင့်မရှေး[sudʒoun nein.mjin. mə jwe:]（副）痩せ、でぶ、ちび、のっぽを問わず、無差別に
ဆူဖြိုး[s'up'jo:]（形）太っている、肥えている、まるまるしている、ぽっちゃりしている、肉付きが

よい
ဆူဒန်[s'udan]（国）スーダン
ဆူရီနမ်[s'urinan]（国）スリナム
ဆူး[s'u:]（名）刺、茨
ဆူးကောက်[s'u:gau']（植）ナンテンカズラ（ジャケツイバラ科）Caesalpinia nuga=ဆူးကောက်နက်
ဆူးကြမ်းပိုး[s'i:dʒəbo:]（植）リスノツメ、シロツブ（ジャケツイバラ科）Caesalpinia bonducella
ဆူးငြိ[s'u: ɲi.]（動）刺が刺さる
ဆူးငြောင့်[s'u:ɲaun.]（名）逆茂木、乱杭、刺や茨
ဆူးငြောင့်ခလုပ်[s'u:ɲaun.k'əlou']（名）障害物、邪魔物
ဆူးစူး[s'u: su:]（動）刺が刺さる
ဆူးဆူးရားရား[s'u:zu: ja:ja:]（副）厳しく、激昂して、激怒して
ဆူးတောင်[s'u:daun]（名）（魚の）鰭
ဆူးတပ်[s'u:da']（名）生垣
ဆူးတံ[s'u:dan]（名）刺、刺の針
ဆူးထောက်ခွ[s'u:dau'k'wa.]（名）熊手、先が二股になった道具
ဆူးပန်း[s'u:ban:]（植）ベニバナ、スエツムハナ（キク科）Carthamus tinctorius
ဆူးပုပ်[s'u:bou']（植）トゲゴウカン（マメ科）Acacia pennnata 刺あり、葉は食用
ဆူးပုပ်ကြီး[s'u:bou:tʃi:]=ဆူးပုပ်
ဆူးဖြူ[s'u:bju]（植）アラビアゴムモドキ（ゴム科）Acacia arabica
ဆူးမန်ကျည်း[s'u: məʤi:]（名）アカシアの1種 Acacia myaingii
ဆူးရစ်=ဆူးပုပ်
ဆူးလေ[s'u:le]（植）ロタック（ハマビシ科）Tribulus alatus 匍匐性、実に鋭い刺がある
ဆူးလေပိုက်[s'u:le pai']（名）三角形の漁網
ဆူးလေသိမ်[s'u:ledein]（植）ハマビシ（ハマビシ科）Tribulus terrestris
ဆူးလေဘုရား[s'u:le p'əja:]（名）スーレー・パゴダ（ヤンゴン市内にある八稜形の仏塔、仏陀の聖髪が祀られているとされる）
ဆေး[s'e:]（動）①洗う、洗浄する လက်ဆေးသည်။ 手を洗う ခြေဆေးသည်။ 足を洗う ဆန်ဆေးသည်။ 米を研ぐ ပန်းကန်ဆေးသည်။ 皿を洗う ဖလင်ဆေးသည်။ フィルムを現像する ②鉄を鍛える ဓားဆေးသည်။ 刀を鍛える
ဆေးကြော[s'e:tʃɔ:]（動）①洗浄する ②調べる
ဆေး[s'e:]（植）①タバコ（ナス）科 Nicotiana

ဆေးချေး 176

tabacum ②マルバタバコ（ナス科）Nicotiana rustica
ဆေးချေး[seːdʑiː]（名）煙草のやに、タール
ဆေးတအိုးကျွမ်း[sʼeːtəoːdʑun]（名）煙管の煙管が無くなる迄の時間、煙管でタバコを一服する時間
ဆေးတံ[sʼeːdan]（名）パイプ、煙管
ဆေးတံပုစဉ်း[sʼedan bəzin:]（虫）イトトンボ
ဆေးပေါ့လိပ်[sʼeːbɔ.leiʔ]（名）ビルマ製の葉巻（トウモロコシの葉、ビンロウジュの葉等で巻く）
ဆေးပြင်းလိပ်[sʼeːbjinːleiʔ]（名）葉巻、両切り葉巻
ဆေးရိုး[seːjoː]（名）煙草の茎
ဆေးရွက်[sʼeːjwɛʔ]（名）煙草の葉
ဆေးလိပ်[sʼeːleiʔ]（名）煙草
ဆေးလိပ်ခိုးသောက်[sʼeːleiʔ kʼoːtauʔ]（動）煙草を隠れて吸う、煙草を盗みのみする
ဆေးလိပ်ခုံ[sʼeːleiʔkʼoun]（名）葉巻製造所
ဆေးလိပ်ခွက်[sʼeːleiʔkʼwɛʔ]（名）灰皿
ဆေးလိပ်ဖြတ်[sʼeːleiʔ pjaʔ]（動）禁煙する
ဆေးလိပ်ဗူး[sʼeːleiʔbuː]（名）煙草入れ、シガレット・ケース
ဆေးလိပ်ရုံ[sʼeːleiʔjoun]（名）煙草製造工場
ဆေးလိပ်လိပ်[sʼeːleiʔ leiʔ]（動）葉巻を巻く、葉巻煙草を作る
ဆေးလိပ်သမ[sʼeːleiʔtəma.]（名）煙草巻き女工
ဆေးလိပ်သမား[sʼeːleiʔtəmaː]（名）煙草職人
ဆေးလိပ်သောက်[sʼeːleiʔtauʔ]（動）喫煙する、煙草を吸う
ဆေးအိုး[seːo:]（名）煙管やパイプの煙草の詰め口
ဆေး[sʼeː]（名）①薬、医薬品 ②媚薬 ③麻薬 ④塗料、ペンキ、絵の具
ဆေးကု[sʼeːku.]（動）治療する
ဆေးကုခံရ[sʼeːku.kʼan ja.]（動）治療を受ける
ဆေးကုလားမ[seːkəlamaː]①（名）漢方薬としてのゼリー ②（植）キバナワタモドキ Cochlospermum religiosum
ဆေးကုတ[sʼeː ku.ta.]=ဆေးကု
ဆေးကူး[sʼeː kuː]（動）写真を焼き付ける
ဆေးကောင်းကြီး[sʼeːgaunːdʑiː]（名）良薬、特効薬
ဆေးကောင်းဝါးကောင်း[sʼeːgaunː waːgaunː]（名）良薬、特効薬
ဆေးကျ[seː tʃa.]（動）ペンキが剥がれる
ဆေးကျော်ကြီး[sʼeːdʑɔːdʑiː]（植）オオバコ（オオバコ科）Plantago asiatica
ဆေးကြမ်း[sʼeːdʑanː]（名）作用の強い薬、効き目

の強い薬、妙薬
ဆေးခါ[sʼeːgaː]（植）ジタノキ、トパンノキ
ဆေးခါကြီး[sʼeːgaːdʑiː]（植）①チレッタセンブリ（リンドウ科）Swertia chirata ②カルメグ（キツネノマゴ科）Andrographis paniculata
ဆေးခတ်[sʼeːkʼaʔ]（動）①毒を盛る ②媚薬を盛る
ဆေးခန်း[sʼeːganː]（名）①診療所、医院 ②薬局
ဆေးချယ်[sʼeː tʃɛ]（動）絵を描く
ဆေးချက်[seːtʃɛʔ]（名）治療、医療
ဆေးခြောက်[sʼeːdʑauʔ]①（植）アサ、インドタイマ（クワ科）Cannabis sativa ②（名）マリファナ、ハッシシ
ဆေးခြောက်သမား[sʼeːdʑauʔtəmaː]（植）マリファナ吸引者
ဆေးခွင့်[sʼeːgwin.]（名）病気休暇
ဆေးခွင့်ရက်ရှည်ယူ[sʼeː kʼwin.jɛʔʃe ju]（動）病気休暇を取る
ဆေးဂလွန်[sʼeː gəloun]（植）ツノゴマ科の植物 Martynia diandra
ဆေးဂန္ဓမာ[sʼeː gandəma]（植）ジョチュウギク（キク科）Chrysanthemum cinerariaerolium
ဆေးစာ[sʼeːza]（名）処方箋（薬の成分が表示）=ဆေးညွှန်း
ဆေးစား[sʼeː saː]（動）薬を飲む、服用する
ဆေးစက်ကျ[sʼeːzɛʔ tʃa.]（動）絵具の滴が垂れ落ちる
ဆေးစစ်[sʼeː siʔ]（動）①診察する、健康診断をする ②診察を受ける
ဆေးစပ်[sʼeː saʔ]（動）薬を調合する
ဆေးစိမ်[sʼeː sein]（動）フィルムを現像する
ဆေးစွဲ[seː swɛː]（動）麻薬中毒になる
ဆေးစွမ်းကောင်း[sʼeːzwanːgaunː]（名）特効薬
ဆေးစွမ်းဆေးချက်ပြ[sʼeːzwanː sʼeːdʑɛʔ pjaː]（動）薬効をもたらす、薬の効き目が現れる
ဆေးဆရာ[sʼeːsʼəja]（名）漢方医 cf. ဆရာဝန်
ဆေးဆီ[sʼeːzi]（名）軟膏、クリーム、膏薬
ဆေးဆိုး[sʼeːsʼoː]（動）染色する
ဆေးဆိုးပန်းရိုက်[sʼeːzoː panːjaiʔ]（名）捺染する、染め模様を入れる
ဆေးဆိုင်[sʼeːzain]（名）薬局、薬店
ဆေးညွှန်း[sʼeːɲunː]（名）処方箋（服用法の指示）
ဆေးတိုပက်[sʼeːto.baʔ]（名）傷口に振り掛ける粉末状の薬、外用粉薬
ဆေးတက္ကသိုလ်[sʼeː tɛʔkətʰo]（名）医科大学

ဆေးတိုက်[s'e: tai'] ①（動）薬を飲ませる ② [s'e:dai']（名）（私立の）診療所

ဆေးတောင့်[s'e:daun.]（名）錠剤

ဆေးတပ်[s'e:da']（名）衛生部隊

ဆေးတပ်သား[s'e:da'ta:]（名）衛生兵

ဆေးတွေ့[se: twe.]（動）症状に薬が合う

ဆေးထ[s'e: t'a.]（動）薬効が現われる

ဆေးထိုး[s'e:t'o:]（動）①注射する ②刺青をする

ဆေးထိုးထမ်း[s'e:t'o:dan:]（名）（王朝時代に）腕に入墨をしていた公務従事者

ဆေးထိုးပိုက်[s'e:t'o:pai']（名）注射器

ဆေးထိုးပြွတ်[s'e:t'o:byu'] = ဆေးထိုးပိုက်

ဆေးထိုးအပ်[s'e:t'o:a']（名）注射針

ဆေးထည့်[s'e: t'ɛ.]（動）傷口に薬を付ける、薬を塗る

ဆေးဒန်[s'e:dan:]（名）①砒素硫化物 ②（植）竹の1種 Phyllostachys sedan

ဆေးနီ[s'e:ni]（名）赤色塗料

ဆေးနီတိုး[s'e:ni t'o:]（動）赤色の入墨をする

ဆေးနက်[se:nɛ']（名）黒色塗料

ဆေးပညာ[s'e: pjiɲɲa]（名）医学

ဆေးပလတ်စတာ[s'e: pəla'səta]（名）絆創膏

ဆေးပုလဲ[s'e:pəlɛ:]（植）リンドウの1種 Gentiana kurroo

ဆေးပုလင်း[s'e:bəlin:]（名）薬瓶、薬が入った瓶

ဆေးပေးခန်း[s'e:pe:gan:]（名）診療所＝ဆေးခန်း

ဆေးပေးမီးယူ[s'e:be: mi:ju]（名）お付きの者、傍仕えの者、部下、使い走り、雑用係

ဆေးပင်စင်ယူ[s'e: pinsin ju]（動）病気休暇を取る

ဆေးပေါင်ကြမ်း[s'e:baungan:]（植）コブハテマリ（アカネ科）Pavetta indica

ဆေးပေါင်းချုပ်[s'e:baun:ʤou']（名）総合薬

ဆေးပြား[s'e:bja:]（名）錠剤

ဆေးပြိုဝါးပြို[s'e:bju. wa:bju.]（副）（酒を）薬として

ဆေးဖော်[s'e: p'ɔ]（動）薬を作る、薬を調合する、調剤する、製薬する

ဆေးဖော်ကြောဖက်[s'e:bɔ tʃɔbɛ']（名）付き合い仲間、交際仲間

ဆေးဖော်ကြောဖက်မလုပ်[s'e:bɔtʃɔ:bɛ' məlou']（動）関わりはない、交際はない、無縁でいる

ဆေးဖော်ကြောဖက်လုပ်[s'e:bɔtʃɔ:bɛ' lou']（動）交際する、付き合う

ဆေးဖော်ဝါးဖက်[se:bɔ wa:bɛ']（名）薬用として使われるもの

ဆေးဖိုး[s'e:bo:]（名）薬代

ဆေးဖိုးဝါးခ[s'e:bo:wa:ga.]（名）薬代、治療費

ဆေးဖြူ[s'e:bju]（名）白ペンキ

ဆေးဘူး[s'e:bu:]（名）絵の具箱

ဆေးဖော်ကြောဘက်[s'e:bɔ tʃɔbɛ'] = ဆေးဖော်ကြောဖက်

ဆေးဘက်ဝင်[s'e:bɛ' win]（動）薬用になる、薬の原料になる

ဆေးဘက်ဝင်အပင်မျိုး[s'e:bɛ'win əpinmja:]（名）薬用植物

ဆေးမဂန်[s'e:məgan:]（植）サケバヤトロパ（トウダイグサ科）Jatropa multifida

ဆေးမတိုး[se: məto:]（動）耐薬性がある、薬効が薄れる

ဆေးမိ[se. mi.]（動）祟る、呪われる

ဆေးမီ[se:mi]（動）薬が間に合う、治療が間に合う

ဆေးမင်ကြောင်[se: minʤaun]（名）入墨

ဆေးမန်ကျည်း[s'e: məʤi:]（植）トゲバンゲリヤ（アカネ科）Vangueria spinosa

ဆေးမန္တရား[s'e: man:dəja:]（名）真言陀羅尼を掛けて呪力を持たせた薬

ဆေးမြိုးတို[s'e:mi:do]（名）万能薬、特効薬

ဆေးမြူ[s'e:mju]（植）アメリカアリタソウ（アカザ科）Chenopodium ambrosioides

ဆေးမြင်းခွာ[s'e:mjin:k'wa]（植）リュウビンタイ Angiopteris evecta

ဆေးမြစ်[s'e:mji']（名）薬用植物の根

ဆေးမှူး[s'e:m̥ju]（名）保健官、村落の診療所長

ဆေးမှုတ်[se: m̥ou']（名）ペンキを吹き付ける、吹付け塗装する

ဆေးမှုန့်[se:m̥ou.]（名）粉薬

ဆေးယဉ်[se: jin]（動）薬が利かなくなる、薬効が無くなる

ဆေးယဉ်ပါမှု[se: jinba:m̥u.]（名）薬への耐性

ဆေးရေး[s'e: je:]（動）（油絵、水彩画等）絵を描く

ဆေးရေးပန်းချီ[se:je bəʤi]（名）油絵

ဆေးရင်း[se:jin:]（名）基本薬

ဆေးရောင်စုံဇာတ်ကား[se: jaunzoun za'ka:]（名）カラー映画、天然色映画

ဆေးရည်[s'e:je]（名）薬液、飲み薬

ဆေးရုံ[s'e:joun]（名）病院

ဆေးရုံကဆင်း[s'e:jounga. s'in:]（動）退院する

ဆေးရုံတက်[s'ejoun tɛ']（動）入院する

ဆေးရုံတင်[s'e:joun tin]（動）入院させる

ဆေးရုံသွားပြ[s'e:joun twa:pja.]（動）病院で

ဆေးရှုအုပ်

診察を受ける
ဆေးရှုအုပ်[se:joun ouʔ]（名）院長
ဆေးရှိန်[sʻe:ʃein]（名）薬効、薬の効き目
ဆေးရွှေ[sʻe:ʃwe]（植）メギ（メギ科）Berberis aristata
ဆေးလူး[sʻe:lu:]（動）①薬を塗る ②塗料を塗る、絵の具を塗る
ဆေးလက်မှတ်[sʻe: lɛʔmmaʔ]（名）診断書
ဆေးလိုက်[se: laiʔ]（動）薬で治る、薬効がある
ဆေးလိုက်စား[sʻe: laiʔsa:]（動）①薬を研究する ②薬で暮しを立てる
ဆေးလိပ်ပြူ[sʻe:leiʔpʻju]（植）ソロフジ（マメ科） Flemingia atrobilifera
ဆေးလိမ်း[sʻe: lein:]（動）薬を塗る ＝ဆေးလူး
ဆေးလုံး[se:loun:]（名）丸薬
ဆေးဝါး[sʻe:wa:]（名）薬、薬品、医薬品
ဆေးဝါးကုသ[sʻe:wa ku.ta.]＝ဆေးကု။
ဆေးဝါးထည့်[sʻe:wa: tɛ.]（動）薬を付ける、薬を塗る
ဆေးဝါးဖော်စပ်[sʻe:wa: pʻɔsaʔ]（動）薬を調合する
ဆေးဝါးဗေဒ[sʻe:wa: beda.]（名）薬学
ဆေးဝါးသုံးစား[sʻe:wa: toun:za:]（動）薬を服用する
ဆေးသကြား[sʻe:dədʑa:]（名）（石炭やタールを原料とする）人口甘味料、サッカリン、チクロ
ဆေးသား[sʻe:ta:]（名）①薬の基本成分 ②写真の鮮明さ、白黒の鮮やかさ
ဆေးသောက်[se: tauʔ]（動）薬を服用する
ဆေးသေပေါက်[se:debauʔ]（副）絶対に、必ずや
ဆေးသေတ္တာ[sʻe: tiʔta]（名）薬箱、薬品箱
ဆေးသုတ်[sʻe: touʔ]（動）ペンキを塗る、塗装する
ဆေးသုဉ်း[se: toun:]（動）治療不能だ
ဆေးသိပ်[sʻe: teiʔ]（動）薬を付ける
ဆေးသိပ္ပံ[sʻe: teiʔpan]（名）医科大学
ဆေးသိပ္ပံပညာ[sʻe:teiʔpan pjinɲa]（名）医学
ဆေးသံပုရာ[sʻe:tanbəja]（植）ハリクチナシ、サボンノキ（キョウチクトウ科）Randia dumetorum
ဆေးအိတ်[sʻe:eiʔ]（名）薬を入れる鞄、袋
ဆေးအိုး[se: eiʔ]（動）ペンキが乾く
ဆေးအုံ[se: oun]（傷に薬を載せる（湿布薬）
ဆယ်[sʻɛ.]（数）後に端数を伴う場合の数詞10
ဆယ်ကိုး[sʻɛ.ko:]（数）19
ဆယ်ခုနစ်[sʻɛ.kunni:]（数）17
ဆယ်ခြောက်[sʻɛ.tʃauʔ]（数）16
ဆယ်ငါး[sʻɛ.ŋa:]（数）15

ဆယ်တစ်[sʻɛ.tiʔ]（数）11
ဆယ်နှစ်[sʻɛ.ni:]（数）12
ဆယ်နှစ်ကြိုး[sʻɛ.nətʃɔ:]（名）妖術師が用いた呪術の1種
ဆယ်နှစ်မျိုးချဉ်သုပ်[sʻɛnəmjo: dʑin:dou]（名）お茶請けの1種（生姜、大蒜、玉葱のフライ、煎った胡麻、落花生等）
ဆယ်နှစ်မူ[sʻɛnəmu.]（名）王朝時代、王宮に納入された必需品（センダン、カポック、炭、タマリンド、石油等）
ဆယ်နှစ်ရာသီ[sʻɛnəjadi]（名）①黄道十二宮（春分点を基点に黄道の周囲を12等分したもの မိသာ 白羊宮＝ビルマ暦1月 ပြိဿ 金牛宮＝ビルマ暦2月 မေထုန် 双子宮＝ビルマ暦3月 ကရကဋ် 巨蟹宮＝ビルマ暦4月 သိဟ် 獅子宮＝ビルマ暦5月 ကန် 処女宮＝ビルマ暦6月 တူ 天秤宮＝ビルマ暦7月 ပြိစ္ဆာ 天蠍宮＝ビルマ暦8月 ဓနု 人馬宮＝ビルマ暦9月 မကာရ 摩羯宮＝ビルマ暦10月 ကုံ 宝瓶宮＝ビルマ暦11月 မိန် 双魚宮＝ビルマ暦12月）②（副）年中、1年中
ဆယ်နှစ်ရာသီဆယ်နှစ်ပွဲ[sʻɛ.nəjadi sʻɛ.nəbwɛ:]（名）1年12ヶ月の祭礼
ဆယ်နှစ်ရာသီထင်းရှုးပင်[sʻɛ.nəjadi tʻin:ju:bin]（名）常緑の松
ဆယ်နှစ်ရာသီပွဲတော်[sʻɛ.nəjadi pwɛ:dɔ]（名）1年（12ヶ月）の祭礼
ဆယ်နှစ်ရာသီပန်း[sɛ.nəjadiban:]（植）キバナノキョウチクトウ、オオバキョウチクトウ（キョウチクトウ科）Thevetia peruviana
ဆယ်ရှစ်[sʻɛ.ʃiʔ]（数）18
ဆယ်လေး[sʻɛ.le:]（数）14
ဆယ်သုံး[sʻɛ.toun:]（数）13
ဆယ်[sʻɛ]（動）①取り出す、掬い上げる、救い出す ②浚渫する
ဆယ်[sʻɛ]（数）二桁の数、端数が付かない場合の10 နှစ်ဆယ် 20 သုံးဆယ် 30 လေးဆယ် 40 ငါးဆယ် 50 ခြောက်ဆယ် 60 ခုနစ်ဆယ် 70 ရှစ်ဆယ် 80 ကိုးဆယ် 90
ဆယ်ကျော်သက်[sʻɛɑʑɔtɛʔ]（名）十代の青少年、ティーンエージャー
ဆယ်ကျော်သက်များ[sʻɛɑʑɔtɛʔmja:]（名）十代の青少年
ဆယ်ကျော်သက်အရွယ်[sʻɛɑʑɔtɛʔəjwɛ]（名）十代
ဆယ်ခြင်တခိုင်[sʻɛgain.təkʻain]（名）十分の一
ဆယ်ဇောင်တွဲ[sʻɛzaundwɛ:]（名）（寺子屋での必修科目）十教科

ဆယ်တန်း[s'ɛdan:]（名）第１０学年（高校の最終学年）ဆယ်တန်းကျောင်း 高校 ဆယ်တန်းအောင်သူ 高校卒 ဆယ်တန်းအောင်သည်။ 高校を卒業する

ဆယ်နေရာ[s'ɛ neja]（数）二桁の位 cf. ခုနေရာ

ဆယ်ပါးသီလ[s'ɛba tila.]（名）十戒（仏教の戒律、基本の五戒に他の五戒が加わったもの）

ဆယ်ဘီးကုန်တင်ကား ကြီး[s'ɛbein: koundinka: ʤi:]（名）タイヤ１０本付きの大型トラック

ဆယ်ဘို့တစ်ဘို့[s'ɛbo. dəbo.]（名）１０分の１

ဆယ်ရေးတရေးကိုရေးတရ[s'ɛje:təje: ko:je:təja]（副）万が一そんな事があれば、仮にそんな事があるならば、そんな事は先ずあり得ないと思うが、ある筈がない

ဆယ်လီကျေ[s'ɛli tʃe]（動）暗算ができる、計算に長じている

ဆယ်လီစနစ်[s'ɛli sənị']（名）十進法

ဆယ်ဝင်အိုး[s'ɛwin o:]（名）十缅斤入りの大甕

ဆယ်အိမ်ခေါင်း[s'ɛeingaun:]（名）隣組十軒の組長（英領時代及び独立後も１９６２年まで存在していた地域の世話役）

ဆယ်လူလာတယ်လီဖုန်း[sulula tɛlip'oun:]（名）携帯電話、セルラー

ဆယ်လူလာဖုန်း[s'ɛlula p'oun:]＝ဆယ်လူလာတယ်လီဖုန်း

ဆယ်လူလာ ကြိုးမဲ့ရီးဆောင်တယ်လီဖုန်း[s'ɛlula tʃo:mɛ.k'əji:zaun tɛlip'oun:]＝ဆယ်လူလာဖုန်း

ဆဲ[s'ɛ~zɛ:]（助）目下~している最中 ~နေခိုက်၊ ~နေတုံး၊ ~နေစဉ် 等と同じ意味で使われる ပြုလုပ်နေဆဲဖြစ်သည်။ している最中だ ရှာဖွေနေဆဲဖြစ်သည်။ 捜索中だ ခလေးငယ်မှာတရှိုနှင့်ငိုကြီးဆဲလိုဆဲဖြစ်သည်။ 幼児はしくしくと泣き続けている အလုပ်လုပ်ဆဲ။ စကားမပြောရဘူး။ 仕事中に話をしてはならぬ စကားတစ်တရာမပြောသေး၌ငြိမ်နေဆဲဖြစ်သည်။ まだ何も物を言わずに沈黙を続けている အသက်ခြောက်ဆယ်ကျော်သော လည်းကျန်းမာသန်စွမ်းဆဲဖြစ်သည်။ 年齢は６０歳を超えているが健康でかくしゃくとしている ပေတို့ခုကိုအာတွင်ငယ်နေတိုင်းသုံးနေဆဲဖြစ်သည်။ アジアでは今日でも算盤を使用している

ဆဲ[s'ɛ~zɛ:]（助）将に～せんとしている、～しようとしている စုန်းစုန်းမြုပ်အံ့ဆဲအခြေအနေ ၊ 丁度とっぷりと沈もうとしている状態 ထမင်းလုတ်ကြီးပါးစပ်ထဲထိုးသွင်းအံ့ဆဲဖြစ်နေသည်။ 飯を一口分口の中に運び込もうとしているところであった မီးစာကုန်ဆီခန်းဖြစ်တော့မည်ဆဲဖြစ်သည်။ もはや燃料も尽き果て油も底を尽きかけたところだった ဥကပေါက်ကမ်းနီးဆဲဖြစ်သည်။ 卵から孵る寸前であった သေတော့မည်ဆဲ

ဆဲတွင်ရေးသားခဲ့သည်။ 臨終間際に書き記した

ဆဲ[s'ɛ:]（動）罵る、罵倒する、罵り雑言を吐く

ဆဲဆဲဆိုဆို[s'ɛ:zɛ: s'ozo]（副）罵りながら、悪態をつきながら

ဆဲဆို[s'ɛ:s'o]（動）罵る、罵倒する（実際に使われる罵倒語は မအေပေး၊နုပေး 等）

ဆဲဆိုတိုင်းထွာ[s'ɛ:s'o tain:t'wa]＝ဆဲဆို

ဆဲရေ[s'ɛje:]（動）罵る、罵倒する、悪態をつく＝တိုင်းထွာ

ဆဲရေးကြိမ်းမောင်း[s'ɛ:je: tʃein:maun:]（動）罵倒する

ဆဲရေးတိုင်းထွာ[s'ɛ:je: tain:t'wa]（動）罵る、罵倒する（ငါ့လချေး၊ နင့်အမေစောက် 等の言葉を口に出す）

ဆဲရေးပြောဆို[s'ɛ:je: pjo:s'o]（動）悪口雑言を浴びせる

ဆဲလ်[s'ɛ:]（名）細胞 ＜英 Cell

ဆော့[s'ɔ.]（動）①やんちゃをする、悪戯する ②ふざける、はしゃぐ ③いじる、もてあそぶ、戯れる ဒီကလေးအင်မတန်ဆော့တာဘဲ။ この子はとてもやんちゃだ

ဆော့ကစား[s'ɔ.gəza:]（動）はしゃぐ、戯れる

ဆော်[s'ɔ]（動）①打つ、叩く、打ち鳴らす ②殴る 殴打する、一発食らわす ③手を出す、やっつける、攻める、攻撃する ④声を立てる、叫ぶ ⑤促す、けしかける、鼓舞する

ဆော်နှိုး[s'ɔno:]＝နှိုးဆော်

ဆော်နှက်[s'ɔnɛ']（動）打ち鳴らす

ဆော်ရမ်း[s'ɔjun:]（動）（楽器を）打ち鳴らす、演奏する cf. တီးမှုတ်

ဆော်အော်＝ဆော်အဲ

ဆော်သြ[s'ɔ ɔ:]（動）勧める、促す、励ます、奨励する、鼓舞する ＝လှုံ့ဆော်

ဆော်ဒါ[s'oda]（名）①ソーダ ②ソーダ水＜英Soda

ဆောဆောလျင်လျင်[s'ɔ:zɔ:ljinljin]（副）素早く、速やかに、早く

ဆောတလျင်[s'ɔ:tɛljin]（副）即刻、遅滞なく、間髪を入れず ＝အဆောတလျင်

ဆောလျင်စွာ[s'ɔ:ljinzwa]（副）すぐに、直ちに

ဆို့[s'o.]（動）①塞ぐ、封鎖する ②塞がる ရှေ့မှာကားတွေဆို့နေသည်။ 前方で自動車が渋滞している ③詰める、詰め込む、押し込む ④詰る ⑤息詰る ⑥（胸が）込み上げる ⑦袖の下を使う、鼻薬を嗅がせる、賄賂を贈る ရင်ဆို့သွားသည်။ 胸が詰る အမောဆို့သည်။ 息が詰る အဲ့ဟုတ်ဆို့သည်။ 反吐が詰る

ဆို့တို့တို့ဖြစ်[s'o.to.do. p'ji']（動）胸が込み上

ဆို့တက်

げる　ရင်တွင်းမှာဆို့တို့ဖြစ်လာသည်။
ဆို့တက်[sʼo.tɛʔ]（動）胸に迫る、胸が込み上げる　ရင်ထဲမှာဆို့တက်လာသည်။
ဆို့နင်[sʼo.nin.]（動）①詰る、塞がる　②胸が詰る、胸が込み上げる
ဆို့ပိတ်[sʼo.peiʔ]（動）塞ぐ、封鎖する
ဆို[sʼo]（動）①言う、話す、語る　②と言う、と称する、と呼ばれる　③歌う　သီချင်းဆိုသည်။　歌を歌う　④叱る、注意する　⑤ဆိုရင်　言うならばの省略形　အရက်ဆိုအင်မတန်ရွံတာ။　酒と言えば厭で仕方がない　လက်နက်ဆိုအပ်ချောင်းမရှိဘူး။　武器と言っては針１本ないရွှေလဆိုကျုပ်ဆယ်သုံးနှစ်ပြည့်ပြီ။ 来月には私は１３歳になっている　ညဉ့်ဘက်မှာဆိုဆရာလေးဟာစာသင်ကျောင်းအပေါ်ထပ်မှာအိပ်ပါတယ်။　夜には先生は学校の二階で就寝する　⑥（助）確認を現わす、ーだそうだね、～だってね　အဖေနေမကောင်းဘူးဆို။　お父さんは体調がよくないんだってね　လင်မယားကွဲနေကြတယ်ဆို။　夫婦が別居しているんだってね　နင်အိမ်ထောင်ပြုတော့မယ်ဆို။　君はもうすぐ結婚するそうだね　ရင်ပူလို့မစားချင်ဘူးဆို။　胸焼けがして食欲がないんだってね　ကျောင်းပိတ်တယ်ဆို။　学校は休みになっているんだってね
ဆိုကြပါစို့[sʼoɡa.bazo.]（動）例えば～としよう、～と仮定する
ဆိုကြောင်း[sʼoɡaun:]（助）文末で使用、叙述を示す、～と言う事、～と言う旨、～と言う趣旨
ဆိုကြည့်[sʼotʃi.]（動）言ってみる
ဆိုစမ်း၊မြေစေ၊[格言]簡単には喋るな、言ったら守れ（自分が喋った事には責任をもて）
ဆိုမှတ်ပြု[sʼozəma.pju.]（動）～と言われる、言うようになる、～の由である
ဆိုဆုံးမ[sʼo sʼoun:ma.]（動）戒める、諭す、訓戒する、説教する、指導注意する
ဆိုတာ[sʼoda]（名）～と言う事、～と言うもの　နွား：သွင်းချိန်ဆိုတာကခြောက်နာရီကျော်ကျော်။　牛を（牛舎に）連れ帰る時刻と言うのは６時過ぎ頃だ　ကောက်သစ်ပွဲဆိုတာဟာတောင်သူလယ်သမားများရဲ့ပွဲဖြစ်ပါတယ်။　収穫祭というのは農民の祭礼ですအနှိပ်ပညာဆိုတာအနာရောဂါရှိသူကိုကိုက်သော်ဆွတ်နှင်းနှင့်နှိပ်ပေးရတဲ့ပညာဖြစ်ပါတယ်။　按摩と言うのは病人が楽になるよう揉んだり押したりしてやる技術だ
ဆိုတော့[sʼodo.]（接助）～と言うと、～と言うのであれば、～と言うのだから
ဆိုထုံး[sʼotʼoun:]（名）言い伝え、格言、金言
ဆိုထုံးရှိ[sʼotʼoun: ʃi.]（動）格言がある、言い伝えがある

ဆိုနိုင်ခက်[sʼonain kʼɛʔ]（形）頑固だ、強情だ、取扱いにくい、頑迷だ
ဆိုပါစို့[sʼobazo.]（動）例えば～と言ったところだ
ဆိုပါတော့[sʼobado.]（動）比喩、例示を示す、①例えば～としよう　②言うなれば～と言ったところだ、と言う訳です　မိုးတွင်းမှာဆုံးသွားတယ်ဆိုပါတော့။　雨季の間に死亡したとしよう（その様な場合には～、と続く）　ပြီးပြီလို့ဆိုပါတော့။　終ったようなものだ
ဆိုပါအုံး[sʼoba oun:]（間）（相手に話を促す）それで（どうした）
ဆိုပုံ[sʼoboun]（名）と言う様子、と言う様
ဆိုဖွယ်ရာမရှိ[sʼobwɛja məʃi.]（動）言う迄もない、言うに及ばず
ဆိုမြည်[sʼomji]（動）叱る、責める、非難する
ဆိုရိုး[sʼojo:]（名）言い伝え、伝承
ဆိုရိုးစကား[sʼojo:zəga:]（名）言い伝え、格言
ဆိုရိုးဆိုစဉ်[sʼojo: sʼozin]（名）謂れ、言い伝え
ဆိုရိုးပြု[sʼojo: pju.]（動）一般的に～と言う、～と言うのが普通だ
ဆိုရိုးရှိ[sʼojo:ʃi.]（動）～と言われている、～と言い伝えられている
ဆိုရင်[sʼojin]（接助）～と言うのであれば　ကောက်တွေစိုက်နေပြီဆိုရင်အလုပ်ပြီးသွား：ပြီ။　田植えをしているというのであれば、仕事は終りだ　လူတယောက်ယောက်ကွယ်လွန်သွားတယ်ဆိုရင်မြေမြှုပ်တယ်။　誰かが死亡したとすれば、埋葬する
ဆိုလေဆိုလေ၊မန်းလေပြီလေ။[格言]言えば言うほど事態が悪化する
ဆိုလို့ရှိရင်[sʼolo.ʃi.jin]（接助）～と言うのであれば、～とすれば　တောရွာတွေမှာဆိုလို့ရှိရင်ရေထမ်းရတဲ့အလုပ်ဟာဝန်လေးတဲ့အလုပ်ဖြစ်ပါတယ်။　田舎では（と言うと）、水運びは気の重い作業だ
ဆိုလို[sʼolo]（動）～を意味する、～の意味を含む、～と言う意味を現わす
ဆိုလိုခင်း[sʼolojin:]（名）言わんとする点、意味
ဆိုလိုရာရောက်[sʼoloja jaukʼ]（動）～と言う意味になる、～を意味する事になる
ဆိုလျှင်[sʼoʃin]（接助・文）～と言うのであれば、～と言うならば
ဆိုသလို[sʼodəlo]（接助）～と言うように　ချက်ချင်းဆိုသလို　殆ど同時に
ဆိုသူ[sʼodu]（名）言う人
ဆိုသော်[sʼodo]（接助・文）～と言うと、～と言えば＝သောအခါ
ဆိုသည်မှာ[sʼodima]（名・文）主題を示す、名詞に続

ဆိုဟန်ရှိ['s'ohan ʃi.] (動) 言っているようだ、言っているらしい、意味する様だ
ဆိုဖာ['s'op'a] (名) ソファー、安楽椅子＜英 Sofa
ဆိုဗီယက်['s'obijɛʔ] (国) ソビエト
ဆိုရယ်နီ['s'oʃɛni] (名) 赤色社会党 (ビルマの「社会党」から分裂した「労農党」の事を指す)
ဆိုရှယ်လစ်['s'oʃɛliʔ] (名) 社会主義
ရှယ်လစ်စနစ်['s'oʃɛliʔsəniʔ] (名) 社会主義制度
ဆိုရှယ်လစ်စီးပွါးရေး['s'oʃɛlisi:bwa:je:] (名) 社会主義経済
ဆိုရှယ်လစ်စီးပွါးရေးစနစ်['s'oʃɛliʔsi:bwa:je:sэniʔ] (名) 社会主義経済制度
ဆိုရှယ်လစ်ပါတီ['s'oʃɛlipati] (名) (ウー・バスエー、ウー・チョーニエイン等が創設した) 社会党
ဆိုရှယ်လစ်ဝါဒ['s'oʃɛliʔwada.] (名) 社会主義思想
ဆို['s'o:] (動) ①染める、染色する အနီဆိုသည်။ 赤色に染める အပြာဆိုသည်။ 青色に染める ②咳をする ချောင်းဆိုသည်။
ဆိုးဆေး['s'o:ze:] (名) 染料、染色薬
ဆိုး['s'o:] (形) 悪質だ、性悪だ、質が悪い
ဆိုးကျိုး['s'o:dʑo:] (名) 悪い結果、悪い報い、悪しき結果、弊害、欠陥
ဆိုးကျိုးပေး['s'o:dʑo:pe:] (動) 悪い結果をもたらす、弊害をもたらす
ဆိုးခဲ့မိုက်တိုက်ဖြစ်['s'o:go:maiʔtaiʔp'jiʔ] (動) 悪の限りを尽す
ဆိုးဆိုးနွဲ့နွဲ့['s'o:zo: nwɛ.nwɛ.] (副) 甘えて、駄々をこねて
ဆိုးဆိုးရွားရွား['s'o:zo: jwa:jwa:] (副) 最悪の状態で
ဆိုးညစ်['s'o:ɲiʔ] (形) 悪質だ、卑劣だ、下劣だ、邪悪だ、不道徳だ
ဆိုးတူကောင်းဘက်['s'o:du kaun:bɛʔ] (名) 運命共同体、本当の親友、分け隔てなく付き合ってくれる仲間、貧富を問わず付き合ってくれる人 ＝အတူ
ဆိုးတူကောင်းဘက်ဖြစ်['s'o:du kaun:bɛʔ p'jiʔ] (形) 苦楽を共にする、吉凶、幸不幸を一緒に経験する、運命を共同で甘受する
ဆိုးတေ['s'o:te] ① (形) やんちゃだ、勝手気侭だ、質が悪い、悪質だ ② (名) 非行者、不良、ごろつき
ဆိုးတိုင်ပင်ကောင်းတိုင်ပင်['s'o:tainbin kaun:tainbin] (名) 信頼の置ける相談相手
ဆိုးနွဲ့['s'o:nwɛ.] (動) 駄々をこねる
ဆိုးပေ['s'o:pe] (形) 悪戯して汚す、悪さをして汚す

ဆိုးမျှော်ခံ['s'o:mjo: k'an] (動) 少々の事は黙認する、大目に見る
ဆိုးမွေ['s'o:mwe] (名) 悪しき遺産
ဆိုးယုတ်['s'o:jouʔ] (形) 悪質だ、卑劣だ、下劣だ
ဆိုးရွာ:['s'o:jwa:] (形) 質が悪い、悪質だ、極悪非道だ
ဆိုးဝါး['s'o:wa:] ＝ဆိုးရွား:
ဆိုးဝါးဖောက်ပြန်['s'o:wa: p'auʔpjan] (動) 悪い方に向う、悪化する、
ဆိုးသွမ်း['s'o:tun:-s'o:twan:] (形) 悪い、悪質だ、邪悪だ、邪だ、卑劣だ
ဆိုးသွမ်းညစ်ညမ်း['s'o:tun: ɲiʔɲan:] (形) 邪だ、悪質だ
ဆိုးသွမ်းမိုက်မဲ['s'o:tun: maiʔmɛ:] (形) 質が悪い、悪辣だ
ဆိုးခနဲဆတ်ခနဲ[zo:gэnɛ: zaʔkэnɛ:] (副) 不意に、突然
ဆိုးဆိုးဆတ်ဆတ်[zo:zo:zaʔzaʔ] (副) 不意に、突然
ဆက်['s'ɛʔ] (名) ①子から数えて7代目の子孫 ② [zɛʔ] (名) 頚、頚部 →ဇက်
ဆက်ကျိုး[zɛʔ tʃo:] (動) 病気のせいで首が上がらない
ဆက်['s'ɛʔ] (動) ①捧げる、奉納する、奉献する、献納する ②繋ぐ ③繋がる、続く ④関係を持つ ⑤続ける、継続する、引続き~する ဆက်ပြောသည်။ 話し続ける ဆက်လုပ်သည်။ 続けてする ဆက်သွားသည်။ 続けて行く
ဆက်ကာ['s'ɛʔka] (副) 続いて、途切れずに、継続して
ဆက်ကပ်['s'ɛʔkaʔ] (動) (出家に) 差出す、差上げる、贈呈する、進呈する、献呈する、奉納する、喜捨する
ဆက်ကြေး['s'ɛʔtʃe:] (名) 奉加金、冥加金、上納金
ဆက်ကြောင်းကွန်ခြာ['s'ɛʔtʃaun:kunʧa] (名) 連絡網、通信網
ဆက်ခါဆက်ခါ['s'ɛʔk'a s'ɛʔk'a] (副) 次々に、次から次へと
ဆက်ခံ['s'ɛʔk'an] (動) 引き継ぐ、継承する、受け継ぐ、相続する
ဆက်စပ်['s'ɛʔsaʔ] (動) ①繋がる、繋がりがある ② 関わりがある、関わりを持つ、関連する
ဆက်စပ်['s'ɛʔsaʔʧin:] (名) 繋がり、関わり、関連
ဆက်စပ်ပစ္စည်း['s'ɛʔsaʔpjisi:] (名) 付属品
ဆက်ဆက်['s'ɛʔs'ɛʔ] (副) 確実に、確かに、必ず、是非、きっと ဆက်ဆက်ပို့ပေးပါ။ 必ず送って下さい

ဆက်ဆံ

ဆက်ဆက်လာခဲ့နော်။ 是非来いよ ဆက်ဆက်ပြန်ခဲ့ပါ
မယ်။ 必ず帰ってくる နင့်ကိုငါဆက်ဆက်လာခေါ်မှာ
ပေါ့။ 僕は君を必ず呼びに来るからね မနက်ဖြန်ကျွန်
တော်ဆက်ဆက်လာပါမယ်။ 明日私は必ず参ります
ဆက်ဆံ[sʻɛʔan] (動) ①接触する、関係する、繋が
りを持つ ②付き合う、交際する ③交渉する、対応
する
ဆက်ဆံမှု[sʻɛʔanmu.] (名) ①付き合い、交際 ②
関係、関連
ဆက်ဆံရေး[sʻɛʔan je:] (名) 繋がり、付き合い
ဆက်တိုက်[zɛʔtaiʔ] (副) 引き続き、立て続けに、続
けざまに、連続して、間断なく နှစ်နှစ်မိုးဆက်တိုက်
ခေါင်တယ်။ ２年間雨がまったく降らない
ဆက်တင်[sʻɛtin] (動) 献上する
ဆက်တွဲလျှင်[sʻɛʔtwɛ:ŋəjin] (名) 余震
ဆက်နွယ်[sʻɛʔnwɛ] (動) ①繋がりがある、関りがあ
る、連続している ②血が繋がる
ဆက်နွယ်မှု[sʻɛʔnwɛmu.] (名) 関わり、関連
ဆက်ပြ[sʻɛʔpja] (動) 引き続き示す、引き続き見
せる、引き続き上映する
ဆက်ပြီး[sʻɛʔpi:] (副) 引き続き ＝ဆက်ပြီးတော့
ဆက်လက်[sʻɛʔlɛʔ] (副) 引き続き、継続して
ဆက်လက်ကျင်းပ[sɛʔlɛʔ tʃin:pa.] (動) 引き続き
開催する
ဆက်လက်ခံစားရ[sɛʔlɛʔ kʻanza:ja.] (動) 引き続き
味わう
ဆက်လက်ထားရှိ[sʻɛʔlɛʔ tʻa:ʃi.] (動) 引き続き置
いてある
ဆက်လက်ပြောဆို[sʻɛʔlɛʔ pjɔ:sʻo] (動) 引き続き
話す
ဆက်လက်လိုက်[sʻɛʔlɛʔ laiʔ] (動) 引き続きついて
いく、引き続き追跡する
ဆက်လက်၍[sʻɛʔlɛʔjwe.] =ဆက်လက်
ဆက်သ[sʻɛʔtha.] (動) 献上する、差上げる、進呈す
る、奉献する
ဆက်သား:[sʻɛʔtha:] (名) 連絡員、伝令、使い
ဆက်သွယ်[sʻɛʔtwɛ] (動) ①通じる、伝わる、連絡が
取れる、接触する ②連絡する、連絡を取る ③結び
付ける、連結する
ဆက်သွယ်ရေး[sʻɛʔtwɛje:] (名) ①連絡 ②伝達、通
信
ဆက်သွယ်ရေးကွန်ချာ[sʻɛʔtwɛje: kuntʃa] (名) 通
信網、連絡網
ဆက်သွယ်ရေးဂြိုဟ်တု[sʻɛʔtwɛje: ɟodu.] (名) 通
信衛星
ဆက်သွယ်ရေး၊စာတိုက်နှင့်ကြေးနန်းဝန်ကြီးဌာန[sʻɛʔtwɛ

je: sadaiʔnɛ. tʃe:nan: wunɟi:tʻana.]
(名) 通信、郵便、電報省
ဆက်သွယ်ရေးတာဝန်ခံအရာရှိ[sʻɛʔtwɛje: tawun
gan əjaʃi.] (名) 連絡将校、通信担当将校
ဆက်သွယ်ရေးရုံး[sʻɛʔtwɛje:joun:] (名) 連絡事務
所
ဆက်သွင်း[sʻɛʔtwin:] (動) 贈呈する、献上する、贈
る
ဆက်တီ[sʻɛʔti] (名) 応接セット
ဆက်ရက်[zəjɛʔ] (鳥) インドハッカ（ムクドリ科）
Acridotheres tristis
ဆက်ရက်ကျား[zəjɛʔ tʃa:] (鳥) ホオジロムクドリ
（ムクドリ科） Sturnus contra
ဆက်ရက်ခေါင်းဖြူ[zəjɛʔgaun:bju] (鳥) インドコ
ムクドリ （ムクドリ科） Sturnus malabaricus
ဆက်ရက်ခေါင်းမည်း[zəjɛʔ gaun:mɛ:] (鳥) ズグロ
コムクドリ （ムクドリ科） Sturnus pagodarum
ဆက်ရက်ချေးစား:[zəjɛʔ tʃiːza:] (鳥) ホオジロム
ク （ムクドリ科） Sturnus contra
ဆက်ရက်မောင်တင်[zəjɛʔ mauntin] (鳥) ハッカチ
ョウ （ムクドリ科） Acridotheres griseus
ဆက်ရက်လည်နက်[zəjɛʔ lɛnɛʔ] (鳥) オオハナマル
（ムクドリ科） Graculipica nigricollis
ဆောက်[sʻauʔ] (植) ジャワマユミ（ニシキギ科）
Euonymus javanicus
ဆောက်[sʻauʔ] (名) 鑿
ဆောက်ကြောင်း[sʻauʔtʃaun:] (名) 鑿の跡
ဆောက်ခံ:[sʻauʔkʻoun:] (名) 丸鑿（窪みがある）
ဆောက်ပုတ်[sʻauʔpouʔ] (名) ①鑿を打つ木槌 ②棍
棒
ဆောက်ပြား:[sʻauʔpja:] (名) 平鑿
ဆောက်ရိုး:[sʻauʔjo:] (名) 鑿の柄
ဆောက်လုံး:[sʻauʔloun:] (名) 円鑿
ဆောက်[sʻauʔ] (動) 建てる、建設する ကျောင်း
ဆောက်သည် 寺を建てる မကွပ်ဆောက်သည် 仮設舞台
を作る
ဆောက်တည်[sʻauʔti] (動) ①精神を集中する ②戒
を持つ、宗教上の戒律を守る သီလဆောက်တည်သည်။
ဆောက်တည်ရာ[sʻauʔtija] (名) 落ち着き、平静、安
定
ဆောက်တည်ရာမရဖြစ်[sʻauʔtija məja. pʻjiʔ]
(動) 不安に駆られる、落ち着きを失う、取り乱す、平
静を失う
ဆောက်နှင်း:[sʻauʔnin:] (動) ①付与する、下賜す
る、授与する ②嫁がせる、嫁入りさせる
ဆောက်ဖြစ်မှကျောင်း3ကာ။ (諺) 建て終らなければ寺

ဆင်

院の檀家とは言えない（蓋を開けて見ないと判らない
ဆောက်ဖြတ်[sʼauʼpʼjaʼ]（名）宝石などの刻み面
ဆောက်လိပ်[sʼauʼleiʼ]（動物）ビルマ南部の沼に棲息する亀　Morenia ocellata
ဆောက်လုပ်[sʼauʼlouʼ]（動）建てる、建築する、建設する、建造する、築造する
ဆောက်လုပ်ရေး[sʼauʼlouʼjeː]（名）建設、建造
ဆောက်လုပ်ရေးဌာနဝန်ကြီး[sʼauʼlouʼjeːtʼana. wunʤiː]（名）建設大臣
ဆောက်လုပ်ရေးပစ္စည်း[sʼauʼlouʼjeː pjiʼsiː]（名）建設資材
ဆောက်လုပ်ရေးဝန်ကြီးဌာန[sʼauʼlouʼjeː wunʤiː tʼana.]（名）建設省
ဆောက်လုပ်ရေးလုပ်သား[sʼauʼlouʼjeː louʼtaː]（名）建設労務者、建設作業員
ဆောက်လုပ်ရေးအလုပ်သမား[sʼauʼlouʼjeː əlouʼtəmaː]＝ဆောက်လုပ်ရေးလုပ်သား
ဆိုက်[sʼaiʼ]（動）①着く、到着する、接岸する、停泊する　မီးရထားဆိုက်သည်။ 汽車が着く　သင်္ဘောဆိုက်သည်။ 船が接岸する　လေယာဉ်ဆိုက်သည်။ 飛行機が着陸する　ကားဆိုက်သည်။ 自動車が停車する ②（時間や場所が）合う、一致する、符合する ③（燃料を）火にくべる ④方向を向く、向ける
ဆိုက်ကပ်[sʼaiʼkaʼ]（動）①接岸する、寄港する、停泊する
ဆိုက်ဆိုက်မြိုက်မြိုက်[sʼaisʼaimjaiʼmjaiʼ]（副）真直ぐに、寄り道をせずに、道草を食わずに、順調に、平穏に、無事に、支障なく　ကျွန်တော်ရန်ကုန်မြို့သို့ဆိုက်ဆိုက်မြိုက်မြိုက်ရောက်ပါသည်။ 私はラングーンに無事に到着した　ဒီနေ့မှခင်ဗျားနှင့်ဆိုက်ဆိုက်မြိုက်မြိုက်လာတွေ့တယ်။ 今日やっと君に順調に逢えた　လာကြိုသည်ကိုဆိုက်ဆိုက်မြိုက်မြိုက်တွေ့ရသည်။ 迎えに来ているのに無事に出会った　ခုဆိုဆိုက်ဆိုက်မြိုက်မြိုက်တွေ့ရလို့ဝမ်းမြောက်လိုက်တာ။ 支障なく出会う事ができてとても嬉しい
ဆိုက်သား[sʼaiʼtaː]（動）接岸してある、停泊している
ဆိုက်ရောက်[sʼaiʼjauʼ]（動）①到着する、到達する ②接岸する、寄港する　ဆိုက်ရောက်ခြင်း。到着、到達
ဆိုက်ကား[sʼaiʼkaː]（名）輪タク（自転車の後に人が座る座席を取付けた乗物）＜英 Side Car
ဆိုက်ကားခ[sʼaiʼkaːga.]（名）輪タク代
ဆိုက်ကားငှား[sʼaiʼkaː ŋaː]（動）輪タクに乗る、輪タクを雇う
ဆိုက်ကားစီး[sʼaiʼkaː siː]（動）輪タクに乗る
ဆိုက်ကားဆရာ[sʼaiʼkaː sʼəja]（名）輪タクの漕ぎ

手、輪タクの運転手
ဆိုက်ကားနင်း[sʼaikaː ninː]（動）①輪タクのペダルを踏む ②輪タクを漕いで生計を立てる
ဆိုက်ကားနင်းသူ[sʼaiʼkaːninːdu]＝ဆိုက်ကားဆရာ
ဆိုက်ကားယားဉ်[sʼaiʼkaː jin]（名）＝ဆိုက်ကား
ဆင့်[sʼin.]（名）①段、層 ②レベル、水準、段階 ③（建物の）梁
ဆင့်[sʼin.]（動）①積む、重ねる　ရေနှစ်ခွက်ဆင့်သောက်သည်။ 水を2杯立て続けに飲んだ ②重なる、層になる ③移る、転移する ④粉を篩にかける ⑤召喚する、呼び出す、出頭させる
ဆင့်ကာဆင့်ကာ[sʼin.ga sʼin.ga]（副）次から次へと
ဆင့်ကဲ[sʼin.kɛ]（動）一段進む、一歩進む
ဆင့်ကဲဆင့်ကဲ[sʼin.gɛː sʼin.gɛː]（副）次々に、続々と、段階的に　ဆင့်ကဲဆင့်ကဲရောက်ရှိနေသည်။ 次々と到着している
ဆင့်ကဲဖြစ်စဉ်[sʼin.gɛːpʼjiʼsin]（名）進化の過程
ဆင့်ပွား[sʼin.pwa:]（動）派生する、増加する
ဆင့်ပွား:ဆင့်ကူး[sʼin.bwaː sʼin.guː]（名）派生、二次作品
ဆင့်ခေါ်[sʼin.kɔ]（動）召喚する、招集する　လွှတ်တော်ကိုဆင့်ခေါ်သည်။ 国会を招集する
ဆင့်ခေါ်စာ[sʼin.kɔza]（名）召喚状
ဆင့်စာ[sʼin.za]（名）召喚状、呼び出し状
ဆင့်ဆို[sʼin.sʼo]（動）命じる、指図する
ဆင့်ဇန်[sʼin.zan]（名）花札賭博
ဆင့်ပါးစပ်နှမ်းပက်။（諺）象の口に胡麻を投げ込む（焼け石に水）
ဆင်[sʼin]（動）①飾る、着飾る、装飾する ②組立てる、製造する ③似る、類似する　အရသာဝက်သား်နဲ့ဆင်တယ်။ 味は豚肉に似ている ④捏造する
ဆင်ခြင်[sʼinʤin]（動）①考える、よく考える、思案する、熟考する、慎重に考える＝စဉ်းစားသည်။ ②抑える、抑制する ③胆に銘じる
ဆင်ခြင်တွေးတော[sʼinʤin tweːtɔː]（動）熟考する、熟慮する
ဆင်ခြင်စရာ[sʼinʤinzəja]（名）考えるべき事
ဆင်ခြင်စရာအကြောင်း[sʼinʤinzəja ətʃaunː]（名）熟考すべき理由
ဆင်ခြင်တုံတရား[sʼinʤintoun təjaː]（名）理性、思考力、判断力
ဆင်ခြင်သုံးသပ်မှု[sʼinʤin toundaʼmu.]（名）熟考、熟慮、検討、理性、道理
ဆင်ခြင်သုံးသပ်[sʼinʤin tounːdaʼ]（動）冷静に考える、熟考する、熟慮する

ဆင်ဆင်[s'inzin] (副) よく似ていて、類似していて
ဆင်ဆင်တူ[s'inzin tu] (形) よく似ている
ဆင်တူ[s'intu] (形) 似ている、類似している ဆင်တူဝတ်ဆင်သည်။ お揃いの服を着る cf. ထပ်တူ၊ ထပ်မျှ။ နီးပါး။ そっくり
ဆင်တူရိုးမှာ:[s'indu jo:ma:] (名) 類似、酷似
ဆင်တူရိုးမှာ:ဖြစ်[s'indu jo:ma: p'ji'] (形) 酷似している
ဆင်နဲ့[s'innwɛ:] (動) 加わる、参加する、合同で行う ခုခံရေးစစ်ပွဲကိုဆင်နွှဲသည်။ 反撃を行なう သပိတ်ကြီးဆင်နွှဲသည်။ 大規模なストライキを展開する
ဆင်မြန်း[s'inmjan:] (動) 着る、身に着ける、着飾る、飾る
ဆင်ယင်[s'in jin] (動) ①身に着ける、飾る、装飾する ②祝う、祝賀する
ဆင်ယင်ကျင်းပ[s'in jin tʃin:pa.] (動) 挙行する、祝賀開催する
ဆင်ယင်ထုံးဖွဲ့မှု[s'in jin t'oun:p'wɛ.mu.] (名) 装飾、服装、髪型、化粧、風俗
ဆင်[s'in] (動物) 象、インドゾウ（ゾウ科）Elephas maximus
ဆင်က[s'inga.] (名) 象の背中に取付けた座席
ဆင်က[s'in ka.] (動) 象の背に座席を取付ける
ဆင်ကထီး[s'ingədi:] (植) スイミナスピ（ナス科）Solanum ferox
ဆင်ကိုးစီး[s'in ko:zi:] (植) ヤマモガシ（ヤマモガシ科）Helicia terminalis
ဆင်ကန်းတောတိုး[s'ingan: tɔ:do:] (副) がむしゃらに、思慮分別なく、猪突猛進して
ဆင်ကျီစားရာ ဆိတ်မခံသာ။ (諺) 象の戯れ、ヤギ耐え切れず（弱者には労わりを）
ဆင်ကျုံး[s'indʒoun:] (名) 野生の象を誘い入れたり飼い馴らしたりする木柵（檻）
ဆင်ကြံကြံ[s'indʒan tʃan] (動) 謀を巡らす、陰謀を企む、他人の失脚を目論む
ဆင်ခရမ်း[s'in k'əjan:] (植) オニハリナス、スイミナスピ（ナス科）Solanum ferox
ဆင်ခရမ်းချဉ်[s'in k'əjan:dʒin] (植) キダチトマト、トマトノキ（ナス科）Cyphomandra betacea
ဆင်ခရမ်းသီး[s'in k'əjan:di:] (名) スイミナスピの実
ဆင်ခင်းမြင်းခင်း[s'ingin: mjin:gin:] (名) 騎象や騎馬の閲兵式典
ဆင်ခေါင်းကုလားပဲ[singaun:kələbɛ:] (植) ヒヨコマメ（マメ科）Cecir arietinum

ဆင်ချေး:ကျုံး[s'intʃi: tʃoun:] (動) 象の糞を片付ける
ဆင်ချေး:ကုံ:ဆပ်ပြာ[s'intʃi:doun s'a'pja] (名) 洗濯用の丸石鹸
ဆင်ခြေ[s'indʒe] (名) ①弁解、言い訳、口実 ②象の脚
ဆင်ခြေကန်[s'indʒe kan] (動) 反論する
ဆင်ခြေဆင်လက်[s'indʒe s'inlɛ']=ဆင်ခြေ
ဆင်ခြေဆင်လက်တက်[s'indʒe s'inlɛ' tɛ'] (動) 根拠を示す、理由づける、自説を補強する、自説を曲げない
ဆက်ခြေတက်[s'indʒe tɛ'] (動) 弁解する、言い訳する、自説を強弁する、言い張る、言いくるめる
ဆင်ခြေထောက်[s'in tʃidau'] (名) フィラリア、象皮病
ဆင်ခြေထောက်ရောဂါ[s'in tʃidau'jɔga] (名) 象皮病
ဆင်ခြေပေ:[s'indʒe pe:] (動) 言い訳する
ဆင်ခြေဖုံ:[s'indʒeboun:] (名) ①郊外 ②（王朝時代）象の足の周囲にいる兵士
ဆင်ခြေဖုံ:ရပ်ကွက်[s'indʒeboun: ja'kwɛ'] (名) 郊外 =ဆင်ခြေဖုံ:
ဆင်ခြေများ[s'indʒe mja:] (形) 言い訳が多い
ဆင်ခြေလဲ[s'indʒe lɛ:] (動) =ဆင်ခြေတက်
ဆင်ခြေလျှော[s'indʒeʃɔ:] (名) 坂、斜面
ဆင်ငုံမဏီ[s'inŋomənni.] (植) イボナシツヅラフジ（ツヅラフジ科）Tinospora cordifolia
ဆင်ငိုမြက်[s'inŋomjɛ'] (植) ①オヒシバ、チカラグサ（イネ科）Eleusine india ②インドスズメノヒエ（イネ科）Paspalidium flavidum
ဆင်ငိုလက်ကြာ:[s'inŋolɛ'tʃa:]=ဆင်ငိုမြက်
ဆင်စာမနွယ်[s'inzamənwɛ]=ဆင်ငုံမဏီ
ဆင်စီး[s'in si:] ①（動）象に乗る ②[s'in zi:] (名) 象の乗り手、象の騎手
ဆင်စီးချင်း:တိုက်[s'in si:dʒin: tai'] (動) 騎象戦を行う、象に乗って一騎打ちをする
ဆင်စီးချင်း:တွေ[s'in si:dʒin: twe.]=ဆင်စီးချင်း:တိုက်
ဆင်စီးလျှင်:ရံ။ (諺) 象に乗り馬に取り囲まれて（立身出世、故郷に錦を飾る）
ဆင်စွယ်[s'inzwɛ] (名) 象牙
ဆင်စွယ်ခရု[s'inzwɛ k'əju.] (貝) マテガイ
ဆင်စွယ်နှစ်[s'i¦inzwɛn̰i'] (名) 象牙の髄
ဆင်စွယ်ဖုံ:[s'¦inzwɛboun:] (名) 象牙の覆い
ဆင်စွယ်ရောင်[s'inzwɛjaun] (名) 象牙色、ベージ

ュ色
ဆင်တာရာ [sʻin taja] (星) 白鳥座
ဆင်တော်နှင့်ခလောက် ‖ (比) 象と首の鈴 (月とスッポン)
ဆင်တပ်မြင်းတပ် [sʻindaʔ mjin:daʔ] (名) (王朝時代の) 象部隊と騎馬部隊
ဆင်တုံးမနွယ် [sʻindoun:mənwɛ] =ဆင်ငုံမနွယ်
ဆင်ထီး [sʻindi:] (名) 牡象
ဆင်ထိန်း [sʻindein:] (名) 象の管理者、象の世話役
ဆင်နှာရှက် [sʻinnəjwɛʔ] (貝) サザナミスイショウ
ဆင်နှာရှက်တံခါး [sʻinnəjwɛʔ dəga:] (名) 内外への開閉が可能なドア、前後に動く扉、可動扉
ဆင်နှာမောင်း [sʻin n̥əmaun:] ① (名) 象の鼻 ② (植) =ဆင်နှာမောင်းကြီး ③キダチルリソウ
ဆင်နှာမောင်းကလေး [sʻin n̥əmaun:gəle:] (植) コゴメスナビキソウ (ムラサキ科) Heliotropium strigosum
ဆင်နှာမောင်းကြီး [sʻin n̥əmaun:ʤi:] (植) ナンバンルリソウ (ムラサキ科) H. indicum
ဆင်ပို [sʻinbo:] (虫) カブトムシ=ကြွပို
ဆင်ပေါက် [sʻinbauʔ] (名) 去勢された牡象
ဆင်ပစ်မြွေ [sʻinbjiʔmwe] (蛇) メクラヘビ (脚なしトカゲの仲間、無毒、穴を掘って棲む) Cylindrophis rufus
ဆင်ပိန်ကျွဲလောက်ရှိ ‖ (比喩) 象は痩せても水牛ほどはある (気位が高い、痩せたりと言えども武士)
ဆင်ပိန်ညှင်း [sʻin beinɲin:] (鳥) コウハシショウビン (カワセミ科) Pelargopsis capensis
ဆင်ပြောင် [sʻinbjaun] (名) 成長した牡象
ဆင်ပြောင်ကြီးအမြီးကျမှုတစ် ‖ (諺) 巨象の尾が絡む (中途半端、未解決)
ဆင်ဖနပ် [sʻin pʻənaʔ] (病) 足のひび、あかぎれ
ဆင်ဖိနပ်နာ [sʻin pʻənaʔna] =ဆင်ဖနပ်
ဆင်ဖဲ [sʻinbɛ:] (名) いかさま賭博、いかさまトランプ
ဆင်ဖဲရှိုက် [sʻinbɛ: jaiʔ] (動) いかさま賭博をする
ဆင်ဖဲရေချကစား [sʻinbɛ: jeʔʃa. gəza:] (動) 子供の遊び
ဆင်ဖိုးထက်ကျွန်းဘိုးကြီး ‖ (諺) 象よりも鞭の値段が高い (物事が逆様)
ဆင်ဖက်ယား [sʻin pʻɛʔja:] (植) カワリバイラクサ (イラクサ科) Girardinia heterophylla
ဆင်ဖြူတော် [sʻinbjudɔ] (名) 白象 (王朝時代には聖獣とみなされた)
ဆင်ဖြူတော်မှီကြွက်တံ ‖ (諺) 白象の世話を理由に砂糖黍

をかじる (虎の威を借る狐、髪結いの亭主、甘い汁を吸う)
ဆင်ဖြူမျက်နှာဆင်မဲမကြည့်ဝံ့ ‖ (諺) 黒象は白象を正視できない (心疾しき者、正視できず)
ဆင်ဖြူမျှားရှင်မင်းတရားကြီး [sʻinbjumja:ʃin min:təja:ʤi:] (名) ビルマ国王の称号 (多くの白象の持主)
ဆင်မ [sʻinma.] (名) 牡象
ဆင်မနွယ်ပျည်း [sʻinma.no.bjin:] (植) インドウオトリギ (シナノキ科) Grewia asiatica
ဆင်မုန် [sʻinmoun] (名) 発情期の牡象が頭部から出す液
ဆင်မုန်ယို [sʻinmoun jo] (動) 発情期の牡象が頭部から液を出す
ဆင်မြင်းကျွန်နှား [sʻinmjin:tʃwɛ:nwa:] (名) 運搬使役用の家畜 (象、馬、水牛、牛)
ဆင်မြင်းဗိုလ်ပါ [sʻinmjin:boba] (名) (王朝時代の) 将兵
ဆင်မှူး [sʻinmu:] (名) (王朝時代の) 象使い達の監督
ဆင်ရာတ်မိုး [sʻin ja teinmo:] (名) ビルマ暦9月 (12月) に降る雨
ဆင်ရေးမြင်းရေး [sʻin je mjin:je:] (名) 象や馬の操り方、象や馬を乗りこなす技術
ဆင်ရိုင်း [sʻin jain:] (名) 野生の象
ဆင်ရုံ [sʻin joun] (名) 象小屋
ဆင်လက်မောင်းကလေး [sʻin lɛʔmaun:gəle:] =ဆင်နှာမောင်းကလေး
ဆင်လက်မောင်းကြီး [sʻin lɛʔmaun:ʤi:] =ဆင်နှာမောင်းကြီး
ဆင်လိမ် [sʻinlein] (名) 竹ひごで編んだ魚篭状の漁具の1種
ဆင်လုံးမြင်းရင်း [sʻinloun: mjin:jin:] (名) (王朝時代の) 軍隊、騎馬騎象軍団
ဆင်ဝင် [sʻinwin] (名) ポーチ、玄関、車寄せ
ဆင်ဝန် [sʻinwun] (名) (王朝時代の) 象奉行
ဆင်ငွေနံရှောင် [sʻinhwe.janʃaun] (名) 逃げ口上、捕まえどころのない話上
ဆင်သဝန် [sʻin təpʻan] (植) オオバイチジク (クワ科) Ficus roxburghii
ဆင်သည် [sʻindɛ] (名) 象兵
ဆင်ဦးစီး [sʻin u:zi:] (名) 象使い、象の頭部に乗る人
ဆင်ဦးရေ [sʻin u:je] (名) 象の頭数
ဆင်အော် [sʻin ɔ] (動) 象が吠える
ဆင်အိပ်ရာဆိပ်နွှး ‖ (諺) 睡眠中の象をヤギが起す (効果

ဆင်တီမီတာ

がない、波風を立てせる）
ဆင်အုပ်[s'in ouʔ]（名）象の群
ဆင်တီမီတာ[s'intimita]（名）センチメートル
ဆင်း[s'in:]（動）①降りる、下る、降下する ②（乗物、車、船等から）下船する、下車する ③伸ばす ခြေဆင်းသည်။ 足を伸ばす ④篩う、篩にかける အိမ်ကဆင်းသည်။ 家を出る မြင်းလှည်းပေါ်မှဆင်းလိုက်သည်။ 馬車を降りる ကျောင်းဆင်းသည်။ 下校する ရုံးဆင်းသည်။ 退庁する＝ရုံးမှဆင်းလာသည်။
ဆင်းပြေး[s'in:pje:]（動）降りて逃げる
ဆင်းလာ[s'in:la]（動）降りて来る ရန်ကုန်ဆင်းလာသည်။ ラングーンへ下向してきた
ဆင်းတယ်[s'in:tɛʔ]（動）①降りる、降下する ②（飛行機が）高度を低くする ③伝わる、伝承する、派生する、流れを汲む
ဆင်းသက်ဖြစ်ပွါး[s'in:tɛʔ p'jiʔpwa:]（動）派生する、生じる
ဆင်းသွား[s'in:twa:]（動）降りて行く
ဆင်းဆင်းရဲရဲ[s'in:zin:jɛ:jɛ:]（副）貧しく、貧困で、惨めで ဆင်းဆင်းရဲရဲနေသည်။貧しい暮しをする
ဆင်းတု[s'in:du.]（名）像、彫像
ဆင်းတုတော်[s'in:du.dɔ]（名）仏像＝ရုပ်ပွါးတော်
ဆင်းတောင့်ဆင်းရဲ[s'in:daun.s'in:jɛ:]（副）極貧で、悲惨な状態で
ဆင်းရဲ[s'in:jɛ:]（形）①貧しい、貧乏だ ②惨めで悲惨だ、哀れだ ③苦しい、辛い ④（名）苦しみ、苦痛
ဆင်းရဲခံ[s'in:jɛ: k'an]（動）苦しみに耐える、苦痛を堪え忍ぶ、貧乏に耐える
ဆင်းရဲညှိုးငြင်[s'in:jɛ: ɲoɲin]（動）惨めだ、悲惨だ、不幸だ
ဆင်းရဲဇာတာပါ[s'in:jɛ: zata pa]（動）貧しい星の下に生れる、生来貧困から逃れられない
ဆင်းရဲတွင်းနက်[s'in:jɛ:dwin: nɛʔ]（形）貧乏のどん底だ
ဆင်းရဲဒုက္ခ[s'in:jɛ: douʔk'a.]（名）貧困、苦しみ、苦痛
ဆင်းရဲဒုက္ခကြီး[s'in:jɛ: douʔk'a. tʃi:]（形）大変な苦しみだ、苦境のどん底にある
ဆင်းရဲဒုက္ခခံရ[s'in:jɛ: douʔk'a. kan ja.]（動）苦しみに遭う、貧乏に苦しむ
ဆင်းရဲဒုက္ခရောက်[s'in:jɛ: douʔk'a. jauʔ]（動）苦痛を味わう、苦しみに陥る、不幸になる
ဆင်းရဲနွမ်းပါး[s'in:jɛ: nwan:ba:]（形）貧しい、貧困だ
ဆင်းရဲနွမ်းပါးသူ[s'in:jɛ: nwan:ba:du]（名）貧

乏人
ဆင်းရဲပင်ပန်း[s'in:jɛ: pinban:]（動）苦しむ、苦労する、辛い目に遭う
ဆင်းရဲပင်ပန်းခံ[s'in:jɛ: pinban: k'an]（動）苦しみに耐える、苦労に耐える
ဆင်းရဲမွဲတေမှု[s'in:jɛ: mwɛ:temu.]（名）貧困、極貧
ဆင်းရဲမှု[s'in:jɛ:mu.]（名）貧困、貧乏
ဆင်းရဲသား[s'in:jɛ:da:]（名）①庶民 ②貧乏人＝ဆင်းရဲသူဆင်းရဲသား:
ဆင်းရဲသားပါတီ[s'in:jɛ:da: pati]（名）庶民党（戦前、バモーによって結成された政党）
ဆင်းရဲသူဆင်းရဲသား[s'in:jɛ:du s'in:jɛ:da:]（名）庶民
ဆောင့်[s'aun.]（動）①どんと突く、ぶつける、突き飛ばす、突き除ける、押し除ける ကြမ်းပြင်ကိုသေနတ်ဒင်နှင့်ဆောင့်တယ်။ 銃の台尻でどんと床を突く ②どんとぶつかる、突き当たる、衝突する မြေကြီးနှင့်ခေါင်းနှဲ့ဆောင့်မိသည်။ 頭が大地にぶち当った ③がたつく、揺れる ကား:ဆောင့်သည်။ 自動車が（上下に）振動する ရထားဆောင့်သည် 汽車が振れる လှည်းဆောင့်သည်။ 牛車がたつく ④踏みつける、踏み鳴らす ခြေဖြင့်ဆောင့်လိုက်သည်။ 足で床をどんと踏む ခြေဆောင့်သည် 地団太を踏む、足でどんと踏む（不満の表現） ⑤すねる、不満を表わす、刃向う
ဆောင့်ကန်[s'aun.kan]（動）どんと蹴る、蹴飛ばす
ဆောင့်ကြီးအောင့်ကြီး[s'aun.dʒi:aun.dʒi:]（副）腹を立てて、怒って、不快げに、苛々して、不満で
ဆောင့်ကြောင့်ထိုင်[s'aunʔdʒaun.t'ain]（動）しゃがむ、うずくまる、蹲踞する
ဆောင့်ကြွား:ကြား:[s'aun.tʃwa:dʒwa:]（副）横柄に、傲慢に
ဆောင့်ချ[s'aun. tʃa.]（動）どんと置く、どんと落とす
ဆောင့်ဆွဲ[s'aun. s'wɛ:]（動）ぐいと引く、強く引っ張る
ဆောင့်ပိတ်[s'aun. peiʔ]（動）（ドアを）ばたんと閉める
ဆောင့်အောင့်[s'aun. aun.]（動）不満を示す、不服を現わす、不愉快さを示す、反発する、腹立たしい
ဆောင်[s'aun]（名）宿舎、寄宿舎、寮 ကျောင်းဆောင် 学校の寄宿舎 ခန်းမဆောင် ホール
ဆောင်ကပ်[s'aungaʔ]（名）差し掛け小屋
ဆောင်ကြာပြင်[s'aundʒamjain]（名）売春窟
ဆောင်တော်ကူး[s'aundɔ ku:]（動）①国王が妃の館を訪れる ②密かに情を通じる、逢い引きする、密

ဆောင်တော်ကူ:[sʻaundɔgu:]（植）クマツヅラ（クマツヅラ科） Verbena officinalis

ဆောင်မ[sʻaunma.]（名）本殿、本館、母屋

ဆောင်[sʻaun]（動）①運ぶ、携行する、持って行く、持って来る ②連れて行く、連れて来る ③納める、納付する အခွန်ဆောင်သည်။ 納税する ဒဏ်ငွေဆောင်သည်။ 罰金を納める ④生じる、形を取る အပွင့်ဆောင်သည်။ 蕾を持つ、花がふくらむ

ဆောင်ကြဉ်း[sʻaungin:]（動）①運ぶ、持って行く、持って来る、取り寄せる ②連行する、連れて行く、連れて来る ③執り行う、実行する

ဆောင်နှင်း[sʻaunnin:]（動）①渡す、譲る、譲渡する ②嫁がせる、結婚させる

ဆောင်ပါ:[sʻaunba:]（動）送る、届ける

ဆောင်ပါ:လက်ဆောင်[sʻaunba:lɛʔsʻaun]（名）贈り物、届け物

ဆောင်ပုဒ်[sʻaunbouʔ]（名）標語、モットー、スローガン

ဆောင်ပန်း[sʻaunban:]（名）牛車の御者台

ဆောင်ပုံ[sʻaunboun]（名）①（刃を沢山取付けた魚を突くための）鉾（刃が1本だけの銛とは異なる）②宮殿や尖塔の上の白屋根

ဆောင်ယူ[sʻaun ju]（動）①持って行く、携えて行く ②連れて来る、招く

ဆောင်ရွက်[sʻaun jwɛʔ]（動）行う、実行する、実践する、遂行する、成し遂げる

ဆောင်ရွက်နိုင်စွမ်း[sʻaunjwɛʔnainzwan:]（名）実行力、実践能力

ဆောင်ရွက်ပေး[sʻaunjwɛ: pe:]（動）尽す、して上げる、実践してやる

ဆောင်ရွက်မှု[sʻaunjwɛʔmu.]（名）行動、実践

ဆောင်ရွက်လုပ်ကိုင်[sʻaunjwɛʔ louʔkain]（動）行動する、実行する

ဆောင်း[sʻaun:]（名）①冬、涼季 ②鶏を入れておく藤丸籠 ③筌（うけ）、藤丸籠の形をした漁具

ဆောင်းကာလ[sʻaun:kala.]（名）=ဆောင်းရာသီ

ဆောင်းခို[sʻaun: kʻo]（動）①避寒する ②冬籠りする、冬眠する

ဆောင်းခိုင်း[sʻaun:kʻain:]（動）（咳や痰など）冬に患う、健康を損なう

ဆောင်းတွင်း[sʻaun:dwin:]（名）冬の間（12月から2月頃まで）、冬季

ဆောင်းယဉ်စုန်းချိန်[sʻaun:jinzun:ʤein]（名）冬至

ဆောင်းရာသီ[sʻaun: jaḍi]（名）冬、涼季

ဆောင်းရာသီဝတ်စုံ[sʻaun:jaḍi wuʔsoun]（名）冬の制服

ဆောင်းရာသီအိုလံပစ်အားကစား ပြိုင်ပွဲ[sʻaun:jaḍi olanpiʔ a:gəza: pjainbwɛ:]（名）冬季オリンピック

ဆောင်းအခါ[sʻaun: əkʻa]=ဆောင်းကာလ

ဆောင်းဥတု[sʻaun: u.du.]=ဆောင်းရာသီ

ဆောင်းဦး[sʻaun:u:]（名）秋、初冬

ဆောင်းဦးပေါက်[sʻaun:u:pauʔ]①（動）涼しくなる、秋になる ②[sʻaun:u:bau:]（名）秋、初冬

ဆောင်းအောင်း[sʻaun:aun:]（動）冬眠する、冬籠りする

ဆောင်း[sʻaun:]（動）①傘をさす ထီးဆောင်းသည်။ ②帽子を被る ဦးထုပ်ဆောင်းသည်။ ③王冠を被る မကိုဋ်ဆောင်းသည်။ ④余分に渡す、補う

ဆောင်းခြုံ[sʻaun:tʃʻoun]（動）すっぽり被る

ဆောင်းပါ:[sʻaun:ba:]（名）記事、論文、評論、論説、随筆

ဆောင်းပါ:ရှင်[sʻaun:ba:ʃin]（名）筆者、寄稿者

ဆောင်းမေး:ခါ:[sʻaun:me:ga:]（植）クリスマスローズ（キンポウゲ科） Helleborus niger

ဆိုင်[sʻain]（名）店 ကုန်မျိုးစုံဆိုင် 雑貨屋 ဆံပင်ညှပ်ဆိုင် 理髪店 ပန်းဆိုင် 花屋 မီးသွေးဆိုင် 炭屋 လဖက်ရည်ဆိုင် 喫茶店 ထမင်းဆိုင် 食堂 သစ်သီးဆိုင် 果物屋 စာအုပ်ဆိုင် 本屋 အထည်ဆိုင် 衣料品店 အပ်ချုပ်ဆိုင် 仕立て屋 ဖိနပ်ဆိုင် 履物屋

ဆိုင်ခင်း[sʻain kʻin:]（動）店を広げる、商品を展示する

ဆိုင်ခန်း[sʻaingan:]（名）店、商店

ဆိုင်ခွဲ[sʻaingwɛ:]（名）支店

ဆိုင်တည်[sʻain ti]（動）店を開ける

ဆိုင်ထိုင်[sʻaindain]（名）店のマネージャー

ဆိုင်ထွက်[sʻain tʻwɛʔ]（動）店を出す、開店する、商売を始める

ဆိုင်ပိတ်[sʻain peiʔ]（動）店を閉める、閉店する

ဆိုင်ဖောက်[sʻain pʻauʔ]（動）店に盗みに入る

ဆိုင်ဖွင့်[sʻain pʻwin.]（動）開店する、店を開ける、開業する

ဆိုင်ဖွင့်ချိန်[sʻain pʻwin.ʤein]（名）開店時間 営業時間

ဆိုင်ရှင်[sʻainʃin]（名）店主、店のオーナー

ဆိုင်သိမ်း[sʻain tein:]（動）店仕舞いする、閉店する

ဆိုင်[sʻain]（動）①関係がある、関連がある ②競う、対抗する ③出くわす、遭遇する ခေါင်းချင်းဆိုင်သည် 額を寄せ合う、頭を突き合わせる ④重なる、輻輳す

ဆိုင်ရာ

る、群がる အစည်းအဝေးတွေဆိုင်နေတတ်သည်။ 会議は重なるものだ ⑤面する ⑥売買する、販売する ⑦穂を積み重ねる

ဆိုင်ရာ[s'ain ja] (名) ①関係があるもの、関わりがあるもの、関する事 ②当局、関係当局

ဆိုင်ရာဆိုင်ရာတာဝန်[s'ainja s'ainja tawun] (名) それぞれの責任、それぞれの任務

ဆိုင်ရာဆိုင်ရာအလုပ်[s'ainja s'ainja əlou^ʔ] (名) それぞれの仕事、各自関係のある仕事

ဆိုင်ရာဌာန[s'ainja t'ana.] (名) 関係当局

ဆိုင်ကလုန်[s'ainkəloun:] (名) サイクロン、台風

ဆိုင်ကလုန်မုန်တိုင်း[s'ainkəloun: moundain:] =ဆိုင်ကလုန်း

ဆိုင်ကယ်[s'ainkɛ] (名) ①サイクル ②オートバイ

ဆိုင်ကယ်မှောက်[s'ainkɛ mauʔ] (動) オートバイが転倒する

ဆိုင်း[s'ain:] (名) ①管楽器、打楽器、竹製のこきりこ等で構成されるビルマの管弦楽団=ဆိုင်းဝိုင်း ②環形の枠内にサイズの異なる鼓19個ないし21個を吊した楽器 ③竹製又は藤製の吊し網、吊り紐 ④両端に吊し網を取付けた天秤棒 ⑤箔 ⑥署名 ＜sign

ဆိုင်းကြိုး[s'ain:tʃo:] (名) 支えロープ

ဆိုင်းဆရာ[s'ain: s'əja] (名) ビルマ管弦楽団のリーダー

ဆိုင်းဆော်[s'ain: s'ɔ] (動) ဆိုင်းを演奏してビルマ劇の開始を告げる

ဆိုင်းဆင်[s'ain: s'in.] (動) ビルマ劇の出演者がဆိုင်း奏者に演奏を促す

ဆိုင်းတီး[s'ain: ti:] (動) 環型楽器 ဆိုင်း を演奏する

ဆိုင်းတီးသံ[s'ain:ti:dan] (名) 環型楽器の演奏音

ဆိုင်းထိုး[s'ain: t'o:] (動) 署名する=လက်မှတ်ထိုး

ဆိုင်းထမ်း[s'ain:dan:] (名) 両端に吊し網を取付けた天秤棒 ဆိုင်းထမ်းဖြင့်ထမ်းသည်။ 天秤棒で担ぐ

ဆိုင်းနောက်တာ[s'ain:nauʔta.] (名) ဆိုင်းの背後で科白を言ったりピエロ役を演じたりする人

ဆိုင်းမဆင့်ပုံမဆင့်[s'ain:məs'in.bounməs'in.] (副) 藪から棒に、出し抜けに、いきなり、何の前触れもなく、単刀直入に

ဆိုင်းမဆင့်ပတ်မပြော[s'ain:məs'in.paʔməpjoʔ] (副) =ဆိုင်းမဆင့်ပုံမဆင့်

ဆိုင်းမပါပုံမဆင့်[s'ainməpa bounməs'in.] (副) =ဆိုင်းမဆင့်ပုံမဆင့်

ဆိုင်းမပါပုံမပါနှင့်[s'ain: məpa bounməpa nin.] (副) =ဆိုင်းမဆင့်ပုံမဆင့်

ဆိုင်းဝိုင်း[s'ain:wain:] (名) ①ビルマの管弦楽団

②環型の枠内に19個ないし21個の鼓を吊した楽器

ဆိုင်းဝိုင်းအဖွဲ့[s'ain:wain:əpwɛ.] (名) ビルマの管弦楽団

ဆိုင်းသမား[s'ain:dəma:] (名) 楽団員、演奏者

ဆိုင်း[s'ain:] (動) ①延期する、引き延ばす ②遅れる、時間がかかる ③吊す、宙ぶらりんにする ④(綱や紐を)巻き付ける、ぐるぐる巻く ⑤手や足が痺れる、萎える တရက်နှစ်ရက်လောက်ဆိုင်းလိုက်ပါအုံး။ 一両日延期して下さい

ဆိုင်းငံ့[s'ain:ŋan.] (動) ①停止する ②待つ、待機する、遅らせる、延期する အချိန်ဆိုင်းငံ့သည်။ 時間を遅らせる

ဆိုင်းငံ့ကာလ[s'ain:ŋan.kala.] (名) 猶予期間

ဆိုင်းငံ့ထောင်ကျပြစ်ဒဏ်[s'ain:ŋan. t'auntʃa. pjiʔdan] (名) 執行猶予付きの禁固刑

ဆိုင်းတွ[s'ain:twa.] (動) 停止する、遅らせる

ဆိုင်းတွဲ[s'ain:twɛ]=ဆိုင်းတွ

ဆိုင်းဘုတ်[s'ain:bouʔ] (名) 看板、表札、サインボード ＜英 Sign Board

ဆစ်[s'iʔ] (名) 節＜အဆစ်၊ ဒူးဆစ် 膝 ဝါးဆစ် 竹の節

ဆစ်ပိုး[s'iʔpo:] (虫) イッテンオオメイガ、サンカメイガ Schoenobius bipunctifer 稲の害虫

ဆစ်[s'iʔ] (動) ①鑿で石を彫る ②切り分ける、短く切る ③値切る =ဈေးဆစ်။

ဆစ်ဖလစ်[s'iʔpəliʔ] (名) 梅毒 ＜英 syphilis

ဆည်[s'ɛ] (動) ①止める、せき止める、堰を作る ကန်ဆည်သည်။ ②抑える、抑制する မျက်ရည်ဆည်သည်။ 涙を抑える

ဆည်[s'ɛ] (名) 堰、堤、ダム、貯水池

ဆည်ဖို့[s'ɛ p'o.] (動) 水をせき止める、堰を作る

ဆည်ပေါင်ရိုး[s'ɛbaun jo:] (名) 堰堤

ဆည်မြောင်း[s'ɛmjaun:] (名) 灌漑用水路

ဆည်ရေသောက်[s'ɛjetauʔ] (名) 灌漑

ဆည်ရေသောက်လယ်[s'ɛjetauʔlɛ] (名) 灌漑水田

ဆည်ရိုး[s'ɛjo:] (名) 堰堤、用水路の堤防

ဆည်ဝန်[s'ɛwun] (名) (王朝時代、チャウセー地方に置かれていた) 灌漑奉行

ဆည်း[s'i:] (動) ①集める、集積する ②貯える ③接近する

ဆည်းကပ်[s'i:kaʔ] (動) ①近づく、接近する、傍に寄る ②教えを乞う、指導を受ける ③崇める ရတနာသုံးပါးဆည်းကပ်သည်။ 三宝に帰依する

ဆည်းပူး[s'i:bu:] (動) ①求める、集める、蓄積する ②獲得する、習得する ကမ္ဘာ့အတွေးအခေါ်များကိုဆည်းပူးရမည်။ 世界の色々な思想を習得しなければ

ဆံတ်

ဆည်းဆာ[sʻiːza] (名) 薄明り、薄暗がり နံနက်ဆည်း ဆာအခါ 暁、夜明け、早朝 နေဝင်ဆည်းဆာအချိန် 黄昏、夕暮れ

ဆည်းလည်း[sʻwɛːlɛː] (名) 仏塔の上に吊された金属製の小さな風鈴

ဆတ်[sʻaʔ] ① (動物) スイロク、ミズシカ (シカ科) Cervus unicolor ② (名) 昆孫 (玄孫の孫)

ဆတ်ကလောက်[sʻaʔkəlauʔ] (動物) キノドテン (イタチ科) Martes flavigula

ဆတ်ကုလား[sʻaʔkəlaː] (動物) ウマカモシカ (ウシ科) Boselophus tragocamelus

ဆတ်ချိုရစ်[sʻaʔdʑojiʔ] (植) セイロンハス (キンポウゲ科) Naravelia zeylanica

ဆတ်[sʻaʔ] (形) ①脆い、砕け易い ②怒りっぽい、激昂し易い、気が荒い、気性が激しい ③ぶっきら棒だ、無愛想だ အပြောအဆိုဆတ်သည်။ (ロの利き方が) ぶっきら棒だ、無愛想だ ④ (家畜の動きが) きびきびしている、敏捷だ、機敏だ ⑤ (眠りが) 浅い အအိပ် ဆတ်သည်။ ⑥ (動) ぶった切る ငှက်ပျောဖီးဆတ်သည် バナナの房を切る

ဆတ်ကျော်လတ်ကျော်[sʻaʔkɔ.laʔkɔ.] (副) (女の子が) 落着きのない、浮ついていて、品のない、はしたなくて、おきゃんで

ဆတ်ခနဲ[zaʔkʻənɛː] (副) 不意に、突然、素早く

ဆတ်ဆလူ[sʻaʔsʻəluː] (名) びくびく動くもの、ちらちら動くもの

ဆတ်ဆော[sʻaʔsʻɔ.] (形) ロが軽い、迂闊だ、慎重さに欠ける

ဆတ်ဆတ်[sʻaʔsʻaʔ] (副) ①絶対に、必ず、間違いなく、確実に ②ぶるぶると、がたがたと ③どんどんと (叩く) ④手短かに、ぶっきら棒に

ဆတ်ဆတ်ကြဲ[zaʔzaʔtʃɛː] ① (副) 勝ち気で、利かぬ気で、気性が激しくて =မဟုတ်မခံ။ ② (名) 正義漢、熱血漢

ဆတ်ဆတ်ကြိုလို[zaʔzaʔtʃɛːlo.] (副) 負けん気が強くて、敢然として、正義に燃えて

ဆတ်ဆတ်ခါနာ[sʻaʔsʻaʔkʻa na] (動) 激怒する、怒りで体を震わせる、口惜しくて我慢ができない

ဆတ်ဆတ်ခါအောင်နာ[sʻaʔsʻaʔkʻa aun na] (動) =ဆတ်ဆတ်ခါနာ

ဆတ်ဆတ်ချေ[sʻaʔsʻaʔtʃe] (植) トキンソウ (キク科) Centipeda minima

ဆတ်ဆတ်တုန်[sʻaʔsʻaʔ toun] (動) ぶるぶる震える、がたがた震える

ဆတ်ဆတ်ခါသွား[sʻaʔsʻaʔkʻa twa] (動) ロ惜しくて体が震える、カッカッする

ဆတ်ဆန်[sʻaʔsʻan] (名) おできの中の芯、塊

ဆတ်တငြန်ငြန်[sʻaʔtənɲan.ɲan.] (副) 宙ぶらりんで、物足りなくて、心残りで、苛々して

ဆတ်တောက်ဆတ်တောက်[zaʔtauʔzaʔtauʔ] (副) びくびくと、痙攣して、よたよたと

ဆတ်တောက်တောက်နိုင်[zaʔtauʔtauʔnain] (形) ぶっきらぼうだ

ဆတ်တုန်ဆတ်တုန်[sʻaʔtun.sʻaʔtun.] (副) おろおろして、動揺して

ဆတ္တာသည်[sʻaʔtadɛ] (名) (古代の) 理髪屋、散髪屋

ဆတ်တုပ်[sʻaʔtouʔ] (名) 小蝦

ဆတ်ပိုး[sʻaʔpo] (虫) クワガタムシ

ဆတ်ရှာမြက်[sʻaʔʃamjɛʔ] (植) ササキビ (イネ科) Setaria palmifolia

ဆတ်သွား = ဆပ်သွား

ဆတ်သွားဖူး = ဆပ်သွားဖူး

ဆဒ္ဒန်ဆင်[sʻaʔdans'in] (名) 六牙象 (釈尊降誕に先立ち、兜率天から摩耶夫人の胎内に託胎した)

ဆဒ္ဒန်ဆင်မင်းသဃင်[sʻaʔdansʻin min.tək'in] (名) ビルマ国王の形容詞、六牙象王の主君

ဆိတ်[sʻei] (動物) ヤギ

ဆိတ်ကုလား[sʻeikəla] (動物) ヒツジ (昔の表現)

ဆိတ်ချေ[sʻeitʃi] (植) ムルベンガイ (トウダイグサ科) Bridelia retusa

ဆိတ်ချို[sʻeidʑo] (名) 釘抜き、やっとこ

ဆိတ်ချိုရစ်[sʻeidʑojiʔ] (植) セイロンハス (キンポウゲ科) Naravelia zeylanica

ဆိတ်စ[sʻeisa] (名) 少し、少量

ဆိတ်ထိန်း[sʻeit'ein] (名) 羊飼い、山羊飼い

ဆိတ်နို့မုန့်[sʻeinoʔmoun.] (名) クリーム入りのビスケット

ဆိတ်နန်[sʻeinan] (植) ヒシントナン (クスノキ科) Phoebe lanceolata 葉は山羊の乳に似た匂いがする

ဆိတ်ဖို[sʻeipo] (名) 牡山羊

ဆိတ်မ[sʻeima.] (名) 牝山羊

ဆိတ်မှုတ်ဆိတ်[sʻeimouʔsʻeiʔ] (名) 山羊鬚

ဆိတ်သား[sʻeita] (名) マトン

ဆိတ်[sʻei] (動) ①啄ばむ、(嘴で) 突っつく ②抓る ကျော်ကိုဆိတ်သည်။ 背中を抓る လက်သည်းနှင့်ဆိတ် သည်။ 爪で抓る ③ (助動) 冷酷さ、冷淡さを現わす ရှုဆိတ်သည်။ 平気だ、冷淡だ、無関心だ

ဆိတ်စ[sʻeisa] (名) 少し、少量

ဆိတ်[sʻeiʔ] (形) 静かだ、静寂だ

ဆိတ်ကွယ်ရာ[s'ei'kwɛja]（名）閑静な所、森閑とした所、人里離れた所、人跡稀な所
ဆိတ်ကွယ်ရာအခန်း[s'ei'kwɛja ək'an:]（名）深窓
ဆိတ်ကွယ်ရာအရပ်[s'ei'kwɛja əja']（名）見えない場所、隠れた所、静寂な場所、森閑とした所
ဆိတ်ငြိမ်[s'ei'ɲein]（形）静かだ、静寂だ、閑静だ
ဆိတ်ငြိမ်စွာ[s'ei'ɲeinzwa]（副）静かに、物静かに
ဆိတ်ဆိတ်[s'ei's'ei']（副）静かに、沈黙していて
ဆိတ်ဆိတ်နေ[s'ei's'ei' ne]（動）黙っている、沈黙を守る、静かにしている
ဆိတ်ဆိတ်နေ၊ တောင်တဆန်။（諺）沈黙は白状と同じ
ဆိတ်ညံ[s'ei'ɲan]（名）①静寂だ、閑静だ ②人気がない
ဆိတ်သုဉ်း[s'ei'toun:]（動）消失する、消滅するဒီမိုကရေစီဆိတ်သုဉ်းသည်။ 民主主義は消滅した
ဆိတ်ဖလူး[s'ei'p'əlu:]（植）ヨルソケイ＝ဆိပ်ဖလူး
ဆိတ်ဖွား[s'ei'p'wa:]（間）くしゃみの時に口走る安全祈願の言葉
ဆုတ်[s'ou']（動）①破る、千切る ②皮を剥ぐ
ဆုတ်ပစ်[s'ou'pji']（動）破り捨てる
ဆုတ်ဖဲ့[s'ou'p'ɛ.]（動）裂く、引き千切る、引きむしる
ဆုတ်ဖြဲ[s'ou'p'jɛ:]（動）引き裂く、裂き開ける
ဆုတ်ဖြတ်[s'ou'p'ja']（動）引き千切る
ဆုတ်ယူ[s'ou'ju]（動）取り去る、千切り取る
ဆုတ်[s'ou']（動）退く、後退する、退却する ရေဆုတ်သည်။ 水が退く、水が減る ②欠ける လဆုတ်သည်။ 月が欠ける
ဆုတ်ကန်ကန်[s'ou'kan kan]（動）脚を踏ん張る
ဆုတ်ကန်ကန်နှင့်[s'ou'kangan nɛ.]（副）渋々、不承不承 ဆုတ်ကန်ကန်နှင့်ငြင်းဆန်သည်။ 強情を張って拒否する
ဆုတ်ကန်ဆုတ်ကန်[s'ou'kan s'ou'kan]（副）嫌々ながら、不承不承、不本意ながら
ဆုတ်ကပ်[s'ou'ka']（名）①減却（寿命が減る却）②人生の後半、衰退期 ③魚篭状の漁具
ဆုတ်ခံခံ[s'ou'k'ank'an]（動）反撃しながら退く
ဆုတ်ခွါ[s'ou'k'wa]（動）退く、退却する、撤退する
ဆုတ်ခွါရေး[s'ouk'waje:]（名）退却、撤退
ဆုတ်လ[s'ou'sa.la]（名）下弦の月、残月
ဆုတ်စစ်[s'ou'si']（名）撤退戦、退却戦
ဆုတ်ဆိုင်း[s'ou's'ain:]（動）①ためらう、躊躇する ②立ち止まる
ဆုတ်ဆိုင်းဆုတ်ဆိုင်[s'ou's'ain: s'ou's'ain:]（副）躊躇して、ためらって

ဆုတ်ဆိုင်းဆုတ်ဆိုင်းလုပ်[s'ou's'ain: s'ou's'ain: lou']（動）もじもじする、ためらう、ぐずぐずする
ဆုတ်နစ်[s'ou'ni']（動）①退く ②（気持が）挫ける、（意欲が）減退する、（士気を）阻喪する
ဆုတ်ယုတ်[s'ou'jou']（動）①衰える、衰退する、衰微する ②減る、減少する
ဆုတ်ယုတ်ပျက်ပြား[s'ou'jou' pjɛ'pja:]（動）悪化する、不利になる
ဆန့်[s'an.]（動）①伸ばす、真直ぐに伸ばす ခါးကိုဆန့်သည်။ 腰を伸ばす ခြေဆန့်သည်။ 足を伸ばす တံတောင်ဆစ်ကိုဆန့်သည်။ 肘を伸ばす လက်ဆန့်သည်။ 手を伸ばす ②離れる、遠去かる ခရီးဆန့်သည်။ 遠く離れる ③十分に入る、収容可能だ ဆံ့သည်။ ဒီအပေါက်နှင့်သူ့ကိုယ်က မဆန့်ဘူး။ この穴では彼の体は入り切れない
ဆန့်ကျင်[s'an.tʃin]（動）反対する
ဆန့်ကျင်ဘက်[s'an.dʒinbɛ']（名）①反対側、逆 ②反対者、対立者
ဆန့်ကျင်ဘက်လိင်[s'an.dʒinbɛ'lein]（名）異性
ဆန့်ကျင်ရေး[s'an.dʒin je:]（名）反対
ဆန့်ငင်ဆင့်ငင်[s'an.ŋin s'an.ŋin]（副）伸びたり縮んだり、痙攣して、びくびくして
ဆန့်ငင်ဆင့်ငင်ဖြစ်[s'an.ŋin s'an.ŋin p'ji']（動）痙攣する、びくびくする
ဆန့်တန်[s'antan:]（動）伸ばす လက်ကိုဆန့်တန်းသည်။ 腕を伸ばす
ဆန့်ထုတ်[s'an. t'ou']（動）伸ばす、伸長する
ဆန်[s'an]（動）①遡る、遡行する ②背く、違反する
ဆန်တက်[s'antɛ']（動）遡る、遡行する、上流へ進む
ဆန်မြဲတိုင်းဆန်[s'anmjɛ:dain s'an]（動）ひたすら遡る、引き続き遡行する
ဆန်[s'an]（動）似る、類似する နေအိမ်ကတရုတ်ဆန်သည်။ 住まいは中国風だ မိန်းမဆန်သည်။ 女っぽい လူကြီးဆန်သည်။ 大人っぽい
ဆန်ဆန်[s'anzan]（副）類似していて မြန်မာဆန် ဆန်ဝတ်သည်။ ビルマ風の服装をしている ကိန်းဂဏန်းကိုပုဟေဠိဆန်ဆန်ဖော်ပြထားသည်။ 数字をまるでパズルのように説明してある
ဆန်[s'an]①（植）稲 Oryza sativa ②（名）（脱穀した）米
ဆန်ကော[zəgɔ:]＝ဝင်္ကော（穴は開いていない）
ဆန်ကောဝိုင်း[zəgɔ:wain:]（副）箕を振り動かして、米としいらとを篩い分けて
ဆန်ကောင်းဆန်ရင်း[s'angaun: s'an jin:]（名）良質米、実の入った米、実の詰っている米

ဆန်ကောင်းဆန်သန့်[sʻangaun: sʻandan.]（名）優良米、上質米

ဆန်ကုန်မြေလေး[sʻangoun mjele:]（名）役立たず

ဆန်ကြာဆံ[sʻan tʃazan]（名）ビーフン、米の粉で作った麺 cf. ပဲကြာဆံ

ဆန်ကြိတ်[san tʃeiʔ]（動）米を粉にする、製粉する

ဆန်ကြိတ်ခွဲ[sʻan tʃeiʔkʻwɛ:] ＝ ဆန်ကြိတ်

ဆန်ကြမ်း[sʻandʑan:]（名）粳米（餅米ではない）

ဆန်ကျော်[sʻandʑɔ]（名）餅米と粳米との混合

ဆန်ကွဲ[zəgwɛ:]（名）屑米

ဆန်ကွဲဆန်နုပ်[zəgwɛ:sʻannouʔ]（名）屑米

ဆန်ကွဲပန်း[zəgwɛ:ban:]（植）= ပုဏ္ဏရိတ်

ဆန်ခါ[zəga]（名）篩（細かな穴が開けてある）

ဆန်ခါချ[zəga tʃʻa.]（動）篩う、篩に掛ける

ဆန်ခါတင်[zəgadin]（名）精粋

ဆန်ခတ်[sʻan kʻaʔ]（名）母音iを現わす符号

ဆန်ခုတ်[sʻan kʻouʔ]（動）箕を上下に篩って実ともみとを選り分ける ＝ ဆန်ဝိုင်း၊

ဆန်ချောင်[sʻandʑaun]（名）殻の中身が収縮した卵や果物 ကြက်ဥဆန်ချောင် 中身が収縮した鶏卵

ဆန်စေ့[sʻanzi.]（名）米粒

ဆန်စက်[sʻanzɛʔ]（名）精米所

ဆန်စဉ့်ကျသူပွေမလိုက်॥（諺）米の飛ぶ所へ杵は届かない（他人の尻拭いばかりはできない）

ဆန်ဆေး[sʻan sʻe:]（動）米を研ぐ

ဆန်ဆေးရေ[sʻan sʻe:je]（名）米の研ぎ汁

ဆန်ဆုံစာ၊ ကံကုန်သွား॥（格言）米は唐白に入らなければ食べられない、人は運が尽きればあの世へ行く（誰にも防ぎようがない）

ဆန်ညှာ[sʻanɲa~sʻəɲa]（名）屑米、砕米

ဆန်ထွက်ပစ္စည်း[sʻandwɛʔ pjiʔsi:]（名）米製品

ဆန်နုပ်[sʻannouʔ]（名）屑米

ဆန်နီ[sʻanniʔ]（名）米の粉を捏ねた物（ケーキの原料）

ဆန်ပို့[sʻan po.]（動）米を輸出する

ဆန်ပိုး[sʻanbo:]（虫）コクゾウムシ

ဆန်ပန်း[sʻanban:]（名）着色した米（祭礼で使用）

ဆန်ပန်းပေါက်ပေါက်[sʻanban:pauʔpauʔ]（名）熱で膨らませた米、爆弾あられ、ぽん菓子（祭礼の際に振り撒かれる）

ဆန်ပြာ[sʻan pja]（動）米を箕で篩う、米を篩に掛ける

ဆန်ပြောင်း[sʻanbjaun:]（植）①モロコシ、タカキビ（イネ科）Sorghum bicolor ②サトウモロコシ（イネ科）Sorghum vulgare

ဆန်ပြုတ်[sʻanbjouʔ]（名）粥

ဆန်ပြုတ်ပြုတ်[sʻanbjouʔ pjou]（動）お粥を炊く

ဆန်ပြုတ်သောက်[sʻanbjouʔ tauʔ]（動）お粥を啜る、お粥を食べる（စား は用いない）

ဆန်ဖျာ:[sʻanbja:]（名）下級米（篩いの際に箕の端に集まる）

ဆန်ဖြူ[sʻanbju]（名）白米

ဆန်ဖွပ်[sʻan pʻuʔ]（動）米を衝く、精米する、玄米を白米にする

ဆန်မရှိ၊ ပဲချား:ပြုတ်॥（格言）米がなければ豆を煮よ（貧乏してもそれに見合う暮しをすればよい）

ဆန်မန်း[sʻanman:]（名）呪術用の米、呪いの米

ဆန်မှည့်[sʻanmɛ.]（名）しなびた米粒

ဆန်မှုန့်[sʻanmoun.]（名）米の粉

ဆန်ရေဝါ:[sʻan je zəba:]（名）穀物、米穀

ဆန်ရှိ:ဆန်သာ:[sʻanjo: sʻanda:]（名）混じりけのない米

ဆန်ရင်း[sʻan jin:]（名）上質米（屑米を含まない、篩うと箕の手前に集まる）

ဆန်ရင်းနှောနှောဖွပ်॥（諺）早場米は丹念に精米せよ（身内の者への躾は厳格にせよ）

ဆန်လတ်[sʻan laʔ]（名）中等米（上質米と下等米とのブレンド、篩いの際に箕の中央部分にある）

ဆန်လုံး:ညို[sʻanloun:ɲo]（名）玄米（精米してない）

ဆန်လုံး:တီ:[sʻanloun:di:]（名）玄米

ဆန်အိုး[sʻan o:]（名）米びつ、米入れ

ဆန်အုပ်ချုပ်ရေး[sʻan ouʔtʃʻouʔje:]（名）米行政

ဆန္ဒ[sʻanda.]（名）①望み、願い、欲望、願望 ②意見、意向、意志

ဆန္ဒခံယူ[sʻanda.kʻan ju]（動）意向を聴取する、国民投票にかける

ဆန္ဒခံယူပွဲ[sʻanda.kʻan jubwɛ:]（名）①公聴会 ②国民投票

ဆန္ဒစော[sʻanda. sɔ]（動）気が逸る、気が急く、気が焦る、せっかちだ

ဆန္ဒထာ[sʻanda. tʻa]（動）願望を現わす

ဆန္ဒပေး[sʻanda. pe:]（動）意志を表示する、要求を出す

ဆန္ဒပေါ်[sʻanda. pɔ]（動）願望が生じる、願望が生れる

ဆန္ဒပြ[sʻanda. pja.]（動）①意志を表示する ②デモをする

ဆန္ဒပြပွဲ[sʻanda. pja.bwɛ:]（名）デモ、意志表示の行動、示威行動

ဆန္ဒပြမှု[sʻanda.pja.mu.]（名）デモ、示威

ဆန္ဒပြသူ[sʻanda.pja.du]（名）デモ参加者

ဆန္ဒပြု[s'anda. pju.]（動）意思を表明する、意向を現わす

ဆန္ဒပြည့်[s'anda. pje.]（動）望みが叶う、願望が達成される

ဆန္ဒမဲ[s'anda.mɛ:]（名）投票

ဆန္ဒမဲပေး[s'anda.mɛ: pe:]（動）投票する

ဆန္ဒမဲပေးခွင့်[s'anda.mɛ: pe:gwin.]（名）選挙権

ဆန္ဒမဲပေးပိုင်ခွင့်[s'anda.mɛ: pe:baingwin.]＝ဆန္ဒမဲပေးခွင့်

ဆန္ဒမဲရုံ[s'anda.mɛ:joun]（名）投票所

ဆန္ဒအရ[s'anda.əja.]（副）意志に基づき、意向により

ဆန်း[s'an:]（形）①珍しい、珍奇だ ②変だ、奇異だ、異常だ

ဆန်းကြယ်[s'an:tʃɛ]（形）珍しい、奇異だ、変わっている、突飛だ、法外だ、独特だ、不思議だ

ဆန်းပြား[s'an:pja:]（形）①異常だ、風変わりだ、並外れている、珍しい、珍奇だ ②奸智に長けている ③迂回する、正道を外れている

ဆန်းပြားစွာ[s'an:pja:zwa]（副・文）変った形で

ဆန်းပြားထူးထူး[s'an:pja: t'wet'u:]（形）異常だ、格別だ、珍奇だ

ဆန်း[s'an:]①（形）新しい、新鮮だ ②（動）（日、月、年、季節等が）改まる、新しくなる、新たに始まる

ဆန်းဝင်လ[s'an:za.la.]（名）新月、上弦の月

ဆန်းသစ်[s'an:tiʔ]（形）新らしい、新鮮だ

ဆန်းသစ်တီထွင်[s'an:tiʔ tit'win]（動）創造する、発明する

ဆန်းသစ်သောလ[s'an:tiʔtɔ:la.]（名）新月

ဆန်း[s'an:]（名）パーリ語け頌の作り方

ဆန်းကျမ်း[s'an:dʒan:]（名）韻律書（ビルマ時の韻律を述べた書物、ヴェーダ四書以）

ဆန်းစစ်[s'an:siʔ]（動）念入りに調べる、注意深く調査する、吟味する、子細に検討する

ဆန်းစစ်ကြည့်[s'ansiʔ tʃi.]（動）検討してみる、吟味してみる

ဆန်းစစ်လေ့လာ[s'ansiʔ le.la]（動）調査検討する、調査研究する

ဆုန်း[s'oun:]（動）（裂装を）裁断する、鋏で切る

ဆုန်း[s'oun:]（名）水銀、朱＝ဟင်္သသာပြဒါး

ဆုန်းဆ[s'oun:sa.]（動）黙考する、納得行くようにする＝ချင့်ချိန်၊

ဆပ်[s'aʔ]（植）アワ、オオアワ（イネ科）Setaria italica

ဆပ်နီ[s'aʔni]（植）シコクビエ、カラビエ（イネ科）Eleusine coracana

ဆပ်[s'aʔ]（動）返す、返還する、返済する、召喚するပစ္စည်းဆပ်သည်၊ 物を返す အကြွေးဆပ်သည်၊借金を返す、債務を返済する

ဆပ်ပြေ[s'aʔpje]（動）返済する、清算する

ဆပ်ကော်မီတီ[s'aʔ kɔmiti]（名）小委員会 ＜英

ဆပ်ကပ်[s'aʔkaʔ]（名）サーカス

ဆပ်ကပ်တိရစ္ဆာန်[s'aʔkaʔ təreiʔs'an]（名）サーカスで使う動物

ဆပ်ကပ်ပွဲ[s'aʔka.pwɛ]（名）サーカスの催し

ဆပ်ပြာ[s'aʔpja]（名）石鹸

ဆပ်ပြာခဲ[s'aʔpjagɛ:]（名）固形石鹸

ဆပ်ပြာခွက်[s'aʔpjagwɛʔ]（名）石鹸箱

ဆပ်ပြာငရုတ်[s'aʔpja ŋəjouʔ]（植）唐辛子の1種

ဆပ်ပြာတိုက်[s'aʔpja taiʔ]（動）石鹸で洗う

ဆပ်ပြာတွန်း[s'aʔpja tun:]（動）石鹸で汚れを落す

ဆပ်ပြာပူဖောင်း[s'aʔpja bubaun:]（名）シャボン玉

ဆပ်ပြာပူဖောင်းမှုတ်[s'aʔpja bubaun: mouʔ]（動）シャボン玉を作る

ဆပ်ပြာမှုန့်[s'aʔpja moun.]（名）粉石鹸

ဆပ်ပြာမြှုပ်[s'aʔpja mjouʔ]（名）石鹸の泡

ဆပ်ပြာမွှေး[s'aʔpja mwe:]（名）顔石鹸、化粧石鹸

ဆပ်ပြာရည်[s'aʔpja je]（名）石鹸液

ဆပ်သွား[s'aʔtwa:]（植）アダン、トゲナシアダン、タコノキ（タコノキ科）Pandanus odoratissimus

ဆပ်သွားဖူး[s'aʔtəp'u:]（名）①＝ဆပ်သွား၊ ②仏塔上部（尖塔の真下）の名称

ဆာဘ်[s'aʔ]（国）セルビア

ဆိပ်[s'eiʔ]（名）①埠頭、桟橋、船着き場 ②停留所ဘတ်စကား ဆိပ်၊ バスの停留所

ဆိပ်ကမ်း[s'eiʔkan:]（名）①港 ②波止場、桟橋、突堤、上陸場

ဆိပ်ကမ်းတံတား ဝင်း[s'eiʔkan: dəda:win:]（名）埠頭、防波堤

ဆိပ်ကမ်းမြို့[s'eiʔkan:mjo.]（名）港町

ဆိပ်ကမ်းလုပ်သား[s'eiʔkan: louʔta:]（名）港湾労働者

ဆိပ်ခံ[s'eiʔk'an]（名）桟橋、埠頭

ဆိပ်ခံတော[s'eiʔk'anbɔ.]（名）浮き桟橋

ဆိပ်ခံတောတံတား[s'eiʔk'an bɔ.dəda:]（名）浮き桟橋

ဆိပ်ထား[s'eiʔt'a:]（動）船を接岸させる

ဆိပ်ဖလူး[sʻeiʔpʻəlu:] (植) ヨルソケイ、インドヤコウボク (モクセイ科) Nyctanthes arbortristis

ဆိပ်ဖူး[sʻeiʔpʻu:] (植) オオバンガジュツ (ショウガ科) Gastrochilus pandurata

ဆုပ်[sʻou̯] (動) (拳を) 握る、握り締める ထမင်းဆုပ်သည်။ 握り飯を握る

ဆုပ်ကိုင်[sʻouʔkain] (動) しっかりと持つ、掴む、握る、掌握する

ဆုပ်ညှစ်[sʻouʔɲiʔ] (動) 握り締める

ဆုပ်နယ်[sʻouʔnɛ] (動) 揉む、按摩する

ဆမ်း[sʻan:] (動) (液体を) 振り掛ける、振り撒く

ဆိမ့်[sʻein.] (形) うまい、こくがある、こってりしている、旨味がある (ドリアン、ピーナッツ等の味)

ဆိမ့်ချို[sʻein.tɕʰo] (形) うまい、旨味がある (ခူးရည်း၊သီး။ ငါးသလောက် 等の味)

ဆိမ့်ဆိမ့်[sʻein.zein.] (副) 旨みがあって、こくがあって

ဆံ့[sʻan.] (動) 納まる、収容可能だ、入り切れる တောင်းတလုံးတွင်းလိမ္မော်သီးသုံးလုံးဆံ့သည်။ 一つの篭にミカンが3個入る ငါးယောက်မဆံ့ဘူး။ 5人は納まらない ဒီအပေါက်နဲ့သူကိုယ်ကမဆံ့ဘူး။ この穴には彼の体は入り切れない

ဆံ[sʻan] (動) ①関係する ②似る、類似する=ဆန်။ တောသားဆံသည်။ 田舎者くさい、田舎っぽい

ဆံ[sʻan] (名) 髪、毛髪、頭髪

ဆံကေတာ[sʻan keṭa] (名) 頭髪

ဆံကျင်[zəkɕin] (名) かんざし=ဆံထိုး

ဆံကျင်တာရာ[sʻantʃin taja] (星) 髪の毛座 (猟犬座と獅子座の間)

ဆံကျစ်[sʻandʑiʔ] (名) 弁髪 (行者ရသေ့の髪型)

ဆံချ[sʻan tɕʰa.] (動) (得度、具足戒のために) 剃髪する

ဆံခြည်[zəʨʰi] (名) ①(時計の) 髯ぜんまい ②[sʻandʑi] 毛髪

ဆံခြည်တိုင်[zəʨʰidain] (名) 髯ぜんまいの軸

ဆံခြည်ထွေး[zəʨʰidwe:] (名) ①ココ椰子の実の食用になる部分 ②髪の毛の塊、縺れ

ဆံခြည်မျှင်[sʻan tɕʰimjin] (名) 毛髪=ဆံခြည်မျှင်

ဆံခြည်မျှင်သွေးကြော[sʻan tɕʰimjin twe:dʑɔ:] (名) 毛細血管

ဆံစ[sʻanza.] (名) 髪の生え際

ဆံစု[dəzu.] (名) ①根元で束ねた髪 ②かもじ、入れ毛

ဆံစပ်[sʻanzaʔ] (名) 額の生え際

ဆံညှပ်[sʻanɲa.] (名) ヘアクリップ、ヘアピン

ဆံတု[dəzu.] (名) かつら、かもじ、付け毛=ဆံစု

ဆံတော်[sʻandɔ] (名) 聖髪、仏陀の髪

ဆံတော်ဓာတ်[sʻandɔda.] (名) 仏陀の聖髪

ဆံတောက်[zədau̯] (名) 短い髪型、ショートカットの髪、(少女の) おかっぱ

ဆံထိုး[zədo:] (名) ヘアピン、飾りピン、かんざし

ဆံထုံး[zədoun:] ①(名) 髷、丸髷、女性の髪型 ②[sʻan tʻoun:] (動) 髪を結う、髷を結う

ဆံထုံးထုံး[zədoun: tʻoun:] (動) 髪を髷にする

ဆံထုံးနောက်[sʻoun: ʔ ui pa]။ (諺) 丸髷の後からちょん髷が従う (かかあ天下、婦唱夫随)

ဆံညှိ[sʻəɲei̯] (名) 髪挟み、ヘアクリップ

ဆံပင်[zəbin] (名) 髪、毛髪、頭髪

ဆံပင်ကောက်ဆိုင်[zəbin kauʔsʻain] (名) パーマ屋

ဆံပင်ကောက်[zəbin kauʔ] (動) 髪を縮れさせる、髪にパーマをかける、髪をカールさせる

ဆံပင်ကိုက်[zəbingai̯] (名) 散髪鋏

ဆံပင်ကိုက်[zəbin kai̯] (動) 散髪する

ဆံပင်ဆိုးဆေး[zəbin sʻo:ze:] (名) 毛染め

ဆံပင်ညှပ်[zəbin ɲa.] (動) 髪を刈る、散髪する

ဆံပင်ညှပ်ဆိုင်[zəbin ɲa. sʻain] (名) 理髪店

ဆံပင်ညှပ်သမား[zəbin ɲa. təma:] (名) 理容師

ဆံပင်ညှပ်အလုပ်[zəbinɲa. əlou̯] (名) 理髪の仕事

ဆံပင်တု[zəbindu.] (名) かつら、かもじ

ဆံပင်တို[zəbindo] (名) 短い髪

ဆံပင်တပ်[zəbin tʻa.] (動) 髪を付ける

ဆံပင်ဖြီး[zəbin pʻi:] (動) 髪を梳く、整髪する

ဆံပင်ရှည်[zəbin ʃe] (形) 髪が長い、髪が伸びる

ဆံပင်လျှော်[zəbin ʃɔ] (動) 髪を洗う、洗髪する

ဆံပင်အကောက်[zəbin əkau̯] (名) カール、パーマ

ဆံပင်အညှပ်[zəbin əɲa.] (名) 散髪

ဆံပွင့်[sʻan pwin.] (動) 胡麻塩頭になる、白髪が生え始める

ဆံဖြူ[sʻan pʻju] ①(形) 髪が白い ②[sʻanbju] (名) 白髪、しらが

ဆံမြီး[sʻemei̯] (名) 結ったまげの先端を垂らした毛髪、1種のポニーテイル

ဆံရစ်[sʻəji̯] (名) おかっぱの短い髪

ဆံရစ်ဝိုင်း[sʻəji̯wain:] (名) おかっぱ頭

ဆံအံဆိုင်[sʻanṭa.zain] (名) 理髪店

ဆုံ[sʻoun] (名) ①接合点、合流点、交差点 မြစ်ဆုံ 河川の合流点 လမ်းဆုံ 交差点 ②(杵で搗く) 臼ကျည်တံဆုံ 挽き日 ပေါင်း 唐臼、踏み日

ဆုံချက်[sʻoundʑɛ] (名) 焦点、フォーカス

ဆုံးပုတ်[s'oun pu'] （動）日を搗く
ဆုံလည်[s'ounlɛ] （名）旋回軸
ဆုံလည်ကုလားထိုင်[s'ounlɛ kəlɛt'ain] （名）回転椅子
ဆုံလည်ထိုင်ခုံ[s'ounlɛ t'aingoun] （名）回転椅子
ဆုံ[s'oun] （動）遭う、出会う、遭遇する、行き合う
ဆုံညှိ:[s'ounzi:] （動）一致する、符合する、調和する
ဆုံဆည်း[s'ounzi:] （動）遭遇する
ဆုံတွေ့[s'oun twe.] （動）出会う
ဆုံမိ[s'ounmi.] （動）出くわす、遭遇する
ဆုံရာ[s'oun ja] （名）出会いの所、合流点
ဆုံရပ်[s'oun ja'] （名）約束場所、集合場所
ဆုံဆို့နာ[s'ounzo.na] （名）ジフテリア
ဆုံး[s'oun:] （動）①尽きる、終る ②失う、なくす、喪失する ③死ぬ ④（名）端、外れ ဆုံးအောင်ဖတ်သည်။ 終りまで読む ဆုံးရှာသည်။ 可哀想に死んだ ဆုံးသွားသည်။ 死んでしまった
ဆုံးခန်း[s'oun:gan:] （名）最終章、最終の幕
ဆုံးခန်းတိုင်[s'oun:gan:dain] ①（名）決勝点、ゴール ②（副）徹底的に、あくまでも
ဆုံးခန်းတိုင်ရောက်[s'oun:gan:tain jau'] （動）ゴールに辿り着く、終着点に着く
ဆုံးခန်းတိုင်အောင်[s'oun:gan:tain aun] （副）徹底的に、最後まで、完全に、十分に
ဆုံးပါး[s'oun:ba:] （動）①（火事や盗難などで）財を失う、喪失する ②死ぬ、死去する
ဆုံးဖြတ်[s'oun:p'ja'] （動）決める、決定する
ဆုံးဖြတ်ချက်[s'oun:bja'tɕ'ɛ'] （名）決定、決定事項
ဆုံးဖြတ်ချက်ချ[s'oun:bja'tɕ'ɛ' tɕ'a.] （動）決定を下す、結論を下す
ဆုံးဖြတ်ချက်ချမှတ်[s'ounbja'tɕ'ɛ' tɕ'a.ma'] （動）決定を下す
ဆုံးဖြတ်ပြဋ္ဌာန်း[s'oun:p'ja' pja't'an:] （動）決める、決定する、規定する
ဆုံးရှုံး[s'oun:ʃoun:] （動）①失う、なくす、喪失する ②損をする ③負ける、敗れる、敗北する လွတ်လပ်ရေးဆုံးရှုံးသည်။ 独立を失う
ဆုံးရှုံးပျက်စီး[s'oun:ʃoun: pjɛ'si:] （動）①破損する ②損失が出る ③死者が出る
ဆုံးရှုံးမှု[s'oun:ʃoun:mu.] （名）喪失、紛失
ဆုံးမ[s'oun:ma.] （動）①諫める、戒める、諭す、訓戒する、説諭する、勧告する、忠告する ②処罰する
ဆုံးမစာ[s'oun:ma.za] （名）教え、諭し、教訓書（比丘が在家信者のために韻文で書いた教訓）
ဆုံးမသွန်သင်[s'oun:ma. tun̥tin] （動）教え諭す、訓戒する
ဆုံးမဩဝါဒ[s'oun:ma.:wada.] （名）教え、教訓
ဆုံးမဩဝါဒပေး[s'oun:ma ɔ:wada. pe:] （動）勧告する、忠告する、教訓を与える
ဆွ[s'wa] （動）①（土壌を）引っ掻く、かき回す、ほぐす、柔らかくする ②唆く、けしかける、煽る、刺激する
ဆွဆွ[s'wa.zwa] （副）素朴に、純粋に
ဆွဆွခုန်[s'wa.zwa. k'oun] （動）（家畜が）跳ね回る
ဆွဆွဖြူ[s'wa.zwa.pju] （形）純白だ
ဆွီဒင်[s'widin] （国）スエーデン
ဆွေဆွေခုန်[s'we.zwe.k'oun] （動）（欲しくて堪らずに）びくびくする、（嬉しくて）小躍りする、ぴょんぴょん飛び跳ねる、（口惜しくて）地団駄を踏む ဆွေဆွေခုန်လှုပ်ရှားသည်။ びくびく動く ဆွေဆွေခုန်မျှပျော်လှသည်။ 嬉しくて堪らず小躍りする
ဆွေ[s'we] （名）親戚、身内 ＜ဆွေမျိုး
ဆွေကန်းမျိုးကန်းဖြစ်[s'wegan: mjo:gan p'ji'] （形）肉親愛が強烈だ、肉親愛が盲目的だ
ဆွေကြီးမျိုးကြီး[s'wedʑi: mjo:dʑi:] （名）名家、名門の家柄、資産家一族
ဆွေခုနစ်ဆက်[s'we k'unnəs'ɛ'] （名）①父から数えて7世代（高祖父の曾祖父）迄の先祖 ②子から数えて7世代（玄孫の玄孫）迄の子孫
ဆွေခုနစ်ဆက်မျိုးခုနစ်ဆက်[s'we k'unnəs'ɛ' mjo:k'unnəs'ɛ'] （名）上下各7世代までの尊属と卑属
ဆွေဂုဏ်မျိုးဂုဏ်[s'wegoun mjo:goun] （名）家門の誉れ、一族の栄誉
ဆွေစဉ်မျိုးဆက်[s'wezin mjo:zɛ'] （名）家系、系統、血統、系譜
ဆွေတကွဲမျိုးတခြားဖြစ်[s'wedəgwɛ: mjo:tətɕ'a:p'ji'] （動）一家が離散する、親戚が離散する
ဆွေတော်မျိုးတော်[s'wedɔ mjo:dɔ] （名）王族、族、王家の血筋、由緒ある系譜
ဆွေနီးမျိုးစပ်[s'weni: mjo:za'] （名）親類縁者、遠い親戚
ဆွေပြယာပြ[s'webja.mjo:bja.] （名）親戚への妻子の紹介、引き合わせ
ဆွေမကင်းမျိုးမကင်းဖြစ်[s'wemakin: mjo:məkin: p'ji'] （動）血が繋がる、遠縁に当る
ဆွေမျိုး[s'wemjo:] （名）親族、親戚、親類、血縁関係
ဆွေမျိုးစပ်[s'wemjo: sa'] （動）①血が繋がっている、血縁関係にある ②親戚関係にある
ဆွေမျိုးဆက်[s'wemjo: s'ɛ'] （動）姻戚関係になる

ဆွေမျိုးသားချင်း[sʰwemjo: tạ.dʑin:] (名) 親族（血族と姻族）

ဆွေမျိုးဉာတကာ[sʰwemjo: ɲadəga] (名) 親戚一同

ဆွေမျိုးဉာတိ[sʰwemjo: ɲati.] (名) 身内、親類縁者

ဆွေမျိုးတစု[sʰwemjo: dəzu.] (名) 親戚一同

ဆွေမျိုးတော်[sʰwemjo: tɔ] (動) ①血縁関係にある ②縁続きだ、姻戚関係にある

ဆွေမျိုးတော်စပ်[sʰwemjo: tɔsaʔ] (動) 親戚関係にある

ဆွေမျိုးနီးစပ်[sʰwemjo: ni:saʔ] (動) 近縁だ、近い血縁関係にある

ဆွေမျိုးပေါက်ဖော်[sʰwemjo: pauʔpʰɔ] (名) 親類（親戚と姻戚の双方を含む）

ဆွေမျိုးမကင်းဖြစ်[sʰwemjo: məkin:pʰjiʔ] (動) 遠縁だ、遠い親戚だ

ဆွေမျိုးမေ့[sʰwemjo: me.] (動) 良すぎるあまりにほかの事を失念する

ဆွေမျိုးရင်းချာ[sʰwemjo: jin:dʑa] (名) 骨肉、身内、身寄り、血族

ဆွေမျိုးဝေး[sʰwemjo: we:] (形) 遠い親戚だ

ဆွေမျိုးသားချင်း[sʰwemjo: tạ.dʑin:] (名) 親族、親類

ဆွေရိပ်မကင်းမျိုးရိပ်မကင်း[sʰwejeiʔməkin: jeiʔməkin:] (名) 遠い親戚、親類

ဆွေဝါ[sʰwewa] (名) 親戚、親類

ဆွေး[sʰwe:] (動) ①朽ちる、脆くなる、腐る、腐蝕する ကြမ်းတွေဆွေးနေပြီ။ 床が腐っている အိမ်ဆွေးနေပြီ။ 家屋が腐朽している ②悲しむ、嘆き悲しむ 気が沈む、気が滅入る、落胆する စိတ်ဆွေးသည်။ 憂鬱だ

ဆွေးဘွယ်ကောင်း[sʰwe:bwɛ kaun:] (形) 恋しい、懐かしい、痛ましい

ဆွေးမြေ့[sʰwe:mje.] (動) 朽ちる、腐蝕する、腐朽する

ဆွေးမြည့်[sʰwe:mje.] (動) 朽ちる、腐蝕する စိတ်ဆွေးမြေ့သည်။ 気が滅入る、憂鬱になる သွားများ ဆွေးမြေ့သည်။ 歯が脆くなる

ဆွေးရိပ်လွမ်းရိပ်ပေါ်ပေါက်လာ[sʰwe:jeiʔ lwan:jeiʔ pɔpauʔ la] (動) 物悲しい気持になる、慕情を覚える

ဆွေးနွေး[sʰwe:nwe:] (動) 話し合う、相談する、討議する、討論する

ဆွေးနွေးညှိနှိုင်း[sʰwe:nwe: ɲ̥i.nain:] (動) 協議する

ဆွေးနွေးတိုင်ပင်[sʰwe:nwe: tainbin] (動) 話し合う、意見を交わす

ဆွေးနွေးနှီးနှော[sʰwe:nwe: n̥i:n̥ɔ:] (動) 討議する、討論する

ဆွေးနွေးပွဲ[sʰwe:nwe:bwɛ] (名) 話し合い、協議

ဆွယ်[sʰwɛ] (動) ①誘う、唆す、引き寄せる、説得する ②並立する、寄り掛かる

ဆွယ်ကပ်[sʰwɛ kaʔ] (動) 寄り掛かる、寄り付く

ဆွယ်တရား[sʰwɛ təja:] (名) 誘い、勧誘、説得

ဆွယ်တရားဟော[sʰwɛ təja: hɔ:] (動) 説得する、折伏する

ဆွယ်လုံး[sʰwɛloun:] (名) 説得、誘い掛け

ဆွယ်လုံးချောလုံး[sʰwɛloun: tɕʰɔ.loun:] (名) （泣く子を）あやしたりすかしたりする物

ဆွယ်တာ[sʰwɛta] (名) セーター ＜英 Sweater

ဆွဲ[sʰwɛ:] (名) 重量の単位（＝２５縮斤）

ဆွဲ[sʰwɛ:] (動) ①引く、引っ張る ②曳く、引きずる、牽引する ③（手に）下げる、（耳に）吊す、ぶら下げる、架ける、引っ掛ける ④引き入れる、味方につける ⑤線を引く、描く ခဲတံဖြင့်ဆွဲပါ။ 鉛筆で描け ⑥（時間を）引き伸ばす、延長させる အချိန်ဆွဲသည်။ ⑦さらう、奪い去る、持ち去る、運び去る ⑧寸借する

ဆွဲကိုင်[sʰwɛ: kain] (動) 引き寄せて持つ、掴り締める

ဆွဲကြိုး[sʰwɛ:dʑo:] (名) ①首飾り、ネックレース ②滑車のロープ

ဆွဲကြိုးချသေ[sʰwɛ:dʑo: tɕʰa.te] (動) 首吊り自殺をする

ဆွဲကြိုးချသတ်[sʰwɛ:dʑo: tɕʰa.taʔ] (動) 絞首刑にする

ဆွဲခန့်[sʰwɛ:kʰan.] (動) 一存で任用する、抜擢する

ဆွဲချ[sʰwɛ:tɕʰa.] (動) ①曳き降ろす、引っ張り降ろす ②首吊り自殺する

ဆွဲချိုင့်[sʰwɛ:tɕʰain.] (名) 筒型をしたアルミ製の手提げ弁当箱

ဆွဲချိတ်[sʰwɛ:tɕʰeiʔ] (動) 引掛ける、吊す

ဆွဲချိန်ခွင်[sʰwɛ: tɕʰeingwin] (名) 天秤秤

ဆွဲခြင်း[sʰwɛ:tɕʰin:] (名) 買物篭、手提げ篭

ဆွဲခြင်းတောင်း[sʰwɛ: tɕʰin:daun:] (名) 手提げ篭

ဆွဲငင်[sʰwɛ:ŋin] (動) 引っ張る、牽引する、引き寄せる

ဆွဲငင်အား[sʰwɛ:ŋin a:] (名) 牽引力

ဆွဲဆောင်[sʰwɛ:sʰaun] (動) 引きつける、そそる、誘引する、魅惑する

ဆွဲဆန့်[sʰwɛ:sʰan.] (動) 引き伸ばす、引っ張る

ဆွဲငင်ငင်[sʰwɛ:zwɛ:ŋinŋin] (副) 悲嘆して、悲

ဆွဲတံခါး

嘆の余り
ဆွဲတံခါး[s'wɛ: dəga:]（名）引き戸（開き戸に非ず
ဆွဲထား[s'wɛ:t'a:]（動）引張ってある、引張ってお
く、手放さない
ဆွဲထုတ်[s'wɛ:t'ouʔ]（動）引き抜く、引き出す、抜
き出す
ဆွဲပြ[s'wɛ:pja.]（動）①引いて見せる　②描いて
見せる
ဆွဲပြား[s'wɛ:bja:]（名）（首に吊す）金板、銀板
ဆွဲဖြုတ်[s'wɛ:p'jouʔ]（動）引張って外す
ဆွဲမီးအိမ်[s'wɛ:mi:ein]（名）吊りランプ、手提げ
ランプ
ဆွဲလိမ်[s'wɛ:lein]（動）抓る、ひねる ပါး:ကိုဆွဲလိမ်
သည်။ 頬を抓る နား:ရွက်ကိုဆွဲလိမ်သည်။ 耳たぶを捻る
ဆွဲလှုပ်[s'wɛ:ɬouʔ]（動）引っ張って動かす、引いて
揺する
ဆွဲသင်္ဘော[s'wɛ:t̪inbo:]（名）曳き船、タグボート
ဆွဲအား[s'wɛ:a:]（名）引力、牽引力　ဆွဲအား:ကောင်း
သည်။ 牽引力が強い
ဆွဲအံ[s'wɛ:an]（名）引出し
ဆွစ်ဇလန်[s'wiʔzəlan]（国）スイス
ဆွတ်[s'uʔ]（動）①摘む အသီးအပွင့်ကိုဆွတ်သည်။ 花や
実を摘む　②濡らす、湿らせる တံတွေးဆွတ်သည်။（切
手を）唾で濡らす　③取得する、獲得する　④呼称を省
略する（女性名称のမမ၀၀အ၃を単にအ၃と呼ぶ）=အငျာ：
ဆွတ်၊ ⑤（副）純粋に
ဆွတ်ခူး[s'uʔk'u:]（動）①摘む、もぎ取る ပန်းဆွတ်
ခူးသည်။ 花を摘む　②（賞を）獲得する
ဆွတ်ဆွတ်ဖြူ[s'uʔsuʔp'ju]（形）真っ白だ အသား:အ
ရေမှာဆွတ်ဆွတ်ဖြူသည်။ 肌は抜けるように白い
ဆွတ်ပျံ့.[s'uʔpjan.]（動）懐かしむ、思い出す、恋
しがる
ဆွတ်ပျံ့ဖွယ်ကောင်း[s'uʔpjan.bwɛ kaun:]（形）と
ても懐かしい
ဆွတ်ဖျန်း[s'uʔp'jan:]（動）撒く、散水する
ဆွန့်ရှား[s'un.ʃa:]（動）欠乏する
ဆွံ့[s'uʔ]（動）嘴でつつく
ဆွမ်း[s'un:~s'wan:]（名）出家に捧げる食事、布施
としての食べ物、托鉢用の食事、斉飯、仏しょう
ဆွမ်းကပ်[s'un: kaʔ]（動）出家に斉飯を捧げる
ဆွမ်းကပ်လာသူ[s'un:kaʔladu]（名）斉飯を捧げに
来た人
ဆွမ်းကပ်လှူ[s'un: kaʔɬu]（動）出家に斉飯を捧げ
る
ဆွမ်းကြီးလောင်း[s'un:dʑi: laun:]（動）出家の鉢
の中に食べ物その他の布施を入れる

ဆွမ်းကပ်ဆက်ကပ်[s'un:gun: s'ɛʔkaʔ]（動）出家
に斉飯やキンマを差し上げる
ဆွမ်းကျွေး[s'un: tʃwe:]（動）出家に食事を差し出
す
ဆွမ်းခူး[s'un: k'u:]（動）斉飯を釜から他の器に移
す（よそう）
ဆွမ်းခံ[s'un:k'an]（動）（出家が）托鉢に回る
ဆွမ်းခံကိုယ်တော်[s'un:gan kodɔ]（名）托鉢に訪れ
る出家
ဆွမ်းခံကြွ[s'un:gan tʃwa.]（動）托鉢にお出でに
なる
ဆွမ်းခံထွက်[s'un:gan t'wɛʔ]（動）托鉢に出る、托
鉢に赴く
ဆွမ်းခံပင့်[s'un:gan pin.]（動）（出家を）托鉢に
招く
ဆွမ်းခံပြန်[s'un:gan pjan]（名）托鉢から戻る
ဆွမ်းခံပြန်ချိန်[s'un:gan pjandʑein]（名）托鉢か
ら戻ってくる時刻（凡そ午前9時半～10時半頃）
ဆွမ်းခံရင်းငှက်ဖျား။ （諺）托鉢を受けている間にマラリ
アに罹る（不慮の災難）
ဆွမ်းခံလာ[s'un:gan la]（動）托鉢にやって来る
ဆွမ်းခံဝင်[s'un:gan win]（名）托鉢のため町や村
に入る
ဆွမ်းခံဝင်ချိန်[s'un:gan windʑein]（名）托鉢に訪
れる時刻
ဆွမ်းခံဝင်[s'un:gan win]（動）托鉢に村を訪れる
ဆွမ်းခံသွား[s'un:gan twa:]（動）托鉢に出かける
ဆွမ်းချ[s'un: tʃa.]（動）造像した仏像に斉飯を供
える
ဆွမ်းချက်[s'un: tʃɛʔ]（動）斉飯を炊く
ဆွမ်းချက်အိမ်[s'un:dʑɛʔein]（名）斉飯を用意する
家
ဆွမ်းစားကျောင်း[s'un:za:dʑaun:]（名）出家用の
食堂
ဆွမ်းစားချိန်[s'un:sa:dʑein]（名）凡そ午前10時
半頃
ဆွမ်းဆန်[s'un:zan]（名）出家に差上げる米（炊い
た飯ではない）
ဆွမ်းဆန်စိမ်း[s'un:zanzein:]（名）出家に差出す
米及びその他の布施
ဆွမ်းဆန်စိမ်းလောင်း[s'un:zanzein: laun:]
（動）米その他の布施を出家に差出す
ဆွမ်းဆန်ထဲကြွက်ချေး:ကျ။ （諺）出家へのお供え品の中
に鼠の糞が混じる（画竜点睛を欠く）
ဆွမ်းတော်[s'un:dɔ]（名）仏に供える斉飯、米飯
ဆွမ်းတော်ကြီးပွဲလဲမှီ။ထီးတင်ပွဲလဲမမှီ။（諺）斉飯を供え

ဆွမ်းတော်တင်[sʻunːdɔ tin] (動) 仏像に斉飯を供える

ဆွမ်းတော်ထားလို့ဝမ်းတော်မှအအနိုင်ခိုင်း။ (諺) 斉飯を用意するのに飯米を欠く（命あっての物種、衣食足って礼節を知る）

ဆွမ်းတောင်း[sʻunːdaunː] (名) 出家への斉飯を入れておく漆塗りの器

ဆွမ်းပင့်[sʻun pin] (動) 斉飯を食べてもらうために出家を家に招く

ဆွမ်းပတ်[sʻun paʔ] (動) (出家が) 托鉢に回る

ဆွမ်းပွဲပြင်[sʻunːbwɛː pjin] (動) 斉飯の用意をする

ဆွမ်းဖိတ်[sʻun pʻeiʔ] (動) 檀家が出家を斉飯に招く

ဆွမ်းဘုဉ်းပေး[sʻunːpʻounː peː] (動) 出家が食事をする、斉飯を食う ဘုဉ်း < パ Bhuñjati 食べる

ဆွမ်းဘုန်းပေး[sʻunːpʻounː peː] ＝ဆွမ်းဘုဉ်းပေး

ဆွမ်းမွှေးရွက်[sʻunːm̥weːjwɛʔ] (植) 薔薇科の植物（飯に芳香を添えるためにこの植物の葉を飯の上に載せる） Rubus elipticus

ဆွမ်းရေးထက်ဝမ်းရေးခက်။ (諺) 斉飯どころか食うにも困る（衣食足りて礼節を知る）

ဆွမ်းရပ်[sʻunː jaʔ] (動) (托鉢に来た) 出家が門前に立つ

ဆွမ်းလောင်း[sʻunː launː] (動) 托鉢に訪れた出家の鉢に食べ物を差し入れる、托鉢に食べ物を提供する

ဆွမ်းလုပ်ကျွေး[sʻun louʔtʃweː] (動) 出家に斉飯を食べさせる、出家の斉飯の世話を引き受ける

ဆွမ်းလှည့်[sʻun l̥ɛ] (動) (出家が) 托鉢に回る

ဆွမ်းဝ[sʻunː wa] (形) ①斉飯を食べて満腹になる ②托鉢用の鉢が一杯になる

ဆွမ်းသွတ်[sʻunː tu̥ʔ] (動) 初七日法要または一か月法要で出家に斉飯を差上げる、食事を提供する

ဆွမ်းဟင်း[sʻunːhinː] (名) 出家に供える副食物

ဆွမ်းအုပ်[sʻunːouʔ] (名) 出家に差上げる食べ物を入れた蓋付きの器、斉飯用の飯櫃

ဆွံ့[sʻun] (動) ①口篭る、吃る ②(手足が) 萎える、手足に力が入らない、弱まる ခြေဆွံ့သည်။ 足が萎える

ဆွံ့အ[sʻun.a] (動) 唖だ、物が言えない、口が利けない、口篭る

ဆွံ့အနာ:မကြား:ကျောင်း[sun.a.naːmətʃaː tʃaunː] (名) 聾唖学校

ဇ

ဇ[za.] (名) ビルマ文字表第8番目の子音文字、その名称は ဇဂွဲ[za.gwɛː] (割れたザ)

ဇကျာ[zəga tʃa.] =ဆန်ခါချ

ဇဂေါဇဂါ[zəgɔːzəga.] =ဇကောဇကာ

ဇဋာမဏိ[zətamandi] (植) カンショウコウ=ဇော်ဂျီ မုတ်ဆိတ်

ဇနကဇာတ်[zənɛʔka.zaʔ] (名) ジャナカ本生話 (ジャータカ第539話)

ဇနကထုံးနှလုံးမူ[zənɛʔka.tʻounː n̥əlounːmu] (動) 熱心だ、根気がある、努力家だ

ဇနပုဒ်[zənəpouʔ] (名) 部落、小村落

ဇနီး[zəniː] (名) 妻、夫人、奥さん သူ့ဒွေးရဲ့ဇနီး။長者夫人 cf. ကတော် ၊ မယား။

ဇနီးခင်ပွန်း[zəniːkinbunː] (名) 夫妻

ဇနီးမောင်နှံ[zəni maunnan] (名) 夫婦、夫妻

ဇနီးလောင်း[zəni launː] (名) 花嫁候補

ဇပယင်း:ထည်[za.pəjinː dɛ] (名) 王朝時代に使用されていた布

ဇယ[zəja.] (名) 対等、均等、過不足無しの状態

ဇယား[zəjaː] (名) 表、図表

ဇယား:ကိုက်[zəjaː kaiʔ] (動) 計算が合う、勘定が合う、収支が合う、見込通りになる

ဇယား:ကျ[zəjaː tʃa.] (形) 系統的だ、体系的だ

ဇယား:ကျေ[zəjaː tʃe] (動) 徹底している、規律がある、体系がある

ဇယား:ကြီး[zəjaː tʃiː] (形) 規律が厳しい、厳正だ、厳密だ

ဇယား:ကွက်[zəjaː gwɛʔ] (名) 目盛り、表

ဇယား:ချ[zəjaː tʃa.] (動) ①記入する ②計算する

ဇယား:ရှုပ်[zəjaː ʃouʔ] (形) ①計算が合わない、帳簿が合わない ②ややこしい、厄介だ

ဇယောဇယ[zəjɔ zəja] (副) むやみに、やたらと、いい加減に

ဇရာ[zəja] (名) 老い、老齢、老化、老衰、耄碌

ဇရာတောင်[zəja tʻaunː] (動) 老化する、老齢になる、耄碌する

ဇရာမရဏ[zəja mərəna.] (名) 老衰死、天寿

ဇရဲ[zəjɛʔ] (鳥) =ဆက်ရက်

ဇရပ်[zəjiʔ] (植) ミズヤツデ (サトイモ科) Lasia spinosa

ဇရပ်[zəjaʔ] (名) 宿坊、(仏塔の傍に建てられた無料の) 休憩所、宿泊所

ေလေဗဒ[zəla.beda.](名)治水、利水、水文学

ေလး[zəla:](名)升、(米を計量するための、上が広く下が狭い)方形の器 cf. တောင်း၊တင်း။

ေလးအိမ်သာ[zəla:einda](名)舟形の桶を用意した取替式の便所 cf. တွင်းအိမ်သာ

ေလိ[zəli](名)①当て木 ②床張り板

ေလိသတ်[zəli ṯa?](動)①(骨折箇所に)当て木を当てる ②壁の端や繋ぎ目を隠すために板を打ちつける

ေလိပ်း[zəlip'a:](名)(線路の)枕木

ေလိပ်းတုံး[zəlip'a:doun:] =ေလိပ်း

ေလတ်[zəlou?](名)咽喉仏=ေလတ်

ေလပ်[zəla?](植)サンユウカ(キョウチクトウ科)Ervatamia coronaria

ေလပ်ပန်း[zəla? pan:] =ေလပ်

ေလုံ[zəloun](名)鉢、丼 ထမင်းေလုံ 飯茶碗 သံေလုံ 鉄製の丼

ေလုံပန်းကန်[zəloun bəgan](名)鉢、皿等の食器

ေဝနဉာဏ်[zəwəna.ɲan](名)閃き、咄嗟の思い付き

ေဝါ[zəwa](名)金銀の象眼、螺鈿

ေဝါရိုက်[zəwa jai?](動)螺鈿を施す、象眼を施す

ေဝေဝါ[zəwezəwa](副)判然とせず、訝しげに、疑わしく思って、疑わしく思って、不審そうに

ေဝေဝါဖြစ်[zəwezəwa p'ji?](動)疑う、いぶかしく思う、不審に思う

ေဝက်သာ[zəwɛ?ṯa](名)アンモニア くサ

ဇာ[za](名)①レース、レース編み、編み物 ②因縁 ③(古)何、どこ=ဘဇာ

ဇာခန်းဆီး[za k'an:zi:](名)レースのカーテン

ဇာချဲ့[za tʃɛ.](動)①大袈裟にする、針小棒大にする ②気難しい、喧しい、選り好みが強い

ဇာချည်[zadʑi](名)レース糸、刺繍糸

ဇာခြင်ထောင်[za tʃindaun](名)レースの蚊帳

ဇာခြည်ပန်း[zadʑiban:](植)ボタン

ဇာထိုး[za t'o:](動)レース編みをする、編み物をする cf. ပန်းထိုးသည်။ 刺繍する

ဇာထိုးအပ်[za t'o:a?](名)レース編みの針

ဇာတော်လီ[za bɔli](名)レースの女性用肌着

ဇာဂဏာ[zagəna](名)ピンセット အမွေးတော့ကို ကနာ့နှင့်နှုတ်သည်။ 体毛をピンセットで引き抜く

ဇာတာ[zata](名)出生表、戸籍表、算命天宮図、星位図(貝多羅に生年月日、曜日、時刻、星宿等を書き記したもの) くサ

ဇာတာကြည့်[zata tʃi.](動)出生表の十二宮で運勢を占う

ဇာတာခွင်[zatagwin](名)出生表の中の星宿の位置

ဇာတာစစ်[zata si?](動)出生表を調べる

ဇာတာစန်းလက်[zata san:lɛ?](名)出生表の中の日月の位置

ဇာတာဆေး[zata s'e:]=ဇာတာကြည့်

ဇာတာညံ့[zata ɲan.](形)運勢が不利だ

ဇာတာတက်[zata tɛ?](動)運勢が上向く、運勢が調子よくなる

ဇာတာတိုက်[zata tai?](動)男女二人の出生表をつき合わせる、二人の運勢を照合する、二人の相性を調べる

ဇာတာတွက်[zata twɛ?](動)出生表で運勢で占う

ဇာတာနိမ့်[zata nein.](形)出生表の運勢がよくない

ဇာတာပါ[zata pa](動)運命づけられている

ဇာတာပွဲ[zata p'wɛ.](動)個人の出生日時、日月の運勢などを貝多羅に書き記す

ဇာတိ[zati.](名)①受胎 ②生れ、出自 ③故郷、出身地、出生地 <パ Jāti

ဇာတိချက်ကြွေ[zati. tʃɛ?tʃwe](名)出生地、出身地、故郷

ဇာတိချက်ကြွေမွေးရပ်မြေ[zati.tʃɛ?tʃwe mwe:ja? mje](名)故郷、ふるさと、出生地

ဇာတိချက်မြှုပ်[zati.tʃɛ?mjou?](名)出生地、故郷

ဇာတိဂုဏ်[zati.goun](名)①郷土愛 ②生まれつきの威厳、天性の品位

ဇာတိစစ်[zati. si?](動)①出生地を調べる、出身地を調査する ②(形)生れが正当だ、まともな出生だ

ဇာတိဇစ်[zati.zei?](名)生まれつきの精神、生得の気質

ဇာတိဉာဏ်[zati.ɲan](名)生まれつきの智慧

ဇာတိဒုက္ခ[zati.dou?k'a.](名)宿命、生来の苦しみ

ဇာတိပေါ်[zati. pɔ](動)本性が現れる、お里がばれる

ဇာတိပြ[zati. pja.](動)本性を現わす

ဇာတိမာန်[zati.man](名)①生れの誇り、家柄への誇り、故郷への誇り、民族への誇り、愛国心 ②天性の気質、本性

ဇာတိမာန်တက်ကြွ[zati.man tɛ?tʃwa.](動)愛郷心が高まる、郷土愛に燃える

ဇာတိရုပ်[zati.jou?](名)生まれつきの姿、生来の性格

ဇာတိရုပ်ပေါ်[zati.jou? pɔ](動)本性が現れる

ဇာတိသွေး[zati.dwe:]（名）愛国心、祖国への忠誠心
ဇာတိသွေးဇာတိမာန်[zati.dwe: zati.man]（名）郷土愛、愛郷心、愛国心、民族的誇り
ဇာဒိပိုလ်[zadei'p'o]（植）ニクズク（ニクズク科）Myristica fragrans
ဇာမဏီ[zaməni]（鳥）極楽鳥
ဇာဝီ[zawi]（名）（ボルト）ナット
ဇီ[zi.]（名）喉仏
　ဇီကုပ်[zi.kou']（動）①首根っこを押える ②強制する、無理強いする
　ဇီကုပ်နတ်ပြည်တင်[謔]॥首根っこを押えて天界に上げる（強制する、強引にやらせる）
　ဇီအစ်[zi. i']（動）喉を締める
　ဇီကြက်[zi:gwɛ']（鳥）インドコキンメフクロウ（フクロウ科）=ဇီးကြက်
　ဇိနတ္ထပကာသနီ[zi.na'ta.pəkatəni]（名）チーデーレーダッ僧正によって１９世紀にビル語で書かれた仏伝
ဇီဇဝါ[zizəwa]（植）コリンクチナシ（アカネ科）Bignonia magnifica 又は Gardenia florida 芳香あり
　ဇီဇဝါကြီး[zizəwadʑi:]=ဇီဇဝါ
ဇီဇာကျယ်[ziza tʃɛ]（形）気難しい、小煩い、つべこべ言う、いちゃもんをつける =ချေးများ॥
　ဇီဇာကြောင်[ziza tʃaun]=ဇီဇာကျယ်॥
　ဇီဇာချဲ့[ziza tʃɛ.]（形）気難しい
ဇီယာ=ဇီရာ
ဇီရာ[zija]（植）クミン（セリ科）Cuminum cyminum
　ဇီရာညို[zijaɲo]（植）ヒメウイキョウ（セリ科）Carum carui
　ဇီရာနက်[zijanɛ']=ဇီရာညို
　ဇီရာဖြူ[zijabju]=ဇီရာ
　ဇီရာအဖြူ[zija əp'ju]（植）メボウキ（シソ科）Ocimum basilicum
ဇီဝ[ziwa.]（名）命、生命
　ဇီဝကိစ္စဗေဒ[ziwa.kei'sa.beda.]（名）生理学
　ဇီဝစိုး[ziwəzo:]=ဇီဝိုး
　ဇီဝစိုး[ziwəzo:]（鳥）ショクヨウアナツバメ（アマツバメ科）Collocalia fuciphaga
　ဇီဝစိုးငှက်[ziwəzo: ŋɛ']=ဇီဝိုး
　ဇီဝဓာတုဗေဒ[ziwa.datu.beda.]（名）生化学
　ဇီဝဗေဒ[ziwa.beda.]（名）生物学
　ဇီဝဗုံး[ziwa.boun:]（名）生物爆弾
　ဇီဝလက်နက်[ziwa.lɛ'nɛ']（名）生物兵器

ဇီဝိတဒါန[ziwi.ta. dana.]（名）人助け、人命救済、救命行為、他者の命を救う行為 ဇီဝိတဒါနအဖြစ်အသက်ကိုအလှူခံသည်॥ 人助けとして命の寄贈を受ける
ဇီဝိန်[ziwein]（名）命、生命
　ဇီဝိန်ကြွေ[ziweintʃwe]（動）命を落す、一命を失う
　ဇီဝိန်ချုပ်[ziwein tʃou']=ဇီဝိန်ကြွေ
　ဇီဝိန်ချေ[ziwein tʃwe]（動）死亡させる、命を取る ဇီဝိန်ကိုချေပစ်သည်॥ 息の根を止める
ဇီး[zi:]①（名）（動物の）胎児 ②（植）ナツメ、サネブトナツメ（クロウメモドキ科）Zizyphus jujuba =ဆီး
　ဇီးကပ်[zi:ka']（動）（動物が）孕む
　ဇီးကြက်[zi:gwɛ']（鳥）インドコキンメフクロウ（フクロウ科）Athene brama
　ဇီးငံစော[zi:ŋanzi.]（名）皮を剝いて塩漬けにしたサネブトナツメの実（パコックー地方産、梅干に類似）
　ဇီးလျော[zi:ʃɔ:]（動）（動物が）流産する
　ဇီးဖြူ[zi:bju]（植）アンマロク、ユカン（トウダイグサ科）Phyllantus emblica
ဇုဇကာ[zuzəka]（名）①ジャータカ第５４７話ヴェッサンタラ本生話に登場するバラモンの名前（食い過ぎて死んだ）②大食らい、大食漢
ဇူလိုင်လ[zulain la.]（名）７月 <英 July
ဇေတဝန်[zetəwun]（名）①祇園（精舎）、祇陀林精舎 <パ Jetavana ②三重の塔を持つ建物
ဇေတဝန်ကျောင်း[zetəwundʑaun:]（名）祇園精舎
ဇေဋ္ဌ[zi't'a.]①（名）心宿、二十七星宿の第１８番目 ②（星）アンタレス（蠍座の五つ星）
ဇေယျ[zeja.]（名）勝利、成功 <パ Jaya
ဇေယျပုရ[zeja.pura.]（地）ザガインの別名
ဇေရဗာဒီ[zerəbadi]（名）イスラム教徒ビルマ人 =ပသီကုလား:
ဇယ်[zɛ]（名）（タマリンドの実や貝殻等の）お弾き
ဇယ်ခုတ်[zɛ k'ou']（動）複数のお弾きを弾き残りは投げ上げる
ဇယ်စစ်[zɛ sɛ']（動）お弾きを弾いて繋いでいく
ဇယ်တော့[zɛ tau']（動）ビー玉にビー玉を当てて遊ぶ
ဇယ်တောက်ကစား:[zɛtau' gəza:]=ဇေတောက်
ဇော်[zɔ]（名）至高、至宝、最高の人、最良の物
ဇော်ကလေး[zɔgəle:]（植）ヨウラクボク（ジャケツイバラ科）=သော်က
ဇော်ကလေးအနီ[zɔgəle:əni]（植）オオゴチョウ（ジャケツイバラ科）Caesalpinia pulcherrima

ေဇာ်ဂျီ

ေဇာ်ဂျီ[zɔdʑi]（名）愉伽行者、行者、仙人（空中を飛翔したり地中に潜ったりすると言われる）

ေဇာ်ဂျီေတာင်ေဝ့[zɔdʑi taunmwe:]（植）センネンボク（ユリ科）Cordyline terminalis

ေဇာ်ဂျီမုတ်ဆိတ်[zɔdʑi mouʔseiʔ]（植）カンショウコウ（オミナエシ科）Nardostachys jatamansi

ေဇာ်ဂျီမံ[zɔdʑi man]（動）坩堝の穴を泥で詰める、泥で密閉する

ေဇာ်ဂျီေရာင်[zɔdʑijaun]（名）赤褐色、暗赤色

ေဇာ်ဂျီအက[zɔdʑi əka.]（名）行者舞、行者踊り

ေဇာ်ဆွဲ[zɔ:sʷɛ:]（動）卓越する、最高に優れている

ေဇာ်မှာ[zɔmwa:]（植）撫子、セキチク、カーネーション Dianthus species

ေဇာ်မှာကြီး[zɔmwa:dʑi:]（植）カーネーション

ေဇာ[zɔ:]（名）衝動、熱意、一心、逸る気持 ပြီးချင်ေဇာနှင့်လုပ်သည်။ 終りたい一心で計算する ပူပန်ေဇာနှင့်ကြည့်သည်။ 心配で眺める ေရာက်ချင်ေဇာခရီးဆက်ခဲ့သည်။ 早く着きたい一心で旅を続ける အကျိုးအကြောင်းသိချင်ေဇာနှင့်ေမးလိုက်မိပါသည်။ 経緯を知りたいあまりつい尋ねてしまった ေရေအာက်မှငါးကိုမြင်တွေ့လိုေဇာသန်ေနကြ၏။ 水中の魚を見たい気持に逸る

ေဇာကပ်[zɔ:kaʔ]（動）強く執着する

ေဇာေချွ[zɔ:dʑwe:]（名）冷や汗

ေဇာေချွပြန်[zɔ:dʑwe: pjan]（動）冷や汗が出る တကိုယ်လုံးေဇာေချွပြန်ေနသည်။ 全身冷汗をかいている

ေဇာေစာ[zɔ: sɔ:]（動）気が逸る、関心がいく、興味を抱く

ေဇာသန်[zɔ: tan]（形）熱心だ ေရေအာက်မှငါးကိုမြင်လိုေဇာသန်ေနကြ၏။ 水中の魚の姿を見たい気持で一杯だった

ဇီးခနဲထတ်ခနဲ[zo:gənɛ: zaʔkʰənɛ:]（副）素早く、間髪を入れずに =ဆီးခနဲဆတ်ခနဲ

ဇီးဇီးထတ်ထတ်[zo:zo:zaʔzaʔ]（副）①いきなり、不意に ဇီးဇီးထတ်ထတ်ပြောသည်။ 不意に話した ②きびきびと、てきばきと、はきはきと、素早く、急いで=ဆီးဆီးဆတ်ဆတ်။

ဇီးသမား[zo:dəma:]（名）酒飲み、飲兵衛

ေဇ[zɛʔ]（動）①うなじ、頸、襟首 ②馬のはみ、轡、手綱

ေဇကေလးပုဝင်[zɛʔkəle: pu.win]（動）首をすくめる

ေဇကိုင်[zɛʔ kain]（動）①手綱を操る ②コントロールする、制御する

ေဇကုန်[zɛʔkoun]（動）励む、懸命にする

ေဇကုန်လုပ်[zɛʔkoun ɬuʔ]（動）懸命にする

ေဇေကြာ[zɛʔtʃɔ:]（名）頸、首筋、うなじ

ေဇေကြာတက်[zɛʔtʃɔ: taʔ]（動）首筋が凝る

ေဇကြိုး[zɛʔtʃo:]（名）（馬の）手綱

ေဇကြိုးဆွဲ[zɛʔtʃo: sʷɛ:]（動）手綱を引く

ေဇကြိုးေအာ်[zɛʔ tʃouʔ]（動）手綱を操る

ေဇခုံ[zɛʔkʰun.]（動）（馬の口に）はみを噛ませる

ေဇဆွဲ[zɛʔ sʷɛ:]（動）引き延ばす、遅らせる

ေဇဆွဲကိုင်[zɛʔ sʷɛ:kain]（動）（馬の）轡を抑える

ေဇနိုင်[zɛʔ nain]（動）（馬を）操る、制御する

ေဇပုတွား[zɛʔ pu.twa:]（動）首をすくめる

ေဇရဲလက်ရဲ[zɛʔjɛ:lɛʔjɛ:]（副）大胆に、勇敢に

ေဇရဲလက်ရဲနိုင်[zɛʔjɛ: lɛʔjɛ: nain]（形）大胆だ、勇敢だ

ေဇရဲရဲရှိ[zɛʔjɛ: lɛʔjɛ: ʃi.] =ေဇရဲလက်ရဲနိုင်

ေဇေလး[zɛʔ le:]（動）首筋が凝る

ေဇသတ်[zɛʔ taʔ]（動）手綱を引いて馬を止める

ေဇာက်[zauʔ]（名）深み、底 =ေဇာက်

ေဇာက်ချ[zauʔtʃa.]（副）専ら、ひたむきに、一心腐乱に、脇目も振らずに =ေဇာက်ချ

ေဇာက်ထိေဇာက်ကိုး[zauʔtʔi.zauʔto:]（副）あべこべに、逆様に

ေဇာက်ထိုး[zauʔtʰo:]（副）逆様に、上下逆に =ေဇာက်ထိုး။ နိုင်ငံတော်အလံကိုေဇာက်ထိုးလွှင့်သည်။ 国旗を逆様に立てた

ေဇာက်ထိုးကျ[zauʔtʰo: tʃa.]（動）墜落する

ေဇာက်ထိုးပစ်ချ[zauʔtʰo: pjitʃa.]（動）逆様に投げ落す

ေဇာက်ထိုးဖြစ်[zauʔtʰo: pʰjiʔ]（形）逆様だ、上下逆だ

ေဇာက်ထိုးမိုးေမျှာ်[zauʔtʰo:mo:mjɔ:]（副）逆様に、上下あべこべに

ေဇဂမ္ဗစ္စာ[ziŋəma.ouʔsa]（名）動産

ဇင်ပြာေဘာင်းဘီ[zinbja baun:bi]（名）ジーパン、ジーンズ

ဇင်းဒုံ[zindoun:]（名）牛車の軸止めの間に差し渡す横木、牛車の本体を支える木製の枠

ဇင်ဘျွန်[zinbjun:] =ဇင်ပြာ

ဇင်ေယာ်[zin jɔ:]（鳥）キバシカワアジサシ（カモメ科）Sterna aurantia

ဇင်းမယ်[zin:mɛ]①（地）チェンマイ（タイ国北部の都市）②（名）チェンマイ産の高級反物 ေငွချုပ်ဇင်းမယ် 銀の縫取りをしたチェンマイ産の反物

ဇောင်း[zaun:]（名）厩、厩舎 ＝ မင်းဇောင်း
ဇောင်းပေး[zaun:pe:]（動）集中する、努力を集中する
ဇစ်[ziʔ]（名）ファスナー、ジッパー ＜英 Zipper
ဇစ်ကြိုး[ziʔtʃo:]（名）チャック、ファスナー
ဇစ်ဆွဲပိတ်[ziʔ s'wɛ:peiʔ]（動）チャックを閉める
ဇစ်မြစ်[ziʔmjiʔ]（名）起源、源、素性
ဇည်[zi:]（名）（家畜の）胎児 ဇည်ရှိသောဆင်မ 身篭っている牝象
ဇည်လျော[zi:ʃo:]（動）（家畜が）流産する
ဇတ်တတ်ကြမ[zaʔzaʔtʃɛ:ma.]（名）お転婆娘、勝ち気な娘、おきゃんな娘＝ဆတ်ဆတ်ကြမ
ဇတ်တတ်၊ သတ္တိ။（慣用）勝ち気だ、負けん気が強い
ဇာတ်[zaʔ]（名）①ジャータカ、本生話（釈尊前世の物語）＜パ Jātaka ②劇、ドラマ ③出身、出生 ＜パ Jāti
ဇာတ်က[zaʔ ka.]（動）ドラマを演じる
ဇာတ်ကား[zaʔka:]（名）劇映画 အင်္ဂလိပ်ဇာတ်ကား: イギリス映画
ဇာတ်ကောင်[zaʔkaun]（名）登場人物
ဇာတ်ကုန်ပွင့်[zaʔkoun p'win.]（動）全てを語る、一部始終を打ち明ける
ဇာတ်ကြီး[zaʔ tʃi:]（形）身分が高い、誉髙い、髙い身分の出身だ
ဇာတ်ကြီးဆယ်ဘွဲ့[zaʔtʃi:s'ɛbwɛ.]（名）マハーニパータすなわちジャータカ547話の内、538番から547番迄の10話（ビルマ語では、တေ—ဇ—သု—နေ—မ—ဘူ—စန်—နာ—ဝိ—ဝေと呼ばれる）＝ဇာတ်တော် ကြီးဆယ်ဘွဲ့။
ဇာတ်ကြောစင်[zaʔtʃɔ sin:]（形）話の筋が平凡だ、物語が単純だ
ဇာတ်ကြောရှည်[zaʔtʃɔ ʃe]（形）物語が長い、長大だ
ဇာတ်ကြောင်း[zaʔtʃaun:]（名）話の展開、物語の筋道
ဇာတ်ကြောင်းပြန်[zaʔtʃaun pjan]（動）過去の事を語る、今までの経緯を述べる
ဇာတ်ကြောင်းလျှန်[zaʔtʃaun ɬan]（動）出来事を述べる、陳述する
ဇာတ်ကြမ်း[zaʔtʃan:]（名）活劇
ဇာတ်ကွက်[zaʔkwɛʔ]（名）（物語の）場面、（物語の）展開、（演劇の）幕
ဇာတ်ကွက်စေ[zaʔkwɛʔ si.]（形）完璧だ、完全だ
ဇာတ်ကွက်ဆင်[zaʔkwɛʔ s'in]（動）①物語の筋道を立てる、劇の展開を組み立てる ②上演する ③似た暮しをする ④胡麻化す、口裏を合わせる

ဇာတ်ကွက်ဇာတ်လမ်း[zaʔkwɛʔ zaʔlan:]＝ဇာတ်ကွက်
ဇာတ်ကွက်ဇာတ်လမ်းဆင်[zaʔkwɛʔ zaʔlan: s'in]＝ဇာတ်ကွက်ဆင်
ဇာတ်ကွက်လည်[zaʔkwɛʔlɛ]（動）大団円を迎える、大詰めを迎える、物語の解決に至る
ဇာတ်ခင်[zaʔ k'in:]（動）芝居をする、ドラマを演じる ခွေးဇာတ်ခင်းသည်။ 犬畜生に近い暮しをする
ဇာတ်ခေါင်းကွဲ[zaʔ gaun: kwɛ:]（動）雨季に劇団が解散する
ဇာတ်ခန်းဇာတ်ကွက်[zaʔk'an:zaʔkwɛʔ]（名）物語の場面、エピソード
ဇာတ်ခုံ[zaʔk'oun]（名）舞台、ステージ
ဇာတ်ချင်း[zaʔtʃin:]（名）芝居の幕間に演奏される音楽
ဇာတ်စကား[zaʔzəga:]（名）劇中の会話（日常会話とは異なる）
ဇာတ်စနက်မြုပ်[zaʔ sək'an: mjouʔ]（動）無視される、等閑視される
ဇာတ်စီး[zaʔsi:]（名）舞台監督、演劇のリーダー
ဇာတ်စင်[zaʔsin]（名）舞台
ဇာတ်စုံခင်း[zaʔsoun k'in:]（動）出来事を全て語る、一部始終を語る
ဇာတ်စုံသတင်း[zaʔsoun dədin:]（名）情報の全貌
ဇာတ်ဆောင်[zaʔ s'aun]（名）（芝居の）登場人物
ဇာတ်ဆွဲ[zaq s'wɛ:]（動）演劇を引き延ばす
ဇာတ်ညွှန်း[zaʔɲun:]（名）脚本、台本、シナリオ
ဇာတ်ညွှန်းဆရာ[zaʔɲun:s'əja]（名）脚本家
ဇာတ်တူသား[zaʔtuda:]（名）同類、同じ身分
ဇာတ်တူသားစား၍ဟာင်္သာကိုးသောင်းပျက်။ （諺）共食いをしてアカツクシガモ9万命を失う（同胞相食む）
ဇာတ်တူသား:စား[zaʔtuda: sa:]（動）①共食いをする ②同類に害を及ぼす
ဇာတ်တော်ကြီးဆယ်ဘွဲ့[zaʔtɔdʒi:s'ɛbwɛ.]＝ဇာတ်ကြီးဆယ်ဘွဲ့
ဇာတ်တိုက်[zaʔ taiʔ]（動）リハーサルをする、舞台稽古をする
ဇာတ်ထုပ်[zaʔt'ouʔ]（名）筋書き、話の展開
ဇာတ်ထုပ်ခင်း[zaʔt'ouʔ k'in:]（動）演じる、話を展開する
ဇာတ်နာ[zaʔ na]（動）観衆を涙に誘う、悲劇を形作る
ဇာတ်နိမ့်[zaʔ nein.]（形）身分が低い、身分が卑しい
ဇာတ်ပို[zaʔ po.]（動）助演する、上演を手助けする
ဇာတ်ပို[zaʔpo]（名）脇役、助演者
ဇာတ်ပေါင်း[zaʔ paun:]（動）（本生話を）まとめ

ဇာတ်ပျက်

る、終りとする、結末とする、結論を言う
ဇာတ်ပျက်[zaʔ pjɛʔ]（動）身分を失う、身分を離れる
ဇာတ်ပွဲ[zaʔpwɛː]（名）ビルマの古典劇、舞踊劇、五音音階の合奏の伴奏による舞踊劇
ဇာတ်မင်းသမီး[zaʔminːdəmiː]（名）女役者、女優
ဇာတ်မင်းသား[zaʔminːda̠]（名）男役者、男優
ဇာတ်မျှော[zaʔmjɔː]（動）だらだら長引く、効果を現わさない、目的に達しない、核心に至らない
ဇာတ်မြူ[zaʔmjuː]（名）コメディー
ဇာတ်မြို[zaʔ mjouʔ]（動）①身分を隠す、出身を伏せる、素性を隠す ②隠棲する、隠遁する
ဇာတ်ရည်လည်[zaʔje lɛ]（動）①芝居の筋書きに詳しい ②筋書きが判る、事情が呑み込める ＝အကွက်လည်။
ဇာတ်ရည်ဝ[zaʔje wa.]（動）演劇に通じている、芝居に熟達している
ဇာတ်ရံ[zaʔjan]（名）助演、脇役、エキストラ
ဇာတ်ရုံ[zaʔjoun]（名）劇場、芝居小屋
ဇာတ်ရှုပ်[zaʔ ʃouʔ]（形）ややこしい、複雑だ
ဇာတ်လိုက်[zaʔlaiʔ]（名）（小説や物語の）主人公、登場人物
ဇာတ်လိုက်မင်းသမီး[zaʔlaiʔ minːdəmiː]（名）女役者、女優
ဇာတ်လိုက်မင်းသား[zaʔlaiʔ minːda̠]（名）男役者、男優
ဇာတ်လမ်း[zaʔlanː]（名）ストーリー、物語の筋書き、物語の展開
ဇာတ်လမ်း:ဇာတ်ကွက်[zaʔlanːzaʔkwɛʔ]＝ဇာတ်လမ်း
ဇာတ်လှန့်[zaʔ ɬan]（動）振返って物語る、事を打ち明ける、叙述する、経緯を語り伝える
ဇာတ်ဝင်[zaʔ win]（動）①身分を得る、身分社会に入る ②幕を開ける、初演を迎える
ဇာတ်သဘင်အဖွဲ့[zaʔtəbin əpʰwɛ.]（名）劇団、役者集団
ဇာတ်သမ[zaʔtəma.]（名）女の役者
ဇာတ်သမား[zaʔtəmaː]（名）男の役者
ဇာတ်သိမ်း[zaʔ teinː]①（動）締め括る、終らせる、けりを付ける、幕が降りる ②絶命する、事切れる、一巻の終りだ အသက်တိုတိုနဲ့ဇာတ်သိမ်းသွားခဲ့ရရှာသည်။ 年若くして命を失った ③（名）（映画、演劇等の）終幕、締め括り
ဇာတ်သွား[zaʔtwaː]（名）劇の筋立て
ဇာတ်သွင်း[zaʔ twinː]（動）①ある事に引き込む、誘い込む、導入する ②派閥に引き入れる
ဇာတ်ဟောင်း[zaʔhaunː]（名）過去の事情、昔の出

来事
ဇာတ်အပိုင်း[zaʔ əpainː]（名）出来事の一部、事件の一齣
ဇာတ်အိမ်[zaʔein]（名）物語の構成、話の成り立ち
ဇာတ်အိမ်ဖွဲ့ပုံ[zaʔein pʰwɛ.boun]（名）物語の構成の仕方、構成の在り方
ဇာတ်အိမ်ဖွဲ့[zaʔein pʰwɛ.]（動）物語を構成する
ဇန္နဝါရီလ[zannəwari la.]（名）1月 ＜英
ဇုန်[zoun]（名）地帯 ＜英 Zone
ဇမ္ဗူသပြေ[zəbu.dəbje]（植）ムラサキフトモモ（フトモモ科）Eugenia jambos
ဇမ္ဗူ[zəbu]①（名）閻浮提 ＝ဇမ္ဗူဒိပ် ②（植）ムラサキフトモモ
ဇမ္ဗူကျွန်း[zəbuːkjunː]（名）＝ဇမ္ဗူဒိပ်
ဇမ္ဗူဒိပ်[zəbudeiʔ]（名）①閻浮提（仏教世界で須彌山の南に位置する大陸）＜パ Jambudīpa ②娑婆世界、浮き世、人間の住むこの世
ဇမ္ဗူဒိပ်ကျွန်း[zəbudeiʔ tʃunː]＝ဇမ္ဗူဒိပ်
ဇမ္ဗူဒိပ်ကျွန်းသူ[zəbudeiʔtʃunːdu]（名）閻浮提の住人、人類
ဇမ္ဗူပနိ[zəbupəni]（植）サキシマハマボウ（アオイ科）Thespesia populnea
ဇမ္ဗူသပြေ[zəbudəbje]（植）ムラサキフトモモ（フトモモ科）Eugenia jambos
ဇမ်ဘီယာ[zanbija]（国）ザンビア
ဇိမ်[zein]（名）贅沢、豪華、豪勢、安楽、快楽、快感
ဇိမ်ကျ[zein tʃa.]（形）豪勢だ、贅沢だ
ဇိမ်ခံ[zein kʰan]（動）贅沢を楽しむ、豪勢にする
ဇိမ်ခံထိုင်ခုံ[zeingan tʰaingoun]（名）安楽椅子
ဇိမ်ခံပစ္စည်း[zeingan pjiʔsiː]（名）贅沢品
ဇိမ်ဆွဲ[zein sʰwɛ]（動）ゆっくり構える、余裕を持って当る、のんびり構える
ဇိမ်နဲ့ကွေးရ[zeinnɛ. kweːja.]（動）ぬくぬくと体を丸めて寝る
ဇိမ်မယ်[zeinmɛ]（名）売春婦、娼婦＝ပြည့်တန်ဆာမ
ဇိမ်ယူနေ[zein juneː]（動）のんびりと過ごす
ဇိမ်ယစ်[zein jiʔ]（動）贅沢に耽る、快楽に陶酔する
ဇိမ်ရ[zein ja.]（形）快適だ、安楽だ
ဇိမ်ရှိ[zein ʃi.]（形）心地よい、快適だ、贅沢だ
ဇိမ်ရှိရှိ[zein ʃi.ʃi.]（副）贅沢に、豪勢に、ゆったりと、のんびりと
ဇိမ်သမားကြီး[zeindəmaːdʒiː]（名）贅沢者
ဇွဲ[zwɛː]（名）根気、熱意、粘り、執拗さ、固持
ဇွဲကောင်း[zwɛː kaunː]（形）根気がある、熱意がある、粘り強い

ဇွဲကောင်းကောင်းနဲ့[zwɛ:kaun:gaun:nɛ.]（副）粘り強く、根気よく、熱心に
ဇွဲကြီး[zwɛ:tʃi:]（動）執心する、強くこだわる
ဇွဲနပဲ[zwɛ:nəbɛ:]（名）=ဇွဲ
ဇွဲနပဲကြီး[zwɛ:nəbɛ:tʃi:]（形）粘り強い、根気強い
ဇွဲလျော့[zwɛ:ʃɔ.]（動）根気を失う、粘りをなくす
ဇွဲသတ္တိ[zwɛ:ta̰ʔti.]（名）根気、粘り、執拗さ
ဇွဲအလုပ်[zwɛ:əlouʔ]（名）根気の要る仕事、熱意が必要な仕事
ဇွတ်[zuʔ]（副）①無理に、強制的に、強引に ②頑固に、強情に
ဇွတ်တရွက်[zuʔtəjuʔ]（副）=ဇွတ်
ဇွတ်တိဇွတ်ထိုး[zuʔti.zuʔtʼo:]（副）やみくもに、前後の見境なく=ဇွတ်
ဇွတ်တိုး[zuʔto:]（動）遮二無二進む、がむしゃらに進む
ဇွတ်နှိပ်[zuʔ ṇiʔ]（動）ひたすら邁進する、見境なくする、猪突猛進する
ဇွတ်မှိတ်[zuʔ mei̯ʔ]（動）固執する、固持する、頑固に続ける
ဇွတ်အတင်း[zuʔətin:]（副）強引に、無理矢理、がむしゃらに
ဇွတ်အဓမ္မပြု[zuʔ ədəma.pju]（動）強引に行う、無理矢理にする、がむしゃらに実行する
ဇွန်ပန်း[zunban:]（植）ユーテイカ（モクセイ科）Jasminum auriculatum 花は白色で芳香あり
ဇွန်လ[zun la.]（名）6月 ＜英 June
ဇွန်း[zun:]（名）匙、スプーン
ဇွန်းငှက်သီးဌက်[zun:ṇouʔti:ŋɛʔ]（鳥）①ペリカン ②ヘラサギ

ဈ

ဈ[za.]（名）ビルマ文字表第9番目の子音文字、その名称は ဈမြင်းဆွဲ[za.mjin:zwɛ:]
ဈာန်[zana.]=ဈာန်
ဈာပန[zabəna.]（名）①死体、遺体、遺骸 ②茶毘、火葬 ③葬儀
ဈာပနကိစ္စ[zabəna.keiʔsa.]（名）葬儀
ဈာပနချင်ပ[zabəna.tʃin:pa.]（動）茶毘に付す
ဈာပနအခမ်းအနား[zabəna. ək'an:əna:]（名）葬儀、葬式、葬祭
ဈေး[ze:]（名）①市、市場 ②値段、価格、相場、時価 အိမ်ဈေး: 家屋の価格 မြေဈေး: 地価
ဈေးကစား[ze:gəza:]（動）①値段を操る、値を釣り上げる ②価格が変動する、価格が乱高下する
ဈေးကောက်[ze:gauʔ]（名）①市場の出店料、手数料 ②出店料の徴収者、市場税徴収者
ဈေးကိုက်[ze:kaiʔ]（動）儲かる、いい値で売れる
ဈေးကောင်း[ze: kaun:]（形）値が張る、よい値がする、値が高い
ဈေးကိုင်[ze: kain]（動）①言い値では売らない、売り惜しみする、簡単には手放さない、易々とは譲らない ②二つ返事では引受けない、強情を張る、うんとは言わない
ဈေးကုန်[ze:goun]（名）最高値
ဈေးကျ[ze: tʃa.]（動）値が下がる、値下がりする
ဈေးကြီး[ze: tʃi:]（形）値が張る、高価だ
ဈေးကြီးကြီးနှင့်[ze: tʃi:dʒi:nɛ.]（副）高価で
ဈေးကြီးကြီးပေး[ze:tʃi:dʒi: pe:]（動）高額を支払う
ဈေးကြို[ze:tʃo]①（動）仲卸しをする、仲買をする ②（名）青空市場、卸し売り市場
ဈေးကြောင်းပေါက်[ze:dʒaun:bauʔ]（名）時価
ဈေးကွဲ[ze: kwɛ:]（動）買物客がいなくなる、客が散る
ဈေးကွက်[ze:gwɛʔ]（名）市場、マーケット
ဈေးကွက်စီးပွါးရေးစနစ်[ze:gwɛʔ si:bwa:je: səniʔ]（名）市場経済制度
ဈေးကြွေး[ze:dʒwe:]（名）売掛け金、つけで購入した品物の未払い金
ဈေးခေါ်[ze:kʼɔ]①（動）値をつける、売り値を言う ②[ze:gɔ]（名）言い値 ③梟の置物（日本の招き猫に相当）
ဈေးခေါ်ကောင်း[ze:gɔ kaun:]（形）もてはやされ

ဈေးခေါင် る、魅力がある、引きつける
ဈေးခေါင်[ze:gaun] (名) 高値、最高値
ဈေးခေါင်နိုက်[ze:gaun kʻaiˀ] (動) 高値が付く、最高値になる
ဈေးခေါင်း[ze:gaun:] (名) 市場の管理人
ဈေးခိုင်[ze: kʻain] (形) 価格が安定している
ဈေးချ[ze: tɕʰa.] (動) 値引きする=ဈေးလျှော့
ဈေးချို[ze: tɕʰo] (形) 廉価だ、安価だ
ဈေးချိုချိုရရ[ze: tɕʰodʑo ja.ʃi.] (動) 安値で手に入れる、安価に入手る
ဈေးချောင်[ze: tɕʰaun] (動) バーゲンする、特価で売る、見切り値で売る
ဈေးချုပ်[ze:dʑouˀ] (名) ①既製品、大量生産品 ②廉価品、安物
ဈေးခြင်း[ze:dʑin:] (名) 買物籠
ဈေးခြင်းတောင်း[ze: tɕʰin:daun:]=ဈေးခြင်း
ဈေးစကား[ze: zəga:] (名) ①値段の駆け引き ②根拠のない噂、値も葉もない話、噂話
ဈေးဆို[ze:sʻo] (動) ①値を付ける ②高値で売る
ဈေးဆိုင်[ze:sʻain]① (動) 売買の話をする、値段の話し合いをする、売買の取決めをする ②[ze:zain] (名) 市場の出店
ဈေးဆစ်[ze: sʻiˀ] (動) ①値切る、値段の駆け引きをする ②自分の言い値を通す
ဈေးဆစ်ခံရ[ze:sʻiˀ kʻan ja.] (動) 値切られる
ဈေးဆွဲ[ze:sʻwɛ:] (動) 売り惜しみする、足許に付け入る
ဈေးတူ[ze: tu] (動) 同値だ、同じ価格だ
ဈေးတဲ့[ze: tɛ.]=ဈေးတည့်
ဈေးတက်[ze: tɛˀ] (動) 価格上がりする、価格が高騰する
ဈေးတင်[ze: tin] (動) 値を釣り上げる
ဈေးတောင်း[ze:daun:] (名) 物売り用の底の浅い大型の笊
ဈေးတောင်းခေါင်းရွက်[ze:daun: gaun:jwɛˀ] (名) (商品を頭に載せて売り歩く) 物売り
ဈေးတည့်[ze: tɛ.] (動) 値段の折れ合いがつく、商談が成立する
ဈေးတန့်[ze: tan.] (動) 価格が静止する、値動きが止まる
ဈေးတန်း[ze:dan:] (名) 露天、出店
ဈေးတွက်[ze:dwɛˀ] (名) 暗算、速算
ဈေးထိုင်[ze: tʻain] (形) 不景気だ、商売が芳しくない
ဈေးထုတ်[ze:tʻwɛˀ] (動) 物を売る、市場で売る
ဈေးနာ[ze:na] (動) 時価を調べる

ဈေးနေ့[ze:ne.] (名) 市の立つ日
ဈေးနှုန်း[ze:noun:] (名) 値段、価格、時価、相場
ဈေးနှုန်းကပ်ပြာ[ze:noun: kaˀpja:] (名) 値札
ဈေးနှုန်းချို[ze:noun: tɕʰo] (形) 安価だ
ဈေးနှုန်းချိုသာ[ze:noun: tɕʰota] =ဈေးနှုန်းချို
ဈေးနှုန်းစာရင်း[ze:noun: səjin:] (名) 値段表、価格表
ဈေးနှုန်းအတိမ်း[ze:noun: dədin:] (名) 市況
ဈေးနှိပ်[ze: ṇeiˀ] (動) 値切り叩く、値切って買う
ဈေးနှိမ်[ze: ṇein] (動) =ဈေးနှိပ်
ဈေးပါးစပ်[ze: bəzaˀ] (名) 無責任な話
ဈေးပေါ[ze: pɔ:] (形) 廉価で、経済的だ
ဈေးပေါပေါနဲ့[ze: pɔ:bɔ:nɛ.] (副) 安価に、安い値段で
ဈေးပေါကြို[ze:baundʑo:] (名) 閉店間際の廉価販売時刻、割引き価格時刻、バーゲンセール・タイム
ဈေးပျက်[ze: pjɛˀ] (動) 値崩れする、値下がりする
ဈေးပြိုင်စနစ်[ze:bjain sənìˀ] (名) 入札方式、入札制度
ဈေးပြိုင်ရောင်းချ[ze:bjain jaun:tɕʰa.] (動) 入札売却する
ဈေးပျော့[ze:pjʻɛˀ] (動) ①値を下げる、安値で売る、ダンピングする ②品位を落す、さげすむ、見くびる
ဈေးဖြတ်[ze:pʻjaˀ] (動) 値を付ける
ဈေးဘိုး[ze:bo:] (名) 買い物の費用
ဈေးဘိုးငွေ[ze:bo:ŋwe]= ဈေးဘိုး
ဈေးမေး[ze: me:] (動) 値段を聞く、価格を尋ねる
ဈေးမှန်[ze:man] (名) 正価、正札
ဈေးရင်း[ze:jin:] (名) 元値、卸し値、原価
ဈေးရောင်း[ze: jaun:] (動) 市場で商いをする、市場で物を売る
ဈေးရောင်းစား[ze: jaun:sa:] (動) 商いで暮す、商売で生計を立てる
ဈေးရုံ[ze:joun] (名) 市場の建物
ဈေးရှိ[ze: ʃi.] (動) 値がする、相場である
ဈေးလိုက်[ze:laiˀ] (動) 徐々に値上がりする
ဈေးလန်[ze:lan.] (動) 市場が混乱する、市場がパニックに陥る
ဈေးလှုပ်[ze:ɬan.] (動) 価格を上下させる、値段を変動させる
ဈေးလျှော့[ze: ʃɔ.] (動) 値下げする、安売りをする
ဈေးဝယ်[ze: wɛ]① (動) 買い物をする、買い物に

行く ②（名）買い手、買い物客
ရေး:သက်သာ[ze: tɛʔta]（形）経済的だ、廉価だ
ရေး:သည်[ze:dɛ]（名）物売り、商売人
ရေး:သုံး[ze:doun:]（名）生活費用、生計費
ရေး:သွား:[ze: twa:]（動）市場へ出かける、買物に
　行く
ရေး:သွားခြင်း[ze:twa:ʤin:]（名）買い物籠
ရေး:ဦးရေး:ပျား:[ze:u: ze:bja:]（名）初売り、
　初めての売り上げ
ရေး:ဦးပေါက်[ze:u: pauʔ]（動）口開けとなる、初
　めて売れる、発売第1号となる　ထင်:တချောင်းမှပဲ
ရေး:ဦးမပေါက်သေး:ပါဘူး:။ まだ薪1本も売れない
ရေး:ဦးပေါက်မှန်:မပေါက်မှန်:မသိ။ 売り上げが初めて
　あったのかどうか知らない
ရေး:ဦးဖောက်[ze:u: pʻauʔ]①（動）最初に買う、
　初めて手を付ける、購入第1号となる　②買物客第1
　号
ရေး:အေး[ze:e:]（動）価格が安定している、値動
　きしない
ျျျျန်[zan]（名）①禅定、精神の集中、精神統一　②
　神通力
ျျျျန်ကြ[zan tʃwa.]（動）①神通力で空を飛ぶ　②
　死ぬ
ျျျျန်ပျံ[zan pjan]（動）神通力で空中を飛翔する
ျျျျန်ရ[zan ja.]（動）精神統一を行う、神通力を
　得る
ျျျျန်လျော[zan ʃɔ:]（動）①神通力を失う　②威信
　を失う
ျျျျန်ဝင်[zan win]（動）精神を集中する、精神を
　統一する、禅定に入る、熟中する、専念する、陶酔す
　る
ျျျျန်ဝင်စာ:[zan winza:]=ျျျန်ဝင်၊ ျျျန်ဝင်စာ:
　နေသောမထေရ် 禅定に入っている長老比丘
ျျျျန်အင်္ဂါ:ပါ:[zen inga ŋaba:]（名）禅定の
　条件五つ（思索、実践、愛好、心の安らぎ、精神の安
　定）

ည

ည[ɲa.]（名）ビルマ文字体系第10番目の子音文字
ဉ[ɲa.]（名）ည の異体字、名称は ညကလေး:[ɲa.
　gəle:]（小さなニャ）
ဉာဏ[ɲana.]（名）知恵、知識
ဉာဏကလ[ɲana.bəla.]（名）知力、知性
ဉာဏကလုပ်သား:[ɲana.louʔta:]（名）ホワイト・カ
　ラー、頭脳労働者 cf. ကာယလုပ်သား:
ဉာဏတက[ɲadəga]（名）親類、親戚
ဉာဏီ[ɲati.]（名）親戚、親類、身内
ည[ɲa.]（名）夜、晩　=ညစ့
ညက[ɲa.ga.]（副）昨夜、昨晩
ညကျောင်း[ɲa.ʤaun:]（名）夜学
ညကြီး:မင်း:ကြီး:[ɲaʤi: minʤi:]①（名）夜更け、
　深夜、真夜中②（副）時ならぬ時刻
ညကြီး:သန်ခေါင်[ɲa.ʤi: dəgaun]（名）深夜、真
　夜中
ညကြည့်နာရီ[ɲa.tʃi.naji]（名）夜光時計
ညခင်[ɲa.gin:]（名）夜、夜間
ညချမ်း:[ɲa.ʤan:]（名）夕方、夕暮れ、宵
ညစာ[ɲa.za]（名）夕食、晩御飯 cf. မနက်စာ၊
　နေ့လည်စာ။
ညစာချက်[ɲa.za tʃʻɛʔ]（動）晩飯を炊く、夕食の
　準備をする
ညစာစား:ပွ[ɲa.za sa:bwɛ:]（名）晩餐、晩餐会
ညစောင်း:[ɲa.zaun.]（名）夜警 = 3ရဝမ်
ညစဉ်[ɲa.zin]（名・副）毎晩、毎夜
ညစဉ်ညဒိုင်[ɲa.zin ɲa.dain:] = ညစဉ်
ညဆိုင်း:[ɲa.zain:]（名）夜勤組
ညရေး:[ɲa.ze:]（名）夜店
ညရေး:တန်း:[ɲa. ze:dan:]（名）夜市
ညဒ~ည[ɲa.da~ɲa.ta]（名）夜間
ညတေး:ဆိုငှက်[ɲa. te:sʻoɲɛʔ]（鳥）ナイチンゲー
　ル
ညတိုင်း[ɲa.dain:]（名・副）毎夜、毎晩
ညတွင်း:ကြီး[ɲa.dwin:ʤi:]（名）真夜中、深夜
ညတွင်း:ချင်း[ɲa.dwin:ʤin:]（副）その晩、その夜
　の内に、一晩掛けて
ညနေ[ɲa.ne]（名）午後遅く、夕方早く
ညနေငင်:[ɲa.negin:]（名）午後遅く
ညနေချမ်း:[ɲa.neʤan:]（名）日暮れ、夕暮れ
ညနေစာ[ɲa.neza]（名）昼食 = နေ့လည်စာ
ညနေစောင်း:[ɲa.ne saun:]①（動）日が傾く　②
　[ɲa.nezaun:]（名）午後遅く、日没近く

ညနေစောင်းကျ[ɲa.nezauṇ: tʃa.] (動) 日没近くになる、日が傾く
ညနေဆည်းဆာ[ɲa.ne s'i:za] (名) 黄昏、薄暮
ညနေပိုင်း[ɲa.nebain:] (名) 午後 cf. မနက်ပိုင်း
ညနေဘက်[ɲa.nebɛʔ] (名) 午後の内
ညနေရီတရော[ɲa.ne jidəjɔ] (名) 黄昏
ညနေရီရောချိန်[ɲa.ne jijɔ:dʑein] (名) 黄昏、日暮れ
ညနေသင်တန်း[ɲa.ne ṭindan:] (名) 夜学、夜間学級
ညဘက်[ɲa.bɛʔ] (名) 夜、夜間
ညမွှေးပန်း[ɲa.m̥we:ban:] (植) ①ヤコウボク、夜来香 Cestrum nocturnum 夜間開花、芳香あり ②ヨルソケイ
ညရထား[ɲa.jət'a:] (名) 夜行列車
ညရေးညညာ[ɲa.je: ɲa.da] (名) 夜間の用事、緊急事態
ညလုံးပေါက်[ɲa.loun:bauʔ] (副) 一晩中、徹夜で
ညဝါ[ɲa.wa] (名) 出家に対する宵の講義
ညဝတ်အင်္ကျီကြီး[ɲa.wuʔ ein:dʑi̯i:] (名) ガウン、ナイトガウン
ညသန်းခေါင်[ɲa.dəgaun] (名) 深夜、真夜中
ညသန်းခေါင်ယံ[ɲa.dəgaun jan] (名) 真夜中、深夜
ညသိပ်ရေ[ɲa.ḍeiʔje] (名) 前夜汲み上げて置いた水
ညအခါ[ɲa. ək'a] (名) 夜間
ညဦး[ɲa.u:] (名) 宵、日暮れ直後
ညဦးယံ[ɲa.u:jan] = ညဦး
ညအိပ်အင်္ကျီ[ɲa.eiʔ ein:dʑi] (名) パジャマ、寝間着
ညာ[ɲa] (名) 右
ညာခြေ[ɲa tʃi] (名) 右足
ညာဖက်[ɲabɛʔ] (名) 右側
ညာဘက်[ɲabɛʔ] (名) =ညာဖက်
ညာညှိ[ɲa ɲ̥i.] (動) (整列の時) 右へ倣う
ညာလက်ရုံး[ɲalɛʔjoun:] (名) ①右腕 ②腹心、股肱の臣
ညာလက်သန်[ɲalɛʔ ṭan] (形) 右利きだ
ညာလှည့်[ɲa.ɬɛ.] (動) 右を向く
ညာသန်[ɲa ṭan] ① (形) 右利きだ cf. ဘယ်သန် ②[ɲadan] 右利き
ည့ာ[ɲa] (動) 騙す、嘘をつく ငါ့ကိုမညာနဲ့။ 僕を騙すな
ညာစား:[ɲa sa:] (動) 誤魔化す、騙す、嘘をつく
ညာတာပါတေး[ɲatapate:] (名) 狡猾、陰険
ညာပုံညာနည်း[ɲaboun ɲani:] (名) 騙し方、騙しのテクニック
ညာပြော[ɲapjɔ:] (動) 嘘を言う、騙す
ညာလုံး[ɲaloun:] (名) 嘘、騙し
ညာသံ[ɲadan] (名) 甲高い声、ソプラノ
ညာသံပေး[ɲadan pe:] (動) 歓声を上げる、ときの声を上げる
ညား:[ɲa:] (動) ①遭う、遭遇する ②肉体関係を持つ一緒になる、同棲する、夫婦になる、結婚する
ညားခါစလင်မယား:[ɲa:gaza.linməja:] (名) 新婚夫婦
ညှိ[ɲi.] (動) 点火する、火がつく cf. ညှိ
ညီ[ɲi] (名) (兄から見た場合の) 弟 cf. မောင် (姉から見た) 弟
ညီကြီး[ɲi.dʑi:] (名) 上の弟
ညီလတ်[ɲi.laʔ] (名) 2番目の弟
ညီငယ်[ɲiŋɛ] (名) 下の弟、末の弟
ညီညီမယ်[ɲi nima.ɲɛ] (名) 弟妹
ညီတော်[ɲidɔ] (名) 弟君、皇弟 cf. နောင်တော်
ညီထွေးလေး[ɲidwe:le:] (名) 末弟
ညီနောင်[ɲinaun] (名) (王族など身分の高い人の) 兄弟 cf. ညီအစ်ကို
ညီပုလေး[ɲipu.le:] (名) =လက်သန်း
ညီမ[ɲəma.~ɲima.] (名) (姉から見た場合の) 妹 =ညီမယ်၊ ညီမလေး။ cf. နှမ
ညီရင်း[ɲijin:] (名) 実の弟、血の繋がった弟
ညီအစ်ကို[ɲi əko] (名) 兄弟
ညီအစ်ကိုတော်[ɲiəko tɔ] (動) 兄弟関係にある
ညီအစ်ကိုတဝမ်းကွဲ[ɲiəko təwun:gwɛ:] (名) 従兄弟
ညီအစ်ကိုတဝမ်းကွဲတော်[ɲi əko təwungwe: tɔ] (動) 従兄弟関係にある
ညီအစ်ကိုနှစ်ဝမ်းကွဲ[ɲiəko n̥əwun:gwɛ] (名) 叉従兄弟
ညီအစ်ကိုနှစ်ဝမ်းကွဲတော်[ɲiəko n̥əwun:gwe: tɔ] (動) 叉従兄弟関係にある
ညီအစ်ကိုမသိတသိအချိန်[ɲiəko məṭi.dədi.ətʃein] (名) 黄昏時、夕暮れ、夕闇
ညီအစ်ကိုမောင်နှမ[ɲi əko maun ɲəma] (名) 兄弟姉妹
ညီအစ်ကိုသုံးဝမ်းကွဲ[ɲiəko ṭoun:wun:gwɛ:] (名) 叉従兄弟の子供
ညီအစ်ကိုဝမ်းကွဲတော်[ɲiəko wun:gwe: tɔ] (動) 従兄弟関係にある
ညီအစ်ကိုအရင်း[ɲiəko əjin:] (名) 実の兄弟、血の繋がった兄弟

ညီအစ်မ[ɲi əma.](名)姉妹

ညီအစ်မနှစ်စုံတော်[ɲiəma. k'unnəp'ɔ](鳥)オナガモリチメドリ

ညီ[ɲi](動)①(長さ、高さ、大きさ等が)揃う、一致する、等しい、均等だ、同等だ ②平だ、平坦だ ③団結する、協力する

ညီညာ[ɲiɲa](形)①平だ、平坦だ ②等しい、同じだ、一致する

ညီညာဖြဖြ[ɲiɲa p'ja.bja.](副)団結して

ညီညီ[ɲiɲi](副)等しく、均等に、公平に

ညီညီညာညာ[ɲiɲiɲaɲa](副)①平に ②等しく、同じ態度で

ညီညီညွတ်ညွတ်[ɲiɲiɲuʔɲuʔ](副)①一致して、揃って、調和して ②団結して ညီညီညွတ်ညွတ်စုပေါင်းလုပ်ဆောင်သည်။ 全員一致共同で行う

ညီညီမျှမျှ[ɲiɲi mja.mja.](副)等しく、均等に、公平に

ညီညွတ်[ɲiɲuʔ](動)①調和する、一致する、合致する ②団結する、協調する

ညီညွတ်စည်းလုံး[ɲiɲuʔ si:loun:](動)団結する、団結統一する

ညီညွတ်မှု[ɲiɲuʔmu.](名)①一致、調和 ②団結、統一

ညီညွတ်ရေး[ɲiɲuʔje:](名)①一致、調和 ②団結、統一

ညီတူ[ɲitu](形)①等しい、同じだ、一致する ②均等だ、均一だ

ညီတူညာတူ[ɲidu ɲadu](副)①等しく均等に ②異議なく、満場一致で ③同時に、一斉に

ညီတူညီမျှ[ɲidu ɲimja.](副)等しく、均等に、均一に =ညီတူမျှတူ

ညီတူမျှတူ[ɲidu mja.du](副)満場一致で、異議なく

ညီမျှ[ɲimja.](形)等しい、均等だ

ညီမျှခြင်း[ɲimja.ɕin:](名)①均等、均一、同等 ②(算数の)等号 လေးအပေါင်းသုံးညီမျှခြင်းခုနစ်။ 4足す3は7(4+3=7)

ညီမျှလက္ခဏာ[ɲimja. lɛʔk'əna](名)等号

ညီလာခံ[ɲilagan](名)①集会、大会 ②国王の諮問会議 ②[ɲila k'an](動)国王が諮問会議を招集する

ညီလာခံပွဲ[ɲilaganbwɛ:](名)大会、集会

ညီး[ɲi:](動)①輝く、光を放つ ②飽きる、うんざりする、厭になる、ぼやく、不平を言う、不満を洩らす =ငြီး

ညူ[ɲu.](動)媚びる、媚を呈する、甘える、艶めかしい ရင်ကျမကိုသေတဲ့အထိချစ်တဲ့လားလို့ညူလိုက်တယ်။ あなたは死ぬまで私を愛してくれるのと媚びを呈した

ညူတူတူစာ[ɲu.tu.du.za](名)艶めかしい手紙

ညူတူတူဆို[ɲu.tu.du. s'o](動)艶めかしく言う、鼻を鳴らす、睦言を言う

ညူဒန်[ɲu.dan](動)艶めかしい声、甘えた声、媚びた声

ညူကလီးယား[ɲu.kəri:ja:](名)=နျူကလီးယား

ညူကလီးယား[ɲukəri:ja:](名)=နျူကလီးယား

ညူကလီးယားဓာတ်ပေါင်းဖို[ɲukəri:ja: daʔpaun bo](名)原子炉、増殖炉

ညူကလီးယားလက်နက်[ɲukəri:ja: lɛʔnɛʔ](名)核兵器

ညူကလီးယားလောင်စာ[ɲukəri:ja: laun:za](名)核燃料

ညူလက်နက်[ɲu lɛʔnɛʔ](名)核兵器

ညေ[ɲɛ:](代)女性同志の間で使われる2人称、お前さん =ညည်း

ညော[ɲɔ](植)センリョウボク(アカネ科)Morinda tinctoria =ရှော

ညောကြီး[ɲɔ:ʥi:](植)ヤエヤマアオキ(アカネ科)Mroinda citrifolia =ရှောကြီး

ညို[ɲo](形)①霞んでいる、ぼんやりしている、どんよりしている、曇っている ②表情が暗い、顔色が冴えない、愛いを帯びている

ညိုညို[ɲo.ɲo.](形)ぼんやりと、薄ぼんやりと တောင်ညိုညို 霞んだ山々

ညိုမှိုင်းမှိုင်း[ɲo.ɲo.main:main:](副)ぼんやりと、霞んで

ညိုမှိုင်း[ɲo.main:](形)霞んでいる、ぼんやりしている ညိုမှိုင်းနေတဲ့တောင်ကြီးတွေ ぼんやりと霞んだ山々

ညိုသကြည်း[ɲo.dəʥi:](名)脛、向う脛=ခြေသလုံး

ညို[ɲo](形)①(色が)褐色だ、茶褐色をしている、狐色だ ②(肌が)浅黒い、日焼けしている ③顔色が冴えない、愛いを帯びている

ညိုစိမ့်စိမ့်[ɲo sein.zein.](副)肌が浅黒くて အသား:စိမ့်စိမ့် 浅黒い肌、日焼けした肌

ညိုးညို့ညိတ်ညိတ်[ɲo.ɲo. neiʔɲeiʔ](副)戦いて、震えて、ぞくぞくして

ညိုးညို့ညံ့ညံ့[ɲo.ɲo.ɲanɲan](副)喧しく、騒がしく、騒然と、混沌と

ညက်[ɲɛʔ]①(動)粉になる、粉末になる ②(形)(粉や生地等が)滑らかだ、手触りがよい、滑々している ③(肌の)きめが細かい ④上品だ、優雅だ

ညက်ညော[nɛʔnɔː](形)=ညက်
ညက်ညက်ကြေ[nɛʔnɛʔtʃe](動)①砕ける、粉になる、粉々になる ②完璧にこなす、徹底できる
ညက်ညက်ကြေအောင်[nɛʔnɛʔtʃe auŋ](副)完璧に徹底して အဋ္ဌကထာ၊ဋီကာတို့ကိုညက်ညက်ကြေအောင်သင်ကြား သည်။(三蔵の)註釈書やその複註を徹底的に学んだ
ညင်ညင်သာသာ[niɲniŋ taḍa](副)穏やかに
ညင်သာ[ninṭa](形)(態度や話し振りが)穏やかだ、穏和だ、物静かだ
ညင်သာစွာ[nintazwa](副)物静かに、穏やかに
ညင်း[niŋ](名)筵=ဖျင်း
ညင်း[niŋ](動)拒む、拒否する=ငြင်း
ညင်း[niŋ](形)柔らかだ、優しい
ညင်းပျောင်း[niŋpjauŋ](形)物柔らかだ、穏和だ
ညောင်[naun]①(植)バンヤンジュ、ベンガルボダイジュ(クワ科)Ficus bengalensis ②(擬)猫の鳴き声
ညောင်ကြက်ပေါင်[nauŋ tʃɛʔpauŋ](植)インドゴムノキ(クワ科)Ficus elastica
ညောင်ကြက်[nauŋtʃaʔ](植)クワ科の1種 Ficus obtusifolia
ညောင်ချို့[nauŋtɕin](植)オオバアコウ、アコウノキ(クワ科)Ficus infectoria
ညောင်ခြေထောက်[nauŋ tʃidauʔ](植)バンヤンジュ、ベンガルボダイジュ Ficus bengalensis
ညောင်စောင့်နတ်[nauŋzauŋnaʔ](名)ベンガルボダイジュの樹霊、樹精
ညောင်စောင်း[naunzauŋ](名)国王や王妃使用の寝台
ညောင်ညဉ့်ညဉ့်[nauŋ ɲi ɲi](副)ぶつぶつと、文句たらたら、不平を言って、愚痴をこぼして
ညောင်နာနာ[nauŋ nana](副)①口籠って、吃って ②よろよろと、ぐらぐらして
ညောင်ပင်တစ်ဋ္ဌေစာ[naunbiŋ tɐsʼe gəza](動)「かごめかごめ」に似た遊びをする、円陣の中央に女児 မဝေ を置き、残りの者は外向きに円陣を組んで陣の外から女児を捕えようとする鬼(樹精)を妨げる、鬼との間で交わされる歌は ညောင်တဦးေလ ေလေ で始まり、မယ်ထွေေလးရလျှင်ယူေလာ။ で終る
ညောင်ပိန်းနဲ[naunpeiŋnɛ](植)クワ科の1種 Ficus nerbosa
ညောင်ဗြူ[naunbju](植)ボダイジュモドキ(クワ科)Ficus rumphii
ညောင်ေတာ်ဒီ[naunbɔːdi](植)インドボダイジュ(クワ科)Ficus religiosa
ညောင်ဗုဒ္ဓဟေး[naunboudəhe]=ညောင်ေတာ်ဒီ
ညောင်ရေ[naun je](名)①祝福用の水 ②(ビルマ暦2月満月の日に)インド菩提樹に注ぎ掛ける水
ညောင်ရေလောင်း[naun je lauŋ](動)インド菩提樹に水を注ぐ
ညောင်ရေသွန်း[naun je ṭuŋ](動)=ညောင်ရေလောင်း
ညောင်ရေသွန်းပွဲ[naun jeṭuŋbwɛ](名)(釈尊降誕、成道、入滅の日とされる)ビルマ暦2月の満月の日に、仏像やインド菩提樹に水を注ぐ行事
ညောင်ရေအိုး[naun jeo](名)神仏に供える花瓶、仏前供花用の花瓶
ညောင်ရေအိုးပန်း[naun jeoːbaŋ](植)マラバルノボタン(ノボタン科)Melastoma malabaricum
ညောင်သပြေ[naundəbje](植)①ホソバアコウ、シダレガジュマル(クワ科)Ficus Benjamina ②オオイヌビワ、ムクイヌビワ(クワ科)Ficus gibbosa
ညောင်သဖန်း[naun dəbaŋ](植)ナンヨウイヌビワ(クワ科)Ficus annulata
ညောင်ဦး[naun u](地)ニャウンウー、イラワジ川の左岸にある町、パガン遺跡を含む
ညောင်ဦးကမ်းပါးပြို၊မွတ္ရဂရှီကန္မေပေါက်ကျိုး။(諺)何の脈絡もない、とんだ飛ばっちり(ニャウンウーの崖が崩れてチャンパナガラの牝牛の脚が折れる)
ညောင်အုပ်[naun ouʔ](植)ガジュマル(クワ科)Ficus retusa
ညောင့်[nauŋ](名)新芽
ညောင့်[nauŋ](名)淋病
ညောင့်ကျ[nauŋ tʃa](動)淋病に罹る、排尿の際に性器から膿様の粘液が出る、こしけが降りる
ညောင့်ကျရောဂါ[nauŋːtɕa jɔga]=ညောင့်
ညောင်း[nauŋ](動)①(時間が)かかる တော်တော်အချိန်ညောင်းသွားလေပြီ။随分時間がかかってしまった ②(筋肉が)こわばる ③緩む、劣化する、弱体化する、古くなる
ညောင်းညာ[naun na](動)①疲れる、疲労する ②筋肉がこわばる、手足がこわばる、肩が凝る
ညစ်[niʔ](形)①不潔だ、汚ない ②(やり方が)汚い、卑劣だ、狭猾だ、意地悪だ ③(肌が)青白い、血色がよくない ④(動)汚れる
ညစ်ကျိ[niʔtʃi](形)汚い、不潔だ、泥だらけだ、濁っている
ညစ်ကျူ[niʔtʃu](形)①汚い、濁っている ②卑劣

ညစ်ကျယ်ကျယ်[ɲi‿ʔtʃɛʤɛ] (副) 喧嘩腰で、我が物顔で、卑劣に、他人を出し抜いて ညစ်ကျယ်ကျယ်လုပ်သည်။ 不当な事をする、卑劣な事をする、我が物顔に振舞う

ညစ်စုတ်[ɲiʔouʔ] (動) ①古びて脆くなる、古びて破れる、ぼろぼろになる ②卑怯だ、卑劣だ、不道徳だ、下卑ている

ညစ်ညူး[ɲiʔɲuː] (形) ①憂鬱だ、気が晴れない、意気消沈する စိတ်ညစ်ညူးနေသည်။ 気持ちが鬱陶しい ②卑しい、卑劣だ、下品だ

ညစ်ညူးစွာ[ɲiʔnuːzwa] (副・文) 憂鬱に、気が滅入って စိတ်လုံးညစ်ညူးစွာနေထိုင်ရရှာသည်။ 気の毒に気分的に滅入った暮らしをしている

ညစ်ပမ်း[ɲiʔnan] (形) ①汚い、不潔だ ②汚れる汚染される ③淫らだ、汚らわしい、猥褻だ、不純だ ④卑劣だ

ညစ်ပမ်းစေ[ɲiʔnanːze] (動) 汚す、汚染する

ညစ်ပမ်းမှု[ɲiʔnanːmu] (名) 汚染 လေထုညစ်ပမ်းမှု 大気汚染 ပတ်ဝန်းကျင်ညစ်ပမ်းမှု 環境汚染

ညစ်တီးညစ်ပတ်[ɲiʔtiːɲiʔpaʔ] (副) ①汚れて、不潔で ②下品で、不純で、淫らで、猥褻で

ညစ်တေး[ɲiʔte] (形) 汚い、不潔だ

ညစ်တေးတေး[ɲiʔtʼeːde] (副) (顔や服が) 汚くて、不潔で မျက်နှာသုတ်ပုဝါညစ်တေးတေး 不潔なタオル အင်္ကျီညစ်တေးတေး 汚れた上着

ညစ်တည်း[ɲiʔtʼe] (形) =ညစ်တေး

ညစ်ထက်ထက်[ɲiʔtʼaʔtʼa] (副) =ညစ်ထပ်ထပ်

ညစ်ထပ်ထပ်[ɲiʔtʼaʔtʼa] (副) 薄汚れて、煤けていて、薄黒くて ညစ်ထပ်ထပ်ဖြစ်သည်။ 汚れている、汚い、不潔だ ညစ်ထပ်ထပ်အဝတ်အစား 薄汚れた衣服

ညစ်နွမ်း[ɲiʔnunː~ɲiʔnwanː] (形) 薄汚れている、汚れている、煤けている、色あせている

ညစ်ပတ်[ɲiʔpaʔ] (形) ①汚い、不潔だ ②卑劣だ、卑怯だ、ずるい、不正だ、不正直だ တကိုယ်လုံးညစ်ပတ်နေသည်။ 全身が汚れている ③猥褻だ

ညစ်ပတ်မှု[ɲiʔpaʔmu] (名) ①汚れ、不潔 ②不正直、不誠実

ညစ်ပုတ်ပုတ်[ɲiʔpouʔpouʔ] (副) くすんでいて、冴えなくて、色あせていて

ညစ်ပုပ်ပုပ်[ɲiʔpouʔpouʔ] =ညစ်ပုတ်ပုတ်

ညည်[ɲi] (代) 女性用二人称 ညည်း の斜格形、あんた、あんたに

ညည[ɲi.~ɲin] (名) 夜

ညည်[ɲi.~ɲin] (名) =ညည

ညညုတ်[ɲi.ŋɛʔ] (名) 売春婦、街娼 =ပြည့်တန်ဆာ

ညည်နက်[ɲi.nɛʔ] ① (動) 夜が更ける ညည်နက်လာသည်။ 夜が更けてきた ② (名) 深夜

ညည်နက်သန်းခေါင်[ɲi.nɛʔ dəgaun] (名) 深夜

ညည်နှစ်ချက်တီးကျော်[ɲi.nətʃɛʔtiː‿ʤɔ] (名) 午前2時過ぎ

ညည်သုံးချက်အချိန်[ɲi.tounːjɛʔtiː ətʃein] (名) 午前3時

ညည်သုံးယံ[ɲi.tounːjan] (名) 夜明け前、日の出前 cf. ညည်ဦးယံ

ညည်အချိန်[ɲi.ətʃein] (名) 夜、夜間

ညည်ဦးယံ[ɲi.uːjan] (名) 日暮れ、夕暮れ、宵

ဉာဏ်[nin] (名) ①癖、性癖、性格 ②霊魂 =ဝိညာဉ်

ညည်း[niː] (代) あんた (相手が同年輩又は年下の場合に女性同志に使用する二人称) ညည်းယုံသလား အန်တယ် あんたは信じているの ညည်းကိုငါတခုပြောစရာရှိပါတယ် あたしはあんたに言う事があるわ သူတို့ကညည်းကိုဘာလေးကြမလဲ။ あの人達はあんたに何を呉れるの

ညည်း[niː] (動) ①ぼやく、不平を言う、愚痴をこぼす ②うめく、しん吟する ③鼻歌を歌う သီချင်းညည်းသည်။ ④ (ドバトが) 鳴く

ညည်းချင်း[niːʤin] (名) 追憶の歌、追慕の歌

ညည်းညူ[niːɲu] (動) ①うめく、しん吟する ②愚痴る、ぼやく、愚痴をこぼす

ညည်းညည်းညူညူ[niːɲi:ɲuɲu] (副) 愚痴って、ぼやいて、愚痴をこぼして、不平を言って

ညည်းတွာ[niːtwa] =ညည်း

ညတ်[naʔ] (名) 授具足戒の宣告

ညိတ်[ɲeiʔ] (動) うなずく、首肯する ခေါင်းညိတ်သည်။ 首を縦に振る→ငြိမ့် ②横目で見る မျက်စောင်းညိတ်သည်။ 横目で睨む

ညန်[nan] (植) ツノクサネム (マメ科) →ည

ဉာဏ်[nan] (名) 知恵、知識 ＜パ ñāṇa

ဉာဏ်စာ:[nan gəzaː] (動) あれこれ考える、頭を働かせる、知恵を絞る

ဉာဏ်ကူး[nan kuː] (動) 工夫する、考案する

ဉာဏ်ကောင်း[nan kaunː] (形) 賢い、頭がよい、利発だ、聡明だ、頭脳明晰だ

ဉာဏ်ကျယ်[nan tʃɛ] (形) 博識だ、広い知識を持つ

ဉာဏ်ကြီး[nan tʃiː] (形) 洞察力がある

ဉာဏ်စမ်း[nan sanː] (動) 知恵試しをする、知識を試す

ဉာဏ်စမ်းပဟေဠိ[nanzanː pəheliʔ] (名) 謎々、クイズ

ဉာဏ်စွမ်း[nanzwanː] (名) 知能、知的能力、才能

ဉာဏ်စွမ်းဉာဏ်စ[nanzwanː nanza] (名) 知能、

ဉာဏ်စွမ်း၊ ဉာဏ်စရှိ

才能、才知 =ဉာဏ်စွမ်း

ဉာဏ်စွမ်း၊ ဉာဏ်စရှိ[ɲanzwan:ɲanza.ʃi.]（動）知的能力がある、頭脳明晰だ

ဉာဏ်ဆင်[ɲan s'in]（動）①知恵を絞る、頭を働かせる、方法を模索する　②悪知恵を働かせる、悪企みをする、謀り事をする

ဉာဏ်တော်[ɲandɔ]（名）仏像や仏塔の高さ

ဉာဏ်တိမ်[ɲan tein]（形）知識が乏しい、知識が浅い

ဉာဏ်တုံး[ɲan toun:]（形）無知だ、物事を知らない

ဉာဏ်ထက်မြက်[ɲan t'ɛʔmjɛʔ]（形）頭脳明晰だ、鋭敏な頭脳を持っている

ဉာဏ်ထိုင်း[ɲan t'ain:]（形）頭が鈍い、知的反応が鈍い

ဉာဏ်ထိုင်းမှိုင်း[ɲan t'ain:main:] =ဉာဏ်ထိုင်း

ဉာဏ်ထုတ်[ɲan t'ouʔ]（動）頭を働かせる、知恵を巡らせる

ဉာဏ်နီဉာဏ်နက်[ɲanni ɲannɛʔ]（名）悪知恵、悪企み、陰謀、権謀術数

ဉာဏ်နီဉာဏ်နက်ထုတ်[ɲanniɲannɛʔ t'ouʔ]（動）悪事を企む、悪知恵を働かせる、悪企みをする

ဉာဏ်နက်[ɲan nɛʔ]（動）該博な知識を持つ

ဉာဏ်နည်း[ɲan nɛ:]（形）知識が乏しい、思慮が浅い

ဉာဏ်ပညာ[ɲan pjinɲa]（名）知恵、英知、理知

ဉာဏ်ပညာအမြော်အမြင်[ɲanpɲinɲa əmjɔʔəmjin]（名）洞察力

ဉာဏ်ပူဇော်[ɲan puzɔ]（動）智慧を提供する

ဉာဏ်ပူဇော်ခ[ɲan puzɔga.]（名）原稿料、講演謝金、印税

ဉာဏ်ပေး[ɲan pe:]（動）助言する、忠告する

ဉာဏ်ပိုင်[ɲan pain]（形）賢明だ、聡明だ

ဉာဏ်ပွင့်[ɲan pwin.]（形）理解が早い、頭脳明敏だ

ဉာဏ်ပွင့်လင်း[ɲan pwin.lin:]（動）知恵が働く、聡明になる

ဉာဏ်မရှိ ရဲသားလုပ်။（慣）知識無し、巡査をする

ဉာဏ်များ[ɲan mja:]（形）①利口だ、利発だ、機知に富む　②油断ならない、抜目ない、悪知恵に富む、奸智に長けている　ကျားဆိုတာ ဉာဏ်များတယ်။虎というのは油断ならない

ဉာဏ်မှီ[ɲan mi]（動）理解できる、把握できる

ဉာဏ်ရည်ဉာဏ်သွေး[ɲanje ɲanwa:]（名）頭脳の働き、血の巡り

ဉာဏ်ရည်သာ[ɲanje ta]（動）才能が上回っている

ဉာဏ်လမ်းကြောင်း[ɲan lan:dʑaun:]（名）（手相の）知能線

ဉာဏ်လေး[ɲan le:]（形）頭脳の働きが鈍い

ဉာဏ်သမာ:[ɲandəma:]（名）謀略家、悪知恵が働く者

ဉာဏ်သစ်လောင်း[ɲandiʔ laun:]（動）新知識を導入する、新知見を注入する

ဉာဏ်သစ်လောင်းသင်တန်း[ɲandiʔlaun: tindan:]再教育

ဉာဏ်သွား[ɲan twa:]（形）抜け目がない、辛辣だ

ဉာဏ်အား[ɲan a:]（名）知力

ညပ်[ɲaʔ]（動）①挟まる　နှစ်ယောက်ကြား တွင်ညပ်နေသည်။二人の間に挟まれている　②囲まれる、取巻かれる　③込み合う、詰め込まれる、混雑する、窮屈だ　လူအုပ်ထဲတွင်ညပ်နေသည်။群衆の中に巻き込まれている

ညပ်ညပ်သပ်သပ်[ɲaʔɲaʔ taʔtaʔ]（副）込み合っていて、鮨詰め状態で、窮屈で

ညပ်သပ်[ɲaʔtaʔ]（動）混雑する、満員状態だ

ညံ့[ɲan.]（形）①（感触が）柔らかい နူ့ညံ့သည်။②下手だ、拙い、劣っている、下等だ ဟင်းချက်ညံ့သည်။料理が下手だ　③（痛みが）収まる、和らぐ

ညံ့ကွက်[ɲan.gwɛʔ]（名）欠点、弱点 =ပျော့ကွက်

ညံ့ဖျင်း[ɲanp'jin:]（形）劣っている、下等だ、低級だ、拙劣だ

ညံ့သ[ɲan.tɛʔ]（形）優しい、穏やかだ

ညံ[ɲan]（植）①コナラ（ブナ科）Quercus serrata　②キバナノクサネム（マメ科）Sesbania aculeata　③ツノクサネム（マメ科）Sesbania cannabina

ညံ[ɲan]（形）騒がしい、喧しい ငှက်သံတွေကညံတယ်။鳥の鳴き声が喧しい

ညံစာစာ[ɲan saza]（副）喧騒で、喧しくて

ညွတ်[ɲuʔ]（動）①下がる、垂れる、垂下する　②うつ向く、頭を下げる、身を屈める、腰を曲げる　③意識する、先に惚れる、気が逸る

ညွတ်ကျူး[ɲuʔtʃo:]（動）恭しく接する、恭順である

ညွတ်တုပ်[ɲuʔtouʔ]（動）敬礼する、お辞儀する

ညွတ်တွား[ɲuʔtwa:]（動）身を屈める、腰を曲げる、頭を下げる

ညွတ်နု[ɲuʔnu.]（動）従順だ、恭順だ

ညွတ်ပက်ညွတ်ပက်ဖြစ်[ɲuʔpɛʔɲuʔpɛʔ p'ji]（動）（板や天秤棒等が）ぺこぺこ動く、上下に揺れ動く、うねる、起伏する

ညွှန့်[ɲun.]（名）①巻き髭、蔓 =အညွန့်　②最高、最善、最良

ညွှန့်[ɲun.]（動）①先が尖る、突き出る　②人に付け

込む、人を踏み台にする ③（形）最高だ、最善だ、最良だ

ညွန်ပေါင်း[ɲun.baun:]（名）①寄せ集め、連合、連立、提携 ②名選、名作集

ညွန့်ပေါင်းစစ်တပ်[ɲun'baun:si'ta']（名）多国籍軍

ညွန့်ပေါင်းအစိုးရ[ɲun.baun.əso:ja]（名）連立内閣

ညွန့်ပေါင်းအဖွဲ့[ɲun.baun:əp'wɛ.]（名）連立組織

ညွန်[ɲun]（名）①泥土、泥濘、沖積土 ②泥沼、湿地、沼地

ညှာ[ɲa]（動）①労る、思いやる、気を配る ②大目に見る、手加減する、手心を加える ညှာရက်သည်။ 手加減して殴る နောက်တခါညှာမှာမဟုတ်ဖူး။ 次回は容赦しないよ

ညှာတာ[ɲata]（動）労る、思いやる、気を配る ＝တသော

ညှာ[ɲa]（名）花柄、葉柄

ညှာတံ[ɲadan]（名）花柄、葉柄、茎、軸

ညှိ[ɲi.]（動）①（土を）均す ②比較する、参照する ကျမ်းနှင့်ညှိသည်။ 文献と照合する ③調整する ④整列する တန်းညှိသည်။ 整列する ညှာညှိသည်။ 右へ倣えをする ⑤（音を）調節する、調律する အသံညှိသည်။ ⑥（火を）点ける、点火する မီးညှိသည်။

ညှိစကာ[ɲi.zəja]（名）①相談事、協議する事 ②点火する事

ညှိနှိုင်း[ɲi.nain:]（動）①突き合わせる、照合する、調整する ②協議する、検討する

ညှိနှိုင်းဆွေးနွေး[ɲi.nain: s'we:nwe:]（動）打合わせる、協議する、検討する

ညှိနှိုင်းတိုက်ဆိုင်[ɲi.nain: tai's'ain]（動）比較照合する、比較検討する、照合調整する

ညှိနှိုင်းတိုင်ပင်[ɲi.nain: tainbin]（動）協議調整する

ညှီ[ɲi]（形）生臭い匂いがする、魚臭い匂いがする ငါး ညှီနံ 生臭さ、魚臭さ

ညှီစော်[ɲizɔ]（名）生臭さ、悪臭

ညှီစော်နံ[ɲizɔ nan]（形）生臭い、魚臭い

ညှီစိစိ[ɲi so.zo.]（副）生臭くて、吐き気を催して、むかむかして

ညှီစိစိနေ[ɲiso.zo. ne]（形）生臭い、むかつく臭いだ

ညှီစိစိနံ[ɲiso.zo. nan]（動）生臭く臭う、むかつく臭いがする

ညှီဟောက်[ɲihau']（形）生臭い、悪臭がする、異臭がする

ညှော်[ɲɔ]（植）センリョウボク（アカネ科）Morinda tinctoria

ညှော်ကြီး[ɲɔʤi:]（植）ヤエヤマアオキ（アカネ科） Morinda citrifolia

ညှော်[ɲɔ]（形）焦げ臭い、異臭がする

ညှော်ခံ[ɲɔ k'an]（動）①焦げ臭い匂いを吸い込む ②焦げ臭い匂いに耐える

ညှော်စော်[ɲɔzɔ]（名）焦げ臭さ

ညှော်စော်နံ[ɲɔzɔ nan]（動）焦げ臭い匂いがする

ညှော်တိုက်[ɲɔ tai']（動）焦げ臭くする、焦げ臭い匂いを嗅がせる（厭がらせをする）

ညှော်နံ[ɲɔnan]（名）＝ညှော်စော်

ညှော်နံခံရ[ɲɔnan k'an ja.]（動）焦げ臭い匂いを嗅がされる

ညှော်မိ[ɲɔmi.]（動）焦げ臭い匂いを嗅いで気分が悪くなる（病状が悪化するとビルマ人は信じている）

ညှော်ရှောင်[ɲɔʃaun]（動）焦げ臭さを避ける

ညှော်လှို့[ɲɔlou']（動）悪臭が出るものを焼いたり揚げたりする

ညှော်ဝင်[ɲɔwin]（動）悪臭の影響を蒙る

ညှို့[ɲo.]（名）①弦楽器の絃 ②弓の絃 ＝လေးညှို့

ညှို့[ɲo.]（動）①引きつける、誘う、誘き寄せる、魅惑する ②（蛇が）睨む、身動きできなくする、金縛りにする、催眠術に掛ける

ညှို့ဓာတ်[ɲo.da']（名）①引きつける力、魅力 ②暗示力、催眠術

ညှို[ɲo]（名）長さの単位、伸ばした親指と人差し指の間の長さ

ညှိုဆိုင်[ɲozain]（名）円形のサイズ、両手の親指と親指、人差し指と人差し指を接して作った環の大きさ cf. ထွာဆိုင်

ညှိုး[ɲo:]（動）①あせる、萎む、萎れる、萎びる ②憔悴する

ညှိုးကျ[ɲo:tʃa.]（動）①萎れる、萎む ②気落ちする、しょげ込む

ညှိုးငယ်[ɲo:ŋɛ]（動）気落ちする、しょげ込む、落ち込む ညှိုးငယ်သောမျက်နှာ 陰鬱な表情、暗い顔

ညှိုးငယ်စွာ[ɲo:ŋɛzwa]（副・文）気落ちして、しょげ込んで、元気なく

ညှိုးဆုတ်ယုတ်[ɲo:ŋɛ s'ou'jou']（動）元気が無くなる、益々落ち込む

ညှိုးငယ်တိမ်ကော[ɲo:ŋɛ teingɔ:]（動）衰微する、衰え消滅する

ညှိုးညှိုးခြောက်ခြောက်နဲ့[ɲo:ɲo: tʃ'au'tʃ'au' nɛ.]（副）痩せ衰えて、憔悴して

ညှိုးနွမ်း[ɲo:nwa:]（動）①活気がない、元気がない、顔色が冴えない ②植物が萎れる、花が萎む

ညှိုးမှိန်[ɲoːmẹin]（動）色あせる、活力を失う
ညှိုးရော်[ɲoːjɔ]（動）①元気がない、枯れ萎む ② 皮膚がたるむ、皮膚に皺が寄る
ညှိုးလျော်[ɲoːjɔ]（動）=ညှိုးရော်
ညှစ်[ɲɛˀ]（形）細かい、小さい、小柄だ
ကျွန်မသားမှာသွက်လက်ချာချာသော်လည်းအလွန်ညှစ်ပါသည်။ 私の息子は敏捷だが、とても小柄だ
ညှောက်[ɲau̯ˀ]（名）芽、新芽
ညှင်း[ɲin]（動）（肉や魚を）細切りにする、薄切りにする ငါးညှင်းသည်။ 魚を薄切りにする cf. လှီး
ညှင်းညှင်းသွဲ့သွဲ့[ɲin:ɲin twɛ.dwɛ.]（副）（古典歌謡を歌う時に）尾を引くようにゆっくりと
ညှင်း[ɲin]（名）①笙＝ခြင်း ②汗疹、湿疹、白なまず ③（トランプの）クラブ
ညှင်းကုပ်[ɲin:gwɛˀ]（名）汗疹、湿疹 ရင်ပတ်တပြင်လုံးတွင်ညှင်းကုပ်များဖြင့်ပြည့်နေသည်။ 胸部一面が湿疹で一杯だ
ညှင်းခု[ɲin:gu]（名）湿疹
ညှင်းလုံးပေါက်[ɲin:loun:bjauˀ]（名）水玉模様
ညှောင့်[ɲaun.]（名）逆茂木
ညှောင့်[ɲaun.]（動）体を上下に揺する、腕立て伏せの動作をする、性交の際の腰の動きをする
ညှစ်[ɲiˀ]（動）①搾る、搾り出す ②力む、気張る နို့ညှစ်သည်။ 乳を搾る နှာညှစ်သည်။ 鼻をかむ လည်ကိုညှစ်သည်။ 首を締める အဝတ်ညှစ်သည်။（洗濯した）布を絞る ③強請り取る、金を強請る、強要する ငွေညှစ်သည်။ 金を強請る
ညှစ်ထုတ်[ɲiˀtʰouˀ]（動）搾り出す
ညှင်း[ɲin]（動）①苛める、虐待する、迫害する、圧迫する ②人に付け込む、利用する ③（金を）せびる、せしめる
ညှင်းဆဲ[ɲin:zɛ]（動）苛める、虐待する、弾圧する、抑圧する
ညှင်းဆဲကလူပြု[ɲin:zɛ kəlu pju.]（動）苛める、虐待する
ညှင်းဆဲနှိပ်စက်[ɲin:zɛ neiˀsɛˀ]（動）苛める、虐待する
ညှင်းဆဲမှု[ɲin:zɛmu̥.]（名）苛め、虐待、抑圧
ညှင်းပန်း[ɲin:ban]（動）苛める、虐待する
ညှင်းပန်းနှိပ်ကွပ်[ɲin:ban neiˀkuˀ]（動）抑圧する、弾圧する
ညှင်းပန်းနှိပ်စက်[ɲin:ban neiˀsɛˀ]（動）苛待する、苛める、拷問する
ညှင်းပန်းနှိပ်စက်မှု[ɲin:ban neiˀsɛˀmu̥.]（名）拷問、虐待、弾圧、
ညှိုးဆိုးဆိုး[ɲin: sʻoːzo]（副）やつれて、憔悴し

て、元気のない顔をして、浮かぬ表情で
ညှိုးဆိုးဆိုးဖြစ်[ɲin:sʻoːzo pʼjiˀ]（動）やつれている、憔悴している、元気がない ဆံပင်မှာရှည်ပြီးညှိုးဆိုးဆိုးဖြစ်နေသည်။ 髪は伸び憔悴している
ညှင်းသိုးသိုး[ɲin:toːdo]（副）=ညှိုးဆိုးဆိုး
ညှပ်[ɲaˀ]（動）①挟む ဆီးကလက်ကိုလက်ညှပ်တယ်။ 煙草を指の間に挟む စာအုပ်ထဲမှာခဲတံညှပ်တယ်။ 本の間に鉛筆を挟む လက်ကိုင်ပုဝါကိုခါးမှာညှပ်သည်။ ハンカチを腰に挟む ②鉄で切る ကတ်ကြေးနဲ့ညှပ်သည်။ ③差し込む စာအုပ်ထဲမှာခဲတံညှပ်ထည့်သည်။ 本の間に鉛筆を挿し挟む ④脇の下に挟む စာရွတ်တာခုကိုချိုင်းကြားတွင်ညှပ်လိုက်သည်။ ファイルを脇の下に挟み込む ⑤締め付ける、両側から挟み撃ちにする ⑥（名）やっとこ、ペンチ、かんし、ピンセット、はさみ道具 ညှပ်နှင့်ဆွဲထုတ်သည်။ かんしで引出す ⑦罪人の手足を固定して身動きできなくする拷問用具
ညှပ်ခေါက်ဆွဲ[ɲaˀkʼauˀswɛ]（名）鉄で切った麺、きし麺の1種
ညှပ်ဆွဲ[ɲaˀswɛ]（動）（堕胎の時胎児を）かんしで挟んで引き出す
ညှပ်တိုင်[ɲaˀtain]（名）添え木
ညှပ်ပူးညှပ်ပိတ်စီးနှင်းလိုက်[ɲaˀpu:ɲaˀpeiˀ siːnin lai̯ˀ]（動）寿司詰めで乗車する
ညှပ်ပူးညှပ်ပိတ်တိုက်[ɲaˀpu:ɲaˀpeiˀ taiˀ]（動）挟撃する、挟み撃ちにする、封鎖する
ညှပ်ပူးညှပ်ပိတ်မိ[ɲaˀpu:ɲaˀpeiˀ mi.]（動）取り囲まれる、封鎖される、脱出できない
ညှပ်ပုံ[ɲaˀpoun]（名）刻印、鋳型
ညှပ်ဖိနပ်[ɲaˀpʼəna]（名）草履、鼻緒の付いた履物
ညှပ်ရိုး[ɲaˀjo:]（名）鎖骨
ညှပ်ရောင်း[ɲaˀjaun]（動）混ぜ売りする
ညှပ်ရည်[ɲaˀje]（名）扇椰子の花梗の先端を切って滲み出てくる液汁 =ထန်းရည်
ညွှတ်[ɲuˀ]①（動）曲げる、たわめる ②（名）（小鳥を捕える）罠、罠輪
ညွှတ်ကွင်း[ɲuˀkwin]（名）罠 သား သားကောင်ဖမ်းဘို့ညွှတ်ကွင်း 獲物を捕えるための罠
ညွှန်[ɲun]（動）①指で指し示す ②指示する
ညွှန်ကြား[ɲuntʃa:]（動）（口頭または文書で）指示する、指令する
ညွှန်ကြားချက်[ɲuntʃa:dʑɛˀ]（名）指示、指示事項
ညွှန်ကြားချက်စာအုပ်[ɲuntʃa:dʑɛˀ sauˀ]（名）指令書、指示書
ညွှန်ကြားရေးမှူး[ɲuntʃa:je:mu̥:]（名）局長
ညွှန်ကြားရေးမှူးချုပ်[ɲuntʃa:je:mu̥:dʑouˀ]（名）（政府各省の）総局長

ညန်ကြားရေးဝန်[ɲuntʃaːjeːwun]（名）（旧呼称）局長

ညန်ပြ[ɲunpja.]（動）①指で指し示す ②指示する

ညန်ပြကိန်း[ɲunpja.geinː]（名）指数、指標

ညန်ပြပြောဆို[ɲunpja. pjɔːsʼo]（動）口頭で指示する

ညန်ပြရာ[ɲunpja.ja]（名）①指示した事柄 ②指示した所

ညန်း[ɲunː]（動）①引き合いに出す、典拠とする、言及する、引用する、参照する ②指示する

ညန်းထောင့်[ɲunːdaun.]（名）方位

ညန်းပြ[ɲunːpja.]（動）①引き合いに出す、言及する ②指示する

ဋ

ဋ[ta.]（名）ビルマ文字体系第１１番目の子音文字、名称は ဋသန်လျင်းချိတ်[ta. təlinːdʑeiʼ]（鉄の自在鉤のタ）

ဋီကာ[tigaディがdiga]（名）律蔵の復註（註釈အဠကထာの註釈）cf. အဠကထာ

ဋီကာချဲ့[diga tʃɛ.]（動）詳述する、詳しく述べる、誇張する、大袈裟に言う

ဋီကာဖွဲ့[diga pʼwɛ.]（動）明示する

ဋီကာဖွင့်[diga pʼwin.]（動）詳述する

ဒ

ဒ[t'a.]（名）ビルマ文字体系第１２番目の子音文字 名称は ဒဝမ်းဘဲ[t'a. wun:bɛ:]（アヒルのタ）

ဒါန[t'ana.]（名）①場、場所 ②（官庁の）省 ③（組織の）部 ④（大学の）学部、学科

ဒါနချုပ်[t'ana.ʨouʔ]（名）本部、本局、本社

ဒါနချုပ်စခန်း[t'ana.ʨouʔ sək'an:]（名）本営、本部陣営

ဒါနခွဲ[t'ana.gwɛ:]（名）支部、支局、支社

ဒါနစိတ်[t'ana.zeiʔ]（名）課、係

ဒါနမှူး[t'ana.mu:]（名）部局の長、部長、課長

ဒါနလက်ကိုင်မရှိ[t'ana.lɛʔkain məʃi.]（名）無任所

ဒါနာ[t'ana]（名）警察署

ဒါနာပိုင်[t'anabain]（名）警察署長

ဒါနီငါး[t'ani ŋa:]（名）土着の魚

ဒါနေ[t'ane]（名）故郷、出生地

ဒါနန္တရ[t'anandəra.]（名）地位、役職、身分、職責

ဒါပန[t'apəna]①（動）仏舎利や法舎利を仏塔内に内蔵する、宝蔵する ②（名）（仏塔の）内蔵品、宝蔵品 ②（饅頭等の）餡

ဒါန်ကရိုင်းကျ[t'ankərain: tʃa.]（形）①仕来りに合う、作法に則している、作法に合致している ②話し方が板についている、堂に入っている

ဒါန်ကရိုင်းကျကျ[t'ankərain: tʃa.ʨa.]（副）①正書法に合った形で ②まともに、きちんと

ဓ

ဓ[da.]（名）ビルマ文字体系第１３番目の子音文字 名称は ဓရင်ကောက်[da.jingauʔ]（鳩胸のダ）

ဓရင်ကောက်ပင်[da.jingauʔpin]（植）羊歯の１種 Lygodium scandens 食用

ဒ

ဒ[da.]（名）ビルマ文字体系第１４番目の子音文字
その名称は、ဒေရမှတ်[da.jemou']（柄杓のダ）
Lygodium scandens

န

န[na.]（名）ビルマ文字体系第１５番目の子音文字、
名称は န ကြီး[na.ʤi:]（大きなナ）
နကြီး[n̥aʤi:]（名）好色男、助平
နာဗူး[n̥abu:]（名）助平

တ

တ [ta.] （名）ビルマ文字体系第１６番目の子音文字、名称は **တဝမ်းပူ** [ta.wun:bu~ta.win:bu]

တ [ta.] （動）念じる、望む、願う、待望する **ဘုရားတသည်** 仏を念じる **ဖခင်ကိုတသည်။** 父親を恋しがる

တ [tə~də] （数）助数詞を伴った場合の **တစ်** 数字１の省略形 **တကောင်** １頭、１匹 **တခါ** １度 **တခု** １個 **တယောက်** １人 **တရက်** １日 **တလ** ひと月

~တ [tə~də] （中）名詞と動詞の間に挿入して複合動詞を副詞に変える **စည်းကမ်းတကျ** 規律正しく **စိတ်ဝင်တစား** 興味深く **ဝမ်းပန်းတနည်** 残念で、誠に遺憾で **ရှက်ကြီးတင်** しゃくり上げて、すすり上げて **အရေးတကြီး** 重大視して、何はさて置いても **အားပါးတရ** 存分に、思い切り、熱意を持って **စိုးရိမ်တကြီး** 心配して、憂慮して **အလိုက်တသိ** 気を利かせて

တ [tə~də] （頭）副詞を形成 ①継続性、連続性を示す②擬態、擬音を示す **တချုံချုံ** (雀が)チュンチュンと **တကျော်ကျော်** 朗々と、声高らかに **တခူးခူး** (いびきを)グーグーと **တထောင်းထောင်း** (煙が)モクモクと **တဟွတ်ဟွတ်** (咳を)ゴホンゴホンと

တ [tə] （頭）名詞形成、不確かさ、曖昧さを示す **တကြောင်းကြောင်း** 何かある事 **တခုခု** 何か、どれか **တနေ့နေ့** その内、いつか、遅かれ早かれ **တနေရာရာမှာ** どこかで **တယောက်ယောက်ကို** 誰かに

တကယ် [dəgɛde:] （感）驚き、不満、憤懣、叱責等を現わす、呆れたものだ、驚いたものだ、何と言う事を **တကယ်လခကျပ်သုံးရာလောက်ရတဲ့သူကိုသူဘဲဝက်ရတာရှက်သလိုလို။** 呆れたものだ、３００チャッもの月給取りがアヒルの卵を食べて恥ずかしがってるなんて

တကယ်ကြီး [dəgɛde:dʑi:] ＝**တကယ်**

တကယ်မှ [dəgɛde:ma.] ＝**တကယ်။ တကယ်မှု သူအကြောင်းကိုအသိသာ။** 何という事を、彼の事はよく知っていたくせに **တကယ်မှ မသေကောင်းမပျောက်ကောင်း။** すんでの所で命に関わるところだった

တကယ်မှာတဲ့ [dəgɛde:ma.bɛ] ＝**တကယ်မှ**

တကာ့ [dəga.] （形）**တကာ** の斜格形、檀家の、檀越の

တကာ [dəga] （名）①優婆塞、檀家、檀越、施主、在家信者、俗人 ②（代）出家している僧侶又は行者から一般人への呼掛け **တကာကြီး** 在家信者の男性に対する呼掛け ①優婆夷、女性の在家信者 ②（代）在家信者の女性に対する出家からの呼掛け

တကာခံ [dəga k'an] （動）引き受ける、おごる、馳走する、振舞う

တကာ [dəga] （形）名詞に後接、多くの、全ての、悉く **ရုံးတကာ** 全ての役所 **နေရာတကာ** 至る所 **လူတကာ** 人は全て、誰でも **လမ်းတကာ** 全ての道路 **အရပ်တကာ** 全ての地域

~တကား [~dəga:] （末助）驚嘆、感嘆、発憤、強調等を現わす **တယ်တော်တဲ့လူတွေပါတကား။** 何と立派な人達だこと **ချစ်စရာအလွန်ကောင်းသောသဲချောင်းပေတကား။** 何と可愛らしい河だこと **နင်သည်အလွန်တရာမိုက်လှတီတကား။** お前は随分と愚かだなあ **အသင်သည်အလွန်တရာစိမ်းကား။ ရက်စက်စွာတကား။** 汝は誠に冷酷なものよ **ခေတ်ကိုလှန်ဆန်၍မရနိုင်ပါတကား။** 時代に逆らうなんて事はできっこないんだよ

တကားကား [dəga:ga:] （副）高々と **ဂျောပါဆံတကား:ကား:နှင့်။** 髪を高々と

တကူးတက [dəgu:dəga.] （副）わざわざ、はるばる、万難を排して、特別に **အသုဘရှေးရန်တကူးတကသွားလို့မည်မထင်ပါ။** 葬儀に参列するためわざわざ出かける事はあり得ないと思う **အဝေးကြီးကတကူးတကလာရောင်းတာပါ။** 遠方からはるばる売りに来ているのだ

တကူးတကန့် [dəgu:dəgan.] ＝**တကူးတက**

တကယ့် [dəgɛ.] （名）**တကယ်** の属格形、本当の、本物の、誠の ＝**တကယ်**

တကယ့်ကို [dəgɛ.go] （副）本当に、誠に

တကယ်ကို [dəgɛ.go] （副）＝**တကယ့်ကို။ တကယ့်ကိုပြောတာ။** 本当に言ったのです **တကယ့်ကိုရှာပါတယ်။** 本当に探しました **ကားကြီးတွေစီးရတာတကယ့်ကိုခိုမိတဲ့။** 大型の車に乗れるなんて本当に快適

တကယ်တကယ် [dəgɛ.dəgɛ] （副）**တကယ်** の強調形 本当に、誠に、実に、実際に、現実に

တကယ်တကယ်အား:ဖြင့် [dəgɛ.dəgɛ a:p'jin.] （副）**တကယ်** の強調形、実のところ、本当のところは

တကယ် [dəgɛ] （副）本当に、誠に **တကယ်လုပ်နိုင်သလား:။** 本当にできますか **တကယ်မလာတော့ဘူးလား:။** 本当にもう来ないのですか **ငါ့မှာသတ္တိတကယ်ရှိသလား:။** そなたには本当に勇気があるのか

တကယ်ကျတော့ [dəgɛ tɕa.dɔ] （副）本当のところは、実を言うと、打ち明けて言うと

တကယ်တမ်း [dəgɛdan:] ＝**တကယ်တမ်း**

တကယ်တမ်း [dəgɛdan:] （副）＝**တကယ်**

တကယ်လို့ [dəgɛlo.] （接）①仮定を現わす、仮に、もしも ②～の場合には ＝**အကယ်၍**

တကယ်လို့များ [dəgɛlo.mja:] ＝**တကယ်လို့**

တကဲ [dəgɛ:gɛ:] （副）今にも～しそうで

တကဲဖြစ် [dəgɛ:gɛ: p'ji’] （動）今にも～しそうだ、うずうずする **ခြေချော်သွားကာလိမ့်ကျမည်တကဲဖြစ်တော့သည်။** 足を滑らせて今にも転落しそうになった **ပိုက်ဆံကိုလုပါမည်တကဲဖြစ်သည်။** 今にもお金

を盗まんばかりの様子であった

တကဲကဲလုပ် [dəgɛgɛ louʔ] (動) いまにも～せんばか
りだ、～する寸前だ 　ကိုင်ကြည့်မည်တကဲကဲလုပ်နေသူများ
အားတားထားရသည်။ 手にとって見ようとする人々を
制止しなければならなかった 　အချို့သောသူများက
လည်းရိုက်မည်တကဲကဲလုပ်ကြလေသည်။ 人々の中には今
にも殴りかからんばかりの者もいた

တကိုယ်ကောင်း [dəgogaun:] (副) 利己的で、利己主
義者で、私利私欲に駆られて ＜တစ်ကိုယ်ကောင်း၊ တ
ကိုယ်ကောင်းကြသည်။ 私欲を図る、利己主義的な事を
考える 　တကိုယ်ကောင်းဆန်သည်။ 利己的だ、独善的だ

တကိုယ်တော် [dəgodɔ] (名) 単身、単独、孤独

တကိုယ်တည်း [dəgodɛ:] (副) 単身で、たった一人で、

တကိုယ်ရေတကာယ [dəgoje dəgaja.] (名) 単独、
一人きり、独身 ＜တစ်ကိုယ်ရေတစ်ကာယ

တကိုယ်လုံး [dəgoloun:] (名) 全身、体全体

တကို့ [dəgauʔ] (名) ひかがみ（膝頭の裏側）
＝တံကောက်၊ တံကောက်ကွေး။

တကောက်ကောက် [dəgauʔgauʔ] (擬) こつこつと音を
立てて、後を離れずに、付きまとって 　သူငယ်ချင်း
နောက်သိုတကောက်ကောက်လိုက်နေသည်။ 友達の後をこ
つこつとついて行った ＝တကောက်ကောက်နဲ့

တကိုက် [dəgaiʔ] (名) 1 ヤード ＝တစ်ကိုက်

တကောင် [dəgaun] (名)（生物の数） 1 頭、1 匹、1
羽 ＝တစ်ကောင်

တကောင်ကြွက် [dəgaunɟwɛ] (名) 天涯孤独の身、
身寄りのない身 ＜တစ်ကောင်ကြွက်။ ကျွန်တော်ဟာမိ
အမရှိတဲ့တကောင်ကြွက်ဖြစ်ပါတယ်။ 私は両親もいない
天涯孤独の身でございます

တကောင်ကြွက်တမျက်နှာ [dəgaunɟwɛʔtəmjɛʔɲa]
＝တကောင်ကြွက်

တကောင်တမြီးမျှ [dəgaun təmji:mja.] (副) 誰
も、一人も 　တကောင်တမြီးမျှမလာကြဘူး။ 一人も来
ない

တကောင်တလေတောင် [dəgauntəle daun] (副)
1 匹も、1 頭も

တကောင်မျှ [dəgaun ma.] (副) 1 頭も、1 匹も

တကောင်း [dəgaun:] (名) 水差し、冷水瓶、ゴグレッ
ト ＝ရေကောင်း

တကောင်းဖုံး [dəgaun:boun:] (名) ＝တကောင်း

တကတ်သူ [dəgaʔdəi:] (植) ヘイネヤ

တကုပ်ကုပ် [dəgouʔgouʔ] (副) 一心不乱に 　တကုတ်
ကုတ်လေ့ကျင့်မှတ်သားရသည်။ こつこつと勉強した

တကုန်ကုန် [dəgoun:goun:] (副) 腰を屈めて、腰を
低くして

တကုပ်ကုပ် [dəgouʔgouʔ] (副) 脇目も振らずに、只ひ

たすら（働く）

တကမ္ဘာပတ်လုံး [dəgəba paʔloun:] (名) 世界中、全
世界

တချီချီ [dəʨiʨi] (擬) （雀が）チュンチュンと、
（小鳥が）チーチーと

တကျော်ကျော် [dəʨɔʨɔ] (擬) 声高に、朗々と 　သီ
ချင်းတကြော်ကြော်ဖြင့်ပြန်လာကြသည်။ 大声で歌いな
がら帰って来た

တကျက်ကျက် [dəʨɛʔʨɛʔ] (擬) わいわいと、言い争っ
て、喚き合って 　တကျက်ကျက်ဖြစ်သည်။ 争い争いの状
態となった

တကျောင်းတဟိထာ၊ တရွာတပုဒ်ဆန်း။ (諺) 所変われば品変
わる（寺毎にげ頌あり、村毎に訛りあり）

တကျည်ကျည် [dəʨiʨi] (擬) ①やいのやいのと、せ
がみ続けて ②ぺらぺらと、のべつ幕なしに

တကျိတ်တည်းတဉာဏ်တည်း [dəʨeiʔtɛ: təɲandɛ:]
(副) 共同謀議で、全員一致で

တကျပ် [dəʨaʔ] (名) ①1チャッ（ビルマ通貨の単
位）②重量の単位、ပိဿာ の百分の一、凡そ16グ
ラム

တကျပ်ခွဲ [dəʨaʔkʰwɛ:] (名) 1チャッ半、1チャッ
50ピャー ＜တစ်ကျပ်ခွဲ

တကျပ်သား [dəʨaʔta:] (副) 252グレインの重量

တကြူကြူ [dəʨuʨu] (副) 馥郁と（香る）

တကြော [dəʨɔ:] (名) 全体、始めから終りまで

တကြောတည်း [dəʨɔ:dɛ:] (副) 絶間なく、途切れる事
なく

တကြောင့်ကြကြဖြစ်လာ [dəʨaun.tʃa.ʨa. pʰjiʔ
la] (動) 何となく心配になる、憂慮するようになる

တကြောင်းကြောင်း [dəʨaun:ʨaun:] (副) 何かあ
る事

တကြောင်းဆချွန် [dəʨaun:saʨun] (名) 貝葉に1
行だけ記される国王の勅命 cf. နစ်ကြောင်းစာချွန်

တကြောင်းဆွဲ [dəʨaun:zwɛ:] (名) デッサン、線描

တကြိုင်ကြိုင် [dəʨainʨain] (副) 馥郁と 　ရနံ့တ
ကြိုင်ကြိုင်လွင့်ကုန်၏။ 香りが馥郁と立ち込める

တကြည့်ကြည့်နှင့် [dəʨi.ʨi.nɛ.] (副) 目を離さず

တကျည်း [dəʨi:] (名) 鳩尾、臍の周囲の筋肉

တကြိုက်ကြိုက် [dəʨouʔʨouʔ] (擬) ぐうぐうと 　ကျွန်
တော့်ဝမ်းသည်တကြိုက်ကြိုက်မြည်နေသည်။ 私のお腹は
ぐうぐう鳴っていた ＝တကျူကျူ

တကြိမ် [dəʨein] (名) 1度、1回 ＜တစ်ကြိမ်၊ တ
ကြိမ်က かつて、ある時、いつぞや 　တကြိမ်ကြိမ်တွင်　い
つか、その内きっと 　တကြိမ်တခါ　1度、1回 　တကြိမ်
တခါ（否定形）1度も、1回も 　တကြိမ်တခါမျှ＝တ
ကြိမ်တခါမျှ 　တကြိမ်တပါတည်း　一度に、一遍に、同時に

တကွ[dəgwa.] (副) 助詞နှင့် または နဲ့ と組合って、共に、一緒に、離れずに

တကွေ့[dədwe.] (名) 1曲がり、1角 <တစ်ကွေ့

တကွဲ[dəgwε:gwε:] (副) 分散して、ばらばらに、散り散りに

တကွဲပြား[dəgwε:dəbja:] (副) 別々に、ばらばらになって、分かれ分かれに

တကွဲတပြားစီ[dəgwε:dəbja:zi] (副) 別々に、ばらばらに ဟိုပြေးဒီပြေးနဲ့တကွဲတပြားစီဖြစ်သည်။ あっちへ逃げたりこっちへ逃げたりして別々になった

တကွက်စာ[dəgwεʔsa] (名) (土地の) 1区画分

တကျိကျိ[dəʤwi.ʤwi.] (擬) キーキーと、ギシギシと တကျိကျိမြည်နေသောဝါး:ကြမ်း ギシギシと音を立てている竹藪

တကျွတ်ကျွတ်[dəʤu'ʤuʔ] (擬) ポリポリと (噛む) တကျွတ်ကျွတ်မြည်သည်။ チュッチュッと鳴る တကျွတ်ကျွတ်ဝါးသည်။ ポリポリと噛んでいる

တကျွန်း[dəʤun:] (名) 流刑、終身刑 တကျွန်းပြန် 前科1犯、前科者、刑期を終えて出所した者

တစ္ခဏင်း[təkʻəna.ʤin:] (名) 瞬間、1瞬の間

တစ္ခဏမျှသာ[təkʻəna.mja.da] (副) ほんの1瞬、1瞬の間だけ <တစ်စခဏမျှသာ

တခရီးတည်း[təkʻəjidε:] (副) 同じ旅で

တခါ[təkʻa] (名) ①1回、1度 ②かつて、ある時 <တစ်ခါ

　တခါက[təkʻaga.] (副) かつて、ある時、以前に

　တခါခါ[təkʻaga.] (副) いつかある時

　တခါခိုး:ကိုး:ခါဝါး။ (諺) 1度の窃盗、9度の逮捕 (前科のある者は直ぐに疑いを掛けられる)

　တခါတခါ[təkʻa təkʻa] (副) 時々、時折 (မကြာမကြာ よりは度合が少ない) <တစ်ခါတစ်ခါ

　တခါတရံ[təkʻa təjan] (副・文) 時々、時折、折りにふれて、時には、時たま <တစ်ခါတစ်ရံ

　တခါတလေ[təkʻa təle] (副) 偶に、稀に

　တခါတည်[təkʻadε:] (副) =တခါတည်း

　တခါတည်း[təkʻadε:~təkʻadi:] (副) 一気に、同時に、直ちに、直ぐにそのまま <တစ်ခါတည်း

　တခါတုန်းက[təkʻadoun:ga.] (副) ①かつて、以前に、ある時 ②昔々

　တခါတွင်[təkʻadwin] (副・文) かつて、ある時

　တခါဘူးမှ[təkʻabu:ma.] (副) 1度も、1回も

　တခါမှ[təkʻama.] (副) 1度も<တခါမှ၊ တခါမကြား:ရဟု။ 1度も聞いた事がない တခါမှမမြင်ဘူး။ 1度も見た事がない

　တခါမျှ[təkʻamja.] (=တခါမှ の文語形 ပြောင်ပြန်တခါမျှမတွေ့သေးဘူး။ まだ1度も蛇を見掛けた事がない

တခါသော်ဘူး၊ပျဉ်ထိုးနား:လည်။ (諺) 百聞一見に如かず (一度葬儀の経験あれば柩の値段を知っている)

တခါသော်[təkʻadɔ] (副・文) かつて、いつぞや

တခါခါ[təkʻaga] (副) 高々と အမြီးတခါခါနှင့် 尾を高々と

တခိခိ[təkʻi.kʻi.] (擬) クスクス (笑う)

တခု[təkʻu.] (名) ひとつ、1個 <တစ်ခု

　တခုကောင်း[təkʻu.gaun:] (名) ただ一つ優れているもの

　တခုခု[təkʻu.gu.] (名) 何か、ある物 တခုခုစား:အုံး:မှ။ 何か食べなければ တခုခုချက်ကျွေး:မယ်။ 何か料理して食べさせよう

　တခုခုကြောင့်[təkʻu.gu.ʤaun.] (副) 何かのせいで、何かによって

　တခုခုဖြစ်[təkʻu.gu. pʻjiʔ] (動) 何かが起きる、何事か起る、何かある

　တခုခုလုပ်[təkʻu.gu.louʔ] (動) 何かある事をする

　တခုတော့[təkʻudɔ.] (副) 一つは、1個は တခုတော့ရှိတယ်။ 但し、ここで触れておくが、ここで述べておくけれども

　တခုတည်း[təkʻu.dε:] (名) 一つだけ、唯一つ

　တခုတည်းသော[təkʻu.dε:dɔ:] (形) 唯一の

　တခုနှင့်တခု[təkʻu.nε. təkʻu.] (副) 互いに

　တခုမှ[təkʻu.ma.] (副) 一つも တခုမှမမှတ်မိဘူး။ 一つも憶えていない

　တခုလောက်[təkʻu.lauʔ] (副) 一つ位

　တခုလပ်[təkʻu.laʔ] (名) ①半分、半額 ②出戻り =တလင်ကွာ ③寡婦、未亡人 <တစ်ခုလပ် တခုလပ်ကိုရှာ၊တလင်ကွဲ့တွေ့။ (諺) 割れ鍋に閉じ蓋 (出戻りを探して寡婦に出会う)

　တခူးခူး[təkʻu.gu:] (擬) グーグーと တခူးခူးနှင့်အိပ်ပျော်နေသည်။ グーグー熟睡している တခူးခူးဟောက်နေသည်။ グーグーといびきをかいている

　တခဲနက်[təkʻε:nεʔ] (副) 全員一致で、一斉に、異議なく、一体となって、熱中して、熱烈に <တစ်ခဲနက် တခဲနက်ကြိုဆိုသည်။ 熱烈に歓迎する တခဲနက်ညီညွတ်စွာ 全員一致で 一丸となって တခဲနက်အုံ့ကြွလှုပ်ရှား:သည်။ 全員で騒動を起す

　တခေါ်[təkʻɔ] (名) 叫び声が届く範囲、一声分の距離 凡そ2百メートル <တစ်ခေါ် တခေါ်ခန့်ဝေး:နေသည်။ 叫び声が届く位は離れている တခေါ်သာသာခန့်လှမ်းသည်။ 声が辛うじて届く位の距離よりは少し遠い

　တခေါ်စာ[təkʻɔza] (名) =တခေါ် =တဖာလုံ

　တခေါ်တမျှော်[təkʻɔ təmjɔ] (副) 見渡す限り、かなり遠くまで

　တခေါ်လောက်[təkʻɔlauʔ] (名) 声が達する距離

မြောင်းနဲ့ကတခေါ်လောက်တော့ဝေးတာဘဲ။ 水路とは一声分位は離れている
တခေါခေါ် [təkˈɔːkˈɔː] (擬) グーグーと တခေါခေါ်ဟောက်သည်။ グーグーいびきをかいている
တခေါက် [təkˈauʔ] (名) 往復1度、1回 <တစ်ခေါက် တခေါက်မှ 1度も、1回も တခေါက်တကျင်း 1度、時折
တခစ်ခစ် [təkˈiʔkˈiʔ] (擬) クスクスと、キャーキャーと တခစ်ခစ်ရယ်သည်။ キャーキャーと笑う
တခေတ်တည်း [təkˈiʔtɛː] (副) 同時代に
တခုတ်တေျာ [təkˈouʔtəja.] (副) 恭しく、敬意を払って、態々 ကုသိုလ်ကောင်းမှုတွေတခုတ်တရပြုလုပ်သည်။ 敬意を払って功徳を積んだ ဧည့်သည်အတွက်ဖျာတချပ်ကို တခုတ်တရခင်းပေးသည်။ 客のためござを1枚、親切に敷いてあげた
တခန်းတပါဒမျှ [təkˈanːdəbada.mja.] (副) 一言も
တခန်းရပ် [təkˈanːjaʔ] (動) 一段落する、一息入れる
တခမ်းတနား [təkˈanːtənaː] (副) 賑々しく、盛大に ဆုပေးသောအခမ်းအနားကိုတခမ်းတနားကျင်းပသည်။ 授賞式を盛大に催した
တချို့ [təʧo.] (名) 一部、若干 <တစ်ချို့
တချို့တချို့ [təʧo.təʧo.] (名) ほんの一部、ごく一部
တချို့တလေ [təʧo.təle] (副) 僅かばかり、少しばかり、幾らか
တချိုးတည်း [təʧoːdɛː] (副) ①そっくり、同一タイプ သူ့အဖေနဲ့တချိုးတည်းပဲ။ 彼は父と全く同じだ ②一気に、後も見ずに တချိုးတည်းပြေးသည်။ 後も見ずに逃げた
တချက် [təʧɛʔ] (名) 一発、1撃、1点 <တစ်ချက်
တချက်ခေါက် [təʧɛʔ kˈauʔ] (動) 一発食らわす
တချက်ခုတ်၊နှစ်ချက်ပြတ်။ (諺) 一挙両得、一石二鳥 (一撃で二度切れる)
တချက်တည်း [təʧɛʔtɛː] (副) 即座に、直ちに、同時に <တစ်ချက်တည်း
တချက်လွတ် [təʧɛʔɬuʔ] (形) 絶対的な、変更不可能な、取消し不可の <တစ်ချက်လွတ် တချက်လွတ်အမိန့် 絶対命令、勅命、鶴の1声 တချက်လွတ်ဥပဒေ 絶対命令、勅令、勅命令
တချောင်း [təʧaunː] (名) 1本 <တစ်ချောင်း
တချောင်းချောင်း [təʧaunːʤaunː] (擬) もくもくと、もうもうと အငွေ့တချောင်းချောင်းရှိသည်။ 蒸気がもうもうとしている
တချောင်းတည်း [təʧaunːdɛː] (副) 1本だけ
တချောင်းပုဒ် [təʧaunːbouʔ] (副) 文中の句、節等の後に添付する1本線=ပုဒ်ထီး။ cf. နှစ်ချောင်းပုဒ်
တချိန်က [təʧˈeinga.] (副) かつて、以前に <တစ်ချိန်က၊ တချိန်ချိန်တွင် いつか、その内に တချိန်ချိန်မှာ =တချိန်ချိန်တွင် の口語形 တချိန်တည်း 同時に、一時に တချိန်တည်းတွင် =တချိန်တည်း の文語形 တချိန်တည်းမှာ 同時に、一方では
တချမ်းချမ်း [təʧˈanːʤanː] (擬) ぞくぞくと တချမ်းချမ်းအေးလို့တုန်နေတယ်။ ぞくぞくと寒くて震えている
တခြား [təʧaː] (形) ほかの、他の、別の <တစ်ခြား၊ တခြားမဟုတ်ပါဘူး။ ほかでもない
တခြားကြောင့် [təʧaːʤaun.] (副) ほかの理由で
တခြားစီ [təʧaːzi] (名) 別、別々 စာဖတ်တာနဲ့သဘောပေါက်တာနဲ့တခြားစီပါ။ 本を読む事と理解する事とは別だ တခြားစီဖြစ်သည်။ 別々だ、別々になる
တခြားတခြားသော [təʧaːtəʧaːdɔː] (形・文) ほかの、別の、他の
တခြားတပါးသို့သွား [təʧaːdəbaːdo. twaː] (動) 用を足しに行く、便所へ行く
တခြားမျိုး [təʧaːmjoː] (名) 他の種類、別種
တခြားသို့ [təʧaːdo.] (副) よそへ、他の所
တခြမ်း [təʧˈanː] (名) 一部分 <တစ်ခြမ်း
တခြမ်းပဲ့ [təʧˈanːbɛ.] (形) 不完全な、部分的な
တချိန်ချိန် [təʧˈeinʤein.] (擬) ジャンジャンと、ドンチャンドンチャンと ဆိုင်းဝိုင်းကြီးကတချိန်ချိန်တီးသည်။ ビルマの楽団が賑やかに演奏する မိုးတချိန်ချိန်ရွာသည်။ 雨音がザアザア聞える
တခဲ [təkˈwɛː] (名) 1縄斗の半分 =တင်းဝက်
တခဲသား [təkˈwɛːdaː] (名) 大袈裟、誇張 မျက်နှာတခဲသားနှင့် 大袈裟な表情で
တခွင် [təkˈwin] (名) 一面 <တစ်ခွင်၊ တခွင်တပြင် 一面、一帯 တခွင်တလွှာ 一面、一帯
တခွန်း [təkˈunː] (名) 一言 <တစ်ခွန်း
တခွန်းတပါဒမျှ [təkˈunː dəbadamja.] (副) 一言も (否定形)
တခွပ်ခွပ် [təkˈuʔkˈuʔ] (擬) カッカッと မြင်းခွါသံခွပ်ခွပ်ဖြင့်ပြေးသည်။ 蹄の音をカッカッと鳴らして走る
တခွတ်ခွတ် [təʧˈuʔʧˈuʔ] (擬) ポリポリと、カリポリと ပဲလှော်ကိုတခွတ်ခွတ်ဝါးနေသည်။ 煎った豆をポリポリと噛んでいる
တခွင်ခွင် [təʧˈwinʤwin] (擬) チリンチリンと မြင်းလှည်းသည်ခြုံသံတခွင်ခွင်ဖြင့်ပြေးသည်။ 馬車が鈴の音をチリンチリンと鳴らして走る ခေါင်းလောင်းတခွင်ခွင်မြည်သည်။ 鐘がカンカンと鳴る
တဂျုတ်ဂျုတ် [dəʤouʔʤouʔ] (擬) グウグウと ဝမ်းထဲကတဂျုတ်ဂျုတ်နဲ့ဆာလောင်မွတ်သိပ်သည်။ ひもじくてお腹がグウグウ鳴る
တဂွိဂွိ [dəgwigwi] (擬) ぜいぜいと (咳をする) အိတ်ထဲကတဂွိဂွိမြည်သည်။ 鞄の中でごとごと音がする

တဂုပ်ဂုပ်[dəguʔguʔ] (擬) ごくごくと တဂုပ်ဂုပ်သောက်သည်။ ごくごくと飲む

တဂျုတ်ဂျုတ်[dəʤuʔʤuʔ] (擬) むしゃむしゃと တဂျုတ်ဂျုတ်ဝါးစားသည်။ むしゃむしゃと食う

တငေးတမော[təŋe:təmɔ:] (副) ただ茫然と တငေးတမော ကြည့်နေသည်။ ただ茫然と眺めていた

တငွေ့ငွေ့[təŋwe.ŋwe.] (擬) ①ほかほかと တငွေ့ငွေ့ပူသည်။ ほかほかと暖かい ②もくもくと တငွေ့ငွေ့ လောင်သည်။ もくもくと燃え上がる ③（怒りが）むくむくと

တစခန်း[təsek'an:] (名) 一幕、一場面 ＜တစ်စခန်း တစခန်းထသည်။ 一騒動持ち上がる တစခန်းသိမ်းသည်။ 締め括る、終りにする

တစတစ[dəza.dəza.] (副) 徐々に、次第に、少しずつ ＜တစ်စစနှင့်

တစထက်တစ[dəza.dɛʔ dəza.] (副) 徐々に、段々と ကြွေးမြီများ တစထက်တစတိုးတက်လာခဲ့သည်။ 債務が徐々に増えてきた

တစပြင်[dəza.bjin] (名) 墓地＝သုဿာန်၊ သင်္ချိုင်း။

တစမကျန်[dəza.məʧan] (副) 一つ残らず、腹蔵なく、遠慮なく ＜တစ်စမကျန်

တစတစ[dəzaza] (擬) ワアーワアーと、キャーキャーと တစတစ အော်သည်။ ワアーワアーと大声を出す တစတစငိုသည်။ さめざめと泣く

တစိ[dəzi.] (名) 僅か、少々

တစိတစောင်း[dəzi.dəzaun:] (副) それとなく、大まかに အခြေအနေကိုတစိတစောင်းကြည့်နေသည်။ 状況をそれとなく観察している ＝တစေ့တစောင်း

တစီစီ[dəzizi] (擬) ①ブクブクと ထမင်းချက်သောအခါအမြှုပ်တစီစီဖြစ်သည်။ 飯を炊く時にはぶくぶくと泡立つ ②ワンワンと ခွေးဟောင်းသံတစီစီကြားတယ်။ キャンキャンと鳴く犬の声が聞える

တစီး[dəzi:] (名) 1台、1捜、1機 ＜တစ်စီး

တစီးစီး[dəzi:zi:] (擬) たらたらと ချွေးတစီးစီးကျနေသည်။ 汗がたらたらと流れ落ちる

တစီးတစောင်း[dəzi:dəzaun:] (副) ①でこぼこでむらがあって、均質でなく ②幾らか、それとなく、大まかに

တစီးမွတ်[dəzi:mouʔ] (鳥) カイツブリ（カイツブリ科） Podiceps ruficollis cf. ရေမြုပ်ဘဲ

တစု[dəzu.] (名) 1群、1集団、1グループ ＜တစ်စု တစုတရံ: 大集団 တစုတရံ: 集団、一塊、一団 တစုရုံးသည်။ 集団で、一塊となって、大挙して တစုရုံးတဝေးရှိသည်။ 一堂に集まって、一丸となって တည်ရှိသည်။ 一堂に会する တစုတည်းတဝေးတည်း＝တစု

တဝေးတည်း:

တစူးစာ:[dəzu:za:] (副) 強引に、無理矢理

တစေ့.[dəze.] (名) 1粒 ＜တစ်စေ့

တစေ့တစောင်း[dəze.dəzaun:] (副) ①ふと、何気なく、偶然に သတင်းစာအရတစေ့တစောင်းသိနိုင်ပါတယ်။ 新聞の報道で偶然に知った ②それとなく、ちらりと、密かに、内々に တစေ့တစောင်းကြည့်သည်။ 偶々見る、一瞥する တစေ့တစောင်းလေ့လာသည်။ 偶々調べる

တစေ[dəze] (副) いつも、常に

တစိုးတစိ[dəzo:dəsi.] (名) ①僅か、若干、少々 ②何か、何らか တစိုးတစိမျှ (否定) いささかも、少しもမေတ္တာတစိုးတစိမျှမရှိပြီ။ もはや愛情のかけらもない

တစိုးရိမ်မဖြစ်[təso:jein jein p'jiʔ] (動) 何か心配になる

တစက်[dəzɛʔ] (名) 1滴 ＜တစ်စက်

တစက်စက်[dəzɛʔzɛʔ] (擬) ポトポトと ရေတစက်စက်ကျသည်။ 水がポトポトと落ちる

တစိုက်စိုက်[dəzaiʔzaiʔ] (副) まっすぐに、脇目も振らずに

တစင်ထောင်[dəzin t'aun] (動) 組織を分裂させる 対抗組織を結成する

တစင်:[dəzin:] (名) 1台、1搜、1機 ＜တစ်စင်း

တစင်းတလေ[dəzin:təle] (名) 1台 မော်တော်ကားဆိုလျှင်ရန်ကုန်မြို့တွင်သာတစင်းတလေတွေ့မြင်ရသည်။ 自動車と言えば、ラングーンで偶に1台かそこら見掛けた

တစောင်း:[dəzaun:] (副) ①斜めに、逸れて、ずれて ②傾いて ③（植）サボテン ＝ရှား:စောင်း:

တစောင်း:နေ[dəzaun: ne] (動) 傾いている、斜めになっている

တစောင်းပြာတ[dəzaun:pjaʔta] (植) ①サイウンカク（トウダイグサ科） Euprhorbia trigona ②サボテンタイゲキ（トウダイグサ科） Euphorbia antiquorum

တစောင်းလက်ပတ်[dəzaun:lɛʔpaʔ] (植) トウロカイ（ユリ科）Aloe vera

တစစ်စစ်[dəziʔziʔ] (擬) チクチクと、ズキズキと တစစ်စစ်နာသည်။ チクチクと痛む တစစ်စစ်ကိုက်ခဲသည်။ ズキズキと疼痛がする

တစည်းတိုက်[dəzindaiʔ] (副) ずばり、ずけずけと တစည်းတိုက်ကြီးပြောချသည်။ ずばりと言い放つ

တစည်:[dəzi:] (名) ちょうな（大工道具の1種）

တစည်းတလုံးတည်:[dəzi:təloun:dɛ:] (副) 一団となって、一丸となって、一致団結して

တစိတ်[dəzeiʔ] (数) ①四分の一 ②四分の一緬斗

တစိတ်တဒေသ　若干、少々、一部分　တစိတ်တဒေသအား ဖြင့် 部分的に

တစိတ်တဝမ်းတည်း[dəzei'təwun:dɛ:]（副）一心同体となって、心を一つにして＝တစိတ်တည်း၊တဝမ်းတည်း

တစပ်စပ်[dəza'za']（擬）辛うじて、底に僅かばかり ရေကလေးတစပ်စပ်ရှိသည်။ 水がほんの僅かある

တစပ်တည်းဖြစ်[dəza't'ɛ: p'ji']（動）隣接する、じかに隣り合う

တစိစိစိ[dəzein.zein.]（副）①じっくりと တစိစိစိကြည့်သည်။ しげしげと見る တစိစိစိတွေးသည်။ じっくりと考える ②しとしとと、間断なく、じわじわと မိုး တစိစိစိရွာသွပ်သည်။ 雨がしとしと降っている ရေ တစိစိစိထွက်သည်။ 水がじわじわと湧き出る တစိစိစိ နာကျင်သည်။ じわじわ痛む

တစိမ်း[dəzein:]（名）見知らぬ人 တစိမ်းတရံဆံ 赤の他人 တစိမ်းပြင်ပြင် 見知らぬ人、赤の他人

တစု[dəzoun]（名）1揃え、1番い、1組 ＜တစ်စု

တစုခု[dəzoun tək'u.]（名）何か、何事か တစုခု တစုခုသောအန္တရာယ် 何らかの危険、何かある危険

တစုယောက်[dəzoun təjau']（名）誰か、ある人

တစုရာ[dəzoun təja]（名）何か、何かある事

တစုဦး[dəzoun təu:]（名）誰か、誰かある人

တစွလန်းလန်း[dəzwɛ: lan:lan:]（副）貪るように、熱心に

တစွတ်စွတ်[dəzu'zu']（副）しばしば、頻繁に

တစွန်[dəzunga.]（副）一方の端に、片方の端に

တစွန်း[dəzun:dəza.]（名）断片、一部、少量、若干、僅か

တစွပ်ထိုး[dəzu't'o:]（動）したい放題の事をする 傍若無人に振舞う

တဆူ[təs'uzu]（擬）ぶつぶつ、ぶつくさと တဆူ ဆူသည်။ ぶつぶつ文句を言う တဆူဆူအော်ဟစ်သည်။ ぶつくさ喚く、怒声を張り上げる တဆူဆူရန် ဖြစ်သည်။ 喧嘩口論する တဆူဆူတည်ညံ့ရှိသည်။ わいわいがやがやする

တဆေး[təs'e:]（名）イースト、麹、酵母

တဆံ[təs'ɛ.]（数）တဆယ် の斜格形 ＝တဆယ်

တဆယ်[təs'ɛ.]（数）1桁の数を伴う場合の10の表現 တဆယ့်ငါး 15 တဆယ့်ခြောက် 16

တဆယ့်နှစ်ရာသီ[təs'ɛ.nəjadi]（植）ランタナ（クマツヅラ科）Lantana indica

တဆယ်[təs'ɛ]（数）10 ＜တစ်ဆယ်၊ 数字形は ၁၀

တဆယ်သား[təs'ɛda:]（名）（重量）10チャッ、凡そ2250グラム

တဆဲဆဲတဆိုဆို[təs'ɛ:zɛ: təs'ozo]（副）罵って、罵倒して တဆဲဆဲတဆိုဆိုဆိုသည်။ 罵り雑言を浴びせる

တဆို[təs'ozo]（副）罵りながら

တဆက်တည်း[təs'ɛ'tɛ:]（副）ひと続きで、連続して続けざまに、続いて တဆက်တည်းဖြစ်သည်။ 一続きとなっている、連続している ＝တဆက်၊ တဆက်ထဲ၊ တဆက်ထဲမှာ

တဆင့်[təs'in.]（副）経て、経由して ＜တစ်ဆင့်။ တဆင့်ကြား 又聞き、噂 တဆင့် 経由、中継ぎ တဆင့် စကား 又聞き、噂話 တဆင့်နောဂ ၊ တဆင့်နှာ ဖြင့် 口コミで、口から口へと、人から人へと次々に တဆင့် တဆင့် 一歩一歩、次から次へと တဆင့်ဖြန့်ချိပေးသည်။ 中継する ဒီရောဂါဟာဆေးထိုးအပ်ကတဆင့်ကူးစက်နိုင်တယ် この病気は注射針を通して伝染する事がある

တဆစ်[təs'i']（名）①1節＜တစ်ဆစ်။ ②（植）サンリョウカ（ウリ科）Cucumis trigonus

တဆစ်ချိုး[təs'i'ʨ'o:]（名）①ヘアピン・カーブ百八十度逆 ②L字形 ＝တတောင်ဆစ်ချိုး

တဆစ်စီ[təs'i'si]（副）継目ごとに、1節ごとに

တဆတ်ဆတ်[təs'a'sa']（擬）ぶるぶると、がたがたと တဆတ်ဆတ်တုန်သည်။ ぶるぶる震える ရင်တဆတ် ဆတ်ခုန်သည်။ 胸がどきどきする

တဆိတ်[təs'ei']（名・副）①ちょっぴり、僅か、少々 ②一寸の間 ③（前置き）済みませんが、お手数を掛けますが、一寸失礼します ＜တစ်ဆိတ်

တဆိတ်စာ[təs'eisa]（名・副）①ごく僅か、ほんの少々、ほんのちょっぴり ②呼び掛け、一寸、済みませんが ＜တစ်ဆိတ်စာ

တဆိတ်စာမျှ[təs'ei'samja.]（副）①ほんの僅か、ごく微量 ②（否定形で）まったく、全然

တဆိတ်တအိပ်လုပ်（比）物事を誇張する、大袈裟にする（一つまみを一袋扱いする）＝ပုံကြီးချဲ့

တဆိတ်လောက်[təs'ei'lau']（副）①ほんの僅か、一寸ばかり ②（前置き）どうか、どうぞ

တဆုပ်စာ[təs'ousa]（名）1握り分 ＜တစ်ဆုပ်စာ

တဆံခြည်မျှ[dəzətɕimja.]（副）毛髪1本も

တဆုံး[təs'oun:]（副）極限、ぎりぎり一杯

တဆွေခုန်[təs'we.goun]（副）一瞬の内に

တဆွဲဆွဲ[təs'wɛ:zwɛ:nɛ.]（擬）びくびくと တ ဆွဲနဲ့ဆွဲသည်။ びくびくと引く

တဇောက်ကန်း[dəzau'kan:]（副）①前後の見境なく、無鉄砲に、向う見ずに、理性を失って ②（名）向う見ず、無鉄砲者

တဇောင်းစေး ၊ နှင့်မျက်ချေ။（慣）仲が悪い、気に食わない

တဇွတ်ထိုး[dəzu't'o:]（副）思慮分別がなく、前後を弁えず、無茶で、無鉄砲で、頑固一徹で ＜တစ်ဇွတ်ထိုး

တဇွတ်ထိုးသမား:[dəzi'tʼo:dəma:] (名) 頑固者
တညျ[təɲa.] (名) 一晩、一夜 ＜တစ်ည
တညတလေ[təɲa. təle] (名) ある夜、偶にある夜
တညနေ့[təɲa.ne] (名) ある午後 တညနေ့တုင် ある午後に、ある日の午後
တညညမှာ[təɲa.ɲa.ma] (副) ある晩に、いつかある夜
တညသော်[təɲa.dɔ] (副・文) ある晩、ある夜
တညီတညာတည်:[təɲi təɲadɛ:] (副) ①平らに、平坦に ②調和して、一致して
တညီတညွတ်[təɲi təɲu'] (副) 皆一緒に、皆一致して、皆一斉に、皆で仲良く တညီတညွတ်ဆောင်ရွက်သည်။ 皆で仲良く行なう
တညီတညွတ်တည်:[təɲi təɲu'tɛ:] (副) 全員一致で、満場一致で ဝိုင်အမ်ဘီအေကိုတညီတညွတ်တည်:ထူထောင်သည်။ Y-M-B-Aを満場一致で設立した
တညီး[təɲidɛ:] (副) ①一様に、お揃いで ②滑らかで、平で ③一致団結して、満場一致で
တညင်:[dəɲin:] (植) ジリンマメ(マメ科)、直径3-4センチ大の種子には大蒜臭あり、茹でて食用にする Pithecellobium lobatum
တညင်:လုံ:[dəɲin:loun:] (名) 紡績用の糸を巻き取る中空の円筒、糸巻きリール
တညဉ့်ချင်:[təɲi.chin:] (副) 一晩中、丸一晩
တညဉ့်တာမျှ[təɲi.damja.] (副) 一晩の間 တညဉ့်တာမျှတည်:ခိုပါရစေ။ 一晩泊めて下さい
တညည်:[təɲaɲɲan] (擬) キーキーと、ギシギシと、喧しく သည်ညမှာဇီကွက်သံတညည်:ကြားရသည်။ 今夜はインドコキンメフクロウの鳴き声が喧しく聞える
တဏှာ[təɲa] (名) 色情、劣情、愛欲、渇愛＜パ
တဏှာရာဂ[təɲa jaga.] ＝တဏှာ ＜Taṇhā
တဏှာရှူ:[təɲaju:] (名) 色情狂
တ~[tə~tə] (頭) 副詞形成、二音節語の各音節の前に置かれる တညီတညွတ်＝ညီညီညွတ်ညွတ် 全員一致で တပျော်တပါး＝ပျော်ပျော်ပါးပါး 楽しく、愉快に တရင်:တနှီ:＝ရင်:ရင်:နှီ:နှီ: 親しく、親密に
တ~တလေ[tə~təle] (頭) 副詞形成、数的に、量的に少ない事を示す တချိတလေ 偶に、稀に တယောက်တလေ 誰か、何人か တကောင်တလေ 何匹か、何頭か တညတလေ 偶にある夜 စာတစောင်တလေမှရေး:ဘူ:။ 手紙1通書かない တနှက်တလေသောက်ရတာ။ 偶に飲むだけだ တနေ့တလေအား:တယ်။ 偶には暇な日もある ဆေး:တလေတရွက်ပါတယ်မဟုတ်လာ:။ タバコ1、2本は持っているだろう
တတိတတိ[dədi.dədi.] (副) 次第に、徐々に、じりじりと ＜တစ်တိတစ်တိ
တတိတိ[dədi.di.]＝တတိတတိ၊ တတိတိကုန်သည်။ 少しずつ減る、じりじりと減少する
တတိယ[ta'təja.~ta'ti.ja.] (名) 第三
တတိယကမ္ဘာ[ta'təja. gəba] (名) 第三世界
တတိယကမ္ဘာနိုင်ငံ[ta'təja.gəba naingan] (名) 第三国
တတိယဈာန်သုံ:ဘုံ[ta'təja. zan toun:boun] (名) 第三禅天 (色界を構成する四禅天の三番目)
တတိယမြောက်[ta'təja.mjau'] (形) 三番目の
တတိယသင်္ဂါယနာတင်[ta'təja. tingajəna tin] ①(動) 第三回仏典結集を行う ②(名) 第三回仏典結集 (前3世紀にアショカ王が主催した)
တတိယရာဇတ်တရား:သူကြီ:[ta'təja. jabɛ təja: tugji:] (名) 第三刑事裁判官
တတိယအကြိမ်[ta'təja. ətʃein] (名) 第三回
တတိယအကြိမ်မြောက်[ta'təja. ətʃeinmjau'] (名) 第三回目、三回目の
တတေဝယမ[dədɔ:jəma.] (名) 閻魔大王＝ယမမင်:
တတောလုံ:[dədɔ:loun:] (名) 森中、森全体
တတောဝင်တတောထွက်နှင့်[dədɔ:win dədɔ:t'wɛ' nɛ.] (副) 森から森へ、全ての森を虱潰しに
တတက်စာ:လည်:ကြက်သွန်၊ နှစ်တက်စာ:လည်:ကြက်သွန်။ (諺) 一つ食べても玉葱、二つ食べても玉葱 (軽重を問わず罪は罪)
တတောင်[dədaun] (名) ①肘 ②山一つ
တတောင်ဆစ်[dədaunzi'] (名) 肘
တတောင်ဆစ်ချို:[dədaunzi'tʃo:] (名) 鋭角、V字形、ヘヤピン・カーブ
တတောင်ထောက်[dədaun t'au'] (動) 肘をつく
တတောင်နဲ့ထောင်:[dədaunnɛ. t'aun:] (動) 肘打ちを食らわせる
တတိုင်:တပြည်[dədain:dəbje] (名) 異国、他国
တတိုင်:မွေ:[ta.dain:mwe:] (植) オオソウカ (バンレイシ科) Artabotrys odoratissimus
တ~တည်:[tə~tɛ:、də~dɛ:] (副詞形成辞) ①単独又は数詞一の強調 တတည်: 唯一つ တပြိုင်တည်: 同時に、一斉に တယောက်တည်: 一人きりで、唯一人 ②専念して、唯ひたすら တတွေ:ထဲတွေ:တယ်။ ひたすら考える တပူထဲပူတယ်။ しきりに心配する
တတန်တက[dədan dəga.] (副) 堪えて、耐えて、辛い思いをして
တတန်:တည်:[dədan:dɛ:] ①(副) 一列に ②(名) 同級、同学年
တတထေအာ:[dəda'təa:] (副) 事実上、実体として
တတုံ:ထွန်[dədoun:dun] (名) 一番いの牛に唐鋤を取付けて耕作できる田圃の面積 (約12エーカー)

တတွေ[dədwe]（名）一同、一集団、－グループ ＜တစ်တွေ＞။ ဒို့တတွေ 我々一同＝ကျွန်တော်တို့တတွေ။ သူတို့တတွေ 彼等一同 ခင်ဗျား့တို့တတွေ 貴方達一同

တတွေတွေ[dədwedwe]（擬）タラタラと ရေစီးတတွေတွေ 水の流れがさらさら မျက်ရည်တတွေတွေကျသည်။ 涙がたらたらと流れる

တတွေးထဲ[dədwe:dɛ:]（副）考えに集中して တတွေးထဲတွေးသည်။ 考えに考える、集中して考える

တတွဲတွဲနဲ့[dədwɛ:dwɛ:nɛ.]（副）いつも連れ立って

တတုတ်တုတ်[dədu'du']（副）引切りなしに တတုတ်တုတ်ပြောသည်။ のべつ幕なしに喋る

တထီးတနန်း[tət'i: tenan:]（名）独立 တထီးတနန်းထူထောင်သည်။ 独立した国を樹立する

တထေရာတည်း[tət'ejade:]（副）そっくりで တထေရာတည်းတူသည်။ 酷似している တထေရာတည်းဖြစ်သည်။ 瓜二つだ、そっくりだ

တထေရာတဲ[tət'ejadɛ]＝တထေရာတည်း။

တထေရာတဲ့[tət'ejabɛ:]（形）そっくりだ

တထေဝတည်း[tət'ewa.de:]（副・文）そっくりで

တထေဝတည်းတူ[tət'ewa.de: tu]（動）瓜二つだ＝ချွတ်စွပ်တူ

တ～တဲ့[tə~t'ɛ:]（接）副詞形成、声門閉鎖音で終る名詞を中間に入れる場合 တရိုက်ထဲ 一発で တယောက်ထဲ 一人で、一人だけで ＝တ～တည်း။

တထောက်[tət'au']（名）一休み、一段落

တထောက်နားး[tət'au' na:]（動）一休みする

တထင့်ထင့်[tət'in.din.]（副）不安で、気を揉んで စိတ်ထဲမှာတထင့်ထင့်ဖြစ်နေသည်။ 内心冷や冷やしている

တထောင်[tət'aun]（数）一千 ＜တစ်ထောင်＞

တထောင်းထောင်း[tət'aun:daun:]（擬）モクモクと အငွေ့တထောင်းထောင်းထွက်သည်။ 蒸気がモクモクと出る

တထိုင်တည်း[tət'ainde:]（副）腰を降したまま တထိုင်တည်းဖတ်သည်။ 座ったまま読み続ける

တထစ်ချ[tət'i'ʔa.]（副）絶対的に、全くと言ってよい程、疑いなく တထစ်ချယူဆသည်။ 確信する

တထိတ်ထိတ်[tət'ei't'ei']（副）はらはらして、びくびくして တထိတ်ထိတ်ကြောက်သည်။ 怖くてびくびくする တထိတ်ထိတ်စိုးရိမ်သည်။ はらはら心配する တထိတ်ထိတ်လန့်သည်။ はらはら驚愕する

တထိန်ထိန်[təteindein]（擬）きらきらと、ぴかぴかと（輝く）

တထပ်တည်း[tət'a'tɛ]（副）ぴったり、重なり合って တထပ်တည်းကျသည်။ ぴったり重なる、ぴったり一致する

တထပ်အိမ်[tət'a'ein]（名）平屋、1階建

တထုပ်[tət'ou']（名）1包み ＜တစ်ထုပ်＞

တထုံထုံ[tətoundoun]（副）①馥郁と တထုံထုံမွေးသည်။ 馥郁と香る ②ドーンドーンと ဗုံးပတ်သံဩစည်သံတထုံထုံကြားရသည်။ 単面太鼓、両面太鼓の音がドーンドーンと聞えてくる

တဒီးဒီး[dədi:di:]（擬）たらたらと ချွေးတဒီးဒီးကျသည်။ 汗がたらたらと流れる

တဒင်္ဂ[dədinga.]（名）一瞬、一呼吸

တဒိုင်းဒိုင်း[dədain:dain:]（擬）（銃声が）ダーンダーンと

တဒိတ်ဒိတ်[dədei'dei']（擬）どきどき တဒိတ်ဒိတ်နှင့်ရင်ခုန်သည်။ 胸がどきどきする နှလုံးသားတည်တဒိတ်ခုန်သည်။ 心臓が動悸を打っている

တဒုံးဒုံး[dədoun:doun:]（擬）どんどんと တဒုံးဒုံးတွသည်။ どんどんと叩く

တနာရီ[tənaji]（名）①1時 ②1時間 ＜တစ်နာရီ＞

တနာရီကျော်ကျော်[tənaji tʃɔ:tʃɔ:]（名）1時過ぎ

တနေ့က[təne.ga.]（副）①一昨日、おとつい ②先日、ある日、この間 ＜တစ်နေ့က＞

တနေ့ကျတော့[təne.tʃa.dɔ]（副）いつかは、その内には

တနေ့ကျရင်[təne.tʃa.jin]（副）いつか、その内に

တနေ့ခြင်း[təne.dʒin:]（副）その日の内に

တနေ့စာ[təne.za]（名）1日分の食糧

တနေ့ခြား[təne.təʃa:]（副）日増しに、日ごとに、日に日に、一日一日と

တနေ့တနေ့[təne.təne.]（副）1日1日、日々

တနေ့တလံ၊ ပုဂံယံပြေးမလဲ။（諺）千里の道も1歩から（1日1尋、パガンが逃げる筈はない）

တနေ့တော့[təne.dɔ]（副）①ある日の事 ②その内に、いつかは

တနေ့တုန်းက[təne.doun:ga.]（副）ある日の事、先日

တနေ့တွင်[təne.dwin]（副・文）ある日の事

တနေ့ထက်တနေ့[təne.dɛ'təne.]（副）日一日と、日増しに、、一日一日と

တနေ့နေ့[təne.ne.]（副）その内、いつか、遅かれ早かれ＝တနေ့နေ့ချိန်ချိန်တွင်

တနေ့နေ့တော့[təne.ne.dɔ]＝တနေ့နေ့။ တနေ့နေ့တော့ငါသေရတော့မှာဘဲ။ いずれ私も死ぬ事になる

တနေ့နေ့မှာ[təne.ne.ma]（副）いつか、その内 တနေ့နေ့မှာသေရလိမ့်မယ်။ いつかは死を迎えるでしょう

တနေ့ပတ်လုံး[təne.pa'loun:]（副）一日中

တနေ့မဟုတ်တနေ့[təne.məhou' təne.]（副）日々

တနေ့မှ [təne.ma.]（副）①いつか、きっと ②（否

တနေ့မှာ[təne.ma]（副）①ある日 ②いつか、その内に
တနေ့ရွှေ၊တနေ့ငွေ။（諺）有為転変、諸行は無常（ある日は金、別の日には銀）
တနေ့လုံး[təne.loun:]（副）1日中、丸1日、終日
တနေ့သည်[təne.təṇai']（副・文）ある日の事
တနေ့သိမယ်[təne.ṭi.mɛ]（動）いずれ思い知らせてやる
တနေ့သော်[təne.dɔ]（副・文）ある日
တနေ့သောအခါ[təne.dɔ:ək'a]＝တနေ့သည်
တနေ့[təne]（名）昼間、日の出から日の入り迄
တနေ့ကုန်[tənegoun]（名）終日、丸一日 တနေ့ကုန် အလုပ်လုပ်ရသည်။ 1日中働かねばならなかった
တနေ့ကုန်တနေခန်း[tənegoun tənegan:]（名）終日、丸1日 တနေ့ကုန်တနေခန်းနေပူကြီးကြိုကြိုတွင်ပြေးလိုက်သည်။ 暑い日差しの下で終日走った
တနေရာ[təneja]（名）①1ヶ所 ②ある所 ＜တစ်နေရာ
တနေရာပြီးတနေရာ[təneja pi: təneja]（副）（場所を）次から次へと
တနေရာရာ[tənejaja]（名）どこかある所
တနေရာရာက[tənejajaga.]（副）どこからか
တနေရာရာကို[tənejajago]（副）どこかへ
တနေရာရာမှာ[tənejajama]（副）どこかで
တနေလှန်း[təneɬan:]（動）日に干す、日光に晒す
တနယ်တကျေး[tənɛ dəʤe:]（名）よそ、外の土地
တနင့်တပိုး[tənin.dəbo:]（副）重苦しく、辛い思いをして ပင်သက်ကိုတနင့်တပိုးကြီးရှိုက်သင်းလိုက်သည်။ ふかぶかと（重々しく）息を吸い込んだ
တနင်္ဂနွေ[tənin:gənwe]（名）日曜
တနင်္ဂနွေခြိုဟ်[tənin:gənwe ʤo]（名）占星術上の日曜、星宿としての日
တနင်္ဂနွေတပတ်[tənin:gənwe dəba']（名）1週間
တနင်္ဂနွေထောင့်[tənin:gənwe daun.]（名）仏塔の東北隅 စနေထောင့်၊ နိရုတ်ထောင့် 西北隅
တနင်္ဂနွေနေ့[tənin:gənwe ne.]（名）日曜
တနင်္ဂနွေနံ[tənin:gənwe nan]（名）日曜日に割当てられた文字（全ての母音文字）
တနင်္ဂနွေယာ[tənin:gənwe ja']（名）仏塔の東北方角
တနလ္လာ[tənin:la]（名）月曜
တနလ္လာခြိုဟ်[tənin:la ʤo]（名）占星術上の月、星宿としての月
တနလ္လာထောင့်[tənin:la daun.]（名）（仏塔の）東側

တနလ္လာနေ့[tənin:la ne.]（名）月曜日
တနလ္လာနံ[tənin:la nan]（名）月曜日に割当てられた子音文字5文字（က၊ခ၊ဂ၊ဃ၊င။）
တနလ္လာယာ[təninla ja']（名）仏塔の真東方向
တနသ်ာရီတိုင်း[tənin:ṭaji tain:]（地）タニンダーイー（テナセリム）管区（モン州の南側に位置する）
တနောင်တနောင်[tənaunnaun]（擬）チャランチャラン と တနောင်တနောင်တီးသည်။ チャランチャランと打ち鳴らす တနောင်တနောင်မြည်သည်။ キンコンカンと鳴り響く မောင်းကလေးကိုတနောင်တနောင်နဲ့တီးသည်။ 小型の銅鑼をキンコンカンと打ち鳴らす ကြေးစည်တနောင်တနောင်ရိုက်ခတ်သည်။ ကြေ။（三角形の小型銅鑼）をチリンチリンと打ち鳴らす
တနိုင်[tənain]（副）自分のできる範囲で
တနိုင်ငံလုံး[tənainganloun:]（名）全国、国中
တနည်း[təni:]（名）一つの方法、ある方法
တနည်းဆိုသော်[təni: s'oja.dɔ]（副）言い換えると、換言すれば ＜တစ်နည်းဆိုသော်
တနည်းတဖုံ[təni:təp'oun]①（名）他の方法、別の手段 ②（副）別の方法で ＜တစ်နည်းတဖုံ
တနည်းတဖုံအားဖြင့်[təni:təp'oun a:p'jin.]（副）①あるやり方で、別の方法で、②一面的に、一方的に
တနည်းတလမ်း[təni: təlan:]（名）ある方法、別のやり方、何らかの手段 ＜တစ်နည်းတစ်လမ်း
တနည်းနည်းနဲ့[təni:ni:nɛ]（副）何らかの方法で、何らかの手段で
တနည်းနည်းဖြင့်[təni:ni:p'jin.]＝တနည်းနည်းနဲ့
တနည်းပြောရပါက[təni: pjɔ:ja.baga.]（副・文）＝တနည်းပြောရရင်
တနည်းပြောရရင်[təni: pjɔ:ja.jin]（副）換言すれば、言い換えると、別の言い方をすれば
တနည်းပြောရလိုရှိရင်[təni: pjɔ:ja.lo.ʃi.jin]＝တနည်းပြောရရင်
တနည်းပြောရလျှင်[təni: pjɔ:ja.ɬjin]（副・文）＝တနည်းပြောရပါက
တနည်းပြောသော်[təni: pjɔ:ja.dɔ]（副・文）＝တနည်းပြောရပါက
တနည်းဘဲ[təni:bɛ:]（副）一つの方法だけ
တနည်းမဟုတ်တနည်း[təni: məhou' təni:]（副）次々とやり方を変えて、様々な方法を試みて
တနည်းအားဖြင့်[təni: a:p'jin.]（副）①ある方法を用いれば、他のやり方によれば ②換言すると、言い換えると
တနည်းအားဖြင့်ဆိုလျှင်[təni:a:p'jin.s'oɬjin]＝တနည်းပြောရလျှင်

တနည်း：အား：ဖြင့်ဆိုသော်[təni:a:pjin.s'o̩do̩]＝တနည်း：ပြောရသော်

တနပ်စာ'sa]（名）食事１膳、食事一口

တနပ်စာ：[təna'sa:]（名）１回きりの儲け、１回だけの恩恵 ＜တစ်နပ်စာ：

တနပ်စာ：ဉာက်[təna'sa:ɲan]（名）思い付き、その場限りの取り繕い、その場限りの言い逃れ

တနံ့နံ့[tənoun.noun.]（副）落着かなくて စိတ်ထဲက တနံ့နံ့ရှိသည်။ 心中穏やかでない ရင်ထဲမှာတနံ့နံ့စော：ရှသည်။ 胸中複雑な思いである

တနယ်ငင်တစ်ပါ။（比）芋蔓式に、一蓮托生（蔓を１本引張れば、残り全部が付いてくる）

တနဲ့နဲ့[tənwε.nwe.]（擬）上品に、魅力的に ချိုးနှစ်ကောင်ကတနဲ့နဲ့ကူသည်။ キジバトが２羽可愛らしく鳴き交わしている

တနှစ်[təṇi']（名）１年 ＜တစ်နှစ်

တနှစ်ခံအပင်[təṇi'k'an əpin]（名）１年生の植物

တနှစ်ထက်တနှစ်[təṇi'tε' təṇi']（副）年々、年年歳歳

တနှစ်ပတ်လုံး[təṇi'pa'loun:]（副）１年を通して、年中

တနှစ်မျှောက်[təṇi'mjau']①（動）１年経つ、１年過ぎる ②（名）１年目

တနှစ်ရငွေ[təṇi' ja.ŋwe]（名）年収

တနှစ်အောက်[təṇi'au']（名）１年以内、１年未満

~တနှုန်း[tənoun:]（助辞・古）~の如く、~の様に

တပသေး：[dəbəs'e:]（植）クサギ（クマツヅラ科）Clerodendrum phlomides

တပသီ[təpəti]（名）行者、修行者、修験者 ＜パ

တပ်ပ[dəba]（名）河川航行の帆船

တပတိစနစ်[təpati səni']（名）一党制

တပတိအာဏာရှင်စနစ်[təpati anaʃin səni']（名）一党独裁制

တပါတည်း[dəbadε:]（副）一緒に、共にတစ်ပါတည်း：

တပါး[dəba:]①（名）（貴い存在）お一人、お一方 ②（形）ほかの、他の＜တစ်ပါး မှတပါး~を除いて

တပါးကျွန်[dəba:tʃun]（名）従者、家来

တပါးသူ[dəba:du]（名）ほかの人、他人

တပါးသွား：[dəba:dwa:]（名）ソロ・ダンス

တပါးအရာ[təba:aja]（名）他のもの

တပိတပိုင်း[dəbi.dəbain:]（副）部分的に、幾分か

တပုတွဲ[dəbudwε:dwe:]（副）一緒になって、いつも連れ立って

တပုပ္ပတစာဆာ[dəbubu təs'aza]（副）しきりに、やいのやいのと တပုပ္ပတစာဆာတောင်းသည်။ やいのやいのとせがむ

တပုပ္ပတည်ည်[dəbubu təɲanɲan]＝တပုပ္ပတစာဆာ

တပုပ္ပလုပ်[dəbubu lou']（動）しきりにせがむ

တပဲ့[dəbε.bε.]（擬）メーメーと ဆိတ်ယယ်ကလေး：များ：တပဲ့ပဲ့အော်သည်။ 子山羊がメーメーと鳴く

တပို：ဘို：[dəbε:bo:]（名）（植民地時代）１アンナ分

တပို့တွဲလ[dəbo.dwε:la.]（名）ビルマ暦１１月（太陽暦のほぼ２月に相当、２９日間）

တပိုတပါ：[dəbo dəba:]（名）別の所、ほかの所

တပိုတပါ：သွား：[dəbo dəba: twa:]（動）用を足しに行く、トイレに行く＝ကျင်ကြီးကျင်ယယ်စွန့်

တပို：[dəbo:]（名）角笛＝တံပို：

တပေါက်[dəbau']（水）一口 ရေတပေါက်

တပေါက်တလမ်း[dəbau' təlan:]（名）別の道、別のやり方、別の手段

တပေါက်ပေါက်[dəbau'bau']（擬）（汗が）ポトポト ချွေ：သီ：ချွေ：ပေါက်များ：တပေါက်ပေါက်ကျလာသည်။ 汗がぽとぽと流れ落ちる

တပင်[dəbin]（名）１本 ＜တစ်ပင်

တပင်တိုင်[dəbindain]①（名）単一、単独、唯一 ②シングル ③（植）マライシャクジョウ（ヒナノシャクジョウ科）

တပင်တိုင်စနန်：တော်[dəbindain san nan:do]（名）＝တပင်တိုင်နန်：

တပင်တိုင်နန်：[dəbindain nan:]（名）未婚の王女の館、内親王の御殿

တပင်တိုင်မင်：သမီး[dəbindain min:dəmi:]（名）内親王、お姫様、未婚の王女

တပင်တိုင်ဝါ[dəbindain wa:]（植）イチジクタケ（イネ科）Melocana bambusoides

တပင်တိုင်ဟင်：မျို：[dəbindain hin:mjo:]（名）一菜、一種類だけのおかず（他の具を含まない）

တပင်တိုင်အက[dəbindain əka.]（名）ソロダンス、一人だけの踊り cf. နှစ်ပါ：သွား：

တပင်တိုင်အနှက်[dəbindain ənε']（植）ビルマタケ（イネ科） Bambusa Burmanica

တပင်တပန်：[dəbin dəban:]（副）苦労して、辛い思いをして

တပင်လဲမူ၊တပင်ထူ။（格）配偶者が死ねば、再婚せよ（１本倒れたら、もう１本立てよ）

တပေါင်：တစည်ည်းတည်း[dəbaun: dəzi:dε:]（副）一緒になって、皆で一緒に、合同で、一丸となって

တပေါင်：တည်း[dəbaun:dε:]（副）一緒になって、合同で、同一集団で ＜တစ်ပေါင်：တည်း

တပေါင်：လ[dəbaun:la.]（名）ビルマ暦１２月（太陽暦の凡そ３月、３０日間）

တပိုင်တနိုင်[dəbain tənain]（副）巧みに、有効

に、効果的に
တပိုင်း[dəbain:] (名) 1部、1部分 <တစ်ပိုင်း
တပိုင်းတစ [dəbain: dəza.] (名) ①部分、一部、一部分、一寸 ②不完全、未完成 <တစ်ပိုင်းတစစ
တပိုင်းတပဲ[dəbain: dəbji'] = တပိုင်း
တပိုင်းတပျက် [dəbain: dəbjɛ'] (副) 作りかけ、未完成
တပိုင်းသေ [dəbain: te] (動) 渇望する
တပည့် [dəbɛ.~dəbji.] (名) 弟子、門徒、教え子
တပည့်တပန်း [dəbɛ.dəban:] (名) ①弟子 ②部下、家来
တပည့်တော် [dəbɛ.dɔ~dəbji.dɔ] (代) 某、在家信者から出家に対して、又は出家相互間での一人称
တပည့်တော်မ [dəbji.dɔma.] (代) 女性の在家信者が出家に対して、又は正学女相互間で用いる一人称
တပည့်နောက်လိုက် [dəbɛ.nau'lai'] (名) 部下、家来、従者、随行者
တပည့်မ [dəbzɛ.ma.] (名) 女弟子、女生徒
တပည့်မကောင်းဆရာခေါင်း။ (格) 子供の不始末は親の責任 (弟子の不始末は師匠の頭に)
တပည့်လက်သား [dəbɛ.lɛ'ta:] (名) ①弟子 ②部下、家来
တပတ် [dəba'] (名) ①1週間 ②1周 <တစ်ပတ်
တပတ်ကို [dəba'ko] (副) 1週間に付き、1週間当り
တပတ်ကျော့ [dəba'tʃɔ.] (動) 一巡する、繰り返す
တပတ်ကြမျှ [dəba'tʃamja.] (副) 1週間の間
တပတ်ခြား [dəba'tʃ'a:] (副) 1週おきに
တပတ်လျှမ်းပစ် [dəba' dʒun:pji'] (動) 1回転する、とんぼ返りを1回する
တပတ်နှမ်း [dəba'nun:] (名) 使用済み品、中古品 <တစ်ပတ်နှမ်း၊ တပတ်နှမ်းကား: 中古車
တပတ်ပတ် [dəba' pa'] (動) 一周する、一回転する
တပတ်ပြည့် [dəba' pje:] (動) 1週間たつ
တပတ်မှာ [dəba'ma] (副) 1週間に <တစ်ပတ်မှာ
တပတ်ရိုက် [dəba'jai'] (動) 騙す、偽る、人をかつぐ、一杯食わせる、ペテンに掛ける <တစ်ပတ်ရိုက်
တပတ်ရစ် [dəba'ji'] (名) 中古 <တစ်ပတ်ရစ်။ တပတ်ရစ်ကုန်ပစ္စည်း: 中古品 တပတ်ရစ်လူသုံးကုန်ပစ္စည်း: 中古の日常生活用品
တပတ်လှည့် [dəba' lɛ.] (動) 旋回させる、一回転させる <တစ်ပတ်လှည့်
တပတ်လိမ့် [dəba' ɬɛ.] (動) 欺く、ペテンに掛ける
တပတ်လျှော် [dəba'ʃɔ] (名) (頭髪を束ね環にして先端をその中に通す) 髪型 <တစ်ပတ်လျှော်
တပန်းရှုံး [dəban: ʃoun:] (動) ハンディキャップをつけられる、一歩出遅れる、不利だ

တပန်းသာ [dəban: ta] (動) 1歩先んじる、一歩有利な体勢にある <တစ်ပန်းသာ
တပုံကြီး [dəboungi:] ① (名) 沢山 ② (副) 大量に、豊富に、山のように <တစ်ပုံကြီး
တပုံစံတည်း [dəbounzandɛ:] (副) 同一、同じ型、瓜二つ န糖နnbigအဖေဟာတပုံစံတည်း:ပဲ။ 君と君のお父さんとは瓜二つだ <တစ်ပုံစံတည်း။
တပုံတခေါင်း [dəboun tək'aun:] ① (名) 沢山、一杯 塊になって ②たっぷり、たんまり、どっさり
တပုံတပင် [dəboun dəbin] (名、副) 大量、沢山
တပျော်တပါး [dəbjɔ dəba:] (副) 楽しく、愉快に အားလုံးတပျော်တပါးစား:ကြသည်။ みんなで楽しく食べた တပျော်တပါးကြီးကစား:ကြသည်။ 皆で楽しく遊んだ
တပျစ်ပျစ် [dəbji'bji'] (擬) ペッペッと တထွေးတပျစ်ပျစ်နဲ့မထွေးရဘူး။ 唾をペッペッと吐いてはいけない
တပြား [dəbja:] (名) ピャー (補助貨幣の単位、チャッの百分の一)
တပြား:သား [dəbja:da:] (副) 少し、一寸 စည်းကမ်းကိုတပြား:သား:မှမလျှော့ဘူး။ 規律を少しも緩めようとはしない
~တပြီးကား [dəbji:ga:] (接助) 仮定を現わす、然らば、もしーならば、~であったなら ထိုသို့တပြီးကား: もしそうであるならば ယင်းသို့တပြီးကား: 仮にそうであるならば မင်းကြီးမင်းဖြစ်ပြီးကား:ငါတို့အမျိုးအနွယ် အလုံးျပင်းစုံးအံ့။ もし貴殿が国王であったなら我々一族は全て滅んでいたであろう
တပြု [dəbju.] (植) ①ビワモドキ Dilenia indica 実は食用 ②マヤブシキ (マングローブの1種) Sonneratia alba
တပြူ: [dəbju:] (名) ペア、対
တပြေး [dəbje:] (名) 同等、均等 <တစ်ပြေး
တပြေးညီ [dəbje:ɲi] (副) 等しく、均等に、均一に、同じ水準で、同等に တပြေးညီးစုဲနိုင်သည်။ 均等に使用できる ဈေး:ကွက်များကိုတပြေးညီဖွင့်လှစ်ကြသည်။ 市場を同じように設置した
တပြေးတည်း [dəbje:dɛ:] (副) ①等しく ②平坦で、直線で
တပြေးတည်းညီ [dəbje:dɛ: ɲi] (形) 平行している、全く同じ水準だ
တပြောပြော [dəbjɔ:bjɔ:] (副) 話しながら ၈ကာ:တပြောပြောနှင့်လာကြသည်။ がやがやと話ながらやって来た
တပြောင်ပြောင် [dəbjaunbjaun] (擬) きらきらと မီးရောင်များတပြောင်ပြောင်တောက်သည်။ 火がきらきらと輝く
တပြိုင်တည်း [dəbjaindɛ:] (副) 同時に、一度に、一

遍に ＜တစ်ပြိုင်တည်

တပြိုင်နက်[dəbjainnɛʔ]（副）するや否や、途端に、同時に、すぐに、直ちに＜တစ်ပြိုင်နက်။ နံနက်လင်းသည်နှင့်တပြိုင်နက်။ 夜明けと同時に တာဝန်ကင်းပြီဟုအောက်မေ့မိသည်နှင့်တပြိုင်နက်ပျော့ရှင်စေပြုသည်။ 任務から解放されたと思った途端、楽しくなった

တပြိုင်နက်တည်း[dəbjainnɛʔtʔɛː]＝တပြိုင်နက်

တပြစ်[dəbji](名）一つの過ち、一つの罪＜တစ်ပြစ်

တပြည်[dəbje](名) ①一ヶ国 ②一升＜တစ်ပြည်

တပြည်လုံး[dəbjeloun:](名）全国＜တစ်ပြည်လုံး

တပြန်[dəbjan](名)（竿）1本、1振り＜တစ်ပြန်

တပြန်စီ:[dəbjanzi:]（副）①五十歩百歩、目糞鼻糞の類 ②反対に、逆に ＜တစ်ပြန်စီ:＝တစ်ပြန်စီးနှင့်

တပြန်တလှည့်စီ[dəbjan təɫɛ.zi]（副）交替で、交互に ＜တစ်ပြန်တလှည့်စီ

တပြုကြီး[dəbjounɡji:]（副）大量に、わんさと、一斉に、一挙に ကလေးတပြုကြီးရှိနေသည်။ 子供がわんさといる

တပြုတခေါင်း[dəbjountəkʔaun:](名）大量、沢山

တပွေ့တပိုက်[dəbwe.dəbaiʔ]（副）両腕に一杯抱えて

တပွဲစား:[dəbwɛːza:](名）災厄を齎すと考えられているる鬼

တပွဲ:တလမ်း[dəbwɛːtəlan:]（副）運試しで、一つの機会として

တပွဲ:တလမ်း:စမ်း:[dəbwɛːtəlan:san:]（動）運試しをする、運勢を試してみる

တပွဲကို:[dəbwɛːdo:](名）使い捨て、1回きりの使用

တပွစ်[dəbjuʔ]（植）アカバナバナナノキ（果実は房成り、食用） Uvaria grandiflora

တဖျော[təpʔu na](動）機会を逸する、権利を失う

တဖူ:ဖူ:[təpʔu:bu:](擬）フーフーと တဖူ:ဖူ:မှုတ်သည်။ ふーふーと吹く

တဖိုဖို[təpʔobo]（擬）どきどきして、胸が熱くなって ရင်တဖိုဖိုနှင့်နေရသည်။ 胸がどきどきしていた

တဖက်[təpʔɛʔ](名) ①一方 ②先方、相手 ③向う側

တဖက်က[təpʔɛʔka.](副) ①一方では （形）先方の、相手側の、もう一方の側 ＜တစ်ဖက်က

တဖက်ကမ်း[təpʔɛʔkan:](名）向う岸、対岸

တဖက်ကမ်း:ခပ်[təpʔɛʔkan: kʔaʔ]①（動）完璧だ、免許皆伝の腕前だ ② ＜တစ်ဖက်ကမ်း:ခပ်

တဖက်ကမ်း:ခပ်အောင်[təpʔɛʔkan: kʔaʔaun]（副）完璧に တဖက်ကမ်း:ခပ်အောင်တတ်ကျွမ်းသည်။ 完璧にこなす、百パーセント申し分ない တဖက်ကမ်း:ခပ်အောင်တတ်မြောက်သည်။ ほぼ百パーセント完璧だ、非常に熟練している

တဖက်စီ[təpʔɛʔsi](副）片方ずつ、片側ずつ

တဖက်စီး:နှင့်:[təpʔɛʔ siːnin:]（副）一方的に偏って、偏見を抱いて、先入観を持って ＜တစ်ဖက်စီး:နှင့်:

တဖက်စော င်း:နှင့်:[təpʔɛʔ saunnin:]（副）一方に偏して、公平さを欠いて、バランスを失して

တဖက်စွန်း:ရောက်[təpʔɛʔsun: jauʔ]（動）偏りすぎる、一方的すぎる ＜တစ်ဖက်စွန်း:ရောက်

တဖက်ဆည်ကန်[təpʔɛʔʔsʔɛ kan](名）ダム湖

တဖက်တချက်[təpʔɛʔ təʧʔɛʔ]（名）双方共、両方共、左右両方 လမ်း:တဖက်တချက်道の両側

တဖက်တယောက်[təpʔɛʔ təjauʔ]（副）片側に一人

တဖက်တလမ်း:[təpʔɛʔ təlan:]①（名）反対側 ②（副）対立して ③一面で、別の面で ④別の方法で何らかの方法で、できる範囲で ＜တစ်ဖက်တစ်လမ်း:

တဖက်တလမ်း:က[təpʔɛʔtəlan:ga.]（副）①ある面で、一面で ②何らかの方法で、可能な範囲内で

တဖက်တလမ်း:မှ[təpʔɛʔtəlan:ma.]＝တဖက်တလမ်း:က

တဖက်တလမ်း:အား:ဖြင့်[təpʔɛʔtəlan: an:pʔjin.]（副）ある面で、別のやり方で

တဖက်နိုင်ငံ[təpʔɛʔnaingan](名）隣国

တဖက်နှင့်တဖက်[təpʔɛʔnɛ. təpʔɛʔ]（副）互いに

တဖက်ပိတ်လမ်း:[təpʔɛʔpeiʔ lan:](名）行き止まり、袋小路

တဖက်ယပ်ထပ်[təpʔɛʔjaʔtɛ:](名）片流れの屋根を葺いた小屋

တဖက်လှည့်[təpʔɛʔɫɛ.](名）策略、計略、謀略

တဖက်သား:[təpʔɛʔtʰa:](名）相手側、先方

တဖက်သတ်[təpʔɛʔtʰaʔ]（副）一方的に、勝手に တဖက်သတ်ချစ်ခုပ်စွဲသည်။ 片思いをする တဖက်သတ်အရေး:ယူဆောင်ရွက်သည်။ 一方的に行動する、一方的に対応する、一方的に処置する ＜တစ်ဖက်သတ်

တဖက်အစွန်း:မှာ[təpʔɛʔ əsun:ma](副）一方の端に

တဖက်အသင်း:[təpʔɛʔ ətin:](名）相手チーム

တဖပ်ပပ်[təpʔaʔpʔaʔ]（擬）パタパタと、パチンパチンと တဖက်ဖက်ရှိသည်။ パチンパチンと叩く

တဖိတ်ဖိတ်[təpʔeiʔpʔeiʔ]（擬）キラキラと（光る）、ピカピカ တဖိတ်ဖိတ်လက်လှုက်ရှိသောဖိနပ်။ ピカピカに磨かれた靴 အစောင်တဖိတ်ဖိတ်လက်နေသည်စားပွဲကြီး:များ။ ピカピカに輝く大テーブル

တဖိုပို[təpʔouʔpʔouʔ]（擬）ポトリポトリと သရက်သီး:များ:တဖိုပိုကြွေကျရှိသည်။ マンゴーの若い実がポトリポトリと落ちている

တဖန်[təpʔan]（副）再び、再度、重ねて、更に

တဖို[təpʔoun](名）一つ ＜တစ်ဖို

တဖျောက်ဖျောက်[təpjauʔpjauʔ]（擬）パラリパラリと、ポツリポツリと မိုး:ကလေး:တဖျောက်ဖျောက်ကျ

လာသည်။ 小雨がポツポツと降ってきた

တဖျစ်တောက်တောက် ＝ တဖြစ်တောက်တောက်

တဖျဉ်းဖျဉ်း[təp'jin:bjin:]（擬）ヒリヒリと、ズキズキと（痛む）

တဖျတ်ဖျတ်[təp'ja'ja']（擬）パチンパチンと ခြင်ကိုတဖျတ်ဖျတ်ရိုက်သည်။ 蚊をパチンパチンと叩いた

တဖျပ်ဖျပ်[təp'ja'ja']（擬）（布が）パタパタと、（星が）チカチカと、（瞳が）キラキラと

တဖျူးဖျူး[təp'ju:bju:]（擬）ヒューヒューと လေတဖျူးဖျူးတိုက်သည်။ 風がヒューヒュー吹く

တဖြေးဖြေး[təpje:bje:] ＝ တဖြည်းဖြည်း

တဖြောက်ဖြောက်[təp'jau'p'jau']（擬）（拍手が）パチパチと、（燃える火が）パチパチと、（雨が）バラバラと လက်ခုပ်တဖြောက်ဖြောက်တီးသည်။ 拍手がパチパチと鳴った မိုးပေါက်တဖြောက်ဖြောက်ကျနေသည်။ 雨粒がバラバラ降ってきた ရွက်ဟောင်းတွေတဖြောက်ဖြောက်ကြွေကျသည်။ 落葉がはらはらと舞い落ちる

တဖျိုက်ဖျိုက်[təp'jai'p'jai']（擬）ポタポタ ချွေးတဖျိုက်ဖျိုက်ထွက်လာသည်။ 汗がポタポタ流れる

တဖြောင်းဖြောင်း[təpjaun:bjaun:]（擬）パチパチ လက်ခုပ်တဖြောင်းဖြောင်းတီးသည်။ 拍手がパチパチと鳴った

တဖြစ်တောက်တောက်[təp'ji'tau'tau']（副）くどくどと တဖြစ်တောက်တောက်ရှေရှက်နေသည်။ くどくどぼやいている တဖြစ်တောက်တောက်မြည်တွန်တောက်တီးသည်။ くどくどと愚痴っている

တဖြစ်လဲ[təp'ji' lɛ:]（動）①（昆虫が）変態する、変身する、変容する、変形する、様変わりする ②生れ変わる、転生する

တဖြည်းဖြည်း[təp'je:bje:]（副）徐々に、次第に

တဖြတ်တည်း[təp'ja'tɛ:]（副）全く同じ、そっくり

တဖျပ်ဖျပ်[təp'ja'p'ja']（擬）パチリパチリと ကင်မရာလေးတွေနဲ့တဖျပ်ဖျပ်ရိုက်ကြမယ်။ 皆小型のカメラでパチパチ撮影した

တဖျုက်ဖျုက်[təp'jou'p'jou']（副）次から次へと တဖျုက်ဖျုက်သေသည်။ ばたばたと死ぬ

တဝ[təp'wa.bwa.]（副）しきりに、盛んに တဝပြောသည်။ しきりに話す မန္တလေးလာဖို့တဝခေါ်သည် マンダレーへ来るようしきりに誘った

တဝဘဝ[təpwabwa]（擬）スパスパと、ブカブカと ဆေးပေါ့လိပ်ကိုတဝဘဝရှူနေသည်။ 煙草をブカブカ吸っている

တဝါးဝါး[təp'wa:bwa:]（擬）モジャモジャ အမွှေးကြီးတဝါးဝါးနှင့်။ 髭がモジャモジャで

တဝဲ့ဝဲ့[təp'wɛ:bwɛ:]（副）三々五々 သော:စုမျာ:တဝဲ့ဝဲ့ဖဲ့ဝင်ရောက်လာကြသည်။ 家族達が三々五々入ってきた

တဖွဲဖွဲ[təpwɛ:bwɛ:]（擬）ぽつりぽつりと မိုးပေါက် တဖွဲဖွဲကျနေသည်။ 雨がシトシト降っている

တဗြန်းဗြန်း[dəbjan:bjan:]（擬）パチンパチンと、ピチャピチャと

တဘီးလိမ့်[dəbein:lein.]（副）一方的に、不公平に

တဘဲဘဲ[dəbɛ:bɛ:]（擬）モーモーと နွားတဘဲဘဲအော်သည်။ 牛がモーモーと鳴く

တဘက်[dəbɛ']（名）①ショール、女性が上半身にまとう部厚い布 cf. ပဝါ ②[təp'ɛ'] 一方、向う側

တဘက်က[təp'ɛ'ka.] ＝ တဖက်က

တဘက်စွန်းရောက်[təp'ɛ'sun: jau']（動）極端になる

တဘက်သက်[təp'ɛ'ta'] ＝ တဖက်သက်

တဘောင်[dəbaun]（名）予言、縁起担ぎの文言、流行り言葉、でまかせの言葉、行き当たりばったりの言葉

တဘောင်စကား[dəbaun zəga:] ＝ တဘောင်

တဘောင်စနေ့[dəbaun sənɛ:]（名）（幼児や精神障害者が口にした）予言、縁起の悪い流言、不吉な性質の流行り言葉

တဘောင်နာ[dəbaun na]（動）流行り言葉を解釈する、予言を聞く cf. နိမိတ်နာ

တမလွန်း[təmələn:]（植）ビルマチューリップノキ、ユリノキ（マメ科）Dalbergia oliveri

တမလွန်[təmelun]（名）来世、あの世、死後の世界

တမလွန်ဘဝ[təmelun bəwa.]（副） ＝ တမလွန်

တမဟုတ်ခြင်း[təməhou'tʃ'n:]（副）即刻、直ちに、一気に、あっと言う間に ထိုသတင်းသည်တမဟုတ်ခြင်း ပျံနှံ့သွားသည်။ そのニュースはあっと言う間に広まった

တမာ[təma]（植）インドセンダン（センダン科）Azadirachta indica

တမာခါး[təmaga:]（植）センダン（センダン科）Melia azadirachta

တမိပေါက်[təmi.bau']（名）実の兄弟姉妹、同じ母から生まれた兄弟姉妹 ＜တစ်မိပေါက်

တမုဟုတ်ခြင်း[təməhou'tʃ'in:] ＝ တမဟုတ်ခြင်း

~တမှကား[təmuga:]（接助）~の場合には ဒေဝဒတ် သည်တမှကား:အခြားအရံမရှိသည်ဖြစ်၏။ 提婆達多の場合には弟子がいないのである ရွှေပြည်တော်သို့ရောက်သော် မှုပြောင်း၍နေစေ။ 都に着いた場合には、転居させるべし

တမူကွဲ[təmu kwɛ:bja:]（動）様子が違う

တမူခြား[təmu t'u:dʒa:]（動）変だ、おかしい、一風変っている、一寸特殊だ

တမူး[təmu:]（名）（補助貨幣の）10ピャー

တမေတမျှော်[təme.təmjɔ:]（副）長い間

တမိုးတွင်းလုံး[təmo:dwin:loun:]（名）雨季の間

中、雨季の期間を通して ＜တစ်မိုးတွင်းလုံး
တမိုးသောက်[təmo: t̪auʔ]（動）夜が明ける
တမင်[təmin]（副）①故意に、わざと、意図的に、意図して ②わざわざ、格別に မင်းတမင်လုပ်တာ။お前はわざとやったんだ ငါ့ကိုတမင်နောက်တာပါ။俺はお前をわざとからかったんだ
တမင်လျာ[təmingəla]（副）＝တမင်
တမင်တကာ[təmin dəga]＝တမင်
တမင်သက်သက်[təmin tɛʔtɛʔ]＝တမင်
တမိုင်[təmain]（名）1マイル ＝約1・6キロ
တမည်နောင်း[təmɛgaun:]（名）一番の好物、お気に入り ၎င်းတမည်နောင်း：一番の好物料理
တမတ်[təmaʔ]（名）（補助貨幣の）25ピャー、1チャッの4分の1
တမုတ်ကြိုး[təmou:tʃo:]（名）多色の繊維を撚り合わせて作った紐、飾り紐
တမန်[təman]（名）①伝令、指令 ②使節、使者
တမန်စေ[təman se]（動）使節を派遣する、使者を送る
တမန်း[təman:]（名）田植え直前の水田、代掻き済みの田圃 ＝တမန်းညက်
တမန်းဆဲ[təman: sʼwːɛː]（動）水田の土を耕して田植えができるように整える
တမန်းနို[təman: noː]（動）水田の土を耕やす
တမံ[təman]（名）堰、堰堤、取水用の小型ダム
~တမုံ့[təmoun.]（助辞）文末で使用、強調 ငါ့သခိုသည်ခွေး：ငယ်နို့စို့သကဲ့သို့သည်တမုံ့။吾が胡瓜はまるで小犬が乳を吸っているかの如く稔ったのだ ယောဘာတရားကျကျဝေဖန်ဘူးသည်ဟူ၍တမုံ့။ 筋道を立てて批判した事があると言うのだ
တမျာ:မျာ:[təmja:mja:]（副）①豊富に、大量に ②（唾液が）たらたら
တမျိုး[təmjo:]（名）1種 ＜တစ်မျိုး
တမျိုးကြီးဖြစ်[təmjo:ɡi: pʼjiʔ]（形）実に異様だ
တမျိုးစီ[təmjo:zi]（副）別々に、別個に
တမျိုးတစည်းအား[təmjo:təni: aːpʼjin.]（副）別の方法で、ほかのやり方で
တမျိုးတဖုံ[təmjo:təpʼoun]①（名）別のやり方、他の方法 ②ある意味で、別な風に、1種 ＝တနည်းတဖုံ
တမျိုးတဖုံစီ[təmjo:təpʼounzi]（副）それぞれ別のやり方で、それぞれ違う風に
တမျိုးတမည်[təmjo:təmji:]（副）ある意味で တမျိုး တမည်ထိုးပြောသည်။一風変わっている、誤解する、特別の意味に解釈する တမျိုးတမည်ထင်မှတ်သည်။変に思う、別の意味に解釈する တမျိုးတမည်ဖြစ်သည်။別の気持ちになる、変った感じを抱く

တမျိုးတည်း[təmjo:dɛ:]（名）同一種、1種類のみ
တမျိုးတည်းတစ်တည်း[təmjo:dɛ:təjo:dɛ:]（名）同一系統、同一家系、同じ血縁
တမျိုးထူး[təmjo: tʼu:]（動）一種変だ、何となく怪しい
တမျိုးပြောင်း[təmjo: pjaun:]（動）様変りする
တမျိုးမျိုး[təmjo:mjo:]（名）どれか1種
တမျိုးမြင်[təmjo: mjin]（動）怪しむ、変に思う、訝しい
တမျိုးသားလုံး[təmjo:da:loun:]（名）全国民、国民全部、全民族、民族全部
တမျက်နှာကောင်းကြက်＝တကောင်းကြက်တမျက်နှာ
တမျှင်း[təmjin:]（名）徴、兆、予兆 တမျှင်းရှင်းသည်。兆を解く、予兆を解釈する
တမျှင်နေ[təmjan ne.]＝တမြှန်နေ
တမျှမျှ[təmja.mja.]（副）切れ味が鋭くて
တမျာ:မျာ:[təmja:mja:]（擬）（唾液が）たらたらと、ぽたぽたと ＝တမျာ:မျာ: သွား:ရည်တမျာ:မျာ:ကျ။唾がたらたら流れ落ちる
တမြတ်[təmjeiʔ]（植）ヒメウイキョウ、イノンド
တမြန်နေ့[təmjanne.]（名）おととい、一昨日
တမြန်နေ့က ①一昨日に ②先日＝ယမန်နေ့က၊ တမြန် နေ့ညက 一昨夜
တမြန်နှစ်[təmjanniʔ]（名）一昨年、おとどし တမြန် နှစ်က 一昨年に
တမြန်မနေ့[təmjan məne.]（名・文）一昨日
တမြန်မနေ့က[təmjan məne.ga.]（副）一昨日に
တမြန်မနှစ်[təmjan məniʔ]（名）一昨年cf.ယမန်နှစ်
တမြန်မနှစ်က[təmjan məniːka.]（副）一昨年に
တမြုံမြုံ[təmjoun.mjoun.]（擬）もぐもぐと、むしゃむしゃと တမြုံမြုံစားသည်။もぐもぐ噛む
တမြုံတကိုက်[təmjoun. tətaiʔ]（副）大挙して、集団で
တမြုံလုံး[təmjoun.loun:]（副）一族全体
တမူ[təmuʔ]①（形）最高の ②（名）最高、最大、頂点、頂上
တမေ့[təmeː]（名）一睡、まどろみ、うたた寝
တမောင့်[təmaun.]（名）1難、別の難題、別の難問、別の妨げ、別の悩み、別の禍 ＜တစ်မောင့်
တမိုင်းမိုင်းတဒွေးဒွေးဖြစ်[təmainmain dədwedwe pʼjiʔ]（動）気が滅入る、塞ぎ込む、悄然となる
တမိုင်းမိုင်းဖြစ်[təmainmain pʼjiʔ]（動）塞ぎ込む、気が滅入る
တမိုင်း[təmain:]（植）シクンシ（シクンシ科）＝ထားယိုမိုင်း
~တမျှ[~təmja.]（助）~の如く、~のように、~と同

တမျှော်တခေါ်

様に、~と同程度に　သွေးသား:ရင်:ချာတမျှဆက်ဆံသည်။ 肉親同様に付合った　အကိုတမျှအလွန်ရင်းနှီးသည်။ まるで兄のように親しい　အိမ်ဝင်:ကြီးသည်တုန်:ကြီးကျောင်:တမျှအလွန်ကျယ်ဝန်:လှသည်။ 家の敷地はまるで寺院のように広大だった　အနံ:ထဲတွင်ကလေး:တမျှလှုစည်ကား:သည်။ 室内はまるで小規模な祭同様賑やかだった

တမျှော်တခေါ်[təmjɔ tək'ɔ] (副) 遥か彼方を、広々と、見渡す限り、一面に　မြစ်အနောက်ဖက်တမျှော်တခေါ်ဆိုငဲ:စိုက်ထား:သည်။ 河の西側一帯をじっと見つめていた

တမျှော်မျှော်နှင့်[təmjɔmjɔnɛ.] (副) 今か今かと、心中期待して

တယား:ယား:[təja:ja:] (副) むずむずして、痒くて

တယုသန်[təjudan] (名) いっこく者、頑固者、偏屈者 <တစ်ယူသန်။　မင်:အဖေကတော့တယုသန်ကြီးကွဲ။ お前の親父さんは頑固者だ

တယုသန်ဖြစ်[təjudan p'ji] (動) 頑迷だ、頑固だ、偏屈だ、いっこく者だ

တယော[təjɔ:] (名) バイオリン、三弦の提琴

တယောထိုး:[təjɔ: t'o:] (動) バイオリンを弾く

တယောထိုး:ဂနန်:[təjɔ:do: gənan:] (動物) シオマネキ

တယောက်[təjau] (名) 1人 <တစ်ယောက်

တယောက်ကိုတယောက်[təjauko təjau] (副) 互いに <တစ်ယောက်ကိုတစ်ယောက်

တယောက်ကောင်:[təjau kaun:] (形) 只一人優れている

တယောက်ကောင်:လျှင်၊ တသောင်:ပိုလ်ခြေညှက်ညှက်ကြေ။ (諺) 豪傑一人は数万の敵に相当する (相手は烏合の衆だ、百万人といえども我行かん)

တယောက်ကျ[təjautʃa.] (副) 一人当り、一人につき cf. တယောက်စီ

တယောက်ချင်:တိုက်[təjautʃin: tai] (動) 一騎打ちをする

တယောက်ချင်:ပြိုင်ပွဲ[təjautʃin: pjainbwɛ:] (名) シングル競技 <တစ်ယောက်ချင်:ပြိုင်ပွဲ

တယောက်တပေါက်[təjaudəbau] (副) それぞれ別々に、各人各様に、調和せず <တစ်ယောက်တစ်ပေါက်

တယောက်တပြန်[təjaudəbjan] (副) 交互に、かわるがわる、交替で <တစ်ယောက်တစ်ပြန်

တယောက်တမျှု:ဖြစ်[təjautəmjo: p'ji] (動) 一人ずつ異なる、各自異なっている <တစ်ယောက်တစ်မျှု:

တယောက်တလေ[təjautəle] (副) 誰かが、何びとかが、偶に一人が <တစ်ယောက်တစ်လေ

တယောက်တလေမျှ[təjautəlemja] (副・文) 誰も、一人も、一人として

တယောက်တလဲ[təjautəlɛ:] (副) 順に、順繰りに

တယောက်တလက်[təjau təlɛ] (副) 各自それぞれ、皆が参加して

တယောက်တလှည့်[təjau təɬɛ.] (副) 交替で、一人ずつ順番に <တစ်ယောက်တစ်လှည့်

တယောက်တလှည့်စီ[təjautəɬɛzi] (副) 交替で、順繰りに、一人ずつ順番に

တယောက်တည်:[təjaut'ɛ:] (副) 唯一人で、一人だけで、一人きりで <တစ်ယောက်တည်:

တယောက်တဲ့[təjaut'ɛ:] = တယောက်တည်:

တယောက်နှင့်တယောက်[təjaunɛ. təjau] (副) 互いに

တယောက်ပြီးတယောက်[təjaupi bəjau] (副) 一人また一人、次々に <တစ်ယောက်ပြီးတစ်ယောက်

တယောက်မကျန်[təjaumətʃan] (副) 一人残らず

တယောက်မျှ[təjauma.] (副) 一人も (否定形)

တယောက်ယောက်[təjaujau] (副) 誰か、誰かある人တယောက်ယောက်ကိုပြောသလား။ 誰かに喋ったか

တယောက်လုံ:[təjauloun:] (副) 一個の人間　ငါ တယောက်လုံ:ရှိသေး:သည်။ 僕が付いているよ

တယောက်အနေနှင့်[təjau enenɛ.] (副) 個人として、個人的に、個人の立場で

တယောက်အိပ်ကုတင်[təjauei gədin] (名) シングル・ベッド <တစ်ယောက်အိပ်ကုတင်

တယောင်တဆောင်[təjaun təsaun] (副) 盛大に、華麗に、豪華に

တရ[dəra.~dəla.] (頭) 形容詞または副詞の前に添付、強意的意味を持つ副詞を形成

တရကြမ်:[dərəgan:] (副) 激しく、勢よく、強い勢で、荒れ狂って、遮二無二

တရစပ်[dərəza] (副) 立て続けに、休みなく、ひっきりなしに = တရစပ်ကို　မောင်:ပြန်သေနက်ဖြင့်တရစပ်ပစ်ခက်သည်။ 自動小銃で立て続けに発砲した။ ဝမ်:တရစပ်သွာ:သည်။ 激しく下痢をした

တရတုန်:[dərədun:] (副) むやみに、目茶苦茶に、無鉄砲に、向う見ずに

တရနံ့[dərənan.] (副) 至る所に、一面に

တရမန်:ကြမ်:[dərəman:gan:] (副) 激しく、強烈に

တရဟော[dərəchɔ:] (副) 立て続けに、ひっきりなしに、絶えず、(川水が) とうとうと

တရပတ်[tərəba] (名) (扇椰子の葉で作った) 出家用の団扇 = လက်ကိုင်ယပ်

တရရ[təja.ja.] (副) 繰り返し、何度も何度も

တရရု[tərəʃu:] (動物) バク <ကြံ့သူတော်

တရာ[təja] (数) 百 <တစ်ရာ၊ 数字形は၁၀၀၊

တရာပုံတပုံ[təjaboun təboun]（数）百分の一
တရာမာဆယ်[təjama təsʻɛ]（数）1割、10パーセント
တရား[təja:]（名）①法、仏法、仏法教理、釈尊の教え ②説法、説教、教訓 ③法律 ④訴訟 ⑤正義、公正、公平 ⑥（形）正しい、正当だ、合法的だ、公正だ、公平だ、公明正大だ
တရားကိုယ်[təjəgo]（名）基礎、基本
တရားကျ[təja:tʃa.]（動）①悔やむ、悔悟する、悔い改める、懺悔する ②公正だ、善悪を判断し得る
တရားကျင့်[təja:tʃin.]（動）瞑想する、行を実践する、修業する
တရားခံ[təjəkʻan]（名）①被告 ②犯人、罪人、犯罪人 ③事件の張本人、事件の黒幕
တရားခံလွှဲပြောင်းပေးရေးစာချုပ်[təjəkʻan ɬwɛ:pjaun:pe:je: sadʑouʔ]（名）犯罪人引渡し条約
တရားခံလွှဲပြောင်းပေးရေးဆိုင်ရာဥပဒေ[təjəkʻan ɬwɛ:pjaun:pe:je: sainja u.bəde]（名）犯罪人引渡し関係法
တရားခံအကျိုးဆောင်[təkəkʻan ətʃo:zaun]（名）被告側弁護士
တရားချ[təja:tʃa.]（動）①公正にする ②道を説く、教化する、説教する、説法する、事の是非を説き聞かせる、理非曲直を説き聞かせる
တရားခွင်[təkəkʻwin]（名）法廷
တရားစကား[təja: zəga:]（名）①仏法、仏法教理に関する言葉 ②訴訟、民事、刑事の訴訟に関する言葉
တရားစာ[təja:za]（名）①経文、教理に関する書物 ②法話書、説法書
တရားစီရင်[təja: sijin]（動）判決を下す、審判を下す တရားစီရင်ချက် 判決、判決事項、判決内容 တရားစီရင်ရေး 判決、審判、司法
တရားစောင့်[təja: saun.]（動）仏法に従う、良心的に行動する
တရားစစ်ဆေးစီရင်[təja: siʼsʻe: sijin]（動）法の裁きをする、判決を下す、司法的処置を行なう
တရားစွဲ[təja: swɛ:]（動）訴える、告訴する、起訴する、訴追する、訴訟を起す ＝တရားစွဲဆို
တရားစွဲခံ[təja:swɛ: kʻanja.]（動）告訴される
တရားစွဲချက်[təja: swɛ:sʼodʑɛʼ]（名）起訴、告訴、訴追
တရားဆိုင်[təja: sʼain]（動）法廷で黒白を争う、法廷で決着をつける
တရားတဘောင်[təja: dəbaun]（名）訴訟、起訴、

民事または刑事上の事件 ＝တရားတဘောင်
တရားတော်[təja:dɔ]（名）教法、仏の教え တရားတော်ကြည်ညိုသည်။ 仏法を貴ぶ、仏の教えを守る
တရားတွေ့[təja: twe.]（動）法的手続きを取る、訴訟になる、裁判沙汰となる、被告と原告とが争う
တရားထိုင်[təja:tʻain]（動）瞑想を行う、瞑想を実践する ＝တရားကျင့်၊ တရားမှတ်။
တရားထုံးနည်း[təja: tʻoun:ni:]（名）法的慣例、法的慣習
တရားနာ[təja: na]（動）説法を聞く、教法に耳を傾ける
တရားနည်းလမ်းကျ[təja: ni:lan: tʃa.]（形）理に適う、合理的だ、公正だ、否定形はတရားနည်းလမ်းမကျ
တရားပျက်[təja: pjɛʼ]（動）規範を破る、義務の順守を怠る
တရားပြိုင်[təja: pjain]①（動）民事訴訟で争う、訴訟に対抗する ②[təjəbjain]（名）原告、訴訟相手
တရားပွဲ[təja:bwɛ:]（名）①説法 ②講演会
တရားပြီ[təja: pʼjiʼ]（動）訴訟になる
တရားပွဲ[təja:bwɛ.]（名）村落描写歌謡（パデーヤーザーの作品が有名）
တရားမ[təjəma.]（名）民事
တရားမကြောင်း[təjəma.dʑaun:]（名）民事事件、民事訴訟法に則した手続き cf. ရာဇဝတ်ကြောင်း
တရားမတရားသူကြီး[təjəma. təja:tudʑi:]（名）民事裁判官
တရားမပြစ်မှု[təjəma. pjiʼmu.]＝တရားမမှု
တရားမမှု[təjəma. mu.]（名）民事事件
တရားမရုံး[təjəma. joun:]（名）民事裁判所
တရားမဝင်[təja: məwin]（形）違法だ、不法だ、非合法だ တရားမဝင်စေခိုင်းသည်။ 違法に使役する တရားမဝင်ရောင်းချသည်။ 非合法で売却する တရားမဝင်လုပ်ကိုင်သည်။ 非合法で働く တရားမဝင်လာရောက်သည်။ 不法にやって来る တရားမဝင်နေထိုင်သည်။ 不法滞在する တရားမဝင်ရရှိသည်။ 不法に入手する တရားမဝင်အလုပ်လုပ်သည်။ 不法就労する
တရားမဲ့[təja:mɛ.]①（形）不法だ、非合法だ ②（副）不法に、非合法に、訳もなく、根拠もなく、無慈悲に တရားမဲ့စော်ကားသည်။ 不当に侮辱した
တရားမျက်နှာ[təja:mjɛʼna]（名）法の顔
တရားမှတ်[təja: maʼ]（動）瞑想する
တရားမျှတ[təja: mja.ta]（形）公平だ、公正だ、正当だ、公明正大だ တရားမျှတသောရွေးကောက်ပွဲ 公明正大な選挙 တရားမျှတမှု 公明、公正、法的平等

တရားရ

公明正大さ တရားမျှတရာရောက်သည်။ 公正と言う事になる

တရားရ[tja: ja.]（動）①教理を悟る、理解する ②悔いる、後悔する

တရားရာကျ[təja: ja tʃa.]（動）正当だ、正当的だ

တရားရာရောက်[təja: ja jauʔ]（動）正当と言う事になる、正当化される

တရားရာဝင်တဘက်ဆိုင်ရာဌာန[təja: jazəwuʔpʼɛʔ sʼainja tʼana.]（名）司法機関、司法当局

တရားရေးဝန်ထမ်း[təja: je: wundan:]（名）司法関係者、法務関係者、司直

တရားရုံး[təja: joun:]（名）裁判所

တရားရုံးချုပ် [təja: joun: dʒouʔ]（名）最高裁判所

တရားရှင်[təja: ʃin]（名）法に通暁した人物

တရားရှင်လွှတ်[təjəʃin luʔ]（動）一時釈放する、仮釈放する、仮放免する

တရားလို[təjəlo]（名）原告

တရားလိုအကျိုးဆောင်[təjəlo ətʃo:zaun]（名）原告側弁護士

တရားလက်လွတ်[təja: lɛʔluʔ]（形）不法に、無法に、非合法に တရားလက်လွတ်သောင်းကျန်းသည်။ 違法活動をする、非合法活動をする

တရားလမ်းကျ[təja: lan: tʃa.]（形）合法的だ、法に合致している

တရားလမ်းမှန်ကန်[təja: lan: mankan]（形）法に照らして正しい

တရားလွန်[təja: lun]①（形）極端だ、過度だ ②（副）極端に、極度に、過度に

တရားလွှတ်တော်[təja: ɬuʔtɔ]（名）高等裁判所

တရားလွှတ်တော်ချုပ်[təja: ɬuʔtɔdʒouʔ]（名）高等裁判所長

တရားဝင်[təja: win]①（動）法に合致する、合法的だ ②（副）合法的に တရားဝင်တာဝန်ထမ်းဆောင်သည်။ 合法的に任務を遂行する တရားဝင်ငွေစက္ကူ။ 合法紙幣 တရားဝင်ဖြစ်သည်။ 合法的だ တရားဝင်လင်မယား။ 合法的夫婦、法に合致した夫婦

တရားဝန်ကြီးချုပ်[təja:wundʒi:dʒouʔ]（名）最高裁判所長官

တရားသဖြင့်[tɛja: təpʼjin.]（副）①公正に、公明正大に ②正当に ③合法的に

တရားသဘော[təja:dəbo:]（名）法の趣旨、法の意図

တရားသူကြီး[təja: dudʒi:]（名）①裁判官、判事 ②（王朝時代に王城内にあった裁判所の）民事裁判官

တရားသူကြီးချုပ်[təja: dudʒi: dʒouʔ]（名）最高裁判所長官

တရားသေ[təjəde]（副）固定的に、教条的に、絶対的に တရားသေယူဆသည်။ 信じ込む、頑固に信じる、教条的に信じる တရားသေလွှတ်သည်။ 釈放する、無罪放免する တရားသေဝါဒ 教条主義 တရားသေဝါဒသမား 教条主義者

တရားဟော[təja: hɔ]（動）①仏法を説く、説法する、説教する ②講演する、演説する

တရားအစွဲခံရ[təja: əswɛ: kʼan ja.]（動）告訴される、訴訟を起される

တရားအမှုအခင်းကိစ္စ[təja: əmu.əkʼin:keiʔsa.]（名）訴訟事件、訴訟問題

တရားဥပဒေ[təja: u.bəde]（名）法律

တရိဂံ[təri.gan]（名）三角＝တွိဂံ

တရိရိ[təji.ji.]（擬）めそめそと、さめざめと

တရေ[təje]（名）干潮から満潮を経て干潮までの間

တရေခံ[təjegan]（名）一度の水洗いで色落ちする生地

တရေတည်းတမြေတည်း[təjedɛ: təmjedɛ:]（名）同じ環境、地続き

တရေး[təje:]（名）一眠り တရေးမှမအိပ်ရဘူး။ 一睡もしてはならない တရေးတမော 一眠り、まどろみ တရေးနိုးသည်။ 目覚める、眠りから醒める

တရေးရေး[təje:je:]（副）①徐々に ②くっきりとはっきりと、ありありと တရေးရေးပေါ်သည်။ くっきりと現われる

တရော[təjɔ]（植）①オオバウオトリギ（シナノキ科）Grewia tiliaefolia ②G. polygama 樹皮の繊維が石鹸代用になる

တရောအာ[təjɔ a]（植）インドウオトリギ（シナノキ科）Grewia asiatica ＝ဖက်အုပ်

တရော[təjɔ:]＝တယော

တရိုသေ[təjo dəde]（副）敬意をもって、礼を尽して、丁重に、大切に、大事に

တရက်[təjɛʔ]（名）1日（24時間）＜တစ်ရက်

တရက်ခြား[təjɛʔtʃʼa:]（副）1日おきに

တရင်းတနှီး[təjin: təni:]（副）親しく、親密に တရင်းတနှီးနှုတ်ဆက်သည်။ 親しく挨拶する တရင်းတနှီးဖြစ်သည်။ 親しくなる、じっこんになる

တရုတ်[təjouʔ]①（国）中国 ②（名）中国人

တရုတ်ကပြာ[təjouʔ ka.bja:]（名）（ビルマ人と）中国人との混血

တရုတ်ကာ[təjouʔkaʔ]（名）（通風用の）鎧窓、ベネシアン・ブラインド

တရုတ်ဂဏန်း[təjouʔkein:]（名）漢数字（一、二、三、四等）

တရုတ်ကြက်မောက်[təjouʔ tʃɛʔmauʔ]（植）レイシ

တရှေ့ရှေ့

(ムクロジ科) Litchi chinensis
တရုတ်ကြက်သွန်မြိတ်[təjou' tʃɛ'tunmei'] (植) ニラ Allium porum
တရုတ်ခေါင်း[təjou'gaun:] (植) タイワンスギ (スギ科) Taiwania cryptomerioides
တရုတ်ချဉ်ပေါင်[təjou' tʃ'inbaun] (植) ダイオウ (タデ科) Rumex vesicarius
တရုတ်စောင်းလျား[təjou' zaun:ja:] (植) ナガバノゴレンシ (カタバミ科) Averrhoa bilimbi
တရုတ်စံကား[təjou' zəga:] (植) トガリバインドソケイ (キョウチクトウ科) 芳香あり Plumeria acutifolia
တရုတ်စံကား:အဖြူ[təjou'zəga:əp'ju] (植) シロバナインドソケイ (キョウチクトウ科) P. alba
တရုတ်ဆီး[təjou' zi:] (植) アンズ (バラ科) Prunus armeniaca =တရုတ်ဆီး:သီး
တရုတ်တည်[təjou' tɛ] (植) カキ (カキノキ科) Diospyros kaki
တရုတ်တန်း[təjou'tan:] (名) 華僑市場、チャイナ・マーケット、マハーバンドウラ通りの北側にある
တရုတ်နီ[təjou'ni] (名) 中共 (国民党政府に対して
တရုတ်နိုင်ငံ[təjou' naingan] (国) 中国
တရုတ်နံနံ[təjou' nannan] (植) ①セロリ、オランダミツバ (セリ科) Apium graveolens ② オランダゼリ (セリ科) Carum petroselinum
တရုတ်နှင်းဆီ[təjou' n̥in:zi] (植) キョウチクトウ
တရုတ်နှင်းသီး[təjou' n̥in:di:] (植) ①ビワ (バラ科) Eriobotrya japonica ②レイシ (ムクロジ科) litchi chinensis
တရုတ်ပဲ[təjou'pɛ:] (植) ソラマメ (マメ科) Vicia faba
တရုတ်ပဝိုးတီ[təjou' pɛ:po:di] (植) チョロギ (シソ科) Stachys sielboldii
တရုတ်ပြည်[təjou'pje] (国) 中国 တရုတ်ပြည်လုံးဆိုင်ရာပြည်သူ့ကွန်ဂရက် 中国全国人民代表大会 တရုတ်ပြည်သူ့သမ္မတနိုင်ငံ 中華人民共和国
တရုတ်ပြူ[təjou'p'ju] (名) 国府軍 (1949年から52年迄の間ビルマに侵入していた国民党政府軍)
တရုတ်တံကျောင်း[təjou' boun̥kaun:] (名) 華僑の廟、道教の祖廟
တရုတ်ဘုံဆိုင်[təjou' bounzain] (名) 華僑のクラブ、華僑の同郷組織
တရုတ်မုန်ညင်း[təjou'moun̥nin:] (植) ナタネ、アブラナ (アブラナ科) Brassicda campestris
တရုတ်မုန်လာ[təjou'moula] (植) パセリ

(セリ科) Petroselium sativum
တရုတ်မုန်လာမြစ်[təjou'moulamji'] (植) アメリカボウフウ (セリ科) Pastinaca sativa
တရုတ်ဝမ်းဘဲ[təjou' wun:bɛ:] (鳥) オシドリ Aix galericulata
တရုတ်အဲ[təjou'tɛ:] (植) アカギ、ビショップウッド (トウダイグサ科) Bischofia javanica
တရုတ်သစ်ကြပိုး[təjou'ti'dʒəbo:] (植) トンキンニッケイ、シナニッケイ (クスノキ科) Cinnamom cassia
တရှန်းရှန်း[təjoun:joun:] (副) 忙しげに、がやがやと、わいわいと တရှန်းရှန်းထမင်းဟင်းချက်နေသည် ။ 忙しい気に食事の準備をしている ခွေးဝဲစား:တွေတရှန်းရှန်း။ 皮膚病持ちの犬がうろうろと
တရပ်[təja'] (名) ①人の背丈 ②(抽象的な存在) 一つ <တစ်ရပ်
တရပ်ကွက်တည်း[təja'kwɛ't'ɛ:] (副) 同一地区だけ、一つの地区だけで <တစ်ရပ်ကွက်တည်း
တရပ်ကျေး[təja'dədʒe:] (名) 異郷、異国
တရပ်လုံး[təja'loun:] (名) 全地域、地域全体<တစ်ရပ်လုံး ။ ပြည်သူ့တရပ်လုံး 全人民、全国民
တရိပ်ရိပ်[təjei'jei'] (副) ①霞んで、ぼやけて、暑って ②じりじりと、目に見えて、ぐいぐいと တရိပ်ရိပ်ပြောင်းသည် ။ 刻々と移り変える တရိပ်ရိပ်ပြေးနေသောကား: グングンと飛ばしている車
တရုပ်[təjou'] =တရုတ်
တရံခါသော်[təjank'adɔ] (副) ある時、かつて、昔
တရံဆံ[təjanzan] (名) 他人、見知らぬ人
တရံတခါ[təjan tək'a] (名・副) 時折<တစ်ရံတစ်ခါ
တရံတဆစ်[təjan təs'i'] (名・副) 時折、時偶
တရံတဆစ်မှ 毛頭、これっぽっちも <တစ်ရံတစ်ဆစ်
တရံရောအခါ[təjanjo: ək'a] (副) ①ある日、ある時 ②かつて =တရံရောအခါက 、ရှေး:တရံရောအခါ ။
တရွာ[təjwa] (名) 1か村 <တစ်ရွာ
တရွာတည်းနေ၊တရေတည်းသောက်။ (俚) 同じ村に住み、同じ水を飲む (同郷の人、苦楽を共にした仲間)
တရွာတည်းသား:[təjwadɛ:da:] (名) 同郷の人、同じ村の出身者 <တစ်ရွာတည်းသား:
တရွာမပြောင်.၊သူကောင်းမဖြစ် ။ (俚) 村を変らねば、出世はできぬ (可愛い子には旅をさせよ、武者修行の必要性)
တရွာလုံး[təjwaloun:] (名・副) 村中<တစ်ရွာလုံး:
တရွေ့ရွေ့[təjwe.jwe.] (副) そろりそろりと、徐々に、一歩一歩、刻々と ဆွဲသည့်အတိုင်းတရှေ့ရှေ့ပါလာသည် ။ 引張られるままに少しずつ引寄せられてきた နာရီလက်တံကတရှေ့ရှေ့နှင့်သွား:နေသည်။ 時計の針が時々

တရွှေ့ရွှေ့ တရွှေ့ရွှေ့နှင့်ရက်တွေကြာလာသည်။ 刻々と動いている
တရွှေ့ရွှေ့ အဆေး‌ဒေးဒက်မှာလည်းတရွှေ့ရွှေ့တိုးလာသည်။ 刻々と日が経過する 寒気がじわじわと増してきた
တရွဲ[təjwɛːjwɛː](擬)じわじわと、たらたらと絶え間なく မျက်ရည်တရွဲရွဲကျသည်။ 涙がたらたら流れ落ちる
တရွတ်ဆွဲ[dəju'sʻwɛː](動)引きずる、地上を引きずる
တရွတ်ဆွဲပိုက်သင်္ဘော[dəju's'wɛː paiʔtinːbɔː](名)トロール漁船、底引き網漁船
တရွတ်တယီ[dəju' dədi](副)引きずって
တရွတ်တိုက်[dəju' taiʔ]①(動)引きずる ②(副)引きずって
တရှူးထိုး[təʔuːdoː](副)やみくもに、無分別に、向こう見ずに、前後の見境もなく ＜တစ်ရှူးထိုး
တရှူးရှူး[təʔuːʃuː](擬)①シューシューと(飲む)②すやすやと တရှူးရှူးနှင့်အိပ်ပျော်သည်။ すやすや眠る
တရှူးရှူးတရဲရဲ[təʔuː ʃuːː təʔɛːʃɛː](擬)ハアハアと、息切れして、あえいで တရှူးရှူးတရဲရဲမြည်သည်။ ハアハア言う声が聞える
တရဲရဲ[təʔɛːʃɛː](擬)ざわざわと(音を立てる) ဟင်း‌ချက်တုံ့အခါဆီထည့်လိုက်တရဲရဲကြော်သည်။ おかずを煮る時油を加えたものだからジュージュー音がした
တရှောက်လုံး[təʔau'louːn](副)道中の間、一帯 ＝တလျှောက်လုံး
တရှိုက်ရှိုက်[təʔai'ʃai'](擬)しくしくと တရှိုက်ရှိုက်ငိုသည်။ しくしく泣く
တရှောင်ရှောင်[təʔaunʃaun](副)次第に、じわじわと(悪化する)、慢性的に、常習的に
တရှဉ်း[təʃinː](名)(牛、水牛等の家畜)1組、1番い、2頭立て ＜တစ်ရှဉ်း
တရှွတ်[təʃou'](副)ブチュッと(接吻の音)
တရှွတ်ရှွတ်[təʃou'ʃou'](擬)しくしくと(泣く)
တရှိန်ထိုး[təʃeindoː](副)一挙に、勢よく、全力で、カ一杯、猛烈に တရှိန်ထိုးပြေးသည်။ ダッシュする
တရှိန်ရှိန်[təʃeinʃein](副)ぐいぐいと(上昇する)
တရွတ်ရွတ်[təʃa'ʃa](擬)床を擦る音がして တရွတ်ရွတ်သွားသည်။ 床を擦るような足音が聞えた
တရွတ်ရွတ်[təʃa'ʃa'](擬)しくしくと、しゃくりあげて တရွတ်ရွတ်ငိုသည်။ しゃくりあげて泣く
တရှီ[təwiʃwi](擬)(風が)ヒューヒューと、ビュンビュンと(飛ぶ) တရှီမြည်သည်။ ヒューヒュー音を立てる
တလ[təla.](名)ひと月、1ヶ月 ＜တစ်လ
တလကိုးသီတင်း[təlaːkoːdədin](名)1～2ヶ月間、長期間

တလကြမ်း[dələdʒan](=တရကြမ်း)
တလစပ်[dələza'] =တရစပ်
တလမန်းကျမ်း[dələmanːdʒanː](副)激しく、勢よく ＝တရလန်းကြမ်း
တလမန်းကျမ်း[dələmanːdʒanː] =တလပန်းကြမ်း
တလဟော[dələhɔː] =တရဟော
တလစိ[təla si](動)囚人の持物検査をする、禁制品の検査をする、検閲する
တလား[təlaː](名)①長持、木の箱 ②柩、棺
တလီ[təli](名)(抽象的)一つく(တစ်လီ)ကျန်တော် တလီ:သူတလီ‌ပြောသည်။ 私と彼とは別々の事を話した
တလူလူ[təlulu](擬)①(煙が)ゆらゆらと ②(旗が)へんぽんと အလံတလူလူလွင့်သည်။ 旗がへんぽんと翻る ③(新芽が)すくすくと
တလဲသီ[təlɛːdi](植) =တညင်းသီ
တလော[təlɔː](副)①先程、今しがた ②一度、かつて
တလောက[təlɔːga.](副)先頃、先日、つい最近、この前 ＜တစ်လောက
တလက်စတည်း[təlɛ'sa.dɛː](副)引き続き、連続して、切れ目なく
တလက်လက်[təlɛ'lɛ'](擬)きらきらと、ぴかぴかと(輝く) တလက်လက်တောက်ပသည်။ きらきら輝く
တလင်လင်ရှီ[təlin.lin.ʃi](動)てぐすね引いて待つ
တလင်ကွာ[təlingwa](名)出戻り、離婚者
တလင်တမယား:စနစ်[təlin təmejaː səniʔ](名)一夫一婦制 ＜တစ်လင်တစ်မယား:စနစ်
တလင်း[təlinː](名)①平坦地、平らな土地 ②脱穀場(刈り取った稲から籾を採るため牛に踏ませる)
တလင်း‌ခေါက်[təlinː k'au'](動)脱穀場の土を固める、堅くする
တလင်းနယ်[təlinːnɛ](動)家畜を使って脱穀する
တလိုင်း[təlainː](名)モン族の旧称 ＝မွန်
တလိုင်းကရင်[təlain kəjin](名)ポー・カレン族の別称
တလိုင်း‌ကောင်[təlainːgan](鳥)ムナグロ(チドリ科)Pluvialis dominica
တလိုင်းနို[təlainːno](植)マルミノチチカツラ(キョウチクトウ科)Willoghbeia edulis
တလိုင်းသံ[təlainːdan](名)ビルマ古典音楽の1分野
တလည်လည်[təlɛlɛ](擬)ぐるぐると(廻る)
တလည်:[təlɛː~təlɛː](植)ザクロ ＝သလဲ
တလုတ်[təlou'](名)一口
တလုတ်စာ 一口の食べ物 တလုတ်စာမျှ 一口ばかり ∞

တဝက်

လုက်စာမျှကျေး:မွေး:သည်။ 一口分程食べさせた　တလုတ်တဆုပ် 一つまみ、一握り、一口　တလုတ်တဆုပ်စာ:သည် 一口食べた　တလုတ်မျှစာ:ဘူး:သည်။ 一口ばかり　တလုတ်မျှစာ:ဘူး:သည်။ 一口程食べた事がある

တလန့်လန့်[təlan.lan.]（擬）びくびくと、おずおずと、恐々と、おっかなびっくりで

တလန်:ကျာ:[təlan:ʤa:]（副）仰向けに

တလိန်:[təlein:]（名）(隙間に詰める)ぱて　တလိန်:ထေ:သည်။ ぱてを詰める　＝တလိန်:ထိုးသည်။

တလုပဲ[təlou'pɛ:]（植）アオイマメ（マメ科） Phaseolus lunatus

တလမ်:မောင်:[təlan:maun:]（名）片側通行、一方通行　＜တစ်လမ်:မောင်:

တလမ်:သွာ:[təlan:dwa:]（名）悪漢、地獄行き、四悪趣へ赴く奴　＜တစ်လမ်:သွာ:

တလိမ့်[dəlein.]（名）ローラー

တလိမ့်ခေါက်ကွေး:[dəlein.k'au'kwe:]（副）ごろごろと　တလိမ့်ခေါက်ကွေး:ကျသည်။ ①ごろごろと転がり落ちる ②がたがたの状態だ、今にも潰れそうだ

တလိမ့်တုံး[dəlein.doun:]（名）のし棒

တလဲလဲ[təloun lɛ:lɛ:]（副）何度も何度も、繰り返し繰り返し

တလုံး:[təloun:]（名）①（丸い物）1個　လိမ္မော်သီ: တလုံး:ミカン1個 ②（家具）一式　မှန်တင်ခုံတလုံး:鏡台1台　＜တစ်လုံး:

တလုံးတခဲ[təloun:tək'ɛ:]（副）大量に、一塊に、一丸となって

တလုံး:တစည်:တည်:[təloun: dəzi:dɛ:]（副）一丸となって、一致団結して

တလုံး:တပါဒ[təloun:təbada.]（名）一言、一言一句　တလုံး:တပါဒမကျန်　一言も洩さず　တလုံး:တပါဒမကျန်နာ:စိုက်မိသည်။ 一言も洩さず聴いた

တလုံး:တပါဒမှ（否定形で使用）一言も、一言として

တလုံး:တဝတည်:[təloun: təwa.dɛ:]（副）全く、完全に

တလုံး:မှ[təloun:ma.]（副）一つも、一個も、一字も　＜တစ်လုံး:မှ

တလုံး:လုံး:[təloun:loun:]（擬）たらたらと、滴を垂らして　ချွေး:တလုံး:လုံး:ကျသည်။ 汗が滝のように流れる

တ~လုံး:[tə~loun:]（接辞）副詞を形成、残らず　တကမ္ဘာလုံး:世界中　တကိုယ်လုံး:全身　တကျောင်:လုံး:全校　တညလုံး:一晩中　တနေ့လုံး:一日中　တအိမ်ထောင်လုံး:一家全員　တရွာလုံး:村中　တသက်ပန်လုံး:一生

တလွဲ[təlwɛ]①（名）ずれ、逸れ ②（副）間違えて、誤って、逸れて

တလွဲတချော်[təlwɛ: tətʃɔ:]（名）間違い、過ま

り、食い違い、齟齬　တလွဲတချော်လုပ်မိသည်။ 間違いをしでかす

တလွဲမှာ:မှတ်[təlwɛ:ma: ma']（動）勘違いする、思い違いする

တလွင့်လွင့်[təlwin.lwin.]（擬）（扇風機が）ぐるぐると

တလျေကြီ:[təɬeʤi:]（副）大量に、沢山

တလှေတည်:[təɬede:]（副）同じ舟、同じ一つの舟で　တလှေတည်:စီ:၊ တခရီ:တည်:သွာ:။ （諺）同じ舟に乗り、同じ旅をする（旅は道連れ）

တလှောင်:လှောင်:[təɬaun:ɬaun:]（擬）うようよと、群を成して

တလှည့်[təɬɛ.]（名）一旋回、一循環　＜တစ်လှည့်

တလှည့်စီ[təɬɛ.zi]（副）交互に、順番に、交替で　သူ၃၊၃ ယောက်တလှည့်စီခံစာ:ရတတ်တယ်။ 運不運（幸不幸）を順番に経験した

တလှပ်လှပ်[təɬa'ɬa']（擬）（胸が）どきどきして、動悸をうって

တလှမ်:ချင်:[təɬan:ʤin:]（副）一歩ずつ

တလျှောက်[təʃau']（名）一帯、沿い、始めから終りまで＜တစ်လျှောက်။ ဗမာနိုင်ငံတော်ကမ်:ရိုး:တလျှောက်။ ビルマの沿岸一帯

တလျှောက်လုံး:[təʃau'loun:]（副）一帯ずっと　တလျှောက်လုံး:။ 一生ずっと　ကျောင်:သာ:အရွယ်တလျှောက်လုံး:။ 学生時代を通じてずっと

တလွှာ:[təɬwa:]（名）一面＜တစ်လွှာ:။ အရှေ့အာရှတလွှာ:။ 東南アジア一帯

တဝ[təwa]（名・副）①たっぷり、どっさり　တဝစာ:ပါ။ 腹一杯食べなさい ②別の方法で　တဝကြီ:၊ တဝကြီ:ပြောလိုက်သည်။ 思う存分喋った

တဝါ:ဝါ:[təwa:wa:]（擬）ワアワアと（号泣する、大笑する）　တဝါ:ဝါ:ရယ်သည်။ ワッハッハと笑う　တဝါ:ဝါ:သန်:သည်။ ハアハアとあくびをする

တဝီ:ဝီ:[təwi:wi:]（擬）（車が）ビュンビュンと、（蚊が）ブンブンと　ပန်ကာတဝီ:ဝီ:မြည်သည်။ 扇風機がブンブン音を立てている

တဝဲလည်လည်[təwɛ:lɛlɛ]（副）（同一場所を）ぐるぐると、旋回して

တဝေါ့ဝေါ့[təwɔ.wɔ.]（擬）ゲーゲーと　တဝေါ့ဝေါ့အန်သည်။ ゲーゲーと嘔吐する

တဝေါ:ဝေါ:[təwɔ:wɔ:]（擬）ゴーゴーと　ရေစီ:သံများ: တဝေါ:ဝေါ:။ 水の音がゴーゴーと

တဝက်[təwɛ']（名）半分　＜တစ်ဝက်

တဝက်ကျော်[təwɛ' tʃɔ:]（動）折り返す、半分に達する

တဝိုက်

တကဲ့တပျက်[təwɛˀdəbjɛˀ]（名・副）一部、一部分

တဝိုက်[təwaiˀ]（名）周辺、近辺、一帯 ＜တစ်ဝိုက်

တဝင်ဝင်[təwin.win.]（擬）きらきらと ဓား၊ကြိုး များ၊တဝင်ဝင်နှင့်။ 剣がきらきらと ခေါင်းတဝင်ဝင် နဲ့ဟန်ရေးပြသည်။ 頭をがくがく動かして見栄を切った

တဝင်းဝင်း[təwin:win:]（擬）ぴかぴかと မျက်မှန် ကြီးကတဝင်းဝင်း။ 大きな眼鏡がキラリキラリ

တဝတ်စာ[təwuˀsa]（名）1着そ

တဝန်း[təwun:]（名）全体、全域

တဝုန်းဝုန်း[təwoun:woun:]（擬）（波の音が）ザブ ンザブンと、（砲声が）ドーンドーンと、ドカンドカ ンと（蝿の音が）ブンブンと ယင်ကောင်တွေတဝုန်း ဝုန်းနဲ့။ 蝿がワーンワーンと ရေတဝုန်းဝုန်းမြည်သည်။ 水音がザブンザブンと聞える လေတဝုန်းဝုန်းတိုက်သည်။ 風がビュービュー吹き付ける

တဝမ်းကွဲ[təwun:gwɛ:]（名）従兄弟、従姉妹＜တစ် ဝမ်းကွဲ။ ညီတဝမ်းကွဲ 従兄弟 ညီမတဝမ်းကွဲ 従姉妹

တဝမ်းဆင်း[təwun:zin:]（名）実の兄弟、同じ母か ら生れた兄弟 ＜တစ်ဝမ်းဆင်း

တဝမ်းတခါး[təwun: təkˀa:]（名）一人暮し、一人 だけの生活 ＜တစ်ဝမ်းတခါး

တဝှမ်း[təhwan:]（名）一円、一帯 ＜တစ်ဝှမ်း

တဝှမ်းလုံး[təhwan:loun:]（名）全域、全体＜တစ် ဝှမ်းလုံး။ ဗမာနိုင်ငံတဝှမ်းလုံး။ ビルマ全土、ビルマ全域

တသ[ta.ta.]（動）乞い願う、切望する

တသမတ်တည်း[təṯəmaˀtˀɛ:]（副）①まっすぐに、一 直線に、繋がって ②一定して、着実に、絶対不変で စည်းကမ်းတသမတ်တည်းရှိရန်လိုသည်။ 絶対的な規律が あるらしい

တသဝေမတိမ်း[təṯəwe məṯein:]（副）少しの狂い もなく、いささえも違わずに、正確精密に、そっくり そのまま ＝တသွေမတိမ်း၊ တသဝေမတိမ်းညီသည်။ そっくりだ、瓜二つだ တသဝေမတိမ်းလိုက်နာပါတော့။ 絶対に従うべし တသဝေမတိမ်းလိုက်နာသည်။ 忠実に行う

တသသ[təṯa.ta.]（副）名残り惜しげに တသသဖြစ် သည်။ 切望する

တသားတည်း[təṯa:dɛ:]（副）①一繋がりとなって、 連続して ②区別なく、差なく ＜တစ်သားတည်း

တသား့မွေး၊တသွေးလွ[]（諺）老いて益々盛ん（一児出産 一段と魅力）

တသီတတန်းကြီး[təṯi: dədan:dʒi:ˀ]①（名）一連、 一繋がり、一連続 ②（副）長い列を作って、大行列 を成して

တသီးစိုက်[təṯi:saiˀ]（名）一期作 ＝တသီးစိုက်မျိုးမှု

တသီးတခြား[təṯi: təṯʃˀa]（副）別々に、個別に တသီးတခြားနဲ့ခြားသည်။ 別にする、分離する တသီး တခြားဖြစ်သည်။ 別個である、別個になる

တသီးတသန့်[təṯi: təṯan.]（副）別個に

တသီးပုဂ္ဂလ[təṯi:pouˀgəla.]（名）個人

တသူ[təṯu]（名）（直立して手を上に挙げた時の 指の先から足までの）高さ

တသဲသဲ[təṯɛ:dɛ:]（擬）ざあざあと、しのつくよう に မိုးတသဲသဲရွာသည်။ 雨がざあざあと降る

တသောသော[təṯɔ:dɔ:]（擬）わいわいがやがやと、 騒がしく、けたたましく တပည့်လက်သားများနှင့်ညွှေည့် များ၊ဖြင့်တသောသောရှိနေကြသည်။ 部下や客達で喧騒 であった ကြက်တွန်သံများ၊တသောသောပေါ်လာ သည်။ 時を告げる鶏の声がけたたましく聞えてくる တသောသောရယ်ကြသည်။ どっと一斉に笑った

တသက်[təṯɛˀ]（名・副）一生、一生涯 ＜တစ်သက် တသက်တကျွန်း[təṯɛˀ dəʤun: dan]（名）終 身懲役刑 တသက်တကျွန်းကျနေသည်။ 終身懲役刑 に服する

တသက်တာမှတ်တမ်း[təṯɛˀta maˀtan:]（名）自伝

တသက်နှင့်တကိုယ်[təṯɛˀnɛ.dəgo]（副）今までに一 度も、かつて一度も、この度初めて

တသက်ပန်[təṯɛˀpan]（名）一生、一生涯

တသက်လုံး[təṯɛˀloun:]＝တသက်ပန်

တသက်တက်[təṯɛˀtɛˀ]（副）思い続けて、絶えず偲ん で、忘れる事なく

တသိုက်[təṯaiˀ]（名）1群、1団、1グループ တ သိုက်တပုံကြီး 大きな塊となって、群を成して、大群集 となって တသိုက်တဝန်း 纏まって、集団で

တသင်းသင်း[təṯin:din:]（擬）馥郁と တသင်းသင်း မွေးကြိုင်သည်။ 馥郁と香る

တသောင်း[təṯaun:]（数）1万 ＜တစ်သောင်း

တသောင်းခြောက်ထောင်[təṯaun: tʃˀauˀtˀaun]（名）数多く、無限、無数

တသုတ်[təṯouˀ]（名）1群、1団、1グループ

တသန်း[təṯan:]（数）百万 ＜တစ်သန်း

တသိန်း[təṯein:]（数）十万 ＜တစ်သိန်း

တသုန်သုန်[təṯoundoun]（副）そよそよと、心地好く

တသွေမခြား[təṯwe məṯˀa:]（副）そっくりそのま ま

တသွေမတိမ်း[təṯwe məṯein:]（副）①忠実に、きち んと ②そっくりそのまま ③絶対的に、必ず တသွေ မတိမ်းတူသည်။ そっくりだ、瓜二つだ、酷似している အမိန့်အတိုင်းတသွေမတိမ်းလုပ်သည်။ 命令通り忠実に実行 した မှာ၊ကြားချက်ကိုတသွေမတိမ်းလိုက်နာသည်။ 忠実に 指示に従った

တသွေးတမွေး[tətwe: təmwe:]（名）容貌、一種独特の美しさ、新鮮な印象、一入の魅力

တသွေးတည်း[tətwe:dɛ:]（名）同じ血を分けた者、血縁の者＝တသွေးတည်းတသားတည်း။ <တစ်သွေးတည်း။

တသွင်သွင်[tətwinjwin]（擬）ちょろちょろと、さらさらと တသွင်သွင်စီးဆင်းသည်။ ちょろちょろ流れる

တသုတ်သုတ်[tətu'tu']（副）繰り返し繰り返し

တဟားဟား:[təha:ha:]（擬）ゲラゲラと（笑う） တဟားဟားရယ်သည်။ ゲラゲラ笑う

တဟီးဟီး[təhi:hi:]（擬）キャーキャーと（笑う）

တဟူးဟူး[təhu:hu:]（擬）ビュービューと လေက တဟူးဟူးတိုက်နေသည်။ 風がビュービュー吹いている

တဟုန်တည်း[təhoundɛ:]（副）一気に、素早く

တဟုန်ထိုး[təhoundo:]（副）一気に、あっという間に、勢よく <တစ်ဟုန်းထိုး

တဟုန်းဟုန်း[təhoun:houn:]（擬）（炎が）めらめらと

တဟွတ်ဟွတ်[təhu'hu']（擬）ゴホンゴホンと ချောင်း တဟွတ်ဟွတ်ဆိုသည်။ ゴホンゴホンと咳をする

တအား[təa a]（擬）カアカアと ကျီးကန်းတအား အော်သည်။ 烏がカアカアと鳴く

တအား[təa:]（副）カ一杯、こん身の力を込めて、盛んに <တစ်အား။ တအားကုန် カ一杯 တအားတက်သွားသည်။ ①激しく痙攣した ②勢づく、益々盛んとなる တအားပြေးသည်။ カ一杯走る တအားရိုက်သည်။ 思いきり殴る တအားအော်သည်။ 声を限りに叫ぶ

တအိအိ[təi.i.]（副）徐々に、じりじりと、えっちらおっちらと တဖက်သို့တအိအိပါသွားသည်။ 向う側へじりじりと引張られて行った

တအီးအီး[təi:i:]（擬）エーンエーンと တအီးအီးနှင့် အကြာကြီးငိုနေတတ်သည်။ エーンエーンと長い間泣く癖がある ＝တအီအီ

တအူဆင်[təu doun.zin]（名）実の兄弟姉妹、同じ母から生まれた間柄、血の通った兄弟姉妹 တအူတုံဆင်းညီအစ်မအရင်းများဖြစ်ကြသည်။ 同じ腹から生まれた実の姉妹です

တအူဖျား[təu doun.bwa:]（名）＝တအူတုံဆင်းတ ဦးတုံဆင်။ တအူတုံဖျားမောင်နှင်အစ်ကိုမဟုတ်ပါချေ။ 同じ母から生れた実の兄弟ではない

တဦး[təu:]（名）一人 <တစ်ဦး
　တဦးကိုတဦး[təu:go təu:]（副）互いに တဦးကိုတဦး အလုံးကြင်နာကြသည်။ 互いに慈しみ合う တဦးကိုတဦးပွေ့ဖက်ကြသည်။ 互いに抱擁し合う
　တဦးချင်း[təu:ʤin:]（副）1対1で、シングルで
　တဦးစီ[təu:zi]（副）一人ずつ
　တဦးဆိုင်နာမ်[təu:zain nan]（名）固有名詞

တဦးတယောက်ချင်း[təu:təjau'tʃ'in:]（副）自分自身で、個人で、一人で

တဦးတည်း[təu:dɛ:]（副）一人だけで တဦးတည်းနေ ထိုင်သည်။ 一人住いをしている

တဦးတည်းသမား[təu:dɛ:dəma:]（名）独身主義者

တဦးနဲ့တဦး[təu:nɛ. təu:]（副）互いに

တဦးမကျန်[təu: mətʃan]（副）一人残らず

တဦးဦး[təu:u:]（名）どなたか、誰かある人

တအော်ဇာ[təo:za]（名）（王朝時代の軍隊の）下士官、5人1組の長、分隊長

တအောင့်[təaun.]（名）一息、一呼吸 <တစ်အောင့်
　တအောင့်တနာ:[təaun. təna:]（副）一瞬

တအုန်းအုန်း[təoun:oun:]（擬）わいわいと、がやがやと လူတွေတအုန်းအုန်းပြောဆိုကြသည်။ 人々がわいわい話している လူတွေတအုန်းအုန်းရယ်ကြသည်။ 人々がどっと笑った

တအုပ်ကြီး[təou'tʃi:]（名）大集団、大グループ

တအိမ်စီ[təeinzi]（副）1軒ずつ <တစ်အိမ်စီ

တအိမ်တက်ဆင်း[təein tɛ's'in]（副）1軒ずつ、1戸ずつ、全家庭を虱潰しに <တစ်အိမ်တက်ဆင်း

တအိမ်တောင်လုံး[təeindaunloun:]（名・副）一家全部、家族全員 <တစ်အိမ်တောင်လုံး

တအိမ်ဝင်တအိမ်ထွက်[təeinwin təeindwe']（副）1軒1軒虱潰しに <တစ်အိမ်ဝင်တစ်အိမ်ထွက်

တအိမ်အိမ်[təein ein]（名）どこかある家、どこかの家 <တစ်အိမ်အိမ်

တအံ့တဩ့[təan.təɔ:nɛ.]（副）驚いて、びっくりして

တအုံ့နွေ့နွေ့[təoun nwe:nwe:]（副）①じりじりと暑まて、暑さが持続して ②次第にしょげ込んで、絶えず気が滅入って ③心配し続けて

တအုံးအုံး[təoun:oun:]（擬）どんどんと တအုံးအုံးထုရိုက်သည်။ どんどんと叩く

တာ့တာ[ta.ta]（間）幼児語、バイバイ

တာ[ta]（名）①役割、役目、任務、仕事 ②長さの単位（1ターは7肘尺）

[ta]（名）年の変り目、晦日と元日 တာသစ် 新年の祝賀 တာသစ်ဖွံ့ 新年、元日

[ta]（名）時間的長さ တနေ့တာရှည် 1日行程、1日間の旅 နှစ်ဝက်တာကာလ 半年間

[ta]（名）短距離、長距離のトラック、走路

တာစု[ta su]（動）スタートラインに着く、位置に着く、駆け出す準備にしている

တာတို[tado]（名）短距離

တာတိုပုံးကျည်[tadobji' doun:ʤi]（名）短距離ミサイル

တာတိုပြေးပွဲ[tado pje:bwɛ:] (名) 短距離競争
တာထိုး[ta t'o:] (動) ロープで測る、長さを測定する
တာထွက်[ta t'wɛˀ] (動) スタートを切る
တာထွက်မျဉ်း[tadwɛˀ ma:] (動) スタート・ラインを早めに跳び出す、フライイングする
တာရှည်[taʃe] (名) ①長距離 ②長期、長期間
တာရှည်ခံ[taʃe k'an] (動) 長持ちする
တာရှည်ပြေးပွဲ[taʃe pje:bwɛ:] (名) 長距離競争
တာလတ်ပစ်ဒုံးကျည်[talaˀpjiˀ doun:ʤi] (名) 中距離ミサイル
တာလွှတ်[ta ɬuˀ] (動) 出発点をスタートさせる、距離競走でスタートを切る
တာဝေးပစ်ဒုံးကျည်[tawe:bjiˀ doun:ʤi] (名) 長距離ミサイル
တာဝေးပစ်တိုက်ချင်းပစ်ဒုံးပျံ[tawe:bjiˀ taiˀtʃ'in:bjiˀ doun:bjan] (名) 大陸間弾道ミサイル
တာဝေးပြေး[tawe: pje:] (動) 短距離を走る
တာ[ta] (名) 堤、堤防、土手、堰堤
တာကြို့[ta t'o:] (動) 土手が決壊する
တာမန်[ta təman] (名) 堤防、ダム
တာဖို့[ta p'o.] (動) 土手を築造する
တာဘောင်[tabaun] (名) 土手、堤防
တာရိုး[tajo:] (名) 土手、堰堤
တာလမ်း[talan:] (名) 土手道、堰堤の道

~တာ[da~ta] (助) 文末助詞တယ် の連体形、名詞句を形成、~するのは、~したのは ဖေဖေဆုံးတာသုံးနှစ်လောက်ရှိပြီ။ 父が死んだのは3年ばかり前だ ပဲ:စာစပါးတွေမှပြီးကျန်တာတွေအကုန်ရောင်:လိုက်သည်။ 飯米を除き残ったものは全て売却した

~တာကြောင့်[~daʤaun.~taʤaun.] (助) 名詞節を形成、တယ် の連体形に接続助詞ကြောင့် が付加されたもの、~したので လာယူဖို့အကြောင်း:ကြား:တာကြောင့် မန္တလေး:သွား:ရပါတယ်။ 取りに来るよう連絡があったので、マンダレーへ出かけた

~တာနဲ့[~danɛ.~tanɛ.] (接助) 文末助詞 တယ် の連体形に接続助詞နဲ့ が付加された形、副詞句を形成、~なので ဆာတာနဲ့တခုစား:ချင်တယ်။ 腹が減ったので何か食べたい ပိုက်ဆံမလောက်တာနဲ့မဝယ်ခဲ့ရဘူး။ お金が足りなかったので買って来れなかった ရေမရှိတာနဲ့ရေနွေးမကျိုရဘူး။ 水が無いので湯が沸かせない

~တာပါ[~daba~taba] (助) 文末助詞တယ် の連体形に助詞 ပါ を付加した形、文節を形成する ဘယ်မှာနေသလဲလို့မေး:တာပါ။ どこに住んでいるのかと尋ねたのです မသိဟန်ဆောင်နေ:တာပါ။ 知らない振りをしたのです

~တာဘဲ[~dabɛ:~tabɛ:] (助) 文末助詞တယ် の連体形に強意を現わすဘဲ を付加したもの、文節を形成 အား:လုံး:သွား:ကြ:တာဘဲ။ 全員出かけたのです ဒါတော့လူတိုင်း:သိ:တာဘဲ この事は皆知っている

~တာလား[~dala:~tala:] (助) 文末助詞တယ် の連体形တာ に疑問の終助詞လား: が付加された形、疑問文を形成 ဦး:လေး:ကမွေး:ကတည်း:ကစကာ:မပြောတတ်တာလား။ おじさんは誕生以来ずっと口が利けないのですか ခင်ဗျာ:တယောက်တည်း:လာ:တာလား။ あなたは一人で来たのですか အလာ:အလာမရှိတော့ဘူးလို့မော်ရင်ပြောချင်တာလား။ 可能性はもうないと君は言いたいのか

~တာလဲ[-dalɛ:] (助) 疑問代名詞、疑問副詞が使われた疑問文の文末 ပါတီဝင်တွေဘာလို့နုတ်ထွက်ကြတာလဲ။ 党員達は何故脱党したのか တာတွေး:ရွေ:နေ:စဉ်:စား:ပြီး:သက်ပြင်:ချ:နေ:ရ:တာလဲ။ 何を考えて溜め息をついたりしているのか

တာဂျစ်ကစ္စတန်[taʤiˀkiˀsetan] (国) タジキスタン
တာဒဘော[tadəbo:] (名) 筍やハラミツの果実等と煎り米とを甘く煮込んだカレン族の料理
တာတာ[tata] (名) タタール、だったん人
တာတာအိုး[tata o:] (名) 甘えん坊 တာတာအိုး:လုပ်သည်။ 甘える、しなだれる
တာတေလမ်[tatelan] (副) 著しく、極端に
တာတေလမ်အောင်[tatelan aun] (副) こっ酷く တာတေလမ်အောင်ခံရသည်။ こっぴどくやられた
တာတွယ်[tadwɛ] (動) 恋しがる、執着する=တွယ်တာ
တာပန[tapəna] (名) 焦熱地獄 (八大地獄の6番目)
တာပလာ[tapəla] (名) 窯形の小太鼓
တာပေါ်လင်[tapolin] (名) 防水帆布、防水外套
တာပင်တိုင်[tabindain] (名) テレビン油、松脂
တာယာ[taja] (名) タイヤ <英 Tyre
တာယာပွန်း[taja pun:] (動) タイヤが磨耗する
တာရာ[taja] (名) 星座 (惑星ကြယ် 及び二十七星宿နက္ခတ်ကြယ်、十二宮 ဆယ့်နှစ်ရာသီ ကြယ်စု 等を除いた残りの星 ကြယ် の全て) cf. အတွင်း:တာရာ၊အပြင်တာရာ
တာရာကြီး:ကိုး:လုံး:[tajaʤi: ko:loun:] (名) 九曜星、九大星座 (ペルセウス座からカシオペヤ座までの九星座、具体的には ကျီး 鴉 (ペルセウス) ဟသ်ာ 天竺鴛鴦 (御者) ပုဇွန် 蟹 (大熊座の上半) ချိန် 天秤 (大熊座の下半) ဆင်ကျင် 簪 (髪) တံငါ 漁夫 ဆင် 象 (白鳥) မြင်း 天馬 (ケフェウス) ပျင်း: 白鷺 (カシオペヤ)
တာလဗတ်[taləbaˀ] (名) 防水キャンバス =တာပေါ်လင်

တာဝတိံသာ [tawədeinḍa] (名) とう利天、三十三天（帝釈天が住むとされる六欲天の第二層、須弥山頂）
တာဝန် [tawun] (名) 任務、役割、務め
တာဝန်ကျ [tawun tʃa.] (動) 任務につく、責任がかかる、責任がある
တာဝန်ကျေ [tawun tʃe] (動) 義務を果す、責任を果す
တာဝန်ကျေအောင် [tawun tʃe aun] (副) 責任を以って、責任が全うできるように
တာဝန်ခံ [tawun k'an] ① (動) 責任を負う、責任を持つ、責任を取る ② [tawungan] (名) 責任者
တာဝန်ထမ်းဆောင် [tawun t'an:s'aun] (動) 職務を担う、勤務する、任務を遂行する
တာဝန်ထိန်း [tawun t'ein:] (動) 義務を守る
တာဝန်ပျက်ကွက် [tawun pjɛʔkwɛʔ] (動) 任務を怠る、義務を果さない
တာဝန်မကင်း [tawun məkin:] (動) 責任は逃れられない
တာဝန်မတက် [tawun mətɛʔ] (動) 重荷にならない
တာဝန်မဲ့ [tawun mɛ.] ① (形) 無責任だ ② (副) 無責任に、いい加減に、ちゃらんぽらんに
တာဝန်ယူ [tawun ju] (動) 責任を取る、責任を持つ、責任を引受ける
တာဝန်ရှိ [tawun ʃi.] (動) 責任がある
တာဝန်ရှိသူ [tawun ʃi.du] (名) 責任ある人
တာဝန်လွှဲချ [tawun ɬwɛːtʃa.] (動) 任務を委ねる、責任を肩代りさせる
တာဝန်လွှဲပြောင်းယူ [tawun ɬwɛːpjaun: ju] (動) 責任を代って負う、任務を引受ける
တာဝန်လွှဲအပ် [tawun ɬwɛːaʔ] (動) 委任する、任務を譲りわたす
တာဝန်ဝတ္တရား [tawun wuʔtəja:] (名) 義務、任務、責任
တာဝန်ဝတ္တရားကျေပြွန် [tawun wuʔtəja tʃebjun] (動) 義務を果す、責任を果す
တာဝန်သိသိနှင့် [tawun ti.di.nɛ.] (副) 責任を自覚して、責任を承知の上で
တား: [ta:] (動) 止める、とどめる、制する、制止する
တားဆီး [taːsʼi:] (動) 遮る、妨げる、塞ぐ
တားဆီးပိတ်ပင် [taːsʼi: peiʔpin] (動) 遮る、塞ぐ、封鎖する
တားမရဆီးမနိုင်ဖြစ် [taːməja. sʼi:mənain pʼjiʔ] (動) 制止できない
တားမနိုင်ဆီးမရဖြစ် [taːmənain sʼi:məja. pʼjiʔ] (動) 制止不能だ、止めどがない
တားမြစ် [taːmjiʔ] (動) 禁じる、禁止する

တားမြစ်ချက် [taːmjiʔtʃɛʔ] (名) 禁止事項
တားမြစ်ပိတ်ပင် [taːmjiʔ peiʔpin] (動) 制止する、禁止する ပြည်ပမှဆန်ဝယ်ယူမှုကိုတားမြစ်ပိတ်ပင်သည်။ 外国からの米の輸入を禁止した
တားဝရမ်း [taː wəran:] (名) (裁判所からの) 強制命令、禁止命令 ＜英
တားတား [taːta:] (助動) 殆ど、あわや、すんでのところで
တိ [ti.] (動) 摘み切る、摘み取る、刈り込む ဆံပင်တိသည်။ 髪を摘む
တိကျ [ti.tʃa.] (形) 正確だ、精密だ、厳密だ、きっちりだ
တိကျစွာ [ti.tʃa.zwa] (副) 正確に、精密に
တိကျပြတ်သား [ti.tʃa. pjaʔtaː] (形) 明確だ、明白だ
တိကျမှန်ကန် [ti.tʃa. mankan] (形) 正確だ
တိတိ [ti.di.] (名) 丁度、きっちり、きっかり ရှစ်နာရီတိတိတင်ထက်ကြသည်။ 8時丁度に出発した တလတိတိပြည့်နေပြီ။ 丸ひと月が経過した ကျပ်ငါးရာတိတိ 五百チャッキっかり
တိတိကျကျ [ti.di.tʃa.dʒa.] (副) 正確に、明確に、の確に、確実に
တိတိရိရိ [ti.di.ji.ji.] (副) きっかり、ぴったり
တိတိလင်လင် [ti.di.linlin] (副) 明白に、明らかに တိတိလင်လင်ပြောသည်။ はっきりと言う
တိပိဋက [ti.pi.təka.] (名) 三蔵 (経、律、論)
တိပိဋကဓရ [ti.pi.təka.dəra.] (名) 三蔵全てを暗誦できる人
တိရစ္ဆာန် [təreiʔsʼan] (名) ①動物 ② (仏法上の) 畜生
တိရစ္ဆာန်ဆရာဝန် [təreiʔsʼan sʼəjawun] (名) 獣医
တိရစ္ဆာန်ဆေးကုဆရာ [təreiʔsʼan seːku.sʼəja] (名) 獣医
တိရစ္ဆာန်ရုံ [təreiʔsʼan joun] (名) 動物園
တိရစ္ဆာန်ဥယျာဉ် [təreiʔsʼan u.jin] (名) 動物園
တိလပုပ္ပါ [ti.la.poupʼa.] (植) ジギタリス (ゴマノハグサ科) Digitalis purpurea
တိဝတ် [ti.wouʔ] (植) トリカブト (キンポウゲ科) Aconitum heterophyllum
တိဟိတ် [ti.heiʔ] (名) 三つの功徳 (貪欲、怒り、無智がない状態)
တီ [ti] (動物) ①ミミズ ② (名) やしゃご、玄孫
တီကောင် [tigaun] (動物) ＝တီ ミミズ
တီကိုဆားနှင့်တို့သလို။ (比) ミミズに塩を振り掛けた如し (不倶戴天の間柄)

တီစုန်း[tizoun:]（動物）発光ミミズ
တီ[ti]（動）開墾する、開墾する
တီတိတာတာ[tidi tada]（副）甘えて、愛らしく、魅力的に、愛嬌のある様子で
တီတိတုတ်[tiditu']（鳥）インドトサカゲリ＝တစ်တီတု:
တီထွင်[tit'win]（動）創り出す、創造する、発明する
တီထွင်ကြံဆဉာဏ်[tit'win tʃans'a.ɲan]（名）創造力
တီထွင်ကြံဆတတ်[tit'win tʃans'a. da']（動）創造的だ
တီထွင်မှု[tit'winmṵ]（名）発明
တီပါရီ[tibaji]（植）ケープグーズベリー（ナス科）＝ဇောင်းဇောင်းသီး
တီဗီ[tibi]（名）＝တီဗွီ
တီဗွီ[tibwi]（名）テレビ ＜英 TV
တီဗွီကြည့်[tibwi tʃi.]（動）テレビを見る
တီဗွီဇာတ်လမ်း[tibwi za'lan:]（名）テレビ・ドラマ、テレビ・ドラマの筋書き
တီဘီ[tibi]（名）肺結核 ＜英 TB
တီဘီရောဂါ＝တီဘီ
တီဘီအဆုတ်ရောဂါ＝တီဘီရောဂါ
တီး[ti:]（動）①打つ、打ち鳴らす、演奏する စောင်းတီးသည်။ 堅琴を弾く စန္ဒယားတီးသည်။ ピアノを弾く ပတ္တလားတီးသည်။ シロホンを鳴らす ②打診する
တီးကွက်[ti:gwɛ']（名）メロディー
တီးခေါက်[ti:k'au']（動）①打ち鳴らす ②やってみる、試してみる、打診する တီးခေါက်စမ်:သပ်သည်။ 試してみる တီးခေါက်စုံစမ်:သည်။ 打診してみる
တီးခတ်[ti:k'a']（動）叩く、打ち鳴らす
တီးပြာ[ti: pja]（動）（米、豆等を）振う
တီးမိခေါက်မိ[ti:mi. k'au'mi.]（動）一通りは知っている တီးမိခေါက်မိရှိသဲ့တယ်။ どうにか判る
တီးမိခေါက်မိရှိ[ti:k'a' k'au'mi. ʃi.]（動）一応は知っている、一通りは承知している、何とかいけそう、一応様になっている
တီးမှုတ်[ti:mou']（動）演奏する、吹奏する
တီးမှုတ်သီဆို[ti:mou' tis'o]（動）演奏し歌う
တီးလုံး[ti:loun:]（名）節回し
တီးဝိုင်း[ti:wain:]（名）楽団
တီးဝိုင်းသုံးတြိဂံ[ti:wain:doun: təri.gan]（名）楽器として用いる三角形の金属
တီးတူ[di:du:]（植）シルクコットン（パンヤ科）Salmalia insignis
တီးတီးတိုးတိုး[ti:di: to:do:]（副）ひそひそと、小声で

တီး:တိုး[ti:do:]（副）ひそひそと、小声で、囁いて
တီး:တိုး:ကော:ပြော[ti:do: zəga: pjɔ:]（動）ひそひそ声で話す
တီး:တိုး:ပြော[ti:do: pjɔ:]（動）囁く、小声で言う
တီး:တုတ်[di:dou']（鳥）カッショクウオミミズク（フクロウ科）Ketupa zeylonensis ＝ဒီ:ဒွတ်။
တီး:တုတ်ချေး:မြက်[di:dou'dʒi:mjɛ']（植）タツノツメガヤ（イネ科）Dactyloctenium aegyptium
တု[tu.]（動）①真似をする、模倣する ②張り合う、対抗する
တုပ[tu.pa.]＝တု
တုပထုတ်လုပ်[tu.pa. t'ou'lou']（動）模造する、海賊版を作る
တုပပြုမှု[tu.pa. pju.mu]（動）模倣する、真似して行う
တုပြိုင်[tu.pjain]（動）競う、張り合う、刃向う
တုလုပ်[tu.lou]（動）真似る、模倣する
တုကိုတာဝေ[tounni.bawe]（副）沈黙して、静寂に
တုကိုတာဝေနေ[tounni.bawe ne]（動）沈黙を守る
တုကိုတော[tounni.bɔ:]（名）沈黙、静寂
တုရိယာ[du.ri.ja]（名）→တူရိယာ
တုဇင်[tu.jin~du.jin]（名）①尖塔 ②（王朝時代に国王や王族が着用した）礼服、礼装
တုသိတာနတ်တို့[dou'tida~tu.ti.ta na'boun]（名）兜率天（六欲天の第四層）
တုသိတာ[dou'tida]＝တုသိတာနတ်တို့
တူ[tu]（名）①甥 ②槌、金槌、ハンマー ③箸 ④（星）天秤座、天秤宮
တူတော်[tu tɔ]（動）甥に当る、甥の関係になる
တူတူ[tu t'u.]（名）槌打つ、釘を打つ
တူမ[tuma.]（名）①姪 ②（鍛冶が使用する）大型の槌、ハンマー
တူမောင်[tumaun]（名）姪の夫
တူရာသီ[tu jadi]（名）①ビルマ暦7月 ②（星）天秤座、十二宮の七番目 cf. ကန်ရာသီ 乙女座
တူရင်း[tujin:]（名）実の甥
တူလာ[dula]（名）リューマチ、関節炎 →ဒုလာ
တူဝရီ[tu wəji]（名）①甥、姪と叔父、伯父、または甥、姪と叔母、伯母との間柄
တူဝရီတော်[tu wəji: tɔ]（動）甥、姪とおじ、おばとの関係にある
တူသား:ပေထေရ[t'uda: peda: ja.]（動）鍛える、堅くする、丈夫にする（တူ＝打つ方 ပေ＝受け止める方）
တူအရီး[tu əji:]＝တူဝရီး။

တူအရီးအရင်း[tu əji:]（名）=တူဝရီး။
တူအရီးတဝမ်းကွဲ[tu əji:]（名）一方は子、相手は孫の間柄（又従弟と相手側の親との間柄）
တူ[tu]（形）①同様だ、似ている、類似している ②（助動）～に見える、～らしい、～のようだ ထမင်းအိုးဆူနေပြီ့တူတယ်။ 飯が炊けたようだ ဒီကိုလာတာသိပ်မကြိုက်ဖူးနဲ့တူပါတယ်။ ここへ来たのはあまり気に入らないようだ
တူညီ[tuɲi]（形）同じだ、同等だ တူညီသောဝါဒ 同じ思想、似た考え
တူတူတန်တန်[tudu tandan]（副）同じように、同一に
တူတူပုန်း[tutu poun:]（動）隠れん坊遊びをする、空缶を遠方に投げて鬼に拾いに行かせ他の者はその間に隠れる、鬼に見つけられた者が次の鬼になる
တူတူပုန်းကစား[tutuboun: gəza:]＝တူတူပုန်း
တူတူပုန်းကမ်းကစား[tutuboun:dan gəza:]＝တူတူပုန်းကစား
တူမီးသေနတ်[tumi: təna?]（名）（火薬を銃口から装填する）先込め銃
တူရကီ[turəki]（国）トルコ
တူရိယာ[turi.ja~duri.ja]（名）楽器
တူရိယာငါးပါး[turi.ja ŋa:ba:]（名）五種の楽器（弦楽器、管楽器、銅製楽器、皮製楽器、竹製楽器）
တူရိယာပစ္စည်း[turi.ja pji?si:]＝တူရိယာ
တူရိယာဝိုင်း[turi.ja wain:]（名）楽団
တူရိယာအဖွဲ့[turi.ja əp'wɛ.]＝တူရိယာဝိုင်း
တုံ့[tuju]（副）正面に、正面向って ရှေ့တုံ့ 真正面 ခပ်လှမ်းလှမ်းကတူ့မောင်းလာသည်။ 少し離れた所から真直ぐに運転して来た ရှေ့တူ့တူ့စူးစိုက်ကြည့်နေသည်။ 真正面を見つめている

တူး[tu:]（動）焦げる、焦げつく
တူးချစ်[tu:tɕ'i?]（動）黒焦げになる
တူးစော်နံ[tu:zɔ nan]（動）焦げ臭い
တူးတူးခါးခါး[tu:du: k'a:ga:]（副）強く、激しく、極端に、極度に တူးတူးခါးခါးမိုက်တယ်။ 極端に愚かだ
တူး[tu:]（動）①掘る ②採掘する
တူးဆွ[tu:s'wa.]（動）土を掘り起す、土をほぐす
တူးဖော်[tu:p'ɔ]（動）①掘る ②掘り出す、採掘する ③発掘する ④露わにする
တူးဖို့[tu:p'o.]（動）土を盛る、土を盛り上げる
တူးဖောက်[tu:p'au?]（動）掘る、掘削する、切り開く
တူးဖြို[tu:p'jo]（動）掘り崩す、平坦にする
တူးမြောင်း[tu:mjaun:]（名）運河、水路

တူးယက်[tu:jɛ?]（動）掘り起す
တူးရှင်း[təjwin:]（名）スコップ、シャベル
တူးလေး[du:le:]＝ဒူးလေး
တေ[te.]（動）①当てる、押し当てる、押し付ける、突きつける ②すれすれだ、もう少しで接触する ပစ္စတိုနဲ့တေသည်။ ピストルを突きつける ပုလင်းလိုက်ပါးစပ်တေပြီးသောက်လိုက်သည်။ 瓶ごと口に押し当てて飲んだ ပါးစပ်ချင်းတေ၍စုတ်လိုက်သည်။ 互いに口を押し当てて吸った
တေ့တေ့ဆိုင်ဆိုင်[te.de. s'ainzain]（副）面と向って、対面して、対面して
တေ့ဖြို့[te.p'jou?]（動）水平射撃をする
တေ့လွဲ[te.lwɛ: lwɛ:]（動）的を逸れる、掠める
တေ[te~de]（尾）複数を示す、တူ の変形 ပန်း:တေ သမီးပင်တေ ＜ပန်း:တေ့သမီးပင်တေ့
တေ[te]（動）①何度も突き潰す、繰返して砕く ငါးဖယ်တေသည်။ イラワジニシンを何度も突き潰す ②練り合わせる ဆေးတေသည်။ 薬を練合わせる ③（形）やんちゃだ、手に負えない
တေဆေး[teze]（名）タバコの粉末を、蜂蜜、タマリンド等と捏ね合せた薬
တေပေ[tepe]（形）ぐうたらだ、ぶらぶらする、手におえない
တေပေလေလွင့်[tepe lelwin.]（動）無為徒食している
တေလေ[tele]（名）家出人、宿無し、ホームレス
တေလေကြမ်းပိုး[tele dʑəbo:]（名）浮浪者、与太者、ごろつき、ちんぴら
တေဇဗိုလ်[teza.bo]（植）サンショウ（ミカン科）Zanthoxylum alatum
တေဇဝတီ[teza.wədi]＝တေဇဗိုလ်
တေဇော[tezɔ]（名）熱、火熱 ＜パ Tejo
တေဇောဓာတ်မီးလောင်[tezɔ da? mi:laun]（動）茶毘に付す
တေမိ.[temi.]（名）①テーミ王子（ジャータカ第538話唖しゅく本生話の主人公、釈尊の前生の一つ）
တေမိဇာတ်[temi.za?]（名）ジャータカ第538話「唖しゅく本生物語」（ビルまでは「テーミ本生」と言う名前で知られる）
တေမိဇာတ်ခင်[temi.za? k'in:]（動）黙り込む、無言のままだ
တေမိလုံ[temi. lou?]（動）沈黙を守る、沈黙し続ける
တေး[te:]（動）①書き留める ②銘記する、胆に銘じる

တေး:[te:] (名) 歌、歌謡 =သီချင်း
တေးချင်း[te:ʨin:] (名) 歌
တေးဂီတ[te:gita.] (名) 音楽
တေးဆို[te: s'o] (動) 歌を歌う
တေးထပ်[te:da] (名) 重畳歌 (全部で18節から成る古典詩の1種)
တေးပြိုင်ပွဲ[te: pjainbwɛ:] (名) 歌唱コンクール
တေးသံ[te:dan] (名) 歌声
တေးသံစုံတူရိယာအဖွဲ့[te:danzoun duri.jaəp'wɛ.] (名) 管弦楽団、オーケストラ
တေးသီချင်း[te: təʨin:] (名) 歌、歌謡
တေးသွား[te:dwa:] (名) メロディー、旋律、節
တဲ့[tɛ.] (動) ①当る、命中する ②合う、合致する ③気が合う、肌が合う、ウマがある、仲がよい=တည့်
တဲ့တိုး[dɛ.do:] (副) 直接、単刀直入に
~တဲ့[~dɛ.~tɛ.] (助) 文末助詞တယ်の限定形としての用法、~な、~であるところの ပူနေ့တဲ့နေရာ 暑い所 သွား:မရှိတဲ့အရွယ်အိုတွေ 歯がない老人達 ဖတ်ရတဲ့သတင်းစာတွေ 読んでいる新聞 လရှိတဲ့ည့်လမဲ့ည့် 月夜と闇夜 ခင်ဗျား:ပြောတဲ့ဟာမှန်တယ် あなたが言っている事は正しい အား:တဲ့နေ့မှာ:ကြပါအောင် 暇な日に行きましょう ခင်ဗျား:စား:ချင်တဲ့ပုဇွန်ဝယ်တယ် あなたが食べたがっていた蝦を買ってきた
~တဲ့အတွက်[~dɛ.ətwɛʔ~tɛ.ətwɛʔ] (助) ~であるために、~であるから
~တဲ့[~dɛ.] (助) ①文末で使用、伝聞を現わす、~だそうだ、~と言う事は အစ်မကြီးကမသွား:ဘူးတဲ့ 上の姉は行かないそうだ သောကြာနေ့မှာလာမယ်တဲ့ 金曜日に来るそうだ အခန်း:ထဲကမထွက်ဖူးတဲ့ 室内から出ないのだそうだ ဒီလိုလုပ်တာသူမကြိုက်ဘူးတဲ့ そんな事をするのは彼は好まないそうだ သူ့မိခင်အတူနေထိုင်သတဲ့ 自分の母と一緒に住んでいるんだって ②疑問文では時称の助動詞と疑問の終助詞の間に入る သူတယ်တော့လာမလဲတဲ့ 彼はいつ来ると言っているんだ တကယ်ပေး:မှာတဲ့လား: 本当に呉れると言うのか ပေါင်ကျိုး:တယ်တဲ့လား: 大腿骨を骨折したと言うのか
~တဲ့လား:[dɛ.la:] (助) 疑問を現わす、~と言うのかとでも言うのか တကယ်ပေး:မှာတဲ့လား: 本当に呉れるって言うのか ပေါင်ကျိုး:သွား:သတဲ့လား: 太股を骨折したんだってね
~တယ်[~dɛ~tɛ] (終助) 文末で使用、陳述を現わす ကျွန်တော်သိပါတယ် 私は知っています ခေါင်း:ကိုက်တယ် 頭が痛い နဲ:နဲ:ဝေး:တယ် 少し遠い ဒါကသေချာပါတယ် これは確実です
တယ်[tɛ] (感) ①何と言う、何とまあ、随分と ဗမာပြည်ကတယ်ပူပါလား: ビルマの国はずいぶんと暑いな

အ တယ်လှတဲ့ပန်းကန်ကြီး:ပါလား: 何と奇麗な大皿だ事 တယ်ခက်တဲ့လောကကြီး:ပါလား: 何と厄介なこの世だ事 ဘီး:မှာရွှံ့တွေနဲ့တယ်ညစ်ပတ်တာ: タイヤは泥だらけで何と汚れている事 ဝိရိယထယ်ကောင်း:ပါလား: 何と熱心だ事 ဟိုဧည့်သည်ကိုတယ်အရေ:စိုက်ပါကလား あちらの客にはずいぶんと気を使っているじゃないか ②否定形で、それ程は、そんなには တကယ်တော့တယ်မှန်လှဘူး: 本当のところはよく判らない ကစား:ရတာတယ်အာ:မရဘူး: 遊べはしたもののそれ程満足はしていない ဟင်း:ကတော့တယ်ကောင်း:ပါဘူး: 料理はあまりよくない ③憤慨、口先だけでの脅迫を示す တယ်ငါပြောလိုက်ရ ငါ:言ってやろうか တယ်ငါကန်လိုက်ရ ငါ:蹴とばしてやろうか တယ်ထရိုက်လိုက်ရ ငါ:殴ってやろうか
တယ်ပြီ:[tepi:] (感) ①随分と、とても ②(否定文で) それ程は、そんなには ကောလိပ်ဆိုတာတယ်ပြီ:ပျော်စရာကောင်း:မှာဘဲ 大学と言う所は、随分と楽しいに違いない သွား:တွေကတော့တယ်ပြီ:မကောင်း:တော့ဘူး: 歯はもうあまり良くない
တယ်[tɛ] (植) ①柿 ②ビルマコクタン (カキノキ科) Diospyros burmanica
တယ်[tɛ] (動) 罠を使って捕える ချေ:တယ်သည် キジバトを罠で捕える ဒါတယ်သည် シャコを罠で捕える
တယ်ကြက်[tɛʨɛʔ] (名) 罠の鶏
တယ်ငှက်[tɛɲɛʔ] (名) 罠の鳥
တယ်လီဖုန်း:[tɛlip'oun:] (名) 電話<英 Telephone
တယ်လီဖုန်း:ကတ်[tɛlip'oun: kaʔ] (名) 電話カード
တယ်လီဖုန်း:တပ်ဆင်[tɛlip'oun: taʔs'in] (動) 電話を取付ける
တယ်လီဖုန်း:ချ[tɛlip'oun: tɕ'a.] (動) 電話を置く
တယ်လီဖုန်း:ခွက်[tɛlip'oun: gwɛʔ] (動) 電話器
တယ်လီဖုန်း:ဆက်[tɛlip'oun: s'ɛʔ] (動) 電話を掛ける
တယ်လီဖုန်း:ရုံ[tɛlip'oun: joun] (名) 電話局
တယ်လီဖုန်း:လာ[tɛlip'oun: la] (動) 電話がかかって来る
တယ်လီဖုန်း:လမ်း:ညွှန်စာအုပ်[tɛlip'oun: lan:ɲun saouʔ] (名) 電話帳
တယ်လီဖုန်း:အော်ပရေတာ[tɛlip'oun: ɔpəreta] (名) 電話交換手
တယ်လီဖုန်း:အိပ်ချိန်း:ရုံ[tɛlip'oun: eiʔtɕ'ein: joun] (名) 電話交換局
တယ်လီဗီ:ရှင်[tɛlibi:ʃin:] (名) テレビジョン =ရုပ်မြင်သံကြာ:
တဲ[tɛ] ① (動) 泊まる、宿泊する、滞在する=တည်း ② (名) 小屋、掘立て小屋、仮小屋、バラック

တဲကုတ်[tɛ:gouʔ]（名）小屋、あばら屋
တဲကန္တား[tɛ:kəna:]（名）宿舎、兵舎
တဲခို[tɛ:k'o]（動）泊まる、宿泊する ＝တည်:ခို၊
တဲစခန်:[tɛ: sək'an:]（名）宿泊所、宿屋
တဲစရာ[tɛ:zəja]（名）泊まる所＝တည်:စရာ
တဲစောင့်[tɛ:zaun.]（名）小屋の見張り、監視人
တဲစုတ်[tɛ:zouʔ]（名）あばら屋
တဲထိုး[tɛ: t'o:]（動）小屋を建てる
တဲပဲ့[tɛ:bɛ.]（名）あばら屋、掘立て小屋
တဲပုတ်[tɛ:bouʔ]（名）掘立て小屋
တဲမိုး[tɛ: mo:]（動）小屋の屋根を葺く
တဲရှင်[tɛ:ʃin]（名）①小屋の主、小屋の所有者 ②解体可能な小屋、移動可能な小屋
တဲအိမ်[tɛ:ein]（名）仮住居、仮の家
တဲသလိပ်ဆွဲ[tɛ:dəlei'sʼwɛ:]（鳥）アカハラシキチョウ（ヒタキ科）Copsychus malabaricus
တော့[tɔ.]（動）①（手で）投げ上げる ②（足で）跳ね上げる、蹴り上げる
~တော့[dɔ.]（接助）①理由、原因を示す、~なので သေနတ်သံတွေကြား:တော့ကျုပ်လန့်နိုးလာတယ်။ 銃声が聞えたので、魂消て跳び起きた မိုး:ကများ:တော့ဗွက်ကလဲ မနည်:ဘူး။ 雨が多かったので泥濘も少なくない ②文章二つを繋ぐ、~したところ မြည်း:ကြည့်တော့ ကောင်း:တာနဲ့သောက်တယ်။ 味わってみたところ美味しかったので飲んだ ကျွန်တော်ကပြေး:တော့ ခွေး:ကကျွန် တော့ကိုကိုက်ဆဲ့တယ်။ 私が逃げたところ、犬が私に嚙みついた
~တော့[dɔ.]（接助）先行名詞又は文節を強調する ကျုပ်တော့မယုံကြည်ဘူး။ 私は信じない ခြင်ထောင်တော့ မရှိဘူး။ 蚊帳はない အမျိုး:အစား:တော့မည့်ပါဘူး။ 種類は悪くない နည်း:နည်း:ပါ:ပါ:တော့ယုံပါတယ်။ 少しは信じる အစ်ကိုကြီး:နဲ့တွေ့ချင်ရင်တော့ခဏစောင့်။ 上の兄に会いたかったら暫く待て ငါ:ရှင်စား:တယ်။ မြွေ တော့မစား:ဘူး။ タウナギは食べる、蛇は食べない ရွာမှာကမြို့မှာလိုဈေး:တော့မရှိဘူး။ 村には町のような市場はない
~တော့[dɔ.]（助）部分的肯定、条件付きでの表現、確かに~だが ကောင်း:တော့ကောင်း:ပါတယ်။ 確かによい ပျော်တော့ပျော်ပါတယ်။ 楽しい事は楽しい ဒီလူဟာ တော်တော့တော်ပါတယ်။ この人は確かに優れてはいる အဒီလင်မယား:မျိုး:ကရှိတော့ရှိပါတယ်။ 確かにそのような夫婦がいる事はいる
~တော့[dɔ.]（助動）命令、催促を示す သွား:ပါတော့။ 行き給え ပြန်ပေတော့။ 帰り給え အနား:ကိုမကပ်ပါနဲ့ တော့။ 近くには寄るなよ မငိုပါနဲ့တော့။ もう泣くな ဘာမှမပူပါနဲ့တော့။ 何も心配するな

~တော့[dɔ.]（助動）①近接未来を現わす、もう直ぐ~する、まもなく~する ပြန်တော့မလား:။ もう帰るのか ထမင်:စား:တော့မလား:။ そろそろ飯を食うか နေဝင် တော့မယ်။ そろそろ日が暮れる သင်္ဘောတစင်း:ထွက် တော့မည်။ まもなく船が1隻出航する နောက်ဆယ်မိနစ်ကြာရင်ရောက်တော့မယ်။ 後10分すれば到着する ②（否定文で）もう~しない、もはや~しない ကျုပ်မပြောတော့ပါဘူး။ 私はもう話さない
တော့[tɔ.]（副助）女性専用の表現 ငါမကြိုက်ဖူ:တော့ わたしは嫌よ ငါလဲမအိပ်သေး:ဘူး:တော့။ 私もまだ寝てないわよ သူတို့လှည်:ကိုဘယ်သူကိုမှတင်တာမဟုတ်ဖူ:တော့ 彼等の舟には誰も乗せはしないわよ
တော့တီး:တော့တ[tɔ.di:tɔ.da.]（副）①たどたどしく、片言で အင်္ဂလိပ်စကား:ကိုတော့တီး:တော့တပြောတတ် တယ်။ 英語はたどたどしく話せる ②よちよちと、よたよたと（歩く）
တော့[tɔ]（代）女性専用の二人称、ရှင် 程は上品ではない တော့ကတာမှမသိဘူး:။ あんたは何も知らない ကျုပ်သွား:ရင်တော့ဝမ်:သာမှာ:။ わたしが行けばあんたは喜ぶわよ တော့တို့ဒီချင်:တီး:တပ်မှာပေါ့။ あんた達は歌が演奏できるでしょう
တော်[dɔ]（尾）尊貴な存在、高貴な存在、高尚な存在を現わす ဓာတ်တော် 舎利 ဘိုး:တော် 祖父君 မြေး: တော် 孫君 အမိန့်:တော် 勅令 ည့်သည်တော် 来賓
တော်[tɔ]（動）血が繋がる、血縁関係にある ဝမ်:ကွဲ တော်သည်။ 従兄弟関係にある ယောက်ဖတော်သည်။ 義弟（妻の弟）に当る ယောက္ခမတော်သည်။ 舅（妻の父）に当る ဆွေမျိုး:တော်သည်။ 血縁関係にある
တော်စပ်[tɔsaʔ]（動）血が繋がる、血縁関係にある
တော်[tɔ]（動）①よくできる、巧みだ、優れている、優秀だ、上手だ、卓越している အကတော်သည်။ 踊りが巧みだ အဆိုတော်သည်။ 歌が上手だ ②賢い、利口だ、賢明だ ③適当だ、十分だ、適している ④まだましだ ⑤止める、停止する
တော်ကာကျ[tɔga tʃa.]（形）程よい、丁度よい、程々だ、丁度程々だ
တော်ကာလျော်ကာ[tɔga jɔga]（副）程々に、いい加減に、出鱈目を、口から出任せを、杜撰な事を
တော်ကြပါ[tɔga.ba]（動）制止を示す、止めなさい、いい加減にしなさい
တော်ကြစမ်:ပါ[tɔga.zan:ba]（動）＝တော်ကြပါ
တော်ကြာ[tɔtʃa]（副）やがて、その内に、まもなく
တော်ချာ[tɔga tʃa.]（副）＝တော်ကာကျ
တော်စမ်:ပါ[tɔzan:ba]（動）いい加減にしろ、止してくれ
တော်စွလျော်စွ[tɔzwa. jɔzwa]（副）＝တော်စွ

ရော်စွာ
တော်စွာရော်စွာ[tɔzwa jɔzwa] (副) ①普通に、ごくありきたりに ②だらしなく、杜撰に、有り合せのもので、成行き任せで
တော်တော[tɔdɔ.] (動) もう止めろよ、いい加減にしろよ
တော်တော်ကို[tɔdɔ.go] (副) かなり、相当、随分 သူတော်တော်ကိုအိုနေပြီ။ 彼は随分年を取っている သူတို့တော်တော်ကိုဆင်းရဲတယ်။ 彼等は随分貧しい ငှက်ပျောပင်စည်ခုံကလည်းတော်တော်ကိုအသုံးဝင်ပါတယ်။ バナナの幹もかなり役に立つ
တော်တော်[tɔdɔ] (副) ①かなり、随分と、相当 တော်တော်နာသွား:သလား:။ かなり痛かったか တော်တော်ညစ်ပတ်တဲ့လူကြီးတဲ့။ 随分と卑劣な長老だ တော်တော်အဖိုးတန်တဲ့ပစ္စည်းပါဘဲ။ 随分と貴重な品だ
တော်တော်ကလေး:[tɔdɔgəle:] (副) そこそこに
တော်တော်ကြာ[tɔdɔ tʃadɔ.] (副) 暫くすると、その内に、かなり時間が経過して
တော်တော်တန်တန်[tɔdɔ tandan] (副) 程々に、そこそこに、ある程度、かなりの程度まで
တော်တော်နဲ့[tɔdɔnɛ.] (副) (否定文で) なかなかそう簡単には တော်တော်နဲ့မလာဘူး။ なかなか来ない
တော်တော်နှင့်[tɔdɔnin.] = တော်တော်နဲ့ の文語形
တော်တော်ပင်[tɔdɔbin] = တော်တော် の文語形
တော်တော်များများ[tɔdɔ mja:mja:] (副) かなりたくさん、随分と多く
တော်တော်လေး[tɔdɔle:] (副) ある程度、幾分かも
တော်တော်လေးကို[tɔdɔle:go] = တော်တော်လေး:
တော်တည်[tɔtɛ.] (形) 正直だ、率直だ、廉直だ
တော်တန်[tɔtan] (形) 相応しい、似つかわしい
တော်ပါတော့[tɔbadɔ.] (動) もうよい、もう十分だ
တော်ပါသေးရဲ့[tɔbade:jɛ.] (動) 安堵の表現、よかった、この程度で済んでよかった
တော်ဖြောင့်[tɔp'jaun.] (形) 正直だ、素直だ
~တော်မူ[~dɔmu] (助動) ①仏陀、国王等尊貴な人物の動作に使われる、~なさる ဘုရားလောင်းသည်မျက်စိတော်ကိုဖွင့်လျက်ဖူး:တော်မူ၏။ 釈尊は御眼を開けたまま御生れになった ဘုရင်ကြီးကကျေနပ်တော်မူလေ၏။ 国王は御満足になられた ခမည်:တော်လည်:သား:တော်ကိုမိန့်တော်မူ၏။ 父君も王子に仰せになった သားတော်တို့အား:မယ်တော်မိဖုရားငြိုငြင်မိန့်တော်မူ၏။ 王子達に対し母君は次のようにおっしゃった ②(否定文は) 否定詞ပ が間に入る ငိုခြင်း:ခြင်း:ကိုပြုတော်မမူ။ 号泣はなさらなかった မည်သည်ကိုမျှကြောင့်ကြစိုက်ရဲမှုတော်မမူပါနှင့်။ 何も御心配召されるな

တော်ရာ[tɔja] (名) 適当な所、然るべき所
တော်ရီရော်ရီ[tɔji.jɔji.] (副) いい加減な事を、詰らない事を、一寸やそっとの事で、杜撰に、上っ面だけ、表面上 = တော်ရီလျော်ရီ။ သူမေးရင်တော်ရီရော်ရီတွေလျှောက်ပြောတာဘဲ။ 彼に聞いたらいい加減な事を喋りまくるよ
တော်ရီလော်ရီ[tɔji.jɔji.] = တော်ရီရော်ရီ
တော်ရုံ[tɔjoun] (形) ありふれた、程々の、そこそこ ဒီထိုအရှိကြီ:သည်တော်ရုံနေရာများ:သို့မသွား:။ တော်ရုံလူများ:ကိုစကား:မပြော။ その高官はありふたりの所へは行かないし、普通の人とは話をしない
တော်ရုံတန်ရုံ[tɔjoun tan joun] (副) ①程々に、そこそこに、いい加減に ②(否定文で) 一寸やそっとでは တော်ရုံတန်ရုံနဲ့မငိုဘူး။ 一寸やそっとでは泣かない ပူသည်ဆိုသည်မှာလည်:တော်ရုံတန်ရုံအပူမျိုးမဟုတ်။ 暑いと言っても並大抵の暑さではない သီချင်း:ဆိုလိုက်တာတော်ရုံတန်ရုံမင်:သား:မမှီဘူး။ 歌を歌ったところ並みの役者も足許に及ばない ③(形) 普通の、ごくありふれた
တော်ရုံမျှသာ[tɔjoun mjada] (副) 至極ありふれていて、程々で တော်ရုံမျှသာ ဖြစ်သည်။ ありふれている、ありきたりだ
တော်လေ:ဝ[tɔle:wa.] (名) 女性の鑑4名、貞淑な女性4名、すなわち အမရဒေဝီ アマラー妃 (釈尊の前身マホーサダー王の妃) စန္ဒကိန္နရီ 緊那梨チャンダ (釈尊の前身チャンダー緊那羅の伴侶) မဒ္ဒေဝီ マッディー妃 (釈尊の前身ヴェッサンタラー王の妃) သမ္ဗုလ タンブーラ (釈尊の前身ソッテイセーナーの妃)
တော်လည်:[tɔlɛ:] (動) 轟音がする、地響きがする
တော်လှန်[tɔɬan] (動) ①謀反する、反乱を起す ②革命を起す
တော်လှန်ရေး:[tɔɬan je:] (名) 革命
တော်လှန်ရေး:ကောင်စီ[tɔɬanje: kaunsi] (名) 革命評議会 (ビルマでは1962年に結成され1974年まで続いたネーウイン将軍指導の軍事独裁機関)
တော်လှန်ရေး:စိတ်ဓာတ်[tɔɬanje: sei'da'] (名) 革命精神
တော်လှန်ရေး:နေ့[tɔɬanje:ne.] (名) 軍隊記念日 (抗日を開始した3月27日が起源)
တော်လှန်ရေး:အစိုးရ[tɔɬanje: əso:ja.] (名) 革命政府 (革命評議会の下に設けられた行政府、閣僚の大半が革命評議会の会員であった)
တော်ဝင်[tɔwin] (動) 王室に相応しい、王室御用達だ
တော်ဝင်ဆံထုံ:[tɔwin zədoun:] (名) 王宮内での髪型

တော်ဝင်တဲ့ပုံ[tɔwindɛ. poun] (名) 王室的な雰囲気、王室的な様子

တော်ဝင်သည့်မိန်းမမြတ်[tɔwindi.mein:ma.mja'] (名) 非の打ち所のない女性、女性の鑑、優れた婦人 =ခြောက်ပြစ်ကင်း

တော်ဝင်လုပ်ငန်း[tɔwin lou'ŋan:] (名) 王室業務

တော်သလိုလျော်သလို[tɔdəlo jɔdəlo] (副) いい加減に、杜撰に、ちゃらんぽらんに

တော်သူကောင်းသူ[tɔdu kaun:du] (名) 優れた人、立派な人

တော်သေး[tɔde:] (動) 未だましだ、不幸中の幸だ

တော်သေးတာပေါ်[tɔde:dapɔ.] (動) まだましだ、まだいい方だ

တော်သင့်[tɔtin.] (形) 相応しい、適切だ =သင့်တော်

တော်အောင်လျော့အောင်[tɔ aun jɔ aun] (副) 程々に、適当に、いい加減に

တော်နေရာ[tɔneja] (名) (王朝時代国王に拝謁する貴族達の) 王宮内での座 (席順) の一つ cf. ခုံနေရာ

တော်ပီ[tɔp'i] (名) 飴、飴玉 <英 Toffee

တော်မီကန်း[tɔmi gan:] (名) トムソン自動小銃 (ビルマでは1940年代から50年代にかけて用いられた) <英 Tommy Gun

တော်သလင်း[tɔdəlin:] (名) ビルマ暦6月

တော်သလင်းပဲ[tɔdəlin:bɛ:] (植) ササゲ (マメ科) Vigna sinensis

တော်သလင်းလ[tɔdəlin.la.] (名) ビルマ暦6月

တော်သလင်းနေ၊ပုဆေ[တော်သလင်းနေ ပုဆိုးသေ] (比) ビルマ暦6月の太陽、蝦が死ぬ (暑さに耐えられない)

တော[tɔ:] (動) ①言う、発言する ②伴奏する、間奏する ဝင်၍တောလိုက်သည်။ 割込んで間奏した

တော[tɔ:] (名) ①森、森林 ②田舎、地方 ③悪霊 ④ (形) 野生の ⑤田舎の、粗野な

တောကစား[tɔ: gəza:] (国王が) 狩りをする、狩猟をする

တောကစားထွက်[tɔ: gəza: t'wɛ'] =တောကစား

တောကင်းပုံ[tɔ:kin:boun] (植) ヤサイカラスウリ (ウリ科) Coccinia indica

တောကောင်[tɔ:gaun] (名) 猛獣、野獣、野生動物

တောနန်စွန်း[tɔ:gəzun:] (植) フサアサガオ、ツタアサガオ (ヒルガオ科) Ipomoea sepiaria

တောကျ[tɔ: tʃa.] (動) ①人里離れている ②田舎っぽい、粗野だ、木訥だ

တောကျဆည်[tɔ: ʨa.s'ɛ] (名) 魚を捕るため雨季明けに水路に設置される堰

တောကျီး[tɔ: tʃi:] (鳥) ハシブトガラス (カラス科) Corvus macrorhynchos

တောကျီးကန်း[tɔ: tʃi:gan:] (鳥) =တောကျီး

တောကျောင်း[tɔ:ʨaun:] (名) 人里離れた寺、村落から2千肘尺離れた寺

တောကြီးမြက်မဲ[tɔ:ʨi: mjɛ'mɛ:] (名) 密林、原生林

တောကြီးမြွေဟောက်[tɔ:ʨi: mwehau'] (蛇) キング・コブラ (コブラ科) Naja hannnah

တောကြိုတောင်ကြား[tɔ:ʨo taunʨa:] (名) 山間僻地 =တောကြိုအံကြား

တောကြက်[tɔ:ʨɛ'] (鳥) セキショクヤケイ (キジ科) Gallus gallus

တောကြက်ဆူ[tɔ tʃɛ's'u] (植) タイワンアブラギリ (トウダイグサ科) Jatropa glandulifera

တောကြက်မောက်[tɔ:tʃɛ'mau'] (植) リュウガン

တောကြောင်[tɔ:ʨaun] (動物) ①クサムラネコ (ネコ科) Felis chaus ②狸 ③ (名) 泥棒、窃盗、強盗

တောကြောင်ပန်း[tɔ:tʃaunban:] (植) イボタクサギ (クマツヅラ科) Clerodendrum inerme

တောခမ်း[tɔ: tʃan:] (動) 悪霊に脅かされる、悪霊がはびこる

တောကွမ်း[tɔ:gun:] (植) ムラダチビンロウ (ヤシ科)

တောကျွဲ[tɔ:ʨwɛ:] (動物) 野牛、水牛 Bubalus bubalis

တောကျွံ[tɔ: tʃun] (動) 道に迷う、途方に暮れる

တောကျွမ်း[tɔ: tʃwan:] (動) 森の事に詳しい、森の事情に通暁している

တောခို[tɔ: k'o] (動) 非合法活動に入る、地下活動に転じる、地下に潜行する

တောခေါင်း[tɔ:gaun:] (名) レンジャー、林野庁の現場官吏、営林署の職員

တောခုတ်[tɔ: k'ou'] (動) 森を切り開く、開墾する、開拓する

တောချက်ချက်[tɔ:ʨɛ' tʃɛ'] (動) 簡単な料理をする

တောခြောက်[tɔ: tʃau'] ① (動) 藪を叩いて獲物を追い出す ②森の中で幻覚を覚える、悪霊が出没する ③[tɔ:ʨau'] (名) 勢子、声を上げて獲物を追い出す人 ④落葉樹林

တောခြင်[tɔ:tʃin] (虫) ブヨ、ブト

တောခြုံ[tɔ:tʃoun] (名) 藪、茂み

တောခွေး[tɔ:gwe:] (動物) ①ジャワアカオオカミ (イヌ科) Cuon javanicus ②インドヤマイヌ (イヌ科) Cuon alpinus

တောငန်း[tɔːŋanː] (鳥) ①インドガン（ガンカモ科）Anser indicus ②コブハクチョウ（ガンカモ科）Cygnus olor

တောငှက်ပျော[tɔːŋəpjɔː] (植) 野生のバナナ Musa glauca 実が小さく、種がある

တောစကား：တောပျောက် ။ (諺) 同じ事を吹聴して廻るべからず

တောစ[tɔːza] ①（鳥）ギンパラ（カエデチョウ科）②（名）木材に適さない木屑、丸太の不要部分 ③宝石の疵 ④品質の劣るマンゴー

တောစကျွေး：[tɔːza tʃweː] (動) 森の精霊に捧げ物をする

တောစခေါင်းမဲ[tɔːza gaunːmɛː] (鳥) ギンパラ（カエデチョウ科）Lonchura malacca

တောစပို့[tɔːza pjiʔ] (動) = တောစကျွေး

တောစ：[tɔː saː] (動) 悪霊に供物を捧げる

တောစဘဲ[tɔːzədeː] (植) タクヨウレンリソウ（マメ科）Lathyrus aphaca

တောစ：ပို့[tɔːza pjiʔ] (動) 悪霊のために供物を置いてくる

တောစီးဖိနပ်[tɔːzi pʰənaʔ] (名) 登山靴、キャラバン・シューズ

တောစုက[tɔːsuka] (植) クサトケイソウ、ヤサイトケイ（トケイソウ科）Passiflora foetida

တောစောင့်နတ်[tɔːzaunːnaʔ] (名) 森の靈、精霊

တောစိတ်[tɔːzeiʔ] (名) 野生、本能

တောစိတ်ပေါက်[tɔːzeiʔ pauʔ] (動) 野生に目覚める

တောစပ်[tɔːzaʔ] (名) 森の外れ

တောစပယ်[tɔːzəbɛ] (植) ①ケブカソケイ（モクセイ科）Jasminum pubescens 芳香性がある ②イチノカルブス（キョウチクトウ科）Ichnocarpus frutescens

တောစပယ်ကြီး：[tɔːzəbɛjiː] (植) マツリカ（モクセイ科）Jasminum sambac

တောဆနွင်း[tɔːsʰənwinː] (植) キョウオウ、ハルウコン（ショウガ科）Curcuma aromatica

တောဆီး：ဗြူ[tɔːzɪbju] (植) タイワンコミカンソウ（トウダイグサ科）Phyllanthus simplex

တောဆက်ရက်[tɔːzəjɛʔ] (鳥) カバイロハッカ（ムクドリ科）Acridotheres fuscus

တောဆင်ရိုင်း[tɔː sʰinjainː] (名) 野生の象

တောဆောင်း：မေ：ခါး[tɔːsʰaunːmeːgaː] (植) ①ハスノハカズラ（ツヅラフジ科）Stephania japonica ②ナンバンハスノハカズラ

တောဆိတ်[tɔːsʰeiʔ] (動物) スマトラカモシカ（ウシ科）Capricornis sumatrensis

တောဆုတ်[tɔːsʰouʔ] (動) 森が減少する

တောဇတိပ်ပိုလ်[tɔːzadeiʔpʼo] (植) ポンペイニクズク

တောဇိရာနတ်[tɔːzijanɛʔ] (植) サニギク（キク科）Veronia authelmintia

တောတိရစ္ဆာန်[tɔːtəreiʔsʼan] (名) 野獣、猛獣

တောတိုရွာလိုက်၊တောင်တောင်အလိုက်။ (副) 森では森に応じて山では山に応じて（郷に入らば郷に従え）

တောတက်[tɔː tɛʔ] (動) ①薪拾いに森へ入る ②役人が地方視察に赴く

တောတောက်ခွ[tɔːtauʔkʼwa] (植) コガネギシギシ（タデ科）Rumex maritimus

တောတောင်မြက်မဲ[tɔːtaun mjɛʔmɛː] (名) 密林、原生林

တောတောင်မြစ်ချောင်း[tɔːtaun mjiʔtʃaunː] (名) 森林河川

တောတိုင်[tɔː tain] (動) 亡骸を埋葬する前に墓地の霊にその旨を告げる

တောတန်း：ကြီး[tɔːdanːdʒiː] (名) 山並み、山脈

တောတွေးတောင်တွေးပူဇာ။[tɔːdwe taundweː puːjaː] (動) あれこれ心配する、縁起でもない事を考えて憂慮する

တောထ[tɔːtʰa] (動) 一面に生い茂る、繁茂する

တောထိုင်[tɔː tʰain] (動) 野糞をする、（山の中で）大小便をする、排泄する

တောထုတ်[tɔː tʰouʔ] (動) 騒音を立てて悪霊を追い払う

တောထန်း[tɔːtʰanː] (植) ビロウ（ヤシ科）Livistonia speciosa

တောထွက်[tɔː tʰwɛʔ] ①（動）世捨て人として山に籠もる、隠者となる ②[tɔdwɛː]（名）既婚者の出家、妻帯者の出家 cf. ယဲပြု

တောနနွင်း[tɔːnənwinː] (植) = တောဆနွင်း

တောနု[tɔːnu] (名) 樹齢の浅い山林

တောနက်[tɔːnɛʔ] ①（形）森が奥深い ②（名）原生林、密林

တောနင်း[tɔː ninː] (動) ①山を渉猟する ②（犯人捜索のため）山狩りをする

တောနွား：[tɔːnwaː] (動物) バンテンウシ（ウシ科）Bos banteng

တောနှမ်း[tɔːnʰanː] (植) ツルハッカ（シソ科）Leucas aspera

တောပိစပ်[tɔːbiːzaʔ] (植) ヒマワリヒヨドリ（キク科）Eupatorium odoratum

တောပီလော[tɔːbiːlɔː] (植) ①アオイモドキ（アオ

イ科) Malvastrum tricuspidatum ②ソリザヤアズキ（マメ科）Teramnus labialis

တောပဲ[tɔ:pɛ:] (植) ①ヤブツルアズキ（マメ科）Phaseolus trilobus ②カラスノエンドウ（マメ科）Vicia sativa

တောပဲနောက်[tɔ:pɛ:nauʔ] (植) モスビーン（マメ科）Phaseolus aconitifolius

တောပဲနှံသာ[tɔ:pɛ:nəda] (植) ハイマキエハギ（マメ科）Desmodium triflorum

တောပဲလင်းမြွေ[tɔ:pɛ:lin:mwe] (植) カラスウリ（ウリ科）Trichosanthes cucumerina

တောပိုးစာ[tɔ:po:za] (植) ①タイワンウリノキ（ウリ科）Alangium chinense ②チョウカソウ（クワ科）Morus laevigata

တောပိုက်ဆံ[tɔ:paiʔsʼan] (植) ①ゴヨウタヌキマメ（マメ科）Crotalaria quinquefolia ②コガネタヌキマメ（マメ科）C. retusa

တောပင်ကူ[tɔ:pin.ku] (虫) クモ、コガネグモ

တောပင်စိမ်း[tɔ:pinzein:] (植) オオカミボウキ（シソ科）Ocimum gratissimum

တောပစ်[tɔ:bjiʔ] (名) 狩猟

တောပစ်ထွက်[tɔ:bjiʔ tʼwɛʔ] (動) 狩猟に出かける

တောပုန်း[tɔ:boun:] (名) 山賊、匪賊、無法者

တောပြောတောင်ပြောနဲ့[tɔ:bjɔ: taunbjɔ:nɛ.] (副) 四方山話をして、話に花を咲かせて

တောပွဲ[tɔ:bwɛ:] (名) 田舎の祭、田舎の催し

တောဖက်ဆုပ်[tɔ:pʼɛʔsʼuʔ] (植) ゴウカクジュ（ムラサキ科）

တောဖိတ်နေ့[tɔ:pʼeiʔne.] (名) 布薩日の2日前 cf. တောဖိတ်နေ့→အဖိတ်နေ့→ဥပုသ်နေ့ の順となる

တောဗဒမ်[tɔ:badan] (植) モモタマナ、コバテイシ（シクンシ科）Terminalia catappa

တောဘဲ[tɔ:bɛ:] (鳥) ハジロモリガモ（ガンカモ科）Cairina scutulata

တောဘဲငန်း[tɔ:bɛ:ŋan:] (鳥) ハクチョウ

တောဘဲငန်းနက်[tɔ:bɛ:ŋan:nɛʔ] (鳥) コクチョウ

တောမည်းလုံး[tɔ:məɲɔ:loun:] (植) タカサゴハナヒリグサ（キク科）Grangea maderaspatana

တောမီး[tɔ:mi:] (名) 山火事

တောမီးလောင်၊ တောကြောင်လက်ခမောင်းခတ်။ (諺) 火事場泥棒（山火事、山猫が手ぐすね引いて待つ）

တောမီးလောင်[tɔ: mi:laun] (動) 山火事が起る

တောမူယက်[tɔ:mu pjɛʔ] (動) 洗練される、泥臭さがなくなる、田舎の面影が消える、地方人の雰囲気が影を潜める

တောမေး၊တောမေးနဲ့[tɔ:me: taunme:nɛ.]
(副) 根掘り葉堀り聞いて

တောမဲအုပ်[tɔ:mɛ:ouʔ] (植) ジタノキ、トバンノキ、ミルキーパン（キョウチクトウ科）Alstonia scholaris

တောမာပဲ[tɔ:maʔpɛ:] (植) ヤブツルアズキ、モスビーン（マメ科）Phaseolus trilobus

တောမန်ကျည်း[tɔ:məʤi:] (植) メダンクルワル（ホルトノキ科）Elaeocarpus rpobustus

တောမုန်ညင်း[tɔ:mounɲin:] (植) イヌガラシ、ミズタガラシ（アブラナ科）Nasturtium indicum

တောမြင်း[tɔ:mjin:] (動物) スマトラカモシカ =တောဆိပ်

တောမှာ[tɔ:m̥a:] (動) (森の中で) 虎に襲われる

တောမှီ[tɔ: m̥i] (動) 悪霊に取付かれる、憑依される =အပမှီ

တောမှောက်[tɔ:m̥auʔ] (動) 人間を獲物と間違えて撃つ

တောရကျောင်း[tɔ:ja.ʤaun:] (名) 山寺、人里離れた寺

တောရဆောက်တည်[tɔ: ja. sʼauʔti] (動) 山寺で修行する

တောရောက်တောရောက်နဲ့[tɔ:jauʔtaun jauʔnɛ.]
(副) 話があっちこっちに飛んで、話に一貫性がなく

တောရိုင်းတိရစ္ဆာန်[tɔ:jain: tərei'sʼan] (名) =တောရိုင်းသတ္တဝါ

တောရိုင်းမြေ[tɔ:jain: mje] (名) 荒れ地

တောရိုင်းသတ္တဝါ[tɔ:jain: dədəwa] (名) 猛獣、野獣

တောရမ်းပယ်ဖွဲ့[tɔ:jan: mɛpʼwɛ.] (副) =တောရမ်းမယ်ဖွဲ့၊တောရမ်းမယ်ဘဲ။

တောရမ်းမယ်ဘဲ[tɔ:jan: mɛpʼwɛ.] (副) いい加減に、根拠もなく、当てずっぽうで、出鱈目に

တောရုံ[tɔ:joun:] (植) ハナハッカ（シソ科）Origanum majorana

တောရွာ[tɔ:jwa] (名) 田舎、僻村

တောရွာကျေးလက်[tɔ:jwa tʃe:lɛʔ] (名) 田舎、僻地

တောရှိန်းခို[tɔ:ʃein:kʼo] (植) インドカンボジ（オトギリソウ科）Garcinia morella

တောလာ[tɔ:la:] (名) 山や森の情景を詠んだビルマ詩の1種

တောလက်ကျေးရွာ[tɔ:lɛʔ tʃe:jwa] (名) 田舎、村落、地方

တောလိုက်[tɔ:laiʔ] (動) 狩猟をする =အမဲလိုက်

တောလိုက်ခွေး[tɔ:laiʔkʼwe:] (名) 猟犬、狩猟犬

တောလိုက်အုံပါ[tɔ:laiʔ ounba] =တောလိုက်အုံလိုက်
တောလိုက်အုံလိုက်[tɔ:laiʔ ounlaiʔ]（副）田舎の習慣に応じて、郷に入らば郷にしたがって
တောလည်[tɔ:lɛ]（動）①（国王が）狩猟に出かける ②役人が地方視察に出る
တောလိပ်[tɔ:leiʔ]（動物）イシガメ（イシガメ科）の仲間 Testudo phyre
တောလုပ်တောင်လုပ်နဲ့[tɔ:louʔtaunlouʔnɛ.]（副）訳が判らぬまま、手当たり次第に、闇雲に
တောလုံငှက်[tɔ:loun ŋɛʔ]（鳥）コノハズク（フクロウ科）Otus scops
တောလှည့်[tɔ:ɬɛ.]（動）地方視察に赴く
တောလန့်[tɔ:ɬan.]（動）山中で恐怖を感じる
တောဝ[tɔ:wa.]（名）森の入口
တောဝက်[tɔ:wɛʔ]（動物）イノシシ ①クビオイノシシ（イノシシ科）Sus scrofa ②インドイノシシ（イノシシ科）Sus cristatus, S.vittatus
တောဝင်[tɔ:win]（動）①隠遁する ②（バナナ等が）野生種に戻る、種ありバナナに戻る ③悪霊に取付かれる、憑依される
တောဝမ်းဘဲ[tɔ:wun:bɛ:]（鳥）オカヨシガモ（ガンカモ科）
တောသား[tɔ:da:]（名）①田舎者 ②野獣、獲物
တောသားသပိတ်လွယ်[tɔ:da: dəbeiʔlwɛ]（鳥）アカハラシキチョウ（ヒタキ科）Copsychus malabaricus
တောသီတင်း[tɔ:ṯidin:]（植）クスノハガシワ（トウダイグサ科）Mallotus philippinensis
တောသူ[tɔ:du]（名）田舎の女性、田舎の婦人
တောသူတောသား[tɔ:du taunda:]（名）田舎の人、地方の人、田舎者
တောသူမ[tɔ:duma.]=တောသူ
တောသစ်ကျော်[tɔ:ṯi:tʃaʔ]（植）ククイノキ（トウダイグサ科）Aleurites triloba ②イボモモノキ（ウルシ科）Dracontomerum magniferum
တောသွား[tɔ:twa.]（動）大便をする、排泄する
တောဆွေးတောစိတ်[tɔ:dwe: tɔ:zeiʔ]（名）野生本能
တောအနေများ[tɔ: əne mja:]（動）田舎暮しが長い
တောအရက်[tɔ:əjɛʔ]（名）密造酒 =ချက်အရက်
တောအရပ်[tɔ:əjaʔ]（名）荒野、森、森林
တောအုန်း[tɔ:oun:]（植）サトウヤシ（ヤシ科）Arenga saccharifera
တောအုပ်[tɔ:ouʔ]（名）①原野、原生林、密林 ②

レインジャー、山林管理官
တို့[to.]（動）①そっと触れる、軽く触れる、軽くつつく ဆေးမှုန့်များကိုလက်ညှိုးဖြင့်တို့ယူသည်။粉薬を指先に付けて取った ②（液体に）軽く浸す ငံပြာရည်နဲ့တို့ပြီးစား:တယ်။醤油を軽く付けて食べる ③軽く書き留める စာရင်းတို့သည်။記録を取る ④（象を）突き棒で突く ⑤煽り立てる、けしかける ⑥（助数）タバコの火 ဆေးပေါ့လိပ်မီးတတို့။タバコの火を一寸
တို့ကနန်းဆို့ကနန်း[to.gənan:sʔeiʔgənan:]（副）程よく、控え目に、程々に、そこそこに
တို့ကာပင်ကာ[to.ga pin.ga]（副）そこそこに、程々に、慎ましく
တို့စရာ[to.zəja]（名）お浸し、野菜の漬物
တို့တိတိ[to.do.ti.di.]（名）①がらくた、寄せ集め ②少量、若干
တို့ဖတ်[to.baʔ]（名）（女性が用いる）化粧用のパフ
တို့မှီးမှီ[to.mi:ʃo.mi:]（名）煽動、けしかけ
တို့မှီးမှီလုပ်[to.mi:ʃo.mi: louʔ]（動）介入する、紛糾させる
တို့[do.]①（尾）人称代名詞の複数を表わす ကျွန်တော်တို့ 我々 သူတို့ 彼等 သမီးတို့ 子供達 ②（代）我々 =ငါ့တို့ 私（一人）တို့ပြောမယ်။私が話す ④多数の名詞の列挙、羅列、併存を示す အအေးမိတာတို့၊ ဖျား:တာတို့လောက်တော့ ကုရတာပေါ့။風邪を引いた事やら発熱した事位なら治せるよ ကန်တော်ကြီးတို့ရွှေတွေနံ့တို့ လျှောက်ကြည့်ကြရအောင်။カンドージー湖やら動物園やらを見て廻ろう
တို့တွေ[do.dədwe]（代）我々一同
တို့နည်းတို့ဟန်နဲ့[do.ni: do.han nɛ.]（副）我々のやり方で、我々独自の方法で
တို့ပြည်[do.pji]（名）我が国、吾が祖国
တို့ဗမာ[do.bəba]（名）我々ビルマ人
တို့ဗမာအစည်းအရုံး[do.bəma əsi:əjoun:]（名）我等ビルマ人連盟（1930年に創設された民族主義団体、別名タキン党）
တို့များ[do.mja:]（代）①我々 ②私
တို့ဝတ္တရား:[do.wuʔtəja:]（名）我々の責任、我々の任務
တိုလိုတန်းလန်း[to.lo.tan:lan:]（副）やりかけたままで、中途半端で =တိုးလိုးတန်းလန်း！ ခြင်ထောင်တွေ တိုလိုတန်းလန်းနှင့်မြင်မကောင်း:။蚊帳が放りっぱなしで見苦しい
တိုလို့တဲ့လောင်း[to.lo.twɛ:laun:]（副）①ぶらりと、ぶら下がって ②ぞろぞろと =တိုးလိုးတဲ့လောင်း
တိုလို့တဲ့လွဲ[to.lo.twɛ:lwɛ:]（副）ぞろぞろ伴って

တို့ဟူး[to.hu:]（名）豆腐＝တို့ဟူး
တို[to]（形）（距離、時間等が）短い
　တိစိတိစိ[tozi.tozi.]（副）僅かずつ、少しずつ、簡略に
　တိုတို[todo]（副）①短く ②簡潔に
　တိုတိုတောင်းတောင်း[todo taun:daun:]（副）短く
　တိုတိုတုတ်တုတ်[todo tou'tou']（副）手短かに、簡潔に、要領よく
　တိုတိုထွာထွာ[todo t'wadwa]（名）雑用品、がらくた、一寸したもの、寄せ集め、屑
　တိုတိုနဲ့[todonɛ.]＝တိုတို
　တိုတိုပြော[todo pjɔ:]（動）簡潔に話す、要約して言う
　တိုတိုပြောရရင်[todo pjɔ:ja.jin]（副）簡単に言うと、要するに
　တိုတိုရှင်းရှင်းနဲ့[todo ʃin:ʃin:nɛ.]（副）簡潔に、手短かに、要約すれば
　တိုတောင်း[todaun:]（形）①短い ②短期間だ
　တိုတောင်းနိုင်သမျှတိုတို[todaun:naindəmja.todo]（副）できるだけ短く、可能な限り短く
　တိုတုတ်[totou']（形）ずんぐりしている
　တိုထွာ[tot'wa]（形）けちだ、吝嗇だ
　တိုနံ့နံ့[to nan.nan.]（副）短めで、短めに
　တိုရရှာရှာ[toje ʃa:je]（副）やっとの思いで（入手する）、苦心惨澹の末（購入する）
　တိုကင်[tokin~tounkin]（名）（銀行等で使用される）引換えメダル、番号札 ＜英 Token
　တိုရှေ[toʃe]（名）（ケツルアズキの潰し汁、ドーサイを付けて食べる）米の粉で作ったインド煎餅
　တိုလီမိုလီ[tolimoli]（名）がらくた、寄せ集め、端物
　တိုလီမိုသစ[tolimou'sa.]＝တိုလီမိုလီ
　တိုဟူး[tohu:]（名）豆腐 ＜漢
တို့[to:]（名）ビルマ建築で彫刻される神獣（ヒマラヤ山に棲息し獅子に似ているとされる）
　တိုးနရာ[to:neja:]＝တိုး
တိုး[to:]（形）声が小さい、声が低い＝အသံတိုးသည်။
　တိုးတိုး[to:do:]（副）小声で、声を潜めて、物静かに
　တိုးတိုးကလေးပြော[to:do:gəle: pjɔ:]＝တိုးတိုးပြော
　တိုးတိုးကျိတ်ကျိတ်[to:do:tʃei'tʃei']（副）密かに、内密に、ひそひそと、静かに、こっそりと、他人に聞えないように
　တိုးတိုးတိတ်တိတ်[to:do: tei'tei']（副）小声で、こっそりと、密かに

တိုးတိုးတိတ်တိတ်ပြော[to:do:tei'tei' pjɔ:]（動）声を潜めて話す
တိုးတိုးတိတ်တိတ်တိုင်ပင်[to:do: tei'tei' tain bin]（動）小声で相談する
တိုးတိုးပြော[to:do: pjɔ:]（動）小声で話す
တိုးတိုးဖော်[todobɔ]（名）腹心の友、親友
တိုးတိုးသား[to:do:da:]（名）（密売の）牛肉、闇売りの牛肉
တိုးတိုးသက်သာ[to:do:tɛ'ta]（副）優しく、穏やかに、静かに、おもむろに
တိုး[to:]（動）①殖える、増す、増加する ဝင်ငွေတိုးသည်။ 収入が殖える လူဦးရေတိုးလာသည်။ 人口が殖えてきた ②進む、前進する ရှေ့တိုးသည်။ ③押す、進める、押し進める、増やす、高める ④延長する ⑤入り込む、割り込む ⑥出くわす、遭遇する
တိုးကြိတ်[to:tʃei']（動）押し合う、押しのける、払いのける
တိုးချဲ့[to:tʃɛ.]（動）拡大する、拡張する လယ်ယာမြေများတိုးချဲ့သည်။ 農地を拡大する အရေအတွက်ကိုတိုးချဲ့သည်။ 数をふやす အကျဉ်းကျကာလတိုးချဲ့သည်။ 刑期を延長する
တိုးချဲ့ဆောက်လုပ်[to:tʃɛ. s'au'lou']（動）拡張建設する
တိုးချဲ့တည်ဆောက်[to:tʃɛ. tis'au']＝တိုးချဲ့ဆောက်လုပ်
တိုးချဲ့ဖွဲ့စည်း[to:tʃɛ. p'wɛ.zi:]（動）拡充組織する、拡充編成する
တိုးချဲ့ဖွင့်လှစ်[to:tʃɛ. p'win.ɬi']（動）拡張して開設する
တိုးချဲ့မှု[to:tʃɛ.mu.]（名）拡大、拡充、拡張
တိုးတူပေါင်းဖက်[do:du baunbɛ']（副）寝食を共にして、苦労を共にして
တိုးတိုးငွေ့ငွေ့[to:do: k'we.gwe.]（副）押し合って
တိုးတိုးငွေ့ငွေ့[to:do: k'we.gwe.]＝တိုးတိုးငွေ့ငွေ့
တိုးတက်[to:tɛ']（動）①進歩する、進展する ②発展する ③殖える、増加する
တိုးတက်ကောင်းမွန်စေ[to:tɛ' kaun:mun ze]（動）改善する、改良する
တိုးတက်ကောင်းမွန်ရေး[to:tɛ' kaun:mun je:]（名）改良、改善
တိုးတက်ကောင်းမွန်လာ[to:tɛ' kaun:mun la]（動）好転する、改善される
တိုးတက်ကြီးပွါး[to:tɛ' tʃi:bwa:]（動）繁栄する、繁盛する
တိုးတက်ကြီးပွါးရေး[to:tɛ' tʃi:bwa:je:]（名）繁

တိုးတက်ခိုင်မြဲ[to:tɛʔ k'ainmjɛ:](動)進展し確固となる

တိုးတက်ချဲ့ထွင်[to:tɛʔ tʃɛ.t'win](動)進展拡張する

တိုးတက်ချမ်းသာ[to:tɛʔ tʃan.d̯a](動)豊かになる、繁栄する

တိုးတက်နိုင်ငံ[to:tɛʔsa. naingan](名)発展途上国

တိုးတက်စည်ကားလာ[to:tɛʔ siga: la](動)繁盛する、繁栄する

တိုးတက်ပေါများလာ[to:tɛʔ pɔ:mja: la](動)殖えて来る、増大する、増加する

တိုးတက်ပွါးများလာ[to:tɛʔ pwa:mja: la](動)殖える、増加する

တိုးတက်ဖွံ့ဖြိုး[to:tɛʔ p'un.p'jo:](動)進歩する、発展する

တိုးတက်ဖွံ့ဖြိုးရေး[to:tɛʔ p'un.p'jo:je:](名)進歩、発展

တိုးတက်များပြားလာ[to:tɛʔ mja:pja: la](動)増大する、増加する

တိုးတက်ရေး[to:tɛʔje:](名)進歩、発展

တိုးတက်လာ[to:tɛʔ la](動)進歩する、発展する

တိုးထွက်[to:t'wɛʔ](動)押し出る

တိုးပေါက်[to:pauʔ](動)突き抜ける

တိုးပွါး[to:bwa:](動)殖える、増加する、増加する

တိုးပွါးနှုန်း[to:bwa:n̯oun:](名)増加率

တိုးပွါးများပြားလာ[to:bwa: mja:pja: la](動)数が殖える、増大する

တိုးမြှင့်[to:mjin.](動)(地位、賃金等を)引上げる、高める、増やす သက်တမ်းတိုးမြှင့်ပေးသည်။ 期間を延長する

တိုးမြှင့်ရေး[to:mjin.je:](名)増加

တိုးလျှို[to:ʃo:](副)①貫いて、突き抜けて、透明で ②見渡す限り、一望の下に、途切れる事なく、絶え間なく

တိုးလျှိုပေါက်[do:jo:bauʔ](副)突き抜けて、見通し良く、透明で、見渡す限り、視界を妨げる物がなく

တိုးလျှိုး[to:ʃo:](動)①違う ②頭を下げる、許しを乞う

တိုးလျှိုးတောင်းပန်[to:ʃo: taun:ban](動)懇願する、懇請する

တိုးဝင်လာ[to:winla](動)押し入る

တိုးဝှေ့[to:k'we](動)頭を突っ込む、押し合う

တိုးနယား:[to:nəja:](名)神獣(ヒマラヤに棲むとされる、寺院等の木造建築で彫刻される)=တိုး

တိုးလို့တန်းလန်း[to:lo: tan:lan:](副)中途半端で、未完了のままに =တိုလို့တန်းလန်း

တိုးလို့တွေ့လောင်း[to:lo: twe:laun:](副)①ぞろぞろと(引き連れて) ②だらりと(ぶら下がって)

တိုးလို့တွဲ့လွဲ့[to:lo: twɛ:lwɛ:](副)だらりと、ぶら下がって =တိုလို့တွဲ့လွဲ့

တက်[tɛʔ](名)櫂 တက်ဖြင့်လှေမထိန်းနိုင်ဘူး။ 櫂では舟はコントロールできない

တက်ကုန်လက်ကုန်[tɛʔkoun lɛʔkoun](副)全力を挙げて、一生懸命に

တက်ကျိုးခွက်ပျောက်[tɛʔtʃo: k'wɛʔpjauʔ](副)刀折れ矢尽き、万策尽き果てて

တက်စေ့လက်စေ့[tɛʔsi. lɛʔsi.](副)均等に、公平に

တက်စုံလက်စုံ[tɛʔsoun lɛʔsoun ʃi.](動)用意万全だ、準備完了だ

တက်ဆွဲ[tɛʔswe:](名)漕ぎ手

တက်ညီလက်ညီ[tɛʔɲi lɛʔɲi](副)一致協力して、手を取り合って、歩調を揃えて、協調して

တက်မ[tɛʔma.](名)舵

တက်မကိုင်[tɛʔma.gain](名)舵取り

တက်မဘီး[tɛʔma.bein:](名)操舵輪

တက်[tɛʔ](動)①上がる ②登る တောင်တက်သည်။ 山に登る သစ်ပင်တက်သည်။ 木に登る ③乗る ကား:ပေါ်တက်သည်။ 車に乗る မြင်းပေါ်တက်သည်။ 馬に乗る ④出席する、参加する အစည်းအဝေးတက်သည်။ 会議に出席する ⑤登校する ကျောင်းတက်သည်။ ⑥現れる သံချေးတက်သည်။ 錆が出る ဖုန်တက်သည်။ 埃が溜まる ⑦こわばる ⑧引きつけを起す、痙攣を起す、発作を起す、失神する ⑨(筋肉が)こわばる ဇက်ကြောတက်သည်။ 頚が強ばる ⑩(家畜が)交尾する

တက်ကာလ[tɛʔkaʔ](名)①増劫 cf. ဆုတ်ကပ် ②血気盛んな年代、青壮年期

တက်ကြွ[tɛʔtʃwa.](動)漲る、張り切る、意気盛んになる、(気持が)高揚する

တက်ခေတ်[tɛʔk'iʔ](名)発展期、上昇期

တက်ခေတ်ကပ်ဆိုးရောဂါ[tɛʔk'iʔnaʔsʰo: jɔ:ga](名)性病

တက်ချက်[tɛʔtʃɛʔ](動)発作が起きる

တက်ဆာ[tɛʔsa](名)あくびが出て眠気を催したり、手足の筋肉をこわばらせる食べ物(例えば、筍など)

တက်စီး[tɛʔsi:](動)乗車する သတ်စ်ကား:တက်စီးသည်။ バスに乗る

တက်ဈေး[tɛʔze:](名)価格上昇、価格騰貴

တက်တက်ကြွကြွ[tɛʔtɛʔ tʃwa.d̯ʒwa.](副)張り切って、元気に、威勢よく、勇んで

တက်တက်ကြွကြွရှိ[tɛʔtɛʔtʃwa.dʒwa.ʃi.]（形）威勢がよい、元気旺盛だ、張り切っている

တက်နေ[tɛʔne]（名）旭、旭日

တက်ဖျာ：ကျဖျာ：[tɛʔpʲjaːtʃa.bjaː]（名）熱病

တက်ဖျာ：ကျဖျာ：ဖြစ်[tɛʔpʲjaːtʃa.bjaːpʲjiʔ]（動）熱病に罹る、熱が上下する

တက်မတက်မျက်တက်ငို[tɛʔməta'tʃʲɛʔməta' ŋo]（動）号泣する、引き付けを起さんばかりに泣く

တက်ရောက်[tɛʔjauʔ]（動）出席する、参加する

တက်လာ[tɛʔla]（動）①上がってくる、登ってくる ②（トーナメントで）勝ち残る、勝ち抜く

တက်လူ[tɛʔlu]（名）青少年、若者

တက်လမ်း[tɛʔlanː]（名）①登り道 ②発展の手掛かり、出世の道

တက်လှမ်း[tɛʔɬanː]（動）上の段に達する、上を目指してよじ登る

တက်သစ်စ[tɛʔtiʔsa.]（名）①旭日 ②新生（国家）③新人（歌手、俳優）

တက်သစ်စနေခြည်[tɛʔtiʔsa.nejaun]（名）旭

တက်သစ်စအရွယ်[tɛʔtiʔsa.əjwɛ]（名）伸び盛りの年齢、青春時代

တက်သုတ်နှင်[tɛʔtouʔnin]（動）急ぐ

တက်သုတ်ရိုက်[tɛʔtouʔjaiʔ]（動）=တက်သုတ်နှင်

တက်သံ[tɛʔtan]（名）ビルマ語の低平型声調（အာ၊ အီ၊ အူ၊ အေ၊ အို၊ အင်၊ အောင်၊ အန်၊ အိန်၊ အုံ၊ etc.) cf. တိုင်သံ

တက်သွား[tɛʔtwaː]（動）上がって行く、登って行く

တက္ကစီ[tɛʔsi~tɛʔkəsi]（名）タクシー＜英 Taxi

တက္ကစီခ[tɛʔsiga.]（名）タクシー代

တက္ကတွန်[tɛʔgədun:]（名）外道、邪道

တက္ကဗေဒ[tɛʔka.beda.]（名）論理学

တက္ကသိုလ်[tɛʔkəto]（名）大学

တက္ကသိုလ်ဆေးရုံကြီး[tɛʔkəto seːjounʤiː]（名）大学病院

တက္ကသိုလ်ပြည်[tɛʔkəto pje]（地）（インドの）タクシラ

တက္ကသိုလ်ဝင်ခွင့်စာမေးပွဲ[tɛʔkəto wingwin.sameːbwɛː]（名）大学入試

တက်ကွေ[tɛʔkwɛʔ]（植）タイワンアイアシ（イネ科）Ischaemum rugosum

တက်ခေါက်[tɛʔkʻauʔ]（動）（口惜しさ、無念さ、腹立ち、不満等で）舌打ちする＝တောက်ခေါက်

တက်တခေါက်ခေါက်နှင့်[tɛʔ təkʻauʔkʻauʔnɛ.]（副）舌打ちをして、舌打ちしながら

တက်တရက်[tɛʔtərɛʔ]（名）テトレックス（レーヨンの一種）

တက်တစင်[tɛʔtɛʔ'sin]（副）（否定文で）全く、完全に、まるきり　တက်တက်စင်မှာသည်။ まるきり違う

တက်တက်ပြောင်[tɛʔtɛʔ pjaun]（動）すっからかんになる、文無しになる、無一文になる

တက်ထရွန်[tɛʔtʻərun]（名）テトロン＜英

တောက်[tauʔ]（動）①中毒する　မှိုတောက်သည်။ 茸で中毒する ②（乗物に）酔う　ကားတောက်သည်။ 車酔いする　လှေတောက်သည်။ 舟酔いする ③（指先で）弾く、水を弾く　ထိုရေဖြင့်မျက်နှာကိုတောက်ကြည့်သည်။ その水を弾いて顔面に掛けてみた ④（嘴で）突つく ⑤舌打ちする、舌打ちしてぼやく ⑥虫に食われる　ပိုးထည်ကိုပိုးတောက်သည်။ ウール製品が虫に食われて穴が開く ⑦（鹿が）鳴く

တောက်ခေါက်[tauʔ kʻauʔ]（動）（口惜しさ、腹立たしさ、無念等で）舌打ちする、舌打ちしてぼやく

တောက်တီး：တောက်တဲ့[tauʔtiːtauʔte.]①（名）ナンセンス、たわいもない事、筋道が通らぬ事 ②（副）論旨が支離滅裂で、前後の辻褄が合わずに

တောက်တီးမြည်တွန်[tauʔti mjitun]（動）小言を言う

တောက်တဲ့[tauʔte.]（動物）オオヤモリ（タイではトッケー、インドネシアではゲッコーと呼ばれる）Platydactylus gecko

တောက်တဲ့ကပ်[tauʔte.kaʔ]（副）ぴたりとくっついて、へばりついて

တောက်တဲ့ကပ်ကပ်[tauʔte.kaʔ kaʔ]（動）へばりついて離れない

တောက်တဲ့မြည်[tauʔte. mji]（動）オオヤモリが鳴く

တောက်တဲ့လက်ဝါး：[tauʔte.lɛwaː]（植）①ホウザンカラクサ（ムラサキ科）Coldenia procumbens ②キクザハサガオ（ヒルガオ科）Ipomoea pes-tigridis

တောက်[tauʔ]（動）①炎上する、燃え上がる ②艶が出る、輝く、光る

တောက်တောက်ပြောင်ပြောင်[tauʔtauʔ pjaun bjaun]（副）①ぴかぴかと、きらきらと ②派手に、きらびやかに　တောက်တောက်ပြောင်ပြောင်ဝတ်ဆင်သည်။ きらびやかに着飾っている

တောက်ပ[tauʔpa.]（動）輝く、きらめく

တောက်ပထွန်းလင်：[tauʔpa. tʻunːlinː]（動）きらめく、輝く

တောက်ပြောင်[tauʔpjaun]（動）①輝く、艶がある ②まばゆい

တောက်ပြောင်ခမ်းနား[tauʔpjaun kʻanːnaː]

တောက်မဉ်ဒမ်း (形) きらびやかだ、派手だ

တောက်မည့်မီး၊ခဲ၊အရှိန်နှင့်ရဲရဲ။ (睦) 燃える炭、勢を得て真赤 (栴檀は双葉より芳し)

တောက်လောင် [tauʔlauŋ] (動) 燃え上がる、炎上する

တောက်တိုမယ်ရ [tauʔto mɛja.] (名) 雜用、雜役

တောက်တိုမယ်ရခိုင်း [tauʔtomɛja. kʰaiŋ:] (動) 雑用に使う、細々した用事に使役する ＝ တောက်တိုမည်ရခိုင်း

တောက်တိုမယ်ရပစ္စည်း [tauʔtomɛja. pjiʔsi:] (名) がらくた

တောက်တိုမယ်ရလုပ်ငန်း [tauʔtomɛja. louʔŋan:] (名) 雑用、細々した用事

တောက်တောက်ကြော် [tauʔtauʔtʃɔ] (名) ミンチ肉のフライ (中華料理の１種)

တောက်တောက်စဉ်း [tauʔtauʔsiŋ:] (動) 細かく切り刻む、細切りにする

တောက်မဆိတ် [tauʔməsʰeiʔ] (動物) シャコ、シャコエビ Squillidae spp.

တောက်ရပ် [tauʔjaʔ] (植) ハイノキ (エゴノキ科) Symplocos racemosa

တောက်ရှာငှက် [tauʔʃa ŋɛʔ] (鳥) キツツキ

တောက်ရှောက် [dauʔʃauʔ] (副) ＝ တောက်လျှောက်

တောက်ရှောက်ပြန် [dauʔʃauʔ pjan] (動) 真直ぐ帰る、寄り道せずに帰る

တောက်လျှောက် [dauʔʃauʔ] (副) ①休まずに、続けて、引き続き ②寄り道せずに、直通で

တောက်လျှောက်ပျံသန်း [dauʔʃauʔ pjanṯan:] (動) 直行する、直航する

တိုက် [taiʔ] (名) 大陸の洲 ဥရောပတိုက် ヨーロッパ洲 အာရှတိုက် アジア洲

တိုက်ချင်းပစ်ဒုံးပျံ [taiʔtʃiŋ:bjiʔ douŋ:bjan] (名) 大陸間弾道ミサイル

တိုက် [taiʔ] (名) ①村落群 (ရွာစု)、地方行政の最少単位 ②（王朝時代の）郷 (ရွာ より小規模）

တိုက်နယ် [taiʔnɛ] (名) ＝ တိုက်（植民地時代の行政単位、မြို့နယ် よりも小規模）

တိုက်ပိုင် [taiʔpain] (名) တိုက်နယ် 担当の行政職 ＝ လက်ထောက်မြို့ပိုင်

တိုက်သူကြီး [taiʔ təd͡ʑi:] (名) （植民地時代の）地方役人（後の မြို့အုပ် に相当）

တိုက် [taiʔ] (名) ①（レンガや石造の）建物、ビル ②建築物 ဆေးတိုက် 診療所 စာကြည့်တိုက် 図書館 ③個室、小部屋 ကြိုက်တိုက် 死刑囚監房 မြေတိုက် 地下室

တိုက်ကတုံး [taiʔgədouŋ:] (名) 陸屋根の建物

တိုက်ကြီးတာကြီး [taiʔtʃi: tad͡ʑi:] (名) 大規模建築、大型ビル

တိုက်ခန်း [taiʔkʰan:] (名) ビルの部屋、アパートの一室、割り貸間

တိုက်ခံအိမ် [taiʔkʰan ein] (名) 一階が煉瓦または石造り、二階は木造の家屋、石造りと木造との折衷形式の建物

တိုက်ဆွေး [taiʔsʰwe:] (名) 在庫品

တိုက်တာ [taiʔta] (名) ①煉瓦作り、石造家屋（富裕者の住宅) ②複数の僧坊から成る寺

တိုက်တန်းလျာ [taiʔ tan:ja] (名) 集合建築

တိုက်ပိတ် [taiʔ peiʔ] (動) 独房に収容する

တိုက်ပိတ်ခံနေရ [taiʔpeiʔ kʰanneja.] (動) 独房に入れられる

တိုက်ပန်းကန် [taiʔbəgan] (名) 磁器、高級瀬戸物

တိုက်ရှင် [taiʔʃin] (名) 建物の所有者、ビルのオーナー

တိုက်လိပ် [taiʔlei] (動物) （イラワジ、サルウィーン両河川に棲息する) 亀 Kachuga trivittata

တိုက်အုပ် [taiʔouʔ] (名) (和尚の下の) 副住職、筆頭比丘

တိုက်အိမ် [taiʔein] (名) 石造又は煉瓦作りの住宅

တိုက် [taiʔ] (動) 飲ませる、飲物を勧める ကော်ဖီတိုက်သည်။ コーヒーを飲ませる နို့တိုက်သည်။ ミルクを飲ませる အရက်တိုက်သည်။ 酒を飲ませる

တိုက်ကျွေး [taiʔtʃwe:] (動) 飲ませ食べさせる

တိုက် [taiʔ] (動) ①ぶつかる、衝突する တိုင်နဲ့ခေါင်းနဲ့ တိုက်မိသယ်။ 柱に頭をぶつけた ② (膝) で蹴る ဒူးနဲ့တိုက်သည်။ ③ (風が) 吹く လေတိုက်သည်။ ④攻める、攻撃する、戦闘する စစ်တိုက်သည်။ ⑤襲う、(強盗が) 襲撃する ဓားပြတိုက်သည်။ ⑥ (牛車で) 運ぶ、運搬する လှည်းတိုက်သည်။ 牛車で運ぶ ထင်းတိုက်သည်။ 薪を運ぶ ⑦（鋸で）挽く လွှတိုက်သည်။ ⑧磨く သွားတိုက်သည်။ 歯を磨く ဖိနပ်တိုက်သည်။ 靴を磨く အိုးတိုက်သည်။ 鍋を磨く ကြမ်းတိုက်သည်။ 床を磨く ⑨ (アイロン) を掛ける မီးပူတိုက်သည်။ ⑩焼き払う ကောင်ရှုံးသွားတိုက်သည်။ ⑪比べる、対照する、照合する ကြိုးကိုးတိုက်သည်။ 文献と照合する နာရီတိုက်သည် 時計を合わせる ⑫かち合う、同時に起る ⑬（帆を）張る ရွက်တိုက်သည်။ ⑭リハーサルをする、稽古する သီချင်းတိုက်သည်။ 歌の稽古をする အကတိုက်သည်။ 踊りの稽古をする ဇာတ်တိုက်သည်။ 舞台稽古をする、芝居のリハーサルをする

တိုက်ကင်း [taiʔkin:] (名) 斥候、パトロール

တိုက်ကင်းထွက် [taiʔkin tʰwɛʔ] (動) 斥候に出る、パトロールに出かける

တင်

တိုက်ကြက်[taiʔtʃɛʔ]（名）闘鶏
တိုက်ကွက်[taiʔkwɛʔ]（名）闘争の場
တိုက်ကျွေး[taiʔtʃweː]（動）おごる、馳走する、飲ませ食わせる
တိုက်ခိုက်[taiʔk'aiʔ]（動）①戦う、戦闘する ②襲う、攻撃する ③ぶつかる、衝突する
တိုက်ခိုက်မှု[taiʔk'aimu.]（名）戦闘、攻撃
တိုက်ခိုက်ရေး:ရဟတ်ယာဉ်[taiʔk'aiʔjeː jəhaʔjin]（名）戦闘用ヘリコプター
တိုက်ခတ်[tai.k'aʔ]（動）（風が）強く吹く、吹き付ける、吹き寄せる
တိုက်ချွတ်[taiʔtʃ'uʔ]（動）磨く、擦り落す、汚れを落とす
တိုက်ငါး[taiʔŋaː]（魚）闘魚
တိုက်စား:[taiʔsaː]（動）浸食する
တိုက်စစ်[taiʔsiʔ]（名）攻撃
တိုက်စစ်ဆင်[taiʔsiʔ s'in]（動）攻撃をかける
တိုက်ဆင်[taiʔs'in]（名）（王朝時代の）戦闘用の象
တိုက်ဆိုင်[taiʔs'ain]（動）①適合する、一致する ②当る、行き当たる、かち合う ③偶然に会う、遭遇する、偶々起る ④対照する、照合する、突き合わせる
တိုက်ဆိုင်စွာ[taiʔs'ainzwa]（副）偶然に、偶々
တိုက်ဆိုင်ထိမှန်[taiʔs'ain t'iman]（名）偶然にぶつかる
တိုက်ဆိုင်နှိုင်းယှဉ်[taiʔs'ain n̥aiːʃin]（動）突き合せてみる、比較対照する
တိုက်ဆိုင်မှု[taiʔs'ainmu.]（名）偶然の一致
တိုက်တိုက်ဆိုင်ဆိုင်[taiʔtaiʔsainzain]（副）運よく偶々、丁度よい頃合に、うまい具合に、折りよく
လမ်းမှာသဲဒီရွာကလူတယောက်နဲ့တိုက်တိုက်ဆိုင်ဆိုင်ကြီးတွေ့ရသည်။ 道中、折よくこの村の人と遭遇した
တိုက်တိုက်ဆိုင်ဆိုင်ဖြစ်[taiʔtaiʔsainzain p'jiʔ]（動）偶然に生じる、偶々起きる
တိုက်ထုတ်[taiʔt'ouʔ]（動）追い出す、追放する
တိုက်တွန်း:[taiʔtun̥ː]（動）勧める、奨励する、促す
တိုက်တွန်းချက်[taiʔtun̥ː tʃ'ɛʔ]（名）勧め、勧告、激励、励まし
တိုက်တွန်းနိူးဆော်[taiʔtun̥ː n̥ɔsɔ]（動）催促する、急き立てる
တိုက်ပန်း:[taiʔpan̥ː]（植）アサヒカズラ、ニトベカズラ（タデ科） Antigonon leptopus 生垣用
တိုက်ပုံအင်္ကျီ[taiʔpoun inʤi]（名）ビルマ人男性用の上着（釦でなく掛け紐で留める）=ရင်ဖွေရင်ဖုံ
တိုက်ပွဲ[taiʔpwɛː]（名）①戦闘 ②闘争、闘い
တိုက်ပွဲဆင်[taiʔpwɛː s'in]（動）交戦する、戦闘を繰り広げる、戦闘を展開する
တိုက်ပွဲဆင်နွှဲ[taiʔpwɛː s'in̥wɛː]=တိုက်ပွဲဆင်
တိုက်ပွဲဝင်ရဟတ်ယာဉ်[taiʔpwɛːwin jəhaʔjin]（動）戦闘用ヘリコプター
တိုက်ပွဲဝင်[taiʔpwɛː win]（動）①戦闘に入る ②闘争に入る
တိုက်ဖောက်[taiʔp'auʔ]（動）突進する
တိုက်ဖျက်[taiʔp'jɛʔ]（動）打ち破る、打破する、撲滅する、根絶する、一掃する、壊滅させる
တိုက်ဖျက်ရေး:[taiʔp'jɛːjeː]（名）駆逐、撲滅
တိုက်ယူ[taiʔju]（動）闘い取る、勝ち取る
တိုက်ရာပါပစ္စည်း:[taiʔjaba pjiʔsiː]（名）略奪品 cf. ခိုး:ရာပါပစ္စည်း: 盗品
တိုက်ရေယာဉ်[taiʔ jejin]（名）戦艦
တိုက်ရည်ခိုက်ရည်[taiʔje k'aije]（名）戦闘能力
တိုက်ရည်ခိုက်ရည်ကောင်း:[taiʔje k'aije kaunː]（形）勇猛果敢だ、戦闘能力に秀でる
တိုက်လေယာဉ်[taiʔ lejin]（名）戦闘機
တိုက်လှေ[taiʔl̥e]（名）（王朝時代の）戦闘用舟艇
တိုက်လွှ[taiʔl̥wa.]（名）（二人で使用する）挽き鋸
တိုက်တာ[taiʔta̰ʔ]（動）殴り殺す、打ち殺す、叩き殺す
တိုက်သင်္ဘော:[taiʔtʰinbɔː]（名）軍艦、戦艦
တိုက်သွင်:[taiʔtʰwinː]（動）①焼物を窯入れする ②漆の塗物を乾燥室に入れる
တိုက်အား:[taiʔaː]（名）①衝撃力 ②攻撃力、戦闘力
တိုက်ဖွိုက်[taiʔp'waiʔ]（名）チフス ＜英 Typhoid =အရောင်ငန်းဖျား:
တိုက်ရိုက်[daiʔjaiʔ]（副）直接
တိုက်ရိုက်ခွန်[daiʔjaiʔk'un]（名）直接税
တိုက်ရိုက်အချိုး:တူ[daiʔjaiʔ ətʃoːtu]（動）正比例する
တင်[tin.]（形）①相応しい、適切だ ②さっぱりしている、垢抜けしている
တင်ကား:[tin.kaː]（名）タンク、戦車
တင်တယ်[tin.dɛ]（形）①相応しい、適切だ ②麗しい、端麗だ、感じがよい ရုပ်အဆင်:တင်တယ်သည်။ 容姿端麗だ
တင်တင်တယ်တယ်[tin.din.tɛdɛ]（副）相応しいように、恥ずかしくないように တင်တင်တယ်တယ်နေထိုင်သည်။ まともな暮しをする တင်တင်တယ်တယ်ဝတ်စား:သည်။ こざっぱりとした服装をする
တင်တောင့်တင်တယ်[tin.daun.tin.dɛ.]（副）まともに、ちゃんと、筋を通して、手順を踏んで တင်တောင့်တင်တယ်ဖြစ်သည်။ 筋を通している、手順を踏んでいる
တင်[tin]（名）尻、臀部

တင်နံ့[tingoun] (名) 動物の臀部
တင်ဆုံ[tins'oun] (名) 尻、臀部
တင်ပါး[tinba:] (名) 尻、臀部
တင်ပါးဆုံ[tinbəs'oun] (名) 尻、臀部
တင်ပါးဆုံဖွား[tinbəs'oun p'wa:] (動) 逆子で生れる、逆子で出産する
တင်ပါးဆုံရိုး[tinbəs'oun jo:] (名) 尾てい骨
တင်ပါးရိုး[tinba:jo:] (名) 尾骨、尻の骨
တင်ဆုံ[tins'oun] (名) 臀部、尻の肉
တင်ပလှဲထိုင်[tinbəlwɛ: t'ain] (動) 横座りする 片足を曲げ他の脚をその上に載せる
တင်ပလ္လင်ခွေထိုင်[tinbəlin k'we t'ain] (動) あぐらをかく、片方の足の上に別の足を載せて座る
တင်ပျဉ်ချိတ်[tinbəlin tʃei'] (動) 足を交差させて座る、あぐらを組んで座る
တင်ပျဉ်ခွေ[tinbjin k'we]=တင်ပလ္လင်ခွေ
တင်ပျဉ်ခွေထိုင်[tinbjink'we t'ain]=တင်ပလ္လင်ခွေထိုင်။
တင်သား[tinda:] (名) 臀部、尻の肉
တင်[tin] (動) ①載せる、上げる、積み上げる ②積む、積み込む ကုန်တင်သည်။ 貨物を積み込む ③面前に連れてくる ရှေ့တင်သည်။ ④生き残る、生存する အဖတ်တင်သည်။ 後に残る အကြွေးတင်သည်။ 負債が残る ⑤沈殿する နုန်းတင်သည်။ 土砂が堆積する သောင်တင်သည်။ 座礁する ⑥記録に残す မှတ်တမ်းတင်သည်။ ⑦提出する လျှောက်လွှာတင်သည်။ 申請書を提出する ⑧値段を引上げる、高騰させる ရှေး တင်သည်။ ⑨変化がない အရှယ်တင်သည်။ 若々しい ⑩供える နတ်တင်သည်။ ⑪弓に絃を取付ける、絃を張る လေးတင်သည်။ ⑫銃の引金を引く မောင်းတင်သည်။
တင်ကူး[tingu:] (副) 前以って、予め、事前に
တင်ကြို[tintʃo] ①(動) 先にする、予めする、前以ってする ②[tindʒo] (副) 予め、前以って=ကြိုတင်
တင်ကြိုပြီး[tindʒopi:] (副)=တင်ကြို
တင်ကြိုဖော်ပြ[tindʒo p'ɔpja.] (動) 前以って説明する
တင်ကျည်း[tindʒi:] (名) 駄馬に積む振り分け荷物の支え、くびき、横木
တင်စား[tinza:] (動) 譬える、比喩的に言う
တင်စီး[tinzi:] (動) ①図に乗る、調子に乗る ②高飛車に出る、高圧的に言う、一方的に言う တင်စီးသည်။ 独断的に言う
တင်ဆက်[tins'ɛ'] (動) 上演する
တင်ဆောင်[tins'aun] (動) 運搬する、積んで運ぶ、乗せて運ぶ、積載する

တင်တောင်း[tintaun:] (動) ①前払いを求める、先に支払うよう求める ငွေတင်တောင်းသည်။ 金の支払いを先に求める ပစ္စည်းတင်တောင်းသည်။ 品物の先渡しを求める ②（新郎側が新婦側に）結納を納める
တင်ပါဘုရား[tinba.p'əja:] (返事) はい、さようでございます（在家信者が出家に対して）
တင်ပို့[tinpo.] (動) ①送る、送付する ②輸出する
တင်ပို့မှု[tinpo.mu.] (名) 輸出
တင်ပို့ရောင်းချ[tinpo.jaun:tʃa.] (動) 輸出する
တင်ပို့ရောင်းချမှု[tinpo.jaun:tʃa.mu.] (名) 輸出
တင်ပြ[tinpja.] (動) ①見せる、示す、提示する ②申し述べる ③提案する
တင်မြှောက်[tin mjau'] (動) 選びだす、選出する
တင်ယူပို့ဆောင်[tinju po.s'aun] (動) 輸送する
တင်လျှောက်[tinʃau'] (動) 申し述べる、報告する
တင်သွင်း[tintwin:] (動) ①提出する、上程する ②輸入する
တင်သွင်းမှု[tintwin:mu.] (名) 輸入
တင်ကျီး[dindʒi:] (鳥) カワウ（ウ科） Phala crocorax carbo ②アジアコビトウ（ウ科） P. niger =တင်ကျီးငှက်
တင်ချာ[tintʃa] (名) ヨードチンキ（傷口に塗る薬液）＜英 Tincture
တင်ဒါ[tinda] (名) 入札 ＜英 Tender တင်ဒါခေါ်သည်။ 入札を公示する တင်ဒါရေးနှုန်း: 入札価格 တင်ဒါသွင်းသည်။ 入札を
တင်းပြည့်ကျပ်ပြည့်[dinbje.tʃa'pje] (副) 十分に、存分に、全く →တင်းပြည့်ကျပ်ပြည့်
တင်လဲ[tinlɛ:] (名) 糖蜜、飴、水飴
တခံက္ခပွတ္တိဉာဏ်[tink'ənou'pa'ti.ɲan] (名) 直感、直観、機知、機転、とっさの知恵、思い付き
တင်း[tin:] (名) 容量の単位、緬斗＝16緬升、凡そ9ガロン又は41リットル、重量換算で凡そ20キロ
တင်းတောင်း[tin:daun:] (名) 容量を量る笊、1緬斗入りの籠
တင်း[tin:] (動) ①（綱や紐が）ぴんと張る ②袋が充満する ③堅くする、締め付ける ④（重さの）均衡をとる、（重さを）調節する ⑤少ない、不足する မတင်း: 4分の1不足 မူးတင်းပတင်း: けちけちして
တင်းကျပ်[tin:tʃa'] (形) ①窮屈だ、きつい、堅い =ကျပ်တင်း: ②厳格だ、厳正だ
တင်းကျပ်စွာ[tin:tʃa'swa] (副・文) 堅く、きつく
တင်းကျပ်မှု[tin:tʃa'mu.] (名) 緊張
တင်းကျမ်း[tin:dʒan:] (副) わんさと、たっぷり、一杯に、溢れて、漲って
တင်းကျမ်းပြည့်[din:dʒan:pje.] (動) 山盛りにな

る
တင်းခံ[tin:k'an] (動) 屈しない、頑張り通す、強情を張る
တင်းတို:[tin:do:] (名) 現物返済での貸借 တင်းတို:ပေ:သည်။ 利子付き現物返済を条件に、米、豆、胡麻等を借りる
တင်းတင်:[tin:din:] (副) ①しっかりと、きつく、堅く、緩まないように ②ぴんと張って ③(歳月、年齢等が) 丸々、一杯一杯 အိန်:လုံ:ပပျောက်သွာ:သည်မှာ နှစ်နှစ်တင်းတင်:ပြည့်လပြီ။ 阿片が完全に姿を消してから丸々2年経った
တင်းတင်:ကြီ:[tin:din:dʑi:] =တင်းတင်:
တင်းတင်:ကျပ်ကျပ်[tin:din:tʃaʔtʃaʔ] (副) 堅く、強く、きつく、きっちりと
တင်းတင်:မာမာ[tin:din:mama] (副) 頑固に、強情に、不屈の精神で
တင်းတင်:ရင်:ရင်:[tin:din: jin:jin:] (副) ①堅く、しっかりと、きっちりと、頑丈に ②むっちりと、肉付きが豊かで
တင်းတိပ်[tin:deiʔ] (名) 皮膚のしみ、斑点、雀斑 cf. ညို: 白なまず
တင်းတိန်[tin:dein] (名) 幔幕、屏風、衝立 တင်းတိန်မှုရဲ့မူ: (王朝時代の) 幔幕担当の役人
တင်းတိမ်[tin:dein] (動) 満足する、納得する တင်းတိမ်ကျေနပ်သည်။ 満足する、了承する တင်းတိမ်ရောင့်ရဲသည်။ 満足する
တင်းပုတ်[tin:bouʔ] (名) 木槌
တင်းပြည့်ကျပ်ပြည့်[tin:bje.tʃaʔpje.] (副) 存分に、十分に、完全に、全面的に
တင်းပြည့်ကျပ်ပြည့်ဖြစ်[tin:bje.tʃaʔpje. p'jiʔ] (動) 正式のものになる、一人前になる
တင်းပြည့်ပါတီဝင်[tin:bje. patiwin] (名) 正党員 cf. အရယ်တီဝင်
တင်းပြည့်အဖွဲ့ဝင်[tin:bje. əp'wɛ.win] (名) 正会員
တင်းမာ[tin:ma] (動) ①ぴんと張る、緊張する、張り詰める ②表情がこわばる、顔が険しくなる
တင်းမာမှု[tin:mamu.] (名) 緊張 တင်းမာမှုလျော့ပါ:သည်။ 緊張が緩む、緊張が緩和する
တင်:ကုပ်[tin:gouʔ] (名) ①小屋 ②家畜小屋 ③物置小屋
တင်:တာရာ[tin: taja] (星) アンドロメダ座の頭部
တင်:နှစ်ပြိုင်ပွဲ[tin:niʔ pjainbwɛ:] (名) テニス競技 တင်:နှစ်ဘော်လုံ: テニス.ボール တင်:နှစ်ရိုက်တံ テニスのラケット
တင်:နှစ်ရိုက်[tin:niʔ jaiʔ] (動) テニスをする

တင်:နှစ်ရိုက်တံ[tin:niʔjaiʔtan] (名) テニスのラケット
တင်:လင်:[tin:lin:] (副) ①中途半端で、宙ぶらりんで =တင်:လန်: ②眼前で
တင်:ဝါ:[tin:wa:] (植) イガフシタケ (イネ科) Cephalostachyum pergracile 籠を編む材料にしたり、餅米を詰めて焼き米を作る時の容器にしたりする
တောင့်[taun.~daun.] ①(名) 箙(えびら)、うつぼ矢筒 ②薬莢 ယမ်:တောင့် ③薬包、カプセル ဆေ:တောင့် ④(助数) 電池、白墨など ဓာတ်ခဲတောင့် 電池1本 မြေဖြူတောင့် 白墨1本
တောင့်[taun.] (動) ①凝る、こわばる、硬直する ကိုယ်လက်တောင့်သည်။ 体がこわばる ②堅くする ③頑健だ、身体堅固だ、体力が充実している ကိုယ်လုံ:ကိုယ်ပေါက်တောင့်သည်။ 体ががっしりしている ④財力がある ပစ္စည်:ဥစ္စာတောင့်သည်။ ⑤充実している ဆွေမျို:တောင့်သည်။ 身内が多い ⑥断固としている、耐える、屈しない ကွမ်:သီ:ကိုက်ပြီ:တောင့်ထာ:キンマを噛んで堪えておれ
တောင့်ကျ:ကျ[daun.dʑo: tʃa.] (形) きちんとしている、整然としている
~တောင့်~ခဲ[taun.~daun.-k'ɛ:~gɛ:] (助動) 滅多に無い事、極めて稀な事を示す ရတောင့်ရခဲသည်။ なかなか得られない ရှာတောင့်ရှာခဲသည်။ なかなか降らない ဖြစ်တောင့်ဖြစ်ခဲသည်။ 滅多に起きない ဖြစ်တောင့်ဖြစ်ခဲလူ့ဘဝ 人としてこの世に生れてくる事 လာတောင့်လာခဲသည်။ 滅多に来ない、来るのは極めて稀な (တောင့် を含む前半部は တော:ဖ: 後半は တော:ဖ:)
တောင့်ခံ[taun.k'an] (動) 毅然と立ち向う、断固として譲らない、頑伏せず頑張る
တောင့်တ[taun.da.] (動) 望む、切望する、渇望する、待ち焦がれる မရှိတောင့်တ၊ ရှိကြောင့်ကြ။ なけば欲しがるし、あれば心配する
တောင့်တင်:[taun.tin:] (動) ①頑健だ、堅固だ、丈夫だ、たくましい、がっちりしている、体力がある ကိုယ်လုံ:ကိုယ်ထည်တောင့်တင်:သည်။ ②硬くなる、強ばる、凝る ခါ:တောင့်တင်:သည်။ 腰が凝る တကိုယ်လုံ:တောင့်တင်:သည်။ 全身がこわばる ③資産がある、富裕だ ပစ္စည်:ဥစ္စာတောင့်တင်:သည်။ 豊かな資産を所有する စီ:ပွာ:ရေ:တောင့်တင်:သည်။ 経済状態がよい
တောင့်တင်:ခိုင်မာ[taun.tin: k'ainma] (形) 堅牢だ、頑丈だ စီ:ပွာ:ရေ:အင်အာ:တောင့်တင်:ခိုင်မာလာအောင်ဆောင်ရွက်ရမည်။ 経済力が充実するようにしなければならない
တောင့်ထာ:[taun.t'a:] (動) 堪える、頑張る

တောင်[taun]① (名) 肘尺（人体寸法の一つ、肘から指の先までの長さ、4分の1尋、凡そ45センチ）② (動) 肘尺で測る ③硬くなる、勃起する

တောင်ဆုတ်[taunzouʔ] (名) 人体尺度の一つ（握り拳から肘迄の長さ、肘尺よりは短い）

တောင်ပံ[taunban] (名) ①（鳥の）翼 ②（スポーツでの）左翼、右翼

တောင်ပံကျိုး[taunban tʃoː] (動) 翼が折れる

တောင်ပံခတ်[taunban kʼaʔ] (動) 羽ばたく

တောင်ရှည်ပုဆိုး[taunʃe pəsʼoː] (名) ビルマ人男性の礼装（婚礼等の儀式で着用）

တောင်ဝှေး[taunmweː] (名) 杖

တောင်ဝှေးလဲတော့၊ ဗိုးသူတော်ထူနိုင် (諺) 杖が倒れても白衣の侍者に拾われる（逆は不可、喧嘩両成敗）

~တောင်[taun] (助) ~さえ、~も ဆားတပုဂံတောင်မရှိဘူး။ 塩一粒すらない ငါ့ကိုတောင်မယုံနိုင်ဘူးလား။ 僕でさえ信用できないのか ရှစ်နာရီတောင်ရှိသွားပြီ။ もう8時にすらなっている နင့်ထက်ငါ့ကသုံးနှစ်တောင်ကြီးတယ်။ 君よりは僕の方が3歳も年長だ မတွေ့ရတာဆယ်နှစ်တောင်ရှိပြီ။ もう十年も会っていない အစာထက်ပြီသေဖို့တဲ့လူများတောင်ရှိသေးတယ်။ 絶食して死んだ人さえいる

တောင်[taun] (名) 南

တောင်ကိုရီးယား[taun koːriːjaː] (国) 韓国

တောင်ကြည့်မြောက်ကြည့်နှင့်[taun.tʃi.mjauʔtʃi.nɛ.] (副) きょろきょろと、あっちを見たりこっちを見たり တောင်ကြည့်မြောက်ကြည့်ကြည့်သည်။ あっちを見たりこっちを見たりする တောင်ကြည့်မြောက်ကြည့်အခါခပ်လိုက်သည်။ きょろきょろと様子を窺う

တောင်ကျွန်း[taunɡun] (名) 閻浮提（仏教世界で須弥山の南側にあるとされる大陸）＝ဇမ္ဗူဒိပ်

တောင်ခြစ်မြောက်ခြစ်ခြစ်[taunɡiʔ mjauʔtʃiʔ tʃiʔ] (動) 所構わず落書きをする

တောင်စကားမြောက်စကားပြော[taunzəgaː mjauʔ səgaː pjɔː] (動) あれこれ喋りまくる、取りとめのない話をする

တောင်စူးစူး[taun suːzuː] (名) 真南

တောင်ညာ[taunɲa] (名) 南の宮（王妃の住居）

တောင်ညာစံ[taunɲazan] (名) 南宮妃、正妃、皇后

တောင်တရုတ်ပင်လယ်[taun təjouʔ pinlɛ] (地) 南シナ海

တောင်တောင်ညီညီ[taundaun iiː] (副) 止めどなく、だらだらと、取り止めなく

တောင်တွေးမြောက်တွေးနှင့်[tauntweː mjauʔtweː nɛ.] (副) あれこれ考えて、とつおいつ考えながら

တောင်နားမလည်၊မြောက်နားမလည်လူမမယ် (名) 西も

東も判らぬ幼児

တောင်နန်း[taunnanː] (名) 南宮妃の御殿、皇后の御殿

တောင်နန်းမိဘုရားကြီး[taunnanː mi.bəjaː] (名) 南宮の王妃、第一王妃

တောင်ပိုင်း[taunbaunː] (名) 南部

တောင်ပြေးမြောက်ခုန်[taunpje: mjauʔkʼoun] (副) あっちこっち駆け廻って

တောင်ပြေးမြောက်ပြေးနှင့်[taunpje: mjauʔpje: nɛ.] (副) あっちへ走りこっちへ走りして

တောင်ပြောမြောက်ပြောနှင့်[taunpjɔː mjauʔpjɔː nɛ.] (副) ああだのこうだの言って、自由奔放に喋りまくって、取りとめのない話をして

တောင်ဘက်[taunbɛʔ] (名) 南側

တောင်ဘက်အရပ်[taunbɛʔ əjaʔ] (名) 南側の方角

တောင်မကျမြောက်မကျ[taunmɛtʃa.mjauʔmɛtʃa.] (副) どっちつかず、中途半端

တောင်မရောက်တတ်မြောက်မရောက်တတ်သူငယ်ကလေး[taun məjauʔtaʔ mjauʔ məjauʔtaʔ təŋɛ gəleː] (名) まだどこへもいけない幼児

တောင်မင်းမြောက်မင်းမကယ်နိုင် (諺) 自分の事だけで精一杯、他人の事までは手が廻らない（南の王は北の王を救えない）

တောင်မျက်နှာ[taun mjɛʔna] (名) 南面

တောင်မြောက်[taunmjauʔ] (名) 南北

တောင်ယဉ်ဇုန်းတန်း[taun jinzunːdanː] (名) 南回帰線

တောင်ရောက်မြောက်ရောက်[taunjauʔ mjauʔjauʔ] (副) 取り留めなく、話があっち飛びこっち飛びして

တောင်ရှာမြောက်ရှာလုပ်[taunʃa mjauʔʃa louʔ] (動) あちこち探し廻る

တောင်လျှောက်မြောက်လျှောက်နှင့်[taunʃauʔ mjauʔ ʃauʔnɛ.] (副) あちらこちら歩き回って တနေ့လုံးတောင်လျှောက်မြောက်လျှောက်နှင့်အတော်ပန်းသည်။ 一日中あちこち歩き回ってかなり疲れた

တောင်ဝင်ရိုးစွန်း[taun winjoːzunː] (名) 南極

တောင်လေ[taunle] (名) 南風

တောင်အရပ်[taun əjaʔ] (名) 南の方角

တောင်အာရှ[taun aʃa.] (名) 南アジア

တောင်အာဖရိက[taun apʼəri.ka.] (国) 南アフリカ

တောင်[taun] (名) 山

တောင်ကမူ[taun gəmu] (名) 丘、塚

တောင်ကလေးမတ်[taun kələmɛʔ] (植) オシロイイヌチシャ（ムラサキ科）Cordia fragrantissima

တောင်ကလပ်[taun kəlaʔ] (名) 頂上が平らな山、

ホマーテ型の山、白状火山、台地

တောင်ကသစ်[taun kəṭi'] (植) デイコ（マメ科）Erythrina stricta

တောင်ကင်းလိပ်[taun kin:lei'] (動物) カナヘビ（トカゲの1種）Takydromus sexlineatus

တောင်ကနစွန်း[taun gəzun:] (植) フサアサガオ（ヒルガオ科）Ipomoea hederacea

တောင်ကုန်း[taungoun:] (名) 丘、小山

တောင်ကုန်းတောင်တန်း[taungoun: taundan:] (名) 山岳、山並み

တောင်ကုန်းဒေသ[taungoun: deṭa.] (名) 山地

တောင်ကုပ်[taungou'] (名) 谷底

တောင်ကံကော်[taun gan.gɔ] (植) ナガバモッコク（ツバキ科）Anneslea fragrans

တောင်ကျချောင်း[taunja.tʃaun:] (名) 山から流れ下る急流、奔流、鉄砲水

တောင်ကျရေ[taunja.je] (名) 鉄砲水

တောင်ကြာ[taunja] (植) ノウゼンハレン Trapaeolum majus

တောင်ကြား[taunja:] (名) 谷

တောင်ကြားလမ်း[taunja:lan:] (名) 山道、峠道

တောင်ကြီး[taunji:] (地) タウンジー（シャン州の州都）

တောင်ကြီးဖဝါးအောက်၊ လှိုင်းကြီးလေအောက်॥ (諺) 努力精進すれば何事も実現する（高山も足の下、大波も風下）

တောင်ကြော[taunjɔ:] (名) 山の尾根、山稜

တောင်ခရ[taun k'əju.] (貝) 巻貝の1種

တောင်ခါးပန်း[taun gəban:] (名) 山腹、鞍部

တောင်ခုလတ်[taun k'u.la'] (名) 山の中腹

တောင်ခိုးတောင်ငွေ့[taungo:taunŋwe.] (名) 山の霧

တောင်ခံ[taungan] (植) モッコク

တောင်ခြေ[taunje] (名) 山裾

တောင်ခြေရင်း[taun tʃejin:] (名) 山麓

တောင်ငသန်း[taun ŋənu.ṭan:] (魚) ナマズ科の魚 Silurus cochin-chinensis

တောင်ငူ[taunŋu] (地) タウングー（ヤンゴン、マンダレー間に位置する古都、城壁や濠の跡が残る）

တောင်ငှင်း[taun ŋoun:] (鳥) ヤイロチョウ（ヤイロチョウ科）Pitta brachyura

တောင်ဇလပ်[taunzəla'] (植) → တောင်ဇလပ်

တောင်ဇလပ်နီ[taunzəla'ni] → တောင်ဇလပ်နီ

တောင်စောင့်နတ်[taunzaun.na'] (名) 山の守護霊

တောင်စောင်း[taunzaun:] (名) 山の斜面、山の中腹、山の側面

တောင်စဉ်[taunzin] ① (名) 山並み ② (植) クズウコンの仲間 Phrynium capitatum

တောင်စဉ်ခုနှစ်ထပ်[taunzin k'unneʔt'a'] (名) 七金山（須彌山を取巻く七重の山、内から外に向かって ယုဂန္ဓရ၊ ဣသဓရ ဒွိသဒ္ဓန်၊ ခရဝိဂ၊ သုဒ္ဓန၊ နေမိန္ဓရ၊ ဝိနတ္တရ၊ အသင္ကဏ္ဍ၊ မြဲနဲ့ဲ)

တောင်စဉ်ရေမျ[taunzin je məja.] (副) 話があっち行きこっち行きして、話の脈絡がなく、思いつくままに、支離滅裂で、取りとめがなく、首尾一貫性に欠けていて တောင်စဉ်ရေမျပြောပြသည်॥ 話があっち飛びこっち飛びする

တောင်စွယ်[taunzwɛ] (名) 山裾

တောင်ဆိတ်[taunzei'] (動物) ゴーラル、チョウセンカモシカ（ウシ科）Urotragus evansi

တောင်ဇလပ်[taun zəla'] (植) ① シャクナゲ ② エンボク（キョウチクトウ科）Wrightia tomentosa

တောင်ဇလပ်နီ[taun zəla'ni] (植) ヒマラヤシャクナゲ（ツツジ科）Rhododendron arboreum

တောင်ဇလပ်ဖြူ[taun zəla'p'ju] (植) シャクナゲの1種 Rhododendron moulmeinense

တောင်တမာ[taun təma] (植) スリアンバワン（センダン科）Cedrela serrata

တောင်တမင်း[taun təmin:] (植) ウチワツナギ（マメ科）Desmodium pulchellum

တောင်တက်[taun tɛ'] (動) 山に登る တောင်တက်သမား: 登山家 တောင်တက်အဖွဲ့ 登山隊

တောင်တောရေရေ[taundaun jeje] (名) 四方山話、あれこれ

တောင်တောအီအီ[taundaun i i] (名) 四方山話 တောင်တောအီအီလည်းမတွေးရဲချေ॥ あれやこれや考えるだけのゆとりはない တောင်တောအီအီမဟေ: တော့ဘဲနေလိုက်သည်॥ もうあれこれ質問せずにいた

တောင်တည့်လည်း[taun təlɛ:] (植) コーワガンボジ（オトギリソウ科）Garcinia cowa

တောင်တန်း[taundan:] (名) 山並み、山の連なり

တောင်တန်းကြီး[taundanji:] (植) マライハマクサギ、タイワンウオクサギ（クマツヅラ科）Premna integrifolia

တောင်တန်းဒေသ[taundan:deṭa.] (名) 山岳地帯

တောင်ထန်း[taun t'an:] (植) ビロウ（ヤシ科）Livistona speciosa

တောင်ပြုပ်[taun dəbje'] (名) 滝

တောင်ထိပ်[taunt'ei'] (名) 山頂、頂上

တောင်ထိပ်ကြာပေါက်၊ အနောက်နေထက်॥ (諺) 石が流れ

တောင်ထိပ်ပန်း

တ木の葉が沈む（山頂に蓮が生え西から日が昇る）
တောင်ထိပ်ပန်း[taunt'ei'pan:]（名）上ビルマ産の米の品種
တောင်ထွတ်[taundu']（名）山頂
တောင်ခေါင်းငှက်[taundaun:ŋɛ']（鳥）オオミミヨタカ（ヨタカ科）Eurostopodus macrotis
တောင်နပ်အားကြီး[taun nəp'a:ʤi:]（鳥）タイワンオナガドリ（カラス科）Dendrocitta formosae
တောင်နံဘေး[taun nəbe:]（名）山腹、山の斜面
တောင်နာမောင်း[taunnəmaun:]（名）①下り坂、山の斜面、急斜面 ②分岐尾根、山の支脈
တောင်ဗိဇူး[taun bizu:]（鳥）ヤツガシラ（ヤツガシラ科）Upupa epopus
တောင်ဗုဇာ[taunbuza]（名）塚、小さな丘
တောင်ပေါ်[taunbɔ]（名）山上 တောင်ပေါ်စပါး：陸稲 တောင်ပေါ်သား：山地民
တောင်ပို[taunbo.]（名）塚、蟻塚、築山、小山、土の盛り上がり
တောင်ပိုင်[taunbain:]（名）山地
တောင်ပိန္နဲ[taun peinnɛ:]（植）①パンノキ、マルミパンノキ（クワ科）Artocarpus incisa ②チャプラシャ（クワ科）A. chaplasha
တောင်ပံ[taunban]（名）翼
တောင်ပံခတ်[taunban k'a']（動）羽ばたく
တောင်ပုံရပုံ[taunboun jaboun]（副）沢山、大量に、どっさりと
တောင်ပြိုလဲ[taun pjo lɛ:]（動）山が崩れる
တောင်ပြွန်ပွဲ[taunbjoun:pwɛ:]（名）タウンビョウン祭（タウンビョン村で年1回催される精霊祭）
တောင်ဖက်ဝမ်း[taun p'ɛ'wun:]（植）モミジバウラジロ（アオギリ科）Pterospermum acerifolium
တောင်မဂျိ[taun məjo:]（名）（植）ジタノキ、トバンノキ（キョウチクトウ科）Alstonia scholaris
တောင်မဲ့အို[taun mɛ:ou']（名）＝တောင်မဂျိ
တောင်ယာ[taun ja]（名）①焼畑 ②稲の裏作
တောင်ယာစပါး[taun ja zəba]（名）陸稲
တောင်ယာလုပ်ငန်း[taun ja lou'ŋan:]（名）畑作、焼畑耕作
တောင်ရို[taun jo:]（名）①山脈 ②タウンヨー族（シャン州南部に住むビルマ系民族）
တောင်လဲလူ[taun lɛ:lu]（植）ヒロハオラクス（モクセイ科）Olax scandens
တောင်လက်ခုတ်[taun lɛ'k'ou']（植）ヤツデアオギリ（アオギリ科）Sterculia phoetida

တောင်လက်ပံ[taun lɛ'pan]（植）シルクコットン（パンヤ科）Salmalia insignis
တောင်လိပ်[taun lei']（動物）ゾウガメ（イシガメ科）の一種 Testudo elongata 陸棲の亀＝ကုန်းလိပ်၊ တောလိပ်။
တောင်ဝှမ်း[taun hwan:]（名）峡谷
တောင်ဒပြေ[taun dəbje]（植）ムラサキヌメリハダ（フトモモ科）Triostania burmanica
တောင်တရက်[taun təjɛ']（植）①ロネホ（ウルシ科）Buchanania lancifolia ②メルパウ（ウルシ科）Swintonia floribunda
တောင်တလဲ[taun təlɛ:]（植）コーワガンボジ
တောင်သူ[taundu]（名）①畑作農民 ②パオ族の別称 ＝ပသျူ
တောင်သူယာခုတ်[taundu jak'ou']（名）軽い前置きをした後で重大な話を切り出す話し方
တောင်သူလယ်သမား[taundu lɛdəma:]（名）農民、百姓
တောင်သူကြီး[taundu u:ʤi:]（名）農民
တောင်အထပ်ထပ်[taun ət'a't'a']（名）幾重にも連なった山々の別称
တောင်အောက်ခြေ[taun au'ʧe]（名）山の麓
တောင်အုန်း[taun oun:]（植）サトウヤシ（ヤシ科）Arenga saccharifera
တောင်း[taun:]（名）竹製の籠 cf. ခြင်း
တောင်းရက်[taun: jɛ']（動）籠を編む
တောင်း[taun:]（形）短い ဒီအင်္ကျီအံနားတောင်းသည်။ この上着は幅が短い
~တောင်း[daun:]（末助）滅多にない事の強調 မဟာဝထပ်မြေကြီးကလကျယ်ပါဘိတောင်း။ 大地は果てしなく広大だ ရောင်းတန့်ဝင်ကျွန်းသစ်တုံးရရန်ရေးသည်သည်မျှခက်ခဲပါဘိတောင်း။ 販売に適したチーク材の入手はそれ程までに困難なのだ ၍မျှမဟုတ်ပါအသက်မွေးဝမ်းကျောင်းခက်ခဲလှပါဘိတောင်း။ そうでなければ暮していくのは大変だ အစ်ကိုတို့ခေတ်နှင့်ကား လွန်စွာကွာခြားလှပါဘိတောင်း။ 兄さん達の時代とは著しく異なっているんだ
တောင်း[taun:]（動）求める、要求する အကူအညီတောင်းသည် 協力を求める
တောင်းခံ[taun:k'an]（動）①ねだる、求める、要求する、要請する、願い出る အကူအညီတောင်းခံသည်။ 協力を要請する ②徴収する အခွန်တော်တောင်းခံသည် 租税を徴収する
တောင်းခံလွှာ[taun:k'anlwa]（名）要望書、要請書、要求書
တောင်းစား[taun: sa:]（動）乞食をする

တောင်းဆို[taun:s'o] (動) 要求する、請求する
တောင်းဆိုချက်[taun:s'oʤɛʔ] (名) 要求事項
တောင်းဆိုစကား:[taun:s'o zəga:] (名) 要求の言葉、要請の辞
တောင်းဆိုမှု[taun:s'oṃu.] (名) 要求
တောင်းတ[taun:da.] (動) 欲しがる、渇望する
တောင်းပန်[taun:ban] (動) ①頼む、依頼する、要請する、懇請する、懇願する、嘆願する ②詫びる、謝る、許しを乞う、謝罪する ကျွမတောင်းပန်ပါတယ် 私は謝ります ငါ့ကိုတောင်းပန် 俺に謝れ အရင်ကမလေးမခဲ့ပြုမိတာတွေတောင်းပန်ပါတယ် 今までの無礼をお詫びします
တောင်းပန်စာ[taun:banza] (名) 謝罪文
တောင်းပန်တိုးလျှိုး:[taun:ban to:ʃo:] (動) お願いする、嘆願する、陳情する
တောင်းယူ[taun:ju] (動) 請求する、要求する
တောင်းရမ်း:[taun:jan:] (動) ①乞食をする ② (父親に対して) 娘との結婚を申し込む
တောင်းရမ်းစားသောက်[taun:jan: sa:ṭauʔ] (動) 乞食をして暮す
တိုင်[tain] (名) ①柱 ကျောက်တိုင် 石柱 ②竿 အလံတိုင် 旗竿 ③ コラム、欄 စာတိုင် (新聞の) コラム ④長い物 မှတ်တိုင် 標識 ဖယောင်းတိုင် 蝋燭 ပန်းတိုင် ゴール ⑤ (名) 距離の単位＝1千ター တာ၁ 約2・8キロ弱 လှည်းလမ်းသုံးတိုင်နီးပါးဝေးသည် 牛車道は3ダイン (約8キロ) 近くの距離がある
တိုင်ကပ်နာရီ[tainga? naji] (名) 柱時計
တိုင်ခြည်[tainʤi] (名) 経糸、紡績の縦糸
တိုင်တက်[tain tɛʔ] (動) 棒登りをする
တိုင်ထူ[tain t'u] (動) 柱を立てる
တိုင်ထောင်ပဲ[taindaunbɛ:] (植) ササゲ (マメ科) Vigna sinensis
တိုင်[tain] (動) ①報告する、通知する、告げる、知らせる ②訴える、言いつける အဖေ့ကိုတိုင်သည် 父親に言いつける ③告発する ပုလိပ်ကိုတိုင်သည် 警察に知らせる ④スローガンやシュプレヒコールの音頭を取る ⑤休暇を取る ခွင့်တိုင်သည် ⑥折願する
တိုင်ကြား:[taintʃa:] (動) ①報告する、知らせる ②訴える ③願い出る
တိုင်ကြား:ချက်[taintʃa:ʤɛʔ] (名) 報告事項
တိုင်ချုပ်ပေး:[tainʤɛʔ pe:] (動) 告発する
တိုင်ချုပ်ခွင့်[tainʤɛʔp'win.] (動) 告発を受付ける
တိုင်စရာကြား:စရာ[tainzəja tʃa:zəja] (名) ①報告すべき事 ②相談事
တိုင်စာ[tainza] (名) 訴状

တိုင်တည်[taindi~taindɛ] (動) ①折願する、神に訴える ②証人を立てて訴える ③証明する、立証する
တိုင်တန်:[taintan:] (動) ①訴える、苦情を言う ②告訴する、告発する ③証人として話す
တိုင်တန်:မှု[taindan:mu.] (名) 訴え、告訴
တိုင်ပင်[tainbin] (動) ①相談する、協議する ②知恵を借りる
တိုင်သံ[taindan] (名) (詩歌で用いられる) 声門閉鎖音を伴う発音 例 အက်၊ အောက်၊ အိုက် cf.တက်သံ
~တိုင်[tain] (助) ~迄、~至るも ယနေ့တိုင်သတိရဆဲဖြစ်ပါသည် 今日でも未だ思い出している ယခုတိုင်ပြန်လွှေ:ကြည့်ရှုရပါသေးသည် 今でもまだ反省している မိုးချုပ်သည့်တိုင်အိမ်ပြန်မလာသေးပါ 日が暮れてもまだ戻って来ない
~တိုင်တိုင်[taindain] (助) ~もの間、~に至るまで、丸々 တစ်ဆယ်နှစ်နှစ်တိုင်တိုင်မိန်းမရဲ့မျက်နှာကိုမမြင်ဖူးဘဲ ရှိသည် 12年もの間女の顔を見た事がない သုံးနှစ်တိုင်တိုင်မင်း:စည်းစိမ်ကိုခံစားတော်မူသည် 13年もの間王権を享受なされた ခုနစ်ရက်တိုင်တိုင်ပင်လယ်ထဲတွင်ပျောနေလေသည် 丸々7日間も海面を漂っていた
~တိုင်အောင်[tain aun] (助) ①~迄、~に至る間 သစ်ပင်ထက်လျှင်အဖျား:တိုင်အောင်တက်ပါ 木登りをするのであれば梢まで上れ သုံးနှစ်တိုင်အောင်လုပ်ခဲ့သည် 3年間も働いた ကန်စိမ်ဖြင့်ကြီး:ကိုဖမ်း:ရှုမိသည့်တိုင်အောင်မိမိရမှမဖမ်း:နိုင် 目の細かい網で大魚を捕えようと粘ったものの獲る事はできなかった ②~にしても、したところで
~တိုင်[tain] (助) ①~にしては အထက်တန်း:လွှာကလာသည့်တိုင်အပြောအဆိုအနေအထိုင်အလှည့်ညီသည် 上流階層の出身にしては言葉遣いや物腰が品格がある နိုင်ငံရေး:စာအုပ်တွေကိုပိုဖတ်နေသည့်တိုင်မည်သည့်အသင်း:အဖွဲ့သို့မှမဝင်သည် 政治関係の文献をよく読みはするものの いかなる団体結社にも加入はしていない ②~にしても ကာလအတန်ကြာသည့်တိုင်သား:သမီ:မထွန်:ကား 相当長い時間が経っても子供には恵まれなかった အလှပြောလိုက်သည့်တိုင်ပြန်မထိုင်ပေ そう言われても座らなかった ထိပ်တန်း:ဆုံးအချော:အကြီး:မဟုတ်သည့်တိုင်ကြည့်ပျော်ရှုပျော်ရှိသည် 飛び抜けた美人と言う訳ではないものの魅力的ではある
တိုင်ကီ[tainki] (名) ドラム缶 <ヒ
တိုင်ယာ[tain ja] (名) タイヤ <英 Tyre
တိုင်:[tain:] (動) ①測る、測定する ②属る、罵倒する
တိုင်:ကိရိယာ[tain: kəri.ja] (名) 測定機
တိုင်:ဆ[tain:s'a.] (動) 計る、計測する

တိုင်းတာ[tain:ta] (動) ①測る、測定する ②検討する、考慮する
တိုင်းထွာ[tain:t'wa] (動) ①測る、測定する ②考慮する、検討する ③罵る、捨て台詞を言う (例 ငါ့လခ်ီး၊ချီးတဲ့မှတ်ဘဲ။)
တိုင်းထွာဆဲဆို[tain:t'was'ɛ:s'o] (動) 罵る、詰る
~တိုင်း[dain:~tain:] (尾) ①悉く、全て、残らず ရွာတိုင်းမှာ どの村にも သစ်ပင်တိုင်းတွင် どの木にも အိမ်တိုင်းကိုဝေသည်။ 全戸に配る မည်သည့်အစာနှင့်မျှ မတူညီကိုစားဘူးသူတိုင်းသိကြသည်။ どんな食べ物とも違う事は食べた人全てが知っている ②いつでも、する度に လေလာတိုင်းယိမ်းသည် 風が吹く度に揺れる မိန်းကလေးတွေ့တိုင်းပိုးပန်းသည်။女の子を見かける度に口説いた လမ်း၌ရေအိုင်တွေ့တိုင်းခြေဆေးသည်။ 道中水溜りを見かける度に足を洗った သေသွားတဲ့ဦးလေးအဖြစ်ကိုတွေးမိတိုင်ငါလဲအသည်းဆတ်ဆတ်တုန်တာဘဲ။ 死んだ叔父の事を考える度に僕も恐怖で身が震える
တိုင်း[tain:] (名) ①国 ②管区、省、地方行政区画の一つ ရန်ကုန်တိုင်း ラングーン管区 မန္တလေးတိုင်း マンダレー管区 ဧရာဝတီတိုင်း イラワジ管区
တိုင်းကား ပြည်ရွာ[tainga: pjijwa:] (名) 国家
တိုင်းကျိုး ပြည်ကျိုး[taingʤo: pjiʤo:] (名) 国益
တိုင်းကြား[tain:ʤa'] (名) 緩衝国
တိုင်းကြီးဆယ့်ခြောက်တိုင်း[tain:ʤi: s'ɛ'.ʨ'au' tain:] (名) (古代インドの)十六大国 (アンガ、マガダ、コーサラ、ガンダーラ、カンボージャ等)
တိုင်းကြီးပြည်ကြီး[tainʤi: pjiʤi:] (名) 大国
တိုင်းခန်းလှည့်[tain:gan:ɬɛ.] (動) 行幸なさる、国王が巡視にお出かけになる
တိုင်းခြေပြည်မြစ်[tain:ʤe pjimji'] (名) 国家の頼みの綱、財源、資源
တိုင်းစစ်အနုချုပ်[tain: si't'ana.ʤou'] (名) 軍管区、管区軍司令部
တိုင်းစွန်ပြည်နား[tain:zun pjina:] (名) 辺境
တိုင်းတပါး[tain: dəba:] (名) 外国、異国
တိုင်းပြုပြည်ပြု[tain:bju.pjibju.] (名) 建国、国作り
တိုင်းပြုပြည်ပြုလွှတ်တော်[tain:bju.pjibju.ɬu'to] (名) 制憲議会 (ビルマ独立のため1947年に開催された議会)
တိုင်းပြည်[tain:pji~tain:pje] (名) 国家
တိုင်းပြည်နိုင်ငံ[tain:pji naingan:]=တိုင်းပြည်
တိုင်းပြည်ပြုလွှတ်တော်[tain:pjibju. ɬu'to] (名) 制憲議会
တိုင်းပြည်ရေးရာ[tain:pji je:ja] (名) 国政
တိုင်းမင်းကြီး[tain: minʤi:] (名) 管区長官、

တိုင်းを担当する行政官、中央官庁の次官に相当
တိုင်းမှူး[tain:mu:] (名) 軍管区司令官
တိုင်းရေးပြည်မှု[tain:je: pjimu.] (名) 国事、国政、政治
တိုင်းရေးပြည်ရေး[tain:je: pjije:] (名) 国政、国の問題、政治問題
တိုင်းရင်းဆေး[tain:jin: s'e:] (名) 漢方薬、民間治療薬
တိုင်းရင်းသာ[tain:jin:da:] (名) 土着の人、土着民、原住民
တိုင်းရင်းသာလူမျိုး[tain:jin:da: lumjo:] (名) 原住民族 (具体的には、シャン、カチン、カレン、モン等、ビルマ民族以外の小数民族、山地民族を指す)
တိုင်းသိပြည်သိ[tain:di.pjidi.]① (名) 高名、著名 ② (副) 周知の事で、昔く知れ渡っていて
တိုင်းသူပြည်သား[tain:du pjida:] (名) 国民
တစ်[ti'] (数) 1、数字の形はတ၁ 助数詞を伴う場合には従来ので表わされていた 例 တခု၊တနာရီ၊တဦး။
တစ်ကိုယ်ကောင်း[dəgogaun:] (名) 利己主義者
တစ်ကိုယ်တော်[dəgodɔ] (名) 単独 =တစ်ဦးတည်း
တစ်ကိုယ်ရေကာယ[dəgoje dəgaka.] (名) 単独
တစ်ကောင်[dəgaun] (名) 1頭、1匹、1羽 =တကောင်
တစ်ကောင်ကြွက်[dəgaunʤwɛ'] (名) 天涯孤独の身
တစ်ကောင်တမြီး[dəgaun dəmji:] (名) ①誰、誰か ② (否定形で) 誰も =တစ်ကောင်တစ်မြီးမျှ
တစ်ကျိတ်တည်း၊တစ်ဉာဏ်တည်း[dəʤei't'ɛ: təɲandɛ:] (副) 一心一体で、共謀して
တစ်ကြော[dəʤɔ:] (名) 一帯
တစ်ကြိုးတည်း[dəʤɔ:] (名) 一繋がりになって、連続して
တစ်ကြောင်းဆွဲ[dəʤaun:zwɛ:] (名) 線引き、一線引き
တစ်ကျွန်း[dəʤun:] (名) 終身刑 =တသက်တကျွန်း
တစ်ခဏချင်း[tək'əna.ʤin:] (名) 一瞬の間、即座に、直ぐに =တခဏချင်း
တစ်ခဏမျှသာ[tək'əna.ʤin:] (名) ほんの一瞬の間だけ =တခဏမျှသာ
တစ်ခါ[tək'a] (名) 一度、かつて =တခါ
တစ်ခါက[tək'aga.] (副) かつて、ある時 =တခါက
တစ်ခါလေ[tək'a təle] (副) 時折、しばしば
တစ်ခါတစ်ခါ[tək'a tək'a] (副) 時折、しばしば =တခါတခါ
တစ်ခါတရံ[tək'a təjan] (副) 時折、しばしば
တစ်ခါတည်း[tək'adɛ:] (副) ①同時に、一気に ②

直ちに、即座に
တစ်ခါတုန်းက[tək'adoun:ga.] (副) かつて、ある時 =တခါတုန်းက
တစ်ခု[tək'u.] (名) 1 個 =တခု
တစ်ခုလပ်[tək'u.laʔ] (名) 出戻り =တခုလပ်
တစ်ခဲနက်[tək'ɛ:nɛʔ] (副) 一集団となって、一斉に
တစ်ခေါ်[tək'ɔ] (名) 一声の距離
တစ်ခေါ်လောက်[tiʔk'ɔlauʔ] (動) 一位と言ってよい程だ
တစ်ခေါ်လောက်အောင်[tək'ɔlauʔaun] (副) 声を出せば届く位 =တခေါ်လောက်အောင်
တစ်ခေါက်တစ်ချင်း[tək'auʔ dəʤin:] (副) ①一度 ②(否定形で)一度も
တစ်ချီတစ်မောင်း:စမ်း:[təʧi təmaun:san:] (副) 一度
တစ်ချိုးတည်း[təʧo:dɛ:] (副) ①同形、全く同一、同じタイプ သူ့အဖေနဲ့တချိုးတည်းဘဲ။ 自分の父親とそっくりだ ②引返して တစ်ချိုးတည်းပြေးသည်။ 後も見ずに逃げた
တစ်ချက်တည်း[təʧɛʔtɛ:] (副) 同時に
တစ်ချက်လွှတ်[təʧɛʔlʊʔ] (形) 変更不能の、取消しできない、絶対的な =တချက်လွှတ်
တစ်ချောင်းငင်[təʧaun:nin] (名) 第一声調の母音 [u.] を表わすための符号、子音文字の下に添付する 1 本線 例 ဩ
တစ်ချောင်းပုဒ်[təʧaun:bouʔ] (名) 文章の段落を示す符号、1 本線 =ပုဒ်ကလေး၊ပုဒ်ထီး။ 文章の終結を示す符号である 2 本線 =နှစ်ချောင်းပုဒ်၊ပုဒ်မ။
တစ်ခွဲ[tək'wɛ:] (名) 半縮斗、8 縮升に相当 =တင်းဝက်
တစ်ခွဲသာ:[tək'wɛ:da:] (名) 大袈裟な表現、誇張した表現 မျက်နှာတခွဲသာ:နဲ့။ 大袈裟な表情で
တစ်ခွင်တစ်ပြင်[tək'win dəbjin] (名) 全域
တစ်စစ[dəza.za.] (副) 徐々に、次第次第に =တစစ
တစ်စင်ထောင်[dəzin t'aun] (動) 脱退して対立団体を結成する နိုင်ငံရေး:တစ်စင်ထောင်သည်။ 政治的な対立団体を結成した
တစ်စိတ်[dəzeiʔ] (名) ① 1 縮斗の 4 分の 1、4 縮升の ② 4 分の 1 =တစိတ်
တစ်စိတ်တစ်ဒေသ[dəzeiʔ dədeda] (名) 1 部、1 部分
တစ်စိတ်တစ်ဝမ်:တည်:[dəzeiʔ dəwun:dɛ:] (副) 全員一致で、満場一致で、全員心を一つにして
တစ်စပ်တည်:ဖြစ်[dəzaʔtɛ: p'jiʔ] (動) 隣り合う、隣接する、ぴたりとくっつく

တစ်စုံ[dəzoun] (名) 1 揃い、1 番、1 組 =တစုံ
တစ်စုံတစ်ခု[dəzoun tək'u.] (名) 何か、何かあるもの
တစ်စုံတစ်ယောက်[dəzoun təjauʔ] (名) 誰か、誰かある人
တစ်စုံတစ်ရာ[dəzoun təja] (名) 何かある物
တစ်စုံတစ်ဦး:[dəzoun təu:] =တစ်စုံတစ်ယောက်
တစ်စုန်:တစ်စ[dəzun: dəza.] (名) 断片、小部分 =အနည်း:ငယ်၊ တစ်စုန်:တစ်စကြား:သည်။ 断片的に聞いた
တစ်ဆယ်[təsɛ] (数) 1 0 =တဆယ်
တစ်ဆက်တည်း[təsɛʔtɛ:] (副) 引続き、継続して、休みなしで =တောက်လျှောက်
တစ်ဆင့်[təs'in.] ① (名) 1 段、1 歩 ② (副) 経由、経由して =တဆင့်၊ တစ်ဆင့်ကြား:သည်။ 又聞きする、間接的に聞く
တစ်ဆင့်ခံ[təs'in.gan] (副) 間接的に、人を介して
တစ်ဆင့်စကား:[təs'in. zəga:] (名) 又聞き
တစ်ဆစ်ချိုး[təs'iʔʧo:] (名) ヘヤピン・カーブ、急な屈曲
တစ်ဆိတ်[təs'ei] (名) ①ほんの少し、僅か ②一寸の間 ③ (副) 懇願形、一寸、済みませんが、申し訳ありませんが တစ်ဆိတ်ရှေ့ပေးပါ။ 一寸(座席を)詰め合わせてくれませんか သူ့ကိုတစ်ဆိတ်ပြောပါ။ 彼にちょっと伝えて貰えませんか =တဆိတ်၊
တစ်ဆိတ်စာ[təs'eiʔsa] (名) ほんの少し、僅か
တစ်ဆိတ်တစ်အိတ်လုပ်[təs'eiʔ təeiʔ louʔ] (動) 誇張する、大袈裟にする
တစ်ဆွေခြန်[təs'we.goun] (名) ① (矢の先端に塗る) 毒 ②発作、痙攣、一瞬
တစ်ဇွတ်ထိုး[təzuʔt'o:] (副) ①強情に、頑固に ②向う見ずに、無鉄砲に
တစ်ဒီတစ်ဒီ[dədi.dədi.] (副) じわじわと、じりじりと、そろりそろりと
တစ်ထောင်[tət'aun] (数) 1 千 =တထောင်
တစ်တပ်တစ်အား:[dəda? təa:] ① (名) 協力、奉仕 ② (副) 協力して、奉仕して
တစ်တုံ:ထွန်[dədoun:t'un] (名) 2 頭立ての牛で牽かせる馬鍬で耕作可能な水田面積
တစ်တွေ[dədwe] (名) 一同 ကျွန်တော်တို့တတွေ 我々一同 သူတို့တတွေ 彼等一同
တစ်ထောက်နား:[təət'auʔ na:] (動) 途中下車する
တစ်ထိုင်တည်း[tət'aindɛ:] (副) 座ったまま、腰を降ろしたまま、立ち上る事はせずに
တစ်ထပ်တည်း[təət'aʔtɛ:] (副) 全く同じで、そっくりで、瓜二つで

တစ်နေ့က[təne.ga.]（副）或る日 =တနေ့က
တစ်နေ့တိုင်း[təne.tət∫a:]（副）日毎に、一日一日と
တစ်နေ့တော့[təne.dɔ.]（副）ある日の事 =တနေ့တော့
တစ်နေ့လုံး[təne.loun:]（名）一日中 =တနေ့လုံး
တစ်နေ့သောအခါ[təne.dɔ:ək'a]（副）ある日の事
တစ်နိုင်[tənain]（副）できる限り、可能な範囲で
တစ်နည်း တစ်ဖုံ[təni: təp'oun]（副）何らかの方法で
တစ်နည်းအားဖြင့်[təni:a:p'jin.]（副）換言すれば、言い換えると =တနည်းအားဖြင့်
တစ်နှစ်စာညှာက်[təna'sa: ɲan]（名）ごまかし、一時凌ぎ
တစ်ပါတည်း[dəba']（副）一緒に、連れ立って
တစ်ပါးကျွန်[dəba:t∫un]（名）従者、従僕
တစ်ပါးသွား[dəba:dwa:]（名）ソロ・ダンス =တစ်ပင်တိုင်အက
တစ်ပေါပေါတစ်လမ်း[dəbau'təlan:]（名）傍観者、第三者
တစ်ပင်တိုင်[dəbindain]（名）①ソロ・ダンス ②単独、単一 ③素、只一種類だけ、只その物だけ
တစ်ပင်တိုင်မင်းသမီး[dəbindain min:dəmi:]（名）王妃予定の姫君
တစ်ပိုင်းစ[dəbain: dəza.]（名）一部、不完全 အလုပ်များသည်တစ်ပိုင်းတစ်စမပြီးမစီးရှိနေသည် ॥ 仕事は中途半端のままで未完成だ
တစ်ပိုင်းတစ်ပျက်[dəbain: dəbjɛ']（名）不完全、中途半端
တစ်ပိုင်းသေ[dəbain: te]（動）執心する、喉から手が出るほど欲しい
တစ်ပတ်[dəba']（名）①一回転 ②一週間 =တပတ်
တစ်ပတ်ကျော့[dəba' t∫ɔ.]（動）繰返す、元に戻る
တစ်ပတ်နှမ်း[dəba'nun:]（名）中古品 =တပတ်နှမ်း
တစ်ပတ်ရိုက်[dəba'jai']（動）騙す、欺く =တပတ်ရိုက်
တစ်ပတ်ရစ်[dəba'ji']（名）中古品 =တပတ်ရစ်
တစ်ပတ်လိမ့်[dəba'lein.]（動）騙す、欺く
တစ်ပတ်လျှော[dəba'∫ɔ]（名）女性の髷
တစ်ပလ္လင်း[dəban: ∫oun:]（動）ハンデを付ける、不利な状態に置く
တစ်ပန်းသာ[dəban: ta]（形）一歩出し抜く、一歩有利だ、優勢だ
တစ်ပုံကြီး[dəboundʒi:]（副）沢山、山のように =တပုံကြီး
တစ်ပုံစံတည်း[dəbounzandɛ:]（副）一様に、同じ形

で、同じやり方で
တစ်ပုံတစ်ခေါင်း[dəboun tək'aun:]（副）どっさり、と、沢山
တစ်ပြာသာ[dəbja:da]（副）些少、僅少
တစ်ပြိုင်[dəbju:]（名）一番い、一組、一揃い
တစ်ပြေညီ[dəbje:ɲi]（副）平坦で、滑らかで =တပြေညီ
တစ်ပြေတည်း[dəbje:dɛ:]（副）一様に、均等に、平等に
တစ်ပြိုင်နက်[dəbjainnɛ']（副）同時に
တစ်ပြန်စီ[dəbjanzi:]（副）交互に、五十歩百歩、目糞鼻糞を笑うように
တစ်ပြုံကြီး[dəboundʒi:]（副）わんさと、沢山 ကလေးတပြုံကြီးရှိနေသည် ॥ 子供が沢山いる
တစ်ပွဲစား[dəbwɛza:]（副）生存中から他人に災いをもたらす悪霊だと信じられている人
တစ်ပွဲတိုး[dəbwɛdo:]（副）1回だけの役、1回だけの使用、役立つのは1回だけ、二度とは使えない
တစ်ပွဲလမ်းစမ်း[dəbwɛ: dəlan: san:]（動）一度試す、一度挑戦する、腕試しをする
တစ်ပျက်နာ[təp'u na]（動）権利を失う、機会を逃す、損失を蒙る
တစ်ဖက်ကမ်းခတ်[təp'ɛ'kan:k'a']（動）熟練する、免許皆伝の腕前になる =တဖက်ကမ်းခတ်
တစ်ဖက်စီးနင်း[təp'ɛ' si:nin:]（副）一方的に、偏った形で、偏見を持って、不公平に =တဖက်စီးနင်း
တစ်ဖက်စောင်းနင်း[təp'ɛ' saun:nin:]（副）偏って、不均衡な形で、一方的に、一方に偏して
တစ်ဖက်ဆည်ကန်[təp'ɛ'sɛ kan]（名）渓谷を塞き止めて作った湖
တစ်ဖက်တစ်ချက်[təp'ɛ' tət∫ɛ']（名）両方、双方 =တဖက်တချက်
တစ်ဖက်တစ်လမ်း[təp'ɛ' təlan:]（副）①相対立して ②何らかの形で、できる範囲で
တစ်ဖက်ယံတဲ့[təp'ɛ'ja tɛ:]（名）片流れの屋根を載せた小屋
တစ်ဖက်လှည့်[təp'ɛ'lɛ.]（名）策略、計略
တစ်ဖက်သား[təp'ɛ'ta:]（名）先方、相手側
တစ်ဖက်သတ်[təp'ɛ'ta']（副）一方的に =တဖက်သတ်
တစ်ဖြစ်လဲ[təp'ji' lɛ:]①（動）変態する、変形する ②（名）生れ変り
တစ်ဖြာတည်း[təp'ja'tɛ:]（副）瓜二つで、そっくりそのままで、全く同じで
တစ်ဘီးလှည့်[dəbein: lein.]（副）一方的に
တစ်ဘက်စွန်းရောက်[təp'ɛ'sun: jau']（動）極端になる、過激になる

တစ်မဟုတ်ချင်း[təməhou'tʃin:]（副）直ちに、即座に ＝ တမဟုတ်ချင်း
တစ်မည်ကောင်း[təmɛgaun:]（名）何か気に入ったもの、何か好きなもの、一番のお気に入り
တစ်မတ်[tama']（名）4分の1
တစ်မြို့တစ်သိုက်[təmjoun tətai']（副）集団で
တစ်မှေး[təme:]（名）ひと寝入り、まどろみ、うたた寝
တစ်မှောင့်[təmaun.]（名）悩み、困惑、迷感、厄介
တစ်မျှော်တစ်ခေါ်[təmjɔ tək'ɔ]（副）見渡す限り、遥か彼方
တစ်ယူသန်[təjudan]（名）偏屈者、頑固者
တစ်ယောက်တစ်ပေါက်[təjau' dəbau']（副）意見が食い違っていて、不調和で、不一致で、不協和で
တစ်ယောက်တစ်ပြန်[təjau' dəbjan]（副）交互に
တစ်ယောက်တစ်လှည့်[təjau' təlɛ:]（副）順に、順番に
တစ်ယောက်တစ်လက်[təjau' təlɛ']（副）皆それぞれ、それぞれ各自の立場で、自分は自分なりに
တစ်ယောက်တစ်လှည့်[təjau' təlɛ.]（副）順番に
တစ်ရာ[təja]（数）百 ＝ တရာ
တစ်ရေစော်[təjegan]（名）1度洗っただけで色落ちする布、織物
တစ်ရေး[təje:]（名）ひと寝入り
တစ်ရေးတစ်မော[təje: təmɔ:]（名）まどろみ
တစ်ရေးနိုး[təje: no:]（動）眠りから目覚める
တစ်ရံစံ[təjanzan]（名）見知らぬ人、赤の他人
တစ်ရံရောအခါ[təjan jɔ: ək'a]（副.文）ある時、かつて、昔
တစ်ရပ်တစ်ကျေး[təja' tətʃe:]（名）異国
တစ်ရှူးထိုး[təʃu:do:]（名）向う見ずに、がむしゃらに、盲滅法に
တစ်ရှိန်ထိုး[təʃeindo:]（副）一気呵成に、猛スピードで
တစ်လကိုးသီတင်း[təla. ko:dədin:]（名）1～2ヶ月、長時間
တစ်လောက[təlɔ:ga.]（副）最近、以前、かつて ＝ တလောက
တစ်လက်စတည်း[təlɛ'sa.dɛ:]（副）切れ目なく
တစ်လင်ကွာ[təlingwa]（名）出戻り、離婚者
တစ်လမ်းမောင်း[təlan:maun]（名）一方通行
တစ်လမ်းသွား[təlan:dwa:]（名）他に道がない者、地獄以外に行くところがない人間
တစ်လုံးတစ်ခဲ[təloun: tək'ɛ:]（副）大量に
တစ်လုံးတစ်ပါဒ[təloun: dəbada.]（名）一言
တစ်လုံးတစ်ပါဒမကျန်နာ:စိုက်နေမှုသည်။一言も聞き逃

さす事なく耳を傾けていた
တစ်လုံးတပါဒမျှ[təloun: dəbada.mja.]（副）否定形で使用、一言も
တစ်လုံးတဝတည်း[təloun: təwa.dɛ:]（副）全てーまとめで、皆ひっくるめて、何もかも一緒に
တစ်လှေကြီး[təledʒi:]（副）沢山、大量
တစ်လျှောက်[təʃau']（名）一帯
တစ်လျှာ[təʃwa:]（名）全域
တစ်ဝ[təwa.]①（名）別、別の形 ②たっぷりと、一杯に、存分に、たらふく
တစ်ဝက်[təwɛ']（名）半分 ＝ တဝက်
တစ်ဝက်တစ်ပျက်[təwɛ' dəbjɛ']（副）部分的に、未完成で、中途半端で、半分
တစ်ဝန်း[təwun:]（名）全域
တစ်ဝမ်းတစ်ခါး[təwun: tək'a]（名）一人の暮し、一人分の生計
တစ်သီးပုဂ္ဂလ[təti:pou'gəla.]（名）個人 ＝ တသီးပုဂ္ဂလ
တစ်သမတ်တည်း[tətəma'tɛ:]（副）首尾一貫して、着実に、不変で、まっしぐらに
တစ်သဝေမတိမ်း[tətəwe mətein:]（副）正確に、忠実に ပေးလိုက်တဲ့အမိန့်အတိုင်းတစ်သဝေမတိမ်းလုပ်တာပဲ။ 与えられた命令通り忠実に実行したのだ
တစ်သာ:တဲ့:[təta:dɛ:]（副）①切り離す事なく ②差別なく
တစ်သီးတစ်တန်:ကြီး[dədi: dədan:dʒi:]（副）行列をなして、一列になって
တစ်သီးပုဂ္ဂလ[təti:pou'gəla.]（名）個人、単独
တစ်သူ[tətu]（名）直立して腕を伸ばした時の指の先から足許までの長さ ＝ လက်ခုပ်တစ်ဖောင့်
တစ်သက်[tətɛ']（名）一生 ＝ တသက်ပန်
တစ်သက်တစ်ကျွန်း[tətɛ' dədʒun:]（名）終身刑
တစ်သက်နှင့်တစ်ကိုယ်[tətɛ'nɛ. dəgo]（副）生れてこのかた、生涯
တစ်သက်ပန်[tətɛ'pan]（名）生涯、一生 ＝ တသက်ပန်
တစ်သက်လျှာ[tətɛ'lja]（名）命のある限り、一生涯
တစ်သိုက်တစ်ဝန်း[tətai' təwun:]（副）皆一緒に、集団で
တစ်သွေးမတိမ်း[tətwe mətein:]＝တသဝေမတိမ်း
တစ်သွေးတစ်မွေး[tətwe: təmwe:]（副）血色豊かで、活き活きしていて
တစ်ဟုန်ထိုး[təhoundo:]（副）怠る事無く、うまず弛まず、休まずに
တစ်အား[təa:]（副）全力で、力一杯＝တအား
တစ်အူထုံ့ဆင်း[təu doun.zin:]（名）実の兄弟姉妹

တစ်ဦးဆိုင်နာမ်

母を同じくする兄弟

တစ်ဦးဆိုင်နာမ်[təuzain nan]（名）固有名詞

တစ်အောင့်[təaun.]（名）一瞬

တစ်အောင့်ကြာသော်[təaun. t∫adɔ]（副・文）暫くすると

တစ်အောင့်တစ်နား[təaun. təna:]（名）暫くの間、一寸の間

တစ်[tiʔ]（動）① (肉や魚を) ぶつ切りにする ငါး:တစ်သည်။ 魚をぶつ切りにする အသား:တစ်သည်။ 肉をぶつ切りにする ② (喉等に) 詰まる、つかえる、引掛かる ③ (虎が) 声を出す ကျား:တစ်သည်။ cf. ကြား:ဟိန်း

တစ်ဆို့[tiʔsʼo.]（動）詰まる、つかえる、塞がる

တစ်တစ်ခွခွ[tiʔtiʔ kʼwa.gwa.]（副）ざっくばらんに、あけすけに、単刀直入に、腹蔵なく

တစ်တစ်ရစ်ရစ်[tiʔtiʔ jiʔjiʔ]（副）（体が）締っていて、筋肉質で

တစ်လစ်[tiʔliʔ]（副）中途半端で、身動きが取れずに、にっちもさっちも行かず လျှာတစ်လစ်စွန့် 舌を半分出して

တစ္ဆေ[təsʼe]（名）幽霊、亡霊（眼はぎょろ眼、頭髪は乱れ、舌を長く出している）

တစ္ဆေကား:[təsʼe ka:]（名）ホラー映画、怪奇映画

တစ္ဆေခြောက်[təsʼe t∫auʔ]（動）影に脅える、怨霊に脅える

တစ္ဆေခြောက်[təsʼɛ t∫auʔ]（動）幽霊が出没する、幽霊が祟る、幽霊に取り付かれる

တဆေ[təsʼe]（名）=တစ္ဆေ

တစ်တာ[tiʔta]（名）①箱 ②棺 → သေတ္တာ

တစ်တီးတူ:[tiʔtidu:]（鳥）インドトサカゲリ（チドリ科）Vanellus indicus

တစ်တီးတူ:ထိုး[tiʔtidu: tʼo:]（動）インドトサカゲリが鳴く

တည်[tɛ.~dɛ.]（助・文）先行する節、句を強調する သေသော်မှတည်၊ ပြောကောင်းငံ၏ 死んだ方がまだましだ（出典はシーパンニー僧正の作品）မြောင်ခြေ၊ စီ:တွေတွေတည် メーザー山麓、流れとうとう（出典はレッウエートンダラの作品）②（助・文）文末で使用、~ပြ=တည်။ ③（助）伝聞を現わす、~ဒသုဒ်=တဲ့

တည်[tɛ.]（動）①肌が合う、うまが合う、仲がよい မတည်ဘူ: 仲が悪い ② (食べ物が) 好みに合う、気に入る、口に合う အချို့နှင့်တည်သည်။ 甘いのが好きだ ③体質に合う ဆေ:မတည်ဘူ: 薬が合わない ④（値段が）折れ合う、決着する ဈေ:တည်သည်။

တည်[tɛ.]（形）真直ぐだ、歪みがない

တည့်တိုး[dɛ.do:]（副）直接に တည့်တိုး:ကြည့်သည်။ 直視する

တည့်တည့်[tɛ.dɛ.]（副）真直ぐに ရှေ့တည့်တည့် 真正面、前方真直ぐ နောက်တည့်တည့် 真後、後方真直ぐ

တည့်တည့်မတ်မတ်[tɛ.dɛ. maʔmaʔ]（副）①真直ぐに ②厳正に、公平無私に

တည့်တည့်လင်:လင်:[tɛ.dɛ. lin:lin:]（副）卒直に、包み隠さずに

တည့်မတ်[tɛ.maʔ]（形）①真直ぐだ、曲がる事がない、直立している、垂直だ ②（性格が）素直だ、率直だ、実直だ、正直だ、高潔だ

တည့်မတ်စွာ[tɛ.maʔswa]（副）①真直ぐに、垂直に ②厳正に

တည့်လင်:[tɛ.lin:]（形）卒直だ、実直だ

တည်[tɛ]①（植）ビルマコクタン、ビルマガキ（カキノキ科）Diospyros burmanica ②（名）一本牙の象

တည်ငယ်[tɛŋɛ]（植）=တည်

တည်ရေ[tɛje]（名）柿の渋（腐蝕防止材として唐傘や漁網等に塗る）

တည်လည်:[təlɛ:]（植）ザクロ（ザクロ科）Punica granatum

တည်သီ:[tɛdi:]（植）柿の実

တည်[ti]（動）①ある、存在する、位置する=တည်ရှိ ②休む、休息する ③[tɛ]建てる、建設する=တည်ဆောက် ④建立する ဘုရား:တည်သည် 仏塔を建立する ⑤拠る、依拠する မူတည်သည် ⑥設ける、制定する ⑦店を出す တည်ခင်:သည် ⑧（鍋釜を）火に掛ける အမင်:အို:တည်သည်။ 釜を火に掛ける ဟင်:အို: တည်သည် 鍋を火に掛ける ရေနွေ:အို:တည်သည်။ 湯を沸かす ⑨膿む、化膿する အနာပြည့်တည်သည်။ ⑩（来客）をもてなす、差し出す မုန့်တည်သည်။（客に）キンマを出す ဆေ:တည်သည်။ 葉巻を出す စီ:ရက်တည်သည်။ タバコを出す ⑪（漬物）を漬ける အချဉ်တည်သည်။ ပုံ:ရည်တည်သည်။ 酢を作る ⑫（鳥を）囮（おとり）で捉える ⑬安定している、落着いている မျက်နှာတည်သည်။ 表情は生真面目だ

တည်ကိန်:[tigein:]（数）掛け算、割り算の基の数

တည်ကြက်[tiɡɛʔ]（名）囮（の鳥）、デコイ

တည်ကြည်[tiɡi]（形）物静かだ、落着いている、安定している、沈着だ

တည်ကြည်ဖြောင့်မတ်[tiɡi pʼjaun.maʔ]（形）誠実だ、公平無私だ

တည်ကြည်မှန်ကန်[tiɡi. mankan]（形）廉直だ

တည်ခင်:[tɛkʼin:]（動）①差し出す、もてなす ②

တတ်

並べる、展示する
တည်ခင်းကျွေးမွေး[tɛk'in: tʃwe:mwe:]（動）馳走する
တည်ခင်းဧည့်ခံ[tɛk'in: ɛ.k'an]（動）もてなす、歓待する
တည်ငြိမ်[tiɲein]（形）物静かだ、落着いている、平静だ、安定している
တည်ငြိမ်မှု[tiɲeinmu.]（名）安定、落着き
တည်ငြိမ်အေးဆေး[tiɲein e:d'e:]=တည်ငြိမ်
တည်ဆဲ[tizɛ:]（形）現存の、現存する တည်ဆဲဥပဒေ 現行法、現行法令
တည်ဆောက်[tis'au']（動）①建てる、築く、建設する、建築する ②設立する、樹立する ဒီမိုကရေစီနိုင်ငံတော်ကိုတည်ဆောက်သည်။ 民主主義国家を建設する
တည်ဆောက်ပုံ[tis'au'poun]（名）作り方、でき方、構造、出来上がった様子
တည်ဆောက်ရေး[tis'au'je:]（名）建設
တည်ဆောက်ရေးအလုပ်သမား[tis'au'je: əlou' təma:]（名）建設労働者
တည်တည်[tidi]（副）落着いて、真面目に
တည်တည်ကြည်ကြည်[tidi tʃidʒi]（副）生真面目に、真摯に、厳粛に
တည်တည်ပပ[tidi pa.ba.]（副）正確に、確実に
တည်တံ့[tidan.]（形）①堅牢だ、安定している、がっちりしている ②落着いている、沈着だ、慌てない
တည်တံ့ခိုင်မြ[tidan. k'ainmjɛ:]（形）確固としている、安泰である、安定している、堅牢だ
တည်တံ့မှု[tidan.mu.]（名）安定、安泰
တည်ထောင်[tidaun]（動）設立する、樹立する အသင်းများကိုတည်ထောင်သည်။ 多くの団体を設立する စစ်တက္ကသိုလ်တည်ထောင်သည်။ 士官学校を設置する
တည်ထောင်ဆောက်လုပ်[tidaun s'au'lou']（動）建設する
တည်ထောင်ဖွင့်လှစ်[tidaun p'win.łi']（動）開設する
တည်ထောင်ဖွဲ့စည်း[tidaun p'wɛ. si:]（動）設立する
တည်ထောင်ရေး[tidaun je:]（名）建設、樹立
တည်နေရာ[ti neja]（名）位置、存在場所
တည်ပုဒ်[tibou']（名）（辞書の）見出し、項目
တည်မည်ညဴ့ဘုရား၊လင်းတပလံနားနား။（諺）建てた仏塔にたとえハゲワシが停まろうとも（初志貫徹）
တည်မြ[timjɛ:]（動）安定する、持続する、不変だ
တည်မြဆယပလ[timjɛ: p'a.s'a.pa.la.]（名）反ファシスト人民自由連盟（AFPFL）の安定派（１９５８年にウー・バスエー、ウー・チョーニエイン等

によって作られた）
တည်မြေရး[timjɛ:je:]（名）安定、存続
တည်ရာ[tija]（名）位置、存在場所 =တည်နေရာ
တည်ရှိ[tiʃi.]（動）ある、位置する、存在する
တည်ရှိဲ[tiʃizɛ:]（形）現行の、現存の
~တည်[tɛ:]（助）~だけ တ~တည်းと言う形で使われる တခုတည် 一個だけ တယောက်တည် 一人だけ
~တည်[di:]（助・文）文末で使用、名詞に直結、陳述を現わす、~なり、~である ငါသည်အိမ်ရှေမင်းတည်း။ 余は皇太子なり အကျွန်ုပ်လည်းမင်းမျိုးမင်းနွယ်တည်း။ 拙者も王族なり ငါ၏အနွယ်ကားဘုရားတို၏အနွယ်အသံ တည်း။ 余の家系は釈迦の一族なり ဤအခါ်ကားလူမိန်းမ၏အသံ တည်း။ この声は人間の女の声なり ဤအခါသည်ကား ကောက်ပြည်စုံသောအခါတည်း။ この時期は稔りの季節なり cf. သတည်း။
~တည်ဟူသော[di:hudɔ:]（接助・文）~という、~といった、言うならば、所謂
တည်း[tɛ:]（動）①泊まる、宿泊する တည်းခိုသည်။ ②[ti:]編集する、校閲する တည်းဖြတ်သည် ③縛る拘束する နွောင်ကြိုးတည်းသည်။ 縄を打つ、縄を掛ける
တည်းခို[tɛ:k'o]（動）泊まる、宿泊する、滞在する
တည်းခိုခန်း[tɛ:k'ogan:]（名）宿泊所、宿泊施設、旅館
တည်းခိုဆောင်[tɛ:k'ozaun]（名）宿泊所、宿泊施設
တည်းခိုသူ[tɛ:k'odu]（名）宿泊者、宿泊客
တည်းစပ်[tɛ:za']（名）ピン、留め針
တည်းဖြတ်[ti:p'ja']（動）編集する、校定する
တည်းဖြတ်သူ[ti:p'ja'tu]（名）編集者
တည်းလည်းတန်းလန်း[tɛ:lɛ: tan:lan:]（副）①引きずったまま、くっついたまま ②~している最中に、中途半端のまま
တည်းအပ်[ti:a']（名）ピン、留めピン、留め針
တတ်[ta']（助動）①できる、能力がある ကား：မောင်း တတ်ရဲလား။ クルマの運転ができますか ခင်ဗျား：ဓား သေးတတ်ရဲလား။ あなたは刃物が研げますか ငါရေ ကူးတတ်ဖူ။ 僕は水泳ができない စကား：မပြောတတ်ဖူ။ 話せない、話ができない အင်္ဂိလ်မလျော်တတ်ဖူ။ 服も洗濯できない ②よく~する、~する事が多い、~する傾向がある、~しがちだ တခါတခါခေါင်းကိုက်တတ်တယ်။ 時々頭痛が起る ရုံးသို့နောက်ကျမှရောက်တတ်သည်။ 出勤は遅刻しがちだ ဝတ္ထု(ဖတ်၍)အချိန်ဖြုန်းတတ်သည်။ 小説を読んで時間潰しをよくする ဤမိုးမျိုးသည်ဆက်တိုက်ရွာ တတ်သည်။ こんな雨は降り続けるものだ ကျွန်တော်အ ရက်မသောက်တတ်ဖူ။ 私には酒を飲む習慣がない သနပ်ခါးလဲမလိမ်းတတ်ဖူ။ タナカー（ビルマの化粧）を塗る習慣もない ဂုက်ဗျား：ဖြစ်ကတခါတရံမှုနောက်ထိခိုက်၍

သေတတ်၏။ マラリアに罹れば時には脳を侵されて死ぬ事がある
တတ်[ta']（動）できる、可能だ、資格がある、優れている　အရှယ်နှံ့မလိုက်အောင်တတ်သည်။ 年齢に似合わずよくできる
လူမတတ်ပေမဲ့၊လက်ဖက်သုတ်တတ်။（諺）人に能力はなくても、漬け茶を出す事はできる（直接能力はなくても他のもので十分代用可能だ、金に物を言わせる）
တတ်ကျွမ်း[ta'tʃwan:～ta'tʃun:]（動）熟練する、熟達する、習熟する、よくできる、堪能だ
တတ်စွမ်း[ta'swan:～ta'sun:]（動）能力がある、能を有する
တတ်စွမ်းနိုင်နင်း[ta'swan:nainnin:]（動）克服できる、やり通す力がある
တတ်စွမ်းသမျှ[ta'swan:dəmja.]（副）可能な限り
တတ်တိုင်း[ta'tain:]（副）このまま、手を加えないで、現状のままで
တတ်နိုင်[ta'nain]（動）できる、可能だ
တတ်နိုင်လျှင်[ta'nainɪjin]（副・文）できれば、可能ならば
တတ်နိုင်သမျှ[ta'naindəmja.]（副・文）できるだけ、可能な限り　ကျွန်တော်တတ်နိုင်သမျှရေးသားပါမည်။ できるだけ私が書きましょう
တတ်နိုင်သလောက်[ta'naindəlau']（副）できるだけ、できる限り、可能な限り
တတ်ပွန်[ta'pun]（動）熟練している、熟達している
တတ်မတတ်[ta'məta']（名）できるかできないか、可能か不可能か
တတ်မြောက်[ta'mjau']（動）できる、腕が立つ、熟練している、熟達している、上達する、物にする　သိုင်းပညာကိုတတ်မြောက်ထားသည်။ 剣術に優れている
တတ်ယောင်ကား[ta'jaunga:]（副）知ったかぶりをして
တတ်ယောင်ကားလုပ်[ta'jaunga: lou']（動）知ったかぶりをする
တတ်ယောင်ကားသိယောင်ကားနဲ့[ta'jaunga: ṭi. jaunga: nɛ.]（副）知ったかぶりをして
တတ်သိ[ta'ti.]（動）①腕がある ②察しがよい
တတ်သိစုံလင်[ta'ti. sounlin]（動）十分承知している、十分に詳しい
တတ်သိနားလည်[ta'ti. na:lɛ]（動）良く判っている、十分に理解している
တတ်သိလိမ္မာ[ta'ṭi. leinma]（形）①察しがよい、機転がきく ②腕がいい、優れている
တတ်အား:သမျှ[ta'a:dəmja.]（副・文）可能な限り
တတ်အား:သရွေ့[ta'a:dəjwe.]=တတ်အား:သမျှ
တတ်အား:သလောက်[ta'a:dəlau']（副）できるだけ
တတ်အား:သရွေ့[ta'a:dəjwe.]（副・文）可能な限り
တတ်တလွန်[ta'təlun]（植）タイヘイヨウテツボク（ジャケツイバラ科）Intsia bijuga
တိတ်[tei']（名）①予兆、前兆、微候 ②テープ＜英 Tape
တိတ်နမိတ်[tei'nəmei']（名）予兆、前兆、微候
တိတ်[tei']①（形）静かだ、静寂だ ②（動）止む、停まる　လေတိတ်သည်။ 風が止む　သွေးတိတ်သည်။ 血が止まる ③（雨が）上がる　မိုးတိတ်သည်။ ④（運に）見放される、付きが無くなる　လာဘ်တိတ်သည်။
တိတ်ဆိတ်[tei's'ei']（形）静かだ、静寂だ、静まり返る
တိတ်ဆိတ်ခြင်း[tei's'ei'tʃin:]（名）静寂
တိတ်ဆိတ်ငြိမ်သက်[tei's'ei' neintɛ']（形）静かだ、ひっそりとしている、静寂だ
တိတ်ဆိတ်မှု[tei's'ei'mu.]（名）静寂
တိတ်တကော့[tei'tək'o:]（副）こっそりと、密かに
တိတ်တဆိတ်[tei'təs'sei']（副）①物を言わずに、口を利かずに ②密かに、こっそりと、秘密裡に、連絡する事なく　တိတ်တဆိတ်သွား:ပါ။ こっそり行け
တိတ်တိတ်[tei'tei']（副）静かに、密かに、秘密の内に　တိတ်တိတ်နားထောင်သည်။ こっそりと耳を傾ける、密かに聴取する、盗聴する、傍受する　ခြံရှင်တွေမသိအောင်တိတ်တိတ်ခူးစားရမယ်။ 果樹園の持主に知られぬようこっそりと盗み食いせねばならぬ
တိတ်တိတ်ကလေး:[tei'tei'kəle:]（副）物静かに
တိတ်တိတ်ခိုး:[tei'tei'k'o:]（副）そっと、それとなく、人に知られぬように　တိတ်တိတ်ခိုး:ချောင်:ကြည့်သည်။ こっそり覗き見をする　မျက်ရည်များ:ကိုတိတ်တိတ်ခိုး:သုတ်သည်။ 涙を人知れず拭いた　ရည်:စား:စာတိတ်တိတ်ခိုး:ရေး:သည်။ 恋文を人に知られぬよう書いた
တိတ်တိတ်ဆိတ်ဆိတ်[tei'tei's'ei's'ei']（副）ひっそりと、静まり返って、静寂で
တိတ်တိတ်နေ[tei'tei' ne]（動）黙っている、沈黙する
တိတ်တိတ်နေ။ ထောင်တန်။（諺）黙っている、千金の値（沈黙は金）
တိတ်တိတ်ပုန်း[tei'tei'poun:]①（副）密かに、内々に、こっそりと　ချက်အရက်တိတ်တိတ်ပုန်း:ချက်နေသည်။ こっそりと密造酒を作っている　တိတ်တိတ်ပုန်း:စည်း:ရုံး:ခဲ့ကြသည်။ 密かに組織した ②（名）淫売、売春婦
တိတ်သွား:[tei'twa]（動）①静まり返る、静寂になる ②（雨、風が）止む
တိတ္တိ[dei't'i.]（名）外道、異教徒、異端者

တိတ္ထု[deiʔtʻoun] (名) 夢の分析書、前兆の分析
တုတ်[touʔ] (名) ①寄生虫（ぎょう虫等） ②（病）口蹄病（脚を引きずるようになる）家畜の病
တုတ်ရောဂါ[touʔ jɔːga] (名) =တုတ်
တုတ်ပြာ:[touʔpjaː] (動物）さなだ虫、条虫
တုတ်[douʔ] (名) 棒、根棒 =ဒုတ်
တုတ်ကောက်[douʔkauʔ] (名) ステッキ、杖
တုတ်ခနောင်း[douʔkʻənaunː] (名) (用便後使用する) 竹べら、ちゅう木
တုတ်ချော်းပိုး[douʔtʻʃaunːboː] (虫) ナナフシ
တုတ်ချုံ[douʔtʻʃun] (名) 刺、茨
တုတ်ပြက်ဒါးတုတ်ဖြစ်[douʔ dəbjɛː daː bjɛʔ pʻjiʔ] (動) 暴力沙汰になる
တုတ်ပြက်ဒါးတုတ်လုပ်[douʔdəbjɛʔ daːdəbjɛʔ louʔ] (動) 暴力沙汰を惹き起す
တုတ်ပီ:[touʔ pjiː] (動) 根棒への免疫がある、棒には不死身だ
တုတ်ပြီးဆေး[douʔpiːsʻeː] (名) 棒棒で殴られても怪我しないとと言う秘薬
တုတ်[touʔ] (動) ① (法螺貝、ラッパ等を) 吹く ခရာတုတ်သည်။ ② (鼓を) 打ち鳴らす ပတ်မတုတ်သည်။ ③ シャコが) 鳴く ④属る ငါနှင့်တုတ်သည်။ 俺の持物と比べてみる（どうだ、叶うまい）⑤ (俗) 食う သိမိုတုတ်။ あまり食うなよ ပလတ်ပလောင်းမတုတ်နဲ့။ がつがつ食う ⑥飲む ⑦築く、めぐらす တမံတုတ်သည်။ 土手を築く
တုတ်[touʔ] (形) ①ずんぐりしている、がっしりしている、頑丈な作りだ ②太い、丸々としている
တုတ်ခိုင်[touʔkʻain] (形) (体格が) よい、(体格が) がっちりしている
တုတ်တုတ်[touʔtouʔ] (副) とうとうと (流れる)
တုတ်တုတ်ခဲခဲ[touʔtouʔ kʻɛːgɛː] (副) 丸々している、丸ぼちゃで
တုတ်တုတ်ခိုင်ခိုင်[touʔtouʔ kʻainkʻain] (副) ずんぐりしていて、がっちりしていて
တုတ်တုတ်မျှ[touʔtouʔmja.] (副) 少しも、いささかも အိပ်ကတည်းကတုတ်တုတ်မျှမလှုပ်။眠ってからは身じろぎすらしない ကျောင်းသားများကတုတ်တုတ်မျှမလှုပ်ဘဲကြချေ။ 学生達は身動きさえできなかった
တုတ်တုတ်ဝဝ[touʔtouʔwa.wa.] (副) ずんぐりとして、丸々と肥っていて、ぽっちゃりしていて
တန့်[tan.] (動) 不意に停まる、停止する
တန်ကြွ[dan.dʒwɛː] (植) ①オオバノセンナ（ジャケツイバラ科) Cassia sophera ②ホソミエビスグサ（ジャケツイバラ科) Cassia tora
တန်[tan] (名) トン（重量の単位）=တန်ချိန်

တန်ချိန်[tandʒein] (名) 重量トン
တန်[tan] (助数) 抽象的な物 မင်္ဂလေးတန် 四道 ဝလင်္ဂါးတန် 五力 သီတာခုနစ်တန် 七海
တန်[tan] (動) ①値する、値打ちがある、価値がある ကုဋေရောပေါင်းများစွာတန်တဲ့အစိုးရပစ္စည်း။ 何億にも相当する国有財産 ②相応しい、似合う、適している အရွယ်နှင့်တန်အောင်ပြုမူပါ။ 年齢相応に振舞いなさい တောနှင့်တန်သည့်အဝတ်များသာဝတ်လေ့ရှိ၏။ 森に似合った衣類を普段は着ている မာလကာပင်သည်သီးချိန်တန်နေလေသည်။ バンジロウの木は実を付ける時期に達している ③停止する、中止する（子供の遊びで交互に言い合っている時、တော်၊တန်၊ထိတ်၊と言う）④ (助動) 〜に値する、〜する価値がある、〜する値打ちがある မှတ်တန်သလောက်မှတ်မိနေသည်။ 記憶すべき事位は記憶している အကျိုးရှိတန်သလောက်တော့ရှိတယ်။ それなりの利益はある ယုတ္တိရှိတန်ရာ၏။ 真実性に富む ပြန်ချိန်တန်လို့မပြန်ဘူး။ 帰宅時間になったのに帰らない မူပူတန်ရာပူနေလိုက်တာ။ 心配しなくてよい事を心配している ဖြည့်တန်သည့်ကိုဖြည့်ရမည်။ 補うべきものは補わなければならない လူမတန်ကံချ။ (諺) 自分の無能力を運のせいにする
တန်ကာကျ[tanga tʻʃa.] (動) 丁度よい、相応しい 〜တန်ကောင်း:[〜tankaunː] (助動) 〜するに相応しい、〜すべきだ、〜に違いない ဒီနေ့လောက်ဆိုရင်ပြန်လာတန်ကောင်းပါရဲ့။ 今日位はもう帰ってきてもよさそうなのに အကြောင်းတခုခုရှိတန်ကောင်းပါရဲ့။ 何か訳があるに違いない ကြံစည်မှုကောင်းရင်လွတ်ကိန်းရှိတန်ကောင်းပါရဲ့။ 発想が良ければ逃げ道はある筈だ
တန်ကြေး:[tandʒeː] (名) 値打ち、価格、値段
တန်ဆေးလွန်ဘေး:။ (諺) 適すれば薬、過ぎれば毒（過ぎたるは及ざるが如し、腹八分目に医者要らず）
တန်တော့[tandɔ.] (間) 察するに、察するところ、要するに、多分、恐らく、ひょっとしたら違うかも知れないか
တန်ပြန်[tanpjan] (動) ①報いを受ける、因果応報だ ②[danpjan] 仕返しする、しっぺ返しをする ③反応する
တန်ပြန်တော်လှန်[danpjan tɔɬan] (動) 反乱を起す、謀反を起す တန်ပြန်တော်လှန်ရေး: 反革命
တန်ပြန်တိုက်စစ်ဆင်[danpjan taiʔsʻiʔsʻin] (動) 反撃する
တန်ပြန်လှုပ်ရှားမှု[danpjan ɬouʔʃaːmu.] (名) 反応、反応活動
တန်ဖိုး[tanboː] =တန်ဘိုး
တန်ဘိုး:[tanboː] (名) ①価値、値打ち ②価格、値段 ③お蔭、恩恵

တန်ဘိုးကျဆင်း[tanbo: tʃa.sʼin:] (動) 価値が下落する、価格が下がる
တန်ဘိုးထား[tanbo: tʼa:] (動) 高く評価する、貴重扱いする
တန်ဘိုးဖြတ်[tanbo: pʼjaʼ] (動) 評価する、鑑定する
တန်ဘိုးမရှိဖြစ်[tanbo: məʃi. pʼjiʼ] (動) 価値がなくなる、値打ちがなくなる、無価値になる
တန်ဘိုးရှိ[tanbo: ʃi.] (動) 価値がある、値打ちがある
တန်ဘိုးအတူတူထား[tanbo: ətudu tʼa:] (動) 同じ値打ちだと見なす、同じ値打ちだと評価する
~တန်မဲ့[~tanmɛ.] (助) ~らしくもない ヨウキョウ: တန်မဲ့သတ္တိကြောင်သည်။ 男のくせに臆病だ မိန်းကလေးတန်မဲ့ 女の子にあるまじき မိန်းမတန်မဲ့ 女のくせに အပျိုကလေးတန်မဲ့အပေါင်ဆိုင်ကိုသွားပေါင်တယ်။ 娘のくせもない、質屋に出入りするなんて
တန်ရာ[tan ja] ① (名) 相当するもの ② (助動) ~すべきだ သွားတန်ရာ၏။ 行くべきだ ဖြစ်တန်ရာ၏ あるべきだ ပြောတန်ရာ၏။ 言うべきだ
တန်ရာတန်ကြေး[tanja tandʑe:] (名) (商品に見合った) 代価、(労働に見合った) 報酬、賃金
တန်ရာတန်ဖိုး[tanja tanbo:] = တန်ရာတန်ကြေး
တန်ရာတန်ရာ[tanja tanja] (名) 相応の値段、それぞれに見合ったもの
တန်ရုံ[tan joun] (副) 程々に、何とか
တန်ရုံသင့်ရုံကျ[tanjoun tinjoun tʃa.] (形) 程々になる、丁度よくなる
တန်ရုံသင့်ရုံမျှ[tan joun tin.joun mja.] (副) 程々に
တန်လန်[tanlan] (動) うまく行かない、成功しない
တန်ကေး[tanke:] (名) タイの漁船 (艫が反り上がったエンジン付きの高速船)
တန်ခူး[dəgu:] (名) ビルマ暦1月 (太陽暦4月)
တန်ခူးနီ[dəgu:ni] (植) カシボクギョウシ (クスノキ科) Litsaea monopetala
တန်ခူးမြက်[dəgu:mjɛʼ] (植) ウシクサ (イネ科) Andropogon ascinodis
တန်ခူးလ[dəgu:la.] = တန်ခူး
တန်ခူးလျော်[dəgu:ʃɔ] (植) タンカラック、センコウボクギョウシ (クスノキ科) Litsaea sebifera
တန်ခိုး[dəgo:] (名) ①力、威力、勢力、権力、権勢 ②効き目、効能、効力
တန်ခိုးကြီး[dəgo: tʃi:] (形) ①威力が大きい、権勢がある ②(仏塔が) 崇拝される、讃仰される

တန်ခိုးထက်[dəgo: tɛʼ] (動) 威力がある
တန်ခိုးနည်း[dəgo: nɛ:] (形) 威力がない、威勢が弱い
တန်ခိုးနိမ့်[dəgo: nein.] (形) 威力が弱い
တန်ခိုးပြာဋိဟာ[dəgo: bjadi.ha] (名) 神秘力、魔力
တန်ခိုးရှင်[dɛgo: ʃin] (名) 威力の持主、神秘力の持主
တန်ခိုးအာဏာ[dəgo:ana] (名) 力、権力
တန်ခိုးအာနိသင်[dəgo: ani.tin] (名) 威力、効能、効力
တန်ခိုးအာနတော်[dəgo: anu.bɔ] (名) 栄光
တန်ခိုးဣဒ္ဓိပါဒ်[dəgo: eiʼdi.baʼ] (名) 神秘力
တန်ဆာ[dəza] (名) ①飾り、装飾品 အဝတ်တန်ဆာ ②生殖器 ヨウキョウ:တန်ဆာ 男性生殖器 မိန်းမတန်ဆာ 女性生殖器 ③[tanza]道具、器具 ④[tanza]荷札
တန်ဆာဆင်[dəza sʼin] (動) ①着せかける、着用させる ②飾る、装飾する ③脚色する、潤色する
တန်ဆာပလာ[dəzabəla] (名) ①飾り、装飾品 ②道具、器具 လူသုံးတန်ဆာပလာ 道具、日常用具 လက်သမားတန်ဆာပလာ 大工道具 ③武器
တန်ဆာလုပ်[tanza louʼ] (動) 手荷物にする
တန်ဆိုး[dəzo:] (名) 賄賂
တန်ဆောင်[dəzaun] (名) 灯り、灯火
တန်ဆောင်တိုင်ပွဲ[dəzaundainbwɛ:] (名) ビルマ暦8月の満月に行われる灯明祭 =ဦးထွန်းပွဲ
တန်ဆောင်မုန်း[dəzaunmoun:] (名) ビルマ暦8月 (太陽暦のほぼ11月)
တန်ဆောင်မုန်းပဲ[dəzaunmoun:bɛ:] (植) ササゲ (マメ科) Vigna cajang
တန်ဆောင်မုန်းလ[dəzaunmoun:la.] = တန်ဆောင်မုန်း
တန်ဆောင်း[dəzaun] (名) 仏塔の周辺にある礼拝堂、参詣堂、瞑想堂 =ဘုရားတန်ဆောင်း
တန်ဆောင်းပင်[dəzaun bin] (植) サボテン
တန်ဆောင်းပြဿပင်[dəzaun pjaʼtaʼpin] (植) ①サボテンタイゲキ (トウダイグサ科) Euphorbia antiquorum ②サイウンカク (トウダイグサ科) Euphorbia trigona =ရှားစောင်းပြဿ
တန်ဆိပ်[dəzeiʼ] (名) →တံဆိပ်
တန်ဆိပ်ခေါင်း[dəzeiʼ gaun:] →တံဆိပ်ခေါင်း
တန်ဆိပ်ခတ်[dəzeiʼ kʼaʼ] →တံဆိပ်ခတ်
တန်ဆိပ်တော်ခွန်[dəzeiʼtɔgun] (名) 印紙税
တန်တာ:[dəda:] →တံတား
တန်တား:ဆောက်[dəda: sʼauʼ] →တံတား:ဆောက်
တန်တောင်ဆစ်[dədaunziʼ] →တံတောင်ဆစ်

တန်းတိုင်း[dədain:] (名) →တံတိုင်း
တန်ပိုး[dəbo:] (名) 波 →တံပိုး
တန်မြက်စည်း[dəbjɛ'si:] =တံမြက်စည်း
တန်း[tan:] (動) ①真直ぐに伸びる ②真直ぐに伸ばす、張る ကြိုး:တန်းသည်။ 綱を張る、ロープを張る တောင်ငံမြောက်သို့တန်းလျက်ရှိကြသည်။ 北から南へ真直ぐ伸びている ③直行する ကျောင်းကိုတန်းသွားတယ်။ 学校へ直行した ④(副)直ぐに、直ちに、そのまま、直接、道草をせずに ကျွန်တော်ဆေးရုံကိုတန်းလာတာ။ 私は病院へ直接来たのです အိပ်ခန်းသို့တန်းဝင်သွားတယ်။ 寝室へ直行した ⑤(動)(仲が)冷たくなる、よそよそしくなる သူတို့နှစ်ယောက်တန်းနေသည်။ 彼等二人は口も利かない ⑥停滞する ကုန်ဈေးနှုန်းတန်းနေသည်။ 物価は安定している
တန်း[tan:] (名)①バー、横棒、梁 ②(物干し用に張り渡した)ロープ ③列 လူတန်းကြီး: 人の行列 ကား:တန်းရှည်ကြီး: 自動車の長い列 ④段階、層 ⑤学年 ⑥付属の建物 ⑦留置場(刑務所ではない)
တန်းကျော်ပြေးပွဲ[tan:tɕɔ pje:bwɛ] (名) ハードル競技、障害物競争
တန်းခုန်[tan:k'oun] (動) ジャンプする、跳躍する
တန်းစီ[tan:si] (動) 並ぶ、行列を作る
တန်းစီ:[dan:si] (動) →တန်းစီ
တန်းညှိ[tan: ɲi.] (動) 整列する、列を整える
တန်းတူ[dan:du] ①(名) 同一水準、同一基準、同一規格 ②(副) 対等に、均等に、肩を並べて
တန်းတူညီမျှ[dan:du ɲimja.] (副) 同等に、均等に、公平に
တန်းတူညီမျှမှု[dan:du ɲimjamu.] (名) 平等、公平
တန်းတူထား:[dan:du t'a:] (動) 等しくする、平等にする
တန်းတူဖြစ်[dan:du p'ji'] (動) 同等だ、対等だ、肩を並べる
တန်းတူရည်တူ[dan:du jidu] (副) 対等に、同等に、同じ程度に
တန်းတူအခြေအနေ[dan:du ətɕ'e əne] (名) 同じ水準、同じ状態、同じ立場
တန်းဒန်းစွဲဖြစ်[tan:dan:zwɛ: p'ji'] (動) 病み付きになる အမဲသား:ကိုတန်းတန်းစွဲဖြစ်သည်။ 牛肉が大好物だ
တန်းတန်းမတ်မတ်[tan:dan:ma'ma'] (副) 真直ぐに、順調に
တန်းဖြုတ်[tan: p'jou'] (動) 列を解散する
တန်းဘား:[tan:ba:] (名) (スポーツ用具) バー
တန်းလန်း:[tan:lan:] (副) 中途半端で、未解決のまま、やりかけたままで、宙ぶらりんで ခေါက်ဆွဲစား:ရင်းတန်းလန်း:မှထသည်။ 麺を食べかけたまま立ち上がった ပညာလည်းတပိုင်းတန်းလန်း:နှင့်သာရှိနေသည်။ 勉強もまだ中途半端のままだ လက်တဖက်တွင်ပိုက်တန်းလန်းနှင့်သွေးသွင်းထား:ဆဲရှိသည်။ 片腕には注射器が刺さったままで、輸血中であった
တန်းလျာ:[tan: ja:] (名) ①長屋 အလုပ်သမား:တန်း:လျာ: 労務者用の長屋 ②長椅子 =ခုံတန်း:လျာ:
တန်းဆာ[dəza] =တန်ဆာ
တန်းဆာဆင်[dəza s'in] =တန်ဆာဆင်
တန်းဆီ[tan:zi] (植) ククイノキ (トウダイグサ科) Aleurites triloba
တိန်ငှည်[dəɲin] (名) 囮の鳥、デコイ
တိန်ငှည်:[dəɲin:] ①(鳥) カワセミ (カワセミ科) Alcedo attis =ပိန်ငှည်: ②(植) ジリンマメ (オムノキ科) Pithecellobium bigeminum =ဒညင်း
တိန်းညှို့[tein:ɲɛ'] (植) スオウ (ジャケツイバラ科) Caesalpinia sappan
တိန်းနက်[tein:nɛ'] =တိန်းညှို့
တုန်[toun] (動)(体、手、声等が)震える တကိုယ်လုံး:ကတဆတ်ဆတ်တုန်နေသည်။ 全身ぶるぶる震えている
တုန်ခါ[toun k'a] (動) 揺れる、振動する တုန်ခါနေသောလက်တဖက်တွင်ကိုင်ထား:သည်။ 震えている片手で持っている
တုန်ခါမှု[toun k'amu.] (名) 振動
တုန်ခိုက်[toun k'ai'] (動) 身震いする
တုန်ချည့်[toun tɕ'i.] (動) 虚弱で震える
တုန်တုန်[toundoun] (副) ぶるぶると、がたがた အသံတုန်တုန်နှင့်စကား:ပြောသည်။ 震え声で話した
တုန်တုန်ယင်ယင်[toundoun jinjin] (副) 震えながら、震えて
တုန်တုန်ရီရီ[toundoun jiji] =တုန်တုန်ယင်ယင်
တုန်ရီ[toun ji] (動) 震える
တုန်လှုပ်[tounlou'] (動) ①揺れる、揺れ動く、震える ②ぎょっとする、怯える
တုန်လှုပ်ချောက်ချား:[tounlou' tɕ'au'tɕ'a:] (動) 動揺する
တုန်လှုပ်ချောက်ချား:မှု[tounlou' tɕ'au'tɕ'amu.] (名) 動揺、興奮
တုန်ဟိ:[toun hi:] (動) 地響きがする
တုန်ကင်:[tounkin:] (名) 団平船 (帆で動く)
တုန်:[toun:~doun:] (名) 時の存続を現わす、~している時、~している間 ယခုတိုင်အိပ်တုန်းရှိသည်။ 今もまだ眠っているところだ ဧည့်သည်တွေလာနေတုန်းမင်းအသံထွက်စရန်။ 客がいる間は声を立てるな ကျွန်တော်အိပ်

မှာနေတုန်းစာမကြည့်ဘူး။ 私は家にいた頃勉強しなかった
တုန်း[doun:]（文末助辞）疑問を現わす、～か？ ဘယ်သွားမလို့တုန်း။ どこへいくつもりなのか？ ဘာမုန့်စားမတုန်း။ 何の菓子を食べるのか？ အမည်ကိုတော့ဘယ်လိုခေါ်သတုန်း။ 名前は何と言うのか
တပ်[taʔ]（動）①付ける、取付ける、装着する ပြတင်းပေါက်တပ်သည်။ 窓を取付ける တံခါးတပ်သည်။ ドアを取付ける ②留める、はめる、掛ける ကြယ်သီးတပ်သည်။ ボタンをはめる မျက်မှန်တပ်သည်။ 眼鏡を掛ける နံပါတ်တပ်သည်။ 番号を付ける လိပ်စာတပ်သည်။ 住所を記入する ဒဏ်ငွေတပ်သည်။ 罰金を課す ဖမ်းရည်တပ်သည်။ 渋に潰ける、浸す ③魅せられる、魅力を覚える ④名前を付ける、命名する အမည်တပ်သည်။
တပ်ငြိ[taʔni.]（動）くっつく、付着する
တပ်စွန်း[taʔsun:]（動）①染まる、染みが付く ②魅力に取付かれる
တပ်ဆင်[taʔs'in]（動）①付ける、取付ける、装置する、設置する、据え付ける ②武装させる
တပ်ဆင်ပေး[taʔs'in pe:]（動）取付けてやる、装備してやる
တပ်ဆင်ရေး[taʔs'in je:]（名）①取付け、設置、組み立て ②編成
တပ်ဆင်ရေးစက်ရုံ[tʔs'in je: sɛʔjoun]（名）組立て工場
တပ်တပ်[taʔtaʔ]（副）確かに、確実に、はっきりと
တပ်တပ်စွဲ[taʔtaʔ swɛ:]（動）強く咎める、責める
တပ်တပ်အပ်အပ်[taʔtaʔ aʔaʔ] =တပ်တပ်
တပ်မက်[taʔmɛʔ]（動）欲しがる、渇望する、のぼせ上がる、夢中になる
တပ်အပ်[taʔaʔ]（形）確かだ、確実だ
တပ်အပ်သေချာစွာ[taʔaʔteʤa]（副・文）確かに、確実に、明確に、的確に
တပ်[taʔ]（名）①軍、軍隊 ②大集団 ③砦、防禦柵
တပ်ကြပ်[taʔtʃaʔ]（名）伍長
တပ်ကြပ်ကလေး[taʔtʃakele:]（名）兵長
တပ်ကြပ်ကြီး[taʔtʃatʃi:]（名）軍曹
တပ်ခေါက်[taʔk'auʔ]（動）撤退する、退却する
တပ်ခင်း[taʔk'in:]（動）布陣する、部隊を配置する
တပ်ခိုင်တပ်လုံ[taʔk'ain taʔloun]（名）強固な砦
တပ်ချ[taʔ tʃa.]（動）駐屯する
တပ်ချီ[taʔ tʃi]（動）進撃する、進軍する
တပ်ခွဲ[taʔk'wɛ:]（名）中隊（3個小隊から成る）
တပ်ခွဲမှူး[taʔk'wɛ:mu:]（名）中隊長
တပ်စခန်း[taʔ səkan:]（名）野営地、露営地、駐屯地

တပ်စခန်းချ[taʔsək'an: tʃa.]（動）野営する、露営する、駐屯する
တပ်စီးတပ်နင်းပါး[taʔsi:taʔnin: pa:]（形）砦の防衛が手薄だ
တပ်စု[taʔsu.]（名）小隊（3個分隊から成る）
တပ်စုမှူး[taʔsu.mu:]（名）小隊長
တပ်စောင့်[taʔsaun.]（名）歩哨、衛兵、番兵
တပ်စိတ်[taʔseiʔ]（名）分隊（兵10名、下士官1名で編成）
တပ်စိတ်မှူး[taʔseiʔmu.]（名）分隊長（軍曹が担当
တပ်စွဲ[taʔ swɛ]（動）駐屯する、部隊を配置する
တပ်ဆုတ်[taʔ s'ouʔ]（動）撤退する、退却する
တပ်ဆွဲ[taʔs'wɛ]（名）分遣隊
တပ်ထဲဝင်[taʔt'ɛ: win]（動）入隊する、入営する
တပ်ထောက်[taʔt'auʔ]（名）兵站担当将校
တပ်တောင်တာ[taʔ taunda]（名）多勢の兵士
တပ်ထိန်း[taʔt'ein:]（名）憲兵
တပ်ထိန်းဌာနချုပ်[taʔt'ein: t'anaʔʤouʔ]（名）憲兵本部
တပ်ထွက်[taʔt'wɛʔ]（動）出陣する
တပ်နယ်[taʔnɛ]（名）兵営
တပ်နုတ်[taʔnouʔ]（動）部隊を撤退させる
တပ်ပေါင်းစု[taʔpaun:zu.]（名）陸、海、空三軍の連合体
တပ်ပျက်[taʔ pjɛʔ]（動）①砦が陥落する ②部隊が壊滅する
တပ်ပြေး[taʔpje:]（名）①脱走兵 ②敗走軍
တပ်ပြန်[taʔpjan]（名）除隊兵、在郷軍人
တပ်ဖျောက်[taʔ p'jauʔ]（動）①部隊を分散布陣させる ②兵士が民間人の間に紛れ込む
တပ်ဖွန့်[taʔp'jan.]（動）布陣する、部隊を配置する、部隊を展開させる
တပ်ဖွဲ့[taʔ p'wɛ.]（動）部隊を編成する、編隊する ②（名）部隊、軍隊
တပ်မ[taʔma.]（名）①師団（3個旅団で編成） ②本隊、本陣
တပ်မကြီး[taʔma.ʤi:]（名）軍団、兵団
တပ်မတော်[taʔmədɔ]（名）国軍（陸、海、空三軍）
တပ်မတော်ကာကွယ်ရေးဦးစီးချုပ်[taʔmədɔ kagwɛje: u:zi:ʤouʔ]（名）国軍参謀総長、国軍最高司令官
တပ်မတော်နေ့[taʔmədɔne.]（名）国軍記念日（1945年3月27日の抗日蜂起を記念して定められた）
တပ်မတော်မော်ကွန်းတိုက်[taʔmədɔ mɔgun:daiʔ]（名）軍事資料館、軍事博物館
တပ်မတော်လေယာဉ်[taʔmədɔ lejin]（名）軍用機
တပ်မတော်သား[taʔmədɔda:]（名）軍人、兵士

တပ်မတော်အရာရှိ[taʔmədɔ əjaʃi.] (名) 将校、士官

တပ်မမှူး[taʔma.mu:] (名) 師団長

တပ်မဟာ[taʔməha] (名) 旅団

တပ်မဟာမှူး[taʔməhamu:] (名) 旅団長

တပ်မင်း[taʔmin:] (名) ① (1945年から62年までの) 旅団長 ② (王朝時代、兵士1万名を指揮した) 司令官

တပ်မြေ[taʔmje] (名) 兵営

တပ်မြို့[taʔmjo.] (名) 砦、城塞

တပ်မှူး[taʔmu:] (名) ①隊長 (小隊長、中隊長等) ② (王朝時代の) 部隊長 (下士官十名、兵百名を指揮した)

တပ်ရေး[taʔje:] (名) 庶務担当の将校

တပ်ရေးဗိုလ်ကြီး[taʔje: boʤi:] (名) 副官

တပ်ရင်း[taʔjin:] (名) 大隊

တပ်ရင်းမှူး[taʔjin:mu:] (名) 大隊長

တပ်လှန့်[taʔ lan] (動) ① (戦況不利のため) 退却する ② (計画、事業等から) 撤退する

တပ်လှန့်[taʔ ɬan.] (動) 臨戦体制に入る、臨戦体制を敷く

တပ်သား[taʔta:] (名) 兵隊、兵士

တပ်ဦး[taʔu:] (名) ①前衛、先陣、先鋒 ②前線

တပ်ဦးတပ်ဖျား[taʔu:taʔp'ja:] (名) 前線

တပ်ဦးဘီလူးပါ[taʔu: bəlu:ba] (副) 激しく、積極的に

တပ်တဇူ[taʔtəju] (鳥) ズアカコウシチョウ (キヌバネドリ科) Harpactes erythrocephalus

တိပ်ခွေ[teiʔk'we] (名) (テープレコーダーやビデオの) テープ

တိပ်ရိကော်ဒါ[teiʔrikɔda] (名) テープレコーダー

တိပ်အသံဖမ်းစက်[teiʔəṱan p'an:zɛ:] (名) テープレコーダー

တုပ်[touʔ] (動) ①縛り上げる、括る ကြိုးတုပ်သည်။ ဒီအကောင်ကိုကြိုးနဲ့တုပ်လိုက်။ この獲物をロープで括り上げろ ② (膝を) 折り曲げる ပုဆစ်တုပ်သည် ③ (蜂や蠍が) 刺す ျှားတုပ်သည်။ ④ (ロンジーが) 足に絡まる、足が縺れる ပုဆိုးနဲ့တုပ်သည်။ ⑤ (虱を) 爪と爪とで潰す သန်းတုပ်သည်။

တုပ်ကွ[touʔkwa] (動) ①居ずまいを正す、両膝を揃えて座る、跪く ②畏まる

တုပ်ချည်[touʔʧi] (動) 縛り付ける、括りつける

တုပ်နှောင်[touʔnaun] (動) 縛り上げる、括り上げる

တုပ်ဝပ်[touʔwuʔ] (動) 跪く、跪いてお辞儀する

တုပ်ကွေး[touʔkwe:] (名) 流行性感冒、インフルエンザ = တုပ်ကွေးနာ ②デング熱 (肘、膝等の関節痛が特徴) cf. သွေးလွန်တုပ်ကွေး

~တမ်း[dan:] ① (尾) 副詞詞形成 တကယ်တမ်း: 本当に မနားတမ်း: 休みなく လုပ်မြဲတမ်းလုပ်နေသည်။ し続けている ② (助辞) 文末使用、誓い、約束を現わす စိတ်မဆိုးတမ်း။ 絶対に腹を立てる事はするまい အဲလိုမထငေမျှားဟာမျိုးထပ်မပြောတမ်း။ そんな曖昧な事は話の対象にはするまい ငွေတထောင်တမ်းလောင်းမလား။ 互いに1千チャッ賭けてみるか မလုပ်တမ်း။ ငြိမ်ငြိမ်သက်သက်နှင့်စောင့်နေ။ 身動きせずにおとなしく待っていろ

တမ်း[tan:] (動) ①記録に取る ②思い出す、懐かしむ、慕う、恋い慕う

တမ်းချင်း[tan:ʤin:] (名) (王朝時代の) 悲歌、哀歌

တမ်းေ[tan:ze.] (動) 一人前になる、標準に達する

တမ်းတ[tan:da.] (動) ①懐かしむ、恋しがる ②待ち望む、乞い希う မိုးကိုတမ်းတသည်။ 雨乞いをする

တမ်းတမ်းစဲ[tan:dan:zwɛ:] (副) 恋焦がれて、渇望して

တမ်းတမ်းစဲဖြစ်[tan:dan:zwɛ:p'jiʔ] (動) 渇望する、無性に欲しがる

တမ်းမှန်း[tan:man:] (動) 憶測する、推量する、当てずっぽうを言う

တမ်းခုန်[dəgun] = တံခုန်

တမ်းခုန်စိုက်[dəgun saiʔ] = တံခုန်စိုက်

တမ်းခုန်တိုင်[dəgundain] = တံခုန်တိုင်

တိမ်[tein] (名) 雲

တိမ်ခဲ[teingo:] (名) 雲の塊、雲の集積、蒸気状の雲

တိမ်ခြည်[teinʤi] (名) 細く煙のようにたなびいた雨雲

တိမ်ခုပ်[tein k'uʔ] (動) 雲と雲とが衝突して光る

တိမ်ညိုတိမ်ပုပ်[teinɲo teinbouʔ] (名) 黒い雨雲

တိမ်ညှန့်စာ[teinɲun.za:] (名) 天馬

တိမ်တောက်[tein tauʔ] (動) 日没時、日光が雲に反射して雲が赤く見える

တိမ်တိုက်[teindaiʔ] (名) 雲堤 = တိမ်ထု

တိမ်တောင်[teindaun] (名) 山並みのような雲、積雲

တိမ်ပုပ်[teinbouʔ] (名) 黒雲、雨雲、乱雲

တိမ်ပြာရောင်[teinbja jaun] (名) 黒みがかった青色

တိမ်မဲကန်း[tein məgan:] (名) 鯖雲、鰯雲

တိမ်မြင့်[teinmjin.] (名) 巻雲

တိမ်လိပ်[teinleiʔ] (名) 入道雲

တိမ်လွှာ[teinɬwa] (名) 薄雲、層雲
တိမ်[tein] (名) 白内障、白そこひ ＝အတွင်းတိမ်၊ cf. ရေတိမ် 緑内障
တိမ်ကျ[tein tʃa.] (動) 白内障に罹る
တိမ်စွဲ[tein swɛ:] ＝တိမ်ကျ
တိမ်သလာဖုံး[teintəla p'oun:] (動) 白内障になる
တိမ်သလွှာ[tein təla] (名) ①眼の膜 ②白内障
တိမ်[tein] (形) ①浅い ရေတိမ်သည်။ ②声が次第に弱まる အသံတိမ်သည်။
တိမ်ကော[teingɔ:] (動) ① (池の底や川底が) 浅くなる、沈泥で塞がる ရေကန်ကြီးတိမ်ကောသည်။ 池の底が浅くなる ②衰える、衰退する、衰微する မျိုးရိုးတိမ်ကောသည်။ 家門が衰える
တိမ်ကောပပျောက်[teingɔ: pa.pjauʔ] (動) 姿を消す、衰退消滅する、滅亡する
တိမ်မြုပ်[teinmjouʔ] (動) 埋没する
တိမ်ဝင်[tein win] (動) (声が) 消え入る
တိမ်း[tein:] (動) ①傾く、傾斜する ②避ける、身を避ける、回避する、位置をずらす ③逸れる、逸脱する
တိမ်းစောင်း[tein:saun:] (動) 傾く
တိမ်းညွတ်[tein:ɲuʔ] (名) ①気が向く、心が傾く ②魅力を覚える、惚れる
တိမ်းပါး[tein:ba:] (動) ①逸れる、誤まる、迷う 間違いを犯す ②死亡する
တိမ်းမှောက်[tein:mauʔ] (動) 転覆する、引っくり返る
တိမ်းယိမ်း[tein:jein:] (動) ①避ける、免れる ②破滅する、滅びる
တိမ်းရှောင်[tein:ʃaun] (動) 身を隠す、行方を晦ます、避難する
တိမ်းရှောင်ထွက်ပြေး[tein:ʃaun t'wɛʔpje:] (動) 失踪する、逃げ隠れする、逃走して身を隠す
တုံ[tan.] (動) 停まる、停止する、静止する ＝တန့်
တံ[dəgɛ:] (名) 玉座の後背
တံကောက်ကွေး[dəgauʔkwe:] (名) ①ひかがみ (膝の内側) ②内脚 ＝တံကောက်
တံကျင်[dəgin] (名) 串、焼き串
တံကျင်လျှို[dəgin ʃo] (動) 串刺しにする
တံခါး[dəga:] (名) 扉、ドア、戸、戸口
တံခါးကျင်[dəgəgin] (名) 門の閂 ＝တံခါးကျည်
တံခါးကြား[dəga: dʒa:] (名) ドアの隙間
တံခါးကွယ်[dəgəgwɛ] (名) 扉の後
တံခါးခေါက်[dəga: k'auʔ] (動) 扉を叩く、ドアをノックする

တံခါးခုံ[dəgəkʼoun] (名) 敷居
တံခါးစောင့်[dəga:zaun.] (名) 門番、門衛、守衛
တံခါးတပ်[dəga: taʔ] (動) ドアを取付ける
တံခါးပေါက်[dəgəbauʔ] (名) ①窓 ②扉
တံခါးပေါက်ပိတ်[dəgəbauʔ peiʔ] (動) 窓を閉める
တံခါးပိတ်[dəga: peiʔ] (動) 門を閉ざす、戸を閉める
တံခါးပိတ်ဝါဒ[dəgəbeiʔ wada.] (名) 鎖国主義
တံခါးပိတ်ဝါဒကျင့်သုံး[dəgəbeiʔwada. tʃin. toun:] (動) 鎖国主義を実践する
တံခါးပိတ်အစည်းအဝေး[dəgəbeiʔ əsi:əwe:] (名) 秘密会議、非公開会議
တံခါးပွင့်[dəga: pwin.] (動) 扉が開く
တံခါးဖွင့်[dəga: p'win.] (動) ①扉を開ける ②開放する
တံခါးဖွင့်ဝါဒ[dəgəp'win. wada.] (名) 開放政策
တံခါးဗိုလ်[dəgəbo] (名) 王朝時代の王宮の門衛隊長
တံခါးဘောင်[dəgəbaun] (名) 窓枠
တံခါးမကြီး[dəgəma.dʒi:] (名) 正門
တံခါးမရှိဘား/မရှိ[dəga: məʃi. da:məʃi.] (副) 木戸御免で、出入りが自由で、大手を振って
တံခါးမုခ်[dəgəmouʔ] (名) 門、入口
တံခါးရင်း[dəgəjin:] (名) 門前
တံခါးရွက်[dəgəjwɛʔ] (名) 扉、門扉
တံခါးလက်ကိုင်[dəga: lɛʔkain] (名) ドアの取手
တံခါးဝ[dəgəwa.] (名) 門、入口、戸口
တံခါးအရှင်[dəga: əʃin] (名) 取り外しの利く扉
တံခိုး[dəgo] →တန်ခိုး
တံချု[dədʒu] (名) 股木 (果物を捻り取る道具) အောက်ကနေတံချုနှင့်ချုသည်။ 下から股木で捻り取る
တံခွန်[dəgun] (名) 吹流し、幟
တံခွန်ကုက္ကား/ညှပ်[dəgun koukʔka: ɲaʔ] (動) 幟や吹流しを挿す cf. ကုက္ကား
တံခွန်စိုက်[dəgun saiʔ] (動) ①幟を立てる ②優勝する、決勝戦で勝利を収める ③一世を風靡する
တံခွန်တိုင်[dəgundain] (名) 幟を立てるポール、掲揚台
တံခွန်ထူ[dəgun t'u] (動) 自慢する、威張る
တံခွန်အလံ[dəgun əlan] (名) 幟や旗
တံငါ့န်တိုင်＝တံငါန်တိုင်
တံငါ[təŋa] (名) 漁師、漁夫
တံငါကုန်တိုင်[təŋa kundain] (名) 南十字星 (3、4、5の3ヶ月間、南の地平線上に見える)
တံငါရွက်[təŋa ŋjouʔ] (植) タガラシ (キンポウゲ科) Ranunculus sceleratus
တံငါတာရာ[təŋa taja] (星) 漁夫座

တံငါနား နီးတံငါ ၊ မုဆိုးနားနီးမုဆိုး ။（諺）朱に交われば赤くなる（漁師に接していれば漁師、猟師に接していれば猟師になる）
တံငါလုပ်ငန်း [təŋa louʔŋan:]（名）漁業
တံငါသင်္ဘော [təŋa t̪in:bɔ:]（名）漁船
တံငါလှေ [təŋa ɬe]（名）魚獲りの舟
တံငါသည် [təŋad̪ɛ]（名）漁師
တံစူးဝါး [dəzu:wa:]（名）亡骸を茶毘に付す時に用いられる竹竿
တံစို့ [dəzo.]（名）串、焼き串
တံစိုး [dəzo:]（名）賄賂、袖の下＝လာဘ်
တံစိုးစား [dəzo: sa:]（動）収賄する、賄賂を取る
တံစိုးလက်ဆောင် [dəzo:lɛʔs'un]（動）賄賂や贈答品
တံစိုးလက်ဆောင်စား [dəzo: lɛʔs'aun sa:]（動）賄賂や贈答品を受取る
တံစက်မြိတ် [dəzɛʔmei?]（名）軒
တံစဉ်း [dəzin:]＝တံစဉ်
တံစောင်း [dəzaun]（名）鑿（のみ）、丸鑿
တံစဉ် [dəzin]（名）鎌（刃が湾曲している）
တံစဉ်း [dəzin:]（名）鑢（やすり）
တံဆိပ် [dəzeiʔ]（名）①印、刻印 ②消印、封印 ③勲章 ④徽章、バッジ ⑤商標
တံဆိပ်ခေါင်း [dəzeiʔgaun:]（名）切手
တံဆိပ်ခတ် [dəzeiʔ k'aʔ]（動）①刻印する ②捺印する
တံဆိပ်တုံး [dəzeiʔtoun:]（名）印鑑
တံတား [dəda:]（名）橋
တံတားခင်း [dəda: k'in:]＝တံတားဆောက်သည် ။
တံတားဆောက် [dəda: s'auʔ]（動）架橋する
တံတားပျက် [dəda: pjɛʔ]（動）橋が壊れる
တံတားဖွင့် [dəda: p'win.]（動）橋を開通させる
တံတားရှင် [dəda: ʃin]（名）開閉式の橋
တံတောင် [dədaun]（名）肘
တံတောင်ဆစ် [dədaunziʔ]（名）肘の関節
တံတောင်ဆစ်ချိုး [dədaunziʔt͡ʃo:]（名）ヘアピン・カーブ
တံတိုင်း [dədain:]（名）玉垣、石垣、煉瓦塀、欄楯
တံထွေး [dədwe:]①（植）フサヤマノイモ（ヤマノイモ科）Dioscorea fasciculata ②D.aculeata
တံထွေး [dədwe:～zədwe:]（名）唾、唾液
တံထွေးခွက် [dədwe:gwɛʔ]（名）痰壺
တံထွေးခွက်မှာပက်လက်မျှောသည် ။（比）世間から爪弾きされる（痰壺の中で仰向けに浮ぶ）
တံထွေးဆွတ် [dədwe: s'uʔ]（動）（切手を）唾で湿らせる
တံထွေးထွေး [dədwe: t'we:]（動）唾を吐く

တံထွေးဥ [dədwe:u.]（名）フサヤマノイモの塊根
တံပူ [dəbu]（名）楊枝、爪楊枝
တံပူစား [dəbu sa:]（動）爪楊枝を使う
တံပူဃား [dəbuja:]（植）タイワンウリノキ（ウリノキ科）Alangium begoniifolium
တံပိုး [dəbo:]（名）角笛、ホルン
တံပိုးမှုတ် [dəbo: m̥ouʔ]（動）角笛を吹く
တံပက် [dəbɛʔ] →တဘက်
တံပျာ [dəbja]（名）家畜用の突き棒、鞭
တံဘောင် [dəbaun]＝တဘောင်
တံမျဉ် [təmjin:]（名）大工用の巻き尺
တံမျဉ်ကြိုး [təmjin:d͡ʑo:]＝တံမျဉ်
တံမြက် [dəbjɛʔ]（名）箒
တံမြက်စည်း [dəbjɛʔsi:]＝တံမြက်
တံမြက်စည်းပင် [dəbjɛʔsi:bin]（植）アメリカキンゴジカ（アオイ科）Sida spinosa
တံမြက်စည်းလှည်း [dəbjɛʔsi: l̥ɛ:]（動）掃除をする、箒で掃く
တံမြက်လှည်း [dəbjɛʔ l̥ɛ:]＝တံမြက်စည်းလှည်း
တံလျပ် [tanl̥aʔ]（名）①陽炎 ②蜃気楼
တံလျပ်တက် [tanl̥aʔ tɛʔ]（動）陽炎が立つ
တံလျပ်တ [tanl̥aʔ t'a.]＝တံလျပ်တက်
တံလျပ် [tanl̥ja]＝တံလျပ်
တံလျောက် [tanl̥jauʔ]（名）樋、雨樋
တုံ့ [toun.]（動）①お返しする、やり返す、報復する ②後退りする、引き返す ③ためらう、怯む
တုံ့ကန် [toun.kan]（動）跳ね返る、後戻りする、反動する
တုံ့ဆိုင် [toun.s'ain:]（動）たじろぐ、ためらう、尻込みする
တုံ့ပဲ့တုံ့ပဲ့ [toun.pɛ toun.pɛ]（副）行ったり来たり
တုံ့ပြန် [toun.pjan]（動）①答える、呼応する、反応する မေတ္တာတုံ့ပြန်သည် ။ 愛情に応える စေတနာအမှန်ကိုတုံ့ပြန်သည် ။ 真の誠意に応える ②お返しする、やり返す、仕返しをする、報復する ③突っぱねる
တုံ့ပြန်တိုက်ခိုက် [toun.pjan taiʔk'aiʔ]（動）反撃する、反抗する
တုံ့ပြန်မှု [toun.pjanmu.]（名）反応、応報、仕返し
တုံ့ပြန်လက်စားချေ [toun.pjan lɛʔsa:t͡ʃe]（動）報復する、復仇する、復讐する、仕返しをする
တုံ [toun]（名）高地、丘、斜面
တုံ [doun]（助・文）場合、ケース ငါတုံသည်လည်း 私の場合には ရာမမင်းတုံသည်လည်း ラーマ王子の場合は
တုံ [toun～doun]（助動）2回用いて動作の交互性を示す、～したり～したり တံခါးမသည်ပိတ်တုံပွင့်တုံဖြစ်

သည်။ 門扉は閉じたり開いたりしている

တို[doun] (助動・文) 再開、反復を示す、又もや、今度は ပဏ္ဍားငယ်လည်းဆိုပေတို၏။ バラモンは言った စာဆိုရှင်သည်စကား:ပြေပြင်လည်းကျေးဇူးပြုခဲ့တို၏။ 文人は散文で貢献した

တိုဂိုဏ်း[toun gain:] (名) 一肩派（ビルマ仏教の宗派、外出する時右肩を露出させる）= အတင်ဂိုဏ်း

တို့နွယ်[tounnwε] (植) ツルシタン（マメ科）Dalbergia parviflora

တိုရေ[toun bəju.] (植) ハンタールドリ （ミカン科）Zanthoxylum rhetsa

တို[doun] (文末助詞) 疑問を現わす ဘာတို၏။ 何だって？ ဘာလုပ်တာတို။ 何をしたの？ ဘာပြုလို့မေးတာတို။ なぜ質問したのか = တုန်း၊ လဲ၊ နည်း။

တို:[toun:] ① (動) (肉を) ぶつ切りにする、切り刻む ②頭を剃る、坊主頭にする ခေါင်း:တို:ရိတ်သည်။ 坊主頭にする ③季節外れとなる、盛りが過ぎる သရက်သီး:တို:ပြီ။ マンゴーは時期外れだ အညှင့်တို:သည်။ 芽が潰れる、挫折する ④ (形) 鈍い、鋭くない ငါ့ဓား:တို:နေတယ်။ 僕のナイフは切れ味が悪い ⑤頭の回転が鈍い

တို:[toun:] (名) ①丸太 ②立体物、塊 သစ်တို: 丸太 တံဆိပ်:တို: 印鑑 ③木製のほう、寺院で時を告げるじん鐘 = ကုလား:တက် ④横線、ダッシュ、ハイフン

တို:ကုလား:[doun kəla:] (鳥) セイタカコウ（コウノトリ科）= ဒုံး:ကုလား:၊ ဒက်ကုလား:။

တို:ကျော့[toun:tʃɔ] (動) 死ぬと噂されたが息を吹き返す、長生きする

တို:ခု[toun k'u.] (動) 踏み台を置く

တို:ခေါက်[toun: k'auʔ] (動) ほうを打ち鳴らす

တို:စပ်[doun zaʔ] (鳥) オオハゲコウ（コウノトリ科）= ဒုံး:စပ်

တို:ဆိုတိုက်၊ ကျာ:ဆိုကိုက်[toun:sʼo taiʔ tʃa:sʼo kaiʔ] = တို:တိုက်တိုက်၊ ကျာ:ကိုက်ကိုက်

တို:တာ[toun:da] (形) 頭の反応が鈍い

တို:တီ[doun:di.] (副) 寡黙で、ぶっきらぼうに = တို:တီ

တို:တီတီ[doun:di.di.] (副) ①芽がなくて ②無能力で ③簡潔に、単刀直入に、ぶっきら棒に တို:တီနှင့်လွတ်တယ်။ あまりにもぶっきらぼう過ぎる

တို:တေ[toun:te] (形) 頭の反応が鈍い

တို:ဒို[doun:do] (副) ハイフン、一重線

တို:တိုက်တိုက်၊ ကျာ:ကိုက်ကိုက်[toun:taiʔ tʃa: kaiʔkaiʔ] (副) 素早く反応して、猪突猛進で、脇目も振らずに、電光石火の勢で、雨が降ろうが嵐が来ようが、開き直って

တို:တင်[toun:din] (名) (牧場の出入口で使われる) 二重の柵

တို:ဒုန်:ချ[doun:doun: tʃa.] (動) 決心する、決意する

တို:ပလုပ်[toun:pəlouʔ] (虫) 朽ち木の中にいる芋虫 (甲虫類の幼虫)

တို:ပေကတ်သတ်[toun:be kaʔtaʔ] (副) 頑強に、強靭で、酷使に耐えて、苦痛に耐えて、貧苦に耐えて

တို:ပေသော:ရေ[toun:be təje] = တို:ပေကတ်သတ်

တို:ပေသော:ရေနာ:[toun:betəjena:] = ပေသော:ရေ

တို:မောင်:[toun:maun:] (名) ①木製のほう、寺院で時を告げるじん鐘 = ကုလား:တက်၊ အုန်:မောင်:။ ②城攻めの敵兵の頭上に落す丸太

တို:မြီးကျက်[doun:mi:gwεʔ] (鳥) コハゲコウ（コウノトリ科）= ဒုံး:မြီးကျက်

တို:ရှည်[toun:ʃe] (名) ダッシュ、一重線

တို:လုံ:[toun:loun:] (副) ①長々と、伸びて、ごろりと ②裸で、一糸まとわずに

တို:လုံ:စာ[toun:loun:za] (名) 不時の出費、予備の費用、まさかの時の経費、老後の生活費

တို:လုံ:စက်[toun:loun:sεʔ] (名) 巻き上げ機、ウインチ

တို:လုံ:နာ[toun:loun:na] (名) 寝たきり、寝たきりの病人

တို:လုံ:ပက်လက်[toun:loun:pεʔlεʔ] (副) ①ごろりと倒れて、横倒しになって、大の字になって တို:လုံ:ပက်လက်လျောင်:နေကြသည်။ ごろごろと横たわっていた ②目を背けたくなる位に

တို:လုံ:လဲ[toun:loun: lε:] (動) 横になる、横たわる、横臥する

ကျာချင်:[təjadʒin:] (名) (တပေါင်:သံ で始まり、တပေါင်:သံ で終る) 歌

ကျာကျာ[təja təja] (形) 真っ赤だ

ကျ[təri.] (数) 三 < サ Tri

ကျချို:[təri.dʒo:] (名) 三節構成の詩

ကျဂိုနိုမေကျ[təri.gonometəri] (名) 三角函数

ကျဂံ[təri.gan] (名) 三角 cf.စတုဂံ 四角

ကျဂံပုံ[təri.ganboun] (名) 三角形

ကျနယ်[təri.gannε] (名) 三角地帯

ကျစီဝရ[təri.siwəra.] (名) 三衣 = သင်္ကန်း:သုံးထည်

ကျင်း:[tərin:] (名) (占星術で使用) 1季節の3分の1の時間 < サ

တွာ:[twa:] (動) 這う、匍匐する

တွာ:သွာ:[twa: twa:] (動) 這って行く

တွာ:သွာ:ကောင်[twa: twa:gaun] = တွာ:သွာ:သတ္တဝါ

တွာ:သွာ:သတ္တဝါ[twa: twa:dədəwa] (名) 爬虫類

တွေ့[twe.]（動）①会う、出会う ②見掛ける、目にする、遭遇する
တွေ့ကရာ[twe.gəja]（名・形）①手当たり次第 ② 思い付くまま တွေ့ကရာအကုန်စားတယ်။ 手当たり次第に何でも食べた တွေ့ကရာအိမ်၊ တွေ့ကရာခြံထဲဝင်သည်။ 行き当たりばったりに家屋敷の中に入った တွေ့ကရာ ကားတွေတွေ့မပြောရဘူး။ 思い付くままに話してはいけない
တွေ့ကရာရှိသောက်[twe.gəja ʃi̲ʔta̲un:]（名・副）あれこれ、見るもの聞くもの悉く、手当たり次第、何でも
တွေ့ကြလေးတာပေါ့[twe.dʒa.dedapɔ.]（動）① (挨拶)また会いましょう ②（捨て台詞）畜生、今に見ておれ、このままでは済まさんぞ
တွေ့ကြုံ[twe.tʃoun]（動）出くわす、出会う、遭遇する
တွေ့ဆုံ[twe.s'oun]（動）会う、出会う
တွေ့ဆုံညှိနှိုင်း[twe.s'ounɲi.n̥ain:]（動）会談する
တွေ့တွေ့ချင်း[twe.twe.dʒin:]（副）会うや否や、出会った途端
တွေ့ထိ[twe.t'i.]（動）触れる、接する、接触する
တွေ့မြင်[twe.mjin]（動）見掛ける、目にする
တွေ့ရှိ[twe.ʃi.]（動）見つける、発見する
တွေ့အောင်[twe.aun]（副）見つかるように、何としても見つけるよう အကိုကိုကျနော်တွေ့အောင်ရှာပေးမယ်။ 何とかして私が兄さんを探してあげよう
တွေ[twe~dwe]（尾）①複数、群共性を示す နွားတွေ 牛の群 တောတွေတောင်တွေ 森や山 ခြေလက်တွေ ကိုက်ခဲလာတယ်။ 手や足が痛む မြစ်တွေများကြောင်းတွေကို ဖြတ်သန်းလာခဲ့တယ်။ いくつもの河川を渡った ②量の多さを現わす ရေတွေခန်းခြောက်ကုန်ပြီ 水は干上がっている သွေးတွေစီးကျလာပြီ 血が流れ落ちて来た မိုးတွေရွာလာပြီ 雨が降って来た မျက်ရည်တွေကိုသုတ်လိုက်မလေး။ 涙を拭きなさい အရက်တွေသောက်လာတယ်။ 酒を飲んで来た cf. တို့
တွေ[twe]（動）①ためらう、気迷う、判断に迷う ②ぼうっとする、気が遠くなる、意識が朦朧となる
တွေတွေ[twedwe]（副）（涙が）止めどなく、耐えず
တွေရာလေးပါ[tweja le:ba:]（名）あれこれ တွေ ရာလေးပါ:စိတ်ကူးသည်။ あれこれ考える
တွေဝေ[tewewe]（動）①思い迷う、考えがぐらつく、決断が付かない、態度を決めかねる、判断に迷う ② 意識が朦朧となる
တွေဝေမှု့[tewewem̥u.]（名）優柔不断、曖昧さ
တွေး[twe:]（動）考える、思案する、熟考する
တွေးကြောက်[twe:tʃauʔ]（動）思い浮かべては恐怖を覚える
တွေးကြည့်[twe:tʃi.]（動）考えてみる、思案してみる
တွေးခေါ်[twe:k'ɔ]（動）考える、考えを巡らす
တွေးခေါ်ဆင်ခြင်[twe:k'ɔ s'indʒin]（動）思考する
တွေးဆ[twe:s'a.]（動）熟慮する、熟考する
တွေးတော[twe:tɔ:]（動）考えを巡らす、思案する、考え込む
တွေးတောဆင်ခြင်[twe:tɔ s'indʒin]（動）考え、想像する、推測する
တွေးတောပူပန်[twe:tɔ: puban]（動）思い患う、思案憂慮する
တွေးထင်[twe:t'in]（動）推測する、推量する、憶測する
တွေးမြော်[twe:mjɔ]（動）思い描く、予期する、予想する、見込む
တွေးရိုးမတွေး[twe:jo: mətwe:]（動）伝統的な考えをしない、独特の発想をする
တွေးတွေးနီ[twe:dwe: ni]（形）緋色をしている
တွယ်[twɛ]（動）①くっ付く、付着する、へばり付く、まとわり付く ②襲う、襲いかかる、攻める မြေဝှေးဆိုတာသူထိရင်တော့တွယ်တာဘဲ။ クサリヘビというのは、手を出すと寄ってくるものだ
တွယ်ကပ်[twɛkaʔ]（動）くっ付く、へばり付く、張り付く、しがみつく
တွယ်ချိတ်[twɛteiʔ]（名）安全ピン
တွယ်တာ[twɛta]（動）執着する、愛着を持つ
တွယ်တက်[twɛtɛʔ]（動）よじ登る
တွယ်ဖက်[twɛpʔɛʔ]（動）すがる、すがり付く、まとわり付く
တွယ်အပ်[twɛ aʔ]（名）ピン、留め針
တွဲ[twɛ:]①（動）繋ぐ、連結する ②組む、一緒にいる、連れ立つ、連れ添う ③提携する အလုပ်တွဲလုပ်သည်။ 共同で仕事をする ④（副）下を向いて、垂れて、ぶら下がって ⑤（名）車両 ကုန်တွဲ 貨車 ပဉ္စမတန်းတွဲ 一等車 လူစီးတွဲ 客車
တွဲစပ်[twɛ:saʔ]（動）連結する、組合う
တွဲထား[twɛ:t'a:]（動）繋いで置く、連接して置く
တွဲထိုး[twɛ:t'o:]（動）始発列車が到着する
တွဲဘွဲ[twɛ:bwɛ:]（名）競馬の複式予想
တွဲဖက်[twɛ:pʔɛʔ]（動）①組み合う、一緒になる、連接する ②（副）組んで、共同で ③（名）相棒、提携相手
တွဲဘက်[twɛ:bɛʔ] = တွဲဖက်
တွဲဘက်အတွင်းရေးမှူး[twɛ:bɛʔ ətwin:je:m̥u:]

（名）副事務局長

တွဲရေးခွဲရေး[twɛ:je: k'wɛ:je:]（名）分離非分離問題（１９３５年のインド・ビルマ分離問題）

တွဲလဲ[twɛ:lɛ:]（副）①ぶらりと ②引き連れて

တွဲလဲကျ[twɛ:lɛ: tʃa.]（動）ぶら下がる

တွဲလောင်း[twɛ:laun:]（副）ぶらりと、だらりと、ぶら下がって

တွဲလျား[twɛ:lja:]（副）ぶらりと、垂れ下がって

တွဲလျားကျ[twɛ:lja tʃa.]（動）垂れ下がる

တွဲလွဲ[twɛ:lwɛ:]（副）だらりと、ぶら下がって

တွဲလွဲကျ[twɛ:lwɛ: tʃa.]①（動）ぶら下がる ②（副）ぶらりぶらりと

တွဲသောက်[twɛ: tau̥ʔ]（動）（薬を）併用する

တွက်[twɛʔ]（動）①数える ②計算する ③推量する ④肘打ちをする、肘鉄砲を食わせる =တံတောင်နဲ့တွက်

တွက်ကတ်[twɛʔkaʔ]（動）相手に合せてこちらもしない

တွက်ကိန်း[twɛʔkein:]（名）①数字、計算 ②予測、見込み、見通し、目論見、思惑

တွက်ကိန်းချ[twɛʔkein: tʃa.]（動）予測する、予測を立てる

တွက်ချက်[twɛʔtʃɛʔ]（動）①計算する、解く ②推し量る、見通す ③運星の動きを調べる

တွက်ချက်မှု[twɛʔtʃɛʔmu.]（名）①計算、計算の仕方 ②目論見

တွက်ခြေကိုက်[twɛʔtʃe kaiʔ]（動）計算があう、見込み通りになる、採算が採れる

တွက်စစ်[twɛʔsiʔ]（動）数えて調べる、計算して調べる、検算する

တွက်ဆ[twɛʔs'a.]（動）推量する、推し量る

တွက်နည်း[twɛʔni:]（名）計算法

တွက်သား:ကိုက်[twɛʔta: kaiʔ]（動）見込み通りになる、採算が採れる

တွင်[dwin~twin]（格助・文）於格、~に、~で、~において အညာမြေတွင်မြေပေါ်။ 上ビルマには蛇が多い မြေများတွင်ခြေလက်လုံးဝမရှိချေ။ 蛇には手足が全くない ပုတီးကြီးကိုလက်တွင်ကိုင်သည်။ 大きな数珠を手に持っている လမ်းဘေးတွင်သစ်ပင်တပင်တွေ့သည်။ 道端に１本の木を見かけた သုံးရီခန့်တွင်ရောက်လာသည်။ ３時頃にやって来た ညဆယ်နာရီတွင်အိမ်ကြရန်။ 夜十時に寝た မှန်တွင်သူ့အရိပ်မှာထင်နေသည်။ 鏡に自分の姿が映っている =မှာ၊၌၊ဝယ်။

တွင်[twin]（動）①名付ける ②呼ばれる ③足跡が残る ရာဇဝင်တွင်သည်။ 歴史に残る ဒဏ္ဍာရီတွင်သည်။ 伝説化される ③捗る、順調に進展する အလုပ်တွင်သည်။ 仕事が捗る

တွင်ကျယ်[twintʃɛ]（動）①順調だ、好調だ、効果的に行く、捗る、はける、さばける လုပ်ငန်းတွင်ကျယ်သည်။ 仕事は順調だ

တွင်တွင်[twindwin]（副）①能率良く、捗って ②休みなく、絶えず、間断なく、退くことなく စားစရာကိုတွင်တွင်စားနေကြသည်။ 食べ物をもくもくと食べ続けている ချစ်ပါသည်ဟုတွင်တွင်ပြောနေသည်။ 愛していると絶えず口にしている

တွင်အောင်[twin aun]（副）捗るように

တွင်း[twin]（名）旋盤

တွင်းခုံ[twingoun]=တွင် cf.ဖောက်ခုံ

တွင်း[twin:]（名）穴、窪み

တွင်းစား[twin:za:]（名）油井の所有者

တွင်းဆုံးကမ်းကုန်ဖြစ်[twin:zoun: kan:koun p'jiʔ]（動）徹底的に頑張る、徹頭徹尾やり通す

တွင်းတူး[twin: tu:]（動）穴を掘る、採掘する

တွင်းတူးစက်[twin: tu:zɛʔ]（名）ショベルカー、掘削機

တွင်းထွက်[twindwɛʔ]（名）鉱産物

တွင်းထွက်ပစ္စည်း[twindwɛʔ pjiʔsi:]（名）鉱産物

တွင်းထွက်သယံဇာတ[twindwɛʔ təjanzata.]（名）鉱産資源

တွင်းထွက်သတ္တု[twindwɛʔ taʔtu.]（名）鉱物

တွင်းနက်[twin:nɛʔ]（植）イチノカルブス（キョウチクトウ科）Ichnocarpus frutescens

~တွင်းနက်[~twin:nɛʔ]（形）程度の深さを現わす မိုက်ကင်းနက်သည်။ 乱暴狼藉の限りを尽す ဆင်းရဲတွင်းနက်သည်။ 極貧状態だ

တွင်းပိုး[twin:bo:]（虫）ゲンゴロウ、ハイイロゲンゴロウ Eretes sticticus（モンユワ県ブダリン郡の火口湖に棲息）

တွင်းရေ[twin:je]（名）井戸水

တွင်းရှိ[twin:jo:]（名）（イエーナンジャウン地方の）石油採掘の権利を先祖代々持っている一族 =တွင်းစားရှိ

တွင်းဟောက်[twin:hauʔ]（名）窪み、穴

တွင်းအောင်း[twin:aun:]（動）冬籠りする

တွင်းအိမ်သာ[twin:einda]（名）溜め込み式便所

တွတ်[tuʔ]（名）来孫（玄孫の子供）

တွတ်[tuʔ]（動）のべつ幕なしに喋る、口喧しい

တွတ်တီးတွတ်တာ[tuʔti:tuʔta]（副）舌足らずの調子で、片言みたいに、甘えたように

တွတ်ထိုး[tuʔt'o:]（動）①しきりに言う、のべつ幕なしに喋る ②相手を追いかけて叩く遊び

တွန့်[tun.]（動）①皺が寄る ②襞ができる、折り目がつく ③ためらう、気乗りしない、尻込みする

တွန့်ဆုတ်[tun.s'ouʔ]（動）ためらう、躊躇する、尻込みする、後退りする

တွန့်ဆုတ်တွန့်ဆုတ်ဖြစ်[tun.s'ouʔtun.s'ouʔ p'jiʔ]（動）躊躇する、尻込みする

တွန့်တို[tun.do]（動）①ためらう、気乗りせぬ、気が進まない、尻込みする ②物惜しみする、けちけちする ပိုက်ဆံကုန်ကြရမည်ကိုနှင်မြော်တွန့်တိုလေ့ရှိသည်။ お金が掛かるのを勿体ながる

တွန့်တိုခြင်းမရှိဘဲ[tun.doʑin: məʃi.bɛ:]（副）①ためらわずに、躊躇せずに ②物惜しみせず

တွန့်ရုံ့[tun.jun.]（動）縮む、萎縮する

တွန့်ရှုံ့[tun.ʃoun.]（動）縮む、皺が寄る

တွန့်လိပ်[tun.leiʔ]（動）縮れる、縮む、皺が寄る

တွန့်လိမ်[tun.lein]（動）よじれる、捻じれる

တွန်[tun]（動）（鳥が）鳴く ကြက်တွန်သည်။ 鶏がときを告げる နွားတွန်သည်။ 牛が鳴く ကျေးငှက်တွန်သည် 小鳥がさえずる မြွေတွန်သည်။ 蛇が声を出す လင်းမြွေသည်အသံရှည်ရှည်ဆွဲ၍တွန်တတ်သည်။ コモンヘビは糸を引くような声を出す

တွန်ကျူး[tuntʃu:]（動）さえずる

တွန်ကာဗင်[tunkabin]（植）トンコマメ（マメ科）Dipteryx odorata

တွန်း[tun:]（動）①押す、突く ②ごしごし擦る、ごしごし洗う、汚れを擦り落す

တွန်းကန်[tun:kan]（動）①押し出す ②反動する、反発する

တွန်းချ[tun:tʃʰa.]（動）突き落す、押し倒す ရွံ့ထဲတွန်းချသည်။ 泥濘の中に押し倒した

တွန်းတင်[tun:tin]（動）押し上げる

တွန်းတံခါး[tun: dəga:]（名）開きドア

တွန်းထိုး[tun:t'o:]（動）突き押す、押し合う

တွန်းထုတ်[tun:t'ouʔ]（動）押し出す

တွန်းပို့[tun:po.]（動）押し込む、送り込む

တွန်းဖယ်[tun:pɛ]（動）押しのける、排除する

တွန်းဖွင့်[tun:p'win.]（動）押し開ける

တွန်းလှည်း[tun:ɬɛ:]（名）手押し車

တွန်းလှန်[tun:ɬan]（動）追い払う、追い返す、撃退する

တွန်းလှန်တိုက်ခိုက်[tun:ɬan taiʔk'aiʔ]（動）反撃する

တွန်းလှန်ဖြိုဖျက်[tun:ɬan p'jop'jɛʔ]（動）撃退する、駆逐する

တွန်းအား[tun:a:]（名）押す力、推進力

တွန်းအားပေး[tun:a: pe:]（動）推し進める、推進する

တုပ်[tuʔ]（動）（魚が）餌に食いつく、餌をつつく

ထ

ထ[t'a.]（名）ビルマ文字体系第17番目の子音文字 その名称は ထဆင်ထူး[ta.s'indu:]

ထ[t'a.]（助動）威厳、尊厳を現わす မြတ်သောမင်း ဖြစ်တော်မူသောမြတ်စွာဘုရား 尊貴な王子であらせられた仏陀

ထ[t'a.]（動）①起き上がる、体を起す အိပ်ရာမှထသည်။ 寝床から起き上がる ②立ち上がる、立つ ထိုင်ရာမှထသည်။ 座を立つ ③立つ အမြှုပ်ထသည်။ 泡立つ လှိုင်းထသည်။ 波立つ မြူထသည်။ 霧がかかる လေထသည်။ げっぷが出る အဖုထသည်။ 発疹が出る ပေါက်ထသည်။ 雑草が生える、はびこる သွားပိုးထသည်။ 歯が痛む ရောဂါထသည်။ 病の症状が出る သူခိုးထသည်။ 泥棒が横行する ကမြင်းကြောင်ထသည်။ 欲情を起す、淫乱になる

ထကား:ယား:ထိုင်ကား:ယား:[t'a. ka:ja: t'ain ka:ja:]（副）不様で、不格好で、動作がぎこちなくて

ထကြွ[t'a.tʃwa.]（動）①暴れる、動き出す、荒れる、活動的になる ②蜂起する、謀反を起す、反乱を起す နယ်စပ်တွင်လူဆိုးများထကြွနေသည်။ 国境で匪賊が跳梁している

ထကြွသောင်းကျန်း[t'a.tʃwa. t̪aun:dʑan:]（動）反乱を起す、謀反する

ထကြွသောင်းကျန်းသူ[t'a.tʃwa. t̪aun:dʑan:du]（名）叛徒、暴徒

ထခုန်[t'a.k'oun]（動）飛び上がる

ထထကြွကြွ[t'a.da. tʃwa.dʑwa.]（副）①盛り上がって、勇躍して ②軽々と、敏捷に ③騒然と

ထထိုင်[t'a.t'ain]（動）起き上がって座る

ထရ[t'a.jaʔ]（動）立ち上がる

ထနောင်း[t'ənaun:]（植）シロカワアカシア（ネムノキ科）Acacia leucophloea

ထနောင်းတု[t'ənaun:du.]（植）ニセアカシア、ハリエンジュ（マメ科）Robinia pseudo-acacia

ထဘီ[t'əmein] =ထမီ

ထမန်း[t'əmɛnɛ:] =ထမင်း

ထမီ~ထဘီ[t'əmi~t'əmein]（名）女性用ロンジー（伝統的にビルマ女性が身にまとうロング・スカートの1種）

ထမီရင်လျှို[t'əmein jinʃa:]（動）ロンジーを胸元で締める

ထမီဝတ်[t'əmein wuʔ]（動）ロンジーを身にまとう

ထမင်း[t'əmin:]（名）飯、米飯

ထမင်းကျက်[t'əmin: tʃɛʔ]（動）米が炊き上がる

ထမင်းကျန်[t'əmin:dʑan]（名）残飯

ထမင်းကြော်[t'əmin:ǰɔ] (名) 焼き飯、チャーハン
ထမင်းကြမ်း[t'əmin:ǰan:] (名) 残り飯、冷や飯
ထမင်းကျွေး[t'əmin:tʃwe:] (動) ①飯を食わせる ②食事を奢る
ထမင်းခူး[t'əmin: k'u:] (動) 飯をよそう
ထမင်းချို[t'əmin:ǰo:] (名) お焦げ
ထမင်းချက်[t'əmin: tʃɛʔ] ① (動) 飯を炊く ② [t'əmin:ǰɛʔ] (名) コック、飯炊き、料理人
ထမင်းချိုင့်[t'əmin:ǰain.] (名) 弁当箱 (アルミ製で2段又は3段重ね)
ထမင်းချဉ်[t'əmin:ǰin] (名) 肉やトマトを入れた混ぜ飯
ထမင်းချမ်း[t'əmin:ǰan:] (名) 冷や飯
ထမင်းခြောက်[t'əmin:ǰauʔ] (名) 干し飯
ထမင်းခြောက်ဂျုံ[t'əmin:ǰauʔǰoun] (植) マカロニコムギ (イネ科) Triticum durum
ထမင်းခွံ့ကျွေး[t'əmin: k'un.tʃwe:] (動) 飯を口の中に入れてやる
ထမင်းငတ်[t'əmin: ŋaʔ] (動) 飯が食えない、飯に飢える
ထမင်းစား[t'əmin: sa:] (動) 飯を食う、食事をする
ထမင်းစားခေါ်[t'əmin:sa: k'ɔ] (動) 食事に呼ぶ
ထမင်းစားခန်း[t'əmin:sa:gan:] (動) 食堂
ထမင်းစားချိန်[t'əmin: sa:ǰein] (名) 食事時間
ထမင်းစားပွဲ[t'əmin: zəbwɛ:] (名) ①食卓、テーブル ②[t'əmin: sa:bwɛ:] 晩餐会、食事への招待
ထမင်းစားမြိန်[t'əmin:za: mein] (形) 食事が美味しい
ထမင်းစာရေသောက်[t'əmin:za: jedauʔ] ① (名) 外国語のイロハ ②朝飯前 ③ (副) 何とか、そこそこに
ထမင်းဆာ[t'əmin: s'a] (形) ひもじい
ထမင်းဆိုင်[t'əmin:zain] (名) 飯屋、食堂
ထမင်းဆုပ်[t'əmin:zouʔ] (名) 握り飯
ထမင်းတပွဲ[t'əmin: dəbwɛ:] (名) 1人分の飯
ထမင်းတလုပ်[t'əmin: təlouʔ] (名) 1口分の飯
ထမင်းအိုးချက်ခန်[t'əmin: təo:ǰɛʔ k'an.] (名) 釜の飯が炊き上がる迄の時間
ထမင်းထုပ်[t'əmin:douʔ] (名) 握り飯 (被災者、難民への炊き出しに使う、飯の中におかずを入れる)
ထမင်းနဲ[t'əmənɛ] (名) 蒸した餅米にピーナッツ、胡麻、ヤシの実、生姜等を加えて練った食べ物
ထမင်းနဲထိုး[t'əmənɛ t'o:] (動) 餅をつく、蒸した餅米を捏ね合わせる、タマネーを作る

ထမင်းနပ်မှန်[t'əmin: naʔ man] (動) 規則正しく食事をする、三度三度食事ができる ထမင်းနပ်မှန်စာရသည်။
ထမင်းပွဲ[t'əmin:bwɛ:] (名) 食膳
ထမင်းပွဲပြင်[t'əmin:bwɛ: pjin] (名) 食事の準備をする
ထမင်းပွဲရှေရောက်[t'əmin:bwɛ: ʃe.jauʔ] (副) 快適な暮し、不自由のない生活
ထမင်းဖြူ[t'əmin:bju] (名) 白い飯 (အုန်းထမင်းに対して)
ထမင်းဘူး[t'əmin:bu:] (名) 弁当箱
ထမင်းမြန်ဆေး[t'əmin: meinze:] (名) 食欲増進剤
ထမင်းမှန်ဟင်းမှန်မသိအောင်ဖြစ်[t'əmin:man hin: man məti.aun p'jiʔ] (動) 三度の飯さえまともに食べられない程忙しい
ထမင်းရေချောင်းစီး[t'əməje tʃaun:si:] = ထမင်းရည်ချောင်းစီး
ထမင်းရည်[t'əməje] (名) 重湯
ထမင်းရည်ချောင်းစီး[t'əməje tʃauun:si:] (副) 大々的に、大規模に、盛大に ထမင်းရေချောင်းစီးလှူသည်။ 盛大に寄進する
ထမင်းရည်ငဲ့[t'əməje ŋɛ.] (動) 炊飯途中で重湯を捨てる
ထမင်းရည်ပူစည်[t'əməjebu si:] (名) 通せんぼ遊びをする時の左右に引かれた線 (越えてはならない)
ထမင်းရေပူလာ၊လျှာလွှဲ။ (諺) 熱い重湯が来ると、舌が避ける (日和見、責任逃れ、要領がよい)
ထမင်းလက်ဆုံစား[t'əmin: lɛʔs'oun sa:] (動) 一膳の飯を分け合って食べる、一つの食卓を囲んで食べる、一つ釜の飯を食う (夫婦関係を表わす)
ထမင်းလာဂေပေးစား[t'əmin: ləga.pe: sa:] (動) 食事付きで下宿する、賄い付きで下宿する
ထမင်းလုံး[t'əmin:loun:] (名) 飯粒
ထမင်းလုံးစိ[t'əmin:loun: si] (動) 食後ひと寝入りする
ထမင်းလုံးတစေ့ချောက်[t'əmin:loun: təs'e tʃauʔ] (動) 悪夢にうなされる
ထမင်းဝ[t'əmin: wa.] (形) 満腹だ、腹一杯だ
ထမင်းဝိုင်း[t'əmin:wain:] (名) 食事の座、食事中の人々、食卓を囲む人々
ထမင်းဦးပေါင်း[t'əmin: u:baun:] (名) 炊き立ての飯の表面、飯の盛り上がり
ထမင်းအိုး[t'əmin:o:] (名) 釜 cf. ဟင်းအိုး
ထမင်းအိုးကွဲ[t'əmin:o: kwɛ:] (動) 生計の手段を失う、生活が破綻する、路頭に迷う

ထမင်းအိုးခဲ့[t'əmin:o: k'wɛ:]（動）生活を失わせる、路頭に迷わせる

ထမင်းအိုးဆူ[t'əmin:o: s'u]（動）釜が沸騰する、飯が炊き上がる

ထမင်းအိုးတလုံးချက်ခန့်[t'əmin:o: təloun:ʥɛʔ k'an.]（名）一釜分の飯が炊き上がる迄の時間（凡そ半時間）

ထမင်းအိုးတည်[t'əmin:o: ti]（動）釜を火に掛ける

ထမုံ[t'əmoun]（名）かつてシャン地方にいた地方の有力者、藩侯စော်ဘွား:の支配下にあった =တိုက်သူကြီး

ထမြောက်[t'a.mjauʔ]（動）①完成する、仕上がる②うまく行く、成就する、実現する ရည်ရွယ်ချက်ထမြောက်သည်။ 目的が果される

ထရပ်ကား[t'əraʔka:]（名）トラック< 英 Truck တရပ်ကားတပ်ဆင်ရေးစက်ရုံ[t'əraʔka: taʔs'in je: sɛʔjoun]（名）トラック組立て工場

ထရံ[t'əjan]（名）（葦や割り竹で編んだ）壁 ကျူ ထရံ よしず壁 ဝါး:ထရံ 割り竹の壁

ထရံကာ[t'jan ka]（動）竹壁で囲う

ထရံပေါက်[t'əjanbauʔ]（名）壁の穴、壁の隙間

ထာဝစဉ်[t'awəzin]（副）①常に、いつも、始終②永久に、永遠に、永続的に、恒久的に အကျိုးပေးတဲ့ ပစ္စည်း:ဆိုရင်ထာဝစဉ်ထား:ရမယ်။ 有益な品物であれば、恒久的に保存せねばならぬ

ထာဝစဉ်ထာဝရ[t'awəzin t'awəja.] =ထာဝစဉ်

ထာဝရ[t'awəra.~t'awəja.] =ထာဝစဉ်

ထာဝရကုသိုလ်[t'awəja. ku.to]（名）元利を毎日利用できる

ထာဝရဥစ္စာ[t'awəja.ouʔsa]（名）不動産

ထား[t'a:]（動）①置く စာအုပ်ကိုစားပွဲပေါ်မှာထား:သည်။ 本をテーブルの上に置く②除く、省く、例外とする အပထား:သည်။ ③（助動）〜しておく、〜してある စုထား:သည်ငွေ 貯めておいたお金 အသင့်ကျိုထား:သည်ရေနွေး:ကြမ်း 前もって沸かしておいたお茶 ခပ်စောစောဝယ်ထား:သည် 早々と購入しておいた အိမ်ကို ဆောက်ထား:သည်။ 家を建ててある တံခါး:မှာသော့ခတ်ထား:သည်။ ドアには鍵が掛けてある တံခါး:တွေအား:လုံးပိတ်ထား:တယ်။ ドアは全て閉めてある

ထား:ခဲ့[t'a: gɛ.]（動）置いて来る

ထား:ထား:[t'a: t'a:]（動）置いておく、置いてある

ထား:ပစ်[t'a: bjiʔ]（動）置き去りにする、捨て去る

ထား:သို[t'a: to]（動）①保存する、貯える ②配置する

ဓား:[da:]（名）刀、剣、刃物 =ဒါး၊ ဓား:။

ဓား:ခုတ်ကောင်[da:gouʔ kaun]（虫）カマキリ =စာ:ခုတ်ကောင်

ဓား:ခုတ်ရာ[da:k'ouʔja]（名）刀の傷跡

ဓား:ခုတ်လုံးထို:[da:k'ouʔ lantʔo:] =စာ:ခုတ်လုံးထို:

ဓား:စာချေ:[dəza tʃwe:] =စာ:စာချေ:

ဓား:စာခံ[dəza k'an]①（動）とばっちりを蒙る ②[dəzagan]（名）=စာ:စာခံ

ဓား:စာခံလူ[dəzagan louʔ] =စာ:စာခံလူ

ဓား:ပြ[dəmja.]（名）強盗 =စာ:ပြ

ဓား:ပြတိုက်[dəmja. taiʔ] =စာ:ပြတိုက်

ဓား:ပြဗိုလ်[dəmja.bo] =စာ:ပြဗိုလ်

ဓား:ပြမှု[dəmja.mu.] =စာ:ပြမှု

ဓား:မ[dəma.]（名）太刀

ဓား:ဦးချ[dəməu:ʥa.] =စာ:ဦးချ

ဓား:မောက်[dəmauʔ] =စာ:မောက်

ဓား:မြောင်[dəmjaun]（名）短刀

ဓား:ရေးပြ[da:je: pja.] =စာ:ရေးပြ

ဓား:ရိုး[da:jo:]（名）刀の柄（つか）

ဓား:လွယ်[dəlwɛ] =စာ:လွယ်

ဓား:လွယ်ခုတ်[dəlwɛgouʔ]（副）斜めに、対角線上に =စာ:လွယ်ခုတ်

ဓား:လု[dəlu] =စာ:လု

ဓား:သိမ်:[da: tein:] =စာ:သိမ်:

ဓား:သွား:[dətwa:~da:dwa:]（名）刃、刀の刃 =စာ:သွား:

ဓား:သွေ:[da: twe:]（動）刀を研ぐ、刃物を研ぐ =စာ:သွေ:

ဓား:သွေ:ကျောက်[da:dwe:ʥauʔ]（動）砥石

ဓား:ဦ:[da:u:]（名）刀の切っ先 =စာ:ဦ:

ဓား:အိမ်[dəein]（名）刀の鞘 =စာ:အိမ်

ထား:ဝယ်[dəwɛ]（地名）タボイ（テナセリム管区の中心地）

ထား:ဝယ်ကြိမ်[dəwɛ ʥein]（名）良質の籐

ထား:ဝယ်စကား:[dəwɛ zəga:]（名）タボイ方言

ထား:ဝယ်ဆောင်[dəwɛzaun]（名）（王宮内にあった建物の一つ）多重屋根を持つ平屋

ထား:ဝယ်မှိုင်:[dəwɛmain:]（植）①シクンシ（シクンシ科） Quisqualis indica ②アカバナヒルギモドキ（シクンシ科） Lumnitzera coccinea

ထား:ဝယ်လုံချည်[dəwɛ lounʥi]（名）タボイ産の絹製ロンジー

ထိ[t'i]（動）①触れる ②当る、命中する ③達する ④（格助）〜迄 အသေအချာတော်ကနေ့မသိရသေးပါဘူး:။ 本日迄まだ確実には判らない ဒီချိန်ထိထမင်း:မစား:ရသေ:ဘူး:။ この時間になるまでまだ食事をしていない ဖေဖေကျောင်:ပိတ်တဲ့ကြီ:စား:ပါမယ်။ お父さんが納

ထိကပါးရိကပါး[t'i.gəba: ji.gəba:]（副）それとなく、婉曲に、

ထိကပါးရိကပါးလုပ်[t'i.gəba: ji.gəba: lou']（動）遠回しに誘う、それとなく触発する

ထိကပေါက်[t'i.gəbau']（名）ベルトの留め金、バックル

ထိကရန်း[t'i.gəjoun:]（植）オジギソウ（ネムノキ科）Mimosa pudica ＝ကုန်းထိကရန်း

ထိကရန်းကလေး[t'i.gəjoun:gəle:]（植）ミズオジギソウ（ネムノキ科）Neptunia triqetra

ထိကပ်[t'i.ka']（動）接する、くっつく

ထိခိုက်[t'i.k'ai'~t'i.gai']（動）①衝突される、ぶつけられる ②傷つく、損なう ကျန်းမာရေးကိုထိခိုက်သည်။ 健康を損ねる စိတ်ဝိဉာဉ်တော်တော်ထိခိုက်သည်။ 心中かなりショックを受けた ③損害を蒙る、被害を受ける ငြိမ်ဝပ်ပိပြားရေးကိုထိခိုက်သည်။ 治安を損なう အကျိုးစီးပွါးကိုထိခိုက်သည်။ 利益を損なう ④悪口を言う ⑤疎外される

ထိခိုက်ဆုံးရှုံးမှု[t'i.gai' s'oun:ʃoun:m̥u.]（名）被害、損害

ထိခိုက်ဒဏ်ရာရ[t'i.gai' danja ja.]（動）負傷する、怪我をする

ထိခိုက်နစ်နာ[t'i.gai' ni'na]（動）①不利益を蒙る ②権利を侵害する

ထိခိုက်ပျက်ပြား[t'i.gai' pjɛ'pja:ze]（動）損なう、無にする

ထိခိုက်မှုအာမခံ[t'i.gai' ama.gan]（名）障害保険

ထိချက်[t'i.ʨɛ']（名）（野球の）ヒット

ထိခြင်းကြီးငါးပါး[t'i.ʨin:ʨi: ŋa:ba:]（名）五体投地の礼

ထိတွေ့[t'i.twe.]（動）触れる、直接接する မီးနှင့်တိုက်ရိုက်ထိတွေ့ရသောအိုး 火と直かに接する鍋

ထိတွေ့ခံစားရ[t'i.twe. k'anza:ja.]（動）現実に味わう、体験する

ထိတွေ့မှု[t'i.twe.m̥u.]（名）①接触 ②直接体験、現実体験

ထိတွေ့မှုအာရုံ[t'i.twe.m̥u. ajoun]（名）触覚

ထိမိမိ[t'i.di. mi.mi.]（副）効果的に ကဗျာဆိုတာရှင်းရှင်းလင်းလင်းထိမိမိရှိမှ။ 詩というのは、明白で効果的でなければ

ထိရောက်ရောက်[t'i.di. jau'jau']（副）①効果的に、有効に ②徹して、徹底的に

ထိနမ်းမိုဒ[t'i.na.mei'da.]（名）眠気、居眠り

ထိပါး[t'i.ba:]（動）①接触する ②悪口を言う、非難中傷する ③敵対する、敵意を示す ④冒す、踏

みにじる ⑤傷つく、負傷する လက်နက်ထိပါးသည်။ 武器で傷つく

ထိပါးနှောင့်ယှက်မှု[t'i.ba:naun.ʃɛ'm̥u]（名）干渉

ထိပါးရာရောက်[t'i.ba:ja jau']（動）損なう事になる

ထိမိ[t'i.mi.]（動）①効果的だ、効き目を発揮するうまく行く ②傷つく、負傷する ခြေထောက်ကိုထိမိတယ်။ 足を負傷した

ထိမိခိုက်မိရှိ[t'i.mi. k'ai?mi. ʃi.]（動）うかつにも怪我をする、迂闊にも接触する

ထိမှန်[t'i.man]（動）当る、命中する

ထိရောက်[t'i.jau']（動）①効き目を発揮する、効果的だ ②期待通りになる、実現する

ထိရောက်စွာ[t'i.jau'swa]（副）有効に、効果的に

ထိရောက်အောင်[t'i.jau'aun]（副）効果的に、効果があるように

ထိလုသိမ့်ဖြစ်[t'i.lu.t'i.gin p'ji']（動）接触寸前になる、あわや接触せんばかりになる

ထီ[t'i]（動）気に掛ける（否定形として使用）မထီမဲ့မြင်ပြုသည်။ 眼中に入れない、蔑ろにする မထီတရီဖြစ်သည်။ ふてぶてしい မထီလေးစားပြုသည်။ 傍若無人に振舞う、侮る、傲慢に接する

ထီမထင်[t'i mət'in]（動）意に介さない、気にしない

ထီ[t'i]（名）籤、富くじ、宝くじ、福引

ထီထိုး[t'i t'o:]（動）宝籤を買う

ထီပေါက်[t'i pau']（動）宝籤に当る

ထီဖွင့်[t'i p'win.]（動）籤を引く、抽選をする

ထီလက်မှတ်[t'i lɛ'm̥a']（名）①籤 ②抽選券

ထီလာဝီယာငါး[t'ila:pija: ŋa:]（魚）イズミダイ、テラピア（淡水性の養殖魚）

ထီး[t'i:]（名）牡、雄＜အထီး၊ ကျီး＞ထီး 牡の水牛 နွား တီး 牡牛 ဝက်ထီး 牡豚 ကြောင်ထီး 牡猫 ခွေးထီး 牡犬 မြွေထီး 牡の蛇

ထီး[t'i:]（名）①傘、雨傘、日傘 ထီးကိုဖွင့်သည်။ 傘を広げる、傘を挿す ②（王朝時代に用いられた）傘蓋（身分に応じて白傘、紅傘、黄傘等の区別があった）③（仏塔の頂上に取付けられた螺旋状の）相輪、九輪 ④王位 ⑤紙製の傘の模型（厄払いに使用）

ထီးကိုင်[t'i:gain:]（名）傘の骨

ထီးကျိုးစည်ပေါက်[t'i:ʨo: sibau']（名）王朝滅亡、王位消滅

ထီးခရိင်[t'i: kəjain]（名）傘の骨（スポークを保つリング）

ထီးချက်[t'i:ʨɛ']（名）傘の要、傘蓋の先端

ထီးငွေနန်း ငွေကြငန်း ငွေသင်[t'i:ŋwe. nan:ŋwe.

tʃəŋan:ŋwe. t̪in.] (動) 王宮的雰囲気が濃厚だ
ထီးဆောင်း[t'i:s'aun:] (動) 傘を挿す
ထီးဆောင်းနန်းနေ[t'i:zaun nan:ne] (名) 国王
ထီးဆောင်းမင်း[t'i:zaun:min:] (名) ビルマ国王に隷属する諸国の王
ထီးဆောင်းကေရာမင်းမြတ်[t'i:zaun: egəri' min:mja'] (名) (歴代の) ビルマ国王
ထီးတော်[t'i:dɔ] (名) ①傘蓋 ②宝輪、九輪
ထီးတော်မိုး[t'i:dɔmo:] (名) (王朝時代の) 傘蓋持ち (国王に差し掛けるのがその職務)
ထီးတင်[t'i: tin] (動) (仏塔の頂上に) 宝輪を取付ける
ထီးတင်ပွဲ[t'i:tinbwɛ:] (名) 宝輪奉戴式典
ထီးနန်း[t'i:nan:] (名) ①王位 ②玉座
ထီးနန်းစိုက်ထူ[t'i:nan: sai'tu] (動) 王宮を建てる、王城を造営する
ထီးနန်းထူ[t'i:nan: t'u] (動) 王位を樹立する
ထီးနန်းထိုက်[t'i:nan: t'ai'] (動) 王位に値する
ထီးနန်းနှင့်အပ်[t'i:nan: n̥in:a'] (動) 王位を譲渡する
ထီးနန်းမြှောက်[t'i:nan: m̥jau'] (動) 王位に就ける
ထီးနန်းရိုက်ရာ[t'i:nan: jai'ja] (名) 王位、王権
ထီးနန်းလွှဲအပ်[t'i:nan: l̥wɛ:a'] (動) 王位を譲る
ထီးနန်းအပ်င်း[t'i:nan: a'n̥in:] (動) 王位を授ける、譲位する
ထီးပိတ်[t'i: pei'] (動) 傘を畳む
ထီးပြောင်းနန်းလွှဲ[t'i:bjaun: nan:l̥wɛ:] (名) 国王の交替、王位の変動、王朝の変遷
ထီးပြိုင်နန်းပြိုင်[t'i:bjain nan:bjain] (副) 王位を競い合って、王権を争い合って ထီးပြိုင်နန်းပြိုင် ဖြစ်သည်။ 王権争いが生じる、王権が並立する
ထီးဖြူ[t'i:bju] (名) 白色傘蓋 (王位を象徴する五種の神器の一つ、灌頂式の時には不可欠の品)
ထီးဖြူဆောင်း[t'i:bjuzaun] (名) 国王
ထီးဖြူအပ်နှင်း[t'i:bju a'n̥in:] (動) 王位を譲る
ထီးဖွင့်[t'i: p'win.] (動) 傘を広げる
ထီးမှုန်းရာ[t'i:mu nan:ja] (名) 王室風、王宮風の立居振舞 ထီးမှုန်းရာပါသည်။ 王宮内の事柄が現われる、王室風の影響がある
ထီးမိုး[t'i: mo:] (動) 傘を挿し掛ける
ထီးမွေးမွေ[t'i:mwe nan:mwe] (名) 継承される王位、王権、国王の遺産
ထီးရိုး[t'i:jo:] (名) 傘の柄
ထီးရိုးနန်းစဉ်ဖြစ်[t'i:jo: nan:zan p'ji'] (動) 王統の流れを汲む、王族の一員である
ထီးရိုးနန်းနွယ်[t'i:jo: nan:nwɛ] (名) 王族、国王の系譜
ထီးရိုးနန်းရိုး[t'i:jo: nan:jo:] (名) 王統
ထီးရိုးရှည်[t'i:jo: ʃe] (形) 運命線が長い
ထီးရိုးဝါး[t'i:jo:wa:] (植) シャムダケ (イネ科) Thyrsostachys siamensis (傘の柄に使用)
ထီးရိပ်နန်းဖွား ဖြစ်[t'i:jei'nan:bwa: p'ji'] (動) 王家に生れる、王統の出身だ
ထီးရက်[t'i:jwe'] (名) 傘の布地
ထီးဝါး=ထီးရိုးဝါး
ထီးသံနန်းသံပါ[t'i:dan nan:dan pa] (動) 王室用語の影響がある、王室風の発音をする
ထီးသုံးနန်းသုံး[t'i:doun nan:doun:] (名) ①王室用、宮廷用 ②王室用語
ထီး[t'i:] (形) 孤独だ、単独だ
ထီးတည်း[t'i:di:] (副) ①唯一人で、単独で ②一つだけ、唯一つ သဲပြင်ပေါ်သို့ဘဝါထီးတည်းဖြင့် လျှောက်သွားသည်။ 砂の上を裸足で歩いて行った တယောက်ထီးတည်းတော် ကြီးလယ်ခေါင်၌နေရသည်။ 人里離れた田舎にただ一人で暮さなければならなかった
ထီးထီး[t'i:di:] (副詞) 孤独に、単独で အချို့လည်းထီးထီး၊ အများအားဖြင့်စုံ။ 単身の人も居るが、大抵は二人連れ သဲပြင်ပေါ်သို့ထီးထီးဖြင့်လျှောက်သွားသည်။ 砂地の上を只一人歩いて行った
ထီးထီးမားမား[t'i:di:ma:ma:] (副) ①目立って、ずば抜けて、群を抜いて ②孤独で、孤影悄然として

ထု[du.] (名) ①厚み、厚さ ②群集、層 လူထု 大衆 ③立体、固体
ထုချွန်[du.dʒun] (名) 角錐
ထုတက်[du.te'] (動) 層になる、うず高くなる
ထုထယ်[du.dɛ] (名) 体積、容積、容量
ထုပုံ[du.boun] (名) 円錐形
ထု[t'u.] (動) ①彫る、刻む ②(拳や金槌等硬い物で)打つ、叩く ③砕く ကျောကန်ကိုထုသည်။ 背中を打つ လက်နှင့်ထုသည်။ 拳で殴る
ထုချေ[t'u.dʒe] (動) 反撃する、反ばつする、反論する
ထုချေလွှာ[t'u.dʒeiwa] (名) 釈明書、反論書
ထုခွဲ[t'u.k'wɛ:] (動) ①打ち砕く、叩き潰す ②売って金に換える、売却する、換金する =ထုခွဲရောင်းချ
ထုထောင်း[t'u.t'aun:] (動) 突き潰す、突き砕く
ထုထွင်း[t'u.t'win:] (動) 彫る、彫り込む
ထုနက်[t'u.n̥e'] (動) ①打つ စည်ကိုထုနက်သည်။ 太鼓を打つ ②砕く、打ち砕く
ထုသာပေသာရ[t'u.da: peda: ja.] (動) 平気だ、経験を積む、慣れっこになっている、辛苦に耐え

ထုられる
ထုရိုက်[t'u.jaiʔ] (動) 叩く、殴る、打ち叩く
ထူ[t'u] (形) ①厚い、部厚い、層になっている ②密集している ③多い、豊かだ、豊富だ ကြွေး:ထူသည်။ 借金が重なる မေး:ခွန်:ထူသည်။ 質問が多い အပြစ်အနာ:ထူသည်။ 欠陥が多い ④恥じらう、上気する ⑤薄のろだ、愚鈍だ ဉာဏ်ထူသည်။
ထူထူ[t'udu] (副) 厚く、部厚く မျက်မှန်ထူထူတပ်သည်။ 部厚い眼鏡を掛けている
ထူထဲ[t'udɛ:] (形) (布、衣類、壁、ガラス等が) 厚い、部厚い
ထူထပ်[t'udaʔ] (形) ①密生している、密集している 層が厚い တိမ်ထူထပ်သည်။ 雲が厚い တော တောင်ထူထပ်သည်။ 山や森林が連なっている သစ်တော များ:ထူထပ်သည်။ 森が深い မြစ်ချောင်:ထူထပ်သည်။ 河川が集中している ငှက်ဖျား:ထူထပ်သည်။ マラリアがはびこっている ②人が多い、人口が稠密だ
ထူပူ[t'upu] (動) ほてる、上気する、体が熱くなる ကျွန်တော်ကာ:မျက်နှာ တွေ ထူပူ သွား:သည်။ 私は顔が火照った
ထူပူရှိန်:ဖိန်:[t'upu ʃein:p'ein:] (動) 全身がほてる、全身が熱くなる မျက်နှာ ပြင် သည် ထူပူရှိန်:ဖိန်: သွား:သည်။ 顔面が紅潮した ကျွန်တော်ကိုယ်လုံ:မှာ ထူပူရှိန်:ဖိန်:သွား:ပါတယ်။ 僕は全身が熱くなった
ထူပိန်[t'upein] (動) 上気する、恥じらう သူ မျက်နှာမှာ ထူပိန်သွား:သည်။ 彼の顔は上気した
ထူပိန်:[t'ubein:] (形) 密集している、稠密だ
ထူပြော[t'ubjɔ:] (形) 多い
ထူပိပြိ[t'ubjipjiʔ] (名) 密集状態、鮨詰め状態
ထူလျပြကြီ:[t'uləbjiʔt'ʃi:] (副) びっしりと、隙間なく မုဆိုးတွေ ထူလျပြန်: 髭もじゃもじゃで
ထူလျပြ[t'uləbjiʔ] (名) 密集、詰め掛け
ထူအန်:[t'u an] (動) 赤くなる、上気する ရှက်စိတ် ရှင်နှင့်စိတ်ပျက်ခြင်:ထူအမ်:နေသည်။ 羞恥心と口惜しさとで顔が赤らんだ
ထူအန်:အန်:ဖြစ်[t'u an:an: p'jiʔ] (動) 恥じらう、上気する、赤くなる
ထူ[t'u] (動) ①起す、立てる အလံထူသည်။ 旗を立てる ②設立する、樹立する、建設する
ထူထူထောင်ထောင်[t'udu t'aundaun] (副) 事態が好転して、復興して、再建して ထူထူထောင်ထောင်ဖြစ်သည်။ 威勢よくなる ထူထူထောင်ရှိသည်။ 回復してきている
ထူထောင်[t'udaun~t'ut'aun] (動) ①建設する ②設立する、樹立する အစိုး:ရက်ထူထောင်သည်။ 政府を樹立する စစ်တက္ကသိုလ်ကိုထူထောင်သည်။ 士官学校を

設立する
ထူထောင်ပွဲ[t'udaunbwɛ:] (名) 設立式
ထူထောင်ရေး[t'udaunje:] (名) 建設、樹立
ထူထောင်ရေး:လုပ်ငန်း[t'udaunje: louʔŋan:] (名) 建設事業、建設産業
ထူ:[t'u:] (名) ①象の足枷 ②穴、陥没穴
ထူ:ခတ်[t'u: k'aʔ] (動) 象に足枷を嵌める
ထူ:[t'u:] (動) 答える、返事をする ခေါ်လိုက်သံနှင့်ထူ:သံမှာဆက်နေသည်။ 呼び声に直ぐ返事があった
ထူ:ချက်[t'u:ʧɛʔ] (名) 返答、反応
ထူ:သံ[t'u:dan] (名) 返事、答える声
ထူ:[t'u:] (形) 奇異だ、異なっている、変っている ကျွန်တော်တို့အတွက်ကတော့ ဘာ မှ မထူ:ဘူး။ 我々にとっては何も変るところはない
ထူ:ကဲ[t'u:kɛ:] (形) 際立つ、卓越する、特に秀でている
ထူ:ခြာ:[t'u:ʤa:] (形) 変っている、珍しい、特別だ
ထူ:ခြာ:ချက်[t'u:ʤa:ʧɛʔ] (名) 特徴、特異な点
ထူ:ခြာ:မှု[t'u:ʤa:mu.] (名) 変った点、特徴
ထူ:ချွန်[t'u:ʧun] (形) 巧みである、優れている、秀でている、抜きん出ている、卓越している
ထူ:ချွန်:မှု[t'u:ʧunmu.] (名) 優秀
ထူ:ဆန်:[t'u:zan:] (形) ①珍しい、変っている ②稀だ、常でない ③不思議だ ④奇妙だ、異常だ、変だ
ထူ:ထူ:ကဲကဲ[t'u:du: kɛ:gɛ:] (副) 極端に、際立って
ထူ:ထူ:ခြာ:ခြာ:[t'u:du: ʧa:ʤa:] (副) 特に変っていて、珍奇で、珍しい事に
ထူ:ထူ:ချွန်:ချွန်:[t'u:du: ʧun ʤun] (副) 成績優秀で
ထူ:ထူ:ဆန်:ဆန်:[t'u:du: s'anzan] (副) 珍しく、稀に、奇妙に
ထူ:ထူ:ထွေထွေ[t'u:du: t'wedwe] (副) 格別に、特に、これと言って ထူ:ထူ:ထွေထွေပြောစရာမလိုဘူး။ 取り立てて言う必要はない
ထူ:ထူ:ပြာ:ပြာ:[t'u:du: pja:bja:] (副) 殊更立って、特に変って
ထူ:ထွေ[t'u:dwe] (形) 多様だ、雑多だ
ထူ:ပြာ:[t'u:bja:] (形) 目立つ、際立つ
ထူ:မျာ:နာ:[t'u: məʧa:na:] (形) 特に変りはしない、並みだ、平凡だ
ထူ:မြတ်[t'u:mjaʔ] (形) ①際立つ ②尊貴だ、崇高だ、気高い ထူ:မြတ်သောအသွေ:အသာ: 高貴なお体
ထူ:လ[t'u:la.] (形) 特に変っている、特に際立つ
ထေ[t'e.] (動) 当てこする、皮肉を言う、諷刺する

ထွေငေါ်မှ[t'e.ŋɔ.mu.] (名) 当てこすり
ထွေထွေငေါ်ငေါ်နှင့်[t'e.de. ŋɔ.ŋɔ.nɛ.] (副) 当てこすって
ထွေ့ငေါ့တဲ့စကား[t'e.dɛ. ŋɔ.dɛ. zəga:] (名) 皮肉った言葉、当てこすり
ထွေပြော[t'e.pjɔ:] =ထွေ
ထွေလုံး[t'e.loun:] (名) 当てこすり、皮肉、諷刺
ထေမိ[temi.] (動) 穴埋めする、代替する
ထေရ်[t'i~t'e] (名) 出家歴10年以上の比丘
ထေရ်ကြီးဝါကြီး[t'eʤi: waʤi:] (名) 出家歴の長い比丘、出家年数の長い比丘、長老比丘
ထေရဝါဒဂိုဏ်း[t'era.wada. gain:] (名) 上座部仏教
ထေရဝါဒဗုဒ္ဓဘာသာ[t'era.wada. bouʔda. bada] (名) 上座部仏教、南伝仏教
ထေး:[te:] (動) (舟等の隙間を)詰める、補修する
ထေး:ဖာ[t'e:p'a] (動) 繕う、補修する
ထဲ[t'ɛ.]→ထည့်
ထဲလိုက်[t'ɛ.laiʔ] (動) 入れる、加える
ထဲ[tɛ] ① (動) 鋤く、鋤で田を鋤く、田を耕す、田起しをする ② (名) 鋤、唐鋤 cf. ထွန်
ထဲထိုး[tɛ t'o:] (動) 田を唐鋤で鋤く、田起しをする
ထယ်ဝါ[t'ɛwa] (形) 豪華だ、豪勢だ、荘厳だ =ထည်ဝါ
ထယ်ဝါခန့်ညား:[t'ɛwa k'an.ɲa:] =ထည်ဝါခန့်ညား:
ထယ်ထယ်ဝါဝါ[t'ɛdɛ wawa] (副) 壮大に、雄大に、堂々と =ထည်ထည်ဝါဝါ
ထဲ[dɛ:~t'ɛ:] (名) 中、~の中、の内 <အထဲ
~ထဲက[dɛ:ga.] (助) ~の中から အခန်းထဲကထွက်သွား:တယ်॥ 室内から出て行った ဇွန်လထဲကဖြစ်သည်॥ 6月中からであった
~ထဲကို[dɛ:go] (助) ~の中へ ခွေးကလေးဟာတောထဲကိုအစာရှာထွက်လာတယ်॥ 小犬は森の中へ餌を探しにやって来た
~ထဲမှာ[dɛ:ma] (助) ~の中で ခေါင်းထဲမှာလေးနေတယ်॥ 頭の中が重苦しい ပုလင်းထဲမှာရေထည့်ယူခဲ့ပါ॥ 瓶の中に水を入れて持って来なさい
ထဲဝင်ပြင်ထက်[t'ɛ:win pjindwɛʔ] (副) 常に行動を共にして နီးနီးကပ်ကပ်ထဲဝင်ပြင်ထက်ပေါင်:သင်:သည်॥ 影の形に寄り添うように親しく付き合った
ထော့[t'ɔ.] (動) びっこを曳く
ထော့ကျိုး:ထော့ကျိုး:နှင့်[t'ɔ.ʤo:t'ɔ.ʤo: nin:] (動) びっこを曳く ခြေတဖက်ထော့ကျိုး:ထော့ကျိုး:နှင့်သည်॥ 片足がびっこを曳いている
ထော့ကျိုး:ထော့ကျိုး:နှင့်[t'ɔ.ʤo:t'ɔ.ʤo:nɛ.] (副) びっこを引いて、よたよたと ခြေထော့ကျိုး:

ထော့ကျိုး:နှင့်လျှောက်သည်॥ よたよたと歩く
ထော့နဲ့ထော့နဲ့[t'ɔ.nɛ.t'ɔ.nɛ.nɛ.] (副) びっこを引き引き
ထော့နင်းထော့နင်း[t'ɔnin:t'ɔnin:nɛ.] =ထော့နဲ့ထော့နဲ့၊ ခြေထော့နင်း:ထော့နင်း:နှင့်လျှောက်သည်॥ 足を引きずりながら歩く
ထော[t'ɔ] (形) 反り返っている、むくれている、突き出ている နှတ်ခမ်း:ထော:သည်॥ 唇が反り返っている
ထောလော[t'ɔlɔ] (副) ①遮って、スムースでなく ②平坦でなく、調和が取れず ရန်စရန်ဇွက်ဒုက်အတောလောပေါ်ထက်လေသည်॥ 敵軍の残兵が現れて妨げた
ထောလောကန်လန်:[t'ɔlɔ kan.lan.] (副) ①遮って ②意地を張って、頑固に、片意地に
ထော[t'ɔ:] (動) 儲かる、いい目に合う ဒီကောင်တွေတပ်ထောနေပါလား॥ この連中は随分と儲けているじゃないか ရှစ်ဆယ်ငါး:ကျပ်တောင်ထောလာတယ်॥ 85チャッも儲かった တခေါက်ပြန်လာရင်ထောမှာပဲ॥ 一度戻ってきたら儲かるに違いない
ထောပနာ[t'ɔ:pəna] (名) 賞賛、称揚
ထောပနာပြု[t'ɔ:məna pju.] (動) 誉めそやす、誉め称える、賞賛する
ထောပတ်[t'ɔ:baʔ] (名) バター
ထောပတ်ငှက်ပျော[t'ɔ:baʔŋəpjɔ:] (植) リョウリバナナ(バショウ) Musa paradisiaca champa
ထောပတ်ထု[t'ɔ:baʔtu.] (名) マーガリン
ထောပတ်ပဲ[t'ɔ:baʔpɛ:] (植) アオイマメ(マメ科) Phaseolus lunatus
ထောပတ်သီး[t'ɔ:baʔti:] (植) アボガド、ワニナシ(クスノキ科) Persea gratissima
ထောမနာ[t'ɔ:məna] =ထောပနာ
ထောမနာပြု[t'ɔ:məna pju.] =ထောပနာပြု
ထောလပ[t'ɔ:ləba?] (植) リナカンサス(キツネノマゴ科) Rhinacanthus communis
ထို[t'o.] (指代.文) その
ထို့ကြောင့်[t'o.ʤaun.] (接) だから、それ故に、そういう訳で、その所為で、その結果 =ထိုကြောင့်
ထို့ကြောင့်သာလျှင်[t'o.ʤaun.daɟin.] (接) それゆえに、だからこそ
ထို့ထက်[t'o.dɛʔ] (接) それよりは
ထို့နောက်[t'o.nauʔ] (接) それから、その後
ထို့နောက်မှ[t'o.nauʔma.] (接) その後でやっと
ထို့ပြင်[t'o.pjin] (接) その外に、そればかりでなく
ထို့တူ[t'o.ətu] (接) それと同じ様に、同様に
ထို့အတွက်[t'o.ətwɛʔ] (接) そのために

ထိုအပြင်[t'o. əpjin] (接) =ထိုပြင်
ထို[t'o] (指代・文) ①それ ②その
ထိုကဲ့သို့[t'ogɛ. do.] (副) その様に
ထိုကဲ့သို့သော[t'ogɛ. do. do:] (形) その様な
ထိုကြားထဲက[t'odʒa:dɛ:ga.] (副) その間に
ထိုကြောင့်[t'odʒaun.] (接) だから、故に、それ故
ထိုခဏက[t'ok'i'ka.] (副) その当時
ထိုခဏထိုအခါက[t'ok'i' t'o ək'aga.] =ထိုခဏက
ထိုခဏအခါက[t'ok'i' t'o ək'aga.] =ထိုခဏက
ထိုစဉ်က[t'ozin] (名) その時、その当時
ထိုစဉ်က[t'ozinga.] (副) その頃、その当時
ထိုထို[t'o t'o] (形) 諸々の、そう言った
ထိုထိုသော[t'o t'odɔ:] (形) それらの、そう言った
ような、諸々の、かくかくしかじかの、そこかしこに
ထိုထိုသောအဖြစ်မျိုးစုံတို့ そのような様々な出来事 ထို
ထိုသောအရပ်တို့၌ そのような場所で ထိုထိုသောတိုင်း
ကြီးပြည်ကြီး そういった大国
ထိုထိုသို့သော[t'ot'odo. dɔ:] =ထိုထိုသော၊ ထိုထိုသို့
သောရန်သူ かくかくしかじかの敵
ထိုထိုဤဤ[t'odo i i] (名) あれやこれや、様々
ထိုနေ့[t'one.] (名) その日
ထိုနေ့ညက[t'one. na. ga.] (副) その夜、その晩
ထိုနောက်[t'onau'] (名) その後
ထိုနောက်မှ[t'onau'ma.] (副) その後初めて
ထိုနည်းတူ[t'oni:du] (副) 同様に、それと同じく
ထိုနည်းတူစွာ[t'oni: tuzwa] (副) 同じ様に
ထိုနည်းနှင်နှင်[t'oni: ninnin] (副) それと同じよ
うに
ထိုနည်းအတူ[t'oni: ətu] =ထိုနည်းတူ
ထိုနည်းအတိုင်းပဲ[t'oni: ətain:bɛ:] (形) その通
りだ
ထိုမှတဆင့်[t'oma.təs'in.] (接) そこを経由して、
それから更に、更に一歩進んで
ထိုမှတပါ[t'oma.dəba:] (接) その外に、それ以外
に、それに加えて、それだけでなく
ထိုမှတပါလည်း[t'oma.dəba:li:] =ထိုမှတပါ:
ထိုမျှပင်[t'oma. ima.] (副) あちらこちらから
ထိုမျှ[t'omja.] (副) それ程、そんなに
ထိုမျှသာမက[t'omjada məka.] (接) そればかりで
なく、更に
ထိုမျှမကသေး[t'omja.məka.de:] =ထိုမျှသာမက
ထိုမျှလောက်[t'omja.lau'] (副) そんなに、それ程
ထိုမျှသော[t'omja.dɔ:] (形) それ程の、それだけ
ထိုရောအခါ[t'ojɔ: ək'a] (副) その時、その当時
ထိုသို့[t'odo.] (副) その様に
ထိုသို့တပြီးကား[t'odo. dəbji:ga:] (接) そういう

訳なら、然らば、それならば
ထိုသို့ဖြစ်ခြင်းကြောင့်[t'odo. p'ji'tʃin:dʒaun.]
(接) そういう訳で、従って、それ故に
ထိုသို့သော[t'ododɔ:] (形) その様な
ထိုသည်အဆဲ[t'odi.ətɛ:] (名) そうしている間、
そうした最中に
ထိုအခါ[t'o ək'a] (名) その時
ထိုအခါမှ[t'o ək'ama.] (副) その時になって初めて
ထိုအခါ၌[t'o ək'anai.] (副) その時に
ထိုအခါက[t'o ək'ai'] (名) =ထိုအခါ
ထိုအချိန်က[t'o ətʃeinga.] (副) その時に、その
当時
ထိုအချိန်အခါက[t'o ətʃein t'o ək'aga.]
=ထိုအချိန်က
ထိုအချိန်မှစ၍[t'o ətʃeinma. sa.jwe.] (接)
それ以来、その後
ထိုအတူ[t'o ətu] (副) 同様に
ထိုအထဲတွင်[t'o ətɛ:dwin] (副) その中では
ထိုအပေါ်၌[t'o əpɔnai'] (副) その上に
ထိုကျဲပဲ[t'odʒanbɛ:] (植) ダイズ、ツルマメ (マメ
科) Glycine soja
ထိုး[t'o:] (動) ①突く、突き刺す ဓာ:ထိုးသည်။ 刀で
突く လှံထိုးသည်။ 槍で突く ဆေးထိုးသည်။ 注射する
②挿す နှင်းဆီပန်းကိုရင်မှာထိုးသည်။ 薔薇の花を胸に挿
す ③打ち鳴らす ခေါင်းလောင်းထိုးသည်။ 鐘を鳴ら
す ④ (拳で) 殴る လက်သီးနှင့်ထိုးသည်။ ⑤ぶつかる
⑥攻勢に出る、襲う စစ်ထိုးသည်။ ⑦ (時を) 指す ကိုး
နာရီထိုးပြီ 9時になっている ⑧署名する လက်မှတ်
ထိုးသည်။ ⑨編む ဇာထိုးသည်။ レース編みをする ပန်း
ထိုးသည်။ 刺繍をする ⑩宝くじを買う ထီထိုးသည်။ ⑪
日が差す နေရောင်ထိုးသည်။
ထိုးကြိတ်[t'o:tʃei'] (動) 拳で突く、拳骨で殴る
ထိုးကွင်း[t'o:gwin:] (名) (下半身への) 入墨、文
身、刺青 =မင်ကြောင်၊မင်သွေး။
ထိုးကွင်းထိုး[t'o:gwin: t'o:] (動) (下半身に) 入
墨を彫る
ထိုးကွင်းမင်ကြောင်[t'o:gwin: mindʒaun] (名)
(足や太股に施す) 刺青 =ထိုးကွင်း
ထိုးခုတ်ချ[t'o:k'ou'tʃa.] (動) 切り倒す、伐採する
ထိုးချ[t'o:tʃa.] (動) 突っ込む、突進する、急降下
する
ထိုးချက်[t'o:tʃɛ'] (名) 突く的、突いた跡
ထိုးစိုက်ချ[t'o:sai'tʃa.] (動) 墜落する
ထိုးစစ်[t'o:zi'] (名) 突撃、攻撃
ထိုးစစ်ဆင်[t'o:zi' s'in] (動) 突撃する、攻撃する
ထိုးစစ်များရပ်ဆိုင်း[t'o:zi'mja: ja's'ain:]

ထိုး[t'o](動)攻撃を中止する
ထိုးဆေး[t'o:ze:](名)注射薬
ထိုးဆင်း[t'o:s'in:](動)飛び降りる
ထိုးဆိတ်[t'o:s'eiʔ](動)啄ばむ、嘴で突っつく
ထိုးဆွ[t'o:s'wa.](動)突っつく、突き廻す
ထိုးဇာတ်[t'o:zaʔ](名)創作劇
ထိုးတက်[t'oteʔ](動)飛び上がる
ထိုးတံ[t'o:dan](名)バイオリンの弓=တယောထိုးတံ
ထိုးထိုးထောင်ထောင်[t'o:do: t'aundaun](副)スックと、ニョッキリと、ニョキニョキと အကိုင်းအခက်များထိုးထိုးထောင်ထောင်နှင့်။ 枝がニョキニョキとကန့်စွန့်ရွက်နုများထိုးထိုးထောင်ပေါက်နေသည်။ 柔らかいエンサイがニョキニョキと芽を出している
ထိုးထက်[t'o:t'weʔ](動)突き出る
ထိုးထွင်း[t'o:t'win:]①(動)貫く、打ち抜く、突き抜ける ②(副)深く、貫いて
ထိုးထွင်းဉာဏ်[t'o:dwin:ɲan](名)創造力、創意、創作力
ထိုးနှက်[t'o:ɳɛʔ](動)①殴る ②突く、突き刺す
ထိုးနှက်ချက်[t'o:ɳɛʔtʃ'ɛʔ](名)打撃、痛手
ထိုးပြ[t'o:pja.](動)映す、照らす
ထိုးပစ်[t'o:pjiʔ](動)打ち放つ、投擲する
ထိုးပစ်စော်[t'o:pji:gəza:](動)投擲競技をする
ထိုးပြ[t'o:pja.](動)指し示す=လက်ညှိုးထိုးပြ
ထိုးဖောက်[t'o:p'auʔ](動)突き抜ける、突き通す、突き開ける
ထိုးဖောက်မြင်[t'o:p'auʔ mjin](動)突き通してみえる、透けて見える、向う側が見える
ထိုးဖောက်ဝင်ရောက်[t'o:p'auʔ winjauʔ](動)進入する、進出する
ထိုးမုန့်[t'o:moun.](名)(餅米を原料とした)マンダレー産の外郎の一種
ထိုးမြဲလက်မှတ်[t'o:mjɛ: lɛʔmaʔ](名)いつもしなれているサイン、署名
ထိုးလွ[t'o:ɬwa.](名)鰻
ထိုးဝါး[t'o:wa:](名)舟を操る竹竿
ထိုးဝါးထိုး[t'o:wa: t'o:](動)竹竿を使って舟を操る
ထိုးသတ်[t'o:ta̰ʔ](動)①突き殺す、打ち殺す、殴り殺す ②攻撃する、闘う、格闘する、(ボクシングで)試合をする
ထိုးသွင်း[t'o:t̪win:](動)差し込む、押し込む、突っ込む、注入する
ထိုးအောင်း[t'o:aun:](動)体当たりする
ထက်[t'ɛʔ](形)①鋭い、鋭利だ ②(気持、考え、能力等が)盛んだ、旺盛だ ③(酒等が)強烈だ

ထက်ထက်မြက်မြက်[t'ɛʔt'ɛʔmjɛʔmjɛʔ](副)鋭く
ထက်မြက်[t'ɛʔmjɛʔ](形)①鋭い ②濃い、濃厚だ、濃密だ ③盛んだ、旺盛だ စမ်းပကား:သတ္တိထက်မြက်သည်။ 才能には鋭いものがある ဉာဏ်ထက်မြက်သည် 頭脳明晰だ
ထက်သန်[t'ɛʔt̪an](形)①鋭い ②元気がいい、威勢がいい、活発だ ③強烈だ、熱烈だ စေတနာထက်သန်သည်။ 強い熱意がある、真心がこもっている
ထက်သန်တက်ကြ[t'ɛʔt̪an tɛʔtʃwa.](形)意気込む、意気盛んだ
ထက်[dɛʔ-t'ɛʔ](助)~より、~よりは တနှစ်ထက်တနှစ် 年々 တလထက်တလ 月々 သူ့ပိန်းမသည်သူ့ထက်အသက်ကြီးသည်။ 彼の妻は彼より年長だ ငါ့အခြေအနေကိုဆရာဝန်ထက်ငါသိတယ်။ 僕の体調は医者よりも僕の方が知っている ကုသခြင်းထက်ကြိုတင်ကာကွယ်ရေးကအရေးကြီး။ 治療よりは予防の方が肝要だ မင်း:စား:ရထာ:ထက် အိပ်လိုက်ရတာကအရသာပိုရှိမယ်။ 飯を食う事よりは寝る事の方が快適だ မန္တလေး:မြို့ကရန်ကုန်ထက်အများကြီးပူတယ်။ マンダレー市の方がヤンゴンより遙かに暑い
ထက်ကြပ်မကွာ[t'ɛʔtʃ'aʔməkwa](副)後に着いて、ぴったり寄り添って、つっきりで ထက်ကြပ်မကွာလိုက်သည်။ ぴたりと同行する ရန်သူနောက်သို့ထက်ချပ်မကွာလိုက်လံခြေမှုန်းကြရသည်။ 敵の背後を追跡して殲滅した
ထက်ခြမ်း[t'ɛʔtʃ'an](名)半分
ထက်ခြမ်းကွဲ[tɛʔtʃ'an: kwɛ:]①(動)半分に割れる、分割する、二等分される ②[tɛʔtʃ'an:gwɛ:](名)半分、片割れ
ထက်ခြမ်းခွဲ[tɛʔtʃ'an: k'wɛ:](動)半分に割る、二等分する
ထက်တိုင်[tɛʔtain](助)~まで ယခုထက်တိုင် 今までရှေးရှေးသော အသံကိုယနေ့ထက်တိုင်ပင်ကြား:သေး:သည်။ 詰る声が今でも耳に残っている
ထက်တိ[dɛʔt'i.~t'ɛʔt'i](助)~まで、~に至るも အခုထက်ထိရှိသေးတယ်။ 今もまだある အခုထက်ထိဖြစ်မှာမဟုတ်ဖူး။ 今もまだ実現はしないだろう ခုထက်ထိမနက်စာမစား:ရသေး:ဘူ:။ 今になってもまだ朝飯を食べていない ခုထက်ထိဘာသတင်း:မှမကြား:ရသေး:ဘူ:။ 今になってもまだ何の情報も聞いていない
ထက်ပိုင်း[t'ɛʔpain:](名)半分、片割れ、片一方
ထက်ပိုင်း:ကျိူ[t'ɛʔpain:tʃo:](動)半分に折れる
ထက်ပိုင်း:ပြတ်[t'ɛʔpain:pja](動)半分に切れる
~ထက်မနည်း[dɛʔməne:](副)~以上 ပေါက်ကွဲမှုကြောင့်လူခုနှစ်ဦးစီ:ထက်မနည်:ထိခိုက်ဒဏ်ရာရရှိသည်။ 爆発によって7人以上が負傷した စစ်သား:၁၂ဦး:ထက်မနည်း:သေဆုံး:သည်။ 兵士が12人以上死んだ

ထက်ဝယ်ဖွဲ့[tʼɛʔwɛ pʼwɛ.]（動）両足を交差させて座る、あぐらをかく ＝ထက်ဝယ်ဖွဲ့ခွေ

ထက်ဝယ်ဖွဲ့ခွေ[tʼɛʔwɛpʼwɛ.kʼwe]① （動）あぐらをかく ② （副）あぐらをかいて、両足を交脚させて

ထက်ဝယ်ဖွဲ့ခွေထိုင်[tʼɛʔwɛpʼwɛ.kʼwe tʼain]（動）あぐらをかいて座る、結かふ座する

ထက်ဝက်[tʼɛʔwɛʔ]（名）半分 ＝တဝက်

ထက်ဝက်ကျော်[tʼɛʔwɛʔtʃɔ]（名）半分以上、過半数

ထက်ဝက်ခြမ်း[tʼɛʔwɛʔtʃan:]（動）真二つに割る、両分する

ထက်ဝက်ခွဲ[tʼɛʔwɛʔ kʼwɛ:]（動）半分にする、切半する、両分する

ထက်ဝက်စာ:[tʼɛʔwɛʔsa:]（名）①半等分 ②折半、折半方式

ထက်ဝန်းကျင်[tʼɛʔwun:tʃin]（名）周囲、全面、各方面

ထက်အောက်[tʼɛʔauʔ]（名）①上下 ②上下両ビルマ

ထက်အောက်နှစ်ဖြာ[tʼɛʔauʔ nəpʼja]（名）上下ビルマ

ထောက်[dauʔ]（名）①支え、支柱 ②三脚

ထောက်[tʼauʔ]（動）①手を突く ②支える、支持する ③協力する、援助する ④考える、考慮する、顧みる အကြောင်းကြောင်းကိုထောက်သည်။ 諸種の事情を考慮する ⑤気を配る、配慮する、思いやる အဖမျက်နှာကိုထောက်သည်။ 父の顔を立てる ⑥調べる、調査する ⑦来るか来ないか問合わせる ⑧基づく、依拠する、根拠にする、頼る、依存する ⑨途中で休憩する、一休みする、中継ぎする စခန်းထောက်သည်။ 途中で一休みする、野営する ⑩老化する、高齢になる အရွယ်ထောက်သည်။

ထောက်ကူ[tʼauʔku]（動）①支持協力する、支援する ②役に立つ、貢献する

ထောက်ကြံ[tʼauʔtʃan.]（植）クチナシミロバラン（シクンシ科）Terminalia tomentosa

ထောက်ခံ[tʼauʔkʼan]（動）①支える ②支持する、支援する ③合槌を打つ、賛成する

ထောက်ခံချက်[tʼauʔkʼandʒɛʔ]（名）支持、支持事項

ထောက်ခံကားဆို[tʼauʔkʼan zəga: sʼo]（動）支持する旨述べる

ထောက်ခံစာ[tʼauʔkʼanza]（名）①推薦状、紹介状 ②証明書

ထောက်ခံပြောဆို[tʼauʔkʼan pjɔʔsʼo]（動）支持を表明する

ထောက်ခံပွဲ[tʼauʔkʼanbwɛ:]（名）支持集会、支援集会

ထောက်ခံမဲ[tʼauʔkʼanmɛ:]（名）支持票

ထောက်ခံမှုပေး[tʼauʔkʼanmṵ. pe:]（動）支持を与える

ထောက်ခံသူ[tʼauʔkʼandṵ]（名）支持者、支援者

ထောက်ခံအားပေး[tʼauʔkʼan a:pe:]（動）支持する、支援する

ထောက်ချင့်[tʼauʔtʃin.]（動）思いやる、斟酌する、酌量する、考慮に入れる、物事を推し計る

ထောက်ဒ[dauʔkʼwa.]①（植）ホウレンソウ（アカザ科）Spinacia oleracea ②（名）松葉杖

ထောက်စာ[tʼauʔsa]（動）気を配る、配慮する、思いやる

ထောက်ဆ[tʼauʔsʼa.]（動）考慮に入れる、斟酌する

ထောက်ညှာ[tʼauʔɲa]（動）思いやる、気を配る

ထောက်တို[tʼauʔto]（名）床板を支える杭、床柱

ထောက်အား[tʼauʔa:]（動）①斟酌する、考慮に入れる ②相手の気持を察する、思いやる、配慮する မိဘ၏ဂုဏ်ကျေးဇူးကိုထောက်ထားရမည်။ 両親の恩に配慮しなければならない ③拠る、依拠する、引用する ကျောက်စာကိုထောက်ထားသည်။ 碑文に依拠する

ထောက်ပင့်[tʼauʔpin.]（動）支持する、支援する

ထောက်ပံ့[tʼauʔpan.]（動）補助する、支援する、援助する

ထောက်ပံ့ကြေး[tʼauʔpan.dʒe:]（名）①補助金 ②奨学金

ထောက်ပံ့ငွေ[tʼauʔpan.ŋwe]（名）援助資金

ထောက်ပံ့ဖြန့်ဖြူး[tʼauʔpan. pʼjan.bju:]（動）援助分配する、支援供給する

ထောက်ပံ့ရေး[tʼauʔpan.je:]（名）援助、支援

ထောက်ပံ့ရေးလမ်း[tʼauʔpan.je: lan:]（名）補給路、供給線

ထောက်ပြ[tʼauʔpja.]（動）①指し示す ②（善悪や不正を）指摘する

ထောက်မ[tʼauʔma.]（動）支える、支援する

ထောက်မျှော်[tʼauʔmjɔ]（動）①斟酌する、検討する ②思いやる、配慮する

ထောက်ရှား[tʼauʔʃa]（植）①タイワンニンジンボク（クマツヅラ科）Vitex negundo ②ナンヨウオニンジンボク（クマツヅラ科）V. glabrata

ထောက်ရှားသုံးခွ[tʼauʔʃa toun:gwa.]（植）モラベ（クマツヅラ科）Vitex peduncularis

ထောက်ရှု[tʼauʔʃu.]（動）考慮に入れる、検討する、おもんばかる、配慮する

ထောက်လှမ်း[tʼauʔlan:]（動）問合わせる、聞き合わせる、照会する、尋ねる、探る、調査する

ထောက်လှမ်းချက်[tʼauʔlan:dʒɛʔ]（名）問合わせ事項、照会事項

ထောက်လှမ်းစုံစမ်း[t'auʔɬanː sounzanː]（動）探る、探索する

ထောက်လှမ်းမှု[t'auʔɬanːm̥u.]（名）探索、偵察

ထောက်လှမ်းရေးဂြိုဟ်တု[t'auʔɬanːjeː ɡjodu.]（名）偵察衛星

ထောက်လှမ်းရေးလေယာဉ်[t'auʔɬanːjeː lejin]（名）偵察機

ထောက်လှမ်းရေးအဖွဲ့[t'auʔɬanːjeː əp'wɛ.]（名）情報局

ထိုက်[daiʔ]（名）運、因果、自業自得 မရလဲထိုက်နဲ့သူကံပါ။ 駄目であっても、それは彼の自業自得だ မင်းထိုက်နဲ့မင်းကံလုပ်ပေါ့။ お前はお前で勝手にするさ

ထိုက်[taiʔ]（動）①相応しい、適切だ ②価値がある ③当る、遭遇する သေက်ထိုက်သည်။ 寿命が尽きる ④[daiʔ~taiʔ]（助動）~すべきだ、~に相応しい、~の価値がある ကျွန်တော်တို့လဲကူညီထိုက်လို့ကူညီတာပါ။ 我々も協力すべきだから協力しているのです အားလုံးဟာ ဖြစ်သင့်ဖြစ်ထိုက်လို့ဖြစ်တယ်။ 全て起るべくして起きている အစောင်း:အစား:မပြုထိုက်ပါဘူး။ 賭博はするべきではない ဒီစကား:မျိုး:ကိုမပြောထိုက်ပါဘူး။ そう言った事は口にすべきではない ငယ်ငယ်ရွယ်ရွယ်လေး:ကမသေထိုက်ဘူး။ 年若いのに死ぬものではない ⑤値段がある

ထိုက်ထိုက်တန်တန်[t'aiʔt'aiʔtandan]（副）相応しく、適切に

ထိုက်တန်[t'aiʔtan]（動）①値する ②適している、相応しい မင်း:သား:နှင့်ထိုက်တန်သောမင်း:သမီး:ကိုရွေး:ချယ်ရမည်။ 王子に相応しい王女を選ばなければならない

ထိုက်လျောက်[t'aiʔljau]（形）相応しい、適している

ထိုက်သင့်[t'aiʔtin.]（動）値する、適当である、相応しい

ထိုက်သင့်သလောက်[t'aiʔtin.dəlauʔ]（副）相応しいように、適切に、

ထင်[t'in.]（動）①いぶかしく思う、~の所為だろうかと思う ခရီး:ပန်း:၍ထင် | ခေွ:ခေွ:ကလေး:လဲ့နေရှာသည်။ 疲れているからだろう、丸くなって寝ている သေ:ပြော ၍ထင် | ခါတိုင်း:လောက်မမြူ:မဆော့နိုင် | 血の繋がりがのせいだろうか、いつものようにははしゃげない အဖိုး:စေတနာအလွန်ကြီး:၍ထင် | အဲဒီလူငယ်လဲလူကောင်း:ပကတိဖြစ်ခဲ့သည်။ 爺さんの善意が大きかったせいだろうか、その若者は人間になった

ထင်[t'in]（動）①思う、見なす ②現れる、はっきりする、明らかになる

ထင်ကြေး:[t'inʤeː]（名）憶測

ထင်ကြေး:ကိုက်[t'inʤeːkai]（動）思ったとおりになる、憶測が当る

ထင်ကြေး:ပေး:[t'inʤeː peː]（動）見当を付ける、憶測を述べる、推測した事を話す、思った通りに言う

ထင်စား:[t'inzaː]（動）期す、期待する

ထင်တဲ့အတိုင်း[t'inde. ətainː]（副）思った通り

ထင်တေး[t'intweː]（動）思惟する

ထင်ထင်ရှား:ရှား:[t'indin ʃaːʃaː]（副）はっきりと、明らかに、明瞭に

ထင်ထင်လင်း:လင်း:[t'indin linːlinː]（副）明白に

ထင်ပေါ်[t'inpɔ]（動）①現れる、姿を現わす ②（形）明らかだ、顕著だ、著名だ、周知の事だ

ထင်ပေါ်ကျော်ကြား:[t'inpɔ tʃɔtʃaː]（形）広く知られる、有名だ

ထင်ပေါ်ကျော်စော[t'inpɔ tʃɔzɔː] =ထင်ပေါ်ကျော်ကြား:

ထင်မိ[t'in mi.]（動）ふと思う、つい思う、うっかり思う

ထင်မြင်[t'inmjin]（動）思う、見なす、見解を持つ

ထင်မြင်ချက်[t'inmjinʤɛʔ]（名）見解、意見

ထင်မြင်ယူဆ[t'inmjin jusʼa.]（動）考える、判断する

ထင်မြင်သဘောရရှိ[t'inmjin dəbɔː ʃi.]（動）意見を持つ、見解を抱く

ထင်မှား:[t'inm̥aː]（動）考え違いをする

ထင်မှတ်[t'inm̥aʔ]（動）思い込む、見なす、考える

ထင်ယောင်[t'in jaun]（動）夢想する、思い描く

ထင်ယောင်ထင်မှား:[t'injaun t'inm̥aː]（副）誤解して、思い違いをして

ထင်ယောင်ထင်မှား:ဖြစ်[t'injaun t'inm̥aː p'jiʔ]（動）疑いを持つ、疑惑を抱く、誤解する

ထင်ရာ[t'in ja]（名）①思い、考え ②思い付き、勝手な想像

ထင်ရာစိုင်း:[t'inja sainː]（動）勝手気ままに振舞う

ထင်ရှား:[t'inʃaː]（形）①明らかだ、はっきりしている ②著名だ、有名だ、知られる

ထင်ရှား:ကျော်ကြား:[t'inʃaː tʃɔtʃaː]（形）有名だ

ထင်ရှား:ကျော်စော[t'inʃaː tʃɔzɔː] =ထင်ရှား:ကျော်ကြား:

ထင်ရှား:စွာ[t'inʃa:zwa]（副）明らかに ထင်ရှား:စွာတွေ့မြင်ရသည်။ はっきりと見られる

ထင်ရှား:ပေါ်လွင်[t'inʃaː pɔlwin]（動）くっきりしている、鮮やかだ、明らかだ、明確だ

ထင်ရှား:ရှိ[t'inʃa: ʃi.]（動）実在する、現実に存在する、生存中である、（王、王妃等が）存命である

ထင်လင်း:[t'inlinː]（形）明確だ、鮮やかだ、くっき

りしている、如実だ
ထင်လင်းစွာ[tʰinlin:zwa] (副・文) 明らかに、はっきりと、明確に
ထင်သလို[tʰindəlo] (副) 思うように、勝手に
ထင်သွား[tʰintwa:] (動) (汚れや斑点が) 印される
ထင်ဟပ်[tʰin haʔ] (動) 反映する、投影する
ထင်ဟပ်ချက်[tʰin haʔtʃʰɛʔ] (名) 反映、投影
ထင်း[tʰin:] (動) ①染みが付く ②(形) 鮮明だ、くっきりしている、はっきりしている
ထင်း[tʰin:] (名) 薪
ထင်းခုတ်[tʰin: kʰouʔ] (動) 薪を割る
ထင်းချောင်း[tʰin:tɕʰaun:] (名) 薪
ထင်းခွေ[tʰin: kʰwe] (動) 薪拾いをする、薪を集める
ထင်းခွေရေခပ်[tʰin:kʰwe jekʰaʔ] (名) 雑用、日常の雑多な家事
ထင်းခွဲ[tʰin: kʰwɛ:] (動) 薪を割る
ထင်းခွဲဓား[tʰin:kʰwɛ: dəma.] (名) 薪割り用の刃物、斧、鉈
ထင်းဆိုက်[tʰin: sʰaiʔ] (動) 薪をくべる、薪を燃やす
ထင်းတိုက်[tʰin: taiʔ] (動) (牛車で) 薪を運ぶ cf. ရေတိုက်
ထင်းပေါက်[tʰin: pauʔ] (動) 斧で薪割りをする
ထင်းပုံ[tʰin:boun] (名) 薪の山
ထင်းရှူး[tʰin:ju:] (植) ①メルクシマツ (マツ科) Pinus merkusii ②本桂 ②カシアマツ (マツ科) P. khasya ③本葉
ထင်းရှူးကြီး[tʰin:ju:dʑi:] (植) ヒマラヤマツ (マツ科) Pinus longifolia
ထင်းရှူးစေး[tʰin:ju:zi:] =ထင်းရှူးဆီ
ထင်းရှူးဆီ[tʰin:ju:zi] (名) 松脂、テレビン
ထင်းရှူးနတ်[tʰin:naʔ] (植) イチイ
ထင်းရှူးပင်[tʰin:ju:bin] (名) ①松ノ木 ②針葉樹
ထင်းရှူးမဲ[tʰin:ju:mɛ:] (植) 黒松
ထင်းရှူးမွေး[tʰin:ju:mwe:] (植) 杉、台湾杉 (カチン州内の寒冷地に生育する)
ထင်းရှူးသား[tʰin:ju:da:] (名) 松材の板
ထင်းရှူးသီးပုံငါး[tʰin:ju:di:boun ŋa:] (魚) マツカサウオ
ထင်းရှူးသေတ္တာ[tʰin:ju: tiʔta] (名) 木箱、蜜柑箱
ထင်းရှူး[tʰin:ju:]=ထင်းရှူး
ထင်းရှူးရွက်ရှည်[tʰin:ju: jwɛʔʃe] (植) ダイオウマツ

ထောင့်[tʰaun] (形) ①曲がりくねっている、湾曲している ②ぎくしゃくしている、ごつごつしている、滑らかでない、流麗さに欠ける ③はっきりしない、曖昧だ
ထောင့်[daun.] (名) ①隅、角、コーナー ②(トランプの) ダイア
ထောင့်ကန်ဘော[daun.ganbɔ:] (名) (サッカーの) コーナー・キック
ထောင့်ကျယ်[daun.dʑɛ] (名) 広角、鈍角
ထောင့်ကျဉ်း[daun.dʑin:] (名) 鋭角
ထောင့်ကြား[daun.dʑa:] (名) 隅、片隅
ထောင့်ကွေ့[daun.gwe.] (名) ①入江、湾 ②角、曲り角
ထောင့်ကွေး[daun.gwe:] (名) 内角、曲り角、隅
ထောင့်ချို[daun.dʑo:] (名) コーナー、角
ထောင့်ချွန်[daun.dʑun] (名) 鋭角
ထောင့်စေ့[daun.se.] (動) ①揃う、完備する ②行き届いている、至れり尽せりだ
ထောင့်စွန်း[daun.zun:] (名) 内角
ထောင့်တိုင်ကိရိယာ[daun.tain:kəri.ja] (名) 分度器
ထောင့်နံ[daun.dan:] (副) 斜めに、筋違いに
ထောင့်နံဆွဲ[daun.dan: sʰwɛ:] (動) 中風で不自由だ、体が麻痺して苦しむ
ထောင့်နံပြ[daun.dan: pjɛ:] (動) 斜めに裂ける、対角線に裂ける
ထောင့်ဖြတ်[daun.bjaʔ] (名) 対角線
ထောင့်ဖြတ်မျဉ်း[daun.bjaʔmjin:] (名) 対角線
ထောင့်ဖြတ်အလိုက်[daun.bjaʔ əlaiʔ] (副) 対角線上、斜めに
ထောင့်မတျော်း[daun. mətʃo:] (形) 言動がまともでない、立居振舞が奇異だ、態度がぎこちない、慎みがない →ခေါင်းမကျိုး
ထောင့်မတ်[daun.maʔ] (名) 直角
ထောင့်မှန်[daun.man] (名) ①直角 ②垂直
ထောင့်မှန်ကျ[daun.man tʃa.] (動) ①直角になる ②垂直になる
ထောင့်မှန်ကျမျဉ်း[daun.man tʃa.mjin:] (名) 垂線
ထောင့်မှန်စတုဂံ[daun.man sətu.gan] (名) 長方形、平行四辺形
ထောင့်မှန်တြိဂံ[daun.man təri.gan] (名) 直角三角形
ထောင့်မှန်ပုံညီ[daun.man pounʃe] (名) 矩形
ထောင်သန်းရောဂါ[daun.tan:jɔ:ga] (病) 炭そ病
ထောင်[tʰaun] (数) 千 တထောင် 1千 နှစ်ထောင် 2千 သုံးထောင် 3千 လေးထောင် 4千

ထောင်ကဲ[tʻaunkɛ:] (名) ①（王朝時代の）舟艇指揮官 ②中国人（語源は「頭家」）

ထောင်ကနန်[tʻaun gənan:] (名) 千の数字

ထောင်နှင့်ချီ[tʻaunnɛ. tʃi] (動) 何千と言う数にのぼる

ထောင်နှင့်သောင်းနှင့်ချီ[tʻaunnɛ. taun:nɛ. tʃi] (動) 何千何万という数になる

ထောင်ပေါင်းများစွာ[tʻaunbaun:mja:zwa] (副) 数千の、幾千もの、何千という အလုပ်သမားထောင်ပေါင်းများစွာ 何千もの労働者 ဒုက္ခသည်ထောင်ပေါင်းများစွာကိုလက်ခံသည်။ 何千人と言う難民を受入れた

ထောင်ပြုမြို့[tʻaunbju.mjo.] (名) （王朝時代の）兵士千人の徴募が可能な都市

ထောင်သောင်းချီ[tʻaun taun: tʃi] (動) 何千何万の数になる

ထောင်သောင်းမက[tʻaun taun: məka.] (副) 千や万を下らない、何千何万と言う

ထောင်သုံးရာပြည့်အရေးတော်ပုံ[tʻaun.toun:jabje. əje:dəboun] (名) ビルマ暦１３００年（西暦１９３８年）に発生した一連の騒動、政治的事件

ထောင်[tʻaun] (動) ①起す、立てる、直立させる、真直ぐに立てる ②立ち上がる、起き上がる、もたげる ခေါင်းထောင်သည်။ 頭をもたげる အမြီးထောင်သည်။ 尾を立てる ③事業を起す、設立する စက်လှေထောင်သည်။ エンジン付きの舟を取得する ④罠を仕掛ける ခြင်ထောင်ထောင်သည်။ 蚊帳を釣る

ထောင်ထောင်[tʻaundaun] (副) 真直ぐに、直立して

ထောင်ပြ[tʻaun pja.] (動) 立てて見せる、起して見せる

ထောင်[tʻaun] (名) 罠、檻

ထောင်ချောက်[tʻaundʑauʔ] (名) 罠、檻、陥穽、落し穴

ထောင်ချောက်ချ[tʻaundʑauʔ tʃa.] (動) 罠を仕掛ける、檻を設ける

ထောင်ချောက်ထောင်[tʻaundʑauʔ tʻaun] (動) 罠を仕掛ける

ထောင်ထား[tʻaun tʻa:] (動) ①罠を仕掛けてある ②反乱を起す、謀反する

ထောင်ထောင်မောင်းမောင်း[tʻaundaun maun: maun:] (形) がっしりとした、大柄な、巨漢な

ထောင်မိ[tʻaun pʻan:] (動) 罠で捉える

ထောင်[tʻaun] (名) 刑務所、監獄 = အကျဉ်းထောင်

ထောင်ကျ[tʻaun tʃa.] (動) 入獄する、収監される

ထောင်ကျော်[tʻaun tʃɔ] (動) 脱獄する

ထောင်ကြပ်[tʻaundʑaʔ] (名) 獄吏、下級刑務官

ထောင်ချ[tʻaun tʃa.] (動) 投獄する、収監する

ထောင်တသက်[tʻaun tətɛʔ] (名) 終身刑

ထောင်တသက်တကျွန်း[tʻaun tətɛʔdədʑun:] (名) 終身刑

ထောင်တန်း[tʻauntan:] (名) 監獄

ထောင်တန်းချ[tʻauntan: tʃa.] (動) 投獄する、入牢させる

ထောင်ထွက်[tʻaundwɛʔ] (名) 出獄者、前科者

ထောင်ဒဏ်[tʻaundan] (名) 禁錮刑

ထောင်ဒဏ်ကျခံ[tʻaundan tʃa.kʻan] (動) 服役する、受刑する、投獄される

ထောင်ဒဏ်တသက်[tʻaundan tətɛʔ] (名) 終身刑

ထောင်ဒဏ်တသက်ကျခံစေ[tʻaundan tətɛʔ tʃa. kʻanze] (動) 終身刑を課す

ထောင်ဒဏ်တသက်စီရင်[tʻaundan tətɛʔ sijin] (動) 終身刑を言い渡す、終身刑の判決を下す

ထောင်ပိုင်ကြီး[tʻaunbaindʑi:] (名) 刑務所長

ထောင်ပြေး[tʻaunbje:] (名) 脱獄囚

ထောင်ဗူဝ[tʻaun bu:wa.] (名) 刑務所の通用門、刑務所大扉の出入口

ထောင်မှူး[tʻaunmu̟:] (名) ①獄吏、刑務官 ②（王朝時代の）王都の警備隊長

ထောင်ဝင်စာ[tʻaun winza] (名) ①受刑者への面会申請書 ②受刑者への面会 ③受刑者への差し入れ

ထောင်ဝတ်ထောင်စာ[tʻaunwuʔ tʻaunza:] (名) 囚人服

ထောင်သား[tʻaunda:] (名) 囚人、受刑者

ထောင်အကျခံ[tʻaun ətʃa. kʻan ja.] (動) 投獄される、禁錮刑を受ける

ထောင်လွှား[tʻauniwa:] (形) 横柄だ、傲慢だ ၎င်း

ထောင်လွှားသည်။ 驕慢になる

ထောင်လိုက်[daunlaiʔ] (副) 縦に cf. အလျှားလိုက်

ထောင်း[tʻaun:] (動) ①搗く、砕く、潰す ငရုတ်သီးထောင်းသည်။ 唐辛子を突き潰す ②脱穀する、唐臼で搗く ③肘打ちする、肘鉄砲を食わせる

ထောင်းနန်[tʻaun:gənɛ:] (副) ①ムカッとして、（怒りが）ムラムラと ထောင်းကနဲဒေါသထွက်တယ်။ 怒りが爆発した ②（タバコを）ぷかりぷかりと

ထောင်းတာ[tʻaun:da] (動) （常に否定形として使用）気にしない、苦にならない、構わない ကိုယ့်ဘက်ကျဝင်လျှင်မထောင်းတာ။ 自分達の方に加われば構わない ရှိသေလေးစားလာရင်မိမ္မထောင်းတာ။ 尊敬するようになってきたから構わない သူတို့လင်ကိုမယားအဖို့ မထောင်းတာ။ 彼等夫婦にとっては苦にはならない

ထောင်းထောင်း[tʻaun:daun:] (副) ①粉々に、細か

ထောင်းလမောင်း

くこなれて ②勢よく、もくもくと ခေါသထောင်း
ထောင်းထညျ် ။ 激怒する ဖုံတထောင်းထောင်းထညျ်
埃がもうもうと舞い上がる အငွေ့ထောင်းထောင်းနေ
သညျ် ။ 蒸気がもうもうと舞っている အရကျ်နံ့
ထောင်းထောင်းထညျ် ။ 酒の匂いがぷんぷん漂ってい
る
ထောင်းလမောင်း[t'aun:ləmaun:] (副) ①粉々に、
粉末状に ②勢よく、猛烈に
ထောင်းလမနျ်း[t'aun:ləman:] (副) ①（煙草の煙
が）もうもうと ②粉々に ③（陰口を）激しい勢で
ထောင်းသတျ်[t'aun:ta?] (動) 殴打する
ထိုငျ်[t'ain] (動) ①座る ဆောငျ်ကြောငျ့်ထိုငျ်သညျ် ။ 蹲踞
する မုဆိုးထိုငျ်သညျ် ။ 立て膝をする တငျ်ပလျငျ်ခွေထိုငျ်
သညျ် ။ あぐらをかいて座る ③沈殿する =အနညျ့်ထိုငျ်
ထိုငျ်ခုံ[t'aingoun] (名) 腰掛
ထိုငျ်စား:[t'ain sa:] (動) 遊んで暮す、働かずに暮
す、安逸を貪る
ထိုငျ်စောငျ့်[t'ain saun.] (動) 座って待つ
ထိုငျ်ဆို[t'ainzo] (名) （踊りは伴わない）歌手、楽
器の演奏に合せた歌手
ထိုငျ်နေအကောငျ်းသား ၊ ထဒါမကျိုးမနျ်းသိ ။ (格) 身元が
露見する、弱点が現れる（脚が悪い事は立ち上らない
限り発覚しない）
ထိုငျ်သပိတျ်[t'ain dəbei?] (名) 座り込みスト
ထိုငျ်သပိတျ်မှောကျ်[t'aun dəbei? mau?] (動) 座り
込みをする
ထိုငျ်မသိမျ်းအငျ်္ကျီ[t'ain mətein: in:ǰi] (名) ①
（王朝時代の）身ごろの短い男性用上着 ②俳優が着
用する舞台衣裳（長袖だが身ごろは腰までしかない）
③（結婚式や穿耳式の時に着用する）女性用の短い上着
ထိုငျ်ဝမျ်[t'ainwan] (地) 台湾
ထိုငျ်း[t'ain:] (国) タイ国
ထိုငျ်း[t'ain:] (形) ①のろい、ぐずだ ထထိုငျ်းသညျ် ။
ဉာဏျ်ထိုငျ်းသညျ် ။ 頭の回転が鈍い ②耳が遠い
ထိုငျ်းသညျ် ။ 聞えが悪い ③湿気る ④商売が不振だ、売
れ行きがよくない အရောငျ်းအဝယျ်ထိုငျ်းသညျ် ။ 売れ行き
不振だ
ထိုငျ်းမှိုငျ်း[t'ain:main:] (形) ①反応が鈍い、のろ
い、愚鈍だ ②憂鬱だ、元気がない、浮かぬ様子で、
しょんぼりする (動) しびれる ထုံကျငျ်သညျ် ။
②湿気る ③商売が捗々しくない
ထစျ်[t'i?] (動) ①（木や竹を）刃物で刻む、刻み目を
つける ②吃る、口籠る စကားထစျ်သညျ် ③詰る、つ
かえる、滞る လကျ်ခံရနျ်ဆုံးဖြတျ်ဖို့ကားထစျ်နေလေသညျ် ။
引き受けるべく決めるのに二の足を踏む

ထစျ်ခံ[t'i?k'an] (動) つかえる
ထစျ်ချုနျး[t'i?ʧ'oun:] (動) （雷鳴が）鳴り響く、激
しい音を立てる、爆音を立てる
ထစျ်ချုနျးမိုး[t'i?ʧ'oun:mo:] (名) 雷雨
ထစျ်ငေါ့[t'i?ŋɔ.] (動) ①吃る ②順調に行かない、
滞る、停滞する
ထစျ်ထစျ်[t'i?t'i?] (副) 際立って、はっきりしていて
ထစျ်ထစျ်ငေါ့ငေါ့[t'i?t'i?ŋɔ.ŋɔ.] (副) ①吃り吃り
②躓きながら ③滑り気味で、ぎくしゃくして
ထစျ်လီးထစျ်လံ[t'i?li: t'i?li?] (副) 吃り吃り、
とつとつと
ထစျ်လံထစျ်လံ[t'i?li? t'i?li?] (副) ①吃り吃り
②躓き躓き
ထစျ်လညျးထစျ်လံ[t'i?li: t'i?li?]=ထစျ်လီးထစျ်လံ
ထစျ်အ[t'i?a.] (動) 吃る
ထစျ်အထစျ်အနှံ့[t'i?a. t'i?a.nɛ.] (副) とつとつ
と、吃り吃り
ထညျ်[t'ɛ.] (動) ①入れる、差し込む、挿入する ရေ
ထညျ်သညျ် ။ 水を入れる ②火を起す、薪をくべる မီး
ထညျ်သညျ် ။ ③同行させる、付ける ④薬を塗る ဆေး
ထညျ်သညျ် ။
ထညျ်စရာ[t'ɛ.zəja] (名) 入れ物、器、容器
ထညျ်သွငျး[t'ɛ.twin:] (動) ①入れる ②差し込む
③加える
ထညျ်[t'ɛ] ① (名) 物、物質＜အညညျ် ၊ ပိုး ထညျ် 絹製品
ရွှေထညျ် ၊ 金属品 ကိုယျ်ထညျ် 胴体、本体 ② (助数)
（衣類で使用）~着、~枚 သောငျ်းဘီထညျ် ズボン 1
本 လုံချညျ်တထညျ် ロンジー 1枚 အငျ်္ကျီတထညျ် 上着 1
着 စပျ်ကျယျ်တထညျ် 肌着 1 枚 စောငျ်တထညျ် 毛布 1枚
ထညျ်ကောကျ်[t'ɛgau?] (動) バラで
ထညျ်ကောကျ်ရောငျး[t'ɛgau? jaun:] (動) バラ売り
をする
ထညျ်စုပျ်ထညျ်လဲ[t'ɛzu? t'ɛlɛ:] (名) 一張羅、着た
きり
ထညျ်လဲ[t'ɛlɛ:] ① (名) 着替え ② (副) 頻繁に取替
えて、次々と取替えて ③色々な目的で
ထညျ်[t'ɛ] (形) 雄大だ、壮大だ、豪壮だ အလွနျ်ထညျ်
သညျ့်အိမျ် 極めて立派な屋敷
ထညျ်ထညျ်ဝါဝါ[t'ɛdɛ wawa] (副) 豪華に、豪勢に、
見栄えよく、壮大に、豪壮に
ထညျ်ဝါ[t'ɛwa] (形) 豪華だ、豪勢だ、壮麗だ、見栄
えがよい
ထညျ်ဝါခနျ်းနား[t'ɛwa k'an.na:] = ထညျ်ဝါ
ထိတျ်[t'ei] (名) 手枷、足枷、首枷 cf. ခြေထိတျ် ၊
လကျ်ထိတျ် ၊
ထိတျ်ခတျ်[t'ei? k'a?] (動) 足枷をはめる

ထိတ်တုံး[t'eiʔtoun:] (名) 半月状の穴をくり抜いた2枚の板を組合わせて作った足枷
ထိတ်းခတ်[t'eiʔtoun: k'aʔ] (動) 足枷をはめる
ထိတ်[t'eiʔ] (動) 魂消る、ぎょっとする、胆を潰す
ထိတ်ခနဲ[t'eiʔkənɛ:] (副) ぎょっとして、魂消て
ထိတ်ထိတ်ကြဲ[t'eiʔt'eiʔtʃɛ:] (副) 最高、最上、極上
ထိတ်ထိတ်ပျာပျာ[t'eiʔt'eiʔpjabja] (副) 冷や冷やして、慌てふためいて、気が動転して、興奮して
ထိတ်ထိတ်ပျာပျာဖြစ်[t'eiʔt'eiʔ pjabja p'jiʔ] (動) ①ぞくりとする ②慌てふためく、狼狽する
ထိတ်လန့်[t'eiʔlan.] (動) ぎょっとする、魂消る、仰天する
ထိတ်လန့်ကြောက်ရွံ့[t'eiʔlan. tʃauʔjun.] (動) 怖がる、恐れる、恐怖を覚える
ထိတ်လန့်ချောက်ချာ[t'eiʔlan. tʃauʔtʃa:] (動) 気が動転する
ထိတ်လန့်စွာ[t'eiʔlan.zwa] (副・文) びくびくして、冷や冷やして
ထိတ်လန့်တကြာ:[t'eiʔlan.dədʑa:] (副) 魂消て、びっくりして
ထိတ်လန့်တကြာ:ဖြစ်[t'eilan. dədʑa: p'jiʔ] (動) 驚愕する、仰天する
ထုတ်[t'ouʔ] (動) ①出す လျှာထုတ်သည်။ 舌を出す ②取り出す、抜き出す、抜き取る အင်္ကျီအိတ်မှလက်ကိုင်ပုဝါကိုထုတ်လိုက်သည်။ 上着のポケットからハンカチを取り出した ③免職する、除名する、追放する အလုပ်ထုတ်သည်။ 解雇する ကျောင်းထုတ်သည် 放校する ④作る、生産する、産出する စားကုန်သောက်ကုန်ထုတ်သည်။ 食品を製造する ⑤発行する、出版する ⑥金銭を引き出す、お金をおろす လစာထုတ်သည်။ 月給を受取る
ထုတ်ကုန်[t'ouʔkoun] (名) ①製品、産品 ②輸出品
ထုတ်ချေး[t'ouʔtʃi:] (動) 貸し出す
ထုတ်ချောက်[t'ouʔtʃauʔ] (副) まっすぐ、直接に
ထုတ်ချင်း[t'ouʔtʃin:] (副) 突き抜けて、貫通して
ထုတ်ချင်းအပ်[t'ouʔtʃin:gaʔ] (副) 突き抜けて、貫いて、貫通して
ထုတ်ချင်းပေါက်[t'ouʔtʃin: pauʔ]① (動) 突き抜ける、貫通する ②[t'ouʔtʃin:bauʔ] (副) 貫いて、貫通して、突き抜けて ခြေဖဝါးကိုထုတ်ချင်းပေါက်ရှား ငုတ်စူးတယ်။ 足の裏をペグノキの切株が貫いた
ထုတ်ချင်းဖောက်[t'ouʔtʃin: p'auʔ] (動) 貫通させる
ထုတ်ဆင့်[t'ouʔs'in.] (動) 発する、発令する、公布する

ထုတ်ဆောင်[t'ouʔs'aun] (動) 持ち出す、取り出す
ထုတ်နုတ်[t'ouʔn̥ouʔ] (動) ①引出す、抜き出す、引抜く、抜き取る ②抜粋する
ထုတ်နုတ်ချက်[t'ouʔn̥ouʔtʃ'ɛʔ] (名) 抜粋
ထုတ်နုတ်စာစာစောင်[t'ouʔn̥ouʔsa sazaun] (名) 抜き刷り、別刷り
ထုတ်နုတ်ဖော်ပြ[t'ouṇouʔ p'ɔpja.] (動) 抜粋して述べる、引用して説明する
ထုတ်နုတ်ယူ[t'ouʔn̥ou ju] (動) 引出す、抜き出す、抜き取る
ထုတ်ပေး[t'ouʔpe:] (動) ①出してやる ②支払う、支給する
ထုတ်ပယ်[t'ouʔpɛ] (動) 排除する、除去する、追放する、除名する、除籍する ပါတီမှထုတ်ပယ်သည်။ 党を除名する
ထုတ်ပယ်ခံရ[t'ouʔpɛ k'anja.] (動) 解任される、追放される、除名される
ထုတ်ပစ်[t'ouʔpjiʔ] (動) 放り出す、追放する အလုပ်မှထုတ်ပစ်သည်။ 解職する、解任する
ထုတ်ပြ[t'ouʔpja.] (動) 出して見せる、取り出して見せる
ထုတ်ပြန်[t'ouʔpjan] (動) 発令する အမိန့်ကိုထုတ်ပြန်သည်။ 命令を発する ကြေညာချက်ထုတ်ပြန်သည်။ 布告を発する
ထုတ်ပြန်ကြေညာ[t'ouʔpjan tʃeɲa] (動) 声明を発する、布告する
ထုတ်ပြန်ကြေညာချက်[t'ouʔpjan tʃeɲadʑeʔ] (名) 布告、告示、声明
ထုတ်ဖော်[t'ouʔp'ɔ] (動) ①明らかにする、顕わにする ②宣言する、公表する ③掘り出す、発掘する
ထုတ်ဖော်ပြောဆို[t'ouʔp'ɔ pjɔ:s'o] (動) 明らかにする、申し述べる、陳述する
ထုတ်ဖော်အစီခံ[t'ouʔp'ɔ əsiʔk'an] (動) 白状する、告白する
ထုတ်ယူ[t'ouʔju] (動) ①取り出す、引き抜く、抜き取る、受け取る ②（預金を）引出す
ထုတ်ယူချေးငှါး[t'ouʔju tʃ'i:ŋa:] (動) 借り出す、借金する
ထုတ်လုပ်[t'ouʔlouʔ] (動) ①作り出す ②生産する、製造する
ထုတ်လုပ်နိုင်စွမ်း[t'ouʔlouʔ nain zwan:] (名) 生産力、製造能力
ထုတ်လုပ်မှုပမာဏ[t'ouʔlouʔmu. pəmana.] (名) 生産規模
ထုတ်လုပ်ရေး[t'ouʔlouʔje:] (名) 生産、製造
ထုတ်လုပ်ရေးစွမ်းအား[t'ouʔlouʔje: swan:a:]

（名）生産力

ထုတ်လွှင့်[t'ouʔłwin.]（動）テレビで放送する、放映する

ထုတ်လွှင့်ပြသ[t'ouʔłwin. pja.ta.]（動）放映して見せる

ထုတ်ဝေ[t'ouʔwe]（動）出版する、発行する

ထုတ်ဝေဖြန့်ချီ[t'ouʔwe p'jan.tʃi]（動）出版配布する、発行する

ထုတ်ဝေရေး[t'ouʔweje:]（名）出版、発行

ထုတ်ဝေသူ[t'ouʔwedu]（名）発行者

ထုတ်စည်းတို့တမ်းကစာ：→ထုပ်ဆီးတို့တမ်းကစာ：

ထန်[t'an]（形）①（波や風が）強い、激しい、猛烈だ လိုင်းအတော်ထန်နေသည်။ 波がかなり荒い လေသံထန်လာသည်။ 風の音が激しくなってきた ②手厳しい、厳しい

ထန်း[t'an:]（植）オオギヤシ、ウチワヤシ、パルミラヤシ（ヤシ科）Borassus flabellifer

ထန်းကြက်သွန်[t'an: tʃɛʔtun]（植）リーキ（ユリ科）Allium ampleoprasum

ထန်းကျော[t'əkɟɔː]（名）オオギヤシの葉から採った繊維

ထန်းကျလှေကား：[t'əkɟin. ɬegaː]（名）（扇椰子の木に登るために取付ける）移動可能な梯子、携帯用梯子

ထန်းခေါက်ခွက်[dəgauʔ k'wɛʔ]（名）扇椰子の葉の繊維で作った器

ထန်းခေါက်တောင်း[dəgauʔ taun:]（名）扇椰子の葉の繊維で作った篭

ထန်းခေါက်ဖာ[dəgauʔp'a]（名）扇椰子の葉の繊維で織った行李

ထန်းစေ့မှုတ်[t'əzi.mouʔ]①（名）椰子の実の殻で作った柄杓 ②（鳥）カイツブリ ＝တစီးမှုတ်

ထန်းဆော်လေ[t'an:zɔle]（名）秋一番に吹く風

ထန်းတဂျာ：[t'an: təpjaː]（名）扇椰子の木の梢 cf. နေထန်းတဂျာ： 午前十時から十時半頃

ထန်းတော[t'an:dɔː]（名）扇椰子の林

ထန်းတက်[t'an: tɛʔ]（動）扇椰子の木に登る

ထန်းတက်စာ：[t'an:tɛʔsaː]（名）扇椰子の木に登り樹液を採って生活している人

ထန်းနို့[t'an:no.]（名）雄の扇椰子の花序

ထန်းပလပ်[t'əbəlaʔ]（名）葉を落した後の扇椰子の幹に残る葉の付け根又は葉の痕、葉の切株

ထန်းပလပ်နတ်ရုပ်ထင်။（諺）扇椰子の葉の付け根を神像と思い込む（幽霊の正体見たり、枯れ尾花、鰯の頭も信心から）

ထန်းပင်[t'an:bin]（名）扇椰子の木

ထန်းပင်မြစ်[t'əbinmjiʔ]（名）扇椰子の堅果から出芽した新芽（茹でたりあぶったりして食べる）

ထန်းဖူ：[t'əbuː]（名）扇椰子の若芽

ထန်းဖို[t'an:bo]（名）扇椰子の雄

ထန်းမ[t'an:ma.]（名）扇椰子の雌

ထန်းမုန့်[t'an:moun.]（名）扇椰子の実の殻の繊維と米とを椰子砂糖で練って作った菓子、外見は黄色で蒸しパンに似ている ＝ထန်းသီးမုန့်

ထန်းရည်[t'əje~t'an:je]（名）扇椰子の花序から採取した液汁（そのまま飲んだり、煮詰めて椯子砂糖を製造したりする）

ထန်းရည်ချဉ်[t'əjega:]（名）醱酵させた扇椰子の液汁

ထန်းရည်ချို[t'əjedʑo]（名）採取したばかりの扇椰子の液汁

ထန်းရည်မူ：[t'əje muː]（動）椰子酒に酔う

ထန်းရည်မူ：ကျွဲခိုးပေါ်။（諺）椰子酒に酔って、水牛窃盗が発覚（口は禍の門、思わず馬脚を現わす）

ထန်းရည်သောက်[t'əje tauʔ]（動）椰子酒を飲む

ထန်းရွက်[t'an: jwɛʔ]（名）扇椰子の葉（屋根を葺く材料として利用される）

ထန်းလက်[t'əlɛʔ]（名）扇椰子の葉柄

ထန်းလုံး[t'an:loun:]（名）扇椰子の幹、丸太

ထန်းလျက်[t'əɲɛʔ]（名）扇椰子の液汁を煮詰めて得られた黒砂糖（椰子砂糖）

ထန်းလျက်ခိုးကောင်[t'əɲɛʔk'o:gaun]（虫）大型の黒蟻（噛みつかない）

ထန်းလျက်အိုးတွေ့[t'əɲɛːo: twe.]（動）気に入ったものが見つかる

ထန်းသမ：[t'an:dəmaː]（名）＝ထန်းတက်စာ：

ထန်းသီး[t'an:di:]（名）扇椰子の果実

ထန်းသီးကြွေ[t'an:di: tʃwe]（動）扇椰子の実が落下する

ထန်းသီးကြွေချိန်၊ ကျီးနင်းချိန်။（諺）扇椰子の実が熟して落ちた時、カラスが踏んだ時（棚から牡丹餅、予期せぬ出来事、偶然の一致）

ထန်းသီးမုန့်[t'an:di:moun.]＝ထန်းမုန့်

ထိန်[t'ein.]（動）反響する

ထိန်ဆူ[t'ein.su]（動）響き亙る

ထိန်[t'ein]（植）アヘンボク、カイム（アカネ科）Mitragyna parviflora ＝ထိမ်

ထိန်[t'ein]（動）光る、輝く ထိန်နေသောလရောင် 明るい月

ထိန်ထိန်[t'eindein]（副）煌煌と

ထိန်ထိန်လင်：[t'eindein lin:]（動）煌煌とと輝く

ထပ်မံ

တညလုံးမီးထိန်ထိန်လင်းသည်။ ①明りが一晩中煌煌と明るい ②完全に夜が明ける、明るくなる
ထိန်ထိန်သာ[t'einden t̪a](動)煌煌と明るい ထိန်ထိန်သာတဲ့လပြည်ည 煌煌と明るい満月の夜 ထိန်ထိန်သာဆောဓောငွေလဝန်း 煌煌と明るいお月様
ထိန်လင်း[t'einlin:](動)明るい အိမ်တွင်းမှာကားမီးများထိန်းလင်းနေသည်။ 家の中は灯火で明るい
ထိန်ဝါ[t'ein wa](形)煌煌と明るい
ထိန်း[t'ein](動)①抑える、抑制する、感情を鎮める ②制御する、コントロールする တက်ကိုထိန်းသည်။ 舵を操る ဝင်ငွေကိုထိန်ပြီးသုံးသည်။ 収入を切り詰めて使う ③管理する、保管する ④(動物の)世話をする、見守る ဆိတ်ထိန်းသည်။山羊の世話をする သိုးထိန်းသည် 羊の世話をする ⑤子守りをする ကလေးထိန်းသည်။ ⑥関心を保たせる ပရိသတ်ထိန်းသည်။
ထိန်းကျောင်း[t'ein:tʃaun:](動)(幼児や家畜の)世話をする、面倒を見る ခွေးကိုထိန်းကျောင်းသည်။ 犬の世話をする
ထိန်းကြပ်[t'ein:tʃa?](動)管理する
ထိန်းချုပ်[t'ein:tʃou?](動)抑制する、統制する、統御する、自制する、規制する
ထိန်းညှိ[t'ein:ɲi.](動)調節する、管理する
ထိန်းမနိုင်သိမ်းမရဖြစ်[t'ein: mənain t̪ein: məja. p'ji?](動)手に負えない、収拾が付かない、制御不能だ、統制できない
ထိန်းသိမ်း[t'ein:t̪ein:](動)①保存する ②維持する、護持する ③気を配る、身を持す ④拘束する တပ်မတော်ကတိုင်းပြည်ကိုထိန်းသိမ်းလိုက်သည်။ 軍隊が国家(の存立を)維持した
ထိန်းသိမ်းစရိတ်[t'ein:t̪ein: zəjei?](名)維持費、管理費
ထိန်းသိမ်းစောင့်ရှောက်[t'ein:t̪ein: saun.ʃau?](動)保存する、維持保存する
ထိန်းမနိုင်သိမ်းမရနဲ့[t'ein:mənain t̪ein:məja. nɛ.](副)統御できず、収拾がつかず
ထိန်းအုပ်[t'ein:ou?](動)保護管理する、管理支配する
ထုံ[t'oun](動)痺れる、麻痺する、感覚が鈍い→ထုံ
ထုံကျဉ်[t'ountʃin](動)痺れる、麻痺する
ထုံဆေး[t'ounze:](名)痺れ薬、麻酔薬
ထုံဆေးထိုး[t'oun:ze: t'o:](動)麻酔薬を注射する
ထုံဆေးပြေ[t'oun:ze: pje](動)麻酔が醒める、麻酔が解ける
ထုံထိုင်း[t'ount'ain:](形)鈍い、愚鈍だ
ထုံအ[t'oun a.](形)頓馬だ、不感症だ

ထပ်[t'a?](動)①重ねる、積む、積み重ねる ②重なる ③繰り返す ④(副)もう一度、更に、重ねて、繰返して、もっと ထပ်ခေါ်သည်။ 重ねて呼ぶ ထပ်မေးသည်။ もう一度尋ねる ထပ်လိုချင်သည်။ もっと欲しい ထပ်ထည့်သည်။ 更に加える အင်္ကျီထပ်ဝတ်ရသည်။ 上着を重ね着する ⑤(助数)層、階、重 နှစ်ထပ် 二階
ထပ်ကိန်း[t'a?kein:](名)累乗、べき、乗数(二乗、三乗等)
ထပ်ကိန်းချို[t'a?kein: tʃoun.](動)平方根を求める
ထပ်ကိန်းညွှန်း[t'a?kein:ɲun.](名)指数
ထပ်ကိန်းရင်း[t'a?kein:jin:](名)根、乗根
ထပ်ကျော့[t'a?tʃɔ.](動)繰り返す、反復する
ထပ်ခါလဲလဲ[t'a?k'a təlɛlɛ](副)繰返し、何度も何度も မေးခွန်းစာရွက်ကိုထပ်ခါလဲလဲဖတ်သည်။ 質問状を何度も繰返して読んだ
ထပ်ခါထပ်ခါ[t'a?k'a t'a?k'a](副)何度も何度も、繰返し ထပ်ခါထပ်ခါခေါ်သည်။ 何度も何度も呼んだ ထပ်ခါထပ်ခါပြောသည်။ 繰返し繰返し言った
ထပ်ခိုး[t'a?k'o:](名)中二階
ထပ်ဆင့်[t'a?s'in.]①(動)積む、重ねる ②(副)次々と ③(副)もう一度、再度
ထပ်ဆင့်လွှင့်စက်ရုံ[t'a?s'in.ɬwin.sɛ?joun](名)中継所
ထပ်ဆွဲ[t'a?s'wɛ:](動)重ねて描く、二重に描く
ထပ်တယူ[t'a?təju](鳥)ズアカコウシチョウ(キヌバネドリ科) Harpactes erythrocephalus
ထပ်တေရာ[t'a?təra]①(動)クレープ(小麦粉を薄く延ばし何枚も重ねて油で炒めたインド系の食べ物)=ပလာတာ ②(植)キンセンカ ③ヒャクニチソウ
ထပ်တေရာပန်း[t'a?təja ban:](植)①キンセンカ ②ヒャクニチソウ=ချိုင်းဖလ်ပါ ③マリーゴールド
ထပ်တလဲလဲ[t'a? təlɛ:lɛ:](副)繰返し繰返し、反復して ထပ်တလဲစဉ်းစားတယ်။ 繰返し考えた
ထပ်တလဲလဲဖွဲ့ဆိုသည်။ 繰返し詠んだ
ထပ်တူ[t'a?tu](副)同様に、同じく
ထပ်တူညီ[t'a?tu ɲi](形)全く等しい
ထပ်တူထပ်မျှ[t'a?tu t'a?mja.](副)同一で、同じで、全く同じで、そっくりそのままで
ထပ်တူဖြစ်[t'a?tu p'ji?](動)同じだ、全く同じだ
ထပ်ပြီး[t'a?pi:](副)重ねて、繰返し
ထပ်ပြီးတော့[t'a?pi:dɔ.] =ထပ်ပြီး
ထပ်မန[t'a?məna:](副)①層になって、重なり合って、沸き上がって ②取替え引替えして、繰返し
ထပ်မံ[t'a?man](副)重ねて、繰返して、更に ထပ်မံတင်ပြသည်။ 重ねて提示した ထပ်မံနှောင့်ယှက်သည်။

繰返し妨害した ထပ်မံအတည်ပြုသည်။ 再確認した
ထပ်မံ၍[t'a'man jwe.] =ထပ်မံ
ထပ်လောင်း[t'a'laun:]①（動）補う、加える ②（副）更に、加えて
ထပ်လောင်း၍[t'a'laun:jwe.] （副・文）その上、更に、加えて
ထပ်ခြပ်[t'ɛ'tʃa']→ထက်ကြပ်
ထပ်ကြပ်မကွာ[t'ɛ'tʃa' məkwa]→ထက်ကြပ်မကွာ
ထပ်ခြပ်မကွာ[t'ɛ'tʃa'məkwa]→ထက်ကြပ်မကွာ
ထပ်ခြပ်လိုက်[t'ɛ'tʃa' lai']→ထက်ကြပ်လိုက်
ထိပ်[t'ei'] （名）①先端、頂上 တောင်ထိပ် 山頂 ②先端 ③頭上 ④縁、ヘリ ကမ်းထိပ်၊ လမ်းထိပ်။
ထိပ်ကပ်နာ[t'ei'ka'na] （病）副鼻腔炎
ထိပ်ခေါက်[t'ei'k'au'] （動）頭に拳骨を食らわす
ထိပ်ခေါင်တင်[t'ei'k'aundin] （名）未婚の王女、内親王
ထိပ်ချမှတော့ပြမှန်းသိ။ （諺）頭をやられて初めて強盗だと気付く（後の祭）
ထိပ်ဆံကြိုး[t'ei's'anʤo:] （名）係留ロープ
ထိပ်ဆုံး[t'ei's'oun:] （名）頂上、最上、最高 ①先頭、先陣、最初 ထပ်ဆုံးကပြေးနေတယ်။ 先頭を走っている
ထိပ်တိုက်[t'ei'tai'] （副）①向い合って、対面して、顔を突き合わせて ②同時に、一斉に
ထိပ်တိုက်တွေ့[t'ei'tai' twe.] （動）対立する
ထိပ်တိုက်ရင်ဆိုင်တိုက်မိ[t'ei'tai' jins'ain tai' mi.] （動）正面衝突する
ထိပ်တန်း[t'ei'tan:] （名）最高、最上、最上層
ထိပ်တန်းခေါင်းဆောင်[t'ei'tan: gaun:zaun] （名）首脳
ထိပ်တန်းထား[t'eitan: t'a:] （動）最高とする、最上層に置く
ထိပ်တုံး[t'ei'toun:] →ထိတ်တုံး
ထိပ်တုံးခက်[t'ei'toun: k'a'] →ထိတ်တုံးခက်
ထိပ်ပေါက်[t'ei'pau'] （植）マンゴーの一種
ထိပ်ပိုင်း[t'ei'pain:] （名）頭部、上部、頂上部
ထိပ်ပိတ်[t'ei'pei'] （名）上部が塞がったもの
ထိပ်ပြောင်[t'ei'pjaun] （名）頂上部分が禿げた頭
ထိပ်ဖူး[t'ei'p'u:] （名）①先端、突端、頂上部 ②（ミサイルの）弾頭
ထိပ်ဖက်[t'ei'p'ɛ'] （名）上面、頂上部分
ထိပ်ဖျား[t'ei'p'ja:] （名）先端、頂点、頂上、梢
ထိပ်ဝ[t'ei'wa.] （名）①先端の切口、先端の入口、②煙突の出口 ③火山の噴火口
ထိပ်သီး[t'ei'ti:] （名）首脳、卓越した人物
ထိပ်သီးညီလာခံ[t'ei'ti: ɲilagan] （名）首脳会議

ထိပ်သီးအစည်းအဝေး[t'ei'ti: əsi:əwe:] （名）首脳会議
ထုပ်[t'ou'] ①（名）屋根の横梁、梁 cf. လျောက်
ထုပ်[t'ou'] ①（動）包む、包装する ②（助数）~包み
ထုပ်စည်းတိုးကစား[t'ou's'i:to: gəza:]→ထုပ်ဆီး:တိုးကစား
ထုပ်စည်းတမ်းကစား[t'ou's'i:dan gəza:]→ထုပ်ဆီး:တမ်းကစား
ထုပ်ဆီးတိုး[t'ou's'i:to:] （動）攻撃と守備の2チームに分れて「通せんぼ遊び」の1種をする
ထုပ်ဆီးတိုးကစား[t'ou's'i:to: gəza:]=ထုပ်ဆီးတိုး
ထုပ်ဆီးတမ်းကစား[t'ou's'i:dan gəza:]=ထုပ်ဆီးတမ်းကစား
ထုပ်ပိုး[t'ou'po:] （動）包む、パックする、荷作りをする
ထုပ်လျောက်[t'ou'ljau'] （名）横梁
ထမ်း[t'an:] （動）①肩に担ぐ ပေါက်တူးထမ်းသည်။ 鍬を肩に担ぐ ②天秤棒で担ぐ ③（職務・任務を）遂行する တာဝန်ထမ်းသည်။ 任務を果す ④（税を）支払う အခွန်ထမ်းသည်။ 納税する ⑤（助数）~杯、~担ぎ ရေနှစ်ထမ်။ 水運び2回
ထမ်းစင်[tan:zin] （名）①（人を乗せる）駕籠、（屋根付きの）輿 ②（病人、怪我人を運ぶ）担架 ထမ်းစင်ဝယ်တင်၍ထမ်းသည်။ 担架に乗せて運んだ
ထမ်းဆောင်[t'an:s'aun] （動）①肩に担ぐ ②（仕事を）する、（任務を）果す、遂行する、（職責を）担う တာဝန်ထမ်းဆောင်သည်။ 任務を遂行する အမှုထမ်းဆောင်သည်။ 職務を遂行する ③納税する
ထမ်းပိုး[t'an:po:] （動）①肩に担いで運ぶ cf. ကျေးပိုး ②天秤棒で運ぶ ③[dəbo] （名）天秤棒 ထမ်းပိုးနှင့်လျှိုထမ်းတယ်။ 天秤棒に吊して運ぶ ④牛2頭を繋ぐくびき ဆုံးထမ်းပိုး 臼の曳き棒 ထွန်ထမ်းပိုး 馬鍬の柄 လှည်းထမ်းပိုး 牛車のくびき ⑤倍額 နှစ်ဆ ထမ်းပိုးလေးရသည်။ 2倍支払う事になった
ထမ်းပိုးချည်း[dəbo:ʤi:] （名）家畜を繋ぐくびきの穴に挿し込む木製のピン、止め具
ထမ်းပိုးထမ်[dəbo:dan] （副）並んで、平行して、同じ線で =တပြေးညီ
ထမ်းရွက်[t'an:jwɛ'] （動）務める、仕える、任務を果す、従事する、実行する
ထမ်းရည်ရွက်ရည်ရှိ[t'an:je jwɛ'je ʃi.] （動）任務の遂行が可能だ、任務遂行の能力がある
ထိမ်[t'ein] （植）カイム（アカネ科）Mitragyna parviflora タウンビョン村の神霊の祭礼で象徴的に伐られるのはこの木の枝

ထိမ်[t'ein]（動）①覆い隠す、秘める、秘匿する ②停まる　မွေးတာထိမ်သည်။ 生理が停まる
ထိမ်ချန်[t'eintʃan]（動）隠す、隠匿する
ထိမ်ဝှက်[t'ein hwɛʔ]（動）秘匿する、隠匿する、隠蔽する、揉み消す
ထိမ်းမြား[t'ein:mja:~t'ein:mjan:]（動）結婚する、挙式する
ထိမ်းမြားမင်္ဂလာဆောင်[t'ein:mja: mingəla s'aun]（動）挙式する、結婚式を挙げる
ထိမ်းမြားလက်ထပ်ခြင်းပြု[t'ein:mja: lɛʔt'aʔ tʃin: pju.]（動）結婚する
ထိမ်းမှန်[t'ein:man]（動）婚約する
ထိမ်းမှတ်[t'ein:maʔ]（動）記念にする、銘記する
ထံ[t'an]（名・文）所、場所
ထံ၌[t'annai]（副）の所で、の所において
ထံပါး[t'anba:]（名）傍、近く　မိမိ၏ထံပါး: 自分の所、自分の傍
ထံမှ[t'anma.]（副）の所から
ထံမှောက်[t'anmauʔ]（名）眼前、目の前
ထံသို့[t'ando.]（副）の所へ　သူငယ်ကလေးသည်ကျွန်တော့ထံသို့လာသည်။ 少年は私のところへやって来た
ထုံပိုင်းထုံပိုင်း[t'oun.pain: t'oun.pain:]（副）途切れ途切れに、断続的に
ထုံ[t'oun]（動）①染み込む ②馥郁と香る
ထုံ[t'oun]（動）①だるい ②痺れる、麻痺する、かじかむ=ထုန်။　အေးလွန်းလို့လက်တွေထုံနေတယ်။ あまりの寒さに手がかじかんでいる ③匂う、匂いがしみ出る ④趣味を持つ、嗜好がある　ဝါသနာထုံသည်။ 嗜好がある　ဝါသနာထုံမရှိ။ 趣味はない ⑤（形）鈍い、のろい ⑥頭の回転が鈍い
ထုံချည်[t'ountʃin]（動）痺れる、麻痺する
ထုံဆေး[t'ounze:]（名）麻酔薬、局部麻酔
ထုံတေတေ[t'ountede]（副）強情を張って、反抗的で
ထုံထိုင်း[t'ount'ain:]（形）鈍い、のろい、愚図だ、無感覚だ、活発でない　၇ု၏ထုံထိုင်းသည်။ 愚鈍だ
ထုံနာချည်နာ[t'ounna tʃinna]（病）関節炎
ထုံနာစို[t'ounnazo]（病）脚気
ထုံပေပေ[t'ounpebe]（副）強情を張って、反抗的
ထုံး[t'oun:]（鉱）①石灰 ②（名）大きな水溜り、礁湖
ထုံးကျောက်[t'oun:tʃauʔ]（名）石灰岩
ထုံးကြက်တက်ရည်[t'oun: tʃɛʔtɛʔje]（名）石灰で透明になった水、石灰の溶解液
ထုံးခြောက်ရောင်[t'oun:tʃauʔjaun]（名）鈍黄色、淡いオレンジ色

ထုံးဓာတ်[t'oun:daʔ]（名）カルシウム
ထုံးပေါက်[t'oun: pauʔ]（動）皮膚が石灰分にかぶれる、石灰のせいで口内炎になる
ထုံးဘူး[t'oun:bu:]（名）キンマ箱、石灰入れ
ထုံးမန်း[t'oun:man:]（名）真言陀羅尼が掛けられた石灰（治療で使われる）
ထုံးလိုချေ၊ရေလိုနွေ့ာက်။（諺）石灰の如く粉にし、水の如く濁す（朝飯前、お手の物）
ထုံးသင်္ကန်း[t'oun: tingan:]（名）仏塔に塗装された石灰
ထုံးသုတ်[t'oun: touʔ]（動）（仏塔などに）石灰を塗る、白色に塗装する
ထုံးအိုင်[t'oun:ain] =ထုံး 礁湖
ထုံး[t'oun:]（動）①髷を結う ②（糸やロープで）結び目を作る　ဆံထုံးထုံးသည်။ 髷を結う　ချောင်းကိုထုံးပေးသည်။（男性に）髷を結ってやる ③（助数）（糸や毛等を）巻いたもの
ထုံးဖွဲ့[t'oun: p'wɛ.]（動）①髪を結う ②作詩する
ထုံး[t'oun:]（名）例、前例、慣例、仕来り、慣習
ထုံးစံ[t'oun:zan]（名）仕来り、先例、慣習
ထုံးစံဓလေ[t'oun:zan dəle.]（名）慣習、風習
ထုံးစံအတိုင်း[t'oun:zan ətain:]（副）いつものように、慣例通り、習慣に従って
ထုံးစံအယူ၃[t'oun:zan əjuwada.]（名）因習観念
ထုံးတီးနည်းနာအတိုင်း[t'oun:di: ni:na ətain:]（副）習慣に従って、伝統に応じて
ထုံးတမ်း[t'oun:dan:]（名）習慣、風習
ထုံးတမ်းစဉ်[t'oun:dan:sin]（名）風習、伝統
ထုံးတမ်းစဉ်လာ[t'oun:dan:sinla]（名）慣習、仕来り、伝統
ထုံးတမ်းစဉ်လာအတိုင်း[t'oun:dan:sinla ətain:]（副）習慣どうり、伝統に従って
ထုံးနည်းဥပဒေ[t'oun:ni: u.bəde]（名）慣習法、伝統的規範
ထုံးမီမျှ[t'oun:mi sanmja.]（副）標準的で
ထုံးဟောင်း[t'oun:haun:]（名）慣習法、旧法、古い慣習、古くからの仕来り
ထွာ[t'wa]①（名）掌尺、指尺（掌を拡げた時の親指の先から中指の先までの長さ、人体寸尺の一つ、英語のSpanに相当、約22～23センチ）②（動）指を拡げて測る、掌尺で測る
ထွာကြည့်[t'wa tʃi.]（動）指を広げて測ってみる
ထွာဆိုင်[t'wazain]（名）左右の親指同志と中指同志とを接して作った輪の大きさ cf. ညှို့ဆိုင်

ထွာ:[t'wa:] (形) でかい、巨大だ、巨躯だ　သား:ကအသက်ငယ်ပေမဲ့ထွာ:ပါတယ်။ 息子は幼いけれども体は大きい

ထွာ:ကျိုင်:[t'wa:tʃain:] (形) ①大柄で、上背があってたくましい、堂々たる体躯だ　ထွာ:ကျိုင်:သောဗူးသီ:ကြီ: 巨大なフクベ ②こんもりしている、繁茂している

ထွိ[t'wi] (間) チェッ（舌打ち、嫌悪を現わす）、ペッ（唾を吐く様）

ထွိကနဲ[t'wigəne:] (副) 忌々しげに、嫌々そうに

ထွေ[t'we] (名) (陶器の破片のような) 偏平な物 (投げて遊ぶ素材)

ထွေပစ်[t'we pjiʔ] (動) 偏平な物を投げる

ထွေပစ်ကစား:[t'wepjiʔ gəza:] (動) 偏平な物を投げて遊ぶ、ビー玉遊びをする

ထွေ[t'we] (動) ①複雑だ、込み入っている ②落着かない、不安だ　စိတ်ထွေသည်။ 気持が落着かない

ထွေထူ:[t'wet'u:] (形) 奇異だ、奇怪だ

ထွေထွေထူ:ထူ:[t'wedwe t'u:du:] (副) 特に、取り立てて、殊更、格別

ထွေထွေရာရာ[t'wedwe jaja] (名) あれこれ、雑多なもの、寄せ集め

ထွေပြာ:[t'wepja:] (形) ①複雑だ、込み入っている、ややこしい

ထွေရာလေ:ပါ:[t'wejale:ba:] (名) 四方山話、あれやこれや、種々様々な事柄　ထွေရာလေ:ပါ:စကာ:တွေ 四方山話　ထွေရာလေ:ပါ:စဉ်:စာ:သည်။ あれこれ考える　ထွေရာလေ:ပါ:ပြောသည်။ あれやこれや話す

ထွေလာ[t'wela] (形) 異なった、様々な、多様な、種々雑多な

ထွေလာကေလာ[t'wela kela] (副) 複雑で、厄介で、錯綜していて、ややこしくて

ထွေလာသောင်:ပြောင်:[t'wela taun:bjaun:] (名) あれこれ

ထွေလီကာလီ[t'welikali] = ထွေလာကေလာ

ထွေလီကာလီများ:[t'welikali mja:] (形) ややこしい、複雑な、雑多だ

ထွေငေါ်[t'weŋɔ] (名) 発言、発話

ထွေ:[t'we:] (形) 一番若い、一番年下だ　အထွေ:ဆုံ:သာ:ထွေ: 末子　နှမငယ်ထွေ: 一番下の妹

ထွေ:တော်[dwe:dɔ] (名) 叔母（母の妹）= ဒေါ်လေ:

ထွေ:လေ:[dwe:le:] (名) 叔母（父の妹、母の妹）= ဒေါ်လေ:

ထွေ:[t'we:] (動) ①(口から)吐き出す ②唾を吐く　ကွမ်:ထွေ:ကိုထွေ:လိုက်သည်။ キンマの噛み汁を吐き出す　တံထွေ:မထွေ:ရ။ 唾を吐くべからず

ထွေ:ခံ[t'we:gan] (名) 痰壷

ထွေ:အင်[t'we:in] (名) = ထွေ:ခံ

ထွေ:[t'we:] (動) ①(毛布やおしめ等で)くるむ、包み込む ②絡む、もつれる、紛糾する

ထွေ:နွေ:[t'we:nwe:] (動) 暖かい = နွေ:ထွေ:

ထွေ:ပွေ[t'we:pwe.] (動) 抱きしめる、抱擁する

ထွေ:ယှက်[t'we:ʃɛʔ] (動) もつれる、絡まる

ထွေ:ရောရှက်တင်[dwe:jɔ:ʃɛʔtin] = ထွေ:ရောယှက်တင်

ထွေ:ရောယှက်တင်[dwe:jɔ:ʃɛʔtin] (副) ①ごっちゃになって、絡まり合って、入り乱れて ②親しく、親密で

ထွေ:လာ:လုံ:လာ:[t'we:la: loun:la:] (副) 群がって、込み合って、押し合って

ထွေ:လုံ:[t'we:loun:] ① (名) 絡み合ったもの、込み合ったもの ② (動) 混沌とする、込み合う、入り乱れる ③組み合う、取組み合う

ထွေ:လုံ:ရစ်ပတ်[t'we:loun:jiʔpaʔ] (副) ごっちゃになって、込み合って

ထွေ:လုံ:ရစ်ပတ်ဖြစ်[t'we:loun:jiʔpaʔ p'jiʔ] (動) ①ごっちゃになる、絡み合う ②区別がつかない ③格闘する、取組み合う

ထွက်[t'wɛʔ] (動) ①出る ②突き出る ③生じる、出現する ④採れる、産出する、生産される ⑤離れる、立ち去る、出かける ⑥退学する　ကျောင်:ကထွက်သည်။ 学校を止める ⑦証言する　ထွက်ဆိုသည်။

ထွက်ကုန်[t'wɛʔkoun] (名) ①産物、生産物、製品 ②輸出品

ထွက်ကုန်ပစ္စည်:[t'wɛʔkoun pjiʔsi:] (名) ①産物 ②輸出品

ထွက်ကုန်ဝင်ငွေ[t'wɛʔkoun winŋwe] (名) 輸出収入

ထွက်ကြည့်[t'wɛʔtʃi.] (動) 出てみる

ထွက်ခါခါ[t'wɛʔk'aʔ k'aʔ] (動) ①立ち去る前に危害を与える ②運勢が凶に変わる、運星の推移（羅ごう星から金星あるいは土星へ）で凶運となる

ထွက်ချက်[t'wɛʔtʃɛʔ] = ထွက်ဆိုချက်

ထွက်ခွါ[t'wɛʔk'wa] (動) ①出発する ②去る、立ち去る、離れる = ထွက်ခွါသွာ:

ထွက်စာ[t'wɛʔsa] (名) 辞表、辞職願、退職願

ထွက်စာတင်[t'wɛʔsa tin] (動) 辞表を出す、退職願を出す

ထွက်ဆို[t'wɛʔsʼo] (動) 証言する

ထွက်ဆိုချက်[t'wɛʔsʼoʔɛʔ] (名) 証言

ထွက်ဆုတ်[t'wɛʔsʼouʔ] (動) 退却する、引揚げる

ထွက်တော်မူ[t'wɛʔ tɔmu] (動) (国王が) 行幸なされる、出座なされる

ထက်ပေါ်လာ[t'wɛʔpɔla] (動) 現れる、出現する
ထက်ပေါက်[t'wɛʔpauʔ] (名) ①出口 ②脱出口
ထက်ပြီးသောဆင်စွယ်．ဝင်တယ်လို့မရှိ။ (諺) 突き出た象牙、引き込む事なし (覆水、盆に返らず)
ထက်ပြူ[t'wɛʔpju] (動) 覗く、顔を出す
ထက်ပြေး[t'wɛʔpje:] (動) 逃げる、逃亡する
ထက်ပြေးတိမ်းရှောင်[t'wɛʔpje: tein:ʃaun] (動) 逃げ隠れする
ထက်မြောက်[t'wɛʔmjauʔ] (動) 抜け出す、脱出する
ထက်ရာ[t'wɛʔja] (名) ①出た所 ②産地 ③発生地
ထက်ရပ်[t'wɛʔjaʔ] (名) 突破口
ထက်ရပ်ပေါက်[t'wɛʔjaʔpauʔ] (名) 錬金術の秘法 (秘薬を口にして洞窟内に入る、予定日に入ってみると人は見付からず代りに黄金が見つかる)
ထက်ရပ်လမ်း[t'wɛʔjaʔlan:] (名) ①自由への道、解放への道 ②錬金術 (熱した水銀または鉄にに金を加えてその性質を変える)
ထက်လာ[t'wɛʔla] (動) 出て来る
ထက်သွား[t'wɛʔtwa:] (動) ①出て行く ②立ち去る ③無くなる、出費する
ထက်သက်[t'wɛʔtɛʔ] (名) 呼気、吐く息
ထက်သက်ဝင်သက်[t'wɛʔtɛʔwindɛʔ] (名) 呼吸
ထင်[t'win] (動) ①片付ける、取り除く、取り去る ချုံထွင်သည်။ 藪を切り開く ②抜き取る、引き抜く ဆူးထွင်သည်။ 刺を抜く အရိုးထွင်သည်။ 魚の骨を取り除く ③縺れをほぐす、解く ④発明する、創造する
ထင်လုံး[t'winloun:] (名) ①作り事、出鱈目、捏造 ②発明品
ထင်း[t'win:] (動) ①えぐる、くり抜く、穴を開ける ②彫り込む、刻み込む ဆောက်နှင့်ထင်းသည်။ 鑿でくり抜く
ထင်းထု[t'win:t'u.] (動) 彫刻する、刻む
ထင်းဖောက်[t'win:p'auʔ] (動) 貫く、突き抜ける、穴を開ける、貫通させる
ထု[t'uʔ] (動) ①できものだらけで腫れ上がる ②果物から種を取り出す ပိန္နဲစေ့ထုတ်သည် ハラミツの種を取り出す မန်ကျည်းစေ့ထုတ်သည် タマリンドの種を取り去る
ထုမြင်းနာ[t'uʔmjin:na] (病) 腫れ物、甲状腺腫
ထုအိုင်းနာ[t'uʔain:na] (病) 爛れ、膿ほう、腫れ
ထုပ်[t'uʔ] (名) 頂上、頂点、先端
ထုပ်မြောက်[t'uʔmjaʔ] (形) 身分が高い、地位が高い、抜きん出ている
ထုံ[t'un.] (動) ぴくぴくする、痙攣する
ထုံထုံလူး[t'un.dun.lu:] (動) (痛みで) 身もだえする、のたうつ、のたうち廻る
ထွန်[t'un] ①(動) 代掻きをする လယ်ထွန်သည်။ 田を耕す ယာထွန်သည်။ 畑を耕す ②(名) 馬鍬 (櫛状の歯を取付けた農耕用機具、これで代掻きをする)
ထွန်ကြောင်း[t'unʥaun:] (名) 畝 (うね)、鋤き跡
ထွန်ချေး:ခါ[t'unʥi: k'a] (動) 馬鍬の泥を落す
ထွန်ခြေ[t'unʥiʔ] (名) 熊手状の農具、土掻き
ထွန်စက်[t'unzɛʔ] (名) 耕運機、トラクター
ထွန်တုံး[t'undoun:] (名) 馬鍬の台木 (これに鉄製の歯を取付けて代掻きをする)
ထွန်တဝတ်စာ[t'un dədoun:za] (名) 緬畝 (農地面積の単位、約10エーカー)
ထွန်တုံးကိုင်[t'undoun: kain] (動) 馬鍬を手にする、代掻きをする
ထွန်တုံးထွန်တံကိုင်[t'undoun: t'undan kain] =ထွန်တုံးကိုင်
ထွန်တုံးပြေး[t'undoun: peiʔ] (動) 田の耕作が終る、農繁期が終る、農閑期に入る
ထွန်ထွန်[t'un t'un] (動) 馬鍬で代掻きをする
ထွန်ယက်[t'un jɛʔ] (動) 田圃を耕す、代掻きをする
ထွန်ယက်သူ[t'un jɛʔtu] (名) 耕作者
ထွန်သွား[t'undwa:] (名) 馬鍬に取付ける歯
ထွန်း[t'un:] (動) ①明りを灯す、点灯する ②(日月が) 照る、輝く ③(水面上に) 現れる、露出する သောင်ထွန်းသည်။ 中洲が現れる、砂州が出現する ④出世する、世間に知られる
ထွန်းကား[t'un:ga:] (動) ①発達する、進歩する သိပ္ပံထွန်းကားသည်။ 科学が発達する ②栄える、繁栄する မြန်မာနိုင်ငံသည်ဗုဒ္ဓဘာသာထွန်းကားသောနိုင်ငံဖြစ်သည်။ ビルマの国は仏教が栄えている国である ③子供を設ける、子供に恵まれる သားတယောက်ထွန်းကားသည်။ 子供が一人できた
ထွန်းညှိ[t'unɲi.] (動) 明りを灯す、点灯する、点火する
ထွန်းတောက်[t'un:tauʔ] (動) 照る、光る、輝く
ထွန်းထိန်[t'un:t'ein] (動) 光り輝く、きらきら輝く
ထွန်းပ[t'un:pa.] (動) 輝く
ထွန်းပေါက်[t'un:pauʔ] (動) 傑出する、卓越する
ထွန်းပြောင်[t'un:pjaun] (動) きらきらする、輝く
ထွန်းလင်း[t'un:lin:] (動) 光を放つ、明るく輝く
ထွန်းလင်းတောက်ပ[t'un:lin: tauʔpa.] (動) 輝く、光り輝く

၃

၃[da.]（名）ビルマ文字体系第１８番目の子音文字、その名称は ၃ထွေး[da.dwe:]

၃ကာ[dəga]（名）在家信者、優婆塞、檀家、檀越＝တကာ။ ဘုရား၃ကာ 仏塔の建立者 ကျောင်း၃ကာ 寺院の建立者

၃ကာကြီး[dəgagji:]（代）二人称、在家信者に対する出家からの呼掛け

၃ကာခံ[dəga k'an]（動）勘定を受持つ、勘定を払う、奢る、饗応する

၃ကာ၃ကာမ[dəga dəgəma.]（名）男女の在家信者、優婆塞（うばそく）、優婆夷（うばい）、善男善女

၃ကာမ[dəgəma.]（名）女性の在家信者、優婆夷

၃ညင်း[dəɲin:]（植）ジリンマメ=တညင်း

၃ညင်းသီး[dəɲin:di:]（名）ジリンマメの実（ニンニク臭がある）

၃ညင်းသီးကအေးတပြန်။（諺）ジリンマメの実がおならをする（目糞、鼻糞を笑う、五十歩百歩）

၃ဂုံ[dəgoun]（地）ダゴン（ヤンゴンの古称）

၃နိ[dəni.]→နေ

၃မင်းငံပိ[dəmin: ŋəpi.]→မေမင်းငံပိ

၃မြ[dəmja.]→ေား:ပြ

၃ဂျီး၃ဂျိန်[dəji: dəjain]（副）よろよろと、よたよたと、よろめいて、ぐらついて =တဂျီးတဂျိန်

၃ဂျိန်း၃ဂျိန်[dəjein: dəjain]=၃ဂျီး၃ဂျိန်

၃ဂျိန်း၃ဂျိန်ဖြစ်[dəjein:dəjain p'ji']（動）よろける、千鳥足になる

၃ရခန်း[dələɡan:]=၃ဂျိန်း။တရုကြမ်း။

၃ရဇယ်[dələza]（副）続けざまに、間断なく、ひっきりなしに ရန်သူက၃ရဇယ်ပစ်ခတ်နေသည်။ 敵は立て続けに撃ちまくっている

၃ရဝမ်[dərəwan]（名）門番、夜警、不寝番=အစောင့်

၃ရယ်[dəjɛ]（動物）ブタシカ（シカ科）Cervus (Axis) porcinus

၃ရယ်မွေး[dəjɛmwe:]（植）カリマタガヤ（イネ科）Dimeria kurzii

၃ရောမျောပါ[dəjɔ:mjɔ:ba:]（副）大慌てで

၃ရောသောပါ[dəjɔ:tɔ:ba:]（副）大慌てで、そそくさと、せかせかと ၃ရောသောပါစား:သောက်ရသည်။ 大慌てで食べた ၃ရောသောပါ:အိမ်ပြေးဆင်းရလေသည်။ 慌てて家の外へと走り出た ၃ရောသောပါ:မသွားရဘူး။ せかせかと行ってはいけない

၃ရိုင်ဘာ[dərainba]（名）運転手 ＜英 Driver

၃ရူ[dəju']（副）ずるずると、無理矢理

၃ရူဆွဲ[dəju' s'wɛ:]（動）無理矢理引きずる

၃ရူတိုက်[dəju'tai']（副）地上を引きずって အိပ်ရာပေါ်ရောက်အောင်၃ရူတိုက်ဆွဲရသည်။ 寝台の上まで引きずって行かなければならなかった

၃လကြမ်း[dələɡan:]（副）がむしゃらに、一目散に ၃လကြမ်းဆင်းတော့သည်။ 一目散に駆け降りた ၃လကြမ်းပြေးတက်လာသည်။ 全身の力を出して駆け上ってきた ကား:တစင်း:၃လကြမ်းမောင်းလာသည်။ 自動車が１台、猛烈な勢で走ってきた =၃ရကြမ်း

၃လစပ်[dələza']=၃စပ်

၃လဟာ[dələha]（副）絶間なく、途切れなく

၃လဝမ်[dələwan]（名）不寝番、夜警

၃လဟော:[dələhɔ:]（副）とうとう、勢よく ေွှ:များ:၃လဟောယိုဆင်းသည်။ 血が激しく噴き出した မျက်ရည်တွေ၃လဟောကျဆင်းလာသည်။ 涙が止めどなく流れ落ちた

၃လက်[dəlɛ']（名）①竹とんぼ ②プロペラ、スクリュー、扇風機等の羽、翼

၃လက်လည်[dəlɛ'lɛ]（動）くるくる廻る、旋回する

၃လန်[dəlan]（名）①おとり ②特務 ③仲買人、ブローカー ＜ヒ

၃လိမ့်[dəlein.]（名）ころ、のし棒、ローラー

၃လိမ့်ခေါက်ေး:[dəlein.k'au'kwe:]（副）ころころと（転がる）

၃လိမ့်တုံ:[dəlein.doun:]=၃လိမ့်

၃သနိကဗေဒ[da'təni.ka. beda.]（名）哲学

၃သမ[da'təma.]①（形）第十、十番目の ②（名）小数点

၃သမကိန်း[da'təma.kein:]（名）小数

၃သမမြောက်[da'təma.mjau']（名）第１０回目

၃သမအမှာ'[da'təma. əma']（名）小数点

၃သီလ[da'ta. tila.]（名）十戒=ဆယ်ပါး:သီလ （ငါး:ပါး:သီလ 五戒に次の五戒を加えたもの、不食非時食戒、不可歌舞不観聴戒、不塗飾花蔓戒、不座高広大床戒、不蓄金銀宝物）cf. ငါး:ပါး:သီလ

၃ဟတ်[dəha']（植）ハミルトン・チーク（クマツヅラ科）Tectona hamiltoniana

၃ဟတ်တဂိုင်း[dəha'təgain:]（植）セキトメホオズキ（ナス科）Withania somnifera

ဒါ[da.]（指代）ဒါ の限定的用法、この

ဒါကြောင့်[da.ʤaun']（接）だから、それ故に、そういう訳で

ဒါကြောင့်မို့[da.ʤaun.mo.]（接）=ဒါကြောင့်

ဒါ[da]（指代）これ、これは

ဒါဂ[daga.]（代）これは、これが

ဒါတော့[daga.dɔ.]（代・強調）これは、この事

ဒါကြောင့် [daʤaun.] （接）だから、それ故に、そのため、従って
ဒါကြောင့်မို့ [daʤaun.mo.] （接）だから、そんな訳で
ဒါကြောင့်မို့လို့ [daʤaun.mo.lo.] （接）だから、よって、それ故に
ဒါဆို [das'o] （接）それでは、では
ဒါတော့ [dadɔ.] （代）それについては、その事は
ဒါတောင် [dataun] （接）それでも、それでさえ
ဒါတွေကြောင့် [dadweʤaun.] （接）そう言う訳で、それらのせいで、それ故に、だから
ဒါတက် [dadɛʔ] （接）ところで、それはそうと
ဒါနဲ့ [danɛ.] （接）それはそうと、ところで
ဒါနဲ့တောင် [danɛ.taun] （接）それでも、それでさえも、それなのに
ဒါနဲ့တဲ့ [danɛ.bɛ:] （接）それなのに
ဒါပေမယ့်လို့ [dabemɛlo.] （接）だが、しかし
ဒါပေမဲ့ [dabemɛ.] （接）しかし、だが、けれども、ところが
ဒါပေါ့ [dapɔ.] （名）合槌、そうだよ、勿論さ
ဒါဖြင့် [dap'jin.] （接）では、それでは、それならば、じゃ、それじゃ
ဒါဖြင့်ရင် [dap'jin.jin] （接）然らば、それでは、それならば、では
ဒါဖြစ်ရင် [dap'ji'jin] = ဒါဖြင့်ရင်
ဒါတဲ့ [dabɛ:] ①（名）会話、通信等の締め括り、以上だ、これで終了 ကျွန်တော်ပြောချင်တာကတော့ဒါတဲ့။ 私が言いたいのは以上だ ②相手への強制、大変だぞ大変な事になるぞ မနက်ဖြန်မလာရင်တော့ဒါတဲ့။ 明日来なかったら、どうなるか判っていような
ဒါမှမဟုတ် [dama.məhouʔ] （接）でなければ、さもなくば、あるいは、または
ဒါမှမဟုတ်ရင် [dama.məhouʔjin] = ဒါမှမဟုတ်
ဒါမှမဟုတ်လို့ရှိရင် [dama.məhouʔlo.ʃi.jin] = ဒါမှမဟုတ်
ဒါမှသာ [dama.da] （接）それでこそ、それでやっと
ဒါလဲတဲ့ [dalɛ:bɛ:] （代）それも、それもまた
ဒါလောက် [dalauʔ] （代）それ位、それ程、そんなに
ဒါလောက်ဆိုရင် [dalauʔs'ojin] （接）それなら、そんなに言うのなら、それ程言うのであれば
ဒါလောက်တောင် [dalauʔtaun] （代）それすらも、その程度の事さえ
ဒါလောက်နဲ့ [dalauʔnɛ.] （副）それ位で、それ位の事で
ဒါဟာ [daha] （代）これは、この事は

ဒါဇင် [dazin] （名）ダース＜英 Dozen လက်ကိုင်ပုဝါတဒါဇင် ハンカチ1ダース
ဒါန [dana.] （名）布施 ＜パ Dāna
ဒါနပြု [dana. pju.] （動）布施をする、施す
ဒါဘာ [daba] （名）①交渉、談判 ②謁見、会見 ＜ヒ Darbār
ဒါဘာမင်းပွဲ [daba min:bwɛ:] （名）（総督、藩王による）謁見の催し＝ မင်းပွဲဒါဘာ
ဒါယကာ [dajəka] （名）檀家、檀越、檀那（仏教の）寄進者 ＜パ Dāyaka
ဒါယိကာမ [daji.kama.] （名）女性の檀越、女性の寄進者、女性の在家信者 ＜パ Dāyikā
ဒါရိုက်တာ [daraiʔta] （名）①監督 ②指揮者 ＜英 Director
ဒါလီ [dali] （名）女性用のペンダント、ネックレス
ဒါဟျား [daha. p'ja:] （名）熱病 ＜パ Dāha
ဒါ: [da:] → ဓား
ဒိ [di.] （代）ဤ の限定詞的用法、この
ဒိပြင် [di.pjin] （接）その外、このほか
ဒိစတရိတ် [disətereiʔ] （名）県 ＜英 District
ဒိဋ္ဌ [deiʔt'a.] ①（名）現実、事実、実際、実在、眼前、具体 ②（副）現実に、眼前で、間違いなく
ဒိဋ္ဌဓမ္မ [deiʔt'a.dəma.] （副）確かに、間違いなく
ဒိဋ္ဌဓမ္မဝါဒီ [deiʔt'a.dəma. wadi] （名）現実主義者、合理主義者
ဒိဋ္ဌပျောက် [deiʔt'a. pjauʔ] （動）即座に治る、即効性がある
ဒိဋ္ဌမြင် [deiʔt'a. mjin] （動）現実に見る、実際に見る
ဒိဋ္ဌိ [deiʔt'i.] （名）外道、邪教徒、異教徒、不信心者
ဒိတပေါမောက္ခ [di. tapamauʔk'a.] （名）①（昔話に登場する）教授 ②パガン時代に唐に赴いたビルマ人僧侶
ဒိ [di] （名）潮、海水
ဒိကျ [di tʃa.] （動）潮が引く
ဒိချောင်း [ditʃaun:] （名）塩水の河
ဒိဘို: [dibo:] （動物）フジツボ（岩礁や船底に付着する生き物）
ဒိရေ [dije] （名）潮
ဒိရေကျ [dije tʃa.] （動）潮が引く
ဒိရေတက် [dije teʔ] （動）潮が満ちる
ဒိရေအတက်အကျ [dije eteʔetʃa.] （名）塩の干満
ဒိလုံး [diloun:] ①（鳥）メダイチドリ（チドリ科） Charadrius mongolus ②（名）道普請用の泥の塊
ဒိ [di] （指形）この

ဒီကနေ့[digəne.]（名）今日
ဒီကနေ့ည[digəne.ɲa.]（名）今夜、今晩
ဒီကို[digo]（副）ここへ、ここに
ဒီကိုများ[digomja:]（副）この辺りへ、こんな所へ、まさかここへは
ဒီကောင်[digaun]（代）こいつ、奴
ဒီကြား:ထဲ[didʑa:dɛ]（接）おまけに、それに加えて、しかも
ဒီည[diɲa.]（名）今夜
ဒီတခါတေ့[di dək'adɔ.]（副）今度は、今回は
ဒီတပတ်[di dəbaʔ]（名）今週
ဒီတပတ်တော့[di dəbaʔtɔ.]（副）今週は、今週のところは
ဒီတော့[didɔ.]（接）そこで、それで、すると
ဒီတော့ကာ[didɔ.ga]（接）そこで、それで、そういう訳で
ဒီတော့မှ[didɔ.m̥a.]（接）それでやっと、そこでようやく
ဒီတင်မှ[didinm̥a.]（接）そこで初めて
ဒီတိုင်း[didain:]（副）その通り、そのまま
ဒီဒိုင်းမှ[didinm̥a.]=ဒီတင်မှ
ဒီနားတဝိုက်မှာ[dina: təwaiʔm̥a]（副）この近く一帯に、この付近一帯で
ဒီနား:မှာ[dina:ma]（副）この傍に、この近くに
ဒီနေ့[dine.]（名）今日
ဒီနေ့ည[dine.ɲa.]（名）今夜
ဒီနေ့တော့[dine.dɔ.]（副）今日は、今日のところは
ဒီနေရာကို[dinejago]（副）①ここを ②ここへ
ဒီနေရာမှာ[dinejama]（副）ここで、ここに
ဒီနှစ်[diniʔ]（名）今年
ဒီပုတ်ထဲကဒီပဲ။（諺）この大竃の中のこの豆（同じ穴のムジナ、瓜の蔓に茄子は成らぬ）
ဒီမယ်[dimɛ]（副）①ここに、ここで ②（間）呼び掛け）あの、あのね、ちょっと、もし、もしもし=ဒီမှာ
ဒီမယ်ဒီမယ်[dimɛ dimɛ]（間）呼掛け=ဒီမှာ
ဒီမှာ[dima]（副）①ここに、ここで ②（呼び掛け）=ဒီမှာ
ဒီမှာဘက်မှာ[dimabɛʔm̥a.]（副）こちら側に
ဒီယုန်မြင်လို့ချချောင်ထင်။（諺）兎を見て数を切り開く（物事には順序がある）
ဒီလိုကိုး[dilogo:]（感）そうだったのか、そういう訳だったのか
ဒီလထုတ်[dila.t'ouʔ]（形）今月刊の、今月発行の
ဒီလို[dilo]①（形）このような ②（副）このよう

に、次のように
ဒီလိုဆိုရင်[dilo s'ojin]（接）それなら、それでは
ဒီလိုနဲ့[dilonɛ.]（接）こうして、このようにして
ဒီလိုနဲ့ဖြင့်[dilonɛ.p'jin.]=ဒီလိုနဲ့
ဒီလိုတဲ့:[dilobɛ:]（接）このように、まさにそのように
ဒီလိုသာ[diloda]（接）このようにしてのみ、そんな具合で
ဒီလောက်[dəlauʔ]（副）こんなに、これ位、これ程、この程度
ဒီလောက်ကလေးတေ့နဲ့[dəlauʔkəle:denɛ.]（副）こんな些細な事で、この程度の事位で
ဒီဟာ[diha]（代）これは、このものは
ဒီဟာဂ[dihaga.]（代）これは、この事は
ဒီအတိုင်း[di ətain:]（副）このまま
ဒီအတဲ့:[di ətɛ:]（接）おまけに、その上、更に
ဒီအနေ[di əne]（名）この状態、この有様
ဒီအပတ်[di əpaʔ]（名）今週
ဒီကရီ[dikəri]（名）（裁判所の）命令、宣告、判決 ＜英 Decree
ဒီဂရီ[digəri]（名）①（温度や角度の）度 အပူချိန်မှာဖာရင်ဟိုက်၁၁၀ဒီဂရီရှိနေသည်။ 気温は華氏１１０度ある ②（大学の）学位 ＜英 Degree
ဒီဂျစ်တယ်လ်အော်တိုအိတ်ချိန်း[didʑiʔtɛ ɔto eiʔtʃein:]（名）デジタル自動交換機 ＜英 Digital Auto-Exchange
ဒီဇယ်[dizɛ]（名）ジーゼル ＜英 Diesel
ဒီဇယ်ဆီ[dizɛ s'i]（名）ジーゼル.オイル
ဒီဇယ်အင်ဂျင်[dizɛ indʑin]（名）ジーゼル・エンジン ＜英 Diesel Engine
ဒီဇင်ဘာ[dizinba]（名）１２月 ＜英 December
ဒီဇိုင်း[dizain:]（名）デザイン ＜英 Design
ဒီတို့:[di t'o:]（動）二派に分れて相手を捕まえる遊びをする
ဒီဒီတီ[diditi]（名）D.D.T.
ဒီပနီ[dipəni]（名）仏教経典の複註
ဒီပလိုမာ[dipəloma]（名）卒業証書、学位記 ＜英 Diploma
ဒီပင်ကရာ[dibingəja]（名）燃灯仏（過去二十四仏の第一番目の仏） ＜サ Dīpaṁkara
ဒီမိုကရေစီ[dimogəresi]（名）民主主義 ＜英 Democracy
ဒီမိုကရေစီခေတ်[dimogəresi k'iʔ]（名）民主主義時代
ဒီမိုကရေစီစနစ်[dimogəresi səniʔ]（名）民主主義制度

ဒီမိုကရေစီနိုင်ငံ[dimogəresi naingan] (名) 民主主義国家
ဒီမိုကရေစီဝါဒ[dimogəresi wada.] (名) 民主主義思想
ဒီမိုကရေစီလှုပ်ရှားမှု[dimogəresi ɬouʔʃa:m̥u.] (名) 民主主義運動、民主化運動
ဒီမိုကရေစီအုပ်ချုပ်ရေး[dimogəresi ouʔtʃouʔje:] (名) 民主主義政治
ဒီးဒီး[di:di:] (擬) タラタラと ချွေး ဒီးဒီးကျသည်။ 汗がタラタラ落ちる
ဒီးဒူး[di:du:] (植) シルク・コットン (パンヤ科) Salmaria insignis
ဒီးဒုတ်[di:douʔ] (鳥) カッショクウオミミズク (フクロウ科) Ketupa zeylonensis
ဒီးဒုတ်ချေးမြက်[di:douʔtʃi:mjɛʔ] (植) タツノツメガヤ
ဒု[du.] (名) 厚さ、厚み =ထု
ဒုနှင့်ဒေး[du.nɛ.de:] ① 沢山 ② (副) わんさと、一杯、おびただしく ဒုနှင့်ဒေးရှိသည်။ 沢山ある
ဒု[du.] (形) ဒုတိယ の省略形、第二の
ဒုကာကွယ်ရေးဦးစီးချုပ်[du. kagweje: u:zi:ʤouʔ] (名) 国軍参謀次長
ဒုချုပ်[du.ʤouʔ] (名) (大学の) 副学長
ဒုတပ်ကြပ်[du.taʔtʃaʔ] (名) 兵長 (最下位の下士官)
ဒုဗိုလ်မှူးကြီး[du.bom̥u.ʤi:] (名) 中佐
ဒုဗိုလ်[du.bo] (名) 少尉 (最下位の尉官)
ဒုရဲချုပ်[du.jɛ:ʤouʔ] (名) 警察庁次長
ဒုရဲအုပ်[du.jɛ:ouʔ] (名) 警部補
ဒုလွှဲချေရေးမှူး[du.louɲʤoun je:m̥u:] (名) 警部
ဒုဝန်ကြီးချုပ်[du.wunʤi:ʤouʔ] (名) 副総理
ဒုအမှတ်ခံလ်[du.əjagan bo] (名) 曹長
ဒုကုတ်[du.gouʔ] (名) 大衣 (出家の着衣、三衣の一つ)
ဒုစရိုက်[du.zəjaiʔ] (名) 悪行、悪業 <パ Duccarita
ဒုစရိုက်ကျူးလွန်[du.zəjaiʔ tʃu:lun] (動) 悪行を働く、悪徳をなす
ဒုစရိုက်နယ်မြေ[du.zəjaiʔ nɛmje] (名) 無法地帯、違法地帯
ဒုစရိုက်မှု[du.zəjaiʔm̥u.] (名) 悪事、悪行、非行
ဒုတိယ[du.təja.] (形) 第二の、二番目の <パ
ဒုတိယကမ္ဘာစစ်[du.təja. gəba siʔ] (名) 第二次世界大戦
ဒုတိယကျောင်းအုပ်[du.təja. tʃaun:ouʔ] (名) 教頭
ဒုတိယဆယ်စု[du.təja. sʔɛzu.] (名) 20年代
ဒုတိယချန်သုံးဘုံ[du.təja. zan toun:boun]

(名) (仏教世界の) 二禅三天
ဒုတိယညွှန်ကြားရေးဝန်[du.təja. ɲuntʃa:je: wun] (名) 局次長
ဒုတိယတပ်မတော်ကာကွယ်ရေးဦးစီးချုပ်[du.təja. taʔmədɔ kagwɛje: u:zi:ʤouʔ] (名) 国軍参謀次長
ဒုတိယတပ်ရင်းမှူး[du.təja. taʔjin:m̥u:] (名) 大隊副司令、副大隊長
ဒုတိယထပ်[du.təja.daʔ] (名) (建物の) 3階
ဒုတိယနေ့[du.təja.ne.] (名) 2日目
ဒုတိယနောက်ဆုံးပွဲ[du.təja. nauʔs'oun:bwɛ:] (名) 準決勝戦
ဒုတိယပိုင်း[du.təja.bain:] (名) 第2部
ဒုတိယပိုင်းပွဲ[du.təja.bain:bwɛ] (名) 2回戦
ဒုတိယဗိုလ်ချုပ်ကြီး[du.təja. boʤouʔtʃi:] (名) 中将
ဒုတိယဗိုလ်မှူးကြီး[du.təja. bom̥u:ʤi:] (名) 中佐
ဒုတိယဘုရင်ခံချုပ်[du.təja. bəjingan] (名) 副総督
ဒုတိယမြို့ပိုင်[du.təja. mjo.bain] (名) 市長補佐、町長補佐 =လက်ထောက်မြို့ပိုင်
ဒုတိယဝါဆို[du.təja. wazo] (名) 閏年に挿入される第二ワーゾー月
ဒုတိယဝန်ကြီး[du.təja. wunʤi:] (名) 副大臣
ဒုတိယဝန်ကြီးချုပ်[du.təja. wunʤi:ʤouʔ] (名) 副総理、副首相
ဒုတိယသမ္မတ[du.təja. təmədə.] (名) 副大統領
ဒုတိယသက်တမ်း[du.təja. tɛʔtan:] (名) 第2期
ဒုတိယသံဃာယနာတင်[duʔtəja.tingajəna tin] (動) 第二結集を行う、第二回仏典編纂会議を開く
ဒုတိယအကြိမ်[du.təja. ətʃein] (名) 2度、2度目
ဒုတိယအပတ်[du.təja. əpaʔ] (名) 再来週
ဒုတိယဥက္ကဋ္ဌ[du.təja. ouʔkətʔa.] (名) 副議長、副総裁、副会長、副委員長
ဒုလ္လိ[diʔdəli] (植) セイヨウタンポポ (キク科) Taraxacum officinale
ဒုမင်္ဂလာ[du.mingəla] (名) (葬儀等の) 不幸、不幸な出来事 <パ Du Maṅgala
ဒုမင်္ဂလာသုမင်္ဂလာ[du.mingəla tu.mingəla] (名) 慶事、冠婚葬祭
ဒုဝင်~ဒုဇင်[du.jin~dəjin] (名) ①国王及び王族の衣装 ②王朝時代の礼装、礼服 (肩に飾りがある)
ဒုရင်[du.jin] (名) 高楼の尖塔 <サ Toraṇa
ဒုဿနတု[du.ta.na.tɔ:] (名) 姦通、不義
ဒုဿီလ[douʔtila.] (名) 背徳者、(道徳的に) 堕落

した人、腐敗した人
ဒုဗေတာဗေ[du.be tabe] (副) 粗食に耐えて、酷苦に耐えて
ဒုဗေတာဗေခံ[du.betabek'an] (動) 粗食に耐える
ဒုဗေတာဗေခံနိုင်ည့်ရှိ[du.betabe k'annainjeʃi.] (動) 粗食に耐えられる、少々の事には動じない
ဒုဗေနဗေ[du.be nabe] =ဒုဗေတာဗေ
ဒုဗေနဗေခံ[du.be nabe k'an] =ဒုဗေတာဗေခံ
ဒုရိယာ[turi.ja] (名) 楽器 →တုရိယာ
ဒုလာ[dula] (病) リューマチ =တုလာ｜ဒုလာရောဂါ
ဒုဝါ[duwa] (名) カチン族の酋長、土侯 =ဒူးဝါ:
ဒူး[du:] (名) 膝
ဒူးကောက်ကွေး[du:gauʔ kwe:] ①(動) 膝を折り曲げる ②(名) ひかがみ、膝裏の内側
ဒူးကိုက်[du: kaiʔ] (動) 膝が痛む
ဒူးခေါင်း[du:gaun:] (名) 膝頭、膝蓋骨
ဒူးဆစ်[du:ziʔ] (名) 膝関節
ဒူးဆစ်ချောင်[du:ziʔ tʃaun] (動) ①足に力が入らない ②房事に耽り過ぎるあまり眼が落ち窪む
ဒူးတိုက်[du: taiʔ] (副) 膝を突き合わせて
ဒူးတိုက်ဆွေးနွေး[du:taiʔ s'we:nwe:] (動) 膝突き合わせて協議する、ざっくばらんに話し合う
ဒူးတုန်[du: toun] (動) (恐怖の余り)足が震える
ဒူးတုန်ရင်ခုန်ဖြစ်[du:toun jink'oun p'ji?] (動) 足は震え胸は動悸を打つ
ဒူးတုပ်[du: touʔ] (動) 跪く、膝を折り曲げて坐る
ဒူးတုပ်ထိုင်[du:touʔ t'ain] (動) 跪いて坐る、正座する
ဒူးထောက်[du: t'auʔ] (動) ①膝を立てる、片足を立てる ②敗北を認める、屈服する
ဒူးထောက်ထိုင်[du:t'auʔ t'ain] (動) 片膝立てて坐る
ဒူးထောင်[du: t'aun] (動) 立て膝をする
ဒူးထောင်ပေါင်ကား[du:daun paunga:] (副) みっともない格好で、あられもないかっこうで、しどけない格好で
ဒူးနာ[du: na] (動) 膝が痛む
ဒူးနှုလုံးထောင်[du: nəloun: t'aun] (動) 立て膝をする
ဒူးပေါပေါင်ပေါ်ထိုင်[du:bɔ paunbɔ t'ain] (動) 股を露わにして坐る
ဒူးပေါပေါင်ပေါ်လှုပ်[du:bɔ paunbɔ louʔ] (動) 膝や太股を露わにする
ဒူးပြဲ[du: pjɛ:] (動) 膝を擦り剥く
ဒူးမနာသား[du: məna ta:] (名) 妻の連れ子

ဒူးသွားသွား[du:dwa: twa:] (動) にじり寄る (重臣達が国王の面前に伺候する時の動作)
ဒူးနေရာ[du: neja] (名) 国王謁見の際に着座する重臣達の座 (5階段あった) cf. နေရာငါးသွယ်
ဒူးနေရာဒူး｜တော်နေရာတော်၊ (諺) ドウーの座にはドウー、トーの座にはトー (適材適所)
ဒူးရင်း[du:jin:] (植) ドリアン (パンヤ科) Durio zibethinus
ဒူးရင်းသီး[du:jin:di:] (名) ドリアンの実
ဒူးရင်းသြော[du:jin: ɔ:za] (植) トゲバンレイシ (バンレイシ科) Annona muricata
ဒူးလေး[du:le:] (名) いしゆみ (木製の柄に十字状に弓を取付けて矢を放つ) =တူးလေး
ဒူးဝါ:[du:wa:] (名) カチン族の酋長、土侯
ဒေစီပန်း[des'i pan:] (植) 雛菊
ဒေလိယာ[delija] (植) ダリヤ
ဒေဝ[dewa.] (名) 神、精霊 ＜パ Deva
ဒေဝတာတ်တင်ဂျု:[deweta naʔt'in:ju:] (植) ヒマラヤスギ (マツ科) Cedrus deodara
ဒေဝဒါတ်[dewədaʔ] (人) 提婆達多 (釈尊の従弟、釈尊を殺害しようとして無間地獄に堕ちたとされる)
ဒေဝါလီခံ[dewəli k'an] (動) 破産する、倒産する =လူမြောင်း
ဒေဝါလီပွဲ[dewəli bwɛ:] (名) ヒンドゥー教徒による豊作祈願の火祭、アシュヴィン月13日から5日間
ဒေဝီ[dewi] (名) ①天女、女神 ②王女、王妃、皇后 ＜パ Devī
ဒေဝသဇ္ဇာ[dewi's'əja] (名) ①天女 ②プリマドンナ ③絶世の美女
ဒေဝိန္ဒ[deweinda.] (名) インドラ神、帝釈天 =သိကြာ:မင်း
ဒေသ[deta.] (名) 場所、地域、地方 ＜パ Desa
ဒေသခံ[deta.gan] (名) 地元の人、土地の人
ဒေသစာရီ[dedəzaji] (名) (釈尊の) 巡行、巡錫
ဒေသစာရီကြွတော်မူ[dedəzaji tʃwa. dɔmu] (動) 釈尊が巡行なさる
ဒေသစာရီလှည့်လည်တော်မူ[dedəzaji hlɛ.lɛdɔmu] =ဒေသစာရီကြွတော်မူ
ဒေသစံချိန်[deta. sandʒein] (名) 現地時間、ローカル・タイム
ဒေသစံတော်ချိန်[deta.sandɔdʒein]=ဒေသစံချိန်
ဒေသစွဲ[deta.zwɛ:] (名) 郷土愛、郷土への愛着、地元意識、地域エゴ
ဒေသတွင်းငြိမ်ချမ်းရေး[deta.dwin: ɲein:dʒan:je:] (名) 域内和平
ဒေသလုံခြုံရေး[deta. loundʒoun je:] (名) 地

域の安全
ဒေသအတွင်း[deṭa. ətwin:]（名）域内
ဒေသိယ[deṭi.ja.]（形）地方の
ဒေသိယစကား[deṭi.ja. zəga:]（名）方言
ဒေသိယဝေါဟာရ[deṭi.ja. wɔ:haja.]（名）地方の語彙、方言の語彙
ဒေသန္တရ[deṭantəra.]①（名）他の土地、異郷　②（形）地方の
ဒေသန္တရဗဟုသုတ[deṭantəra. bahu.ṭu.ta.]（名）旅の見聞、旅の知見
ဒေသန္တရရွေးကောက်ပွဲ[deṭantəra. jwe:kau' pwɛ]（名）地方選挙
ဒေသန္တရရာဇဝင်[deṭantəra. jazəwin]（名）地方史、ローカル史
ဒေသန္တရအစိုးရ[deṭantəra. əso:ja.]（名）地方政府
ဒေသန္တရသုံးစကား[deṭantəra. toun: zəga:]（名）方言＝ဒေသိယစကား
ဒေသနာ[deṭəna]（名）教法、釈尊の教え　＜パ
ဒဲ့ဒိုးကြီး[dɛ.do.dʑi:]（副）単刀直入に、歯に衣着せずに
ဒယ်[dɛ]（名）中華鍋
ဒယ်အိုး[dɛo:]（名）中華鍋＝သံပုရာပိုင်း
ဒယ်အိုးမြက်[dɛo:mjɛ']（植）カゼクサ（イネ科）
　Eragrostis diarrhena
ဒေါ်ရင်းကောင်＝ဒေါ်ရင်းကောင်
ဒေါ်[dɔ]（名）女性名の前に添付する冠称、年長の女性に対して用いる　ဒေါ်ခင်ကြည် キンチーさん、キンチー女史
ဒေါ်ကြီး[dɔdʑi:]（名）①伯母（母の姉、父の姉）　②伯母（伯父の妻）　③中年の女性への呼掛け
ဒေါ်ဒေါ်[dɔdɔ]（名）①叔母（母の妹、父の妹）　②中年の女性、おばさん
ဒေါ်လေး[dɔle:]（名）叔母（母の妹、叔父の妻）＝ဒေါ်ဒေါ်
ဒေါ်ရင်းကောင်[dɔjin:gaun:]（虫）セミ＝ပုစဉ်းရင်း
ဒေါ်လာ[dɔla]（名）ドル、米ドル
ဒေါ်လာစက္ကူအတု[dɔla sɛ'ku ətu.]（名）贋ドル紙幣
ဒေါ်လာတန်ဖိုး[dɔla tanbo:]（名）ドルの価値
ဒေါ်လာတန်ဖိုးကျဆင်းမှု[dɔla tanbo: tʃa.s'in: mu.]（名）ドルの価値下落
ဒေါ်လာဈေးကျ[dɔla ze: tʃa.]（動）ドルの価値が下がる
ဒေါ်[dɔ:]（名）怒り、立腹
ဒေါ်ကြီးတပ်[dɔ: tʃi:da']（形）怒りっぽい

ဒေါ်ထ[dɔ: t'a.]（動）立腹する、憤慨する
ဒေါ်ထွက်ထွက်နှင့်[dɔ: t'wɛ't'wɛ'nɛ.]（副）怒りを帯びて、立腹しながら
ဒေါ်နှင့်မောနှင့်[dɔ:nɛ. mɔ:nɛ.]（副）激情的に
ဒေါ်ပူ[dɔ: pwa.]（動）激怒する、激昂する
ဒေါ်ပူပွန့်[dɔ:pwa.bwa.nɛ.]（副）腹を立てて
ဒေါ်ပေါင်း[dɔ:p'aun:]（動）立腹する、激怒する
ဒေါ်မန်သ[dɔ:məna'ta.]（名）憂鬱、不快さ、惨めさ
ဒေါ်မာန်ပါပါနဲ့[dɔ:man pabanɛ.]（副）怒りを込めて、いきり立って
ဒေါ်သ[dɔ:da.]（名）怒り、立腹　＜パ Dosa
ဒေါ်သကြီး[dɔ:ṭa.tʃi:]（動）①激怒する　②怒りっぽい、癇癪持ちだ
ဒေါ်သခံ[dɔ:da. k'an]（動）怒る、立腹する
ဒေါ်သစိတ်[dɔ:ḍa.zei']（名）怒りの気持、怒りの感情
ဒေါ်သထန်[dɔ:da.t'an]（動）激怒する、激昂する
ဒေါ်သထွက်[dɔ:ḍa. t'wɛ']（動）怒る、立腹する
ဒေါ်သထွက်လွယ်[dɔ:ḍa.t'wɛ'lwɛ]（形）怒りっぽい
ဒေါ်သနည်း[dɔ:da.nɛ:]（形）性格が穏やかだ
ဒေါ်သဖြစ်[dɔ:ḍa. p'ji']（動）ムカッとする、腹が立つ、怒りを抱く
ဒေါ်သဖြစ်ပွား[dɔ:ḍa. p'ji'pwa:]（動）腹を立てる、怒る
ဒေါ်သမီးဖြစ်ပွား[dɔ:ḍa. mi: p'ji'pwa:]（動）怒りが燃え上がる
ဒေါ်သယမ်းအိုးပေါက်ကွဲ[dɔ:ḍa. jan o: pau' kwɛ:]（動）怒りが爆発する、癇癪玉を破裂させる
ဒေါ်သရိပ်သန်း[dɔ:ḍa.jei'tan:]（動）怒気が露わになる、怒りの表情が現れる
ဒေါ်သသံ[dɔ: ḍa.dan]（名）怒声
ဒေါ်သအိုးပေါက်ကွဲ[dɔ:ḍa. o: pau'kwɛ:]（動）癇癪玉を破裂させる、激怒する
ဒေါ်သပွန့်ထ[dɔ: dəboun t'a.]（動）激怒する、激昂する、かんかんに怒る
ဒေါ်ဒေါ်ရတန်း[dɔ:dɔ:ra.ṭa.kein:]（名）仏暦から622年を差し引いた暦年
ဒေါ်န[dɔ:.na.]（植）ハイイロヨモギ（キク科）
Artemisia siversiana
ဒို့[do.]（代）1人称複数、我々、私達＝တို့
ဒို့ဗမာအစည်းအရုံး[do.bəma əsi:əjoun:]（名）我等ビルマ人連盟、1930年に創設された民族主義団体、別名タキン党
ဒိုတိ[doti]（名）インド人着用の腰巻　＜ヒ
ဒိုဘီ[dobi]（名）洗濯屋、クリーニング店　＜ヒ

ဒို့ဘိချင်း[dobiʨin:]（名）洗濯籠（汚れ物を入れておく籠）
ဒို့ဘိဆိုင်း[dobizain] ＝ဒို့ဘိ
ဒို့နီကန်[dominikan]（国）ドミニカ
ဒို့[do:]①（植）モダマ（ネムノキ科）Entada scandens ＝ခုံညင်း ②（名）遊びに用いる石の玉、丸石
ဒို့ကစား[do: gəza:]（動）モダマの種または石の玉を投げて遊ぶ
ဒို့တူပေါင်ဖက်[do:du baunbɛ']（副）苦楽を共にして、かん難辛苦を分け合って
ဒို့တူဘော်ဘက် ＝ ဒို့တူပေါင်ဖက်
ဒို့[do:]（名）太鼓の１種
ဒို့ပတ်[do:ba']（名）両面太鼓（打ち鳴らす時にはベルトで肩に掛ける）
ဒို့ပတ်တီ[do:ba'ti:]（動）両面太鼓を打ち鳴らす
ဒို့ပတ်ဝိုင်း[do:ba'wain:]（名）両面太鼓の楽団、両面太鼓の催し
ဒို့ကန်ဒက်ခနဲ[do:gənɛ dɛ'kənɛ:]（副）間髪を入れずに、すかさず、てきぱきと
ဒို့ကန်ဒေါက်ကန[do:gənɛ dau'kənɛ:]（副）あけすけに、ずけずけと、核心を突いて、はっきりと
ဒို့ဒို့ဒေါက်ဒေါက်[do:do: dau'dau']（副）洗いざらい、残さず、あけすけに、腹蔵なく、ずけずけと、あからさまに、率直に
ဒို့ရို[do:jo]（名）障害物のない道、見通しの利く道
ဒို့ရိုပေါဝ်[do:ʃobau']（副）見通しがよくて、遮る物がなくて、透き通しで
ဒို့လိုမေ့ရေလိုနောက်။（比）したい放題の事をする
ဒက်[dɛ']（名）白くも（頭にできる皮膚病）
ဒက္ခိဏ[dɛ'k'i.na]（名）南、南方＜パ Dakkhiṇa
ဒက္ခိဏာယဉ္စုန်းတန်း[dɛ'k'i.na. jinzun:dan:]（名）南回帰線、冬至線
ဒက္ခိဏသာခါ[dɛ'k'i.na.tak'a]（名）菩提樹の南枝から殖やした材木に彫刻した仏像
ဒက်ထိ[dɛ't'i.]（名）（距離競走の）同着
ဒက်ထိတို့[dɛ't'i. to:]（動）同時に到着する、同時にゴールに入る、同着になる
ဒေါက်[dau']（名）①支え木 ②（車輪の）スポーク ③家畜の首に嵌める棒 ④背丈、柄、体格
ဒေါက်ကန[dau'kənɛ:]（副）ずばりと ＝ဒက်ကန
ဒေါက်ခွ[dau'k'wa.]（植）ホウレンソウ（アカザ科）Spinacia oleacea ＝ဟောက်ခွ
ဒေါက်ချာ[dau'tʃa]（名）行者、修験者の被る帽子
ဒေါက်စရစ်[dau'səji'] ＝ဒေါင်းစရစ်
ဒေါက်ဆစ်ပြာ[dau's'a'pja]（植）ヤンバルナスビ（ナス科）Solanum verbascifolium
ဒေါက်တာ[dau'ta]（名）①医者 ②博士 ＜英
ဒေါက်ဒေါက်ပြေးအောင်[dau'dau'pje:aun]（副）活発に、敏捷に、すばしこく
ဒေါက်ဖိနပ်[dau'p'əna']（名）ハイヒール
ဒေါက်ဖြုတ်[dau'p'jou']（動）人前で恥をかかせる（語源は「死刑台の台を外す」）
ဒိုက်[dai']（名）（水面に浮ぶ）浮遊物、漂流物、塵
ဒိုက်သရော[dai'təjo:] ＝ဒိုက်
ဒိုက်တို：[dai't'o:]（動）腕立て伏せをする
ဒိုက်ရိုက်[dai'jai']（副）直接に、直に ＝တိုက်ရိုက်
ဒင်[din]（名）（銃の）台尻 ＝သေနပ်ဒင်
ဒင်း[din]（代）奴、あいつ
ဒင်းတို့[din:do.]（代）奴等
ဒင်္ဂါ[din:ga:]（名）金貨、銀貨、コイン、メダル
ဒေါင်ကျ[daun.tʃo:]（形）立居振舞が洗練されている、行き届いている、きちんとしている
ဒေါင်မကျ[daun. mətʃo:]（形）言動が粗野だ ＝ထောင်မကျ
ဒေါင်ချီမကျ[daun.ʨo: mətʃa.]（形）言動がちぐはぐだ、アンバランスだ
ဒေါင်တလောင်နွယ်[daun.təlaun nwɛ]（植）ヒルギカズラ（マメ科）Dalbergia voluvilis
ဒေါင်သန်ရောဂါ[daun.dan: jo:ga]（病）炭そ病
ဒေါင်[daun]（名）背丈、柄、身長
ဒေါင်ကျပြာကျပြ[daun tʃa.ʨa. pja:tʃa. ʨa.]（副）貧富に拘わりなく、貧しかろうと豊かだろうと、たとえどんな事になろうと
ဒေါင်ချာစိုင်း[daunʨa sain:]（動）①ぐるぐる廻る ②困り果てる、大混乱に陥る
ဒေါင်တင်း[daundin:]（形）尊大だ、傲慢だ、お高く留まる
ဒေါင်ဒေါင်မြည်[daundaun mji]（形）①ドンドン鳴る、弾いてみてカンカン音がする ②健やかだ、元気一杯だ、丈夫だ、耐久性がある、全て順調だ ③水準に達する、標準的な水準になる ဗိုလ်ချုပ်နေဝင်းသည် ဒေါင်ဒေါင်မြည်နိုင်ငံရေးသမား ဖြစ်ခဲ့သည်။ ネーウイン将軍は威勢のよい政治家であった
ဒေါင်လိုက်[daunlai']（副）縦に、垂直に cf. အလျား：လိုက်။ ရေပြင်ညီ တရုတ်ပြည်တွင်ကန်းသင်္ကေတများကိုဒေါင်လိုက်ရေးသည်။ 中国では数字を縦に書く သား အိမ်ကိုဒေါင်လိုက်ခွဲသည်။ 子宮を縦に切開した
ဒေါင်လိုက်ကျပြာပြာ：လိုက်ကျပြ[daunlai'tʃa.ʨa. pja:lai'tʃa.ʨa.]（副）貧乏だろうと豊かだろうと
ဒေါင်း[daun:]（鳥）孔雀、マクジャク（キジ科）

Pavo muticus

ဒေါင်းအော် [daun: ɔ] (動) 孔雀が鳴く

ဒေါင်းကုလား: [daun:kəla:] (鳥) ハイイロコクジャク (キジ科)

ဒေါင်းစပါး [daun:zəba:] (植) ノゲナシノイネ (イネ科) 池、沼の辺に自生する野生種の稲 Oryza meyeriana

ဒေါင်းစရစ်ပင်း [daun: səji'] (植) トンキンカツラ (ガガイモ科) Pergularis minor =ဒေါက်စရစ်

ဒေါင်းစွန် [daun:zun] (鳥) チュウヒ (ワシタカ科) Circus aeruginosus

ဒေါင်းစုပ် [daun:zou'] (植) オオゴチョウ (ジャケツイバラ科) Caesalpinia pulcherrima =ဒေါင်းဆပ်

ဒေါင်းဆပ်ပြာ [daun:s'a'pja] ① (植) オオケムラサキ (クマツヅラ科) Callicarpa tomentosa ② ヤンバルナスビ (ナス科) =ဒေါက်ဆပ်ပြာ

ဒေါင်းတောက် [daun: tau'] (動) 目眩がする、眼が眩む、ぐるぐる旋回する ဒေါင်းတောက်အောင်ရှာသည်။ 夢中になって探す、必死になって探す、隈なく捜索する

ဒေါင်းတောင်ယပ် [daun:daun ja'] (名) (王朝時代に国王に用いられた) 孔雀の尾羽根で作った扇

ဒေါင်းဒင်္ဂါး [daun:din:ga:] (名) 孔雀印の金貨 (19世紀中頃ミンドン王の治世に鋳造された金貨)

ဒေါင်းဖန်ဝါ [daun:p'an wa] (名) ①太陽 ② (植) ヒヤクニチソウ

ဒေါင်းမီးကုပ်ပင်း [daun:mi:gwɛ'pan:] (植) パンジー、三色スミレ

ဒေါင်းမောက် [daun:mau'] (植) クジャクデンダ (ウラボシ科) Adiantum caudatum

ဒေါင်းမင်း [daun:min:] (鳥) セイラン (キジ科) Argusianus argus ② ハイイロコクジャク (キジ科) Polyplectron bicalcaratum

ဒေါင်းမြီးကုပ် [daun:mi:gwɛ']= ဒေါင်းမီးကုပ်ပင်း

ဒေါင်းမျက် [daun:mjɛ'] (植) アゼガヤ (イネ科) Leptochloa chinensis

ဒေါင်းလန်း [daun:lan] (名) 大型円形の食膳

ဒေါင်းလန်းခြေတောက် [daun:lan: tʃ'idau'] (鳥) セイタカシギ (セイタカシギ科) Himantopus himantopus

ဒေါင်းလံ [daun:lan] (名) 孔雀印の旗 (ビルマ王国旗)

ဒေါင်းအိပ်တန်း [daun: ei'tan:] (動) 孔雀がねぐらに入る

ဒေါင်းအိမ်တန်း [daun:eindan:] (植) シルバーグ

レイウッド (シクンシ科) Terminalia bialata

ဒေါင်းတလူမောင်းတလူ [daun:dəlu maun:dəlu] (副) ①取り乱して ②高慢な態度で

ဒေါင်းတီမောင်းတီ [daun:di. maun:di.] = ဒေါင်းတည်မောင်းတည်

ဒေါင်းတည်မောင်းတည် [daun:di.maun:di.] (副) 取り乱して、取るものも取り敢えず、髪振り乱して

ဒိုင် [dain] (名) ①審判、アンパイア ②賭場の胴元 ③米穀集荷所、農産物買付けセンター

ဒိုင်ခံ [dain k'an] ① (動) 専ら中心となる、専任で取り組む、一人で采配を振る、胴元となる ② [dain gan] (名) 審判 ဒိုင်ခံပြောပြသည်။ 中心となって説明する

ဒိုင်စား [dain sa:] (動) 胴元として儲ける

ဒိုင်ဂွေ့ [daingwɛ'] (名) 電話のダイヤル <英 Dial

ဒိုင်နမို [dainnəmo] (名) ダイナモ <英 Dynamo

ဒိုင်ဗင်ထိုး [dainbin t'o:] (動) ダイビングする、跳び込む <英 Diving

ဒိုင်ယာယီ [dain jaji] (名) 日記 <英 Diary

ဒိုင်လူကြီး [dain luʤi:] (名) 審判、勝負審査役、アンパイア

ဒိုင်အာကီ [dain aki] (名) 両頭制政治 (1923年から1937年までビルマに適用された政治形態) <英 Dyarchy

ဒိုင်အာကီကောင်စီအဖွဲ့အစည်း [dain aki kaunsi əpwɛ.əsi:] (名) 両頭制時代の総督評議会

ဒိုင်အာကီအုပ်ချုပ်ရေး [dain aki ou'tʃ'ou'je:] = ဒိုင်အာကီ

ဒိုင်အောက်စင် [dain au'sin] (名) ダイオキシン <英 Dioxin

ဒိုင်း [dain:] (名) ①家の垂木 ②防具としての皮革製の円楯、円形の楯 ③ (賞としての) 楯 ④ (王朝時代の) 楯兵軍団

ဒိုင်းခေါင်း [dain:gaun:] (名) 楯兵部隊の隊長

ဒိုင်းကြမ်းပိုး [dain: ʤəbo:] (虫) カメムシ

ဒိုင်းမှူး [dain:mu:] (名) 楯兵軍団の司令官

ဒိုင်းရေးလှာရေး [dain:je: ɫwa:je:] (名) 円楯や角楯を使う術

ဒိုင်းလှ [dain:ɫwa.] (名) 金鯉

ဒိုင်းကနဲ [dain:gənɛ] (擬) バーン、パパーン (銃声)

ဒိုင်းနမိုင် [dain:nəmai'] (名) ダイナマイト <英 Dynamite =ယမ်းဘီလူး

ဒိတ်ခနဲ [dei'k'ənɛ:] (擬) ドキンと ကျွန်တော်မှာဒိတ်ခနဲဖြစ်သွားတော့သည်။ 私はドキリとした

ဒုက္ခရစရိယာ [dou'ka.ja. səri.ja] (名) 菩薩行、苦行 <パ Dukkhara Cariyā

ဒုက္ခ[douʔk'a.](名)苦しみ、苦痛、苦悩、苦難、困難、災難、災、苦境、苦労、不幸 ＜パ Dukkha စိတ်ဒုက္ခကိုယ်ဒုက္ခ 精神的肉体的苦しみ

ဒုက္ခကျင့်[douʔk'a. tʃin.](動)苦行をする、禁欲生活をする

ဒုက္ခကြီး[douʔk'a. tʃi:](形)大変な苦労だ

ဒုက္ခကြုံတွေ့[douʔk'a. tʃountwe.](動)苦難に遭遇する

ဒုက္ခခံ[douʔk'a. k'an](動)苦しみに絶える

ဒုက္ခခံရ[douʔk'a. k'an ja.](動)苦しめられる、苦痛を蒙る

ဒုက္ခကြီးခံ[douʔk'a. dəɡʒi: k'an](動)大変な損害を被る

ဒုက္ခတသံ[douʔk'a.ta.dan](名)神への祈り、神に救いを求める声

ဒုက္ခတွေ့[douʔk'a. twe.](動)困った事になる、苦難に直面する

ဒုက္ခပါဘဲ[douʔk'a.babɛ:](形)困ったな、困った事だ

ဒုက္ခပေး[douʔk'a. pe:](動)苦しめる、苦痛を与える、害を及ぼす、迷惑を掛ける

ဒုက္ခဖြစ်[douʔk'a. p'jiʔ](動)困り果てる、苦労する

ဒုက္ခမကင်းရှိ[douʔk'a. məkin: ʃi.](動)苦しみと無縁ではない

ဒုက္ခမရှာပါနဲ့[douʔk'a. məʃabanɛ.](動)どうぞお構いなく

ဒုက္ခများ[douʔk'a. mja:](動)苦しむ、苦痛が多い、苦労する、惨めな思いを味わう

ဒုက္ခရောက်[douʔk'a. jauʔ](動)苦しむ、苦境に陥る、苦難を味わう、困った事になる、不幸になる

ဒုက္ခရှာ[douʔk'a. ʃa](動)①気を遣う、気に掛ける、苦労を厭わずに尽す ②煩わせる、悩ませる、迷惑を掛ける ကျွန်တော်တို့အတွက်ဒုက္ခမရှာပါနဲ့။ 私達のことはお構いなく ဒုက္ခရှာမနေပါနဲ့။ どうか気を遣わないで下さい ဒုက္ခရှာလို့ 御迷惑をお掛けして申し訳ない

ဒုက္ခသုက္ခ[douʔk'a. touʔk'a.](名)あらゆる苦しみ、あらゆる不幸

ဒုက္ခသည်[douʔk'a.dɛ](名)被災者、難民 စစ်ပြီးဒုက္ခသည် 戦災者、戦争難民 ရေဘေးဒုက္ခသည် 水害被災者

ဒုက္ခသည်စခန်း[douʔk'a.dɛ sək'an:](名)難民キャンプ、難民収容所、被災者収容所

ဒုက္ခဝဲဩကယ်လယ်[douʔk'a.wɛ təlɛlɛ](副)苦難の渦に巻き込まれて

ဒုက္ခိတ[douʔk'i.ta.](名)身体障害者、肢体不自由者、身体不具者 ＜パ Dukkhita

ဒုဂ္ဂတိဘုံ[douʔɡəti.boun](名)四悪趣(畜生、餓鬼、阿修羅、地獄) ＜パ Duggati

ဒုတ်[douʔ](名)棒、棍棒 ＝တုတ်

ဒုတ်ကောက်[douʔkauʔ](名)杖 ဒုတ်ကောက်နှင့်လမ်းလျှောက်၏။ 杖を頼りに歩いた

ဒုတ်တပြင်၊ ဓားတပြင်ဖြစ်[douʔdəbjɛʔ da:dəbjɛʔ p'jiʔ](動)刃傷沙汰になる、決闘沙汰になる、暴力沙汰になる

ဒုတ်ပြီး[douʔpi:](動)棍棒に対して不死身となる

ဒုတ်ဒုတ်ထိ[douʔdouʔt'i.](副)最後まで、徹底的に、完全に

ဒုတ္ထာ[douʔt'a](名)硫酸 ＜サ Tuttha

ဒန့်ကွဲ[danʔkʒwɛ:](植)①エビスグサ、ホソミエビスグサ(ジャケツイバラ科) Cassia tora ②オオバノセンナ(ジャケツイバラ科) Cassia sophera

ဒန့်ဒဂူး[dan.dəɡu:](植)センネンボク(ユリ科) Cordyline terminalis

ဒန့်ဒလက်[dan.dəlɛʔ](植)=ဒန့်ဘလက်

ဒန့်သလွန်[dan.dəlun](植)ワサビノキ(ワサビノキ科) Moringa oleifera

ဒဏ်[dan](名)①罰、刑罰 ②苦しみ、苦痛、被害、損害、損傷 မိုး၊ဒဏ် 雨の被害 အအေး၊ဒဏ် 寒さの打撃

ဒဏ်ခတ်[dan k'aʔ](動)処罰する、罰を与える

ဒဏ်ခံ[dan k'an](動)①苦しみに耐える ②罰を受ける ③仕打ちを受ける ④災難に遭う、被害を蒙る

ဒဏ်ငွေ[danŋwe](名)罰金、科料

ဒဏ်ငွေဆောင်[danŋwe s'aun](動)罰金を納める

ဒဏ်ငွေရိုက်[danŋwe jaiʔ](動)罰金を課す

ဒဏ်ဆယ်ပါး[dan s'ɛba:](名)恩人10人に対する恩知らずが蒙る罰

ဒဏ်တပ်[dan taʔ](動)罰金を課す

ဒဏ်ပေး[dan pe:](動)罰を与える、処罰する

ဒဏ်ရိုက်[dan jaiʔ](動)罰金を課す

ဒဏ်သင့်[dan tin.](動)罰を受ける、仕打ちを受ける

ဒဏ်ရာ[danja](名)負傷、怪我

ဒဏ်ရာဒဏ်ချက်[danja danʔʒɛʔ]=ဒဏ်ရာ

ဒဏ်ရာပျောက်ကင်း[danja pjauʔkin:](動)怪我が治る

ဒဏ်ရာပြင်းထန်[danja pjin:t'an](形)重傷だ

ဒဏ်ရာပြင်းထန်စွာရ[danja pjin:t'anzwa ja.](動)重傷を負う

ဒဏ်ရာရ[danja ja.](動)負傷する、怪我をする

ဒန်[dan]（金属）①アルミニウム ②琺瑯質、エナメル

ဒန်ခွက်[dangwɛʔ]（名）①琺瑯引きのコップ ②アルミのコップ

ဒန်ကျိုင်း[danʥain.]（名）①琺瑯引きの円筒形容器 ②アルミの円筒形容器

ဒန်ဇွန်း[danzun:]（名）ちりれんげ、琺瑯引きの匙

ဒန်ပလား[dan pəla:]（名）琺瑯引きのカップ

ဒန်ရည်စိမ်[dan je sein]（動）ニッケル・メッキを行う cf. ရွှေရည်စိမ်၊ ငွေရည်စိမ်။

ဒန်အိုး[dan o:]（名）①アルミ鍋 ②琺瑯引きの鍋、エナメル引きの鍋

ဒနသုခ[dana.tu.kʻa.]（植）シマカナビキソウ（ゴマノハグサ科）Scoparia dulcis

ဒဗု[dəbu]（名）爪楊枝

ဒဗုတိုက်[dəbu taiʔ]（動）爪楊枝を使う

ဒန်ပေါက်[danbauʔ]（名）釜飯、かやく飯、肉飯、ピラフ

ဒန်ပေါက်ထမင်း[danbauʔ tʻəmin:]＝ဒန်ပေါက်

ဒန်း[dan:]（名）①ぶらんこ ②（植）ギンバイカ（フトモモ科）Myrtus communis

ဒန်းစီး[dan: si:]（動）ブランコに乗る

ဒန်းလွဲ[dan: ɨwɛ:]（動）ブランコを揺り動かす

ဒန်းဒလက်[dan:dəlɛʔ]（植）①ホソバセンネンボク（ユリ科）Dracaena angustifolia ②ホウセンカ（ツリフネソウ科）Impatiens balsamina

ဒန်းပန်း[dan:ban:]（植）ホウセンカ（ツリフネソウ科）Impatiens balsamina

ဒဏ္ဍာရီ[dandaji]（名）神話

ဒိန်ခဲ[deingɛ:]（名）チーズ＜ヒ Dahī

ဒိန်ချဉ်ရည်[deinʥin je]（名）ヨーグルト

ဒိန်ညှဉ်း[dəɲin:]→တိန်ညှဉ်း

ဒိန်းဒလိန်းနတ်[dein:dəlein:naʔ]（名）キューピット、愛の女神

ဒိန်းဒလိန်းနတ်ဖမ်း[dein:dəlein: naʔ pʻan:]（動）異性に夢中になる、のぼせ上がる

ဒိန်းဒလိန်းအမ်းခံရ[dein:dəlein: pʻan: kʻan ja.]（動）配偶者に浮気された気持になる

ဒိန်းမတ်[deinʔmaʔ]（国）デンマーク

ဒုန်စိုင်[doun sain:]（動）①（馬を）早駆けさせる、疾駆させる ②突進する

ဒုန်စိုင်စီး[doun:sain: si:]（動）疾駆させる、ギャロップで走らせる

ဒုန်စိုင်ပြေး[doun:sain: pje:]（動）（馬が）疾駆する、疾走する、一目散に駆ける、ギャロップで駆ける

ဒုန်ပြေးကောင်း[doun:bje: kaun:]（形）走るのが速い

ဒုန်းဝေး[doun: we:]（形）①理解が遅い ②のろまだ、愚図だ

ဒိဗ္ဗစက္ခု[deiʔba.sɛʔkʻu.]（名）天眼、千里眼＜パ

ဒိဗ္ဗစက္ခုဉာဏ်[deiʔba.sɛʔkʻu.ɲan]（名）天眼＜パ

ဒုဗ္ဘိက္ခန္တရကပ်[douʔbediʔkʻantəra.kaʔ]（名）飢饉災

ဒုလ္လဘ[dounləba.]（名）成人後の出家＜パ Dullabha cf. ငယ်ရှင်

ဒုလ္လဘတရား[dounləba. təja:]（名）滅多に得られない事、得難い事、稀有な事

ဒုလ္လဘရဟန်းခံ[dounləba. jəhan: kʻan]（動）大人が出家する

ဒုလ္လဘသီလရှင်ပြစေ[dounləba. tila.ʃin pʻjiʔse]（動）成人後に正学女にさせる、大人の女性に八戒を守らせる

ဒုန်ရင်း[doun jin:]（名）①本塁 ②振出し、出発点

ဒုန်ရင်းဆိုက်[doun jin: sʻaiʔ]（動）本塁に戻る

ဒုန်ရင်းပြန်[doun jin: pjan]（動）振出しに戻る、出発点に戻る

ဒုံး[doun:]（名）①木の幹を割り抜き火薬を詰めて打ち上げるロケット ②カレン族の民族舞踊

ဒုံးကျည်[doun:ʥi]（名）ミサイル ဒာလတ်ပစ်ဒုံးကျည် 中距離ミサイル ဒာတိုပစ်ဒုံးကျည် 短距離ミサイル ဒုံးကျည်ဖြင့်ပစ်ခတ်သည်။ ロケットを発射する

ဒုံးခံ[doun: kʻan]（動）①酷使する ②酷使に耐える ဒီမိုကျိုကိုဒုံးခံဝတ်သည်။ この上着だけ連日着ている

ဒုံးချင်း[doun:ʥin:]（名）打上げ花火歌

ဒုံးဇာ[doun:zaʔ]（鳥）オオハゲコウ（コウノトリ科）Leptoptilos dubius

ဒုံးတိုက်[doun:taiʔ]（動）和尚の遺体を茶毘に付すロケットを飛ばして火葬にする

ဒုံးတိုက်ပုဇော်[doun:taiʔ puzɔ]＝ဒုံးတိုက်

ဒုံးပေသရေးပေါဲပေါခဲ[doun:bekaʔta.]（副）苦難に耐えて

ဒုံးပေသရေးပေါဲပေါဲ[doun:betəje du:be da:be kʻan]（動）散々な目に遭う

ဒုံးပျံ[doun:bjan]（名）ロケット

ဒုံးပျံအမြောက်[doun:bjan əmjauʔ]（名）ロケット砲

ဒုံးမြီးကွက်[doun:mji:gwɛʔ]（鳥）コハゲコウ（コウノトリ科）Leptoptilos javanicus

ဒုံးဝမ်းအက[doun:jein. əka.]（名）カレン族の伝統的集団舞踊（動きが早く陽気で活発）

ဒုံးလွှတ်စခန်း[doun:ɨuʔ səkʻan:]（名）ロケット打上げ基地

ဒုံးဝေး[doun: we:]（形）聞き分けがない、鈍感だ

阿呆だ

ဒြပ်[dəjaʔ] (名) 実態、具体的存在、物質 ＜サ
ဒြပ်စင်[dəjaʔsin] (名) 元素
ဒြပ်ထု[dəjaʔtʻu.] (名) 質量、密度
ဒြပ်နှော[dəjaʔnɔ:] (名) 混合物
ဒြပ်ပေါင်း[dəjaʔpaun:] (名) 化合物
ဒြပ်မဲ့[dəjaʔmɛ.] (名) 抽象的な存在
ဒြပ်ရှိဒြပ်မဲ့[dəjaʔʃi. dəjaʔmɛ.] (名) 実体のある
   ものと無いもの

ဒွံဒွံ[dwa.jan dwa.jan] (副) 対になって、ペ
   アで ＜パ ငွေစုရှိခြင်းနှင့်နှလုံးကောင်းခြင်းသည်ဒွံဒွံ
   အတူယှဉ်တွဲဖြစ်နိုင်ခဲ၏။ 財に富む事と気立てがよい事と
   が併存するのは難しい

ဒွါဒေသ[dwadəja] (名) ①羽衣、ガードル ②王族が
   身につける装飾品（ブローチ、指環、腕環等) ③黄
   道十二宮の図柄が描かれたベルト

ဒွါရ[dwaja.] (名) ①穴、孔 ②門、門戸 ③肉体にあ
   る九つの孔 ④肛門 ＝အောက်ဒွါရ ⑤六境、六塵（六
   つの感覚、色、声、香、味、触、法) ⑥＝ဒွါရကိုး

ဒွါရကိုးပါး[dwaja. ko:bauʔ] (名) 九門戸（目二、
   耳二、鼻孔二、ロ一、肛門一、排尿孔一、合計九)

ဒွါရကိုးပေါက်[dwaja.ko:bauʔ] (名) ＝ဒွါရ③
ဒွါရဂိုဏ်း[dwaja.gain:] (名) ビルマ仏教の1宗派
   （ビルマ仏教が1855年にကံ とဒွါရ に分裂した)

ဒွါရဝတီ[dwaja.wədi] (地) ドヴァーラヴァティ
   （十世紀前メーナム平野にあったモン族の国家)

ဒွိစုံသင်္ကန်း[dwi.zoun tingan:] (名) 袈裟二着
   （သင်ပိုင် 五条と ကောင်း 七条)

ဒွိလိင်[dwi.lein] (名) ふたなり（男でも女でもな
   い）＝နပုံလျင် cf. ပုံ:

ဒွိဟ[dwi.ha.] (名) 迷い、迷妄
ဒွိဟဖြစ်[dwi.ha. pʻjiʔ] (動) 迷いが生じる、疑わ
   しい

ဒွေးချိုး[dwe:dʑo:] (名) 二連構成のビルマの古典詩
ဒွေးတော်[dwe:dɔ] (名) 叔母（母の妹）→ထွေးတော်
ဒွေးရောယှက်တင်[dwe:jɔ: ʃɛʔtin] (副) 絡まり合っ
   て、ごっちゃになって ＝ထွေးရောယှက်တင်

ဒွေးရောယှဉ်ရော[dwe:jɔ: u.baʔjɔ:] (名) 多くの
   面例（占い用語)

ဒွေးလေး[dwe:le:] (名) 叔母（母の妹)
ဒွေးလမ်း[dwe:lan:] (名) （鉄道の）複線
ဒန့်တွဲ[duntwɛ:] (動) ①対になっている ②対にする
   မိုးခေါင်ခြင်းနှင့်ရေလျှံခြင်းတို့ဒန့်တွဲဖြစ်ပေါ်ခဲ့သည်။ 旱と
   洪水とが同時に起こった

ဒန်သန္တာ:[dun:san:da:] (名) ①乞食、物貰い ②
   隠亡

ဓ

ဓ[da.] (名) ビルマ文字体系第19番目の子音文字、
   名称は ဓအောက်ခြိုက်[da.auʔtʃaiʔ]

ဓညဝတီ[dinɲa.wədi] (地) アラカン地方の古都
ဓညင်းသီး[dəɲin:di:] (植) ジリンマメ→သညင်းသီး
ဓတရဋ္ဌ[da.ta.ra.tʻa.] (名) 持国天
ဓန[dəna.] (名) 富、財、財産、資本 ＜パ Dhana
ဓနရှင်[dəna.ʃin] (名) 資本家
ဓနရှင်စနစ်[dəna.ʃin səniʔ] (名) 資本主義
ဓနရှင်ပေါက်စလေး[dəna.ʃin pauʔsa.gəle:]
   (名) プチブル
ဓနသဟာယအဖွဲ့ဝင်နိုင်ငံများ: [dəna.ta.haja.
   əpʻwɛ.win naingan mja:] (名) 連邦、英連邦
   諸国

ဓနသိဒ္ဓ[dəna.teiʔda.] (名) 虚宿（二十七宿の第
   23番目)

ဓနိ[dani.] (植) ニッパヤシ（ヤシ科）Nipa
   fruticans

ဓနိကာ[dəni.ka] (名) ニッパ椰子の葉の囲い、壁
ဓနိထိုး[dəni. tʻo:] (動) ニッパ椰子の葉で屋根材
   を作る

ဓနိပျစ်[dəni.bjiʔ] (名) 屋根葺き用に簀綴りに
   編まれたニッパヤシの葉

ဓနိဖက်[dəni.bɛʔ] (名) ニッパヤシの葉
ဓနိဘောင်[dəni.baun] (名) ニッパヤシの葉軸、葉
   を切り落した後幹に残る痕跡

ဓနိမိုး[dəni.mo:] (名) ニッパヤシの葉で葺いた屋
   根

ဓနိရည်[dəni.je] (名) ニッパヤシの液汁を醗酵さ
   せた酒

ဓနိလက်[dəni.lɛʔ] (名) ニッパヤシの葉柄
ဓနိသကြား[dəni.dədʑa:] (名) ニッパヤシの液汁
   から製した砂糖

ဓနိသား:[dəni.da:] (名) ニッパヤシの葉の材質
ဓနိတအက္ခရာ[dəni.ta. ɛʔkʻəja] (名) 有気音
   cf. သိထိလအက္ခရာ

ဓနု[dənu.] (名) ①ダヌ族、シャン州西部に住むビル
   マ系住民 ②（星）射手座

ဓနုကွန့်[dənu.gwɛ̃ʔ] (名) 彫刻の渦巻き模様
ဓနုရာသီ[dənu.jadi] (名) ①黄道十二宮の中の人
   馬宮 ②ビルマ暦9月（太陽暦の12月）

ဓနို့:[dənoun:] (植) 有刺性のトウの1種（簀綴りに
   して屋根葺き用の材料にされる）Calamus
   arborescens

ဓမကရိုက်[dəməkərain] （名）水漉し（出家が携行する八星器の一つ）
ဓမင်း[dəmin:]（名）割り竹を筒状に編んだ魚捕り用の笙（うけ）
ဓမင်းငါးပိ[dəmin: ŋəpi.]（名）小魚と小蝦とで作られた魚醬
ဓလေ့[dəle.]（名）慣習、風習、仕来り
ဓလေ့ထုံးတမ်း[dəle: toun:dan:]（名）慣習
ဓာတုကုထုံးနည်းလမ်း[datu. ku.t'oun:ni:lan:]（名）化学療法
ဓာတုဗြဇဝ်[datu. dəja']（名）化学物質
ဓာတုပစ္စည်း[datu. pji'si:]（名）化学物質
ဓာတုဗေဒ[datu.beda.]（名）化学
ဓာတုဗေဒစက်ရုံ[datu.beda. sɛ'joun]（名）化学工場
ဓာတုဗေဒနည်း[datu.beda.ni:]（名）化学的方法
ဓာတုဗေဒနည်းနှင့်ဖော်စပ်သည် ‖ 化学的方法で作り出した
ဓာတုဗေဒလက်နက်[datu.beda.lɛ'nɛ']（名）化学兵器
ဓာတုလက်နက်[datu.lɛ'nɛ']＝ဓာတုဗေဒလက်နက်
ဓာတုဗေဒလုပ်ငန်းရှင်[datu.beda. lou'ŋan: ʃin]（名）化学製品業者
ဓား[da:]（名）刃物（刀、包丁、ナイフ等片刃の刃物（両刃の剣は含まない）
ဓားခုတ်[da: k'ou']（動）刃物で切る
ဓားခုတ်ကောင်[da:gou: kaun]（虫）カマキリ
ဓားခုတ်တမ်းကစား[da:k'ou'tan: gəza:]（動）チャンバラごっこをする
ဓားခုတ်လှဲထိုး[da:gou' ɬando:]（名）剣術槍術
ဓားချည်ပေါင်[da: tʃinbaun]（植）ケナフ、アンバリアサ（アオイ科）Hibiscus cannabius
ဓားစာ[dəza]（名）刀の餌食
ဓားစာကျွေး[dəza tʃwe:]（動）刀の餌食にする
ဓားစာခံ[dəza k'an]（動）①刃物で切られる　②犠牲となる、とばっちりを受ける ③[dəzagan]（名）人質、身代り
ဓားစာခံလုပ်[dəzagan lou']（動）人質にする
ဓားဆေး[da: s'e:]（動）刃物に焼きを入れる、刃物を鍛える
ဓားတုပြက်၊တုတ်တပြက်နှင့်[da:dəbjɛ' dou'dəbjɛ' nɛ.]（副）手に手に武器を持って、刃物や棍棒を振りかざして
ဓားတုံး[da: toun:]（動）刃が鈍い、刃が切れない
ဓားထိုးခံရ[da:do: k'an ja.]（動）刃物で刺される、刀で突かれる
ဓားထက်[da: t'ɛ']（形）①刃物がよく切れる、刃が

ဓား[da:ni:]（名）（扇椰子の花序に傷をつけるための）鞘入りの短刀
ဓားနောင့်[dənaun.]（名）刀の峰、刃物の背
ဓားပီ[da: pji:]（動）刃物に対して免疫だ、不死身だ
ဓားပေါက်ပစ်ညာ[da:pau' pjinɲa]（名）ダーツ投げ、ナイフ投げ
ဓားပြ[da: pja.]①（動）刀を突きつける ②[dəmja.]（名）強盗
ဓားပြတိုက်[dəmja. tai']（動）強盗を働く
ဓားပြတိုက်ခံရ[dəmja.tai' k'an ja.]（動）強盗に襲われる
ဓားပြမှု[dəmja.mu.]（名）強盗罪
ဓားပြား[debja:]（名）刃物の刃
ဓားပြားရိုက်[dəbja: jai']（名）刃物で平打ちする、平打ちして食材を潰す
ဓားပြီးဆေး[da:pi:ze:]（名）刃物に対する免疫薬
ဓားမ[dəma.]（名）（木や竹を切る大型の）鉈、蛮刀、山刀
ဓားမငယ်[dəma.ŋɛ]（植）ナツフジ（マメ科）Millettia auriculata
ဓားမဆေးကျ[dəma. s'eʤa.]（名）鍛え過ぎて展性を失った刃物、役立たずの刃物
ဓားမတို[dəma.do]（名）刃の短い蛮刀
ဓားမဒ[dəma.da']（名）戦前バモー博士によって創設された政治結社「貧民党」の実働部隊
ဓားမထက်[da: mət'ɛ']（形）刃物が切れない、刃が鈍い
ဓားမနှောက်ပိတ်ခွေး[dəma. nau'pei'k'we:]（名）①刀剣の柄頭すなわち柄を締め付けている環状の金具 ②無能力者、役立たず、人間の屑
ဓားမှုချ[dəməu:ʤa.]（名）開拓地、開墾地、新田
ဓားမောက်[dəmau']（名）青龍刀
ဓားမင်း[dəmin:]（名）刃物の刀心（こみ）、柄にはまる部分
ဓားမြှောင်[dəmjaun]（名）（刺殺用の）細身の短剣脇差し
ဓားရေး[da:je:]（名）剣術 cf. လှံရေး 槍術
ဓားရေးလှံရေး[da:je: ɬanje:]（名）剣術槍術
ဓားရိုး[da:jo:]（名）刀の柄、つか
ဓားရိုးကမ်း[da:jo: kan:]（動）刀の柄を相手に渡す、相手に刀のつかを握らせる
ဓားရှ[da: ʃa.]（動）刃物で傷付く
ဓားရှည်[dəʃe]（名）太刀、刀身の長い刀

ဓား:လွယ်[dəlwɛ] (名) サーベル、鞘入りの刀（肩から紐で吊す）
ဓား:လွယ်ခုတ်[dəlwɛgou'] (副) 袈裟懸けに、対角線上に、斜めに
ဓား:လှတ်[dəlu'] (名) 抜き身
ဓား:လုံး:ချဉ်[da:ɫi:dʑin] (名) 刃物で切り分けた蝦の漬物 cf. ပုစွန်ချဉ်
ဓား:သ[da: ṭa.] (動) 刃物を鍛え直す、鍛冶に依頼して刃物を焼き直してもらう cf. ဆံသ
ဓား:သားမျာ:[da:ṭa:mja:] (名) 折り畳みナイフ、万能ナイフ
ဓား:သိမ်[da: ṭein:] (動) 刀を鞘に収める
ဓား:သွား[dəṭwa:] (名) 刀や刃物の刃、やいば
ဓား:သွေ:[da:ṭwe:] (動) 刀や刃物を磨く、研磨する
ဓား:သွေ:ကျောက်[da:ṭwe:dʑau'] (名) 砥石
ဓား:သွေ:မတတ်[da:ṭwe: məta'] (動) 刃物が砥げない
ဓား:အိမ်[dəein] (名) 鞘
ဓိဋ္ဌာန်[dei'tʰan] (名) 願 ＜パ Adhiṭhāna
ဓိဋ္ဌာန်ပြု[dei'tʰan pju.] (動) 願を掛ける
ဓုမပတ္တာ[duma.pa'ta] (植) ウマノスズクサ（ウマノスズクサ科）Aristolochia bracteata
ဓူရိ:ဒူရား:[du:ri: du:ra:] (副) 盲滅法に、見境なく
ဓုဝံ[duwun] (星) 北極星 ＜パ Dhuva
ဓုဝံကြယ်[duwun tʃɛ] = ဓုဝံ
ဓာတ်[da'] (名) ①四大要素（地、火、水、風）②要素、成分 ③鉱物 ④電気 ⑤舎利 ⑥排泄物
ဓာတ်ကူ[da'ku] (名) 触媒
ဓာတ်ကူ:[da'ku:] (動) 化学変化を起す、融合する
ဓာတ်ကြီ:လေ:ပါ:[da'tʃi: le:ba:] (名) 四大要素（地、水、火、風）
ဓာတ်ကြို:[da'tʃo:] (名) 電線
ဓာတ်ခဲ[da'k'ɛ:] (名) 電池、乾電池
ဓာတ်ခဲသုံ:ရေဒီယို[da'k'ɛ:ṭoun: redijo] (名) 携帯ラジオ、ポータブル・ラジオ
ဓာတ်ခိုက်[da'k'ai'] (動) ①うまく噛み合う ②損害を蒙る、破滅する
ဓာတ်ခိုက်လဲ့ရှိ၊နတ်တိုက်ကလမိ။ (格) 他の影響で損害を蒙る事もあれば、ナットで締め付けると締りもする（相思相愛）
ဓာတ်ခံ[da'k'an] (名) 本質、素地、下地、基本的性格
ဓာတ်ချု[da' tʃu] (動) 浣腸する
ဓာတ်ချုပ်[da' tʃou'] (動) 便秘になる
ဓာတ်ခွဲ[da' k'wɛ:] (動) 分析する

ဓာတ်ခွဲခန်:[da'k'wɛ:gan:] (名) 実験室
ဓာတ်ငွေ့[da'ŋwe.] (名) ガス
ဓာတ်ငွေ့မျက်နှာဖုံ:[da'ŋwe. mjɛ'nəp'oun:] (名) 防毒マスク
ဓာတ်ငွေ့မီ:ခြစ်[da'ŋwe. mi:dʑi'] (名) ガスライター
ဓာတ်ငွေ့မီ:ဖို[da'ŋwe. mi:bo] (名) ガスコンロ、ガスストーブ
ဓာတ်ငွေ့ပိုက်[da'ŋwe. pai'] (名) ガス管
ဓာတ်ငွေ့ပိုက်လိုင်:[da'ŋwe.pai'lain:] (名) ガス管
ဓာတ်ငွေ့လှောင်ကန်[da'ŋwe.ɫaungan] (名) ガス貯蔵池
ဓာတ်စာ[da'sa] (名) ①療養食、食養生、規定食、食餌療法 ②栄養、養分
ဓာတ်စီ:[da' si:] ① (動) 霊感を受ける、霊感を感じる ② (名) 電流
ဓာတ်စက်[da'sɛ'] (名) 蓄音機、レコードプレイヤー
ဓာတ်စက်ဖွင့်[da'sɛ'p'win.] (動) レコードを掛ける
ဓာတ်ဆရာ[da's'əja] (名) 食事療法を行う漢方医
ဓာတ်ဆား:[da's'a:] (名) ミネラル、化学塩、塩基
ဓာတ်ဆီ[da's'i] (名) ガソリン
ဓာတ်ဆီဆိုင်[da's'izain] (名) ガソリンスタンド
ဓာတ်ဆီတိုင်[da's'idain] (名) ガソリン・スタンド
ဓာတ်ဆီတိုင်ကီ[da's'i tainki] (名) ガソリン・タンク
ဓာတ်ဆင်[da's'in] (動) 厄払いをする、厄除けをする（誕生日に仏像に水を掛けたり、花を供えたりして幸運を呼び込む）
ဓာတ်တော်[da'tɔ] (名) 仏舎利、釈尊の聖骨
ဓာတ်တော်မွေတော်[da'tɔ mwedɔ] = ဓာတ်တော်
ဓာတ်တိုင်[da'tain] (名) 電柱
ဓာတ်မြက်စည်:[da'dəbjɛ'si:] (名) 電気掃除機
ဓာတ်ဆီထည့်[da's'i t'ɛ.] (動) ガソリンを入れる、注油する
ဓာတ်ပေါင်:ဖို[da'paun:bo] (名) 原子炉、増殖炉、核融合炉 = ချူကလီးယား:ဓာတ်ပေါင်:ဖို
ဓာတ်ပုံ[da'poun] (名) 写真
ဓာတ်ပုံကူ:[da'poun ku:] (動) 写真を焼き付ける
ဓာတ်ပုံစက္ကူ[da'poun sɛ'ku] (名) 印画紙
ဓာတ်ပုံဆရာ[da'poun s'əja] (名) 写真家、カメラマン
ဓာတ်ပုံတိုက်[da'poundai'] (名) 写真屋、写真店
ဓာတ်ပုံပညာ[da'poun pjinnja] (名) 写真術
ဓာတ်ပုံပြိုင်ပွဲ[da'poun pjainbwɛ:] (名) 写真コンテスト
ဓာတ်ပုံရိုက်[da'poun jai'] (動) 撮影する、写真を

撮る、写真を写す
ဓာတ်ပုံရိုက်မှန်[daʔpoun jaiʔman] (名) カメラのレンズ
ဓာတ်ပျက်[daʔ pjɛʔ] (動) 腸の調子が正常でない
ဓာတ်ပြာ[daʔpja] (鉱) カリューム、鉱物を燃焼させた灰
ဓာတ်ပြား[daʔpja:] (名) レコード
ဓာတ်ပြား:ဖွင့်[daʔpja: pʰwin.] (動) レコードを掛ける
ဓာတ်ပြား:သီချင်း[daʔpja: təʧin:] (名) レコード歌謡
ဓာတ်ပြု[daʔ pju.] (動) 化学変化を起す
ဓာတ်ပြုခြင်းရှိ[daʔpju.ʤin: ʃi.] (動) 化学変化が起きる
ဓာတ်ပြောင်း[daʔpjaun:] (動) 変質する、化学変化を起す、化学反応を起す
ဓာတ်ပြောင်းမှု[daʔpjaun:mu.] (名) 化学変化
ဓာတ်ဗိန္ဒောဆရာ[daʔ beindɔ: sʰəja] (名) 食餌療法医
ဓာတ်ဗူး[daʔbu:] (名) 魔法瓶
ဓာတ်မတည့်[daʔmətɛ.] (動) アレルギー反応を起す
ဓာတ်မီး[daʔmi:] (名) 電灯
ဓာတ်မီးချောင်း[daʔmi:ʧaun:] (名) 蛍光燈、蛍光管
ဓာတ်မီးခြစ်[daʔ mi:ʤiʔ] (名) ライター
ဓာတ်မီးတိုင်[daʔmi:dain] (名) 街灯、電柱
ဓာတ်မီးထွန်း[daʔmi: tʰun:] (動) 電灯を点ける
ဓာတ်မီးပူ[daʔ mi:bu] (名) 電気アイロン
ဓာတ်မီးဖို[daʔmi:bo] (名) 電気こんろ、ガスこんろ cf. ရေနံဆီမီးဖို၊ လေမီးဖို ။
ဓာတ်မီးလုံး[daʔmi:loun:] (名) 電球、電灯
ဓာတ်မြေသြဇာ[daʔ mje ɔ:za] (名) 化学肥料、人造肥料
ဓာတ်မှန်[daʔman] (名) エックス線、レントゲン
ဓာတ်မှန်ဆရာဝန်[daʔman sʰəjawun] (名) エックス線技師、放射線技師
ဓာတ်မှန်ပညာ[daʔman piɲɲa] (名) 放射線科学
ဓာတ်မှန်ရိုက်[daʔman jaiʔ] (動) レントゲンを掛ける、エックス線で照射する
ဓာတ်မှန်ရိုက်စစ်ဆေး[daʔman jaiʔ siʔsʰe:] (動) レントゲンを掛けて検査する、エックス線検査をする
ဓာတ်ရထား[daʔ jətʰa:] (名) 電車、市街電車
ဓာတ်ရိုက်[dai jaiʔ] (動) 占いの術を使って望みが叶うようにする、魔法を掛ける、呪いを掛ける 例 空巣避けに玄関に玉葱を置く သူ့: 泥棒 6−2→ ကြက်သွန် 玉葱 2−6 cf. နံတူးပြန်ဓာတ်ရိုက်နည်း

ဓာတ်ရည်စိမ်[daʔje sein] (動) メッキする
ဓာတ်ရိုက်ပေး:သူ[daʔjaiʔpe:du] (名) 祈祷師
ဓာတ်ရောင်ခြည်[daʔjaunʤi] (名) 放射線
ဓာတ်ရောင်ခြည်ပြာထွက်မှု[daʔjaunʤi pʰjatʰwɛʔ mu.] (名) 放射能の発散
ဓာတ်ရောင်ခြည်ယိုစိမ့်မှု[daʔjaunʤi josein.mu.] (名) 放射能洩れ
ဓာတ်ရှင်[daʔʃin] (名) 映画（マンダレーでの呼称）= ရုပ်ရှင်
ဓာတ်ရှင်ရုံ[daʔʃin joun] (名) 映画館（マンダレー用語）
ဓာတ်လေးပါး[daʔ le:ba:] (名) 人間の肉体を構成する四大要素（土、火、水、風）
ဓာတ်လိုက်[daʔ laiʔ] (動) 感電する
ဓာတ်လိုက်ခံရ[daʔlaiʔ kʰan ja.] (動) 感電する
ဓာတ်လှေကား[daʔ ɬega:] (名) エレベーター cf. စက်လှေကား: エスカレーター
ဓာတ်လျော[daʔ ʃɔ:] (動) 下痢をする、腹を下す
ဓာတ်သိ[daʔti.] ① (動) 本質を見抜く ② (名) 内部事情に通じた者、訳知り、顔見知り
ဓာတ်သိဖြစ်[daʔti. pʰjiʔ] (動) 熟知する、先刻承知だ、お見通しだ
ဓာတ်သက်[daʔ tɛ] (形) 便が軟らかい
ဓာတ်သတ္တု[daʔtatu.] (名) 鉱物
ဓာတ်သွား[daʔ twa:] (動) 通じがある、排泄する
ဓာတ်အား[daʔa:] (名) 電力
ဓာတ်အားပေး:စက်ရုံ[daʔa: pe: sɛʔjoun] (名) 発電所
ဓာတ်အိုး[daʔo:] (名) 蓄電池、バッテリー
ဒိန်ချဉ်ရည်[deinʤin je] (名) ヨーグルト = ဒိန်ချဉ်
ဓမ္မ[dəma.] (名) ①法、ダルマ ②仏陀の教え パ Dhamma
ဓမ္မကထိက[dəma. kətʔi.ka.] (名) 法師、説法師、説教師
ဓမ္မစကြာ[dəmasɛʔʧa] (名) 法輪、初転法輪、成道後五比丘を相手に初めて行った釈迦の教法 ＜パ、サ Dhamma Cakra
ဓမ္မစေတီ[dəməzedi] (名) ①三蔵 ②三蔵を内蔵する仏塔 ③ダマゼデイー王（ペグー・ハンタワデイー王朝の第6代国王、1472〜92）
ဓမ္မစက်[dəməsɛʔ] (名) 釈尊の教えの威力
ဓမ္မတာ[dəməda] (名) ①当然の成行き、自然律、必然、当然 လူလောကမှာနေရင်လူနဲ့ဆက်ဆံရမှာဓမ္မတာပါ။ 人間社会で暮すからには人と付き合わねばならないのは当然の事だ ②月経、生理 ＜パDhammatā
ဓမ္မတာလာ[dəməda la] (動) 生理が始まる、月経に

ဓမ္မတာ ဆွေး

なる

ဓမ္မတာဆွေး[dəməda twe:]（名）月経、メンス
ဓမ္မဒိဌာန်ကျ[dəma.dei'tan tʃa.]（副）客観的だ
ဓမ္မဒိဌာန်ကျကျ[dəma.dei'tan tʃa.dʒa.]（副）客観的に
ဓမ္မဒေသနာ[dəma.detəna]（名）教法＜パ
ဓမ္မဓိဌာန်[dəma.dei'tan]（名）客観性＜パ
ဓမ္မပဒ[dəma.pəda.]（名）法句経
ဓမ္မရာဇာ[dəma.jaza]（名）法王、法に基いて統治する王＜Dhamma Rājā
ဓမ္မဝတ်[dəməwu']（名）宗教的務め
ဓမ္မသီချင်း[dəma.tiɕin:]（名）讃美歌
ဓမ္မသစ်ကျမ်း[dəməti' tʃan:]（名）新約聖書
ဓမ္မသောက၊ အင်္ဂဝတ၊ အိမ်ထောင်ဘက်မရှည်။（格）男女の相性（၀ 土曜生れと ၆ 木曜生れ、သ 金曜生れと ၈ 月曜生れ、အ 日曜生れと ၀ 水曜生れ、ရ 水曜生れと ၄ 火曜生れの組合わせは、夫婦の相性がよくない）cf. အောင်ပ၊ ကုလား၊ ဆေးသား၊ တော်ရင်၊ မိတ်ဖက်မြင်၊ အုန်းညှိ၊ ခေမာ၊ သုတ၊ ဝေရီ၊ ရန်စိစီ။
ဓမ္မသတ်[dəməta']（名）王朝時代に編纂されたビルマの伝統的法典（語源的にはダルマシャーストラだが、内容的には必ずしもダルマシャーストラの内容とは一致しない）＜パ Dhammasattha
ဓမ္မဟောင်းကျမ်း[dəma.haun: tʃan:]（名）旧約聖書
ဓမ္မာစရိယ[dəməseri.ja.]（名）パーリ語経典やその複注等の講師、説教師＜パ Dhammācariya
ဓမ္မာရုံ[dəmajoun]（名）お堂、お経を唱える堂
ဓမ္မာသနာ[dəma təna]（名）説教壇
ဓမ္မာသောကဖြစ်[dəma tɔ:ka. p'ji']（動）相性が悪い、ソリが合わない、仲がよくない

န

န[na.]（名）ビルマ文字体系第２０番目の子音文字、その名称は နငယ်[na.ŋɛ] 小さなナ
နငယ်ကွင်းပိတ်[nəŋe gwin:bei']＝နငယ်ဂင်းပိတ်
နငယ်ဂင်းပိတ်[na.ŋɛ ginbei']（名）文字を取巻くように下部を湾曲させて書いたビルマ文字の န、刀剣や棍棒に対する免疫用呪文として入墨される
နငယ်နား၊ ပင်းပိတ်[na.ŋɛ nəbin:bei']（名）円で囲んだビルマ文字の န、免疫用呪文として使用
န[na.]（形）下手だ、劣っている、無能だ、阿呆だ、愚かだ、鈍だ、愚鈍だ
နကို[nəgo]→နဂို
နဂန်[nəgan]（名）牛追い棒＜နှာ:ကန်
နကန်:[na.gan:]（名）特に意味のない文字 န
နကန်:တလုံးမျှ[na.gan: təloun:mja.]（副）全く、全然、何も နကန်:တလုံးမျှမသိနား:မလည်။ 何も知らない、何も判らない
နကမ္ပတိ[na.kan pəti.]（動）不動のままだ、ぴくりとも動かない
နကျယ်[nədʒi]（名）①（虫）ヒメアシナガバチ ②[nədʑɛ]（植）カタガワヤバネノキ（アオギリ科）Pterospermum semisagittatum
နကျယ်ကောင်[nədʑigaun]（虫）ヒメアシナガバチ
နကျယ်အိမ်[nədʑi ein]（名）泥で拵えたヒメアシナガバチの巣
နဂတ[nəgət'a]（名）金の細線細工、金の刺繍
နဂဘာရီအုန်[nəgəbaji oun:]（植）ニコバル島のココ椰子
နဂါး[nəga:]（名）（パーリ語文献に現れる）蛇または龍
နဂါးကျ[nəgədʑi']（名）泥火山、地獄から流れ出た溶岩
နဂါးကျစ်တွင်း[nəgədʑi'twin:]（名）泥火山
နဂါးငွေ[nəgəŋwe.]＝နဂါးငွေ့တန်း
နဂါးငွေ့တန်း[nəgəŋwe.dan:]（名）銀河、天の河（ビルマでは十月頃南西から北東に掛けて見られる）
နဂါးစက်[nəgəzɛ']（植）チトセラン（ユリ科）Sansevieria zeylanica
နဂါးဆက်[nəgəzɛ']＝နဂါးစက်
နဂါးနှီးအသင်း[nəgəni ətin:]（名）紅龍会（第二次大戦前タキン達によって組織された左翼系出版社）
နဂါးပဗ[məgəba']（名）（パーリ語文献に現れる）龍の網、輪索＝နဂါးပါသ＜サ Nāga Pāsa
နဂါးပတ်ကျော့ကွင်း[nəgəba'tʃɔ.gwin:]＝နဂါးပတ်

နဂါး:ပြည်[nəga:pji]（名）龍の国
နဂါးပုက်[nəgəbwɛˀ]（名）泥火山、地獄＝ရွှေမြီးတောင်
နဂါးမှိုင်း[nəgəmain]（植）ムラサキルエリア（キツネノマゴ科）Ruellia tuberosa
နဂါးလှည့်[nəgəlɛ.]（名）（家屋敷を守ると考えられている）龍の頭部が向いている方角（方角は毎月変る、頭部に逆らう形での旅は災難に遭遇すると考えられている）
နဂါးသွဲ့[nəgətwɛ.]（鉱）血石、燐灰石
နဂို[nəgo]（名）本来、元来、生来、生得＝ပင်ကို
နဂိုက[nəgoga.]（副）本来、元来、元々＝နဂိုရှိက
နဂိုဇေ[nəgo biza.]（名）本性
နဂိုဇေအာ:ဖြင့်[nəgo biza. a:p'jin.]（副）元々、本来
နဂိုရှိမှာကိုင်:ထွက်။（諺）初めよければ終りよし
နဂိုရည်[nəgoji]（名）先天的素質
နဂိုရည်ပျက်[nəgoji pjɛˀ]（動）純潔を失う
နနွင်း[s'ənwin]（植）ウコン（ショウガ科）Curcuma longa ＝ဆနွင်း
နနွင်းတက်[s'ənwin:dɛˀ]（名）ウコンの根茎
နနွင်းမကင်း[s'ənwin: məkin:]（名）小麦粉、砂糖、ココナツ・ミルク、バター等でこしらえたビルマ製プリンの１種 ＝ဆနွင်းမကင်း
နနွင်းရှိုင်း[s'ənwin:jain:]（植）キョウオウ、ハルウコン（ショウガ科）Curcuma aromatica
နနွင်းဝါ:[s'ənwin:wa:]（鳥）コウライウグイス
နပန်း[nəban:]（名）取組み合い、格闘、レスリング
နပန်းချ[nəban: tʃa.]（動）格闘する
နပန်းထို[nəban: t'o:]（動）格闘する
နပန်းလုံ:[nəban: loun:]（動）①格闘をする、取組いをする ②対象に取組む、奮闘する
နပန်းသတ်[nəban: tạˀ]（動）格闘する
နပန်းကြီးသွား:[nəban: tʃi:twa:]（動）（驚愕、怖れ、心配等のために）頭に血がのぼる、頭がカッカッする ＝ခေါင်းနှာ:ပန်:ကြီးသွား:
နပုန်း[nəpoun:]＝နပုံ:
နပုန်းပဏက်[nəpoun: pan:douˀ]＝နပုံ:
နပုံ:[nəpoun:]（名）中性、ふたなり、半陰陽、両性具有者
နပူလိုင်[nəpoun:lein]（名）中性
နဖာ:[nəp'a:]（名）①牛や水牛の鼻隔壁に開けたロープ用の穴 ②針の穴 ③（牽引用に）丸太に開けた穴
နဖာ:ကြီ[nəp'a:dʒi]（鳥）チャイロオナガ（カラス科）Dendrocitta vagabunda
နဖာ:ကြု[nəp'a:dʒu]（鳥）ラッケットオナガ（カラス科）Crypsirhina cucullata

နဖာ:ကြိ:[nəp'a:dʒo:]（名）牛や水牛の鼻の穴に通したロープ
နဖာ:ကြိ:တပ်[nəp'a:dʒo: taˀ]（動）他人を自由に操る
နဖာ:ချေး[nəp'a:dʒi:]（名）目糞
နဖာ:ပေါက်[nəp'a:bauˀ]＝နဖာ:
နဖူ:[nəp'u:]①（名）額（ひたい）②[nəbu:]（植）ツルウメモドキ ＝နဖူ:၊နဘူ:။
နဖူ:စာ[nəp'u:za]（名）前世の因果、宿縁、特に男女の間柄
နဖူ:စာပါ[nəp'u:za pa]（動）前世からの因縁がある、宿縁がある
နဖူ:စာမျှ[nəp'u:za mja.]（動）男女が愛し合う
နဖူ:စာရှာလည်[nəp'u:za jwalɛ]（諺）前世の宿縁は村を巡る（縁は異なもの）
နဖူ:စည်:[nəp'u:zi:]（名）①鉢巻 ②頭に締める飾り ③（建物の）蛇腹
နဖူ:ဆံ[nəp'u:zan]（名）前髪
နဖူ:တွေ:တွေ[nəp'u:dwe. du:dwe.]（副）向い合って、対面して、差し向いで
နဖူ:ရေ[nəp'u:je]（名）額の皮膚
နဖူ:ရေဒူ:ရေ[nəp'u:je du:je]（名）容貌、人相、顔つき
နဖူ:သင်းကျစ်တော်[nəp'u: tin:dʒiˀtɔ]（名）①額飾り、ヘアーバンド ②仏陀の額の肉の盛り上り、渦巻、螺旋
နဘူ:[nəbu:]（植）ツルウメモドキ（キョウチクトウ科）Vallaris solanacea
နဘူ:နွယ်[nəbu: nwɛ]＝နဘူ:
နဘေ[nəbe]（名）詩を詠む場合の押韻法（各行の同韻が特徴）例 မြေဝသုံ:မဟိတို့တင်မှ၊ ရေယမန်နှံဒီကြွိတယ် နှင် ၊ တေဝ၉ုတ်ဝတီမြို့ပေပေါ်။
နဘေစာ[nəbe saˀ]①（動）詩を詠む時隣合せの行同士で顔をを踏む ②[nəbezaˀ]（名）木材の段継ぎ埋め継ぎ、木切れの組合わせ、木切れの接合
နဘေထပ်[nəbe tˀaˀ]①（動）各行毎に同じ韻を踏む ②[nəbedaˀ]（名）各行毎に同韻を重ねる押韻法
နဘေ:[nəbe:]→နဘေ:
နဘဲ[nəbɛ:]（植）ウダノキ（ウルシ科）
နမူနာ[nəmuna]（名）標本、見本、サンプル ＜ヒ
နမူနာပြ[nəmuna pja.]（動）見本を示す
နမူနာယူ[nəmuna ju]（動）見本とする、範とする
နမူနပ်[nəmu: nətˀu:]（副）①取り乱して、茫然自失して、放心状態で ②軽率で、無分別で、前後も弁えずに
နမူနထိုင်[nəmu: nətˀain:]（副）＝နမူနပ်

နမော်နမဲ့[nəmɔ nəmɛ.]（副）いい加減に、迂闊に、不注意に、無頓着に、無造作に、何気なく ျာလိပ်ကို နမော်နမဲ့နဲ့ထမ်းသွားတယ်။ 巻いた莨蓙を無造作に担いで行った

နမော်နမဲ့နိုင်[nəmɔ nəmɛ. nain]（形）迂闊だ、不注意だ、無造作だ、いい加減だ

နမော်မိနမော်မဲ့[nəmɔmi. nəmɔmɛ.]（副）迂闊に、不注意に

နမော[nəmɔ:]（名）南無、敬礼、頂礼 ＜パ Namo

နမောတဿ[nəmɔ:taʔta.]（名）仏典やビルマ語文献の冒頭に使われるパーリ語の総礼文の1節、「彼の世尊、応供、正偏知に帰命し奉る」と訳される

နမောတဿသုံးကြိမ်ရွတ်ဆို[nəmɔ:taʔta. toun: ʤeinjuʔsʼo]（動）パーリ語の総礼文を三回唱える

နမက္ကာရ[nəmɛʔkaja.]（名）寺子屋での必須教科の一つ、釈尊の威徳への賞賛、Namas と唱える事、帰命、拝礼、敬礼 ＜サ Namaskāra cf. ပရိတ်ကြီး

နမိတ်မရှိနမာမရှိ[nəmeiʔ məʃi. nəma məʃi.]（副）不吉だ、縁起でもない

နယာ:[nəja:]（名）＝နရာ:

နယူးဇီလန်[nəju:zilan]（国）ニュージーランド

နယူးပဒေသ[nəju bədeda.]（名）方法、手続き

နယူးယောက်[nəju:jauʔ]（地）ニューヨーク

နယုန်လ[nəjoun la.]（名）ビルマ暦3月（太陽暦のほぼ6月）

နယုန်မိုးသေး၊ မြက်သာမွေး။（格）ナヨン月には雨がばらつき、草の芽萌ゆる

နလိပ်း:တုံ:[na.ləbein:doun:]（名）→နလိပ်း:တုံ:

နရာ:[nəja:]（名）彫刻に使われる神獣（天馬の母親とされる）

နရာ:မြက်[nəja: mjɛʔ]（植）モロコシガヤ（イネ科） Andropogon serratus

နရီစည်း:[nəji si:]（名）（音楽で使われる）4拍

နရီ:[nəji:]→နရည်:

နရက်[nəjɛʔ]（名）奈落、地獄 ＜パ Naraka ＝ငရဲ

နရည်:[nəji:]（名）小型の銅鑼を使った楽器の1種

နရည်:နယာ:[nəji: nəja:]（副）当てもなく時間を浪費して

နရန်:[nəjan:]（名）手摺、欄干 ＝လက်ရန်:

နရွဲ[nəjwɛ:]（植）①セイロングーズベリ（ベニノキ科） Aberia gardneri ②ナンヨウイヌカンコ、ルカムモモ（イイギリ科） Flacourtia cataphracta ③オオミイヌカンコ、トゲナシルカム（イイギリ科） Flacourtia inermis ④テンジクイヌカンコ（イイギリ科） Flacourtia ramontchi

နလက[na.la.ka.]（名）郡治安行政委員会（196

2年から88年まで続いたビルマ式社会主義政権での地方行政機関、軍、警察、内務官僚の3者で構成）

နလိပ်း:တုံ:[na.ləbein:doun:]（名）無知蒙昧、無知無学、無学文盲、頓馬、のろま、お人好し

နလင်[nəlin]（名）若者、青年 ＜လုလင်

နလင်ကျော်[nəlinʤɔ]（植）ヒマラヤニッケイ、アンナンニッケイ（クスノキ科） ＜လုလင်ကျော်

နဝလထ→နလန်ထ

နဝလထု→နလန်ထု

နဝကမ္မဝစည်[nəwa.kanma. pjiʔsi:]（名）出家の雑用品

နဝတ[na.wa.ta.]（名）国家法秩序建設委員会（1988年に登場したミャンマーの軍事政権）、正式は နိုင်ငံတော် ငြိမ်ဝပ်ပိပြား:မှုတည်ဆောက်ရေး:အဖွဲ့

နဝမ[nəwəma.]（名）第九、九番目 ＜パ Navama

နဝမမြောက်[nəwəma.mjauʔ]（形）第九の、九番目の、九回目の

နဝရတ်[nəwəraʔ]（名）九種の宝石 ＝နဝရတ်ကိုး:ပါး:

နဝရတ်ကိုး:ပါး:[nəwəraʔ ko:ba:]（名）九種の宝石（ルビー、真珠、珊瑚、エメラルド、トパーズ、サファイア、ダイアモンド、ガーネット、猫目石）

နဝလီ[nəwəli]（名）籾の有料運搬、有料運送

နဝတိမ်တောင်[nəweteindaun]（副）半信半疑で、疑心暗鬼で、何の事かも判らずに、はっきりせず、暗中模索で ＝နှာ:ဝတိမ်တောင်

နဝေနဝရှိ[nəwe nəwa ʃi.]（形）曖昧だ、はっきりしない＝နှာ:ဝနှာ:ဝရှိ

နဝင်ပျိုး[nəwin pijan]（名）新しい物好き、斬新な好み ＝နဝိုဝိုး

နဝင်ပျိုးဖြစ်[nəwin pijan pʼjiʔ]（形）耳に心地よい

နဝင်္ဂသီလ[nəwinga. tila.]（名）九戒

နဝင်:[nəwin:]（名）①九分の一 ②黄道十二宮の九分の一

နဝင်:ကျေ[nəwin: tʃe]（動）九で割り切れる

နဝိုဝိုး[nəwin pijan] ＜パ ＝နဝင်ပျိုး

နဝ[nətɛ]（名）こめかみ ＜နှာ:သယ်

နဝကျ[nətɛ tʃa.]（動）こめかみが落ち込む

နာ[na]（動）①聴く ②説法に耳を傾ける တရား:တော်ကိုနာသည်။ 教法を聴く ③言う事を聞く、従う ④調べる、問合わせる စနည်:နာသည်။

နာကြား:[natʃa:]（動）説法を聴く、説法に耳を傾ける

နာခံ[nakʼan]（動）①聴く ②拝聴する ③言う事を聞く、仰せに従う အမိန့်နာခံသူ 命令に従う者 အမိန့်မနာခံသူ 命令に服従しない者

နာပျော်ဘွယ်ကောင်း[na pjɔbwɛ kaun:]（形）耳に心地よい
နာယူ[naju]（動）①聞く、拝聴する ②留意する
နာလို[nalo]（動）他人の幸せを喜ぶ、祝福する
နာလိုခံခက်[nalo k'ankɛ']（動）怒りでやる気を失う、意気阻喪する
နာသာ[nada]（形）耳に心地好い
နာသာခံခက်ဖြစ်[nada k'angɛ' p'ji']（形）耳に不快だ、耳障りだ
နာသောင်နာသာရှိ[nadaun. nada ʃi.]（動）耳に心地よい（この場合 နာသောင့် は စကား ဖို၊ နာသာ は စကား မ။) cf. သက်သောင့်သက်သာ
နာ[na]（動）①傷つく、傷める ②痛む ခြေထောက်နာသည်။ 足が痛む ဗိုက်နာသည်။ 腹痛がする ③病になる ④感情を害する、恨みに思う ⑤損をする、損害を蒙る ⑥こなす、徹底する
နာကျင်[natʃin]（動）痛む
နာကျင်ကိုက်ခဲ[natʃin kai'k'ɛ:]（動）疼く、痛む
နာကျင်စွာ[natʃinzwa]（副・文）疼いて、痛んで
နာကျင်မှု[natʃinmu.]（名）痛み
နာကြည်း[natʃi:]（動）気を悪くする、感情を害する、辛い思いをする、悪感情を抱く、憤慨する
နာကြည်းဘွယ်အတိတ်[natʃi:bwɛ ətei']（名）痛みのある過去
နာတာရှည်ရောဂါ[nadaʃe jɔ:ga]（名）慢性病、長患い
နာနာ[nana]（副）徹底的に、思いっきり、十分に、手ひどく
နာနာထိုး[nana t'o:]（動）思い切って殴る
နာနာဖွပ်[nana p'u']（動）徹底的に精米する、繰返し繰返し精米する
နာဖျား:[na p'ja:]（動）発熱する、熱病に罹る
နာဖျား:မကျန်းရှိ[nap'ja: mətʃan: ʃi.]（動）熱病を患う
နာမကျန်းဖြစ်[na mətʃan: p'ji']（動）体調を崩す
နာမကျန်းရှိ[na mətʃan: ʃi.]（動）体の調子がよくない、健康を損なう
နာလည်းနာလေး၊နံလည်းနံသေး။（諺）骨折り損のくたびれ儲け
နာရေး[naje:]（名）人の死、喪、弔事、不幸
နာရေးကိစ္စ[naje: kei'sa.]（名）葬儀、弔事、不幸、喪
နာရေးကြော်ငြာ[naje: tʃɔɲa]（名）訃報、死亡通知、死去の連絡
နာရေးသာရေး[naje: taje:]（名）冠婚葬祭、幸不幸

နာလန်ထ[nəlan t'a.]（動）①治る、快方に向う、持ち直す、回復する、再起する ②真人間になる、身を持ち直す、真面目になる ③[nəlanda.]（名）病み上がり、回復期の患者
နာလန်ထူ[nəlan t'u]（動）= နာလန်ထ
နာလန်ထ[nəlan t'a.] = နာလန်ထူ
နာလန်ထူ[nəlan t'u] = နာလန်ထ
နာဂ[naga.]（名）①ナーガ族（サガイン管区内のチンドウイン川上流山地に住み、チベット・ビルマ語系の言語を話す民族）②龍
နာဂတောင်တန်း[naga. taundan:]（名）ナーガ山地（行政的にはサガイン管区に含まれる）
နာဇီဝါဒ[nazi wada.]（名）ナチズム
နာတလူးပွဲ[natalu:bwɛ:]（名）クリスマス = ခရစ္စမတ်
နာနာဘာဝ[nana bawa.]（名）妖怪変化、幽霊、悪霊
နာနာဘာဝဝတ္ထု[nana bawa. wu't'u.]（名）怪奇小説
နာနာရုပ်[nana jou']（名）幻術、化け物、妖怪
နာနာရုပ်ဖန်ဆင်း[nanajou p'ans'in:]（動）変身する、化身する、変幻自在だ
နာနာရုပ်အတွင်[nana jou ətwin]（名）幻、魔法の姿、妖法の姿
နာနတ်[nana']（植）パイナップル（パイナップル科）Ananas sativa ＜マ Nanas
နာနတ်ကြီး[nana'tʃi:]（植）①リュウゼツラン（リュウゼツラン科）Agave americana ②アオノリュウゼツラン
နာနတ်လျှော်[nana'ʃɔ]（植）サイザル麻 Agave sisalana
နာနတ်သီး[nana'ti:]（名）パイナップルの実
နာမ[nama.]（名）名前 ＜パ Nāma
နာမပညတ်[nama. pin.ɲa']（動）命名する
နာမဝိသေသန[nama. wi.tedəna.]（名）形容詞
နာမည်[namɛ~nanmɛ]（名）名前
နာမည်တပ်[namɛ ta']（動）名付ける
နာမည်ပျက်[name pjɛ']（動）名折れとなる、評判が悪くなる、悪評を蒙る、名前に傷が付く
နာမည်ပျက်တစ်ခုတွင်ရစ်[namebjɛ' tək'u. twin ji']（動）家名を汚す、汚名を残す
နာမည်ပြောင်း[namɛ pjaun:]（動）改名する、名前を変える
နာမည်မှည့်[namɛ mɛ.]（動）命名する
နာမည်[namji~nanmɛ]（名）名前

နာမည်ကောင်း[nanmɛ kauṉ:]① (動) 名声を得る、好評を博す ②[nanmɛgauṉ:] (名) 好評、名声
နာမည်ကြီး[nanmɛ tʃi:] (形) 著名だ、有名だ
နာမည်ကျော်[nanmɛ tʃɔ] (形) 知名だ
နာမည်ကွဲ[nanmɛgwɛ:] (名) 別名、異名
နာမခံ[nanmɛ k'an] (動) ①名乗る ②名前がつく
နာမည်စာရင်း[nanmɛ səjin:] (名) 名簿
နာမည်ဆိုး[nanmɛ sʼo:] (形) 評判が悪い
နာမည်တူ[nanmɛdu] (名) 同名
နာမည်တပ်[nanmɛ taʔ] =နာမယ်တပ်
နာမည်ထွက်[nanmɛ tʼwɛʔ] (動) ①名声を上げる ②評判になる
နာမည်ပေး[nanmɛ pe:] (動) 名付ける、呼ぶ
နာမည်ပျက်[nanmɛ pjɛʔ] =နာမယ်ပျက်
နာမည်ပျက်စာရင်း[nanmɛbjɛʔ səjin:] (名) 不良者リスト、ブラック・リスト
နာမည်ပေး[nanmɛ pje:] (動) 名前が売れる、名声を博す
နာမည်ပြောင်း[nanmɛ pjauṉ:] =နာမယ်ပြောင်း
နာမည်ဖျက်[nanmɛ pʼjɛʔ] (動) 家名に傷を付ける、名誉を毀損する
နာမည်ဖြစ်[nanmɛ pʼjiʔ] (動) 名前になる
နာမည်မှည့်[nanmɛ mɛ.] (動) 名付ける、命名する
နာမည်ယူ[nanmɛ ju] (動) 名声を得るようにする
နာမည်ရ[nanmɛ ja.] (動) 名声を得る、名声を馳せる、よい評判を得る
နာမည်ရင်း[nanmɛjin:] (名) 本名、実名
နာမည်ဝှက်[nanmɛpʼwɛʔ~nanmɛ hwɛʔ] (名) 偽名、仮名、匿名
နာမည်သွင်း[nanmɛ twin:] (動) 名乗り出る、応募する、エントリーする
နာယက[najəka.] (名) ①長老、後援者 ②議長
နာယကဂုဏ်ခြောက်ပါး[najəka. goun tʃʼauʔpa:] (名) 長老の素質六箇条（忍耐、機敏さ、勤勉さ、慈悲、見識、穏当な判断）
နာယကလူကြီး[najəka. luʤi:] =နာယက
နာရဏိ[narəni] (名) 金の1種
နာရဒဇာတ်[narəda. zaʔ] (名) ナーラダ本生話（ジャータカ第544話）
နာရီ[naji] (名) ①時間、時刻 ②ビルマ時刻（1日=60နာရီ、1 နာရီ=4 ပါဒ）③時計 ခါ:ပိုက်ဆောင်နာရီ 懐中時計 စာ:ပွဲတင်နာရီ 置時計 တိုင်ကပ်နာရီ 柱時計 လက်ပတ်နာရီ 腕時計 ④（助数）～時（時間の単位）တစ်နာရီ 1時 တစ်နာရီခွဲ 1時半 နှစ်
နာရီမတ်တင်[?] 2時15分前
နာရီစင်[najizin] (名) 時計台
နာရီတိုက်[naji taiʔ] (動) 時刻を合わせる
နာရီထိုး[naji tʼo:] (動) 時刻になる
နာရီထိုးသံ[naji tʼo:dan] (動) 時計の時報
နာရီနေ[naji ṉe:] (動) 時計が遅れる
နာရီနှိုးစက်[naji no:zɛʔ] (名) 目覚し時計
နာရီပိုင်လုပ်ခ[najibain: louʔka.] (名) 時間給、時間当りの賃金
နာရီပြန်[najibjan] (名) ①正午過ぎ ②真夜中過ぎ နာရီပြန်တချက် ①午前1時 ②午後1時
နာရီမခြား[naji mətʃa:] (副) 始終、年中
နာရီမြန်[naji mjan] (動) 時計が進む
နာရီရပ်[naji jaʔ] (動) 時計が止まる
နာရီလက်တံ[naji lɛʔtan] (名) 時計の針
နာရီဝက်[najiwɛʔ] (名) 半時間
နာရီသော့ပေး[naji tɔ.pe:] (動) 時計の螺子を巻く =သံပတ်ပေး
နာရီသံပတ်[naji tanbaʔ] (名) 時計の螺子
နား[na:] (動) ①休む、休息する、休憩する ②（鳥が樹上に）止まる လုံချားခွံပုစဉ်းနားသည် 槍の穂先に蜻蛉が止まった
နားနားနေနေ[na:na: ṉene] (副) ゆっくりと、休み休み
နား[na:] (名) 傍、近く、近隣、付近
နား[na:] (名) 耳
နားကလော[na: kəlɔ:] (形) 煩い、喧しい、聞き苦しい
နားကောက်[na: kauʔ] ①（形）頑固だ、言う事を聞かない ②（名）耳飾り
နားကိုက်[na: kaiʔ] (動) 耳が痛む cf.ခေါင်းကိုက်သည် 頭痛がする သွားကိုက်သည် 歯が痛む
နားကင်း[nəgin:] (名) ①耳翼 ②王冠の横に付随している耳飾り
နားကင်းထူ[nəgin: tʼu] (動) 耳が聞こえない
နားကပ်[nəgaʔ] (名) （耳たぶに開けた穴に刺し通す形の）耳飾り、ピアス、留め金付きのイアリング
နားကပ်ပန်[nəgaʔ pan] (動) イアリングを付ける、ピアスを嵌める
နားကပ်ဝတ်[nəgaʔ wuʔ] (動) =နားကပ်ပန်
နားကျ[na: tʃa.] (動) 機嫌を直す、受入れる
နားကျပ်[na: tʃaʔ] ①(動) 耳の中の痒みを掻く、耳の中を掃除する ②[nəʤaʔ] (名) 聴診器 ③受話器、レシーバー、イアホン ④補聴器
နားကြား[na:tʃa:] (動) 聴く、耳で聞く
နားကြည်စိမ်[na:ʤa: sein.] (動) 耳に心地よい
နားကြားပြင်းကတ်[na:ʤa:bjin: kaʔ] (動) 聞き

နားကြား လွဲ[naːdʑaː lwɛː] (動) 聞き違える、聴き間違える

နားကြောစိမ့်[naː tʃɔː sein.] (動) 聞くだけで寒気がする、聞いただけで身の毛がよだつ

နားကြပ်[nədʑaʔ] =နားကျပ်

နားကွဲလုမတတ်[naː kwɛːlu.mətaʔ] (副) 耳も割れんばかりに

နားကွက်[nəgwɛʔ] (名) 旧式銃の火薬を詰める箇所

နားကွင်း[nəgwin:] (名) イアリング、リング状の耳飾り

နားခါ:[naː kʰaː] (形) 聞くに耐えない、耳障りだ

နားခင်[nəkʰin] (名) 鼓膜

နားခတ်[naː kʰaʔ] (動) ①耳たぶを動かす ②知ったかぶりをする

နားခံ[naː kʰan] ①(動) 聞く、聴く ②[nəkʰan] (名) (王朝時代の) 国王の伝達官 ③総督の補佐官 ④(王朝時代の) 副官、司令官の補佐役

နားခံတော်[nəkʰandɔ] (名) (王朝時代の) 連絡官 (国王と元老院との間の連絡を担当、国王の勅命を伝奏官から受取って元老院に届けたり、元老院の決定文書を枢密院の伝奏官に渡したりした)

နားခံသာ[naːkʰan tʰa] (形) 耳に心地好い、耳障りがよい

နားချ[naː tʃʰa.] (動) 勧める、説き伏せる、説諭する、説得する、折伏する

နားချုပ်[nətʃʰaʔ ja.] (動) 超人的聴力を持つ

နားချမ်းသာ[naː tʃʰan:da] (形) ①耳障りがよい ②朗報だ

နားခွက်[nəkʰwɛʔ] (名) ①外耳、耳核、耳たぶの付け根 ②受話器、レシーバー、イヤホン ③信管、銃の撃鉄が当る部分、火薬を詰める部分 =နားကွက်

နားခွက်မီးတောက်[nəkʰwɛʔ ka. miːtauʔ] (形) 理解が早い、呑み込みが早い、悟りが早い ＜ချက်ဆို၊ နားခွက်ကမီးတောက်။

နားငြီး[naː ɲiː] (動) 聞き飽きる、うんざりする

နားစူ[naː su:] (形) 煩い、喧しい、騒音がひどい

နားစိုက်[naː saiʔ] (動) 耳を傾ける、傾聴する

နားစောင့်[nəzaun.] (名) (車輪が外れないよう牛車の車軸の穴に差し込む) 轄楔、輪止め =လှည်း နားစောင့်

နားစည်[naːzi] (名) 鼓膜

နားစည်မြေ့[naːzimeː] =နားစည်

နားစိမ်း[naː sein:] (形) 耳慣れない、聞いた事がない

နားစွင့်[naː swin.] (動) 耳をそば立てる、耳を緊張させる

နားစွန်နားဖျား ကြား[nəzun nəpʰjaː tʃaː] (動) 小耳に挟む、噂を耳にする

နားဆိုက်[naː sʰaiʔ] (動) 注意して聴く、耳をそば立てる

နားဆင်[naː sʰin] (動) 聴く =နားသောတဆင်

နားဆွဲ[nəsʰwɛː] (名) 耳たぶにフック状にぶら下げる耳飾り、ピアス

နားညီး[naː ɲiː] =နားငြီး

နားညောင်း[naː ɲaun:] (動) 注意を払う

နားတော်လျှောက်[naːdɔ ʃauʔ] (動) (国王に) 申し上げる、言上する、奏上する =ရှေ့နားတော်လျှောက်

နားတောင်[nədaun:] (名) (耳たぶに穴を開けて刺し通す、留め金なしの) 耳飾り、ピアス、イアリング =နားတောင်း

နားတောင်းကြိုး[nədaun:dʑoː] (名) 太鼓に皮を張る時はめ込む環、皮製のリング

နားတောင်းပန်း[nədaun:ban:] (植) シチヘンゲ、ランタナ (クマツヅラ科) Lantana aculeata

နားတောင်းဝတ်[nədaun: wuʔ] (動) 耳飾りを差し込む

နားထူ[naː tʰu] (形) 耳が遠い

နားထင်[nətʰin] (名) こめかみ、側頭

နားထင်ချိုင့်[nətʰin.dʑain.] =နားထင်

နားထင်သွေးရောက်[nətʰin twe: jauʔ] (動) 奢り昂ぶる、傲慢になる

နားထောင်[naː tʰaun] (動) ①聴く ②言う事を聞く、指示に従う、指示通りにする

နားထိုင်[naː tʰain] ①(形) 耳が遠い、耳が聞えにくい、聴力が弱い ②[nətʰain:] (名) 聾

နားထွင်း[naː tʰwin:] (動) ① (王朝時代には王子達の、現代では女児の) 耳たぶに穴を開ける ②フクベに穴を開ける、フクベをくり抜く

နားထွင်းမင်္ဂလာ[naːtʰwin: mingəla] (名) 女児の耳たぶに穴を開ける儀式 (男児の得度式と同時に挙行される事が多い)

နားနနေနေ[naːna: nene] (副) ゆっくりと、ゆったりと、休み休み

နားနဲ့နား၊ ဘဝါးနဲ့နား[(慣) (耳で聞かず、足の裏で聴いておくれ) 言い難い事だが、敢えて言わせて貰えば、強いて言うならば、尾籠な話で恐縮ですが

နားနင်[naː nin.] (形) 聞き辛い、聞くに耐えない

နားပါ[naː paː] (形) 耳ざとい、耳が早い、理解が早い

နားပူ[naː pu] (動) ①騒々しい ②煩わしい、聞き飽きる ②しつこく言う、執拗にせがむ、やいのやい

နားပူတိုက်

の言う、駄々をこねる
နားပူတိုက်[na:bu tai']（動）駄々をこねる
နားပူနားဆာ[nəbu nəs'a]（副）駄々をこねて、しつこく、執拗に、聞き飽きる程
နားပူနားဆာတိုက်[nəbunəs'a tai']（動）しつこく言う、執拗にせがむ
နားပူနားဆာပြု[nəbunəs'a pju.]（動）駄々をこねる
နားပူနားဆာလုပ်[nəbunəs'a lou']=နားပူနားဆာပြု
နားပူသံကျပ်လုပ်[na:bu tạnʤa' lou']（動）小言を言う、がみがみ言う
နားပေါက်[na: pau']①（動）耳に入る、耳に達する ②[nəbau']（名）耳たぶに開けた穴
နားပင်[na: pin:]①（動）全く聞えない、聴力が全然ない ②[nəbin:]（形）穴が開いてない、穴が塞がっている ဝါ:နားပင်：節の詰った竹 ဥ:းနားပင်：穴の開いてないフクベ ③（名）聾、聴覚不具者
နားပင်းကိုးကန်း[nəbin: ko:gan:]（副）耳が遠くて、何を言っているのかよく判らなくて
နားပင်းတိုင်[nəbin:dain]（名）（土砂崩れを防ぐ）ダムの支柱
နားပင်းပိတ်[nəbin:bei']（名）穴詰まり、穴が開いていないもの、詰っているもの=ပေါင်းပိတ်
နားပန်း[nəban]（名）①耳たぶ ②耳飾り
နားပန်းချင်း[nəban tʃin:]（動）頬を打つ、びんたを張る
နားပန်း[nəban:]（名）①耳の周囲 ②（車の）輪止め、軸楔
နားပန်းကွင်း[nəban:gwin:]（名）篭の取手
နားပန်းဇွန်း[nəban:zun:]（名）牛車の車軸の端
နားပန်းဆံ[nəban:zan]（名）揚げ巻き、総角（髪をそれぞれ左右で束ねる女児の髪型）
နားပျဉ်း[nəbjin]（名）垂れ下がった耳たぶ
နားပျဉ်းကျ[nəbjin: tʃa.]（動）耳たぶが垂れ下がっている
နားပြဉ်ယို[na: pji jo]（動）中耳炎に罹る
နားပြဉ်ယိုနာ[na:pjijona]（病）中耳炎
နားပွင့်[nəbwin.]（名）①バラ飾り型の耳飾り ②（釘の）頭
နားပွင့်ကွဲ[nəbwin. kwɛ:]（動）耳が破れる
နားဖာဂလော[nəp'a gəlo]（名）耳掻き
နားဖာချေး[nəp'adʒi:]（名）耳垢、耳糞
နားဖောက်[na: p'au']（動）①耳たぶに孔を穿ける ②結婚話の地均しをする、求婚の話し合いをする、結婚申込みの協議をする

နားမကြားခြင်း[na:mətʃa:dʒin:]（名）聴取り不能
နားယောင်[na:jaun]（動）聞き違いをする、思い違いをする、虚偽を事実だと思い込む
နားယောင်ပါးယောင်[na:jaun pa:jaun]（副）茫然として、ぼんやりして、放心状態で
နားယောင်ပက်ကာ:[na:jaun pɛ'ka:]=နားယောင်ပါးယောင်၊ ကြောင်တောင်တောင်။
နားယဉ်[na:jin]（動）耳慣れる、聞き慣れる、耳にたこができる
နားရင်း[nəjin:]（名）耳の付根、耳の側、耳の回り
နားရင်းအုပ်[nəjin:ou']（動）ビンタを張る、平手打ちを食わせる
နားရိုင်း[na: jain:]（形）耳馴れない、聞き馴れない
နားရည်ဝ[na:ji wa.]（形）聞き慣れている、耳慣れている、耳にタコができる
နားရံ[nəjan]（名）穿街式の付き添い
နားရွက်[nəjwɛ']（名）耳翼、耳たぶ
နားရွက်ဆွဲ[nəjwɛ' s'wɛ:]（動）（罰として）耳たぶを引張る
နားရွက်ဖုံးဦးထုပ်[nəjwɛ'p'oun: ou't'ou']（名）防寒帽
နားရွက်ဖြတ်ခံရ[nəjwɛ' p'ja' k'an ja]（動）耳たぶを噛み切られる
နားရှုံ့[na: jun.]（形）耳障りだ
နားရှက်[na:ʃɛ']（形）聞くだけで恥ずかしい
နားလည်း[na: ʃin:]（動）よく判る、理解できる
နားလို[na: ʃou'] (形）聞いても判りにくい、ややこしい、複雑怪奇だ
နားလေ:[na: le:]（形）耳が遠い、難聴だ
နားလည်[na:lɛ]（動）①判る、理解する ②通じている、通暁している、習熟している、専門的だ
နားလည်မှု[na:lɛmu.]（名）①理解 ②了解、同意
နားလည်မှုလွဲ[na:lɛmu. lwɛ:]（動）誤解が生じる
နားလှည့်[na:ɬɛ.]（動）胡麻化す、ペテンにかける
နားလှည့်ပါးလှည့်[nəɬɛ. pəɬɛ.]（副）胡麻化して、騙して、欺いて
နားလှည့်ပါးလှည့်လုပ်[nəɬɛ. pəɬɛ. lou']（動）胡麻化す、騙す
နားလျှံ[na: ʃan]（動）①耳にタコができる、聞き飽きる ②耳に入らない
နားဝေတိမ်တောင်[nəwe teindaun]（副）不審に思って、半信半疑に、疑心暗鬼で
နားဝေနဝါ[nəwe nəwa]（副）曖昧で、はっきりしなくて、不鮮明に、微かに
နားဝေ:[na: we:]（形）理解が遅い、血の巡りが悪

い、頭が鈍い
နားဝင်[na: win]（動）聞き入れる、承諾する
နားဝင်ချို[nəwin tʃo]（形）耳に心地よい、耳触りがよい、快適な音声だ
နားဝင်ပိယံ[nəwin pijan]（名）耳に心地好い声又は音 ＜パ Navampiyam
နားသ[na: ta.]（動）女児の耳たぶに穴を穿つ
နားသမင်္ဂလာ[na:da. mingəla]（名）穿耳式、耳たぶに穴を開ける儀式 =နားထွင်းမင်္ဂလာ
နားသယ်[nətɛ]（名）耳の後、耳たぶの背後
နားသောတဆင်[na: tɔ:ta. s'in]（動）聴く、聴取する
နားသည့်[nətɛ]=နားသယ်
နားသန့်သီး[nətandi:]（名）（垂れ下がった）イアリング
နားထွင်း[na: twin:]（動）①説得する、了承させる ②せがむ
နားအာရုံ[na: ajoun]（名）聴覚
နားအူ[na:u]（動）①耳鳴りがする ②耳をつんざく
နားအေး[na: e:]（形）物静かになる、静寂になる 騒音から解放される
နားအေးပါးအေး[na:e: pa:e:]（副）心身爽やかで、心穏やかに
နားအေးပါးအေးရှိ[na:e: pa:e: ʃi.]（動）喧騒から逃れる、静寂な環境にある
နားအံ့[nəoun]（名）耳の穴
နိကာယ်[ni.kɛ]（名）五部経典（ဒီယနိကာယ် 長部 မဇ္ဈိမနိကာယ် 中部 ခုဒ္ဒကနိကာယ် 小部 သံယုတ္တနိကာယ် 相応部 အင်္ဂုတ္တရနိကာယ် 雑支部）＜パ Nikāya
နိကာယ်ငါးပါး[ni.kɛ ŋa:ba:]（名）=နိကာယ်
နိဂုံး[ni.goun:]（名）まとめ、結論、締め括り、後書き
နိဂုံးချုပ်[ni.goun tʃouʔ]①（動）締め括る、結論とする、結論を述べる ②[ni.goun:dʒouʔ]（名）締め括り、結論、まとめ
နိဂုံးသတ်[ni.goun: taʔ]（動）結論づける、結論とする
နိစ္စဓုဝ[nei?sa.duwa.]（副）経常的に、恒久的に
နိစ္စဓုဝတရား[neiʔsa.duwa. təja:]（名）恒久的に守るべき掟（すなわち五戒）
နိတုံ[ni.toun]（名）良質の金
နိဒါန်း[ni.dan:]（名）序、序文、前置き、前書き
နိဒါန်းခင်း[ni.dan: k'in:]（動）=နိဒါန်းဆင်
နိဒါန်းဆင်[ni.dan: s'in]（動）序文とする、前置きとする
နိဒါန်းပျိုး[ni.dan: pjo:]（動）①前置きを述べる

=အစပျိုး။ ပကာမပျိုး။ ②口火を切る、開始する
နိဒါန်းမဆင်ပလ္လင်မခံတော့။（諺）前置きは述べない、前口上はしない（全て判っている、これ以上は言わない）
နိပါတ်[ni.baʔ]（名）①仏伝（釈尊の一生）②本生話（釈尊の前生物語）③十大本生話（５４７話ある釈尊の前世物語（ジャータカ）の内、第５３８番から第５４７番までの物語 ＜パ Nipāta
နိပါတ်ခင်း[ni.baʔ k'in:]（動）５４７話ある釈尊の前世物語（ジャータカ）のいずれかを上演する
နိပါတ်တော်[ni.baʔtɔ]=နိပါတ်
နိပါတ်တွ[ni.baʔ wuʔt'u.]=နိပါတ်
နိပွန်[ni.pun]（名）日本 =ဂျပန်
နိမိတ်[nəmeiʔ]（名）兆し、予兆、兆候、前兆（カラスや孔雀は縁起がよく、オオトカゲやハゲタカは縁起が悪いとされる）＜パ Nimmita
နိမိတ်ကောက်[nəmeiʔ kauʔ]（動）縁起を担ぐ、占う
နိမိတ်ကောင်း[nəmeiʔ kaun:]（形）縁起がよい、よい兆しだ、よい前触れだ
နိမိတ်ကြီးလေးပါး[nəmeiʔtʃi: le:ba:]（名）四苦（生、病、死、出家）
နိမိတ်ဆောင်[nəmeiʔ s'aun]（動）前兆がある、手掛かりを与える
နိမိတ်နမာ[nəmeiʔnəma]（名）前触れ、前兆
နိမိတ်နာ[nəmeiʔ na]（動）予兆を読み解く、前触れを解釈する
နိမိတ်ပြ[nəmeiʔ pja.]（動）予感がする、前触れがある、前兆がある
နိမိတ်ပြမေးခွန်း[nəmeiʔpja. me:gun:]（名）誘導訊問
နိမိတ်ဖတ်[nəmeiʔ p'aʔ]（動）①吉凶を占う ②予言する
နိမိတ်မကောင်း[nəmeiʔ məkaun:]（形）不吉だ、縁起が悪い
နိမိတ်မရှိ[nəmeiʔ məʃi.]（形）不吉だ、縁起が悪い
နိမိတ်မရှိတာတွေမပြောစမ်းနဲ့။ 不吉な事を言うな ခရီးထွက်မည့်ဆဲဆဲသည်ကားမှာနိမိတ်မရှိဟူယူဆသည်။ 出発前にこんな言葉は縁起がよくないと考えられる
နိမိတ်မရှိနမာမရှိ[nəmeiʔ məʃi. nəma məʃi.]（副）縁起でもない、不吉だ（この言葉に対する反応は、လုပါစေ။ ဖယ်ပါစေ။）
နိမိတ်ရှေ့ပြေး[nəmeiʔ ʃebje:]（名）前触れ、前兆
နိမိတ်လေးပါး[nəmeiʔle:ba:]=နိမိတ်ကြီးလေးပါး
နိမိတ်လက္ခဏာ[nəmeiʔlɛʔk'əma]（名）兆候、前兆
နိယတဗျာဒိတ်[ni.jəta. bjadeiʔ]（名）（いつの世に仏陀になるという菩薩への明確な）授記、啓示

နိယထုံ[ni.jət'oun] (名) 安定した惑星の状態
နိယမ[ni.jama.] (名) 原理、原則、当然の理、法則、定め、ならい ＜パ Niyāma
နိယံ[ni.jan] (副) 常に、恒常的に
နိရယ[ni.ri.ja.] (名) 地獄
နိရောဓသစ္စာ[ni.rɔ:da.ti'sa] (名) 滅、滅尽、滅諦（仏教の四真諦の一つ） ＜パ Nirodha Sacca
နိရုတ္တိနည်း[ni.rou'ti.ni:] (名) 文字の増減、文字の前後置き換え等（英語のMetathesisに相当）
နိဝါတ[ni.wata.] (名) 謙遜、謙譲、卑下 ＜パ
နိသီဒိုင်[ni.tidain] (名) 出家用の座布団 =နေရာထိုင်
နိဿျ[nei'tɛja.] = နိဿယ
နိဿယ[nei'tɛja.] (名) パーリ語とビルマ語との逐語訳 ＜パ Nissaya
နိဿျ[nei'tɛja.] = နိဿယ
နီ[ni] (形) 赤い
နီကျင်ကျင်[ni tʃin.dʒin.] (副) 薄赤くて、赤みを帯びて ရေနံဆီမီးခွက်၏နီကျင်ကျင်အလင်း:ရောင် 灯油皿の薄赤い明り
နီကြင်ကြင်[ni tʃindʒin] (副) 赤みがかって、赤っぽく ဆံပင်ကနီကြင်ကြင်နဲ့။ 髪は赤っぽくて
နီကြောင်ကြောင်[ni tʃaundʒaun] (形) 赤味を帯び သွားများသည်ကွမ်းသွေးဖြင့်နီကြောင်ကြောင်ဖြစ်သည်။ 歯はキンマのせいで赤味を帯びている ဆံပင်တို့သည်နီကြောင်ကြောင်ဖြစ်နေကြသည်။ 頭髪は赤茶けている
နီကြန်ကြန်[ni tʃan.dʒan.] (副) 赤っぽくて
နီကြန်ကြန်[ni tʃandʒan] (副) 赤みを帯びて သစ်သားအရောင်မှာနီကြန်ကြန်ဖြစ်သည်။ 板の色は赤色がかっていた
နီစပ်စပ်[ni sa'sa'] (副) 濃赤色をしている အသားနီစပ်စပ်ရှိသည်။ 肌は赤銅色をしている
နီညို[niɲo] (形) 赤茶色をしている နီညိုနုရောင် 淡い赤茶色 နီညိုရင့်ရောင် 濃い赤茶色
နီတာထွေး[nitadwe:] (名) 新生児、嬰児
နီတာရဲ[nita jɛ] (形) 真赤だ、派手な赤色をしている
နီတာလ်[nitalan] (名) 濃赤色、けばけばしい赤色
နီတီတီ[ni tidi] (副) 微かに赤みがかっていて ရှက်သွေးဖြင့်နီတီတီဖြစ်သည်။ 羞恥心で顔が赤らむ
နီတျာတျာ[ni təja təja] (副) 緋色をしていて နီတျာတျာအရှက် 緋紅色をした若葉
နီတုတ်တုတ်[ni tu'tu'] (副) 赤茶けた、赤っぽい ချည်ဘောင်းဘီနီတုတ်တုတ်ကိုဝယ်သယ်မှာ:၏ကိုယ့်၍မြင်သည်။ 農民の体には赤茶けた木綿のタオルがあった
နီနီ[nini] (形) 赤味が濃い、真赤だ မြေပေါ်တွင်စိန်ပန်း:ပွင့်နီနီများပြန့်ပြသည်။ 路上にホウオウボクの真赤な花が散在している
နီနီမောင်း:မောင်း:[nini maun:maun:] (形) 濃い赤紫色をした နီနီမောင်း:သရက်ရွက် 赤紫色をしたマンゴーの葉
နီနမ်း:နမ်း:[niɲan:ɲan:] (副) くすんだ赤色で、渋い赤色をしていて、冴えない赤色
နီပြာတံ[nipjadan] (名) （赤青二色の）色鉛筆
နီမောင်း:[nimaun:] (形) 赤紫色をしている
နီမြန်း:[nimjan:] (形) 赤らんでいる、緋色をしている、真紅色をしている နီမြန်း:သောမျက်နှာ 赤らんだ顔
နီရဲ[nijɛ:] (形) 真赤だ နီရဲသောနှင်း:ဆီပန်း: 真赤なバラの花
နီရဲရဲ[ni jɛ:jɛ:] (副) 真赤で、真紅に
နီလွင်လွင်[ni lwinlwin] (形) 鮮やかな赤色で
နီကာရဂွါ[nikaragwa] (国) ニカラグア
နီတိ[niti.] (名) 教え、教訓 ＜パ Nīti
နီပါ:ဆေး:[nipəs'e:] (植) ①ヤエヤマアオキ（アカネ科） Morinda citrifolia ②センリョウボク（アカネ科） Morinda tinctoria
နီပေါ[nipɔ:] (国) ネパール
နီယွန်မီး[nijunmi:] (名) ネオン、ネオンサイン＜英
နီလာ[nila] (名) サファイア ＜パ Nīla
နီလာပန်း:[nilaban:] (植) ニオイスミレ（スミレ科） Viola odorata
နီး:[ni:] (形) 近い（時間的、場所的に）
နီး:ကပ်[ni:ka'] (動) 近づく、接近する ရုံး:သွား:ရန်အချိန်နီး:ကပ်လာသည်။ 役所への出勤時間が迫ってきた
နီး:ကမ်း:[ni:kan:] = နီး:ကပ်
နီး:စပ်[ni:sa'] (形) ①近い、接近している ②近似する ③親しい、親密な ④ありそうだ、見込みだ
နီး:တက်ကျက်။ ဝေး:တဝက်တဝက်။ (慣) 近くにいれば喧嘩ばかり、遠く離れれば懐かしい
နီး:နီး:[ni:ni:] (形) ほぼ、凡そ အသက်သုံး:ဆယ်နီး:ခန့်ရှိသည်။ 年齢はほぼ３０歳近い
နီး:နီး:ကပ်ကပ်[ni:ni: ka'ka'] (副) 近くで、傍で、身近に
နီး:နီး:နား:နား:[ni:ni: na:na:]① (名) 近く、傍身近 ② (副) 近くに、近くで
နီး:နီး:လေး:[ni:ni:le:] (名) すぐ近く、すぐ傍、ごく近く、極めて近く
နီး:ပါ:[ni:pa:]① (形) 近い、接近している ② [ni:ba:] (副) ほぼ、凡そ、大体、殆ど တောင်မောက်နီး:ပါ:တန်:နေသည်။ ほぼ南北に伸びているလမင်း:ကြီးဟာဝိုင်း:ဝိုင်း:စက်စက်နီး:ပါ:လောက်ရှိတယ်။ お月様はほぼ真丸をしている မိသား:စုအား:လုံး:နီး:ပါ:သေ:ဆုံး:ရသည်။ 家族はほぼ全員近くが死亡した အသက်

မှာသုံးဆယ်ဆယ်ကျော်လေးဆယ်နှီးပါးခန့်ရှိသည်။ 年齢は30歳から40歳までの間であろう

နှီးပိုမြင်သူ[ni:po mjinʃu]（名）近眼

နု[nu.]（形）①軟らかい、ソフトだ အမွေးနုသည်။ 軟らかい毛だ အသားအရေနုသည်။ きゃしゃな皮膚だ သစ်ရွက်နု 若葉 ②きめが細かい、繊細だ、微細だ အမှုန့်နုသည်။ 滑々した粉だ ③若い、若々しい အရွယ်နုသည်။ 年齢が若い ④淡い、薄い အရောင်နုသည်။ 色が淡い ⑤病状が軽い、初期症状だ ⑥経験が浅い、十分に成熟していない ပါနုသည်။ 年限が浅い အတွေ့အကြုံနုသည်။ 経験が浅い စိတ်နုသည်။ 未熟だ、成熟していない သဘောထားနုသည်။ 未熟だ、生硬い ⑦人の言いなりだ、やられ放しだ、お人好しだ

နုငယ်[nu.ŋɛ]（形）幼い、幼少だ

နုဉာဏ်ကာလ[nu.zin kala.]（名）①幼い頃、世間知らずの頃 ②出家歴が浅い段階、修行経験が浅い頃

နုဉာဏ်ဘဝ[nu.zin bəwa.] =နုစဉ်ကာလ

နုထွား[nu.dwa:]（形）年齢の割に大柄だ、童顔だが体つきは大人だ

နုထူ[nu.tʰu']（形）きめが細かい、滑々している

နုနု[nu.nu.]（副）①明るい色をして、淡い色をして ②実が青くて、未熟で

နုနုငယ်ငယ်[nu.nu. ŋɛŋɛ]（名）若くて新鮮な人

နုနုထွတ်ထွတ်[nu.nu.tʰu'tʰu']（副）きめが細かくて、滑らかで、柔らかくて、優しく

နုနုထွတ်ထွတ်ကလေး[nu.nu.tʰu'tʰu' kəle:]（名）若くて清純な人

နုနုနယ်နယ်[nu.nu.nɛnɛ]（副）①柔らかくて、しなやかで ②物腰が柔らかで、態度がソフトで

နုနုပြိုး[nu.nu.pʰji']（動）段々と柔らかくなる、次第に若くなる

နုနယ်[nu.nɛ]（形）①幼い、若い ②柔らかい

နုပျို[nu.pjo]（形）①若々しい、初々しい ②新鮮だ

နုပျိုစဉ်အခါက[nu.pjozin ək'aga.]（副）幼い頃

နုပျိုသစ်လွင်[nu.pjo ti'lwin]（形）若々しく新鮮だ

နုပေါ်[nu.p'a']（形）肌が柔らかい、皮膚が艶々している

နုမြစ်[nu.mji']（形）若々しい、溌剌としている

နုမည်[nu.mɛ.]（名）早熟 cf. ပင်မည့် 熟成

နုမော်[nu.mu']（形）柔らかくて鋭敏だ

နုယဉ်[nu.jin]（形）物腰が柔らかい、優雅だ、品がある

နုရွ[nu.jwa.]（形）柔らかくて鋭敏だ

နု[nu]（動）①癩病を患う、ハンセン病に罹る ②皺が寄る、縮む、しなびる、干からびる

နုနာ[nuna]（病）癩病、ハンセン病

နုနာကုသ[nuna kou'tʰa.] =နုနှာ

နုရောဝဲ့လဲရသူနိုးထောင်း[::]（諺）ハンセン病に罹った上介ぜんに罹り、倒れたところを盗賊に襲われる（泣き面に蜂、不幸の追い討ち）

နုနဲ့နဲ့[nunu jwɛ:jwɛ:]（形）癩病に罹っていて

နုနဲ့နဲ့[nune jwɛ:ne:]（動）癩病に侵されている

နူး[nu:]（動）①柔らかくなる အမဲသားနူးသည်။ 軟らかい牛肉だ ရေနူးသည်။ 水濡れして軟らかい ②煮える ဟင်းနူးသည်။ 軟らかい惣菜だ ကြက်သားဟင်းမနူးတစ်သေးဘူး။ 鶏肉料理は未だ煮えていない

နူးညံ့[nu:ɲan.]（形）①柔らかい、手触りがよい、きめが細かい ဒေါင်းသားညံ့နူးညံ့သည်။ 孔雀の肉は軟らかい ②上品だ、雅やかだ、ソフトだ

နူးညံ့သိမ်မွေ့[nu:ɲan. teinmwe.]（形）上品だ、雅やかだ

နူးညှတ်[nu:ɲu']（動）和らぐ、優しくなる、穏やかになる

နူးနပ်[nu:na']（動）①煮えて軟らかくなる、炊き上がる ②ふやける ③事情に通じる、老練だ

နူးနူးနပ်နပ်[nu:nu:na'na']（副）①軟らかく煮えていて ②事情を理解していて စကားပြောပုံကလည်းနူးနပ်နပ်ရှိသည်။ 話し振りも老練だ

နေ့[ne.]（名）①日 ②（夜間に対する）昼間 ③曜日

နေ့ကလေးထိန်းကျောင်း[ne.k'əle:dein: tʃaun:]（名）昼間制保育所

နေ့ကို[ne.go]（副）日中に、昼間に

နေ့ကောက်[negau']（名）日当

နေ့ကောင်းရက်သာ[ne.gaun:jɛ'ta]（名）吉日

နေ့ကောင်းရက်သာရွေး[ne.gaun:jɛ'ta jwe:]（動）吉日を選ぶ

နေ့ကျော်သား[ne.dʒɔda:]（名）国王と同日生れ cf. ဖုားဖက်တော် 仏陀と同日生れ

နေ့ကျောင်းသား[ne.tʃaun:da:]（名）昼間部の学生、通学生

နေ့ကြီးနေ့နယ်[ne.dʒi: ne.jɛ'] =နေ့ကြီးရက်ကြီး အခါကြီးရက်ကြီး

နေ့ကြီးရက်ကြီး[ne.dʒi: jɛ'tʃi:]（名）祝祭日（1月4日＝独立記念日、2月12日＝連邦記念日、安居入り＝ビルマ暦4月満月、安居明け＝ビルマ暦7月満月等） =အခါကြီးရက်ကြီး

နေ့ခင်း[ne.gin:]（名）昼間、午後早い時間

နေ့ခင်းကြောင်တောင်[ne.gin: tʃaundaun]（名）真昼間

နေ့ခင်းကြီးကြောင်တောင် [ne.gin:ʥi: tʃaun daun] =နေ့ခင်းကြောင်တောင်
နေ့ခင်းစာ [ne.gin:za] (名) 昼食 =နေ့လယ်စာ
နေ့ခင်းနေ့လည် [ne.gin: ne.lɛ] (名) 昼間、日中
နေ့ချင်း [ne.ʥin:] (副) 一日の内に、その日の内に
နေ့ချင်းညချင်း [ne.ʥin: ɲa.ʥin:] (副) 急いで、早急に、即刻、短時間で、短期間で
နေ့ချင်းပေါက် [ne.ʥin: pauʔ] ① (動) 一日で到達する、その日の内に到達する ② [ne.ʥin:bauʔ] (副) その日の内に、一日で
နေ့ချင်းပြီး [ne.ʥin: pi:] (動) 一日で終る、その日の内に片付く
နေ့ချင်းပြန် [ne.ʥin: pjan] ① (動) 日帰りする ② [ne.ʥin:bjan] (副) 日帰りで、その日の内に行き帰りして
နေ့ချင်းပြန်ခရီး [ne.ʥin:bjan kʰəji:] (名) 日帰り旅行、日帰りの旅
နေ့စာ [ne.za:] (名) ①日雇い ②日雇い労働者 ③日当、日雇い賃金
နေ့စာလိုက် [ne.za: laiʔ] (動) 日雇いをする、日当で働く
နေ့စာလုပ် [ne.za: louʔ] (動) 日雇いの仕事をする
နေ့စာအလုပ်သမ [ne.za: əlouʔtəma.] (名) 女性の日雇い労働者
နေ့စာအလုပ်သမား [ne.za: əlouʔtəma:] (名) 男性の日雇い労働者
နေ့ဇီလဇီ [ne.zi. la.zi.] (副) 臨月で、出産間近で
နေ့စဉ် [ne.zin] (副) 毎日、1日も欠かさず
နေ့စဉ်ကျင့်ဝတ် [ne.zin tʃin.wuʔ] (名) 日課、毎日の勤め
နေ့စဉ်နေ့တိုင်း [ne.zin ne.dain:] =နေ့စဉ်
နေ့စဉ်ညစဉ် [ne.zin ɲa.zin] (副) 夜も昼も、毎日毎晩
နေ့စဉ်နဲ့အမျှ [ne.zin nɛ.əmja.] (副) 毎日のように、殆ど毎日、まさに連日
နေ့စဉ်မှတ်တမ်း [ne.zin m̥aʔtan:] (名) 日記、日誌
နေ့စဉ်မှန်မှန် [ne.zin m̥anman] (副) 毎日欠かさず、毎日決って、毎日規則正しく
နေ့စဉ်ရက်ဆက် [ne.zin jɛʔsʔɛʔ] (副) 一日も欠かさず、毎日、連日
နေ့စဉ်လုပ်ငန်း [ne.zin louʔŋan:] (名) 毎日の仕事、日常業務
နေ့စဉ်သတင်းစာ [ne.zin dədin:za] (名) 日刊紙
နေ့စွဲ [ne.zwɛ] (名) 日付 =ရက်စွဲ

နေ့ဆက် [ne.zɛʔ] (名) 連日
နေ့ဆွမ်း [ne.zun:] (名) 出家が正午前に食べる食事 =အရုဏ်ဆွမ်း
နေ့ဆွမ်းစားချိန် [ne.zun sa:ʥein] (名) 正午前
နေ့မရွေး [ne.ɲa. məjwe:] (副) 昼夜を問わず、昼も夜も
နေ့မလယ် [ne.ɲa. məlaʔ] =နေ့ညမရွေး
နေ့တဝက် [ne. təwɛʔ] (名) 半日
နေ့တာ [ne.da] (名) 昼間 (日の出から日の入り迄)
နေ့တာတို [ne.da to] (形) 昼間が短い (秋分から春分まで)
နေ့တာရှည် [ne.da ʃe] (形) 昼間が長い (春分から秋分まで)
နေ့တိုင်း [ne.dain:] (副) 毎日
နေ့တွက် [ne.dwɛʔ] (名) ①日当 ②その日の稼ぎ、その日の儲け
နေ့တွက်ကိုက် [ne.dwɛʔ kaiʔ] (動) ①一日の仕事を終える ②日当が予想を上回る、採算が採れる
နေ့တွက်စီ [ne.dwɛʔ si] (動) 平均的賃金を得る、そこそこの収入を得る
နေ့ထူးကြီး [ne.du:ʥi:] (名) 特別な日、祝祭日
နေ့ထူးနေ့မြတ် [ne.du: ne.mjaʔ] (名) 祝日、特別目出度い日
နေ့နေ့ညည [ne.ne. ɲa.ɲa.] (副) 日夜
နေ့န [ne.nan] (名) 誕生曜日の文字
နေ့ပြောနောက်ကြည့် [ne.bjɔ: nauʔtʃi.] (諺) 昼間喋り、後を向く (壁に耳あり)
နေ့ပြန်တိုး [ne.byando:] (名) 元金の一部と利子を日割りで返済する方法、日歩返済法
နေ့ပြန်တိုးနဲ့ [ne.byando:nɛ.] (副) 日歩で
နေ့ပြန်ပေး [ne.byan pe:] (動) 日歩で返済する、日割りで返済する
နေ့ဘို့ညစာ [nebo.ɲa.za] (名) ①非常用の食糧、救荒食 ②不時の貯え
နေ့ဘက် [ne.bɛʔ] (名) 昼間、日中
နေ့မစဉ်မလယ် [ne.məsɛ: ɲa.məlaʔ] (副) 夜を日に次いで、夜も昼も
နေ့မရှောင်ညမရှောင် [ne.məʃaun ɲa.məʃaun] (副) 昼夜の別なく、昼も夜も
နေ့အားညအား [ne.məa: ɲa.məa:] (副) 夜昼休みなく、夜を日に継いで、絶えず
နေ့အိပ်ညအိပ် [ne.məeiʔ ɲa.məeiʔ] (副) 日夜突貫で、不眠不休で
နေ့မီးညမီးလုပ် [ne.mi: ɲa.mi: louʔ] (動) 昼夜連続で働く、昼夜休みなく働く
နေ့မေ့ညမေ့မေ့ [ne.me: ɲa.me: me:] (動)

昼夜を問わず訊問する
နေ့မြင်ညပျောက်[ne.mjin ɲa.bjauʔ]（名）はかない、束の間
နေ့ရောညပါ[ne.jɔː ɲa.ba]（副）昼も夜も
နေ့ရက်[ne.jɛʔ]（名）①日 ②日付
နေ့ရက်ရှည်ကြာ[ne.jɛʔ ʃetʃa]（動）長期間かかる
နေ့ရှည်ရက်များ[ne.ʃe jɛʔmjaː]（副）長期間
နေ့ရှည်လများ[ne.ʃe la.mjaː]（副）長期間、長い歳月をかけて
နေ့ရွှေ့ညရွှေ့လုပ်[ne.ʃwe. ɲa.ʃwe. louʔ]（動）一日延ばしにする
နေ့လစေ့[ne.la. si.]（動）臨月になる、出産間近になる、分娩日となる
နေ့လအရှည်[ne.la. əʃe]（名）長い歳月
နေ့လားညလား[ne.la. ɲa.laː]（名）その内にやがて、その内にいつか、目前に迫っていて、予定寸前で နေ့လားညလားသေတော့မယ်။ 死期が間近に迫っている
နေ့လားညလားဖြစ်[ne.la. ɲa.la. pʔjiʔ]（動）臨終間際だ、余命幾ばくもない
နေ့လယ်[ne.lɛ]（名）昼、真昼、昼間、日中
နေ့လယ်ကြောင်တော်[ne.lɛ tʃaundaun]（名）真昼間 =နေ့ခင်းကြောင်တော်
နေ့လယ်ခင်း[ne.lɛgin]（名）=နေ့လယ်
နေ့လယ်စာ[ne.lɛza]（名）昼食
နေ့လယ်နေ့ခင်း[ne.lɛ ne.gin]（名）昼間
နေ့လည်[ne.lɛ]（名）→နေ့လယ်
နေ့လည်ဆွမ်း[ne.lɛzun]（名）（正午前に食べる）寺の昼食 =နေ့ဆွမ်း၊ နေ့လယ်ဆွမ်း။
နေ့လယ်နေ့ခင်း[ne.lɛ ne.gin]（名）=နေ့လယ်နေ့ခင်း
နေ့လယ်ပိုင်း[ne.lɛbain]（名）=နေ့လယ်ပိုင်
နေ့လယ်ဘက်[ne.lɛbɛʔ]（名）=နေ့လယ်ဘက်
နေ့ဝါ[ne.wa]（名）寺院での昼間の経典学習
နေ့ဝါညဝါ[ne.wa ɲa.wa]（名）寺院での昼と夕方との経典学習
နေ့ဝက်[ne.wɛʔ]（名）半日
နေ့သင်န်သင်[ne.din. nandin.]（形）（命名の仕方が）誕生曜日に相応しい、誕生曜日に合致している
နေ့သင်န်သင်ရွှေး[ne.din. nandin. jweː]（動）誕生曜日の文字を選んで命名する
နေ့အခါ[ne.əkʼa]（名）昼間
နေ[ne]（名）太陽
နေကာ[nega]（名）①（窓の）日除け、庇 ②（帽子の）つば
နေကာမျက်မှန်[nega mjɛʔman]（名）サングラス
နေကုန်[ne koun]（動）日差しが弱まる、暗くなる

နေကုန်နေခန်း[negoun negan:]（副）一日中、日がな一日 =တနေကုန်တနေ့ခန်း
နေကျ[ne tʃa]（動）日が傾く
နေကျချိန်[netʃa.dʑein]（名）午後遅く、夕方近く
နေကျော[nedʑa]（名）=နေကြော
နေကျော်[ne tʃɔ]①（動）正午を過ぎる、日が西に寄る ②[nedʑɔ]（形）（家が）南北に長い、家が東西を向いている
နေကျော်ပေး[nedʑɔ peː]（動）日に背を向ける
နေကျော်အိမ်[nedʑɔein]（名）南北に長い家、東または西向きに建てられた家
နေကြာပန်း[nedʑa]（植）ヒマワリ（キク科）Helianthus annuus
နေကြစ်[ne tʃiʔ]=နေကြတ်
နေကြတ်[netʃaʔ]①（動）日蝕が起きる ②[nedʑaʔ]（名）日蝕
နေကွယ်[ne kwɛ]（動）日が沈む
နေခို[ne kʼo]（動）日差しを避ける、木陰に入る cf. မိုးခို
နေခင်း[negin:]（名）昼間、日中
နေချို[ne tʃo]（動）暑さが和らぐ、日差しが弱まる
နေခြည်[nedʑi]（名）日光、陽光
နေငွေ့လှုံ[neŋwe.ɬoun]（動）日向ぼっこをする、日向で暖をとる、日差しに当る
နေစကြာဝဠာ[ne sɛʔtʃawəla]（名）太陽系宇宙
နေစာမြက်[neza mjɛʔ]（植）ギョウギシバ（イネ科）Cynodon dactylon
နေစာလှုံ[neza ɬoun]（動）日向ぼっこをする
နေစား[ne saː]（動）日焼けする、日差しで色が褪せる အဝတ်နေစားသည်။ 服が日焼けする、色があせる
နေစောင်း[ne saun:]（動）日が傾く
နေစွယ်[nezwɛ]（名）日差し
နေစွယ်ကျို[nezwɛ tʃoː]（動）日差しが弱まる
နေဆာ[neza]（名）朝の太陽、朝の日差し
နေဆာလှုံ[neza ɬoun]（動）日向ぼっこをする
နေဆာသီး[neɲadiː]（名）日光によく当った果物
နေညို[ne ɲo]（動）日が翳る
နေညိုချိန်[neɲodʑein]（名）午後遅く
နေတက်[ne tɛʔ]①（動）日が昇る ②[nedɛʔ]（名）日の出、暁
နေတာ[neda]（名）昼間、昼の間
နေတံဆိပ်အလံ[ne dəzeiʔ əlan]（名）日の丸、日章旗
နေထီးဆောင်း[ne tʼiːsʼaun:]（動）太陽にかさが掛かる、太陽に後光ができる

နေထန်းတဖျား[ne t'an:təp'ja:] (名) 日が扇椰子の梢に懸かる時間（午前8時前後）

နေထွက်[ne t'wɛʔ] ①（動）日が昇る ②[nedwɛʔ]（名）日の出、暁

နေထွက်ချိန်[net'wɛʔt∫ein]（名）日の出時刻、暁

နေထွက်တပြို[net'wɛʔ dəbjulauʔ]（名）暁、夜明け、日の出の時刻

နေထွက်တပြိုလောက်[net'wɛʔdəbjulauʔ]（副）日の出頃

နေထွက်နေဝင်[nedwɛʔ newin]（名）日の出と日の入り、日の出と日没

နေထွက်ပေါ်ခါစ[ne t'wɛʔpɔgaza.]（名）日が昇った頃、日が出たばかりの時刻

နေထွက်ဘုရင်[nedwɛʔbəjin]（名）①ビルマの国王 ②中国の皇帝（日東王）

နေနာရီ[ne naji]（名）日時計

နေနှင့်လ၊ ရွှေနှင့်မြ။（諺）太陽に月、金にエメラルド（よく似合う）

နေနည်[ne nɛ:]（動）午後も遅くなる、夕方になる、日没が迫る

နေနတ်သား[ne naʔta:]（名）日の神、お日様

နေပူ[ne pu]①（動）暑い、日が照る、日が当る ②[nebu]（名）日射、日光、陽光、日照り

နေပူကြိုကြို[nebu t∫ɛːdʑɛː]（名）焼け付くような日差し、強烈な陽光

နေပူခေါင်ခေါင်[nebu k'aungaun]（名）暑い盛り、暑さの真盛り

နေပူခံ[nepu k'an]（動）日差しに耐える、暑さを堪える

နေပူခံသီး[nepugandi:]（名）日当たりのよい果物

နေပူစပ်ခါး[nebusaʔk'a:]（名）かんかん照り နေပူစပ်ခါးမသွားနှင့်၊ အရိပ်ထဲကသွား။ かんかん照りの中を歩くな、日陰を歩け

နေပူဆာ[nebuza]（名）朝の日差し

နေပူဆာလှုံ[nebuza ɬoun]（動）朝の日差しを浴びる、日光浴をする

နေပူပွန်း၊ ၁ဝပါးလှုံး။（諺）日差しが暑い内に籾を干す（機会を逸するな、10日の菖蒲、6日の菊）

နေပူမိုးရွာရွာ[ne pubu mo: jwajwa]（副）日が照っていようと雨が降っていようと

နေပူမရှောင်[nebu məʃaun]（副）暑さを厭わず、日差しを気にせず、日照りを厭わず

နေပူရှောင်မိုးရွာမရှောင်[nebu məʃaun mo:jwa məʃaun]（副）暑さも雨も厭わず

နေပူမိ[nebu mi.]（動）日焼けする、肌が焼ける、日射病にかかる

နေပူမိုးရွာမရှောင်[nebu mo:jwa məʃaun]（副）雨天晴天を問わず

နေပူရက်[nebujeʔ]（名）晴天、晴れの日

နေပူလှန်း[nebu ɬan:]（動）日に干す、日に当てる

နေပြ[ne pja.]（動）日に当てる、日に干す

နေပြောက်[nebjauʔ]（名）木漏れ日、日差し

နေပြောက်ထိုး[nebjauʔ t'o:]（動）木漏れ日が差す、陽光が差し込む

နေပြင်း[ne pjin:]（形）日差しが強い、日差しが強烈だ

နေပြည်တော်[nepjidɔ]（名）都、王都

နေပွင့်[ne pwin.]（動）雲間から太陽が顔を出す

နေမင်း[nemin:]（名）お日様

နေမင်းကြီး[ne min:dʑi:] =နေမင်း

နေမင်းဂဝုန်း[nemin: gəmoun:]（植）ギボウシモドキ Eurycles amboinensis

နေမင်းမျိုးနေမင်းနွယ်[nemin:mjo: nemin:nwɛ]（名）日の神の子孫、日の神の末裔

နေမြင့်[ne mjin.]（動）日が高くなる、日が高く昇る、朝遅い ခါတိုင်းဒီလောက်နေမြင့်ဘူးပါဘူး။ いつもはこんなに遅くなる事はなかった

နေမြင့်လေအရူးရင်လေ[ne mjin.le əju: jin.le]（言い伝え）狂人は日が高くなるにつれその度合いがひどくなる

နေမြင့်လမြင့်[nemjin la.mjin]（名）①賢人、哲人、物知り ②屋根の隙間、屋根が傷んだ家屋 ③透けて見える薄物、透明な物

နေရိရိ[ne jiji]（名）弱い日差し

နေရင့်[ne jin.]（形）日差しが強い

နေရောင်[nejaun]（名）日光、陽光

နေရောင်ခြည်[nejaundʑi]（名）日差し、日光

နေရောင်ထိုး[nejaun t'o:]（動）日が差す、日が当たる

နေရိပ်[nejeiʔ]（名）陰、日陰

နေရိပ်ကျ[nejeiʔ t∫a.]（動）日陰になる

နေရိပ်လာ[nejeiʔ la]（動）日陰になる

နေလိုက်[nelaiʔ]（形）（家が）東西に長い、（家の向きが）南北に面している cf. နေကျော်

နေလောင်[ne laun]（動）①（肌が）日焼けする အသား အရေနေလောင်သည်။ ②（花や植物等が）日差しが強くて萎れる

နေလုံး[neloun:]（名）太陽、日輪

နေလုံးငါး[neloun:ŋa:]（魚）マンボウ

နေလုံးပျောက်[neloun: pjauʔ]（動）とっぷりと日が暮れる、完全に日が没する

နေလုံးလုံးကြတ်[ne lounloun t∫aʔ]（動）皆既日蝕

になる
နေလုံးဝကြက်ခြင်း[ne loun:wa. tʃa'tʃin:]（名）皆既日蝕
နေလျက်[ne jɛ']（動）（衣類が）日焼けする
နေလွဲ[ne lwɛː]①（動）正午を過ぎる ②（名）正午過ぎ
နေလွဲညစာ[nelwɛː ɲa.za]（名）（八戒の一つで、仏教徒が避ける）正午過ぎの食事
နေလျှည်[neɬɛ.]（植）オランダビユ（マメ科）Psoralea corylifolia
နေလှန်း[ne ɬan:]（動）①日に干す ②（刑罰の一つ）裸身にして日光に晒す
နေလှပ်[ne ɬa']＝နေပြု
နေလှုံ[ne ɬoun]（動）日光浴をする
နေဝင်[ne win]①（動）日が沈む ②[newin]（名）日没、日暮れ
နေဝင်စပြု[ne winza.pju.]（動）日が沈みかける、日没が始まる
နေဝင်တိုင်း[ne windain:]（副）日没の度に
နေဝင်ဖြိုးဖျော့ချိန်[newin p'joːbja. ətʃein]（名）日暮れ時、黄昏、薄暗がり
နေဝင်မီးငြိမ်းအမိန့်[newin miːɲeinː əmein.]（名）夜間外出禁止令
နေဝင်မီးလက်စီးပါးတက်[newin miːlɛ' siːbwaːtɛ']（格）日没後も灯火を灯して働いてこそ豊かなれる
နေဝင်မိုးချုပ်[newin moːtɕou']（名）日暮れ、薄暮
နေဝင်မှ စပါးလှန်း။（諺）日が沈んでからの籾干し（今では遅すぎる）
နေဝင်ရီရောအချိန်[newin jidəjoː ətʃein]（名）黄昏、夕暮れ
နေဝင်ရီရီ[newin joːji]（名）黄昏、薄暗がり
နေဝန်း[newun:]（名）お日様、日輪
နေသာ[ne ta]（動）晴天になる、日が照る
နေသတ်[ne ta']（動）日に干す、日に当てる
နေအဝင်[ne əwin]（名）日の入り、日没
နေအေး[ne e:]（形）日差しが柔かい、日差しが弱い、日射しくなる
နေအောက်သီး[ne au'tiː]（名）午後の日に当る果物
နေအိမ်ဝဲ[ne einp'wɛ.]（動）太陽の周りに「かさ」がかかる ＝နေထီးဆောင်း
နေ[ne]（動）①いる、存在する ②住む、暮す、生きる ③一寸待つ、待機する ④（助動）継続、持続、進行を現わす、目下~している အအေးမိနေတယ်။ 風邪をひいている ဘာစာဖတ်နေလဲ။ 何の本を読んでい

るのか အဝတ်လျှော်နေတယ်။ 洗濯している စောစောကတော့ အခန်းထဲမှာစာရေးနေတယ်။ 先程は部屋で手紙を書いていた မောမောပန်းပန်းနဲ့အိပ်နေတယ်။ 疲れて寝ている ဆရာတော်ကြီးမသေခင်ကတ်နေတယ်။ 和尚さんは生前飢えていた
နေကောင်း[ne kaun:]（形）元気だ、健やかだ
နေကောင်းရဲ့လား။ お元気ですか
နေကောင်းထိုင်သာ[nekaun: t'ainta]（副）元気で、健やかで
~နေကျ[netɕa.]（助動）いつも~している、始終~している、~し慣れている ကြားနေကျကြက်တွန်သံ いつも聞きなれている鶏の声 သွားနေကျလာနေကျ လုပ်သည်လမ်း いつも行き来している道 ရုပ်ရှင်ရုံရှေ့တွင်မြင်နေကျတွေနေကျရေးသည်များ။ 映画館の前でいつも見かけている物売り達 ခါတိုင်းသူဝတ်နေကျကာကီယူနီဖောင် いつも彼が着ているカーキ色の制服ရုပ်နေကျဂါဝါကိုရုပ်လိုက်သည်။ いつも唱えているげ頌を口にした ဒီအချိန်နဲ့ဆိုလျှင်ကစားနေကြအချိန်ဖြစ်သည်။ この時間はいつも遊んでいる時間だ နေစဉ်မြင်နေကျမြင်ကွင်းမျိုးမဟုတ်။ 毎日見慣れている光景ではない
နေခင်းထိုင်ခင်း[negin: t'aingin:]（名）暮し向き、暮し振り
နေစမ်းပါအုံး[nezan:ba oun:]（間）一寸待った、ところで、それはそうと
နေစိမ့်[nezein.]（形）関わらない、関心がない、無頓着だ、平気だ ＝နေဆိတ်
နေတာ:တကျ[net'a: dətɕa.]（副）正常に、正確な位置で、ちゃんとした形で
နေတာ:တကျလုပ်[net'a:dətɕa. lou']（動）ちゃんとした状態で行う、きちんと行う、正常に行う
နေထိုင်ထိုင်သာဖြစ်[net'i. t'ainta p'ji']（動）落着いてくる、しっくりする
နေထိုင်[net'ain]（動）住む、暮す、生活する、居住する、定住する
နေထိုင်ခွင့်[net'aingwin.]（名）滞在許可
နေထိုင်စားသောက်[net'ain sa:tau']（名）生活する、暮す
နေထိုင်မကောင်း:ဖြစ်[net'ain məkaun: p'ji']（動）体調を崩す、健康を害する、健康でない
နေထိုင်ရေး[net'ain je:]（名）暮し、生活
နေထိုင်သူ[net'aindu]（名）居住者
နေနေ[nene]（動）一寸待て
နေနေသာသာ[nene tada]（接）~どころか、~は言うに及ばず、~ならまだしも လမ်းပေါ်သို့ဆင်းဘို့နေနေသာသာ၊တံခါးရက်တို့ကိုပင်တွန်းဖွင့်ရှရမည်မဟုတ်ပါ။

နေနိုင်[ne nain]（動）平気だ、気にしない

နေနဉ်ဦးပေါ့[ne̠nin.oun:pɔ.]（間）今に見ておれ

နေပါစေ[nebaze]（動・謝絶）①お構いなく、結構です ②放っておいてくれ ③要りません、不要ですမပြောချင်လဲနေပါစေ။ 答えたくなければそれでもよい

နေပါစေတော့[nebazedɔ.]（動）謝絶、もうお構いなく

နေပါအုံး[neba oun:]（動）一寸待って下さい

နေပုံထိုင်ပုံ[neboun t'ainboun]（名）暮し振り、生活状態

~နေပြီ[nebi]（助動）~している、もう~しているနင်မှား:နေပြီ။ 君は間違っている ခြောက်နာရီထိုးနေပြီ။ もう6時になっている စနေနေ့နက်လင်းနေပြီ။ 土曜日の夜が明けた ငှက်ပျောသီးတွေမှည့်နေပြီ။ バナナはもう熟している ထမင်းစားချိန်လွန်နေပြီ။ 食事時間はとっくに過ぎている ငါသိပ်ပင်ပန်းနေပြီ။ 僕はとても疲れている ဟိုဘက်ခြံမှာလကားသီးတွေမှည့်နေပြီ။ 向うの果樹園のバンジロウの実はもう熟れている

နေပြီးတော့[nepi:dɔ.]（接助）~して

နေမကောင်း[ne məkaun:]（形）健康が勝れない、体調がよくない

နေမကောင်းထိုင်မသာဖြစ်[ne məkaun: t'ain məta p'ji']（形）体を壊している、健康を損ねている

နေမကောင်းဖြစ်[ne məkaun: p'ji']（形）体を悪くする、体調がよくない、健康が勝れない

နေမကောင်းဘူး[ne məkaun:bu:]（形）体調が勝れない、具合がよくない、健康を損ねている

နေမထိထိုင်မထိ[nemət'i. t'ainmət'i.]（副）動揺して、気が動転して、居たたまれずに

နေမထိထိုင်မရဖြစ်[nemət'i. t'ainməja. p'ji']（形）居たたまれない、じっとしておれない

နေမထိထိုင်မသာဖြစ်[nemət'i. t'ainməta p'ji']（形）落着いていられない、居ても立ってもいられない、じっとしていられない、不安になる

~နေမြဲ[nemjɛ:]（助動）いつも~して、~し続けて、現行のまま

နေရာ[neja]（名）①場所 ②場、位置 ③職、職務 ④場合 စကားပြောပြတဲ့သည်နေရာတွင်နှစ်ယောက်မရှိ။ きっぱりした話し方をする点で、右に出る者がない

နေရာကျ[neja tʃa.]（動）よい具合になる、順調に行く、よい調子だ、よい塩梅だ、うまい具合だ

နေရာကျဲကျဲ[neja tʃɛ:dʒɛ:]（副）疎らに

နေရာကန့်[neja kwɛ']（動）場所を限る

နေရာကန့်ကျ:[neja kwɛ'tʃa:]（副）所々に

နေရာချ[neja tʃa.]（動）①配置する ②うまく行くよう配慮する ③住まわせる、定着させる、入植させる、④自分の子供に配偶者を世話する、子供に身を固めさせる

နေရာချထား:[neja tʃa.t'a:]（動）①配置してある ②うまく行くようにしてある ③身を固めさせてある

နေရာငါ:သွယ်[neja ŋa:dwɛ]（名）（王朝時代の）殿上人（位階勲等が တော်၊ ဒုး၊ စနည်၊ အတွင်းဘဝါ၊ အပြင်ဘဝါ の5種に分れていた）

နေရာစိပ်စိပ်[neja sei'sei']（副）密集していて、凝集していて

နေရာဌာန[neja t'ana.]（名）場所

နေရာတကာ[neja dəga]（名）①至る所、何処でも ②いつも、いつでも、どんな場合でも ③何でも

နေရာတကာမှာ[nejadəgama]（副）①至る所に、何処にでも ②あらゆる場合に

နေရာတကျဖြစ်[nejadədʒa. p'ji']（動）うまい具合にいく、ぴったりと収まる、適材適所となる

နေရာထား:[neja t'a:]（動）敬う、尊敬する、尊重する、礼遇する

နေရာထိုင်[nejət'ain]（名）僧侶が座るマット、茣蓙

နေရာထိုင်ခင်း[neja t'aingin:]（名）敷物、座布団、茣蓙

နေရာထိုင်ခင်းချ[neja t'aingin: tʃa.]（動）敷物を出す、座布団を用意する

နေရာနေ[neja ne]（名）殿上人、貴族（国王から位階勲等を授けられた者）

နေရာပေး[neja pe:]（動）座を譲る、席を譲る

နေရာမရွေး[neja məjwe:]（副）何処でも、至る所で、場所を選ばず

နေရာမဟုတ်[neja məhou']（副）場所も弁えずに

နေရာယူ[neja ju]（動）席を取る、場所を占める、陣取る

နေရာရှ[neja ʃa]（動）余計な心配をする、取り越し苦労をする、余計なお節介を焼く ＝အပင်ပန်းရှာ

နေရာရွှေ့[neja ʃwe.]（動）場所を変える、移動する

နေရာလပ်[neja la']① （動）席が空いている、空席になっている ② （名）空席

နေရာလုပ်[neja lou']（動）吾が舞台とする

နေရာအနှံ့[neja ənan.]（名）至る所
နေရာအနှံ့အပြား:[neja ənan.əpjaː]=နေရာအနှံ့
နေရင်း:ဒေသ[nejinː deṭa.]（名）地元、住み慣れた土地、本拠地
နေရပ်[neja']（名）①家庭、実家、生家 ②住所、居所
နေရပ်လိပ်စာ[neja' lei'sa]（名）住所
နေရပ်အတိတကျမရှိ[neja' əti.dəɠa. məʃi.]（形）住所不定だ、定住地を持たない、ホームレスだ
နေလေ့နေထရှိ[nele.neda. ʃi.]（動）住む習慣がある、暮す習慣をもっている
နေလို့မကောင်းဘူး[nelo. məkaunːbuː]（形）健康が勝れない、体調がよくない
~နေသရွေ့[nedəjwe.]（助動）~する限り、~した限り ရှိနေသရွေ့ကာလပတ်လုံး いる限りは、存在している間中はずっと
နေသာ[neda]（動）①痛みが和らぐ、苦痛が消える楽になる ②暮し向きにゆとりがある、ゆったりしている ③責任がない、無関係を装う
နေသာထိုင်သာ[neda t'ainda]（副）爽快な気分で、安楽な気分で、居心地よく、暮しが楽で
နေသာထိုင်သာဖြစ်[neda t'ainda p'ji']（動）暮しが安定する
နေသာထိုင်သာရှိ[neda t'ainda ʃi.]（動）気分が晴れる、爽やかな気分でいられる
နေသားကျ[neda: tʃa.]（動）住み慣れる、暮しに馴れる、暮しが落ち着く、暮しが板に付く
နေသားတကျ[neda:dəɠa.]（副）それなりに、うまい具合に、生活が落着いてきて、暮しが板に付いてきて
နေသားတကျဖြစ်[neda:dəɠa. p'ji']（動）生活が安定する、暮しが落ちく、住み慣れる
နေသားထိုင်သားကျ[neda: t'ainda: tʃa.]（動）住み慣れる、暮し慣れる、生活が落着く
နေးသေးသပ။ချုံထဲကချုံသေးသပမြမြ（諺）念念を晴らす（ここで会ったが百年目）
နေအိမ်[ne ein]（名）自宅、すまい、住宅、家屋
နေအား:[ne aː]（動）無頓着だ、平気だ
နေဦး:သား:[ne uːdaː]（名）（正妻による）第一子
နေတိုးအဖွဲ့[neto: əp'wɛ.]（名）北大西洋条約機構、NATO
နေမိဇာတ်[nemi. za']（名）尼彌王本生話（ジャータカ第541話）
နဲ့[nɛ.]（動）ぐらつく、がたつく、ぐらぐらする、緩んでいる သွား:တချောင်:နဲ့သည်။ 歯が1本ぐらいついている

~နဲ့[nɛ.]（助）①~と~、および တောင်နဲ့မြောက် 南と北 မျက်လုံ:နဲ့ခေါင်:ကအမေနဲ့တူတယ်။ 目と鼻とは母親に似ている ရွာနဲ့မြို့ကငါ:မိုင်တောင်:ဝေး:နေတယ်။ 村と町とは5マイルも離れている မင်:နဲ့ငါဟာဘဝတူချင်:ပါကွာ။ 君と僕とは同じ境遇だ သစ်ရွက်နဲ့သစ်သီ:ကိုလူမစားဘူး။ その葉とその実とを人間は食べない ②~と~と一緒に ကျွန်တော်နဲ့လိုက်မလာ:။ 私と一緒に行きますか ကျွန်တော်ခင်ဗျာ:နဲ့ပြောချင်တယ်။ 私はあなたと話したい ဒီကိစ္စသူတို့တိုင်ပင်ကြမယ်။ この問題は彼等と打合わせる事にする ③~で、~で以って、~によって ခေါင်:ကိုလက်သီ:ထိုးတယ်။ 拳骨で頭を殴る ရေနဲ့မျက်နှာသစ်ရတယ်။ 水で顔を洗う အသံချဲ့စက်နဲ့အော်ရမယ်။ 拡声器で叫ばねばならない မီ:ရထာ:နဲ့ခရီ:သွာ:တယ်။ 汽車で旅行する ဒီပိုက်ဆံနဲ့ဆေ:လိပ်ဝယ်မယ်။ このお金でタバコを買おう ဘာရောဂါနဲ့ဆုံ:သလဲ။ 何の病気で死んだのか ④付きの、~を具えた စိတ်ပတ္တီ:နဲ့လူ ယောက် 数珠を手にした人 မျက်မှန်နဲ့လူယောက် 眼鏡を掛けた人 အမို:ထပ်နဲ့အဆောင်ဟာဇေတဝန်ဆောင်ဖြစ်ပါတယ်။ 三重の屋根付きの御殿は祖霊殿です အရင်:နီနီနဲ့ယံပင်လို။ ကြည့်တယ်။ 赤い茎をした蔓植物を目にした ⑤ ~なので အသံကြာ:ရတာနဲ့နောက်ကိုလှည့်ကြည့်လိုက်တယ်။ 声が聞えたので後を振向いた တွေ့ချင်တယ်ဆိုတာနဲ့ခေါ်လာတာပါ။ 会いたいと言うので連れてきたのです ဝင်လို့မရတာနဲ့ပြန်လာတယ်။ 入れなかったので帰ってきた ⑥~なのに、~のくせに ဘထေ:ကအလုပ်များတာနဲ့တမင်လာခဲ့တာ။ 叔父は忙しいのにやって来たのだ သမီ:ဘယ်တုန်:ကမှမရောင်:ဘူ:နဲ့မဖြစ်ပါဘူ:။ 娘はこれまで一度も商売をした事がないのに不可能ですよ

~နဲ့တော့[nɛ.dɔ.]（助）~とは ကျွန်မတော့ဘာမှမပြောဘူ:။ 私は何も話さない ဒီအကောင်တွေနဲ့တော့ကင်:ပြီ။ この連中とは無縁だ

~နဲ့လဲ[nɛ.lɛː]（助）~とも、~としても သား:သမီ:အာ:လုံ:နဲ့ကွဲကွာရတယ်။ 子供達みんなとも別居せざるを得なかった ကာ:လမ်:နဲ့လမ်:နီ:တယ်။ 高速道路とも近い

~နဲ့ပတ်သက်တဲ့[nɛ.pa'tɛ'tɛː]（助）~についての、~に関しての

~နဲ့ပတ်သက်ပြီ:[nɛ.pa'tɛ'piː]（助）~について、~に関して မနက်ဖန်လုပ်ငန်:စဉ်နဲ့ပတ်သက်ပြီ:စီစဉ်ထာ:မယ် 明日の業務に関して準備しておこう ဒီကိစ္စနဲ့ပတ်သက်ပြီ:ပြောချင်တာတွေအများ:ကြီ:ရှိတယ်။ この問題について言いたい事が沢山ある

~နဲ့ပတ်သက်ရင်[nɛ.pa'tɛ'jin]（助）~について言うと ဒီလူနဲ့ပတ်သက်ရင်စုံစမ်:စရာတွေကျန်နေသေ:တယ်။ この人について言うならば、調査すべき事柄がまだ残っている

~နဲ့ပတ်သက်လို့[nɛ.pa'tɛ'lo.]（助）~について

ငွေနဲ့ပတ်သက်လို့နောက်ထပ်ဘာမှမမေးနဲ့။ このお金について はこれ以上何も聞くな ပညာအရည်အခြင်းနဲ့ပတ် သက်လို့ဆိုရာတာကွက်မရှိဘူး။ 学歴について言う事は一つ もない

~နဲ့မှ [nɛ.ma.]（助）~でやっと、~でようやく ညကိုး နာရီမှာထားနဲ့မှမန္တလေးကိုလိုက်သွားရတယ်။ 夜9時の列車 でやっとマンダレーに向う事ができた

~နဲ့သာ [nɛ.da]（助）~とだけ、~だけで သမီးထွေးနဲ့ သာနေကြပါတော့ 末娘だけとお暮しなさい သူ့သာဝ ကား ပြောနေရင်ပြီးမှာမဟုတ်ဖူး။ 彼だけと話をしていた ら解決にはなるまい

~နဲ့အတူ [nɛ.ətu]（助）~と共に、~と一緒に ကျွန် တော်လဲအစ်ကိုတို့နဲ့အတူကစားချင်ပါတယ်။ 私も兄さん達 と一緒に遊びたい

~နဲ့အတူတူ [nɛ.ətudu]（助）~と一緒に ငါနဲ့အတူတူ လုပ်နေတာဘဲ။ 僕と一緒に働いているんだ

~နဲ့ [nɛ.]（助動）否定詞မ と組合せて禁止を現わす မသွားနဲ့။ 行くな အပြင်မထွက်နဲ့။ 外へは出るな ဆေး လိပ်မသောက်ပါနဲ့။ タバコは吸うな

နယ် [nɛ]（動）①揉む、捏ねる、練る လဖက်နယ်သည်။ 茶の葉を揉む、練る ②刈り入れた稲を家畜に踏ませ て脱穀する စပါးနယ်သည်။ 籾を脱穀する ③（皮革 を）鞣す

နယ်ပတ် [nɛ p'aʔ]（動）（美味しく食べるために飯 と汁とを）よく捏ね合わせる

နယ် [nɛ]（名）①ビルマ将棋の歩（最前列に配置され る歩兵）cf. ဘုရင်၊ မိဖုရား၊ ဘုန်းကြီး၊ ရထား၊ မြင်း။ ②（織機の）伸子（しんし）

နယ် [nɛ]（名）①地方、地域、区域 ②縄張り
နယ်ကျယ် [nɛ tʃɛ]（動）範囲が広い、領域が広い
နယ်ကျဉ်း [nɛ tʃin]（形）範囲が狭い、領域が狭い
နယ်ကျွံ [nɛ tʃun]（動）越境する、侵入する
နယ်ခံ [nɛgan]（名）地元の人、地元民
နယ်ချဲ့ [nɛ tʃɛ.]①（動）領土を拡張する、他人の 領土を占領して自分の領土を拡張する ②[nɛdʒɛ.] （名）植民地主義者
နယ်ချဲ့စနစ် [nɛtʃɛ. sənitʔ]（名）植民地制度
နယ်ချဲ့စစ်ပွဲ [nɛtʃɛ. sipwɛ]（名）植民地戦争
နယ်ချဲ့ဝါဒ [nɛtʃɛ. wada]（名）植民地主義
နယ်ချဲ့သမား [nɛtʃɛ. dəma]（名）植民地主義者、帝 国主義者
နယ်ခြား [nɛdʒa]（名）境界、国境
နယ်ခြားစောင့်စစ်သား [nɛdʒa: saun. siʔta:]（名）国境警備兵
နယ်ခြားမှတ်တိုင် [nɛdʒa: maʔtain]（名）境界標識
နယ်စား:ပယ်စား: [nɛza: pɛza:]（名）領主

နယ်စပ် [nɛzaʔ]（名）境界、国境
နယ်စပ်ကုန်သွယ်ရေး [nɛzaʔ kountwejeː]（名）国 境貿易
နယ်စပ်ခြင်းချုပ်မှု [nɛzaʔ tʔein: tʔouʔmu.]（名）国 境監視
နယ်စပ်ဒေသ [nɛzaʔ deta.]（名）国境地帯
နယ်စပ်ဒေသနှင့်တိုင်းရင်းသားလူမျိုးဖွံ့ဖြိုးတိုးတက်ရေး နှင့်စည်ပင်သာယာရေးဝန်ကြီးဌာန [nɛzaʔdeta.nɛ. tain:jin:da:lumjo:mja: p'unpʔjo:je: wundʒi: tʔana.]（名）国境及び少数民族開発発展省
နယ်စပ်နယ်ခြား: [nɛzaʔ nɛbja:]（名）境界、国境
နယ်စပ်ပဋိပက္ခ [nɛzaʔ pəti.pɛʔkʔa.]（名）国境紛争
နယ်စပ်ပိတ် [nɛzaʔ peiʔ]（動）国境を閉鎖する
နယ်ဆင် [nɛ sʔin:]=နယ်ထွက်
နယ်တစ်ခု [nɛ təkʔo]（名）地域一帯
နယ်ထွက် [nɛ tʔwɛʔ]（動）地方へ旅行する、地方へ出張する
နယ်နိမိတ် [nɛ nəmeiʔ]（名）境界、国境
နယ်နိမိတ်စာချုပ် [nɛnəmeiʔ sadʒouʔ]（名）国境条約
နယ်နိမိတ်စပ် [nɛnəmeiʔ saʔ]（動）隣接する、国境 を接する
နယ်နိမိတ်မှတ်တိုင် [nɛnəmeiʔ maʔtain]（名）国境標 識
နယ်နိမိတ်အတွင်း [nɛnəmeiʔ ətwin:]（名）域内、 領域内
နယ်နှင် [nɛ nin]（動）①故郷を追われる ②国外追 放する、刑罰として追放する
နယ်နှင်ခံရ [nɛnin kʔan ja.]（動）追放される、国 外追放される
နယ်နှင်ဒဏ် [nɛnin dan]（名）追放刑、国外追放刑
နယ်နှင်ဒဏ်ပေး [nɛnindan peː]（動）追放刑に処す
နယ်ပယ် [nɛpɛ]（名）①地域、領域、領土 ②分野
နယ်ပယ်အုပ်ချုပ်ရေးဌာန [nɛpɛ ouʔtʃʔouʔje:tʔana.] （名）内務省
နယ်ပိုင် [nɛbain]（名）①郡長（英領時代はအရေးပိုင် 独立後はခရိုင်ဝန် 県知事）မြို့အုပ်၊ မြို့ပိုင် 町長との 中間の行政官）②土地の神 cf. ကုန်းပိုင်
နယ်ပိုင်ဝန်ထောက် [nɛbain wundauʔ]=နယ်ပိုင်
နယ်ဘက် [nɛbɛʔ]（名）民事、非軍事、一般、民間
နယ်မြေ [nɛmje]（名）①地域 ②領域、領土 ③（大 学の）キャンパス、敷地
နယ်မြေပိုင်နက်ပြဿနာ [nɛmje painnɛʔ pjaʔtə na]（名）領土問題

နယ်ရှင်ပယ်ရှင်[nɛʃin pɛʃin] (名) 領主、藩主
နယ်လု[nɛ lu.] (動) 領土争いをする
နယ်လွန်[nɛ lun] (動) 越境する、侵入する
နယ်လှည့်[nɛ ɬɛ.] (動) 地方へ出張する、公務で地方巡りをする
နယ်သား:[nɛda:] (名) 地方の住民、地域の住民
နယ်သတ်တိုင်[nɛta'tain] (名) 境界標識
နယ်အကြောင်း[nɛ ətʃaun:] (名) 地域の問題、地域の事
နယ်သာလင်[nɛdalin] (国) オランダ
နဲ[nɛ:] (形) 少ない →နည်
နဲနဲ[nɛ:nɛ:] (副) 少し、少々、若干、少量 နဲနဲပု တယ်။ 少しだぶだぶだ မှုဖိန်နဲလိုသေးတယ်။ もう少しで届く、もう少しで間に合う →နည်းနည်း
နဲနဲလေး:[nɛ:nɛ:gəle:] (副) ほんの少し、ほんの一寸、ごく少量
နဲနဲနော်နော်[nɛ:nɛ: nɔ:nɔ:] (副) 程々、僅か、少し、若干、一寸 (否定文で使われるのが普通) နဲနဲနော်နော်မဟုတ်။ 少々ではない
နဲနဲပါ:ပါ:[nɛ:nɛ: pa:ba:] (副) 少し、一寸、少々、少量、幾分、多少
နဲနဲမှ[nɛ:nɛ:ma.] (副) 否定文で使用、少しも、全然 နဲနဲမှသူမကြောက်ဘူး။ 彼は全然怖がっていない စည်းကမ်းတော့နဲနဲမှကြိုက်ဖူး။ 規則は全く気に入らない သူနဲနဲမှရမစိုက်ဘူး။ 彼は全然気にしていない နဲနဲမှမရှိဘူး။ 全く気付いていない နဲနဲမှမပျော်ကြ ဘူး။ 全然楽しくない
နော့[nɔ.] (動) ①甘える、鼻を鳴らす、おもねる、機嫌を取る、おべっかを使う、取り入る ②くすぐる、なぶる လေအေးကနော့သည်။ 涼風が (肌を) くすぐる ③機嫌をとる、うまく扱う
နော့[nɔ.] (終助) 感情表現 လာနော့။ 来いよ
နော့နီ:နော့နဲ[nɔ.ni: nɔ.nɛ:] (副) とぼとぼと =နော်နီနော်နဲ
နော်[nɔ] (終助) 同意または承諾を期待しての感情表現、〜ね、〜よ ကျုပ်ကိုမှတ်မိတယ်နော်။ 僕のことを覚えているね ကျန်:မာရေးဂရုစိုက်နော်။ 健康に注意しろよ သူတို့ပျော်နေကြမှာ့ဘဲနော်။ 彼等はさぞ愉快だろうな အချိန်ကိုတိကျစိုက်နော်။ 時間を厳守しろよ ကိုယ်လုံးကိုယ်ပေါက်လဲဆိုးဘူး:နော်။ 体つきも悪くはないね
နော်ဇပါ:[nɔza pan:] (植) トゲバーレリア (キツネノマゴ科) Barleria prionitis 花は5弁で漏斗形をしている
နော်နီနော်နဲ[nɔni nɔnɛ.] (副) とぼとぼと အဖွား:မကား:ခြေနှစ်ချောင်:ကိုအနိုင်နိုင်လှုပ်၍နော်နီနော်နဲ လျှောက်နေရှာသည်။ 老婆は両足を辛うじて動かしてとぼとぼと歩いている
နော်ဝေ[nɔwe] (国) ノルウェー
နော:[nɔ:] (数) 九 <パ Nava
နော:[nɔ:] (動) 通じている、熟知している、お見通しだ
နော:ကြေ[nɔ: tʃe] (動) 熟知している、精通している、知り尽している လောကကြီးသဘောကိုနော:ကြေ နေ သူဖြစ်ဟန်ရှိသည်။ 世間の事に精通している様子だ အဖိုး:မှာပင်လယ်ပဲ့ရေကတော့တို့သဘောကိုနော:ကြေနေ သည်။ 老人は海の渦の性質を熟知していた
နို့[no.] (間) じゃ、それでは、それならば、然らば
နို့နေပါအုံ:[no. nebaoun:] (接) それはそうと
နို့ပေတဲ့[no.bedɛ.] =နို့ပေမဲ့
နို့ပေမဲ့[no.bemɛ.] (接) しかし、だけど、けれども
နို့ပေမယ့်လို့[no.bemɛlo.] =နို့ပေမဲ့
နို့ပြီ:တော့[no.pi:dɔ.] (接) それから、そして
နို့မဟုတ်[no.məhou'] (接) さもなくば、でなければ
နို့မဟုတ်ရင်[no.məhou'jin] (接) でなければ、さもなくば
နို့မို့ဆိုရင်[no.mo.jin] =နို့မဟုတ်ရင်
နို့မို့ရင်[no.mo.jin] =နို့မဟုတ်ရင်
နို့[no.] (名) ①乳 ②乳房 ③ (植物の) 樹液、樹脂 ④ (やかん、水差し等の) 注ぎ口
နို့ကန်[no. kan:] (動) 乳が出なくなる
နို့ကြောင်:ပိတ်[nodʑaun: pei'] (動) 乳腺炎で乳の出が止まる
နို့ကွာ[no. kwa] (動) 子供が乳離れする =နို့ဖြုတ်
နို့ခဲ[no.gɛ:] (名) 凝乳
နို့ချဉ်[no.dʑin] (名) ヨーグルト
နို့ချောက်[no.dʑau'] (貝) ウシノアシ、リュウキュウウシノアシ
နို့ခွဲ[no. k'wɛ:] (動) 乳離れさせる、離乳させる
နို့စား:နွား:မ[no.za: nəma.] (名) 乳牛
နို့စို့[no. so.] ① (動) 乳を吸う ②[no.zo.] (名) 乳児、乳飲み子
နို့စို့တစ်[no.zo.bɛ'] (名) 乳兄弟
နို့စို့ရွယ်[no.zo.jwɛ] (名) 乳児の年齢
နို့ဆီ[no. zi] (名) 練乳、缶入りミルク
နို့ဆိမ့်:[no.zein:] (名) 生の牛乳、煮沸してない牛乳、未加工の牛乳
နို့ဆာ[no. s'a] (動) 乳児が腹を空かせる、乳児が乳を欲しがる
နို့ဆီ[no.zi] (名) 練乳
နို့ဆီခွက်[no.zigwɛ'] (名) 練乳の空缶
နို့ဆီဘူ:[no. zibu:] (名) 練乳缶 (約14オンス入り、米の計量に用いられる)

နို့ဆဲ[no. s'wɛ:] (動) 乳を飲みすぎる、過剰搾乳する

နို့ညာကောင်[no. ɲa gaun] (名) ①幼児（乳児より年長児）②末子の直ぐ上の子供

နို့ညှစ်[no. ɲi'] (動) 乳を搾る

နို့တိုက်[no. tai'] (動) 乳を飲ませる、授乳する

နို့တိုက်သတ္တဝါ[no.dai' dədəwa] (名) 哺乳動物

နို့ထမင်း[nau'dəmin:] (名) 牛乳粥

နို့ထိန်း[no.dein:] (名) 乳母

နို့ထွက်[no.t'wɛ'] ① (動) 乳が出る ② [no.dwɛ'] (名) 乳の出方

နို့ထွက်တိရစ္ဆာန်[no.dwɛ' tərei's'an] (名) 哺乳物

နို့ဓမ်[no.dan:] (名) ①凝乳 ②ヨーグルト

နို့နံ့မစင်သေး[no.nan. məsinde:] (動) まだ乳臭さが取れない、まだ乳児の域を脱していない

နို့နှစ်[no.ṇi'] (名) 酪、乳酪（煮沸した牛乳の黄白色の塊）

နို့နှစ်ရောင်[no.ṇi'jaun] (名) クリーム色、乳白色

နို့ပုန်းစား[no.boun:za:] (名) 母親を失った乳児、実母の死により乳母の乳で育てられる乳児

နို့ပု[no.boun] (名) 哺乳瓶の乳首

နို့ပျဉ်း[no.bjin:] (名) 老女の垂れ下がった乳房

နို့ပြတ်[no. pja'] (動) 乳離れする

နို့ပွေး[no.bwe:] (病) 鷲口そう（乳児の口内にできる爛れ）

နို့ဖိုးဆပ်[no.bo: s'a'] (動) 老齢の親に恩返しする

နို့ဖြတ်[no.p'ja'] (動) 乳離れさせる、離乳させる

နို့ဖြတ်ချိန်[no.p'ja'tʃein] (名) 離乳期

နို့ဘူး[no.bu:] (名) 哺乳瓶＝နို့ဘူး

နို့ဘူးတိုက်[no.bu: tai'] (動) 哺乳瓶で授乳する

နို့မျက်[no. mjɛ'] (動) 乳が存分に吸えない

နို့မှုန့်[no.moun.] (名) 粉乳

နို့ရည်[no.je] (名) 乳、ミルク

နို့ရည်ကြည်[no.jedʒi] (名) 初乳（妊婦の最初の乳）

နို့လိုက်[no. lai'] (形) 乳の量が多い、乳の出がよい、乳がたっぷり出る

နို့လန့်[no.lɛ] (動) 何らかの衝撃で乳の出が止まる

နို့လိမ်[no.lein] (名) (乳児の) おしゃぶり

နို့သီး[no.di:] (名) 乳首

နို့သီးခေါင်း[no.di:gaun:] (名) ゴム製の乳首、おしゃぶり、哺乳瓶の乳首

နို့သက်[no. tɛ'] (動) 乳が溢れ出る、乳が滲み出る

နို့သက်ခံ[no.dɛ' k'an] (動) ①乳の出を待って吸う ②他人に頼る、髪結いの亭主になる、他人の禪で相撲を取る

နို့သက်ခံစို[no.dɛ'k'an so.] (動) 吸い取る努力をせず自然に零れ出る乳を吸う

နို့သည်[no.dɛ] (名) 乳母

နို့အေး[no.e:] (名) 冷したミルク

နို့အေးချောင်း[no.e:dʒaun:] (名) アイス・キャンデー、棒キャンデー

နို့အိ[no. i'] (名) 乳臭さ、乳の臭い

နို့အုပ်[no. a'] = နို့အုပ်

နို့အုပ်စော်[no. a'sɔ] = နို့အုပ်။ နို့အုပ်စော်မပျောက်သေး။ပါ။ 乳臭さが未だ消えていない、未だ幼少だ

နို့အုံ[no.oun] (名) 乳房＝နို့အုံသား

နို့တစ်[no.ti'] (名) 通知、通告、警告 ＜英 Notice

နို့တစ်စာ[no.ti'sa] (名) 通知書、通告書、警告書

နို့တစ်ပေး[no.ti' pe:] (動) 通知を出す、警告書を渡す

နို့တစ်ဘုတ်[no.ti'bou'] (名) 掲示板 ＜英

နိုကို[noko] (植) キュウケイカンラン（アブラナ科） Brassica oleracea caulorapa

နိုကိုဥ[noko u.] = နိုကို

နိုကိုဥအချဉ်[noko u. ətʃin] (名) (中華料理の突き出しである) ザー菜の漬物

နိုဝင်ဘာလ[nowinba la.] (名) 11月 ＜英

နိုး[no:] (助動) 期待を現わす、今か今かと တနေ့ပြောနိုးတနေ့ပြောနိုးနဲ့။ ①いつかは言おうと思って ②いつかは話してくれるものと期待して ကျွန်တော်လည်းလာနိုးလာနိုးနှင့်စောင့်၍နေသည်။ 私もいつ来るだろうかと期待して待っていた သူယောကျ်ားပြန်လာနိုးပြန်လာနိုးနှင့်စောင့်မြောနေသည်။ 自分の亭主が帰って来るのを今か今かと待っていた ဖြစ်နိုးဖြစ်နိုးနှင့်စောင့်မြော်သည်။ 今にも実現するのではないかと待ち望む ကောင်းလာနိုးကောင်းလာနဲ့မြော်လင့်တယ်။ もうそろそろよくなるのではないかと期待する အဖြေကိုတနေ့တင်ရနိုးရနိုးနှင့်စောင့်စားမြော်လင့်သည်။ いつ返事が貰えるものと期待して待った တွေ့လိမ့်နိုးနှင့်လူအုပ်ထဲမှာရှာသည်။ 逢えはしないかと人込みの中を探した စာမင်းစားခေါ်နိုးခေါ်နိုးနဲ့မြော်တယ်။ いつ食事に呼んでくれるのかと期待して待った

နိုးနိုး[no:no:] (副詞形成) 期待して လာနိုးနိုးနဲ့မြော်တယ်။ 今来るか今来るかと待ち望んでいる

~နိုးနိုးနှင့်[no:no:nɛ.] (助動) 今か今かと တနေ့ဒီအတွင်ပုံလေးကိုပို့နိုးနိုးနှင့်တွေးတောသည်။ いずれその内に写真を送ろうと考えていた တနေ့တော်နိုးနိုးနှင့်ကိုယုတ်နိုးနိုး၊ နောက်တည်ပြောသည်ကိုမှန်နိုးနိုးနဲ့ 他人が言った事を本当だと思いこみ、また別の人の話を

နောက်

正しいものだと思い
~နိုးနိုးဖြင့်[no:no:p'jin.] =နိုးနိုးနှင့်။ အသီးမှည့်ရ
နိုးနိုးဖြင့်တက်သည်။ 熟した果実が手に入るのではない
かと期待して木に登った
နိုး[no:] ① (動) 覚める ② 覚醒する ③
（エンジンが）かかる、始動する
နိုးကြား[no:tʃa:] (動) 目覚める、覚醒する
နိုးကြားမှု[no:tʃa:mu.] (名) 目覚め、覚醒
နိုးကြားထကြွ[no:tʃa:t'a.tʃwa.] (動) 覚醒して
蜂起する
နိုးကြွ[no:tʃwa.] (動) 覚醒させる、奮い立たせる
နိုးစက်ပေး[no:zɛ'pe:] (動) 目覚しを掛ける、ア
ラームをセットする
နိုးနိုးချင်း[no:no:dʒin:] (副) 目覚めた途端、目覚
めると直ぐに
နိုးလျှင်နိုးခြင်း[no:ɬjin no:dʒin:] (副) 目覚める
や否や
နိုးနိုးနန်းနန်း[no:no: nan.nan.] (副) 落着かずに、
そわそわして
နက်[nɛ'] (形) ① 深い ② 奥深い ③ 黒い ④ 夜更けだ
နက်ကျော[nɛ'tʃɔ:] (形) 黒光りしている
နက်ကြုတ်[nɛ'tʃou'] (形) 漆黒だ
နက်ချိပ်[nɛ'tʃei'] (形) 真黒だ
နက်နဲ[nɛ'nɛ:] (形) ① 難解だ ② 深遠だ
နက်နက်နဲနဲ[nɛ'nɛ'nɛ:nɛ:] (副) 深く、真剣に
နက်ပြာရောင်[nɛ'pja jaun] (名) 紺色
နက်ပြောင်[nɛ'pjaun] (動) 黒光りする
နက်မောင်[nɛ'maun] (形) 真黒だ、漆黒だ
နက်ရှိုင်း[nɛ'ʃain:] (形) 深い
နက္ခတ်[nɛ'k'a'] (名) ① 星、星座 ② 月の軌道にある
星27個、星宿27宿 (အသုဝဏ် から ရေဝတီ まで)
နက္ခတ်တာရာ[nɛ'k'a' taja] (名) 星、天体
နက္ခတ်တာရာပြခန်း[nɛ'k'a'taja pja.gan:] (名)
プラネタリウム
နက္ခတ်နှစ်ဆယ့်ခုနှစ်လုံး[nɛ'k'a' nəs'ɛ.k'unnəloun:]
（名）二十七星宿、黄道（太陽の視軌道）に沿った星
宿の所在、中国の二十八宿と同じだが牛宿［いなみ］
を欠く）အသဝဏ် 婁 (たたみ) ဘရဏီ 胃 (こき
え) ကြတ္တိကာ すばる ရေဝတီ 畢 (あめふり) မိဂ
သီ し (とろき) အဒြ 参 (からすき) ပုဏ္ဏဗျု 井
(ちちり) ဖုဿ 鬼 (たまほめ) အသလိသ 柳 (ぬり
こ) မာဃ 星 (ほとほり) ပြုဗ္ဗရဂုဏီ 張 (ちり
こ) ဥတ္တရဂုဏီ 翼 (たすき) ဟဿတ ちん (みつ
うち) စိတ္တ 角 (すぼし) သွာတိ こう (あみぼし)
ဝိသာခါ てい (とも) အနုရာဓ 房 (そい) ဇေဋ္ဌ 心
(なかご) မူလ 尾 (あしたれ) ပြုဗ္ဗသဠ် 箕 (み)
ဥတ္တရသဠ် 斗 (ひつき) သရဝဏ် 女 (うるき) ဓန
သိဒ္ဓ 虚 (とみて) သတ္တဘိသျှ 危 (うみやめ) ပြုဗ္ဗ
ဘဒြပိုဒ် 室 (はつい) ဥတ္တရဘဒြပိုဒ် 壁 (なまめ) ရေ
ဝတီ けい (とかき)
နက္ခတ်ပညာ[nɛ'k'a' pjinɲa] (名) 天文学
နက္ခတ်ဗေဒ[nɛ'k'a' beda.] (名) =နက္ခတ်ပညာ
နက္ခတ်ဗေဒပညာ[nɛ'k'a' beda. pjinɲja] (名)
=နက္ခတ်ပညာ
နက္ခတ်ဗေဒင်ပညာ[nɛ'k'a' bedin pjinɲja]
(名) 占星術
နက္ခတ်မျှော်စင်[nɛ'k'a' mjɔzin] (名) 天文台
နက္ခတ္တဗေဒ[nɛ'k'a'ta. beda.] (名) 天文学
နက္ခတ္တရူပဗေဒ[nɛ'k'a'ta.jupa. beda.] (名) 宇
宙物理学
နက်ဂေတစ်[nɛ'gəti'] (名) （写真の）ネガ ＜英
နက်ဖန်[nɛ'p'an] (名) 明日
နက်ဖန်ခါ[nɛ'p'anga] (副) 明日
နက်ဖန်ည[nɛ'p'an ɲa.] (名) 明晩、明日の晩
နက်ဖြင်ခါ[nɛ'p'jinga] =နက်ဖန်ခါ
နက်ဖြန်[nɛ'p'jan] (名) =နက်ဖန်
နက်ဖြန်ခါ[nɛ'p'janga] =နက်ဖန်ခါ
နက်ဖြန်ည[nɛ'p'janga] =နက်ဖန်ညခါ
နောက်[nau'] (動) 悪戯する、ふざける、からかう、
冗談を言う
နောက်တီးနောက်တောက်[nau'ti:nau'tau'] (副)
ふざけて、からかって、冗談を言って、茶目っ気を出し
て
နောက်တောက်တောက်နဲ[nau'tau'tau'nɛ.] (副) 面
白半分に、ふざけ気味に
နောက်ပြောင်[nau'pjaun] (動) ① からかう、ふざ
ける ② こけにする、馬鹿にする
နောက်[nau'] (動) ① 濁る、水が濁る ② 困る、悩む
နောက်ကျိ[nau'tʃi.] (形) すっきりしない ခေါင်းထဲ
မှာနောက်ကျိလာတယ်။ 頭の中が重苦しい
နောက်ကျိကျိ[nau'tʃi.tʃi.] (副) 濁っていて、す
っきりせず
နောက်ကျိကျိဖြစ်[nau'tʃi.dʒi. p'ji'] (動) 濁っ
ている、透明でない
နောက်[nau'] (名) ① （位置的に）後、背後 ② （時間
的に）後、過去 ③ （形）過去の、以前の ④ 今後の、
それから、その次の、未来の ⑤ （二者の内）後者の
နောက်ကို[nau'ko] (副) 今後、今後は、これからは
နောက်ကျ[nau'tʃa.] (動) ① 遅れる ② 後進的だ、
劣っている、取り残されている
နောက်ကျကြေး[nau'tʃa.dʒe:] (名) 延滞料
နောက်ကျ၊နှားချေး၊နှင့်သလဲ။ [諺] 時を失えば福を逃す

နောက်ကျော[nauʔtʃɔː] (名) 背中
နောက်ကျောတက်[nauʔtʃɔː tɛʔ] (動) 背中が凝る、背中がこわばる
နောက်ကြောင်း[nauʔtʃaun:] (名) 過去、過ぎ去りし出来事、過ぎし日の事
နောက်ကြောင်းပြန်[nauʔtʃaun: pjan] (動) ①過去を振り返る、思い返す ②過去の出来事を物語る
နောက်ကြည့်မှန်[nauʔtʃi.man] (名) バックミラー
နောက်ကွယ်[nauʔkwɛ] (名) 背後、物陰、見えない所
နောက်ခိုင်း[nauʔ kʼain:] (動) 背を向ける=ကျောခိုင်း
နောက်ခံ[nauʔkʼan] (名) 背景
နောက်ခံကား[nauʔkʼan kaː] (名) 背景
နောက်ခံတီးလုံး[nauʔkʼan tiːloun:] (名) 背景音楽、バックグラウンド・ミュージック
နောက်ချေး[nauʔtʃʼiː] (名) 牛糞 =နွားချေး
နောက်ချေးပိုး[nauʔtʃʼiːboː] (虫) センチコガネ、フンコロガシ
နောက်ချန်[nauʔ tʃʼan] (動) 後に残る、居残る
နောက်ခြေထောက်[nauʔ tʼidauʔ] (名) (動物の) 後脚
နောက်စေ့[nauʔsi.] (間) 後頭部の突起、出っ張り
နောက်ဆိုရင်[nauʔsʼojin] (接) これからは、今後は
နောက်ဆက်[nauʔsʼɛʔ] (名) ①頭蓋骨の縫合線 ② (名詞に伴われる) 接続助詞 ③ (動詞に伴われる) 助動詞
နောက်ဆက်တွဲ[nauʔsʼɛʔtwɛː] (名) ①おまけ、付録、補遺 ②副作用、副次的症状
နောက်ဆက်တွဲကျန်းမာရေးထိခိုက်မှု[nauʔsʼɛʔtwɛː tʃʼanːmajeː tʼi.gaiʔmu.] (名) 副作用、後遺症
နောက်ဆက်တွဲလှုပ်ခလျိုင်း[nauʔsʼɛʔtwɛː ŋəjinŋɛ] (名) (地震の) 余震
နောက်ဆက်တွဲဖြစ်စဉ်[nauʔsʼɛʔtwɛːpʼjiʔsin] (名) その後の出来事、余波、後遺症
နောက်ဆုတ်[nauʔ sʼou] (動) 退く、後退する、引き下がる
နောက်ဆံငင်[nauʔsʼan ŋin] =နောက်ဆံတင်:
နောက်ဆံတင်ငင်န[nauʔsʼan təŋinŋin nɛ.] (副) 後髪を引かれる思いで、未練を残したままで
နောက်ဆံတင်[nauʔsʼan tin:] (動) 後髪を引かれる、未練が残る
နောက်ဆံတင်ဇရာ[nauʔsʼan tinːzəja] (名) 思い残す事、後髪を引かれる事、未練
နောက်ဆုံး[nauʔsʼoun:] ① (名) 最後、終り ② (形) 最後の ③ (副) 最後に、到頭

နောက်ဆုံးကျတော့[nauʔsʼoun: tʃa.dɔ.] (副) 遂に、最後には、結局
နောက်ဆုံးတော့[nauʔsʼounːdɔ.] (副) 遂には、到頭、最後には
နောက်ဆုံးထား၍[nauʔsʼoun: tʼa:jwe.] (副) 最終期限として、締切期限として
နောက်ဆုံးနေ့[nauʔsounːne.] (名) 最終日
နောက်ဆုံးနိုင်[nauʔsoun:naiʔ] (副・文) 最後に
နောက်ဆုံးပေါ်[nauʔsʼoun:bɔ] (名) 最新の物、最新版 နောက်ဆုံးပေါ်ကား: 最新型の自動車 နောက်ဆုံးပေါ်လက်နက် 最新型の武器
နောက်ဆုံးပိတ်[nauʔsʼoun: pei] ① (動) 締め切る、最後とする ② [nauʔsʼounːbei] (名) 最後、最終
နောက်ဆုံးအကြိမ်[nauʔsʼoun: ətʃʼein] (名) 最終回、最後の回、
နောက်ဆွယ်[nauʔsʼwɛ] (名) ①後部、背後 ②跡、痕跡
နောက်တကြိမ်[nauʔ dədʒein] (名) 今度、別の時、次の機会、もう一度
နောက်တခါ[nauʔtəkʼa] (名) 次回、今度、その次、もう一度
နောက်တခု[nauʔ təkʼu.] (名) もう一つ
နောက်တဆင့်တခါ[nauʔ təsʼin. təkʼa] (名) 更に、もう一度
နောက်တနေ့[nauʔ təne.] (名) 翌日、次の日
နောက်တနှစ်[nauʔ təniʔ] (名) 再来年
နောက်တဖန်[nauʔ təpʼan] (副) もう一度、再度
နောက်တော့မှ[nauʔtɔ.ma.] (副) 後になって、後になってやっと
နောက်တန်း[nauʔtanː] (名) 後列
နောက်တွဲ[nauʔtwɛː] (名) ①後で束ねた髪、後髻 ② (自動車の) トレーラー、牽引車
နောက်တွဲဆံထုံး[nauʔtwɛː zədoun:] (名) 後髻、後頭部の髻
နောက်တွဲအမောက်ပါဘဲ[nauʔtwɛː əmauʔpa bɛː] (鳥) キンクロハジロ (ガンカモ科)
နောက်တွန့်[nauʔtun.] (動) たじろぐ、逡巡する、後ずさりする
နောက်တ[nauʔtʼa.] (名) ビルマ楽団の背後にいる歌手、声楽家
နောက်ထောက်ကျောခံ[nauʔtʼauʔ tʃʼɔːgan] (名) 支持者、支援者、後援者
နောက်ထိုင်[nauʔtʼain] (名) ① (象の) 後部に乗る人 ②ビルマの楽団付き歌手
နောက်ထိုင်ခုံ[nauʔ tʼaingoun] (名) 後部座席

နောက်ထပ်[nauʔtʼaʔ]（副）更に、重ねて、繰返して、もう一度、再び

နောက်ထပ်မံရှိ[nauʔtʼaʔman jwe.]（副・文）もう一度、重ねて、繰返して

နောက်ထပ်အိမ်ထောင်ပြု[nauʔtʼaʔ eindaunpju.]（動）再婚する

နောက်ထုံး[nauʔtʼoun:]（名）後髷

နောက်နား[nauʔna:]（名）すぐ後、後方、後側

နောက်နားက[nauʔna:ga.]（副）すぐ後から、すぐ後に

နောက်နေ့[nauʔne.]（名）次の日、翌日

နောက်နောက်က[nauʔnauʔka.]（副）以前に、昔、遥か昔

နောက်နောက်ဘဝ[nauʔnauʔbəwa.]（名）過去の世界、前世

နောက်နောင်[nauʔnaun]（副）今後、後に、将来、この後

နောက်နောင်း[nauʔnaun:]（名）将来、未来

နောက်နှစ်[nauʔniʔ]（名）次の年、翌年

နောက်ပါ[nauʔpa]（名）従者、随従者

နောက်ပါအခြေအရံ[nauʔpa ətʼwe əjan]（名）家来、従者、部下、取巻き

နောက်ပါးမှ[nauʔpa:ma.]（副）後から

နောက်ပေါ်[nauʔpɔ]（形）後から現れた、新たに出現した

နောက်ပို[nauʔpo:]（動）①口説く、言い寄る ②（名）口説く人

နောက်ပိုး[nauʔpo:]（名）背中

နောက်ပိုးကျိုက်[nauʔpo: tʃaiʔ]（動）ロンジーを（活動し易いように）股間を通して捲り上げる

နောက်ပိုးတက်[nauʔpo: tɛʔ]（動）①後から付いてくる ②因果が報いる

နောက်ပိုးပိုး[nauʔpo: po:]（動）口説く、言い寄る

နောက်ပေါက်[nauʔ pauʔ]①（動）後で現れる、後から出現する ②（名）後から現れた人、新来者

နောက်ပိုင်း[nauʔpain:]（名）①後部 ②後期、後半

နောက်ပိုင်းကျတော့[nauʔpain: tʃa.dɔ]（副）後になると

နောက်ပိုင်းတော့[nauʔpain:dɔ]（副）後には

နောက်ပိုင်းမအေး[nauʔpain: məe:]（動）家庭に問題がある、悩みがある、後顧の憂いあり

နောက်ပစ်[nauʔpjiʔ]（名）母音[ɛ]を表わす斜線符号 例 အဲ

နောက်ပိတ်[nauʔpeiʔ]（名）①台尻、太い方の端 ②イヤリングの留め金

နောက်ပိတ်ခွေး[nauʔpeiʔkʼwe:]（名）①刀の柄（つか）②役立たず ＝တာ:မနောက်ပိတ်ခွေး

နောက်ပိတ်မှနပ်[nauʔpeiʔ pəna]（名）靴

နောက်ပိတ်ဆုံး[nauʔpeiʔsʼoun:]（形）最後の

နောက်ပြီး[nauʔpi:]（接）①それから、そして、その後 ②それに、おまけに

နောက်ပြီးတော့[nauʔpi:dɔ.]（接）そして、それから、それに

နောက်ပြီးမှ[nauʔpi:ma.]（接）その後で初めて、その後になってやっと、それが済んでからようやく

နောက်ပြန်[nauʔpjan]（副）後向きで、後向きに

နောက်ပါ[nauʔpwa:]（名）新人、新来者

နောက်ဖေး[nauʔpʼe:]（名）①後方、裏 ②排泄物

နောက်ဖေးချောင်[nauʔpʼe: tɕaun]（名）台所、家の裏手

နောက်ဖေးစွန့်[nauʔpʼe: sun.]（動）排泄する、排便する

နောက်ဖေးတည်[nauʔpʼe: tɛ]（動）子供を抱え上げて排便させる、子供の排便を手助けする

နောက်ဖေးနောက်ဖီ[nauʔpʼe: nauʔpʼi]（名）便所

နောက်ဖေးနောက်ဖီထွက်[nauʔpʼe: nauʔpʼi tʼwɛʔ]（動）便所に入る

နောက်ဖေးနောက်ဖီသွား[nauʔpʼe:nauʔpʼi: tʼwa:]（動）排泄する、排便する、大小便をする

နောက်ဖေးယို[nauʔpʼe: jo]（動）糞を垂れる、排便する

နောက်ဖေးသွား[nauʔpʼe: tʼwa:]（動）便所に入る

နောက်ဖေးအိုး[nauʔpʼe:o:]（名）便器

နောက်ဖယ်[nauʔpʼɛ]（名）①後頸 ②頸部、背後

နောက်ဖယ်တွင်း[nauʔpʼɛdwin:]（名）後頸の窪み、盆の窪

နောက်ဖြစ်[nauʔpʼjiʔ]（名）①過去の出来事 ②未来の出来事

နောက်ဘဝ[nauʔbəwa.]（名）来世 ＝နောင်ဘဝ

နောက်ဘီး[nauʔbein:]（名）後輪 cf. ရှေ့ဘီး

နောက်ဘေး[nauʔpʼe:]＝နောက်ဖေး

နောက်မယား[nauʔ məja:]（名）後妻

နောက်မီးလင်[nauʔmi:lin:]（動）密通する、夫に隠れて浮気をする

နောက်မိန်းမ[nauʔ mein:ma.]（名）後妻

နောက်မိန်းမယူ[nauʔmein:ma. ju]（動）再婚する、二度目の妻を娶る

နောက်မြီး[nauʔmi:]（名）（馬車や列車の）最後尾

နောက်မြီးဆွဲ[nauʔmi:zwɛ:]（名）従者、お供、家来

နောက်မှ[nauʔma.]（副）後で、後になってから

နောက်မှီ[nauʔmi]（名）もたれ、背もたれ

နောက်ယောက်ျား[nauʔ jauʔtʃa:]（名）再婚相手の

နောက်ယောင်ခံ

夫
နောက်ယောင်ခံ[nauʔjaun kʔan] (動) ①真似をする、模倣する ②後をつける、尾行する
နောက်ရုံး[nauʔjoun:] (名) (王朝時代の) 大奥役所
နောက်လ[nauʔla.] (名) ①先月 ②来月
နောက်လာတဲ့မောင်ပုလဲ။ ဒိုင်းဝန်ထက်က။ (諺) 一難去ってまた一難 (後になればなるほど質が悪い)
နောက်လိုက်[nauʔlaiʔ] ① (名) 部下、弟子 ② (動) 後に従う
နောက်လိုက်ငယ်သား:[nauʔlaiʔŋɛda:] (名) 部下、弟子、子分
နောက်လိုက်နောက်ပါ[nauʔlaiʔ nauʔpa] (名) 部下、弟子、側近、取巻き
နောက်လင်[nauʔ lin] (名) 二度目の夫、再婚の夫
နောက်လွယ်[nauʔlwɛ] (名) 額から背中に懸けたベルトで背負う入れ物
နောက်လှည့်[nauʔlɛ.] (動) 振り向く、振り返る
နောက်လှည့်ပေး:[nauʔlɛ. pe:] (動) 後向きにする
နောက်ဝင်:[nauʔwin:] (名) (王朝時代、王宮後部の護衛を担当衛していた) 近衛兵 cf. ရှေ့ဝင်:
နောက်ဝင်:မှူး:[nauʔwin:m̥u:] (名) 後部近衛兵団長
နောက်သား:နောက်မြေး:[nauʔta: nauʔmji:] (名) 子孫、直系卑属
နောက်အပတ်[nauʔ əpaʔ] (名) 来週
နောက်အိမ်ထောင်[nauʔeindaun] (名) 後添え、再婚相手
နောက်အိမ်ထောင်ပြု[nauʔeindaun pju.] (動) 再婚する
နိုက်တရိုဂျင်[naiʔtəroʊdʒin] (名) 窒素 <英 Nitrogen
နိုက်ထရိုဂျင်[naiʔtʔəroʊdʒin] (名) 窒素 =နိုက်တရိုဂျင်
နိဂုံဟေ့[neiʔgəhei] (名) 音節末の鼻音を表わす符号 =သေး:သေး:တင်
နင်[nin.] (代) 二人称နင် の斜格形、①属格を示す お前の、君の နင့်အင်္ကျီ 君の上着 ②対格を示す お前を、君に နင့်ကိုပြောတာ 君に言ったのだ
နင့်[nin.] (動) ①胸が詰る ရင်နင့်သည်။ ရင်ထဲ၌နင့်လာသည်။ 胸が詰る အသည်းနင့်သည်။ 苦痛に耐える ②ぎゅうぎゅう詰めになる、寿司詰めになる ③山積みになる、過重積載になる
နင်နာ[nin.na] (動) 胸が痛む
နင်နင်သီ:သီ:[nin.nin.ti:di:] (副) 耐えられない程、我慢できない位に、失礼にも နင့်နင့်သီ:သီ:ပြောသည်။ 我慢できない位に言った
နင်ကဆ[nin.bɛ:ŋəsʔa] (副) 悪し様に、悪態を

突いて、罵倒して、悪口雑言の限りを尽して、無礼千万にも、無作法にも =နင်ပဲဆ၊ နင်ပဲကဆပြောသည်။ 語気荒く言う、喧嘩口調で言う、悪し様に言う
နင်သီ:[nin.ti:] (形) 無礼だ、失礼だ、無作法だ
နင်[nin] (代) ①親愛、親密な表現、君 ②年下の者に対する表現、お前
နင်တို့[nindo.] (代) 二人称複数 ①君達 ②お前達
နင်ပဲဆ[ninbɛ:ŋəsʔa] =နင်ကဆ
နင်လာ:ငါလာ:[nin;a: ŋala:] (副) がっぷり組んで、張り合って、互いに競い合って、負けず劣らず、轟めき合って、押し合い圧し合いして နင်လာ:ငါလာ:ကစာ:သည်။ 押し合いへし合いして遊ぶ နင်လာ:ငါလာ:ပြိုင်သည်။ 互いに競い合う
နင်:[nin:] (動) ①踏む ② (ペダルを) 踏む、(自転車を) 漕ぐ စက်ဘီ:ကိုနင်:သည်။ ③ (全身を足で踏んで) 揉みほぐす ④ (汽車や自動車に) しかれる ⑤後を辿る ခြေရာနင်:သည်။ 後を継ぐ ⑥ (副) がむしゃらに နင်:ပြောသည်။ 自分ばかりが話す
နင်:ကန်[nin:kan] (副) がむしゃらに、無茶苦茶に、過度に、著しく
နင်:ကန်ကန်[nin:kangan] =နင်:ကန်၊ အလုပ်တွေ နင်:ကန်ကန်လုပ်နေကြတယ်။ がむしゃらに働いている
နင်:ကြမ်:[nin:dʒan:] (名) 跳ね橋、吊り上げ橋
နင်:ကွင်:[nin:gwin:] (名) 鐙 (あぶみ)
နင်:ချေ[nin:tʃe] (動) 踏み砕く
နင်:စာ:[nin:sa:] (動) 車夫で暮しを立てる、サイカー引きの仕事をする
နင်:နယ်[nin:nɛ] (動) (体の凝りをほぐすために) 踏みつける、足で踏んで揉む
နင်:နိုင်[nin:n̥eiʔ] (動) 踏んで揉む
နင်:ပြော:[nin:pjo:] (動) (相手に喋らせずに) 喋りまくる
နင်:ပြာ:[nin:bja:] (名) 圧迫されている人、抑圧されている人、虐げられている人、被差別者 ဆင်:ရဲ သာ:နင်:ပြာ: 貧乏人
နင်:လုပ်[nin: louʔ] (動) 盲滅法にする、がむしゃらに働く
နင်:သတ်[nin: taʔ] (動) 踏み殺す
နောင်[naun] (名) ①将来、未来、今後 ②兄
နောင်ကာလ[naun kala.] (名) 後世、将来
နောင်ကို[naungo] (副) 今後は
နောင်ကြီ:[naundʒi:] (名) ①兄、長兄 ②お兄様、兄貴 ③ (代) 自分より年長の男性に対する呼掛け
နောင်ကြဉ်[nauntʃin] (動) 今後の教訓となる、反省材料となる、以後注意する
နောင်ကြဉ်စရာကောင်:[naun tʃinzəja kaun:]

（動）反省に値する、今後は避けるべきだ
နောင်ကြဉ်အောင်လုပ်[naun tʃin aun louʔ]（動）今後の教訓となる、反省材料にさせる
နောင်ခါ[naunkʻa]（名）後、その後、将来
နောင်ခါမှနောင်လျှောက်လျှား။（諺）後の事はともかく、眼前の事に全力を注ぐ
နောင်ခါလာ၊ နောင်ခါရေး။（諺）先の事は先に任せる（明日は明日の風が吹く）
နောင်ဆိုရင်[naun sʻojin]（副）今後は
နောင်တ[naunda.]（名）後悔、呵責
နောင်တရ[naunda.ja.]（動）後悔する
နောင်တော်[naundɔ]（名）お兄様、兄上、兄君
နောင်နောင်[naun naun]（擬）カランコロン
နောင်နှစ်[naunniʔ]（名）翌年、来年
နောင်နှစ်ခါ[naunniʔkʻa]（副）翌年、次の年、来年
နောင်ဘဝ[naun bəwa.]（名）来世
နောင်မယ်[naunmɛ]（名）夫婦
နောင်ရေး[naun je:]（名）将来の事、今後の事
နောင်လာနောက်သား[naunla nauʔta:]（名）子孫、後裔、末裔
နောင်လာနောင်သား[naunla naunda:]（名）次代の人々、後世の人々
နောင်သောအခါ၌[naundɔ əkʻa naiʔ]（副）後には、未来において
နောင်အခါ[naun əkʻa]（名）今後、将来
နောင်အရှည်သဖြင့်[naun əʃe təpʻjin.]（副）今後末長く、幾久しく
နောင်ချိန်[naundʒein]（名）ちゃんばら、剣劇、活劇（等の場面）
နောင်ချိန်ချ[naundʒein]（動）ちゃんばらをする、暴れ回る、剣劇をする、活劇をする
နိုင်[nain]（動）①勝つ、勝利を得る、征服する、制する ကျမလဲသူကိုမနိုင်တော့ဘူး။ 私も彼には勝てない、手に負えない、お手上げだ ②威張り散らす、尻に敷く、閑白風を吹かせる ③強い、濃厚だ အချဉ်နိုင်သည်။ 甘みが強い ④こなせる、やって行ける、処理できる သက်န်းနိုင်သည်။ 袈裟を着こなせる အိမ်တွင်းမှုခဲနိုင်တယ်။ အချက်အပြုတ်တွေလဲနိုင်တယ်။ 家事もできれば料理もできる ⑤[nain~nain]（助動）可能を現わす ~できる ခင်ဗျားအလုပ်လုပ်နိုင်လား။ あなたは働けますか ကျမတို့လျှောက်နိုင်တယ်။ 私達は歩けます တပြား မှမပေးနိုင်ဘူး။ 1銭も払わない ⑥承諾、了承を現わす သွားနိုင်ပြီ။ もう行ってよい အိပ်ချင်အိပ်နိုင်တယ်။ 眠たければ寝てもよい မင်းကြိုက်တာစားနိုင်တယ်။ 好きなものを食べてよい ဘယ်အခါမဆိုဝင်နိုင်ထွက်နိုင်တယ်။ いつでも出入り自由だ ⑦起り

得る、可能性がある မိုးရွာနိုင်သည်။ 雨が降りそうだ ရောဂါရှိသူနှင့်နီးနီးကပ်ကပ်နေလျှင်ရောဂါကူးနိုင်သည်။ 病人と接して暮せば病気が移る惧れがある အလုပ်လုပ်ရင်ထမင်းမငတ်နိုင်ဘူး။ 働いていれば飢える事はあり得ない အရက်ကိုနေ့စဉ်မှန်မှန်သောက်တဲ့လူဟာ အရက်စွဲနိုင်တယ်။ 酒を連日飲み続ける人は酒浸りになる惧れがある ⑧~しがちだ、~する傾向がある နင်တို့ကောလိပ်ကျောင်းသားတွေပေါ့ပေါ့ဆဆနိုင်ပါလား။ 君達大学生はずいぶんと呑気にしていられるんだな
နိုင်ကွက်[naingwɛʔ]（名）勝つ手段
နိုင်ချင်ကြက်[naindʒinkʻɛʔ]（名）闘鶏の雄、闘争心旺盛な鶏
နိုင်ချင်တိုင်းနိုင်[naindʒindain nain]（動）勝手気侭に振舞う
နိုင်ခြေ[naindʒe]（名）勝ち目、勝つチャンス
နိုင်ခြေရှိ[naindʒe ʃi.]（動）優勢だ、勝ち目はある、勝算はある、勝つ見込みがある
~နိုင်စွမ်း[nainzwan]①（動）能力がある အဖေသည် သည်မျှပြုရက်နိုင်စွမ်းသည့်လူမဟုတ်။ 父はそこまで平気でできる人ではない အားကိုယ်အန္တရာယ်ပြုနိုင်စွမ်းမည်။ 生命に危険が及ぶ惧れもある အမှောင်ထဲမှာ မြင်နိုင်စွမ်းရှိလား။ 暗闇の中で果して視力が利くのか ②能力、可能性 ကြားနိုင်စွမ်း 聴取能力 ခံနိုင်စွမ်း 忍耐能力 သိနိုင်စွမ်း 知覚能力 တုံ့ပြန်နိုင်စွမ်း 反応能力 ပျံသန်းနိုင်စွမ်း 飛翔能力
~နိုင်စွမ်း[nainzwan. ʃi.]（動）する能力がある စူးစမ်းနိုင်စွမ်းရှိသည်။ 詮索する能力がある အကူအညီပေးနိုင်စွမ်းရှိသည်။ 協力する能力を持っている အသက်ငါးဆယ်အထိသာ အသက်ရှင်နိုင်စွမ်းရှိသည်။ 50歳までしか寿命はない တရားကိုနားလည်နိုင်စွမ်းမရှိ။ 法律が理解できる能力は持ち合わせていない နိုင်ငံခရေး၏ဝယ်နိုင် အားကိုသိနိုင်စွမ်းမရှိ။ ある国の購買力を知り得る能力は持っていない
နိုင်ထက်ကလုပြု မှု[naindeʔkəlu pju.mu]（動）笠にかかって振舞う、傍若無人に振舞う
နိုင်ထက်စီးနင်း[naindeʔ si:nin:]（副）有無を言わさずに、高飛車に、強圧的に、強制的に အလုပ်သမားတွေကိုနိုင်ထက်စီးနင်း ဖြုတ်ပစ်တယ်။ 労働者達を強引に解雇した
နိုင်ထက်စီးနင်းပြု[naindeʔsi:nin: pju.]（動）強圧的にする、有無を言わさずにする、力で押えつける
နိုင်နင်း[nainnin:]（動）①打ち勝つ、制覇する ②仕こなす、制御可能だ ③巧みだ、得意だ、お手の物だ စိုက်ပျိုးရေးပညာကိုကျွမ်းကျင်နိုင်နင်းသည်။ 農業の知識に通暁している

နိုင်နိုင်[nainnain]（副）たっぷりと、豊富に、有効に　ရေနံချေး:နိုင်နိုင်သုတ်ထားသည်။ タールをたっぷり塗って置いた

နိုင်နိုင်နင်:နင်:[nainnain nin:nin:]（副）巧みに、有効に、効果的に、成功裡に、

နိုင်ပေါက်[nainbau']（名）勝算、勝ち目、勝利のチャンス、成功の秘訣

နိုင်ပေါက်ကိုင်[nainbau' kain]（動）勝つために策を弄する

နိုင်ပေါက်ရှိ[nainbau' ʃi.]（動）勝算がある

~နိုင်ပြီ[nainbi]（助動）もう～してよい　မင်:နား:နိုင်ပြီ။ 君はもう休んでよろしい　မင်:သွား:နိုင်ပြီ။ 君はもう行って宜しい

နိုင်ဖတ်[nainba']（名）苛められ児

~နိုင်မည်[nainmji]（助動）～できるだろう　အသက်မွေးဝမ်းကျောင်းပြုနိုင်မည်။ 生計が立てられるだろう

နိုင်မြင်:[nainmjin:]（名）勝ち馬

နိုင်ရာစား:[nainja sa:]（動）強い者が幅を利かす、力ある者が一方的に搾取する

နိုင်ရာစားခေတ်[nainjaza: k'i']（名）弱肉強食の時代

နိုင်ရာနိုင်ရာ၊ကိုင်ကြကြေး:။（諺）今に見ておれ、俺を甘く見るなよ

နိုင်လိုမင်:တက်[nainlo min:dɛ']（副）力づくで、強権的に、有無を言わさずに、高飛車に

~နိုင်လှ[nainɬa.]（助動）副詞に付く、～する傾向が強い、いかにも～だ　တဖက်စီးနိုင်နိုင်လှတယ်။ あまりにも一方的過ぎる　သူ့ကစားပုံမှာညစ်ကျယ်ကျယ်နိုင်လှသည်။ 彼の遊び振りは傍若無人の傾向がある　ရောက်စပဌမညမှာကဘာအောက်နိုင်လှ။ 到着第一夜は何かにつけて不便であった　အဖြေကပြတ်တောင်:တောင်:နိုင်လှသည်။ 答はきわめてぶっきら棒であった　သူ့စိတ်မှာကား:ကြပ်ဆတ်ဆတ်နိုင်လှသည်။ 彼は性格的に癇癪持ちだ　အမူအရာကနန်:ခန့်နိုင်လှသည်။ 態度物腰はいかにも皮肉っぽい　သူ့အကြည့်မှာရဲရဲစူးစူးနိုင်လှသည်။ 彼の視線はあまりにも不躾な

နိုင်သလောက်[naindəlau']（副）できるだけ、可能な限り、可能な範囲で

နိုင်သူ[naindu]（名）勝者

နိုင်အောင်[nain aun]（助動）できるように　စား:နိုင်အောင် 食べられるように　မစား:နိုင်အောင် 食べられないように

နိုင်ဂျီးရီးယား:[naindʑi:ri:ja:]（国）ナイジェリア

နိုင်ငံ[naingan~nainŋan]（名）国、国家

နိုင်ငံကူ:လက်မှတ်[naingangu: lɛ'ma']（名）パスポート、旅券

နိုင်ငံကူ:လက်မှတ်အတု[naingangu:lɛ'ma'tu.]（名）偽造旅券　=နိုင်ငံကူ:လက်မှတ်အတု

နိုင်ငံကျော်[naingandʑɔ]（形）著名な、よく知られた

နိုင်ငံချဲ့[naingan tʃɛ.]（動）国土を拡大する

နိုင်ငံချင်:စစ်[naingandʑin: si']（名）国家間の戦争

နိုင်ငံချစ်[naingandʑi']（名）愛国者

နိုင်ငံခြား:[naingandʑa:]①（名）外国、異国　②（形）外国の

နိုင်ငံခြား:ကိစ္စ[naingandʑa: kei'sa.]（名）対外問題、外交問題、外務

နိုင်ငံခြား:ကုန်သွယ်မှု[naingandʑa:kountwɛmu.]（名）外国貿易

နိုင်ငံခြား:ကြေး:[naingandʑa: tʃwe:]（名）外国借款

နိုင်ငံခြား:ငွေ[naingandʑa: ŋwe]（名）外貨

နိုင်ငံခြား:ငွေကြေး[naingandʑa: ŋwetʃe:]（名）外貨　=နိုင်ငံခြား:ငွေ

နိုင်ငံခြား:ငွေကြေးဖလှယ်နှန်:[naingandʑa: ŋwetʃe: p'əɬɛnoun:]（名）為替レート

နိုင်ငံခြား:ငွေလဲလှယ်မှု[naingandʑa:ŋwelɛ:ɬɛmu.]（名）両替、外貨交換

နိုင်ငံခြား:တပ်[naingandʑa:da']（名）外国軍

နိုင်ငံခြား:ဖြစ်[naingandʑa:bji']（名）外国製品、舶来品

နိုင်ငံခြား:ဖြစ်အဝတ်အစား:[naingandʑa:bji' əwu' əsa:]（名）外国製衣装、外国製衣類

နိုင်ငံခြား:ဘဏ်[naingandʑa: ban]（名）外国銀行

နိုင်ငံခြား:ရေး:[naingandʑa:je:]（名）外交

နိုင်ငံခြား:ရေး:ဌာနဝန်ကြီး:[naingandʑa:je: t'ana. wundʑi:]（名）外務大臣

နိုင်ငံခြား:ရေး:မူဝါဒ[naingandʑa:je: muwada.]（名）外交政策の基本

နိုင်ငံခြား:ရေး:ဝါဒ[naingandʑa:je: wada.]（名）外交政策

နိုင်ငံခြား:ရေး:ဝန်ကြီး:ဌာန[naingandʑa:je: wundʑi: t'ana.]（名）外務省

နိုင်ငံခြား:ရင်း:နှီ:မြှုပ်နှံမှု[naingandʑa: jin:ɲi: mou'nanmu.]（名）外国資本の投資

နိုင်ငံခြား:ရုပ်ရှင်[naingandʑa: jou'ʃin]（名）外国映画

နိုင်ငံခြား:လုပ်[naingandʑa:lou']（名）外国製

နိုင်ငံခြား:လုပ်ပစ္စည်:[naingandʑa:lou' pji'si:] =နိုင်ငံခြား:လုပ်

နိုင်ငံခြား:ဝင်ငွေ[naingandʑa: winŋwe]（名）外貨

収入
နိုင်ငံခြား:ဝတ်ဆင်ပုံ[naingandʑa: wu'ɔ's'inboun]
（名）外国人の服装
နိုင်ငံခြား:သတင်း[naingandʑa: dədin:]（名）外
国のニュース、国際ニュース
နိုင်ငံခြား:သား[naingandʑa:da:]（名）外国人
နိုင်ငံခြား:သားမှတ်ပုံတင်လက်မှတ်[naingandʑa:da:
ma'poun lɛ'ma']（名）外国人登録証
နိုင်ငံခြား:သားလက်မှတ်[naingandʑa:da: lɛ'ma']
=နိုင်ငံခြား:သားမှတ်ပုံတင်လက်မှတ်
နိုင်ငံခြား:သားအလုပ်သမား[naingandʑa:da: əlou'
təma:]（名）外国人労働者
နိုင်ငံခြား:သုံးငွေ[naingandʑa: toun:ŋwe]（名）
外貨
နိုင်ငံခြား:အရက်[naingandʑa: əjɛ']（名）洋酒
နိုင်ငံစုံအကာအကွယ်ပေးရေးတပ်ဖွဲ့[naingan zoun əka
əkwɛ pe:je: ta'p'wɛ.]（名）多国籍防衛軍
နိုင်ငံညီညွတ်မှု[naingan ɲiɲu'mu.]（名）国内調
和、国内統一、国内団結
နိုင်ငံတကာ[naingan dəga]①（名）全ての国、諸
外国 ②（形）国際的、国際的な
နိုင်ငံတကာကလေးသူငယ်မွေးစားမှု[naingandəga
kəle:təŋɛ mwe:za:mu.]（名）国際養子縁組
နိုင်ငံတကာကြက်ခြေနီကော်မတီ[naingandəga tʃɛ'
tʃeni: kəməti]（名）国際赤十字委員会=ICRC
နိုင်ငံတကာကြက်ခြေနီအသင်း[naingandəga tʃɛ'
tʃeni: ətin:]=နိုင်ငံတကာ ကြက်ခြေနီကော်မတီ
နိုင်ငံတကာငွေကြေးရန်ပုံငွေအဖွဲ့[naingandəga ŋwe
tʃe: janbounŋwe əp'wɛ.]（名）国際通貨基金
=IMF
နိုင်ငံတကာတယ်လီဖုန်း:ဆက်သွယ်မှု[naingandəga
tɛlip'oun: s'ɛ'twɛmu.]（名）国際電話通信、
国際電話連絡
နိုင်ငံတကာပဋိပက္ခ[naingandəga pəti.pɛ'k'a.]
（名）国際紛争
နိုင်ငံတကာရေပိုင်နက်[naingandəga jepainnɛ']
（名）公海
နိုင်ငံတကာရေပြင်[naingandəga jebjin]（名）
公海=နိုင်ငံတကာ ရေပိုင်နက်
နိုင်ငံတကာလူ့အဖွဲ့အစည်း[naingandəga lu.əp'wɛ.
əsi:]（名）国際社会
နိုင်ငံတကာလေကြောင်းခရီးသွားရေးအဖွဲ့[naingan
dəga ledʑaun: k'əji:twa:je: əp'wɛ.]
（名）国際航空協会=IATA
နိုင်ငံတကာလေကြောင်းသယ်ယူပို့ဆောင်ရေးအသင်း[nain
gandəga ledʑaun:tɛjupo.s'aunje:ətin:]

=国際航空運送協会 =IATA
နိုင်ငံတကာလေဆိပ်[naingandəga lezei']（名）
国際空港
နိုင်ငံတကာလေယာဉ်ကွင်း[naingan dəga lejin
gwin:]=နိုင်ငံတကာ လေဆိပ်
နိုင်ငံတကာလူ့အခွင့်အရေးစောင့်ကြည့်အဖွဲ့[naingan lu'
ɲein: t'an:dagwin. əp'wɛ.]（名）国際人権
組織、アムネスティ・インターナショナル
နိုင်ငံတကာသတင်းများ[naingandəga dədin:
mja:]（名）国際ニュース、外電
နိုင်ငံတကာအဆင့်[naingandəga əs'in.]（名）国
際水準
နိုင်ငံတကာအဆင့်မီ[naingandəga əs'in.mi]
（形）国際級の、国際的な水準に達した
နိုင်ငံတကာအကုမြူစွမ်းအင်အဖွဲ့[naingandəga ənu.
mju swan:in əp'wɛ.]（名）国際原子力委員会
=IAEA
နိုင်ငံတကာအရေးအခင်း[naingandəga əje:
ək'in:]（名）国際事件、国際紛争
နိုင်ငံတကာဥပဒေ[naingan dəga u.bəde]（名）
国際法
နိုင်ငံတော်[naingandɔ]（名）国家
နိုင်ငံတော်ကောပဲ့တိုးနှင့်ရောင်းဝယ်ရေးအဖွဲ့[naingandɔ
kau'pɛ:ti:nan jaun:wɛje: əp'wɛ.]（名）
国家農産物販売府（１９５８年以降農産物の買い付
け、流通、販売、輸出等を独占していた国家機関）
နိုင်ငံတော်ကောင်စီ[naingandɔ kaunsi]（名）国
家評議会（１９７４年以降設置された国権の最高議決
機関、１９８８年に廃止された）
နိုင်ငံတော်ငြိမ်ဝပ်ပိပြား:မှုတည်ဆောက်ရေးအဖွဲ့[naingan
dɔ ɲeinwu'pi.bja:mu.tis'au'je: əp'wɛ.]
（名）国家法秩序建設委員会、１９８８年に設置され
た国家最高の意思決定機関、後国家平和発展協議会と
改称、略称はစလော =SLORC
နိုင်ငံတော်တရား:ရုံး:ချုပ်[naingandɔ təja:joun:
dʑou']（名）最高裁判所
နိုင်ငံတော်တရား:သူကြီး:ချုပ်[naingandɔ təja:
tudʑi: dʑou']（名）最高裁判所長官
နိုင်ငံတော်ပညာရေးကော်မရှင်[naingandɔ pjinɲa
je: kəməʃin]（名）国家教育評議会
နိုင်ငံတော်ပိုင်ဆိုင်မှု[naingandɔ pains'ainmu.]
（名）国家の所有、国有
နိုင်ငံတော်ဘာသာ[naingandɔ bada]（名）国教
（ビルマでは１９６１年から６２年３月のクーデター
までの間仏教が国教と定められていた）
နိုင်ငံတော်ရှေ့နေချုပ်[naingandɔ ʃe.nedʑou']

（名）司法長官、検事総長
နိုင်ငံတော်သမ္မတကြီး[naingandɔ tǝmǝda.dʑi:]（名）大統領、ビルマでは１９４８年から６２年までと１９７４年から８８年まで間制度として存在していた、１９８８年のクーデターで廃止となった
နိုင်ငံတော်သီချင်း[naingandɔ tǝtʃin:]（名）国歌（１９４８年１月の独立と同時に定められた、「ド・バマー・アシーアヨン（我らビルマ人連盟）」の歌が基になっている）
နိုင်ငံတော်သစ္စာဖောက်မှု[naingandɔ ti'sap'au'mu.]（名）国家反逆罪、祖国への裏切り
နိုင်ငံတော်လုံခြုံရေး[naingandɔ loundʑoun je:]（名）国家の安全
နိုင်ငံတော်အကြွေး[naingandɔ ǝtʃwe:]（名）国債
နိုင်ငံတော်အထိမ်းအမှတ်တံဆိပ်[naingandɔ ǝt'ein: ǝma' dǝzei']（名）国璽
နိုင်ငံတော်အလံ[naingandɔ ǝlan]（名）国旗（１９４８年の独立の際に定められた国旗は、四分の三が赤地、残り四分の一が藍地、藍地の中心に大きな白星があり、それを五つの小さな白星が囲むデザインであった、１９７４年に制定された新しい国旗は、赤地と藍地の割合は同じだが、藍地の中に稲穂と白い大きな歯車があり、それを１４個の小さな白星が取囲む構図であった）
နိုင်ငံတော်အာဏာ[naingandɔ ana]（名）国家権力、主権
နိုင်ငံတော်အေးချမ်းသာယာရေးနှင့်ဖွံ့ဖြိုးရေးကောင်စီ[naingandɔ e:dʑan:tajaje:nɛ. p'unbjo:je: kaunsi]（名）国家平和発展評議会（１９８年に樹立された軍事政権「国家法秩序建設委員会」の後身）＝SPDC
နိုင်ငံထူထောင်[naingan t'udaun]（動）国家を樹立する、国家を建設する
နိုင်ငံပေါင်းစုံအသင်းကြီး[naingan paun:zoun ǝtin:dʑi:]（名）諸国連合
နိုင်ငံပိုင်[nainganbain]（名）国有、国家所有
နိုင်ငံပိုင်ကုမ္ပဏီ[nainganbain kounpǝni]（名）国営企業、国営会社
နိုင်ငံပိုင်ပြု[nainganbain pju.]（動）国有化する＝ပြည်သူပိုင်ပြု
နိုင်ငံပိုင်ပြုလုပ်ရေး[nainganbain pju.lou'je:]（名）国有化
နိုင်ငံပိုင်ရုပ်မြင်သံကြား[nainganbain jou'mjin tandʑa:]（名）国営テレビ
နိုင်ငံပိုင်လုပ်[nainganbain lou']＝နိုင်ငံပိုင်ပြု
နိုင်ငံပိုင်လုပ်ငန်း[nainganbain lou'ŋan:]（名）

国営事業
နိုင်ငံပိုင်သိမ်း[nainganbain tein:]（動）国が接収をする、国有とする、国営とする
နိုင်ငံမဲ့[naingan mɛ.]（名）無国籍
နိုင်ငံရေး[naingan je:]（名）政治
နိုင်ငံရေးခိုလှုံ[nainganje: k'oɬoun]（動）政治亡命をする
နိုင်ငံရေးခိုလှုံခွင့်[nainganje: k'oɬoungwin.]（名）政治亡命
နိုင်ငံရေးခိုလှုံခွင့်တောင်းခံ[nainganje: k'oɬoungwin. taun:k'an]（動）政治亡命を求める
နိုင်ငံရေးတည်ငြိမ်မှု[nainganje: tiɲeinmu.]（名）政治の安定
နိုင်ငံရေးနယ်[nainganje: nɛ]（名）政界
နိုင်ငံရေးပညာ[nainganje: pjiɲɲa]（名）政治学、政治的知識
နိုင်ငံရေးပါတီ[nainganje: pati]（名）政党
နိုင်ငံရေးပြုပြင်ပြောင်းလဲမှု[nainganje: pju.bjin pjaun:lɛ:mu]（名）政治改革
နိုင်ငံရေးဗေဒ[nainganje: beda.]（名）政治学
နိုင်ငံရေးရည်မှန်းချက်[nainganje: jiman:dʑɛ']（名）政治的意図、政治の狙い
နိုင်ငံရေးလိုက်စား[nainganje: lai'sa:]（動）政治に携わる、国政に従事する
နိုင်ငံရေးလုပ်ငန်း[nainganje: lou'ŋan:]（名）政治活動、政治の事業
နိုင်ငံရေးသမား[nainganje: dǝma:]（名）政治家
နိုင်ငံရေးအကျဉ်းသမား[nainganje: ǝtʃin:dǝma:]（名）政治犯
နိုင်ငံရေးအခြေအနေ[nainganje: ǝtʃeǝne]（名）政治情勢、政治の状況
နိုင်ငံရေးအခက်[nainganje: ǝk'ɛ']（名）政治的困難、政治の危機、難局
နိုင်ငံရေးအပြောင်းအလဲ[nainganje: ǝpjaun: ǝlɛ:]（名）政治的変動、政治の変化
နိုင်ငံရင်း[naingan jin:]（名）母国、祖国
နိုင်ငံရင်းစကား[nainganjin: zǝga:]（名）母語、母国語
နိုင်ငံရင်းသား[nainganjin:da:]（名）国民、（居留外国人ではない）その国固有の住民
နိုင်ငံရပ်ခြား[naingan ja'tʃa:]（名）外国、異国
နိုင်ငံလုပ်ငန်း[naingan lou'ŋan:]（名）国営事業、国営企業
နိုင်ငံလုံးဆိုင်ရာ[nainganloun: s'ainja]（形）全国の、国全体に関する
နိုင်ငံဝင်ခွင့်လက်မှတ်[naingan wingwin. lɛ'ma']

339　နည်း

（名）査証、ビザ
နိုင်ငံ၀န်ထမ်း[naingan wundan:]（名）国家公務員
နိုင်ငံသား[nainganḏa:]（名）国民、自国民、本国民、市民
နိုင်ငံသားအဖြစ်ခံယူ[nainganḏa: əp'ji' k'anju]（動）市民権を得る
နိုင်ငံသူနိုင်ငံသား[naingandu nainganḏa:] =နိုင်ငံသား
နိုင်ငံသစ်[naingandi']（名）新国家
နိုင်လွန်[nainlun]（名）ナイロン ＜英 Nylon
နိုင်လွန်ကတ္တရာလမ်း[nainlun ka'təja lan:]（名）アスファルト道路、舗装道路
နိုင်လွန်ကတ္တရာခင်းလမ်း[nainlun ka'təja gin:lan:] =နိုင်လွန်ကတ္တရာလမ်း
နိုင်လွန်လမ်း[nainlun lan:] =နိုင်လွန်ကတ္တရာလမ်း
နိုင်းချင်း[nain:ʤin:]（副）同じ割合で、同じ比率で
နစ်[ni']（動）①沈む သင်္ဘောနစ်သည်။船が沈没する ②溺れる ရေနစ်သည်။溺れる
နစ်ဆို့[ni's'o.]（動）詰まる
နစ်နာ[ni'na]（動）①苦しむ、虐げられる ②損をする、被害を受ける、不利益を蒙る
နစ်နာကြေး[ni'naʤe:]（名）慰謝料、補償金
နစ်နာခံ[ni'na k'an]（動）不利を蒙る
နစ်နာချက်[ni'naʤɛ']（名）苦情、不平、不利益、損害、損失
နစ်နာခြင်း[ni'naʤin:]（名）損失、不利益
နစ်နာစရာကောင်း[ni'nazəja kaun:]（形）損害が大きい、損失が甚だしい
နစ်မျော[ni'mjɔ:]（動）①失神する、昏倒する、昏睡する ②熱中する、没頭する、のめり込む、我を忘れる
နစ်မြုပ်[ni'mjou']（動）①沈む、沈没する ②溺れる
နစ်မွန်း[ni'mun:]（動）①沈没する ②溺れる ③苦境に陥る、苦界に沈む ④没頭する、熱中する、我を忘れる
နစ်ကာရာဂွာ[ni'kəra:gwa.]（国）ニカラグア
~နည်း[ni:]（助・文）文末で使用、疑問を表わす ～かcf.～သနည်း။ ～မည်နည်း။ ～အံ့နည်း။ အဘယ်မှာရန်နည်း။どこで得られるのであろうか ဘယ်အကျိုးရှိအံ့နည်း။どんな利益があるのだろうか အဘယ်မှာရှိသနည်း။何処にあるのか အဘယ့်အသား ကိုကြိုက်သနည်း။どんな肉が好きなのか အတ္ထုပ္ပတ္တိကိုမည်သူရေးသားပြုစုမည်နည်း။伝記を誰が執筆するのであろうか အဘယ်ကြောင့်လှုအာလေးစားချစ်ခင်ရသနည်း။何故に ウー・フラを敬愛する

のであろうか
နည်း[nɛ:]（形）少ない、僅かだ、希だ、希少だ
နည်းနည်း[nɛ:nɛ:]（副）少し、一寸、幾らか、多少 ဆားနည်းနည်းယူခဲ့။塩を少し持って来い မှန်ကနည်းနည်းရှည်တယ်။鏡が少し長い ပျားရည်နည်းနည်းချန် ထားပါ။蜂蜜を少し残しておいてくれ အချိန်နည်းနည်းကြာသွားတယ်။少し時間がかかってしまった
နည်းနည်းကျဉ်းကျဉ်း[nɛ:nɛ: tʃin:ʤin:]（副）少し、少量、若干
နည်းနည်းချင်း[nɛ:nɛ:ʤin:]（副）少しずつ、僅かずつ、一つずつ、こま切れに
နည်းနည်းစီ[nɛ:nɛ:zi]（副）各自僅かずつ
နည်းနည်းတော့[nɛ:nɛ:dɔ.]（副）少しは
နည်းနည်းနော်နော်[nɛ:nɛ:nɔ:nɔ:]（副）①ほんの少し、僅か、程々に ②（否定文で）一寸そやっとで
နည်းနည်းပါးပါး[nɛ:nɛ:pa:ba:]（副）幾らか、少し、少々、少量、若干
နည်းနည်းမှ[nɛ:nɛ:ma.]（副）否定形で使用、少しも、全く、全然、丸きり နည်းနည်းမှမကြောက်ဘူး။全然怖くない နည်းနည်းမှမပျော်ဘူး။一向に楽しくない
နည်းပါး[nɛ:ba:]（形）少ない、乏しい、希だ
နည်းပါးစွာ[nɛ:ba:zwa]（副・文）少し、少量で
နည်းနိုင်သလောက်[nɛ:bа:naindəlau']（副）できるだけ少なく、可能な限り少なく
နည်းများမစ[nɛ:mja:məs'o]（副）幾らでも、多少を問わず
နည်းလျော့[nɛ:jɔ.]（動）減る、減少する
နည်းအောင်လုပ်[nɛ:aun lou']（動）少なくする、減らす
နည်း[ni:]①（名）方法、手段、やり方 ②（副）同様に =နည်းတူ
နည်းကောင်း[ni:gaun:]（名）よい方法、良策、よい手段、良案
နည်းကျ[ni: tʃa.]（動）体系的だ、規律正しい、正式なものだ、流儀に叶う、やり方に合致する、手際がよい
နည်းခိုး[ni: k'o:]（動）模倣する、真似る
နည်းခံ[ni: k'an]（動）流儀を学ぶ、やり方を継承する
နည်းစနစ်[ni: səni']（名）やり方、方法、方式
နည်းညွှန်းလမ်းပြ[ni: ɲun lan:bja.]（名）解説、図解、例解
နည်းတူ[ni:du]（副）同様に、同じように သားယံ လည်းအစ်ကိုများနည်းတူသွားလေသည်။下の子も兄達同様出かけた ရှေးကပေါ်ထွန်းခဲ့သောပုဂ္ဂိုလ်များဆက်လက်ထွန်းကားသည်နည်းတူယခုသတ္တ၀ါ နှစ်များလည်းပေါ်

နည်းနာ

ထုံးလာသည်။ 昔流行した形が今も人気があるように新しいデザインも現れてきた

နည်းနာ[ni:na:] (名) 方式、やり方、手段

နည်းနာစနစ်[ni:na: səni') (名) 方式、やり方、流儀

နည်းနာနီသယ[ni:na nei'təja.] (名) 方法、手段、やり方

နည်းပညာ[ni: pjinɲa] (名) 技術

နည်းပညာဆိုင်ရာအကူအညီ[ni:pjinɲa s'ain ja əku əɲi] (名) 技術協力

နည်းပညာလွှဲပြောင်းရေး[ni:pjinɲa ɫwɛ:pjaun:je:] (名) 技術移転

နည်းပရိယာယ်[ni: pəri.jɛ] (名) 戦略、策略、駆け引き

နည်းပေးလမ်းပြ[ni:be:lan:bja.] (名) 技術指導

နည်းပေးလမ်းပြလုပ်[ni:be:lan:bja. lou'] (動) やり方を手ほどきする、伝授する、指導する、教導する

နည်းပြ[ni: pja.] (動) やり方を教える、方法を伝授する、指導する

နည်းပြဆရာ[ni:bja. s'əja] (名) ①（大学の）助手 ②（士官学校の）指導教官

နည်းဗျူဟာ[ni:bjuha] (名) 作戦、戦術、戦略

နည်းမကျ[ni: mətʃa.] (形) 手際が悪い

နည်းမမှန်[ni: məman] (形) やり方が間違っている、正当なやり方ではない

နည်းမျိုးစုံ[ni: mjo:zoun] (名) あらゆる手段、あらゆる方法、各種の方法

နည်းမှန်[ni:man] (名) 正しい方法、正しい手段

နည်းမှန်လမ်းကျ[ni:man lan:dʒa.] (副) 筋が通っていて、まともなやり方で

နည်းမှန်လမ်းမှန်[ni:man lan:man] (副) 正しいやり方、正しい方法

နည်းယူ[ni: ju] (動) 模倣する、見真似で覚える

နည်းလမ်း[ni:lan:] (名) 方法、手段、やり方

နည်းလမ်းကျ[ni:lan tʃa.] (動) 合理的だ、正当な方法だ、まともなやり方だ、ルールに合致する

နည်းလမ်းစည်းကမ်းမကျ[ni:lan: si:kan: mətʃa.] (動) ルールに合わない、正当なやり方ではない

နည်းရှင်[ni:ʃin] (名) 活きた方法、柔軟な方法

နည်းသေ[ni:de] (名) 固定した方法

နည်းအမျိုးမျိုး[ni:u. əmjo:mjo:] (名) 各種の方法、様々なやり方

နည်းဥပဒေ[ni:u.bəde] (名) （法律に付随する）施行規則、細則、条例

နတ်[na'] (名) ①精霊、神霊 ②（ヒンズー教の神から転じた）天、デーヴァ

နတ်က[na'ka.] (動) （巫女が）神に踊りを奉納する

နတ်ကတော်[na'gədɔ] (名) ①神霊が憑依した女性、霊媒 ②巫女 ③芝居や舞踊の舞台で前座として踊る踊り子

နတ်ကနားပေး[na'kəna: pe:] (動) 神霊を鎮める為の供養をする

နတ်ကကျီးမော။ (諺) 神への踊り、カラスくたびれる （無関係な事に時間を浪費して福を失う）

နတ်ကိုး[na' ko:] (動) ①神霊を崇拝する ②神霊に供物を捧げる

နတ်ကိုးကွယ်[na' ko:gwɛ] (動) 神霊を崇拝する、神霊を信仰する（男性よりも女性に多い）

နတ်ကိုးကွယ်မှု[na' ko:gwɛmu.] (名) 神霊崇拝、精霊崇拝

နတ်ကောက်[na' kau'] (動) 神の妃に選ばれる、霊媒となる

နတ်ကောင်းနတ်မြတ်[na'kaun: na'mja'] (名) 善神

နတ်ကျ[na' tʃa.] (動) 神が乗り移る、神霊が憑依する

နတ်ကျသလို[na' tʃa.dəlo] (副) まるで神霊が憑依したように　တကိုယ်လုံးနတ်ကျသလိုတုန်နေသည်။ まるで精霊が乗り移ったかの如く全身が震えている

နတ်ကြီး[na' tʃi:] (形) 神霊の祟りが強い

နတ်ကြီးငါးပါး[na'tʃi:ŋa:ba:] (名) （ヒンズーの神々から転じた）五体の神々（サラスワティ、チャンディー、シヴァ、ガネシャ、ゴーラウェインダ）

နတ်ကြမ်း[na'tʃan:] (形) 神霊の威力が強い

နတ်ကွန်း[na'kun:] (名) 神の社、（木造の）神殿

နတ်ကွန်းနတ်နန်း[na'kun: na'nan:] =နတ်ကွန်း

နတ်ကွဲ[na'ku] (名) 睾丸が片側にしかない人

နတ်ရိုင်[na' k'əjain] (名) 神棚、神のおわす社

နတ်ချင်း[na'tʃin:] (名) 神霊への祭礼で巫女によって歌われる歌（バデーターヤーザの「三十七神歌謡」が有名）

နတ်ဇပါး[na' zəba:] (名) （植）ムラサキヒメノイネ（イネ科）Oryza officinalis =နတ်ကောက်

နတ်စား[na' sa:] (動) 神霊の祭礼で用意される饗宴を食べる

နတ်စင်[na'sin] (名) 神棚

နတ်စိမ်း[na'sein:] (名) （変死者、横死者等）成仏できない死霊、怨霊

နတ်ဆိုး[na's'o:] (名) 悪霊、邪悪神、疫病神

နတ်ညှင်း[na'ɲin:] (虫) セミ

နတ်တော်ပဲ[nədɔbɛ:] (植) ササゲ（マメ科）

Vigna catjang =ပဲလွမ်း

နတ်တော်လ[nədɔ la.] (名) ビルマ暦9月 (太陽暦のほぼ12月)

နတ်တို့ဖန်၊ ရေကန်အသင့်၊ ကြာအသင့် (諺) 神霊の気配り、池には水と睡蓮 (運に恵まれる)

နတ်တို့မျက်စေ့[naʔto.mjɛʔsi.] (名) 天眼、神の眼

နတ်တင်[naʔ tin] (動) 神に供え物をする နတ်တင်ထားသောထမင်း 神霊に供えた米飯

နတ်ထင်းရှူး[naʔ tʻinːjuː] (植) ヒマラヤスギ (マツ科) Cedrus deodara

နတ်ထိန်း[naʔtʻeinː] (名) 神霊に関する事柄を采配する人

နတ်ဒေဝ[naʔ dewa.] (名) 神、デーワ、(仏教の) 諸天

နတ်ဒိုး[naʔdoː] (名) 神霊を鎮めるための音楽

နတ်နေကိုင်း[naʔnegainː] (名) 木の梢 (木を伐採する時に全ての枝を払ってはならない、神霊が宿る)

နတ်နီးလ[naʔnoː la.] (名) ビルマ暦8月 (ヴィシュヌ神が目覚める月) =တန်ဆောင်မုန်းလ

နတ်နန်း[naʔnanː] (名) 神殿、神の社

နတ်ပဌ[naʔ pa.ṭa.] (動) 神に捧げる、神に供える

နတ်ပူဇော်[naʔ puzɔ] (動) 神に供える、生け贄にする

နတ်ပူး[naʔpuː] (動) 神懸かりになる、神霊が乗り移る、憑依する =နတ်ကျ၊နတ်ဝင်

နတ်ပြ[naʔ pja.] (動) 得度予定の少年を神霊の祠の前に連れて行き神霊の加護を折る、祝福を受ける

နတ်ပြည်[naʔpji] (名) ①神の世界、天界 ②欲界

နတ်ပြည်ခြောက်ထပ်[naʔpji tʻauʔtʻaʔ] (名) (仏教世界の) 六欲天 (စတုမဟာရာဇ် 四王天 တာဝတိံသ とう利天 ယာမာ 夜摩天 တုသိတာ 兜率天 နိမ္မာနရတိ 楽変化天 ပရနိမ္မိတဝသဝတ္တီ 他化自在天)

နတ်ပြည်စံ[naʔpji san] (動) 国王が崩御なさる、お隠れになる、天界に赴かれる

နတ်ပြည်ပြောင်စံ[naʔpji pjaunːsan] (動) 国王が崩御なさる、お隠れになる、王妃が逝去なさる

နတ်ပွဲ[naʔpwɛː] (名) ①神への祭礼、神霊祭 ②神霊へのお供え (バナナ、ココヤシの実、茶等)

နတ်ပွဲပေး[naʔpwɛː peː] (動) 神への供物を供える

နတ်ဘီလူး[naʔbəluː] (名) 鬼神、羅刹、夜叉

နတ်ဘုံခြောက်ရွာ[naʔboun tʻauʔjwa] (名) 六欲天 =နတ်ပြည်ခြောက်ထပ်

နတ်မေး[naʔ meː] (動) 神霊に伺いを立てる、過去や未来を霊媒に尋ねる、霊媒師に占ってもらう

နတ်မင်းကြီးလေးပါး[naʔminːdʑiː leːbaː] (名) 四天王 (持国天、増長天、広目天、多聞天)

နတ်မျက်စိ[naʔ mjɛʔsi] (名) レーダー

နတ်ယောကျ်း[naʔ jauʔtʃa] (名) 男神

နတ်ယဉ်[naʔ jin] (動) 神懸かりになり易い、神霊が憑依し易い

နတ်ယာဉ်ပျံ[naʔjinbjan] (名) 神の乗物、飛車

နတ်ရူး[naʔjuː] (名) 神霊の狂信者

နတ်ရုပ်[naʔjouʔ] (名) 神像、神の像

နတ်ရွာကြ[naʔjwa tʃwa.] (動) 極楽に赴く =နတ်ရွာစံ

နတ်ရွာစံ[naʔjwa san] (動) 国王または王妃が死去なさる、崩御あそばされる

နတ်ရွာလား[naʔjwa laː] =နတ်ရွာစံ

နတ်လမ်း[naʔlanː] (名) 仏塔、寺院への通路、傾斜路

နတ်လမ်းညွှန်[naʔ lanːɲun] (名) 秘伝書、神の御告げを記した書物

နတ်လျှောင်းလ[naʔɬaunːla.] (名) ビルマ暦4月 (ヴィシュヌ神が就寝する月) =ဝါဆိုလ

နတ်ဝင်[naʔ win] ① (動) 神霊が憑依する =နတ်ပူး ② (名) (男性の) 霊媒師 cf. နတ်ကတော်

နတ်ဝင်သည်[naʔwindɛ] =နတ်ဝင်

နတ်ဝတ်နတ်စား[naʔwuʔnaʔsaː] (名) 神々の衣装

နတ်ဝှက်[naʔ hwɛʔ] (動) 神隠しに遭う

နတ်သမီး[naʔ təmi] (名) ①天女、女神 ②遊女、娼婦、売春婦

နတ်သမီးကမ်းပါး[naʔtəmiː kanːbaː] (名) 直立した崖、絶壁

နတ်သမီးချောင်ခင်[naʔtəmiː tʃʻigin] (名) 霜柱 (初冬に田圃で見られる)

နတ်သမီးထောင်ချောက်[naʔtəmiː tʻaundʑauʔ] (植) ハエトリソウ

နတ်သမီးပေါက်[naʔtəmiː bauʔ] (名) ビルマの竪琴の響胴に開けてある穴

နတ်သား[naʔ taː] (名) 欲界の住人、男の神

နတ်သော[naʔtouda] (名) ①神の食べ物 ②珍味佳肴、馳走 =နတ်သုဓာ

နတ်သက်[naʔtɛʔ] (名) 天寿、天界での寿命、神としての寿命

နတ်သက်ကြွေ[naʔtɛʔ tʃwe] (動) 命が尽きる、寿命が来る

နတ်သစ်ရွက်[naʔtiʔjwɛʔ] (名) 茶

နတ်သတ်[naʔtaʔ] (名) 立ち枯れの木

နတ်သတ်အိုလ[naʔtaʔɔlɛ] (名) 立ち枯れ

နတ်သံ[naʔtan] (名) 神祇賦、神を称える歌

နတ်သံနှော[naʔtan nɔː] (動) 神霊が憑依して語る、

နတ်သံပစ်

哀調を帯びた調子で語る

နတ်သံပစ်[naʔtan pjiʔ]（動）神霊への祭礼で奉納される神霊の前世を歌った歌

နတ်သံပြော[naʔtan pjɔː]（動）神霊の過去を語る

နတ်သုံးဆယ်ခုနှစ်မင်း[naʔtoun:ze.kʔunnəmin:]（名）三十七柱の神（ヒンズー神から転化した神、神話伝説上の人物および実在人物の霊魂から転じた神霊等が混在している）

နတ်သွေးကျောက်[naʔtwe:tʃauʔ]（名）薔薇尖晶石、赤色の貴石、成分はMg Al2 O4

နတ်သြဇာ[naʔɔ:za]（名）神の食べ物

နတ်အုန်းသီး[naʔoun:di:]（名）家の守護神、マハーギーリ・ナッが宿るとされ、家の柱に吊り下げられるココナッツの実

နဂဟိတ်[neiʔɡəheiʔ]（名）ビルマ文字の上に離れて添えられる小点、母音の鼻音化を表わす 例 ကံ၊မံ၊သံ ＝သေးသေးတင်

နတ္တိ[naʔti.]（形）無い、存在しない、皆無だ ၌ နိုင်ကားနတ္တိ။ 履物は皆無 ပစ္စည်းဥစ္စာလည်းနတ္တိ။ 財産も皆無 ထမင်းသုံးနပ်မှလွဲ၍အခြား：အားကိုးစရာနတ္တိ။ 三度の食事を除いて他に頼るものは何もない

နိစ္စ[nei̇sa.]（名）恒常、常在、堅固不変 ＜パ Nicca

နိစ္စဓူဝ[nei̇sa.duwa.]（副）常に、絶えず、恒久的に ＜パ Niccaduva

နိစ္စဘတ်ဆွမ်း[neiʔzəbaʔsʔun:]（名）出家に喜捨される毎日の食事 ＝နေ့စဉ်ဆွမ်း

နိစ္စသီလ[nei̇sa.tila.]（名）常守戒律、五戒

နို[nei̇]（形）素晴らしい、素敵だ ＝နိုပ်

နုတ်[nouʔ]（動）①抜く、抜き取る、引き抜く、引き出す သွား：နုတ်သည်။ 歯を抜く ②引く、減じる ငါးထဲက လေး：နုတ်သည်။ 5から4を引く ③解任する、免職する မြို့ဝန်ရာထူးမှနုတ်သည်။ 太守を解任する

နုတ်ကိန်း[nouʔkein:]（名）減算、引き算

နုတ်ထွက်[nouʔtʔwɛʔ]（動）①（会、党、組織を）脱退する ②（役職を）辞任する ရာထူးမှနုတ်ထွက်သည်။ ③退学する

နုတ်ထွက်စာ[nouʔtʔwɛʔsa]（名）辞職届

နုတ်ထွက်စာတင်[nouʔtʔwɛʔsa tin]（動）辞職届を提出する

နုတ်ပယ်[nouʔpɛ]（動）①排除する、取り除く、削除する ②除名する、追放する

နုတ်လစ်[nouʔlaʔ]（名）減算の答、差

နုတ်သိမ်း[nouʔtein:]（動）解任する、降格させる

နန့်[nan.]（動）①（犬が尾を）振る အမြီးနန့်သည်။尾を振る ②貧乏揺りをする ဒူး：နန့်သည်။ 膝を揺ぶる

342

③（男女が）戯れる、いちゃつく、淫らな行いをする、淫蕩だ、浮気性だ

နန့်ကြော့ဆဲ[nan.dʑo: sʔwɛ:]（形）下品だ、淫らだ、淫蕩だ、浮気っぽい、素行が悪い

နန့်နန့်တဲ့[nan.nan. tɛʔ]（動）はしたない、破廉恥だ、自制が利かない

နန့်ပြာပြာ[nan.pjabja]（副）素行が悪くて

နန်ဒဝန်ငှက်[nandəwun ŋɛʔ]（名）極楽鳥

နန်ပြာ[nanbja:]（名）小麦粉を薄く展ばして焼いたインドパン

နန်း[nan:]（名）針金、銅線

နန်းကြိုး[nan: dʑi:]（名）ビー粉（米の粉で作った太い麺）＝ကြော့ဆံကြိုး

နန်းကြိုးသုပ်[nan: dʑi:douʔ]（名）米粉のサラダ

နန်းကြိုး[nan: dʑo:]（名）針金、電線

နန်းဆွဲ[nan: sʔwɛ:]（動）針金を作る

နန်းလိမ်[nan:lein]（名）捻じった銅線

နန်းလှီး[nan: ɬi:]（動）捻じった銅線を作るために線を細く切る

နန်းသေး[nan:de:]（名）①細い銅線 ②細い麺

နန်း[nan:]（名）宮殿、王宮 နန်းကိုသိမ်းမြှောက်သည်။ 王位に就く、即位する

နန်းကကျော်ဝန်[nan:gədʑwe:wun]（名）（王朝時代の）御所造営奉行

နန်းကျ[nan: tʃa.]（動）退位する

နန်းချ[nan: tʃa.]（動）退位させる、廃位させる

နန်းစိုက်[nan:saiʔ]（動）都を築く、王都を建設する

နန်းစဉ်[nan:zin]（形）王家伝統の

နန်းစဉ်စာ[nan:zin sa]（名）王家の文書、王家の記録

နန်းစံ[nan: san]（動）支配する、君臨する、統治する

နန်းစံနှစ်[nan:zan ɲiʔ]（名）在位年数

နန်းစွန့်[nan: sun.]（動）王位を放棄する

နန်းဆောင်[nan: zaun]（名）宮殿、王宮の建物、御所

နန်းဆန်[nan: sʔan]（形）王朝的だ、王朝風だ

နန်းညွန့်နန်းလျာ[nan: ɲun. nan:ɬja]（名）王位継承者、皇太子

နန်းတရုပ်[nan:tərouʔ]（植）①ソゴウコウ（マンサク科） Liquidamber orientalis ②サラマサソゴウコウ Altinger exelsa

နန်းတော်[nan:dɔ]（名）御所、御殿、宮殿

နန်းတော်ခရု[nan:dɔ kʔəju.]（貝）タコブネ、ノーチラス

နန်းတော်သူ[nan:dɔdu]（名）（王宮勤務の）女官

နန်:တော်သိမ်း[nan:dɔ tein:](動)新造の御所に国王が入る

နန်:တက်[nan: tɛʔ](動)即位する、王位に就く

နန်:တင်[nan: tin](動)①即位させる、王位に就ける ②妃にする、王妃に迎える

နန်:တည်[nan: ti](動)王都を築く、王宮を造営する

နန်:တွင်:ဇာတ်[nan:dwin:zaʔ](名)宮廷戯曲、宮廷劇

နန်:တွင်:ပေါက်[nan:dwin:bauʔ](形)王宮出身の、宮廷生まれの

နန်:တွင်:သူ[nan:dwin:du](名)宮廷女官、殿上人

နန်:တွင်:သူနန်:တွင်:သား[nan:dwin:du nan:dwin: da:]=နန်:တွင်:သူ

နန်:ထိုင်[nan: t'ain](動)王位に就く、王として統治する

နန်:မငါ:ဆောင်[nan:ma.ŋa:zaun](名)御所の中心的建物五つ

နန်:မတော်[nan:mədɔ](名)皇后、正妃

နန်:မြို့[nan:mjo.](名)王城内部

နန်:မြင့်[nan:mjin.](名)①望楼 ②玉座のある国王の御座所

နန်:ရိုး[nan:jo:](名)王統、国王一族

နန်:ရင်:ဝန်[nan:jin:wun](名)①王朝時代の秘書官長 ②英国政府の大臣

နန်:ရင်:ဝန်ကြီ:[nan:jin:wundʑi:](名)(1935年ビルマ統治法に基づく)戦前のビルマの首相、初代はバモー博士=နန်:ရင်:ဝန်

နန်:ရန်[nan:jan](名)皇太子

နန်:ရံ[nan:jan](名)貴族、藩侯、土侯、藩王

နန်:လောင်:နန်:လျာ[nan:laun: nan:lja](名)皇太子

နန်:လုံ:ကြို့င်[nan:loun:dʑain](植)キンゴウカン(ネムノキ科)Acacia farnesiana 花は黄色芳香あり

နန်:လျာ[nan:ja](名)皇太子

နန်:လျာထာ:[nan:ja t'a:](動)皇太子に任じる

နန်:လျာနန်:လောင်:[nan:ja nan:laun:](名)国王の後継者、王家の嗣子

နန်:လျာရွေ:[nan:ja jwe:](動)皇太子を選ぶ

နန်:သူနန်:သား:[nan:du nan:da:](名)宮中の人々、王宮内の人々

နန်:သက်[nan tɛʔ]①(動)退位する ②[nan:dɛʔ](名)在位年数

နန်:သုံ:စကာ:[nandoun:zəga:](名)宮廷用語、宮中用語=ထီ:သုံ:နန်:သုံ:စကာ:

နန်:ကတိ[nan:kətʼi.](名)蒸した餅米に砂糖やココ椰子の液汁を振り掛けた食べ物

နန့်[noun.](形)ひ弱だ、丈夫でない、虚弱だ

နန့်နန့်[noun.nɛ.](形)ひ弱だ、丈夫でない、虚弱だ

နန့်ချာ[nountʃa](形)劣っている、みすぼらしい、貧弱だ、見劣りする =နို့ချာ

နုန်:[noun:](名)沈泥、沖積土、堆積土 =နို့:

နုန်:ကျောက်[noun:tʃauʔ](鉱)水成岩 =အနုန်:ကျ ကျောက်

နုန်:တင်မြေနု[noun:tin mjenu.](名)沖積土壌、堆積土壌

နန်:[noun:](動)ぐったりする、疲労する

နန်:ခွေ[noun:k'we](動)疲労困ぱいする

နပ်[naʔ](動)①蒸れる ထမင်:နပ်သည်။ 御飯が炊き上がる ②甲斐がある လုပ်ရကျို:နပ်သည်။ する甲斐がある cf. ရကျို:နပ် ③鮮明で、くっきりしている、賢明だ、ずる賢い、抜け目がない ဒီလူကသိပ်နပ်တာဘဲ။ この人はとても賢明だ ④(助数)食事の回数 တနေ့ သုံ:နပ်စာ:တယ်။ 1日3食食べる နပ်မှန်မှန်မစာ:ဘူ:။ 食事が不規則だ

နပ်ကျော်စာ:[naʔtʃɔ sa:](動)定刻を過ぎて食事をする、時間遅れで飯を食う、食事時間が不規則だ、三食まともに食わない

နာဘ်ဆရာဝန်[naʔku. sʼəjawun](名)神経科医

နာဘ်ကြော[naʔtʃɔ:](名)神経

နာဘ်ဗေဒ[naʔbeda.](名)神経学

နိပ်[nei]①(形)素敵だ、いかす、よい具合だ、しめた မပိုဘူ:။ うまくいかない ②(動)下降する、下落する、滞る တန်ဘို:နိပ်သည်။ 値段が下落する

နိဗ္ဗာန်[neiʔban](名)①涅槃〈パ Nibbāna ②極楽

နိဗ္ဗာန်ကူ:တို့[neiʔban gədo.](名)無料の渡し舟、功徳を積むために提供した渡し舟

နိဗ္ဗာန်ကုန်[neiʔbangoun](名)仏像、袈裟等、仏教関係の品物

နိဗ္ဗာန်ကျောင်:[neiʔban tʃaun:](名)比丘の遺体を葬儀までの間安置しておく建物

နိဗ္ဗာန်ဆော်[neiʔbanzɔ](名)斎飯を炊くよう、斎飯の用意をするよう、功徳を積むよう、在家信者に大声で呼掛ける担当者

နိဗ္ဗာန်ဈေ:[neiʔban ze:](名)①仏教祭礼に集まる善男善女を無料で接待する店 ②門前市、パゴダ参道の両側に出店した店

နိဗ္ဗာန်မဂ်ဖိုလ်[neiʔban mɛʔpʼo](名)涅槃への道、道果

နိဗ္ဗာန်ယာဉ်[neiʔban jin](名)霊柩車

နိဗ္ဗာန်ရောက်[neiʔban jauʔ](動)涅槃に至る、涅

နိဗ္ဗိန်[nei'beinda.]（名）ぼやき、愚痴 ＜パ

涅槃の境地に達する、出家が他界する

နုပ်[nou']（形）①ちっぽけだ ②取るに足りない、詰らない ③柄が悪い、品がよくない အမြင်နုပ်သည်။ 見た目が貧弱だ

နာမ်[nan]（名）名詞

နာမ်စား[nanza:]（名）代名詞

နာမ်ပေါင်းကြိယာ[nanbaun: kəri.ja]（名）動名詞

နာမ်ပုဒ်စု[nanbou'su.]（名）名詞句

နမ်း[nan:]（動）①嗅ぐ、頬擦りする ②口付けする、接吻する、キスする

နမ်းထုပ်[nan:dou']（名）（産婦に嗅がせる）匂い袋（ニオイクロタネソウの種を煎って入れてある）

နမ်းဖန်များ[nan:ban mja:]（動）絶えず嗅ぐ

နမ်းရှု[nan:ʃu]（動）嗅ぐ、匂いを嗅ぐ

နမ်းရှုပ်[nan:ʃou']（動）頬擦りする、接吻する、口付けする、キスする、愛撫する

နိမ့်[nein.]（形）①低い ②小柄だ、背が低い

နိမ့်ကျ[nein.tʃa.]（動）下落する、下降する

နိမ့်ဆင်း[nein.s'in:]（動）傾斜する、坂になる

နိမ့်ဆင်းသွာ[nein.s'in: twa:]（動）落ち込む、沈み込む

နိမ့်တုံမြင့်တုံ[nein.doun mjin.doun]（副）低くなったり高くなったりして

နိမ့်ပါး[nein.ba:]（動）①衰退する ②（形勢が）不利になる ③敗れる、敗北する

နိမ့်ရှိုင်း[nein.ʃain:]（形）傾斜が急だ

နိမ့်လျှော[nein.ʃɔ:]（動）滑り降りる

နိမ့်သံ[nein.dan]（動）下降型声調（ビルマ語の声調の一つ、高めに発声した後尻下がりになる。例အာ：၊ အီး၊ အူး၊ အောင်း၊ အိုင်း 等）

နိမ့်[nein]（動）下がる、下降する、しゃがむ

နိမ္မာနရတိ[neinma nərəti.]（名）楽変化天（六欲天の一つ）cf. နတ်ပြည်ခြောက်ထပ်

နိမ္မိတ[nein mi.ta.]（名）仏像

နံ့[nan.]（名）匂い ＜အနံ့။ အရက်နံ့ 酒の匂い ဓာတ်ဆီနံ့ ガソリンの匂い ချွေးနံ့ 汗の匂い အိမ်သာနံ့ 便所の匂い

နံ့သာ[nəda~nan.da]（名）①香り、芳香 ②香料

နံ့သာဆီ[nədəs'i]（名）香油、芳香油

နံ့သာနီ[nətəni]（植）コウキシタン（マメ科） Pterocarpus santaqlinus

နံ့သာပူ[nədəbu.]（植）サンジャクバナナ、アラカンバナナ（バショウ科）Musa Paradisiaca arakanensis 小型で香りがある

နံ့သာပျောင်း[nədabjaun:]（名）ペースト状にしたビャクダン

နံ့သာဖြူ[nətəp'ju]（植）ビャクダン（ビャクダン科）Santalum album

နံ့သာရောင်[nədajaun]（名）淡黄色、薄黄色、鈍黄色

နံ[nan]（動）悪臭を放つ、臭い匂いを出す

နံစော်[nansɔ]（動）悪臭がする、厭な匂いがする

နံ[nan]（名）①脇、側面 လှေနံ 船側 ②腋、脇腹 ③あばら骨、肋骨

နံကြား[nandʒa:]（名）肋間、あばら骨の間

နံကျယ်ပိုင်[nanŋɛbain:]（名）①行水用のロンジー ②幅の短いロンジー、腰を覆うだけのロンジー

နံစောင်း[nanzaun:]（名）胸郭の横、腋の下

နံစပ်[nanza']（名）①横腹、脇腹、肋骨の一番下と腰骨との間 ②ロンジーのサイズの表現

နံညှပ်[nanɲun.]（名）横腹、脇腹

နံတောင်[nandaun:]（名）胸郭の横、腋の下

နံပါ[nanba:]（名）①腋、腋の下 ②脇、横 ③傍

နံပေါ်ကြာထောက်[nanbɔ nandʒa: t'au']（動）指先を口の中に入れた後脇腹に押し当てて、可不可、善悪等を占う

နံဖိနံမထောက်[nanbɔ nanma. t'au']＝နံပေါ်ကြာထောက်

နံဖေး[nəbe:]＝နံဘေး

နံဘေး[nəbe:]（名）脇、横、脇腹

နံဘေးထား[nəbe: t'a:]（動）さて置く

နံဘေးနံပါ[nəbe: nanba:]（名）脇、横

နံဘေးနံဘီ[nəbe: nanbi]（名）脇、横

နံရိုး[nan jo:]（名）あばら骨、肋骨

နံရံ[nan jan]（名）壁 cf. ထရံ

နံရံကပ်[nanjanga']（形）壁に掛けた、壁に張った

နံရံကပ်စက္ကူ[nanjanga' sɛ'ku]（名）壁紙

နံရံကပ်နာရီ[nanjanga' naji]（名）壁に吊した時計、壁掛け時計

နံရံကပ်ပိုစတာ[nanjanga' posəta]（名）壁に張ったポスター

နံရံကပ်သတင်းစာ[nanjanga' dədin:za]（名）壁新聞

နံ[nan]（名）運星（人はその星の下に生れる）、誕生日の星、誕生曜日

နံညှိုး[nan ɲi']（動）運勢が災する＝နံညှိုး

နံဘယ်[nanbɛ']（名）相性のよい星の下に生れた相手

နံသင့်[nan tin.]（動）出生曜日に当る

နံသင့်ဂဏန်း[nandin. gənan:]（名）運星数字、運星と組合わされた数 1＝日 2＝月 3＝火星 4＝水星 5＝木星 6＝金星 7＝土星 8＝羅睺 9＝

豹尾星
နံသင်္ကြချာ် [nandin. tintʃa] (名) 曜日と組合わせた数字 (日曜=1 月曜=2 火曜=3 水曜=4 木曜=5 金曜=6 土曜=7) 例 လှည်း၀င်ရှိးသံတည်ည်၊ ပုဂံဘုရားပေါင်း။ (4446733、バガンの仏塔の数) ၃ချြအော်မည်၊ ကုန်းဘောင်တည်။ (1110、コンバウン王朝創設の年)

နံကထိုင် [nan kət'ain] (名) 丸い形をした白色の甘いインド菓子

နံကာလ [nan kala.] (名) ビルマ暦5月=ဝါခေါင်လ

နံနက် [nannɛ'] (名・文) 朝 =မနက်

နံနက်ခင်း [nannɛ'k'in:] (名) 午前

နံနက်စာ [nannɛ'sa] (名) 朝食

နံနက်စောစော [nannɛ'sɔ:zɔ:] (副) 朝早く、早朝

နံနက်ဆည်ဆာ [nannɛ's'i:za] (名) 早暁、早朝

နံနက်မိုးလင်း [nannɛ' mo:lin:] (動) 夜が明ける

နံနက်လင်း [nannɛ'lin:] (動) 夜が明ける =မိုးလင်း

နံနက်အရုက်လာ [nannɛ'ajoun la] (動) 夜が白み始める、暁になる

နံနံ [nannan] (植) コエンドロ (セリ科) Coriandrum sativum

နံနံစေ့ [nannanzi.] (名) コエンドロの種

နံနံရွက် [nannan] (名) コエンドロの葉 (ビルマ麵モヒンガーの上に載せる)

နံနွင်း [s'ənwin:] (植) =ဆနွင်း

နံပါတ် [nanba'] (名) 番号 <英 Number

နံပါတ်ကုန် [nanba' koun] (動) 大きすぎる、特大の寸法より大きい、最大のサイズを更に超える

နံပါတ်ကုန်အောင် [nanba' koun aun] (副) 極端に

နံပါတ်ချိတ် [nanba' tʃei'] (動) 定数になる、定数に達する

နံပါတ်တုတ် [nanba' dou'] (名) 警棒、棍棒 <英

နံပါတ်ပြား [nanba'pja:] (名) ナンバー・プレート

နံပြာ: [nanbja:] (名) 練った小麦粉を薄く延ばして焼いたインド系の食べ物 <ヒ Nan

နံပြောက် [nanbjau] (名) パーリ語難解語句の抜粋翻訳

နံမည် [namɛ] (名) 名前 =နာမည်၊ နာမယ်။

နံမည် [nanmji] =နမည်

နံမည်တွင် [namɛ twin] (動) 名前を付ける、命名する

နံ [noun] (形) ①劣っている、下らない、役に立たない ②見るぼらしい、粗末で、貧相だ、貧弱だ、悲惨だ

နံချာ [nount∫a] (形) 見すぼらしい、見劣りがする
ကျဉ်းမြောင်းနှံချာလှသောအခန်း 狭くてみすぼらしい部屋

နံနယ် [nounnɛ:] (形) みすぼらしい、悲惨だ、不幸だ

မှတ်ဉာဏ်နံသူမဟုတ်။ 記憶力の劣った人ではない

နံနှချာချာ [nounnoun t∫ad͡ʒa] (副) 粗末で、貧相で、みすぼらしくて、見劣りがして

နှံ: [noun:] (名) 沈泥、沖積土、堆積土 =နှံ:

နှံ:တင်မြေ [noun:] (名) 沖積土壌 =နှံ:တင်မြေ

နှံ:မြေ [noun:mje] (名) 沖積土 =နှံ:မြေ

နှံ:ချည် [noun:t∫i.] (動) 体がだるい、疲労困憊する

ညျူး:ကလီးယား: [nju:kəli:ja:] (名) 核 <英 Nucleus

ညျူး:ကလီးယား:စစ်ဆေးမှု [nju:kəli:ja: si's'e:mu] (名) 核査察

ညျူး:ကလီးယား:စစ်ဆေးရေးမှူး: [nju:kəli:ja: si's'e:je:mu:] (名) 核査察官

ညျူး:ကလီးယား:စမ်းသပ်မှု [nju:kəli:ja: san:ta'mu.] (名) 核実験

ညျူး:ကလီးယား:စမ်းသပ်ဖောက်ခွဲမှု [nju:kəli:ja: san:ta'p'au'k'wɛ:mu.] (名) 核爆発実験

ညျူး:ကလီးယား:စာချုပ် [nju:kəli:ja: sad͡ʒou'] (名) 核条約、核協定

ညျူး:ကလီးယား:ထိပ်ဖူး [nju:kəli:ja: t'ei'p'u:] (名) 核弾頭

ညျူး:ကလီးယား:ဓာတ်ပေါင်းဖို [nju:kəli:ja: da'paun:bo] (名) 原子炉、核融合炉

ညျူး:ကလီးယား:ဓာတ်အားပေးစက်ရုံ [nju:kəli:ja: da'a: pe:sɛ'joun] (名) 原子力発電所

ညျူး:ကလီးယား:ပြဿနာ [nju:kəli:ja: pja'təsa] (名) 核問題

ညျူး:ကလီးယား:မပြန့်ပွားရေးစာချုပ် [nju:kəli:ja: məpjan.pwa:je: sad͡ʒou'] (名) 核不拡散条約

ညျူး:ကလီးယား:မဲ့နိုင်ငံ [nju:kəli:ja:mɛ.naingan] (名) 非核保有国、核非保有国

ညျူး:ကလီးယား:လက်နက် [nju:kəli:ja: lɛ'nɛ'] (名) 核兵器

ညျူး:ကလီးယား:လက်နက်မဲ့နိုင်ငံ [nju:kəli:ja: lɛ'nɛ'mɛ. naingan] (名) 核兵器非保有国

ညျူး:ကလီးယား:လောင်စာ [nju:kəli:ja: launza] (名) 核燃料

ညျူး:ကလီးယား:အဆောက်အအုံ [nju:kəli:ja: əs'au'əoun] (名) 核施設

ညျူး:ကလီးယား:အင်အားကြီးနိုင်ငံ [nju:kəli:ja: in a:d͡ʒi: naingan] (名) 核大国

ညျူး:စွန့်ပစ္စည်း [nju: sun.pji'si:] (名) 核廃棄物

ညျူး:ဓာတ်အားပေးစက် [nju: da'a: pe:zɛ'] (名) 原子力発電

ညျူး:လက်နက် [nju: lɛ'nɛ'] (名) 核兵器

ညျူး:လောင်စာ [nju: launza] (名) 核燃料

နွား:[nwa:] (動物) ①牛 ②梁を載せる柱の留め木
နွား:ကောက်[nwa kau'] (動) 牛を集める
နွား:ကန်[nəgan] (名) 牛追いの棒
နွား:ကန်ကြိုး[nəgan:ʤo:] (名) (牛の)手綱
နွား:ကျ[nwa: tʃa.] (形) 頓馬だ、阿呆だ、馬鹿だ
နွား:ကျောင်း[nwa: tʃaun:] (動) 牛を追う、牛の世話をする、牛を飼う
နွား:ကျောင်းသား[nwa: tʃaun:da:] (名) 牧童、牛追いの少年、牛飼いの少年
နွား:ကြော[nəʤɔ.] (名) 競争用の牛 (使役牛ではない)
နွား:ကြောင်[nəʤaun] (名) 体に黒色の縞模様が入った牛
နွား:ကွဲ၊ကျားကိုက်[諺] 牛が分れ分れになれば、虎に襲われる (団結の必要性)
နွား:ခလောက်[nwa: k'əlau'] (名) 牛の首に吊り下げた鳴子
နွား:ချေး[nau'tʃi:～nətʃi:] (名) 牛糞=နွား:မစင်
နွား:ချေးပိုး[nau'tʃi:bo:] (虫) コガネムシ=ကြိုး၊ဖိုးလမင်းကောင်
နွား:ငတ်၊ရေကျ။ [比] 喉の渇いた牛が水の中に落ちたように、(貪るように、がつがつと)
နွား:စာခု:[nwa:za k'u:] (動) 牛の餌を刈る
နွား:စားကျက်[nwa: zəʤɛ:] (名) 放牧地、牧草地
နွား:စားကျင်း[nwa: zəʤin:] (名) 飼い葉桶、秣桶
နွား:စားခွက်[nwa: sək'wɛ:] (名) 飼い葉桶
နွား:ဆုံ[nwa: s'oun] (名) 牛による曳き臼
နွား:ဈေး[nwa:ze:] (名) 牛市
နွား:တွေခန့်အကွာ[nwa: dədungan. əkwa] (名) 牛の鳴き声が聞える距離
နွား:တိုက်ပွဲ[nwa: tai'pwɛ:] (名) 闘牛
နွား:တင်းကုပ်[nwa:tin:gou'] (名) 畜舎、牛小屋
နွား:ထီး[nət'i:] (名) 牡牛
နွား:ထမင်း[nwa:t'əmin:] (植) ネムリハギ(マメ科) Smithia sensitiva
နွား:နို့[nwa:no.] (名) 牛乳
နွား:နောက်[nənau'] (動物) ミトウン、ガヤル(牛とバンテンウシ又はインドヤギュウとの合いの子) Bos frontalis
နွား:နင်း[nənin:] (名) (くびきに繋いだ二頭の牛の)片方 =နွား:လိုက်၊ cf. နွား:ပြေ:
နွား:နွားချင်း[nwa:nwa:ʤin:] (副) 牛同志で、牛と牛が
နွား:ပေါ[nəbo:] (名) 盗まれた牛
နွား:ပေါက်[nəbau'] (名) (去勢された)牡牛 cf. နွား:သိုး

နွား:ပိုက်[nəbai'] (名) =နွား:ထီး
နွား:ပိန်[nəbein'] (名) 痩せた牛
နွား:ပျို[nəbjo] (名) 若い牛
နွား:ပျိုသန်လှ၊နွား:အိုပေါင်ကျိုး။[諺] 元気な若い牛、足の折れた年老いた牛(亀の甲より年の功、若い者に負けはしない)
နွား:ပြီး[nəbji:] (名) 去勢された牛
နွား:ပြေ:[nəbje:] (名) (くびきに繋いだ二頭の牛の内) 左側の牛
နွား:ပွဲ[nwa:bwɛ:] (名) 牛の市
နွား:ပွဲစား[nwa: pwɛ:za:] (名) 牛の馬喰、牛の売買をする人
နွား:ပွဲနေ့[nwa: pwɛ:ne.] (名) 牛市、牛のせり市
နွား:မ[nəma.] (名) 牝牛
နွား:မထမ်း[nəmədan:] (名) 出産経験のない牝牛
နွား:မီး[nəmi: tʃa.] (動) 牛小屋で藁を燃やす、蚊除けのため藁を燻す
နွား:မူးရှူးထိုး[nəmu: ʃu:do:] (名) =နွား:ရှူးရှူးထိုး၊ကမူးရှူးထိုး။
နွား:မောင်း[nwa:maun:] (動) 牛を追う
နွား:မန့်ခြထုတ်[nəmoun: tʃandou'] (名) 皆の鼻つまみ、嫌われ者
နွား:မျက်စိ[nwa:mjɛ'si.] (名) 標的の中心、同心円の中央
နွား:မြီးခွေင်း[nəmji:gwin:] (名) (小鳥を捉えるための) 牛の尾の毛を寄り合わせて作った罠
နွား:မြေခင်း[nəmjejin:] (植) カヤツリグサの1種(カヤツリグサ科) Cyperus scariosus
နွား:ရူးရူးထိုး[nəju: s'u:do:] =နွား:ရှူးရှူးထိုး
နွား:ရူးရောဂါ[nəju:jɔ:ga] (病) 狂牛病
နွား:ရှူးရှူးထိုး[nəju: ʃu:do:] (副) 盲滅法に、がむしゃらに、無鉄砲に、猪突猛進で
နွား:ရိုင်:စီးပွဲ[nwa: jai'si:bwɛ:] (名) ロデオ、荒牛乗り
နွား:ရိုင်:သွင်:ချိန်[nəjain: twin:ʤein] (名) 日暮れ、日没、牛を牛舎に入れる時刻
နွား:ရှေ့၊ထွန်ကျော်။[諺] 牛の先を、馬鍬が追い越す(物事が逆様)
နွား:လပို့[nwa:lebo.] (名) 背の隆肉、こぶ肉
နွား:လာဥသဆ[nwa:la: ou'təp'a.] (名) 牛の群を先導する牡牛、牛達のリーダー
နွား:လဲစာ:ယင်:သေ၊လူယဉ်:စေ။[諺] 牛は食いながら死ぬ、人は考えながら死ぬ(人間は万物の霊長犬畜生とは違う、考える能力がある)
နွား:လိုက်[nəlai'] (名) (くびきに繋いだ二頭立ての牛の)右側の牛

နွားလမ်း:[nwa:lan:]（名）五月から九月迄の間の太陽の軌道、黄道帯、獣帯

နွားလှည်း[nwa:ɬɛ:]（名）牛車

နွားလျှောကြီး[nəʃadʒi:]（植）ハクショウトウ（ガガイモ科）Cryptolepis buchanani

နွားဝန်တင်[nwa: wundin]（名）①駄牛 ②牛の荷、牛の積み荷

နွားသားရေ[nwa: tәje]（名）牛皮

နွားသိုး[nəto:]（名）去勢していない牡牛 နွားပေါက်

နွားသိုးကြိုးပြတ်[nəto: tʃo:bjaʔ]（比）手綱の切れた牡牛の如く（奔放に、制御が利かずに）

နွားသိုးကြောင်[nəto:dʒaun]（名）（去勢したものの）うまく行かなかった牡牛

နွားအို[nəo]（名）老牛

နွားအို၊ မြက်နှကြိုက်။ [諺]年老いた牛は、若草を好む（老牛、子牛を舐める）

နွေ[nwe]（名）夏、暑季

နွေကာလ[nwe kala.] =နွေ

နွေကျောင်းပိတ်ရက်[nwe tʃaun:peiʔjɛʔ]（名）夏休み、夏季休暇

နွေခေါင်ခေါင်[nwe k'aungaun]（名）真夏、夏の盛り

နွေခေါင်ခေါင်အချိန်[nwe k'aungaun ətʃein] = နွေခေါင်ခေါင်

နွေနင်းပေါက်ပင်[nwe nin:bauʔpin]（植）モウセンゴケ

နွေပဲ[nwebɛ:]（植）フジマメ、センゴクマメ（マメ科）Dolichos lablab

နွေပတ်[nwebɛʔ]（名）夏に向っての時期

နွေရာသီ[nwe jadi] =နွေ

နွေရာသီကျောင်းပိတ်ရက်[nwejadi tʃaun:peiʔjɛʔ]（名）（学校の）夏休み =နွေကျောင်းပိတ်ရက်

နွေအခါ[nwe ək'a] =နွေ

နွေဥတု[nwe u.du.] =နွေ

နွေဦး[nwe u:]（名）春、初夏 ②乾季の始まり

နွေဦးကာလ[nwe u:ka:la.] =နွေဦး

နွေဦးပေါက်[nwe u: pauʔ]①（動）初夏になる、乾期が始まる ②[nwe u: bauʔ]（名）初夏、乾季の始まり =နွေဦးပေါက်ရာသီ

နွေး[nwe:]（形）①暖かい ②居心地がよい

နွေးထွေး[nwe:t'we:]（形）暖かい

နွေးနွေးထွေးထွေးရှိ[nwe:nwe:t'we:dwe: ʃi.]（形）暖かい、ほかほかしている、居心地がよい

နွဲ့[nwɛ.]①（形）しなやかだ、柔軟だ ②（動）（体を）くねる、くねらせる、ゆらゆらさせる ယိန်းနွဲ့ကာကသည်။ くねらせて踊る ③甘える、甘言で釣る

နွဲ့ဆိုးဆို:[nwɛ. zo: sʼo:]（動）甘える、駄々をこねる

နွဲ့နောင်း[nwɛ.naun:]（形）しなやかだ

နွယ်[nwɛ]（名）①蔓草 ②血統、系統、系譜 မင်းနွယ် မင်းနွယ် 王族、王統

နွယ်နှပန်း[nwɛ gəzun:]（植）グンバイヒルガオ（ヒルガオ科）Ipomoea biloba

နွယ်နှပန်းပြာ[nwɛ gəzun:bju]（植）ヨルガオ、ユウガオ（ヒルガオ科）Ipomoea bona-nox

နွယ်ကြိုး[nwɛdʒo:]（名）藤蔓

နွယ်ချို[nwɛdʒo]（植）①カンゾウ（マメ科）Glycyrrhiza glabra ②ローレルカツラ（キツネノマゴ科）Thunbergia laurifolia

နွယ်ညို[nwɛɲo]（植）ローレルカツラ

နွယ်ဒို:[nwɛdo:]（植）ゴムカズラ（キョウチクトウ科）Ecdysanthera micrantha

နွယ်နီ[nwɛni]（植）インドツルウメモドキ（ニシキギ科）Celastrus paniculata

နွယ်နီနပန်း:[nwɛni naʔpan:]（植）キミノトケイソウ

နွယ်သာကီ[nwɛtagi]（植）キョウチクトウ（キョウチクトウ科）Nerium indicum

နွယ်သီးမျှော်ကုပ်[nwɛdi: mjauʔu.]（植）カシュウイモ（ヤマノイモ科）Dioscorea bulbifera

နွယ်တာလ[nweta la.]（名）ビルマ暦4月=ဝါဆိုလ

နုံ:[nun:~nwan:]（動）①萎む、萎れる、萎びる、枯れる、衰える ပန်း၊ပင်နုံ:သည်။ 花が萎れる ②あせる အရောင်နုံ:သည်။ 色があせる ③疲れ果てる

နုံ:ချိ[nun:tʃi.]（形）憔悴しきった、疲労困憊した =နုံ:ချ၍

နုံ:နယ်[nun:nɛ~nwa:nɛ]（動）憔悴する、ぐったりする တကိုယ်လုံးနုံ:နယ်နေသည်။ 全身憔悴しきっている

နုံ:ပါ:[nun:ba:~nun:ba:]（形）貧困に苦しんでいる、困窮している

နုံ:ပါ:ပါ:ပြစ်[nwan:pa:ba: pʼjiʔ]（形）みすぼらしい

နုံ:ရိ[nwan:ji.~nun:ji.]（形）①だるい、疲労困憊した、疲れ果てた ②古びた、古くなった、老朽化した

နုံ:လျှ[nwan:lja.]（動）疲れ切った、弱々しい、元気がない、迫力に欠けた

နုံ:ဟောင်း[nwan:haun:]（形）老朽化した、古くなった =ဟောင်း:နုံ:

နု[nun]（動）①沈む、沈み込む、めり込む、沈没する、沈下する ②謙遜する、卑下する =ကျို:နု၊ ③

（名）ぬかるみ、泥濘、水たまり、泥沼、湿地
နှံ့နာ[nunna]（動）懼れ敬う
နှမ[nəma.]（名）①（兄から見た場合の）妹 ②夫婦や恋人等、男性から女性への呼び掛け
နှမတော်[nəma.dɔ]（名）妹君、御妹
နှမပေး[nəma.be:]（名）罵り言葉、捨て台詞（မင်း နှမပေး။「お前の妹を俺に寄越せ」の意味） cf. မအေပေး
နှမစုံမွေး[nəməzoun mwe:]（名）同じ親から生まれた子供 ＝နှစ်ပါးစုံမွေး
နှမလင်နေ၊မောင်ဝင်ကျိန်း။（諺）傍にいられない、居たたまれない
နှမလွယ်[nəma.ɬɛ]（名）二組の夫婦が互いに兄妹同士の間柄 cf. မောင်လွယ်နှမလွယ်၊မောင်လည်နှမလည်။
နှမြော[nəmjɔ:]①（動）惜しがる、勿体ながる ②（形）けちだ、吝嗇だ
နှမြောစရာကောင်း[nəmjɔ:zəja kaun:]（形）惜しい、勿体ない
နှမြောစရာကြီး[nəmjɔ:zəjaʥi:]（名）惜しい事、勿体ない事
နှမြောတယ[nəmjɔ:ta.ta.]（形）無念だ、残念だ
နှလုံး[nəloun:]（名）①心臓 ②心、気持、精神
နှလုံးကောင်း[nəloun: kaun:]（形）気立てがよい
နှလုံးခုန်[nəloun: k'oun]（動）①心臓が鼓動を打つ、脈打つ ②（恐怖、驚愕等で）振動の動悸が激しくなる
နှလုံးခုန်နှုန်းထိန်းကိရိယာ[nəloun: k'ounnoun: t'ein: kəri.ja]（名）心臓のペースメーカー
နှလုံးခွေ[nəloun: k'we:]（動）気に入る、喜ぶ
နှလုံးစွဲ[nəloun: swɛ:]（動）肝に銘じる、心に刻む、印象を深くする
နှလုံးတုန်[nəloun: toun]（動）胸が踊る、胸の動悸が打つ、動揺する
နှလုံးထား[nəloun: t'a:]①（動）決める、決意する、決心する、心しておく ②[nəloun:da:]（名）性格、気質、気性
နှလုံးထားမြင့်မြတ်[nəloun:da: mjin.mja']（形）心掛けが立派だ、崇高な精神を持つ
နှလုံးနာ[nəloun: na]（動）忌まわしい、吐き気を催す、嫌悪する、愛想を尽かす
နှလုံးနာစရာကောင်း[nəloun: nazəja kaun:]（形）忌まわしい、吐き気を催す
နှလုံးပိုက်[nəloun: pai']（動）気持を抱く、心に抱く、心得る、承知する、胆に銘じる
နှလုံးပြု[nəloun: pju.]（動）①心得る、解釈する ②意を決する、決心する、決意する ③肝に銘じる

နှလုံးမပြေ[nəloun: məpje]（形）不満だ
နှလုံးမကြည်မရှင်[nəloun: mətʃi ʃi.]（形）楽しくない、面白くない
နှလုံးမသာရှင်[nəloun: məta ʃi.]（形）楽しくない、心が安らかでない、不満だ
နှလုံးမူ[nəloun: mu]（動）心に留める、肝に銘じる
နှလုံးမွေ့လျော်[nəloun: mwe.ljɔ]（動）楽しむ、喜ぶ
နှလုံးရောဂါ[nəloun: jɔ:ga]（病）心臓病
နှလုံးရည်[nəloun:je]（名）器量、度量、気構え、心構え、精神力、知性 cf. လက်ရုံးရည်
နှလုံးရည်ချင်းယှဉ်ပြိုင်[nəloun:je ʥin: ʃin pjain]（動）知恵を競う、知力で争う
နှလုံးရှိ[nəloun: ʃi.]（動）納得する、得心する
နှလုံးလှ[nəloun: ɬa.]（形）人柄がいい、性格がよい
နှလုံးသာ[nəloun: ta]（形）気持がよい、快適だ
နှလုံးသား[nəloun:da:]（名）①心臓 ②心、気持
နှလုံးသည်းပွတ်[nəloun: ti:bu']（名）①肝と心臓 ②精髄
နှလုံးသွေးကြောပိတ်ဆို့[nəloun: twe:ʥɔ pei's'o.]（動）心筋梗塞を起す
နှလုံးသွေးပျက်[nəloun: twe: pjɛ']（動）ショックを受けて精神錯乱を起す
နှလုံးသွင်း[nəloun: twin:]（動）肝に銘じる、心に留める
နှလုံးအစားထိုး[nəloun: əsa: t'o:]（動）心臓移植を行なう
နှလုံးအတ္တရှင်[nəloun: əs'o.ʃin]（名）心臓弁膜症患者
နှာ[na]（名）①鼻 ②嗅ぎ薬、嗅ぎタバコ
နှာကြီး[na tʃi:]（形）性欲旺盛だ
နှာခေါင်း[nək'aun:] ＝နှာ
နှာခေါင်းကျည်ပွေ့တွေ့[nək'aun ʥəbwe. twe.]（動）苦境に直面する、トラブルに巻き込まれる
နှာခေါင်းပေါက်[nək'aun bau']（名）鼻孔
နှာခေါင်းပိတ်[nək'aun: pei']（動）鼻が詰る
နှာခေါင်းပြား[nək'aun: pja:]（形）鼻が低い、獅子鼻だ
နှာခေါင်းယဉ်[nək'aun: jin]（動）嗅覚が鈍い、匂い慣れする、鼻が匂いに慣れる
နှာခေါင်းရှုံ့[nək'aun: ʃoun.]（動）①顔を顰める、眉を顰める ②嫌悪の情を示す
နှာခေါင်းသွေးထွက်[nək'aun:dwe: t'wɛ']（動）鼻血が出る
နှာခေါင်းသွေးလျှံ[nək'aun:dwe: ʃan]（動）鼻血

နှယ်နှယ်ရရ

が出る
နှာချေ[n̥a tɕʰe] (動) くしゃみをする
နှာစီး[n̥a si:] =နှာစေး
နှာစေး[n̥a si:] (動) ①風をひく、風をひいて鼻が詰る、風をひいて鼻水が出る ②素知らぬ振りをする、知らぬ半兵衛を決め込む、洞が峠を決め込む、黙り込む
နှာတံ[n̥adan] (名) 鼻梁
နှာတံပေါ်[n̥adan pɔ] (動) 鼻が高い、鼻筋が通っている
နှာတံပြား[n̥adan pja:] ① (形) 鼻が低い、獅子鼻だ ② [n̥adanbja:] (名) 獅子鼻
နှာနု[n̥a nu.] (名) 鼻の中の隔壁
နှာနပ်[n̥anaʔ] ① (動) 気絶した人、失神した人に気付け薬を嗅がせる、気付け薬を嗅がせて意識を取り戻させる ② (名) 目眩を起した人、失神した人に吸入させる粉末
နှာပိတ်[n̥a peiʔ] (動) 鼻が詰る
နှာဘူး[n̥abu:] (名) 助平
နှာမောင်း[n̥amaun:] (名) 象の鼻
နှာမှုတ်[n̥a m̥ouʔ] (動) 鼻を鳴らす
နှာမွှန်[n̥a m̥un] (動) (風邪で) 鼻がぐすぐすする、鼻水がたらたら出る、風邪の症状が重い
နှာရောင်[n̥ajaun] (名) 鼻梁
နှာရည်[n̥əji~n̥aje] (名) 洟、鼻水
နှာရည်ဆုပ်[n̥əjizouʔ] (名) 乾燥させた飯粒を粉末にし団子状に丸めて椰子砂糖をまぶした上ビルマの食べ物
နှာရည်ယို[n̥aji jo] (動) 洟が出る、鼻水を垂らす
နှာရောင်[n̥ajaun] (名) 鼻梁
နှာရှုပ်ကြိုး[n̥aʃouʔtɕo:] (名) 牛の鼻腔に繋いだ手綱
နှာရှူ[n̥a ʃu] (動) 鼻で嗅ぐ、嗅ぎタバコを嗅ぐ
နှာသံ[n̥adan] (名) 鼻声
နှာသံပါ[n̥adan pa] (形) 鼻声だ
နှီး[n̥i:] (名) ひご、竹や籐を細長く裂いたもの
နှီးကျောဖျာ[n̥i:dʑɔ:pʰja] (名) 竹ひごで編んだ敷物、粗筵
နှီးခေါက်ဖျာ[n̥i:gaukʰpʰja] (名) 竹ひご、籐ひごで編んだ茣蓙、筵
နှီးခွက်[n̥i:gwɛʔ] (名) 竹ひごで編み漆を塗った器、竹製漆器
နှီးတောင်း[n̥i:daun:] (名) 竹ひご製の篭
နှီးထိုး[n̥i: tʰo:] (動) ひごを作る、竹や籐を細く裂く
နှီးဖျာ[n̥i: pʰja] =နှီးထိုး

နှီးဝါး[n̥i:wa:] (植) ビルマダケ (イネ科) Bambusa burmanica
နှီးအူ[n̥i:u] (名) 竹の髄で拵えたひご
နှီး[n̥i:] (動) ①敷く ②支える ③関わる အဖော်နှီးသည်။ 仲間になる、付き合う、親しくする
နှီးနှီးရင်းရင်း[n̥i:n̥i: jin:jin:] (副) 親しく、親密に နှီးနှီးရင်းရင်းပေါင်းသင်းဆက်ဆံသည်။ 親しく付き合う
နှီးနှော[n̥i:n̥ɔ:] (動) 話し合う、協議する、相談する
နှီးနှောတိုင်ပင်[n̥i:n̥ɔ: tainbin] (動) 協議する、相談する
နှီးနှောဖလှယ်[n̥i:n̥ɔ: pʰəlɛ] (動) 話し合う、意見を交換する
နှီးနှောဖလှယ်ပွဲ[n̥i:n̥ɔ: pʰəlɛbwɛ:] (名) 討論会、シンポジウム、セミナー
နှီးနွယ်[n̥i:n̥wɛ] (動) 繋がりがある、関わりがある
နှု[n̥u] (動) ① (水に浸して) ほぐす、軟らかにする ② (冷めたものを) 暖める ③ 回顧する ④ 説得する ④ 誘惑する
နှေး[n̥e:] (形) 遅い、のろい、緩慢だ、ゆっくりしている
နှေးကန်[n̥e:kan] (形) のろい、緩慢だ、ゆっくりしている
နှေးကွေး[n̥e:kwe:] (形) 遅い、緩慢だ
နှဲ[n̥ɛ.] (動) ① ぐらつかせる、ぐらぐらさせる、がたつかせる cf. နှဲ ② (相手を) 動揺させる ③ 貶す、くさす
နှယ်[n̥ɛ] (助) あたかも~の如く、まるで~のように ဝန်ထုပ်ဝန်ပိုးကြီးလျော့သွားသည်နှယ်ပေါ့ပါးသွားသည်။ まるで大きな荷物が減ったように、軽くなった သူတို့မျက်နှာများလေးများသည်လမင်းနှယ်အေးမြဝင်းပနေကြသည်။ 彼等の顔はまるでお月様のように落着き輝いていた ကျွန်တော်ကိုအထူးအဆန်းတကောင်နှယ်ကြည့်ပြီးဟက်ဟက်ပက်ပက်ရယ်လိုက်သည်။ 私をまるで珍しい動物でもあるかのように見てげらげら笑った
နှယ်[n̥ɛ] (感) 代名詞の後に加える、嘆き、ぼやき、憤慨、非難等の感情を表わす、何とまあ、情ない事に ခလေးမနှယ်။ この娘ったら (ありやしない) မင်းနှယ်ညံ့လိုက်တာ။ お前ったら、何と言う手際の悪さだ မင်းနှယ်။ ဒါလေးတော်မှသိဘူးလား။ お前ったら、これ位の事さえ知らないのか
နှယ်[n̥ɛnɛ] (形) 詰らない、取るに足りない、平凡な
နှယ်နှယ်ရရ[n̥ɛnɛ ja.ja.] (副) 至極ありふれた、取るに足りない、並みのもので、ありきたりで (否定形に繋がる) ထိုပြာသည်နှယ်နှယ်ရရပြာတော့မဟုတ်။

その灰はありふれた灰ではない ဗဟိုကော်မီတီဝင်ဆိုပါ ကလား။ နှယ်နှယ်ရရမဟုတ်ပါ။ 中央委員会のメンバーだそうだ、並みの者ではない

နဲ[nɛ:] (形) 湿気がある ချွေးတနဲနဲ 汗でじっとり

နဲ[nɛ:] (名) さない（チャルメラに似た大型の縦笛）

နဲမှုတ်[nɛ: mouʔ] (動)「さない」を吹鳴らす

နဲပန်း[nɛ:ban:] (植) ペチュニア (ツクバネアサガオ科)

နော[nɔ:] (植) タニワタリノキ（アカネ科）Adina cordifolia

နော[nɔ:] (動) ①混ざる、混じり合う、混合する、溶け込む、(色彩を)帯びる ②混ぜる、混ぜ合せる

နိုး[nọ:] (動) ①起す、目を醒させる အိပ်ရာကနိုးသည်။ 寝ているところを起す ②（エンジンを）始動させる စက်နိုးသည်။ ③（げじゅを）唱える、念じる

နိုးစက်[nọzoʔ] (名) 目覚し時計

နိုးဆော်[nọ:zɔ] (動) 促す、勧める、奮起させる

နိုးဆော်စာ[nọ:zɔza] (名) 督促状、通知状、通告

နိုးဆော်သတိပေး[nọ:zɔ dədi.pe:] (動) 注意を促す、警告する、注意を喚起する

နိုးဆွ[nọ:sʼwa.] (動) ①掻き乱す、動揺させる ②刺激する、激励する

နက်[nɛʔ] (動) ①（棒や拳で）殴る、打つ、叩く ②（槌で）打つ、打ち込む、叩き込む ③（言葉で）相手を傷つける

နောက်[nauʔ] (動) ①濁す ②掻き混ぜる、掻き乱す ③煽る、煽り立てる、扇動する

နောက်ယှက်[nauʃɛʔ] (動) 妨げる、邪魔する、妨害する =နောင့်ယှက်

နိုက်[nạịʔ] (助) 於格を表わす、〜で、〜において =၌၊ စာအုပ်ကိုချိုင်း၌ညှပ်သည်။ 書物を腋の下に挟む လောကနိုက်ဘာတခုမျှတူ၌ခြင်းမရှိ။ この世には何一つとして同じ物はない ထိုကျေးရွာပတ်ဝန်းကျင်၌ထုံးကျောက်များထက်ရှိသည်။ その村の周辺では石灰岩が採れる

နိုက်[nạịʔ] (動) ①手を差し込む、突っ込む ②差し入れて取る、(富籤等を) 取り出す ③突き詰めて考える

နိုက်အောင်လေ့လာသည်။ とことん考える ④詰める、縮める ချိုင်းအိုးပွ၌ပြီးချုပ်ပေးပါ။ 腋の下がだぶついているので縮めて下さい

နိုက်စား[nạịʼsa:] (動) 手づかみで食べる、手を突込んで食べる

နိုက်နိုက်ကျက်ကျက်→နိုက်နိုက်ချက်ချက်

နိုက်နိုက်ချက်ချက်[nạịʔnạịʔ tʃʼuʔtʃʼuʔ] (副) 徹底的に、入念に、微に入り細に亘って、仔細に、克明に

နိုက်နိုက်နဲနဲ[nạịʔnạịʔnɛ:nɛ:] (副) 深く、透徹して

〜နှင့်[nịn.] (助動) 否定詞မ〜 と組合せて禁止を表わす မကစားနဲ့နှင့်။ 遊ぶな

〜နှင့်[nịn.] (助動) 前もって既に、予め ကျွန်တော်အိပ်ရာကနိုးသောအခါသူထနှင့်နေသည်။ 私が目覚めた時彼は既に起き上がっていた ဆိတ်အူဝယ်ပြီးချက်ထားနှင့်ပေးပါ။ 山羊の腸を買って予め煮ておきなさい ငယ်ရွယ်သူများ ကကွယ်လွန်နှင့်ကြသည်။ 未だ若い人達が先に死去した

〜နှင့်[nịn.] (助) 具格を示す ①〜と အဖေနှင့်အမေရှိပါ။ 父と母はいます ②〜と လူတယောက်နှင့်တွေ့သော ある人と出会った ဆရာဝန်နှင့်တိုင်ပင်ပါ။ 医者と相談しなさい ③〜で、〜によって ဆန်ကိုရေနှင့်ဆေးသည်။ 米を水でとぐ သစ်လုံးကြီးကိုကျွဲနှင့်ဆွဲသည်။ 大きな丸太を水牛で牽引する ④(ある条件を) 具えた အရပ်ရှည်ရှည်နှင့်ရဲတော်တယောက် 背の高い兵士 သဘောညံ့နှင့်လူကြီးတယောက်ကိုမြင်လိုက်ရသည်။ 肌の浅黒い大人を1人見掛けた ⑤ (接助) 引用、伝聞を表わす ကျေးရွာများကိုလုယူကြောင်းနှင့်ကြားသိတော်မူသည်။ 地方の村々が略奪されたとお聞きになった

〜နှင့်စပ်လျဉ်း၍[nịn. saʼljin:jwe.] (助・文) 〜について、〜に関して လက်ရှိအခြေအနေနှင့်စပ်လျဉ်း၍ပြောသည်။ 現状について話をした

〜နှင့်ညီစွာ[nịn. nizwa] (助) 〜に相応しく、〜に沿って、〜に合致して =နှင့်အညီ

〜နှင့်တကွ[nịn. dəgwa.] (助) 〜と共に、〜と一緒に မိဖုရား:ကြီးနှင့်တကွမြင်းရထား:စီးတော်မူသည်။ 皇后と一緒に馬車に御乗りになった

〜နှင့်တပြိုင်နက်[nịn. dəbjainneʔ] (接・助) 〜するや否や、〜した途端 အခန်းထဲသို့ရောက်သည်နှင့်တပြိုင်နက်တံခါးကိုပြန်၍ပိတ်ထားသည်။ 室内に入った途端またドアを閉めた

〜နှင့်တူ[nịn. tu] (動) 〜と思われる、〜のようだ အိုးမင်းဆိုးနေသည်နှင့်တူတယ်။ お釜が沸騰しているようだ

〜နှင့်ပတ်သက်ပြီး[nịn. paʼtɛʼpi:] (助) 〜について

〜နှင့်ပတ်သက်၍[nịn. paʼtɛʼjwe.] (助・文) 〜に関して အစား:အသောက်နှင့်ပတ်သက်၍ပြဿနာမပေါ်ပေါ်ပါ။ 食べ物に関しては問題は起きなかった

〜နှင့်များအောင်[nịn. mja.aun] (助) 〜に相応しく、〜に応じて နာမည်နှင့်များအောင်ကယ်လှသည်။ 名前に似つかわしく実に美しい

〜နှင့်လျှော်ညီစွာ[nịn. ljɔnizwa] (助・文) 〜に相応しく ခေတ်နှင့်လျှော်ညီစွာ ကြိုးစား:အား:ထုတ်ရသည်။ 時代に則して努力をせねばならない

〜နှင့်အညီ[nịn. əni] (助) 〜に応じて、〜に照して、〜だけあって လုပ်ထုံ:နှင့်အညီတင်ပြပါ။ 仕来りに沿って提示しなさい ထုံ:စံနှင့်အညီစီရင်သည်။ 慣例に従って判決を言い渡した

~နှင့်အတူ[niṇ. ətu] (助) ~と共に、~と一緒に ဖခင်နှင့်အတူဆိပ်ကမ်းသို့လိုက်လာခဲ့သည်။ 父親に同行して港へやって来た သမီးနှစ်ယောက်နှင့်အတူဆိတ်ငြိမ်စွာနေထိုင်သည်။ 娘二人と一緒に静かに暮らしている
~နှင့်အမျှ[niṇ. əmja.] (助) ~であるからして、~である以上、~であるに従って、~するに伴い、するにつれて、~と同様に နေ့စဉ်နှင့်အမျှ 毎日のように အချိန်နှင့်အမျှဝင်ရောက်သည်။ 時間と共に入った ရင်သွေးရာနာကိုငါ၏အသက်နှင့်အမျှချစ်ကြင်နာ၏။ 愛児をわが命同様に慈しむ အတတ်ပညာထွန်းကားလာသည်နှင့်အမျှစက်ကိရိယာများအပေါ်အားထားလာကြသည်။ 技術が進むにつれて機械類に頼るようになった သက်တမ်းတိုးလာသည်နှင့်အမျှအတွင်းတိမ်ဦးရောသည်လည်းတိုးလာမည်။ 寿命が伸びるに伴い白内障の患者数も増えるだろう

နှင်[niṇ] (動) ①追い出す、追い払う、追放する、放逐する ②(家畜を)追う、動かす、走らせる နွားလှည်းနှင်သည်။ 牛車を動かす ခရီးပြင်းနှင်သည်။ 旅を急ぐ သုတ်ခြေနှင်သည်။ 急ぎ足で急ぐ
နှင်ချ[niṇ tɕa.] (動) 追い落す、追い払う
နှင်တံ[nindan] (名) 家畜用の突き棒
နှင်ထုတ်[niṇ tʰouʔ] (動) 追い出す、追放する နှင်ထုတ်ခြင်းခံရသည်။ 追放される
နှင်နှင်[ninniṇ] (副) ①事実、実際に、正しく、まごうことなき本物 ငါတို့နှစ်ယောက်သည်မင်းသားနှင်နှင်ဖြစ်ကြ၏။ 我々二人はまごう事なき王子だ သူတို့ကားသာမညလူနှင်နှင်မဟုတ်ချေ။ この人達は並みの人ではない ၍ဟနုမာန်မျောက်ကယ်သည်သာမညမျောက်နှင်နှင်မှတ်တော်မမူပါလင့်။ このハヌマンをありふれた猿だとお思いにならないように ②同様に、同じ様に ထိုနည်းနှင်နှင် それと同じ様に ၍နည်းနှင်နှင် これと同じやり方で ၍သိနှင်နှင် このように
နှင်း[niṇ:] (動) 授ける、渡す、授与する
   နှင်းအပ်[niṇ:aʔ] (動) 渡す、授ける、授与する、贈る =အပ်နှင်း
နှင်း[niṇ:] (名) ①霧、霞 ②露 ③雪
နှင်းကာအင်္ကျီ[niṇ:ga inːdʑi] (名) (婦人用の)ケープ(ビロード製)
နှင်းကျ[niṇ: tɕa.] (動) ①霧が立ち込める ②雪が降る
နှင်းကွဲ[niṇ: kwɛ:] (動) 霧が晴れる、霧が上がる
နှင်းခါးရိုက်[niṇ:ga: jaiʔ] (動) (霜や霧で)萎える、枯れる
နှင်းခဲ[niṇ:gɛ:] (名) 雪
နှင်းခဲကျ[niṇ:gɛ: tɕa.] (動) 雪が降る
နှင်းငွေ့[niṇ:ŋwe.] (名) 霧
နှင်းပိတ်[niṇ: peiʔ] (動) 霧がかかる、霧が立ち込

める、霧に包まれる
နှင်းပေါက်[niṇ:bauʔ] (名) 霰、草霰
နှင်းပေါက်ခဲ[niṇ:bauʔkʰɛ:] (名) 霰
နှင်းပုံ[niṇ:boun] (名) 積雪
နှင်းပွင့်[niṇ:bwin.] (名) 雪、雪片
နှင်းမိုး[niṇ:mo:] (名) 霧雨
နှင်းမြူ[niṇ:mju] (名) 霧、霞
နှင်းရေ[niṇ:je] (名) 露
နှင်းရုပ်[niṇ:jouʔ] (名) 雪達磨、雪の像
နှင်းလူ[niṇ:lu] (名) 雪男
နှင်းလျှောစီး[niṇ. ʃɔ:si:] (動) スキーをする
နှင်းဝေ[niṇ:we.] (動) 霞がたなびく
နှင်းသီး[niṇ: ti:] (動) 水滴が付く
နှင်း[niṇ:] (植) ユリ =နှင်းပန်း
နှင်းခူ[niṇ:gu] (病) ①温疹 ②ひょうそ
နှင်းဆီ[niṇ:zi] (植) ①バラ ②ダマスクローズ(バラ科) Rosa damascena ③キャベジンローズ(バラ科) Rosa centifolia
နှင်းဆီပန်း[niṇ:ziban:] (名) 薔薇の花
နှင်းဆီဖြူ[niṇ:zibju] (植) ロサアルバ(バラ科) Rosa alba
နှင်းဆီရောင်[niṇ:zijaun] (名) 桃色、ピンク色
နှင်းပန်း[niṇ:ban:] (植) ①サフランモドキ(ヒガンバナ科) Zephyranthes crinata ②タマスダレ(ヒガンバナ科) Zephyranthes tubispata ③ゲッカコウ(ヒガンバナ科) Polianthus tuberosa ④ユリ
နှင်းပန်းကြီး[niṇ:ban:dʑi:] (植) チューリップ
နှင်းပန်းနီ[niṇ:ban:ni] (植) サフランモドキ
နှင်းပန်းဖြူ[niṇ:ban:bju] (植) ゲッカコウ
နှင်းပွင့်[niṇ:bwin.] (植) オオマツユキソウ、スズランスイセン(ヒガンバナ科)
နှင်းရည်[niṇ:ji] (名) ①バラの精油 ②花のエッセンス
နှင်းဝတ်မှုန်[niṇ. wuʔmoun] (名) バラの花粉
နှင်းသဘြေ[niṇ:dəbje] (植) マライフトモモ(フトモモ科) Eugenia malaccensis
နှင်းသီး[niṇ:di:] (植) ①れいし、ライチー=လိုက်ချီ ②リンゴ(バラ科) Pyrus mylus
နှင်းသတ်[niṇ. taʔ] (動) バラの香水を染ませる
နှင်းသုတ်[niṇ. taʔ] (動) バラの香水を塗る
နှောင့်[naun.] (動) ①妨げる、邪魔する ②困らせる、悩ませる
နှောင့်နှေး[naun.ne:] (動) ①遅れる、延びる ②たじろぐ、ためらう、ぐずぐずする အလုပ်တာဝန်ကိုနှောင့်နှေးလစ်ဟင်းသည်။ 職務を遅らせ疎かにした

နှောင့်နှေး[n̥aun.ne: tʃan.dʑa]（動）遅延する、遅滞する

နှောင့်ယှက်[n̥aun.ʃɛʔ]（動）妨げる、妨害する、邪魔する

နှောင်[n̥aun]（動）縛る、括る cf. ချည်နှောင်၊တုပ်နှောင်။

နှောင်ကြိုး[n̥aundʑo:]（名）①縛る縄、ロープ ②拘束、束縛

နှောင်ကြိုးတည်[n̥aundʑo: tɛ:]（動）①縄で繋ぐ、ロープで繋留する ②括り上げる

နှောင်ကြိုးမဲ့[n̥aundʑo: mɛ.]（形）拘束が無い、束縛されない、自由だ

နှောင်ကြိုးမဲ့ကမ္ဘာ[n̥aundʑo:mɛ. gəba]（名）束縛のない世界、自由な世界

နှောင်ကြိုးမဲ့အကူအညီ[n̥aundʑo:mɛ. əkueɲi]（名）紐無しの援助

နှောင်ချိုင့်[n̥aundʑain.]（名）檻

နှောင်ဖွဲ့[n̥aun p'wɛ.]（動）縛り上げる、ロープで縛る

နှောင်အိမ်[n̥aun ein]（名）牢屋、監獄

နှောင်း[n̥aun:]①（動）遅い、遅れる、後になる အချိန်ကအတော်ပင်နှောင်းသွားရသည်။ 時間はだいぶ遅くなってしまった ②後に残る မိုးသည်နှောင်းကာဆောင်းသို့လှလာလေပြီ။ 雨季明けが遅れたまま涼季へと推移した ③（名）未来、将来

နှောင်းကာလ[n̥aun: kala.]（名）後期、後半

နှောင်းခေတ်[n̥aun:k'iʔ]（名）後世

နှောင်းတန်ခူး[n̥aun: dəgu]（名）ビルマ暦１月の前半部分（元旦（水祭）までの期間、旧年に属する）

နှောင်းမိုးခေါင်[n̥aun: mo:k'aun]（形）後半は雨が少ない、後半は干ばつだ

နှောင်းလူ[n̥aun: lu]（名）後世の人

နိုင်[n̥ain]（助動）～できる ＝နိုင်

နှိုင်း[n̥ain:]（動）比べる、比較する、照合する

နှိုင်းခိုင်း[n̥ain:k'ain:]（動）例える、喩える

နှိုင်းချင့်[n̥ain:tʃin.]（動）物事を熟慮する、斟酌する、慎重に検討する

နှိုင်းချိန်[n̥ain:tʃein]＝နှိုင်းချင့်

နှိုင်းစာ[n̥ain:sa]（動）比べる、比較する

နှိုင်းဆ[n̥ain:s'a.]（動）熟慮する、比較考慮する、比較検討する

နှိုင်းယှဉ်[n̥ain:ʃin]（動）比べる、比較する

နှစ်[niʔ]①（名）年 ②（年齢）～歳 ③（助数）～年

နှစ်ကူး[niʔ ku:]（動）年が明ける、新年になる

နှစ်ကြာခံပင်[niʔtʃa k'anbin]（名）多年生植物

နှစ်ကြေး[niʔtʃe:]（名）年貢

နှစ်ချို[niʔtʃo.]（形）１年を経過した、１年以上たった、１年を過ぎた、前年度の

နှစ်ချင်းစွဲ[niʔtʃin: swɛ:]（動）年内に終る、その年の内に終了する

နှစ်ချင်းပေါက်[niʔtʃin: pauʔ]①（動）年内に終る、その年の内に終了する ②[niʔtʃin:bauʔ]（副）その年の内に、その年度内に

နှစ်ချုပ်[niʔtʃouʔ]（形）１年の、１年毎の、年刊の

နှစ်ချုပ်အစီရင်ခံစာ[niʔtʃouʔ əsijinganza]（名）年刊、年報

နှစ်ငါးဆယ်မြောက်[niʔ ŋa:zɛ mjauʔ]（名）５０周年

နှစ်ငါးဆယ်မြောက်နှစ်ပတ်လည်အခမ်းအနား[niʔŋazɛ mjauʔ niʔpaʔlɛ ək'an:əna:]（名）５０周年記念式典

နှစ်စဉ်[niʔsin]（名）毎年

နှစ်စဉ်ကြေး[niʔsindʑe:]（名）年会費、年経費

နှစ်စဉ်နှစ်တိုင်း[niʔsin niʔtain:]（名、副）毎年毎年

နှစ်စဉ်ပတ်လည်[niʔsin paʔlɛ]（形）１年たった、１周年目の

နှစ်ဆန်း[niʔ s'an:]（動）新年になる

နှစ်ဆန်းတစ်ရက်နေ့[niʔs'an: təjɛʔne.]（名）元日、元旦

နှစ်တို[niʔto:]（名）①年利 ②定期昇給

နှစ်တိုင်း[niʔtain:]（名、副）毎年

နှစ်တွင်း[niʔtwin:]（名）年内

နှစ်ထပ်တိုး[niʔt'aʔto:]（名）複利

နှစ်ပရိစ္ဆေဒ[ni pəreiʔseda.]（名）長い年数、長い歳月

နှစ်ပေါင်း[niʔpaun:]（名）長年 နှစ်ပေါင်းသုံးရာ 三百年

နှစ်ပေါင်းများစွာ[niʔpaun: mja:zwa]（副・文）何年もの間、長年の間

နှစ်ပတ်လည်[niʔpaʔlɛ]（形）一年の、年次の、例年の、毎年恒例の

နှစ်ပတ်လည်စစ်တမ်း[niʔpaʔlɛ siʔtan:]（名）年次白書

နှစ်ပတ်လည်ညီလာခံ[niʔpaʔlɛ ɲilagan]（名）年次大会、年次総会

နှစ်ပတ်လည်အစီရင်ခံစာ[niʔpaʔlɛ əsijinganza]（名）年次報告書

နှစ်ပတ်လည်အထိမ်းအမှတ်ပွဲ[niʔpaʔlɛ ət'ein:əmaʔ pwɛ:]（名）年次記念会

~နှစ်မြောက်[niʔmjauʔ]（形）～年目の、～周年の တနှစ်မြောက် １年目 နှစ်နှစ်မြောက် ２年目の

နှစ်ရှည်ပင်[nḭʔʃebin]（名）多年草

နှစ်ရှည်လများ:[nḭʔʃe la.mja:]（副）長期間、長い年月、長い歳月

နှစ်လယ်[nḭʔlɛ]（名）年の途中、年の中程

နှစ်လည်[nḭʔ lɛ]（動）年を越す、1年が過ぎる、翌年になる

နှစ်လည်ချူ:[nḭʔlɛtʃu:]（副）長い間、長年、何年も経って

နှစ်လည်ခါချူ:[nḭʔlɛ k'atʃu:]（副）何年も経って、長年の間、長い間

နှစ်လုံးပေါက်[nḭʔloun:bauʔ]（副）一年中、通年

နှစ်ဝက်[nḭʔwɛʔ]（名）半年

နှစ်ဝက်တာကာလ[nḭʔwɛʔta kala.]（名）半年間

နှစ်သစ်[nḭʔtḭʔ]（名）新年

နှစ်သစ်ကူး[nḭʔtḭʔ ku:]①（動）新年になる ②（名）新年、元旦

နှစ်သစ်ကူးပွဲတော်[nḭʔtḭʔku: pwɛ:dɔ]（名）元旦祝賀会

နှစ်သစ်ကူးလက်ဆောင်[nḭʔtḭʔku: lɛʔsʼaun]（名）お年玉

နှစ်သစ်ကူးအခမ်းအနား:[nḭʔtḭʔku: əkʼan:əna:]（名）新年祝賀式

နှစ်သန်းပေါင်း[nḭʔ tan:baun:]（名）何百万年

နှစ်ဟောင်းကုန်[nḭʔhaun: koun]（動）古い年が暮れる

နှစ်[nḭʔ]（数）二

နှစ်ကိုယ်တစီတိ[nəko.dəzeiʔ]（名）一心同体、肝胆相照らす仲、二人が全く同じ意見

နှစ်ကိုယ်ကြာ:[nəkodʑa:]（副）小声で、ひそひそと、水入らずで、二人きりで、差し向かいで、直に

နှစ်ကိုယ်တွဲ[nəkogwɛ:]（副）一人二役

နှစ်ကိုယ်ယှဉ်တွဲ[nəko ʃindwɛ]（副）二人並んで

နှစ်ကုန်းတကော့[nəkoun: dəgɔ.]（副）不具で、せむしで、体が曲がっていて

နှစ်ကျိပ်ရှစ်ဆူ[nətʃeiʃiʔsʼu]（名）過去二十八仏、作愛仏（Tanhangkara Buddha）からゴータマ仏（Gotama Buddha）までの二十八仏

နှစ်ကြောင်းစာချုပ်[nətʃaun: saʧun]（名）元老院の文書、2行に書く cf. တကြောင်းစာချုပ်

နှစ်ခါရှက်[nəkʼa ʔɛʔ]（動）二度恥をかく

နှစ်ခါရှက်ရှက်[nəkʼaʃɛʔ ʃɛʔ]（動）二度も恥を搔く

နှစ်ခါလည်[nəkʼa lɛ]（動）2歳になる、2年たつ

နှစ်ခု[nəkʼu.]（名）2個、二つ

နှစ်ချက်သင့်[nətʃɛʔtin.]（名）二股有効、双方に合致するもの

နှစ်ချောင်းငင်[nətʃaun:ŋin]（名）母音uを示す符号（子音文字の下に添加する2本線）例 ဒူ

နှစ်ခြမ်းကွဲ[nətʃan: kwɛ:]（動）二つに割れる、二派に分れる、分裂する

နှစ်ခွထင်းရူ[nəkʼwa.tʼin:ju:]（植）メルクシマツ（マツ科）Pinus merkusii

နှစ်ခွက်စာ[nəkʼwɛʔsa]（名）2杯分

နှစ်ဆယ့်တဦးပါတီ[nəsʼɛ.təu: pati]（名）ビルマに両頭制が導入された時導入賛成で分裂したGCBAの一派、指導者はウー・バペー cf. ဝဲသာနဲအဖွဲ့

နှစ်ဆယ့်လေးနာရီဖွင့်[nəsʼ.le:naji pʼwin.]（動）24時間営業をする

နှစ်ဆောင်ပြိုင်[nəsʼaunbjain]（名）①平行屋根の家 ②競合、競争

နှစ်ထပ်ကိန်း[nətʼaʔkein:]（名）二乗、平方

နှစ်ထပ်ကိန်းရင်း[nətʼaʔkein:jin:]（名）平方根

နှစ်ထပ်ကွမ်း[nətʼaʔgwan:]（名）二度、二度目

နှစ်ထပ်သင်္ကန်း[nətʼaʔ tingan:]（名）大衣（三衣の一つ）

နှစ်ထပ်အိမ်[nətʼaʔein]（名）二階屋、二階建ての家

နှစ်ည်းစလုံး[nəni: səloun:]（副）両方とも、双方とも

နှစ်နှစ်ခံ[nəniʔ kʼan]（動）2年間もつ

နှစ်ပါးစုံ[nəpa:zoun]①（名）夫婦 ②（副）夫婦共同の、夫婦共有の

နှစ်ပါးစုံမွေး[nəpa:zounmwe:]（名）実の子供、同じ両親の子供 ＝နှစ်ဖက်မွေး

နှစ်ပါးသွား:[nəpa:dwa:]（名）デュエット・ダンス（男女一対の踊り）

နှစ်ပတ်လျှိုထုံး:[nəpaʔʃo zədoun:]（名）指に2回巻き付けて、2巻のループにした髷

နှစ်ဖက်ခွ[nəpʼɛʔkʼwa.]（動）二股掛ける

နှစ်ဖက်ချွန်[nəpʼɛʔtʃun]（名）①ブーメラン ②二股膏薬、双方共に通じている者

နှစ်ဘက်ချွန်[nəpʼɛʔtʃun] ＝နှစ်ဖက်ချွန်

နှစ်ယောက်[nəjauʔ]（名）二人

နှစ်ယောက်ချင်း[nəjauʔtʃin:]（副）互いに、顔を見合わせて、二人で

နှစ်ယောက်စလုံး[nəjauʔ səloun:]（副）二人共

နှစ်ယောက်တတွဲ[nəjauʔ dədwɛ:]（名）二人一組

နှစ်ယောက်တွဲပြိုင်ပွဲ[nəjauʔtwɛ: pjainbwɛ:]（名）（競技の）ダブルス

နှစ်ယောက်တွဲသုံးချောင်းထောက်[nəjauʔtwɛ: toun: dʑaun:dauʔ]（名）二人三脚

နှစ်ရက်ခြား[nəjɛʔtʃa:]（副）二日置きに

နှစ်လီစနစ်[nəli səniʔ]（名）二進法

နှစ်လောင်းပြိုင်သေပွဲဝင်[nəlaun:bjain tebwɛ:

နှစ်လမ်းသွား

win］(動）心中する
နှစ်လမ်းသွား:[nəlan: twa:]（動）二股を掛ける、平行する
နှစ်လုံး[nəloun:]（名）（丸いもの）2個
နှစ်လုံးပူး[nəloun:bu:]（形）①ペアになった ②連発の
နှစ်လုံးပူးသေနတ်[nəloun:bu: tənaʔ]（名）連発銃
နှစ်လုံးပြူ[nəloun:bju:] ＝နှစ်လုံးပူး
နှစ်ဝမ်းကွဲ[nəwun:gwɛ:]（名）叉従兄弟
နှစ်သီ[nəti:]（名）二毛作
နှစ်သီစိုက်[nəti: saiʔ]（動）二毛作をする
နှစ်ဦးနှစ်ဖက်[nəu: nəpʔɛʔ]（名）双方、両方
နှစ်ဦးနှစ်ဝ[nəu: nəwa.] ＝နှစ်ဦးနှစ်ဖက်
နှစ်[niʔ]（動）①沈める ②卑しむ、品位を落す ③（副）自ら犠牲となって
နှစ်ခြိုက်[niʔtʃai]（動）好きになる、好む、気に入る
နှစ်ခြင်းမင်္ဂလာ[niʔtʃin: mingəla]（名）バプテイスト派キリスト教の洗礼式
နှစ်ထောင်:[niʔtʼaun:]（動）喜ぶ、心がうきうきする
နှစ်ထောင်:အား[niʔtʼaun: a:ja.]（副）心から喜んで、歓喜して
နှစ်ထောင်:အားရဖြစ်[niʔtʼaun: a:ja. pʼji]（動）歓喜する、真実満足する
နှစ်နှစ်ကာကာ[niʔniʔ kaga]（副）本気で、နှစ်နှစ်ကာကာလိုလားသည်။ 真剣に望んでいる နှစ်နှစ်ကာကာချစ်ကြိုက်သည်။ 本気で愛している
နှစ်နှစ်ကြိုက်ကြိုက်[niʔniʔ tʃaitʃai]（副）①満足して、満足そうに、心行くまで、心底 နှစ်နှစ်ကြိုက်ကြိုက်ရယ်မောသည်။ 満足そうに笑った ②ぐっすりと နှစ်နှစ်ကြိုက်ကြိုက်အိပ်ပျော်သည်။ ぐっすりと熟睡する
နှစ်မြော[nəmjɔ:] ＝နှုမြော
နှစ်မြို့[niʔmjo.]（動）好む、気に入る、意に添う
နှစ်မြှုပ်[niʔmjouʔ]（動）沈める
နှစ်မုန်[niʔmun]（動）溺れる
နှစ်လို[niʔlo.]（動）好む、気に入る、喜ぶ
နှစ်လို[niʔlo]（動）好む、気に入る、喜ぶ
နှစ်လိုဘွယ်ကောင်း[niʔlobwɛ kaun:]（形）好ましい、愛らしい、魅力的だ、素敵だ
နှစ်သက်[niʔtɛʔ]（動）好む、気に入る、喜ぶ
နှစ်သက်မြတ်နိုး[niʔtɛʔ mjaʔno:]（動）気に入る、大事にする
နှစ်သက်ဘွယ်[niʔtɛʔbwɛ]（名）好ましい事、感じが

354

よい事、好感がもてる事
နှစ်သက်ဘွယ်ရာရှိ[niʔtɛʔbwɛja ʃi.]（形）好ましい、感じがよい
နှစ်သက်သဘောကျ[niʔtɛʔ dəbɔ: tʃa.]（動）気に入る、同意する、共鳴する
နှစ်သက်အားရ[niʔtɛʔ a:ja]（動）喜ぶ、満足する、気に入る
နှစ်သိမ့်[niʔtein.]（動）①慰める、宥める、気を落着かせる ②気に入る、満足する、喜ぶ
နှင်[naʔ]（名）（織機の）あや糸、掛け糸
နှင်[naʔ]（動）鼻で嗅ぐ、鼻で薬を嗅ぐ
နှုတ်[nouʔ]（動）抜く、抜き取る、引き抜く、引き出す、取り出す
နှုတ်စား[nouʔsa:]（動）減じて割る
နှုတ်ထုတ်[nouʔtʼwɛʔ]（動）辞任する
နှုတ်ညှိ[nouʔni:]（名）引き算、減算
နှုတ်ပယ်[nouʔpɛ]（動）引く、減らす、取り除く、除去する
နှုတ်[nouʔ]（名）口
နှုတ်ကတိ[nouʔ gədi.]（名）口約束
နှုတ်ဂါထ[nouʔgəba:]（名）仏陀の説法
နှုတ်ကျိုး[nouʔ tʃo:]（動）言い馴れる、呼び慣れる
နှုတ်ကျက်[nouʔ tʃɛʔ]（動）暗唱する
နှုတ်ကျင်း[nouʔ tʃin:]（動）うがいをする
နှုတ်ကြောင့်သေ၊လက်ကြောင့်ကြေ။（諺）口のせいで死に、手によって砕ける（口は災の基）
နှုတ်ကြမ်း[nouʔtʃan:]（形）口が悪い、言葉遣いが乱暴
နှုတ်ကြမ်းလျှာကြမ်းနဲ့[nouʔtʃan: ʃadʒan: nɛ.]（副）口が悪くて、言葉遣いが乱暴で
နှုတ်ကျိ[nouʔ tʃun]（動）言質を与える
နှုတ်ကြေး[nouʔtʃwe:]（名）口約束が果せない状態
နှုတ်ကြေးတင်[nouʔtʃwe: tin]（動）口約束だけする、約束が守られない
နှုတ်ခမ်း[nəkʼan:]（名）①唇 ②（食器や篭等の）縁、へり、（崖などの）縁
နှုတ်ခမ်းကိုက်[nəkʼan: kaiʔ]（動）唇を噛む
နှုတ်ခမ်းကွဲ[nəkʼan: kwɛ:]（動）唇がひび割れる
နှုတ်ခမ်းစူ[nəkʼan: su]（動）口を尖らす、ふくれ面をする、不満の意を示す
နှုတ်ခမ်းစေ[nəkʼan: swe] ＝နှုတ်ခမ်းစူ
နှုတ်ခမ်းဆိုး[nəkʼan: sʼo:]（動）口紅を塗る
နှုတ်ခမ်းဆိုးဆေး[nəkʼan:sʼo:ze:]（名）口紅
နှုတ်ခမ်းတလန့်၊တလန့်[nəkʼan:təlan pan:təlan]（副）かっかっ興奮して、憤慨して、激昂して
နှုတ်ခမ်းထူ[nəkʼan: tʼu]（形）唇が部厚い、唇がめ

くれている
နှုတ်ခမ်းပါး[nək'an: pa:]（形）唇が薄い
နှုတ်ခမ်းပဲ[nək'an:bɛ.]（名）兎唇（みつくち）
နှုတ်ခမ်းပဲ့ချင်း၊မီးမွတ်။（諺）兎唇同士が火を起している（五十歩百歩、所詮は同じ事）
နှုတ်ခမ်းမွေး[nək'an:mwe:]（名）口髭
နှုတ်ခမ်းယား[nək'an: ja:]（動）話したくて口がむずむずする
နှုတ်ခမ်းသား[nək'an:da:]（名）縁、へり
နှုတ်ချို[nouʔtʃo]（形）口がうまい、能弁だ
နှုတ်ခွန်းဆက်[nouʔk'un: sʔɛ]（動）①挨拶をする②別れを告げる
နှုတ်ခွန်းဆက်စကား[nouʔk'un:sʔɛ zəga:]（名）挨拶の言葉
နှုတ်ခွန်းဆက်သ[nouʔk'un: sʔɛta.]（動）挨拶をする
နှုတ်ချွန်လင်ပိုင်[nouʔtʃun ləbain]（動物）イルカ
နှုတ်ငုံ[nouʔnoun]①（副）暗唱して、空で②（名）妊娠、懐妊
နှုတ်ငုံဆောင်[nouʔnoun sʔaun]（動）記憶に留める、暗記する、暗唱する
နှုတ်ငုံရ[nouʔ noun ja.]（動）身ごもる、懐妊する
နှုတ်စလျှော[nouʔsa. ʃaza.]（名）能弁、雄弁
နှုတ်စောင့်[nouʔ saun]（形）①口が堅い、口を割らない②言葉遣いが慎重だ
နှုတ်ဆော့[nouʔ sʔɔ]（形）口が軽い、直ぐに口が滑る、言葉遣いに慎重さが欠ける
နှုတ်ဆက်[nouʔsʔɛ]（動）挨拶する
နှုတ်ဆက်စကားပြော[nouʔsʔɛ zəga: pjɔ:]（動）挨拶の言葉を述べる
နှုတ်ဆက်ပွဲ[nouʔsʔɛpwɛ]（名）歓送会、送別会
နှုတ်ဆက်ပွဲလုပ်[nouʔsʔɛpwɛ louʔ]（動）歓送会を開く、歓送会を催す
နှုတ်ဆက်အမြောက်[nouʔsʔɛ əmjauʔ]（名）礼砲、祝砲
နှုတ်ဆွံ့အ[nouʔ sʔun.a.]（形）唖だ、口が利けない
နှုတ်တက်ရ[nouʔtɛʔja.]（動）暗唱できる、そらで言える
နှုတ်တက်ရရွ[nouʔtɛʔ jwa.jwa.]（副）ぺらぺらと
နှုတ်တိုက်[nouʔtaiʔ]（副）後をつけさせて、おおむ返しに言わせて、復唱させて、反復口述させて、口頭で
နှုတ်တိုက်ချ[nouʔtaiʔ tʃa.]（動）後をつけて言わせる、復唱させる、口述を書き取らせる
နှုတ်တိုက်ပြော[nouʔtaiʔ pjɔ:]（動）口頭で言わせる、デイクテーションをする
နှုတ်တိုက်ရ[nouʔtaiʔja.]（動）口述する、口授する

နှုတ်တိုက်ရွတ်ဆို[nouʔtaiʔjuʔsʔo]（動）声に出して唱える、反復唱和する
နှုတ်တိုက်သင်[nouʔtaiʔ tin]（副）後をつけて言わせる、反復して言わせる、反復唱和させる
နှုတ်နည်း[nouʔ nɛ:]（形）口数が少ない、無口だ、沈黙がちだ
နှုတ်ပါးစွာစွာနှင့်[nouʔpa: swazwanɛ.]（副）口汚なく　နှုတ်ပါး:စွာစွာနှင့်စုပ်စုရေညည်။口汚なく罵る
နှုတ်ပုလက်ကြမ်း[nouʔpu lɛʔtʃan:]（副）騒ぎたてて、怒鳴り立てて、罵倒して
နှုတ်ပေါ့[nouʔ pɔ.]（動）①流暢だ②口が軽い
နှုတ်ပေါ့လျှာပေါ့[nouʔpɔ.ʃabɔ.]（副）軽々しく、口軽に
နှုတ်ပိတ်[nouʔ peiʔ]（動）①口止めをする②口を閉ざす、沈黙する
နှုတ်ပိတ်ခ[nouʔpeiʔk'a.]（名）口止め料
နှုတ်ပိတ်စကား[nouʔpeiʔ zəga:]（名）口止め
နှုတ်ပြစ်တင်[nouʔpjiʔ tin]（動）口頭で非難する
နှုတ်ပြန်[nouʔpjan]（動）口頭で答える、挨拶を返す
နှုတ်ဖြေမေးပွဲ[nouʔpje same:bwɛ:]（名）口頭試験、口述試験
နှုတ်ဖျား[nouʔpʔja:]（名）舌先、口先、口の先端
နှုတ်ဖွာ[nouʔ pʔwa]（形）口が軽い、お喋りだ、口数が多い
နှုတ်မစောင့်မှု[nouʔ məsaun.mu.]（名）口が軽い事、秘密を守らない事
နှုတ်မေးခွန်း[nouʔ me:gun:]（名）口頭試問、口頭での質問
နှုတ်မိန့်[nouʔ mein.]（名）口頭での命令
နှုတ်မြိန်[nouʔ mein.]（動）食欲をそそる、美味しい
နှုတ်မှုပညာ[nouʔmu. pjinɲa]（名）口を使った技術
နှုတ်ယား[nouʔja:]（動）口がむずむずする、喋りたくて仕方がない
နှုတ်ရေး[nouʔje:]（名）話し方、話術、雄弁術、修辞法
နှုတ်ရေးစကား[nouʔje: zəga:]（名）会話
နှုတ်ရဲ[nouʔjɛ:]（動）思い切って言う、敢えて口に出す
နှုတ်ရိုး[nouʔjo:]（名）上顎
နှုတ်လေး[nouʔ le:]（形）①口が重い②話し方が遅い、ゆっくり話す、緩慢な話し方をする
နှုတ်လုံ[nouʔ loun]（形）口が堅い、秘密を洩らさない
နှုတ်လွန်[nouʔlun]（動）言い過ぎる、失言する、放言

နှုတ်လှန်ထိုး

する
နှုတ်လှန်ထိုး[n̥ouʔlan tʻoː] （動）①唇を反らせる ②言い返す、口答えする
နှုတ်လှံ့ထိုး[n̥ouʔlan tʻoʔ] （動）①責める、誹る、非難する、怒らせる、憤慨させる ②言い返す、口答えする
နှုတ်လျှာသွက်လက်[n̥ouʔʃa twɛʔlɛʔ] （形）口が達者だ、早口だ
နှုတ်သရမ်း[n̥ouʔtəjanː] （形）言葉遣いが乱暴だ、聞くに堪えない言葉を口にする
နှုတ်သီး[n̥ouʔtiː] （名）①（鳥の）嘴 ②（動物の）鼻先 ③（人の）口 ④（湯沸かしや水差しの）注ぎ口、飲み口
နှုတ်သီးကောင်း[n̥ouʔtiː kaunː] （形）口先が達者だ、口が悪い、毒舌家だ、辛辣だ、挑発的だ
နှုတ်သီးကောင်းလျှပါး[n̥ouʔtiːgaunːʃabaː] （副）ロハ丁で、逆襲じを食わせて、反論して、口汚なくやり返して
နှုတ်သီးတပိုင်းပြတ်ငါး[n̥ouʔtiːdəbainːbjaʔ ŋaː] （魚）サヨリ
နှုတ်သီးတို[n̥ouʔtiːdo] ①（鳥）ムナグロ（チドリ科）Pluvialis dominica ②（魚）ホシザヨリ（サヨリ科）Hemirhampus far
နှုတ်သွက်[n̥ouʔ twɛʔ] （形）①流暢だ、よどみなく喋る ②口が達者だ
နှုတ်သွက်လျှာသွက်[n̥ouʔtwɛʔʃadwɛʔ] （副）すかさず
နှုတ်သွက်လျှာသွက်ရှိ[n̥ouʔtwɛʔʃadwɛʔ ʃiː] （形）口が達者だ、能弁だ、べらべらまくし立てる
နှုတ်အ[n̥ouʔ a] （動）押し黙る、物を言わない
နှံ့[n̥an] （動）①（犬が尾を）振る ②（膝を）震わせる、貧乏揺すりをする
နှုန်း[n̥ounː] （名）割合、率、パーセンテージ
ဈေးနှုန်း: 価格、値段 ရာခိုင်နှုန်း: 百分率、パーセント အမြန်နှုန်း: 速度、スピード
နှုန်းထား[n̥ounːdaː] （名）①定価 ②定率、固定定率
နှပ်[n̥aʔ] （名）鼻水、鼻汁
နှပ်ချေ:[n̥aʔtʃiː] ＝နှပ်
နှပ်ညှပ်[n̥aʔ ɲiʔ] （動）手鼻をかむ
နှပ်ပစ်ခံရ[n̥aʔpjiʔkʻan ja] （動）①溲を引っかけられる ②思いもよらずひどい目に遭う、公衆の面前で恥をかかされる、面目を失う ③大敗する、惨敗する
နှပ်[n̥aʔ] （動）①（飯を）蒸らす ထမင်းနှပ်သည်။（肉を）軟らかくする ③（茶の葉や煙草の葉等を）揉む、揉み柔らげる ④（コーヒーを）火であぶる ⑤（一旦目覚めてまた）まどろむ、うとうとする、

うた寝をする ⑥ペテンに掛ける
နှပ်ချ[n̥aʔ tʃa] （動）騙る、詐欺を働く
နှပ်ချို[n̥aʔtʃo] （植）カラナシ（トウダイグサ科）Baliospermum montanum ＝နှပ်ချို。その種子が下剤の原料となる
နှိပ်[neiʔ] （動）①（手で）押す、手で押える、押えつける ခလုတ်နှိပ်သည်။ スイッチを押す ②（印を）捺すတံဆိပ်နှိပ်သည်။ 押印する ③揉む、按摩 ④食い尽す、食い荒らす ထမင်းနှိပ်စပ်လိုက်တာ။ နှစ်ပန်းကန်ကုန်သွားတယ်။ 飯を大食いした、二皿も食った
နှိပ်ကြယ်သီး[neiʔtʃɛdiː] （名）ホック
နှိပ်ကွပ်[neiʔkuʔ] （動）①抑える、押えつける ②取締まる、弾圧する ③退治する、やっつける
နှိပ်စေ့[neiʔsiː] （名）ホック
နှိပ်စက်[neiʔsɛʔ] （動）①苦しめる、苛める、虐待する ②抑えつける、抑圧する、弾圧する
နှိပ်စက်ကလူပြု[neiʔsɛʔkəlu pju] （動）苛める、虐待する
နှိပ်စက်ညှဉ်းပမ်း[neiʔsɛʔ ɲinːbanː] （動）苛める、虐待する、拷問する
နှိပ်နယ်[neiʔnɛ] （動）揉む、按摩する
နှိပ်နင်း[neiʔninː] （動）①踏みつける ②押さえたり踏んだりする、按摩 ③抑える、抑制する ④制圧する、鎮圧する、退治する
နှမ်း[n̥anː] （形）①気がふれている、様子がおかしい ②薄い色を帯びる、色彩が淡い ③斑模様がある、斑点模様がある、縞模様がある、点在する
နှမ်း[n̥anː] （植）ゴマ（ゴマ科）Sesamum orientale
နှမ်းကြီး[n̥anːdʑiː] （名）晩生のゴマ
နှမ်းကြတ်[n̥anːdʑaʔ] （植）アマ（アマ科）Linum usitatissimum
နှမ်းဆားပြောင်း[n̥anːza pjaunː] ＝နှစားပြောင်း
နှမ်းဆီ[n̥anːzi] （名）胡麻油
နှမ်းထွက်[n̥anː tʻwɛʔ] （動）胡麻が採れる、胡麻が生産される
နှမ်းဖတ်[n̥anːbaʔ] （名）胡麻の搾り粕
နှမ်းဖတ်ကျောက်[n̥anːbaʔtʃauʔ] （名）花崗岩
နှမ်းပြူး[n̥anːpʻjuː] （動）知らないくせに知ったかぶりをする、他人の手柄を横取りする、他人の仕事に口出しをする、我が物顔で威張る
နှမ်းလျင်[n̥anːjin] （名）早稲の胡麻
နှိမ်[nein] （動）降ろす、低くする
နှိမ်ချ[nein.tʃa] （動）①（自ら）へりくだる、謙遜する、卑下する ②軽んじる、けなす、卑しめる ③（地位を）落す

နှိမ်[n̥ein] (動) ①軽んじる、卑しめる、けなす ②相手を屈伏させる、制圧する、ぎゃふんと言わせる、ひどい目に遭わせる ③押し下げる ④勘定を清算する 利子を前取りする、支払額から債権分を差し引く、債権から債務を棒引きにする

နှိမ်နှင်း[n̥einnin:] (動) ①駆除する、退治する ②鎮圧する、征伐する、征服する、服従させる

နှိမ်နှင်းရေး[n̥einnin:je:] (動) 駆除、退治

နှိမ်ပြော[n̥einpjɔ:] (動) けなす、くさす

နှံ့[nan.] (動) ①拡がる、普く行き亙る、方々に行き亙る、至る所に足跡が及ぶ ②神経が正常だ、気は確かだ

နှံ့စပ်[nan.zaʔ] (動) ①行き亙る、普く及ぶ ②精通している、通暁している

နှံ[nan] (動) ①預ける、託す、委託する、委任する ②埋める ③打つ、殴る、叩く ④やっつける、痛撃する、打ちのめす、叩きのめす ငါသူ့ကိုနှံလိုက်တယ်။ 奴をやっつけてやった

နှံ[nan] (名) 穂 <အနှံ။ စပါးနှံ 稲穂

နှံကောင်[nangaun] (名) イナゴ、バッタ、キリギリス

နှံစားပြောင်း[nanza: pjaun:] (植) モロコシ、サトウモロコシ(イネ科) Sorghum vulgare

နှံပဲ[nanbɛ:] (植) ウダノキ、チンガム (ウルシ科) Lannea grandis

နှံပြည်စုတ်[nanpjisouʔ] (鳥) セスジズクモカリドリ (タイヨウチョウ科) Arachnothera magna

နှံဖြတ်ပိုး[nan pʔjaʔpo:] (虫) シロナヨトウの幼虫 Cirphis unipuncta 稲の害虫

နွာ[n̥wa] (動) (果物の) 皮を剥く、(皮を) 剥ぐ ကြက်သွန်နှာသည်။ 玉葱を剥く ငှက်ပျောသီးနှာသည်။ バナナの皮を剥く

နွေး[n̥we:] (動) ①暖める、温める ဟင်းအိုးတွေနွေးရမယ်။ おかずの鍋を暖めねばならない ②復習する ③皮を剥く

နွဲ[n̥wɛ:] (動) (体を) ゆらゆらさせる

နွယ်[n̥wɛ] (動) ①系譜を引く、後裔だ、系統は မင်းမျိုးနွယ်သည်။ 王族の血を引く ②繋がりを持つ、連絡を付ける、関りをもつ ဓမ္မကျော်နှင့်သောဝတ္တု 仏法に関わりのある小説 ③同族だ、同類だ အရသာချင်းနွယ်သည်။ 味は同じ様なものだ

နွယ်[n̥wɛ:] (動) ①のろまだ、ぐずぐずする ②加わる、参加する ③くねらせる ④寄り添う、寄り掛かる、絡む、絡み合わせる

ပ

ပ[pa.] (名) ビルマ文字体系の21番目の子音文字、その名称は ပစောက်[pa.zauʔ]

ပစောက်ကွေ့[pa.zauʔkwe.] (名) ユーターン、折り返し cf. ဂလယ်ကွေ့

ပစောက်ရှိ[pa.zauʔjo] (名) 喉仏

ပ[pa.] (名) 外、外側 <အပ၊ ပြည်တွင်းပြည်ပ 国の内外 ပါတွင်းပါပ 安居期間内と期間外

ပ[pa.] (動) ①欠く、無い ②追い払う、追放する ③外す、除く、無くす、抜かす、省く ④免除する、取り消す、却下する、棄却する ⑤取り残す、無視する

ပပျောက်[pa.bjauʔ] (動) 消え去る、なくなる、消失する、姿を消す

ပလပ်[pa.laʔ] (動) ①免除する、軽減する、緩和する ②却下する、棄却する

ပလပ်မြေ[pa.laʔmje] (名) 荒地、放置された土地

ပ[pa.] (動) 捧げる、奉納する

ပသ[pa.ta.] (動) ①供える、捧げる、奉納する、奉献する ②宥める、和らげる、鎮める နတ်ပသသည်。精霊に供える、供養する

ပ[pa.] (動) 発する、光を発する ထွန်းပသည် 光り輝く、きらきらする ဝင်းပသည် 明るい

ပ[ba.] (助) 文末使用、強調、~だよ、~ですとも ဟုတ်တာပ ですよ、そうですとも ကျုပ်ကပြောတာပနော် 僕だって言いましたよ မျိုးရိုးအစဉ်အလာမပျက်တဲ့လူဟာအင်မတန်ရှားတာပ။ 家系や伝統を維持している人はきわめて少ないね ကျုပ်တို့ငယ်ငယ်တုန်းကအဲဒီမှာ သွားသွားခူးကြတာပ။ 僕達は幼い頃よくそこへ行って摘んだものだ cf. ပေါ့

ပ[ba.] (助動) 強調 ပြောပလောက်စရာ 取り立てて言う程の事

ပကတိ[bəgədi.] ① (名) 自然、本来、元来、平常、正規 ② (形) 自然の、本来の、元来の、平常の

ပကတိကိုယ်လုံးကိုယ်ထည်[bəgədi. koloun:kodɛ] (名) ありのままの体、裸体

ပကတိကံ[bəgədi. kan] (名) 直接目的語

ပကတိပမာဏ[bəgədi. pəmana.] (名) 元の大きさ、本来の規模、自然のサイズ

ပကတိမျက်စိ[bəgədi. mjɛʔsi.] (名) 肉眼、裸眼

ပကတိသဘော[bəgədi. dəbo:] (名) 本性、天性

ပကတိသက်သက်[bəgədi. tɛʔtɛʔ] (副) ありのままに、純粋に、素顔で

ပကတိအတိုင်း[bəgədi. ətain:] (副) ありのまま、元のまま、現状通り

ပကတိအပူချိန်[bəgədi.əpuʤein] (名) ①平常の温度、自然のままの温度、正常な温度、普段の体温 ②絶対温度

ပကတေး[bəgədu:] (名) 昔、太古、創世紀

ပကာသန[pəkatəna.] (名) ①虚栄、虚飾、見栄、見せかけ ကြီးကြီးကျယ်ကျယ်လက်ထပ်တာပကာသနဲ့။ 盛大に挙式を挙げるのは見栄だよ ②注釈

ပကာသနပြု[pəktəna.pju.] (動) 見栄を張る

ပကာသနီ[pəkatəni] (名) 註釈書

~ပကော[bəgɔ:] (感) 過去の事実の強調、確かに~だよ、もう~ではないか、もう既に~だ <ပြီးကော။ ညဉ့်နက်လှပါပကော။ もうとっくに夜が更けていたんだよ ပြောပြီးပါပကော။ はっきりと言っておいたではないか သူတို့သမီးဟာကဗျာတွေတောင်တက်နေပါပကော။ 彼等の娘は詩歌さえできるようになっていたんだ နှစ်တော်လဆန်းတရက်နေ့နီးလာပြန်ပါပကော။ ビルマ暦9月1日がまた近づいて来たんだなあ

ပကောဋိ[pəkɔ:di.] (数・文) 百兆（1の後に零が14個付く）

ပခုံး[pək'oun:] (名) 肩

ပခုံးကျယ်[pək'oun tʃɛ] (形) 肩幅が広い

ပခုံးကြက်သား[pək'oun:tʃwɛʔta:] (名) 肩の筋肉

ပခုံးချင်းယှဉ်[pək'ounʤin: ʃin] (動) 肩を並べる、対等に行動する、競う、引けを取らない

ပခုံးတွန့်[pək'oun: tun.] (動) 肩をすくめる

ပခုံးထောက်[pək'oun:dauʔ] (名) 肩パット

ပခုံးထမ်း[pək'oun: t'an:] ①（動）担ぐ、肩に担ぐ ②[pək'oun:dan:] (名) ポーター、人夫、運搬人

ပခုံးပေါက်[pək'oun: pauʔ] (動) 肩を傷める、肩に打ち身ができる、肩に打ち傷ができる

ပခုံးပြောင်း[pək'oun: pauʔ] (動) 責任を転嫁する

ပခုံးရိုးခွေ[pək'oun:jo:gwe] (名) 鎖骨

ပခုံးအိုး[pək'oun:o:] (名) 肩の三角筋 ပခုံးအိုးအကျယ်ဘယ်လောက်ရှိသလဲ။ 肩幅はどれ位ありますか

ပခြောက်[pətʃ'ouʔ] (名) 竹又は扇椰子の葉柄で編んだ蓋付きの円形篭、容器（普通蛇を入れておく）

ပခြောက်သည်[pətʃ'ouʔtɛ] (名) 売春婦、淫売、娼妓

ပဂေး[pəge:] (名) 優秀な人、非の打ち所のない人

ပဂျာမာ[pəʤama] (名) パジャマ ＜英

ပစိ[pəɲo] (貝) クサズリガイ Amphineura

ပဇားပေး[pa.za: pe:] (動) 贔屓する、えこ贔屓する → ပါဇား:ပေး

ပဇီဗဇာ့[bəzi.bəzaʔ] (副) ①のらりくらりと、言を左右にして、移り気で、変り易くて、気まぐれで ②あれこれ口出しをして

ပဇီပဇျှံ[bəzi. bəʃan] (副) 乱れて、散乱して

ပစိဖိတ်သမုဒ္ဒရာ[pəsi.p'eiʔ təmouʔdəja] (名) 太平洋

ပဆေးပေါ[pəse: pəu:] (副・文) 厚かましい話、無作法な話

ပဆစ်[pəsʔi] (名) 子安貝6個から成るさいころを振り、出た目の数（さいころの裏表の数）だけ進むインド双六 ＝ကြေအန်ကစား

ပဆစ်ကွက်[pəsʔikwɛ] (名) 市松模様

ပဆစ်ပစ်[pəsʔi pji] (動) インド双六をする

ပဆစ်အိမ်[pəsʔiein] (名) インド双六の盤

ပဆစ်တုတ်[pəsʔi touʔ] =ပုဆစ်တုတ်

ပဆုပ်နာ[pəsouʔna] (病) （スズメバチの巣の形をした）背中に生じる悪性潰瘍 =အနာပဆုပ်

ပဆုပ်ပန်း[pəsouʔpəni] (虫) スズメバチ（黄色と褐色の縞模様がある）cf. ပျား၊နှင့်ကျယ်

ပဇာ[bəza] (疑代・古) 何、誰、何処、どれ等を現わす ပဇာပိုက်သနည်း။ 何を抱えているのか

ပဇာကြောင့်[bəza.ʤaun.] (疑問・古) 何故、どういう訳で စိတ်၌ပစာကြောင့်မပျော်ပိုက်နိုင်ရပါသနည်း။ 何故に心中楽しくないのか

ပဇာသို့[bəzado.] (副) どこへ、何処へ、どちらへ

ပဇင်း[bəzin:] =ပုစဉ်း

ပညာ[pjinɲa] (名) ①智慧 ②知識、学問、教育 ②技術 ＜パ Paññā

ပညာကျော်[pjinɲaʤɔ] (名) 学識者、学者

ပညာကြီး[pjinɲa tʃi:] (動) 学識がある、造詣が深い

ပညာကြီးရင့်[pjinɲa tʃi:jin.] (動) 深い学識を有する、学識豊かだ

ပညာခံ[pjinɲagan] (名) 基礎知識

ပညာချွန်[pjinɲa tʃun] (形) 成績がよい、成績優秀だ

ပညာစက္ခု[pjinɲa sɛʔk'u.] (名) 洞察、眼識

ပညာစမ်း[pjinɲa san:] (動) 知恵試しをする

ပညာစုံ[pjinɲa soun] (形) 博識だ、広い知識を持っている

ပညာစွယ်စုံကျမ်း[pjinɲa swɛzountʃan:] (名) 学術事典、百科事典

ပညာဆည်းပူး[pjinɲa sʔi:bu:] (動) 勉学する、学習する、知識を得る

ပညာဉာဏ်[pjinɲa ɲan] (名) 学識、知識

ပညာတော်သင်[pjinɲadɔ:din] (名) 留学生、国費留学生

ပညာတတ်[pjinɲa taʔ] ①（動）学識がある、教養がある ②[pjinɲada] (名) 識者、知識人

ပညာတတ်မြောက်[pjinɲa tʔmjauʔ] (動) 学識が

ある、学識が豊かだ、深い知識を持つ
ပညာတတ်လူတန်းစား[pjiɲɲada'ludan:za:]（名）インテリ層
ပညာအသက[pjiɲɲa da.ṭəka.]（名）人生経験豊富な年齢、学識豊かな年齢（四十代を指す）
ပညာနံ[pjiɲɲa noun.]（形）無知だ、学識がない
ပညာပါရမီ[pjiɲɲa parəmi]（名）般若波羅蜜
ပညာပေး[pjiɲɲa pe:]（動）①教育する、啓蒙する ②教訓を与える、思い知らせる、痛い目に会わせる、お灸をすえる
ပညာပြ[pjiɲɲa pja.]（動）①学識を誇示する、知恵を見せびらかす、能力を示す ②悪智慧を働かせる、失脚を企む、ぺてんに掛ける
ပညာရေး[pjiɲɲaje:]（名）教育
ပညာရေးစနစ်[pjiɲɲaje: sənei']（名）教育制度
ပညာရေးဌာနဝန်ကြီး[pjiɲɲaje:t'ana.wunʥi:]（名）教育大臣、文部大臣
ပညာရေးတက္ကသိုလ်[pjiɲɲaje: tɛ'kəto]（名）教育大学
ပညာရေးမှတ်တမ်း[pjiɲɲaje: m̥a'tan:]（名）成績表、通知表
ပညာရေးဝန်ကြီးဌာန[pjiɲɲaje: wunʥi: t'ana.]（名）教育省、文部省
ပညာရင်းနှီ[pjiɲɲa jinno.]（名）智慧の源泉、知識の泉
ပညာရည်ချွန်ဆု[pjiɲɲajiʥun s'u.]（名）優等賞
ပညာရပ်[pjiɲɲaja']（名）学問分野
ပညာရှာမှီး[pjiɲɲa ʃami:]（動）知識を求める、学識を追求する
ပညာရှိ[pjiɲɲaʃi.]（名）識者、賢者
ပညာရှိ၊ဆတီဖြစ်ခဲ့။（諺）燈台下暗し（知識のある者、注意力散漫）
ပညာရှင်[pjiɲɲaʃin]（名）（特定の分野における）専門家、学者、熟練者
ပညာရှေအိုး၊လူမခိုး။（格）学識は盗まれる事がない
ပညာဝန်[pjiɲɲawun]（名）（旧制度の）視学
ပညာသားပါ[pjiɲɲada: pa]（動）熟練している、精巧だ
ပညာသက်[pjiɲɲadɛ']（名）学齢
ပညာသင်[pjiɲɲa ṭin]①（動）勉強する、知識を学ぶ、学問を修得する ②[pjiɲɲadin]（名）学生、生徒、徒弟
ပညာသင်ကြား[pjiɲɲa ṭintʃa:]＝ပညာသင်
ပညာသင်ကြားရေးဆိုင်ရာအမတ်ကြီး[pjiɲɲa ṭintʃa:je: s'ain ja əma'tʃi:]（名）文教担当議員
ပညာသင်ဆု[pjiɲɲadin s'u.]（名）奨学金

ပညာသင်ထောက်ပံ့ကြေး[pjiɲɲadin tau'pan.ʥe:]（名）奨学金
ပညာသင်နှစ်[pjiɲɲadin ṇi']（名）教育年度
ပညာသင်ယူ[pjiɲɲa ṭinju]（動）教育を受ける、勉強する
ပညာသည်[pjiɲɲadɛ]（名）①職人、職工、技芸者、専門家、学識者 ②魔術師、妖術師
ပညာအမှတ်အသား[pjiɲɲa əm̥a'əta:]（名）知識面での記憶、学問上の記憶
ပညာအရည်[pjiɲɲa əje]（名）知性、教養
ပညာအရည်အချင်း[pjiɲɲa əjeətʃ'in:]（名）学歴
ပညာအုပ်[pjiɲɲa ou']（名）副視学官
ပညောင်ပင်[pjiɲɲaunbin]（植）ベンガルボダイジュ（クワ科）Ficus bengalensis ＝ပြည်ညောင်
ပညတ်[pjin.ɲa']①（動）（法律で）規定する、定める、（法律を）公布する ②禁止する ③名付ける、命名する ④（名）名称 နာမပညတ်
ပညတ်ချက်[pjin.ɲa'tʃ'ɛ']（名）①名称、呼称 ②公布、発布 ③禁止
ပညတ်တော်[pjin.ɲɔto]（名）（キリスト教の）掟、戒律
ပညတ်သွား၊ရုပ်ဓာတ်သက်ပါ။（諺）名は体を表わす
ပဇင်း[pəzin:]（名）比丘、出家、僧侶
ပဇင်းခံ[pəzin: k'an]（動）具足戒を受ける、比丘になる手続きを正式に受ける
ပဇင်းတက်[pəzin: tɛ']＝ပဇင်းခံ
ပဋိဃာတ်[pəti.ga']（名）激怒 ＜パPaṭighāta
ပဋိဇီဝဆေး[pəti.ziwa.s'e:]（名）抗生物質
ပဋိညာဉ်[bədeinɲin]（名）①誓い、約束、願 ②同意、承諾 ③契約 ＜パPaṭiña
ပဋိညာဉ်ပြု[bədeinɲin pju.]（動）①誓う、誓約する ②契約する、契約を結ぶ
ပဋိညာဉ်ပြုလုပ်[bədeinɲin pju.lou']＝ပဋိညာဉ်ပြု
ပဋိပက္ခ[pəti.pɛ'k'a.]（名）①争い、衝突、紛争 ②敵対、反抗、対立、不和 ③矛盾 ＜パPaṭipakkha
ပဋိပက္ခပေါ်ပေါက်[pəti.pɛ'k'a. pɔbau']（動）紛争が起る、衝突が起る
ပဋိပက္ခဖြစ်[pəti.pɛ'k'a. p'ji']（動）争いが起きる、不和になる、対立する、衝突する
ပဋိပတ်[pəti.pa']（名）実践、律蔵の遵守、行動の規範 ＜パ
ပဋိဘာန်[pəti.ban]（名）知覚、洞察力、頓智 ＜パ
ပဋိမာပညာ[pəti.ma pjiɲɲa]（名）図像学
ပဋိလောမ[pəti.lɔ:ma]（名）逆、逆順 ＜パ
ပဋိဝေဒ[pəti.weda.]（名）洞察、理解 ＜パ

ပဋိသန္ဓာရစကား:[pəti.tan:dara. zəga:]（名）歓迎、親しみのこもった挨拶 ＜パ Paṭisandhāra

ပဋိသန္ဓာရစကား:ပြော[pəti.tan:dara. zəga: pjɔ:]（動）挨拶する、歓迎の挨拶をする

ပဋိသန္ဓေ[bədei'dəde]（名）①妊娠　②胎児　＜パ Paṭisandhi

ပဋိသန္ဓေကာကွယ်ဆေး:[bədei'dəde kagwɛze:]（名）避妊薬、ピル

ပဋိသန္ဓေစွဲ[bədei'dəde swɛ:]（動）妊娠する、身篭る、受胎する、懐妊する

ပဋိသန္ဓေစွဲယူ[bədei'dəde swɛ:ju] =ပဋိသန္ဓေစွဲ

ပဋိသန္ဓေဆောင်[bədei'dəde s'aun] =ပဋိသန္ဓေစွဲ

ပဋိသန္ဓေတား:ဆေး[bədei'dəde ta:ze:]（名）避妊薬、ピル

ပဋိသန္ဓေတား:ဆီးရေ:[bədei'dəde ta:s'i:je:]（名）避妊

ပဋိသန္ဓေတည်[bədei'dəde ti] =ပဋိသန္ဓေစွဲ

ပဋိသန္ဓေနေ[bədei'dəde ne]（動）妊娠している、身篭っている

ပဋိသန္ဓေပျက်[bədei'dəde pjɛ']（動）流産する

ပဋိသန္ဓေယူ[bədei'dəde ju]（動）妊娠する、懐胎する、懐妊する

ပဋိသန္ဓေရ[bədei'dəde ja.]（動）身篭る、妊娠する

ပဋိသန္ဓေရင့်[bədei'dəde jin.]（動）臨月となる

ပဋိသန္ဓေရှိ[bədei'dəde ʃi.] =ပဋိသန္ဓေနေ

ပဋိသန္ဓေရှင်[bədei'dəde ʃin]（名）妊婦

ပဋိသမ္ဘိဒါ[pəti.tanbi.da]（名）道理、縁起、無礙弁 ＜パ Paṭisambhidhā

ပဋိသမ္ဘိဒါဉာဏ်[pəti.tanbi.da ɲan]（名）直感、感性、悟り、特別な知識

ပဋိစ္စသမုပ္ပါဒ်[bədei'sa.təmou'pa']（名）因果、縁起 ＜パ Paṭiccasamuppāda

ပဌမ[pət'əma.]①（名）第1　②（形）第1の ＜パ

ပဌမကမ္ဘာစစ်ကြီး[pət'əma. gəba si'tʃi:]（名）第一次世界大戦

ပဌမကျော်[pət'əməcɔ]（名）パーリ語仏教経典試験の筆頭得点者

ပဌမကြီး[pət'əməʤi:]（名）パーリ語仏教経典試験の最終段階、最終課程

ပဌမငယ်[pət'əməɲɛ]（名）パーリ語仏教経典試験の第一段階、初級課程

ပဌမစွဲ[pət'əma. swɛ:]（動）1位を獲得する、首席になる

ပဌမစု[pət'əma. s'u]（名）1等賞

ပဌမဆုံး[pət'əma.zoun:]①（名）最初、第1番目

②先ず第一に

ပဌမဇာန်သုံးပုံ[pət'əma. zan toun:boun]（名）（仏教宇宙の）初禅三天

ပဌမတွင်[pət'əma.dwin]（副）最初に、初めに

ပဌမပြန်[pət'əməbjan]（名）パーリ語仏教経典の試験（政府主催、仏教団主催等がある）

ပဌမပြန်စာမေ:ပွဲ[pət'əməbjan same:bwɛ:] =ပဌမပြန်

ပဌမရာဇဘက်တရား:သူကြီး[pət'əma. jabɛ' təja. ʤuʤi:]（名）第一刑事裁判官

ပဌမလတ်[pət'əməɲɛ]（名）パーリ語仏教経典試験の中級段階、中級課程

ပဌမဝါဆို[pət'əma. wazo]（名）閏年の1回目のビルマ暦4月 cf. ဒုတိယဝါဆို

ပဌမသင်္ဂါယနာတင်[pət'əma. tingajəna. tin]（名）（釈尊入滅後初めて開かれた迦葉中心の）仏典編纂会議、第一結集

ပဌမအစ[pət'əma. əsa.]（名）始まり、最初

ပဌမဦးဆုံး:[pət'əma.u:zoun:]（副）先ず初めに、最初に

ပဌာန်[pət'ana.]（名）読しょう

ပဌာန်:[pət'an:]（名）発趣論（論蔵の七阿毘曇論の一つ）

ပဌာန်:ဆီး:[pət'anzi:]（植）ナツメ、サネブトナツメ（クロウメモドキ科）Zizyphus vulgaris

ပဏာမ[pənama.]（名）①敬意、敬礼、お辞儀　②（書物の）前書き、序章、（演説の）前置き、（歌の）前奏 ＜パ Paṇāma

ပဏာမခံ[pənama. k'an]（動）前置きする

ပဏာမပြင်ဆင်မှုညီလာခံ[pənama. pjinsʔinmu. ɲilagan]（名）事前の予備集会、準備集会

ပဏာမရွေ:ကောက်ပွဲ[pənama. jwe:kau'pwɛ:]（名）予備選挙

ပဏာမသီချင်:[pənama. təʧin:]（名）前奏曲

ပတာပန[pətapəna.]（名）大焦熱地獄（八大地獄の7番目）

ပတူငှက်[bəduŋe']（鳥）アカムネハチクイ→ပျာ:တူငှက်

ပတေဝတာ[bəde bəda]（副）恭しく、敬意をもって

ပထကော[bədɛ:gɔ:]（植）ショウガ科シュクシャの仲間 Hedychium gracile

ပထကောကလေ:[bədɛ:gɔ:gəle:]（植）コウリウキョウ、コウラショウガ（ショウガ科）Alpinia officinarum

ပထကောကြီး[bədɛ:gɔ:ʤi:]（植）ナンキョウ（ショウガ科）Alpinia galanga

ပတဲကောလတ်[bədɛːgɔːla']（植）オオクマタケラン、ゲットウ（ショウガ科）Alpinia nutans
ပတို:[bədoː]（名）①法螺貝 ②（水牛の角で作った）角笛 cf. တံပိုး
ပတောက်[bədau']（名）（竹を裂いて編んだ）籠
ပတောက်ပရစ်[bədau'bəjiʔ]（副）繰返し、何度も
ပတတ်[bədaʔ]（動物）スナトカゲ、ベルスナトカゲ →ပွတတ်
ပတတ်ရပ်[bədaʔjaʔ]（動）（動物が）棒立ちとなる、両前脚を挙げ後脚だけで立つ、直立する မြင်းသည်ပတတ်ရပ်ကခဲ့စဉ်ပေါက်ချလိုက်သည်။ 馬は棒立ちとなり疾駆し始めた ＝ပွတတ်ရပ်
ပထမ[pət'əma.]＝ပဌမ
ပထမကမ္ဘာစစ်ကြီး[pət'əma.gəbasiːtʃiː]（名）第一次世界大戦
ပထမကျော်[pət'əmaəkɟɔ]＝ပဌမကျော်
ပထမကြီး[pət'əməɟiː]＝ပဌမကြီး
ပထမခြေလှမ်း[pət'əma.t'iɬanː]（名）第一歩
ပထမခန်း[pət'əma.ganː]（名）①１等室 ②（芝居の）第１幕
ပထမမယ်[pət'əma.mənɛ]＝ပဌမမယ်
ပထမတော့[pət'əma.dɔ.]（副）最初の内は、初めは
ပထမထပ်[pət'əma.daʔ]（名）（ビル、建物の）二階 cf. မြေညီထပ် 一階
ပထမပြန်[pət'əməbjan]（名）出家に対するパーリ語の試験、ပထမငယ်၊ ပထမလတ်၊ ပထမကြီးၢ ပထမကျော်の四段階がある ＝ပဌမပြန်
ပထမပြန်စာမေးပွဲ[-samebwɛː]＝ပဌမပြန်စာမေးပွဲ
ပထမလတ်[pət'əməlaʔ]＝ပဌမလတ်
ပထမဝါဆို[pət'əma.wazo]＝ပဌမဝါဆို။
ပထမသော့[pət'əma.dɔ]（副・文）最初は、初めは
ပထမဦးစွာ[pət'əma.uːzwa]（副・文）先ず初めに 最初に、真っ先に
ပထမဦးဆုံး[pət'əma.uːzounː]＝ပဌမဦးဆုံး
ပထဝီ[pət'əwi]（名）①土壌、大地 ②地理
ပထဝီကြော[pət'əwiəɟɔ]（名）（足の）土踏まず
ပထဝီဓာတ်[pət'əwidaʔ]（名）地（地、水、火、風 と言う四行の一つ）
ပထဝီဝင်[pət'əwiwin]（名）地理
ပထဝီဝင်ဘက်[pət'əwiwinbɛʔ]（名）地理的見地、地理学関係
ပထဝီအနေအထား[pət'əwi əne ət'aː]（名）地形、地勢
ပထိုး[pət'oː]＝ပွထိုး
ပထန်[pət'an]（名）パタン人、アフガン人

ပထွေး[pət'weː]（名）義父、義理の父（実母の再婚相手）
ပဒ[bəda.]（名）ビルマ詩の行（１行は通常４語から成る）→ပုဒ်
ပဒါ:တိုင်[bəda:dain]＝ပွတာ:တိုင်
ပဒုမ္မာကြာ[bədounma tʃa]＝ပဒုမ္မာကြာ
ပဒေသရာဇ်[bədeteriʔ]（名）封建領主、封建土侯
ပဒေသရာဇ်စံနစ်[bədeteriʔ səniʔ]（名）封建制度 封建体制
ပဒေသာ[bədeda]（名）①各種、雑多、多種多様 ②びっしりぶら下がっているもの
ပဒေသာကပွဲ[bədeda ka.bwɛː]（名）各種の舞踊
ပဒေသာပင်[bədedabin]（名）①豊穣の木（望みの物が得られるという北狗ろ洲生育の樹木） ②十字形の柱に紙幣やお供えの品を賑々しく吊り下げた御幣
ပဒေသာပင်ခေတ်[bədedabinkiʔ]（名）豊穣の時代
ပဒေသာသီချင်း[bədeda tətʃinː]（名）各種の歌のメドレー
ပဒေါင်း[bədaunː]（名）パダウン族（カヤー州内に住むカレン系の少数民族、女性が首に真鍮の渦巻状のリングを填める事で知られる、自称はカヤン）
ပဒိုင်း[bədainː]（植）①ナス科Datsura属に属する植物 ②キダチキチガイナスビ（ナス科）Datura suaveolens
ပဒိုင်းခတ္တာ[bədainː k'aʔta]（植）①チョウセンアサガオ（ナス科）Datura fastuosa ②ヨウシュチョウセンアサガオ（ナス科）Datura stramonium
ပဒိုင်းညို[bədainːɲo]（植）フジイロマンダラケ（ナス科）Datura stramonium tatula
ပဒိုင်းနက်[bədainːnɛʔ]（植）チョウセンアサガオ
ပဒိုင်းပွင့်ဖြူအိမ်[bədainːbwin. miːein]（名）シャンデリア
ပဒိုင်းဖြူ[bədainːbju]（植）マンダラケ、キチガイナスビ（ナス科）Datura alba
ပဒိုင်းမဲ[bədainːmɛ]＝ပဒိုင်းနက်
ပဒတ်ငန်[bədaʔŋan]（植）オオソウカ（バンレイシ科）Artabotrys odoratissimus
ပဒုမ္မာ[bədounma]（植）①ハス（スイレン科）Nelumbium speciosum ②オニバス
ပဒုမ္မာကြာ[bədounmatʃa]（植）ハス（スイレン科）
ပဒုမ္မာ[bədounma]＝ပဒုမ္မာ
ပဓါန[bədana.]（名）要、肝心要、本質 ＜パ Padhāna ငွေေကြးပဒာနမဟုတ်။ 金は問題ではない အရှုံးအနိုင်သည်ပဒာနမဟုတ်။ 勝敗は問題ではない
ပဓာနကျ[bədana.tʃa.]（形）肝心だ、肝要だ、本

ပဓာနထား

質的だ、基本的だ、決定的だ ပုဆိမ်သည်ပဓာနကျ သောလက်နက်တခုဖြစ်သည်။ 斧は重要な武器の一つだ
ပဓာနထား:[bədana.t'a:] (動) 重要とみなす、本質とする
ပဓာနမထား:[bədana.mət'a:] (動) 重要とは見なさない、本質とはしない မိမိအသက်ပဓာနမထား:ဘဲအသေခံရဲသည်။ 自分の命は顧みず死と直面し得る ပိုက်ဆံရရနည်းသည်များသည်ကိုပဓာနမထားဘူး။ 収入の多寡は問題にしない
ပဓာနဖြစ်[bədana.p'ji?] (動) 肝心だ、要だ
ပဓာနလက်သည်[bədana.lɛʔtɛ] (名) 主犯
ပန်စား:[pənan sa:] (動) ①似合う、釣り合う ②うまく行く、よい調子だ
ပန်ရ[pənan ja.] (動) 似合う、釣り合う
ပန်သင့်[pənan tin.] (動) 似合う =လိုက်ဖက်
ပပက[pa.pa.ka.] (名) 人民物資公社 ပြည်သူ့ပစ္စည်းကော်ပိုရေးရှင်း の略称
ပပျောက် →ပ の項を見よ
ပမညတ[pa.ma.ɲa.ta.] (名) 民統一戦線（１９５０年代後半に活動した野党の統一戦線）
ပမာ[pəma] ① (名) 比較 ② 例、例え、形 ③ (助) ～の如く、～のように ပင့်ကူအိမ်ပမာလမ်းကြောင်းများပွင့်ဖြာနေပြီဖြစ်သည်။ まるでクモの巣のように道路が放散している ကျွန်တော်တို့အား:သား:ရင်းမီး:ရင်းပမာပြုခဲ့သည်။ 私達をまるで本当の我が子のように世話してくれた ပြောင်ကြီး:ကား:မီးရထား:စက်ခေါင်း:ကြီး:ပမာဒုန်းစိုင်းကာလာသည်။ インドヤギュウは、まるで機関車のように驀進してきた တခါမျှလူချင်း:မမြင်ဖူးတွေ့သူများ:ပမာမသိဟန်ဆောင်၍နေသည်။ まるで一度も出会った事がない人同士みたいに知らない振りをしていた
ပမာခင်း:[pəma k'in:] (動) 例示する、喩える
ပမာတူ[pəmatu] (動) 形が似ている、類似している
ပမာတန္ဒု[pəma tandu.] (名) 類似、相似
ပမာဏ[pəmana.] (名) 大きさ、規模、サイズ ငွေကြေး:ပမာဏ 通貨の規模
ပမာဏထား:[pəmana.t'a:] (動) 注意を向ける、関心を示す
ပမာဏပြု[pəmana.pju.] (動) 問題にする、重視する、考慮に入れる、顧慮する
ပမာဏအား:ဖြင့်[pəmana.a:p'jin.] (副) 寸法的に、規模的に、大きさとして
ပမာထား:[pəma t'a:] (動) 気にする、気にかける
ပမာမခန်[pəma mək'an.] ① (動) 蔑ろにする、無視する、人を人とも思わない သူ့သည်မည်သူ့မျှပမာခန်ပေ။ 彼は誰も気にしていない ② (副) 気にせず、平気で、苦にしなくて、無頓着で ③ 蔑ろにして

不作法で ပမာမခန်ကြည့်သည်။ 不躾に見た
ပမာမခန်ပြု[pəma mək'an.pju.] (動) ①気にしない 歯牙にもかけない သေခြင်း:တရား:ကိုပမာမခန်ပြုနေသည်။ 死に対して平然としている ②蔑ろにする
ပမာမထား:[pəma mət'a:] (動) 気にしない、平気だ လောင်ဆောင်မီး:ကိုပမာမထား:၊ ငြိမ်း:သက်သည်။ 燃えている火を物ともせず消火した
ပမာဒ[pəmada.:] (名) 軽率、ぞんざい、不注意、無頓着、無関心 ＜パ Pamāda
ပမာဒလေခ[pəmada.lek'a.] (名) 書き間違い、筆の誤まり ＜パ Pamādalekha
ပယဲ့ထိုး[pəjɛ t'o:] (動) (顔面に) 刺青を彫る =ပါ:ရဲထိုး
ပယောဂ[pəjɔ:ga.] (名) ①悪霊、魔術 ②教唆、扇動、入れ智慧、作用、影響 ③差し金、干渉、妨害 ④都合 နိုင်ငံခြား:ပယောဂကြောင့်။ 外国からの影響 ဒီကိစ္စမှာမင်း:နဲ့ဒေါ်ဒေါ်တို့ပယောဂကင်း:ဘူး။ この件は君や伯母さん達の差し金と無縁ではない
ပယောဂကပ်[pəjɔ:ga. kaʔ] (動) 悪霊に取付かれる、霊が寄り付く
ပယောဂဆရာ[pəjɔ:ga. s'əja] (名) 魔術師、霊媒師 (စုန်း:၊ မှော်ပညာ၊ 等を凌駕すると言われる)
ပယောဂတွယ်[pəjɔ:ga. twɛ] (動) 悪霊が取付く
ပယောဂပူး[pəjɔ:ga. pu:] (動) 霊が乗り移る、憑依する
ပယောဂမကင်း[pəjɔ:ga. məkin:] (動) 影響を免れない
ပယောဂမို[pəjɔ:ga. mi] (動) 邪霊に取付かれる
ပယောဂအစွဲရှိ[pəjɔ:ga. əswɛ: ʃi.] (動) ①魔術にかかっている ②魔術の虜になる、魔術を信じ込む
ပယင်း:[pəjin:] (名) 琥珀
ပယင်း:ရောင်[pəjin:jaun] (名) 琥珀色
ပရဆေး:[pələs'e:] (名) 漢方薬、草根木皮
ပရဆေး:ဆိုင်[pələs'e:zain] (名) 漢方薬店、草根木皮販売店
ပရဒါရကံ[pəra.dara.kan] (名) 不義密通、不倫
ပရဒါရကံကျင့်[: lun.sʰi] (動) 不義密通を働く、不倫をする
ပရနိမ္မိတဝသဝတီ[pəra.neinmi.ta.wəta.wədi] (名) 他化自在天、有頂天 (六欲天の最上階の天)
ပရဘိုက်[pərəbai] =ပုရပိုက်
ပရပျို[bərəbji?] =ဗရပျို
ပရဝါ[bərəbwa] (副) 乱雑で、取り散らかして အပေါက်အပြဲတွေပရပျို့နှင့်ဖြစ်၏။ 破れだらけ綻びだらけである
ပရပြုတ်[bərəbjuʔ] =ဗရပြုတ်
ပရမာဏုမြူ[pərəmanu.mju] (名) 原子 (အဏုမြူ の

36分の1)
ပရမိသွာ[pərəmitwa] (名) (ヒンドゥー教の) シヴァ神、(仏教の) 大自在天 =မဟေသရ
ပရမေတွာ[pərəmetwa] =ပရမိသွာ
ပရမတ်[pərama'] (名) ①第一義、最上義、絶対的真実、究極的真理、不可侵性 ②実体、本体 <パ
ပရလောက[pərəlɔka.] (名) 来世、次の世 =ပရပရ
ပရဝုဏ်[pərəwun] (名) 寺院や僧坊の垣、塀 <パ
ပရဟိတ[pəra.hi.ta.] (名) 公益、利他 <パ Parahita cf. အတ္တဟိတ
ပရဟိတလုပ်ငန်း[pəra.hi.ta. lou'ŋan:] (名) 公益活動、社会福祉活動
ပရဟိတဝါဒ[pəra.hi.ta. wada.] (名) 公益思想、公益主義、社会福祉観
ပရဟိတလုပ်ငန်း[pəra.hi.ta. lou'ŋan:] (名) 公益活動、公益事業
ပရတာ[pərata] (名) <ヒ =ပလာတာ
ပရိကံ[pəri.gan] (名) 事前の準備、事前の用意
ပရိကံပြု[pəri.gan pju.] (動) 事前に準備する、事前に用意する
ပရိဒေဝ[pəri.dewa.] (名) 悲痛、悲嘆、悲哀
ပရိဒေဝမီး[pəri.dewa. mi:] (名) 悲痛、悲嘆、悲哀
ပရိဒေဝမီးတောက်လောင်[pəri.dewa.mi: tau' laun] (動) 悲嘆に暮れる
ပရိနိဗ္ဗာန်[pərei'nei'ban] (名) 入滅、寂滅、入涅槃 <パ Parinibbāna
ပရိနိဗ္ဗာန်စံ[pərei'nei'ban san] (動) 涅槃に入る、入滅する
ပရိနိဗ္ဗာန်ယူ[pərei'nei'ban sanju]=ပရိနိဗ္ဗာန်စံ
ပရိနိဗ္ဗာန်ပြု[pərei'nei'ban pju.] (動) 涅槃に入る
ပရိနိဗ္ဗာန်လှည့်[pərei'nei'ban pju.]=ပရိနိဗ္ဗာန်ပြု
ပရိဗိုဇ်[pərəbai'] (名) 異端者、異教徒 <パ
ပရိဘောဂ[pəri.bɔ:ga.] (名) ①家具 ②器具、道具 <パ Paribhoga
ပရိဘောဂစေတီ[pəri.bɔ:ga. zedi] (名) 袈裟や鉢等、仏陀の持物を祀っている仏塔、例えばマグウェーのミャタルン仏塔等 cf. စေတုစေတီ
ပရိဘောဂလုပ်ငန်း[pəri.bɔ:ga. lou'ŋan:] (名) 家具事業
ပရိဘောဂလုပ်ငန်းရှင်[pəri.bɔ:ga. lou'ŋan: ʃin] (名) 家具業者
ပရိယေဋ္ဌန[pəri.jetəna.] (名) 暮し、生計の手段
ပရိယာယ်[pəri.jɛ] (名) ①戦略、計略、策略、謀略 ②同意語、類義語 ဥပမာ:ပရိယာယ် <パ Pariyāya

ပရိယာယ်ကျွမ်းကျင်[pəri.jɛ tʃwan:ʤ'in] (動) 策に長じている、策略に通じている
ပရိယာယ်ဆင်[pəri.jɛ s'in] (動) 策を弄する
ပရိယာယ်ပါ[pəri.jɛ pa] (動) 企みがある
ပရိယာယ်သုံး[pəri.jɛ toun:] (動) 策を用いる
ပရိယတ်[pəri.ja'] (名) =ပရိယတ္တိ
ပရိယတ္တိ[pəri.ja'ti.] (名) ①経典、聖典 ②教法、教学、仏典研究、経典の学習 <パ Pariyatti
ပရိဝုဏ်[pərəwoun] <パ Pariveṇa =ပရဝုဏ်
ပရိသတ်[pərei'ta'] (名) 群衆、聴衆、観衆 <サ Parisad =ပရိုသတ်
ပရိသတ်လေးပါး[pərei'ta' le:ba:] (名) 四衆 (比丘、比丘尼、優婆塞、優婆夷)
ပရိုသတ်[pərei'ta'] =ပရိသတ်
ပရိသတ်ထု[pərei'ta't'u.] (名) 大衆
ပရိသျတ်[pərei'ta'] (名) 群衆、聴衆、観衆
ပရိထိုး[pərei't'o:] (動) 入墨をする
ပရိတင်း[pərotin:] (名) 蛋白質 =ပရိုတိန်း।<英 Protein
ပရိုတင်းဓာတ်[pərotin:da'] =ပရိုတင်း
ပရိုပိန်းဓာတ်ငွေ့[pəropein: da'ŋwe.] (名) プロパン・ガス <英
ပရဲ[pəji'] =ပုရဲ
ပရိက္ခရာ[pərei'k'əja] (名) (比丘が携帯する) 八つの器具、什器 <パ Parikkhāra
ပရိက္ခရာရှစ်ပါး[pərei'k'əja ʃi'pa:] (名) 比丘が携帯する八物 (သင်းပိုင် 内衣 ကောသ 上衣 ဒုကုဋ် 複衣 သပိတ် 鉢 သင်တန်းကြား 剃刀 အပ် 針 ခါးပန်း ကြိုး 帯 ရေစစ် 水濾し、の8種類)
ပရိစ္စာဂ[pərei'saga.] (名) 慈善 <パ Pariccāga
ပရိစ္ဆေဒ[pərei's'eda.] (名) (時間的) 区切り နှစ်ပရိစ္ဆေဒ
ပရိတ်[pəjei'] (名) 護呪経、(災厄除けの) パーリ語の祈祷文 (မင်္ဂလသုတ်၊ ရတနသုတ်၊ မေတ္တာသုတ်၊ 等) <パ Paritta
ပရိတ်ကြီး[pəjei'tʃi:] =ပရိတ်ကြီးဆယ့်တသုတ်
ပရိတ်ကြီးဆယ့်တသုတ်[pəjei'tʃi: s'ɛ.tədou'] (名) (吉祥経、宝経、慈経、孔雀経等パーリ語の) 十一経
ပရိတ်ချည်[pəjei'tʃi] (名) 僧侶が手にもって護呪経を唱え、法力が宿ったと考えられる糸のリング (子供達の厄除けとして使われる)
ပရိတ်ဆီ[pəjei's'i] (名) 僧侶が手にもって護呪経を唱え、法力が宿ったと考えられる油
ပရိတ်နာ[pəjei' na] (動) 護呪経を聴く
ပရိတ်ပန်း[pəjei' pan:] (動) 僧侶が護呪経を唱

ပရိတ်မှုန်း

え、法力が宿ったと考えられる花
ပရိတ်မှန်:[pəjeiˀ mun:] (動) 護呪経への賛辞
ပရိတ်ရေ[pəjeiˀ je] (動) 僧侶が護呪経を唱え、法力が宿ったと考えられる水
ပရိတ်ရွတ်[pəjeiˀ juˀ] (動) 護呪経を唱える
ပရိတ်သဲ[pəjeiˀ tɛ:] (名) 僧侶が護呪経を唱え、法力が宿ったと考えられる砂
ပရိတ်အိုး[pəjeiˀo:] (名) 僧侶が護呪経を唱え、法力が宿ったと考えられる壷
ပရိတ္တတုတ်[pəjeiˀta. touˀ] =ပရိတ်
ပရိဋ္ဌကဝေဒ[pəreiˀka. beda.] (名) 生態学
ပရုတ်[pəjouˀ] ① (植) クスノキ（クスノキ科） Cinnamomum camphora ②樟脳、ナフタリン
ပရုတ်ဆီ[pəjouˀsˀi] (名) 樟脳油、香膏、バルサム
ပရုတ်လုံး[pəjouˀloun:] (名) ナフタリン、樟脳
ပရုတ်အေး[pəjouˀe:] (植) ①ハッカ（シソ科） Mentha arvensis ②セイヨウハッカ、ペパーミント（シソ科） Menta piperita
ပရန္နဝါပင်[pəjannəwa bin] =ပုရန္နဝါပင်
ပရုန်းပရင်း[bəjoun: bəjin:] (副) 大騒ぎとなって、騒然となって、混乱して =ဗရုန်းဗရင်း
ပရုန်းသုံးကား[bəjoun: toun:ga:] (副) 無秩序になって、混乱して =ဗရုန်းသုံးကား
ပရမ်းပတာ[bəjan: bəta] (副) 散り散りになって、算を乱して、総崩れになって、秩序を失って、混乱してသေနတ်ပရမ်းပတာပစ်သည်။ 銃を乱射した =ဗရမ်းဗတာ
ပရမ်းပတာဖြစ်[bəjan:bəta pˀjiˀ] (動) 散り散りになる、ばらばらになる
ပရံပရ[pəran pəra.] (名) 前世 cf. ပုရိလောက
ပရံပရာ[pəran pəra. bəwa.] (名) 前世、輪廻、輪廻転生 ＜パ Parampara
ပရွက်ဆိတ်[pəjwɛˀsˀeiˀ] =ပုရွက်ဆိတ်
ပရွက်ပျံ[pəjwɛˀpjan] (名) 羽蟻
ပလချာ[bələtʃa] =ဗရချာ
ပလာ[bəla] (名) 空白、空っぽ =ဗလာ
ပလာနတ်အို့[bəla sauˀ] =ဗလာနတ်အို့
ပလာနတ္တိ[bəla naˀtˀi.] (名) 無、皆無
ပလာနယ်[bəlanɛ] (名) 真空地帯
ပလာစတာ[bəlasəta] (名) ①石膏 ②膏薬 ＜英
ပလာတာ[bəlata] (名) 水で練った小麦粉を薄く伸ばし、油で焼いたインド式の食べ物、一種のクレープ =ထပ်တရာ ＜ヒ
ပလာတူး[bəlatu:] (魚) グルクマ、タカサゴ Rastrelliger kanagurta ＜タ Plā Tū
ပလိဗောဓ[bali] (名) 心配、憂慮＜パ Paribodha

ပလီ[bali] (名) モスク、イスラム寺院 =ပလ္လီ
ပလီ[pali] (動) ①胡麻化す、嘘を言う、騙す ②たらし込む、甘言を使う、丸め込む
ပလီစီချောက်ချက်[pəlizi.tʃˀauˀtʃˀɛˀ] (名) 嘘、虚言 ပလီစီချောက်ချက်ပြောသည်။ 嘘を言う、騙す、誤魔化す
ပလီပလာ[pəli pəla] (副) ①愛らしく、可憐に ②不誠実に、嘘をついて、胡麻化して、手練手管を使って ပလီပလာပြောသည်။ 戯言を言う、話が不誠実だ
ပလီအိုး[pəlio:] (名) 美人局、甘言で巻き上げる者
ပလု[pəlu] (名) 羽蟻
ပလုပျံ[pəlu pjan] (動) ①蟻が羽化する、蟻が分封する、蟻が巣分れする、羽蟻が飛ぶ ②至る所にある、わんさとある、夥しい、氾濫する、殺到する の အုပ်တွေပလုပျံသလိုထွက်သည်။ 本が続々と出版される
ပလုတိုနီယမ်[pəlutonijan] (名) プルトニウム
ပလူး[pəlu:] (動) ①馴れ馴れしくする、いちゃつく ②交尾する、つるむ
ပလူးပလဲ[pəlu: pəlɛ:] (副) ①親しく ②馴れ馴れしく ပလူးပလဲလုပ်သည်။ 馴れ馴れしくする
~ပလေ[pəle] (助) 文末、他の助動詞と組合って意味を強調する သူကတော်တော်ပြောတတ်ပလေ။ 彼は随分と能弁だ သူကတော်တော်ပြောရက်ပလေ။ 彼はなかなか口が達者だ ပြည်သူတ္ထာပေါင်းတို့ဆင်းရဲဖြင့်မှန်မှန်ကောင်းပလေ။ 国民全てが塗炭の苦しみを舐めることがないように
ပလေကတ်[pəle kaˀ] (名) (苛性アルカリで処理して光沢を出した) インド産の木綿のロンジー
ပလေဗေဇာ[pəle bəza] (副) 杜撰に、いい加減に、無頓着で ပလေပေဇာလုပ်သည်။ いい加減にする ပလေဗေဇာပြောသည်။ いい加減な事を言う
ပလေလက်ချား:[pəle lɛˀtʃˀa:] (名) いい加減な話、無責任な話
ပလဲပတင်[pəlɛ. bədin] (副) 交互に
ပလဲနံပတ်သင်[pəlɛ:nanpa. tin.] (動) 仲良く付き合う、親しくする =ပုလဲပတင်
ပလောပီနံ[pəlɔ:pinan] (植) タピオカ（トウダイグサ科） =ပီလောပီနံ
ပလောပီနံကျောက်[pəlɔ:pinan tʃwɛ:gɔ:] (植) グレープ・フルーツ
ပလောပီနံဝါ[pəlɔ:pinanwa] (植) ホウライチク
ပလက်ဖောင်း[pəlɛˀpˀaun:] (名) 歩道 ＜英
ပလင်[pəlin] =ပုလင်
ပလ္လင်[pəlin] (名) ①玉座、王座 ②祭壇 ရာပလ္လင် 玉座 တရားဟောပလ္လင် 説法壇
ပလ္လင်ဆင်ငွေချေနှစ်[pəlinzin: ŋwetʃe

səni']（名）①代金引換え制度 ②説法終了後の喜捨、講演終了後の謝礼

ပလောင်[pəlaun]（名）パラウン族（シャン州北部と西部とに住む小数民族、茶の栽培に従事している、オーストロアジア語系の言葉を話す）

ပလောင်ဆေး:[pəlaunze:]（植）コマンチョウ（フジウツギ科）Gelsemium elegans

ပလောင်တောင်ငယ်[pəlaun taunbɛ:]（植）シマツルアズキ（マメ科）Phaseolus calcaratus

ပလောင်သေ[pəlaundẹ]（植）ツタウルシ

ပလောင်:ပလဲ[pəlaun:pəlɛ:]（副）矛盾していて、統一性がなく、首尾一貫せず → ပလောင်:ပလဲ

ပလောင်:ပလဲပြော[pəlaun:pəlɛ: pjɔ:]（動）矛盾した事をいう

ပလောင်:ပလဲလုပ်[pəlaun:pəlɛ: lou']（動）矛盾した事をする

ပလိုင်:[pəlain:]（名）竹又は藤で編んだ籠、背負い籠（ベルトを付けて背負う）

ပလပ်[pəla']（名）プラグ ＜英 Plug

ပလတ်ပေါက်[pəla'pau']（名）コンセント

ပလတ်စတာ[pəla'səta]（名）石膏=ပလာစတာ＜英

ပလတ်စတစ်[pəla'səti']（名）プラスチック ＜英

ပလတ်စတစ်စွန့်ပစ္စည်း[pəla'səti' sun.pji'si:]（名）プラスチック廃棄物

ပလတ်စတစ်အလေအလွင့်[pəla'səti' əleəlwin.]（名）プラスチック屑

ပလုတ်[pəlou']（名）頬の内側、口腔

ပလုတ်ကျင်:[pəlou' tʃin:]（動）うがいをする、口をゆすぐ

ပလုတ်ကျင်:ထွေး:[pəlou'tʃin: t'we:]=ပလုတ်ကျင်:

ပလုတ်ပလောင်:[pəlou' pəlaun:]（副）口の中一杯に、頬張って、もぐもぐと、むしゃむしゃと ပလုတ်ပလောင်:စား:သည်။ 口一杯に頬張って食べる

ပလုတ်တုတ်[pəlou'tou']（名）でんでん太鼓（柄を左右に動かして音を出す）

ပလပ်[pa.la']（動）免除する → ပ の項目を見よ

ပလပ်မြေ[pa.la'mje]（名）非耕作地、荒地、不毛の土地

ပလစတစ်[pəla'səti']（名）プラスチック、ビニール

ပလိပ်ရောဂါ[pəlei'jɔ:ga]（病）ペスト

ပလိန်:ပက်[pəlein: bədʑan]（副）欺いて、誤魔化して

ပလုပ်ပလောင်:[pəlou' pəlaun:]=ပလုတ်ပလောင်:

ပလု[pəloun]（名）泡、あぶく ＝ပလှံ

ပလှံ:[pəloun]（名）竹を素材に編んだ笊、籠

（တောင်: よりは小型）

ပလွေ[pəlwe]（名）笛、竹笛、フルート ＝ချော

ပလွေမှုတ်[pəlwe mou']（動）笛を吹く

ပဝှား:[pa.ḭwa:]（動）威張る、自慢する、豪語する

ပဝါ[pəwa]（名）薄い布（スカーフ、ストール、肩掛け、マフラー等）

ပဝါရဏာ[pəwarəna]（名）自しつ（安居明けに比丘達が譴責に値する罪を犯したかどうかを確かめる儀式

ပဝါရဏာပြု[pəwarəna pju.]（動）出家達が自しつを行う ＜パ Pavāvana

ပဝတ္တိ[pəwu'ti.]（名）①生涯、誕生から死までの期間 ②出身地、故郷 ＜パ Pavatti

ပဝေဏီ[pəweni]（名）昔、古代、太古

ပဝေတနီ[pəwetəni]（名）古代、太古

ပဝေသနီ[pəwetəni]=ပဝေသနီ

ပတ[p.ta.] → ပ の項を見よ

ပသာဒ[pətada.]（名）①視覚 ②視覚を楽しませるもの、美しいもの ＜パ Pasāda

ပသာဒဂုဏ်[pətada. goun]（名）文体の簡明さ、明晰さ、文体でのレトリック

ပသာဒမျက်စိ[pətada.mjɛ'si.]（名）眼、肉眼

ပတိ[pəti.]（病）扁桃腺

ပတိရောင်နာ[pəti.jaunna]（病）扁桃腺炎

ပတိ[pəti]（名）イスラム教徒、ムスリム、回教徒

ပတိပုံပြင်[pəti pounbjin]（名）千夜一夜物語、アラビアン・ナイト

ပသို့[pədo.]（疑副・古）如何に、如何様に ပသို့ပြုမည်နည်း။ どのようにするつもりか ပသို့မိန့်တော်မူသနည်း။ どのように仰せになったのか

ပသို့ဆိုစေ[pədo.s'oze]（接・古）いずれにせよ、とにかく

ပသို့သောကြောင့်[pədo.dɔ:dʑaun.]（疑副・古）何故に、いかなる訳で မင်:ပသို့သောကြောင့်သိသနည်း 汝はどうして知ったのか

ပဖူ:[pəʃu:]（地）マレー、マラヤ

ပဖူ:ကျွန်:ဆွယ်[pəʃu:tʃun:zwɛ]（名）マレー半島

ပဖူ:ပိတောက်[pəʃu: bədau']（植）インドシタン（マメ科）Pterocarpus indicus

ပဖူ:သဖြေ[pəʃu: dəbje]（植）マライフトモモ（フトモモ科）Syzygium malaccense

ပဖူ:သာဂူ[pəʃu: dagu]（名）サゴ椰子の澱粉で拵えたプリン（甘蔗とココナッツとで味付けをする）

ပဟေဠိ[pəheli.]（名）謎なぞ、パズル、クロスワード・パズル

ပဟေဠိဂဗျာ[pəheli. gəbja]（名）パズル詩（8音節4行の詩の第1音節を縦に読むと特定の意味

ပဟေဠိဆန် が現れる) 例 ဦးနှိမ်ညွတ်ကျူး၊ ရှိဦးပန်ထွာ၊ သုခပါးတိုး၊ ဘေးမျိုးကင်းကွာ၊ ဇာတိဝတ်ဘေး၊ လွတ်အေးစေရာ၊ တရားဆေး၊ တိုက်ကျွေးမွေးမြူပါ။ (頭を下げて、法を説く、幸せ増大、災厄はなし、前世の因果、解脱せしむ、法の薬を飲ませて楽し) このパズル詩の回答はဦးသုဝဏ という比丘の名前

ပဟေဠိဆန်[pəheli. s'an] (動) 謎めいている

ပဟေဠိလုပ်[pəheli. lou'] (動) 謎なぞをする

ပဟိုရ်[bəho] (名) (王朝時代の) 時間の単位 (昼間、夜間共に4区分ずつする、従って1区分は今日の3時間に相当する) နေ့တပဟိုရ် 朝9時 နေ့နှစ်ပဟိုရ် 正午 နေ့သုံးပဟိုရ် 午後3時 နေ့လေးပဟိုရ် 午後6時

ပဟိုရ်ခေါင်းလောင်း[bəho k'aun:laun:] (名) (王朝時代の) 梵鐘 (ပဟိုရ်စည် と共に鳴らした)

ပဟိုရ်စင်[bəhozin] (名) (王朝時代の) 時計台 時鐘台 (昼間4回、夜4回、大太鼓を叩いて時刻を知らせた)

ပဟိုရ်စည်[bəho si] (名) (王朝時代に用いられた) 時を知らせる大太鼓

ပဟုံး[pəhoun:] (植) タヌキマメ (マメ科) Flemingia chappar

ပအို့[pəo:] (名) パオー族、シャン州南部に住むカレン系の民族、別名 တောင်သူ

ပအိုးရည်[pəon:je] (名) 米の研ぎ汁、ニッパヤシの果汁等を発酵させて作った酢=ပအုန့်ရည်၊ ပုံးရည်၊

ပါ[pa.] (助動) ①疑問を現わす ဘယ်လိုလုပ်ရပါ၊ どうしたらよいのだろう? လုတ်မြောက်အောင်ဘယ်လို ကြံရပါ၊ どうして逃れたらよいだろう? မိမိနှင့်ဖြစ်ပါ မလား၊ တော်ပါမလား၊ သင့်ပါမလား၊ 自分で果して可能だろうか、相応しいのだろうか、適切だろうか သမီး မိန်းကလေးဆိုတော့ ဖြစ်ပါ့မလား။ 私は女の子なのだから本当に可能でしょうか ②本人の意志を示す ကျွန်တော် လုပ်ပါမယ်။ 私が必ず致します ကျမရှင်းပြပါမယ်။ わたしが間違いなく説明します ကျွန်တော်အတတ်နိုင်ဆုံးကူညီပါမယ်။ 私ができる限り協力します

ပါ[ba~pa] (助動) ①敬語の表現 မှန်ပါတယ်။ さようでございます、その通りでございます သွားချင်ပါဘူး၊ 行きたくはありません ②命令形の丁寧な表現 မြန်မြန် သွားပါ၊ 早く行きなさい မြန်မြန်လာပါ၊ 早くおいでなさい မျက်စိဖွင့်ကြည့်ပါ။ 目を開けてご覧なさい

~ပါက[baga.~pəga.] (助動) 仮定を現わす အပင် ပေါ်ရောက်အောင်တက်နိုင်ပါက အန္တရာယ်မှလွတ်နိုင်မည်။ 樹上に登る事ができれば危険からは逃れられるだろう

~ပါဝ[baza.] (文末助) 不審、疑問を現わす ရွာသူ ရွာသားအများစုကနားမှလည်ကြပါဝ။ 村人の大半は果

して理解できているのだろうか?

~ပါစေ[baze~paze] (助動) ①祈願形 ကျန်းမာပါစေ お健やかでありますように ချောချောမောမော ပြန် ရောက်ပါစေ။ 無事に戻りますように အမောပြေပါစေ 疲れが癒えますように ဆာလောင်မှတ်သိပ်ခြင်း ပျောက်ပါစေ။ 飢餓が消滅しますように ②第三者への指示、~させよ သူတို့နားပါစေ။ 彼等を休憩させてやれ အိပ်ပါစေ။ 寝かせておけ、眠らせよ

~ပါကော[babəgo~] →ပကော

~ပါစေ[bəja.ze~pəja.ze] (助動) 懇願形、~させて下さい တရက်နှစ်ရက်စင်းစားပါစေ။ 一両日ほど考えさせて下さい ကျွန်တော်တခုမေးပါစေ။ 一つ質問させていただきたい ကျွန်တော်နည်းရှင်းပြပါစေအုံး။ 少し説明させて欲しい အကူအညီတောင်းပါစေ။ 協力をお願いしたい လက်ဆောင်းလိုက်ပါစေ။ 贈り物をさせていただきたい အားလုံးကိုသတိပေးစမ်းပါစေ။ みんなに注意をしてもらいたい

~ပါလား[bala.~pala.] (助動) 感嘆形 ဒီဟယ်သီး တယ်ဟတ်တယ်ချိုပါလား။ この柿は何と甘いなあ တယ် ကောင်းတဲ့အခန်းကြီးပါလား။ 立派なホールだなあ လောကကြီးသည်တယ်ခက်တဲ့လောကကြီးပါလား။ この世は何と住みにくい世の中であることよ

ပါ[pa] (動) ①含む、含まれる ②持つ、所持する、携帯する ငွေမပါဘူး။ お金を持っていない ③連れている、伴っている ④連れ去られる、持ち去られる ⑤失う、なくす မီးထဲပါသွားသည်။ 焼失する ⑥見せる、示す ဝါသနာပါသည်။ 興味を寄せる စိတ်ပါ သည်။ 関心を抱く ⑦掲載される、記される、書かれ、報道される သတင်းစာတွင်ပါသည်။ 新聞に載っている ⑧寄せる、入れる、加える、参加させる ⑨入る、加わる、参加する ကျွန်တော်ပါပါတယ်။ 私も参加しています ⑩効果的だ အပြောပါသည်။ 筋立てて話す ⑪排泄する ချေးပါသည်။ 脱糞する သေးပါသည်။ 排尿する ⑫ (助) ~も共に、~も含んて အင်္ကျီပါယူခဲ့။ 上着も一緒に持って来い

ပါစင်အောင်[pasin aun] (副) 全面的に、徹底して ပါစင်အောင်မှား သည်။ 完全に間違いだ

ပါတော်မူ[pa dɔmu] (動) (1885年英軍によって) ティーボー国王が連行される

ပါရှင်း[pajin:] =ပါရင်း

ပါရိုးပါရင်[pajo: pazin] (名) 伝統性、伝統的に含まれているもの

ပါရင်း[pajin:] (形) 元々の、在来の

ပါရှိ[paʃi] (動) ある、持つ、含む、含まれる

ပါလာ[pala] (動) 持ってくる、一緒に来る、もたらされる、伴ってくる

ပါလေကာ[palega] (名) 少々、些少、若干
ပါလေရာ[paleja] (名) でしゃばり、お節介
ပါဝင်[pawin] (動) ①含む、含有する、含まれる ②関係する、加わる、参加する
ပါဝင်ဆင်နွဲ[pawin s'innwɛ:] (動) 参加して演じる、演技に加わる
ပါဝင်ဆောင်ရွက်[pawin s'aun jwɛʔ] (動) 参加して実行する、活動に参加する
ပါဝင်ဆွေးနွေး[pawin s'we:nwe:] (動) 加わって協議する
ပါဝင်ယှဉ်ပြိုင်[pawin ʃinpjain] (動) 競技に参加する、エントリーする
ပါဝင်သရုပ်ဆောင်[pawin təjouʔs'aun] (動) 参加出演する
ပါသားဘဲ[pada:bɛ:] (動) とっくに加わっている、既に参加している
ပါသား:[patwa:] (動) 連れて行かれる、連行される、持ち去られる မီး:ပါသား:သည်။ 炎焼する ရေထဲပါသား:သည်။ 流される、押し流される
ပါကစ္စတန်[pakiʔsətan] (国) パキスタン
ပါချည်ပါချေ[patʃi patʃɛ.] (名) 役立たず、人間の屑 ဒီလူကပါချည်ပါချေမဟုတ်ဖူး။ この人は人間の屑ではない
ပါစက[pasəka.] (名) 食餌療法
ပါဇား:ပေး:[paza: pe:] (動) 最屓する、特定の者にのみ肩入れする
ပါစုံ[pasun] (名) 塩と屑米とで漬け込んだ小魚
ပါဆယ်[pasʔɛ] (名) 小包 <英 Parcel
ပါဏဗေဒ[pana.beda.] (名) 動物学 <パ
ပါဏာတိပါတကံ[panati.pata.kan] (名) 殺生(五戒の一つ) <パ Pāṇātipātā Kamma
ပါဏာတိပါတကံကြီးထိုက်[panati.pata.kanʤi:t'aiʔ] (動) 殺生戒の報いを蒙る
ပါဏာတိပါတ[panati.paʔ]=ပါဏာတိပါတ <パ
ပါတနီ[patani] (名) 赤く着色して煎った豆、スナックの1種
ပါတိမောက်[pati.mouʔ] (名) 波羅提木叉、具足戒、二百二十七戒、比丘が個人として守るべき戒め
ပါတိမောက်[pati.mauʔ]=ပါတိမောက်<パPātimokkha
ပါတီ[pati] (名) 党、政党 <英 Party
ပါတီကလပ်စည်း:[pati kelaʔsi:] (名) 党細胞
ပါတီကေဒါ[pati keda] (名) 党幹部
ပါတီစိတ်[patizeiʔ] (名) 党支部
ပါတီစုံနစ်[patizoun səniʔ] (名) 複数政党制
ပါတီညီလာခံ[pati ɲilagan] (名) 党大会
ပါတီဌာနချုပ်ရုံး:[pati t'ana.ʤouʔ joun:] (名) 党本部事務局

ပါတီမိတ်ဆွေ[pati meiʔs'we] (名) 党友
ပါတီယူနစ်[pati juniʔ] (名) 党単位(「ビルマ式社会主義計画党」時代の郡支部を指す) <英
ပါတီဝင်[patiwin] (名) 党員
ပါတီဥက္ကဋ္ဌ[pati ouʔka.t'a.] (名) 党総裁
ပါတိတ်[pateiʔ] (名) 更紗、蝋けつ染め、バティク <マ Batik
ပါဒ[pada.] (名) パーリ語韻文の1行、詩歌における単語の定数 တလုံး:တပါဒ 一言一句 <パ Pāda
ပါဒရက်[padərɛʔ] (病) 麻痺、不随、中風 cf. သွက်ချာပါဒ
ပါပဂြိုဟ်[papa.ʤo] (名) 凶星(日、火、土、羅候)
ပါမောက္ခ[pamauʔk'a.] (名) 教授 <パ Pāmokkha
ပါမောက္ခချုပ်[pamauʔk'a.ʤouʔ] (名) 学長
ပါမစ်[pamiʔ] (名) 許可、承認 <英 Permit
ပါရဂူ[parəgu] (名) 専門家 <パ Pāragū
ပါရဂူဘွဲ့[parəgubwɛ.] (名) 博士の学位
ပါရမီ[parəmi] (名) 波羅蜜 <パ Pāramī
ပါရမီဆယ်ပါ:[parəmi s'ɛba:] (名) 十波羅蜜(布施、持戒、智慧、忍辱等、涅槃に到達するための十種の行ない)
ပါရမီထူးချွန်[parəmi t'u:ʤun] (形) 功徳が卓越している、功徳が顕著だ
ပါရမီပြည့်[parəmi pje.] (動) 功徳が満ちる
ပါရမီပြည့်[parəmi p'je.] (動) ①功徳を積む、功徳を満たす ②相手を引き立てる、自分を捨てて協力する、わが身を顧みず他人のために尽す
ပါရမီရှင်[parəmiʃin] (名) 天才
ပါရမီအပြားသုံးဆယ်[parəmi əpja:toun:zɛ] (名) 十波羅蜜(妻子、財産等に拘泥せずに精進する)のほかに、ウパ波羅蜜十(自分の肉体に拘泥せずに精進する)、パラマッタ波羅蜜十(命に拘泥せずに精進する)を加えた三十の波羅蜜 =ပါရမီသုံးဆယ်
ပါရာယဏဝတ္ထု[parajəna. wuʔt'u.] (名) 彼岸道物語(シン・ティーラウンタによってインワ時代に書かれた文学作品、経集第5品の彼岸道品とは中身が異なる) <パ Pārāyana
ပါလက်ကီ[palətʃi] (名) 運送用の駕籠
ပါလဒုတ္တာ[pala.douʔt'a] (鉱) ①緑ばん ②孔雀石
ပါလိနတ်စာကျွေ:[bali.na'sa: tʃwe:] (動) 土地の守護神に供物を供える、土地の守護神を供養する
ပါလိလေယျကတော[pali.lejəka. tɔ:] (地) パーリレイヤカ原野(弟子達の揉め事に嫌気のさした仏陀が一時隠遁した原野)
ပါလီမန်[paliman] (名) 議会 <英 Parliament

ပါလီမန်ဒုတိယလွှတ်တော်[paliman du.təja.ɫuʔtɔ](名) 第二議院
ပါလီမန်ဒီမိုကရေစီ[paliman dimokəresi] (名) 議会民主主義 ＜英
ပါလီမန်လွှတ်တော်လူကြီး[paliman ɫuʔtɔ ludʑi:] 国会議員
ပါလီမန်အဆောက်အအုံ[paliman əs'auʔəoun:] 国会議事堂
ပါလီမန်အတွင်းဝန်[paliman ətwin:wun] (名) ①政務次官 ②国会秘書官
ပါလီမန်အမတ်[paliman əmaʔ] (名) 代議士、国会議員
ပါလက်စတိုင်း[palɛʔsətain:] (国) パレスチナ
ပါလစ်[paliʔ] (名) 磨き粉、ワックス、ニス、ワニス
ပါဝါ[pawa] (名) ①力、能力 ②威力 ＜英 Power
ပါဠိ[pali.] (名) パーリ語 (古典インド語の一つ、南方上座部仏教の経典用語)
ပါဠိစာ[pali.za] (名) パーリ文、パーリ語
ပါဠိသက်[pali.dɛʔ] (名) パーリ語派生、パーリ語由来
ပါး[pa:] (形) ①薄い、希薄だ အင်္ကျီပါးသည်။ 上着が薄い ②疎らだ ဆံပင်ပါးသည်။ 髪が薄い ③人気がない、人が少ない လူပါးသည်။ 人通りが少ない ဧည့်ပါးလာသည်။ 来客が減少する ထိုနေ့အလုပ်နည်းနည်းပါးပါးသည်။ その日は仕事の量が少なかった ④(商売が)捗々しくない、売れ行きが良くない အရောင်းအဝယ်ပါးသည်။ 商売が順調に行かない ⑤目ざとい、賢い、察しがよい、機敏だ လူပါး။ 機敏な人 ⑥抜け目がない、ずる賢い
ပါးချပ်ချပ်[pa: tɕ'aʔtɕ'aʔ] (副) 薄く、偏平に
ပါးပါးကလေး[pa:ba:gəle:] (副) 薄く、希薄に
ပါးရှား[pa:ʃa:] (形) 少ない、希少だ ＝ရှား:ပါ:
ပါးလျား[pa:ja:~pa:lja:] (形) 薄い、細い、ほっそりとしている
ပါးလွှပ်[pa:ɫaʔ] (形) ごく薄い、透き通った
ပါးလျှပ်[pa:ɫja:] =ပါးလွှပ်
ပါးလွှာ[pa:ɫwa] (形) 薄っぺらだ、透けている、透明だ
ပါး[pa:] (動) ことずける、託す、託送する လွှဲကြိုပါးလိုက်သည်။ 人に託す စာပါးလိုက်သည်။ 手紙をことずける
~ပါး[ba~pa] (助数) 出家の人数 ဘုန်းကြီးတပါး 和尚さん一人 အရှင်နှစ်ပါး 比丘二人 ရှင်လောင်းတပါး 得度予定者一人
ပါး[pa:] (名) 頬
ပါးကိုက်၊နားကိုက်။ (諺) 頬に噛みつかれれば耳に噛みついてやる (目には目を、歯には歯を)
ပါးကျိတ်[pətɕeiʔ] (名) 耳下腺
ပါးကွက်[bəgwɛʔ] (名) ①(王朝時代の)死刑執行人(頬に入墨を施した非人) ②頬に施した環形の化粧 cf. သနပ်ခါး
ပါးချ[pa: tɕ'a.] (動) 頬を打つ、びんたを張る
ပါးချင်းအပ်[pa:dʑin: aʔ] (動) 頬を寄せ合う
ပါးချောင်ကျ[pətɕ'aun tɕa.] (動) 頬が落ち窪む、頬がやつれる
ပါးချိုင့်[pətɕ'ain.] (名) 笑窪
ပါးချိတ်[pətɕ'eiʔ] (名) 耳下腺、下顎の付け根
ပါးချိတ်ရောင်[pətɕ'eiʔ jaun] (名) 耳下腺が炎症を起す、お多福風邪になる
ပါးချိတ်ရောင်နာ[pətɕ'eiʔ jaun na] (病) お多福風邪、耳下腺炎
ပါးချုပ်[pətɕ'aʔ] (名) 家畜の口に嵌める口輪、嵌め具
ပါးချွန်[pəgwɛʔ] (名) えくぼ
ပါးစောင်[bəzaun] (名) 口腔、口の中
ပါးစုံ[bəzoun.] (名) 頬の膨らみ、豊頬
ပါးစပ်[bəzaʔ] (名) 口
ပါးစပ်ကဘုရား၊ဘုရား၊လက်ကကာ:ယား:ကာ:ယား:။ (諺) 口では神仏を唱え、手はむずむず (言行不一致)
ပါးစပ်ကြမ်း[bəzaʔ tɕ'an:] (形) 口が悪い
ပါးစပ်ဆော့[bəzaʔ s'ɔ.] (形) 口が軽い
ပါးစပ်ပိတ်[bəzaʔ peiʔ] (動) 口を閉ざす
ပါးစပ်ပုပ်[bəzaʔ pouʔ] ①(動) 縁起でもない事を言う、不吉な事を口走る ②(名) 縁起でもない事を言う人
ပါးစပ်ပုံပြင်[bəzaʔ pounbjin] (名) 作り話
ပါးစပ်ဖျား[bəzaʔ p'ja:] (名) 口の端、口先
ပါးစပ်ဖွ[bəzaʔ p'wa] (動) 口が軽い、口に慎みがない、余計な事を喋る
ပါးစပ်မှုတ်ဘာဂျာ[bəzaʔmouʔ badʑa] (名) ハーモニカ
ပါးစပ်ယား[bəzaʔ ja:] (動) 喋りたくてうずうずする
ပါးစပ်ရာဇဝင်[bəzaʔ jazəwin] (名) 民間伝承、言い伝え
ပါးစပ်ရွဲ့[bəzaʔ jwɛ.] (動) 唇を歪める
ပါးစပ်တင်း[bəzaʔ dədin:] (名) 噂
ပါးစပ်သရမ်း[bəzaʔ təjan:] (動) 口汚なく言う、遠慮も弁えず喋る
ပါးစပ်ဟ[bəzaʔ ha.] (動) 口を開ける
ပါးစပ်အဟောင်းသား[bəzaʔ əhaun:da:] (副) 口を開けたまま、呆気にとられて、ぽかんとした表情で

ပါးတွေ့နား:တွေ့[paːte.naːte.]（副）顔を寄せ合って

ပါးတွေ့နား:တွေ့ပြော[paːte.naːte.pjɔː]（動）顔を寄せ合って話す、頬を寄せ合って話す

ပါးနား:မရှောင်လျက်[paːnaːməʃaunljɛʔ]（動）頬と言わず耳と言わず嘗め回す

ပါးချွင်း[bəbjinː]（名）①（鶏の）肉垂　②（コブラの）喉の膨らみ　③（樹木の）板根

ပါးချွင်းထောင်[bəbjinːtʼaun]（動）（コブラが）鎌首をもたげる、頸部を膨らませる

ပါးပြင်[bəbjin]（名）頬

ပါးပြောင်[paːpjaun]（動）他人のお陰でいい目を味わう（親の七光、虎の威を借る狐、等）

ပါးဖြဲနား:ဖြဲစား:[paːpʼjɛːnaːpʼjɛːsaː]（動）がつがつと食う、大口を開けて食う

ပါးမို့[pəmo.]（名）豊頬、頬の膨らみ

ပါးမုန်:မွေး:[pəmounːmweː]（名）頬ひげ、もみあげ

ပါးရေ[pəje]（名）頬の皮膚

ပါးရေတွန့်လိပ်[pəje tun.leiʔ]（動）頬に皺が寄る

ပါးရဲ[pəjɛː]（名）顔面の入墨

ပါးရဲထိုး[pəjɛːtʼoː]（動）頬に入墨をする cf. မင်ကြောင်ထိုး:။ ထိုးကွင်းထိုး:။

ပါးရိုး[pəjoː~paːjoː]（名）頬骨

ပါးရိုက်[paːjaiʔ]（動）頬を打つ、びんたを張る

ပါးရွဲ့[paːjwɛ.]（動）頬が歪む、顔面神経痛になる

ပါးလုပ်ကျင်း[pəlouʔtʃinː]（動）うがいをする

ပါးလုပ်ပါးလောင်း[pəlouʔpəlaunː]（副）口一杯に頬張って

ပါးသဲ[pəti.]（名）扁桃腺

ပါးသဲရောင်နာ[pəti.jaun na]（病）扁桃腺炎 →ပသဲရောင်နာ

ပါးသက်နာ[pətɛʔna]（名）唇の端のただれ、炎症

ပါးသိုင်း:မွေး:[pətainːmweː]（名）頬髯

ပါးသွယ်[pətwɛ]（名）下顎

ပါးဟက်[bəhɛʔ]（名）鰓

ပါးအို့[bəo.]（名）豊頬

ပါးနပ်[panaʔ]（形）①聡い、明敏だ、賢明だ　②抜け目がない、ずる賢い、悪賢い、横着だ

ပါးနပ်ကောက်ကျစ်[panaʔ kauʔtʃiʔ]（形）悪賢い

ပါးရည်နပ်ရည်[paːje naʔje]（名）洞察力

ပါးရည်နပ်ရည်ရှိ[paːje naʔjeʃi.]（動）洞察力がある、勘が鋭い

ပိ[pi.]（動）圧迫される、押さえつけられる、のしかかる、重量が掛かる အပေါ်ကသစ်ကိုင်းကြီးပိနေသည်။ 大きな木の枝が上からのしかかっている ဖိလို့ပိတယ်။ 押さえつけたので潰れた

ပိ[pi.]（形）①偏平だ、ぺちゃんこだ နှာတံပိသည်။ 獅子鼻だ　②さっぱりしている、こぎれいだ、きちんとしている လုပ်ပုံကိုင်ပုံပိသည်။ する事なす事がきちんとしている

ပိစိကွေး[pi.si.kweː]（名）ちび、極小、微小、ちっぽけなもの ထိုသူအား ပိစိကွေးကလေးအနေနှင့် မြင်ရသည်။ その人をほんの子供だと見なした

ပိစိညှောက်ကပ်[pi.si.ɲauʔkaʔ]=ပိစိကွေး

ပိစိညှောက်တောက်[pi.si.ɲauʔtauʔ]=ပိစိကွေး

ပိပြား[pi.bjaː]（形）①生真面目だ、実直だ、謹厳だ အနေအထိုင်ပိပြားသည်။ 暮し振りがきちんとしている　②安寧だ、平静だ　③偏平だ　④ぺちゃんこになる

ပိပိရိရိ[pi.bi.ji.ji.]（副）きちんと、きっちりと、ぴっちりと、緊密に ပိပိရိရိလိမ်နိုင်ပါ့မလား:။ きちんと捻る事ができるだろうか？ ကျောက်ပြား:ဖြင့်ဖိထား:သောဝါ:တော့သည်ပိပိရိရိသည်။ 平たい石で押えてある綿の実はぴっちりとしている

ပိရိ[pi.ji.]（形）きちんとしている、ちゃんとしている、さっぱりしている

ပိစပ်[bi.zaʔ]（植）①エウパトリウム（キク科） Eupatorium cannabinum　②ヒマワリヒヨドリ（キク科） Eupatorium odoratum

ပိဋက[bi.dəga.]=ပိဋကတ်

ပိဋကတ်[bi.dəgaʔ]（名）（仏教経典の）三蔵（経、律、論） <パ Piṭaka

ပိဋကတ်ကျမ်းဂန်[bi.dəgaʔtʃanːgan]（名）仏教経典

ပိဋကတ်စာပေ[bi.dəgaʔ sape]（名）経典

ပိဋကတ်တိုက်[bi.dəgaʔtaiʔ]（名）①経庫　②図書館

ပိဋကတ်သချာ်[bi.dəgaʔ tintʃa]（名）三蔵数字（数字をビルマ文字に転化して使用、1=ka、ta、pa、ya 2=kha、tha、pha、ra 3=ga、da、ba、la 4=gha、dha、bha 5=nga、na、ma、sha 6=ca、ta、sha 等）

ပိဋကတ်သုံးပုံ[bi.dəgaʔ tounːboun]（名）（経、律、論）三蔵

ပိဋကတ်အီ:[bi.dəgaʔoː]（名）物知り、博識

ပိဋကတ်အီ:ကွဲ[bi.dəgaʔoːgwɛː]（名）知ったかぶり

ပိတုဃာတကကံ[pi.tu.gatəka.kan]（名）父殺しの大罪 <パ Pitughātaka cf. မာတုဃာတကကံ

ပိတုဃာတကကံတင်[pi.tu.gatəka.kan tin]（名）父殺しの罪を犯す

ပိတောက်[bədauʔ]（植）①青龍木、カリン、ビルマカ

ပိတာန်

リン（マメ科）Pterocarpus macrocarpus ② インドシタン（マメ科）P. indicus ③アンダマンカリン（マメ科）P. dalbergioides ④マラバルキノカリン（マメ科）P. marsupium
ပိတာန်[bei'dan]（名）天蓋、寺院の天井、丸天井
ပိတုန်:[bədoun:]（虫）クマバチ、マルハナバチ、ダイクバチ cf. နကျယ်၊ပျာ:၊ပဆုပ်ပန်။
ပိတုန်:ထိုး[bədoun: t'o:]（動）クマバチに刺される
ပိတုန်:ပိတ်[bədoun: pei']①（動）密閉する ②[bədoun:bei']（名）人間の侵入を妨げる障壁
ပိတုန်:ရောင်[bədoun:jaun]（名）黒光り、艶のある黒色（女性の黒髪の喩えに使われる）
ပိလောပိန်[pəlɔ: pinan]（植）=ပလောပိန်
ပိဿာ[pei'ta~bei'ta]（名）重量の単位、緬升 = 約1・6キロ
ပိဿနိုးနတ်မင်:[pei'təno: na'min:]（名）ヴィシュヌ神（ブラフマー、シヴァと並ぶ三大ヒンドゥー神の一つ）
ပိသုကာ[pei'təka] = ပိဋကာ
ပီ[pi]（形）①（発音が）明瞭だ အသံပီသည်။ ②もっともらしい、いかにも～らしい ယောကျာ်:ပီပီသည်။ 男らしい、男っぽい
ပီပီ[pibi]（助）～らしく、～に相応しく လူကြီ:ပီပီ 大人に相応しく အညာသာ:ပီပီမြေကြောက်ပုံရ၏။ いかにも上ビルマの人らしく蛇を怖がる အရက်သမာ:ပီပီအတော်ဒေါသကြီ:သည်။ いかにも酒飲みらしく怒りっぽい မိန်:မသာ:ပီပီဆုတ်ကန်ကန်နှင့်ငြင်:ဆန်သည်။ いかにも女性らしく渋りながら拒絶した
ပီပီပြင်ပြင်[pibi pjinbjin]（副）はっきりと、くっきりと、明確に သူ့မျက်နှာကိုပီပီပြင်ပြင်မြင်နေရသည်။ 彼の顔がくっきりと見える အလှကိုပီပီပြင်ပြင် မကြည့်လိုက်ရပါ။ 美しさをとっくりと見る事はできなかった ဤစာအုပ်တွင်ပီပီပြင်ပြင်ဖော်ပြထား:ပါသည်။ この本にはっきりと述べてある
ပီပီဒါ:[pibida:]（副）全く、全然 ပီပီသာ:အလုပ်ဘဲ။ 完全な仕事
ပီပြင်[pibjin]（形）はっきりしている、くっきりしている、鮮明だ、手際がよい、描写が正確だ စာလုံ:များ:မှာပီပြင်သည်။ 文字は鮮明だ
ပီတာ[pita.]（形）①能力が十分だ、素質が十分だ ②発音が明瞭だ、明晰だ ③～に相応しい、～らしい မိန်:ကလေ:ပီသသည်။ いかにも乙女らしい မိန်:မပီသသည်။ なるほど女らしい
ပီတဒါရု[pitədaju.]（植）メギ（メギ科）Berberis aristata

ပီတမုန်လာ[pita.mounla]（植）カラダイオウ（タデ科）Rheum emodi
ပီတိ[piti.]（名）悦び、歓喜、喜悦 ＜パ Pīti
ပီတိထန်:[piti. t'un:]（動）悦びに溢れる
ပီတိဖြစ်[piti. p'ji']（動）嬉しくなる、喜びを感じる
ပီတိရှမ်:[piti. ʃun:]（動）悦びに溢れる、喜びで一杯だ
ပီယဆေ:[pija.ze:]（名）媚薬、惚れ薬（粉末を食べ物の中に入れて相手に食べさせる場合とお守りのように身に付けている場合とがある）
ပီယဝါစာ[pija.wasa]（名）甘言、口説き言葉、魅力的な言葉、甘美な表現 ပီယဝါစာသုံ:တတ်သူမို့ခင်သူတွေပေါများလှသည်။ 魅力的な表現ができる人なので親しみを感じる人がとても多い ＜パ Piyavācā
ပီရု:[piru:]（国）ペルー
ပီလမ[piləma.]（名）蓑の1種
ပီလာ:[bila:]①（動物）カブトガニ ②（虫）タガメ
ပီလာ:ကြိုး[bila:dʒo:]（名）錘線、下げ振り糸、測鉛線
ပီလော:[pilɔ:]（植）ツナソ、コウマ、ジュート（シナノキ科）Corchorus capsularis
ပီလောခါ:[pilɔ:ga:]（植）トガリバツナソ（シナノキ科）C.acutangulus
ပီလောပိန်[pəlɔ:pinan]（植）タピオカ、キャッサバ（トウダイグサ科）Manihot utilissima 根茎の澱粉を食用とする = ပလောပိန်
ပီလောပိန်ရွှေချည်[pəlɔ:pinan ʃwedʒi]（名）タピオカの澱粉
ပီလောပိန်ဝါ:[pəlɔ:pinan wa:]（植）ホウライチク、ドヨウダケ（イネ科）Bambusa nana
ပီလောပင်၊ပက်ကျိုတက်။（比）ツナソの木にカタツムリが登る（男女の睦言）
ပီလောယဉ်[pilɔ:jin]（植）ツナソ、イチビ、ジュート（シナノキ科）
ပီလောရိုင်:[pilɔ:jain:]（植）タイワンツナソ、ナガミツナソ（シナノキ科）Corchorus olitorius
ပီလုံ:[biloun:]（鳥）ヤツガシラ（ヤツガシラ科）Upupa epops = ဗီလုံ:
ပု[pu.]①（形）（背が）低い、ずんぐりしている、太くて短い အရပ်ပုသည်။ ②（動）体を縮める、首をすくめる
ပုက္က[pu.kwa.]（形）うずくまった、しゃがみこんだ
ပုက္ကပုက္က[pu.kwa.pu.kwa.nɛ.]（副）ずんぐりしていて、不格好で

ပုစုခရု[bu.zu.k'əju.]（名）①ちび共、ちびっ児達ちびっこ軍団 ②がらくた、屑物、寄せ集め

ပုညက်[pu.ɲɛʔ]① (形) ちびだ ② (名) ちび、矮小

ပုတို[pu.do]（名）小人（こびと）

ပုဗ္ဗရွ[pu.bu.jwa.jwa.]（名）あらゆる生き物、生物全て

ပုပျပ်[pu.pjaʔ]（形）背丈が低い、ずんぐりしている

ပုလု[pu.lu.]（形）ちっちゃい、微小だ

ပုလုကွေးလွေး[pu.lu.kwe:lwe:]（形）ちっぽけだ、ちっちゃい、微小だ

ပုအိုင်အိုင်[pu.ain.ain.]（副）ずんぐりしていて、短くて太い

ပုခက်[pəkʼɛʔ]（名）揺りかご、搖籃

ပုခက်တွင်း[pəkʼɛʔtwin:]（名）嬰児、幼児

ပုခက်တွင်းအရွယ်[pəkʼɛʔtwin: əjwɛ]＝ပုခက်တွင်း

ပုဂံ[bəgan]（地）パガン（イラワジ川中流左岸にある１１世紀から１３世紀迄栄えたビルマ王朝の遺跡）

ပုစဉ်း[bəzin:]（虫）トンボ

ပုစဉ်းကြီး[bəzin:dʑi:]（虫）セミ ＝ပုစဉ်းရင်ကဲ့

ပုစဉ်းညို[bəzin:ɲo]（植）モラベ（クマツヅラ科） Vitex peduncularis

ပုစဉ်းထိုး[bəzin:do:]（鳥）ミドリハチクイ（ハチクイ科） Merops orientalis

ပုစဉ်းရင်ကဲ့[bəzin:jingwɛ:]（虫）セミ＝ပုစဉ်းကြီး

ပုစဉ်းလေး[bəzin:le:]（虫）イトトンボ、カワトンボ

ပုစွန်[bəzun]（動物）エビ、カニ等の甲殻類

ပုစွန်ကျား[bəzun.dʑa:]（動物）（斑点のある）中型のエビ

ပုစွန်ကြော[bəzun.dʑɔ.]（動物）（汽水に棲む）中型のエビ ＝ပုစွန်ကျော

ပုစွန်ချဉ်[bəzun.dʑin]（名）酢または塩で処理した蝦

ပုစွန်ခြေကျို့[bəzun tʃidʑe]（植）ヤンバルミチヤナギ（タデ科）Polygonum plebejum ＝ပုစွန်ခြေကြေ

ပုစွန်ခြောက်[bəzundʑauʔ]（名）干し蝦

ပုစွန်ငပိ[bəzun ŋəpi.]（名）蝦醤（エビを原料とした魚醤の１種）

ပုစွန်စာ[bəzunza]（植）ツルノゲイトウ（ヒユ科） Alternanthera sessilis

ပုစွန်စာမြက်[bəzunza mjɛʔ]（植）インドヒエ（イネ科） Echinochloa colona

ပုစွန်ဆီ[bəzunzi]（名）蝦油（原料は ပုစွန်တုပ် 又は လယ်ပုစွန်လုံး）

ပုစွန်ဆီရောင်[bəzunzijaun]（名）朱色

ပုစွန်ဆိတ်[bəzunzeiʔ]（名）（淡水性の）小型の蝦

ပုစွန်တာရာ[bəzun taja]（星）大熊座（အတွင်းတာရာ 九星座の３番目）

ပုစွန်တုပ်[bəzundouʔ]（動物）①伊勢蝦 ②ザリガニ

ပုစွန်တုပ်ကွေး[bəzundouʔkwe:]（名）胎児の姿勢（両手を胸に抱え全身を丸める）

ပုစွန်တုပ်ကွေးကွေး[bəzundouʔkwe:kwe:]（動）馬蹄形をしている、Ｕ字形をしている

ပုစွန်ဖျော့ချိတ်[bəzun pʼɔ.dʑeiʔ]（動物）淡水性の蝦（食用にする）

ပုစွန်မြီးနီ[bəzun mi:ni]（動物）蝦の１種

ပုစွန်မွေးမြူ[bəzun mwe:mju]（動）蝦を養殖する

ပုစွန်မွေးမြူရေးကန်[bəzun mwe:mjuje:gan]（名）蝦の養殖池

ပုစွန်လက်မစည်[bəzun lɛʔma.si]（名）鼓（帝釈天の持物の一つ、インドラが阿修羅と戦う時に打ち鳴らすと言われる）

ပုစွန်လုံး[bəzunloun:]（動物）（淡水性の）蟹

ပုစွန်သဘက်[bəzun dəbɛʔ]（植）イワダレソウ（クマツヅラ科）Lippia nodiflora

ပုဆိုး[pəsʼo:]（名）男性用のロンジー、男性が身に付ける腰布

ပုဆိုးကြမ်း[pəsʼo: dʑan:]（名）①生地の粗いロンジー ②（牛や山羊など反芻する）動物の胃

ပုဆိုးချွတ်[pəsʼo: tʃʼuʔ]（動）ロンジーを脱ぐ

ပုဆိုးခြုံ[pəsʼo: tʃʼoun]（動）ロンジーを肩から掛ける、ロンジーで全身を覆う

ပုဆိုးတောင်ရှည်[pəsʼo: taunʃe]（名）長さ１０肘尺（タウン）ある男性用ロンジー（晴着として使用）＝တောင်ရှည်ပုဆိုး

ပုဆိုးတန်းတင်[pəsʼo: tan:din]（名）結婚式の儀式の一つ（女性のローブに男性のロンジーを掛ける）

ပုဆိုးတန်းတင်၊ပေါင်းဘက်ကြင်။[pəsʼo: tan:din paun:bɛʔtʃin]（名）公然の仲、人も認めた間柄

ပုဆိုးတန်းတင်၊အကြင်လင်မယား[pəsʼo: tan:din ətʃin linməja:]（名）公然とした夫婦関係（女性の室内のローブに男性のロンジーを掛ける事で夫婦である事が示される）

ပုဆိုးဝတ်[pəsʼo: wuʔ]（動）（男性用の）ロンジーを穿く、ロンジーを着用する

ပုဆိုးအိတ်ထောင်[pəsʼo: eiʔdaun.]（動）男性用ロンジーに取付けられた袋状のポケット、物入れ

ပုဆစ်[pəsʼiʔ]（名）膝

ပုဆစ်တုပ်[pəsʼiʔ touʔ]（動）正座する、両膝を折り曲げて座る、跪く

ပုဆစ်တုပ်ထိုင်[pəsʼiʼtouʼ tʼain] =ပုဆစ်တုပ်
ပုဆစ်ဒူးတုပ်[pəsʼiʼ du:touʼ] =ပုဆစ်တုပ်
ပုဆိန်[pauʼsʼein~pəsʼein] (名) 斧 ပုဆိန်နှင့်ပေါက်သည်။ 斧で断ち割る
ပုဆိန်ရိုး[pəsʼein jo:] (名) ①斧の柄 ②売国奴、裏切り者、反逆者
ပုညာ[pounɲa.] (名) ①善行 ②恵み、恩恵 ＜パ
ပုလက်[pu.təlɛʼ] (植) ホソバコバンモチ（ホルトノキ科）Elaeacarpus lanceaefolius
ပုတီး[bədi:] (名) ①数珠 ②ネックレス
ပုတီးစိပ်[bədi: seiʼ] (動) 数珠を繰る
ပုတီးဖြူ[bədi:bju] (植) ツゲモドキ（トウダイグサ科）Putranjiva roxburghii
ပုတတ်[bədaʼ] (動物) スナトカゲ、ベルスナトカゲ Lioleps belliana
ပုတတ်စာ[bədaʼsa] (植) バンウコン属（ショウガ科）Kaempferia candida
ပုတတ်မျက်[bədaʼmjɛʼ] (植) トダシバ（イネ科）Arundinella birmanica
ပုတတ်ရပ်[bədaʼjaʼ] (名) 棒立ち
ပုတတ်ရပ်ရပ်[bədaʼjaʼ jaʼ] (動) 棒立ちになる
ပုထုဇဉ်[pu.tʼu.zin] (名) 凡人、俗人、普通の人間
ပုထိုး[petʼo:] (名) （向拝又は回廊の付いた）舎利を納めた仏塔
ပုရပိုက်[pərəbaiʼ] (名) （シャン紙の）折り本、折り畳み本（屏風状に折り畳む）
ပုရပိုက်ခေါက်ရွှေ[pərəbaiʼkʼauʼʃwe] (名) 展性の高い純金
ပုရပိုက်ရွှေ[pərəbaiʼʃwe] =ပုရပိုက်ခေါက်ရွှေ
ပုရောဟိတ်[pərɔ:heiʼ] (名) ①バラモンの司祭 ②国王の顧問 ＜パ Purohita cf. ပုညာ:
ပုရိမဝါ[pu.ri.ma.wa] (名) ビルマ暦4月黒分1日に始まる安居期間
ပုရစ်[pəjiʼ] ① (虫) コウロギ ② (名) 芽、新芽 ပုရစ်တွေးလာတယ်။ 新芽が芽吹いてきた ဖူးပုရစ်သည် ဝေ၏။ 新芽が繁茂している
ပုရစ်ကောင်[pəjiʼkaun] (虫) コウロギ
ပုရစ်ဖူး[pəjiʼpʼu:] (名) 新芽
ပုရန်[pəjan] (名) 石工 =ပန်းရန်
ပုရဏကျမ်း[pu.ran tʃan:] (名) プラーナ（梵語で書かれたヴェーダ時代のインドの神話及び宗教に関する文献）
ပုရဏ္ဏဝါ[pəjannəwa] (植) ①ベニカスミ、ナハカノコウ（オシロイバナ科）Boerhaavia difusa ②スベリヒユモドキ（ツルナ科）Trianthema portulacastrum

ပုရွက်[pəjwɛʼ] (虫) 羽蟻
ပုရွက်ဆိတ်[pəjwɛʼsʼeiʼ] (虫)（地上にいる）蟻
ပုရွက်ပျံ[pəjwɛʼpjan] (虫) 羽蟻
ပုလဲ[pəlɛ:] (名) 真珠
ပုလဲတု[pəlɛ:du.] (名) 模造真珠 cf. မွေးမြူရေးပုလဲ 養殖真珠
ပုလဲဓာတ်[pəlɛ:daʼ] (名) カルシューム
ပုလဲရာထူ[pəlɛ: jədu.] (名) 三十周年
ပုလဲနှံပသင်[pəlɛ: nanpa.tin.] (形) 親しい、親密だ、仲がよい =ပုလဲနှံပသင်
ပုလင်း[pəlin:] (名) 瓶
ပုလင်းလိုက်[pəlin:laiʼ] (副) 瓶ごと、瓶のまま
ပုလင်းလွတ်[pəlin:luʼ] (名) 空き瓶
ပုလင်းအဖုံး[pəlin: əpʼoun:] (名) 瓶の栓
ပုလိပ်[pəleiʼ] (名) 警官、巡査（以前の呼称）
ပုလိပ်တော်မင်း[pəleiʼtɔ min:] (名) 警察署長
ပုလိပ်ဌာန[pəleiʼ tʼana:] (名) 警察署
ပုလိပ်ရုံး[pəleiʼjoun:] (名) 警察局 =ရဲမင်းကြီးရုံး
ပုလွေ[pəlwe] (名) 笛 =ပုလွေ
ပဝါ[pəwa] (名) スカーフ、ショール、肩掛け、布 =ပဝါ
ပုသိမ်[pətein] (地名) パテイン（イラワジ管区最大の都市、イラワジ河の支流ンガウン川に面している）
ပုသိမ်ထီး[pəteindi:] (名) パテイン産の傘、日傘
ပု[pu] (名) 蓋付きの円筒形の篭（昔の道具）
ပူ[pu] (動) 膨れる、膨らむ、膨れ上がる
ပူဖေါင်း[busibaun:] (名) ①泡 ②風船
ပူဖောင်း[bubaun:] (名) ①泡、気泡 ②風船、ゴム風船
ပူဖောင်းပင်[bubaun:bin] (植) ムジナモ
ပူ[pu] (形) ①暑い နေပူသည်။ ②熱い ③（胡椒が）辛い ရေက်သီးပူသည်။ ④厄介だ、煩わしい ပူစရာသည်။ ⑤多忙だ အလုပ်ပူသည်။ ⑥強情で、手に負えない ကလေးပူသည်။ ⑦悩ませる、苦しめる、妨げる သူပူသည်။ 泥棒に悩まされる ⑧憂慮する、心配する စိတ်ပူသည်။ ⑨せびる、ねだる ⑩先に手がける、早手回しにする ⑪（錐で）穴が開く
ပုချစ်[putʼiʼ] (副) 焼け焦げて
ပူစပ်[pusaʼ] (形) ぴりぴり辛い
ပူစပ်ပူစပ်[pu saʼsaʼ] (副) ①ぴりぴり辛くて ②カッと暑くて
ပူစပ်ပူလောင်ဖြစ်[pusaʼ pulaun pʼjiʼ] (形) 耐えられない位に熱い
ပူဆာ[puza] (動) せがむ、ねだる、悩ませる
ပူဆွေး[pusʼwe:] (動) 気をもむ、悩む、心痛する、嘆く、悲嘆にくれる、

ပူညံပူညံ[puɲan puɲan] (副) 大声で、不満を洩らして

ပူထူ[put'u] (動) (全身が) かっと熱くなる、のぼせる、火照る

ပူနွေး[punwe:] (形) 暖かい、(食べ物が) 熱い

ပူပူ[pubu] (形) 熱い ကော်ဖီပူပူကိုသောက်လိုက်သည်။ 熱いコーヒーを飲んだ

ပူပူဆူဆူ[pubu s'uzu] (副) 騒然となって

ပူပူနွေးနွေး[pubu nwe:nwe:] (副) ①暖かく ②出来たてほやほやで、出来上がったばかりで、直ちに、即座に

ပူပူလောလော[pubu lɔ:lɔ:] (副) 素早く、急いで

ပူပူလောင်လောင်[pubu launlaun] (副) 熱く、熱くして

ပူပင်[pubin] (動) 憂える、憂慮する、苦悩する =ပူပန်

ပူပင်စရာ[pubinzəja] (名) 苦悩、憂慮、心配事 ပူပင်စရာလုံးဝမရှိနိုင်။ 憂慮する事は何も有り得ない

ပူပင်သောကဖြစ်[pubin tʃɔ:ka. p'ji'] (動) 憂う、憂慮する、心配する

ပူပန်[puban] (動) 憂える、不安を覚える、心配する

ပူပန်သောကရောက်[puban tɔ:ka. jau'] (動) 憂慮する

ပူပြင်း[pubjin:] (形) ①酷暑だ、猛烈に暑い ②火の勢が強い

ပူရှိန်း[pu ʃein:] (動) ①肌がひりひりする ②舌先がぴりぴりする

ပူရှိန်းရှိန်းအရှာရှိ[pu ʃein:ʃein: əja.da ʃi.] (動) 口の中が燃えるような感じがする

ပူလောင်[pulaun] (形) 熱い、灼熱状態だ ရေနွေးပူလောင်သည်။ 熱湯が掛かった

ပူအိုက်[pu ai'] (形) 蒸しむしする、蒸し暑い、むせ返るようだ

ပူစီလေး[busile:] (名) ちび、ちびっ児

ပူဇော်[puzɔ] (動) ①供える、捧げる、奉納する ②拝む、礼拝する <パ Pujja

ပူဇော်ကန်တော့[puzɔ gədɔ.] (動) 礼拝供養する

ပူဇော်ပသ[puzɔ pa.ta.] (動) 供える、供養する

ပူဇော်ပွဲ[puzɔbwɛ:] (名) ①供養、供犠の催し ②供物、供え物、

ပူဇော်မှု[puzɔmu.] (名) 供養、奉納

ပူဇော်သက္ကာ[puzɔ tɛʔkaja.] (名) 礼拝、供養

ပူတကေ[putəke] (国) ポルトガル (王朝時代の呼称)

ပူတူတူး[pututu:] (名) 坊や達、坊ちゃん達

ပူတင်း[putin:] (名) プリン (小麦粉に牛乳、卵、甘味、香料を加えて蒸した食後のデザート) <英

ပူဒီနာ[pusina~pudina] (植) ハッカ (シソ科) Mentha arvensis =ပင်စိမ်း

ပူး[pu:] (動物) 天竺鼠、モルモット (北方の象徴)

ပူး[pu:] (動) ①くっつく、一緒になる、結合する、密着する စက္ကူနှစ်ချပ်ပူးနေသည်။ 紙が2枚くっついている ②くっつける、合わせる ③憑く、憑依する နတ်ပူးသည်။ 霊が憑く

ပူးကပ်[pu:kat'] =ပူး

ပူးစပ်[pu:sa'] (動) 接し合う、一緒になる、連合でする

ပူးတွဲ[pu:twɛ:] ① (動) 取り付く、張り付く ② (形) 共同の、合同の、連合の

ပူးတွဲကြေညာချက်[pu:twɛ: tʃeɲadʒɛ'] (名) 共同声明

ပူးတွဲကြေညာချက်ထုတ်ပြန်[pu:twɛ: tʃeɲadʒɛ' t'ou'pjan] (動) 共同声明を発表する

ပူးတွဲစစ်ဦးစီးချုပ်များအဖွဲ့[pu:twɛ: si'u:zi:dʒou' mja: əp'wɛ.] (名) 統合参謀本部

ပူးတွဲရေး[pu:twɛ:je:] (名) 連合、共同

ပူးတွဲလေ့ကျင့်[pu:twɛ: le.tʃin.] (動) 合同演習を行なう

ပူးပေါင်း[pu:baun:] (動) 一緒になる、合流する、協力する、合同でする

ပူးပေါင်းကျင်းပ[pu:baun tʃin:pa.] (動) 共催する、共同で主催する

ပူးပေါင်းကြံစည်မှု[pu:baun tʃanzimu.] (名) 共同謀議、共同企画

ပူးပေါင်းဆောင်ရွက်[pu:baun: s'aun jwɛ'] (動) 合同で行なう、合同で実施する、共同で運営する

ပူးယှက်[pu: ʃɛ'] (動) 組合う、絡み合う

ပူးရှက်[pu: ʃɛ'] =ပူးယှက်

ပူးလိမ်[pu:lein] (動) 絡まる、縺れる

ပူးဝင်[pu:win] (動) ①加入する、加盟する ②乗り移る、憑く、憑依する

ပူးသတ်[pu:ta'] (動) 取組み合う、殴り合う

ပေ[be.~pe.] (副) 凄く、極端に、素晴らしく <ပေအံ့ ရက်စက်ပါပေတယ်။ 何と言う残酷さだ ဘုရားကြီးကလဲသပ္ပါယ်ပါပေ။ 仏塔は何と荘厳だ ယင်ပြင်တော်ကြီးကကျယ်ဝန်းပါပေ။ 境内もずいぶんと広大だ လှပေမေးပေဆိုတဲ့ပန်း။ 何と美しく何と香りのよい花ぞ ကြမ်းပေဆိုးပေသောလုံးတီးဆန်ဖြစ်၏။ この上なく粗末で劣悪な玄米だった ရိုးပါပေပပါပေပ္ပါပေချီးမွမ်းမဆုံးဖြစ်သည်။ 朴訥だ、品があると賞賛この上なかった ရန်ကုန်၊မန္တလေးကားလမ်းများနှင့်ကွာပါပေ။ ヤンゴン・マンダレー間の自動車道路とは随分離れている

ပေ[pe] (名) 鉄床 (かなとこ)

ပေခွက်[pegwɛ']（名）型、鋳型、台型
ပေ[pe]（植）①タラヤシ、グバンヤシ（ヤシ科）Corypha elata 一生に一度だけ開花する ②タリポットヤシ（ヤシ科）C. umbraculifera
ပေစာ[peza]（名）貝葉、貝多羅（タラヤシの葉に鉄筆で文字を彫り込んだ王朝時代の文書）
ပေထက်အက္ခရာတင်[pedɛ' ɛ'k'əja tin]（動）貝葉に文字を刻む
ပေထုပ်[pedou']（動）貝葉の包み、貝葉の束
ပေဖူးလွှာ[pebu:ɬwa]（名）若葉を使った貝葉、文字が刻まれたタラヤシの若葉
ပေမူ[pemu]（名）貝葉文書（刊本になる前の原文）
ပေရွက်[pejwɛ']（名）タラヤシの葉
ပေလုပ်မျဉ်းကိုင်[pelou' mjin:gain]（名）タラヤシの葉を貝葉に仕上げる作業
ပေသီး[pedi:]（名）①タラヤシの堅果 ②算盤玉 ③ビー玉 =ဂေါ်လီလုံး
ပေသီးခုံ[pedi:goun]（名）算盤
ပေသီးတွက်ခုံ[pedi: twɛ'k'oun]=ပေသီးခုံ
ပေသီးပစ်[pedi: pji']（動）ビー玉遊びをする
ပေသီးလုံးတွက်ခုံ[pedi:loun:twɛ'k'oun]=ပေသီးခုံ
ပေ[pe]（名）ペー（長さの単位、尺、フィート）
ပေကြိုး[peʤo:]（名）巻き尺
ပေတရာလမ်း[pe təja lan:]（名）大通り
ပေတိုင်း[pe tain:]（動）長さを測る
ပေတံ[pedan]（名）物差し
ပေမီဒေါ်မီ[pemi dau'mi]（名）標準的な背丈、標準的な身長
ပေ[pe]（動）①汚れる、染みが付く ခြေရာတွေပေကုန်ပြီ။ 足跡だらけだ ကျွန်တော့အကျီကိုဆေးတွေပေကုန်ပြီ။ 私の上着がペンキで汚れた
ပေကျံ[petʃan]（動）汚れる、汚くなる、まみれる
ပေတေ[pete]（動）①汚れる ②ぐうたらだ、無為徒食をする
ပေပေတေတေ[pebe tede]（副）汚れて
ပေပေတေတေနဲ့[pebe tede ne]（動）汚れ切っている、薄汚い
ပေရ[peje]（動）汚れが付く、汚れる、汚れにまみれる
ပေ[pe]（形）①頑固だ、偏屈だ、言う事を聞かない ②愚固だ、もたもたする ③熱心だ ပေပြီးနား：ထောင်သည်။ 熱心に耳を傾ける
ပေကတ်[peka']（形）頑固だ、意固地だ
ပေကတ်ကတ်[peka'ka']（副）我を張って、強情で、意固地で
ပေကပ်ကပ်လုပ်[peka'ka' lou']（動）強情を張る、言う事を聞かない

ပေ[pe]（動）①接する、近づく မျက်လုံးကလေးပေသည်။ 目が細い ②先端が釣り上がる、反り上がる စာ：သွား：ပေသည်။ 刃物の先が反っている
ပေကလပ်ပေကလပ်[pekəla' pekəla']（副）目をぱちくりさせて
ပေကလပ်ပေကလပ်လုပ်[pekəla' pekəla' lou']（動）目をぱちくりさせる、目をぱちぱちさせる
ပေမြ[pemje:]（形）目が細い =မျက်ပေါက်ကျဉ်း
~ပေ[be~pe]（助動）確かさの強調 လုတ်ပြီမီးချမ်းသာရှိပေမည်။ 平穏でいられるに違いない တူမကလေး：ပေလား：။ ညီမကလေးပေလားဟုမှတ်ထင်ကြလေ၏။ 姪だろうか、それとも妹だろうかと皆が思い込んだ စရိတ်ကလည်း：သေးမည်တော့မဟုတ်ပေဘူး။ 費用も少なくはないだろう
~ပေတော့[bedɔ.]（助）文末、命令を現わす မင်းနေရစ်ပေတော့။ 君は居残りたまえ မင်း：သွား：ပေတော့။ 君は行きなさい
~ပေတဲ့[bedɛ.]（接助）逆接、~だが အကြိမ်ကြိမ်မေး：ပေတဲ့ပြန်မဖြေဘူး။ 何度も尋ねたが答えない
~ပေမဲ့[bemɛ.]（助）逆接、~けれども သူမပြောပေမဲ့ကျွန်တော်ကသိတယ်။ 彼は言わなかったけれど私は知っていた အဲဒီခရုတွေကမလှပေမဲ့စား：လို့သိပ်ကောင်းတယ်။ その貝は奇麗ではないが食べるととても美味しい မိုး：ဦးဆိုပေမဲ့မိုးမရွာဘူး။ 雨季初めだとは言うものの雨は降らない မကျေနပ်ပေမဲ့မပြောရဲဘူး။ 不満だったが言えなかった ခြင်တွေဖြတ်တွေကကိုက်ပေမဲ့သူမလှုပ်ဖူး။ 蚊や虻に噛まれたけれども彼は身動きしなかった ယောက်ျား：ချင်း：ပေမဲ့အတွင်း：သဘောတမျိုး：စီဖြစ်သည်။ 男同士ではあっても性格は異なっている
~ပေမယ့်[bemin.]（接助）~ပေမဲ့ の異体字、逆接、ではあるが လက်သည်တောာသွှားပြူသင်တန်းမတက်ရပေမယ့်ကလေး：ကိုယောက်ကို：ဖွား：ပေးနိုင်တယ်။ 産婆達は看護婦研修に出席した事はないが子供を出産させる事はできる အရပ်သူကျော့င်း：သူကလေး：ဖြစ်ပေမယ့်၀ါရင့်အနုပညာရှင်များ：နှင့်မခြား：သရုပ်ဆောင်နိုင်ခဲ့တယ်။ 素人の女子学生ではあったけれども年期の入った芸術家と変りない演技ができた
~ပေမင့်[bemin.]（接助）逆接、ではあるが ခလေး：နှစ်ယောက်အဖေသာ ဖြစ်ပေမင့်ရုပ်ကသည်းမခေ့ချေ။ 子供二人の父親にすぎないが容貌は悪くない ဧပြီလဆို ပေမင့်မိုး：ကလည်း：မရွာသေး။ 四月とは言うものの雨はまだ降らない ဖတ်ပြီး：သား：စာအုပ်အဟောင်း：တွေပေမင့်ပြန်လှန်ဖတ်ရှုသည်။ 読み終った古本ではあっても繰返して読んだ သူတိုယ်ခန္ဓာသည်ထား：ကျိုင်း：ပေမင့်ဖျတ်လတ်သည်။ 彼は体格は大柄だが敏捷だ

~ပေမည့်[bemji.]（接助.文）=ပေမဲ့
~ပေအံ့[bean.~pean.]（助動・文）文末で使用、推測、又は未来を現わす、~しよう、~するつもりだ
ပေယျာလ[pejala.]（名）省略符号（ビルマ文字の内 ပါ ယ လ のいずれかが用いられる）
ပေယျာလကန်[pejala. kan] =ပေယျာလကံ
ပေယျာလကံ[pejala. kan]（名）①文字を省く、省略する、省略符号を用いる ②無視する
ပေယျာလကံထား[pejala.kan tʻaː]（動）無視する、放置する
ပေယျာလကံပြု[pejala.kan pju.]（動）①省略する ②無視する သူ့ကိုပေယျာလကံပြုလိုက်သည်။ 彼を完全に無視した
ပေယျာလကံမြှုပ်[pejala.kan m̥jouʔ]（動）省く
ပေး[peː]（動）①与える ②上げる、渡す ③払う、支払う ④呉れる、寄越す ⑤（螺子を）巻く သံပက်ပေးသည်။ ⑥（助動）~してやる、~してくれる ဖွင့်ပေးပါ။ 開けてください ပြောပေးပါ။ 言って下さい ရေဖျန်းပေးသည်။ 水を撒いてやる ပုံတူပန်းချီကားတွေဆဲပေးတယ်။ 肖像画を描いてくれた ငါကြက်သွန်ပြော ပေးမယ်။ 僕が玉葱の皮を剥いてあげよう
ပေးကမ်း[peːkanː]（動）上げる、渡す、授ける、施す =စွန့်ကြဲ
ပေးကမ်းခြင်းသည်အောင်မြင်ရာ။（格）情は人の為ならず（布施は成功の基）
ပေးချေ[peːtʃe]（動）清算する
ပေးငွေ[peːŋwe]（名）費用、出費、支出
ပေးစရာ[peːzəja]（名）渡すもの、与えるもの、贈り物
ပေးစာ[peːza]（名）送る手紙 cf. ပြန်စာ
ပေးစာကမ်းစာ[peːza kanːza]（名）施し物、支援物資
ပေးစား[peːzaː]（動）①嫁がせる、嫁にやる ②嫁に貰う ③所帯を持たせる
ပေးစားဆဲ[peːza sʻɛː]（動）口汚なく罵る、罵倒する မင်းနှမငါ့ပေး။ お前の妹を俺に寄越せ မငေး ပေး။ お前のお袋を俺に引き渡せ、と言った類の表現
ပေးဆောင်[peːsʻaun]（動）納入する、納付する、支払い
ပေးဆပ်[peːsʻaʔ]（動）①返済する ②恩返しをする
ပေးပို့[peːpo.]（動）送付する、発送する、送り届ける
ပေးပို့လှူဒါန်း[peːpo. ɬudanː]（動）寄贈する
ပေးပစ်[peːbjiʔ]（動）呉れてやる、やってしまう
ပေးမြား[peːmjaː]（動）嫁がせる、結婚させる
ပေးလျော်[peːjɔ]（動）償う、補償する、弁償する

ပေးဝေ[peːwe]（動）配る、分配する、配給する
ပေးသနား[peː təna:]（動）（国王が）授ける、授与する、下賜する
ပေးသွင်း[peːtwinː]（動）納入する
ပေးအပ်[peːaʔ]（動）①引渡す、譲り渡す ②授与する、授ける ③委ねる、委任する、委託する
ပဲ့[pɛ.]（動）①欠ける、欠け落ちる ပန်း:ကန်ပဲ့သည်။ 茶碗が欠ける ②掻きむしられる、引掻かれる အသား ပဲ့သည်။ ③減少する、人数が減る
ပဲ့[pɛ.]（名）①（動）舵を取る、操る ②（名）艫、船尾 ③舵
ပဲ့ကိုင်[pɛ. kain]①（動）舵を取る、操舵する ②[pɛ.gain]（名）舵取り、操舵手
ပဲ့ကြိုး[pɛ.dʒoː]（名）艫綱
ပဲ့ချိတ်[pɛʔdʒeiʔ]（名）船外機付きの舟、船尾にエンジンを取付けた舟
ပဲ့စီး[pɛʔziː]（名）象の後部乗り cf. ဦးစီး
ပဲ့စင်[peʔzin]（名）艫、舵取りが腰を下す船尾
ပဲ့ထိန်ဘီး[pɛ.tʻeinbeinː]（名）操舵輪
ပဲ့နင်[pɛ. ninː]（名）水夫長（王朝時代の舟艇の責任者）
ပဲ့ပိုင်း[pɛ.bainː]（名）船尾、艫
ပဲ့ပြင်[pɛ.bjin]（動）諌める、忠告する、訓導する
ပဲ့တင်[pɛ.tin]（名）こだま
ပဲ့တင်ခတ်[pɛ.tinkʻaʔ]（動）こだまする、反響する
ပဲ့တင်ထပ်[pɛ.tin tʻaʔ] =ပဲ့တင်ခတ်
ပဲ့တင်ရိုက်[pɛ.tin jaiʔ] =ပဲ့တင်ခတ်
ပဲ့တင်သံ[pɛ.tindan]（名）こだま、反響、エコー
ပဲ့ပြာ[pɛ.bjaː]（植）ニセヒガンザクラ
ပယ်[pɛ]（名）ペー（面積の単位、0・7ヘクタール、縦横25တောင် が ပကတိပယ် その2倍が မင်းပယ်）
ပယ်[pɛ]（動）斥ける、除く、拒む
ပယ်ချ[pɛtʃa.]（動）却下する、斥ける、拒む ဂေါ့ဖန်ချက်ကိုပယ်ချသည်။ 批判を斥ける အဆိုပြုချက်ကိုပယ်ချသည်။ 申し出を却下する ရာထူးနှုတ်ထွက်လွှာကို ပယ်ချသည်။ 辞表の受理を拒否する
ပယ်ထား[pɛtʻaː]（動）除いておく、別にしておく
ပယ်ထုတ်[pɛtʻouʔ]（動）取り除く、除去する
ပယ်ပစ်[pɛbjiʔ]（動）排除する、排斥する、除去する
ပယ်ဖျက်[pɛpʻjɛʔ]（動）取り消す、取り除く、除去する、解除する、廃止する、撤回する တရားစွဲဆိုထား ခြင်းကိုပယ်ဖျက်သည်။ 告訴を取り下げる အစီအစဉ်ကို ပယ်ဖျက်သည်။ 計画を取り消す
ပယ်ဖျောက်[pɛpʻjauʔ]（動）打ち消す、払いのける、取り除く

ပယ်ရှား[pɛʃaː] (動) ①斥ける、除去する ②払いのける、追い散らす ③拒否する、拒絶する

ပယ်ရှင်း[pɛʃinː] (動) 排斥する、取り除く

ပယ်ပယ်နယ်နယ်[pɛbɛnɛnɛ] (副) たっぷりと、思う存分、思いきり

ပဲ[pɛː] (名) ①アンナ（英領時代の補助貨幣の単位、1ルピーの16分の1）②重量の単位、1チャッの16分の1 ③長さの単位、1寸の16分の1

ပဲ[pɛː] (助) 強調を表わす、~だ、~である =သဲ။ စားရုံစားကြ။ 食べるだけ食べてみた မစားပဲသာ။ တယ်။ 食べずに出かけた

ပဲ[pɛː] (名) 豆

ပဲကတိပါ[pɛː gədiba] (植) フジマメ =ပဲကြံ။

ပဲကပ်ကြော်[pɛː gaʔtʃɔ] (名) 油で揚げた豆入りの餅米、油炒めの豆飯

ပဲကျား[pɛːdʑaː] (植) ライマメ、アオイマメ（マメ科）Phaseolus lunatus

ပဲကျပ်ပျဉ်[pɛːtʃaʔpjin] (植) 大豆 Glycine hispida

ပဲကြံဆံ[pɛː tʃazan] (名) 豆粉を原料とする麺

ပဲကြီ[pɛːdʑiː] (植) フジマメ（マメ科）Dolichos lablab

ပဲကြီခုံတွန်[pɛːdʑiː kʔuntun] (名) (長時間水中に浸したために生じた) 指先のふやけ、皺

ပဲကြီရေစိမ်[pɛːdʑiː jezein] (名) (皮を剥き易いように) 水に浸したフジマメ

ပဲကြီလှော်[pɛːdʑiːlʰɔ] (名) 煎ったフジマメ

ပဲချပ်ပေါင်း[pɛː tʃinbaun] (植) ガラスマメ（マメ科）Lathyrus sativus

ပဲခြမ်း[pɛːdʑanː] (名) (煮え易いように) 皮を剥いて割った豆粒

ပဲငပိ[pɛː ŋəpi] =ပဲငါးပိ

ပဲငါးပိ[pɛː ŋəpi] ① (植) ダイズ、ツルマメ (マメ科) Glycine soja ② (名) (大豆を原料とする) 味噌

ပဲငရှန်[pɛː ŋəʃan] (植) ササゲ、ヤッコササゲ (マメ科) Vigna catiang

ပဲငံပြာရည်[pɛː ŋanbjaje] (名) (大豆を原料とする) 醤油

ပဲစေ့[pɛːziː] (名) 豆、豆粒

ပဲစင်းငုံ[pɛːzinːŋoun] (植) キマメ、リュウキュウマメ (マメ科) Cajanus indicus

ပဲစောင်းလျား[pɛː zaunːjaː] (植) シカクマメ (マメ科) Dolichos tetragonolobus

ပဲစုန်ပြူ[pɛː sounbjuː] (植) なかなか煮えない硬い豆

ပဲစိမ်းစာ[pɛː seinːzaː] (植) クズイモ、マメイモ (マメ科) Pachyrhizus angulatus =စိမ်းစားဥ

ပဲဆီ[pɛːzi] (名) 落花生油

ပဲဆေးလုံး[pɛː sʔeːloun] (植) エンドウ、アカエンドウ (マメ科) Pisum arvense

ပဲဇန်[pɛːzan] (植) ヒラマメ、レンズマメ (マメ科) Lens esculenta

ပဲဇော်[pɛːzouʔ] (名) 豆粉で作った団子状の菓子

ပဲတလေး[pɛː dəlɛʔ] (植) タチナタマメ Canavalia ensiformis =ပဲသလေး

ပဲတီ[pɛːdi] (植) アオアズキ、リョクトウ、ブンドウ、ヤエナリ (マメ科) Phaseolus radiatus

ပဲတီချဉ်[pɛːdidʑin] (名) モヤシの漬物

ပဲတီစိမ်း[pɛːdizein] =ပဲတီ

ပဲတီနက်[pɛːdineʔ] (植) インゲンマメ (マメ科) Phaseolus radiatus grandis

ပဲတီပင်ပေါက်[pɛːdibinbauʔ] (名) もやし

ပဲတီဝါ[pɛːdiwa] (植) アズキ (マメ科) Phaseolus radiatus aurea

ပဲတောင့်[pɛːdaun] (名) 豆の鞘

ပဲတောင့်ရှည်[pɛː daunʃe] (植) ササゲ (マメ科) Vigna sinensis

ပဲထမင်း[pɛːdəminː] (名) 豆入り飯

ပဲထောပတ်[pɛː tɔːbaʔ] (植) アオイマメ

ပဲထားမ[pɛː dəma] (名) ナタマメ Canavalia gladiata

ပဲသလေး[pɛː dəlɛʔ] →ပဲတလေး

ပဲနပ်ျား[pɛːnəbjaː] (植) フジマメの亜種

ပဲနီ[pɛːni] (植) ヒラマメ、レンズマメ (マメ科)

ပဲနီကလေး[pɛːnigəle] →ပဲနီ၊ ပဲတရင်း။

ပဲနောက်[pɛː nauʔ] (植) ①アオアズキ、リョクトウ (マメ科) =ပဲတီ インゲンマメ (マメ科)

ပဲနောက်စောင်း[pɛː nauʔsaun] (植) シマツルアズキ (マメ科) Phaseolus calcaratus

ပဲနောက်စိမ်း[pɛː nauʔsein] (植) アオアズキ、リョクトウ (マメ科) =ပဲတီစိမ်း

ပဲနသာ[pɛː nəda] (植) コロハ (マメ科) Trigonella foenum-graecum

ပဲပစပ်[pɛː bəzaʔ] (植) コウシュンフジマメ (マメ科) Dolichos biflorus

ပဲပုစွန်[pɛː bəzun] (植) フジマメ (マメ科) ပဲကြံ။

ပဲပိုးတီ[pɛː poːdi] (植) チョロギ (シソ科) Stachys sielboldii

ပဲပင်ပေါက်[pɛːbinbauʔ] (名) もやし

ပဲပေါင်း[pɛ:baun:] (名) 茹でたグリンピース
ပဲပေါင်းဆီ[pɛ:baun zi] →ပဲဆီ
ပဲပန်း[pɛ:ban] (植) スイートピー
ပဲပုပ်[pɛ:bouʔ] (植) ①ダイズ (マメ科) Glycine hispida ②ナンヨウヘクソカズラ=ပဲပုပ်နွယ် ③ (名) 大豆を醗酵させた味噌
ပဲပုပ်ကလေးအဖြူ[pɛ:bouʔkəle: əpʰju] (植) オオバムラサキ (ムラサキシキブ属)
ပဲပုပ်ငံပြာ[pɛ:bouʔ ŋəpi.] (名) 味噌
ပဲပုပ်နွယ်[pɛ:bouʔnwɛ] (植) ナンヨウヘクソカズラ (アカネ科) Paederia foetida
ပဲပုပ်ပြား[pɛ:bouʔpja:] (名) 板状にした乾燥味噌
ပဲပြား[pɛ:bja:] (名) マッペーの粉末を捏ねて蒸した食べ物 (豆腐に類似)
ပဲပြင်း[pɛ:bjin:] (植) インゲン、トウササゲ (マメ科) Phaseolus vulgaris
ပဲပြုတ်[pɛ:bjouʔ] (名) (エンドウの) 煮豆
ပဲဖတ်[pɛ:baʔ] (名) 油を搾った後の豆粕
ပဲဖြူကလေး[pɛ:bju gəle:] (植) アオイマメ (マメ科) Phaseolus lunatus
ပဲဖြူကြီး[pɛ:bjuʥi:] =ပဲဖြူကလေး
ပဲမောင်မခေါ်[pɛ: maun məkʰɔ] (植) フジマメ (マメ科) =ပဲကြီး
ပဲမုန့်ညက်[pɛ:moun.ɲɛʔ] (名) 水で練った豆粉
ပဲမြစ်[pɛ:mjiʔ] (植) シカクマメ (マメ科) =ပဲစောင်းလျား
ပဲမှုန့်[pɛ:moun.] (名) 豆粉
ပဲမွေးပန်း[pɛ:mwe:ban:] (植) スイートピー
ပဲယင်း[pɛ:jin:] (植) シマツルアズキ (マメ科) =ပဲနောက်စောင်း
ပဲရာဇာ[pɛ: jaza] (植) レンズマメ、ヒラマメ
ပဲရှင်း[pɛ:jain:] (植) コシナガワハギ (マメ科) Melilotus indica
ပဲရှင်းကလေး[pɛ:jain: gəle:] (植) タヌキマメ (マメ科) Crotalaria medicaginea
ပဲလဝါ[pɛ:ləwa:] (名) 面、マスク
ပဲလေးညှင်း[pɛ: le:ɲin:] (植) オランダセンニチ (キク科) Spilanthes acmella
ပဲလက်မ[pɛ: lɛʔma.] (植) ソラマメ (マメ科) Vicia faba
ပဲလင်းမွေ[pɛ: lin:mwe] (植) ヘビウリ、ケカラスウリ (ウリ科) Trichosanthes anguina
ပဲလိပ်ခြောက်[pɛ: leiʔtɕʰauʔ] (名) 豆の粉を板状にして蒸し乾燥させた食べ物
ပဲလိပ်ပြာ[pɛ: leiʔpja] (植) ①アオイマメ、ライマメ (マメ科) =ပဲပြာ ②エンドウ、シロエンドウ (マメ科) Pisum sativum
ပဲလွမ်း[pɛ:lun:] (植) ササゲ、ヤッコササゲ
ပဲလှော်[pɛ:ɬɔ] (名) 煎って塩味を付けたフジマメ
ပဲလွယ်[pɛ: wəli] (植) クラスタマメ (マメ科) Cyamopsis tetgragonoloba
ပဲသီတာ[pɛ:tida] (病) 水疱瘡
ပဲသီးတောင့်[pɛ: di:daun.] (植) ササゲ (マメ科) =ပဲတောင့်ရှည်
ပဲခူး[bəgo:] (地名) ペグー (ペグー管区の中心地、ヤンゴンの北80キロの地にある、モン族の古都)
ပဲခူးဆား[bəgo: s'a:] (名) ① (海水から製造した) 塩 ②でしゃばり、お節介
ပဲခူးရိုးမ[bəgo: jo:ma.] (地名) ペグー山脈
ပဲခွင်[pɛ:gwiʔ] (名) 手斧 (ちょうな)
ပဲတွေ[pɛ:dwe:] (鳥) 波打ち際で見かけられるシギの仲間
~ပေါ့[pɔ.~bɔ.] (助) 文末使用、~だよ、~だとも မှန်တာပေါ့‖ 勿論正しいさ သိမှာပေါ့‖ 勿論知っているさ ပြန်လာမှာပေါ့‖ 帰って来るに決まっているよ သွားတာပေါ့‖ 行ったとも တွေ့ချင်ရင်တွေ့ရတာပေါ့‖ 会いたければ会えるさ
ပေါ့[pɔ.] (形) ①軽い ② (味が) 薄い、淡白だ、(塩味、甘みが) 足りない ဆားပေါ့သည်‖ 塩気が少ない အချိုပေါ့သည်‖ 甘みが足りない ဆေးလိပ်ပေါ့သည်‖ タバコの味が軽い ③真剣みが足りない、軽率だ စကားပေါ့သည်‖ ④ (口が) 軽い နှုတ်ပေါ့သည်‖ (腰が) 軽い ဖင်ပေါ့သည်‖ ⑤ (精神的に) 正常ではない စိတ်ပေါ့သည်‖
ပေါ့စေလိုကြောင်ရုပ်ထိုး‖ ဆေး:အတွက်လေး‖ (諺) 逆効果 (身軽にしようと猫の入墨、反って動きが鈍くなる)
ပေါ့ဆ[pɔ.s'a.] (形) 軽率だ、うかつだ、不注意だ
ပေါ့ဆမှု[pɔ.s'a.mṵ] (名) 軽率、不注意
ပေါ့ဆသူ[pɔ.s'a.du] (名) 軽率な人
ပေါ့တီးပေါ့ဆ[pɔ.ti:pɔ.s'a.] (副) いい加減に、深く注意もせずに、只上っ面だけで
ပေါ့ပါး[pɔ.ba:] (形) ①軽い ②軽やかだ、軽快だ
ပေါ့ပါးစွာ[pɔ.ba:zwa] (副) 軽々と、軽快に
ပေါ့ပါးဖျတ်လတ်[pɔ.ba: pʰjaʔlaʔ] (形) (身が) 軽い、軽快だ
ပေါ့ပါးပြုံးရွှင်စွာ[pɔ.ba: pjoun:ʃwinzwa] (副) いとも気楽に、楽しげに
ပေါ့ပေါ့ဆဆ[pɔ.bɔ.s'a.za.] (副) 不注意に、軽率に、いい加減に ပေါ့ပေါ့ဆဆသဘော:ထား:သည်‖ いい加減に見なしていた
ပေါ့ပေါ့တန်တန်[pɔ.bɔ.tandan] (副) 気軽に、何とも思わずに、気にも留めずに、軽々しく、表面上、

ပေါ့ပျက်ပျက် 上辺だけ
ပေါ့ပျက်ပျက်[pɔ.pjɛʔpjɛʔ] (副) いい加減に、上の空で ＝ပေါ့ပြက်ပြက်
ပေါ့ရှပ်ရှပ်[po.ʃuʔʃuʔ] (副) ①表面だけ、軽々しく ②気が抜けていて、風味がなくて ဆားမပါသဖြင့်ပေါ့ရှပ်ရှပ်ဖြစ်သည်။ 塩がなかったので水っぽい
ပေါ့လျော့[po.jɔ.] (形) 不注意だ、軽率だ、注意力散漫だ、怠慢だ သတိပေါ့လျော့သည်။ 注意が足りない、注意力散漫だ
ပေါ့လျော့လစ်ဟင်းမှု[po.jɔ.liʔhin:mu.] (名) 不注意、軽率、注意力散漫
ပေါ်[pɔ] (名) 〜の上 <အပေါ်〉 စားပွဲပေါ်ထားခဲ့ပါ။ 机の上に置いて来なさい
〜ပေါ်က[pɔga.~bɔga.] (助) 〜の上から သစ်ပင်ပေါ်ကလိမ့်ကျတယ်။ 木の上から転落した လှေကားထစ်ပေါ်ကခုန်ဆင်းတယ်။ 階段の上から跳び降りた
〜ပေါ်ကို[pɔgo~bɔgo] (助) 〜の上を、〜の上に ကြမ်းပေါ်ကိုပြန်ကြည့်စမ်း။ 床の上を振り向いてご覧
〜ပေါ်မှာ[pɔma~bɔma] (助) 〜の上に ရေပြင်ပေါ်မှာအမှိုက်သရိုက်မျောနေတယ်။ 水面に塵が浮んでいる ဟိုသစ်ပင်ပေါ်မှာပျားအုံတအုံတွေ့တယ်။ あの木の上に蜂の巣を一つ見つけた
ပေါ်[pɔ] (動) ①現れる、出現する ②浮ぶ、浮び出る ③顕著だ、くっきりしている、明らかになる、はっきりする နှာတံပေါ်တယ်။ 鼻筋が通っている ④季節となる、出盛りとなる、最盛期となる ဒီအချိန်သရက်သီးပေါ်ပြီ။ この時期にはマンゴーが出回る ⑤起きる、生じる、発生する ⑥屠殺する ဝက်ပေါ်သည်။ 豚を屠殺する နွားပေါ်သည်။ 牛を解体する ဆိတ်ပေါ်သည်။ 山羊を屠殺する
ပေါ်ကြော့[pɔʤɔ.] (形) ①表面的だ、上辺だけだ 真剣味に欠ける ②困難はない、苦しい事はない ③ (副) 表面的に ဒီကောင်ဟာပေါ်ကြော့နေပြီ။ こいつは悦楽の暮をしている
ပေါ်တော်မူ[pɔ dɔmu] (名) 発掘された仏像
ပေါ်တက်[pɔtɛʔ] (動) 浮び上がる、浮き出る、現れ出る
ပေါ်တင်[pɔtʼin] (動) はっきり現れる、はっきり浮かぶ
ပေါ်ထွက်[pɔtʼwɛʔ] (動) ①現れる、出現する ②突き出る
ပေါ်ထွန်း[pɔtʼun:] (動) 出現する、目立つ、傑出する
ပေါ်ပေါ်တင်တင်[pɔbɔ tindin] (副) 明らかに、はっきりと
ပေါ်ပေါ်လွင်လွင်[pɔbɔ lwinlwin] (副) 明らかに、はっきりと、顕著に
ပေါ်ပေါက်[pɔbauʔ] (動) ①起る、生じる、発生する ②現れる、出現する
ပေါ်ပင်[pɔbin] (名) 流行品
ပေါ်လာ[pɔla] (動) ①現れてくる ပြဿနာတခုပေါ်လာသည်။ 問題が一つ出てきた ②浮んでくる
ပေါ်လွင်[pɔlwin] (形) 明らかだ、顕著だ、鮮明だ、鮮やかだ、際立つ
ပေါ်ဦးစဆန်[pɔ u:za. sʼan] (名) 新米、収穫米の初物
ပေါ်ဦးပေါ်ပျား[pɔ u: pɔbja:] (名) (果物、野菜等の) 走り、出始め
ပေါ်ဆန်းမွေး[pɔsʼan:mwe:] (名) ポーサンムエー (パテイン地方産の米の品種)
ပေါ်တူဂီ[pɔtugi] (国) ポルトガル
ပေါ်ပလင်[pɔpəlin] (名) ポプリン <英 Poplin
ပေါ်လစီ[pɔləsi] (名) 政策、ポリシー <英 Policy
ပေါ်လစ်ဗျူရို[pɔliʔbjuro] (名) (党中央委員会の) 政治局 <英 Politbureau
ပေါ[pɔ:] (助数詞) 長さの単位、約9インチ
ပေါ[pɔ:] (形) ①多い、豊富だ、夥しい ခြင်ပေါသည်။ 蚊が多い မြွေပေါသည်။ 蛇が多い ယင်ကောင်တွေလွပေါပဲ။ 蝿が極めて多い ငွေပေါသည်။ お金がたんまりある ②安価だ ဈေးပေါသည်။ ③杜撰だ真剣みに欠ける
ပေါကြွယ်[pɔ:tʃwɛ] (形) 多い、豊かだ、豊富だ
ပေါကြွယ်ဝ[pɔ: tʃwɛwa.] (形) 豊かだ、豊富だ、裕福だ
ပေါချာချာ[pɔ:tʃaʤa] (副) 神経が不安定になっていて、気がおかしくなっていて
ပေါပေါ[pɔ:bɔ] (副) 安く、安価に ပေါပေါရသော ဆေးမီးတိုများ။ 安く入手した漢方薬
ပေါများ[pɔ:mja:] (形) 多い、夥しい、豊富だ အလုပ်လက်မဲ့ဦးရေပေါများသည်။ 失業者の数が多い မြန်မာနိုင်ငံသည်ရေပေါများသောနိုင်ငံဖြစ်သည်။ ビルマは水の豊かな国である
ပေါများစွာ[pɔ:mja:zwa] (副・文) 豊富に、ふんだんに
ပေါလော[pɔ:lɔ:~bɔ:lɔ:] (副) 浮んで
ပေါလောပေါ[pɔ:lɔ: pɔ] (動) ぷかりと浮ぶ
ပေါလောပေါလော[pɔ:lɔ: pɔ:lɔ:~bɔ:lɔ: bɔ:lɔ:] (副) ぷかりと、どんぶりこどんぶりこ (動) ぷかりと浮ぶ、ぷかぷか浮く
ပေါများမျော[pɔ:lɔ:mjɔ:~bɔ:lɔ:mjɔ:]
ပေါရဏ[pɔ:rana.] (名) 古語、古典語
ပေါရိသာ3[pɔ:ri.tada.] (名) (ウェッサンダラ本

生話に登場する）人肉を食らう王、食人鬼 အာငွာဝက

ပို့[po.]（動）①送る ②郵送する ③見送る ④積もる、重なる ⑤もたらす、運んでくる

ပို့ကိန်း[po.gein:]（名）(算数の）桁送り

ပို့ကုန်[po.goun]（名）輸出品

ပို့ကုန်တန်ဘိုး[po.goun tanbo:]（名）輸出額

ပို့ချ[po.tʃa.]（動）①教える、教授する ②運搬する、搬送する ③（土砂を）運び堆積する

ပို့ငွေ[po.ŋwe]（名）送金

ပို့ဆောင်[po.s'aun]（動）運ぶ、送る、送り届ける

ပို့ဆောင်နုတ်ဆက်[po.s'aun nouʔs'ɛʔ]（動）（客を）見送る

ပို့ဆောင်ဆက်သွယ်ရေးဝန်ကြီးဌာန[po.s'aun s'ɛʔtwɛje: wundʑi: t'ana.]（名）（旧）運輸通信省

ပို့ဆောင်ရေးဝန်ကြီးဌာန[po.s'aun je: wundʑi: t'ana.]（名）運輸省

ပို့ပေး[po.pe:]（動）送ってやる、送り届ける

ပို့တ[po.ta.]（動）①送る、送り届ける ②祝福する

ပို့သူ[po.du]（名）発送者、発送人

ပို့စကတ်[po.səkaʔ]（名）葉書、絵葉書 ＜英 Postcard

ပို[po]（名）タマネギ、タバコの葉等を入れる深底の籠

ပို[po]（名）インド双六で用いる数取り（点数計算に用いる円板）

ပို[po]（動）①余る、余分だ、過剰だ、超過する ②誇張する、空威張りする ③（副）一層、尚、余計に ဒီနှစ်ဆောင်းရာသီကပိုအေးတယ်။ 今年の冬は一段と寒いဖေဖေနဲ့မေမေဘယ်သူ့ကိုပိုချစ်သလဲ။ お父さんとお母さんどちらが好きですか အလုပ်ပိုလုပ်တော့အသက်ကပိုရှည်ပြန်တယ်။ 仕事を熱心にしたものだから寿命もその分長くなったんだよ ငါကတော့မဟော်သမဇာတ်ပိုကြိုက်တယ်။ 僕はマホーサダー本生話の方がもっと好きだ ခင်ယုမန့်ဝါဝင်ရွှေဘယ်သူပိုလှသလဲ။ キンユメーとワーワーウインシュエとはどちらの方が奇麗ですか

ပိုငွေ[poŋwe]（動）(貿易、財政等の）黒字

ပိုငွေပြ[poŋwe pja.]（動）黒字になる

ပိုပိုလျှံလျှံ[pobo ʃanʃan]（副）たっぷりと、余裕をもって

ပိုပိုလျှံလျှံဖြစ်အောင်[poboʃanʃan p'jiʔaun]（副）たっぷりになるよう、豊富になるよう

ပိုပို:[popi:]（副）更に、一層、それ以上に ရေဒုက္ခပြီးမပြုရအောင်ကာကွယ်ရမယ်။ 水害がこれ以上大きくならないよう防止せねばならない စိုင်ဆက်အသား တွေ့ကပိုပြီးမြန့်တဲ့အာဟာရပါဘဲ။ バンテンウシやミズシカよりも美味な食べ物です ချမ်းသာတဲ့လူကပိုပြီး ချမ်းသာချင်တယ်။ 富豪は一層富裕になりたがる

ပိုပြီးတော့[popi:dɔ.]=ပိုပြီး

ပိုပြီးတော့တောင်[popi:dɔ.taun]（副）更に一層、むしろ逆に

ပိုမို[pomo]（①形）多い、過剰で、必要以上だ ②（副）一層、更に အခြေအနေများပိုမိုဆိုးဝင်းလာမည်။ 状況は更に悪化するだろう လိုရင်းသဘောသည်ပိုမိုထင်ရှားလာသည်။ 実態が一層明瞭となってきた ပိုမိုနီးကပ်စွာ ယူပြီးရင်းနှီးလျက် より親しく、一層親密に

ပိုရှု[pojwe.]（副）更に、一層 ပိုရှုခေါ်သဖြစ်သည်။ 怒りが一層増した ဆောင်းနေ့နှင့်ပိုရှုဝေးသည့်အညာအရပ်။ 冬日とは一段と縁遠い上ビルマ

ပိုလွန်[polun]（動）超える、超過する

ပိုလျှံ[poʃan]（動）余る、余剰が出る

ပိုကာ[poka]（名）ポーカー ＜英 Poker

ပိုကာကစား[poka gəza:]（動）ポーカーをする

ပိုစတာ[posəta]（名）ポスター ＜英 Poster

ပိုစုံ[pozun:]（名）極、磁石の両極

ပိုတက်[poteʔ]（名）炭酸カリウム ＜英 Potash

ပိုနေမြဲ[ကျားနေမြဲ]（諺）ボーは元通り、虎も元通り（原状回復、原状復帰）

ပိုလီယို[polijo]（病）ポリオ、小児麻痺＜英 Polio

ပိုလီယိုအကြောသေရောဂါ[polijo ətʃɔde jɔ:ga]=ပိုလီယို

ပိုလန်[polan]（国）ポーランド

ပိုသီပတ်သီ[bodi baʔti]（副）無造作に、乱雑に、だらしなく＝ဘိုသီတပ်သီ

ပိုး[po:]（動）口説く、言い寄る

ပိုးကြေးပန်းကြေး[po:dʑe: pan:dʑe:]（名）女への出費、女への貢ぎ

ပိုးပန်း[po:ban:]（動）言い寄る、口説く

ပိုး[po:]（動）①背負う ကျောပိုးသည်။ ②継ぎ合わせる、木に竹を継ぐ ③ゆるく固定する ④釘を使って強化する

ပိုး[po:]（名）①虫、昆虫 ②菌、細菌 ③蚕 ④絹、絹糸、絹製品 ⑤毒蛇 ပိုးထိုးသည်။ 毒蛇にかまれる

ပိုးကောင်[po:gaun]（名）①虫、昆虫 ②蚕

ပိုးကောင်ကြော်[po:gaundʑɔ]（名）フライにした蚕（上ビルマでお茶請けとして食べる）

ပိုးကောင်မှာကောင်[po:gaun mwa:gaun]（名）虫、昆虫

ပိုးကောင်အော်[po:gaun ɔ]（動）虫が鳴く

ပိုးကျ[po: tʃa.]（動）(作物に）虫がつく、虫が湧く、虫が発生する

ပိုးချည်[po:dʑi]（名）絹糸

ပိုးချည်ကောင်[po:dʑigaun]（名）蚕

ပိုးစာ[po:za]（植）①桑 ②インドグワ（クワ科）

ပိုးစာပင်

Morus indica
ပိုးစာပင်[po:zabin] (名) 桑の木
ပိုးစာရွက်[po:za] (植) 桑の葉
ပိုးစား:[po: sa:] (動) ① (衣類を) 虫に食われる、虫が付く、虫が穴を開ける、虫食いにされる ②本を紙魚に食われる ③虫歯になる
ပိုးစီတုတ်[po:sidou'] (虫) 家畜の糞の中にいる虫
ပိုးစေး:နဲ့[po:si:nɛ:] (虫) イボタムシ 樹液を吸う
ပိုးစုန်းကြူး[po:soun:tʃu:] (虫) ホタル
ပိုးဆီကောင်[po:za'kaun] (虫) 夜間灯火の周りに飛んで来る虫、臭気がある
ပိုးဆိမ့်ကောင်[po:zein:gaun] (虫) ①タマムシ ②カメムシ ③コナガ Plutella maculipennis
ပိုးဆိမ့်ပြူ[po:sein:bju]=ပိုးစုန်းကြူး
ပိုးဇောက်ထိုး[po: zau'to:] (虫) ぼうふら
ပိုးတီ[po:di] (名) ①芋虫 ②尺取り虫 ③甲虫の幼虫、糞虫
ပိုးတောက်[po: tau'] (動) (衣類が) 虫に食われる
ပိုးတောင်ဒဲ့[po:daun.dɛ:] (虫) シロナヨトウ Spodoptera mauritia =ငမြှောင်တောင် 作物の害虫
ပိုးတောင်မာ[po: daunma] (名) 甲虫、カブトムシの類
ပိုးတုံးလုံး[po:toun:loun:] (名) 蛹
ပိုးတွန့်[po:dun.] (名) 人絹
ပိုးထမိန်[po: t'əmein] (名) 絹の女性用ロンジー
ပိုးထိ[po:t'i.] (動) (隠語) 蛇にかまれる
ပိုးထိုး[po: t'o:] (動) (穀物、果物、衣類等が) 虫に食われる
ပိုးထိုးလောက်ကိုက်[po:t'o: lau'kai'] (名) ①虫食いの品 ②不良品、無用な物、役に立たない物
ပိုးထည်[po: t'dɛ] (名) 絹織物、シルク製品
ပိုးထွေး[po: t'we:] (動) 穀類をカシノシマメイガ (Pyralis farinalis) の幼虫が糸状に綴る
ပိုးနဂါး[po:nəga:] (虫) ハスモンヨトウ (ヤガ科) Prodentia litura タバコの害虫
ပိုးနာသန့်[po:nətan] (虫) ヤスデ、ゲジゲジ
ပိုးနီကောင်[po:nigaun] (虫) アカホシカメムシ (ホシカメムシ科)
ပိုးနံကောင်[po:nangaun] (虫) 南京虫のような異臭を放つ虫 Leptocorisa varicornis
ပိုးပရန်[po:pəjan] (虫) 雨季明けに草原に現れる赤い虫
ပိုးပုဆိုး[po: pəs'o:] (名) 絹のロンジー
ပိုးဖလံ[po:p'əlan] (虫) ①蛾 ②バクガ (キバガ科) Sito troga

ပိုးဖမ်းရွက်လိပ်[po:ba:jwɛ'lei'] (植) ムシトリスミレ (食虫植物)
ပိုးဖမ်းစဉ့်ဖောင်:[po:ban:sibaun:] (植) タヌキモ (食虫植物)
ပိုးချင်[po:p'jin] (名) 絹織物
ပိုးမမဲ[po:məmɛ:] (虫) 蛹 =ပိုးတုံးလုံး
ပိုးမမည်[po:məmɛ] =ပိုးမမဲ
ပိုးမဲ:တောင်စာ[po:mɛ:taunza] (虫) タマムシ (タマムシ科) Buprestis
ပိုးမျိုးရှစ်ဆယ်[po:mjo: ʃi's'ɛ] (名) 人体内の各種寄生物
ပိုးမွေး[po: mwe:] (動) 蚕を飼う、養蚕をする
ပိုးမွေးစုတ်[po:mwe:zou'] (虫) ドクガ (ドクガ科) の1種 Dasychira securis
ပိုးမျှင်ကောင်[po:mjin gaun] (名) 蚕
ပိုးမွာ:[po:mwa:] (名) ①虫、昆虫 ②菌、細菌
ပိုးရုပ်ဖုံး[po:jou'p'oun:] (名) さなぎ
ပိုးလောက်လန့်[po:lau'lan:] (虫) ぼうふら
ပိုးလောင်မီ[po:launmi:] (虫) 稲の害虫 Hispa armigera
ပိုးလောင်:[po:laun:] (名) ①幼虫 ② (虫) バクガ Sito troga
ပိုးသေဆေး:[po:teze:] (名) 抗生物質
ပိုးသတ်ဆေး:[po:ta's'e:] (名) 殺虫剤
ပိုးသံချောင်း[po:tanʤaun:] (虫) ハスモンヨトウ 樹木の害虫
ပိုးဟပ်[po:ha'] (虫) ゴキブリ
ပိုးဟပ်ဖြူ[po:ha'p'ju] (虫) ①脱皮直後のゴキブリ ②青白い顔をした人
ပိုးဥမ[po:u.ma.] (名) 卵子
ပိုးအာရိုကောင်[po:əjo:gaun] (虫) カマキリ
ပိုးအိမ်[po:ein] (名) 繭
ပိုးအိမ်ရက်[po:ein jɛ'] (動) 繭を作る
ပိုးကရင်[po:kəjin] (名) ボー・カレン族
ပိုးစိုပက်စက်[po:zo:pɛ's'ɛ] (副) ①前後も弁えず、遠慮会釈なく ②不体裁で、見苦しく、あられもなく、下品で、不道徳で လူများကြားတွင်ကားပိုးစိုးပက်စက်မဖြစ်နိုင်တန်ရာသည်။ 人前で見苦しくしてはならない ③残虐に、冷酷に、残酷に ဒီရောဂါနဲ့တော့ပိုးစိုးပက်စက်မဖြစ်နိုင်ဘူး။ この病気では無作法にはなり得ない
ပိုးလိုပက်လက်[po:lo:pɛ'l'ɛ] (副) ①乱雑に、足の踏み場もない程 ကြက်သေတွေပိုးလိုပက်လက်ဖွတ်ကြပဲနေသည်။ 鼠の死骸がそこかしこに散らばっているခန်ဖက်များပိုးလိုပက်လက်နှင့်ပြန့်ကြနေသည်။ ニッパヤシの葉が乱雑に散らばっている ②仰向けになったまま、大の字になって သူကပိုးလိုပက်လက်အိပ်နေတယ်။ 彼は

ပေါက်

大の字になって寝ている ကုတင်ပေါ်၌ပုံးလုံးပက်လက်လန်သည်။ 寝台の上に仰向けに横たわる

ပက်[pɛʔ] (動) ①水を汲み出す、かい出す ②水を掛ける ③言い返す、口答えする、反論する、噛み付く ④ (猪が) 牙で襲う ဝက်ပက်သည်။ ⑤ (形) 窪みが浅い ပန်းကန်ပက်သည်။ 皿の底が浅い

ပက်ခွန်[pɛʔk'un.] (名) あか汲み、舟底の水を汲み出す道具

ပက်ဖျန်း[pɛʔp'an:] (動) 振り掛ける、散布する ပိုးသတ်ဆေးများပက်ဖျန်းသည်။ 殺虫剤を散布する

ပက္ခလာ[pɛʔk'a.] (名) (雨季に農民が使用する) 蓑の一種 =ဝင်း

ပက်ကျိ[pɛʔtʃi.] (貝) ①ナメクジ ②カタツムリ

ပက္ခ[pɛʔk'a.] (名) 月の前半と後半 လဆန်းပက္ခ 月の前半、白分 လဆုပ်ပက္ခ 月の後半、黒分

ပက္ခဒိန်[pɛʔk'ədein] (名) 暦、カレンダー=ပြက္ခဒိန်

ပက်စက်[pɛʔsɛʔ] ① (形) 残忍だ、獰猛だ、情容赦ない အကြံပက်စက်သည်။ 考えが残忍だ ②だらしがない、無頓着だ、気にかけない、関心を払わない အနေအထိုင်ပက်စက်သည်။ 暮しに無頓着だ

ပက်ပက်စက်စက်[pɛʔpɛʔ sɛʔsɛʔ] (副) 前後の見境もなく

ပက်ပင်းပါ[pɛʔpin:ba] (副) ばったりと

ပက်ပင်းပါကြုံတွေ့[pɛʔpin:ba tʃountwe.] (動) ばったり遭遇する

ပက်ပင်းပါတွေ့[pɛʔpin:ba twe.] (動) ばったり出くわす、不意に遭遇する

ပက်ပြဲ[bɛʔpjɛ:] ① (形) 大きく割れ目が開く ② (味が) 水っぽい ③ (名) 締りがない物、だらしない物

ပက်လက်[pɛʔlɛʔ] (副) ①仰向けになって ②空けっぱなしで、蓋がなくて ③無力で、孤立無援で

ပက်လက်ကုလားထိုင်[pɛʔlɛʔ kələtʼain] (名) 安楽椅子

ပက်လက်ကူး[pɛʔlɛʔ ku:] (動) 背泳ぎをする

ပက်လက်တွဲ[pɛʔlɛʔ twɛ:] (名) (貨車の) 無蓋車

ပက်လက်နေ[pɛʔlɛʔ ne] (動) 仰向いている

ပက်လက်ရထား[pɛʔlɛʔ jətʼa:] (名) 無蓋の馬車、無蓋の貨車

ပက်လက်လန်[pɛʔlɛʔ lan] (動) ①仰向けになる、ひっくり返る ②孤立無援だ

ပက်လက်လန်လဲကျ[pɛʔlɛʔ lan lɛ:tʃa.] (動) 仰向けに倒れる

ပက်လက်လှန်[pɛʔlɛʔ ɬan] (動) 仰向けにする、ひっくり返す

ပက်လက်အိုး[pɛʔlɛʔ o:] (名) 便器、おまる

ပက်လက်အိပ်[pɛʔlɛʔ ei] (動) 仰向けに寝る

ပေါက်[pauʔ] (植) ハナモツヤクノキ (マメ科) Butea frondosa =ပေါက်ပင်

ပေါက်စေးကျ[pauʔsi:tʃa.] (形) ねっとりする、粘ば粘ばする

ပေါက်တလေးနေ[pauʔtʼɛ tʃeːne] (比) ハナモツヤクノキにいるオオム (識別不能)

ပေါက်ပန်းဖြူ[pauʔpan:bju] (植) シロコチョウ (マメ科) Sesbania grandiflora 花、若芽は食用

ပေါက်[pauʔ~bauʔ] (名) ①穴 <အပေါက်။ ထွက်ပေါက် 出口 ဝင်ပေါက် 入口 ②滴り ရေပေါက် 水滴 ③思春期に達した လူမျိုးပေါက် 思春期に入った年齢 ④去勢された ဆင်ပေါက် 去勢された象 နွား:ပေါက် 去勢された牛

ပေါက်[pauʔ] (動) ①穴が開く、穴が生じる、貫通する ခေါင်းပေါက်သည်။ 頭に怪我をする cf. ခေါင်းကွဲ ကား:ဘီးပေါက်သည်။ タイヤがパンクする စက္ကူပေါက်သည်။ 紙に穴が開く ②開通する လမ်းပေါက်သည်။ ③擦り切れる ဖိနပ်ပေါက်သည်။ 靴擦れができる ④解化する ဥကပေါက်သည်။ 卵が孵る ⑤発芽する、生えてくる အညွန့်ပေါက်သည်။ 芽が出る ⑥現れる、出現する အင်ပျဉ်ပေါက်သည်။ 蕁麻疹が出る ခံတွင်းပေါက်သည်။ 食欲が出る ⑦爆発する ဗုံးပေါက်သည်။ 爆弾が破裂する ⑧おならをする အီးပေါက်သည်။ ⑨籤に当る、抽選に当る ထီပေါက်သည်။ ⑩理解する သဘောပေါက်သည်။ ⑪醗酵する ကစော်ပေါက်သည်။ ⑫投げる、ぶつける ခဲနဲ့ပေါက်သည်။ 投石する ⑬振り降ろす、一撃を加える ပုဆိန်နဲ့ပေါက်သည်။ 斧で割る ဖနောင့်နဲ့ပေါက်သည်။ 踵で踏みつける မြေပေါက်သည်။ 土を掘り起す

ပေါက်ကရ[pauʔkəja.] (名) 行き当りばったり、手当り次第、任意に、したい放題、あれこれ、四方山話

ပေါက်ကရပြော[pauʔkəja. pjɔ:] (動) 四方山話をする

ပေါက်ကရရှစ်သောင်း[pauʔkəja. ʃiʔtaun:] (名) 四方山話

ပေါက်ကရလုပ်[pauʔkəja. louʔ] (動) したい放題の事をする、手当り次第にする

ပေါက်ကရသီချင်း[pauʔkəja. tətʃin:] (名) 鼻歌

ပေါက်ကရို[pauʔkəjo] (名) 籐製の土砂運搬用籠

ပေါက်ကျော်[pauʔtʃɔ] (名) あらゆる面に精通している人、著名人

ပေါက်ကြား[pauʔtʃa:] (動) ①秘密を洩らす ②洩れ伝わる、知れ亙る、伝わる

ပေါက်ကွဲ[pauʔkwɛ:] (動) ①爆発する、破裂する

ပေါက်ခြမ်း

ဓာတ်ငွေ့များပေါက်ကွဲသည်။ ガスが爆発した
ပေါက်ခြမ်း[pauʔt͡ɕʰan:] (名) (丸太を断ち割った) 薪
ပေါက်ချွန်း[pauʔt͡ɕʰun:] (名) (工事用の) 鶴嘴
ပေါက်ဂဏန်း[pauʔgənan:] (名) 籤の当選番号、当り籤の番号
ပေါက်စ[pauʔsa.] (名) ①新生児、乳児 ②雛、孵ったばかりの雛、幼鳥 ③生れたばかりの動物
ပေါက်ဆတ်ဆတ်[bauʔsʔaʔsʔaʔ]→တောက်ဆတ်ဆတ်
ပေါက်ဆိုပြာ[bauʔsʔapja] (名) 天然炭酸ソーダ
ပေါက်ဈေး[pauʔze:] (名) 時価、相場
ပေါက်တူး[pauʔtu:] (名) 鍬
ပေါက်တူး:ပေါက်၊ပေါက်ဆိန်ပေါက်[pauʔtu:pauʔ pauʔsʔein pauʔ] (副) ぶっきら棒に、感情丸出しで
ပေါက်တူး:ပေါက်၊ပေါက်ဆိန်ပေါက်ပြော[pauʔtu:pauʔ pauʔsʔeinpauʔ pjɔ:] (動) 感情丸出しで言う、ぶっきらぼうに言う
ပေါက်တုံနဖူး၊မထူး။ (諺) 現状に甘んじる、毒食うわば皿まで
ပေါက်တောက်တောက်[pauʔtauʔtauʔ] (副) 感情的になって、怒りを表わして
ပေါက်တတ်ကရ[pauʔtaʔkəja.] (副) 思い付くままに、即席で、あれこれ ပေါက်တတ်ကရမေး:ခွန်း 即席の質問 ပေါက်တတ်ကရမေး:သည်။ 思い付くままに質問する
ပေါက်ပေါက်[pauʔpauʔ] (名) 加熱爆裂させた米又は餅米、ぽん菓子、爆弾あられ、ポップコーン
ပေါက်ပေါက်ဆို[pauʔpauʔsʔou] (名) 加熱爆裂させた米を椰子砂糖又は黒砂糖で丸めた一種のおこし
ပေါက်ပေါက်ပန်း[pauʔpauʔpan:] (名) 加熱爆裂させた米を着色したもの (慶祝用に撒布される)
ပေါက်ပေါက်ရှရှ[pauʔpauʔ ʃaʃa] (副) 奇怪な形で、異様な状態で
ပေါက်ပေါက်လော[pauʔpauʔ lɔ] (動) 米または餅米を加熱爆裂させる、ポップコーンをつくる
ပေါက်ပန်း:ဈေး:[pauʔpan:ze:] (副) 無差別に、制限なく ပေါက်ပန်း:ဈေး:ပြောသည်။ 無差別に喋る ပေါက်ပန်း:ဈေး:လုပ်သည်။ やたらとする
ပေါက်ပြာ[pauʔpja:] (名) シャベル、スコップ、耕作用道具
ပေါက်ပြဲ[pauʔpjɛ:] (動) 裂ける、ぱっくり口を開ける、破れて剥き出る
ပေါက်ပွား[pauʔpwa.] (動) ①派生する ②繁殖する
ပေါက်ဖော်[pauʔpɔ] (名) ① (血の繋がった) 兄弟 ②ビルマ在住中国人への呼称 cf. တောင်ကို
ပေါက်ဖတ်[pauʔpʔa] (真) 芋虫、青虫 (蝶の幼虫)

ပေါက်ဖွား:[pauʔpwa:] (動) 生れる、誕生する
ပေါက်ဖွား:ဆင်:သက်[pauʔpwa: sʔin:tɛʔ] (動) 由来する、系統を引く
ပေါက်ဗော်[pauʔpɔ] =ပေါက်ဖော်
ပေါက်ဘွား:[pauʔpwa:] =ပေါက်ဖွား:
ပေါက်မြောက်[pauʔmjauʔ] (動) 達成する、完成する
ပေါက်မြောက်အောင်မြင်[pauʔmjauʔ aunmjin] (動) 達成する、完成する、成功する
ပေါက်မြောက်အောင်မြင်စွာ[pauʔmjauʔ aunmjin zwa] (副) 成功裡に、見事に
ပေါက်ရောက်[pauʔjauʔ] (動) ①達する、到達する ②生える、生長する ③あらゆる面に通じる、普及する ④捗る
ပေါက်လာ[pauʔla] (動) 現れる、出現する
ပေါက်လွတ်[pauʔlʔuʔ] (副) =ပေါက်လွတ်ပဲစား:
ပေါက်လွတ်ပဲစား:[pauʔlʔuʔpɛ:za:] (副) 勝手気儘に、したい放題に、自由放任で、放ったらかして
ပေါက်လွတ်ပဲစား:လျှောက်သွား:သည်။ 勝手気侭に歩いて行く သူ့သူ့ညီမလိုပေါက်လွတ်ပဲစား:ထဲကဲထင်ပါရဲ့။ 彼もその妹と同じように放任されっぱなしの一人だと思うよ
ပေါက်သောက်[pauʔtauʔ] (副) 無秩序に、ごっちゃになって
ပေါက်သတ်[pauʔtʔaʔ] (動) 打ち殺す、殴り殺す
ပေါက်သွား:[pauʔtwa:] (動) 開いてしまう、破裂してしまう
ပေါက္ခရဝဿမိုး[pauʔkʰəra. wuʔta.mo:] (名) 蓮雨 (濡れたい人は濡れ、濡れたくない人は濡れない) <パ Pokkharavassa
ပေါက်စီ[pauʔsi] (名) 饅頭 <漢 包子
ပေါက်ဆိန်[pauʔsʔein] →ပုဆိန်
ပိုက်[paiʔ] (動) ①抱く、抱きしめる ②かかえる、抱きかえる
ပိုက်ထုပ်[paiʔtʔou] (動) 抱きしめる
ပိုက်ထွေ:[paiʔtwe:] (動) 抱きかかえる、抱きしめる
ပိုက်ပွေ.[paiʔpwe.] (動) 抱きしめる、抱擁する
ပိုက်ဖက်[paiʔpʔɛʔ] (動) 抱擁する
ပိုက်[paiʔ] (名) パイプ、管 <英 Pipe
ပိုက်လိုင်း[paiʔlain:] (名) パイプ・ライン <英
ပိုက်[baiʔ] (名) 腹、おなか =ဗိုက်
ပိုက်ကြီ:[baiʔ t͡ʃi:] (動) 妊娠する、身篭る
ပိုက်ခွဲ[baiʔ kʰwɛ] (動) 帝王切開をする
ပိုက်တလုံ:နှင့်[baiʔ təlounne.] (副) 妊娠していて
ပိုက်နာ[baiʔ na] (動) お腹が痛む、腹痛がする
ပိုက်ဖုံ:အင်္ကျီ[baiʔpʔoun: ein:d͡ʑi:] (名) 妊婦服

ပိုက်[paiʔ] (名) ①網、漁網 ပိုက်တပိုက် 網一張り ②（バレーボール、ピンポン等の）ネット
ပိုက်ကွက်[paiʔkwɛʔ] (名) 網の目、メッシュ
ပိုက်ကွန်[paiʔkun] (名) 投網、漁網
ပိုက်ခင်း[paiʔ kʼinː] (動) 網をかける
ပိုက်ချ[paiʔ tʃa.] (動) 網を入れる、投網を打つ
ပိုက်စိပ်တိုက်[paiʔseiʔtaiʔ] ①（動）地引き網を曳く ②（副）網を広げて、綿密に、入念に、念を入れて、丹念に、虱潰しに、根こそぎ、一網打尽に ပိုက်စိပ်တိုက်ရှာဖွေသည်။ 丹念に捜索する、徹底的に探す
ပိုက်ထိုး[paiʔtʼoː] (動) 網を編む、網を作る
ပိုက်မဲင်[paiʔdəminː] (名) 漏斗状の漁具
ပိုက်သမား[paiʔtəmaː] (名) 投網を使用する漁師
ပိုက်ဆံ[paiʔsʼan] (名) お金 = ပိုက်ဆံ
ပိုက်ဆံ[paiʔsʼan] (植) ①サンヘンプ（マメ科）Crotalaria juncea ②オオバタヌキマメ（マメ科）Crotalaria verrucvosa = ပိုက်ဆံ
ပိုက်ဆံလျှော်[paiʔsʼanɬjɔ] (名) ③サンヘンプの繊維
ပိုက်ဆံအဒိန်[paiʔsʼanʔandein] (植) ブルヒアタヌキマメ（マメ科）Crotalaria burhia
ပိုက်ဆံ[paiʔsʼan] (名) お金、貨幣
ပိုက်ဆံကြေးငွေ[paiʔsʼan tʃeːŋwe] (名) お金
ပိုက်ဆံချမ်းသာ[paiʔsʼan tʃanːda] (形) 裕福だ
ပိုက်ဆံစင်းရဲ[paiʔsʼan sʼinːjɛː] (形) 貧しい、貧乏だ
ပိုက်ဆံပေး[paiʔsʼan peː] (動) お金を払う
ပိုက်ဆံပြား[paiʔsʼanbja] (名) 硬貨、コイン
ပိုက်ဆံပြတ်[paiʔsʼan pjaʔ] (動) お金がなくなる、手許不如意になる
ပိုက်ဆံရှာ[paiʔsʼan ʃa] (動) 金を稼ぐ
ပိုက်ဆံအကြွေ[paiʔsʼan ətʃwe] (名) 小銭
ပိုက်ဆံအနုတ်[paiʔsʼan ənouʔ] (名) 小銭
ပိုက်ဆံအိတ်[paiʔsʼan eiʔ] (名) 財布
ပိုဒ်[paiʔ] (名)（文章の）章、節
ပိုဒ်စုံတု[paiʔsoun jədu.] (名)（3節構成の）叙情詩、季節詩
ပိုဒ်တွင်းတလုံးကျော်ကာရန်[paiʔtwinː təloundʒɔ kajan] (名)（詩歌を詠む時の）1字置きの押韻 例 ဟင်းစား၊ကြက်၊အထက်ကောင်း၊ပေါက်။ 食肉用の鶏に立派な蹴爪が生える（押韻は ကြက်၊ထက်။）
ငါးနား၊ပင်း၊ရေထဲ၊မဝင်။ 魚の耳は詰っている、水を注いでも入らない（押韻は ပင်း၊သွင်း။）
ပင့်[pin.] (動) 持ち上げる、釣り上げる မျက်တောင်ပင့်သည်။ 目を釣り上げる မီးသွေးတောင်းကိုပင့်ပေးသည်။ 炭俵を持ち上げてやる ②下から支える ③（衣服の裾を）捲る、捲り上げる ကန်လန့်ကာပင့်သည်။
カーテンを捲る ခြင်ထောင်ပင့်သည်။ 蚊帳を捲る ④手助けする ⑤（医者、僧侶等を）招く ဘုန်းကြီးပင့်သည်။ お坊さんを呼ぶ ⑥おだてる、けしかける
ပင့်ဆောင်[pin.sʼaun] (動)（仏像を）招く、招来する
ပင့်ပေး[pin.peː] (動) けしかける、唆す
ပင့်ဖိတ်[pin.pʼeiʔ] (動)（僧侶や医者を）招く
ပင့်မ[pin.ma.] (動) 持ち上げる、上に挙げる
ပင့်ယူ[pin.ju] (動) ①持ち上げて運ぶ ②連れて来る
ပင့်သက်[pin.tɛʔ] (名) 吸気、吸う息、浅い呼吸
ပင့်သက်ချ[pin.tɛʔ tʃa.] (動) ため息を吐く
ပင့်သက်ရှု[pin.tɛʔ ʃu] (動) ①息を潜める ②仕方なくする、止むを得ずする
ပင့်သံဃာ[pin. tanga] (名) 招待された比丘
ပင့်ကူ[pin.gu] (動物) 蜘蛛
ပင့်ကူကနန်း[pin.gu gənanː] (動物) タカアシガニ、タラバガニ
ပင့်ကူထိပ်ပိတ်[pin.gu tʼeiʔpeiʔ] (植) ツルハッカ（シソ科）Leucas cephalotes
ပင့်ကူမျှင်[pin.gu mjin] (名) 蜘蛛の糸
ပင့်ကူမြွှေ[pin.gu me] (名) 蜘蛛の糸、巣
ပင့်ကူအိမ်[pin.gu ein] (名) 蜘蛛の巣
ပင်~ဗင်[pin~bin] (副助) ~でさえ、~ですら、~も မျက်စေ့ဖွင့်မကြည့်နိုင်ရှာ။ 目を開けて見る事さえできなかった ပြည်တွင်ဖူလုံရုံမက၊ပြည်ပကိုပင်ထုတ်ရောင်းနိုင်သည်။ 国内が十分になるだけでなく、外国にさえ輸出できる
~ပင်လျှင်[bin~jin~pin~jin] (助) ~でさえも、~ですら ထိုနေ့ထမင်းပင်လျှင်မစားဖြစ်။ その日は飯も食えなかった ကျွန်တော်သည်ပင်လျှင်အားမလိုအားမရစားမိသည်။ 私ですら思わずじっとしていられない気持になった လမ်းမပေါ်မှာပင်လျှင်ရှုပ်ရှက်ခတ်နေ၏။ 路上でさえごった返していた ရေးပုဂ္ဂိုလ်ကပင်လျှင်အာရှိများရှိကြောင်းထင်ရှားသည်။ パガン時代の昔でさえ高官が存在していた事は明らかである စာရေးစာချီရာထူးများအတွက်ပင်လျှင်အိန္ဒိယလူမျိုးများနှင့်ယှဉ်ပြိုင်ရသည်။ 事務員の職でさえインド人と競わなければならない
ပင်[pin~bin] (名) ①木、樹木 <အပင် ထင်းရူးပင် 松の木 ထန်းပင် 扇椰子の木 ဓနိပင် ニッパ椰子の木 ②（助数）樹木、髪の毛、繊維等を表わす ဆံပင်သုံးပင် 頭髪3本 သစ်ပင်ကြီးတပင် 大木が1本
ပင်ကိုယ်[pingo] ①（名）本来、元来、元 ②（形）元の、元来の、生来の ③（副）元々、元来
ပင်ကိုယ်စရိုက်[pingo zəjaiʔ] (名) 生れつきの性格、本来の気性

ပင်ကိုယ်ဉာဏ်[pingo ɲan] (名) 独自の考え、自前の智慧、生得の智慧、生来の知能

ပင်ကိုယ်သဘော[pingo dəbɔ:] (名) 本性、本来の性格、生れつきの性格

ပင်ကိုယ်သတ္တိ[pingo ta̠ʔti.] (名) 生まれつき持っている度胸、生来の勇気

ပင်ကိုယ်အရည်အချင်း[pingo əjieʧin:] (名) 持ち合せていた能力、天性の素質、生来の能力

ပင်ကိုယ်အလှ[pingo əɬa.] (名) 生来の美しさ

ပင်ကိုယ်အသိဉာဏ်[pingo əti.ɲan] (名) 自前の知識

ပင်ကိုယ်အား:နည်းချက်[pingo a:nɛ:ʨɛʔ] (名) 生来の無力、元々の力不足

ပင်ကိုယ်အား:ဖြင့်[pingo a:pʔjin.] (副) 元来、本来、元々

ပင်ကျနေချော်[pinʤa.nejɔ] (名) 早朝採取し午後まで放置して自然発酵させた扇椰子の液汁

ပင်ကျရေ[pinʤa.je] (名) 採れたての新鮮な扇椰子の液汁、採取後直ちに自然醗酵した椰子酒

ပင်ကျစ်နုတ်[pinʤaʔ nou̠ʔ] (動) 間引きをする

ပင်ဇော်[pinzauʔ] (名) 高木

ပင်စည်[pinzi] (名) 木の幹、樹幹

ပင်စည်အရစ်[pinzi əjiʔ] (名) 木の年輪

ပင်စိမ်း[pinzein:] (植) ヒメボウキ（シソ科） Ocimum canum

ပင်စိမ်း:နက်[pinzein:nɛʔ] (植) カミボウキ（シソ科） Ocimum sanctum

ပင်တရော[pin təjɔ] (植) ウオトリギ（シナノキ科）の1種 Grewia canum 樹皮がシャンプーとして使われる

ပင်တိုင်[pindain] (名) ①常連、常客、レギュラー ②(形) 中心の、主要な ③一人きり、単独 =တပင်တိုင်

ပင်တိုင်ပါဝင်[pindain pawin] (動) ①中心となって参加する ②無条件で参加する

ပင်တိုင်ဟင်း[pindain hin:] (名) メイン・ディッシュ、料理の目玉

ပင်ထောင်[pindaun] (名) ①苗木、若木 ②収穫直前の稲

ပင်ထောင်ချေး[pindaun ʧi:] (動) 収穫時の利子付き現物返済を条件に金を借りる

ပင်ထောင်စရိတ်[pindaun zəjeiʔ] (名) 収穫時の返済を条件に政府から農民に貸し付けられる融資

ပင်ထောင်တိုး[pindaundo:] (名) 収穫時返済を条件に田植え時期に受ける融資の利子

ပင်ထောင်ရိတ်[pindaun jeiʔ] (動) 直立した稲を刈り取る

ပင်ထွက်[pindwɛʔ] (名) 作物、穀物、果実等

ပင်နီ[pinni] (名) 柿色（黄褐色または赤褐色）をした手織りの綿製品

ပင်နီချင်[pinni pʔjin] (名) 黄褐色または赤褐色をした手織りの綿布

ပင်နီဘောင်းဘီ[pinni baun:bi] (名) 木綿製のズボン

ပင်နီအင်္ကျီ[pinni in:ʤi] (名) 茶色の木綿製上着

ပင်နီဦးထုပ်[pinni ou̠ʔtouʔ] (名) 木綿製の帽子

ပင်ပျို[pinbjaʔ] (名) 低木、潅木

ပင်ဝါ[pinbwa:] (植) タシロイモ（タシロイモ科） Tacca pinnatifida

ပင်ဖြူအင်္ကျီ[pinbju in:ʤi] (名) 粗い木綿製の白い上着

ပင်ဖြတ်ပိုး[pinbjaʔpo:] (虫) シロナヨトウ（ヤガ科） Spodoptera mauritia 穀類の茎を食い荒す害虫

ပင်မ[pinma.] (名) ①幹、樹幹 ②基幹、根幹

ပင်မမဏ္ဍိုင်[pinma. mandain] (名) 中軸

ပင်မလမ်း:မကြီး[pinma. lanma.ʤi:] (名) 幹線道路

ပင်မှည့်[pinmɛ.] ① (名) 完熟果物 cf. နှမှည့် ② (植) クダモノトケイ（トケイソウ科） Passiflora edulis

ပင်မြွာ[pinmwa] (名) 派生幹

ပင်ရင်း[pin jin:] ①(名) 木の根元 ②根源 ③(形) 基本的な、根本的な、基幹的な、主要な

ပင်ရင်း:ဌာန[pinjin: tʔana.] (名) 元の場所、本部、原生地

ပင်ရင်း:ဘာသာရပ်[pinjin: baḏajaʔ] (名) 専攻科目、必修科目

ပင်ရည်[pin je] (名) 樹液

ပင်လောင်း[pinlaun:] (名) 実生の苗、若木

ပင်လိမ်[pinlein] (名) 糸の縺れ、絡み合った縄

ပင်လုံ:[pinloun:] (名) 幹、丸太

ပင်လုံ:ကျွတ်[pinloun:ʤuʔ] (副) たわわに、木全体が、樹木一杯に（咲く、稔る）

ပင်စင်[pinsin] (名) 年金 ＜英 Pension

ပင်စင်စား:[pinsinza:] (名) 年金生活者

ပင်စင်ယူ[pinsin ju] (動) 退職する、年金生活に入る

ပင်နီဆီလင်[pinnis'ilin] (名) ペニシリン ＜英

ပင်ပင်ပန်း:ပန်း:[pinbin pan:ban:] (副) 苦労して、辛い思いをして

ပင်ပေါင်[pinpaun] (名) 卓球、ピンポン ＜英

ပင်ပေါင်ပွဲ[pinpaun bwɛː] (名) 卓球大会
ပင်ပန်း[pinbanː] (形) 辛い、苦しい、疲れている
ပင်ပန်းကြီးစွာဖြင့်[pinbanː tʃiːzwap'jin.] (副・文) 苦労をして
ပင်ပန်းခံ[pinbanː k'an] (動) 辛さに耐える、苦労に耐える、我慢する
ပင်ပန်းတကြီး[pinbanːdədʒiː] (副) 苦労して、辛い目をして
ပင်လယ်[pinlɛ] (名) 海
ပင်လယ်ကနစို[pinlɛ kənəzo] (植) スンドリ（アオギリ科） Heritiera fomes
ပင်လယ်ကဝီ[pinlɛ gəbwi] (植) モクマオウ →ကဝီ
ပင်လယ်ကသစ်[pinlɛ kət̪i'] (植) デイコ（マメ科） Erythrina indica
ပင်လယ်ကူး[pinlɛ kuː] ① (動) 航海する ② [pinlɛguː] (名) 三蔵に習熟した人
ပင်လယ်ကူးသင်္ဘော[pinlɛguː t̪inːbɔ] (名) 汽船、外航船
ပင်လယ်ကစွန်း[pinlɛ gəzun] (植) グンバイヒルガオ（ヒルガオ科） Ipomoea biloga
ပင်လယ်ကမ်းခြေ[pinlɛ kanːdʒe] (名) 海岸
ပင်လယ်ကမ်းရိုးတန်း[pinlɛ kanːjoːdan] (名) 海岸線
ပင်လယ်ကျက်ရို[pinlɛ tʃɛ'jo] (植) コツブガチンノキ（アカネ科） Petunga roxburghii
ပင်လယ်ကျောက်ပွင့်[pinlɛ tʃau'pwin.] (名) 海藻
ပင်လယ်ကြော[pinlɛdʒɔː] (名) 海洋の広がり
ပင်လယ်ကြမ်းပြင်[pinlɛ tʃanːbjin] (名) 海底
ပင်လယ်ကွေ့[pinlɛgwe.] (名) 湾、入江
ပင်လယ်ကွေ့စစ်ပွဲ[pinlɛgwe. si'pwɛː] (名) 湾岸戦争（クウェイトに侵入したイラク軍とクウェイトを支援する多国籍軍との間で展開された戦争）
ပင်လယ်ကွေ့ဒေသ[pinlɛgwe. det̪a.] (名) 湾岸地域
ပင်လယ်ကွေ့နိုင်ငံ[pinlɛgwe. naingan] (名) 湾岸諸国
ပင်လယ်ခု[pinlɛ k'u] (動物) 水母
ပင်လယ်ခုံး[pinlɛ k'oun] (貝) 二枚貝
ပင်လယ်ဂဏန်း[pinlɛ gənanː] (動物) 海の蟹
ပင်လယ်လှိုင်း[pinlɛ gəjɛ'] (名) 波浪
ပင်လယ်ဂျတ်မြွေ[pinlɛ dʒa'mwe] (蛇) 海蛇
ပင်လယ်စေပြ[pinlɛ nəpjema.] (魚) カメレオン・フィッシュの1種 Badis buchananii
ပင်လယ်ငါး[pinlɛ ŋaː] (名) 海の魚、海産魚
ပင်လယ်စွန်း[pinlɛ zounː] (虫) ウミボタル、夜光虫

ပင်လယ်ဆီ[pinlɛziː] (植) ハマナツメモドキ（モクセイ科） Ximenia americana
ပင်လယ်ဆိပ်[pinlɛzei'] (名) 海港
ပင်လယ်ဆိပ်ကမ်း[pinlɛ s'ei'kanː] =ပင်လယ်ဆိပ်
ပင်လယ်ဇုန်[pinlɛzoun] (名) 海洋区域、海洋専管区域
ပင်လယ်တန့်တိုင်း[pinlɛ dədainː] (名) 矗岸、防波堤
ပင်လယ်တိမ်[pinlɛdein] (名) 浅い海
ပင်လယ်ဓား[pinlɛ dəmja.] =ပက်လာစား
ပင်လယ်တင်းရူး[pinlɛ t'inːjuː] (植) モクマオウ、ポリネシアテツボク、トキワギョリュウ（モクマオウ科） Casuarina equisetifolia
ပင်လယ်ဓား[pinlɛ dəmja.] (名) 海賊
ပင်လယ်နီ[pinlɛni] (地) 紅海
ပင်လယ်ပက်ကျိ[pinlɛ pɛ'tʃi.] (動物) ウミウシ、アメフラシ
ပင်လယ်ပေါင်မွန့်[pinlɛ paunmoun.] (動物) ヒトデ =ကြယ်ငါး
ပင်လယ်ပန်း[pinlɛban] (動物) イソギンチャク
ပင်လယ်ပြင်[pinlɛbjin] (名) 海面、海原
ပင်လယ်ပျံလွာ[pinlɛ bjanwa.] (鳥) ショクヨウアナツバメ =စင်စွန်း
ပင်လယ်ဖျံ[pinlɛ p'jan] (動物) 海獣（アザラシ、アシカ、オットセイ、ラッコの類）
ပင်လယ်ဖြူ[pinlɛ p'ju] (動物) ウニ
ပင်လယ်မျက်နှာပြင်[pinlɛ mjɛ'nəbjin] (名) 海面
ပင်လယ်မြင်း[pinlɛ mjinː] (魚) タツノオトシゴ
ပင်လယ်မြွေ[pinlɛ mwe] (動物植) 海蛇
ပင်လယ်မို[pinlɛ mo] (動物) イソギンチャク
ပင်လယ်မိုငါ[pinlɛ mo ŋa.] (魚) クマノミ
ပင်လယ်မျှော[pinlɛ mjɔ.] (動物) ナマコ
ပင်လယ်ရေ[pinlɛ je] (名) 海水
ပင်လယ်ရေက[pinlɛ jek'u] (動物) 水母
ပင်လယ်ရေကြောင်း[pinlɛ jesiːdʒaunː] (名) 海流
ပင်လယ်ရေပြင်[pinlɛ jebjin] (名) 海面、海原
ပင်လယ်ရေနက်ပိုင်း[pinlɛ jene'painː] (名) 深海
ပင်လယ်ရေမှော်ပင်[pinlɛ jemɔbin] (名) 藻、海藻
ပင်လယ်ရေမြှုပ်[pinlɛ jemjou'] (名) 海綿、スポンジ
ပင်လယ်ရပ်ခြား[pinlɛ ja'tʃaː] (名) 海外
ပင်လယ်ရပ်ခြားစီးပွားရေးပူပေါင်းဆောင်ရွက်ရေးရန်ပုံငွေအဖွဲ့[pinlɛ ja'tʃaː siːbwaːje puːbaun

ပင်လယ်လေတွေ

s'aun jwɛˀjeː janbounŋwe əpʼwɛ.〕（名）海外経済協力基金
ပင်လယ်လေတွေ[pinlɛ lebwe]（名）熱帯低気圧
ပင်လယ်လက်ကြား:[pinlɛ lɛˀtʃaː]（名）海峡
ပင်လယ်လိပ်[pinlɛ leiˀ]（動物）海亀
ပင်လယ်ဝ[pinlɛwa.]（名）河口
ပင်လယ်ဝေ[pinlɛ we]（形）侘しい ဒုက္ခပင်လယ်ဝေ သည်။ 苦境に陥る、不幸のどん底にある
ပင်လယ်သမုဒ္ဒရာ[pinlɛ təmouˀdəja]（名）海洋、大洋
ပင်လယ်သစ်ခေါင်[pinlɛt̪iˀkʼauˀ]（植）ギロカルプス（ハスノハギリ科）Gyrocarpus jacquinii
ပင်လယ်ဟိန်:[pinlɛ heinː]（動）波の音が響く
ပင်လယ်အူလျှောက်နာ[pinlɛ uʃauˀna]（名）激しい下痢
ပင်လယ်အော်[pinlɛ ɔ]（名）湾、入江
ပင်လယ်အုန်:[pinlɛ ounː]（植）①オオミヤシ（ヤシ科）Lodoicea seychellarum ②ホウガンヒルギ（センダン科）Xylocarpus grantum
ပင်အပ်[pin aˀ]（名）ピン
ပင်:[pinː]（動）①鷹揚する、肩入れする တဖက်ကို ပင်:သည်။ ②聾だ、耳が全く聞こえない နာ:ပင်:သည်။ ③楔を打ち込む သပ်ပင်:သည်။
ပင်:ပိတ်[bin:beiˀ]（名）中身が詰っている、穴がない
ပင်:သကာ:[pin:dəgaː]（名）（王朝時代の）首枷 cf. လက်ထိပ်၊ ခြေထိပ်။
ပင်:အသူ[pin:a.du]（名）聾唖者
ပင်:မင်:ဆိုင်[pin:min:zain]（名）洗濯屋、クリーニング店
ပေါင်[paun]（動）①入質する、抵当に入れる ②付け加える、追加する
ပေါင်နံ[paunnan]（動）入質する、質に入れる、抵当に入れる
ပေါင်[baun~paun]（助）否定形の崩れた形 ငါတော့ မစာ:ချင်ပေါင်။ 俺は食べたくない မသိပေါင်။ 知らない ကျုပ်ဖြင့်တသက်နဲ့တကိုမကြာ:ဘူ:ပေါင်။ 僕としては一度も耳にした事がない
ပေါင်[paun]（名）①股、太股、大腿部 ②（重量の）ポンド ခလေ:ဘယ်နှစ်ပေါင်ရှိသလဲ။ 子供は何ポンドありますか ③（英国通貨の）ポンド ④[baun]枠 မှန်ပေါင် 額縁、ガラス枠 တံခါ:ပေါင် 窓枠 ကန်ပေါင် 堤防
ပေါင်ခြံ[paundʒan]（名）鼠けい部、股の付根
ပေါင်ခွင်[paungwin]（名）（幼児を抱いたりする）膝の間

ပေါင်တံ[paundan]（名）股、太股
ပေါင်တံထို:[paundan t'oː]（動）（木登りの時等に幹を）両股で挟む
ပေါင်တံထို:တက်[paundan t'oːtɛ]（動）（樹や柱を）両股で挟みながら登る
ပေါင်တွင်:[paundwinː]（名）内股
ပေါင်တွင်:ကြော[paundwin:dʒɔː]（名）内股の筋
ပေါင်ပို:ခု[paunbouˀ kʼu.]（動）鼠けい部の淋巴腺が腫れる
ပေါင်ပို:လက်ပို:ရောဂါ[paunbouˀlɛˀpouˀjɔːga]（病）気腫疽（首や肩にこぶができる牛や水牛の伝染病）=ကျိတ်နာ
ပေါင်ရို:[paun joː]（名）大腿骨、腿の骨
ပေါင်ရင်:[paun]（名）太股の付根
ပေါင်သာ:[paundaː]（名）太股の肉
ပေါင်သီ:[paund̪iː]（植）パンノキ（クワ科）Artocarpus incisa
ပေါင်အို:[paun oː]（名）太股の付け根の胴回り
ပေါင်တုတ်[baundouˀ]（鳥）ツルクイナ（クイナ科）Gallicrex cinerea =တောင်တုတ်
ပေါင်ဒါ[paunda]（名）化粧用のパウダー ＜英 Powder =မျက်နှာခြေ
ပေါင်ဒါရိုက်[paunda jaiˀ]（動）化粧する、パウダーを付ける
ပေါင်ဘဲ[baunbɛ.]（植）ナツメ（クロウメモドキ科）の1種 Zizyphus incurva 及び Z.oenoplia
ပေါင်မုန့်[paunmoun.]（名）パン ＜ヒ =ပေါင်မှန့်
ပေါင်မုန့်မီ:ကင်တော့ပက်သုတ်[paunmoun. miːgin tʼoːbaˀ t̪ouˀ]（名）トースト
ပေါင်မုန့်သီ:[paunmoun. d̪iː]（植）パンノキ（クワ科）
ပေါင်:[paunː]（名）雑草
ပေါင်:ထို:[paunː tʼoː]（動）草しりをする
ပေါင်:နုတ်[paunː nouˀ]（動）草引きをする
ပေါင်:ပင်[paunːbin] =ပေါင်:
ပေါင်:ပင်မုန်ညင်:[paunːbin mounɲinː]（植）①テンツキ（カヤツリグサ科）Fimbristylis dichotoma ②ノテンツキ（カヤツリグサ科）Fimbristylis complanata ③ヤリテンツキ ④ヒデリコ
ပေါင်:လိုက်[paunː laiˀ]（動）草引きをする、草しりをする
ပေါင်:သင်[paunː tin]（動）草引きをする、草むしりをする
ပေါင်:[paunː]（名）①円屋根、円天井 ②屋根付きの奥 ရထာ:ပေါင်:ချပ် 幌付きの乗物 ③ドーム状の屋根

ပေါင်းကူး[paun:gu:] ① (名) 橋渡し、きょう門、アーチ ② (動) 橋渡しする
ပေါင်းကူးကျောက်[paun:gu: tʃauʔ] (名) アーチ用の要石、楔石
ပေါင်းကူးတံတား[paun:gu: dəda:] (名) 陸橋、架け橋
ပေါင်းကူးအုတ်[paun:gu: ouʔ] (名) 迫石（せり石）、アーチ用の楔形煉瓦材
ပေါင်းမိုး[paun:mo:] (名) ①ドーム形の屋根 ②幌馬車の幌
ပေါင်းလောင်းညို[paun:laun:ɲo] (植) イヌホオズキ Solanum nigrum
ပေါင်းဝန်း[paun:wun:] (名) 象の背に載せた輿
ပေါင်း[paun:] (動) ①合わせる、足す、加える、加算する、合計する、統合する、結集する ②一緒に暮す、夫婦になる သူတို့မပေါင်းတော့ဘူး။ 彼等は離婚した ③交際する、付き合う တယောက်နဲ့တယောက်ပေါင်းတယ်။ ④ビルマ帽を被る ခေါင်းပေါင်းပေါင်းသည်။ ⑤文字を組合せる、綴る
ပေါင်းချုပ်[paun:dʑouʔ] (名) 集成、アンソロジー
ပေါင်းချုံ[paun: tʃoun] (動) まとめる、集成する
ပေါင်းစည်း[paun:si:] (動) 統一する、統合する ဂျာမဏီနှစ်နိုင်ငံပေါင်းစည်းသည်။ ドイツ2ヶ国が統一した
ပေါင်းစပ်[paun:saʔ] (動) 一緒にする、組合せる、混交する、混ぜ合せる、合作する
ပေါင်းစပ်ကြိယာ[paun:saʔ kəri.ja] (名) 複合動詞、合成動詞
ပေါင်းစပ်ညှိနှိုင်း[paun:saʔ ɲi.nain:] (動) 調整する、整合する
ပေါင်းစပ်နာမ်[paun:saʔ nan] (名) 複合名詞
ပေါင်းစု[paun:zoun] (名) 全体、集合体、寄り集まり、合同 နိုင်ငံပေါင်းစု 諸国 ရုံးပေါင်းစု 諸官庁 လူပေါင်းစု 様々な人、あらゆる人
ပေါင်းစုညီလာခံ[paun:zoun ɲilagan] (名) 全体会議、合同会議、統合会議
ပေါင်းဖော်[paun:pʰɔ] (動) ①付き合う、交際する ②夫婦になる
ပေါင်းဖက်[paun:pʰɛʔ] (動) ①付き合う、交際する ②同棲する、所帯を持つ、夫婦として暮す
ပေါင်းဘက်[paun:pʰɛʔ] =ပေါင်းဖက်
ပေါင်းယှက်[paun:ʃɛʔ] (動) 絡み合う、組合う
ပေါင်းရုံး[paun:jo:] (動) 集合する
ပေါင်းလဲ[paun:la:] (名) (加算の) 和
ပေါင်းလန်[paun:lan] (動) 充満する、はち切れんばかりだ

ပေါင်းသင်း[paun:tin:] (動) ①付き合う、交際する ②加わる、参加する ③同居する、同棲する
ပေါင်းသင်းဆက်ဆံ[paun:tin: sʔɛʔsʔan] (動) 付き合う、交際する
ပေါင်းသင်းဆက်ဆံမှု[paun:tin: sʔɛʔsʔanmṵ] (名) 付き合い、交際、交流
ပေါင်းသင်းဆက်ဆံရေး[paun:tin: sʔɛʔsʔan je:] (名) 交際、付き合い
ပေါင်းဟောင်းသင်းဟောင်း[paun:haun: tin:haun:] (名) 旧友、昔の仲間
ပေါင်း[paun:] (動) 蒸す
ပေါင်းခံ[paun: kʰan] (動) ①蒸す ②蒸留する
ပေါင်းခံရေ[paun:gan je] (名) 蒸留水
ပေါင်းခံအိုး[paun:gan o:] (名) 蒸し器の釜、蒸篭の釜
ပေါင်းချောင်[paun:dʑaun] (名) 底に穴を開けた蒸し器、蒸篭 (せいろう)
ပေါင်းချွေး[paun:dʑwe:] (名) 蒸留液
ပေါင်းတင်[paun: tin] (動) ①蒸す、蒸気で熱する ②蒸留する、抽出する
ပေါင်းတင်ဝါး[paun:din wa:] (植) イガフシタケ (イネ科) Cephalostachyum pergracile
ပေါင်းပြန်ရေ[paun:bjan je] (名) 蒸留水
ပေါင်းဖို[paun:bo] (名) 窯、炉、天火、オーブン
ပေါင်းအိုး[paun:o:] (名) 蒸篭、蒸し器
ပိုင်[pain] (名) ①漁業用の簗 (やな) ②パイ (英領時代の銅貨、1アンナの12分の1) ③円周率、パイ
ပိုင်[pain] (動) ①持つ、所有する လယ်ပိုင်သည်။ 水田を所有している မြေပိုင်သည်။ 土地を所有している ②把握している ③堪能だ、熟達している အပြောပိုင်သည်။ 話し方が巧みだ
ပိုင်စိုး[painzo:] (動) 掌握する、支配する
ပိုင်စိုးပိုင်နင်း[painzo:painnin:] (副) 高飛車に、居丈高に、我が物顔で ပိုင်စိုးပိုင်နင်းပြောသည်။ 高飛車に言う ပိုင်စိုးပိုင်နင်းပြုလုပ်သည်။ 我が物顔に振舞う、居丈高に振舞う
ပိုင်ဆိုင်[painsʔain] (動) 所有する ကုလား‌များပိုင်ဆိုင်သောအဆောက်အအုံများ။ インド人所有の建物
ပိုင်ဆိုင်ခွင့်[painsʔaingwin.] (名) 所有権
ပိုင်တိုက်စည်[pain taiʔsi] (名) 縄張り、領域 = ပိုင်နက်
ပိုင်နက်[painnɛʔ] (名) 領域、領地、領土
ပိုင်နက်နယ်မြေ[painnɛʔ nɛmje] (名) 領域、管轄区域、縄張り
ပိုင်နက်ပင်လယ်[painnɛʔ pinlɛ] (名) 領海

ပိုင်နိုင်[painnain] (動) 把握している、通暁している、能力を発揮する
ပိုင်ပိုင်နိုင်နိုင်[painbain nainnain] (副) ①巧みに、うまく、効果的に、有効に、自分のものとして ②徹底的に、徹頭徹尾
ပိုင်ပိုင်နိုင်နိုင်တတ်မြောက်[painbain nainnain ta'mjau'] (動) 熟練している、効果的にできる
ပိုင်ရှင်[painʃin] (名) 持主、所有者、オーナー
ပိုင်း[pain:~bain:] (名) 部、部分<အပိုင်း၊ နောက်ပိုင်း 後半部分 အထက်ပိုင်း 上部 အပူပိုင်း 熱帯地方
ပိုင်း[pain:] (動) 切り割る、両断する ဓားနဲ့ပိုင်းတယ်။ 刃物で切断する、切り分ける ②切り離す、分ける、分割する、区分けする လေးပိုင်းပိုင်းသည်။ 四分割する ခြံကိုပိုင်း၍ရောင်းသည်။ 庭園を分割売却する ③ふんだくる、巻き上げる、騙し取る ④(異性を)騙す、弄ぶ
ပိုင်းခြား[pain:tʃa:] (動) ①分ける、区分する、区別する、仕分けする ②見分ける、識別する
ပိုင်းခြားခွဲဝေ[pain:tʃa: k'wɛ:we] (動) 分割する、配分する
ပိုင်းခြားထား[pain:tʃa:t'a:] (動) 分けてある、仕分けしてある、分けておく、仕分けしておく
ပိုင်းခြားဖော်ပြ[pain:tʃa: p'ɔpja.] (動) 分けて述べる、区別して説明する、個別的に説明する
ပိုင်းခြားသတ်မှတ်[pain:tʃa: ta'ma'] (動) 別に定める、分離規定する
ပိုင်းခြေ[pain:dʒe] (名) (分数の) 分母
ပိုင်းခွဲ[pain:k'wɛ:] (動) 分ける、区分けする
ပိုင်းတစ်[pain:ti'] (動) ぶつ切りにする
ပိုင်းဖြတ်[pain:p'ja'] (動) ①切断する、分断する ②心に決める、決め付ける
ပိုင်းလု[pain:loun:] (名) すけこまし、色事師、結婚詐欺
ပိုင်းဝေ[pain:we] (名) (分数の) 分子
ပစ်[pji'] (動) ①投げる、放り投げる ②捨てる、棄する、遺棄する ③射る、撃つ、射撃する、発砲する လေးဖြင့်ပစ်သည်။ 弓を射る မြှားပစ်သည်။ 矢を射る သေနတ်ပစ်သည်။ 発砲する အမြောက်ဖြင့်ပစ်သည်။ 砲撃する ④捨てる、放棄する、遺棄する ယောက်ျားကမိန်းမကိုပစ်သွားတယ်။ 男が女を捨てた ⑤ (助動) ~してしばす、~し捨てる ဒီဆံပင်ကြီးဖြတ်ပစ်မယ်လို့။ この長い髪を切ってしまおうと思って အရက်သောက်ပစ်သည်။ 酒を飲み干してしまう ရယ်မောပစ်သည်။ 笑いとばす ဒီကားကိုရောင်းပစ်ဖို့မကောင်းဘူး။ この車を売り飛ばすのはよくない သေပစ်ချင်အောင်ရှက်စရာကောင်းသည်။ 死んでしまいたい位恥ずかしい ရေ

ဆင်းသေပစ်လိုက်မှာပဲ။ 水に入って自殺してしまう အလုပ်ကထုတ်ပစ်လိုက်ပါ။ 解雇してしまえ ခြင်ထောင်၊ စောင်၊ အထည်အစားများပါမကျန်ဖွပ်လျှော်ပစ်လိုက်သည်။ 蚊帳、毛布、衣服も残らず洗い上げてしまった
ပစ်ကွင်း[pji'kwin:] (名) 的、標的
ပစ်ခတ်[pji'k'a'] (動) 撃つ、射撃する
ပစ်ခတ်မှု[pji'k'a'mu.] (名) 撃ち合い、発砲事件
ပစ်ချ[pji'tʃa.] (動) ①放り投げる、投げ捨てる、投げ下ろす ②撃ち落とす
ပစ်ခွင်း[pji'k'win:] (動) 射抜く、撃ち抜く、砲撃する
ပစ်စလက်ခတ်[pji'səlɛ'k'a'] (副) だらしなく、杜撰に、投げやりに、自堕落に、乱雑に、無造作に、いい加減に、ちゃらんぽらんに
ပစ်စာ[pji'sa] (名) 匿名の手紙、投書
ပစ်တင်[pji'tin] (動) 放り上げる
ပစ်တိုင်ထောင်[pji'tain:daun] (名) ①達磨 ②我慢強い人、辛抱強い人、人生の浮き沈みに耐えぬいた人、栄枯盛衰、有為転変に鍛え抜かれた人
ပစ်တိုင်ထောင်ရုပ်[pji'tain:daun jou'] (名) 達磨 =ပစ်တိုင်ထောင်အရုပ်
ပစ်ထား[pji't'a:] (動) ①捨てておく、捨ててある ②(妻子を)遺棄する
ပစ်ပယ်[pji'pɛ] (動) ①投げ棄てる ②放棄する、無視する、問題にしない
ပစ်ပယ်ခံရမှု[pji'pɛ k'an ja.mu.] (名) 遺棄
ပစ်ပစ်ခါခါ[pji'pji'k'aga] (副) 無情に、冷酷に、冷淡に、残酷に、情容赦なく
ပစ်ပြေး[pji'pje:] (動) 置き去りにする、棄てて逃げる
ပစ်ဖောက်[pji'p'au'] (動) 発砲する
ပစ်မှား[pji'ma:] (動) 過ちを犯す、不義を犯す →ပြစ်မှား
ပစ်မှတ်[pji'ma'] (名) 的、標的、ターゲット
ပစ်မှတ်စက်ကွင်း[pji'ma' sɛ'kwin:] =ပစ်မှတ်
ပစ်ရ[pji'ja.] (動) 役立たない、価値がない、埋め合せが利かない
ပစ်လဲ[pji'lɛ:] (動) 体を投げ出す、身を投げ出す
ပစ်လဲထိုင်[pji'lɛ: t'ain] (動) どかっと座る、姿勢を崩して座る
ပစ်လွှတ်[pji'lu'] (動) 発射する
ပစ်ဝယ်[pji'wɛ] (動) 買い漁る、金をばらまいて買う
ပစ်သတ်[pji'ta'] (動) 撃ち殺す、射殺する
ပစ်သွင်း[pji'tʃwin:] (動) ①投げ入れる ②撃ち込む
ပဥ္စယာ[pji'səja] (名) 仏塔の基壇、パゴダの基壇

ပဈ္ဆ[pji'zu] (名) (王朝時代に使用された) 白傘
ပစ္စေကဗုဒ္ဓ[pji'seka. bou'da.] (名) 独覚、縁覚、辟支仏、師なくして真理を悟った修行者 <パ
ပစ္စက္ခ[pji'sɛ'k'a.] (形) 眼前の <パ
ပစ္စက္ခဘဝ[pji'sɛ'k'a. bəwa.] (名) この世、現世
ပစ္စင်[pji'sin] (名) 望楼の上の警備兵の詰所、射撃手の詰所
ပစ္စည်း[pji'si:] (名) ①物、品物、財、物資、物品 ကိုယ်ပိုင်ပစ္စည်း 私有物 သဘာဝပစ္စည်း 天然物 ② (文法上の) 助辞
ပစ္စည်းကရိယာ[pji'si: kəri.ja] (名) 道具、物品
ပစ္စည်းစာရင်း[pji'si: səjin:] (名) 物品リスト
ပစ္စည်းပစ္စယ[pji'si: pji'səja.] (名) 物、品物、物品 <パ Paccaya
ပစ္စည်းမဲ့[pji'si:mɛ.] (名) 無産者
ပစ္စည်းမဲ့လူတန်းစား[pji'si:mɛ. ludan:za:] (名) 無産者階級、プロレタリア
ပစ္စည်းရပ်[pji'si:ja'] (名) 物質
ပစ္စည်းရှိ[pji'si:ʃi.] (動) 財がある、資産家だ
ပစ္စည်းလေးပါး[pji'si: le:ba:] (名) 比丘が受領されている4種の財 (ဆွမ်း၊သင်္ကန်း၊ကျောင်း၊ဆေး။) ပစ္စည်းလေးပါး3ကာခံသည်။ 4種の財を受領す
ပစ္စည်းအထုတ်အပိုး[pji'si: ət'ou'əpo:] (名) 荷包み、梱包物
ပစ္စည်းအင်အားစုပေါင်းမှု[pji'si:in a: su.paun: mu.] (名) 物資の統合、物的資源の統合集積
ပစ္စည်းဉစ္စာ[pji'si: ou'sa] (名) 財、財産、資産、所有物
ပစ္စုပ္ပန်[pji'sou'pan] (名) (時称としての) 現在
ပစ္စုပ္ပန်ကာလ[pji'sou'pan kala.] (名) 現在
ပစ္စုပ္ပန်ဘဝ[pji'sou'pan bəwa.] (名) 現世
ပစ္စသာဒိဗိန်[pji's'ətadi:bin] (植) ピスタチオ (ウルシ科) Pistacia vera
ပစ္ဇုန်[pji'zoun] (名) 雨神 <パ Pajjunna
ပဉ္စ[pjinsa.] (名) 五 <パ Pañca
ပဉ္စဂဏိဿိ:[pjinsəganidi:] (名) 五倍子
ပဉ္စဂံ[pjinsəgan] (名) 五角 cf. ငါးထောင့်။
ပဉ္စနဘ:[pjinsa. ŋaba:] (名) ①植物の根、葉、花、皮、実の五つ ②一切、全て
ပဉ္စတာရာ[pjinsəta: kjo] (名) 占星術で使われる) 火星、水星、木星、金星、土星の五つ
ပဉ္စဗူ[pjinsəbu'] (名) (ビルマ人の) 命名法 (第1文字は誕生曜日に因む、第2文字はその5日後の曜日に因む、例 အောင်မြတ် 第1文字は日曜日、第2文字は木曜日)

ပဉ္စမ[pjinsəma.] ① (名) 第五 ② (形) 五番目の
ပဉ္စမံတပ်သား:[pjinsəman ta'ta:] (名) 第五列 (裏面工作を行う非戦闘員)
ပဉ္စရူပ[pjinsəjupa.] (名) 五不像 (獅子、水牛、象、ニシニゴイダマシ、アカツクシガモの器官を具えているとされる想像上の動物) <パ
ပဉ္စလောဟ[pjinsa. lɔ:ha] (名) 金属五種 (金銀、銅、鉄、鉛) の合金 <パ Pañca Loha
ပဉ္စလက်[pjinsəlɛ'](名) 手品
ပဉ္စလက်စေတုဇန်[pjinsəlɛ' sətu.jan:] (名) 魔法陣 (縦、横、斜めの和がどれも15になるよう9個の枠の中に数字を配置したもの、Magic Square)
ပဉ္စဝဂ္ဂီ ငါးပါး[pjinsəwɛ'gi ŋa:ba:] (名) 釈尊の初転法輪を聴いた五比丘 <パ Pañca Vaggī
ပဉ္စသီလ[pjinsa. tila.] (名) 五戒 =ငါးပါးသီလ
ပဉ္စသီလ ငါးပါး[pjinsa.tila. ŋa:ba:] (名) 五戒 <パ Pañca Sīla =ငါးပါးသီလ
ပဉ္စအာရုံ[pjinsa. alein] (名) 須弥山の下層五階 (龍、迦楼羅、鳩般荼、夜叉、乾達婆が守護する)
ပဉ္စင်တူရိယာ[pjinsa turi.ja] (名) 五種の楽器 (ဗုံ၊မောင်း၊၀ဠ၊လင်းကွင်း၊ခြင်း) <パ
ပဇင်း[bəzin:] (名) 具足戒を授けられた比丘、出家
ပဇင်းခံ[bəzin: k'an] (動) 授具足戒を受ける、正式の比丘となる =ရဟန်းခံ
ပဇင်းတက်[bəzin: tɛ'] =ပဇင်းခံ
ပါဌ်[ba'] (名) パーリ語、パーリ文 <パ Pāṭh
ပါဌ်ဆင့်[pa's'in.] (名) 上下に重ね書きしたパーリ語の文字 例 ဉ္ဏ၊အတ္တ။
ပါဌ်ရွှေကောက်[pa'ʃau'] (名) ビルマ語によるパーリ文からの逐語訳 cf. နိဿယ

ပတ်[pa'] (動) ①廻る、回転する、旋回する ②巻く ③取巻く、囲む ④ (名) 週、週間 <အပတ်
ပတ်ချာလည်[pa'tʃa lɛ] (動) 旋回する、ぐるぐる廻る
ပတ်ချာဝိုင်း[pa'tʃa wain:] (動) 囲む
ပတ်ပတ်လည်[pa'pa'lɛ] ① (副) ぐるりと、旋回して ② (名) 周囲
ပတ်ရစ်[pa'ji'] (動) 巻き上げる
ပတ်လည်[pa'lɛ] (名) ①周囲 ②円周 အချင်း၁၀ပေ
ပတ်လည်: 円周10尺の大きさ
ပတ်လည်ဝိုင်း[pa'lɛ wain:] (動) 取巻く、包囲する、周囲を囲む
ပတ်လမ်း[pa'lan:] (名) 軌道、回路、サーキット
ပတ်လုံး[pa'loun:] (名) 全期間 တစ်နှစ်ပတ်လုံး: 1年中 ခုနစ်လပတ်လုံး: 丸々7ヶ月間 ဥပုသ်သီလက်ိုခုနစ်ရက် ပတ်လုံးဆောက်တည်သည်။ 八斎戒を7日間ずっと実践

ပတ်ဝိုင်းလွှ

した
ပတ်ဝိုင်းလွှ[paʔwain:lwa.] (名) 円鋸
ပတ်ဝန်းကျင်[paʔwun:tʃin] (名) ①周囲、付近、環境 cf. ထက်ဝန်းကျင် ②前後
ပတ်ဝန်းကျင်ညစ်ညမ်းမှု[paʔwun:tʃin ɲiʔɲan:mu.] (名) 環境汚染
ပတ်ဝန်းကျင်ထိန်းသိမ်းရေး[paʔwun:tʃin tein:tein:je:] (名) 環境保全
ပတ်ဝန်းကျင်ထိန်းသိမ်းစောင့်ရှောက်မှု[paʔwun:tʃin tein:tein: saun.ʃauʔmu.] (名) 環境保護
ပတ်ဝန်းကျင်ယိုယွင်းပျက်ပြားမှု[paʔwun:tʃin jo jwin: pjɛʔpja:mu.] (名) 環境破壊
ပတ်ဝန်းကျင်သန့်ရှင်းရေး[paʔwun:tʃin tan.ʃin:je:] (名) 環境浄化
ပတ်[paʔ] (名) 内部をくり抜き、両端の開口部に皮革を張った鼓、太鼓
ပတ်ကြမ်းတိုက်[paʔtan: taiʔ] (動) ①(人形劇等の開始と同時に)激しく太鼓を打ち鳴らす ②悪口雑言の限りを尽す
ပတ်ကြမ်းနှင့်[paʔtan: nɛʔ] =ပတ်ကြမ်းတိုက်
ပတ်ခြောက်ဝိုင်း[paʔtʃauʔwain:] (名) 作り物の竹製楽器を演奏する振り(音は出ない)をしながら踊る一座、太鼓の音を模した人の声のみで踊る一座
ပတ်ချွဲနပ်ချွဲ[paʔtʃwɛ: naʔtʃwɛ:] (副) 言葉巧みに、うまく言いくるめて、甘言を用いて
ပတ်ချွဲနပ်ချွဲနဲ့[paʔtʃwɛ: naʔtʃwɛ:nɛ.] (副) 言葉巧みに ပတ်ချွဲနပ်ချွဲနဲ့မကိုခိုင်းအုံးမယ်ပေါ့။ うまい事言って姉さんをこき使うつもりね
ပတ်ချွဲနပ်ချွဲလုပ်[paʔtʃwɛ: naʔtʃwɛ: louʔ] (動) うまく言いくるめる、甘言を用いる
ပတ်စာ[paʔsa] (名) 調律のため鼓の皮面に塗布する木灰を混ぜた飯粒の糊
ပတ်စာချွဲပျာသိမ်[paʔsakʼwa pʼjatein:] (副) 最後まで、徹底して
ပတ်စာပို[paʔsabo:] (名) 木灰と糊を鼓の表面に厚く塗布して行う調律
ပတ္တလား[paʔtəla:] (名) 竹琴(21鍵の竹製の木琴)、竹製のシロホン
ပတ္တလားတီး[paʔtəla: ti:] (動) 竹琴を演奏する、シロホンを演奏する
ပတ်တီး[paʔ ti:] (名) ドラム演奏の中心奏者=ပတ်မတီး
ပတ်တိုက်[paʔtaiʔ] (名) 芝居で楽団への演奏を促す韻文の口上 cf. ဆိုင်းဆင့်
ပတ်ပျို[paʔpjo:] (名) 環形楽器 ဆိုင်းဝိုင်း の鼓ပတ် の音に合わせて歌われるビルマの古典歌謡

ပတ်မကြီး[paʔma.dʑi:] (名) 釣り下げた両面の大太鼓
ပတ်မတီး[paʔmədi:] (名) 釣り下げた両面太鼓の演者
ပတ်လုံး[paʔloun:] (名) 環形楽器 ဆိုင်းဝိုင်း の内側に吊されているサイズの異なるドラム
ပတ်ဝိုင်း[paʔwain:] (名) ドラム構成の環形楽器 ဆိုင်းဝိုင်း
ပတ်သာ[paʔta] (名) 枠に固定した小型のドラム
ပဒ[paʔ] (名) ビルマ時刻の単位、1နာရီ の4分の1または15မိနစ္။ 現在の6分に相当する<サ Pada
ပတ္တကျည်[paʔtədʑi] (植) カシカ(ミソハギ科) Woodfordia fruticosa
ပတ္တမြား[bədəmja:] (名) ルビー、紅玉
ပတ္တမြား: ဆန်ကျိုး၊အဖိုးပြည်တန်။ (諺) 山椒は小粒でぴりりと辛い(屑米程の紅玉も一国に相当する価値を持つ)
ပတ္တမြားမှန်လျှင်၊နံမှာနစ်သော်လည်းမညစ်။ (諺) 紅玉ならば泥中に落ちても品質に変りなし(真に値打ちあるものは価格が下落する事はない)
ပတ္တာ[paʔta] (名) ①蝶番(ちょうつがい) ②許可証 <ヒ
ပတ္တာခံ[paʔta kʼan] (動) 許可証を申請する、国有地を期限付きで賃借りする
ပတ္တာဆက်[paʔtazɛʔ] (名) 蝶番
ပတ်တီး[paʔti:] (名) ①包帯 ②鉢巻 ③(桶の)たが<サ
ပတ်တီးချ[paʔti: tʃa.] (動) 騙す、欺く、ぺてんに掛ける、巻き上げる、ふんだくる
ပတ်တီးစည်း[paʔtiʔ si:] (動) 包帯をする、包帯を巻く
ပတ်တီးရိုက်[paʔti: jaiʔ] (動) ペテンに掛ける
ပတ္တူ[paʔtu] (名) キャンバス布、ズック
ပတ္တူကားချပ်[paʔtu kadʑaʔ] (名) 絵のキャンバス
ပတ္တူခြောအိုး[paʔtudʑɔ:ei] (名) キャンバス地の桶
ပတ္ထာန[paʔtʼəna] (名) 祈り、祈祷<パ Patthana
ပတ္ထာနပြု[paʔtʼəna pju.] (動) 祈祷する
ပတ်သက်[paʔtɛʔ] (動) 関わる、関係がある、関連する နှင့်ပတ်သက်၍[nɛ. paʔtɛʔjwe:] (接助) ~に関して、~について နဲ့ပတ်သက်တဲ့ ~に関する
ပိတ်[peiʔ] (名) ①綿布 ②(病) 疫痢
ပိတ်ကား[peiʔka:] (名) ①スクリーン、映写幕 ②(絵の)キャンバス
ပိတ်ချော[peiʔtʃɔ:] (名) リンネル、麻布
ပိတ်စိမ်းပါ[peiʔsein:ba:] (名) ガーゼ、紗布、目

の粗い軟らかい布
ပိတ်တုန်[peiʔtun.] (名) クレープ・シャツ
ပိတ်ဖြူ[peiʔpʹju] (名) 白木綿、さらし
ပိတ်အုပ်[peiʔouʔ] (名) 反物
ပိတ်[peiʔ] (動) ①閉じる、閉める တံခါးပိတ်သည်။ 扉を閉める ②閉ざす、塞ぐ နှုတ်ပိတ်သည်။ 口止めをする လမ်းပိတ်သည်။ 道路を封鎖する ③詰る、塞がる သွေးကြောပိတ်သည်။ 血管が詰る နှာခေါင်းပိတ်သည်။ 鼻が詰る ④断つ、切る、消す မီးပိတ်သည်။ 灯りを消す ရေပိတ်သည်။ 水を止める စက်ကိုပိတ်သည်။ 機械を停める ⑤休業する ရုံးပိတ်သည်။ 役所が休みだ စာတိုက်ပိတ်သည်။ 郵便局が閉まっている ကျောင်းပိတ်သည်။ 学校が休みだ
ပိတ်ကယ်[peiʔkwɛ] (動) 拒絶する
ပိတ်ဆို့[peiʔsʹo.] (動) ①詰る、塞がる ②詰める、塞ぐ ③封鎖する လမ်းပိတ်ဆို့သည်။ 道路を封鎖する
ပိတ်ဆို့ရပ်တန့်[peiʔsʹ. jaʔtan.] (動) 行く手を遮る
ပိတ်ဆိုင်း[peiʔsʹain:] (動) (霧に) 包まれる、覆われる
ပိတ်ထား[peiʔtaʔ] (動) 閉じておく、閉めておく
ပိတ်ပင်[peiʔpin] (動) 妨げる、遮る、断る、禁じる ယင်းဇာတ်ကားကိုပြသခွင့်ကိုပိတ်ပင်သည်။ その映画は上映が禁止された ထုတ်ဝေခွင့်ကိုပိတ်ပင်လိုက်သည်။ 発禁処分にする
ပိတ်ပင်တားဆီး[peiʔpin taːsʹiː] (動) 妨げる、遮る、禁止する ဆန်တင်သွင်းမှုကိုပိတ်ပင်တားဆီးသည်။ 米の輸入を禁止する
ပိတ်ပင်တားမြစ်[peiʔpin taːmjiʔ] (動) 禁止する
ပိတ်ပေါင်း[peiʔpaun:] (名) 灌木の茂み
ပိတ်ပစ်[peiʔpjiʔ] (動) 封鎖する、閉鎖する
ပိတ်ပိတ်သား[peiʔpeiʔtaː] (副) (否定形で) 全く、全然
ပိတ်ပွဲအစမ်းအနား[peiʔpwɛ əkʹanːənaː] (名) 閉会式 cf. ဖွင့်ပွဲအစမ်းအနား
ပိတ်ရက်[peiʔjɛʔ] (名) 休日、休業日
ပိတ်ရက်မရှိ[peiʔjɛ məʃi.] (名) 年中無休
ပိတ်လျှောင်[peiʔɬaun] (動) (倉庫などに) 仕舞い込む、押し込む、(機内に) 閉じ込められる、封鎖される、密閉される
ပိတ်ရက်တိုင်[peiʔjɛʔ tain] (動) 締切日になる
ပိတ်ကိုင်[peiʔkai] ①(名) 布を切る鉄 ②(動) 疫痢に罹る
ပိတ်ချင်း[peiʔtʹin:] (植) ヒハツ、インドナガコショウ (コショウ科) Piper longum
ပိတ်စွယ်[peiʔswɛ] (植) ガマ Typha augustifo-
lia 花を枕の材料に使用
ပိတ်တကျည်[peiʔdədʑi] (植) 薬用に使われるミソハギ科の灌木 Woodfordia floribunda
ပိတ်ထိုး[peiʔtʹoː] (動) パンチを加える
ပိတ်ပေါက်[peiʔpauʔ] (動) 打撃を与える
ပိတ်ပေါင်း[peiʔpaun:] (名) 密林、原生林、ジャングル
ပိတ်သင်းခတ်[peiʔtin:gaʔ] (植) ミミセンナ、タンニンセンナ (ジャケツイバラ科) Cassia auriculata
ပုဂ္ဂလဓိဋ္ဌာန်[pouʔgəla. deiʔtan] ① (名) 主観 ② (副) 主観的に ＜パ Puggalādhiṭhāna
ပုဂ္ဂလနာမ်စား[pouʔgəla. nanzaː] (名) 人称代名詞
ပုဂ္ဂလိက[pouʔgəli.ka.] (形) 個人的な、個人に関する、プライベイトな ＜パ Puggalika
ပုဂ္ဂလိကပိုင်[pouʔgəli.ka.pain] (名) 私有、個人所有
ပုဂ္ဂလိကပိုင်ပြုလုပ်[pouʔgəli.ka.pain pju. louʔ] (動) 私営化する、私企業化する
ပုဂ္ဂလိကဘဏ်[pouʔgəli.ka.ban] (名) 私営の銀行
ပုဂ္ဂလိကလုပ်ငန်း[pouʔgəli.ka. louʔŋanː] (名) 私企業、民間企業
ပုဂ္ဂလိကအရေး[pouʔgəli.ka. əjeː] (名) 個人の問題、個人的な事柄
ပုဂ္ဂိုလ်[pouʔgo] (名) ①人、人間 ②人物 ＜パ
ပုဂ္ဂိုလ်ရေး[pouʔgozwɛː] (名) 個人崇拝
ပုဂ္ဂိုလ်ရေး[pouʔgojeː] (名) 個人の問題
ပုတ်[pouʔ] (名) 籾を貯える竹製の篭 (底は方形で上部は円形)
ပုတ်ပြတ်[pouʔpjaʔ] ① (名) 請け負い、出来高払い ② (副) ひっくるめて、一括して、請負で、一括請負で
ပုတ်[pou] (動) ①掌でぽんと打つ、軽く叩く、手で払いのける ပခုံးကိုပုတ်သည်။ 肩をぽんと叩く တော်လီဘောပုတ်သည်။ バレーボールをする ②打つ、叩く ခြင်ပုတ်သည်။ 蚊を叩き潰す
ပုတ်ခတ်[pouʔkʹaʔ] (動) ①手で叩く、払いのける လက်နဲ့ပုတ်ခတ်တယ်။ 手で叩く ②中傷する、悪口を言う
ပုတ်ခတ်ပြောဆို[pouʔkʹaʔ pjɔːsʹo] (動) 非難中傷する
ပုတ်ချုပစ်[pouʔtʹa. pjiʔ] (動) 払い落とす、払いのける
ပုတ်ဖက်ခါ[pouʔpʹɛʔ kʹa] (動) 払いのける、払い落す
ပုဒ်[pouʔ] (名) ①語 ②句読点、区切り ③ (助数)

ပုဒ်ကလေး：

首、曲 (詩歌の単位)、文章の章、篇 ဂါထာနှစ်ပုဒ် ဂှေ် 頌二首 ＜ပ cf. ပိုဒ်

ပုဒ်ကလေး：[pouʔkʼəle:] (名) 1本線で示される句読点、節または句の終りを示す

ပုဒ်ကြီး：[pouʔtʃi:] (名) 2本線で示される句読点、文章の終結を示す、英文のピリオドに相当する

ပုဒ်ထီး：ပုဒ်မထုတ်[pouʔtʼi: pouʔma. tʼouʔ] (動) 各種の法律や条例を発布する

ပုဒ်ဖြည့်[pouʔpʼje.] (名) 詩の1行の韻律を整えるために挿入される語

ပုဒ်ဖြတ်[pouʔpʼjaʔ] (名) ＝ပုဒ်ကလေး：

ပုဒ်မ[pouʔma.] (名) ①句点 ② (法律や条約) の条

ပုဒ်မကြီး[pouʔma.] (名) 1組のပုဒ်ကြီး

ပုဒ်မခွဲ[pouʔma.gwe:] (名) 法律の文節

ပုဒ်မင[pouʔma. ŋa:] (名) (治安維持法の) 第5条

ပုဒ်မထုတ်[pouʔma. tʼouʔ] (動) 条例を制定する

ပုစ္ဆာ[pouʔsʼa] (名) 質問、問題、課題 သချာပုစ္ဆာ 算数の問題 ဂဏန်းပုစ္ဆာများကိုတွက်သည် ။ 算数の問題を計算する ＜ပ Pucchā

ပုစ္ဆန်း[pouʔsʼan:] (動) 神霊に聖水を注いで捧げる

ပုတ်သိုး[pouʔto:] (形) →ပုပ်သိုး ＝ဆွေးမြေ့

ပုတ်သင်[pouʔtin] ① (動物) 変色トカゲの1種 Acanthosaura calotes ② スンバトカゲ Calotes mystaceus ② 成り上がり者、思わぬ大金を取得して有頂天になっている人

ပုတ်သင်ညို[pouʔtinɲo] (動物) スンバトカゲ

ပုတ်သင်ညိုလုပ်[pouʔtinɲo louʔ] (動) 黙ってうなずく、只うなずく、

ပုတ်သင်ပျံ[pouʔtinbjan] (動物) トビトカゲ Braco volans

ပုတ်သင်ပြောက်[pouʔtinbjauʔ] (動物) キノボリトカゲ Japalura major

ပိုဒ်[paiʔ] (名) (詩や歌の) 1首の中の節 ＜ပ

ပိုဒ်စုံရတု[paiʔsoun yədu.] (名) 三連構成のビルマの古典詩

ပန်[pan] (動) (装飾品を) 飾る、(花を) 挿す、活ける ပန်းပန်သည် ။ 花を挿す、花を活ける ခေါင်းမှာပန်သည် ။ 頭に飾る

ပန်ဆင်[pansʼin] (動) 飾る、装飾する

ပန်[pan] (動) 乞う、お願いする、懇願する ခွင့်ပန်သည် ။ 許可を求める

ပန်ကြား：[pantʃa:] (動) 懇願する、懇請する

ပန်ကြား：ချက်[pantʃa:tʃʼeʔ] (名) お願い、要請、懇願

ပန်ထာ[pantʼwa] (動) 頼む、願う

ပန်ကာ[panka] (名) ①扇風機 ②スクリュー ③プロペラ ④竹とんぼ ⑤抜け目ない人 ＜ဟ Puṃkhā

ပန်ကာပတ်လေယာဉ်ပျံ[pankadaʔ lejinbjan] (名) プロペラ式飛行機

ပန်ကာထိပ်သီး ။ ၀တ်အုပ်ကြီး ။ (比) 扇風機の上の木螺子 (人の上を行く、上には上がある、抜け目ない人)

ပန်ကာထိပ်သီးမှထိပ်သီး ။ (諺) 扇風機の上の上 (万事に長けている、よく回転する)

ပန်ကာဖွင့်[panka pʼwin.] (動) 扇風機をかける

ပန်ချာပီ[pantʃapi] (名) パンジャブ人

ပန်တော်မျက်[bədɔmjɛʔ] (植) イネ科の植物の通称

ပန်ချာ[pantʃa] (名) 音楽、歌舞音曲、演奏

ပန်ထွေးပျော်[pantʼwebjɔ] (名) 蝦のすり身に、トマト、トウガラシ等を加えて作ったソース

ပန်ဒါဝက်ဝံ[panda wɛʔwun] (動物) パンダ

ပဏ္ဍိတ[pandi.ta.] (名) 賢者、学者、学識者 ＜ပ

ပဏ္ဍိတ်[pandeiʔ] ＝ပဏ္ဍိတ ＜ပ Paṇḍita

ပဏ္ဍောက်[pandouʔ] (名) 半陰陽 (ふたなり) cf. မိန်းမဆိုး: 宦官、去勢された男

ပဏ္ဏာ[pəna] (名) 贈り物、貢納品

ပဏ္ဏာကာရ[pənakaja.] (名) ＝ပဏ္ဏာ ＜ပ Paṇṇakāra

ပန်နက်[pənɛʔ] ＝ပန္နက်

ပန္နက်[pənɛʔ] (名) 杭

ပန္နက်ချ[pənɛʔ tʃʼa.] (動) 杭を打つ、建築の基礎工事をする

ပန္နက်ပုံ[pənɛʔpoun] (名) (建物の) 平面図

ပန္နက်ပုံစံ[pənɛʔ pounzan] (名) 図面、青写真

ပန္နက်ရိုက်[pənɛʔ jaiʔ] (動) 杭打ちをする

ပန္နက်သဲချ[pənɛʔ tɛ:tʃʼa.] (動) 地鎮祭で鰍を入れる

ပလ္လင်[pəlin] (名) 玉座 ＜ပ Pallaṅka

ပလ္လင်ခံ[pəlin kʼan] (動) ＝ပကာ：ပလ္လင်ခံ

ပလ္လင်ချုပ်[pəlintʃʼaʔ] (名) 貝葉の束、包

ပလ္လင်ဆေးမိုး[pəlin sʼe: mo:] (名・文) ビルマ暦7月 (太陽暦10月) に降る豪雨

ပလ္လင်ဇင်း：ငွေချေး[pəlinzin: ŋwetʃʼe] (名) 法話を終えた比丘に差し上げる謝礼

ပန်း：[pan:] (動) 疲れる、疲労する အလုပ်ကပန်းသော ကြောင့်နှစ်နှစ်ခြိုက်ခြိုက်အိပ်ပျော်ခဲ့၏ ။ 重労働だったのでぐっすり眠った

ပန်း：နာ[pan:na] (病) 喘息

ပန်း：နာထ[pan:na tʼa.] (病) 喘息の発作が起きる

ပန်း：နာရောဂါ[pan:na jɔ:ga] (病) 喘息

ပန်း：ပျာ：[pan:bja:] (病) 疲労発熱

ပန်း：[pan:] ① (動) 吹き出る、迸り出る、噴出する ② 放物線を描く、大回りをする ③ (名) 男性の生殖器

④月経、生理
ပန်းစုံသား:[pan:zoun ta:]（名）父なし子（多数の男性を相手にしているため父親が特定できない）
ပန်းတောင်[pan: taun]（動）性器が勃起する
ပန်းတုတ်[pan:dou']（名）宦官、去勢された男 →ပကြတ် cf. နပုံ:
ပန်းထွက်[pan: t'wɛ']（動）①噴出する、迸り出る ②射精する
ပန်းပွင့်[pan: pwin.]（動）①生理が始まる、年頃になる ②花が咲く
ပန်းသေ[pan:de]（名）勃起不能
ပန်းဦး[pan:u:]（名）純潔、処女、童貞
ပန်းဦးဆွတ်[pan:u: s'u']（動）純潔を無くす、処女を喪失する、童貞を破る
ပန်းဦးပေး[pan:u: pe:]（動）処女を捧げる
ပန်းဦးပန်[pan:u: pan]（動）=ပန်းဦးပေး
ပန်းဦးလှုတ်[pan:u: ɬu']（動）=ပန်းဦးပန်
ပန်း[pan:]（名）距離競争のゴール、終着点
ပန်းဆွဲ[pan: swɛ:]（動）①目的地に到着する、目標に到達する ②1位でゴールに入る、優勝する
ပန်းဆွတ်[pan: s'u']（動）①競技に勝つ、一位でテープを切る、決勝のテープを切る ②成功する
ပန်းတိုင်[pan:dain]（名）①ゴール、終点、決勝点 ②目標
ပန်းဝင်[pan: win]（動）ゴールに入る、終点に到着する
ပန်း[pan:]（名）石工、木工等の伝統的技工職人を表わす呼称
ပန်းချီ[bədʑi]（名）①画家、画匠 ②絵画
ပန်းချီကား[bədʑi ka:]（名）絵画
ပန်းချီကားချုပ်[bədʑi ka:dʑu']=ပန်းချီကား
ပန်းချီဆရာ[bədʑi s'əja]（名）画家、画商
ပန်းချီဆွဲ[bədʑi s'wɛ:]（動）絵を描く
ပန်းချီပညာ[bədʑi pjiɲa]（名）美術
ပန်းချီပြတိုက်[bədʑi pja.dai']（名）美術館
ပန်းချီရေး[bədʑi je:]=ပန်းချီဆွဲ
ပန်းချီရေးဆွဲ[bədʑi je:s'wɛ:]=ပန်းချီရေး
ပန်းချီသန်[bədʑi itan]（形）絵が上手だ、絵が巧みだ
ပန်းဆယ်မျိုး[pan:s'ɛmjo:]（名）絵画、彫刻、飾り職、石工、轆轤師等10種の伝統工芸
ပန်းတမော့[pan:təmɔ.]（名）石工、石細工師
ပန်းတော့[pan:do]（名）漆喰職人、化粧漆喰
ပန်းတင်[bədin:]（名）銅細工、真鍮細工職人
ပန်းတိမ်[bədein]（名）飾り職人、金細工職人、銀細工職人
ပန်းတိမ်တတ်မတတ်။ဂဟေစပ်သက်သေ။（格）飾り職人の善し悪しは、ハンダの付け方が証明する（作品を見れば腕が判る）
ပန်းပု[bəbu.]（名）彫刻、木彫り、木工職人
ပန်းပုလက်ရာ[bəbu.lɛ'ja]（名）彫刻品、木彫りの作品
ပန်းပဲ[bəbɛ:]（名）鍛冶屋
ပန်းပဲဖို[bəbɛ:bo]（名）鞴（ふいご）
ပန်းပဲလှမ်။ပန်းတိမ်ရွှေခိုး။（諺）鍛冶屋は人を騙し、金細工職人は金を盗む（儲けを謀るは人の本性）
ပန်းပွတ်[pan:bu']（名）轆轤（ろくろ）師
ပန်းပွတ်သည်မ[pan:bu'tema.]（名）女性轆轤師
ပန်းယွန်း[pan:jun:]（名）漆塗り、漆器職人
ပန်းရံ[pəjan]（名）煉瓦職人、モルタル職人、左官
ပန်း[pan:]（名）①花 ②植物紋様、花柄紋様 ③桃色=ပန်းရောင် ④硬貨の裏 cf. ခေါင်: ⑤タイヤの溝 ကားယာတော့ကပန်းပေါက်နေပြီ။ タイヤの溝が摩耗してしまっている
ပန်းကညွတ်[pan: kəɲu']（植）ニチニチソウ、ツルニチニチソウ
ပန်းကရာ:[pan: kəja:]（名）如雨露、散水道具
ပန်းကလပ်[pan: kəla']（名）花立て、花のスタンド
ပန်းကိုက်[pan:gai']（名）花鋏
ပန်းကောင်းပန်[pan:gaun: pan]（動）①よい花を飾る ②立派になる、立身出世する、故郷に錦を飾る
ပန်းခနုံစွန်:[pan:gəzun:]（植）朝顔（ヒルガオ科）Ipomoea dasysperma
ပန်းခနုံနွယ်[pan:gəzun:nwɛ]（植）マルバアサガオ（ヒルガオ科）Ipomoea purpurea
ပန်းကုံး[pan:goun:]（名）花環、レイ
ပန်းကုံးစွပ်[pan:goun: su']（動）①花環を首に架ける、レイを首にかける ②恋人にする
ပန်းကျ[pan:tʃa.]（動）硬貨を投げ上げて裏が出る
ပန်းခုနစ်မည်[pan: k'unnəmji]（名）1週間の各曜日を代表する7種の花（日曜=ココ椰子、月曜=セイロンテツボク、火曜=ギョウギシバ、木曜=フトモモ等）
ပန်းခြင်[pan:gin:]（名）花壇
ပန်းချဉ်ပေါင်[pan: tʃinbaun]（植）タチアオイ（アオイ科）Althaea rosea
ပန်းခြောက်[pan:dʑau']（植）①ムギワラギク（キク科）Helichysum ②イソマツ（イソマツ科）Statice ③食用の干し花
ပန်းခြံ[pan:dʑan]（名）①公園 ②花壇
ပန်းခွေ[pan:gwe]（名）花環
ပန်းဂေါ်ဖီ[pan:gɔbi]（植）ハナヤサイ、カリフラワー

（アブラナ科）Brassica oleracea botrytis ＝ပန်းမုန်လာ

ပန်းဂျုံ[pan:dʑoun] (植) ソバ（タデ科）Fagopyrum esculentum

ပန်းငရုတ်[pan: ŋəjouʔ] (植) ピーマン、シシトウガラシ

ပန်းငုံ[pan:ŋoun] (名) 蕾

ပန်းစက္ကူ[pan:sɛʔku] (名) ①色紙 ②紙製の花

ပန်းစကြာမှန်ပြောင်း[pan:sɛʔtʃa manbjaun:] (名) 万華鏡 ＝ရုပ်စုံမှန်ပြောင်း

ပန်းစည်း[pan:zi:] (名) 花束、ブーケ

ပန်းစုံ[pan:zoun] (形) 色々な、様々な、雑多な

ပန်းစုံဘူး[pan:zoun bu:] (名) 万華鏡

ပန်းဆိုး[pan: sʻo:] (動) 染める、染色する

ပန်းဆိုင်း[pan:zain:] (名) 花網（花、葉、紐を長く連ねたもの）

ပန်းဆွတ်လည်း[pan:sʻwɛ:lɛ:] (植) ①フジバシデ（クルミ科）Engelhardia spicata ②ブッソウゲ、ハイビスカス（アオイ科）Hibiscus rosa-sinensis

ပန်းညို[pan:ɲo] ＝ပန်းညိုကြီး

ပန်းညိုကြီး[pan:ɲodʑi:] (植) インドガンボジ（オトギリソウ科）Garcinia morella

ပန်းတမာ[pan:təma] (植) 栴檀

ပန်းတော်ညို[pan:dɔɲo] (植) ウシクサ（イネ科）Andropogon caricosus

ပန်းတင်ခုံ[pan:tingoun] (名) 仏塔の台座

ပန်းတောင်[pan:daun] (名) 得度式の行列で持ち運ばれるバナナの蕾

ပန်းထိုင်[pan:dain] (名) ゴール

ပန်းထိုး[pan: tʻo:] (動) 刺繡する cf. ဇာထိုး

ပန်းထိုးပန်းချုပ်[pan:do: pan:dʑouʔ] (名) 刺繡

ပန်းထီးပို[bədeiɲo] (植) 白蝶花（仏壇に供える花の1種）

ပန်းနီ[pan:ni] (植) ヒマラヤザクラ（バラ科）Prunus cerasoides

ပန်းနု[pan:nu.] (植) ①キツネアザミ（キク科）Saussurea affinis ②トウヒレン（キク科）Saussurea lappa

ပန်းနုရောင်[pan:nu.jaun] (名) 薄桃色

ပန်းနန်[pan:nan:] (植) キツネノマゴ（キツネノマゴ科）Justicia decussata

ပန်းပေ[pan: pe:] (動) 降参する、シャッポを脱ぐ、お手上げ状態になる

ပန်းပင်[pan:bin] (名) 草花

ပန်းပေါင်း[pan:baun] (名) 香りのよい各種の花を乾燥させた匂い袋

ပန်းပန်[pan: pan] (動) 頭に花を挿す、頭に花を飾る

ပန်းပွင့်[pan: pwin.] (動) ①花が咲く ②生理が始まる、年頃になる ③[pan:bwin.] (名) 花弁、花びら

ပန်းဖူး[pan:bu:] (植) アンポンジソ Coleus aromaticus 食用

ပန်းမ[pan:ma.] (植) ①ナガバモッコク（ツバキ科）Anneslea fragrans ②ニオイイリス（アヤメ科）Iris florentina ③ムラサキイリス、ドイツアヤメ

ပန်းမလ[pan:man] (名) 花の総称

ပန်းမုန်လာ[pan:mounla] (植) ハナヤサイ、カリフラワー（アブラナ科）＝ပန်းဂေါ်

ပန်းရန်[pan: jənan.] (名) 花の芳香

ပန်းရထား[pan: jɛtʻa:] (名) 花車、造花で飾られた車

ပန်းရိုက်[pan: jaiʔ] ①(動) 生地にプリントする、捺染する ②(名) 布のプリント柄

ပန်းရင်[pan:jin:] (植) カスカスカヤ（イネ科）Vetiveria zizanioides

ပန်းရောင်[pan:jaun] (名) 桃色、ピンク色

ပန်းရည်စုပ်[pan:jizouʔ] (鳥) スミレタイヨウチョウ（タイヨウチョウ科）Nectarinia asiatica

ပန်းရည်စုပ်ကျောဝါ[pan:jizouʔtʃɔ:wan] (鳥) キバラタイヨウチョウ（タイヨウチョウ科）Nectarinia jugularis

ပန်းလဲ[pan:lɛ:] (植) カシカ（ミソハギ科）Woodfordia fruticosa

ပန်းလူး[pan:loun:] (植) タカオコヒルギ（ヒルギ科）Ceriops tagal

ပန်းလျာ[pan:ɬa.] (名) 石や木材の表面の装飾

ပန်းဝတ်ရည်[pan: wuʔji] (名) 花の蜜

ပန်းဝတ်မှုန်[pan: wuʔmoun] (名) 花粉

ပန်းသီး[pan:di:] (植) リンゴ（バラ科）Pyrus malus

ပန်းသစ်ယာ[pan: tiʔja] (名) バチカ（フタバガキ科）Vatica lanceaefolia

ပန်းသည်[pan:dɛ] (名) 花屋

ပန်းသုံ[pan:doun:] (植) ムユウジュ＝သော်က အသောက။

ပန်းအိ[pan:i.] (植) サルスベリ（ミソハギ科）Lagerstroemia indica

ပန်းဥ[pan:u.] (名) 球根、球茎

ပန်းအိုး[pan:o:] (名) 花瓶

ပန်းကန် [bəgan] (名) 食器、什器、皿、椀、茶碗
ပန်းကန်ခွက်ယောက် [bəgan k'wɛ'jau'] (名) 食器
ပန်းကန်ဆေး [bəgan s'e:] (動) 食器を洗う、皿洗いをする
ပန်းကန်ပြား [bəganbja:] (名) 皿
ပန်းကန်ပြားပျံ [bəganbja:bjan] (名) UFO、空飛ぶ円盤
ပန်းကန်လုံး [bəganloun:] (名) 椀、茶碗
ပန်းသေး [pan:te:] (名) 中国人回教徒
ပိန် [pein] (形) ①痩せている、細い နွား:ပိန် 痩せた牛 မြင်း:ပိန် 痩せた馬 ②窪んでいる
ပိန်ကပ် [peinka'] (形) 痩せこけた、骨と皮の
ပိန်ကပ်ကပ်ပိန် [pein ka'ka'nɛ.] (副) 痩せこけていて、骨と皮ばかりで
ပိန်ကြုံ [peintʃoun] (形) 痩せている、細身の体だ
ပိန်ချိုင့် [peintʃain.] (動) 窪む、凹む
ပိန်ချုံ [peintʃoun:] (形) 痩せている
ပိန်ချည့် [peintʃi.] (形) 痩せ衰えている、虚弱だ
ပိန်ခြောက် [peinʤau'] (動) 骨と皮に痩せる
ပိန်ညှော် [peinɲɔ] (形) 痩せている、骨張っている、細身の
ပိန်ပိန်ပါးပါး [peinbein pa:ba:] (副) 痩せていて、憔悴していて
ပိန်မသာလိမ်မသာ [pein məta lein məta] (副) (能力、品質の面で) 五十歩百歩で、殆ど変わりなくてる
ပိန်လှီ [peinɬi] (形) か細い、細身だ、痩せている
ပိန် [pein ʃoun.] (形) 萎びている、痩せて皺が寄っている
ပိန်ညင်း [beinɲin:] (鳥) カワセミ (カワセミ科) Alcedo atthis
ပိန်ညင်းခေါင်းမည်း [beinɲin: gaun:mɛ.] (鳥) ルリカワセミ (カワセミ科) Alcedo meninting
ပိဏ္ဍပါတ်ဆွမ်း [peindəba's'un:] (名) 毎月喜捨している仏供 <パ Piṇḍapātika
ပိန်း [pein:] ① (形) 斑がない、濃淡がない、一様だ ② 濃い、濃厚だ、密だ ③ (副) びっしりと、隙間なく
ပိန်းကော [pein:gɔ:] (名) 丸木舟、平底のくり舟
ပိန်းကောမ [pein:gɔ:ma.] (名) 大型の丸木舟
ပိန်းကျာ [bein:ʤa:] (植) ①オオゴンカツラ (サトイモ科) Pothos aureus ②ナンヨウユズノハカツラ (サトイモ科) P. scandens
ပိန်းကျာ [bein:ʤa:] (形) 筋模様の付いた、斑模様のある、つぎはぎだらけの
ပိန်းကျာရိုက် [bein:ʤa: jai'] (動) 化粧液を斑に塗る、不均等に塗る

ပိန်းကြမ် [pein:ʤan:] (副) 濃淡を付けて、斑模様に သနပ်ခါးပိန်းကြမ်ရိုက်သည်။ 化粧液をむらがあるように塗っている
ပိန်းပိတ်အောင် [bein:pei'aun] (副) 塗り潰したように、真暗で ပိန်းပိတ်အောင်လိမ်းကုံ့သည်။ 一面塗り潰す
ပိန်းပန်း [pein:ban:] (植) アンスリウム
ပိန်းပိန်း [pein:bein:] (副) 真暗で ပိန်းပိန်းမှောင်သည်။ 真暗だ、暗闇だ ပိန်းပိန်းပိတ်မှောင်နေသည်။ 真暗闇だ
ပိန်းပိန်းပိတ်ပိတ် [pein:bein: pei'pei'] (副) 真暗で
ပိန်းပြိုကျရောင် [pein:bjɛ: kojaun] (病) 浮腫、水腫
ပိန်းရိုက် [pein: jai'] (動) 厚化粧をする
ပိန်းဥ [pein:u.] (植) サトイモ、タロイモ (サトイモ科) Colocacia antiquorum
ပိန်းတန်းဘိနပ် [pein:dan: p'əna'] (名) アマラーラ産の履物、皮底でビロード張りのサンダル
ပိန္နဲ [pein:nɛ:] (植) ハラミツ、ナガミパンノキ (クワ科) Artocarpus heterophyllus
ပိန္နဲဆိုးသင်္ကန်း [pein:nɛ:zo: tin:gan:] (名) ハラミツの樹皮で染色した袈裟
ပိန္နဲတိုင် [pein:nɛ:dain] (名) 仏塔の法輪を支える支柱
ပိန္နဲပျဉ် [pein:nɛ:bjin] (名) ハラミツの熟した実を捏ねて板状にした乾燥食品
ပိန္နဲရောင် [pein:nɛ:jaun] (名) 暗橙色
ပုကြံရေး [pounnəjei'] (植) ①ベニデマリ (アカネ科) Ixora coccinea ②シロバナサンダンカ (アカネ科) Ixora parviflora
ပုကြံရိပ် [pounnəjei'] =ပုကြံရေး
ပုဏ္ဏား [pounna:] (名) 婆羅門 (ヴェーダ聖典を信奉する司祭、王朝時代には白衣をまとい国王に奉仕したその末裔は現在でも主としてマンダレー市中に在住している)
ပုဏ္ဏားကွယ် [pounnəgwɛ] (名) 入口脇の袖壁、玄関脇の窪み
ပုဏ္ဏားညို [pounnəɲo] (名) 肌の黒い婆羅門 (ビルマ人パラモン)
ပုဏ္ဏားဖြူ [pounnəbju] (名) 肌の色が白いバラモン
ပုဏ္ဏားတိုင် [pounnədain] (名) 調停者、仲裁者
ပုဏ္ဏားအမျိုး [pounna: əmjo:] (名) バラモンの出身、婆羅門の家系
ပုဏ္ဏေးမ [pounne:ma.] (名) 女婆羅門
ပုန်ကန် [pounkan] (動) 叛く、謀反を起こす、反乱を起

ပုန်ကန်ခြားနား[pounkan tʃa:na:]（動）謀反を起す

ပုန်ကန်ခြားနားမှု[pounkan tʃa:na:m̥u.]（名）謀反、反乱

ပုန်ကန်တော်လှန်[pounkan tɔɬan]（動）反乱を起す

ပုန်စား[pounza:]（動）＝ပုန်ကန်

ပုန္နဖုဿု[pounna.pʼouʼʃu.]（星）①双子座の五つ星 ②井宿（二十七宿の第7番目）

ပုန်နရိဂ်[pounnəjeiʼ]=ပုဏ္ဏရိဂ်

ပုန်း[poun:]（動）隠れる、身を隠す

ပုန်းကွယ်[poun:kwɛ]（動）隠れる

ပုန်းကွယ်ရာ[poun:kwɛja]（名）物陰、隠れ場

ပုန်းခို[poun:kʼo]（動）避難する、身を隠す

ပုန်းခိုကွယ်ခို[poun:kʼo: kwɛgo:]（副）こっそりと、人目につかぬように

ပုန်းခိုဝှက်ခို[poun:kʼo: pʼwɛʼkʼo:]（副）人に見つからないよう、人目につかないように

ပုန်းစလောင်[poun:zəlouʼ]（動）鬼になった者に目隠しをして人を捕まえさせる遊び

ပုန်းတမ်းကစား[poun:dan: gəza:]（動）隠れん坊をする ＝တူတူပုန်းတမ်း

ပုန်းလျှိုး[poun:ʃo]（動）身を隠す、隠れ棲む

ပုန်းလျှိုးကွယ်လျှိုး[poun:ʃo: kwɛʃo:]（副）悟られぬように、こっそりと、人目を盗んで

ပုန်းရှောင်[poun:ʃaun]（動）身を隠す、逃れる、避ける、潜伏する、避難する

ပုန်းအောင်း[poun:aun:]（動）隠れる、身を隠す、身を潜める、潜伏する

ပုန်းအောင်းရာ[poun:aun:ja]（名）隠れ場所、潜伏場所

ပုန်းညက်[poun:ɲɛʼ]（植）テリハボク、タマナ（オトギリソウ科）Calophyllum inophyllum

ပုန်းမကြည်[poun:məʤi]（名）地母神、穀物の霊、稲魂 ＝စပါးလိပ်ပြာ

ပုန်းမကြည်တင်[poun:məʤi tin]（動）地母神を祀る、（油で揚げた餡入りの饅頭を）穀物の霊に供える（ビルマ暦12月に行われる上ビルマの風習）

ပုန်းမဲစာ[poun:mɛza]（植）センゴンジャワ（オジギソウ科）Albizzia chinensis

ပုန်းရည်[poun:je]（名）（米の研ぎ汁又は重湯に塩を加えて発酵させた）酢

ပုန်းရည်ကြီး[poun:jeʤi:]（名）（コウシュンフジマメを煮て醗酵させた上ビルマ産の）酢

ပုန်းရည်တောင်စာ[poun:jitaunza]（虫）タマムシ

ပုလ္လိင်[poun:lein]（名）①（文法上の）男性 ②牡、雄、男性

ပပ်[paʼ]（動）ひびが入る、亀裂が走る

ပပ်ကြော်အက်[paʼtʃaʼɛʼ]①（動）ひびが入る、割れ目ができる、亀裂が起る ②（名）ひび、割れ目、亀裂

ပဗ္ဗဇ္ဇ[paʼbiʼza.]（名）具足戒式、比丘になる儀式

ပဗ္ဗရဒသက[paʼbaja. daʼtəka.]（名）腰が曲る年代（60歳代）＜パ

ပုပ်[pouʼ]（動）①腐る、腐敗する ②不快な表情をする ③不摂生をする、過度に耽る အစာပုပ်သည်။ 暴飲暴食をする အအိပ်ပုပ်သည်။ 死んだように眠る ④無駄になる အချိန်ပုပ်သည်။ ⑤（形）性悪だ သဘောပုပ်သည်။ 根性が悪い ⑥地味だ、くすんでいる、薄汚れている အစိမ်းပုပ် 地味な緑色 အနီပုပ် くすんだ赤色

ပုပ်ကုန်နှံကုန်[pouʼkoun nun:goun]（名）生物（なまもの）、腐る心配があるもの

ပုပ်စော်နံ[pouʼsɔ nan]（動）腐臭がする、悪臭がする、腐敗臭がする

ပုပ်စပ်[pouʼsaʼ]（動）腐臭がする

ပုပ်သိုး[pouʼto:]（動）腐って臭う、腐敗して悪臭を放つ

ပုပ်ဟောင်[pouʼhaun]（名）食べ物の腐敗臭

ပုပ်ဟောင်စော်နံ[pouʼhaunzo nan]（名）腐敗臭、腐った匂い

ပုပ်အဲ့အဲ့[pouʼ ɛ.ɛ.]（副）腐敗しかけた臭い

ပုပ္ပါး[pouʼpa:]（地名）ボウパー山（パガン遺跡の北東に位置する死火山、マハーギリ神霊の社がある）

ပုဗ္ဗကြယ်[pouʼba.tʃɛ]（名）収穫の神（収穫の時期に農民が祭る）＜パ Pubba

ပုဗ္ဗစေတနာ[pouʼba. sedəna]（名）善行を行いたいとの願望 ＜パ Pubbacetanā

ပုဗ္ဗနိမိတ်[pouʼba. nəmeiʼ]（名）きざし、前兆、縁起 ＜パ Pubbanimitta

ပုဗ္ဗဝိဒေဟ[pouʼba.wi.deha.]（名）東勝身洲（仏教の宇宙世界で須弥山の東側にある大陸）＜パ

ပုဗ္ဗေနိဝါသဉာဏ်[pouʼbeni.waṭa. ɲan]（名）前生での出来事を知り得る能力 ＜パ Pubbenivāsa

ပုပ်ရဟန်းမင်းကြီး[pouʼ jəhan: min:ʤi:]（名）（ヴァチカンの）ローマ法王

ပိန့်[pein.]（動）少し窪む、凹む

ပိန်[pein.]（名）①発疹、吹き出物 ②トランプのハート

ပိန်[pein.]（助動）推測を示すလေ့の融合形

ပံ့[pan.]（動）支援する、援助する

ပံ့ဘိုး[pan.bo:]（動）援助する
ပံ့ဘိုးပေးကမ်း[pan.bo: pe:kan:]（動）支援する
ပံ့ဘိုးပစ္စည်း[pan.bo: pji's'i:]（名）支援物資、援助物資
ပံ့ဘိုးဖြည့်ဆည်း[pan.bo: p'je.s'i:]（動）支援補充する
ပံ့ဘိုးဖြည့်ဆည်းပေး[pan.bo: p'je.s'i: pe:]（動）補充してやる
ပံ့ဘိုးဖြန့်ဝေ[pan.bo: p'jan.we]（動）援助配布する、援助支給する
ပံ့သကူ[pan.dəgu]（名）捨てられたもの、持主がない物 ＜パ Paṁsukūla
ပံ့သကူကောက်[pan.dəgu kau']（動）捨てられた物を拾う、持主がいないものを拾う
ပံ့သကူပစ်[pan.dəgu pji']（動）誰かに拾われる事を期待して（衣類や袈裟を）捨てる
ပံ့သကူသား[pan.dəguda:]（名）死んだ動物、特に鶏の肉、自分で屠殺したものではない肉、市場で売られている肉
ပုံ[poun.]（動・文）膨れる、腫れる
ပုံ[boun]（名）太鼓 ＝ပုံ
ပုံတို[poundo]（名）筒状の短い太鼓
ပုံတောင်ပုံညာဒေသ[poundaun pounɲa deta.]（地）ビルマ中部、パコックー市の西側に南北に伸びる二筋の山並みあり、東側をပုံတော်၊ 西側をပုံညာと呼ぶ。これらの山並みの西側に、カレー、ガンゴーティーリン等の町がある
ပုံညည်[pounʃe]（名）筒状の長太鼓
ပုံလုံ[bounloun]（植）カラスウリ（ウリ科）Trichosanthes cucumerina
ပုံလုံငါး[bounlounga:]（植）トカドヘチマ（ウリ科）Luffa acutangula
ပုံ[poun]①（動）積む、積み重ねる ②（形）多い、夥しい
ပုံချ[pountʃa.]（動）罪を被せる、責任を転嫁する အပြစ်ပုံချသည်။
ပုံငွေ[pounŋwe]（名）基金 →ရံပုံငွေ
ပုံရက်ကျ[poun jɛ'tʃa.]（動）積み重なって落ちる
ပုံအပ်[poun a']（動）全権委任する
ပုံ[boun~poun]（名）①形、格好 ②型 ③図、絵 ④写真 ⑤積み重なり သဲပုံ 砂山 မီးပုံ かがり火 ⑥様、様子、仕方、方法 ပြေးပုံ 走り方 ပျော်ပုံ 楽しむ様 ခြေလှမ်းပုံ 歩み方 လေတိုက်ပုံ 風が吹く様 ပြောဆိုပုံ 話し振り ဝတ်ပုံစားပုံ 着こなし方 သွားလာပုံ 行ったり来たりする様 ⑦話、物語
ပုံကောင်း[poungaun:]（名）よい絵、優れた形

ပုံကျ[pountʃa.]（形）釣合いが取れている
ပုံကျပန်ကျ[pounʧa. panʧa.]（副）身奇麗で、（服装が）整っていて
ပုံကြီးချဲ့[pounʤi: tʃ'ɛ]（動）①写真を引き伸す、拡大する ②誇張する ပုံကြီးချဲ့ပြောသည်။ 大袈裟に言う
ပုံကြမ်း[pounʤan:]（名）素描、下絵、スケッチ、デッサン
ပုံကြမ်းဆွဲ[pounʤan: s'wɛ:]（動）素描する、下絵をかく、スケッチする、デッサンをする
ပုံကြမ်းလောင်း[pounʤan: laun:]（動）素描する、粗ごしらえをする
ပုံကြွ[pounʤwa]（名）薄浮彫り、レリーフ
ပုံခိုင်[poun k'ain:]（動）喩えてみる、比喩する、例に引く
ပုံငယ်ချုံ့[pounŋɛ tʃ'oun.]（動）写真を縮小する
ပုံစံ[pounzan]（名）①形、形式、様式 ②型、スタイル、格好 ③例、具体例、見本
ပုံစံခွက်[pounzangwɛ']（名）鋳型、台形
ပုံစံဆွဲ[pounzan s'wɛ:]（動）①デッサンする、スケッチする ②設計図を描く、見取り図を描く
ပုံစံဆွဲယူတည်ဆောက်[pounzan s'wɛ:youn ti s'au']（動）モデルとして建てる
ပုံစံတူ[pounzan tu]（形）同じ形の
ပုံစံတုတ်[pounzandou']（名）（英領時代の警官が使用した）警棒
ပုံစံထိုင်[pounzan t'ain]（動）（監獄内での囚人の姿勢）しゃがみこみ、組合わせた両掌を頭上に載せる
ပုံစံထုတ်[pounzan t'ou']（動）実物のミニチュアを作る、小型の模型を作成する
ပုံစံထပ်[pounzanda']（名）連続紋様
ပုံစံပြရရင်[pounzan pjɔ:ja.jin]（副）例えば、例を示すと
ပုံစံသွင်း[pounzan twin:]（動）型にはめる
ပုံဆောင်[poun s'aun]（動）喩える
ပုံဆောင်ခဲ[pounzaungɛ:]（名）結晶、水晶
ပုံဆွဲ[poun s'wɛ:]（動）①絵を描く、デッサンする ②製図する
ပုံဆွဲခန်း[pounzwɛ:gan:]（名）アトリエ
ပုံဆွဲပြင်[pounzwɛ:bjin]（名）下敷き
ပုံဆွဲမို[pounzwɛ:mo]（名）画鋲
ပုံတူ[poundu]（名）似顔絵、肖像画
ပုံတူကား[poundu ka:]（名）肖像画
ပုံတူကူး[poundu ku:]（動）模写する、複写する
ပုံတူဆွဲ[poundu s'wɛ:]（動）肖像画を描く
ပုံတူထု[poundu t'u.]（動）肖像を彫る

ပုံတူပန်းချီကား:[poundu bəʤi ka:] (名) 肖像画
ပုံတူပွါး:[poundubwa:] (名) 複製画
ပုံတော်[poundɔ] (名) 仏画、釈尊の絵
ပုံတော်ကား[poundɔ ka:] (名) =ပုံတော်
ပုံတော်ဖိနပ်[poundɔ p'əna'] (名) (マンダレー王朝時代に考案された) 皮底、ビロード張りの鼻緒付き履物
ပုံတော်ရာမ[poundɔ jama.] (名) ヴィシュヌの権化、ヴィシュヌの七次の垂跡、ラーマ王子
ပုံတိုပတ်စ[poundo pa'sa.] (名) 喩、比喩
ပုံတိုက်[poundai'] (副) まとめて、一括して
ပုံတိုက်ရန်ပုံငွေ[poundai' janbounŋwe] (名) 一括助成、一括補助
ပုံထုံး:[poun t'oun:] (名) 慣例、先例、伝統
ပုံနာ[poun na] (動) 話に耳を傾ける
ပုံနှိပ်[poun ɲei'] (動) 印刷する
ပုံနှိပ်စာ[pounɲei'sa] (名) 印刷文
ပုံနှိပ်စာလုံး[pounɲei' saloun:] (名) 活字
ပုံနှိပ်စက်[pounɲei'sɛ'] (名) 印刷機
ပုံနှိပ်တိုက်[pounɲei'tai'] (名) ①印刷屋 ②出版社
ပုံနှိပ်ထုတ်ဝေ[pounɲei' t'ou'we] (動) 印刷刊行する、出版する
ပုံပမာ[poun pəma] (名) 例え、例示
~ပုံပေါ်[boun pɔ] (助動) ~のようだ、のように見える、~と思われる သူသိပုံမပေါ်ဘူး။ 彼は知らないようだ သတ္တိကတော့ရှိပုံပေါ်ဘူး။ 勇気があるようには見えない အရင်ကရောက်ဖူးပုံမပေါ်ဘူး။ 以前に訪れた事があるようには見えない မည်သူမျှမြင်ပုံမပေါ်။ 誰も見なかったようだ、見たものは誰もいないようだ
ပုံပန်[pounpan] (名) 姿、形、型、格好
ပုံပန်းမကျဖြစ်[pounpan: məʧa. p'ji'] (形) 形がいびつだ、姿が異常だ、片端だ
ပုံပန်းသဏ္ဌာန်[pounpan: dədan] (名) 姿、形、形状、形態、外形
ပုံပျက်[poun pjɛ'] (動) 形が崩れる、変形する
ပုံပျက်ကလေး[pounbjɛ'kəle:] (名) 片端、不具者
ပုံပျက်ပန်[pounbjɛ' pan:bjɛ'ne.] (副) ①変形して ②列を乱して、崩れた状態となって
ပုံပျက်ပန်းပျက်ဖြစ်[pounbjɛ' pan:bjɛ' p'ji'] (動) ①形が変る、変貌する、形態が崩れる ②肢体不自由児となる
ပုံပြ[poun pju.] (動) 例とする、範とする
ပုံပြော[poun pjɔ] (動) 話をする、物語を語る
ပုံပြောကောင်း[pounbjɔ: kaun:] (形) 話が上手だ、語りが巧みだ
ပုံပြင်[pounbjin] (名) 説話、民話、物語、寓話、昔話、お伽話

ပုံပြင်စာအုပ်[pounbjin sauʔ] (名) 物語の本
ပုံဖော်[poun p'ɔ] (動) 形を作り出す、像を造る、粗造りをする
ပုံဖော်ကြည့်[poun p'ɔt'ʃi.] (動) 描いてみる、想像してみる
ပုံဖမ်း[poun p'an:] (動) ① (態度、仕草を) 真似る、演じる ② (被写体の) 構図を決める ③デッサンをする
ပုံမှားရိုက်[pounma: jai'] (動) 巧みに欺く、誤魔化す、信じ込ませる
ပုံမှန်[pounman] ① (名) 正常、正しい形 ②固定、固定した形 ③ (形) 正常な ④固定した ⑤ (副) 正常に ⑥定期的に ⑦固定的に ကျောင်းသားဦးရေပုံမှန်ရှိ။ 生徒数は一定していない တနှစ်တကာန်:ပုံမှန်အောင်သည်။ 1年に1学年、正常に進級する
ပုံမှန်ဆက်ဆံခွင့်ရ[pounman s'ɛ's'angwin. ja.] (動) 正常な関係が結べる
ပုံမှန်ဆက်ဆံရေး[pounman s'ɛ's'an je:] (名) 国交正常化
ပုံမှန်ဈေးနှုန်း[pounman ze:noun:] (名) 基準価格、標準価格
ပုံမှန်ဖြစ်[pounman p'ji'] (形) 正常だ
ပုံမှန်လွတ်တော်[pounman ɬu'tɔ] (名) 通常国会、定例議会
ပုံမှန်အခြေအနေ[pounman əʧe ene] (名) 正常な状態、普通の状態
ပုံမှန်အစည်းအဝေး[pounman əsi: əwe:] (名) 定例集会
ပုံမှန်အနေအထား[pounman əne ət'a:] (名) 正常な状態
ပုံမှန်အလျော:[pounman əlja:] (名) 正常な長さ
~ပုံရ[boun ja.~poun ja.] (助動) ~と思われる、~のようだ သူကသဘောကောင်းပုံရပါဝယ်။ 彼は人柄がよさそうだ ခင်ဗျာ:ကဗဟုသုတပြည်စုံပုံရဝယ်။ あなたは知識が豊富なようだ စိတ်စာချင်:တူပုံမရ။ 心構えの点では違いがあるようだ သူ့သား:များကကျေနပ်ပုံမရဘူး။ 彼の息子達は不満なようだ
ပုံရင်း[poun jin:] (名) 原形、元の姿
ပုံရိပ်[poun jei'] (名) 映像
ပုံလောင်း[poun laun:] (動) ①素描する、デッサンする、スケッチする ② (彫刻の) 粗造りをする
ပုံဝတ္ထု[poun wu't'u] (名) 物語、昔話
ပုံသေ[pounde] ① (名) 固定 ② (形) 固定した
ပုံသေကျ[pounde kja.] (副) 確実に、明確に、はっきりと、絶対的に

ပုံသေတို:[poundedo:]（名）単利 cf.နှစ်ထပ်တို:
ပုံသေနည်:[poundeni:]（名）①（数学の）公式 ②絶対方式、固定方式
ပုံသေနှန်:[poundenoun:]（名）定率
ပုံသေလစာ:[pounde la.za:]（名）固定給
ပုံသေတ်မှတ်ထာ:[pounde ta'ma't'a:]（動）一定に定めてある、固定してある、
ပုံသေအယူအဆ[pounde əjuəs'a.]（名）固定観念
ပုံသေအလုပ်သမာ:[pounde əlou'təma:]（名）常雇いの労働者
ပုံတက်သေ[poun tɛ'te]（名）①先例、前例 ②具体例、具体的証拠
ပုံဏ္ဍာန်[poun dədan]（名）（サイズ、色等も含めた）姿、形、形態
ပုံသွင်:[poun twin:]（動）①型にはめる、造形する、鋳造する ②矯正する、教導する
ပုံသွန်[poun tun:]（動）鋳造する
ပုံ:[poun:]（名）①容器、入れ物、バケツ、缶、桶
ပုံ:မကျီ[poun:məɟi]（名）田の神、穀物の神＝ပုံ:မကျီ့မကြည်။
ပုံ:မကျီတင်[poun:məɟi tin]＝ပုံ:မကြည်တင်
ပုံ:လု'[poun:lu']（副）バラで
ပုံ:ရည်[poun je]＝ပုံ:ရည်
ပုံ:ရည်ကြီ:[poun jeɟi:]＝ပုံ:ရည်ကြီ:
ပျ[pja.]（虫）アリマキ、アブラムシ
ပျကောင်:[pja.gaun]＝ပျ
ပျစားပို:[pja.za: po:]（虫）テントウムシ
ပျပျ[pja.bja.]（副）ぼんやりと、霞んで、かすかに、遠方に ပျပျတဲ့မြင်ရသည်။ ぼんやりとしか見えない
ပျာ[pja]（動）慌てる、うろたえる、狼狽する ဧည့်သည်လာတဲ့အခါပျာနေတာဘဲ။ 来客があってうろたえている
ပျာကလတ်[pja kəla']（副）おろおろして、そわそわして
ပျာပျာလောင်လောင်[pjabja launlaun]（副）うろたえて、狼狽して、慌てて、せかせかと
ပျာပျာတလဲ:[pjabja təlɛ:]（副）慌てて、うろたえて、取るものも取敢えず、誠意一杯に
ပျာပျာတလဲဖြစ်[pjabjatəlɛ: p'ji']（動）うろたえる、慌てる、狼狽する
ပျာပျာတလဲရှီ[pjabjatəlɛ: ʃi.]（動）うろたえる、狼狽する
ပျာယာခပ်[pjaja k'a']（動）慌てる、うろたえる、狼狽する、落着きを失う
ပျာယီ:ပျာယာ[pjaji: pjaja]（副）慌てふためい

て、急いで、慌ただしく
ပျာလောင်ခပ်[pjalaun k'a']（動）狼狽する、慌てふためく
ပျာလောင်ရှိုက်[pjalaun jai']（動）おろおろする、落着きを失う
ပျာတာ[pjata]（名）小使い、走り使い＝ပြာတာ
ပျာ:[pja:]（虫）蜜蜂
ပျာ:စွဲ[pja: swɛ:]（動）蜜蜂が分封する、蜜蜂が一個所に群がる
ပျာ:တက်ကြောင့်ပြည်ပျက်။（諺）些細な事から大事に至る（堤防の決壊も、蟻の一穴から）
ပျာ:တူ[bədu]（虫）クマバチ
ပျာ:တူငှက်[bədu ŋɛ']（鳥）アカムネハチクイ（ハチクイ科）Nyctyornis(Alcemerops) atherloni
ပျာ:တူအံ့လိုက်[bədu oun lai']（動）蜂の巣のようになる、穴だらけになる
ပျာ:တုပ်[pja: tou']（動）蜂に刺される
ပျာ:ဖန်:ခပ်[pja:ban: k'a']（動）①蜂が花の蜜を吸う ②右往左往する、雑踏する အလုပ်သမာ:ကြီ:များသည်ပျာ:ဖန်:ခပ်များအလုပ်များနေကြသည်။ 労働者達は蜂が往来するように忙しい အရှေ့မှအနောက်၊အနောက်မှအရှေ့သို့ပျာ:ဖန်:ခပ်ကူးသန်:သွာ:လာနေကြသည်။ 東から西へ、西から東へと大忙しで行き来している
ပျာ:ထီ:[pja:di:]（名）雄の蜜蜂
ပျာ:ဖယောင်:[pja: p'əjaun:]（名）蜜蝋
ပျာ:ဖုပ်[pja: p'u']（動）蜂蜜を採る
ပျာ:ဘုရင်မ[pja: bəjinma.]（名）女王蜂
ပျာ:မွေ:မြူရေ:[pja: mwe:mjuje:]（名）養蜂業
ပျာ:ရည်[pje:je]（名）蜂蜜
ပျာ:ရည်ဆန်:ခရီ:[pja:jezan: k'əji:]（名）新婚旅行、ハネムーン
ပျာ:ရည်နှင့်ဝမ်:ချ[pja:je nɛ. wun:tʃa.]（比）甘言で誘う、甘言で釣る
ပျာ:လပို[pja:ləbo]（名）蜜蜂の巣
ပျာ:လပို့[pja:ləbo.]＝ပျာ:လပို
ပျာ:သလက်[pja:təlɛ']（名）蜂の巣の根元、蜂の幼虫がいる部分
ပြာ:သိုက်[pja:dai']（名）蜂の巣
ပျာ:အုံ[pja:oun]（名）蜂の巣箱
ပျာ:အုံဖွဲ့[pja:oun p'wɛ.]（動）蜂が巣を作る
ပျူ[pju]（名）ピュー族（チベット・ビルマ系の言語を使っていたビルマ古代の民族、タイエーキッタヤーやベイタノー、ハリンジー等はその遺跡）
ပျူငှာ[pjuŋa]（形）親切だ、温情的だ、丁寧だ、礼儀

正しい、いんぎんだ
ပျူငှါစွာ [pjuŋazwa] (形・文) 親切に、丁寧に
ပျူပျူငှါငှါ [pjubju ŋaŋa] (副) 親切に、丁寧に、礼儀正しく
ပျော့ [pjɔ.] (形) ①柔かい、柔軟だ ②弱い、弱々しい、衰弱している
ပျော့ကွက် [pjɔ.gwɛˀ] (名) 弱点、欠陥 cf.ညံ့ကွက်
ပျော့ခွေ [pjɔ.k'we] (動) ぐったりする、ぐんにゃりする
ပျော့စိ [pjɔ.si.] (形) 柔かい、軟弱だ
ပျော့စိစိ [pjɔ.si.zi.] (副) ぶよぶよと、ふわふわと
ပျော့စိပျော့ညက် [pjɔ.si. pjɔ.ɲɛˀ] (副) 弱々しく、優しく
ပျော့ညံ့ [pjɔ.ɲaɲ.] (形) ①弱い、ぐにゃぐにゃしている ②意志が弱い
ပျော့ပျော့ [pjɔ.bjɔ.] (形) ①柔かい ထမင်းပျော့ပျော့နှင့်ကျွေးရသည်။ ふんわりした飯を食べさせた ②少し足りない、少し弱い မြို့နှင့်ခရီးနှစ်တိုင်ပျော့ပျော့လောက်ကွာသည်။ 町とは2タイン弱しか離れていない
ပျော့ပျော့ပျောင်းပျောင်း [pjɔ.bjɔ. pjaun:bjaun:]] (副) 柔かく、柔軟に、しなやかに、弾力的に
ပျော့ပျောင်း [pjɔ.bjaun:] (形) ①柔かい、柔軟だ、しなやかだ、弾性に富む ②優しい、ソフトだ ပျော့ပျောင်းသောသဘောထား: 柔軟な考え方
ပျော့ဖပ် [pjɔ.baˀ] ① (形) 柔らかだ、柔軟だ=ပျော့ဖတ် ② (名) パルプ
ပျော့အိ [pjɔ.i.] (形) ①きめが細かい、手触りが柔かい ②だぶだぶだ、ぶよぶよだ ③ふわふわだ、ずぶずぶした ④どろどろした
ပျော် [pjɔ] (動) ①楽しく思う、愉快に思う、嬉しく思う ②溶ける、溶融する အရည်ပျော်သည်။ ③ (果物が) 完熟する、熟れて柔かくなる ငှက်ပျောသီးပျော်နေပြီ။ バナナが熟れ過ぎている
ပျော်စရာ [pjɔzəja] (名) 楽しみ、楽しい事
ပျော်စရာကောင်း [pjɔzəja kaun:] (形) 楽しい、愉快だ
ပျော်တော်ခေါ် [pjɔdɔ k'ɔ] (動) 国王がお楽しみになる
ပျော်တော်ဆက် [pjɔdɔ sˀɛˀ] ① (動) 国王をもてなす、国王に楽しんでいただく ② (歌舞音曲で) もてなす、楽しんでもらう、慰安する ③ [pjɔdɔzɛˀ] (名) コメディアン、道化師 ④売春婦
ပျော်တော်ဆက်အမျိုးသမီး [pjɔdɔzˀɛˀ əmjo: də mi:] (名) 慰安婦
ပျော်ပါး [pjɔba:] (動) ①楽しむ ②耽る、のめり込む、耽溺する ③性交する、性的快楽を求める
ပျော်ပါးမြူးတူး [pjɔba: mju:du:] (動) 楽しむ、享楽する
ပျော်ပိုက် [pjɔbaiˀ] (形) 楽しい、幸せだ
ပျော်ပျော်နေ၊လေး။ (格) 楽しく暮せば長生きできる
ပျော်ပျော်ပါးပါး [pjɔbjɔ pa:ba:] (副) 楽しく、愉快に
ပျော်ပျော်ရွှင်ရွှင် [pjɔbjɔ ʃwinʃwin] (副) 朗らかに、愉快に、楽しく
ပျော်ပွဲစား [pjɔbwɛ:za:] (名) ピクニック
ပျော်ပွဲစားထွက် [pjɔbwɛ:za: t'wɛˀ] (動) ピクニックに出かける
ပျော်ပွဲစားရုံ [pjɔbwɛ: sa:joun] (名) 食堂、レストラン
ပျော်ပွဲရွှင်ပွဲ [pjɔbwɛ: ʃwinbwɛ:] (名) 楽しみ、楽しい催し
ပျော်ပွဲသဘင် [pjɔbwɛ: dəbin] (名) 娯楽、楽しみ、接待
ပျော်မဆုံးမော်မဆုံးဖြစ် [pjɔməs'oun: mɔməs'oun: p'jiˀ] (形) 無限に楽しい、限りなく楽しい
ပျော်မြူး [pjɔmju:] (動) 楽しむ、戯れる、はしゃぐ
ပျော်မွှေ [pjɔmwe.] (形) 嬉しい、楽しい、幸せだ
ပျော်မွှေဘွယ်ကောင်း [pjɔmwe.bwɛ kaun:] (形) とても楽しい、とても嬉しい
ပျော်ရာနိဗ္ဗာန်၊မြန်မာရွာဟင်းကောင်း။ (諺) 楽しい所が極楽、おいしいものがご馳走 (住めば都)
ပျော်ရာမှာနေရ၊တော်ရာမှာသာနေရမည်။ (格) 楽ばかりを追うべからず、自分に相応しい暮しをせよ
ပျော်ရည် [pjɔje] (名) 溶液
ပျော်ရွှင် [pjɔʃwin] (形) 楽しい、愉快だ
ပျော်ရွှင်စွာ [pjɔʃwinzwa] (副・文) 楽しく、愉快に、陽気に
ပျော်ရွှင်မှု [pjɔʃwinmṵ] (名) 楽しさ、楽しみ
ပျို့ [pjo.] (名) 4音節1行詩、仏典詩、仏教叙事詩
ပျို့ [pjo.] (動) ①むかつく、むかむかする、吐き気がする ②現れ始める、出現し始める ရောင်နီပျို့သည်။ 燭光が差し始める
ပျို့တို့ဖြစ် [pjo.to.do. p'jiˀ] (動) むかむかする、吐き気がする
ပျို့တက် [pjo.tɛˀ] (動) 吐き気がする
ပျို [pjo] ① (形) 柔かい、若い、うら若い ② (名) 未婚の人 အပျို 未婚女性 လူပျို 未婚男性
ပျိုကညာ [pjo kəɲa] (名) 未婚女性、乙女

ပျော်

ပျိုနု[pjonu.]（形）初々しい、若々しい
ပျိုပျိုရွယ်ရွယ်ရှိ[pjobjo jwɛjwɛ ʃi.]（形）若い、若々しい
ပျိုမျစ်[pjomjiʔ]（形）うら若い、若々しい
ပျိုရွယ်[pjojwɛ]（形）若々しい
ပျိုး[pjo:]（動）①蒔く、種を蒔く ②始める、—し始める ③（名）苗
ပျိုးကြဲ[pjo: tʃɛ:]（動）種蒔きをする、種籾を蒔く
ပျိုးခင်း[pjo:gin:]（名）苗代、苗床
ပျိုးခင်းနွားစား၊၊ရည်းစားလူလု။（諺）苗代を牛が食い荒らし、恋人は他人に奪われ（踏んだり蹴ったり）
ပျိုးချ[pjo: tʃa.]（動）苗を植える
ပျိုးစည်း[pjo:zi:]（名）苗の束
ပျိုးတောင်[pjo: taun]（動）①苗代に種籾を蒔く ②育てる、育成する
ပျိုးနုတ်[pjo: n̥ouʔ]（動）（苗代の）苗を抜く
ပျိုးပင်[pjo:bin]（名）苗
ပျိုးသတ်[pjo:dɛʔ]（名）苗の生育度、成長度
ပျက်[pjɛʔ]（動）①壊れる、故障する、潰れる စက်ပျက်သည်။ エンジンが故障する ကား:ပျက်သည်။ 自動車が故障する အမိုး:အကာပျက်သည်။ 覆いが壊れる နာရီပျက်သည်။ 時計が故障する မျက်စိပျက်သည်။ 目を傷める ②失敗する、水泡に帰す အိပ်ရေး:ပျက်သည်။ 睡眠不足だ အစာ:ပျက်သည်။ 食欲不振になる အစီအစဉ်ပျက်သည်။ 計画が挫折する ③身を持ち崩す ဟိုကောင်မလေး:ဟာပျက်နေတယ်။ あの子は身を持ち崩している ④滅びる、破滅する、没落する ⑤失う、逃す ကတိပျက်သည်။ 約束を守らない ကျောင်း:ပျက်သည်။ 授業を欠席する မျက်နှာပျက်သည်။ 面目を失う ကော:ပျက်သည်။ 約束が反故になる ဦးနှောက်ပျက်သည်။ 気が触れる、頭が変になる
ပျက်စိမ့်[pjɛʔkein]（名）滅亡の兆
ပျက်စိမ့်ဆိုက်[pjɛʔkein: sʼaiʔ]（名）滅亡の時期に至る、滅亡の時が訪れる
ပျက်ကျ[pjɛʔtʃa.]（動）壊れて落ちる、墜落する、崩落する လေယာဉ်ပျက်ကျသည်။ 飛行機が墜落する ရဟတ်ယာဉ်ပျက်ကျသည်။ ヘリコプターが墜落する
ပျက်ကွက်[pjɛʔkwɛʔ]（動）怠る、履行しない、果たさない、約束を破る တာဝန်ပျက်ကွက်သည်။ 責任を全うしない အမှတ်ခဲ့ဘို့ပျက်ကွက်သည်။ 任務を遂行しない ကျန်ငွေကိုပေး:ချေရန်ပျက်ကွက်သည်။ 残額の返済を怠る
ပျက်ကွက်လစ်လပ်[pjɛʔkwɛʔ liʔlaʔ]（動）手抜きをする
ပျက်ခြင်း:ဖြစ်ခြင်း:[pjɛʔtʃin: pʼjiʔtʃin:]（名）生成消滅、流転

ပျက်စီး[pjɛʔsi:]（動）①壊れる ②倒れる、崩れする、瓦解する、廃れる ③うまく行かない ④堕落する、品行が悪くなる、破滅する ⑤死去する、死亡する
ပျက်စီးနှစ်မွမ်း[pjɛʔsi: niʔmun:]（動）離破する、壊れて沈む
ပျက်စီးမှု[pjɛʔsi:m̥u.]（名）破壊、損壊
ပျက်စီးယိုယွင်း[pjɛʔsi: jojwin:]（動）衰退する
ပျက်စီးရာပျက်စီးကြောင်း[pjɛʔsi:ja pjɛʔsi:ʤaun:]（名）破壊への過程、破壊への道
ပျက်ပြား[pjɛʔpja:]（動）①壊れる、砕ける ②駄目になる、不調に終る、決裂する ဆွေး:နွေး:ပွဲပျက်ပြား:သည်။ 話し合いが決裂する ③変形する
ပျက်ပြယ်[pjɛʔpjɛ]（動）①（色が）褪せる、消滅する、消え失せる ②（薬の）効力が失くなる、無効になる
ပျက်ပြုန်း[pjɛʔpjoun:]（動）滅亡する、破滅する、全滅する
ပျက်ယွင်း[pjɛʔjwin:]（動）損われる、悪化する、退歩する
ပျက်ရာပျက်ကြောင်း[pjɛʔja pjɛʔtʃaun:]（名）破壊に至る訳、その原因
ပျက်တုံ:[pjɛʔtoun:]（動）壊れる、崩れる、役に立たなくなる、無になる စည်း:လုံး:မှုပျက်သုံး:သည်။ 団結が崩れる
ပျက်အစဉ်၊ပြင်ခဏ။（格）破壊は常に、手直しは一瞬（過ちを改むるにはばかるなかれ）
ပျက်[pjɛʔ]（動）ふざける、からかう →ပြက်
ပျက်ချော်[pjɛʔtʃʼɔ] →ပြက်ချော်
ပျက်ချော်ချော်[pjɛʔtʃʼɔʤɔ] →ပြက်ချော်ချော်
ပျက်တီ:ပျက်ချော်[pjɛʔti:pjɛʔtʃʼɔ] →ပြက်တီ:ပြက်ချော်
ပျက်ရယ်စကား:[pjɛʔji zəga:] →ပြက်ရယ်စကား:
ပျက်ရယ်ပြု[pjɛʔji pju.] →ပြက်ရယ်ပြု
ပျက်လုံ:[pjɛʔloun:] →ပြက်လုံ:
ပျက်လုံ:ထို:[pjɛʔloun: tʼo:] →ပြက်လုံ:ထို:
ပျက်လုံ:ထုတ်[pjɛʔloun: tʼouʔ] →ပြက်လုံ:ထုတ်
ပျောက်[pjauʔ]（動）①消える、消滅する နှင်:ပျောက်သည်။ 霧が晴れる ②失う、無くなる、紛失する အပ်ပျောက်သည်။ 針をなくす ဆင်ပျောက်သည်။ 象がいなくなる ③（病気が）治る、治癒する、（痛みが）癒える ရောဂါပျောက်သည်။ 病気が治る အကိုက်အခဲပျောက်သည်။ 痛みが消える ချောင်း:ဆို:ပျောက်သည်။ 咳が治まる
ပျောက်ကော[pjauʔkɔ:]（動）絶える、消滅する ပျောက်ကွယ်တိမ်ကော の省略形

ပျောက်ကင်း[pjau?kin:]（動）①（病気、怪我が）治る、完治する ②障害が消える、無くなる
ပျောက်ကြာ:[pjau?tʃa:]→ပြောက်ကြာ:
ပျောက်ကြာ:စံနစ် →ပြောက်ကြာ:စံနစ်
ပျောက်ကြာ:တိုက်ပွဲ: →ပြောက်ကြာ:တိုက်ပွဲ:
ပျောက်ကြာ:တပ်သား: →ပြောက်ကြာ:တပ်သား:
ပျောက်ကွယ်[pjau?kwɛ]（動）姿を消す、消滅する、消え去る、見えなくなる
ပျောက်ခြင်:မလှပျောက်[pjauʔtʃ'in:məla.pjauʔ]（動）いつの間にか消え去る、跡形もなく消え去る
ပျောက်ဆုံး[pjau?s'oun:]（動）①無くしてしまう、紛失する ②いなくなる、行方不明になる
ပျောက်ဆုံး:မှု[pjau?s'oun:mu.]（名）紛失
ပျောက်တိပျောက်ကျာ:[pjau?ti. pjau?tʃa:]（副）時折、ちらほらと
ပျောက်ပျက်[pjau?pjɛ?]（動）無くなる、消滅する မသင့်လျော်သည့်စကား:ကိုပျောက်ပျက်စေရသည်။ 不適切な表現を無くさなければならない
ပျောက်လွင့်[pjau?lwin.]（動）飛び散る、消え去る、散失する、飛散する
ပျောက်သောလူရှာလျှင်တွေ့၊（諺）去る者日々に疎し（သေသောသူကြာလျှင်မေ့။ という文言が前半にある）
ပျင်:[pjin:]（形）①退屈だ、無聊だ ②怠惰だ、ものぐさだ、不精だ 怠け者だ ③飽きる、厭になる、うんざりする
ပျင်:စရာကောင်:[pjin:zəja kaun:]（形）とても退屈だ
ပျင်:တွဲ[pjin:dwɛ:]（形）①物憂げだ、のろのろしている ②柔軟かつ強靭だ
ပျင်:ပျင်:ရှီ[pjin:bjin: ʃi.]（形）大儀だ
ပျင်:ပျင်:ရီရီ[pjin:bjin: ji.ji.]（副）大儀そうに、物憂げに
ပျင်:ရီ[pjin:ji.]（形）①退屈だ、物憂い ②ものぐさだ、怠け者だ、怠惰だ
ပျင်:ရီပျင်:တွဲ[pjin:ji. pjin:dwɛ:]（副）①退屈で ②ものぐさで、怠惰で
ပျင်:ရီဘွယ်[pjin:ji.bwɛ]（名）退屈、怠惰
ပျောင်:[pjaun:]（形）柔かい、柔軟だ
ပျောင်:နွဲ[pjaun:nwɛ.]（形）しなやかだ
ပျောင်:ပျော[pjaun:pjɔ.]=ပြောပျောင်:
ပျောင်:အိ[pjaun. i.]（形）①手触りがよい、すべすべしている ②なよなよしている ＝ပျော့အိ
ပျစ်[pji?]①（形）（スープ、血等が）濃い、濃厚だ အရည်ပျစ်သည်။ ②（動）（屋根を）藁葺き、草葺き、茅葺きにする ③束ねる、まとめる သက်ကယ်ပျစ်သည်။ ワセオバナを束ねる

ပျစ်ခွဲ[pji?tʃ'wɛ:]（形）濃い、濃密だ、粘り気がある、粘々する
ပျစ်ဆဲ[pji?s'wɛ:]（副）のろのろと
ပျစ်တောင်:[pji?taun:]（名）竹ひごを編んで作った上部が円形、下部は方形の篭
ပျစ်ထူ[pji?t'u]（副）密に、濃密に、ぎっしりと
ပျစ်ထိုင်:[pji?t'ain:]（名）①でぶ、太ってずんぐりした人 ②動きの鈍い人
ပျစ်ပျစ်ညစ်ညစ်[pji?pji? ɲi?ɲi?]（副）①簡潔に ②露骨に、厳しく
ပျစ်ပျစ်နှစ်နှစ်[pji?pji? ɲi?ɲi?]（副）①濃く ②あからさまに、遠慮会釈無く ပျစ်ပျစ်နှစ်နှစ်ဝေဖန်သည်။ 酷評する、厳しく批判する
ပျဉ်[pjin]（名）板、厚板
ပျဉ်ကာပျဉ်ခင်:[pjinga pjingin:]（名）（壁も床も板張りの）木造家屋
ပျဉ်ကြပ်[pjinɡu?]（名）屋根板
ပျဉ်ခင်:[pjingin:]（名）板間、板張りの床
ပျဉ်ခင်:ပျဉ်ကာ[pjingin: pjinga]=ပျဉ်ကာပျဉ်ခင်:
ပျဉ်ခုံ[pjingoun]（名）霊柩台、棺架
ပျဉ်တလာ:[pjin təla:]（名）棺
ပျဉ်ထောင်အိမ်[pjindaun ein]（名）板張りの家、木造住宅
ပျဉ်ပြာ:[pjinbja:]（名）板
ပျဉ်:[pjin:]（形）①（肉が）硬い、（革のように）硬い、強靭だ ②ぐにゃぐにゃだ、ぶよぶよだ ပါ:ပျဉ်:（雄鶏の）肉垂
ပျဉ်:[pjin:]=ပျဉ်:ကတို:
ပျဉ်:ကတို:[pjin: gədo:]（植）ビルマテツボク（ネムノキ科） Xylia dolabriformis
ပျဉ်:တော်သိမ်[pjin:dɔ tein]（植）①スメルノキヒメワンピ（ミカン科） Clausena excavata ②ナンヨウザンショウ（ミカン科） Murraya koenigii
ပျဉ်:ပိတောက်[pjin: bədauʔ]（植）チンダロ（ジャケツイバラ科） Pahudia martabanica
ပျဉ်:မ[pjin:ma.]（植）オオバナサルスベリ（ミソハギ科） Lagerstroemia speciosa
ပျဉ်:မဖြူ[pjin:ma.bju]（植）ウラゲサルスベリ（ミソハギ科） Lagerstroemia tomentosa
ပျဉ်:မဖြူလယ်စ[pjin:ma.bju lɛza.]（植）ウラゲサルスベリ（ミソハギ科）
ပျဉ်:မရွက်ကြီ:[pjin:ma. jwɛ?tʃ'i:]（植）ミソハギ科サルスベリ属の植物 Lagerstroemia macrocarpa

ပျစ်[pja'] (形) 小柄だ、ずんぐりしている
ပျစ်ပျစ်[pja'pja'] (副) ずんぐりしていて、小人のようで
ပျစ်ဝပ်[pja'wu'] (動) ひれ伏す、平身低頭する
ပျမ်း[pjan:] (動) 広げる、広める、散布する、分配する
ပျမ်းမျှ[pjan:mja.] (副) 平均して
ပျမ်းမျှကြေး[pjan:mja.dʑe:] (名) 平均価格、平均賃金
ပျမ်းမျှခြင်း[pjan:mja.dʑin:] (名) 平均
ပျမ်းမျှတဦးချင်းဝင်ငွေ[pjan:mja. təu:dʑin:wiŋwe] (名) 一人当たり平均所得
ပျမ်းမျှခြင်းအား[ဖြင့်][pjan:mja.dʑin: a:p'jin.] (副) 平均して、平均すれば
ပျမ်းမျှဝင်ငွေ[pjan:mja. wiŋwe] (名) 平均収入
ပျမ်းမျှအသက်[pjan:mja. ətɛ'] (名) ①平均年齢 ②平均寿命
ပျံ့[pjan.] (動) ①散る、拡がる、拡まる、拡散する ②(匂いが)発散する ③さまよう、さすらう
ပျံ့နှံ့[pjan.nan.] (動) 拡がる、伝播する、拡散する
ပျံ့နှံ့ဖြစ်ပွား[pjan.nan. p'ji'pwa:] (動) 拡がる、拡大する、拡散する
ပျံ့နှံ့မှု[pjan.nan.mu.] (名) 拡がり、分布
ပျံ့ပျံ့ပျူးပျူး[pjan.bjan. pju:bju:] (副) 平坦に、平に
ပျံ့ပျူး[pjan.bju:] (形) 平らだ、平坦だ
ပျံ့ပွား[pjan.pwa:] (動) 拡がる、拡大する、蔓延する
ပျံ့မွေး[pjan.mwe:] (動) 香りを放つ
ပျံ့လွင့်[pjan.lwin.] (動) ①さまよう、放浪する ②漂う、飛散する
ပျံ့တင်[pjan.tin:] (動) (香りが)漂う、発散される
ပျံ[pjan] (動) ①飛ぶ、飛翔する、飛行する ②舞い上がる、上昇する ③亡くなる、他界する ④いちゃつく、ふざける、異性の気を引く、媚びを売る、しとやかさに欠ける တော်တော်ပျံတာဘဲ။ かなりのじゃじゃ馬だ
ပျံကျ[bjandʑa.] (名) 他郷出身者、流れ者、お登りさん、田舎出の者
ပျံကျရပ်ကွက်[bjandʑa. tʃu:tʃɔ ja' kwɛ'] (名) 不法住宅街、スラム
ပျံတော်မူ[pjan dɔmu] (動) (和尚、僧正が) 逝去する、他界する
ပျံတက်[pjantɛ'] (動) 飛び上がる、飛び立つ、離陸

ပျံတံတန်တန်ဖြစ်[pjantandan nan.tan.dan. p'ji'] (形) (娘が) 淑やかさに欠けている、跳ね返りだ
ပျံလွန်[pjanlun] (動) (比丘、出家が) 死ぬ、他界する
ပျံလွန်တော်မူ[pjanlun dɔmu]=ပျံတော်မူ၊ လွန်။
ပျံလွန်တဲ့ဒုက္ခါ။ နှား။ကာမှသိ။ (諺) 飛びすぎるインドブッポウソウ、止まった時に初めて判る (今に見ておれ、泣き面をかかせてやる)
ပျံလွှာ[bjanɨwa:] (鳥) ツバメ (ツバメ科) Hirundo rustica
ပျံလွှာမ[bjanɨwa:ma.] (名) 跳ねっ返り、じゃじゃ馬、おてんば娘、不良少女、プレイガール
ပျံဝဲ[pjan wɛ:] (動) 飛ぶ、飛翔する、旋回飛翔する
ပျံသန်း[pjantan:] (動) 飛ぶ、飛翔する、羽ばたく、飛行する
ပျံသန်းမှုမှတ်တမ်းကိရိယာ[pjantanmu. ma'tan: kəri.ya] (名) フライト・レコード
ပျံသန်းရေးလက်ထောက်[pjantan je: lɛ't'au'] (名) 副操縦士
ပြ[pja.] (名) 距離の単位 (マンダレー市特有の表現 王城の小塔から小塔までの間隔)、凡そ200メートル、約1ファーロンに相当
ပြ[pja.] (動) ①見せる、示す、指し示す ②展示する ③指示する、教示する စာပြသည်။ 授業をする
ပြကွင်းပြကွက်[pja.gwin: pja.gwɛ'] (名) 展示、陳列
ပြခန်း[pja.gan:] (名) 展示室、ショールーム
ပြဆို[pja.s'o] (動) 論じる、説明する
ပြဆိုချက်[pja.s'odʑɛ'] (名) 論拠
ပြဇာတ်[pja.za'] (名) ①芝居、ドラマ、演劇 ②芝居の脚本、戯曲
ပြဇာတ်ရုံ[pja.za'joun] (名) 劇場、芝居小屋
ပြညွှန်[pja.ɲun] (動) 指し示す、指示する
ပြညွှန်း[pja.ɲun:] (動) 指示する、引用する
ပြတိုက်[pja.dai'] (名) 博物館
ပြတင်းပေါက်[bədin:bau'] (名) 窓→ပြူတင်းပေါက်
ပြတင်းပေါက်ကွဲ[bədin:bau' kwɛ:] (動) 窓が割れる →ပြူတင်းပေါက်
ပြတင်းမှန်တံခါး[bədin: man dəga:] (名) ガラス窓 →ပြူတင်းမှန်တံခါး
ပြပွဲ[pja.bwɛ:] (名) 展示会、展覧会
ပြယုဂ်[pja.jou'] (名) 例、例証、証拠
ပြရုပ်[pja.jou'] (名) (実力のない) 飾り者、看板

ပြသ[pja.ta.]（動）見せる、示す、展示する
ပြအိုး[pja.o:]（名）王城の城壁に設けられた小塔
ပြကတေ့[bja.gəde.]（名）ありのまま、自然状態、元のまま ＝ပကတိ
ပြကတေ့မျက်စိ[bja.gəde. mjɛʔsi.]（名）肉眼
ပြဋ္ဌာန်း[pjaʔt'an:]（動）①決める、定める、規定する ②決心する、決意する ③現わす、表示する
ပြဋ္ဌာန်းချက်[pjaʔt'an:dʑɛʔ]（名）①決心、決意 ②規定
ပြဋ္ဌာန်းဆုံးဖြတ်[pjaʔt'an: s'oun:pʰjaʔ]（動）決める、規定する、決定する
ပြဋ္ဌာန်းထား[pjaʔt'an: t'a:]（動）規定してある、規定しておく、定めてある
ပြဋ္ဌာန်းပိုင်းခြား[pjaʔt'an: pain:tɕʰa:]（動）規定区分する、区分けする
ပြဋ္ဌာန်းအတည်ပြု[pjaʔt'an: əti pju.]（動）（法案を）成立させる、批准する
ပြတင်းပေါက်[bədin:bauʔ]（名）窓→ပြူတင်းပေါက်
ပြဒါး[bəda:]（名）①水銀 ②（錬金術で使われる）水銀球 ＜サ Pārada
ပြဒါးတပလမ်းသံတပလမ်း။（諺）各自てんでばらばら、水と油
ပြဒါးချိန်[bəda dʑein]（名）気温
ပြဒါးတိုင်[bəda:dain]（名）①水銀柱 ②寒暖計 ③体温計
ပြဒါးရှင်လုံး[bəda ʃinloun:]（名）（超能力が得られると言う煉金術で使用する）水銀球
ပြဒါးသေ[bəda: te]（動）水銀球の超能力を克服する、大儲けができる
ပြဿဒါး[pjaʔdəda:]（名）厄日、凶日、忌み日（この日には物事が忌避される）＜サ cf. ရက်ရာဇာ
ပြဿဒ်[pjaʔta]＝ပြာသာဒ်
ပြဿနာ[pjaʔtəna]（名）問題、難問 ＜サ
ပြဿနာတက်[pjaʔtəna tɛʔ]（動）問題が起る、問題が生じる
ပြဿနာဖြစ်[pjaʔtəna pʰjiʔ]（動）問題になる
ပြာ[pja]（動）①（米を）ふるう、篩にかける ဆန်ပြာသည်။米をふるう ②（目が）霞む မျက်စိပြာသည်။ ③（声が）しゃがれる အသံပြာသည်။
ပြာတီး[pja ti:]（動）（籾を）篩に掛ける
ပြပြမှိုင်းမှိုင်း[pjabja main:main:]（副）ぼんやりと、うっすらと
ပြာ[pja]（形）青い、青い色の、藍色をした
ပြာတတ[pja tata]（形）灰色をした
ပြာနောက်နောက်[pja nauʔnauʔ]（形）青っぽい
ပြာနမ်း[pja nan:]（形）曇った青色、冴えない青色をしている
ပြာနမ်းနမ်း[pja nan:nan:]（副）曇った青色で မျက်လုံးတွေပြာနမ်းနမ်းဖြစ်သည်။瞳は鈍い青色をしている ကောင်းကင်သည်ပြာနမ်းနမ်းအရောင်တောက်နေသည်။空は曇った青色に輝いている
ပြာနမ်းနမ်းနဲ့[pja nan:nan:nɛ.]（副）土気色になっていて
ပြာရီရီ[pja jiji]（形）薄青い ဆည်းဆာချိုသည် ပြာရီရီအလင်းရောင်ကိုပေးသည်။夕暮れ時は、薄青い明りを与える
ပြာလဲ့လဲ့[pja lɛ.lɛ.]（形）澄んだ青色、鮮やかな青色をした
ပြာ[pja]（名）灰
ပြာကျ[pja tɕa.]（動）灰になる、全焼する、灰燼に帰す
ပြာခံ[pjagan]（名）灰皿 ＝ပြာခွက်
ပြာခံခွက်[pjagangwɛʔ]＝ပြာခံ
ပြာချ[pja tɕʰa.]（動）灰にする、焼いてしまう
ပြာဆား[pjas'a:]（名）灰汁を蒸発させて作るカリウム
ပြာထုပ်[pjadouʔ]（名）餅米を灰汁で練って竹の葉で包んで蒸した食べ物
ပြာပုံကြီးအထိ[pjabounɡji: əti.]（動）全くの灰だらけ、灰の山、灰燼
ပြာပုံဆိုက်[pjaboun s'aiʔ]（動）貧困になる、窮乏化する
ပြာပုံဖြစ်[pjaboun pʰjiʔ]（動）灰の山になる、灰燼に帰す
ပြာဖုံး[pja pʰoun:]（動）灰に覆われる
ပြာရည်[pjaje]（名）バナナの幹を燃やして作った灰を水に浸けた上澄み液
ပြာဋိဟာ[pjadi.ha]（名）奇跡 ＜サ
ပြာတ[pjata]（名）小使い、用務員、雑用係 ＜ヒ
ပြာဇာခတ်[pjaja kʰaʔ]→ပျာယာခတ်
ပြာသိုလ[pjado la.]（名）ビルマ暦１０月（太陽暦の１月）
ပြာသိုအိုး[pjado o:]（名）ビルマ暦１０月に製造した水甕
ပြာသာဒ်[pjaʔta]（名）尖塔（王宮や寺院等の屋根の上の塔）、櫓（やぐら）（五重、七重、九重の）楼閣 နန်းပြာသာဒ် 宮殿の楼閣 ကျောင်းပြာသာဒ် 寺院の尖塔
ပြား[pja:]（名）①ピャー、ビルマの補助貨幣の単位 ကျပ်の百分の１ ②マングローブ沼沢
ပြား[pja:]（動）変化に富む、各種各様だ မျိုးပြားသည်။多い、豊富だ
ပြား[pja:]①（形）平だ、平たい ②（動）平身低頭

する、平伏する、這いつくばる、ぺちゃんこになる

ပြားခလောက်[pja: kəlauʔ]（名）牛の首に吊す木製のカウ・ベル ＝ခလောက်

ပြားချပ်[pja:tʃaʔ]（形）平べったい、偏平だ、平たくて薄い

ပြားချပ်ချပ်[pja:tʃaʔtʃaʔ]（副）平たくて、偏平で

ပြားပြားဝပ်[pja:bja: wuʔ]（動）平伏する、這いつくばる

ပြားပြားဝပ်ကြောက်[pja:bja: wuʔ]（動）恐怖で竦む、恐怖のあまり平伏する

ပြားပြားဝပ်လေးစားရှိသေ[pja:bja: wuʔ]（動）平伏畏敬する

ပြားတာတာ[pja: tata]（形）大体平らだ

ပြဿဒါးဇဒီ[pərei ʔta. jadi]（天）①ビルマ暦2月（太陽暦5月）に相当する季節 ②牡牛座（黄道十二宮の2番目）

ပြီ[pi]（動・文）競う

~ပြီ[bi~pi]（助）文末で使用、動作、行為の始動を示す ထမင်းကျက်ပါပြီ။ 御飯が炊き上がっている အားလုံးနိုးပါပြီ။ 全員目覚めている ကျွန်တော်နားလည်ပါပြီ 私には判りました အဖေပြန်လာပြီ။ 父が帰ってきた

~ပြီလား[bəla~bila:]（助）文末使用、疑問を示す ~しているか သိပြီလား[ပြီလား]။ 知っていたか ထမင်းကျက်ပြီလား။ 飯は炊けているか

~ပြီဖြစ်သည်။[bi pʼjiʔti]（助）文末使用、陳述を示す နေဝင်သွားသည်မှာ ကြာပြီဖြစ်သည်။ 日が暮れてもうかなり経っている အမိန့်ကြော်ပြတစခုကိုထုတ်ပြန်လိုက်ပြီဖြစ်သည်။ 命令告示をもう既に発令している

ပြိဿ[piḍa.] →ပိဿ

ပြီး[pi:~pji:]（動）（銃砲刀剣、凶器、毒蛇等に）免疫がある、不死身だ ဒုတ်ပြီးသည်။ 棍棒には平気だ ဓါးပြီးသည်။ 刀には不死身だ သေနတ်ပြီးသည်။ 銃には不死身だ အဆိပ်ပြီးသည်။ 毒に対して免疫だ

ပြီးဆေး[pi:ze:]（名）不死身の刺青、魔除けの呪文

ပြီး[pi:~pji:]（動）①終る、完了する、完成する ②十分だ、問題はない ချော့လိုက်ရင် ပြီးတာပဲ။ 慰めてやればそれで十分だ ③（接助）~して~する、~し終てから~する လက်ဆေးပြီးလာပါ။ 手を洗ってから来なさい ရေချိုးပြီးထမင်းစားပါ။ 行水を済せてから食事にしなさい အရိပ်ကောင်းကောင်းရှာ ပြီးအိပ်မယ်။ よい木陰を探して休もう ရေဆီသွားပြီးဆီဝယ်ပေးပါ။ 市場に行って油を買ってください ပိုက်ကွန်မှာ သစ်ခက်နှင့် ပြီးစုတ်ပြဲသွားသည်။ 網は木の枝に引掛けて破れてしまった

ပြီးကပစ်[pi:gəbjiʔ.]（副）だらしなく、杜撰で

ပြီးခဲ့[pi:gɛ.dɛ]（形）去る、過ぎ去りし~

ပြီးခဲ့သုံးလေးညလောက်က 3、4日前の晩に ပြီးခဲ့

တပတ် 先週 ပြီးခဲ့တဲ့လက 先月

ပြီးခဲ့သော[pi:gɛ.dɔ:]（形）ပြီးခဲ့တဲ့ の文語形

ပြီးခဲ့သည်[pi:gɛ.di.]（形）＝ပြီးခဲ့သော။ ပြီးခဲ့

သည်သီတင်းပတ် 先週、前の週

ပြီးငြိမ်း[pi:ɲein:]（動）収まる、静まる、落着する、決着する、円満に解決する

ပြီးစ[pi:za.]（形）~し終えたばかりの စပါးရိတ်ပြီးစဖြစ်သောလယ်ကွင်း 稲刈りを終えたばかりの田圃 ဆောက်ပြီးစအဆောက်အအုံဖြစ်သည်။ 建て終ったばかりの建物である

ပြီးစလယ်[pi:zəlwɛ]（副）お義理で、いい加減に、お座なりに、上面だけで ထမင်းကိုပြီးစလယ်စားလိုက်တယ်။ 飯を取りあえず掻き込んだ

ပြီးစီး[pi:zi:]（動）①終える、終了する、完成する ②免疫がある、不死身だ

ပြီးဆုံး[pi:s'oun:]（動）終る、終了する、完決する

ပြီးဆုံးခြင်းသို့ရောက်[pi:s'oun:dʒin: do. jauʔ]（動）終りになる、終局に至る

ပြီးဆုံးသွား[pi:s'oun: twa.]（動）終てしまう、終りを告げる

ပြီးတာပဲ[pi:dabɛ:]（形）それで十分だ、それでよい、それで済む အမြင်ရှင်းရင် ပြီးတာပဲ။ 視野が鮮明であればそれで十分だ

ပြီးတော့[pi:do.]（接）それに、そして、それから、その後、次に、おまけに

~ပြီးနောက်[pi:nauʔ]（接）~した後 ဆယ်ငါးမိနစ်မျှ ပြောနေပြီးနောက်အသံလုံးဝစဲသွားသည်။ 15分ばかり話をした後、声が完全に途絶えてしまった ရေမိုးချိုးပြီးနောက်အိပ်ရာဝင်ခဲ့သည်။ 行水を終えた後就寝した

~ပြီ[pi:bi]（助）文末使用、完了を現わす ထမင်းဝိုင်းအသင့်ပြင်ဆင်ပြီးပြီ။ 食膳の用意が既にできている နည်းအမျိုးမျိုးစမ်းသပ်ပြီးပြီ။ 様々な方法を試みてみた အဲဒီရုပ်ရှင်ကိုကျွန်တော် ကြည့်ပြီးပြီ။ その映画を私はもう見終った ထောင်ချောက်တော့ ထောင်ထားပြီးပြီ။ 罠は既に仕掛け終った

~ပြီပြီလား[pi:bəla:]（文末助）完了の疑問を現わす သတင်းစာဖတ်ပြီးပြီလား။ 新聞は読み終ったか

ပြီးပြီးပြတ်ပြတ်[pi:pi: pjaʔpjaʔ]（副）完全に、決定的に

ပြီးပြီးပျောက်ပျောက်[pi:bi: pjauʔpjauʔ]（副）お義理で、最低限の義務を果すだけで、冷淡に

ပြီးပြီးပျောက်ပျောက်ဖြစ်[pi:bi: pjauʔpjauʔ pʼjiʔ]（動）上の空だ、最低限の事をするだけだ

ပြီးပြေ[pi:pje]（動）解く、解決する、落着する

ပြီးပြည့်စုံ[pi: pje.zoun]（動）完了する、完璧になる、完全に果される、成就する

ပြီး ပြတ်

ပြီးပြတ်[piːpjaʔ] （動）終結する、決着を見る
~ပြီးဖြစ်[piːpʼjiʔ] （動）陳述を示す~したのである ပြီးလခွဲမိုးရွာသည်ကိုကြုံတွေ့စားခဲ့ရပြီးဖြစ်သည်။ 4月に降雨を経験したのである ပြိုအက်တဲ့ဘုရားများကိုတော့ ပြန်လည်ပြင်ဆင်ထားပြီးဖြစ်ပါတယ်။ 崩壊した仏塔は修築し終えている
ပြီးမြောက်[piːmjauʔ] （動）終了する、完了する、完成する、成就する、成功裡に終る
ပြီးမှ[piːma.] （接）それが終ってから、その後で
ပြီးရော[piːjɔː] （動）それで済む、それで片が付く
~ပြီးလျှင်[piːl̥jin.] （接助）~し終えて、~してから、~した後で ဆေးများထည့်ပြီးလျှင်ပတ်တီးဖြင့်စည်းနှောင်ပေးသည်။ 薬を塗った後包帯を巻いてくれた ပြတင်းပေါက်ကိုပိတ်ခဲ့ပြီးလျှင်ကုလားထိုင်ပေါ်သို့ထိုင်မိသည်။ 窓を閉めてから椅子に腰掛けた
ပြီးလျှင်ပြီးချင်း[piːl̥jin piːtɕiŋː] （接）終えるや否や、終えると同時に
~ပြီးသား[piːdaː] （助動）既に~済みの、とっくに~してある မီးပူတိုက်ပြီးသားအကြီ とっくにアイロンを掛け終った上着 လေးငါးကြိမ်ဖိုလျှော်ပြီးသားတပတ်ရစ် 4、5回洗濯済みの中古品 ကျွန်တော်တို့ ဆုံးဖြတ်ပြီးသားဖြစ်သည်။ 私達はとっくに決定済みです ထွေးပြီးသားတံထွေးကိုပြန်မျှိုမရှိ။ 一旦吐き出した唾をまた飲み込んだ例はない ကိုယ်လဲစောစောကသတင်းစာဖတ်ပြီးသားပါ။ 自分も新聞は先程読み終っている သဘောပေါက်တန်သလောက်ပေါ်ပြီးသားပါ။ 判るような事柄は既に判っている
ပြီးသည့်နောက်[piːdi.nauʔ] （接）終った後に
ပြု[pju.] （動）①為す、する、行う ရှင်ပြုသည်။ 得度させる သာသနာပြုသည်။ 布教する အိမ်ထောင်ပြုသည်။ 世帯を持つ ②作る ကျမ်းပြုသည်။ 本を作る ကျောင်းပြုသည်။ 寺院を建立する
ပြုကျင့်[pju.tɕʰin.] （動）①行う、為す、遂行する、実行する、実践する ②犯す、不善を為す
ပြုစား[pju.zaː] （動）①呪う、呪詛する ②魔法にかける、誑かす、取付く、憑く、憑依する
ပြုစု[pju.zu.] （動）①世話する、面倒を見る ②奉仕する、看護する ③著述する、著作する
ပြုပြင်[pju.bjin] （動）①直す、修正する、改める、訂正する、改善する、改良する ②修理する、修繕する
ပြုပြင်ချက်[pju.bjintɕʰɛʔ] （名）修正、改正、改定
ပြုပြင်ပြောင်းလဲ[pju.bjin pjauŋːlɛː] （動）改める、変革する、改革する
ပြုပြင်ပြောင်းလဲမှု[pju.bjin pjauŋːlɛːmṵ] （名）変化、変革、改善

ပြုပြင်ပြောင်းလဲရေး[pju.bjin pjauŋːlɛːjeː] （名）変革、改革、改正
ပြုပြင်ပြောင်းလွှဲ[pju.bjin pjauŋːl̥wɛː] （動）変える、改善する、刷新する
ပြုပြင်ဖွဲ့စည်း[pju.bjin pʼwɛ.ziː] （動）再編する、編成を改める
ပြုပြင်မွမ်းမံ[pju.bjin munːman] （動）修築する
ပြုပြင်ရေး[pjubjin jeː] （名）改善、改良
ပြုပြင်သွန်သင်[pjubjin tuŋdin] （動）矯正する、補導する
ပြုမူ[pju.mu] （動）行う、振舞う
ပြုလုပ်[pju.louʔ] （動）①作る、作成する、製造する、制作する ②為す、行う、遂行する
ပြုလုပ်ပေး[pju.louʔ peː] （動）①してあげる ②してくれる
ပြူ[pju] （動）①覗く、顔を見せる ②現れてくる、見えてくる ခေါင်းပြူသည်။ 頭を覗かせる ③鹿が鳴く
ပြူကြည့်[pju tɕʰi.] （動）覗き見る、窺う
ပြူတင်းပေါက်[bədin bauʔ] （名）窓
ပြူတစ်ပြူတစ်[pjutiʔ pjutiʔ] （副）出したり入れたり
ပြူတစ်ပြူတစ်လုပ်[pju dəbju təlouʔ] （動）出したり入れたりする、出たり入ったりする လျှာကိုပြူတစ်ပြူတစ်လုပ်သည်။ 舌を出したり入れたりする
ပြူထွက်[pju tʼwɛʔ] （動）飛び出る
ပြူစောထီး[pjusɔːtʼiː] （人）ピューソーティー（パガン王国の伝説的創設者）
ပြူစောထီးတပ်ဖွဲ့[pjusɔːtʼiː taʔpʼwɛ.] （名）（1950年代に結成された）村落自警団
ပြူး[pjuː] （形）突き出ている、飛び出ている、膨らんでいる မျက်စိပြူးသည်။ 目を見張る မျက်လုံးပြူးသည်။ 目を剥く、目が飛び出る
ပြူးကလူးပြာကလာဖြစ်[pjuːgəluː pjagəla pʼjiʔ] （動）仰天する、魂消る、肝を潰す
ပြူးကြည့်[pjuːtɕʰi.] （動）目を見張る、目玉をぎょろぎょろさせる
ပြူးတူးကြောင်တောင်[pjuːduː tɕauŋdauŋ] （副）目を大きく見開いて、瞠目して
ပြူးတူးပြဲဒဲ[pjuːduːpjɛːdɛː] （副）驚いた様子で、目を白黒させて
ပြူးတူးပြောင်တောင်[pjuːduː pjauŋdauŋ] （副）落着きのない様子で、きょろきょろと
ပြူးပြဲ[pjuːpjɛː] （動）目を見開く、瞠目する
ပြဲ[pjɛː] （動）くっつく、接する နှစ်လုံးပြဲသေနတ် 二連発銃 ခြောက်လုံးပြဲ ピストル、六連発の拳銃
ပြဲ[pjɛː] （助動）対、ペアの物を現わす တပြဲ 一

ေျပာ

対 နှစ်ပြိုင် 二対
ေျပ[pje] (動) ①緩む ②解ける、ほどける ဆံထုံးေျပ သည်။ 髷がほどける ③静まる、和らぐ、鎮静する ေဒါသေျပသည်။ 怒りが納まる ④効き目が無くなる အဆိပ်ေျပသည်။ 解毒される ⑤帳消しになる、清算される、免れる အေႂကးေျပသည်။ 債務が清算される
ေျပၿငိမ်း[pjeɲein:] (動) 片付く、解決する、落着する စစ်ေျပၿငိမ်းသည်။ 戦争が終る、講和を結ぶ
ေျပစာ[pjeza] (名) 領収書、レシート
ေျပပ[pjepa.] (動) 片がつく、解決する
ေျပေျပာက်[pjebjau'] (動) 消え失せる、消滅する
ေျပျပစ်[pjebji'] (形) ①優雅だ、上品だ、洗練されている ②円滑だ、順調だ、スムーズだ ③調和している ④均整がとれている
ေျပျပစ်ေခ်ာေမွ့[pjebji' tɕɔ:mwe.] (形) 円滑だ
ေျပျပစ်ေခ်ာေမွ့ေစ[pjebji' tɕɔ:mweze] (動) 円滑化する
ေျပျပတ်[pjebja'] (動) 解決する、落着する
ေျပရာေျပေႀကာင်း[pjeja pjeʤaun:] (副) とにかく和らぐように、鎮静するように、宥和させようと
ေျပရှင်း[pjeʃin:] (動) 解決する
ေျပလည်[pjele] (動) うまく治まる、解決する、和解する
ေျပေအး[pje e:] (動) 収まる、落着する、解決する
ေျပး[pje:] (動) ①走る ②通る、通う ③逃げる、逃亡する ④虹色を帯びる、玉虫色を呈する ပန်းေရာင် ေျပးသည်။ 桃色がかっている、ピンク色を帯びている
ေျပးခုန်ပစ်အားကစား[pje:k'ounpji' a:gəza:] (名) 運動会
ေျပးခုန်ပစ်ၿပိုင်ပဲွ[pje:k'ounpji' pjainbwe:] (名) 運動会
ေျပးဆဲွ[pje:s'wɛ:] (動) (バス、自動車等が) 走る、運行する
ေျပးတက်[pje: tɛ'] (動) 飛び乗る、駆け寄って乗る
ေျပးထွက်သွား[pje: t'wɛ'twa:] (動) ①走り出る ②逃げ去る
ေျပးေပါက်[pje:bau'] (名) 逃げ道
ေျပးဖမ်း[pje: p'an:] (動) 走り寄って捕える、追跡逮捕する
ေျပးရာ[pje:ja] (接) 走ったところ、逃げたところ
ေျပးေရှာင်[pje:ʃaun] (動) 逃避する、避けて逃げる
ေျပးလွှား[pje:ɬwa:] (動) 走り回る、逃げ回る、駆け回る

ေျပးလွှားကစား[pje:ɬwa: gəza:] (動) 駆け回って遊ぶ、運動する
ေျပးဝင်[pje:win] (動) 駆け込む、走り込む
ေျပးသတိရ[pje: dədi.ja.] (動) ふと思い出す、脳裏に浮ぶ
ၿပဲ[pjɛ] (動) 弱まる、薄れる အေရာင်ၿပဲသည်။ (色が) 褪せる ေႏွးေထွးေသာအေတွ့ၿပဲေျပၿပီ 温かい感覚はもう薄らいでいる
ၿပဲ[pjɛ:] (動) ①裂ける、裂開する ②口が開く
ျပဲျပဲစင်ေအာင်[pjɛ:bjɛ:sin aun] (副) 至る所、限りなく ျပဲျပဲစင်ေအာင်လှည့်ပတ်သည်။ 限りなく見て回る
ျပဲတွာ:[pjɛ:twa:] (動) 裂けてしまう、裂開する
ေျပာ့ႀကိမ်း[pjɔ.ʤi:mu:] (名) 王宮の「土の御殿」の東側の竹矢来の門に詰めている警護職の監督官
ေျပာ[pjɔ:] (形) (他の形容詞と結合して) 多い、豊かだ、豊富だ ႀကယ်ေျပာသည်။ 広い、広大だ။ ထူေျပာ သည်။ 多い、豊富だ ဝေျပာသည်။ 豊かだ、豊富だ
ေျပာ[pjɔ:] (動) 話す、言う、語る、喋る、告げる
ေျပာႀကား[pjɔ:tʃa:] (動) 語る、述べる
ေျပာႀကားခ်က်[pjɔ:tʃa:ʤɛ'] (名) 説明、発表、告示
ေျပာေျခေျပာလက်[pjɔ:ʤepjɔ:lɛ'] (名) 話し方
ေျပာခ်င်မှေျပာမှာ[pjɔ:ʤinma. pjɔ:ma] (動) 言わないかも知れない、話さないかも知れない
ေျပာင်[pjɔ:ŋo] (動) 嘆く、悲嘆する
ေျပာစကား[pjɔ:zəga:] (名) ①話し言葉 ②忠告、勧告
ေျပာစွမ်း[pjɔ:za.s'oza.] (名) 会話力
ေျပာစမူၿပီ[pjɔ:zəma' pju.] (動) 言われ始める、言われ出す
ေျပာဆို[pjɔ:s'o] (動) 語る、述べる、口頭で伝える
ေျပာဆိုရပါစကား:[pjɔ:s'ojaba zəga:] (名) 話に出た言葉
ေျပာထုံးျဖစ်[pjo t'oun p'ji'] (動) 語り種になる、言い伝えられる
ေျပာပ[pjɔ:pa.] (名) 話す、語る、述べる
ေျပာပေလာက်ေအာင်[pjɔ:pa. lau'aun] (副) 取り立てて言う程 မေျပာပေလာက်ဖူး။ 取り立てて言う程の事はない
ေျပာျပ[pjɔ: pja.] (動) 述べる、説明する 否定形は ေျပာမျပဘူး။
ေျပာျပခ်က်[pjɔ:pja.ʤɛ'] (名) 説明
ေျပာေဆွးေႏွး[pjɔ:pja. s'we:nwe:] (動) 話し合う、協議する、相談する
ေျပာေျပာဆိုဆို[pjɔ:bjɔ: s'ozo] (副) 言いなが

ပြောမဆုံးပေါင်၊တောသုံးတောင်၊မောဆုံးမောင်[pjo: məsʻoun:baun tɔ:toun:daun mɔ:moun: maun](慣)話が無限に広がって尽きる事がない

ပြောမဆုံးရှိ[pjo: məsʻoun. ʃi.](動)語り尽きない、語り尽せない

ပြောမနာဆိုမနာ[pjo:məna sʻomǝna](副)遠慮気兼ね無しに、歯に衣着せずに、互いに罵り合っても悪く取らずに ပြောမနာဆိုမနာသူငယ်ချင်း၊ပြောမနာဆိုမနာအိုးကောင်းဘက် 無二の親友

ပြောမနိုင်ဆိုမရ[pjɔ:mənain sʻo məja.](動)話しても効果がない、説得不能だ

ပြောမပြတတ်ဖူး[pjo: məpja.daʻpʻu:](動)説明不能だ

ပြောမရထူး[pjo: məja.bu:](動)言っても効き目がない、言う事を聞かない

ပြောမိပြောရာ[pjo:mi. pjo:ja](名)ふと口をついて出た言葉、うっかり喋った事

ပြောမိပြောရာပြော[pjo:mi. pjo:ja pjo:] (動)勝手な事をほざく、思い付くままを喋る、出たらめを言う

ပြောမှားဆိုမှားရှိ[pjɔ:ma. sʻoma. ʃi.](動)失礼な事を言う

ပြောရာရောက်[pjɔ:ja jauʼ](動)言う事になる、意味する

ပြောရေးဆိုခွင့်ရှိသူ[pjo:je: sʻogwin. ʃi.du] (名)報道官、広報担当者、スポークスマン、発言権を有する者

ပြောရိုးဆိုဖြစ်[pjo:jo: sʻojo: pʻjiʼ](動)伝統的に言われる、伝統的に語られる

ပြောရိုးပြောစဉ်စကား[pjo:jo:pjo:zin zəga:] (名)決まり文句、慣用的表現、いつも口にしている言葉

ပြောရင်းဆိုရင်း[pjo:jin: sʻojin:](副)話している間、話している内、話しながら

ပြောလေ့ပြောထရှိ[pjo:le. pjo:tʻa. ʃi.] (動)よく口にのぼる、しばしば口にする、話す癖がある

ပြောသံ[pjo:dan](名)話し声

ပြောသံကြား ဘူး[pjo:dan tʃa:bu:](動)話し声を聞いた事がある、話を耳にした事がある

ပြောဟော[pjo:hɔ:](動)講演する、講話する、訓話する

ပြို[pjo](動)①崩れる、崩壊する တောင်ပြိုသည်။ 山が崩れる မြေပြိုသည်။ 土砂崩れを起す ②四散する ကျီးပြိုသည်။ カラスが飛び立つ、四散する

ပြိုကျ[pjotʃa.](動)崩れ落ちる、崩壊する、落盤を起す

ပြိုကျပျက်စီး[pjotʃa. pjɛʻsi:](動)崩壊する、決壊する

ပြိုကွဲ[pjokwɛ:](動)崩れる、瓦解する、崩壊する

ပြိုပျက်[pjopjɛʼ](動)崩壊する、瓦解する

ပြိုလဲ[pjolɛ:](動)倒壊する、瓦解する、崩れて倒れる

ပြိုးပြိုးပြက်[pjo:bjo: pjɛʼ](動)煌く

ပြိုးပြိုးပြက်ပြက်[pjo:bjo: pjɛʼpjɛʼ](副)燦然と、きらきらと、ぴかぴかと、煌いて

ပြိုးပြိုးပြောင်ပြောင်[pjo:bjo: pjaunbjaun] (副)煌いて、きらきらと、華麗で、華々しく、

ပြိုးပြောင်[pjo:pjaun](形)煌く、閃く

ပြိုးပြမ်း[pjo:bjwan~pjo:bjun:](動)混ざる、混じる

ပြက်[bjɛʼ](名)幅 =ပြက်

ပြက်[pjɛʼ](動)①煌く、閃光を発する လျှပ်ပြက်သည် 稲妻が走る、稲光がする ②一つまみ加える、一寸足す

ပြက်ပြက်[pjɛʼpjɛʼ](副)はっきりと、くっきりと、生き生きと

ပြက်ပြက်ထင်ထင်[pjɛʼpjɛʼtʻindin] =ပြက်ပြက်

ပြက်သိက္ခ[pjɛʼti.ka](名)一寸、僅少

ပြက်[pjɛʼ](動)ふざける、冗談を言う、からかう

ပြက်ကယ်ပြက်ကယ်[pjɛʼkɛ pjɛʼkɛ](副)ふざけて、冗談に

ပြက်ချော်ချော်[pjɛʼ tʃɔtʃɔ](副)おどけて、ふざけて

ပြက်ချော်[pjɛʼtʃɔ](動)おどけて、冗談を言う、

ပြက်တီးပျက်ချော်[pjɛʼti: pjɛʼtʃɔ](副)冗談に

ပြက်ရယ်ပြု[pjɛʼji pju.](動)冷笑する、失笑する、笑い者にする

ပြက်လုံး[pjɛʼloun:](名)笑い種、冗談、ジョーク

ပြက်လုံးထိုး[pjɛʼloun tʻo:](動)冗談を言う

ပြက်လုံးထုတ်[pjɛʼloun tʻouʼ](動)冗談を言う、珍妙な仕草をして笑わせる

ပြက္ခဒိန်[pjɛʼgadein](名)暦、カレンダー

ပြောက်[pjauʼ]①(形)斑入りだ、まだら模様がある ②(名)斑点=အပြောက်

ပြောက်ကျား[pjauʼtʃa:]①(名)ゲリラ ②(副)ちらほらと、ぽつんぽつんと、点々と

ပြောက်ကျားစခန်း[pjauʼtʃa: səkʻan:](名)ゲリラ基地

ပြောက်ကျားစစ်[pjauʼtʃa: siʼ](名)ゲリラ戦

ပြောက်ကျားတပ်[pjauʼtʃa: taʼ](名)ゲリラ部隊

ပြောက်ကျားတိုက်နည်း[pjauʼtʃa: taiʼni:](名)

ゲリラ戦法
ပြောက်ကျား:ပြောက်ကျား:[pjauʔtʃaː pjauʔtʃaː]（副）まばらに、所々
ပြောက်အိုး[bjauʔoː]（名）爆竹→ပြောက်အိုး
ပြိုက်ပြိုက်[pjaiʔpjaiʔ]（副）夥しく、絶え間なく ချွေး:ပြိုက်ပြိုက်ကျသည်။ 絶え間なく汗が流れ落ちる
ပြင်[pjin]（名）外、外部　＜အပြင်
ပြင်ကျယ်[bjinkʑɛ]（名）広がり、空間
ပြင်ညီ[bjinɲi]（名）面、平面、水平面
ပြင်ပ[pjinpa.]（名）外、外部、外界
ပြင်ပဗဟိဒ္ဓိလက္ခဏာ[pjinpa.bəheiʔdi.lɛkʼəna]（名）外面的特徴
ပြင်ပလောက[pjinpa. lɔːka.]（名）外界、外の世界
ပြင်ပအကူ[pjinpa. əku]（名）外部の支援、外部からの協力
ပြင်ပြင်[pjinbjin]（副）完全に、全く
ပြင်ဘဝင်[pjin bəwɔː]（名）国王に拝謁する時の殿上人の指定席の一つ cf．အတွင်းဘဝင်
ပြင်[pjin]（接助）~に加えて、~である外、~である以外に、~である上 ဆွေမျိုးတို့မှာ့နှတ်ကြောင်းဖားထက်သည့်ပြင်အမျိုးလည်းကောင်းကောင်းမသန့်။ 身内の者達は口が悪い上に家柄もあまりよくない
ပြင်[pjin]（動）①用意する、準備する、準備万端整える ②整える အလှပြင်သည်။ 化粧する、美容を施す ③直す、修理する နာရီပြင်သည်။ 時計を修理する ④手直しする、修正する、変更する အစီအစဉ်ပြင်သည်။ 計画を修正する ⑤改良する、改定する、矯正する
ပြင်ချက်[pjinʥɛʔ]（名）訂正箇所、矯正点
ပြင်ဆင်[pjinsʼin]（動）①準備する、用意する、整える ②修理する ③修正する、改正する
ပြင်ဆင်ချက်[pjinsʼinʥɛʔ]（名）修正、改正
ပြင်ဆင်ချက်အက်ဥပဒေ[pjinsʼinʥɛʔ ɛʔu.bɛde]（名）改正法、改正法律
ပြင်ဆင်မှု[pjinsʼinm̥u.]（名）準備、用意
ပြင်ပြော[pjin pjɔː]（動）言い直す、言い換える
ပြင်လိုက်[pjin laiʔ]（動）変える、改める
ပြင်းသလိပ်[pjinda leiʔ]（動物）アオウミガメ（ウミガメ科）Chelonia mydas ビルマ沿岸
ပြင်းသလိပ်ကြီး[pjinda leiʔtʃiː]（動物）オサガメ（オサガメ科）Dermochelys coriacea
ပြင်သစ်[pjintiʔ]（国）フランス
ပြင်သစ်ကော်ဖီ[pjintiʔ kopʼi]（名）フレンチ・コーヒー
ပြင်ဦးလွင်[pjinːuːlwin]（地）ピンウールイン（シャン州西端にある町、旧称 မေမြို့ メイミョ）

ပြင်း[pjinː]①（形）強い、烈しい、激しい、厳しい 激烈だ、強烈だ အနံ့ပြင်းသည်။ 勢いが強い နေပူပြင်းသည်။ 日差しが強い ဆန္ဒပြင်းသည်။ 願望が強烈だ ②厭だ、不快だ、耐えられない မြင်ပြင်းကပ်သည်။ 見るのも厭だ နားကြားပြင်းကပ်သည်။ 耳にするのも厭だ
ပြင်းစွာ[pjinːzwa]（副・文）強く、激しく
ပြင်းထန်[pjinːtʼan]（形）強い、強烈だ、激しい、激烈だ
ပြင်းထန်စွာ[pjintʼanzwa]（副・文）激しく、強烈に မြင်းထန်စွာကန့်ကွက်သည်။ 激しく反対した
ပြင်းပြ[pjinːbja.]（形）激しい、強烈だ
ပြင်းပြစွာ[pjinːbja.zwa]（副・文）激しく、猛烈に、激烈に、急激に
ပြင်းပြင်းထန်ထန်[pjinːbjinː tʼandan]（副）強く、激しく、激烈に、強烈に、猛烈に、厳格に
ပြင်းပြင်းပြပြ[pjinːbjinː pja.bja.]（副）強く、強烈に
ပြောင်[pjaun]（動物）インドヤギュウ、ガウルウシ（ウシ科）Bos gaurus
ပြောင်[pjaun]＝ပြောင်ကိုင်း
ပြောင်ကိုင်း:[pjaunkainː]（植）ワセオバナ（イネ科）Saccharum arundinaceum
ပြောင်ခေါင်းစိမ်း[pjaun gaunːzeinː]（鉱）かんらん石（宝石の1種）
ပြောင်စ[pjaunza]（植）①オオササガヤ（イネ科）Microstegium ciliatum ②メンテンフサササガヤ（イネ科）Pollinia monantha
ပြောင်စမျက်[pjaunza mjɛʔ]（植）カモノハシ（イネ科）Ischaemum aristatum
ပြောင်[pjaun]（動）からかう、冷やかす、揶揄する
ပြောင်ချော့[pjauntʃʼɔ]（動）ふざける
ပြောင်ချော့ချော့[pjaun tʃʼɔtʃʼɔ]（副）ふざけて、からかって、揶揄して
ပြောင်ချော့ချော့လုပ်[pjaun tʃʼɔtʃʼɔ louʔ]（動）ふざける、からかう、冗談を言う
ပြောင်စပ်စပ်[pjaun saʔsaʔ]（副）悪戯っぽく、にやにやして、にやにやした顔で
ပြောင်ပြဲပြဲ[pjaun pʼjɛːbjɛː]（副）いたずらっぽく
ပြောင်ရှုရှု[pjaun ʃuʔʃuʔ]（副）冷やかして、ふざけて、冗談を言って、おどけて
ပြောင်လှောင်[pjaun l̥aun]（動）からかう、揶揄する、嘲笑する
ပြောင်[pjaun]（動）①輝く、ぴかぴか光る、てかて

ပြောင်ချော

か光る　ပြောင်အောင်ဆေးပါ။ ぴかぴかになるよう洗いなさい ②空っぽになる、文無しになる、すっからかんになる ③（形）明白だ、明確だ စကားလုံးကား: ပြောင်၏။ 言葉は明確だ ④目立つ、突出する ရာဇဝင် ပြောင်သည်။ 歴史に輝く ⑤厚かましい、厚顔だ မျက်နှာပြောင်သည်။ ⑥（布地が）無地だ ⑦裸だ、禿げている、露出している ခေါင်းပြောင်သည်။ 頭が禿げている ကွင်းပြောင်သည်။ 空き地には樹木１本ない
ပြောင်ချော [pjaunʧɔ:]（形）滑らかだ、艶がある
ပြောင်ချောချော [pjaunʧɔ:ʧɔ:]（副）表面が滑らかで、てかてかしていて
ပြောင်စက္ကူ [bjaun sɛʔku]（名）白紙→ပြောင်စက္ကူ
ပြောင်စင် [pjaunsin]（形）清らかだ、清浄だ
ပြောင်တလင်းခါ [pjaun təlin: kʼa:]（動）すっからかんになる、底をつく、払底する
ပြောင်ပြောင်ကြီး [pjaunbjaunʤi:]（副）ぶっきらぼうに、ずけずけと
ပြောင်ပြောင်ချောချောဖြစ် [pjaunbjaun ʧɔ: ʧɔ: pʼjiʔ]（形）ぴかぴかだ、つるつるだ
ပြောင်ပြောင်တင်းတင်း [pjaunbjaun tin:din:]（副）ずけずけと、あけすけに、図々しく、強心臓で、恥知らずで
ပြောင်ပြောင်နဲ [pjaunbjaun nɛ]（副詞）明るく、燦燦と
ပြောင်ပြောင်လက်လက် [pjaunbjaun lɛʔlɛʔ]（副）きらきらと、ぴかぴかと
ပြောင်မြောက် [pjaunmjauʔ]（形）熟達している、練達している、見事だ、素晴らしい cf. ထူးချွန်
ပြောင်လက် [pjaunlɛʔ]（動）ぴかぴか光る、ぴかぴか輝く、てかてか光る
ပြောင်လက်တောက်ပ [pjaunlɛʔ tauʔpa.]（動）きらきら輝く
ပြောင်လျက်နေ [pjaunljɛʔ ne]（動）①禿げている ②空っぽになっている
ပြောင်း [pjaun:]（名）筒、パイプ
ပြောင်းလုံး [pjaun:loun:]（名）円管
ပြောင်းဝ [pjaun:wa.]（名）銃口
ပြောင်းအချင်း [pjaun: əʧʰin:]（名）銃の口径
ပြောင်း [pjaun:]（植）①セイバンモロコシ、タカキビ（イネ科）Sorghum halepense ②トウモロコシ（イネ科）Zea mays
ပြောင်းဆန် [pjaun:zan]（植）セイバンモロコシ
ပြောင်းဖူး [pjaun:bu:]（植）トウモロコシ
ပြောင်းဖူးဖက်ဆေးလိပ် [pjaun:buʔpɛʔ sʼe:leiʔ]（名）トウモロコシの皮で巻いた葉巻
ပြောင်း [pjaun:]（動）①移る、移動する、引越す

အိမ်ပြောင်းသည်။転宅する ②換える、交代する、乗換える ကား:ပြောင်းသည်။車を乗換える ③変る、変化する စိတ်ပြောင်းသည်။気が変る ④変える、変更する တယ်လီဖုန်းနံပါတ်ပြောင်းသည်။ 電話番号が変更になる ဆေးပြောင်းသည်။薬を変える ဂီယာပြောင်းသည်။ギヤを入れ換える ပခုံးပြောင်းသည်။肩代りする
ပြောင်းဆံ [bjaun:sʼan]（動）上を下への大騒ぎをする、大混乱に陥る
ပြောင်းတိပြောင်းပြန်ပြုလုပ် [bjaun:di.bjaun:bjan pju.louʔ]（動）逆にする、上下様にする
ပြောင်းပြန် [bjaun:bjan]（副）（表裏、左右）逆に、反対に、逆様に cf. ဇောက်ထိုး：上下逆に
ပြောင်းပြန်လန်သွား [bjaun:bjan lantwa:]（動）引っくり返る、裏返る
ပြောင်းရွှေ့ [pjaun:ʃwe.]（動）移動する、移転する、転勤する、引越す
ပြောင်းရွှေ့နေထိုင် [pjaun:ʃwe. netʼain]（動）移住する、引越して暮す
ပြောင်းရွှေ့အပ်နှံ [pjaun:ʃwe. aʔn̥an]（動）預け直す、別の所へ預ける
ပြောင်းလဲ [pjaun:lɛ:]（動）変る、変化する、変形する ပြောင်းလဲခြင်း：変化
ပြောင်းလဲဆန်းသစ်မှု [pjaun:lɛ: sʼan:tʰiʔmu.]（名）革新
ပြောင်းလဲဖွင့်လှစ် [pjaun:lɛ: pʼwin.ɬiʔ]（動）変更開設する、変換開設する
ပြောင်းလိုက် [pjaun:laiʔ]（動）変える、変更する
ပြောင်းလွှဲ [pjaun:l̥wɛ:]（動）移す、譲り渡す、移動させる
ပြိုင် [pjain]（動）①競う、競争する ②（形）平行した မျဉ်းပြိုင်平行線 ③同時代の ခေတ်ပြိုင်
ပြိုင်ဆိုင် [pjainsʼain]（動）競争する
ပြိုင်တူ [bjaindu]（副）同時に、一緒に、一斉に
ပြိုင်တွဲ [pjaintwɛ:]（動）横に並ぶ、横に組合う
ပြိုင်ပွဲ [pjainbwɛ:]（名）競技、コンテスト
ပြိုင်ပွဲဝင် [pjainbwɛ: win]（動）競技に参加する、コンテストに応募する
ပြိုင်ဘော်ပြိုင်ဖက် [pjainbɔ pjainbɛʔ]（名）相手、競争相手
ပြိုင်ဖက် [pjainbɛʔ]（名）ライバル、競争相手、対抗相手
ပြိုင်ဘက် [pjainbɛʔ] = ပြိုင်ဖက်
ပြိုင်ဘက်မရှိ [pjainbɛʔ məʃi.]（副）無競争で
ပြိုင်ဘက်အုပ်စု [pjainbɛʔ ouʔsu.]（名）対立グループ
ပြိုင်မြင်း [pjainmjin:]（名）競走馬

ပြိုင်း[pjain:]（形）繁茂している、うっそうとしている

ပြိုင်းပြိုင်း[pjain:bjain:]（副）並んでくっきりと列になって目立って、突出して、卓越して တကိုယ်လုံးအကြောပြိုင်းပြိုင်းထသည်။ 全身筋がくっきりと浮き出ている အရိုးပြိုင်းပြိုင်းပေါ်သည်။ 骨が浮き出ている

ပြိုင်းရရိုင်း[pjain:jəjain:]（副）並んで、列になってくっきりと

ပြစ်[pji']①（形）濃い、濃厚だ =ချစ် ②（動）投げる、放る、捨てる =ပစ်

ပြစ်[pji']（名）罪、犯罪

ပြစ်ချက်[pji'tɕ'ɛ']（名）過ち、犯罪

ပြစ်ဆာ[pji's'a]（名）欠陥、欠点、短所 =အပြစ်အဆာ

ပြစ်တင်ပြောဆို[pji'tin pjɔ:s'o]（動）咎める、非難する =အပြစ်တင်ပြောဆို

ပြစ်တင်ရှုတ်ချခြင်းခံရ[pji'tin ʃou'tɕ'a.dʑin: k'an ja.]（動）非難される、咎められる

ပြစ်တင်ရှုတ်ချ[pji'tin ʃoun.tɕ'a.]（動）非難する

ပြစ်ဒဏ်[pji'dan]（名）罰、刑罰

ပြစ်ဒဏ်ကျခံရ[pji'dan tɕ'a.k'an ja.]（動）処罰される

ပြစ်ဒဏ်ခတ်[pji'dan k'a']（動）処罰する、制裁する

ပြစ်ဒဏ်လျှော့ပေါ့[pji'dan ʃɔ.pɔ.]（動）減刑する

ပြစ်မှား[pji'ma:]（動）①過ちを犯す、罪を犯す ②（神を）冒涜する ကာယကံ၊ဝစီကံ၊မနောကံနှင့်ပြစ်မှားသည်။ 身業、口業、意業の三業で冒涜する

ပြစ်မှု[pji'mu.]（名）犯罪、違法行為

ပြစ်မှုကျူးလွန်[pji'mu. tɕ'u:lun]（動）罪を犯す、法に触れる、違法行為をする

ပြစ်မှုကျူးလွန်သူ[pji'mu. tɕ'u:lunḑu]（名）犯罪者、罪を犯した人

ပြစ်မှုကြီး[pji'mu.dʑi:]（名）重大犯罪、凶悪犯罪

ပြစ်မှုဆိုင်ရာကျင့်သုံးဥပဒေ[pji'mu. s'ain jatɕ'in.toun: u.bəde]（名）刑事訴訟法

ပြစ်မှုမမြောက်[pji'mu. məmjau']（動）罪にはならない

ပြစ်မှုမြောက်[pji'mu. mjau']（動）罪になる

ပြည့်[pje.~pji.]（動）①満ちる、一杯になる ရေပြည့်သည်။ 水が一杯になる တနာရီပြည့်ပြီ။ 丁度１時間経った အသက်ခြောက်ဆယ်ပြည့်ပြီ။ 満６０歳になった လပြည့်ပြီ။ 満月になる ②揃う、整う လူပြည့်ပြီ။ 全員揃った ③（願いが）叶う ဆန္ဒပြည့်ပြီ။ 望みが叶った

ပြည့်ကျပ်[pje.tɕa']（動）込む、一杯になる、充満する လူပြည့်နေပြီ။ 人で一杯だ、込み合っている

ပြည့်စုံ[pje.zoun]（動）揃う、満たされる、十分になる、一杯になる、たっぷりある、具えている、完備する အစာရေစာပြည့်စုံသည်။ 食べ物は完備している

ပြည့်တင်း[pje.tin:]（動）詰る、充実する、充満す る、満ちる

ပြည့်နှက်[pje.ṇɛ']（動）①満たす、充満させる、一杯にする、詰め込む ②満ち満ちる、充満する、一杯になる ရေနုတ်မြောင်းများတွင်ရေများပြင့်ပြည့်နှက်လျက်ရှိသည်။ 排水溝は水で溢れていた

ပြည့်နှစ်[bji.ṇi]（助数）一桁目の数字がゼロで終る年を現わす ၁၉၉၀ပြည့်နှစ် １９９０年

ပြည့်ပြည့်စုံစုံ[pje.bje. sounzoun]（副）十分に、存分に、たっぷりと、漏れなく

ပြည့်ပြည့်တင်းတင်း[pje.bje. tin:din:]（副）筒一杯、充満して

ပြည့်ပြည့်ဝဝ[pje.bje. wa.wa.]（副）完璧に、完全に、充分に

ပြည့်ပြည့်ဝန်းဝန်း[pje.bje. wun:wun:]（副）十分に、存分に、たっぷりと

ပြည့်ဖောင်း[pje.p'aun:]（動）膨らむ、丸々と太っている、ふっくらしている ဗိုက်ပြည့်ဖောင်းသည်။ 豊頬だ ဗိုက်ပြည့်ဖောင်းသည်။ 満腹だ、膨らんでいる

ပြည့်ဖြိုး[pje.p'jo:]（形）ふっくらしている、丸々としている、肉付きがよい、豊満だ

ပြည့်မြောက်[pje.mjau']（動）①盛り上がる ②果される、成就する ရည်မှန်းချက်ပြည့်မြောက်သည်။ 目的が達成される

ပြည့်လျှံ[pje.ʃan]（動）溢れる、充満する、一杯になる、氾濫する

ပြည့်ဝ[pje.wa.]（形）存分だ、完備している、充足している အရည်အချင်းပြည့်ဝသည်။ 資格は十分だ စားစရာလည်းပြည့်ဝသည်။ 食べ物も十分だ

ပြည့်သိပ်[pje.tei']（動）詰める、詰め込む

ပြည့်တန်ဆာ[pji.dəza]（名）売春婦、娼婦

ပြည့်တန်ဆာအိမ်မင်း[pji.dəza eingan:]（名）娼窟、売春宿

ပြည့်ရှင်မင်း[pje.ʃinmin:]（名）国王

ပြည်[pji]（名）緬甸（容量の単位、１တင်：の１６分の１）

ပြည်တောင်း[pjidaun:]（名）１ပြည်入りの籠

ပြည်[pji]（名）膿

ပြည်တည်[pji tɛ]（動）膿む、化膿する

ပြည်တည်နာ [pjitɛna]（病）おでき、化膿性疾患、膿腫

ပြည်ပေါက် [pji pauʔ]（動）膿が出る

ပြည်ဖု [pjibu.]（名）膿疱

ပြည်မည် [pji mɛ.]（動）化膿する

ပြဉ် [pji]（動）からかう、いじめる ပြယ်

ပြည်ည်တည် [pji titi]（副）艶めかしく、いちゃつき合って

ပြည် [pji~pje]（名）①国 မြန်မာပြည် ミャンマー国 ②界 လူပြည် 人間界 နတ်ပြည် 天界

ပြည်ကြီးငါး [pji:dʒi:ŋa:]（動物）烏賊（イカ）、ヤリイカ cf. ကင်းမွန်အဲလိပ်

ပြည်ကြီးပန်း [pji:dʒi:ban:]（植）ホテイアオイ

ပြည်ကြီးမျှော် [pji:dʒi:mjo.]（動物）ナマコ

ပြည်စိုး [pjizo:]（名）王朝時代の村落領主、村落の世襲的統治者（ရွာသူကြီး よりは格下）

ပြည်ဆူးပြည်ခြောင့် [pjizu: pjiɲaun.]（名）国家に仇なす存在、国家の敵

ပြည်တော် [pjidɔ]（名）祖国、国家

ပြည်တော်ပြန် [pjidɔ pjan]①（動）帰朝する ②[pjidɔbjan]（名）①祖国への帰還、祖国への凱旋 ③堅琴のG調 cf. ပုလဲ

ပြည်တော်သာစီမံကိန်း [pjidɔda simangein:]（名）福祉国家計画（１９５２年に立案された経済開発８ヶ年計画、途中で挫折したため４年間で打ち切られた）

ပြည်တင်းလျှင်မင်းမခံနိုင် （格）為政者は民の声を無視できない

ပြည်တည် [pji tɛ]（動）建国する

ပြည်တွင်း [pjidwin:]（名）国内

ပြည်တွင်းခရီးစဉ် [pjidwin: kʰəji:zin]（名）国内旅行

ပြည်တွင်းငြိမ်းချမ်းရေး [pjidwin: ɲein:dʒan:je:]（名）国内和平

ပြည်တွင်းစက်ရုံ [pjidwin: sɛʔjoun]（名）国内工場

ပြည်တွင်းစစ် [pjidwin:siʔ]（名）内戦

ပြည်တွင်းစစ်ပွဲ [pjidwin: siʔpwɛ:] = ပြည်တွင်းစစ်

ပြည်တွင်းစစ်ပြေးဒုက္ခသည် [pjidwin: siʔpje: douʔkʰa.dɛ]（名）内戦の難民

ပြည်တွင်းဈေးကွက် [pjidwin: ze:gwɛʔ]（名）国内市場

ပြည်တွင်းပြည်ပ [pjidwin: pjipa.]（名）国内外

ပြည်တွင်းဖြစ် [pjidwin:bjiʔ]（名）国産、国産品

ပြည်တွင်းဖြစ်ပစ္စည်း [pjidwin:bjiʔ pjiʔsi:] = ပြည်တွင်း:ဖြစ်

ပြည်တွင်းရေး [pjidwin:je:]（名）内政、国内政治

ပြည်တွင်းရေးရာ [pjidwin:je:ja]（名）国内問題

ပြည်တွင်းလေယာဉ်ရေးစဉ် [pjidwin: lejin kʰəji:zin]（名）国内航空路

ပြည်တွင်းလုပ်ကုန်ပစ္စည်း [pjidwin:louʔ koun pjiʔsi:]（名）国産品

ပြည်တွင်းသတင်း [pjidwin: dədin:]（名）国内ニュース、国内情勢

ပြည်တွင်းအသားတင်ထုတ်လုပ်မှု [pjidwin: ədədin touʔlouʔmu.]（名）国内純生産（GDP）

ပြည်ထဲရေး [pjidɛ:je:]（名）内務、内政

ပြည်ထဲရေးဝန်ကြီး [pjidɛ:je: wundʒi:]（名）内務大臣

ပြည်ထဲရေးဝန်ကြီးဌာန [pjidɛ:je: wundʒi: tʰa na.]（名）内務省

ပြည်ထဲအရေး၊ပေါက်နှင့်ကျူး။（諺）国内の問題、ハナモツヤクノキとインコ（区別できない、識別困難だ）

ပြည်ထောင်စု [pjidaunzu.]（名）①連邦 ②合衆国

ပြည်ထောင်စုစုံစမ်းစစ်ဆေးရေးဗျူရို [pjidaunzu. sounzan: siʔsʼe:je: bjuro]（名）連邦捜査査察局（企業の不正活動を取締まる捜査機関）、略称စုံးလုံး

ပြည်ထောင်စုဆိုရှယ်လစ်သမ္မတ [pjidaunzu.sʼoʃɛliʔ təmeda.]（名）連邦共和国大統領（１９７４年から１９８８年までの期間）

ပြည်ထောင်စုဆိုရှယ်လစ်သမ္မတနိုင်ငံတော် [pjidaunzu. sʼoʃɛliʔ təmeda. naingandɔ]（名）連邦社会主義共和国（１９７４年から１９８８年までの間のビルマの正式国名）

ပြည်ထောင်စုထောက်လှမ်းရေးအဖွဲ့ [pjidaunzu. tʼauʔɬan:je: əpʼwɛ.]（名）連邦捜査局（FBI）

ပြည်ထောင်စုနေ့ [pjidaunzu.ne.]（名）連邦記念日（１９４７年２月１２日に調印されたピンロン協定[連邦形式の国家発足]を祝う記念日）

ပြည်ထောင်စုပါတီ [pjidaunzu. pati]（名）連邦党（１９５８年にAFPFL安定派と分裂した清廉派の後身、首相ウー・ヌ、内相タキン・テイン等を中心とする政党で、１９６０年の総選挙で圧勝して改称した

ပြည်ထောင်စုမြန်မာနိုင်ငံတော် [pjidaunzu. mjan ma naingandɔ]（名）ビルマ連邦（１９４８年のビルマ独立の際の正式国名）

ပြည်ထောင်စုသား [pjidaunzu.da:]（名）連邦国民

ပြည်နယ် [pjinɛ]（名）州（少数民族が居住する自治州）ရှမ်းပြည်နယ် シャン州 ကချင်ပြည်နယ် カチン州

ပြည်နယ်ကောင်စီ [pjinɛ kaunsi]（名）州評議会

ပြည်သူပိုင်ပစ္စည်း

（１９４８年から１９６２年まで存在していた各州の最高意思決定機関）
ပြည်နယ်ကိုယ်စားလှယ်[pjinɛ kozəle]（名）州代表（連邦議会（上院）への各州からの代表、上院議員）
ပြည်နယ်လွှတ်တော်[pjinɛ ɬuʔtɔ]（名）州議会（１９４８年から１９６２年まで存在した各州の議会）
ပြည်နယ်ဦးစီးအဖွဲ့[pjinɛ uːzi: əpʰwɛ.]（名）州指導組織（１９６２年の軍政発足に伴い設置された各州の最高機関、１９７４年の軍政廃止まで存続した）
ပြည်နှင်ဒဏ်[pjinɪndan]（名）国外追放、追放刑
ပြည်ပ[pjipa.]（名）国外
ပြည်ပခရီးစဉ်[pjipa. kʰəjiːzin]（名）国際線、外国航路
ပြည်ပထွက်ပြေးသူ[pjipa. tʰwɛʔpjeːdu]（名）国外逃亡者
ပြည်ပနိုင်ငံ[pjipa. naingan]（名）外国
ပြည်ပရေးရာဌာန[pjipa. jeːja tʰana.]＝နိုင်ငံခြားရေးဝန်ကြီးဌာန
ပြည်ပရေးရာဝန်ကြီး[pjipa. jeːja wundʑiː]＝နိုင်ငံခြားရေးဝန်ကြီး
ပြည်ပသြဇာ[pjipa. ɔːza]（名）外国の影響
ပြည်ပန်းညို[pjibanːɲo]（植）モクセンナ（ジャケツイバラ科）Cassia glauca 葉は食用
ပြည်ပန်းညိုချို(ပါလျက်၊ဆားကမြက်။（諺）モクセンナは小さいのに、塩が刺激的にする（本来は順調なのに第三者によって妨害される）
ပြည်ပန်းရွေ[pjibanːʃwe]＝ပြည်ပန်းညို
ပြည်ပြေး[pjibjeː]（名）亡命者、祖国を棄てた人
ပြည့်ဖုံးကား[pjibounːka:]（名）幕、幔幕、緞帳
ပြည်ဖုံးကားချ[pjibounːka: tʃʰa.]（動）幕を降らす、終らせる、物事にけりをつける
ပြည်မ[pjima.]（名）（少数民族が居住する山岳地帯すなわち各州を除いたビルマの）本州
ပြည်ရေး[pjije:]（名）国内問題、政治
ပြည်ရေးတိုင်းရေး[pjije: tainːjeː]（名）国事、国政、国務、国家の問題
ပြည်ရေးပြည်ရာ[pjije: pjija]（名）国政
ပြည်ရေးရွာမှု[pjije: ywamṵ]（名）国家および村落の問題、国内問題、国内行政
ပြည်ရွာ[pjijwa]（名）全国の村々
ပြည်လုံးကျွတ်[pjilounːdʑuʔ]①（形）全国的な ②国を挙げて ပြည်လုံးကျွတ်အစည်းအဝေး：全国会議 ပြည်လုံးကျွတ်ညီလာခံ 全国集会、全国大会
ပြည်လုံးချမ်းသာ[pjilounː tʃʰanːda]（植）フトモモ科の薬草 Dracaena helferiana
ပြည်လေး၊ပြည်မွား[pjileː pjimwaː]（名）社会の

ダニ、社会の敵、犯罪者
ပြည်ဝင်ကြေး[pjiwindʑe:]（名）査証手数料
ပြည်ဝင်ခွင့်[pjiwingwin.]（名）入国査証、ビザ
ပြည်သား[pjida:]（名）国民
ပြည်သူ[pjidu.]（形）国民の、人民の
ပြည်သူ့ကောင်စီ[pjidu. kaunsi]（名）人民評議会（１９７４年に設置された任期４年の地方行政機関、１９８８年の軍政登場で消滅）
ပြည်သူ့စစ်[pjidu. siʔ]（名）①人民戦争 ②市民軍
ပြည်သူ့ဆောက်လုပ်ရေးလုပ်ငန်း[pjidu. sʰauʔlouʔ je: louʔŋanː]（名）人民建設企業
ပြည်သူ့တရားသူကြီးအဖွဲ့[pjidu. təja: duʑi:]（名）人民裁判官機構
ပြည်သူ့တပ်မတော်[pjidu. taʔmədɔ]（名）人民軍、国民軍
ပြည်သူ့နီတိ[pjidu. niti.]（名）公民学
ပြည်သူ့ဘုံအဖွဲ့[pjidu. boun əpʰwɛ.]（名）（中国の）人民公社
ပြည်သူ့ရဲတပ်ဖွဲ့[pjidu. jɛːtaʔpʰwɛ.]（名）人民警察
ပြည်သူ့ရဲဘော်[pjidu. jɛːbɔ]（名）人民義勇軍（アウンサン将軍を中心に１９４５年に結成された非正規軍、１９４８年に蜂起し、１９５８年に帰順した
ပြည်သူ့လွတ်မြောက်ရေးတပ်မတော်[pjidu.luʔmjauʔ je: taʔmədɔ]（名）（中国の）人民解放軍
ပြည်သူ့လွှတ်တော်[pjidu. ɬuʔtɔ]（名）人民議会（１９４８年から６２年まで存在していた両院制の内の下院、１９７４年から８８年までは議員４５１名の一院制の立法機関）
ပြည်သူ့လွှတ်တော်ကိုယ်စားလှယ်[pjidu. ɬuʔtɔ kozəle]（名）人民議会代表、人民議会議員
ပြည်သူ့ဝန်ထမ်း[pjidu. wundan:]（名）公務員、公僕
ပြည်သူ့သမတစံနစ်[pjidu. təməda. səniʔ]（名）共和制、人民共和制
ပြည်သူ့သမတနိုင်ငံ[pjidu. təməda. naingan]（名）人民共和国
ပြည်သူ့အခွင့်အရေး[pjidu. əkʰwin.əje:]（名）市民権、国民の権利
ပြည်သူ[pjidu]（名）国民、人民
ပြည်သူ့တိုင်းသား[pjidu tain:da:]（名）国民
ပြည်သူပိုင်[pjidubain]（形）国有の、国有化された
ပြည်သူပိုင်လုပ်[pjidubain louʔ]（動）国有化する
ပြည်သူပိုင်သိမ်း[pjidubain tʰein:]＝ပြည်သူပိုင်လုပ်
ပြည်သူပိုင်ပစ္စည်း[pjidubain pjiʔsi:]（名）国有財産

ပြည်သူပြည်သား:[pjiḍu pjiḍa:] (名) 国民、人民
ပြည်သူလူထု[pjiḍu luḍu.] (名) 人民、大衆
ပြည်သူလူထုအဖွဲ့[pjiḍu luḍu. əp'wɛ.] (名) 人民組織、人民大衆組織
ပြည်ညောင်[pjiɲaun] (植) ベンガルボダイジュ (クワ科) =ပညောင်
ပြတ်[pja'] (動) ①切れる、切断される ကြိုးပြတ်သည်။ ロープが切れる လင်ခန်းမယား:ခန်းပြတ်သည်။ 夫婦関係が消滅する ②途絶える、途切れる、中断する အဆက်ပြတ်သည်။ 連絡が途絶える လူပြတ်သည်။ 人通りが途絶える ရေပြတ်သည်။ 断水する တယ်လီဖုန်းပြတ်သည်။ 電話が切れる ဆေးလိပ်ပြတ်သည်။ 禁煙する အရက်ပြတ်သည်။ 禁酒する ③ (序数で) 割り切れる ④きっぱりしている စကားပြောပြတ်သည်။ 話し方がきっぱりしている လုပ်ပုံကိုင်ပုံပြတ်သည်။ なす事がきっぱりしている ⑤刃先が鋭い ဓား:ပြတ်သည်။ 刃物がよく切れる
ပြတ်စဲ[pja'sɛ] (動) ①断絶する မင်းဆက်ပြတ်သည်။ 王朝が途絶える ②縁を切る、離婚する လင်မယား:ပြတ်စဲသည်။ 夫婦別れする
ပြတ်စဲခွဲနေထိုင်[pja'sɛ: k'wɛ:k'wa net'ain] (動) 別居する
ပြတ်တောက်[pja'tau'] (動) ①断ち切る ②切れる、途絶える ပြတ်တောက်ခြင်း 切断
ပြတ်တောက်ပြတ်တောက်[pja'tau'pja'tau'] (副) 飛び飛びに、間歇的に
ပြတ်တောင်းပြတ်တောင်း[pja'taun: pja'taun:] (副) 途切れ途切れに、間欠的に、断続的に、非連続で မိုး:ပြတ်တောင်း:ပြတ်တောင်း:ရွာသည်။ 雨が断続的に降る
ပြတ်ပြတ်[pja'pja'] (副) ①決定的に ②ぶっきらぼうに စကား:ပြတ်ပြတ်ပြောသည်။ てきぱき話す အလုပ်ပြတ်ပြတ်လုပ်သည်။ 仕事をてきぱきこなす ③無縁で、無関係に、関係なく ပြတ်ပြတ်နေသည်။ 無関係に暮す
ပြတ်ပြတ်သား:သား:[pja'pja' ta:da:] (副) はっきりと、きっぱりと、断固として、明快に
ပြတ်ပြတ်သတ်သတ်[pja'pja' ta'ta'] (副) 明白に、争う余地は無い程に
ပြတ်လပ်[pja'la'] (動) 使い尽す、底を尽く、欠乏する、文無しになる ငွေကြေး:ပြတ်လပ်သည်။ 金銭が底を尽く ②空白になる မင်းဆက်ပြတ်လပ်သည်။ 王朝が中断する
ပြတ်သား:[pja'ta:] (形) はっきりしている、きっぱりしている、明快だ、歯切れがよい
ပြတ်သား:စွာ[pja'ta:zwa] (副・文) はっきりと、

きっぱりと、明快に အပြောအပြတ်သား:သည်။ 話が明快だ
ပြတ်သတ်[pja'ta'] (副) ぼろぼろに、ずたずたに
ပြတ်သွား:[pja'twa:] (動) ①切れてしまう ②尽きてしまう
ပြိတ္တာ[pei'ta] (名) 餓鬼 <サ Preta
ပြိဿ[pjei'ta.] (名) 牡牛座、二十七宿の第2番目
ပြုတ်[pjou'] (動) 茹でる、煮る ဟင်း:ရွက်ကိုပြုတ်၍ ဟင်း:ရွက်ကိုပြုတ်၍ အခြောက်ပြုတ်လိုက်ပြီးမှဆီနှင့်ကြော်သည်။ 先に茹でた後油で炒める
ပြုတ်ကြော်[pjou'tʃɔ] (名) 肉料理の仕方 (先に肉を煮た後、油で揚げる) ကြက်သား:ပြုတ်ကြော် 鶏肉の茹でて油で炒め
ပြုတ်ဆန်[pjou's'an] (名) 籾を蒸して干した後砕いた米
ပြုတ်ဖျော့[pjou'p'ɔ:] (動) (野菜を) 湯に潜らせる、熱湯を通す、生煮えの状態にする、半熟状態にする
ပြုတ်မနု့[p'jou'mənu:] (名) ①生煮えの豆、茹で上がらない豆 ②のろま、生半可な人間、煮ても焼いても食えぬ男
ပြုတ်[pjou'] (動) ①外れる、取れる အဆစ်ပြုတ်သည်။ 関節が外れる တံခါး:ရွက်ပြုတ်သည်။ ドアが外れる ②失う အလုပ်ပြုတ်သည်။ 職を失う、失業する
ပြုတ်တု[pjou'tu] (名) 万力
ပြုတ်ပြုတ်[pjou'pjou'] ① (副) すっかり、全く、残りなく ② (擬) ぽんぽん (太鼓の音)
ပြုတ်ပြုတ်စင်[pjou'pjou'sin] (副) 壊滅的に、全滅的に
ပြုတ်ပြုတ်ပြုန်:[pjou'pjou' pjoun:] (動) ①すっかんかんになる、使い果す ②壊滅する、根絶する
ပြန့်[pjan.] (形) ①平だ、水平だ、平坦だ ②広い、広大だ ③ (動) 広がる、拡散する、散らばる သတင်း:ပြန့်သည်။ 情報が広がる ရောဂါပြန့်သည်။ 病が広がる စစ်မျက်နှာပြန့်သည်။ 戦線が拡大する
ပြန့်ကျယ်[pjan.tʃɛ] (形) 広い、広大だ
ပြန့်ကြဲ[pjan.tʃɛ:] (動) ①散らばる ②蒔く
ပြန့်နှံ့[pjan.nan.] (動) 広がる、拡散する、伝播する →ပျံ့.နှံ့
ပြန့်ပြူး:[pjan.bju:] (形) 平坦だ、広くて平らだ cf・ပျံ့ပြူး:
ပြန့်ပြော[pjan.bjɔ:] (形) ①豊かだ、豊富だ ②平坦だ、平らで広い
ပြန့်ပြန့်ရှန်ရှန်[pjan.bjan. jan.jan.] (形) ①平坦だ ②皺にならない、皺が寄っていない
ပြန့်ပွါး:[pjan.pwa:] (動) ①広がる、蔓延する、拡

ပြန်ရောင်းစား

ပြန့်လွင့်[pjan.lwin.]（動）①さまよう、放浪する ②漂う →ပျံ့, လွင့်

ပြန်[pjan]（名）ビルマ時刻の単位 1ပြန်＝10ခရာ 約4秒に相当

ပြန်[pjan]（動）①帰る、戻る、帰還する အိမ်ပြန်သည်။ 帰宅する ②反射する、反映する အလင်းပြန်သည်။ 光を反射する ③返事する စာပြန်သည်။ 返信を出す、返書を送る ④翻訳する ဘာသာပြန်သည်။ 翻訳する ⑤読み上げる အမိန့်ပြန်သည်။ 命令を発する ⑥[pjan~bjan]（助動）再び~する、又もや~する ဆေးပြင်းလိပ်ကြီးမီးညှိပြန်သည်။ 大きな葉巻に又火を点けた သူကလဲအညွှန်းနဲ့မကိုက်ညီပြန်ဘူး။ それも指示とは又もや合致しない ⑦（助数）→ဝါ:တပြန်

ပြန်ကဟပ်[pjan kəhaʔ]（名）一行置きの押韻法
ပြန်ကောက်[pjan kauʔ]（動）①もう一度拾い上げる ②繰返す ③要点を繰り返す、再度取上げる
ပြန်ကုန်[pjangoun]（名）持ち帰った商品、返送品
ပြန်ကြား[pjantʃa:]（動）①知らせる、伝達する ②返事する、回答する、返答する
ပြန်ကြားချက်[pjantʃa:dʑɛʔ]（名）回答
ပြန်ကြားပြောဆို[pjantʃa: pjɔ:sʼo]（動）回答す る、答えて言う
ပြန်ကြားရေး[pjantʃa:je:]（名）情報
ပြန်ကြားရေးဌာနဝန်ကြီး[pjantʃa:je: tʼana. wundʑi:]（名）情報相
ပြန်ကြားရေးဝန်ကြီးဌာန[pjantʃa:je: wundʑi: tʼana.]（名）情報省
ပြန်ကြော်[pjandʑɔ]（名）肉入りの野菜炒め、肉と野菜とを煮て油で炒めた料理 →ဆီပြန်ကြော်
ပြန်ကြည့်[pjan tʃi.]（動）振り返る、振り向いて見る、回想する
ပြန်ကွေ့[pjan kwe.]（動）Uターンする、後戻りする
ပြန်ချိန်[pjandʑein]（名）帰宅時間
ပြန်စာ[pjanza]（名）返事、返書
ပြန်ဆို[pjansʼo]（動）①再び言う、繰返す ②暗唱する、物語る ③翻訳する、訳出する
ပြန်ဆောက်[pjan sʼauʔ]（動）再建する、再築する
ပြန်ဆပ်[pjan sʼaʔ]（動）返済する
ပြန်ညွှန်း[pjan ʃun:]（名）（同一書物の中の）相互参照
ပြန်တော်မူ[pjan dɔmu]（動）敬語、和尚が他界する、比丘（出家）が他界する
ပြန်တိုက်[pjan taiʔ]（動）反攻する、攻撃し返す
ပြန်တောင်း[pjan taun:]（動）再び要求する

ပြန်တပ်ဆင်[pjan taʔsʼin]（動）再び取り付ける、再設置する、再装備する
ပြန်တမ်း[pjandan:]（名）①勅令 ②布告、公告 ③官報、公報
ပြန်တမ်းဝင်[pjandan:win]（名）官報で任免が公示される官吏
ပြန်တွေ့[pjan twe.]（動）再び会う、再会する
ပြန်ထား[pjan tʼa:]（動）再び置く、元通りにする
ပြန်ထွက်လာ[pjan tʼwɛʔla]（動）再び出てくる
ပြန်ပေး[pjan pe:]①（動）返す、払い戻す ②[pjanbe:]（名）かどわかし、誘拐
ပြန်ပေးငွေ[pjanpe: ŋwe]（名）返済金
ပြန်ပေးဆွဲ[pjanbe: sʼwɛ:]（動）かどわかす、誘拐する
ပြန်ပေးဆွဲခံရ[pjanbe:sʼwɛ: kʼan ja]（動）誘拐される
ပြန်ပေးဆွဲမှု[pjanbe:sʼwɛ:mu.]（名）①誘拐事件 ②誘拐罪
ပြန်ပေးမှု[pjanbe:mu.]（名）＝ပြန်ပေးဆွဲမှု
ပြန်ပေးလူဆိုး[pjanbe: luzo:]（名）誘拐犯
ပြန်ပေးလုပ်[pjanbe: louʔ]（動）かどわかす、誘拐する
ပြန်ပေါ်[pjan pɔ]（動）再び現れる、再現される
ပြန်ပေါင်း[pjanbaun:]（名）ココヤシの粉末と混ぜ合わせて蒸し返した餅米
ပြန်ပေါင်းထုပ်[pjanbaun: tʼouʔ]（動）再び仲良くなる、良好な関係を取戻す
ပြန်ပြီ:[pjanpi:]（副）再び、再度
ပြန်ပြော[pjan pjɔ:]（動）①答える、返答する ②言い返す、口答えする
ပြန်ပြင်[pjan pjin]（動）修復する、復旧させる
ပြန်ပြောင်း[pjan pjaun:]①（動）変質する、変成する ②[pjanbjaun:]（副）①再び、重ねて、繰返して ပြန်ပြောင်းပြောဆိုသည်။ 再度口にする ပြန်ပြောင်းအောက်မေ့သည်။ 再度思い出す ②振り返って、翻って、回顧して ပြန်ပြောင်းသုံးသပ်သည်။ 再検討する、再考する
ပြန်ဖြစ်ပြန်ရော[pjan pʼjiʔpjan jɔ:]（動）またまた元どおりになったんだ（語りでの文体）
ပြန်ဖွင့်[pjan pʼwin.]（動）再会する
ပြန်ဖက်[pjanbɛʔ]（名）相棒、対応する者
ပြန်မေး[pjan me:]（動）問い返す、尋ね返す
ပြန်မော့[pjan jauʔ]（動）帰ってくる、戻ってくる、帰宅する
ပြန်ရောင်းစား[pjan jaun:sa:]（動）①売り戻す ②再び売り食いする

ပြန်၍[pjan jwe.] (副・文) 再び
ပြန်လည်[pjanlɛ] (副) ①再び、再度、今一度、重ねて、繰返し ②お返しに、応酬して ③報復して
ပြန်လည်ကျေညာ[pjanlɛ tʃeɲa] (動) 再び告げる、再公示する
ပြန်လည်ကြိုးစား:[pjanlɛ tʃo:za:] (動) 再び努力する
ပြန်လည်စေလွှတ်[pjanlɛ seɬuʔ] (動) 再び送る、再派遣する
ပြန်လည်စဉ်းစား:[pjanlɛ sin:za:] (動) 再考慮する
ပြန်လည်ဆပ်[pjanlɛ sʔaʔ] (動) 返済する、返還する
ပြန်လည်ဆုံးရှုံး[pjanlɛ sʔoun:ʃoun:] (動) 再び失う、再度喪失する
ပြန်လည်ဆိုက်ရောက်လာ[pjanlɛ sʔaiʔjauʔla] (動) 再び戻ってくる、再び辿り着く
ပြန်လည်တိုက်ခိုက်[pjanlɛ taiʔkʔai] (動) 反撃する、反攻する
ပြန်လည်တင်မြှောက်ခြင်းခံရ[pjanlɛ tinm̥jauʔ tʃin: kʔan ja.] (動) 再選される
ပြန်လည်တည်ဆောက်ရေး:[pjanlɛ tisʔauʔje:] (名) 再建、復興
ပြန်လည်ထူထောင်[pjanlɛ tʔudaun] (動) 復興する、復旧する、再建する
ပြန်လည်ထူထောင်ရေး:[pjanlɛ tʔudaun je:] (名) 復興、再建
ပြန်လည်ထူထောင်ရေး:လုပ်ငန်း:[pjanlɛ tʔudaun je: louʔŋan:] (名) 復旧事業、復旧工事
ပြန်လည်ထူထောင်ရေး:ဝန်ထမ်း:တပ်[pjanlɛ tʔudaun je: wundan:daʔ] (名) 復興工事奉仕団
ပြန်လည်ထွန်း:ကား:[pjanlɛ tʔun:ga:] (動) 復活する、復興する、再度繁栄する
ပြန်လည်နူးပျော့စေ[pjanlɛ nu.pjo ze] (動) 若返らせる、柔軟化させる
ပြန်လည်နေရာချထား:ပေး:[pjanlɛ neja tʃa.tʔa:pe:] (動) 移住させる
ပြန်လည်ပေါ်ထွက်[pjanlɛ pɔtʔwɛʔ] (動き) 再浮上する、再び浮び上がる
ပြန်လည်ပေါင်း:စည်း:[pjanlɛ paun:si:] (動) 再統合する、再統一する
ပြန်လည်ပေါင်း:စည်း:ရေး:[pjanlɛ paun:si:je:] (名) 再統一、再統合
ပြန်လည်ပြုပြင်[pjanlɛ pju.bjin] (動) 修正する、改正する
ပြန်လည်ပြင်ဆင်ရေး:သမာ:[pjanlɛ pjinsʔin je: dəma:] (名) 修正主義者
ပြန်လည်ဖန်တီး:[pjanlɛ pʔandi:] (動) 再生する
ပြန်လည်ဖွဲ့စည်း:ရေး:[pjanlɛ pʔwɛ.si:je:] (名) 再編成
ပြန်လည်ဖွင့်လှစ်[pjanlɛ pʔwin.ɬiʔ] (動) 再開する
ပြန်လည်ရောက်ရှိလာ[pjanlɛ jauʔʃi.la] (動) 戻って来る、帰って来る
ပြန်လည်ရွေး:ချယ်ခံရ[pjanlɛ jwe:tʃe kʔan ja.] (動) 再選される
ပြန်လည်လွှတ်ပေး:လိုက်[pjanlɛ ɬuʔpe:laiʔ] (動) 釈放する
ပြန်လည်ရှင်သန်လာ[pjanlɛ ʃintan̥la] (動) 復活する、再生する
ပြန်လည်ရုပ်သိမ်း:[pjanlɛ jouʔtein:] (動) 再び引込める、再撤回する
ပြန်လည်သိမ်း:ပိုက်[pjanlɛ tein:paiʔ] (動) 再占領する、再領有する
ပြန်လည်သုံး:သပ်[pjanlɛ tʔoun:daʔ] (動) 反省する、再検討する、再審査する
ပြန်လည်အပ်နှင်း:[pjanlɛ aʔnin:] (動) 返還する
ပြန်လမ်း:[pjanlan:] (名) ①帰路、復路、帰り道 ②回収の可能性
ပြန်လည့်[pjan ɬɛ.] (動) 振り返る、振り向く
ပြန်လှည့်[pjanɬan] (副) ①再び、再度 ②お返しに、仕返しに
ပြန်လှန်ကြည့်[pjanɬan tʃi.] (動) ①回想する、回顧する ②振り向く ③ひっくり返してみる
ပြန်လှန်တိုက်[pjanɬan taiʔ] (動) 反撃する、反攻する
ပြန်လှန်တိုက်ခိုက်[pjanɬan taiʔkʔai] = ပြန်လှန်တိုက်
ပြန်လှန်နမ်း:ရှုပ်[pjanɬan nan:ʃouʔ] (動) 頬擦しし返す
ပြန်လှန်ဖတ်[pjanɬan pʔaʔ] (動) 読み返す、繰返し読む = ပြန်လှန်ဖတ်
ပြန်လွှတ်[pjan ɬuʔ] (動) ①釈放する ②再派遣する
ပြန်သွာ:[pjantwa:] (動) 帰って行く
ပြန်အရွေး:ခံရ[pjan əjwe: kʔan ja.] (動) 再選される
ပြန်အမ်:[pjan an:] (動) 釣銭を返す、払い戻す
ပြန်အမ်:စေရ[pjan an:zeja] (名) 釣銭
ပြိန်:[pein:~pjein:] (形) 愚かだ、無知だ、蒙昧だ ပြိန်: 無謀な奴、向う見ずな奴
ပြိန်ဖျင်း:[pein pʔjin:] (形) 取るに足りない、無意味だ ပြိန်ဖျင်း:တဲ့လူ 取るに足りない奴 ပြိန်ဖျင်း:တဲ့

(ကာ：新鮮味のない話

ပြိန်ဥ[pein:u.~pjein:u.] (植)タロイモ、サトイモ (サトイモ科) Colocacia antiquorum =ပိန်ဥ

ပြိန်[pjoun:] (動)①消耗する、使い尽す、枯渇する တော ပြိန်သည်။ 森が裸になる ဝက်အူ ပြိန်သည်။ 螺子山が擦り減る ②廃れる、断絶する、絶滅する အမျိုးပြိန်သည်။ 血統が途絶える、種が絶滅する

ပြိန်းတီး[pjoun:di:] (動)消耗する、浪費する、消滅する

ပြိန်းတီးမှု[pjoun:di:mu.] (名)浪費、消耗、消滅 သစ်တော ပြိန်းတီးမှု 森林の荒廃

ပြိုင်[bjou'] (名)発疹、ぶつぶつ、疣、瘤

ပြိုင်ထ[bjou' t'a.] (動)発疹が出る、ぶつぶつができる、疣ができる、瘤ができる

ပြိုင်ဆတ်ဆတ်[bjou' s'a's'a'] (副)①生煮えの、半煮えの、半熟の ②ざらざらで、ごつごつしていて

ပြိုင်ရှပ်ရှပ်[bjou' ʃa'ʃa'] (副)(表面が)ざらざらしていて、

ပြဋ္ဌဖလဂုနီ[pjou'ba.phələgu.ni] (名)張宿、二十七星宿の内の11番目 cf. နက္ခတ်နှင့်ဆယ်ခုနစ်လုံး

ပြဋ္ဌဘဒြပဲ[pjou'ba.ba.dərəbai'] (名)室宿、二十七星宿の内の25番目 ＜サ

ပြဋ္ဌသာဋ္ဌ[pou'baṭan] (名)箕宿、二十七星宿の内の20番目 ＜サ

ပြုံ[pjoun] (動)群がる、人だかりする အိမ်တွေပြုံ နေတယ်။ 人家が密集している

ပြုံး[pjoun:] (動)微笑む、微笑する သရော်ပြုံးပြုံး သည်။ 嘲り笑う、嘲笑する မချိပြုံးပြုံးသည်။ 苦笑いする、苦笑する

ပြုံးစနဲ့[pjoun:sənɛ.nɛ.] (副)謎めいた笑みを浮かべて、唇を一文字にして微笑み

ပြုံးစိစိ[pjoun: si.zi.] (副)幽かに笑みを浮べて、微笑みを抑えて

ပြုံးစိပြုံးစိလုပ်[pjoun:si.pjoun:si. lou'] (動)にこにこする、にたにたする

ပြုံးပြုံးကလေးကြည့်[pjoun:bjoun:gəle: tʃi.] (動)笑みを浮かべて見る

ပြုံးပြဲပြဲ[pjoun:p'jɛ:bjɛ:] (副)せせら笑って、薄笑いを浮かべて、にたっとして

ပြုံးပြီးပြီး[pjoun: p'ji:bji:] (副)苦笑して

ပြုံးရယ်[pjoun:ji] (動)笑う、微笑する、満面笑いを浮べる

ပြုံးရှင်[pjoun:ʃwin] (動)にこにこする、朗らかに笑う

ပြုံးသယောင်ယောင်ရှိ[pjoun:dəjaun jaun ʃi.]

(動)幽かに微笑む、微笑んだ感じである

ပွ[pwa] (動)①膨れる、膨らむ、膨張する、腫れ上がる နှာခေါင်းပွတယ်။ 鼻が膨らむ ဗိုက်ပွတယ်။ 腹が膨らむ ②儲かる、ついている、思いもよらず幸運に恵まれる ပွတာကို しめた ③散らかる、散乱する အခန်းထဲမှာ အဝတ်တွေပွနေတယ်။ 室内に衣類が散乱している ④(形)だぶだぶだ ဘောင်းဘီပွတယ်။ ズボンがだぶだぶだ ဆံပင်ပွတယ်။ 髪がぼさぼさだ မာလကာသီးပွတယ်။ バンザクロの実がぶよぶよだ

ပွစတက်[pwa.za tɛ'] (動)混乱する、散乱する

ပွစိ[pwa.si.] (副)散らかっていて、だらしなくて

ပွစိစိ[pwa.si.zi.] (副)服装がだらしなく、きちんとしていないで

ပွစိပွစိ[pwa.si.pwa.si.] (副)①ぶつぶつ言って②縮んだり膨らんだりして

ပွစိပွစိပြော[pwa.si.pwa.si. pjɔ:] (動)①ぶつぶつ言う、ぼそぼそ話す ②不満を洩らす、不平を言う

ပွစိပွစိဖြစ်[pwa.si.pwa.si. p'ji'] (動)ざわつく、ざわめきが起きる

ပွစိပွစိလုပ်[pwa.si.pwa.si. lou'] (動)①ぶつぶつ言う、不平を言う ②びくびくする、びくつかせる

ပွတတ[pwa.ta.da.] (副)腫れ気味で、むくんで、膨張して

ပွပေါက်[pwa.bau'] (名)絶好の機会、好機

ပွပေါက်တိုး[pwa.bau' to:] (動)思いがけない幸運に恵まれる

ပွပွနဲ့[pwa.bwa.nɛ.] (副)ぼさぼさで ဆံပင်ပွပွနဲ့ ကျောင်းသား တယောက် 髪の手入れもしていない学生が一人

ပွဖောင်း[pwa.p'aun:] (動)膨らむ、膨張する

ပွဖောင်းဖောင်း[pwa.p'aun:baun:] (副)膨れて、膨張して、むくんで

ပွရောင်း[pwa.jaun:] (動)腫れる、腫れ上がる

ပွရောင်းရောင်း[pwa.jaun:jaun:] (副)①膨れ上がって、ぶくぶくになって、むくんで ②中身が少なく、かさがさの状態で

ပွား[pwa:] (動)①増える、増加する、増大する ②殖える、繁殖する、増殖する မိတ္တူပွားသည်။ コピーを取る、複製を作る

ပွားစီး[pwa:si:] (動)繁栄する、繁茂する、増大する

ပွားများ[pwa:mja:] (動)①増える、増大する ②栄える、繁栄する

ပွားများစည်ကား[pwa:mja: siga:] (動)栄える、

繁栄する、殖えて賑やかになる

ပွေ့[pwe.] （動）抱きかかえる、抱き上げる、抱きしめる

ပွေ့ချီ[pwe.tʃi]（動）抱き上げる、抱え上げる

ပွေ့ပိုက်[pwe.paiʔ]（動）抱く、抱き締める、抱える、抱きかかえる

ပွေ့ဖက်[pwe.pʼɛʔ]（動）抱擁する、抱き締める

ပွေ့အုံး[pwe.oun]（名）長枕、抱き枕

ပွေ[pwe]（動）①絡み合う、混沌とする ②取巻かれる、取巻かれる、忙殺される အမှုပွေသည်။ 揉め事で身動きができない သောကပွေသည်။ 心配事に満ちている ③遊び歩く မြို့ပွေတဲ့လူသည်။ 道楽者だ、遊蕩児だ ④（形）渦を巻いている လေပွေ つむじ風、旋風 ⑤邪だ、邪悪だ

ပွေနောက်[pwenauʔ]（動）取巻かれる、取囲まれる 悩まされる

ပွေရှုပ်[pweʃouʔ]（動）錯綜する

ပွေလီ[pweli]（形）①ややこしい、複雑だ ②多彩だ ③邪悪だ

ပွေလီမရှုပ်[pweleinʃouʔ]（動）錯綜する、こんがらがる

ပွေး[pwe:]①（病）回癬、ひぜん、たむし ②（動物）ヤブネズミ（タケネズミ亜科）Cannomys castaneus ③オオタケネズミ、スマトラヤブネズミ（タケネズミ亜科）Rhizomys sumatrensis

ပွေးထူ[pwe:tʼu]（形）回癬持ちだ、回癬だらけだ

ပွေးကိုင်း[pwe:gain]（植）①センナ、エジプトセンナ（ジャケツイバラ科）Cassia acutifolia ②インドセンナ、ホソバセンナ（ジャケツイバラ科）Cassia angustifolia

ပွယ်တိုရီကို[pwetoriko]（国）プエルトリコ

ပွဲ[pwe]（動）止む、終る နှင်းပွဲသည်။ 霧が上がる

ပွဲ[pwɛ]（名）①催し ကပွဲ 舞踏会 ပြိုင်ပွဲ 競技会 ②祭り、祭礼、祝祭 သင်္ကြန်ပွဲ 新年祭、水祭り ဘုရားပွဲ パゴダ祭り ③式典、祝賀式、祝宴、宴会 လက်ထပ်ပွဲ 結婚式 ④芝居、演劇 ဇာတ်ပွဲ ⑤品評会、競技会、コンテスト နွားပွဲ 牛市 မြင်းပြိုင်းပွဲ 競馬 တိုက်ပွဲ 戦闘 ထိုးပွဲ 殴り合い ဆဲပွဲ 罵り合い ⑦（神への）供え物 ကန်တော့ပွဲ（神仏、出家、国王等に供える）バナナ、ココヤシ、キンマ、タバコ、茶、黒砂糖等 အနပ်ပွဲ（神仏に供える）ココヤシの実 ဟင်းပွဲ 一品料理 လက်ဖက်ပွဲ 発酵させた食用の茶 အချိုပွဲ 食後のデザート（椰子砂糖等）⑨（助数）〜膳 ထမင်းတပွဲ 飯1人前 ခေါက်ဆွဲတပွဲ 麺一人分

ပွဲကိုက်[pwɛ kaiʔ]（動）芝居見物で徹夜する

ပွဲကျ[pwɛ tʃa.]（動）爆笑する、大笑いする、呵

呵大笑する、拍手喝采する

ပွဲကျင်းပ[pwɛ tʃin:pa.]（動）祭を挙行する、祭礼を催す

ပွဲကြီးပွဲကောင်း[pwɛ:dʒi: pwe:gaun]（名）①盛り上がった競技、熱狂的試合 ②滅多に見られない芝居

ပွဲကြီးလမ်းကြီး[pwɛ:dʒi: lan:dʒi:]（名）盛大な祭礼

ပွဲကြည့်[pwɛ:tʃi.]（動）観劇する、芝居を見物する

ပွဲကြည့်ပရိသတ်[pwɛ:tʃi. pəreiʔta]（名）観客、観衆

ပွဲခ[pwɛ:ga.]（名）手数料、仲買人の手数料

ပွဲခင်း[pwɛ: kʼin:]（動）①祭をする、催しの準備をする ②[pwɛ:gin:]（名）祭礼の場、祝宴の場

ပွဲခံ[pwɛ: kʼan]（動）①催しを引受ける ②職業的踊り子集団を雇う

ပွဲချင်းပြီးဆုံး[pwɛ:dʒin:bji: sʼoun:]（動）即死する

ပွဲချင်းပြီးသေ[pwɛ:dʒin:bji: te]=ပွဲချင်းပြီးဆုံး

ပွဲချင်းပြီးသေဆုံး[pwɛ:dʒin:bji: tesʼoun:]=ပွဲချင်းပြီးဆုံး

ပွဲစကား[pwɛ: zəga:]（名）芝居の台詞

ပွဲစား[pwɛ:za:]（名）仲買人、ブローカー

ပွဲစားလုပ်[pwɛ:za: louʔ]（動）仲買人として働く、ブローカーをして暮す

ပွဲစဉ်[pwɛ:zin]（名）①試合の進行予定 ②祭のスケジュール

ပွဲစမ်း[pwɛ: san:]（動）能力を試す

ပွဲစဉ်များ[pwɛ:zɛʔ mja:]（動）芝居上演の予定が詰っている、スケジュールがぎっしりだ

ပွဲရေး[pwɛ:ze:]（名）定期市、品評会

ပွဲတော်[pwɛ:dɔ]（名）①祭礼、式典 ②（国王或いは神霊に差し上げる）御食事

ပွဲတော်ဆက်[pwɛ:dɔ sʼɛʔ]（動）（国王に）食事を差し上げる（敬語）

ပွဲတော်တည်[pwɛ:dɔ tɛ]（動）①（国王や王妃が）食事を召し上がる ②（皮肉、ユーモアで）ご馳走を出す

ပွဲတော်အိုး[pwɛ:dɔ ou:]（名）（国王に差し上げる食事を入れた）蓋付きの容器

ပွဲတောင်ဟင်္ဂါ[pwɛ:daun hin:ga:]（植）センブリ（リンドウ科）Swertia angustifolia

ပွဲတောင်း[pwɛ: taun:]（動）歌や踊りを所望する、アンコールする

ပွဲတိုင်ကျော်[pwɛ:dain:dʒɔ]（名）名士、著名人

ပွဲတွေ့[pwɛ:dwe.]（名）実際に経験したもの、経験

ပွဲထိုး[pwɛː tʻoː] (動) 神霊に供え物をする

ပွဲထိုင်[pwɛː tʻain] ① (動) 祭礼に参加する、祭礼に出席する ② [pwɛːdain] (名) 式典、祝典

ပွဲထုတ်[pwɛː tʻouʔ] (動) 売り出す、お目見えさせる

ပွဲထိန်း[pwɛː tʻein:] (動) ①芝居を取り仕切る、祭礼の秩序を保つ ②観客の関心を引きつける

ပွဲထွက်[pwɛː tʻwɛʔ] ① (動) お目見えする、初めて出演する ② [pwɛːdwɛʔ] (名) 出番

ပွဲနေ့[pwɛːneʔ] (名) 祭日、祝日

ပွဲနေ့ပွဲထိုင်[pwɛː ne pwɛːdain] (名) 祭礼用、晴着

ပွဲပေး[pwɛː peː] (動) 神霊に供物を供える

ပွဲပြီး[pwɛː piː] (動) ①祭り終る、催しが終了する ②試合が終る

ပွဲပြီးမီးသေ[pwɛː piːmiːte] (比) 祭が終って火が消えて（事が終れば、火が消えたように静かになる、熱が冷める、あっけない、粘りがない）

ပွဲပြင်[pwɛː pjin] (動) ①祭礼または催しの準備をする ②供え物を用意する

ပွဲပြတ်[pwɛː pjaʔ] (動) ①評価する、鑑定する、査定する ② [pwɛːbjaʔ] (名) 鑑定士

ပွဲရ[pwɛː ja] (名) 勝利者、優勝者

ပွဲရံ[pwɛː jan] (名) 前菜、メイン・デイッシュ以外の食べ物

ပွဲရုံ[pwɛː joun] (名) ①劇場、会場 ②ブローカーの店

ပွဲလိုက်ရများ[pwɛːlaiʔja.mjaː] (動) 祭礼に頻繁に呼ばれる、お祭り、祝祭の出し物としてしばしば雇われる

ပွဲလန်[pwɛː lan.] (動) (祭礼、式典、競技等が) 大混乱に陥る

ပွဲလမ်း[pwɛːlan:] (名) お祭り、祝祭

ပွဲလမ်းဖျာခင်း[pwɛːlan: pʻjakʻin:] (動) 火事場泥棒を働く、混乱に付け入って儲ける

ပွဲလမ်းသဘင်[pwɛːlan: dəbin] (名) ①祭、祭礼、祝祭 ②催し

ပွဲလှန့်[pwɛː ɬan.] (動) (祭礼、式典、競技等を妨害して) 観客を混乱に陥れる

ပွဲဝင်[pwɛː win] (動) ①祭礼の初日になる ②祭礼に参加する

ပွဲသဘင်[pwɛːdəbin] =ပွဲလမ်းသဘင်

ပွဲသိမ်း[pwɛː tein:] (動) 芝居の幕を降す

ပွဲဦးထွက်[pwɛːuːtʻwɛʔ] ① (動) 初登場する、初演する ② [pwɛːuːdwɛʔ] (名) 出だし、最初、初期、第1段階 ③ (副) 初めて ပွဲဦးထွက်ပါးရိုက်ခံရသည်။ 生れて初めて頬をぶたれた

ပွဲဦးထွက်ဝတ္ထု[pwɛːuːdwɛʔ wuʔtʻu.] (名) 処女小説

ပွက်[pwɛʔ] (動) ①沸く、沸騰する、煮立つ ရေပွက်သည်။ 魚が跳ねる、水面に現れる、水面が泡立つ ငါးပွက်သည်။

ပွက်ပွက်[pwɛʔpwɛʔ sʻu] (動) ①沸騰する、ぶくぶく泡立つ ②騒然となる、一騒動持上がる

ပွက်ပွက်ဂျိုက်[pwɛʔpwɛʔ jaiʔ] (動) 騒然となる、騒動が広がる

ပွက်လောဂျိုက်[pwɛʔlo jaiʔ] (動) 騒ぎ立てる、わいわい言う、がやがやする、ごった返す

ပွက်သေးကြမ်း[pwɛʔteː tʃan:] (動) 大混乱となる

ပွင့်[pwin.] (動) ①開く、あく အဖုံးပွင့်သည်။ 蓋が開く ②咲く စပယ်ပန်းပွင့်သည်။ ジャスミンの花が咲く ③悟りを開く、成仏する ဘုရားပွင့်သည်။ ④ (名) 花 ကအပွင့်၊ ဆိပ်ဖယ်းပွင့် ヨルソケイの花 မရေပွင့် ミサキノハナ ⑤ (助数) 花、星、塩の結晶等を表わす တပွင့် 花1輪 ကြယ်တပွင့် 星一つ ဆားတပွင့် 塩一粒

ပွင့်ချပ်[pwin.tʃaʔ] (名) 花弁、花びら

ပွင့်ဇံ[pwin.zan] (名) 花のやく

ပွင့်တော်မူ[pwin. dɔmu] (動) (釈迦が) 叡智を悟られる、成道なさる

ပွင့်ဖတ်[pwin.baʔ] (名) 花のがく片

ပွင့်ပွင့်လင်းလင်း[pwin.bwin.lin:lin:] (副) 率直に、正直に、ざっくばらんに、あけすけに、おおっぴらに ပွင့်ပွင့်လင်းလင်းဆက်ဆံသည်။ 公然と交際する ပွင့်ပွင့်လင်းလင်းပြောသည်။ 包み隠さずに話す

ပွင့်ရိုက်သည်[pwin.jaiʔtɛ] (名) 花柄模様の布

ပွင့်လင်း[pwin.lin:] (形) ①率直だ、正直だ、ざっくばらんだ、あからさまだ ②明らかだ、明白だ

ပွင့်လန်း[pwin.lan:] (形) ①新鮮だ ②楽しい、愉快だ

ပွင့်ျ[pwin.ja] (名) 菩薩

ပွင့်လွှာ[pwin.ɬwa] (名) 花弁

ပွင့်သစ်စ[pwin.diʔsa.] (形) 開きかけた ပွင့်သစ်စနေခြည် 差込みかけた陽光 ပွင့်သစ်စနံနက်ခင်း 開けかけた早朝

ပွတ်[puʔ] (動) ①撫でる、こする、さする မျက်လုံးကိုပွတ်သည်။ 目を擦る ကျောကိုပွတ်သည်။ 背中を撫でる နားရွက်ကိုပွတ်သည်။ 耳たぶをさする ②磨く、研磨する ③削り落す、すり落す သွားပွတ်သည်။ 歯を磨く ④薄く塗る သနပ်ခါးပွတ်သည်။ 化粧液を薄塗りする cf. သနပ်ခါးလိမ်းသည်။ ④ 轆轤を回す、(鉄、木、象牙等を) 轆轤に掛ける ⑤ (名) 轆轤 (ろくろ)、旋盤

ပွတ်ကာသီကာ[puʔka tiga] (副) 競り合って、競い合って、切磋琢磨して、辛うじて、やっとの事で、ど

うにかこうにか
ပွတ်ခံ[puʔkʻan] (動) 轆轤を回す
ပွတ်ခံပွတ်တံ[puʔkʻoun puʔtan] (名) 轆轤、旋盤
ပွတ်စင်[puʔsin] (名) 轆轤
ပွတ်တိုက်[puʔtaiʔ] (動) ①磨く ②拭く
ပွတ်တိုက်အား:[puʔtaiʔaː] (名) 摩擦力
ပွတ်တံ[puʔtan] (名) 攪拌する棒、擦り棒
ပွတ်မီး[puʔmiː] (名) 摩擦によって起される火種
ပွတ်မီးယူ[puʔmiː ju] (動) 摩擦で火を起す
ပွတ်လုံး[puʔlounː] (名) 轆轤に掛ける物
ပွတ်သစဧအက[puʔ dəbin əka.] (名) チーク・ダンス、社交ダンス
ပွတ်သီးပွတ်သတ်[puʔtiː puʔtaʔ] (副) ①親密に ②擦り寄って
ပွတ်သီးပွတ်သတ်လုပ်[puʔtiː puʔtaʔ louʔ] (動) 寄り添う、擦り寄る、触れ合う
ပွတ်သတ်[puʔtaʔ] (動) ①撫でる ②擦る ③ (毛を) 梳
ပွန်[pun] (動) (他の語と組合って使用される) 完成する、実現する 例 ကျေပွန်သည်။ 義務を果す
ပွန်း[punː] (動) 擦り剥く、摩損する、摩滅する、打傷する ဆေးပွန်းသည်။ ペンキが剥げ落ちる
ပွန်းတီး[punːdiː] (形) ①親しい、親密で ②慣れている、熟練している
ပွန်းပဲ့[punːpɛ.] (動) 擦り剥ける
ပွန်းဘွန်းတီးတီး[punːbunː tiːdiː] (副) 親しく、親密に
ပွန်းရာရှရာ[punːja ʃa.ja] (名) 擦り傷
ပြေ[pəlwe] (名) 竹製の竪笛 (指孔7個)、フルート =ပလေ
ပြေမှုတ်[pəlwe mou̯ʔ] (動) 笛を吹く
ပြုတ်[pjuʔ] (名) 水鉄砲、スポイト
ပြုတ်[pjuʔ] (名) 房になる、群がる、密集する、群生する သရက်သီးမျှာ:ပြုတ်နေသည်။ マンゴーの実が鈴なりだ
ပြုတ်သိပ်သိပ်[bjuʔteiʔ-pjuʔteiʔ] (動) ぎっしり詰まる、寿司詰めだ、びっしりとなる、鈴なりだ
ပြုတ်သိပ်သိပ်ကျပ်တည်း[bjuʔteiʔ tʃaʔtiː] (動) ぎゅうぎゅう寿司詰めだ、混雑する、渋滞する
ပြုတ်အိုး[bjuʔoː] (名) ヒョウタンの水入れ
ပြွန်[pjun] (名) 管、パイプ、チューブ ဖန်ပြွန် ガラス管
ပြွမ်း[pjunː~pjwanː] (動) 混じり合う、ごっちゃになる =ရောပြမ်း
ပြွမ်းတီး[punːdiː] (動) 混じり合う

ဖ

ဖ[pʻa.] (名) ビルマ文字体系第22番目の文字、その名称は ဖဦးထုပ်[pʻa. ouʔtʻouʔ] (帽子のパ)
ဖ[pʻa.] (接尾) 生物の牡を現わす ကြက်ဖ 雄鶏
ဖခင်[pʻa.gin] (名) 父親
ဖတသဆိုး[pʻa.təsʻoː] (名) 父無し子 cf. မိတဆိုး
ဖသဆိုး[pʻa.təsʻoː] =ဖတသဆိုး
ဖအေ[pʻa.e] (名) (親愛的表現) 父さん、お父ちゃん
ဖအေတူ[pʻəedu] (名) 父親似
ဖအေတူမအေကွဲ[pʻəedu məːgwɛː] (名) 異母兄弟
ဖအေတူသား:[pʻəeduðaː] (名) 父親似の息子
ဖ[pʻa.] (接頭) 四肢の部分名称を示す
ဖနောင့်[pʻənaun.] (名) 踵 (かかと)
ဖနောင့်ကြော[pʻənaun.tɕɔː] (名) アキレス腱
ဖနောင့်နှင့်ပေါက်[pʻnaun.nɛ.pauʔ] (動) 踵で蹴る
ဖနောင့်နှင့်ပေါ်:ကမာ:ထဲနေအောင် (副) 尻に帆掛けて (逃げる)、雲を霞と (逃げ去る)、直接の意味は「踵と尻とが一緒にならんばかりに」
ဖမို့[pʻəmo.] (名) ①手の甲 =လက်ဖမို့ ②足の甲 =ခြေဖမို့
ဖမျက်[pʻəmjɛʔ] (名) 踝 (くるぶし)
ဖဝါ:[pʻəwaː] (名) ①掌 =လက်ဖဝါ: ②足の裏 =ခြေဖဝါ: ③ (名) 長さの単位 (足の裏又は掌の長さ) ခြေဖဝါ:နှင့်တိုင်:ရဝယ်။ 足の裏で測る လေး:ငါး:ခြေဖဝါ:လောက်ရှိသည်။ 4～5足長分はある ဖဝါ:လက်နှစ်သစ်အရွယ် 掌二つ分のサイズ
ဖဝါ:ခြေထပ်[pʻəwaː tʃʻidaʔ] (副) ぴったりくっついて、同じ歩幅で
ဖဝါ:စတုရန်:[pʻəwaː za.dunː] (副) 足裏の幅で測って
ဖဆပလ[pʻa.sʻa.pa.la.] (名) 反ファシスト人民自由連盟 (AFPFL) の略称、抗日ゲリラ組織として1945年に結成され、戦後イギリスを相手に独立交渉を行なった。1958年に清廉派と安定派とに分裂、1962年のネーウィン軍政登場と共に解散させられた
ဖထိုင်[pʻədain] (名) 休憩用の長椅子、ソファ
ဖနပ်[pʻəna?] →ဖိနပ်
ဖယောင်း[pʻəjaunː] (名) ①蝋 ②(植) ナンキンハゼ (トウダイグサ科) Sapium sebiferum
ဖယောင်းချက်[pʻəjaunːtɕʻɛʔ] (名) 膏薬
ဖယောင်းစက္ကူ[pʻəjaunːsɛʔku] (名) 蝋紙、謄写版原紙、ガリ版用紙
ဖယောင်းတိုင်[pʻəjaunːdain] (名) 蝋燭
ဖယောင်းပဆိုး[pʻəjaunːpəsʻoː] (名) ①リノリュ

―ム ②（水をはじくように加工した）蝋布

ဖယောင်းပန်း[p'əjaun:ban:]（植）①黄色の花を咲かせる蘭の1種 Dendrobium callipes ②セイヨウビャクシン、ヨウシュネズ（ヒノキ科） Junipers communis ③タチノウゼン（ノウゼンカズラ科） Tecoma stans ④Hoya bella ⑤キイロキョウチクトウ Thevetia neriifolia

ဖယောင်းဝါး[p'əjaun:wa:]（植）ビルマ産の竹の1種 Dendrocalamus brandisii 細身で弾力性に富む事から竹製品の原料にされる

ဖရဏာပီတိ[p'ərəna piti.]（名）遍満喜、満ち溢れる喜び、法悦、陶酔、忘我、狂喜、無我夢中 ＜パ

ဖရ[p'əja.]（名）御貴殿、和尚様（出家に対する呼掛け）

ဖရူးတား[p'ərou'ta.wasa]（名）はしたない言葉、みっともない言葉、下品な言葉、粗野な言葉＜パ

ဖရဲ[p'əjɛ:]（植）スイカ（ウリ科） Citrullus vulgaris

ဖရဲခါ:[p'əjɛ:ga:]（植）コロシントウリ（ウリ科） Citrullus colocynthis

ဖရဲသီး[p'əjɛ:di:]（名）西瓜

ဖရဲဥ[p'əjɛ:u]（鉱）電気石（トルマリン）

ဖရိုဖရဲ[p'əjo p'əjɛ:]（副）ばらばらに、散りぢりに、無秩序に、乱雑に、無造作に

ဖရင်ချား[p'ərin:ʧa:]（名）古典歌謡ヨーダヤー・タチンの1首

ဖရုံ[p'əjoun]（植）①カボチャ（ウリ科） Curcubita maxima =ရွှေဖရုံ ②ペポカボチャ Curcubita pepo =ကျောက်ဖရုံ

ဖရုံဆွဲ[p'əjounzwɛ:]（名）臀部、尻の肉

ဖရုံပွင့်[p'əjounbwin.]（植）カボチャの花

ဖရုံယို[p'əjoun jo]（名）瓜の砂糖漬け（ザボン漬けに類似）

ဖရုံသီး[p'əjoundi:]（名）南瓜

ဖလား[p'əla:]（名）①杯、カップ ②ボウル、鉢

ဖလားစုံကွက်အစုံ[p'əlɛzoun kun:i']（名）四つの区画を具えたキンマ容器

ဖလက်ဖောင်း[p'əlɛ'p'aun:]（名）=ပလက်ဖောင်း

ဖလင်[p'əlin]（名）フィルム ＜英 cf. ကော်ပြား

ဖလင်ကော်ပြား[p'əlin kɔbja:]=ဖလင်

ဖလံ[p'əlan]（植）①ラセモサ・バウヒニア（ジャツイパラ科） Bauhinia racemosa 黄白色の花を咲かせる低木 ②平で長い鞘を実らせるジャケツイバラ科の薬用蔓性植物 Bauhinia vahlii

ဖလံ[p'əlan]（虫）蛾 =ပိုးဖလံ

ဖလံတောင်မွေး[p'əlan taunmwe:]（植）オオホザキ

アヤメ（ショウガ科） Costus speciosus

ဖလဲ[p'əlɛ]（動）取替える、交換する

ဖလဲ[p'əlɛ]=ဖလဲ

ဖအောင်း[p'aun:]（植）イチジクの1種（果実は食用、樹皮は染料、材木は建築に使用される）

ဖာ[p'a]（動）①補修する、修理する、修繕する、継ぎを当てる ဒီကတ္တရာဆေးတွေကဘုံဝေါဟာဘိတာကာပါ このタールはバケツの穴を塞ぐために置いてあるのです ②言い繕う ③費用を償う、埋め合わせる

ဖာထေး[p'at'e:]（動）繕う、貼り合わせる、修理する အင်္ကျီအစုတ်ကိုဖာထေးနေသည် 上着の破れを繕っている

ဖာရာထေးရာ[p'aja t'e:ja]（名）繕い、貼り合わせ、修理跡、修理箇所

ဖာ[p'a]（名）①オオギヤシの葉茎または竹で編んだ方形の蓋付きケース、行李 ②売春婦、娼婦、女郎 =ပြည့်တန်ဆာ

ဖာကျူ:[p'a tʃo:]（動）性病を患う

ဖာကျူ:နာ[p'aʧo:na]（病）性病、花柳病

ဖာကျူ:ရောဂါ[p'aʧo: jo:ga]=ဖာကျူ:နာ

ဖာခေါင်း[p'agaun:]（名）娼婦の元締め

ဖာခံ[p'a k'an]（動）春をひさぐ、売春する

ဖာဆွဲ[p'azwɛ]（名）ポン引き

ဖာအိမ်ဖာခန်း[p'ein p'agan:]（名）売春窟

ဖာရစီ[p'arəsi]（名）パールシー（17世紀にペルシアからインドへ逃れたゾロアスター教徒の末裔）＜ヒ

ဖာရင်ဟိုက်[p'arinhai']（名）（温度の）華氏＜英

ဖာလာ[p'ala]（植）ズク、カルダモン（ショウガ科） Elettaria cardamomum ＜サ

ဖာလာကြီ:[p'alaʤi:]（植）セイロンカルダモン（ショウガ科） Amomum subulatum

ဖာလာနယ်[p'alanɛ]=ဖာလာသီ

ဖာလာနပ်ဖိုး[p'ala nəp'ei']（植）カルダモンに似た実が成る香料植物 Peucedanum parkinsonii

ဖာလာဗျူ[p'alabju]=ဖာလာသီ

ဖာလာသီ[p'aladein]（植）ショウズク、カルダモン（ショウガ科） Elettaria cardamomum

ဖာလူဒါ[p'aluda]（名）ファールダ（氷、牛乳、アイスクリーム、ゼリー（寒天）、サゴ椰子の澱粉等を混ぜ合わせたピンク色の甘い飲み物）＜ヒ

ဖာလုံ[p'aloun]（名）距離の単位、約200メートル ＜英 furlong

ဖာသာ[p'ada]（副）自分で、自分なりに、一人で、勝手に သူတို့ဖာသာသူတို့လုပ်သည် 彼らは彼らなりにしたကိုယ့်ဖာသာနည်းလမ်းတရှာရှင်သည် 自分でやり方を考案したကျွန်တော်ဖာသာကုန်ကြောင်းလျှောက်ပြန်မည်။

私は自分なりに徒歩で帰ります ＝ဘာသာ
ဖာသာလဝါ[p'adaləwa]（副）自分で、自分なりに
ဖာသိဖာသာ[p'əḍi.p'aḍa]（副）構わずに、知らん振りして、放っておいて、我関せずと、無視して ＝ ဘာသိဘာသာ။ သူကဖာသိဖာသာနေသည်။ 彼は孤高を保っている တက္ကိမ်တခါမျှမေး မြန်း ခြင်း မ ပြုဘဲ ဖာသာပင်နေလေသည်။ 一度も質問せず超然としている
ဖာသီဖာသာ[p'əḍi:p'aḍa]＝ဖာသိဖာသာ
ဖာ:[p'a:]①（動物）蛙 Kaloula pulchra ②（名）栓、木の栓 ③牡、雄
ဖာ:ကူး[p'a:gu:]（名）平泳ぎ
ဖာ:ကူးကူး[p'a:gu ku:]（動）平泳ぎで泳ぐ
ဖာ:ခုန်ခုန်[p'a:goun k'oun]（名）兎跳びをする
ဖာ:ခုန်သည်း[p'a:gounɲin:]＝ဖာ:ဂုံညင်း
ဖာ:ခုန်ပြေ:[p'a:gounpje:]（名）兎跳び遊び
ဖာ:ချေကျ:ထိုင်[p'a:tʃiɕɔ: t'ain]（動）正座する、跪いて座る
ဖာ:ဂုံညင်း[p'əgounɲin:]（動物）茶褐色の地に黄色の縦縞がある蛙 Callula pulchra
ဖာ:စီးငါးစီး[p'a:zi: ŋa:zi:]（副）食欲に、貪るように
ဖာ:စည်[p'a:zi]（名）カレン族、カヤー族等の間で使われていた銅鼓、上面四方に蛙が４匹象ってある
ဖာ:တပိုင်းငါးတပိုင်း[p'a:dəbain: ŋa:dəbain:] オタマジャクシから蛙になりかけの中間の形態
ဖာ:တလက်[p'ədələʔ]（動物）ヌマガエル（アカガエル科）Rana limnocharis
ဖာ:တုလို့ချေရှနိုင် ၊ ကိုင်းပျက်။（諺）蛙と張り合って貝が飛び跳ねる、池が大騒動となる（蟷螂の斧、鵜の真似をする鴉）
ဖာ:ထိုင်[p'a:dain]（名）正座
ဖာ:ထိုင်ထိုင်[p'a:dain t'ain]（動）正座する
ဖာ:ပေါင်းဇင်း[p'əbaunzin:]（動物）トノサマガエル
ဖာ:ပျံ[p'əbjan]（動物）①アオガエル、ラッカサンアオガエル（アカガエル科）Rhacophorus leucomystax ②カジカガエルの一種 Polypedates leucomystax
ဖာ:ပြုပ်[p'əbjou]（動物）ヒキガエル、ヘリグロヒキガエル（ヒキガエル科）Bufo melanostictus 全土に棲息
ဖာ:ပြုပ်နီ[p'əbjouʔni]（動物）ヒキガエル（ヒキガエル科）の１種 Bufo microtis モールメイン周辺に棲息
ဖာ:ပြုပ်ရေနာ[p'əbjouʔ jena]（名）吹き出物、皮膚の発疹
ဖာ:ဖို[p'a:bo]（名）①雄蛙 ②鞴（ふいご）

ဖာ:ဖိဆွဲ[p'abo s'wɛ:]（動）鞴を動かす、火を起す
ဖာ:မ[p'a:ma.]（名）雌蛙
ဖာ:လက်တက်[p'ələdɛʔ]＝ဖာ:တလက်
ဖာ:လောင်း[p'əlaun:]（名）おたまじゃくし
ဖာ:ဥစွဲ[p'a:u. swɛ:]（動）黴が生える အင်္ကျီအသစ်မှာဖာ:ဥစွဲသည်။ 新しい上着に黴が生えた
ဖာ:အော်သံ[p'a: ɔdan]（名）蛙の鳴き声
ဖာ:အိုင်း[p'a:ain:]（動物）蛙（アカガエル科）の一種 Rana verrucosa
ဖါ:[p'a:]（動）①疲れる、疲労する ကျွန်ုပ်တို့တော့ဖါ:သည်။ 僕達は疲れた ②へつらう、胡麻をするလဖါ:သည်။ ③（形）締りがない、だらしない ④垂れ下がる、房になる
ဖါ:ဖါ:[p'a:ba:]（副）①ふさふさしていて、よく繁茂していて ဆံပင်ဖါ:ဖါ: 頭髪がふさふさしていて အရွက်ဖါ:ဖါ:၊ 葉がこんもりと生い茂っていて ②だらりと長くて အင်္ကျီရှည်ကြီးဖါ:ဖါ:နှင့်။ 大きな上着がだらりとしていて ③盛りで အပျိုကြီးဖါ:ဖါ: 娘盛りになっていて
ဖါ:လျှာ:[p'a:ja:]（副）（髪が）ばらりと、手入れもせずに、むさくるしくて
ဖါ:လျှာ:ကျ[p'aja tʃa.]（動）ざんばら髪になる
ဖါ:လျှာ:ချ[p'aja: tʃa.]（動）ざんばら髪にする、髪をばらりと垂れ下げる
ဖါ:လျှာ:လျှာ:ရှိ[p'aja:ja: ʃi.]（動）髪がざんばらになる
ဖိ[p'i.]（動）①押える、押え付ける、圧する ②重荷を負わせる、圧迫する ③圧倒する ④（副）懸命に、精を出して、何度も、繰返して ဖိစား:သည်။ 食い食う ဖိတိုက်သည်။ 猛攻を加える ဖိနင်းသည်။ 懸命に踏みそめ:ကတ်သည်။ ぐいぐい飲む ဖိကစား:သည်။ 懸命に試合する ဖိပြီးမနေသည်။ 何度も怒鳴りつけている
ဖိဆီး[p'i.zi:]（動）苦しめられる、抑圧される ရောဂါဖိဆီးသည်။ 病に苦しめられる အလုပ်တွေကဖိဆီးတယ်။ 仕事に追われる ငှက်ဖျာ:ဖိဆီးမှု マラリアの発作
ဖိစီးနှိပ်စက်[p'i.zi: nei'sɛʔ]（動）苛める、苦痛を与える、虐待する
ဖိစက်[p'i.zɛʔ]（名）圧搾機
ဖိနှိပ်[p'i.ɲeiʔ]（動）①押さえつける ②抑圧する、弾圧する、虐待する
ဖိနှိပ်ပယ်ညှဉ်း[p'i.ɲeiʔ pjin.ɲa.]（動）禁止弾圧する
ဖိနှိမ်[p'i.ɲein]（動）抑える、抑制する
ဖိဖိစီးစီး[p'i.bi.si:zi:]（副）①精魂込めて、成果が挙がるよう ②厳格に、徹底して ဖိဖိစီးစီးလုပ်ကိုင်

သည်။ 精魂込めて働く ဖိဖိစီးစီးသင်သည်။ 厳しく仕込む、厳格に教育する

ဖိအား[p'i.a:] (名) 圧力
 ဖိအားပေး[p'i.a: pe:] (動) 圧力を掛ける cf. အကျပ်ကိုင်သည်။

ဖိနပ်[p'əna'] (名) 履物、靴、草履
 ဖိနပ်ကြိုး[p'əna'tʃo:] (名) 靴紐 =ဖိနပ်သည်းကြိုး
 ဖိနပ်ချုပ်[p'əna' tʃ'ou'] (動) 靴を作る
 ဖိနပ်ခွံ[p'əna' k'wa] (名) 靴の踵
 ဖိနပ်ချွတ်[p'əna' tʃ'u'] ① (動) 靴を脱ぐ ② (名) 靴脱ぎ、上り框
 ဖိနပ်စာကျေး[p'əna'sa tʃwe:] (動) 履物で殴り付ける
 ဖိနပ်စီး[p'əna' si:] (動) 履物を履く、靴を履く
 ဖိနပ်ပေါက်[p'əna' pau'] (動) 靴擦れができる、足に豆ができる
 ဖိနပ်ပြင်[p'əna' pjin] (動) 靴を修繕する
 ဖိနပ်ပေါက်[p'əna'p'əwa:] (名) 靴底
 ဖိနပ်မှာ[p'əna' ma] (動) 靴を注文する
 ဖိနပ်သည်းကြိုး[p'əna' tɛ'dʒo:] (名) 鼻緒

ဖိလစ်ပိုင်[p'i.li'pain] (国) フィリピン
ဖီ[p'i] ① 突く、押す、押し付ける、強いる (単独では用いない) 例 ဖီဆန်သည်။ 逆う မာန်ဖီသည်။
 ဖီဆန်[p'izan] (動) 逆う、反抗する、刃向う、拒む言う事を聞かない အမိန့်ကိုဖီဆန်သည်။ 命令に背く
 ဖီလာ[p'ila] (副) ①遮って、横切って ②反対して ③足裏の長さ、約6寸 cf. ပေ 約9寸
 ဖီလာကန်လန်[p'ila kan.lan.] (動) 遮る、遮断する
 ဖီလာခြား[p'ila tʃa:] (動) 遮る、隔てる
 ဖီလာဆန့်ကျင်[p'ila s'an.tʃin] (動) 反対する
 ဖီလာပြု[p'ila pju.] (動) ①反する、反対する ②向い合う、対決する、阻止する

ဖိလစ်ပိုင်[p'ili'pain] (国) フィリピン
ဖီး[p'i:] (動) 櫛で梳く、梳けずる
 ဖီးလိမ်း[p'i:lein:] (動) 髪を手入れする
 ဖီးလိမ်းပြင်ဆင်[p'i:lein: pjinsin] (動) 化粧する

ဖီ[p'i:] (形) 太っている、丸々している、肥満している
ဖီ[p'i:] (助数) バナナの房 ငှက်ပျောသီးတဖီး バナナ一房
 ဖီးခြမ်း[p'i:dʒan] (植) サンカクバナナ、リョウリバナナ
 ဖီးကြာငှက်ပျော[p'i:dʒan: ŋəpjɔ:] =ဖီးကြမ်း
 ဖီးဆိုင်[p'i:zain] (名) 盆の上に向かい合せに置か

れたお供え用の二本のバナナ

ဖု[p'u.] ① (形) でこぼこだ、波立っている、瘤になっている、盛り上がっている、膨れ上がっている ② (名) 突起、瘤、節、結節、塊 ③槌の頭
 ဖုဆစ်[p'u.zi'] (名) 節、瘤
 ဖုထုံ[p'u.doun:] (名) 節、瘤、結節、塊

ဖုရား[p'əja:] (名) ①仏陀、釈尊 ②仏像 ③仏塔、パゴダ ④神 =ဘုရား
 ဖုသျှူ[p'ou'ʃa.] (星) ①蟹座 =ကရကဋ် ②鬼宿、二十七星宿の内の第8番目 くサ

ဖူလုံ[p'uloun] (形) ①十分だ、満ち足りる、賄える ②ビルマ式トランプ သုံးပွဲပို် で (3枚1組 ဖူ が4組すなわち12枚揃ったので) 負けない事が確実である
 ဖူလုံရေး[p'uloun je:] (名) 充足、充実、繁栄

ဖူး[p'u:] ① (動) 芽が出る、萌える、萌え出る、発芽する ②膨らむ、腫れ上がる、膨張する ③ (名) ①芽、発芽 =အဖူး ② (トランプの) スペード
 ဖူးစာပြောင်း[p'u:za:bjaun:] (植) トウモロコシ
 ဖူးပွင့်[p'u: pwin.] (動) 芽ぐむ、蕾む
 ဖူးဖူးရောင်[p'u:bu: jaun] (動) 腐って腫れ上がる、腐乱して膨張する
 ဖူးရောင်[p'u:jaun] (動) 腫れ上がる

ဖူး[p'u:] (動) ①拝む、遥拝する ②参詣する、参拝する
 ဖူးစာ[p'u:za] (名) 天命、宿命 =နဖူးစာ
 ဖူးစာဆုံ[p'u:za s'oun] (動) 人生の伴侶に巡り合う、男女が結ばれる
 ဖူးစာဘက်တွေ့[p'u:zabɛ' twe.] (動) 配偶者に巡り合う =ဖူးစာဆုံ
 ဖူးစာရေးတံ[p'u:zaje: na'] (名) 縁結びの神、愛の神、キューピット
 ဖူးစာရှင်[p'u:zaʃin] (名) 恋人
 ဖူးတွေ့[p'u:twe.] (動) ① (仏塔を) 見る、拝む ②拝謁する
 ဖူးဖူးမှုတ်[pu:bu: mou'] (動) ①熱いものを息を吹きかけて冷ます ②溺愛する、盲愛する သူ့ဖူးဖူးမှုတ်ထားရသောမြေး目の中に入れても痛くない自分の孫
 ဖူးမြော်[p'u:mjɔ] (動) 拝む、遥拝する
 ဖူးမြင်[p'u:mjin] (動) 拝見する、拝観する、参拝する
 ဖူးမျှော်[p'u:mjɔ] (動) 参拝する、遥拝する
 ဖူးမျှော်ကန်တော့[p'u:mjɔ gədɔ.] (動) 合掌参拝する、礼拝祈祷する

ဖူး[p'u:] (助動) 経験を示す、~した事がある ရောက်ဖူးတယ်။ 訪れた事がある တခေါက်မှမရောက်ဖူးဘူး။ 一度も訪れた事がない ဖတ်ဖူးတယ်။ 読んだ事がある

ကိုယ်တိုင်တော့မလုပ်ဖူးပါဘူး။ 自分ではした事がない
ကိုယ်တွေ့ခံစားဖူးမှသိမှာပါဘူး။ 自分で体験したら初めて判るでしょう တခါမှအနှိပ်မခံဖူးပါဘူး။一度も按摩をしてもらった事がない cf. ဘူး

ပေ[p'e] (名) 男、男性

ပေတော့မောင်တော့[p'eto. maunto.] (名) ①卑猥な言葉 ②エロ本、きわ物、愛欲小説、猥褻小説

ဖေဖေ[p'ep'e] (名) 父さん、父ちゃん ＜အဖေ

ဖေဖော်ဝါရီလ[p'ep'əwari～p'ep'ɔwari la.] (名) 2月 ＜英 February

ပေး[p'e:] (名) (傷口の) 瘡 ＝အပေး။အနာပေး။

ပေး[p'e:] (動) ①支援を広げる ②庇う ③贔屓する ④辛い、苦しい

ပေးမ[p'e:ma.] (動) 支える、支援する、後押しする、手を差し伸べる

ဖဲ့[p'ɛ] (動) 割く、ちぎる、ちぎり取る、もぎ取る ဘူးသီးကြော်ကိုဖဲ့ကျွေးလိုက်သည်။ 油で揚げたフクベをちぎって食わせた ငါးရံ့ခြောက်ကိုဖဲ့စားသည်။ 炙った雷魚の干物を割いて食べた ပေါ်ဆန်တစ်ဘက်ဖဲ့ရောင်းသည်။ 糯米の一部を切り売りした အမေတို့ဆီကို လဲ့ငွေပို့ပေးမယ်။ 母達にもお金を割いて一部を送金する

ဖဲ့စား[p'ɛ.za:] (動) ちぎり取る、毟り取る

ဖဲ့ထုတ်[p'ɛ.t'ouʔ] (動) 切り取る、取り外す、取り除く

ဖဲ့ထွက်[p'ɛ.t'wɛʔ] (動) 引っ込む、引き下がる、立ち去る、脱出する

ဖဲ့ယူ[p'ɛ.jwɛ.] (動) ちぎり取る、ちぎり取る、もぎ取る

ဖဲ့ရယူ. [p'ɛ.jwɛ.] ＝ဖဲ့ယူ

ဖယ်[p'ɛ] (動) 避ける、除ける、取り除く、退ける သုံးရန်ဖယ်ထားသည်။ 使うために取って置く

ဖယ်ခွာ[p'ɛk'wa] (動) ①去る、立ち去る、離れ去る ②棄てる、見捨てる ③剥がす、取り去る ④脇に逸れる

ဖယ်တယ်တယ်လုပ်[p'ɛtɛdɛ louʔ] (動) 逸れる、外れる、脱線する

ဖယ်ထုတ်[p'ɛt'ouʔ] (動) ①棄てる、排斥する ②取り去る、取り払う

ဖယ်ထွက်[p'ɛt'wɛʔ] (動) ①避ける、回避する ②離脱する、離れる

ဖယ်ရှား[p'ɛʃa:] (動) 取り払う、取り除く、除去する、斥ける အလုပ်မှဖယ်ရှားသည်။ 仕事から排除する

ဖယ်ရှင်းလင်း[p'ɛ:a: ʃin:lin:] (動) 取り除く、取り片付ける、一掃する、排除整理する

ဖဲ[p'ɛ:] (名) ①トランプ ②カルタ ③花札賭博、トランプ賭博 ဗမာဲရှမ်းဲ の二種がある ＜漢 牌

ဖဲကစား[p'ɛ: gəza:] (動) ①トランプ遊びをする ②花札賭博をする ＝ဖဲရိုက်

ဖဲကစားခြင်း[p'ɛ: gəza:dʑin:] (名) ①トランプ遊び ②花札賭博

ဖဲချ[p'ɛ tɕ'a.] (動) トランプ遊びをする

ဖဲချိုးဝင်လာ[p'ɛ:dʑo: winla] (動) 好みのカードが手に入る

ဖဲချပ်[p'ɛ:dʑaʔ] (名) カード

ဖဲထုပ်[p'ɛ:douʔ] (名) トランプの束、カードの束

ဖဲရိုက်[p'ɛ: jaiʔ] (動) ①トランプをする ②トランプ賭博をする、花札賭博をする

ဖဲရှုံး[p'ɛ:ʃoun:] (動) トランプ賭博に負ける

ဖဲဝိုင်း[p'ɛ:wain:] (名) ①賭場、トランプ博打の座 ②トランプ博打の仲間 ③トランプ遊びの座

ဖဲသမား[p'ɛ:dəma:] (名) 賭博師、博打打ち

ဖဲ[p'ɛ:] (名) 繻子、サテン

ဖဲကြိုး[p'ɛ:dʑo:] (名) リボン

ဖဲကြိုးဖြတ်[p'ɛ:dʑo: p'jaʔ] (動) テープカットをする

ဖဲကြိုးဖြတ်ဖွင့်လှစ်ပေး[p'ɛ:dʑo:p'jaʔ p'in.ɬiʔ pe:] (動) テープカットをして開通させる

ဖဲထီး[p'ɛ:di:] (名) パラソル、こうもり傘

ဖဲပြာ[p'ɛ:bja:] (名) ＝ဖဲကြိုး

ဖဲလုံချည်[p'ɛ: loundʑi] (名) 繻子製のロンジー

ဖဲ[p'ɛ:] (動) 避ける、離れる、回避する

ဖဲကြဉ်[p'ɛ:tɕ'in] (動) 避ける

ဖဲကွာ[p'ɛ:kwa] (動) 立ち去る、離れ去る

ဖဲခွာ[p'ɛ:k'wa] (動) 立ち去らせる、引き離す

ဖော[p'ɔ.] (動) ①軽くする ②浮かす、浮かべる ③軽減する、緩和する

ဖော[p'ɔ.] ① (植) アベマキ ②シツウソウ (ウコギ科) Trevesia palmata ③ (名) コルク、キルク ④浮き、浮標、ブイ

ဖောချိတ်[bɔ.dʑeiʔ] (生物) エビの1種

ဖောဆို့[p'ɔ.zo.] (名) コルク、栓

ဖောညှဉ်းမြက်[p'ɔ.ɲomjɛʔ] (植) ヒエ、イヌビエ (イネ科) Echnochloa crus_galli

ဖောပင်[p'ɔ.bin] (植) アベマキ (樹皮からコルクを採る)

ဖောဗျက်[p'ɔ.bjɛʔ] (名) 消しゴム

ဖောဗြူလီ[p'ɔ.bjuleiʔ] (名) ビンロウの葉で巻いた白色の葉巻

ဖောလုံ[p'ɔ.loun] (名) (王朝時代に使用された) 1種の鉢巻 (白い布を丸めて頭に巻く)、頭髪用のヘアーバンド

ဖောဦးထုပ်[p'ɔ. ouʔt'ouʔ] (名) ヘルメット、木髄

製の帽子
ဖော့စပ်ဒါမတ်မြေသြဇာ[p'ɔ.səpei' da'mjeɔ:za] 燐酸肥料 ＜英 Phosphade

ဖော်[p'ɔ] (動) ①明らかにする、露わにする、露出する、暴露する ②掘り出す、発掘する ③水中から取り出す、サルベージする ④薬を調合する、調剤する

ဖော်ကောင်[p'ɔgaun] (名) ①密告者 ②自白者、転向者

ဖော်ကောင်လုပ်[p'ɔgaun lou'] (動) 打ち明ける、告白する

ဖော်ကျူး[p'ɔtʃu:] (動) 褒め称える、賞賛する

ဖော်စပ်[p'ɔsa'] (動) 調合する、調剤する

ဖော်ဆောင်[p'ɔs'aun] (動) 明らかにする、明示する

ဖော်ညွှန်[p'ɔɲjun:] (動) 指示する、指摘する、明示する

ဖော်ထုတ်[p'ɔt'ou'] (動) ①明らかにする ②摘発する ③告白する ④発掘する

ဖော်နီးကား:[p'ɔni:ga:] (名) (文献的知識に基づく) 処方

ဖော်နည်း[p'ɔni:] (名) 処方、処方箋

ဖော်ပြ[p'ɔpja.] (動) 述べる、叙述する、明らかにする

ဖော်ပြော[p'ɔpjɔ:] (動) 説明する

ဖော်ဖော်[p'ɔbɔ] (副) たっぷりと、ふんだんに、沢山

ဖော်ဖော်ရွေရွေရှိ[p'ɔbɔjwɛjwɛ ʃi.] (形) 愛想がいい、社交的だ

ဖော်ယူ[p'ɔju] (動) 取り出す、掘り出す

~ဖော်ရ[p'ɔja.~bɔja.] (助動) 手伝ってあげる ဒီတပည့်ဟာ ဆရာ့ကို ကူညီဖော်ရတယ်။ この弟子は師匠の手助けをする ခုတော့လမ်းတွေတောင်ဆက်ဖော်မရဘူး။ 今では路上で会っても挨拶もしない

ဖော်ရွေ[p'ɔjwe] (形) 人懐こい、人触りがいい、愛想がいい、社交的だ、親しみやすい、馴染みやすい

ဖော်ရွေပျူငှာ[p'ɔjwe pjuŋga] (形) 友好的だ、親密だ

ဖော်မိုဆာ[p'ɔmos'a] (国) 台湾

ဖော်လံဖား:[p'ɔlan p'a:] (動) へつらう、迎合する、胡麻をする、おべっかを言う ＜漢 抱卵包

ဖော[p'ɔ] ① (動) 浮腫む、腫れる ② (形) 多い、豊富だ、夥しい

ဖော ခြင်းသော ခြင်း[p'ɔdʒin:tɔ:dʒin:] (副) 沢山、一杯、たっぷりと ရေဆိုတာ ဖော ခြင်းသော ခြင်းဘဲ 水はふんだんにある

ဖောဖော[p'ɔ:bɔ:] (副) 大量に、どっさりと、たっ

ぷりと
ဖောဖောသီသီ[p'ɔ:bɔ: t̪idi] (副) たっぷりと、どっさりと、ふんだんに ဖောဖောသီသီစားရမှာပေါ့။ たっぷりと食べられるさ

ဖောရောင်[p'ɔ:jaun] (動) 腫れる、浮腫む

ဖောဥတရှ[p'u't'a'bajoun] (名) 触覚 ＜パ

ဖို့[p'o.~bo.] (名) 分、所有分割当分 ငါ့ဖို့ ၊ ဗျာ့ဖို့ 僕の分 အတ္တဲ့ ကိုယ်ဖို့ချည်း မကြည့်ရဘူး။ 己という自分の事だけを見てはならない

ဖို့[p'o.] (動) ①盛る、積み上げる、土を盛る、盛り土をする မြေဖို့သည်။ 土を盛る ②土手を作る、堰堤を築く ဆည်ဖို့သည်။ ダムを築く ③詰める、塞ぐ

~ဖို့[p'o.~bo.] ① (接助) 名詞節を形成 ပန်းပင်တွေ ရေလောင်းဖို့ မေ့ခဲ့ပြီ။ 花に水をやるのを忘れていた နွား တွေ အစာ ကျွေးဖို့ သတိ ရတယ်။ 牛に餌を食わせるのを思い出した ရေဆိုတာတူး မြောင်းထဲချတဲ့ဖို့က အဓိကတယ်။ 水は水路に流してやる事が肝要だ အရည်အချင်းနဲ့ ပြည့်စုံတဲ့ သူ မဖြစ်ဖို့က များတယ်။ 能力を身につけた人にはない事が多い အထက်တန်း ကစီးဘို့ဟာ အရောမရှိလို့စိတ် ညစ်နေတယ်။ 1 等車に乗車するのは満席だったため情ない思いをした ကျေးဇူးတရား သိတတ်ဖို့က အရေးအ ကြီးဆုံး ဖြစ်တယ်။ 恩を知る事が一番大事だ ② (接助) ~するように、~するべく ဘယ်သူမှ မပြောဘို့ သေချာ ချာ ပြောခဲ့တဲ့။ 誰にも言わないよう、ちゃんと口止めしておいた

~ဖို့ကောင်း:[p'o. kaun:] (接助) 形容詞を形成 စိတ်ဝင်စား:ဖို့ကောင်း:ပါယ်။ 誠に興味深い မြင်းနဲ့သွားရ တာဟာ သိပ်ကြောက်ဖို့ကောင်းပါယ်။ 馬で出かけるのはとても怖い ပင်လုံးကျတ်ပန်းနေ ကြောင်မို့ ကြည့်နှုံးဖို့ ကောင်း ပါယ်။ 樹木全体に花が咲いているので浮き浮きした気分になる

~ဖို့ရာ[p'o.ja] (接助) 名詞節を形成 ကြက်ကိုရှာ ဖမ်းဖို့ ရာက ကြောင်ရဲ့တာဝန်ဘဲ။ 鼠を探して捕らえるのが猫の仕事だ ဖေဖေကို ပြောရျာလဲ ဖေဖေကမရှိဘူး။ 父さんに言うにも父さんはいない

~ဖို့ရန်[p'o.jan] ① (接助) ~するべく、~しようと ဟိုတယ်တခုခုဝင်သွား ရောက်စာ သောက်ဖို့ရန် ဆွဲပြန်လျှော သည်။ どこか食堂に出かけて食事をしようと誘った ② 名詞節を形成 ဒဏ်ရာပျောက်ကင်းချမ်းသာစေဖို့ရန်ကို သာ တောင်းမိသည်။ 怪我が治って元気になる事だけを祈った

~ဖို့အတွက်[p'o.ətwɛ'] (接助) ~するために、するべく မြေကြီးနက်နက်တူးဖော်ဖို့အတွက်ငါမတတ်နိုင်ဘူး။ 地中深く掘る事は僕にはできない အသိဉာဏ်ပညာ တိုးပိုးဖို့အတွက်ဦးနှောက်ကို အစာ ကျွေးပေးရသည်။ 学殖を増やすには脳に栄養を与えねばならない

ဖိုႉယိုႈဖါးယား[p'o.jo.p'a:ja:] (副) 髪が乱れて、不揃いで ＝ဖိုးရိုႈဖားရားႉ

ဖို[p'o] ① (動) 子供ができない、不妊だ ② (名) 雄、牡 ကျားဖို 牡虎 သမင်ဖို 牡鹿 ဆင်ဖို 牡象 ယုန်ဖို 牡兎 ဖားဖို 雄蛙

ဖိုဓာတ်[p'oda'] (名) 牡、男性

ဖိုဗီဇ[p'o biza.] (名) 精液

ဖိုဗီဇသုက်ကောင်[p'o biza.tou'kaun] (名) 精子

ဖိုမစ္စ[p'oma. kei'sa.] (名) 男女関係、男女問題

ဖိုမဆက်ဆံရေး[p'oma. s'ɛ's'an je:] (名) 男女の交際

ဖိုမပုံမေထုန်ရာသိ[p'oma.boun met'oun jaḍi] (星) 双子座のポルクスとカストル

ဖိုသံ[p'odan] (名) 若者達のはしゃぎ声

ဖို[p'o] (動) ①薪を積み上げる、火を起す မီးဖိုသည်။ ②胸が動悸を打つ、どきどきする ရင်ဖိုသည်။ 胸が高鳴る、胸がときめく ③ (名) 炉、竃 ④輎 (ふいご)

ဖိုကျင်[p'oɟin] (名) (シリンダーとして大型の竹筒二個が使われる) 手動の輎

ဖိုကျင်ထိုး[p'oɟin.t'o:] (動) (国王、王妃、和尚等の亡骸を茶毘に付すため) 輎で火を起す

ဖိုခနောက်[p'o gənau'] →ဖိုခုံလောက်

ဖိုခနောက်ဆိုင်[p'ogənau' s'ain] (副) 鼎立して、三つが対立して、三点に立脚して

ဖိုခုံလောက်[p'o gənau] (名) 五徳、三脚の焜炉 ＝ဖိုခနောက်

ဖိုထိုး[p'o t'o:] (動) 輎を動かす

ဖိုသီဖတ်သီ[boḍi ba'ṭi] (副) だらしなく、乱雑に、取り散らかして ＝ဘိုသီဘတ်သီ

ဖိုတိုစတက်[p'otoseta'] (名) 電子複写装置、ゼロックス ＜英 Photostat

ဖိုမင်[p'omin] (名) 職工長、工夫長 ＜英

ဖိုး[p'o:~bo:] (名) 値段、価格、代金 ဆေးလိပ်ဖိုး タバコ代 စာအုပ်ဖိုး 本代 ခဲတံဖိုး 鉛筆代 cf. ဘိုး

ဖိုး[p'o:] (名) ①男性名に付けられる冠称 (親近感を表わす) ②祖父 အဖိုး の略語

ဖိုးကြီးအိနောႈရက်[p'o:ɟi:o nəjwɛ'] (植) 茸の1種

ဖိုးခေါင်ငှက်[p'o:gaun ŋɛ'] (鳥) ①シマゴシキドリ (ゴシキドリ科) Megalaima zeylanica ②シロホシオオゴシキドリ (ゴシキドリ科) Megalaima lineata

ဖိုးဖိုး[p'o:p'o:] (名) ①親愛表現、お爺ちゃん ②敬愛表現、お爺様 ＝ဘိုး:ဘိုး:

ဖိုးဘွား[p'o:p'wa:] (名) 爺ちゃん婆ちゃん

ဖိုးရွေလမင်း[p'o:ʃwela.min:] (名) お月様 (月の雅語)

ဖိုးလမင်း[p'o:la.min:] ① (名) お月様 ② (虫) コフキコガネ Anomala variens ③ (植) ボタン (キンポウゲ科) の 1 種 Paeonia emodi

ဖိုးဝရွှို[p'o:wa.jou'] (名) (頭髪を双環髻にしたビルマ製の) こけし人形

ဖိုးသူညာ[p'o: tounna] (名) 文盲、無知文盲

ဖိုးသူတော်[p'o:tudɔ] (名) (剃髪をし白衣を着てはいるが五戒だけを遵守している俗人の) 寺男

ဖိုးသူတော် ၊ မျက်စိလည်လေ ၊ ဆန်ရေဟူ ။ (諺) 道に迷った寺男、沢山の浄財を得る (犬も歩けば棒に当る)

ဖိုးအေ[p'o:e] (名) お爺ちゃん

ဖိုးရိုႈဖားလျာႈ[p'o:jo: p'a:ja:] (副) (髪や服装が) 乱れていて、ぼさぼさで

ဖက်[p'ɛ'] (名) ①葉 ငှက်ပျောဖက် バナナの葉 ဓနိဖက် ニッパ椰子の葉 ②側、方 ＝ဘက်

ဖက်ကြံႈ[p'ɛ'tʃan:] (植) コナラ属 (ブナ科) Quercus lindleyna

ဖက်ခါး[p'ɛ'k'a:] (植) クサギ属 (クマツヅラ科) Clerodendrum petasites

ဖက်ချ[p'ɛ'tʃa.] (動) 分益小作する

ဖက်ချစာချုပ်[p'ɛ'tʃa. saɟou'] (名) 分益小作契約

ဖက်ခွက်[p'ɛ'k'wɛ'] (名) 皿代りの葉、食器代用の葉

ဖက်ခွက်စာ[p'ɛ'k'wɛ'sa:] (名) ①乞食、隠亡 ②芸人、大道芸人

ဖက်ခွက်နာ[p'ɛ'k'wɛ'na] (病) (化膿を伴う) 皮膚病、潰瘍

ဖက်စုပ်[p'ɛ'sou'] (動) 誘き寄せる

ဖက်ဆွတ်ပင်[p'ɛ's'u'pin] (植) フジバシデ (クルミ科) Eugelhardtia spicata

ဖက်ဆွတ်မိုး[p'ɛ's'u'mo:] (名) 3月頃降る雨 (木の葉の埃を洗い流す雨)

ဖက်ဆွတ်မှို[p'ɛ's'u'mo] (植) 朽ち葉の間に生える茸

ဖက် တိုး[p'ɛ' t'o:] (動) ニッパ椰子の葉で編む

ဖက်ထုပ်[p'ɛ't'ou'] (名) 雲呑 (わんたん)

ဖက်ထုပ်ကြော်[p'ɛ't'ou'tʃɔ] (名) 鮫子

ဖက်နု[p'ɛ'nu.] (名) 若葉、柔かい葉

ဖက်ဖူး[p'ɛ'p'u:] (名) ニッパ椰子の葉

ဖက်ဖူးရောင်[p'ɛ'p'u:jaun] (名) 萌黄色、若葉色、淡い黄緑色

ဖက်မှုတ်[p'ɛ'mhou'] (動) 草笛を吹き鳴らす、植物の葉を使って音を出す、鳴らす

ဖက်ယားပင်[p'ɛ'ja:bin] (植) カワリバイラクサ (イラクサ科) Girardinia heterophylla

皮膚に触れると痒みを覚える ②セイロンイラクサ Girardinia zeylanica

ဖက်ရင်[p'ɛˀjin.] (名) 青葉 (若葉ではない)

ဖက်ရွက်[p'ɛˀjwɛˀ] (名) 木の葉

ဖက်လည်စဉ်း[p'ɛˀlɛzin:] (植) モラベ (クマツヅラ科) Vitex peduncularis

ဖက်လိပ်[p'ɛˀlei] (名) ①巻いた葉 ②螺旋、螺子

ဖက်လိပ်ပိုး[p'ɛˀleiˀpo:] (名) (稲につく) ミズメイガの1種 Nymphula depuntalis =ရွက်လိပ်ပိုး

ဖက်လှ[p'ɛˀɬa.] (植) オオバギ (トウダイグサ科) Macaranga denticulata

ဖက်ဝိုင်း[p'ɛˀwain:] =ဖက်လှ

ဖက်ဝန်း[p'ɛˀwun:] (植) ①ハルミラ (シナノキ科) Berrya ammonilla ②オオバギ

ဖက်သက်နာ[p'ɛˀt̪akaˀna] (病) 半身不随

ဖက်သင်း[p'ɛˀtin:] (植) タカサゴチシャノキ (ムラサキ科) Ehretia acuminata

ဖက်သန်း[p'ɛˀtan:] (植) ノウゼンカズラの仲間 Haplophragma adenophyllum

ဖက်အုပ်[p'ɛˀou̯ˀ] (植) インドウオトリギ (シナノキ科) Grewia aspera

ဖက်[p'ɛˀ] (動) ①抱く、抱き締める、抱きかかえる、抱擁する ②併用する ③似合う、釣り合う、相性がよい လိုက်ဖက်သည် 似つかわしい

ဖက်စပ်[p'ɛˀsaˀ] ① (動) 抱き合せる、組み合せる ②共同で行う、合資する、共同出資する、合弁で行う ③ (名) 合弁、合弁事業 ④ (副) 合弁で

ဖက်စပ်ထူထောင်[p'ɛˀsaˀ t'udaun] (動) 合弁で設立する

ဖက်စပ်ထုတ်လုပ်[p'ɛˀsaˀ t'ouˀlouˀ] (動) 合弁で生産する

ဖက်စပ်လုပ်ကိုင်[p'ɛˀsa lou̯ˀkain] (動) 合弁で行う、共同で事業をする

ဖက်စပ်လုပ်ငန်း[p'ɛˀsaˀ louˀŋan:] (名) 合弁事業

ဖက်ညီ[p'ɛˀɲi] (動) 適合する、折り合いがよい

ဖက်တွယ်[p'ɛˀtwɛ] (動) しがみつく

ဖက်တွဲ[p'ɛˀtwɛ:] (動) 組み合せる

ဖက်ပဲဖက်မိ[p'ɛˀpɛ:p'ɛˀmi.] (動) 仲がよい、ウマが合う

ဖက်ပိုက်[p'ɛˀpaiˀ] (動) 抱き締める、抱擁する

ဖက်ပြိုင်[p'ɛˀpjain] ① (動) 張り合う、対抗する、競い合う、競争する ② (名) 競争相手、対抗者

ဖက်ယမ်း[p'ɛˀjan:] (動) 強く抱き締める

ဖက်လဲတကင်း[p'ɛˀlɛ:dəgin:] (副) 親しく、親しみを込めて

ဖက်စီမလီ[p'ɛˀsiməli] (名) ファクシミリ <英

ဖက်စ်[p'ɛˀs] (名) ファックス <英

ဖက်ဆစ်[p'ɛˀsˀiˀ] (名) ファシスト (特に太平洋戦争当時の日本または日本軍) <英 Fascist

ဖက်ဆစ်ဆန့်ကျင်ရေး[p'ɛˀsˀiˀ s'an.tʃin je:] (名) 反ファシスト (抗日、反日の意味で使用)

ဖက်ဆစ်ဆန့်ကျင်ရေးပြည်သူ့လွတ်လပ်ရေးအဖွဲ့ချုပ်[p'ɛˀsˀiˀ s'an.tʃin je: pjidu. luˀlaˀje: əp'wɛ.dʒou̯ˀ] (名) 反ファシスト人民自由連盟 (共産党、人民革命党、ビルマ軍の三者を中心に1945年に結成された広範な抗日組織、日本敗退後は対英独立要求の国民戦線として活動した、指導者はアウンサン将軍)

ဖက်ဆစ်ဝါဒ[p'ɛˀsˀiˀ wada.] (名) ファシズム <英

ဖက်တီးကြီး[p'ɛˀti:dʒi:] (名) デブ、太っちょ

ဖောက်[p'auˀ] (動) ①穴を開ける、穴を穿つ、鑽孔する အပေါက်ဖောက်သည် 穴を開ける နို့ဆီဘူးကိုဖောက်သည် 練乳の缶を開ける ②封を切る စာအိတ်ကိုဖောက်သည် 手紙を開封する (瓶の) 栓を抜く ③道を作る လမ်းဖောက်သည် 道路を作る ④爆発させる ဗုံးဖောက်သည် 爆弾を破裂させる အမြောက်ဖောက်သည် 大砲で砲撃する ⑤醗酵させる ကေတာ်ဖောက်သည် 甘酒を醗酵させる ⑥卵を孵す、孵化させる ⑦発芽させる ⑧逸れる、逸脱する

ဖောက်ကာ[p'auˀka:] (動) 商いをする、交易をする

ဖောက်ချည်[p'auˀtʃi] (名) (機織りの) 横糸

ဖောက်ခွဲ[p'auˀkwɛ:] (動) ①打ち破る ②爆破する、爆発させる

ဖောက်စရာ[p'auˀsəja] (名) 開ける道具、

ဖောက်စူး[p'auˀsu:] (名) 突き錐

ဖောက်စို့[p'auˀso.] (名) パンチ、穴開け器、押し抜き器

ဖောက်စက်[p'auˀsɛˀ] (名) 穴開け器、穴開け鉄、パンチ

ဖောက်တံ[p'auˀtan] (名) ①栓抜き ②缶切り、缶開け

ဖောက်ထုတ်[p'auˀt'ouˀ] (動) 開けて取り出す、開けて引き出す

ဖောက်ထွင်း[p'auˀt'win:] (動) ①穴を開ける、穿つ ②貫く、突き抜ける、通り抜ける ③押し入る、侵入する、不法侵入する、押込み強盗を働く

ဖောက်ထွင်းခံရ[p'auˀt'win: k'an ja.] (動) 空巣に入られる

ဖောက်ထွင်းမြင်[p'auˀt'win: mjin] (動) 透視する、透き通って見える

ဖောက်ထွင်းမှု[p'auˀt'win:m̥u.] (名) 空巣、押込み

ဖောက်ပစ်

強盗
ဖောက်ပစ်[p'auʔpjiʔ] (動) 開けて破る、破裂させる、貫く
ဖောက်ပန်း[p'auʔpan:] (名) 透し彫り、透し彫り刺繡
ဖောက်ပြား[p'auʔpja:] (動) ①不貞を働く、浮気をする ②裏切る、造反する
ဖောက်ပြန်[p'auʔpjan] (動) ①変心する、変節する、裏切る ②不貞を働く、人倫に背く ③（気候が）不順だ ④（精神が）正常ではない
ဖောက်ပြန်ရေးသမား[p'auʔpjan je: dəma:] (名) 裏切り者
ဖောက်ဖျက်[p'auʔp'jɛʔ] (動) 壊す、消す、（規則を）破る、（規則に）反する စည်းကမ်းဖောက်ဖျက်သည်။ 規則に違反する ဥပဒေကိုဖောက်ဖျက်ကျူးလွန်သည်။ 法律に触れる、違法行為を働く
ဖောက်လဲဖောက်ပြန်[p'auʔlɛ: p'auʔpjan] (副) ①人倫に背いて、不貞を働いて ②常軌を逸して
ဖောက်လုပ်[p'auʔlouʔ] (動) ①用水路を掘削する ②道路を建設する ③鉄道を敷設する
ဖောက်သည်[p'auʔtɛ] (名) 常客、常連客、顧客、御得意
ဖောက်သည်ခံ[p'auʔtɛ k'an] (動) 卸値で仕入れる
ဖောက်သည်ချ[p'auʔtɛ tʃa.] (動) ①聞いた通りに伝える、受け売りする、洗いざらいぶちまける ②卸値で販売する
ဖောက်သည်ဈေး[p'auʔtɛ ze:] (名) 卸し値、元値
ဖောက်သည်ပေး[p'auʔtɛ pe:] (動) 卸し値で売る、元値で販売する
ဖောက်အိတ်[p'auʔ eiʔ] (名) （婦人用スカートの）ポケット
ဖောက်ကြံ[p'auʔtʃan.] (植) アルジュナ（シクンシ科）Terminalia arjuna =ထောက်ကြံ
ဖောက်ပင်[bauʔpin] (植) センナリホオズキ（ナス科）Physalis minima =ဖောက်ပင်
ဖောက်သီး[bauʔti:] (植) ケホオズキ（ナス科）Physalis peruviana
ဖင်[p'in.] (動) 鈍い、手間取る、ぐずぐずする、腰が重い
ဖင့်နှေး[p'in.ɲe:]=ဖင့်
ဖင့်နွဲ့[p'in.ɲwɛ.]=ဖင့်
ဖင့်နွဲ့ဂါ[p'in.nwɛ:ga] (名) 明々後日、しあさって =ဖန့်ခါ
ဖင်[p'in] (名) ①肛門 ②尻 ③（瓶や鍋釜などの）底 အိုး၊ဖင် 鍋底
ဖင်ကြော:တွင်ဆပ်ပြာညပ်ကာပြေး။ (比) 尻の穴に石鹸を

挟んで逃げる（尻に帆掛けて逃げる）
ဖင်ကျဉ်းဘောင်:ဘီ[p'indʒa̰ baun:bi] (名) ジーンズ、ジーパン
ဖင်ခေါင်:ကျယ်[p'ingaun: tʃɛ] (形) 生意気だ、偉そうな態度を見せる နင့်စကား:ကသိပ်ဖင်ခေါင်:ကျယ်တာဘဲ။ お前の物の言い方は生意気だ
ဖင်ခေါင်:ကျယ်လျှင်လမ်းသွား:။ (比喩) 肛門を開け放しておくと皆出てしまう（大風呂敷を広げる、ちゃらんぽらんだと元も子も無くす、何事もきちんとせよ）
ဖင်ချ[p'in tʃa.] (動) 腰を下ろして座る
ဖင်ချထိုင်[p'in tʃa.t'ain]=ဖင်ချ
ဖင်ညောင့်ရိုး[p'in ɲaun.jo:] (名) 尾てい骨
ဖင်တကြွကြွ[p'in dətʃwa.tʃwa.] (副) 今にも立ち上ろうとして、腰を浮かせて
ဖင်တကြွကြွဖြစ်[p'in dətʃwa.tʃwa. p'jiʔ] (形) 落着いてはいない、今にも立ち上らんとする
ဖင်တကြွကြွရှိ[p'in dətʃwa.tʃwa. ʃi.] (形) 落着いてはいられない、そわそわする、今にも立ち上ろうとする
ဖင်တရွတ်ဆွဲသွား[p'in dəjuʔswɛ: tʃwa:] (動) いざって動く
ဖင်တင်[p'in t'aun] (動) 尻を持ち上げる
ဖင်ထိုင်ကျ[p'in t'ain tʃa.] (動) 尻餅をつく
ဖင်ထိုင်ခုံ[p'in t'aingoun] (名) 低い椅子
ဖင်ထိုင်မချ[p'in t'ain mətʃa. ʃi.] (動) 落着いてはいられない
ဖင်ပူချောင်းနွေးအောင်[p'inbu tʃɔ:nwe: aun] (副) 尻が暖まる位（長い間）
ဖင်ပေါ့[p'in pɔ.] (形) 腰が軽く、気軽に動く、直ぐ行動に移る、二つ返事で動く
ဖင်ဘူးထောင်[p'inbu:daun: t'aun] (動) 頭を下にし膝を曲げて尻を持ち上げる（子供の遊び）
ဖင်မနိုင်ဘဲပဲကြီးဟင်:စား:။ (諺) 便所に通い詰めるくせに豆料理を食べたがる（身の程知らずだ、我が身を弁えよ）
ဖင်မြဲ[p'in mjɛ:] (動) 一つの仕事をやり遂げる
ဖင်လေး[p'in le:] (形) 尻が重い、気軽に動かないぐずぐずする
ဖင်[p'in wa.] (名) 肛門
ဖင်လန်[p'inlan] (国) フィンランド
ဖောင်[p'aun] (名) ①筏 ②印刷用版 ③尺度の単位（腕を挙げて直立した人の足から指先までの高さ）
ဖောင်စီးကကန်[p'aunzi: gənan:] (動物) 小型の蟹
ဖောင်စီးရင်:ရေတက်။ (諺) 身の回りの物、吾が物に非

ず（筏に乗っていながら渇きに苦しむ）
ဘောင်တော်ဦးစေတီ[p'aundɔ u: zedi] (名) バウンドーウー仏塔（インレー湖にある、4体の黄金仏が祀られている）
ဘောင်မမင်း[p'aun dəmin:] (名) 固定した竹の筏に取付けた1式の漁具
ဘောင်[p'aun] (動) ①（水が）満々とある ②話が弾む、よく喋る、多弁だ、お喋りだ ③大声を出す
ဘောင်ဘောင်[p'aunbaun] (副) どっさりと、たっぷりと စကားဘောင်ဘောင်ပြောသည်။ 大いに喋る
ဘောင်ဖွဲ့[p'aun p'wɛ.] (動) ①筏を組む ②話が弾む စကားဘောင်ဖွဲ့အောင် 口角泡を飛ばして
ဘောင်လောက်အောင်[p'aun lau'aun] (副) 話が弾んで စကားတွေဘောင်လောက်အောင်ပြောသည်။ ①大いに語る ②大きな声で話す
ဘောင်တိန်[p'auntein] (名) 万年筆 ＜英語
ဘောင်ဒေးရှင်[p'aunde:ʃin:] (名) 基金、財団 ＜英 Foundation
ဘောင်ဘောင်သီ[p'aunbaundi:] (植) ケホオズキ（ナス科）Physalis peruviana
ဘောင်:[p'aun:] ①（植）白い花を咲かせる葦の1種 Neyraudia reynandiana ②（名）灰色
ဘောင်းကား:[p'aun:ga:] (植) ワセオバナ（イネ科）Saccharum spontaneum
ဘောင်ဘောင်သီ:[p'aunbaun:di:] (植) ケホオズキ ＝ဘောင်ဘောင်သီ:
ဘောင်းဝတ်ရောင်[p'aun:wu'jaun] (名) 灰白色
ဘောင်း:[p'aun:] (動) 膨らむ、膨張する အိတ်ဘောင်းသည်။ 袋が膨らむ ပူဘောင်းသည်။ 風船が膨らむ ပါးဘောင်းသည်။ 頬が膨らむ ဝမ်းဘောင်းသည်။ 腹が膨らむ
ဘောင်း:ကြွ[p'auin:tʃwa] (動) 腫れ上がる
ဘောင်ကြွရုပ်လုံး[p'aun:tʃwa. jou'loun:] (名) 浮き彫り
ဘောင်းပွ[p'aun:pwa] (動) ①膨らむ ②流通量が膨張する、インフレーションを起す ③よく喋る
ဘောင်းပွမှု[p'aun:pwa.mu.] (名) インフレーション စီးပွါးရေးဘောင်းပွမှု 経済の膨脹、バブル経済
ဘောင်ရစ်[p'aun:ji'] (名) 仏塔中部の帯状装飾
ဘောင်းဝတ်[p'aun:wu'] (名) 灰白色、灰色がかった白
ဖိုင့်[p'ain] (形) よく太っている、丸々している ကိုယ်လုံးကိုယ်ပေါက်မှာ ခပ်ဖိုင်ဖိုင်နဲ့ အိအိစက်စက်ရှိသည်။ 体付きはやや丸みを帯びていて、肌は艶々している အ သက်လေးဆယ်ကျော် ၁ ခုပ်ဖိုင်ဖိုင်လူယောက်ဝင်လာသည်။ 年の頃四十過ぎで幾らか太った男性が一人入って来た

ဖိုင်တွဲ[p'aindwɛ:] (名) ファイル、綴じ込み帳 ＜英
ဖိုင်နယ်ပွဲ[p'ainnɛbwɛ:] (名) 最終試合、決勝大会 ＜英 Final
ဖိုင်ဖိုင်[p'ainbain] (副) 広く
ဖိုင်ဖိုင်ကျယ်[p'ainbain tʃɛ] (形) 広大だ、広々としている
ဖိ[p'i] (動) ①捩じれる、歪む、ひずむ ကျေး:ဖိသည်။။ လိမ်ဖိသည်။ ②蟹股になる ညောခြေဖိသည်။။ 右足がX脚になっている ③逸れる、逸脱する သွေဖိသည်။ 逸れる、常軌を逸する、極端だ
ဖတ်[p'a'] (動) ①読む သတင်းစာဖတ်သည်။ 新聞を読む မဂ္ဂဇင်းဖတ်သည်။ 雑誌を読む ②兆を読む、占う နိမိတ်ဖတ်သည်။ 前兆を占う ③機を織るために綿を調える ဝါဖတ်သည်။
ဖတ်ကြား:[p'a'tʃa:] (動) 読み上げる、読んで聞かせる
ဖတ်စာ[p'a'sa] (名) 読本、教科書
ဖတ်စာအုပ်[p'a'saou'] ＝ဖတ်စာ
ဖတ်တင်း[p'a' təŋan.ŋan.] (副) 不満で、納得できなくて
ဖတ်ရှုတ်[p'a'ju'] (動) 朗読する、暗唱する ＝ရှတ်ဖတ်
ဖတ်ရှု[p'a'ʃu.] (動) 読む
ဖတ်[p'a'] (名) ①（絞った後の）粕、糟 နှမ်းဖတ် 胡麻の絞り粕 ပဲဖတ် 豆粕 ②中身、具 ဟင်းဖတ် (スープや惣菜の)具
ဖတ်ခိုဝှေ:[p'a'k'iwo:] (植) 春菊 ＜シャ Phaak
ဖတ်ဖတ်[p'a'p'a'] (副) 疲れ果てて、くたくたで、ぐったりして
ဖတ်ဖတ်မော[p'a'p'a' mɔ:] (動) 疲れ果てる、くたくたに疲れる、疲労ばいする
ဖတ်သီလမ်[p'a'ti lan] (動) 疲れる、うまく行かない
ဖိတ်[p'ei'] (動) 招く、招待する
ဖိတ်ကြား:[p'ei'tʃa:] (動) 招く、招待する、招聘する、招請する
ဖိတ်ကြား:ချက်[p'ei'tʃa:dʒɛ'] (名) 招待、招聘
ဖိတ်ကြား:စာ[p'ei'tʃa:za] (名) 招待状、招聘状
ဖိတ်ခေါ်[p'ei'kɔ] (動) 招く、招待する、招聘する
ဖိတ်စာ[p'ei'sa] ＝ဖိတ်ကြား:စာ
ဖိတ်ပင့်[p'ei'pin.] (動) 招待する、招聘する
ဖိတ်မန္တကပြု[p'ei'mandəka. pju.] (動) 招聘する、招待する
ဖိတ်[p'ei'] (動) 零れる、零れ落ちる
ဖိတ်စ[p'ei'tʃa.] (動) 零れ落ちる
ဖိတ်ချင်ဖိတ်၊ အိတ်ထဲဖိတ်။ (諺) 零れるとすれば、袋の中に零れ落ちるように（身眷属、身分相応、金持は金

持同士結婚する）
ဖိတ်စဉ်[pʻeiʼsin]（動）①零れ落ちる ②命を失う、死亡する
ဖိတ်တက်စဉ်တက်[pʻeiʼtəwɛʼ sindəwɛʼ]（副）無駄に、不経済に
ဖိတ်ဖိတ်စဉ်စဉ်[pʻeiʼpʻeiʼsinzin]（副）無駄に、不経済に、浪費して
ဖိတ်ယို[pʻeiʼjo]（動）漏れ落ちる、落ち零れる
ဖိတ်[pʻeiʼ]（動）光を出す、輝く
ဖိတ်ဖိတ်[pʻeiʼpʻeiʼ]（副）きらきらと、きらりきらり
ဖိတ်ဖိတ်တောက်[pʻeiʼpʻeiʼ tauʼ]（動）煌く、閃く
ဖိတ်ဖိတ်လက်[pʻeiʼpʻeiʼ lɛʼ]（動）きらきら輝く
ဖုတ်[pʻouʼ]（名）①塵、埃 ②（虫）ウスバカゲロウの幼虫、蟻地獄
ဖုတ်ကောင်[pʻouʼkaun]（虫）蟻地獄
ဖုတ်ခါ[pʻouʼkʻa]（動）埃を払う
ဖုတ်ပူမီးတိုက်[pʻouʼpu miːdaiʼ]（副）そそくさと、大急ぎで、急いて ဖုတ်ပူမီးတိုက်ပြင်ဆင်သည်။ 大急ぎで準備した ထိုစာကိုဖုတ်ပူမီးတိုက်ရေးသည်။ その手紙を大急ぎで書いた
ဖုတ်ဖက်ခါ[pʻouʼpɛʼkʻa]（動）（掌で叩いて）払い落とす
ဖုတ်[pʻouʼ]（動）焼く ပြောင်းဖူးဖုတ်သည်။ トウモロコシを焼く ကန်ဇွန်းဥဖုတ်သည်။ 芋を焼く အမဲခြောက်ဖုတ်သည်။ 干し肉をあぶる မီးသွေးဖုတ်သည်။ 炭を焼く
ဖုတ်ကျည်း[pʻouʼtʃiː]（動）火葬にする、荼毘に付す
ဖုတ်ကျည်းသပြိုင်း[pʻouʼtʃiː tinːdzo]=ဖုတ်ကျည်း
ဖုတ်လေသည်ငါးပိဝံရှိတယ်လို့မအောက်မေ့။（諺）火にくべておいたエビの塩辛の事をすっかり失念している（芋の煮えたのも御存じない、全く眼中に無い、少しは注意を払うべし）
ဖုတ်[pʻouʼ]（名）幽霊、お化け
ဖုတ်ဝင်[pʻouʼ win]（動）霊が乗り移る
ဖုတ်သိုက်[pʻouʼtaiʼ]（動）乱れた髪
ဖုတ်သွင်းရထား[pʻouʼtwinːjəʼaː]（名）霊車（後継の国王候補を探すために派遣する車）
ဖန်[pʻan.]（形）①やや渋味がある ②やや収斂性がある ③乾きかける、湿り気がなくなる ④やや色づいている
ဖန်တနန်ငန်ဖြစ်[pʻan.tənan.ŋan. pʻjiʼ]（形）①やや渋味がある ②思うようにならず不満だ
ဖန်ဖန်[pʻan.ban.]（副）①やや湿り気があって、殆ど乾いていて ②やや着色していて ဝါဖန်ဖန် 淡黄色をしていて စိမ်းဖန်ဖန် やや緑色を帯びていて
ဖန်ဖန်ဝါ[pʻan.ban. wa]（形）淡黄色をしている

ဖန်[pʻan]（名）ガラス =ဖလ＜パ
ဖန်ကြယ်သီး[pʻan tʃɛdiː]（名）ガラスのボタン =ဖလကြယ်သီး
ဖန်ကွဲ[pʻangwɛː]（名）ガラスの破片 =မှန်ကွဲ
ဖန်ချက်[pʻan tʃʼɛʼ]（動）ガラスを作る
ဖန်ချက်စက်[pʻandʒɛʼsɛʼ]（名）硝子工場
ဖန်ချက်ရုံ[pʻandʒɛʼjoun] =ဖန်ချက်စက်
ဖန်ခွက်[pʻangwɛʼ]（名）コップ、タンブラー、グラス
ဖန်ခွက်ကျကွဲ[pʻangwɛʼ tʃa.kwɛː]（動）コップが落ちて割れる
ဖန်ခွက်ကွဲ[pʻangwɛʼkwɛː]（名）コップの破片
ဖန်ထည်[pʻandɛ]（名）ガラス製品
ဖန်ထည်ပစ္စည်း[pʻandɛ pjiːsiː] =ဖန်ထည်
ဖန်နန်းရှင်[pʻan nan.ʃin]（名）ビルマの国王（ガラスの王宮の主君）、特にコンバウン王朝のミンドン王を指す
ဖန်ပြန်[pʻanbjun]（名）試験管
ဖန်ပြန်သန္ဓေသား[pʻanbjun dədeda:]（名）試験管ベビー
ဖန်လလာ[pʻan pʻala:]（名）ガラス製のカップ、ガラスの鉢
ဖန်မီးအိမ်[pʻan miːein]（名）ランプ
ဖန်လုံအိမ်[pʻanloun ein]（名）温室
ဖန်လုံအိမ်ဓာတ်ငွေ့[pʻanloun ein daʼŋwe.]（名）温室効果ガス、フロンガス
ဖန်သား ပြင်[pʻanda:bjin]（名）ブラウン管
ဖန်သီး[pʻandi:]（名）①電球 ②ビー玉
ဖန်[pʻan]（形）①渋い ②（寝不足などで）目が充血する
ဖန်ခါး[pʻanga:]（植）ミロバラン、カリロク（シクンシ科）Terminalia chebul
ဖန်ခါးသီး[pʻanga:di:]（名）（染色に用いる）ミロバランの実
ဖန်တုတ်တုတ်[pʻan tuʼtuʼ]（形）いくらか渋い、やや渋味がある
ဖန်ရည်[pʻan je]（名）煎じ薬、根や樹皮を煎じた薬液、消毒液、洗浄液、薬液
ဖန်ရည်ဆိုး[pʻan jezo:]（名）樹皮で染めた布
ဖန်[pʻan]（動）①作る、創造する ②綿を精白する
ဖန်ခုန်[pʻan kʼoun]（動）ハイジャンプをする、高跳び遊びをする
ဖန်ခုန်တမ်းကစား[pʻan kʼoundan: gəza:]（動）=ဖန်ခုန်
ဖန်ဆင်း[pʻanzin:]（動）①創る、創造する、形作る ②化ける、化身する、変身する、姿を取る

ဖန်တရာတေ[p'antəja te]①（動）繰返し経験する　②（副）繰返して、何度も
ဖန်တလီဖန်တလာ[p'antəli p'antela]（副）（小鳥の鳴き声などが）可愛く、愛らしく
ဖန်တီဖန်တုတ်[p'anti p'antuʔ]（副）①愛しげに、愛情込めて　②絶えず、のべつ幕なしに
ဖန်တီး[p'andi:]（動）①造る、作り出す、創造する、もたらす　②対応する、即座に作る、間に合わせに作る
ဖန်တို့တမ်းကစား[p'ando.dan gəza:]（動）声を出したり笑ったりせずに相手チームのメンバーにタッチして味方陣営に逃げ帰る遊びをする
~ဖန်များ[banmja:]（形）数多く~する、~する事が多い　ကြည့်ဖန်များသည်။　よく目にする　တိုက်မိဖန်များသည်။　うっかりぶつかる事が多い　သောက်စားဖန်များသည်။　飲み食いする事が多い　နမ်းဖန်များသည်။　匂いを嗅ぐ事が多い　အရိုက်ခံရဖန်များသည်။　殴打される事が多い　ကျီးကန်းကချီဖန်များသည်။　猫に咥え去られる事が多い
ဖိန့်ဖိန့်တုန်[pein.bein. toun]（動）①ぶるぶる震える　②戦慄する、ひどく恐れる　လူများသည်ဖိန့်ဖိန့်တုန်အောင်ကြောက်ကြ၏။　人々は身震いする位に恐れた
ဖိန်း[p'ein]（動）体に熱を覚える、けだるい
ဖိန်းနွဲခါ[p'ein:nwɛ:ga]　=ဖန့်ခါ။ဖင့်နွဲ့ခါ။
ဖုန်[p'oun]（名）①埃、塵埃＝ဖို　②クッション、座布団＝ဖို　③マット、足拭きマット＝ဖို
ဖုန်ပွပွ[p'oun pwa.bwa.]（副）乱れて、しわくちゃになって、ばさばさで
ဖုန်ဖုန်ညက်ညက်[p'ounboun ɲɛʔɲɛʔ]（副）粉々に
ဖုန်မှုန်[p'oun moun]=ဖိုမှုန်
ဖုန်[p'oun]（形）①厚い、こってりしている　②焼き方が上手、淡い
ဖုန်မုန်တိုင်း[p'oun moundain:]（名）ハリケーン
ဖုန်မုန်တိုင်းတိုက်ခတ်[p'oun moundain: taiʔkʰaʔ]（動）ハリケーンに襲われる
ဖုန်း[p'oun:]（名）電話　=ဖို：＜英 Phone
ဖုန်းဆက်[p'oun: s'ɛʔ]（動）電話をかける　=ဖို:ဆက်
ဖုန်း[p'oun:]（名）栄光、栄華　=ဘုန်း＜サ
ဖုန်းစား[p'oun:sa:]（動）行乞する、托鉢する
ဖုန်းတောင်းယာစကာ[p'oun:daun: jazəga:]（名）乞食
ဖုန်းပေး[p'oun:pe:]→ဘုန်း:ပေး
ဖုန်းမသိန်[p'oun:məṭein]（植）タカサゴギク（キク科）=ဘုမ္မသိမ်
ဖပ်ဖပ်မော[p'aʔp'aʔ mɔ:]→ဖတ်ဖတ်မော

ဖမ်း[p'an:]（動）①捕える、逮捕する　②捉える、捕獲する
ဖမ်းချုပ်[p'an:tɕʰouʔ]（動）拘束する、逮捕拘禁する
ဖမ်းစား[p'an:sa:]（動）霊が取付く、乗り移る、憑依する
ဖမ်းဆီး[p'an:zi:]（動）捕える、逮捕する、捕獲する
ဖမ်းဆီးဝရမ်းထုတ်[p'an:zi: wəjan: t'ouʔ]（動）逮捕状が出される
ဖမ်းဆွဲ[p'an:s'wɛ:]（動）捉えて連れ去る、捕えて拉致する
ဖမ်းမိ[p'an:mi.]（動）捕まえる、逮捕する
ဖမ်းဝရမ်းထုတ်[p'an: wəjan: t'ouʔ]=ဖမ်းဆီးဝရမ်းထုတ်
ဖိန်ဖိန်တုန်[p'ein.bein. toun]（動）→ဖိန့်ဖိန့်တုန်
ဖို[p'oun]（名）クッション、座布団
ဖိုရာဘာ[p'oun raba]（名）クッション
ဖို[p'oun]（名）埃、土埃、塵、塵埃＝ဖုန်
ဖိုကပ်[p'oun kaʔ]（動）埃が付く
ဖိုခါ[p'oun k'a]（動）埃を払う
ဖိုထ[p'oun t'a.]（動）埃が立つ
ဖိုထူ[p'oun t'u]（形）埃っぽい、埃が多い
ဖိုမှုန်[p'ounmoun.]（名）埃、塵、塵埃
ဖိုသုတ်[p'oun touʔ]（動）埃を拭う
ဖို:[p'oun:]（名）電話＝ဖုန်
ဖို:ဆက်[p'oun: s'ɛʔ]（動）電話をかける
ဖို:[p'oun:]（動）①隠す　②覆う、蓋をする、遮蔽する　သဲတွေဖို:ကုန်ပြီ။　砂に覆われてしまった
ဖို:ကွယ်[p'oun:kwɛ]（動）隠す、隠匿する、秘匿する
ဖို:ဖိ[p'oun:pʰi.]（動）覆い隠す、遮蔽する
ဖို:ဖိထား[p'oun:pʰi.t'a:]（動）覆い隠して置く、伏せて置く、遮蔽して置く
ဖို:ဖို:အုပ်အုပ်နှင့်[p'oun:boun: ouʔouʔnɛ.]（副）隠していて、蓋をして
ဖို:မနိုင်ဖိမရ[p'oun:mənain p'i.məja.]（副）覆い隠せなくて
ဖို:လွှမ်း[p'oun:ɬwan]（動）①覆う　②広がる、蔓延する
ဖို:ဝှက်[p'oun hwɛʔ]（動）隠す、隠匿する
ဖို:အုပ်[p'oun:ou]（動）①隠す、見えないようにする　②覆いをする、蓋を被せる　မိုးသားတိမ်လိပ်တို့ကဖို:အုပ်၍မှောင်နေပြီ။　雲に覆われていて暗くなっている
ဖို:မသိန်[p'oun:məṭein]→ဖုန်းမသိန်
ဖို:တုန်းလုံးတုန်း[p'oun:doun: loun:doun:]（名）稲穂の出始め時

ဖုံးလုံးချိန်[p'oun:loun:ʤein] =ဖုံးတုန်းလုံးတုန်း
ဖျာ[p'ja.] (名) ①仏、仏陀 ②仏塔 ③出家への返事 ဘုရား:ဘုရား の早口形
ဖျာ[p'ja] (名) 粗莫蓙、筵
　ဖျာကြမ်း[p'jaʤan:] (名) 筵
　ဖျာခင်း[p'ja k'in:] (動) 莫蓙を敷く、筵を敷く
　ဖျာဖြန့်[p'ja p'jan.] (動) 莫蓙を広げる、筵を広げる
　ဖျာလိပ်[p'jalei'] (名) 巻いた莫蓙、巻いた筵
ဖျာ[p'ja.] (名) ဘုရား: 国王陛下 の短縮形
ဖျား:ကျွန်တော်[p'ja: tʃundɔ] (代) 国王や皇后に応答する時の一人称
ဖျား:ကျွန်တော်မ[p'ja: tʃundɔma.] (代) 高貴な人への応答、一人称女性形
ဖျား[p'ja:] (名) ①端、先端 ＜အဖျား:॥ လှံဖျား: 槍の穂先 ②潮
ဖျားရေ[p'ja:je] (名) 潮 ＝ဒီရေ
ဖျား[p'ja:] (動) 発熱する、高熱を発する、熱で苦しむ、発熱して苦しむ
ဖျားနာ[p'ja:na] (名) 発熱する、高熱を発する
ဖျားနာဌာန[p'ja:na t'ana.] (名) 内科
ဖျားယောင်း[p'ja:jaun:] →ဖြားယောင်း
ဖျော့[p'jɔ.] (形) 色が薄い、淡い、色褪せている
ဖျော့တော့[p'jɔ.tɔ.] (形) ①色が淡い、色褪せている ②貧血で弱々しい
ဖျော့တော့တော့[p'jɔ.tɔ.dɔ.] (副) 色が薄くて、淡くて、褪せていて ဖျော့တော့တော့အလင်းမောင် 淡い光線
ဖျော့တော့တော့ရှိ[p'jɔ.tɔ.dɔ.ʃi.] (形) 肌が蒼白い、顔色が悪い
ဖျော့ဖျော့[p'jɔ.bjɔ.] (形) 淡い、色が褪せた အဝါရောင်ဖျော့ဖျော့ 淡い黄色 နေရောင်ဖျော့ဖျော့ 淡い陽光 မီးရောင်ဖျော့ဖျော့ 淡い灯り
ဖျော်[p'jɔ] (動) ①溶かす、溶解する ②飲み物を用意する ကော်ဖီဖျော်သည်။ コーヒーを入れる လဘက်ရည်ဖျော်သည်။ お茶を入れる
ဖျော်ရည်[p'jɔje] (名) 清涼飲料、ジュース、フルーツ・ドリンク
ဖျော်ဖြေ[p'jɔbje] (動) もてなす、饗応する、楽しませる、慰める
ဖျော်ဖြေခန်း[p'jɔbjegan:] (名) 娯楽番組
ဖျော်[p'jɔ:] (動) 熱湯を潜らせる、さっと茹でる ရေနွေးနှင့်ဖျော်သည်။ 熱湯で晒す
ဖျက်[p'jɛ'] (動) ①壊す、破壊する ကတိဖျက်သည်။ 約束を破る、反故にする အားရေဖျက်သည်။ 名誉を毀損する ②荒す、破滅させる ③消す、消去する ခဲဖျက်
နှင့်ဖျက်သည်။ 黒板消しで消す ④撤回する အစည်းအဝေးကိုဖျက်သည်။ 会議を取消す ⑤撤去する အိမ်ကို ဖျက်သည်။ 家を解体する ⑥屠殺する、解体する ဖျက်သည်။ 獲物を解体する ⑦小銭に換える、両替えする တရာတန်ဖျက်သည်။ 百チャット紙幣を崩す
ဖျက်ချ[p'jɛ'tʃa.] (動) 堕胎する
ဖျက်ဆီး[p'jɛ's'i:] (動) ①壊す、破壊する ②駄目にする、破滅させる ③撤去する ④女を犯す、凌辱する
ဖျက်ဆီးခြင်း[p'jɛ's'i:ʤin:] (名) 破壊
ဖျက်ပယ်[p'jɛ'pɛ] (動) 否決する、排除する、破壊除去する
ဖျက်ပစ်[p'jɛ'pji'] (動) 取り消す、消し去る
ဖျက်သင်္ဘော[p'jɛ'tin:bɔ:] (名) 駆逐艦 cf. တိုက်သင်္ဘော
ဖျက်သိမ်း[p'jɛ'tein:] (動) ①(試合、試験等を)取り止める、廃止する ②(国会や軍隊、組織を)解散する အစီအစဉ်ဖျက်သိမ်းသည်။ 計画を取り止める ဘောလုံးပြိုင်ပွဲကိုဖျက်သိမ်းသည်။ バレーボールの試合を中止する လွှတ်တော်ကိုဖျက်သိမ်းသည်။ 国会を解散する
ဖျောက်[p'jau'] (動) ①消す ကိုယ်ယောင်ဖျောက်သည်။ ②姿をくらます、身を隠す ③失くす、紛失する ④(痒みを)掻く အယားဖျောက်သည်။ 痒みを掻く ⑤処刑する、命を断つ
ဖျောက်ပစ်[p'jau'pji'] (動) 消し去る
ဖျောက်ဖျက်[p'jau'p'jɛ'] (動) ①消す、消し去る、痕跡を無くす、拭い去る ②(王族を)始末する、殺害する、処刑する
ဖျောက်ဆိပ်[p'jau's'ei'] ①(星) プレアデス星団、スバル、六連星 ②(植) インドエルム (ニレ科) Holoptela integrifolia
ဖျောက်ဆိတ်[p'jau's'ei'] =ဖျောက်ဆိပ်
ဖျောက်ဆိပ်မျက်နှာသစ်[p'jau's'ei' mjɛ'ńa ti'] (動) (ビルマ暦新年3日目に)①スバルが東の空に現れる ②(ビルマ暦新年3日目に)雨が降る
ဖျင်[p'jin] (動) 刻む、切り揃える ဓားဖြင့်ဖျင်သည်။ 刃物で刻む
ဖျင်[p'jin] (名) ①綿布 ②上着、浴衣状の衣服
ဖျင်ကြမ်း[p'jinʤan:] (名) 粗い綿布
ဖျင်ဖြူ[p'jinbju] (名) 白木綿の布
ဖျင်း[p'jin:] (形) 下手だ、劣っている、無能だ
ဖျောင်းဖျ[p'jaun:bja.] (動) 宥める、宥めすかす 鎮める、納得させる
ဖျောင်းဖျဆုံးမ[p'jaun:bja. s'oun:ma.] (動) 諭し聞かせる、宥め教化する

ဖျောင်းဖျောင်းဖျုဖျု[pʰjaun:bjaun: pʰja.bja.]（副）説得して、納得させて
ဖျစ်[pʰjiʔ]（動）絞る、押し潰す、締め付ける、握り締める
ဖျစ်ညှစ်[pʰjiʔɲiʔ]①（動）握り締める ②渾身の力を込めて
ဖျစ်ညှစ်ထုတ်[pʰjiʔɲiʔtʰouʔ]（動）絞り出す
ဖျည်[pʰjin]（動）①束ねていたものを解く ထန်းလက်ယောင်း၊များကိုမဖျည်မသိမ်းဘဲဖိုနံဘေးတင်ထားခဲ့မိသည်။ 扇椰子の葉を解く事もせずにうっかり炉の傍に置いた ②中に割って入る、引き分ける、間に入って取り成す、争いを収めさせる မင်းကဘာပြုလို့ဖျည်နေရတာလဲ။ どうして君が中に割って入るんだ
ဖျည်း[pʰjin:]（名）①大鍋 =ဖျည်း:အိုး ②浮腫み
ဖျည်းစွဲ[pʰjin: swɛ]（動）お腹が膨れる、浮腫みが出る、水腫にかかる
ဖျည်းစွဲနာ[pʰjin:zwɛ:na]（病）①水腫 ②脚気
ဖျည်းနာ[pʰjin:na] =ဖျည်းစွဲနာ
ဖျည်းရောဂါ[pʰjin: jɔ:ga] =ဖျည်းစွဲနာ
ဖျင်းဖျင်း[pʰjin:bjin:]（副）疼いて、激痛がして、ずきずきして、ひりひりして စပ်ဖျင်းဖျင်းရှိသည်။ ひりひりする
ဖျတ်ခနဲ[pʰjaʔkʰənɛ:]（副）不意に、突然、咄嗟に
ဖျတ်ဖျတ်လူး[pʰjaʔpʰjaʔ lu:]（動）転々と寝返りをうつ =ဖျတ်ဖျတ်ပွလူး
ဖျတ်လတ်[pʰjaʔlaʔ]（形）敏捷だ、きびきびしている
ဖျတ်ဖျတ်လတ်လတ်[pʰjaʔpʰjaʔ laʔlaʔ]（副）きびきびしていて、敏捷で
ဖျန်ဖြေ[pʰjanbje]（動）取りなす、取り次ぐ、中に立つ、仲裁する、調停する
ဖျန်း[pʰjan:]（動）撒く ရေဖျန်းသည်။ 水を撒く
ဖျန်းဆွတ်[pʰjan:sʰuʔ]（動）散水する、水を掛ける
ဖျန်းခနဲ[pʰjan:gənɛ:]（副）さっと ဖျန်းခနဲထသည်။ さっと立ち上る =ဖြုန်းခနဲ
ဖျပ်ဖျပ်လူး[pʰjaʔpʰjaʔ lu:]（動）激痛で身を捩る
ဖျံ[pʰjan]（動物）コツメカワウソ（イタチ科） Aonyx cinera
ဖျံကတိုး[pʰjan gədo:]（動物）海狸
ဖျာ[pʰja]（助数）個、種 ကိုးဆယ့်ခြောက်ဖျာသော ရောဂါ ９６種の病（老語）
ဖျာ[pʰja]（動）①迸る、飛び散る、発散する、放散する ②縦に裂く နှီးဖျာသည်။ 竹でひごを作る、竹篭の材料を作る
ဖျာကနဆို[pʰjagənɛ: sʰo]（副）俄かに
ဖျာထွက်[pʰjatʰwɛʔ]（動）①飛び散る、迸り出る ②（日光等が）放散する、発散する ③（小枝が）四方八方に伸びる、枝を張る
ဖျာဖျာ[pʰjabja]（副）四方八方に、飛び散って သွေးဖျာယိုစီးသည်။ 血が飛び散って流れる
ဖျား[pʰja:]（名）ဘုရား:の短縮形
ဖျားကျွန်တော်[pʰja: tʃundo] =ဖျားကျွန်တော်
ဖျားကျွန်မ[pʰja: tʃunma.] =ဖျားကျွန်မ
ဖျားယောင်း[pʰja:jaun:]（動）①唆す、迷わす、誤らせる ②唆す、誘惑する ③懐柔する
ဖျားယောင်းသွေးဆောင်[pʰja:jaun: twe:sʰaun] =ဖျား:ယောင်း
ဖြီး[pʰi:]（動）①髪を梳く ②[pʰji:]虚勢を張る、空威張りする、こけ脅しを言う
ဖြီးလိမ်း[pʰji:lein:]（動）①髪を梳く ②化粧する
ဖြူ[pʰju]（動物）①ヤマアラシ Hystrix leucura ②フデオヤマアラシ（アジアフサヤマアラシ科） Atherura macrourus
ဖြူကောင်[pʰjugaun] =ဖြူ
ဖြူဆူး[pʰjuzu:]（名）ヤマアラシの針
ဖြူ[pʰju]（形）①白い ②純粋だ
ဖြူခါပြာခါချာ[pʰjuga pjaga tʃa.]（動）無一文になる、裸一貫になる、すっからかんになる、窮乏する、赤貧だ
ဖြူစင်[pʰjusin]（形）純真だ、潔白だ、やましい事はない、純粋だ ရိုးသား၊သန့်ရှင်း၊
ဖြူဆံမြက်[pʰjuzan mjɛʔ]（植）ムンジャソウ（イネ科）Saccharum munja
ဖြူဆွတ်[pʰju sʰuʔ]（形）純白だ、真白だ
ဖြူပြာ[pʰju pjabja]（副）薄く青を帯びた白色、ライトブルー
ဖြူဖပ်ဖြူလျော်[pʰjubaʔ pʰjujɔ]（副）蒼白くなって、顔面蒼白で
ဖြူဖပ်ဖြူလျော်ဖြစ်[pʰjubaʔ pʰjujɔ pji̥ʔ]（動）顔面蒼白だ、顔面蒼白になる
ဖြူဖြူ[pʰjubju]（副）白く、真白で
ဖြူဖြူဖွေးဖွေး[pʰjubju pʰwe:bwe:]（副）真白で
ဖြူဖြူဖွေးဖွေးရှိ[pʰjubju pʰwe:bwe: ʃi.]（形）真白だ、純白だ
ဖြူဖွေး[pʰjupʰwe:]（形）純白だ、真白だ ဖြူဖွေးသောလက်ချောင်းကလေး။ 真白な指
ဖြူယော်ယော်[pʰju jɔjɔ]（副）①顔面蒼白で ②白っぽくなって ဖြူယော်ယော်ကျောက်တုံးကြီး။ 白っぽい大きな岩の塊
ဖြူရော်[pʰjujɔ]（動）白っぽくなる、色が褪せる
ဖြူရော်ရော်[pʰju jɔjɔ] =ဖြူယော်ယော်
ဖြူလွလွ[pʰju lwa.lwa.]（副）真白で ဖြူလွလွမိုးတိမ်တန်း။ 真白な雲堤

ဖြဲု[p'ju:] (動) 振り掛ける、まぶす ဆား:ဖြဲု:စား:ရ သည်။ 塩を振り掛けて食べる始末だった
ဖြဲု:ဖြောင့်[p'ju:p'jaun.] (形) 順調だ、円滑だ
ဖြဲု:ဖြဲု:ဖြောင့်ဖြောင့်[p'ju:bju:p'jaun.bjaun.] (副) 円滑に、順調に、何の支障もなく
ဖြေ[p'je] (動) ①解く、ほどく、緩める、開ける အထုပ်ဖြေသည်။ 包みを解く ကြိုးကိုဖြေသည်။ 縄をほどく ကက္ကာထုတ်ကိုဖြေကြည့်လိုက်သည်။ 紙包みを開ける ② 答える、解く ပြဿနာကိုဖြေသည်။ 問題を解決する ③和らげる、安楽にする စိတ်ကိုဖြေသည်။ 心を鎮める အပန်းဖြေသည်။ 疲れを癒す、憩う ပျင်းဖြေသည်။ 退屈を紛らす
ဖြေကြား[p'jetʃa:] (動) 答える、解答する
ဖြေဆေး[p'jeze] (名) 解毒剤
ဖြေဆို[p'jes'o] (動) ①答える、回答する ②試験を受ける、解答する
ဖြေညှင်း[p'jes'i] (動) 感情を抑える、喜怒哀楽の気持を抑制する
ဖြေဖျော်[p'jebjɔ] (動) 楽しませる、喜ばせる、慰める、歓待する ＝ဖျော်ဖြေ
ဖြေဖျော်အသုံးတော်ခံ[p'jebjɔ ətoun:dɔ k'an] (動) 楽しんでいただく、享楽のお役に供する
ဖြေဖျောက်[p'jebjauʔ] (動) 忘れる、思い出せない
ဖြေဖျန်[p'jebjan] ＝ဖျန်ဖြေ
ဖြေရှင်း[p'jeʃin:] (動) ①（問題、紛争等を）解決する、打開する ②きれいに片付ける
ဖြေရှင်းပေး[p'jeʃin:pe:] (動) 解決してやる
ဖြေလွှတ်[p'jeɬuʔ] (動) （縛めから）解き放つ、放してやる、解放する
ဖြေသိမ့်[p'jeḏein.] (動) 慰める、宥める
ဖြေး[p'je:] →ဖြေ
ဖြေးဖြေး[p'je:bje:] →ဖြည်းဖြည်း
ဖြဲ[p'jɛ:] (動) ①広げる、大きく開ける ပါးစပ်ကြီးဖြဲသည်။ 口を大きく開ける ②裂く、引き裂く、破り裂く
ဖြဲဖြော[p'jɛ:tʃauʔ] (動) 恐怖を増す、一層怖がらせる
ဖြဲစပ်စပ်[p'jɛ:saʔsaʔ] (副) にやにやして、悪びれた顔をして
ဖြော[p'jɔ:] (動) （野菜を）熱湯に潜らせる、熱湯で晒す、ゆがく ＝ဖျော်
ဖျို[p'jo] (動) 崩す、壊す、取り壊す、粉砕する
ဖျိုချ[p'jotʃa.] (動) 突き崩す、突き壊す
ဖျိုချဖျိုဆီး[p'jotʃa.p'jɛʔs'i:] (動) 崩壊させる
ဖျိုခွဲ[p'jok'wɛ:] (動) ①（建物を）取り壊す ②追い散らす、四散させる ③突き潰す、突き壊す、壊す

ဖျိုခွင်း[p'jok'win:] (動) ①（敵を）絶滅させる、全滅させる ②（静寂を）打ち破る ငြိမ်သက်ခြင်းကို ဖျိုခွင်းလိုက်သည်။ 静けさを打ち破る
ဖျိုဖျက်[p'jopʼjɛʔ] (動) ①壊す、取り壊す、解体する ②粉砕する、撃退する
ဖျို:[p'jo:] (形) 太りじしだ、肥えている、肉付きがよい
ဖျို:ဖျို:[p'jo:bjo:] (副) 肉付きがよくて、太りじしで
ဖျို:ဖျို:ဝေ[p'jo:bjo: we] (形) たっぷりある、満ち溢れている、溢れ返る
ဖျို:မောက်[p'jo:mauʔ] (形) ①丸々太っている、ぽっちゃりしている ②豊穣だ、肥沃だ
ဖျို:ဖျို:ဖျောက်ဖျောက်[p'jo:bjo: p'jauʔp'jauʔ] (副) 疎らに
ဖျောက်ဆိပ်[p'jauʔs'eiʔ] ＝ဖျောက်ဆိပ်
~ဖြင့်[p'jin] (格助) 具格を示す、~で、~以って ~によって、~の手段で、~の方法で以って လက်ဖြင့်တို့သည်။ 手で軽く触れる ခြေဖြင့်ကန်သည်။ 足で蹴る ဖြင့်ပစ်သည်။ 石を投げる ကြိုးကိုသွား:ဖြင့်ကိုက်ဖြတ်သည်။ ロープを歯で噛み切った လက်ကိုင်ပဝါဖြင့်ပတ်သက်သည် ハンカチで拭う မျက်စိဖြင့်မြင်နိုင်သည်။ 眼で見る事ができる ဓာတ်ရထား:ဖြင့်သွား:သည်။ 電車で行く လှေခရီးသွား:သည်။ 小舟で旅をする ဓား:ဖြင့်ခုတ်ပိုင်:သည်။ 刃物で切断する တူဖြင့်ကျောက်များကိုထုခွဲ့သည်။ ハンマーで石を割る နံနက်စာဖြင့်ဧည့်ခံသည်။ 朝食で以って接待する
~ဖြင့်[p'jin.] (助) 強調（名詞に直接または格助詞を介して用いられる）~には、~としては ကျွန်မဖြင့်သူ့ကိုသိပ်အားကျတာပဲ။ 私としては彼がとても羨ましい ကျွန်တော်ဖြင့်သိတော်မသိလိုက်ဖူး။ 私としては知りもしなかった တချို့ကဖြင့်ပြောနေကြသယ်။ ある人達は言っている အမေဖြင့်ပြောရမယ်။ お母さんもなかなか言うじゃない နေတာကဖြင့်လတောင်မရှိသေး:ဘူး။ 暮してまだひと月にもならない ပြာပူကိုဖြင့်မကြောက်ဖူး။ 熱い灰とて怖がりはしない ကျွန်မှာဖြင့်ဘယ်ဘက်ကမှလူမလုပ်သာ:ဘူး။ 私としてはどちら側の味方にもなれない
~ဖြင့်ရင့်[p'jin.jin.] (助) 強調、~としては သူ့ဖြင့်ရင့်ဘာမှမလုပ်တတ်ဘူး။ 彼ときたら何もできはしない
ဖြောင့်[p'jaun.] (形) ①真直ぐだ ②正直だ、率直だ ③順調だ ဝင်ငွေဖြောင့်သည်။ 収入が安定している စီးပွား:ဖြောင့်သည်။ 実入りがよい、羽振りがよい ④（動）真直ぐにする
ဖြောင့်ကွယ်ကွယ်[p'jaun.gwɛ kwɛ] (動) 白を切る
ဖြောင့်ချက်[p'jaun.tʃɛʔ] (名) 自白、告白

ဖျောင့်ချက်ပေး

ဖျောင့်ချက်ပေး[p'jaun.ʧɛʔ pe:] (動) 自白する、自認する、白状する

ဖြောင့်စင်း[p'jaun.sin:] (形) ①真直ぐだ ②実直だ、正直だ

ဖြောင့်တန်း[p'jaun.tan:] (形) 真直ぐだ、一直線だ

ဖြောင့်ပေး[p'jaun.pe:] (動) 真直ぐにする、真直ぐに直す

ဖြောင့်ဖြူး[p'jaun.bju:] (形) 真直ぐだ、すんなりしている

ဖြောင့်ဖြောင့်[p'jaun.bjaun.] (副) 真直ぐに ဖြောင့်ဖြောင့်သွားသည်။ 真直ぐ行く ဖြောင့်ဖြောင့်လိုက်သည်။ 真直ぐついていく

ဖြောင့်ဖြောင့်မတ်မတ်[p'jaun.bjaun. maʔmaʔ] (副) 真直ぐに、純粋に、純真に ဖြောင့်ဖြောင့်မတ်မတ်ကြစဉ်းစဉ်းလုပ်ဆောင်သည်။ 真正直に考えて実行した

ဖြောင့်မာ[p'jaun.maʔ] (形) 正直だ、率直だ、誠実だ cf. ရိုးသား:

ဖြောင့်မှန်[p'jaun.m̥an] (形) 朴訥だ、純真だ、正直だ

ဖြောင့်လက်သီး[p'jaun. lɛʔt̪i:] (名) ストレイト・パンチ、まともなパンチ

ဖြောင်း:ဖြ[p'jaun:bja.] =ဖြောင်း:ဖြူ

ဖြိုင်ဖြိုင်[p'jainbjain] (副) 絶え間無く、豊富に ချက်ရည်ဖြိုင်ဖြိုင်ကျသည်။ 涙がぼとぼと流れる ချွေး:ဖြိုင်ဖြိုင်ထွက်ရသည်။ 汗がたらたら噴き出る မိုးဖြိုင် ဖြိုင်မရွာသေး:ဘူး။ 雨はまだ本格的には降らない

ဖြစ်[p'jiʔ] ①である အမိတ်အသုံး:ပြုသောသီး:နှံ များ:မှာ:ပန်:မုန်:လာ၊မုန်:လာထုပ်၊ဆလပ်သောဟင်း:သီး:ဟင်း:ရွက်များ:ဖြစ်သည်။ よく利用される作物はキャベツ、レタス、カリフラワー等の野菜類である ②になる သံအမတ်ကြီ:ဖြစ်ချင်တယ်။ 大使になりたい ငါ မြန်:မြန်:အသက်သုံ:ဆယ်လောက်ဖြစ်ချင်တယ်။ 僕は早く30歳位になりたい ③生じる、起きる、できる အရေ:အခင်:ဖြစ်သည် 騒動が起こる ပြည်:တွင်:ဖြစ် 国内産 လက်ဖြစ် 手製

ဖြစ်[p'jiʔ] (助動) 結果としての成功、実現を示す、うまく行く လာဖြစ်အောင်လာခဲ့ပါ။ 何としてでも来なさい မအား:တာ:နဲ့လာ ဖြစ်ဖူ:။ 忙しかったので結局来れなかった ဖေဖေကို:ပြော ပြောဖြစ်အောင်:ပြော ပြပါ။ お父さんに言いなさい、とにかく言いなさい အတော်:လေ:ကြမှထမင်:စာ:ဖြစ်သည်။ かなり時間がたってからようやく食事にありついた

ဖြစ်ကတတ်ဆန်:[p'ji'gədaʔs'an] (副) 無造作に、いい加減に、ちゃらんぽらんに、杜撰に、投げやりに、成行き任せに、行き当たりばったりに、有り合わせのもので ဖြစ်ကတတ်ဆန်:ဝတ်ဆင်ထား:သည်။ 有り合わせのものを着ている

ဖြစ်ကြောင်း[p'jiʔt͡ʃaun:] (名) 出来事、経過、経緯

ဖြစ်ကြောင်းကုန်စင်[p'jiʔt͡ʃaun: kounsin] (名) 全容、一切合切

ဖြစ်ခေါင်ဖြစ်ခဲ[p'jiʔk'aun. p'jiʔkɛ:] (副) 滅多にない事で =ဖြစ်တော့ဖြစ်ခဲ

ဖြစ်ခြင်း[p'jiʔt͡ɕin:] (助) 文末使用、感嘆を示す、~である事よ、実に~かな ရှည်လိုက်တဲ့ဖြစ်ခြင်း။ 何と言う長さ ပျော်လိုက်သည့်ဖြစ်ခြင်း။ 何と楽しい事よ အရသာ ရှိလိုက်သည့်ဖြစ်ခြင်း။ 実に美味だ အရည်အချင်း: မှာ ကွာလိုက်တဲ့ဖြစ်ခြင်း။ 能力に何と違いがある事か

ဖြစ်ခြင်း:ပျက်ခြင်း[p'jiʔt͡ɕin: pjɛʔt͡ɕin:] (名) 興亡、生成消滅

ဖြစ်ချက်ရာဖြစ်[p'jiʔt͡ɕin ja p'jiʔ] (動) (匙を投げた時の台詞) なるようになれ、何が起ころうと、何はともあれ、成行きに任せる

ဖြစ်စေ~ဖြစ်စေ[p'jiʔse~p'jiʔse] (接助) ①~であれ、~であれ、~であろうと~であろうと、~だとか~だとか ကောင်း:သည်ဖြစ်စေ၊မကောင်း:သည်ဖြစ်စေ၊မှတ်သား:ထား:ရန်လိုသည်။ よかろうと悪かろうと覚えておく必要がある လာသည်ဖြစ်စေ၊မလာသည်ဖြစ်စေ၊ထမင်:ပို့ပေး:ရသည်။ 食べようと食べまいと食事を届けてやらねばならない အကြောင်း:ရှိသည်ဖြစ်စေ၊မရှိသည်ဖြစ်စေ၊မကြာ:ခဏဝင်ထွက်သွား:လာသည်။ 用事があろうと無かろうと頻繁に出入りしている သိသည်ဖြစ်စေ၊ မသိသည်ဖြစ်စေ၊မွေး:ကြသေ:ကြမည်။ 知っていようといまいと生まれてくるし死んでいく ②どちらか一方、~かまたは~かたい ထောင်လိုက်ဖြစ်စေ၊အလျား:လိုက်ဖြစ်စေ 縦や横かに

ဖြစ်စဉ်[p'jiʔsin] (名) 経過

ဖြစ်စဉ်ဘဝ[p'jiʔsin bəwa.] (名) 生じた状態

ဖြစ်တော့ဖြစ်ခဲ[p'jiʔtaun. p'jiʔkɛ:] (副) 滅多にない事で

ဖြစ်ထွန်း[p'jiʔt'un:] (動) ①茂る、繁茂する တ မန်း:ကောင်း:မှစိုက်သမျှသီး:နှံများ:ဖြစ်ထွန်း:အောင်မြင်သည်။ 土壌が十分に耕やされて初めて全ての作物が豊かな実をもたらす ②生じる တိမ်အနည်:ငယ်ဖြစ်ထွန်း:သည်။ 雲が少し生じる ③為になる၊役立つ အကျိုး:ဖြစ်ထွန်း:သည်။ 効果をもたらす、貢献する

ဖြစ်နိုင်[p'jiʔnain] (動) 可能だ、大丈夫だ

ဖြစ်နိုင်ချက်[p'jiʔnainʧɛʔ] (名) 可能性

ဖြစ်နိုင်လျှင်[p'jiʔnainljin] (副、文) できれば、それであれば

ဖြစ်နိုင်လုပ်နိုင်[p'jiʔnain louʔnain] (動) 実現可能だ、実現し得るし可能だ

ဖြစ်ပါ့မလား

ဖြစ်ပါ့မလား [p'ji?ba.məla:] (動) 果して可能だろうか ဒီလူနှင့်စကားပြောလို့ဖြစ်ပါ့မလား။ この人と話をして大丈夫だろうか

ဖြစ်ပေါ် [p'ji?pɔ] (動) (物が) 起る、生じる、現れる、発生する、出現する、できる

ဖြစ်ပုံ [p'ji?poun] (名) 様子、成り立ち、

ဖြစ်ပျက် [p'ji?pjɛ?] (動) 起る、生じる、発生する

ဖြစ်ပျက်တွေ့ကြုံ [p'ji?pjɛ? twe.tʃoun] (動) 起る、経験する

ဖြစ်ပျက်ပုံ [p'ji?pjɛ?poun] (名) 経緯 (いきさつ)

ဖြစ်ပျက်ရှိနေသမျှ [p'ji?pjɛ? ʃi.nedəmja.] (名) 生じた限りの事、発生した事柄全て

ဖြစ်ပွါး [p'ji?pwa:] (動) (事件や病気が) 起きる、発生する ပဲလိပ်ရောဂါ ဖြစ်ပွါးသည်။ ペストが発生する

ဖြစ်ပွါးပေါ်ပေါက် [p'ji?pwa: pɔbau?] (動) 発生する、出現する

ဖြစ်ပွါးမှု [p'ji?pwa:mu.] (名) 発生、勃発

ဖြစ်ဖြစ်~ဖြစ်ဖြစ် [p'ji?p'ji~p'ji?p'ji?] (接助) ~であれ~であれ、~であろうと~であろうと、~か~か~も~も မေတ္တာဆိုတာလူမှာဘဲ ဖြစ်ဖြစ်၊ ကျေးငှက်တိရစ္ဆာန်မှာဘဲ ဖြစ်ဖြစ်၊ အတူတူပဲ။ 愛情というのは人間であろうと鳥獣であろうと同じだ လှတဲ့လူမျာ:ဟာ ယောက်ျား:ဖြစ်ဖြစ်၊ မိန်းမဖြစ်ဖြစ်၊ ကြောက်စရာကောင်:ပါလား။ 美しい人は男であろうと女であろうと怖いものだ

ဖြစ်ဖြစ်မြောက်မြောက်ရှိ [p'ji?p'ji?mjau?mjau?ʃi.] (副) 実際に起きる、必ず生じる

ဖြစ်မဖြစ် [p'ji? məp'ji?] (名) 可不可、できるかできないか、生じるか生じないか

ဖြစ်မြဲ [p'ji?mjɛ:] (動) 常に起る、いつも起る、必然だ、当然だ

ဖြစ်မြဲခန့် [p'ji?mjɛ:gan.] (名) ほぼ平常通り

ဖြစ်မြဲတိုင် [p'ji?mjɛ:dain:] (副) 平常通り、いつものように、いつもそうなるように

ဖြစ်မြဲထက် [p'ji?mjɛ:dɛ?] (名) 平常以上

ဖြစ်မြဲမြဲ p'jimjɛ: p'ji?] (動) 絶えず起る、常に起る、依然として起る

ဖြစ်မြဲအောက် [p'ji?mjɛ: au?] (副) 平常以下で

ဖြစ်မြောက် [p'ji?mjau?] (動) 実現する、成し遂げる、成就する

ဖြစ်မြောက်အောင် [p'ji?mjau?aun] (副) 実現するよう、成就するよう ခေတ်မီသောနိုင်ငံကြီးဖြစ်မြောက်အောင်ကြိုးပမ်းဆောင်ရွက်သည်။ 近代国家実現のために頑張る

ဖြစ်မှဖြစ်ရလေ [p'ji?ma. p'ji?ja.le] (感) 何ということ、何たる有様だ (残念、気の毒等を現わす)

ဖြစ်မှဖြစ်ရလေခြင်း [p'ji?ma. p'ji?ja.leɡin:] (感) 何という事を、よくもまあそんな事を

ဖြစ်ရလေ [p'ji?ja.le] (感) 何ということを

ဖြစ်ရိုး ဖြစ်စဉ် [p'ji?jo: p'ji?sin] (名) 恒例、慣例、伝統的あり方、いつも通り、よくある事

ဖြစ်ရပ် [p'ji?ja?] (名) 出来事、起った事、事実、結果、成果

ဖြစ်လာ [p'ji?la] (動) になる、になってくる

ဖြစ်လေဖြစ်ထရှိ [p'ji?le.p'ji?t'a.ʃi.] (動) なる (起る) 事が多い、よく起る (なる)

ဖြစ်လေရာဘဝ [p'ji?leja bəwa.] (名) 生れた処、生じた処、いずれかの世界

ဖြစ်လေရာရာ [p'ji?lejaja] (副) 何処に生じても、生じた所ではどこでも

ဖြစ်လိုရာဖြစ်စေ [p'ji?loja p'ji?se] (動) どうとでもなれ、なるようになれ、運を天に任せる

ဖြစ်လျှင် [p'ji?ɬjin] (接助・文) もしそうなら、だとすると

ဖြစ်သလို [p'ji?təlo] (副) なるがままに、臨機応変に、成行きに任せて、その場に応じて ဟင်းကတော့ ဖြစ်သလိုချက်ထားတဲ့ဟင်း:ပဲ။ おかずは有り合せのものを煮た魚料理だ ဘဝတွင် ဖြစ်သလိုနေ၊ ဖြစ်သလိုစား:၊ ဖြစ်သလိုပျော်မွေ့ကြရသောထိုသူတို့။ この世で行雲流水の心境で暮し、飲み食いし、戯れ楽しむその人達

ဖြစ်သွား: [p'ji?twa:] (動) になってしまう

ဖြစ်ဟန် [p'ji?han] (名) 有様

ဖြစ်အောင် [p'ji?aun] (副) 何としてでも ပြဖြစ်အောင်ပြရမည်။ 何としてでも見せなければならない ရောက်ဖြစ်အောင်ရောက်လာပါ။ 何としてでも来なさい

ဖြည့် [p'je.] (動) ①補う、満たす、一杯にする、補充する、充満させる ရေဖြည့်သည်။ 満水にする ကွက်လပ်ဖြည့်သည်။ 空白部分を埋め合わせる ②叶える、実現させる အလိုဖြည့်သည်။ 願いを叶える

ဖြည့်စွက် [p'jeswɛ?] (動) 補う、補充する、補足する

ဖြည့်စွမ်: [p'jeswan:] (動) ①果す、成し遂げる、実現させる ②補給する ဈေးကွက်ဝယ်လိုအား:ကိုဖြည့်စွမ်းပေးနိုင်သည်။ 市場での購買力を補う事ができる

ဖြည့်ဆည်း [p'je.zi:] (動) 充す、補う、充足させる、補給する

ဖြည့်တင် [p'je.tin:] (動) 充す、補充する、充足する ဆန္ဒကိုဖြည့်တင်ပေး:သည်။ 願望を充たしてくれる အင်အား:ဖြည့်တင်:သည်။ 勢力を補う

ဖြည့်သွင် [p'je.twin:] (動) 充す、補う、補充する、追加する

ဖြေ [p'je] (動) 解く နှောင်ကြိုးကိုဖြေသည်။ 束縛を

解く
ဖြည်:[p'je:]①（形）緩慢だ、ゆっくりしている ②（動）軽くする、和らげる
ဖြည်းစပ်စပ်[p'je sa'sa']（副）にやにやして、嘲笑的に ＝ ဖြီးစပ်စပ်
ဖြည်းညှင်းစွာ[p'je:ɲin:zwa]（副・文）緩慢に、ゆっくりと
ဖြည်းဖြည်း[p'je:bje:]（副）ゆっくり ဖြည်းဖြည်းသွား:ပါ။ ゆっくり行きなさい ဖြည်းဖြည်းလျှောက်စမ်းပါ။ ゆっくり歩きなさい
ဖြည်းလေးစွာ[p'je:le:zwa]（副・文）緩慢に အင်္ကျီကိုဖြည်းလေးစွာဝတ်သည်။ 上着をゆっくりと着た
ဖြတ်[p'ja']（動）①切る、切断する、両断する ဦးခေါင်းကိုဖြတ်သည်။ 斬首する စကား:ဖြတ်သည်။ 話を打ち切る အဆက်အသွယ်ဖြတ်သည်။ 連絡を絶つ ②（道や川を）渡る、横断する、通過する ③（酒、タバコ等を）断つ、止める、手を切る、絶縁する အရက်ဖြတ်သည်။ 禁酒する ဆေးလိပ်ဖြတ်သည်။ 禁煙をする ④（給与から）差し引く、天引する、控除する
ဖြတ်ကု[p'ja'ku.]（動）切開手術する、切開治療する
ဖြတ်ကူး:[p'ja'ku:]（動）横切る、横断する、（対岸へ）渡る
ဖြတ်ကျော်[p'ja'tʃɔ]（動）①渡る、横切る ②乗り越える ③過ぎる、通り過ぎる
ဖြတ်စ[p'ja'sa.]（名）断片
ဖြတ်စာ[p'ja'sa]（名）①絶縁状 ②決定、判決、宣告
ဖြတ်ဆောက်[p'ja's'au']（動）掛け渡して建てる
ဖြတ်တောက်[p'ja'tau']（動）①切る、断ち切る ②差し引く、天引きする、減額する、切り詰める
ဖြတ်တောက်အဆိုသွင်း:[p'ja'tau' əs'o twin:]（動）緊急動議を提出する
ဖြတ်ထိုးဉာဏ်[p'ja't'o:ɲan]（名）とっさの閃き、とっさの機転、頓智、臨機応変の知恵
ဖြတ်ထုံး[p'ja't'oun:]（名）（王朝時代の）裁定、判例
ဖြတ်ပိုင်း:[p'ja'pain:]（名）①半券、小切手や富籤の控え ②受取り、レシート、領収書 ③切抜き ။ တင်းတင်းဖြတ်ပိုင်း: 新聞の切抜き
ဖြတ်ပိုင်းပုံ[p'ja'pain:boun]（名）断面図
ဖြတ်ယူ[p'ja'ju]（動）差し引く、天引きにする
ဖြတ်လမ်း[p'ja'lan:]（名）近道
ဖြတ်လျှောက်သွား:[p'ja'ʃau'twa:]（動）横切る、横切って通る
ဖြတ်သန်း[p'ja'tan]（動）過ぎる、通り過ぎる、

横切る、通過する ②乗り越える တံတား:ဖြတ်သန်း:သည်။ 橋を渡る
ဖြတ်ဖြတ်လပ်လပ်ရှိ[p'ja'p'ja'la'la' ʃi.] →ဖျတ်ဖျတ်လပ်လပ်ရှိ
ဖြတ်လတ်[p'ja'la'] →ဖျတ်လတ်
ဖြုတ်[p'jou']（虫）蛹（ブユ）
ဖြုတ်[p'jou']（動）①（鍵等を）外す、取り外す ကြယ်သီး:ဖြုတ်သည်။ ボタンを外す ရွက်ကိုဖြုတ်သည်။ 帆を降ろす ငါ:ကိုငါ:ချောင်:ချိပ်မှဖြုတ်သည်။ 魚を釣り針から外す ②解雇する、解任する အလုပ်ဖြုတ်သည်။ 解雇する ③瓦解させる、崩壊させる、倒閉させる
ဖြုတ်ချ[p'jou'tʃa.]（動）①外す、取り降ろす ②役職から退かせる、追放する ရာထူးမှဖြုတ်ချခံရလိုက်ရသည်။ 役職を解任される အစိုးရကိုဖြုတ်ချသည်။ 内閣を打倒する
ဖြုတ်ညိုး[p'jou'tʃi:]（副）不意に、突然
ဖြုတ်ပြ[p'jou'pja.]（動）外して見せる
ဖြုတ်ပစ်[p'jou'pji']（動）解雇する အလုပ်မှဖြုတ်ပစ်သည်။ 仕事を止めさせる、解雇する
ဖြန်[p'jan.]（動）①広げる、伸ばす、張る လက်ဝါး:ဖြန်သည်။ 掌を広げる မွေရာလိပ်ကိုဖြန်သည်။ 巻いてあった毛布を広げる ခေါင်:ခုတ်ပစ္စည်း(クッション）を広げる ရှပ်အင်္ကျီတထည်ဖြန်ကြည်သည် シャツを1枚広げてみた ②ばら撒く、撒き散らす မြေဆွေးတွေကိုဖြန်ပေး:ပါ။ 腐植土をばら撒いておくれ
ဖြန်ကြဲ[p'jan.tʃɛ]（動）①蒔く ②（畳んであるものを）広げる ③散らかす
ဖြန်ကြက်[p'jan.tʃɛ']（動）伸ばす、展開させる
ဖြန်ခင်း:[p'jan.k'in:]（動）広げて敷く
ဖြန်ချ[p'jan.tʃa.]（動）配置する
ဖြန်ချိ[p'jan.tʃi.]（動）出版する、刊行する cf. ထုတ်ဝေ
ဖြန်ဖြူ:[p'jan.bju:]（動）①配る、配布する、分配する、配給する ②広める、伝播する、普及させる
ဖြန်မွေ:[p'jan.mwe:]（動）広げて育てる、増殖する
ဖြန်လိုက်[p'jan.lai']（動）①広げる、広める ②追跡を広げる
ဖြန်ဝေ[p'jan.we]（動）配布する、広く配る、発行する
ဖြန်[p'jan]（動）宥める、取りなす
ဖြန်ဖြေ[p'janbje] →ဖြန်ဖြေ
ဖြန်း:[p'jan:]（動）①口走る、口に出して言う、唱える ②息切れする ③赤らむ、火照る、紅潮する ရက်ဆေး:ဖြန်း:သည်။ 恥じらう
ဖြန်း:သန်း:[p'jan:tan:]（動）こけ脅しをする、虚勢

を張る、空威張りする

ဖြန်းကန်[p'jan:gəne:] =ဖျန်းကနဲ

ဖြုံ[p'joun] (動) たじろぐ、通常は否定型 မဖြုံ
ဘူး၊ 気にしない、構わない、たじろがない、一向に平
気だという意味で使用する

ဖြုန်း[p'joun:] (動) 浪費する、無駄遣いする ငွေကို
အလဟဿဖြုန်းသည်။ 金銭を浪費する

ဖြုန်းတီး[p'joun:di:] (動) 消耗する、浪費する、
濫費する

ဖြူ[p'joun] =ဖြုံ

ဖျပ်ဖျပ်တောက်ပူ[p'ja?p'ja?tau? pu] (形) かんかん
と暑い cf.ချစ်ချစ်တောက်ပူသည်

ဖျပ်ဖျပ်လူး[p'ja?p'ja? lu:] ①(動) 苦痛で身を捩じ
らせる、あまりの痛さに身悶えする ②したくてうずう
ずする ③気を揉む、はらはらする ④(副) 転々と寝
返りを打って、とことん、まみれて =ချပ်ချပ်လူး

ဖွ[p'wa.] (感) 感情の発露を示す ဖွဟယ် なにくそ
ဖွဟယ်လုပ်ရေ။ そんな事があってなるものか ဖွ၊ လုပ်ပ
ယ်ရမယ်။ そんな事は許されないぞ

ဖွ[p'wa.] (動) ①膨らませる ②掻き乱す ဆံပင်ကိုဖွ
သည်။ 髪をふんわりさせる、毛羽立たせる ③忍び足
で歩く ခြေကိုဖွနင်းသည်။ 抜き足差し足で歩く

ဖွဘွာလေး[p'wa.bwa.gəle:] (副) 軽く、そっと、
抜き足差し足で

ဖွာ[p'wa] (動) ①ぷっと吹く、吹き出す、(タバコ
を)吹かす ②水を撒く ③ほつれる、擦り切れる ④
止めどない、口さがない、制約が無い

ဖွာရှိုက်[p'waʃai?] (動) (タバコを)吹かす、くゆ
らせる

ဖွား[p'wa:] (動) ①産む、出産する ②生れる ③
(形) 毛深い、もじゃもじゃしている

ဖွားစာရင်း[p'wa:zejin:] (名) 出生届

ဖွားဖက်[p'wa:bɛ?] (植) マルババライロセンナ(ジ
ャケツイバラ科) Cassia renigera

ဖွားဖက်[p'wa:bɛ?] (名) ①同日生れ、同時刻生れ
②男性の生殖器

ဖွားဖက်တော်[p'wa:bɛ?tɔ?] (名) ①仏陀と同時刻に
生れた人 ②睾丸

ဖွားဘက်တော်[p'wa:bɛ?tɔ?] =ဖွားဖက်တော်

ဖွားမြင်[p'wa:mjin] (動) 生れる、産む、出産する

ဖွားမြင်တော်မူခြင်း[p'wa:mjin dɔmu ʤin:]
(名) (釈尊) 降誕、御出胎、御誕生、御出産

ဖွားလာ[p'wa:la] (動) 生れてくる

ဖွားသေရင်း[p'wa:de səjin] (名) 出生死亡統
計、人口動態統計

ဖွားသေမှတ်ပုံတင်[p'wa:de ma?poundin] (名) 出

生死亡届

ဖွားသက္ကရာဇ်[p'wa:dəgəji?] (名) 生年、出生年

ဖွားဦးစကအမြင်ကိုရွှေလင်ပန်းမှာထည့်၍ဆေးကြောသည်။
(比) 出産時に胎盤を金の盆に入れて洗浄した(長者
の邸に生れた)

ဖွား:[p'wa:] (名) 祖母 =ဘွား

ဖွားဖွား:[p'wa:p'wa:] (名) 親愛的表現、お婆ちゃん

ဖွားအေ[p'wa:e] (名) お婆さん、お婆ちゃん

ဖွိ[p'wi] (感) チェッ(不快、嫌悪の情を示す)

ဖွိဖွဲ[p'wi p'wɛ] (感) ウエー、ゲー、ウーツ(悪
臭等耐えられない不快感を現わす)

ဖွေး[p'we:] (形) ①白い(霧や水の形容に使用) ②
一杯だ、覆われている မြစ်ပြင်တွင်ရေများဖြင့်ဖွေးဖွေးနေ
သည်။ 水面は水で白い ချောင်းတစ်ချောင်းလုံးဖွေးဖွေးနေ
၏။ 河川全体が水で一杯だ

ဖွေးဖွေးဖြူ[p'we:bwe: p'ju] (形) 真白だ လရောင်
ဖွေးဖွေးဖြူသည်။ 月光が煌々としている

ဖွေးဖွေးလျှံ[p'we:bwe: ɬou?] (動) 沸き立つ、溢
れる程だ、うようよする

ဖွဲ့[p'wɛ.] (動) ①組む、結成する、組織する、編成す
る ဖောင်ဖွဲ့သည်။ 筏を組む အသင်းဖွဲ့သည်။ 組織を作
る ②結ぶ မိတ်ဖွဲ့သည်။ 親交を結ぶ ③縄を綯う ④
(詩、文章等を)書く、詠む စာဖွဲ့သည်။

ဖွဲ့ကြိုး[p'wɛ.ʤo:] (名) ①稲束の括り藁 ②牽引用
のロープ、牽引用家畜の首に懸けられた綱

ဖွဲ့စည်း[p'wɛ.zi:] (動) 組織する、結成する、編成
する

ဖွဲ့စည်းတည်ဆောက်[p'wɛ.zi: tis'au?] (動) 組み
立てる、構成する

ဖွဲ့စည်းပုံ[p'wɛ.zi:boun] (名) 編成の仕方、構成の
在り方

ဖွဲ့စည်းပုံအခြေခံဥပဒေ[p'wɛ.zi:boun ətʃegan
u.bəde] (名) 憲法

ဖွဲ့စည်းအုပ်ချုပ်[p'wɛ.zi: ou?tʃou?] (動) 組閣し統
治する

ဖွဲ့စည်းအုပ်ချုပ်ပုံအခြေခံဥပဒေ[p'wɛ.zi: ou?tʃou?
poun ətʃegan u.bəde] (名) 憲法

ဖွဲ့ဆို[p'wɛ.s'o] (動) (詩を)詠む

ဖွဲ့တုပ်[p'wɛ.tou?] (動) 縛る

ဖွဲ့နွဲ့[p'wɛ.nwɛ.] (動) (詩や歌を)作る、詠む

ဖွဲ့ဖွဲ့နွဲ့နွဲ့[p'wɛ.bwɛ.nwɛ.nwɛ.] (副) 華麗に、優美
に、表現豊かに、美文調で

ဖွဲ့နှောင်[p'wɛ.naun] (動) 縄で縛る、束縛する

ဖွဲ့ပေါင်း[p'wɛ.p'ɛ?] (動) 共同で行う

ဖွဲ့ဖြူ[p'wɛ.bju] (名) ①王朝時代の白い衣装 ②夜
叉、羅刹が持つ布の武器

ဖဲြဖျလက်နက်[p'wɛ.bju lɛʔnɛʔ] =ဖဲြဖျ ②
ဖဲြဘက်[p'wɛ.p'ɛʔ] =ဖဲြဖဲက
ဖဲြရက်[p'wɛ.ʃɛʔ] （動）共同出資する
ဖျပ်[p'wɛ]（形）①粘りがない、さらさらしている、ば
　さばさしている　②美味しくない、味気ない、不味い
　အရသာဖျပ်သည်။　不味い味だ　③均等でない　④（間）
　不快感を表わす、ゲー、ワー、ウーツ、フーツ
~ဖျပ်[p'wɛ~bwɛ]（接尾）名詞を形成、可能性を示す
　စာ:ဖျပ်သောဖျပ်　食べ物　အန္တရာယ်ရှိဖျပ်လက္ခဏာမပြင်
　危険のありそうな兆候は見えない　ပြည်သူတွေကြည့်ချင်
　ဖျပ်ဖြစ်အောင်ရိုက်ကူးတင်ပြမယ်။　国民が見たいような
　作品を撮影して上映しよう　ကြောက်မက်ဖျပ်သောငရဲမီး
　恐ろしい地獄の火
~ဖျပ်ကောင်း[p'wɛ kaun:]（尾）形容詞形成、するに
　値する　စိတ်ဝင်စာ:ဖျပ်ကောင်းသည်။　興味深い　ဂုဏ်ယူ
　ဖျပ်ကောင်းသည်။　賞賛に値する　လေ:စာ:ဖျပ်ကောင်း
　သည်။　尊敬に値する　အတုယူဖျပ်ကောင်းသည်။　模倣に
　値する　ရှက်ဖျပ်ကောင်းသည်။　誠に恥ずかしい
ဖျပ်ဖျပ်ရာရာ[p'wɛbwɛ jaja]（副）色々と、盛り沢
　山、山のように　ဖျပ်ဖျပ်ရာရာချက်ပြုတ်တာ:သောဟင်:
　လျာများ။　盛り沢山用意された料理
ဖျပ်ရာ[p'wɛja]（形）上品だ、礼儀正しい
~ဖျပ်ရာ[bwɛja]（尾）名詞形成、値するもの、適して
　いるもの　ထိတ်လန့်ဖျပ်ရာမြင်ကွင်:များ။　魂消えような
　光景　ယဉ်ကျေ:ဖျပ်ရာပြောဆိုသည်။　上品な事を語る
　မင်:လိုဖျပ်ရာဖြင့်ပြသင်္ဂိုဟ်ရမည်။　国王に相応しい形で葬送
　しなければならない
~ဖျပ်ရာရှိ[p'wɛja~bwɛja]（動）値するものがある
　ရာသီဥတုအကြီးအကျယ်ပြောင်:လဲလာဖျပ်ရာရှိသည်။　気
　候が大々的に変動する可能性がある　အဆိုပါတိ:တက်မှု
　ဖြိုးမှုမှာကျေနပ်ဖျပ်ရာမရှိ　その進歩には満足すべき
　ものはない
~ဖျပ်ရှိ[bwɛʃi.]（助動）~らしい、の様子だ　အမြတ်
　ငွေရရှိမှုကျဆင်:သွားဖျပ်ရှိနေသည်။　儲けが減少する可能
　性がある　ယင်:ပေါက်ကွဲမှုကြောင့်သေဆုံ:သူအရေအတွက်
　များ:လာဖျပ်ရှိသည်။　その爆発のせいで死者の数はふえ
　る可能性がある　ခရီ:သည်အရေအတွက်သုံ:ဆမကပို:တက်
　လာဖျပ်ရှိသည်။　旅行者の数は3倍以上も殖えるようだ
　ခန့်မှန်:သည်ထက်သုံ:ဆယ်ရာခိုင်နှုန်:ထိကျဆင်:သွားဖျပ်ရှိ
　သည်။　推定より30パーセントも下落する可能性があ
　る　လွန်ခဲ့သောလေ:နာရီကြာသေဆဲဖျပ်ရှိသည်။　4時
　間程前に死亡したものらしい
ဖဲ[p'wɛ:]（名）糠、ふすま
ဖဲကြမ်:[p'wɛ:tɕan:]（名）籾殻
ဖဲနု[p'wɛ:nu.]（名）①糠　②役立たず、無能
ဖဲနဲဆန်ကွဲ[p'wɛ:nɛ.zəgwɛ:]（比喩）糠と屑米

（役立たず、人間の屑）
ဖဲပြာ[p'wɛ:bja]（名）籾殻の灰（磨き砂として使
　用される）
ဖဲ[p'wɛ:]（形）微少だ、微細だ
ဖဲဖဲ[p'wɛ:bwɛ:]（副）糠のように　မိုးဖဲဖဲရွာသည်။
　雨がしとしと降る、小糠雨が降る　cf. ဖြိုင်ဖြိုင်
ဖက်[p'wɛʔ] →ဖုတ်
ဖင့်[p'win.]（動）①開ける　အဖုံ:ဖင့်သည်။　蓋を開け
　る　②開設する　စာကြည့်တိုက်ဖင့်သည်။　図書館を開設す
　る　စာအုပ်ဆိုင်ဖင့်သည်။　本屋を開設する　③スイッチを
　入れる　ပန်ကာကိုဖင့်သည်။　扇風機を掛ける　ဓာတ်မီးကို
　ဖင့်သည်။　電気を点ける　④レコードを掛ける　ဓာတ်ပြာ:ကို
　ဖင့်သည်။　⑤解釈する　အနက်ဖင့်သည်။　cf. ပွင့်
ဖင့်ဆို[p'win.s'o]（動）定義する
ဖင့်ပြော[p'win.pjɔ:]（動）告白する、白状する
ဖင့်ပွဲ[p'win.bwɛ:]（名）開会式、開所式、開店式
　တံခါ:ဖင့်ပွဲ　橋の開通式
ဖင့်ပွဲအခမ်:အနာ:[p'win.bwɛ: ək'an:əna:]
　（名）開会式典、落成式典
ဖင့်လှစ်[p'win.ɬiʔ]（動）①開設する、開店する、
　新設する　ရှေ:ဆိုင်များဖင့်လှစ်ရောင်:ချသည်။　出店を
　開いて販売する　②開ける、開け広げる　ခံတွင်:ကိုဖင့်
　လှစ်သည်။　口を開ける
ဖင့်ဟပြော[p'win.ha.pjɔ:]（動）口に出す、白
　状する、告白する
ဖင့်ဟပြောဆို[p'win.ha.pjɔ:s'o]=ဖင့်ဟပြော
ဖင့်ဟပြောဆိုချက်[p'win.ha.pjɔ:s'oʨɛʔ]（名）
　告白、告示
ဖုတ်[p'uʔ]（動物）オオトカゲ　Varanus spp.
ဖုတ်ကျာ:[p'uʔtʃa:]（動物）オオトカゲ（オオトカゲ
　科）の1種　Varanus gracius
ဖုတ်ကျောပြာစု[p'uʔ...]（比）オオトカゲの背中
　に灰が集まり、巻貝の身が抜け出る（灰色の強調、極
　貧状態）
ဖုတ်ချေ:မြေ[p'uʔʨi:mje]（名）瓦礫土、石ころの
　多い痩せ地
ဖုတ်စာဥ[p'uʔsa u.]（植）①カシュウイモ（ヤマノ
　イモ科）Dioscorea bulbifera　②ゴヨウドコ
　ロ（ヤマノイモ科）Dioscorea pentaphylla
ဖုတ်ညှင်:[p'uʔɲin:]（動物）オオトカゲ（オオトカゲ
　科）の1種　Varanus nebulosus
ဖုတ်တက်[p'uʔtɛʔ]（比）赤貧洗うが如し、極貧だ
ဖုတ်ထက်မှတောင်ပို့မှန်:သိ။（諺）オオトカゲが現れて初
　めて蟻塚である事を知る（化けの皮が剥げる）
ဖုတ်မရ၊ဓါ:မဆုံ:။（諺）オオトカゲは獲れず、蛮刀は
　失う（虻蜂取らず、元も子も失う）

ဖွတ်မိကျောင်း[p'uʔmi.dʑaun:] (動物) オオトカゲの一種 Lacorta godica

ဖွတ်မိကျောင်းဖြစ်၊မြစ်မချမ်းသာ။ (諺) オオトカゲが鰐になれば河川は穏やかでない（ならず者が跳梁すると世間は大迷惑）

ဖွတ်မေ့ပုတ်မေ့[p'uʔme. bədaʔme.] (比) 放心状態で、立ち竦んで (ဖွတ် オオトカゲは人間に遭遇すると逃げるのを忘れて立ち止まる)

ဖွတ်မေ့ပုတ်မေ့ဖြစ်[p'uʔme. bədaʔme. p'ji'] (形) 立ち竦む、放心状態になる、きょとんとする、鳩が豆鉄砲を食った感じになる

ဖွတ်မဲ့[p'uʔmwɛ:] (動物) オオトカゲ（オオトカゲ科）の一種 Varanus monitor ビルマ全土に棲息

ဖုပ်[p'uʔ] →ဖွပ်
ဖုပ်သထက်ညစ် →ဖွပ်သထက်ညစ်။

ဖုပ်ချေး မြေ[p'uʔtʃi:mje] → ဖွပ်ချေး:မြေ

ဖုပ်ဖုပ်တဲ့အောင်[p'up'uʔ tʃe] (動) へとへとに疲れる、くたくたに疲れる、粉々に砕ける

ဖုပ်ဖုပ်ကြေအောင် → ဖွပ်ဖွပ်ကြေအောင်

ဖွန်[p'un:] (名) プン族（イラワジ川上流に住むチベット・ビルマ語系の少数民族）

ဖွပ်[p'uʔ] (動) ①白くする、きれいにする、洗う、洗浄する ②搗く、突き潰す ဆန်ဖွပ်သည် 精米する ③煙を使って蜂を追い払う ပျား:ဖွပ်သည်။ 蜂の巣から蜂を追い払う

ဖွပ်ဖွပ်ကြေအောင်[p'uʔp'uʔ tʃe aun] (副) くたくたになるまで、へとへとになるまで、足腰が立たなくなる位に

ဖွပ်လျော်[p'uʔʃɔ] (動) 洗う、洗濯する

ဖွပ်သည်ထက်ညစ်။ (比喩) 洗う以上に汚れる（益々悪化する、前の方がまだましだった）

ဖွံ့[p'un.] (動) 肥える、生育する

ဖွံ့ထွာ:[p'un.t'wa:] (動) 発育がよい、成長する

ဖွံ့ဖြိုး:[p'un.bjo:] ①(形) 肉付きがよい、肥えている ②(動) 発展する、発達する

ဖွံ့ဖြိုးဆဲနိုင်ငံ[p'un.bjo:zɛ: naingan] (名) 発展途上国

ဖွံ့ဖြိုးတိုးတက်[p'un.bjo: to:tɛʔ] (動) 発展する、進歩する

ဖွံ့ဖြိုးတိုးတက်ရေး[p'un.bjo: to:tɛʔje:] (名) 開発

ဖွံ့ဖြိုးပြီးနိုင်ငံ[p'un.bjo:pi naingan] (名) 先進国

ဖွံ့ဖြိုးမှုအနည်းဆုံးနိုင်ငံ[p'un.bjo:mu. ənɛ:zoun: naingan] (名) 後発開発途上国、世界最貧国

ဖွံ့ဖြိုးရေး[p'un.bjo:je:] (名) 発展

ဗ

ဗ[ba.] (名) ビルマ文字体系の第２３番目の子音文字、その名称は ဗထက်ခြိုက်[ba.dɛʔtʃai~ba.lətʃai]

ဗကပ[ba.ka.pa.] (名) ビルマ共産党 ဗမာပြည်ကွန်မြူနစ်ပါတီ の略称

ဗဇီဗဇာ[ba.zi.ba.zaʔ] (副) 気まぐれで＝ပစီပစာ

ဗတလစ[ba.ta.la.sa.] (名) 全ビルマ農民組合の略称

ဗမာ[bəma.] (形) ဗမာ の斜格形、ビルマの

ဗမာဆန်စပါး:[bəma. s'anzeba:] (名) ビルマ米

ဗမာထွက်ရပ်ဂိုဏ်း:[bəma. t'wɛʔjagain:] (名) ビルマ自由ブロック、バモー博士の貧民党と我等ビルマ人連盟とで１９３９年に組織した超民族主義団体

ဗမာရေးဟောင်းပစ္စည်း[bəma. ʃe:haun:pjiʔsi:] (名) ビルマの古代資料、ビルマの考古学的資料

ဗမာလယ်ယာများ:[bəma. lɛjamja:] (名) ビルマの田畑、農地

ဗမာအနုပညာ[bəma. ənu.pjinɲa] (名) ビルマの美術、ビルマの芸術

ဗမာ[bəma] (名) ビルマ（１９８９年以降国名をミャンマーと改称）＝မြန်မာ

ဗမာစကား:[bəma zəga:] (名) ビルマ語

ဗမာစာ[bəbaza] (名) ビルマ文字

ဗမာစာပေ[bəma sape] (名) ビルマ文学

ဗမာစာယူ[bəmaza ju] (名) ビルマ語を履修する

ဗမာစော၊ရှမ်းတောကပြန်။ (格) ビルマ人の早朝、シャン人の野良帰り

ဗမာစစ်[bəmasiʔ] (名) 生っ粋のビルマ人、純粋のビルマ人

ဗမာစံတော်ချိန်[bəma sandɔdʑein] (名) ビルマ標準時

ဗမာပြည်[bəmapji~bəmapje] (名) ビルマ国

ဗမာပြည်ကွန်မြူနစ်ပါတီ[bəmapje kunmjuniʔpati] (名) ビルマ共産党、タキン・タントウン、テインベー、ゴシャル等によって１９３９年に創設

ဗမာပြည်မ[bəma pjima.] (名) ビルマ本州（少数民族居住の州 ပြည်နယ် に対する中央部）

ဗမာလူမျိုး:[bəma lumjo:] (名) ビルマ民族

ဗမာလို[bəmalo] (副) ビルマ語で

ဗမာသံ[bəmadan] (名) ビルマ語の発音、ビルマ語の訛り

ဗမာအချိန်[bəma ətʃein] (名) ビルマ時刻

ဗမော်[bəmɔ] (植) ホルトノキ属（ホルトノキ科）

Elaeocarpus wallichii
ဗယာကြော်[bəjadʒɔ]（名）豆を潰して油で揚げた食べ物 <ヒ Barā
ဗယားအိတ်[bəja:eiʔ]（名）大型の肩掛けバッグ
ဗယောက်ဗယက်[bəjauʔ bəjɛʔ]（副）落着きがなく
ဗရ[bərə-]（頭）副詞形成、意味を強調する
ဗရချာ[bərətʃa]（副）困窮して
ဗရပျစ်[bərəbjiʔ]（副）夥しく、大量に ချီးဗရပျစ်နှင့်ကလေး 垢だらけの児童 မုတ်ဆိတ်မွေးဗရပျစ်။ 髭もじゃもじゃ
ဗရပွ[bərəbwa.]（副）乱雑で、取り散らかして
ဗရပွေ[bərəbwe]（副）ごちゃ混ぜになって、入り乱れて、乱雑で
ဗရပြွတ်[bərəbjuʔ]（副）うようよして、沢山で
ဗရာဇီး[bərazi:]（国）ブラジル
ဗရင်ဂျီ[bəjindʒi]（名）ローマ・カトリック教徒（16、17世紀に外国人傭兵として中部ビルマに定住したポルトガル人） <ヒ Farangi
ဗရင်ဂျီဘုန်းကြီး[bəjindʒi pʻoun:dʒi:]（名）カトリックの牧師、宣教師
ဗရင်ဂျီသာသနာပိုင်[bəjindʒi t̪ad̪ənabain:]（名）ローマ法王 =ရဟန်းမင်းကြီး
ဗရင်ဂျီသီလရှင်[bəjindʒi t̪ila.ʃin]（名）カトリックの尼僧、修道院の尼僧
ဗရိတ်[bəreiʔ]（名）ブレーキ、制動機=ဘရိတ် <英
ဗရိတ်ဖမ်း[bəreiʔ pʻan:]（動）ブレーキを踏む
ဗရိတ်အုပ်[bəreiʔ ouʔ]（動）ブレーキを掛ける
ဗရုတ်ကျ[bəjouʔtʃa.]（形）無秩序だ、無規律だ、無軌道だ
ဗရုတ်ဗရက်[bəjouʔ bəjɛʔ]（副）大混乱を来たして
ဗရုတ်ဗရက်ဖြစ်[bəjouʔbəjɛʔ pʻjiʔ]（動）混沌とする、大混乱を来たす
ဗရုတ်သုတ်ခ[bəjouʔ t̪ouʔkʻa.]（副）混乱を来たして、ごっちゃになって
ဗရုတ်သုတ်ခကျ[bəjouʔt̪ouʔkʻa. tʃa.]（動）混乱を来たす
ဗရန်ဒီ[bərandi]（名）ブランデー <英 Brandy
ဗရုန်းဗရင်း[bəjoun: bəjin:]（副）混乱状態で、騒動になって
ဗရုန်းသုံးကား[bəjoun: t̪oun:ga:]（副）大混乱となって、無茶苦茶な状態で
ဗရမ်းဗတာ[bəjan: bəda]（副）無秩序で、無規律で出鱈目に、支離滅裂で、ばらばらになって、不統一で
ဗရွတ်ရွတ်တ[bəjuʔ ʃuʔta.]①（副）理不尽で、不条理で、とてつもなく ②（名）揶揄、からかい言葉
ဗလ[bəla.]（名）力、体力 <パ Bala
ဗလကောင်း[bəla. kaun:]（形）体力がある、力が強い
ဗလကြီး[bəla. tʃi:]（形）体力がある
ဗလငါးတန်[bəla. ŋa:dan]（名）五項目の力
ဗလဝ[bələwa.]（形）強い、強力だ、豊富だ、多い
ဗလပွ[bələbwa.] =ဗရပွ
ဗလပွေ[bələbwe] =ဗရပွေ၊ တနေ့တနေ့အလောင်းတွေဗလပွေနဲ့သေနေကြတယ်။ 連日死体が散乱している
ဗလပြစ်[bələbjiʔ] =ဗရပျစ်၊ မျက်နှာမှာအဖုဒဏ်ဗလပြစ်နှင့်။ 顔面はできものだらけで
ဗလရှင်[bələʃin]（植）セイヨウハッカ（シソ科）Mentha piperita
ဗလာ[bəla]（名）①無、空白 ②白紙
ဗလာကျင်း[bəla tʃin]（形）①空虚だ、空っぽだ ②素裸だ、真裸だ ကသစ်ပင်ကလေးမှာအရွက်ဗလာကျင်းသည်။ デイコの木はすっかり落葉している
ဗလာစာအုပ်[bəla saouʔ]（名）帳面、未記入のノート
ဗလာစက္ကူ[bəla sɛʔku]（名）白紙
ဗလာနယ်[bəlanɛ]（名）真空
ဗလာနတ္ထိ[bəla naʔtʻi.]（名）無、ゼロ
ဗလာနတ္ထိဖြစ်[bəlanaʔtʻi. pʻjiʔ]（動）無一文になる
ဗလာအစု[bəla əsu.]（名）虚数
ဗလီ[bəli]（名）モスク、回教寺院
ဗလီကျောင်း[bəli tʃaun:]（名）イスラム寺院
ဗလီဆရာ[bəli sʻəja]（名）ムスリムの聖職者
ဗလီနတ်စာ[bəlinaʔsa]（名）神への捧げ物
ဗလီနတ်စာပေး[bəlinaʔsa]（動）神へ捧げ物をする
ဗလက္ကာရ[bəlɛʔkaja.]（名）女性への乱暴、凌辱
ဗလက္ကာရပြု[bəlɛʔkaja. pju]（動）女性に乱暴を働く、女性を手込めにする、猥褻な行為をする
ဗလောက်[bəlauʔ]（名）（印刷の）版木
ဗလောင်ဆူ[bəlaun sʻu]（動）①気を揉む、不安に思う、心配する ②大騒ぎになる တနေ့လုံးဗလောင်ဆူ၍နေသည်။ 終日気を揉んでいた
ဗလောင်ဆန်[bəlaun sʻan]（動）不安で一杯だ、心配でたまらない သူ့ရင်ထဲတွင်ဗလောင်ဆန်ခဲ့ရသည်။ 彼は心中不安で一杯だった
ဗလောင်းဗလဲ[bəlaun:bəlɛ:]（副）首尾一貫せず、不統一で、矛盾していて
ဗလစ်ဗလစ်[bəliʔbəliʔ]（副）べらべらと、のべつ幕なく、休みなく
ဗလစ်ဗလစ်လုပ်[bəliʔbəliʔ louʔ]（動）まくし立てる、べらべらと喋る、のべつ幕なしに喋りまくる
ဗလုံ[bəloun]（名）泡、水泡、あぶく

ဗလုံစီ[bəloun si]（動）湧き起る ကျွန်တော်စိတ်တွင်အတွေးကဗလုံးစီနေကြသည်။ 心中様々な考えが湧き起った

ဗလုံးပထွေး[bəloun:bət'we:]（副）①ごっちゃになって、もつれ合って、てんやわんやで ②取り留めがなく、支離滅裂で、混沌として ဗလုံးထွေးဖြစ်နေသည် 混沌としている ဗလုံးပထွေးပြောသည်။ 支離滅裂な事を言う

ဗလုံးရှုပ်ထွေး[bəloun: ʃou'we:]（動）ごっちゃにする

ဗသျှူ[bəʃu:]（国）マラヤ ＝ပသျှူး

ဗဟုဂံ[bəhu.gan]（名）多角形、多辺形

ဗဟုဝုစ်[bəhu.wou']（名）複数 ＜パ Bahuvacana

ဗဟုဝုစ်ကိန်း[bəhu.wou' kein:]＝ဗဟုဝုစ်

ဗဟုသုတ[bəhu.tu.ta.]（名）知識 ＜パ

ဗဟုသုတနည်း[bəhu.tu.ta. nɛ:]（形）物知らずだ、智慧がない ＜パ Bahussuta

ဗဟုသုတရှာမှီး[bəhu.tu.ta. ʃami:]（動）知識を求める

ဗဟို[bəho]①（名）中央 ②（形）中央の ＜パ

ဗဟိုကော်မတီ[bəho kɔmǝti]（名）中央委員会

ဗဟိုကျ[bəho tʃa.]（動）中央になる

ဗဟိုချက်မ[bəho tʃɛ'ma.]（名）中心点、中央部、要衝

ဗဟိုချုပ်ကိုင်မှု[bəho tʃou'kainmu.]（名）中央管理、中央統制

ဗဟိုဌာန[bəho t'ana.]（名）センター

ဗဟိုဌာနချုပ်[bəho t'ana. dʒou']（名）本部

ဗဟိုသောင်းကျမ်းရေးအဖွဲ့[bəho t'au'ʔan:je:əp'wɛ.]（名）中央情報局

ဗဟိုပြု[bəho pju.]（動）中心とする

ဗဟိုမှတ်[bəhoma']（名）中心点

ဗဟိုအစိုးရ[bəho əso:ja.]（名）中央政府

ဗဟိုအလုပ်အမှုဆောင်အဖွဲ့[bəho əlou'əmu.zaun əp'wɛ.]（名）中央執行委員会

ဗဟိုလ်[bəho.]→ဗဟို

ဗဟိုလ်စည်[bəho zi]＝ပဟိုရ်စည်

ဗဟိုပညာရပ်ငွေ[bəho pjiɲɲa janbounŋwe]（名）中央教育基金

ဗဟေ့ဒိ[bəhei'di.]（名）外部、外面、上辺、表面 ＜パ

ဗဟန်းကျောက်[bəhan:dʒau']（鉱）①黄鉄鉱 ②硫化鉄鉱

ဗဂါလီ[bagəli]（植）ガッテイゴム（シクンシ科）Anogeissus latifolia

ဗဂျာ[badʒa]（名）ハーモニカ＝ဘာဂျာ ＜ヒ

ဗဂျာမှုတ်[badʒa mou']（動）ハーモニカを吹く

ဗဒံ[badan-banda]（植）①アーモンド（バラ科）Prunus amygdalus ②モモタマナ（シクンシ科）Terminalia catappa ＝တောဘဒံ

ဗနသာ[banedʒa]（植）ストロンボシャ（ボロボロノキ科）Strombosia javanica

ဗရ[baja]（名）獄吏、刑務所職員

ဗရာဏသီချဲ့[bajaneti tʃɛ.]（動）誇張する、大袈裟に言う ＜パ Bārāṇasī

ဗလ[bəla.]（名）悪漢、ならず者 ＜パ Bāla

ဗလချောင်း[bəletʃaun]（名）干し蝦を磨り潰し、ニンニク、タマネギ等と油で炒めた食べ物 ＜マ

ဗလာ[bala]（植）ヤノネボンテンカ（アオイ科）Pavonia odorata

ဗဟိရ[bahi.ja.-baji.ja.]（名）雑役、雑務

ဗဟိရကိစ္စ[bahi.ja. kei'sa.]＝ဗဟိရ ＜パ

ဗဟိရကြို[bahi.ja.dʒo]（星）天王星

ဗိဇ[bi.za']（植）ヒマワリヒヨドリ＝ပိဇို

ဗိတာန်[bei'dan]（名）天蓋 ＜パ Vitāna

ဗိမာန်[bei'man]（名）大建築物、殿堂、大邸宅 ＜パ

ဗိလတ်[bi:la'~bi.la']（名）イギリス ＜ヒ

ဗိလတ်ချိုပေါင်[bi:la' tʃinbaun]（植）ローゼルソウ（アオイ科）Hibiscus sabdariffa

ဗိလတ်ဒန်[bi:la' dan:]（植）ギンバイカ（フトモモ科）Myrtus communis

ဗိလတ်မြေ[bi:la'mje]（名）セメント

ဗိလတ်ရည်[bi:la'je]（名）炭酸ソーダ、ジュース

ဗိလတ်ဟင်းနုနွယ်[bila:hin:nu.nwɛ]（植）ホウレンソウ

ဗိလပ်[bi:la']→ဗိလတ်

ဗိဿနိုး[bei'tǝno:]（名）ヴィシュヌ神

ဗိသုကာ[bi.tu.ka~pei'dǝga]（名）建築家、大工 ＜パ Visukamma

ဗိသုကာပညာ[pei'dǝga pjiɲɲa]（名）建築学

ဗိစကွတ်[biseku']（名）ビスケット ＜英 Biscuit

ဗိဇ[biza.]（名）①種、種子 ②氏素性、血統、家系、家柄 ③本性、生れつきの才能、生来の能力、癖 ④女性の生殖器 ＜パ Vīja

ဗိဇအတိုင်း[biza. ətain:]（副）本来の力そのままに、生れながらの性格通り

ဗိဇအင်အား[biza. in' a:]（名）本来の力、生れながらの力

ဗိဇန[bizǝna]（名）ビルマ時刻の単位、 နာရီの60分の1、24秒に相当

ဗိဇာ[biza]（名）査証、入国査証、ビザ ＜英 Visa

ဗိဇာကင်းလွတ်ခွင့်[biza kin:lu'k'win.]（名）査証免除

ဗီတာမင်[bitamin]（名）ビタミン ＜英 Vitamin
ဗီတာမင်ဓာတ်[bitamin daʔ]=ဗီတာမင်
ဗီတာမင်ဘီ[bitamin bi]（名）ビタミンB
ဗီတိုအာနာ[bito ana]（名）拒否権、否認権 ＜英
ဗိတ်အူ[bitʻuʔ]（植）フダンソウ（アカザ科）Beta vulgaris
ဗီဒီယို[bidijo]（名）ビデオ ＜英 Video
ဗီယက်နမ်[bijɛʔnan]（国）ベトナム
ဗီယက်နမ်နိုင်ငံ[bijɛʔnan naingan]（名）ベトナム国
ဗီရို[bido]（名）食器棚、ガラス戸棚、衣装箪笥 ＜フ
ဗီလား:[bila:]（動物）カブトガニ
ဗီဘွာ[bitwa]（植）アマ（アマ科）Linum usit-atissimum
ပုစုခရူ[bu.zu.kʻəju.]（名）①児童、ちびっ子 ②寄せ集め、がらくた ＝ပုစုခရူ
ဗုလဂေးရီးယား:[buləge:ri:ja:]（国）ブルガリア
ဗုလိနာ်စ[bulinaʔsa.]（名）がらくた、雑多な物
ဗူး[bu:]（名）①器、容器、入れ物、瓶、水差し、缶 နို့ဗူး 練乳の缶 ယိုဗူး ジャムの瓶 အသား:ဗူး 肉の缶詰 ②（助数）缶、箱 ＝ဘူး
ဗူးဆို့[bu.zo.]（名）コルク、（瓶、水筒、樽等の）栓
ဗူးဖောက်တံ[bu: pʻauʔtan]（名）缶切り
ဗူး[bu:]（植）①フクベ、ユウガオ（ウリ科）Lagenaria vulgaris ②ヒョウタン
ဗူးခါး:[bu:ga:]（植）フクベ、ユウガオ
ဗူးငန်း:[bu:ŋan:]（植）フクベ
ဗူးချိရင်၊ဖရုံမသီးတက်။（諺）フクベにトウガンは成らぬ（男子に二言はない、一旦口にした事は梃子でも変えない、厭だと言ったら金輪際厭だ）
ဗူးတင်းရောင်း:[bu:din:jaun:]（植）その実を水筒代りに使用する
ဗူးနား:ပင်:[bu:na:bin:]（名）穴の開いていないフクベ
ဗူးလေး:ရာ၊ဖရုံဆင်း။（諺）フクベの重みに冬瓜の重みが加わる（能力の限界を超えそうだ）
ဗူးလုံး:နာ:မတ်ဝင်:[bu:loun: na:mətʻwin:]（副）曖昧で、はっきりしなくて、取りとめがなくて、一貫性に欠けていて
ဗူးသဖီ:[bu:tək'wa:]（植）ペポカボチャ、カザリカボチャ（ウリ科）Cucurbita pepo
ဗူးသပ်တံ[bu:dəbeiʔ]（植）フクベ、ユウガオ（ウリ科）Lagenaria vulgaris
ဗူးသီး:[bu:di:]（名）フクベの実
ဗေဒ[beda.]（名）ベーダ（バラモン教の根本聖典）

ဗေဒါ[beda]（植）ホテイアオイ（ミズアオイ科）Eichhornia crassipes
ဗေဒင်[bedin]（名）（生年月日、誕生曜日、出生時刻等を基にした）占い、占星術 ＜パ Vedaṅga
ဗေဒင်ကြည့်[bedin tʃi.]（動）占う
ဗေဒင်ဆရာ[bedin sʻəja]（名）占師、占星術師
ဗေဒင်ဆက်ခွင်[bedin tʻəkʻwin]（名）占星術の世界、占いの分野
ဗေဒင်တတ်[bedin taʔ]（動）占いができる、占星術に通じている
ဗေဒင်ထွက်[bedin twɛʔ]（動）占う
ဗေဒင်မေး:[bedin me:]（動）占ってもらう、占いを見てもらう
ဗေဒင်လေး:ပုံ[bedin le:boun]（名）ベーダ四聖典（リグ、ヤジュル、サーマ、アタルダの四書）
ဗေဒင်လိုက်စာ:[bedin laiʔsa:]（動）①占いを研究する ②占いで生計を立てる
ဗေဒင်ဟော:[bedin hɔ:]（動）占う、占いの結果を述べる、予言する
ဗယ်[bɛ]→ဘယ်
ဗယ်ပြန်ညာပြန်[bɛbjan ɲabjan]（副）左右交互に
ဗယ်ဘက်[bɛbɛʔ]（名）左側
ဗယ်လူးညာဇောင်း:ဖြစ်[bɛlu: ɲazaun: pʻjiʔ]（動）左右に揺れる
ဗယ်သန်[bɛdan]（名）左利き、ぎっちょ
ဗယ်ရိဗယ်ရိ[bɛriberi]（名）脚気 ＝ထိုနာစို
ဗယ်လေ[bɛle]（名）（舞踊）バレー
ဗဲလ်ဂျီယမ်[bɛlɛdʒijan]（国）ベルギー
ဗောဒဒါ:[bɔ.dəda:]（名）浮き桟橋
ဗောလီဘော:[boli bɔ:]（名）バレーボール
ဗောဒဒါ:[bɔ. dəda:]→ဗောဒဒါ:
ဗောဓိညောင်း:[bɔ:di.ɲaun:]（植）インドボダイジュ（クワ科）Ficus religiosa
ဗောဓိပင်[bɔ:di.bin]=ဗောဓိညောင်း
ဗောဓိသတ်[bɔ:di.taʔ]（名）菩薩＜パBodhisatta
ဗောလုံ:[bɔ:loun:]→ဘော်လုံး:
ဗောလုံ:ပွဲ[bɔ:loun:bwɛ:]（名）サッカー試合、サッカー競技
ဗို့အာ:[bo.a:]（名）電圧、ボルト ＜英 Bolt
ဗိုလ်[bo]（名）①将校、士官 ②中尉 ③リーダー、お山の大将 ④白人、西洋人 ＜パ Bala
ဗိုလ်လေး:[bogəle:]（名）白人の子供
ဗိုလ်ကေ[boke]（名）西洋人風の髪型 ဗိုလ်ကေကိုခွဲသည်။ 髪を七三に分ける
ဗိုလ်ကျ[bo tʃa.]（動）牛耳る、我が物顔に振舞う、君臨する、お山の大将となる、威張り散らす、弱い

ဗိုလ်ကြီး

者苛めする　＝ဆရာလုပ်
ဗိုလ်ကြီး[bodʑi:] (名) ①大尉 ②白人男性
ဗိုလ်ကျောင်း[bodʑaun:] (名)白人の学校、英語使用の学校
ဗိုလ်ချုပ်[bodʑou'] (名) ①中将 ②将軍
ဗိုလ်ချုပ်ကြီး[bodʑou'tʃi:] (名)大将
ဗိုလ်ချုပ်မှူးကြီး[bodʑou'mu:dʑi:] (名)元帥
ဗိုလ်ချုပ်နေဝင်း[bodʑou' newin:] (名)ネーウィン将軍（1962年から88年までのビルマの元首）
ဗိုလ်ချုပ်လမ်း[bodʑou'lan:] (名)ヤンゴン市内の主要幹線道路の一つ　＝ဗိုလ်ချုပ်အောင်ဆန်းလမ်း
ဗိုလ်ချုပ်အောင်ဆန်း[bodʑou' auns'an] (名)アウンサン将軍、ビルマ独立の父、1947年に暗殺された
ဗိုလ်ခြေအင်အား[bodʑe in a:] (名)兵力、軍事力
ဗိုလ်ခွေး[bo k'we:] (名)西洋犬
ဗိုလ်စာ[boza] (名)西洋食、西洋料理
ဗိုလ်စားပဲ[boza: pɛ:] (植) ①インゲンマメ、トウササゲ（マメ科） Phaseolus vulgaris ②ソラマメ（マメ科） Vicia faba
ဗိုလ်စွဲ[bo swɛ:] (動)①勝利を得る、優勝をする ②抜きん出る、先頭を切る
ဗိုလ်ဆန်ဆန်[bo s'anzan] (副)西洋風に
ဗိုလ်ဆံတော့ပ်[bo zedau'] (名)西洋風の髪型　＝ဗိုလ်ဇော
ဗိုလ်ဆွဲ[bo s'wɛ:] (動)勝っ、優勝する、1位になる、1等に入賞する、チャンピオンになる
ဗိုလ်တထောင်နိုင်လေး[bo tət'aun nain le:] (名)千人力の弓
ဗိုလ်တဲ[bodɛ:] (名)官営宿舎（地方出張の役人用の宿舎）　＝သံတဲ
ဗိုလ်တင်[bo tin] (動)リーダーに立てる、指導者にする
ဗိုလ်ထီးဗိုလ်မ[bodi: boma.] (名)白人男女
ဗိုလ်ပါ[boba] (名) ①兵士 ②軍勢、軍隊 ③群衆
ဗိုလ်ပုံ[boboun] (名)集まり、集合、公衆、群衆
ဗိုလ်မင်း[bomin:] (名)司令官
ဗိုလ်မှူး[bomu:] (名) ①少佐 ②（王朝時代の）隊長
ဗိုလ်မှူးကြီး[bomu:dʑi:] (名)大佐
ဗိုလ်မှူးချုပ်[bomu:dʑou'] (名)准将
ဗိုလ်မှူးစစ်သူကြီး[bomu: si'tudʑi:] (名)参謀
ဗိုလ်ရူ[boju:] (名)西洋かぶれ
ဗိုလ်ရှုသဘင်[boʃu. dəbin] (名)閲兵式
ဗိုလ်လု[bo lu.] (動)勝敗を争う、首位を争う、指導権を争う、凌ぎを削る
ဗိုလ်လုနယ်လုစီးပွါးလု[bolu. nɛlu. si:bwa:lu.] (名)勢力争い、政治的領土の経済の争奪

ဗိုလ်လုပွဲ[bolu.bwɛ:] (名)決勝戦、優勝争い
ဗိုလ်လောင်း[bolaun:] (名)見習士官、幹部候補性
ဗိုလ်လော့ပ်[bo lou'] (動)①我が物顔に振舞う、威張り散らす、君臨する ②監督する、指導する、指揮を取る
ဗိုလ်သင်တန်း[bo tindan:] (名)士官学校
ဗက်တီးရီးယားပိုးမွှား[bɛ'ti:ri:ja: po:mwa:] バクテリア、細菌、病菌 ＜英 Bacteria
ဗက်တံ[bɛ'tan] (名) ①（野球やクリケットの）バット ②（バドミントンやテニスの）ラケット＝ဘက်တံ
ဗက်ထရီ[bɛ't'əri] (名)バッテリー、蓄電池＝ဘက်ထရီ＜英 Battery
ဗောက်[bau'] (名)頭垢（ふけ）
ဗောက်[bau'] (植)センナリホオズキ Physalis minima
ဗောက်ခနဲ[bau'k'ənɛ:] (擬)どすんと、ばんと
ဗောက်ချာ[bau'tʃa] (名)伝票、請求書、領収書＝ဘောက်ချာ＜英 Voucher
ဗောက်ခွေး[bau'k'we:] (植)タイワンイチビ（アオイ科） Abutilon asiaticum
ဗောက်ခွေးကလေး[bau'k'we:gəle:] (植)タカサゴイチビ（アオイ科） Abutilon indicum
ဗောက်တူ[bau'tu] (名)（舷側が重ね張りの）舟　＝ဘောက်တူ
ဗောက်ဖတ်[bau'p'a'] (名)毛虫、芋虫＝ပေါက်ဖတ်
ဗောက်ဖျူ[bau'p'ju] (植)コバンノキ（アオギリ科） Waltheria indica
ဗောက်လောက်ညို[bau'lau'ɲo] (植)イヌホオズキ（ナス科） Solanum nigrum ＝တောင်လောင်းညို
ဗောက်သီး[bau'ti:] (植)ケホオズキ（ナス科）
ဗိုက်[bai'] (名) ①腹、お腹 ②妊娠
ဗိုက်ကား[bai' ka:] (動)腹が張る
ဗိုက်ကြီး[bai'tʃi:] (動)孕む、身篭る、妊娠する
ဗိုက်ခွေးနှံ့အဖြစ်[bai'k'we:nan: əp'ji'] (比)贅沢三昧、湯水の如く金を使う暮し（直訳は、お腹を犬が嗅ぐ状態）
ဗိုက်ခွဲ[bai' k'wɛ:] (動)腹部を切開する
ဗိုက်ဆာ[bai' s'a] (形)ひもじい、空腹だ
ဗိုက်တလုံးနှင့်[bai'təloun:nɛ.] (副)妊娠していて
ဗိုက်နာ[bai' na] (動)お腹が痛む、腹痛がする
ဗိုက်ပူ[bai' pu] (動)お腹が出っ張る
ဗိုက်ပူနံကား[bai'pu nanka:] (副)（栄養貧弱のため）お腹が太鼓腹になって
ဗိုက်ပြည့်[bai' pje.] (動)腹一杯になる、満腹になる
ဗိုက်ဖုံးအင်္ကျီ[bai'p'oun: in:dʑi] (名)妊婦服、マ

ターニテイ・ドレス
ဗိုက်ရှဲ[baiʔʃwɛː] (形) 布袋腹をしている、お腹が出っ張っている、太鼓腹になる
ဗိုက်ဝ[baiʔwa.] (形) 満腹だ、腹一杯だ
ဗိုက်အောင့်[baiʔaun.] (動) お腹が疼く、お腹がしぶる
ဗိုက်တာမင်[baiʔtamin] (名) ビタミン =ဗီတာမင်
ဗင်္ဂလီ[bingəli] (名) ベンガル人
ဗင်္ဂလီဘာသာ[bingəli baḍa] (名) ベンガル語
ဗင်နီဇွဲလား[binnizwɛːla] (国) ベネゼラ
ဗောင်းတုတ်[bauntouʔ] (鳥) ツルクイナ(クイナ科) Gallicrex cinerea
ဗောင်း[baun:] (名) ①国王より下賜された烏帽子 ②頭巾 ③(貝) アワビ
ဗောင်းကြီး[baunːdʑiː] (貝) サラサバテイ(ニシキウズ科)
ဗောင်းတော်[baun:do] (名) 王族や神像等が被っている烏帽子、頭巾
ဗောင်းတော်ညိတ်၊ စိတ်တော်ကြိုက်။ (諺) 烏帽子が背き御心に添う(相手の言いなりになる)
ဗောင်းပြာ[baun:bja:] (貝) アワビ、ミミガイ (ミミガイ科)
ဗောင်းလန့်[baun: lan] (形) 鮨詰めだ、溢れんばかりだ、ぎっしりだ
ဗောင်းလောင်းညို[baun:laun:ɲo] (植) イヌホオズキ(ナス科) Solanum nigrum
ဗိုင်း[bain:] (名) 梳き綿
ဗိုင်းကောင်းကျောက်ပီ[bain:gaun:tʃauʔpʼi.] (副) 淑やかに、従順に、礼儀正しく、上品に
ဗိုင်းငင်[bain: ŋin] (動) 紡ぐ、糸にする
ဗိုင်းတောင့်[bain:daun.] ①(名) 梳き綿 ②(植) コササガヤ(イネ科) Perotis indica
ဗိုင်းတာမ[bain:da ma.] (名) 女性への侮辱語(宮中で燭台の芯を用意していた下層の女官が語源)
ဗိုင်းဝင်[bain:win.] (動) 糸を紡ぐ
ဗိုင်းရပ်[bain:jaʔ] (名) ビールス、ウイルス <英
ဗိုင်းရပ်[bain:jaʔ] =ဗိုင်းရပ်
ဗိုင်းရပ်ပိုး[bain:jaʔpo:] =ဗိုင်းရပ်
ဗတ်စကက်တော[baʔsəkɛʔboː] (名) バスケット <英
ဗိတ်[beiʔ] (地) →မြိတ်
ဗုဒ်[bouʔ] =ဗုဒ္ဓ
ဗုဒ္ဓ[bouʔda.] (名) 仏陀、釈迦、釈尊 <パ Buddha
ဗုဒ္ဓစာပေ[bouʔda. sape] (名) 仏教文学
ဗုဒ္ဓနေ့[bouʔda.ne.] (名) 仏陀成道の日、ビルマ暦2月の満月の日 (花祭り)
ဗုဒ္ဓဘာသာ[bouʔda. baḍa] (名) 仏教

ဗုဒ္ဓဘာသာကလျာဏယုဝအသင်း[bouʔda. baḍa kəljana.ju.wa. ətinː] (名) 仏教青年会 =YMBA
ဗုဒ္ဓဘာသာတရားတော်[bouʔda. baḍa təjaːdɔ] (名) 仏教の教え、仏教教理
ဗုဒ္ဓဘာသာဝင်[bouʔda. baḍawin] (名) 仏教徒
ဗုဒ္ဓဘာသာအမျိုးသမီးအဖွဲ့[bouʔda. baḍa əmjoːdə miː əpʼwɛ.] (名) 仏教徒女性連盟
ဗုဒ္ဓဝါဒ[bouʔda. wada.] (名) 仏教思想
ဗုဒ္ဓဝါဒီ[bouʔda. wadi] (名) 仏教徒
ဗုဒ္ဓဝင်[bouʔdəwin] (名) 仏伝、仏陀の伝記、仏陀の生涯
ဗုဒ္ဓတရဏ[bouʔda.tərəna.] (植) カンナ(カンナ科) Canna indica
ဗုဒ္ဓသာသနာ[bouʔda. tadəna.] (名) 仏教、仏の教え
ဗုဒ္ဓသာသနာအဖွဲ့[bouʔda. tadəna. əpʼwɛ.] (名) 仏教連盟、仏教協会
ဗုဒ္ဓသာသနာအဖွဲ့အက်ဥပဒေ[bouʔda. tadəna. əpʼwɛ. ɛʔ u.bəde] (名) 仏教連盟関係法
ဗုဒ္ဓသာသနာအဖွဲ့ချုပ်[bouʔda.tadəna əpwɛ.dʑouʔ] (名) 仏教連盟総評議会
ဗုဒ္ဓဟူး[bouʔdəhuː] (星) 水星 <サ Budha
ဗုဒ္ဓဟူးဂြိုဟ်[bouʔdəhu: dʑo] =ဗုဒ္ဓဟူး
ဗုဒ္ဓဟူးနေ့[bouʔdəhu.ne.] (名) 水曜日
ဗုဒ္ဓဟူးနံ[bouʔdəhu:nan] (名) 水曜日に割当てられたビルマ文字(ဃ၊ရ၊လ၊ဝ)のどれかを含む名前
ဗုဒ္ဓဟူးအရပ်[bouʔdəhu: əjaʔ] (名) 南、南の方角
ဗုဒ္ဓိ[bouʔdɔː] (名)(感) ①困惑を示す、困った、どうしよう、大変だ ②賛嘆を示す、すごい、見事だ
ဗန်ဘွေး[ban.bweː] =တန်ပွေး
ဗန်ကောက်[bangauʔ] (地) =တန်ကောက်
ဗန်ကောက်လုံချည်[bangauʔ loundʑi] (名) 横糸に絹糸を数本色違いに織った布、玉虫色をした絹製品
ဗန်တာ[banda] →ဗာတန်
ဗန်တို[bando] (名) 護身術、素手による格闘
ဗန်ရှည်[banʃe] (名) 武器を用いた決闘
ဗန်း[ban:] (名) 盆、笊
ဗန်းစကား[ban: zəgaː] (名) 俗語、スラング
ဗန်းတင်[ban. tin] (動) 寵愛する、貴ぶ
ဗန်းပြ[ban:pja] (動) 見せびらかす
ဗန်းမော်[bəmo] (地) バモー、イラワジ河の東岸に位置するカチン州第二の都会
ဗန်းမော်ဒေါက်တ်[bəmɔ dəbɛʔ] (名) バモー製のショール(厚地の手織)
ဗန္ဓုလ[bandu.la.] (人) バンドゥラ(第一次英緬戦

ပန္နုလသွေးပါတဲ့လူ

争当時のビルマ軍総司令官、正式の名称は မဟာပန္နုလ

ပန္နုလသွေးပါတဲ့လူ[bandu.la.twe: padɛ.lu] (名) 勇猛果敢な人物

ပန္တတ်[banda'] (名) 混血、雑種 ＜パ Bandha

ဗိန္ဒု[beindu.] (名) 点、ぽつ ＜パ Bindu

ဗိန္ဒော[bein:dɔ:] (名) 漢方薬療法、民間療法

ဗိန္ဒောဆရာ[bein:dɔ: s'əja] (名) 漢方医、民間医療者、薬草医 =ဗိန္ဒ်:တောဆရာ၊ ဗိန္ဒောဆရာ။

ပိန်းပိတ်အောင်[bein: pei'aun] (副) 全面塗り潰したように、真暗闇で ＝ ပိန်းပိတ်အောင်

ပုံ[boun] (名) 両面太鼓 ＝ပုံ

ပုံကြီး:သံ[bounʤi:] (名) 筒の長い両面太鼓

ပုံကြီး:သံ[bounʤi:dan] (名) 長筒の両面太鼓とシンバルとの演奏に合わせて歌われるビルマの民謡

ပုံတီ:[boun ti:] (動) 両面太鼓を叩く

ပုံတို[boundo] (名) 筒の短い両面太鼓

ပုံထောက်သံ[boundau'tan] (名) 肩から下げて演奏する短筒の両面太鼓に合せて歌われるビルマの歌

ပုံထောင်[boundaun] (名) 撥で演奏される小型の鼓

ပုံရှည်[bounʃe] (名) 首に吊して演奏する長い太鼓

ပုံသံ[boundan] (名) 太鼓の音

ပုံပိုင်[bounbain] ＝ ဘုံပိုင်

ပုံပိုင်ခေါင်း:[bounbain gaun:] (名) (水道の) 蛇口

ပုံလု[bounloun] (植) シロウリ ＝ ပုံလု

ပုံလုံတလည်။ငါးပျံတလည်။ (諺) シロウリが現れたり飛魚が現れたり (人生には浮き沈みあり、七転び八起き照る日曇る日)

ပုံ:[boun:] (名) 爆弾 ＜英 Bomb

ပုံ:ကြ[boun: tʃɛ:] (動) 爆撃する、爆弾を落す

ပုံ:ကြခြင်း:ခံ[boun:tʃɛ:ʤin: k'an ja.] (動) 爆撃される、爆弾を投下される

ပုံ:ကြတိုက်ခိုက်ခံ[boun:tʃɛ: tai'k'ai' k'an ja.] ＝ ပုံ:ကြခြင်း:ခံ

ပုံ:ကြလေယာဉ်ပုံ[boun:tʃɛ: lejinbjan] (名) 爆撃機

ပုံ:ခိုကျင်း:[boun:k'oʤin:] (名) 防空壕

ပုံ:ခိုလှိုင်ခေါင်း:[boun:k'o laingaun:] (名) 横穴式防空壕

ပုံ:ခွ[boun: k'wɛ:] (動) 爆破する、爆発させる

ပုံ:ပေါက်[boun: pau'] (動) 爆発する、爆弾が破裂する

ပုံ:ဖောက်[boun: p'au'] (動) 爆発させる、爆弾を破裂させる

ပုံ:သံ[boun:dan] (名) 砲声

ဗျ[bja.] ① (感) え？ 何？ 何だって？ (聞き返し、

咄嗟の返事等) ② (助) 文末使用、〜だよ、〜だぞ (ဗျာ よりは強い) သူတို့ရောက်လာကြပြီဗျ။ 彼等は到着したよ ကျွန်တော်တို့အဖို့တော့ ဝမ်းသာနေကြသဗျ။ 我々としては喜んでいるんだぞ ပျင်းစရာကောင်းတဲ့ရွာတန်းရှည်ကြီးပါဗျ။ 誠に退屈な細長い村だぜ

ဗျသာ:[pja'dəda:] →ပြဿနာ

ဗျာ[bja] ① (返事) はい ② (聞き返し) 何？ 何だって？ ③ (間) 文末に付ける ရောက်ဖူ:ပါသော်ကောဗျာ 行った事はあるさ တော်ကြစမ်းပါဗျာ။ いい加減にしてくれよ တော်တော်ခက်ပါတယ်ဗျာ။ ずいぶん難しいよ အရေ:ကြီ:တဲ့စကား:တနှင့်:တော့မှာပါရစေဗျာ။ 大事な事を一言會わせて欲しいな

ဗျာထူ:[bja t'u:] (動) はいと返事する

ဗျာကရိုကီ:[bjakərain:] (名) 九分教、サンスクリット語の文典 ＜サ

ဗျာဒိတ်[bjadei'] (名) 仏陀による授記、啓示、聖旨 ＜サ

ဗျာဒိတ်ခံ[bjadei' k'an] (動) 啓示を受ける、授記される

ဗျာဒိတ်ပေ:[bjadei' pe:] (動) 授記する、啓示を与える

ဗျာဒိတ်ဟော[bjadei' hɔ:] (動) 予言する、啓示を与える

ဗျာပါ[bjaba] (名) 憂い、憂慮、不安 ＝ဗျာပါရ

ဗျာပါကြီ:[bjaba tʃi:] (形) 悩みが多い、憂いが多い

ဗျာပါရ[bjabara.] (名) 心配、憂い、不安 ＜パ

ဗျာပါသောက[bjaba tɔ:ka.] (名) 心配、憂い、憂慮

ဗျာပါဇဉ်[bjabazan] (名) マンダレー王朝時代の女性の髪型 (髪を結い、後髪を両耳の下から前に出す)

ဗျာပါဒ[bjabada.] (名) 悪意 ＜パ

ဗျာများ:[bja mja:] (形) うろたえる、おろおろする、心配する、心配で居ても立ってもいられない

ဗျား:[bja:] ① (返事) はい ② (文末助) 〜ですよ

ဗျူရိုကရေစီ[bjurokəresi] (名) 官僚政治 ＜英

ဗျူရိုကရေစီစက်ယန္တရား:[bjurokəresi s'jandəja:] (名) 官僚機構

ဗျူရိုကရက်[bjurokərε'] (名) 官僚 ＜英

ဗျူဟာ[bjuha] (名) 戦術、策略 ＜パ Byūha

ဗျို:[bju:] → ဗြို:

ဗျို:ခြေထောက် → ဗြို:ခြေထောက်

ဗျို:ခြေထောက်မ → ဗြို:ခြေထောက်မ

ဗျို:ဉာဏ်လုံး: → ဗြို:ဉာဏ်လုံး:

ဗျော:[bjɔ:] (名) 長方形の太鼓 ＝ဗြော

ဗျော:ရိုက်[bjɔ: jai'] (動) 皮張りの長太鼓を叩く

ေျပာသံၾကား；ႏွင့္တရားနာ။（慣）長太鼓の音を聞いて説法に耳を傾ける（物事は順序通り）

ျပဲ [bjo.]①（間＞呼び掛け、よ、おい、あのね、もしもし ②（助）文末使用、〜だよ မဟုတ်ဘူးျပဲ။ 違うんだよ အတော်ကောင်းတယ်ျပဲ။ なかなか良いよ

ေျပာက် [bjauʔ]（植）ムラサキルエリア（キツネノマゴ科）Ruellia tuberosa

ေျပာက်ေသာက် [bjauʔ taùʔ]（副）ごっちゃに、無秩序に、無原則に

ေျပာက်အုိး [bjauʔo:]（名）爆竹、瘤瘡玉

ေျပာင္ [bjaun] →ေျဗာင္

ျခိ [bjaiʔ]（植）ヒルギカズラ（マメ科）Dalbergia spinosa

ျခင္း [bjain:]（鳥）コサギ（サギ科）Egretta garzetta

ျခင္းေျခေထာက္ [bjain: tʃidauʔ]（植）ギョリュウ属（ギョリュウ科）Tamarix dioica

ျခင္းေျချဖဴ [bjain: tʃibju]（植）シロバナハハコグサ（キク科）Gnaphalium luteo-alubun

ျခင္းေျချမက္ [bjain: tʃi mjɛʔ]（植）スズメノヒエ属（イネ科）Paspalum sanguinale

ျခင္းငန္း [bjain:ŋan:]（鳥）ダイサギ（サギ科）Egretta alba

ျခင္းတာရာ [bjain: taja]（星）カシオペア座

ျခင္းဝါပင္ေတာက္ [bjain:wapinzauʔ]（植）イズハハコ属（キク科）Conyza semipinnatifida

ျခင္းေအာက္ [bjain:auʔ]（鳥）インドアカガシラサギ（サギ科）Ardeola grayii

ျခစ္ [bjiʔ]（名）ビール

ျခစ္ေတာက္ျခစ္ေတာက္ [bjiʔtauʔ bjiʔtauʔ]（副）ぶつぶつぼやきながら、文句を言って

ျခည္း [bji:]（名）子音

ျပတ္ [bjaʔ] ＝ျပစ္

ျပတ္ထိုးေရာင္း [bjaʔto: jaun:]（名）商品を笊に載せて売り歩く物売り

ျပတ္ရြက္တန္း；ထိုးေရွးသည္ [bjaʔjwɛʔ ban:do: ze: dɛ]（名）路上を売り歩く物売り

ျပစ္ [bjati.]（名）①理性、正邪真偽の判断能力 ②勇気、勇敢さ、果敢さ ＜パ Byatti

ျပစ္ [bjaʔ]（名）（頭に載せたり肩に担いだりする）大型の木製盆、木盤 ＝ျပတ္

ျပစ္ေစာင္း [bjaʔsaun:]（名）バラライカに似た弦楽器の１種

ျပစ္ထိုးေခါင္းရြက္ [bjaʔto: gaun:jwɛʔ]（名）商品盤を頭に載せて売る人、物売り

ျဗဟ္မစိရိယတရား [bjəməzo təja:]（名）梵行、独身禁欲の清浄行 ＜パ Brahma Cariya

ျဗဟ္မစိရိယတရားေလးပါး [bjəməzo: təja: le:ba:]（名）四梵行、清浄行 cf.လကၡဏာေရးသုံးပါး

ျဗဟ္မာပဥ္စင္း [bjəmena.pinzein:]（植）カミメボウキ（シソ科）Ocimum sanctum

ျဗဟ္မာျပည္ [bjəma.pje.]（名）梵天界

ျဗဟ္မာ [bjəma]（名）（ヒンドゥー教の）ブラフマー、（仏教の）梵天 ＜サ Brahmā

ျဗဟ္မာဘုံ [bjəma boun]（名）梵天界

ျဗဟ္မဏ [bjəmena.]（名）婆羅門（ヴェーダ聖典を信奉する司祭者、祭祀を司る宗教的指導者）

ျဗဟ္မဏ [bjəmena.] ＝ျဗဟ္မာ၊ ＜サ Brāhmaṇa

ျဗိတိသွ် [bji.ti.ʃa.]（名）①イギリス ②イギリス人 ＜英 British

ျဗိတိသွ်ဓန္သဟာယတိုင္းျပည္ [bji.ti.ʃa. dəna. təhaja. tain:pje]（名）英連邦諸国

ျဗိတိသွ်ႏိုင္ငံေတာ္ႀကီး [bji.ti.ʃa. naingandɔ dʑi:]（名）大英帝国

ျဗိတိသွ်အင္ပါယာႀကီး [bji.ti.ʃa. inpaja dʑi:]（名）大英帝国

ျဗိတိန္ႏိုင္ငံ [bji.tein naingan]（名）英国 ＜英

ျဗသာ [bəjei:t.a.]（星）牡牛座

ျဗဴရိုကေရစီ [bjurokəresi] ＝ဗ်ဴရိုကေရစီ ＜英

ျဗဴ [bju:]（植）マングローブを形成するヒルギ科の仲間 Rhizophora cylindrica

ျဗဴးေျခေထာက္ [bju: tʃidauʔ]（植）フタゴヒルギ、アカバナヒルギ（ヒルギ科）Rhizophora candelaria

ျဗဴးေျခေထာက္မ [bju: tʃidauʔma.]（植）オオバヒルギ、ヤエヤマヒルギ（ヒルギ科）Rhizophor mucronata

ျဗဴးဥတလံုး [bju:u.təloun:]（植）オヒルギ、ベニガクヒルギ（ヒルギ科）Bruguiero conjugata

ျဗိတို [bjɛ dai ʔ]（名）（王朝時代の）宮内庁、枢密院の建物 ＜モ Broa

ျဗိတိုက္သံဆင့္ [bjɛ daiʔ tanzin.]（名）枢密院で公務を執行する役人

ေျဗာ [bjɔ:]（名）筒長の太鼓、紐で首に吊るし二本の撥で叩く、得度式や葬儀の時などに鳴らされる ＝ေျပာ

ေျဗာဝိုင္း [bjɔ:wain:]（名）太鼓打ちのグループ

ျပဲ့ [bjeʔ]（名）幅 ထို"စားမွာ ျပက်ႏွစ္လက္မက်ယ္၏။ その刀は幅が２インチある cf. အက်ယ္

ေျပာက် [bjauʔ]（植）ムラサキルエリア（キツネノマゴ科）Ruellia tuberosa

ေျပာက်ေသာက် [bjauʔ tauʔ] →ေျပာက်ေသာက်

ေျပာက်အုိး [bjauʔo:]（名）爆竹

ျေပာင်[bjaun](副)公然と、あけすけに、開けっぴろげに
ျေပာင်ၾက[bjaun tʃa.](形)あけすけだ、開けっぴろげだ、率直だ、公然としている
ျေပာင်ၾကၾက[bjaun tʃa.ʤa.](副)=ျေပာင်
ျေပာင်ေၿပာ[bjaun pjɔ:](動)率直に言う、あけすけに言う
ျေပာင်းဆံ[bjaun:s'an] =ေၿပာင်းဆံ
ျေပာင်းၿပန်[bjaun:bjan] =ေၿပာင်းၿပန်
ၿဗိကနဲ[bji'k'ənɛ:](擬)ぺっと(吐く)
ၿဗုတ်ၿဗင်ေတာင်း[bjou'səbjin:daun:] ①(名)がらくた、雑多なもの ②(副)ごっちゃになって
ၿဗုန်းစားၾကီး[bjoun:za:ʤi:] =ၿဗုန်းစားၾကီး
ၿဗုန်းကနဲ[bjoun:gənɛ:](副)不意に、突然
ၿဗုန်းစားၾကီး[bjoun:za:ʤi:](副)不意に、思いがけず、突然、予告無しに、ひょっこりと ၿဗုန်းစားၾကီး ေရာက်လာတယ်။ 不意にやって来た ၿဗုန်းစားၾကီး ေယာင်ေၿပာက်တယ်။ 突然姿を消した ၿဗုန်းစားၾကီး ေၿပာတယ်။ 突然言い出す
ၿဗုန်းဆို[bjoun:s'o](副)忽然と、不意に
ၿဗုန်းၿဗုန်းဒိုင်းဒိုင်း[bjoun:bjoun: dain:dain:](副)①直ぐに、直ちに ②忽然と、不意に、突然
ဗွီဒီယို[bwidijo](名)ビデオ ＜英 Video
ေဗြ[bwe](名)①中央、中心 ②(頭の)旋毛
ေဗြေပါက်[bwe p'au'](動)気まぐれだ、常軌を逸する、異常だ
ေဗြယူ[bwe ju](動)気にかける、悪く取る、怒る、立腹する ေဗြမယူနဲ့။ 悪く思うな、気にしないでくれ
ဗြက်[bwɛ'](名)泥濘、ぬかるみ、泥たまり
ဗြက်ထ[bwɛ' t'a.](動)泥濘だ
တိုင်လာအိုး[bwainla o:](名)ボイラー、蒸気釜
ဗြုတ်[bu'](鳥)ヒヨドリ科の鳥の総称
ဗြုတ်ကလူ:[bu'kəla:](鳥)ヨーロッパカケス(カラス科) Garrulus leucotis
ဗြုတ်ကလုံ[bu'kəloun](鳥)コウラウン(ヒヨドリ科) Pycnonotus jocosus
ဗြုတ်ခ်ွဲ[bu'ʧ'wɛ:](鳥)ハイメヒヨドリ(ヒヨドリ科 Hypsipetes propinquus
ဗြုတ်စမ်းေမွ့[bu'samwɛ:](鳥)ミミジロオリーブヒヨ(ヒヨドリ科) Pycnonotus blanfordi
ဗြုတ်ဖင်နီ[bu'p'inni](鳥)シリアカコウラウン(ヒヨドリ科) Pycnonotus cafer
ဗြုတ်ဖိနပ်[bu' p'əna'](名)靴 =ဘွတ်ဖိနပ် ＜英
ဗြူအိုး[bju'o:](名)水差し

သ

သ[ba.](名)ビルマ文字第24番目の子音文字、その名称は သကုန်း[ba.goun:]
သ[ba.](名)①父 ②年配者、長老への呼掛け
သၾကီး[ba.ʤi:](名)①伯父(父の兄) ②小父(母の姉の夫) ③年長者への呼び掛け、お爺様
သၾကီးေတာ်[ba.ʤi:dɔ](人名)バジードー(コンバウン王朝第7代の国王、1819－38)
သၿပန်၊ၾကၽတၿပန်[ba.dəbjan tʃa:dəbjan](副)勝ったり負けたり、くんずほぐれつして သၿပန်ၾကၽတၿပန်တိုက်ၾကတယ်။ 互いに互角に取組み合う
သအင်[p'a.in] =ဖေအင်
သတေဆာ်[p'a.təs'ɔ](名)孤児 =ဖတေဆာ်
သေတာ်ပို[ba.dɔbjan](名)和尚の父の葬儀
သေထြ:[ba.dwe](名)①叔父(父の弟) ②小父(父の妹の夫、母の妹の夫) ③[p'ət'we:]義父、継父
သေထြ:ေတာ်[ba.dwe:dɔ](名)叔父君(王族)
သေထြ:ေတာ်စပ်[ba.dwe: tɔsa'](動)叔父になる、叔父に当る、叔父の間柄に当る
သသ[ba.ba.](名)父ちゃん
သသၾကီး[ba.ba.ʤi:](名)①お爺ちゃま ②年配者への呼び掛け
သမ်ိဳးဘိုးတူ[ba.mjo:bo:du](名)父親似の子、流石は父の子、血は争えない
သသားေခ်ာ[ba.da:ʤɔ:](名)若者への呼び掛け、若大将
သက်ဆို[p'a.təs'ɔ] =ဖတေဆာ်
သအေ[p'əe] =ဖေအ
သဂဝါ[bəgəwa](名)世尊 ＜パ Bhagavant
သဇာ[bəza](疑代、古)何、何処 သဇာသစ္သီးသစ္ပင်တို့နည်း။ いかなる果実、花であるのか
သဇာေၾကာင့်[bəzaʤaun](疑副)何故に、いかなる訳で、どうして သဇာေၾကာင့်အယ်ဒ်ိသနည်း။ 何故母は泣いていたのか
သဇာမှာ[bəzama](疑副)何処に、どこに သား:မယား:သဇာမှာရှိသနည်း။ 妻はいずこにいるのか
သဇာသို့ေသာ[bəzado:](疑形)如何なる、どのような
သဇာသို့ေသာနည်းနှင့်[bəzado: ni:nɛ.](副)いかなる方法で、どのような手段で
သဇာသို့ေသာနည်းနှင့်မ်ွ[bəzado. dɔ: ni:nɛ.mja.](副)如何なる方法で以ってしても
သၿဒါပိန့်နက္ခတ်[bədəra.pai' nɛ'k'a'](星)①壁宿

（二十七宿の第２６番目、正確には ဥတ္တရဘြဒိပိဒ်）②ペガサスの東辺２星

ဘြဒိပိစတုရံ[bədəra.paiʔ sətu.gan] (星) 秋の大四辺形 (ペガサス座２個とアンドロメダ座２個の合計４個の星で構成)

ဘနန်း[bənan:] (尾) 副詞形成、あたかも〜の如く、まるで〜のように ဗျာတချပ်ကြပြည့်လျှံဘနန်းရှိတော့သည် 莫蓙一杯にならんばかりであった နန်းပြဿဒ်လည်းထူးဆန်းတင်တယ်ရှူဘုယ်ဘနန်းရှိ၏။ 宮殿の尖塔も目を疑う程の珍奇美麗さであった မုန့်ဟင်းကြီးကုန်လှဘနန်းစားမိပါသည်။ 大きな菓子を消耗し尽さんばかりに食った

ဘယ[bəja.] (名) 恐れ、恐怖、心配、不安 ＜パ

ဘယဆေး[bəja.s‘e:] (名) 生薬、漢方薬、草根木皮を素材とする民間薬

ဘယဆေးစုစု[bəja.se:zu. su.] (動) 少量ずつ集める

ဘယဆေးဆိုင်[bəja.se:zain] (名) 漢方薬の薬局、生薬販売店

ဘယက်[bəjɛʔ] (名) （胸に吊るす半円形の）ペンダント、ブローチ

ဘယောင်း[pʻəjaun:] →ဖယောင်း

ဘရဏီ[bərəni] (名) 胃宿 (二十七宿の第２番目)

ဘရကြော်[bəjakɔ:] (名) (ヒヨコマメ、ケツルアズキ)豆を油で揚げたもの、豆のフライ ＝ဗယာကြော်

ဘရာစီယာ[bərasija] (名) ブラジャー ＜フ

ဘရာဇီး[bərazi:] (国) ブラジル

ဘရူနိုင်းနိုင်ငံ[bərunain: naingan] (国) ブルネイ

ဘရောမီတာပြဒါးတိုင်[bərɔmita pəda:dain] (名) 気圧計 ＜英

ဘရိုကိတ်[bərokeiʔ] (名) 錦、金襴、ブロケード ＜英

ဘရင်ဂျီ[bəjingi] (名) ①ローマ・カトリック ②（15〜16世紀頃の）ポルトガル人 ＝ဗရင်ဂျီ

ဘရင်ဂန်း[bərin:gan:] (名) 軽機関銃 ＜英 Bren Gun

ဘရိတ်[bəreiʔ] (名) ブレーキ、制動装置 ＜英 Brake

ဘရိတ်နင်း[bəreiʔ nin:] (動) ブレーキを踏む

ဘရိတ်အုပ်[bəreiʔ pʻan:] (動) ①ブレーキを踏む ②（物事に）ブレーキを掛ける

ဘရိတ်များ[bəreiʔ mja:] (形) ブレーキが利く

ဘရိတ်အုပ်[bəreiʔ ouʔ] ＝ ဘရိတ်တံ

ဘရှောက်ဘရှက်[bəjouʔbəjɛʔ] (副) わいわいがやや、騒然となって ＝ဗရုတ်ဗရက်

ဘရှောက်ဘရှက်ဖြစ်[bəjouʔbəjɛʔ pʻjiʔ] (動) 騒然となる、大混乱になる

ဘရန်ဒီ[bərandi] (名) ブランデー ＜英 Brandy

ဘရန်းဘတာ[bəjan:bəda] (副) 無秩序で、放縦で、支離滅裂で、無規律に、でたらめに ＝ဗရမ်းဗတာ

ဘရမ်းဘတာ[bəjan:bəda] ＝ဘရန်းဘတာ

ဘလာစာအုပ်[bəla saouʔ] →ဗလာစာအုပ်

ဘလောက်[bəlauʔ] (名) (印刷の) 版木 ＜英

ဘလောက်အင်္ကျီ[bəlauʔeinʤi] (名) ブラウス ＜英

ဘလောင်ဆူ[bəlaun sʻu] →ဗလောင်ဆူ။ ရင်ထဲ့ဘလောင်ဆူလျက်ရှိခဲ့သည်။ 胸中不安でいたたまれない

ဘလောင်ဆန်[bəlaun sʻan] →ဗလောင်ဆန်။ ရင်ထဲ့ဘလောင်ဆန်ကနေသည်။ 胸中穏やかでない

ဘ[bəwa.] (名) ①存在、生存、人生、身の上 ②生活、暮し ③立場、状態 ＜パ Bhava

ဘဝကူ[bəwa. ku:] (動) 他界する

ဘဝကူပြောင်း[bəwa. ku:pjaun:] (動) （昆虫が）変態する

ဘဝကံ[bəwa.kan] (名) 前生の因果としての今生

ဘဝကြင်ဖော်[bəwa. tʃinpɔ] (名) 生涯の伴侶

ဘဝခရီးသွား[bəwa. kʻəji:twa:] (動) 夫婦として暮す

ဘဝချာ[bəwa. tʃʻa:] (動) ①行き詰まる、底を突く、万策尽き果てる ②他界する

ဘဝဆုံး[bəwa. sʻoun:] (名) 絶命する、息を引取る

ဘဝတပါ[bəwa.dəba:] (名) 前世、前生

ဘဝတပါပြောင်း[bəwa.dəba: pjaun:] (動) 他界なさる

ဘဝတူ[bəwa. tu] ① (形) 同じ境遇だ、同じ身の上だ ②[bəwa.du] (名) 同じ境遇の人、同じ立場の人、同じ身分の人

ဘဝတူချင်း[bəwa.duʤin:] (名) 境遇を同じくする者同士

ဘဝတုန်းက[bəwa.doun:ga.] (副) 〜の頃には、〜の暮し当時には ကျောင်းသားဘဝတုန်းက 学生時代には

ဘဝတုံး[bəwa. toun:] (動) ①死ぬ ②万策尽き果てる

ဘဝနာ[bəwa. na] (動) 人生の浮き沈みを経験する

ဘဝနိဂုံးမလှ[bəwa. ni.goun: məɬa.] (形) 末路は潰れた、不幸な死に様だ

ဘဝနက်[bəwənɛʔ] (植) ガンダルサ (キツネノマゴ科) Justicia gendarussa

ဘဝနစ်နာ[bəwa. niʔna] (動) （若い女性が）疵物にされる

ဘဝနတ်ထံပျံလွန်တော်မူ[bəwa.naʔtʻan pjanlun dɔmu] (動) （出家が）死去する、他界する

ဘဝပေးမတူ[bəwa. pe: mətu] (動) 境遇が異なる

ဘဝပျက်[bəwa. pjɛʔ] (動) 苦境に陥る、人生の落

ဘဝပြောင်း[bəwa. pjaun:] (動) ①（出家が）他界する ②（昆虫が）変態する、生態が変る、生活状態が変る

ဘဝဖြစ်စဉ်[bəwa. p'ji'sin] (名) 生い立ち、成り立ち、人生模様、生涯

ဘဝမေ့[bəwa. me.] (動) 己の出生を忘れて驕慢になる、自分を何様だと思っている

ဘဝရေစက်[bəwa. jezɛ'] (名) 宿縁、因縁

ဘဝရပ်တည်ရေး[bəwa. ja'tije:] (名) 生存

ဘဝရှေ့ရေး[bəwa. ʃe.je:] (名) 前途、未来、将来

ဘဝရှင်[bəwa.ʃin] (名) 主君、帝王、陛下（ビルマ国王）

ဘဝရှင်မင်းတရားကြီးဘုရား[bəwa. ʃin min:təja:dʒi: p'əja:] (名) 国王陛下

ဘဝသရုပ်ဖော်[bəwa. təjou'p'ɔ] (動) 生活を反映する、暮しを描写する

ဘဝသစ်[bəwa.di'] (名) 新しい暮し、新しい人生

ဘဝသံသရာ[bəwa. tandəja] (名) 人生の変転、人の世の浮き沈み、栄枯盛衰

ဘဝသုံးဖြာ[bəwa. toun:bja] (名) 三界 = တို့လောက（ကာမဘဝ၊ရူပဘဝ၊အရူပဘဝ။）

ဘဝဟောင်း[bəwa. haun:] (名) ①過去 ②前生

ဘဝအကြိုးပေး[bəwa. ət'o:be:] (名) 運命の定め

ဘဝအဖြစ်[bəwa. əp'ji'] (名) ～の立場で、～として

ဘဝါး[p'əwa:] → ဘပါး

ဘဲ[bəwɛ:] (動物) 蛸（ダウェー方言） cf. ရေသူရဲ၊ရေမြောက်

ဘဝေါ[bəwɔ:] (名) 王朝時代の貴族の位階等級（5種類）の一つ、အတွင်းဘဝေါ၊အပြင်ဘဝေါ に分れていた

ဘဝဂ်[bəwɛ'] (名) 非想非非想処、非想非非想天（仏教宇宙観における天界31天の最高処）＜パ

ဘဝင်[bəwin] (名) ①有分、潜在意識、虚心、無心 ②気持、心情、心 ③心臓 ＜パ Bhavaṅga

ဘဝင်ကိုင်[bəwin kain] (動) うぬぼれる、傲慢になる

ဘဝင်ကျ[bəwin tʃa.] (動) ①無心になる、虚心になる ②愉快に思う、気に入る、納得する、満足する ③恍惚境にある、夢幻の境にある

ဘဝင်ခိုက်[bəwin k'ai'] (動) 喜ぶ、楽しむ

ဘဝင်ခုန်[bəwin k'oun] (動) 動悸がする、胸騒ぎがする

ဘဝင်ခွေ[bəwin k'we.] (動) 喜ぶ、満足に思う ပရိသတ်မှာဘဝင်ခွေရှုသွားလေသည်။ 聴衆は満足した

ဘဝင်ငြိမ်[bəwin ɲein.] (動) 快い、心地よい

ဘဝင်စိတ်[bəwinzei'] (名) 潜在意識

ဘဝင်တုန်[bəwin toun] (動) 興奮する

ဘဝင်မကျ[bəwin mətʃa. p'ji'] (動) 気に食わない、快く思わない

ဘဝင်မြင့်[bəwin mjin.] (動) うぬぼれる、つけ上がる、思い上がる、増長する、傲慢になる、生意気になる、得意がる、鼻高々になる、横柄だ

ဘဝင်မြူး[bəwin mju:] (動) 嬉しく思う、楽しく感じる、愉快に思う

ဘသူ[bədu] = ဘယ်သူ の変形

ဘသူမဆို[bədu məs'o] = ဘယ်သူမဆို の変形

ဘာ[ba] (疑代) 何 ဒါဘာခေါ်သလဲ။ これは何と言うのか ဘာစာအုပ်ရှိသလဲ။ 何の本があるのか ဘာရောဂါဖြစ်နေသလဲ။ 何の病気になったのか နင်စာစားမလဲ။ お前は何を食べるのか ခုဟင်းကိုဘယ်ချင်းကဘာသိချင်းလဲ။ 今しがた演奏した歌は何の歌か ဘာအလိုရှိပါသလဲ။ 何の御用でしょうか

ဘာကလေးတွေ[bagəle:de] (名) あれこれ些細なもの

ဘာကလေးညာကလေး[bagəle: ɲagəle:] (名) あれやこれや些細なもの、あれやこれや僅かなもの

ဘာကလေးများ[bagəle:mja:] (名) 一体どんな物

ဘာလိုတိုတို[bagəlo todo] = ဘာလိုလို

ဘာကို[bago] (疑代) 何を ဘာကိုမေးသလဲ။ 何の事を尋ねているのか ဘာကိုစောင့်နေတာလဲ။ 何を待っているのか

ဘာကိုမှ[bagoma.] (副) 否定形、何も、どんな物も

ဘာကိုမျှ[bagomja.] (副・文) 何も ဘာကိုမျှမမြင်နိုင်တော့ဘူး။ もはや何も見えない

ဘာကိစ္စ[ba kei'sa.] (疑代) 何の用事、どんな御用 ဘာကိစ္စရှိသလဲ။ 何の用か ဘာကိစ္စရှိသလဲ။ 何の御用でしょうか ဘာကိစ္စနဲ့လာသလဲ။ 何の用件で来たのですか

ဘာကိစ္စ၊ညာကိစ္စမဆို[bakei'sa. ɲakei'sa. məs'o] (副) どんな用件であろうと、何事であれ

ဘာ့ကြောင့်[ba.dʒaun] (疑副) 何故、どうして

ဘာကြောင့်[badʒaun.] (疑副) 何故、どうして、どのような訳で ဘာကြောင့်ခြေနှင်းသလဲ။ 何故足で踏んだのか ဘာကြောင့်လာတာတုန်း။ なぜ来たのか ဘာကြောင့်တွားသွားကောင်တွေကိုကြောက်ရွံ့ရတတ်ကြတာလဲ။ なぜ爬虫類を怖がるのか ရှိနေပါသနည်း။ 何故胸が高鳴るのであろうか ဘာကြောင့်မသွားသေးသလဲ။ なぜまだ行かないのか

ဘာကြောင့်လဲဆို[badʒaun.lɛ: s'o] (接) なぜならば

ဘာကြောင့်လဲဆိုတော့[badʒaun.lɛ: s'odɔ.]

（接）なぜなら、どうしてかと言うと

ဘာကြောင့်လဲဆိုရင်[bad͡ʑaun.lɛː s'ojin]（接）なぜなら、どうしてかと言うと

ဘာကြောင့်လဲဆိုလို့ရှိရင်[bad͡ʑaun.lɛː s'olo.ʃi.jin]（接）なぜなら、どうしてかと言うと

ဘာကြောင့်လဲဆိုလျှင်[bad͡ʑaun.lɛː s'oɬjin]（接、文）何ならば、その訳と言うと

ဘာကြောင့်မှန်းလဲ[bad͡ʑaun.man.lɛː]（名）いかなる訳、どういう訳 ဘာကြောင့်မှန်းလဲမသိဘူး။ どういう訳か解らない

ဘာညာနဲ့[ba ɲa nɛ.]（副）あれこれと、ああだこうだと、何だかんだと

ဘာတခုမှ[ba təkʼu.m̥a.]（副）何一つとして

ဘာတခုမျှ[ba təkʼu.mja.]（副・文）＝ဘာတခုမှ

ဘာတဲ့ညတဲ့[badɛ. ɲadɛ.]（副）何だかんだと、何やらかにやら

ဘာတုံး[badouɴ:]（疑）何だ、何だね

ဘာတွေ[bade]（名）何、何事、どんな事柄、どんな物

ဘာတွေညာတွေ[bade ɲade]（疑代）あれやこれや、何やらかにやら、何だかんだと

ဘာတွေများ[bademja:]（名）一体どんな物、一体どんな事柄

ဘာပြလို့[bapju.lo.]（疑副）なぜ、どうして、どういう訳で ဘာပြလို့ထွက်သွားသလဲ။ なぜ彼は出て行ったのか ဘာပြလို့ရယ်သလဲ။ なぜ笑ったのか ဘာပြလို့မုန့်ဝယ်မစားသလဲ။ なぜ菓子を買って食べないのか ဘာပြလို့သဘောမကျရသလဲ။ なぜ気に入らないのか ဘာပြလို့မလာသလဲ။ なぜ来ないのか

ဘာပြလို့လဲဆိုတော့[bapju.lo.lɛː s'odɔ.]（副）なぜならば、その理由はと言うと

ဘာပြောပြော[ba pjɔːpjɔː]（副）何を言おうと、どんな事を言おうと

ဘာဖြစ်ဖြစ်ညာဖြစ်ဖြစ်[ba pʼjiʔpʼjiʔ ɲa pʼjiʔpʼjiʔ]（接）何からでもよいから、とにかく

ဘာဖြစ်လို့[bapʼjiʔlo.]（疑副）なぜ、どうして ဘာဖြစ်လို့မြန်မြန်သွားနေကြသလဲ။ なぜ急いで行くのか ဘာဖြစ်လို့ဖောင်းကိုဖောက်တာလဲ။ なぜ風船を割ったのか ဘာဖြစ်လို့မေးခိုင်ရောဂါရတာလဲ။ なぜ破傷風になったのか ဘာဖြစ်လို့အဖမ်းခံရသလဲ။ なぜ逮捕されたのか

ဘာဖြစ်လို့များ[bapʼjiʔlo.mja:]（疑副）一体どういう訳で、一体何の理由で

ဘာဖြစ်လို့လဲ[bapʼjiʔlo.lɛː]（疑）何故なのか、どうしてなのか

ဘာဖြစ်လို့လဲဆိုတော့[bapʼjiʔlo.lɛː s'odɔ.]

（接）なぜなら、どうしてかと言うと

ဘာဖြစ်သလဲ[ba pʼjiʔtəlɛː]（疑）どうしたのか、何があったのか、何事が起きたのか

ဘာဘာညာညာနဲ့[baba ɲaɲanɛ.]（副）あれやこれや、何だかんだと

ဘာဘဲခိုင်ခိုင်[babɛː kʼainkʼain]（副）何をさせようと

ဘာဘဲပြောပြော[babɛː pjɔːbjɔː]（副）何を言おうと、とにかく

ဘာဘဲဖြစ်ဖြစ်[babɛː pʼjiʔpʼjiʔ]（副）いずれにせよ、とにかく、何があろうと、どうなろうと、何が起きようと

ဘာဘဲရရ[babɛː ja.ja.]（副）何を得ようと、何を入手しようと ဘာဘဲရရအားလုံးကိုမျှတစွာဝေငှစား:ခဲ့ကြသည်။ 何を得ようと全て平等に分け合って食べた

ဘာမဆို[ba məsʼo]（副）何でも、何なりと、どんな物でも、全て、悉く

ဘာမဆိုင်ညာမဆိုင်[ba məsʼain ɲa məsʼain]（副）何の関係も無く、全く無関係で

ဘာမထီ[ba mətʼi]① （副）何も怖れずに、怖い者なしで ②（名）怖い者なし、怖い者知らず

ဘာမပြောညာမပြောနဲ့[ba məpjɔː ɲa məpjɔː nɛ.]（副）物も言わずに、うんともすんとも言わずに、いきなり

ဘာမသိညာမသိနဲ့[ba məti. ɲa məti. nɛ.]

（副）訳も分らずに、何も知らずに

ဘာမဟုတ်ညာမဟုတ်[ba məhouʔ ɲa məhouʔ]

（副）たいした事はないの

ဘာမဟုတ်တဲ့[ba məhouʔtɛ.]（形）何の取り柄もない、取り立てて言う事もない、ごく平凡な ဘာမဟုတ်တဲ့အကြောင်းကလေးပြီးထုတ်ပစ်သည်။ 詰らない理由をつけて追い出した

ဘာမဟုတ်သည့်[ba məhouʔti.]＝ ဘာမဟုတ်တဲ့ の文語形

ဘာမေးမေး[ba meːmeː]（副）何を訊こうと

ဘာများ[bamja:]（疑代）一体全体何が、一体全体何を ဘာများ:စဉ်:စား:နေသလဲ။ 一体全体何を考えているのか

ဘာမှ[bama.]（副）否定形、何も ဘာမှမမြင်ရတော့ဘူး။ もう何も見えない ဘာမှရေရေရာရာမပြောနိုင်ဘူး။ 何もはっきりとは言えない ဘာမရှက်စရာမရှိဘူး။ 何も恥ずかしい事はない ဘာမှမဖြစ်ဘူး။ 何ともない、無事で

ဘာမှန်းလဲ[bamanlɛː]（名）何か、何なのか ဘာမှန်းလဲမသိဘူး။ 何だか解らない、何を言っているのか解らない

ဘာမျှ

ဘာမျှ[bamja.](副・文)否定形、何も ရဘူး။何も見当らない ဘာမျှမလုပ်နိုင်။何もできない ဘာမျှမဖြစ်ဖူး။何ともない、何事でもない

ဘာရယ်ညာရယ်နဲ့[bajɛ ɲajɛ nɛ.](副)何だかんだと、あれこれ

ဘာလေး[bale:](名)何か些細な事、何か一寸した事

ဘာလေးညာလေးနဲ့[bale: ɲale: nɛ.](副)何だかんだと些細な事で、あれやこれやと小さな事で

ဘာလဲ[balɛ](疑)何だ、何なのか

ဘာလဲဆိုတော့[balɛ: s'odɔ.](副)何なのかと言うと

ဘာလို့[balo.](疑副)なぜ、どうして ဘာလို့ငိုနေရသလဲ။なぜ泣いているのか ဒီနေ့ဘာလို့ကျောင်းမတက်တာလဲ။今日はなぜ登校しなかったのか ဘာလို့သည်းကမသွား:ချင်ရတာလဲ။なぜあなたは行きたくないのか ငါပိတ်ထား:တာဘာလို့ပြန့်ပွင့်နေပါလိမ့်။僕が閉めておいたのに何故また開いているのだろう

ဘာလို့များ:[balo.mja:](副)一体どういう訳で ဘာလို့များ:ဒီလောက်နောက်ကျရသလဲ။一体なぜこんなに遅れたのか

ဘာလို့လဲဆိုတော့[balo.lɛ: s'odɔ.](副)なぜかと言うと、どうしてかと言うと

ဘာလိုလို[ba lolo](名)ああでもないこうでもないもの、何だかんだ

ဘာလိုလိုနဲ့[ba lolo nɛ.](副)思いもよらぬ事を、何らかの理由で

ဘာလိုလိုညာလိုလို[ba lolo ɲa lolo](副)ああでもない、こうでもないと

ဘာလုပ်နေနေ[ba lou'nene](副)何をしていようと

ဘာလုပ်လုပ်[ba lou'lou'](副)何をしようと、何としても

ဘာဝတ်ဝတ်[ba wu'wu'](副)何を着ようと

ဘာသတင်းမျှ[ba dədin: mja.](副)何の情報も、何の噂も、何のニュースも

ဘာသောညာသော[badɔ: ɲadɔ:](副)とにかく何でも、何であろうと

ဘာအကြောင်းကြောင့်လဲ[ba ətʃaun: dʒaun.lɛ:](疑副)いかなる理由で、どういう訳で

ဘာအလို့ရှိပါသလဲ[ba əlo ʃi.badʒəlɛ:](疑)何の御用でしょうか

ဘာဂျာ[badʒa](名)①ハーモニカ ②アコーデオン=တာဂျာ

ဘာဂျာတံခါး:[badʒa dəga:](名)アコーデオン・ドア

ဘာတာစံနစ်[bata səni'](名)バーター制度、バーター方式 <英 Barter

ဘာဘူ[babu](名)ベンガル系インド人 <ヒ

ဘာဘူကုလား:[babu kəla:] =ဘာဘူ

ဘာဘူစောင်[babuzaun](名)品質のよくない幅の狭い掛け毛布

ဘာလချောင်[bələt∫aun](名)乾し蝦の振り掛け

ဘာလချောင်ကြော်[bələt∫aundʒɔ] =ဘာလချောင်၊ ဝလံကြော်။

ဘာဝ[bawa.](名)本性、本質 မိန်းမတို့ဘာဝ 女達の性(さが) ကလေးတို့ဘာဝ 子供達の本質として ဘာလာ:ဘာလာချင်သွား:ချင်ကြတယ်။ 若者の常として行ったり来たりしたがるものだ <パ Bhāva

ဘာဝရှိ[bawa.jou'](名)性徴、性別の特徴

ဘာဝနာ[bawəna](名)瞑想、修行 <パ Bhāvanā

ဘာဝနာဉာဏ်[bawəna ɲan](名)瞑想で得られる智慧 <パ

ဘာဝနာတရား:ပွါ:[bawəna təja: pwa:](動)瞑想に耽る、内観する

ဘာဝနာပွါ:[bawəna pwa:](動)内観する、瞑想に専念する

ဘာသာ[p'ada](副)それ自身で、それなりに、自発的に、ひとりでに ကျမဘာသာကျမပြန်မယ်။私は私で帰ります မင်းတို့ဘာသာမင်းတို့စဉ်:စာ:ဆုံ:ဖြတ်ကြပေါ့။君達は君達で考えて決める事だな သူတို့ဘာသာသူတို့ကြမှာပေါ့။彼等は彼等で自発的に集めるさ မြို့တွင်း၌သူတို့ဘာသာသူတို့နေထိုင်ကြသည်။街中で彼等は彼等なりに暮している =ဗာသာ

ဘာသာဘာဝ[bada bawa.](副)それぞれの習性に従って、自然に、ありのままに

ဘာသာလဝ[bada ləwa.](副)①それなりに ②無関心に

ဘာသိဘာသာ[p'adi.p'ada](副)我関せずと、無関心で

ဘာသာ[bada](名)①宗教 ဗုဒ္ဓဘာသာ 仏教 ②言語 အင်္ဂလိပ်ဘာသာ 英語 ③学科、科目 <パ Bhāsā

ဘာသာကိုးကွယ်[bada ko:gwɛ](動)信仰する、宗教を信奉する

ဘာသာကန့်သတ်[bada kan.ta'](動)宗教を制限する

ဘာသာခြား:[badadʒa:](名)①異教徒 ②異言語、外国語

ဘာသာစကား:[bada zəga:](名)言葉、言語

ဘာသာတရား:[bada təja:](名)宗教の教え、宗教教義

ဘာသာတရား:ကိုင်ရှိုင်:[bada təja: kain:ʃain:]

（動）信心深い、信仰に篤い
ဘာသာထုံးစံ[bada t'oun:zan] (名)伝統、習俗
ဘာသာဓလေ့[bada dəle.] (名)慣習、慣行、仕来たり
ဘာသာပြန်[bada pjan]①（動）翻訳する ②[ba dabjan] (名)翻訳
ဘာသာပြန်ဆို[bada pjans'o] (動)翻訳する
ဘာသာဗေဒ[bada beda.] (名)言語学
ဘာသာရေး[badaje:] (名)宗教問題、宗教に関する事
ဘာသာရေးခေါင်းဆောင်[badaje: gaun:zaun] (名)宗教指導者
ဘာသာရင်း[badajin:] (名)固有の言語、基本的言語、母語
ဘာသာရပ်[badaja'] (名)学科、教科、科目
ဘာသာသာသနာ[bada tadəna] (名)宗教
ဘာသာအလိုက်[bada əlai'] (副)①宗教に応じて、宗教毎に ②言語に応じて、言語毎に
ဘား[p'a:] → ဘာ
ဘားပြွတ်[p'əbjou'] →ဘား:ပြွတ်
ဘားလောင်း[p'əlaun:] →ဘား:လောင်း
ဘား[ba:] (名)①（高跳び用の）バー ②（酒を提供する）バー、居酒屋 ＜英 Bar
ဘားကစား[ba: gəza:] (動)走り高跳びをする
ဘားကျွမ်း[ba: ɟun:] (名)鉄棒体操、機械体操
ဘားတန်း[ba:dan:] (名) 鉄棒
ဘားအံ[p'əan] (地)パアン（カレン州の州都）
ဘိ[p'i]①（動）抑える=ဖိ ②[bi.] (名)紙押え、文鎮
ဘိစိးနှိပ်စက်[p'i.zi: ŋei'sɛ'] →ဖိစိးနှိပ်စက်
ဘိနှိပ်အုပ်ချုပ်[p'i.nei' ou'ʨou'] = ဖိနှိပ်အုပ်ချုပ်
ဘိ[bi.] (助)困難性、希少性を現わす、誠に～だ
စည်းကမ်းကြီးဘိခြင်း 規律が誠に厳しい ဆရာနှင့်တို ဆိုတာခဲဘိခြင်း။ 師並びに親というものは遭遇し難いものだ ပြောရမှာရှက်လိုပါဘိ။ 口にするのも恥ずかしい ငါ့ကံနည်းဆိုးလိုက်ဘိ။ 僕は余りにも運が悪い လူနှံ:ကြီးကရှည်လျားလှပါဘိ။ 行列は実に長い စိတ်ပျက်အပ့်ကောင်းလှပါဘိ။ 誠に情けない လောကတွင်ဤလို လူမျိုးလည်းရှိရ၏။ 世の中にはこんな人間だっているんだ မင်းကြီးသည်လွန်တရာစက်ကားရက်စက်ဘိ၏။ 国王は誠に冷酷極まるものよ ကား:တွေများပါသနဲ့။ 自動車がやたらと多いからね အော်ー၍ပါ မိုက်လိုက်ပါဘိတော်။ 何という愚かな事を
～ဘိခြင်း[~bi.ʨin:] (助)文末、強調を示す ကျွန်တော်တို့ထင်တွင်လွယ်ပါဘိခြင်း။ 我々の所でなら簡単な事だ
～ဘိတော့[bi.daun:] (助)文末、意味の強調、極端さ、希少性等を示す လွန်စွာကြာခြင်းလွပါတော်။ 著しく懸け離れている ဥပဒေများကားများပြားလွပါဘိတော်။ 法律が随分と多い အသက်မွေးဝမ်းကျောင်းခက်ခဲလွပါဘိတော်။ 生計を維持するのが著しく困難だ အရှောင်အခံက်ခက်လွပါဘိတော်။ 身を避けるのは著しく難しい မြေကြက်များ၏အမျက်လုပ်ငန်းကား ခမ်းနား:ကြီးကျယ်လွပါဘိတော်။ モグラの被害は大変なものだ

～ဘိမှု[bi.mu] (接助)仮に～すれば、～するとしても သိမြင်ပါသသူမရှိချေသောကြောင့်တရား:စစ်ဘိမှုတရား:မဖြစ်ကောင်:ခဲ့။ 目撃者がいないので取り調べをしたところで立件になる事はあり得まい
～ဘိသကဲ့သို့[bi.dəge.do.] (助)あたかも～の如く、まるで～のように သစ်ပင်ကြီးတို့သည်လည်းထား:နှင့်ဖြတ်ဘိသကဲ့သို့အပိုင်းပိုင်းပြတ်လေ၏။ 大きな樹木もまるで刃物で切断されたかの如くばらばらになっていた ဆရာမကျက်နိုင်သည့်ကျက်စာမှန်သမျှကိုကြောင်ပုစွန်မှန်ကျက်ကွတ်လိုဘိသကဲ့သို့ကျက်မှတ်ရသည်။ 先生が暗記させた宿題は悉く、まるで猫がツルノゲイトウをむしゃむしゃ噛むように暗記したものだ
～ဘိနည်း[bi.dəni:] (助)文末、希少性を現わす အဘယ်ကြောင့်ဘုရား:ရှင်ရပ်တော်လည်း:ဘိနည်း။ 何故に如来の尊像が倒れたのだろうか
～ဘိအလာ[bi.əla:] (助)あたかも～の如く、まるで～のように ကောင်း:ကောင်း:ကြီးသတေပေါက်သွား:ဘိအလာ:ခေါင်:ပြတ်တော့သည်။ 十分に理解したかの如く領いた မြင်း:သံ:စီ:သည်မြား:လွှတ်ဆင်းယှဉ်ပြိုင်လွှတ်လိုက်ဘိအလာတဟုန်ထိုပြေးသွား:ကြလေသည်။ 3頭の馬はまるで3本の矢が一斉に放たれたかの如く勢よく走り出した
ဘိစတိတ်[bi.sətei'] (名)ステイキ ＜英 Beefsteak
ဘိနပ်[p'əna'] = ဖိနပ်
ဘိနပ်ကြိုး[p'əna't'o:] (名)靴紐
ဘိနပ်ချွတ်[p'əna' ʨu'] (動)履物を脱ぐ、靴を脱ぐ
ဘိနပ်ချုပ်ဆိုင်[p'əna'ʨou's'ain] (名)履物店、靴屋
ဘိနပ်ချုပ်သမား[p'əna' ʨou' təma:] (名)履物職人、靴職人
ဘိနပ်စီး[p'əna' si:] (動)履物を履く、靴を履く
ဘိနပ်တိုက်[p'əna' tai'] (動)靴を磨く
ဘိနွဲ[bi.nwɛ] (植)ホザキサルノオ（キントラノオ科） Hiptage bengalensis
ဘိလပ်[bi.la'] = ဗိလတ်
ဘိလပ်ပြန်[bi.la'pjan] (名)英国帰り
ဘိလပ်မြေ[bi.la'mje] (名)セメント
ဘိလပ်ရည်[bi.la'je] (名)炭酸飲料、サイダー、ジ

ဘိသိက်

ユースの類

ဘိသိက်[beiʔṭeiʔ]（名）灌頂式、神の祝福（婆羅門僧によって当人の頭上に清めの水が注がれる）＜パAbhiseka

ဘိသိက်ခံ[beiʔṭeiʔ kʻan]（動）灌頂式を受ける、国王として即位する

ဘိသိက်ဆရာ[beiʔṭeiʔ sʼəja]（名）（婚礼での）儀式を司る人、導師

ဘိသိက်ပန်း[beiʔṭeiʔ pan:]（名）①灌水供養で使われる花 ②（植）ヤグルマギク Centaurea cyanus ③Centaurea moschata

ဘိသိက်မြွက်[beiʔṭeiʔ mjauʔ]（動）灌頂式を挙行する

ဘိသိက်သွန်း[beiʔṭeiʔ ṭun:]（動）灌頂式で国王の頭に清めの水を注ぐ

ဘီ[bi]（名）①高祖父、祖父の祖父、4代前の先祖 ②（鳥）トウバネレンカク（レンカク科）Metopidius indicus

ဘီကျာ[bitʃa:]（鳥）レンカク（レンカク科）Hydrophasianus chirurgus ＝ကြာဖက်နှင်း

ဘီငှက်[biŋɛ]（鳥）トウバネレンカク（レンカク科）

ဘီစကွတ်မှုံ[bisəkuʔ moun.]（名）ビスケット

ဘီတောင်ပို့[bi taunbo]（鳥）タイワンヒバリ（ヒバリ科）Alauda gulgula

ဘီဒီ[bidi]（名）フウセンカツラの葉で巻いた細身の葉巻

ဘီဒို[bido]（名）戸棚、食器棚、茶箪笥、箪笥、衣装戸棚 ＝ဗီဒို

ဘီပီအိုင်[bipiain]（名）ビルマ製薬工業（B.P.I.）

ဘီယာ[bija]（名）ビール ＜英 Beer

ဘီရို[biro]＝ဘီဒို

ဘီရိုလှည်း[biro lɛ:]（名）（王朝時代にマンダレーで用いられた）二輪の車

ဘီလာ[bila:]（虫）タガメ

ဘီလိယက်[bilijɛʔ]（名）ビリヤード ＝ဗိလယက်

ဘီလိယက်ထိုး[bilijɛʔ tʻo:]（動）ビリヤードを突く、玉突きをする、四つ球をする

ဘီလူး[bəlu:~bilu:]（名）羅刹、鬼 cf. ရက္ခသ်

ဘီလူးခေါင်း[bəlu:gaun:]（名）鬼の面

ဘီလူးစီး[bəlu: si:]（動）うなされる、悪夢にうなされる、鬼に取付かれる、鬼に乗り移られる

ဘီလူးစည်းလူစည်း[bəlu:si lu:si:]（名）けじめ、彼我の違いの弁え、相互の尊重

ဘီလူးတွေ့တွေ့[bəlu:dwe. du:dwe.]（副）現実に、実際に、具体的に、直接当人と会って、額を突き合せて ＝နပ်းတွေ့တွေ့

ဘီလူးထွက်ထွက်[bəlu:dwɛʔ tʻwɛʔ]（動）怒り心頭に発する、激しい敵対心を抱く、激怒して罵倒する

ဘီလူးပန်းကိုက်[bəlu:pan:gaiʔ]（名）（仏教建築物の装飾に用いられる漆喰製の）花を口で咥えた鬼面

ဘီလူးပန်းဆွဲ[bəlu:pan:zwɛ:]（名）（仏教建築物の装飾に用いられる漆喰製の）両腕で花を抱きかかえた鬼面、獅子頭

ဘီလူးဖမ်းစား[bəlu: pʻan:za:]（動）鬼に乗り移られる

ဘီလူးမ[bəlu:ma.]（名）雌鬼

ဘီလူးမတိုင်နို[bəlu:ma. taingo:]（名）人数より も１本少ない柱を奪い合う子供の遊び（我が国の椅子取り遊びに類似）

ဘီလူးမရက်ကန်းကြိုး[bəlu:ma. jɛʔkan:dʒo:]（名）気根、空中に伸び出た蔓植物の根

ဘီလူးမျက်ကွင်း[bəlu: mjɛʔkwin:]（名）お守り（護符）を括り付ける時の紐の結び方

ဘီလူးရယ်ဝင်စည်း[bəlu:ji saʔni:]（名）（作詩の際の）押韻法の一つ（１行目４音節目、2行目2音節、3行目３音目、4行目2音節目と韻を踏む）

ဘီလုံး[biloun:]（鳥）①タイワンヒバリ（ヒバリ科）Alauda gulgula ②ヤツガシラ（ヤツガシラ科）Upupa epops

ဘီသွား[bitwa:]（植）アマ（アマ科）Linum usitatissimum

ဘီအေ[bie]（名）文学士、文科系大学の卒業者 ＜英

ဘီအေဒန်[bie dan]（名）文科系大学の学部課程

ဘီအေပေါင်း[bie baun:]（名）１９２０年代に流行したビルマ帽の被り方

ဘီအိုစီ[biosi]（名）ビルマ石油会社（B.O.C.）

ဘီအိုင်[bi ain]（名）英領インド蒸気船会社（British India Steam Navigation Co.）

ဘီး[bi:]（名）櫛

ဘီးကျော့ပတ်[bi:dʒoːbaʔ]（名）櫛に髪を巻き付けた髻

ဘီးစိုက်[bi: saiʔ]（動）髪に櫛を挿す

ဘီးစိစ်[bi:zeiʔ]（名）目の細かい櫛（頭虱の卵を除去するために使用される）

ဘီးဆံထုံး[bi: zədoun:]（名）簪に髪を巻きつけ先端を垂らす髪型

ဘီးဆံပတ်[bi: zəbaʔ]（名）髪を束ねて平にしその上に更に髪を巻き上げる髪型

ဘီးပျံစိုက်လေယာဉ်ပျံဆံထုံး[bi:bjan saiʔ lejin bjan zadoun:]（名）髪型の１種（蝶々の羽のように髪を左右に湾曲させた髪型）

ဘီးဖိ[bi: pʻi:]（動）髪に櫛を当てる

ဘီး[bein:] (名) 車輪
ဘီးချော်[bein: ʨɔ] (動) ①(自動車の)タイヤがスリップする ②(汽車が)脱輪する
ဘီးတပ်ကုလားထိုင်[bein:daʔ kəlǝtʼain] (名) 車椅子
ဘီးပေါက်[bein: pauʔ] (動) タイヤがパンクする
ဘီးပတ်ကြိုး[bein: paʔtʃo:] (名) 動力、回転力を伝えるベルト、ミッション・ベルト
ဘီးတောင်ပို့[bi:taunbo] (鳥) ヤツガシラ
ဘု[bu.] (名) ①瘤、突起 ②臍曲り、一言居士
ဘုကောင်[bu.gaun] (名) へそ曲がり、頑固者
ဘုကျ[bu. tʃa.] (動) ①けちを付ける、いちゃもんを付ける ②そっけない、ぶっきら棒だ、無愛想だ、へそ曲がりだ
ဘုကျကျ[bu.tʃa.ʥa.] (副) 無愛想に、ぶっきら棒に、不陽そうに
ဘုကျကျနှင့်[bu.tʃa.ʥa.nɛ.] = ဘုကျကျ
ဘုကြည့်ကြည့်[bu.ʥi. tʃi.] (動) 白眼視する、無愛想な眼差しで見る
ဘုဆတ်ဆတ်[bu.sʼaʼsʼaʔ] (副) 無愛想に
ဘုဆန်ဆန်[bu.sʼanzan] (副) 無愛想に、不興げに
ဘုတော[bu. tɔ:] (動) 無愛想に言う、ぶっきらぼうに言う
ဘု့တော်ဖြစ်[bu.nɛ.bauʔ pʼjiʔ] (形) 不仲だ、仲が悪い
ဘုပြော[bu. pjɔ:] (動) 反対する、否定する、不賛成を表わす
ဘုတောက်ပြော[bu.bauʔ pjɔ:] (動) ぶっきら棒に言う、無愛想に言う
ဘုမသိဘမသိ[bu.mǝt̪i. ba.mǝt̪i.] (副) 訳もなく、何が何だかさっぱり判らぬままに、何が何だか皆目判らぬままに
ဘုမသိဘမသိနှင့် = ဘုမသိဘမသိ
ဘုမသိဘမသိဖြင့် = ဘုမသိဘမသိနှင့်
ဘုမူတ်[bu. mouʔ] (動) = ဘုပြော
ဘုစုရ[bu.zu.kʼǝju.] = ပုစုရ၊ပုစုရ။
ဘုဇပင်[bu.zǝbaʔ] (植) カバノキ (カバノキ科) Betula utilis
ဘုရား[pʼǝja:] (名) ①神、②仏、仏陀、釈尊 ③仏像 ④仏塔、パゴダ ⑤出家や国王等高貴な身分の人に対する二人称または文末助詞、陛下 (国王への二人称)
မှန်ပါဘုရား: さようでございます ကောင်းလှပါပြီဘုရား။ 承知仕りました、結構でございます
ဘုရားကားအောင်၊ မျောက်ကားအထက်။ (諺) 逆様だ、あべこべ (仏が下、猿が上)
ဘုရားကု[pʼǝjǝgu.] (名) 信仰療法、信仰の力による治療、神頼みの治療
ဘုရားကုကု[pʼǝjǝgu. ku.] (動) ①信仰療法に頼る ②頼るの綱とする
ဘုရားကိုးဆူ[pʼǝja: ko:zu] (名) 釈尊と仏弟子8人 (釈尊を中央、舎利弗を南、目犍連を北、阿難を西というように仏弟子を八方に配置した曼荼羅)
ဘုရားကျောင်း[pʼǝja: tʃaun:] (名) 寺、寺院
ဘုရားကျောင်းဆောင်[pʼǝja: tʃaun:zaun] (名) 仏壇
ဘုရားကျွန်[pʼǝjǝʥun] (名) 三宝奴隷、仏塔奴隷
ဘုရားကျွန်တော်[pʼǝja: tʃundɔ] (代) 国王に対して家臣が使う一人称、臣なる私、僕 (しもべ)
ဘုရားကျွန်မ[pʼǝja: tʃunma.] (代) 国王または出家に対して女性が用いる一人称、あなたの僕たる私
ဘုရားခုနစ်ဆူ[pʼǝja: kʼunnǝsʼu] (名) 過去七仏、比婆沙仏から釈迦牟尼仏までの七仏、即ち ဝိပဿီ။ သိခီ။ ဝေဿဘူ။ ကကုသန်။ ကောဏာဂုံ။ ကဿပ။ ဂေါတမ။
ဘုရားခြေင်း[pʼǝja: tʃʼijin:] (名) 仏塔の基壇
ဘုရားဂုဏ်တော်[pʼǝja: goundɔ] (名) 仏の威徳 (三界の人に尊敬される徳、全知全能の徳、善言を述べる徳、三界を知っている徳、人間、天、梵天を教化する徳、三界の人の師である徳、四諦を知っている徳等)=ဂုဏ်တော်ကိုးပါ
ဘုရားငါးဆူ[pʼǝja: ŋa:zu] (名) 過去四仏 (သိ၊ဂို၊ပါ၊ဂေါ) に弥勒菩薩 (အရိမေတ္တယျ) を加えた五体
ဘုရားစကား၊တရားစကား[pʼǝja: zǝga: zǝga:] (名) 仏教関係の話、仏の話に仏法の話 ဘုရားစကား၊တရားစကား ပြောဆိုသည်။ 仏教の話をする
ဘုရားစူ[pʼǝja: su:] (動) ①神仏の祟りがある、神仏に祟られる ②神掛けて誓う ဘုရားစူပါရစေ 絶対に嘘は言わない、神かけて誓ってもよい、神に誓って嘘は言わない = ဘုရားစူရစေရဲ့။ မိုးကြီးပစ်ရစေရဲ့။
ဘုရားစူကောင်း[pʼǝja:su: kaun:] (形) 仏罰に相当する、罰が降りかかる
ဘုရားစူလှလိ့[pʼǝja: su: luʔjoun] (副) 僅かばかり、ほんの申し訳程度に ဟင်းချက်တာကလဲဆီကိုဘုရားစူလှလှဲထည့်သုံးတယ်။ 料理する時にも油をほんの僅かしか使わない မြန်မာစာဆရာအဖြစ်ဘုရားစူလှလို့ရှိနေသည်။ ビルマ語の教師としては僅かに働いたに過ぎない
ဘုရားစင်[pʼǝja:zin] (名) 仏壇
ဘုရားစောင်တန်း[pʼǝja: zaun:dan:] (名) 仏塔への参道
ဘုရားညာတော်[pʼǝja: ɲandɔ] (名) 仏像の高さ
ဘုရားတ[pʼǝja: ta.] (動) 思わず神様を口にする

ဘုရား:တကာ[p'əja: dəga](名)仏塔建立者、仏塔の施主

ဘုရား:တဆူ၊ဂုဏ်လုံး॥(慣)①崇拝の対象、礼拝の対象、下へも置かぬもてなし、実の親に対するような親身な世話 ②格別丁寧に、特別扱いして

ဘုရား:ဟပည့်တော်[p'əja: dəbji.dɔ](代)出家に対する在家の自称

ဘုရား:တည်[p'əja: tɛ](動)仏塔を建立する

ဘုရား:ထူး[p'əja: t'u:](動)(出家または身分の高い人に対して)敬語で答える、畏まって返事する

ဘုရား:နှစ်ကျိပ်ရှစ်ဆူ[p'əja: nətʃeiʃi's'u](名)過去二十八仏 = နှစ်ကျိပ်ရှစ်ဆူဘုရား

ဘုရား:ပရဝုဏ်[p'əja pərəwoun](名)寺院の境内

ဘုရား:ပေးပေး၊ကျမ်းပေးပေး॥(副)神掛けて、絶対に

ဘုရား:ပန်း[p'əja:ban:](名)仏前に供える花

ဘုရား:ပန်းအိုး[p'əja: pan:o:](名)仏に供える花瓶

ဘုရား:ပန်းအိုးလဲ[p'əja: pan:o: lɛ:](動)仏に供えた花を取り替える

ဘုရား:ပြီး၊ငြမ်းဖျက်॥(諺)忘恩の輩、立身出世した途端恩人を蔑ろにする(仏塔が完成したら足場を解体)

ဘုရား:ပွဲ[p'əja:bwɛ:](名)仏塔祭、パゴダ祭

ဘုရား:ပွဲတော်[p'əja: pwɛ:dɔ] = ဘုရား:ပွဲ

ဘုရား:ပွင့်[p'əja: pwin.](動)悟りを開く、成仏する

ဘုရား:ဖူး[p'əja: p'u:]①(動)仏塔を参拝する、参詣する ②[p'əja:bu:](名)参詣者、参拝者、巡礼者

ဘုရား:ဖူးတက်[p'əja:bu: tɛʔ](動)仏塔参拝に出かける

ဘုရား:ဖူးလိုက်သွား:[p'əja:bu: laiʔtwa:](動)巡礼に同行する

ဘုရား:ဖူးသွား:[p'əja:bu: twa:](動)参詣する、仏様にお参りする、仏塔巡礼に出かける

ဘုရား:ဖြစ်[p'əja: p'jiʔ](動)悟りを開く、仏陀となる

ဘုရား:ဖြစ်မဲ့အုတ်ခဲကြီး[p'əja: p'jiʔmɛ. ouʔk'ɛ:dʒi:](慣)余りの善人、人が良すぎる(煉瓦の塊も仏塔の一部となる)

ဘုရား:မ[p'əja: ma.](動)神仏の加護がある、良い巡り合わせに恵まれる

ဘုရား:မစလို့[p'əja: ma.za.lo.](副)神仏のお陰で

ဘုရား:မလို့[p'əja: ma.lo.](副)お蔭様で、神仏の加護により ဘုရား:မလို့ကျွမ်ပဲတို့မှာ:ဘေး:ဆို:ကလွတ်ခဲ့ရပါ:॥お蔭様で僕達は災厄を免れた

ဘုရား:မတ်ရှူကိုးကယ်ပါ၊ဖုတ်ထက်မှတောင်ပို့မှန်:သိ॥(諺)化けの皮が剥がれる(仏塔の跡だと思って拝んでいたら、オオトカゲが現れて初めて蟻塚だと判った)

ဘုရား:ရှိခိုး[p'əja: ʃiʔk'o:](動)仏を拝む、神に祈る、合掌礼拝する

ဘုရား:ရှိခိုးကျောင်း[p'əja: ʃiʔk'o:dʒaun:](名)教会、キリスト教の教会

ဘုရား:ရှိခိုးပင်[p'əja: ʃiʔk'o:bin](植)マイハギ

ဘုရား:ရှင်[p'əja:ʃin](名)①如来、仏陀 ②神

ဘုရား:လေး:ဆူ[p'əja: le:zu](名)過去四仏(သိ၊ သု၊ ၈၊ ဂ)すなわち拘留孫、拘那含牟尼、迦葉、ゴータマの四仏

ဘုရား:လက်ထက်တော်မတိုင်မီက[p'əja: lɛʔtɛʔtɔ mətainmiga.](副)仏暦紀元前、仏陀以前の時代、釈尊出現前の頃

ဘုရား:လောင်:[p'əja :laun:](名)菩薩

ဘုရား:လည်:ဖူ:၊လိပ်ဥလည်:တူ:॥(諺)一石二鳥(仏塔も礼拝でき、亀の卵も手に入る)

ဘုရား:ဝင်:[p'əja:win](名)仏塔の境内

ဘုရား:ဝတ်တက်မပျက်ရ[p'əja: wuʔtɛʔ məpjɛʔja.](動)仏への祈祷を欠かさない

ဘုရား:ဝတ်ပြု[p'əja: wuʔpju.](動)祈祷する、仏に祈る

ဘုရား:သခင်[p'əja:tək'in](名)①釈尊 ②(キリスト教の)父なる神

ဘုရား:သခင်မစလို့[p'əja:tək'in ma.za.lo.](副)神様のお陰で

ဘုရား:သာသနာ[p'əja:tadəna](名)仏陀の教え、仏教信仰

ဘုရား:သိကြားမလို့[p'əja: dədʒa: ma.lo.](副)神仏の加護で、仏様帝釈天様のご支援で

ဘုရား:အကြောင်း:တရားအကြောင်း:[p'əja: təja: ətʃaun:](名)仏教の話、仏陀の話や仏法の話

ဘုရား:အဖြစ်[p'əja: əp'jiʔ](名)成仏、仏陀として

ဘုရား:အမ[p'əja: əma.](名)仏塔建立の女性壇越

ဘုရင်[bəjin.](形)ဘုရင်の斜格形、国王の、皇帝の

ဘုရင်နောင်[bəjin.naun](人)バインナウン(タウングー王朝第2代の国王、1551〜81)

ဘုရင်[bəjin](名)王、国王 = ရှင်ဘုရင်

ဘုရင်ခံ[bəjingan](名)①(王朝時代の)太守 ②(英領インドまたは英領ビルマの)総督

ဘုရင်ခံချုပ်[bəjingandʒouʔ](名)(イギリスの)インド総督

ဘုရင်ခံနိုင်ငံ[bəjingan naingan]（名）総督支配下の領土

ဘုရင်ခံမင်းမြတ်[bəjingan min:mja']（名）総督閣下

ဘုရင်စနစ်[bəjin səni']（名）王制、君主制

ဘုရင်မ[bəjinma.]（名）女王 cf. မိဘုရား

ဘုရင်မင်းမြတ်[bəjin min:mja']（名）国王陛下

ဘူ[bu]（名）バカラ賭博で端数が出す2桁の数字が揃った状態 cf. ကိုးမီး

ဘူကောင်[bugaun]（名）役立たず

ဘူဘူချင်းစား[bubuʤin: sa:]（動）互いに身動きが取れない

ဘူဂေးရီးယား[buge:ri:ja:]（国）ブルガリア

ဘူတာ[buda]（名）駅

ဘူတာရုံ[buda joun]（名）駅、駅舎

ဘူတာရုံပိုင်[buda jounbain]（名）駅長

ဘူတန်[butan]（国）ブータン

ဘူဘူပေါက်[bubu pau']（幼児語）おならをする

ဘူမိ[bumi.]（名）地、大地 ＜パ Bhūmi

ဘူမိနက်သန်[bumi.nɛ'tan]（名）吉祥の土地、目出度い場所、肥沃な土地

ဘူမိဗေဒ[bumi.beda]（名）地質学＜パ

ဘူမိရူပဗေဒ[bumi. jou'k'a. beda]（名）地質植物学 ＜パ

ဘူရိဒတ်ဇာတ်[buri.da' za']（名）ブリダッタ本生話、ジャータカ第543話

ဘူး[bu:]（植）ヒョウタン、フクベ、ユウガオ（ウリ科）＝ဝှး

ဘူးခါး[bu:ga:]（植）フクベの1種 Lagenaria vulgaris

ဘူးစင်[bu:zin]（名）ヒョウタンの棚、ヒョウタンの支脚

ဘူးဆို့[bu:zo.]（名）（瓶や樽の）栓、コルク

ဘူးဆို့စပ်၊ဖရဲသီးတော့။（諺）一旦口にした以上は絶対に変えない、厭だと言ったら梃子でも動かぬ（ヒョウタンには南瓜は成らぬ）

ဘူးတောင်း[bu:daun:]（名）ヒョウタンの実、ヒョウタン製品

ဘူးထကရေပေါ။（諺）庇を貸して母屋を取られる、元も子も失ってしまう（ヒョウタンの中の水）

ဘူးရှည်[bu:ʃe]（名）長いヒョウタン

ဘူးလေးရော၊ဖရဲဆင့်။（諺）弱り目に祟り目（ヒョウタンだけでも重いのに南瓜までが加わる）

ဘူးလုံးနာမထွင်း[bu:loun: na:mət'win:]（副）何を言っているのか判らない程、曖昧で ＝ဝှးလုံးနားမထွင်း

ဘူးသီးကြော်[bu:di:ʤɔ]（名）フクベの身を切って油で揚げた食べ物

ဘူးသပိတ်[bu: dəbei']（植）フクベ、ヒョウタン ＝ဝှးသပိတ်

ဘူးသီးမှအရီးတော်။（諺）まさかの時の親戚頼み、貧しい時には素知らぬ振りし、裕福になると恵比須顔を見せる、日和見主義（ヒョウタンが実った途端に伯母面をする）

ဘူး[bu:]（名）缶、箱、容器

ဘူး[bu:]（助動）動詞の前に付けられる မ と組合って否定形を形作る မသွားဘူး။ 行かない မသိဘူး။ 知らない မအိပ်ဘူး။ 眠らない

ဘူးကွယ်[bu: kwɛ]（動）否認する、否定する、白を切る

ဘူးအသင်း[bu: ətin:]（名）1923年に結成されたビルマの政治団体（新行政制度に非協力で、納税拒否を繰り広げた）

ဘူး[bu:]（助動）経験を表わす သင်းကိုကြားဘူးပါတယ်။ 噂は聞いた事がある တခါကပြောဘူးတယ်။ かつて話した事がある ကျုပ်တော့မမြင်ဘူးဘူး။ 僕は見た事がない ဒါမျိုးတခါမှမသောက်ဘူးဘူး။ こういった物は一度も飲んだ事がない မရောက်ဘူးသောမြေ။ 行った事のない土地

ဘေဘေ[p'ep'e]→ဖေဖေ

ဘေလုံ[beloun:]（名）脾臓 ＝ဗေလုံး

ဘေလုံးကြီးကြီးလာ[beloun: tʃi:tʃi: la]（動）脾臓が腫れてくる

ဘေး[be:]（名）曾祖父（祖父の父）

ဘေး[be:]（名）災、災厄、危険

ဘေးကင်း[be: kin:]（動）無事だ、息災だ

ဘေးကင်းရန်ကင်း[be:gin: jangin:]（副）安全に、無事で、無事息災で

ဘေးဆီးရန်စာ[be:zi: janga]①（名）無事、安全、保護 ②（副）災難を防ぐために、厄除けに、災除けに、警戒して、予防線を張って

ဘေးတွေ့[be: twe]（動）災に遭う、災難に遭う、危険に遭遇する

ဘေးထိ[be: t'i.]（動）危険に遭う、害を蒙る

ဘေးဒုက္ခ[be: dou'k'a.]（名）苦難、災難

ဘေးဒဏ်[be:dan]（名）災難、災害

ဘေးဘယာ[be:bəja]（名）危険、禍、災難

ဘေးမသီရန်မခ[be:məti janmək'a.]（副）無事に、安穏に、つつがなく

ဘေးမဲ့[be:mɛ]（副）安全に、保護して

ဘေးမဲ့တော[be:mɛ.tɔ]（名）保護林、禁猟区

ဘေးမဲ့ပေး[be:mɛ. pe:]（動）①保護する、禁猟に

ဘေးမဲ့လွတ်

する ②見逃す、看過する、大目に見る、赦免する
ဘေးမဲ့လွတ်[be:mɛ. ɬuʔ] (動) 釈放する、自由にする、解放する
ဘေးရန်[be:jan] (名) 危険、脅威、障害
ဘေးလွတ်ရာ[be:luʔja] (名) 安全地帯、危険のない場所
ဘေးအကင်းဆုံးဖြစ်[be: əkin:zoun: pʼjiʔ] (形) 最も安全だ、最も危険が少ない
ဘေးဥပါဒ်[be: u.baʔ] (名) 危険、危害 <パ
ဘေးအန္တရာယ်[be: andəjɛ] (名) 災難、禍、災、厄、害 <パ Bhaya Antarāya
ဘေးအန္တရာယ်သင့်[be:andrjɛ tin.] (動) 災を蒙る、被災する
ဘေးအန္တရာယ်သင့်ဒေသ[be:andrjɛ tin. deta.] (名) 被災地
ဘေး[be:] (名) 傍、脇、横、側面
ဘေးကာတံ[be:kadan:] (名) フェンス、側壁
ဘေးကျပ်ခဲနံကျပ်[be:dʑaʔ nandʑaʔ] (副) 身動きが取れない状態で、様々な困難に取囲まれて
ဘေးချင်းကပ်[be:dʑin: kaʔ] (動) 横並びする
ဘေးချင်းတိုက်[be:dʑin: taiʔ]① (動) 肩で押す ②[dʑin:daiʔ] (副) 並んで、互いに接して
ဘေးချင်းယှဉ်[be:dʑin: ʃin]① (動) 肩を並べる、横に並ぶ ② (副) 肩を並べて、横に並んで
ဘေးချိတ်ထား[be: tʃʼeiʼtʼaʔ] (動) 置いておく、差し置く、お預けにする、棚上げにする、未定にしておく、懸案にして置く
ဘေးစကား[be: zəga:] (名) 噂話
ဘေးစောင်း[be:zaun:] (副) 横に、横向きに
ဘေးစောင်းအိပ်သည်။ 横向きに寝る
ဘေးတဖက်တချက်[be: təpʼɛʔtətʃʼɛʔ] (名) 両側
ဘေးတီး[be: ti:] (動) 煽てる、唆す
ဘေးတိုက်[be:daiʔ] (副) 横に、横向きに、横向きのまま、横並びになって ကဏန်းကောင်ဘာကြောင့်ဘေးတိုက်သွားသနည်း။ 蟹はなぜ横向きに歩くのだろうか
ဘေးတွဲ[be:dwɛ:] (名) 船の横に取付けた運搬用艀
ဘေးထိုးရင်ကျပ်[be:tʼo: jintʃʼaʔ] (動) 胃が痛む
ဘေးထိုးရင်ကျပ်နာ[be:do: jindʑaʼna] (病) 胃炎
ဘေးထွက်ပစ္စည်[be:dwɛʔ pjiʼsi:] (名) 副産物
ဘေးနား[be:na:] (名) 側、傍
ဘေးပေါက်[be:bauʔ] (名) ①通用門、潜り戸 ②副業、内職、アルバイト
ဘေးပတ်လည်[be: paʼlɛ] (名) 周囲、周囲一帯、付近一帯
ဘေးပန်းအလုပ်[be:ban: əlouʔ] (名) 副業、内職
ဘေးဖယ်[be: pʼɛ] (動) 押しやる、横に押しやる、押し除ける

ဘေးဖက်[be:bɛʔ] (名) 側面、脇、横の方
ဘေးဘီ[be:bi] (名) ①横、傍、両脇、左右 ②近く、付近
ဘေးဘက်[be:bɛʔ] =ဘေးဖက်
ဘေးလူအဖြစ်နှင့်[be:lu əpʼjiʼnɛ.] (副) 第三者として、当事者でない者として
ဘယ်ကလောက်[bɛ. gəlauʔ] (疑副) どれ程、どれ位、どんなに ဘယ်ကလောက်ကြမ်းတမ်းတဲ့အခြေအနေဖြစ်မလဲ။ どれ程苛酷な状況であろうか
ဘယ်နယ်[bɛ.nɛ] (疑副) 如何に、どのように ဘယ်နယ်လဲ။ どうだね ဘယ်နယ်သဘောရသတုန်း။ どう思うかね ဘယ်နယ်လုပ်မှာလဲ။ どうするつもりなんだ ဒီစောင်ကိုဘယ်နယ်လုပ်ပြီးပြန်ပေးရမှာလဲ။ この毛布をどのようにして返したらよいだろう
ဘယ်နယ်ကြောင့်[bɛ.nɛdʑaun.] (疑副) 何故、どうして
ဘယ်နယ်တုံး[bɛ.nɛdoun:] (疑) どうだね、如何かね
ဘယ်နယ်နေ[bɛ.nɛ ne] (動) どうしている、如何か
ဘယ်နယ်များ[bɛ.nɛmja:] (疑副) どういう風に、一体どのように
ဘယ်နယ်ရှိစ[bɛ.nɛ ʃi.za.] (動) どうだ (参ったか)
ဘဲ့နဲ့[bɛ.nɛ.] (疑副) どのように、如何に =ဘယ်နယ်
ဘဲ့နဲ့ကြောင့်[bɛ.nɛ.dʑaun.] (疑副) 何故、どうして
ဘဲ့နဲ့လဲ[bɛ.nɛ.lɛ:] (疑) どうだね、どうかね
ဘယ်[bɛ] (名) 左 cf. ညာ
ဘယ်ကျော်[bɛdʑɔ] (名) 左利き
ဘယ်ကျော်ဖင်နိုက်၊ ကောက်ရိုးမီးမှိုက်[醪] 禁止事項、タブー、してはならない事 (左手で尻を拭くな、藁に火を付けるな)
ဘယ်ခြေ[bɛʼji] (名) 左足
ဘယ်ညာ[bɛɲa] (名) 左右
ဘယ်ညာဘယ်ညာ[bɛɲa bɛɲa] (号令) 左、右、左、右
ဘယ်ပြန်ညာပြန်[bɛbjan ɲabjan] (副) 左右交互に (叩く、接吻する)
ဘယ်ဘက်[bɛbɛʔ] (名) ①左側 ② (疑代) どちら、どの方
ဘယ်လက်သန်ခူ[bɛlɛʔ tandu] (名) 左利き
ဘယ်သန်[bɛdan] (名) 左利き、ぎっちょ
ဘယ်[bɛ] ①どこ ဘယ်သွား:မလို့လဲ။ ②どの、どれ
ဘယ်က[bɛga.] (疑副) どこから ဘယ်ကလာသလဲ။ どこから来たのか ဒါဘယ်ကရသလဲ။ これはどこで手

ဘယ်ကို[bɛgo]（疑副）どこへ ဘယ်ကိုသွား:ချင်သလဲ။ どこへ行きたいのか
ဘယ်ကိုဘဲ[bɛgobɛ:]（副）どこへ ဘယ်ကိုဘဲသွား:သွား: どこへ行こうと
ဘယ်ကိုမှ[bɛgoma.]（副）否定形、どこへも ဘယ်ကိုမှမကြည့်ဘူး။ どこも見ない ဘယ်ကိုမှမသွား:ပါနဲ့။ どこへも行くな
ဘယ်ကိုမျှ[bɛgomja.]（副）ဘယ်ကိုမှ の文語形
ဘယ်ကိုမျှလည်း[bɛgomja.lɛ:]＝ဘယ်ကိုမျှ
ဘယ်ကောင်မှ[bɛgaunma.]（副）どいつも、いかなる者も
ဘယ်ကမ်း:ဘယ်သောင်[bɛkan: bɛṭaun]（名）①どんな行く先 ②何の目的
ဘယ်ဈေး:[bɛze:]（疑代）①値段は幾ら、どれ位の価格で ②どの市場
ဘယ်တော့[bɛdɔ.]（疑副）いつ（未来の場合） ဘယ်တော့လာမလဲ။ いつ来るのですか ဘယ်တော့ပြန်မှာလဲ いつ帰るのですか cf. ဘယ်တုန်:က
ဘယ်တော့မှ[bɛdɔ.ma.]（副）絶対に、今後絶対に、どんなにしても ဘယ်တော့မှမမေ့ဘူး။ 絶対に忘れない အရက်ကိုဘယ်တော့မှမသောက်တော့ဘူး။ 酒は今後絶対に飲まない ဘယ်တော့မှမစားတော့ပါဘူး။ 今後は絶対に食べない
ဘယ်တော့လောက်[bɛdɔ.lauʔ]（疑副）いつ頃 ဘယ်တော့လောက်ပြောင်းမလဲ။ いつ頃移転するのか
ဘယ်တိုင်:ရင်:သား:ဘဲဖြစ်ဖြစ်[bɛtain:jin:da:bɛ: pʼjiʼpʼji]（副）どの民族であろうと
ဘယ်တုန်:က[bɛdoun:ga.]（疑副）いつ（過去の場合） ဘယ်တုန်:ကထွက်သွား:သလဲ။ いつ出かけたのか
ဘယ်တုန်:ကမှ[bɛdoun:ga.ma.]（副）否定形、いつ如何なる時と言えども အရင်ဘယ်တုန်:ကမှမသောက်ဖူး:ဘူး:။ 以前には一度も飲んだ事がない ဘယ်တုန်:ကမှမပြောခဲ့ပါဘူး။ 絶対に言わなかった
ဘယ်ဒင်:[bɛdin:]（疑副）どちら ဘယ်ဒင်:ကြိုက်သလဲ။ どちらが好きですか
ဘယ်နေရာ[bɛneja]（疑代）どこ
ဘယ်နေရာဘဲဖြစ်ဖြစ်[bɛnejabɛ: pʼjiʼpʼji]（副）どこであろうと、どこであっても
ဘယ်နေရာမှာမှ[bɛnejamama.]（副）どこにも
ဘယ်နည်:နဲ့ဖြစ်ဖြစ်[bɛni:nɛ. pʼjiʼpʼji]（副）何とかして、いかなる方法を講じても
ဘယ်နည်:နဲ့မဆို[bɛni:nɛ. məsʼo]（副）否定形、どんなにしても、どんな方法で以ってしても ဘယ်နည်:နဲ့မဆိုသူနေရစ်ခဲ့လိမ့်မယ်မဟုတ်ဘူး။ 彼は絶対に後に残る事はあるまい

ဘယ်နည်:နဲ့မှ[bɛni:nɛ.ma.]（副）否定形、絶対にどんなにしても、どういう方法で以っても ဒီလောက်အလုပ်ကိုဘယ်နည်:နဲ့မှမလုပ်နိုင်ဘူး။ こんな仕事は絶対にできない ဘယ်နည်:နဲ့မှမမေ့မှာမဟုတ်ဖူး။ 絶対に忘れはしないだろう
ဘယ်နည်:နှင့်မျှ[bɛni:nɛ.mja.]（副）ဘယ်နည်:နဲ့မှ の文語形 ဘယ်နည်:နှင့်မျှသဘောတူကြမည်မထင်။ 絶対に同意はしないだろう
ဘယ်နည်:ဘယ်ပုံ[bɛni: bɛpoun]（名）いかなるやり方、どんな方法
ဘယ်နံရောအခါ[bɛnan jɔ: əkʼa]（副）どんな時
ဘယ်နံရောအခါမှ[bɛnan jɔ: əkʼama.]（副）どんな時にも、どんな時であっても
ဘယ်နှစ်[bɛnə]（疑副）どれ位、どれ程 ဘုန်:ကြီး:ဘယ်နှစ်ပါ:ကြလာမလဲ။ 和尚さんは何人お見えになりますか
ဘယ်နှစ်ကောင်[bɛnəkaun]（疑副）何匹、何頭、何羽 ငါ:ဘယ်နှစ်ကောင်ရင်ပြီလဲ။ 魚は何匹釣れたか
ဘယ်နှစ်ကြိမ်[bɛnətʃein]（疑副）何度、何回、何遍
ဘယ်နှစ်ခါ[bɛnəkʼa]（疑副）何回 တနေ့ဘယ်နှစ်ခါအစာကျွေး:သလဲ။ 1日に何回餌を食わせますか ဘယ်နှစ်ခါလောက်ပြောသလဲ။ 何回位話しましたか
ဘယ်နှစ်ခါဘဲဆိုဆို[bɛnəkʼabɛ: sʼosʼo]（副）何回言おうと、何遍言ろうと
ဘယ်နှစ်ခု[bɛnəkʼu.]（疑副）何個、幾つ အား:လုံ:ဘယ်နှစ်ခုရှိသလဲ။ 全部で幾つありますか
ဘယ်နှစ်ဆ[bɛnəsʼa.]（疑副）何倍
ဘယ်နှစ်နာရီ[bɛnənaji]（疑副）何時 ဘယ်နှစ်နာရီထိုး:ပြီလဲ။ 何時になりましたか
ဘယ်နှစ်ယောက်[bɛnəjaukʼ]（疑副）何人
ဘယ်နှစ်ရက်ဘယ်နှစ်ည[bɛnəjɛʔ bɛnəɲa.]（疑副）何日何夜
ဘယ်ပုံဘယ်နည်:[bɛpoun bɛni:]（名）どのような方法、どんなやり方
ဘယ်ပုံဘယ်နည်:ဖြင့်[bɛpoun bɛni: pʼjin.]（副）どのようにして、どんなやり方で、どういう方法で
ဘယ်~ ဖြစ်ဖြစ်[bɛ~pʼjiʼpʼji]（副）どんな~であろう
ဘယ်~ မဆို[bɛ~məsʼo]（副）どんな~であろうと ဘယ်သူမဆို 誰でも ဘယ်နေရာမဆို どこでも
ဘယ်များ:[bɛmja:]（疑副）一体どこに
ဘယ်မှာ[bɛma]（疑代）どこに、どこで ဘယ်မှာနေသလဲ။ どこに住んでいるのか အခုသူဘယ်မှာလဲ။ 今彼はどこにいるのか ဘယ်မှာအလုပ်လုပ်သလဲ။ どこで働いているのか ဘယ်မှာဝှက်ထား:သလဲ။ どこに隠してあるのか

ဘယ်မှာနေရနေရ[bɛma neja. neja.]（副）どこで暮そうと、どこに住もうと

ဘယ်မှာများ[bɛmamja:]（疑副）一体全体どこに တခြား=ဘယ်မှာများ=ရနိုင်ပါမလဲ။ ほかには一体どこで得られますか

ဘယ်မှာမှ[bɛmama.]（副）否定形、どこにも、どこでも ဘယ်မှာမှမတွေ့ဘူး။ どこにも見当たらない

ဘယ်ရွေ့[bɛjwe.]（副）どれ位、いか程

ဘယ်လို[bɛlo]① （疑副）どのように ② （疑形）どのような အိမ်ကိုဘယ်လိုပြန်ရမလဲ။ 家にどのようにして帰ったらよいだろうか ဘယ်လိုဟင်းမျိုးကြိုက်သလဲ။ どのような惣菜がお好きですか

ဘယ်လိုကြံရကြံရ[bɛlo tʃanja. tʃanja.]（副）どのように企てようと、どんなに考えようと

ဘယ်လိုနည်းနဲ့[bɛlo ni:nɛ.]（副）どのような方法で、どんなやり方で

ဘယ်လိုနည်းနဲ့ဘဲဖြစ်ဖြစ်[bɛlo ni:nɛ.bɛ: p'ji'p'ji']（副）どんな方法であろうと

ဘယ်လိုပင်ခေါ်ခေါ်[bɛlobin k'ɔk'ɔ]（副）たとえどう呼ばうと

ဘယ်လိုပင်ဖြစ်စေ[bɛlobin p'ji'se]（接）とにかく、いずれにしても

ဘယ်လိုဖန်ရဖန်ရ[bɛlo p'an ja p'an ja.]（副）たとえどのように創造しようと

ဘယ်လိုဖြစ်နေနေ[bɛlo p'ji'nene]（副）たとえどうなっていようと

ဘယ်လိုဘဲဆို[bɛlobɛ: s'os'o]（接）何と言おうと、何と言われようと

ဘယ်လိုဘဲပြောပြော[bɛlobɛ: pjɔ:pjɔ:] = ဘယ်လိုဘဲဆို

ဘယ်လိုဘဲဖြစ်ဖြစ်[bɛlobɛ: p'ji'p'ji']（接）仮令どうなっていようと、とにかく

ဘယ်လိုမှ[bɛloma.]（副）どのようにしても、絶対にဘယ်လိုမှသဘောမတူကြဘူး။ どうしても賛成しない ကျမဘယ်လိုမှမအောက်မေ့ပါဘူး။ 私は何とも思わない

ဘယ်လိုလုပ်[bɛlo lou']① （動）どのようにする ဘယ်လိုလုပ်ရပါမလဲ။ どうしたらよいだろうか ② （副）どういう風に、どのようにして ခင်ဗျား=ဘယ်လိုလုပ်သိသလဲ။ あなたはどのようにして知ったのか

ဘယ်လောက်[bɛlau'~bɛlau']（疑代）幾ら、どれ位、いか程 ပိုက်ဆံဘယ်လောက်ပါသလဲ။ お金は幾ら持っているか ဘယ်လောက်ကြာကြာနေဦးမလဲ။ どれ位長い間いるつもりか ဒီကဘယ်လောက်ဝေးသလဲ။ ここからはどれ位遠いのか အသက်ဘယ်လောက်ရှိပြီလဲ။ 年齢は何歳なのか ကန်စွန်းရက်တစည်းဘယ်လောက်လဲ။ エンサイは1束幾らですか

ဘယ်လောက်ပေးပေး[bəlau' pe:pe:]（副）いくら渡そうと、いくら支払おうと

ဘယ်လောက်ဘဲချောချော[bəlau'p'ɛ: ʨɔ:ʨɔ:]（副）どんなに奇麗であっても

ဘယ်လောက်ဘဲပြောပြော[bəlau'p'ɛ: pjɔ:pjɔ:]（副）どれ程言おうと、どんなに言おうと

ဘယ်လောက်လောက်[bəlau'lau']（副）どれ位、どれ程

ဘယ်လောက်အထိ[bəlau' ət'i.]（副）どこまで、どれ程、どれ位迄

ဘယ်သူ[bədu.~bədu.]（疑代）ဘယ်သူ の斜格形 ① ဘယ်သူသမီးလဲ။ 誰の娘か ဒါတွေကဘယ်သူ ထုပ်တွေလဲ။ これらは誰の包みなのか ② 誰を ③ 誰に

ဘယ်သူ့ကို[bədu.go]（疑代）① 誰を ② 誰に ဘယ်သူ့ကိုကျွေးမလဲ။ 誰に食べさせるのか

ဘယ်သူ့ကိုမှ[bədu.go məs'o]（副）誰に対しても

ဘယ်သူ့မှ[bədu.goma.]（副）誰にも ဘယ်သူ့ကိုမှ မပြောနဲ့။ 誰にも言うな

ဘယ်သူ့ငှါးငှါး[bədu. ŋa:ŋa:]（副）① 誰を雇おうと ② 誰に貸そうと

ဘယ်သူ့နဲ့[bədu.nɛ.ma.]（副）誰とも、誰にも

ဘယ်သူ့မှာ[bədu.ma.]（副）誰にも ဘယ်သူ့မှဒုက္ခမပေးဘူး။ 誰にも迷惑は掛けない

ဘယ်သူ့အပေါ်မှာ[bədu. əpɔma]（副）誰に対しても

ဘယ်သူ[bədu~bədu]（疑代）誰、誰が အိမ်မှာဘယ်သူရှိသလဲ။ 家には誰が居るのか

ဘယ်သူ့က[bəduga.]（疑代）誰が

ဘယ်သူ့ကမှ[bəduga.ma.]（副）否定形、誰も

ဘယ်သူဖြစ်ဖြစ်[bədu p'ji'p'ji']（副）誰であれ、誰でも

ဘယ်သူဘယ်ဝါ[bədu bɛwa]（疑代）誰のだれがし、どこのどなた、何者

ဘယ်သူဘဲဖြစ်ဖြစ်[bədubɛ: p'ji'p'ji']（副）誰であろうと

ဘယ်သူရရ[bədubɛ: ja.ja.]（副）誰が得ようと、誰が獲得しようと

ဘယ်သူမဆို[bədu məs'o]（副）誰でも、全員 အလုပ်လုပ်တဲ့လူကိုဘယ်သူမဆိုချစ်ကြတာဘဲ။ 誰でも働いている人が好きだ

ဘယ်သူမပြု၊ မိမိမှု။（諺）自業自得、身から出た錆（誰もしない、したのは自分）

ဘယ်သူမှ[bəduma.]（副）否定形、誰も ဘယ်သူမှမရှိ ကြဘူး။ 誰もいない ဘယ်သူ့မှာအပြင်မထွက်ကြနဲ့။ 誰も外へ出るな တညလုံးဘယ်သူမှအိပ်ကြပါဘူး။ 一晩中も寝なかった

ဘယ်သူ့မျှ[bədumja.]（副）ဘယ်သူ့မှ の文語形

ဘယ်သူလာခေါ်ခေါ်[bədu la k'ɔk'ɔ]（副）誰が呼びに来ようと

ဘယ်သူသေသေ[bədu tete]（副）誰が死のうと

ဘယ်သူသေသေ၊ငတေမာပြီးရော။（諺）利己主義、自分さえよければ他人の事などどうでもよい（誰が死のうと、ンガ・テーさえ元気ならそれでよい）

ဘယ်သောအခါမှ[bɛdɔ: ək'ama.]（副）否定形、いつ如何なる時と言えども、絶対に

ဘယ်သို့[bedɔ.]（疑副）どのように、どんなに ထိုနတ်သားသည်ကိုယ်တော်ကိုဘယ်သို့ဆိုသနည်း။ その神様は君達になんと言われたのか

ဘယ်သို့ဆိုစေ[bedɔ. s'oze]（接）とにかく、いずれにせよ

ဘယ်သို့ဘယ်ညာ[bedɔ. beɲa]（副）如何様に、どのように、どういう風に

ညယ်သို့မျှ[bedɔ.mja.]（副）どんなにしても

ဘယ်သင်္ဂ[bedinga.]（副）どれが、どちらが

ဘယ်သွားသွား[be twa:twa:]（副）どこへ行こうと

ဘယ်ဟာ[beha]（疑代）どれ、ဘယ်ဟာမှန်သလဲ။ どちらが正しいですか

ဘယ်ဟာက[behaga.]（疑代）どちらが

ဘယ်ဟာကို[behago]（疑代）どちらを ဘယ်ဟာကိုအကြိုက်ဆုံးလဲ။ どちらが一番好きか

ဘယ်ဟာကိုမှ[behagoma.]（副）否定形、どんな物でも、何でも

ဘယ်ဟာမဆို[beha məs'o]（副）どれでも、皆

ဘယ်ဟုတ်မလဲ[bɛ hou²məlɛ:]（動）とんでもない そんな事はあり得ない

ဘယ်အကြောင်းကြောင့်[bɛ ətʃaun. dʒaun.]（副）どういう訳で、どのような理由で

ဘယ်အခါကမျှ[bɛ ək'aga.mja.]（副）否定形、どんな時にも、今まで一度も

ဘယ်အခါတုန်းကမှ[bɛ ək'adoun:ga.ma.]（副）否定形、いつでも、どんな時でも

ဘယ်အခါမဆို[bɛ ək'a məs'o]（副）いつでも

ဘယ်အချိန်[bɛ ətʃein]（疑副）いつ、何時に ဘယ်အချိန်ကျောင်းတက်မလဲ။ 何時に登校するのか

ဘယ်အချိန်ဘယ်အခါမဆို[bɛ ətʃein bɛ ək'a məs'o]（副）いつでも、どんな時でも

ဘယ်အချိန်မဆို[bɛ ətʃein məs'o]（副）どんな時でも、いつでも

ဘယ်အတွက်ကြောင့်[bɛ ətwɛ²tʃaun.]（副）どういう訳かで、いかなる理由で

ဘယ်အရပ်[bɛ əjaʔ]（疑代）どちらの方向、どちらの方角

ဘယ်ဂျီယံ[bɛdʒijan]（国）ベルギー

ဘယ်ထရီအိုး[bɛt'əri o:]（名）蓄電池、バッテリー

ဘယ်ရီဘယ်ရီ[bɛribɛri]（名）脚気 =ဗယ်ရီဗယ်ရီ

ဘဲ[bɛ:]（助）先行名詞の強調 အားလုံးကသိပြင်းကြတယ်။ 皆が否定した ကျုပ်ဘဲသွားမယ်။ 僕が行く ဒီမှာဘဲခကစောင့်နေပါ။ ここで暫く待っていなさい ဒီလူကိုတခါဘဲမြင်ဘူးတယ်။ この人を一度だけ見た事があるရုပ်ရှင်ရုံဆိုလို့တရုံဘဲရှိတယ်။ 映画館と言っては1軒しかないဒီနေ့တော့လာဘက်ရည်ဘဲသောက်တော့မယ်။ 今日はお茶だけを飲もう

~ဘဲ[bɛ:]（接助）ရုံ に連接して、単に～するだけ ဖတ်ရုံဘဲဖတ်ကြည့်။ 読むだけ読んでみろ

~ဘဲ[bɛ:]（助）文末で使用、断定、叙述を表わす、～だ、～である ဒီကနေ့တော့မွေးနေ့ဘဲ။ 今日は誕生日だ ဒါတော့လူတိုင်းသိတာဘဲ။ この事は皆が知っている ဒီနေ့ကျောင်းပိတ်တာဘဲ။ 今日は学校が休みだ အဲ့ဒီမြွေဟာမြွေဟောက်ဘဲ။ その蛇はクサリヘビだ စစ်ဆိုတာလူသားလုံးရဲ့ရန်သူပါဘဲ။ 戦争というのは人類全ての敵である

~ဘဲ[bɛ:]（接助）否定詞 ဘူး の連用形、否定詞 မ と組合って、～せずに、～しないで မစားဘဲပြန်သွားတယ်။ 食べずに帰って行った ဘာမှမပြောဘဲထွက်သွားတယ်။ 何も言わずに出て行った

ဘဲ[bɛ:]（鳥）アヒル

ဘဲကျား[bɛ:dʒa:]①（鳥）コガモ（ガンカモ科）Anas crecca ②（副）こってりと、部厚く、濃厚に သန်ခါးဘဲကျား;နှင့် ナガエミカンをこってりと（塗る）

ဘဲခေါင်းစိမ်း[bɛ: gaun:zein:]（鳥）マガモ（ガンカモ科）Anas plastyrhynchos

ဘဲငန်း[bɛ:ŋan:]（鳥）①ガン ②鶩鳥

ဘဲစာမြက်[bɛ:za:mjeʔ]（植）ヒメビエ（イネ科）Brachiaria reptans

ဘဲတူပျံ[bɛ:du p'jandu]（動物）カモノハシ

ဘဲထိ[bɛ:di:]（名）牡の家鴨

ဘဲပြာကလေး[bɛ:bjagəle:]（鳥）シマアジ（ガンカモ科）Anas querquedula

ဘဲမ[bɛ:ma.]（名）雌の家鴨

ဘဲရဲ[bɛ:ji²]（鳥）オナガガモ（ガンカモ科）Anas acuta

ဘဲလိပ်ကြီး[bɛ:lei²tʃi:]（魚）オニイトマキエイ、マンタ

ဘဲသား[bɛ:da:]（名）家鴨の肉

ဘဲသွားသွား[bɛ:dwa: twa:]（動）家鴨のように歩く、お尻を振り振り歩く

ဘဲဥ[bɛ:u.]（名）家鴨の卵

ဘဲဥပုံ[bɛ:u.boun]（名）楕円形、長円形

ဘဲဥအစ၊ရှာမရ။ (諺) 起源が定かでない（家鴨の卵の起源は見つからない）
ဘဲအိုး[bɛ:u.o:] (名) 家鴨の卵を保存するための大型の甕
ဘဲလေး[bɛle:] (名) (舞踊の) バレー
ဘောလုံး[bɔ.loun:] (名) サッカー・ボール ＝ဘောလုံး ＝ဘောလုံး
ဘောလုံးကန်[bɔ.loun: kan] (動) サッカーをする
ဘော[bɔ] (名) 銀、純銀
ဘောကြော့[bɔ tɕɔ.] (名) 苦労しない、真剣味に欠ける
ဘောကျော်မောင်[bɔdʑɔ.maun] (名) のらくら者、奢侈逸楽に耽る者 ＝ပေါကျော်မောင်
ဘောတွင်း[bɔdwin:] (地) ボードウイン（シャン州北部にある銀鉱山）
ဘောဒါ[bɔda] (名) ①下宿、寄宿舎、寮 ②寄宿生、下宿人 ＜英 Boarder
ဘောဒါကျောင်းဆောင်[bɔda tɕaun:zaun] (名) 学校の寮、寄宿舎
ဘောဒါဆောင်[bɔdazaun] (名) 下宿、寮、寄宿舎
ဘောဒီအင်္ကျီ[bɔdi ingji] (名) 女性用下着、シュミーズ ＜英 Bodice
ဘော်ပြ[p'ɔpja.] ＝ဖော်ပြ
ဘော်ပြချက်[p'ɔpja.ja]① (名) 説明した事柄 ② (接) 説明したところ
~ဘော်မရ[bɔ meja.~p'ɔ meja.] (助動) 手伝ってやれない ကျနော့်ကိုတော့ဘာမှတိုက်ဖော်မရဘူး။ 私には何も飲ませてくれなかった အလုပ်အကိုင်တော့ဘာမှလုပ်ဖော်မရဘူး။ 仕事は何もしてくれない ဖေဖေနေမကောင်းတာကြောင့်လာကြည့်ဖော်မရဘူး။ お父さんは病気だったので見に来てあげる事ができなかった
ဘော်ရွှေ[p'ɔjwe] ＝ဖော်ရွှေ
ဘော်လီ[bɔli] ＝ဘော်ဒီ ＝ချေးခံအင်္ကျီ။
ဘော်လီဘော[bɔlibɔ:] (名) バレーボール ＜英
ဘော်လုံး[bɔloun:] ＝ဘောလုံး
ဘော်လုံးကစား[bɔloun: gəza:] (動) サッカーをする
ဘော်လုံးပွဲ[bɔloun:bwɛ:] (名) サッカー競技、サッカー試合
ဘောဂဗေဒ[bɔ:ga.beda.] (名) 経済学 ＜パ
ဘောဇခိုင်း[bɔ:zəgain:] (植) ギンネム、ギンゴウカン（ネムノキ科） Leucaena glauca
ဘောဇဉ်[bɔ:zin] (名) (出家の) 正食 cf. ခဲဖွယ်
ဘောဇဉ်ခဲဖွယ်[bɔ:zin k'ɛ:bwɛ]＝ဘောဇဉ် ＜パ
ဘောဇဉ်ငါးပါး[bɔ:zin ŋa:ba:] (名) 五正食（米、小麦、菓子、魚、肉）

ဘောပင်မင်ချောင်း[bɔ:pin minɕaun:] (名) ボールペン ＜英 Ball Pen
ဘောလယ်[bɔ:lɛ] (名) ビルマの古典歌謡の1種
ဘောလောဘောလော[p'ɔ:lɔ: p'ɔ:lɔ:] (副) ぷかぷかと
ဘောလုံး[bɔ:loun:] ＝ဘောလုံး
ဘောလုံးကစား[bɔ:loun: gəza:ɕin:] (名) サッカー
ဘောလုံးကန်[bɔ:loun: kan] (動) サッカーをする
ဘောလုံးပွဲ[bɔ:loun:bwɛ:] (名) サッカー試合
ဘောသမား[bɔ:dəma:] (名) サッカー選手
ဘို့[bo.]① (接助) ~するため、~するべく、~するように လက်ဆေးဘို့ဆပ်ပြာပေးပါ။ 手を洗うため石鹸を下さい မသွားဘို့တော်းပန်ချင်တယ်။ 行かないようにお願いしたい အမြန်လာဘို့ပြောပါ။ 早く来るように言いなさい ခင်ဗျား ဘာမှပြောဘို့မလိုဘူး။ あなたは何も言う必要はない ② (尾) 動名詞形成、~するのは、~する事が、~する事を အိမ်ကောစောစောပြန်ဘို့အရေးကြီးတယ်။ 家へ早く帰る事が重要だ ချမ်းသာကြွယ်ဝဘို့တော်မမျှော်လင့်ကြနဲ့။ 裕福になる事は期待するな နောက်ထပ်ကမ္ဘာစစ်ကြီးဖြစ်ဘို့တယ်သူကမလိုလား ကြဘူး။ もう一度世界大戦が起きる事は誰も望んでいない
ဘို့[bo.~p'o.] (名) 分、分け前、取り分、所有分 ＝ခဲ ခင်ဗျား ဘို့နို့နို့ဒီမှာရှိတယ်။ あなたの分の牛乳はここにある ဒါတွေမင်ဘို့အယ်လာတာ။ これらは君の分として買ってきたのだ အဲဒါကနေ့ဘို့ဉ်စာ။ それは今日の分の食事だ
~ဘို့ကောင်း[bo.kaun:] (助動) ~に値する、~するべきだ သနား ဘို့ကောင်းတယ်။ 実に可哀相だ တွားသွားကောင်တွေဟာကြောက်ဖို့ကောင်းတယ်။ 爬虫類は誠に恐ろしい တခါတလေများသတိရဘို့ကောင်းသည်။ 時には思い出しても良い筈だ စေတနာကိုလေးစားဘို့ကောင်းတယ်။ 善意は貴ばれてしかるべきだ လူတွေသေနေကြတာသိဘို့ကောင်းတယ်။ 人が死んでいる事は実に恐るべき事だ
ဘို[bo] (名) 西洋人、白人 ＝ဗိုလ်
ဘိုကတော်[bo gədɔ] (名) 白人の奥様 ＝ဗိုလ်ကတော်
ဘိုချိုပေါင်[bo tɕinbaun] (名) 英緬混血児
ဘိုစိတ်ပေါက်[bozei' pau'] (動) 西洋人的な気持になる、西洋人的な感情を抱く ＝ဗိုလ်စိတ်ပေါက်
ဘိုဆန်[bo s'an] (形) 西洋人風だ ＝ဗိုလ်ဆန်
ဘိုသီအတ်သီ[bodi ba'ti] (副) 乱雑に、無造作に、だらしなく、ぼさぼさに、髪振り乱して
ဘိုး[bo:] (名) 代金、料金、値段、費用 ဆာတ်ဆီဘိုး ガソリン代 အဝတ်အစားဘိုး 衣装代
ဘိုး[bo:] (名) 祖父

ဘိုးငယ်ဘွား:ငယ်[bo:ŋɛ bwa:ŋɛ]（名）義理の祖父母（実の祖父母いずれかの再婚相手）
ဘိုးစဉ်တောင်ဆက်[bo:zin baunzɛ']（副）先祖代々
ဘိုးတော်[bo:dɔ]（名）①祖父君、御祖父 ②精霊、神
ဘိုးတော်ဘုရား[bo:dɔp'əja:]（人）ボードーパヤー（コンバウン朝第6代の国王、1781-1819）
ဘိုးဘ[bo:ba.]（名）祖先
ဘိုးဘပိုင်[bo:ba.bain]（名）世襲の財産、先祖の遺産、先祖伝来の物
ဘိုးဘေးဘီဘင်[bo:be:bibin]（名）先祖（男性の第2、3、4、5代前の先祖）
ဘိုးဘိုး[p'o:p'o:]（名）お爺ちゃん
ဘိုးဘိုးကြီး[bo:bo:dʒi:]（名）ボーボージー（精霊の司）
ဘိုးဘိုးအောင်[bo:bo:aun]（名）ボーボーアウン（今も生きていると信じられている歴史上の人物、白衣を纏い、杖をついた画像が仏壇に飾られている）
ဘိုးဘွား[bo:bwa:]（名）祖父母
ဘိုးဘွားစဉ်ဆက်[bo:bwa: sinzɛ']（副）先祖代々
ဘိုးဘွားဘီဘင်[bo:bwa:bibin]（名）先祖
ဘိုးဘွားရိပ်သာ[bo:bwa: jei'ta]（名）養老院、老人ホーム
ဘိုးမွေဘွားမွေ[bo:mwe bwa:mwe]（名）先祖伝来の品、家宝
ဘိုးရင်းဘွားရင်း[bo:jin: bwa:jin:]（名）実の祖父母、血の繋がった祖父母、直系尊属としての祖父母
ဘိုးသူတော်[p'o:tudɔ]（名）寺男（頭を剃り、白い衣を纏い、毎日八斎戒を護持してはいるが出家ではなく、出家の世話をする在家の信者、托鉢で暮らしている→ဖိုးသူတော်
ဘိုးအေ[p'o:e~bo:e]（名）お爺ちゃん、祖父
ဘက်[bɛ'~p'ɛ']（名）①側 ဟိုဘက် 向う側 ဒီဘက် こちら側 တောင်ဘက် 南側 မြောက်ဘက် 北側 ②方向、方面 အိမ်ဘက်သို့ 家の方へ
ဘက်စုံ[bɛ'soun]①（名）万能 ②（形）多角的な、多面的な、多方面の、多彩な、万能な、総合的な ③全科目に優れている
ဘက်စုံကြိုးပမ်းမှု[bɛsoun tʃo:ban.mu.]（名）多面的努力
ဘက်စုံတော်[bɛ'soun tɔ]（形）全科目優秀だ
ဘက်စုံထောင့်စုံ[bɛ'soun daun.zoun]（副）多面的に、多角的に、あらゆる角度から
ဘက်ညီ[bɛ'ɲi]（形）斑（むら）のない、均一の、調和がとれた、釣り合いのとれた、よく揃った

ဘက်တော်သား[bɛ'tɔda:]（名）腹心、側近
ဘက်ပေါင်းစုံ[bɛ'paun:zoun]（名）全面、多面、多角的方面
ဘက်ပြောင်းလာ[bɛ'pjaun:la]（動）①鞍替えする ②亡命してくる
ဘက်ပြိုင်[p'ɛ'pjain]（動）競う、張り合う、対抗する ＝ဖက်ပြိုင်
ဘက်မညီ[bɛ'mɲi]（形）組合わせがうまく行かない
ဘက်မလိုက်[bɛ'məlai']（形）偏らない、一方に偏しない
ဘက်မလိုက်နိုင်ငံများ:[bɛ'məlai' nainganmja:]（名）非同盟諸国
ဘက်မလိုက်ရေး[bɛ'məlai'je:]（名）中立
ဘက်မလိုက်လှုပ်ရှားမှု[bɛ'məlai' ɬou'ʃa:mu.]（名）非同盟運動、非同盟の活動
ဘက်မလိုက်ဝါဒ[bɛ'məlai' wada.]（名）非同盟主義、非同盟政策
ဘက်မလိုက်အဖွဲ့[bɛ'məlai' əp'wɛ.]（名）非同盟グループ
ဘက်လိုက်[bɛ'lai']（動）偏る、偏見を抱く、えこ贔屓をする、不公平に扱う
ဘက်လိုက်မှု[bɛ'lai'mu.]（名）一方への偏り、一方的贔屓
ဘက်[p'ɛ']（動）抱く、抱擁する ＝ဖက်
ဘက်စပ်[p'ɛ'sa']①（形）合弁で ②（名）合弁企業
ဘက်ပိုက်[p'ɛ'pai']（動）抱き締める
ဘက်ယမ်း[p'ɛ'jan:]（動）抱いて揺り動かす
ဘက်တံ[bɛ'tan]（名）①（テニスの）ラケット ②（野球の）バット ＝ဖက်တံ
ဘက်ထရီ[bɛ't'əri:]（名）バッテリー、蓄電池
ဘက်ထရီအားသွင်းစက်[bɛ't'əri a:twin:zɛ']（名）充電器
ဘက်ထရီအိုး[bɛ't'əri:o:]＝ဘက်ထရီ
တောက်[p'au']＝ဖောက်
တောက်ကာ:[p'au'ka:]＝ဖောက်ကာ:
တောက်ချာ[bau't'ʃa]（名）請求書、明細書、領収書 ＝ဖောက်ချာ
တောက်ဆတ်ဆတ်[bau's'a's'a']（副）ぶっきら棒に、横柄に တောက်ဆတ်ဆတ်ပြောလိုက်တယ်။ ぶっきら棒に言った
တောက်ပြန်[p'au'pjan]＝ဖောက်ပြန်
တောက်သည်[p'au't̪ɛ]＝ဖောက်သည်
တောက်သည်ရေး:[p'au't̪ɛze:]＝ဖောက်သည်ရေး:
ဘိုင်ရွှေ[bai'ʃwe:]=ပိုက်ရွှေ
ဘင်[bin]（名）①五代前の先祖、ဘီ の父 ②白鉛＝ခဲဖြူ ③（病）淋巴腺腫、鼠けい淋巴腺腫

ဘင်[bin] (名) 楽団、楽隊
ဘင်ခရာ[bin kʻəja] (名) ブラスバンド
ဘင်ခရာတီးဝိုင်း[bin kʻəja ti:wain:] (名) ブラスバンド、鼓笛隊
ဘင်ခရာအဖွဲ့[bin kʻəja əpʻwɛ.] =ဘင်တီးဝိုင်း
ဘင်တီးဝိုင်း[bin ti:wain:] =ဘင်
ဘင်[bin] (名) 排泄物、大便
ဘင်ပေါ်[binbouʔ] (名) 糞尿 =ပေဖင်
ဘင်ဂျို[binʤo] (名) (楽器の) バンジョー ＜英
ဘင်သား[binda:] (名) (農業用水路、用水池の維持補修を行う) 灌漑労務者
ဘင်း[bin:] (植) アサ、タイマ、インドタイマ (イラクサ科) Cannabis sativa =ဂန်စာ၊ဆေးခြောက်။
ဘင်္ဂလား[bin:gəla:] (地) ベンガル
ဘင်္ဂလားဒေ့ရှ်[bin:gəla:deʃ] (国) バングラデシュ
ဘင်္ဂလားအော်[bin:gəla: ɔ] (地) ベンガル湾
ဘောင်[baun] (名) ①祖母 ②六代前の先祖 (高祖父の祖父)
ဘောင်[pʻaun] (名) 筏、小舟 →ဖောင်
ဘောင်တော်[pʻaundɔ] (名) 御座舟
ဘောင်[baun] ①枠、枠組み、範囲、限界 ဥပဒေ ဘောင် 法律の枠 ②額縁 ကား:ဘောင် 額縁入りの絵画 မှန်ဘောင် 枠入りの鏡
ဘောင်ကျဉ်း[baun tʃin:] (形) 枠が小さい、範囲が狭い
ဘောင်ခတ်[baun kʻaʔ] (動) 枠を嵌める、限定する
ဘောင်ဝင်[baun win] (動) 枠に収まる
ဘောင်သွင်း[baun twin:] (動) ①枠に納める ②額に入れる
ဘောင်ဘင်ခတ်[baunbin kʻaʔ] (動) ①水面が波打つ 水面が波打って音を立てる ②ざわつく、落着かない、動揺する ③半人前のくせに一人前ぶる
ဘောင်း[baun:] (名) 杵と回回し棒とを繋ぐ木製の柄
ဘောင်းဘီ[baun:bi] (名) ズボン
ဘောင်းဘီတို[baun:bido] (名) 半ズボン
ဘောင်းဘီရှည်[baun:biʃe] (名) 長ズボン
ဘိုင်[bain] (植) テトラメリス Tetrameles nudiflora 大木の1種
ဘိုင်ကျ[bain tʃa.] (形) 文無しだ、無一文だ
ဘိုင်စကုပ်[bainsəkouʔ] (名) 映画 ＜英 Bioscope
ဘပ်[pʻaʔ] =ဖတ်
ဘပ်ကြာ:[pʻaʔtʃa:]= ဖတ်ကြာ:
ဘပ်စာ[pʻaʔsa] =ဖတ်စာ
ဘပ်ပြ[pʻaʔpja.] =ဖတ်ပြ
ဘပ်ရှပ်[pʻaʔjuʔ] =ဖတ်ရှပ်

ဘတ်ဂျက်[baʔʤɛʔ] (名) 予算 ＜英 Budget
ဘတ်ဂျက်စာရင်း[baʔʤɛʔ səjin:]=ဘတ်ဂျက်
ဘတ်ဂျက်ရုံငွေစာရင်း[baʔʤɛʔ janbounŋwe səjin:] (名) 予算案
ဘတ်စကား[baʔsəka:] (名) バス、乗合い自動車＜英
ဘတ်စကားမှတ်တိုင်[baʔsəka: m̥atain] (名) 停留所、バス停
ဘတ်စကားရပ်တိုင်[baʔsəka: jaʔtain] (名) 停留所
ဘတ်စကက်ပြိုင်ပွဲ[baʔsəkɛʔ pjainbwɛ:] (名) バスケットボール競技、バスケットボールの試合 ＜英
ဘတ်စကက်ဘော[baʔsəkɛʔbɔ:]=バスケットボール
ဘဒ္ဒကပ်[baʔda. kaʔ] (名) 賢劫 (五仏が悟りを開いた時代) ＜パ Bhadda サ Kalpa
ဘဒ္ဒကမ္ဘာ[baʔda. gəba] =ဘဒ္ဒကပ်
ဘိတ်[pʻeiʔ] =ဖိတ်
ဘိတ်စာ[pʻeiʔsa] =ဖိတ်စာ
ဘိက္ခု[beiʔkʻu.] (名) 比丘 ＜パ Bhikkhu
ဘုတ်[pʻouʔ] (名) 墓地に棲む鬼、地中に棲む鬼、鬼神 =ဖုတ် ＜パ bhuta
ဘုတ်ကောင်[pʻouʔkaun] =ဘုတ်
ဘုတ်ကျည်းသင်း[pʻouʔtʃi: tin:ʤo] (動) 荼毘に付す
ဘုတ်ဝင်[pʻouʔ win] (動) 鬼霊に取付かれる
ဘုတ်[bouʔ] (鳥) ハシナガバンケン (ホトトギス科) Centropus sinensis
ဘုတ်ကျီးရှိသေ့။ကျီးဘုတ်ရှိသေ့။ 相身互い、相互主義
ဘုတ်လုတ်ဖယ်ခုတ်[bouʔtəlouʔ zɛkʻouʔ] (名) 篭目篭目に似た遊び (目隠しをして人を捕まえさせる遊び)
ဘုတ်ထိုင်ထိုင်[bouʔtʻain tʻain] (動) 地面に腰を降ろし膝を立てて座る (囚人の座り方)
ဘုတ်ထိုင်း[bouʔtʻain:] (名) でぶ、百貫でぶ
ဘုတ်ထိုင်းထိုင်း[bouʔtʻain:dain:]=ဘုတ်ထိုင်း
ဘုတ်နံ[bouʔnan] (鳥) クロバンケン (ホトトギス科) Centropus toulou
ဘုတ်သိုက်[bouʔtaiʔ] (副) 髭がもじゃもじゃで、だらしがなくて、だらりと下がって
ဘုတ်အီ[bouʔ i] (動) ハシナガバンケンが鳴く
ဘုတ်[bouʔ] (名) 庁 ＜ 英 Board
ဘုတ်အဖွဲ့[bouʔ əpʻwɛ.] =ဘုတ်
ဘုတ်အုပ်[bouʔ ouʔ] (名) 本、書物
ဘန်[ban] (名) 銀行 ＜英 Bank
ဘန်ခွဲ[bangwɛ:] (名) 銀行の支店
ဘန်စောင့်[banzaun.] (名) 銀行の警備員
ဘန်စနစ်[ban səniʔ] (名) 銀行制度

ဘက်တိုးနှုန်း[bando:ṇoun:] (名) 銀行の貸出し利率
ဘက်တိုက်[bandai'] =ဘက်
ဘက်တိုက်ဖွင့်[bandai' p'win.] (動) 銀行を開設する
ဘက်ခား:ပြတိုက်မှု[ban dəmja.tai'ṃu.] (名) 銀行強盗
ဘက်လုပ်ငန်း[ban lou'ṇan:] (名) 銀行業務
ဘက်ဝန်ထမ်း[ban wundan:] (名) 銀行員
ဘက်အတိုးနှုန်း[ban əto:ṇoun:] (名) 銀行の金利
ဘက်အမှုထမ်း[ban əmu.dan:] =ဘက်ဝန်ထမ်း
ဘဏ္ဍာ[banda] (名) 財政 <ပ Bhaṇḍa
ဘဏ္ဍာတော်ရေးဆိုင်ရာဌာန[bandado:je: s'ain ja t'ana.] (名) 財務当局
ဘဏ္ဍာတိုက်[bandadai'] (名) 国庫
ဘဏ္ဍာထိန်း[bandadein:] (名) 出納員、収入役
ဘဏ္ဍာရေး[bandaje:] (名) 財政、財務
ဘဏ္ဍာရေးနှစ်[bandaje:ṇi'] (名) 会計年度
ဘဏ္ဍာရေးဌာနဝန်ကြီး[bandaje:t'ana. wunǰi:] (名) 財務省、大蔵省
ဘဏ္ဍာရေးနှင့်အခွန်ဝန်ကြီးဌာန[bandaje:nɛ. ək'un wunǰi: t'na.] (名) (1989年以降のミャンマーの) 大蔵省
ဘဏ္ဍာရေးပြုပြင်ပြောင်းလဲမှု[bandaje: pju.bjin pjaun:lɛ:ṃu.] (名) 財政改革
ဘဏ္ဍာရေးဝန်ကြီး[bandaje: wunǰi:] (名) 財務相、蔵相
ဘဏ္ဍာရေးဝန်ကြီးဌာန[bandaje:wunǰi: t'ana.] (名) (1988年以前のビルマの) 大蔵省、財務省
ဘန်ပွေး[ban.bwe:] (植) モクマオウ Careya arborea =ဝန်ပွေး
ဘန်ကာ[banka] (名) 地下の掩蔽壕 <英 Bunker
ဘန်ကောက်[bangau'] (地名) バンコク =ဗန်ကောက်
~ဘန်များ:[ban mja:] (形) →~ဖန်များ:
ဘန်:[ban:] (名) (割竹で編んだ、底が平で浅い) 笊 =ဘန်:
ဘန်:စကား:[ban: zəga:] (名) 俗語、隠語 =ဝန်:စကား:
ဘန်:ပြ[ban: pja.] (動) だしに使う、口実にする、見せかける、形の上でする、表面上する、うわべを取り繕う、見た目をよくする =သမ်:ပြ
ဘိန်:[bein:] ① (植) ケシ (ケシ科) Papaver somniferum ② (名) 阿片
ဘိန်:ခင်:[bein:gin:] (名) ケシ畑
ဘိန်:ခန်:[bein:gan:] (名) 阿片窟
ဘိန်:ချ[bein: tʃa.] (動) 阿片を密売する
ဘိန်:စာ[bein:za] (植) アヘンボク (アカネ科) Mitragyna speciosa
ဘိန်:စား:[bein:za:] (名) 阿片患者、阿片吸引者、阿片中毒者
ဘိန်:စေ့[bein:zi.] (名) ケシの種
ဘိန်:စိမ်း[bein:zein:] (名) 阿片、生阿片
ဘိန်:စိတ်ပေါက်[bein:zei' pau'] (動) 阿片中毒になる、正常な判断力を失う
ဘိန်:စွဲ[bein: swɛ:] (動) 阿片を常用する、阿片に耽溺する
ဘိန်:နီ[bein:ni] (植) ヒナゲシ、グビジンソウ (ケシ科) Papaver rhoeas
ဘိန်:နွယ်[bein:nwɛ] (植) ホザキサルノオ (キントラノオ科) Hiptage madablota
ဘိန်:ပင်[bein:bin] (植) ケシ
ဘိန်:ဗျု[bein:bju] (名) ヘロイン
ဘိန်:ဗျုစွဲ[bein:bju swɛ:] (動) ヘロイン中毒になる、麻薬中毒になる
ဘိန်:ဖို[bein:bo] (植) サケバヤトロパ (トウダイグサ科) Jatgropa multifida
ဘိန်:မူး[bein: mu:] (動) 阿片に酔う、誇大妄想を引き起こす
ဘိန်:မုန့်[bein:moun.] (名) ビルマ製菓子の1種 (米の粉を原料に椰子砂糖、ココナッツを加えて裏表を焼いた上、ケシの種を表面にまぶした食べ物)
ဘိန်:မိန်:[bein: ṃein:] (動) 阿片を吸引して陶酔する
ဘိန်:ရှူ[bein: ʃu] (動) 阿片を吸引する
ဘုံ:ပွေး:[p'oun:pe:] (動) 出家が食事をする、食事を召し上がる →ဆွမ်း:ဘုံ:ပွေး:၊ <ပ Bhunja
ဘုန်:[p'oun:] (名) ①果福、前生の行いの結果 ②威徳、威光、栄光、誉 ③徳
ဘုန်:ကံ[p'oun:kan] (名) 威徳、威光、威力、因果
ဘုန်:ကံနိမ့်[p'oun:kan nein.] (動) 威徳が衰える
ဘုန်:ကြီ:[p'oun: tʃi:] ① (動) 果福が大きい、威徳が盛んだ、威徳が強力だ ②[p'oun:ǰi:] (名) お坊様、和尚、住職、僧侶
ဘုန်:ကြီ:ကျောင်:[p'oun:ǰi: tʃaun:] (名) 寺、僧坊
ဘုန်:ကြီ:ကျောင်:သား:[p'oun:ǰi: tʃaun:da:] (名) 寺小僧、学童、稚児
ဘုန်:ကြီ:စာချ။ (諺) 釈迦に説法 (和尚に文字を教える)
ဘုန်:ကြီ:တစေ္ဆ၊သံဗုဒ္ဓေရွတ်၍မကြောက်။ (諺) 馬の耳に念仏、蛙の面に小便、一向に効き目がない (成仏しなかった和尚さんの幽霊、三菩提経を唱えても効き目なし)

ဘုန်းကြီးပျံ[p'oun:dʑi:bjan]（名）住職の葬儀、和尚さんの葬儀（盛大な火葬を行なう）

ဘုန်းကြီးပျံဒုံးတိုက်ပွဲ[p'oun:dʑi:bjan doun:tai'pwe:]（名）ロケット式花火を飛ばして行う住職の火葬

ဘုန်းကြီးပျံသာဓုကီဠနသဘင်[p'oun:dʑi:bjan tadu.kiləna. dəbin]（名）和尚さんの火葬

ဘုန်းကြီးဘွဲ့[p'oun:dʑi:bwɛ.]（名）法名、戒名、出家名

ဘုန်းကြီးလူထွက်[p'oun:dʑi: ludwɛ']（名）法師がえり、還俗した人、元僧侶

ဘုန်းကြီးဝတ်[p'oun:dʑi: wu']（動）僧侶になる、比丘になる、仏門に入る

ဘုန်းတော်[p'oun:dɔ]（名）御威光、御威徳

ဘုန်းတော်ကြီး[p'oun:dɔdʑi:]（名）お坊様、和尚様

ဘုန်းတော်ကြီးကျောင်း[p'oun:dɔdʑi: tʃaun:]（名）=ဘုန်းကြီးကျောင်း

ဘုန်းတော်ကြီးဘုရား[p'oun:dɔdʑi: p'əja:]（名）比丘、出家への呼び掛け

ဘုန်းတော်ခြောက်ပါး[p'oun:dɔ tʃ'au'pa:]（名）釈尊の六種の御威徳

ဘုန်းတောက်[p'oun: tau']（動）威力が発揮される

ဘုန်းတန်ခိုး[p'oun: dəgo:]（名）威徳

ဘုန်းနိမ့်[p'oun: nein.]（形）果福が衰える、威徳が衰退する

ဘုန်းရှင်ကံရှင်[poun:ʃin kanʃin]（名）威徳の持主

ဘုန်းလက်ရုံး[poun: lɛ'joun:]（名）威力、体力、腕力

ဘမ်း[p'an:]（動）捕える、捕まえる =ဖမ်း

ဘမ်းဆီး[p'an:zi:]（名）=ဖမ်းဆီး

ဘမ်းဆီးရမိ[p'an:zi ja.mi.]（名）=ဖမ်းဆီးရမိ

ဘမ်းဆီးရမိမှု[p'an:zi ja.mi.du]（名）=ဖမ်းဆီးရမိမှု

ဘမ်းဆီးရရှိ[p'an:zi ja.ʃi.]（名）=ဖမ်းဆီးရရှိ

ဘမ်းဆွဲ[p'ans'wɛ:]（名）=ဖမ်းဆွဲ

ဘမ်းမိ[p'an:mi.]（名）=ဖမ်းမိ

ဘံပြ[ban:bja.]①（名）見てくれ、見せかけ、うわべ ②[ban: pja.]（動）=ဘန်းပြ

ဘုမ္မစိုး[bounməzo:]（名）地霊、地の神、大地の神

ဘုမ္မဇာတ[bounməjaza]（植）インドジャボク（アカテツ科） Rauwolfia serpentina

ဘုမ္မသိဒ္ဓိ[bounmədein]（植）①タカサゴギク（キク科）Blumea balsamifera ②カイノウコウ（キク科）B. densiflora

ဘုမ္မိပ်ဆရာ[bounmi.ja' s'əja]（名）掘削技師

ဘုံ[boun]（名）①住居、住処 ②天界 ③二重以上の塔

④（副）集団で、共同で、地域で

ဘုံကထိန်[boun kət'ein]（名）集団での袈裟奉納

ဘုံကျောင်း[boundʑaun:]（名）（華僑の）廟

ဘုံခုနစ်ဆင့်[boun k'unnəs'in.]（名）七重の塔

ဘုံငန်း[boungan:]（名）浄土

ဘုံငါးဆင့်[boun ŋa:zin.]（名）五重の塔

ဘုံစနစ်[bounsəni']（数）共同所有方式、共同運営方式、社会主義制度

ဘုံဆခွဲကိန်း[bouns'a. k'wɛ:gein:]（数）公約数

ဘုံဆတိုးကိန်း[bouns'a to:gein:]（数）公倍数

ဘုံဆတိုးကိန်းအငယ်ဆုံး[bouns'a to:gein: əŋɛzoun:]（数）最小公倍数

ဘုံဆိုင်[bounzain]（名）会員制の店、クラブ制の店

ဘုံပိုင်[bounbain]（名）給水栓、水道の蛇口＜ポ

ဘုံဗိမာန်[boun bei'man]（名）天界

ဘုံရှင်ပြုပွဲ[boun ʃinpju.bwɛ:]（名）合同得度式

ဘုံဝါဒ[boun wada.]（名）共同所有主義、集団所有主義、社会主義

ဘုံသင်္ကန်းကပ်လှူ[boun tingan: ka'ɬu]（動）合同で袈裟を贈呈する

ဘုံသင်္ကန်းကပ်လှူပွဲ[boun tingan: ka'ɬubwɛ:]（名）合同袈裟贈呈式

ဘုံသချုႋင်း[boun tin:dʑain:]（名）共同墓地

ဘုံသုံးဆယ့်တစ်[boun toun:zɛ.ti']（名）三十一天（欲界11、色界16、無色界4）=သုံးဆယ့်တစ်ဘုံ

ဘုံသုံးဝ[boun toun:wa.]（名）三界（天、人、梵天、畜生等の棲む世界）

ဘုံးဘုံးလဲ[boun:boun: lɛ:]（動）どさりと倒れる

ဘွား[p'wa:]（動）生れる　=ဖွား

ဘွားဘက်[p'wa:bɛ']（名）同日同時刻誕生の者 =ဖွားဖက်

ဘွားဘက်တော်[p'wa:bɛ'tɔ]（名）仏陀と同日同時刻に生まれた人（7人いたとされる） =ဖွားဖက်တော်

ဘွားရာဇာတိ[p'wa:ja zati.]（名）出生地、誕生の地 =ဖွားရာဇာတိ

ဘွား[bwa:]（名）祖母

ဘွားဘွား[p'wa:p'wa:]（名）お婆ちゃん =ဖွား:ဖွား

ဘွားအေ[p'wa:e]（名）お婆ちゃん =ဖွားအေ

ဘွားကနဲ[bwa:gənɛ:]（副）忽然と、不意に

ဘွေကျူ[bwe ju]（動）怒る、咎める →ဘွေကျူ‖ ဘွေယူပါနဲ့‖ 気にしないでくれ、怒らないでくれ

ဘွဲ့[bwɛ.]（名）①名誉称号 ②出家の法名 ③学位 ④ビルマ古典歌謡の一つ

ဘွဲ့ကြို[bwɛ.dʑo]（名）学部課程

ဘွဲ့ခံ[bwɛ. k'an]①（動）称号を授かる ②[bwɛ. gan]（名）称号の取得者

ဘွဲ့တော်[bwɛ.dɔ] （名）法名、僧名、比丘名
ဘွဲ့တံဆိပ်[bwɛ.dəzeiʔ] （名）称号、位階勲等、爵位
ဘွဲ့ထူး[bwɛ.du:] （名）特別な称号
ဘွဲ့နာမ[bwɛ. naman] （名）称号
ဘွဲ့နင်းသဘင်[bwɛ.nin: dəbin] （名）学位授与式
ဘွဲ့ပြူလက်နက်[bwɛ.bju lɛʔnɛʔ] （名）（神話に現れる）白色のマント（武器として使用）
ဘွဲ့ရ[bwɛ.ja.] （名）学卒者
ဘွဲ့ရမောင်မယ်[bwɛ.ja. maunmɛ] （名）新卒者
ဘွဲ့လွန်သင်တန်း[bwɛ.lun tindan:] （名）大学院課程
ဘွဲ့လက်မှတ်[bwɛ. lɛʔmɛʔ] （名）証書、学位記
ဘွဲ့ချို့[bwɛ.dʒin] （植）マラバリカバウヒニア（ジャケツイバラ科）Bauhinia malabarica =စွယ်တော်
ဘွဲ့စည်း[pʰwɛ.zi:] →ဖွဲ့စည်း
ဘွဲ့စည်းတည်ထောင်[pʰwɛ.zi: tidaun] （動）設立する、組織する、編成する =ဖွဲ့စည်းတည်ထောင်
~ဘွယ်[bwɛ~pʰwɛ] （尾）動詞の後、もの、事、するのに適したもの、するのに適した事 စားဘွယ်သောက်ဖွယ် 食べ物 အထူးမှတ်သား၊ဘွယ်ကား၊ရဟန်းပုဂ္ဂိုလ်တို့ပြန်လည်ပေါ်ပေါက်လာခြင်းပင်ဖြစ်၏။ 特に記憶してよい事は再び出家が出現した事である
~ဘွယ်ကောင်း[bwɛkaun:~pʰwɛkaun:] （尾）形容詞形成、とても~だ、誠に~だ ထူးဆန်းဘွယ်ကောင်းသည်။ 誠に珍しい နှစ်သက်ဘွယ်ကောင်းသည်။ 誠に好ましい လေးစားဘွယ်ကောင်းသည်။ 実に尊敬に値する ရှုမျှော်ခင်းသည်သာယာ ကြည့်နူးဘွယ်ကောင်းသည်။ 誠に心和む風景 =ဖွယ်ကောင်း
~ဘွယ်ဖြစ်[bwɛ pʰjiʔ] （尾）形容詞形成、実に~である ချီးကျူးဘွယ်ဖြစ်သည်။ 賞賛に値する အံ့ဘွယ်ဖြစ်သည်။ 驚嘆に値する ဆင်ခြင်ဘွယ်ဖြစ်သည်။ 考慮に値する =ဖွယ်ဖြစ်
~ဘွယ်ရာ[bwɛja] （尾）名詞形成、~するに相応しい、~するのに適している စိုးရိမ်ဘွယ်ရာရှိနေသည်။ 心配事がある
~ဘွယ်ရှိ[bwɛ ʃi.] （尾）名詞形成、可能性を示す သား။ဆုတောင်းရမှု၊ရကောင်းဘွယ်ရှိ၏။ 子宝を祈願すれば叶えられる可能性がある သူတို့အပြစ်တင်ဘွယ်ရှိသည်။ 彼等は非難する可能性がある
ဘွင့်[pʰwin] →ဖွင့်
ဘွင့်ဘွင့်ပြော[bwin:bwin: pjɔ:] （動）ざっくばらんに言う、あけすけに言う、率直に言う
ဘွိုင်လာ[bwainla] （名）ボイラー =ဘွိုင်လာ
ဘွတ်ဖိနပ်[buʔpʰənaʔ] （名）靴、編み上げ靴

မ

မ[ma.] （名）ビルマ文字第２５番目の子音文字
မ[ma.] （名）奇数
မကိန်း[ma.kein] （名）奇数 cf. စုံကိန်း
မဂဏန်း[ma.gənan:] （名）奇数 cf. စုံဂဏန်း
မ[ma.] （尾）①大を現わす ဓား:မ 太刀 လှံမ 大槍 လမ်း:မ 大通り ခန်း:မ 広間 လက်မ 親指 ②主要、基幹、中心を現わす ပင်မ 主要、肝要 အိမ်မ 母屋 မြစ်မ 本流
မ[ma] （尾）①雌を現わす နွား:မ 牝牛 ကျွဲမ 牝の水牛 ဆိတ်မ 牝山羊 မြင်း:မ 牝馬 ခွေး:မ 牝犬 ယုန်မ 雌の兎 ရှဉ့်မ 雌の栗鼠 ကြက်မ 雌鶏 ②女性を示す မိန်း:မ 女性 အိမ်ရှင်မ 主婦 ③မိန်း:မ の略語 ကျား:မ 男女 ④女性名の前に付ける冠称 မဆန္ဒာ サンダ嬢 cf. ဒေါ်
မတတောက၊တကောင်ဖျာ:။（諺）番卒は得易く一将は得難し（[英雄は]女千人に一人生れる）
မခတ်[ma.daʔ] （名）女、女性、牝
မရှေ့ချော[ma.ʃweʔʃɔ:] （名）①美人 ②愛妻
မ[ma.] （動）①持ち上げる အလေး:မသည်။ 重量挙げをする စောင်မသည်။ 毛布を持ち上げる အလေး:အပင်တခုခုကိုမသည်။ 何か重い物を持ち上げる မြင်းကြီး၏ ဘယ်ခြေထောက်ကိုမသည်။ 馬の左脚を持ち上げる ခြင်ထောင်ကိုမပေး:သည်။ 蚊帳をめくり上げる ခေါင်းရည်ကျည်ကိုမသည်။ 濁酒の筒を持ち上げる လေးကို မပျင်မမနိုင်။ 弓を持ち上げたが持ち上がらない ②支える、支援する
မဇ[ma.za.] （動）支援する、援助する、手助けする
မတည်[ma.ti] （動）出資する、資金を提供する
မတည်ငွေ[ma.tiŋwe] （名）出資金、資本
မ[ma.] （助動）မယ်の連用形、未来、意志、推測等を表わす စား:မလာ:။ 食べますか
~မလာ:[məla:] （助動）推測、意志、未来の疑問を現わす、~するか、~だろうか ရုပ်ရှင်ကြည့်မလာ:။ 映画を見ますか ခင်ဗျာ:လိုက်မလာ:။ あなたは同行しますか ကျွန်တော်လုပ်တတ်ပါ့မလာ:။ 果して私にできるだろうか ဒီဘက်ကိုလာမလာ:။ こちら側へ来るだろうか
~မလဲ:[məlɛ:] （助動）疑問代名詞、疑問副詞を含む疑問文での文末表示 ခင်ဗျာ:ဘာစာ:မလဲ:။ あなたは何を食べますか ဘယ်ကိုခရီ:ထွက်မလဲ：။ どこへ旅行するのですか ဧည့်သည်တွေဘယ်အချိန်လာမလဲ:။ お客さんは何時に来るのですか ခင်ဗျာ:ဘယ်သူ့ကိုရေ:မလဲ:။ あなたは誰を選ぶのですか
~မလို့[məlo.lɛ:] （助動）~するつもりか မင်:ဘယ်သွာ:မလို့။ 君はどこへ行くつもりなのか နင်ကဘာအ

လုပ်လုပ်မလို့။ 君は何の仕事をしようと思っているのか
~မလို~မလိုဖြစ်[~məlo~məlo p'ji’] (助動) ~すれ
ばよいのか、それとも~すればよいのか မုန်းရမလို၊
ချစ်ရမလိုဖြစ်ကြလေတော့သည်။ 愛憎相半ばする状態
となった

~မလိုလို~မလိုလို့[~məlolo~မလိုလို့] (接助) ~したらよ
いのか~したらよいのか ငယ်ရမလိုလို့၊ ရယ်ရမလိုလို့ဖြစ်သည်။
泣いたらよいのか笑ったらよいのか分らない ဟိုနေရာ
ရွှေ့ထိုင်ရတော့မလို၊ ဒီနေရာရွှေ့ထိုင်ရတော့မလိုလို့နှင့်ရှိ
သည်။ あちらへ移動して座ろうか、こちらへ移動して
座ろうか判断に迷う

မ[mə] (頭) 動詞の前に置く、後置詞 ဘူ と組合って否
定を表わす、複合動詞では動詞と動詞の間に置かれる
မနာဘူး။ 痛くない မရှိဘူး။ 居ない မသိဘူး။ 知らな
い လုံးလုံညှာမကြည့်ဘူး။ 全然振向いて見ない ငါနင့်ကို
လိုက်မပို့နိုင်ဘူး။ 僕は君を送って行けない တွေ့ကရာမုန့်
တွေဝယ်မကျွေးရှူး။ 手当り次第に菓子を買い与えては
いけない

~မက[məka.] (接助) ~のみならず、~だけでなく
စရိတ်လောက်ရုံမက၊ ပိုခဲ့မယ်၊ 費用は充分であるだけで
なく かえって余る事になる ညံ့ဖျင်းသောကျောင်းသား
များ၊ မူးက၊ တနေ့တွင်ဆယ်ချက်မက၊ အရိုက်ခံကြရမန်။ 成績
の悪い生徒は 1日に 10回と言わず叩かれる

မကင်း[məkin:] (動) 無縁ではない、免れない တာ
ဝန်မကင်း။ 責任は免れない ကျေးဇူးမကင်း။ 恩恵と
無縁ではない အပြစ်အဏအနာမကင်း။ 欠陥は免れ
ない တာဝန်မကင်း။ 責任は逃れない ကျေးဇူးမ
ကင်း။ 恩恵と無縁ではない

မကင်းရာမကင်းကြောင်း[məkin:jaməkin:dၐaun:]
(名) 関係ない訳ではない事、無縁ではない事

မကောင်းကျိုး[məkaun:dၐo:] (名) 悪い結果、災、
不幸

မကောင်းကြံ[məkaun:tʃan] (動) 悪企みをする、卑
劣な事を企む、邪悪な事を企む、人を陥れようとする

မကောင်းဆိုးရွာ:[məkaun: s'o:jwa:] (名) 幽霊、
悪霊、悪魔、妖怪、魑魅魍魎 cf. တစ္ဆေသူရဲ

မကောင်းဆိုးဝါ:[məkaun: s'o:wa:] =မကောင်း
ဆိုးရွာ:

မကောင်းတရောင်း:[məkaun: dəjaun:] (副) 悪意
をもって、悪感情を抱いて

မကောင်းပြော[məkaun: pjɔ:] (動) 悪しざまに言
う、悪口を言う

မကောင်းမှု[məkaun:mu.] (名) 悪事、よくない事、
不貞行為

မ~ကောင်း[mə-gaun:] (助動) ーすべきでない、~
してはいけない မစား:ကောင်းဘူး။ 食べてはいけない

ဒီလိုမထင်ကောင်းဘူး။ そのように思ってはいけない
ဒီလိုမပြောကောင်းဘူး။ そんな風に言ってはいけない
အပြစ်မဆိုကောင်းဘူး။ 悪口を言うものではない
ယောကျ်ား:ခရီး:သွားနေစဉ်မငိုကောင်း
ဘူး။ 男たる者、旅行中に泣くものではない ဘုရားပစ္စည်းဆိုတာမယူကောင်း
ဘူး။ 仏様の物を取ったら罰が当る သူတို့ကိုတော့ငါတို့
ကမဏ္ဍေရစိတ်မထားကောင်းဘူး။ 彼等に対して僕達は羨
望の気持を抱いてはならない မိန်းမတယောက်ထံလင်
နှစ်ယောက်မယူကောင်းဘူး။ 一人の女が亭主を二人持
つような事をしてはいけない အိမ်တို့ဘာတို့ဆောက်ထာ
ဟာ၊ တံ:ဦ:တို့မှာမဆောက်ကောင်းဘူး။ 家屋を建てる
時には橋のたもとに建ててはいけない

မ~ကောင်း:လာ:[m-gaun:la:] (助動) 非難、叱責を
表わす ရေမချိုးရကောင်း:လာ:။ 行水をしないなんて
それでよいのか အလုပ်မလုပ်ဘဲစာဖတ်နေရကောင်း:လာ:
仕事もしないで本を読んでいるなんて怪しからん သူ
သား:ကိုကမ္ဘမရိုက်ကောင်း:လာ:။ 自分の息子の世話もし
ないなんてどういう魂胆だ မနိူ:ကောင်း:လာ:ဟုဖြစ်
တင်လိုက်သည်။ 起さないなんて酷いじゃないかと文句
を言った ငါ၏ယကတော်လာရောက်သည်ကိုမျက်ခါခ:ဖွင့်
လှစ်၍မပေး:ကြကောင်း:လာ:။ 自分の母親が来ているの
に扉を開けてくれないなんて酷いじゃないか =မ~ရ
ကောင်း:လာ:။

မကုန်မခန်:နိုင်[məkoun mək'an: nain] (動) 尽き
る事がない

မကုန်မခန်:နိုင်အောင်[məkounmək'an: nain aun]
(副) 尽きる事もない位に

မကျေနပ်မခန်:နိုင်ဖြစ်[mətʃenain mətʃan:nain
p'ji’] (動) 腹立たしさを覚える、忌々しい

မကျေမချမ်း:[mətʃe mətʃan:] (副) 無念そうに、悔
しそうに、腹立たしそうに

မကျေမချမ်း:ဖြစ်[mətʃe mətʃan: p'ji’] (動) 口惜
がる、無念がる、歯がゆく思う、腹を立てる

မကျေမနာ[mətʃe məna’] (副) 不満そうに、腹立た
しそうに

မကျေမနပ်ဖြစ်[mətʃe məna’ p'ji’] (動) 不満に思
う、我慢がならない、腹立たしい、不快だ

မ~ကျို:ကျန်ပြု[mə-tʃo:dၐun pju.] (動) 否定形に
繋がって、~振りをする မသိကျို:ကျန်ပြုသည်။ 知ら
ない振りをする

မကျက်တကျက်နှင့်[mətʃɛ’ dətʃɛ’nɛ.] (副) 生煮え
のままで မကျက်တကျက်နှင့်စား:မိသည်။ 生煮えのまま
で食べた

မကျဉ်:မကျယ်[mətʃin: mətʃɛ] (副) 程々の規模で

မကျန်[mətʃan] (動) 残らず、省かずに、省略せず
တယောက်မကျန် 一人残らず တခုမကျန် 一つ残らず

မကျန်းမမာ ဖြစ်[mətʃanː məma pʼjiʔ]（動）体を壊す、健康を損ねる、病気になる

မကြာခဏ[mətʃa kʼəna.]（副）頻繁に、しばしば、繰り返し

မကြာခင်[mətʃagin]（副）まもなく、やがて、その内に、近々

မကြာခင်က[mətʃaginga.]（副）つい最近、この間

မကြာခင်တုန်းက[mətʃagin dounːga.]（副）最近

မကြာခင်မှာ[mətʃaginma]（副）暫くして

မကြာမကြာ[mətʃa mətʃa]（副）しばしば cf. မကြာခဏ

မကြာမတင်[mətʃa mətin]（副）やがて、その内に

မကြာမီ[mətʃami]（副）やがて、その内に、もう直ぐ

မကြာမီက[mətʃamiga.]（副）最近、近頃

မကြာမီအချိန်တွင်[mətʃami ətʃʼeindwin]（副）その内に、やがて

မကြာမီအတွင်း[mətʃami ətwinː]（副）もう直ぐ、やがて、間もなく

မကြာသေးမီက[mətʃadeːmiga.]（副）先日、つい最近、ごく最近

မကြားကောင်းမနာသာ[mətʃaːgaunː mənada]（副）耳にしたくない事、淫らな事、猥褻な事

မကြားချိုကျွန်ပြု[mətʃaːtʃʼo.dʑun pju.]（動）聞えない振りをする

မကြားတကြား[mətʃaː dəga.]（副）①聞えるか聞えないか位に ②聞えよがしに မကြားတကြားပြောသည်။ 聞えよがしに話す

မကြားရဘူး[mətʃaːja.buː]（動）聞えない

မကြားဝံ့နာသာ[mətʃaːwun. mənada]（副）淫らな事、猥褻な事、思わず耳を塞ぎたくなるような事

မကြေမနပ်ဖြစ်[mətʃe məna. pʼjiʔ]（動）我慢ならない、不満だ

မကြောက်မရွံ့[mətʃauʔ məjun.]（副）怯まず臆せず、群să事なく

မကြည့်ရဲကြည့်ရဲနှင့်[mətʃi.jɛː tʃi.jɛːnɛ.]（副）恐る恐る見て

မကြည်မဖြူရှိ[mətʃi məpʼju ʃi.]（形）誠意がない、不親切で

မကြည်မသာ[mətʃi məta]（副）浮かぬ顔で、暗い表情で、晴れ晴れとせず

မကြံအပ်မကြံရာ[mətʃan aʔ mətʃan ja]（名）不埒な考え、考えてはならない事

မကြံအပ်မစည်ရာ[mətʃan aʔ məsija]＝မကြံအပ်မကြံရာ

မကြုံစဖူး[mətʃoun səpʼuː]（副）滅多に会うこと

がない、極めて希にしか見ない

မကွယ်မဝှက်[məkwɛ məpʼwɛʔ]（副）率直に、包み隠さず、隠しておかずに

မကွဲကွဲအောင်ခွဲ[məkwɛː kwɛːaun kʼwɛː]（動）何としてでも別れるように引き離す

မကွဲတကွဲ[məkwɛː dəgwɛː]（副）分かれるか分かれない か、中途半端に、曖昧に

မကွဲမကွာ[məkwɛː məkwa]（副）一緒に、離れる事なく

မကွဲမပြာ[məkwɛː məpja]（副）分散せずに、ばらばらにならずに

မခံ့တရို့[məkʼo.dəjo.]（副）可愛らしく、魅力的にはにかんで မခံ့တရို့ဟန်မဖြင့်မေးလိုက်သည်။ 愛らしい仕草で尋ねた ပြုံးတုံးမခံ့တရို့ပြန်ကြည့်တယ်။ 振向いて可愛らしい表情でにっこり笑った အပြုံးကလေးကမခံ့တရို့ 微笑みが愛らしい

မခံမကပ်[məkʼo məkaʔ]（副）怠ける事なく、勤勉に、身を粉にして、せっせと

မခိုးမခန့်[məkʼo məkanʔ]（副）横柄に、尊大に、蔑ろにして、生意気に、不敵に သူများကိုမခိုးမခန့်လုပ်သည်။ 他人に横柄に振舞う မခိုးမခန့်ပြောသည်။ 尊大な口を利く မခိုးမခန့်ခုပ်ပေါ်ပေါ်သဘောထားတယ်။ မခိုးမခန့်နှင့်အေးစက်စက်ကြီးလုပ်နေသည်။ 蔑ろにして冷淡だ သံထက်အောင်မခိုးမခန့်နှင့်ခွယ်လိုက်သည်။ 声を立てて横柄に笑った

မ~ခင်[mə-gin][mə-kʼin]（接助）～しない内に、～する前に စစ်မဖြစ်ခင်က 戦前 ကျောင်းမတက်ခင်ဘုရားရှိခိုးသည်။ 登校する前に仏様を礼拝する မိုးမလင်းခင်အိပ်ရာထနိုင်တယ်။ 夜明け前に起床できる မျက်နှာမသစ်ခင်လာဘက်ရည်သောက်နိုင်တယ်။ 洗顔前にお茶を飲んでよい ဆေးအနယ်မထိုင်ခင်သောက်လိုက်အုံ။ 薬が沈澱しない内に飲みなさい ကျွန်တော်မိုးမချုပ်ခင်အိမ်အရောက်ပြန်ချင်တယ်။ 私は日が暮れない内に何としても家に帰り着きたい

မခိုင်တခိုင်[məkʼain. təkʼain]（副）安定を欠いて、安定しているとは言い難い

မခန့်မရည်းပုံ[məkʼan. məjiːboun]（名）無礼な態度、敬意の無さ

မခန့်လေစာ[məkʼan. leːza]（副）無礼にも、傲慢にも、横柄にも

မခန့်မလေး[məkʼan. məleː]（副）不遜にも、不埒にも

မခဲ့မလေး[məkʼan. məleː]→မခန့်မလေး

မခံချိုမခံသာ[məkʼandʑi. məkʼanda]（副）堪え難くて、我慢できなくて、口惜しくて

မခံချိုမခံသာ ဖြစ်[məkʼandʑi.məkʼanda pʼjiʔ]

မခံချင်စိတ် (形) 口惜しい、無念だ、堪え難い、我慢できない

မခံချင်စိတ်[mək'anʤinzei'] (名) ①憤慨、口惜しさ ②反発、負けん気、正義感

မခံနိုင်ခြင်း[mək'annainʤin:] (名) 堪え難さ、堪らない事

မခံရပ်မနိုင် [mək'an məja'nain] (副) 耐えられなくて、我慢できなくて、黙っていられなくて

မခံရပ်နိုင်ဖြစ် [mək'an məja'nain p'ji'] (形) 耐えられない、黙っていられない、我慢できない

မခံရပ်နိုင်အောင် [mək'an məja'nain aun] (副) 耐えられない位 မခံမရပ်နိုင်အောင်နာကျင်သည်။ 耐えられない程痛い

မခံရပ်ဖြစ် [mək'an məja' p'ji'] (形) 辛抱できない、耐えられない

မခံလေးစား:ပြု [mək'an le:za: pju.] (動) 蔑ろにする、軽んじる

မချိ [məʧi.] (動) 堪え難い、我慢ならない

မချိတရိ [məʧi.ʤəji.] (副) 我慢の限界を超えて、耐えられない程に

မချိတင်ကဲ [məʧi.tinɛ:] (副) 堪らずに、たまりかねて、やり切れずに、悲痛のあまり、必死で မချိတင်ကဲသည်။ 堪らずに泣いた သူ့ရင်ထဲမှာ မချိတင်ကဲ ဝေဒနာရှိမည်။ 彼の胸には堪え難い苦しみがあるだろう

မချိပြုံး:ကြီး:နဲ့:ပြုံး [məʧi.byoun:ʤi:nɛ.pjoun:] (動) 作り笑いをする、無理に笑って見せる

မချိပြုံး:ပြုံး [məʧi.byoun: pjoun:] (動) 作り笑いをする

မချိပြုံး:ဖြစ် [məʧi.bjoun:p'ji'] (動) 苦笑いする

မချိမဆံ့ [məʧi. məs'an.] (副) 耐えられない程に、堪え切れない位に ကြိမ်ဒဏ်ရိုက်ခံရသဖြင့် မချိမဆံ့အော်ဟစ်သည်။ 鞭打ちの罰を受けたので堪らずに叫び声を挙げた အလူ:အပ်ဖြစ်အောင် မချိမဆံ့အဖျား:တက်နေသည်။ 悶絶する位限界を超えた高熱を発している မချိမဆံ့ဒဏ်ရာ:ကြီး:နှင့်:ပြေး:လွှား:ရောက်ရှိလာသည်။ 大怪我をして駆け込んできた

မချိသွား:ပြဲ [məʧi. twa:p'jɛ:] (動) 苦しいのに白い歯を見せる、口惜しいが笑って見せる、上辺だけ笑顔を見せる

မချေမင် [məʧe məŋan] (副) 不満そうに、不服そうに

မချော [məʧɔ:] ①(形) 美人でない ②[ma'ʧɔ:] (名) 別嬪さん、美人

မချိုမချဉ် [məʧo məʧin] ①(形) 罰の悪い မချိုမချဉ်မျက်နှာ ばつの悪い表情、愚戯っぽい表情、澄ました表情 ②(副) 悪戯っぽく、澄まして

မချင်မရဲ [məʧin.məjɛ:] (副) じれったくて、もどかしくて、口惜しそうに ကျွန်တော့်အား:မချင်မရဲကြည့်သည်။ 口惜しそうに私を見た

မချင်မရဲဖြစ် [məʧin.məjɛ: p'ji'] (形) もどかしい、じれったい、口惜しい

မ~ချင်~ချင်နှင့် [mə~ʤin.~ʤinnɛ.] [mə~ʧin.~ʧinnɛ.] (副) 嫌々ながら、渋々、仕方なく、止む得ず မလိုက်ချင်လိုက်ချင်လိုက်ပါလာရသည်။ 嫌々ついて来ざるを得なかった မဆင်:ချင်ဆင်:ချင်ဆင်:သည်။ 渋々降りざるを得なかった မဖြေချင်ဖြေချင်ဖြေချင်နှင့်ဖြေသည်။ 答えたくないのに答えざるを得なかった သယ်ချင်သယ်ချင်နှင့်သယ်ဆောင်သည်။ 不承不承運搬せざるを得なかった မပြုံ:ချင်ပြုံ:ချင်ပြုံ:လိုက်ရှ။ 笑いたくないのに無理に笑わざるを得なかった မစား:ချင်စား:ချင်ရသည်။ 食べたくないのに止むを得ず食べざるを得なかった မလှမ်:ချင်လှမ်:ချင်ခြေလှမ်:။ 重い足取り

မ~ချင်ယောင်ဆောင် [mə~ʤin jaun s'aun] (助動) ~振りをする မသိချင်ယောင်ဆောင်သည်။ 知らない振りをする မကြား:ချင်ယောင်ဆောင်သည်။ 聞えない振りをする မမြင်ချင်ယောင်ဆောင်သည်။ 見えない振りをする

မချစ်သော်လည်:အောင်:ကာနမ်း။ မနမ်း:သော်လည်း:ပင်သက်ရှု။ (諺) 意には沿わぬが止むを得ず (愛してないのに我慢して頬擦りをし、頬擦りをしないのに溜息をつく)

မချွတ် [məʧu'] (副) 間違いなく、絶対に ထီး:ဖြူ:ဆောင်:ရမည်မချွတ်။ 将来は白傘を挿す(国王に即位する)事疑いなし

မချွတ်မယွင် [məʧu' məjwin:] (副) 間違いなく、

မချွတ်လျှင် [məʧu'ɬjin] (副) 確かに、間違いなく ဤသူမြတ်ကား:မချွတ်လျှင်သဗ္ဗည ဘုရား:တည်း။ この聖者は間違いなく釈尊である

မငြီ:မငွေ့ [məŋi: məŋwe.] (副詞) 飽きる事なく

မငြိမ်မသက်ဖြစ် [məŋein mətɛ' p'ji'] (動) 不安定になる、安定を欠く

မငြိမ်မသက်မှု [məŋeintɛ'mu.] (名) 不安定

မ~စဂေါင် [mə~səgaun:] [mə~zəgaun:] (助動) ~するべきでない、~してはいけない、~したら罰が当たる အခုံ:အဦး:ကိုမမေ့စဂေါင်။ 初恋の人は絶対に忘れるべきではない မင်:တို့ကိုငါ မေ့နေတယ်ဟုမပြောစဂေါင်။ 君達の事を僕が忘れている等と言うべきでない

မ~စတမ်း [mə~zədan:] [mə~sədan:] (助動) 誓いを現わす、絶対に~するまい ဒု:မထောက်စတမ်း။ 絶対に跪くまい အလံ:မလဲ့စတမ်း။ 絶対に旗を倒すま

い သည်တညလုံးမအိပ်ကြစတမ်း။ 今夜一晩眠らないでおこう　သူနှယ်မြေကိုယ့်နယ်မြေကျူးကျော်စတမ်း။ 互いの領域を犯すようなことはするまい　တယောက်ယံကြည်ချက်ကိုတယောက်အဖျက်အဆီးမလုပ်စတမ်း။ 他人の信念を妨げる事は絶対にするまい

မ~စဘူး[mə~səp'u:]（助動詞）滅多に~しない　မမြင်စဖူးမြင်ရသည်။ 極めて稀にしか目にしない　မတွေ့စဖူးတွေ့ရသည်။ 滅多に見掛けない　မပြောစဖူးပြောဆိုလိုက်သည်။ 口にした事の無いことを言った　မကြုံစဖူးကြုံခဲ့ရသည်။ 滅多に出くわした事がない事に遭遇した　ကျွန်တော်၏စိတ်ဉာဏ်မလှုပ်ရှားစဖူးလှုပ်ရှားခဲ့သည်။ 滅多にない事だが私は心中動揺した　မထူးစဖူးဒေါသနှင့်ပြောချလိုက်သည်။ 怒った事がないのに珍しく激怒して言い放った　နံနက်စောစောရေမချိုးစဖူးချိုးသည်။ 早朝の行水は普段はしないのにした

မစား:ရဝမန်:။မဝတ်ရအလျှပ်ပယ်။။（諺）武士は食わねど高楊枝、虚勢を張る、景気のいい事を言う（食べていないのに満腹の振り、着るものがないのに豊富にあるかの如く振舞う）

မစား:ရဝမန်:ပြော[məsa:ja.wa.gəman: pjɔ:]（動）虚勢を張って言う、景気のいい事を言う

မစား:ရတဲ့အမဲ့။သဲ့နဲ့ပက်။။（諺）可愛さ余って憎さ百倍（食えない牛肉には砂を振り掛ける）

မစား:ရရင်။လောက်တက်။။（諺）吝嗇の戒め（食べるのを惜しがり、蛆虫が涌く）

မစား:ဝံ့စံ့။စား:ဝံ့စံ့ဖြင့်[məsa:wun.wun. sa:wun. wun. p'ji?]（副）おずおずと（食べる）

မစူးမစမ်းမဆင်မခြင်[məsu: məsan: məs'in mət'ʃin]（副）よく調べもせずに、十分に吟味もせずに、慎重に検討もせずに

မ~စေနဲ့[mə~zenɛ][mə~senɛ.]（助動）禁止を現わす、~するべからず、~させるな　မလုတ်စေနဲ့။ 逃すな　ခြေသံမမြည်စေနဲ့။ 足音を立てるな　အသံမထွက်စေနဲ့။ 声を出すな　ငါ့ကိုဘယ်သူမမြင်ပါစေနဲ့။ 誰からも見られないようにせよ

မ~စို့နဲ့[mə~zo.nɛ]（助動）否定的の勧誘、~しないようにしよう　ရှေ့ဆက်မသွား:ပါစို့နဲ့။ これ以上前へ行かないようにしよう

မစို့မပို့[məso. məpo.]（副）取るに足りない程度、ほんの僅か、ごく少量　မိုးမစို့တပို့ရွာသည်။ 雨がほんの一寸降った　အမြောက်အများမစို့ပို့ပံ့ပိုးသည်။ 大量に必要な時に僅かしか支援しなかった

မစင်[məsin]（名）糞、排泄物　နွာမစင် 牛糞　မြင်:မစင် 馬糞

မစင်ခွက်[məsingwɛ?]（名）肥桶

မစင်စွန့်[məsin sun.]（動）脱糞する、排糞する

မစင်ဘင်ပုတ်[məsin binbou?]（名）糞尿

မစင်အိုး[məsin o:]（名）便器

မစပ်တဉာဉ်[məsa? təɲan.]（副）願いが満たされぬまま、物足りない気持で

မစိမ်းတစိမ်း[məsein: dəzein:]（副）やや緑色を帯びて、薄い緑色がかって

မစည်ကား:အပ်သောအရပ်သုံ:ပါ:[məsiga:a'tɔ: əja? tɔun:ba:]（名）繁盛してはならない場所3ヶ所（役所、墓地、酒場）

မစွက်ဖက်ရေး:ဝါဒ[məswɛ?p'ɛ?je: wada.]（名）不干渉主義

မစွမ်:မသန်ရှိသူ[məswan: mətan ʃi.du]（名）身体障害者

မစွမ်:မသန်သူ[məswan: mətandu] =မစွမ်:မသန်ရှိသူ

မစွမ်:ရင်:ကလဲ့ရှိ။ကန်စွန်:ခင်:ကလဲ့ငြိ။။（諺）責任転嫁（不可能もある、エンサイ畑で蹟く）

မစွံစွံအောင်[məsun sun aun]（副）何としてでもうまく行くように　မစွံစွံအောင်ရောင်:ချသည်။ 言葉巧みに売却した

မဆီမဆိုင်[məs'i məs'ain]（副）何の関係もなく、全く無関係なのに、藪から棒に

မဆီမဆိုင်။လက်ပံစား:နှင့်ချိုင်။။（諺）腹いせにとんだとばっちり（何の関係もないのに、ワタノキを刃物で切り落とす）

မဆလျော်[məs'ijo]（形）不適切だ、不調和だ

မဆို[məs'o]（接助）~であろうと、~を問わず　ဘာမဆို 何でも　ဘယ်အလုပ်မျိုး:ကိုမဆို どんな仕事であろうと　မည်သည့်အခါမဆို いつでも

မဆိုစလောက်[məs'ozəlau?]（副）取るに足りない位、取り立てて言うほどもない

~ဆိုထား:နဲ့[məs'ot'a:nɛ.]（接助）言うまでもなく、申すまでもなく、~どころか　သူတို့ကိုမဆိုထား:နှင့် ကျွန်တော်တို့ကိုကိုတိုင်ပင်မခဲ့ကြ။ 彼等どころか私達自身でさえ知らなかった　သူတို့ကူညီမဆိုထား:နှင့် ပျက်စီးဖြင့်ပင်မကြည့်ရှကြ။ 彼等に協力するどころかともに見る勇気さえなかった　ဆွေမျိုး:မဆိုထား:နှင့်လောကကြီး:ကိုပင်မေ့ချပ်သည်။ 親戚どころか婆婆の事さえ忘れたり　ဆင်:ရန်:ကိုမဆိုထား:နှင့်အနီ:သို့ပင်မကပ်နိုင်ကြ။ 降りるどころか傍に近づく事さえできなかった

~ဆိုထား:ဘိ[məs'ot'a:bi.]（接助）~言うに及ばず　ဆမ်:တော်အတွက်မဆိုထား:ဘိ။ဝမ်:အတွက်သော မမပြည့်နိုင်။ 斎飯どころか飯米にさえ事欠く有様　ရှစ်ကျပ်သော:ငွေမဆိုထား:ဘိ။ နှစ်ပဲ့အာနာပြာကိုမျှရအောင်မဖန်နိုင်ရှိနေသည်။ 2ルピーどころか2アンナの小銭すら手に入れる事ができない　သူလပါ:အာ:ကျွံရန်မဆိုထား:ဘိ။မိမိအတွက်အော်မအအခံရှိသည်။ 他

人を手伝うどころか、自分のために声を出すことさえ困難だった cf. နေနေသာသာ

မဆင်မခြင် [məs'in mətʃin] (副) 深く考えもせずに無謀にも、浅はかにも

မဆိုင်းမတွ [məs'ain: mətwa.] (副) すかさず、即刻、直ちに、間髪を入れず、躊躇する事なく

မဆတ်တဏ် [məs'a' təŋan.] (副) 物足りないままに、願いは果されないままに =မစပ်တင့်

မဆတ်တင့်ဖြစ် [məsa'təŋan. p'ji'] (形) 物足りない、不満が解消されない

မဆုတ်မဆိုင်း [məs'ou' məs'ain:] (副) 即刻、すかさず、間髪を入れず、躊躇せずに

မဆုတ်မနစ် [məs'ou' məni'] (副) 根気強く、倦まず弛まず、執拗に、しつこく、諦める事なく

မဆန့်အင်္ဂါ [məs'an. inga] (名) 不釣り合い、器に合わない

မဆုံး [məs'oun:] (動) 限りない、尽きる事がない ကြား:လို့မဆုံးဘူး။ 限りなく自慢する

~မဆုံးဖြစ် [məs'oun. p'ji'] (形) 限りない、尽きる事がない ဝမ်းသာမဆုံးဖြစ်သည်။ 無限に嬉しい နောင်တရမဆုံးဖြစ်သည်။ 後悔する事限りなし、悔んでも悔み切れない အံ့သြမဆုံးဖြစ်ရသည်။ 驚く事限りなし ကျေနပ်မဆုံးဖြစ်သည်။ これ以上の満足はない ဂုဏ်ယူဆုံးဖြစ်သည်။ 限りなく誇りに思う အပြစ်တင်မဆုံးဖြစ်သည်။ 非難して尽きる事なし

မ~ဆုံး: [mə~s'oun:] (助動) 否定形容詞の最上級を示す、最も、一番、最高に ဒါကိုငါမကြိုက်ဆုံးဘဲ။ 私はこれが一番嫌いだ cf. အ~ဆုံး:

မဆွ [məs'wa.] (名) 初め、最初、昔、古代 ရှေးမဆွက 太古 လက်ဦးမဆွက まず最初に မဆွကတိုင်သိပါတယ်။ 初めから知っています

မညီညာဖြစ် [məɲi məɲa p'ji'] (形) 滑らかでない、平坦でない、凹凸がある

မညီညွတ်ရှိ [məɲi məɲu' ʃi.] (形) 全体が揃わない、不均等だ、調和が取れない

မညှာမတာ [məɲa məta] (副) 同情する事なく、情容赦なく、遠慮なく、無情に

မ~တ~ [mə~tə~] (副) 微かに、~するかしない程度に သူတို့နှစ်ဦး:မကြား:တကြား:ပြောနေသည်။ 彼等二人は聞えるか聞えない位の小声で話し合っている ပါ:စပ်မပွင့်တပွင့်ဖွင့်လိုက်သည်။ 微かに口を開けた ထိညတွင်လရောင်မလင်:တလင်:။ その夜は月光もあるかないか程度だった ကုန်:မရောက်တရောက်လောက်ပေါ်ိ နေသောကုကြိုပင်ကြီး။ 丘の間際に生えているネムノキの大木

မတရား: [mətəja:] ① (形) 合法的でない、公正でない、正当でない、不当だ、不法だ ② (副) 不正に、不当に、不法に

မတရား:ကျင့် [mətəja: tʃin.] (動) 乱暴を働く、無理矢理ものにする、手込めにする、強姦する

မတရား:ဘူ: [mətəja:bu:] (形) 不正だ、不当だ、不公平だ、非合法的だ

မတရား:မှု [mətəja:mu.] (名) 不当な行為、不埒な行為、不正行為、違法行為

မတရား:ရာရောက် [mətəja:ja jau'] (形) 合法的でなくなる、非合法となる、不正な事になる

မတရား:လုပ် [mətəja: lou'] (動) 不正を働く、不法行為をする、不公平な振舞いをする、勝手な事をする

မတရား:သဖြင့် [mətəja: təp'jin.] (副) 不正に、不当に、不法に

မတရား:သင်ကြေညာ [mətəja:din: tʃeɲa] (動) 団体、政党を非合法化する、非合法団体だと告示する

မ~တ~ [mə~də~] (副詞形成詞) 辛うじて、どうにかこうにか、やっとのことで မကြား:တကြား:ပြောသည်။ 聞えるか聞えない位の声で話した ကြက်ဥကိုမကျက်တကျက်ပြုတ်သည်။ 鶏卵を半熟に茹でた ယခုအသက်ကသုံ:ဆယ်မရှိတရှိ။ 今や年齢も３０歳そこそこになっている ထိညတွင်လရောင်မလင်:တလင်:။ その夜は月の明りも朧であった ရေကိုမတဝချက်လိုက်သည်။ 水を飲んだが物足りない

မတလုံး:ကျေ [ma. təloun: tʃe] ① (動) 知らないものはない、何でも知っている、不可能の文字はない ② (名) 万事に秀でた人、博覧強記の人

မတိမကျဖြစ် [məti. məta. p'ji'] (形) はっきりしない、確かでない、確実でない、明確でない

မတုတဒုဏ် [mətu dəju] (副) ① 無礼にも、失礼にも、無作法に、礼儀を弁えずに ② 不審で、怪しげで、疑い深く、疑念を抱いて、不審な素振りで

မတူညီဖြစ် [mətu məɲi p'ji'] (形) 同じではない、同様ではない、不揃いだ

မ~တော့ [mə~də.] (接助) ~ではないので、~ではないものだから ဘာမှလုပ်စရာမရှိတော့၊ပျင်းစရာကြီး။ 何もする事がないので退屈で仕方がない

မ~တော့ဘူ: [mə~də.bu:] (助動) もはや~ではない ကျွန်မဒီညထမင်:မစား:တော့ပါဘူး။ 私は今夜はもう食事を摂らない မင်:ဟာအသက်မငယ်တော့ဘူး။ お前はもう若くはない ရုပ်ရှင်ချိန်:မမီတော့ဘူး။ 映画の開始時刻にもう間に合わない အိမ်စောင့်လင်ယာ:လဲမရှိတော့ဘူး။ 留守番の夫婦ももう居ない

မ~တော့ဘူ:လာ: [mə~də.bu:la:] (助動) もう~ないのか、もはや~ではないのか ဆရာမကြည့်တော့ဘူ:လား။ 先生はもう見ないのですか ဒီနောက်တော့ပ

မထိခလုတ် ၊ ထိခလုတ်

ပေါ်လာတော့ဘူးလား။ 今後はもう現れないのか

မတော် [mətɔ] （形）①好ましくない、穏当でない အချိန်မတော် 時ならぬ時刻 အစား:မတော်ဘူး။ 食べ物が合わない အသွား:မတော်ဘူး။ 出かけるのは思わしくない အမြင်မတော်ဘူး။ 見苦しい、見るのも恥ずかしい、目のやり場に困る、下品だ、猥褻だ ②（副）わざとではなく、故意はなく

မတော်တဆ [mətɔtəsʼa.]（副）思いがけず、偶然にも、偶々、万が一にも、不測の事で မတော်တဆသေနတ်မှန်၍ကွယ်လွန်သွား:ရရှာသည်။ 偶々銃弾に当って命を落した သူကိုမတော်တဆတွေ့သွား:ယင်တကယ်အန္တရာယ်ကြီးပေါ။ 万が一そいつに遭遇でもしたら一大事だ

မတော်တဆထိခိုက်မှု [mətɔtəsʼa. tʼi.gaiʼmu.]（名）不測の事故、不慮の負傷

မတော်တဆဖြစ်မှု [mətɔtəsʼa. pʼjiʼmu.]（名）不測のでき事、不慮の事故

မတော်တဆမှု [mətɔtəsʼamu.] ＝မတော်တဆဖြစ်မှု

မတော်တရော် [mətɔtəjɔ]（副）下品で、猥褻で、卑しくて、いかがわしく、見苦しくて、不適当で、不適切で မတော်တရော်ပြောလျှောင်သည်။ 下品な調子で揶揄する

မတော်တာ [mətɔda]（名）はしたない事、卑しい事、下品な事

မတော်မတရား [mətɔ mətəja:]（副）①不当に、不法に ②過度に、極端に、見逃せない程に、常識外れで မတော်မတရားပြုကျင့်သည်။ 不埒な振舞いに及ぶ、不当に処遇する မတော်မတရား:ပြောသည်။ 常識外れな事を言う မတော်မတရား:ရမ်းကား:သည်။ 乱暴で始末に負えない

မတော်မတည့် [mətɔ mətɛ.]（副）奇妙に、奇怪に、異様に、異常に、常軌を逸して

မတော်လောဘ [mətɔ lɔ:ba.]（名）貪欲、強欲

မတော်လို့ [mətɔlo.]（接）①もしも、仮に、万が一 မတော်ရှုံးသွား:ရင်ဘယ်နယ်လုပ်မလဲ။ もしも失敗したらどうするつもりなんだ ②意図せずに、偶々、偶然

မတိုမကျယ် [məto mətʃɛ]（副）程々に、強くも弱くもなく

မတောက်တခေါက် [mətauʼ təkʼauʼ]（副）曲りなりにも、どうにかこうにか、何とかかんとか、生半可ながら、生噛りで အင်္ဂလိပ်လိုမတောက်တခေါက်ရေ:တတ်သည်။ 曲りなりにも英語で書ける ယခုအခါ၌ဗေဒင်လည်:မတောက်တခေါက်တတ်သည်။ 今では占星術も覚束ないながらできる ခေတ်ပညာမတောက်တခေါက်တတ်ခဲ့သည်။ 近代的知識も大なり小なり身につけていた ဒီလိုလောကဣတရာစာပေမတောက်တခေါက်သင်ခဲ့သည်။ このような非世俗的な作品も幾らかは学んだ

မတင်မကျ [mətin mətʃa.]（副）曖昧で、はっきりしなくて、当り障りのない形で、態度を明確にせず

မတင်မကျဖြစ် [mətinmətʃa. pʼjiʼ]（形）曖昧だ、はっきりしない、言質を与えない

မတိုင်မီ [mətainmi]（副）～する前に、なる前に ထမင်:စား:ချိန်မတိုင်မီကျွေ:ထား:သည်။ 食事時間前に食べさせて置く

~မတတ် [mətaʼ]（助動）将に～せんばかりに ကျွန်တော့်ခေါင်:ဟာကွဲထွက်မတတ်ကိုက်လာသည်။ 頭が割れんばかりに痛み始めた အသက်ရှုရပ်မတတ်အံ့ဩသည်။ 息も止まらんばかりに驚いた လိပ်ပြာလွင့်မတတ်ထိတ်လန့်သွားမိသည်။ 意識も無くなるばかりに魂消た နားကွဲလုမတတ်ဆူညံနေမိသည်။ 耳が割れんばかりにやかましい တိုင်းဆွေ:ပြီးပြိုကျမတတ်ရှိခဲ့ရသည်။ 柱は朽ちていて今にも倒れんばかりになっていた သူကလည်:ကျွန်တော့်အား:ထိုင်၍ရှိခို:တော့မတတ်တောင်:ပန်နေတော့သည်။ 彼は私にまるで土下座せんばかりに謝った အူကြမ်:မတတ်ရယ်ချင်မိသည်။ 腸は捩れんばかりに可笑しかった

မတတ်တတတ် [mətaʼ dəda]（副）できるかできないかの状態で、どうにかこうにか、辛うじて

မတတ်နိုင်ဘူး [mətaʼnainbu:]（動）仕方がない、致し方ない、止むを得ない

မတတ်သာလို့ [mətaʼtalo.]（副）止むを得ず、仕方なく、他に方法がなく

မတတ်သာသည့်အဆုံ: [mətaʼtadi. əsʼoun:]（名）万策尽き果てた末、どうにもならなくなった末

မ~တန်ကောင်:ဘူး [mə~tankaun:bu:] [mə~dankaun:bu:]（助動）～してはいけない、～であってはならない ဒီလိုလုပ်တန်ကောင်:ဘူး။ そんな事をしてはいけない သဘောမကျနှစ်ဘွယ်မဖြစ်တန်ကောင်:သည်။ 気に入らないようになってはいけない

မတန်တဆ [mətan təsʼa.]（副）法外に、途方もなく、とてつもなく、限度以上に、過度に、極端に

မတန်မရ [mətan məja]（副）そぐわずに

မတုန်မလှုပ် [mətoun məlouʼ]（副）微動だにせず、不動のままで、びくともせずに မတုန်မလှုပ်ရပ်သည်။ 不動の姿勢をとる

မတိမ်:မစောင်: [mətein: məsaun:]（副）片寄る事なく、斜めになる事なく、正常な位置で、逸れる事なく

မတိမ်:မယိမ်: [mətein: məjein:]（副）（人数、年齢、内容等が）ほぼ似たり寄ったりで、大同小異で

မတွေ့တွေ့အောင် [mətwe. twe. aun]（副）何とかして逢えるように、是が非とも見つかるように

မထိခလုတ်၊ထိခလုတ် [mətʼi.kʼəlouʼ tʼi.kʼəlouʼ]（副）はっきりせず、曖昧なまま

မထိခလုတ်ထိလုတ်စကားဆို [mət'i. k'əlou' t'i. k'əlou' zəga: s'o] (動) 人を傷つけるような言い方を平気でする

မထိတထိ [mət'i. tət'i.] (副) 幽かに、仄かに、触れるか触れないほどに မထိတထိပြောသည်။ それとなく仄めかす မထိတထိပြုံးသည်။ 幽かに微笑む မထိတထိကလသည်။ 婉曲にからかう

မထိလျှင်တော့ကြည့် [mət'i.ɬjin da:tʃi.] (動) 是が非でもやれ（刃物に触れられたくなければやれ）

မထိရေဒိ [mət'i dəji] (副) 失礼にも、無礼にも、不遜にも、ふてぶてしく、傲慢に、人もなげに သာ ကိုမှရှုမစိုက်ချင်တော့ဘဲမထိတရိဖြစ်လာခဲ့သည်။ 何も気を配ろうとはせず、ふてぶてしくなってきた

မထိမဲ့မြင် [mət'i mɛ.mjin] (副) 無礼にも、横柄にも、侮辱的な態度で မထိမဲ့မြင်ပြုသည်။ 蔑ろにする မထိမဲ့မြင်လုပ်သည်။ 傲慢な態度を取る

မထိလေးစား [mət'i le:za:] (副) 蔑ろに、非礼な態度で、不遜な態度で、ふてぶてしく、礼儀知らずで မထိလေးစားလုပ်သည်။ 不遜な態度をとる မထိလေးစားမျက်နှာနှင့်ကြည့်သည်။ ふてぶてしい表情で見た

မထေမဲ့မြင် [mət'e mɛ.mjin] = မထိမဲ့မြင်

မထောက်မချင် [mət'au' mətʃin.] (副) 十分に考えもせず、慎重に検討もせず

မထင်မရှား [mət'in məʃa:] (副) こっそりと、ひっそりと、世間に知られる事なく

မထောင်တာ [mət'aun:da] (動) 気にしない、問題にしない、無頓着だ ဘယ်နှစ်ခါပင်မှား သော်လည်းမထောင်တာ။ 何回間違えても一向に気にしない

မထိုင်ခင်ခြေဆင့် [mət'ain:dʒe:dʒein.] (諺) 順番無視（座らない内から足を伸ばす）

မထိမ်မချန်ဘဲ [mət'ein mətʃanbɛ:] (副) 隠す事なく

မထုတ်နှေးရှိ [mət'oun tɛ'ne.ʃi.] (形) 動作が緩慢だ

မထုတ်လေး [mət'oun tɛ'te:] (副) 動作が緩慢で、不活発で、鈍感で、無神経だ

မနာ့တနာ [məna.təna] (副) 痛むか痛まない程度に、ほんの軽い痛みで

မနာလို [mənalo] (動) 妬む、嫉む、羨む、快く思わない ＝သင်နိုတို မရှုဆိတ် မနာလိုလို့ပြောတာ။ 快く思わないから言ったのだ

မနာလိုဖြစ် [mənalo p'jii'] (形) 妬ましい、羨ましい、快く思わない、反感を抱く ＝မရှုဆိတ်ဖြစ်

မနာလိုဝန်တိုစိတ် [mənalo wuntozei'] (名) 妬み、嫉み、嫉妬心

မနာလိုဝန်တိုဖြစ် [mənalo wunto p'jii'] (動) 妬む、嫉む

မနာ:တန်: [məna:dan:] (副) 休まず、休みなく、絶え間なく、ひっきりなしに、間断なく

မနာ:မနေ: [məna: məne] (副) 倦まず弛まず、怯まず မနာ:မနေ:ဖတ်ရသည်။ 一心不乱に読んだ မနာ:မနေ:အလုပ်လုပ်သည်။ 不眠不休で働く

မနီ:မဝေး [məni: məwe:] (名) 程遠からぬ所

မနူမရင့် [mənu. məjin.] (副) ①（色彩的に）濃からず薄からず ②未熟でも熟練でもなくて、経験年数が浅くも長くもなく

မနူ:မနပ် [mənu: məna'] (名) うぶ、純真、経験の浅い人、初心者、新参者、世間知らず、物知らず

မနူ:မနပ်အရွယ် [mənu.məna' əjwe] (名) 若年層

မနေတတ်မထိုင်တတ်နှင့် [məneda' mət'ainda'nɛ.] (副) 居ても立ってもいられずに

မနေတတ်မထိုင်တတ်ဖြစ် [məneda' mət'ainda' p'jii'] (形) 居ても立ってもいられない、居たたまれない、仕事が手につかない

မနေနိုင်မထိုင်နိုင် [mənenain mət'ainnain] (副) おとなしくしておれずに、落着いていられずに

မနေမနာ: [məne məna:] =မနာ:မနေ: စာတွေကိုမနေဖတ်ရသည်။ 書類を一心不乱に読んでいる

မ~နဲ့ [mə-nɛ.] (助動) 禁止を表わす、～するな ေမ:ပါနဲ့။ 訊くな အာ:မနာပါနဲ့။ 遠慮するな ဆေ:လိပ်မသောက်ပါနဲ့။ タバコは吸うな ဒီအလုပ်ကိုမလုပ်ပါနဲ့။ この仕事はするな ဒီနေ့လုံးဝအပြင်မထွက်နဲ့။ 今日は終日外出するな အန္တရာယ်ရှိတဲ့မြွေ နဲ့မကစား:ပါနဲ့။ 危険な蛇とは戯れるな ＝မ-နှင့်

မ~နဲ့အုံ: [mə-nɛ.oun:] (助動) 直前迄の制限を示す、まだ～するな ခင်ဗျာ:ဘယ်သူ့မှသွာ:မပြောနဲ့အုံ:။ まだ誰にも言ってはならない ＝မ-နှင့်အုံ:

မနိုင် [məne:] (副) 懸命に、少なからぬ努力で、どうにかこうにか、やっとの事で ＝မနည်:နဲ့

မနိုင်ကြီ: [məne:dʒi:] =မနိုင် ခြေဖျော်မလဲအောင်မနိုင်ကြီ:လျှောက်ရသည်။ 滑らないよう細心の注意を払って歩かねばならなかった

မနိုင်တနိုင် [mənain. tənain] (副) 辛うじて、何とかして、どうにかこうにか、やっとの事で လေ:လံ သောင်းချာ:ကိုထမ်:ပိုး:နှင့်မနိုင်တနိုင်ထမ်းလာသည်။ 重い篭を天秤棒でどうにか担いで来た

မနိုင်တနိုင်နှင့် [mənain. tənainnɛ.] =မနိုင်တနိုင် ထမင်:ကိုမနိုင်တနိုင်ချက်တတ်သည်။ 辛うじて飯を炊く事ができる

မနိုင် [mənain] (動) 手に負えない、処理できない

မနိုင်မကန် [mənain məkan] (副) ふんだんに、豊富

に、山のように

မနိုင်မနင်း[mənain mənin:]（副）何とか、やっとこさ နင့်ခန္ဓာကိုယ်မနိုင်မနင်းသယ်နေရတယ်။ 君の体をどうにかこうにか運んだ

မနိုင်မနင်းနဲ့[mənain mənin:nɛ.]（副）どうにかこうにか、辛うじて

မနိုင်မနင်းဖြစ်[mənain mənin: p'ji']（形）どうにもならない、身動きがとれない、統制がとれない、収拾がつかない

မနိုင်ရင်းကန်[mənain jingan]（名）無二の親友、心を許し合った間柄

မနိုင်ရစ်ငင်[mənain jiŋan]（名）旧友、互いに話し合える間柄

မ~နိုင်အောင်[mə-nain aun]（副）否定の表現、〜できない位 မရေမတွက်နိုင်အောင်ရေးသည်။ 数え切れない位書いた စဉ်းစားတွေးခေါ်ဉာဏ်တွေမကုန်မခန်းနိုင်အောင်ဖြစ်ရသည်။ 思考能力が枯れ果ててしまわない位であった

မနည်း[mənɛ:]（副）少なからず、大いに、力を入れて、必死で ရဲတော်သုံးယောက်နှင့်မနည်းထမ်းရသည်။ 3人の兵士でやっとこさ担いだ စကားမပြတ်အောင်မနည်းကြိုးစားပြောနေသည်။ 話が途切れないよう懸命に話した ＝မနဲ

မနည်းကြီး[mənɛ:dʒi:]（副）懸命に မနည်းကြီးဆွဲပိတ်သည်။ 懸命に引っ張って閉じた ＝မနည်း

မ~နဲ့[mə-nɛ']（助動）禁止を示す、〜するべからず ကျွန်တော့်အတွက်ဘာမျှမပူပါနဲ့။ 私の事は何も心配するな

မ~နဲ့တော့[mə-nɛ.dɔ]（助動）制限、制約を解消する為の表現、もはや〜するな、これ以上〜するな မင်းငါ့နောက်ကိုမလိုက်နဲ့တော့။ これ以上僕の後をついて来るな

မပါ[məpa]（動）持っていない、所持していない

မ~ပါစေနဲ့[mə-bəja.zenɛ.]（助動）否定の懇願形、〜させないで欲しい မပြောပါရစေနဲ့။ 言わせないでくれ မဖမ်းပါရစေနဲ့။ 私に捕まえさせるのは勘弁してくれ ကောလိပ်ကိုမသွား:ပါရစေနဲ့။ 大学へは行かせないでくれ သူ့အကြောင်းတွေမကြား:ပါရစေနဲ့။ 彼の事など聞かせないでくれ မင်းနဲ့ငါ့အငြင်းမပွါးပါရစေနဲ့။ 君と僕との間にトラブルは生じさせないでくれ ကျွန်တော်မတတ်နိုင်တဲ့အလုပ်မလုပ်ပါရစေနဲ့။ 私にできにきないような仕事はさせないで欲しい မင်းယူလာတဲ့အဆိပ်တွေကိုတော့မစား:ပါရစေနဲ့။ 君が持ってきた毒は食わせないで欲しい

မပီတပီ[məpi. dəbi.]（副）曖昧な表現で、怪しげな発音で

မပီကလာ[məpikəla]（副）たどたどしく

မပီကလာပီကလာ[məpigəla pigəla]（副）たどたどしく

မပူအေး[məpu məe:]（副）程よい熱さで、熱くも冷たくもなく、暑くも寒くもなく

မပူလိုလို့ယောင်း（ယောက်မ）ရှာ။（諺）用意万端整えておく（暑くないよう杓文字を探す）

မပို့ဘဲနှင့်မဇောရောက်။（諺）自ら墓穴を掘る（流刑になった訳でもないのにメーザーに至る）

မပိုမလို[məpo məlo]（副）過不足なく

မပိုင်ဝက်မွေး။（諺）自分を犠牲にして、奉仕の気持で、骨折り損のくたびれ儲け、意のままにはならない（自分の所有ではない豚を飼う）

မပျက်မကွက်[məpjɛ' məkwɛ']（副）必ず、欠かす事なく、是非とも、怠る事なく、失敗する事なく

မပျံသန်းရဇုန်[məpjantan:ja.zoun]（名）飛行禁止区域

မ~ပြီ[mə-bi]（助動・文）もはや〜に非ず သား:တော်လည်းမငယ်ပြီ။ 王子ももはや幼なくはない ငါတို့သည်အမောင်မတပါ:မှီခိုကို:ကွယ်ရာမရှိပြီ။ 我々には貴方様を除いて頼りとする所がありません

မပြီးခင်၊ဗမာမမြင်စေနဲ့။（諺）中途半端でビルマ人に見せるな（直ぐ批判したがる、見せるなら終ってからにせよ）

မပြီးမချင်း[məpi: mətʃin:]（副）終らない限り、終まえるな

မပြီးမစီး[məpi: məsi:]（副）終らずに、中途で

မပြုမစုနေ[məpju. məsu. ne]（動）世話をせずにいる、面倒を見ないでいる、放置している

မပြေမလည်ဖြစ်[məpje məlɛ p'ji']（形）仲がよくない、関係がぎくしゃくする、うまく行かない、順調でなくなる

မပြေး:သော် ၊ ကန်ရာရှိ။（諺）衣の下の鎧

မပြောကောင်းတာ[məpjɔ: kaun:da]（名）口にしてはならない、口が裂けても言ってはならない事

မပြောပလောက်[məpjɔ:pa.lau']（副）取るに足りない、取り立てて言う程もない

မပြောမချင်း[məpjɔ: mətʃin:]（副）言わない限り、言うまでは

မပြောလဲမပြီး ၊ မတီးလဲမမြည်။（諺）黙っていては解決しない（話さなければ終らない、（太鼓は）打たなければ鳴らない）

မပြောင်းမလဲ[məpjaun: məlwɛ:]（副）変化せず

မပြည့်တပြည့် [məpje.dəbje.]（副）一杯あるかないか、充分にあるかないか အသက်မှာရှစ်နှစ်မပြည့်ပြည့်ပါဦးမည်။ 年の頃は 8 歳になるかならないか位

မပြတ်

မပြည့်သည့်အိုး၊ တောင်ဘင်ခတ်။ (諺) 空き樽は音高し（中身が少なければ水音が立つ）

မပြတ်[məpjaʔ] (副) 絶えず、始終

မပြတ်မလပ်[məpjaʔ məlaʔ] (副) 欠かさずに

မပြန်လမ်း[məpjan laŋ:] (名) 死出の旅、あの世への道

မပွင့်တပွင့်နှင့်[məpwiŋ. dəbwiŋ.nɛ.] (副) 口を開けるか開けないか程度に、小声でぼそぼそと、口をもぐもぐさせて

မဖူမလုံဖြစ်[məpʼu məlouŋ pʼjiʔ] (形) 潤沢でない、豊富でない、不十分だ

မဖောက်ထုံး[məpʼauʔ tʼouŋ:] (鉱) 生石灰

မဖြေချင်ဖြေချင်ဖြေ[məpʼeʤiŋ. pʼjeʤiŋ pʼje] (動) 嫌々答える、渋々答える

မဖြစ်စလောက်[məpʼjiʔsəlauʔ] (副) 取るに足りない、ほんの申し訳程度に

မဖြစ်နိုင်တာ[məpʼjiʔnainda] (動) あり得ない

မဖြစ်နိုင်ဘူး[məpʼjiʔnainbu:] (動) できない、不可能だ

မ～ဖြစ်ဖူး[mə~bjiʔpʼu:] (助動) ～し損ねる、～しそびれる မရေးဖြစ်ဖူး။ 書きそびれた မသွား ဖြစ်ဖူး။ 行き損ねた

မဖြစ်ဖြစ်အောင်[məpʼjiʔpʼjiʔauŋ] (副) 何としてでも、是が非でも、万策を講じて

မဖြစ်မနေ[məpʼjiʔ məne] (副) 万難を排して အလုပ်ကိုမဖြစ်မနေလုပ်တယ်။ 仕事は、万難を排して行う

မဖြုန့်ဘူး[məpʼjounbu:] (動) 気にしない、頓着しない、拘泥しない、たじろがない

မဖွယ်မရာ[məpʼwɛ məja]① (形) 見苦しい、感じが悪い ② (副) 見苦しくて、怪しげで ③ (名) 見苦しい事、不体裁な事、好ましからざる事、良からぬ事、不都合な事、怪しげな事 မဖွယ်မရာအလုပ် 怪しげな仕事、まともでない仕事 အောင်မယ်သော်အလုပ်ကိုမ ဖွယ်မရာပြုသည်။ 下賤な仕事を不体裁に行う ကောက် လှိုင်းကိုမဖွယ်မရာခိုးယူစားသည်။ 不都合にも稲束を盗んで飯米とした

မဖွယ်မရာနဲ့[məʼwɛ məjanɛ.] (副) 不適当で、そぐわなくて、感じが悪くて、奇怪な感じで、醜くて

မဖွယ်မရာသော[məpʼwɛ məja dɔ:] (形・文) 適当でない、気味が悪い、不吉な

မဖွယ်ရာ[məpʼwɛ məja] (形) 感じが悪い、そぐわない မဖွယ်ရာသောကိစ္စ 怪しげな用事

မ～ဘူး[mə~bu:] (助動) 否定を表わす ကျွန်တော်တို့ မသွား:ပါဘူး။ 私達は行かない လမ်းမကောင်:ပါဘူး။ 道がよくない လှေဆိုတာ မြုပ်မသွား:ဘူး။ 舟とは沈ま

ないものだ အလုပ်ကတော့ ဘာမှမခက်ပါဘူး။ 仕事は何も難しい事はない

မ～ဘူးလား:[mə~bu:la:] (助動) 否定の疑問を表わす、～しないのか、～しなかったのか လက်မှတ်မဝယ် ဘူးလား:။ 切符は買わないのか ဒီနေရာကိုမမှတ်မိဘူး လား:။ ここを憶えていないのか ခုထိမပျောက်သေး ဘူးလား:။ 今でもまだ治らないのか ဖိနပ်မပါဘဲ ပျောက်လာတော့ ခြေဖဝါးတွေမနာဘူးလား:။ 靴も履かずに歩いてきて、足の裏が痛まないのか

မ～ဘဲ[mə~bɛ:] (接助) 否定形မ～ဘူး: の連用形、～ずに ပြန်မပေးဘဲမေ့နေသလား။ 返답せずに忘れているのか နား:မလည်ဘဲရေး:မိတာပါ 訳も判らずに何気なく書いたのです ငွေမရဘဲအိမ်ပြန်လာခဲ့ရ၏။ お金は貰えずに帰宅せざるを得なかった အခန်းတွင်းမှမထွက်ဘဲ နေရသေး၏။ まだ室内から出ずに居なければならない ယင်ပြင်ပေါ် ဖိနပ်မချွတ်ဘဲတက်ခဲ့သည်။ 境内へ履物を脱がずに上がった ကြီးငယ်မခြားဘဲချစ်တယ် 老若に拘わらず愛した

မ～မ～[mə~mə~] (頭) 2音節語の形容詞から否定の副詞を形成する မညောင်:မညာ 手足が強げる事なく မပင်မပန်:နှင့်လုပ်ခဲ့သည်။ 疲れる事なくやれた မနား:မနေလုပ်ကိုင်သည်။ 片時も休まずに従事した မတုန်မ လှုပ်ရပ်သည်။ 不動の姿勢を取る မကြေမနပ်ဖြစ်သည်။ 腹立たしい、我慢がならない မညီမညာ ဖြစ်သည်။ 平坦ではない

မ～မချင်:[mə~məʧiŋ:] (助動) 副詞形成、否定形の使用、～しない限り、～するまでは ကျွန်တော်ကခုနစ် နာရီမထိုးမချင်:ထ:ဘူး: 私は7時になるまでは起きない အနာ:မပျောက်မချင်:ဆေ:ဖို:မရယ်။ 傷が治るまでは治療費を払わなければならない စရာ:ရမချင်:တပူပူဆာ:ဆာ:တောင်:သည်။ 口に入らない限りやいのやいのと要求する နင့်မိန်:မအဖျား:မပျောက်မချင်:ကလေ:ကိုဒီမှာထား:ပေါ့ 君の奥さんの熱が下がるまでは子供をここに置いておきたまえ ဒီတောင်:ဆိုချက်တွေမရမချင်:နော့မဆုတ်ဖူး။ 我々の要求が通らない限り引下がらない အလုပ်တခုကိုမပြီးမချင်:ဆုံ:ခန်:တိုင်ရောက်လုပ်တယ်။ 仕事が終らない限り最後までやり遂げる性格だ

မ～မဖြစ်သော[mə~məpʼjiʔtɔ:] (助動) ～しなくてはならない、～しないわけにはいかない မရှိမဖြစ်သောပစ္စည်း: 無くてはならない品物、必需品 မဝယ်မဖြစ်သောစာအုပ် 買わずには済まされぬ書物

မမာမကျန်:ဖြစ်[məma məʧaŋ: pʼjiʔ] (形) 体調がよくない、健康が勝れない

မ～မီ[mə~mi] (副) ～する前 နေမဝင်မီ 日没前 ပထမကမ္ဘာစစ်မဖြစ်မီ 第一次世界大戦前 မိုးမလင်:မီ

မရမချင်း

ထသည်။ ဒ夜明け前に起きた ကျောင်းမတက်မီဘောလုံး ကစား:ကြသည်။ 登校前に皆でサッカ〜をした နံနက် ကျောင်းမသွားမီသတင်းစာပို့သည်။ 朝登校する前に新 聞の配達をする အသီးမရင်မီအစိမ်းရောင်တင်အညို ပြောက်များရှိ၏။ 実が熟さない内は緑色に褐色の斑 点が沢山ある မထိုင်မီကပင်ခြေဆန့်သည်။ 座る前から 足を伸ばす

မမီမီအောင်[məmi miaun] (副) 何とか追いつくよう に、是が非でも追いつけるよう

မမောနိုင်မပန်းနိုင်[məmɔ:nain məpan:nain] (副) 疲れる事なく、疲れも知らず

မမောမပန်း[məmɔ: məpan:] (副) 疲れを知らず、 労せずして

မမြောက်[məmjauʔ] (動) 達しない、成就しない လူလားမမြောက်သေးသောလူ まだ成人に達していない 人、未成年者

မမြင်တမြင်[məmjin. dəmjin] (副) 見えるか見え ないか程度に、手探りで、朦朧として

မမြင်ကျွန်းကျွန်ပြု[məmjin tʃo:tʃun pju.] (動) 見えない振りをする

မမြင်ဘူး၊မူးမြစ်ထင်။ (諺) 井の中の蛙、大海を知らず (見た事がなければ、小川を大河だと思う)

မမှားရှေနေ၊မသေသောဆေးသမား။ (諺) 猿も木 から落ちる、弘法も筆の誤り (誤まりのない弁護士、 患者を死なせない医者)

မမီတမီ[məmi dəmi] (副) やっと近づいて、追いつ くか追いつかないかで

မမှု[məmu.] (動) 気にしない、頓着ない、拘泥し ない

မမှောင်လွန်းမလင်းလွန်း[məmaunlun:məlin:lun:] (副) 明るすぎも暗すぎもせず

မမှိတ်မတုန်[məmeiʔ mətoun] =မမှိတ်မသုန်

မမှိတ်မသုန်[məmeiʔ mətoun] (副) ①凛として、ひ たむきに、只ひたすら、まっしぐらに、他の事には構 わずに ②瞬きもせず、身じろぎもせずに မမှိတ်မသုန် ကြည့်သည်။ 瞬きもせず凝視する မမှိတ်မသုန်ယုံကြည် သည်။ ただひたすら信じる

မမျှမတဖြစ်[məmja. məta. pʼjiʔ] (形) 不釣り合 いだ、不均衡だ、釣り合いが取れない

မယောင်မလည်[məjaun məlɛ] (副) ①漫然と、何 気なく、知らず知らずの内に、いつの間にか ②暗暗 裡に、目立たない内に、さりげなく、気付かれないよ うに、素知らぬ振りで လက်မှတ်ရုံနှာ:တင်မယောင်မ လည်ရပ်နေသော ခါ:ပိုက်ဆိုက်။ 切符売場の近くに素知 らぬ振りで立っているすり ဆိုင်နား:သို့မယောင်မလည် သွား:ရှုအကဲခတ်သည်။ 店の傍へ行き気ない振りで様 子を窺った

မယောင်မလည်နှင့်[məjaun məlɛnɛ.] =မယောင်မ လည်။

မယုတ်မလွန်[məjouʔ məlun] (副) ①程よく、過不 足なく、多すぎず少なすぎず、程々に ②言質を取ら れる事なく

မယုတ်မလွန်ပြော[məjouʔ məlun pjɔ:] (動) さり げなく話す

မယုံယုံဖြစ်[məjoun təjoun pʼjiʔ] (動) 疑惑を 抱く、半信半疑になる

မယုံတဝက်ယုံတဝက်[məjoun təwɛʔ joun təwɛʔ] (副) 半信半疑で

မယုံတဝက်ယုံတဝက်ဖြစ်[məjountəwɛʔ jountəwɛʔ pʼjiʔ] (形) 半信半疑だ

မယုံသင်္ကာ[məjoun tinga] ① (副) 疑念を抱いて、 疑惑の目で ② (名) 疑い、疑惑、嫌疑

မယုံသင်္ကာဖြစ်[məjoun tinga pʼjiʔ] (動) 疑いを 抱く、怪しむ

မယုံသင်္ကာရှိ[məjoun tinga ʃi.] (動) 疑いがあ る、怪しい、疑惑がある

မရ၊ရသကနချင်း။ (諺) =မရက၁သကနချင်း။

မရက၁သကနချင်း။ (諺) 目的の為には手段を選ばず、 手当たり次第に (人肉が入手不能となり遂には料理人 のダッタカまで斬り殺した、ジャータカ第５３７マハ ースタソーマ本生話が出典)

မရဘူး[məja.bu:] (動) できない、駄目だ

မ~ရ[mə~ja.] (助動・文) 禁止を現わす、~すべか らず ပန်းမခူး:ရ။ 花を摘むべからず ရေမကူး:ရ။ 遊泳 禁止 တံထွေးမထွေး:ရ။ 唾を吐くべからず

မ~ရကောင်းလား:[mə-ja.gaun:la:] (助動) 〜しな くてよいのか、〜しないのは怪しからん ညှိုင်းတဲ့အတိုင်း ဝက်ကိုမဖမ်းရကောင်း:လား။ 指示された通りに豚を捉 えないとは怪しからんじゃないか

မ~ရဘူး:[mə-ja.bu:] (助動) ①~できない တညလုံ: မအိပ်ရဘူး:။ 一晩中眠れなかった စကား:ဖြောင်ဖြောင် မပြောရဘူး:။ 話もまともにできない ②~してはいけ ない ကျေး:ဇူး:ရှင်ကိုမမေ့ရဘူး:။ 恩人を忘れてはいけな い အပြင်ထွက်ရဘူး:။ 外出してはいけない ရေထည် ဖူ:တဲ့အိုး:ကိုဆန်ထည်ရဘူး:။ 水を入れていた壷に米を入 れてはいけない ③~しなくてよい အဲဒီကျောင်းတွေက ကျောင်းလခမပေး:ရဘူး:။ それらの学校では授業料を払 わなくてよい

မရမက[məja. məka.] (副) 必ず、是非とも、何と してでも မရမကတွေ့အောင်ရှ၁တယ်။ 何としてでも見 つけようと探した

မရမချင်း:[məja. mətʃin:] (副) 得られるまでは、

得られぬ限りは、入手するまでは、何としてでも

မရမနေ[məja. məne] (副) 根気よく、粘り強く、不撓不屈の精神で、しっこく、頑固に

မရရသည်နည်းနှင့်[məja. ja.di. ni:nɛ.] (副) 手段を選ばずに、できなければできる方法で

မရရအောင်[məja. ja.aun] (副) 絶対に、是が非でも、何としてでも အခွင့်အရေးကိုမရရအောင်ဖမ်းသည်။ 何としてでもチャンスを捕らえ သီးနှံများကိုမရရအောင်ဆွတ်ခူးသည်။ 農作物を是が非でももぎ取る တကယ်လိုချင်တယ်ဆိုရင်ငါမရရအောင်တက်ခူးမှာပေါ့။ 本当に欲しいのであれば僕が万策を講じて登り摘んであげるよ

မ~ရအောင်[mə~ja.aun] (副) ~しないように

မ~ရသေးဘူး[mə~ja.de:bu:] (助動) まだ~していない ထမင်းမစားရသေးဘူး။ まだ食事ができずにいる ရေမချိုးရသေးဘူး။ まだ行水をしていない ဆန်မရှိလို့ထမင်းမချက်ရသေးဘူး။ 米がなかったのでまだ飯が炊けない ကျေးဇူးတင်စကားမပြောရသေးဘူး။ 感謝の言葉を述べる事がまだできない

မရအရ[məja. əja.] (副) 是が非とも、何としてでも、是が非でも

မ~ရာ[mə~ja] (助動) 禁止を示す、~すべからず、~してはいけない ရန်ကြင်းမထားရာ။ 一人の敵も生かしておくな

မရေမရာ[məje məja] (副) はっきりしない、要領を得ない、しどろもどろで

မရဲတရဲ[məjɛ: təjɛ:] (副) 恐々、恐る恐る မရဲတရဲသွားသည်။ 恐る恐る出かけた မရဲတရဲထိုင်လိုက်သည်။ おずおずと腰掛けた

မရဲတဲ့ကျွဲပြီစီး။ (諺) 盲蛇に怖じず (勇気も無いくせに荒っぽい水牛に乗ろうとする)

မရဲသော်လည်းပြေးဝေစ။ (格) 困難に直面しても慌てるな (臆病でも直ぐには逃げない)

မရောစပ်ဘဲ[məjɔ:sa'p'ɛ:] (副) 別々に、一緒にせずに、混合せずに

မရိုမသေ[məjo məte] (間) 失礼、失礼ですが

မရိုမသေပြု[məjo məte pju.] (動) 蔑ろにする、侮辱する

မရိုသေစကား:[məjode. zəga:] (間) 失礼ですが、恐縮ですが、恐れ入りますが、尾篭な話ですが

မရိုးမရွ[məjo: məjwa.] (副) 我を忘れて、逆上して、気持が動揺して

မရိုးမရွကြီး[məjo: məjwa.dʑi:] = မရိုးမရွ

မရိုးမရွဖြစ်[məjo: məjwa. p'ji'] (動) じれったくなる、苛々する、居たたまれなくなる、我を忘れる

မ~ရက်[mə~jɛ'] (助動) ~するに忍びない တောအ

ရပ်တင်နေချေလော့ဟူစကား:ကိုမဆိုရက်သောကြောင့်ဆိတ်ဆိတ်နေလေသည်။ 森の中で暮せと言う言葉を口にするのは忍びないものだから沈黙していた

မရောင်မလည်[məjaun məlɛ] (副) =မယောင်မလည်

မရပ်မနား:[məja' məna:] (副) 絶え間なく、留まる事なく、休みなく

မ~ရုံတမယ်[mə~joun təmɛ] (助動) 唯~しないだけで、辛うじて~しない程度に မသေတမယ်လခရသည်။ 命を保つ程度の月給は貰えた မပြေးရုံတမယ်ခုတ်ခုတ်လုပ်လျှင်လာခဲ့သည်။ 唯走らないと言うだけで、急ぎ足でやって来た

မရွေး[məjwe:] (接助) ~を問わず、~の別なく ကျား:မမရွေး: 男女の別なく ကြီးငယ်မရွေး: 老若を問わず ချစ်သူမုန်းသူမရွေးသေစေသည်။ 愛する人、憎い人を問わず死なせた

မရှယ်ဘဲနှင့်စော်ကံမင်း:ဖြစ်။ (諺) 棚から牡丹餅 (思いがけず、ソーケー、国王となる)

မရှုမလှ[məjun məʃa] (副) 厭わずに、厭がらずに

မရှိခိုးနိုး[məʃi. k'o:no:] (副) 胡散臭そうに、疑わしそうに、貧しい者なら他人の物に手を掛けそうに

မရှိခိုးနိုး၊မလှစုန်းရို။ (諺) 疑心暗鬼、理由なき差別 (貧しければ盗みをしかねない、不器量なら魔女の家系に違いない)

မရှိတရှိ[məʃi. təʃi.] (副) あるか無きか

မရှိတာထက်မသိတာခက်။ (諺) 訊くは一時の恥、知らぬは一生の恥 (無い事よりは、知らない事の方がもっと問題だ)

မရှိတော်ဝံ၊ရှိကြောင့်ကြ။ (諺) 財産はあっても無くても憂いの種 (なければ欲しがる、あれば憂慮する)

မရှိနိုင်ဘူး[məʃi.nainbu:] (動) あり得ない

မရှိနွမ်းပါ:[məʃi. nwan:ba:] (形) 貧困だ

မရှိမဖြစ်သော[məʃi. məp'ji'tɔ:] (形) なくてはならない

မရှိမဲ့ရှိမဲ့[məʃi.mɛ. ʃi.mɛ.] (名) ほんの僅か、あるか無きか、ちょっぴり မိဘကမရှိမဲ့ရှိမဲ့နဲ့ကျောင်းထားတယ်။ 両親はかつがつの暮しの中で学校へ通わせてくれた

မရှိရင်ရှာ:၊ပေါရင်များ:။ (諺) 無ければ益々乏しくなりあれば益々殖える

မရှိဝမ်းစာ၊ရှိတန်ဆာ။ (諺) 貧しければ先ず飯米、豊かであれば装飾品

မရှိသလောက်ဖြစ်[məʃi.dəlau'] (形) 殆どない

မရှစ်မဲ့နိုင်[məʃu.zein. nain] (動) 見かねる、見てはいられない

မရှုဆိတ်ဖြစ်[məʃu.zei' p'ji'] (動) 妬む、嫉む

မရှုဆိတ်မှု[məʃu.zei'mu.] (名) 妬み、嫉み

မရှုမလှ[mə∫u. məɬa.]（副）無残にも、悲惨な形で အပူငွေ့၏ဒဏ်ကိုမရှုမလှခံရသည်။ 熱気の害を無残にも 蒙った မရှုမလှနှင့်အရှက်ရသည်။ 無残にも恥を掻かされた မရှုမလှသေဆုံးသွားရသည်။ 悲惨な形で死んでしまった

မရှုနိုင်မကယ်နိုင်[mə∫unain məkɛnain]（副）進退極まって、苦境に陥って

မရှုနိုင်မကယ်နိုင်ဖြစ်[mə∫unain məkɛnain p'ji']（動）進退極まる、苦境に陥る

မရှေးမနှောင်း[mə∫e: mənaun:]（副）相前後して、ほぼ同時に

မရှေးမနှောင်းခေတ်[mə∫e: mənaun: k'i']（名）ほぼ同時代、相前後した時代

မရွှေ့မပြောင်းနိုင်သောပစ္စည်း[mə∫we. məpjaun: naindɔ: pji'si:]（名）不動産

မလာမချင်း[məla mət∫in:]（副）来るまでは、来ない限りは

မလေးမခန့်[məle: mək'an.]（副）恥知らずで、図々しくて、あつかましくて、気にせず、無視して、敬意を払う事なく、横柄に

မလေးမစားပြု[məle: məsa: pju.]（動）侮辱する、無礼を働く、礼を失する မိဘအား မလေးမစားပြုသည်။ 両親を蔑ろにする

မလေးမစားလုပ်[məle: məsa: lou']（動）疎んじる、蔑ろにする

မလိုတမာ[məlo təma]（副）妬んで、嫉んで、快く思わず、羨ましがって

မလိုတမာပြော[məlotəmapjɔ:]（動）悪し様に言う

မလိုတမာပြုံးပြုံး[məlotəmabjoun: pjoun:]（動）苦笑いする、苦笑する

မလိုတမာဖြစ်[məlotəma p'ji']（動）妬ましく思う、快く思わない、不快感を覚える、厭気を覚える

မလိုမုန်းတီးဖြစ်[məlo moun:di: p'ji']（動）反感を抱く

မလိုသလို[məlodəlo]（副）不必要なように、望ましくないように

မလိုအပ်ပဲလျက်[məlo a'pɛ:ljɛ']（副）必要もないのに

မလောက်မငှဖြစ်[məlau' məɲa. p'ji']（形）足りない、十分ではない

မလောက်လေးမလောက်စား:[məlau'le:məlau'sa:]①（副）取るに足りない位 ②（名）取るに足りない者 သူတို့ကဲ့သို့မလောက်လေးမလောက်စား:သေးသော ကျောင်းသားကလေးများ: 彼等のように取るに足りない若い学生達

မ～လင့်[mə-lin.]（助動・文）禁止を示す、~すべからず ငါ့အရပ်သို့မလာလင့်။ 当地へ来てはならない တောအရပ်သို့ကြော်တော်မမူပါလင့်။ 森の方へはお出かけにならないように မိခင်ဘခင်တို့နှလုံးပျက်ပြန်းကြောင့် အောင်မပြုပါလင့်။ 両親を嘆かせるような事は避けるように သူမိုက်တို့၏စကားကိုမယုံလင့်။ 愚か者共の話は信じないように

မလည်မဝယ်[məlɛ məwɛ]（副）無邪気に、天真爛漫に、純心に

မလိမ့်တပတ်[məlein. dəba']（副）取り繕って、巧みに胡麻化して、巧妙にペテンにかけて

မလိမ့်တပတ်လုပ်[məlein.dəba' lou']（動）誤魔化す、逃げ口上を言う、ペテンにかける

မလုံတလုံ[məloun. təloun]（副）隠れるか隠れない程度に、全裸すれすれで、全裸にならんばかりで、すんでのところで

မလုံတဲ့အိုး: ဒုတ်မိုးရဲ့အာ။（諺）心やましくい者は自ら白状する（密閉されてない壷、刃物を振りかざすだけで口を開ける）

မလုံမလဲ[məloun məlɛ:]（副）①全身が覆えなくて、全裸に近くて ②疾しい気持で、疾しさを感じて、自分自身の良心に恥じて

မလုံမလဲဖြစ်[məloun məlɛ: p'ji']（形）不安だ、落着かない、疾しい気持だ

မ～လျက်[mə-ljɛ']（副）~する事なく、~せずに、~しないにも拘わらず ဘာမျှအထောက်အကူမျှမပြုနိုင်ပါပဲ လျက်အခွင့်အရေးကိုမူခံစားလိုသည်။ 何も貢献していないくせに権利だけは享受したがる

မလွှယ်တံခါး:[məlwɛ dəga:]（名）潜り戸、通用門

မလွှယ်ပေါက်[məlwɛbau']（名）= အလွှယ်တံခါး:

မလွဲ[məlwɛ:]（形）確かだ、確実だ、絶対だ မထီလေး:စား:ပြုလုပ်ကြမည်ကားမလွဲ။ 蔑ろにされる事は疑いない

မလွဲဒမ်:[məlwɛ:dan:]（副）きっと、間違いなく、疑いなく

မလွဲသေ[məlwɛ: mətwe]（副）絶対に、必ずや、是非とも、間違いなく အခြေအနေဆိုး:နှင့်မလွဲသေရင် ဆိုင်ရတော့မယ်။ 間違いなく深刻な状況に直面するであろう

မလွဲမရှု[məlwɛ: mou't∫a.]（副）絶対に、間違いなく、必ずや

မလွဲဧကန်ဖြစ်[məlwɛ: ekan p'ji']（形）間違いない、絶対だ、きっとだ

မလွတ်တမ်:[məlu'tan:]（副）絶対に逃す事なく ခေတ်စာပေများ:ကိုမလွတ်တမ်:ဖတ်ခဲ့ရ၏။ 現代文学を見逃す事なく読んだ

မလှ[məɬa.]（副）いつの間にか ပျက်လှည့်ပြသလို

ပျောက်ခြင်းမလျှောက်သွားခဲ့သည်။ 手品に掛けたように、いつの間にか居なくなっていた အတိဒုက္ခ ရောက်ခြင်းမလရောက်ရရှာသည်။ 苦難がいつの間にか訪れて来ていた

မလှတလှ[məḁa. təḁa.] （副）見栄えがそこそこで

မလှုပ်မရှက်[məḁouʔ məḁεʔ]（副）身動きもせずに、微動だにせず

မလှုပ်သာမရှားသာဖြစ်[məḁouʔta məḁaḍa pʼjiʔ]（動）身動きがとれない、動けない

မလှမ်းမကမ်း[məḁanː məkanː]（名）程遠からぬ所、程近く

မလှမ်းမကမ်းတွင်[məḁanː məkanːdwin]（副・文）程近くに、手の届く位の所に、程遠からぬ所に

မလှမ်းမကမ်းမှာ[məḁanː məkanːma]＝မလှမ်းမကမ်းတွင် の口語形

မလွဲသာ[məḁwεː ḍa]（副）止むを得ず、致し方なく、よんどころなく

မလွဲသာမရှောင်သာ[məḁwεːda məʃaunḍa]＝မလွဲသာ

မလွဲသာမရှောင်သာဘဲ[məḁwεːda məʃaunḍabεː]＝မလွဲသာမရှောင်သာ

မလွဲသာမရှောင်သာ၍[məḁwεːdaməʃaunḍajwe.]＝မလွဲမရှောင်သာ の文語形

မလွဲလို့[məḁwεːdalo.]＝မလွဲသာ ကျွန်တော်မလွဲသာလို့သေနတ်ကိုင်နေတာ။ 私は止むを得ず武装しているのです

မဝတဝ[məwa. təwa.]（副）充分になるかならないかで、ほぼ充分に、腹八分目に

မဝမပိန်[məwa. məpein]（副）中肉中背で、痩せても肥ってもおらず

မဝမလင်[məwa. məlin]（副）不充分なまま

မဝံ့တဝံ့ဖြင့်[məwunʔpʼjin.]（副）恐る恐る

မဝံ့တဝံ့ရှိ[məwun. təwun. ʃi.]（動）二の足を踏む、手が出しにくい

မဝံ့မရဲ[məwun. məjεː]（副）おずおずと、恐る恐る、ためらって、躊躇して မဝံ့မရဲနှင့်စီးသည်။ 恐る恐る乗った မဝံ့မရဲလုပ်သည်။ おずおずとした

မဝံ့မရဲဖြင့်[məwun.məjεːpʼjin.]＝မဝံ့မရဲ の文語形

မသကာ[mədəga]（副）①仮に、もしかしたら、ひょっとしたら、うっかりすると、万が一 မသကာလို့ဖျားရင် 万が一発熱したら ②最悪の場合、最低限 မသကာတပတ်လောက်တော့နေတော့မှာ။ 最低限１週間はいる事になる မသကာဆိုရင်ပြောသွားဘို့ကောင်းတာပေါ့။ 最低限話して行くべきですよ

မသတီစရာ[məṯədi]（名）厭なもの、気味悪いもの、後味の悪さ、嫌悪感

မသတီနိုင်အောင်[məṯədinain aun]（副）嫌悪を催す位に

မသထာရေစာ[mətətʼa jeza]（名）お義理のもてなし、仕方なく提供する食事

မသမာ[məṯəma]（形）悪辣だ、不正だ、不法だ、違法だ

မသမာသူ[məṯəmaḍu]（名）不心得者、不法分子、非合法者

မသာ[məṯa]（名）①死体、遺体、亡骸 ②葬儀

မသာကိစ္စ[məṯa keiʔsa.]（名）葬儀

မသာချ[məṯa tʃa.]（動）野辺の送りをする、葬送する

မသာစရိတ်[məṯa zəjeiʔ]（名）葬儀費

မသာပို့[məṯa po.]（動）葬送する

မသာပွဲ[məṯabwεː]（名）葬儀、葬式、告別式

မသာရှင်[məṯaʃin]（名）喪主

မသာလိုက်ပို့[məṯa laiʔpo.]（動）葬送する、野辺の送りをする

မသာလောင်း[məṯalaunː]（名）遺体、亡骸、骸

မသာအတွက်အကူငွေ[məṯa ətwεʔ əkuŋwe]（名）香典

မသာအိမ်[məṯa ein]（名）忌中の家、喪中の家

မသာအိမ်ရှင်[məṯa einʃin]（名）喪主

မသာရှင်[məṯʃin]＝မသာအိမ်ရှင်

မ～သာ[mə~ḍa]（助動）否定形で使用、～し得る状態にない、～する訳にはいかない အကြောင်းကိုလည်းမသာ။ 訳も知り得ない မိခင်ကြီးမှာမကာသောတော့ခွင့်ပြုရတော့သည်။ 母親ももはや制止できず、とうとう認めてしまった အများ:စုရဲ့ဆန္ဒကိုမလွန်ဆန်သာချေ။ 多数の望みには逆らえない

မသိကျိုးကျွန်ပြု[məṯi. tʃoːtʃun pju.]（動）知らない振りをする

မသိတာ[məṯi.da]（名）知らない事

မသိတင်းနက်[məṯi.twin nεʔ]（形）余りにも物を知らない、余りにも思慮浅はかだ、無知蒙昧だ

မသိမလိမ္မာသူ[məṯi. məleinmaḍu]（名）無知蒙昧な人

မသိမသာ[məṯi. məṯa]（副）それとなく、悟られぬように、知らず知らずの内に ခေါင်းကိုမသိမသာ ညိတ်သည်။ それとなく頷いた မသိမသာမျက်စိတဘက်မှိတ်ပြုလိုက်သည်။ 悟られぬようウインクした

မသိမှုလောင်း:မလင်ခံစား။（諺）聞くは一時の恥（知らなければ尋ねよ、糞は拭え）

မသိယောင်ဆောင်[məṯi.jaun sʼaun]（動）知らない振りをする

မသိသူကျော်သွားsiသိသူဖော်စား။（諺）同じチャンスで

も知恵ある者は物にする（知らない者は通り過ぎ、気付いた者は掘り出して手に入れる）

မသူတော်[mətudɔ] (名) 身持ちの悪い人、放蕩者、食わせ者、ならず者、無頼漢 cf. သူတော်ကောင်း

မသူတော်ခုနစ်ပါး[mətudɔ k'unnəpa:] (名) 身持ちの悪い人七人、放蕩者七人

မသူတော်စာရင်းဝင်[mətudɔ səjin:win] (名) 身持ちの悪い者のリストに含まれる人

မသေသေ[məte dəde] (副) 瀕死の状態で

မသေချင်း[məte mətʃin:] (副) 生きている限り、死ぬまでは

မသေမင်းမသေဟင်း[mətedəmin: mətehin:] (名) 死の一歩手前の食べ物、最低限の粗末な食物、生命を保つだけのぎりぎりの食べ物、保存食 မသေမင်းမသေဟင်းစားရသည်။ 食べ物は摂取できたが、辛うじて死を免れるだけのものであった。

မသေသပ်ဖြစ်[məte məta' p'ji'] (動) 乱雑になる、統制が取れない

မသေရုံတမယ်[mətejoun təmɛ] (副) 只死なないと言うだけで、死ななかっただけの事 မသေရုံတမယ်အသက်ရှင်နေရသည်။ 生きてはいたが只それだけの事だった မသေရုံတမယ်စားနေရသည်။ 食べるとは言っても辛うじて命を保っていたにすぎない

မသေဟင်းမသေမင်း[mətehin: mətedəmin:] = မသေထမင်းမသေဟင်း

မ~သေးဘူး[mə~de:bu:] (助動) まだ~ではない、まだ~しない မိုးမလင်းသေးဘူး။ まだ夜が明けない အလုပ်လက်စမသတ်သေးဘူး။ まだ仕事は片付いてはいない ကောင်းစွာမကျွမ်းကျင်သေးဘူး။ まだ充分には熟練していない

မသယ်ချင်သယ်ချင်[mətɛdʑin. tɛdʑin] (副) 重い足取りで、嫌々ながら運んで

မသဲကွဲ[mətɛ: məkwe:] (副) 幽かに、ぼんやりと朧げに မသဲမကွဲမြင်ရသည်။ ぼんやりと見えた

မသဲကွဲဇဝေဇဝါဖြစ်[mətɛ:məkwe: zəwezəwa p'ji'] (形) 疑わしい、不審で、曖昧だ

မသိုးစာ[məto:za] (名) 保存食、長期保存食、旅行時の携帯食、腐敗しないよう加工した食べ物

မသိုးထမင်းမသိုးဟင်း[məto:dəmin: məto:hin:] = မသိုးစာ

မသိုးမသန့်[məto: mətan.] (副) ①むかつくようで、吐き気を催すようで ②汚くて、臭くて、清潔でなく、腐りかけていて ③小煩さくて、しつこくて、意地悪く、厭がらせをして ④疑わしくて、疑念が湧いて စိတ်ထဲမှာမသိုးမသန့်ဖြစ်သည်။ 心中不快であった ငါ့ကိုပဲမသိုးမသန့်ထင်ကလိုများထင်လား။ 僕が厭な奴の一人だと思っているのか

မသိုးသက်ကျင်း[məto: tingan:] (名) ビルマ暦8月（11月）の満月の夜に一晩で織られる袈裟 cf. ကထိန်

မသက်မသာ[mətɛ' məta] (副) 不快で、憂鬱で

မသင့်မမြတ်ဖြစ်[mətin. məmja' p'ji'] (動) 仲違いする、仲が良くない、不和になる

မသင့်မလျော်[mətin. məjɔ] (副) 適切でなく、相応しくなく

မသင့်မတင့်ဖြစ်[mətin. mətin. p'ji'] (動) 不和になる、仲がよくない、反りが合わない

မသင်္ကာ[mətinga] (形) 疑わしい

မသင်္ကာတဲ့သူ[mətingadɛ. tu] (名) 容疑者、疑わしい人

မသင်္ကာဖြစ်[mətinga p'ji'] (動) 変に思う、怪しむ、不審に思う

မသင်္ကာဖွယ်[mətingabwɛ] (名) 怪しい事、疑わしい事 မသင်္ကာဖွယ်ယောကျ်ားလေး: 不審な若者

မသင်္ကာမှု[mətingamu.] (名) 容疑、嫌疑

မသင်္ကာသူ[mətingadu] (名) 不審人物、疑わしい人、怪しい人、容疑者

မသင်္ကာသော[mətingadɔ:] (形) 疑わしい、胡散臭い、怪しい

မသင်မနေပညာ[mətin məneya. pjinɲa] (名) 義務教育

မသန့်မပြန့်ပြု[mətan. məpjan. pju.] (動) 怪しからぬ振舞いをする

မသန်စွမ်းစစ်သည်[mətanzwan: si'tɛ] (名) 傷痍軍

မသန်မစွမ်းဖြစ်[mətan məswan: p'ji'] (動) 身体が健全でない、身体不具者だ、身体障害者となる

မသန်မစွမ်းသူ[mətan məswan:du] (名) 身体障害者

မသန်မစွမ်းသူများအားကစား ပြိုင်ပွဲ[mətan məswan: dumja a:gəza: pjainbwɛ:] (名) パラリンピック、身体障害者のスポーツ大会

မသွေမဖီ[mətwe məp'i] (副) 遵守して、固守して

မဟူ[məhu] (副) ~を問わず、無差別に ခလေးလူကြီး 老若の別なく ယောကျ်ားမဟူမဟူ 男であろうと女であろうと မျှော့ပိုကိုသာမဟု့ ရန်စရန်ဘက်ပေါ် ထက်လေမျှကိုသုတ်သင်ရှင်းလင်းရရမည်။ モウソーボーだけでなく現れた敵対者は悉く殲滅しなければならない

မဟုတ်[məhou'] (助動) 名詞、副詞の否定、~ではない ဖြစ်ကတန်ဆန်းမဟုတ်ဖူး။ いい加減ではない、投げやりではない ဒါမြွေဟေးမဟုတ်ဖူး။ これはクサリヘビ

ではない

မဟုတ်ကဟုတ်က [məhou'ka. hou'ka.] (名) 有りもせぬ事、とんでもない事、でたらめ、口から出任せ ဘကြီးကဖြင့်မဟုတ်ကဟုတ်ကတွေပြောရော့မယ် ။ 伯父ときたらまたいい加減な事を言い出すぞ မဟုတ်ကဟုတ်ကရုပ်ရှင်တွေလျှောက်ကြည့်တယ်။ いい加減な映画をやたらと見た

မဟုတ်စကာ: [məhou' zəga:] (名) 嘘、偽り

မဟုတ်တရုတ် [məhou' dəjou'] (名) 他愛も無い事、くだらない事、愚にもつかぬ事、ナンセンス

မဟုတ်တဟုတ် [məhou' təhou'] (名) 正しいかどうかはっきりしない事、

မဟုတ်တာ [məhou't'a] ① (名) 本当でない事、でたらめ、不正、よくない事 ② (強い否定) とんでもない、冗談ではない

မဟုတ်ဖူး [məhou'p'u:] (形) 名詞、副詞の否定、違う ကျွန်တော်ကလေးမဟုတ်ဖူး ။ 私は子供ではない သူတို့ေးကမဟုတ်ပါဘူး ။ 彼等は牛ではない ငါစားတာပေါင်သား:မဟုတ်ဖူး ။ 僕が食べたのは股の肉ではない ကျွန်တော့အဖေ့ဓာတ်ပုံမဟုတ်ဖူး ။ 私の父の写真ではない သိုင်း ပညာဟာလူကကို အနိုင်ကျင့်ဖို့မဟုတ်ဖူး။ 武術とは弱い者苛めをするためではない

မဟုတ်ဖဲ [məhou'p'ɛ:] (接助) ~ではなくて

မဟုတ်မခံချင် [məhou' mək'anʤin] (動) 不正には我慢がならない、不正には耐えられない

မဟုတ်မမှန် [məhou' məman] (名) 正しくない事、不正、でたらめ、間違い

မဟုတ်မဟတ် [məhou' məha'] (名) でたらめ、根も葉もない事、嘘、偽り

မဟုတ်မလွဲရော [məhou'ma. lwɛ:jɔ:] (間) 間違っているかも知れないが、ひょっとしたら、もしかしたら

မဟုတ်ရပါဘူး: [məhou'ja.babu:] (強い否定) とんでもない、そんな事は有り得ない

မဟုတ်လာ: [məhou'la:] (承諾を求める) ~ではないか、そうだろう ကြား:ဖူးတယ်မဟုတ်လာ:။ 聞いた事があるだろう ခုနင်ကတွေ့လိုက်တယ်မဟုတ်လာ:။ 先刻会ったではないか、そうだろう ဟဲ့ဆိုလေ:နှစ်တောင်ရှိပြီမဟုတ်လာ:။ 今ではもう4年も経っているんだ、そうだね

မဟုတ်လျှင် [məhou'ʃin] (接・文) さもなくば、そうでなければ

မဟန်ဘူး: [məhanbu:] (動) うまく行かない、調子良くいかない

မအီမလည် [məi məlɛ] (副) 不安で、落着かなくて、不快な感じで、居心地が悪くて、むかつく感じ

で、吐き気がして မအီမလည်ကြည့်သည်။ 不快な表情で見た မအီမလည်ဖြစ်သည်။ 吐き気を覚える

မအီမသာ [məi məta] (副) 気分が悪くて、体調がよくなくて、浮かぬ顔をして

မအီမသာဖြစ် [məi məta p'ji'] (形) 気分が悪い、体調がよくない、体の具合が悪い

မအီမသာရှိ [məi məta ʃi.] (形) 気分が悪い、体調がよくない

မဦးမချုပ် [məu: mətʃ'u'] (副) 不用意に、深く考えもせずに、慎重さを欠いて、無分別に、前後の見境なく

မအူမချုပ်နဲ့ [məu mətʃ'u'nɛ.] =မဦးမချုပ်

မ~အောင် [mə~aun] (副) ~しないように အမှား:အယွင်:မရှိအောင်ဂရုစိုက်ကြရမယ်။ 誤りが内容に注意しなければならない

မ~~အောင် [mə~~aun] (副) 何としても、必ず~するように、是が非でも~するように သွား:ကိုဖြူဖြူအောင်တိုက်သည်။ 何としても歯が白くなるように磨く မည်သည့်အလုပ်ကိုမဆိုပြီးအောင်လုပ်လေ့ရှိသည်。どんな仕事でも必ずやり終えるまでするのが常であった လူထကမသိအောင်ထုတ်ဖော်သည် ။ 何とかして皆に知ってもらうよう暴露した ကနေ့မှရရအောင်ရှာလာခဲ့တယ်။ 今日は何とかして手に入れるべく探してきた လှည်:ကိုမမှီမီအောင်အပြေ:အလွာ:လိုက်သည်။ 牛車に何としても間に合うよう走って追いかけた လွတ်လပ်ရေ:ကိုမရရအောင်တိုက်ယူမယ်။ 独立が獲得できるまでは闘わなければならない ရပ်ရွာမဆူဆူအောင်လုပ်နေတယ်။ 地域が騒乱状態になるようあらゆる手段を講じて煽っている သူပုန်ခေါင်:ဆောင်များ:အာ:မရရအောင်လိုက်လံဖမ်းဆီ:သည်။ 叛徒の首謀者達を草の根を分けても追跡し逮捕した

မအပ် [məa'] (動) 不適当だ、相応しくない

မ~အပ် [mə~a'] (助動) ~すべきではない မြွေနဲ့ဖား:တူထာ:အပ်ဖူး ။ 蛇と蛙を一緒にして置くべきではない

မအိပ်နိုင်မစာ:နိုင်ဖြစ် [məei'nain məsa:nain p'ji'] (動) 睡眠もできねば食べ物も喉を通らぬ

မကာရ [məkaja.] (名) ①摩迦羅 (海の怪物) <梵 ②摩喝宮 (黄道帯の第10番目の宿)

မကာရရာသီ [məkaja. jadi] (名) ビルマ暦10月 =ပြာသိုလ

မကောက်ကလေး: [məkau'kəle:] (植) サワフタギ (エゴノキ科) Symplocos crataegoides

မကိုက် [məgai'] =မကို့

မကို့ [məgai'] (名) 王冠 (ビルマの国王が被っていた冠)

မကန်း[məgan:] =မကာရ 摩迦羅（海の怪物）

မကွေး[məgwe:]（地）マグウェー（イラワジ河の中流左岸にある都市）

မချစ်ဉ်[məʤi'u.]（植）バイモ属（ユリ科）の植物 Fritillaria roylei

မဂဓ[məgəda.]（名）マガダ国、マガダ語（古代インドにあった国および言語の名前）

မစ[ma.za.]（動）援助する、支援する

မဆလ[ma.s'a.la.]（名）ビルマ式社会主義計画党 မြန်မာ့ဆိုရှယ်လစ်လမ်းစဉ်ပါတီ の略称、並びにその一党独裁の時代（１９６２～１９８８）

မဆလာ[məs'əla]（植）ウコン（ショウガ科）

မဆလာမှုန့်[məs'əla moun.]（名）カレー粉

မညှို:ပန်း[məɲo:ban:]（植）①キンセンカ ②ニチニチソウ

မဏိ[məni.]（名）宝珠 ＜パ Maṇi

မဏိကိုးပါး[məni. ko:ba:]（名）九種の宝珠

မဏိကုண္ဍလဝတ္ထု[məni.koundəla. wu'ʔt'u.]（名）宝石の耳環（ワーラビーテインガナータ僧正によって１７世紀前半にジャータカ第５３７マハースターマ本生話を基に書かれた作品名）

မဏိတော်[məni.dɔ]（名）仏陀の頭部、仏像の頭部

မဏိပူရ[məni.pura.]（地名）マニプール

မဏိမေခလာ[məni.mek'əla]（名）マニメーカラー（三宝の帰依者、持戒者が難船した時には救助せよと四天王から命ぜられた天女、海難救助の女神）

မဏိသန်းလျက်[məni. tanljɛ']（植）ケーパー（フウチョウソウ科）の１種 Capparis horrida

မဏိသြဃ[məni.ɔ:ga.]（植）チクセツジュ、インドオーク（ヒルギ科）Carallia brachiata

မတော့[mədɔ.]（植）タマゴノキ（オトギリソウ科）Garcinia xanthochymus = မှန်တော့

မတည်[məti]（動）立て替える、出資する、投資する

မတည်ငွေ[mətiŋwe]（名）資本、出資金、資本金

မတည်ထုတ်ပေး[məti t'ou'pe:]（動）出資する、投資する

မတ္တရာ[ma'təra]（名）一瞬、瞬間

မတိ၊မတ်ဲ[mət'i~mət'e]（名）比丘歴（出家歴）２０年を超える比丘、長老比丘

မဒမ[mədama.] = မဝမ

မဒအကျု[mədekəju.]（貝）クロチョウガイ（ウグイスガイ科）

မဒရပ်[mədəra']（地）マドラス（インド南部のタミールナド州の州都、現在の名称はチェンナイ）

မဝမ[mədəma.]（植）タカオコヒルギ（ヒルギ科）Ceriops tagal

မနီလာလျှော်[mənila ʃɔ]（植）マニラアサ（バショウ科）Musa textilis

မနုဿ[mənou'ta.]（名）人、人間 ＜パ Manussa

မနုဿဗေဒ[mənou'ta. beda.]（名）人類学

မနုဿလူသား[mənou'ta. luda:]（名）生身の人間

မနုဿီဟ[mənou'tiha.]（名）人面獅子、半人半獅の怪獣

မနုဟမင်း[manuha min:]（人）マヌーハ王（タトン王朝最後のモン王、ビルマ軍に捉えられパガンへ拉致された）

မနေ့[məne.]（名）昨日

မနေ့က[məne.ga]（副）昨日、きのう

မနေ့ည[məne. ɲa.ga]（副）昨夜、昨晩

မနေ့ညနေက[məne. ɲa.nega]（副）昨日の午後

မနေ့တနေ့[məne. təne.]（名）①一昨日 ②先日、先頃、この間

မနေ့တနေ့က[məne. təne.ga]（副）先日

မနေ့တုန်းက[məne.doun.ga]（副）昨日の事

မနော[mənɔ:]（名）心、精神、心理 ＜パ Mano

မနောကောင်း[mənɔ: kaun:]（形）気立てがよい、性格がよい = သဘောကောင်း

မနောက်[mənɔ'gan]（名）意業、心中の思い、感情

မနောဆိုး[mənɔ: s'o:]（形）意地が悪い、性格がよくない

မနောပွဲ[mənɔ:bwɛ:]（名）マノー祭（カチン族の伝統的祭礼）

မနောလင်ပန်း[mənɔ: linban:]（名）（王宮内で用いられた）盆

မနောသန့်[mənɔ: tan.]（形）疾しい所がない

မနက်[mənɛ']（名）朝 = နံနက်

မနက်ခင်း[mənɛ'k'in:]（名）朝方、午前

မနက်စာ[mənɛ'sa]（名）朝食

မနက်စောစော[mənɛ' sɔ:zɔ:]（副）朝早く

မနက်ပိုင်း[mənɛ'pain:]（名）午前中

မနက်ပ်[mənɛ'p'e']（名）朝の内

မနက်ဖန်[mənɛ'p'an]（名）明日

မနက်ဖန်ခါ[mənɛ'p'anga]（副）明日

မနက်ဖြန်[mənɛ'p'jin]（名）明日（会話形）

မနက်ဖြန်[mənɛ'p'jan]（名）明日

မနက်လင်း[mənɛ' lin:]（動）夜が明ける

မနှစ်[məni']（名）去年、昨年、前年

မနှစ်က[məni'ka]（副）去年、昨年 = တမြန်နှစ်က

မနှစ်တုန်းက[məni'toun:ga]（副）去年の事

မမ[ma.ma.]（名）お姉ちゃん、အစ်မ の親愛の表現

မယား[məja:]（名）妻 မိန်းမ၊ဇနီး၊ကတော် ။

မယားကြီး[məjaʤi:]（名）本妻、正妻、第一夫人

မယား:ခိုး[məja: k'o:] （動）人妻と姦通する
မယား:ငယ်[məjəŋɛ] （名）第二夫人
မယား:ညီအစ်ကိုတော်သူ[məja: ɲieko tɔdu] （名）義理の兄弟（妻同志が姉妹の間柄）
မယား:တာဝန်[məja: tawun] （名）妻の義務、妻の責任
မယား:နေစ။ ကြောင်သေမှ။ （諺）物事は最初が肝心
မယား:နှင်:ကြက်ဆူ[məja:nin: tʃɛʔsʼu] （植）サンショウ属（ミカン科）Zanthoxylum budrunga
မယား:ပါသမီ:[məjəba tˌəmi:] （名）後妻の連れ子（女児）cf. လင်ပါသမီ:
မယား:ပါသာ:[məjəba tˌa:] （名）後妻の連れ子（男児）cf. လင်ပါသာ:
မရဏ[mərəna.] （名）死、冥土、黄泉 <パ Maraṇa
မရဏတရား:[mərəna. teja:] （名）သေခြင်:တရား:
မရဏဒုက္ခ[mərəna. douʔkʼa.] （名）死の苦しみ
မရဏမင်:[mərəna.min:] （名）閻魔大王、死界の帝王
မရီ:[məji:] （名）嫂（兄の妻）、弟嫁、義理の姉妹
မရို:[məjo:] （植）アコン、カロトロピス（ガガイモ科）Calotropis gigantea
မရို:ကြီ:[məjo:dʑi:] =မရို:
မရန်:[məjan:] （植）ヒメアカタネノキ（ウルシ科）Bouea burmanica
မရန်:[məjan:] =မရန်:
မရမ်:ဝေရောင်[məjan:zi.jaun] （名）フジ色（ヒメアカタネノキの種の色）
မရမ်:ပြာ[məjan:bja] （名）赤紫色、青色の加わった赤（シソの葉色）
မရမ်:ရောင်[məjan:jaun] =မရမ်:ဝေရောင်
မရွေ:မုန့်[məjwe: moun.] （名）おこし（ポップコーンを椰子砂糖で固めた食べ物）
မရှော့[məʃɔ.] （植）ニシキギ科マユミ属の樹木 Euonymus kachinensis 解毒剤としてカチン州で使用される
မလေ:ပွါ:[məle:bwa:] （名）紙製の吹き流し→မှုလေ:ပွါ:
မလေ:ရှာ:[məle:ʃa:] （国）マレーシア
မလိုင်[məlain] （名）乳脂（牛乳を沸かした時に表面に生じる塊）、クリーム
မလိုင်[məlain] （植）カジノキ、カミノキ（クワ科）Broussonetia papyrifera 製紙原料とされる
မလိုင်[məlain] （植）=မလိုင်
မလွ[məlwa.] （植）ノウゼンカツラ科の植物 Dolichandrone stipulata 葉は黄色で食用
မဟာ[məha] （形）大きな、巨大な、偉大な<パ Mahā

မဟာကဿပ[məhakaʔtˌəpa.] （人）大迦葉（釈尊の弟子の一人、釈尊の死後行われた第1結集の席上経典を編纂した）
မဟာက[məhaka] （植）薬用植物の1種 Linostoma decandrum
မဟာကာကြံဆစ်[məhaka tʃanziʔ] （植）タデ（タデ科）の仲間 Polygonum tomentosum
မဟာကပ်[məha kaʔ] （名）大劫（世界の成立から消滅に至る四大期間、成劫、住劫、壊劫、空劫の四劫）
မဟာဂီတ[məha gita.] （名）ビルマ古典音楽集成
မဟာဂီရိ[məha giri.] （名）マハーギーリ（三十七神の筆頭の神、ココ椰子の実が御神体として屋内に吊るされる）=အိမ်တွင်:နတ်
မဟာဆန်[məha sʼan] （形）王族的な雰囲気がある、立居振舞に王族的な気品がある、仕草が優雅だ、上品だ、淑やかだ
မဟာထေရ်[məhatʼi] （名）比丘歴（出家後の年数）が20年以上経過した長老の比丘 =မထေရ်
မဟာဒေဝ[məha dewa.] （名）大自在天、シヴァ神の別名
မဟာဒုက်[məha douʔ] （名）くじ引きで選ばれた檀家が出家に捧げる斎飯
မဟာဒါန်[məha dan] （名）①国王の施し ②大規模な施し、慈善
မဟာဒါန်ဝန်[məhadan wun] （名）王朝時代の宗教奉行（出家の統括、寺院領の記録、仏教門首の事務全てを扱った）
မဟာနိပါတ်တော်[məha ni.baʔtɔ] （名）ジャータカ第548話の大集篇
မဟာပညာကျော်[məha pjiɲɲadʑɔ] （人）マハービンニャージョー（アラカン国王ミンパラウンに仕えた宰相）
မဟာပိန်:[məha pein:ɛ:] （名）（人身象頭をしたヒンドゥー教の）ガネーシャ、（仏教の）歓喜天
မဟာဗလိလင်:လေ[məha bəli lin:le] （植）ハナショウブ、ニガショウブ（ショウガ科）Zingiber zerumbet
မဟာပန္ဒုလ[məha bandu.la.] （人名）マハーバンドゥラ（第一英緬戦争当時のビルマ国軍総司令官）
မဟာဗျူဟာ[məha bjuha] （名）戦略、兵法
မဟာဗျူဟာလက်နက်[məhabjuha lɛʔnɛʔ] （名）戦略兵器
မဟာဘုတ[məha buta.] （名）大要素、大種
မဟာဘုတ်[məha bouʔ] （名）四大要素（地、水、火、風）<パ Mahābūta
မဟာဘုတ်တိုင်[məha bouʔtain] （名）誕生年月日に

よる占い

မဟာမာယာ[məha maja] (人) 摩耶夫人（悉達多太子の母、浄飯王の妃）

မဟာမုနိ[məha muni.] (名) マハームニ（マンダレー市内にある仏塔、18世紀末にボードーパヤー王の皇太子がアラカンから持ち帰った仏像が祀られている

မဟာမင်းကြီး[məha min:dʑi:] (名) （英領ビルマ時代の）高等弁務官

မဟာမိတ်[məha mei'] (名) 仲間、同盟

မဟာမိတ်စာချုပ်[məhamei'sadʑou'] (名) 同盟条約

မဟာမိတ်နိုင်ငံ[məhamei' naingan] (名) 同盟国、連合国

မဟာမိတ်ပြု[məhamei' pju.] (動) 同盟を結ぶ

မဟာမိတ်ဖွဲ့[məhamei' p'wɛ.]=မဟာမိတ်ပြု

မဟာမြတ်မုနိ[məha mja'mu.ni.] (名) マハーミャツムニ（仏像及び仏塔）=မဟာမုနိ

မဟာယာဉ်ဂိုဏ်း[məha jin gain:] (名) 大乗仏教 =မဟာယာနဂိုဏ်း I c f. ဟီနယာနဂိုဏ်း I ထေရဝါဒဂိုဏ်း

မဟာရေသောင်ပွဲတော်[məha jedəbin pwɛ:dɔ] (名) 水祭り

မဟာရော်ရူဝ[məha jɔ:ju.wa.] (名) 大叫喚地獄（八大地獄の第5番目）

မဟာလောကမာရဇိန်ဘုရား[məhalɔ:ka. marəzein p'əja:] (名) マハーローカマーラゼン（マンダレー市内北部にあるクドードー仏塔の別名）

မဟာလျှော်က[məha lega:] (植) キバナワタモドキ（ワタモドキ科） Cochlospermum religiosum

မဟာလျှော်ကနီ[məhalegəni] (植) ウスベニハカマノキ（ジャケツイバラ科） Bauhinia purpurea

မဟာလျှော်ကြာပြူ[məha legəbju] (植) ソシンカ、モクワンジュ（ジャケツイバラ科） Bauhinia acuminata

မဟာလျှော်ကဝါ[məha legəwa] (植) キバナモクワンジュ（ジャケツイバラ科） Bauhinia tomentosa

မဟာဝင်[məhawin] (名) 大史（パーリ語で書かれたセイロン古代史） <パ Mahāvaṃsa

မဟာဝိဇ္ဇာ[məha wei'za] (名) 文学修士

မဟာဝန်ရှင်တော်မင်းကြီး[məha wun.ʃindɔ min:dʑi:] (名) 英領ビルマ当時の高等弁務官

မဟာသဘောတော်ကြီး[məha dəbɔ:dɔdʑi:] (名) 大御心

မဟာသမ္မတ[məha təmada.] (名) 摩か三摩多（人類最初の王で日の神の末裔とされる）

မဟာသမ္မတအံ့တော်ကြီး[məha təmaja. ək'ada

dʑi:] (名) ビルマ暦3月（ナヨウン月）満月の日（マハーサマヤ経が朗読される）

မဟာသာဝက[məha tawəka.] (名) 大声聞、釈尊の直弟子80人

မဟာသင်္ကြန်ကျ[məha tin:dʑan tʃa.] (動) インドラ神が地上に降下する（旧年の晦日になる）

မဟာသင်္ကြန်တက်[məha tin:dʑan tɛ'] (動) インドラ神が天界に戻る（新年になる）

မဟာသင်္ကြန်ရေသောင်ပွဲတော်[məha tin:dʑan je dəbin pwɛ:dɔ] (名) =မဟာရေသောင်ပွဲတော်

မဟာသိပ္ပံ[məha tei'pan] (名) 理学修士

မဟာသမ္မုတ[məha təmada.] =မဟာသမ္မတ

မဟာသမုဒ္ဒရာကြီး[məha təmou'dəjadʑi:] (名) 大海、大洋 <サ Mahā Samudra

မဟားဒေသား[məha:dəja:] (副) ①不埓にも、見当違いの非難をして、侮辱して ②冷静さを失って

မဟားဒေသားလုပ်[məha:dəja: lou'] (動) 無茶をする、不法なことをする、いかがわしい事をする

မဟား၃ဃား[məha:dəja:] =မဟားဒေသား

မဟား၃ဃားလုပ်[məha:dəja: lou']=မဟားဒေသားလုပ်

မဟုရာ[məhuja] (鉱) 玉髄、トルマリン、瑪瑙

မဟုရာကြောင်တင်[məhuja tʃaunwin] (鉱) 縞瑪瑙

မဟုရာပိန်း[məhuja pein] (植) サトイモ =ပိန်းဥ

မဟုရာဖုံး[məhuja p'oun:] (名) 電灯の笠（乳白色

မဟူဝါ[məhuwa] (植) イリッペ（アカテツ科） Madhuca latifolia

မဟွာ[məhua] =မဟုဝါ

မဟေသရန်မင်း[məhetəra. na'min:] (名) （ヒンドゥー教の）シヴァ神 <サ Maheśvara

မဟေသီ[məheti] (名) ①皇后 ②仏陀<パ Mahesi

မဟော်ဂနီ[məhogəni] (植) オオバマホガニー（センダン科） Swietenia macrophylla

မဟောသဓာ[məhodəda] (名) ①ジャータカ第542カンダハーラ司祭官本生話のビルマ名 →မဟောသဓာ ②博識者

မဟော်ရာ[məhɔja] (貝) コアキガイ、エンマノホネガイ（アキガイ科）

မဟော်ရာပိန်း[məhɔja pein:] (植) サトイモ、タロイモ（サトイモ科） Colocacia antiquorum

မဟောသဓာဇာတ်[məhɔ:dəda za'] (名) カンダハーラ司祭官本生話（ジャータカ第542番）

မအု[məu] (植) ①クビナガタマバナノキ（アカネ科） Anthocephalus cadamba ②シダレオオサルスベリ（ハマザクロ科） Duabanga gbrandiflora

မအူကတိုး[məu gədoun:] (植) タニワタリノキ（アカネ科） Nauclea orientalis

မအူလက်တံရှည်[məu lɛʔtan ʃe] (名) (植) クビナガタマバナノキ（アカネ科）

မအေ[mee] (名) 母さん、母ちゃん cf. မေအေ

မအေနှမဆဲ[məe ṇəma. sʔɛ:] (動) 口汚なく罵る

မအေဆဲ:[məebe:] (名) 罵倒語（お前の母親を寄越せ）

မအေဆဲ:နှမဆဲ:[məebe: ṇəma.be:] (名) 罵倒語（お前の母親か妹を寄越せ）

မာ[ma] ①硬い、固い မြေမာသည်။ ②健やかだ、健康だ

မာကျော[maʨɔ:] (形) ①固い မာကျောသောအစာ 固い食べ物 မာကျောသောကျောက်တောင်တန်:ကြီ:ဖြစ်သည်။ 固い岩山である ②硬い、厳しい、冷ややかだ လေထဲမှာမာကျောသည်။ 口調は厳しい အသုံ:အနှုန်:မာကျောသည်။ 物の言い方が硬い ③強ばっている

မာကျောတောင့်တင်:[matʃɔ: taun.din:] (形) 硬い、強ばっている

မာကြောင်:ချာကြောင်:[maʨaun: tʃaʨaun:] (名) 壮健である事、健康である事

မာချာ[matʃa] (形) 元気だ、健やかだ、達者だ

မာဆတ်ဆတ်[ma sʔasʔaʔ] (副) 硬い調子で、無愛想に、素気無く အသံမာဆတ်ဆတ် 硬い調子で、ぶっきらぼうに、邪険な調子で

မာတင်:[matin:] (形) =တင်:မာ

မာတောင့်[mataun.] (形) ①筋肉質だ、体格がガッチリしている ②物が固い、ごわごわしている ③話の仕方が硬い ④態度が堅い、不撓不屈だ

မာပါရဲ့လာ:[mabajɛ.la:] (動) 御元気ですか

မာမာကျောကျော[mama tʃɔ:ʨɔ:] (副) 硬い調子で、邪険に မာမာကျောကျောအော်ငေါ်ထ်သည်။ 邪険に怒鳴りつけた

မာမာချာချာ[mama tʃatʃa] (副) 元気で、壮健で

မာမာချာချာရှိ[mama tʃatʃa ʃi.] (形) 壮健だ、達者だ、元気だ

မာရေကျောရေ[maje tʃɔje] (副) 高飛車に、笠にかかった形で、横柄に、不遜で

မာဂဓဘာသာ[magda. baɖa] (名) ①マガダ語（仏陀在世中のマガダ国の言語）②鳥獣が発する声

မာဃ[maga.] (名) ①帝釈天、インドラ神 ②（星）獅子座の星4個 ③星宿（二十七宿の10番目）④ビルマ暦11月

မာဆရိတ်ပြုသည်[masʔəraiʔ tʃi] (名) (苛性アルカリ処理を施した）絹の感触を持つ綿糸＜英 Mercerize

မာတလိ[matəli.] (名) マータリ（帝釈天の御者）

မာတာ[mata] (名) 母親 ＜パ Mātā

မာတိကာ[mati.ka] (名) 目次 ＜パ Mātika

မာတုဂါမ[matu.gama.] (名) 女性（宗門内での用語）＜パ Mātugāma

မာတုဃာတကကံ[matu.gateka. kan] (名) 母親殺しの大罪 ＜パ Mātughātaka

မာန[mana.] (名) 自尊心、気位、奢り、尊大さ、傲慢、思い上がり、横柄さ ＜パ Māna

မာနကြီ:[mana. tʃi:] (形) 気位が高い、誇高い、高慢だ、横柄だ、尊大だ、生意気だ

မာနတက်[mana. tɛʔ] (動) 高慢になる、尊大になる、横柄になる

မာနထောင်လွှာ:[mana. tʔaun̥wa:] (動) 付け上がる、思い上がる

မာပလာ[mapʔəla] (名) マフラー ＜英 Muffler

မာဖီ:ယာ:ဂိုဏ်:[mapʔi:ja: gain:] (名) マフィヤ組織 ＜英

မာမလိတ်ယို[mamʔəleiʔ jo] (名) マーマレード ＜英

မာယာ[maja] (名) ①策略、奸計、悪巧み、手練手管、誘惑 ②誑かし、幻術 ③照れ隠し ＜パ Māyā

မာယာကြမ်[maja tʃwɛ] (動) 手が込んでいる、巧みな手管

မာယာဆင်[maja sʔin] (動) 誑かす、誤魔化す、粉飾する、策略を弄する

မာယာများ:[maja mja:] (形) 術策が込んでいる、一筋縄ではいかない

မာယာလုပ်[maja louʔ] (動) 誤魔化す

မာယာအတက်[maja ətaʔ] (名) 誑かし、幻術

မာရဗင်[marəbin] (名) ①宮殿の床から屋根までの壁、部屋の仕切り壁、隔壁 ②王朝時代の枢密院の建物の仕切り塀の内外に常駐していた警備兵、近衛兵

မာရသွန်[marətun] (名) マラソン＜英 Marathon

မာရသွန်ပြိုင်ပွဲ:[marətun pjainbwɛ:] (名) マラソン競技

မာလကာ[maləka] (植) バンジロウ、バンザクロ（フトモモ科）Psidium guayava

မာလကာပင်[maləkabin] (名) バンジロウの木

မာလကာသီ:[maləkadi:] (名) バンジロウの実

မာလာ[mala] (植) ウコンの仲間（ショウガ科）Curcuma petiolata

မာလာယု[malaju.] (地) マラヤ

မာလိ[mali] (名) 庭師 ＜ヒ Mālī

မာလိန်[malein] (名) 水先案内人、パイロット、航海士 ပထမမာလိန် 一等航海士 ဒုတိယမာလိန် 二等航海士 တတိယမာလိန် 三等航海士

မာလိန်မှူ:[maleinm̥u:] =မာလိန်

မာသ[mata.] (名) 月 ≒ရာသီမာသ၊ ＜パ Māsa

မာ:[ma:] (尾) 高さを示す ကြီ:မာ:သည် 巨大だ မြင့်

မား:သည် 高峻だ
မား:မား:[ma:ma:]（副）①決然として、断固として、威風堂々と ②すっくと、高々と、聳え立って မား:မား:ရပ်သည်။ 威風堂々と立っている
မား:မား:မတ်မတ်[ma:ma: ma'ma']（副）①常に、変る事なく、堅固で、がっちりと ②堂々と、敢然と、胸を張って မား:မား:မတ်မတ်ရပ်တည်သည်။ 敢然と立ち向う
မား:မား:မြင့်မြင့်[ma:ma: mjin.mjin.]（副）高々と、聳え立つように
မိ[se.]（動）①捕まえる တရားခံတွေလုံးအားလုံးမိပြီ။ 容疑者達は全員捕まった ရန်သူကိုမိအောင်ဖမ်းသည်။ 敵を捕獲した ②捕まえる သူခိုးမိပြီ။ 泥棒を捕まえた ③つかまる အအေးမိသည်။ 風邪を引く မိုးမိသည်။ 雨に降られる
မိမိရရ[mi.mi. ja.ja.]（副）①しっかりと、きつく、堅く ②効果的に、有効に ③納得のいく形で
မိ[mi.]（助動）思わず、うっかりと、迂闊にも、偶々不覚にも မသိလို့ပြောမိတယ်။ 知らずに喋ってしまった တွေ့ဖူးတယ်လို့မကြားမိပါဘူး။ 会ったことがあるとは聞いた事がない သူ့ကိုသနားမိသည်။ ふと彼が哀れに思えた မျက်ရည်ကျမိသည်။ 不覚にも涙がこぼれた ကျွန်တော်စာထင်လို့ဖတ်မိတယ်။ 自分の手紙だと思ってうっかり読んでしまった မစင်ပုံကိုနင်းမိသည်။ うっかり糞の山を踏みつけてしまった
မိ[mi.]①（名）母、母親 ②女児、女子 ③女児への呼掛け ④女子の名前に付ける冠称
မိကောင်းဖခင်[mi.gaun: p'a.gin]（名）人格識見優れた両親、名家、良家
မိကောင်းဖခင်သား:[mi.gaun:p'a.gin ta:]（名）良家の子女
မိကောင်းဖခင်သား:သမီး:[mi.gaun:p'a.gin ta: tami:]（名）良家の子女 ကျွန်တော်ဟာမိကောင်းဖခင်သား:သမီး:ပါ။ 私は良家の出身です
မိကြီး:[mi.dʑi:]（名）伯母（母の姉）
မိခင်[mi.gin]（名）母、母親
မိခင်စိတ်[mi.ginzei']（名）母心、母性愛
မိခင်လောင်း:[mi.gin laun:]（名）妊婦
မိခင်နှင့်ခလေး:များ:စောင့်ရှောက်ရေး:အသင်း:[mi.gin nɛ. k'əle:mja: saun.ʃau'je: ətin:]（名）母子福祉協会
မိခင်ဖခင်[mi.gin p'a.gin]（名）父母、両親
မိစုံဖစုံ[mi.zoun p'a.zoun]（名）両親健在
မိစုံဖစုံရှိ[mi.zoun p'a.zoun ʃi.]（動）両親共健在だ
မိတဆိုး:[mi.təs'o:]（名）母無し子、母を亡くした幼児 cf. ဖတဆိုး:

မိတူဖကွဲ:[mi.du p'a.gwɛ:]（名）異父兄弟
မိတူဖတူ[mi.du p'a.du]（名）実の兄弟、同一の親から生れた間柄
မိတဆိုး:[mi.təs'o:]（名）母無し児 cf. ဖတဆိုး:
မိတိုင်ဖရောင်[mi.tain p'a.jau']（副）自分の親に向って口答えして、罵詈雑言を浴びせて
မိထွေ:[mi.dwe:]（名）①叔母（母の妹）= အဒေါ်၊ ဒေး:တော်။ ②継母（父の後妻）
မိထွေ:ဘထွေ:[mi.dwe: p'a.dwe:]（名）義理の親（父または母の再婚相手）
မိပစ်ဖပစ်ခံရ[mi.bji' p'a.bji' k'an ja.]（動）捨て子される
မိဖုရား:[mi.bəja:]（名）妃、王妃、皇后（ビルマ語の名称では、正妃の他に、南宮妃、北宮妃、中宮妃、西宮妃の4人がいた、）
မိဖုရား:ကြီး:[mi.bəja:dʑi:]（名）皇后
မိဖုရား:ခေါင်ကြီး:[mi.bəjək'aun:dʑi:]（名）皇后、正妃
မိဖုရား:မြှောက်[mi.bəja: m̥jau']（動）皇后に迎える、王妃にする
မိဖုရား:လောင်း:[mi.bəja: laun:]（名）王妃の予定者、未来の王妃
မိဖုရား:အရာ[mi.bəja: əja]（名）王妃の地位
မိဘ[mi.ba.]（名）親、両親
မိဘစကား:နား:ထောင်ငြား:သံပြာကျောက်ဆောင်ကိုသော်ပြောင်း:မယ်။ (諺）親の言葉には従え（親の言うことを聞けば、溶けないものでも溶ける事になる）
မိဘဆရာအသင်း:[mi.ba. s'əja ətin:]（名）学校の父兄会、保護者会、PTA
မိဘမစုံ[mi.ba. məsoun]（動）両親が揃っていない、片親だけだ
မိဘမဲ့[mi.ba.mɛ.]（名）孤児
မိဘမဲ့ကလေး:[mi.ba.mɛ. kəle:] = မိဘမဲ့
မိဘမဲ့ကျောင်း:[mi.ba.mɛ. tʃaun:]（名）孤児院
မိဘမဲ့ဖြစ်[mi.ba.me. p'ji']（動）孤児になる
မမှန်စဘမှန်စ[mi.məsi' p'a.məsi']（名）非嫡出児、私生児、庶子（未婚の男女から生れた子供）
မိမဲ့ဘမဲ့[mi.mɛ. p'a.mɛ.]（名）孤児、天涯孤独の身
မိမွေ:ဘမွေ:[mi.mwe p'a.mwe]（名）親の遺産
မိမွေ:ဘမွေ:အလုပ်[mi.mwe p'a.mwe əlou']（名）親譲りの仕事、親から受け継いだ仕事
မိမွေ:တိုင်း:ဖမွေ:တိုင်း:[mi.mwe:dain: p'a.mwe:dain:]（副）①生まれつき、生来 ②全裸で、一糸も身にまとわず

မိရိုးဖလာ[mi.jo:pʼəla](名)先祖伝来
မိရိုးဘလာ[mi.jo:pʼəla] =မိရိုးဖလာ
မိရင်းဘရင်း[mi.jin: pʼa.jin:](名)実の親
မိရပ်ဖရာ[mi.jaʔ pʼa.jwa](名)故郷、祖先の地
မိလိုက်ဖပါ[mi.laiʔ pʼa.pa]① (名)性別の継承 ② (副)生れながらに
မိဝေးဖဝေး[mi.we: pʼa.we:](副)親元を離れて、両親と離れて
မိသဆိုး[mi.təsʼo:] =မိတဆိုး
မိသား[mi.da:zu](名)家族
မိသားစုစီမံကိန်း[mi.da:zu. simangein:](名)家族計画、産児制限
မိသာဘသာ[mi.da: pʼa.da:](名)親に相応しい子供、良家の子女
မိသက်ဆိုး[mi. təsʼo:](名)=မိသဆိုး
မိအိုဘအို[mi.o ba.o](名)老親
မိကျောင်း[mi.dʑaun:](動物)鰐、カワグチワニ(ワニ科) Crocodilus porosus 汽水の河口、池沼等に棲息
မိကျောင်းကမ်းဖတ်[mi.dʑaun: kun:baʔ](植)ヤナギハグロ(キツネノマゴ科) Hygrophila phlomoides ハーブの1種、種子が湿布薬の原料
မိကျောင်းခေါင်းတို[mi.dʑaun: gaun:do](動物)ヌマワニ(ワニ科) Crocodilus palustris 河沼に棲息
မိကျောင်းခေါင်းရှည်[mi.dʑaun: gaun:ʃe](動物)ガンジスワニ(ワニ科) Gavialis gangeticus アラカン州のカラダン河に棲息
မိကျောင်းစောင်း[mi.dʑaun: saun:](名)鰐型琴
မိကျောင်းတက်တက်[mi.dʑaun:dɛʔ tɛʔ](動)匍匐前進する、腹這いになって進む
မိကျောင်းတွားသွား[mi.dʑaun:dwa: twa:](動)腹這いで進む、四つん這いで進む
မိကျောင်းနွယ်[mi.dʑaun:nwɛ](植)シダレトバ(マメ科) Derris scandens
မိကျောင်းဖို[mi.dʑaun:bo](名)雄鰐
မိကျောင်းမ[mi.dʑaun:ma.](名)雌鰐
မိကျောင်းမင်းၢရေငပြ(諺)釈迦に説法(鰐の王様に水泳を教える)
မိကျောင်းမျက်ရည်[mi.dʑaun: mjɛʔje](名)贋の涙、空涙
မိကျောင်းရေ[mi.dʑaun:je](名)鰐皮
မိဂဒါဝုန်[mi.gəda woun](地)鹿野苑
မိဂသီ[mi.gəti] ① (星)オリオン座の三つ星 ②嘴宿(十二宮の内の第5番目の星宿)
မိစ္ဆာဒိဋ္ဌိ[meiʔsʼa.deiʔtʼi.](名)外道、異郷徒

မိတ္တီလာ[meiʔtʼila](地名)メイテイーラー(マンダレーからヤンゴンへ向かう途中にある町、湖畔にある
မိနစ်[mi.niʔ](時間の)分 <英 Minute
မိမိ[mi.mi.](代)①自分 မိမိသည် 自分は ②自分の မိမိ၏ 自分の ③自身
မိမိကိုယ်တိုင်[mi.mi. kodain](名)自分自身、自ら
မိမိကိုယ်မိမိသေကြောင်းကြံ[mi.mi.kou mimi tedʑaun: tʃan](動)自殺を図る
မိမိကိုယ်မိမိသတ်သေ[mi.mi.ko mi.mi taʔtə] (動)自殺する
မိမိကိုယ်မိမိအဆုံးစီရင်[mi.mi.ko mi.mi.ko əsʼoun: sijin](動)自殺する
မိမိတို့[mi.mi.do.](代)自分達
မိမိတွင်[mi.mi.dwin](副)自分には
မိမိရပ်ရွာ[mi.mi. jaʔjwa](名)自分の村
~မိ~ရာ[~mi.~ja](助動)何気なく~した事、無意識に~した事、無心に~した事、思い付いたままに~した事、思わず~した事、つい~した事 စပ်မိစပ်ရာ とにかく関わりのある事 ပြောမိပြောရာပြောသည်။ 何気なく口にする、思い付いた事を言う ကြံမိကြံရာကြံသည်။ 手当り次第に想を練る တွေ့မိတွေ့ရာဖတ်သည်။ 偶々見掛けた物を読む ငေးမိငေးရာအပြင်ကိုစိုက်ကြည့်သည်။ 只漫然と外を凝視する တွေးမိတွေးရာတွေးသည်။ 思い付くままにあれこれ考える စဉ်းစားမိစဉ်းစားရာစဉ်းစားသည်။ 手当り次第に考える စပ်မိစပ်ရာစကားတွေပြောသည်။ 思い付いた事を話す စိတ်ကူးတည့်ရာလုပ်မိလုပ်ရာတတ်သည်။ 気の向くままに無意識にする癖がある
မိဿ[meiʔta.](名)白羊宮 <サ
မိဿရာသီ[meiʔta. jadi]① (星)牡牛座 ②白羊宮(十二宮の第1番目の星宿)
မိဿလင်[meiʔtəlin](植)キョウオウ(ショウガ科) Zingiber barbatum
မိသိန်းဓာတ်ငွေ့[mi.tein: daʔŋwe.](名)メタン・ガス <英 Methane
မီ[mi](動)①届く လက်လှမ်းမီသည်။ 手が届く ②間に合う အချိန်မီသည်။ 時間に間に合う
မီ[mi-mi](接助)否定詞 ဗ と組合って、〜する前に、〜しない間に မရောက်မီ 到着する前に မသွားမီ 出かける前に
မီဂါဝပ်[miga waʔ](名)メガワット <英
မီတာ[mita](名)①メートル ②(電力、水道等の)メーター、計量器 <英 Meter
မီတာတရာပြေးပွဲ[mita təja pje:bwɛ:](摩)百メートル競争
မီလီဂရမ်[miligəran](名)ミリグラム <英
မီလီမီတာ[milimita](名)ミリメートル <英

မီသိန်းဓာတ်ငွေ့[mitein: da'ŋwe.](名)メタン・ガス ＝မီသိန့်ဓာတ်ငွေ့

မီး[mi:](名)①火 မီးညှိသည်။ 点火する ②明り、灯火、灯明 မီးထွန်းသည်။ 灯りを灯す ③電気 မီးမလာဘူး။ 停電だ

မီးကာကွယ်ရေး[mi: kagwɛje:](名)防火、火災予防

မီးကာတန်း[mi: kadan:](名)防火林

မီးကူးစက်[mil: ku:sɛ'](動)延焼する、類焼する

မီးကူးစက်လောင်ကျမ်း[mi: ku:sɛ' launt∫un:](動)火が燃え広がる、類焼する、延焼する

မီးကူးလောင်[mi: ku:laun](動)＝မီးကူးစက်

မီးကင်[mi: kin](動)火に炙る、(肉を)焼く

မီးကင်း[mi:gin:](名)火の見張り、火事の見張り

မီးကင်းတဲ[mi:gin:tɛ](名)火の見櫓

မီးကင်းအဖွဲ့[mi:gin: əp'wɛ.](名)夜警団、火の用心

မီးကုန်ယမ်းကုန်[mi:goun jan:goun](副)カー杯、精一杯、精魂込めて、最大限に、可能な限り

မီးကပ်[mi:ga'](名)①(屋根の火を叩いて消す)消火用具、火消し道具 ②産後の産婦用の寝台

မီးကျီး[mi:t∫i:](名)赤く熱した炭

မီးကျည်[mi:dʒi](名)①打上げ花火 ②照明弾

မီးကျွမ်း[mi: t∫un:](動)電球が切れる

မီးကင်[mi:dʒwin:](名)残り火

မီးကင်မီးကျန်[mi:dʒwin: mi:dʒan](名)残り火

မီးကင်းဂမုန်း[mi:gwin: gəmoun:](植)ムラサキオモト(ツユクサ科)

မီးခ[mi: k'a.](名)(仏像が)燃焼する、炎上消滅する

မီးခလုတ်[mi: k'əlou'](名)電灯のスイッチ

မီးခလုတ်ဖွင့်[mi: k'əlou' p'win.](動)電気のスイッチを入れる

မီးခဲ[mi:gɛ:](名)灼熱の火、火の塊、赤く熱した炭、燃えさし

မီးခဲပြာဖုံး[mi:gɛ: pjaboun:](名)①火種、燃え残り、置き火 ②埋もれた才能、隠れた能力、未だ世に出ない逸材、日の当らぬ人

မီးခိုး[mi: k'o:](①(動)煙る、燻る、煙が出る ②[mi:go:](名)煙

မီးခိုးကြက်လျှောက်[mi:go: t∫wɛ'∫au'](副)芋蔓式に、次から次へと

မီးခိုးခေါင်းတိုင်[mi:go: k'aun:dain](名)煙突

မီးခိုးတက်[mi:go: tɛ'](動)煙が立ち昇る

မီးခိုးထုတ်ပြွန်[mi:go: t'ou'pjun](名)排気管

မီးခိုးမဆုံးမိုးမဆုံး[mi:go:məs'oun: mo:məs'oun:]

(副)果てしなく、限りなく、無限に

မီးခိုးမွန်း[mi:go: mun.](動)煙にむせる

မီးခိုးရောင်[mi:go:jaun](名)灰色

မီးခိုးအူ[mi:go: u](動)煙が立ち込める

မီးခတ်[mi:ga'](名)火打ち石

မီးခတ်ကျောက်[mi:ga'tʃau'](名)火打ち石 မီးခတ်ကျောက်နှင့်ခတ်သည်။火打ち石で火を起す

မီးခံဂွမ်း[mi:gan gun:](鉱)石綿、アスベスト

မီးခံသေတ္တာ[mi:gan ti'ta](名)耐火金庫

မီးခံသံနီခန်း[mi:gan tanməni gan:](名)耐火室、防火室

မီးခံအုတ်[mi:gan ou'](名)耐火煉瓦

မီးခံအုတ်ကြုပ်[mi:gan ou't∫u'](名)耐火煉瓦

မီးချောင်း[mi:dʒaun:](名)蛍光燈

မီးချိတ်[mi:dʒei'](名)鳶口(延焼する屋根を引き剥す為の消火用具)

မီးခြစ်[mi:dʒi'](名)マッチ

မီးခြစ်ခြစ်[mi:dʒi' t∫i'](動)マッチを擦る、マッチで火を起す

မီးခြစ်ဆံ[mi:dʒi's'an](名)マッチ棒

မီးခြစ်ဆံ[mi:dʒi's'an]＝မီးခြစ်ဆန်

မီးခြစ်ဘူး[mi:dʒi'bu:](名)マッチ箱

မီးခွက်[mi:gwɛ'](名)燭台、灯油皿

မီးခွက်ထွန်း[mi:gwɛ' t'un:](動)燭台の灯を灯す

မီးခွက်ထွန်းချိန်[mi:gwɛ' t'un:dʒein](名)灯ともし頃

မီးခွက်မှုတ်[mi:gwɛ' mou'](動)①灯火を吹き消す ②強姦する

မီးငြိမ်း[mi: ɲein:](動)①明りが消える ②火が消える

မီးငြိမ်းတောင်[mi: ɲein:daun](名)休火山

မီးငြိမ်းသတ်[mi: ɲein:ta'](動)消火する

မီးစ[mi:za.](名)燃えさし、火種、火の粉

မီးစတဖက်၊ရေမှုတ်တဖက်။(諺)片手に火種、片手に水(矛盾した事をする)

မီးစာ[mi:za](名)①(蝋燭やランプの)芯 ②燃料

မီးစာကုန်ဆီခန်း[mi:zagoun s'ik'an:](副)天寿を全うして

မီးစာကုန်ဆီခန်းဖြစ်[mi:zagoun s'ik'an p'ji'](動)①寿命が尽き果てる ②思案に余る、途方に暮れる

မီးစက်[mi:sɛ']①(動)火が燃え移る ②[mi:zɛ'](名)蒸気機関、蒸気エンジン

မီးစဉ်ကြည့်ကာ[mi:zin t∫i.ka.](動)その場に合うように処理する、状況に即して処理する、状況を判断して適切に対応する

မီးစုန်း[mi:zoun:] (名) 燐

မီးစွဲ[mi: swɛ:] (動) ①火が付く、着火する ②引火する、燃え移る

မီးစွဲလောင်[mi: swɛ:laun] =မီးစွဲ

မီးဆလိုက်ထိုး[mi: s'əlai' t'o:] (動) スライドを映写する

မီးဆယ့်တစ်ပါး[mi: s'ɛ.təpa:] (名) 人間を不幸にする十一種の苦 (欲、怒り、愚等)

မီးဆော်[mi:s'ɔ] ① (動) 夜警をする、火の用心と言って触れ歩く ②[mi:zɔ] (名) 夜警、火の用心

မီးဆိုက်[mi: s'ai'] (動) 火にくべる တင်းကိုမီးဆိုက်သည်။ 薪を火にくべる

မီးညွန့်[mi:ɲun.] (名) 火炎、炎の先端

မီးညှိ[mi:ɲi.] (動) ①点火する、火を付ける စီးကရက်ကိုမီးညှိသည်။ タバコに火を付ける ②火を調節する

မီးညှပ်[mi:ɲa'] (名) 火箸

မီးတံတိုတောင်း[mi:dədo. taun:] (動) (タバコの) 火を拝借する မီးတံတိုလောက်ခင်ဗျာ။ 一寸火を拝借

မီးတို့[mi: to.] (動) 点火する

မီးတောက်[mi: tau'] ① (動) 火が起きる、火が燃え上がる ②[mi:dau'] (名) 炎、火炎

မီးတောက်မီးလျှံ[mi:dau' mi:ʃan] (名) 火炎、火勢

မီးတောက်လောင်[mi: tau'laun] (動) 燃え上がる、燃え盛る

မီးတိုက်[mi: tai'] (動) 火を放つ、放火する、焼き払う

မီးတင်းကုပ်[mi: tin:gou'] (名) 厨房、炊事場、煮炊きをする小屋

မီးတောင်[mi:daun] (名) 火山

မီးတောင်ချောနက်[mi:daun tʃ'ɔ:nɛ'] (鉱) 玄武岩

မီးတောင်ထိဝ[mi:daun t'ei'wa.] (名) 噴火口

မီးတောင်ပေါက်[mi:daun pau'] (動) 噴火する、火山が爆発する

မီးတောင်ပေါက်ကွဲ[mi:daun pau'kwɛ:]=မီးတောင်ပေါက်

မီးတောင်ရှင်[mi:daunʃin] (名) 活火山

မီးတောင်သေ[mi:daunθe] (名) 死火山

မီးတိုင်[mi:dain] (名) ①灯火用の燭台、トーチ、松明 ②バーナー ③電柱 =ဓာတ်တိုင်

မီးတုတ်[mi:dou'] (名) 松明 (たいまつ)、かがり火、カンテラ

မီးတုန်း[mi:doun:] (名) ミードン、晩稲の一種

မီးတုံ[mi:doun:] (名) =မီးတုန်း

မီးတွင်း[mi:dwin:] (名) ①分娩直後１週間 ②出産室、産屋

မီးတွင်းနေမိန်းမ[mi:dwin:ne mein:ma.] (名) 出産直後の女性

မီးထောက်လောင်ကျွမ်း[mi: t'a.tau' launtʃun:] (動) 火が燃え上がる、火の勢が盛んになる

မီးထိုး[mi: t'o:] (動) ①燃料を追加する、火勢を盛んにする、火力を強める ②扇動する、煽り立てる

မီးထိုးခံ[mi:do: k'an] (動) 火持ちがよい、火が長持ちする

မီးထိုးမှု[mi:t'o:mu.] (名) 火を注ぐ行為、扇動

မီးထင်း[mi:t'in:] (名) 薪、燃料

မီးထောင်ချောက်[mi: t'aundʒau'] (名) 誘蛾灯

မီးထ[mi: t'ɛ.] (動) 火を起す

မီးထွက်[mi: t'wɛ'] (動) 産屋を出る

မီးထွန်း[mi: t'un:] (動) 灯を点す、明りを灯す

မီးထွန်းချိန်[mi:t'un:dʒein] (名) 灯ともし頃

မီးထွန်းပွဲ[mi:t'un:bwɛ:] (名) ビルマ暦７月 (太陽暦１１月) に挙行される灯祭

မီးနီပြ[mi:ni pja] (動) 信号が赤になる、赤色のランプが灯る

မီးနေ[mi:ne] (動) 出産する、分娩する

မီးနေခန်း[mi:negan:] (名) 産室、産屋 (うぶや)

မီးနေသည်[mi:nedɛ] (名) 産婦

မီးပူ[mi:bu] (名) アイロン

မီးပူဇော်[mi: puzɔ] (動) (仏像に) 灯明を供える

မီးပူတိုက်[mi:bu tai'] (動) アイロンを掛ける

မီးပူထိုး[mi:bu t'o:] (動) =မီးပူတိုက်

မီးပေါက်[mi: pau'] ① (動) 衣服に火が付いて焼け焦げる、焦げて穴が開く ②[mi:bau] (名) 焼け焦げ、焦げ穴

မီးပိတ်[mi: pei'] (動) 明りを消す、消灯する

မီးပန်း[mi:ban:] (名) 花火

မီးပုံ[mi:boun] (名) かがり火、たき火

မီးပုံကြီး[mi:bouni:] (名) ①大かがり火 ② (ビルマの) 熱気球、熱風船、孔明灯、打上げ提灯 (１１月の灯祭りに打上げられる)

မီးပုံး[mi:boun:] (名) ①提灯、手提げランプ、ランタン、カンテラ ②熱気球

မီးပုံးပျံ[mi:boun:bjan] (名) 熱気球、打上げ提灯

မီးပုံးလျှိုပစ်[mi:boun: ʃo.pji'] (動) 火中に投げ込む、火の中にくべて燃やす

မီးပျို့[mi: pjo] (動) 火を起す、火を付ける

မီးပြ[mi: pja.] (動) 灯を照らす

မီးပြတိုက်[mi: pja.dai'] (名) 灯台

မီးပြသင်္ဘော[mi:bja. tin:bɔ:] (名) 灯台船

မီးပြင်းတိုက်[miːbjinː taiʔ]（動）高熱を加える
မီးပြင်းဖို[miːbjinːbo]（名）溶鉱炉
မီးပြောင်း[miːbjaunː]（名）（火を起すための）火吹き竹
မီးပြောင်းနှင့်မှုတ်[miːbjaunːnɛ. mouʔ]（動）火吹き竹を使って火を起す
မီးပွါ[miːbwaː]（名）火花、火の粉、飛び火
မီးပွင့်[miː pwin.]①（動）感情が爆発する、癇癪玉を破裂させる、痛い目に遭う、しっぺ返しを食う ② [miːbwin.]（名）電球
မီးပွိုင့်[miːpwain.]（名）信号機、信号灯、交通信号
မီးဖို[miː pʼo]①（動）火を起す、火をたきつける ②[miːbo]（名）炉、竃(かまど)、窯、囲炉裏 ③台所
မီးဖိုခန်း[miːbogan:]（名）台所、炊事場、厨房
မီးဖိုချောင်[miːboɡjaun] ＝မီးဖိုခန်း
မီးဖိုဆောင်[miːbozaun]（名）台所、炊事場、勝手
မီးဖောင်[miːbaun]（名）精霊舟
မီးဖောင်မျှော[miːbaun mjɔː]（名）精霊流しをする
မီးဖုတ်[miː pʼouʔ]（動）炙る、火で焼く
မီးဖွား[miː pʼwaː]（動）出産する、分娩する
မီးဖွင့်[miː pʼwin.]（動）明りを点ける、灯火を灯す、点灯する
မီးဘေး[miːbeː]（名）火災
မီးမလောင်ပန်း[miːməlaun banː]（植）①セイロンベンケイ（ベンケイソウ科） Bryophyllum calycinum ②カランコエ（ベンケイソウ科） Kalanchoe laciniata
မီးမသေရေမနောက်[miː məte̞ je mənauʔ]（副）友好的に
မီးမီး[miːmiː]（名）女児 cf. သာ:သာ:
မီးမယ်ဂျူး[miːmɛpʼjuː]（名）（菓子焼き用の）鉄板、フライパン
မီးမောင်း[miːmaunː]（名）探照灯、サーチライト
မီးမောင်းထိုး[miːmaun tʼoː]（動）①サーチライトを照す、ライトを当てる ②際立たせる、強調する
မီးမောင်းထိုးပြ[miːmaun tʼoːpja.]（動）ライトを当てて見せる
မီးများမီးနိုင်၊ရေများရေနိုင်။（諺）所詮 力のある者が勝つ（火が強ければ火が勝ち、水多ければ水が勝つ）
မီးမှိတ်[miː mei̞ʔ]（動）灯りを消す
မီးမှုတ်[miː mouʔ]（動）火を吹いて起す
မီးမျှော်စင်[miː mjɔzin]（名）火の見櫓
မီးမြှိုက်[miː mjai̞ʔ]（動）焦がす、燃え焦がす、燃

焼させる
မီးမွေး[miː mweː]（動）火を起す
မီးမွေးစ[miːmweːza]（名）火種
မီးမွေးပေး[miːmwe peː]（動）焚き付ける、煽動する
မီးယပ်[miːjaʔ]（名）月経、生理
မီးယပ်ကျို့[miːjaʔ tʃoː]①（動）生理不順で体調を崩す ②（名）生理不順による歩行困難
မီးယပ်ချမ်း[miːjaʔtʃanː]（名）生理不順による寒け
မီးယပ်ချမ်းထ[miːjaʔtʃanː tʼa.]（動）生理不順で不意に悪寒がする
မီးယပ်ပညာ[miːjaʔ pjinɲa]（名）産婦人科学
မီးယပ်ရောဂါ[miːjaʔ jɔːɡa]（名）月経不順、女性の生理不順
မီးယပ်လာ[miːjaʔ la]（動）生理が始まる、月経になる
မီးယပ်အပြူဆင်း[miːjaʔ əpʼju sʼinː]（動）こしけが降りる
မီးရထား[miːjətʼaː]（名）汽車
မီးရထားခေါင်း[miːjətʼaː gaunː] ＝မီးရထားခေါင်းတွဲ
မီးရထားခေါင်းတွဲ[miːjətʼaː gaunːdwɛ]（名）機関車
မီးရထားဂိတ်[miːjətʼaː geiʔ]（名）線路の踏切り
မီးရထားစက်ခေါင်း[miːjətʼaː sɛʔkʼaunː]（名）機関車
မီးရထားတံတား[miːjətʼaː dəda:]（名）鉄橋
မီးရထားပြည်သူ့တပ်ဖွဲ့[miːjətʼaː pjidu. jɛː taʔpʼwɛ.]（名）鉄道公安隊、鉄道警察
မီးရထားလမ်း[miːjətʼaː lanː]（名）鉄道線路
မီးရထားဝန်ထမ်း[miːjətʼaː wundanː]（名）鉄道従業員
မီးရထားသံလမ်း[miːjətʼaː t̪anlanː]（名）線路、鉄道線路
မီးရောင်[miːjaun]（名）明り、灯火
မီးရှူ:[miːʃuː]（名）燭台、松明（たいまつ）
မီးရှူးတိုင်[miːʃuːdain]（名）＝မီးရှူ:
မီးရှူးတန်ဆောင်[miːʃuː dəzaun]（名）かがり火
မီးရှူးပန်း[miːʃuː miːbanː]（名）花火、打上げ花火
မီးရှူးမြင်[miːʃuː mjin]（動）（王妃が）出産する、分娩する
မီးရှူးမြင်တော်မူ[miːʃuː mjin dɔmu]（動）王妃が出産なさる
မီးရှူးသန့်စင်[miːʃuː t̪an.sin]（動）分娩する、出産する ＝မီးဖွား

မီးအုံး

မီးရှို့[miːʃoʻ.]（動）①焼く、燃やす ②火を付ける、放火する
မီးရှိုပစ်[miːʃo.pjiʻ]（動）焼き払う、焼き棄てる
မီးရှိုသတ်[miːʃo.taʻ]（動）焼き殺す
မီးရှင်တောင်[miːʃindaun]（名）活火山
မီးရှိန့်ကောင်း[miːʃein kaunː]（形）火力が強い
မီးလဂ[mi. la.ga.]（名）光熱費、電気代
မီးလင်း[miːlinː]（動）明りが付く、灯明が灯る
မီးလင်းဗို[miːlinːbo]（名）火桶、竈、火鉢
မီးလောင်[miː laun]（動）①燃える、燃焼する ②炎上する、火事になる、火災が起る
မီးလောင်ကျမ်း[miː launt ʃunː]（動）①燃焼する ②火事になる、火災が起る
မီးလောင်ခံသတ်သေ[miːlaungan taʻteː]（動）焼身自殺する
မီးလောင်ငုတ်[miːlaunnouʻ]（名）焼けぼっくい、焼け残り
မီးလောင်ငုတ်တို[miːlaun nouʻto]＝မီးလောင်ငုတ်
မီးလောင်ဆုံးရှုံး[miːlaun sʻounːʃounː]（動）焼失する
မီးလောင်တိုက်သွင်း[miːlaundaiʻ twinː]（動）（王朝時代の処刑法の一つ）囚人を生きたまま火中に投げ込んで焼き殺す
မီးလောင်ဒဏ်ရာ[miːlaun dan ja]（名）火傷
မီးလောင်ပေါက်ကွဲ[miːlaun pauʻkwɛː]（動）炎上爆発する
မီးလောင်ပုံ[miːlaun boun]（名）焼夷弾
မီးလောင်မှု[miːlaunmu.]（名）火災
မီးလောင်ရာ၊လေပင်။（諺）火に油を注ぐ、事態が益々悪化する（燃えている所へ風が吹き寄せる）
မီးလောင်သေဆုံး[miːlaun tesʻounː]（動）焼死する、焼け死ぬ
မီးလန့်[miː lanʻ]（動）火災に脅える、火事の誤報に慌てる、火事だと思って慌てふためく
မီးလုံး[miːlounː]（名）①火の玉 ②電球
မီးလှုံ[miː łoun]（動）暖を取る、暖める
မီးလျှံ[miːʃan]（名）炎、火焔
မီးဝင်မီးထွက်[miːwin miːdwɛʻ]（名）誕生日が１週間違いの間柄
မီးဝင်မီးထွက်ဖြစ်[miːwin miːdwɛʻ pʻjiʻ]（動）１週間違いで生れる
မီးသတိပြု[miː dədi.pju.]（動）火に注意する
မီးသီး[miːdi.]（名）電球、電灯 ＝မီးလုံး
မီးသေ[miː teː]（動）①火が消える ဆေးလိပ်မီးသေ သည်။ 煙草の火が消える ②熱気が失せる、冷却する ③万事うまく行く、片づく、掌握している

မီးသေတောင်[miːtedaun]（名）死火山
မီးသင့်[miː tinʻ]（動）発火する、火が付く、熱に遭う、火で熱せられる、類焼する
မီးသင့်ကျောက်[miːdin.tʃauʻ]（名）火成岩 cf. အနည်ကျကျောက်
မီးသင်း[miː tinʻ]（動）火に当てる、火に晒す、燻す
မီးသဂြိုဟ်[miː dədʒo]（動）茶毘に付す、火葬する
မီးသဘော[miː tinːbɔ:]（名）汽船、蒸気船
မီးသတ်[miː taʻ]（動）消火する、火を消す
မီးသတ်ကား:[miːdaʻka.]（名）消防車
မီးသတ်ကိရိယာ[miːdaʻ kəri.ja]（名）消火用具、消防用具
မီးသတ်ဆေးဘူး[miːdaʻ sʻeːbuː]（名）消火器
မီးသတ်တပ်[miːdaʻtaʻ]（名）消防団
မီးသတ်ပွဲ[miːdaʻ taʻpʻwɛ.]＝မီးသတ်တပ်
မီးသတ်ပွဲဝင်[miːdaʻ taʻpʻwɛ.win]（名）消防団員、消防士
မီးသတ်ဘူး[miːdaʻbu.]＝မီးသတ်ဆေးဘူး
မီးသတ်မျှော်စင်[miːdaʻ mjɔːzin]（名）火の見櫓
မီးသတ်ယာဉ်[miːdaʻjin]（名）消防車
မီးသတ်ရေပိုက်ခေါင်း[miːdaʻ jebaiʻgaunː]（名）消火栓
မီးသတ်သမား[miːdaʻ təmaː]（名）消防夫
မီးသတ်ဦးစီးဌာန[miːtaʻ uːzi: tʻana.]（名）消防庁
မီးသိန်းဓာတ်ငွေ့[miːtein. daʻŋweː]（名）メタン・ガス ＝မီသိန်းဓာတ်ငွေ့ ＝CO4 ＜英
မီးသွေး[miːdweː]（名）炭、木炭
မီးသွေးခဲ[miːdweːgɛː]（名）消し炭
မီးသွေးဖုတ်သမား[miːdweːpʻouʻtəma:]（名）炭焼き
မီးအာမခံ[miː ama.gan]（名）火災保険
မီးအာမခံသေတ္တာ[miː ama.gan tiʻta]（名）金庫、耐火金庫
မီးအိုး[miːo:]（名）爆竹 cf. ဖြောက်အိုး
မီးအုပ်[miːouʻ]（名）カンテラ
မီးအုပ်ဆောင်း[miːouʻsʻaunː]（名）①電灯の笠、ランプの笠 ②電気スタンド
မီးအိမ်[miːein]（名）①灯油を使うランプ、ランタン ②提灯
မီးအိမ်လည်[miːeinlɛ]（名）影絵灯篭
မီးအုံး[miː oun]（動）火の中にくべる、火の中に入れる、灰の中で焼く、蒸し焼きにする
မုခပိင်[mouʻkʻəbaʻ]（名）釈尊の教え、教法
မုချ[mouʻtʃa.]（副）確実に、間違いなく、絶対に

ခံးမှုဖြင့်အဖမ်းခံရမည့်မှု။ 窃盗罪で逮捕される事疑いなし မပြင်နိုင်လျှင်ပြိုကျတော့မည့်မှု။ 改修できなければ崩壊する事疑いなし ＜パ

မှုချမလွဲ[mou'tʃa. məlwɛ:] (副) 確かに、絶対に

မှုချဧကန်[mou'tʃa.ekan] (副) きっと、間違いなく

မုဆိုး[mou's'o:] (名) ①猟師 ②鰥夫 (男やもめ)

မုဆိုးစိုင်သင်။ (諺) 釈迦に説法 (猟師に獣の話を講釈する、経験は何事にも優る、経験が物を言う)

မုဆိုးထိုင်ထိုင်[mou's'o:dain t'ain] (動) 立て膝をする、片膝を立てて座る

မုဆိုး၃:ထောက်ထိုင်[mou's'o: du:t'au' t'ain] =မုဆိုးထိုင်ထိုင်

မုဆိုးနား နီးမုဆိုး၊တံငါနားနီးတံငါ။ (諺) 朱に交われば赤くなる (猟師の傍に居れば猟師になり、漁師の傍に居れば漁師になる)

မုဆိုးဖို[mou's'o:bo] (名) ①鰥夫 (男やもめ) ②(地) モウソーボー、シュエボーの別名

မုဆိုးမ[mou's'o:ma.] (名) 寡婦、後家、未亡人

မုတိမ်း[mu.dein:] (名) =မုဒိမ်း

မုဒရက်[mu.dərɛ'] (植) イリッペ (アカテツ科)

မုဒရက်ပန်းနွယ်[mu.dərɛ' pan:nwɛ] (名) 唐草模様

မုဒိတာ[mu.di.ta] (名) 祝福 ＜パ Muditā

မုဒိမ်း[mu.dein:] (名) 婦女暴行、婦女凌辱、強姦

မုဒိမ်းကျင့်[mu.dein: tʃin:] (動) 婦女子を凌辱する、婦女を暴行する

မုဒိမ်းမှု[mu.dein:mu.] (名) 婦女暴行罪、強姦罪

မုဒိမ်းမှုကျူးလွန်[mu.dein:mu. tʃu:lun] (動) 婦女暴行罪を犯す、強姦をする

မုဒိမ်းမှုကျူးလွန်သူ[mu.dein:mu. tʃu:lundu] (名) 強姦犯人

မုဒိမ်[mu.dein:] =မုဒိန်း

မုယာကြီး[məjədʒi:] (植) アダトダ、コウシカ (キツネノマゴ科) Adhatoda vasica

မုယာသိမ်[məjədein] (植) アダトダの仲間 Adhatoda decussata

မုယော[məjo:] (植) オオムギ (イネ科) Hordeum vulgare

မုယား:ကြီး: =မုယား:ကြီး:

မုရိုး[məjo:] ①(植) カロトロピス、アコン=မုရိုး ②(名) (首から吊したり、両手で抱えたりして演奏する) 小型の両面太鼓

မုရင်း[məjin:] (名) 冬季に灌漑栽培される稲

မုရင်းစပါး[məjin: zəba:] =မုရင်း

မုရန်ဆေး[mujan:zi:] (名) ミルラ樹脂

မုလေး[məle:] (植) タイワンソケイ (モクセイ科) Jasminum grandiflorum

မုလေးပွ[məle:bwa:] (名) (得度式の行列で持ち運ばれる) 紙製の吹き流し

မုသာ[mu.ḍa] (名) =မုသာဝါဒ

မုသာပြော[mu.ḍa pjɔ:] (動) 嘘をつく、嘘を言う

မုသာဝါဒ[mu.ḍa wada.] (名) 嘘＜パ Musāvāda

မုသာဝါဒအို[mu.ḍawada. s'o] (動) 嘘をつく

မုသလမ်[mu.taləman] (名) ムスリム、イスラム教徒、回教徒 =မူဆလင်

မုသား:[mu.ḍa:] =မုသာ

မုသား:စကား[mu.ḍa: zəga:] (名) 嘘偽り

မုသားမပါ၊လက်ပမချော။ (諺) 嘘も方便 (嘘が無ければ詩も見事にはならぬ)

မုသား:သုံး[mu.ḍa: toun] (動) 嘘を言う、偽る

~မှ[mu] (接助) 仮定を示す、~ならば သွာ:ပါမှ 行ったならば

~မုကာ:[muga:] (接助) ~ならば ရဟန်:တည်:ဖြစ်ငြား:၊သာမဏိပုထုဇာ၊ 出家であれば舎利弗 သာမဏေလည်းတည်းယောက်ကာပြီ:ခြင်း:ဖြစ်ငြားမုကာ:။တော်သေးဘိ။ 普通の人がしたのであればまだ大した事はない မြို့ကြီးများဖြစ်မုကာ:၊မော်တော်ကာ:၊မြင်း:ရထာ:၊ဓာတ်ထား:တို့အသီးသီး:သွား:ကြမည်ဖြစ်လေသည်။ 都会であれば自動車や馬車、電車等がそれぞれ動いていたに違いない

မှု[mu] (助) 主格の強調、と言うと、に関しては ရှေ:အခါကမှု 以前は、昔は ယနေ့အခါတွင်မှု 今では、今日では ကျွန်တော်မှု 私はと言うと လူလတ်ပိုင်းကမှု 中年層の場合は လုံပျိုများ:မှာ:မှု 乙女達はと言うと

~မုကာ:[muga:] (助) 主格の強調、の場合は အကြောင်း:မုကာ: その訳は မိမိ၏မယား:မှာ:မုကာ:အဘယ်မှလျှင်လည်း:ခံနိုင်အံ့နည်း။ 自分の妻の場合であればどうして堪忍できようぞ ကျွန်တော်ကမုကာ:အညာသာ:ဂိုဏ်မြို့ဖြစ်၍ 私は上ビルマ出身の派閥に属する ဥတ္တရကြယ်ကမုကာ:ထွက်သည်ဝင်သည်မရှိသို့မြင်သည်။ 北極星は出没がないように見える သူမိဘများ:ကမုကာ:ငဘဘော်လေ:ရှိသည်။ 彼の両親はいつもンガ・バと呼んでいた

မှု[mu] (動) ①行なう、実行する、行動する သစ္စာမှုသည်။ 誓う、誓約する ရန်မှုသည်။ 敵対する、敵意を示す နှလုံး:မှုသည်။ 胆に銘じる မျက်နှာ:မှုသည်။ 顔を向ける ②気取る、もったいぶる ③胡麻化す、取り繕う、企む

မှု[mu] (名) ①基本、原則 ②性質、性格 ③振舞い、態度 cယ်မှု 幼時の面影

မှုကြမ်း[mudʒan:] (名) 案、原案、草案、原稿

မှုကြွေ:[mugwe:] (名) 異本

မှုချ[mu tʃa.] (動) 原則を定める、基本を決める

မှုတည်[muti] (動) ①依る、依存する ②基づく、基

にする 財産の ပစ္စည်း ဥစ္စာ ရှိခြင်း မရှိခြင်း သည် ကံပေါ်မူတည် သည်။ 資産のあるなしは運に依る

မူပိုင်[mubain] (名) ①特許、パテント ②版権、著作権、知的所有権

မူပိုင်ခွင့်[mubaingwin.]=မူပိုင်

မူပိုင်ဆိုင်မှုအခွင့်အရေး[mu pains'ainmu. ək'win.əje:] (名) 版権、知的所有権

မူပိုင်ပေး[mubain pe:] (動) 版権を渡す

မူပိုင်ရှင်[mubainʃin] (名) 版権保持者、著作権所有者

မူပိုင်ဥပဒေ[mubain u.bəde] (名) 著作権法

မူပျက်[mu pjɛʔ] (動) ①原則から逸れる、逸脱する 平常とは違う ②うろたえる、落着きを失う

မူမပျက်[mu məpjɛʔ] (副) 落着いて、平然として、変った態度も見せずに、何食わぬ顔で、ポーカーフェイスで

မူပြောင်း[mu pjaun:] (動) 原則を変える、基本を変える、様変りする

မူမမှန်[mu məman] (形) まともではない、態度が正常でない、落着きを失っている、うわずっている、異常だ

မူမှန်[mu man] ①(形) 誠実だ、まともだ ②(名) 基準、模範、正しい原理、正しい姿勢

မူယာမာယာ[muja maja] (名) 見せかけ、装い、心にもない事、企み、甘言、誘い込み、戦術

မူယာမာယာဆောင်[muja maja s'aun] (動) 愛敬を振りまく、色気を見せる

မူယာမာယာများ[muja maja] (動) 鼻を鳴らす

မူယာမာယာလုပ်[muja maja louʔ] (動) 手を変え品を替えする

မူယာများ:[muja mja:] (動) 鼻を鳴らす

မူရာမာယာ[muja maja]=မူယာမာယာ

မူရင်း[mujin:] (名) 起源、原形、原作、原案

မူရင်းစာရွက်စာတမ်း[mujin: sajwɛʔsadan:] (名) 原書、原本、元の文書

မူရင်းပုံ[mujin:boun] (名) 原形、元の姿

မူဝါဒ[mu wada.] (名) 基本原理、基本原則

မူသစ်[mudiʔ] (名) 新原則

မူဟောင်း[muhaun:] (名) 旧原則、元の原理

မူအားဖြင့်[mu a:p'jin.] (副) 原則として、基本的に、原則的に

မူကြို[muɟo] (名) 保育園

မူကြိုကျောင်း[muɟo tʃaun:]=မူကြို

မူကြိုကျောင်းသား[muɟo tʃaun:da:] (名) 保育園児

မူဆလင်[mus'əlin] (名) ムスリム、イスラム教徒

မူဆလင်ဘာသာ[mus'əlin bada] (名) イスラム教

မူလ[mula.] ①(名)元、基、根源、起源 ②尾宿、二十七宿の第19番目 ③(形)元の、源の、起源の、最初の ＜パ Mūla

မူလကြွေး[mula. tʃwe:] (名) 元の債務

မူလတန်း[mula.dan:] (名) 小学校課程（第1学年から第4学年までの課程）、初級課程

မူလတန်းကျောင်း[mula.dan: tʃaun:] (名) 小学校

မူလတန်းပြဆရာ[mula.dan:bja. s'əja] (名) 小学校教師

မူလကတိ[mula. bəgədi.] (名) 元の姿、本来のもの、起源

မူလဘူတ[mulabuta] (名) 源、故郷、原産地、発祥地 =ပင်ကိုဇာတိ ＜パ Mūla Būta

မူလဘူတလက်မှတ်ရေးထိုး[mulabuta lɛʔmaʔ je:t'o:] (動) 原署名をする

မူလဘူတအား:ဖြင့်[mulabuta a:p'jin.] (副) 元来、本来

မူလအခွင့်အရေး[mula ək'win.əje:] (名) 基本的権利

မူလအစ[mula əsa] (名) 最初、起源

မူလအစပဋမက[mula.əsa. pət'əma.ga.] (副) 最初に、先ず、第一に

မူလအတိုင်း[mula. ətain:] (副) 初めのように、元通り

မူလအရင်းခံ[mula. əjin:gan] (名) 基本、基盤

မူလီ[muli] (名) (ボルト・ナットの)ボルト、頭付きの螺子（ねじ） ＜ヒ Mūlī

မူလီခေါင်း[muligaun:] (名) (ボルト・ナットの)ナット、留め螺子

မူလီတပ်[muli twɛ] (動) ボルトを取付ける

မူလီ[mudəli] (棺) ギンバイザサ（ヒガンバナ科） Curculigo orchioides

မူး[mu:] (名) ①小川 ②（英領時代の補助貨幣）1ルピーの8分の1 ③（重量の単位）1チャッの8分の1 ④（尺度の単位）1インチの8分の1 ⑤（面積の単位）1エーカーの8分の1

မူးဇေ[mu:zi.] (名) 2アンナ硬貨 cf.မတ်ဇေ

မူးတင်:ပဲတင်:[mu:din pɛdin:] (動) けちん坊で、欲張りで、けちけちして

မူး[mu:] (動) 目が眩む、目眩がする ②酔う

မူးတူ[mu:du:] (副) 朧朧として အိပ်ချင်မူးတူးဟန် မျိုး: 眠そうな様子

မူးနောက်[mu:nauʔ] (動) 目眩がする、頭がくらくらする

မူးနောက်နောက်နေ[muːnauʔnauʔ ne](動)ふらふらしている、くらくらしている

မူးမူး[muːmuː](副)～に瀕して、将に～せんとして ဝင်အံ့မူးမူးနေလို့ကြီး 将に沈まんとしている太陽 တော်ခေါ်အံ့မူးမူးတွင် 召し上がろうとしたその瞬間に

မူးရူးရူးနဲ့[muːmuːjuːjuːnɛ.](副)泥酔して

မူးမေ့[muːme.](動)意識を失う

မူးမေ့လဲ[muːme. lɛː](動)卒倒する、昏倒する、気を失って倒れる、意識を失って倒れる

မူးမော[muːmɔː](動)朦朧となる、ふらふらになる

မူးမိုက်[muːmaiʔ](動)くらくらする、ぼうっとする

မူးယစ်[muːjiʔ](動)①酔う、酔っ払う ②うっとりする、陶酔する

မူးယစ်ဆေးစွဲသူ[muːjiʔsʼeː swɛːd̪u](名)麻薬中毒者

မူးယစ်ဆေးဝါ:[muːjiʔ sʼeːwa](名)麻薬

မူးယစ်ဆေးဝါးစွဲ[muːjiʔsʼeːwa: swɛː](動)麻薬を常用する、麻薬を習慣する

မူးယစ်ဆေးဝါးတား:ဆီးနှိပ်နင်းရေး[muːji sʼeːwa taːsʼiːn̪ einninːjeː](名)麻薬撲滅、麻薬禁止

မူးယစ်ဆေးဝါးမှု[muːjiʔsʼeːwa. mṵ](名)麻薬事件、麻薬犯罪

မူးယစ်ဆေးဝါးသုံးစွဲမှု[muːjiʔsʼeːwa: toun:swɛː mṵ](名)麻薬使用、麻薬常用

မူးယစ်ဆေးဝါးသုံးစွဲသူ[muːjiʔsʼeːwa: toun:swɛː d̪u](名)麻薬中毒者

မူးယစ်ထိန်းချုပ်ရေး[muːjiʔ tʼeintʃʼouʔjeː](名)麻薬統制、麻薬統御

မူးယစ်လုပ်ငန်း[muːjiʔ louʔŋan](名)麻薬取引、麻薬事業、麻薬活動

မူးရုပ်ပေါ်[muːjouʔ pɔː](動)酔いが顔に出る、酔いが表に現れる

မူးလဲ[muːlɛː](動)酔って倒れる

မူးလောက်အောင်[muːlauʔaun](副)目眩がする位に(美しい)

မူးဝေ[muːwe](動)目眩がする、朦朧となる、意識が霞む

မေ့[me.](動)①忘れる、忘却する ②意識を失う、気を失う

မေ့ကျန်[me.tʃan](動)忘れ物をする、置き忘れる ခဲတံမေ့ကျန်ခဲ့သည်။ 鉛筆を置き忘れた

မေ့ဆေး[me.zeː](名)麻酔薬 cf. မေ့ဆေး

မေ့ဆေးပေး[me.zeː peː](動)麻酔する

မေ့ဆေးသေနတ်[me.zeː tənaʔ](名)麻酔銃

မေပျို့[me.pjiʔ](動)忘れ去る、完全に忘れる

မေ့ပျောက်[me.pjauʔ](動)記憶が薄れる、記憶が霞む、忘却する

မေ့မျော[me.mjɔː](動)気絶する、失神する、昏睡する、人事不省に陥る

မေ့လျော့[me.jɔ.](動)①忘れっぽい、忘れやすい、不注意だ、無頓着だ ②我を忘れる、うっとりする

မေ့သွား[me.twaː](動)忘れてしまう

မေထုန်[metʼoun]①(星)双子座 ②(名)双子宮、黄道十二宮の内の第3番目の星宿 <サ Mithuna

မေထုန်ရာသီ[metʼoun jad̪i](名)双子座、ビルマ暦3月

မေထုန်[metʼoun](名)性交、交接、交尾 <パ Methuna

မေထုန်ကျင့်[metʼoun tʃin.](動)性交する、交尾する

မေထုန်မဲ့စံနစ်[metʼoun mɛ. sənɪʔ](名)人工受精

မေထုန်မဲ့ပုံတူပို့ထုတ်လုပ်[metʼounmɛ. poundubwaː tʼouʔlouʔ](動)クローン生物を創出する

မေထုန်မဲ့သားပုံပွိုင်မှု[metʼounmɛ. luda poun du pwaːmṵ](名)クローン人間の創造

မေထုန်မဲ့သားစပ်နည်း[metʼounmɛ. taːsaʔniː](名)人工授精方式

မေထုန်မဲ့သားစပ်လုပ်ငန်း[metʼounmɛ. taːsaʔ louʔ ŋan](名)人工授精事業

မေထုန်မိုး[metʼoun miwɛː](動)交尾する

မေထုန်သံဝါသပြု[metʼoun tanwata. pʼjiʔ](動)性交する、肉体関係を持つ

မေဒေး[medeː](名)メーデー

မေမေ[meme.](形)မေမေ の属格形、母さんの、お母ちゃんの မေမေ့အလုပ်တွေ お母さんの仕事

မေမေ[meme](名)お母さん、お母ちゃん <အမေ の愛称 cf. မေမေ့ဖွား:ဖွား:။

မေမေကြီး[memedʒiː](名)大奥様、お婆様

မေမြို့[memjo.](地)メーミョ、シャン台地の西端に位置する町、現在の呼称はပြင်ဦးလွင် ピンウールイン

မေမြို့ပန်း[memjo.banː](植)紫苑、アスター Aster amellus

မေလ[mela.](名)五月 <英 May

မေး[meː](名)顎、下顎

မေးခိုက်ခိုက်တုန်[meː kʼaiʔkʼaiʔ toun](動)顎ががたがた震える、歯をがちがち言わせる

မေးခိုင်[meː kʼain](動)①破傷風になる ②死に掛かっている、危篤状態だ

မေးခိုင်ရောဂါ[meːkʼain jɔːga](病)破傷風

မေးငေါ့[meː ŋɔ.](動)顎をしゃくる、顎で示す、顎を突き出す

မေးစေ့[me:zi.]（名）顎、顎の先
မေးတင်[me: tin]（動）①顎を載せる ②軽く触れる ③端に掛かる、（落日が山の）端に掛かる
မေးတို[me: t'o]（名）顎をしゃくる
မေးတိုပြ[me: t'o:pja.]（名）顎をしゃくって見せる
မေးထောက်[me: t'au']（動）頬杖を突く လက်နှစ်ဖက်ဖြင့်မေးထောက်သည်။両手で頬杖を突く
မေးရိုး[me:jo:]（名）顎骨
မေးရိုးကား[me:jo: ka:]（名）顎骨が張っている
မေး[me:]（動）訊く、尋ねる、質問する
မေးကြည့်[me:tʃi.]（動）訊いて見る、尋ねて見る
မေးခွန်း[me:gun:]（名）①質問 ②（試験の）出題
မေးခွန်းထူ[me:gun: t'u]（形）質問が多い
မေးခွန်းထုတ်[me:gun: t'ou']（動）①質問する ②出題する
မေးခွန်းပုစ္ဆာ[me:gun: pou's'a]（名）①問い、質問 ②課題、出題
မေးမမ်းထား[me:san:t'a:]（動）尋ねておく、聞いておく、調べておく
မေးထူးခေါ်ပြော[me:du k'ɔpjɔ:]（副）面識があるだけ、会えば挨拶を交すだけ、通り一遍の間柄
မေးမြန်း[me:mjan:]（動）訊く、尋ねる、質問する
မေးမြန်းခြင်း[me:mjan:dʒin:]（名）質問
မဲ့[mɛ.]（動）唇を歪める、眉をひそめる、顔をしかめる
မဲ့ကာရဲ့ကာ[mɛ.ga jwɛ.ga]（副）しかめ面をして
မဲ့တဲ့တဲ့[mɛ.tɛ.tɛ.]（副）泣きそうな表情で
မဲ့ပြုံးပြုံး[mɛ.bjoun: pjoun:]（動）苦笑する、苦笑いする အံကြိတ်ပြီးမဲ့ပြုံးပြုံးလိုက်သည်။歯噛みして苦笑いした
မဲ့ရဲ့[mɛ.jwɛ.]（動）眉をひそめる、顔を歪める、不快な表情をする、不満感を顕わす မျက်နှာကိုမဲ့ရဲ့သည်။顔をしかめる
မဲ[mɛ.]（動）欠く、欠如する、不足する အကြောင်းမဲ့理由もなく、訳もなく အမဲ့只で、無料で အမဲ့ရ何気なく စားရမဲ့သောက်ရမဲ့ဘဝ食べるものもない暮し မိကျောင်းသည်လျှာမဲ့သည်။鰐は舌を欠く
~မဲ့[mɛ.]（接助）文末助詞မယ်の連体形 ဒီနေ့စာမေးပွဲဖြေရမဲ့နေ့ပါ။今日は受験日です ကျွန်တော့်မှာကူညီမဲ့ဝတ္တရားရှိပါတယ်။私には協力すべき義務があります
~မဲ့[mɛ.]（接助）文末助詞မယ်の連体形、မဲ့の異体字 ဖတ်ရမဲ့စာအုပ်တွေပေးလိုက်ပါတယ်။読むべき本を渡してくれた ဆုံးမမယ့်သူမရှိလေလုံင်နေတယ်။躾てくれる人がいないためにのらくらしている လုပ်ဆောင်ရမဲ့ကိစ္စဖြစ်ပါတယ်။遂行すべき事柄です ကျွန်တော့်

မှာကူညီရမယ့်ဝတ္တရားရှိပါတယ်။私には協力すべき責任がありますအကြောင်းအကြောင်းနာ:မလည်တော့နိူင်ရမယ့်စာ:တက်နှင့်တယ်။筋の事柄が解らないために按摩する代りに足で踏む
မယ်[mɛ]（名）①母 ②女、女性、夫人 ③若い女性の名前に付ける冠称、〜さん、〜嬢 cf. မ၊ဒေါ် ။④ミス．コンテストの優勝者 မယ်ဗမာ ミス・ビルマ
မယ်စကြာဝဠာ[mɛ sɛ'tʃawəla]（名）ミス・ワールド
မယ်တော[mɛdɔ.]（形）母の、お母様の=မယ်တော်
မယ်တော်[mɛdɔ]①母后 ②王子の母君 ③出家の母
မယ်တော်ကြီး[mɛdɔdʒi:]（名）釈尊の母（摩耶夫人）
မယ်တော်ပျံ[mɛdɔbjan]（名）出家の母堂の葬儀 cf. ဘတော်ပျံ
မယ်တော်ဘုရား[mɛdɔ p'əja:]（名）母后、出家の母
မယ်တော်လက်သည်း[mɛdɔ lɛ'tɛ:]（貝）ヤカドツノガイ、マルツノガイ（ゾウゲツノガイ科）
မယ်ဘွဲ[mɛbwɛ.]（名）相聞歌（若者が乙女の事を詠んだ歌） cf. မောင်ဘွဲ
မယ်မင်း[mɛmin:]（代）①（女性に対して）あなた ②ご婦人、奥方
မယ်မင်းကြီးမ[mɛ min:dʒi:ma.]（代）女性への呼掛け、奥様、お嬢様、御婦人
မယ်မြန်မာ[mɛ mjanma]（名）（コンテストでの）ミス・ビルマ
မယ်သီလ[mɛtila.]（名）正学女、式叉摩那（比丘尼ではなく沙彌尼）=မယ်သူတော် cf. ဖို:သူတော်
မယ်သီလရှင်[mɛtila.ʃin]=မယ်သီလ
မယ်သီလရှင်ကျောင်း[mɛtila.ʃin tʃaun:]（名）①尼寺 ②（カトリックの）修道院
မယ်[mɛ]（助）文末使用 ①推測または未来を表わす ငါတို့တော့မယ်僕達は飢える事になるだろう ငါတို့ဆင်းရဲတော့မယ်။我々は貧困化するだろう အခုမိုးချုပ်တော့မယ်။そろそろ日が暮れる သူနောက်ကျမယ်။彼は遅れるだろう ဒီနှစ်မိုးကြီးမယ်။今年は雨が多いだろう ကျွန်တော်ပြောရင်မင်:ဝမ်းနည်:မယ်။私が言えば君は悲しい事になろう ②意志を示す ငါကိုယ်တိုင်စကား:ပြောမယ်။僕自身が話する事にする ကျွန်တောယောက်သွာ:မယ်။私一人で出かける事にします သုံ:လေးရက်တွင်းကျွပြန်ပေးမယ်။3、4日以内に返還する事にする
မယ်[mɛ]（助）於格မှာ の変形、に、で、に於いて ဒီဘဝမှာအိမ်ထောင်မပြုတော့ဘူး။この世では二度と結婚はしない သူမယ်သား:သုံ:ယောက်ရှိတယ်။彼には息子が3人いる မိန်းကလေး:ရှေ့မယ်ဘာမှပြောမနေနဲ့အုံ:။女の子の前ではまだ何も言うな

မယ်ကယ်[mɛkɛ] (植) 硬木の1種 Aglaia odoratissima

မယ်ခေါင်မြစ်[mɛk'aun mjiʔ] (地) メコン河

မယ်ဇလီ[mɛzəli] (植) タガヤサン →မဲဇလီ

မယ်ဇယ်[mɛzɛ] =မည်စည်

မယ်ညို[mɛɲo] (鳥) ヨーロッパセイケイ（クイナ科）Porphyrio porphyrio

မယ်ဒလင်[mɛdəlin] (名) （楽器）マンドリン ＜英

မယ်မယ်ရရ[mɛmɛ ja.ja.] (副) 確実に、しっかりと ကျွန်တော့်လဲဘာမှမယ်မယ်ရရမသိသေးဘူး။ 私も何も確実には知らない အလုပ်အကိုင်မယ်မယ်ရရရှိ။ 定職はない ဘာတာဝန်မှမယ်မယ်ရရမရှိပေ။ 何の責任もこれと言ってはない =မည်မည်ရရ

မဲ[mɛ] ①（形）黒い ②暗い、暗黒だ ③（動）神経を集中する、念じる ④専心する、熱中する、没頭する、夢中になる ထမင်းကိုသာမဲပြီးစားနေတာ။ 飯だけを集中して食べている ⑤恨む、妬む ⑥吊し上げる、集中攻撃をする、寄ってたかって責める

မဲတွယ်ဖြစ်[mɛtulan p'jiʔ] (動) 肌が荒れる、肌が黒ずむ

မဲမဲ[mɛ:mɛ:] (形) 黒い အသား:မဲမဲကျောင်း:သား:ခေါင်း:ဆောင်လုပ်သည်။ 色の黒い学生が指導した

မဲမဲပြောင်ပြောင်နက်နက်[mɛ:mɛ: pjaunbjaun nɛʔnɛʔ] (副) 黒光りするもの

မဲမဲတဲတဲ[mɛ:mɛ:tɛ:dɛ:] (副) ①激しく ②決然として、きっぱりと、頑強に ③黒々と

မဲ[mɛ:] (名) ①票、投票 ②籤、抽選

မဲကောက်[mɛ: kauʔ] (動) 投票で選ぶ、抽選する、籤引きをする

မဲကျ[mɛ: tʃa.] (動) 当り籤を引く

မဲချ[mɛ: tʃa.] (動) 抽籤で決める、籤を引かせる

မဲခွဲ[mɛ: k'wɛ:] (動) 投票に掛ける、籤にする

မဲစာရင်း:ကောက်[mɛ: səjin: kauʔ] (動) 投票を集計する

မဲစံနစ်[mɛ: səniʔ] (名) 投票制度、選挙制度

မဲဆန္ဒ[mɛ: s'anda.] (名) 投票、籤

မဲဆန္ဒနယ်[mɛ:s'anda. nɛ] (名) 選挙区

မဲဆန္ဒပေး[mɛ:s'anda. pe:] (動) 投票する

မဲဆန္ဒရှင်[mɛ:s'anda.ʃin] (名) 有権者

မဲဆွယ်[mɛ: s'wɛ] (動) 選挙運動をする、集票活動をする、投票を依頼する、立候補者が票を集める

မဲဆွဲ[mɛ: s'wɛ:] (動) 投票を依頼する

မဲတင်[mɛ: tin:] (動) 均衡を保つ、偏向しないようにする、バランスをとる

မဲထည့်[mɛ: t'ɛ.] (動) 票を入れる、投票する

မဲနှိုက်[mɛ: n̥aiʔ] (動) 籤を引く

မဲပေး[mɛ: pe:] (動) 投票する

မဲပေးခွင့်[mɛ:pe:gwin.] (名) 投票権

မဲပေးရုံ[mɛ:pe:joun] (名) 投票所

မဲပေါက်[mɛ: pauʔ] (動) 籤が当る、籤引きに当る

မဲပုံ:[mɛ:boun:] (名) 投票箱

မဲပြား[mɛ:bja:] (名) 投票用紙

မဲဖောက်[mɛ: p'auʔ] (動) 籤引きで決める

မဲမပေးဘဲနေ[mɛ: məpe:bɛ: ne] (動) 棄権する

မဲရ[mɛ: ja.] (動) 票を得る、票を獲得する

မဲရောင်း:မဲဝယ်လုပ်[mɛ:jaun: mɛ:wɛ louʔ] (動) 票を売り買いする、投票を買収する

မဲရုံ[mɛ:joun] (名) =မဲပေးရုံ

မဲရွေးကောက်[mɛ: jwe:kauʔ] (動) 投票する、選挙をする

မဲလက်မှတ်[mɛ: lɛʔmaʔ] (名) =မဲပြား:

မဲသေတ္တာ[mɛ:tiʔta] (名) =မဲပုံ:

မဲရှင်[mɛ:ʃin] (名) =မဲဆန္ဒရှင်

မဲ[mɛ:] (植) 藍、インドアイ、タイワンコマツナギ =မည်:

မဲကြီး[mɛ:dʑi:] (植) アダトダ

မဲဆိုး[mɛ: s'o:] (動) 藍で染める、藍色に染色する

မဲတွယ်ဖြစ်[mɛ:tulan p'jiʔ] (動) 肌が荒れる、肌が黒ずむ

မဲနယ်[mɛ:nɛ] (名) 藍

မဲနည်[mɛ:nɛ] =မဲနယ်

မဲပုဆိုး[mɛ: pəs'o:] (名) 藍染めのロンジー、濃紺色のロンジー

မဲပြားပုဆိုး[mɛ:bja pəs'o:] (副) 単調で、一本調子で

မဲခေါင်မြစ်[mɛ:k'aun mjiʔ] (地) メコン河

မဲဇလီ[mɛ:zəli] (植) タガヤサン（ジャケツイバラ科）Cassia siamea

မဲဇလီကြီး[mɛ:zəlidʑi:] (植) ハネミセンナ（ジャケツイバラ科）Cassia alata

မဲဇာပို[mɛ:za po.] (動) 島流しにする

မော့[mo.] (動) 顔を上げる、見上げる

မော့ကြည့်[mo.tʃi.] (動) 仰ぎ見る、見上げる、顔を上に向ける、顔を上げて見る

မော့သောက်[mo.tauʔ] (動) ラッパ飲みする、がぶ飲みする、顔を上に向けて飲む

မော်[mo] (動) ①顔をやや上に向ける ②自慢する、鼻に掛ける、威張る ③際立つ、目立つ、顕著だ

မော်ကြည့်[motʃi.] (動) 視線を上に上げる、見上げる

မော်ကြား:[motʃwa:] (動) 目立とうとする、偉ぶる、自慢する、威張り散らす

မော်မောက်[mɔmauʔ]（動）横柄に振舞う
မော်ကွန်း[mɔgun:]（名）①記録詩、叙事詩の一種、四行詩 ②記録、記録文書
မော်ကွန်းကျောက်စာ[mɔgun: tʃauʔsa]（名）記録、石碑、碑文
မော်ကွန်းတိုက်[mɔgun:daiʔ]（名）文書館、記録保管所
မော်ကွန်းတင်[mɔgun: tin]（動）記録に残す、歴史に残す、記念にする
မော်ကွန်းတင်မင်္ဂလာ[mɔgun:tin mingəla]（名）記念式
မော်ကွန်းတိုင်[mɔgun:dain]（名）記念柱
မော်ကွန်းထိုး[mɔgun: tʼo:]（動）記録に残す、歴史に残す
မော်ကွန်းထိန်း[mɔgun:dein:]（名）（大学の）事務長、事務主任、文書係長
မော်ကွန်းဝင်[mɔgun:win]①（動）記録に残る ②（名）記録に残される人、歴史に残る人
မော်တာ[mɔta]（名）①モーター、発動機 ＜英 Motor ②臼砲 ＜英語 Mortar
မော်တော်[mɔtɔ]（名）モーターボート ＜英
မော်တော်ကား[mɔtɔka:]（名）自動車＜英 Motor Car
မော်တော်ကားတိုက်[mɔtɔka: taiʔ]（動）車に跳ねられる、交通事故に遭う
မော်တော်ကားပစ္စည်း[mɔtɔka: pjiʔsi:]（名）自動車の部品
မော်တော်ကားမြှောင်ဂျက်[mɔtɔka:mjauʔ dʒɛʔ]（名）自動車用のジャッキ
မော်တော်ဆိုင်ကယ်[mɔtɔsʼainkɛ]（名）自動二輪車、オートバイ ＜Motorcycle
မော်တော်ဘုတ်[mɔtɔbouʔ]（名）エンジン付きの小型船舶、モーターボート ＜Motorboat
မော်တော်ယာဉ်[mɔtɔjin]（名）自動車
မော်တော်ယာဉ်တပ်ဆင်ရေး[mɔtɔjin taʔsʼinje:]（名）自動車組立て
မော်တော်ယာဉ်ပြတ်သိပ်ကျပ်တည်းမှု[mɔtɔjin pjuʔ teiʔ tʃaʔti:mu.]（名）自動車の渋滞
မော်ဖင်း[mɔpʼin:]（名）モルヒネ ＜ド Morphine
မော်ဖိန်း[mɔpʼein:]（名）＝မော်ဖင်း
မော်ရိုကို[mɔroko]（地）モロッコ
မော်လမြိုင်[mɔləmjain]（地）モールメイン（サルウィン河口に位置するビルマ第三の都会）
မော်လမြိုင်ပန်း[mɔləmjainban:]（植）①キンセンカ ②コスモス
မော[mɔ:]（名）モー・シャン族（モー河沿いに住むシャン族）

မောကိုးပြည်ထောင်[mɔ: ko:pjidaun]（名）シャン族の住むモー地方九蕃
မောမြစ်[mɔ:mjiʔ]（地）モー河（シュエーリー河の別名） ＝ရွှေလီမြစ် 瑞麗江
မောရှမ်း[mɔ: ʃan:]（名）モー・シャン族
မော[mɔ:]①（動）疲れる、疲労する ②（述語の接尾辞）著しく、極端に သာမော၊ ရှုမော၊ တင်မော။
မောကြီးပန်းကြီး[mɔ: dʒi: pan:dʒi:]（副）疲労困憊して မောကြီးပန်းကြီးနှင့်ပြေးလာသည်။ 疲れ切って駆け寄ってきた
မောပန်း[mɔ:pan]（動）疲れる、疲労する
မောမော[mɔ:mɔ:]（副）疲れ切って、疲労して
မောရမ်းပန်းရမ်း[mɔ: ja.man pan:ja.man:]（名）疲労している事
မောတိုက်[mɔ:haiʔ]（動）息を切らせる、ふうふう言う、はあはあ言う
မောဟ[mɔ:ha.]（名）痴、無知、迷妄 ဒေါသ 憤怒 လောဘ 貪欲 ＜パ Moha
မို့[mo.]（形）盛り上がっている、こんもりしている、ふっくらしている ပါး၊မို့သည်။ 頬が豊かだ
မို့မောက်[mo. mauʔ]（形）盛り上がっている、ふっくらしている မို့မောက်သောသူမ၏ရင်။ ふっくらとした彼女の胸元 မို့မောက်နေသောဗိုက်။ 布袋腹（妊婦のお腹）
~မို့[mo.]（接助）~なので、~だから လမ်းဆုံမို့သတိနှင့်မောင်းရစ်။ 交差点なので注意して運転する လဆုတ်ရက်မို့သည့်မှောင်နေလေသည်။ 黒夜なので夜は暗い တွေ့ရမို့ပြီးစိတ်ထဲမှာပျော်သွားသည်။ 逢えたので内心喜んでいる ပညာအုပ်လာမည်မို့ကျောင်းခန်းကိုအထူးသန့်ရှင်းမှုံးမံထားသည်။ 視学が来る予定なので教室を特別に改装、清掃をした သည်အချိန်မှာရှင်ပြီး၊ ပြီးမို့ခေါင်းမှာရောင်းတုံးကလေးမြှုပ်သည်။ 今頃は剃度を終えているから頭の髻は外す ရန်ကုန်မှာဘဲပြဇာတ်တွေရှိတာမို့ယမ်းကမင်လာပြီးကြည့်ကြရတယ်။ 芝居はラングーンにしかないためわざわざ地方から出てきて観劇しなければならない နိုင်တော့ဘာမှာမို့လဲ။ 勝ったからと言って何が貰えるって言うのか（何も貰えない）
~မို့လို့[mo.lo.]（接助）~なので、~だから မြန်မာစာဆရာမို့လို့သိမှာပေါ့။ ビルマ語の先生だから当然知っているでしょう အချင်းချင်းမို့လို့သတိပေးတာပါ။ お互いだから注意を与えたのです
မို့လား[mo.la:]（助）文末使用、မဟုတ်လား: の融合形 မှုတ်လား: とも言う、~ではないのか
မို့တာ[mota]（名）モーター ＝မော်တာ
မို့တယ်[motɛ]（な）モーテル ＜英 Motel

မိုး[mo:]（動）①覆う、被さる、被せる မျက်နှာပေါ်သို့ မိုးနေသောသစ်ကိုင်းသစ်ခက်။ 顔の上に覆い被さっている木の枝 ②傘を差し掛ける ထီးမိုးသည်။ ③振りかざす ဓားမိုးသည်။ သန်လျက်ဖြင့်မိုးသည်။ 刀を振りかざす ④葺く အမိုးမိုးသည်။ 屋根を葺く

မိုးလားကဲလား[mo:la:kɛ:la: pjɔ:]（副）思い上がって、自惚れて、自慢して

မိုးလားကဲလားပြော[mo:la:kɛ:la: pjɔ:]（動）大言壮語する

မိုး[mo:]（名）①天、空 ②雨

မိုးကာတဲ[mo:ga tɛ:]（名）テント、天幕

မိုးကာလ[mo: kala.]（名）雨季

မိုးကာအင်္ကျီ[mo:ga indʑi]（名）雨着、雨合羽、レインコート

မိုးကိုလင့်၍ပျိုးရင့်သည်။（諺）時は金なり、無駄にすべからず（雨を待っていては苗が育ち過ぎる）

မိုးကင်း[mo: kin:]（動）雨が降らない、雨とは無縁だ

မိုးကောင်း[mo: kaun:]（動）①雨がよく降る、雨量が多い、雨が豊富だ ②羽振りがよい အဖျက်ဝါဒသမားတွေမှာမိုးကောင်းချိန်ဖြစ်သည်။ 破壊主義者にとっては腕の奮い時だ

မိုးကောင်းကင်[mo: kaun:gin]（名）天、空

မိုးကောင်းဌက်[mo:gaun: ŋɛʔ]（鳥）ブッポウソウ（ブッポウソウ科）Eurystomus orientalis

မိုးကုန်[mo: koun]（動）雨季が明ける

မိုးကုပ်[mo: gouʔ]（名）地平線、水平線

မိုးကုပ်စက်ဝိုင်း[mo:gouʔsɛʔwain:]（名）地平線、水平線

မိုးကျ[mo: tʃa.]（動）雨季が始まる

မိုးကျ[mo: dʑa.]（植）①オオバナセンナ（ジャケツイバラ科）②ホソミエビスグサ（ジャケツイバラ科）

မိုးကျရေကိုပ်[mo:dʑa.ʃwego]（名）①抜群の人、比類なき人、天下一品、無比 ②天下り ③他郷出身者

မိုးကျလက်ဖက်[mo:dʑa.lepʔɛ']（名）オオバナセンナまたはホソミエビサグサの葉を茹でた一種のサラダ

မိုးကြီး[mo: tʃi:]（形）雨が多い、大雨だ

မိုးကြီးခံ[mo:dʑi: k'an ja.]（動）大雨に降られる、大雨に遭う

မိုးကြိုး[mo:dʑo:]（名）①雷、落雷 ②金と銅との合金 cf. ဧရနံ

မိုးကြိုးကိုပစ်ချရပလေစေဟူ၍[mo:dʑo:go pjiʔtʃa.ja.bəzejɛ.]（動）神掛けて誓う cf. ဘုရား၊ဗုဒ္ဓပါစေ

မိုးကြိုးစက်ကွင်း[mo:dʑo:sɛʔkwin:]（名）落雷箇所、落雷現場

မိုးကြိုးပစ်[mo:dʑo: pjiʔ]（動）①雷が落ちる、落雷がある ②神掛けて誓う

မိုးကြိုးပစ်ခံရ[mo:dʑo:bji' k'an ja.]（動）雷に打たれる、落雷に遭う

မိုးကြိုးပစ်ရပစေ[mo:dʑo: pjiʔja.zejɛ.]（動）神掛けて誓う、神明に誓う

မိုးကြိုးရောင်[mo:dʑo:jaun]（名）金銅色、黄褐色

မိုးကြိုးလွဲ[mo:dʑo:l̥wɛ:]（名）避雷針

မိုးကြိုးသွား[mo:dʑo:dwa:]（名）①雷電、落雷 ②落雷によって生じた凝固物 ③金剛杵、帝釈天の武器 ④行者、修験者が被る被りもの

မိုးခါးရေသောက်[mo:ga jetauʔ]（動）皆と同じ事をする、月並みな事をする、付和雷同する、長いものに巻かれる

မိုးခေါ်[mo: k'ɔ]（動）雨乞いをする、雨乞いのため綱引きをする

မိုးခို[mo: k'o]（動）①雨宿りをする ②雨季で休業する

မိုးခေါင်[mo: k'aun]（動）雨が降らない、早になる

မိုးခေါင်မှု[mo: k'aunm̥u.]（名）早（ひでり）

မိုးခေါင်ရေရှား၃သ[mo:k'aun jeʃa:deta.]（名）雨量が乏しい地域、上ビルマの別称

မိုးခေါင်ရေရှားမှု[mo:k'aun jeʃamu.]（名）早、干ばつ

မိုးခပ်ကျဲကျဲကျ[mo: k'aʔtʃɛ:dʑɛ: jwa]（動）雨が疎らに降る、雨がポツリポツリと降る

မိုးချုန်း[mo: tʃoun:]（動）雷が鳴る、雷鳴がする

မိုးချုန်းသံ[mo: tʃoun:dan]（名）雷鳴

မိုးချုပ်[mo: tʃouʔ]（動）日が暮れる、夜が更ける

မိုးခြိမ်း[mo: tʃein:]（動）雷鳴がする、雷が鳴る

မိုးခြိမ်းသံ[mo: tʃein:dan]（名）雷鳴

မိုးငွေ့[mo: ŋwe.]（名）湿り気を帯びた空気

မိုးစာငှက်[mo:za ŋɛʔ]（鳥）①ヤシアマツバメ（アマツバメ科）Cypsiurus parvus ②キムネコウヨウジャク（ハタオリドリ科）Ploceus philippinus

မိုးစဲ[mo: sɛ:]（動）雨が上がる、雨が止む

မိုးစို[mo: so.]（動）雨に濡れる

မိုးစက်မိုးပေါက်[mo:zɛʔ mo:bauʔ]（名）雨粒、雨滴、雨だれ

မိုးစင်စင်လင်း[mo: sinzin lin:]（動）夜がすっかり明ける、夜が明け渡る

မိုးစွဲ[mo: swe]（動）雨が降り続く、しとしと降る

မိုးစွေငှက်[mo:zwe ŋɛʔ]（鳥）ツバメ（ツバメ科）Hirundo rustica =မိုးဆွေငှက်

မိုးဆိုင်[mo:s'in]（動）雨雲が垂れ込める、雨雲に覆われる

မိုးဆောင်ငှက်[mo:s'aun ɲɛʔ]（鳥）シロハラカンムリカッコウ ＝ခွေးခေါ်ရစ်

မိုးညို[mo: ɲo]（動）雲が広がる、雨雲が垂れ込める

မိုးတိုးမတ်တတ်[mo:do mɑʔtɑʔ]（副）直立して、すっくと、にょっきりと

မိုးတိတ်[mo: teiʔ]（動）雨が止む、雨が上がる

မိုးတိမ်[mo:dein]（名）雲、雨雲

မိုးတိမ်ကင်းစင်[mo:dein kin:sin]（動）雲が切れる、空が晴れ上がる

မိုးတိမ်မိုးသာ:[mo:dein mo:da:]（名）雲、雨雲

မိုးတွင်:[mo:dwin:]（名）雨季

မိုးတွင်းလုပ်ငန်း[mo:dwin: louŋan:]（名）雨季の仕事、雨季の作業

မိုးတင်း[mo: t'in:]（動）濡れた衣服に黴が生える、生乾きのため黴が生える

မိုးဒဏ်လေဒဏ်[mo:dan ledan]（名）風雨による被害、自然災害

မိုးနည်းရပ်ဝန်း[mo:nɛ: jaʔwun:]（名）雨量の少ない地域

မိုးနတ်သမီ:[mo:naʔ dewi]（名）天女

မိုးနံရ[mo:nan. ja.]（動）雨の気配を感じる

မိုးနှောင်း[mo:naun:]（名）雨季の終り、雨季の後半

မိုးပါ:[mo: pa:]（形）雨が乏しい、雨量が少ない

မိုးပေါက်[mo:bauʔ]（名）雨粒

မိုးပေါက်မိုးစက်[mo:bauʔ mo:zɛʔ] ＝မိုးပေါက်

မိုးပြံ[mo: pjan]（形）高い、高層

မိုးပြံအောင်[mo: pjan aun]（副）抜群に မိုးပြံအောင်လှသည်။ ずば抜けて奇麗だ

မိုးပြာရောင်[mo:bjajaun]（名）コバルト色

မိုးပြေ:[mo:bje]（名）俄か雨、通り雨

မိုးပြုအမျှ:နှင့်[mo:pjo əmja:nɛ.]（副）死ぬ時は一蓮托生

မိုးပွင့်[mo: pwin.]①（動）晴れ上がる、晴天になる ②[mo:bwin.]（名）水滴

မိုးဖွာ:[mo:bwa:]（名）小雨、霧雨

မိုးဖွာ:မိုးမှုန်[mo:bwa:mo:moun]（名）小雨、霧雨

မိုးဖွဲ:[mo:bwɛ:]（名）小雨、霧雨、しとしと降る雨

မိုးဖွဲ့ဖွဲ့ရွာ[mo: p'wɛ:bwɛ: jwa]（副）雨がしとしと降る

မိုးဗြဲဒယ်[mo:bjɛ:dɛ]（名）大型の中華鍋

မိုးမခ[mo:məkʼa.]（植）①ヤナギ、シダレヤナギ（ヤナギ科）Salix babylonica ②スイシャヤナギ（ヤナギ科）S.tetrasperm

မိုးမချုပ်ခင်[mo: məʧʼouʔkʼin]（副）日が暮れない内に、夜が更けない内に

မိုးမဆုံ:မြေမဆုံ:[mo: məsʼon: mje məsʼon:]

（副）絶えず、止む事なく、果てしなく、継続的に

မိုးမမြင်မြေမမြင်[mo: məmjin mje məmjin]（副）我を忘れて、無我夢中で、怖いもの知らずで、前後の見境もなく、理性を失って、誰も眼中になく

မိုးမမြင်လေမမြင်[mo: məmjin le məjin]（副）＝မိုးမမြင်မြေမမြင်

မိုးမလင်းတလင်း[mo: məlin: təlin:]（名）早暁、夜明け前

မိုးမလင်းမီ[mo: məlin:mi]（副）夜明け前に

မိုးမလျံဘူး[mo: məlounbu]（動）雨漏りする

မိုးမိ[mo: mi.]（動）雨に降られる、雨に濡れる

မိုးများ:[mo: mja:]（形）雨が多い

မိုးမှောင်ကျ[mo: mɑunʧa.]（動）雨雲が立ち込めて暗くなる、黒雲が立ち込める

မိုးမှုန်[mo:moun]（名）小雨、霧雨、小糠雨

မိုးမျှော်[mo:mjɔ]（動）見上げる

မိုးမျှော်ငရုတ်[mo:mjɔ ŋəjouʔ]（植）キダチトウガラシ（ナス科）Capsicum minimum

မိုးမျှော်တိုက်[mo:mjɔ taiʔ]（名）超高層ビル

မိုးမျှော်လမ်းမကြီး[mo:mjɔ lan:ma.ʤi:]（名）高速道路

မိုးမုန်[mo: mun]（形）極端だ、著しく多い ကြေးကြော်သံများ:ကိုမိုးမုန်အောင်ကြား:ရသည်။ 天に轟くような歓声が聞える

မိုးယို[mo: jo]（動）雨漏りがする

မိုးရာသီ[mo: jadi]（名）雨季

မိုးရေ[mo:je]（名）雨水

မိုးရေခံလယ်[mo:jegan lɛ]（名）天水田

မိုးရေချိန်[mo:jeʤein]（名）雨量

မိုးရေမိုးစက်[mo:je mo:zɛʔ]（名）雨滴

မိုးရေသုတ်ကိရိယာ[mo:jedouʔ kəri.ja]（名）（自動車の）ワイパー

မိုးရိပ်[mo:jeiʔ]（名）雨の気配

မိုးရွာ[mo: jwa]（動）雨が降る

မိုးရွာချ[mo: jwaʧa.]（動）雨が降り注ぐ

မိုးရွာတုန်းရေခံ။（諺）鉄は熱い内に打て

မိုးရွာမရှောင်[mo:jwa məʃaun]（副）雨も厭わず

မိုးရွာရွာ[mo: jwajwa]（副）雨が降ろうと

မိုးရွာသွန်း[mo: jwatun:]（動）雨が降る

မိုးရွာသွန်းမှု[mo: jwatun:mu.]（名）雨量、降雨量

မိုးရပ်[mo: jaʔ]（動）雨が止む

မိုးလာ:ကဲလာ:ပြော[mo:la:kɛ:la: pjɔ:]（動）大言壮語する

မိုးလေဝသ[mo:lewɑta.]（名）天候

မိုးလေဝသခန့်မှန်းခြေ[mo:lewɑta. k'anman:ʤe]（名）天気予報

မိုး:လေသဟျှနေ[mo:lewəta. t'ana.] (名) 気象庁、気象台、測候所

မိုးလင်း[mo: lin:] (動) 夜が明ける

မိုးလင်းလျှင်လင်းချင်း[mo: lin:ʃjin lin:ʤin:] (副・文) 夜が明けるや否や、夜明けと共に

မိုးလုပ်ငန်း[mo: louʔŋan:] (名) 雨季の仕事、雨季の作業

မိုးလုံ[mo: loun] (動) 雨漏りがしない

မိုးလွန်မှထွန်ချ။ (諺) 時宜を失するな（雨季過ぎての田起し）

မိုးသား[mo:da:] (名) 雲、雨雲

မိုးသားတိမ်တိုက်[mo:da: teindaiʔ] (名) 雨雲

မိုးသားတိမ်လိပ်[mo:da: teinleiʔ] (名) 雨雲

မိုးသီး[mo:di:] (名) ①霰、雹 ②サゴ椰子の実

မိုးသေးဖွဲ့[mo:de: mo:bwɛ:] (名) 霧雨、小雨、小糠雨、しとしと雨

မိုးသဲ[mo: tɛ:] (形) 雨が激しい →မိုးသည်း

မိုးသက်ရန်[mo:dɛʔjənan.] (名) 雨の気配

မိုးသက်လေပြင်း[mo:dɛʔ lebjin:] (名) 大雨

မိုးသက်လေလိုက်[mo:dɛʔ lemi. laiʔ] (動) 風雨に晒される

မိုးသောက်[mo: tauʔ] ①(動) 夜が明ける ②(名) 夜明け

မိုးသောက်ကြယ်[mo: tauʔtʃɛ] (星) 明けの明星、金星

မိုးသောက်ချိန်[mo: tauʔtʃein] (名) 夜明け、暁

မိုးသောက်တာရာ[mo: tauʔ taja] (名) 明けの明星

မိုးသောက်ယံ[mo: tauʔjan] (名) 夜明け、明け方

မိုးသည်း[mo: tɛ:] (形) 雨足が激しい

မိုးအချ[mo: ətʃa.] (名) 雨の訪れ、雨季の始まり

မိုးအလင်းခံ[mo: əlin:k'an] (動) 暁の光を受ける

မိုးဥတု[mo: u.du.] (名) 雨季

မိုးဦးကျ[mo:u: tʃa.] ①(動) 雨が降り始める、雨季が始まる ②(名) 雨季始め、雨季入り

မိုးဦးကျအချိန်[mo:u:ʤa. ətʃein] (名) 雨季の初め、雨季の初め

မိုးဦးအကျ[mo:u: ətʃa.] (名) 雨季入り

မိုးဦးအကျစော[mo:u: ətʃa. sɔ:] (形) 雨季の到来が早い

မိုးအေး[mo: e:] (形) 長雨で底冷えする

မိုးအုံ့[mo: oun.] (動) 空が曇る

မိုးမ်[mo:] (名) =မိုး

မက်[mɛʔ] (動) 欲しがる、渇望する ကစားမက်သည်။ 遊びたがる ငွေမက်သည်။ お金を欲しがる အိပ်မက်မက်သည်။ 夢を見る

မက်မော[mɛʔmɔ:] (動) ①欲しがる、渇望する、切望する ②陶酔する、うっとりする

မက်လှုမက်လှ[mɛʔlu.mɛʔlu.nɛ.] (副) 欲しがって အိပ်မက်ကောင်းကိုမက်လှုမက်လှ့နှင့်မိုးလင်းသွားသည်။ 吉夢を見たい見たい見たいとしている内に夜が明けてしまった

မက်လုံး[mɛʔloun:] (名) 魅力的なもの、魅惑的なもの、心を惹くもの、うっとりさせるもの

မက်လုံးပေး[mɛʔloun: pe:] (動) 魅了する、相手を惹きつける、餌を見せる、餌で釣る

မက်လုံးပေးစနစ်[mɛʔloun:pe: sənḭʔ] (名) ボーナス制度、増産奨励制度

မက်လုံးပြ[mɛʔloun: pja.] (動) 相手の気をそそる、相手を魅了する、相手を引き込む

မက္ကဆီကို[mɛʔkəs'iko] (国) メキシコ

မက္ကရာ[mɛʔk'əja] (地名) メッカヤー地方

မက်ကလောင်[mɛʔkəlaun] (病) 肛門の腫れ物、肛門の化膿性のただれ、痔瘻

မက်ခရု[mɛʔkəju.] (病) 口内炎、口腔カンジダ症、鵞口そう

မက်ထရစ်စနစ်[mɛʔt'əriʔ sənḭʔ] (名) メートル法

မက်မန်းသီး[mɛʔman:di:] (植) ①モモ (バラ科) Prunus persica ②アーモンド (バラ科) Prunus communis ＜シャ Mak Man

မက်မုံသီး[mɛʔmoundi:] =မက်မံ့သီး

မက်မုံ့သီး[mɛʔmoundi:] (植) モモ (バラ科) Purunus Persica ＜シャ Mak Mun

မက်လင်[mɛʔlin] (植) オトギリソウ科の高木 Garcinia paniculata

မက်လင်ချို့[mɛʔlinʤin] (植) サルノパンノキ、バオバブ (アオイ科) Adansonia digitata

မက်လိမ်[mɛʔlein] (植) ①コナラ (ブナ科) Quercus serrata ②ダイトシン (ブナ科) Quercus griffithii

မဂ်[mɛʔ] (名) 教えの道、涅槃へ至る道程 ＜パ

မဂ်ဖိုလ်[mɛʔp'o] (名) 道果、涅槃に至る過程と成果

မဂ္ဂဇင်း[mɛʔgəzin:] (名) 雑誌 ＜英 Magazine

မဂ္ဂင်[mɛʔgin] (名) 正道、涅槃に至る道 ＜パ

မဂ္ဂင်ရှစ်ပါး[mɛʔgin ʃipa:] (名) 八正道 (悟りを得るための正しい道、すなわち正見、正思、正語、正業、正命、正精進、正念、正定の八つ。cf. သစ္စာလေးပါး: 四諦 ဗြဟ္မာစိုရ်တရားလေးပါး: 四梵行

မောက်[mauʔ] ①(形) 盛り上がった、こんもりした ②(動) 横柄だ、傲慢だ

မောက်ချ[mauʔtʃa.] (名) 母音[a]の低平型声調を示す符号。အၢ၊ဣ၊ဥ၊ဎ၊ဏ၊ဎの6子音文字にのみ付く cf. ရေးချ၊ဝိုက်ချ။

မောက်တို[mau'to] (名) 王朝時代の兵士が被った笠、陣笠
မောက်တင်[mau'tin] (鳥) コブガモ (ガンカモ科) Sarkidiornis melanotos
မောက်မာ[mau'ma] (形) 横柄だ、不遜だ、(言葉遣いが) ぞんざいだ、ぶっきら棒だ
မောက်ဖြိူး[mau'p'jo:] (形) 盛り上がった、膨らんだ、こんもりとした
မောက်မာ[mau'ma] (形) 傲慢だ、不遜だ、ぶっきらぼうだ、ぞんざいだ
မောက်မောက်မာမာ[mau'mau' mama] (副) 傲慢に、横柄に、不遜に、ぶっきら棒に
မောက်မောက်လျှံလျှံ[mau'mau' ʃanʃan] (副) どっさりと、山盛りに
မောက်လူ[mau'lu] (名) 古代の兵士が被っていた、先端が尖った軍帽
မောက္ကီတော[mau'ki.to:] (植) ゲッキツ (ミカン科) Murraya exotica
မောဂ္ဂလာန်[mau'galan] (人) 目建連 (舎利弗と並ぶ釈迦の二大弟子の一人)
မိုက်[mai'] (名) 拳尺 (長さの単位、人体寸法の一つ、拳を握って親指を立てる。約１５センチメートル)
မိုက်ခွက်[mai'k'wɛ'] (名) 坩堝
မိုက်[mai'] (形) ①愚かだ、向う見ずだ、思慮分別に欠ける、冷静さに欠ける ②暗い　မောင်မိုက်သည်။
မိုက်ကနဲ[mai'kənɛ:] (副) グラッと、クラッと　ခေါင်းထဲမှာမိုက်ကနဲဖြစ်သွားတယ်။ 頭がクラッとした
မိုက်ကန်း[mai'kan:] (形) 愚鈍だ
မိုက်ကန်းကန်း[mai'kan:gan:] (副) ①無鉄砲に、がむしゃらに ②図々しく、厚かましく、恥知らずで
မိုက်ကြေး[mai'tʃe:] (名) みかじめ料、奉加金、恐喝、脅して巻き上げた金品
မိုက်ကြေးခွဲ[mai'tʃe: k'wɛ:] (動) 強請る、恐喝する、強請り取る、たかる
မိုက်စတုံး[mai'sa. toun:] (動) 素行が収まる、悪行が止む
မိုက်စိမ်ဝင်[mai'sei' win] (動) 理性を失う、前後の見境を無くす
မိုက်တိမိုက်ကန်း[mai'ti. mai'kan:] (名) 著しい愚かさ、手の付けようもない程の愚かさ
မိုက်တူးတူး[mai'tu:du:] (形) 無分別な　ပုံစံ:ကိုက မိုက်တူးတူးပုံစံ 格好は分別のない感じ
မိုက်တွန်းနက်[mai'twin: nɛ'] (動) 愚の骨頂だ、底知れぬ位に愚かだ、手に負えない程の乱暴者だ
မိုက်ပြု[mai'pju] (名) 愚行、愚かな行為
မိုက်မဲ[mai'mɛ:] (形) 著しく愚かだ

မိုက်မဲရာကျ[mai'mɛ: ja tʃa.] (動) =မိုက်ရာကျ
မိုက်မိုက်ကန်းကန်း[mai'mai' kan:kan:] (副) 闇雲に、前後も弁えず
မိုက်ရာကျ[mai'ja tʃa.] (動) 愚かという事になる
မိုက်ရူးရဲ[mai'ju:jɛ:] (副) 無謀で、向う見ずで
မိုက်ရူးရဲလုပ်[mai'ju:jɛ: lou'] (動) 無謀な事をする、向う見ずな事をする、大胆不敵な事をする、危険を冒す
မိုက်လုံးကြီး[mai'loun: tʃi:] (動) 思慮分別に欠ける、大それた事をする
မိုက်ကရိုလှိုင်း[mai'kəro ɬain:] (名) 超短波、マイクロウェーブ ＜英 Micro
မိုက်ကရိုဝေ့ဆက်သွယ်ရေး[mai'kərowe's'ɛ'twɛje:] (名) 超短波通信、マイクロウェーブ通信 ＜英
မင်[min] (動) 好む
မင်[min] (名) ①インク ②墨 ③鬼、妖鬼→မှင်
မင်ကြောင်[mindʒaun] (名) 下半身への入墨　=ထိုး ကင်
မင်ကြောင်ထိုး[mindʒaun t'o:] (動) 入墨を彫る =ထိုးကင်ထိုး
မင်ငန်စက္ကူ[mingan sɛ'ku] (名) カーボン紙
မင်စာ[minza] (名) 寺院や仏塔の内壁に記された墨文
မင်ဒန်[mindan] (名) ペン
မင်သေ[minde.] (名) 下半身への刺青=မင်ကြောင်
မင်သေထိုး[minde. t'o:] (動) 下半身 (腰から膝にかけて) 入墨を彫る　မင်သေထိုးမှယောက်ျားပီသသည်။ 下半身に入墨を彫ってこそ男に相応しい
မင်သေသေဖြင့်[min tede p'jin.] (副) 泰然自若として　→မင်သေသေဖြင့်
မင်သက်မိ[min tɛ'mi.] (動) 立ちすくむ、棒立ちになる　→မုင်သက်မိ
မင်သက်[minda'] (植) オオニシキソウ (トウダイグサ科) Euphorbia hypericifolia
မင်အိုး[min o:] (名) インク瓶
မင်္ဂလသုတ်[mingəla tou'] (名) 吉祥経 ＜パ Maṅgala Sutta
မင်္ဂလာ[mingəla] (名) お祝い、祝福、吉祥、めでたさ ＜パ Maṅgala
မင်္ဂလာကင်းမဲ့[mingəla kin:mɛ.] (形) めでたくない、めでたさに欠ける
မင်္ဂလာကြေး[mingəladʒe:] (名) 結納金
မင်္ဂလာစကား[mingəla zəga:] (名) 祝辞
မင်္ဂလာစည်တော်[mingəla sido] (名) 長太鼓 (踊りに合わせて二人一組で鳴らす)
မင်္ဂလာဆောင်[mingəla s'aun] ① (動) 挙式する、

မင်္ဂလာဆောင်ကြိုးတား[mingəlazaun tʃo:ta:]（動）新郎新婦の通行を妨害するために地元の若者達がロープを張る（新郎新婦は酒代を提供する）

မင်္ဂလာဆောင်ပေး[mingəla s'aun pe:]（動）挙式させる、結婚式を挙げてやる

မင်္ဂလာဆွမ်း[mingəla zun:]（名）（結婚式の時の）出家への振舞い、僧侶達に提供する食事

မင်္ဂလာတရားသုံးဆယ်ရှစ်ပါး[mingəla təja: toun: zə.ʃi'pa:]（名）衆生に幸せをもたらす目出度い教え38種（出典は吉祥経）

မင်္ဂလာဒုံ[mingəladoun]（地）ヤンゴン市北郊12マイルの地点にある国際空港の名称

မင်္ဂလာနေ့[mingəla ne.]（名）吉日、めでたい日

မင်္ဂလာပါ[mingəlaba]（挨拶）お早よう、今日は

မင်္ဂလာပွဲ[mingəlabwɛ:]（名）結婚式

မင်္ဂလာမဲ့[mingəlamɛ.]（形）不吉な、めでたくない

မင်္ဂလာယူ[mingəla ju]（動）祝福を受ける、名誉を得る

မင်္ဂလာရှိ[mingəla ʃi.]（形）めでたい、祝福されている、幸福だ　မင်္ဂလာရှိတဲ့နိမိတ် めでたい兆候

မင်္ဂလာသတင်း[mingəla dədin:]（名）吉報、めでたい知せ

မင်္ဂလာအခမ်းအနား[mingəla ək'an:ənа:]（名）結婚式、めでたい儀式、祝典

မင်္ဂလာဦး[mingəla u:]（名）新婚期間、蜜月期間

မင်္ဂလာညှို့ခံပွဲ[mingəla ɛ.k'anbwɛ:]（名）披露宴

မင်း[min:]（名）①王、君主、元首　②（王朝時代の）長官、奉行　③（英領時代の）管区担当弁務官　④（ビルマ将棋の）王将　⑤（代）二人称、親近感を現わす、君　⑥（代）二人称、下位の者に対して、汝

မင်းကတော်[min: gədɔ]（名）奥方

မင်းကတော်ကျွန်ပုံရောက်[min:gədɔ tʃunboun jau']（比）昔は富豪の奥方、今は落ちぶれて奴隷同然

မင်းကတော်စိုးကတော်[min:gədɔ so:gədɔ]（名）高位高官の奥方　=　မင်းကတော်

မင်းကောင်းမင်းမြတ်[min:gaun: min:mja']（名）名君

မင်းကျင့်တရားဆယ်ပါး[min:dʒin.təja: s'ɛba:]（名）優れた国王が具えておくべき十種の徳目（布施、持戒、忍耐、正直等）=　မင်းကျင့်တရား

မင်းကြီး[min:dʒi:]（名）①王、国王　②閣下　③脚（王朝時代の၀န်ကြီးၵဝန်ထောင်ၵအတွင်းဝန်等に付けた呼称）④（将棋の）王将

မင်းကြီးစွာစောကဲ[min:tʃi:zwa sɔ:kɛ:]（人名）ミンチーゾワーソーケー、インワ王朝第2代の国王

မင်းကြိုက်[min:dʒai']（名）国王のお気に入り

မင်းကြိုက်စုံကြိုက်[min:dʒai'so:dʒai']（名）=　မင်းကြိုက်

မင်းကြိုက်တင်[min:dʒai' tin]（動）国王が喜ぶような（気に入るような）事を具申する

မင်းခစား[min:k'a.za:]（名）国王に仕える従臣、臣下　=　မင်းမူထမ်

မင်းခယောက်ျား[min:k'a. jau'tʃa:]（名）国王の側近、国王に奉仕する従臣

မင်းခမ်းတော်[min:gan:dɔ]（名）王室儀礼の際に左右に置かれる置物（ကွမ်းခွက်ၵကွမ်းအုပ်ၵလဖက်အုပ်ၵတကောင်းၵထွေးအင်၊等）

မင်းခမ်းမင်းနား[min:gan: min:na:]（名）王室儀礼、王室の儀式、王室行事、有職故実

မင်းချင်း[min:dʒin:]（名）侍従、国王の従者

မင်းစေ[min:ze]（名）小使い、雑役夫

မင်းစိုးရာဇာ[min:zo:jaza]（名）国政担当の支配層、高級官僚、官僚層

မင်းစဉ်[min:zin]（名）王統、王の系統、王の系譜

မင်းစဉ်မင်းဆက်[min:zin min:zɛ']（名）王統

မင်းစဉ်မင်းရိုး[min:zin min:jo:]=မင်းစဉ်မင်းဆက်

မင်းစဉ်အားဖြင့်[min:zin a:p'jin.]（副）王統としては

မင်းဆရာ[min: s'əja]（名）王師

မင်းဆိုးမင်းညစ်[min:zo: min:ɲi']（名）悪逆非道の王

မင်းဆက်[min:zɛ']（名）王統、王朝

မင်းဆက်အနွယ်[min:zɛ' ənwɛ:]（名）皇統、皇室の流れを汲む者

မင်းဆောင်မင်းယောင်[min:zaun min:jaun]（名）国王の装束、国王の衣冠束帯

မင်းဆွေစိုးမျိုး[min:zwe so:mjo:]=မင်းဆွေမင်းမျိုး

မင်းဆွေမင်းမျိုး[min:zwe min:mjo:]（名）王族、国王一族

မင်းညီ[min:ɲi]（名）王弟、国王の弟

မင်းညီမင်းသား[min:ɲi min:da:]（名）王族、皇族

မင်းညီနောင်[min: ɲinaun]（名）ビルマの神霊、精霊（ナッ）の一種

မင်းတရား[min: təja:]（名）君主、元首、国王

မင်းတရားကြီး[min:təja:dʒi:]（名）国王陛下、大法王、ビルマの歴代国王の呼称

မင်းတရားရွှေထီး[min:təja: ʃwet'i:]（人）タウングー王朝の国王バインナウンの別名

မင်းတရားရွှေထီးချင်း[min:təja: ʃwet'i:e:dʑin:] (名) フローガートンダウンフムーによって１５１６年に詠まれたエージン詩の１首

မင်းတို့[min:do.] (代) 君達、お前達

မင်းတိုင်ပင်အမတ်[min: tainbin əmaʔ] (名) 総督顧問（１９２３年施行のDyarchy制度下における立法議会の構成員）

မင်းတုန်းမင်း[min:doun: min:] (人) コウンバウン朝第十代の国王ミンドン（１８５３－７８）

မင်းထိုင်နဲ့မင်းကံ[min:daiʔnɛ. min:kan] (諺) 君の勝ちだ cf. သူထိုင်နဲ့သူကံ။

မင်းထိုက်စိုးတန်[min:daiʔ so:dan] (副) 並々ならぬ人物（国王に相応しい人物）

မင်းထိုင်ထိုင်[min:dain t'ain] (動) 片膝を立てて座る

မင်းဒေါင်း[min:daun:] (鳥) セイラン（キジ科）

မင်းဒဏ်သင့်[min:dan. ṯin.] (動) 王の怒りに触れる、刑罰を蒙る

မင်းနယ်[min:nɛ] (感) 君ったら、お前ったら

မင်းပရိယာယ်[min: pəri.jɛ] (名) 王の計略、王の策略、王の陰謀

မင်းပါဆိုခွင်[min:ba so:gwin] (名) 官界、役人筋

မင်းပယ်[min:pɛ] (名) （王朝時代の）面積の単位

မင်းပေါက်စိုးကြား[min:bau? so:dʑa:] (副) 当局に察知される、当局の知るところとなる

မင်းပေါက်စိုးပေါက်[min:bau? so:bauʔ] (名) 上流階級、上流社会と繋がりのある者、王政に影響を持つ人、王権中枢に関与できる人

မင်းပိုင်စိုးပိုင်စဉ်ဆက်[min:bain: so:bain: sin zɛʔ] (名) 王族の系譜、支配者層の家系

မင်းပျိုမင်းလွင်[min:bjo min:lwin] (名) 幼少の王、若年の王子

မင်းပြု[min: pju.] (動) 王になる、王として統治する

မင်းပြိုင်[min:bjain] (名) 同時代の王、同時期の支配者

မင်းပြစ်မင်းဒဏ်[min:bjiʔ min:dan] (名) 刑罰、国王または国家による処罰

မင်းပြစ်မင်းဒဏ်သင့်[min:bjiʔmin:dan ṯin.] (動) 刑罰を蒙る

မင်းပြစ်မင်းမျက်သင့်[min:bjiʔ min:mjɛʔ ṯin.] (動) 国王の怒りに触れる

မင်းပျိုမင်းလွင်[min:bjo min:lwin] (名) 若い王子、未婚の王子

မင်းဘေး[min:be:] =မင်းပြစ်မင်းဒဏ်

မင်းဘေးသင့်[min:be: ṯin.] (動) 王の怒りに触れ

る、刑罰を蒙る

မင်းဘေးမင်းဒဏ်[min:be: min:dan:] (名) 刑罰、国王による処罰

မင်းမူ[min: mu] (動) ①王となる、支配する王として統治する ②さばる、勢力を振るう、はびこる

မင်းမဲ့ရိုက်[min:mɛ. zəjaiʔ] (名) 無政府的行動

မင်းမဲ့တိုင်းပြည်[min:mɛ. tain:pji] (名) 無政府国家、秩序のない国

မင်းမျိုး[min:mjo:] (名) 王族、王統

မင်းမျိုးမင်းနွယ်[min:mjo: min:nwɛ] (名) 王族、皇族、王侯貴族

မင်းမျက်ခြင်းကိုခံရ[min:mjɛʔt͡ʃin:go k'an ja.] (動) 国王の怒りに触れる、王命によって処罰される

မင်းမြောက်တန်ဆာငါးပါး[min:mjauʔdəzaŋa:ba:] (名) 五種の神器、国王即位の際の必携品、ထီးဖြူ 白傘 မကိုဋ် 王冠 သံလျက် 両刃の剣 ၊ ခြေနင်း 金の靴 သာ:မြီးယပ် ヤクの尾の払子

မင်းမြတ်[min:mjaʔ] (名) 陛下、国王陛下

မင်းမှု[min:m̥u.] (名) 国王の務め

မင်းမှုထမ်း[min:m̥u.dan:] (名) （王朝時代の）官吏、役人、国王に奉仕する公僕、国王に仕える臣下

မင်းမြောက်[min: m̥jauʔ] (動) 王位に就ける、即位させる、国王に推戴する

မင်းမြှောင်စိုးကပ်[min:m̥jaun so:kaʔ] (名) 王権を笠に着て甘い汁を吸う者、自らは働かずに権力に寄生している者、１種の居候

မင်းရေးကျယ်[min:je: t͡ʃɛ] (動) 行政とは無限のものだ、王の公務は範囲が広い

မင်းရေးမင်းရာ[min:je: min:ja] (名) 政務、国務

မင်းလုလင်[min: lu.lin] (名) 国王に仕える小姓、王族に仕える士卒

မင်းလို[min:lo] (名) 国王の意向、国王の好み

မင်းလိုလိုက်[min:lo laiʔ] (動) 国王の意向に従う、国王に迎合する

မင်းလောင်း[min:laun:] (名) 国王予定者、将来王となる予定の者

မင်းလုပ်[min: louʔ] (動) ①国王となる、国王として統治する ②我が物顔に振舞う、権勢を欲しいままにする

မင်းလမ်းမ[min: lan:ma.] (名) 王道

မင်းလျာ[min:lja] (名) =မင်းလောင်း

မင်းလွင်[min:lwin] (名) 霧、霞、飛塵

မင်းသမီး[min:dəmi:] (名) ①王女 ②（芝居、映画等の）女優

မင်းသမီးကြိုးဆွဲ[min:dəmi: t͡ʃo:zwɛ:] (名) （マリオネットのヒロインを操る）人形遣い

မင်းသား:[min:da:]（名）①王子 ②（芝居、映画等の）俳優、役者

မင်းသားကြီး[min:da:ʤi:]（名）①第一王子、長兄の王子 ②年期の入ったベテラン俳優

မင်းသားလတ်[min:da:la²]（名）（芝居の）脇役

မင်းသွေးမင်းနွယ်[min:dwe: min:nwɛ:]（名）王族、皇族、国王の血統、国王の流れを汲む者

မင်းအလိုကိ/မင်းအကြိုက်တင်॥（諺）王の望みに従い王の気に入る事を話す（あゆ迎合）

မင်းဧကရာဇ်[min: ekəri²]（名）皇帝、帝王、国王陛下

မင်းကိုကာ[min:koka]（植）アサガオの仲間 Argyreia barbigera

မင်းကွတ်[min:gu²]（植）マンゴスチン（オトギリソウ科） Garcinia mangostana ＜マ

မင်းတုန်:[min:doun:]（名）留め金、閂 မင်းတုန်:ကိုဖြုတ်သည်॥ 留め金を外す မင်းတုန်:ချသည်॥ 留め金を掛ける ＝မင်းတုံ:

မင်းတုပ်[min:dou²]（名）閂

မင်းတုပ်ချ[min:dou² tʃa.]（動）閂を掛ける

မင်းတုပ်ထိုး[min:dou² t'o:]（動）閂を掛ける

မင်းတုံး[min:doun:]（名）閂、留め金（横に留める）ချ။ 留め金（上から下へ留める）

မင်းတုံးချ[min:doun: tʃa.]（動）閂を掛ける

မင်းတုံးထိုး[min:doun: t'o:]（動）閂を掛ける

မင်းတုံးဖြုတ်[min:doun: p'jou²]（動）閂を外す

မင်းပေါ်[min:bɔ:]（植）①クジャクヤシ（ヤシ科） Caryota urens ②コモチクジャクヤシ、カブダチクジャクヤシ（ヤシ科） Caryota mitis

မောင်[maun.]（代）မောင်の属格形、汝の、そなたの

မောင်[maun]（名）①（姉から見て）弟 ②（代）二人称（夫または恋人への愛称、呼び掛け） ③（代）二人称（年少者への呼び掛け） ④男子の名前の前に付ける冠称 cf. ဦး။ကို။

မောင်ကြီး[maunʤi:]（代）①二人称（兄への呼称）②二人称（夫の呼称）

မောင်ငယ်[maunŋɛ]（名）（姉から見た）弟

မောင်တော်[maundɔ]（代）夫君、貴方、殿方、背の君（王族の奥方から見た夫）

မောင်တော်ဘုရား[maundɔ p'əja:]（代）殿方、貴方様（王族女性の用語）

မောင်တို့တွေ[maundɔ.dədwe]（代）君達、諸君

မောင်နှမ[maun nəma.]（名）きょうだい（兄妹、姉弟等、女と男の組合わせ） cf. ညီအစ်ကို 兄弟（男だけのきょうだい） ညီအစ်မ 姉妹（女だけのきょうだい）

မောင်နှမတဝမ်းကွဲတော်စပ်[maunnəma. təwungwɛ: tɔsa²]（動）（男と女との間柄が）いとこ同志だ

မောင်နှမဝမ်းကွဲတော်စပ်[maunnəma. wun:gwɛ: tɔsa²] ＝မောင်နှမတဝမ်းကွဲတော်စပ်

မောင်နှံ[maunnan]（名）夫婦 ＝ဇနီးမောင်နှံ။လင်မယား

မောင်ဘွဲ့[maunbwɛ.] ＝မောင်ဘွဲ့

မောင်ဘွဲ့[maunbwɛ.]（名）相聞歌（乙女が若者を想って詠んだ詩歌） cf. မယ်ဘွဲ့

မောင်မက်ခေါ်[maun mək'ɔ pɛ:]（植）フジマメの仲間 Dolichas lablab var. typicus

မောင်မက်ဦ[maun mək'ɔ u.]（植）シソの仲間 Plectranthus tuberosus

မောင်မယ်[maunmɛ]（名）若者、青年男女

မောင်မယ်သစ်လွင်[maunmɛ ṭi²lwin]（名）新入生

မောင်မင်း[maunmin:]（代）①君、お前、汝（年長者が年下の者に対して） ②貴殿、お手前（王朝時代の役人相互間）

မောင်မင်းကြီးသား:[maun min:ʤi:da:]（名）①（敬意の籠もった呼掛け）貴家様、殿方 ②（皮肉、挪揄的な用法）御貴殿

မောင်မင်းသား:[maun min:da:]（名）貴方様

မောင်မောင်[maunmaun]（代）妻から夫への呼掛け

မောင်ရင်[maun jin.]（形）君の、汝の

မောင်ရင်[maun jin]（代）①君（年長者から若い人への呼掛け） ②沙彌への呼掛け ③（名）若者

မောင်ရင်ငို[maunjin ŋo] ＝မောင်ရင်ငို

မောင်ရင်ဆိုင်းထမ်း:[maunjin s'ain:dan:]（名）オリオン座の三連星

မောင်ရှင်[maunʃin]（代）貴君（年長者から若い人への呼掛け）

မောင်ရှင်ငို[maunjin ŋo]（植）オキナワミチシバ（イネ科） Andropogon aciculatus

မောင်ရှင်ဆိုင်းထမ်း:[maunjin s'ain:dan:]（星）オリオン座の三つ星 cf. လိပ်ကြယ်

မောင်လည်နှမလည် ＝မောင်လှပ်နှမလှပ်

မောင်လည်နှမလည်[maunlɛ nəmalɛ]（名）二組の夫婦のいずれもが兄と妹の間柄にある関係

မောင်လှပ်နှမလှပ် ＝မောင်လှပ်နှမလှပ်

မောင်လှည်နှမလည်တော်[maunlɛ nəmalɛ tɔ]（動）お互いの妹を妻にしている、親戚関係にある

မောင်ဂို[maungo]（地）モンゴル

မောင်:[maun:]（動）①（馬車、自動車等を）走らせる、運転する ②（家畜を）追う ③しぼる、徹底的に仕込む、鍛える

မောင်:ထုတ်[maun:t'ou²]（動）追い出す、追い払う

မောင်းနှင်[maun: ṇin]（動）① (蝿等を) 追い払う ② (自動車を) 運転する

မောင်းမဲ[maun: mɛ:]（動）非難する、怒号する

မောင်းသူမဲ့ထောက်လှမ်းရေးလေယာဉ်[maun: d̪umɛ. t'auʔan: je: lejin]（名）無人偵察機

မောင်း[maun:]（名）①腕 လက်မောင်း ②銅鑼、ゴング ③レバー、梃子 ④唐臼 ⑤跳ね釣瓶 ⑥銃の撃鉄 ⑦ (1日を60 ナရီに分けた時の) ビルマの時刻

မောင်းခလုတ်[maun: k'əlouʔ]（名）引金 မောင်းခလုတ်ကိုဖြိုတ်ချသည်။ 引金を引く

မောင်းခတ်[maun: k'aʔ]（動） (王朝時代、英領時代に住民へ周知するために) 銅鑼を鳴らす、触れて廻る、布告する、周知する

မောင်းခတ်ကျော[maun: k'aʔ tʃeṇa]（動）銅鑼を鳴らして布告する、銅鑼を鳴らして布告する

မောင်းချား[maun: dʑa. da:]（名）折り畳みナイフ、飛び出しナイフ、肥後守

မောင်းဆုံ[maun: s'oun]（名）唐臼、足踏み式の日

မောင်းညို[maun: ɲo]（名）成長した稲

မောင်းတီး[maun: ti:]（動）銅鑼を鳴らす

မောင်းတက်[maun: dɛʔ]（動）(井戸から水を汲み上げるために竹または木で作った梃子式の) 跳ね釣瓶

မောင်းတင်[maun: tin]（動）(銃の) 撃鉄を起す

မောင်းတံ[maun: dan]（名）梃子

မောင်းထု[maun: t'u.]（動）銅鑼を打つ

မောင်းထောင်း[maun: t'aun:]（動）唐臼を踏む、足踏み式の日を搗く

မောင်းထောင်းကောင်[maun:t'aun:gaun]（虫）カマキリ

မောင်းထောင်းဆန်[maun:t'aun:zan]（名）唐臼で脱殻した米

မောင်းပြန်သေနတ်[maun:bjan təṇaʔ]（名）自動小銃 မောင်းပြန်သေနတ်ဖြင့်တစပ်ပိပစ်ခတ်သည်။ 自動小銃で続けざまに撃ちまくる

မောင်းဖြုတ်[maun: p'jouʔ]（動）銃の引金を引く

မောင်းလက်[maun: lɛʔ]（名）①梃子 ② (ギアを動かす) シャフト ③跳ね釣瓶、水汲み道具の一種

မောင်းလက်တံခါး[maun:lɛʔ dəga:]（名）遮斯機

မောင်းသံ[maun: dan]（名）銅鑼の音

မောင်းအုံ[maun: o:]（名）(肩の) 三角筋

မောင်မ[maun: ma.]① 地位の低い中宮 ② (王または王妃に仕える) 女官

မောင်မကိုယ်လုပ်[maun:ma. kolouʔ]（名）女官、内侍、中ろう

မောင်မမိသံ[maun:ma. meiʔtan]（名）側室

မောင်မလည်[maun: məlɛ]（名）(階段の) 職上げ、高低のある床板

မိုင်[main]（名）マイル (約1·6キロ) ＜英 Mile

မိုင်တိုင်[maindain]（名）マイル標識、距離標識

မိုင်နှုန်း[mainṇoun: pja.gwɛʔ]（名）速度計、スピードメーター

မိုင်း[main:]（名）①地雷 ②水雷 ＜英 Mine

မိုင်းထောင်[main: t'aun]（動）地雷を埋める、地雷を仕掛ける、地雷を埋設する

မိုင်းပုံ[main:boun:]（名）地雷

မိုင်းရှာကိရိယာ[main:ʃa kəri.ja]（名）地雷探査器

မိုင်းရှာဖွေရေးကိရိယာ[main: ʃap'weje: kəri.ja]（名）地雷探査装置

မိုင်းကိုင်စက္ကူ[main:gain sɛʔku]（名）シャン州産の和紙

မစ္စတာ[miʔsəta]（名）ミスター、〜氏 ＜英 Mr.

မစ္ဆရိယ[miʔs'əri.ja.]（名）妬み、嫉み、嫉妬＜パ

မစ္ဆေရစိတ်[miʔs'eja.seiʔ]（名）嫉妬心、敵愾心

မဇ္ဈိမဒေသ[miʔzi.ma. deta.]（名）天竺、中天竺 ＜パ Majjhima desa

မေတ္တာသုတ်[mjiʔta.touʔ]（名）(パーリ語護呪経の一つ) 慈経

မေတ္တာ[mjiʔta]（名）愛、慈愛、慈しみ、愛情 ＜パ Mettā cf. ကရုဏာ

မေတ္တာကင်းမဲ့[mjiʔta kin:mɛ.]（動）愛情に欠ける、非情だ

မေတ္တာငါးရာ့နှစ်ဆယ်ရှစ်[mjiʔta ŋa:ja.ṇəsʔ.ʃiʔ]（名）祈りの言葉を送る528の対象

မေတ္တာဒေသ[mjiʔdeza]（名）①建白書 (比丘が国王に倫理道徳上の教え、戒めを説いた韻文形式の書) ②恋文

မေတ္တာစေတနာ[mjiʔta sedəna]（名）慈しみ、慈愛

မေတ္တာစေတနာကြီးမား[mjiʔta sedəna tʃi:ma:]（形）深く思いを寄せる

မေတ္တာစေတနာထား[mjiʔta sedəna t'a:]（動）思いを寄せる、好意を抱く

မေတ္တာထား[mjiʔta t'a:]（動）親愛の情を抱く、優しくする

မေတ္တာနှောင်ကြိုး[mjiʔta ṇaundʑo:]（名）愛の絆

မေတ္တာပို့[mjiʔta po.]（動）折る、折りを捧げる cf. ဆုတောင်း

မေတ္တာပျက်[mjiʔta pjɛʔ]（動）愛情を失う、愛想が尽きる、不仲になる

မေတ္တာပျက်ကွက်[mjiʔta pjɛʔkwɛʔ]＝မေတ္တာပျက်

မေတ္တာဘာဝနာ[mjiʔta bawəna]（名）深い思い、

深い愛情

မေတ္တာဘာဝနာပွါး[mjiʔta bawəna pwa:]（動）慈愛を高める、愛情を深める

မေတ္တာဘာဝနာပွါးများ[mjiʔta bawəna pwa: mja:] = မေတ္တာဘာဝနာပွါး

မေတ္တာမျှ[mjiʔta mja.]（動）愛情を寄せる、互いに好意を抱く、互いに好きになる、相思相愛になる

မေတ္တာရပ်ခံ[mjiʔta jaʔk'an]（動）お願いする、要請する、懇願する

မေတ္တာရပ်ခံချက်[mjiʔta jaʔk'anʤɛʔ]（名）お願い、要請

မေတ္တာရေဖျန်း[mjiʔta je p'jan:]（動）普く愛を注ぐ、慈善を施す

မေတ္တာရှေ့ထား[mjiʔta ʃe.t'a:]（動）慈愛を前提とする、万難を排する、何はさて置く cf. ကရုဏာရှေ့ထား:

မေတ္တာလက်ဆောင်[mjiʔta ʃe.t'a:]（名）贈り物、善意の贈り物、好意的贈り物

မေတ္တာလမ်းကြောင်း[mjiʔta lan:ʤaun:]（名）（手相の）愛情線

မေတ္တာဝေ[mjiʔta we]（動）愛を分かち与える、愛を普く施す

မေတ္တာသက်ဝင်[mjiʔta tɛʔwin]（動）愛が芽生える、愛情を抱く、恋する

~မည်[mji.]（接助.文）推測を表わす文末助詞 မည် の連体形、口語形の မဲ့ မယ့် に相当する、〜するところの ယူသွား~မည်အဝတ်အထည်များကိုထုတ်သည်။ 持っていく衣類を取り出した လိုက်ပို့~မည်သူလို့တဝယောက်မျှ မရှိ။ 同行する人とて一人もいない သူ့ကိုငှား~မည်သူရှိသည်။ 彼を雇う人はいる နောက်တနေ့ရောင်း~မည်ဟင်းသီးဟင်းရွက်များကိုဝယ်ယူသည်။ 翌日売る野菜類を購入した ဖြစ်ပေါ်လာ~မည်အခြေအနေရပ်ရပ်ကိုရင်ဆိုင်ဖြေရှင်းရမည်။ 起ってくる様々な事態に直面して解決しなければならない

မည်[mji]（動）称する、名付ける ဗိုလ်ချုပ်အောင်ဆန်း~မည်သောပုဂ္ဂိုလ် アウンサン将軍と言う名の人物

မည်ကာမတ္တ[mjigamaʔta.]（名）極めてありふれたもの、名称だけのもの、単にそう呼ばれるだけのもの、平凡なもの、一般的なもの မည်ကာမတ္တဖြစ်သည်။ それだけのものだ ရာဇဝင်~မည်ကာမတ္တရှိ၏။ 単に歴史と言う事である ရွာ~မည်ကာမတ္တဟုတ်ပါ။ 単なる村ではない

မည်မည်ရရ[mɛmɛ ja.ja.]①（名）実質的なもの、真価のあるもの ②（副）実質的に、具体的に、本格的に、積極的に = မယ်မယ်ရရ

~မည်[mji]（助）文末使用、①推測（〜だろう）、未来（〜だろう）を表わす နေသည်ဝင်တော့~မည်။ やがて日が沈む အလျှောလေး~ငါးမိုင်ခန့်ရှိမည်။ 縦4〜5マイルはあるだろう ရာသီဥတုကောင်းပါရဟတ်ယာဉ်ရောက်နိုင်မည်။ 天候が良ければヘリコプターが飛来できるだろう အခုဆိုလျှင်သူမိဘများမှာအိပ်ရာမှနိုးထကြပေမည်။ 今頃は彼の両親が目覚めて起床している事だろう ②話し手の意志（〜する、〜するつもりだ）を現わす ကျွန်တော်သွားပါ~မည်။ 私は出かけます（失礼します、さようなら）ခန့်ကြီးမှာရေရော~မည်။ 湖で泳ぐつもりだ အကျွန်ုပ်ထမင်းချက်မည်။ それがしが飯を炊きます

~မည်ဖြစ်သည်[mji p'jiʔti]（動）〜と言うことである、〜のである အလုပ်သမားများကလည်းကူညီဆောင်ရွက်ကြ~မည်ဖြစ်သည်။ 労働者達も協力しなければならないのである ဆီထွက်သီးနှံစိုက်ပျိုးထုတ်လုပ်မှုကိုကြိုးပမ်းသွား~မည်ဖြစ်ပါသည်။ 油脂作物の栽培生産に努力していかねばならないのである တန်ဖိုးရှိသည်ကိုသတိပြုမိကြ~မည်ဖြစ်ပါသည်။ 価値がある事を皆が気づかなければならないのである

မည်[mji]（疑代、疑副、文）どれ、誰、どんな、幾ら

မည်ကဲ့သို့[mjigɛ.do.]（疑副）どのように、如何に

မည်ကဲ့သို့ပင်[mjigɛ.do.bin]（疑副）たとえどんなに、如何に〜であっても

မည်ကဲ့သို့သော[mjigɛ.do.dɔ:]（疑形）如何なる、どのような、どんな

မည်မျှ[mjimja.]（副）どれ程、どれ位、いか程、どの程度、どんなに ဖေဖေမည်မျှခေါ်စေကာမူလိုက်ပေ။ 父がどんなに呼んでもついて行かなかった

မည်မျှကြာကြာ[mjimja.tʃaʤa]（副）どれ程長い間、どんなに長い間

မည်မျှပင်[mjimja.bin]（副）仮令どれ程、たとえどんなに

မည်မျှလောက်[mjimja.lauʔ]（副）どれ程、どんなに、如何に、凡そどれ位、大体どれ位

မည်မျှလောက်ပင်[mjimja.lauʔpin]（副）たとえどれ位、

မည်ရွှေမည်မျှ[mjijwe. mjimja.]（副）①どれ程、どれ位、如何程 ②どんなに、如何に

မည်ရွှေမည်မျှ[mjijwe. mjimja.] = မည်ရွေမည်မျှ

မည်သူ့ကိုမှ[mjidu.gomja.]（副）否定形、誰にも、誰に対しても、誰をも

မည်သူ့ကိုမှ[mjidu.gomja.] = မည်သူ့ကိုမှ

မည်သူ့အား[mjidu.a:]（副）誰に、誰に対して、誰に向って

မည်သူ့အားမျှ[mjidu.a:mja.]（副）否定形、誰にも、誰に対しても

မည်သူ[mjidu]（疑代）誰、どなた

မည်သူက[mjiḑuga.]（名）誰が
မည်သူကမှ[mjiḑuga.ma.]（副）否定形、誰も
မည်သူကမျှ[mjiḑuga.mja.]＝မည်သူကမှ∥ မည်သူကမျှမမေးပါ∥ 誰も質問しない မည်သူကမျှမတားဆီးပါ 誰も制止しない
မည်သူကိုမျှ[mjiḑugomja.]（副）否定形、誰にも ＝မည်သူကိုမှ
မည်သူတဦးတယောက်[mjiḑu təu:təjau']（名）誰一人
မည်သူတဦးတယောက်ကမျှ[mjiḑu təu:təjau'ga.mja.]（副）否定形、誰も、誰一人として
မည်သူတဦးတယောက်ကိုမဆို[mjiḑu təu:təjau' go məs'o]（副）誰一人として、誰にも、誰に対しても
မည်သူတဦးတယောက်ကမျှ[mjiḑu təu:təjau'ga.mja.]（副）否定形、誰一人として
မည်သူတဦးတယောက်ကိုမျှ[mjiḑu təu:təjau' go mja.]（副）否定形、誰にも、誰に対しても
မည်သူတဦးတယောက်မျှ[mjiḑu təu:təjau'mja.]（副）否定形、誰一人として
မည်သူနဲ့မျှ[mjiḑune.mja.]（副）否定形、誰とも、どんな人とも
မည်သူပင်သေသေ[mjiḑubin teḍe]（副）誰が死のうと、誰が死んだところで
မည်သူမဆို[mjiḑu məs'o]（副）①誰でも、どんな人でも ②（否定形で）誰も~でない
မည်သူမည်ဝါ[mjiḑu mjiwa]（疑代）誰、何者、どこの誰
မည်သူမျှ[mjiḑumja.]（副）否定形、誰も、いかなる人、誰にも မည်သူမျှမကန့်ကွက် 誰も反対しない မည်သူကြားနိုင်မည်မဟုတ် 誰も聴く事はできないだろう လှေကူးတို့ပို့ကိုမည်သူမျှအထင်မကြီး∥ 船頭の仕事は誰も敬いはしない သတင်းစာကိုမည်သူမျှနှစ်ခေါက်ပြန်မဖတ်ပါ∥ 誰も新聞を二度繰り返して読みはしない
မည်သို့[mjiḑo.]（副）どのように、如何に
မည်သို့ဆိုစေ[mjiḑo. s'oze]（接）どう言おうと、とにかく
မည်သို့ပင်[mjiḑo.bin]（副）いかに、どのように、どんな
မည်သို့ပင်ဆိုစေ[mjiḑo.bin s'oze]（接）いずれにせよ、とにかく
မည်သို့ပင်ဖြစ်စေ[mjiḑo.bin p'ji'se]（接）とにかく、いずれにせよ、たとえどうであろうと
မည်သို့ပင်ဖြစ်နေနေ[mjiḑo.bin p'ji'nene]（接）どのようになっていようと

မည်သို့ပင်ရှိစေ[mjiḑo.bin ʃi.ze]（接）とにかく、いずれにせよ、たとえどうなっていようと
မည်သို့ဖြစ်စေ[mjiḑo.p'ji'se]（接）とにかく、いずれにせよ
မည်သို့မည်ပုံ[mjiḑo.mjiboun]（副）どのように、如何に、どういうふうに、どのようにして
မည်သို့မျှ[mjiḑo.mja.]（副）否定形、どうにも、どのようにも、絶対に
မည်သို့သော[mjiḑo.ḑɔ:]（疑形）どのような、いかなる မည်သို့သောစိတ်ကူးရှိလေသည်မသိ∥ どんな考えがあるのか判らない မည်သို့သောဆက်ဆံမှုရှိသနည်း∥ どのような関係があるのか
မည်သည့်[mjiḑi.]（疑形）いかなる、どのような မည်သည့်ဟင်းနှင့်စားသနည်း∥ どんな惣菜で食べたのか မည်သည့်အပြောင်းအလဲများဖြစ်ပေါ်လာသလဲ∥ 一体どんな変化が生じたのか
မည်သည့်နေရာတွင်[mjiḑi. neja dwin]（疑代）どんな所に、どこに
မည်သည့်နေရာတွင်မဆို[mjiḑi. nejadwin məs'o]（副）どこでも、どんな所でも、いかなる場所であれ
မည်သည့်နေရာမျှ[mjiḑi. neyama]（疑代）どこにも、いかなる場所にも အသံသည်မည်သည့်နေရာမှထွက်ပေါ်လာသနည်း∥ 物音はどこから生じたのか
မည်သည့်နိုင်ငံတွင်မဆို[mjiḑi. naingandwin məs'o]（副）どんな国においても、いかなる国においても
မည်သည့်နည်း[mjiḑi.ni:]（名）どんな方法、どんな手段、いかなるやり方
မည်သည့်နည်းနှင့်မျှ[mjiḑi. ni:nɛ.mja.]（副）否定形、どんな方法でも、どんなにしても
မည်သည့်နည်းဖြင့်[mjiḑi. ni:p'jin.]（疑副）どんな方法で、いかなる手段で
မည်သည့်နည်းမျိုးနှင့်[mjiḑi. ni:myo:nɛ.]（副）どのような方法で、いかなる手段で
မည်သည့်ပစ္စည်းမဆို[mjiḑi. pji'si: mds'o]（副）どんな物であれ
မည်သည့်ပုဂ္ဂိုလ်ကိုမဆို[mjiḑi. pou'gogo məs'o]（副）どんな人物であろうと、いかなる人に対しても
မည်သည့်ပုဂ္ဂိုလ်မဆို[mjiḑi. pou'go məs'o]（副）どんな人であっても
မည်သည့်ပစ္စည်းကိုမဆို[mjiḑi. pji'si:go məs'o]（副）どんな物であろうと、何であろうと
မည်သည့်ဘက်က[mjiḑi. bɛ'ka.]①（疑代）どちらの方が ②（副）どちらの側から、どの方面から
မည်သည့်ဘက်ကမှ[mjiḑi. bɛ'ka.ma.]（副）どちらの側も、どちらの側からも

မည်သည့်ယောက်ျား:မှ[mjidi. jauʔtʃaːma.]（副）どんな男であろうと、いかなる男性といえども

မည်သည့်လဖြစ်ဖြစ်[mjidi. la.pʼjiʼpʼjiʼ]（副）どの月であろうと、何月であれ

မည်သည့်သံဃာနှင့်မဆို[mjidi. taŋganɛ.məsʼo]どんな比丘とでも　မည်သည့်သံဃာနှင့်မဆိုတွေ့ဆုံရာတွင် လက်အုပ်ချီထား:ရသည်။ どんな出家とであれ、出会ったところで合掌しなければならない

မည်သည့်အကြောင်း:ကြောင့်[mjidi. ətʃaun:tʃaun.]（副）どのような理由で、いかなる訳で

မည်သည့်အခါ[mjidi. əkʼa]（疑代）いつ、如何なる時、どんな時

မည်သည့်အခါမျှ[mjidi. əkʼaga.mja.]（副）いかなる時といえでも

မည်သည့်အခါတွင်[mjidi. əkʼadwin]（疑副）どんな時に、いかなる場合に

မည်သည့်အခါတွင်မှ[mjidi. əkʼadwinma.]（副）どんな時にも、いかなる場合にも

မည်သည့်အခါမဆို[mjidi. əkʼa məsʼo]（副）いつでも、どんな時でも、いかなる時であろうと

မည်သည့်အခါမှု[mjidi. əkʼama.]=မည်သည့်အခါမျှ

မည်သည့်အခါမျှ[mjidi. əkʼamja.]（副）どんな時にも、どんな時であろうと、いかなる時であれ

မည်သည့်အချိန်အခါမဆို[mjidi. ətʃʼein əʼka məsʼo]（副）いかなる時といえども、いつでも

မည်သည့်အစာ:အစကိုမျှ[mjidi. əsaːəsa go mja.]（副）どんな食べ物も、いかなる食べ物であろうと ရဟန်း:များ:သည်မွန်း:တည့်ပြီး:နောက်မည်သည့်အစာ:အစကိုမျှ:မစား:ရ။ 比丘達は正午を過ぎるとどんな食べ物であろうと食べてはならない

မည်သည့်အတွက်[mjidi. ətwɛʼ]（疑副）何故、何のために

မည်သည့်အတွက်ကြောင့်[mjidi. ətwɛʼtʃaun.]=မည်သည့်အတွက်

မည်သည့်အရပ်မှာ[mjidi. əjaʼma]（副）どんな所に、いかなる場所に

မည်သည့်[mjidi]（疑代）どれ、どちら

မည်စည်[mɛzɛ]（植）モワ（アカテツ科）Madhuca longifolia

မည်း[mɛː]（形）黒い =မှ

မည်းနက်[mɛːnɛʼ]（形）黒い、真っ黒だ =မှနက်

မည်း[mɛː]（植）キアイ、シマコマツナギ（マメ科）Indigofera tincotira

မည်း:ကြီ:[mɛːtʃiː]（植）①リュウキュウアイ（キツネノマゴ科）Strobilanthes flaccidifolius ②アダトダ、オウシカ（キツネノマゴ科）Adhatoda vasica

မည်း:နယ်[mɛːnɛ]（植）ナンバンアイ、タイワンコマツナギ（マメ科）Indigofera tinctoria

မည်း:ရှင်:[mɛːjain:]（植）ハイコマツナギ（マメ科）Indigofera enneaphylla

မဥ္ဇု[minzu~mjinzu~mjiʼzu]（植）①オシロイバナ（オシロイバナ科）Mirabilis jalapa ②曼寿沙華、天華（ヒマラヤ山のナンダムー洞窟の入口に咲くと言われる神の花）＜パMañjusaka

မဥ္ဇုသာပန်း[minzutəka. ban:]=မဥ္ဇု

မတ်[maʼ]（名）①義弟（夫の弟）②義弟（妹の夫）

မတ်[maʼ]（名）①3月 ②（ドイツの貨幣）マルク ③（人）マルクス

မတ်လ[maʼla.]（名）3月 ＜英 March

မတ်ဝါဒ[maʼ wada.]（名）マルクス主義

မတ်[maʼ]（名）4分の1（補助貨幣の25ピャー、1チャッの4分の1、または1ルビーの4分の1）

မတ်စေ့[maʼsi.]（名）25ピャー硬貨 cf. မူ:စေ့

မတ်တင်:[maʼtin:]（名）（金額、時間、距離等の）4分の1不足 နှစ်ကျပ်မတ်တင်: 1チャッ75ピャーကိုးနာရီမတ်တင်:ရှိသေး:တယ်။ まだ8時45分にすぎない အရှေ့ဘက်ခရီး:နှစ်တိုင်မတ်တင်:လောက်အကွာတွင် လမ်း:ရှိသည်။ 東の方1・75タイン位離れた所に道がある

မတ်[maʼ]（形）①険しい、（傾斜が）急だ、峻険だ ②直立している、真直ぐだ、

မတ်စောက်[maʼsauʼ]（形）切り立っている、険しい、急傾斜だ ကမ်း:ပါး:၏မတ်စောက်ခြင်:崖の急傾斜

မတ်တတ်[maʼtaʼ]（副）まっすぐな姿勢で、直立して直角に ကလေး:မတ်တတ်သွား:ပြီ။ 子供が立って歩くようになった（道わなくなる）

မတ်တတ်စာ[maʼtaʼsa]（名）元気な時の生活費、丈夫な時の稼ぎ cf တို:လုံး:စာ 老後の貯え

မတ်တတ်တော်[maʼtaʼtɔʼ]（名）立像

မတ်တတ်ထာ:[maʼtaʼ tʼaː]（動）直立にしておく

မတ်တတ်ရပ်[maʼtaʼ jaʼ]（動）①直立する ②立ち上がる

မတ်တတ်ရပ်ကြည့်မှန်[maʼtaʼjaʼ tʃi.man]（名）姿見、縦形の鏡台

မတ်တတ်သွား:[maʼtaʼ twaː]（動）立って歩く

မတ်ရပ်ပုံ[maʼjaʼpoun]（名）（建物の）正面図、立面図

မတ်ခွက်[maʼkʼwɛʼ]（名）柄付きの円形の椀、湯飲み、マグカップ

မတ်ပဲ[maʼpɛː]（植）ケツルアズキ（マメ科）Phaseolus mungo

မာသ်ပဲ[ma'pɛ:] =မတ်ပဲ
မိစ္ဆာ[mei's'a] (形) 外道の、邪道の、異教の、異端の <パ Micchā
မိစ္ဆာဒိဌိ[mei's'a dei't'i.] (名) 外道、邪道、異教、異端
မိစ္ဆာဒိဌိအယူ[mei's'a dei't'i. əju] (名) 外道の思想、邪道の考え、異教の教え
မိစ္ဆာအယူ[mei's'a əju] (名) 外道、邪教
မိတ်[mei'] (名) 汗疹 (あせも)
မိတ်ထွက်[mei' t'wɛ'] (動) あせもができる
မိတ်ပေါက်[mei' pau'] =မိတ်ထွက်
မိတ်[mei'] (名) ①友 ②友好関係 <パ Mitta
မိတ်ကောင်းဆွေကောင်း[mei'kaun: s'wegaun:] (名) 良き友
မိတ်ကျွမ်းဝင်[mei't'un: win] (動) 馴れ親しむ
မိတ်ဆက်[mei's'ɛ'] ①(動) 紹介する ②(名) 紹介
မိတ်ဆက်စာ[mei's'ɛ'sa] (名) 紹介状
မိတ်ဆက်ပေး[mei's'ɛ' pe:] (動) 紹介する
မိတ်ဆွေ[mei's'we] (名) ①友達、友人 ②味方
မိတ်ဆွေကြီး[mei's'weʤi:] (名) 貴方様、親友
မိတ်ဆွေခင်ပွန်း[mei's'we k'inbun:] (名) 親友、親しき友
မိတ်ဆွေနိုင်ငံ[mei's'we naingan] (名) 友好国、友邦
မိတ်ဆွေဖွဲ့[mei's'we p'wɛ.] (動) 仲良くなる
မိတ်ဆွေရင်း[mei's'we jin:] (名) 親友
မိတ်ပျက်[mei' pjɛ'] (動) 友好関係が損われる
မိတ်ဖက်[mei'p'ɛ'] ①(動) 友となる、友好関係を結ぶ ②昆虫が交尾する ③(名) 番いの相手 ④(占い上での) 友好的間柄
မိတ်ဖက်ဖြစ်သဘောတူစာချုပ်[mei'p'ɛ'p'ji' dəbotu saʤou'] (名) 友好条約
မိတ်ဖက်အဖွဲ့ဝင်[mei'p'ɛ' əp'wɛ.win] (名) 友好メンバー
မိတ်ဖက်ရှာ[mei'p'ɛ' ʃa] (動) 伴侶を探す
မိတ်ဖွဲ့[mei' p'wɛ.] (動) 仲良くなる、親しくなる、友達になる、友好関係を結ぶ
မိတ်လိုက်[mei'lai'] (動) ①発情する ②(昆虫、魚等が) 交尾する cf. အရှေလိုက်သည်။ မျိုးစပ်သည်။
မိတ်လိုက်ကာလ[mei'lai' kala] (名) 発情期
မိတ်လိုက်အင်္ဂါ[mei'lai' inga] (名) 性器、生殖器
မိတ်လွတ်[mei' lu'] (動) 排尿する
မိတ်ဝတ်ဆွေဝတ်[mei'wu' s'wewu'] (名) 友としての義務
မိတ်သဟာ[mei'təha] (名) 友達
မိတ်သင်္ဂဟ[mei'tingəha.] (名) 友人知己

မိတ်ဟောင်းဆွေဟောင်း[mei'haun: s'wehaun:] (名) 幼な友達、旧友、昔の友、古い知り合い
မိတ်ကပ်[mei'ka'] (名) ①メイキャップ、化粧、顔ごしらえ ②化粧品 <英 Make Up
မိတ္တု=မိတ္တူ
မိတ္တူ[mei'tu] (名) 写し、コピー
မိတ္တူကူးစက်[mei'tu ku:zɛ'] (名) ①謄写版 ②コピー機、複写機
မိတ္တူကူးစက္ကူ[mei'tuku: sɛ'ku] (名) コピー用紙、複写用紙
မိတ်လင်စဉ်[mei'linzoun] (名) パーリ語原文対象ビルマ語訳
မိဿလင်[mei'təlin] (植) ポンツクショウガ (ショウガ科) Zingiber barbatum cf. ချင်းစိမ်း
မိတ်သလင်[mei'təlin] =မိဿလင်
မုက္ခပါဌ်[mou'k'əba'] (名) 釈尊の説法、仏陀の教え
မုခ်[mou'] (名) (パゴダ、王城等の) 門、入口、飾り門、塔門 <パ Mukha
မုခဦး[mou'u:] (名) アーチ状の門、正面
မုတ်[mou'] ①(貝) アコヤガイ、真珠貝= ကနကမာ ②=မုခ်
မုတ်ကောင်[mou'kaun] =ကနကမာ
မုဆိုး[mou's'o] (名) 猟師、狩人 =မုဆိုး
မုတ်ဆိတ်[mou's'ei'] (名) ①顎髭 ②(植物の) 気根
မုတ်ဆိတ်ပျား စွဲ။ (諺) 棚から牡丹餅 (顎髭に蜜蜂が群がる)
မုတ်ဆိတ်မွေး[mou's'ei'mwe:] (名) =မုတ်ဆိတ် (名) 顎髭
မုတ်ဆိတ်ရိတ်[mou's'ei' jei'] (動) 顎髭を剃る
မုတ်ဆိတ်ရိတ်ဓါ:=မုတ်ဆိတ်ရိတ်စာ:
မုတ်ဆိတ်ရိတ်ဓါ:[mou's'ei'jei'da:] (名) 剃刀、髭剃り
မုတ္တ[mou'ta.] (病) 睾丸が腫れ上がる病、睾丸に水が溜まる病気
မုတ္တမ[mədəma.] (地) マルタバン (モールメインの対岸に位置する古い町)
မုတ္တာ[mou'ta] (名) 真珠 =ပုလဲ <パ Mutta
မုတ်သုန်လေ[mou'toun le] (名) 季節風、モンスーン
မုတ်သုံလေ[mou'toun le] =မုတ်သုန်လေ
မုတ်သုန်ရာသီလေ[mou'toun jadi le]=မုတ်သုန်လေ
မုတ်သုံလေ[mou'toun le] =မုတ်သုန်လေ
မဏ္ဍိုင်[mandain] (名) ①中心、中心点 ②軸、旋回軸 ③大黒柱 <パ Mandala
မဏ္ဍပ်[manda'] (名) パビリオン、仮小屋、特設舞台、(屋根と柱だけの) 臨時の建物 <パ Maṇḍapa
မဏ္ဍပ်ထိုး[manda' t'o:] (動) パビリオンを建てる

မဏ္ဍပ်ရှည်ကြီး[mandaʔʃeʤi:]（名）長方形の大型建物

မန်ကျည်း[məʤi:]（植）タマリンド、ラボウシ、チョウセンモダマ（ジャケツイバラ科）Tamarindus indica 葉や樹皮に酸味がある

မန်ကျည်းစေ့[məʤi:zi.]（名）タマリンドの種（火であぶって食用にする）

မန်ကျည်းစေ့ကမော်ဝါ[məʤi:ze. kəməwa]（名）角張った独特のビルマ文字で記されたかつ磨儀軌

မန်ကျည်းစေ့ကွက်[məʤi:zi.gwɛʔ]（名）（織物、生地等の）チェック柄、格子模様

မန်ကျည်းပေါက်[məʤi:bauʔ]（植）ムクロジ、モクゲンジ（ムクロジ科）Sapindus mukorossi

မန်ကျည်းသီး[məʤi:di:]（名）タマリンドの実

မန္တရ[man:dəja]（名）真言、陀羅尼、呪文（オウン、アウン等）＜サ Mantra

မန္တရား[man:dəja:]（名）真言、陀羅尼

မန္တလေ[man:dəle]（地）マンダレー（上ビルマの中心地、ビルマ第二の都会、1859~85の間はビルマ王国の都であった）

မန္တလေးတိုင်း[man:dəle: tain:]（名）マンダレー管区

မန္တလေးသား[man:dəle:da:]（名）マンダレー出身者

မန္တန်[mandan]（名）真言、陀羅尼、呪文（オウン、アウン等で始まる）＝မန္တရး

မန္တန်ရွတ်ဖတ်[mandan juʔpʔaʔ]（動）真言、陀羅尼を唱える

မန္တလီ[mandali]（鳥）ハジロモリガモ（ガンカモ科）Cairina scutulata ＝မန္တာလီ

မန္ဓာတ်မင်း[mandaʔmin:]（名）転輪王＝စကြာဝတေးမင်း

မန်နေဂျာ[manneʤa]（名）マネージャー ＜英 Manager

မန်း[man:]（名）①マンダレーの略称 ②ポー・カレン族男性の名前の前に添付される冠称 ③おでき

မန်းဆန်[man: sʻan]（形）マンダレー的だ、マンダレー風だ、優雅だ、上品だ

မန်း[man:]（動）真言を唱える、陀羅尼を唱える、魔除けのために呪文を唱える、呪いをかける

မန်းမှုတ်[man:mouʔ] ＝မန်း

မန်းမရွေး[man:məjwe:]（名）＝မန်ဆန်းမရွေး

မန်းလိုက်[man: laiʔ]（動）爛れる、化膿しかける、膿を持ち始める

မာန[man]（名）プライド、自負、自尊心、誇り、奢り、傲慢さ、頑なさ ＜パ Māna

မာန်ကျ[man tʃa.]（動）自尊心が消える、傲慢さが無くなる、奢りが消える、怒りが収まる、気持が和らぐ

မာန်ကျော[man tʃo:]（動）自尊心を失う、気位が消える

မာန်ကြီး[man tʃi:]（形）誇り高い、気位が高い、傲慢だ

မာန်စောင်[man saun]（動）競う、競い合う、張り合う、反目しあう、敵対心を抱く、敵愾心を燃やす

မာန်စွယ်[manzwɛ]（名）奢り、傲慢さ、気位

မာန်စွယ်ကျ[manzwɛ tʃo:]（動）傲慢さが無くなる、気位が消える

မာန်တက်[man tɛʔ]（動）増上する、つけ上がる、益々傲慢になる、鼻高々となる

မာန်တင်[man tin]（動）自負を覚える、不遜だ、高慢だ

မာန်ပြု[man pju.]（動）怒りを発する

မာန်ဖီ[man pʻi]（動）怒りを露わにする、怒りをぶちまける、がみがみ言う、敵意を燃やす

မာန်ဖွဲ့[man pʻwɛ.]（動）怒りを現わす

မာန်မာန[man mana.]（名）不遜、傲慢、高慢ちき

မာန်မာနကြီး[man mana. tʃi:]（形）気位が高い

မာန်မာနတက်[man mana. tɛʔ]（動）増上する、つけ上がる、傲慢になる

မာန်မှု[man mu]（動）怒りを露わにする

မာန်မဲ[manmɛ:]（動）怒鳴りつける、叱責する、きつく叱る

မာန်လိုက်[man laiʔ]（動）一喝する

မာန်လျော့[man ʃɔ.]（動）自尊心を捨てる、戦意を失う、意気阻喪する

မာန်ဝင်[man win.]（動）自慢する、誇りにする

မန္တာလီ[mandali]（鳥）ハジロモリガモ（ガンカモ科）Cairina scutulata

မာရ်[man]（名）（欲界の最高処である他化自在天に棲むと言う）悪魔、魔羅（千手の持主とされる）＜パ

မာရ်ငါးပါး[man ŋa:ba:]（名）魔羅、煩悩五百、人間の肉体、天の肉体、梵天の肉体、死、世俗社会での功徳と悪行等修業を妨げる五つの障害

မာရ်နတ်[man naʔ]（名）＝မာရ် ＜パ Māra

မိန့်[mein.]（動）①おっしゃる、仰せになる ②命じる、命令する

မိန့်ကြား[mein.tʃa:]（動）①おっしゃる、仰せになる ②公示する、酷似する、訓話する မိန့်ကြားသည် 述べられた演説

မိန့်ခွန်း[mein.gun:]（名）演説

မိန့်ခွန်းခြွ[mein.gun: tʃwe]（動）演説をする

မိန့်ခွန်းစကားပြောကြား[mein.gun:zəga: pjɔ:tʃa:]（動）演説をする

မိန့်ခွန်းပြောကြား[mein.gun: pjɔ:tʃa:]（動）演説する

မိန့်ဆို[mein.s'o]（動）告げる、仰せになる

မိန့်တော်မူ[mein. dɔmu]（動）国王が仰せになる

မိန်[mein]①（名）双魚宮（黄道十二宮の一つ）②（鳥）メンフクロウ（メンフクロウ科）Tyto alba

မိန်ဇိန်[meinzein] = မိန်ဇိမ်

မိန်ဇိမ်[meinzein]（鳥）ハシブトイシチドリ（イシチドリ科） Esacus magnirostris

မိန်ရာသိ[mein jadi]（名）①双魚宮 ②魚座 ③ビルマ暦の十二月

မိန်[mein]（形）美味だ、美味しい → မြိန်

မိန်မိန်[meinmein]（副）美味しく → မြိန်မြိန်

မိန်ရေရက်ရေ[mein je ʃɛ'je]（副）美味しそうに → မြိန်ရည်ယှက်ရည်

မိန်ချပ်[meinʤa']（名）甲鎧 cf. ချပ်

မိန်ညှိ[meinɲo]（名）鎧の上にまとう戦闘用着衣

မိလ္လာ[meinla]（名）①糞尿、汚物 ②くすんだ色 ③銀、鉛、銅の合金 ④象眼、象眼細工

မိလ္လာကန်[meinlagan]（名）糞尿の溜池

မိလ္လာနံ့[meinla nan.]（名）糞尿の臭い

မိလ္လာရေပိုက်[meinla jepai']（名）下水管

မိလ္လာသိမ်း[meinla tein:]（動）糞尿を汲み取る

မိန်း[mein:]（動）①居眠りする ②気を失う、失神する、昏倒する

မိန်းမူ့[mein:mu:]（動）気を失う

မိန်းမော[mein:mɔ:]（動）①うとうとする、居眠りする ②陶酔する、陶然となる、うっとりする ＝တွေ ဝေ ③気が遠くなる、意識を失う、卒倒する、失神する、人事不省に陥る ＝မေ့လျော့

မိန်းကလေး[mein:k'ele:]（名）女の子、少女、娘

မိန်းကလေးကင်းထောက်[mein:k'le: kin:dau] ガール・スカウト

မိန်းကလေးရှင်[mein:k'ele:ʃin]（名）娘の保護者、女の子の親

မိန်းမ[mein:ma.]（名）①女、女性、婦人 ②妻、家内、女房

မိန်းမကလေး[mein:ma.gəle:]（名）乙女、少女

မိန်းမကောင်း[mein:ma.gaun:]（名）良家の子女、普通の女性（水商売の女ではない）

မိန်းမကြီး[mein:məʤi:]（名）①年配の女性 ②正妻、第一夫人

မိန်းမကြောက်[mein:ma. tʃau']①（動）恐妻家だ ②[mein:ma.ʤau']（名）恐妻家

မိန်းမချော[mein:mətʃɔ:]（名）美人、美女

မိန်းမငယ်[mein:məɲɛ]（名）①幼女、童女 ②妾

မိန်းမစိုး[mein:məso:]（名）宦官、あん人（王朝時代、大奥への出入りを認められた役人）

မိန်းမဆရာ[mein:ma. s'əja]（名）女教師、女の先生

မိန်းမဆန်ဆန်[mein:ma. s'anzan]（副）女らしく

မိန်းမဆွယ်[mein:ma. s'wɛ]（動）女を口説く

မိန်းမညက်[mein:ma. ɲan]（名）①啜り泣き ②べてん

မိန်းမတို့စိတ်၊ ရေစီးသောသွင်၊ တူရှင်ရှင်။（比）女心はうとうと流れる水の如し

မိန်းမတောင်း[mein:ma. taun:]（動）配偶者を求める、妻を求める

မိန်းမတွက်[mein:ma.dwɛ']（名）暗算 ＝ဈေးတွက်

မိန်းမထိုင်ထိုင်[mein:mədain t'ain]（動）両膝を揃えて嫋やかに座る

မိန်းမထိမ်း[mein:mədein:]（名）売春婦の元締め、女のひも

မိန်းမဒီသ[mein:ma. piṭa.]（形）女らしい、女に相応しい

မိန်းမပေါ့[mein:məbɔ.]（名）①尻軽女、浮気女、あばずれ、貞操観念の無い女 ②家庭を省みない女

မိန်းမပျို[mein:məbjo]（名）乙女、処女、若い女性

မိန်းမပျိုကလေး[mein:məbjogəle:]（名＝မိန်းမပျို

မိန်းမပျက်[mein:məbjɛ']（名）①尻軽女、あばずれ女、身を持ち崩した女 ②淫売、娼婦、遊女

မိန်းမပျက်၊ ပြည်ပျက်။（格）女の所為で国滅ぶ

မိန်းမယူ[mein:ma. ju]（動）妻を娶る、女房を貰う

မိန်းမရ[mein:ma. ja.]（動）妻を娶る、結婚する

မိန်းမရွယ်[mein:məjwɛ]（名）適齢期の娘、年頃の娘

မိန်းမရှာ[mein:məʃa]（名）①両性具有者、ふたなり ②女形、おかま、同性愛者＝မိန်းမလျှာ

မိန်းမပြီးသူ[mein:ma. ʃi.pi:du]（名）既婚男性、所帯持ち

မိန်းမဝင်[mein:məʃwin]（名）淫売、売春婦、娼婦

မိန်းမလိုမိန်းမရ[mein:məlo mein:məja.]（副）（男のくせに）軟弱で、柔弱で、女々しくて、女みたいで

မိန်းမလက်သည်[mein:ma. lɛ'tɛ:]（鳥）ダイシャクシギ ＝ကုလား:ကောက်၊ ခရုစိတ်။

မိန်းမလိုက်[mein:ma. lai']（動）女に熱を上げる、女に目がない、女の尻を追いかける

မိန်းမလတ်[mein:məla']（名）中年の女性

မိန်းမလျှာ[mein:məʃa]（名）①ふたなり、両性具有

者　=နပုံ；②おかま、同性愛者、ホモ、女形

မိန်းမလှ[mein:məḷa.]（名）美人

မိန်းမသား[mein:məda:]（名）女性、婦人、婦女子

မိန်းမအို[mein:məo]（名）老女、老婦人

မုန့်[moun.]（名）（各種の）菓子、ケーキの類

မုန့်ကလားမဲ[moun. kəlɑmɛ:]（名）羊羹に似た黒色の甘い食べ物（原料は餅米、砂糖、ココナツジュース等）

မုန့်ကြာခွက်[moun. tʃagwɛˀ]（名）小麦粉に椰子砂糖を加えて作った1種のホット・ケーキ（中央部が膨らみ、周辺部はばりばりしている）

မုန့်ကြာဆေး[moun. tʃazi.]（名）米の粉で捏えた団子を茹でて、糖蜜に漬けた食べ物

မုန့်ကြိုးလိမ်[moun. tʃo:lein]（名）小麦粉、米の粉、豆の粉等を捏ねて捻り油で揚げ糖蜜を掛けた菓子、捩じりドーナツ

မုန့်ကြက်အူ[moun. tʃɛˀu]（名）ドーナツの1種（餅米と粳米との粉を混ぜ合わせてリング状にし、油で揚げて糖蜜を加える）

မုန့်ကျသည်[moun. tʃwɛːdɛː]（名）米の粉を糖蜜と石灰液とで煮たプリンの1種

မုန့်ကြပ်[moun.dʒuˀ]（名）小麦粉で煎餅状または棒状にばりばりに焼いた堅パンまたは煎餅の1種

မုန့်ဆလင်းတောင်[moun. səlin:daun]（名）黒色の蒸しパン

မုန့်စာလွှတ်ချိန်[moun. saːlʉˀtʃein]（名）学校の昼食時間、食事時間、昼休み

မုန့်စာအပြေးပြိုင်ပွဲ[moun.zaː əpjeː pjain bwɛː]（名）パン食い競争

မုန့်စိမ်းပေါင်း[moun. zein:baun:]（名）米の粉で作った蒸しパンの1種、椰子砂糖を加える

မုန့်ဆီကြော်[moun. sʼidʒɔ]（名）饅頭の一種（餅米と粳米の粉とを混ぜ合わせ椰子砂糖液を加えて油で揚げる）

မုန့်ဆီကြော်နှင့်နှုတ်ခမ်းနား။（諺）油揚げの餅菓子と口元のよだれ（口元がよだれている時には油で揚げた菓子は食べられない、合わない）、案ずるより産むが易し

မုန့်ဆီကြော်ဘယ်နေမှန်းမသိ၊ နှုတ်ခမ်းနားနှင့်တညှပ်ပါမလား（諺）必要以上に事を急ぐ必要もない

မုန့်ဆိုင်[moun.zain]（名）菓子屋

မုန့်ဆန်း[moun.zan:]（名）餅米を煎って平たく潰し殻を取り去った食べ物

မုန့်ဆန်းမရွေး[moun.zan: məjwe:]（名）おこしの一種（餅米を煎って平たく潰し、殻を取り去って膨ませた後椰子砂糖の液で練り固めた菓子）

မုန့်ညက်[moun. ɲɛˀ]（名）（米、小麦、豆等の）粉末、練り粉

မုန့်ညက်ထိုးပိုး[moun. ɲɛˀtʼo:bo:]（虫）コクヌストモドキ

မုန့်တီ[moun.di]（名）麺の一種（米の粉を練って蒸し、熱湯に潜らせる）cf. မုန့်ဟင်းခါး

မုန့်တပန[moun. tʼapana]（名）菓子の餡

မုန့်နီမုန့်ဖြူ[moun.ni moun.bju]（名）神霊に供える油揚げの食べ物　=မုန့်ဆီကြော်

မုန့်နှစ်[moun. ɲiˀ]（名）しとぎ（少量の水で溶いた米の粉）

မုန့်ပဲသရေစာ[moun. pɛː təjeza]（名）おやつ、スナック菓子

မုန့်ပေါင်း[moun.baun:]（名）米の粉を容器に入れて蒸し、砂糖やココナツを加えたスポンジ・ケーキの一種

မုန့်ပွတ်လက်[moun. pjiˀsəlɛˀ]（名）ホットケーキの1種（米の粉に椰子砂糖液を加えて両面から焼く）

မုန့်ပစ်သလက်[moun.pjiˀtəlɛˀ]　=မုန့်ပွတ်လက်

မုန့်ပျား：သလက်[moun.pjaːtəlɛˀ]　=မုန့်ပွတ်လက်

မုန့်ဖိုး[moun.bo:]（名）小遣い

မုန့်ဖက်ထုပ်[moun.pʼɛˀtʼouˀ]（名）餅米の粉に豆餡またはドリアンのジャムを入れ、バナナの葉で包んで蒸した食べ物、粽（ちまき）に類似

မုန့်ဖတ်[moun.baˀ]（名）米麺（米の粉で作った麺）

မုန့်မုန့်ညက်ညက်[moun.moun. ɲɛˀɲɛˀ]（副）粉々に

မုန့်ရေ[moun je]（名）小麦粉に生姜、葱等を加えて中華鍋で薄く炒め豆を振り掛けた後折り曲げる）

မုန့်ရွေးမွဲ[məjwe: moun.]（名）おこし

မုန့်လေပွ[moun. lebwe]（名）蒸した餅米に椰子砂糖を加えて粉末にし平たくしてばりばりに乾燥させた一種の煎餅

မုန့်လက်ကောက်[moun. lɛˀkauˀ]（名）米の粉で作ったドーナツの一種

မုန့်လက်ဆောင်း[moun. lɛˀsʼaun:]（名）蒸した米の粉を熱湯の中に入れて作った団子を、砂糖液または椰子砂糖液に浸して食べる）

မုန့်လင်မယား[moun. linməja:]（名）今川焼、太鼓饅頭の一種（米の粉を捏ね油で揚げた半球形の菓子を二つ重ね合せる）

မုန့်လိပ်ပြာ[moun. leiˀpja]（名）白くて薄い膜の中央に豆餡を入れた食べ物、京都の生八つ橋またはおたべに類似の菓子

မုန့်လုံးကြီး[moun. loun:dʒi:]（名）餡入りの団子（餅米の粉で捏えた団子に、細切りにしたココ椰子のパルプや椰子砂糖の餡を入れて油で揚げる）

မုန့်လုံးရေပေါ်[moun.loun: jebɔ] (名) お汁粉 (餅米の団子の中に椰子砂糖の餡を入れ茹でた食べ物、水祭りの時に作る)

မုန့်သေတ္တာ[moun. ti?ta] (名) 缶詰のケーキ、缶入りの菓子

မုန့်သည်[moun.dɛ] (名) 駄菓子屋

မုန့်ဟင်းခါး[moun.hin:ga:] (名) 米麺（米の粉で作った麺に、輪切りにした茄で卵やバナナの芯、コエンドロ等を上に載せ、魚肉の出し汁で食べる）

မုန့်ဦးနှောက်[moun.oun:nau?] (名) 米の粉を練り葉で包んで蒸した食べ物

မုန့်အိုးကင်းကပ်[moun. o:gin:ga?] (名) ホットケーキの一種 =မုန့်ပျာ:သလက်

မုန့်အုပ်ကလေး[moun. ou?k'əle:]=မုန့်လင်မယား:

မုန်[moun] (名) 象の発情、さかり

မုန်စိတ်ဝင်[mounzei? win] (動) 象が発情する

မုန်ယို[moun jo] (動) 象が発情する、象にさかりがつく、牡象が耳の後から液を浅らす မုန်ယိုသောဆင် 発情した象

မုန်ယမ်[moun ji?] (動) 象にさかりがつく

မုန်ရိုပ်မုန်သွေးကြ[moun jei? moundwe: twa.] (動) 象が発情する

မုန်ညင်း[mounɲin:] (植) ①アブラナ、ナタネ（アブラナ科）Brassica napus ②タカナ、カラシナ（アブラナ科）=မုန်ညင်းနီ

မုန်ညင်းချဉ်[mounɲin:ʤin] (名) タカナの漬物

မုန်ညင်းစေ့[mounɲin:zi.] (名) 芥子菜の種

မုန်ညင်းဆီ[mounɲin:zi] (名) 芥子油、マスタード・オイル

မုန်ညင်းထုပ်[mounɲin:dou?] (植) 白菜

မုန်ညင်းနီ[mounɲin:ni] (植) タカナ、カラシナ（アブラナ科）Brassica juncea

မုန်ညင်းနက်[mounɲin:nɛ?] (植) クロガラシ（アブラナ科）Brassica nigra

မုန်ညင်းပွင့်[mounɲin:bwin.] (名) 菜の花

မုန်ညင်းဖြူ[mounɲin:bju] (植) シロガラシ（アブラナ科）Brassica alba

မုန်ညင်းရွက်[mounɲin:jwɛ?] (植) タカナ、カラシナ

မုန်ညင်းဥ[mounɲin:u.] (植) コウブシ、ハマスゲ

မုန်တိုင်[moundain] (植) ①インドソテツ、ジャワソテツ（ソテツ科）Cycas rumphii ②シャムソテツ（ソテツ科）Cycas siamensis

မုန်တိုင်း[moundain:] (名) 嵐、暴風雨 =လေမုန်တိုင်း

မုန်တိုင်းကျ[moundain: tʃa.] (動) 暴風雨になる

မုန်တိုင်းတိုက်[moundain: tai?] (動) 嵐になる、暴風雨が襲う

မုန်တိုင်းဒဏ်ခံ[moundain:dan k'an ja.] (動) 暴風雨の被害を蒙る

မုန်လာ[mounla] (植) ダイコン（アブラナ科）

မုန်လာချဉ်ဖတ်[mounla tʃinba?] (名) 大根の漬物、たくあん

မုန်လာထုပ်[mounladou?] (植) キャベツ、カンラン（アブラナ科）Brassicda oleracea capitata → ဂေါ်ဘီထုပ်

မုန်လာထုပ်ကလေး[mounladou? k'ale:] (植) ハゴロモカンラン、リョクヨウカンラン（アブラナ科）Brassicca oleracea acephala

မုန်လာထုပ်ငယ်[mounladou?ŋɛ] (植) メキャベツ（アブラナ科）Brassica oleracea gemmifera

မုန်လာထုပ်ရွက်လိမ်[mounladou? jwɛ?lein] (植) ハゴロモカンラン

မုန်လာပွင့်[mounlabwin.] (植) ハナヤサイ、カリフラワー（アブラナ科）Brassica oleracea botrytis =ဂေါ်ဇီပွင့်

မုန်လာရွက်[mounla jwɛ?] (名) 大根の葉

မုန်လာဥ[mounla u.] (植) ダイコン、シナダイコン（アブラナ科）Raphanus sativus

မုန်လာဥချို[mounla u.ʤo] (植) ①サトウダイコン、ビート ②セイヨウゴボウ、バラモンジン（キク科）

မုန်လာဥနီ[mounlau.ni] (植) ①フダンソウ（アカザ科）Beta vulgaris ②テンサイ（アカザ科）

မုန်လာဥလုပ်[mounla u. lou?] (動) しらを切る、しらばっくれる

မုန်လာဥဝါ[mounla u.wa] (植) ニンジン（セリ科）Daucus carota

မုန်း[moun:] (動) 憎む、憎悪する ဘိန်းဖြူကိုသိပ်မုန်းသည် ။ 阿片は嫌いだ

မုန်းစရာကောင်း[moun:zəja kaun:] (形) 憎い、憎たらしい

မုန်းတီး[moun:di:] (動) 憎悪する

မုန်းဘို့ကောင်း[moun:bo. kaun:] (形) 憎い、憎たらしい、憎むに値する、憎むべきだ

မံ[man] (動) ①塗る、塗り付ける ရွှံ့မံသည် ။ 泥を塗る ②まぶす

မံဘုရား[man p'ja:] (名) 乾漆仏、塑土で原形を作りその上に紙又は麻布を漆液で張り固めて乾燥させた後内部の塑土を抜いて作った仏像

မံမီရုပ်ကလာပ်[manmi. jou?kəla?] (名) ミイラ像

မံမီအလောင်းကောင်[manmi. əlaun:gaun] (名)

ミイラ像
မို့[moun.] =မုန့်
မို့ကြက်အူ =မုန့်ကြက်အူ
မို့ဆီကြော် =မုန့်ဆီကြော်
မို့ဋ္ဌာပနာ =မုန့်ဋ္ဌာပနာ
မို့ပဲသရည်စာ =မုန့်ပဲသရည်စာ
မို့ပဲသွားရည်စာ =မုန့်ပဲသွားရည်စာ
မို့ပေါင်း =မုန့်ပေါင်း
မို့ပူစွလက် =မုန့်ပူစွလက်
မို့ပစ်သလက် =မုန့်ပစ်သလက်
မို့ပြစ်စလက် =မုန့်ပစ်စလက်
မို့ပျားသလက် =မုန့်ပျားသလက်
မို့ရည် =မုန့်ရည်
မို့ရေးမို့ =မုန့်ရေးမုန့်
မို့လေပွေ =မုန့်လေပွေ
မို့လက်ဆောင်း =မုန့်လက်ဆောင်း
မို့လင်မယား =မုန့်လင်မယား
မို့လိပ်ပြာ =မုန့်လိပ်ပြာ
မို့လုံးရေပေါ် =မုန့်လုံးရေပေါ်
မို့သည် =မုန့်သည်
မို့ဟင်းခါး =မုန့်ဟင်းခါး
မို့အိုးကင်းကပ် =မုန့်အိုးကင်းကပ်
မို့[moun]① (名) 芽 ②(動) 芽ぐむ、芽生える
မို့ညင်းစေ့[mounɲin:zi.] (名) カラシナの種
　=မုန့်ညင်းစေ့
မို့ရွာ[moun jwa] (地) モンユワー(チンドウイン河の左岸に位置する中部ビルマの都市)
များ[mja:] (助) 名詞または動詞の後に付いて意味を強める ဒီကိုများ まさかここへは အဖေများမြင်သွားမည်လား။ 父に見られるのではあるまいか ငါမသိဘူးလို့များမင်းထင်နေသလား။ まさか僕が知らないとでも君は思っているのか နက်ဖန်များအားမလား။ 明日なら暇ですか ဘယ်နေ့မှာများအစရှိပါသလဲ။ 一体全体今どこにいるのですか ဘာကိစ္စများကြလာခဲ့ပါသလဲ။ 一体何の用事でお出でになったのですか ကျွန်တော်ပြောတာမှာများမှားသွားလားမည်။ 私が言った事はひょっとしたら間違っているかも知れない ဈေးရောင်းရတာကနေ့ဘယ်လောက်မြတ်တယ်များထင်နေလို့တုန်း။ 物売りで１日いくら儲かると思っているのか
များ[mja:] (形) 多い、豊富だ、夥しい မိုးများသည် 雨が多い အင်အားများသည် 勢力が強い ကျောင်းသားဦးရေသိပ်များသည် 学生の数が著しく多い ဈေးများသည် 値段が高い စကားများသည် 口数が多い、言い争う
များ[mja:] (尾) 名詞の後に繋がってその名詞が複数

である事を示す(液体の場合は量的に多い、過剰である事を示す) ဆွေးများ 夥しい血 ချွေးများ 大量の汗 ဆေးလိပ်များ 沢山の煙草 ဓာတ်တိုင်များ 沢山の電柱 လယ်သမားများ 農民達 နိုင်ငံရေးပြဿနာများ 政治的諸問題
များစွာ[mja:zwa] (副・文) ①沢山、多く ②とても、非常に、著しく အခန်းပေါင်းများစွာရှိသည်။ 部屋が沢山ある များစွာကွာခြားသည်။ 著しく格差がある ကျွန်တော်တို့သည် များစွာဝမ်းသာကြသည်။ 我々は大いに喜んだ
များစွာသော[mja:zwadɔ:] (形・文) 多くの、沢山の
များပြား[mja:pja:] (形) 多い、豊富だ ပစ္စည်းများစွာ 沢山の品物 ယခုကားများပြားလာပြီ။ 今では自動車が多くなってきた
များပြားစွာ[mja:pja:zwa] (副・文) 沢山、豊富に
များပြားစည်ကား[mja:pja: siga:] (形) 多勢で賑やかだ
များမကြာမီ[mja: matʃami] (副) やがて、間もなく、直に、程なくして
များမကြာမီက[mja:matʃamiga.] (副) 先刻、つい先程
များမကြာမီတွင်[mja:matʃamidwin] (副・文) ①先程、先刻、少し前に ②その内に、やがて、間もなく
များမကြာမီထဲ[mja:matʃamibɛ:] (副・口) ①つい先程、今し方 ②程なくして
များမကြာမီအတွင်းတွင်[mja:matʃami ətwin:dwin] (副・文) それ程たたぬ内に
များများ[mja:mja:] (副・口) 沢山、一杯 များများစားရသည်။ 沢山食べた အမေကိုများများကျွေးမယ်။ 母に沢山食べさせよう စကားများများပြောတယ်။ 盛んに喋る အမှိုက်တွေကိုများများသိမ်းပါ။ 塵を沢山集めなさい
များများကြီး[mja:mja:ʤi:] (副) 一杯、沢山
များများစားစား[mja:mja:sa:za:] (副) 沢山 လူနေအိမ်ခြေများများစားစားမရှိ။ 人家は沢山はない ကျောင်းမှာသူငယ်ချင်းများများစားစားမရှိ 学校の友達は沢山はいない
များများစားစားရှိ[mja:mja:sa:za: ʃi.] (動) 沢山ある、沢山いる
များများနဲ့[mja:mja:nɛ.] (副) 多勢で、多くを以って
များမြောင်[mja:mjaun] (形) 多い ကိစ္စများမြောင်သည်။ 用事が多い

များသောအားဖြင့်[mja:do: a:p'jin.](副)一般に、通常、概して、多くの場合、一般的に
များသောအားဖြင့်ကတော့[mja:do:a:p'jin.ga.do.](副・口)多くの場合、大抵は、一般的には
မျှိဆာ[mjis'wa](名)米粉(びーふん) ＜漢
မျှုစာ[mjuswa] =မျှိဆာ
မျှုစံ[mjuswan] =မျှုစာ
မျှုနီစီပယ်[mjunisipɛ](名)市庁 =မြူနီစီပကယ်
မျော[mjo:](動)①浮ぶ、漂う、流れる ②失神する、意識を失う、気絶する ③(副)長く、細長く ④(名)柱、竿 ⑤(植)潮汐帯に生える灌木
မျောပါ[mjo:pa](動)浮遊する、流れ漂う
မျို[mjo](動)呑む、呑み込む
မျိုချ[mjo tʃa.](動)飲み下す
မျိုသိပ်[mjotei?](動)(感情を)抑える、抑制する耐える、堪える、我慢する
မျိုး[mjo:](名)①種 ②種類、類＜အမျိုး။ လုပ်ငန်းမျိုးနှင့်類の仕事 ဒီကိစ္စမျိုးこういった類の要件 ဒီသဘောမျိုးそう言った意味 သွေးဆုံးရှုံးသည့်အခါမျိုး血の気が引いたような時 မလုပ်မရောင်သာသောအခါ့အခါမျိုးやむを得ないような時
မျိုးကောင်းမျိုးသန့်[mjo:gaun: mjo:tan.](名)優れた品種
မျိုးကြဲ[mjo: tʃɛ:](動)種蒔きをする、籾蒔きをする
မျိုးကွဲ[mjo:gwɛ:](名)異なった品種
မျိုးချ[mjo: tʃa.](動)①種を蒔く、播種する ②先行投資する
မျိုးချစ်[mjo: tʃi?~mjo:dʒi?](名)愛国
မျိုးချစ်စိတ်[mjo:dʒi?sei?](名)愛国心
မျိုးချစ်စိတ်ဓာတ်[mjo:dʒi? sei?da?](名)愛国精神
မျိုးချစ်တပ်မတော်[mjo:dʒi? ta?mədo](名)ビルマ愛国軍(ビルマ独立軍BIAの後身、PBF)
မျိုးချစ်ပါတီ[mjo:dʒi? pati](名)愛国党(ウー・ソーによって結成された政党)
မျိုးခြား[mjo:dʒa:](名)異人、外国人
မျိုးခြားစာ[mjo:dʒa:sa](名)外国書、外国文学
မျိုးစပါး[mjo:zəba:](名)種籾
မျိုးစု[mjo:zu.](名)(生物分類上の)属
မျိုးစေ့[mjo:ze.~mjo:zi:](名)種、種子
မျိုးစေ့ချ[mjo:zi. tʃa.](動)①播種する、種蒔きをする ②事を始める
မျိုးစဉ်[mjo:zin](名)(分類上の)目
မျိုးစိတ်[mjo:zei?](名)(分類上の)種
မျိုးစပ်[mjo: sa?](動)①交配する、受精させる ②品種改良をする

မျိုးစုံ[mjo:zoun](形)色々の、各種の、諸々の ငါးမျိုးစုံ色々な魚 နည်းလမ်းမျိုးစုံ色々な方法
မျိုးဆက်[mjo: s'ɛ?]①(動)繁殖する ②[mjo: zɛ?](名)子孫
မျိုးဆက်ပြန့်ပွား[mjo:zɛ? pjan?pwa:](動)繁殖する、子孫を残す
မျိုးတူတော်တူ[mjo:du za?tu](名)同胞
မျိုးတူနွယ်တူ[mjo:du nwɛdu](名)同系、同じ祖先、同じ末裔
မျိုးတုံး[mjo: toun:](動)絶滅する
မျိုးပြပစ္စည်း[mjo:bja? pji?si:](名)助数詞
မျိုးပြတ်[mjo: pja?](動)家系が絶える、絶滅する、血統が跡絶える
မျိုးပြုတ်[mjo: pjou?](動)絶滅する
မျိုးပြုတ်စား၊ပိုးထုတ်လှ၊။(諺)慎重に対処せよ、さもなくば元も子も亡くすぞ
မျိုးပြုန်း[mjo: pjoun:](動)絶滅する
မျိုးပွား[mjo: pwa:](動)繁殖する
မျိုးပွားအင်္ဂါ[mjo:bwa: inga](名)生殖器官
မျိုးပျက်[mjo: p'jɛ?](動)民族または国家の名誉を汚す
မျိုးဖျက်[mjo: p'jou?](動)絶滅させる
မျိုးရိုး[mjo:jo:](名)血統、系統、家柄、系譜
မျိုးရိုးစရိုက်[mjo:jo zəjai?](名)血統的気性、伝統的行為
မျိုးရိုးစဉ်ဆက်[mjo:jo: sinzɛ?](名)家系、系譜
မျိုးရိုးစဉ်ဆက်အားဖြင့်[mjo:jo:sinzɛ? a:p'jin.](副)家柄としては、血統的に
မျိုးရိုးစဉ်လာ[mjo:jo: sinla](名)伝統、仕来り
မျိုးရိုးဇာတိ[mjo:jo: zati.](名)①氏、素性 ②生来、生れつき ③出世地、出身地
မျိုးရိုးဇာတိအလိုက်[mjo:jo: zati. əlai?](副)生れつき、生来
မျိုးရိုးဇာတိအလိုက်ဖြစ်[mjo:jo: zati. əlai? p'ji?](動)生れつきだ、血統的なものだ
မျိုးရိုးဗီဇ[mjo:jo: biza.](名)遺伝、遺伝子
မျိုးရိုးဗီဇလိုက်[mjo:jo:biza. lai?](動)遺伝する、血統による
မျိုးရိုးလိုက်[mjo:jo: lai?] =မျိုးရိုးဗီဇလိုက်
မျိုးရိက္ခာ[mjo: jei?k'a](名)食糧
မျိုးရင်း[mjo:jin:](名)(動植物を分類する時の)科
မျိုးသစ်[mjo:di?](名)新種、新品種
မျိုးသုဉ်း[mjo: toun:](動)絶滅する
မျိုးသုဉ်းကုန်[mjo; toun:goun](動)根絶やしにする、根絶してしまう

မျိုးဥ[mjo:u.]（名）卵子
မျက်[mjɛʔ]（名）①怒り ②宝石 ③竹の節、木の瘤
မျက်ဖြေရတု[mjɛʔpʼje jədu.]（名）国王の怒りを解く詩、助命嘆願詩（パガン時代の宰相アーナンダ・トゥリヤの辞世の詩が有名）
မျက်[mjɛʔ]（動）①挫く、捻挫する သေတ္တာများကိုကူမရာ၊ ကျွန်တော်၏ခါးမှာမျက်သွားပါသည်။ 箱を持ち上げる際に手伝ったところ腰を捻挫してしまった ပြေးရင်းလွှား၊ရင်းနှင့်ပေါင်မျက်သွားသည်။ 走り廻っている内に太股をくじいてしまった ②喉に骨が引っかかる ငါးရိုးမျက်သည်။ 魚の骨が喉に引っ掛かる ③怒る、腹を立てる
မျက်[mjɛʔ]（名）目、眼
မျက်ကလူးဆန်ပျာနဲ့[mjɛʔkəlu: sʼanbja nɛ.]（副）慌てふためいて、周章狼狽して、戦々恐々として
မျက်ကလူးဆန်ပျာ ဖြစ်စေလောက်အောင်[mjɛʔkəlu: sʼanbja pʼji'se lauʔaun]（副）瞠目させる位に、耳目をそば立たせる位
မျက်ကလဲဆန်ပျာ[mjɛʔkəlɛ: sʼanbja]（副）=မျက်ကလူးဆန်ပျာ
မျက်ကန်း[mjɛ: kan:]（名）盲、盲人
မျက်ကန်းချစ်ချစ်[mjɛʔkan:ʧiʔ ʧiʔ]（動）盲目的に愛する、目の中に入れても痛くない程愛する
မျက်ကန်းတစ္ဆေမကြောက်[mjɛʔkan: təsʼse mə ʧauʔ]（諺）盲、蛇を怖れず（盲人、幽霊を怖れず）
မျက်ကြောတပြတ်[mjɛʔʧɔ: dəbjaʔ]（副）見失って
မျက်ကြောတင်း[mjɛʔʧɔ: tin:]（動）見苦しい、目障りだ、見るのも厭だ
မျက်ကြောမတည့်[mjɛʔʧɔ: mətɛ.]（動）目障りになる
မျက်ကြည်[mjɛʔʧi]（名）角膜
မျက်ကြည်လွှာ[mjɛʔʧiɬwa]（名）=မျက်ကြည်
မျက်ကွယ်[mjɛʔkwɛ]（名）物陰
မျက်ကွယ်ပြု[mjɛʔkwɛ pju.]（動）①見ない振りをする、無視する、素知らぬ振りをする ②目を逸せる ③陰日なたをする
မျက်ကွင်း[mjɛʔkwin:]（名）眼か、眼球の回り
မျက်ခိုင်[mjɛʔkʼain]（植）薔薇の1種 Rosa involucrata
မျက်ခုံး[mjɛʔkʼoun:]（名）眉、眉毛 =မျက်ခုံ
မျက်ခုံးထူ[mjɛʔkʼoun: tʼu]（形）眉毛が太い
မျက်ခုံးမွေး[mjɛʔkʼoun:mwe:]（名）眉毛
မျက်ခမ်း[mjɛʔkʼan:]（名）結膜、眼瞼
မျက်ခမ်းစပ်[mjɛʔkʼan:zaʔ]（名）トラホーム

မျက်ခမ်းစပ်ရောဂါ[mjɛʔkʼan:zaʔ jo:ga]（名）トラホーム
မျက်ခမ်းစပ်သူ[mjɛʔkʼan: saṯu]（名）トラホーム患者
မျက်ခုံ[mjɛʔkʼoun:]（名）=မျက်ခုံး
မျက်ခုံးပေါပြိန်လျောက်[mjɛʔkʼoun:bɔ zin:ʤanʃauʔ]（諺）抜け目ない、我が物顔で振舞う、他人を顎でこき使う、君臨する
မျက်ချေး[mjɛʔʧi:]（名）目糞
မျက်ချစ်ဆေး[mjɛʔʧiʼsʼe:]（名）自分を好きにならせる（惚れさせる）呪文、お守り、護符
မျက်ခြေပြတ်[mjɛʔʧi pjaʔ]（動）見失う
မျက်ခြေမပြတ်[mjɛʔʧimapjaʔ]（動）見失わない
မျက်ခြေမပြတ်အောင်[mjɛʔʧi məpjaʔaun]（副）見失わないように、見失う事がないように
မျက်ခွက်[mjɛʔkʼwɛʔ]（名）顔つき、容貌
မျက်ခွံ[mjɛʔkʼun]（名）眼瞼（まぶた）
မျက်စေ့[mjɛʔsa.]（名）目配せ
မျက်စိပိုးဝင်၊ ဆံတပင်တင်း၊ ချစ်ခြင်းမယား။（比）目に虫が入り、頭髪が一本立ち、妻に惚れられる（居心地が悪い、居たたまれない）
မျက်စပစ်[mjɛʔsa. pjiʔ]（動）目配せする、目で合図する、眉を吊り上げて注意を引き寄せる
မျက်စပစ်တမ်းကစား[mjɛʔsa.pjiʔtan: gəza:]（動）ウインクする、目配せをして遊ぶ
မျက်စိ[mjɛʔsi.]（名）目、眼
မျက်စိကစား[mjɛʔsi. gəza:]（動）色目を使う
မျက်စိကန်း[mjɛʔsi. kan:]（動）盲になる、失明する
မျက်စိကျ[mjɛʔsi. ʧa.]（動）目をつける、目で見て気に入る、見とれる
မျက်စိကျယ်[mjɛʔsi. ʧɛ]（動）①目が冴える、睡眠できない ②視野が広い
မျက်စိကျင့်[mjɛʔsi. ʧin.]（動）（暗さに）目が慣れる
မျက်စိကျိန်း[mjɛʔsi. ʧein:]（動）まぶしい、まばゆい =မျက်စိကြမ်း
မျက်စိကျိန်းစပ်[mjɛʔsi. ʧein:saʔ]（動）目がちかちかする、目がずきずき痛む、目に疼痛がある
မျက်စိကြောင်[mjɛʔsi. ʧaun]（動）目が冴える、不眠になる
မျက်စိကြမ်း[mjɛʔsi. ʧein:]（動）まぶしい、まばゆい
မျက်စိကွယ်[mjɛʔsi. kwɛ]（動）盲になる、失明する、視力を失う
မျက်စိပါးမွေးစူး[mjɛʔsi. zəbəmwe: su:]（慣）

မျက်စိစူး

目障りだ、目の敵にする（目にのげが刺さる）
မျက်စိစူး[mjɛˀsi. suː] （動）①目ざとい、目が早い　②目が眩む、眩しい
မျက်စိစစ်[mjɛˀsi. siˀ] （動）検眼する
မျက်စိစွေ[mjɛˀsi. swe] （動）藪睨みだ、斜視だ
မျက်စိစွန်[mjɛˀsi. sun] （動）物貰いができる、麦粒腫ができる
မျက်စိဆံပင်မွှေးစူး[mjɛˀsi. zəbinmweː suː] （慣）目障りだ（目に毛髪が入る）
မျက်စိတဆုံး[mjɛˀsi. təsˀoun] （副）見渡す限り　視野の及ぶ範囲、見えなくなるまで　မျက်စိတဆုံးရပ်ကြည့်နေမိသည်။ 立ち止まって全景を眺めた　သောင်ကြီးကမျက်စိတဆုံးဖြစ်သည်။ 見渡す限りの砂原だ
မျက်စိတဘက်ကန်း[mjɛˀsi. təpˀɛˀ kanː] （動）片目を失明する
မျက်စိတမိတ်[mjɛˀsi. təmeiˀ] （副）一瞬、瞬き一つ
မျက်စိနာ[mjɛˀsi. na] ①（動）目が痛い、目に痛みを覚える　②（名）眼病
မျက်စိနာပွင့်လင်း[mjɛˀsi. na pwin.linː] （動）視野が広がる
မျက်စိနောက်[mjɛˀsi. nauˀ] （動）目障りだ
မျက်စိနောက်စရာ[mjɛˀsi. nauˀsəja] （名）目障り
မျက်စိပါကြေ[mjɛˀsi.pa tʃwe] （貝）テンジクダカラ（タカラガイ科）
မျက်စိပျက်မျက်နှာပျက်[mjɛˀsi.bjɛˀ mjɛˀn̥abjɛˀ] （副）顔色を失って、青い顔をして、狼狽して
မျက်စိပြာ[mjɛˀsi. pja] （動）①目が眩む　②目が霞む、目がぼやける、意識が霞む　③気が動転する
မျက်စိပွင့်[mjɛˀsi. pwin.] （動）①開眼する、事を弁える、事情を理解する　②視野が広がる
မျက်စိမမြင်ရ[mjɛˀsi. məmjin ja.] （動）目が見えない、盲目だ
မျက်စိမျက်နှာပျက်[mjɛˀsi. mjɛˀn̥a pjɛˀ] （動）顔色を失う
မျက်စိမျက်နှာမကောင်း[mjɛˀsi.mjɛˀn̥a məkaunː] （動）暗い表情になる、愛いに満ちた顔をする
မျက်စိမျက်နှာမလှ[mjɛˀsi. mjɛˀn̥a məɬa.] （形）困惑する、当惑する
မျက်စိမွဲ[mjɛˀsi. mwɛː] （動）視力が衰える、視力が弱い
မျက်စိမှား[mjɛˀsi. m̥waː] （動）見間違える
မျက်စိမှေး[mjɛˀsi. m̥weː] （動）目を細める
မျက်စိမှောက်[mjɛˀsi. m̥auˀ] （動）うつむく、目を下に向ける
မျက်စိမှိတ်[mjɛˀsi. m̥eiˀ] ①（動）目を閉じる　②

死ぬ　③（副）止むを得ず、嫌々ながら、仕方なく
မျက်စိမှုန်[mjɛˀsi. m̥oun] （動）目がぼやける、目が霞む、視力が弱い
မျက်စိယဉ်[mjɛˀsi. jin] （動）①見慣れる、目が馴れる　②見栄えがする
မျက်စိရေတိမ်ဖြစ်[mjɛˀsi. jedein pˀjiˀ] （動）緑内障になる
မျက်စိရောဂါ[mjɛˀsi. jɔːga] （病）眼病
မျက်စိရှိုင်း[mjɛˀsi. jainː] （形）見苦しい
မျက်စိရှက်[mjɛˀsi. ʃɛˀ] （動）目のやり場に困る
မျက်စိရှင်[mjɛˀsi. ʃin] （形）目ざとい
မျက်စိရှုပ်[mjɛˀsi. ʃouˀ] （形）目障りだ、見るのに困惑する
မျက်စိလေးလံ[mjɛˀsi. leːlan] （形）まぶたが重くなる、眠気を催す
မျက်စိလမ်[mjɛˀsi. lɛ] →မျက်စိလည်
မျက်စိလည်[mjɛˀsi. lɛ] （動）迷う、道に迷う
မျက်စိလျှင်[mjɛˀsi. ɬin] （形）目ざとい
မျက်စိလျှော့စား[mjɛˀsi. ɬɛ.zaː] （動）錯覚する
မျက်စိလျှံ[mjɛˀsi. ʃan] （動）①見落とす、見逃す、見損なう、看過する　②目が眩む
မျက်စိဝေ[mjɛˀsi. we] （形）目が霞む
မျက်စိသွယ်[mjɛˀsi. təjɛ] （名）心細い表情、不安な眼差し
မျက်စိသွယ်နာသွယ်[mjɛˀsi. təjɛ naːtəjɛ] （副）心細い様で、不安な様子で
မျက်စိသွယ်နှင့်[mjɛˀsi. təjɛ nɛ.] （副）不安な眼差しで、心細い思いで、惨めな思いで
မျက်စိသွယ်ဖြစ်[mjɛˀsi. təjɛ pˀjiˀ] （形）心細い状態だ
မျက်စိသွယ်အိမ်[mjɛˀsi. təjɛ ein] （名）瞳、瞳孔
မျက်စိသွေးကြောပေါက်[mjɛˀsi. tweː tɕɔː pauˀ] （動）眼底出血する、眼底の血管が破れる
မျက်စိအတွင်းတိမ်[mjɛˀsi. ətwinː tein] （病）白内障
မျက်စိအောက်[mjɛˀsi. auˀ] （名）眼前、目の前
မျက်စိအောက်မှာ[mjɛˀsi. auˀm̥a] （副）眼前で、目の前で
မျက်စိအာရုံ[mjɛˀsi. ajoun] （名）視覚
မျက်စိအာရုံခံလွှာ[mjɛˀsi. ajoungan ɬwa] （名）網膜
မျက်ဆေ[mjɛˀsi.] = မျက်စိ
မျက်စောင်းတထိုးထိုး[mjɛˀsaunː dətˀoːdoː] （副）横目で、横目で睨んで、横目でじろじろと
မျက်စောင်းထိုး[mjɛˀsaunː tˀoː] （動）①横目で見る

မျက်နှာ

②横目で睨む ③物欲しげにちらちら見る ④ [mjɛʔsaun:do:]（名）斜め前、斜め向い、斜向い
မျက်စောင်းထိုးအိမ် 斜め前の家
မျက်စောင်းထိုးခံရ[mjɛʔsaun:tʔo: kʔan ja.]（動）睨まれる
မျက်စဉ်း[mjɛʔsin:]（名）目薬
မျက်စဉ်းခတ်[mjɛʔsin: kʔaʔ]（動）目薬を差す
မျက်စဉ်းညို[mjɛʔsin:ɲo]（鉱）碧玉
မျက်စပ်ပိုးဝင်ဆံတပင်တင်။（慣）居たたまれない、耐えられない（目の中に虫が入り、髪毛が１本立つ）
မျက်ဆန်[mjɛʔsʔan]（名）眼球、目玉
မျက်တောင်[mjɛʔtaun]（名）まつ毛
မျက်တောင်ကော့[mjɛʔtaun kɔ.]（動）まつ毛が長い、まつげがカールしている
မျက်တောင်ကော့ဆေး[mjɛʔtaun kɔ.ze:]（名）マスカラ
မျက်တောင်ခတ်[mjɛʔtaun kʔaʔ]（動）瞬きをする
မျက်တောင်ပေါ်တွင်စကြိုလျှောက်[mjɛʔtaunbɔdwin zin:dʑan ʃauʔ]（慣）巧妙に振舞う、抜け目がない、他人の手柄を横取りする
မျက်တောင်မခတ်[mjɛʔtaun məkʔaʔ]（副）瞬きもせずに
မျက်တောင်မွေး[mjɛʔtaun mwe:]（名）まつ毛
မျက်တွင်း[mjɛʔtwin:]（名）眼か、目の窪み
မျက်တွင်းကျ[mjɛʔtwin: tʃa.]（動）目が窪む
မျက်တွင်းချော်[mjɛʔtwin: tʃaun]（動）目が落ちこむ、目が落ち窪む
မျက်တွင်းဟောက်[mjɛʔtwin: hauʔ]（動）目が窪む、目が落ち窪む
မျက်တွင်းဟောက်တောနှင့်[mjɛʔtwin: hauʔtauʔ nɛ.]（副）目が落ち窪んで
မျက်တွင်းဟောက်ပက်ဖြင့်[mjɛʔtwin: hauʔpɛʔ pʔjin.]（副）目が落ち窪んで
မျက်ထော[mjɛʔdaun.]（名）目尻、まなじり
မျက်နက်[mjɛʔnɛ]（名）（眼球の）虹彩
မျက်နက်ကလေးထောင်ကပ်ကြည့်[mjɛʔnɛʔkʔəle: daun. kʔatʃi.]（動）流し目で見る
မျက်နှာ[mjɛʔna]（名）①顔 ②方向、方角 ③面、表面、外面 ④（裏に対して）表 ⑤（計器類の）盤面
မျက်နှာကပ်[mjɛŋəgɛ:]（名）表情、顔の表情
မျက်နှာကောင်းရ[mjɛʔnəgaun: ja.]（動）晴れがましい
မျက်နှာကျ[mjɛʔna tʃa.]（動）容貌が衰える
မျက်နှာကျက်[mjɛʔnədʑɛʔ]（名）天井 →မျက်နှာကြက်
မျက်နှာကျက်ကျက်[mjɛʔnədʑɛʔ tʃɛʔ]（動）天井を張

မျက်နှာကျက်သရေရှိ[mjɛʔna tʃɛʔtəje ʃi.]（形）気品がある、顔に品がある、顔が引き立つ
မျက်နှာကြီး[mjɛʔna tʃi:]①（動）大きな顔ができる、肩身が広い、大きな面をする ②[mjɛʔnədʑi:]（名）名士、有力者、顔の広い人
မျက်နှာကြီးယဲ့ရေ[mjɛʔna tʃi:ŋɛ jwe:]（動）えこ贔屓する、情実を加える
မျက်နှာကြီးယဲ့လိုက်[mjɛʔna tʃi:ŋɛ laiʔ]（動）えこ贔屓する、一方に肩入れする
မျက်နှာကြီးယဲ့လိုက်ရာကျ[mjɛʔna tʃi:ŋɛ laiʔja tʃa.]（動）えこ贔屓する事になる、偏った扱いをしがちだ
မျက်နှာကြီးစု[mjɛʔnədʑi: su]（動）口を尖らせる、膨れっ面をする、不満な表情を示す
မျက်နှာကြီးမဲ့[mjɛʔnədʑi: mɛ.]（動）顔を歪める、表情を曇らせる
မျက်နှာကြီးရာ၊ ဟင်းဖတ်ပါ။（諺）えこ贔屓（銭金は富豪の手許に集まる）
မျက်နှာကြီးရွဲ့[mjɛʔnədʑi: jwɛ.]（動）顔をしかめる
မျက်နှာကြောတည်[mjɛʔnədʑɔ: tɛ.]（動）折り合いがよい、気が合う、うまが合う
မျက်နှာကြက်[mjɛʔnədʑɛʔ]（名）天井
မျက်နှာကြည့်[mjɛʔna tʃi.]（動）顔を見る、顔色を窺う
မျက်နှာကြည်သာ[mjɛʔna tʃida]（動）表情が晴れやかだ、顔つきが穏やかだ
မျက်နှာခပ်တည်တည်ထား[mjɛʔna kʔatidi tʔa:]（動）硬い表情をする、謹厳な表情をする
မျက်နှာချ[mjɛʔna tʃa.]（動）①顔を下に向ける ②へりくだる、下手に出る、謙虚な態度を示す、謙遜する
မျက်နှာချေ[mjɛʔnətʃi]（名）白粉
မျက်နှာချေသွေး[mjɛʔnətʃo twe:]（動）ご機嫌を窺う、ご機嫌を取り結ぶ、気に入るよう胡麻をする
မျက်နှာချင်းဆိုင်[mjɛʔnədʑin: sʔain]①（動）対面する、向い合う ②[mjɛʔnədʑin:zain]（副）向い合って、対面して ③（名）正面、向い合せ
မျက်နှာချင်းဆိုင်တိုက်[mjɛʔnədʑin:zain taiʔ]（動）正面衝突する
မျက်နှာငယ်[mjɛʔna ŋɛ]①（形）肩身が狭い ②[mjɛʔnəŋɛ]（名）肩身の狭い人
မျက်နှာငယ်ခံ[mjɛʔnəŋɛ kʔan]（動）肩身の狭い思いに耐える
မျက်နှာငယ်ဖြစ်[mjɛʔnəŋɛ pʔjiʔ]（動）肩身が狭く

မျက်နှာစာ なる

မျက်နှာစာ[mjɛʔnəza] (名) 正面

မျက်နှာစိမ်း[mjɛʔna sein:] ① (形) 顔を見た事がない、顔見知りではない ②[mjɛʔnəzein:] (名) 見知らぬ人、見慣れぬ人

မျက်နှာစုံညီ[mjɛʔna sounɲi] ① (動) 顔ぶれが揃う、全員の顔が揃う ② (副) 全員が顔を揃えて

မျက်နှာညှို[mjɛʔna ɲo] (動) 萎れかえる、泣かんばかりの表情をする

မျက်နှာညှိုမဲ[mjɛʔna ɲomɛ:] (動) 暗い表情になる

မျက်နှာညှိုး[mjɛʔna ɲo:] (動) 暗い表情をする、気落ちする、力を落とす、しょげかえる

မျက်နှာညှိုးငယ်[mjɛʔna ɲo:ŋɛ] =မျက်နှာညှိုး

မျက်နှာညှိုးငယ်စွာ[mjɛʔna ɲo:ŋɛzwa] (副) 暗い表情で、元気のない顔をして

မျက်နှာထား[mjɛʔnətʼa:] (名) ①表情、顔つき ②硬い表情、険しい表情、厳しい顔つき、怒気を含んだ顔

မျက်နှာထား[mjɛʔna tʼa:] (動) 硬い表情をする、厳粛な顔をする、厳かな表情をする

မျက်နှာထားခက်[mjɛʔnətʼa: kʼɛʔ] (動) 硬い表情をする

မျက်နှာထားချိုသာ[mjɛʔnətʼa: tʃoða] (形) 表情が優しい、表情が穏やかだ

မျက်နှာထောက်[mjɛʔna tʼauʔ] (動) 顔を立てる、好意を持つ、一目置く

မျက်နှာနာ[mjɛʔna na] (動) 気兼ねする、申し訳ない感じを持つ、気の毒に思う

မျက်နှာပူ[mjɛʔna pu] (動) 赤面する、恥じらう、顔が赤らむ、顔が火照る

မျက်နှာပူဆွေး[mjɛʔna puʑa.] (動) 恥ずかしく思う

မျက်နှာပေး[mjɛʔna pe:] ① (動) 差別する、区別する ②顔を向ける ③[mjɛʔnəbe:] (名) 顔つき、表情

မျက်နှာပေးကြီးနှင့်[mjɛʔnəpe:dʑi:nɛ.] (副) 気取った表情で、澄ました顔で

မျက်နှာပေါ့သေ[mjɛʔnəbo: te] (動) 冷静な表情を浮べる

မျက်နှာပေါ့သတ်[mjɛʔnəbo: taʔ] (動き) 何食わぬ顔をする、済ました顔をする、平静を装う、真面目くさった顔をする

မျက်နှာပေါက်[mjɛʔnəbauʔ] (名) 容貌、顔立ち、目鼻立ち、面構え、顔つき

မျက်နှာပန်း[mjɛʔnəban] ① (名) 容貌、外観、外見 ② (植) コブハテマリ、キダチハナカンザシ (アカネ科) Pavetta indica

မျက်နှာပန်းပွင့်[mjɛʔnəban: pwin.] (動) 人気を博する

မျက်နှာပန်းလှ[mjɛʔnəban: l̥a.] (動) 見栄えがする、見た感じがよい、よい印象を与える、面目を施す

မျက်နှာပန်းသာ[mjɛʔnəban: ta] (動) 人気を博する、面目を施す

မျက်နှာပန်းအား[mjɛʔnəban: a:pʼjin.] ဖြင့် (副) 表面上は、外見的には

မျက်နှာပုပ်[mjɛʔna pouʔ] (動) 膨れっ面をする、渋面を作る、険悪な表情をする、苦い顔をする

မျက်နှာပုပ်သိုး[mjɛʔna pouʔto:] =မျက်နှာပုပ်

မျက်နှာပျက်[mjɛʔna pjɛʔ] (動) ①顔色が変わる、顔色を失う、表情が青ざめる ②面目を失う、顔が潰れる、恥を掻く

မျက်နှာပြ[mjɛʔna pja.] (動) ①顔を見せる、姿を現わす ②拝謁する、拝顔する

မျက်နှာပြု[mjɛʔnapju.] (動) 面する、面を向ける

မျက်နှာပြင်[mjɛʔnəbjin] (名) 表面、外面

မျက်နှာပြင်တင်းအား[mjɛʔnəbyin tin:a:] (名) 表面張力

မျက်နှာပြောင်[mjɛʔnəbjaun] (動) 厚顔だ、図々しい、平気だ、平気な顔をする

မျက်နှာပြောင်တိုက်[mjɛʔnəbjaun taiʔ] (動) 図々しい、鉄面皮だ、平気で振舞う

မျက်နှာပြောင်ပြောင်ဖြင့်[mjɛʔna pjaunbjaun pʼjin.] (副) 平気で、平然として、厚かましく

မျက်နှာပြည့်[mjɛʔna pje.] (形) 顔に張りがある

မျက်နှာပွင့်[mjɛʔna pwin.] (動) 人気を博す、面目を施す、人気が集まる、日の目を見る、もてる、評判がよい =မျက်နှာပန်းပွင့်

မျက်နှာပွင့်ဆေး[mjɛʔnəbwin sʼe:] (名) 媚薬、異性にもてる薬、惚れ薬

မျက်နှာပွင့်လန်း[mjɛʔna pwin.lan:] (動) 人気を博す、面目を施す、晴れがましい、肩身が広い

မျက်နှာဖက်[mjɛʔnəbɛʔ] (名) 表側 =မျက်နှာဘက်

မျက်နှာဖုံး[mjɛʔnəpʼoun:] (名) ①マスク、面 ②(雑誌や本などの) 表紙 ③顔役、有力者 မြို့မျက်နှာဖုံး: 街の顔役

မျက်နှာဖုံးစွပ်[mjɛʔnəpʼoun: suʔ] (動) マスクを被る、覆面する

မျက်နှာဖုံးတပ်[mjɛʔnəpʼoun: taʔ] (動) マスクを被る、面を被る

မျက်နှာဖျက်[mjɛʔna pʼjɛʔ] (動) 顔を潰す、体面を傷つける

မျက်နှာဖြူ[mjɛʔnəpʼju] (名) 白人、西洋人

မျက်နှာဘက်[mjɛʔnəbɛʔ] =မျက်နှာဖက်

မျက်နှာမကောင်း[mjɛʔn̥a məkaun:] (形) 顔色が冴えない、顔色が良くない、表情が暗い、陰気な顔をする、悲しい表情をする

မျက်နှာမကြည်[mjɛʔn̥a mətʃi] (動) 顔色が晴れない

မျက်နှာမချုိမချင်ဖြစ်[mjɛʔn̥a mətʃomətʃin pʼjiʼ] (動) ばつの悪い顔をする、悪戯っぽい表情をする

မျက်နှာမထားတတ်[mjɛʔn̥a mətʼaːdaʼ] (動) 顔を上げていられない、恥ずかしい、目のやり場に困る

မျက်နှာမထားတတ်ဖြစ်ရ[mjɛʔn̥a mətʼaːdaʼ pʼjiʼ ja.] (動) 顔を上げてはいられない、平気ではいられない

မျက်နှာမထားတတ်အောင်[mjɛʔn̥a mətʼaːdaʼ aun] (副) 顔を上げていられない程

မျက်နှာမရှိ[mjɛʔn̥a məʃi.] (動) 品位がない、威厳がない、肩身が狭い

မျက်နှာမရ[mjɛʔn̥a məja.] (動) 顔が立たない、気に入って貰えない

မျက်နှာမရွှင်[mjɛʔn̥a məʃwin] (動) 顔色がすぐれない

မျက်နှာမလိုက်[mjɛʔn̥a məlaiʼ] (動) えこ贔屓しない、一方的扱いをしない

မျက်နှာမသာ[mjɛʔn̥a məta] (動) 顔色がすぐれない、表情が勝れない、浮かぬ顔をする

မျက်နှာမူ[mjɛʔn̥a mu] (動) 向く、面する、対面する、顔を向ける ချောင်းဘက်သို့မျက်နှာမူသည်။ 川辺に面している

မျက်နှာမူလိုက်[mjɛʔn̥a mulaiʼ] (動) 臨む、顔を向ける

မျက်နှာမဲ့[mjɛʔn̥amɛ.] (動) 顔を失う、信用を失墜する、世間に見放される

မျက်နှာမော့[mjɛʔn̥a mɔ.] (動) 顔を上げる

မျက်နှာများ[mjɛʔn̥a mja:] (形) 浮気っぽい、多情だ、恋を弄ぶ、八方美人だ

မျက်နှာမြင်[mjɛʔn̥a mjin] (動) 出産する、分娩する

မျက်နှာမွဲ[mjɛʔn̥a mwɛ:] ① (形) 卑しい、下賎だ ② 貧しい ③ [mjɛʔn̥əmwɛ:] (名) 下賎な者、身分の卑しい人

မျက်နှာရ[mjɛʔn̥a ja.] (動) 面目を施す、快く思われる、顔が立つ

မျက်နှာရည်[mjɛʔn̥əje] (名) 品性、品格

မျက်နှာရိပ်မျက်နှာကဲ[mjɛʔn̥əjeiʼ mjɛʔn̥əgɛ:] (名) 顔の表情、顔付き、顔色

မျက်နှာရှေ့[mjɛʔn̥a jwe:] (動) 最屓する

မျက်နှာရှိ[mjɛʔn̥a ʃi.] (動) 人気がある、世間に認められる、世間に評価される、世間から一目置かれる

မျက်နှာရှုံ့၊မဲ့[mjɛʔn̥a ʃoun.mɛ.] (動) 顔をしかめる、顔を歪める

မျက်နှာရွှင်[mjɛʔn̥a ʃwin] (動) 笑みを浮べる、晴れ晴れとした表情になる

မျက်နှာလိုမျက်နှာရ[mjɛʔn̥əlo mjɛʔn̥əja.] (副) こび諂って、おもねって、取り入って、阿諛追従して、胡麻をすって

မျက်နှာလိုက်[mjɛʔn̥a laiʼ] (動) えこ贔屓する、特別扱いをする

မျက်နှာလုပ်[mjɛʔn̥a louʼ] (動) 胡麻を磨る、機嫌を取る、取り入る、快く思われるようとする

မျက်နှာလှ[mjɛʔn̥a l̥a.] (動) ① 魅力的だ ② もてる、もてはやされる、人気を得る

မျက်နှာလှည့်[mjɛʔn̥a l̥ɛ.] (動) 顔の向きを変える

မျက်နှာလွှဲ[mjɛʔn̥a l̥wɛ:] (動) ① 顔を背ける ② 無視する、素知らぬ振りをする ③ 他人に任せる、一任する、任せきりにする ④ 死ぬ、この世を去る

မျက်နှာလွှဲ၊ခဲပစ်။ (諺) 他所を向いて、石を投げる (無責任な行動、後は野となれ山となれ)

မျက်နှာဝိုင်း[mjɛʔn̥a wain:] (名) 顔が丸い、丸顔をしている

မျက်နှာသာ[mjɛʔn̥a t̥a] (形) 朗らかだ、楽しい

မျက်နှာသာပေး[mjɛʔn̥əda pe:] (動) 最屓する、優先的に扱う、特別扱いする

မျက်နှာသိ[mjɛʔn̥ədi.] (名) 知り合い、顔見知り

မျက်နှာသိ၊ငါးပိမဝယ်ရာ။ (格) 親しき者から物を買うべからず

မျက်နှာသေ[mjɛʔn̥əde] (名) ① 無表情、ポーカーフェイス ② 暗い表情、空ろな表情、元気のない顔、しょんぼりした顔、沈痛な表情

မျက်နှာသစ်[mjɛʔn̥a ti] ① (動) 顔を洗う、洗面する、洗濯する cf.လက်ဆေးသည် 手を洗う ခေါင်းလျော်သည်။ 頭を洗う、髪を洗う ② [mjɛʔn̥ədiʼ] (名) 見慣れない人、見知らぬ人

မျက်နှာသုတ်[mjɛʔn̥a touʼ] (動) 顔を拭く

မျက်နှာသုတ်ပဝါ[mjɛʔn̥ətouʼ pəwa] (名) タオル、手拭い

မျက်နှာသန်စင်[mjɛʔn̥a tan.sin] (動) 出産する、分娩する

မျက်နှာသုန်[mjɛʔn̥a toun] (動) 不快な表情をする、厭な表情になる

မျက်နှာအနေ[mjɛʔn̥a əne] (名) 顔つき、顔の様子

မျက်နှာအနေအထား:[mjɛʔn̥a əneətʼa:] (名) 顔付き、表情

မျက်နှာအထား:[mjɛʔn̥a ətʼa:] (名) 顔の様子

မျက်နှာအမူအရာ[mjɛˀn̥a əmuəja]（名）表情、顔の動き

မျက်နှာအို[mjɛˀn̥a o]（動）浮かぬ顔をする、悲観的な表情になる

မျက်နှာအိုးမဲသုတ်[mjɛˀn̥a o:mɛ: tou̯ˀ]（動）恥をかかせる、顔に泥を塗る ရွာမျက်နှာအိုးမဲသုတ်သည်။ 村の名を汚す

မျက်နှာအောက်[mjɛˀn̥a auˀ]（動）無愛想な表情をする

မျက်နှာအပ်[mjɛˀn̥a aˀ]（動）顔を寄せる、顔を預ける、顔を押し当てる

မျက်နှာအုပ်[mjɛˀn̥a ouˀ]（動）顔を覆う

မျက်ပျဉ်း[mjɛˀpjin:]（名）眼下の皮膚のたるみ

မျက်ပွင့်[mjɛˀpwin.]（名）①愛児、掌中の珠 ②研磨した宝石

မျက်ဖန်[mjɛˀpʰan]（名）まぶた、目蓋

မျက်ဖြူ[mjɛˀpʰju]（名）白眼、きょう膜

မျက်ဖြူဆိုက်[mjɛˀpʰju sʰaiˀ]（動）①白眼を見せる、白眼を剥く ②苦境に立たされる、土壇場に追い込まれる、のっぴきならない立場に置かれる

မျက်ဖြူဆိုက်လေ၊ ဆရာကြိုက်လေ။（諺）他人の不幸に付け入る、他人の不幸は蜜の味（白眼を剥けば剥くほど医者は喜ぶ）

မျက်ဖြူလန်[mjɛˀpʰju lan]＝မျက်ဖြူဆိုက်

မျက်မမြင်[mjɛˀməmjin]（名）盲、盲人

မျက်မမြင်ကျောင်း[mjɛˀməmjin tɕaun:]（名）盲人学校

မျက်မည်း[mjɛˀmɛ:]（名）１５歳の少女

မျက်မုန်းကျိုး[mjɛˀmoun: tɕo:]（動）虫酸が走る、毛嫌いする、目の敵にする

မျက်မြင်[mjɛˀmjin]（名）①ありのまま ②目撃した事柄、個人的体験

မျက်မြင်ကိုယ်တွေ့[mjɛˀmjin kodwe.]（名）目撃、実際の体験、個人的体験

မျက်မြင်ကိုယ်တွေ့ဖြစ်[mjɛˀmjin kodwe. pʰjiˀ]（動）自ら見聞する、個人的に体験する

မျက်မြင်ကိုယ်တွေ့ဖြစ်ရပ်[mjɛˀmjin kodwe. pʰjiˀjaˀ]（名）具体的出来事、目撃した事柄、個人的体験

မျက်မြင်တွေ့ရှိသူ[mjɛˀmjin twe.ʃi.d̥u]（名）目撃者

မျက်မြင်သက်သေ[mjɛˀmjin t̥ɛˀt̥e]（名）目撃者

မျက်မွေးစူး[mjɛˀmwe: su:]（動）目障りだ、他人の視線に耐えられない

မျက်မွေးထော[mjɛˀmwe: tʰɔ]（動）目障りだ

မျက်မောက်[mjɛˀmauˀ]（名）①目の前、眼前 ②現在、現今

မျက်မောက်ကာလ[mjɛˀmauˀ kala.]（名）現代

မျက်မောက်ခေတ်[mjɛˀmauˀ kʰiˀ]（名）現代

မျက်မောက်ထင်ထင်[mjɛˀmauˀ tʰindin]（副）①目の前に、眼前に、くっきりと明瞭に ②即刻

မျက်မောက်ပြု[mjɛˀmauˀ pju.]（動）知覚する、感知する

မျက်မောက်အခြေအနေ[mjɛˀmauˀ ətɕʰe əne]（名）現状

မျက်မောင်[mjɛˀmaun]（名）眉間、両眉の間

မျက်မောင်ကုပ်[mjɛˀmaun kouˀ]（動）眉を顰める、眉間に皺を寄せる、渋面を作る、不興気な顔をする、しかめ面をする

မျက်မောင်ကြုတ်[mjɛˀmaun tɕʰouˀ]＝မျက်မောင်ကုပ်

မျက်မှန်[mjɛˀm̥an]（名）眼鏡

မျက်မှန်ကိုင်[mjɛˀm̥angain:]（名）眼鏡のフレーム

မျက်မှန်ချွတ်[mjɛˀm̥an tɕʰuˀ]（動）眼鏡を外す

မျက်မှန်တပ်[mjɛˀm̥an taˀ]（動）眼鏡を掛ける

မျက်မှန်တပ်ဆင်[mjɛˀm̥an taˀs̥in]＝မျက်မှန်တပ်

မျက်မှန်နက်[mjɛˀm̥anneˀ]（名）黒眼鏡

မျက်မှန်အိမ်[mjɛˀm̥an ein]（名）眼鏡入れ、眼鏡ケース

မျက်မှန်း[mjɛˀm̥an:]（名）目測

မျက်မှန်းကောင်း[mjɛˀm̥an: kaun:]（形）目測が正しい、目測を誤らない

မျက်မှန်းတန်[mjɛˀm̥an: tan:]（動）①瞼に焼き付く ②顔なじみになる、顔見知りだ、旧知の間柄だ

မျက်မြေ[mjɛˀm̥e:]（名）（眼球の）結膜

မျက်မြေရောင်[mjɛˀm̥e: jaun]（病）結膜炎

မျက်ရစ်[mjɛˀjiˀ]（名）二重瞼、目蓋の襞

မျက်ရည်[mjɛˀje]（名）涙

မျက်ရည်ကျ[mjɛˀje tɕa.]（動）涙が零れる、涙を流す

မျက်ရည်ခံထို[mjɛˀjegan tʰo:]（動）嘆願する、泣いて許しを乞う

မျက်ရည်ခံမှည့်[mjɛˀjegan m̥ɛ.]（名）泣き黒子

မျက်ရည်စို[mjɛˀje so.]（動）涙が滲む

မျက်ရည်စက်လက်[mjɛˀje sɛˀlɛˀ]（副）涙がポロポロと、涙が止め度なく

မျက်ရည်နှင့်ဒူးနှင့်သုတ်ရ[mjɛˀjene. du:ne. tou̯ˀja.]（慣）泣きの涙で暮す（涙を膝頭で拭う）

မျက်ရည်နှင့်မျက်ခွက်[mjɛˀjene. mjɛˀkʰwɛˀ]（副）涙の枯れる間もなく

မျက်ရည်ယို[mjɛˀje jo]（動）涙を流す

မျက်ရည်ယိုဗုံး[mjɛˀjejo boun:]（名）催涙弾、催涙ガス弾

မျက်ရည်လည်[mjɛʔje lɛ]（動）涙ぐむ、目に涙が浮ぶ、涙が沸き出る

မျက်ရည်လည့်နဲ့[mjɛʔje lɛjwɛːnɛ.]（副）涙を浮べて、涙ぐんで

မျက်ရည်လွယ်[mjɛʔje lwɛ]（形）涙もろい

မျက်ရည်ဝဲ[mjɛʔje we]（動）涙が溢れる

မျက်ရည်ဝဲ့[mjɛʔje wɛː]（動）目に涙を浮べる

မျက်ရည်သုတ်[mjɛʔje touʔ]（動）涙を拭く、涙を拭う

မျက်ရည်ဥ[mjɛʔje u.]①（動）涙が浮ぶ、涙が溢れる ②（名）涙の滴、涙の粒

မျက်ရိပ်[mjɛʔjeiʔ]（名）目配せ =မျက်စ

မျက်ရိပ်ကောင်း[mjɛʔjeiʔ kaunː]（動）目ざとい

မျက်ရိပ်ပေး[mjɛʔjeiʔ peː]（動）目配せする

မျက်ရိပ်ပြ[mjɛʔjeiʔ pja.]（動）目配せする

မျက်ရိပ်မျက်ခြည်[mjɛʔjeiʔ mjɛʔtɕi]（名）目配せ

မျက်ရိပ်မျက်ခြည်ကောင်း[mjɛʔjeiʔmjɛʔtɕi kaunː]（動）目ざとい

မျက်ရိပ်မျက်ခြည်ပြ[mjɛʔjeiʔ mjɛʔtɕi pja.]（動）目配せする

မျက်ရှု[mjɛʔʃu.]（名）（目に入れても痛くない）愛児

မျက်လုံး[mjɛʔlounː]（名）眼球

မျက်လုံးကြောင်[mjɛʔloun tɕaun]（動）目が冴える、寝つかれない

မျက်လုံးစောင်း[mjɛʔloun saunː]（動）斜視だ、やぶ睨みだ

မျက်လုံးနှစ်ဖက်[mjɛʔloun n̥əpʔɛʔ]（名）両眼

မျက်လုံးနှစ်လုံး[mjɛʔloun n̥alounː]（名）両眼

မျက်လုံးပြူး[mjɛʔloun pjuː]（動）驚愕の余り）目をむく、瞠目する、目を見張る

မျက်လုံးမျက်ဆန်ပြူး[mjɛʔlounːmjɛʔsʼan pjuː]=မျက်လုံးပြူး

မျက်လုံးမျက်ဆန်ပြူးနဲ့[mjɛʔlounːmjɛʔsʼan pjuːnɛ.]（副）目を白黒させて

မျက်လုံးပြူးမျက်ဆန်ပြူးဖြစ်[mjɛʔlounːmjɛʔsʼan pjuːpʼjiʔ]（動）唖然となる、瞠目する、驚いて目を見張る

မျက်လုံးမျက်ဖန်[mjɛʔlounːmjɛʔpʼan]（名）目許

မျက်လုံးမျက်ဖန်ကောင်း[mjɛʔlounːmjɛʔpʼan kaunː]（形）目許が涼しい、眉目秀麗だ

မျက်လုံးဖွင့်[mjɛʔloun pʼwin]（動）目を開ける

မျက်လုံးမှေး[mjɛʔloun meː]（動）目が細い

မျက်လုံးဝေ[mjɛʔloun we]（動）目が霞む、目がぼやける

မျက်လုံးဝင်း[mjɛʔloun winː]（動）目が輝く、目がきらきらする

မျက်လုံးအိမ်[mjɛʔlounː ein]（名）眼か、目の窪み

မျက်လှည့်[mjɛʔɬɛ.]（名）手品、奇術

မျက်လှည့်ဆရာ[mjɛʔɬɛ. sʼəja]（名）手品師

မျက်လှည့်ပြ[mjɛʔɬɛ. pja.]（動）手品を見せる

မျက်လှည့်အတတ်[mjɛʔɬɛ. ətaʔ]=မျက်လှည့်

မျက်လွှာ[mjɛʔɬwa]（名）①目蓋、眼けん ②視線、眼差し

မျက်လွှာချ[mjɛʔɬwa tɕʰa.]（動）視線を下に向けるうつむく

မျက်လွှာပင့်[mjɛʔɬwa pin.]（動）顔を上げる

မျက်ဝါးထင်ထင်[mjɛʔwaː tʼindin]（副）①眼前で、目の前で ②くっきりと、目の当たりに、肉眼で

မျက်ဝတ်[mjɛʔwuʔ]（名）目糞、目やに

မျက်ဝတ်ထွက်[mjɛʔwuʔ tʼwɛʔ]（動）目糞が溜まる、目やにが出る

မျက်ဝန်း[mjɛʔwunː]（名）虹彩

မျက်သွေးတက်[mjɛʔtʼwe tɛʔ]（動）目が充血する、目が赤く充血する、白眼が炎症を起す

မျက်ပန်း[mjɛʔpanː]（植）①ザクロソウ（ザクロソウ科）Mollugo pentaphylla ②モンパミミナグサ（ザクロソウ科）M. hirta ③ザクロソウの仲間 M. cerviana

မျက်ပြဲ[mjɛʔpjɛ]（植）マラバルノボタン（ノボタン科）Melastoma malabathricum

မျောက်[mjauʔ]（名）①猿 ②（植）ヤマノイモ、ダイジョ ③（英領時代の）コインの表 cf.ပဲ့

မျောက်ကနစွန်း[mjauʔ gəzunː]（植）キクザアサガオ（ヒルガオ科）Ipomoea pes-tigridis

မျောက်ကြား[mjauʔ tɕaː]（動物）クマネコ（ジャコウネコ科）Arctictis binturong 樹上性

မျောက်ချော[mjauʔ tɕɔː]（植）ホマリウム（イイギリ科）Homalium tomentosum

မျောက်ငို[mjauʔ ŋo]（植）シダレオオサルスベリ（ハマザクロ科）Duabanga grandiflora

မျောက်စပ်[mjauʔ saʔ]（動物）ガンジスザル、アカゲザル（オナガザル科）Macaca mulatta

မျောက်ဆီး[mjauʔ ziː]（植）ナツメの1種（クロウメモドキ科）Zizyphus rugosa

မျောက်ညို[mjauʔ ɲo]（動物）メガネザル

မျောက်တည်[mjauʔ tɛ]（植）リュウキュウコクタン、ホンコクタン、ボンベイコクタン（カキノキ科）Diospyros melanoxylon

မျောက်တံငါ[mjauʔ təŋa]（動物）カニクイザル（オナガザル科）Macaca irus 海岸、河川沿いの湿地等に棲息

မျောက်နွယ်[mjau' nwɛ] (植) ヤマノイモの仲間 Dioscorea glabra

မျောက်နှဲစေးပင်[mjau'ɳɛːsi: bin] (植) 烏もちの木

မျောက်ပုတီး[mjau' bədi:] (動物) ブタオザル（オナガザル科）Macaca nemestrina イラワジ川上流、アラカン山脈、テナセリム地方等に棲息

မျောက်ပန်းလှဲ[mjau'pan: ɬɛ.] (動) コインを廻して倒れた時の裏表を当てる（勝敗を決める）

မျောက်ပန်းလှန်[mjau'pan: ɬan] (動) コインを投げ上げて落ちてきた時の裏表を当てる（賭事で使われる） cf. ခေါင်းပန်းလှန်

မျောက်ပြ၊ဆန်တောင်း။ (諺) 他人を利用して私利を図る、他人の褌で相撲を取る（猿を見せて米を求める）

မျောက်မထား[mjau'ma. t'a:] (動) 間男をする、（有夫の女が）不義を犯す、姦通する、不倫をする

မျောက်မထားပန်း[mjau'ma.t'a: ban:] (植) 月下香 Polianthus tuberosa

မျောက်မထားမ[mjau'ma.t'a:ma.] (名) 不倫の女、密通した女、間男をした女

မျောက်မဲ[mjau'mɛ:] ① (植) ナンヨウカルカヤ、メガルカヤ（イネ科）Themeda triandra ② (動物) ブタオザル＝မျောက်ပုတီး

မျောက်မောင်းမ[mjau' maun:ma.] (動物) ナマケザル、ドウケザル、スロー・ローリス（ロリス科） Nycticebus coucang

မျောက်မျက်ကွင်းဖြူ[mjau' mjɛ'kwin:bju] (動物) メガネザル、シロマブタザル、ダスキー・ルトン（イボザル科）Presbytes obscurus

မျောက်မှိန်း[mjau'mjin:] (名) うたた寝、まどろみ、夢うつつ、仮眠

မျောက်မြွာ[mjau'mja:] (植) ①オキナワミチシバ（イネ科）Chrysopogon aciculatus ②アカヒゲガヤ（イネ科）Heteropogon contortus

မျောက်မြီး[mjau'mji:] (植) オキナワミチシバ＝မောင်းရင်းငို

မျောက်မြီးရှည်[mjau'mji: ʃe] (動物) イボザル科の猿の1種 Presbytis pileatus

မျောက်မြင်လေ၊အုတ်ခဲနဲ့ထုချင်လေ။ (諺) 猿を見れば石をぶつけたくなる（悪戯盛りの子供）

မျောက်မွေး[mjau' mwe:] (動) 間男をする、浮気する、不倫をする

မျောက်ရှုံ့အောင်[mjau' ʃoun: aun] (副) 猿も顔負けする位に

မျောက်လက်[mjau'lɛ'] (名) 錠前、蝶番錠、掛け金

မျောက်လက်ဝါ[mjau' lɛ'wa:] (植) フカノキ（ウ

コギ科）の一種 Heptapleurum venulosum

မျောက်လောင်း[mjau'laun:] (名) ①やんちゃ坊主、手に負えないいたずらっ子 ②元の木阿弥、元の姿に逆戻りした人

မျောက်လောင်းပျံ[mjau'laun:bjan] (動物) トビキツネザル、マライヒヨケザル、ヨブスマザル（ヒヨケザル科）Cynocephalus variegatus ムササビに類似

မျောက်လည်ဆိပ်[mjau' lɛzei'] (植) ブカック（センダン科）Amoora cucullata

မျောက်လည်ပတ်ဖြူ[mjau' lɛba'p'ju] (動物) ボウシテナガザル（テナガザル科）Hylobates pileatus

မျောက်လုတ်[mjau'lou'] (植) リンゴバンノキ、ラクーチャパンノキ（クワ科）Artocarpus lakoocha

မျောက်လျှော[mjau' ɬega:] (植) バウヒニアの一種 Bauhinia scandens

မျောက်လျှောင်ပျံ[mjau'ɬaunbjan] (動物) ヒヨケザル、ヨブスマザル、ツパイ

မျောက်လွှဲကျော်[mjau'ɬwɛː tɕɔ] (動物) シロアシテナガザル（テナガザル科）Hylobates lar

မျောက်ဝံ[mjau'wun] (名) 類人猿

မျောက်သား[mjau'ta:] (名) 皇太子妃、親王妃、内親王の夫

မျောက်သားတော်[mjau'ta:dɔ] (名) 王族の配偶者

မျောက်သစ်ကိုင်းလွတ်[比] 心細い状態、頼りない状態（木の枝から離れた猿）

မျောက်သစ်ကိုင်းလွတ်ဖြစ်[mjau' ti'kain: lu' p'ji'] (動) 心細い思いをする、頼りにするものを失う

မျောက်သံလျက်[mjau' tanljɛ'] (植) フサマメノキ（マメ科）

မျောက်သွေး[mjau'twe:] (名) RHマイナスの血液

မျောက်ဥ[mjau'u.] (植) ①ヤマイモ、ダイジョ（ヤマノイモ科）Dioscorea alata ②カシュウイモ マルバドコロ（ヤマノイモ科）D. sativa

မျောက်ဥနီ[mjau'u.ni] (植) ヤマノイモの1種 D. purpurea

မျောက်ဥပိုး[mjau'u.bo:] (虫) アリモドキゾウムシ

မျောက်ဥဖြူ[mjau'u.bju] (植) ヤマノイモの1種

မျောက်အံးသီးရ[mjau' oun:di: ja.] (比) 為す術を知らない、宝の持ち腐れ（ココ椰子の実を手に入れた猿）

မျည်း[mjin:] (動) ①嘆く、悲嘆する ②垂れる、俯く、伏し目になる ③居眠りする、うたた寝する

မျဉ်း[mjin:] (名) ①線、直線、ライン、（印刷の）行 ②（王朝時代の）軍服、戦闘服
မျဉ်းကောက်[mjin:gau'] (名) 曲線
မျဉ်းကျား[mjin:dʑa:] (名) 縞模様、横断歩道
မျဉ်းကြောင်း[mjin:dʑaun:] (名) 線、直線、行
မျဉ်းကွေး[mjin:gwe:] (名) 曲線、カーブ
မျဉ်းချ[mjin: tʃa.] (動) 定規で線を引く
မျဉ်းခွေ[mjin: k'we.] (動) 疲労する
မျဉ်းစောင်း[mjin:zaun:] (名) 斜線
မျဉ်းဆွဲ[mjin: s'wɛ:] (動) 線を引く
မျဉ်းညှပ်[mjin:ɲa'] (名) 習字用の線、文字練習用の二本線
မျဉ်းတား[mjin: ta:] (動) 線を引く
မျဉ်းတို[mjin:do] (名) ①短い線 ②（王朝時代）兵士が着用した上着
မျဉ်းတံ[mjin:dan] (名) 定規、物差し
မျဉ်းပြိုင်[mjin:bjain] (名) 平行線
မျဉ်းဖြောင့်[mjin:bjaun.] (名) 直線
မျဉ်းမတ်[mjin:ma'] (名) 垂直線
မျဉ်းရှည်[mjin:ʃe] (名) （王朝時代の）兵士が着用した長スカート
မျဉ်းသား[mjin: t̪a:] (動) 線を引く、横線を引く
မြ[mja.] ① (名) エメラルド ②（形）エメラルド色の ③（形）鋭い、鋭利だ
မြခမောင်း[mja.k'əmaun:] (植) ムラサキヌメリハダ（フトモモ科）Tristania merguensis
မြစိစိ[mja.zein] (植) ジャケツイバラ科の植物 Parkinsonia aculeata
မြစိစိရောင်[mja.zein:jaun] (名) 翡翠色
မြရောင်စိမ်း[mja.jaun sein:] (形) 深緑だ、（樹木が）青々している
မြပဗ္ဗ[mja.bji'] (植) スベリヒユ（スベリヒユ科）= မြပြဗ်
မြရ[mja.ja] (植) Microcos paniculata この木の実を子供達が竹鉄砲の弾に使う
မြဝတီ[mja.wədi] (名) ミャワデイー ①テナセリム管区内にある町の名 ②月刊文芸雑誌の名前
မြဝတီမင်းကြီး[mja.wədi min:dʑi:] (人名) 本名ウー・サ（18世紀から19世紀にかけて活躍した歌人、アユタヤ歌、パッピョー歌等多くの作品を残した
မြ[mja] (俗語) 女、娘
မြပွဲ[mja pwe] (動) 女出入りが激しい、女の尻を追い回す
မြား[m̥ja:] (名) ①矢 ②（家の）桁、梁、棟木
မြားကျည်တောက်[m̥ja:tʃidau'] (名) えびら、矢筒
မြားဆိပ်[m̥ja:zei'] (植) ウパスノキ（クワ科）Anitiaris toxicaria
မြားသင့်[mja:tin.] (動) 矢が当る、矢が命中する
မြားမြောင်[mja:mjaun] (形) 夥しい、著しく多い、無数にある
မြီ[mji] (名) 借金、負債、債務
မြီစား[mjiza:] (名) 債務者、借主、借方
မြီတို[mjido] (名) 債務の利息
မြီရှင်[mjiʃin] (名) 債権者、貸方
မြီး[mji:] (名) 尾 <အမြီး
မြီးကောက်ပေါက်[mji:gaunbau'] (名) ①年頃の娘、色気の出始めた娘、思春期に入りかけた娘 ②青二才、嘴の黄色い若造、駆け出し
မြီးဆံ[mji:zan] (名) 尾毛
မြီးညောင့်ငုတ်[mji:ɲaun. ɲɛ'] (鳥) ハクセキレイ（セキレイ科）Motacilla alba
မြီးညောင့်ခေါင်းမွဲ[mji:ɲaun. gaun:mwɛ:] (鳥) オオハクセキレイ（セキレイ科）Motacilla madaraspatensis
မြီးညောင့်ခေါင်းဝါ[mji:ɲaun. gaun:wa] (鳥) キセキレイ（セキレイ科）Motacilla cinerea
မြီးညောင့်[mji:ɲaun:] (名) 尾てい骨
မြီးညှပ်ပိုးကောင်[mji:ɲau'po:gaun] (虫) ハサミムシ
မြီးတက်ရှူငှက်ကောင်း[mji:dɛ'ŋəjou'kaun:] (植) ヒッチョウカ（コショウ科）Piper cubeba
မြီးတို[mi:doun:] (名) ミードン、米の一品種、晩稲の一種
မြီးပျံ[mji:bjan:] (名) 馬の尾の付根
မြီးဝ[mji:wun] (鳥) アオバズク（フクロウ科）Ninox scululata
မြီးရေ[mji:ʃe] (名) 米麺（ビーフン）<漢
မြူ[mju] (植) シロザ、アカザ（アカザ科）Chenopodium album
မြူ[mju] (名) ①霧、霞 ②液体の容量
မြူကွေး[mju kwe:] (動) 霧が晴れる
မြူခို[mjugo:] (名) = မြူ ①
မြူဆိုင်း[mju s'ain:] (動) 朝霧が立ち込める、霧がかかる
မြူထူ[mju t'u] (形) 霧が濃い
မြူစွမ်း[mjuswan] (素ံ) 素麺 = မြူဆံ၊ မြူစွာ။
မြူတ[mjuta] (名) 蕾型をした蓋付きの容器
မြူအိုး[mju o:] (名) （扇椰子、団扇椰子の液汁を採取して入れる）素焼きの壷
မြူနီစီပါယ်[mjunisəpɛ] (名) 市庁<英Municipal
မြူနီစီပါယ်ခွန်[mjunisəpɛ gun] (名) 市民税、住民税

မြှုနီစီပါယ်အဖွဲ့အစည်း[mjunisəpɛ əp'wɛ.əsi:] 市役所

မြှုလှုကြီး[mju luʤi:] (名) 市会議員

မြှု:[mju:] (動) ①はしゃぐ、浮かれ騒ぐ、戯れる、じゃれる ②(魚の動きが)活発だ

မြှု:ကြွ[mju:tʃwa.] (動) うきうきする、はしゃぐ

မြှု:တူ:[mju:du:] (動) はしゃぐ、浮かれ騒ぐ

မြှု:ပျော်[mju:pjɔ] (動) 欣喜雀躍する

မြေ[mje] (名) ①土、土壌 ②陸、岡

မြေကတုတ်[mje gədou'] (名) 土の胸壁、防壁、塹壕

မြေကရား:[mje k'əja:] (名) 土瓶

မြေကိုင်[mje kain] (動) (土着神の祟りで)四肢が硬直する、手足が麻痺する、手足がしびれる

မြေကျရက်လည်မြေဆင်:ဆွမ်:သုတ်[mjeʤa.jɛ'lɛ mjezin: s'un:tu'] (動) 埋葬後1週間目の供養を行う、斎飯を供える

မြေကျေး:ရွာရင်:[mjetʃe.ʃin:] (名) 農地農村開発公社

မြေကြီး[mjeʤi:] (名) 大地

မြေကြီး:လက်ခတ်မလွဲ[mjeʤi:lɛ'k'a' məlwɛ:] (副) 確実に、絶対に、狂いなく

မြေကြောင်[mjeʤɔ:] (生物) ミミズ

မြေကွက်[mjegwɛ'] (名) 宅地、区画、区域、地域

မြေကွက်ရှင်:[mjegwɛ' ʃin:] (動) 宅地を整理する、区画を整理する、区域を清掃する、掃除する

မြေကွက်လပ်[mje kwɛ'la'] (名) 空地

မြေကြွက်[mjeʤwɛ'] (動物) オオネズミ、ジネズミ

မြေခ[mje k'a.] (動) 地上に落ちる、落下する

မြေခံကောင်:[mjegan kaun:] (形) ①(農耕、建築等に)最適だ ②(三隣亡や友引等がない) 吉日だ

မြေခံရေခံ[mjegan jegan] (名) 立身出世の背景 =ရေခံမြေခံ

မြေချ[mje tʃa.] (動) 埋葬する、土葬する

မြေခွေ:[mjegwe:] ①(動物)狐 ②(虫)ケラ =မြေခွေ:ပုရစ်

မြေခွေ[mje k'wɛ] (動) 土を掘り起す

မြေခွန်[mjegun] (名) 地租

မြေငှုံ:[mjeŋoun:] (鳥) ヤイロチョウ Pitta sordida

မြေငွေ့[mje ŋwe.] (名) 大地から立ち上る蒸気

မြေငှား[mje ŋa:] ①(動) 土地を借りる、小作する ②(名)借地

မြေစာ[mjeza] ①(植)ギョウギシバ(イネ科) Cynodon dactylon ②(名)掘り出した土、掻き出した土

မြေစာပင်[mjezabin] ①(植)ギョウギシバ ②(名)巻き添えを食った人、犠牲者、とばっちりを受けた人

မြေစာမြက်[mjezamjɛ'] =မြေစာပင်

မြေစာဥ[mjeza u.] (植)オオサンカクイ(カヤツリグサ科) Scipus grossus =ဝက်မြေစာဥ

မြေစုဘင်[mjezubin] (植)オシロイバナ(オシロイバナ科) =မဇ္ဈူ

မြေစေး:[mjezi:] (名)粘土

မြေစိုက်[mjezai'] (名)土間式の家屋

မြေစိုက်စေတီ[mjezai' zedi] (名)土台がなく地上に直に立てられた仏塔

မြေစိုက်ရေအိုး:စင်[mjezai' jeo:zin] (名)地上に置かれた飲み水の水がめ

မြေစိုင်[mjezain] (名)土塊、土の塊

မြေစိုင်ခဲ[mjezaingɛ:] (名) =မြေစိုင်

မြေစမ်:ခရမ်:ပျိုး။ [諺]物は試しだ(土を調べて茄子を植える)

မြေစမ်:ခရမ်:ပျိုး[mje san: k'əjan: pjo:] (動)試みる、実験する、運に任せて行なう

မြေစိမ်:[mjezein] (名)未耕作地、未開拓地

မြေဆီမြန်[mjezi mjeni'] (名)肥沃な土壌

မြေဆီလွှာ[mjezi ɫwa] (名)肥沃な表層土

မြေဆီလွှာတိုက်စာ:ခံ[mjeziɫwa tai'sa: k'an ja.] (動)土壌を浸食される

မြေဆီလွှာတိုက်စာ:မှု[mjeziɫwa tai'sa:mu.] (名)土壌の浸食

မြေဆီသြဇာကောင်:မွန်[mjezi ɔ:za kaun:mun] (形)土壌が肥沃だ

မြေဆီး:ဗျု[mje zi:bju] (植)コミカンソウ(トウダイグサ科)Phyllanthus urinaria

မြေစာမြက်[mjezamjɛ'] (植)ギョウギシバ(イネ科)Cynodon dactylon

မြေဆွ[mje s'wa.] (動)土を耕す、土をほぐす、土を軟らかくする

မြေဆွေ:[mjezwe:] (名)腐植土、堆肥

မြေဆွေ:ထည့်[mjezwe: t'ɛ.] (動)堆肥を入れる

မြေညီထပ်[mjeɲida'] (名)(建物の)一階、グラウンドフロア =တထပ်

မြေညှော်င့်ကျ[mjeɲaun.ja'] =မြီ:ညှော်င့်ကျ

မြေတပြင်လုံ:[mje dəbjinloun:] (名)土地全体、土地全面

မြေတိုက်[mjedai'] (名)地下室

မြေတိုက်စာ:မှု[mje tai'sa:mu.] (名)土壌の浸食

မြေတောင်မြက်ပေး:[mjedaun mjau'pe:] (動)①土壌をほぐしてやる、土を軟らかくしてやる ②

カづける、励ます、元気づける

မြေတောင်မြှောက်ရေလောင်းပေး[mjedaun mjau' je laun:pe:] (動) 土壌をほぐし水を注いでやる

မြေတိုင်း[mjetain:] (名) 土地の査定、土地の評価

မြေတိုင်းစာရေး[mjedain: səje:] (名) 地租査定官

မြေတွင်း[mjedwin:] (名) 地中の穴

မြေထု[mjezu.] (名) 地層

မြေထဲပင်လယ်[mjede: pinlɛ] (地) 地中海

မြေထည်[mjedɛ] (名) 土器、素焼きの器

မြေထွေးခံ[mje t'we:gan] (名) 素焼きの痰壺

မြေနု[mjenu.] (名) 沖積土

မြေနုကျွန်းပေါ်[mjenu.tʃun:bɔ] (名) 河川の中州、(大河の下流にできる) 三角州、デルタ

မြေနန်းတော်[mje nan:dɔ] (名) 国王謁見の間 (王宮の一番東の建物で、獅子の玉座が置かれていた)

မြေနန်းဝန်[mjenan:wun] (名) (王朝時代の) 式典設営奉行

မြေနိမ့်ရာ လှံစိုက်။ (諺) 弱い者苛め、不運の積み重ね (低い土地に槍が突き刺さる)

မြေပဲတောက်[mje bədau'] (植) バンガジュツ (ショウガ科) Kaempferia rotunda

မြေပဲ[mjebɛ:] (植) ラッカセイ、ナンキンマメ (マメ科) Arachis hypogaea

မြေပဲခင်း[mjebɛ:gin:] (名) 落花生畑

မြေပဲခွံ[mjebɛ:gun] (名) 落花生の殻

မြေပဲဆီ[mjebɛ:zi] (名) 落花生油

မြေပဲလှော်[mjebɛ:ʃɔ] (名) 煎った落花生

မြေပေါ်[mjebɔ] (名) 地上

မြေပိုင်ရှင်[mjebainʃin] (名) 地主、土地所有者

မြေပုံ[mjeboun] (名) ①地図 ②塚、盛り土 ③土饅頭

မြေပုံးရမ်း[mjeboun k'əjan:] (植) ナスの1種 Solanum jacquinii

မြေပုံဆွဲ[mjeboun s'wɛ:] (動) 地図を描く

မြေပုံဘုရား[mjeboun p'əja:] (名) せん仏、誓願板、奉献板

မြေပျော်[mjebya:] (虫) 土蜂

မြေပြိုကျ[mje pjotʃa.] (動) 土砂崩れが起きる

မြေပြင်[mjebjin] (名) 地面、地表

မြေပြင်တပ်ဖွဲ့[mjebin ta'pwɛ:] (名) 地上部隊

မြေပြို့[mjebji'] (植) スベリヒユ (スベリヒユ科) Portulaca oleracea

မြေပြုံခလေး[mjebji'k'əle:] (植) ヒメスベリヒユ (スベリヒユ科) Portulaca quadrifida

မြေပြန့်[mjebjan.] (名) 平地、平原

မြေပို[mje p'o.] (動) 土を盛る、埋め立てる

မြေဘုတ်ရှမ်း[mjebou'k'əjan:] (植) ①ツルダチスズメナスビ (ナス科) Solanum trilobatum ②ホソバトゲトゲナスビ、キンギンナスビ

မြေဘုတ်ဘီလူး[mjebou' bəlu:] (名) 地中に潜む鬼

မြေဖြူ[mjebju] (名) 白墨

မြေဖြူဂျုံး[mjebjugɛ:] =မြေဖြူ

မြေမယား[mjemɛ. jamɛ.] (名) 土地なし農民、農地を持たない農民

မြေမျက်နှာပြင်[mje mjɛ'ŋəbjin] (名) 大地、地面、地表、表層

မြေမွန်မြေမြတ်[mjemun mjemja'] (名) 神聖な土地、聖なる土地

မြေမှုန့်[mjemoun.] (名) 土埃、塵埃

မြေမြှုပ်[mje mjou'] (動) ①地中に埋める、埋設する ②埋葬する、土葬する

မြေမြှုပ်ဗုံး[mjemjou' boun:] (名) 地雷

မြေမြှုပ်မိုင်း[mjemjou' main:] (名) 地雷

မြေမြှုပ်သင်္ဂြိုဟ်[mjemjou' tin:dʒo] (動) 土葬する、埋葬する

မြေယာ[mjeja] (名) 農地、田畑

မြေယာကော်မီတီ[mjeja kɔməti] (名) 農地委員会

မြေယာစနစ်[mjeja sənit'] (名) 土地制度、農地制度

မြေယာအုပ်ချုပ်မှုကော်မီတီ[mjeja ou'tʃou'mu. kɔməti] (名) 土地管理委員会

မြေရိုင်း[mjejain:] (名) 荒地

မြေရှင်[mjeʃin] (名) 地主、土地所有者

မြေရှင်စနစ်[mjeʃub səni'] (名) 地主制度

မြေလူး[mje lu:] (動) 地上を転がる、土埃にまみれる

မြေလူးငှက်[mjelu:ŋɛ'] (鳥) ツグミ (ヒタキ科) Turdus naumanni

မြေလက်ဖက်ရည်အိုး[mje ləp'ɛ'je o:] (名) 素焼きの湯沸かし、土瓶

မြေလတ်[mjela'] (名) イラワジ河の中流域 (タイエッミョ、マグェー、ミンブー、サリン等の周辺地域)

မြေလတ်ပိုင်း[mjela'pain:] =မြေလတ်

မြေလွတ်[mjelu'] (名) ①空き地 ②未耕地

မြေလပ်[mjela'] (名) 休耕地、休閑地

မြေလှန်[mje łan] (動) 根絶やしにする、焦土にする、倒壊させる

မြေလှန်စနစ်[mjełan səni'] (名) 焦土政策

မြေလျှောမြွေ[mjeʃɔ:mwe] (動物) 小型の無毒蛇 グラス・スネーク

မြေလျှိုး[mjeʃo:] (動) 地に潜る

မြေလွှာ

မြေလွှာ[mjeːwa] (名) 土壌、地層
မြေဝယ်မကျ[mjewɛ mətʃa.] (副) 厳密に、細心の注意を払って、絶対のものとして、忠実に従って、文字どおり、一つ残らず（地上に落ちないように）
　မြေဝယ်မကျနား:ထောင်သည်။ 注意深く耳を傾ける
မြေဝင်[mjewin] (名) （柱や杭の）地中に埋まった部分
မြေဝင်ဇာတ်[mjewinzaʔ] (名) 花を囲んで行われた（昔の）踊り
မြေဝပ်[mjewuʔ] （鳥）タンビヨタカ（ヨタカ科）Caprimulgus asiaticus
မြေသယ်[mje tɛ] (動) 土を運ぶ、土壌を運搬する
မြေသင်း[mjedin:] (名) 焼け土、焦土
မြေသင်းခဲ[mjedin:gɛː] (名) 焼け土の塊
မြေချို့ချျာ[mje ʃiʃa] （植）コミカンソウ（トウダイグサ科）Phyllanthus urinaria
မြေဧရိယာ[mje eri.ja] (名) 土地の面積
မြေသြဇာ[mje ɔː za] (名) ①肥料 ②肥沃な土壌
မြေသြဇာကောင်း[mje ɔː za kaun:] (形) 土壌が肥沃だ
မြေသြဇာကျွေး[mje ɔː za tʃweː] (動) 肥料を施す、肥料を与える、肥しをやる
မြေသြဇာချပေး[mje ɔː za tʃa.peː] (動) 肥料を施す
မြေအောက်[mje auʔ] (名) 地下、地中
မြေအောက်တော်လှန်ရေးလုပ်ငန်း[mje auʔ tɔʔan je: louʔŋan:] (名) 地下革命運動、地下抵抗活動、パルチザン活動
မြေအောက်ထပ်[mje auʔ'taʔ] (名) 地階
မြေအောက်နျူကလီးယား:စမ်းသပ်မှု[mje auʔnyukə lija: san:taʔmu.] (名) 地下核実験
မြေအောက်ရထား[mje auʔ jəta:] (名) 地下鉄
မြေအောက်ရထားလမ်း[mje auʔ jəta:lan:] (名) 地下鉄線、地下鉄の路線
မြေအောက်လမ်း[mje auʔ lan] (名) 地下道
မြေအောက်လိုဏ်ခေါင်း[mje auʔ laingaun:] (名) 地下トンネル
မြေအောက်အဖွဲ့[mje auʔ əpʔwɛ.] (名) 地下組織
မြေအင်[mje in] (名) 素焼きのカップ、素焼きのボウル
မြေအင်တုံ[mje indoun] (名) 素焼きの丼、素焼きの鉢
မြေအောင်းမြွေ[mje aun: mwe] (名) 地中に棲息する蛇
မြေး[mjiː] (名) 孫
　မြေးကား:အရင်း၊သား:ကား:အဖျား:။ （諺）物事が逆、石

が浮んで木の葉が沈む（孫が根元、子が梢）
မြေးငယ်[mjiːŋɛ] (名) 幼い孫
မြေးတော်[mjiːdɔ] (名) 皇太孫、御孫
မြေးတော်အဆက်[mjiːdɔ əsʔɛʔ] (名) 孫子の代まで、未来永劫に သားတော်အဆက် と組合せて用いる
မြေးမ[mjiːma.] (名) 孫娘
မြေးမြစ်တီတုတ်[mjiːmjiʔtituʔ] (名) 子孫、子々孫々
မြဲ[mjɛː] (形) ①丈夫だ、しっかりしている、堅い、堅固だ ②不変だ、恒久的だ ③離れない
မြဲ[mjɛː] (助動) 常に、いつも、絶えず မိုးမှာစွဲစွဲနေသည်။ 雨は相変らず細々と降り続いている လှိုင်းကတောလှဲမြဲလျက်ရှိ၏။ 波が絶えずうねり続けている ဘာမျှပြန်မပြော ငိုမြဲငိုလျက်သာရှိနေသည်။ 何も言わず只泣き続けている ပျော့ကွက်ကတော့ရှိနေသည်။ 弱点は相変わらずある မူလအတိုင်းရပ်မြဲရပ်သည်။ 元のまま立ち続けている ယာကိုထွန်မဲထွန်နေသည်။ 相変わらず畑を耕し続けている
မြဲစွာ[mjɛːzwa] (副) しっかりと、堅く、堅固に
မြဲမံ[mjɛːman] (形) 不変だ、不動だ、堅固だ、しっかりしている
မြော်[mjɔ] (動) ①見る、展望する ②認識する
မြော်မြင်[mjɔmjin] (動) 認識する
မြော[mjɔː] (動) 昏睡する、失神する
မြို့[mjo.] (名) ①市 ②町 ③砦
မြို့ကျေးရွာ[mjo.tʃeːjwa] (名) 町村
မြို့ကြီး[mjo.dʒiː] (名) 都市、都会
မြို့ကြီးပြကြီး[mjo.dʒiː pjadʒiː] (名) 都会、大都市
မြို့ခံ[mjo.gan] (名) 地元の人、その町生え抜きの人
မြို့စာရေး[mjo.səje] (名) （王朝時代の）刑事法廷の書記官 cf. ရှေ့နေ
မြို့စား[mjo.zaː] (名) 領主（国王から封土としてその土地を下賜された者、通常は王子、王女、王孫等の王族または宰相枢密官等の貴臣顕官）cf. ရှာတော်
မြို့စား:နယ်စား:[mjo.zaː nɛzaː] (名) 領主＝မြို့စား:ရှာစား:။
မြို့စည်:မြို့နင်:[mjo.ziːmjo.nin:] (名) 城塞の備え、守り
မြို့စောင့်နတ်[mjo.zaun.naʔ] (名) 町の守護神
မြို့စွန်တိုင်း:စွန်[mjo.zun tain:zun] (名) 辺地、辺境、国の境界
မြို့စွန်မြို့ဖျား:[mjo.zunmjo.bjaː] (名) 町の外れ
မြို့ဆင်ခြေဖုံး:ရပ်ကွက်[mjo.sʔintʃeboun:jaʔkwɛʔ] (名) 郊外

မြို့တော်[mjo.dɔ](名)首都
မြို့တော်ခန်းမ[mjo.dɔ kan:ma.](名)都庁
မြို့တော်ဝန်[mjo.dɔwun](名)都知事
မြို့တက်[mjo. tɛʔ](動)上京する、都会へ行く
မြို့တည်[mjo. tɛ](動)町を築く
မြို့တံခါး:ကြီးကစား:[mjo.dəga:dʑi: gəza:](動)通りゃんせ遊びをする
မြို့တွင်း[mjo.dwin:](名)市内
မြို့ထဲ[mjo.dɛ:](名)市中、街中
မြို့နယ်[mjo.nɛ](名)①郡 ②(都市の)区
မြို့နယ်ပဗ္ဗရပ်ရွာ[mjo.nɛbɛ jaʔjwa](名)郡内諸村落
မြို့နန်း[mjo.nan:](名)城塞と王宮
မြို့ပေါ်[mjo.bɔ](名)市中、市内
မြို့ပေါက်[mjo.bauʔ](名)市街への入口
မြို့ပိုင်[mjo.bain](名)町長(နယ်ပိုင်より1段下位の地方行政官)
မြို့ပြ[mjo.bja.](名)都市の、民事の、一般の、非軍事の
မြို့ပြဆိုင်ရာ[mjo.bja. sʼain ja](形)民間の、民政の、軍事でない、都市の
မြို့ပြနိုင်ငံ[mjo.bja. naingan](名)都市国家
မြို့ပြဝန်ထမ်း[mjo.bja. wundan:](名)文民、文官
မြို့ပြအုပ်ချုပ်ရေး[mjo.bja. ouʔtɕʼouʔje:](名)民政、一般行政
မြို့ပျဉ်းခရပ်[mjo.bjɛʔkʼəjan:](植)スズメナスビ、セイバンナスビ(ナス科) Solanum torvum
မြို့ပြင်[mjobjin](名)郊外、市外
မြို့ပွဲ:[mjo.bwɛ:](名)都会の祭、町の催し
မြို့မ[mjo.ma.](名)都市の中心地
မြို့မိမြို့ဖ[mjo.mi. mjo.pʼa.](名)市民、町民
မြို့မျက်နှာဖုံး[mjo.mjɛʔnəpʼoun:](名)都市の有名人、都市の顔役
မြို့ရိုး[mjo.jo:](名)城壁、保塁
မြို့ရံ[mjo.jan](名)郊外、衛星市町
မြို့လယ်[mjo.lɛ](名)町の中央、市内
မြို့လယ်ခေါင်[mjo.lɛgaun](名)繁華街
မြို့လုံးကျွတ်[mjo.loun:dʑuʔ](副)町を挙げて、町中皆、町全体
မြို့ဝန်[mjo.wun](名)①(王朝時代の)地方総督、太守 ②王都奉行(治安維持、刑事事件の審判、消防等の公務を遂行した。ရွေးမှူး: の統括)
မြို့သား:[mjo.ḍa:](名)市民、町民(男性)
မြို့သူ[mjo.ḍu](名)市民、町民(女性)
မြို့သူကြီး:[mjo.ḍudʑi:](名)(王朝時代の)町の首長(世襲制で地元に住む)、မြို့စား:とは別

မြို့သူမြို့သား:[mjo.ḍu mjo.ḍa:](名)市民、町民、都市生活者(男女共に含む)

မြို့သိမ်မြို့ငယ်ကလေး:[mjo.dein mjo.ŋɛgəle:](名)規模の小さな町

မြို့သုံး[mjo.ḍoun:](名)市町民が使用するもの、公共物

မြို့အုပ်[mjo.ouʔ](名)(英領時代の)町の行政官(後のမြို့ပိုင်)

မြို့အုပ်မြို့ချုပ်[mjo.ouʔ mjo.dʑouʔ](名)市町の統治、市町の行政

မြို့:မြို့:မြက်မြက်[mjo:mjo: mjɛʔmjɛʔ](副)①美味しく ②大いに、十分に

မြက်[mjɛʔ](動)①舌を刺す、舌を刺激する ပြည့်ပန်း:ညီဆား:ကမြက်သည်။ モクセンナ、塩が刺激する ②(形)鋭い、鋭利だ ငါ:သလောက်အရိုးကမြက်သည်။ ヒルサの骨が刺さる ③(値段が)法外だ、途方もない =မျက် ④売れ行きがいい cf. စွဲ

မြက်မြက်[mjɛʔmjɛʔ](副)①たっぷりと、存分に、豊かに ②美味しく ③ぴりぴりと、刺激的に

မြက်မြက်တွေ့[mjɛʔmjɛʔ twe.](動)①舌を刺激する、ぴりぴりする ②味をしめる、うまい汁を吸う

မြက်[mjɛʔ](名)草

မြက်ကျူ:[mjɛʔtɕa:](植)カレコビエ(イネ科) Echinochloa stagnina

မြက်ကြက်သွန်[mjɛʔtɕʼtun](植)キャメルグラス、レモングラス(イネ科) Andropogon schoenanthus

မြက်ကြိမ်[mjɛʔtɕʼein](植)ウシノシッペイ(イネ科) Hemarthria compressa

မြက်ခါ:[mjɛʔkʼa:](植)ハイキビ(イネ科) Panicum repens

မြက်ခင်း[mjɛʔkʼin:](名)①草地 ②芝生

မြက်ခင်း:ပြင်[mjɛʔkʼin:bjin](名)草原、牧草地

မြက်ခုတ်စာ:[mjɛʔkʼouʔda:](名)草刈り鎌、大鎌

မြက်ချို[mjɛʔtɕʼo](植)①ハマガヤ(イネ科) Diplachne fusca ②イヌビエ(イネ科) Echinochloa crus-galli

မြက်ခြောက်[mjɛʔtɕʼauʔ](名)干し草、秣(まぐさ)

မြက်ဆင်[mjɛʔ sin:](動)草を切る、草を切り刻む

မြက်စာ:[mjɛʔsa:](植)①レモングラス(イネ科) Andropogon schoenanthus ②アゼガヤ(イネ科) Leptochloa chinensis

မြက်စိမ်း:ရောင်[mjɛʔsein:jaun](名)草色、緑色、濃緑色

မြက်ဆည်:လည်:[mjɛʔsʼwɛ:lɛ:](植)ナンヨウカル

မြက်ဆန် ／ カヤ、メガルカヤ（イネ科）Themeda triandra

မြက်ဆန်[mjɛʔsʼan]（植）ネズミノオ属（イネ科）

မြက်ဆုပ်[mjɛʔsʼouʔ]（植）コメヒジワ（イネ科）

မြက်ညှ[mjɛʔɲo]（植）ウシクサ属（イネ科）Andropogon filipendulus

မြက်တော[mjɛʔtɔː]（名）叢、草の生い茂った所

မြက်တက်သာ:[mjɛʔtɛʔt̪aː]（植）ナルコビエ属（イネ科）Eriochloa procera

မြက်တံမြက်စည်း[mjɛʔ dəbjɛʔsiː]（名）草で拵えた帯、草帯

မြက်ထ[mjɛʔ tʼa.]（動）草が萌える、萌え出る

မြက်ထိုး[mjɛʔ tʼo]（動）草取りをする、除草する

မြက်ဒယ်အိုးဖုပ်[mjɛʔ dɛobouʔ]（植）カゼクサ属（イネ科）Eragrostis interrupta

မြက်နှရှား:[mjɛʔ nəjaː]（植）クラブ・グラス（スズメノヒエ科）Panicum sanguinale

မြက်နှရှ[mjɛʔnu.ja]（名）草軟らかな所、草萌え出る所 cf. ရေကြည်ရှာ၊ မြက်နှရှာ။ 桃源郷

မြက်နှတ်[mjɛʔnouʔ]（動）草取りをする、草引きをする、除草する

မြက်နှံ[mjɛʔnan]（植）モンツキガヤ、オガルガヤ（イネ科）の1種 Cymbopogon virgatus

မြက်ပုဆစ်[mjɛʔpəsʼiʔ]（植）スズメノヒエ（イネ科）の1種 Panicum ramosum

မြက်ပေါက်[mjɛʔpauʔ]（植）トダシバ（イネ科）の1種 Arundinella setosa

မြက်ပင်[mjɛʔpin]（名）草（木に対して）

မြက်ပြာ:[mjɛʔpjaː]（植）アキメヒシバ（イネ科）Digitaria fibrosa

မြက်မုန့်ညင်း[mjɛʔ mounɲin]（植）ハマスゲ、コウブシ（カヤツリグサ科）Cyperus rotundus または C. pandanophylla

မြက်မြစ်မွှေး[mjɛʔmjiʔmwɛː]（植）カスカスガヤ、ベチベルソウ（イネ科）Vetiveria zizanioides

မြက်မှုန်မွှာ:[mjɛʔmjounmwaː]（植）①ヌカカゼクサ（イネ科）Eragrostus plumosa ②ネズミノオ（イネ科）Sporobolus corromandelianus

မြက်မွှာ:ကြီး[mjɛʔmwaːdʑiː]（植）オオニワホコリ（イネ科）Eragrostis pilosa

မြက်မွှေး[mjɛʔmwɛː]（植）①コウスイガヤ、シトロネラグラス（イネ科）Cymbopogon nardus ②ベチベルソウ（イネ科）Vetiveria zizanioides

မြက်ယာ:[mjɛʔjaː]（植）ツノアイアシ（イネ科）Rottboellia exaltata

မြက်ယာ:ငယ်[mjɛʔjaːŋɛ]（植）ウシノシッペイ（イネ科）の一種 Rottboellia exaltata

မြက်ရှင်း[mjɛʔjain]（名）雑草

မြက်ရိတ်[mjɛʔjeiʔ]（動）草刈りをする

မြက်လေး့[mjɛʔleːgwa.]（植）タツノツメガヤ（イネ科）Dactyloctenium aegyptium

မြက်လက်သည်း[mjɛʔlɛʔt̪ɛː]（植）エダウチチジミザサ（イネ科）Oplismenus compositus

မြက်လှံ[mjɛʔl̥an]（植）アカヒゲガヤ（イネ科）Heteropogon contortus

မြက်လျှောမြွေ[mjɛʔʃɔːmwe]（蛇）グラス・スネーク

မြက်ဝါ:[mjɛʔwaː]（植）ヒメカルガヤ（イネ科）Apluda mutica

မြက်ဝါ:လုံ:[mjɛʔwaːloun]（植）カゼクサ（イネ科）の一種 Eragrostis diarrhena

မြက်သီ:[mjɛʔt̪iː]（植）①ヒエ、イヌビエ（イネ科）Echnochloa crus-galli ②ヒエの1種 Echnochloa stagnina ③草の種

မြက်သင်ဝန်:[mjɛʔt̪indoun]（植）コスズメガヤ（イネ科）Eragrostis poaeoides または Eragrostis nigra

မြောက်[mjauʔ]①上がる、持上がる မြောက်တက်သည်။ ②達する、到達する ခြောက်နှစ်မြောက်သည်။ 6年になる ဆယ်လမြောက်သည်။ 十か月経つ သုံးရက်မြောက်သည်။ 3日経つ ③実現する、成就する အထမြောက်သည်။ 実現する、成就する ဖြစ်မြောက်သည်။ 成し遂げる、成就する လုပ်မြောက်သည်။ 自由になる စာတတ်မှုမြောက်သည်။ 刑事事件になる、刑法犯になる ④夫婦になる ⑤おだてに乗る、いい気になる

မြောက်မြာ:စွာ[mjauʔmjaːzwa]（副・文）沢山、ふんだんに、鬱しく မြောက်မြာ:စွာသောဝေဒနာ 数多の苦しみ

မြောက်မြောက်မြာ:မြာ:[mjauʔmjauʔmjaːmjaː]（副）沢山、鬱しく、たっぷりと、ふんだんに

မြောက်[mjauʔ]（名）北

မြောက်ကိုရီးယာ:[mjauʔkoriːjaː]（国名）北朝鮮

မြောက်ကျွန်[mjauʔtɕun]（名）北狗ろ洲（須弥山の北にある大陸）

မြောက်နန်:မိဘုရား:[mjauʔnan mi.bəjaː]（名）北の宮殿の王妃、次席王妃 cf. နန်:မဝါ:ဆောင်

မြောက်နန်:တော်မိဘုရား: ＝မြောက်နန်:မိဘုရား:

မြောက်ပိုင်:[mjauʔpain]（名）北部、北方

မြောက်ပိုင်:သာ:[mjauʔpainːda]（名）北部の人、北部の住民

မြောက်ဖက်[mjau²p'ɛ²] (名) 北側、北方
မြောက်ဖက်အရပ်[mjau²p'ɛ² əja²] (名) 北方、北部、北部地域
မြောက်ဘက်ဆုံး[mjau²p'ɛ²s'oun:] (名) 最北端
မြောက်မျက်နှာ[mjau²mjɛ²n̥a] (名) 北面
မြောက်လေ[mjau²le] (名) 北風
မြောက်ဝင်ရိုးစွန်း[mjau²win jo:zun:] (名) 北極
မြောက်သားတော်[mjau²ta:dɔ] (名) 皇太子妃、王子の配偶者
မြောက်သားတော်သမီး[mjau²ta:dɔ təmi:] (名) 王子の配偶者、妃
မြောက်အရပ်[mjau²əja²] (名) 北方、北の方角
မြောက်အတ္တလန်တိတ်စာချုပ်အဖွဲ့[mjau²a²təlantei² sadʑou² əp'wɛ.] (名) 北大西洋条約機構=နေတိုး
မြိုက်[mjai²] (動) 焦げる、焼ける မီးနှင့်မြိုက်သည်။ 火で焦げる
မြင့်[mjin.] (形) 高い အရပ်မြင့်သည်။ 背が高い ကြာမြင့်သည်။ 時間がかかる、時が経つ
မြင့်စွင့်[mjin.swin.] (動) 聳える、高峻だ
မြင့်တက်[mjin.tɛ²] (動) 高まる、高くなる、上昇する、高騰する ဈေးနှုန်းမြင့်တက်သည်။ 価格が高騰する ကုန်ကျစရိတ်သည်ငါးရာခိုင်နှုန်းမျှမြင့်တက်ခဲ့သည်။ 必要経費が5パーセントも上がった
မြင့်မား[mjin.ma:] (形) 高い、高く聳える
မြင့်မောက်[mjin.mau²] (動) 積み上がる、堆積する、盛り上がる、山盛りになる
မြင့်မြတ်[mjin.mja²] (形) 気高い、高貴だ、高尚だ
မြင့်မိုရ်တောင်[mjin.mo taun] (名) 須弥山 (仏教の宇宙観で、世界の中心。七金山に囲まれている。頂上は帝釈天が支配するとう利天) =မြင်းမိုရ်တောင်
မြင့်မိုးငါး[mjin.mo nəga:] (星) アンドロメダ座
မြင်[mjin] (動) ①目にする、見かける、見える ရန်ကုန်ကိုမမြင်ဘူး။ ラングーンは見えない ②予知する、予知する、見越す ③産む →ဖွား:မြင်
မြင်ကွင်း[mjingwin:] (名) ①光景 ②視界
မြင်ကွင်းကောင်း[mjingwin: kaun:] (形) 景色がよい、好い眺めだ
မြင်ကွင်းကျယ်[mjingwin: dʑɛ] (名) パノラマ、全景
မြင်ပျင်းကပ်[mjinbyin: ka²] (動) みっともない、嫌気がさす、見るのが厭になる
မြင်ဖန်များ[mjinban mja:] (形) よく見かける、始終目にする
မြင်ဖန်များငယ်၊နမ်းဖန်များပြယ်။ (格) 目慣れると見飽きる (見慣れると小さく、嗅ぎ慣れると褪せる)
မြင်မကောင်းရှုမကောင်းဖြစ်[mjinməkaun: ʃu. məkaun: p'ji²] (動) 只事ならぬ事態が生じる
မြင်မက်[mjinmɛ²] (動) 夢を見る
မြင်မြင်ထင်ထင်[mjinmjin t'indin] (副) 目に見える形で、公然と
မြင်ယောင်မိ[mjin jaun mi.] (動) 瞼に浮ぶ、目先にちらつく、脳裡に思い浮ぶ
မြင်ယောင်ယောင်နေ[mjin jaun jaun ne] (動) 見たように思う、目蓋に思い描く
မြင်သာ[mjinda] (形) 見易い
မြင်းနက်[mjinnɛ²] (植) =မြင်ဝါး
မြင်ဗြူ[mjinbju] (植) =မြင်ဝါး
မြင်ဝါး[mjinwa:] (植) アナナシタケ (イネ科) Dendrocalamus strictus
မြင်ဝါးကြီး[mjinwadʑi:] (植) 竹の1種 Dendrocalamus membranaceus
မြင်း[mjin:] ① (動物) 馬 ② (名) (将棋の) 桂馬 (チェスのナイト)
မြင်းက[mjin:ka.] (名) ①馬の鞍 ② (植) ナムナムノキ
မြင်းကမလှုပ်၊ခုံကလှုပ်။ (諺) 石が浮んで木の葉が沈む (馬が動かず、杭が動く)
မြင်းကလေး[mjin:gəle] (名) 子馬
မြင်းကွာ[mjin:ga] (植) ジャケツイバラ科の植物
မြင်းကောင်ရေ[mjin:gaun je] (名) 馬力
မြင်းကောင်းခွီလိပ်။ (諺) 上手の手から水、弘法も筆の誤り (駿馬、蹄が食い込む)
မြင်းကျား[mjindʑa:] ① (動物) シマウマ ② (名) 横断歩道
မြင်းခင်းသဘင်[mjin:gin: dəbin] (名) (王朝時代の) 関兵式
မြင်းခေါင်[mjin:gaun:] (名) (王朝時代の) 騎馬兵軍団長官
မြင်းခေါင်နှာယောင်[mjin:gaun:n̥əjaun] (植) ①インドツルウメモドキ (ニシキギ科) Celastrus paniculata ②エンベリヤ (ヤブコウジ科) Embelia ribes
မြင်းခံ[mjin:gan] (名) 馬回り、主馬寮の役人
မြင်းခုံ[mjin:goun] (名) 脚立 (きゃたつ)
မြင်းခုံကြီး[mjin:goundʑi:] (名) ①長いテーブル ②台架 ③橋脚
မြင်းခုံတိုင်[mjin:goundain] (植) インドツルウメモドキ
မြင်းခြံ[mjin:dʑan] (地) ミンジャン (イラワジ河左岸に位置する町)
မြင်းချေး[mjin:tɕ'i:] (名) 馬糞
မြင်းခွာ[mjin:k'wa] ① (名) 馬蹄 ② (植) ツボクサ

မြင်းစာ　（セリ科）Hydrocotyle asiatica

မြင်းစာမြက် [mjin:zamjɛʔ]（植）ギョウギシバ（イネ科）Cynodon dactylon

မြင်းစာဂျုံ [mjin:za ʤoun]（植）カラスムギ、燕麦

မြင်းစီး [mjin: si:]（動）①馬に乗る、乗馬する ②[mjin:zi:]（名）乗馬 ③（王朝時代の）騎馬兵団の指揮官

မြင်းစီးချင်းတိုက် [mjin:si:ʤin: taiʔ]（動）騎馬戦をする、騎馬で戦う、馬上で一騎打ちをする

မြင်းစီးနည် [mjin:si:ni:]（名）馬術

မြင်းစီးလျှမ့်အထိးမှန်အမမှန်မသိ။ （諺）灯台下暗し（馬に乗りながら牡か牝かさえ知らない）

မြင်းစိုင်း [mjin: sain:]（動）馬を早駆けさせる、疾走させる、疾駆させる

မြင်းဆောင် [mjin:zaun]（名）厩、馬小屋

မြင်းဇက် [mjin:zɛʔ]（名）馬のはみ

မြင်းဇောင်း [mjin:zaun:] = မြင်းဆောင်

မြင်းတာရာ [mjin: taya]（星）ケフェウス座（小熊座とカシオペア座との間にある）

မြင်းတပ် [mjin:daʔ]（名）騎兵部隊、騎馬軍団

မြင်းထီး [mjin: di:]（名）牡馬

မြင်းထိန်း [mjin:dein:]（名）馬丁、馬の世話人

မြင်းနှာကောင် [mjin: n̥agaun]（虫）カマキリ

မြင်းပေါ်ရောက်လျှမ့်အထိးမှန်အမမှန်မသိ။ （諺）= မြင်းစီးလျှမ့်အထိးမှန်အမမှန်မသိ

မြင်းပြိုင်ကွင်း [mjin:bjaingwin:]（名）競馬場

မြင်းပြိုင်ပွဲ [mjin:bjainbwɛ:]（名）競馬

မြင်းပွဲ [mjin:bwɛʔ] = မြင်းပြိုင်ပွဲ

မြင်းဖု [mjin:bu.]（名）瘤

မြင်းဗြူရှင် [mjin:bjuʃin]（名）ビルマの伝統的神霊３７体の一体、神像は白馬に跨っている

မြင်းမ [mjin:ma.]（名）牝馬

မြင်းမစင် [mjin: məsin]（名）馬糞

မြင်းမြီး [mjin:mi:]（名）馬の尻尾の毛

မြင်းမြီးဆံပင် [mjin:mi: zəbin]（名）ポニーテイル（髪型）

မြင်းရထား [mjin:jətʼa:]（名）四輪の馬車

မြင်းရေးပြ [mjin:je: pja.]（動）馬術を見せる、騎兵力を示す

မြင်းလောင်း [mjin: laun:]（動）競馬で賭ける

မြင်းလျှင် [mjin:jin]（名）駿馬、早い馬

မြင်းလှည်း [mjin:l̥ɛ:]（名）二輪の馬車

မြင်းလှည်းမောင်း [mjin:l̥ɛ: maun:]（動）馬車を動かす、馬車を操る

မြင်းလှည်းသမား [mjin:l̥ɛ: dəma:]（名）馬車曳

き、馬車屋

မြင်းဝံ [mjin:wun]（動物）ヒマラヤグマ（クマ科）Serenarctos thibetanus

မြင်းဝံဆည် [mjin:wun:sʼɛ]（名）魚獲りの簗（やな）を設置した一種の堰

မြင်းသရိုက်ရောဂါ [mjin:təjaiʔ jɔ:ga]（病）痔

မြင်းသီလာ [mjin:tʼi:la]（鉱）鶏冠石

မြင်းသိုး [mjin:do:]（名）去勢してない牡馬、種馬

မြင်းသည် [mjin:dɛ]（名）騎兵、騎馬兵

မြင်းသံခွါ [mjin: tankʼwa:]（名）蹄鉄

မြင်းအား [mjin:a:]（名）馬力

မြင်းမိုရ်တောင် [mjin:mo taun]（名）須弥山（仏教宇宙観で、世界の中心にあると考えられている山）= မြင်းမိုရ်တောင်

မြောင် [mjaun]（名）峡谷、渓谷

မြောင်း [mjaun:]（形）狭い = ကျဉ်းမြောင်း

မြောင်း [mjaun:]（名）①溝 ②どぶ、下水、下水溝、排水路

မြောင်းတူး [mjaun: tu:] ①（動）溝を掘る ② [mjaun:du:]（名）未婚の中年女

မြောင်းပုပ်နံ့ [mjaun:bouʔnan.]（名）どぶの臭い下水の臭い

မြောင်းတောင် [mjaun:baun]（名）用水路の土手

မြောင်းမြ [mjaun:mja.]（地）ミャウンミャ（デルタ地帯にある町でヤンゴンとパテインとの中間に位置）

မြိုင် [mjain]（名）密林、原生林 တော မြိုင် 原生林 စိမ့် မြိုင်တော ကြီး 深山幽谷

မြိုင် [mjain]（形）賑やかだ、盛沢山だ、豊富にある、品が揃っている、茂っている ဟင်းပွဲမြိုင်သည်။ おかずの種類が多い、食卓の上が賑やかだ

မြိုင်ဆိုင် [mjainzain]（形）揃っている、豊富だ、盛り沢山だ、盛大だ、賑わっている

မြိုင်မြိုင်ကြီးဆိုင်ဆိုင်ကြီး [mjinmjin ʤi: sʼain zainʤi:]（副）盛大に、賑やかに、ふんだんに

မြိုင်မြိုင်ဆိုင်ဆိုင် [mjinmjain sʼainzain]（副）盛大に、賑やかに、豊富に မြိုင်မြိုင်ဆိုင်ဆိုင်ရှိသည်။ 盛大である、賑やかである မြိုင်မြိုင်ဆိုင်ဆိုင်ကြားရသည်။ 賑やかに聞える

မြိုင်စိန် [mjainsein]（鉱）石英の結晶、水晶の１種

မြိုင်လိုက် [mjain laiʔ]（動）（動物が）番う、交尾する = မိတ်လိုက်

မြစ် [mjiʔ]（名）曾孫

မြစ်တော်အဆက်ဆက် [mjiʼtɔ əɲun.]（副）曾孫の代までသား:တော်အဆက်၊ မြေး:တော်အဆက်။ と組合せて「子々孫々」として使う

မြစ် [mjiʔ]（名）①根、地下茎、根茎 ②元、根源

cf. အမြစ် ③鳥の砂嚢（さのう）
မြစ်ပျဉ်:[mji²pjin:]（名）気根、地上に浮き出た根
မြစ်[mji²]（鳥）キバシカワアジサシ
မြစ်[mji²]（動）禁じる、禁止する、阻止する
=တား:မြစ်
မြစ်တား:[mji²ta:]（動）禁止する、制止する
=တား:မြစ်
မြစ်[mji²]（名）川、河川 cf. ချောင်:よりは大きい
မြစ်ကမ်:[mji²kan:]（名）川岸
မြစ်ကမ်:ပါ:[mji² kan:ba:]（名）川岸、川土手、川の堤防
မြစ်ကမ်:စပ်[mji² kan:za²]（名）川の水際、水辺
မြစ်ကျဉ်:[mji²tʃin:]（名）川の狭まり、陸路、瀬
မြစ်ကြီ:ငါ:သုဘ[mji²tʃi: ŋa:dwɛ]（名）五大河（ဂင်္ဂါ၊အစ္ဆိရဝတီ၊ယမုနာ၊သရဘူ၊မဟီ）
မြစ်ကြီ:ငါ:သုဘ၊မြစ်ငယ်ငါ:ရာ[mji²tʃi: ŋa:dwɛ mji²ŋɛ ŋa:ja]（名）大小の河川、五大河と五百の支流（出典はインドのヤジュル・ヴェーダ）
မြစ်ကြီ:နာ:[mji²tʃi:na:]（地）ミッチーナー（カチン州の州都、イラワジ川上流西岸に位置する）
မြစ်ကြေ[mji²tʃe]（名）川下、下流
မြစ်ကြော[mji²tʃɔ:]（名）川の流れ、水路、川筋、本流
မြစ်ကြောင်:[mji²tʃaun:]（名）河川の流れ、水路、航路
မြစ်ကွေ:[mji²kwe:]（名）河川の屈曲、川の湾曲
မြစ်ခြောက်နာ[mji²tʃ'au²na]（病）肺病、労咳、肺結核
မြစ်ခွဲ[mji²k'wɛ:]（名）（河川の下流で枝別れした）支流
မြစ်ငယ်[mji²ŋɛ]（地）ミンゲー（チャウセー町の近くでイラワジ川に流入する支流）
မြစ်ငယ်ငါ:ရာ[mji²ŋɛ ŋa:ja]（名）五百の小河川（ヒマラヤのアノータッタ池からカーラ山を貫いて流れ出る河川が五河川に分れ、それぞれが更に百河川に分流して五百の小河川となる）
မြစ်စဉ်[mji²sin]（名）川の流れ、水流
မြစ်ဆိပ်[mji²s'ei²]（名）①船着き場、桟橋 ②洗濯、水浴び等をする所
မြစ်ဆုံ[mji²s'oun]（名）川の合流点
မြစ်ညာ[mji²ɲa]（名）河川の上流
မြစ်ညစ်ညမ်:မှု[mji² ɲi²nan:mu.]（名）河川の汚染
မြစ်ထေး[mji²t'we:]（鳥）キバシカワアジサシ（カモメ科）Sterna aurantia
မြစ်ပြင်[mji²pjin]（名）川面、川の水面
မြစ်ဖက်[mji²p'ɛ²]（名）川の方、川の側

မြစ်ဖျာ:[mji²p'ja:]（間）川の源、水源、源流
မြစ်ဖျာ:ခံ[mji²p'ja: k'an]（動）源を発する
မြစ်မ[mji²ma.]（名）本流
မြစ်မြွေ[mji²mwe]（名）川蛇
မြစ်ရေ[mji²je]（名）川水
မြစ်ရေကြီ:[mji²je tʃi:]（動）川の水が増す、増水する
မြစ်ရေကြီ:ခြင်:[mji²je tʃi:dʒin:]（名）河川の増水、河川の氾濫
မြစ်ရေချိန်[mji²jedʒein]（名）水嵩、水面の高さ
မြစ်ရေတက်[mji²je tɛ²]（動）川水が増水する
မြစ်ရေလျှံ[mji²je ʃan]（動）川が増水する、川水が溢れる、川が氾濫する
မြစ်ရေလျှံမှု[mji²je ʃanmu.]（名）河川の氾濫
မြစ်ရိုး[mji²jo:]（名）河川の流れ、本流
မြစ်လယ်[mji²lɛ]（名）河川の中央、川の中流
မြစ်လယ်ကြော[mji²ledʒɔ:]（名）河川の中央の流れ
မြစ်လက်တက်[mji²lɛtɛ²]（名）支流
မြစ်ဝ[mji²wa.]（名）河口
မြစ်ဝကျွန်:ပေါ်[mji²wa.tʃun:bɔ]（名）下流の三角州、下流のデルタ
မြစ်ဝကျွန်:ပေါ်ဒေသ[mji²wa.tʃun:bɔ deta.]（名）デルタ地帯（ビルまではイラワジ川下流のデルタ）
မြစ်ဝကျွန်:ပေါ်အရပ်[mji²wa.tʃun:bɔ əja²]（名）=မြစ်ဝကျွန်:ပေါ်ဒေသ
မြစ်ဝှမ်:[mji²hwan:]（名）流域 စစ်တောင်:မြစ်ဝှမ်:シッタウン川の流域
မြစ်ဝှမ်:ဒေသ[mji²hwan deta.]（名）流域地方
မြစ်ဝလယ်[mji² əle]（名）河川の中程、川の真中
မြစ်အောက်ခင်:[mji²au²k'in:]（名）川床
မြိ[mji.]（形）①（生地、材質等が）傷んでいる、古くなっている、脆くなっている ②柔軟だ
မြည်[mji]（動）①音がする、声がする ②音を発する声を出す ③鳴く ④詰る、非難する
မြည်တမ်:[mjitan:]（動）嘆き悲しむ、悼む、悔やむ
မြည်တွန်[mjitun]（動）①小鳥がさえずる ②ぼやく、ぶつぶつ言う、非難する
မြည်တွန်တောက်တီ:[mjitun tau:ti:]（動）がみがみ小言を言う、怒ってぶつぶつ言う、不平を洩らす、悪態をつく、ぼやく
မြည်ဟည်:[mjihi:]（動）大音響を発する、地響きがする、轟く
မြည်ဟိန်:[mjihein:]（動）鳴り響く
မြဲ:[mjɛ:]（動物）ロバ
မြီ:[mji:]（動）味わう、味を見る、賞味する ဟင်:

ချို့မြည်းသည်။ スープを味わう
မြည်းစရာ[mji:zəja] (名) お茶請け
မြတ်[mja'] (形) ①貴い、貴重だ、価値がある ②(動) 儲ける、利益が上がる、収益がある
မြတ်စောညီနောင်[mja'sɔ ɲinaun] (名) タウングー市内にある仏塔
မြတ်စွာဘုရား:[mja'swa p'əja:] ① (名) 仏様、お釈迦様、釈尊 ②(感) アラ、マア、
မြတ်စွန်း[mja'sun:] (動) 利益が上がる、儲かる
မြတ်နိုး[mja'no:] (動) 大事にする、大切にする、可愛がる、熱愛する အသက်မြတ်နိုးသည်။ 命を大事にする、命を惜しむ
မြတ်လေး:[mja'le:] (植) ①タイワンソケイ(モクセイ科) Jasminum grandiflorum ②マルバルコウ(ヒルガオ科) Ipomoea coccinea
မြတ်လေးနီ[mja'le:ni] (植) ルコウソウ(ヒルガオ科) Ipomoea quamoclit
မြိတ်[bei'] ①(地名) ベイ(ビルマ東南端にある港町)②[mjei] (名) 房飾り
မြိတ်ဆာ[mjei's'a] (名) 房飾り
မြန်[mjan] (名) ビルマの略称 → မြန်မာ
မြန်ပြည်[mjan.pji] (名) ビルマの国
မြန်ပြည်[mjanpji] (名) ビルマ国
မြန်[mjan] (形) 早い、速い
မြန်ဆန်[mjanzan] (形) 早い、迅速だ、快速だ
မြန်မြန်[mjanmjan] (副) 早く、迅速に、敏速に
မြန်မြန်မောင်းပါ။ もっとスピードを上げよ မြန်မြန်လာပါ။ 早く帰って来なさい မြန်မြန်သွားကြရအောင်။ 早く行ってみよう အမှိုက်တွေကိုမြန်မြန်သိမ်းပါ။ 塵埃を早く片付けなさい
မြန်မြန်ဆန်ဆန်[mjanmjan s'anzan] (副) 迅速に
မြန်မာ[mjanma.] (形) မြန်မာ の属格形、ビルマの
မြန်မာ့ဂုဏ်ရည်[mjanma.gounji] (名) ビルマの立場、ビルマの状態、ビルマの地位
မြန်မာ့စီးပွါးရေး:[myanja. si:bwa:je:] (名) ビルマの経済
မြန်မာ့ဆိုရှယ်လစ်လမ်းစဉ်ပါတီ[mjanma. s'oʃɛli' lan:zin pati] (名) ビルマ社会主義綱領党
မြန်မာ့ယဉ်ကျေးမှု[mjanma. jintʃe:mu.] (名) ビルマの文化
မြန်မာ့လူဘောင်[mjanma. lu.baun] (名) ビルマの社会
မြန်မာ့ဟိတအာင်း:[mjanma. hi.ta. ətin:] (名) ビルマ福祉協会
မြန်မာ့အလင်း:[mjanma.əlin:] (名) ビルマの明り(ビルマ語日刊紙の一つ)

မြန်မာ့အာသီသ[mjanma. atida.] (名) ビルマ人の願い、ビルマ人の望み
မြန်မာ့အားကစား:[mjanma. a:gəza:] (名) ビルマのスポーツ
မြန်မာ့အိမ်ထောင်[mjanma. eindaun] (名) ビルマの家庭
မြန်မာ[mjanma] (名) ①ビルマ、ミャンマー ②ビルマ人
မြန်မာကုက္ကို[mjanma kou'ko] (植) ビルマネムノキ(ネムノキ科) Albizzia labbek =အညာကုက္ကို
မြန်မာကိန်းသင်္ကေတ[mjanma kein tinketa.] (名) ビルマ数字(例၁၂၃၄၅၆၇၈၉၁၀)
မြန်မာစကား:[mjanma zəga:] (名) ビルマ語
မြန်မာစာ[mjanmaza] (名) ビルマ文字
မြန်မာစာဌာန[mjanmaza t'ana.] (名) ビルマ語学科
မြန်မာစာပေ[mjanma sape] (名) ビルマ文学
မြန်မာနာရီ[mjanma naji] (名) (王朝時代の)ビルマ時間(1日=60နာရီ)
မြန်မာနိုင်ငံ[mjanma naingan] (名) ビルマ国
မြန်မာနိုင်ငံရာထူးဝန်အဖွဲ့[mjanmanaingan yadu: wun əp'wɛ.] (名) ビルマ国人事院
မြန်မာနိုင်ငံအသံလွှင့်ဌာန[mjanma naingan ətan ɬwin. t'ana.] (名) ビルマ国放送局
မြန်မာပိတောက်[mjanma bədau] (植) カリン、ビルマカリン(マメ科) Pterocarpus macrocarpus
မြန်မာပိုင်း:အစီအစဉ်[mjanmabain: əsiəsin] (名) (放送の)ビルマ語番組
မြန်မာပြည်[mjanma pje] (名) ビルマ国
မြန်မာပြည်ကျေးလက်အက်ဥပဒေ[mjanmapje tʃelɛ' ɛ' u.bəde] (名) ビルマ村落関係法
မြန်မာပြန်[mjanmabjan] (名) ビルマ語訳
မြန်မာဘာသာ[mjanma bada] (名) ビルマ語
မြန်မာမှု[mjanmamu.] (名) ビルマ文化、ビルマ慣習
မြန်မာမှုအနုပညာ[mjanmamu. ənu.pjinɲa] (名) ビルマ芸術、ビルマ美術
မြန်မာရာဇဝင်[mjanma jazəwin] (名) ビルマ史
မြန်မာလူမျိုး[mjanma lumjo:] (名) ビルマ民族、ビルマ人
မြန်မာအသင်းချုပ်ကြီး:[mjanma ətin:dʒou'tʃi:] ビルマ人団体総連合会 =GCBA
မြန်း:[mjan:] (動) ①赴く、行く မပြန်လမ်းမြန်ရမည်မှာသေချာသည်။ 帰らざる道を行く事は確かだ ဧရောင်ခန်:မြန်ရသည်။ 黄泉の世界へと旅立つ ②尋ねる ပေး:

မြန်းသည်။ 質問する
မြန်[mein] ①（動）味わう、賞味する ②（形）美味しい、美味だ、風味がある
မြန်မြန်[meinmein]（副）美味しく、風味豊かに
မြန်ရေယှက်ရေ[mein je ʃeʔje]（副）①美味しそうに ②たっぷりと、存分に ③楽しそうに（話す、読む）= မြန်မြန်၊ မြန်ရေယှက်ရေပြောသည်။ 楽しそうに話す
မြန်ရေရှက်ရေ[mein je ʃeʔje] = မြန်ရေယှက်ရေ၊ မြန်ရေရှက်ရေဝတ်နေသည်။ 満足そうに着ている
မြန်ရှက်[meinʃeʔ]（形）美味だ
မြုပ်[mjouʔ]（動）沈む、水中に没する
မြုံ[mjoun.]（動）口をもぐもぐさせる、咀嚼する
မြုံ[mjoun]（動）①実らない、不妊だ、石女だ ②表に出ない ③口に出さない、言わずに呑み込む
မြေစေ့စေ့[moun si.zi.]（副）曖昧で、はっきりせず、生半可で မြေ့စေ့နိုင်လျှသည်။ 曖昧模糊としている
မြေ့ထား[moun tʻa:]（動）表に出さない、誰にも明かさない
မွ[mwa.]（形）①ふわふわしている、吸収性がある、軟らかい ကိတ်မုန့်မွသည်။ ケーキは軟らかい ②剝がれやすい、薄片になり易い ထီးသားမွန့်မွသည်။ マトン・ケーキは剝がれやすい ③ごった返す
မွစာကြဲ[mwa.za tʃɛ:]（動）散らかる、ごった返す
မွမွ[mwa.mwa.]（副）ぼろぼろに、粉々に、さらさらと မွမွကြဲသည်။ ぼろぼろに砕ける။ သဲမွမွ さらさらした砂
မွေ့[mwe.]（動）悦に入る、喜ぶ、楽しむ
မွေ့ရာ[mwe.ja]（名）敷布団、マットレス
မွေ့ရာခေါင်းအုံး[mwe.ja gaun:oun:]（名）布団と枕
မွေ့လျော်[mwe.ljɔ]（動）たのしむ、喜ぶ、満足する、うっとりする
မွေတော်[mwedɔ]（名）仏舎利、釈迦の遺骨
မွေး[mwe:dɔ]（名）毛 ＜အမွေး
မွေးစုတ်နေချာ[mwe:zouʔneʤa]（植）コトブキギク（キク科）
မွေးစုတ်မြက်[mwe:zouʔmjɛʔ]（植）ヒエ（イネ科）の一種
မွေးဆိုးတောင်ညှိ[mwe:zo:taunɲiʔ]（副）痩せこけて、憔悴しきって
မွေးညင်း[mwe:nin:]（名）うぶ毛
မွေးညှပ်[mwe:ɲaʔ]（名）毛抜き、ピンセット
မွေး[mwe:]（動）①産む、出産する ②生れる、誕生する ③育てる、養育する ④飼う、飼育する

မွေးကတည်းက[mwe:gədɛ:ga.]（副）誕生以来
မွေးကင်းစ[mwe:gin:za.]（名）新生児、嬰児、乳児
မွေးကင်းစကလေး[mwe:gin:za. kʻəle:ŋɛ]（名）= မွေးကင်းစ
မွေးကျိုးနပ်[mwe:ʤo:naʔ]（動）①産んだ甲斐がある ②育てた甲斐がある
မွေးကျိုးမနပ်[mwe:ʤo: manaʔ]（動）①産んだ甲斐がない ②育てた甲斐がない
မွေးခါစ[mwe:gaza.]（名）生れたて、生れたばかり
မွေးချင်း[mwe:ʤin:]（名）実の兄弟姉妹、（異母兄弟ではない）同じ母から生れた兄弟
မွေးချင်းပေါက်ဖော်[mwe:ʤin: pauʔpʻɔ]（名）= မွေးချင်း
မွေးစ[mwe:za.] = မွေးကင်းစ
မွေးစသာကလေး[mwe:za. ta:gəle:] = မွေးကင်းစ
မွေးစာရင်း[mwe:zəjin:]（名）①出生届 ②出生記録
မွေးစား[mwe:za:]（動）養子にする、養女にする、養子として育てる
မွေးစားစကား[mwe:za: zəga:]（名）外来語、借用語
မွေးစားမိခင်[mwe:za: mi.gin]（名）養母
မွေးစားမိဘ[mwe:za: mi.ba.]（名）養父母、養親
မွေးစားသမီး[mwe:za: təmi:]（名）養女
မွေးစားသား[mwe:za: ta:]（名）養子
မွေးစားအမေ[mwe:za: əme]（名）養母
မွေးဇာတိမြေ[mwe: zati.mje]（名）出生地
မွေးနေ့[mwe:ne.]（名）誕生日
မွေးနေ့ပွဲ[mwe:ne.bwɛ:]（名）誕生パーティー
မွေးနေ့လက်ဆောင်[mwe:ne. lɛʔsʻaun]（名）誕生祝
မွေးနေ့သဘင်အခမ်းအနား[mwe:ne. əkʻan:əna:]（名）誕生式典
မွေးနေ့သက္ကရာဇ်[mwe:ne. dəgəjiʔ]（名）生年月日
မွေးသေပျောက်[mwe:netepjauʔ]（名）生死
မွေး[mwe:ɲiʔ]（名）誕生年
မွေးပါရောဂါ[mwe:ba jɔ:ga]（名）先天性の病
မွေးပါအရေးအခင်း[mwe:ba əje:əkʻin:]（名）生来の権利、天与の権利
မွေးပုလဲ[mwe: pəlɛ:]（名）養殖真珠、人造真珠
မွေးပတ်ပေးစနစ်[mwe:bɛʔpe: səniʔ]（名）折半飼育方式
မွေးဖွား[mwe:pʻwa:]（名）生れる、誕生する
မွေးဖွားခန်း[mwe:pʻwa:gan:]（名）産室、出産室
မွေးဖွားနှုန်း[mwe:pʻwa:noun:]（名）出生率

မွေးဖွားရာဇာတိ[mwe:p'wa:ja zati.]（名）出生地、郷里

မွေးမြူ[mwe:mju]（動）飼う、養う、飼育する、繁殖させる

မွေးမြူရေး[mwe:mjuje:]（名）飼育、畜産

မွေးမြူရေးငါး[mwe:mjuje: ŋa:]（名）養殖魚

မွေးမြူရေးနှင့်ရေလုပ်ငန်းဝန်ကြီးဌာန[mwe:mjuje: nɛ. jelou'ŋan: wunʥi: t'ana.]（名）畜産水産省

မွေးမြူရေးပုလဲ[mwe:mjuje: pəlɛ:]（名）養殖真珠

မွေးရာပါ[mwe:jaba]（形）生来の、生まれつきの先天的な、先天性の

မွေးရာပါဉာဏ်[mwe:jaba ɲan]（名）生まれながらの智慧、先天性の智慧

မွေးရာပါဖြစ်[mwe:jaba p'ji']（動）生れつきだ、先天的だ

မွေးရာပါဗီဇ[mwe:jaba biza.]（名）生来の性格

မွေးရာပါရောဂါ[mwe:jaba jɔ:ga]（名）先天性の病気 ≒မွေးပါရောဂါ

မွေးရပ်မြေ[mwe:ja'mje]（名）故郷、出生地

မွေးလ[mwe:la.]（名）誕生月

မွေးလာ[mwe:la]（動）生れてくる

မွေးလုဖွားခင်ဖြစ်[mwe:lu. p'wa:gin p'ji']（動）今将に生れようとしている

မွေးလုနာ[mwe: luna]（名）臨月の妊婦、分娩直前の妊婦

မွေးသဖခင်[mwe:t̪əp'a.gin]（名）実父、実の父

မွေးသမိခင်[mwe:t̪əmi.gin]（名）実母、実の母

မွေးသက္ကရာဇ်[mwe:dəgəji']（名）生年月日、誕生日

မွဲ[mwɛ:]（形）①（色が）くすんでいる、艶がない ပြာသည်မွဲသောအရောင်ရှိသည်။ 灰はくすんだ色をしている ②視力が弱い、視界がぼやける မျက်စိမွဲသည်။ 目がよく見えない ③みすぼらしい、貧しい、貧困だ、極貧だ、文無しだ

မွဲချင်တဲ့ခွေး၊ပြာပုံပို့။（比）事態が益々悪化する（みすぼらしい犬が灰の上に来る）

မွဲခြောက်ခြောက်[mwɛ: tɕ'au'tɕ'au']（副）①色あせていて မွဲခြောက်ခြောက်အရောင် くすんだ色 ②艶がなくて、潤いがなくて အသား၊အရည်လည်းမွဲခြောက်ခြောက်။ 皮膚はかさかさで ③殺風景な မွဲခြောက်ခြောက်ကြုံ့တိုက် 殺風景な死刑囚の獄房

မွဲတေ[mwɛ:te]（形）①艶がない ②極貧だ မွဲတေသည့်ထေး;လုသောလုံချည်။ 色あせて汚れたロンジー

မွဲပြာကျ[mwɛ:pja tɕa.]（動）貧窮化する

မွဲပြာပြာဖြစ်[mwɛ:pjabja p'ji']（形）くすんだ色をしている、灰褐色をしている

မွဲလွန်းလို့ပြာပုံပေါ်အိပ်။（比）極貧だ（余りにもみすぼらしくて灰の上で寝る）

မွတ်[mu']（動）飢える、飢餓になる

မွတ်သိပ်[mu'tei'ʔ]（動）①ひもじい、飢える ②喉が渇く

မွတ်ဆလင်[mu'səlin]（名）ムスリム、イスラム教徒

မွတ်ဆလင်အခြေခံဝါဒီ[mu'səlin ət̪ʃegan wadi]　イスラム原理主義

မွတ်ဆလင်အစွန်းရောက်[mu'səlin əsun:jau']（動）イスラム過激派

မွန်[mun]（名）モン族（ビルマ南東部に住む、モン・クメール系言語を話す少数民族）

မွန်စာ[munza]（名）モン文字

မွန်ပြည်နယ်[mun pjinɛ]（名）モン州

မွန်လူမျိုး[mun lumjo:]（名）モン民族 မွန်တီ၊မွန်ဍ၊မွန်ည の三派に分れる

မွန်[mun]（形）貴い、気高い、崇高だ、高潔だ

မွန်မြတ်[munmja']＝မွန်

မွန်မြတ်မှု[munmja'mu.]（名）高貴、崇高、高潔

မွန်မွန်ရည်ရည်ရှိ[munmun jeje ʃi.]（形）①人触りがよい、人懐こい ②品がある、洗練されている、礼儀正しい、慇懃だ

မွန်ရည်[mun je]（形）感じがいい、品がある、上品だ、礼儀正しい、慇懃だ

မွန်ဂိုလီးယား[mungoli:ja:]（国）モンゴル

မွန်း[mun:]（名）（親密な間柄での）人名の前に付ける冠称

မွန်း[mun:]（動）息詰る、息苦しい

မွန်းကြပ်[mun:tɕ'a']（動）息苦しい

မွန်း[mun:]（名）正午

မွန်းတည့်[mun: tɛ.]（動）①正午になる လမင်းကြီးမှာမွန်းတည့်၍နေပြီ။ お月様が中空に達している ②[mun:dɛ.]（名）正午

မွန်းတည့်ချိန်[mun:tɛ.ʥein]（名）正午

မွန်းတိမ်း[mun: tein:]①（動）正午を過ぎる、太陽が真上から西へ傾く ②[mun:dein:]（名）午後、正午過ぎ

မွန်းယိမ်း[mun:jein:]（名）午後、正午過ぎ

မွန်းလွဲ[mun:lwɛ:]（名）午後

မွန်းလွဲတနာရီရှိန်[mun:lwɛ: tənaji]（名）午後1時頃

မွန်းလွဲအချိန်[mun:lwɛ: ət̪ein]＝မွန်းလွဲ

မွမ်း[mun:]（動）飾る、装飾する、潤色する、粉飾する

မွမ်းမံ[mun:man]（動）水準を高める、グレードアッ

ブする

မွမ်းမံသင်တန်း[munːman tindanː] (名) 研修会、再教育講習

မြွေ[mwe] (名) 蛇

မြွေကိုက်[mwe kaiʔ] (動) 蛇が噛む =ပိုးထိ

မြွေကိုက်ခံရ[mwegaiʔ kʼan ja.] (動) 蛇に噛まれる =ပိုးထိ

မြွေကိုက်ခံရသူ[mwegaiʔ kʼan ja.du] (名) 蛇に噛まれた人

မြွေကောင်း[mwegaunː] (名) 無毒の蛇

မြွေကြီးလင်းမြွေ[mweːdʑiːlinːmwe] (名) 子供の遊戯、子を捕る子捕る遊び（列の先頭の子が最後尾の子を捕まえる遊び）

မြွေကြီးလင်းမြွေလုပ်[mweːdʑiːlinːmwe louʔ] (動) 子を捕る子捕る遊びをする

မြွေခလောက်[mwe kʼəlauʔ] (名) (アメリカの) ガラガラ蛇

မြွေငန်း[mweɲanː] (名) 蛇

မြွေစိမ်း[mwezeinː] (蛇) アオハブ（クサリヘビ科）Trimeresurus stejnegeri 樹上性

မြွေစိမ်းမြီးခြောက်[mwezeinːmiːdʑauʔ] (蛇) ビルマアオハブ（クサリヘビ科）Trimeresurus erythrurus 樹上に群棲

မြွေစိမ်းမြီးရှည်[mwzeinːmiːʃe] (蛇) アオクビナガヘビ Dryophis persinus

မြွေစွယ်ကျိုး[mwezwɛdʑoː] (名) 牙を抜かれた蛇、穏和しくなった人、毒気を無くした人

မြွေဆေး[mwezeː] (植) アオギリの一種

မြွေဆိပ်[mwezo] (名) 毒蛇

မြွေဆိပ်[mwezeiʔ] (名) 蛇毒

မြွေဆိပ်ဖြေဆေး[mwezeiʔpʼjezeː] (名) (蛇毒に対する) 血清、解毒剤

မြွေဆိပ်ရည်[mwezeiʔje] (名) 蛇の毒液

မြွေတုပ်သင်[mwedu pouʔtin] (動物) アシナシトカゲの一種 Ophisaurus gracilis

မြွေပတုပ်[mwe bədouʔ] (蛇) (尾を頭のように立てて見せる) 無毒蛇の一種 =မြွေပတုပ်

မြွေပါ[mweba] (動物) ①マングース（ジャコウネコ科） Herpestes auropunctatus ②カニクイマングース（ジャコウネコ科） Herpestes urva

မြွေပါကြီး[mwebadʑiː] (動物) テン

မြွေပါပင်[mwebabin] (植) ナンヨウイナモリ（アカネ科）

မြွေပါမြီးတို[mweba miːdo] (動物) イタチ

မြွေပါမြီးရှည်[mweba miːdʑe] (動物) ミンク

မြွေပါလည်ဆုံး၊သားလည်ဆုံး॥ (比) 元も子も失う（マングースを失い、子供も失う）

မြွေပါကင်းပါ[mwebaː kinːba] (名) 蛇蠍の巣窟

မြွေပူရာကင်းမြှောင့် (諺) 泣き面に蜂、一難去ってまた一難（蛇の心配に、蠍の怖れ）

မြွေပေါက်[mwe pauʔ] (動) 蛇に襲われる、蛇が跳び掛かる、蛇が牙を出して襲う、蛇に噛まれる

မြွေပုပ်မ[mwebouʔma] (蛇) 無毒の水蛇の1種 Cerberus rhynchops

မြွေပြဲ[mwe bədaː] (蛇) 全身が朱色をした無毒の蛇 Xenopeltis unicolor

မြွေပွေး[mwebweː] (蛇) クサリヘビ、タイワンマムシ（クサリヘビ科） Viper russeli 猛毒

မြွေပွေးခါးပိုက်ပိုက်॥ (諺) 飼い犬に手を噛まれる、君子危うきに近寄らず、障らぬ神に祟りなし（クサリヘビを懐に抱く）

မြွေပွေးပိုးထိ॥ (諺) ミイラ取りがミイラになる、相手を更に上回る、人を呪わば穴二つ（クサリヘビが、毒に噛まれる）

မြွေပွေး[mwebweː] =ပွေးပွေး

မြွေပွေးကိုက်[mwebweːgaiʔ] (名) 罵り言葉、くたばれ =မြွေပွေးကိုက်॥ cf. သေချင်ဆိုးကာလနာ॥

မြွေပွေးခရု[mwebweː kʼəju.] (貝) アンボイナ貝（イモガイ科） Gastridium geographus 岩礁に棲息、毒槍を使って毒液を注入する

မြွေမသေတုတ်မကျိုး॥ (諺) 双方に花を持たせる、双方に傷が付かないように（蛇も死なず、棍棒も折れず）

မြွေမသေတုတ်မကျိုးဖြစ်အောင်॥ (副) 双方丸く納まるように、双方に花を持たせて

မြွေမြွေချင်း၊ခြေချင်း॥ (諺) 蛇の道は蛇、悪人悪人を知る（蛇同士、脚を見る）

မြွေမှန်လျှင်၊တွင်းဝင်မြောင့်॥ (諺) 能力に合えば順調に行く（蛇である以上、穴にはスムースに入る）

မြွေရေခွံ[mwe jegun] (名) 蛇の皮、蛇の抜け殻

မြွေရေလဲ[mweje lɛː] (動) 蛇が脱皮する

မြွေလမျာယ်[mwe lanmɛ] (名) 蛇使い

မြွေလိမ့်မြွေကောက်လမ်း[mwelein mwegauʔlanː] (名) 七曲がりの道、ジグザグ道

မြွေသာမျှားအပ[mwedaːmjaː əpʼa.] (蛇) ベニメラ（ヘビ科） Elaphe melanurus

မြွေသူတော်[mwe tudo] (蛇) アマガサヘビ、マルオアマガサ（コブラ科） Bungarus multicinctus 白黒の交互模様を持つ大型の毒蛇 =ခန်းတော်ရှည်

မြွေဟောက်[mwehau] (蛇) メガネヘビ、コブラ（コブラ科） Naja tripudiaus 毒蛇

မြက်

မြေဟောက်ဘုရင်[mwehau' bəjin] (နဂါး) キング・コブラ（コブラ科）Ophiophagus hannnah 森林内の流れの近くにいる

မြက်[mwɛ'] (動) 述べる

မြက်ကြား:[mwɛ'tʃa:] (動) ①告げる、知らせる、申し述べる ②演説をする、スピーチをする

မြက်ဆို[mwɛ's'o] (動) 述べる、叙述する

မြက်ဆိုဝါကျ[mwɛ's'o wɛ'tʃa.] (名) 叙述文

မြက်ဟ[mwɛ'ha.] (動) 明らかにする、打ち明ける

မှ[ma.] (助) ① (時間的、場所的に) ～から ဝဲမှယာသို့ 左から右へ အထက်မှအောက်သို့ 上から下へ အိမ်မှထွက်သွား သည်။ 家から出て行った သစ်ပင်ပေါ်မှဆင်းရဲ။ 樹上から降りられない မိုးမှဆောင်းသို့ကူးသည်။ 雨季から乾期へと移り変わる မည်သူမှအိပ်ရာမှနိုးမလာကြသေး။ 誰もまだ目覚めていない ② 属性を表わす、～の ဘီအိုအေတပ်မတော်မှစစ်သာ: ビルマ独立軍の兵士

မှ[ma.] (助動) 強調、～しなければ、～でなければであって初めて、～してこそ ရှစ်နာရီခွဲပြီး၊ ပြန်လိုက်အုံးမှ 8時半になった、帰らなければ ကျနော် ပြန်မှဖြစ်မယ်။ 私は帰宅しなければならない ငါမှမဟုတ်ရင် ကောင်:မှကောင်: 俺でなければ絶対駄目だ 最高に素晴らしい စီးကလက်ဆို: ဒူးယား: မှ タバコならドゥーヤーでなければ သွားကြည့်မှသိမှာဘဲ။ 行ってみなければ判らない လေ့လာမှတက်ကြတာဘဲ။ 学習しなければ上達はしない ပြောမှပြောရက်ပလေးသည်။ よくもそんな事が言えるものだ ပြေးပြောမှတဲ့ကျနေ့သတိရတယ်။ 貴方が言ってくれて初めて思い出した နောက်တနေ့မှာမှပို့ပေးပါမယ်။ 翌日には送り届けてだけよう ငါထမင်းစားပြီးမှလာခဲ့မယ်။ 僕は飯を食べ終ってから来ます

မှ[ma.] (副助) (名詞または副詞に付く) ～も (後に否定形を伴う) နည်းမှမပျော်ဘူး။ 一向に楽しくない တခုမှမမှတ်မိဘူး။ 一つも覚えていない တခါမှမမြင်ဘူး။ 一度も見た事がない ပိုက်ဆံလဲတပြားမှမရှိတော့ဘူး။ お金も、もう１銭もない လခတကျပ်မှမသုံး:။ 月給を１銭も使わない နင့်ကိုဘယ်သူကမှစိတ်ဝင်စား:မှာပုံ:။ 誰もお前には関心を寄せないだろう

မှ[ma.] (助動) (動詞を重複させその間に挿入する) 果して ဟုတ်မှဟုတ်ပါလော:။ 果して本当だろうか ရှိမှရှိပါမလား:။ 果しているのだろうか ရေလောက်ကန်ရေမှလောက်မလောက်ပါလော:။ 貯水池の水で果して足りるのだろうか

~မှစပြီး:[ma. sa.pi:] (接助) ～を初めとして、～はもとより

~မှစ၍[ma. sa.jwe.] (接助) ①～を初めとして တောစောင့်နတ်မှစ၍နဂါး၊ ဂဠုန်၊ ဂဠုန်အပေါင်းတို့။ 森の守護神を初め、龍、迦楼羅、鳩殷茶等の全て ② ～以

来、~以降 လုံခြုံရေးကောင်စီကလစ်ဗျာ:အား ၁၉၉၂ခုနှစ်မှစ၍ပိတ်ဆို့ထား:သည်။ 安保理事会はリビアに対して１９９２年以降封鎖を続けている = မှစ၍ပြီး:။

~မှတဆင့်[ma. təs'in.] (接助) ～を経て、～を経由して ကျိုးတုံ့မှတဆင့်သွား:ရသည်။ チャイントン経由で行かなければならない ကိုရီးယား:မှတဆင့်ဂျပန်ပြည်သို့ ရောက်ရှိခဲ့သည်။ 韓国経由で日本の国に着いた ရုပ်မြင် သံကြား:မှတဆင့်မိန်နွန်းပြောသည်။ テレビを通して演説した

~မှတပါ:[ma. dəba:] (接助) ～を除いて、～は別として မိုးသံမှတပါ:ဘာသံမျှမကြား:ရ။ 雨音以外には何の音も聞こえない ဤနည်းမှတပါ:အခြား:နည်းမရှိ။ この方法以外には他に手段がない ထမင်:မှတပါ:တခြား:စာ:စရာဟူ၍ ဘာမှမရှိ။ 御飯以外には他に食べ物と言って何もない ဘုရား:မှတပါ:အပြစ်လုံ:ဝင်လွှတ်သူအာ:။ 仏陀を除いて全く罪がないと言う人は極めて少ない ဖြတ်သွား:သောမော်တော်ကာ:များမှတပါ:အားလုံ:တိတ်ဆိတ်နေလေသည်။ 通り過ぎていく自動車を除いて全てが静寂である

~မှလွဲပြီ:[ma. lwɛ:pi:] (接助) ～を除いて、～は別として သစ်ပင်ဝါ:ပင်ကိုလေကစား၍လှုပ်ရှာ:သံမှလွဲပြီ: ပတ်ဝန်:ကျင်တခုလုံ:တိတ်ဆိတ်ခြိမ်သက်လှသည်။ 木や竹が風が揺らせる音を除いて、周囲全体が極めて静寂だ

~မှလွဲ၍[ma. lwɛ:jwe.] (接助・文) ～を除いて、～は別として အုန်:ဆီမှလွဲ၍မည်သည့်ဆီကိုမျှဆံပင်မလိမ်။ ココ椰子油以外は頭髪に何の油も塗らない ဆောင်ဆော အဝတ်အထည်များမှလွဲ၍ကိုယ်ပိုင်စည်:စိမ်မရှိ။ 着ている衣服を除いて私物はない အစိုးရဝန်ထမ်:များမှလွဲ၍ဗုဒ္ဓဘာသာ မြန်မာတိုင်:ဝါတွင်:သုံ:လဘတ်အလုပ်အကိုင်များကိုလျော့ပေါ့လုပ်ကိုင်သည်။ 公務員は別として、仏教徒ビルマ人である限り全員が夏安居３ヶ月の間仕事の量を減らす

~မှလွဲလျှင်[ma. lwɛ:ʃin] (接助・文) ～を除いてတပ်မတော်အတွင်:၌ဗိုလ်ချုပ်နေဝင်:မှလွဲလျှင်မရှိသလောက် ဖြစ်နေသည်။ 軍隊内ではネーウイン将軍以外は殆どいない = မှလွဲပြီ:။

~မှသာ[ma. da] (助) ～にのみ、～にだけ ဒီကုက္ကာညမှသာထွက်လေ့ရှိတယ်။ インドコキンメフクロウは、夜の間だけ餌を探しに出かける ညစာထမင်:စာ:နိ:မှသာသောက်ခဲ့သည်။ 夕食の時間間際にだけ飲んでいた ထိုင်ပြီ:မှသာခြေဆန့်ရသည်။ 座って初めて足を伸ばす事ができた ကြီ:ပွါ:လိုလျှင်တခုခုကိုရောင်:ဝယ်ပေါ်ကာ:မှသာ ဖြစ်နိုင်မည်။ 裕福になりたければ何か商売をしなければ無理だ

~မှသာလျှင်[ma. da'jin] (接助) ①～の時にだけ ခံတွင်:သို့ရောက်မှသာလျှင်သုံ:ဆောင်တော်မူ၏။ 口の中に入

~မှာ ဖြစ်

った時にだけお召し上がりになった ②～して初めて ယောကျာ်းမည်သည်မှာ ခွန်အား၊ဗလသူရသတ္တိနှင့် ပြည့်စုံမှသာ လျှင်လောကမှာ အသုံးဝင်နိုင်မည် 男というは、体力、胆力共に充実していて初めて役に立つ =မှသာ

~မှာညီ[ma.ḍi]（助）～から ဖွားမြင်သောကာလမှသည် ကင်းကွာ၍နေစဖူး။ 誕生以来別居した事は滅多にない လူပြည်သည်မှတ် ပြည့်သို့စွန်ဆန်လူလှာလာသည်။ 娑婆（人の世）から天界へと行ったり来たりしている

~မှအစ[ma.əsa.]（助）～を初め

~မှအစပြု၍[ma.əsa.pju.jwe.]（助）～を初めとして

~မှအပ[ma.əpa.]（助）～を除いて、～は別として ၍ကျေးရွာ အုပ်စုမှအပ တခယ်ကိုမျှမသွား။ この村落以外にはどこへも行かなかった လေတိုးသံမှအပဘာကိုမျှမကြားရ။ 風の音以外には何も聞えない ထင်း၇ူးသေတ္တာတလုံးမှအပခြား ပစ္စည်း၊ ပစ္စယဟူ၍ဘာမျှမရှိ။ 木箱1個を除き他の品物と言って何もない ကား၁စီး၊ ၂စီးမှအပ ခရီးသွား ဟူ၍မရှိ။ 自動車1台か2台以外には、通行人とていない ထန်းပင်မှအပသစ်ကြီးဝါး ကြီးမရှိ။ 何本かの扇椰子の木以外には大木はない

မှာ[ma̰]（動）注文する、注文を出す ဘီယာတလုံးမှာ၍ သောက်သည်။ ビールを1本注文して飲んだ

မှာကြာ[maʧa:]（動）指示する、言い渡す、注文する、依頼する

မှာကြာချက်[maʧa:ʤɛʔ]（名）指示、依頼

မှာတမ်း[madan:]（名）①（王朝時代）国王の詔勅しに元老が枢密官に指示した文書 ②韻文形式の恋文

မှာ[ma̰]（助）於格を示す、～に、～で、～において ဒီနားမှာချောင်းရှိတယ်။ この近くに川がある ရန်ကုန်မြို့မှာအသိမရှိဘူး။ ヤンゴンには知合いはいない အိမ်မှာ မလေးမရှိပါ။ 家には妹はいない ခဲျင်းဖိနပ်မှာမြေမှုန့်တွေကပ်နေတယ်။ 貴方の履物には赤土埃が付着している ခွေးညည်ပင်းမှာသံကြိုးချည်ထားသည်။ 犬の首に鎖を括りつけてある တံခါးဆိုတညမှာပိတ်ပြီးမနက်မှာဖွင့်တာ။ 扉と言うものは、夜間閉じて朝に開けるものだ ဆယ့်နှစ်နာရီတိတိမှာကျနော်စောင့်နေပါမယ်။ 12時丁度に私は待っています သက္ကရာဇ်၁၃၂၇နှစ်မှာဖွားမြင်တယ်။ ビルマ暦1327年（西暦1965年）に生れた အသက်ရှစ်ဆယ့်ခုနစ်နှစ်မှာကွယ်လွန်အစ္စရောက်တယ်။ 享年87歳で他界した

~မှာတော့[madɔ̰]（助）於格助詞の強調形、～には、～においては ဒီမှာတော့ရေမကူးရဘူး။ ここでは泳いではいけない ပဲခူးမှာတော့အလုပ်အကိုင်ခက်လိမ့်မယ်။ バゴーでは就職は難しかろう

~မှာ[mabɛ:]（助）於格の強調形、～では、～においては ဒီမှာဘဲနေမယ်။ ここに居よう（ここで暮そう）

ဒီနေရာမှာ ဘဲသေသွားတယ်။ ここで死んだのだ

~မှာလဲ[malɛ:]（助）～でも、～にも、～の中でも、～においても ရုပ်ရှင်တွေထဲမှာလဲ ကြည့်ဘူးတယ်။ 映画の中でも見た事がある ကောလိပ်ကြီးကတော့ မန္တလေးမှာလဲရှိပါတယ်။ 大学はマンダレーにもあります ဂန့်ဂေါ်ပင်တွေ ဟာ ဒီရွာမှာပေါ်လို့တယ်။ セイロンテツボクの木は私達の村にも多い

~မှာသာ[mada]（助）～にだけ、～にのみ အရင်ကတုံ့လျှင်မှာသာဆိပ်ကမ်းရှိခဲ့။ 以前はダニンにしか港はなかった ကျနော်တို့ကိုလမ်းဆုံမှာသာချပေးပါ။ 私達を交差点で降ろしてくれ

မှာ[ma]（助）主格を示す、အသက်မှာလေးဆယ်နီးပါးဖြစ်သည်။ 年齢は40歳近い လက်ဓေ့ပုံမှာလူတင်ဒီ နှင့်တဉ်ီးမတူပါ။ 指紋は一人一人違う သင်တန်းကာလမှာနှစ်နှစ်ဖြစ်သည်။ 研修期間は2年である ထိုနေ့မှာဇွန်လတဆယ့်ငါး ရက်နေ့ဖြစ်သည်။ その日は6月15日であった ဆေးတံမှာ အဂျိုးကျနေလေပြ။ 煙管は、雁首が折れている ဖျားနေသည်မှာကိုးရက်ခန့်ကြာလေသည်။ 発熱して9日間経っている

မှာ[ma]（助）名詞句である事を示す、~は、~事を ဒီမေးခွန်းကိုဖြေရမှာလွန်ခက်တယ်။ この質問に答える事は極めて難しい တနေ့နေ့မှာငါသေရမှာအမှန်ဘဲ။ いつの日か僕が死ぬ事は確かだ စောင့်ရမှာကကျနော့် တာဝန်ဘဲ။ 待機するのが私の任務だ ဗဟုသုတကြယ်ဝ မှာသေချာတယ်။ 博識である事は確かだ သူဟာ သေရမှာကိုမကြောက်ပါဘူး။ 彼は死ぬ事を怖れない အုပ်မနိုင်ထိန်းမရဖြစ်မှာကိုကျနော်စိုးရိမ်တယ်။ 収拾がつかなくなる事を私はおそれる ရပ်ရွာမီးလောင်မှာကိုစိုးရိမ်သည်။ 地元が火災になる事を懸れる ဒီမိုကရေစီဆိတ် သုံးသွားမှာကျနော်စိုးရိမ်မိတယ်။ 民主主義が消滅する事を私は危惧する မိဘနဲ့ခွဲရမှာကိုနောက်ဆုတ်တယ်။ 両親と別離する事に後髪を引かれる ပဝါကိုမြုံရမှာကိုရက်တယ်။ ショールを（肩に）掛けるのが恥ずかしい

~မှာကား[maga:]（助）名詞句を示す ကျေနပ်စရာတွေ ရှိသည်မှာကား စိတ်ညစ်ခြင်းကိုတင်သိရှိခြင်းဖြစ်သည်။ 満足すべき事が見受けられたのは、情けなく思う事を初めて知った事である

~မှာပေါ့[mapɔ̰.]（助）文末、勿論、～であろう、間違いなく～である答だ မင်းကြားဘူးမှာပေါ့။ 勿論君は聴いた事があるに違いない

~မှာဖြစ်[ma p'jiʔ]（助）文末、～であろう、～であるに違いない အနောက်ဖက်မှာတော့တန်းကြီတောင်တန်း ကိုမြင်တွေ့ရမှာ ဖြစ်ပါတယ်။ 西の方にはタンチーの山並みが見える事でしょう ကမ္ဘာကိုအတိအလင်းကြေညာနိုင် တော့မှာ ဖြစ်ပါတယ်။ 世界に向ってはっきりと宣言できる事でありましょう

~မှာဘဲ[mabɛː]（助）文末、~であろう、~である筈だ ~であるに違いない တွေ့ရမှာဘဲ။ 会える筈だ ဈေးကြီးမှာဘဲ။ 高価であるに違いない ငါပေါက်မှာဘဲ။ 僕は籤に当るに違いない အများကြီးရမှာဘဲ။ 沢山得られる筈だ ဒီဘက်ကိုပြန်လာ ကြမှာဘဲ။ こちら側へ戻られるだ ငါတို့အသင်းနိုင်မှာဘဲ။ 僕達のチームが勝つ筈だ တောကိုလျှောက်လည်ရရင်ပျော်စရာကောင်းမှာဘဲ။ 山野を渉猟出来ればさぞかし楽しかろう

~မှာမဟုတ်ဖူး[ma məhouʔpʹuː]（助動）推測の否定、~しないだろう ဘာမှအသုံးဝင်မှာမဟုတ်ဖူး။ 何の役にも立つまい ကျွန်တော်ဘယ်တော့မှမမေ့မှာမဟုတ်ပါဘူး။ 私は絶対に忘れないだろう

~မှာလား[malaː]（助動）推測の疑問形 ခဏပေးမှာလား။ 今直ぐに買ってくれるだろうか ကျွန်တော်ကိုမှန်မှန်ပြောမှာလား။ 私に正直に話すだろうか

မှား[maː]（動）誤る、間違う、間違いを犯す

မှားခြင်း[maʤinː]（名）間違い、誤り

မှားပစ်[ma̰pjiʔ]（動）間違えて撃つ、誤射する

မှားယွင်း[ma̰jwinː]（動）①間違う、誤る ②（男女が）過ちを犯す、一線を越える

မှားယွင်းချက်[ma̰jwinːʤɛʔ]（名）過ち

မှားယွင်းပစ်မှတ်မိ[ma̰jwinː pjiʔkʹaʔmḭ]（動）過って撃つ、間違えて撃つ

မှားယွင်းမှု[ma̰jwinːmṵ]（名）過ち

မှားသွား[ma̰twaː]（動）間違ってしまう、間違いを犯してしまう、過ちを犯してしまう

မှီ[mḭ]（助）否定詞 မ と組合って မ~မှီ という形で使われる、~する前、~しない内に မရောက်မှီ 到着しない内に မိုးမလင်းမှီ 夜が明けぬ内に အသီးမရင့်မှီ 実が熟す前に

မှီ[mḭ]（動）①届く、達する ②追い付く、間に合う ဘယ်သူမှမမှီဘူး။ 誰も間に合わない အဖိုးငါ့လက်ရာကို တော့မမှီပါ။ 祖父の作品には及ばない ③寄り掛かる、もたれる နံရံကိုမှီသည်။ 壁にもたれる

မှီခို[mikʹo]（動）①頼る、依存する、頼りにする ②避難する

မှီခိုရာ[mikʹo zəja]（名）頼り、頼りにするもの、頼りとするところ

မှီခိုသူ[mikʹoðṵ]（名）扶養家族

မှီခိုအားထား[mikʹo aʔtʹaː]（動）頼りにする、依存する

မှီငြမ်းပြု[miɲan: pju]（動）①基く、根拠とする ခိုင်မာသောအထောက်အထားများကိုမှီငြမ်းပြုရမည်။ 確実な証拠に基かなければならない ②引用する、言及する

မှီတင်း[mitinː]（動）依拠して暮す、頼りにして生活する

မှီတင်းနေထိုင်[mitinː neʔain]（動）①生存して住む、居住する ②棲む、棲息する

မှီတွယ်[mitwɛ]（動）①しがみつく、頼りにする、依存する ②もたれる

မှီတွယ်ရာ[mitwɛja]（名）しがみつく物、頼りにしている物、依存しているもの

မှီဝဲ[miwɛː]（動）①頼りとする ②取り付く ③（薬を）服用する、常用する

မှီအုံး[mi oun]（名）背もたれ、背中のクッション

မှီ[mḭ]（動）~に基く、~に基礎を置く

မှု[mṵ]（動）構う、拘泥する、注視する、重視する ရှင်သည်သေသည်ကိုမမှုတော့ပြီ။ もはや生死にはこだわらない

~မှု[mṵ]（尾）名詞を形成する ကြင်နာမှု 労り စာနာမှု 思いやり ညှာတာမှု 気配り စိတ်ဝင်စားမှု 興味 လုံခြုံမှု 安全 ဆုံးရှုံးမှု 失敗 ကြိုးစားမှု 努力 စွန့်စားမှု 冒険 အောင်မြင်မှု 成功 ခေါင်ခဲမှု 刃傷沙汰

မှုခင်း[mṵginː]（名）事件、犯罪事件

မှုခင်းဆရာဝန်[mṵgin sʹəjawun]（名）監察医

မှူးကြီးမတ်ကြီး[mṵːʤi maʔtʃi]（名）重臣、貴臣 顕官、貴族

မှူးတော်မတ်တော်[mṵdɔ maʔtɔ] = မှူးကြီးမတ်ကြီး

မှူးမတ်[mṵːmaʔ]（名）国王の顧問官、貴族

မှေး[meː]（動）①目を細める、目を閉ざす ②まどろむ、うたた寝する、仮眠する ③色があせる、褪色する ④もたれる、頼りにする ⑤足並みを揃える ⑥（形）目が細い ⑦色あせている

မှေးမှိန်[meːmein]（動）①色があせる、かすれる、萎む、新鮮さを失う ②衰退する

မှဲ့[mɛ̰]（名）あざ、黒子 မှဲ့တလုံး

မှဲ့ခြောက်[mɛ̰ʤauʔ]（名）黒子 = မြင်းမည်း

မှဲ့စွန်း[mɛ̰ sunː]（動）辱めを受ける、身を汚される မှဲ့တပေါက်မစွန်းရ။ 純潔だ

မှဲ့ရှင်[mɛ̰ʃin]（名）消滅したり出現したりするいぼ

မှော်[mɔ]（植）ウキクサ、アオウキクサ、ボタンウキクサ（サトイモ科）Pistia stratiotes

မှော်ချဉ်[mɔʤin]（植）カタバミ、インドカタバミ（カタバミ科）Oxalis corniculata

မှော်ရုံ[mɔjoun]（植）ブコイ（クリプテロニア科）Crypteronia pubescens

မှော်ရုံ[mɔjoun]（名）原生林、密林

မှော်[mɔ]（名）妖術、幻術、魔術、魔法 မြွေမှော် 蛇除けの術

မှော်ဆရာ[mɔ sʹəja]（名）妖術師、幻術師

မှော်အတတ်[mɔ ətaʔ]（名）= မှော်

မှို[mo.]（名）パンヤ、カポックの綿
မှို[mo]（名）①茸、食用茸としてကောက်ရိုးမှို၊တောင်ပို့မှို၊ဖက်ရွက်မှို၊ဝါးမှို၊ပျဉ်းမှို等がある ②かび ③（植）ハラタケ（ハラタケ科） Agaricus campestris
မှိုကြုံ[mo tʃu']（植）ツルノゲイトウ（ヒユ科）
မှိုချိုးမျှစ်ချိုး[mo tɕho: mji'tʃo:]（副）手厳しく、痛烈に、情容赦なく、遠慮なく
မှိုချိုးမျှစ်ချိုးစကား[mo tɕho: mji'tʃo: zəga:]（名）人を見下ろした言い方、相手の立場を無視した言い方、木で鼻を括ったような言い方
မှိုခြောက်[mo tɕhau']（名）干し椎茸
မှိုတက်[mo tɛ']（動）かびが生える
မှိုနာတို[mo nədo]（植）①タノジモ、デンジソウ（デンジソウ科） Marsilea quadrifoliata ②カタバミ（カタバミ科） Oxalis corniculata
မှိုပေါက်[mo pau']（動）①茸が生える ②（形）多い、豊富だ
မှိုရမျက်နှာချီသာသာ[moja. mjɛ'nət'ʃo tada]（副）喜色満面
မှိုရယု[mo ya.du]（名）好運に恵まれた人、思わぬ幸を得た人
မှိုရသောမျက်နှာထား မျိုးနှင့်[mo ja.dɔ: mjɛ'nə t'a:mjo:nɛ.]（副）気色満面で
မှိုသည်မျက်နှာလို[mo ya.di. mjɛ'na lo]（副）眉比須顔で、にこにこ顔で、嬉しい表情
မှက်[mɛ']（虫）虻
မှက်ခဲ[mɛ' k'ɛ:]（動）虻に噛まれる
မှုကရှ[mɛ'k'əju.]（病）鵞口瘡（幼児の舌や口腔内に生じる白斑）
မှောက်[mau']（動）①うつ伏せになる、平伏す、下向きになる ②転倒する、転覆する、覆る、ひっくり返る ③覆す、下向けにする、ひっくり返す ④災難に遭う
မှောက်ခုံ[mau'k'oun]（副）平伏して、うつ伏せになって
မှောက်မှား[mau'ma:]（動）①間違う、誤る ②過ちを犯す、男女の道を誤る、不義密通を犯す
မှောက်လဲ[mau'lɛ:]（動）うつ伏せに倒れる、前のめりに倒れる
မှောက်သွား[mau]（動）転覆する、ひっくり返ってしまう
မှင်[min]（名）①インク、墨 ②落着き、冷静さ、沈着 ③（音楽の）リズム ④物の怪、妖精
မှင်စာ[minza]（名）①早の神、物の怪 ②墨文
မှင်ဆံ[minzan]（名）（獅子、馬等）鬣（たてがみ）
မှင်တက်[min tɛ']（動）=မှင်တက်မိ

မှင်တက်မိ[min tɛ'mi.]（動）思わず我を忘れる、呆気に取られて立ちすくむ、驚きの余り物も言えない
မှင်ဗူး[minbu:]（名）インク瓶
မှင်မောင်း[min maun:]（名）①落着き、沈着 ②リズム
မှင်တယ်[min tɛ]（動）悠然としている、泰然自若としている
မှင်တက်မိ[min tɛ'mi.] =မှင်တက်မိ
မှင်အိုး[min o:]（名）インク瓶
မှောင့်[maun.]（動）妨げる、邪魔する、困らせる、悩ます、苦しめる
မှောင်[maun]（形）暗い
မှောင်ကျ[maun tʃa.]（動）暗くなる
မှောင်ကွယ်[maungwɛ]（名）陰、物陰
မှောင်ခို[maunk'o]①（動）密輸する、闇取引きをする、密貿易をする ②[maungo]（名）密輸、密貿易
မှောင်ခိုကုန်[maunk'ogoun]（名）密輸品
မှောင်ခိုထုတ်[maunk'o k'o:t'ou']（動）密輸出する
မှောင်ခိုဈေး[maunk'o ze:]（名）闇市
မှောင်ခိုဈေးဖွင့်[maunk'oze: p'win.]（動）闇値で売る
မှောင်ခိုပစ္စည်း[maunk'o pji'si:]（名）密輸品
မှောင်ခိုရောင်းဝယ်မှု[maunk'o jaun:wɛmu.]（名）闇取引
မှောင်ခိုလုပ်ငန်း[maunk'o lou'ŋan:]（名）闇商売、密輸業
မှောင်ခိုသမား[maunk'o dəma:]（名）闇屋
မှောင်ချ[maun tʃa.]（動）消灯する、灯火管制する
မှောင်စပြုလာ[maunza.pju.la]（動）暗くなり始める、暗くなりかける
မှောင်ထု[maundu.]（名）暗闇
မှောင်ပိန်း[maunbein:]（形）真暗だ、真の闇だ
မှောင်မိုက်[maun mai']（形）暗闇だ、真暗だ
မှောင်မည်း[maun mɛ:]（形）真暗だ
မှောင်ဂျီ[maun ji]（形）暗い
မှောင်ရီညနေစောင်း[maun jiji ɲa.ne zaun:]（名）夕闇
မှောင်ရိပ်[maun jei']（名）物陰、暗闇
မှောင်လာ[maun la]（動）暗くなる
မှောင်လွန်း[maun lun:]（形）暗すぎる
မှိုင်[main]（動）塞ぎ込む、浮かぬ表情をする、項垂れる、萎れる、しょげ込む、しょんぼりする
မှိုင်ကျသွား[main tʃa. twa:]（動）しょげこむ、暗い表情になる、塞ぎ込む、項垂れる
မှိုင်ကျန်ရစ်ခဲ့[main tʃan ji'k'ɛ.]（動）後に残る

မှိုင်တွေချ[main twetʃa.]（動）塞ぎ込む、気を腐らせる、暗い表情をする、途方に暮れる

မှိုင်ပုံတော်ချ[mainboundɔtʃa.]（動）うち萎れる、しょげ返る

မှိုင်း[main:]①（形）くすんでいる、黒ずんでいる、はっきりしない ②（名）煙、噴煙、黒煙

မှိုင်းခဲ[main:go:]（名）煤

မှိုင်းခံ[main:k'an]（動）①燻蒸する、燻製にする ②吸入する、吸引する

မှိုင်းတိုက်[main:taiʔ]（動）①燻す、燻蒸する ②教化する、影響を及ぼす

မှိုင်းပ[main:ma.]（動）救援する、救援する、加護を乞う

မှိုင်းမိ[main:mi.]（動）魅せられる、虜になる、魂を奪われる

မှိုင်းမှုန်[main:moun]（動）表情が暗くなる、沈みこむ ＝မှုန်မှိုင်း

မှည်[mɛ.]（動）①熟れる、熟する ②膿む、化膿する ③肉づきがよい、ふっくらしている、丸ぽちゃだ

မှည်ချိန်[mɛ.ʤein]（名）熟した時期、熟れ時

မှည်မှည်[mɛ.mɛ.]（副）よく熟した ငှက်ပျောသီးမှည့်မှည့်တလုံး：よく熟れたバナナ

မှည့်[mɛ.]（動）名づける、命名する

မှည့်ခေါ်[mɛ.k'ɔ]（動）名づける、称する

မှည့်ရိုးမှည့်စဉ်[mɛ.jo:mɛ.zin]（名）伝統的命名

မှည့်လေ့မှည့်ထုံရှိ[mɛ.le.mɛ.da.ʃi.]（名）名づけるのが習慣である、名づける伝統がある

မှတ်[maʔ]（名）点 ၃၀ မှတ် ３８点

မှတ်[maʔ]（動）①思う、思い込む、見なす ②記す、記入する ③覚える、記憶する ငါမင်းအိပ်ပြီမှတ်နေတာ။ 僕は君がもう寝ていると思っていた

မှတ်ကရော[maʔkəjɔ:]（感）①それ見たことか、だから言わぬ事じゃない、ざまあ見ろ ②覚えとれ

မှတ်ကျောက်[maʔtʃauʔ]（鉱）試金石（金の純度を調べる黒色の石英）

မှတ်ကျောက်တင်[mauʔtʃauʔtin]（動）試す、試みる

မှတ်ချက်[maʔtʃɛʔ]（名）①注釈、論評 ②覚え書き、控え

မှတ်ချက်ချ[maʔtʃɛʔtʃa.]（動）①意見を述べる、論評する、批評する ②結論を下す、断定する

မှတ်ချက်ပေး[maʔtʃɛʔpe:]（動）意見を述べる、見解を述べる、論評する

မှတ်စာ[maʔsa]（名）メモ、ノート、控え

မှတ်စု[maʔsu.]（名）ノート、覚え書き

မှတ်စုစာအုပ်[maʔsu.saouʔ]（名）帳面、ノートブック

မှတ်စုစာအုပ်ကလေး[maʔsu.saouʔkəle:]（名）手帳、メモ帳

မှတ်ဉာဏ်[maʔnan]（名）記憶力

မှတ်ဉာဏ်ကောင်း[maʔnan kaun:]（形）記憶力がよい、記憶力が優れている

မှတ်တိုင်[maʔtain]（名）①標識、標柱 ②停留所

မှတ်တမ်း[maʔtan:]（名）文書、記録

မှတ်တမ်းတင်[maʔtan: tin]（動）記録する、記録に留める、文書化する、文書にして残す

မှတ်ထား[maʔt'a:]（動）①覚えておく ②控えておく、書き記しておく

မှတ်ပုံတင်[maʔpoun tin]（動）①登記する ②登録する ③（書簡を）書留めにする ④[maʔpoundin]（名）登録、登録証 ⑤書留め

မှတ်ပုံတင်ကတ်ပြား[maʔpountin kaʔpja:]（名）登録証

မှတ်မိ[maʔmi.]（動）覚えている、記憶している

မှတ်မိကောင်း[maʔmi.gaun:]（動）記憶すべきだ

မှတ်မှတ်ရရ[maʔmaʔja.ja.]（副）忘れずに、記憶していて、ちゃんと覚えていて、確実に

မှတ်ယူ[maʔju]（動）見なす、受け止める

မှတ်သား[maʔta:]（動）①心に留める、記憶しておく、覚えておく ②記録する、記録に留める、残す

မှတ်သားနာယူ[maʔta: naju]（動）注意して聴く

မှတ်သားလိုက်နာ[maʔta: laiʔna]（動）覚えておいて従う

မှိတ်[meiʔ]（動）①目を閉じる、目を瞑る ②（副）強引に、頑迷に ③泣き言も言わずに

မှိတ်တုတ်မှိတ်တုတ်[meiʔtouʔ meiʔtouʔ]（副）（星が）チカチカと、（明りが）ついたり消えたり

မှိတ်သုံ[meiʔtoun] →否定型 မမှိတ်မသုံ として使用

မှုတ်[mouʔ]（動）①吹く လေမှုတ်သည်။ 空気を圧搾する မီးမှုတ်သည်။ 口で吹いて火を起こす ②吹奏する ပုလွေမှုတ်သည်။ 笛を吹く ③吹き付ける ဆေးမှုတ်သည်။ 塗料を吹き付ける ④やり返す、言い返す、反乱する

မှုတ်ဆေး[mouʔs'e:]（名）スプレー、噴霧塗料、吹き付け塗料

မှုတ်ထုတ်[mouʔt'ouʔ]（動）吹き出す、噴出させる

မှုတ်သောက်[mouʔtauʔ]（動）吹いて飲む、冷ましながら飲む လက်ဖက်ရည်ကြမ်းပူပူမှုတ်သောက်သည်။ 熱い御茶をふうふう言いながら飲む ကော်ဖီပူပူလေးကိုမှုတ်သောက်သည်။ やや熱めのコーヒーを冷ましながら飲む

မှုတ်ဖူး[mouʔp'u:]（動）မဟုတ်ဖူး の短縮形、違う မီတော့မှာမှုတ်ဖူး။ もう間に合わないだろう

မှုတ်ဘူး[mouʔp'u:]（動）မဟုတ်ဘူး の収縮形、違う、

そうではない သရေ၁်တာမွတ်ဘူး။ 揶揄したのではない、からかったのではない

မွတ်လား:[mou'la:] (間) မဟုတ်လား:の短縮形、相手に念を押す、そうではないのか、そうだろう အချော:ဆုံ:မို့:နေတယ်မွတ်လား။ 一番の美人だから言い寄っているのではないのか

မှန်[man] (名) ①ガラス ②鏡 မှန်ရှေ့တွင်ရပ်သည်။ 鏡の前に立つ

မှန်ကား:[manga:] (名) 乗用車 = ဆလွန်ကား:

မှန်ကူ[mangu~məgu] ①(植) ヒロハグミ(グミ科) Elaeagnus latifolia ②[məgu] (名) 菱形 = မရူ

မှန်ကူကက်[mangugwɛ'~magugwɛ'] (名) ①菱形 ②モザイク

မှန်ကင်:[mangin:] (名) 宮殿の頂上、多重屋根の先端に取付ける飾り

မှန်ကွဲ[man kwɛ:] ①(動) ガラスが割れる ②[mangwɛ:] (名) ガラスの破片、鏡の破片

မှန်ချပ်[mandʑa'] (名) 板硝子

မှန်ချပ်ကာအဆောက်အအုံ[mandʑa'ka əs'au'əoun] (名) ガラス張りの建物

မှန်စာ[manza] (名) ①ビードロ(凧の糸に塗り付けるガラスの粉末) ②鏡文字(左右逆さの文字)

မှန်စာကြို:[manza tʃo:] (名) (凧上げの時に使用する)ビードロ紐、ガラス粉の付いた紐

မှန်စီ[manzi] (名) ガラス填め込み、ガラス象眼

မှန်စီရွှေချ[manzi ʃwetʃa.] (名) 金箔ガラス象眼、(漆器に金箔を張り色ガラスを嵌め込んだ)一種の螺鈿細工

မှန်ဆိုင်[manzain] (名) ガラス屋、ガラス店

မှန်တော့[mandɔ.~mədɔ.] (植) タマゴノキ(オトギリソウ科) Garcinia xanthocymus = မဇေါ်

မှန်တင်ခုံ[man tingoun] (名) 姿見、鏡台

မှန်တန်:[mandan:] (副) 通り一遍に、お座なりに、義務を果しただけで、ごく普通に

မှန်တပ်[man ta'] (動) ガラスを填める

မှန်ထုပ်[mandou'] (名) 錘線、鉛錘線、測鉛錢

မှန်နီ[mannni] (植) クチナシの仲間 Gardenia erythroclada

မှန်နောက်[mannau'] (名) 磨りガラス、艶消しガラス

မှန်နန်:[mannan:] (名) ガラスの間(19世紀後半マンダレー王城の中に設けられていた)

မှန်နန်:ရာဇဝင်[mannan: yazəwin] (名) ガラス王宮大王統史(ビルマ諸王朝の歴史を宇宙創世から1821年までに記したビルマ語の欽定年代記)

မှန်ပေါက်[manbau'] (名) ガラス窓

မှန်ပေါင်[manbaun] (名) 額縁、ガラスを填めた額縁

မှန်ပုံတင်[manboun tin] (動) 鏡に写す

မှန်ပြတင်:[man bədin:] (名) ガラス窓

မှန်ပြတင်:ပေါက်[man bədin:bau'] (名) ガラス窓

မှန်ပြောင်:[manbjaun:] (名) ①望遠鏡 ②双眼鏡 ③ランプのガラス管

မှန်ပွါ:[manbwa:] (植) イトアゼガヤツリの仲間 Leptochloa filiformis

မှန်ဗြူ[manbju] (植) インドハリザクロ(アカネ科) Randia uliginosa

မှန်ဖြတ်[man p'ja'] (動) ガラスを切る

မှန်ဗီရို[man bido] (名) ガラスの入った食器棚

မှန်ဘီလူ:[man bəlu:] (名) 虫眼鏡、拡大鏡

မှန်ဘောင်[manbaun] (名) ①額縁 ②ガラス枠

မှန်ဘောင်သွင်:[manbaun twin:] (動) (写真等を)枠に入れる、額縁に入れる

မှန်ရောင်ထိုးပြ[man jaun t'o: pja.] (動) 鏡に反射させる、日光を反射させる

မှန်လာ[manla] (植) コリンクチナシ(アカネ科) Gardenia florida = ဇီဝါ

မှန်လောင်အိမ်[man łaun ein] (名) ①温室 ②地球の温暖化

မှန်လုံအိမ်ဓာတ်ငွေ့[manloun ein da'we.] (名) フロン・ガス、温室効果ガス = ဖန်လုံအိမ်ဓာတ်ငွေ့

မှန်သင်:[mandin:] (植) セイロンニッケイ

မှန်အိမ်[man ein] (名) ランプ、カンテラ

မှန်[man] (形) ①正しい、真実だ、正確だ、その通りだ ②規則的だ、規則正しい ③(動) 当る、命中する

မှန်ကန်[mankan] (形) 正しい、正確だ

မှန်ကန်စွာ[mankanzwa] (副) 正しく、正確に

မှန်ကြောင်:[mandʑaun:] (名) 正しい事、正しいと言う事、正しい旨

မှန်ပါ[manba.] (返事) (出家に対して) さようでございます

မှန်ပါဘုရား:[manba.p'əja:] = မှန်ပါ

မှန်မမှန်[man məman] (名) 真偽 အလုပ်မှန်မမှန်ကိုမကြည့်ရှ။ 仕事がまともかどうかを見ない

မှန်မှန်[manman] (副) ①正直に、正確に မှန်မှန်ပြောစမ်:။ 正直に言ってみろ ②真面目に、規則正しく အလုပ်မှန်မှန်လုပ်။ 仕事を真面目にしろ

မှန်မှန်ကန်ကန်[manman kangan] (副) 正確に、正しく

မှန်လာ[manla] (動) 正しくなる、真実になる

မှန်လျှင်[manłjin] (副) ~である限り、~であるものは全て ယောကျာ်း:မှန်လျှင်တံငါလုပ်နှံ:ရှ်နှည်:မျိုးအဖို့

ဖုံကိုစုံလင်စွာတတ်မြောက်ရသည်။ 男である限りあらゆる漁のやり方に習熟していなければならない

~မှန်သမျှ[mandəmja.] (助動) ~限りのものは悉く、~であるものは全て လုပ်ငန်းမှန်သမျှတယောက်တည်းလုပ်ရသည်။ 仕事は全て一人で切り盛りした ဆရာမ၏ လုပ်ရှား:မှန်သမျှကိုမျက်ခြေပြတ်မခံ။ 女性教師の動きは悉く見失わないようにする မကောင်း:တာမှန်သမျှသူတို့ကြောင့်ဟုဆိုကြသည်။ よくない事は全て彼等のせいだと言う

မှန်း[man:] (動) ①目星をつける、見当をつける、推し量る နှမ်းခင်းမှနှမ်းမည်မျှထုတ်မည်ဟုမှန်းသည်။ 胡麻畑の胡麻がどれ位採れるのか推し量った ②(間) どれ、どれどれ မှန်း:။ ပြပ်စမ်း။ どれ、見せてごらん

မှန်းချက်[man:ʤɛʔ] (名) 推量、推測、推定、憶測 မှန်းချက်နှင့်နှမ်းမကိုက်။ (慣) 見込みが狂う、目算が外れる (見通しと胡麻の収穫とが合わない)

မှန်းခြေ[man:ʤe] (名) 見込み、見積り

မှန်းခြေကိုက်[man:ʤe kaiʔ] (動) 予測が当る、目算通りになる、見通し通りになる、

မှန်းခြေအား:ဖြင့်[manʤe a:pʼjin.] (副) 目算としては、見通しとしては、大体のところ

မှန်းစမ်း[man:zan:] (間) (出来具合や調子を見ようとして) どれどれ、ひとつ見せてみろ =မှန်း။ ②

မှန်းဆ[man:sʼa.] (動) 推し量る、推測する、見当をつける

မှန်းရွယ်[man:jwɛ] (動) 見当をつける

မှန်းလျှောက်[man:ʃauʔ] (動) 見当をつけて歩く

မှန်:[man:] (尾) 名詞節を形成、動詞「知る」に繋がる、と言う事 ရှိမှန်းသိရက်နဲ့ဝင်တယ်။ 居る事を知っていながら入った ဘယ်သွား:မှန်းမသိ။ どこへ行ったのか知らない

~မှန်းမသိ[man: məti.] (動) ~と言う事を知らない ဘယ်သူယ်ဝါမှန်းမသိပါ။ どこの誰なのか判らない ကျုပ်တော့ဘာပြောရမှန်းမသိဘူး။ 僕としては何を言ったらいいか分らない ဘာလုပ်ရမှန်းမသိပေ။ 何してよいか判らない မှောင်မဲလို့ဘယ်သူတွေ့မှန်းမမြင်ဘူး။ 暗かったので誰だったのかも見えなかった လမ်း:၌ မည်သည့်ရွာများကိုဖြတ်သန်းလာ:ခဲ့မှန်းမသိ။ 途中どんな村々を通り過ぎてきたのか気付かなかった

~မှန်းသိ[man: tị.] (動) ~と言う事を知っている အာလူးကိုစိုက်ရကောင်းမှန်းသိလာသည်။ 馬鈴薯の栽培はよい事が判ってきた ဆရာလာမှန်းသိသည်။ 先生が来た事が判った ဟိုကျနောင်ပို့မှန်းသိတယ်။ 先方には私が送ったと言う事が判明した အသက်ရှူလို့အသက်ရှိမှန်းသိရတယ်။ 呼吸をしたので生存している事が判明した နွား:မဟုတ်ဘဲကျား:ဖြစ်နေမှန်းသိတော့သည်။ 牛ではなく虎である事がやっと判った

မှိန်[mein:] (形) ①褪せている、色が淡い、色が薄い ②くすんでいる、霞んでいる、ぼんやりしている、判然としない cf. မွေ:မှိန်

မှိန်[mein:] (名) 鉦

မှိန်[mein:] (動) ①目を閉じて陶然とする ②まどむ、うとうとする、うつらうつらする、ひと寝入りする ③(高熱などで) ぐったりする

မှိန်:စက်[mein:zɛʔ] (動) 目を閉じてじっとする

မှုန်[moun.] (名) 粉、粉末 ဂျုံမှုန့် 小麦粉 cရုတ်ရှည် မှုန် 胡椒の粉

မှုန်ရီမှုန်ဝါ:[moun.dəji moun.dəwa:] (副) 薄ぼんやりと

မှုန်မှုန်ညက်ညက်[moun.moun. ɲɛʔɲɛʔ] (副)

မှုန်[moun] (動) ①ぼやける、霞む、ぼんやりする မျက်စိမှုန်သည်။ 目が霞む ②浮かぬ表情をする、暗い表情をする မျက်နှာမှုန်သည်။ 表情が不機嫌そうだ

မှုန်ကုတ်ကုတ်[moun kouʔkouʔ] (副) 不機嫌そうな表情で、仏頂面をして မှုန်ကုတ်ကုတ်မျက်နှာ 浮かぬ表情

မှုန်ကုတ်ကုတ်နှင့်[moun kouʔkouʔnɛ.] (副) むっつりして မှုန်ကုတ်ကုတ်နှင့်ငြိမ်နေသည်။ 不機嫌そうに黙っている

မှုန်တိမှုန်မှာ:[moundi.mounmwa:] (副) ぼんやりと、不鮮明に

မှုန်တည့်[moun tede] (副) 不満気な表情で、不機嫌そうに

မှုန်တိတိ[moun tidi] =မှုန်တေတေ

မှုန်တုန်တုန်ညှို့:ဖြင့်[moun toundoun ɲo:to:do: pʼjiʔ] (動) 表情が冴えない

မှုန်ပြပြ[moun pja.bja.] (副) ぼんやりと မှုန်ပြ ပြလရောင် ぼんやりした月光

မှုန်ပြပြနဲ့[moun pja.bja.nɛ.] (副) うっすら と、薄ぼんやりと、薄暗く

မှုန်မှာ:မှာ:[moun mwa:mwa:] (副) 朦朧と、ぼんやりと、霞んで、靄がかかっていて မှုန်မှာ:မှာ:ကျ ရောက်နေသောလရောင် 薄ぼんやりとした月の光 မှုန် မှာ:မှာ:မြင်ရသည်။ ぼんやりと見える

မှုန်မှုန်မှာ:မှာ:[mounmoun mwa:mwa:] (副) 薄ぼんやりと မီး:ရောင်မှုန်မှုန်မှာ:မှာ: 薄ぼんやりとした灯火

မှုန်ဝါ:ဝါ:[moun wa:wa:] (副) ぼやけていて、ぼんやりと、不明瞭に、不鮮明に

မှုန်သိ[moun ti] (形) ぼやけている、ぼけている

မှုန်သိုး:သိုး:[moun to:do:] (副) 浮かぬ表情をして、不機嫌そうに、むっつりと

မှုန့်[moun:] (動) ①粉にする、粉砕する ညက်ညက် မှုန့်သည်။ 粉々にする ②殲滅する ရန်သူကိုမှုန့်သည်။

敵を殲滅する ＝ချေမှုန်း

မှုံ[moun]（名）花粉 ＜အမှုံ

မျှ[mja.]（形）①均等だ、等分だ、均分だ ②（動）均等に分ける、等分に分ける

မျှတ[mja.ta.]（形）①等しい、均等だ、むらがない ②（気候が）温暖だ

မျှပေး[mja.pe:]（動）均等に与える、等分に分け与える

မျှမမျှ[mja.mamja.]（副）均等かどうか

မျှမျှတတ[mja.mja.ta.ta.]（副）均等に、等分に、均衡した形で、バランスよく

မျှဝေ[mja.we]（動）等分する、均等に分ける

မျှဝေခံစား[mja.we k'anza:]（動）均等に味わう、均等に経験する

~မျှ[mja.]（副助）①（助）（肯定形で使用）凡そ、大体、程、ばかり ဆယ်နှစ်မျှငယ်သည်။ １０歳程幼い သူတို့တွင်သား･သမီး ･ ၆ ･ ယောက်မျှရှိခဲ့သည်။ 彼らには子供が ５人ばかりいた တစ်လအတွင်း၌ပင်ငွေသောင်းကျော် ကျော်မျှရှိခဲ့သည်။ １ヶ月で１万チャッツ以上も手に入った ②（否定形で使用）~も ယောက်မျှမရှိတော့။ もう一人も居なかった အိမ်တွင်းစား စရာဆန်တစေ့မျှမရှိ။ 家の中には食べ物は米一粒すらない စိုက် ။ 誰にも気を使わない တနေ့မျှမမေ့နိုင်အောင်ဖြစ်သည်။ 一日とて忘れられなかった အလုပ်ဆို၍ဘာတစ် ခုမျှမလုပ်ကြ။ 仕事は何一つとしてしなかった

~မျှလောက်[mja.lau']（助）~程、~位 ထိုမျှလောက် အခြေအနေဆိုးဝါးသည်။ それ程情勢は劣悪だった

~မျှသာ[mja.da]（助）ほんの~だけ စာအုပ်သုံးအုပ်မျှ သာရှိသည်။ 本は三冊しかない အသားကိုတစ်ရက်မျှသာ စားရသည်။ 肉は一日食べただけだった သင်္ဘော ကြီး၏ စက်သံမျှသာ ကြားနေရသည်။ 聞えるのは汽船のエンジンの音だけだった

~မျှလောက်[mja.lau']（助）およそ~位、大体~ばかり ပြာပူမျှလောက်မိုးမကြောက်တော့။ 熱い灰程度の事なら怖くはない သာမန်အပြစ်မျှလောက်ကိုကျူးလွန်ရန်မ ခဲယဉ်းတော့။ 普通の罪位の事に違反するのは大して困難ではなかった

မျှား[mja:]（動）①釣る、餌で釣る ငါးမျှားသည်။ 魚を釣る ②目的のため策を用いる ရာထူးနှင့်မျှားသည်။ 役職を条件に勧誘する

မျှားခေါ်[mja:k'o]（動）誘う、誘き寄せる

မျှားဖမ်း[mja:p'an:]（動）誘き寄せて捉える

မျှော့[mjo.]（名）①蛭（水中に棲息）မျှော့ကိုမှတ် ကိုင်ခဲ့ရသည်။ 蛭に嚙まれ蚖に嚙まれしながら摘まなければならなかった cf. ကျွတ် ②５世代後の末裔、玄孫の子

မျှော်[mjɔ]（動）①眺める、展望する、見はるかす ②望む、待ち望む、期待する ပြန်စာမျှော်နေသည်။ 返信を待っている ③待望する、熱望する、憧れる

မျှော်ကိုး[mjɔgo:]（動）①予期する、見越す ②待ち望む、待望する、期待する မိမိတို့ပြည်၏အကျိုးကို မျှော်ကိုးသည်။ 祖国の国益を見越す

မျှော်ကိုးသူ[mjɔgo:du]（名）待望している人、期待している人、待ち望んでいる人

မျှော်ကြည့်[mjɔtɕi.]（動）遠望する、展望する

မျှော်ခေါ်[mjɔk'ɔ]（動）先の事を見通す、将来を展望する、望む

မျှော်ခင်း[mjɔgin:]（名）景色

မျှော်စင်[mjɔzin]（名）①展望台、望楼 ②管制塔、コントロール・タワー

မျှော်တာရှည်[mjɔda ʃe]（形）長い間待ち望んでいる、長いこと期待している

မျှော်တွေး[mjɔtwe:]（動）思い巡らす、想像を巡らせる、先の事を考える

မျှော်မှန်း[mjɔman:]（動）予期する、期待する、待ち望む、切望する

မျှော်မှန်းချက်[mjɔman tɕ']（名）念願、期待

မျှော်လင့်[mjɔlin]（動）①望む、希望する、期待する ②予想する、予期する

မျှော်လင့်ချက်[mjɔlin tɕ']（名）望み、希望

မျှော်လင့်ချက်ရ[mjɔlin.tɕ' ja.]（動）希望がもてる、期待できる

မျှော်လင့်တကြီး[mjɔlin.dədʑi:]（副）期待を込めて、大いに期待して

မျှော်လင့်တောင့်တ[mjɔlin.taun.da.]（動）切望する、願望する、待ち焦がれる

မျှော[mjɔ:]（動）流す、浮べる

မျှောချ[mjɔ:tɕ'a.]（動）流す、水に流す

မျှောပိုက်[mjɔ:bai']（名）流し網

မျှောက်ပင်[mjau'pin]（動）→မြှောက်ပင်

မျှင်[mjin]（名）オキアミのような微小な蝦

မျှင်ငါးပိ[mjin nəpi.]（名）微小な蝦を原料とした塩辛 ＝ဗမင်းငါးပိ

မျှင်ပုစွန်[mjin bəzun]（名）＝မျှင်

မျှစ်[mji']（名）筍

မျှစ်ချို[mji' tɕ'o:]（動）筍を掘る

မျှစ်ချဉ်[mji'tɕ'in]（名）筍の漬物

မြား[mja:]（名）矢 →မြား

မြားပစ်[mja: pji']（動）矢を射る →မြားပစ်

မြူ[mju]（動）①子供をあやす ကလေးကိုမြူသည်။ ②誘う、誘惑する、おびく、誘き寄せる

မြူဆို[mjus'o]（動）媚を売る

မြှူဆွယ်[m̥jusʼwɛ]（動）誘う、誘き寄せる、唆す、誘惑する
မြေ[m̥e:]（名）膜
မြေ[m̥e:]（動）①縺れる、絡まる ②（形）目が細い
မြော့[m̥ɔ.]→မျော့
မြှောက်[m̥jauʔ]（動）①挙げる、揚げる、上に挙げる、持ち上げる、投げ上げる လက်ကိုမြှောက်သည်॥ 手を挙げる ပိုက်ဆံကိုမြှောက်သည်॥ お金を投げ上げる ②煽てる、諂う、お世辞を言う ③推挙する、抜擢する、昇任させる ④（算数で）乗じる、掛ける
မြှောက်ကိုင်[m̥jauʔkain]（動）手に持って挙げる、挙げて持つ
မြှောက်ကိန်း[m̥jauʔkein:]（名）乗数、掛け算
မြှောက်ခြေ[m̥jauʔtʃe]（名）=မြှောက်ကိန်း
မြှောက်စား[m̥jauʔsa:]（動）目を掛ける、引き立てる、厚遇する、特別扱いする、寵愛する、偏愛する
မြှောက်စားခြင်း[m̥jauʔsa:dʒin:]（名）引き立て、厚遇 ဘုရင်ခံ၏မြှောက်စားခြင်းကိုရသည်॥ 総督に引き立てられた、総督に重用された
မြှောက်ထား[m̥jauʔta:]（動）昇進させる、引き立ててやる
မြှောက်ပေး[m̥jauʔpe:]（動）おだてる
မြှောက်ပင်း[m̥jauʔpin.]（動）諂う、お世辞を言う、おべんちゃらを言う、胡麻をする、煽てる
မြှောက်လဒ်[m̥jauʔlaʔ]（名）（掛け算の）積
မြိုက်[m̥jaiʔ]（動）焦がす、焼き焦がす
မြှင့်[m̥jin.]（動）高める、上げる
မြှင့်တင်[m̥jin.tin]（動）高める、引上げる
မြှင့်တင်ရေး[m̥jintin je:]（名）向上、引上げ
မြှင်မြှင်[m̥jinm̥jin]（副）細い အပ်ပေါက်ကလေးသည် မြှင်မြှင်လေးဖြစ်သည်॥ 針の穴はか細い
မြှောင်[m̥jaun.]（名）端、縁（ふち）、縁（へり）、稜 လေးမြှောင် 四角錐 ရှစ်မြှောင် 八稜
မြှောင်[m̥jaun]（動）①平行する、縦に並ぶ、併置する လမ်းမြှောင် ②頼る、寄宿する、居候する
မြှောင်စား[m̥jaunza:]（動）居候する
မြှုပ်[m̥jouʔ]（動）①沈める ရေမှာမြှုပ်သည်॥ 水中に沈める ②埋める မြေမြှုပ်သည်॥ 地中に埋める ③埋葬する ④伏せて置く、隠す、非公開にする ⑤投資する အရင်းအနှီးမြှုပ်သည်॥ 資本を投下する
မြှုပ်နှံ[m̥jouʔnan]（動）①投資する ②埋める
မြှုပ်သွင်း[m̥jouʔtwin:]（動）埋め込む
မြူ[m̥oun:]（名）筌（うけ）、竹を筒状に編んだ漁具（入口があって出口がない）
မြူးထောင်[m̥oun: tʼaun]（動）筌を設置する
မြ[m̥wa.]（動）粉々にする、粉砕する

မြာ[m̥wa:]①（形）微小だ、微細だ ②（虫）ダニ
မြွေ[m̥we.]（動）旋風が吹く、つむじ風が吹く、吹き荒れる
မြွေ[m̥we]（動）①かき回す、かき混ぜる、撹拌する ဟင်းအိုးမြွေနေသည်॥ 鍋を撹拌する ထမင်းအိုးမြွေနေသည်॥ 釜の飯を撹拌する ယောက်မနှင့်မြွေသည်॥ 杓文字でかき混ぜる ②家捜しする、捜索する、臨検する ③災をもたらす ဂြိုဟ်မြွေသည်॥ 運星との廻り合せが悪い
မြွေနှောက်[m̥we nauʔ]（動）①かき回す、かき混ぜる、撹拌する ②隈なく探す、捜索する
မြွေး[m̥we:]①（形）香ばしい、よい匂いがする、馥郁たる香りが漂う ②（動）嗅ぐ ③火を熾す、火の勢を強める မီးမြွေးသည်॥
မြွေးကြူ[m̥we:tʃu]（動）香る、馥郁と香る
မြွေးကြိုင်[m̥we:tʃain]（動）香ばしい、よい匂いがする、馥郁としている
မြွေးကြိုင်စွာ[m̥we:tʃainzwa]（副）馥郁と
မြွေးပျံ[m̥we:pjan.]（動）香りを発散させる、香気を漂わせる、よい香りを出す
မြွေးမြွေးပေး[m̥we:m̥we: pe:]（動）頬擦りする
မွတ်[muʔ]（形）①流暢だ ②巧みだ、熟練している ③滑らかだ、滑々している、粒子が細かい အသား က မွတ်သည်॥ 肌が滑らかだ ④軟らかくて新鮮だ ကန်စွန်း ဥမွတ်သည်॥ サツマ芋が軟らかい ⑤よく廻る、回転する ပန်ကာမွတ်သည်॥ 扇風機が回転する
မွတ်နေအောင်[muʔne aun]（副）巧みに အင်္ဂလိပ်စ ကားကိုမွတ်နေအောင်ပြောနိုင်သည်॥ 英語を流暢に喋る
မွန်[mun]（動）①（煙、蒸気、ガス等が）籠る、立ち込める မီးခိုးမွန်သည်॥ 煙が立ち込める မြွေဆိပ်မွန်သည် 蛇の毒が廻る ②刺激臭がする、息詰まる、息苦しい ③逆上する ဒေါသစိတ်မွန်လာသည်॥ 怒りが込み上げてくる
မွန့်ထူ[munt'u]（動）①立ち込める、息苦しい、息が詰る ②体中を血が逆流する、逆上する
မွန်း[mun:]（動）①切り刻む、千切りにする、刻み目を入れる ②充満する
မွမ်း[mun:]（動）飾る、装飾する
မြွာ[m̥wa]①（動）区分ける ②（助数）部分 အမြွာ 双子、双生児 သုံးမြွာပူ 三つ子
မြွင်း[m̥win:]（動）魚や肉を薄切りにする

ယ

ယ[ja.]（名）ビルマ文字第26番目の子音文字、その名称は ယက်လက်[ja.pɛʔlɛʔ]（仰向けのヤ）

ယပင်[ja.pin.]（名）軟口蓋音（က၊ခ၊ဂ၊ဃ၊င）及び両唇音（ပ၊ဖ၊ဗ၊ဘ၊မ）並びに側音（လ）の文字からそれぞれの口蓋化音（ကျ၊ချ၊ဂျ၊ဃျ၊ငျ၊ပျ၊ဖျ၊ဗျ၊မျ၊လျ）を作り出す ယ の符号

ယကွင်း[jəgwin:]（名）四つ手網

ယခု[jəkʼu.]（名、副、文）今、現在、口語形は အခု [əgu.]

ယခုကဲ့သို့[jəkʼu. gɛ.dọ.]（副）現在のように、今みたいに

ယခုခေတ်[jəkʼu.kʼiʔ]（名）現代

ယခုတကြိမ်[jəkʼu. dəkɟein]（名、副）今一度

ယခုတဖန်[jəkʼu. təpʼan]（名、副）もう一度、更に、繰り返して、重ねて

ယခုတလော[jəkʼu. təlɔ:]（名、副）この頃、近頃、最近

ယခုတော့[jəkʼu.dɔ.]（副）今では

ယခုတိုင်[jəkʼu.tain]（副）今尚、現在に至るも

ယခုတွင်[jəkʼu.dwin]（副）今では、現在に於いては

ယခုထက်တိုင်[jəkʼu.dɛʔtain]（副）今でも、今に至るも

ယခုထက်ထိ[jəkʼu.dɛʔtʼi.]（副）今でも、今に至るも

ယခုနေ့[jəkʼu.ne.]（名）本日 =ယနေ့

ယခုနေ့ယရက်တိုင်[jəkʼyu.ne.jəkʼu.jɛʔtain] 今日まで、本日まで

ယခုနှစ်[jəkʼu.nịʔ]（名）今年、本年

ယခုမှ[jəkʼu.mạ.]（副）今になって、今やっと、今ようやく

ယခုရာစုနှစ်[jəkʼu.jazu.nịʔ]（名）今世紀

ယခုရာစုနှစ်ကုန်ချိန်[jəkʼu.jazu.nịʔ kounɟein]（名）今世紀末

ယခုရာစုနှစ်ကုန်ဆုံးချိန်[jəkʼu. jazu.niʔ koun sʼoun:ɟein]（名）=ယခုရာစုနှစ်ကုန်ချိန်

ယခုရှိရင်း[jəkʼu.ʃi.jin:]（形）現存の、現在の、今あるままの

ယခုလ[jəkʼu.la.]（名）今月、当月

ယခုလို[jəkʼu.lo]（副）①今のように ②（形）今のような ③次のような、次の如き

ယခုလက်ရှိ[jəkʼu. lɛʔʃi.]（形）現在の、現存の、現に存在する、目下の

ယခုသတင်းပတ်[jəkʼu. dədin:baʔ]（名）今週

ယခုအကြိမ်[jəkʼu. ətʃein]（名）今回、この度

ယခုအခါ[jəkʼu. əkʼa]（名）今、現在

ယခုအခါတွင်[jəkʼu. əkʼa dwin]（副）現在では

ယခုအခါ၌[jəkʼu. əkʼa nại]=ယခုအခါတွင်

ယခုအချိန်တွင်[jəkʼu. ətʃein dwin]（副）今では、現在では

ယခုအထိ[jəkʼu. ətʼi.]（副）今まで、今に至るも

ယခုအပတ်[jəkʼu. əpaʔ]（副）今週

ယွှ[jəkʼu.]=ယခု

ယခင်ယခင်က[jəkʼin.jəkʼinga.]（副）ずっと以前に、相当前に

ယခင်[jəkʼin]（副）以前に、先頃、過去に

ယခင်က[jəkʼinga.]（副）以前に、先頃

ယခင်ကထက်[jəkʼinga.dɛʔ]（副）以前よりも、前よりは ယခင်ကထက်များစွာချမ်းသာလာသည်။ 以前よりは遥かに豊かになった

ယခင်ကလို[jəkʼinga.lo]（副）以前のように

ယခင်နှစ်[jəkʼinnịʔ]（名）前年、先年

ယခင်လ[jəkʼinla.]（名）先月

ယခင်အခါ[jəkʼin əkʼa]（副）以前は、以前に

ယခင်အခါများကဲ့သို့[jəkʼin əkʼamja: gɛ.dọ.]（副）以前のように

ယခင်အတိုင်း[jəkʼin ətain:]（副）以前同様

ယဂင်[jəgin]（名）昔の髪型の1種

ယတြာ[jədəja]（名）厄除け、厄払い、物忌み、じょう災

ယတြာချေ[jədəja tʃe]（動）厄除けをする、厄払いをする

ယတြာပြု[jədəja pju.]（動）=ယတြာချေ

ယတိပြတ်[jədi.bjaʔ]（副）きっぱりと、はっきりと、断定的に、断固として ယတိပြတ်ပြောလိုက်သည်။ きっぱりと斷言した မကျေနပ်ချက်ကိုယတိပြတ်ရုပ်သိမ်းသည်။ 不満な点をきっぱりと撤回した သူ၏ကိုယတိပြတ်ဆုံးဖြတ်နိုင်သေးပါ။ 未だ自分の気持をはっきりとは決められない ယတိပြတ်ဆုံးဖြတ်ချက်ချလိုက်သည်။ きっぱりと決定を下した

ယထာဘူတ[ja.tʼabuta.]（名）客観性、合理性＜パ

ယထာဘူတကျ[ja.tʼabuta. tʃa.]（形）客観的だ、合理的で、理に適う အကုသိုလ်အလုပ်တွေလုပ်လို့ ကိုယ်အက်ရှည်နိုင်မယ်ဆိုတာ ယထာဘူတမကျပါဘူး။ 悪行をしたからといって長生きするという事は理屈に合わない

ယထာဘူတကျကျ[ja.tʼabuta.tʃa.ɟa.]（副）客観的に、合理的に、現象に則して ထိုသူ၏ဘဝ စိတ်တပိုင်းကိုယထာဘူတကျကျဆွဲခဲ့သည်။ その人々の

ယထာဘူတကျအောင်[ja.t'abuta. tʃa.aun] (副) 現象に則して、適切に、客観的に ယထာဘူတကျလေ့လာသုံးသပ်သည်။ 客観的に分析した

ယထာဘူတပညာရှင်[ja.t'abuta. pjinɲaʃin] (名) 哲学者

ယထာဘူတဝါဒ[ja.t'abuta. wada.] (名) リアリズム、客観主義、合理主義

ယနမကင်း[jəna. məkin:] (動) 疑いが残る、疑いが晴れない =သကံာယန

ယနေ့[jəne.] (名・文) 今日、今日、本日 cf. ဒီနေ့

ယနေ့ည[jəne.ɲa.] (名) 今夜

ယနေ့တိုင်[jəne.tain] (副) 今日まで

ယနေ့ထက်တိုင်[jəne.dɛ'tain] (副) 今日に至るも

ယနေ့နံနက်[jəne. nannɛ'] (名) 今朝

ယမက[jəməka.] (名) ペア、一揃い <パ Yamaka

ယမက[jəməka] (名) 飲み物(特に、椰子砂糖やタマリンドを煮て作った醗酵飲料) =ဖျော်ရည်

ယမကကြိမ်[jəməta tʃein] (植) トウ(ヤシ科)の一種 Calamus latifolius

ယမနေ[jəmane] (植) キダチヨウラク(クマツヅラ科) Gmelina arborfea =ရေမနေ

ယမမင်း[jəma. min:] (名) 閻魔大王、死界の帝王

ယမား[jəma:] (名) ①鉄砲水、山中の急流=ယမား ချောင်း ②宮中で使用された傘

ယမုနာ[jəmu.na] (地) ジャムナ河(ガンジス河の支流)

ယမိုက်ပြာဋိဟာ[jəmai' pjadiha] (名) 双神通(体から火と水とを同時に噴出させる釈尊が行った奇跡)

ယမင်း[jəmin:] (名) ①乙女、美女 ②吊り人形 =ယဉ်မင်း

ယမင်းရုပ်[jəmin:jou'] (名) ①木製の人形 ②(人形芝居で使われる)乙女姿の吊り人形 =ယမင်း

ယမင်းအရုပ်[jəmin: əjou'] =ယမင်းရုပ်

ယမန်[jəman] (形) 去る、過ぎ去りし

ယမန်နေ့[jəman ne.] (名) ①昨日 ②一昨日 ③先日 cf. တမြန်နေ့၊တနေကာ

ယမန်နေ့က[jəman ne.ga.] (副) 昨日、昨日の事

ယမန်နေ့ည[jəmanne. ɲa.] (副) 昨夜、昨晩

ယမန်နေ့ညက[jəmanne. ɲa.ga.] (副) 昨夜、昨晩の事

ယမန်နှစ်[jəmanni'] (名) 昨年、去年 cf. တမြန်နှစ်

ယမန်နှစ်က[jəmanni'ka.] (副) 去年の事、昨年の事

ယမန်နှစ်ကထက်[jəmanni'ka.dɛ'] (副) 昨年よりは 昨年以上に、去年よりももっと

ယမန်း[jəman:] (名) 再拘置命令 =ရမန်း၊ <英 Remand

ယမန်းမြက်[jəman: mjɛ'] (植) ①ヒガヤ(イネ科) Arundinella setosa ②トダシバ(イネ科)の1種 A. bengalensis

ယမုန္နာ[jəmounna] =ယမုနာ

ယမ်ဆံ[jəmanzan] (名) 後髪を首筋まで伸ばす女性の昔の髪型

ယမြား[jəmja:] (名) 霊柩車を曳く長い布

ယမ်နီရွက်[jəweni jwɛ'] (植) アンボンジソ(シソ科) Coleus aromaticus

ယသ[ja.ta.] (名) 名誉、名声、称誉 <パ

ယသော်ဓရာ[jətɔdəja] (人) 耶輸陀羅(ヤショダラー)、悉達多太子の夫人

ယဟူဒီ[jəhudi] (名) ユダヤ人 =ရဟူဒီ

ယာ[ja] (名) 右 =လက်ယာ၊လက်ျာ။ ဝဲယာ 左右

ယာဘက်[jabɛ'] (名) 右側

ယာဘက်ခြမ်း[jabɛ'tʃan:] (名) 右側半分

ယာ[ja] ①(動) ビンロウジや石灰をキンマの葉で包む ②(名) キンマ一口分 ကွမ်းယာတယာယာ ပြီးပါးစပ်ထဲသို့ ထည့်လိုက်သည်။ キンマ一口分を包んで口の中に入れた

ယာ[ja] (名) 畑、農地

ယာကွက်[jagwɛ'] (名) 畑、農地

ယာခင်း[jagin:] (名) 畑、農地

ယာခုတ်[ja k'ou'] (動) 畑を開墾する

ယာစပါး[ja zəba:] (名) 陸稲(おかぼ)

ယာစည်းရိုး[ja si:jo:] (名) 畑の柵、畑の垣根

ယာတွယ်[jadwɛ'] (名) 畑作物

ယာထွန်[ja t'un] (動) 畑を耕す

ယာနယ်ယှက်တင်စည်းသား ခြား[jani ʃɛ'tin: si:da: tʃa:] (動) 隣り合せの畑同士で境界を定める

ယာပြင်[jabjin] (名) 畑、畑地

ယာရှင်[jaʃin] (名) 畑の持主

ယာရှင်ကိုမျောက်မောင်း။ (諺) 伝統破り、仕来たり違反 (畑の持主を猿が追い払う)

ယာလုပ်[ja lou'] (名) 畑仕事をする

ယာလုပ်ငန်း[ja lou'ɲan:] (名) 畑仕事

ယာသမား[jadəma:] (名) 畑作農民 cf. လယ်သမား

ယာဂု[jagu.] (名) 粥、おじや、雑炊 <パ =ဆန်ပြုတ်

ယာဂုဇွန်း[jagu.zun:] (名) 出家に差し出す粥、托鉢用の粥 <パ Yāgu

ယာစကာ[jazəga] (名) 乞食 <パ Yācaka =သူတောင်းစား

ယာစဂါမ[jazəgama.] (名) ①女乞食 ②女に対する罵倒語

ယာမာ[jama] (名) 夜摩天、六欲天の第3番目の天

cf. နတ်ပြည်ခြောက်ထပ်
ယာယီ[jaji]① (形) 臨時の、一時的な ② (副) 臨時に、一時的に ＜パ Yāyī
ယာယီနေအိမ်[jaji ne ein] (名) 仮住い
ယာယီအားဖြင့်[jaji a:p'jin.] (副) 臨時に、一時的に、仮に、暫定的に
ယား:[ja:] (形) ①痒い ②したくてむずむずする နှုတ်
ယား:သည် 話したくて堪らない
ယား:ကျိကျိ[ja: tʃi.dʒi.] (副) むず痒くて、むずむずして
ယား:ကျိကျိဖြစ်[ja:tʃi.dʒi. p'jiʔ] (形) むず痒いこそばゆい
ယား:ကျိယား:ကျိ[jatʃi. ja:tʃi.] (副) むずむずして、こそばゆくて
ယား:နာ[ja:na] (病) 皮膚病、痒疹、ひぜん、かいせん
ယား:ယံ[ja:jan] (形) 痒い、むず痒い
ယီးတီးယား:တား:[ji:di:ja:da:] (副) ①曖昧に、はっきりせずに、ああでもないこうでもないと、捕えどころがなくて ②ぐずぐずしていて、ためらっていて ③軽はずみに、いい加減に、無頓着で、迂闊に ④ (形) ごくありふれた ငါ့ကျော:ယီးတီးယား:တား:မလုပ်နဲ့။ 俺を馬鹿にするな
ယီးတီးယောင်တောင်[ji:di:jaundaun] (副) ①はっきりしなくて、漠然と ②まごついて、うろたえて、茫然として、当惑して မျက်နှာပျက်သွား:ပြီး ယီးတီးယောင်တောင်ဖြစ်သွား:တယ်။ 顔色が変り当惑してしまった
ယီးတီးယိုင်တိုင်[ji:di:jaindain] (副) よろめいて、ふらついて、ゆらゆらと
ယီးတိုက်[ji: taiʔ] (動) (ボート漕ぎの時に) 掛け声を掛ける
ယီးလေလေ[ji:le.le.] (副) 掛け声 (いちに、いちに、よいしょこらしょ、えんやこらさどっこいさ)
ယုဂန်[ju.gan] →ယုဂန္ဓရီ
ယုဂန္ဓရီ[ju.gando] (地) 持双山、ユガンダラ山 (七金山の一番内側の山、日月の軌道と同じ高さ)
ယုဇန[ju.zəna] (植) ゲッキツ、アンダマンシュスボク (ミカン科) Murraya paniculata
ယုဒသန်[ju.dətan] (人) アドニラム・ジャドソン (19世紀にビルマで布教活動をしたバプテイスト派のアメリカ人宣教師)
ယုယ[ju.ja.] (動) ①慈しむ、可愛がる、優しくする、親切にする ②世話をする、介抱する
ယုယစွာ[ju.ja.zwa] (副・文) 優しく、親切に
ယုယပိုက်ထွေး:[ju.ja. paiʔt'we:] (動) 優しく抱擁する

ယုယပြောဆို[ju.ja. pjɔ:s'o] (動) 優しく話す穏やかに語る
ယုဝတီ[ju.wədi] (名) 乙女、少女 ＜パ Yuvatī
ယူ[ju] (動) ①取る、受取る ②持ち運ぶ、持っていく、持ってくる ③配偶者を得る
ယူကျုံးမရ[judʒoun: məja.] (副) 取り乱して、気が動転して、途方に暮れて
ယူကျုံးမရဖြစ်[judʒoun:məja. p'jiʔ] (動) 気が動転する、途方に暮れる、取り返しがつかない思いになる、居たたまれない気持になる、口惜しい思いをする
ယူခဲ့[jugɛ.] (動) 持って来る
ယူငင်[juɲin] (動) 受取る、貰い受ける
ယူဆ[jusʼa.] (動) 考える、解釈する、推論する
ယူဆချက်[jusʼadʒɛʔ] (名) 考え、意見、推論
ယူဆောင်[jusʼaun] (動) 運ぶ、運んでくる、持ってくる、携帯する
ယူထား:[jutʼa:] (動) 取って置く、取ってある、貰って置く、貰ってある
ယူမှတ်[jumaʔ] (動) 受け止める、理解する、解釈する
ယူလာ[jula] (動) 持ってくる
ယူကရိန်:[jukərein:] (国) ウクライナ
ယူကလစ်[jukəliʔ] (植) ユーカリ (フトモモ科) Eucalyptus globulus
ယူဂိုလားဗီးယား:[jugosʼəla:bi:ja:] (国) ユーゴスラビア =ယူဂိုဆလပ်
ယူဇနာ[juzəna] (名) 由旬 (距離の単位、約8マイル=12キロ) ＜パ Yojana
ယူနီဆက်[junisʼɛʔ] (名) ユニセフ =ကုလသမဂ္ဂကလေး:များရန်ပုံငွေအဖွဲ့
ယူနီဖောင်:[junip'aun:] (名) ユニフォーム ＜英
ယူနီဗာစတီ[junibasəti] (名) 大学 ＜英
ယူနက်စကိုအဖွဲ့[junɛʔsəko əp'wɛ.] (名) ユネスコ
ယူနစ်[juniʔ] (名) 単位 ＜英 Unit
ယူရီးယား:[juri:ja:] (名) 尿素 ＜英 Urea
ယူရေနတ်ဂြိုဟ်[jurenaʔ dʒo] (名) 天王星
ယူယူ:[ju:ju:] (形・古) 殆ど、もう少しで
ယေဘုယျ[jeboun ja.] ① (形) 通常の、一般の ② 一般に、通常、普通、大抵の場合
ယေဘုယျရည်မှန်:ချက်[jeboun ja. jiman:dʒɛʔ] (名) 一般的目標、通常の目標
ယေဘုယျသဘော[jeboun ja. dəbɔ:] (名) 一般的性格、一般の概念
ယေဘုယျအား:ဖြင့်[jeboun ja. a:p'jin.] (副) 普通、通常、一般に、概して、大まかに言って

ယေရှု[jeʃu.]（人）イエス・キリスト
ယဲ့ယဲ့[jɛ.jɛ.]（副）力なく、弱々しく、脆く、壊れ易く、しっかりしておらず、疲れ果てて、瀕死の状態で
ယော်[jɔ]（動）（木の葉が）枯れる、黄褐色になる ယော်ရက် 枯葉
ယော်ယမ်း[jɔjan:]（動）望む＝ယမ်း‌ယော်၊ အရှေ့စူးအရပ်သို့ယမ်းယော်ကာကြည့်လိုက်သည်။ 真東の方を望んで見た→ရော်ရမ်း
ယော[jɔ:]（名）ヨー族（ビルマ西部に住むビルマ系の民族、ヨー語はビルマ語の一方言）
ယောပုဆိုး[jɔ: loungʤi]（名）＝ယောလုံချည်
ယောဖက်[jɔ:bɛʔ]（名）葉巻（ဆေးပေါ့လိပ်）の包み紙として使われるヨー地方産のトウモロコシの外皮
ယောလုံချည်[jɔ: loungʤi]（名）ヨー地方産の木綿製ロンジー（藍を用いて黒色に染色されている）
ယောဂီ[jɔ:gi]（名）①ヨガ行者、瞑想行者 ②女性の仏教信者（肩に茶色の布を掛ける）
ယောဂိပညာ[jɔ:gi pjinɲa]（名）ヨガの行
ယောဂိရောင်[jɔ:gi jaun]（名）赤褐色、濃褐色
ယောနိ[jɔ:ni]（名）①膣 ②妊娠 ＜パ Yoni
ယို[jo.]（動）①ひるむ、竦む、縮こまる、萎縮する ②身を縮める、畏敬の念で畏まる、体を小さくする
ယို[jo]（名）ジャム（本来は、ココヤシの実を砂糖で煮たもの）သရက်ယို マンゴーのジャム ဇီးယို ナツメのジャム
ယိုထိုး[jo t'o:]（動）ジャムを作る、砂糖漬けにする
ယို[jo]（動）①漏れる မျက်ရည်ယိုသည်။ 涙を流す မိုးရေတောက်တောက်ယိုသည်။ 雨水がぽたぽたと垂れ落ちる ဓာတ်ငွေ့ပိုက်လိုင်းယိုသည်။ ガス管が漏れる ②糞を垂れる、排泄する ချေးယိုသည်။ 糞を垂れる နွားချေးယိုသည်။ 牛が糞を垂れる
ယိုစီး[jo si:]（動）漏れ出る、流れ出る、滴る、流れ落ちる
ယိုစိမ့်[jo sein.]（動）漏れ出る、滲み出る ဓာတ်ငွေ့ယိုစိမ့်မှု ガス漏れ
ယိုပေါက်[jobauʔ]（名）抜け穴、排水溝、下水溝
ယိုပေါက်ဟာပေါက်[jobauʔ habauʔ]（名）抜け穴、漏れ穴
ယိုဖိတ်[jo p'eiʔ]（動）①（液体が）零れる、漏れ出る、溢れ出る ②（光が）漏れる、差し込む ③無駄になる
ယိုယွင်း[jojwin:]（動）①壊れる、破損する ②衰える、衰微する、衰退する ③悪化する、劣化する、荒廃する ပျက်စီးယိုယွင်းသည်။ 破損する
ယိုယွင်းပျက်ပြား[jojwin: pjɛʔpja:]（動）堕落する

る、崩壊する
ယိုသူမရှက်၊မြင်သူရှက်။（諺）他人の振り見て我が振り直せ（糞を垂れる者は恥ずかしくなくても、見る者は恥ずかしい）
ယိုအိမ်[jo ein]（名）便所
ယိုး[jo:]（動）①見間違える、勘違いする ②疑いを掛ける、嫌疑を掛ける ③咎める、責める、非難する
ယိုးဇွဲ[jo:zwɛ]（副）殆ど同じで、酷似していて
ယိုးဇွဲလိုက်[jo:zwɛ:laiʔ]（動）酷似している、殆ど同じだ
ယိုးစပ်[jo:suʔ]（動）①咎める、非難する、嫌疑をかける ②言いがかりをつける、濡れ衣を着せる、無実の罪を被せる
ယိုးစပ်စရာကောင်း[jo:suʔsəja kaun:]（形）嫌疑十分だ
ယိုးမယ်ဖွဲ့[jəmɛp'wɛ.～jo:məp'wɛ.]（動）①口実にする、こじつける、かこつける、言い訳する ②責任逃れをする、責任を転嫁する
ယိုးမယ်ဖွဲ့ပြော[jəmɛp'wɛ. pjɔ:]＝ယိုးမယ်ဖွဲ့
ယိုးမယ်ရှာ[jəmɛʃa～jo:mɛʃa]＝ယိုးမယ်ဖွဲ့
ယိုးမှား[jo:ma:]（動）見誤る、間違える
ယိုးမှားကြော်[jo:ma:ʨɔ]（名）ツルノゲイトウ等の野菜のフライ、野菜の掻き揚げ
ယိုးတိုးယိုင်တိုင်[jo:do: jaindain]（名）壊れていて、ぐらついていて
ယိုးဒယား[jo:dəja:]①（国）タイ ②シャムから移入した古典音楽の1種 ③（植）オクナ（オクナ科）Ochna wallichii
ယိုးဒယားကြက်[jo:dəja: tʃɛʔ]（名）脚に毛の生えた鶏の雛
ယိုးဒယားကြောင်[jo:dəja: tʃaun]（名）シャム猫
ယိုးဒယားခြင်း[jo:dəja:ʨhin:]（名）タイ産のプラスチック製バスケット
ယိုးဒယားနှင်းဆီ[jo:dəja: n̥in:zi]（植）マツバボタン
ယိုးဒယားပန်း[jo:dəja: ban:]（名）（彫刻、絵画などの）唐草紋様＝ကနုတ်ပန်း
ယိုးဒယားသီချင်း[jo:dəja: təʧhin:]（名）ビルマ古典音楽の一種、18世紀末シャムから移入された
ယိုးဒယားအက[jo:dəja: əka.]（名）18世紀後半にシャムから移入されたビルマの古典舞踊
ယိုးဒယားအမွှာ[jo:dəja:əmwa]（名）シャム双生児
ယက်[jɛʔ]（動）①（土や砂を）掻き出す、掘り出す ②（鶏が脚で、牛が蹄で）掻く、引っ掻く ③（櫓で）漕ぐ、（櫂で）漕ぐ ④（水泳で）抜き手を切る
ယက်ကန်[jɛʔkan]（動）もがく、あがく

ယက်ကန်ယက်ကန်[jɛʔkan jɛʔkan]（副）よたよたと、よちよちと、覚束ない足取りで、ぐらつきながら ②困難の中で、孤立無援で、孤軍奮闘して

ယက်ကြောင်း[jɛʔtʃaun:]（名）航跡

ယက်ထ[jɛʔ tʼa.]（動）飛沫が上がる

ယက်ပန်း[jɛʔpan:]（名）飛沫、波飛沫

ယက်ပန်းစား[jɛʔpan: sa:]（動）飛沫を上げる、波を蹴立てる

ယက်မ[jɛʔma.]（名）柱に穴を開けて下から通す板 သစ်သားယက်မ 木の板 သံမဏိယက်မ 鋼鉄板

ယက်မပန်ကာ[jɛʔma. panka]（名）スクリュー

ယက်လုံး[jɛʔloun:]（名）（筋織の）中筒

ယက်ဆဲ[jɛʔtɛ.]（名）（小魚や蝦を捕えるのに使う竹ひご製の）たも網

ယက်ကန်း[jɛʔkan:]（名）織機 =ရက်ကန်း

ယက်ကန်းခတ်[jɛʔkan: kʼaʔ] =ရက်ကန်းခတ်

ယက်ကန်းစင်[jɛʔkan: zin] =ရက်ကန်းစင်

ယက်ခြည်ထက်ချုပ်ခြည်ကများ[jɛʔtʃidɛʔ tʃoutʃi ga.mja:]（諺）継ぎはぎだらけ、修理だらけ、満身創痍（織り糸よりは縫い糸の方が多い）

ယက္ခ[jɛʔkʼa.]（名）夜叉、薬叉、鬼神 →ရက္ခိုသ်

ယက်မန်း[jɛʔman:]（名）米の研ぎ汁のような薄い粥

ယက်မန်းရည်[jɛʔman:je] =ယက်မန်း

ယောက်[jauʔ]（動）①ボビンに糸を巻く ②衣服を肩に羽織る、衣服を首に掛ける

ယောက်လည်တံ[jauʔlɛdan]（名）リールの軸、心棒

ယောက်လုံး[jauʔloun:]（名）リール、糸巻き、巻き枠、ボビン

ယောက်[jauʔ]（名）柄杓、長匙、杓文字

ယောက်ကော[jauʔkɔ]（名）=ယောက်ချို

ယောက်ချို[jauʔtʃo]（名）柄杓

ယောင်မ[jaun:ma.]（名）①杓文字 ②義理の姉妹

ယောင်းတွား[jaun:twa:]（貝）①二枚貝 cf. အရ ②シロインコガイ、ムラサキインコガイ（イガイ科）

ယောက်[jauʔ]（助数）人数を表わす သား:တယောက် 息子一人 ကျောင်း:သား:တယောက် 学生一人 လူနာတယောက် 患者一人

ယောကျာ်း[jauʔtʃa:]（名）①男、男性 ②夫、亭主

　ယောကျာ်းကလေး[jauʔtʃa: gəle:]（名）男子、男の子、男児

　ယောကျာ်းကိုယ်[jauʔtʃago]（名）男の性器

　ယောကျာ်းကောင်း[jauʔtʃa:gaun:dʒin:]（名）優れた男、立派な男、英雄豪傑

　ယောကျာ်းကောင်းချင်း[jauʔtʃa:gaun:dʒin:]（名）英雄同士、豪傑同士

　ယောကျာ်းကောင်း၊မောင်းမတထောင်။（諺）男の甲斐性（英雄に側妾千人）

　ယောကျာ်းကောင်းပီပီ[jauʔtʃa:gaun: pibi]（副）立派な男らしく

　ယောကျာ်းကောင်းရတနာ[jauʔtʃa:gaun: yədəna]（名）立派な男性、宝に等しい男性

　ယောကျာ်းကြီးတန်မဲ့[jauʔtʃa:dʒi:danmɛ.]（副）年甲斐もなく、大の男のくせに、大人げなく cf. အပျိုတန်မဲ့ 生娘らしくもなく

　ယောကျာ်းဆရာ[jauʔtʃa: sʼəja]（名）男の教師

　ယောကျာ်းပတ်နာရီ[jauʔtʃa:baʔ naji]（形）男性用腕時計

　ယောကျာ်းပြိသ[jauʔtʃa: pida.]（形）男らしい、男性的だ、雄々しい

　ယောကျာ်းပတ်နာရီ[jauʔtʃa:baʔ naji]（名）男性用時計

　ယောကျာ်းပျင်းကျောခင်၊မိန်းမပျင်းခြေဆင်။（慣）男は暇なら寝そべり、女は暇なら足を伸ばす

　ယောကျာ်းဖောင်စီး၊မိန်းမမီးနေ။（格）男女それぞれにとっての瀕死の危険（男の筏乗り、女の分娩）

　ယောကျာ်းဘသား:[jauʔtʃa: ba.da:]（掛け声）雄たけび、ときの声、男だぞ、頑張れ

　ယောကျာ်းမောင်ပဉ္စင်း၊မိန်းမပုခက်တွင်။（慣）男女の仲には年の差はない（男は比丘、女は揺り篭の中）

　ယောကျာ်းယူ[jauʔtʃa: ju]（動）亭主を持つ、夫を持つ

　ယောကျာ်းလျှာ[jauʔtʃəʃa]（名）お転婆娘、男っぽい女 cf. မိန်းမလျှာ

　ယောကျာ်းသူ[jauʔtʃa:du]（名）夫、亭主、檀那

　ယောကျာ်းသံ[jauʔtʃa:dan]（名）男の声

　ယောကျာ်းအင်္ဂါ[jauʔtʃa: inga]（名）男性の性器

　ယောကျာ်းအင်္ဂါနှင့်ညီ[jauʔtʃa: inganɛ. ɲi]（動）男らしい、男に相応しい、男性としての素質を持つ

ယောက္ခမ[jauʔkʼəma.]（名）配偶者の親、舅、姑、夫の親（夫の父、母）、妻の親（妻の父、母）

　ယောက္ခမတော်[jauʔkʼəma. tɔ]（動）相手とは舅（または姑）の間柄にある、相手は配偶者の親に当る

　ယောက္ခမမိန်းမသူ[jauʔkʼəma. mein:mədu]（名）姑、配偶者の母親

　ယောက္ခမယောကျာ်းသူ[jauʔkʼəma. jauʔtʃədu]（名）舅、配偶者の父親

　ယောက္ခမသေမှန်းမသိ၊မြင်းဝယ်စီးရလာ။（慣）後悔先に立たず、物事は事前には分らぬ（舅が死んだ事も知らずに、買った馬に乗って帰って来るなんて）

ယောက်ဖ[jauʔpʼa.]（名）①義理の兄弟、義兄、義弟 妻の兄弟、夫の兄弟 ②姉婿、姉の夫、妹婿、妹の夫

ယောက်ဖခွေးခေါ်[jauʔpʻa.kʻweːkɔ] (鳥) セグロカッコウ（ホトトギス科）Cuculus micropterus

ယောက်ဖတော်[jauʔpʻa.tɔ] (動) 義理の兄弟になる、相手との間柄は義理の兄弟だ

ယောက်မ[jaun:ma.] (名) ①義理の姉妹、義理の姉義理の妹、夫の姉妹、妻の姉妹、兄嫁、弟の嫁 ②杓文字

ယောက်မကြီး[jaun:ma.dʑiː] (名) 義理の姉、義姉

ယောက်ယီးယောက်ယက်[jauʔjiː jauʔjɛʔ] (副) そわそわして、落着きなく

ယောက်ယက်ခတ်[jauʔjɛʔkʻaʔ] (動) そわそわする、落着かない、慌てふためく、周章狼狽する、混乱する တလမ်းလုံးယောက်ယက်ခတ်ဖြစ်နေရသည်။ 道中ずっと混雑していた လမ်းမပေါ်တွင်ယောက်ယက်ခတ်နေသော သစ်ရွက်ခြောက်များ။ 路上に散乱している枯葉

~ယင်[jin] (接助) 仮定を表わす、～ならば ဗိုက်နာ ယင်အိမ်သာသွား;ပါလား။ お腹が痛いのであれば便所へ行ったらどう =ရင်

ယင်[jin] (虫) ハエ

ယင်ကောင်[jingaun] (名) 蠅

ယင်ကြီး;ဉ[jindʑiː u.] =ယင်ချေး;ဉ

ယင်ချေး[jidʑeː] (名) 雀斑（そばかす）

ယင်ချေး;ဉ[jindʑeː u.] ①(名) 雀斑 ②(動) 蠅が産卵する

ယင်ခြောက်[jindʑauʔ] (名) 蠅叩き

ယင်နား[jin na.] (動) 蠅が止まる、蠅がたかる

ယင်နား;စာ[jinna.za] (名) 蠅がたかった食べ物

ယင်ပျား[jinbjaː] (虫) 小型の無毒の蜂

ယင်ဖမ်း;ကိရိယာ[jinbanːkəri.ja] (名) 蠅獲り装置

ယင်ဖမ်း;ပင်[jin pʻanːbin] (植) ハエトリソウ

ယင်မဲရှင်[jinma. mɛjainː] (虫) アオバエ

ယင်ရဲ[jin jɛː] (名) 五月蠅い蠅

ယင်ရိုက်တံ[jin jaiʔtan] (名) 蠅叩き

ယင်ကမ်း;[jingan;] (植) →ရင်ကမ်း

ယင်ပြင်[jinbjin] →ရင်ပြင်

ယင်ပေါင်[jinbaun] (鳥) ペリカン =ငှက်ကြီး;ဝန်ပို

ယင်ပေါင်စာငါ;[jinbaunza ŋaː] (魚) Osteochilus cephalus

ယင်ဘောင်တန်;[jinbaundanː]→ ရင်ဘောင်တန်;

ယင်;[jinː] (名) ①竹簾、竹すのこ ②簗（やな）竹で拵えた簾状の漁具 cf. မြှော;

ယင်;လိပ်[jinːleiʔ] (名) ベネシアン・ブラインド、ブラインド・シャッター、巻上げ用の竹簾

ယင်;[jinː] (接助) ~しながら、~している内に =ရင်း။ ကျွန်တော်ခင်ဗျား;ကိုစောင့်နေယင်;အိမ်ပျော်သွား;

တယ်။ 私は貴方を待っている内に眠り込んでしまった ရေသောက်ယင်;တအောင်နာ;ကြစို့ 水を飲みながら一息入れよう

ယင်း[jinː] (指代・文) それ、その ယင်း;အခြေအနေ; その状況 အသင်း;အဖွဲ့လောကတွင်ယင်း;ပေါ်လစီကိုအသုံး;ပြု ခဲ့သည်။ 組織の世界ではその原理を使用した

ယင်;ကမှ[jinːga.ma.] (接) それから

ယင်;ကား[jinːgaː] (代) それが

ယင်;ကဲ့သို့[jinːgɛ.do.] (副) そのように

ယင်;ကဲ့သို့သော[jinːgɛ.do.dɔ] (形) そのような

ယင်;ကြောင့်[jinːdʑaun.] (接) それで、だから、そのために、そのせいで、それ故に、そういう訳で、従って

ယင်းတို့[jinːdo.] (代) それら、彼等

ယင်;သောအခါ[jinːdɔ ɛkʻa] (名) その時、その際

ယင်;သို့[jinːdo.] (副) そのように

ယင်;သို့စဉ်တွင်[jinːdo. sindwin] (副) その時

ယင်;သို့တပြီးကား[jinːdo. dəbiːgaː] (副) それならば、然らば

ယင်;သို့ဖြင့်[jinːdo. pʻjin.] (副) かくて、そのようにして

ယင်;သို့ဖြစ်ရာ[jinːdo. pʻjiʔja] (接) そういう訳だから、そういう訳なので

ယင်;သို့ဖြစ်၍[jinːdo. pʻjiʔjwe.] (接) であるから、であるが故に

ယင်;သို့ဖြစ်သောကြောင့်[jinːdo.pʻjiʔtɔːdʑaun.] (接) それ故に、その結果

ယင်;သို့သော[jinːdo.dɔ] (形) そのような

ယင်;အခိုက်အတန့်[jinː əkʻaiʔətan.] (名) その時、その間、その瞬間

ယင်;အချိန်က[jinː ətɕʻeinga.] (副) その当時

ယင်;ကျား;[jinːdʑaː] (名) インジャー族（南シャン州ナムサン地区に住むモン・クメール系の民族）

ယင်;တလဲ[jinːtəlɛː] (名) インダレー族（カヤー州に住むカレン系の民族）

ယင်;တိုက်[jinːdaiʔ] (植) ローズウッド、紫檀

ယင်;နက်[jinːnɛʔ] (名) インネッ族（南シャン州に住みモン・クメール系言語を話す民族）

ယင်;ပြာ[jinːbja] (植) コクサギ

ယင်;ဘော[jinːbɔ] (名) インボー族（カヤー州に住むカレン系の民族）

ယင်;မာ[jinːma] (植) モウマレン、チクラシ（センダン科）Chukrassia tabularis =ရင်;မာ

ယင်;သင်;[jinːtwin] (動) 丸め込む、誘惑する

ယောင်[jaun] (名) (男性の)髷 =ဆျောင်

ယောင်နောက်ⅰဆံထုံးပါ။ (諺) 夫唱婦随（男性の髷の後

ယောင်[jaun]（動）①うわ言を言う ②寝言を言う ③無意識にする、うっかり~する、思わず~する
ယောင်လို့ပျာ၊စိတ်မရှိပါနဲ့။ 無意識の内にしたのだ、勘弁してくれ
ယောင်ကန်းကန်းဖြစ်[jaun kan:gan:]（動）戸惑う
ယောင်ချာချာ[jaun tʃaʤa]（副）呆然と、漠然と 困惑して、途方に暮れて、所在なげに လမ်းပေါ်မှာ ယောင်ချာချာလမ်းလျှောက်မိသည်။ 路上をあてどもなく（気もそぞろに）歩いた
ယောင်ချာချာနေ[jaun tʃaʤa ne]（動）困り果てる、判断に迷い、途方に暮れる
ယောင်ချာချာဖြစ်[jaun tʃaʤa pʔjiʔ]（動）途方に暮れる
ယောင်ခြောက်ဆယ်[jaun tʃauʔsʔɛ]（副）ぶらぶらしていて、ごろごろしていて、定職にも就かず、落ち着きなく、只漫然と
ယောင်ခြောက်ဆယ်သမား:[jaun tʃauʔsʔɛdəma:]（名）怠け者、物事に真剣に取組む根気を持たない人
ယောင်တတဖြစ်[jaunta.da. pʔjiʔ]（動）おろおろする、どうしてよいか判らない
ယောင်တိယောင်ချာ[jaunti. jauntʃa]（副）困り果てて、愚鈍で何もできず、手を拱いていて
ယောင်တိယောင်တောင်[jaunti. jauntaun]（副）無意識のまま、明確な意識もないままに、只漠然と、勝手放題な事を
ယောင်တိယောင်နဖြစ်[jaunti. jaunna.pʔjiʔ]（動）途惑う、途方に暮れる
ယောင်နနဖြစ်[jaunna.na. pʔjiʔ]（動）途方に暮れる、どうしてよいか判らない cf.ကြောင်စိစိ
ယောင်ပေပေ[jaunpebe]（副）①只漫然と、うろうろと、のらりくらりと ②ためらって、踏躇していて、ぐずぐずしていて、ぼうっとして
ယောင်ပေပေလုပ်[jaunpebe louʔ]（動）のらくら過す、ぶらぶら暮す
ယောင်[jaun]①（名）格好、姿 ②（形）偽りの、贋の ③（助動）あたかも~の如く、まるで~のように သူတို့ညီအကိုရဲ့အသံကိုကြား:ယောင်လာမိသည်။ 彼等兄弟の声が耳に蘇って来た မျက်လုံး:ထဲတွင်မေမေကိုမြင်ယောင်လာသည်။ 瞼に母の姿が浮かんで来た ခက်သယောင်နှင့်လွယ်ပါသည်။ 難しいようでいて、難しくはなかった
ယောင်ဆောင်[jaun sʔaun]（動）装う、振りをする ကြား:သော်လည်းမကြား:ယောင်ဆောင်ရသည်။ 聞いたけれど聞かなかった振りをする သိသော်လည်း:မသိယောင်ဆောင်ရသည်။ 知っているけれど知らない振りをする အိပ်ချင်ယောင်ဆောင်သည်။ 眠った振りをする

cf. ~ချင်ယောင်ဆောင်
ယောင်မိ[jaunmi.]（助動）ふと~する ကြား:ယောင်မိသည်။ 耳に蘇る、聞えたような気がする မြင်ယောင်မိသည်။ 瞼に浮ぶ、ちらりと見たような気がする、思い浮かべる
ယောင်ပေါင်[jaun baun]（副）付和雷同して、他人を真似て、主体性なく
ယောင်မှား:[jaunma:]（動）錯覚する、勘違いする、うっかりして~する、空で~する
ယောင်ယောင်[jaun jaun]（助動）あたかも~のような、まるで~のような ရွှေကြိုး:ယောင်ယောင်ပုလဲယောင်ယောင် 金の鎖のような真珠のような မျက်နှာမှာပြုံး:တော့မယောင်ယောင်ဖြစ်လာတော့သည်။ 表情は今にもにっこりとせんばかりになった တိုင်း:ပြည်ကိုစိတ်နာတော့သယောင်ယောင်ဖြစ်မိသည်။ 思わず祖国を怨むような気持になった
ယောင်ယောင်ကန်း:ကန်း:[jaun jaun kan:gan:]（副）夢中で、我を忘れて
ယောင်ယမ်း:[jaun jan:]（動）①思わず口走る、上の空になる、夢中でする、思わず~する、無意識で~する ယောင်ယမ်း:၍ခေါ်မိသည်။ 夢中で呼んでしまった အလှ့န်ယောင်ယမ်း:တတ်သည်။ 興奮しがちだ、我を忘れてしまいがちだ ②寝言を言う
ယောင်လို့[jaunlo.]（副）ついうっかりと、うっかりして
ယောင်လိုက်[jaun laiʔ]（動）無意識にする、無意識の内に口走る
ယောင်လည်[jaun lɛ]（副）呆然と、漠然と、所在なげに
ယောင်လည်ယောင်လည်နှင့်[jaunlɛ jaunlɛ nɛ.] うろうろと、ぶらぶらと
ယောင်လည်လည်[jaunlɛlɛ]（副）おろおろと、途方に暮れて、判断できず、どうしてよいか判らず
ယောင်လည်လည်ဖြစ်[jaunlɛlɛ pʔjiʔ]（動）まごまごする、うろうろする、ぐずぐずする
ယောင်ဝါးဝါး:[jaun wa:wa:]（副）①はっきりとは判らずに、曖昧なままに ②知ったかぶりをして
ယောင်အအ[jaun a.a.]（副）愚鈍で、愚かにも
ယောင်အအဖြစ်[jaun a.a. pʔjiʔ]（動）判断に迷う、とっさにどうしてよいか判らない
ယောင်ယင်[jaun jin] →ယောင်:ယင်
ယောင်:[jaun:]（形）乾燥した သစ်ယောင်:ဝါး: ယောင်: 乾燥した木や竹
ယောင်:မ[jaun:ma.] →ယောက်မ
ယောင်:မကြီး:[jaun:ma.ʤi:] →ယောက်မကြီး:
ယောင်:ယင်[jaun:jin]（鳥）オオサイチョウ（サイ

ယှိုင်

チョウ科） Buceros bicornis = အောင်လောင်
ယှိုင်[jain］（動）傾く、傾斜する、よろめく、ふらつく、ぐらぐらする
ယှိုင်တီးယှိုင်တိုင်[jainti: jaintain］（副）ゆらゆらして、動揺して、不安定で
ယှိုင်တိုင်တိုင်[jaintaindain］（副）傾いて、傾き掛けて
ယှိုင်နဲ့[jainnɛ.］（動）よろめく、ふらつく、ぐらぐらする
ယှိုင်းပင်း[jain:pin:]（動）助けに駆けつける、救助に来る、救助する、救出する ＝ရှိုင်းပင်း
ယစ်[ji']=ယစ်
ယစ်ပူဇော်[ji' puzɔ]→ယဇ်ပူဇော်
ယစ်[ji']（動）①酔う ②陶酔する အာဏာယစ်သည်။ 権力に酔う ③耽る、耽溺する ④食傷する、飽き飽きする
ယစ်ထဘ်[ji't'ou']（名）飲み助、のんだくれ、アル中 = အရက်စဲ
ယစ်ထဘ်ကြီး[ji't'ou'tʃi:]（名）飲んだくれ、アルコール中毒
ယစ်မူး[ji' mu:]（動）酔う、酔っ払う
ယစ်မျိုး[ji'mjo:]（名）①麻薬、阿片、アルコール類 ②（マッチ、酒等の）専売品、課税物品
ယစ်မျိုးခွန်[ji'mjo:gun]（名）消費税、物品税
ယစ်မျိုးဌာန[ji'mjo: t'ana.]（名）物品税務局
ယစ်မျိုးလုပ်ငန်း[ji'mjo: lou'ŋan:]（名）酒、麻薬類の事業
ယဇ်[ji']（名）生贄、供犠、犠牲=ယစ်၊ ＜サ Yaja
ယဇ်ဆရာ[ji' s'əja]（名）生贄を執り行う司祭
ယဇ်နတ်ကိုး[ji'na' ko:]（動）生贄を捧げて神に祈願する
ယဇ်နတ်တန်ဆောင်း[ji'na' dəzaun:]（名）生贄の祭壇
ယဇ်ပူဇော်[ji'na' puzɔ]=ယစ်ပူဇော်
ယဇ်ပူဇော်[ji' puzɔ]（動）生贄を捧げる、供犠を行なう
ယဇ်ပလ္လင်[ji' pəlin]（名）生贄の祭壇
ယဉ်[jin]（形）①よく慣れている、人馴れしている ②品がある、優雅だ、文化的だ、礼儀正しい
ယဉ်ကျေး[jintʃe:]（形）淑やかだ、上品だ、優雅だ
ယဉ်ကျေးမှု[jintʃe:mu.]（名）①文化 ②文明 ③丁寧さ、上品さ、優雅さ ④伝統、習慣
ယဉ်ကျေးမှုဝန်ကြီးဌာန[jintʃe:mu. wundʑi: t'ana.]（名）文化省
ယဉ်ကျေးမှုတက္ကသိုလ်[jintʃe:mu. tɛ'kətou]（名）文化大学
ယဉ်ကျေးသိမ်မွေ့[jintʃe: teinmwe.]（形）上品だ、優雅だ
ယဉ်စစ[jin sa.za.]（副）品があって、魅力的で
ယဉ်စစရှိ[jinsa.za. ʃi.]（形）どことなく品がある、どことなく優雅だ
ယဉ်ပါး[jinba:]（形）①馴れている、人馴れしている ②おとなしい、従順だ ③男女が関係を持つ、性的関係を持つ
ယဉ်ပါးအောင်ပြု[jinba:aun pju.]（動）馴らす、人馴れさせる
ယဉ်ယဉ်ကျေးကျေး[jin jin tʃe:dʑe:]（副）上品に、優雅に、淑やかに
ယဉ်စွန်းတန်း[jinzun:dan:]（名）回帰線（緯度23度30分、南回帰線、北回帰線）
ယဉ်မင်း[jəmin:]（名）吊り人形 = ယမင်း
ယဉ်သွား[jindwa:]（名）織機の筬（おさ）、細い板を平行に並べたもので、繊維の縦糸を揃える
ယာဉ်[jin]（名）①車 ②乗物
ယာဉ်စီးခ[jin si:ga.]（名）乗車賃
ယာဉ်စည်းကမ်း[jin si:kan:]（名）交通規則
ယာဉ်တော်[jindɔ]（名）輿（国王の乗物）
ယာဉ်တိုက်ခိုက်မှု[jin tai'k'ai'mu.]（名）交通事故、車の衝突事故
ယာဉ်တိုက်မှု[jin tai'mu.]=ယာဉ်တိုက်ခိုက်မှု
ယာဉ်ထိန်းမီး[jindein: mi:]（名）交通信号
ယာဉ်ထိန်းရဲ[jindein:jɛ:]（名）交通警官
ယာဉ်ပြတ်သိပ်ကျပ်တည်းမှု[jin bju'tei' tʃa'ti:mu.]（名）交通渋滞
ယာဉ်မောင်း[jinmaun:]（名）運転手
ယာဉ်မောင်းလိုင်စင်[jinmaun: lainsin]（名）運転免許
ယာဉ်မောင်းသူ[jin maun:du]（名）運転手
ယာဉ်သည်[jindɛ]（名・古）乗物や腰物を売る人
ယဉ်း[jin:]（動）（病状が）進行する、（病が）悪化する =အနာယဉ်း၊ ဆောင်းတွင်ဆိုတော့ အနာကယဉ်းတယ် 涼季に入ると症状が悪化する
ယဉ်းနာ[jin:na]（名）重病、悪化した病
ယုတ်[jou']（動）①減る、減少する ②（形）少ない、不足している、不十分だ ③劣っている、劣等だ、下位だ、下等だ、低級だ
ယုတ်စွအဆုံး[jou'swa. əs'oun:]=ယုတ်စွအဆုံး
ယုတ်စွအဆုံး[jou'swa. əs'oun:]（副）①（肯定文で）最低限、少なくとも ②（否定文で）せいぜい、たかだか ကျွန်တော်၏အပြေးနှုန်းသည်ယုတ်စွအဆုံးတနာရီလျှင်သုံးမိုင်ခန့်မျှသာရှိသည်။ 私のスピードはせいぜい時速３マイル位しかない

ယုတ်ညံ့[jouʔɲan.]（形）劣っている、劣等だ、低級だみすぼらしい、卑しい
ယုတ်နိမ့်[jouʔnein.]（形）低級だ、下等だ、劣等だ
ယုတ်ပတ်[jouʔpaʔ]（動）不義密通を詰る、素行不良を責める
ယုတ်မာ[jouʔma]（形）①劣っている、下劣だ、卑劣だ ②卑怯だ
ယုတ်မာမှု[jouʔmamu̱.]（名）卑劣さ
ယုတ်ယုတ်မာမာ[jouʔjouʔ mama]（副）卑劣で、下品で
ယုတ်လျော့[jouʔjɔ.]（動）減る、少なくなる、減少する
ယုတ်လျော့ခြင်း[jouʔjɔ.dʑin:]（名）減少
ယုတ်လျော့ပပျောက်[jouʔjɔ. pa.bjauʔ]（動）減って消え去る、減少消滅する
ယုတ္တိ[jouʔti.]（名）根拠、信頼性、論理性、条理、説得力
ယုတ္တိတန်[jouʔti. tan]（動）根拠がある、論理的だ、条理がある
ယုတ္တိဗေဒ[jouʔti. beda.]（名）論理学
ယုတ္တိမဲ့[jouʔti. məʃi.]（動）論理性に欠ける、理屈に合わない
ယုတ္တိယုတ္တာ[jouʔti. jouʔta]（名）条理、論理性、信頼性、根拠 ယုတ္တိယုတ္တာနှင့်ပြောသည်။ 根拠があって言う、筋道立てて話す
ယုတ္တိရှိ[jouʔti. ʃi.]（動）信頼性に富む、信頼で、筋が通っている、根拠がある
ယန်းငွေ[jan:ŋwe]（名）円、円貨 =ဂျပန်ယန်းငွေ
ယန်းငွေတန်ဘိုး[jan:ŋwe tanbo:]（名）円の価値、円貨の値打ち
ယန္တရား[jan:dəja:]（名）機関 စက်ယန္တရား 機械
ယုန်[joun]（動物）兎
ယုန်ကမဟုတ်၊ပိုက်ကတို့။။（諺）女が男を口説く、男女の役割が逆転（兎は進まず、網が進む）
ယုန်ကလေး[joungəle:]（植）カゼクサ（イネ科）の1種 Eragrostis tenella
ယုန်ချို၊လိပ်မွေး၊ပုဇွန်သွေး။။（比）眉唾物、いずれも有り得ない（兎の角、亀の毛、蝦の血）
ယုန်တောပြေး၊ခွေးမြောက်လိုက်။။（諺）見込み違い、ちぐはぐになる、うまく行かない（南へ逃げた兎を北へ犬が追いかける）
ယုန်ထင်ကြောင်ထင်ထင်[jount'in tʃaunt'in t'in]（動）悪い印象を与える、誤解を招く
ယုန်ထင်ကြောင်ထင်ဖြစ်[jount'in tʃaunt'in p'jiʔ]（動）曖昧だ、よく分からない、疑わしい、疑心暗鬼になる、

ယုန်တောင်၊ကြောင်မြီ။။（諺）目論見外れ、期待外れ、意外な結果（兎用に掛けた罠に猫が捕まる）
ယုန်နား:ရွက်[joun nəjwɛʔ]（名）①王朝時代貴臣顕官が被っていた烏帽子の直垂れ ②室内アンテナ
ယုန်လေး:ပင်[jounɬe:bin]（植）シラミシバ（イネ科）の1種 Tragus biflorus ②=ယုန်ကလေး
ယုန်သငယ်[joun dəŋɛ]（名）子兎
ယုန်သမင်[joun dəmin]（動物）①オオマメジカ（マメジカ科）Tragulus napu ②インドマメジカ（マメジカ科）T. meminna ③マライマメジカ（マメジカ科）T. kanchil
ယုန်သား:[jounda:]（名）兎の肉
ယပ်[jaʔ]（名）①扇、団扇 ②（貝）クロナデシコ、リュウキュウナデシコ（イタヤガイ科）
ယပ်ခတ်[jaʔ k'aʔ]（動）扇ぐ、団扇で扇ぐ
ယပ်တောင်[ja'taun]（名）団扇 ခေါက်ယပ်တောင်扇子
ယပ်တောင်ဖြန့်[ja'taun p'jan.]（動）扇子を広げる
ယပ်တောင်ရား:ပွဲ[jaʔɬɛ: təja:bwɛ:]（名）団扇を立てて顔を隠しながら行う（伝統的な）比丘の説法
ယပ်လွဲတရား:ပွဲ[jaʔɬɛ: təja:bwɛ:]（名）団扇を倒して顔を見せながら行う比丘の説法
ယပ်လွဲမဂ္ဂကထိက[jaʔɬɛ: dəma. kət'i.ka.]（名）扇を使わない説法僧
ယမ်း[jan:]（動）（手や旗を）振る、横に振る、左右に振る
ယမ်း[jan:]（名）火薬、硝石
ယမ်းကုံမီ:ကုံ[jan:goun mi:goun]（副）カー杯、精一杯、可能な限り =မီ:ကုံယမ်:ကုံ
ယမ်းခိုး[jan:go:]（名）硝煙
ယမ်းချေ:ပန်း[jan:dʑi: pan:]（動）①火花が飛び散る ②八つ当たりする
ယမ်းစိမ်[jan:zein:]（名）硝石
ယမ်းတောင့်[jan:daun.]（名）薬莢、弾薬筒
ယမ်းပုံမီ:ကျ[jan:boun mi:dʑa.]（副）怒り心頭に発して
ယမ်းပုံမီ:ကျဖြစ်[jan:boun mi:dʑa. p'jiʔ]（動）怒り心頭に発す、怒りを爆発させる
ယမ်းဘီလူး[jan: bəlu:]（名）ダイナマイト
ယမ်းဘီလူး:အာ:[jan:bəlu: a:]（名）ダイナマイトの威力
ယမ်းမှုန့်[jan:moun.]（名）火薬、黒色火薬
ယမ်းအိတ်[jan:eiʔ]（名）弾薬袋
ယမ်းအိမ်[jan:ein]（名）弾倉
ယမ်းယော်[jan:jɔ] →ယော်ယမ်း

ယိမ်း[jein:]（動）①揺れ動く、ふらつく、ふらふらする、動揺する ②揺り動かす ③傾く、傾斜する ④（名）（合唱に合わせて踊るビルマの）群舞、集団の舞い
ယိမ်းယိုင်[jein:jain]（動）傾く、倒れ掛かる
ယိမ်းနွဲ့နွဲ့[jein:nwɛ.nwɛ.]（副）しなやかに、ゆらゆらと
ယိမ်းအက[jein: əka.]（名）ビルマの群舞、集団舞踊
ယုံ[joun.]（形）①縮んでいる ②怯んでいる ＝ကျုံ့
ယုံ[joun]（動）信じる、信用する、信頼する
ယုံကြည်[jountʃi]（動）①信じる、信用する、信頼する ②信仰する
ယုံကြည်ကိုးကွယ်မှု[jountʃi ko:gwɛmu.]（名）信仰
ယုံကြည်ချက်[jountʃiʤɛ']（名）信念、信条
ယုံကြည်ခြင်း[jountʃiʤin:]（名）信用、信頼
ယုံကြည်ထား[jountʃi t'a:]（動）信用してある、信頼してある
ယုံကြည်မှု[jountʃimu.]（名）信頼
ယုံကြည်လေးစား[jountʃi le:za:]（動）信頼尊敬する
ယုံကြည်လောက်[jountʃi lau']（動）信用に値する、信ずるに足る、十分当てにできる
ယုံကြည်အားထား:[jountʃi a:t'a:]（動）①信じる、信仰する ②信頼し頼りにする
ယုံစား:[jounza:]（動）信用する、当てにする
ယုံတဝက်မယုံတဝက်[joun təwɛ' məjoun təwɛ']（名）半信半疑
ယုံတမ်းစကား:[youndan: zəga:]（名）荒唐無稽な話、ほら話、大風呂敷、根も葉もない事
ယုံပေါင်[younbaun]（動）မယုံပါဘူ: の収縮形、信じない
ယုံမှား:[jounma:]（動）疑う、信じかねる、疑わしい
ယုံမှား:စရာမရှိ[jounma:zəja ʃi.]（動）疑いの余地はない
ယုံမှား:ဘွယ်မရှိ[jounma:bwɛ məʃi.]＝ယုံမှား:စရာမရှိ
ယုံမှား:သံသယဖြစ်[jounma: tạndəja. p'ji']（動）疑惑を抱く、不信感を持つ
ယုံလွယ်[jounlwɛ]（動）信じ易い
ယွဲ့[jwɛ.]（動）歪む、ひずむ ＝ချဲ့
ယွင်:[jwin:]（動）①様変りする ②置き換わる、取って替わる ③間違う、誤まる ④逸れる、逸脱する ⑤悪化する、堕落する
ယွင်းယို[jwin:jo]＝ယိုယွင်း

ယွန်:[jun:]（動）傾く、向きが変る နေမှာအနောက်ဖက်သို့ယွန်းနေပြီးဖြစ်သည်။ 日はもう西の方へと傾いていた
ယွန်:ယွန်:[jun:jun:]（副）一方に偏向して、一方に寄って အရှေ့တောင်ယွန်းယွန်းဂိုက်နှစ်ရာခုနှစ်အကွာ။ 東南寄り凡そ２００ヤードの距離
ယွန်:[jun:]（名）①漆器、ラッカー製品 ②ユワン（タイ国北部チエンマイ地方およびその地方在住の民族名）
ယွန်:ထည်[jun:dɛ]（名）漆器、藍胎（竹を素地に用いた漆器）
ယွန်:ဒေါင်:[jun:daun:]（名）漆塗りのビルマの伝統的食卓、漆塗りの膳 cf. ဒေါင်:လန်:
ယွန်:ပေါင်ပါ[jun:baunba]（名）（王朝時代の）王妃所有地
ယွန်:ပြည်[jun:pji]（地）北部タイ、チエンマイ地方
ယွန်:အစ်[jun:i']（名）漆塗りの蓋付き容器、ケース
ယှက်[ʃɛ']（動）①組む、合せる、組み合わせる、絡ませる ②込み合う、入り交じる、織り交ぜる ③手を組合せる、合掌する、握手する လက်နှစ်ဖက်ကိုယှက်သည်။ 両手を合せる
ယှက်စပ်[ʃɛ'sa']（動）①交錯する、混り合う、繋がる、関連する ②性交する、肉体関係を持つ＝စပ်ယှက်
ယှက်တင်[ʃɛ'tin]（動）縺れる、混雑する
ယှက်ဖြာ[ʃɛ'p'ja]（動）入り組む、縦横に走る、交錯する
ယှက်သန်း:[ʃɛ'tan:]（動）入り交じる、交わる、交差する
ယှဉ်[ʃin]（動）①並ぶ、立ち並ぶ、平行する ဂျစ်ကား:သည်ကျုံ:ရေပြင်နှင့်ယှဉ်လျက်သာ:မောင်:နှင်နေ၏။ ジープは湖の水面と平行して走っていた ②張り合う、競う ③比べる、比較する
ယှဉ်ကြည့်[ʃintʃi.]（動）比べてみる
ယှဉ်တွဲ[ʃintwɛ]（動）横並びする、連れ立つ、一緒にいる
ယှဉ်နွဲ[ʃinnwɛ]（動）加わる、参加する
ယှဉ်ပြ[ʃinpja.]（動）比べて見せる、比較して見せる
ယှဉ်ပြိုင်[ʃinpjain]（動）競う、張り合う、競争する
ယှဉ်ပြိုင်ကစား:[ʃinpjain gəza:]（動）競技する
ယှဉ်ဖက်[ʃinp'ɛ']①（動）競う、競争する ②[ʃinbɛ']（名）競争相手、ライバル ＝ယှဉ်ဘက်

ရ

ရ[ja.] (名) ビルマ文字表第２７番目の子音文字、その名称は ရကောက်[ja.gau²] (湾曲したヤ)

ရရစ်[ja.ji²] (名) 軟口蓋音文字 (က၊ခ၊ဂ) と両唇音文字 (ပ၊ဖ၊ဗ၊မ) の左側について破擦音 (ကြ၊ ခြ၊ ဂြ) と口蓋化唇音 (ပြ၊ဖြ၊မြ) とを作り出す符号の名称

ရ[ja.] (間) ~や、~よ ကျုပ်ကတကယ်ပြောနေတာ၊အမကြီးရ။ 僕は真実を話しているんだよ、姉さん ကျုပ်ကငွေစတုတ်ပါမယ်၊ဆရာလေး၊ရ။ 僕が小戯を出しますよ 先生

ရ[ja.] (動) ①得る、獲得する、手に入る、入手する ရောဂါရသည်။ 病気になる အိပ်မက်ရသည်။ 夢を見る အဓိပ္ပါယ်ရသည်။ 意味になる、解釈される ကျွန်ရသည် 精神の統一が得られる、神通力を得る အသက်ကလေးရလာပြီ။ 多少年を取った ပွဲသည်။ 試合に勝つ သီချင်းရသည်။ 唄が歌える ②捕える、捕獲する ③結婚する、一緒になる သူတို့နှစ်ယောက်ရပြီ။ 二人は夫婦になった ④大丈夫だ、構わない、どう致しまして

ရစု[ja.gezu.] (名) がらくたの山

~ရ[ja.] (助動) ①可能、不可能を表わす、できる သိရသည်။ 知る事ができる မနေ့ကညတညလုံးမအိပ်ရဘူး။ 昨夜は一晩中眠れなかった အသံတမျှကြားရဘူး။ 物音は何も聞えなかった မြို့မှာ ဒီလိုနံ့စစ်စစ်မသောက်ရဘူး။ 都会ではこんな混じりけのない牛乳は飲めない ပိုက်ဆံမပါတာနဲ့ဆေးလိပ်တောင်မသောက်ရဘူး။ お金を持っていなかったのでタバコも吸えなかった
②当為を表わす、~ねばならない အထူးသတိထားရမယ်။ 特に注意しなければならない အမြန်ဆုံးခေါ်ရမယ်။ 大至急呼ばなければならない မရှိဘူးလို့ပြောရမယ်။ いないと言わなければならない
③確信を表わす、~に違いない တောင်ဘက်မှာရှိရမယ်။ 山側にいる筈だ ချမ်းသာသူဖြစ်ရမယ်။ 裕福な人に違いない
④否定形で禁止を表わす、~してはいけない အထဲကိုအရမ်းမဝင်ရဘူး။ みだりに内部に入ってはならない ဟိုမှာမထိုင်ရဘူး။ あそこに座ってはいけない ဆေးလိပ်မသောက်ရဘူး။ タバコを吸ってはいけない ရုပ်ရှင်လဲမကြည့်ရဘူး။ 映画も見てはいけない အသံမပြုရ။ 声を立ててはならない
⑤許可、同意、承認を表わす、~してよい ဒီလဆတော့အတိုးမပေးရပါဘူး။ 今月分の利息は払わなくてもよい ပန်းကန်မဆေးရပါဘူးတဲ့။ 食器は洗わなくてよいそうだ

~ရကား[ja.ga:] (接助) ~なので、であるからして、という訳で、という理由から ရှာဖွေသော်လည်းမရနိုင်ရကား၊အဘယ်ပြုရအံ့နည်း။ 搜索したが駄目だったのでどうにすればよかろうか ဆယ်ခြောက်နှစ်မျှရှိသေးရကား၊ရက်နေပေါ်သည်။ まだ１６歳にすぎないので恥ずかしがっているようだ ရေကူးကျွမ်းလည်းသူတယောက်ဖြစ်ရကား၊အတော်ဝေးကွာသောနေရာဆီရောက်ရှိလာသည်။ 水泳が得意な人なので、かなり離れた所へとやってきた မော်တော်ကားစီးနိုင်သူနည်းပါလှသေးသောခေတ်ဖြစ်ရကား၊ငေးမောကြည့်ရှုရသည်။ 自動車に乗る人はまだ極めて少ない時代だったので、呆気に取られて眺めていた ကျွန်တော်ကားဈေးသည်ဘဝကတက်လာသူဖြစ်ရကား၊ဈေးသည်စိတ်ကိုဖျောက်ရှိုင်ရပါရပါ။ 私は物売り出身なので、物売りとしての気持を掻き消す事はできない

ရကောင်းစေ[ja.gaun:ze] ① (動) うまく行くべきだ、うまく行って当り前だ ② (助動) 願望を示す သွားရကောင်းစေ။ うまく行ければそれでよい စားရကောင်းစေ။ 食べられればそれでよい

~ရကောင်းလား[~ja.gaun:la:] (動) 叱責、非難を表わす、それでよいのか မကျန်းမာစည်ပင်မှာပင်ပစ်ထားရကောင်းလား။ 病気の時でさえ放置しておいてよいと言うのか ခုန်အားပလင်နဲ့အလုပ်မလုပ်ဘဲတောင်းစားရကောင်းလား။ 頑健な体格の持主でありながら働きもしないで人に頼って暮していてよいと言うのか တိုင်းပြည်ပရုပ်ပရက်ထဲတွင်အလုပ်လုပ်ချင်ရကောင်းလား။ 国家が混乱状態にある時に仕事をしたがっていてよいのか

~ရကျိုးနပ်[ja.kjo:na²] (助動) ~し甲斐がある、~した甲斐がある、~する価値がある လာရကျိုးနပ်တယ်။ 来た甲斐があった ကူညီရကျိုးနပ်တယ်။ 協力した甲斐があった သူလာပို့ရကျိုးနပ်ပြီ။ 彼を送ってきた甲斐があった ဘုန်းကြီးလုပ်ရကျိုးနပ်မှာဘဲ။ 出家している甲斐はある ရှေးရုံသီးစိုက်ရကျိုးနပ်တယ်။ クリカボチャを栽培している甲斐はある သေရကျိုးနပ်ပါပြီ။ これで死に甲斐がある ကျွန်တော်မျှော်ရကျိုးမနပ်ပါ။ 私は期待していた甲斐がない

ရခဲ[ja.gɛ:] (形) 得難い လူဘဝဆိုတာရခဲတဲ့ရတနာတပါးပါ။ 人生というのは得難い一つの宝なのだ

ရငွေ[ja.ŋwe] (名) 収入

ရစရာမရှိ[ja.zəja məʃi.] (形) 目も当てられない、自慢できるものは何もない

ရစရာမရှိအောင်[ja.zəja məʃi.aun] (副) 恥も外聞も無い程に、完膚なきまでに、これ以上はない位に、徹底的に、とことん

ရစု[ja.zu.] (名) 分け前

ရစုရစာ[ja.zu. ja.za] (名) 正当な分け前、当然の権利

ရတာမလို၊လိုတာမရ[ja.da məlo loda məja.]

(慣) 帯に短し襷に長し（入手できたものは不要、必要なものは手に入らない）

ရတောင့်ရခဲ [ja.daun.ja.gɛː] (副) なかなか得られない、なかなか得難い　ရတောင့်ရခဲကိုဝန်ကလေး やっと授かった胎児　ရတောင့်ရခဲအချိန် 得難い僅かな時間 cf. ~တောင့်ခဲ

ရနိုး [ja.no] (副) 得られはしないかと望みを抱いて、得られるのではないかと期待して　အစာကိုတွေ့ရနိုးနိုးအနံ့လိုက်ရှာနေတယ်။ 食べ物が見つかるのではないかと期待して限なく探し回った　＝နိုးနိုး

ရနိုင်ခဲသ္မျှ [ja.naingɛː4a.] (形) 極めて得難い、滅多に得られない

ရနိုင်သမျှ [ja.naindəmja.] (名) 得られる限りのもの、得られるものは悉く

ရပေါက်ရလမ်း [ja.bauʔ ja.lan:] (名) 可能性、期待、見込み、展望

ရပိုင်ခွင့် [ja.baingwin.] (名) 当然の権利

~ရဖန်များ [ja.banmja:] (自動) しばしば~する、~する事が重なる　ငိုဖန်များလှသည်။ よく泣く　ဤစကားမျိုးကိုကြားရဖန်များလာသည်။ こうした言葉をよく耳にするようになった　ကျွဲကျောင်းသောလုလင်ပျိုကိုမြင်ရဖန်များသည်။ 水牛を追う若者の姿をよく見掛ける　လေပြင်းလေထန်များနှင့်ထိတွေ့ရဖန်များသည်။ 強風によく晒されるようになった

ရမရ [ja.məja.] (名) 可能不可能、できるできない　တရားရမရကိုမကြည့်ရှု　合法的かどうかは見ようとしない

ရမိ [ja.mi.] (動) ①得る、獲得する ②捕える、捕獲する

ရမိရရ [ja.mi.ja.ja] (名) 得られるものは何でも、得られるものは悉く、できるものは全て

~ရမည် [ja.mji] (助動) 当為を表わす、~ねばならない　သွားရမည်။ 行かなければならない　လုပ်ရမည်။ しなければならない

ရမှတ် [ja.maʔ] (名) 得点、成績

ရယူ [ja.ju] (動) ①手に入れる、取得する、獲得する、入手する ②引き継ぐ、接収する

ရရစားစား [ja.ja.sa:za:] (副) ①稼ぎは食い扶持に消えて、稼ぎは悉く使い果して、その日暮しで　အစိုးရဝန်ထမ်းတွေဟာရရစားစားဘဲ။ 公務員はその日暮しだ（生活に余裕はない） ②行き当たりばったり

ရရမရမ [ja.ja. məja.ja.] (副) ①手に入ろうと入るまいと ②できようとできまいと、可能であろうとなかろうと

ရရာ [ja.ja] (名) 手に入るもの、得られるもの、そこにあるもの、できるもの　ရရာအလုပ် 得られた仕事

ရရာလက်နက်စွဲ၍တော်လှန်ကြသည်။ 手にできる武器を持って反乱を起した

ရရှိ [ja.ʃi.] (動) 得る、手に入れる、入手する、取得する、獲得する

ရရှိခံစား [ja.ʃi.k'anza:] (動) 手に入れて楽しむ享受する

ရရှိသမျှ [ja.ʃi.dəmja.] (名) 入手したもの全て、手に入れてものは悉く

ရလေလို လေ [ja.le lole] (副) 得れば得るほど足りない、獲得すればするほど不足する、欲には際限がない

ရလေလိုလေ အိုတစေ။ (比) 胃袋（得れば得るほど足りなくなる、ああ、化け物だ）

ရလိုရငြား [ja.lo ja.ɲa:] (副) 欲しければ得られるだろうと思って、入手したい一心で、望みをもって　ဂူထဲမှာအစာရလိုရငြား၀င်ကြည့်တယ်။ 洞窟の中で食べ物が得られはしないかと期待して入ってみた

~ရလို~ရငြား [~ja.lo ~ja.ɲa:] (副) したい一心で　စားရလိုစားရငြား 食べたい一心で　သွားရလိုသွားရငြား 行きたい一心で　သောက်ဆေးများရလိုရငြား၀ယ်ယူသည်။ 飲み薬を手に入れたい一心で購入した　လမ်းတွင်သားကောင်များတွေ့ရလိုတွေ့ရငြား ရှေ့မှာထွက်သွားနှင့်၏။ 途中で獲物が見つかるのではないかと期待して先に出かけた　သူမှာထားသည်မော်တော်ဘုတ်ကိုမြင်လိုမြင်ရငြားကြည့်၏။ 彼が注文しておいたモーターボートを見たい一心で眺めた

ရလဒ် [ja.laʔ] (名) ①（掛け算、割り算等算数の）答、（計算の）結果 ②成果、利得、利益

ရသင့်ရထိုက် [ja.din. ja.daiʔ] (動) 当然得るべきだ、獲得すべきだ、入手すべきだ

ရသုံးခန့်မှန်းခြေငွေစာရင်း [ja.toun: k'an.man.dʑe ŋwezəjin] (名) 予算、歳入歳出予算

ရသုံးမှန်းခြေငွေစာရင်း [ja.toun: man:dʑe ŋwezəjin:] (名) 予算、予算書

ရအောင် [ja.aun] (副) 何とかして、あらゆる手段を講じて、何としてでも　ရအောင်ဖမ်းသည်။ 絶対に捕まえる

~ရအောင် [ja.aun] (助動) 勧誘を表わす、~しようတို့တူပွန်းတမ်းကစားရအောင်။ 隠れん坊遊びをしましょう　ရေသွားကူးကြရအောင်။ 泳ぎに行きましょう　ထင်းခုတ်သွားရအောင်။ 薪割りに出かけましょう　ကျွန်ုပ်ပစ်သွားရအောင်။ 投網に出かけましょう　လမ်းလျှောက်ထွက်ရအောင်။ 散歩に行きましょう　နွားနို့သောက်ရအောင်။ 牛乳を飲みましょう　ဆန်ပြုတ်စားကြရအောင် お粥を食べましょう cf. စို့၊ ကြစို့

ရဂန် [jəgan] (名) 風刺的性格を持つ詩（作詩上の制

ရန်

約がない）

ရခိုင်[jək'ain]（名）①ヤカイン（アラカン）、ビルマ南西部の地名 ②（植）リョウリバナナ

ရခိုင်ငှက်ပျော[jək'ain ŋəpjɔ:]（植）リョウリバナナ Musa sapientum var. arakanensis

ရခိုင်စကား:[jək'ain zəga:]（名）アラカン語（ビルマ語の一方言）

ရခိုင်ဒေသ[jək'ain deta.]（名）アラカン地方

ရခိုင်ပြည်နယ်[jək'ain pjinɛ]（地名）ヤカイン（アラカン）州

ရခိုင်ရိုးမ[jək'ain jo:ma.]（名）アラカン山脈

ရခိုင်လုံချည်[jək'ain loundʑi]（名）アラカン地方生産のロンジー

ရခို[jəgoun]（名）森、森林、密林、原生林

ရငန်းသီး:[jəŋan:di:]（植）トゲサラサカ（ヤシ科）果実は赤い色をしており大型で三角形、酸味強し、6月頃に出現する ＝ရေငန်းသီး ၊ ရင်ငန်းသီး ၊ ရင်ကမ်းသီး ။

ရတနသုတ်[jədəna.tou']（名）宝経（パーリ語の護呪経の1種）

ရတနာ?[jədəna.]（形）宝の、宝石の、宝物の

ရတနသုတ်ပရိတ်တော်[jədəna.tou' pəjei'tɔ] ＝ရတနာသုတ်

ရတနာ[jədəna]（名）宝、宝石、宝物

ရတနာကိုးပါး:[jədəna ko:ba:]（名）九種の宝石（金、銀、ダイヤモンド、猫目石、真珠、珊瑚、サファイヤ、石榴石、ルビー） ＝နဝရတ်ကိုးပါး:

ရတနာခုနစ်ပါး:[jədəna k'ounnəpa:]（名）七種の宝石（金、銀、真珠、ルビー、猫目石、ダイヤモンド、珊瑚）

ရတနာဆယ်ပါး:[jədəna s'ɛba:]（名）十種の宝石（真珠、エメラルド、猫目石、法螺貝、水晶、銀、金、ルビー、斑紅玉）

ရတနာပူရ[jədənapura.]（地名）ヤダナープーラ（アワ王朝の都インワの雅称）＝အင်း၀ ၊ အ၀ ။

ရတနာပုံခေတ်[jədənaboun k'i']（名）マンダレー時代（マンダレーが都であった時代１８５７～８５）

ရတနာပုံဆိုင်[jədənaboun s'ai']（名）大当たりする、思いがけない幸運に恵まれる、棚から牡丹餅が落ちてくる

ရတနာပုံနေပြည်တော်[jədənaboun nepjidɔ]（名）王都マンダレーの雅称

ရတနာရှိရာ ၊ ရတနာစု ။（格）富めるものは益々豊かになる（宝の在る所に宝が集まる）

ရတနာရွှေချိုင့်[jədəna ʃwegain.]（名）寺子屋教育での必須科目の一つ、三宝への賞賛

ရတနာသိုက်[jədəna tai']（名）宝庫

ရတနာသိင်္ခ[jədəna teink'a.]（地名）シュエボーの別名、アラウンパヤー王の出身地、モウソーボーとも呼ばれた

ရတနာသုံးပါး:[jədəna toun:ba:]（名）三宝（仏、法、僧）

ရတနာသုံးပါးဂုဏ်တော်ကျေးဇူးကြောင့်[jədəna toun:ba: goundɔ tʃe:zu: dʑaun.]（副）お蔭様で、お蔭を持ちまして

ရတိ[jəti]（名）宝石の重量表示、1チャッの64分の1の重さ、0.388カラット

ရတု[jədu.]（名）①4音節1行の叙情詩、季節詩 ②三季（夏、雨季、冬）③六季 ＝ရတုခြောက်ပါး။ ④周年記念 ရွှေရတု 50周年 ငွေရတု 25周年 စိန်ရတု 75周年

ရတုခြောက်ပါး:[jədu.tʃau'pa:]（名）6季（1年を2ヶ月ごとに分ける、春、夏、雨季初め、雨季終り、秋、冬）

ရတက်[jədɛ']（名）心配、憂慮、危惧

ရတက်ပွ:[jədɛ' pwa:]（動）憂いが深まる、心配する

ရတက်အေး[jədɛ' e:]（動）安堵する

ရထား:[jət'a:]（名）①汽車 ＝မီးရထား: ②馬車、四輪の馬車 ＝မြင်းရထား: ③乗物 ဓာတ်ရထား: 電車 ④（ビルマ将棋の）飛車 ＜パ Ratha

ရထားခုတ်မောင်း[jət'a: k'ou'maun:]（動）列車を運行する、汽車を走らせる

ရထားစက်ခေါင်း[jət'a: sɛ'gaun:]（名）機関車

ရထားဆိုက်[jət'a: s'ai']（動）汽車が到着する

ရထားတွဲ[jət'a:dwɛ:]（名）車両

ရထားထိန်:[jət'a:dein:]（名）御者

ရထားပို့ဆောင်ရေးဝန်ကြီးဌာန[jət'a: po.s'aun je: wundʑi: t'ana.]（名）鉄道省

ရထားပေါင်းချို[jət'a: baun:dʑou']（名）馬車の幌

ရထားဘီး:[jət'a: bein:]（名）車輪

ရထားလက်မှတ်[jət'a: lɛ'ma']（名）乗車券、汽車の切符

ရထားလမ်း:[jət'a:lan:]（名）線路

ရထားလမ်းကူး:[jət'a: lan:gu:]（名）踏切り

ရထားလမ်းချော်မှု[jət'a: lan:tʃɔmu.]（名）列車の脱線

ရထားလုံး:[jət'a:loun:]（名）屋根付きの大型四輪馬車

ရထားသံလမ်း:[jət'a: tanlan:]（名）線路

ရနယ်[jənɛ]（名）垂木

ရန[jənan.]（名）匂い、香り、芳香 ပိတောက်ပန်းရနံ့

ရမထာ

セイリュウボクの花の香り ●မွှေ့ပန်းရန်。マツリカの花の芳香

ရန်ပြယ်[jənan. pjɛ](動)匂いが消える、香りが失せる、芳香がなくなる

ရမထာ[jəmət'a](植)トウの１種 Calamus latifolius

ရမနေ[jəmənе](植)キダチヨウラク→ရေမနေ

ရမယ်ဖွဲ့[jəmɛ p'wɛ.](動)かこつける、口実を設ける →ယို:မယ်ဖွဲ့

ရမယ်ရှာ[jəmɛ ʃa](動)口実を探す →ယို:မယ်ရှာ

ရမက်[jəmɛʔ](名)渇望、貪欲 =ရမ္မက်

ရမင်း[jəmin:](植)硬木の１種 Aporosa roxburghii

ရမည်းသင်း[jəmɛ:ɖin:](地)ヤメーデイン(ビルマの首都ヤンゴンの北７５マイルにある町)

ရမန်ရက်[jəman jɛʔ](名)拘留期限、拘置期間 ＜英 Remand

ရမံ:[rəmoun:](名)シャン州に伝わる舞踊

ရဝေ[jəwe](名)宮殿、王宮

ရဝမ်လူမျိုး[rəwan lumjo:](名)ラワン民族(カチン州に住むチベット・ビルマ系の民族、別名ヌン族)

ရသ[ja.ṭa.](名)①味、風味、好み、嗜好 ②感動、文学的感動

ရသစာပေ[ja.ṭa. sape](名)耽美文学

ရသက[ja.ṭəka.](人)ヤタカ、ジャータカ第５３７話マハースタソーマ本生話に登場する料理人の名前、国王に要求されて人肉を調理した ＝ဒသက

ရသမင်းကျိန်တ်[ja.ṭəmindʑi naʔ](名)機織りの神

ရသေ့[jəte.](名)行者、修行者、苦行者、修験者、隠者(麻布を衣とし独特の形の帽子を被る)＜サ Rṣi

ရသေ့စူ:[jəte.zu:](名)①回転錐、金細工師が用いる穴開け器具 ②ボールに巻き付けた紐の弾力を利用する火起し道具

ရသေ့စိတ်ဖြ[jəte.seiʔpʔje](名)①気休め ②難問

ရသေ့တောင်မြို့[jəte.daun mjo.](地)ヤデダウン(ヤカイン州の西端、バングラデシュとの国境にある町)

ရသေ့မ[jəte.ma.](名)女行者

ရသေ့ရဟန်:[jəte. jəhan:](名)修験者と比丘

ရဟူဒီ[jəhudi](名)ユダヤ人

ရဟတ်[jəhaʔ](名)回転軸、回転翼

ရဟတ်စက်[jəhaʔsɛʔ](名)(風車、水車等の)回転軸で回る機械

ရဟတ်ယာဉ်[jəhaʔjin](名)ヘリコプター

ရဟတ်ယာဉ်ကွင်:[jəhaʔjingwin:](名)ヘリポート

ရဟန်:[jəhan:](名)比丘、僧侶、出家(波羅提木叉二百二十七戒を遵守する) cf. လူ

ရဟန်:ကိစ္စပြီ[jəhan: keiʔsa. pi:](動)涅槃に入る、最終目標に達する =နိဗ္ဗာန်ရောက်

ရဟန်:ခံ[jəhan: k'an](動)具足戒を受ける、比丘になる、出家する

ရဟန်:တဖြစ်လဲ[jəhan: təpʔjiʔlɛ:](名)還俗者

ရဟန်:တော်[jəhan:dɔ](名)和尚様、僧正

ရဟန်:ဒကာ[jəhan: dəga](名)比丘への檀家、比丘への後援者

ရဟန်:ပုဂ္ဂိုလ်[jəhan: pouʔgo](名)比丘、僧侶 cf. လူပုဂ္ဂိုလ်

ရဟန်:ပြု[jəhan: pju.](動)具足戒を授ける、比丘にする、出家させる

ရဟန်:ဘဝ[jəhan: bəwa.](名)出家の世界、比丘の暮し

ရဟန်:ဘောင်[jəhan:baun](名)出家界、桑門

ရဟန်:ဘွဲ့[jəhan:bwɛ.](名)僧名、比丘名、法師名

ရဟန်:မင်:[jəhan: mindʑi:](名)ローマ法王

ရဟန်:ရှင်လူ[jəhan: ʃinlu](名)出家と在家、僧侶と俗人、聖俗双方

ရဟန်:လူထွက်[jəhan: ludwɛʔ](名)還俗者

ရဟန်:လောင်:[jəhan:laun:](名)見習僧、具足戒を授かる前、比丘になる前の段階

ရဟန်:ဝတ်[jəhan: wuʔ]①(動)出家する、比丘になる、桑門に入る ②(名)比丘、出家

ရဟန်:သံဃာ[jəhan: ṭanga](名)出家、僧迦

ရဟန်:အမ[jəhan: əma.](名)比丘への女性の檀家、比丘への女性の後援者

ရဟန္တာ[jəhan:da](名)羅漢

ရဟန္တာမ[jəhan:dama.](名)女性羅漢

ရဟုန်:[jəhoun:](植)デリス(マメ科) Derris elliptica

ရာ[ja.](数)下２桁の数を伴った場合の百 例 တရာငါ:ဆယ် １５０ နှစ်ရာနှစ်ဆယ်ခုနစ် ２２７

ရာ[ja](数)３桁の数を表わす、百 =တရာ

ရာကျပ်ဆို:[jadʑa. pəsʔo:](名)多色のシルクを原料に百のボビン(ひ)を使って織ったロンジー

ရာကျော်စပါ:[jadʑɔ zəba:](名)３ヶ月余の短期間で百俵以上の収穫が可能な米、c面:の１種

ရာခိုင်နှုန်:[jagain noun:](名)百分率、パーセント

ရာခိုင်နှုန်:လက္ခဏာ[jagainnoun: lɛʔkʔəna](名)パーセント記号、％

ရာချီ[jatɕʔi](形)百に上る、百に達する、何百という အကြမ်:ဖက်တိုက်ခိုက်မှုဖြစ်ပွါ:ခဲ့ရာလူများရာချီသေဆု:

ခဲ့သည်။ 暴力を伴う攻撃が発生し何百人という人々が死亡した

ရာကနန်း[ja gənan:] (名) 百の数字、百の値

ရာစု[jazu.] (名) 世紀 =ရာစုနှစ်

ရာစုနှစ်[jazu.ni'] (名) 世紀 ၂၀ရာစုနှစ်များ： ２０世紀

ရာစုနှစ်ကုန်ချိန်[jazu.ni'koundʑein] (名) 世紀末

ရာတန်စက္ကူ[jazu.sɛ'ku] (名) 百チャッ紙幣

ရာတွင်း[jadwin:] (名) 距離の単位 =တာပေါင်း ၁၀၀

ရာနှင့်ချီ[janɛ. tɕ'i] (動) 百に上る、百に達する

ရာနှုန်း[janoun:] (名) パーセント、百分率

ရာနှုန်းပြည့်[janoun:bje.] (名) 百パーセント ရာနှုန်းပြည့်အာမခံနိုင်သည်။ 百パーセント保証できる

ရာပေါင်းများစွာ[jabaun: mja:zwa] (副) 何百という、何百もの လူရာပေါင်းများစွာသေဆုံးကြသည်။ 何百人もの人が死亡した

ရာပေါင်းများစွာသော[jabaun: mja:zwado:] (形) 何百と言う ရာပေါင်းများစွာသောလက်ပစ်ဗုံးများ။ 何百という手榴弾

ရာပုံး[jaboun t'o:] (動) 百を単位に数える

ရာပြုမြို့[jabju.mjo.] (名) (王朝時代) 兵役に兵士百人が従軍できる町

ရာပြည့်အိုင်[jabji. ain] (名) 早乙女による田植え歌の一種

ရာရေ[ja je] (名) 百を単位にまとめられた品物

ရာလိုက်ထောင်လိုက်[jalai' t'aunlai'] (副) 何百何千という、何千何百もの

ရာဝင်အိုး[jawin o:] (名) 百緬斤 (ပိဿာတရာ) 入りの大甕 =ရာဝင်စဉ့်အိုး

ရာသက်ပန်[jatɛ'pan] (形、副) 終身、終生、一生、一生涯

ရာသက်ပန်အသင်းသား[jatɛ'pan ətin:da:] (名) 終身会員

ရာ[ja] (間) ~や、~よ ညီမရာ။ 妹よ သူငယ်ချင်းတို့ရာ။ 友よ ဖြေဖြေပေါ့။ဆရာလေးရာ။ 慌てないでよ、先生 နေမမ်းပါနဲ့။ဆရာလေးရာ။ 一寸待った、先生よ မသိပါဘူး။ဆရာလေးရာ။ 知りませんよ、先生

ရာ[ja] (形) 相応しい、適切だ、値する ဒီအဝတ်မင်းနှ့ ရာသလား။တန်သလား။။ この服は君に相応しいかどうか

ရာမရ[ja məja] (名) 相応しいかどうか、適切かどうか、値するかどうか ရာမရစဉ်းစားပါ။ 妥当かどうか考えよ

ရာရာစစ[jaja sa.sa.] (副) 身の程知らず、自惚れて、つけ上がって မင်းလိုချာတိတ်ကများရာရာစစ။ お前のような若造が身の程も弁えずに

ရာရာသသ[jaja ta.ta.] =ရာရာစစ

~ရာ[ja] (助動) 可能性を示す、~に違いない、筈だ、可能性が強い လူမဟုတ်။နတ်ဘီလူးဖြစ်ရာသည်။ 人間ではない、鬼神に違いない ကြေးဝယ်လိုကြသည်ကိုသတိပြုရာသည်။ 掛けで買おうとしている事に注意する必要がある အကြောင်းကိစ္စတစ်စုံရှိ၍သာခေါ်ရာသည်။ 何か用事があって呼んだに違いない ဆုံးခန်းတိုင်အောင်ဆောင်ရက်ပေးရာသည်။ 最後までやってあげるべきだ

ရာ[ja] (名) 名詞形成辞、~するところ ကြိုက်ရာသွားနိုင်ပြီ။ 好きな所へ行ってよい သက်သာရာရပြီ။ 安堵した、安心できた ထိုင်ရာမှထခဲ့သည်။ 座を立った နိမ့်ရာမှမြင့်ရာသို့ပြောင်းရွှေ့သည်။ 低い所から高い所へと移動した ချမ်းသာရာကရုတ်တရက်မဲ့သွားသည်။ 富裕な状態から不意に貧困化した စူးကိစုနှင့်သင့်လျော်ရာတွင်သာ သုံးရသည်။ 錐は錐に相応しい場所でのみ使える

~ရာ[ja] (接) 名詞を修飾する動詞または形容詞の後に付く、~するところの နေထိုင်ရာအရပ်။ 住んでいる所 ရွာသို့လာရာလမ်း။ 村へ来る道 လိုရာပေါ်အောင်နှိပ်ပါ။ 望みの形になるよう押えなさい အလုပ်သမားများစုနေထိုင်ရာကုန်ဖြစ်၏။ 労働者が集まり住んでいる地区である နီးစပ်ရာနံခုံျင်းတွင်ဝင်ရောက်ပုန်းအောင်းသည်။ 身近の防空壕に跳び込んで身を隠した နွေစပါးသည်ရေများရာအရပ်တွင်အောင်မြင်သည်။ 夏稲は水の多い場所で可能になる အဘိုးရှိသောအရာကိုတွေ့လူအားပေးမိသည်။ 値打ちあのあるものを見掛けた人に渡してしまった

~ရာ[ja] (接助) ~したところ、~したものだから နာရီကိုကြည့်လိုက်ရာ။နှစ်ချက်ထိုးနေပြီ။ 時計を見たところもう２時になっていた သား:သမီးခြောက်ယောက်ထဲကား： ရာ၊ နှစ်ယောက်မှာသေဆုံးသွားသည်။ 子供は６人設けたのだが、２人は死んでしまった မှတ်တမ်းကိုဖွင့်ကြည့်လိုက်ရာ။အင်္ဂလိပ်စာရှစ်ဆယ်မှတ်အထိရရှိ၏။ 記録を開いてみたところ英語の成績で８０点も得ていた ပြန်သွားမည်ပြောရာ။ညှိုးငယ်သောမျက်နှာ ဖြင့်ငိုယိုမြည်တမ်းလေသည်။ 帰ると言ったところ、悲しげな表情で泣き出した အတွေးနှင့်သွားနေမိရာ။ကံကောင်း၍ကား:နှင့်မတိုက်မိခြင်းဖြစ်သည်။ 考え事をしながら歩いていたものだから、車に跳ねられなかったのは幸運だった

~ရာကျ[ja tɕa.] (動) ~事になる、~的になる、~風になる、~感じになる ဒို့မာဟူသောအသံညဘာသ့ဝေဝ ဇာတိမာန်ထွေးထိုးပေးရာကျမည်။ 我らビルマ人といい声は、愛国心を掻き立てるような感じになる မိမိသေတွင်းမိမိတူးရာကျလိမ့်မည်။ 自分の墓穴を自分で掘る始末となろう ငွေထပ်ကောင်းလျှင်အမနာရာကျပေမည်။ 金銭を再度無心すれば無遠慮と言う事になろう ဖြူဖြူစေစေကြည့်မည်ဆိုကရင်ရာကျသည်။ しげしげと見るならば粗野な感じになる ဒီလိုဆိုတော့ဆွေမျိုးတွေအားပေါ်ရက်

~ရာ~ကြောင်း

စက်ရာကျပါလိမ့်မည်။ それでは身内の者に対して冷たいという事になろう

~ရာ~ကြောင်း[ja~tʃauŋ:] (尾) 同一動詞を繰返して名詞句を形成する、~するように、途に角にも~する曲りなりにも~する လှတ်ရာလှတ်ကြောင်းရာတယ်။ 何とか逃げられる道を探した ရုံးမှာမှန်ရာမှန်ကြောင်းပြောရင်တော့မင်းသက်သာမှာပေ့။ とにかく裁判所で正直に話せば君も何とかなるさ လယ်သမားများအတွက်အကျိုးရှိရာရှိကြောင်းဆောင်ရွက်ခဲ့သည်။ とにかく農民の利益の為に尽した ကိုယ်တိုင်ခံစားနေသောဝေဒနာသည်သက်သာရာသက်သာကြောင်းရသည်။ 自分自身味わっていた苦痛は途にも角にも楽になった ကောင်းရာကောင်းကြောင်းမြင့်တင်ပေးသည်။ とにかくよかれと思って抜擢した ငြိမ်ချမ်းရေးပျက်စီးရာပျက်စီးကြောင်းရေးသားသည်ဟုဆိုကာသတင်းစာကိုမီးရှို့လိုက်သည်။ とにかく和平を妨げるような記事を書いたと言って新聞を燃やした

~ရာတွင်[jadwin] (尾) 副詞形成、~する際に、~する場合に တိရစ္ဆာန်များကိုကိုင်တွယ်ရာတွင်ဝိသေသမူအကျင့်များကိုကြိုတင်သိရှိထားရမည်။ 動物を取扱う場合には習性を前もって知っておかねばならない

~ရာ၌[janai'] (尾) 副詞形成、~する場合には、~する時には အင်းလေလံဆွဲရာ၌အခွန်ငွေအပြည့်ပေးဆောင်ရသည်။ 沼沢地の入札を行う場合には税金を全額納入しなければならない =~ရာတွင်

~ရာရာ[jaja] (名) 名詞形成辞、するものは悉く、手当たり次第に နီးစပ်ရာရာတွေပါခေါ်သွားတတ်ကြသည်။ 手近の者も全て連れて行く傾向がある ထမင်းစားယင်းရောက်တတ်ရာရာပြောကြသည်။ 食事をしながら四方山話をした သွားလေရာရာခေါ်၍မပြတ်သွား၏။ 出かける所へはどこへでも絶えず連れて出かけた

~ရာရောက်[ja jau'] (動) ~になる、~する事になる ဂုဏ်ပြုရာရောက်သည်။ 誇りとなる、名誉ある事だ အမှားနောက်တခုကျူးလွန်ရာရောက်သည်။ 更にもう一つ過ちを犯す事になる ပုဂ္ဂိုလ်လွတ်လပ်ခွင့်ကိုချိုးဖောက်ရာရောက်သည်။ 個人の自由を侵害する事になる သွေးစည်းရေးကိုဖောက်ဖျက်ရာရောက်သည်။ 団結を裏切る事になる ယင်းတော့ဆိုရှက်များသည်ပြည်သူပြည်သားများအပေါ်ဒုက္ခပေးရာရောက်သည်။ それらの要求は国民に苦痛を与える事になる အလေးပြုနိုင်မှသာလျင်တရားရာရောက်သည် 尊敬できた場合にのみ公正と言う事になる

ရာဂ[jaga.] (名) ①貪欲、渇望 ②情熱、情欲、色欲
ရာဂစိတ်[jaga.sei'] (名) 色欲、情欲、性欲 <パ
ရာဇ[jaza.] (名) 王、国王、帝王、王者 <パ Raja
ရာဇကြောင်း[jazədʒauŋ:] (名) 王政、国務、政務
ရာဇဂုဏ်းသင့်[jaza.gain: tin.] (動) 王の権威に逆らう

ရာဇဂြိုဟ်[jazədʒo] (地) 王舎城（釈尊在世中は摩掲陀国の都であった、釈尊入滅後第1回の仏典結集が行われた、現在のラジュギル）
ရာဇဌာနီ[jaza. t'ani] (名) 都、王都 <パ
ရာဇတိုင်[jazədain] (名) 船の舳先の柱
ရာဇဒဏ်[jazədan] (名) 国王によって与えられた刑罰
ရာဇဓံ[jazədan] (名) 国王がなすべき規範 <パ
ရာဇပလ္လင်[jazəbəlin] (名) 玉座
ရာဇဘိသိက်ခံ[jaza. bei'tei' k'an] (動) 灌頂式をあげる、即位する、戴冠式を挙げる
ရာဇမဟာမိတ်[jaza.məhamei'] (名) 同盟国、友邦
ရာဇမတ်[jazəma'] (名) （王朝時代、国王の通り道の左右に設けた）矢来、竹矢来
ရာဇမတ်ကာ[jazəma' ka] (動) 竹矢来を張り巡らす ရာဇမတ်ကာ၊ သဲဖြူခင်း၊ အစွမ်းကုန်ကြို့ဆိုကြ။ 竹矢来を張り巡らせ白砂を敷いて精一杯歓迎した
ရာဇမတ်ကွက်[jazəma' kwe'] (名) 菱型
ရာဇရေး[jazəje:] (名) 国王の事柄、国王の政務
ရာဇဝင်[jazəwin] ① (名) 王統史、歴史 ② (植) 蔓植物の1種 Millettia racemosa 葉に苦みあり
ရာဇဝင်ကြီး[jazəwinʤi:] (名) 大王統史、ウー・カラーによって18世紀に編纂されたビルマ語の年代記 =မဟာရာဇဝင်တော်ကြီး၊ ဦးကုလားဇဝင်။
ရာဇဝင်ကျော်[jazəwinʤɔ] (名) 著名王統史、16世紀初頭、シン・ティーラウンタ僧正によって編纂されたビルマ語の年代記
ရာဇဝင်ကျမ်း[jazəwinʤan:] (名) 史書、歴史書
ရာဇဝင်ကြေးပေးဆပ်[jazəwin tʃwe: pe:s'a'] (動) 雪辱を果す
ရာဇဝင်ချုပ်[jazəwinʤa'] (名) 正規の王朝史には記されていない史実
ရာဇဝင်ချုပ်[jazəwinʤou'] (名) 概要史、要約史、ウー・カラー編纂の簡略な年代記
ရာဇဝင်တည်[jazəwin ti] (動) 歴史に基づく、史実に基く
ရာဇဝင်တွင်[jazəwin twin] (動) 歴史に残る
ရာဇဝင်ပြောင်[jazəwin pjauŋ] (動) 栄光輝く、歴史に残る、卓越した記録を残す、後世に残る
ရာဇဝင်ပြောင်မြောက်[jazəwin pjaunmjau']
(動) 歴史に燦然と輝く、史上画期的だ
ရာဇဝင်ပြောင်၊ အိမ်ထောင်မှုလပ်[jazəwin pjaun eindaunmu.la'] (格) 歴史に名が残れば、家庭内は不仲（不縁となる）
ရာဇဝင်ရှိင်း[jazəwin jain:] (動) 後世の名折れだ、汚名を残す

ရာဇဝင်လူဆိုး[jazəwin luzo:] (名) 前科者、当局のブラック・リスト掲載の犯罪者

ရာဇဝင်လက်[jazəwinlaʔ] (名) 中王統史、ウー・カラーによって編纂されたビルマ語の年代記の一つ

ရာဇဝင်ဝတ္ထု[jazəwin wuʔtʰu.] (名) 歴史小説

ရာဇဝင်သစ်[jazəwindiʔ] (名) 新王統史、トウィンディンダイウンによって18世紀後半に編纂されたビルマ語の年代記

ရာဇဝတ်[jazəwuʔ] (名) ①犯罪、刑事犯 ②王の規範 ③王の職務 ④国王への奉仕 ⑤国法 cf. ဓမ္မဝတ်၊ လောကဝတ်။

ရာဇဝတ်ကောင်[jazəwuʔkaun] (名) 犯罪者、罪人

ရာဇဝတ်ကျင့်ထုံးဥပဒေ[jazəwuʔ tʃinʔtʰoun u.bəde] (名) 刑事訴訟法

ရာဇဝတ်ကြောင်း[jazəwuʔtʃaun:] (名) 起訴、刑事犯罪への対処

ရာဇဝတ်ဂိုဏ်း[jazəwuʔ gain:] (名) 犯罪組織、暴力団、マフィア

ရာဇဝတ်တရားခံ[jazəwuʔ təjəkʰan] (名) 刑事被告

ရာဇဝတ်တရားရုံ:[jazəwunʔ təja:joun:] (名) 戦前の刑事法廷、刑事裁判所

ရာဇဝတ်တရားသူကြီး[jazəwuʔ təja:tudʒi:] (名) (戦前の)刑事法廷の判事、治安判事

ရာဇဝတ်ဒဏ်[jazəwuʔdan] (名) 刑罰

ရာဇဝတ်ပုလိပ်ဘက်ဆိုင်ရာဌာန[jazəwuʔ pəlei?bəʔ sʰain ja tʰana.] (名) 刑事当局、検察庁

ရာဇဝတ်ပြစ်မှု[jazəwuʔ pjiʔmu.] (名) 刑事事件、刑事犯罪

ရာဇဝတ်ဘေး[jazəwuʔbe:] (名) 刑罰

ရာဇဝတ်မှု[jazəwuʔmu.] = ရာဇဝတ်ပြစ်မှု၊ ရာဇဝတ်မှုခင်း cf. တရားခမှု

ရာဇဝတ်မှုနှိမ်နင်း[jazəwuʔmu. n̥einnin:] (動) 刑事犯罪を撲滅する

ရာဇဝတ်ရုံ:[jazəwuʔjoun:] (名) 刑事法廷、刑事裁判所 = ရာဇဝတ်တရားရုံ:

ရာဇဝတ်ဝန်[jazəwuʔwun] (名) 地方検察の責任者

ရာဇဝတ်ဝန်ကြီး[jazəwuʔ wundʒi:] (名) 英領時代の県(District)検察局長

ရာဇဝတ်သား[jazəwuʔta:] (名) 犯罪者、罪人

ရာဇဝတ်သား၊ပြေးမလွတ်။[jazəwuʔta: pje: məluʔ] (格) 犯罪者は逃げ果せない(刑事犯は所詮捕まる)

ရာဇဝတ်သင့်[jazəwuʔ tʰinʔ] (動) 罪を犯す、法に触れる、刑罰が課せられる

ရာဇဝတ်ဥပဒေ[jazəwuʔ u.bəde] (名) 刑法

ရာဇဝတ်အိုး[jazəwuʔo:] (名) ①刑法と関わりのある事柄 ②厄介な事態、面倒な事柄

ရာဇဝတ်အိုး၊တုတ်နှင့်ထိုး။(諺) 人を呪わば穴二つ(刑法に触れる事柄、棍棒で殴る)

ရာဇဝတ်အုပ်[jazəwuʔouʔ] (名) 戦前(英領時代)の刑事

ရာဇသတ်[jazədaʔ] (名) 刑法

ရာဇသံ[jazədan] (名) ①勅命、勅令 ②国王の親書 ③勅使、国王派遣の使節 ④最後通告

ရာဇသံပေး[jazədan pe:] (動) 王が勅使を遣わす

ရာဇာ[jaza] (名) 王、王者、国王

ရာဇူ[jazu] (名) 大型の天秤秤 cf. ချိန်ခွင်

ရာထား[jatʰa:] (動) 割当てる、確保する = လျာထား:

ရာထူး[jadu:] (名) 地位、役職、階級

ရာထူးကြီး[jadu: tʃi:] ①(形) 地位が高い、位が高い、上位の階級だ ②[jadu: dʒi:] 高位、高官

ရာထူးချ[jadu: tʃʰa.] (動) 降格させる

ရာထူးချထားခံရ[jadu: tʃʰa.tʰa: kʰan ja.] (動) 降格処分を受ける

ရာထူးငယ်[jadu: ŋɛ] (形) 地位が低い、位が低い

ရာထူးဌာနန္တရ[jadu: tʰanandəra.] (名) 地位、官職、役職、ポスト

ရာထူးတိုး[jadu: to:] (動) ①昇格させる、昇任させる ②昇格する、地位が上がる

ရာထူးတိုးခြင်းခံရ[jadu: to:dʒin: kʰan ja.] (動) 昇任させてもらう、昇格させてもらう、昇級させてもらう

ရာထူးတိုးမြှင့်ခံထား[jadu: to:min. kʰantʰa:] (動) 昇格を発令する、昇進させる

ရာထူးတက်[jadu: tɛʔ] (動) 昇進する、昇格する

ရာထူးနုတ်ထွက်လွှာ[jadu: nouʔtʰwɛʔlwa] (名) 辞職願、辞任届

ရာထူးပြုတ်[jadu: pjouʔ] (動) 解任される、解職される

ရာထူးလက်လွတ်[jadu: lɛʔluʔ] (動) 地位を失う

ရာထူးလျော့[jadu: ʃɔ.] (動) 降職する、降等する

ရာထူးလျှောက်[jadu: ʃauʔ] (動) 職を申し込む、求職する

ရာထူးဝန်အဖွဲ့[jadu:wun əpʰwɛ.] (名) 人事院

ရာထူးသက်တမ်း[jadu: tɛʔtan:] (名) 任期、役職の期限

ရာထူးအဆင့်ဆင့်[jadu: əsʰinʔ.sʰinʔ.] (名) 各段階毎の地位

ရာထူးအဆင့်တံဆိပ်[jadu: əsʰinʔ. dəzeiʔ] (名) 階級章

ရာထူးအဆင့်အတန်း[jadu: əs'in.ətan:]（名）階級、階級別の役職
ရာထမ်းမှုထမ်း[jadan: mu.dan:]（名）中下級の公務員 =အရာထမ်း၊အမှုထမ်း။ cf. အရာရှိ
ရာပြတ်[ja pjaʔ]①（動）鑑定する ②[jabjaʔ]（名）鑑定人
ရာဘာ[raba]（名）ゴム =ရော်ဘာ ＜英 Rubber
ရာဘာလက်အိတ်[raba lɛʔeiʔ]（名）ゴム手袋
ရာဘက်[jabɛʔ]（名）ရာဇဝတ်ဘက် の略称、刑事裁判所分署 ပဉ္စမရာဘက် 第一刑事法廷 တတိယရာဘက် 第三刑事法廷
ရာဘက်တရားသူကြီး[jabɛʔ təja:tudʑi:]（名）刑事裁判所分署の判事
ရာဘက်ရုံ[jabɛʔjoun]（名）刑事裁判所分署
ရာမညတိုင်း[jaməna.tain:]（名）ラーマニャ国（モン族居住地域の南部ビルマの総称）
ရာမယဏဇာတ်[jamajəna. zaʔ]（名）ラーマーヤナ物語（ビルマ語版としては、ရာမရကန်၊ရာမသာချင်း၊ ရာမဝတ္ထု 等が知られている、語末に ဇာတ် がついているが仏陀の前生を述べたジャータカ（本生話）ではない）
ရာရှင်[raʃin]（名）糧食、配給 ＜英 Ration
ရာသီ[jadi]（名）①十二宮のそれぞれ ②季節（三季）③十二節季 ④歳月 ⑤気候 ⑥月経＜パ Rāsi
ရာသီကုန်[jadigoun]（名）季節の産物、時期の商品
ရာသီခွင်[jadigwin]（名）十二宮（春分点を起点に黄道の周囲を十二等分したもの）の星宿
ရာသီစာမျှော[jadizamja:]（名）季節の食べ物、旬の食べ物
ရာသီစက်[jadi sɛʔ]（名）黄道帯、十二宮
ရာသီနာ[jadina]（名）季節病
ရာသီပေါ်[jadi pɔ]（動）生理になる、月経が始まる
ရာသီပန်း[jadiban:]（名）①季節の花 ②月経、生理
ရာသီပန်းပွင့်[jadiban: pwin.]（動）月経になる、生理が始まる
ရာသီပွဲ[jadibwɛ:]（名）季節の祭、各月の祭
ရာသီမိုး[jadimo:]（名）季節の雨
ရာသီရုပ်[jadijouʔ]（名）十二宮の象徴（羊、牛、双子、蟹、獅子、乙女、天秤、蠍、射手、磨羯、宝瓶、双魚の十二宮）
ရာသီလာ[jadi la]（動）月経が始まる、生理が始まる
ရာသီလေ[jadile]（名）季節の風
ရာသီသွေး[jadidwe:]（名）月経
ရာသီဥတု[jadi u.du.]（名）①季節 ②気候 ③天候
ရာသီဥတုကောင်း[jadi u.du. kaun:]（形）天気がよい
ရာသီဥတုဆိုးရွား[jadi u.du. s'o:jwa:]（形）天気が悪い、悪天候だ
ရာသီဥတုပြင်း[jadi u.du. pjin:]（形）気候が厳しい
ရာသီဥတုဖောက်ပြန်[jadi u.du. p'auʔpjan]（動）気候が不順だ
ရာသီဥတုမရွေး[jadi u.du. məjwe:]（副）季節を問わず
ရာသီဥတုမျှတ[jadi u.du. mja.ta.]（形）気候温和だ
ရာသီဥတုသာယာ[jadi u.du. taja]（形）気候が穏やかだ
ရာဟု[jahu.]（名）①羅喉（暗黒の惑星、水星の影で目には見えず、日蝕や月食を惹き起すと考えられている凶星）=ရာဟုြိုဟ် 水曜日の午後 ③西北方向 ရာဟုဓီကလေဆင်သည်။ 北西方向から風が吹く
ရာဟုြိုဟ်[jahu.ꩻo]（名）羅喉=ရာဟု ＜サ Rāhu
ရာဟုထောင့်[jahu.daun.]（名）西北方角
ရာဟုနတ်[jahu.naʔ] =ရာဟု
ရာဟုဖမ်း[jahu. p'an:]（動）（日月の）蝕が起る
ရာဟုရပ်[jahu.jaʔ]（名）北西方向
ရာဟုသား[jahu.da:]（名）水曜日の午後誕生した人（午前中の誕生は ပုဒ္ဓဟူးသား）
ရိ[ji.]（形）①（果物、花等が）傷んでいる、腐蝕している ②（布地が）擦りきれている、くたびれている ③疲労している =နွမ်းရိသည်။ ④むっとして言う သူကမျက်လျှင်ရိရိတတ်သည်။ 彼は酔うと怒りっぽくなる、喧嘩腰になる
ရိနာ[ji.na]（病）淋病、尿道炎
ရိပုပ်[ji.puʔ]（形）腐蝕している
ရိမဲ့[ji.jɛ.]（形）古びている、傷んでいる
ရိရွဲ့[ji.jwɛ:]（形）傷んでぬるぬるしている
ရိရှာ:[ji.ʃa:]（形）疲労困ばいする
ရိတဲ့တဲ့[ji.tɛ.dɛ.]（副）①仄めかして、それとなく匂わせて、どことなく曖昧に、暗示的に ရိတဲ့တဲ့ကား:မျာ:။ 暗示、仄めかした表現 ရိတဲ့တဲ့လုပ်သည်။ それとなく仄めかす ②無頓着で、無関心で
ရိ[ji]（形）①曖昧だ、不鮮明だ、幽かだ、ぼんやりしている、霞んでいる、薄暗い ②色が褪せている ③目眩がする、ふらふらする
ရိတရော[jidəjo:]（名）薄暮 နေဝင်ရီတရော 黄昏、夕暮れ
ရိရိ[jiji]（副）（色彩が）不鮮明で、（色が）淡く

て ပြာရိရိ॥ 薄青 မှောင်ရိရိ॥ 薄暗くて
ရိဝေ[jiwe] (形) ①不鮮明だ、はっきりしない、霞んで見える、ぼんやりとしている ရိဝေသောမျက်လုံးများ: うつろな眼差し ရိဝေသောမျက်စေ့အစုံ ぼんやりとした両目
ရိဝေဝေဖြစ်[jiwewe p'ji'] (形) 朦朧としている 靄がかかっている、ぼんやりしている ခေါင်း:ထဲမှာ ရိဝေဝေဖြစ်သည်॥ 頭が朦朧としている
ရိတိဝေတေဝေတေ[jititi wetete] (副) もじもじと、煮え切らなくて
ရိမော[jimɔ:] (動) →ရယ်မော
ရိ:[ji:] (名) →လိ:
ရိ:စာ:[ji:za:] (名) →ရည်:စာ:
ရိ:တီ:ယာ:တာ:[ji:di:ja:da:] (副) ①ぐずぐずして、ためらって、躊躇して ②曖昧で、いい加減で ③堕落に、無頓着に ရှင်ပြုတယ်ဆိုတာရိ:တီ:ယာ:တာ:အကျိုးကြီး:တာမဟုတ်ဖူ:॥ 得度させるという事はいい加減な功徳ではない →ယိ:တီ:ယာ:တာ:
ရိ:တီ:ယောင်:တောင်:[ji:di:jaun:daun:] (副) →ယိ:တီ:ယောင်:တောင်:
ရိ:လေ:ခို[ji:le: k'o] (動) ぶら下がる →ဟီ:လေ:ခို
ရုရှာ:[ju'ʃa:] (国) ロシア
ရူဋ္ဌိ[jounɬi~rounɬi] (名) 比喩、使い慣れた名称、呼称、定着した呼称 <パ Rūhlī
ရူ[juta.] (動・古) 嘆く、悲しむ
ရူပ[jupa.] (名) 姿、形、外見、容姿、容貌 <パ
ရူပကာ[jupəka] (名) 容貌
ရူပဗေဒ[jupa. beda.] (名) 物理学
ရူပဘုံ[jupa.boun] (名) 色界 (欲界の上にあると考えられている世界、16に細分される)
ရူပါရုံ[jupajoun] (名) ①視覚 ②容貌、容姿、姿
ရူမေ:နီယာ:[rume:ni:ja:] (国) ルーマニア
ရူ:[ju:] (動) ①気が狂う、発狂する ②荒れ狂う ③熱中する、のめり込む
ရူ:ကြောင်ကြောင်[ju: tʃaunʤaun] (副) 落着きがなくて、上っ調子で、馬鹿げていて
ရူ:နှမ်[ju:ɲan:] (形) 少し気が変だ、少し様子がおかしい
ရူ:နှမ်:နှမ်:[ju: ɲan:ɲan:] (副) 少し気が変で、少し様子が変で、頓馬で、馬鹿げていて
ရူ:ပေါပေါ[ju: pɔ:bɔ:] (副) 様子が変で、愚かで、おどけていて
ရူ:ရူ:မူ:မူ:[ju:ju: mu:mu:] (副) 気違いじみて、無茶で、愚かにも
ရူ:ရူ:မိုက်မိုက်[ju:ju: mai'mai'] (副) 無謀にも、気が狂ったように ရူ:ရူ:မိုက်မိုက်ပြုမူသည်॥ 無茶をす

る、無謀な事をする
ရူ:သွပ်[ju:tu'] (動) 気が触れる、気が狂う、発狂する
ရူ:သွပ်သူ[ju:tu'tu] (名) 気違い、精神異常者
ရေ[je] (間) 呼び掛け သမီ:ရေ॥ 娘や ဟေ့၊တပည့်ရေ 一寸、弟子よ
ရေ[je] (動) 数える = ရေတွက်
ရေတွက်[jetwɛ'] (動) 数える、計算する
ရေတွက်မှတ်သာ:[jetwɛ' ma̱ta:] (動) ①数えて覚えておく ②計算し記録する
ရေ[je] (名) 水
ရေစာ:[je gəza:] (動) ①(水祭りなどで) 水を掛ける ②水泳をする、水中スポーツをする
ရေငညွှတ်[je kəɲu'] (植) ミズキンバイ (アカバナ科) Jussiaea repens
ရေတော့[je gədɔ.] (名) 渦巻
ရေကဒီ[je gədi] (植) ナンヨウトベラ、ヒマラヤトベラ (トベラ科) Pittopsporum floribundum
ရေကြာ:[je kəja:] (名) 水甕
ရေကြာ:ပင်[je kəja:bin] (植) ウツボカズラ (食虫植物)
ရေကသစ်[je kəti'] (植) ペグー山脈に多いマメ科の常緑植物 Erythrina lithosperma
ရေကတာ[je gada] (名) ダム、堰、堤防、土手
ရေကျဲ[je kus'wɛ:] (動) 水運びを手伝う
ရေကူ[je ku:] (動) 泳ぐ、水泳をする
ရေကူ:ကနန်:[jegu: gənan:] (動物) ワタリガニ、ガザミ
ရေကူ:ကောင်[jeku:gaun] (虫) アメンボ
ရေကူ:ကန်[jeku:gan] (名) プール
ရေကူ:ခတ်[je ku:k'a'] (動) (水鳥などが) 泳ぐ
ရေကူ:ညာတင်[jegu:ɲadin] (名) 我田引水、自己に有利になるような話し方
ရေကူ:ပြိုင်ပွဲ[jegu: pjainbwɛ:] (名) 水泳競技
ရေကူ:ဘောင်:ဘီ[jegu: baun:bi] (名) 水着、水泳パンツ
ရေကူ:အမြန်ဆုံ:ဖြစ်[jegu: əmjanzoun: p'ji'] (形) 泳ぎが一番速い
ရေကူ:အဝတ်[jegu: əwu'] (名) 水着、水泳着
ရေကင်:[jegin:] (①) (動物) カブトガニ ②水上哨戒
ရေကောင်:ရေသန့်[jegaun:jedan.] (名) きれいな水、澄んだ水、清浄な水、良質の水、衛生的な水
ရေကိုင်[je kain] (動) ①用便後、水で後始末をする ②開鶏用の鶏を水でマッサージして元気付ける
ရေကန်[jegan] (名) ①池、溜池 ②湖 ③水槽

ရေကန်ကြီး[jegaṅʤi:] (名) ①プール ②湖
ရေကန်စွန်း[je gəzun:](植) ヨウサイ、アカバナヨウサイ（ヒルガオ科）Ipomoea reptans
ရေကုန်[jegoun] (副) 懸命に、精一杯
ရေကုန်ရေခန်း[jegoun jegan:] (副) =ရေကုန်
ရေကုန်လိုက်[jegoun lai’] (動) 全力を尽す
ရေကျ[je tʃa.] (動) ①水が退く ②潮が退く、引潮になる ③色が褪せる ④一度洗濯を済ませる（新品ではなくなる) ⑤[jeʤa.] (名) 減水 ⑥引き潮 ⑦滝
ရေကျေး:ရေကြော်[jeʤe: jeʤɛ’] (名) 水禽
ရေကျေ:ရေကျက်[jeʤe: jeʤɛ’] =ရေကျေး:ရေကြော်
ရေကျို[jeʤo ŋəpi.] (名) 三種混成の魚醤
ရေကျိုချက်[jeʤo tʃɛ’] (動) 湯を沸かす
ရေကျက်အေး[jeʤɛ’e:] (名) 湯冷まし
ရေကျောက်[jeʤau’] (病) 水疱瘡
ရေကျင်း[jeʤin:] (名) 水槽
ရေကျည်[jeʤi:] (植) サガリバナ（サガリバナ科）の一部 Barringtonia acutangula
ရေကြာ[jeʤa] (植) タシロイロ（タシロイモ科）の一種 Tacca aspera
ရေကြီး[je tʃi:] (動) 大水になる、水浸しになる、水嵩が増す、河川が氾濫する
ရေကြော[jeʤɔ:] (名) 水の流れ、水流、水路
ရေကြောမြေကြောလိုက်[jeʤɔ:mjeʤɔ: lai’] (動) 土地の仕来たりに従う、郷に入らば郷に従う
ရေကြောရေလယ်[jeʤɔ: jelɛ] (名) 本流、沖合の水
ရေကြက်[jeʤɛ’] (鳥) バン（クイナ科）Gallinula chloropus
ရေကြက်ဒုံ[jeʤɛ’doun] (鳥) オオバン（クイナ科）Fulica atra
ရေကြက်မ[jeʤɛ’ma.] (鳥) シロハラクイナ（クイナ科）Amaurornis phoenicurus
ရေကြောင်[jeʤaun] (貝) コアクキガイ、エンマノホネガイ（アクキガイ科）
ရေကြောင်း[jeʤaun:] (名) ①水路、水上 ②航路 ③水運
ရေကြောင်းစစ်ပွဲ[jeʤaun: si’pwɛ:] (名) 水上の戦闘、海戦
ရေကြောင်းပြ[jeʤaun:bja.] (名) パイロット、水先案内人
ရေကြောင်းပြသင်္ဘော[jeʤaun:bja. ṯin:bɔ:] (名) 水先案内の船
ရေကြောင်းမာလိမ်[jeʤaun: malein] (名) 水先案内人

ရေကြောင်းသယ်ယူပို့ဆောင်ရေး[jeʤaun: ṯɛju po.s'aun je:] (名) 水運、海運
ရေကြောင်းရဲတပ်ဖွဲ့[jeʤaun: jɛ:ta’p'wɛ.] (名) 水上警察
ရေကြောင်းလုံခြုံရေးငှာနုဝ်[jeʤaun: lounʤoun je: t'ana.] (名) 海上保安庁
ရေကြည်[je tʃi] ① (動) 水が澄む ②[jeʤi] (名) ①真水、清水、澄んだ水、透明な水 ②胚、胎児
ရေကြည်ငါး[jeʤi ŋa:] (魚) イワシ
ရေကြည်ရာမြက်နုနှာ[je tʃija mjɛ’nu.ja] (名) 桃源郷、新天地（清水と緑の大地）
ရေကြည်းနှစ်ဖက်လုံး[je tʃi: nəp'ɛ’ səloun:] (名) 水陸両方、水陸双方
ရေကြိမ်[jeʤein] (植) トウ（ヤシ科）の一種 Calamus floribundus
ရေကြိုး[jeʤwɛ’] (動物) イカ、コウイカ
ရေကြင်း[jeʤwin: jeʤan] (名) 残り水、溜り水
ရေခမိုး[je k’əmo:] (名) 雨水を貯えておく大甕
ရေခမိုးတင်[je k’əmo:din] (名) 象の襟首と頭の左右の間にある三角形の部分
ရေခအုံ[je k’əoun:] (植) イチジク（クワ科）の一種 Ficus cunia
ရေခူ[jegu] (動物) クラゲ
ရေခဲ[jegɛ:] (名) 氷
ရေခဲခေတ်[jegɛ:k’i’] (名) 氷河時代
ရေခဲချောင်း[jegɛ’ʤaun:] (名) アイスキャンデー棒キャンデー
ရေခဲခြစ်[jegɛ tʃi’] ①(動) 掻き氷を作る、氷を掻き削る ②[jegɛ:ʤi’] (名) 掻き氷
ရေခဲစိမ်[jegɛ: sein] (動) 氷漬けにする、氷詰めにする
ရေခဲတိုက်[jegɛ:dai’] (名) 霊安室、遺体安置所
ရေခဲတောင်[jegɛ:daun] (名) 氷山
ရေခဲပေါင်မုန့်[jegɛ: pau’si] (名) 掻き氷
ရေခဲပြင်[jegɛ:bjin] (名) 氷原、雪原
ရေခဲပြင်လျှောစီး[jegɛ:bjin ʃɔ:si:] (動) スケートをする、スケートで滑る
ရေခဲဘူး[jegɛ:bu:] (名) 魔法瓶、アイスボックス、冷蔵箱
ရေခဲမုန့်[jegɛ:moun.] (名) アイスクリーム
ရေခဲမြစ်[jegɛ:mji’] (名) 氷河
ရေခဲမှတ်[jegɛ:ma’] (名) 氷点、摂氏零度
ရေခဲမှတ်အောက်[jegɛ:ma’au’] (名) 氷点下、零下
ရေခဲရေ[jegɛ:je] (名) 氷水

ရေခဲရည်[jɛgɛːje] =ရေခဲရေ
ရေခဲသေတ္တာ[jɛgɛː tḭʔta] （名）冷蔵庫
ရေခဲသုပ်[jɛgɛːdo̰uʔ] （名）掻き氷に干しレーズン、ジャム、粉末ピーナッツ、寒天、練乳、糖分等を加えて掻き混ぜた食べ物
ရေခဲအမှတ်သုညဒီဂရီအောက်[jɛgɛː əma̰ʔ to̰unɲa. digəri au̯ʔ] （名）氷点下
ရေခဲအိတ်[jɛgɛːeiʔ] （名）氷嚢
ရေခိုးရေငွေ့[jɛgoː jɛɲwe.] （名）湯気、蒸気、水蒸気
ရေခန်း[je kʼanː] （動）干上がる、水が涸れる
ရေခန်းချက်[jɛgan tɕʼɛʔ] （動） （飯を）炊き上げる、 （重湯を捨てずに）炊き上げる
ရေခန်းခြောက်[je kʼanːtɕʼauʔ] （動）=ရေခန်း
ရေခန်းပျိုက်[jɛgan pjou̯ʔ] （動） （水分が無くなるまで）茹でる、茹で上げる
ရေခပ်[je kʼaʔ] （動）水を汲む
ရေခံထည်[jɛgandɛ] （名）コートの裏地
ရေခံထွက်[jɛgan tʼwɛʔ] （動）水祭りの時水を掛けられに出かける
ရေခံပုဆိုး[jɛgan pəsʼoː] （名） （水浴び後の）着替え、着替えのロンジー
ရေခံမြေကောင်း[jɛgan mjɛgan kaunː] （形）資源が豊富だ、発展の可能性を秘めている
ရေချ[je tɕʼa.] （動）①（家畜に）水を飲ませる ②（家畜に）水浴びをさせる ③（新品を初めて）洗濯する ④新造船を進水させる ⑤（王、王族を）水死させる、溺死刑にする
ရေချခံ[jetɕʼa. kʼan] （動）洗濯に耐える、水落ちしない
ရေချို[jɛdʑo] （名）淡水、真水
ရေချိုကုန်[jɛdʑo goun] （名）湖沼、河川の水産物
ရေချိုငါး[jɛdʑo ŋaː] （名）淡水魚
ရေချိုငပိ[jɛdʑo ŋapi.] （名）淡水魚を原料とする魚醤
ရေချိုပုစွန်[jɛdʑo bəzun] （名）淡水性の蝦
ရေချိုမြွေ[jɛdʑo mwe] （蛇）ユウダ
ရေချိုရေငန်စပ်ဒေသ[jɛdʑo jɛnan zaʔ deta̰.] （名）汽水地域、海水と淡水とが混り合う地域
ရေချိုး[je tɕʼoː] （動）水浴びをする、水浴する、行水する
ရေချိုးခန်း[jetɕʼoːganː] （名）浴室
ရေချိုးခြင်း[jetɕʼoːdʑinː] （名）水浴び、行水、入浴
ရေချိုးဆိပ်[jetɕʼoːzeiʔ] （名） （河川の）水浴び場
ရေချိုင်္ယား[je tɕʼinːjaː] （植）①シラタマハギ（トウダイグサ科）Fluggea virosa ②シマコバ

ンノキ、タイワンバンノキ（トウダイグサ科）Phyllanthus reticulatus
ရေချိုင့်[jɛdʑain.] （名）水差し、取手付きの容器
ရေချိန်[jɛdʑein] （名）①程よい分量、丁度適当な量、酔いへの抵抗力 ②水準器、レベル
ရေချိန်ကိုက်[jɛdʑein kai̯ʔ] ①（形）水平だ ②（動）基準を満す、基準に合う ③釣り合いが取れる ④程よい酔いになる、飲む限界に達する
ရေချမ်း[jɛdʑanː] （名）①飲み水、飲料水、お冷や、冷たい水 ②神棚に供えた水
ရေချမ်းစင်[jɛdʑanːzin] （名）飲み水を入れた水甕の棚、通行人に提供するための飲み水の甕を載せた棚
ရေချမ်းအိုး[jɛdʑanːoː] （名）①飲み水を入れた水甕、通行人に提供するための飲み水の甕 ②神棚に供えた水甕
ရေခြား‌မြေခြား[jɛdʑaː mjɛdʑaː] （名）海外、外国、異国
ရေခွက်[jɛgwɛʔ] （名）コップ、グラス、マグカップ
ရေခွန်[jɛgun] （名）飲用水税、水利用税
ရေငင်[je ŋin] （動）水を汲む、水を汲み上げる
ရေငတ်[je ŋaʔ] （動）喉が渇く
ရေငတ်တုန်း၊ရေတွင်းထဲကျ[jɛŋaʔtounː jɛdwinːdɛ. tɕʼa.] （諺）望みが叶う、棚から牡丹餅（喉が渇いた時、井戸の中に落ちる）
ရေငတ်တုန်း၊ရေတွင်းရ[jɛŋaʔtounː jɛdwinːja.] → ရေငတ်တုန်း၊ရေတွင်းထဲကျ
ရေငတ်ပြေ[jɛŋaʔ pje] （動）喉の渇きが癒える、渇きが納まる
ရေငတ်သူ၊ရေတွင်းကျ[jɛŋaʔtu jɛdwinː tɕʼa.] → ရေငတ်တုန်း၊ရေတွင်းကျ။
ရေငန်[jɛŋan] （名）塩水、海水
ရေငန်ကင်းနှာငါး[jɛŋan keinnəŋaː] （魚）スズメダイ
ရေငန်ငါး[jɛŋandaʔ] （名）海の魚
ရေငန်ဓာတ်[jɛŋandaʔ] （名）塩気、塩分
ရေငန်ပိုင်ဘုရင်ကြီး[jɛŋanbain uʃindʑiː] （名）汽水の神様
ရေငန်ပုစွန်[jɛŋan bəzun] （名）海産の蝦
ရေငန်းပို[jɛŋanːbouʔ] （植）インドガキ、ベンガルガキ（カキノキ科）Diospyros peregrina
ရေငန်းသီး[jɛŋanːdiː] （植）トゲサラカ、サラカヤシ（ヤシ科）、果実は三角形、酸味あり =ရင်ငန်း
ရေငုပ်[je ŋou̯ʔ] （動）潜る、潜水する
ရေငုပ်ငှက်[je ŋou̯ʔ ŋɛʔ] （鳥）カワガラス（カワガラス科）Cinclus pallasii
ရေငုပ်ဘဲ[jɛŋouʔ bɛː] （鳥）ミコアイサ（ガンカモ

科) Mergus albellus
ရေငုပ်မျက်မှန်[jeŋouʔ mjɛʔman] (名) 水中眼鏡
ရေငုပ်ယာဉ်[jeŋouʔ jin] (名) 潜水艇
ရေငုပ်ဝတ်စုံ[jeŋouʔwuʔsoun] (名) 潜水服、潜水着
ရေငုပ်သမား[jeŋouʔtəma:] (名) 潜水夫、ダイバー
ရေငုပ်သင်္ဘော[jeŋouʔ tin:bɔ:] (名) 潜水艦
ရေငုံ[je ŋoun] (動) 口を閉ざす、沈黙を守る
ရေငုံး[je ŋoun:] (鳥) ヒクイナ (クイナ科)
Porzana fusca
ရေငွေ့[jeŋwe.] (名) 湯気、蒸気、湿気、水分
ရေငွေ့ပြန်[jeŋwe. pjan] (動) 水分が蒸発する
ရေစမုံ[je səmoun] (植) ミズタガラシ
ရေစာ[jeza] (名) ① (紙の) 透し ② 水に浸したら浮び出る文字
ရေစား:[je sa:] (動) (水が) 侵食する
ရေစီး[je si:] ① (動) 流れる、水が流れる ② [je zi:] (名) 流れ、水の流れ、水流
ရေစီးကမ်းပြို[jezi: kan:bjo] (病) 歯槽膿漏
ရေစီးကမ်းပြိုလိုက်[jezi:kan:bjo laiʔ] (動) ① 歯槽膿漏になる ② 好意の押し売りをする、必要以上に好意を示す ဓလေ့နာရေစီးကမ်းပြိုလိုက်ဖြစ်သည်။ 過剰な心遣いをする
ရေစီးကမ်းပြိုရောဂါ[jezi:kan:bjo jɔ:ga] (病) =ရေစီးကမ်းပြို
ရေစီးကြောင်း[jezi:dʑaun:] (名) 水の流れ、水流
ရေစီးညင်သာ[jezi: ɲinta] (形) 流れが穏やかだ、流れが緩やかだ
ရေစီးတခါ၊ ရေသာတလှည့်။ (諺) 禍福はあざなえる縄の如し (時には急な流れ、時には穏やかな水)
ရေစီးဖောင်ဆန်[jezi: pʔaunzan] (名) 例えや比喩を多用して静かに説得する話し方
ရေစီးယှဉ်[jezi: jin] (形) 流れが緩やかだ
ရေစီးသာ[jezi: ta] (形) 流れが穏やかだ
ရေစီးသန်[jezi: tan] (形) 流れが速い、流れが急だ
ရေစီးသံ[jezi:dan] (名) せせらぎ、水の流れる音
ရေစူး:[jezu:] (名) (船の) 喫水
ရေစူးများ[jezu: mja:] (形) 喫水が深い
ရေစေး:[jeze:] (名) 硬水
ရေစို[je so] (動) (水に) 濡れる
ရေစက်[jezɛʔ] (名) ① 水滴 ② 吸水機、水汲み水車 ③ 前世の因縁、宿縁、巡り合わせ = နဖူးစာ
ရေစက္ကူ[je sɛʔku] (名) ティッシュ・ペーパー
ရေစက်ကုန်[jezɛʔ koun] (動) 縁が切れる、前世の因縁が終る、間柄が疎遠となる
ရေစက်ကြီး:[jezɛʔ tɕi:] (形) 縁が深い、巡り合わ

せがよい
ရေစက်ချ[jezɛʔ tɕʔa.] (動) 功徳の証明として灌水供養する、功徳を転送するため大地 (ဝသုန္ဓရေနတ်၊ 実際には銀の器) に水滴を1滴ずつ垂ず
ရေစက်ဆုံ[jezɛʔ sʔoun] (動) (前世の因縁によって) 巡り合う、出会う、因縁がある =ဖူးစာဆုံ
ရေစက်နည်း[jezɛʔ nɛ:] (形) 縁が薄い
ရေစက်ပါ[jezɛʔ pa] (動) 前世の因縁がある、出会いが宿命づけられている
ရေစက်ရေပေါက်[jezɛʔ jebauʔ] (名) 水滴
ရေစက်ရေမှုန်[jezɛʔ jemoun] (名) 水泡
ရေစက်သွန်:[jezɛʔ tun:] (動) (回向のため) 水滴を垂ず、灌水供養する
ရေစက်သွန်းချ[jezɛʔ tun:tɕʔa.] =ရေစက်သွန်း (行なうのは、အလျူ:ပေးရာ၊ ရှင်ပြုရာ၊ အသုဘသွက်ရာ 等の場合)
ရေစင်[jezin] (名) ① 清浄な水、清らかな水 ② 神霊へのお供えの水 ③ 給水塔
ရေစင်ဖို:[jezinbo:] (名) 神霊へのお賽銭
ရေစင်မြင့်ကြီး[jezin mjin.dʑi:] (名) 貯水タンク
ရေစောင်း:[jezaun:] (名) 水の侵食力
ရေစောင်းထက်[jezaun tʔɛʔ] (名) 侵食力が強い
ရေစစ်[je siʔ] (動) ① 水を濾す、濾過する ② 潮が退く、引き潮になる ③ 水が流出し終る、排水が終る ④[jeziʔ] (名) ① 水濾し、水のフィルター ② 引潮
ရေစစ်ကရား:[jeziʔ kəja:] (名) 相手を丸め込む話し方、相手に異議を挟ませない話し方、相手に反論の機会を与えない話し方、先回りして相手の反論を封じる話し方
ရေစစ်ကန်[jeziʔkan] (名) 上水道の貯水池、濾過池
ရေစစ်ခရား:[jeziʔ kʔəja:] (名) =ရေစစ်ကရား
ရေစစ်အိုး[jeziʔʔo:] (名) 水濾し、水のフィルター
ရေစည်[jezi] (名) ① 樽、水槽 ② 浴槽
ရေစည်ပိုင်း:[je sibain:] (名) 水桶、水槽、ドラム缶
ရေစုန်[jezoun] ① (副) 流れを下って、下流に向って ② (名) 流れ、下り
ရေစုန်မျော[jezoun mjɔ] (動) 流れに浮ぶ
ရေစွာ[jezaʔ] (名) 水際、水辺
ရေစွပ်စွပ်[je saʔsaʔ] (副) 少しの水で、僅かの水だけで ဟင်းကိုရေစွပ်စွပ်နှင့်ချက်တယ်။ 少しの水で煮炊きをする ဒီနာ:မှာရေစွပ်စွပ်ရှိတယ်။ ここには水が僅かに残っている
ရေစုပ်စက်[jezouʔsɛʔ] (名) 吸水用のポンプ、揚水設備

ရေစိမ်[je sein]（動）水に浸ける、水に浸す
ရေစိမ်ခံ[jezein kʻan]（動）水に耐える、防水性がある
ရေစိမ်း[jezein:]（名）生水、煮沸していない水
ရေစိမ်းကြို[jezein:tʃwɛ:]（名）忍耐強い人、我慢強い人、へこたれない人
ရေမွေယ်[je sanpɛ]（動）沐浴する ＝ရေစံပယ်
ရေဝဲ[jezwɛ]（名）奔流、迸る水、波頭
ရေစွတ်[je suʼ]（動）濡れている、湿っている
ရေဆာ[je sʻa]（動）喉が渇く
ရေဆူမှတ်[jezumaʼ]（名）沸騰点（摂氏百度、華氏212度）
ရေဆေး[je sʻe:]①（動）水で洗う、水洗いする ကား:ကိုရေဆေးထား:ပါ။ 車を洗車しておきなさい ②[jeze:]（名）絵具、水彩絵具 cf. ဆီဆေး:
ရေဆေးပန်းချီကား:[jeze beʤika:]（名）水彩画
ရေဆေးငါး:[jeze:ŋa:]（名）①女盛り ②肌が白い人 ရေဆေးငါး:အခါလည်သာ:満1歳になった色の白い幼児
ရေဆိုး[jezo:]（名）汚水
ရေဆိုး:မြောင်း[jezo: mjaun:]（名）排水溝、下水溝、どぶ
ရေဆင်နှာမောင်း:[je sʻinn̩əmaun:]（名）水の竜巻
ရေဆင်း:[jezin:]（名）排水、下水
ရေဆင်း:တံတား:[jezin: dəda:]（名）上陸用桟橋
ရေဆင်း:ပြွန်[jezin:pjun]（名）排水溝、下水溝
ရေဆိုင်[jezain]（名）合流点
ရေဆုတ်[je sʻouʼ]（動）水が退く、減水する
ရေဆန်[jezan]①（副）流れを遡って、上流に向かって ②（名）逆流、遡行
ရေဆိပ်[jezeiʼ]（名）①河川の水浴場 ②河川の埠頭、船の接岸場所
ရေဆုံး:ရေဖျာ:[jezoun: jebja:]（副）徹底的に、最後まで、完了するまで、とことん
ရေဆွဲအိမ်သာ[jezwɛ: einda̩]（名）水洗便所 cf. ရေလောင်း:အိမ်သာ
ရေဆွတ်[je sʻuʼ]（動）水に浸す、濡らす、湿らせる
ရေလုံ[je zəloun]（名）（食事の時に手を洗う水を入れた）鉢、丼
ရေညာ[jeɲa]（名）上流
ရေညှိ[jeɲi.]（植）①苔 ②マツモ、キンギョモ（マツモ科）Ceratophyllum demersum ③イトモ、ヘラモ、セキショウモ（トチカガミ科）Vallisneria spiralis ④クロモ ⑤（名）水の汚れ、汚泥、粘々したもの、どろどろしたもの、へ

ドロ
ရေညှိတက်[jeɲi. tɛʼ]（動）①苔が生える ②水底に汚泥が溜む
ရေညှိယောင်ပင်[jeɲi.jaunbin]（植）クロモ（トチカガミ科）Hydrilla verticillata
ရေညှိရောင်[jeɲi.jaun]（名）モス・グリーン色、黄緑色 ရေညှိရောင်ဝတ်ရုံ モス・グリーン色のガウン
ရေညှော်င်[jeɲaun.]（鳥）クサシギ（シギ科）Tringa ochropus
ရေညှုပင်[jenu.bin]（植）コショウ（コショウ科）の1種 Piper aurantiacum
ရေတကောင်း:[je dəgaun:]（名）①素焼きの水差し、水冷まし ②金魚鉢 ③（植）ウツボカズラ
ရေတစွတ်[je dəzuʼ]（植）タカサゴハナヒリグサ（キク科）Grangea maderaspatana
ရေတမာ[je təma]（植）ケドレラ（センダン科）の仲間 Cedrela febrifuga 街路樹に使用
ရေတို[jedo]（形）短期の cf. ရေရှည်
ရေတိုး:[je to:]（動）水嵩が増す、水量が殖える
ရေတက်[je tɛʼ]①（動）①水嵩が増す ②潮が満ちる ②[jedɛʼ]（名）満ち潮、上げ潮
ရေတိုက်[je taiʼ]（動）①牛車で水を運ぶ ②家畜に水を飲ませる ③海水などが打ち寄せる
ရေတိုက်စား:[je taiʼsa:]（動）水が浸食する
ရေတိုက်စား:မှု[je taiʼsa:mu.]（名）水による浸食
ရေတင်[je tin]（動）①水を上げる、水を汲み上げる ②水が淀む
ရေတင်စက်[je tinzɛʼ]（名）揚水ポンプ
ရေတိုင်[jedain]（名）給水栓 ＝ရေပိုင်
ရေတိုင်း:ကြိုး[jedain: tʃo:]（名）測鉛線、水深測定ロープ
ရေတန်လျှောက်[je dəjauʼ]（名）樋、雨樋
ရေတန်း[jedan:]（動物）カツオノエボシ
ရေတန်း:ကောင်[jedan:gaun] ＝ရေတန်း:
ရေတပ်[jedaʼ]（名）海軍、水軍
ရေတပ်သဘော[jedaʼ tinbo:]（名）軍艦
ရေတိမ်[je tein]①（形）浅い、水が浅い ②[je dein]（名）浅瀬、浅い所 ③（病）緑内障
ရေတိမ်နှစ်[jedein niʼ]（動）①浅瀬で溺れる ②思いがけず大きな犠牲を蒙る、詰らない事で失敗する、悲惨な結果に終る、犬死にする
ရေတိမ်ပင်လယ်[jedein pinlɛ]（名）浅い海
ရေတိမ်း:ပိုင်း[jedeinbain:]（名）浅い所
ရေတံခါး:[je dəga:]（名）水門、閘門
ရေတံခွန်[je dəgun]（名）滝
ရေတံလျှောက်[je dəjauʼ] ＝ရေတန်လျှောက်

ရေတွင်း[jedwin:] (名) 井戸
ရေတွင်းတူး[jedwin: tu:] (動) 井戸を掘る
ရေတွင်းပျက်[jedwin:bjɛʔ] (名) 古井戸
ရေတွင်းပေါင်[jedwin:baun] (名) 井戸枠
ရေတွင်းရေကန်[jedwin: jegan] (名) 井戸と池
ရေတ[je t'a.] ① (動) 大潮の季節になる、大潮が始まる ② [jeda.] (名) 大潮
ရေတထက်[je t'a.jɛʔ] (名) 大潮の日 (満月過ぎ3日間)
ရေထက်ရန်[je t'i.gəjoun:] (植) オジギソウ (ネムノキ科) Neptunia oleracea
ရေထု[jedu.] (名) 水嵩、水量
ရေထုံ[je t'o:] (動) 水で割る、水で薄める、水増しする
ရေထောက်ကြံ[je t'auʔtʃan.] (植) ショクヨウミロバラン (シクンシ科) Terminalia myriocarpa
ရေထည်[je t'ɛ.] (動) ① (液体を) 水で割る、水を入れて薄める ② 水増しする
ရေထွက်မြောင်း[jet'ouʔmjaun:] (名) 排水溝、下水溝
ရေထမ်း[je t'an:] (動) 水を運ぶ、水を担ぐ
ရေထွက်[je t'wɛʔ] ① (動) 水が出る ② [jedwɛʔ] 泉
ရေထွက်ကုန်ပစ္စည်း[jedwɛʔ kounpjiʔsi:] (名) 水産物
ရေထွက်ပစ္စည်း[jedwɛʔ pjiʔsi:] =ရေထွက်ကုန်ပစ္စည်း
ရေဒဏ်[jedan] (名) ① 水濡れ ② 寺院内での罰としての水運び
ရေဒဏ်ခံနိုင်[jedan k'an nain] (動) 水に強い、水濡れに耐える、耐水性がある
ရေဒဏ်ပေး[jedan pe:] (動) ① 水害をもたらす ② 罰として沙弥に水運びをさせる
ရေနဂါး[je nəga:] (魚) タツノオトシゴ =ရေမြင်း
ရေနယား[je nəja:] (魚) ヨウジウオ Syngnathidae
ရေနရား[je nəja:] = ရေနယား
ရေနာ[je na] (動) 水に浸して軟らかくする、水でふやけさせる
ရေနာရီ[je naji] (名) 水時計
ရေနု[jenu.da.] (名) 大潮の始まり
ရေနူး[jenu:] (動) 水に濡れて軟らかくなる
ရေနေ[je ne] (植) ヨツシベヤナギ、スイシャヤナギ (ヤナギ科) Salix tetrasperma
ရေနေသတ္တဝါရှိ[je ne təʔʃi.] (名) 水棲生物
ရေနေသတ္တဝါ[je ne dədəwa] =ရေနေသတ္တဝါရှိ
ရေနက်[jenɛʔ] (名) 水の深み、深海
ရေနက်စပါး[jenɛʔ zəba:] (名) 深田で栽培される茎の長い稲
ရေနက်ပိုင်း[jenɛʔpain:] =ရက်နက်
ရေနောက်[je nauʔ] ① (動) 水が濁る ② (名) 濁水
ရေနစ်[je niʔ] (動) 溺れる
ရေနစ်မြုပ်[je niʔmjouʔ] (動) 水没する
ရေနစ်သူကိုကုန့်နှင့်[jeniʔtu wa:kuṇiʔ] (諺) 不幸の追い討ち (溺れる者を竹竿で突いて沈める)
ရေနစ်သေဆုံး[jeniʔ tesʻsoun:] (動) 溺死する
ရေနည်း[je nɛ:] (形) 水が少ない、水量が乏しい
ရေနည်းငါး[jenɛ:ŋa:] (名) 孤立無援の人
ရေနတ်သမီး[je naʔtəmi:] (魚) カサゴ、ミノカサゴ
ရေနုတ်မြောင်း[jeṇouʔmjaun:] (名) 排水路、排水溝、人工水路
ရေမ်းကြောင်း[jenandaun:] (名) 満載喫水線
ရေနံ[jenan] (名) 石油、原油
ရေနံကြီး[jenandʑi:] →ရေနံချေး
ရေနံချေး[jenandʑi:] (名) 重油、製油した後の原油の残り糟
ရေနံချက်စက်ရုံ[jenandʑɛʔ sɛʔjoun] (名) 製油所
ရေနံချက်ရုံ[jenandʑɛʔjoun] =ရေနံချက်စက်ရုံ
ရေနံချောင်း[jenandʑaun:] (地) イェーナンジャウン (イラワジ河中流左岸にある町、以前の石油産地)
ရေနံစက်[jenanzɛʔ] (名) 石油精製所
ရေနံစိမ်း[jenanzein:] (名) 原油
ရေနံဆီ[jenanzi] (名) 灯油、ケロシン
ရေနံဆီပုံး[jenanzi boun:] (名) 灯油缶
ရေနံချေးနှုန်း[jenan ze:ṇoun:] (名) 石油の価格、石油の値段
ရေနံတင်သင်္ဘော[jenandin tin:bɔ:] (名) タンカー =ရေနံသင်္ဘော
ရေနံတွင်း[jenandwin:] (名) 油井
ရေနံထုတ်လုပ်[jenan t'ouʔlouʔ] (動) 石油を採掘する、石油を生産する
ရေနံထုတ်ပစ္စည်း[jenandwɛʔ pjiʔsi:] (名) 石油製品
ရေနံဓာတုဗေဒလုပ်ငန်း[jenan datu.beda. louʔ ŋan:] (名) 石油化学工業
ရေနံဓာတ်ငွေ့ရည်[jenan daʔnwe.je] (名) 液化天然ガス
ရေနံပရုပ်[jenan pəjouʔ] (名) ナフタリン
ရေနံရောင်[jenan jaun] (名) 黄褐色
ရေနံရောင်းနိုင်ငံများအဖွဲ့[jenan jaun: naingan

mja: əp'wɛ.]（名）石油輸出国機構、オペック
ရေနံသင်္ဘော [jenan tin:bɔ:]（名）タンカー
ရေနွေး [jenwe:]（名）湯
ရေနွေးကရား [jenwe: k'əja:]（名）やかん、湯沸かし
ရေနွေးကြမ်း [jenwe: ʤan:]（名）（ヤンゴンでの呼称）お茶、番茶　=လက်ဖက်ရည်ကြမ်း
ရေနွေးငွေ့ [jenwe:ŋwe.]（名）湯気、蒸気
ရေနွေးငွေ့အင်ဂျင်စက် [jenwe. inʤin sɛ']（名）蒸気機関
ရေနွေးဆူ [jenwe: s'u]（動）湯が沸く、沸騰する
ရေနွေးဓာတ်ဘူး [jenwe: da'bu:]（名）魔法瓶
ရေနွေးပန်းကန် [jenwe: bəgan]（名）湯飲み、湯飲み茶碗
ရေနွေးပြော [jenwe: p'jɔ:]（動）熱湯に浸す、熱湯に浸ける
ရေနွေးဘူး [jenwe: bu:]（名）魔法瓶
ရေနွေးသောက် [jenwe: tau']（動）湯を飲む
ရေနွေးအိုး [jenwe:o:]（名）①湯沸かし、やかん②ボイラー、蒸気釜
ရေနွေးအိုးဆူ [jenwe:o: s'u]（動）やかんが沸騰する、湯が沸く
ရေနွေးအိုးတည် [jenwe:o: tɛ]（動）やかんを火に掛ける、湯を沸かす
ရေနွေးအိမ် [jenwe:ei']（名）湯たんぽ
ရေနှစ်ရေဖျန်းမင်္ဂလာ [jeni'jebjan: mingəla]（名）キリスト教の洗礼式
ရေနှစ်သတ် [jeni'ta']（動）溺死させる、水死させる
ရေပါစက္ကူ [jeba: sɛ'ku]（名）薄紙、半透明紙、模写用紙
ရေပိတောက် [je bədau']（植）アカギ、ビショップウッド（トウダイグサ科）Bischofia javanica
ရေပီလာ [je bila]（虫）タガメ
ရေပုစဉ်း [je bəzin:]（虫）ミズトンボ
ရေပုရစ် [je pəji']（虫）ゲンゴロウ
ရေပူ [jebu]（名）湯、熱湯
ရေပူကန် [jebugan]　=ရေပူစမ်း
ရေပူစမ်း [jebu san:]（名）温泉
ရေပူရေခဲ [jebu jeʤan:]（名）薪水の労、お世話、面倒見　=ဝတ်ကြီးဝတ်ငယ်
ရေပူရေခဲးကမ်း [jebu jeʤan: kan:]（動）薪水の労をとる、こまごまと世話を焼く、援助の手を差し伸べる
ရေပူရေခဲ့ကမ်းလှမ်း [jebu jeʤan: kan:lan:]　=ရေပူရေခဲ့ကမ်း
ရေပေး [je pe:]（動）①水分を与える、水で温らせ
る ②給水する
ရေပေးနည်း [jepe:ni:]（名）給水方法
ရေပေးပိုက် [jebe:pai']（名）給水パイプ、水道管
ရေပေးမြောင်း [jebe: mjaun:]（名）給水溝
ရေပေးရေး [jepe:je:]（名）給水問題、給水事項
ရေပေါ်ဓာတ်ပေါင်းဖို [jebɔ. da'pan:bo]（名）軽水炉
ရေပေါ်စပါး [jebɔ zəba:]（名）茎の長い稲、浮き稲
ရေပေါ်ဆီ [jebɔzi]（名）表面だけ取り繕っている人間、中身のない人間、一流を装っている人間
ရေပိုးရေမွား [jebo jemwa:]（名）水棲昆虫の総称
ရေပက် [je pɛ']（動）①水を撒く、散水する ②水を汲み出す、水を掻い出す ③（ビルマ暦の新年に）水を掛け合う
ရေပက်ကစား ခြင်း [jepɛ' gəza:ʤin:]（名）（ビルマ暦の正月に行われる）水掛け遊び、水祭り
ရေပက်ကန် [jepɛ'kan.]（名）舟の船底、水溜まり
ရေပက်မဝင်အောင် [jebɛ' məwin aun]（副）一方的に、反論の余地を与えずに　ရေပက်မဝင်အောင်ပြောသည်။一方的に喋りまくる　ကြားကရေပက်မဝင်အောင်ညှိညှွတ်မယ်။ 干渉の隙を与えないよう団結しよう
ရေပေါက် [je pau']①（動）水路が開ける、舟の航行が可能になる ②[jebau']（名）水滴 ③水の出口 ④水洩れ、漏水箇所
ရေပိုက် [jepai']（名）①ホース ②水道管
ရေပိုက်ခေါင်း [jepai'gaun:]（名）①水道の蛇口 ②ホースの先端、ホースの放水口
ရေပိုက်ခေါင်းထွင်ဖွင့် [jepai'gaun: p'win.]（名）水道の蛇口をひねる、水道の水を出す
ရေပင်ကူ [je pin.gu]（虫）①ミズスマシ ②クモヒトデ Halobates
ရေပေါင် [jebaun]（名）①水害保険　=ရေအာမခံ ②（出産直前の）破水
ရေပိုင်နက် [je painnɛ']（名）領海
ရေပုတ်သင် [je pou'tin]（動物）イモリ Tylototriton errucosus
ရေပန်း [jeban:]①（動）水が噴出する ②（名）噴水 ③しぶき、飛沫 ④散水器、スプリンクラー
ရေပန်းစား [jeban:sa:]（動）①水飛沫が掛かる ②人気を博す、人気の的となる、名声を馳せる
ရေပန်းပွါး [jeban:bwa:]（名）しぶき、飛沫
ရေပုံး [jeboun:]（名）バケツ
ရေပျော့ [jebjɔ.]（名）軟水（ミネラルを含まない水）
ရေပြင် [jebjin]（名）水面

ရေပြင်ညီ[jebjinɲi]（名）水平、水平面

ရေပြည့်[je pje.]（動）①水が一杯になる、満水状態になる ②満潮になる ③[jebje.]（名）満潮

ရေပြည့်ကြာချင်း[jebje.tʃadʑin:]（副）経済状態も教育水準も申し分なく

ရေပြတ်လပ်[je pjaʔlaʔ]（動）断水する、給水が跡絶える

ရေပြန်[jebjan]（名）①湯冷まし ②蒸留水 ③尿、小便

ရေပွက်[jebwɛʔ]（名）水泡

ရေပွက်ထ[jebwɛʔ tʔa.]（動）泡立つ

ရေဖိအား[jepʔi.a:]（名）水圧

ရေဖိုး[jebo:]（名）水代、水道代

ရေဖက်ကြမ်း[je pʔɛʔtʃan:]（植）コナラ（ブナ科）の一種 Quercus spicata

ရေဖက်ရှင်း[je pʔɛʔjain:]（植）コナラ（ブナ科）の一種 Quercus spicata brevipetiolata

ရေဖတ်တိုက်[jebaʔtai]（動）（水に濡した）雑巾で拭く、雑巾で拭う、スポンジで擦る

ရေဖတ်စပါး[jebeiʔ zəba.]（名）返還を期待せずに貸したもの、最初から債権を放棄したもの

ရေဖုန်ခွက်[je pʔangwɛʔ]（動物）クラゲ

ရေဖျော်[je pʔjɔ]（動）水で溶かす

ရေဖျဉ်း[jebjin]（病）腹水が溜まる病気

ရေဖျန်း[je pʔjan]①（動）水を撒く、水を掛ける、水を注ぐ、散水する ②[jebjan:]（名）英国国教徒

ရေဖျံ[jebjan]（動物）カワウソ

ရေဖြန်းဖြူးမှု[je pʔjan.bju:mṵ.]（名）給水、排水

ရေဖြန့်ဝေပေးမှု[je pʔjan.we pe:mṵ.]（名）水の供給

ရေဖွား:[jebwa:]（名）水しぶき

ရေလုံ[je bəloun]（鳥）アジアヒレアシ(ヒレアシ科) Heliopais personata

ရေး:နှင့်ဖိနပ်မပါ၊နှေးခါမှသိမည်။（格）布施と持戒に励むべし（水筒と履物を携えぬ者、夏になったら思い知るに違いない）

ရေဘူး[jebu:]（名）水筒

ရေဘေး[jebe:]（名）水害

ရေဘေးကာကွယ်ရေးအဖွဲ့[jebe: kagwɛje:əpʔwɛ.]（名）水防団

ရေဘေးဒုက္ခ[jebe: douʔkʔa.]（名）水害

ရေဘေးဒုက္ခသည်[jebe: douʔkʔa.dɛ]（名）水害の被災者

ရေဘေးအန္တရာယ်[jebe: andəjɛ]（名）水害の危険

ရေဘဲ[jebɛ:]（鳥）カイツブリ（カイツブリ科）＝ရေဝမ်းဘဲ

ရေဘုံပိုင်[je bounbain]（名）給水栓、水道の蛇口

ရေမနေ[jeməne]（植）キダチヨウラク（クマツヅラ科）Gmelina arborea ＝ရေမနေ

ရေမပြည့်သည့်အိုး၊ဘောင်ဘင်ခတ်။（諺）空き樽は音高し（水の少ない壺は水音を立てる）

ရေမရှိသောချောင်း၊နှာခေါင်းဖော်သေလိုက်ချင်။（比）①現実には有り得ない事 ②容易ではない事（水の涸れた川で鼻を突き出して死にたい）

ရေမအူ[je məu]（植）クビナガタマバナノキ（アカネ科）Anthocephalus cadamba

ရေမာ[jema]（名）硬水（ミネラル分を含む、石鹸が泡立たない）

ရေမာကျီ[jematʃi]（名）舟の継ぎ目の充填材（ピッチ、ライム、綿花等）

ရေမီ[je mi]（動）潮の干満に間に合う

ရေမော်[jemɔ]（名）早瀬（イラワジ河サレー付近）

ရေမိုး[jemo:]（名）（行水用の）水

ရေမိုးချိုး[jemo:tʃo:]（動）水浴びをする、行水する

ရေမိုင်[jemain]（名）海里（1・85キロ）

ရေမန်း[jeman:]（名）真言、陀羅尼で法力を持たせた水

ရေမုန့်[jemoun.]（名）米の練り粉に生姜、葱等を加えてフライパンで薄く揚げた食べ物

ရေများရာ၊မီးများရာ။（諺）長者富豪は益々豊かになる（雨は水の多い所へ降る）

ရေများရာ၊မီးလိုက်လိုရာ။ →ရေများရာ၊မီးများရာ။

ရေများရေနိုင်၊မီးများမီးနိုင်။（諺）数は力、多数派が常に勝つ（水が多ければ水が勝ち、火が多ければ火が勝つ）

ရေမျောကောင်[jemjɔ:gaun]（名）動物性プランクトン

ရေမျောကမ်းတင်[jemjɔ: kan:din]（名）流木、漂着物＝အကောင်မျောလေး

ရေမျောပင်[jemjɔ:bin]（名）植物性プランクトン

ရေမျို[jemjo]（名）喉仏

ရေမျက်နှာပြင်[je mjɛʔnəbjin]（名）水面

ရေမျောက်[jemjauʔ]（動物）（アラカンでの呼称）蛸＝ဘဝဲ（タヴォイでの呼称）

ရေမျောက်ယောက်ဖ[jemjauʔ jauʔpʔa.]（動物）クモヒトデ

ရေမြေရှင်[jemje.ʃin]（名）水土の主＝国王

ရေမျတူချင်း[je mje tudʑin:]（名）生活環境を同じくする者同志、同一地区に居住する者同志

ရေမြေလေညစ်ညမ်းမှု[je mje le ɲi:ɲan:mṵ.]

（名）環境汚染、自然界の汚染
ရေမြေလိုက် [jemje lai'] （動）郷に入る、郷に従う その土地の習慣に従う
ရေမြေရပ်ခြာ： [jemje ja'tʃa:] （名）海外、異国
ရေမြောက်ယောက်ဖ →ရေမျောက်ယောက်ဖ
ရေမြင့်၊ကြာမြင့်။（諺）一人出世すれば一族皆が恩恵を蒙る（水面高ければ、蓮華も高し）
ရေမြင်း： [jemjin:] （動物）①河馬 ②（魚）タツノオトシゴ
ရေမြင်းခွ [jemjin:gwa] （植）オトメアゼナ（ゴマノハグサ科）Herpestis monniera
ရေမြင်းငါး： [jemjin:ŋa:] （魚）タツノオトシゴ（タツノオトシゴ科）Hippocampus
ရေမြောင်း： [jemjaun:] （名）水路、（道路沿いの）溝、排水溝
ရေမြုပ် [je mjou'] （動）水没する
ရေမြွာ [jemwa] （名）＝ရေမြွေ
ရေမြွေ [je mwe] ①（蛇）水蛇 မြွေပတုပ်၊ကနကုတ်等 ②（名）無害な人物、温和な人物
ရေမြွေပြောက်မ [jemwe bjau'ma.] （蛇）タイワンヤマカガシ（ユウダ科）Natrix piscator
ရေမော်ပင် [jemɔbin] （植）ボタンウキクサ（サトイモ科）Pistia stratiotes
ရေမော်ရေညှိ [jemɔ jeɲi.] （名）藻、海藻
ရေမှတ် [jema'] （名）水位標識、深度標識
ရေမှုတ် [jemou'] （名）柄杓
ရေမှုတ်ကမ်း [jemou'] （星）オリオン星雲
ရေမှုန် [jemoun] （名）飛沫、水しぶき
ရေမှုန်ရေမွှား： [jemoun jemwa:] ＝ရေမှုန်
ရေမြှုပ် [jemjou'] （名）①泡、水泡 ②海綿、スポンジ ③クッション、ラバークッション
ရေမြှုပ်ခေါင်းအုံး： [jemjou' gaun:oun:] （名）クッション入りの枕
ရေမြှုပ်ပုံး： [jemjou' boun:] （名）水雷
ရေမြှုပ်မိုင်း： [jemjou' main:] （名）爆雷
ရေမြှုပ်မွေ့ရာ [jemjou' mwe.ja] （名）クッション入りの敷き布団
ရေမွှား： [jemwa:] （名）プランクトン
ရေမြွှာ [jemwa] （名）羊膜、羊水膜
ရေမွှေး： [jemwe:] （名）①香水 ②（植）ラヴェンダー（シソ科）Lavandula vera
ရေမွှေးဆွတ် [jemwe s'u'] （動）香水を振り掛ける
ရေယက် [jejɛ'] （名）①魚の鰭 ②海獣の水掻き ③舟の櫂
ရေယာဉ် [jejin] （名）フェリー、連絡船、舟艇、艦船

ရေယာဉ်ပျံ [jejinbjan] （名）飛行艇、水上飛行機
ရေယာဉ်အုပ် [jejin ou'] （名）航海士
ရေယာဉ်အုပ်တ။ [jejin ou' ta.] （名）三等航海士
ရေယာဉ်အုပ်ဒု။ [jejin ou' du.] （名）二等航海士
ရေယာဉ်အုပ်ပ။ [jejin ou' pa.] （名）一等航海士
ရေယွန်း [jejoun] （病）（唇の端にできる）ヘルペス、疱疹
ရေယွန်းထ [jejoun t'a.] （動）ヘルペスが現れる、疱疹ができる、潰瘍になる
ရေယွန်းနာ [jejounna] ＝ရေယွန်း
ရေယွန်းရောဂါ [jejoun jɔ:ga] （病）帯状疱疹
ရေရဟတ် [je jəha'] （名）水車
ရေရဟတ်ဘီး [je jəha'bein:] （名）スクリュー
ရေရာ [jeja] （形）はっきりしている、明確だ、確実だ မရေမရာ 曖昧に、要領を得ずに
ရေရေ။ [jeju:] （名）鉄砲水
ရေရေရာရာ [jeje jaja] （副）はっきりと、要領よく、明確に ရေရေရာရာမရှိ 判然としない ရေရေရာရာမသိဟု။ 明確には知り得ない
ရေရေလည်လည် [jeje lɛlɛ] （副）①明白に ②有効に、効果的に ရေရေလည်လည်နာ：လည်သည်။ 完全に理解する
ရေရို [jejo:] （名）本流
ရေရွက် [jejwɛ'] （名）水の流れを利用するために舟縁に取付けた竹の翼板
ရေရွက်အိုး [jejwɛ'o:] （名）運搬用の水甕
ရေရွတ် [jeju'] （動）①捨て台詞を言う ②罵る、詰る ③愚痴る、ぼやく ④咬く
ရေရှား： [je ʃa:] （形）水が乏しい、水が少ない
ရေရှင် [jeʃin] （名）流水、水の流れ（淀みがない）
ရေရှင်ချောင်း： [jeʃinʨaun:] （名）水が涸れる事のない河川
ရေရှည် [jeʃe] ①（名）長期間 ②（形）長期間の ③（副）長期間に亘って
ရေရှည်စီမံကိန်း： [jeʃe simankein:] （名）長期計画
ရေရှည်ဆွဲ [jeʃe s'wɛ] （動）（時間を）引き伸ばす、先に延ばす
ရေလာမြောင်းပေး： [jela mjaun:be:] （名）相手から話を聞き出す話術、相手に口を割らせる開き方
ရေလာမြောင်းပေးလုပ် [jela mjaun:be: lou'] （動）誘い水を掛ける、（話を）誘導する
ရေလား： [jela] （名）①河川や水の流れを詠んだ詩 ②被告と原告とが水に潜る事で事の決着を付ける昔の神判の一つ cf. ကဏ္ဍာလေးရပ်
ရေလယ်ခေါင် [jelɛgaun] （名）中流、流れの中程、沖合い

ရေလဲ[jelɛ:] (名) ①行水の時に使うロンジー、浴衣 ②化身、変身、変形、バリエーション ③分水嶺

ရေလဲပိုင်း[jelɛ:bain:] (名) =ရေလဲ ①

ရေလဲလျှည်[jelɛ: loundʑi] (名) =ရေလဲ ①

ရေလက်ကြား[je lɛʔtʃa:] (名) 海峡

ရေလက်ဝါး[je lɛʔwa:] (動物) ヒトデ Asteroidea

ရေလိုက်ငါးလိုက်[jelaiʔ ŋa:laiʔ] (副) 相手に歩調を合せて、相手に話を合せて、波風を立たせないように、融通を利かせて ရေလိုက်ငါးလိုက်ဆက်ဆံသည်॥ 相手に合せて付き合う

ရေလိုက်မှား[jelaiʔ ma:] (動) 誤解から過ちを犯す、信用できないものを信じる、受入れるべきでないものを受入れる

ရေလိုက်လဲ[jelaiʔ lwɛ:] (動) =ရေလိုက်မှား:

ရေလောင်[jelaun] (動) 水に漬かって軟らかくなる

ရေလောင်း[je laun:] (動) 水を注ぐ、(人や物に) 水を掛ける、(草花に) 水を掛ける

ရေလောင်းအိမ်သာ[jelaun: einda] (名) 水洗便所

ရေလည်[jelɛ] (動) ①納得する、明白に理解する ②潮が変る

ရေလုပ်ငန်း[je louʔ ŋan:] (名) 水産業

ရေလုပ်သား[je louʔta:] (名) 漁師、漁業従事者

ရေလမ်း[jelan:] (名) 水路 cf. ကုန်းလမ်း

ရေလမ်းခရီး[jelan: k'əji:] (名) ①船旅 ②水路、海路、航路、水上

ရေလမ်းရေစခန်း[jelan: jesək'an:] (名) 水路と基地

ရေလုံ[je loun] (動) 水を通さない、防水になっている

ရေလုံပြုတ်[jeloun pjouʔ] (動) 水炊きをする、とろ火で煮る

ရေလုံပြုတ်[jelounbjouʔ] (名) 水炊きにした肉または野菜、水分たっぷりに煮た料理

ရေလုံအိုး[jeloun o:] (名) 出棺の時に玄関で割る水甕

ရေလဲ:လိုက်[jeloun:laiʔ] (副) 大粒の雨が、どしゃ降りで、雨が滝のように、

ရေလဲ:လိုက်ရွာ[jeloun:laiʔ jwa] (動) 雨がどしゃ降りになる、大粒の雨が降る

ရေလျှဉ်[jejin] (名) 水の流れ、流水、奔流

ရေလှောင်[je ɬaun] (動) 水を貯える、貯水する

ရေလှောင်ကန်[jeɬaungan] (名) 貯水池

ရေလှောင်တမံ[jeɬaun təman] (名) 貯水ダム

ရေလျှံသင့်[jeɬɛ. tin.] (動) 上げ潮に乗る

ရေလျှံ[je ɬan] (動) 引き潮から満ち潮に変る

ရေလျှော်ခံ[jeɬɔ k'an] ① (動) 耐水性がある、水洗いに耐える ② [jeɬɔgan] (名) 耐水性、防水性

ရေလျှံ[je ɬan] (動) 水が溢れる、氾濫する

ရေလျှံမှု[jeɬanmu.] (名) 氾濫、洪水

ရေလျှောလျှောစီး[jeɬwɛ: ɬɔ:zi:] (名) 水上スキー

ရေလွှဲ[je ɬwɛ:] (動) 水の流れを変える、水の流れを逸らす

ရေလွှဲဆည်[jeɬwɛ: s'ɛ] (名) 堰 (せき)

ရေလွှဲဆည်မြောင်း[jeɬwɛ: s'ɛmjaun:] (名) 灌漑用水路

ရေလွှဲတမံ[jeɬwɛ: təman] (名) 閘門、水門、堰

ရေလွှဲပေါက်[jeɬwɛ:bauʔ] (名) 水路への閘門、水門

ရေလွှတ်[je ɬuʔ] (動) 閘門を開ける、放流する、放水する

ရေလွှမ်း[jeɬun:~jeɬwan:] (動) 水が氾濫する、洪水になる

ရေလွှမ်းမိုး[je ɬun:mo:] =ရေလွှမ်း:

ရေလွှမ်းမိုးခံရ[je ɬun:mo: k'an ja.] (動) 洪水に見舞われる

ရေလွှမ်းမိုးမှု[je ɬun:mo:mu.] (名) 氾濫、洪水

ရေဝေတောင်တန်း[jewe taundan:] (名) 分水嶺

ရေဝေ[jewe] (名) 河川の分岐点、流れの分岐点

ရေဝေတန်းတန်း[jewe koun:dan:] (名) 分水嶺

ရေဝဲ[jewɛ:] (名) 渦

ရေဝဲနာ[jewɛ:na] (名) 水漬けによる皮膚のふやけ、皮膚の水かぶれ

ရေဝက်[jewɛʔ] (動物) ジュゴン Dugong dugon

ရေဝင်မြောင်း[jewin mjaun:] (名) 給水路

ရေဝန်[jewun] (名) (王朝時代に港湾都市の役所に勤めていた) 税関吏

ရေဝပ်[je wuʔ] (動) 水が溜まる、水が淀む

ရေဝမ်းဘဲ[je wun:bɛ:] (鳥) ①カイツブリ (カイツブリ科) =တီးမွတ် ②アカリュウキュウガモ (ガンカモ科) =ဝစ်လင်

ရေသကျည်[je dəʑi.] (植) ツノクサムネ (マメ科) Sesbania sesban

ရေနှပ်[je dənouʔ] (名) 出家が使用する行水用のロンジー

ရေသပြေ[je dəbje] (植) ミズレンブ、ミズフトモモ (フトモモ科) Syzygium aquem

ရေသပန်း[je təp'an:] (植) フサナリイチジク、ウドンゲ (クワ科) Ficus glomerata

ရေသဘင်[je dəbin] (名) ①水祭り、水の祭典 =သင်္ကြန် ② 水辺での国王の遊び

ရေသဘင်အဝဲ့[jedəbin əp'wɛ.] (名) 水祭りに参加

するグループ

ရေသမင်[je təmin] (虫) マツモムシ、バッテラムシ

ရေသရဲ[je təjɛ:] (動物) 蛸 =ရေသူရဲ

ရေသာ[je ta] (形) 流れが緩やかだ、流れが穏やかだ

ရေသာခို[jeda k'o] ① (動) 怠ける、怠惰に過す ② [jedak'o] (名) 緩慢な流れ စစ်သားဆိုတာရေသာခိုအချောင်းသမားမဟုတ်။ 兵士というのは怠け者ではない

ရေသီကြိုး[jediɡʲo:] (名) (帆船の) 帆を留めるロープ

ရေသီဒါ[je tida] (名) 清らかな水、冷たい水

ရေသီလံ[jedilan] (名) リョウリバナナ =ရှောက်ငှက်

ရေသူမ[jeduma.] (名) ①人魚 ② (動物) ジュゴン (ジュゴン科) Dugong dugon

ရေသူရဲ[je təjɛ:] (動物) 蛸 = ဘဝဲ

ရေသေ[jede] (名) ①水の淀み ②小潮、最低潮

ရေသေရက်[jede jɛ'] (名) 小潮日、小潮期間

ရေသယ်[je tɛ] (動) 水を運ぶ

ရေသယ်ကား[jedɛ ka:] (名) 給水車

ရေသိုလှောင်[je toɬaun] (動) 貯水する

ရေသောက်မြစ်[jedau'mji'] (名) ①根本、根幹 ②主根、直根、(地中深く伸びた植物の)根

ရေသင်းဝင်[je tin:win] (植) クロヨナ (マメ科) Pongamia glabra

ရေသောတ္တာ[je ti'ta] (名) 水槽

ရေသည်[jedɛ] (名) 水売り

ရေသတ္တဝါ[je dədəwa] (名) 水棲動物 cf. ကုန်းသတ္တဝါ

ရေသုတ်တံ[jetou'tan] (名) (自動車の) ワイパー

ရေသန့်[je tan.] (形) 水がきれいだ、水が清らかだ

ရေသပ္ပယ်[je ta'pɛ] (動) ①仏像に水を掛ける ②比丘が行水する、出家が沐浴する

ရေသိမ်[jedein] (名) 河川、湖沼等の水辺に建てられた戒壇

ရေသုံးစွဲမှု[je toun:swɛ:mu.] (名) 水の使用、水の消費

ရေသုံးဇာတ်ပေါင်းဖို[jedoun: da'paun:bo] (名) 軽水炉

ရေသွယ်ရေး[jetwɛje:] (名) 給水問題、給水事項

ရေသွပ်[jedwɛ'] (名) 軽水 (ミネラル分を若干含むだ水)

ရေသွပ်ဇာတ်ပေါင်းဖို[jedwɛ' da'paun:bo] (名) 軽水炉

ရေသွပ်အဏုမြူဇာတ်ပေါင်းဖို[jedwɛ' ənu.mju da' paun:bo] (名) 軽水原子炉

ရေသွင်း[je twin:] (動) 水を引き込む、水を導入する、灌漑する

ရေသွင်းစပါး[jedwin: zəba:] (名) 灌漑水稲

ရေသွင်းမြောင်း[jedwin: mjaun:] (名) 灌漑用水路

ရေသွန်[jedun] (名) ①用便用の穴 ②台所の流し場、洗い場

ရေသွန်း[je tun:] (動) ① (儀式で) 水を掛ける、水を注ぐ ②仏像に水を掛ける သဲထဲရေသွန်းသည်။ 砂に水を掛ける

ရေသွန်းလောင်း[je tun:laun:] (動) 水を掛ける

ရေဟောင်း[jehaun:] (名) 尿、小便

ရေဟုန်[jehoun] (名) 水の勢い

ရေအတက်[je ətɛ'] (名) 潮の満ち、満ち潮

ရေအယဉ်[je əjin] (名) 水の流れ

ရေအား[je a:] (名) 水の力、水力

ရေအားလျှပ်စစ်စက်ရုံ[je a: ɬja'si' sɛ'joun] 水力発電所

ရေအီ[je i] (動) 潮が満ちも引きもしない、干満の境目にある

ရေဦး[je u:] (名) ①河川を流れる最初の雨水 ② (地) イェーウー (サガイン管区にある町)

ရေဦးပေါက်[je u: pau'] (動) 降り始めた雨水で河川が満水になる

ရေဦးရေဖျား[jeu: jebja:] (名) =ရေဦး

ရေအေး[je e:] (名) ①冷水 ②沸かしてない水

ရေအိုး[je o:] (名) 水がめ

ရေအိုးခွဲ[je o: k'wɛ:] (動) (出棺の時) 水甕を割る

ရေအိုးစင်[je o:zin] (名) (水甕を載せておく三脚の) 棚、台

ရေအိုးတင်[je o:din] (名) 膝頭の上の部分

ရေအောက်ကြမ်းပြင်[je au' tʃan:bjin] (名) 水底、海底

ရေအောက်မီးတောင်[je au' mi:daun] (名) 海底火山

ရေအောက်မြေပြင်[je au' mjebjin] =ရေအောက်ကြမ်းပြင်

ရေအိုင်[je ai'] (名) 淀んだ水、静止した水

ရေအောင်[je aun] (動) 水に困らない、水は豊富だ

ရေအိုင်[je ain] (名) 池、沼、水溜り

ရေအိမ်[je ein] (名) 厠、便所

ရေအိမ်မွန်း[je ein gan:] (名) トイレット

ရေဒါ[reda] (名) レーダー <英 Radar

ရေဒီယို[redijo]（名）ラジオ ＜英 Radio
ရေဒီယိုဓာတ်လှိုင်း[redijo daʔlain:]（名）放射能
ရေဒီယိုပြွန်[redijo pjun]（名）真空管
ရေဒီယိုဖွင့်[redijo p'win.]（動）ラジオのスイッチを入れる
ရေဒီယိုလှိုင်းအနှောင့်[redijo lain: ənaun.]（名）電波障害
ရေဒီယိုသတ္တု[redijo taʔti.]（名）放射能
ရေဒီယိုသတ္တုကြပစ္စည်[redijo taʔti. tʃwa. pjiʔsi:]（名）放射性物質
ရေဒီယိုသတ္တုကြမှု[redijo taʔti. tʃwa.mu.]（名）放射能漏れ
ရေဖ[jepʔa.]（名）アール(r) の発音を明示するために子音文字の上に乗せられる子音文字 ရ
ရေဝတီ[jeweti]（名）けい宿（二十七宿の一つ、魚座に相当）
ရေး[je:]①（尾）動詞に後接して名詞を形成する ငြိမ်းချမ်းရေး 平和 လုပ်လပ်ရေး 独立 နေ့စဉ်ဝတ်ရေး စာ:ရေး 暮し、生活 ②名詞に後接、一問題、～状態という意味を表わす နိုင်ငံရေး 政治 ပညာရေး 教育 အိမ်ထောင်ရေး 家庭問題 သားသမီးရေး 子供の問題 လူမှုရေး 社会問題 ③名詞に後接、技能、技術、技量を示す ဓားရေး 剣術、剣の腕前 လှံရေး 槍術、槍の腕前
ရေးကြီးခွင်ကျယ်[je:dʒi:k'win.dʒɛ]①（副）大袈裟に、針小棒大に、大騒ぎをして ②（名）重要事項
ရေးကြီးသုတ်ပျာနဲ့[je:dʒi:touʔpja nɛ.]（副）大急ぎで、慌てて、そそくさと
ရေးချ[je:tʃa.]①（名）母音の第２声調（低平型）②（副）絶対に、輪を掛けて မဟုတ်ရေးချဟုတ်ပါ။ 違う、絶対に違う မလွယ်၊ ရေးချလွယ်။ 容易ではない、生易しいものではない မသွား၊ ရေးချမသွား။ 行かない、絶対に行かない ကျနော့်မိန်းမနဲ့ကလေးတွေမပါ၊ ရေးချမပါဘဲ။ 私の家内と子供達とは含まれてない、絶対に含まれてない
ရေးခြား[je:tʃa:]（形）賢い、賢明だ、聡明な
ရေး[je:]（動）①書く ②執筆する、文章を書く
ရေးကူး[je:ku:]（動）写す、書き写す
ရေးခြစ်[je:tʃiʔ]（動）書き散らす、書き潰す、書きなぐる、落書きする
ရေးစပ်[je:saʔ]（動）作文する、作詩する、詠む
ရေးဆွဲ[je:sʰwɛ:]（動）①スケッチする、描く、描写する ②起草する、起案する、草稿を書く
ရေးဆွဲချမှတ်[je:sʰwɛ: tʃa.maʔ]（動）成文化する、起草し決定する
ရေးဆွဲတင်ပြ[je:sʰwɛ: tinpja.]（動）描いて示す、起草し提示する

ရေးထား[je:tʔa:]（動）書いておく、書いてある
ရေးထိုး[je:tʔo:]（動）①書き込む、刻む、刻字する ②署名する、調印する
ရေးထုံး[je:tʔoun:]（名）伝統的書法、正書法
ရေးထွင်း[je:tʔwin:]（動）刻字する、刻み込む
ရေးပုံရေးနည်း[je:boun je:ni:]（名）書き方、書き様、書く方法
ရေးဖြေမေးပွဲ[je:bje same:bwɛ:]（名）筆記試験、ペーパーテスト
ရေးမှတ်[je:maʔ]（動）書き留める、控える、記録する、記録を取る
ရေးရိုးမရေး[je:jo: məje:]（動）伝統的な書き方をしない、奇抜な書き方をする
ရေးရိုးရေးစဉ်[je:jo: je:zin]（名）伝統的な書き方
ရေးသား[je:ta:]（動）書く、書き記す、記述する、執筆する
ရေးသားချက်[je:ta:dʒeʔ]（名）記述、記述内容、記述事項
ရေးသားပြုစု[je:ta: pju.zu.]（動）執筆する、編纂する
ရေးသားဖော်ပြ[je:ta: pʔopja.]（動）書いて述べる、記述説明する
ရေးသူ[jedu]（名）書いた人、執筆者
ရေးတေးတေး[je: tede:]（副）①ぼんやりと、微かに、うっすらと ②見込みがあって、有望な
ရေးရာ[je:ja]（名）関する事、関わる事、関係 စစ်ရေးရာ 軍事関係 ပြည်တွင်းရေးရာ 国内問題 နိုင်ငံတကာရေးရာ 国際問題 ကွန်မြူနစ်ပတ်၏ရေးရာ 共産党関係 ယဉ်ကျေးမှုရေးရာအားဖြင့် 文化的には、文化関係においては
ရေးရေး[je:je:]（副）ぼんやりと、曖昧に、幽かに ခပ်ရေးရေးတော့မှတ်မိတယ်။ 幾らかは記憶している တောင်များကိုရေးရေးမြင်လာရ၏။ 山々がぼんやりと見えてきた
ရေးရှိ[re:ʃo:]（名）比、割合、比率 ＜英
ရဲ[jɛ]（間）呼び掛けを示す သားရဲ။ 息子や မောင်ရဲ။（妻が夫に）あなた လူကလေးရဲ။ 坊や ပြောစမ်းပါအုံး၊ ဆရာလေးရဲ။ 言ってごらん、先生よ ထမင်းဝယ်စားကြအုံးစို့ရဲ။ 金を払って飯を食おうや
ရဲ[jɛ.]（助）所有を示す、～の ရေရဲ့တန်ဖိုး 水の価値 ဆည်ဆာရဲ့အလှ 薄暮、黎明の美しさ သဘာဝရဲ့အလှအပ 自然の美しさ တိရစ္ဆာန်တွေရဲ့အသက်ကိုကယ်ရမယ် 動物達の命を救わなければならない ရန်ကုန်ဟာ မြန်မာပြည်မြို့တော်ကြီးပါပဲ။ ယန်ဂုံはミャンマー国の首都です လှည်းလမ်းအနီးမှာသူရက်တော်ကြီးရှိတယ်။ 牛車道

の傍にマンゴーの林がある ကျနော်တို့ဟာ ကျေးရွာတွေ့ရဲ့ဘဝကိုလေ့လာကြမယ်။ 我々は村落の暮しを学ぼう

ရဲ[jɛ.] (助) 文末助詞 တယ် の代用、確かさを示す 確かに~だ သဘောကောင်းပါရဲ့ 確かに人柄はよいですよ နေလို့ကောင်းပါရဲ့ 確かに元気ですよ ဒီခါတော့ကျေနပ်လောက်တန်ရဲ့။ 今回は確かに満足する位の事はある သတိပြုမိတန်ပါရဲ့။ 確かに注意しておく必要はある မင်းကြီးတို့ကြားဘူးရဲ့မဟုတ်လာ။ 殿方殿は耳にした事がある筈です

~ရဲ့လာ:[jɛ.la:] (助) 相手の注意を引く、相手に念を押す နေလို့ကောင်းရဲ့လာ။ 本当に元気かね စားလို့မြိန်ရဲ့လာ။ 本当に美味しいかね ဟုတ်မှဟုတ်ရဲ့လာ။ 果して本当かね စာမေးပွဲဖြေနိုင်ရဲ့လာ။ 試験はちゃんとうまく行ったかね သားကြီးကိုတွေ့ခဲ့ရဲ့လာ။ 長男には本当に会ってきたのかね အမေကကကမ်ယသတောတူရဲ့လာ။ お母さんは本当に賛成したのかね ငါပြောတာတွေကြားရဲ့လာ။ 僕が言った事は聞いていたかね ဒီသတင်းသေချာရဲ့လာ။ そのニュースは果して確実かね

ရယ်[ji] (動) 笑う =ရီ

ရယ်ကာမောကာ[jiga mɔ:ga] (副) 笑いさざめいて、笑い転げて

ရယ်စရာ[jizəja] (名) 冗談、可笑しな話、滑稽な話

ရယ်စရာကောင်း:[jizəja kaun:] (形) 可笑しい、滑稽だ

ရယ်စရာပြော[jizəja pjɔ:] (動) 冗談を言う、滑稽な事を言う、面白い話をする

ရယ်စရာဖြစ်[jizəja p'ji'] (動) 笑い話だ、滑稽な事だ、笑止千万だ

ရယ်စရာမော်စရာ[jizəja mɔ:zəja] (名) 冗談、可笑しな事、滑稽な事、笑い話 ရယ်စရာမော်စရာပြောသည်။ 滑稽な話をする

ရယ်ဘွယ်[jibwɛ] (名) 可笑しな事、笑い話

ရယ်မော[jimɔ:] (動) 声を上げて笑う、大笑いをする、笑い転げる、呵呵大笑する

ရယ်ရှင်စရာ[jiʃwinzəja] (名) 冗談事、可笑しな事

ရယ်ရှင်စရာကောင်း:[jiʃwinzəja kaun:] (形) 誠に笑しい、実に滑稽だ

ရယ်ရှင်ဘွယ်[jiʃwinbwɛ] (名) =ရယ်ရှင်စရာ

ရယ်ရှင်ဘွယ်အပြင်လှ့စကား:[jiʃwinbwɛ əpjan əʰan zəga:] (名) 掛け合い漫才

ရယ်ရွှန်:ပတ်ရွှန်:[jiʃun: pa'ʃun:] (副) 冗談に、戯れに、笑いにまぎらせて、面白可笑しく、げらげら笑いながら

ရယ်လာ:မော်လာ:နဲ့[jila mɔ:la: nɛ] (副) 面白そうに、愉快そうに

ရယ်လွန်:လျှင်:ငိုရ။ (諺) 笑い過ぎる者は泣きを見る(享楽にのめり込めば泣く目に遭う)

ရယ်သွမ်:သွေး:[jitun: twe:~jedwan: twe:] (動) ①からかう、冷やかす、おどける ②嘲る、あざ笑う、せせら笑う、嘲笑する

ရယ[jɛ] (助) ~だとか~だとか、~やら~やら、~だの~だの သူ့များငါရယ် 彼やら僕やら သား:ရယ်သမီး:ရယ်လာတယ်။ 息子やら娘やらができてきた ကျမအဖေရယ်ခေါ်သွား:တယ်။ 私の兄やら父やらを連れ去った တော်ရယ်ခဲရယ်ဖြစ်တယ်။ 銀やら鉛やらになる ရေ:ကဆိုင်ကမ်ယာရောင်:တဲ့ဆိုင်ရယ်လို့မရှိဘူး။ 昔はキンマを売る店等は存在しなかった

ရယ်[jɛ] (間) 呼び掛け、~よ ရှိပါစေတော်၊ မြို့စား:မင်းရယ်။ 止むを得ませんよ、領主様 နေစမ်း:ပါအုံး၊ ဆရာ လေး:ရယ်။ ちょっと待った、先生よ ဒီလောက်လည်း:မပြောက်ပါနဲ့အဒေါ်ရယ်။ そんなにおべんちゃらを言わないでください、伯母さんよ

ရဲ[jɛ:] (形) 真赤だ =နီရဲ

ရဲ[jɛ:] (名) ①警察 ②警官

ရဲကာ:[jɛ:ka:] (名) 警察車

ရဲကွပ်[jɛ:ʤa'] (名) 巡査

ရဲကွပ်ကြီး:[jɛ:ʤa'tʃi:] (名) 巡査部長

ရဲချုပ်[jɛ:ʤou'] (名) 警察庁長官

ရဲစခန်:[jɛ: sək'an:] (名) 警察署、派出所

ရဲစခန်:မှူး:[jɛ: sək'an:mu:] (名) 警察署長

ရဲစုံထောက်[jɛ: soundau'] (名) 刑事

ရဲတပ်ဖွဲ့[jɛ: ta'p'wɛ.] (名) 警察組織、警察部隊

ရဲတပ်ဖွဲ့ဝင်[jɛ: ta'p'wɛ.win] (名) 警察官

ရဲဌာန:[jɛ: t'ana] (名) 警察署

ရဲမင်း:ကြီး:[jɛ: min:ʤi:] (名) 警視

ရဲမှူး:[jɛ:mu:] (名) 警視正

ရဲမှူး:ကြီး:[jɛ:mu:ʤi:] (名) 管区警察長官

ရဲဝန်[jɛ:wun] (名) 県警部長

ရဲဝန်ထောက်[jɛ: wundau'] (名) 警部、郡警部長 (襟章は三つ星)

ရဲသာ:[jɛ:da:] (名) 警察官、巡査

ရဲအတတ်သင်ကျောင်:[jɛ: əta'tin tʃaun:] (名) 警察学校

ရဲအဖွဲ့[jɛ: əp'wɛ.] (名) 警察、警察組織

ရဲအဖွဲ့သား:[jɛ:əp'wɛ.da:] (名) 警察官 =ပုလိပ်

ရဲအရာရှိ[jɛ əjaʃi.] (名) 幹部警察官

ရဲအုပ်[jɛ:ou'] (名) 警部補、郡警察副部長 =ဒုလုံချုပ် ရေ:မှူး:

ရဲ[jɛ:] (形) ①大胆だ、勇敢だ、勇気がある ②はびこる、のさばる、跋扈する ③ (助動) ~する勇気があん、平気で~できる、敢えて~する ကျုပ်တို့အား:လုံးသေ

ရဲတယ်။ 僕達は全員平気で死ねる ကျွန်တော်အာမခံရဲ
တယ်။ 私は敢えて保証します လူသေကိုကိုင်ရဲတယ်။ 死
体を取扱う事ができる ရေထဲအကြာကြီးမနေရဲဘူး။ 水
中に長い間留まってはいられない ခွေးရှိတယ်၊ ဝင်ဝံ့ဘူး၊
犬がいる、入る勇気はない လူရှေ့မှာခါ:တော်မကျိုးရဲ
ဘူး။ 人前でロンジーを端折る勇気はない နွား:မက်ရင်
ကျား:လမဆွဲရဲဘူး။ 牛が群を離れなければ虎は襲いかか
れない

ရဲစွာ:[jɛ:za:] (形) 勇敢だ、勇猛だ、果敢だ
ရဲစိတ်ရဲမာန်[jɛ:zei' jɛ:man] (名) 勇気、勇猛果
  敢な気持
ရဲစိတ်ရဲသွေ:[jɛ:zei' jɛ:dwe:] (名) 勇猛、豪勇
ရဲစွမ်:ရှိသူ[jɛ:zun: ʃi.du] (名) 勇敢な人、雄々
  しい人
ရဲစွမ်:သတ္တိ[jɛ:zun ta'ti.] (名) 勇敢さ、勇気、
  武勇
ရဲတိုက်[jɛ:dai'] (名) 城、城塞
ရဲတင်:[jɛ:din:] (名) 鉞(まさかり)
ရဲတင်:[jɛ:tin:] (形) 勇敢だ、大胆だ、果敢だ、恐
  れを知らぬ
ရဲပဲရဲလွန်:[jɛ:bɛ: jɛ:lun:] (形) 無謀だ、向う見
  ずだ
ရဲဖော်ကိုင်ဘက်[jɛ:bɔ kainbɛ'] (名) 戦友、同士
ရဲဖြူ[jɛ:bju] = ရဲတော်ဖြူ
ရဲတော်[jɛ:bɔ] (名) ①軍人、兵士 ②同僚、仲間
ရဲတော်ဖြူ[jɛ:bɔ bju] (名) 白色人民義勇軍(ボー
  ・ボークンを中心とする人民義勇軍の容共派、1948
  年地下活動に転じ1958年に帰順した)
ရဲတော်ရဲဘက်[jɛ:bɔ jɛ:bɛ'] (名) 戦友、同士、同
  僚
ရဲတော်ဝါ[jɛ:bɔ wa] (名) ボーフムーアウンを中心
  とする人民義勇軍の反共派
ရဲတော်ဝိုင်:[jɛ:bɔ wain:] (名) 戦友のグループ、同
  士の輪
ရဲတော်သစ်[jɛ:bɔdi'] (名) 新兵
ရဲတော်သုံ:ကျိပ်[jɛ:bɔ toun:ʤei'] (名) (ビルマ
  独立義勇軍の母胎となった) 三十人の志士
ရဲတော်ဟောင်:[jɛ:bɔ haun:] (名) 昔の仲間、か
  つての同士、戦友
ရဲတော်အာဇာနည်[jɛbɔ azani] (名) 烈士、英雄
ရဲဘက်[jɛ:bɛ'] (名) 外部で労働に従事する服役囚
ရဲမေ[jɛ:me] (名) 婦人警官 =ရဲအမျို:သမီ:
ရဲမက်[jɛ:mɛ'] (名) ①王朝時代の兵士、兵隊 ②王
  朝時代の部隊
ရဲမက်ဗိုလ်ပါ[jɛ:mɛ' boba] (名) 王朝時代の部隊、
  軍隊

ရဲရဲ[jɛ:jɛ:] (副) ①敢然と、断固として、大胆に
  ②(火などが)赤々と、(血が)真赤に ③煌煌と
ရဲရဲကြီ:[jɛ:jɛ:ʤi:] (副) =ရဲရဲ
ရဲရဲတောက်[jɛ:jɛ: tau'] ①(形) 大胆だ、果敢だ
  勇猛だ、過激だ ②燃えるように赤い ③[jɛ:jɛ:
  dau'] (副) ①大胆に、果敢に、勇猛に、過激に ②
  (火炎が)赤々と
ရဲရဲတင်:တင်:[jɛ:jɛ: tin:din:] (副) 大胆率直に
  戦意を発揮して
ရဲရဲနီ[jɛ:jɛ: ni] (形) 真赤だ
ရဲရဲရင်ရင်[jɛ:jɛ: jin.jin.] (副) 大胆に、豪胆
  に、勇敢に、堂々と
ရဲရဲဝံ့ဝံ့[jɛ:jɛ: wun.wun.] (副) 大胆に、勇気を
  持って、思い切って、きっぱりと ရဲရဲဝံ့ဝံ့မဖက်ပြိုင်ရဲ
  ဘူး။ 思い切って対抗する勇気はない
ရဲရှိ[jɛ:jo] (植) ヤエヤマアオキ(アカネ科)の一
  種 Morinda angustifolia
ရဲရင့်[jɛ:jin.] (形) 勇敢だ、大胆だ
ရဲရင့်တည်ကြည်[jɛ:jin. titʃi] (形) 沈着剛毅だ
ရဲလောင်:[jɛ:laun:] (名) (城塞で)入口が広く奥
  が狭くなった王宮への進入路
ရဲရုပ်ရဲရည်[jɛ:jou' jɛ:ji] (名) 勇姿、英姿
ရဲလှေ[jɛ:ɬe] (名) 王朝時代の戦闘用舟艇
ရဲဝံ့[jɛ:wun.] (形) 勇敢だ、大胆だ、勇猛だ
ရဲဝံ့စွာ[jɛ:wun.zwa] (副・文) 大胆に、思い切って
ရဲဝံ့တည်ကြည်စွာ[jɛ:wun. titʃizwa] (副・文) 沈
  着冷静に、沈着剛毅に
ရဲသော်မသေ၊သေသော်ရဲမလော။ (格) 勇敢であれば死
  にはせぬ、死んでも地獄へ行く事はない

ရော့[jɔ.] (間) 相手への呼び掛け、ほら、ほれ ရော့
~တောင်။ ほら、毛布 ရော့-စရံငွေ။ ほれ、手付金
ရော့-လမ်:စရိတ်။ ほら、旅費と ရော့-ရထာ:လက်မှတ်
  はい、乗車券
~ရော့မယ်[jɔ.me] (助動) တော့ の代替形、もうそろ
  そろ、さぞかし ယခုဖြင့်၃နှစ်လောက်ရှိရော့မယ်။ 今や
  そろそろ3歳位にはなっているだろう နွား:တွေဆာလှ
  ရော့မယ်။ 牛達はさぞかし腹を空かせている事だろう
  အဖေတော့စိတ်ပူလှရော့မယ်။ 父としてはさぞ心配して
  いる事だろう ခုနကကာဖီတွေလေ:အေ:ကုန်ရော့မယ်။ 先程
  のコーヒーももう冷めている事だろう ဝေဒနာရှင်တွေ
  ဟာကျွန်တော် ရောက်အလာကိုမျှော်နေကြရော့မယ်။ 患者
  達は私の到着をさぞかし待ち望んでいる事だろう မိုး:မ
  ရွာ၊ ကြာရင်ယာသမာ:တွေဒုက်ရော့မည်။ このまま日照
  りが続けば百姓達が困る事になろう
~ရော့လာ:[jɔ.la:] (助動) ~とでも言うのか(~する
  訳がない)、~ではないかも知れない တခါထဲနဲ့ကိစ္စ

ချော့ရော့လား။ 一気に問題が片づくとでも言うのか အခုတင်ကပြောပါရော့လား။ もっと早めに言ったらどうなんだ သူတို့ထက်ပြေးကြးရော့လား။ 彼等は逃げ出したとでも言うのか

ရော့မဟုတ်[jɔ.ləhɛ](感)物を捨て台詞で示す、ほら

~ရော့သလား:[jɔ.dəla:](助)果して~なのだろうか ဘဝင်ဘဲမြင့်နေရော့သလား၊ ရူးဘဲနေရော့သလား။ 思い上がってでもいるのか、それとも気でも狂っているのか ၎င်းတို့၏လတ်လပ်ရေးတိုက်ပွဲဆိုသည်မှာ မြို့ကြီးသားများအတွက်သာ ဖြစ်နေရော့သလား မပြောတတ်ချေ။ 彼等の独立闘争というのは都会人のためだけなのかどうか判らない

ရော့တိရော့ရဲ[jɔ.ti.jɔ.jɛ:](副)緩く、だらしなく、いい加減に、曖昧に = လျော့ရဲလျော့ရဲ

ရော့ရဲ[jɔ.jɛ:](形)緩んでいる、たるんでいる = လျော့ရဲ

ရော်[jɔ](形)①適切だ ②(動)償う、弁償する = လျော်

ရော်ရမ်:[jɔjan:](動)慕う、憧れる =ယော်ယမ်း

ရော[jɔ:](感)驚き、失望等を表わす、おや、あれ ရော-ခက်ကုန်ပြီ။ いや、困ったな

ရော-ရော[jɔ:-jɔ:](感)相手を促す、相手に確かめる、どうなんだ? どうなんだよ?

ရော[jɔ:](助)~も、~もまた ကြိုးရောရှိသလား။ ロープもありますか သူ့ကိုရောမုန့်ပေးပါ။ 彼にも菓子を上げなさい

~ရော~ပါ[jɔ:~ba](助)~も~も共に、双方共々 လူကြီးရောခလေးပါပါဝင်သည်။ 大人も子供も参加している အိမ်မှာရောကျောင်းမှာပါမရှိဘူး။ 家にも学校にもない ကျွန်းတိရိစ္ဆာန်များကိုခိုင်းဘို့စားသုံးဘို့ရောအများကြီးလိုပါတယ်။ 水牛や牛等の家畜を使役する事も食用にする事も共にまだまだ必要だ

~ရော~ရော[jɔ:~jɔ:](助)異なった名詞の後に付ける、~も~、~も~もまた ထမင်းရောဟင်းရောအများကြီးပါ။ 御飯もおかずも沢山ある ရှေ့ရောနောက်ရောဘေး:ရောဘာမှမမြင်တော့ဘူး။ 前も後も横もも何も見えない လူရောစိတ်ရောပင်ပန်းတယ်။ 心身共々疲れている အဖေရောအမေရောနှစ်ဦးစလုံးမာဘူး။ 父も母も共に健康が勝れない ဂျပန်ချည်းမကတော့ဘူး၊ ကုလားရောတရုပ်ရောရောက်လာကြပြီ။ 日本人だけではない、インド人も中国人もやって来た လည်းရောနွား:ရောအကုန်သွား:ကြသည်။ 牛車も牛も残らず運び去ってしまった

~ရော[jɔ:](助)文末、陳述を表わす、~だよ သေရောပါရော။ 死んでしまったんだよ ကျွန်တော့်ဆီကိုဖုန်း-ဆက်ပြန်ပါရော။ 私の所へ又電話してきたんだよ ကျွန်တော်

တို့လိုက်သွား:ကြပါပဲရော။ 私達はついて行かなければならなかったんだよ ကျွန်တော်ကအကြောင်းကိုအင်္ဂလိပ်လိုပြောပါရော။ 私が経緯を英語で説明したんだよ သေနတ်နဲ့ချိန်ပြီးပစ်လိုက်တာတကောင်ကိုထိသွားပါလေရော။ 銃で狙いを定めて発砲したところ1頭に命中したんだ

~ရောပေါ့[jɔ:~pɔ](文末助)~すべきところだ、~すればいいじゃないか、~してよい筈だ စောစောကပြောရောပေါ့။ もっと早めに言っていてもいい筈だ တကယ်ဆိုရင်လှည်းယဉ်လွှတ်လိုက်ရောပေါ့။ 本当なら牛車を寄越すべきところだ တယောက်သဘောတယောက်လောက်ရောပေါ့။ もう互いの気持は分っていていい筈だ ဒီမှာဘဲအေးအေးနေရောပေါ့။ ここでのんびり暮したらいいじゃないか အနာပေါက်ဆေ:လေ:ဘာလေ:ထည့်ပေးရောပေါ့။ でき物ができたら薬やら何やら塗ってやったらどうなんだ ဘုန်းကြီးကျောင်းကတံကူးခေါက်ရင်ငါးနာရီလောက်တော့ရှိရောပေါ့။ お寺で時報が聞えたら5時位にはなっている筈だ အလောက်ဆိုရင်မရှိတာတွေရှင်လောက်ရောပေါ့။ もう今項は分らなかった事も分っていていい筈だ မကောင်းတဲ့အလုပ်ကိုလုပ်မိရော၊ အဖမ်းခံရရော၊ အပြစ်ပေးခံရရောပေါ့။ よくない事をしたものだから、逮捕されて、処罰されたのさ

ရော[jɔ:](動)①混じる、混合する ②混ぜる、混ぜ物をする ③交わる、つき合う、交際する သူ့တို့နှင့်မရောပါနှင့်။ 彼等とは付き合うな

ရောစပ်[jɔ:saʔ](動)混ぜ合せる、混合する

ရောစွက်[jɔ:swɛʔ](動)①加わる、加味される ②干渉する、お節介を焼く、補う

ရောထွေ:[jɔ:t'we:](動)混じる、混同する、ごっちゃになる、雑居する

ရောနှော[jɔ:nɔ:](動)混ぜる、混合する、一緒にする

ရောပြမ်[jɔ:pjun:](動)混じる、混合する အကောင်းနှင့်အဆိုးရောပြမ်းလျက်ရှိသည်။ 善と悪が交じり合っている

ရောယောင်[jɔ:jaun]①(動)紛れる、釣られて~する、誘われてつい~する ②おうむ返しに言う ③(副)訳も分らずに、事情も知らずに、付和雷同して

ရောယှက်[jɔ:ʃɛʔ](動)混じり合う、絡み合う、組み合う

ရောဇ[jɔ:ja](名)取合せ

ရောဇီရောဇော[jɔ:ji jɔ:jɔ:](副)無差別に、乱雑に、入り交じって

ရောရောနှောနှော[jɔ:jɔ:nɔ:nɔ:](副)交じり合って、混在して

ရောရောယောင်ယောင်နဲ့[jɔ:jɔ: jaunjaunnɛ.](副)無意識に、つい釣られて

ရောရော | ၅၈၀

ရောရောဝင်ဝင်[jɔ:jɔ: winwin] （副）親密に、水入らずで
ရောဂါ[jɔ:ga]（名）病、病気、疾病 ＜パ Roga
ရောဂါကူး[jɔ:ga ku:]（動）病気に罹る、伝染する
ရောဂါကူးစက်[jɔ:ga ku:sɛʔ]（動）病気が伝染する
ရောဂါကပ်ရောက်[jɔ:ga kaʔjauʔ]（動）病に罹る、発病する
ရောဂါကြီး[jɔ:ga tʃi:]（形）重大な病だ、病は悪性だ
ရောဂါကျမ်း[jɔ:ga tʃun:]（動）容体が悪化する、重病になる、病状が悪化する
ရောဂါစွဲ[jɔ:ga swɛ]（動）病に罹る、病に取付かれる
ရောဂါစွဲကပ်[jɔ:ga swɛ:kaʔ] =ရောဂါစွဲ
ရောဂါဆိုး[jɔ:gazo:]（名）致命的な病、悪性の病気
ရောဂါတိုး[jɔ:ga to:]（動）病状が進む、病状が悪化する
ရောဂါထ[jɔ:ga tʼa.]（動）発病する、病気になる、病気を起す
ရောဂါထူ[jɔ:ga tʼu]（形）病弱だ、多病だ
ရောဂါပိုး[jɔ:gabo:]（名）病菌、病原菌
ရောဂါပိုးမွှား[jɔ:ga po:m̥wa:] =ရောဂါပိုး
ရောဂါဗေဒ[jɔ:ga beda.]（名）病理学
ရောဂါဗေဒပါရဂူ[jɔ:gabeda. parəgu]（名）病理学の専門家、病理学者
ရောဂါဘယ[jɔ:ga bəja.]（名）疾病、疾患、病気、痛み、苦痛、肉体的苦痛
ရောဂါရ[jɔ:ga ja.]（動）病気になる、病気に罹る、発病する
ရောဂါရာဇဝင်[jɔ:ga jazəwin]（名）病歴
ရောဂါရင့်[jɔ:ga jin.]（動）病状が進む、悪化する
ရောဂါလက္ခဏာ[jɔ:ga lɛʔkʼəna]（名）病状、症状
ရောဂါသည်[jɔ:gadɛ]（名）病人、患者
ရောဂါသည်း[jɔ:ga tɛ:]（動）病状が悪化する、重態となる、危篤状態となる
ရောဂါအခြေအနေဆိုးရွား[jɔ:ga ətʃe əne sʼo:jwa:]（動）病状が悪化する
ရောဂန္တရကပ်[jɔ:gandəra. kaʔ]（名）疾病災 ＜パ
ရောဘာ[rɔ:ba]（名）ゴム =ရော်ဘာ၊ ရာဘာ ＜英
ရောဘာကျွတ်[rɔ:ba tʃuʔ]（名）ゴム・ホース
ရောမ[jɔ:ma.]（地）ローマ
ရောမဂဏန်း[jɔ:ma. kein:]（名）ローマ数字
ရောမဂဏန်း[jɔ:ma. gənan:] =ရောမဂဏန်း
ရောမအက္ခရာ[jɔ:ma. ɛʔkʼəja]（名）ローマ字
ရောရဝ[jɔ:ju.wa.]（名）叫喚地獄 ＜パ Roruva

cf. ရဲကြီးရှစ်ထပ်
ရော−ရော[jɔ:−jɔ:]（間）どうなんだ、どうなんだよ
ရောဟိဏီနက္ခတ်[jɔ:hi.ni nɛʔkʼaʔ]（星）あめふり（二十七宿の4番目、牡牛座のヒアデスに相当する）
ရိုရိုကလေး[jo.jo.gəle:]（副）やや畏まって、身じろぎもせず、不動の姿勢で =ယိုယိုကလေး
ရို[jo]（間）おや、おい、ようし
ရိုကျိုး[jotʃo:]（形）従順だ、服従的だ、接し方が恭しい
ရိုမေး−နီးယား[rome:ni:ja:]（国）ルーマニア
ရိုမန်ကက်သလစ်[roman kɛʔtəliʔ]（名）ローマ・カトリック
ရိုရိုသေသေ[jojo tede]（副）恭しく、敬意をもって
ရိုသေ[jote]（動）敬う、敬意を払う、尊敬する、崇め貴ぶ
ရိုသေကိုင်းညွှတ်[jote kain:ɲuʔ]（動）崇める、尊敬する
ရိုသေကိုင်းရှိုင်း[jote kain:ʃain:] =ရိုသေကိုင်းညွှတ်
ရိုသေစွာဖြင့်[jotezwapʼjin.]①（副）敬意をもって ②（手紙の末尾で）敬具
ရိုသေလေးစား[jote le:za:]（動）敬う、尊敬する
ရိုသေလေးစားစွာဖြင့်[jote le:za.zwapʼjin.]（手紙の末尾で）敬具
ရိုသေလေးမြတ်[jote le:mjaʔ]（動）敬う、敬意を表わす
ရိုး[jo:]（形）①素直だ、正直だ、無邪気だ သဘောရိုးသည်။ 人柄は素直だ ②慣れっこだ、珍しくない、目新しくない、ありふれている ကြားနေကျမို့ရိုးနေပြီ။ いつも耳にしているので聞き慣れている ③時代遅れだ
ရိုးဖြောင့်[jo:pʼjaun.]（形）誠実だ、実直だ、正直だ
ရိုးရိုး[jo:jo:]（形）普通の、平凡な、ありふれた、単なる ရိုးရိုးကုန်သည် 普通の商人 တပ်သား‌ရိုးရိုး။ 並みの兵士 ‌ဘောင်းဘီရိုးရိုး 普通のズボン ရိုးရိုးအဝတ်အစား‌ဖြင့်ဆင်ယင်ထားသည်။ ありふれた服装をしている
ရိုးရိုးကျင့်၊ မြင့်မြင့်ကြံ။（諺）行動は平凡に、考えは高遠に（志はたかく、行動は真面目に）
ရိုးရိုးကုပ်ကုပ်[jo:jo: kouʔkouʔ]（副）慎み深く、謙遜して、控えめに、真面目に、率直に
ရိုးရိုးတန်း[jo:jo:dan:]（名）（列車の）普通クラス cf. အထက်တန်း 上級クラス
ရိုးရိုးတန်းတန်း[jo:jo: tan:dan:]（副）ごく普通に、ありきたりに、誠実に အဲဒါရိုးရိုးတန်းတန်းရောဂါမှတ်ထု။ それはありふれた病ではない

ရိုးမှတ်မှတ်[jo:jo: maʔmaʔ]（副）誠実に、忠実に誠意をもって

ရိုးရိုးသားသား[jo:jo: ta:da:]（副）誠実に、正直に、素直に、普通に、平凡に

ရိုးသား[jo:ta:]（形）正直だ、誠実だ、真直だ、素直だ、真面目だ、素朴だ、

ရိုးသားစွာ[jo:ta:zwa]（副・文）誠実に、正直に、真直に

ရိုးသားဖြောင့်မတ်[jo:ta: p'jaun.maʔ]（形）実直だ、廉直だ、正直だ

ရိုးသားဖြူစင်[jo:ta: p'jusin]（形）誠実だ

ရိုးအ[jo:a.]（形）朴訥だ、実直だ、愚直だ、初心だ、世間知らずだ

ရိုး[jo:]（名）柄、軸等の長いもの ＜အရိုး၊ ဓားရိုး 刀の柄 ကောက်ရိုး 稲藁

ရိုး[jo:]（名）山の峰、堤、水の流れ等 ချောင်းရိုး 河の流れ တောင်ရိုး 山の峰 ကန်ပေါင်ရိုး 土手 တာရိုး 堰 စည်းရိုး 垣根

ရိုး[jo:]（名）系統、系譜、家系 တွင်းစာရိုး 油井の所持者の家系 သူကြီးရိုး 村長の家系

ရိုးကြီးဂေါင်ဂင်[jo:dʒi:gaungin]（形）大柄だ、体格がよい

~ရိုး~စဉ်[~jo:~zin]（尾）名詞形成、伝統性、習慣性を表わす မည်ရိုးမည်စဉ် 伝統的な命名 ပြောရိုးပြောစဉ် စကား: 伝統的に言われている事柄 သူတို့လုပ်ရိုးလုပ်စဉ်အတိုင်းလုပ်တာကိး။ 彼等は昔からの仕来たりに従ってやったのだ ရှေးတောင်ကိုခေါင်းရွက်ကာထွက်ရိုးထွက်စဉ်အတိုင်းထွက်ရဉ်းမည်။ 大笊を頭上に載せて出かけるいつもの習慣どおりにこれから出かける

ရိုးစွဲနာ[jo:zwɛ:na]（病）性病、花柳病

ရိုးဆက်[jo:zɛʔ]（名）節、関節

ရိုးဆစ်[jo:sʔiʔ] ＝ရိုးဆက်

ရိုးတံ[jo:dan]（名）（植物の）茎、幹

ရိုးတွင်းဆီ[jo:dwin: tʃinzi]（名）骨髄

ရိုးပြတ်[jo:bjaʔ]（名）（稲、麦等の）切り株、刈り株

ရိုးမ[jo:ma.]（名）山脈 ရခိုင်ရိုးမ アラカン山脈

ရိုးမတောင်တန်း[jo:ma. taundan:]（名）山脈

ရိုးမြေကျ[jo:mjedʒa.]（副）一生涯、死ぬまで

ရိုးရာ[jo:ja]（名）①伝統、仕来たり ②先祖から伝わる信仰

ရိုးရာကိုးကွယ်မှု[jo:ja ko:gwɛmu.]（名）伝統的信仰、祖先崇拝

ရိုးရာကိုင်[jo:ja kain]（動）世襲的神霊（ナッ）を供養する

ရိုးရာဆက်ခံ[jo:ja sʔɛʔk'an]（動）世襲する、伝統を継承する

ရိုးရာဓလေ့[jo:ja dəle.]（名）伝統的仕来たり、昔からの慣習

ရိုးရာပုံပြင်[jo:ja pounbjin]（名）昔話

ရိုးရာလိုက်[jo:ja laiʔ]（動）伝統的祭礼を行なう

ရိုးရာသီချင်း[jo:ja tətʃin:]（名）民謡

ရိုးရာအက[jo:ja əka.]（名）伝統的舞踊

ရိုးရာအမည်[jo:ja əmji]（名）姓、家族名

ရိုးရာအမွေအနှစ်[jo:ja əmwe əɲiʔ]（名）伝統的遺産

~ရိုးရှိ[jo:ʃi.]（名）伝統、習慣性を示す စောင့်မကြည့်ရှု့သူရှိရင်ကြီးပါးချမ်းသာရှိရိုးရှိတယ်။ 見守ってくれる人がいれば発展の可能性が昔からある အိမ်ထောင်ဘက်တဦးကွယ်လွန်လျှင်အိမ်ထောင်သစ်ထပ်ထောင်ရိုးရှိသည်။ 配偶者が死去したら新しい配偶者を貰う仕来たりが昔からある မကောင်းသူကိုသာလျှင်အပြစ်ယူရရိုးရှိသည်။ 悪質な人だけを非難攻撃する習慣がある

~ရိုးမရှိ[jo: məʃi.]（動）伝統、習慣性の否定を示す ဆိုပြီးသောစကားကိုပျက်သိမ်းရိုးမရှိ။ 一旦口にしてしまった言葉を撤回する仕来たりはない မင်းစိုးရာဇာကလွဲပြီးအိမ်၌ဧည့်သည်ဟူ၍လက်ခံရိုးမရှိ။ 王侯貴族を除いて我が家では来客を受け入れる習慣はない နှမ်းအိတ်များကိုအိတ်လုံးဖောက်၍ပြစုံးစမရှိကြ။ 胡麻の場合は袋全体を開けて見せる習慣はない သားကအဖေကိုလမ်းကြောင်းပြရိုးမရှိ။ 息子が父親に指導するような仕来たりはない

~ရိုးမှန်[jo: man]（形）確かに~だ ကျွန်တော်မသိရိုးမှန်ပါတယ်။ 私が知らないのは確かです

~ရိုးလား[jo:la:]（助動）遠回しの疑問、反語形、実現への不確かさ等を表わす、有り得るのか？ ဒီလိုလုပ်လို့ဖြစ်ရိုးလား။ そんな事をしてうまく行くと言うのか မတွေ့ဘဲနေနိုင်ရိုးလား။ 会わずにいられるとでも言うのか သူတို့လက်ဖျားငွေမသိခံနိုင်ရိုးလား။ 彼等がはした金でも儲けずにいられるとでも言うのか မပြုံးမဲ့ဘဲနေနိုင်ရိုးလား။ これが微笑せずにいられようか

~ရိုးအမှန်[jo: əman]（名）確実性を示す မလိုလား:ခဲ့ရိုးအမှန်ပင်။ 望まない事は確かだ ကျွန်တော့်မှာစေတနာမရှိရိုးအမှန်ပါ။ 私に誠意がない事は確かだ တိရစ္ဆာန်အလုပ်မျိုးကိုကျွန်ုပ်မလုပ်ရိုးအမှန်ပါ။ 僕が動物を扱うような仕事をしてこなかった事は確かだ

ရိုးတိုးရိပ်တိပ်[jo:do: jeiʔteiʔ]（副）朧げに、漠然と、それとなく အဒေါ်ကြီးသည်ကျွန်ုပ်ကိုရိုးတိုးရိပ်တိပ်တွေ့မြင်လိုက်ဟန်ရှိ၏။ 伯母は私を何となく見かけたようだった သူတို့ပြောနေကြသောစကားများကိုရိုးတိုးရိပ်တိပ်ကြားလိုက်သည်။ 彼等が話していた事をただ漠然と耳にした ဂျပန်စကားအနည်းငယ်မြေရိုးတိုးရိပ်တိပ်နားလည်လိုက်သည်။ 日本語の断片がそれとなく判っただけだ

ရှိုးတိုးရှတာ[jo:do:jwa.da.]（副）ざわついて、落着かなくて、そわそわして

ရှိုးတိုးရှတာဖြစ်[jo:do:jwa.da. p'ji']（動）ざわつく、落着かない、そわそわする ရထားဆိုက်ပြီးဆိုလျှင်သူများတကာသည်ရှိုးတိုးရှတာဖြစ်ကြ၏။ 列車が到着すると人々はざわざわし始めた ဒင်းတို့လိုငါလုပ်ချင်ခန်းပါဘိဟုစိတ်ထဲကရှိုးတိုးရှတာဖြစ်လာ၏။ 彼等のように僕もしたいものだと内心むずむずしてきた

ရှိုးတိုးရှတရှိ[jo:do:jwa.da. ʃi.]（動）ざわざわする、落着きがなくなる ပရိသတ်မှာလည်းရှိုးတိုးရှတရှိလာ၏။ 群衆もざわつき始めた

ရှိမယ်ဖွဲ့[jəmɛ p'wɛ.]→ ယိုးမယ်ဖွဲ့

ရှိုးရှိုးရိရိ[jo:jo:jiji]（副）ぼんやりと、朦朧として

ရှိုးရှိုးရှရှ[jo:jo: jwa.jwa.]（副）落着かないで、そわそわして、興奮して

ရက်[jɛ']（名）日（24時間） တရက်နေ့ 1日

ရက်ကောင်းရက်မြတ်[jɛ'kaun: jɛ'mja']（名）吉日

ရက်ကြာခံ[jɛ'tʃa k'an]（動）日持ちがする

ရက်ကြီးခါကြီး[jɛ'tʃi: k'adʑi:]（名）祝日、祭日

ရက်ခြံ[jɛ'tʃan]（副）一日置きに、中1日おいて

ရက်ချိန်း[jɛ'tʃein:]（名）日取り、約束の日

ရက်ချိန်းပေး[jɛ'tʃein: pe:]（動）日取りを定める、約束の日を決める

ရက်ချုပ်[jɛ'tʃou']（名）①誕生日、誕生曜日 ②誕生曜日を記した控え、誕生、得度等の記録

ရက်ခြား[jɛ'tʃa:]（副）一日置きに、隔日に ＝တရက်ခြား

ရက်ငင်နှစ်[jɛ'ŋin ɲi']（名）閏年

ရက်စုံလ[jɛ'soun la.]（名）ビルマ暦月の偶数月（1ヶ月30日ある月） cf. ရက်မစုံလ

ရက်စွဲ[jɛ'swɛ:]（名）日付

ရက်ဆက်[jɛ's'ɛ']（副）連日、日毎

ရက်ဆွဲ[jɛ' s'wɛ:]（動）日を延ばす、延期する

ရက်ဆွမ်းသွပ်[jɛ's'un: tu']（動）故人の冥福を祈って斎飯を出家に捧げる

ရက်တိုတိုဖြင့်[jɛ' todo p'jin.]（副）短期で、短時日で

ရက်တိုသင်တန်း[jɛ'to tindan:]（名）短期講習会

ရက်နေ့[jɛ'ne.]（助数）日 ၁၃ရက်နေ့ 13日

~ရက်နေ့ထုတ်[jɛ'ne.t'ou']（形）〜日刊の、〜日付の

ရက်ပေါင်း[jɛ'paun:]（名）合計日数、日数の総計

ရက်ပိုင်း[jɛ'pain:]（名）日々

ရက်မစုံလ[jɛ' məsoun la.]（名）ビルマ暦月の奇数月（1ヶ月が29日ある月） cf. ရက်စုံလ

ရက်မှန်မှန်[jɛ' manman]（副）定められた日に、定期的に

ရက်ရာဇာ[jɛ'jaza]（名）黄道吉日 cf. ပြဿဒါးနေ့

ရက်ရှည်လများ[jɛ'ʃe la.mja:]（名、副）長期間

ရက်ရှည်အလည်သွား[jɛ'ʃe əlɛ twa:]（動）長期間遊びに行く

ရက်ရွှေ့[jɛ' ʃwe.]（動）日延べする、延期する

ရက်လည်[jɛ' lɛ]（動）①七日経つ、1週間過ぎる ②[名]初七日

ရက်လည်ဆွမ်း[jɛ'lɛ zun:]（名）初七日（死後7日目）に出家に提供する食事

ရက်လည်ဆွမ်းကျွေး[jɛ'lɛzun: tʃwe:]（動）初七日に出家に施食供養する

ရက်လည်ဆွမ်းသွပ်[jɛ'lɛzun: tu']（動）初七日の法要を営む

ရက်လည်သပိတ်သွပ်[jɛ'lɛ təbei' tu']（動）初七日の法要をする、初七日の施食供養をする

ရက်လွန်[jɛ' lun]（動）期限が過ぎる、遅延する、予定日を過ぎる

ရက်လွန်မီးဖွား[jɛ'lun mi:p'wa:dʑin:]（名）予定日を過ぎての出産

ရက်သာ[jɛ'ta:]（名）嬰児、乳児、誕生後1ヶ月未満の赤ん坊

ရက်သတ္တ[jɛ'ta'ta.]（名）週

ရက်သတ္တဆုံး[jɛ'ta'ta.s'oun:]（名）終末

ရက်သတ္တပတ်[jɛ'ta'ta. dəba']（名）1週間

ရက်သတ္တပတ်[jɛ'ta'təba']＝ရက်သတ္တ

ရက်အပိုင်းအခြား[jɛ' əpain:ətʃa:]（名）日数の区別、日々の区切り

ရက်[jɛ']（動）①織る ②編む ခြင်းရက်သည်။ 篭を編む ပလှိုင်းရက်သည်။ 背負い篭を編む ဆန်ခါရက်သည်။ 篩を編む ဖျာရက်သည်။ 莫蓙を編む

ရက်ကန်း[jɛ'kan:]（名）織機、はた

ရက်ကန်းကြိုးမြွေ[jɛ'kan:dʑo: mwe]（蛇）アオハブ Dipsas cynodon

ရက်ကန်းခတ်[jɛ'kan: k'a']（動）機織りをする

ရက်ကန်းစင်[jɛ'kan:zin]（名）織機

ရက်ကန်းရက်[jɛ'kan: jɛ']（動）機織りをする

ရက်ကန်းရှည်[jɛ'kan:ʃɛ]（動）往復を繰返す、折り返し運転をする

ရက်ချုပ်ထက်ချုပ်ချည်ပို။（諺）修繕ばかりで原形を留めない（織い糸よりは縫い糸の方が多い）

ရက်ဖောက်[jɛ'p'au']（名）糸巻き、ボビン

ရက်မ[jɛ'ma.]（名）床の大引き

ရက်[jɛ']（助動）冷酷にも、無情にも、無慈悲にも、平気で〜する、（否定形で）〜するに忍びない ရှင်မို့ပြောရက်တယ်။ あなただから平気で言えるのだ မင်းမို့လို့လုပ်ရက်တယ်။ 君だから平気でできるのだ ဒီအရေး

ကြီးထဲမှာသူမို့ဘဲအိပ်နေနိုင်ရက်တယ်။ この大変な時に彼だからこそ平気で眠れるんだ ကျမသူတို့ရန်မတွေ့ရက်ဖူး။ 私は彼等と敵対する勇気はありません အမေ့ကိုမပူဆာရက်တော့ပါ။ 母にねだる事はもうできません ခလေးတွေပိုက်ဆံတောင်းတာကိုမကြည့်ရက်ဖူး။ 子供達がお金を無心している姿は見るに忍びない မစားရက်ဖူး။ （勿体無くて、惜しくて）食べられない မသောက်ရက်ဖူး။ 飲むのを控える

ရက်စက်[jɛˀsɛˀ]（形）①冷酷だ、残酷だ、むごい、殺生だ အကိုဟာအမေ့အပေါ်မှာသိပ်ရက်စက်တယ်။ 兄は母に対して冷淡だ ②無情で、容赦ない ရက်စက်လှသောအအေးဒဏ်။ 容赦ない寒さ အေးတွက်လည်းရက်စက်လှပါသည်။ 寒さの面でも容赦がない ငွေကိုရက်ရက်စက်စက်ရှာသူကရှာတယ်။ お金を必死に稼ぐ者は稼ぐ

ရက်စက်ကြမ်းကြုတ်[jɛˀsɛˀ tʃan:dʑouˀ]（形）冷酷だ、残虐だ、残忍だ

ရက်စက်ကြမ်းတမ်း[jɛˀsɛˀ tʃan:dan:]（形）残酷だ、冷酷だ、獰猛だ

ရက်စက်စွာ[jɛˀsɛˀswa]（副・文）残酷に、冷酷に

ရက်စက်မှု[jɛˀsɛˀmu.]（名）残酷さ、冷酷さ

ရက်ရော[jɛˀjɔ:]（形）寛大だ、寛容だ、気前がよい、物惜しみしない အလျူဒါနပေးရာ၌လည်းရက်ရောလေသည်။ 布施をする場合にも気前がよい

ရက်ရောစွာ[jɛˀjɔ:zwa]（副）気前よく、物惜しみせず ကျွန်တော်တို့အားရက်ရောစွာချက်ပြုတ်၍ ကျွေး၏။ 我々に対して気前よく料理して食べさせてくれた မိုးကရက်ရောစွာသွန်ချလာသည်။ 雨がふんだんに降った

ရက်ရက်စက်စက်[jɛˀjɛˀ sɛˀsɛˀ]（副）①冷酷に、残酷に、残忍に ရက်ရက်စက်စက်ပြုလုပ်သည်။ 残酷に振舞う ②有無を言わせず ရက်ရက်စက်စက်လှသောမိန်းကလေးများ။ 文句なしに美しい乙女

ရက်ရက်ရောရော[jɛˀjɛˀjɔ:jɔ:]（副）物惜しみせず、気前よく ပိုက်ဆံရှိလျှင်ရက်ရက်ရောရောပေးလိုက်၏။ お金があれば気前よく呉れてやった စိန်ရွှေဥတနာနှစ်သိန်းဘိုးကိုရက်ရက်ရောရောလျှုလိုက်သည်။ 20万チャット相当のダイヤや金を惜しげもなく奉納した

~ရက်ကယ်နဲ့[jɛˀkɛnɛ.]（助動）~にも拘わらず မိစ္စံဖစ်နဲ့လူလူသူသူနေနိုင်ရက်ကယ်နဲ့စစ်ထဲဝင်ကြခဲ့လူတွေပါ။ 両親共々人並みに暮せたにも拘わらず軍隊に入隊した人達です

ရက္ခ[jɛˀkʰa.]（名）羅刹 ＝ရက္ခသ်

ရက္ခသ်[jɛˀkʰaiˀ]（名）羅刹 ＜パ Rakkhasa

~ရက်နဲ့[jɛˀnɛ.]（助動）~でありながら、~にも拘わらず အဲဒါသိရက်နဲ့ဘာလို့မပြောတာလဲ။ その事を知っていながらなぜ言わなかったのか အမကိုအမမှန်းသိရက်နဲ့စိမ်း

ကားးတယ်။ 姉を姉だと知っていながらよそよそしい တွေ့ချင်ရက်နဲ့မတွေ့ဘဲနေတယ်။ 会いたいくせに会わずにいる ပညာသင်ချင်ရက်နဲ့မသင်နိုင်ခဲ့ဘူး။ 勉強したかったのにできなかった ＝လျက်နှင့်

~ရက်သား:[jɛˀta:]（助動）既に~で、とっくに~の状態になっていて အိမ်ထောင်ရက်သား:ကျခဲ့သည့်မှာခြောက်လခန့်သာကြာရှိသေးသည်။ 世帯を持ってまだ6ヶ月にしかならない

~ရက်သား:နဲ့[jɛˀta:nɛ.]（助動）とっくに~であるにも拘わらず、既に~でありながら လာမယ်ဆိုတာသိရက်သား:နဲ့တိမ်းရောင်တယ်။ 来る事を知っていたくせに避けている နှင်ရန်ကုန်ရောက်ပါရက်သား:နဲ့ကျနော်နဲ့မတွေ့ခဲ့တာဆိုးလွန်းယ်။ 君はヤンゴンに来ていながら私と会おうとしなかったなんて非道すぎる ဆယ်မိနစ်လောက်အတွင်းမှာရောက်နိုင်ရက်သား:နဲ့တနာရီလောက်ကြာတဲ့အမိပေါ်လာဘူး။ 10分以内に到着できる筈なのに1時間経っても現れない

ရောက်[jauˀ]（動）①着く、到着する ②~になる、至る အချိန်ရောက်သည်။ 時間になる နွေရောက်ပြီ။ 夏になる

ရောက်ချင်ရာရောက်[jauˀtʃin ja jauˀ]（動）行きたい所へ行く、行方定めずに行く

ရောက်ချိန်တန်[jauˀtʃein tan]（動）到着時刻となる

ရောက်စ[jauˀsa.]（名）到着早々

ရောက်တဲ့အခါ[jauˀtɛ. əkʰa']（名）着いた時

ရောက်တော့[jauˀtɔ.]（副）着いたところ、着いたら

ရောက်တရာရာ[jauˀtaˀjaja]（名）①あれこれ、四方山話、雑談 ②思い付き ③手当り次第

ရောက်ပေါက်[jauˀpauˀ]（動）至る、到達する

ရောက်ပုံ[jauˀpoun]（名）到着した様子

ရောက်မဆိုက်[jauˀməsʼaiˀ]（副）着いた途端、到着早々 ＝ခိုင်:ရောက်မဆိုက်

ရောက်ရာပေါက်[jauˀja pauˀja]（名）足の向くまま、気の向くまま

ရောက်ရောက်ချင်:[jauˀjauˀtʃin:]（副）到着と同時に、着いた途端

ရောက်ရောက်ချင်:၊ဆောက်နှင့်ထွင်:။（諺）思いも掛けぬ災難に遭う、会ったばかりなのに思いもよらぬ事態になる（到着早々、鑿で穴を開けられる）

ရောက်ရှိ[jauˀʃi.]（動）至る、到着する

ရောက်လျှင်ရောက်ချင်:[jauˀɬjin jauˀtʃin:]（副）着いた途端に、到着早々

ရောက်လျှင်ရောက်ချင်:၊ဆောက်နှင့်ထွင်:။（諺）＝ရောက်ရောက်ချင်:ဆောက်နှင့်ထွင်:။

ရောက်လာ[jauˀla]（動）やって来る

ရောက်လေရာရာ[jauʔlejaja]（名）行った先々
ရောက်သမျှတေးဒကါ၊ပုညာ：ချည်：ခံ။（諺）襲いかかった災難、その責はいつも婆羅門が負う）
ရောက်လုံ：[jauʔloun:] =ယောက်လုံ：၊တညင်：လုံ：။
ရိုက်[jaiʔ]（動）①打つ、叩く、殴る、折檻する တုတ်နှင့်ရိုက်သည်။棍棒で殴る ဓာတ်ပုံရိုက်သည်။写真を撮る ရုပ်ရှင်ရိုက်သည်။映画を撮影する သံကြိုးရိုက်သည်။電報を打つ、打電する ဖဲရိုက်သည်။トランプ賭博をする ဂေါက်သီ：ရိုက်သည်။ゴルフをする တင်：နစ်ရိုက်သည်။テニスをする ပန့်ရိုက်သည်။杭を打つ သံရိုက်သည်။釘を打つ ②印刷する
ရိုက်ကူ：[jaiʔku:]（動）（写真や映画を）撮影する
ရိုက်ခတ်[jaiʔkʰaʔ]（動）（波が）押し寄せる、打ちつける
ရိုက်ချိုး[jaiʔtɕʰo:]（動）叩き折る、叩き壊す、叩き割る
ရိုက်ချက်[jaiʔtɕʰɛʔ]（名）①（印刷の）刷り ②（野球の）打った数、打撃数 ③（サッカ〜の）蹴った数、シュートした数
ရိုက်ခွဲ[jaiʔkʰwɛ:]（動）叩き割る、ぶち割る
ရိုက်နှက်[jaiʔnɛʔ]（動）殴る、殴打する、打擲する
ရိုက်နှိပ်[jaiʔnei]（動）①印刷する、刊行する ②押捺する
ရိုက်ပုတ်[jaiʔpouʔ]（動）打つ、叩く、殴る、痛めつける
ရိုက်ဖျက်[jaiʔpʰjɛʔ]（動）叩き壊す、打ち壊す
ရိုက်မောင်：ပုတ်မောင်：[jaiʔmaun: pouʔmaun:]（副）脅迫して、今にも殴打せんばかりに
ရိုက်ယူ[jaiʔju]（動）（写真を）撮る
ရိုက်သတ်[jaiʔtaʔ]（動）殴り殺す、打ち殺す
ရိုက်ရာ[jaiʔja]（名）伝統の継承、跡目、家督、衣鉢 =အရိုက်အရာ
ရင့်[jin.]（形）①熟している、成熟している ②老けている、老いている、盛りを過ぎている အရက်မှာရင့်လွန်：သည်။葉は盛りを過ぎている ငါတော့အိုရင့်လှပြီ။わしは年を取りすぎている ③経験豊富だ、経歴が長い ④日数が経つ、年数が経つ ပညာရှင့်သည်။臨月になる、出産間近になる ⑤（色が）濃い အညိုရင့်ရောင်濃褐色 လုံချည်အနီရင့်濃い赤色をしたロンジー
ရင့်ကျက်[jin.tɕɛʔ]（形）①成熟している、年功を経ている、円熟している အတွေ：အကြုံရင့်ကျက်သည်။考え方がよく練れている အတွေ：အခေါ်ရင့်ကျက်သည်။思索の仕方が深い ②慣れている
ရင့်မာ[jin.ma]（形）熟している、成熟している
ရင့်မာတကျိပ်[jin.ma dəɡeiʔ]（名）①弥勒菩薩を始めとする成仏直前の菩薩１０人 ②マハーニパータ

（ジャータカ第５３８話から第５４７話迄の１０話＝ဇာတ်ကြီ：ဆယ်ဘွဲ့）の主人公
ရင့်ရော်[jin.jɔ]（形）①萎れている、萎びている ②老化している、老けている、衰えている
ရင့်ရင့်သီ：သီ：[jin.jin. ti:di:]（副）粗暴に、ぞんざいに
ရင့်သီ：[jin.ti:]（形）（言葉遣いが）ぞんざいだ、洗練されていない、粗野だ、無作法だ
ရင့်သည်：[jin.ti:] =ရင့်သီ：
ရင့်သန်[jin.tan]（形）成長している、能力が向上している、熟練している
ရင့်သန်ဖွံ့ဖြို：လာ[jin.tan pʰun.bjo: la]（動）成熟する
ရင့်[jin.]（動）音を出す
ရင့်ကြူ：[jin.tɕu:]（動）①朗誦する ②小鳥が囀る
ရင့်ညောင်：[jin.ɲaun:]（動）=ရင့်ကြူ：
ရင့်ရော်[jin.jɔ]（動）小鳥が囀る
ရင့်အကြီ：[jin.gu ətɕi:]（植）コナラ（ブナ科）の１種 Quercus helferiana
~ရင်[jin]（接助）仮定を示す、～ならば、～すれば ခင်ဗျာ：ဆာရင်စာ：ပါ။ひもじかったら食べなさい မေ：ရင်ရင်：ရှင်：သိမှာပေါ့။訊けばはっきりと判るさ ဈေ：များရင်မဝယ်နဲ့။値段が高ければ買うな ပိုက်ဆံရှိရင်ဒီတံခါ：ကိုပြင်မယ်။お金があればこのドアを修理する ကျောင်：ပိတ်ရင်ခရီ：ထက်မယ်။学校が休みになれば旅行に出かける ကာ：လမ်：ဖြတ်ကူ：ရင်သိပ်သတိထာ：ရမှာ။車道を横断するのなら十分に注意をしなければ
~ရင်လဲ[jinlɛ:]（接助）～しても တောင်သူလယ်သမာ：အရေအတွက်ကိုကြည့်ရင်လဲလိုနေသေးတယ်ဆိုတာတွေ့ရှိနိုင်ပါတယ်။農民の数を見てもまだ不足している事が判る
ရင်[jin]（名）胸 =ရင်ခေါင်：
ရင်ကယ်[jin kɛ]（動）胸がつかえる、食欲がない
ရင်ကော့[jin kɔ.]（動）胸を張る
ရင်ကျူ：[jin tɕu:]（動）悲嘆に暮れる、途方に暮れる、気が動転する သူ့အမေကြီ：သိရင်တော့ရင်အကျူ：ဘဲ။彼の母が知ったら悲嘆に暮れる事だろう
ရင်ကျပ်[jin tɕaʔ]（動）胸焼けがする、胸苦しい
ရင်ကျပ်ရောဂါ[jintɕaʔ jɔ:ga tʰaʔ]（動）喘息になる
ရင်ကြား：စေ့[jintɕa: se.]（動）和解する、和気あいあいとなる、仲良くなる
ရင်ကွဲ[jin kwɛ:]（動）胸が張り裂ける思いだ、傷心を味わう、断腸の思いをする
ရင်ကွဲနာကျ[jingwɛ:na tɕa.]（副）悲嘆に暮れて、傷心の身で、苦悶して

ရင်ကွဲနာကျဖြစ်[jingwɛ:naʤa. p'ji']（動）悲嘆に暮れる、傷心状態になる、苦悶する
ရင်ကွဲအင်္ကျီ[jingwɛ: in:ʤi]（名）前開きの上着またはシャツ
ရင်ခေါင်း[jingaun:]（名）鳩尾（みぞおち）
ရင်ခုန်[jin k'oun]（動）（不安や恐れで）胸がどきどきする、胸が高鳴る、動悸を打つ
ရင်ခံ[jin k'an]（動）消化不良だ、食欲がない
ရင်ခံ[jingan]（名）婦人用胴着（ボディス）
ရင်ချောင်[jintʃaun]（動）①胸がすっきりする、胸が楽になる ②安心する、安堵する、不安が解消する
ရင်ခွဲရုံ[jingwɛ:joun]（名）遺体解剖室
ရင်ခွင်[jingwin]（名）懐、胸元
ရင်ခွင်ပိုက်[jingwinbai']（名）嬰児、乳児
ရင်ခွင်ပိုက်ကလေးသူငယ်[jingwinbai'kəle:tuŋe] =ရင်ခွင်ပိုက်
ရင်ခွင်ပိုက်အစိုးရ[jingwinbai' əso:ja.]（名）摂政政治
ရင်စေ့[jinzi.]（名）胸部中央で左右を合せてボタンで留める形の上着
ရင်စေ့အင်္ကျီ[jinzi. in:ʤi] =ရင်စေ့
ရင်စို့[jinzo.]（名）喉元、喉の窪み
ရင်စည်း[jinzi:]（名）胸を覆う布
ရင်ဆို့[jin s'o.]（動）①息が詰る、むせる ②胸が込み上げる、胸が一杯になる
ရင်ဆိုင်[jins'ain]①（動）対面する、向い合う、直面する ②（副）直面して
ရင်ဆိုင်တွေ့[jinzain twe.]（動）直面する
ရင်ညှို့[jinɲun.]（名）鳩尾（みぞおち）
ရင်တကော့ကော့[jin dəgɔ.gɔ.]（副）胸を張って、昂然と
ရင်တထိတ်ထိတ်နှင့်[jin tət'ei't'ei' nɛ.]（副）動悸がして、胸がどきどきして
ရင်တဖိုဖိုနှင့်[jin təp'obo nɛ.]（副）胸をどきどきさせて、胸を高鳴らせて
ရင်တမမဖြစ်[jin təma.ma. p'ji']（動）肝を冷やす、冷や冷やする、不安でたまらない
ရင်တလှုပ်လှုပ်ဖြစ်[jin təɬa'ɬa' p'ji']（動）胸がどきどきする、動悸が強くなる
ရင်တား[jinda:]（名）城門や望楼の上に儲けられた展望所の欄干
ရင်တီးလက်ခတ်[jinti: lɛ'k'a']（副）（悲しみのあまり）胸を叩いて
ရင်တွန်း[jindun:]（名）交差した二本の柄を押して網を進める漁具の1種
ရင်ထုမနာ[jindu. məna]（副）悲しみに打ちひしがれて、悲嘆に暮れて、深い衝撃を受けて、絶望状態で
ရင်ထုမနာခံစား[jindu.məna k'anza:ja.]（動）胸の痛む思いをする、深い悲しみを味わう
ရင်ထုမနာဖြစ်[jindu.məna p'ji']（動）悲嘆に暮れる、悲しみに打ちのめされる
ရင်ထိုး[jindo:]（名）ブローチ
ရင်ထိုးတံဆိပ်[jindo: dəzei']（名）=ရင်ထိုး
ရင်နာ[jin na]（動）①胸が痛む ②無念だ、胸の痛む思いをする、悲しみに襲われる
ရင်နာစရာကောင်း[jin nazəja kaun:]（形）痛ましい
ရင်နင့်[jin nin.]（動）深い衝撃を受ける、胸が痛む、痛ましく思う
ရင်နင့်သူ[jin nin.du]（名）哀れな人、気の毒な人
ရင်နှစ်[jinɲi']（名）愛児
ရင်ပူ[jin pu]（動）①胸焼けがする ②胸が熱くなる ③不安を覚える、心配を感じる
ရင်ပေါ့[jin pɔ.]（動）安堵する、一安心する
ရင်ပေါင်တန်း[jinbaun tan:] →ရင်တောင်တန်း
ရင်ပတ်[jinba']（名）胸
ရင်ပတ်စည်းတီး[jinba' si ti:]①（動）悲しみのあまり胸を叩く ②（副）悲しみに暮れて、不安の余り胸を叩いて ③苦痛で、煩悶して
ရင်ပို[jinboun]（名）胸部
ရင်ပြင်[jinbjin]（名）（仏塔や王宮の）境内
ရင်ပြည့်[jin pje.]（動）（食べ過ぎて）胸がつかえる、食傷する
ရင်ဖို[jin p'o]（動）（恐怖、緊張等で）胸が波打つ、胸が騒ぐ、（興奮して）胸がときめく
ရင်ဖတ်[jinba']（名）=ရင်ပတ်၊ရင်ဘတ်။
ရင်ဖုံး[jinboun:]（名）前部を胸部で重ね合わせて留める上着、袷またはダブル式の上着
ရင်ဖုံးအင်္ကျီ[jinboun: in:ʤi] =ရင်ဖုံး
ရင်ဖြို့[jinp'jo:]（形）胸が大きい、乳房が豊かだ
ရင်ဖွင့်[jin p'win.]（動）①率直に打ち明ける、告白する ②肩の荷を降ろす
ရင်ဖွင့်ပြ[jin p'win.pja.]（動）=ရင်ဖွင့်①
ရင်တောင်တန်း[jinbaun tan:]（副）肩を並べて、平行して
ရင်ဘတ်[jinba'] →ရင်ပတ်
ရင်ဘတ်စည်းတီး[jinba' siti:] →ရင်ပတ်စည်းတီး
ရင်ဘတ်တီး[jinba' ti:] =ရင်ဘတ်စည်းတီး
ရင်မ[jin ma]（動）胸騒ぎがする、不安なままで過す
ရင်မော[jin mɔ:]（形）気が重い、空しい、嘆かわ

しい、面白くない
ရင်ရိုး[jin jo:] (名) 胸骨、肋骨
ရင်ရှာ:[jin ʃa:] (動) (ロンジーを) 胸元まで引き上げて着る
ရင်ရှာ:ဝတ်[jinʃa: wuʔ] =ရင်ရှာ:
ရင်ရှင်း[jin ʃin:] (形) 胸がすっとする、気持が晴やかだ、疾しいところがない、良心に恥じない
ရင်လေး[jin le:] (形) 気分が重い、憂鬱で、うっとうしい cf. စိတ်လေး
ရင်လေးစရာကောင်း[jin le:zəja kaun:] (形) 誠に気が重い、実に憂鬱だ
ရင်လင်း[jin lin:] (形) 安堵する、ほっとする
ရင်လှမ်[jinlun] (名) 胸飾り
ရင်ဝ[jinwa.] (名) 胸、胸幅
ရင်ဝယ်သာ:[jin wɛ ta:] (名) 愛児
ရင်သာ:[jinda:] (名) 乳房、女性の胸
ရင်သာ:ကင်ဆာ[jinda: kins'a] (名) 乳癌
ရင်သိုင်း[jindain:] (名) (肩から斜めに下げる) 懸章
ရင်သပ်ရှုမော[jindaʔ ʃu.mɔ:] (副) 驚嘆して、驚きの余り、驚愕して
ရင်သွေး[jindwe:] (名) ①(血肉を分けた) 吾が子、実の子、最愛の子、愛児 ②(同じ両親から生れた) 兄弟姉妹
ရင်သွေးတော်[jindwe:dɔ] (名) 御曹司
ရင်ဟာ[jin ha] (形) 虚ろな思いを味わう、虚ろな気持になる、物足りない思いをする
ရင်အေး[jin e:] (形) 安堵する、心が安らぐ
ရင်အောင့်[jin aun.] (動) 不快に思う、感情を害する
ရင်အုပ်[jin ouʔ] (名) 胸、胸部
ရင်အုံ[jin oun] (名) 乳房、胸元
ရင်ကမ်း[jingan:] (植) トゲサラカ、サラカヤシ (ヤシ科) Zalacca wallichiana =ရင်ငန်း
ရင်ခတ်[jingaʔ] (植) クチナシ (アカネ科) の一種 Gardenia coronaria と G. obtusifolia
ရင်ခတ်ကလေး[jingaʔk'əle:] (植) クチナシ (アカネ科) の一種 Gardenia obtusifolia
ရင်ခတ်ကြီး[jingaʔt'ʃi:] (植) インガット (アカネ科) Gardenia coronaria
ရင်ငန်း[jingan:] →ရင်ကမ်း
ရင်တန်း[jindun] (名) (簾に類似した) たも網
~ရင်:[jin:] (接助) ~しながら、~している間に လမ်းလျှောက်ရင်းပြောကြရအောင် ∥ 歩きながら話そう စာဖတ်ရင်းအိပ်ပျော်သွားတယ် ∥ 読書している間に眠り込んでしまった စာဖတ်ရင်းအနာ:ယူရအောင် ∥ 本を読んで

休憩しよう မနက်ကမေမေနဲ့ဈေး:သွား:ရင်:ဒေါ်ဒေါ်ကို တွေ့ခဲ့ တယ် ∥ 午前中母と市場へ行く途中叔母に遭った
ရင်း[jin:] (名) 元、根本 အရင်း: ၊ အဖေရင်း: 実父 အမေရင်း: 実母 သမီး:ရင်း: 実の娘 ညီရင်း: 実弟 အကြောင်းရင်း: 根本的理由、原因 ခြေရင်း: 足許
ရင်း[jin:] (形) 親しい、親密な
ရင်းချာ[jin:tʃ'a] (形) ①親しい、親密だ、じっこんだ ②血が繋がっている、実の間柄だ、近親関係にある
ရင်းနှီး:[jin:ni:] (形) 親しい、親密だ
ရင်းနှီးချစ်ခင်[jin:ni: tʃiʔk'in] (形) 親しい、親密だ、じっこんだ
ရင်းနှီးစွာ[jin:ni:zwa] (副・文) 親しく、親密に
ရင်းရင်းနှီးနှီး[jin:jin: ni:ni:] (副) 親しく、親近感を込めて呼ぶ ရင်းရင်းနှီးနှီးခေါ်သည် ∥ 親近感を込めて呼ぶ
ရင်း[jin:] (動) ①出資する、投資する、資本を投下する ငွေနှင့်ရင်းသည် ∥ ②活用する အသက်:သွေး:ချွေး ရင်းပြီးရယူခဲ့သောလွတ်လပ်ရေး ∥ 命と血と汗とを代償に獲得した独立 အသက်နှင့်ရင်းပြီကာကွယ်သည် ∥ 命と引換えに防衛した
ရင်းနှီး:[jin:ni:] (動) 投資する、資本として使う
ရင်းနှီးငွေ[jin:ni:ngwe] (名) 資本、元手、資金
ရင်းနှီးမြှုပ်နှံ[jin:ni: mjouʔnan] (動) 投資する
ရင်းနှီးမြှုပ်နှံမှု[jin:ni: mjouʔnanmu.] (名) 投資
ရင်းနှီးမြှုပ်နှံသူ[jin:ni: mjouʔnandu] (名) 出資者、投資家
ရင်:[jin:] (動) ①傷が悪化する、化膿する အနာ:ရင်း:သည် ∥ ②病気がぶり返す、病が再発する =ယင်း:
ရင်းဇဝပ်[jin:zaʔ] (植) 黒黄檀 (ヒルギカズラ属) Dalbergia fusca
ရင်းဆွဲ[jin:zwɛ] (名) 扇椰子の幹に取付けた梯子
ရင်းတိုက်[jin:daiʔ] (植) シタン、ビルマシタン (マメ科) Dalbergia cultrata
ရင်းထောင်[jin:daun] (名) 扇椰子の幹の基に取付けた梯子
ရင်းနောင်:[jin:naun:] (植) 葉と実とが食用になる蔓性植物 Vitis linnaei
ရင်းပြာ:[jin:bja:] (植) ジョウザン (アジサイ科) Dichroa febrifuga
ရင်းပြာ:နက်[jin:bja:neʔ] (植) ウスギクサギ (クマツヅラ科) Clerodendrum serratum
ရင်းမပင်[jin:mabin] (植) モウマレン、チクラシ (センダン科) Chukrassia tabularis
ရင်းရဲ[jin:jɛ:] (植) 河川の土手に生える低潅木 Lumnitzera racemosa
ရောင်[jaun.] (動) ①膨れる、腫れ上がる ②つけ上

がる、思い上がる
ရောင့်တက်[jaun.tɛˀ] (動) つけ上がる、増長する、思い上がる
ရောင့်ရဲ[jaun.jɛː] (動) 満足する
ရောင့်ရဲခြင်း[jaun.jɛːɟin:] (名) 満足
ရောင့်ရဲလွယ်[jaun.jɛːlwɛ] (形) 満足し易い
ရောင်[jaun] (名) (男性の) 髻 =သျောင်
ရောင်ထုံး[jaundoun:] →သျောင်ထုံး
ရောင်နောက်ဆံထုံးပါ။ (諺) 夫唱婦随 (髻の後に丸髻が従う)
ရောင်ပေဇူး[jaunbezuː] →သျောင်ပေဇူး
ရောင်[jaun] (動) 腫れる、腫れ上がる、炎症を起す =ဖော
ရောင်ဖူ[jaun p'uː] (動) 腫れる
ရောင်ရမ်း[jaun jan:] (動) ①腫れ上がる、炎症を起す ②うわ言を言う、うわの空だ、我を忘れる =ယောင်ယမ်း
ရောင်[jaun] (名) 色 ＜အရောင်၊ အနီရောင် 赤色 မီးခိုးရောင် 灰色 အစိမ်းရောင် 緑色 ဖက်ဖူးရောင် 萌黄色
ရောင်ခြည်[jaunɟi] (名) 光、光芒、光線
ရောင်ခြည်တော်[jaunɟidɔ] (名) 御光、光輪、仏陀の体から発散される光芒
ရောင်ခြည်တော်ခြောက်သွယ်[jaunɟidɔ tʃ'auˀtwɛ] (名) (金色、赤色、白色、茶色、暗赤色、煌き等仏陀の体から発せられる) 六色の御光
ရောင်ခြည်ပြုကုနည်း[jaunɟi pja.ku.ni:] (名) 放射線療法、紫外線療法、赤外線療法
ရောင်ခြည်လွှတ်[jaunɟi ɬuˀ] (動) 光芒を放つ
ရောင်စဉ်[jaunzin] (名) スペクトル (ビルマ語ではခ−မဲ−ပြာ−စိမ်း−ဝါ−လိမ္မော်−နီで表わされる)
ရောင်စုံ[jaunzoun] ①(名) 多色 ②(形) 多彩な、雑多な、諸々の
ရောင်စုံခဲတံ[jaunzoun k'ɛːdan] (名) ①色鉛筆 ②クレヨン
ရောင်စုံခြယ်[jaunzoun tʃɛ] (動) 多色塗りにする
ရောင်စုံစက္ကူ[jaunzoun sɛˀku] (名) 色紙
ရောင်စုံဆလိုက်[jaunzoun s'əlaiˀ] (名) カラー・スライド
ရောင်စုံဓာတ်ပုံ[jaunzoun daˀpoun] (名) カラー写真
ရောင်စုံပန်းပွင့်[jaunzoun pan:bwin.] (名) 色とりどりの花 ရောင်စုံပန်းပွင့်လေးများပွင့်နေသည်။ 色とりどりの花が咲いている
ရောင်စုံရုပ်မြင်သံကြား[jaunzoun jouˀmjin tan ɡa:] (名) カラー・テレビ
ရောင်စုံသူပုန်[jaunzoun dəboun] (名) 各種の叛徒、雑多な反乱者
ရောင်စုံသုံးပါတီ[jaunzoun toun: pati] (名) 叛乱三政党 (赤旗、白旗両共産党にカレン民族防衛機構
ရောင်တော်ပြန်[jaundɔbjan] (名) 御仏の御光
ရောင်တော်ဖွင့်[jaundɔ p'win.] (動) 仏像や仏塔を磨く
ရောင်နီ[jaunni] (名) 暁光
ရောင်နီပေါ်[jaunni pɔ] (動) 暁になる、夜が白みかける
ရောင်နီဖြာ[jaunni p'ja] (動) 夜が白みかける、東の空が赤くなる
ရောင်ပြာ[jaunbja:] (名) ①金ぴか製品、金糸入りの繊維、金ラメ ②紙製の幟に取付ける金属の薄い飾り cf. မုလေးပြာ
ရောင်ပြဲ[jaunbje] ①(形) 虹色をしている、玉虫色をしている ②(名) 虹色、玉虫色
ရောင်ပြဲလက်ပတ်နာရီ[jaunbje lɛˀpaˀ naji] (名) 夜光時計、玉虫色に変化する時計
ရောင်ပြန်[jaunbjan] (名) 反射、反映
ရောင်ပြန်ခတ်[jaunbjan k'aˀ] (動) 煌く、瞬く
ရောင်ပြန်ပြာ:[jaunbjanbja:] (名) 反射板
ရောင်ပြန်ဟပ်[jaunbjan haˀ] (動) 反射する
ရောင်ပြူ[jaunbju] (名) 暁光
ရောင်လျှံ[jaunʃan] (名) 後光、光背
ရောင်လျှံတော်[jaunʃandɔ] (名) 仏陀の後光、光背
ရောင်ဝတ်ထူး[jaunwatˀun:] (動) 金色に輝く
ရောင်ပေပေလပ်[jaun pebe louˀ] →ယောင်ပေပေလပ်
ရောင်း[jaun:] (動) 売る、販売する、売却する ပန်းရောင်းသည်။ 花を売る
ရောင်းချ[jaun:tʃ'a.] (動) 売る、売却する
ရောင်းစား[jaun:sa:] (動) ①売り食いする、売却処分する ②売って稼ぐ、売って儲ける、売り飛ばす ③他人を利用する、私利を図る、搾取する
ရောင်းစားခံရ[jaun:za: k'an ja.] (動) 売り飛ばされる、売却処分される
ရောင်းဈေး[jaun:ze:] (名) 売り値、売却価格
ရောင်းတမ်း[jaun:dan:] (形) 商売用の、営業用の、販売用の (飢えではない)
ရောင်းထား[jaun:t'a:] (動) 売っておく、売ってある
ရောင်းပေါင်[jaun:baun] (名) 質流れの品
ရောင်းပန်းလှ[jaun:ban: ɬa.] (形) 売れ行きがよい、よく売れる、買気をそそられる、購買意欲を誘う
ရောင်းရေးဝယ်ရေး[jaun:je: wɛje:] (名) 売買の話、取引の話

ရောင်းဝယ်[jaun:wɛ]（動）売買する、取引きする、商売する
ရောင်းဝယ်ဖောက်ကား[jaun:wɛ p'au'ka:]（動）商う、商売をする、商取引きをする
ရောင်းသူ[jaun:du]（名）売り手
ရောင်းအားကောင်း[jaun:a kaun:]（形）よく売れる、売れ行きがよい
ရောင်းရင်း[jaun:jin:]（名）幼友達
ရိုင်[jain]（名）穀物を貯蔵するための竹ひごで編んだ長い筵、マット
ရိုင်ပတ်[jainba']＝ရိုင်
ရိုင်ဖျာ[rain p'ja]（名）竹で編んだ莚蓆、竹筵
ရိုင်ဖယ်[rainp'ɛ]（名）ライフル銃 ＜英 Rifle
ရိုင်း[jain:]（形）①野蛮だ、野生だ、未開だ ဆင်ရိုင်း：野生の象 ②教養がない、礼儀に欠ける、粗野で下品だ、不躾だ ကား:ရိုင်း သည်။ 言葉遣いが粗い ③慣れていない、未経験だ အရိုင်းသည်။ 飲酒は未経験だ နွားရိုင်းသည်။ 耳慣れない သူကရိုင်းဘဲ။ 彼は未経験者 ④加工してない、手を加えてない မြေရိုင်း：荒地
ရိုင်းစိုင်း[jain:zain:]（形）①野蛮だ ②馴れていない ③粗野だ、下品だ、礼儀に欠ける အပြောအရိုင်းစိုင်းသည်။ ロの利き方がぞんざいだ ဒီလိုမရိုင်းစိုင်းနဲ့။ そんなえげつない事をするな
ရိုင်းပင်း[jain:bin:]（動）協力する、助力する、助成する、援助に駆けつける
ရိုင်းပြ[jain:pja.]（形）①野蛮だ、粗野だ ②粗暴だ、乱暴だ
ရိုင်းပြစော်ကား[jain:pja. sɔga:]（動）乱暴狼藉を働く、蛮行を振う
ရိုင်းရာကျ[jain:ja tʃa.]（形）野蛮な事になる、礼を失する事になる、不躾な事になる
ရိုင်းရိုင်းစိုင်းစိုင်း[jain:jain: sain:zain:]（副）不躾に、粗野に、失礼にも ရိုင်းရိုင်းစိုင်းစိုင်း ဆက်ဆံသည်။ 粗野に接する、失礼に扱いをする
ရစ်[ji']（鳥）①ハッカン（キジ科）Lophura nycthemera ②ミヤマハッカン（キジ科）Lophura leucomelana
ရစ်မင်း[ji'min:]（鳥）ビルマカラヤマドリ（キジ科）Syrmaticus humiae
ရစ်[ji']（動）①巻く、ぐるぐる巻く ချည်ကိုရစ်သည်။糸を巻く ဝက်အူကိုရစ်သည်။螺子（ねじ）を捩じ込む ②旋回する、ぐるぐる廻る ③（鉛筆などを）丸く削る ④（腹が）きりきり痛む ⑤（名）①糸巻き、糸車、リール ②（助数）分割 သုံးရစ်နှင့်ဆပ်သည်။ 3回払いで返済する
ရစ်တံထိုး[ji'tan t'o:]（動）見本を見せる
ရစ်ပတ်[ji'pa']（動）①巻き付く ②巻き付ける
ရစ်လုံး[ji'loun:]（名）①糸巻き、糸車、リール ②（凧上げ用の）糸巻き
ရစ်ဝဲ[ji'wɛ:]（動）旋回する、環を描いて飛ぶ、ぐるぐる廻る
ရစ်ဝဲရစ်ဝဲလုပ်[ji'wɛ: ji'wɛ: lou']（動）うろつく、徘徊する、その場を離れない
ရစ်ဝိုက်[ji'wai']（動）巻き付く
ရစ်သီ[ji'ti]（動）うろつく
ရစ်သီရစ်သီလုပ်[ji'ti ji'ti lou']（動）うろつく、その場を離れない ကား:နားမှာရစ်သီရစ်သီနဲ့ဘာလုပ်နေပါလိမ့်။ 車の傍をうろついて何をしているのだろう
ရစ်[ji']（助動）残って～する ကျန်ရစ်သည်။ 残る နေရစ်သည်။ 居残る စောင့်ရစ်သည်။ 残って見守る ကြင်းကျန်ရစ်သည်။ 後に残る、残留する
ရစ်ပဒီ[ji'pədi]（植）プロテイウム（カンラン科）Protium serratum
ရစ်[ji']（名）生贄 →ယဇ်
ရစ်ပူဇော်[ji' puzɔ]（動）＝ယဇ်ပူဇော်
ရဉ်[jin]（動・古）切る、切断する
ရည်[je]（名）液、汁、液体＜အရည်။ လက်ဖက်ရည်၊ 茶、紅茶 မျက်ရည်၊ 涙 နှာရည်၊ 鼻水 ဝတ်ရည်၊ 花の蜜
ရည်[ji]（名）能力、素質、品質、性能 လုပ်ရည်ကိုင်ရည်။ 実行力、実践能力 လုပ်ရည်ကြံရည်။ 悪知恵 ရုပ်ရည်။ 容姿
ရည်တူတန်းတူ[jidu dan:du]（副）同等に、差別することなく
ရည်မွန်[jimun]（形）丁寧だ、礼儀正しい、親しみ深い
ရည်[ji]（動）期す、当てにする、狙いを定める、企図する
ရည်ငံ[jiŋan]（動）①好きになる、恋仲になる、相思相愛となる ②豊富にある
ရည်ငံစွာ[jiŋanzwa]（副・文）好意的に、親しく ရည်ငံစွာပြောသည်။ 親密に語る
ရည်စူး[jizu:]（動）①目指す ②狙いを定める、期する、意図する ③念じる、偲ぶ、記念する
ရည်စောင့်[ji saun]（動）狙いを定めて待つ
ရည်ညွှန်း[jiɲun:]（動）①指す、指し示す、言及する、参照させる、留意させる ②志す、志向する、目指す、企図する、意図する、意味する
ရည်ညွှန်းချက်[jiɲun:dʒɛ']（名）参照、引用
ရည်မှတ်[jima']（動）期す、目指す、記念する
ရည်မှန်း[jiman:]（動）①望む、期す、志す、目指す、予定する、狙う、企てる ②偲ぶ、追憶する
ရည်မှန်းချက်[jiman:dʒɛ']（名）目標、狙い、意図

ရည်ရွယ်[jijwɛ]（動）期す、志す、目指す、意図する、目標とする、心に描く
ရည်ရွယ်ချက်[jijwɛdʑɛʔ]（名）目的、目標、意図
ရည်ရွယ်ချက်မဲ့[jijwɛdʑɛʔmɛ.]（副）目的なしに、目標なしに、意図するところなく、無意味に
ရည်ရွယ်ချက်ရှိ[jijwɛdʑɛʔ ʃi.]（動）目的がある、意図するところがある
ရည်ရွယ်ရင်း[jijwɛjin:]（名）主な目標、主要な意図
ရည်ရှန်းပတ်ရှန်း[jeʃun: paʔʃun:] →ရယ်ရှန်းပတ်ရှန်း
ရည်သန်[jitan]（動）望む、期す、意図する、心に期する
ရည်းငံ[ji:ŋan]（動）①恋焦がれる、恋慕する ②肉体関係を持つ、性的関係を持つ、性交する
ရည်းစား[ji:za:]（名）恋人
ရည်းစားစာ[ji:za: sa]（名）恋文、ラブレター
ရည်းစားတထောင်၊ လင်ကောင်းတယောက်။（格）結婚相手は所詮一人だけ（恋人は千人、良き配偶者は一人）
ရည်းစားထား[ji:za: t'a:]（動）恋人を持つ、恋人を作る
ရည်းစားထိ၊ ဓား ကြည့်။（格）他人の恋人には手を出すな（恋人に手を出すと、刃物を目にする事になる）
ရည်းစားပူမိ[ji:za: pumi.]（動）恋に悩む
ရည်းစားပျက်[ji:za: pjɛʔ]（動）失恋する、恋人に振られる
ရည်းစားလူလု၊ ရွှေကြမ်းညပ်ဖြစ်[ji:za: lulu. ʃwe u. tʃanɲaʔ p'jiʔ]（比）落着いていられない、居ても立ってもいられない、口惜しい思いをする、焦燥の念に駆られる（恋人を他人に取られた感じ、金の卵が床の隙間に挟まった感じを味わう）
ရည်းစားသနာ[ji:za:təna] =ရည်းစား
ရည်းစားဦး[ji:za:u:]（名）初恋の人
ရတ္တပိတ်နာ[ja:təbeiʔna]（病）痔、肛門内外からの出血
ရိက္ခာ[jeiʔk'a]（名）食糧＜ヒ
ရိက္ခာထောက်တပ်[jeiʔk'a t'auʔtaʔ]（名）糧秣補給部隊、兵站部隊
ရိက္ခာထောက်ပံ့[jeiʔk'a t'auʔpan.]（動）食糧を補給する
ရိက္ခာထောက်ပံ့ရလမ်းကြောင်း[jeiʔk'a t'auʔpan. ja lan:dʑaun:]（名）食糧補給路
ရိတ်[jeiʔ]（動）①（稲、麦などを）刈る စပါးရိတ်သည်။ 稲刈りをする ②（髭を）剃る နုတ်ခမ်းမွေးများ ကိုရိတ်သည်။ 髭を剃る
ရိတ်သိမ်း[jeiʔtein:]（動）刈り入れをする

ရိတ္တဂံ[reiʔtəgan]（名）矩形、長方形
ရိတ္တရိဂုဏ်[reiʔtəri.gan]（名）直角
ရိတ္တတထိ[reiʔta ti.t'i]（名）凶日（運星上の土星と遭遇する白分、黒分の4日、9日、14日）＜パ
ရိတ်ထောင့်[reiʔdaun.]（名）直角
ရိတ်ရိတ်လှီး[jeiʔjeiʔ ɬi:]（動）削る ＝ရိပ်ရိပ်လှီး၊ ပါးပါးလှီး။
ရုက္ခ[jouʔk'a.]（名）植物 ＜パ Rukkha
ရုက္ခစိုးနတ်[jouʔgəzo: naʔ]（名）樹霊、樹木の神
ရုက္ခဗေဒ[jouʔk'a. beda.]（名）植物学
ရုတ်[jouʔ]（動）取り込む、片ずける、たたむ ကြိုးတန်းမှာလှန်းထားတဲ့ထဘီတွေရုတ်တယ်။ ロープに干してあった女性用ロンジーを取り入れた →ရုပ်
ရုတ်ခနဲ[jouʔk'ənɛ:]（副）いきなり、即座に
ရုတ်ချင်း[jouʔtʃin:] =ရုတ်ခြင်း
ရုတ်ခြင်း[jouʔtʃi:]（副）①直ぐに、直ちに、即座に ရုတ်ခြင်းသဘောပေါက်ရသည်။ 直ちに理解した ②いきなり、不意に、急に、突然
ရုတ်တရက်[jouʔtəjɛʔ]（副）突然、不意に、咄嗟に、俄かに ရုတ်တရက်မိုးရွာချလိုက်သည်။ 不意に雨が降り出した
ရုတ်တရက်အား ဖြင့်[jouʔtəjɛʔa:p'jin.] =ရုတ်တရက်
ရုန့်ရုန့်[jouʔda. ja.ta.]（名）粗暴な表現、怒りの感情、獰猛な気持を起させる表現 ＜パ
ရုတ်ရုတ်ရက်ရက်[jouʔjouʔjɛʔjɛʔ]（副）騒然となって、ざわついて
ရုတ်ရုတ်ရက်ရက်ဖြစ်[jouʔjouʔjouʔjouʔ p'jiʔ]（動）ざわめく、騒然となる
ရုတ်ရုတ်ရက်ရက်လုပ်[jouʔjouʔjouʔjouʔ louʔ]（動）ざわつく、騒然とする、煩くする
ရုတ်ရုတ်တဲ[jouʔjouʔ tɛ:dɛ:]（副）騒がしく、騒然と、大騒ぎになって
ရုတ်သိမ်း[jouʔtein:] →ရုပ်သိမ်း
ရန်[jan]（動）割当てる、取って置く、予約してある ဒီဒစျာရန်ထားတယ်။ この品は割当てしてある
~ရန်[jan]（接助）①名詞節を形成、～するのは、～するのを မြို့ထဲထွားရန်မှာမျှော်လင့်ချက်ကင်းဝေးသည်။ 市内へ出かける事は望み薄だ ပိုက်ဆံပါရှိမလာသည့်အတွက်ဟိုတက်ထဲဆင်းရန်ကိုပင်နောက်တွန့်နေသည်။ お金を持って来なかったので食堂に入る事さえ二の足を踏んだ ညဉ့်အချိန်မှောင်ရိပ်ထဲခိုးယူရန်မှာမမြင်ရသော ကြောင့်မဖြစ်နိုင် 夜間暗闇の中で盗みをするのは見えないから不可能だ ရောင်းရန် 売却用、for Sale ②形容詞句を形成、～するための ငါးဖမ်းရန်ကွန်ပစ် 魚を捕える網 စားရန်အစာ: 食べるための食物 ဝတ်ရန်

~ရန်ကော

အဝတ် 着るための衣服
③副詞句を形成、~するために、~するように、~しよ
うと ငါ:မျာ:ရန်ထွက်လာသည်။ 魚釣りに出てきた
မျက်နှာသစ်ရန်ထလေသည်။ 洗顔しに行こうと立ち上っ
た အိပ်မပျော်ရန်ကြိုးစားသည်။ 眠り込まないよう頑張
った ချက်ပြုတ်စားသောက်မီးကိုအသုံးပြုသည်။ 煮炊
きをするために火を使う ထွက်ရန်လွယ်သော်လည်းဝင်ရန်
ခက်သည်။ 出るのは易しいが入るのは難しい

~ရန်ကော[janɔː] (助) 文末使用、叱責、非難を表
わす မင်းနှယ်၊ အရန်ကော။ お前たら、何という馬鹿
なんだ မင်းကကြောက်တတ်ရန်ကော။ 君は怖がりだな
အဆင်သေးရန်ကော။ 人を見下すにも程がある ဒီမောင်
တွေယ်၊ အလိုက်ကန်ဆိုးသိတတ်ရန်ကော။ この連中った
ら何という気の利かない奴等だ ဒီကောင်မလေးနှယ်၊သ
တ္တိနည်းရန်ကော။ この女の子たら何という臆病者な
んだ ဒီကောင်ကြီးလူပျိုမဟုတ်တဲ့အတိုင်းဘဲ၊ အပျင်းကြီးရန်
ကော။ 奴さんたら独身じゃないだけあってずいぶんと
怠け者だ

~ရန်အတွက်[jan ətwɛʔ] (接助) ~するために、~しよ
うとして လက်ဖက်ရည်သောက်ရန်အတွက်ပြင်ဆင်သည်။
コ~ヒーを飲もうと準備した မိခင်ကိုကူညီရန်အတွက်
ကျောင်းဆက်မနေတော့။ 母を手伝うため学校にはもう
行かない အလုပ်ပြန်စရန်အတွက်အားလုံးအဆင်ရှိနေကြပြီ
仕事を再開するため容易万端整っている အအေးကိုကာ
ကွယ်ရန်အတွက်စောင်များကိုထုတ်ပေးသည်။ 寒気を防
ぐために毛布を出してくれた

~ရန်အလို့ငှာ[jan əloːɲa] (接助・文) ~するべく、~
するために အပူရှိန်ကိုကာကွယ်ရန်အလို့ငှာ ကြုံထံရံဖျာများ
ဖြင့်မျက်နှာ ကြပ်ပြုလုပ်ထား၏။ 熱気を防ぐために葦簾
を天井代わりにしてある အမေစား:ရန်အလို့ငှာ မြို့မမလိုင်
လုံးလေးဝယ်လာတတ်၏။ 母に食べてもらうため町から
乳脂の塊をよく買って帰った အမုပစ်ရန်အလို့ငှာတော
ကြီးအတွင်းသို့ရောက်လာပြန်သည်။ 狩猟をするために又
もや密林の奥深くへとやって来た ထိုရန်ကုန်သို့အရှင်
သခင်များကိုပဌောပသအလို့ငှာ လူကြီးလူငယ်မရွေးစုံ
သွားရောက်ကြသည်။ 神々にお供えをするためその神の
社へ老若を問わず集団で出かけた

ရန်[jan] (名) ①危険、禍 ②敵意、憎しみ、反目 ③
口論、喧嘩 ④ (助数) 一揃い、ペアを表わす ဖိနပ်၁ရန်
ရန် 履物1足

ရန်ကိုရန်ချင်းမတုံ့စီးနှင့်။ (格) 怨みに報いるに恩をも
ってせよ (恨みを恨みで晴してはならぬ)

ရန်ကင်း[jan kin] (形) 禍がない、敵がいない

ရန်ကုန်[jangoun] (地) ヤンゴン (旧称ラングー
ン)、ミャンマーの首都

ရန်ကုန်တိုင်း[jangoun tain] (名) ヤンゴン管区

ရန်ကုန်တက္ကသိုလ်[jangoun tɛʔkətoː] (名) ヤンゴ
ン大学

ရန်ကုန်သား[jangoundaː] (名) ヤンゴン児、ヤン
ゴン出身者

ရန်ကုန်သူ[jangoundu] (名) ヤンゴン出身女性

ရန်ကြေ[jan tʃwe] (動) 敵意が無くなる、恨みが消
える

ရန်ကြေးဆပ်[jandʒweː saʔ] (動) 仇を返す、復讐
する

ရန်ကြေးတင်[jandʒweː tin] (動) 恨みを買う、敵
意が生じる

ရန်ခိုက်ဒေါသ[jankʼaiʔ dɔːda] (名) 喧嘩、口論

ရန်ငါးသွယ်[jan ŋaːdwe] (名) 五種の災厄 (水害、
火災、国王、盗賊、嫌いな人)

ရန်ငြို[janɲoː] (名) 恨み、反感、敵意

ရန်ငြိုထား[janɲoː tʼaː] (動) 恨みを抱く、敵意
を抱く

ရန်ငြိုဖွဲ့[janɲoː pʼwɛ] (動) 敵意を抱く

ရန်ငြိုတို[janɲoː toː] (動) 恨みを抱く

ရန်ငြောင့်[janɲaun] (名) 危険、災

ရန်ငြောင့်ရန်စွယ်[janɲaun janzwɛ] (名) 危険、
災、賊

ရန်စ[jan sa] ①(動) 挑発する、喧嘩を売る、対
立を仕掛ける ②[janza] (名) 敵意、挑発、刺激

ရန်စဲ[jan sɛː] (動) 争いが終息する

ရန်စောင်[jan saun] (動) 敵意を抱く、喧嘩の機会
を窺う、虎視耽々と狙う

ရန်စစ်ထိုး[janziʔ tʼoː] (動) 対立攻撃を仕掛ける
敵対関係に入る

ရန်စွယ်[janzwɛ] (名) 敵意、恨み、危機

ရန်စွယ်ရန်ငြုံ့[janzwɛ janɲun] = ရန်ငြောင့်ရန်
စွယ်

ရန်ဆူးရန်ငြောင့်[janzuː janɲaun] (名) ①危
機、危険物 ②敵、叛徒

ရန်တု[jan tu] (動) 戦いを挑む、敵対関係に入る

ရန်တိုက်[jan taiʔ] (動) 争いを唆す、反目を惹き起
こさせる

ရန်တုံ့[jan toun] (動) 仕返しをする、報復する

ရန်တွေ့[jan twe] (動) 敵意を示す、食って掛か
る、争いを起す

ရန်ထောင်[jan tʼaun] (動) 敵意を見せる、喧嘩を
売る

ရန်ပြု[jan pju] (動) 敵対する、攻める、攻め立
てる、攻撃する

ရန်ပြေ[jan pje] (動) 敵意が消える、対立が解消
する

ရန်ပွဲ[janbwɛ:]（名）喧嘩、争い、闘争
ရန်ဖြစ်[jan pʻjiʔ]（動）喧嘩になる
ရန်ဘက်[janbɛʔ]（名）敵対者、対立相手
ရန်မူ[jan mu]（動）敵意を示す、対立する、敵対する
ရန်မာန်[jan man]（名）危険、禍
ရန်ရှာ[jan ʃa]（動）喧嘩を企む、相手を挑発する相手を怒らせる
ရန်လို[jan lo]（形）喧嘩早い、喧嘩腰だ
ရန်လိုသော်၊ရန်ပို။（諺）喧嘩早ければ反感も増す（こちらが誠意を示せば相手も誠意で応える）
ရန်လုပ်[jan louʔ]（動）喧嘩早い、喧嘩腰になる
ရန်သူ[jandu]（名）敵
ရန်သူပုန်[jan dəboun]（名）暴徒、反逆人、謀反人
ရန်သူမျိုးငါးပါး[jandumjo: ŋa:ba:]（名）5種の災害（水、火、王、盗賊、嫌いな人）=ရန်ငါးသွယ်
ရန်သတ္တရုပြု[jan ṯaʔtəru. pju.]（動）敵対関係になる
ရန်အေး[jan e:]（動）争いが消滅する、敵意がなくなる
ရန္တပိုစာချုပ်[jandəbo saʧouʔ]（名）ヤンダボー条約、1824年に始まった第一次英緬戦争の講和条約、ビルマ王国はこの時アラカン、テナセリム両地方をイギリスに割譲した
ရန်ပုံငွေ[janboun ŋwe]（名）基金 =ရပ်ငွေ
ရန်:[jan:]（動）（出家が袈裟を）身にまとう
ရုန်:[joun.]①（動）縮む、狭くなる②（形）粗い、粗雑だ、粗末だ
ရုန်:ကြမ်:[joun.ʧan:]（形）粗い、粗暴だ、（話し方が）粗野だ、荒々しい
ရုန်:ရင်:[joun.jin:]（形）粗野だ、粗暴だ、粗雑だ
ရုန်:ရင်:ကြမ်:ကြုတ်[joun.jin: ʧan:ʤouʔ]（形）粗暴だ、乱暴だ
ရုန်:ရင်:ကြမ်:တမ်:[joun.jin: ʧan:dan:]（形）=ရုန်:ရင်:ကြမ်:ကြုတ်
ရုန်:[joun:]（動）①曳く、牽引する②あがく、もがく③縮む、反る、歪む、歪（いびつ）になる
ရုန်:ကန်[joun:kan]（動）①縮む、伸びが戻る、弾性がある②離れるようにする、力を加えて引き離す③もがく、あがく、暴れる④苦闘する、奮闘する
ရုန်:ကန်မှု[joun:kanmu.]（名）①弾性②もがき
ရုန်:ကန်လွတ်မြောက်လာ[joun:kan luʔmjauʔ la]（動）もがいて自由になる、もがいて脱出する
ရုန်:ကန်လှုပ်ရှာ:[joun:kan ɬouʔʃa:]（動）もがく、苦闘する
ရုန်:ကန်သတ္တိ[joun:kan ṯaʔti.]（名）弾力、収縮

ရုန်:ထွက်[joun:tʻwɛʔ]（動）もがいて出る、頑張って抜け出す、努力して脱出する
ရုန်:ရင်:[joun:jin:]（動）騒ぎ立てる、騒動になる
ရုန်:ရင်:ခတ်[joun:jin:kʻaʔ]（副）騒ぎ立てて、騒動になって
ရုန်:ရင်:ဆန်ခတ်[joun:jin: sʻangaʔ]（副）取組み合って、乱闘になって、大混乱となって、大騒動となって、騒乱状態になって
ရုန်:ရင်:ဆန်ခတ်ဖြစ်[joun:jin: sʻangaʔ pʻjiʔ]（動）乱闘になる、騒然となる、騒乱状態になる
ရုန်:ရင်:ဆန်ခတ်မှု[joun:jin: sʻangaʔmu.]（名）騒乱、大騒動、
ရုန်:ရင်:ဆန်ခတ်လုပ်[joun:jin: sʻangaʔ louʔ]（動）取組み合う、騒ぎ立てる、乱闘を惹起す、騒動を惹き起す

ရပ်[jaʔ]①（名）地域、地方＜အရပ်②（助数）件
ဘာသာတရပ် 1科目 ပြဿနာတရပ် 問題1件
ရပ်ကျော်ရှာကျော်ဖြစ်[jaʔʧɔ jwaʤɔ pʻjiʔ]（形）昔く知られている、地元で知らぬ人はいない
ရပ်ကျိုးရှာကျိုး[jaʔʧo: jwaʤo:]（名）地元の利益、地元の発展
ရပ်ကြီးသာ:[jaʔʧi:da:]（名）都会の人、都会育ち
ရပ်ကြီးသူ[jaʔʧi:du]（名）都会の女
ရပ်ကွက်[jaʔkwɛʔ]（名）区、区域、地区、地域
ရပ်စွန်ရှာနာ:[jaʔsun jwana:]（名）町外れ、村外れ
ရပ်ဆွေရပ်မျိုး[jaʔsʻwe jaʔmjo:]（名）地元の人達、親戚同様の付き合いをしている隣近所の人達
ရပ်နီ:[jaʔni:]（名）近く、近くの地域
ရပ်နီ:ရပ်ဝေ:[jaʔni: jaʔwe:]（名）遠近両方の土地、各地
ရပ်မိရပ်ဖများ:[jaʔmi. jaʔpʻa.mja:]（名）地域の長老達、地区の親達、地元の親達
ရပ်မှုရှာမှု[jaʔmu. jwamu.]（名）地域の行事、居住地区での用件、地元の用件、地元の事件
ရပ်ရေးရှာရေ:[jaʔje: jwaje:]（名）地域の問題、地域の問題
ရပ်ရှာ[jaʔjwa]（名）居住地域、居住地区、地域社会
ရပ်ရှာထုံးစံ[jaʔjwa tʻoun:zan]（名）地域の仕来たり、地域の習慣
ရပ်ဝေ:[jaʔwe:]（名）遠くの地域、遠方
ရပ်ဝန်[jaʔwun]（名）地帯、区域 မိုးပါးရေရှာ:ရပ်ဝန်: 寡雨地帯、降雨量の乏しい地域
ရပ်သိရှာသိ[jaʔti. jwadi.]①（副）地元の人に知られていて、地元民は承知の上で、公然と②（名）地

ရပ်သူရွာသား：

元で知られた人

ရပ်သူရွာသား：[jaʔtu jwada:] (名) 地元の人、地区の人

ရပ်သစ်[jaʔti:] (名) （家を建てる時の）柱

ရပ်[jaʔ] (動) ①停まる、止まる、停止する ကား ရပ်သည်။ 停車する ②停める、止める ③立つ、起立する、直立する ④求める မေတ္တာရပ်သည်။ お願いする

ရပ်ကြည့်[jaʔtʃi.] (動) 立ち止まって見る、見送る

ရပ်ခံ[jaʔkʼan] (動) 受け止める မေတ္တာရပ်ခံသည်။ お願いする

ရပ်စဲ[jaʔsɛ:] (動) ①停める、停止させる အလုပ်မှရပ်စဲသည်။ 停職になる ②停まる、停止する、止む ③（雨が）あがる

ရပ်စောက်စာ[jaʔsauʔsa] (名) 元気な時の稼ぎ、健康な時の収入 =မတ်တတ်စာ။ cf. တုံးလုံးစာ 不時の出費

ရပ်ဆိုင်း[jaʔsʼain:] (動) ①一時停止する、暫く止める、中止する、中断する ②中止させる、延期させる စီမံကိန်းကိုရပ်ဆိုင်းသည်။ 計画を中止する ဆွေးနွေးပွဲရပ်ဆိုင်းသည်။ 話し合いを中断する တာဝန်မှရပ်ဆိုင်းသည်။ 任務を停止する、解任する

ရပ်တော်မူဘုရား：[jaʔtɔmu pʼəja:] (名)（仏陀の）立像

ရပ်တည်[jaʔti] (動) ①立つ、立脚する、立場をとる ②存在する ကြာနေနိုင်ငံအဖြစ်ဆက်လက်ရပ်တည်သွားမည်။ 引き続き中立国としての立場を取り続ける

ရပ်တည်ချက်[jaʔtiʤɛʔ] (名) 立場、存立基盤、立脚点、依って立つ立場

ရပ်တည်ချက်ပြောင်း[jaʔtiʤɛʔ pjaun:] (動) 立場を変える、態度を改める

ရပ်တည်မှု[jaʔtimu.] (名) 立場、位置

ရပ်တန့်[jaʔtan.] (動) ①停まる、停止する ②立ち止まる

ရပ်တန့်ငြိမ်သက်[jaʔtan. ɲeintɛʔ] (動) 黙祷する

ရပ်နား：[jaʔna:] (動) ①中断する、中止する、休止する、停止する ②立ち止まる、途中で休憩する

ရပ်ပြစ်ရှစ်ပါး[jaʔpjiʔ ʃiʔpa:] (名) 成仏不能な立場8種、涅槃が得られない状態8種（地獄界、畜生界、餓鬼界、無色界の無想有情界、仏陀の教えが存在しない辺境、外道の信心、善趣不利益の受胎（生まれつきの身体不具）、仏が成仏しない時代)

ရပ်မိလျှက်ရပ်မိချင်း[jaʔmi.ɟin jaʔmi.ʤin:] (副) ①立ち止まった途端、立ち止まった瞬間 ②停止した途端、中止した途端

ရပ်သွား：[jaʔtwa:] (動) 止まってしまう

ရပ်[jeiʔ] ① (動)（日が）翳る、日差しが弱まる、日が傾く နေရိပ်ပြီ။ ②（名）影 ③陰、日陰、木陰 အရိပ် 影 သစ်ပင်ရိပ် 木陰 အမှောင်ရိပ် 暗闇 ④気配 ဆီဈေးတက်ရိပ်ရှိသည်။ 油の価格は上昇の気配がある

ရိပ်ကာသီကာ[jeiʔka tiga] (副) ①一瞬、ちらりと、一瞥して ②それとなく、仄めかして

ရိပ်ခနဲ[jeiʔkʼənɛ] (副) ちらりと、一目、一瞥 ရိပ်ကနဲမြင်ရသည်။ ちらりと見えた

ရိပ်စား：[jeiʔsa:] (動) 悟る、気付く、感づく、察する

ရိပ်စားမိ[jeiʔsa:mi.] (動) 悟る、感づく、気付く、見当がつく

ရိပ်ဖမ်းသံဖမ်း[jeiʔpʼan: tanban:] (副) ぼんやりと、うっすらと、曖昧に

ရိပ်မိ[jeiʔmi.] (動) 気付く、悟る、察する တစ်ခုတရာကိုဖုံးကွယ်နေကြောင်းရိပ်မိ၏။ 何事か隠している事に気付いた

ရိပ်မိသိရှိ[jeiʔmi. tiʃi.] (動) 気づく、判る

ရိပ်မြို့[jeiʔmjoun] (名) 幽玄地、隠遁地、桃源郷

ရိပ်ရိပ်[jeiʔjeiʔ] (副) ①ぼんやりと、不鮮明に ②矢のように、飛び去るように、快速で

ရိပ်ရိပ်ပြေး[jeiʔjeiʔ pje:] (動) 素早く疾走する、次々と通り越す

ရိပ်ရိပ်ရိပ်ရိပ်[jeiʔjeiʔ jeiʔjeiʔ] (副) 素早く、矢のように

ရိပ်လှီး[jeiʔjeiʔ ɬi:] (動) 薄切りにする

ရိပ်သာ[jeiʔta] (名) 木陰、緑陰、隠棲地 တိုးထား ရိပ်သာ 老人ホーム、養老院（旧称は လူအိုရိပ်သာ။）

ရိပ်သာလမ်း[jeiʔta lan:] (名) 並木道

ရုပ်[jouʔ] (動) ①引込める ခြေထောက်ကလေးနည်းနည်းရုပ်လိုက်စမ်းပါ။ 脚を一寸引込めてください လက်ကိုရုပ်သည်။ 手を引っ込める အတောင်ကိုရုပ်သည်။ 翼を畳む အဆိုကိုရုပ်သည်။ 提言を撤回する ②取り入れる、取り込む、片づける、仕舞う အဝတ်ရုပ်သည်။ 衣類を片づける ကြယ်တန်းမှာလှန်းထားတဲ့အမျိုးသမီးတွေရုပ်တယ်။ ロープに干してある女性用ロンジーを取り入れる

ရုပ်သိမ်း[jouʔtein:] (動) ①取り消す、撤回する、引っ込める အမိန့်ကိုရုပ်သိမ်းသည်။ 命令を撤回する ②引き揚げる、撤去する ③閉会する

ရုပ်သိမ်းရေး[jouʔtein:je:] (名) 撤退

ရုပ်[jouʔ] (名) ①姿、形、外形 ②容貌、顔形 ③玩具、おもちゃ <အရုပ်၊ ကြောင်ရုပ် 猫のおもちゃ မြင်းရုပ် 馬のおもちゃ မော်တော်ကား ရုပ် おもちゃの自動車 <ပ Rūpa

ရုပ်ကလာပ်[jouʔkəlaʔ] (名) 遺体、亡骸 =မသာ ကောင် <ပ

ရုပ်ကျ[jouʔ tʃa.] (動) 容貌が衰える

ရုပ်ကြိုးစင်[jouˀtʃiːzin](名)等身大の操り人形を用いた人形芝居
ရုပ်ကြ[jouˀtʃwa.](名)浮き彫り、レリーフ
ရုပ်ကြပုံပူ[jouˀtʃwa. bəbu.](名)=ရုပ်ကြ
ရုပ်ကြင်း[jouˀtʃwin:](名)①遺骨 ②化石
ရုပ်ကြင်းကျောက်[jouˀtʃwin:dʑauˀ](名)化石 = ကျောက်ဖြစ်ရုပ်ကြင်း
ရုပ်ချော[jouˀ tʃɔː](形)美貌の、可愛い、見目麗しい、眉目秀麗だ、容貌が優れている
ရုပ်ခြင်း[jouˀtʃwin:](名)遺骸、遺体、亡骸
ရုပ်စုံကန်လန့်ကာ:[jouˀsoun kələga:](名)タペストリー、つづれ織り
ရုပ်စုံစင်[jouˀsoun sin](名)人形芝居の舞台
ရုပ်စုံမဂ္ဂဇင်း[jouˀsoun mɛˀgəzin:](名)絵の多い雑誌、漫画、劇画
ရုပ်စုံမှန်ပြောင်း[jouˀsoun m̥anbjaun:](名)万華鏡
ရုပ်စုံသေတ္တာ[jouˀsoun tiˀta](名)絵入りの長持
ရုပ်ဆိုး[jouˀ sˈoː]①(形)醜い ②[jouˀsˈoː](貝)キナレイシガイ(アクキガイ科)
ရုပ်ဆင်း[jouˀsˈin:](名)容貌
ရုပ်ဆင်းပျက်[jouˀsˈin: pjɛˀ](名)容貌が崩れる
ရုပ်ဆင်းရှုပကာ[jouˀsˈin: jupəka](名)容貌、外見
ရုပ်ဆင်းသဏ္ဌာန်[jouˀsˈin: dədan](名)面影、容貌
ရုပ်ဆောင်[jouˀ sˈaun](動)①模倣する ②擬態する
ရုပ်တု[jouˀtu.](名)①像、肖像 ②影像
ရုပ်တုဆင်းတု[jouˀtu. sˈin:du.](名)影像
ရုပ်တင်[jouˀ tin](動)若々しい、若く見える = အရွယ်တင်
ရုပ်ပိုင်း[jouˀpain:](名)身体面、物理面
ရုပ်ပုံ[jouˀpoun](名)絵、姿、形、図、図形、肖像
ရုပ်ပုံစာ[jouˀpounza](名)象形文字
ရုပ်ပျက်[jou pjɛˀ](動)①変貌する ②醜くなる
ရုပ်ပျက်ဆင်းပျက်[jouˀpjɛˀ sˈin:bjɛˀ](副)①様変わりしてしまい、面影が残らない程変わって、著しく変わり果てて ②醜く変貌して、グロテスクで、醜怪で、奇怪で ③なりふり構わずに
ရုပ်ပျက်ဆင်းပျက်ဖြစ်[jouˀpjɛˀsˈin:bjɛˀ pˈjiˀ](動)人相が変わる、醜くなる、変わり果てる
ရုပ်ပြ[jouˀpja.]①(名)名前だけのもの、実態のないもの ②(形)絵入りの、図解した
ရုပ်ပြစာအုပ်[jouˀpja. sauˀ](名)コミック本
ရုပ်ပြောင်[jouˀpjaun](名)アニメーション、漫画

諷刺画
ရုပ်ပြောင်ကား:[jouˀpjaun kaː](名)漫画映画、アニメ映画
ရုပ်ပြောင်း[jouˀ pjaun:](動)①姿が変わる ②姿を変える、変装する ③変貌する、物理的変化を起す ④(昆虫が)変態する
ရုပ်ပြောင်းရုပ်လွဲ[jouˀpjaun: jouˀɬwɛː](名)①変装 ②擬態
ရုပ်ပွား:တော်[jouˀpwaːdɔ](名)仏像、釈尊像
ရုပ်ဖမ်း[jouˀ pˈan:](動)①身元を推測する、誰であるかと判別する ②(話し方、立ち居振舞い、癖等の特徴を)つかむ ပညာရှိရုပ်ဖမ်းသည်။ インテリらしい感じを与える သူဌေးရုပ်ဖမ်းသည်။ 富豪らしい雰囲気を漂わせている
ရုပ်ဖျက်[jouˀ pˈjɛˀ](動)変装する
ရုပ်ဖျောက်[jouˀ pˈjauˀ](動)①姿を消す、姿を見えなくする
ရုပ်ဖြောင့်[jouˀ pˈjaun.](形)容貌がすぐれている、美貌だ、ハンサムだ
ရုပ်မြင်ဖန်သား[jouˀmjin pˈandaː](名)テレビのブラウン管、テレビの画像
ရုပ်မြင်သံကြား[jouˀmjin t̪andʑa:](名)テレビ
ရုပ်မြင်သံကြား:ကြည့်ရှု[jouˀmjin t̪andʑa: tʃi. ʃu.](動)テレビを見る
ရုပ်မြင်သံကြား:စက်[jouˀmjint̪andʑa: sɛˀ](名)テレビ受像機
ရုပ်မြင်သံကြား:ထုတ်လွှင့်[jouˀmjint̪andʑa: tˈouˀɬwin.](動)テレビを放映する
ရုပ်မြင်သံကြား:ထုတ်လွှင့်ရေး[jouˀmjin t̪andʑa: tˈouˀɬwin.jeː](名)テレビ放映
ရုပ်မြင်သံကြား:ဆက်သွယ်ရေးဂြိုဟ်တု[jouˀmjint̪andʑa: sˈɛˀtwejeː dʑodu.](名)テレビ中継衛星
ရုပ်မြင်သံကြား:အစီအစဉ်[jouˀmjint̪andʑa: əsi əsin](名)テレビ番組
ရုပ်ရည်[jouˀji](名)容姿、容貌
ရုပ်ရည်ချောမော[jouˀji tʃɔːmɔː](形)容姿端麗だ
ရုပ်ရည်သန့်[jouˀji tan.](形)顔立ちが整っている、容姿端麗だ
ရုပ်ရှင်[jouˀʃin](名)映画 =ဘိုင်စကုတ်၊ဇာတ်ရှင်။
ရုပ်ရှင်ကြည့်[jouˀʃin tʃi.](動)映画を見る
ရုပ်ရှင်ဇာတ်ကား:[jouˀʃin zaˀkaː](名)劇映画、ドラマ映画
ရုပ်ရှင်ဇာတ်ညွှန်း[jouˀʃin zaˀɲun:](名)映画脚本
ရုပ်ရှင်ထုတ်လုပ်[jouˀʃin tˈouˀlouˀ](動)映画を製作する

ရုပ်ရှင်ထုတ်လုပ်သူ[jou'ʃin t'ou'lou'tu] (名) 映画製作者、プロデューサー
ရုပ်ရှင်ဒါရိုက်တာ[jou'ʃin dərai'ta] (名) 映画監督
ရုပ်ရှင်ပညာ[jou'ʃin pjiɲa] (名) 映画撮影術
ရုပ်ရှင်ပိတ်ကား[jou'ʃin pei'ka:] (名) スクリーン、映写幕
ရုပ်ရှင်ပြ[jou'ʃin pja.] (動) 映画を見せる、映画を観に連れて行く
ရုပ်ရှင်ပြာ[jou'ʃinbja] (名) ポルノ映画
ရုပ်ရှင်ပွဲ[jou'ʃinbwɛ:] (名) 映画の催し、映画鑑賞会
ရုပ်ရှင်မင်းသမီး[jou'ʃin min:dəmi:] (名) 映画女優
ရုပ်ရှင်မင်းသား[jou'ʃin min:da:] (名) 映画俳優
ရုပ်ရှင်ရိုက်[jou'ʃin jai'] (動) 映画を撮影する
ရုပ်ရှင်ရုံ[jou'ʃin joun] (名) 映画館
ရုပ်ရှင်လုပ်ငန်း[jou'ʃin lou'ŋan:] (名) 映画産業
ရုပ်ရှင်သရုပ်ဆောင်[jou'ʃin təjou's'aun] (名) 映画俳優、映画スター
ရုပ်ရှင်သွား[jou'ʃin twa:] (動) 映画に行く
ရုပ်လက္ခဏာ[jou'ʃin lɛ'k'əna] (名) 姿、容貌、形、形態
ရုပ်လုံး[jou'loun:] (名) 彫像
ရုပ်လုံးပေါ်[jou'loun: p'ɔ] (動) ①形になる、姿が現われる、具体化される ②身元が露見する、お里がばれる
ရုပ်လုံးပန်းပု[jou'loun: bəbu.] (名) (仏像等の) 彫刻、丸彫りの彫像
ရုပ်လုံးဖော်[jou'loun: p'ɔ] (動) ①姿を現わす、彫像する ②具体化させる
ရုပ်လုံးသွင်း[jou'loun: twin:] (動) 剝製にする
ရုပ်ဝါဒ[jou' wada.] (名) 唯物論、唯物主義
ရုပ်ဝတ္ထု[jou' wu't'u.] (名) 物質
ရုပ်သေ[jou'te] (名) スチール写真、静止画像
ရုပ်သေး[jou'te:] (名) ①人形、操り人形、マリオネット ②傀儡（他人の操り）
ရုပ်သေးပွဲ[jou'te:bwɛ:] (名) 人形芝居、人形芝居劇
ရုပ်သေးအစိုးရ[jou'te: əso:ja.] (名) 傀儡政府
ရုပ်သေးအဖွဲ့[jou'te: əp'wɛ.] (名) 人形劇団
ရုပ်သွင်[jou'twin] (名) 外観、外見、形態
ရုပ်အဆင်း[jou' əs'in:] (名) 容姿
ရုပ်အလောင်း[jou'əlaun:] (名) 死体、遺体、亡骸
ရမ်း[jan:] ①(形) 腫れ上がっている、膨らんでいる ②(動) 見境なく振舞う、乱暴狼藉を働く ဒီလိုရမ်း

တာမဟုတ်ပါဘူး။ そんなに無茶をしたわけではない ③(副) 当てずっぽうで、憶測で
ရမ်းကား[jan:ga:] (動) 見境なく振舞う、言動が始末に負えない、全く御し難い
ရမ်းကုမန်းကုလုပ်[jan:gu. man:gu. lou'] (動) 見よう見真似で治療する
ရမ်းဆ[jan:s'a.] (動) 当てずっぽうを言う、憶測する、推量する
ရမ်းရော်[jan:jɔ] (動) 熱望する、慕う、憧れる
ရမ်းသန်း[jan:tan:] (副) 推測で、憶測で、根拠なく、でたらめに သူကရမ်းသန်းပြောနေတာပဲ။ 彼は当てずっぽうで言っているんだ
ရမ္မက်[jəmɛ'] (名) 欲望、渇望、貪欲 =အလိုရမ္မက်၊ အာသာရမ္မက်။
ရမ္မက်ကြီး[jəmɛ' tʃi:] (形) ①貪欲だ ②色欲が旺盛だ
ရံ[jan] (動) 囲む、取囲む、包囲する အုတ်မြို့ရိုးရံသောပုဂံထီးနန်း 煉瓦の城壁が取囲むパガンの王宮
ရံ[jan] (名) 時、瞬間 တခါတရံ 時折
ရံခါ[jank'a] (副) 時折、時には
ရံခါမျှသာ[jank'a mja.da] (副) 偶に、稀にしか
ရံဖန်ရံခါ[janp'an jank'a] (副) 時折、再々、繰返して、しばしば
ရံဖန်ရံဖန်[janp'an janp'an] =ရံဖန်ရံခါ
ရံတန်ရံခါ[janp'an jank'a] → ရံဖန်ရံခါ
ရံပုံငွေ[janboun ŋwe] (名) 基金 =ရန်ပုံငွေ
ရံပုံငွေစာရင်း[janbounŋwe səjin:] (名) 予算、予算調書
ရံပုံငွေအဖွဲ့[janbounŋwe əp'wɛ.] (名) 財団、基金
ရုံ[joun] (名) ①建物、小屋 ဆေးရုံ 病院 ဘူတာရုံ 駅 ရုပ်ရှင်ရုံ 映画館 ②叢、茂み、藪 သင်္ဘောပင်ရုံများ： フェニックスの茂み စပေရုံနှင့်မြက်လေးရုံ サンユウカの茂みとタイワンソケイの茂み
ရုံခါ[joun k'a] (動) 入場券販売前に劇場内に入場していた客を外へ出す
ရုံတင်[joun tin] (動) 上演する
ရုံပိုင်[jounbain] (名) 駅長
ရုံပြည့်ရုံလျှံ[jounbje. jounʃan] (副) 超満員で、劇場に溢れんばかりに
ရုံပွဲ[jounbwɛ:] (名) 入場料を支払ってもらって上演する芝居、有料の芝居 cf. လယပွဲ 無料の芝居
ရုံဝင်[joun win] (動) 芝居を初公開する
ရုံဝင်ခ[joun win ga.] (名) 入場料
ရုံသွင်း[joun twin:] (動) 入場料を徴収して芝居を上演する

ရုံသွင်း:ဇာတ်[joun twin: za']（名）劇場内での芝居、劇場で上演される芝居

ရုံ[joun]（動）覆う、身にまとう、（両肩を覆うように）袈裟をまとう　သင်္ကန်း:ရုံသည်။ 両肩を袈裟で覆う cf. သင်္ကန်း:ရန်:သည်။ ပခုံးတင်ရုံထား:သော နိုင်လွန်ဆွယ်တာ။ 肩を覆っているナイロン製セーター

ရုံဂိုဏ်း:[joun gain:]（名）外出する時両肩を袈裟で覆うビルマ仏教の宗派

ရုံ[joun]（副助）只単に、単に～だけ ဖတ်ရုံဘဲဖတ်ကြည့်။ とにかく読むだけ読んでごらん ဒဏ်ရာရရုံရခဲတာပါ။ 只単に怪我をしただけです အဲဒီလိုရောင်း:ဝယ်စား:နေကြတာဟာ ဝမ်း:ဝရုံတော့ရသပေါ့။ そのように商売をしていると食べていくだけの収入は入って来るさ

~ရုံတမယ်[joun tamɛ]（副助）否定形で使用、只～しないだけで　ထင်း:လှည်း:မှာ မြောင်း:ထဲတွင်ကျရုံမမှော်ရုံတမယ်သာကျန်တော့လေသည်။ 薪を積んだ牛車は溝の中に落ちたしたが、転覆だけはしなかった　မိလာတဲ့ပုဇွန်တွေကိုရေမခဲတမယ်အေး:နေအောင် လုပ်ထား:တဲ့ရေခဲရောက်တွေ့ထည့်သည်။ 捕まえてきた蝦は凍らない程度に冷やした冷水槽の中に入れた　လက်အုပ်မချီတမယ်ကျိုး:နှံစွာ မေး:လိုက်၏။ まるで両手を合掌して頭上に挙げんばかりに恭しく尋ねた

~ရုံတင်[joundin]（副助）～だけでなく、～のみならず နား:မထောင်ရုံတင်မဟုတ်ဖူး:၊ ဆန့်ကျင်ဘက်တွေ့ကိုလဲလုပ်တယ်။ 聞かなかったばかりではない、逆の事さえした

~ရုံနဲ့[joun nɛ.]（副助）～しただけで、単に～だけで　စာအုပ်တွေဖတ်ရုံနဲ့မရဘူး:။ 読書をするだけでは不十分だ　သူများပြောတာနား:ထောင်ရုံနဲ့မရဘူး:။ 他人が話す事を聞いているだけでは駄目だ ကိုကိုအသံကြား:ရရုံနဲ့ကိုကိုမှန်:သိသည်။ お兄様の声を聞いているだけでお兄様だという事が判る မသင်္ကာရုံနဲ့ဖမ်:တယ်။ 只疑わしいだけで逮捕した　လူဟာထမင်း:စား:ရရုံနဲ့လူဖြစ်ကျိုး:မနပ်သေး:ဘူး:။ 人は飯が食べられるだけでは人として生れてきた甲斐がない　မင်း:အာမခံရုံနဲ့မလုံလောက်သေး:ဘူး:။ 君が保証するだけではまだ不十分だ　ဒီအဆိပ်ဟာ တခါစား:ရုံနဲ့မသေနိုင်ဘူး:။ この毒は一度服用しただけでは死なない

~ရုံနှင့်[joun nin.]（副助）ရုံနဲ့ の文語形　တဖက်သတ်ချစ်ရုံနှင့်ပြဿနာမပြေလည်နိုင်။ 片思いをしているだけでは問題は解決しない　တခါတည်း:နှိပ်ရုံနှင့်ရောဂါပျောက်သွား:သည်။ たった一度按摩しただけで病が治ってしまった

~ရုံဖြင့်[joun p'jin.]（副助）単に～だけで ဆေး:က လေး:များကိုသောက်နေရုံဖြင့်သူအဖျား:မှာသက်သာမည်မ ထင်။ 僅かな薬を飲んでいるだけでは彼の熱病は治りはしないだろう

~ရုံမက[joun maka.]（副助）～だけでなく、～のみな

らず စိတ်ပျက်ရုံမကဘူး:၊ မလုပ်ဖို့အတန်တန်ပြောတယ်။ 失望しただけではない、しないよう何度も言った

~ရုံမျှ[joun m̊ja.]（副助）僅かに~しただけで、単に ~しただけで ပြုံ:သည်ဆိုရုံမျှ ပြုံ:ပြသည်။ ほんの僅か微笑するだけ微笑した

~ရုံမျှဖြင့်[joun m̊ja.p'jin.]（副助）単に~しただけで　သူ့အသံကိုကြား:ရရုံမျှဖြင့်ကျန်း:မာသန်စွမ်း:ကြောင်း:ခန့်မှန်း:သိနိုင်သည်။ 彼の声を単に聞いただけで元気だという事が推測できる အရုပ်ကိုပြုံရုံမျှဖြင့်မည်သည့်အကောင်ဖြစ်သည်ကိုသိနိုင်သည်။ 姿を見ただけでどんな獲物であるかを知る事ができる တခါခုန်ရုံမျှဖြင့်ခန္ဓာကိုယ်ပမာဏ၏အဆ၂၀မျှသော အကွာ အဝေး:သို့ရောက်နိုင်သည်။ 一度跳躍しただけで体の２０倍もの距離に到達する事ができる

~ရုံမျှမက[joun m̊ja. maka.]（副助）～のみならず、～だけでなく ခေတ်ပညာတတ်ရုံမျှမက၊ ဉာဏ်ပညာရှိသည်။ 近代的学問を修めているだけでなく知恵もある　ကျမကမှုပညာတွင်မထူ:ချွန်ရုံမျှမက၊ လူစမ်း:လူလည်း:ည့ံ သေး:သည်။ 私は勉強の面で目立たなかっただけでなく人間の素質の面でも劣っていた　နိမ့်ပါ:၊ခြင်း:မရှိရုံမျှမက၊ ပိုပင်အခြေအနေကောင်း:သွား:သည်။ 没落しなかっただけでなく更に繁栄さえした

~ရုံမျှသာမက[joun m̊ja.da maka.]（副助）~のみならず、~だけでなく စကားမပြန်ရုံမျှသာမက၊ မျက်နှာ:ထား:ကိုတင်း:တင်း:ထား:လိုက်၏။ 単に返事をしなかっただけでなく表情も硬くしていた

~ရုံသာ[jounda]（副助）只単に　သိရုံသာသိသည်။ 単に知っているだけ နား:ထောင်ရုံသာလုပ်နေခဲ့သည်။ 只耳を傾けていただけ မြင်ရုံသာ မြင်သည်။ 見るだけは見た、只単に見ただけ　သူများ၏ထင်မြင်ချဆချက်များကိုကြား:နာရုံသာကြား:နာသည်။ 他人の見解を只単に聞いていただけ ဒုက္ခမရောက်ရုံသာမက၊အလိုကျပင်ဖြစ်သွား:သည်။ 不幸にならなかっただけではなく気にさえ入っていた　စာဘက်မှာ:ထူ:ချွန်ရုံသာမက၊အား:ကစား:ဘက်မှာလည်း:ထူ:ချွန်နေသည်။ 勉強の面で卓越していただけでなくスポーツの面でも抜群であった

~ရုံသာမက[jounda maka.]（副助）～のみならず အိမ်အတွက်စား:သုံ:ရရုံသာမက၊ ရောင်း:သင့်သူရောင်း:နိုင်သည်။ 家のために消費できるだけでなく売るべき人は売ってもよい

~ရုံသက်သက်မျှ[joun tɛ'tɛ'm̊ja..]（副助）単に~するのみ အညော်ခံရုံသက်သက်မျှဖြစ်သည်။ 焦げ臭い匂いを嗅いだだけで

ရုံး:[joun:]（名）①官公庁、役所 ②法廷
ရုံး:ကူ[joun:gu]（名）役所の小使い
ရုံး:ခန်း:[joun:gan:]（名）役所の事務室

ရုံးချိန်[joun:ʤein:]（名）開廷日、法廷での審判日
ရုံးချုပ်[joun:ʤouʔ]（名）本部
ရုံးခွဲ[joun:gwɛ:]（名）支局、支部
ရုံးစာရေး[joun:səje:]（名）事務官、書記官
ရုံးစိုက်[joun:saiʔ]（動）役所を置く、役所を設置する、官公庁を開設する
ရုံးဆင်း[joun:s'in:]（動）退庁する、勤務から帰宅する
ရုံးဆင်းချိန်[joun:s'in:ʤein:]（名）退庁時刻
ရုံးတော်[joun:dɔ]（名）（王朝時代の）地方太守の役所
ရုံးတက်[joun: tɛʔ]（動）①登庁する、役所に出勤する ②（判事が）出廷する
ရုံးတက်ရုံးဆင်းပြစ်ဒဏ်[joun:dɛʔ joun:zin: pjiʔdan]（名）裁判所の開廷から閉廷までの間課せられる刑罰
ရုံးတင်[joun: tin]（動）告訴する
ရုံးတင်စစ်[joun:tin siʔ]（動）事件を審理する
ရုံးတင်တရားစွဲ[joun:tin təja:swɛ:]（動）起訴する
ရုံးတင်တရားစွဲဆို[joun:tin təja:swɛ:s'o]＝ရုံးတင်တရားစွဲ
ရုံးတွင်းစာ[joun:dwin:za]（名）役所の内部文書
ရုံးထိုင်[joun: t'ain]（動）①官吏が執務する ②法廷に判事が着席する、開廷する、事件を審理する
ရုံးပိတ်ရက်[joun:peiʔjɛʔ]（名）休日、祝祭日
ရုံးပြင်ကနား[joun:bjin kəna:]（名）①法廷 ②官公庁
ရုံးဖွင့်ရက်[joun:p'win.jɛʔ]（名）役所の出勤日、官公庁の執務日、平日
ရုံးမင်းတပ်ထိုင်[joun:min: tət'ain]＝ရုံးတက်ရုံးဆင်းပြစ်ဒဏ်
ရုံးလုလင်[joun: lu.lin]（名）（役所、官庁）の小使い
ရုံးဝန်ထောက်[joun: wundauʔ]（名）所長、課長
ရုံးသုံး[joun:doun:]（形）公用の、公式の
ရုံးသုံးစာ[joun:doun za]（名）公用文字
ရုံးသုံးစကား[joun:doun: zəga:]（名）公用語
ရုံးသုံးဘာသာ[joun:doun: bada]（名）公用語
ရုံးအားရက်[joun: a:jɛʔ]（名）休日、祝祭日
ရုံး[joun:]（名）腕（肩から手の先まで）လက်ရုံး
ရုံး[joun:]（動）集まる、集会する
ရုံးစု[joun:su.]＝စုရုံး
ရုံး[joun:]（植）①ガッテイガム、アクスルウッド（シクンシ科）Anogeissus latifolia ②

シクンシ科の1種 A. acuminata
ရုံးပဒီ[joun:bədi]（植）オクラ（アオイ科）Hibiscus esculentus
ရုံးပဒီသီး[joun:bədidi:]（名）オクラの実
ရုံးဗွေ[joun:bwe]（植）ハナハッカ、マヨラナ（シソ科）Origanum majorana
ရုံးရင်းဆန်ခတ်[joun:jin s'angaʔ]＝ရှန်းရင်းဆန်ခတ်
ရုံးရုံးရုံး[joun:joun: joun:joun:]＝ရှန်းရှန်းရှန်း
ရုံးသွားကျဲ[joun:twa:tʃɛ:]（貝）サルボウ（フネガイ科）

ရ[jwa.]（虫）（茸に寄生する小型の）ダニ
ရ[jwa.]（形）①脆い、砕け易い ဒီမုန့်ကရှတယ်။ この菓子はぱりぱりしている ②締りがない、ふんわりしている ③（動）忍び足で歩く ④（蟻、蛆等が）もぞもぞ動く、がさごそ動く ပုရစ်ဆိတ်တွေရှနေတယ်။ 蟻がもぞもぞ動いている ⑤むずむずする、したくて仕方がない、意欲旺盛だ
ရှစိရှစိနဲ့[jwa.si. jwa.si.nɛ.]（副）もぞもぞと、ごそごそと
ရှပိုထ[jwa.bo t'a.]（動）したくてむずむずする、自制できない、抑制できない
ရှပိုထိုး[jwa.bo t'o:]（動）（したくて）むずむずする、意欲が旺盛だ、抑制が効かない
ရှရှ[jwa.jwa.]①そっと、物静かに ထိုင်ခုံတွင်ရှရှကလေးထိုင်လိုက်ပါသည်။ 椅子にそっと腰を降ろす cf: ခြောက်ကလေးရှရှဖုတ်ထားတယ်။ 魚の干物をそっと火であぶった ②きびきびと、敏捷に ③口も軽やかに နှတ်တက်ရှရှ 暗唱して လင်္ကာရတု၊ ဆိုမူရှရှ။ 詩歌を朗誦するには滑らかに
ရှရှတွား[jwa.jwa. twa:]（動）そろりそろりと這って行く
ရှရှသွား[jwa.jwa. twa:]（動）そろりそろりと歩く、ゆっくりと進む
ရွာ[jwa]（動）降る မိုးရွာသည်။ 雨が降る
ရွာချ[jwatʃa.]（動）①（雨）が降る ②（妖怪変化の祟りから免れるよう）食べ物を供える
ရွာသုန်း[jwatun:]（動）（雨）が降る
ရွာ[jwa]（名）村、村落、集落＝ကျေးရွာ
ရွာကိုင်[jwa kain]（動）魔女 စုန်း に憑かされる
ရွာကျိုးရပ်ကျိုး[jwaʤo: jaʔtʃo:]（名）村落の利益、村落の向上、村落の発展
ရွာခေါင်း[jwagaun:]（名）（王朝時代の）村長補佐、村落の治安担当者
ရွာခံ[jwagan]（名）村人、村の居住者、地元の人
ရွာငယ်[jwaŋɛ]（名）小村、小集落、寒村

ရွာစား:[jwaza:](名)①(王朝時代、国王から知行として村を授けられていた)領主 cf. ကျေး:စာ:၊ နယ်စာ:၊မြို့စာ:။ ②ビルマ楽団ဆိုင်းဝိုင်:のリーダー

ရွာစောင့်နတ်[jwazaunna'](名)村の守り神、村落の守護神

ရွာစည်ရိုး[jwa si:jo:](名)村の周囲の垣根、村の周囲を取巻く生垣 cf. ခြံစည်ရိုး

ရွာစွန်[jwazun](名)村はずれ、村の端

ရွာဆော်[jwazɔ](名)村のふれ役、村の世話役

ရွာဆိုကုန်:[jwazo:goun:](名)廃村

ရွာတရွာ[jwa təjwajwa](名)ある村

ရွာတိုင်:[jwadain:](副)どの村でも、あらゆる村

ရွာတည်[jwa tɛ](動)村を作る、集落を形成する

ရွာတန်းရှည်[jwadan:ʃe](名)(河川沿い、道路沿いの)細長い集落

ရွာထိပ်[jwat'ei'](名)村外れ、村の東側=ရွာဦး

ရွာနီးချုပ်စပ်[jwani:tʃ'ou'sa'](名)①村の近く、村の回り、近隣 ②近隣の村々、周辺の村落

ရွာမ[jwama.](名)中心の集落、大集落

ရွာမှုရပ်မှု[jwamṵ.jaʔmṵ.](名)村の事、村に関する事柄

ရွာရိုး:[jwajo:](名)村の通り、村沿い、村の広がり、村の範囲

ရွာရိုးကိုးပေါက်[jwajo: ko:bau'](名)至る所、遍く、足の赴くまま気の向くまま ရွာရိုးကိုးပေါက် လျှောက်နေသည်။ 昔ねく歩き回る

ရွာလုံးကျွတ်[jwaloun:dʒu'](副)全村、村落全体、全村挙げて、村毎まるまる

ရွာသမီး[jwadəmi:](名)魔女

ရွာသား:[jwada:](名)村人(男性)

ရွာသူ[jwadu.](名)村人(女性)

ရွာသူကြီး[jwadədʒi:](名)(王朝時代の)村長、名主、庄屋

ရွာသူရွာသား:[jwadu. jwada:](名)村人(男女)

ရွာသိမ်[jwadein](名)小村、寒村、小集落

ရွာသိမ်ရွာငယ်[jwadein jwaŋɛ](名)=ရွာသိမ်

ရွာဦး[jwa u:](名)村はずれ、村の東側(一般に仏塔や寺院、精霊の社等がある)=ရွာထိပ်

ရွာဦးကျောင်:[jwa u: tʃaun:](名)(東側)の寺院

ရွာဦးရွာထိပ်[jwa u: jwa t'ei'](名)村はずれ家並みが跡絶えた所 cf. မြို့ဦးမြို့ထိပ်

ရွေ.[jwe.](接助)~限り、~する限り ရှိသရွေ. あらん限り စွမ်:အား:ရှိသရွေ.လုပ်ခဲ့ကြသည်။ 力の限り尽くした =ရွေ့

ရွေ.[jwe.](接助)①~して、~してそして=ရွေ့။ လေ

စီးရွေ့ဆန်သည်။ 小舟に乗って下った ဆုံထဲထည့်ရွေ့ကျည်ပေ့ဖြင့်ထောင်းသည်။ 臼の中に入れて杵で突く ②~なので ညကအိပ်မပျော်ရွေ့ကျမခေါင်:ကိုက်နေသည်။ 昨晩熟睡しなかったので、頭痛がする ③~しながら、~している間に သီချင်း:ဆိုရွေ့ငိုသည်။ 歌を歌いながら泣き出した

ရွေ.[jwe.](動)動く、移る、移動する လှေကမရွေ့ပါလာ:။ ボートは動かないなあ

ရွေ.ရှာ:[jwe.ʃa:](動)=ရွေ့ျာ:

ရွေ့ျာ:[jwe.lja:](動)動く、移る、移動する

ရွေ့ျာ:တယ်လီဖုန်:[jwe.lja: tɛlip'oun:](名)移動電話

ရွေ့ျာ:လူသွားလမ်:[jwe.lja: ludwa:lan:](名)動く歩道

ရွေ့ျော့[jwe.jɔ](動)減る、減少する、衰える、衰退する、衰退する

ရွေ့လျော:[jwe.ljɔ:](動)①移る、変動する ②下がる、下降する ③減少する

ရွေ[jwe](動)削る、削ぐ、削いで形を整える ဓား:ဖြင့်ရွေသည်။ 刃物で削る

ရွေခြမ်:[jwe tʃ'an:](動)削いで両分する

ရွေပေါ်[jwebɔ](名)鉋(かんな)

ရွေပေါ်စာ[jwebɔza](名)鉋屑、削り屑

ရွေပေါ်တိုက်[jwebɔ tai'](動)鉋を掛ける、削る

ရွေပေါ်ထိုး[jwebɔ t'o:]=ရွေပေါ်တိုက်

ရွေဖျင်:[jwe p'jin:](動)切る

ရွေဘောင်:[jwebaun:](名)=ရွေဖော်

ရွေဖော်[jwebɔ](名)従臣、家来

ရွေ:[jwe:](植)①ナンバンアカアズキ(ချင်ရွေး:)の実 ②宝石などの重さの単位(ナンバンアカアズキ一粒分の重さ)မင်:အပူတရွေ:သား:မှမပါဘူး:။ 君の心配はほんの僅かもない

ရွေ:ကလေ:[jwe:gəle:]①(植)トウアズキ(マメ科) Abrus precatorius ②(名)金や宝石の重さを計る単位、1チャッが120分の1、凡そ136ミリグラム

ရွေ:ကြီး[jwe:dʒi:]①(植)ナンバンアカアズキ、カイコウズ(マメ科) Adenanthera pavonina ②重さの単位、1チャッが60分の1、凡そ272ミリグラム

ရွေ:ငယ်[jwe:ŋɛ]=ရွေ:ကလေ:

ရွေ:[jwe:](動)①選ぶ、選び出す、選出する、選抜する စိတ်ကြိုက်ရွေ:သည်။ 好きなものを選ぶ ②(担保、入質品を)受取る、払い戻す、買い戻す အပေါင်:ပစ္စည်:ကိုရွေ:သည်။ 入質品を買い戻す ③身請けする、身代金を払う ပြန်ပေ:ဆွဲခံရသူကိုရွေ:သည်။ 誘拐された

ရွေး‌ကောက် [jwe:kauʔ] (動) 選ぶ、選挙する
ရွေး‌ကောက်တင်‌မြှောက် [jwe:kauʔ tinm̥jauʔ] (動) 選び出す、選出する、選挙する
ရွေး‌ကောက်တင်‌မြှောက်ခြင်းခံရ [jwe:kauʔ tinm̥jauʔtʃin: kʼan ja.] (動) 選び出される、選出される
ရွေး‌ကောက်ပွဲ [jwe:kauʔpwɛ:] (名) 選挙
ရွေး‌ကောက်ပွဲ‌ကြီးကြပ်ရေးအဖွဲ့ [jwe:kauʔpwɛ: tʃi:dʑaʔje: əpʼwɛ.] (名) 選挙管理委員会
ရွေးကျ [jwe:dʑa.] (名) ①残り物、売れ残り、不要品 ②落選者
ရွေးချယ် [jwe:tʃʼɛ] (動) 選ぶ、選抜する、選択する
ရွေးချယ်တင်‌မြှောက် [jwe:tʃʼɛ tinm̥jauʔ] (動) 選出する
ရွေးချယ်တင်‌မြှောက်ခံပိုင်ခွင့် [jwe:tʃʼɛ tinm̥jauʔ kʼanbaingwin.] (名) 被選挙権
ရွေးချယ်တင်‌မြှောက်ပွဲ [jwe:tʃʼɛ tinm̥jauʔpwɛ:] (名) 選挙
ရွေးထုတ် [jwe:tʼouʔ] (動) 選び出す、選び取る
ရွေးနုတ် [jwe:n̥ouʔ] (動) ①選り抜く ②買い戻す、身請けする
ရွေးသန့် [jwe:tan.] (動) 選別する
ရွဲ့ [jwɛ.] (動) ①歪む、ひずむ ပါးစပ်ရွဲ့သည်။ 口を歪める နှာခေါင်းရွဲ့သည်။ 鼻に皺を寄せる ②諷刺する、皮肉を言う ③逆らう
ရွဲ့ကာမဲ့ကာ [jwɛ.ga mɛ.ga] (副) 顔をしかめて
ရွယ် [jwɛ] (動) ①構える、狙う、狙いを定める ②目指す、意図する、志向する、目論む、するつもりだ
ရွယ်ကိုး [jwɛko:] (動) 目指す、意図する
ရွယ်စူး [jwɛzu:] (動) 明確に意図する、目指す
ရွယ်မှန်း [jwɛm̥an:] (動) 企てる、意図する、志向する、目指す
ရွယ်ရည် [jwɛji] (動) 目指す、目論む、志向する、意図する =ရည်ရွယ်
ရွယ် [jwɛ] (名) 年齢 <အရွယ်
ရွယ်တူ [jwɛdu] (名) ①同年、同年齢、同年輩 ②同一サイズ
ရွယ်တူတန်းတူ [jwɛdu dan:du] (名) 同年輩、同じ年頃、同じ立場、同じ条件、同じ水準
ရွယ်ရွယ် [jwɛjwɛ] (名) 中年者、若くもなくそう年とってもいない人、程々の年齢、そこそこの年齢 ရွယ်ရွယ်ဘဲရှိသေးတယ်။ まだそれ程老齢ではない
ရွယ်လူး [jwɛlu:] (名) 若者
ရွှေ [jwe:] (名) ①ビーズ玉 ②蛋白石、オパール ③眼（まなこ）、瞳 ④仏塔の一部分（受花と伏花の中間部分）

ရွှေကုန် [jwɛ goun] (名) ビーズ製品、色ガラス製品
ရွှေကုန်သည် [jwɛ: koundɛ] (名) ビーズ売り
ရွှေပုတီး [jwɛ: bədi:] (名) ビーズの数珠
ရွှေလုံး [jwɛ:loun:] (名) ビーズ玉、色ガラス玉
ရွှဲ [jwɛ:] (形) 水分がたっぷりだ、ぐっしょりしている မျက်ရည်တရွှဲရွှဲနှင့် 涙が溢れてぽろぽろと
ရွှဲ [jwɛ:] (名) 大口の卸し売り
ရွှဲခံ [jwɛ: kʼan] (動) 卸し売りする、大口で売る
ရွှဲခံဝယ် [jwɛ: kʼan wɛ] (動) 大口で買う、卸しで購入する
ရွက် [jwɛʔ] (動) ①（荷を）頭に載せる、（頭に載せて）運ぶ ခေါင်းပေါ်မှာရွက်သည်။ 頭に載せて運ぶ ②行う、執り行う ဆောင်ရွက်သည်။ 執り行う ထမ်းရွက်သည်။ 遂行する
ရွက်ဆောင် [jwɛʔsʼaun] (動) 行なう、執り行う、実施する、挙行する →ဆောင်ရွက်
ရွက်အိုး [jwɛʔo:] (名) 頭上に載せて運ぶ水瓶
ရွက် [jwɛʔ] (名) ①葉、木の葉 =အရွက် ၁ သနပ်ရွက် イヌヂシャの葉 မန်ကျည်းရွက် タマリンドの葉 ②帆 လေရွက် 舟の帆 သ‌ဘော်ရွက် 船の帆 ③ (助数) 枚 စက္ကူတရွက် 紙１枚
ရွက်ကျပင် [jwɛʔtʃa.bin] (名) 落葉樹
ရွက်ကျပင်ပေါက် [jwɛʔtʃa. pinbauʔ] (植) セイロンベンケイ、トウロウソウ（ベンケイソウ科） Bryophyllum pinnatum
ရွက်ကျင် [jwɛʔtʃin] (名) 枯葉、落葉 =ရွက်ဟောင်း
ရွက်ကြမ်းရေကြို [jwɛʔtʃan: jedʑo] (副) 良くも悪くもなく、人並みで、平凡で、程々で ရုပ်ရည်လည်း ရွက်ကြမ်းရေကြိုတော်ရှိပေသည်။ 容貌も十人並みだ
ရွက်ကြောတော [jwɛʔtʃwedɔ:] (名) 落葉樹林
ရွက်ခြောက် [jwɛʔtʃʼauʔ] (名) 枯れ葉
ရွက်စားမုန်လာ [jwɛʔon: moun lɑ] (植) 大根 (セリ科) の一種 Peucedanum sativum 葉を食用
ရွက်စားသတ္တဝါ [jwɛʔsa: dədəwa] (名) 草食動物
ရွက်စုံဖွင့် [jwɛʔsoun pʼwin.] (動) 万策を講じる、あらゆる手を尽す
ရွက်တိုက် [jwɛʔ taiʔ] (動) 帆で走る、帆走する
ရွက်တိုင် [jwɛʔtain] (名) 帆柱、マスト
ရွက်တင် [jwɛʔ tin] (動) 帆を張る、帆を上げる
ရွက်ထည် [jwɛʔtʼɛ] (名) キャンバス地
ရွက်ထည်တဲ [jwɛʔtʼɛ tɛ] (名) 天幕
ရွက်ထည်ရှဲ [jwɛʔtʼɛ youn] (名) テント、天幕
ရွက်ထည်လမ်းလျှောက်ဖိနပ် [jwɛʔtʼɛ lan:ʃauʔ pʼənaʔ] (名) ズック靴
ရွက်နီ [jwɛʔni] (名) （王朝時代通貨として使用され

ရွက်နု[jwɛʔnu.]（名）若葉、柔らかい葉
ရွက်ပါး:[jwɛʔpa:]（植）アダトダ（キツネノマゴ科）
ရွက်ပေါင်း[jwɛʔpaun:]（名）羽状複葉（タマリンドやホウオウボク、オジギソウ等のように葉柄の左右に細い葉が密集している葉）
ရွက်ပုန်းသီး[jwɛʔpoun:di:]（名）①人目に触れなかった果実　②隠れた逸材、埋もれた才能
ရွက်ပြတ်တော[jwɛʔpjaʔtɔ:]（名）落葉樹林
ရွက်ချင်[jwɛʔpʰjin]（名）キャンバス地
ရွက်ချင်ကုလားထိုင်[jwɛʔpʰjin kələtʔain]（名）布張りの椅子
ရွက်ချင်တဲ[jwɛʔpʰjin tɛ:]（名）天幕
ရွက်ချင်ဖိနပ်[jwɛʔpʰjin pʰəna̰ʔ]（名）キャンバスシューズ
ရွက်ဖြတ်ပိုး[jwɛʔpʰjaʔpo:]（虫）ミズメイガ Nymphula depunctalis 稲の害虫
ရွက်ချည်[jwɛʔ pʰjan.]（動）帆を張る
ရွက်မ[jwɛʔma.]（名）主帆、中心の帆、大型の帆
ရွက်ရှည်ထင်းရှူး[jwɛʔʃe tʰin:ʃu:]（植）ヒマラヤマツ、インドナガハマツ（マツ科）Pinus longifolia
ရွက်လိပ်ပိုး[jwɛʔlei ̰po:]（虫）=ရွက်ဖြတ်ပိုး
ရွက်လှ[jwɛʔɬa.]（植）カワリバクロトン、ヘンヨウボク（トウダイグサ科）Codiaeum variegatum
ရွက်လှေ[jwɛʔɬe]（名）ヨット、帆船、帆掛け舟
ရွက်လွှင့်[jwɛʔ ɬwin.]（動）帆を張る
ရွက်လွှင့်ငါး[jwɛʔɬwin. ŋa:]（魚）カジキ
ရွက်သင်္ဘော[jwɛʔ tʰin:bɔ:]（名）帆船
ရွက်ဟောင်း[jwɛʔhaun:]（名）古い葉、枯れ葉
ရွက်ဝန်း[jwɛʔwun:]（名）丸い葉、円形の葉
ရွက်သစ်[jwɛʔtḭʔ]（名）新しい葉、若葉、新葉
ရွက်အုပ်သီး[jwɛʔouʔti:]①（名）葉蔭に隠れていた果実　②人に知られないもの、内緒のもの　③（副）こっそりと、密かに、内緒に、隠し立てして
ရွက်အုပ်သီးချစ်ချစ်[jwɛʔouʔti: ʧiʔ ʧiʔ]（動）片想いをする、思慕の情を密かに抱く
ရွက်အုပ်သီးမယား:[jwɛʔouʔti: məja:]（名）妾、情婦
ရွတ်[juʔ]（動）唱える、暗唱する、呟く ဂါထာကိုရွတ်သည်။ 真言陀羅尼を唱える ပရိတ်တွေသုတ်တွေရွတ်သည်။ 護呪経を唱える
ရွတ်ဆို[juʔsʰo]（動）唱える、暗唱する
ရွတ်ဖတ်[juʔpʰaʔ]（動）読み上げる、朗読する、朗唱する
ရွတ်[juʔ]（形）①頑固だ、意固地だ、天の邪鬼だ　②硬い、筋ばっている
ရွတ်တိရွတ်ထိုး:[juʔti. juʔtʰo:]（副）強引に、意地に、片意地に
ရွတ်တွ[juʔtwa.]①（動）皺が寄る、萎びる、痩せこける　②（名）老齢
ရွတ်တွတ်တွတ်[juʔtuʔtuʔ]（副）強情に、頑固に
ရွံစရာ[jun zəja]（名）気味悪いもの =ရွံ့စရာ
ရွပ်[juʔ]（形）脆い、壊れ易い、（煎餅のように）ぱりばりしている
ရွပ်ကြပ်[juʔtʃuʔ]（形）怒りっぽい、かっとなり易い
ရွပ်ဆတ်[juʔsʰaʔ]（形）癇癪持ちだ、激情的だ
ရွပ်ရွပ်[juʔjuʔ]（副）①激しく、猛烈に　②粉々に
ရွပ်ချွံ[juʔʧun]（形）勇敢だ、勇猛だ
ရွပ်ရွပ်ချွံချွံ[juʔjuʔ ʧunʧun]（副）勇敢に、勇猛果敢に ရွပ်ရွပ်ချွံချွံခုခံသည်။ 激しく抵抗した ရွပ်ရွပ်ချွံချွံတိုက်ခိုက်သည်။ 猛烈に攻撃した ရွပ်ရွပ်ချွံချွံလုပ်သည်။ 懸命に行なった
ရွမ်း:[jun:]（動）打ち鳴らす စည်ရွမ်းသည်။ 太鼓を打ち鳴らす
ရွမ်း[jwan]（形）熟れかけている、熟れようとしている အသီးရွမ်းသည်။ 果実が熟れかけている
ရွမ်းပြင်း[jwan:bjin:]（名）熟れかけ、爛熟寸前 cf. ပင်ထက်မည့်
ရွံ့[jun.]（動）気が引ける、尻込みする、怯む、二の足を踏む
ရွံ့ကြောက်[jun.tʃauʔ]（動）びくびくする、怖じける
ရွံ့စရာ[jun.zəja]（名）恐しいもの、気味悪いもの
ရွံ့ဦးရွံ့တွန့်[jun.ti: jun.tun.]（副）怖じけて、尻込みして
ရွံ့တွန့်တွန့်ဖြစ်[jun.tun.dun. pʰjiʔ]（動）たじろぐ、びくびくする、たじたじとなる
ရွံ[jun]（形）気味が悪い、気持が悪い
ရွံကြောက်[juntʃauʔ]（動）忌わしくて嫌気がさす、気味が悪くて厭きる
ရွံစရာ[junzəja]（名）気味の悪いもの =မတ္တီစရာ
ရွံစရာကောင်း:[junzəja kaun:]（形）気味が悪い、
ရွံတတ်[jundaʔ]（形）気味悪がる、神経質だ
ရွံမှန့်:[junmun:]（動）嫌気が差す
ရွံ့ရှာ[junʃa]（動）①畏敬する、畏怖する　②（形）忌わしい、気味が悪い、胸がわるくなる
ရှ[ʃa.]（動）①刃物で切れる、刃物で傷つく ဖန်ခက်ကဲရှသည်။ ガラスの破片で傷ついた ဓား:ရှသည်။ ナイフで傷ついた မှန်စာကြိုးရှပြီးသေဆုံး:ရသည်။ ビード口紐で傷ついで死んだ　②擦りむく、擦る　③（形）味が鋭い、舌を刺す အရသာရှသည်။ 舌がびりびり

ရှန

ရှန[ʃa.na.]（動）傷つく、負傷する
ရှနာ[ʃa.na]（名）擦り傷、擦過傷
ရှရာ[ʃa.ja]（名）切った箇所、傷付いた箇所、傷跡
ရှရကာရည်[ʃalǝka je]（名）酢 ＝ရှာလကာရည်၊ လျှာရကာရည်။
ရှရပ်ရည်[ʃalǝbaʔ je]（名）シャーベット（砂糖、レモン汁、氷等を溶かした飲み物）＝ရှာရပ်ရည်、ရှာလပ်ရည်။
ရှလကာရည်[ʃalǝka je]（名）＝ရှာလကာရည်
ရှလပ်ရည်[ʃalǝbaʔ je]（名）＝ရှာလပ်ရည်
ရှာ[ʃa]（助動）同情、憐憫を現わす、可哀想に、哀れにも　သွေးမသန့်ရှာဘူး။可哀想にハンセン氏病に罹っている（血が清らかでない）ဘာမှနားမလည်ရှာဘူး။可哀想に何も知らない　မျက်လုံးတလုံးပျက်သွားရှာတယ်可哀想に片目を失った　အဘယ်မျှရှက်စရာလေးစည်နည်း။可哀想にどれ程恥しい思いをしている事であろうか
ရှာ[ʃa]（動）探す、探し求める、探索する
ရှာကြံ[ʃa tʃan]（動）①模索する、工夫する、考案する　②稼ぐ　နည်းအမျိုးမျိုးဖြင့်ရှာကြံသည်။様々な方法で稼ぐ
ရှာကျွေး[ʃa tʃweː]（動）扶養する、稼いで養う
ရှာစား[ʃa saː]（動）働いて稼ぐ、暮しを営む、生計を立てる
ရှာပုံတော်[ʃabaundɔ]（名）①大捜索　②行方不明の配偶者を捜索する長編叙事詩（ウー・チョーの作品「幽林での捜索」ဦးကြော်၊ စုံနှစ်သာမြိုင်ကျပါတော် が名高い、ホメロスのオデッセイ、インドネシアのパンジー、タイのイナオ等も該当する）
ရှာပုံတော်ဖွင့်[ʃabaundɔ pʰwin.]（動）捜索を開始する
ရှာဖွေ[ʃapʰwe]（動）①探す、探し求める、捜索する　②稼ぐ
ရှာဖွေစုဆောင်း[ʃapʰwe su.sʰaunː]（動）働いて稼ぐ、稼ぎ貯える
ရှာဖွေရေး[ʃapʰweje:]（名）探索、捜索
ရှာမရှာ[ʃama. ʃa:]（形）稀少である、極めて少ない、稀だ、非凡だ
ရှာမှီ[ʃa miː]（動）（知識、技術を）獲得する
ရှာရှာကြံကြံ[ʃaʃa tʃantʃan]（副）工夫して、模索して
ရှာရှာဖွေဖွေ[ʃaʃa pʰwepʰwe]（副）極めて稀に、並み外れていて、異例で、異常で
ရှာချည်[ʃatʃi]（名）赤く染色した木綿糸
ရှာထည်[ʃade]（名）赤く染色した布
ရှာနီစောင်[ʃanizaun]（名）赤く染色した木綿の毛布

600

ရှာပန်းထည်[ʃapan:dɛ]（名）①女性用ロンジーの上部の赤い部分　②（家の守護神として軒先に吊り下げる）ココナッツの実の廻りに巻く赤い布切れ　③（自動車のミラーに取付ける）厄除け用の紅白の布切れ
ရှာလကာရည်[ʃalǝka je]（名）酢
ရှာလပ်ရည်[ʃalǝbaʔ je]（名）シャーベット
ရှား[ʃa:]（植）アセンヤクノキ、ベグノキ（ネムノキ科）Acacia catechu
ရှားစေး[ʃa:zi: ～ ʃa:ze:]（名）アセンヤク、ラック貝殻虫の寄生による樹脂、タンニンを大量に含む
ရှားစောင်း[ʃa:zaun: ～ ʃǝzaun:]（植）①セイウンカク（トウダイグサ科）Euphorbia trigona
ရှားစောင်းကြီး[ʃǝzaun:dʒi:]（植）サボテンタイゲキ（トウダイグサ科）Euphorbia antiquorum
ရှားစောင်းပြာသာဒ်[ʃǝzaun pjaʔtaʔ]（植）トウダイグサの一種 ＝ တန်ဆောင်းပြာသာဒ်
ရှားစောင်းမြင်းနာ[ʃǝzaun mjin:na:]（植）フクロギ、キリンカク（トウダイグサ科）Euphorbia neriifolia
ရှားစောင်းလက်ဆက်[ʃǝzaun lɛʔsʔɛʔ]（植）シカクギブドウ（ブドウ科）Vitis quadrangularis
ရှားစောင်းလက်ညှိုး[ʃǝzaun lɛʔɲo:]（植）ミドリサンゴ、アオサンゴ（トウダイグサ科）Euphorbia Tirucalli
ရှားစောင်းလက်ပပ်[ʃǝzaun lɛʔpaʔ]（植）ロカイ、トウロカイ（ユリ科）Aloe vera
ရှားစောင်းလက်ဝါး[ʃǝzaun lɛʔwa:]（植）センニンサボテン、オプンチア（サボテン科）Opuntia dillenii
ရှားစောင်းသက်နိတ်[ʃǝzaun tin:gǝneiʔ]（植）サボテンタイゲキ
ရှားထနောင်း[ʃa: tʰǝnaun:]（植）アカシアの一種 Acacia microcephala
ရှားနစေး[ʃa:nǝze:]（植）ハスノハカズラ、ナンバンハスノハカズラ（ツヅラフジ科）Clypea hernandifolia
ရှားဖြူ[ʃa:pʰju]（植）フエルギネアアカシア（ネムノキ科）Acacia ferruginea
ရှားမီးကျ[ʃa:mi: tʃa.]（動）廻り合せが悪い、不運に見舞われる（アセンヤクノキを薪に使った火炎は熱い）
ရှားရောင်[ʃa:jaun]（名）赤褐色
ရှား:[ʃa:]（形）①少ない、稀だ、希ど　ရေရှားသည်　水が乏しい　ငွေရှားသည်။お金があまりない　ဆန်、ဆီ、ဆား、ရှားတယ်။米、油、塩が乏しい　ဒီအချိန်ငါး

မြေထိုးကအစလွန်ရှားတယ်။ この時期ンガムウェドー（鰻に似たアジロ科の魚）は極めて少ない ②高価だ

ရှား:ပါ:[ʃa:ba:]（形）①少ない、稀だ、希少だ ②高価だ

ရှား:ပါ:စရိတ်[ʃa:ba: zəjeiʔ]（名）公務員の基本給に加えられる生活手当、物価手当（１９９９年現在では廃止されている）

ရှား:ရေပါ:ရေ[ʃa:je pa:je]（副）①入手困難で ②高価で

ရှား:ရှား:ပါ:ပါ:[ʃa:ʃa: pa:ba:]（副）苦労して、やっとの事で、極めて稀に

ရှိ[ʃi.]（動）①ある、存在する ပေးစရာရှိတယ်။ 渡すものがある အာကာသထဲမှာဘာမှမရှိဘူး။ 宇宙には何もない ②いる ကျွန်တော့မှာညီနဲ့ညီမတွေရှိတယ်။ 私には弟や妹がいる ③持っている、所有している ကျွန်တော့မှာမော်တော်ကားတစ်စီးရှိတယ်။ 私は自動車を１台所有している ④状態に達する ငါးနာရီရှိပြီ။ ５時になっている

ရှိချင်[ʃi.chin]（動）あるかも知れぬ、ありそうだ ရှိချင်ရှိအုံးမယ်။ まだあるかも知れない ရှိချင်မှရှိမှာပဲ။ ないかも知れない

ရှိစုမဲ့စု[ʃi.zu. mɛ.zu.]（名）ありったけの物、なけなしの物、極めて僅少 ရှိစုမဲ့စုအိမ်ထောင်ပရိဘောဂများ။ なけなしの家具 ငွေကျွန်တော့လက်ထဲတွင်ရှိစုမဲ့စုတာများကျော့ကျော့။ 私の手許にあるお金は全部かき集めてもたかだか百チャッ余り

ရှိစေချင်[ʃi.zechin]（動）①あって欲しい ②いて欲しい

ရှိစေတော့လေ[ʃi.zedɔ.le]（間）まあ、いいさ、まあ、いいとしよう、それはともかく

ရှိတာတွေ[ʃi.dade]（名）あるもの

ရှိနေ[ʃi.ne]（動）存在している、そこにずっとある

ရှိနေဆဲဖြစ်[ʃi.nezɛ: p'jiʔ]（動）相変わらずある、ずっとある、存続し続けている、今も依然としてある

ရှိနေရာ[ʃi.neja]（名）①ある場所、存在する場所 ②（接）あるのだが ③（接）あるので

ရှိပါစေ[ʃi.baze]（動）①そのままにしておけ ②差し支えない

ရှိပါစေတော့[ʃi.bazedɔ.]（動）結構だ、構わないでくれ

ရှိမရှိ[ʃi. məʃi.]（名）有無

ရှိရင်းစွဲ[ʃi.jin:zwɛ:]（形）現行の ရှိရင်းစွဲဥပဒေများ: 現行の諸法律

ရှိမှရှိ[ʃi.ʃi. məʃi.ʃi.]（間）①あろうとなかろうと、あってもなくても ②いてもいなくても

ရှိသမျှ[ʃi.ʃi.dəmja.]（形、副）ありったけの、あらん限りの、ありとあらゆる、あるものは悉く、あるものは一切合財

ရှိလျှင်တန်ဆာ၊မရှိဝမ်းစာ။（諺）金は、裕福者には飾り物、無い者には口を糊するもの

ရှိသမျှ[ʃi.dəmja.]（形）ありったけの、あらん限りの

ရှိကြီးခိုးရဲ့[ʃiʔtʃi:k'o:bajɛ.]（動）御願いですから、後生ですから

ရှိခို:[ʃiʔk'o:]（植）マイハギ（マメ科）

ရှိခို:[ʃiʔk'o:]（動）敬礼する、拝む、合掌礼拝する

ရှိခို:ကောင်[ʃiʔk'o:gaun]（虫）カマキリ ＝ မောင်:ထောင်:ကောင်

ရှိခို:ခြင်:[ʃiʔk'o:chin:]（名）礼拝、合掌礼拝

ရှိခို:ပူဇော်[ʃiʔk'o: puzɔ]（動）供養礼拝する

ရှိခို:ပူဇော်ကန်တော့[ʃiʔk'o: puzɔ gədɔ.]（動）合掌礼拝供養する

ရှိမခို:[ʃiʔ mək'o:]（動）合掌礼拝しない、ရှိခို:の否定形

ရှိခို:သံတော်ဦးတင်[ʃiʔk'o: tandɔ u:tin]（動）礼拝言上する、礼拝奏上する

ရှိခို:ဦးတင်ပြော[ʃiʔk'o: u:tin pjɔ:]（動）恭しく言う、申し上げる、言上する

ရှိရင်ခို:[ʃiʔjin k'o:]（動）敬意を表する

ရှု[ʃu.]（動）①見る ②黙想する、瞑想する ကသိုက်ရှုသည်။ 精神を集中する、瞑想する အသုဘရှုသည်။ 葬儀に参列する

ရှုကွင်:[ʃu.gwin:]（名）眺め、光景、情景

ရှုခင်:[ʃu.gin:]（名）景色、光景、情景

ရှုခင်:သာ[ʃu.gin:da]（名）よい景色、素晴らしい眺め

ရှုစား:[ʃu.za:]（動）①（敬）ご覧になる、観覧なさる ②鑑賞する

ရှုစိမ့်[ʃu.zein.]（動）平然としている、平気でいる、無関心だ、黙殺する ＝ရှုဆိတ်

ရှုဆိတ်[ʃu.s'eiʔ] ＝ ရှုစိမ့်

ရှုတင်:တင်:[ʃu.tin:din:]（副）厳めしく、手厳しく မျက်နှာရှုတင်:တင်: 厳しい顔つきで、厳しい表情で

ရှုတိ[ʃu.ti]①（形）厳しい、手厳しい ②（副）厳しい顔つきで、厳しい表情で、顔色も変えずに

ရှုတည်တည်[ʃu.tidi]（形）厳密に、厳かに、厳しく

ရှုထောင့်[ʃu.daun.]（名）視点、観点、見地、見方、角度

ရှုဖွယ်[ʃu.bwɛ] ＝ ရှုဘွယ်

ရှုဘွယ်[ʃu.bwɛ]（名）見るもの、観覧物

ရှုမငြီး:[ʃu. məni:]（動）見飽きない、見飽きる事

ရှုမဝ

がない ရှုမငြီးသောသမီးအလှ 見飽きる事のない娘の美しさ
ရှုမဝ[ʃu. məwa.] (動) 見ていて飽きない
ရှုမြော်[ʃu.mjɔ] (動) 前方を見る、将来を考える
ရှုမြင်[ʃu.mjin] (動) 見る
ရှုမြင်ခင်း[ʃu.mjingin:] (名) 眺め、光景、情景
ရှုမျှော်[ʃu.mjɔ] (動) 眺める、展望する
ရှုမျှော်ခင်း[ʃu.mjɔgin:] (名) 眺め、景色
ရှုတိုးတိုး[ʃu. to:do:] (副) 浮かぬ顔で、暗い表情で、無愛想な表情で、不機嫌な顔をして
ရှူ[ʃu] (動) ①吸う、吸い込む、吸入する အသက်ရှူသည် 呼吸する ②嗅ぐ、吸引する နံ့ရှူသည် 匂いを嗅ぐ ဘိန်းရှူသည် 阿片を吸引する
ရှူဆေး[ʃuze:] (名) 吸入剤
ရှူထိုး[ʃu t'o:] (動) ①(蛇が)シューと音を出す ②息を引き取る
ရှူနာ[ʃuna] (病) 喘息
ရှူနာရိုက်ကုန်း[ʃuna ʔaiʔkoun:] (名) 痩せ衰えた人、衰弱した人、病弱者
ရှူရှူပေါက်[ʃuʃu pauʔ] (動) オシッコをする (幼児語)
ရှူရှူပန်း[ʃuʃu pan:] (動) =ရှူရှူပေါက်
ရှူရိုက်[ʃuʔaiʔ] (動) 息をする、呼吸する
ရှူသာရိုက်သာဖြစ်[ʃuda ʔaiʔta pʼjiʔ] (動) 息をつく余裕がある、考える暇がある
ရှူး[ʃu:] (形) ①次第に細くなる、先細りになっている、先端が尖っている အပေါ်းသည် 上部が尖っている ②輝く သောက်ရှူးကြယ် 宵の明星、金星
ရှူး[ʃu:] (動物) ムササビ、ハラジロムササビ (リス科) Petaurista petaurista
ရှူးပျံ[ʃu:bjan] =ရှူး
ရှူး[ʃu:] (擬音) シュー (という音)、シー (という声)
ရှူးတိုက်[ʃu: taiʔ] (動) 犬を嗾ける
ရှူးရှူးဒိုင်ဒိုင်[ʃu:ʃu: dain:dain:] (副) せっかちに、衝動的に、がむしゃらに
ရှူးရှူးရှားရှား[ʃu:ʃu:ʃa:ʃa:] (副) ①息せき切って ②(熱いので) フーフー言って ③(怒りで) カッとなって、激昂して、鼻息も荒く
ရှူးရှူးရှူးရှူး[ʃu:ʃu: ʃu:ʃu:] (擬音) (呼吸の) スースー
ရှူးရှူးရှဲရှဲ[ʃu:ʃu:ʃɛ:ʃɛ:] (擬) ①シューシューと ②(怒りで) 鼻息荒く
ရှူးဖိနပ်[ʃu: pʼənaʔ] (名) 靴、短靴 ＜英 Shoes
ရှေ့[ʃe.] ①(名) 前、前方、前面 ②初め、先刻 ③未来、先、将来 ④(形) 前の、前方の ⑤次の、未来の

ရှေ့က[ʃe.ga.] (副) ①前、前方 ရှေ့ကဖြတ်လျှောက်သည် 前方を横切った ②先に ရှေ့ကသွားပါ 先に行きなさい
ရှေ့ကပေါက်[ʃe.ga.pauʔ] (名) ビルマ語の第3声調 (高平型) を示す符号 =ဝစ္စပေါက်
ရှေ့ကြမ်းနောက်ကြမ်းပစ်ထိုး[ʃeʤun: nauʔtʃun: pjiʔtʼo:] (動) 前転、後転をする
ရှေ့ခြေထောက်[ʃe. tʃidauʔ] (名) 前脚、前足
ရှေ့ခြေလှမ်း[ʃe.tʃi ɬan:] (名) 次の一歩
ရှေ့ငိုက်ကျသွား[ʃe. ŋaiʔtʃa.twa:] (動) 前のめりになる
ရှေ့ဆီ[ʃe.zi] (名) =ရှေ့ကပေါက်၊ဝစ္စပေါက်
ရှေ့ဆက်[ʃe.sʼɛʔ] ①(動) 今後も続ける、引き続き行なう ②[ʃe.zɛʔ] (名) 接頭辞 例 အလုပ် 仕事＜ လုပ် する、為す、行なう
ရှေ့ဆက်ကြည့်[ʃe. sʼɛʔtʃi.] (動) 先を見続ける、前方を見続ける
ရှေ့ဆင့်နောက်ဆင့်[ʃe. zin. nauʔsʼin.] (副) 前後して、次々に、相前後して
ရှေ့ဆောင်[ʃe.sʼaun] ①(動) 先に立つ、率先する ②[ʃe.zaun] (名) リーダー、先導者
ရှေ့ဆောင်ရှေ့ရွက်[ʃe.zaunʃe.jwɛʔ] ①(副) 先頭に立って、率先して ②(名) 中心人物、戸主、所帯主
ရှေ့ဆောင်ရှေ့ရွက်ပြု[ʃe.zaun ʃe.jwɛʔ pju.] (動) 先頭に立つ、率先して行なう
ရှေ့ဆုံး[ʃe.zoun:] (名) 先頭、最前列、一番前
ရှေ့ဆုံးက[ʃe.zoun:ga.] (副) 先頭で、一番前
ရှေ့ဆုံးတန်း[ʃe.zoun:dan:] (名) 最前列
ရှေ့တည့်တည့်[ʃe. tuju] ①(名) 真正面、前方正面 ②(副) 真正面に、真直ぐ前方に
ရှေ့တော်ပြေး[ʃe.dɔbje:] (名) ①(王朝時代の) 露払い (国王外出時の) 先導役 ②先駆け、先駆的存在
ရှေ့တော်ပြေးမှူး[ʃeʔdɔbje:mu:] (名) (王朝時代の) 先駆け部隊長、前触れ部隊長
ရှေ့တိုး[ʃe. to:] (動) 前進する、前へ進む
ရှေ့တိုးနောက်ငင်[ʃe.do: nauʔŋin] (副) ①痙攣して、ひきつけを起して ②前へ押したり後へ引いたり ③ためらって、躊躇して
ရှေ့တိုးနောက်ဆုတ်[ʃe.do: nauʔsʼouʔ] (副) 前後に、前進後退して
ရှေ့တိုးနောက်ပြန်[ʃe.do: nauʔpjan] (副) 前進したり後退したり
ရှေ့တည့်တည့်[ʃe. tɛ.dɛ.] (副) 真直ぐ前方へ、真正面に向って
ရှေ့တန်း[ʃe.dan:] (名) ①先頭、前列 ②前線 ③

（サッカーの）フォワード
ရှေတန်းစစ်မျက်နှာ[ʃe.dan: siʔmjɛʔṇa]（名）（戦場での）前線
ရှေတန်းတင်[ʃe.dan: tin]（動）優先させる、前に置く、先頭に立てる
ရှေထား[ʃe. t'a:]（動）①先に立てる、優先させる②基づく、支持する、鼓舞する မေတ္တာရှေထား၍ 御願いですから、後生ですから မင်းဒီလိုဒေါသရှေမထားနဲ့။ その様に怒りを表わすのは後にしなさい（怒りを優先させるな）
ရှေထိုး[ʃe.do:]（名）ビルマ文字の母音文字အော [ɔ:]の第3声調を、第2声調အော့[ɔ]に変えるための符号
ရှေထိုးနောက်ငင်[ʃe.t'o: nauʔŋin]（副）前後に
ရှေထိုးဖိနပ်[ʃe.do: p'ənaʔ]（名）スリッパ、足の指全体を隠す形の履物
ရှေထောက်နောက်ခံ[ʃe.dauʔ nauʔk'an]（名）支援者、支持者、協力者
ရှေထုံးလဲမလုပ်နဲ့၊ ချေးသုံးလဲမလုပ်နဲ့။（格）無制限には使うな、けじめをつけよ
ရှေထွေ[ʃe.dwɛʔ]（名）（アニェイン舞踊の）前座の踊り子
ရှေထွေမင်းသား[ʃe.dwɛʔ min:da:]（名）前座の役者
ရှေထွေရပ်ခိုင်း[ʃe.t'wɛʔ jaʔk'ain:]（動）前に立たせる
ရှေနား[ʃe.na:]（名）前方直ぐ cf.နောက်နား
ရှေနေ[ʃe.ne]（名）弁護士
ရှေနေချုပ်[ʃe.neʧouʔ]（名）検事総長
ရှေနေငှား[ʃe.ne ŋa:]（動）弁護士を雇う
ရှေနေရှေပ်[ʃe.ne ʃe.jaʔ]（名）弁護士
ရှေနေလိုက်[ʃe.ne laiʔ]（動）①弁護活動をする②弁護する、肩を持つ
ရှေနောက်[ʃe.nauʔ]（名）前後
ရှေနောက်တောင်မြောက်[ʃe.nauʔ taunmjauʔ]（名）東西南北
ရှေနောက်တွဲလျှောက်[ʃe.nauʔ twɛ:ʃauʔ]（動）前後連れ立って歩く
ရှေနောက်ဝဲယာ[ʃe.nauʔ wɛ:ja]（名）前後左右
ရှေနှစ်[ʃe.ṇiʔ]（名）来年
ရှေပေါက်[ʃe.bauʔ]（名）＝ရှေကပေါက်
ရှေပိုင်း[ʃe.bain:]（名）前半、前部、前の部分
ရှေပြေး[ʃe.bje:]（名）①先駆者、開拓者 ②前兆、前触れ
ရှေပြေးကင်းထောက်[ʃe.bje: kin:dauʔ]（名）斥候

ရှေပြေးကိစ္စ[ʃe.bje: keiʔsa.]（名）先立つ用事副次的用件（中心課題ではない）
ရှေပြေးစာတမ်း[ʃe.bje: sadan:]（名）予備報告
ရှေပြေးတပ်[ʃe.bje:taʔ]（名）先遣隊
ရှေပြောနောက်ကြည့်။（諺）昼には眼あり、夜には耳あり、壁に耳あり、障子に眼あり、隠し事を話す時には慎重に
ရှေပြား[ʃe.bja:]（名）予備報告
ရှေဖြစ်[ʃe.bjiʔ]（名）未来の事
ရှေဘီး[ʃe.bein:]（名）前輪 cf. နောက်ဘီး
ရှေဘက်[ʃe.bɛʔ]（名）①前方 ②表側、表面 cf. ကျော်ဘက်
ရှေဘတ်စာရေး[ʃe.baʔ səje:]（名）速記
ရှေမပျက်၊ နောက်ဒန်းပြေး။（諺）前は変らず、後は駆け足（進歩はなく、衰退するのみ）
ရှေမျက်နှာနောက်ထား:[ʃe.mjɛʔṇa nauʔt'a:]（動）恐る恐る口にする、口にし難い事を敢えて言う、恥ずかしいけど思い切って言う、汗顔の至りです
ရှေမှာ[ʃe.ma]（副）前に、前で、面前で、前方に
ရှေမှောက်[ʃe.mauʔ]（名）面前、眼前
ရှေရေး[ʃe.je:]（名）将来の事、未来の事
ရှေရုံး[ʃe.joun:]（名）（王朝時代の）刑事裁判所（မြို့ဝန်၊ ထောင်မှူး၊ ရှေပြည့်စိုး 等で構成）
ရှေရှု[ʃe.ʃu.]（動）向う、目指す、期する ＝ရှေးရှု
ရှေရှုဆောင်ရွက်[ʃe.ʃu. s'aun jwɛʔ]（動）目指して実践する
ရှေလ[ʃe.la.]（名）来月
ရှေလာမည့်[ʃe. lamji.]（形）次の、来たるべき
ရှေလုပ်ငန်း[ʃe. louʔŋan:]（名）将来の事業、未来の仕事
ရှေဝင်း[ʃe.win:]（名）（王朝時代に存在していた）近衛兵4軍団の一つ、東近衛軍団
ရှေဝင်းမှူး[ʃe.win:mu:]（名）東近衛軍団長
ရှေသွား[ʃe.dwa:]（名）前歯、門歯
ရှေသွားနောက်လိုက်ညီ[ʃe.twa: nauʔlaiʔ ɲi]（動）息が合う、気が合う、似つかわしい、相応しい
ရှေအပတ်[ʃe.əpaʔ]（名）来週
ရှေဦးစွာ[ʃe.u:zwa]（副）初めに、最初に
ရှေး[ʃe:]①（名）昔、古代 ②（形）昔の、以前の
ရှေးကကဲ့သို့[ʃe:ga.gɛ.do.]（副）以前のように、昔のように、元通りに
ရှေးကထက်[ʃe:ga.dɛʔ]（副）以前よりは、昔よりは
ရှေးကျ[ʃe: tʃa.]（形）①（時代的に）古い、古代だ ②時代遅れだ
ရှေးခေတ်က[ʃe:k'iʔka.]①（形）昔の、往古の ②（副）昔、かつて

ရေးစကား[ʃe: zəga:] (名) 格言、金言
ရေးဆန်[ʃe: s'an] (形) 昔風だ、時代遅れだ
ရေးတရောအခါက[ʃe: təjan jɔ: ək'aga.] (副) 昔、かつて
ရေးတုန်းက[ʃe:doun:ga.] (副) 昔は、以前には
ရေးထုံး[ʃe:t'oun:] (名) 先例、前例、慣例、昔からの仕来り
ရေးထုံးစဉ်လာအရ[ʃe:t'oun: sinla əja.] (副) 先例によれば、慣例に従えば
ရေးထုံးပယ်ကလျှင် ၊ ချေးသုံးလှယ်ကမှုံ။ (格) 先例を無視すれば誤り、乱費すれば貧しくなる（無制限には使うな、けじめが必要）
ရေးထုံးရေးနည်း[ʃe:t'oun: ʃe:ni:] (名) 先例、前例、慣例
ရေးထုံးလှည်မပယ်နှင့် ၊ ချေးသုံးလှည်မကြုယ်နှင့်။ (格言) 慣習は蔑ろにするな、買い物は浪費するな
ရေးနည်း[ʃe:ni:] (名) 前回のやり方、元の方法、前の手だて、同じ方法
ရေးနည်းအတူ[ʃe:ni: ətu] (副) 元通り、前回同様
ရေးနိုက်[ʃe:ṇai'] (副) 過去においては、昔
ရေးပဝေဏီ[ʃe: pəweni] (名) 古代、遥か昔
ရေးပဝေဏိ[ʃe: pəweṭəni] (名) =ရေးပဝေဏီ
ရေးဖြစ်ဟောင်း[ʃe:bji'haun:] (名) 過去の出来事
ရေးဘဝ[ʃe: bəwa.] (名) 前生、過去の人生
ရေးဘုံးရေးကံ[ʃe:p'oun: ʃe:kan] (名) 前生での善行、前生での功徳
ရေးမဆွက[ʃe: məs'wa.ga.] (副) 早くから、とうの昔に、とっくに
ရေးမိနောက်မီ[ʃe:mi nau'mi] =ရေးမိနောက်မှို
ရေးမြို့တော်ဟောင်း[ʃe: mjo.dɔ haun:] (名) 古都、昔の都
ရေးမှိနောက်မှို[ʃe:mi nau'mi] (名) 過去の出来事を体験している人、過去の出来事を同時代の人として知っている人
ရေးယခင်က[ʃe: jək'inga.] (副) 遥か以前に、ずっと以前に、随分前に
ရေးရေကုတ်[ʃe: jezɛ'] (名) 過去の因果、前生での因果
ရေးရိုး[ʃe:jo:] (名) 昔のやり方、古典的方法
ရေးရိုးစဉ်လာ[ʃe:jo: sinla] (名) 伝統、慣例、仕来り
ရေးရိုးဒေလေ့[ʃe:jo: dəle.] (名) 昔からの慣習、昔からの仕来り
ရေးရိုးဝါဒ[ʃe:jo: wada.] (名) 保守主義、古典的思想
ရေးရိုးအစဉ်အလာ[ʃe:jo: əsin əla] (名) 昔からの仕来り、伝統

ရေးရှု[ʃe:ʃu.] (動) 目指す、期する =ရေးရှု
ရေးရှုကာ[ʃe:ʃu.ga] (副) 目指して、向かって、期して =ရေးရှုပြီး
ရေးရှုပြီး[ʃe:ʃu.pi:] (副) 目指して、向かって、期して ကျွန်တော်တို့သည်ကသာကိုရေးရှုပြီးခြေလျှောက်ကြသည်။ 我々はカターを目指して歩いたပြည်သူအကျိုးရေးရှုပြီးထမ်းရွက်သည်။ 国民の利益目指して遂行した
ရေးရှုရှည်[ʃe:ʃu.jwe.] (副) ရေးရှုပြီး の文語形 နှစ်နိုင်ငံချစ်ကြည်ရေးကိုရေးရှုရှည်လာရောက်သည်။ 両国の親善を期してやって来た
ရေးရှု[ʃe:ʃu] =ရေးရှု
ရေးရေးက[ʃe:ʃe:ga.] (副) 昔、昔々
ရေးရေးကမ္ဘာတည်ဦးစအခါက[ʃe:ʃe: gəba tɛ u:za. ək'aga.] (名) 古代、宇宙開びゃく当時
ရေးရေးတုန်းက[ʃe:ʃe:doun:ga.] (副) 昔
ရေးရေးသောကာလက[ʃe:ʃe:dɔ: kala.ga.] (副) 元、以前に、昔々、昔
ရေးလွန်လေပြီးသောအခါ[ʃe:lunlepi:dɔ: ək'a] (副) 昔、かつて
ရေးသယမဆွက[ʃe: təməja. məs'wa.ga.] (副) 昔
ရေးသရောခါ[ʃe: təjɔ:ga] (副) 昔
ရေးသရောအခါက[ʃe:təjɔ: ək'aga.] (副) 昔
ရေးသီချင်း[ʃe: təʧin:] (名) 昔の歌、古い歌謡
ရေးသောအခါ[ʃe:dɔ: ək'a] (名・副) 昔
ရေးဟောင်းက[ʃe:haun:ga.] (副) 昔、古代に
ရေးဟောင်းခေတ်[ʃe:haun k'i'] (名) 古代
ရေးဟောင်းနောင်းဖြစ်များ[ʃe:haun: ṇaunbji'mja:] (名) 過去の出来事、追憶、懐旧
ရေးဟောင်းပစ္စည်းသုတေသနပညာ[ʃe:haun: pji'si: tu.teṭəna. pjiṇṇa] (名) 考古学
ရေးဟောင်းပုံပြင်[ʃe:haun: pounbjin] (名) 昔話
ရေးဟောင်းသုတေသန[ʃe:haun: tu.teṭəna.] (名) 考古学
ရေးဟောင်းသုတေသနဌာန[ʃe:haun:tu.teṭəna. t'ana.] (名) 考古局
ရေးဟောင်းသုတေသနပညာရှင်[ʃe:haun: tu.teṭəna. pjiṇṇaʃin] (名) 考古学者
ရေးအကျဆုံး[ʃe:əʧa.zoun:] ① (名) 最古 ② (形) 最古の
ရေးအကျဆုံးဖြစ်[ʃe:əʧa.zoun: p'ji'] (形) 最古だ、最も古い
ရေးအခါက[ʃe:ək'aga.] (副) 昔

ရှေး:အစဉ်အဆက်[ʃeː əsin əs'ɛʔ]（名）伝統、古来から仕来り
ရှေးဦး[ʃeːuː]（形）最初の、初めの
ရှေးဦးစွာ[ʃeːuːzwa]（副）初めに、最初に、先に
ရှေးဦးပဌမဉ်[ʃeːuː pətəma. naiʔ]（副・文）先ず、最初に、真先に
ရှေးဦးသူနာပြုနည်း[ʃeːuː tunabju.niː]（名）応急手当、応急処置、応急看護
ရှယ်ယာ[ʃɛja]（名）分け前、割当て、分担 ＜英 Share ＝ဝေစု
ရဲ[ʃɛː]（動）散る、分散する、四散する、避ける
ရဲကနဲ[ʃɛːgənɛ]（擬）シャーと
ရဲကနဲအသံထွက်လာသည်။ シャーという音が聞えてきた
ရဲကနဲရဲကနဲ[ʃɛːgənɛːʃɛːgənɛː]（擬）ザワザワと
ရှော့[ʃɔ.]（動）減らす、減少させる → လျှော့
ရှော့သုံး[ʃɔ. toun]（動）使用を控える、減らして使う →လျှော့သုံး
ရှော်[ʃɔ]（形）詰らない、役に立たない、禄でない、取るに足りない、だらしない မင်ခွေးချေးတဲ့။ပျင်ပြာ့မင်တဲ့၊ရှော်လိုက်တဲ့နာမယ်တွေ။ ミンクウェーチー（犬の糞）王だとかピンビャー（木の板）王だとか、ろくでもない名前だ မင်းတော်တော်ရှော်သေးတဲ့ကောင်တဲ့။ お前は随分くだらん奴だ
ရှောစောင်[ʃɔːzaun]（名）ショール、女性が両肩に掛ける幅広の布
ရှောတို[ʃɔːdoː]（名）ビルマ式麻雀での赤色 5 点牌 3 点牌との 2 枚揃い
ရှောမွေး[ʃɔːmweː]（名）流産した胎児
ရှောမွေးတကောင်နှင့်ဗာရာဏသီချဲ့။（諺）大袈裟に言う 針小棒大に表現する（子供を一人流産しただけで話をベナーレスまで拡大する）
ရှော့ရှော့ရှူရှူ[ʃɔːʃɔːʃuʃu]（副）するすると、すんなりと、順調に、支障なく、何の障害もなく
ရှို့[ʃo.]（動）①火を付ける、点火する、焼く、燃やす ②唆す、焚き付ける、煽り立てる
ရှို့မီး[ʃo.miː]（名）燃やした火、放火
ရှိုး[ʃoː]（名）様子、格好、見映え ＜英 Show ဒီနေ့တော့ရှိုးရှိပါလား။ 今日はばりっとしているではないか နင်တို့ကရှိုးအပြည့်နဲ့ပါလား။ 君達はなかなかよい格好をしているじゃないか
ရှိုးထုတ်[ʃoː t'ouʔ]（動）よい格好をする、しゃれた服装をする、見掛けをよくする
ရှိုးပြ[ʃoː pja.]（動）気取る、紳士ぶる、目立たせる、引き立たせる
ရှိုးတိုးရှန့်တန့်နှင့်[ʃoːdoː ʃan.dan.nɛ]（副）おずおずして、遠慮がちに、まごまごして

ရှိုးတိုးရှန့်တန့်ဖြစ်[ʃoːdoː ʃan.dan. p'jiʔ]（形）気恥かしがる、おずおずする、まごまごする、遠慮がちだ
ရှက်[ʃɛʔ]（動）恥ずかしがる、恥ずかしく思う、羞恥を覚える
ရှက်ကိုးရှက်ကန်း[ʃɛʔkoː ʃɛʔkanː]（副）内気で、はにかんで、恥ずかしげに、恥ずかしがって、きまり悪げに =ရှက်ကိုးရှက်ကန်းနှင့်
ရှက်ကိုးရှက်ကန်းဖြစ်[ʃɛʔkoː ʃɛʔkanː p'jiʔ]（動）はにかむ、恥ずかしがる、ばつが悪い、きまりが悪い
ရှက်ကန်းကန်း[ʃɛʔkanːganː]（副）ばつが悪くて、きまりが悪くて、恥ずかしくて居たたまれず
ရှက်ကြောက်[ʃɛʔtʃauʔ]（動）照れる、きまりが悪い、恥ずかしくて気後れする
ရှက်စနိုး[ʃɛʔsənoː]（副）余りにも恥ずかしくて、きまりが悪くて
ရှက်စရာ[ʃɛʔsəja]（名）恥、恥ずかしい事
ရှက်စရာကောင်း[ʃɛʔsəja kaunː]（形）恥ずかしい、恥ずべき事だ、みっともない
ရှက်တတက်ဖြစ်[ʃɛʔtɛʔtɛʔ p'jiʔ]（動）きまりが悪い
ရှက်ပြုံးပြုံး[ʃɛʔpjoun pjoun]（動）恥ずかしげに笑う、きまり悪げに笑う
ရှက်ဖွယ်[ʃɛʔp'wɛ]（名）恥ずかしい事
ရှက်ဖွယ်ရှိ[ʃɛʔp'wɛ ʃi.]（動）恥ずかしい事だ、恥さらしだ
ရှက်ဖွယ်လိလိဖြစ်[ʃɛʔp'wɛ li.li. p'jiʔ]（動）気恥ずかしくなる
ရှက်ဘို့ကောင်း[ʃɛʔp'o. kaunː]（形）恥ずべき事だ
ရှက်ရမ်းရမ်း[ʃɛʔjanːjanː]（副）きまり悪くて乱暴に、きまり悪くて粗暴に
ရှက်ရုံ့[ʃɛʔjun.]（動）恥ずかしい、ばつが悪い、きまりが悪い
ရှက်ရှက်နှင့်[ʃɛʔʃɛʔnɛ.]（副）恥ずかしげに、きまり悪そうに
ရှက်သွေး[ʃɛʔtweː]（名）恥じらい、恥ずかしさ
ရှက်သွေးကြ[ʃɛʔtweː tʃwa.]（動）恥じらう、上気する、赤面する
ရှက်သွေးဖြာ[ʃɛʔtweː p'ja]（動）赤面する、上気する
ရှက်သွေးဖြန်း[ʃɛʔtweː p'janː]（動）顔が赤らむ、赤面する
ရှက်အံ့[ʃɛʔan.]（動）恥ずかしい、顔が上げられない、目のやり場に困る
ရှက်အမ်းအမ်း[ʃɛʔanːanː]（副）恥ずかしくて、顔が上げられなくて、もじもじして、おずおずと

ရှောက်

ရှက်အမ်းအမ်းဖြစ်[ʃɛʔan:an: pʼjiʔ] (動) 羞恥を覚える、きまりが悪い、恥ずかしくて困り果てる

ရှောက်[ʃauʔ] (植) カントンレモン、ヒメレモン（ミカン科） Citrus medica limonum

ရှောက်ချို[ʃauʔtʃo] (植) ①アマレモン、アマライム スイートライム（ミカン科） Citrus medica limetta または Citrus medica lumia ②グレープフルーツ Citrus decumana

ရှောက်ချဉ်[ʃauʔtʃin] (植) ダイダイ ＝ရှောက်

ရှောက်န[ʃauʔnu.] (植) コブミカン、スワンギン（ミカン科） Citrus hystrix

ရှောက်ပန်း[ʃauʔpan:] (植) ①ブンタン、ウチムラサキ（ミカン科） Citrus decumana または Citrus grandis ②ゲッキツ（ミカン科）

ရှောက်ပန်းသီး[ʃauʔpan:di:] (植) ザボン、ブンタン、ウチムラサキの実

ရှောက်ရွက်[ʃauʔjwɛ:] (名) シトロンの葉（香りが高いので野菜として用いられる）

ရှောက်ဝိုင်း[ʃauʔwain:] ＝ရှောက်န

ရှောက်သခါ[ʃauʔtəkʼwa:] (植) シトロン、ブシュカン（ミカン科） Citrus medica

ရှောက်သီး[ʃauʔti:] (植) レモンの実

ရှောက်[ʃauʔ] (副) やたらと、無差別に ဘာတွေ ရှောက်လုပ်နေပါလိမ့်မလဲ やたらと何をしているのだろうか →လျှောက်

ရှောက်စိုင်း[ʃauʔ sain:] (動) 勝手な気炎を上げる →လျှောက်စိုင်း

ရှောက်ပြော[ʃauʔ pjɔ:] (動) 勝手な事を言う、ほざく ＝လျှောက်ပြော

ရှောက်လည်[ʃauʔlɛ] (動) 歩き回る、ほっつき歩く

ရှောက်ရွာမိုး[ʃauʔʃwa mo:] (名) 霰、雹

ရှိုက်[ʃaiʔ] (動) ①吸い込む、吸入する အသက်ရှိုက် သည် ။ 息を深く吸う ②しゃくり上げて、嗚咽泣く、むせび泣く ရှိုက်၍ငိုသည် ။ しゃくり上げて泣く ③(形) 窪んでいる

ရှိုက်ကုန်း[ʃaiʔkoun:] (名) 猫背、前屈みの人

ရှိုက်ကြီးငင်ကြီး[ʃaiʔtʃi: ɲinʤi:] (副) 激しくしゃくりあげて

ရှိုက်ကြီးတငင်[ʃaiʔtʃi: təɲin] (副) 嗚咽上げて、しゃくり上げて

ရှိုက်ကြီးတငင်ငို[ʃaiʔtʃi:təɲin ŋo] (動) 嗚咽するすすり上げて泣く、しゃくり上げて泣く

ရှိုက်ငို[ʃaiʔŋo] (動) むせび泣く、嗚咽泣く

ရှိုက်ငင်[ʃaiʔŋin] (動) 喘ぐ、嗚咽上げる ရှိုက်ငင် သည့်အသံ 喘ぐような声

ရှင့်[ʃin.] (文末助) 古典詩 ပျို で用いられる

ရှင့်[ʃin.] (助) 文末、強調、女性専用、〜だわ မဟုတ် ဘူးရှင့် ။ 違うわ တိုးတိုးပြောပါရှင့် ။ 手短かに話しなさいよ စိတ်မချရှူးရှင့် ။ 安心できないわ ခပ်ချိုချိုထိုင်ပါ ရှင့် ။ 幾らか離れてお座りなさいよ

ရှင့်[ʃin.] (代) 女性用二人称ရှင် の斜格形、あなたの ရှင့်အဖော်တွေကော ။ 貴方の仲間は（どうしたの） ရှင့် မျက်လုံးကြီးများ ။ 貴方の眼ったら

ရှင့်နဲ့[ʃin.nɛ] (感) あなたったら

ရှင်[ʃin]① (代) 女性用二人称 ရှင်ဗမာမဟုတ်လား ။ 貴方はビルマ人でしょう ရှင်အပြင်မသွားလား ။ 貴方は外出しないのですか ② (助) 文末使用、〜だわ မဟုတ်ပါဘူးရှင် ။ 違いますわ ပြောစရာရှိရင်ပြောပါရှင် ။ 言いたい事があるのならおっしゃいなさいよ ③女性専用の返事、はい

ရှင်[ʃin] (動) 生きる、生存する、命がある အသက် ရှင်သည် ။ 生きている、命がある

ရှင်ကွဲ[ʃingwɛ: kwɛ:] (動) 生き別れる、離別する

ရှင်သန်[ʃintan] (動) 生存している、生育する、生長する

ရှင်သန်မှု[ʃintanmu.] (名) 生存

ရှင်[ʃin] (名) ①主、所有者 ＜အရှင်၊ ပိုင်ရှင် 所有者 ဆိုင်ရှင် 店主 အိမ်ရှင် 家主 အိမ်ရှင်မ 主婦 ခနဲ့ရှင် 資本家 ②沙弥、出家、比丘 ③出家名の敬称

ရှင်ကဿပ[ʃin kiʔsi:] (人) 釈迦の直弟子の一人

ရှင်ကြီး[ʃinʤi:] (名) 下ビルマの神 ＝ဦးရှင်ကြီး

ရှင်ကြီးရှင်ကောင်း[ʃinʤi: ʃingaun:] (名) 幸せをもたらす神霊

ရှင်နည်းရာ၊အဂၢလှျထက်[ ] (格) 本来少ないのに益々減少する、減少の一途を辿る（出家が少ないのにエッガが還俗すると一層少なくなる）

ရှင်တော[ʃinsɔ:] (名) 釈尊の別称

ရှင်ပင်[ʃinbin] (名) 釈尊

ရှင်ပင်ပေါင်းလည်း[ʃinbin paun:lɛ:] (名) 頭を南に向けて横たわっている仏像（涅槃像は頭を北向きにしている）

ရှင်ပြု[ʃin pju.] (動) (子供を) 得度させる ကျွန်တော့သားကိုရှင်ပြုတော့မယ် ။ 吾が子を得度させる cf. ရဟန်းခံ

ရှင်ပြုခြင်း[ʃin pju.ʤin:] (名) 得度

ရှင်ပြုနားမှင်လာ[ʃinbju. na:ta mingəla] (名) 男児の得度式と女児の穿耳式

ရှင်ပြုနားထွင်း[ʃinbju. na:tʼwin:] (名) 得度式と穿耳式

ရှင်ပြုပွဲ[ʃinpjubwɛ:] (名) 得度式

ရှင်ဖျက်ရဟန်[ʃinbjɛʔ jəhan:] (名) 堕落僧、破

ရှောင်

戒僧（還俗も隠棲もしない）
ရှင်ဘုရင်ပုဆိုး၊ပိုးချည်း။（諺）国王の下衣は絹製ばかり
ရှင်ဘုရင်[ʃinbəjin]（名）皇帝、国王
ရှင်ဘုရင်မ[ʃinbəjinma.]（名）女王、女帝
ရှင်ဘုရင်မင်းတရားကြီး[ʃinbəjin min:təja:dʒi:]（名）国王陛下
ရှင်ဘုရင်လုပ်စား[ʃinbəjin lou'sa:]（動）国王として暮す、国王として生活する
ရှင်မ[ʃinma.]（名）①あなた（女性相互間での呼掛け）②そなた（夫から妻への呼掛け）
ရှင်မဟာရဋ္ဌသာရ[ʃin məha ra'tha.tara.]（人）シン・マハーラッタターラ（インワ時代のビルマの僧侶詩人）
ရှင်မည်[ʃinmji]（名）法名、法師名
ရှင်ရှင်လူလူ[ʃinʃin lulu]（名）出家在家
ရှင်လူထွက်[ʃin lu t'wɛ']①（動）（沙彌が）還俗する ②[ʃinludwɛ']（名）還俗者、元沙彌 =ရှင်လိင်ပြန် cf. ရဟန်းလူထွက်
ရှင်လူဇဟန်း[ʃin lu jəhan:]（名）出家在家（僧俗双方を含む）
ရှင်လူအများ[ʃin lu əmja:]（名）出家在家の皆様
ရှင်လောင်း[ʃinlaun:]（名）得度予定者、沙彌になる予定の少年
ရှင်လောင်းလှည့်[ʃinlaun: ɬɛ.]（動）（得度直前の）沙彌予定者のお披露目をする、村中を練り歩いて沙彌予定者を見せる、得度予定の少年に仏像を拝ませる、得度予定者に神霊への供養をさせる
ရှင်လောင်းအမေးနို့သီးရှည်။（慣）（沙彌予定者の母の乳房は長い（子供を何人も出産すると母の乳房が垂れ下がる）
ရှင်လိင်ပြန်[ʃinlein pjan]（動）沙彌が還俗する =ကိုရှင်လူထွက်
ရှင်သာမဏေ[ʃin taməne]（名）沙彌（十戒を守る）=ကိုရှင်၊ cf. ရဟန်း
ရှင်သာမဏေဝတ်[ʃintaməne wu']（動）沙彌になる
ရှင်သီလဝံသ[ʃin tila.wunta.]（人）シン・ティーラウンタ（インワ時代のビルマの僧侶詩人）
ရှင်သူငယ်ဂမုန်း[ʃin təŋɛ gəmoun:]（植）バナナに似た葉を持つ塊根植物（ဂမုန်း）の一種
ရှင်အာနန္ဒာ[ʃin ananda]（人）（仏弟子の）阿難
ရှင်ဥပဂုတ်[ʃin u.bəgou']（人名）シン・ウパゴウ（羅漢の一人、阿育王在世当時の比丘、得度式や授具足戒式の時に厨子を設け、バナナ、ココ椰子等の供物、灯火等を供える）
ရှင်အဂ္ဂသမာဓိ[ʃin ɛ'ga.təmadi.]（人）シン・エッガタマーデイ（インワ時代のビルマの僧侶詩人）

ရှင်မီး[ʃinmi:]（名）シュミーズ、女性用肌着 =တော်လီ
ရှင်မွေးလုံး[ʃin:mwe:loun:]（植）ヒメガマ（ガマ科）Typha angustifolia
ရှင်း[ʃin:]（動）①片づける、取り片づける、取り除く、掃除する အမှိုက်များရှင်းသည်။ 清掃する ②（縺れを）ほぐす ③（問題を）解決する、清算する ငွေရှင်းသည်။ お金を清算する စာရင်းရှင်းသည်။ 帳簿を清算する ④（形）すっきりしている、片づいている 清らかだ、清潔だ ⑤空いている、人気がない、人影がない လူရှင်းသည်။ ⑥はっきりしている、明確だ、明らかだ
ရှင်းကွာ[ʃin:kwa]（動）離婚する =ကွာရှင်း
ရှင်းတမ်း[ʃin:dan:]（名）報告書、説明書、解説書、白書
ရှင်းပြ[ʃin:pja.]（動）明らかにする、説明する、解説する
ရှင်းရှင်း[ʃin:ʃin:]（副）明らかに、はっきりと、明確に
ရှင်းရှင်းပြောရရင်တော[ʃin:ʃin: pjɔ:ja.jin dɔ.]（副）はっきり言うと
ရှင်းရှင်းဘွင်းဘွင်း[ʃin:ʃin: bwin:bwin:]（副）あけすけに、ざっくばらんに
ရှင်းရှင်းလင်းလင်းကြီး[ʃin:ʃin: lin:lin:dʒi:]（副）非常に明確に
ရှင်းလင်း[ʃin:lin:]（動）①明らかにする、明確にする ②（複雑な物を）簡単明瞭にする ③片づける、取り片づける、取り除く、一掃する ④疑いを晴らす
ရှင်းလင်းချက်[ʃin:lin:dʒɛ']（名）解明、解説
ရှင်းလင်းစွာ[ʃin:lin:zwa]（副・文）明確に、はっきりと
ရှင်းလင်းပြ[ʃin:lin: pja.]（動）明らかにする、説明する
ရှင်းလင်းပြောကြား[ʃin:lin: pjɔ:tʃa:]（動）明らかに述べる、明確に述べる、解説する
ရှင်းလင်းပွဲ[ʃin:lin:bwɛ]（名）説明会
ရှင်းလင်းဖယ်ရှား[ʃin:lin: p'ɛʃa:]（動）取り除く、除去する、撤去する
ရှင်းသွား[ʃin:twa:]（動）①明らかになる、明確になる ②片づく、きれいになる
ရှောင်[ʃaim]（動）①避ける、かわす、回避する ②慎む、差し控える အစာရှောင်တယ်။ 食べ物に制限を設ける မြွေကိုဝေးဝေးရှောင်ကြတယ်။ 蛇を遠くから避ける
ရှောင်ကြဉ်[ʃauntʃin]（動）①避ける、回避する ②控える、慎む

ရှောင်တိမ်း:[ʃauntein:]（動）避ける、身をかわす、逃れる、避難する
ရှောင်ပုန်း[ʃaunpoun:]（動）身を隠す
ရှောင်ဖယ်[ʃaunp'ɛ]（動）遠ざかる、接触を避ける、回避する、忌避する、会うまいとする
ရှောင်ဖယ်ရှောင်ဖယ်လုပ်[ʃaunp'ɛ ʃaunp'ɛ lou']会うまいと避ける、忌避する
ရှောင်ရှား:[ʃaunʃa:]（動）①避ける、避難する ②身を除ける ③控える、差し控える、慎む
ရှောင်ရှား:ရေး:[ʃaunʃa:je:]（名）回避
ရှောင်လွဲ[ʃaunɪwɛ:]（動）避ける、回避する、逃れる
ရှောင်တခင်[ʃaun tək'in]（副）突然、不意に、抜き打ちに、思いも寄らず
ရှောင်တခင်ခွင့်[ʃaun tək'ingwin.]（名）病気、不幸等緊急事態の時に取る休暇
ရှောင်ထုံး[jaun doun:]（名）（頭上で結った）男性のまげ　→ယောင်ထုံး
ရှစ်[ʃi']（数）八 数字形は ၈
ရှစ်ခေါက်ချို:[ʃi'k'au'tʃo:]（形）不機嫌だ、むっとしている、膨れっ面をしている ရှစ်ခေါက်ချို:မျက်နှာ ဖြင့်မေး:သည်။ 不機嫌そうな表情で尋ねた
ရှစ်ခေါက်ချို:နဲ့[ʃi'k'au'tʃo:nɛ.]（副）渋面を作って、不機嫌そうに、むっつりして、ぶすっとして、無愛想に ရှင်မျက်နှာကရှစ်ခေါက်ချို:နဲ့ဘာဖြစ်သလဲ။ しかめっ面をしてどうしたんだね
ရှစ်စာ[ʃi'sa']（名）（水田耕作の時の）8回に及ぶ代掻き
ရှစ်စပ်ကလည်[ʃi'sa'ka. lɛ]（動）あらゆる事に精通している、万事に通暁している
ရှစ်ပါ:သီလ[ʃi'pa: tila.]（名）（仏教の）八戒（女性信者、特に正学女が順守する、在家信者が守る五戒に、不時食戒、離歌舞観劇戒、離高広大床戒の三戒を加えたもの）
ရှစ်မျက်နှာ[ʃi'mjɛ'n'a]（名）八方＝အရပ်ရှစ်မျက်နှာ
ရှစ်လုံး:ဘွဲ့[ʃi'loun:bwɛ.]（名）1行が8音節から成る4音節の詩 ရှစ်လုံး:တွေသံပြိုင်ဆိုရသည်။ 8音節1行の詩を斉唱する
ရှစ်သောင်း:မူး[ʃi'taun:mu:]（名）（王朝時代、特にモーニンミン王の治世）地方の城市を支配した首長
ရှခိုး[ʃi'k'o:]（動）拝む、礼拝する　→ရှိခိုး
ရှိ[ʃin.]（動物）リス（リス科）
ရှိငပေါ[ʃin.nəpɔ:]（動物）ムササビ、モモンガ
ရှိနိ[ʃin.ni]（動物）クリハラリス（リス科）Callosciurus erythraeus
ရှိနီကလေး:[ʃin.nigəle:]（動物）フィンレイソンリス（リス科）Callosciurus finlaysoni
ရှိမတက်[ʃin. mətɛ']（植）アスパラガス（ユリ科）Asparagus racemosus
ရှိ:[ʃin:]（助数）対の家畜、ペアーの家畜 နွား:တ ရှိ: 牛一番い ကျွဲတရှိ: 水牛1組
ရှည်[ʃe]（形）（距離、時間等が）長い
ရှည်ကြာ[ʃetʃa]（動）時が経つ、経過する、長引く ＝ကြာရှည်
ရှည်မျော:[ʃemjɔ:]（形）長い
ရှည်မျော:မျော:ဖြစ်[ʃemjɔ:mjɔ: p'ji']（動）長々と伸びている、延々と続く
ရှည်မြင့်[ʃemjin.]（形）長くかかる、長い間に亙る
ရှည်ရှည်ဝေ:ဝေ:[ʃeʃe we:we:]（副）長々と、延々と ကား:ရှည်ရှည်ဝေ:ဝေ:မပြော။ 話を長々としない
ရှည်လံ[ʃelan]（形）長い
ရှည်လျား:[ʃelja:]（形）（距離、長さ、時間等）長い、距離がある လူစီတန်:ကြီ:ကအတော်ရှည်လျား:သည်။ 行列が随分と長い
ရှည်ဝေ:[ʃewe:]（形）距離がある、遠い、離れている
ရှည်သွာ:[ʃetwa:]（動）長くなる
ရှပ်[ʃa']（名）シャツ＜英 Shirt
ရှပ်အင်္ကျီ[ʃa'in:dʑi]（名）シャツ
ရှပ်ချ[ʃou'tʃa.]（動）①非難する、こき下ろす ②落す、おとしめる（ရှပ် はယုတ် の他動詞、ချ はကျ の他動詞）
ရှပ်ချပုတ်ခတ်[ʃou'tʃa. pou'k'a']（動）けなす、こき下ろす、非難攻撃する
ရှပ်ချအရေး:ယူ[ʃou'tʃa. əje:ju]（動）非難し問題にする、非難し告訴する
ရှန်[ʃan.]（名）怯む、たじろぐ
ရှန်ကာ[ʃanka]（病）下かん、化膿（淋病の先駆症状）＜英 Chancre
ရှိန်[ʃein]①（形）熱さがひどい ②（名）勢 မီ:ရှိန် 火力 အရှိန် 勢、速さ
ရှိန်စော်[ʃeinzɔ]（名）威力、権威
ရှိန်[ʃein:]（名）隠通術、忍術
ရှိန်:ဆာယာ[ʃein: s'aja]（名）隠通の術
ရှိန်:ပြီ:[ʃein: pi:]（名）隠通の術に通じている、隠通術を駆使できる
ရှိန်:[ʃein:]（動）度を増す、勢づく、強力になる
ရှိန်:တိန်:တိန်:ဖိန်:ဖိန်:ဖြစ်[ʃein:tein:dein: p'ein:tein:dein: p'ji']（動）体が火照る、体が熱くなる、かっとなる
ရှိန်:ဖိန်:[ʃein:p'ein:]（動）体が熱くなる、火照る

ရှိန်းဖိန်းတူပူ[ein:p'ein: tupu]（動）かっと熱くなる

ရှိန်အို[ʃein:o]（植）アギ（セリ科）Ferula foetida

ရှပ်[ʃaʔ]（貝）アサリ、ハマグリ

ရှပ်ကောင်[ʃaʔkaun]（貝）二枚貝（アサリ、ハマグリの類、ビルマ人はあまり食べない）

ရှပ်[ʃaʔ]（名）シャツ → ရှပ်တ်

ရှပ်လက်တို[ʃaʔ lɛʔto]（名）半袖シャツ

ရှပ်လက်ပျာ:[ʃaʔ lɛʔp'ja:]（名）袖口、カフス

ရှပ်အင်္ကျီ[ʃaʔ in:dʑi]（名）シャツ

ရှပ်အင်္ကျီလက်တို[ʃaʔin:dʑi lɛʔto]（名）半袖シャツ

ရှပ်[ʃaʔ]（動）（表面を）かする、かすめる ＝လျှပ်

ရှပ်တိုက်[ʃaʔtaiʔ]（動）（地面、表面を）かする、かすめる、引きずる

ရှပ်တပ်တပ်ပျံပျံတ်[ʃaʔtaʔtaʔ pjantandan]（副）落ち着きがなくて、品がなくて、下品で＝လျှပ်တပ်တပ်

ရှပ်ပူတိုက်[ʃaʔpu taiʔ]（動）両手を擦り合わせて暖める

ရှပ်ရှပ်[ʃaʔʃaʔ]（擬）シャリシャリ、ジャリジャリ（擦り合せる音、擦れる音）

ရှုပ်[ʃouʔ]（動）嗅ぐ、吸い込む

ရှုပ်နမ်း:[ʃouʔnan:]（動）嗅ぐ、匂いを嗅ぐ နမ်းရှုပ်သည်။鼻で嗅ぐ、接吻する

ရှုပ်[ʃouʔ]（動）①縺れる、絡む ②ごた混ぜになる、混じり合う、入り乱れる、混乱する ③ごた混ぜにする 散らかす ④干渉する、口をさしはさむ ⑤（形）ややこしい、複雑だ、込み入っている အလုပ်ရှုပ်သည်။仕事が込み合っている、忙しい အမှုရှုပ်သည်။事件が込む အမှိုက်ရှုပ်သည်။塵埃が散らかる စာရင်းရှုပ်သည်။ 帳簿が整理できていない

ရှုပ်ထွေး[ʃouʔt'we:]（動）①入り乱れる、錯綜する ②縺れる ③（形）複雑だ、ややこしい

ရှုပ်ထွေးပွေလီ[ʃouʔt'we: pweli]（形）複雑だ、ややこしい、ごっちゃになっている、乱れている

ရှုပ်ပွ[ʃouʔpwa.]（動）乱れる、散らかる

ရှုပ်ပွေ[ʃouʔpwe]①（形）散らかっている、ごっちゃになっている、乱雑を極める ②（動）散らかす

ရှုပ်ရှက်ခတ်[ʃouʔʃɛʔ k'aʔ]①（動）込み合う、混雑する、ごっちゃになる ②（副）込み合って

ရှုပ်ရှုပ်ရှက်ရှက်[ʃouʔʃouʔ ʃɛʔʃɛʔ]（副）込み合って、混雑して、ややこしく

ရှမ်း[ʃan:]（名）シャン民族（シャン州の主要民族、タイ系の言語を話す、文字はタイ文字とは異なる）

ရှမ်းကစော[ʃan:gəzɔ.]（植）ハブソウ、クサセン ナ ＝ကစော

ရှမ်းကုတ်ကို[ʃan: kouʔko]（植）合歓の木

ရှမ်းကြိုက်နွားချော။（諺）蓼食う虫も好きずき（シャン人が好めばその牛はよい）

ရှမ်းခမောင်[ʃan: k'əmauʔ]（名）①竹を裂いて編んだ、又は藁で編んだ鍔広の菅笠 ②竹の皮で作った円錐形の帽子

ရှမ်းစကား[ʃan: zəga:]（名）シャン語（タイ系の言語の一つ、ビルマのシャン州で話されている）

ရှမ်းဆီ[ʃan:zi]（植）ククイノキ（トウダイグサ科）Aleurites moluccana

ရှမ်းဆီ:[ʃan:zi:]（植）①モモ（バラ科）Prunus persica ②イチゴ、エゾヘビイチゴ（バラ科）Fragaria vesca

ရှမ်းဆေးခါး[ʃan: s'ega:]（植）キンポウゲ科の植物 Coptis teeta

ရှမ်းထမင်းချဉ်[ʃan: t'əmin:dʑin]（名）米飯に肉やニンニクを加えて葉で巻き発酵させた一種のなれ鮨

ရှမ်းဓား:[ʃan:da:]（名）シャン族男性が携行していた刀剣

ရှမ်းနံနံ[ʃan: nannan]（植）パセリ（セリ科）

ရှမ်းနှင့်ဆင် လယ်ပြင်ကျမှသိ။（格）シャン族と象、田圃に着かなければ判らない

ရှမ်းနမ်း:[ʃan: nan:]（植）エゴマ（シソ科）Perilla ocimoides

ရှမ်းပြည်နယ်[ʃan: pjinɛ]（名）シャン州（ビルマの東部に位置する州、中国、ラオス、タイの3ヶ国と国境を接している、サルウィン川が南北に貫流している）

ရှမ်းဖက်[ʃan:bɛʔ]（名）イヌヂシャ（ムラサキ科）の葉（葉巻の包みに使われる）＝သနပ်ဖက်

ရှမ်းဖက်လိပ်[ʃan:bɛ:leiʔ]（名）イヌヂシャの葉で巻いた葉巻

ရှမ်းဘောင်းဘီ[ʃan: baun:bi]（名）シャン・ズボン（シャン族男性が着用する幅広のズボン）

ရှမ်းမိုင်ကုတ်ကျင်[ʃan: mainkouʔtʃin:]（植）ヌルデ、タイワンヌルデ（ウルシ科）

ရှမ်းလူမျိုး[ʃan: lumjo:]（名）シャン民族

ရှမ်းအိုးစည်[ʃan: o:zi]（名）シャン太鼓（肩に吊して使う、長い共鳴胴を持つ片面の太鼓）

ရှမ်း[ʃan:]（動）うっかり見逃す ငါကခုနစ်ပွဲဖြေရမှာ သုံးပွဲလုံးရှမ်းလှတ်လိုက်တယ်။僕は7間応えるべきところうっかりして3間を見逃してしまった

ရှိမ်း[ʃein:]①（形）比較的辛い、ひりひりする ရှိမ်းသည်။②群がる ③枯む、たじろぐ

ရှုံ.[ʃoun.]（動）①凹む、窪む ဘန်ဘာလက်ကျာဘက်က

ရှုံ့ကြီး

နည်းနည်းရှုံ့နေသည်။ バンパーの左側が少し凹んでいる ②縮む、収縮する ③皺を寄せる နှာခေါင်းရှုံ့သည်။ 鼻に筋を寄せる、せせら笑う မျက်နှာကိုရှုံ့လိုက်သည်။ 顔をしかめる
ရှုံ့ကြီး:[ʃoun.dʒo:] (名) 伸縮自在のゴム紐、伸び縮みする紐
ရှုံ့ချ[ʃoun.tʃa.] (動) けなす cf. ရှုတ်ချ
ရှုံ့ချည်နဲ့ချည်[ʃoun.dʒi naʔtʃi] (副) 気が変り易くて、移り気で
ရှုံ့တီးရှုံ့တွာ[ʃoun.ti: ʃoun.twa.] (副) 収縮して、縮んで
ရှုံ့တွာ[ʃoun.twa.] (形) 縮んでいる、皺が寄っている
ရှုံ့တွန့်[ʃoun.tun.] (動) 皺が寄る、縮む
ရှုံ့မဲ့[ʃoun.mɛ.] (動) 情ない表情をする、渋面を作る、顔をしかめる、顔を歪める
ရှုံ့မဲ့ငို[ʃoun.mɛ. ŋo] (動) 顔をしかめて泣く
ရှုံ့မဲ့မဲ့[ʃoun.mɛ.mɛ.] (副) 泣きべそをかいて
ရှုံ့မဲ့မဲ့မျက်နှာ[ʃoun.mɛ.mɛ. mjɛʔna] (名) しかめ面、情ない表情、渋面
ရှုံ့မဲ့ရှုံ့မဲ့[ʃoun.ʃoun. mɛ.mɛ.] (副) 渋面を作って、泣き面になって
ရှုံး:[ʃoun:] (動) ①失敗する ②負ける、敗れる、敗北する စစ်ရှုံးသည်။ 戦に敗れる တရားရှုံးသည်။ 裁判に敗れる、敗訴する ③損をする ငွေနှစ်ထောင်ရှုံးသည်။ お金を2千チャット損した
ရှုံးနိမ့်[ʃoun:nein.] (動) 負ける、敗北する
ရှုံးသူ[ʃoun:du] (名) 敗者
ရှီရှီ[ʃwiʃwi] (擬) ひゅーひゅー (口笛等)
ရွှေ့[ʃwe.] (動) ①動かす、移す、移動させる ②転じる、移動する =ရွှေ့ ③延期する
ရွှေ့ဆိုင်း:[ʃwe.s'ain:] (動) 延期する、時間を変更する、日延べする
ရွှေ့ထား:[ʃwe.t'a:] (動) 動かしておく、移動しておく အဲဒီသေတ္တာကိုဘက်ရွှေ့ထား:လိုက်။ その箱を向うへ動かしてくれ
ရွှေ့ပြောင်း:[ʃwe.pjaun:] (動) 移る、移動する
ရွှေ့ပြောင်းနိုင်သောပစ္စည်း:[ʃwe.pjaun:nain dɔ: pjiʔsi:] (名) 動産 =ဇင်္ဂမပစ္စည်း
ရွှေ[ʃwe] (形) 歪んでいる、斜めになっている
ရွှေ[ʃwe] ① (名) 金、黄金 ② (形) 金の、黄金の ③愛称的表現 ရွှေနဖူး お額 ရွှေနှာတံ お鼻 ရွှေကိုယ်တော် 御身体 ရွှေမန်း 花のマンダレー ရွှေမော 誉れ高きビルマ人
ရွှေကိုယ်လေး:[ʃwegole:] (名) 国王または僧正等の体重と同量の黄金

ရွှေကိုင်:မျက်မှန်[ʃwegain: mjɛʔman] (名) 金縁眼鏡
ရွှေကျင်[ʃwe tʃin] (動) 砂金を採る、砂金を篩いに掛ける
ရွှေကျင်ခတ်[ʃwedʒinkʼa] (名) (金銀糸で刺繍した) 織物、(金銀糸刺繍の) インド綿布
ရွှေကျင်ဂိုဏ်း:[ʃwedʒin gain:] (名) シュエチン派 (ミンドン王の治世にザーガラカ僧正を中心に創設されたビルマ仏教の宗派)
ရွှေကျောင်းပြောင်ပြောင်၊ဝမ်းခေါင်းခေါင်း။ (諺) 武士は食わねど高楊枝、表向きは裕福、内実は火の車 (黄金の寺院はぴかぴか、腹はぐうぐう)
ရွှေကြို[ʃwedʒo] (名) (仏塔への参詣客に対する) 客引き、客寄せ、物売り
ရွှေကြိုး:[ʃwedʒo:] (名) 金の鎖
ရွှေကြို:သတ်[ʃwedʒo: taʔ] (動) 都の範囲を定める
ရွှေကြို:သတ်နယ်[ʃwedʒo:taʔ nɛ] (名) (マンダレーの) 王都圏
ရွှေကြည်[ʃwedʒi] (名) (ケーキを作るために使う) 小麦粉、ဆန်ငြမ်းမုန့်の原料 =ရွှေချို
ရွှေကြတ်[ʃwe tʃouʔ] (名) 金のロケット、容器
ရွှေခဲ[ʃwegɛ:] (名) 金塊、金の塊
ရွှေခတ်[ʃwe kʼaʔ] (動) 金を延ばす
ရွှေချ[ʃwe tʃa.] (動) (仏像、仏塔、楽器等に) 金箔を貼る
ရွှေချို[ʃwe tʃi] (名) 小麦粉
ရွှေချက်တော်[ʃwe tʃɛʔtɔ] (名) 出臍 (金の臍)
ရွှေချောင်:[ʃwedʒaun:] (名) 金の延べ棒
ရွှေချည်[ʃwedʒi] (名) 金線、金糸 =ရွှေခြည်
ရွှေခြည်ထိုး:[ʃwedʒi tʼo:] (動) 金糸で刺繍する
ရွှေခွက်[ʃwegwɛʔ] (名) 金杯
ရွှေငို[ʃwegoun] (名) (花の) ラングーン児
ရွှေငါ:[ʃweŋa:] (魚) 金魚
ရွှေငှက်ပျော[ʃweŋəpjɔ:] (植) バショウ属の一種 (皮は赤みを帯び、中身は黄色をした身の大きなバナナ)
ရွှေစာရံ[ʃwezajan] (名) シュエザヤン (タトン市内にある仏塔の名称)
ရွှေစက်တော်[ʃwe sɛʔtɔ] (名) ①仏足跡 ②国王の御足 ③シュエセットー (ミンブー市西部にある仏塔の名称)
ရွှေစက်တော်အောက်ရောက်[ʃwesɛʔtɔ auʔ jauʔ] (動) 国王に拝謁する (国王の御足の下に伺候する)
ရွှေစင်[ʃwezin] (名) 純金
ရွှေစင်သွန်:[ʃwezin tun:] (動) 金で鋳造する
ရွှေစည်:ခုံ[ʃwezi:goun] (名) シュエジーゴン (ニ

ャウンウー町にあるパガン時代初期建立の仏塔）

ရှေ့စုန်ညို့ကစား：[ʃwesunɲo gəza:]（動）子捕り遊び（鬼が列の最後尾の者を捕まえる遊び）をする、その時の鬼と他の者達との掛け合いは ရှေ့စုန်ညို့ဘာကို လို့လို့ဝဲပါတယ်။မထေးလို့လို့ဝဲလာတယ်။ で始まる

ရှေ့စုန်ညို့ဝဲတမ်းကစား：[ʃwesunɲo wɛ:dan:gəza:] ＝ရှေ့စုန်ညို့ကစား：

ရှေဆိုင်：[ʃwezain:]（名）金箔

ရှေဆံတော်[ʃwe sandɔ]（名）シュエサンドー（プローム市内にある仏塔の名称）

ရှေဝါ[ʃwezəwa]（名）①漆器や皮革製品に金の模様をを描く象眼の一種 ②金色一色塗りの漆器

ရှေတက်ကုံ[ʃwedəgoun]（植）トウワタ（ガガイモ科）Asclepias curassavica

ရှေတဆုပ်[ʃwe təs'ou']（名）多収穫性の早稲米

ရှေတက်ကုံဘုရား：[ʃwedəgoun p'əja:]（名）シュエダゴン・パゴダ（ヤンゴン市内にある高さ百メートルの仏塔、過去四仏の遺物が納められていると言われる）

ရှေတို့ငွေ၀[ʃwedo ŋweza.]（名）金銀の装飾品

ရှေတိုက်[ʃwedai']（名）王室金庫、王室の宝物殿

ရှေတိုက်စာရင်：[ʃwedai' səjin:]（名）王族、貴族のリスト

ရှေတိုက်စို：[ʃwedai'so:]（名）王室財務を司った役人、勘定奉行

ရှေတိုက်ဝန်[ʃwedao'wun]（名）王室財務奉行

ရှေတော်ငတက်[ʃwedaun tɛ']（動・古）即位する、玉座に就く

ရှေခါ:ကိုဖွင့်ပါအုံ：[ʃwedəga:go p'win.baoun:]（動）全員が両手を広げて通さない、鬼は ဖွင့်ပါအုံး通してくれと言って中へ入ろうとするビルマの遊び

ရှေတံဆိပ်[ʃwe dəzei']（名）金メダル、金バッジ

ရှေတံတိုင်：[ʃwe dədain:]（植）アルバキンゴジカ（アオイ科）Sida cordifolia

ရှေတုံ：ရှေ：[ʃwedoun: ʃwegɛ:]（名）金塊

ရှေတြိဂံနယ်မြေ[ʃwe tərigan nɛmje]（名）黄金の三角地帯

ရှေထမင်：[ʃwedəmin:]（名）蒸した餅米に椰子砂糖を加えて平たく延ばし、それを切った食物 ＝ဆီထမင်：

ရှေထီ：[ʃwedi:]（名）王宮内の公式行事、仏教行事等で使用される金の柄に金箔張りの大型傘蓋

ရှေထီ：ရှေနန်：[ʃwedi:ʃwenan:]（名）王位

ရှေထီ：ရှေနန်：သိမ်：မြန်：[ʃwedi:ʃwenan: tein:mjan:]（動）即位する、国王に就任する

ရှေထည်[ʃwedɛ]（名）金製品、金細工

ရှေဒင်ါ：[ʃwe din:ga:]（名）金貨

ရှေဒင်ါ：ပန်：[ʃwedin:ga: pan:]（植）マリーゴールド Cosmos bipinnatus

ရှေနာ：တော်[ʃwe na:dɔ]（名）（国王の）御耳

ရှေနာ：တော်ကြာ：တော်မူ[ʃwena:dɔ tʃa: dɔmu]（動）国王の御耳に達する、国王の耳に入る

ရှေနာ：တော်လျှောက်[ʃwena:dɔ ʃau']（動）国王に申し上げる、言上する、奏上する

ရှေနာ：တော်သွင်：[ʃwena:dɔ twin:]（名）王子、王女のために詠まれた四音節の詩歌

ရှေနန်：[ʃwenan:]（名）王宮、宮殿

ရှေနန်：တော်[ʃwenan:dɔ] ＝ရှေနန်：

ရှေနန်：တော်တက်[ʃwenan:dɔ tɛ']（動）即位する

ရှေနန်：တက်[ʃwenan: tɛ'] ＝ရှေနန်：တော်တက်

ရှေနန်：သခင်[ʃwenan: tək'in]（名）（ビルマの）国王

ရှေနန်：ရှင်[ʃwenan:ʃin]（名）（ビルマの）帝王

ရှေနွယ်[ʃwenwɛ]（植）スナズル（クスノキ科）Cassytha filiformis

ရှေပကတိ[ʃwe bəgədi.]（名）純金

ရှေပေ[ʃwe pe]（名）①国王の勅銘を記した貝葉 ②金の羊皮紙

ရှေပဲ：[ʃwepɛ:di:]（植）キヌサヤ

ရှေပေါမြတင်[ʃwebɔ mja.din]（副）掌中の珠のように、慈しみ愛でて、後生大事に

ရှေပိုးကောင်[ʃwe po:gaun]（虫）ツチハンミョウ Lytta vesicatoria

ရှေပင်နှာ：။ ရှေကျေး：။（諺）朱に交われば赤くなる（金の木に止まれば金の鳥）

ရှေပန်：[ʃweban:]（名）①男性器 ②（植）シュクシャ、ハナシュクシャ（ショウガ科）Hedychium coronarium

ရှေပန်：ခွင်[ʃwe pan:gain]（名）シャンの藩侯がビルマ国王に献上した貢納品、金のブーケ cf. ငွေပန်：ခွင်

ရှေပန်：ထိမ်[ʃwe bədein]（名）金細工師、金細工匠

ရှေပန်：နွယ်[ʃweban:nwɛ]（植）コバナアリアケカズラ（キョウチクトウ科）Allamanda cathartica

ရှေပြာ：[ʃwebja:]（名）金板

ရှေပြစိုး：[ʃwepjiso:]（名）①王朝時代の役人（王都内の土地等不動産の売買、担保等を管轄した役人）②（鳥）フタオビヒメコノハドリ（コノハドリ科）Aegithina tiphia

ရှေပြည်အေ：ဝါဒ[ʃwepji e: wada.]（名）一国平和主義、一国繁栄主義

ရှေပွတ်[ʃwe pu']（動）蜜蝋をこすり付けて仏像の金箔を擦り落す（犯罪行為）

ရွှေဖရုံ[ʃwe p'əjoun] (植) クリカボチャ、タイワンカボチャ (ウリ科) Cucurbita maxima

ရွှေဖီ[ʃwep'i] (名) 一番茶 (雨季入り前の新年１５日までに摘んで乾燥させた新茶)

ရွှေဖြူ[ʃwebju] (名) プラチナ、白金

ရွှေဗမာတွေ[ʃwe bəmade] (名) (誉れ高き) ビルマ人

ရွှေဘဝါးတော်မြတ်[ʃwe p'əwa:dɔ mja'] (名) 国王の尊称 (黄金の足の下)

ရွှေဘဝါးတော်အောက်[ʃwe p'əwa:dɔ au'] (名) ①国王の面前 ②王都

ရွှေဘို[ʃwebo] (地) シュエボー (コンバウン王朝の始祖アラウンパヤーの出身地)

ရွှေဘုံ[ʃweboun] (名) 王宮

ရွှေဘုံစံမင်းသမီးဘဝ[ʃweboun san min:dəmi: bəwa.] (名) ①姫君の立場 ②玉の輿

ရွှေမရှိတဲ့ဘုရား၊လူမရှိသေ။ (諺) 資産がない人はまともに対応して貰えない (金のない仏塔、人は拝まない)

ရွှေမော်တော်[ʃwemɔdɔ:] (名) シェエーモードー (ペグー市内にある仏塔)

ရွှေမိုး၊ငွေမိုးရွာ[ʃwemo: ŋwemo: jwa] (比) 豊かになる、富裕になる (金の雨、銀の雨が降る)

ရွှေမန်း[ʃweman:] (地名) (花の) マンダレー

ရွှေမန်းသူရွှေမန်းသား[ʃweman:du ʃweman:da:] (名) (花の) マンダレー児

ရွှေမျဉ်းဓမ္မသတ်[ʃwemjin dəmaṯa'] (名) タールン王の治世に制定された法典

ရွှေမြေ[ʃwemje] (名) 黄金の地

ရွှေမြိုင်[ʃwemjain] (地名) (花の) モールメイン

ရွှေမှုန့်[ʃwemoun.] (名) 金粉

ရွှေရတု[ʃwe jədu.] (名) ５０周年記念

ရွှေရတုသဘင်[ʃwe jədu. dəbin] (名) ５０周年記念式典

ရွှေရင်သိမ်းစအရွယ်[ʃwejin ṯein:za. əjwɛ] (名) 思春期

ရွှေရင်သိမ်းသစ်အရွယ်[ʃwejin ṯein:di' əjwɛ] (名) 思春期

ရွှေရင်အေး[ʃwejin e:] (名) サゴ椰子の澱粉、寒天、ココ椰子の液汁等を混ぜ合わせ、それに氷を加えた飲み物

ရွှေရောင်[ʃwe jaun] (名) 金色

ရွှေရောင်ပန်း[ʃwejaun ban:] (植) 桜草

ရွှေရောင်လက်ကန်းပင်ကူ[ʃwejaun lɛ'kan: pin. gu] (虫) ジョロウグモ

ရွှေရည်စိမ်[ʃweji sein] ① (動) 金メッキをする ② [ʃwejizein] (名) 金メッキ cf. ရွှေရည်မို

ရွှေလီ[ʃweli] (地名) シュエリー河 (シャン州北部でイラワジ河に流入する支流の一つ)

ရွှေလက်ထက်တော်[ʃwe lɛ'tɛ'tɔ] (名) (現国王の) 治世、御代

ရွှေလင်ပန်းနှင့်အချင်းဆေး[ʃwe lin:ban nɛ. əʧin: s'e:] (比) 深窓の令嬢だ、箱入り娘だ (黄金の盆で胎盤を洗う)

ရွှေလမ်း၊ငွေလမ်းဖောက်[ʃwelan: ŋwelan: p'au'] (比) 友好関係を結ぶ (金の道、銀の道を築く)

ရွှေလွှာစက္ကူ[ʃweɫaunn sɛ'ku] (名) 金箔を張り合わせた紙

ရွှေဝါကြင်း[ʃwewa ŋəʤin:] (魚) 中国原産の食用淡水魚

ရွှေဝါထွန်း[ʃwewat'un:] (名) デルタ地帯で栽培される多収穫性の米 (ဧည့်မထ の一種)

ရွှေဝါပန်း[ʃwewa ban:] (植) コバナアリアケカズラ (花は黄色、仏像に供える)

ရွှေဝါရောင်[ʃwewajaun] (名) 金色、黄金色

ရွှေဝါး[ʃwewa:] (植) タイサンチク、キンシチク (イネ科)

ရွှေသား[ʃweda:] (名) 金の地金

ရွှေသဲနှင့်[ʃwe tɛ nin.] (動) 何も手につかない

ရွှေသွေး[ʃwedwe:] (名) 愛児

ရွှေအကြောင်း၊ဖယောင်းသက်သေ။ (比) 試金石 (金の事は蝋が証明する)

ရွှေအပြီး[ʃwe əti. pi:] (形) 純金の、金無垢の

ရွှေအင်းဝ[ʃwe in:wa.] (地) (花の) インワ

ရွှေအပ်[ʃwe a'] (名) ①少女の穿耳式で用いられる金の針 ②著しく辛みの強い唐辛子

ရွှဲ[ʃwɛ:] (形) びしょ濡れだ、ずぶ濡れだ

ရွှဲရွှဲ[ʃwɛ:ʃwɛ:] (副) びっしょり、べっとりと အဆီနဲ့ရွှဲရွှဲနေသည်။ 油でべっとりしている

ရွှဲရွှဲစို[ʃwɛ:ʃwɛ: so] (動) びっしょり濡れになる、ずぶ濡れになる、じっとり濡れる、べっとり濡れる

ရွှင်[ʃwin] (形) ①陽気で、快活だ、楽しい、浮き浮きする ②多い、豊かだ လာဘ်ရွှင်သည်။ 好運だ

ရွှင်ပြ[ʃwin pja.] (形) 快活だ、明朗だ、明朗闊達だ

ရွှင်ပြုံး[ʃwin pjoun:] (動) 明るく微笑する、陽気に微笑む

ရွှင်မြူး[ʃwin mju:] (動) 浮き浮きする、快い、喜びに溢れる

ရွှင်ရွှင်ပျပျ[ʃwinʃwin pja.bja.] (副) 浮き浮きして、陽気に、快活に、喜ばしげに

ရွှင်ရွှင်လန်းလန်း[ʃwinʃwin lan:lan:] (動) 陽気に、浮き浮きと

ရှင်လန်း[ʃwinlan:]（形）嬉しい、幸せだ、幸福だ、快適だ
ရှုတ်[ʃuʔ]（動）ふざける、からかう、揶揄する、嘲笑する
ရှုတ်နောက်[ʃuʔnauʔ]（動）ふざける、おどける、
ရှုတ်နောက်နောက်[ʃuʔnauʔnauʔ]（副）おどけて、ふざけて、戯れて ရှုတ်နောက်နောက်ပြောသည်။ ふざけて言う
ရှုတ်နောက်နောက်လုပ်[ʃuʔnauʔnauʔ louʔ]（動）おどけてする、ふざけてする、戯れる、からかう
ရှန်း[ʃun:]（形）①晴れ晴れしている ②輝いている、きらきらしている
ရှန်းတောက်[ʃun: tauʔ]（動）生き生きと輝く、輝きを増す
ရှန်းရှန်းစားစား[ʃun:ʃun: sa:za:]（副）①興味深く、深い関心をもって、しげしげと、瞬きもせずに ②喜んで、歓迎して、歓待して、うっとりして
ရှန်းရှန်းဝေ[ʃun:ʃun: we aun]（形）溢れんばかりだ、多種多彩だ、変化に富んでいる
ရှန်းရှန်းဝေအောင်[ʃun:ʃun: we aun]（副）溢れんばかりに、とうとう、快活に အင်္ဂလိပ်လို ပြောရမယ်ဆိုလျှင်ရှန်းရှန်းဝေအောင်ပြောနိုင်သည်။ 英語で話す時にはとうとう喋る
ရှန်းလဲ့တောက်ပ[ʃun:lɛ tauʔpa.]（動）（星、瞳等が）きらきら輝く
ရှမ်း[ʃun:]（形）汁気が多い、多汁質だ、水気が多い、水分が多い အရည်ရှမ်းသည်။ 汁がたっぷりだ
ရှမ်းစို[ʃun:so]（動）びしょ濡れになる
ရှုံ.[ʃun.]（名）泥
ရှုံ.စေး[ʃun.zi:]（名）粘土
ရှုံ.ညွန်[ʃun.ɲun]（名）泥、泥濘（ぬかるみ）
ရှုံ.တုံး[ʃun.doun:]（名）泥の塊
ရှုံ.နွံ[ʃun.nun]（名）深い泥濘、深い泥んこ
ရှုံ.နွံတွက်[ʃun.nun bwɛʔ]（名）泥濘
ရှုံ.နွံရေအိုင်[ʃun.nun je ain]（名）泥沼
ရှုံ.နှစ်[ʃun. niʔ]（名）泥、泥濘
ရှုံ.ပုပ်[ʃun.bouʔ]（名）腐植土、臭気を放つ泥
ရှုံ.ပက်[ʃun.bwɛʔ]（名）泥濘、泥んこ
ရှုံ.မီးတောင်[ʃun. mi:daun]（名）泥火山、地獄
ရှုံ.မွ[ʃun. man]（動）泥を塗る、泥を使って塗る
ရှုံ.ရေ[ʃun.je]（名）泥水
ရှုံ.ရုပ်[ʃun.jouʔ]（名）粘土細工、粘土人形、土偶
ရှုံ.လမ်း[ʃun.lan:]（名）泥道、未舗装路
ရှုံ.အိုင်[ʃun.ain]（名）泥沼

လ

လ[la.]（名）ビルマ文字28番目の子音文字
လငယ်[la.ŋɛ]（名）ဃ[la.ʤi:]に対するလの別称
လဆွဲ[la.zwɛ:]（名）子音文字の下に書かれるလ
例 ဒုလ္လဘ၊ ပလ္လင်၊
လ[la.]（名）①省略記号の လ။ ပေယျာလ の省略 ②（助）လေ の変形 မင်းကဗျာကိုငါမဖတ်ဖူးသေးဘူးလဟ။ 君の詩を僕は未だ読んでないよ
လ[la.]（名）①（暦の）月 ②（惑星の）月
လကူး[la. ku:]（動）月が変る、新しい月になる
လကမ္ဘာ[la.gəba]（名）（惑星の）月
လကုန်[la.goun]（名）月末
လကုန်ခါနီး[la. kounga ni:]（名）月末近く
လကြီ[la.tʃi:]＝လကြတ်
လကြတ်[la.tʃaʔ]①（動）月蝕が起きる ②[la.ʤaʔ]（名）月蝕
လကွေး[la.gwe:]（名）三日月
လကွယ်[la.gwɛ]（名）闇夜、新月、朔月
လကွယ်နေ့[la.gwɛ ne.]（名）朔日、新月の日
လကွယ်ည[la.gwɛ ɲa.]（名）闇夜
လခ[la.ga.]（名）月給 အိမ်လခ 家賃 ကျောင်းလခ 月謝、授業料
လခစား[la.ga.za:]（名）月給取り、サラリーマン 給与生活者
လခစားအလုပ်[la.ga.za əlouʔ]（名）サラリーマンの暮し、給与生活者の仕事
လခထုတ်[la.ga. t'ouʔ]（動）月給を受取る、月給を貰う
လခထုတ်ရက်[la.ga. t'ouʔjɛʔ]（名）月給日
လခဖြတ်[la.ga. p'jaʔ]（動）①月給から差し引く ②減給する
လခရင်း[la.ga.jin:]（名）本給、基本給
လခလျှော့[la.ga. ʃɔ.]（動）減給する
လချေး[la.ʤi:]（名）（鉱）雲母
လချေးစက္ကူ[la.ʤi: sɛʔku]（名）セロファン紙
လချေးညိုကျောက်[la.ʤi: ɲo ʤauʔ]（鉱）黒雲母岩
လချုပ်[la.ʤouʔ]（形）月末の cf. နှစ်ချုပ်
လခြမ်း[la.ʤan:]（名）半月、半月形
လခြမ်းဆိုင်[la.ʤan: s'ain]（名）半月形をしたモン族の楽器
လခွဲ[la.gwɛ:]（名）半月、15日間
လငပုပ်ဖမ်း[la. ŋəpouʔ p'an:]（動）月蝕になる ＝လကြတ်

လစာ[la.za]（名）月給
လစာထုတ်[la.za tʻouʔ]（動）月給を受取る
လစာထုတ်ယူ[la.za tʻouʔju]＝လစာထုတ်
လစာနှုန်း[la.zan̪oun:]（名）月給額
လစာမဲ့ခွင့်[la.zamɛ. kʻwin.]（名）無給休暇
လစာရင်း[la.zajin:]（名）本給、基本給
လစား:[la. sa:]（動）日が経って月になる
လစဉ်[la.zin]（名）毎月
လစဉ်ကြေး[la.zinʤe:]（名）月会費
လစဉ်ဓမ္မတာ[la.zin dəməda]（名）月経、生理
လစဉ်လတိုင်[la.zin la.dain:]（名）毎月
လဆိုင်း[la.zain:]（名）月払い、月賦 ပိုးလုံချည်များကိုငါးလဆိုင်းဝယ်ယူနိုင်သည်။ 絹製のロンジーを5ヶ月払いで購入できる
လဆိုင်းပေး[la.zain: pe:]（動）月払いで払う、月賦で支払う
လဆုတ်[la.sʻouʔ]①（動）月が欠ける、月が小さくなる ②[la.zouʔ]（名）黒分、満月から新月迄の15日間
လဆုတ်ပက္ခ[la.zouʔ pɛʔkʻa.]（名）黒分
လဆုတ်လ[la.zouʔla.]（名）黒分の月、満月から次第に欠け始めていく月 ＝လပြည့်ကျော်
လဆန်း[la. sʻan:]①（動）月が満ちる、月が大きくなる ②[la.zan:]（名）白分、新月から満月までの15日間
လဆန်းပက္ခ[la.zan pɛʔkʻa.]（名）白分
လထီးဆောင်း[la. tʻi: sʻaun:]（動）月にかさがかかる ＝လအိမ်ဖွဲ့ cf. နေထီးဆောင်း
လထပ်[la. tʻaʔ]（動）閏年になる、閏月を加える、1年が13ヶ月になる（ビルマ暦では第4番目の月を2回繰り返す）cf. ပဌမဝါဆို၊ ဒုတိယဝါဆို။
လထွက်[la. tʻwɛʔ]①（動）月が出る ②[la. dwɛʔ]（名）月夜
လနတ်သား[la. naʔta:]（名）月の神、お月様
လပေးကြည့်[la.be: tʃi.]（動）月払いで購読する
လပေးယူ[la.be: ju]（動）月極めで購入する
လပေးဝယ်ယူ[la.be: wɛju]＝လပေးယူ
လပတ်စာမေး:ပွဲ[la.baʔ same:bwɛ:]（名）月末試験
လပေါင်းများစွာ[la.baun: mja:zwa]（副・文）何ヶ月もの間
လပြည့်[la.pje]①（動）満月になる ②（名）[la.bje.]満月
လပြည့်ကျော်[la.bje.ʤɔ]（名）黒分、満月過ぎ、満月から新月までの間
လပြည့်နေ့[la.bje.ne:]（名）満月の日、白分15

日（この日には精進潔斎する）
လပြည့်ဝန်း[la.bje.wun:]（名）満月
လပြန်တိုး[la.bjando:]（名）月末払い（元利合計を月末に返済する）
လမစေ့မီမီးဖွား[la.məsi.mi mi:pʻwa:]（動）月足らずで分娩する、早産する
လမသာ[la.məta]（動）月が出ていない
လမိုက်[la.maiʔ]（動）闇夜だ、月が出ていない
လမိုက်ည[la.maiʔɲa.]（名）闇夜、月が出ない夜
လမိုက်ရက်[la.maiʔjɛʔ]（名）闇夜、月が出ない日
လမင်း[la.min:]（名）お月様
လမင်းကြီး[la.min:ʤi:]＝လမင်း
လမုန့်[la.moun.]（名）月餅
လမွန့်[la.moun.]＝လမုန့်
လမွန်းတည့်[la.mun: tɛ.]（動）月が中空に懸る
လရောင်[la.jaun]（名）月光
လလယ်[la.lɛ]（名）中旬
လလယ်ယွန်းဆံထုံး[la.lɛ joun zədoun:]（名）コンバウン時代の女性の髪型
လဝက်[la.wɛʔ]（名）半月（15日間）
လဝင်[la. win]（動）月が沈む
လဝန်[la. wun]（名）月
လသာ[la. ta]（動）月が出ている、月夜だ、月が明るい
လသာခန်း[la.dagan:]（名）月光の差し込む部屋
လသာဆောင်[la.dazaun]（名）ベランダ
လသာတုန်းပိုင်းငင်။（諺）機会を逃すな（月夜に糸を紡ぐな）
လသာမှန်အိမ်[la.da man ein]（名）石油ランプ、手提げの灯り、カンテラ
လသာရက်[la.dajɛʔ]（名）月が明るい日、満月前後の日々
လသား:[la.da:]（名）1歳未満の嬰児
လအထွက်[la. ətʻwɛʔ]（名）月の出
လအလိုက်[la. əlaiʔ]（副）月ごとに、毎月
လအိမ်ဖွဲ့[la. ein pʻwɛ.]（動）月にかさがかかる
~လတံ့[lətan.]（助）文末、未来、推測を現わす ချင်းလျှင်ငါ၏စည်းစိမ်ကိုလုလတံ့။ 次は余の富を奪うであろう ＝လတ့ံ
လဒူးမုန့်[lədu moun.]（名）球形をしたインド系の甘い菓子
လပေါ်တရေး[ləbɔtəje]（副）ぞんざいで、だらしなく、杜撰で
လပို[ləbo.]（名）＝လည်ပို
လပိုင်[ləbain]（名）＝လင်းပိုင်
လဖက်[ləpʻɛʔ]（名）①茶 ②漬け茶、醱酵させた食

用茶 →လဘက်
လဖက်ခြောက်[la.pʻɛʔtʲauʔ] (名) 茶の葉
　လဖက်ခြောက်ခပ်[la.pʻɛʔtʲauʔ kʻaʔ] (動) 茶の葉を入れる
　လဖက်ရည်ဆိုင်[la.pʻɛʔjezain] (名) 喫茶店
　လဖက်ရည်ပန်းကန်[la.pʻɛʔje bəgan] (名) コーヒー茶碗
　လဖက်ရည်အချို[la.pʻɛʔje ətʲo] (名) 紅茶
　လဖက်သုပ်[la.pʻɛʔtouʔ] (名) 漬け茶、醗酵茶（蒸した茶の葉を胡麻油に浸し、フライにした大蒜、塩等を加えた食べ物）
　လဖက်အစ်[la.pʻɛʔiʔ] (名) 茶筒
လဗ[ləba.] (植) オキマヤブシキ（ミソハギ科） Sonneratia griffithii
လဘက်[ləpʻɛʔ] (名) 茶 Camellia thea =လက်ဖက်
　လဘက်ခြောက်[ləpʻɛʔtʲauʔ] (名) 乾燥させた茶の葉
　လဘက်ပန်းကန်လုံး[ləpʻɛʔ bəganloun:] (名) 湯飲み茶碗
　လဘက်ရည်[ləpʻɛʔje] (名) ①お茶、番茶 ②紅茶
　လဘက်ရည်ကြမ်း[ləpʻɛʔjedʑan:] (名) お茶、番茶
　လဘက်ရည်ချို[ləpʻɛʔjedʑo] (名) 紅茶
　လဘက်ရည်ဆိုင်[ləpʻɛʔjezain] (名) 喫茶店
　လဘက်ရည်တိုက်[ləpʻɛʔje taiʔ] (動) お茶を飲ませる
လမု[ləmu.] (植) オオバナヒルギ、ホソバマヤブシキ（ハマザクロ科） Sonneratia caseolaris
လမု[ləmu.] (名) 魚取りの薬の1種
လမယ်[ləmɛ] (名) 容量の単位、1瓶斗の128分の1、練乳缶で凡そ1缶分
လမိုင်း[ləmain:] (名) ①王朝時代の身分の一つ、国王所有田の耕作者、王領田の農奴 ②王領田 ③田の神、田の霊
　လမိုင်းကပ်[ləmain: kaʔ] (動) ①似つかわしい、相応しい ②うまく行く、調子がよい、調子が上がる
　လမိုင်းနတ်[ləmain:naʔ] (名) 田の神
　လမိုင်းမကပ်[ləmain: məkaʔ] (動) うまく行かない
　လမိုင်းဝန်[ləmain:wun] (名) 王領田を管理した王朝時代の役人、王領田農民の奉行
လမျက်[ləmjɛʔ] (名) 容量の単位、လမယ်の2分の1
လမြူ[ləmju] (名) 容量の単位、လမယ်の4分の1
လမူ[ləmuʔ] (植) ウママンゴウ（ウルシ科） Mangifera foetida
လရ[ləja.] (名) 時間の単位、親指と中指とを10回弾き合せた時間

လဝ[ləwa.] (名) ラワ族（アウストロアジア語系の言語を話す小数民族）
လဟာ[ləha] (名) ①空き地 ②空間
လဟာနယ်[ləhanɛ] (名) ①宇宙空間 ②真空地帯
လဟာပြင်[ləhabjin] (名) 空き地 =လေဟာပြင်
လဟာပြင်ဇာတ်ခုံ[ləhabjin zaʔkʻoun] (名) 野外劇場
လဟာပြင်ဈေး[ləhabjin ze:] (名) 青空市場
လဟုဒန်[ləhu.dan] (名) 母音ア、イ、ウ、アッ、エイ等の発音 cf. ဂရဝ
လာ[la] (動) ①来る ②(助動)～するようになる、～してくる နီးလာပြီ 近づいて来る ဂျပန်စကားပြောတတ်လာသည်။ 日本語が話せるようになった စာရေးတတ်လာသည်။ 文字が書けるようになってきた ဖတ်တတ်လာကြသည်။ 読めるようになってきた ဧည့်လည်းပါးလာပြီ 客も少なくなってきた အသက်ကြီးလာပြီ 年を取ってきた သွားလာရေးလွယ်ကူလာသည်။ 往来が容易になってきた အိပ်ချင်လာပြီ 眠くなってきた သူ၏အမှားကိုသူသိလာသည်။ 自分の間違いに彼は気付くようになった ကိုးနာရီနီးရောက်လာသည်။ 9時近くになってきた
လာကြို[la tʲo] (動) 出迎える
လာချင်အနီးကလေး၊မလာချင်ခရီးဝေး။ (格) 来たければ近く、来たくなければ遠い（気持の持ちよう一つ）
လာတောင့်လာခဲ[ladaun. lagə:] (名) 滅多に来なくて
လာပြီ[labi] (動) 只今参ります、今参ります、直ぐ伺います
လာပြန်ပြီ[labjanbi] (動) またか、まだだ、同じ事の繰り返した
လာမဲ့[lamɛ.] (形) 来たるべき、今度の、次の လာမဲ့စနေနေ့ 次の土曜日、今度の土曜日
မာမည်[lamji.] (形・文) 来たるべき လာမည့်ရာစုနှစ် 次の世紀、来世紀 လာမည့်လ 来月
လာမည်ဘေး၊ပြေးတွေ့။ (諺) 来るべき災難、駆け寄って出会う（当って砕けろ）
လာရောက်[la jauʔ] (動) やって来る
လာလာချင်း[laladʑin:] (副) 来るや否や、来た途端に
လာလည်[la lɛ] (動) 遊びに来る、訪ねて来る
လာသမျှ[ləðəmja.] (形) 来るものは悉く လာသမျှလူတွေ 来た人全て、来た人は悉く
လာသူဒိုင်း[ladudain:] (名) 来た人全て、出席者全員
လာအိုနိုင်ငံ[lao naingan] (国) ラオス
လား:[la:] (動物) ラバ

လား：

လား：[la:]（動・古）①赴く、行く、目指す ②行き着く、辿り着く、移り換わる ③世界する ကောင်းရာသုဂတိလားသည်။ 往生する、極楽浄土へ赴く တမလွန်သို့လားရလေသည်။ あの世へ逝く သူမယားအိပ်ရာကိုပြစ်မှားမှုကားရဲသို့လားရ၏။ 他人の妻と寝所で過ちを犯せば地獄へ墜ちねばならぬ အပယ်လေးပါးသို့မလားဘဲသုဂတိဘဝသို့လား：ရာသတည်။ 四悪趣へは赴かず極楽へ赴くべきなり

လား：ရောက်[la:jau']（動）＝လား။ နတ်ရွာသုဂတိသို့လား：ရောက်သည်။ 天界へ赴く

လား：[la:]（助）疑問代名詞、疑問副詞を含まない疑問文の文末、名詞には直接、動詞には助動詞မ၊ ပြီ 等を介して繋がる、~か အရေးကြီးတဲ့ကိစ္စလား။ 重要な用件ですか ရောဂါသည်ဟာမိန်း:မလား။ ယောက်ျား:လား။ 患者は女か男か ဝတ်ထား:တာကလုံချည်လား။ ဘောင်:ဘီလား။ 着ていたのはロンジーかズボンか ထိပ်ချော:သလား။ とても奇麗ですか တွေ့ဖူးပြီလား။ 会った事はありますか

~လား：[la:]（助）文末、勧告 ~しろよ、~したらどうか、~しなさいよ ပြောစရာရှိပြောပါလား။ 言いたい事があるなら言ったらどう？ မင်:ဟာမင်:သွား：အိပ်ပါလား။ 君は君で行って寝たらいいじゃないか မျက်နှာသစ်ပါတော့လား။ 顔を洗いなさいよ ညကိုး:နာရီ:လောက်လာခဲ့ပါလား။ 夜9時半頃に来たらどう သေသေချာချာကြည့်ပါလား။ しっかりと見たらいかが

~လား：~လား：လုပ်[~la:~la: lou']（助動）交互性を現わす、~したり~したりする ကြိမ်:လား：မောင်:လုပ်သည်။ 脅したりすかしたりする တရွာမှတရွာသို့ကူး：လား:သန်:လား:လုပ်သည်။ 村から村へと渡り歩く

~လား：မသိ[~la: məṯi.]（助動）~かどうか、~せいかどうか明らかでないが သူဆံပင်မှာနေဒက်ခရောင်:လား:မသိ။ နီ:ကြန်ဝါရင်သည်။ 彼の頭髪は日光のせいか風のせいか判らないが赤茶けている ရေ:ကျော:ချိန်:ဖြစ်နေ၍လား:မသိ။ ကမ်:ပါ:ကြီ:မှာပေတရာ:ကျော်မျှမြင့်မှာ:နေသည်။ 減水期であるせいかのかどうか判らないが崖は百尺以上の高さがある ခိုး:၍ချစ်ရသောကြောင့်လား:မသိ။ ချစ်ချွန်မဝ:ဖြစ်နေမှုသည်။ 隠れて愛しているせいか知らないが、愛し飽きる事はなかった

လား：ရှို[la:ʃo:]（地）ラーショー（シャン州北部にある町の名前）

လား:လား:[la:la:]（感）予期せぬ事態、おやおや、何とまあ、成る程 လား:လား:။ တွေ့ပြီ။ おやまあ、見つかったよ လား:လား:။ အရက်တွေမော:နေတာကလား။ 何と酒をラッパ飲みしているじゃないか လား:လား:။ အဆိပ်တွေသောက်လို့ဆေး：တင်လိုက်ရသတဲ့။ 何とまあ、毒を仰いだものだから病院に担ぎ込まれたそうだ

လား:လား:မှ[la:la:ma.]（副）否定形で使用、全然、全く လား:လား:မှမထိုက်။ 全く相応しくない လား:လား:မှသိဘူ：။ 全然知らない လား:လား:မှပင်မသင်။ 全く良くない လား:လား:မှဝါသနာမပါကြ။ 全く興味をもたない

လား:လား:မျ[la:la:mja.]（副）လား:လား:မှ の文語形 လား:လား:မျှမတူချေ။ 全然似ていない လား:လား:မျှမဖြိ一向に苦にしない လား:လား:မျှတိုက်တန်ပွံမပေါ်။ 全く似つかわしくはないようだ ဒါကတော့ကျွန်တော်တို့နှင့်လား:မျှဆိုင်။ これは私達とは全く無関係だ

လား:ဟူ[la:hu]（名）ラーフ族（シャン州東部、南部の山地に住むチベット・ビルマ語系の民族）

လီလီ[li.li.]（助）①極端に、抜きん出て、全く ②まさに、まさに~しようとして、殆ど~になろうとして ~に瀕して ရှံဘယ်လီလီရှိသည်။ 全く気持が悪い အခြေအနေမှာရှက်ဖွယ်လီလီဖြစ်သည်။ 状況は全く恥ずかしい限りであった ကြောက်ဖွယ်လီလီရောင်:ကာ:လာသည်။ まさに恐ろしいばかりに腫れ上がってきた လယ်သမား:အပေါ်ကြောက်ခမန်:လီလီသေ：စုတ်ခြင်：ပြုသည်။ 農民達に対して恐しいばかりの搾取を行なった

လီ[li]（副）①分割して အကြေးကိုလီဆပ်သည်။ 借金を分割返済する ②（掛け算での）掛け နှစ်သုံ：လီခြောက်။ 2×3=6 ရှစ်နှစ်လီဆပ်ခြောက်။ 8×2=16 ရှစ်သုံ:လီနှစ်ဆယ်လေ။ 8×3=24

လီဆယ်[lizε]（動）→လီဆယ်

လီဆူ[lis'u]（名）リス族（カチン州からシャン州にかけての山中に居住するチベット・ビルマ語系の民族）

လီဆယ်[lizε]（動）胡麻化す、言い逃れる、作り事を言う、でっち上げる、捏造する

လီဆယ်ရေ:သား:[lizε je:ta:]（動）捏造記述する

လီတာ[lita]（名）リットル ＜英 Litre

လီဘာ[liba]（名）①（器械の）レバー、梃子 ②（自動車の）アクセル ＜英 Lever

လီ:[li:]（名）男性の性器、男根、陰茎

လီ:ချေ:[ləṯi:]（名）包皮の垢

လီ:ခေါင်[ləŋoun]（名）亀頭

လီ:တောင်[li: taun]（動）勃起する

လီ:ရည်[li: je]（名）精液

လု[lu.]（動）奪う、強奪する、奪い去る、ひったくる ပိုလ်လု့ 決勝戦 ပြင်ဘက်၌ကား:အမှောင်လုစပြုနေပြီ။ 外では暗闇が覆い始めている

လုဘက်[lu.bε']（名）競争相手

လုယူ[lu.ju]（動）奪う、強奪する

လုယက်[lu.jε']（動）奪う、強奪する、力づくで取る

လုယက်မှု[lu.jε'mu.]（名）ひったくり事件、ひったくりの罪

လုယက်ရာပစ္စည်း[lu.jɛ'ja pji'si:] (名) 強奪した品物

~လု[lu.~ɬu.] (助動) まさに~せんとする、直ぐに~しようとする、もう直ぐ~しようとしている　နေဝင်လုပြီ။ 日が沈みかけている　အနာကျက်လုနေပါပြီ။ 傷が治りかけている

~လခမန်း[lu.gəman:] (助動) まさに~せんとする　မျက်ရည်များကျလုခမန်းဝမ်းနည်းသည်။ 涙が出んばかりに悲しい　တယောက်နှင့်တယောက်အသားချင်းထိလုခမန်းဖြစ်သည်။ 互いに肌が触れ合わんばかりであった

~လု~ခင်[lu.~gin] (副詞形成) すんでに~ところで　သေလုသေခင် 死の寸前に

~လဆဲ[~lu.sɛ:zɛ:] (助動) ~しかけている　နေလုံးကြီးသည်ပင်ဝင်လုဆဲဖြစ်နေပြီ။ 太陽もまさに沈まんとしている　အား:ပြတ်ပြီးသေလုဆဲမှာကျားကြီးရောက်လာတယ်။ 力尽きて死にかけていた所に虎がやって来た

~လုနီ:[~lu.ni:] (助動) ~しようとしている　ပြန်လာလုနီပါပြီ။ もう少しで戻ってくる　ဆယ်နာရီထိုးလုနေပြီ။ まさに10時になろうとしている　ဆယ်သုံးနှစ်ပြည့်လုနီပါပြီ။ 丁度13歳になりかけている　ဇွန်လကုန်လုနီပြီ။ 6月が終ろうとしている　ရေကန်ကြီးမှာခန်းခြောက်လုနီနေပြီ။ 大池が干上がらんばかりだ

~လုနီ:နီ:[~lu.ni:ni:] (助動) 殆ど~である、もう少しで~だ　ဌက်ဖျား:ရောဂါနဲ့တဲ့သေးလုနီ:နီ:အခြေအနေမှာရှိနေသည်။ マラリア病で瀕死の状態にある

~လုနီ:ပါ:[~lu.ni:ba:] (助動) もう少しで~するところで　ဝင်ဝလုနီ:ပါ:ဖြစ်သည်။ 饑腹寸前だ　ဒီခိုးမှုကိုသူနေရင်တော့ကျွန်တော်သူကိုသေလုနီ:ပါ:ရိုက်မယ်။ もしこの窃盗事件に彼が関っていたら私は彼を半死半生の目に合わせて折檻する

~လုဘနန်:[lu.bənan:] (助動) まさに~せんとする　အုန်းပင်များသည်မိုးကောင်းကင်ကိုထိလုဘနန်:ထင်ရလေသည်။ 椰子の木はまさに天に達せんばかりに思えた　အဆောက်အဦကြီးတို့မှာကောင်းကင်သို့ထိုးရှိုက်တက်လာလုဘနန်:ရှိကုန်၏။ 建物はまさに天を突き刺さんばかりであった

~လုမတတ်[lu.mətaʔ] (助動) まるで~の如くである　သေလုမတတ်နာကျင်သည်။ 死ぬ程痛い　လက်အံသေလုမတတ်ရှိသည်။ 手がまるで死んだようにしびれている　နားကွဲလုမတတ်ကြာသည်။ 耳も割れんばかりに聞えた　လက်ဖဝါ:ပေါက်လုမတတ်အစူ:ခံသည်။ まるで掌に穴が開かんばかりに突き刺さった

~လုလု[lu.lu.] (助動) ~寸前　နေဝင်လုလုအချိန်ပြီ။ 日没寸前　မျက်ရည်ကျလုလုဖြစ်သည်။ 涙が零れんばかりであった　ရွာသို့ရောက်လုလုတွင်ကျောက်တိုင်ကြီးတွေ့လိုက်ရသည်။ 村へ着き寸前に大きな石柱を目撃した

သုက်သောသူခြေများကတန်ရပ်လုလုဖြစ်သွား:သည်။ 急いでいる彼の両足がすんでのところで立ち止まらんばかりになった

~လုအုံ:ဆဲ[lu.an.s'ɛ:zɛ:] (助動) ~せんばかりにဝင်လုအုံ:ဆဲဆဲရှိနေသောနေမင်:။ 日没寸前の太陽

လူလင်[lu.lin~dəlin~nəlin] (名) ①若者、青年②小使い

လူလင်ကျော်[nəlingɔ] (植) ヒマラヤニッケイ、アンナンニッケイ (クスノキ科) Cinnamomum obtusifolium

လူလင်ပျို[nəlinbjo] (名) 独身青年、未婚の若者

လူလင်ပြန်[nəlinbjan] (名) 夜更け、夜間11時以降の時刻

လူ[lu.] (形) လူ の斜格形、人の、人間の

လူကျင့်ဝတ်[lu.tʃin.wuʔ] (名) 倫理、人として為すべき事柄、人倫、モラル

လူကျင့်ဝတ်တရား[lu.tʃin.wuʔtəja:] =လူကျင့်ဝတ်

လူကျင့်ဝတ်သိက္ခာ[lu.tʃin.wuʔ teiʔk'a] (名) 人間としての尊厳

လူခန္ဓာကိုယ်အစိတ်အပိုင်:အစား:ထိုးမှု[lu. k'andako əsei'əpain: əsa:t'o:mu.] (名) 臓器移植

လူဆန္ဒ[lu.s'anda.] (名) 人間の欲望、人間の願望

လူဒလေ့လူထုံ:စံ[lu.dəle. lu.t'oun:zan] (名) 人の習慣、人間としての習慣、人間としての仕来り

လူပြည်~လူဘို[lu.pje~lu.bji] (名) 人間世界、娑婆世界、この世

လူပြည်ငြီ:[lu.pje ɲi:] (動) 厭倒遊ばされる (この世を厭う、娑婆世界に飽きる、この世に別れを告げる)

လူဘဝ[lu.bəwa.] (名) 人の暮し、人生、人の生活

လူဘောင်[lu.baun] (名) 世の中、社会、人間社会

လူဘောင်အဖွဲ့အစည်း[lu.baun əp'wɛ.əsi:] (名) 社会、人間社会

လူဘုံ[lu.boun] (名) 世間、人間界、娑婆世界

လူမျို:ဆက်[lu.mjo:zɛʔ] (名) 人類

လူရွာ[lu.jwa] (名) この世、娑婆

လူလောက[lu.lɔka.] (名) 人の世、この世、人間社会

လူသဘောလူသဘာဝ[lu.dəbɔ: lu.dəbawa.] (名) 人間の本質、人間の性

လူအခြေခံအခွင့်အရေ:[lu.ətʃegan ək'win.əje:] (名) 基本的人権

လူအခွင့်အရေ:[lu. ək'win.əje:] (名) 人権

လူအခွင့်အရေ:ချိုး:ဖောက်[lu. ək'win.əje: tʃ'o: p'auʔ] (名) 人権を侵害する

လူအတန်:အစား:[lu. ətan:əsa:] (名) 社会階層

လူအဖွဲ့အစည်း[lu. əp'wɛ.əsi:] (名) 社会、人間社会

လူ[lu] (動) 立ち昇る　မီး‌ခိုး‌လူ‌နေ‌သည်။煙が立ち昇っている

လူ[lu] (名) ①人、人間　②俗人、（出家でない）在家、優婆塞　③味方、仲間

လူ‌ကလေး:[lugəle:] (名) 男子、男児、少年

လူ‌ကူး‌မျဉ်း‌ကျား:[lugu:mjin:dʑa:] (名) 横断歩道

လူ‌ခတ်[lugɛ:k'a'] (動) 人を観察する、人物を評価する　cf. အကဲခတ်သည်

လူ‌ခတ်ညံ့[lugɛ:ga' ɲan.] (動) 人を見る目がない、人物評価の能力が劣る

လူ‌ကိ‌ကျင်၊လည်း‌ကိုတင်၊နွား‌ကိုတင်း။ (格) 与えられた仕事はこなす、責任を果す（人には穴、荷車には積み荷、牛には惣菜）

လူ‌ကောင်[lugaun] (名) 人体、体格

လူ‌ကောင်း:[lugaun:] (名) ①善人、紳士、立派な人、人格者　②（怪しい者ではなく）まともな人、正常な人　③健康な人

လူ‌ကောင်း:လူ‌တော်[lugan: ludɔ] = လူ‌ကောင်း:

လူ‌ကောင်း:ပကတိ[lugaun: bəgədi.] (名) 健康な人、正常な人

လူ‌ကန်:[lugan:] (名) 盲人

လူ‌ကုတ္တံ[lugoundan] (名) 長者、富豪

လူ‌ကျပ်[lu tʃa'] (動) 人で込む、混雑する

လူ‌ကြား‌မ‌ကောင်း:[lugʑa: məkaun:] (形) 人聞きが悪い

လူ‌ကြား‌ရှက်[lugʑa: ʃɛ'] (動) 他人に知られて恥ずかしい

လူ‌ကြီး:[ludʑi:] (名) ①大人、成人　②年長者、年配者、長老　③上司 cf. လူ‌လတ်၊လူ‌ငယ်။

လူ‌ကြီး:စီး[ludʑi: si:] (名) 成人用自転車

လူ‌ကြီး:စိတ်[ludʑi:zei'] (名) 大人の心、大人の心理

လူ‌ကြီး:စုံရပ[ludʑi: soun ja] (名) 関係者揃った場、全員が顔を揃えた席　လူ‌ကြီး:စုံ‌ရာ‌ရှေ့‌မှာ‌လက်‌ထပ်‌ပေး‌တယ်။ 関係者一同の前で挙式させた

လူ‌ကြီး:ဆန်[ludʑi: s'an] (形) 大人っぽい

လူ‌ကြီး:တွေး:တွေး:[ludʑi:dwe: twe:] (動) 思考の仕方が大人っぽい、大人並みの考え方をする

လူ‌ကြီး:နာ[ludʑi:na] (名) 老衰

လူ‌ကြီး:ပိုင်:[ludʑi:bain:] (名) 長老層、年配層

လူ‌ကြီး:ပြော‌ပြော[ludʑi:bjɔ: pjɔ:] (動) 年長者的な話し方をする、大人っぽい話し方をする

လူ‌ကြီး:မ‌မည်[ludʑi: memji] (形) 長老なのに長老に相応しくない、長老とは言えない

လူ‌ကြီး:မိ‌ဘ[ludʑi: mi.ba.] (名) 人格者、（両親同様に）尊敬に値する人、尊敬、紳士

လူ‌ကြီး:မင်:[lui:min:] (名) 旦那、貴方様

လူ‌ကြီး:မင်:များ:[ludʑi:min:mja:] (名) 皆様

လူ‌ကြီး:ရော‌ဂါ[ludʑi: jɔ:ga] (名) 成人病、老人病

လူ‌ကြီး:ရှက်‌ကလေ၊ကလေး‌ရှက်‌ကငို။ (格) 大人はきまり悪ければ（苦）笑いし、子供は恥ずかしければ泣く

လူ‌ကြီး:လူ‌ကောင်း:[ludʑi: lugaun:] (名) 紳士、人格者、立派な人、尊敬する人

လူ‌ကြီး:လူ‌ငယ်‌မ‌ရွေး:[ludʑi: luɲɛ məjwe:] (副) 老若を問わず、老いも若きも

လူ‌ကြီး:လူ‌ငယ်‌ရွယ်‌လူ‌လတ်[ludʑi: luɲɛ lujwɛ lula'] (名) 全ての年齢層

လူ‌ကြီး:လုပ်[ludʑi: lou'] (動) 率先差配する、全体を取り仕切る

လူ‌ကြီး:သူ‌ကြီး:[ludʑi: tu̪dʑi:] (名) 長老

လူ‌ကြီး:သု‌မ[ludʑi: tu̪ma.] (名) 年配者、御年寄り

လူ‌ကြောက်‌များ:[ludʑau'mja:] (形) 人に怖れられる

လူ‌ကြိုက်‌နည်:[ludʑai' nɛ:] (形) 人気がない、好む人が少ない、評判が良くない

လူ‌ကြိုက်‌များ:[ludʑai' mja:] (形) 人気が高い、人気を博す、人々に好評だ、好む人が多い

လူ‌ကြောင်[ludʑaun] (名) 変わり者、変人、奇人

လူ‌ကြမ်:[ludʑan:] (名) ①言動が粗暴な人　②（映画、演劇等の）悪役

လူ‌ကြို[ludʑoun] (名) （手紙または物品を）託ける人、委託する人

လူ‌ကြို:ပါ:လိုက်[ludʑoun pa:lai'] (動) 人に託ける、委託する、託送する

လူ‌ခေါ်[lu k'ɔ] (動) 客を呼ぶ、呼び込む

လူ‌ခေါ်‌ခေါင်:‌လောင်:[lugo k'aun:laun:] (名) チャイム、呼び鈴

လူ‌ချော[ludʑɔ:] (名) 美男子、男前

လူ‌ချော‌ချော[lu tʃɔ: dʑɔ:] (名) 男前、二枚目

လူ‌ချော‌လူ‌လှ[ludʑɔ: lut̪a.] (名) 美男子、男前、二枚目

လူ‌ချင်:[ludʑin:] (副) 互いに、個人的に

လူ‌ချင်:ခွဲ[ludʑin: k'wɛ:] (動) 別れる、解散する

လူ‌ချင်:တူ‌သူ‌ချင်:တူ[ludʑin:tu tu̪dʑin:tu] (副) 人は皆平等で

လူ‌ချင်:မ‌တူ‌သူ‌ချင်:မ‌မျှ[ludʑin: mətu tu̪dʑin: məmja.] (副) 人は皆同じでなく、人は互いに平等ではなく

လူ‌ချောင်[lu tʃaun] (動) 人が込んでいない、混雑していない、雑踏していない、人が疎らだ

လူ‌ချစ်‌လူ‌ခင်‌ပေါ[ludʑi' lugin pɔ:] (形) 人に好まれる、人気が高い、好評だ

လူချစ်လူခင်များ：[luʨiʔlugin mja:]=လူချစ်လူခင်ပေါ်

လူချမ်းသာ[lu tʃanːda]（名）金持、長者、富豪

လူခြေတိတ်[luʨe teiʔ]①（動）（夜が更けて）人影が跡絶える、物音が聞えなくなる②[luʨedeiʔ]（名）閑静な時刻、人影が跡絶えた時刻、深更

လူခြေတိတ်ခန့်ရှိ[luʨe teiʔk'an. ʃi.]（形）人通りが跡絶えた頃だ、もう夜が更けた

လူခြေတိတ်ချိန်[luʨe teiʔtʃein]（名）=လူခြေတိတ်②

လူခြေတိတ်ဆိတ်[luʨe teiʔs'eiʔ]（動）人影が跡絶える、夜が更ける、夜更けになって物音がしない

လူခွဲ[lugwɛː]（名）①連れ合い、伴侶 ②分身=ကိုယ်ခွဲ

လူခွန်[lugun]（名）人頭税

လူခွန်တော်[lugundɔ]=လူခွန်

လူချွန်[luʨun]（名）熟練者

လူငယ်[luŋɛ]（名）若者、青年

လူငယ်စု[luŋɛzu.]（名）若者集団、若者グループ

လူငယ်ပိုင်း[luŋɛbain:]（名）青年層、若者層

လူငယ်လူရွယ်[luŋɛ lujwɛ]（名）成人

လူငွေ[luŋwe.]（名）人いきれ

လူငှား[lu ŋaː]①（動）人を雇う、雇用する ②（名）雇われた人、雇い人、使用人

လူလှုန်[luza. luna.]（名）①人の気配 ②可能性、能力 cf. အစအန

လူစား[lu saː]①（動）自然が人の命を奪う ②[luza:]（名）①類（タイプ）の人 သူကဘယ်လိုးစားလဲ။ かれはどんな人か ②代り、代理 လူစား：မရသေးဘူး။ 代りの人がまだ見付からない

လူစားထိုး[luza tʼoː]（動）人を替える、代理を立てる cf. အစားထိုး

လူစားသွင်း[luza twinː]（動）代りの者を入れる

လူစီတန်းကြီး[luzidanːʨiː]（名）大行列

လူစီးတွဲ[luziːdwɛ]（名）客車

လူစီးရထား[luzi. jetʼa:]（名）旅客列車

လူစီးလှည်း[luziːlɛ̰]（名）乗用牛車

လူစု[lu su.]（動）①人が集まる、集合する ②人を集める、人を召集する ③[luzu.]（名）人の群 群衆、集団、グループ

လူစုကွဲ[luzu. kwɛː]（動）解散する、群集が散る

လူစုခွဲ[luzu. kʼwɛː]（動）①群集を解散させる ②群集を分ける、隊を分ける

လူစုလူဝေး[luzu. luweː]（名）集団、群集

လူစေတက်စေ[luze. tɛʔse.~luzi.tɛʔsi.]（副）誰でも、全員、皆

လူစောမန်[luzɔː mənan]（形）まだ一人前ではない、まだ青二才だ

လူဆိတ်သစ်တော[lusaiʔtiʔtɔː]（名）植林、人工林

လူဆိ[lu siʔ]（動）点呼する

လူဆည်[lu si]（動）人が込む、賑やかだ

လူဆင်မမှီ[luzin məmiː]（動）①人並みの暮しができない ②五体満足ではない、人並みに成長しない、成長がまともでない

လူဆင်မမှီအောင်[luzin məmi. aun]（副）牛馬並みに、人間扱いでなく

လူဆည်မှီ[luzin mḭ]（動）人並みだ、世間並みだ

လူစိတ်ကင်း[luzeiʔ kinː]（形）無情だ、不人情だ、人間としての心情に欠ける

လူစိမ်း[luzein:]（名）見知らぬ人、見慣れない人

လူစိမ်းသူစိမ်း[luzein: tʃuzein:]（名）見慣れない人、よそ者

လူစုံတက်စုံ[luzoun tɛʔsoun]（副）全員顔を揃えて

လူဆွ[luzwa]（名）①一人よがり、独善 ②お節介焼き、喧嘩腰な人

လူဆွန်ကောင်း[luzwanːgaunː]（名）英雄、豪傑、超人、非凡な人

လူဆွန်လူသ[luzwan: luza.]（名）人の才能、人の能力 cf. အစမ်းအသ

လူဆွန်လူသရှိ[luzwan: luza. ʃi.]（動）才能がある、能力を持っている

လူဆိုး[luzoː]（名）無頼漢、ならず者、無法者、悪者、悪人、悪漢

လူဆိုးဂိုဏ်း[luzoːgainː]（名）犯罪者集団

လူဆိုးလူတော[luzo:lude]（名）ならず者、無軌道者

လူဆိုးလူကောင်း ပေါင်းမှသိ။（格）悪人か善人か、付き合ってみなければ分らない

လူဆိုးလူပ[luzoː lube]（名）悪童、やんちゃ坊主

လူဆိုးလူပေါ[luzoː lubɔ.]（名）ごろつき、ならず者

လူဆိုးလူပွေ[luzoː lubwe]（名）厄介者、札付き者

လူဆိုးလူမာန်[luzoː lumaʔ]（名）ならず者、ごろつき、やくざ、ギャング

လူဆိုးသူဆိုး[luzo: tuzo:]（名）ならず者、悪者

လူဆင်းရဲ[luzinːjɛ̰]（名）貧乏人 cf. လူချမ်းသာ

လူဆန်[luzan.]（名）変人、奇人

လူညာ[luɲa]（名）嘘つき

လူညစ်စုတ်[lu ɲiʔsouʔ]（名）人間の屑、人間の粕

လူညစ်ပတ်[lu ɲiʔpaʔ]（人）狡猾な人間、ペテン師

လူညံ့လူဆင်း[luɲan. lubjinː]（名）能のない人間、劣っている人間、劣等な人間、低級な人間

လူညွှန့်ကျိုး[luɲun. tʃoː]（動）（成長、発展の）可

能性が潰れる

လှည့်ခံး[luɲun. k'uː] (動) （成長、発展の) 可能性を潰す、芽を摘む、他人を利用して私腹を肥やす、他人にたかる

လှည့်ခံးစား[luɲun. k'uːza] (動) 芽を摘む

လှည့်တုံး[luɲun. toun] (動) 発展性を失う、可能性をなくす、出世の望みを失う、芽が潰れる

လူကာ[lu dəga] (名) 皆、人々、一般の人々、大衆

လူကိုယ်၊ထင်တလှ။ (諺) 十人十色、人は色々 (人は一つの体、考えは別)

လူတခုပုမရှိတဲ့ဆယ်ကုငွေ။ (格) 人にはそれぞれ他人に言えない悩みや苦労がある (人一人、憂い事は1億)

လူတစု[lu dəzu.] (名) 一群の人々、一団の人々

လူတဘက်သား[lu təp'ɛʔtaː] (名) 相手側の人

လူတရပ်စာမျှ[lu təjaʔsaɲja.] (副) 丁度人間の背丈と同じで

လူတလုံး[lu təloun] (名) 一個の人間

လူတလုံးသူတလုံး[lu təloun tu təloun] (名) 一人前、一本立ち、ひとかどの人物

လူတလုံးသူတလုံးဖြစ်[lutəloun tutəloun p'jiʔ] (動) 一人前になる、独り立ちする

လူတူများ၊နာမယ်တူများ။ (格) 世の中には自分と似た者が少なくない (似た者少なからず、同姓同名少なからず)

လူတူမျောက်[ludumjauʔ] (名) 類人猿

လူတေ[lude] (名) 無軌道者、無分別者

လူတေလူဘေ[lude lube] (名) ぐうたら者、手に負えない奴、無為徒食者、浮浪者、宿無し

လူတော်[ludɔ] (名) 秀才、才能のある人

လူတော်လူကောင်း[ludɔ lugaun] (名) 優秀な人、品行方正な人、人格者

လူတော[ludɔː] (名) 群集、公衆、世間

လူတောတိုး[ludɔː tɔː] (動) 人中に入る、人前に出る、公衆の面前に出る、世間に出る

လူဒိုဘောင်[ludo. baun] (名) 世間、人間社会

လူတိုင်း[ludain] (副) 誰でも、皆、全て

လူတိုင်းစေ[ludain:zi.] (副) 一人残らず

လူဒါ[ludaʔ] (名) ①博学な人、よくできる人 ②笠に着る人、知ったかぶり

လူဒါလုပ်[ludaʔ louʔ] (動) 知ったかぶりをする、能力もないくせに出しゃばる

လူနံ[ludan] (動) 行列 လူနံထဲဖြတ်ဝင်သည်။ 行列に割り込む

လူနံးစား[ludan:za] (名) 階層、社会階層

လူနံးစားတိုက်ပွဲ[ludan:za taiʔpwɛ] (名) 階級闘争

လူနံးစားအလွှာ[ludan:za əlwa] (名) 社会階層

လူနံးဇေ[ludan:zi.] (副) 普通に、まともに、人並みに、人間らしく

လူနံးမစေဖြစ်[ludan məsi. p'jiʔ] (動) 人並みではない ထိုသူတို့သည်စားရေး၊ဝတ်ရေး၊နေရေးတို့၌ လူနံးမစေဖြစ်နေကြသည်။ その人達は衣食住の面で人並みではない

လူတွေ့[ludwe. k'an] (動) 対面する、応対する

လူတွေ့စစ်ဆေး[ludwe. siʔseː] (動) 面接する

လူတွေ့နှုတ်ဖြေစာမေးပွဲ[ludwe. ɲouʔp'je: same: bwɛː] (名) 面接試験

လူတွေ့နှုတ်ဖြေဖြေဆို[ludwe. ɲouʔp'je p'je sʰoja.] (動) 面接を受ける

လူတွင်ကျယ်[ludwinɡɛ] (名) 出しゃばり、目立ちたがり屋

လူတွင်ကျယ်လုပ်[ludinɡɛ louʔ] (動) 物事に口出しをする、我が物顔に振舞う、笠に着る、勝手な事を振舞う

လူတွင်ပါလျှော့နာ၊ကျားကိုက်။ (諺) 人間に付き添われていながら牛が虎に襲われる (本人に隙があるからだ、本人が頓馬だからだ)

လူထု[ludu.] (名) 人民、民衆、大衆

လူထုကိုယ်စားလှယ်[ludu. kozəle] (名) 人民代表

လူထုကိုယ်စားလှယ်အဖွဲ့[ludu. kozəle əp'wɛ] (名) 人民代表団、人民代表組織

လူထုကြီး[ludu. dʑi] (名) 大衆、民衆

လူထုခုံရုံး[ludu. k'oun joun] (名) 人民法廷

လူထုဆေးပညာ[ludu.sʰe:pjiɲɲa] (名) 公衆衛生

လူထုဆန္ဒ[ludu. sʰanda.] (名) 民意、人々の要求、民衆の願望

လူထုဆန္ဒခံယူပွဲ[ludu. sʰanda k'an jubwɛː] (名) 公聴会、国民投票

လူထုဆန္ဒပြပွဲ[ludu. sʰanda pja.bwɛ] (名) 人民集会、民衆決起大会

လူထုတရပ်လုံး[ludu. təjaʔloun] (名) 全人民、人民全て

လူထုပညာရေးမှူး[ludu. pjiɲɲaje:m̥u] (名) 社会教育主事

လူထုပုလိပ်[ludu. pəlei] (名) 人民警察

လူထုလယ်ယာစိုက်ပျိုးရေး[ludu. lɛja saiʔpjoje] (名) 人民農業、大衆農業

လူထုအကြာ့မှာပညာရှာ။ (格) 人民大衆に学べ (人民大衆の中にこそ真理はある)

လူထုအင်အား[ludu. in a] (名) 民衆の力、人民

勢力

လူထုလူတာ [ludu: ludwa.] (名) 介護者、看護者

လူထူး [ludu:] (名) 特殊な人、卓越した、優れた人

လူထူးလူဆန်း [ludu: luzan:] (名) 一風変った人、奇人、変人

လူထိုင်း [ludain:] (名) 愚鈍な者、

လူထွက် [lu t'wɛʔ] ① (動) 還俗する ② [ludwɛʔ] (名) 還俗者 ရဟန်းလူထွက်၊ ဘုန်းကြီးလူထွက်၊ ပဉ္စင်းလူထွက်၊ 還俗した元比丘 ကိုရင်လူထွက် 還俗した元沙弥

လူနာ [luna] (名) 病人、患者

လူနာကြည့် [luna tʃi.] (動) 病人を見舞う

လူနာခန်း [lunagan:] (名) 病室、患者室

လူနာစမ်းကုတင် [lunazan: gədin] (名) 診察台

လူနာဆောင် [lunazaun] (名) 病棟

လူနာညစောင့် [luna ɲa.zaun.] (名) 病人の夜間看護者、病人の夜間付き添い

လူနာတင်ကား [lunadin ka:] (名) 救急車

လူနာထမ်းစင် [luna t'anzin] (名) 担架

လူနာမေး [luna me:] (動) 病人を見舞う

လူနာမှတ်တမ်း [luna m̥aʔtan:] (名) 診療記録、カルテ、病歴記録

လူနေကျဲ [lune tʃɛ:] (形) 人口密度が低い

လူနေကျပ် [lune tʃaʔ] (動) 人で混雑する、人で込み合う

လူနေချိုကြာ၊ စိတ်နေဘိုးျား။ (諺) 身分に似合わぬ高望み (暮しは茨の間、志は望楼の頂上)

လူနေထူထပ်မှု [lune t'udaʔm̥u.] (名) 人口密度

လူနေမှု [lunem̥u.] (名) 暮し、生活

လူနေမှုစရိတ် [lunem̥u. zəjeiʔ] (名) 生活費

လူနေမှုအဆင့်အတန်း [lunem̥u. əsʔin.ətan:] (名) 生活水準

လူနေသန့် [lune t̪an.] (形) 暮しが清潔だ、生活環境がよい

လူနေသိပ်သည်း [lunet̪eiʔti:] (形) 人口密度が高い

လူနေအိမ် [lune ein] (名) 人家、住宅、家屋

လူနေအိမ်ခြေ [lune einʤe] (名) 戸数、人家の数

လူနောက်လူပြောင် [lunauʔ lubjaun] (名) 人をからかう人、茶化す人、冗談を言う人

လူနိုင် [lu nain] (名) 歯に衣着せず言える人、無礼を顧みずできる人、弱点を握っている人

လူနိုင်ချင်းလူခင်ချင်း [lunainʤin; luginʤin:] (名) 遠慮会釈なく物が言える間柄

လူနည်း [lu nɛ:] (形) 人が少ない、小人数だ

လူနည်းစု [lunɛ:zu.] (名) 小数派

လူနည်းစုလူမျိုး [lunɛ:zu. lumjo:] (名) 小数民族

လူနံ့ [lunan.] (名) 体臭、人間の匂い

လူနံ့လူချော [lunoun luʤa] (名) 下らない奴、詰らない奴、価値のない奴

လူနံ့လူညံ့ [lunoun luɲan.] (名) 出来損ない、無能力者

လူပါး [luba:] (名) ①敏感な人、察しのよい人、聡明な人 ②抜け目のない人

လူပါးပလင်းထိ။ (諺) 出る杭は打たれる (抜け目ない人、瓶で傷つく)

လူပါးလူနား [luba: lunaʔ] (名) 察しのよい人、機を見るに敏な人

လူပါးဝ [luba: wa.] (形) 生意気だ、横柄だ、無礼だ、図々しい、笠にかかった物の言い方をする、厚かましい、思い上がっている、付け上がっている လူပါးမဝနဲ့။ 偉そうにするな

လူပေလူတေ [lube lude] (名) 無頓着な人、向う見ずな人、無鉄砲な人、独善者、一人よがり

လူပေါ်ကျော် [lubɔʤɔ.] (名) ぐうたら息子、放蕩息子、道楽息子、プレイボーイ

လူပေါ်လူဇော် [lubɔ luzɔ] (名) 自分勝手な人、抜け目ない人間、御都合主義者、利己主義者

လူပေါ် [lubɔ:] (名) 直ぐおだてに乗る人、おっちょこちょい、単純な人間、阿呆

လူပို [lubo] (名) ①余り者、余分な人 ②居候

လူပေါင်းဆံ့ [lubaun: sʔan.] (動) 社交性に富む、社交的だ

လူပေါင်းများစွာ [lubaun: mja:zwa] (副) 人が沢山、賑しい人で

လူပေါင်းမား [lubaun: m̥a:] (動) 付き合う相手を間違える

လူပုဂ္ဂိုလ် [lu pouʔgo] (名) 在家信者 (出家に対して) cf. ရဟန်းပုဂ္ဂိုလ်

လူပန်း [luban: kʔa.] (動) 疲労に耐える、辛さを堪える

လူပိန်း [lubein:] (名) 思慮分別のない人、知識の乏しい人、経験未熟な人

လူပုံ [luboun] (名) 人前、群集、人込み、雑踏

လူပုံချော [lubounʤɔ:] (名) 美男子、二枚目、ハンサム

လူပုံဆွဲ [luboun swɛ:] (動) 肖像を描く、人物画を描く

လူပုံလူပန်း [luboun luban:] (名) 人の様相、人の外観

လူပုံအလယ် [luboun əlɛ] (名) 人前、多勢の人の前

လူပျော့ [lubjɔ.] (名) 気の弱い人

လူပျော့ညံ့ [lubjɔ. ɲan.] (名) 弱虫

လူပျို [lubjo] (名) 未婚の男性、独身青年、若人

လူပျိုကြီး[lubjoʥi:]（名）年老いた独身者
လူပျိုခေါင်း[lubjogaun:]（名）若者の頭、独身者達の指導者 cf. အပျိုခေါင်း
လူပျိုစကား[lubjozəga]（名）口説き、求愛の言葉
လူပျိုစကားပြော[lubjo zəga: pjɔ:]（動）口説く、言い寄る
လူပျိုနာ[lubjona]（病）性病、花柳病、梅毒 =ကာလသား ရောဂါ
လူပျိုပေါက်[lubjobauʔ]（名）思春期に入りかけた少年
လူပျိုပေါက်စ[lubjo pauʔsa.]＝လူပျိုပေါက်
လူပျိုပေါက်စ၊ထောင်ခြောက်လ။（慣）若者は正義感が旺盛だ、血気盛んだ（若者、留置場6ヶ月）သခင်ပေါက်စ၊ထောင်ခြောက်လ။（タキンになりたて、留置場6ヶ月）のパロディー
လူပျိုတော်ဝင်စ[lubjobɔ winza.]＝လူပျိုပေါက်
လူပျိုလူရွယ်[lubjo lujwɛ]（名）若者、独身者
လူပျိုလူလွတ်[lubjo luluʔ]（名）独身者、独り者
လူပျိုလှည့်[lubjo ɬɛ.]（動）女に言い寄る、口説いて廻る
လူပျိုဟိုင်း[lubjohain:]（名）年老いた独身男性
လူပျက်[lubjɛʔ]（名）①素行不良者 ②（芝居の）悪役 ③道化役 →လူပြက်、လူရှင်တော်
လူပျောက်[lu pjauʔ]①（動）失踪する、行方不明になる ②[lubjauʔ]（名）失踪、行方不明
လူပျောက်တိုင်[lubjauʔtain]（動）捜索願いを出す
လူပျင်း[lubjin:]（名）怠け者
လူပျင်း လုပ်လ တခဏ။（諺）怠け者の勤勉さは一瞬だけ（長続きはしない）
လူပြောများ[lubjɔ: mja:]（形）噂される、噂を持ちきりだ、かまびすしい
လူပြက်[lubjɛʔ]（名）道化 ＝လူပျက်
လူပြောင်[lubjaun]（名）①御茶目な人、滑稽な人、冗談を言う人 ②富裕な人、富豪、長者
လူပြောင်လူနောက်[lubjaun lunauʔ]（名）他人を茶化したり揶揄したりする人
လူပြည့်[lu pje.]（動）人で一杯だ、満員だ
လူပြတ်[lu pjaʔ]（動）人気がない、人通りが跡絶える、人の往来がない、閑散としている
လူပြန်တော်[lubjandɔ]（名）還俗した元僧侶
လူပြန်ပေး[lubjanbe:]（名）誘拐者 cf. ပြန်ပေး
လူပြန်ပေးဆွဲ[lubjanbe: sʰwɛ:]（動）誘拐する
လူပြန်ဖြစ်လာ[lu pjan pʰjiʔla]（動）人間に戻る、人間として生れ変る
လူပြိန်း[lubein:]（名）無知蒙昧な人、思慮分別の

ない人、単純な人 ＝လူပိန်း
လူပွေ[lubwe]（名）柄の悪い人間、質の悪い人間
လူဖမ်းဝရမ်း[luban: wəjan:]（名）逮捕状、令状
လူဖျင်း[lubjin:]（名）役立たず、人間の屑
လူဖျင်းလူမိုက်[lubjin: lumaiʔ]＝လူရှင်
လူဖြူ[lubju]（名）白人
လူဖြောင့်[lu pʰjaun.]（名）正直者
လူဖြောင့်စိတ်တို၊လူချိုစိတ်ကောက်။（諺）正直者は短気、口のうまい者はひねくれ者
လူဖြစ်[lu pʰjiʔ]（動）①人として成長する ②一定の地位に達する、一定の社会的評価を得る
လူဖြစ်ရ[lupʰjiʔ ja.]（動）人として生を受ける
လူဖြစ်ရကျိုးနပ်[lu pʰjiʔja.tʃo: naʔ]（動）人として生れた甲斐がある
လူဖြစ်ရှုံး[lu pʰjiʔ ʃoun:]（動）人並みの暮しを楽しむ事ができない、人生の幸せを楽しむ事ができない
လူဘော်ဝင်[lubɔ win]（動）成人に達する、年頃になる
လူဘဝေ၊စာမပါ။（諺）なしの飛礫だ、全く音沙汰がない（使いも寄越さなければ、手紙を託する事もない）
လူမစင်[lu məsin]（名）人糞
လူမဆန့်စွာဆက်ဆံ[lu məsʰanzwa sʰɛʔsʰan]（動）非人道的に接する、犬畜生並に扱う
လူမတတ်ပေမဲ့လက်ဖက်ထုပ်တတ်။（諺）人間は出来ていないが、茶の漬物は拵えられる（自分にできない事をできる人に頼む）
လူမတတ်၊ကံချ။（諺）責任転嫁、自分の無能力を運のせいにする（人間が出来ていない、運の所為にする）
လူမမာ[lu məma]（名）病人、病弱な人
လူမမာမေး[luməma me:]（動）病人を見舞う
လူမမည်[lu məmɛ]（名）幼児
လူမမည်[lu məmɛ]＝လူမမဲ
လူမမြင်ရှင်မမြင်ခင်[luməmjin ʃinməmjingin]（副）誰にも目撃されない内に
လူမသိရှင်မသိ[luməti. ʃinməti.]（副）他人に知られないように、誰にも見つからないように
လူမသိသူမသိ[lu məti. tu məti.]（副）他人に知られぬよう、こっそりと、陰で
လူမသေငွေရှင်း။（諺）金は天下の回りもの（人は生きてさえいれば金に苦労する事はない）
လူမဲ[lumɛ:]（名）黒人 ＝လူမည်း
လူမောစိတ်မောဖြစ်[lumɔ: seiʔmɔ: pʰjiʔ]（動）心身共に疲れる
လူမိုက်[lumaiʔ]（名）①愚か者、頓馬 ②乱暴者、与太者、無頼漢、無法者
လူမိုက်နောက်မှအကြံရ။（諺）馬鹿の智慧は後から（愚

လူမျှအဖွဲ့အစည်း

か者、終わった後で思い付く)
လူမည်[lumji](名)俗名、世俗の名前
လူမည်း[lumɛ:](名)黒人 လူမည်းအာဖရိက ブラック・アフリカ
လူမုန်းများ[lumoun: mja:](形)皆に憎まれる
လူများစု[lumja:zu.](名)多数、多数派
လူမျိုး[lumjo:](名)①民族 ②人種
လူမျိုးကြီးဝါဒ[lumjo:dʒi:wada.](名)大国主義、大民族主義
လူမျိုးကွဲ[lumjo:gwɛ:](名)異民族、外国人
လူမျိုးခြား[lumjo:dʒa:](名)異民族、異国人、外国人
လူမျိုးခွဲခြား[lumjo:k'wɛ:dʒa:](動)①人種を差別する ②民族を区別する
လူမျိုးခွဲခြားရေးစနစ်[lumjo: k'wɛ:dʒa:je:səni'](名)人種差別制度
လူမျိုးခွဲခြားရေးဝါဒ[lumjo:k'wɛ:dʒa:je:wada.](名)人種差別主義
လူမျိုးစုလွှတ်တော်[lumjo:zu.ɬu'tɔ](名)民族議院(1948年から62年迄続いていたビルマの上院)
လူမျိုးစစ်[lumjo:zi'](名)民族戦
လူမျိုးစုံ[lumjo:zoun](名)あらゆる民族、種々の民族
လူမျိုးတရာတပါး[lumjo: təja.təba:](名)全民族(百一種の民族)
လူမျိုးပေါင်းစုံ[lumjo:baun:zoun](名)全民族、あらゆる民族、全ての民族の集まり
လူမျိုးဗီဇထွင်အင်အား[lumjo: biza. ṭa'ti. in a:](名)民族固有の活力、民族固有の特質
လူမျိုးမရွေး[lumjo: məjwe:](副)民族を問わず、人種を問わず
လူမျိုးရေး[lumjo:je:](名)民族問題
လူမျိုးရေးခွဲခြားမှု[lumjo:je: k'wɛ:dʒa:mu.](名)民族差別、民族分断
လူမျိုးရေးခွဲခြားမှုဝါဒ[lumjo:je: k'we:dʒa:mu.wada.](名)人種差別主義
လူမျိုးရေးစစ်ပွဲ[lumjo:je: si'pwɛ:](名)民族紛争、民族の戦争
လူမျိုးလူမျိုးချင်း[lumjo: lumjo:dʒin:](名)民族同志、民族相互間
လူမွေး[lu mwe:](動)仕込む、養成する
လူမွေးလူထောင်[lumwe: ludaun](名)自立、経済的自立
လူမွေးလူထောင်ပြောင်[lumwe: ludan pjaun](動)経済的に独立する、自立する
လူမွဲ[lumwɛ:](名)①貧民、貧困者 ②禁治産者

လူမွဲစာခံ[lumwɛ:za k'an](動)破産する、返済不能になる
လူမွဲစာရင်း[lumwɛ: səjin:](名)禁治産者、破産者
လူမွဲစာရင်းဝင်[lumwɛ: səjin:win](名)禁治産の宣告を受けた者、破産宣告を受けた者
လူမွဲစာရင်းဝင်အဖြစ်လျှောက်ထား[lumwɛ: səjin: win əp'ji' ʃau't'a:](動)破産を認定してもらう、禁治産者の宣告をしてもらう
လူမွဲစာရင်းအသွင်းခံ[lumwɛ: səjin: ətwin: k'an ja.](動)禁治産者の中に繰り入れられる、破産者の仲間に入る
လူမွဲအဖြစ်ကြေညာ[lumwɛ: əp'ji' tʃeɲa](動)破産宣告をする
လူမွဲသွင်းခံ[lumwɛ: ətwin: k'an ja.](動)破産者の中に繰り入れられる
လူမှာအချစ်၊ ကြက်မှာအမှစ်။(諺)人を判断するには個人を見よ(人には愛、鶏には砂袋)
လူမှာအရိုး၊ ကြက်မှာအရိုး။(諺)人は血統、家柄は無視できない(人には家系、鶏は骨)
လူမှာအဝတ်၊ တောင်မှာအကွပ်။(諺)馬子にも衣装(人には衣装、峰には縁かがり)
လူမှား[lu ma:](動)人違いをする
လူမှု[lumu.](名)社会の関係、人間関係
လူမှုစီးပွါးရေး[lumu. si:bwa:je:](名)社会経済
လူမှုစနစ်[lumu. səni'](名)社会制度
လူမှုဆက်ဆံရေး[lumu. s'ɛ's'an je:](名)社会との関わり、世間との付き合い
လူမှုတော်လှန်ရေး[lumu. tɔɬan je:](名)社会革命
လူမှုလူလုံရေး[lumu. p'uloun je:](名)社会福祉、社会保障
လူမှုလူလုံရေးထောက်ပံ့ကြေး[lumu. p'uloun je: t'au'pan.dʒe](名)社会福祉経費
လူမှုရေး[lumu.je:](名)社会問題
လူမှုရေးစနစ်[lumu.je: səni'](名)社会制度
လူမှုလူမှု[lumu. luje:](名)世事、世間の事
လူမှုဝန်ထမ်း[lumu.wundan:](名)①社会福祉職員 ②公務員
လူမှုဝန်ထမ်း၊ ကယ်ဆယ်ရေးနှင့်ပြန်လည်နေရာချထားရေးဝန်ကြီးဌာန[lumu. wundan:nɛ. pjanlɛ neja tʃa.t'a: wundʒi:t'ana.](名)社会福祉. 救済・再定住省
လူမှုအခွင့်အရေး[lumu. ək'win.əje:](名)人権
လူမှုအဖွဲ့[lumu.əp'wɛ.](名)社会、世間
လူမှုအဖွဲ့အစည်း[lumu. əp'wɛ. əsi:](名)社会

လူမှောင်ခိုဂိုဏ်း[lu maunk'ko gainl:] (名) 人身売買組織、人身売買密輸団

လူမှန်:မသိ[luman: məti.] (動) ①物心つかない、幼すぎて西も東も判らない ②前後不覚になる、見境がつかない ③礼儀作法を弁えない、非常識だ

လူမှန်:သိ[luman: ti.] (動) 物心つく、周囲の事が認識できる、物事の判断ができる

လူမှန်:သိတဲ့အရွယ်[luman: ti.dɛ. əjwɛ] (名) 物事の判断ができる年齢

လူမှန်:သုမှန်:မသိ[luman: tuman məti.] (動) 前後不覚になる、人事不省に陥る

လူမှန်:သုမှန်:မသိအောင်[luman: tuman: məti. aun] (副) 誰彼の見境がつかなくなって、人事不省になって、前後不覚に陥って

လူမှန်:သုမှန်:သိ[luman: tuman: ti.] (動) 物心つく、誰彼の見境がつく

လူယောင်[lujaun] (名) 人の形、人間の姿

လူယောင်ပြ[lujaun pja.] (動) 人目に触れるようにする、姿を垣間見せる

လူယောင်ဖန်ဆင်:[lujaun p'anzin:] (動) 人間の姿をとる、人間の形になる

လူယောင်ဆောင်[lu jauns'aun] (動) 人間を装う、人間の姿に化ける

လူယုတ်မာ[lu jou'ma] (名) ならず者、卑劣な人、人非人、人でなし

လူယုံ[lu joun] (名) 腹心

လူယုံတော်[lujoundɔ] =လူယုံ

လူယုံသစ်[lujoun ta'] (動) 信頼者を裏切る

လူယုံသစ်မှသေ။ (格言) 身内の裏切り

လူရတတ်[luja.da'] (名) 裕福な人、富裕な人

လူရာဝင်[luja win] (動) 人並みになる、一人前になる、人並みに扱われる、世間から一目置かれる

လူရာသွင်:[luja twin:] (動) 人並みに扱う、人並みに遇する、社会的に認知する

လူရိုးလူကောင်:[lujo: lugaun:] (名) 善人、素朴な人、真面目な人

လူရိုးလူအ[lujo: lua.] (名) 純朴な人、木訥(ぼくとつ)な人、愚直な人、馬鹿正直

လူရိုးလူအေး:[lujo: lue:] (名) 穏和な人、おとなしい人、物静かな人

လူရိုးသခိုး:ထင်။ (諺) 誤解される(正直者を盗人視する)

လူရင်:[lujin:] (名) 特に親しい間柄の人

လူရိုင်:[lujain:] (名) 野蛮人

လူရည်ကောင်:[lujegaun:] (名) 紳士、人格者

လူရည်ချွန်[lujeʧun] (名) 優等生

လူရည်ညှာရောက်[luje ɲan ja jau'] (動) 劣等生になる

လူရည်တတ်[lujeda'] (名) 裕福な人、長者、富豪

လူရည်လည်[luje lɛ] (動) 世慣れている、世知に長けている、抜け目がない

လူရည်လသေ:[luje ludwe:] (名) 人柄、気質

လူရည်ဝ[luje wa.] (動) 世知に長けている、世間慣れしている、悪擦れしている

လူရည်သန့်[lujedan] (名) 垢抜けした人、身奇麗な人、育ちのよい人、都会的な人

လူရိပ်[lujei'] (名) 人影

လူရိပ်လူကဲ[lujei' lugɛ:] (名) 人の様子、気配

လူရိပ်လူရောင်[lujei' lujaun] (名) 人の気配

လူရုပ်[lujou'] (名) 人間の像、人間の姿

လူရုပ်ကလေး:[lujou' k'ale:] (名) 人形

လူရုပ်ပေါ်[lujou' pɔ] (動) 人並みの容貌になる

လူရုပ်ပုံ[lujou'poun] (名) 人の形、人間像、人形

လူရမ်:ကာ:[lu jan:ga:] (名) 横柄な人、傲慢な人

လူရွယ်[lujwɛ] (名) 若い人、二十歳前後の人 အသက်နှစ်ဆယ်ကျော်ခန့်လူရွယ်တို့: 二十歳過ぎ位の若者

လူရူ[luju'] (名) 天の邪鬼、向う見ず

လူရူ[luju'] (名) =လူရုပ်

လူရှေ့မှရောင်သုရှေ့မရောင်[luʃe. məʃaun tuʃe. məʃaun] (副) 人前もはばからずに

လူရှေ့သုရှေ့မရောင်[luʃe. tuʃe. məʃaun] (副) 人前をもはばからず、人前であろうと平気で

လူရှင်:[lu ʃin:] (動) 人がいない、人通りが跡絶える、人気がない

လူရှုပ်ကြီ:[luʃou'ʧi:] (名) 厄介者、鼻つまみ者

လူရှုပ်လူနောက်[luʃou' lunau'] (名) 意地悪、人を困らせる人間

လူရှုပ်လူပွေ[luʃou' lubwe] (動) 他人に迷惑を掛ける人

လူရှင်တော်[luʃwindɔ] (名) 道化師、ピエロ、コメディアン

လူရှုတ်[luʃu'] (名) ひょうきん者、おどけ者

လူလာ:မြောက်[lula: mjau'] (動) 年頃になる、成人に達する、独り立ちする

လူလူချင်:[lu luʧin:] (副) 本人同志、人間同志

လူလူသူသူ[lulu tudu] (副) 人並みに、見苦しくない程度に

လူလူသူသူဖြစ်[lulu tudu p'ji'] (動) 人並みになる、体裁が整う、見苦しくない

လူလေလူလွင့်[lule lulwin.] (名) 浮浪者、放浪者、宿無し、定職もなくぶらぶらしている者

လူလေ:[lule:] (名) 少年 = လူကလေး:

လူလယ်ခေါင်[lulɛgaun] (名) 人前、群集の面前

လူလောက[lu lɔka.]（名）人間世界、娑婆
လူလိမ္မာနတ်လို၊နတ်လိမ္မာဂြိုဟ်မ။（諺）他人に好かれるようにせよ（人に好まれてこそ神にも好まれ、神に好まれてこそ運にも恵まれる）
လူလစ်[lu liʔ]（動）周囲に人がいない
လူလည်[lulɛ]（名）ペテン師、詐欺師、いかさま師、いんちき野郎、悪賢い人
လူလည်လုပ်[lulɛ louʔ]（動）一杯食わせる、ペテンに掛ける
လူလတ်[lulaʔ]（名）中年、ミドルエージ
လူလတ်တန်းစား[lulaʔtan:za:]（名）中産階級
လူလတ်ပိုင်း[lulaʔpain:]（名）中年層、中年の人達
လူလတ်အရွယ်[lulaʔ əywɛ]（名）中年の年齢
လူလုပ်[lu louʔ]（動）①人並みの暮しをする ②品位を保つ、威厳を保つ
လူလိမ်[lulein]（名）ペテン師、詐欺師
လူလိမ်ခံရ[lulein kʻan ja.]（動）騙される
လူလိမ်ခံလိုက်ရ[lulein kʻan laiʔja.]（動）詐欺に遭う、詐欺の被害を蒙る
လူလိမ်လူညာ[lulein luɲa]（名）詐欺師、ペテン師
လူလိမ္မာ[lu leinma]（名）人格者、紳士
လူလုံး[luloun:]（名）体だけ、手ぶらの状態
လူလုံးမလှ[luloun: məɬa.]（形）苦境にある、逆境にある　လူလုံးမလှသောဘဝ 逆境の暮し
လူလုံးမလှဖြစ်ရ[luloun: məɬa. pʻjiʔja.]（動）窮地に陥る、苦境に陥る
လူလုံးလူထည်[luloun: ludɛ]（名）体格、体つき
လူလုံးလူပေါက်[luloun: labauʔ]（名）体つき
လူလုံးလူဝန်[luloun: luban]（名）人の姿、人の輪郭、人の体つき
လူလွတ်[luluʔ]（名）①独身者 ②自由人、束縛のない人
လူလှိုင်း[lu ɬain:]（名）人の波
လူလွှတ်[lu ɬuʔ]（動）使者を出す、使いを寄越す
လူဝ[luwa.]（名）肥った人、肥満者
လူဝါ[luwa]（名）黄色人種
လူဝါ:၀[luwa: wa.]（形）威張る、横柄に振舞う、尊大だ、居丈高になる、図々しい、厚かましい、世知に長けている　＝လူဝါ:၀
လူဝင်စား[lu winza:]（名）生れ変り
လူဝင်ပေါက်[luwinbauʔ]（名）入口
လူဝင်မှုကြီးကြပ်ရေးနှင့်ပြည်သူ့အင်အားဝန်ကြီးဌာန[lu winmu.tʃi:ʤaʔjeːnɛ. pjidu.in a: wun ʤi:tʻana.]（名）入国管理．人口省
လူဝင်လူထွက်[luwin ludweɛʔ]（名）人の出入り、出入国者

လူဝတ်[luwuʔ]（名）①世俗人 ②世俗人の服装
လူဝတ်ကြောင်[luwuʔtʃaun]（名）世俗人、在家人
လူဝတ်လဲ[luwuʔ lɛ:]（動）還俗する、僧籍を離れる、世俗人に戻る
လူဝံ[luwun]（動物）オランウータン
လူတဒဝ[lu dədəwa]（名）人間
လူသမ်း:[lu dəjan:]（名）乱暴者、傍若無人に振舞う人、前後の見境がない人
လူသာမန်[lu taman]（名）普通の人、並みの人、凡人
လူသား:[luda:]（名）①人、人間（鬼畜生ではない）②人肉
လူသားချင်းစာနာမှု[luda:ʤin: sanamu.]（名）他人への思いやり、人道主義、博愛思想
လူသားချင်းစာနာမှုလုပ်ငန်း[luda:ʤin: sanamu. louʔɲan:]（名）人道主義の活動
လူသိနည်း[ludi. nɛ:]（形）人に知られない、知る人が少ない
လူသိနည်းကြာ[ludi.naʔtʃa:]（副）公に、公然と
လူသိများ[ludi. mja:]（形）人に知られている、著名だ、周知の事だ
လူသိရှင်ကြား:[ludi.ʃinʤa:]（副）公然と　လူသိရှင်ကြား:ပြောဆိုသည်။ 公然と口にする　လူသိရှင်ကြား:ပြစ်တင်ဝေဖန်သည်။ 公然と批判する
လူသိလူကျွမ်း:[ludi.luʤwan:]（名）知人、知合い
လူသိလူသာလုပ်[ludi.luda louʔ]（動）知ったかぶりをする、知識風を吹かす
လူထု[ludu]（名）人々、群集
လူတငယ်[lu təŋɛ]（名）幼年、幼い人
လူတတော်[lutudɔ]（名）白衣をまとった奉仕者
လူတလေး:ပါ:[ludu le:ba:]（名）①四階層の人々 ②多勢の人々、群集
လူတလေး:ပါ:မရှိ[ludu le:ba: məʃi.]（動）人一人いない、閑散としている
လူတအင်အား:[ludu in a:]（名）人力、民衆の力
လူသေ[lude]（名）死体、死者、亡骸
လူသေကောင်[ludegaun]（名）亡骸、遺体
လူသေမှု[ludemu.]（名）致死罪
လူသေအလောင်း:[lude əlaun:]（名）死体、遺体
လူသက်တမ်း:[lu tɛʔtan:]（名）人の寿命
လူသိုက်[ludaiʔ]（名）人の群、群集
လူသစ်[ludi]（名）新人
လူသတ်ကောင်[ludaʔkaun]（名）人殺し
လူသတ်မိုင်း:ဗုံး:[ludaʔ main:boun:]（名）地雷
လူသတ်မှု[ludaʔmu.]（名）殺人、殺人罪

လူသတ်မှုကျူးလွန်[luda̱?mu. tʃuːlun]（動）殺人罪を犯す

လူသတ်သမား[luda̱?təmaː]（名）人殺し、殺人者

လူသုံးကုန်ပစ္စည်း[lu toun:goun pji?siː]（名）生活用品

လူသုံးပါး[lu toun:baː]（名）三界の住人（人間、天人、梵天）

လူသွားစကြံ[ludwa: zin:dʒan]（名）（車道ではなく）歩道、人が歩く道

လူသွားတံတား[ludwa: dəda:]（名）人が渡る橋

လူသွားလူလာ[ludwa: lula]（名）①人の往来 ②通行人

လူသုမ်း[ludun:]（名）不良、放蕩者、ならず者、無頼漢

လူအ[lu a.]（名）唖、口が不自由な人、喋れない人

လူအကြီးအကဲ[lu ətʃiːəkɛː]（名）リーダー、指導者、長老

လူအလုန[lu ə luna.]（名）馬鹿、頓馬

လူအလျှော့ခံရ[lu əʃɔ̰. k'an ja.]（動）降格される

လူအသေ[lu əte]（名）死骸、人の亡骸、死者

လူအသေအပျောက်နှုန်း[lu əte əpjau? noun:]（名）死亡率

လူအား[lu aː]（名）①人力、人的資源 ②自由人、暇な人

လူဦးရေ[lu uːje]（名）人口

လူဦးရေထိန်းချုပ်မှု[lu uːje t'ein:tʃ'ou?mu.]（名）人口抑制

လူဦးရေပျံ့နှံ့ပုံ[lu uːje pjan.nan.boun]（名）人口の分散状態

လူဦးရေသိပ်သည်း[lu uːje tei?tiː]（形）人口が稠密だ

လူဦးရေသိပ်သည်းကိန်း[lu uːje tei?tiːgein:]（名）人口密度の数値

လူဦးရေသိပ်သည်းမှု[lu uːje tei?ti:mu.]（名）人口密度

လူဦးရေအသိပ်သည်းဆုံးဖြစ်[lu uːje tei?ti: zoun: p'ji?]（形）人口が最も稠密だ

လူဦးရေအင်အား[lu uːje in aː]（名）人的資源、人口的勢力

လူအေး[lu eː]（名）おとなしい人、物静かな人、温和な人

လူအို[lu o]（名）年寄り、高齢者

လူအိုရုံ[lu o joun]（名）養老院（現在ではဘိုးဘွား ရိပ်သာ と呼ばれる）

လူအိုလူမင်း[lu o lumin:]（名）高齢者、老人

လူအင်အား[lu in aː]（名）①人力 ②人的資源

လူအုပ်[lu ou?]（名）人の群、群集、集団

လူး[luː]（植）キビ（イネ科）Panicum miliaceum

လူးကလေး[lu:gəleː]（植）スズメノコビエ（イネ科）Paspalum scorbiculatum

လူးငယ်[luːŋɛ] =လူးကလေး

လူးသိမ်[luːdeein] =လူးကလေး

လူး[luː]（動）①まみれる ②塗る、擦りつける သ နပ်ခါးလူးသည်။ ナガエミカン（の擦り下ろし汁を）塗る လှံသွားတွင်အဆိပ်လူးလေ့ရှိ၏။ 槍の穂先に毒を塗る習慣がある

လူးကျံ[luːtʃan]（動）まみれる

လူး[luː]（動）①転がる、転々とする ②もだえる、身もだえする、のたうつ、しん吟する ③（船が）揺れる、うねる、波動する

လူးလာ[luːla]（副）前後に、転々と

လူးလာခုတ်[luːla k'a?]（動）前後に動く、前後に揺れる、動揺する

လူးလာခေါက်တုံ့[luːla k'au?toun.]（副）行ったり来たり

လူးလာခေါက်တုံ့လျှောက်[luːlak'au?toun. ʃau?]（動）行ったり来たりする、往復する

လူးလာခေါက်ပြန်[luːla k'au?pjan]（副）①前後に ②行ったり来たりして

လူးလဲ[luːlɛː]①（動）塗りたくる ②転がり廻る、転々とする ③（副）どうにかこうにか、懸命に

လူးလဲထ[luːlɛ t'a.]（動）転がり起きる、慌てて起き上がる

လူးလိမ့်[luːlein.]（動）①寝返りを打つ ②（船舶が）縦揺れする、波で翻弄される、上下に動く

လူးလှန့်[luːlun.]（動）①身動きする、うごめく、のたうつ ②活気を帯びる、元気づく、生き生きする

လူးလှန့်သံ[luːlun.dan]（名）寝返りをする音、うごめき

လူးလှိမ့်[luː ɬein.]（動）もだえる、身もだえする အိပ်ရာမှလူးလှိမ့်၍ရလေသည်။ 寝所からのたうって起き上がる

လူးတား[luːtaː]（名）①ビルマ古典詩の一種、4行構成の朗詠詩 ②もやい綱、曳航綱、（舟の）牽引用ロープ

လူးတားကြိုး[luːtaːdʒoː]（名）もやい綱、曳航綱、（舟の）牽引用ロープ

လူးတားပေါက်[luːta: pau?]（動）（とも綱を使って）曳航する、（舟を）牽引する

လေ[le.]①（動）練習する、習慣になる、習慣づく

လေကြောင်းကာကွယ်ရေး

②（助動）~するのが常だ ~လေ့ရှိ または ~လေ့~ထရှိ という形で使われる事が多い

လေ့ကျက်[leʧɛʔ]（動）徹底して学ぶ、完璧に覚える

လေ့ကျင့်[leʧin.]（動）練習する、訓練する

လေ့ကျင့်ခန်း[leʧin.gan:]（名）①訓練、鍛練 ②練習問題

လေ့ကျင့်သင်ကြား:ပေး[leʧin. tintʃa: pe:]（動）訓練する、訓練教育する

လေ့ကျင့်ရေး[leʧin.je:]（名）訓練

~လေ့~ထရှိ[le.~t'a.ʃi.]（助動）よく~する、いつも~する、~しがちだ、~する癖がある、~するのが習慣だ မှာ:လေ့မှာ:ထရှိသည်။ よく間違える အရက်ကို သောက်လေ့သောက်ထရှိသည်။ 飲酒の習慣がある လူတိုင်း:ပြောလေ့ပြောထရှိကြသည်။ 誰でも口にするのが習慣だ　名詞形はအလေ့အထ။

~လေ့ရှိ[~le.ʃi.]（助動）よく~する、~しがちだ အမြဲတိုင်ပင်လေ့ရှိပါတယ်။ いつも相談する ပြောလေ့ရှိပါတယ်။ よく口にする သူ့ကပ်နီတိုက်ပုံအင်္ကျီကိုအမြဲဝတ်လေ့ရှိတယ်။ 彼は国産の綿布の上着をいつも着ている တနေ့နှစ်ကြိမ်ဘုရားရှိခိုးလေ့ရှိသည်။ 1日2回仏様を拝むのを習慣にしている ငါဟာမူး:အောက်သောက်လေ့မရှိပါဘူး။ 僕は酔っ払うまで飲む癖はない

လေ့လာ[le.la]（動）学ぶ、学習する、研究する、観察する

လေ့လာစရာ[le.la zəja]（名）学ぶべき事、学習する事柄

လေ့လာဆည်းပူး[le.la s'i:bu:]（動）学び取る、学習する

လေ့လာသူအဆင်[le.ladu əs'in.]（名）オブザーバーとしての立場

လေ့လာသုံးသပ်[le.la toun:daʔ]（動）検討する、調査研究する

လေ[le]（動）①無駄になる ②さまよう

လေ[le]（助動）事実、出来事の確認、提示を現わす စာသင်လေ၏။ 学習した လျှောက်လေ၏။ 申し上げた ထီးဖြူရိပ်ဝယ်သိပ်ထား:လေ၏။ 白傘の陰に寝かせておいた

လေ[le]（助動）文末使用、確かさ、事実、真実を示す မသေဘူး:လေ။ 死んでいないよ ရှိတယ်လေ။ あるよ ညည်းတယောက်တည်း:ဒုက္ခရောက်နေပြီလေ။ お前さんだけが不幸になっているんだよ ရက်နေလို့မပြီးဘူး:လေ။ 恥ずかしがっていては済まないよ

လေ[le]（助動）文末使用、勧誘、説得を現わす လက်ကိုစင်အောင်ဆေး:လေ။ 手をきれいに洗えよ လိုက်ချင်ရင်လာလေ။ 同行したければ来いよ

~လေဇာ[~leza.]（助動）疑惑、不審さを現わす စိတ်မှ ကောင်:ပါလေဝ။ 果して正気だろうか ချောချောမောမောမှရောက်ပါလေဝ။ 果して無事に到着しただろうか ရေမေစီး:ဆင်:နေပါလေဝ။ 果して水は流れているのだろうか သတိပြန်လည်ရပါလေဝ။ 果して意識を取戻したのだろうか

~လေ~လေ[le le]（助動）~すればする程、~すれば益々 စာ:နိုင်လေထာ:လေဲ။ 食べれば食べる程巨大化する ရှင်း:လေရှပ်လေဖြစ်သည်။ 片付ければ片付ける程散らかる ကြာလေဆေး:လေဖြစ်သည်။ 日が経つにつれ益々悲しみが深まる ရှိန်:စိုင်:တာသည်:ခံထက်လေဖြစ်နေတာ။ 不躾なのを堪えるほど堪える程ますます付け上がるんだ ရေပြာမြင်လေချင်လေဖြစ်ရတော့သည်။ 青い水面を見れば見るほど吐き気もひどくなる

~လေလေ~လေလေ[~lele ~lele]（助動）~すれば~するに従って、~すれば~する程 ခြင်ကောင်များသည် ညဉ့်နက်လေလေများလေလေဖြစ်သည်။ 蚊は夜が更けるに従ってますます増えてきた ချေ:မော:မြောက်ပင်လေလေက်လေလေဖြစ်သည်။ おだてればおだてる程益々上がる စဉ်:စား:လေလေပြာနာကျယ်လေလေဝဲ။ 考えれば考えるほど益々問題が大きくなる ရန်ကုန်မြို့ဘက်နီ:လာလေလေ ကျမစိတ်လေး:လေလေဖြစ်သည်။ ヤンゴンの町に近づくにつれて私の気持は益々沈んできた ကြိုးပမ်:လေလေပိုမိုဆိုး:ရွား:လေလေဖြစ်သည်။ 努力すればする程益々事態が悪化してきた

လေ[le]（名）①空気 ②風 ③（体内の）ガス ④口調、語り方、話し振り

လေကတော[le gədɔ.]（名）つむじ風、竜巻

လေကာ[lega]（名）風除け、防風

လေကာမှန်[lega man]（名）①（自動車の）フロント・ガラス ②飛行機の風防

လေကောင်:လေသန့်[legaun: ledan]（名）新鮮な空気、汚れていない空気、きれいな空気

လေကုန်[le koun]（動）話し甲斐がない、話しても無駄だ、話し損だ

လေကျယ်[le tʃɛ]（形）口の利き方がでかい、でかい口を叩く

လေကြီး:[le tʃi:]（形）=လေကျယ်

လေကြီး:မိုး:[ledʒi: mo:dʒi:]（名）暴風雨

လေကြော[ledʒɔ:]（名）①空気の流れ ②話題、話の流れ、話の勢

လေကြောရှည်[ledʒɔ. ʃe]（形）話が長い、饒舌だ

လေကြိုတက်[ledʒo. tɛʔ]（動）しゃっくりをする

လေကြောင်[ledʒaun:]（名）①風向き ②空路 ③航空路線

လေကြောင်:ကာကွယ်ရေး[ledʒaun: kagwɛje:]（名）防空

လေကြောင်းစာ

လေကြောင်းကာကွယ်ရေးသတိပေးချက်[leʤaun: kagwɛje: dədi.pe:ʤɛʔ] (名) 空襲警戒警報
လေကြောင်းစာ[leʤaun:za] (名) 航空便
လေကြောင်းစစ်[leʤaun:siʔ] (名) 空中戦
လေကြောင်းတိုက်ပွဲ[leʤaun: taiʔpwɛ:] (名) 空中戦
လေကြောင်းဌာန[leʤaun: t'ana.] (名) 航空局
လေကြောင်းပို့ဆောင်ရေး[leʤaun: po.s'aunje:] (名) 空輸、航空輸送、航空運輸
လေကြောင်းပိုင်နက်[leʤaun: painnɛʔ] (名) 領空
လေကြောင်းပြ[leʤaun:bya.] (名) ①風見 ②航空管制官
လေကြောင်းရန်အချက်ပေးသံ[leʤaun: jan əʔjɛʔ pe:dan] (名) 空襲警報
လေကြောင်းလမ်း[leʤaun:lan:] (名) 空路、航空路
လေကြောင်းဉဩ[leʤaun: ouʔɔ:] (名) サイレン
လေကွယ်ရာ[le kwɛja] (名) 風が来ない所、風通しのない所、無風地帯
လေခို[le k'o] (動) ①空気が溜まる ②風を除ける
လေခေါင်းအုံး[le gaun:oun:] (名) 空気枕
လေခံ[le k'an] (動) ①風を受ける ②空気の抵抗がある ③胃腸に空気が溜まって苦しい、食欲がない
လေချို[leʤo] (名) ①微風、そよ風 ②甘い口調
လေချိုးသွေး[leʤo twe:] (動) 宥める、宥めすかす
လေချုပ်[leʤin] (名) げっぷ
လေချုပ်တက်[leʤin tɛʔ] (動) げっぷが上がる、酸っぱいものが口に上がる
လေချုပ်[le tʃouʔ] (動) お腹にガスが溜まる、おならが出ない
လေချွန်[le tʃun] ① (動) 口笛を吹く ② [leʤun] (名) 口笛
လေချွန်ပေး[leʤun pe:] (動) 口笛を吹く
လေချွန်သံ[leʤundan] (名) 口笛
လေငန်း[lenan:] (病) 半身不随、麻痺、中風
လေငန်းဖမ်း[lenan: p'an] (動) ①金縛りに遭う ②神経麻痺を起す、半身不随になる、中風になる
လေငြိမ်[le nein] (形) 風が凪ぐ、風が穏やかだ
လေစက်[le sɛʔtʃa] (名) 風車 (かざぐるま)
လေစီးကြောင်း[le si:ʤaun:] (名) 空気の流れ
လေစစ်ခင်[lezain] (名) 空気の塊
လေစစ်[leziʔ] (名) 空気フィルター、濾過器
လေစွန့်[le soun] (動) ①放屁する、屁をひる ② [lezoun] (名) 順風、追い風
လေစုန်၍ရွက်တိုက်[ ] ∥ (諺) チャンスを逃すな (追い風になれば帆を張れ)

လေစိမ်း[lezein:] (名) 外の風、屋外の風、寒風
လေစိမ်းတိုက်[lezein: taiʔ] (動) ①冷たい風に身を晒す、冷たい風に当る ②屋外の空気に触れる
လေဆင်နှာမောင်း[le s'innəmaun:] (名) 旋風、竜巻
လေဆင်နှာမောင်းတိုက်[le s'innəmaun: taiʔ] (動) 旋風が起きる、竜巻が起きる
လေဆန်[le s'an] ① (動) げっぷが出る、ガスが上がってくる ② [lezan] (名) 向い風、逆風
လေဆိပ်[lezeiʔ] (名) 空港
လေညာ[leɲa] (名) 風上
လေညှင်း[leɲhin:] (名) 微風、そよ風
လေညှင်းခံ[leɲhin: k'an] (動) そよ風に当る、微風を身に受ける、涼む
လေညှန်းတံ[leɲhundan] (名) 風見鶏
လေတက်[le tɛʔ] (動) げっざが出る
လေတိုက်[le taiʔ] (動) 風が吹く
လေတိုက်နှုန်း[ledaiʔnoun:] (名) 風速
လေတင်[ledin] (名) 風上
လေတင်လေညာ[ledin leɲa] (名) 風上
လေတိတ်[le teiʔ] (動) 風が止む、無風になる
လေတပ်[ledaʔ] (名) 空軍
လေတပ်မတော်[le taʔmədɔ] = လေတပ်
လေတံကျင်[le dəʤin] (名) 鼓腸 (胃腸にガスが溜まる)
လေတံခွန်[le dəgun] (名) 風 = စွန်
လေထ[le t'a.] (動) ①風が起きる、風が生じる ②胃腸内にガスが生じる
လေထီး[ledi:] (名) 落下傘
လေထီးခုန်ဆင်း[ledi: k'ouns'in:] (動) 落下傘で降下する
လေထီးဆင်း[ledi: s'in:] = လေထီးခုန်ဆင်း
လေထီးတပ်[ledi:daʔ] (名) 落下傘部隊
လေထီးဖွင့်[ledi: p'win.] (動) 落下傘を開かせる
လေထု[ledu.] (名) 大気、大気圏
လေထုညစ်ညမ်းမှု[ledu. ɲiʔɲan:mu.] (名) 大気汚染
လေထုဖိအား[ledu.p'i.a:] (名) 気圧
လေထုလွှာ[ledu.ɬwa] (名) 大気層、大気圏
လေထိုး[le t'o:] (動) ① (タイヤ等に) 空気を入れる、空気を注入する ②お腹が張る、お腹にガスが溜まる
လေထိုးတန်[let'o:dan] (名) 空気入れ、空気ポンプ
လေထန်[le t'an] (形) 風が強い、強風が吹く
လေထွာ[le t'wa:] (動) 法螺を吹く、大風呂敷を広げる、自慢する

လေနာ[lena] (名) 鼓腸、胃腸内でのガスの発生、胃のもたれ
လေနာထ[lena t'a.] (動) 胃腸内にガスが発生する、胃が消化不良を起す、胃がもたれる
လေနာရောဂါသည်[lena jɔːgadɛ] (名) 鼓腸の患者、胃もたれの患者、消化不良の患者
လေနံကြမ်း[lenicʤan:] (名) 空っ風、砂嵐
လေနတ်သား:[le naʔta:] (名) 風の神、虚空神
လေပူ[lebu] (名) ①熱風 ②胸焼け
လေပူတက်[lebu tɛʔ] (動) =လေပူတက်
လေပူထ[lebu t'a.] (動) 胸焼けがする
လေပူဖောင်း[le bubaun:] (名) 泡
လေပေး:ဖြောင်[lebe: p'jaun.] (形) 話が合う、うまが合う
လေပေါ်[le pɔː] ① (動) 大口を叩く、法螺を吹く ② [lebɔː] (名) 大風呂敷、大口を叩く人、無駄口を利く人
လေပေါက်[lebau] (名) 空気穴、通気孔、換気孔
လေပန်:[le pan:] (動) ぺらぺら喋る
လေပန်:[leban:] (名) (植) アネモネ
လေပုန်:[leboun:] (名) 突風、烈風
လေပျော့[lebjɔ.] (名) 柔らかい口調、柔らかい語り口
လေပျော့လေလျော့မှန်ကန်[lebjɔ.leʃɔ. mankan] (形) 口調が柔らかい
လေပြေ[lebje] (名) 弱い風、柔らかい風
လေပြေထိ:[lebje t'o:] (動) ①折れて出る、妥協する、猫撫で声を出す ②出演俳優が幕間の音楽演奏を楽団のマスターに韻文で促す
လေပြင်း:[lebjin:] (名) 強風、暴風
လေပြင်း:တိုက်[lebjin: taiʔ] (動) 強風が吹く
လေပြင်း:မုန်တိုင်း:[lebjin: moundain:] (名) 暴風雨
လေပြင်း:လေဆန်[lebjin: lezan] (名) 強風、向い風
လေပြည်[lebje] (名) 微風、そよ風
လေပြည်လေညှင်း:[lebje leɲin:] =လေပြေ
လေပွ[le pwa.] (動) お腹にガスが溜まる
လေပွေ[lebwe] (名) 旋風、つむじ風
လေပြွန်[lebjun] (名) ①気管 ②通気筒、エアーダクト
လေဖိအား:[le p'i.a:] (名) 気圧
လေဖိအား:တိုင်:ကရိယာ[lep'i.a: tain: kəri. ja] (名) 気圧測定機
လေဖိအား:နည်း:[lep'i.a: nɛː] ① (形) 気圧が低い ② (名) 低気圧

လေဖိအား:နည်း:ရပ်ဝန်း:[lep'i.a: ne: jaʔwun:] (名) 低気圧帯
လေဖို[lebo] (名) 鞴(ふいご)
လေဖမ်း:ဒန်:စီ:[lep'an: dan:si:] (動) 知ったかぶりをする、さも事実であるかのごとく喋る
လေဖြတ်[le p'jaʔ] (動) 麻痺を起す、中風になる、脳卒中で動けなくなる
လေဖြတ်သူ[lep'jaṭu] (名) 中風患者、脳性麻痺患者
လေမုန်တိုင်း:[le moundain:] (名) 嵐、暴風雨
လေမီ[le mi.] (動) ①凧が風に乗る ②話に花が咲く、話に夢中になる
လေမုန်တိုင်း:ကျ[le moundain: tʃa.] (動) 嵐が来る、暴風になる
လေမုန်တိုင်း:ဒဏ်ခံရ[le moundain: dan k'an ja.] (動) 台風の被害を蒙る
လေများ:[lemja:] (形) 余計な事を言う、よく喋る
လေမွေရာ[le mwe.ja] (名) エアーマット
လေမှုတ်သွင်း:[le mouʔtwin:] (動) 空気を吹き込む
လေယူလေသိမ်း:[leju ledein:] (名) 発音、音調、抑揚、口調、発声の仕方
လေယာဉ်[lejin] (名) 飛行機、航空機
လေယာဉ်ကွင်း:[lejingwin:] (名) 飛行場
လေယာဉ်တင်သင်္ဘော[lejin tin tin:bɔː] (名) 航空母艦
လေယာဉ်ဒုံး:ကျည်[lejin doun:ʤi] (名) 対空ミサイル
လေယာဉ်ပစ်အမြောက်[lejin bjiʔ əmjauʔ] (名) 高射砲
လေယာဉ်ပျက်ကျ[lejin pjɛʔtʃa.] (動) 飛行機が墜落する
လေယာဉ်ပျက်ကျမှု[lejin pjɛʔtʃa.mu.] (名) 飛行機の墜落事故、航空事故
လေယာဉ်ပျံ[lejinbjan] (名) 飛行機
လေယာဉ်ပျံကွင်း:[lejinbjan gwin:] (名) 飛行場
လေယာဉ်ပျံတင်စစ်သင်္ဘော[lejinbyan din si' tin:bɔː] (名) 航空母艦
လေယာဉ်ပျံခ[leinbjan ga.] (名) 航空運賃
လေယာဉ်ပျံဖိနပ်[lejinbjan p'ənaʔ] (名) サンダル、スリッパ (先端が飛行機の機首に類似)
လေယာဉ်ပြေ:လမ်း:[lejin pje:lan:] (名) 滑走路
လေယာဉ်မပျံ:ရန်:ရေ:ရန်[lejin məpjantan:ja. zoun] (名) 飛行禁止区域
လေယာဉ်မယ်[lejinmɛ] (名) スチュアデス、エアーホステス、客室乗務員
လေယာဉ်မောင်း[lejinmaunza.] (名) テトロンの

လေယာဉ်မှူး

一種
လေယာဉ်မှူး[lejinmu:]（名）機長
လေယာဉ်လှေကား：[lejin ɫega:]（名）飛行機のタラップ
လေယာဉ်အပိုင်စီး[lejin əpain si:]（動）航空機を乗取る、航空機をハイジャックする
လေယာဉ်အပိုင်းစီးမှု[lejin əpain: si:mu.]（名）飛行機の乗取り、ハイジャック
လေယာဉ်ဦး[lejin u:]（名）飛行機の機首
လေယပ်[leja']（名）手動の扇風機（ロープに布を吊し、それを手で動かす、寺院内で使用）
လေဟာတ်[le jəha']（名）①風車 ②扇風機
လေရူး：[leju:]（名）突風、旋風、乱気流
လေရူးတိုက်[leju: tai']（動）突風が吹く
လေရူးထ[leju: t'a.]（動）突風が起る
လေရည်[leje]（名）ドライアイス
လေရှူချောင်း：[leʃuʤaun:]（名）気管
လေရှူငါး：[leʃu ŋa:]（魚）肺呼吸が可能な魚（ငါး၊ ငါး：ပြေ：မ 等）
လေရှည်[le ʃe]（形）くどくど言う、回りくどく言う、長話をする、饒舌だ ＝ကား：ရှည်
လေလည်[le lɛ]（動）放屁する、おならをする
လေလမ်：[lelan:]（名）①空路、航空路 ②気管、空気の通路
လေလမ်：ကြောင်：[le lan:ʤaun:]（名）気管
လေလုံ[le loun]（動）風が入らない、風が通らない
လေလုံထွာ：[leloun: t'wa:]（動）大きな口を利く、大口を叩く、大言壮語する
လေလွင့်[le lwin.]（動）①飛び散る、舞い散る、散逸する ②幟がはためく ③放浪する、うろつく、さまよい歩く ④気が散る、気が逸れる、気持が落着かない ⑤無駄になる
လေလွင့်ခွေး：[lelwin.gwe:]（名）野良犬、野犬
လေဝေ[le we.]（動）旋風が起きる、竜巻が起きる
လေဝင်ပေါက်[le winbau']（名）小窓、空気孔、排気孔
လေသလပ်[le təla']（動）風に当たる、空気に晒される
လေသလပ်ခံ[letəla' k'an]（動）風に当てる、風を通す、空気に晒す、陰干しする
လေသလပ်သွာ：[letəla' twa:]（動）水分を失う
လေသာဆောင်[ledazaun]（名）バルコニー、ベランダ
လေသရဲ[le təjɛ:]（名）①操縦士、パイロット ②宇宙飛行士
လေသနပ်[le təna']（名）空気銃

လေသက်[le tɛ']（動）放屁する、おならをする
လေသင်[le tin.]（動）風下になる、風を受ける、風に乗る
လေသင်ဓနု：[le tindoun:]（病）半身不髄、麻痺
လေသင်ဓနု：ဖြတ်[letindoun:p'ja']（動）脳溢血を起す、脳性麻痺を起す、口が歪む、半身不随となる
လေသင်္ဘော[le tin:bɔ]（名）飛行船
လေသန်[le tan]（形）①風が強い、吹き曝しだ ②自慢気だ、大袈裟だ、饒舌だ
လေသံ[ledan]（名）①風の音、虎落（もがり）笛 ②囁き ③声の調子 ④話し方、話し振り ⑤口先
လေသံပစ်[ledan pji']（動）仄めかす、ヒントを与える、暗示する
လေဟာ[leha]（名）真空
လေဟာနယ်[lehanɛ]（名）真空地帯 ＝လဟာနယ်
လေဟာပြင်[lehabjin]（名）空き地、空間 ＝လဟာပြင်
လေဟာပြင်ဇာတ်ရုံ[lehabjin za'joun]（名）野外劇場
လေဟုန်စီ：[lehoun si:]（動）風に乗る
လေဥ[le u.]（名）人工受精卵
လေဦး[le u:]（名）風向きの変化
လေအေ：[le e:]（名）①寒風、冷たい風 ②柔らかい口調、物静かな口調
လေအေ：စက်[le e:zɛ']（名）エアコン、クーラー
လေအေ：စက်ပိတ်[le e:zɛ' pei']（名）エアコン、クーラーを停める
လေအေ：စက်ဖွင့်[le e:zɛ' p'win.]（名）エアコンまたはクーラーをかける
လေအေ：ဆိုင်အုံ[le e:zainzoun]（名）寒気団、冷気塊
လေအေ：ပေ：စက်[le e:pe:zɛ']＝လေအေ：စက်
လေအေ：အေ：နဲ[le e:e:nɛ.]（副）①冷静な態度でလေအေ：အေ：နဲ့ပြောသည်။冷静に言う ②優しい調子で、物静かな口調で
လေအို：[le o:]（名）口先ばかり達者な人
လေအောက်[le au']（名）風下 cf. လေညာ
လေအောင့်[le aun.]（動）胃がもたれる
လေအောင်：[le aun:]（動）①ガスが溜る ②空気が淀む、風が吹かない
လေဆာရောင်ခြည်[leza jaunʤi]（名）レーザー光線 ＜英 Laser
လေလံ[lelan]（名）競売、売り売り ＜ヒ
လေလံဆွဲ：[lelan s'wɛ:]（動）競る、値を付ける、入札する
လေလံတင်[lelan tin]（動）競売に掛ける、競売に

出す、競売で売却する
လေလံတင်ရောင်းချ[lelan tin yaung:tʃa.]（動）
= လေလံတင်
လေလံပစ်[lelan pji']（動）競売に加わる、競り落とす、落札する
လေလံပွဲ[lelanbwɛ:]（名）競売、競り売り、入札
~ လေး[le:]（尾）縮小辞、名詞の後に付く ဝက်ဝံလေး: 小熊 ဆရာမလေး: 若い女教師 ဓာတ်ဆီဆိုင်လေး: 小規模なガソリン・スタンド ပိုက်ဆံလေးဘာလေး: 小銭の類 ဆေးလေးဘာလေးများတိုက်ပါဦးတော့ ‖ 薬やら何やら飲ませなさいよ
လေး[le:]（数）四 数字の形はငှ၊ လေးဆယ် ４０ လေးရာ ４百 လေးထောင် ４千 လေးသောင်း ４万 လေးသိန်း ４０万 လေးသန်း ４百万
လေးကောင်ဂျင်[le:gaungin]（名）①四面に四種類の動物（蛙、豚、鶏、鰻）の絵がそれぞれ描かれたゲーム盤と独楽 ②動物四種の絵が描かれたゲーム盤で独楽を使って行われる賭け事
လေးကိုင်[le:gain]（植）オオバウオトリギ（シナノキ科）Grewia tiliaefolia
လေးကျွန်း[le:ʤun:]（名）四大洲（仏教の宇宙観で東西南北に一つずつあると考えられている大陸）
လေးကွက်ကျော[le:gwɛ'tʃa:]（名）①縦横同じ寸法に仕切った桝目 ②網代模様
လေးကွက်ကျောခိုင်[le:gwɛ'tʃa:gain]（植）アマリリス = လေးညွှန့်ကြာခိုင်
လေးကွက်သိုင်းနင်း[le:gwɛ'tain:nin:]（副）千鳥足で、酔っ払いの歩く様、あっちふらふら、こっちふらふら
လေးချို[leʤo:]（名）四連構成のビルマの古典詩の一種
လေးချောင်းထောက်[le:ʤaung:dau']（名）四本脚
လေးခွ[le:gwa.]①（植）シマヒゲシバ（イネ科）Chloris barbata ②（名）ゴム紐付きのY字型をしたパチンコ
လေးစိပ်လေးမွာ[le:zei' le:mwa]（名）四分の一
လေးဆူဓာတ်ပုံ[le:zu da'poun]（名）①過去四仏の舎利（သိ-ဂုံ-ပ-မ）②シュエダゴン・パゴダの別名（過去四仏の遺物が祀られている）
လေးဆစ်ဆစ်[le:zi' s'i']（動）四分割する、四分する
လေးဆစ်[le:zi']（名）ビルマの古典詩の一種、四節詩（結句の韻を踏んだ二節が二組ある）
လေးညွှန့်ကြာခိုင်[le:ɲun:tʃagain]（植）アマリリス Hippestrum reticulatum = လေးကွက်ကျောခိုင်

လေးညှင်း[le:ɲin:]（植）チョウジ（フトモモ科）Syzygium aromaticum
လေးညှင်းကြီး[le:ɲin:ʤi:]（植）キダチキンバイ（アカバナ科）Jussiaea suffruticosa
လေးညှင်းပွင့်[le:ɲin:bwin.]（名）丁子香、丁子の花（蕾を干して薬材にする）
လေးတိုင်ဝင်[le:dainzin]（名）四本柱を基礎に建てた舞台、高台、物干し台
လေးထောင့်[le:daun.]（名）方形、四角形
လေးထောင့်ကွက်[le:daun. gwɛ']（貝）ウノアシ、リュウキュウウノアシ（ユキノカサ貝科）
လေးထောင့်စပ်စပ်[le:daun.sa'sa']（名）正方形
လေးထောင့်ပုံ[le:daun.boun] = လေးထောင့်
လေးထောင့်သကဏန်[le:daun. dədan] = လေးထောင့်
လေးနာဂျီပန်း[le:naji ban:]（植）オシロイバナ（オシロイバナ科）Mirabilis jalapa
လေးပင်သုံးခန်း[le:bin toun:gan:]（名）正面から見て間柱が４本ある家、３部屋構成の家
လေးပင်အိမ်[le:bin ein] = လေးပင်သုံးခန်း
လေးပေါင်လေးလက်ကား[le:baun le:lɛ' ka:]（動）手足を思いきり伸す、大の字になる
လေးပုံပုံ[le:boun dəboun]（名）四分の一
လေးပုံသုံးပုံ[le:boun toun:boun]（名）四分の三
လေးပင်ဆိုင်[le:bwin.zain]（副）四者顔を合せて cf. သုံးပွင့်ဆိုင်
လေးဖက်[le:bɛ'] = လေးဘက်
လေးဖက်တွာ:[le:bɛ'twa:] = လေးဘက်တွာ:
လေးဖက်ထောက်[le:bɛ' t'au'] = လေးဘက်ထောက်
လေးဖက်နာ[le:bɛ'na] = လေးဘက်နာ
လေးဖက်လေးတန်[le:bɛ' le:dan] = လေးဘက်လေးတန်
လေးဖက်ကွဲ[le:bɛ'kwɛ:] = လေးဘက်ကွဲ
လေးဖက်သွား[le:bɛ' twa] = လေးဘက်တွာ:
လေးဘီး[le:bein:]（名）（三輪タクシーに対する）四輪タクシー
လေးဘက်[le:bɛ']（名）四面、四部分
လေးဘက်ကွဲ[le:bɛ'kwɛ]（名）キャンター（馬の走り方、トロットより速く、ギャロップよりは遅い）緩い駆け足
လေးဘက်တွာ:[le:bɛ'twa:]（動）這う、腹這いになる、四つん這いになる、匍匐する
လေးဘက်ထောက်[le:bɛ' t'au']（動）四つん這いになる、両手両足で体を支える
လေးဘက်နာ[le:bɛ'na]（病）痛風、関節痛、四肢の関節炎

လေးဘက်လေးတန်[le:bɛʔ le:dan] (名) 四面、四方向

လေးဘက်သွာ:[le:bɛʔ twa:] =လေးဘက်တွာ:

လေးမျက်နှာ[le:mjɛʔna] (名) 四面、四方

လေးယောက်တတွဲ[le:jauʔ dədwɛ:] (名) 四人一組

လေးလုံးကွဲ[le:loun kwɛ:] (形) ①声が明瞭だ ②話し方が明晰だ

လေးလုံးခြောက်ဖုဖု[le:loun tʃauʔpʼɛʔ] (副) デブで、でっぷりしていて、丸々ぽっちゃりしていて

လေးလုံးစပ်လင်္ကာ[le:loun:zaʔ tin:bɔ:] (名) 四音節一行詩

လေးလုံးတပိုဒ်[le:loun dəbaiʔ] (名) 四音節一行詩 例 ဟင်းစာ:ကြက်၊အတက်ကောင်းပေါက်။ 食用の鶏に闘鶏用の蹴爪が生える

လေးလုံးဖွဲ့ကျူ:[le:loun bwɛ. gəbja] (名) 四句一行詩 =လေးလုံးစပ်လင်္ကာ

လေးလွန်:[le:lun:] (植) ブドウハゼ (トウダイグサ科) Sapium baccatum

လေးသချေင်္ကန္ကမ္ဘောတသိန်း[le:tintʃenɛ. gəba tə tein:] (名) 四阿僧祇劫 (須弥陀行者が悉達多太子に転生するまでの時間 (1阿僧祇劫は1の後に零が百40個付く数)

လေး[le:] (名) ①弓 ②いし弓 ③パチンコ、投石器

လေးကင်း[le:gin: pja.] (動) →လေးခင်း

လေးကိုင်[le:gain] (名) 射手、弓の射手

လေးကိုင်[le:gain:] (名) 弦を張る弓の本体

လေးကြိုး[le:dʒo:] (名) 弓の弦 =လေးညှို့

လေးခင်း[le:gin:] (名) 弓の腕前、弓術

လေးခင်းပြ[le:gin: pja.] (動) ①弓術を披露する、弓の腕前を見せる ②憤怒のあまり手足を大きく広げる

လေးခွ[le:gwa.] (名) (小鳥などを撃つために使用する) パチンコ

လေးညှို့[le:ɲo.] (名) 弓の弦、弓づる

လေးညှို့တပ်[le:ɲo. taʔ] (動) 弓に絃を張る、弓に絃を取付ける

လေးတင်[le: tin] (動) 弦を張る、弓に弦を取付ける =လေးညှို့တပ်

လေးမြား[le:mja:] (名) 弓矢

လေးမြားအတတ်[le:mja əta’] (名) 弓術、弓技

လေးမှူး[le:mu:] (名) (王朝時代の) 弓兵団の長

လေးသား[le:da:] (名) (王朝時代の) 弓兵

လေးသည်တော်[le:dɛdɔ] (名) 弓兵

လေးသည်တော်ငါး[le:dɛdɔ ŋa:] (魚) 鉄砲魚

လေးအတတ်[le: əta’] (名) 弓術、弓道

လေး:[le:] (副) ①重い နည်း နည်း လေးသည်။ 少し重い

ခေါင်းလေးသည်။ 頭が重い ဥက်လေးသည်။ 頭がすっきりしない ရင်လေးသည်။ 気が重い、憂鬱だ စိတ်လေးသည်။ 不安な気持になる ②(動作、反応が) 鈍い、不活発だ ③(体が) だるい ④気を使う、注意を払う ⑤(形) 塩気が強い、塩味が濃い、味が濃厚だ ⑥(助数) ~倍 လမင်းထက်နှစ်လေးသာတယ်။ 月より2倍優れている

လေးကန်[le:gan] (形) のろい、緩慢だ、ゆっくりしている、遅い လေးကန်သောခြေလှမ်း 重い足取り

လေးကန်ကံပြစ်[le:kangan pʼjiʔ] (形) (足取りが) 重い

လေးကန်စွာ[le:ganzwa] (副・文) 物憂げに

လေးစား:[le:za:] (動) 貴ぶ、尊崇する、尊敬する 大事にする ဥပဒေကိုလေးစားပါ။ 法規を順守しなさい ငွေကိုလေးစား:ဘူး။ お金を大事にしない

လေးစား:စွာ[le:za:zwa] (副・文) ①貴んで、尊重して、丁重に、謹んで ②(手紙の結句) 敬具

လေးတေးတေး[le: te:de:] (副) 比較的重く ကျွန်တော့်စိတ်မှာလေးတေးတေး:ဖြစ်သည်။ 私の心は重かった

လေးတွဲ့[le:twɛ.] (形) 物静かだ、ゆったりしている

လေးနက်[le:nɛʔ] (形) 深淵だ、真剣だ、深刻だ、重大だ

လေးပင်[le:bin] (形) ①鈍い、のろい ②濃い、(味が) ぴりっとする

လေးပိုင်းကြီးတင်[le:bain: dʒi: tin] (動) 何もできない、邪魔が入る

လေးဖင်[le:pʼin.] (形) 腰が重い、動作が鈍い

လေးမြတ်[le:mjaʔ] (動) 重んじる、尊敬する

လေးမြတ်စွာ[le:mjaʔswa] (副) 尊重して、崇めて

လေးလေး[le:le:] (副) より強く、より重く

လေးလေးကန်ကန်[le:le: kangan] (副) ぐずぐずと、のろのろと

လေးလေးစားစား[le:le: sa:za:] (副) 恭しく、敬意を払って、謹んで

လေးလေးနက်နက်[le:le: nɛʔnɛʔ] (副) 真剣に、重大に

လေးလေးပင်ပင်[le:le: pinbin] (副) ①はっきりと、明晰に ②風味があって、独特の味がして ③真剣に、重大に、深刻に

လေးလေးဖင်ဖင်[le:le: pʼin.bin.] (副) のろのろと、ぐずぐずと

လေးလံ[le:lan] (形) ①重い ②重々しい、重苦しい、のろい、鈍い、物憂い

လေးလံထိုင်းမှိုင်း[le:lan tʼain:main:] (形) ①(体が) だるい、物憂い ②のろい、緩慢だ

လဲ့[lɛ̰.] (形) 色合いが澄み切っている、透明だ、色鮮やかだ ပြာလဲ့သည် 澄んだ青色をしている စိမ်းလဲ့သည် 明るい緑色をしている

လဲ့လဲ့[lɛ̰.lɛ̰.] (副) ①色が淡くて、明るくて စိမ်းလဲ့လဲ့ 淡い緑色 နီလဲ့လဲ့ 淡い赤 ဝါလဲ့လဲ့ဖယောင်းတိုင် 淡黄色をした蝋燭の炎 လရောင်လဲ့လဲ့ 淡い月光 ②弱々しく、物憂げに မျက်လုံးကိုလဲ့လဲ့မှေးသည်။ 物憂げに目を閉じた

လယ်[lɛ] (名) 田圃、水田
လယ်ကူလီ[lɛ kuli] (名) 雇農、農業労働者
လယ်ကောက်ညှင်း[lɛ kau'ɲin:] (植) マイハギモドキ (マメ科) Desmodium gyroides
လယ်ကန်သင်း[lɛgəzin:] (名) 畦、田圃の縁
လယ်ကန်သင်းရိုး[lɛgəzin:jo:] (名) 田圃の畦道
လယ်ကွက်[lɛgwɛ'] (名) (畦道で仕切られた) 田圃、水田
လယ်ကွက်စေ့[lɛgwɛ'si.] (副) どの田圃も
လယ်ကွင်း[lɛgwin] (名) 水田、田圃
လယ်ကြွက်[lɛʥwɛ'] (動物) タネズミ
လယ်ခ[lɛga.] (名) 地代
လယ်ခရု[lɛ k'əju.] (貝) タニシ
လယ်ခင်း[lɛgin:] (名) 水田
လယ်ခေါင်[lɛgaun] (名) 中、真中、中央 ＜အလယ်ခေါင်၊ မြို့လယ်ခေါင် 街の中 လမ်းလယ်ခေါင် 道の真中、大道上
လယ်ခေါင်ရမ်း[lɛ k'aun jan:] (植) ゴジカ (アオギリ科) Pentapetes phoenicea
လယ်ခွန်[lɛgun] (名) 地租、土地税
လယ်ငှါး[lɛɲa:] (名) 借地
လယ်စ[lɛza.] (植) ウラゲサルスベリ (ミソハギ科) Lagerstroemia tomentosa
လယ်စိုက်[lɛ sai'] (動) 田植えをする
လယ်တဲ[lɛdɛ:] (名) 田小屋
လယ်တော်ပယ်တော်[lɛdɔ pɛdɔ] (名) 国王の農地、王領田
လယ်တော[lɛdɔ:] (名) 見渡す限りの田、水田
လယ်တိုး[lɛ to:] (名) 田圃が殖える、水田が増加する
လယ်တည်[lɛ ti] (動) 開墾する、水田を作る
လယ်တွင်းကိုးခရိုင်[lɛdwin: ko: k'əjain] (名) レードウイン九地区 (チャウセ地方の別称)
လယ်ထောက်[lɛdau'k'a.] (名) 小作料
လယ်ထက်ပစ္စည်း[lɛdwɛ' pji'si:] (名) 農作物
လယ်ထွန်[lɛ t'un] (動) 田を耕す、唐鋤で耕す
လယ်ထွန်စက်[lɛt'unzɛ'] (名) トラクター、耕運機
လယ်ထွန်ပေါင်းခုတ်[lɛt'un paun:k'ou'] (動) 田

を耕し草を抜く
လယ်ထွန်မင်္ဂလာ[lɛdun mingəla] (名) 王者親耕、(国王によるビルマ暦3月の) 農耕儀式
လယ်ထွန်သွား၁နား၂မေ့။ (諺) 画竜点睛を欠く、肝心要の事を度忘れする (田を耕しに出かけて牛を忘れる)
လယ်ပထု[lɛbədu] (植) オギノツメ (キツネノマゴ科) の1種 Hygrophila spinosa 薬用植物
လယ်ပီတောက်[lɛ bədau'] (植) コナギ、ササナギ (ミズアオイ科)
လယ်ပုစွန်လုံး[lɛ bəzunloun:] (動物) サワガニ Potamon dayanum
လယ်ပယ်[lɛpɛ] (名) 水田、農地、耕地
လယ်ပိုင်ရှင်[lɛbainʃin] (名) 地主
လယ်ပြင်[lɛbjin] (名) 田圃、水田の広がり
လယ်မြေ[lɛmje] (名) 水田、農地
လယ်မြေယာမြေ[lɛmje jamje] (名) 農地、田畑
လယ်ယာ[lɛja] (名) 田畑、農地、農耕地
လယ်ယာကိုင်းကျွန်း[lɛja kain:tʃun:] (名) 農地、耕地 (田畑及び沖積地)
လယ်ယာချိန်[lɛjaʥein] (名) 農期、農繁期
လယ်ယာချောင်းမြောင်း[lɛja tʃaun:mjaun:] (名) 農地及び用水路
လယ်ယာစိုက်ပျိုးရေး[lɛja sai'pjo:je:] (名) 農業
လယ်ယာစိုက်ပျိုးရေးနှင့်ဆည်မြောင်းဝန်ကြီးဌာန[lɛja sai'pjo:je:nɛ. s'ɛmjaun: wunʥi:t'a na.] (名) 農業灌漑省 (1999年現在)
လယ်ယာစိုက်ပျိုးရေးဘဏ်[lɛja sai'pjo:je: ban] (名) 農業銀行
လယ်ယာစိုက်ပျိုးရေးသမားကော်မီတီ[lɛja sai'pjo: je:dəma: kɔmiti] (名) 農民委員会
လယ်ယာစိုက်ပျိုးလုပ်ကိုင်ခြင်း[lɛja sai'pjo: lou' kainʥin:] (名) 営農
လယ်ယာထက်ကုန်[lɛja t'wɛ'koun] (名) 農作物、農産物
လယ်ယာနှင့်သစ်တောဝန်ကြီးဌာန[lɛja nɛ. ti'tɔ: wunʥi: t'ana.] (名) (旧制度の) 農林省
လယ်ယာမြေ[lɛja mje] (名) 農地、農耕地
လယ်ယာမြေပြည်သူပိုင်လုပ်[lɛjamje pjidubain lou'] (動) 農地を国有化する
လယ်ယာလုပ်ကိုင်ခြင်း[lɛja lou'kainʥin:] (名) 営農
လယ်ယာလုပ်ကိုင်သူ[lɛja lou'kaindu] (名) 農民、農家、農業従事者
လယ်ယာလုပ်ငန်း[lɛja lou'ŋan:] (名) 農業、農作業、野良仕事

လယ်ယာလုပ်သား:[lɛja lou'ta:] （名）農業従事者
လယ်ယာသုံးစက်ကိရိယာ[lɛjadoun: sɛ'kəri.ja]（名）耕運機、農業用機械
လယ်ရှင်[lɛʃin] （名）水田所有者、田圃の持主
လယ်လုပ်[lɛ lou'] （動）①田を耕す ②農業を営む、百姓をする ③（名）百姓
လယ်လုပ်ငန်း[lɛ lou'ŋan:] （名）農作業
လယ်လုပ်စက်ကိရိယာ[lɛlou' sɛ'kəri.ja] （名）農機具、農耕機具（トラクター、コンバイン等）
လယ်လုပ်သား[lɛ lou'ta:] （名）農民、水田耕作者
လယ်လုပ်[lɛlu'] （名）空き地、空閑地、休耕田
လယ်ဝန်[lɛwun] （名）地租査定官
လယ်သမား[lɛdəma:] （名）農民、水田耕作者 cf. တောင်သူ၊ ကိုင်းသမား။
လယ်သီးစား[lɛ ti:za:ga.] （名）小作料
လယ်သီးစားသမား[lɛ ti:za:dəma:] （名）小作民、小作農
လယ်သူကြီး[lɛtuɟi:] （名）地主
လယ်သူမ[lɛ təma.] （名）農婦、早乙女
လယ်ဟင်းလျာ[lɛ hin:ja] （名）野草、惣菜の材料、天然自然の食べ物
လဲ[lɛ:] （植）パンヤ、カポック（パンヤ科）Ceiba Pentandula
လဲမွေရာ[lɛ: mwe.mja] （名）パンヤの布団
လဲမို[lɛ:mo] （植）カポック、シルク・コットン
လဲလု[lɛ:lu] （植）ヒロハオラクス（モクセイ科）Olax scandesn
လဲဝါ[lɛ:wa] （名）パンヤ
လဲ[lɛ:] （動）①換える、取り替える、交換する အဝတ်လဲသည်။ 衣服を着替える ကျောင်းဝတ်စုံလဲသည်။ 制服を着替える အသက်နှင့်လဲ၍ကာကွယ်မည်။ 命に替えて守る ②（蛇が）脱皮する
လဲထား[lɛ:t'a:] （動）替えておく、替えてある
လဲလှယ်[lɛ:ɬɛ] （動）①取り替える、交換する ②着替える
လဲလှယ်သုံးစွဲ[lɛ:ɬɛ toun:swɛ:] （動）流通する
လဲ[lɛ:] （動）倒れる、横たわる、転ぶ =လည်း
လဲကျ[lɛ:tʃa.] （動）倒れる မြေကြီးပေါ်သို့ကျသွားသည်။ 地上に倒れる
လဲပြို[lɛ:pjo] （動）崩壊する
လဲသူခိုးထောင်။ （諺）泣きっ面に蜂（倒れた所を追い剥ぎに襲われる）
လဲလျောင်း[lɛ:ljaun:] （動）横たわる、横になる
~လဲ[lɛ:] （助）~も、~も又 =လည်း ၏ 口語形 ကျွန်တော်လဲဆရာဝန်ပါ။ 私も医者だ သူ့အိမ်မှာရှိနေတယ်။ 彼も家にいる ငါလဲလိုက်မယ်။ 僕も同行する အရက်လဲ

ကြိုက်တယ်။ 酒も好きだ 他の助詞に後接して ကလဲ၊ ကိုလဲ၊ မှာလဲ၊ နဲ့လဲ၊ ရင်လဲ၊ 等のように使われる事もある
~လဲ[lɛ:] （助）①動詞を重複させてその中間に挿む、~でもある ကျယ်လဲကျယ်တယ်။ 広大でもある သန့်လဲသန့်ရှင်းတယ်။ 清潔でもある မွေးလဲမွေးပါတယ်။ 香りもよい လှလဲလှတယ်။ 奇麗でもある ②動詞と特定の補助動詞との間に挿入する ထားလဲလာတယ်။ 大きくもなってきた လှလဲလာတယ်။ 奇麗にもなってきた
~လဲတဲ့[lɛ:bɛ:] =လဲ အခွင့်ပယ်ယံတဲ့တို့နဲ့လို့လိုက်ကို တယ်။ 意味も簡潔、的確に得られる သူမှာလဲသတ္တိရှိတယ်။ 彼にも勇気はある လူတွေမှာလဲအမျိုး:ဆိုတာရှိတယ်။ 人間にも血統（家柄）と言うものはある
လဲ[lɛ:] （助）名詞と動詞とで構成された複合動詞の中間に挿入される အားလဲကိုးပါတယ်။ 頼りにもしている တွေ့ရတဲ့အတွက်ဝမ်းလဲသာတယ်။ 会えたので嬉しくもあった စိတ်လဲမကူးခဲ့ဘူး။ 想像もしなかった
လဲ[lɛ:] （助）動詞又は形容詞を重複させてその中間に挿入する သန့်လဲသန့်ရှင်းတယ်။ 清潔でもある လှလဲလှတယ် 奇麗でもある မွေးလဲမွေးပါတယ်။ 香りもよい ပင်းလဲပင်းတယ်။ 疲れていても ဝလဲမတူး။ 満腹にもならない စားလဲမစားချင်ဘူး။ 食べたくもない
~လဲ[lɛ:] （末助）文中に疑問代名詞、疑問助詞 တာ၊ တယ် 等がある疑問文で使用 ဘာမြွေလဲ။ 何蛇だ ဘာစားမလဲ။ 何を食べる？ မင်းဘာမှာစရာရှိသလဲ။ 君には何の注文があるのかね？ ဘယ်တော့လာမလဲ။ いつ来るのか？ ဘယ်လောက်ဝေးသလဲ။ どれ位違いのか ဘယ်သူပြောသလဲ။ 誰が言ったのか ဘာသစ်ပင်စိုက်မလဲ။ 何の木を植えるのか？
~လော့[lɔ.] （末助・文）命令を現わす、~せよ နား:ထောင်ပါလော့ 聴くべし ကြတော့မူလော့။ お越し下されး ဝေးဝေးနေလော့။ 遠くにいよ ထမင်းချက်ကုန်လော့။ 飯を炊くべし မြိန်ရှက်စွာစား:လော့။ 美味しく食べよ သင်နှစ်သက်ရာရှုတဲ့ယူလော့။ 汝の好きな物を数えて取るべし
လော်ဂရစ်သမ်[lɔ.gəri'tan] （名）対数 ＜英
လော်ကယ်[lɔkɛ] （名）普通列車、各駅停車、ローカル列車 ＜英 Local =လော်ကယ်ရထား
လော်ဂရစ်သမ်[lɔgəri'tan] =လော်ဂရစ်သမ်
လော်ဘန်[lɔban] （植）①アンソクコウノキ（エゴノキ科）Styrax benzoin =ပဈ္ဈ:လော်ဘန် ② インドニュウコウノキ（カンラン科）Boswellia serrata
လော်မာ[lɔma] （形）①気ままだ、放埓だ、無軌道だ သောက်စား:ခြင်းမှာလည်းမလော်မာ။ 飲み食いにも放埓ではない ②奔放だ、淫らだ、放蕩だ、淫溺だ
လော်ရီကား[lɔri ka:] （名）トラック、大型の貨物

自動車 ＜英 Lorry
လော်လည်[lɔlɛ]（動）浮気をする、不貞を働く
လော[lɔː]①（国）ラオス ②（名）鶏籠 ③おとりを用いた罠 ④（助数）～度、～回 သုံးလေးလော 3～4回
လော[lɔː]（形）気が早い、せっかちだ မလောနဲ့။ 焦るな
လောကြီး[lɔːtʃiː]（形）そそっかしい、気が早い、性急だ
လောဆော်[lɔːsʻɔ]（動）唆す、急かす、煽てる、動する
လောလော[lɔːlɔː]（副）素早く、直ちに、即刻
လောလောဆယ်[lɔːlɔːzɛ]（副）差し当って、取り敢えず、さしずめ、当分
လောလောဆယ်တော့[lɔːlɔːzɛdɔ.]（副）差し当っては、今取敢えず、当分の間
လောလောဆယ်တွင်[lɔːlɔːzɛdwin]（副）差当たり
လောလောဆယ်အား：ဖြင့်[lɔːlɔːzɛ aːpʻjin.]（副）今のところとしては、今取敢えずは、差し当たり当分の間は
လောလောပူ[lɔːlɔː pu]（形）酷熱だ、手がつけられない位に熱い
လောလောလတ်လတ်[lɔːlɔːlaʔlaʔ]（副）①直ちに、直ぐに ②つい最近、ごく間近に、新たに
လော[lɔː]（末助・文）疑問を表わす、～か ＝လော။ ပြီးခဲ့ရှိ၏လော။ 終了したか ချမ်းသာစွာနေရပါ၏လော။ 幸せに暮しているか ၍အုပ်ပျံသွားသလော။ မလောသလော။ ここへ来たのか来なかったのか ငါ့တို့လက်က လွတ်နိုင်မည်လော။ 我々の手中から逃れ得るだろうか ငှက်မျှပျံထွက်နိုင်မည်လော။ 鳥となって飛び去る事ができるだろうか ကျောက်ပတ်သောသား၊သည္တာဝိသာ နတ်ပြည်ရှိ၏လော။မရှိလော။ 好ましい男子がとう利天にいるのか、いないのか
လောကျမ်း：[lɔːtʃauːn]（名）医学書、医療書（全編質疑の形（လော）で編纂されているのが題名の由来）
လောက[lɔːka.]（名）この世、人の世、現世、娑婆世間、世俗社会 ကုန်သည်လောက 商人の世界 ＜パ Loka
လောကကြောင်း[lɔːka.dʒauːn]（名）世事、娑婆の事柄、世俗社会の事柄
လောကငရဲ[lɔːka. ŋəjɛː]（名）この世の地獄、現世の地獄
လောကဇာတ်ခုံ[lɔːka. zaʔkʻoun]（名）この世の舞台
လောကဓာတ်[lɔːgəda]（名）①須弥山と四大洲を中心とする宇宙、自然界、世界 ②科学

လောကဓာတ်ကျောင်း[lɔːgəda tʃauːn]（名）（寺子屋に対する）庶民の学校（１９２０年頃に導入された政府公認の小学校）cf. ဘုန်းကြီးကျောင်း
လောကဓာတ်ဆရာ[lɔːgəda sʻəja]（名）庶民学校の教師
လောကဓာတ်ပညာ[lɔːgəda pjinɲa]（名）庶民学校での教育、庶民学校での授業科目
လောကဓမ္မတာ[lɔːka.dəməda]（名）人の世の理（ことわり）、人の世の摂理、人生での不可避の事柄
လောကဓံ[lɔːgədan]（名）人の世の習い、浮き沈み、栄枯盛衰、自然の理
လောကဓံတရား:ရှစ်ပါး：[lɔːgədan təjaːʃiʔpaːː]（名）浮き世の習い、人の世の浮き沈み、人生の流転、浮き世のしがらみ、運不運、幸不幸、貧富興亡、毀誉褒貶等（ဆင်းရဲ၊ချမ်းသာ၊ဖြစ်ပျက်၊ရှင်သေ။ 等八種類あるとされる）
လောကနီတိ[lɔːka. niti.]（名）（パーリ語の）処世訓、仏教徒としての倫理
လောကနတ်[lɔːka.naʔ]（名）①世尊 ②（大乗仏教の）観世音菩薩（ビルマでは、両足でシンバルを操り両手を曲げた舞踊の姿で表わされる） ＜パ Loka nātha
လောကနတ်ရုပ်[lɔːka.naʔjouʔ]（名）観世音菩薩像
လောကနိဗ္ဗာန်[lɔːka. neiʔban]（名）地上の楽園、この夜の極楽
လောကပါလတရား：[lɔːka.pala. təjaːː]（名）①（仏教の）五戒 ②梵行（慈、悲、喜、捨の４行）
လောကပါလနတ်[lɔːka.pala. naʔ]（名）四天王（စတုရဲ၊持国天၊ဝိရူဠ္ဂက၊増長天၊ဝိရူပက္ခ၊広目天၊ဝေဿဝဏ်၊多聞天）
လောကဗျူဟာနတ်[lɔːka.bjuha naʔ]（名）人々に間近に迫ったこの世の滅亡を警告する神
လောကရေ：[lɔːka. jeː]（名）この世の事柄、娑婆の事柄、人の世で為すべき事柄
လောကဝေါဟာရ[lɔːka. wɔhara.]（名）慣用語、使用が社会的に定着した単語
လောကဝတ်[lɔːgəwuʔ ~ lɔːka.wuʔ]（名）礼儀、礼節、人の世の礼 cf. ဓမ္မဝတ်၊ရာဇဝတ်။
လောကဝတ်ကောင်း：[lɔːgəwuʔ kauːn]（形）礼儀正しい、来客に慇懃に接する
လောကဝတ်ကျေပြွန်[lɔːgəwuʔ tʃebjun]（動）粗相のないよう最善を尽す
လောကဝတ်စကာ：[lɔːgəwuʔ zəgaːː]（名）社交辞令、社交的挨拶
လောကဝတ်စကာ：ပြော[lɔːgəwuʔ zəgaː pjɔː]（名）社交的挨拶をする、社交辞令を言う

လောကတ်ပြု[lɔ:gəwu' pju] （動）丁重にもてなす 慇懃に接する
လောကတ်အတိုင်း[lɔ:gəwu' ətain:] （副）社交上
လောကဝတ္တရား[lɔ:ka. wu'təja:] （名）義理、この世の義務、娑婆世界の義務
လောကဓာတ၀[lɔ:ka. dəbawa.] （名）この世のやり方、世間の流儀
လောကဓား:[lɔ:ka.da:] （名）生身の人間、欠点多き人間
လောကဓာနေတ[lɔ:ka. tinketa.] （名）世間一般の慣行、慣例
လောကဓမူတိနတ်[lɔ:ka. təmu.di. na'] （名）世間に好評の国王、世間に受入れられた国王
လောကဓာတုံ:ပါ:[lɔ:ka. toun:ba:] （名）三界（人、天、梵天 又は有情世間、行世間、空間世間）
လောကီ[lɔ:ki] （名）現世、世俗社会、この世、浮世 cf. လောကုတ္တရာ:
လောကီကျမ်း:[lɔ:ki tʃan] （名）この世の知識の書物、（宗教世界を除いた）現世の実用本
လောကီပညာ[lɔ:ki pjiɲa] （名）①（精神面を除いた）現世の知識、人の世の知識 ②神秘術、秘伝
လောကီမင်္ဂလာဆယ့်နှစ်ပါ:[lɔ:ki mingəla s'ɛ. n'əpa:] （名）この世の十二種類のお目出度（妊娠、誕生、新築、得度、穿耳、結婚等）
လောကီမှု[lɔ:kimu.] （名）俗世間の事柄、この世に関する事柄
လောကီရေ:[lɔ:kije:] （名）娑婆世界の出来事、世俗的事柄、世俗社会の事柄、世俗的事件、世俗社会の務め
လောကီသာ:[lɔ:kida:] （名）娑婆の人間、この世の人、生身の人間、（煩悩から離れられない）人間
လောကုတ္တရာ:[lɔ:kou'təja] （名）浮き世を離れた世界、世俗社会を離れた世界、形而上の世界 cf. လောကီ
လောကနှိရိတ်[lɔ:kandərei'] （名）地獄 ＜パ
လောကွတ်[lɔ:gu'] （名）①礼儀、礼節 ②義理、儀礼、処世術 ＝လောကဝတ် の短縮形
လောကွတ်ကျေ[lɔ:gu' tʃe] （動）至れり尽せりの応対をする、粗相のないようもてなす
လောကွတ်ချေ'[lɔ:gu' tʃ'o] （形）慇懃無礼だ
လောကွတ်ပြု[lɔ:gu' pju] （形）慇懃だ
လောကွတ်ပြုငဲ့[lɔ:gu' pjuŋɛ] （形）親切だ、懇切だ 丁寧だ
လောကွတ်လုပ်[lɔ:gu' lou'] （動）①下心があって尽す、最低限の義務だけ果す ②親切にする、丁寧に

もてなす
လောဝန်[lɔ:ban] （名）乳香、安息香＝ကမျင်:
လောဘ[lɔ:ba.] （名）欲、欲望、貪欲 ＜パ Lobha
လောဘကြီ:[lɔ:ba. tʃi:] （形）欲深い、欲張りだ、強欲だ、貪欲だ
လောဘဇော[lɔ:bəzɔ] （名）貪欲
လောဘဇောတိုက်[lɔ:bəzɔ tai'] （動）欲に駆られる、欲の皮が突張る
လောဘတက[lɔ:ba.dədʒi:] （副）欲張って、貪欲に、がつがつと
လောဘရှိ[lɔ:ba. ʃi] （動）欲がある
လောဘသား:[lɔ:ba.da:] （名）生まれながらの欲張り、欲深い人
လောဘသက္ကာယ[lɔ:ba. tɛ'kaja.] （名）極端な利己主義、徹底した利己主義 ＜パ Lobha Sakkāya
လောရှည်[lɔ:ʃe] （名）のっぽ（背が高く痩せている
လောဟာ[lɔ:ha.] （名）銅=ကြေ:လောဟာ ＜パLohā
လို့[lo.] （助）引用を示す、～と တကယ်လား လို့မေးတယ် 本当かと尋ねた မလာသေးဘူးလို့ပြောတယ် 未だ来ないと言った ဘာလုပ်ရမလို့စဉ်း:စား:နေတယ် 何をすべきなのか考えている ရေချိုး:တော့လို့ပြောစမ်း: 行水しなさいと伝えよ
လို့[lo.] （接助）原因、理由を示す、～なので、～だから အိုက်လို့အိမ်ရှေ့ထက်ထွက်မယ် 暑いので家の表へ一寸出る ခေါင်း:ကိုက်လို့အိပ်နေတယ် 頭痛がするので寝ている ဗိုက်နာလို့ဆေး:ရုံတင်ပို့ရတယ် お腹が痛むので入院させた မစာ:လို့မစာ:တော့ဘူ: ひもじくないのでも う食べない မသယ်နိုင်လို့ချန်ခဲ့ရတယ် 運べなかったので止むなく残してきた ကာ:မလာလို့လမ်း:လျှောက်သွာ:မယ် 車が来ないので歩いて行こう
လို့[lo.] （助動）目前の行為への意志、意向を示す、これから～するつもり တယ်ကို့သွာ:မလို့လဲ これからどこへ行くつもりですか ဘာလုပ်မလို့ 今から何をするつもりですか
～လို့ကောင်:[lo. kaun:] （助動）動詞の意味を明確にする、～するのに適している စီ:လို့ကောင်:တယ် 乗るのに適している（乗り心地がよい） စာ:လို့ကောင်:တယ် 食べるのに適している（美味しい） ကြည့်လို့ကောင်:တယ် 見るのに適している（見た目に楽しい）
～လို့ရ[lo. ja.] （助動）可能、承認を示す、～できる、～してよい ကြိုက်တဲ့နေရာ:သွာ:လို့ရတယ် 好きな所へ行ってよい စာ:လို့မရတော့ဘူ: もう食べられない ပြောလို့မရဘူ: 言えない
～လို့ရှိရင်[lo.ʃi.jin] （接助）仮定を示す、～ならば、～であるならば သွာ:လို့ရှိရင် 行くとすれば ရလို့ရှိရင် 入手できれば

လို[lo] (助) ~で ဗမာလိုပြောတယ်။ ビルマ語で話す အင်္ဂလိပ်လိုပြောပါ။ 英語で喋りなさい လှယ်ဆိုသည် မှာ မြန်မာလိုတောင်ဖြစ်သည်။ (シャン語で) ロイと 言うのはビルマ語で山の事である

လို[lo] (助) ~のような、~の如き ခွေးလိုဟက်မာတယ် 犬のように卑劣な မြေခွေးလိုစဉ်းလဲတယ်။ 狐のように 狡猾だ သူကလဲရေခဲလိုအေးစက်တော။ 彼は氷のように 冷たい ခွေးနှင့်ကြောင်လိုတယ်တော့မှမတည့်။ 犬と猫のよ うに絶対に合わない ဦးဦးများမှာလဲမင်းလိုသားတယောက်ရှိ တယ်။ 伯父さんにも君のような男の子が一人いるんだ လဟာပြင်မှာငှက်လိုပျံသန်းချင်တယ်။ 空中を鳥のように 飛んでみたい

~လိုလို[lolo] (副詞形成辞) ~のように、~の如く နေ့စဉ်နေ့တိုင်းလိုလို၊ 毎日のように အားလုံးလိုလို 殆 ど全ての如く တရွာလုံးလိုလိုရေလုပ်ငန်းလုပ်သူများဖြစ် ၏။ 村の者殆ど全てが水産業に従事している တညလုံး လိုလိုအိပ်မပျော်နှိုင်ဖြစ်ခဲ့သည်။ 殆ど一晩中眠れなかっ た ကျောင်းသူကျောင်းသားတိုင်းလိုလိုရေကူကျွမ်းတယ်။ 殆ど全ての生徒達が水泳が巧みだ ကျောက်စာတိုင်းလို လို၌ပင်လယ်မြေများအကြောင်းပါရှိသည်။ 殆ど全ての碑 文に農地の事が記されている

~လိုလို~လိုလို[~lolo~lolo] (助) 副詞形成、~である かのように、或いは~であるかのように ဘီစကွပ်လိုလို၊ မုန့်ခြောက်လိုလိုမဲ့ဝိုင်းဝိုင်းကလေးတွေ။ ビスケットのよ うな、乾燥菓子のような、丸い小さなお菓子 ရယ်ရမယ် လိုလို၊ ငိုရမယ်လိုလို။ 笑ったらいいのか、泣いたらいい のか

လို[lo] (形) ①欲しい、欲する、望む ②要る、必要 だ ငွေလိုတယ်။ お金が要る မော်တော်ကားမှာစက်ဆီ လိုနေပြီ။ 自動車にはエンジン・オイルが必要だ ③足 りない、不充分だ ဆေးဝယ်တာပိုက်ဆံလို နေတယ်။ タバコを買うのにお金が足りない မတ်လ ရောက်ဖို့သုံးလတောင်လိုသေးတယ်။ 3月になるにはま だ3ヶ月足りない ④ (助動) 願望を現わす、~した い ကွမ်းစားလိုတယ်။ キンマを噛みたい အိမ်ထောင်မ ပြုလိုဘူး။ 所帯は持ちたくない သမီးမမှတ်လိုဘူး။ 娘とは思いたくない

လိုချင်[loʤin] (動) 欲しい、必要だ
လိုငွေ[loŋwe] (名) 赤字 ဘတ်ဂျက်လိုငွေ 財政赤字
လိုငွေပြ[loŋwe pja.] (動) 赤字になる、赤字を出 す
လိုငွေပြမှု[loŋwe pja.mu̯.] (名) 赤字、欠損

~လို~ငြာ:[lo-ɲa:] (接続助) ひょっとすれば~するの ではないかと思って、~を期待して、~したい一心で ကျောင်းဆောင်တွင်တွေ့ရလိုတွေ့ရငြား ပြန်လာခဲ့သည်။ 寄宿舎で会えるのではないかと期待して帰ってきた

အနံ့ပျောက်လိုပျောက်ငြား နေပူလှန်း ကြည့်တယ်တယ်။ ひょ っとしたら匂いが消えるのではないかと思って日に干 してみた ဘေးအန္တရာယ်သက်သာလိုသက်သာငြား မျက်နှာ ဖုံးကိုစွပ်သည်။ 危険が避けられるのではないかと期待 してマスクを被った အပြစ်ရှိသူကအပြစ်ပေါ့ပေါ့ငြား ဆင်ခြေပေး၍ကာကွယ်သည်။ 罪を犯した人が罪を軽く しようとして弁解する

လိုတိုးပိုလျှော့[loto:poʃɔ.] (副) 調整して、加減し て、補正して
လိုတိုးပိုလျှော့လုပ်[loto:poʃɔ. louʔ] (動)補正す る、加減する、調整する
လိုဘ[loba.] (名) 欲望、願望
လိုဘပြည့်[loba. pje.] (動) 願望が満たされる
လိုဘပြည့်စုံ[loba. pje.zoun] =လိုဘပြည့်
လိုမယ်ရ[loja.meja.] (副) 必要に応じて、用途 に合わせて、万一に備えて လိုမယ်ရယူလာသောဆေး。 ဆေး 万一に備えて持ってきた造血剤 ဆေးရှက်တစ်ရွက်လို ရမယ်ထည့်သည်။ 必要に具えてタバコの葉を入れた ရဲတော်တွေအတွက်လိုမယ်ရတောင်းတာပါ။ 兵士達のた めに万一に備えて要求したのです
လိုမည်ရ[loja.meja.] =လိုရယ်ရ
လိုရာ[loja] (名) 必要なもの
လိုရာခရီး[loja kʼəji:] (名) 望みの旅、必要な距 離
လိုရာဆွဲ[loja sʼwɛ:] (動) 必要な方向に導く
လိုရင်လိုသလို[lojin loɡəlo] (副) 必要に応じて
လိုရင်း[lojin:] (名) 要点、主な眼目、必要な事柄
လိုရင်းကိစ္စ[lojin: keiʔsa.] (名) 必要な条件、必 要な用事
လိုရင်းအချက်[lojin: əʧʼɛʔ] (名) 要点、必要な点
လိုရင်းအပေါ်ယံ[lojin: ədeiʔbɛ] (名) 肝心の意味
လိုလား[lola:] (動) 欲しがる、必要とする、気に入 る、望む
လိုလားချက်[lola:ʤɛʔ] (名) 望み、必要事項、要望 事項
လိုလားတောင့်တ[lola: taun.da.] (動) 渇望する
လိုလားနှစ်သက်[lola: niʔtʼɛʔ] (動) 好む、気に入 る、望むところだ
လိုလားမျှော်လင့်[lola: mjɔlin.] (動) 望む、願 望する、期待する
လိုလေသေးမရှိအောင်[loledeʒe: məʃi.aun] (副) 足りないものはない位に、何も不足するものはない位 に、全て完備していて

~လိုလို[lolo] (副) ~かの如く、~のように နေ့တိုင်းလို လို 殆ど毎日のように တရုတ်လိုလိုဂျပန်လိုလိုကား ပြန်တ ယောက်ရပ်နေတယ်။ 中国人のような、日本人のような

လိုလိုချင်ချင်

通訳が一人立っていた ဟိုသတော်လိုလိုသည်သတော်လိုလိုပြောနေတယ်။ あの船だとかこの船だとか言っている ဘီစကွတ်လိုလိုမှုန့်ခြောက်လိုလိုဝိုင်းဝိုင်းကလေးတွေ ရယ်ရယ်လိုလို ၊ ငိုရယ်လိုလိုမဝေ့ခွဲနိုင်အောင်ဖြစ်သွားတယ်။ 笑ったらいいのか泣いたらいいのか判断がつかなくなった

လိုလိုချင်ချင် [lolo tʃinʤin] (副) ①喜んで、快く望んで、希望して、進んで、気持ちよく ②熱心に、熱烈に

လိုလိုမယ်မယ် [lolo mɛmɛ] (副) ①とにかく、ひとまず、差当たり、取敢えず ခင်ဗျား:ဘို့လိုလိုမယ်မယ်ယူလာခဲ့တယ်။ あなたの分を取敢えず持ってきたんだ ②万一に備えて、何かの足しに လိုလိုမယ်မယ်ဆောင်လာသည်ငါ:ကျပ်တန်တရွက် 何かの足しにと持ってきた5チャッ紙幣１枚 လိုလိုမယ်မယ်သိမ်းထား:သည်။ まさかの時に備えて仕舞っておく

လိုလိုလာ:လာ: [lolo lala] (副) 快く、喜んで、望んで、希望して、期待して

လိုလျှင်ကြံဆ ၊ နည်:လမ်:ရ။ (格) 必要なら工夫せよ、必ず解決策が見つかる

လိုသလို [lodəlo] (副) 必要なように、好きなように望ましいように

လိုသလောက် [lodəlau'] (副) 要るだけ、必要なだけ

လိုသော်မရ ၊ မလိုသော်ရ။ (諺) 帯に短し襷に長し（必要な時には得られず不要な時には手に入る、思うようにはならない）

လိုအင် [lo in] (名) 望み、願望

လိုအင်ဆန္ဒ [lo in s'anda.] (名) 望み、願望、欲求

လိုအပ် [lo a'] (動) 必要だ、必要とする

လိုအပ်ချက် [lo a'tʃɛ'] (名) 必要性、必要事項、必要な事柄、需要

လိုး [lo:] (動) 性交する、肉体関係をもつ

လက် [lɛ'] (動) 煌く、きらきら輝く လက်သွား:သောမီ:ရောင် 煌く灯り ဖိတ်ဖိတ်လက်သည်။ きらきら輝いてちかちか光る

လက်ခနဲ [lɛ'k'ənɛ:] (擬) きらりと光って、ぴかりと煌いて

လက်လက် [lɛ'lɛ'] (副) 煌いて、きらきらと ပိုးစုန်:ဖြူ၊လက်လက်လက်လက်။ 明滅する蛍の光

လက် [lɛ'] (名) ①手、腕 ②指 လက်နဲ့ကောက်စာ:တယ် 手でつまんで食べる ③（椰子等の）葉 ထန်:လက် 扇椰子の葉柄 ④（上着の）袖 ⑤製品、製造された物 ဤလှည်းသည်နောင်:ဦ:လက်ဖြစ်သည်။ この牛車はニャウン製だ ⑥ある場所から突き出た所 ရွှေဘိုမြို့ရဲတောင်လက် シュエボー市の南外れ ⑦占星術での用語 cf. ဝန်:

⑧（助数）武器や道具など長い物を表わす ဓာ:တလက် 刀１振り သေနတ်တလက် 鉄砲１丁 ထီ:တလက် 傘１本 ဂစ်တာတလက် ギター１台 ပုဆိန်တလက် 斧１振り လေ:တလက် 弓１張り မျက်မှန်တလက် 眼鏡１セット ⑨交互性を表わす ကြော်လက်။ ကြက်တခုန်။（勝敗を決めるのに）さいころで１回、闘鶏で１回

လက်ကစာ: [lɛ' gəza:] (動) 弄ぶ

လက်ကတီ: [lɛ'gədi:] (名) 脇の下 =ချိုင်:ကြား:

လက်ကတော့စံပယ်တင် [lɛ'gədɔ. sanpe tin] (動) =လက်ကတော့တင်၊လက်ကတော့ထိ:

လက်ကတော့ထိ: [lɛ'gədɔ. t'o:] (動) 比丘が袈裟を偏担右肩に着用する、比丘が右肩を露わにして左肩を覆う形で袈裟を身につける =လက်ကန်တော့ထိ:

လက်ကမြင်: [lɛ' kəmjin:] (動) 悪戯をする、手癖が悪い

လက်ကတုံ: [lɛ'gədoun:] (名) ①（手摺を支える）脚、欄干の親柱 ②精米機の横木を支えている棒 ③頼りにしている者、腹心

လက်ကတုံ:တော်ငွေ: [lɛ'gədoun: taunmwe:] (名) 便利屋、何でも屋、腹心、頼りにしている者

လက်ကာ [lɛ' ka] (動) 手で遮る、手を広げて防ぐ

လက်ကာ: [lɛ'ka:] ①（名）卸し売り ②（動）腕を広げる

လက်ကာ:ဈေ: [lɛ'ka:ze:] (名) 卸し値

လက်ကာ:ရွဲ [lɛ' ka:jwe.] (副) 大手を振って、手を大きく広げて

လက်ကာ:ရောင်: [lɛ'ka: jaun:] (動) 卸し売りをする

လက်ကူ: [lɛ'ku:] (動) 手渡す

လက်ကူ:လက်ပြောင်: [lɛ'ku: lɛ'pjaun:] (名) 手渡し、リレー

လက်ကောက် [lɛ'kau'] (名) 腕環、ブレスレット

လက်ကောက်ဝတ် [lɛ'kau'wu'] (名) 手首 cf. ခြေချင်:၊ခြေချင်:ဝတ်

လက်ကောင်: [lɛ'kaun:] ①（形）腕がいい、器用だ ②（名）エキスパート、専門家、玄人

လက်ကိုင် [lɛ'kain] (名) ①柄、取っ手 ②（ドアの）ノブ、（刀剣の）柄、（自転車の）ハンドル、（椅子の）肘掛け ③常用品、日常使用具、常套手段 ④頼り、頼りにしている者 ⑤現金 လက်ကိုင်များ:မရှိဘူ:။ 現金はあまり持ち合せていない ⑥賭場銭、胴元の金 ⑦（形）現状の、現行の

လက်ကိုင်ကိုင် [lɛ'kaingain:] (名) 水差しの柄、取っ手

လက်ကိုင်ကြိုး [lɛ'kainʤo:] (名) 吊し紐、下げ紐

လက်ကိုင်ကွင်: [lɛ'kaingwin:] (名) （電車、地下鉄

လက်ခုပ်

等の）吊り環
လက်ကိုင်ငွေ[lɛʔkain ŋwe]（名）持ち合せの金、手持ちの現金
လက်ကိုင်တန်း[lɛʔkaindan:]（名）手摺り
လက်ကိုင်ထား[lɛʔkain t'a:]（動）手に持っている、手に持ったままでいる、手に握ったまま放さない
လက်ကိုင်ဒုတ်[lɛʔkaindouʔ]（名）①ステッキ ②手先、他人にこき使われている者
လက်ကိုင်ပဝါ[lɛʔkain pəwa]（名）ハンカチ လက်ကိုင်ပဝါတစ်ထည် ハンカチ１枚
လက်ကိုင်ဖုန်း[lɛʔkain p'oun:]（名）携帯電話
လက်ကိုင်ဘိန်း[lɛʔkainbein:]（名）（自転車の）ハンドル =လက်ကိုင်
လက်ကိုင်ရိုး[lɛʔkain jo:]（名）柄、取っ手
လက်ကိုင်ရှိ[lɛʔkain ʃi.]（動）①持っている、所有している ②頼りにする者がいる
လက်ကိုင်အိတ်[lɛʔkain eiʔ]（名）ハンドバッグ
လက်ကိုင်း[lɛʔkain:]（名）①ハンドル、柄 ②コルセットの紐 ③仕業、所為
လက်ကုတ်[lɛʔkouʔ]①（動）人差指で密かに触れて合図する ②こっそりと知らせる、他人に判らないように教える ③（名）孫の手
လက်ကုန်[lɛʔ koun]①（動）万策尽きる ②（副）最大限に、全力で
လက်ကုန်ဇက်ကုန်[lɛʔkoun zɛʔkoun]（副）極力、力の及ぶ限り
လက်ကမ်း[lɛʔ kan:]（動）手を差し伸べる
လက်ကမ်းကြော်ငြာ[lɛʔkan tʃɔɲa]（名）手渡しのビラ、公告のビラ、宣伝用ビラ
လက်ကမ်းပေး[lɛʔkan pe:]（動）手渡す
လက်ကျ[lɛʔ tʃa.]①（動）品質が劣化する、質が低下する စွမ်းရည်လက်ကျသွားပြီ 能力が低下した ဒီစာရေးဆရာလက်ကျသွားပြီ この作家は作品の質が落ちた ②（名）手つき、手さばき、手並み ③演奏の手つき、楽器の手さばき ④使い捨て
လက်ကျညီ[lɛʔtʃa. ɲi]（動）手並みが揃う
လက်ကျညီညီ[lɛʔtʃa. ɲiɲi]（副）手並みを揃えて、同じ手つきで、一斉に
လက်ကျလက်န[lɛʔtʃa. lɛʔna.]（名）演奏の手つき、手並み
လက်ကျိုး[lɛʔ tʃo:]（名）腕を骨折する
လက်ကျင့်[lɛʔtʃin.]（動）腕を磨く、器用さを高める
လက်ကျန်[lɛʔtʃan]（名）残り、在庫、余り、残り物、売れ残り、食べ残し
လက်ကျန်ရှင်းတမ်း[lɛʔtʃan ʃin:dan:]（名）貸借

対照表、損益勘定
လက်ကြား‌ရေပို[lɛʔtʃa: jejo]（動）無駄になる、水泡に帰す、役立たずだ
လက်ကြားလမ်း[lɛʔtʃa:lan:]（名）脇道、大通りを繋ぐ小道
လက်ကြီး[lɛʔ tʃi:]（形）①金使いが荒い、浪費癖がある、濫費する ②気前がよい、大盤振舞いをする
လက်ကြယ်သီး[lɛʔ tʃɛdi:]（名）カフス、ボタン
လက်ကြောတင်[lɛʔtʃɔ tin:]（動）刻苦精励する
လက်ကြောတင်အောင်[lɛʔtʃɔ tin:aun]（副）刻苦精励して
လက်ကြပ်[lɛʔtʃaʔ]（名）腕飾り、アームレット
လက်ကွက်ပုံစံ[lɛʔkwɛʔ pounzan]（名）（コンピューターのキイボードの）配列
လက်ကွင်းတိုက်[lɛʔkwin: taiʔ]（動）自慰行為をする、マスターベーションをする
လက်ကွင်းမှုတ်[lɛʔkwin: mouʔ]（動）（親指と人差指とを口の中に入れて）鳴らす、指笛を吹く
လက်ခ[lɛʔk'a.]（名）工賃、手間賃
လက်ခကြီး[lɛʔk'a. tʃi:]（形）工賃が高い、手間賃が高い
လက်ခစား[lɛʔk'a.za:]（名）手間賃収入で働いている人
လက်ခစန[lɛʔk'a. sa:na:]（名）手間賃の額、手間賃の割合
လက်ခမောင်းခတ်[lɛʔk'əmaun: k'aʔ]（動）①両腕を交差させ胸を叩いて闘志を表わす、掌で反対側の二の腕を叩いて闘志を表わす =လက်ပမ်းပေါက်ခတ် ②好機到来を喜ぶ
လက်ခလယ်[lɛʔk'əlɛ]（名）中指
လက်ခု[lɛʔk'u.]（名）鍋掴み（厚いふきん）=လက်နှို
လက်ခက်[lɛʔ k'ɛʔ]（形）（借りた物を）返したがらない、返還に応じない
လက်ခေါက်[lɛʔk'auʔ]（名）（拳を握り締めた時の）指の関節の線
လက်ခေါက်မှုတ်[lɛʔk'auʔ mouʔ]（動）指笛を吹く、指を折り曲げ口の中に入れて音を出す
လက်ခေါက်လက်ပြန်[lɛʔk'auʔ lɛʔpjan]（副）掌と手の甲で交互に（叩く）
လက်ခတ်[lɛʔk'aʔ]（名）①楽器を鳴らす道具（木琴撞木、ギターの爪、三味線の撥（ばち）等）လက်ခတ်ဖြင့်ပုတ်သည် 撥で弾く ②（糸を整えるための織機の）おさ枠
လက်ခုပ်[lɛʔk'ouʔ]（名）①掌の窪み ②両掌の窪みに相当する容量 ③拍手 ④（植）ヤツデアオギリ（ア

လက်ခုပ်တဖောင်

オギリ科）Sterculia foetida 花に悪臭がある

လက်ခုပ်တဖောင်[lɛʔkʼouʔ təpʼaun]（名）長さの単位（直立して伸した手の先までの高さ）=အသူ၊
လက်ခုပ်တဖောင်လောက်မြင့်သောတိုင်။ 立って腕を伸ばした高さがある柱

လက်ခုပ်တီး[lɛʔkʼouʔti:]（動）拍手する、手を叩く

လက်ခုပ်တင်းကရေ၊သုန်လိုသုန်၊မှောက်လိုမှောက်။（諺）相手の為すがまま、俎板の上の鯉（掌の水、注がれようと捨てられようと）

လက်ခုပ်လက်ဝါး[lɛʔkʼouʔ lɛʔwa:]（副）交互に、交換可能で

လက်ခုပ်လက်ဝါးတီး[lɛʔkʼouʔ lɛʔwa: ti:]（動）拍手する =လက်ခုပ်တီး

လက်ခုပ်သံ[lɛʔkʼouʔtan]（名）拍手

လက်ခုပ်သြဘာပေး[lɛʔkʼouʔ ɔ:ba pe:]（動）拍手喝采する

လက်ခုပ်သြဘာသံ[lɛʔkʼouʔ ɔ:baḍan]（名）拍手喝采

လက်ခံ[lɛʔkʼan]（動）①受ける、受取る、受領する ②迎え入れる、受け入れる、引受ける ③受諾する、承諾する、承知する、同意する ④匿う、家の中に匿う =လက်သင့်ခံ။ 否定形は လက်မခံဘူး။ ⑤（名）原符（領収書等の手元に残す控え）=လက်ခံဖြစ်ပိုင်

လက်ခံတိုင်[lɛʔkʼandain]（名）家の外柱、梁や桁を受ける柱

လက်ခံဖြစ်ပိုင်း[lɛʔkʼan pʼjaʔpain:]（名）（領収書の）控え、手元に残す部分

လက်ခံယူ[lɛʔkʼan ju]（動）受取る、貰う

လက်ခံအညည်ပြု[lɛʔkʼan ətipju.]（動）批准する、引受けて承認する

လက်ခုံ[lɛʔkʼoun]（名）手の甲 လက်ဖမိုး

လက်ချ[lɛʔtʃʼa.]（動）諦める、断念する、降参する

လက်ချိုး[lɛʔ tʃʼo:]（動）①指を折り曲げる ②指をぽきぽき鳴らす

လက်ချိုးရေ[lɛʔtʃʼo: je]（動）指折り数える

လက်ချိုးရေတွက်[lɛʔtʃʼo: jetwɛʔ] = လက်ချိုးရေ

လက်ချက်[lɛʔtʃʼɛʔ]（名）所為、仕業、犯行 ဒါဘယ်သူ့လက်ချက်လဲ။ これは誰の仕業だ

လက်ချင်းယှက်[lɛʔtʃʼin: ʃɛʔ]（動）両掌を組合せる、合掌する

လက်ချောင်း[lɛʔtʃʼaun:]（名）指、手の指

လက်ချောင်းထိပ်[lɛʔtʃʼaun:dei?]（名）指先

လက်ချောင်းရိုး[lɛʔtʃʼaun:jo:]（名）指の骨

လက်ချည်း[lɛʔtʃʼi:]（副）素手で、手ぶらで

လက်ချည်းသက်သက်[lɛʔtʃʼi: tɛʔtɛʔ]（副）手ぶらで、何も持たずに、素手で

လက်ချိန်လက်ဆ[lɛʔtʃʼein lɛʔsʼa.]（名）狙い

လက်ချပ်[lɛʔtʃʼaʔ]（名）木製のカスタネット、小型のリズム楽器 =ချပ်

လက်ချုပ်[lɛʔtʃʼouʔ]①（名）手縫い ②（形）手縫いの

လက်ခြာ:[lɛʔtʃʼa:]（名）（パパイヤの葉のような）掌状をしたもの、切れ込みが幾つもある物

လက်ခြေမငြိမ်[lɛʔtʃʼe məɲein]（形）盗みをしがちだ、指がおとなしくしていない

လက်ခြစ်[lɛʔtʃʼiʔ]（名）柄付きの野菜裁断機

လက်ခွ[lɛʔkʼwa.]（名）指と指の間、親指と人差し指の間、指の股

လက်ငယ်တည်[lɛʔŋɛ tɛ]（動）飯を少量炊く ထမင်းအိုးလက်ငယ်တည်တယ်။ 少量の飯を釜で炊く

လက်ငင်[lɛʔŋin]（動）手で引張る、手で引き寄せる、手で手繰り寄せる

လက်ငင်ပုံး[lɛʔŋinboun:]（名）釣瓶、釣瓶桶

လက်ငင်း[lɛʔŋin:]（副）①直ちに、即刻、その場で ②現金で ③（名）現金

လက်ငင်းချေ[lɛʔŋin: tʃʼe]（動）現金払いにする

လက်ငင်းချက်ချင်း[lɛʔŋin: tʃʼɛʔtʃʼin:]（副）直ちに、即座に

လက်ငင်းငွေ[lɛʔŋin:ŋwe]（名）現金、即金

လက်ငင်းငွေချေစနစ်[lɛʔŋin: ŋwetʃʼe səniʔ]（名）現金払い制度

လက်ငင်းဘဝ[lɛʔŋin: bəwa.]（動）現実の立場、現実の状態

လက်ငင်းရောင်း[lɛʔŋin: jaun:]（動）現金で売る

လက်ငင်းအခြေအနေ[lɛʔŋin: ətʃʼe əne]（名）現実、現在の状況

လက်ငင်းအပ်[lɛʔŋin: aʔ]（動）①現金を預ける ②即座に託す

လက်ငုတ်[lɛʔŋouʔ]（名）①やりかけの仕事、し残した仕事 ②家業、先祖代々続けてきた仕事

လက်ငုတ်လက်စ[lɛʔŋouʔ lɛʔsa.]（名）やりかけの仕事、中途半端に残された仕事、未完の仕事

လက်ငုတ်လက်ရင်း[lɛʔŋouʔ lɛʔjin:]（名）①家業、先祖代々続けてきた仕事 ②未完の仕事

လက်ငုတ်လုပ်ငန်း[lɛʔŋouʔ louʔŋan:]（名）親譲りの仕事、世襲の仕事

လက်စ[lɛʔsa.]（名）やりかけ、中途半端、未完成 စား:လက်စခေါက်ဆွဲ။ 食べかけの麺 သောက်လက်စဆေး:ထုပ်များ။ 飲みかけの薬 ဆွဲလက်စပန်းချီ:ကား:များ။ 描き掛けの絵画 လုပ်လက်စအလုပ်များ။ やりかけの仕事 ပြောလက်စစကား:။ 話し掛けたままの会話 ဖတ်

လက်စစာအုပ်။ 読みかけの本　ရေးလက်စစာရွက် 書きかけの紙片　ကားလက်စအတောင် 開きかけの翼

လက်စစာ[lεʔ zəga.] (名) 袖が肘先までしかない上着（半袖と長袖との中間形態）

လက်စကြီး[lεʔsa.tʃi:] (名) 片手一杯、大掴み

လက်စကြင်း[lεʔsa.dʒwin:] (名) し残し、未完成

လက်စတုံး[lεʔsa.toun:] (動) ①片付く、終了する、終結する ②死ぬ ③殺す

လက်စဖျောက်[lεʔsa.pʼjauʔ] (動) 痕跡を消す、行方をくらます、姿を隠す

လက်စလက်န[lεʔsa.le.na.] (名) ①手細工、手仕事 ②作品 ③経験、嗜み

လက်စသေ[lεʔsa.te] (動) 仕事が片付く、問題が解決する

လက်စသတ်[lεʔsa.taʔ] (動) 仕事を片づける、仕上げる、やり終える

လက်စသတ်တော့[lεʔsa.taʔtoʔ] (副) (驚きの表現) 蓋を開けて見ると、結局の所は、やはり、案の定、案ずるところ、やっぱり、さては

လက်စသိမ်း[lεʔsa.tein:] (動) やり終える、仕上げる、片づける

လက်စားချေ[lεʔsa: tʃʼe] (動) 復讐する、報復する、仕返しをする

လက်စားလိုက်[lεʔsa: laiʔ] (動) 相互扶助をする、労力交換をする、労働力の相互提供をする、結（ゆい）をする　မျိုးချရာပေါင်းသင်ရာတွင်လက်စားလိုက်ကူညီသည်။ 播種や除草の際には相互扶助で協力し合う

လက်စားလိုက်စနစ်[lεʔsa:laiʔ səniʔ] (名) 相互扶助制度、労力交換制度

လက်စောင့်[lεʔsaun.] (名) ①親友 ②非常用携帯品

လက်စောင့်ခြေစောင့်[lεʔsaun. tʃʼezaun.] (名) 必要最低限の物、非常用携帯品

လက်စောင်း[lεʔsaun:] (名) （手刀を切る時の）掌の縁

လက်စောင်းထက်[lεʔsaun tʼεʔ] (動) 優る、凌駕する、卓越する

လက်စောင်းဖွင့်[lεʔsaun pʼwin.] (動) 自慰行為をする、オナニーをする

လက်စည်း[lεʔsi:] (名) 袖先、手首の部分を狭くした服

လက်စဉ့်[lεʔsin:] (名) 武勇、腕前、才能、技量

လက်စုပ်[lεʔ souʔ] (動) 指を吸う、指をしゃぶる

လက်စုံစား[lεʔsoun sa:] (動) ①一つ釜の飯を食う ②（婚礼の時に）新郎、新婦が同じ食膳で飯を食う ＝လက်ဆုံစား။ ထမင်းလက်စုံစားသည်။

လက်စုံမိုး[lεʔsoun mo:] (動) 合掌して額に当て

る、敬意を表わす

လက်စွယ်[lεʔswe] (名) 指の爪の隅

လက်စွယ်ငုပ်[lεʔswe ŋouʔ] (動) 指の爪が肉に食い込む、手の爪が巻き爪になる cf. ခြေစွယ်ငုပ် 足の爪が巻き爪になる

လက်စွယ်ငုပ်နာ[lεʔswεŋouʔna] (病) 巻き爪による炎症

လက်စွဲ[lεʔswε:] (名) ①手引き、便覧、案内書 ②常用の品 ③しもべ、従者、部下

လက်စွဲစာအုပ်[lεʔswε: sauʔ] (名) 手引き、便覧

လက်စွပ်[lεʔsuʔ] (名) ①指環 ②手袋

လက်စွပ်လဲ[lεʔsuʔ lε:] (動) 婚約指環を交換する

လက်စွပ်ဝတ်[lεʔsuʔ wuʔ] (動) 指環を嵌める

လက်စွမ်း[lεʔswan:] (名) 能力、手腕、腕前、技量

လက်စွမ်းကုန်[lεʔswan: koun] (副) 腕によりを掛けて

လက်စွမ်းထက်[lεʔswan tʼεʔ] (形) 腕が立つ、凄腕だ

လက်စွမ်းပြ[lεʔswan: pja.] (動) 腕前を見せる、腕前を披露する、技量を見せる、手腕を発揮する

လက်ဆ[lεʔsʼa.] (名) 手の感触、手の感覚、手際

လက်ဆေး[lεʔ sʼe:] (動) 手を洗う

လက်ဆေးခံ[lεʔsʼe:gan] (名) フィンガー・ボウル（食後に手を洗う水を入れた容器）、手水鉢

လက်ဆေးခွက်[lεʔsʼe:gwεʔ] (名) ＝လက်ဆေးခံ

လက်ဆေးရေ[lεʔsʼe:je] (名) （食後の）手を洗う水

လက်ဆော့[lεʔ sʼɔ.] (動) ①手癖が悪い、手で弄ぶ、玩具にする、指でいじくり回す ②盗癖がある

လက်ဆက်[lεʔsʼεʔ] (動) ①結婚させる、挙式させる（結婚の印として新郎、新婦の手を繋ぎ合せる）②未亡人が死亡した前夫の弟と再婚する

လက်ဆင့်ကမ်း[lεʔsʼin. kan:] (動) 手渡す、手から手へと渡す、リレーする　မှန်အိမ်ကိုလက်ဆင့်ကမ်းလိုက်ရသည်။ ランプを手渡した

လက်ဆင့်ကမ်းပေး[lεʔsʼin.kan: pe:] (動) リレー式に渡す

လက်ဆင့်ကမ်းပြိုင်ပွဲ[lεʔsʼin.kan: pjainbwε:] (名) リレー競争、駅伝競走

လက်ဆင့်ကမ်းသယ်ယူ[lεʔsʼinkan: tεju] (動) リレー式に運ぶ、次々と手渡しで搬送する

လက်ဆောင်[lεʔsʼaun] (名) 贈り物、ギフト、プレゼント、献上物

လက်ဆောင်ထိုး[lεʔsʼaun tʼo:] (動) 収賄する、賄賂を贈る

လက်ဆောင်ပေး[lεʔsʼaun pe:] (動) 贈り物をあげる、

လက်ဆောင်ပစ္စည်း

プレゼントする
လက်ဆောင်ပစ္စည်：[lɛʔsʻaun pjiʔsi:] (名) 贈り物
လက်ဆောင်ပဏ္ဍာ[lɛʔsʻaun pəna] (名) 贈答品
လက်ဆောင်ပြန်[lɛʔsʻaun pjan] ① (動) 贈答のお返しをする ② [lɛʔsʻaunbjan] (名) 返礼の贈答
လက်ဆောင်လက်နက်[lɛʔsʻaun lɛʔnɛʔ] (名・古) 贈り物、贈答品、貢ぎ物
လက်ဆစ်[lɛʔsʻiʔ] (名) ①指の関節 ②指の関節１節分の長さ လက်တဆစ်ခန့်ကန့်ကူဆန် 指一関節位の長さの滑石 ③手首
လက်ဆည်ကန်[lɛʔsʻɛgan] (名) 人工の池、人工の溜め池
လက်ဆပ်[lɛʔsʻeiʔ] (名) ①苗を活着させる園芸技術、園芸手腕 ②芽や葉を摘む事で植物を枯らす園芸技術 ③料理の腕前
လက်ဆုပ်[lɛʔsʻouʔ] ① (動) 握る、手で握る ②拳を握る ③ (名) 拳１握り分の大きさ ④掌ですくえるだけの容量 လူလက်တဆုပ် 一握りの人達
လက်ဆုပ်ပြောင်:[lɛʔsʻouʔpjaun:] (植) シャルー(イネ科)
လက်ဆုပ်လက်ကိုင်[lɛʔsʻouʔlɛʔkain] (副) ①現行犯で、眼前に、具象的に、具体的に ②疑いなく、問題なく
လက်ဆုပ်လက်ကိုင်ပြ[lɛʔsʻouʔlɛʔkain pja.] (動) 現実に見せる、具体的に示す
လက်ဆုပ်လက်ကိုင်ပြော[lɛʔsʻouʔlɛʔkain pjɔ:] (動) はっきりと言う、明白に言う
လက်ဆုပ်လက်ကိုင်မိ[lɛʔsʻouʔlɛʔkain mi.] (動) 現行犯で捕まる
လက်ဆံခြေဆံ[lɛʔsʻan tʃizan] (名) 手足の指
လက်ဆုံ[lɛʔsʻoun] (名) 手白
လက်ဆုံကျ[lɛʔsʻoun tʃa.] (動) 合う、合致する、一致する ေက：လက်ဆုံကျသည် ။ 話が弾む
လက်ဆုံစား:[lɛʔsʻoun sa:] (動) 手を揃えて食べる ထမင်းလက်ဆုံစားသည် ။ 一緒に飯を食べる、(婚礼の時に)新郎、新婦が同じ膳で飯を食う =လက်စုံစား:
လက်ဆုံမောင်:[lɛʔsʻoun maun:] =လက်ဆုံ
လက်ဆွဲ[lɛʔsʻwɛ:] (動) ①(子供の)手を引く、②(物を)手に提げる、手で引張る
လက်ဆွဲခေါ်[lɛʔsʻwɛ: kʻɔ] (動) 手を引いて連れて行く
လက်ဆွဲခြင်:[lɛʔsʻwɛ:tɕin:] (名) 手提げ篭、買い物篭
လက်ဆွဲတံဆာ[lɛʔsʻwɛ: tanza] (名) 手荷物
လက်ဆွဲနှုတ်ဆက်[lɛʔsʻwɛ: n̥ouʔsʻɛʔ] (動) 握手する
လက်ဆွဲပုံ:[lɛʔsʻwɛ: boun:] (名) 手桶、バケツ

လက်ဆွဲဘရိတ်[lɛʔsʻwɛ: bəreiʔ] (名) ハンド・ブレーキ
လက်ဆွဲတာရျာ[lɛʔsʻwɛ: badʑa] (名) アコーデオン
လက်ဆွဲမီးအိမ်[lɛʔsʻwɛ:mi:ein] (名) 手提げランプ
လက်ဆွဲမှန်အိမ်[lɛʔsʻwɛ: m̥an ein] (名) 手提げランプ
လက်ဆွဲအိတ်[lɛʔsʻwɛ: eiʔ] (名) 手提げ鞄
လက်ဆွမ်:[lɛʔsʻun:] (名) 掌分の容量の半分
လက်ညှိုး:[lɛʔɲo:] (名) 人差し指 cf. ခြေညှိုး
လက်ညှိုး:ညွှန်[lɛʔɲo: ɲ̊un] (動) 指差し示す
လက်ညှိုး:တင်[lɛʔɲo: tin] (動) 人差し指を掛ける
လက်ညှိုး:ထိုး:[lɛʔɲo: tʻo:] (動) 指差し示す
လက်ညှိုး:ထိုး:ပြ[lɛʔɲo: tʻo:pja.] =လက်ညှိုး:ထိုး:
လက်ညှိုး:ထောက်[lɛʔɲo: tʻauʔ] (動) 人差し指で押える
လက်ညှိုး:ထောင်[lɛʔɲo: tʻaun] (動) 人差し指を立てる (①同意、承認を示す ②威嚇、非難を示す)
လက်တကံ:[lɛʔ dəgan:] (名) 片腕分の長さ、手の届く範囲
လက်တခုပ်စာအရွယ်[lɛʔtəkʻouʔsa əjwɛ] (名) 掌大、掌の大きさ
လက်တဆုပ်စာ[lɛʔ təsʻouʔsa] (名) 一握り
လက်တဆုပ်စာမျှဖြစ်[lɛʔ təsʻouʔsamja. pʻjiʔ] (形) ほんの一握りだ、僅か一握りだ
လက်တဆုပ်စာမျှသော[lɛʔ təsʻouʔsamja.dɔ:] (形) 僅か一握りの
လက်တဆုပ်စာမျှသာရှိ[lɛʔtəsʻouʔsamja.da ʃi.] (動) ほんの一握りしかない、ほんの一握りあるだけだ
လက်တဆုပ်မျှ[lɛʔtəsʻouʔmja.] (副) ほんの一握り
လက်တဆုပ်သော[lɛʔtəsʻouʔtɔ:] (形) 一握りの
လက်တလုံး:ခြား:[lɛʔtəloun: tɕa:] (副) ①指１本分の幅 ②辛うじて、すんでのところで လက်တလုံး:ခြား:ရှောင်သည် ။ 辛うじて身を避けた ③殆ど気付かない位に、巧みに誤魔化して လက်တလုံး:ခြား:လိမ်သည် 他人の目を誤魔化す
လက်တလှမ်:နေရာ[lɛʔ təl̥an: neja] (名) 手を伸ばした距離、手を伸ばせば届く距離
လက်တထပ်[lɛʔ dədiʔ] (名) 指１本分の太さ、厚み
လက်တီး:[lɛʔti:] (名) (母屋の屋根を家の裏に伸ばして建て増しをした)離れ cf. အိမ်မ
လက်တီး:ဆောင်[lɛʔti:zaun] (名) =လက်တီး:
လက်တု[lɛʔtu.] (名) 義手
လက်တွဲ[lɛʔtɛ.] =လက်တည့်
လက်တွဲစမ်:[lɛʔtɛ.san:] =လက်တည့်စမ်:
လက်တော်[lɛʔtɔ] (名) (尊い方の)御手

လက်တို့[lɛʔto](動)指で突つく、手でそっと合図する　他人に気付かれないように知らせる　=လက်ကုပ်
လက်တို[lɛʔto](名)①短袖シャツ　②広東系華僑　=အင်္ကျီလက်တိုဝတ်ရတဲ့　cf. လက်ရှည်
လက်တိုလက်တောင်း[lɛʔto lɛʔtauŋ:](名)家庭内の雑用
လက်တက်[lɛʔtɛʔ](名)①河川の支流　②幹から派生する枝芽　③余分の指、6本目の指
လက်တောက်[lɛʔtauʔ](名)綿花を整える棒（弓状）を引き寄せるための小型ロッド
လက်တောက်ခုံ[lɛʔtauʔ k'ouŋ](名)玉突きの台、四つ玉の台　=ဇယ်တောက်ခုံ
လက်တင်[lɛʔtiŋ](名)①（椅子の）肘掛け　②ラテン語
လက်တင်ကြာ:[lɛʔtiŋdʑa](名)キンマの容器　= ကွမ်းခြက်
လက်တည့်[lɛʔtɛ.](形)腕は確かだ、狙いを外さない、腕前はよい、射撃の名手だ
လက်တည့်စမ်း[lɛʔtɛ.san:](動)腕を試す、腕前を見る
လက်တတ်[lɛʔtaʔ](名)名人、熟練者
လက်တန်း[lɛʔtan:]①(名)手すり、欄干　②即興、即席　③(副)即席で、即興で、準備なしに
လက်တုန်[lɛʔ touŋ](動)手が震える
လက်တုံ့[lɛʔtaŋ](名)①腕（肩の付け根から指先まで）　②樹木の枝　③エンジンを始動させるシャフト　④（アナログ式時計の）針
လက်တံတို[lɛʔtando](名)①（時計の）短針　②（植）セッコク（着生蘭）の1種 Dendrobium dalhousieanum
လက်တံရှည်[lɛʔtanʃe](名)①（時計の）長針　②（植）セッコク、ジャコウセッコク Dendrobium moschatum
လက်တု့[lɛʔtouŋ.](名)仕返し、報復、復讐
လက်တုံ့ပြန်[lɛʔtouŋ. pjaŋ](動)①仕返しする、報復する　②贈り物のお返しをする
လက်တွေ့[lɛʔ twe.](動)①調子が上がる、腕が進む、能率が上がる、油が乗る　②(形)現実の、実際の、経験した　③(副)実際に、現実に　④(名)現実、実際、実践　⑤経験、体験
လက်တွေ့ကျတော့[lɛʔtwe.tʃa.dɔ.](副)現実には、実際には
လက်တွေ့စမ်းသပ်[lɛʔtwe. san:taʔ](動)実際に試す、実験する
လက်တွေ့ပြ[lɛʔtwe. pja.](動)実際に見せる
လက်တွေ့သင်ခန်းစာ[lɛʔtwe. tiŋaŋ:za](名)生きた教訓

လက်တွေ့သင်တန်း[lɛʔtwe. tiŋdaŋ:](名)実習
လက်တွေ့အား:ဖြင့်[lɛʔtwe.aŋ:pʼjiŋ.](副)現実に、実際に
လက်တွဲ[lɛʔ twɛ:](動)①手を携える、手を取り合う　②腕を組む　③連帯する、連立する　④(副)手を携えて、協力し合って、連帯して
လက်တွဲခေါ်[lɛʔtwɛ: kʼɔ](動)目的地へ案内する
လက်တွဲဖြုတ်[lɛʔtwɛ: pʼjouʔ](動)連立を解消する、仲間から外す
လက်တွင်း[lɛʔtwiŋ:](名)手中、掌中
လက်တွန့်[lɛʔ tuŋ.](動)手控える、躊躇する、ためらう
လက်တွန်း[lɛʔ tuŋ:](動)手で押す
လက်တွန်းလှည်း[lɛʔtuŋ: ɬɛ:](名)手押し車、ワゴン車
လက်ထိလက်ရောက်[lɛʔtʼi. lɛʔjauʔ](副)①直接相手の手に　②本人自身で、自ら
လက်ထဲရောက်[lɛʔtʼɛ: jauʔ](動)掌中に入る、手中に陥る
လက်ထက်[lɛʔtʼɛʔ](名)治世、御代、時代
လက်ထက်တော်[lɛʔtʼɛʔtɔ](名)（釈尊の）在世中
လက်ထက်ပွား:[lɛʔtʼɛʔpwa:](名)婚姻後取得した財産
လက်ထက်ပွား:ပစ္စည်း[lɛʔtʼɛʔpwa: pjiʔsi:]=လက်ထက်ပွား: cf. ခန်းဝင်
လက်ထောက်[lɛʔ tʼauʔ]①(動)手をつく、手で支える　②(名)助手　③指貫
လက်ထောက်ကထိက[lɛʔtʼauʔ kətʼi.ka.](名)大学の助講師
လက်ထောက်ချ[lɛʔtʼauʔ tʃa.](動)手引きをする、（相手の）手助けをする、内通する
လက်ထောက်ဘုရင်ခံ[lɛʔtʼauʔ bəjiŋgaŋ](名)副総督
လက်ထောက်မင်း:သမီ:[lɛʔtʼauʔ miŋ:dəmi:](名)助演女優
လက်ထောက်မြို့ပိုင်[lɛʔtʼauʔ mjo.baiŋ](名)町を統括する行政官 မြို့ပိုင်: の補佐
လက်ထောက်လယ်ဝန်[lɛʔtʼauʔ lɛwuŋ](名)（植民地時代の）土地記録補佐官
လက်ထောက်အတွင်း:ရေ:မျူ:ချုပ်[lɛʔtʼauʔ ətwiŋ: je:mju:dʑouʔ](名)事務総長代理、副事務総長
လက်ထိတ်[lɛʔtʼtei](名)手錠、手枷
လက်ထိတ်ခတ်[lɛʔtʼtei kʼaʔ](動)手錠を掛ける、手枷を嵌める
လက်ထိတ်ဖြုတ်[lɛʔtʼtei pʼjouʔ](動)手錠を外す

လက်ထုတ်[lɛʔ tʻouʔ]（動）手を出す
လက်ထုတ်[lɛʔtʻouʔ]（植）コネツシ（キョウチクトウ科） Holarrhena antidysenterica
လက်ထုတ်ကြီး[lɛʔtʻouʔtʃiː] ＝လက်ထုတ်
လက်ထုတ်ဖြူ[lɛʔtʻouʔpʻju]（植）アイノキ（キョウチクトウ科） Wrightia tinctoria
လက်ထုတ်သိမ်[lɛʔtʻouʔtein]（植）エンボク（キョウチクトウ科） Wrightia tomentosa
လက်ထပ်[lɛʔtʻaʔ] ① （動）結婚する、挙式する＝ထိမ်းမြား： ② （副）手を添えて、手取り足取りして（教える）
လက်ထပ်ပွဲ[lɛʔtʻaʔpwɛː]（名）結婚式
လက်ထပ်ပွဲလုပ်[lɛʔtʻaʔpwɛː louʔ]（動）挙式する、結婚式を挙げる
လက်ထပ်မင်္ဂလာ[lɛʔtʻaʔ mingəla]（名）結婚式、挙式
လက်ထပ်မင်္ဂလာပွဲ[lɛʔtʻaʔ min:gəlaː pwɛː]＝လက်ထပ်ပွဲ
လက်ထပ်သင်[lɛʔtʻaʔ tin]（動）手を添えて教える
လက်ထပ်သင်ကြား：ပေး[lɛʔtʻaʔ tintʃaː peː]（動）手を添えて教える、手を取って教える
လက်ထပ်အခမ်းအနား[lɛʔtʻaʔ əkʻanːənaː]（名）結婚式、挙式
လက်ထိပ်[lɛʔtʻeiʔ]（名）①指伝 ②＝လက်ထိပ်
လက်ထွန်[lɛʔtʻun.]（名）釣針を取付けただけの釣糸、釣竿なしの釣糸
လက်ထွန်ပစ်[lɛʔtʻun. pjiʔ]（動）釣竿無しの釣糸を垂れる
လက်နက်[lɛʔnɛʔ]（名）①武器 ②（大工用の）道具、器具 ③能力、力、手段
လက်နက်ကလေး[lɛʔnɛʔkəleː]（名）小火器
လက်နက်ကိုင်[lɛʔnɛʔ kain]（動）武装する
လက်နက်ကိုင်လမ်းစဉ်[lɛʔnɛʔkain lanːzin]（名）武闘路線
လက်နက်ကိုင်စစ်တပ်[lɛʔnɛʔkain siʔtaʔ]（名）武装組織、軍隊
လက်နက်ကိုင်တပ်ဖွဲ့[lɛʔnɛʔkain taʔpʻwɛ.]（名）武装組織
လက်နက်ကိုင်ပုန်ကန်[lɛʔnɛʔkain pounkan]（動）武装蜂起する、武力で反乱を起す
လက်နက်ကိုင်ရဲ[lɛʔnɛʔkain jɛː]（名）武装警察
လက်နက်ကိုင်လူဆိုး[lɛʔnɛʔkain luzoː]（名）武装した匪賊
လက်နက်ကိုင်လမ်းစဉ်[lɛʔnɛʔkain lanːzin]（名）武装路線
လက်နက်ကိုင်သူပုန်ထ[lɛʔnɛʔkain dəboun tʻa.]（動）武装蜂起する、武力で反乱を起す

လက်နက်ကိုင်အင်အား[lɛʔnɛʔkain in aː]（名）兵力、武装兵力
လက်နက်ကန့်သတ်ရေး[lɛʔnɛʔ kan.taʔjeː]（名）軍縮、兵器削減
လက်နက်ကြီး[lɛʔnɛʔtʃiː]（名）重火器
လက်နက်ခဲယမ်းမီးကျောက်[lɛʔnɛʔ kʻɛːjanːmiːdʑauʔ]（名）兵器、武器弾薬
လက်နက်ခဲယမ်းမီးကျောက်သိုလှောင်ရုံ[lɛʔnɛʔkʻɛːjanːmiːdʑauʔ]（名）武器庫、兵器庫
လက်နက်ချ[lɛʔnɛʔ tʃʻa.]（動）降伏する、投降する
လက်နက်ချဝင်လာ[lɛʔnɛʔtʃʻa. winla]（動）投降する、降伏する、降参する
လက်နက်ချအလင်းဝင်လာ[lɛʔnɛʔtʃʻa. əlinːwinla]（動）帰順する、武器を捨てて投降する
လက်နက်ငါးပါး[lɛʔnɛʔŋaːbaː]（名）五種の武器（弓矢、棍棒、木刀、刀剣等）
လက်နက်ငယ်[lɛʔnɛʔŋɛ]（名）小火器
လက်နက်စွဲကိုင်[lɛʔnɛʔ swɛːkain]（動）武器を執る、武装する
လက်နက်တိုက်[lɛʔnɛʔtaiʔ]（名）兵器庫
လက်နက်နိုင်ငံ[lɛʔnɛʔnaingan]（名）属国、属領
လက်နက်ပစ္စည်းကိရိယာ[lɛʔnɛʔ pjiʔsiː kəri.ja]（名）武器
လက်နက်ပုန်း[lɛʔnɛʔ pounː]（名）隠匿兵器、非合法の武器
လက်နက်ဖျက်သိမ်းရေး[lɛʔnɛʔ pʻjɛʔteinːjeː]（名）軍縮
လက်နက်ဖြုတ်သိမ်းရေး[lɛʔnɛʔ pʻjouʔteinːjeː]（名）武装解除
လက်နက်မဲ့[lɛʔnɛʔ mɛ.]（動）非武装だ、武器を持っていない、武装していない
လက်နက်သိမ်း[lɛʔnɛʔteinː]（動）武器を没収する
လက်နက်သိုလှောင်ရုံ[lɛʔnɛʔ toɬaun joun]（名）武器庫
လက်နက်လျှော့ချရေး[lɛʔnɛʔ ʃɔ.tʃʻa.jeː]（名）軍縮、兵器削減
လက်နက်အားကိုးနင့်[lɛʔnɛʔ aːkoːnɛ.]（副）武器に頼って、武力をもって
လက်နက်အင်အား[lɛʔnɛʔ in aː]（名）武力、軍事力
လက်နက်အပ်[lɛʔnɛʔ aʔ]（動）武器を引渡す
လက်နိုင်ခြေနိုင်[lɛʔnain tʃʻenain]（形）御し易い、扱い易い、手頃だ
လက်နီ[lɛɲiː]（名）①鍋掴み ②布巾、ナプキン
လက်နေး[lɛʔ neː]（形）愚鈍だ、反応が遅い

လက်နှင့်ရေး၊ခြေနှင့်ဖျက် ။ (諺) 親に反抗する（手で書いたものを足で消す）
လက်နှိပ်[lɛʔṇeiʔ]（動）按摩する
လက်နှိပ်စက်[lɛʔṇeiʔsɛʔ]（名）タイプライター
လက်နှိပ်စက်ရိုက်[lɛʔṇeiʔsɛʔ jaiʔ]（動）タイプを打つ、タイプを叩く
လက်နှိပ်ဓာတ်မီး[lɛʔṇeiʔdaʔmi:]（名）懐中電灯
လက်နှိပ်ဓာတ်မီးထိုး[lɛʔṇeiʔdaʔmi: tʻo:]（動）懐中電灯を照らす
လက်ပါးစေ[lɛʔpa:ze]（名）使用人、手先、従僕、下男
လက်ပါးတိုက်[lɛʔpa: taiʔ]（名）癩病患者の収容施設
လက်ပူး:လက်ကြပ်[lɛʔpu: lɛʔtʃaʔ]（副）現行犯で
လက်ပူး:လက်ကြပ်ဖမ်း:ဆီးလိုက်[lɛʔpu: lɛʔtʃaʔ pʻan: sʼi:laiʔ] =လက်ပူး:လက်ကြပ်ဖမ်း:မိ
လက်ပူး:လက်ကြပ်ဖမ်း:မိ[lɛʔpu: lɛʔtʃaʔ pʻan:mi.]（動）現行犯で逮捕する
လက်ပူး:လက်ကြပ်မိ[lɛʔpu: lɛʔtʃaʔ mi.]（動）現行犯で捕まる
လက်ပူး:လက်ကြပ်အမိခံရ[lɛʔpu: lɛʔtʃaʔ əmi.kʻan ja.]（動）現行犯で逮捕される
လက်ပေး:[lɛʔ pe:]（動）犬がお手を出す
လက်ပေး:သင်[lɛʔpe: tin]（動）犬にお手を教える
လက်ပေး:သတ်[lɛʔpe:taʔ]（動）敵を安心させておいて壊滅させる、味方にしておいて裏切る
လက်ပေါ်[lɛʔ pɔ]（動）腕前が発揮される
လက်ပေါက်[lɛʔpauʔ]（名）笛の穴
လက်ပေါက်ကပ်[lɛʔpauʔkaʔ]（動）手こずらせる、手を焼かせる、一筋縄では行かない
လက်ပိုက်[lɛʔpaiʔ]（動）腕を組む
လက်ပိုက်ကြည့်[lɛʔpaiʔ tʃi.]（動）傍観する、腕をこまぬいて見る
လက်ပိုက်ထိုင်ကြည့်[lɛʔpaiʔ tʻaintʃi.]（動）拱手傍観する
လက်ပင်[lɛʔ pin.]（動）腕まくりする
လက်ပစ်ကူး:[lɛʔpjiʔ ku:]（動）抜き手を切って泳ぐ、クロールで泳ぐ、自由形で泳ぐ
လက်ပစ်ဗုံး:[lɛʔpjiʔ boun:]（名）手榴弾
လက်ပစ်ဗုံး:ပေါက်ကွဲ[lɛʔpjiʔboun: pauʔkwɛ:]（動）手榴弾が爆発する
လက်ပတ်[lɛʔpaʔ]（名）腕章、篭手、腕輪
လက်ပတ်ကြိုး:[lɛʔpaʔ tʃo:]（名）腕バンド、腕紐
လက်ပတ်နာရီ[lɛʔpaʔ naji]（名）腕時計
လက်ပန်း:ကျ[lɛʔpan tʃa.]（動）腕がだるくなる、手が萎えて動かなくなる、手から力がなくなる

လက်ပုန်း:[lɛʔpoun:]（名）家畜の足の付け根の内側
လက်ပစ်[lɛʔpaʔ]（名）腋の下
လက်ပစ်ကြော:[lɛʔpaʔ dʒa:] =လက်ပစ်
လက်ပစ်စော်ချေး:နံ[lɛʔpaʔsɔdʒi:nan. nan]（動）腋臭の臭いがする
လက်ပစ်စော်နံ[lɛʔpaʔsɔ nan]（動）腋臭の臭いがする
လက်ပမ်း:[lɛʔpan:]（名）拳闘、レスリング
လက်ပမ်း:ကျ[lɛʔpan tʃa.]（動）腕がしびれる、手がだるくなる
လက်ပမ်း:ပေါက်ခတ်[lɛʔpan pauʔkaʔ]（動）好機到来を喜ぶ、肘を曲げ腕を組み合せる（闘志を示す）
လက်ပံ[lɛʔpan]（植）ワタノキ（パンヤ科）Bombax malabaricum မဆီမဆိုင်၊လက်ပံသား:စာ:နှင့်ချိုင် ။ 当たり散らす、とんだ飛ばっちりを食う
လက်ပံခါ:[lɛʔpanga:]（植）ジタノキ、トバンノキ Alstonia scholaris
လက်ပံပင်ဆင်ရက်ကျသလို[lɛʔpanbin zəjɛʔ tʃa. dəlo]（比）ワタノキにインドハッカが群がるように（騒がしい）
လက်ပံလျှော့[lɛʔpanʃɔ]（植）ヤツデアオギリ（アオギリ科）Sterculia foetida 繊維を採るため下ビルマで栽培
လက်ပံလှဲပင်[lɛʔpanga: lɛ:bin]（植）ワタノキ、パンヤノキ
လက်ပုံ[lɛʔ pounzan]（名）①手相=လက္ခဏာ ②指紋 =လက်ပေ
လက်ပုံရောင်း:[lɛʔpoun jaun:]（動）手づかみで売る、1個1個ではなく一山ずつ売る
လက်ပျဉ်း[lɛʔpjin:]（名）腕の肉のたるみ、垂れ下がり cf. ပါး:ပျဉ်း
လက်ပြ[lɛʔ pja.]（動）挙手する、手を上に挙げる
လက်ပြခြေပြော:[lɛʔpja. tʃebja. pjɔ:]（動）身振り手真似を交えて話す
လက်ပြခြေလုပ်[lɛʔpja. tʃebja. louʔ]（動）身振り手真似をする
လက်ပြပြီး:ခေါ်[lɛʔpja.pi: kʻɔ]（動）手招きする
လက်ပြတကလ[lɛʔpjɛ: kala.]（名）混乱期、不安定期
လက်ပြင်[lɛʔpjin]（名）肩甲骨
လက်ပြင်ကုန်း:[lɛʔpjin koun:]（動）猫背になる
လက်ပြင်ကြော:ငုပ်[lɛʔpjin tʃɔ:ŋouʔ]（動）肩甲骨の周囲がが痙攣を起す
လက်ပြောင်း:ပြောင်း:[lɛʔpjaun: mja:]（動）次々に人手に渡る
လက်ပြောင်း:လက်လွှဲ[lɛʔpjaun: lɛʔlwɛ:]（名）所有

権の変動、所有者の交代、所有権の移転
လက်ပြတ်[lɛʔpjaʔ]①（動）断絶する、離れる、断ち切れる ②（名）袖なし ③手相の生命線と知能線
လက်ပြတ်အင်္ကျီ[lɛʔpjaʔ inːɡʲi]（名）袖なし、ノースリーブのシャツ
လက်ပြန်[lɛʔpjan]（副）①後手に ②後向きに、腕を捩じって
လက်ပြန်ကြိုး[lɛʔpjanɡʲoː]（名）後手にした縛り方
လက်ပြန်ကြိုးချည်[lɛʔpjanɡʲoː tʃi]（動）後手に縛る、両手を後に廻して縛る
လက်ပြန်ကြိုးတုပ်[lɛʔpjanɡʲoː touʔ]（動）後手に括り上げる
လက်ပွါ[lɛʔpwaː]（名）余分の指、6本目の指
လက်ပွေ့[lɛʔpwe.]（副）腋に挟んで、一抱えにして
လက်ပွေ့ရောင်း[lɛʔpwe. jaunː]（動）腋に挟んで売り歩く、腕に抱えて行商する
လက်ပွေ့အိတ်[lɛʔpwe.eiʔ]（名）ハンドバッグ
လက်ပွတ်စူ[lɛʔpuːsu]（名）錐
လက်ပွန်းတတီး[lɛʔpunː dədiː]（副）親しく、親密に、仲良く、身近に လက်ပွန်းတတီးရင်းနှီးသည်။ じっこんの間柄だ လက်ပွန်းတတီးခင်မင်ကြသည်။ 親密な間柄だ
လက်ဖနောင့်[lɛʔpʰənaun.]（名）手首に近い掌の部分、掌の付け根部分 cf. ခြေဖနောင့်
လက်ဖမိုး[lɛʔpʰəmoː]（名）手の甲 cf. ခြေဖမိုး
လက်ဖဝါး[lɛʔpʰəwaː]（名）掌 cf. ခြေဖဝါး
လက်ဖက်[lɛʔpʰɛʔ]（名）①掌一杯分の容量 cf.လက်ခုပ်၊ လက်ဆုပ်။ ②両腕を伸ばした胴回り、両腕で抱えた樹木の幹周り
လက်ဖက်[ləpʰɛʔ]①（植）チャ、アッサムチャ（ツバキ科）Camellia thea ②（名）茶の葉 ③漬け茶、食用茶
လက်ဖက်ကောင်းစားချင်၊ပလောင်တောင်တက်နေစေ။ （諺）よい結果を期待するなら時間を十分に取れ、待てば海路の日和（上質の漬け茶が食べたければ、パラウン人をゆっくり山に登らせよ）
လက်ဖက်ခြောက်[ləpʰɛʔtʃʰauʔ]（名）乾燥させた茶の葉
လက်ဖက်ခြောက်ခတ်[ləpʰɛʔtʃʰauʔ kʰaʔ]（動）湯の中に）茶の葉を入れる
လက်ဖက်ခြောက်ပန်း[ləpʰɛʔtʃʰauʔ panː]（植）茶蘭
လက်ဖက်စို[ləpʰɛʔso]（名）漬け茶、食用茶
လက်ဖက်ထုပ်[ləpʰɛʔtʰouʔ]（名）得度式、結婚式の時に参列者に配られる引き出物（漬け茶の包み）
လက်ဖက်ထုပ်ချ[ləpʰɛʔtʰouʔ tʃʰa.]（動）引き出物を配って得度式、結婚式に招待する

လက်ဖက်ရည်[ləpʰɛʔje]（名）①お茶、番茶 ②紅茶 =လက်ဖက်ရည်အချို
လက်ဖက်ရည်ကြမ်း[ləpʰɛʔjeɡʲanː]（名）緑茶、番茶 =ရေနွေးကြမ်း
လက်ဖက်ရည်ဆိုင်[ləpʰɛʔje zain]（名）茶店、喫茶店
လက်ဖက်ရည်ဇွန်း[ləpʰɛʔje zunː]（名）茶匙
လက်ဖက်ရည်အချို[ləpʰɛʔje ətʃʰo]（名）紅茶
လက်ဖက်သုပ်[ləpʰɛʔtʰouʔ]（名）食用茶（油漬けの茶の葉に、塩、胡麻、大蒜等を混ぜて食べる）
လက်ဖျား[lɛʔpʰjaː]（名）①指の先 cf. လက်ရင်း ②追加の賭け金
လက်ဖျားခါ[lɛʔpʰjaː kʰaʔ]（動）（不思議、驚き、賛嘆、賞賛等を表すために）指先を震わせる、上下に動かす、指先を震わせて驚愕する
လက်ဖျားဆွဲ[lɛʔpʰjaː swɛː]（動）①他人に知られぬようにして取引きの合意を示すため指先同士を触れ合わせる ②賭博の追加金を出して賭ける
လက်ဖျားအေး[lɛʔpʰjaː eː]（形）指先が冷たい
လက်ဖျောက်တီး[lɛʔpʰjauʔ tiː]（動）親指と中指とを弾いて鳴らす、指二本を弾いて音を出す
လက်ဖျစ်တတက်[lɛʔpʰjiʔ dədwɛʔ]（名）一瞬 =လျပ်တပြက်
လက်ဖျစ်တီး[lɛʔpʰjiʔ tiː] =လက်ဖျောက်တီး
လက်ဖျံ[lɛʔpʰjan]（名）前腕、肘と手首の間 cf. လက်မောင်း 上腕
လက်ဖျံရိုး[lɛʔpʰjan joː]（名）肘と手首の間の骨
လက်ဖြောင့်[lɛʔpʰjaun.]（形）（射撃や投石の）腕がよい、狙いが正確だ
လက်ဖြောင့်တပ်သား[lɛʔpʰjaun. taʔtʰaː]（名）狙撃手
လက်ဖြစ်[lɛʔpʰjiʔ]①（形）手製の、手作りの ②（名）手製、手作り、自家製
လက်ဖွာ[lɛʔ pʰwa]（形）①気前がよい ②金遣いが荒い、使い方が激しい
လက်ဖွဲ့[lɛʔpʰwɛ.]①（動）（誕生祝いや結婚祝いとして）贈り物をする လက်ထပ်တဲ့အခါကျတော့ပန်းကုံးတခုံ 挙式する時には花輪を贈ろう ②（名）お祝い、誕生祝い、結婚祝い、結婚の贈り物 ③お守り、魔除け、護符 ကလေးရအောင်လက်ဖွဲ့ဆောင်ရတယ်။ 子供に恵まれるようお守りを身につけている
လက်ဖွဲ့ပစ္စည်း[lɛʔpʰwɛ. pjiːsiː]（名）贈り物、結婚祝い
လက်ဗွေ[lɛʔbwe]（名）指紋 =လက်ဗွေပုံ
လက်ဘဝါး[lɛʔ pəwaː]（名）掌 → လက်ဖဝါး
လက်ဘက်[ləpʰɛʔ]（名）茶 → လက်ဖက်

လက်ဘက်ရည်[ləp'ɛ'je] → လက်ဖက်ရည်
လက်မ[lɛ'ma.]（名）①親指 ②（蟹の）鋏 ③長さの単位、インチ、寸 ၁၂လက်မ＝၁၉၀॥
လက်မစုပ်[lɛ'ma.sou']（動）親指をしゃぶる（爪を噛む）
လက်မတင်[lɛ'mədin]① （名）親指の幅 ②（副）辛うじて、ぎりぎりの所で（難を逃れる）
လက်မတင်ခလေး[lɛ'mədin gəle:] ＝လက်မတင်②
လက်မထောက်[lɛ'mət'au']（名）（王朝時代の）留置所
လက်မထောက်မှူး[lɛ'mət'au'mu:]（名）（王朝時代の）看守長
လက်မထောင်[lɛ'ma.t'aun]（形）①親指を立てる ②自惚れが強い、虚栄心が強い
လက်မထောင်မှူး[lɛ'ma.t'aunmu:]（名）＝လက်မထောက်မှူး
လက်မပုံစံ[lɛ'ma.pounzan]（名）①拇印 ②親指の指紋
လက်မရုံ့[lɛ'məjun.]（名）（王朝時代の）死刑執行吏 ＝အာဏာသား
လက်မရုံ့ထောင်[lɛ'məjun.t'aun]（名）（王朝時代の）牢獄、監獄
လက်မရုံ့မှူး[lɛ'məjun.mu:]（名）（王朝時代の）死刑執行吏の長
လက်မရုံ့သမား:[lɛ'məjun.dəma:]（名）刺客、暗殺人
လက်မရုံ့သား:[lɛ'məjun.da:]（名）＝လက်မရုံ့
လက်မလည်[lɛ' məlɛ]（動）（多忙で）手が廻らない
လက်မလည်နိုင်လောက်အောင်[lɛ' məlɛnain lau'aun]（副）猫の手も借りたい位に、手が廻らない位に လက်မလည်နိုင်အောင်ရောင်းချသည်॥ 飛ぶように売れた လက်မလည်အောင်မုန့်ဟင်းခါးပြင်ပေးရသည်॥ てんてこ舞いの忙しさでビルマ麺の準備を手伝った
လက်မလွတ်တမ်း[lɛ' məlu'tan:]（副）漏らす事なく、抜かりなく
လက်မဲ့[lɛ'mɛ.]①（副）手ぶらで、何も持たずに လက်လွတ် 何もかも投げ出して、裸一貫で ②（形）～がない အလုပ်လက်မဲ့ 職がない、失業中
လက်မောင်း[lɛ'maun:]（名）腕、肩から手の先まで
လက်မောင်းကြက်သား:[lɛ'maun: tʃwɛ'ta:]（名）力こぶ、上腕二頭筋
လက်မောင်းရိုး[lɛ'maun: jo:]（名）上腕骨
လက်မောင်းအိုး[lɛ'maun: o:]（名）腕回り、腕の付根、肩の下、肩の三角筋
လက်မျက်စိ[lɛ'mjɛ'si.]（名）手首の骨 cf. ခြေ

မျက်စိ
လက်မြောက်[lɛ'mjau']（形）巧みだ、精巧だ、技巧が勝れている
လက်မြန်[lɛ'mjan]（形）すばしこい、敏捷だ
လက်မြန်ခြေမြန်[lɛ'mjan tʃimjan]（副）敏捷に、反射的に、すばやく反応して
လက်မွန်[lɛ'mun]（名）初め、最初 မြန်မာမင်းတို့၏ လက်မွန်အစ ビルマ王朝の始まり
လက်မှု[lɛ'mu.]（名）手仕事、手工芸、手工業
လက်မှုကြက်မှု[lɛ'mu.sɛ'mu.]（名）産業 →စက်မှုလက်မှု
လက်မှုပစ္စည်း[lɛ'mu.pji'si:]（名）①大工道具 ②手作りの品、手工芸品
လက်မှုပညာ[lɛ'mu.pjinna]（名）手工芸、手作りの技術、手工業
လက်မှုပညာသည်[lɛ'mu.pjinadɛ]（名）職人、技能者、熟練工
လက်မှုလုပ်ငန်း[lɛ'mu.lou'ŋan:]（名）手工業
လက်မှိုင်ကျ[lɛ'main tʃa.]（動）意気消沈する、意気阻喪する
လက်မှိုင်ချ[lɛ'main tʃa.]（動）がっかりする、断念する、匙を投げる
လက်မှတ်[lɛ'ma']（名）①切符 ②乗車券 ③入場券 ④署名
လက်မှတ်စစ်[lɛ'ma'si']（名）車掌、検札係
လက်မှတ်ထိုး[lɛ'ma' t'o:]（動）署名する
လက်မှတ်ရေးထိုး[lɛ'ma' je:t'o:] ＝လက်မှတ်ထိုး
လက်မှတ်ရေးထိုးဝန်ခံ[lɛ'ma' je:t'o: wunk'an]（動）署名し保証する、署名し承認する
လက်မှတ်ရောင်း[lɛ'ma'jaun:]（名）切符売り、車掌
လက်မှတ်အတွဲလိုက်[lɛ'ma' ətwɛ:lai']（名）回数券
လက်မှန်[lɛ'man:]（名）①狙い ②手の見当、手の感覚、手の感触 ＝လက်ဆ
လက်မြှောက်[lɛ' mjau']（動）①手を挙げる ②諦める、断念する、降参する
လက်ယာ[lɛ'ja]（名）右
လက်ယာရစ်[lɛ'ja ji']（名）①右巻き ②右回り
လက်ယာရံ[lɛ'ja jan] ＝လက်ျာရံ
လက်ျာ[lɛ'ja] → လက်ယာ
လက်ျာဂိုဏ်း[lɛ'jagain:]（名）右翼、右派
လက်ျာဘက်[lɛ'jabɛ']（名）右側
လက်ျာရစ်[lɛ'jaji']（名）＝လက်ယာရစ်
လက်ျာရစ်လှည့်[lɛ'jaji' ɦɛ.]（動）（仏塔を）廻りに廻る（敬意の表現）
လက်ျာရံ[lɛ'jajan]（名）釈尊の右脇侍（舎利弗を初め４０人いる）

လက်ျာဝါဒီ[lεʔja wadi:]（名）右翼主義者
လက်ျာဝင်:[lεʔja win:]（名）（王朝時代に王宮警備を担当した）近衛部隊 cf. လက်ဝဲဝင်:
လက်ျာဝင်:မှူး[lεʔja win:m̥u:]（名）（王朝時代の）近衛部隊長官
လက်ျာသွေ့ရေး[lεʔja tw̥epʼije:]（名）極右
လက်ျား[lεʔja:]（名）意欲満々だ、したい気持で一杯だ、むずむずする、腕が鳴る
လက်ယက်ကန်:[lεʔ jεʔkan:]（名）手織りの機
လက်ယက်တွင်:[lεʔ jεʔtwin:]（名）手掘りの砂地の穴、手掘りの水溜り
လက်ယဉ့်[lεʔjin]（動）手が速い、直ぐに暴力を振るう
လက်ယပ်ခေါ်[lεʔjaʔkʼɔ]（動）手招きする、（掌を下向きにして）差し招く
လက်ယမ်:[lεʔjan:]（動）（禁止、制止の意味で）手を左右に振る
လက်ယမ်:နှုတ်ဆက်[lʔjan: n̥ouʼsʼεʔ]（動）手を振って挨拶する
လက်ယှက်[lεʔʃεʔ]（動）①（両方の掌を伸して）合掌する ②両掌を組合わせる、両手の指を握り合わせる
လက်ယှက်စာခုံ[lεʔʃεʔ sagoun]（名）組立て用の本立て、折り畳み式の読書台（寺院内で使用していた）
လက်ရ[lεʔja.]（副）何としてでも手に入れるように
လက်ရဖမ်:[lεʔja. pʼan:]（動）生け捕りにする、捕虜にする
လက်ရဖမ်:ဆီး[lεʔja. pʼan:zi:] =လက်ရဖမ်:
လက်ရသမ်: →လက်ရဖမ်:
လက်ရာ[lεʔja]（名）①手の跡、掌の跡 ②作品、製品、細工、業績
လက်ရာကောင်:[lεʔja kaun:]（形）腕前がよい、腕が立つ
လက်ရာပြောင်မြောက်[lεʔja pjaunmjauʼ] =လက်ရာမြောက်
လက်ရာမြောက်[lεʔja mjauʼ]（形）作品が勝れている、優秀な作品だ、素晴らしい出来だ、優れた腕前だ
လက်ရေပြင်စီ[lεʔje dəbjinzi:]（副）苦楽を共にして、皆仲良く、協力し合って、皆均等に လက်ရေပြင်စီ:ထမင်:စာ:ကြသည်။皆で仲良く食事をした
လက်ရေပြင်တည်[lεʔje dəbjindε:] =လက်ရေတပြင်တည်:၊ လက်ရေပြင်တည်:စာ:သောက်သည်။皆仲良く食事をする
လက်ရေ:[lεʔje:]（名）①手書き、筆跡 ယောက်ျာ:လက်ရေ: 男性の筆跡 ②手仕事、腕前、技量
လက်ရေ:စာ[lεʔje:za]（名）草稿、手書きの原稿
လက်ရေ:ေစာင်:[lεʔje:zaun:]（名）斜めの書体、斜めになった文字
လက်ရေ:ည[lεʔje: ɲan.]（形）字が下手だ、書体が汚い
လက်ရေ:တူ[lεʔje:du]（副）同じ仲間で
လက်ရေ:တို[lεʔje:do]（名）速記
လက်ရေ:တိုသမာ:[lεʔje:do dəma:]（名）速記者
လက်ရေ:မူ[lεʔje:mu]（名）手書きの原稿
လက်ရေ:လက်သာ:[lεʔje: lεʔta:]（名）筆跡
လက်ရေ:လှ[lεʔje:ɬa.]（名）習字、書道
လက်ရေ:လှကျင့်[lεʔje:ɬa. tʃin.]（動）習字の練習をする
လက်ရေ:လှကျင့်ခြင်:[lεʔje:ɬa. tʃin.dʒin:]（名）習字の稽古、書道の実践
လက်ရေ:သော့[lεʔje:dɔ.]（名）殴り書き、走り書き
လက်ရဲ[lεʔjε:]（動）思い切ってする、平気でする、躊躇なくする
လက်ရဲဇက်ရဲ[lεʔjε: zεʔjε:]（動）平気で、厚かましく、鉄面皮で
လက်ရှောဓိဗ[lεʔjɔ: tʃiba]（副）全力を挙げて
လက်ရိုး[lεʔjo:]（形）普通の、並みの、基本的な、正当な
လက်ရက်တည်[lεʔjεʔtʼε]（名）手織りの布
လက်ရောက်[lεʔjauʼ]（副）①手で ②自分で、自ら
လက်ရောက်မှု[lεʔjauʼm̥u.]（名）暴力行為、暴行
လက်ရိုက်[lεʔjaiʼ]（名）①木槌 ②（野球の）バット ③（ゴルフの）クラブ
လက်ရင်:[lεʔjin:]（名）①腕の付け根 ②手首 ③初めの賭け金、元の賭け金 ④（形）初めの ⑤根元の
လက်ရည်[lεʔje]（名）手腕、技輌
လက်ရည်တပြင်တည်[lεʔje dəbjindε:] =လက်ရေတပြင်တည်:
လက်ရမ်:[lεʔjan:]（名）①手摺り、（橋の）欄干、柵、垣 ②椅子の肘掛け
လက်ရိပ်[lεʔjeiʼ]（名）手真似、合図
လက်ရိပ်ပြ[lεʔjeiʼ pja.]（動）手真似で合図する
လက်ရမ်:လက်ဆ[lεʔjan: lεʔsʼa.]（名）凡その見当、手での感触
လက်ရုံ:[lεʔjoun:]（名）①二の腕、上腕 cf. လက်ဖုံ:၊လက်မောင်:။ ②部下、片腕、腹心 ③（舟の）手摺り ④戦闘能力、闘争力
လက်ရုံ:တန်:[lεʔjoun: tan:]（動）掛け声を出す、ときの声を上げる
လက်ရုံ:တပ်[lεʔjoun:daʼ]（名）（第二次大戦前に活動していた）タキン党の実働部隊
လက်ရုံ:ရည်[lεʔjoun:je]（名）体力、腕力、武力

cf. နှလုံးရည်
လက်ရွေး[lɛʔjweː](名)選抜
လက်ရွေးစင်[lɛʔjweːzin](名)選手
လက်ရွေးစင်ရွေး[lɛʔjweːzin jweː](動)選手を選ぶ
လက်ရှိ[lɛʔʃi.](形)現在の、現行の、目下の
လက်ရှိဘဏ္ဍာရေးနှစ်[lɛʔʃi. bandajeː ṇiʔ](名)現会計年度
လက်ရှိအခြေအနေ[lɛʔʃi. ətʃe əne](名)現状
လက်ရက်[lɛʔʃɛʔ](動)①指を組合わせる、合掌する→လက်ယက် ②出した手を引込める、相手が手を引込めたのでこちらもきまり悪げに引込める、
လက်ရှောင်[lɛʔʃaun](動)①避ける、回避する ②責任を回避する
လက်ရှည်[lɛʔʃe](名)①長袖 ②福建系華僑 cf. လက်တို
လက်လီ[lɛʔli](名)小売り
လက်လီစိတ်[lɛʔli seiʔ](動)細かく分ける、分割する
လက်လီဈေး[lɛʔli zeː](名)小売り値、小売り価格
လက်လီရောင်း[lɛʔli jaunː](動)小売りする、小売り販売する
လက်လယ်[lɛʔlɛ](名)中指 = လက်ခလယ်
လက်လည်[lɛʔlɛ] → လက်မလည်နိုင်လောက်အောင်
လက်လုပ်[lɛʔlouʔ](名)手作り、手製品
လက်လုပ်လက်စား[lɛʔlouʔ lɛʔsaː](名)その日暮しの貧民 ငါးကြော်ရောင်းရသည့်လက်လုပ်လက်စား ဖြစ်သည်။ 魚のフライを売り歩くその日暮らしだ
လက်လွဲ[lɛʔ lwɛ](形)気前がよい、大らかだ、寛大だ、金離れがよい
လက်လွတ်[lɛʔ luʔ]①(動)失う、なくす ②手が離れる、責任が無くなる ③(副)手放しで、手ぶらで、素手で、何も持たずに、身一つで(逃げ出す)
လက်လွတ်စပယ်[lɛʔluʔzəbɛ](副)放ったらかしで、無軌道に、無分別に、前後の見境なく、奔放に、際限なく လက်လွတ်စပယ်သုံးရက်သည်။ 平気で浪費する
လက်လွတ်ဆုံးပါးမှု[lɛʔluʔ sʔounːbaːṃu.](名)喪失
လက်လွတ်ထွက်ပြေး[lɛʔluʔ tʰwɛʔpjeː](動)身一つで逃亡する
လက်လွန်[lɛʔlun](動)①取り返しの付かない事をする ②過剰防衛をする、過失致傷、過失障害、過失致死罪を犯す
လက်လျှည်[lɛʔɬɛ.]①(動)廻す、手で廻す、捻る ②人から借りる ③(名)(弦楽器の)弦の調節器

④手先の早業、手練
လက်လျှည့်စူး[lɛʔɬɛ. suː](名)捩り型の錐
လက်လျှည့်ဆင်[lɛʔɬɛ.tin.](形)手頃だ、直ぐに間に合う、近づき易い
လက်လျှည့်စုံ[lɛʔɬɛ.doun](名)寸借
လက်လျှည်တမ်းကစား[lɛʔɬɛːdanː gəzaː](動)腕相撲をする
လက်လှုပ်[lɛʔ ɬouʔ]①(動)手が震える ②(名)銃の引き金
လက်လှမ်း[lɛʔ ɬanː]①(動)手を差し伸べる ②(名)手を伸ばせば届く距離 =လက်တလှမ်း
လက်လှမ်းမီ[lɛʔɬanː mi](動)手が届く
လက်လှမ်းမီသမျှ[lɛʔɬanː midəmja.](副)手当り次第に、手の届く範囲のものは全て
လက်လှမ်းမီရာ[lɛʔɬanː mija](名)手の届く距離
လက်လှမ်းမီသလောက်[lɛʔɬanː midəlauʔ](副)手の届く限り
လက်လျှော့[lɛʔ ʃɔ.](動)諦める、断念する
လက်လျှို[lɛʔ ʃo](動)①能力を隠す、才能を隠す ②争いに介入して損害を蒙る
လက်လွဲ[lɛʔ ɬwɛː](動)①(前後に)腕を振る ②譲る、譲渡する、代理を立てる
လက်လွဲရောင်း[lɛʔɬwɛːjaunː](動)第三者を介さずに直かに売る、特別扱いに売る
လက်လွတ်[lɛʔ ɬuʔ](動)①手放す、引き渡す ②諦める、断念する
လက်လွတ်ထွက်ပြေး[lɛʔɬuʔ tʰwɛʔpjeː](動)見捨てて逃げる
လက်လွတ်မခံ[lɛʔɬuʔ məkʰan](動)逃さない、見逃さない
လက်ဝါး[lɛʔwaː](名)①掌=လက်ဖဝါး ②一手幅
လက်ဝါးကာ[lɛʔwaː ka](動)両手を前に突き出して制止する、両手を広げて制止する
လက်ဝါးကပ်တိုင်[lɛʔwəgaʔtain](名)十字架
လက်ဝါးကြီးအုပ်[lɛʔwədʑiː ouʔ](動)独占する
လက်ဝါးစောင်း[lɛʔwəzaunː](名)手刀、手首と小指の間
လက်ဝါးစောင်းခုတ်[lɛʔwəzaunː kʰouʔ](動)手刀を振う、空手チョップを食わせる
လက်ဝါးဖြန့်[lɛʔwa. pʰjan.](動)①掌を広げる ②請求して受取る、頂戴する
လက်ဝါးဖြန့်ခံ[lɛʔwa. pʰjan.kʰan](動)大手を広げて受取る、貰い受ける
လက်ဝါးရိုက်[lɛʔwa. jaiʔ](動)①前もって約束する、事前に約束を取付ける、事前に了解を得る
လက်ဝေခံ[lɛʔwe kʰan]①(動)他人の世話を受ける、

လက်ဝဲ

恩義を受ける、他人の手先となる ②[lɛʔwe gan] (名) 手先、走狗
လက်ဝဲ[lɛʔwɛ:] (名) 左
လက်ဝဲဂိုဏ်း[lɛʔwɛ:gain:] (名) 左翼、左派
လက်ဝဲစု[lɛʔwɛ:zu.] (名) 左派グループ
လက်ဝဲစုအင်အား[lɛʔwɛ:zu. in a:] (名) 左派勢力
လက်ဝဲနိုင်ငံရေးသမား[lɛʔwɛ: nainganje:dəma:] (名) 左派政治家
လက်ဝဲရံ[lɛʔwɛ:jan] (名) 釈尊の左脇侍（目健連以下４０人の高弟がいる）
လက်ဝဲရစ်[lɛʔwɛ:jiʔ] (名) 左巻き
လက်ဝဲလောက[lɛʔwɛ: lɔ:ka.] (名) 左翼の世界、共産主義社会
လက်ဝဲလက်[lɛʔwɛ: lɛʔ] (名) 左手
လက်ဝဲလက်ျာ[lɛʔwɛ: lɛʔja] (名) 左右
လက်ဝဲလမ်းပညာ[lɛʔwɛ:lan: pjinɲa] (名) 黒魔術 cf. အောက်လမ်းဆရာ
လက်ဝဲသွေဖီရေး[lɛʔwɛ: twepʻije:] (名) 極左
လက်ဝင်း[lɛʔwɛ: win:] (名) （王朝時代の）近衛部隊の一つ
လက်ဝင်းမှူး[lɛʔwɛ:win: mu:] (名) （王朝時代の）近衛部隊長
လက်ဝဲအလွန်အကျွံသမား[lɛʔwɛ: əlun ətʃun dəma:] (名) 極左主義者
လက်ဝင်[lɛʔ win] (動) 手間がかかる、手数が要る
လက်ဝတ်ရတနာ[lɛʔwuʔ jədəna:] (名) 宝石の装飾具、宝石の装飾品
လက်ဝတ်လက်စား:[lɛʔwuʔ lɛʔsa:] (名) （手や腕に付ける）装飾品、装身具
လက်ဝှေ့[lɛʔpʻwe.~lɛʔhwe.] (名) 拳闘、ボクシング
လက်ဝှေ့ထိုး[lɛʔpʻwe. tʻo:] (動) ボクシングをする、拳闘をする
လက်ဝှေ့ပြိုင်ပွဲ[lɛʔpʻwe. pjainbwɛ:] (名) 拳闘の試合、ボクシングの試合
လက်ဝှေ့သမား:[lɛʔpʻwe. dəma:] (名) ボクサー、拳闘の選手
လက်ဝှက်[lɛʔhwɛʔ] (動) 能力を隠す
လက်သူကြွယ်[lɛʔdəɟwɛ] →လက်သူကြွယ်
လက်သမား[lɛʔtəma:] (名) 大工
လက်သမားခ[lɛʔtəma:ga.] (名) 大工の手間賃、大工の報酬
လက်သမားပေတံ[lɛʔtəma: pedan] (名) 折り尺
လက်သရမ်း[lɛʔtəjan:] (動) 手癖が悪い、手で悪戯する cf. ပါးစပ်သရမ်း၊ နှုတ်သရမ်း။

လက်သာ[lɛʔ ta] (形) (試合や勝負で) 有利だ、優勢だ
လက်သာ:[lɛʔta:] (名) しもべ、弟子、従僕＝တပည့်
လက်သာကျ[lɛʔta: tʃa.] (動) 手慣れている
လက်သီး[lɛʔti:] (名) 拳、拳骨 လက်သီးနှင့်ထိုးသည်။ 拳骨で殴る လက်သီးဖြင့်ထိုးသည်။ 拳骨を食らわせる
လက်သီးဆုပ်[lɛʔti: sʻouʔ] (動) 拳を握る
လက်သီးပုန်း[lɛʔti:boun:] (名) 陰険な企み、秘密の企み、他人の失脚を図る企み
လက်သီးပုန်းထိုး[lɛʔti:boun: tʻo:] (動) 他人の脚を引張る、脚を掬う
လက်သီးပြိုင်ပွဲ[lɛʔti: pjainbwɛ:] (名) ①殴り合い ②拳闘試合
လက်သီးလက်မောင်းတန်း[lɛʔti:lɛʔmaun: tan:] (動) 拳を握って腕を突き上げる、拳を振り上げる
လက်သူကြွယ်[lɛʔdəɟwɛ] (名) 薬指
လက်သေ[lɛʔ te] (形) 手慣れている、順調にできる
လက်သင့်[lɛʔtin.] ①（形）手許にある、用意万端整っている、手頃だ、扱い易い ②（副）手許に、手近に
လက်သင့်ခံ[lɛʔtin. kʻan] (動) ①同意する、賛成する ②受入れる、迎え入れる
လက်သင့်ရာ၊ စားတော်ခေါ်။ (諺) 手近の者に便宜を図る、身内の重用（手近の物に箸を付ける）
လက်သင်[lɛʔtin] (名) 初心者
လက်သင်လှေ[lɛʔtin ɬe] (名) 曳き舟 cf. လှော်ကား:
လက်သစ်[lɛʔtiʔ] (名) ①新品、新製品、新手、新人 လက်ဟောင်းမဟုတ်၊ လက်သစ်ပစ္စည်း။ 古い品ではない新品だ မုန့်ဟင်းခါးသည်လက်သစ်တည်း။ 新顔の麵売り ②模造品、粗悪な贋物 ဦးပညာလက်သစ် ウー・ポウンニャー・ジュニア ③長さの単位、指の幅、1 မိုက် の8分の1 ခေါင်းပတ်ပတ်လည်လက်လေးသစ် 頭の周囲は4指幅 လက်လေးသစ်အနက်ရှိသောပိတ် 目が4指幅の大きさがある網 အသွား:လက်သုံးသစ်ခန့်ရှိသောပိုန်း 刃の長さが3指幅ある鉈
လက်သည်[lɛʔtɛ] (名) ①産婆＝ဝမ်းဆွဲ ②主犯 ③（賭博の）胴元
လက်သည်ပေါ်[lɛʔtɛ pɔ] (動) 犯人が判明する
လက်သည်း:[lɛʔtɛ:] (名) 爪、手の爪 cf. ခြေသည်း။ လက်သည်း:တွေရှည်နေပြန်ပြီ 爪が又伸びている လက်သည်း:နှင့်ကုတ်သည်။ 爪で搔く
လက်သည်း:ကိုက်[lɛʔtɛ: kaiʔ] (動) 爪を噛む
လက်သည်း:ကွင်း[lɛʔtɛ:gwin:] (名) 括弧
လက်သည်း:ခြေသည်း:[lɛʔtɛ: tʃide:] =ခြေသည်း:လက်သည်း
လက်သည်း:ခွံ[lɛʔtɛ:gun] (名) 手指の爪

လက်သည်းစောင်း[lɛʔtɛ:zaun:]（名）爪切り
လက်သည်းစောင်းမြက်[lɛʔtɛ:zaun: mjɛʔ]（植）チゴザサ（イネ科） Isachne australis
လက်သည်းဆိုး[lɛʔtɛ: sʻo:]（動）爪にマニキュアをする
လက်သည်းဆိုးဆေး[lɛʔtɛ: sʻo:ze:]（名）マニキュア
လက်သည်းညှပ်[lɛʔtɛ: ɲaʔ]①（動）爪を切る ②（名）爪切り
လက်သည်းထိုး[lɛʔtɛ: tʻo:]（動）爪を整える、爪を手入れする
လက်သည်းပုပ်[lɛʔtɛ:bouʔ]（名）捲き爪、肉に食い込んだ爪
လက်သည်းပွင့်[lɛʔtɛ: pwin.]（動）爪に白い斑点が現れる
လက်သည်းရှည်[lɛʔtɛ: ʃe]（形）爪が長い、爪が伸びている
လက်သည်းလှီး[lɛʔtɛ: ɬi:]（動）爪を切る
လက်သုတ်[lɛʔtouʔ]①（動）手を拭く ②→လက်သုပ်
လက်သုတ်ပဝါ[lɛʔtouʔpəwa]（名）ハンカチ、手拭い
လက်သန်း[lɛʔtan:]（名）小指 cf. ခြေသန်း ②論蔵の註釈書 cf. အဋ္ဌကထာ
လက်သပ်မွေး[lɛʔtaʔ mwe:]（動）①養い育てる、手塩に掛ける、ペットとして飼う ②手なづける、下心があって育てる、有事に備えて飼育する
လက်သိပ်ထိုး[lɛʔtei? tʻo:]①（動）賄賂を贈る、袖の下を使う ②（副）秘密に、不正に、こっそりと、人目につかないよう、身近の者にのみ便宜を図って
လက်သုပ်[lɛʔtouʔ]（名）野菜や麺に、油、魚醤油、豆の粉等を混ぜ合せたサラダ
လက်သံပြောင်[lɛʔtan pjaun]（形）①演奏が優れている、演奏が巧みだ ②殴り方が粗暴だ
လက်သုံး[lɛʔtoun:]（名）愛用品、常用品
လက်သုံးစကား[lɛʔtoun: zəga:]（名）慣用語、常套用語、よく使われる表現、しっくりした表現
လက်သုံးတော်[lɛʔtoun:dɔ]（名）愛用品
လက်သွား[lɛʔ twa:]（動）①巧みな演奏をする ②（作品が）多作だ、多産だ
လက်သွေး[lɛʔ twe:]（動）腕を磨く
လက်သွက်[lɛʔ twɛʔ]（形）①器用だ、巧みだ、手際がよい ②手が早い
လက်ဟောင်း[lɛʔhaun:]（名）①ベテラン、経験を積んだ人 ②定評のある品物 ③年輪を経た信用ある物
လက်ဟန်[lɛʔhan]（名）手真似
လက်ဟန်ခြေဟန်[lɛʔhan tʃihan]（名）身振り手真似、ジェスチャー
လက်ဟန်ခြေဟန်နဲ့[lɛʔhan tʃihan nɛ.]（副）身振り手真似で
လက်ဟန်ခြေဟန်ပြင့်[lɛʔhan tʃihan pʻjin.] =လက်ဟန်ခြေဟန်ပြင့်
လက်အတု[lɛʔ ətu.]（名）義手
လက်အမှတ်[lɛʔ əmaʔ]（名）手相
လက်ဦး[lɛʔu:]①（動）先んじる、先手を取る ②（副）最初に、初めて ③（名）初め、最初
လက်ဦးဆရာ[lɛʔu: sʻəja]（名）初めての師、良師
လက်ဦးဆုံး[lɛʔu:zoun:]（名）一番初めに、初めて
လက်ဦးတုန်းက[lɛʔu:doun:ga.]（副）最初に
လက်ဦးမစွက[lɛʔu: məsʻwa.ga.]（副）最初から、初端から
လက်ဦးရောက်နှင့်[lɛʔu: yauʔnin.]（動）先に到着する、先着する
လက်ဦးရည်းစား[lɛʔu: ji:za:]（名）初恋の人
လက်ဦးလက်ပြာ:[lɛʔu: lɛʔpʻja:]（名）最初の作品、処女作
လက်အို:[lɛʔo:]（名）=လက်မောင်းအို:
လက်အောက်[lɛʔauʔ]（名）配下、従属、支配下、統治下、統制下 အင်္ဂလိပ်လက်အောက်ကလွတ်မြောက်သည် イギリスの支配から逃れる
လက်အောက်ခံ[lɛʔauʔkʻan]（名）支配、支配下、従属 ဗြိတိသျှလက်အောက်ခံကိုလိုနီနိုင်ငံဖြစ်ခဲ့ရသည်။ イギリス統治下の植民地となった
လက်အောက်ခံနိုင်ငံ[lɛʔauʔkʻan naingan]（名）従属国、植民地
လက်အောက်ခံဖြစ်[lɛʔauʔkʻan pʻjiʔ]（動）従属する、支配下に入る
လက်အောက်ခံမခံ[lɛʔauʔkʻan məkʻan]（動）従属を受け入れない、支配下を嫌う
လက်အောက်ငယ်သား:[lɛʔauʔ ŋeda:]（名）部下、従者、配下
လက်အိတ်[lɛʔeiʔ]（名）手袋、グローブ
လက်အိတ်စွပ်[lɛʔeiʔ suʔ]（動）手袋をはめる
လက်အိတ်ဝတ်[lɛʔeiʔ wuʔ]（動）手袋をはめる
လက်အန်သေ[lɛʔan te]（動）指が痺れる、指がかじかむ、腕が痺れる
လက်အုပ်[lɛʔouʔ]（名）合せた両手、合掌
လက်အုပ်ချီ[lɛʔouʔ tʃi]（動）礼拝する、両手を合わせて額に当てる、合掌礼拝する
လက်အုပ်မိုး[lɛʔouʔ mo:]（動）合掌した両手を頭上に上げる
လက္ခဏာ[lɛʔkʻəma]（名）①印、合図 ②兆、兆候、様子 ဒါဟာမကြာခင်မိုးရွာတော့မဲ့လက္ခဏာတဲ့။ これは

လက္ခဏာကောင်း

間もなく雨が降る兆だ ③病状、症状 ④特徴 ⑤手相
＜パ Lakkhaṇa
လက္ခဏာကောင်း[lεʔkʼənagaun:] (名) 長所
လက္ခဏာကြီး[lεʔkʼənadʑi:] (名) 重要な特徴
လက္ခဏာကြည့်[lεʔkʼəna tʃi.] (動) 手相を見る
လက္ခဏာဆရာ[lεʔkʼəna sʼəja] (名) 手相見
လက္ခဏာတော်ကြီး[lεʔkʼənadɔdʑi:] (名) (仏像の大きな特徴) 三十二相
လက္ခဏာတော်ကြီးသုံးဆယ့်နှစ်ပါး[lεʔkʼənadɔdʑi:toun:zɛ.nəpa:] =လက္ခဏာတော်ကြီး
လက္ခဏာတော်ငယ်[lεʔkʼənadɔŋɛ] (名) (仏像の細かい特徴) 八十種好
လက္ခဏာတော်ငယ်ရှစ်ဆယ်[lεʔkʼənadɔŋɛ ʃiʼsʼɛ] =လက္ခဏာတော်ငယ်
လက္ခဏာပါးရှား[lεʔkʼəna pa:ʃa:] (形) 貧困だ、貧窮だ
လက္ခဏာပြ[lεʔkʼəna pja.] (動) 兆候を示す、兆を見せる
လက္ခဏာဖတ်[lεʔkʼəna pʼaʔ] (動) ①運勢を占う、運命を予言する ②手相を見る
လက္ခဏာရေးသုံးပါး[lεʔkʼənaje: toun:ba:] (名) (仏教の) 三宝印 (無常、苦、無我)
လက္ခဏာရှိ[lεʔkʼəna ʃi.] (動) 痕跡がある、模様である
လက္ခဏာရှိဟန်တူ[lεʔkʼəna ʃi.han tu] (動) ～であるらしい、～の模様だ
လက်ချား[lεʔtʃaʼ] (名) 硼砂
လက်တင်[lεʔtin] (名) ラテン語
လဂ်[lεʔ] (占星) 誕生時における天空での太陽の位置 (လဂ်ရာသီから右回りに１２ヶ月ある) c.f. စန်း
လဂ်ပြတ်စန်းပြတ်ကြ[lεʔpja san:bjaʔ tʃan] (形) 運が悪い、凶運となる
လဂ်ရာသီ[lεʔ jadi] (名) 物事に符合する形で東の地平線から昇って来る季節
လောက်[lauʔ] (虫) ①蛆 ②裏切り者、造反者
လောက်ကျ[lauʔ tʃa.] (動) 蛆が湧く
လောက်တက်[lauʔ tεʔ] =လောက်ကျ
လောက်လမ်း[lauʔlan:] (名) ぼうふら (蚊の幼虫)
လောက်သေ[lauʔte] (植) ヌスビトハギ (マメ科) の仲間 Desmodium triquetrum
လောက်[lauʔ] (形) 十分だ、足りる =ပြည့်စုံ
လောက်င[lauʔŋa.] (形) 足りる、十分だ =ဖူလုံ
လောက်လောက်ငင[lauʔlauʔ ŋa.ŋa.] (副) 十分に、存分に
လောက်လောက်လား:လား:[lauʔlauʔla:la:] ①(形) 頼り甲斐がある、信頼できる年齢に達している ②

(名) 信頼できる年齢 (青二才ではない)
လောက်အောင်[lauʔaun] (助動) 副詞形成、位に、程に ပြောပလောက်အောင်မရှိဘူး။ 口にできる程はない
လောက်[lauʔ] (副助) 名詞に繋がる、～位、～程、～ばかり、頃 =မျှ၊ ငွေအစိပ်သုံးဆယ်လောက်တော့ရှိတယ်။ お金が２５か３０チャット位はある အရပ်ကခြောက်ပေလောက်မြင့်တယ်။ 背丈は６尺位ある သုံးနာရီလောက်ရောက်လာတယ်။ ３時頃に到着した နည်းနည်းပဲချေးပါ။ 少しばかり貸してください ကန်စပ်ပါးအင်္ကျင်:လောက်တော့ အသာ:မာမာ:မဟုတ်ဘူး။ スウの木はサラの木程材質は硬くない ယောက်ျား:ရုပ်ကမိန်းမတွေလောက်မပြောင်းဘူး။ 男の容貌は女程は変らない
လောက်[lauʔ] (助動) 十分さを示す、に値する、十分に～する ရတဲ့ငွေနဲ့ထမင်း:မစား:လောက်ဖူ:။ 手に入るお金では十分に食べられない ရမဲ့ငွေနဲ့မဆောက်လောက်ဖူ:။ 貰う金では満足した建築はできない ရုပ်ထိတာဆို တော့ ဂရုမစိုက်လောက်ဖူ:။ かすったと言う事だから気にする程の事はない အေ:အခါမှာဆိုရင်အရေ:ကြီ:လာပြီ:ပြိုင်ဆိုင်ရလောက်ပါပီ။ 今丁度緊急事態に直面していると言える ယခုသည်သာ:အမှုထမ်း:သင်:လောက်ပြီ။ 今やこの子を公務に就かせるべき時期になっている
လောက်[lauʔ] (接助) သ と組合って逆接を示す、の割には、～なだけに ယခင်ရက်များ:ကပူအိုက်လျှလောက် ယခုအေ:လာသည်။ 先頃はとても暑かっただけに今は涼しくなってきた ဟိုဘက်မှာအသွားအလာနည်:သလောက်ဒီဘက်တော့လူများ:သည်။ 向う側は人の往来が少ないだけにこちら側は人が多い
လောက်စာ[lauʔsa] (名) (ゴム製の) パチンコの弾
လောက်စာလုံ:[lauʔsəloun:] =လောက်စာ
လောက်ယား:[lauʔja:] (植) イジュ、コウボクカ (ツバキ科) Schime wallichii
လောက်ယား:ဖြူ[lauʔja:bju] (植) ヒメツバキ (ツバキ科) Schima noronhae
လောက်လေး:[lauʔle:] (名) (ゴム製の) パチンコ
လောက်လေး:ကန့်[lauʔle:gan.] (名) 格子縞、格子模様
လောက်လေး:ခွ[lauʔle:gwa.] =လေး:ခွ
လောက်လေး:တစ်ဘစ်ခန့်အကွာ[lauʔle: dəbjiʔkʼan əkwa] (名) パチンコ弾の届く距離
လောက်လက်ခတ်[lauʔlεʔkʼaʔ] =ယောက်ယက်ခတ်
လောက်လွှဲ[lauʔɬwɛ:] (名) ゴムの弾力を応用して弾を飛ばし小鳥や獲物を獲る道具
လိုက်[laiʔ] (尾) 名詞に繋がる、副詞形成 အလျား:လိုက် 縦に အစုလိုက် 集団で အစမ်း:လိုက် 生のまま、未加工で အကောင်:လိုက် 丸ごと (解体しないで)

ရွှေတွင်ငွေစက္ကူတွေအပုံလိုက်၊အထပ်လိုက်။ 前方に紙幣が山積みになっていて、束になっていて　လက်ဆွဲအိတ်ထဲမှာလည်းအထွေးလိုက်။ 鞄の中にごっちゃになっていて　မာလကာသီးများ၊ခြင်းလိုက်ဝယ်ကျွေးတယ်။ パンジロウの実を籠ごと購入して食べさせてくれた

လိုက်[laiʔ]（助動）①強調、決定的な態度、断固とした行為、ちゃんと〜する、きっぱり〜する　ကျွန်တော်ကားလှတ်လိုက်မယ်။ 私が自動車を迎えに出す　ဒီအကြံကိုသဘောတူလိုက်တယ်။ その考えに同意した　ဆရာကြီးမရိုက်လိုက်ဖူးလား။ 先生にお仕置きを受けなかったか　②命令文、禁止文で使用、督促、使役等を現わす　ပြောလိုက်ပါ（忘れる事なく）ちゃんと言え　ပေးလိုက်ပါ（間違いなく）ちゃんと渡せ　လက်ညှိုးထိုးလိုက်။ 指でちゃんと指し示せ　မီးကိုချက်ချင်းငြိမ်းလိုက်။ 直ぐに火を消せ　မငိုလိုက်ပါနဲ့။ 泣くな　③否定文での使用、偶発性を示す、偶々〜でない　ရွာဘက်ကိုတက်သွားတဲ့လူဃောက်မမြင်လိုက်ဖူးလား။ 村の方へ向って行った人を見掛けなかったか　ကျွန်တော်အပြင်သွားနေတာမတွေ့လိုက်ရှူ။ 私は外出していたので目にしていない　အမေသေဆုံးနေရစဉ်မြို့တွင်နေရသော်ကြောင့်မမြင်လိုက်ရှူ။ 母が死んだ時都市に住んでいたので最期を見とる事ができなかった　ဘာတွေပြောတယ်ဆိုတာတောင်နာ:မသည်လိုက်ပါဘူး။ どんな事を話していたのかという事さえ判らなかった　ကျွန်တော်တို့မရလိုက်ဖူး။ 我々は偶々貰えなかった

〜လိုက်တာ[laiʔta]（末助）感嘆形を示す、〜で堪らない　ဗိုက်ဆာလိုက်တာ။ 空腹だなあ　ဝမ်းသာလိုက်တာ။ 嬉しいなあ　မောလိုက်တာ။ 疲れたなあ　ကျေးဇူးတင်လိုက်တာ။ 有難いなあ　လိပ်ပြာလေးတွေလှလိုက်တာ။ 蝶々は奇麗だなあ　ရှက်စရာကောင်းလိုက်တာ။ 恥ずかしくて仕方がない　ပျင်းစရာကောင်းလိုက်တာ။ 退屈で堪らない　သေးပေါက်ချင်လိုက်တာ။小便をしたくて仕方がない

〜လိုက်တာလုန်ပါရော[laiʔta lunbajɔ:]（末助）極端さを強調する　ရှက်လိုက်တာလုန်ပါရော။ 恥ずかしいと言ったらありはしない　ထင်းသွားခုတ်တာများ၊ကြာလိုက်တာလုန်ပါရော။ 薪割りに行ったにしては何と時間がかかりすぎる

〜လိုက်〜လိုက်[〜laiʔ〜laiʔ]（助動）二つの異なった動作、行為が交互に繰り返される事を示す、〜したり〜したり　ဟိုကြည့်လိုက်ဒီကြည့်လိုက်။ あちらを見たりこちらを見たり　နိုင်လိုက်ရှုံလိုက်နှင့်။ 勝ったり負けたりで　ပြေးလိုက်လမ်းလျှောက်လိုက်နှင့်။ 走ったり歩いたり　ဆင်းလိုက်တက်လိုက်။ 乗ったり降りたり

လိုက်[laiʔ]（動）①従う、付き従う、お供する、同行する　သူ့နောက်ကလိုက်သည်။ 彼の後からついて行く　②追いかける、追跡する　③狩りをする、狩猟をする　

တောလိုက်သည်။ 狩猟をする　အမဲလိုက်သည်။ 狩りをする　④応じる、応諾する　မျက်နှာလိုက်သည်။ 贔屓する　ဦးရာလိုက်သည်။ 駆け落ちする　ကုန်ပစ္စည်းကိုလိုက်၍ခများ၊ရရှိလေသည်။ 品物に応じて手数料を貰う　⑤従事する、職業に就く　ရှေ့နေလိုက်သည်။ 弁護する　⑥熱中する、没頭する、耽る　အပျော်လိုက်သည်။ 放蕩をする、道楽をする　⑦起きる、生じる　ဓာတ်လိုက်သည်။ 感電する　⑧伝統を受け継ぐ　မျိုးရိုးလိုက်သည်။ 世襲的だ、遺伝的だ、親譲りだ　⑨似合う　အဆက်အရှက်နှင့်လိုက်သည်။ 年齢相応だ　ကိုယ့်နဲ့လိုက်ချင်မှလိုက်မှာ။ 自分には似合わないかも知れない　⑩（物々交換で不足分を）上増しする、追加支給する　⑪（食べ物を）追加する　စားလိုက်ကုန်းသွားတာနောက်တစ်ပန်းကန်လိုက်တယ်။ 食べ尽くしたのでもう一皿追加した　⑫まるで違うように取扱う　ကလေးလိုက်လို့။ 人を子供扱いして（子供ではないのに）　မသိတာလို့။ 知らないとでも思っているのか（知っているよ）

လိုက်ကာ[laiʔka]（名）（屏風に似た）折り畳み式衝立、可動式の間仕切り

လိုက်ကြည့်[laiʔtʃi.]（動）①追ってみる、後を追いかけて見る　②ついて来て見る

လိုက်ချ[laiʔ tʃa.]（動）追跡してやっつける

လိုက်စား[laiʔsa:]（動）①専門にする　②追求する、熱心に行なう　ငါဟာကျွန်မာ:ရေးလိုက်စားတာ။ 僕はスポーツを熱心にやっているんだ　③耽る　အပျော်အစား:လိုက်စားသည်။ 放蕩に耽る

လိုက်ရှာ,ရှာကြည့်[laiʔsan: ʃatʃi.]（動）あちらこちら探してみる

လိုက်ဆို[laiʔs'o]（動）①ついて言う　②ついて歌う

လိုက်တောင်းစား[laiʔ taun:sa:]（動）貰い歩く喜捨を求めて歩く

လိုက်တမ်းပြေးတမ်း[laiʔtan: pje:dan:]（名）追い駆けっこ

လိုက်တမ်းပြေးတမ်းကစား[laiʔtan: pje:dan: gəza:]（動）追っかけっこをして遊ぶ、鬼ごっこ遊びをする

လိုက်နာ[laiʔna]（動）（規則や命令に）従う、言う事を利く、順守する

လိုက်နာကျင့်ဆောင်[laiʔna tʃin.s'aun]（動）従い実行する、応じて実践する

လိုက်နာဆောင်ရွက်[laiʔna s'aun jwɛʔ]（動）従って行動する

လိုက်နှိုး[laiʔno:]（動）起して廻る、次々と起す

လိုက်ပါ[laiʔpa]（動）付き従う、同伴する、同行する

လိုက်ပါရယ်မော[laiʔpa jimɔ:]（動）つられて笑う

လိုက်ပါလာ[laiʔpa la]（動）付いてくる、一緒に来る、同伴して来る

လိုက်ပါသွား:[laiʔpa twa:]（動）ついて行く、同行する、一緒に行く

လိုက်ပို့[laiʔpo.]（動）送る、送り届ける、送って行く

လိုက်ပို့ပေး:[laiʔpo. pe:]（動）①送ってやる ②送ってくれる

လိုက်ပြပေး[laiʔpja. pe:]（動）案内してあげる

လိုက်ပြေး[laiʔpje:]（動）駆け落ちする

လိုက်ပြော[laiʔpjɔ:]（動）言い歩く、言い散らす、触れ歩く

လိုက်ပွဲ[laiʔpwɛ:]（名）（食事の）お代り ထမင်းတပန်းကုန်သွားရင်နောက်တပန်းလိုက်ပွဲတောင်းပါ။ 飯を一杯食べ終ったらもう一杯貰いなさい

လိုက်ဖက်[laiʔpʰɛʔ]（動）似合う、似つかわしい

လိုက်ဖက်ညီညွတ်[laiʔpʰɛʔ ɲiɲuʔ]（動）調和している

လိုက်ဖက်ညီညွတ်မှုရှိ[laiʔpʰɛʔ ɲiɲuʔmu. ʃi.] 調和が取れている

လိုက်ဖြစ်[laiʔpʰji]（動）付いて行ける、確実に同伴できる

လိုက်ရိုက်[laiʔjaiʔ]（動）①皆に合せて殴る ②追いかけて殴る

လိုက်ရှာ[laiʔʃa]（動）探し廻る、探し求める

လိုက်၍[laiʔjwe.]（接助）に従って、に応じて

လိုက်လာ[laiʔla]（動）付いて来る、同行してくる

လိုက်လောင်:[laiʔlaun:]（動）①ついていって水を撒く ②ついて行って賭ける、博打をする

လိုက်လုပ်[laiʔlouʔ]（動）真似をする、模倣する

လိုက်လံ[laiʔlan]（副）離れずに付いて歩いて

လိုက်လံကြည့်ရှု[laiʔlan tʃi.ʃu.]（動）視察する

လိုက်လံစုံစမ်း[laiʔlan sounzan:]（動）消息を尋ねる、探索する、歩き回って調べる

လိုက်လံပြသ[laiʔlan pja.ta.]（動）案内する、見せて歩く

လိုက်လံတိုက်ခိုက်[laiʔlan taiʔkʰaiʔ]（動）追撃する

လိုက်လံမှတ်ပုံတင်[laiʔlan maʔpoun tin]（動）廻って登録する

လိုက်လံရောင်း:[laiʔlan jaun:]（動）行商する

လိုက်လံရှာဖွေ[laiʔlan ʃapʰwe]（動）探し求める、探し廻る、捜索する

လိုက်လျော[laiʔljɔ:]（動）（相手の意見、要求等に）同意する、応じる、承諾する、承知する、他人の言うがままになる、譲歩する

လိုက်လျောညီထွေ[laiʔljɔ: ɲidwe]（副）求めに応じて、応諾して

လိုက်လျောညီထွေဖြစ်[laiʔljɔ: ɲitʰwe pʰjiʔ]（動）応諾する

လိုက်လျောညီထွေရှိ[laiʔljɔ: ɲitʰwe ʃi.]（動）順応する

လိုက်လျောအလျောပေး:[laiʔljɔ: əljɔ.pe:]（動）譲歩する

လိုက်လျောအလျောပေးမှု[laiʔljɔ: əljɔ.pe:mu.]（名）譲歩

လိုက်လှုပ်[laiʔlʰouʔ]（動）つられて動く、伴って動く သစ်ကိုင်းလှုပ်တိုင်းလိုက်လှုပ်ပသည်။ 枝が動く度につられて動く

လိုက်သူ[laiʔtu]（名）①同行者 ②追跡者

လိုက်သေ[laiʔte]（動）後を追って死ぬ、後追い死をする

လိုက်ချီး:[laiʔtʃʰi:]（植）ライチー、れいし

လင့်[lin.]①（動）待つ、待機する ငုလင့်သည်။ 待機する အခါမလင့် すかさず、即刻 ②（名）見張り台、展望台

~လင့်[lin.]（助動）前以って、予め、先に~する ပုဏ္ဏား:ယင်ကိုဥယျာဉ်သည်တို့မေး:လင့်၏။ 婆羅門の少年に庭師達が先に尋ねた ပုဏ္ဏား:လျှင်ဝေဟုလက်ယပ်လင့်၏။ 婆羅門よ、急げと先に手招きをした ရသေ့အငယ်သာစား:လင့်၏။ 若い行者だけが先に食べた

လင့်[lin.]（助動）①命令を現わす ၍တွင်ရပ်ပါလင့်ဦ: ここで立ち止まれ ②否定形で禁止を表わす အသံပြု.လင့်။ 声を立てるな တံခါ:ကိုမဖွင့်ကြရလင့်။ 扉を開けるべからず ၍အရပ်သို့မလာလင့်။ この場所へは来るべからず ယုံ.ကြည်.မပူပါလင့်။ 御信用遊ばされるな

~လင့်ကစား:[lin.gəza:]（接助）逆接を現わす、~にせよ、~にも拘らず လေမကြမ်:လင့်ကစား:လှိုင်:ထန်လေထန်ဖြစ်နေသည်။ 風は激しくなかったものの波風が荒かった ၍ဒေသသည်ပျဉ်:ကတိုးပေါများ:သောအရပ်ဖြစ်လင့်ကစား:တရွာလုံ:လိုလိုမြဲ:မရှိကြ။ この当りはビルマツボクが豊富な地域であるにも拘らず村の民家はニッパ椰子の屋根と壁が殆どだ အေ:ချမ်:သောရာသီပင်ဖြစ်လင့်ကစား:ချွေ:များ:စို့လျက်ရှိသည်။ 寒冷な季節だったにも拘らず汗ばんでいた စစ်ဗိုလ်ဖြစ်လင့်ကစား:မော်တော်ကား:စက်ချွတ်ယွင်းပါကပြင်တတ်ရမည်။ 将校は会っても自動車のエンジンが故障したら修理できなければならない

လင့်စီ:[lin.si:]（動）待ち受ける、待ち構える

လင့်စင်[lin.zin]（名）（狩猟をするために仮設する）足場、見張台

လင့်နောက်လိုက်ပြေး:[lin.nauʔ laiʔpje:]（動）

လင်ဝတ်[lin. wuʔ]（名）夫の義務
လင်[lin]①（名）夫　②（形）十分だ、存分だ
လင်ကိုမယား:[lingo məja:]（名）夫婦二人、夫と妻
လင်ကောင်ပေါ်[lingaun pɔ]（動）父親が判明する
လင်ကောင်ဘို:[lingaunbo:]（鳥）メンフクロウ（メンフクロウ科）Tyto alba ＝ငှက်ဆိုး
လင်ကိုမယား:[lingo məja:]（名）夫婦、子供のいない核家族
လင်ကြို[linɟi:]（名）前夫 cf. နောက်လင်
လင်ကွာမယား:ကွာမှု[lingwa məjəgwamu.]（名）離婚訴訟
လင်ခိုးမ[lingo:ma.]（名）女への罵り言葉、姦婦、浮気女
လင်ခန်:မယား:ခန်:[lingan: məja:gan:]（名）婚姻関係、夫婦関係
လင်ခန်:မယား:ခန်:ယောက်[lingan:məja:gan:jauʔ]（動）正式に夫婦となる
လင်ခန်:မယား:ခန်:ဝင်[lingan:məja:gan: win]（動）結婚する、婚姻関係に入る
လင်ငယ်[linŋɛ]（名）姦夫、間男、情夫
လင်ငယ်နေ[linŋɛ ne]（動）不倫を働く、姦通する、間男をする
လင်ဇကာ:သာ:ဇကာ:[linzəga:ta:zəga:]（名）井戸端会議での夫婦生活の話題
လင်စောင်[linzaun] ＝လင်ငယ်
လင်စိတ်သာ:စိတ်[linzeiʔ ta:zeiʔ]（名）女性の結婚願望
လင်စံရွေး:၊လင်ခွေး:နှင့်ညှာ:။（格）選り好みをし過ぎると碌な事はない、何事も身分相応に（良き亭主を選ばず最低の男を夫にする）
လင်စံရွေး:[linzan jwe:]（動）花婿を選ぶのに注文が多過ぎる、配偶者を選り好みし過ぎる
လင်စုံမယား:ဖက်[linzoun məjəbɛʔ]（名）夫婦、有配偶者
လင်ဆိုး:မယား:၊တော:ဖော:။（格）配偶者が碌でなしなら女房は苦労のし続け（碌でなしの夫を持った妻、髪はもじゃもじゃ）
လင်ညီအစ်မ[lin ɲi əma.]（名）兄の妻と弟の妻との間柄 cf. မယား:ညီအစ်ကို 姉の夫と妹の夫との間柄
လင်တရှူ:[linda.ju:]（名）別居中の夫を恋慕う妻、亡夫を懐かしむ寡婦（嘲笑語）
လင်ထောင်[lin t'aun]（動）男を罠に嵌めて夫にする
လင်နေသာ:မွေး:[linne ta:mwe:]（名）妙齢、結婚適齢期
လင်နောက်လိုက်[linnauʔ lai]（動）男と駆け落ちする
လင်နှင့်မယား:၊လျှာနှင့်သွား:။（諺）濃い仲の夫婦いさかい、夫婦と言えども喧嘩はする（夫と妻は舌と歯）
လင်ပါမယား:ပါညီအစ်ကို[linba məja:ba ɲiəko]（名）①異母兄弟　②異父兄弟
လင်ပါမယား:ပါညီအစ်မ[linba məja:ba ɲiəma.]（名）①異母姉妹　②異父姉妹
လင်ပါသာ:[linba ta:]（名）夫の連れ子（男子）
လင်ပါသမီ:[linbatəmi:]（名）夫の連れ子（女子）
လင်ပေ:စာ:[lin pe:za:]（動）婿にやる、養子に出す
လင်ပန်:[linban:]（名）盆、盛り皿、金属製の平たい容器 cf. ယွန်:လင်ပန်:
လင်ပြောသာ:ပြော[linbjɔ: ta:bjɔ:]（名）（異性に対して）馴れ馴れしく
လင်မယား:[linməja:]（名）夫婦 ＝သမီ:ခင်ပွန်:
လင်မယား:ရန်ဖြစ်[linməja: jan p'jiʔ]（動）夫婦喧嘩をする
လင်မယား:လုပ်တမ်:ကစာ:[linməja: louʔtan: gəza:]（動）夫婦ごっこをして遊ぶ、まま事遊びをする
လင်မယား:အဂါမြောက်[linməja: inga mjauʔ]（動）夫婦関係を持つ、情交する
လင်မြောင်[linmjaun]（名）姦夫、間男
လင်မြောင်ထာ:[linmjaun t'a:]（動）間男を作る、不倫を働く
လင်ယူ[lin ju]（動）婿を取る、夫を貰う
လင်ယူသာ:မွေး:[lin ju ta: mwe:]（動）婿を取り子を生む
လင်ယောက်ျာ:[lin jauʔtʃa:]（名）夫
လင်ရ[lin ja.]（動）夫を貰う
လင်ရှိမယား:[linʃi. məja:]（名）既婚婦人、夫のいる女性
လင်လုဖက်[lin lu.bɛʔ]（名）男の奪い合い、男を廻る女の争い
လင်လိုတုန်:၊နာ:ပဲ့။（諺）肝心必要な時に調子が狂う（夫の必要な時に耳が欠ける）
လင်ဝတ်[lin wuʔ]（名）妻に対する夫の務め 5 種 cf. မယား:ဝတ်
လင်သာ:[linda:]（名）夫
လင်သေသာ:ဆုံ:[lin te ta: s'oun]（比）不幸のどん底（夫は死に、息子は亡くす）
လင်္ကာ[linga]①（名）4 音節 1 行の古代の詩　②（地）ランカー島（セイロンの古称）＝လင်္ကာဒီပ

လင်မနစ်[linməniʔ] (名) レモネード ＜英
လင်:[lin:] ① (動) 夜が明ける မိုးလင်းသည်။ ② (形) 明るい
လင်းကြက်[lin:dʒεʔ] (名) 一番鶏
လင်းကြက်ဆော်[lin:dʒεʔ sʔɔ] (動) 一番鶏が時を告げる
လင်းကြက်တွန်[lin:dʒεʔ tun] ＝လင်းကြက်ဆော်
လင်းချင်း[lin:dʒin:] (形) 明らかだ、明白だ
လင်းမှန်[lin:man] (名) 眼球の水晶体
လင်းမှန်ကြည်[lin:mandʒi] ＝လင်းမှန်
လင်းလက်[lin:lεʔ] (動) 煌く、きらきらする
လင်းလင်းချင်းချင်း[lin:lin:tʃin:dʒin:] (名) 日当り、明るい場所
လင်းလင်းထိန်ထိန်ရှိ[lin:lin: t'eindein ʃi.] (形) 煌煌と明るい
လင်းအားကြီးအရှိန်[lin:a:dʒi:dʒein] (名) 黎明
လင်းကွင်း[ləgwin:~jəgwin:] (名) (楽器の) シンバル、にょうはち
လင်းကွင်းတီး[jəgwin:ti:] (動) シンバルを鳴らす
လင်းဆွဲ[lin:zwε:] (動物) インドオオコウモリ (オオコウモリ科) Pteropus giganteus 餌は果実
လင်းဇင်း[lin:zin:] (地) ヴィエンチャン (ラオスの首都) ＜タ Lancang (百万の象)
လင်းတ[ləda.] (鳥) ①インドシロエリハゲワシ (ワシタカ科) Gyps indicus ②ベンガルハゲワシ (ワシタカ科) Gyps bengalensis
လင်းတဗိုင်နီ[ləda. t'eiʔni] (鳥) ミミハゲワシ (ワシタカ科) Aegypius calvus
လင်းတမှိုင်မှိုင်[ləda.main main] (動) 塞ぎ込む、落ち込む、暗い表情をする、がっくりと首うな垂れる
လင်းတလောက်တော၊ ၁၇က်တိုင်းလူ။ (諺) 大同小異、五十歩百歩、似たり寄ったり、自慢にはならない (どの鳥もハゲワシよりはまだましだ)
လင်းနေ[lin:ne] (植) ショウブ (サトイモ科) ＝လင်းလေ
လင်းနို[lin:no.] (動物) ①蝙蝠 ②ビルマアブラコウモリ (ヒナコウモリ科) Pipistrellus joyfrei ③ペグーアブラコウモリ (ヒナコウモリ科) Pipistrellus peguensis
လင်းနို့ချေး[lin:no.tʃi:] (名) (窒素肥料となる) 糞化石、グアノ
လင်းနွယ်သိုက်အလပ်[lin:nwεdaiʔ əlaʔ] (植) ラッパグサ (イネ科) Centotheca lappacea
လင်းပိုင်[ləbain] (動物) ①イルカ ②イラワジイルカ、カワゴンドウ (マイルカ科) Orcaella brevirostris イラワジ川に棲息
လင်းမြီးဆွဲ[lin:mi:zwε:] (鳥) オウチュウ (オウチュウ科) Dicrurus macrocercus 全身黒色
လင်းမြွေ[lin:mwe] (蛇) ①ナンジャ (ユウダ科) Ptyas mucosus 全身褐色 ②コモンヘビ
လင်းယုန်[lin:joun] (鳥) カンムリワシ (ワシタカ科) Spilornis cheela
လင်းရှူ[lin:ʃu:] (動物) ネズミイルカ、淡水性、体色は黒、口が細長く突き出ている
လင်းရှင်[lin:ʃin.] (動物) クリハラリス (リス科)
လင်းလေ[lin:ne~lin:le] (植) ショウブ (サトイモ科) Acorus calamus
လင်းလေကြီး[lin:ledʒi:] (植) ハナショウガ、ニガショウガ (ショウガ科) Zingiber zerumbet
လင်းလွန်း[lin:lun:] (植) ①ブドウハゼ (トウダイグサ科) Sapioum baccatum ＝အော်လဲ ②ロネホ (ウルシ科) Buchanania latifolia ③芳香を放つ花を咲かせるアカテツ科の樹木 Mimusops hexandra
လင်းဝက်[lin:wεʔ] (鳥) ゴイサギ (サギ科) Nycticorax nycticorax
လင်းသက်[lin:dεʔ] (動物) ①マライオオリス、クロオオリス (リス科) Ratufa bicolor ②ビルマオオコウモリ (オオコウモリ科) Pteropus spp.
လောင်[laun] (動) ①燃える、焼ける ②火傷する、爛れる、炎症を起す လက်ကိုထမင်းရည်ပူလောင်တယ်။ 熱い重湯で手を火傷した နေလောင်သည်။ 日焼けする
လောင်ကျမ်း[laun tʃun:] (動) 燃える、燃焼する 焼ける、焦げる
လောင်ကျမ်းမှု[launtʃun:mu.] (名) 火傷
လောင်စာ[launza] (名) 燃料
လောင်စာဆီ[launza s'i] (名) 燃料油
လောင်စား[laun sa:] (動) 炎症を起す、爛れる
လောင်ဆေး[launze:] (名) 腐蝕剤
လောင်တိုက်[laundaiʔ] (名) 和尚 (僧正) の亡骸を茶毘に付すための、王城の形を模した薪の山 cf. ဘုန်းကြီးပျံ
လောင်ဖူထ[launbu: t'a.] (動) 水膨れができる
လောင်ဗုံး[launboun:] (名) 焼夷弾
လောင်မီး[launmi:] (名) 炎、火炎
လောင်မီးပိုး[laun mi:bo:] (虫) Hispa armigera
လောင်မြိုက်[laun mjaiʔ] (動) 焼け焦げる
လောင်ရှိန်[launʃein] (名) 火勢
လောင်ဂျီတွဒ်[laundʒituʔ] (名) 経度 ＜英
လောင်း[laun:] (名) カヌー、丸木舟
လောင်းလေ[laun:le] (名) 刳り舟、丸木舟

လောင်း[laun:]（動）①（水を）掛ける、降り注ぐ、浴びせる ရေလောင်းသည်။ 水を掛ける ②（托鉢の出家に）食べ物を喜捨する ဆွမ်းဆန်စိမ်းလောင်းသည်။（出家に）米やその他の物を喜捨する ③萌え出ずる ④加える、補う

လောင်းထည့်[laun: t'ɛ.]（動）注ぎ入れる ပန်းကန်ထဲသို့ငံပြာရည်လောင်းထည့်သည်။ 皿に醤油を注ぎ入れる

လောင်းပန်း[laun:ban:]（植）蘭の1種 cf.သစ်ခွ

လောင်း[laun:]（動）賭ける、博打を打つ

လောင်းကစား[laun: gəza:]（動）賭博をする、博打を打つ

လောင်းကစားပွဲ[laun:gəza:bwɛ:]（名）賭博の催し

လောင်းကစားဝိုင်း[laun:gəza:wain:]（名）賭場

လောင်းကြေး[laun:ʤe:]（名）賭け金

လောင်းကြေးစားကြေး[laun:ʤe: sa:ʤe:]①（副）賭け事をして ②（名）賭け金

လောင်းတမ်း[laun:dan:]（名）賭け金

လောင်းတမ်းကစား[laun:dan gəza:]（動）賭ける、賭博をする、博打を打つ

လောင်းတမ်းစားတမ်း[ln:dan: sa:dan:]（副）賭けて、金銭を掛けて

လောင်းပွဲ[laun:bwɛ:]（名）賭け事、賭博の催し

လောင်ရိပ်[laun:jeiʔ]（名）木陰、緑陰

လောင်ရိပ်ခံ[laun:jeiʔ k'an]（動）木陰に入る

လောင်ရိပ်မိ[laun:jeiʔ mi.]（動）木陰になる

လောင်းကုတ်အင်္ကျီ[laun:kouʔ ein:ʤi]（名）オーバー、外套 ＜英 Long Coat

လိုင်စင်[lainsin]（名）免許、免許証＜英 License သွင်းကုန်လိုင်စင် 輸入免許 ထုတ်ကုန်လိုင်စင် 輸出免許

လိုင်စင်မဲ့[lainsin mɛ.]①（名）無免許 ②（副）無免許で

လိုင်စင်အရွယ်ဓာတ်ပုံ[lainsin əjwɛ daʔpoun]（名）免許証サイズの写真

လိုင်နင်[lainnin]（名）（衣服の）裏地 ＜英

လှိုင်[ɬain]（名）洞窟、洞穴 ＜パ

လှိုင်ခေါင်း[ɬaingaun:]（名）トンネル、墜道

လှိုင်ဂူ[ɬaingu]（名）洞窟、岩屋

လိုင်း[lain:]（名）①ライン、腺 ②電話線 ③路線

လိုင်းကား[lain:ka:]（名）路線バス ＜英

လစ်[liʔ]（動）①密かに抜け出す、こっそりと立ち去る、気付かれないように抜け出る လစ်ကြည့်။ 抜け出そう ကျောင်းလစ်သည်။ 学校をサボる ရုံးလစ်သည်။ 役所を抜け出る ②何時の間にか無くなる သတိလစ်သည်။ 意識を失う、失神する ③いない、不在だ、欠席している လူလစ်သည်။ 人がいない、留守をしている ④密かに持ち去る、万引きをする、置き引きする

လစ်လပ်[liʔlaʔ]（動）①空いている、空席だ ရာထူးများလစ်လပ်သည်။ ポストが空席だ、欠員だ ②欠けている、ない

လစ်လျူရှု[liʔlju ʃu.]（動）無視する、関心を寄せない、冷淡だ =လျစ်လျူရှု cf. ပေလာယက်ထား

လစ်ဟင်း[liʔhin:]（動）①疎かにする、怠慢だ အလုပ်လစ်ဟင်းသည်။ 仕事を疎かにする သတိလစ်ဟင်းသည်။ 注意力が散漫だ ②無駄にする အချိန်လစ်ဟင်းသည်။ 時間を無駄にする အရေးလစ်ဟင်းချေမည်။ 事がうまく行かないだろう

လည်[lɛ]（名）首、頚部 =လည်ပင်း

လည်ကပ်[lɛgaʔ]（名）頚巻き、立ちカラー

လည်ကုပ်[lɛgouʔ]（名）頚、うなじ、後首、盆の窪

လည်ချောင်း[lɛʤaun:]（名）喉、咽喉

လည်ချောင်းယား[lɛʤaun: ja:]（形）（咳が出そうで）喉がむずむずする

လည်ခွံ[lɛgun]（名）（上着の）カラー

လည်ငေ့[lɛzi.]（名）喉仏

လည်စည်း[lɛzi:]（名）ネクタイ

လည်စည်းစည်း[lɛzi: si:]（動）ネクタイを締める

လည်စည်းအတိုကလေး[lɛzi: ətogəle:]（名）蝶ネクタイ

လည်ဆစ်[lɛziʔ]（名）頚部の節

လည်ဆံ[lɛzan]（名）①（鳥の）首の羽根、わた毛、産毛 ②（ライオンの）たてがみ ခြသေ့လည်ဆံ

လည်ဆွဲ[lɛzwɛ:]（名）首飾り、ネックレース

လည်ဆွဲပုတီးလုံး[lɛzwɛ: bədi:loun:]（名）（真珠や宝石など）玉付きの首飾り

လည်ညိတ်[lɛ ɲeiʔ]（動）うなづく、首肯する =ခေါင်းညိတ်

လည်တန်ဆန့်ဆန့်[lɛ təs'an.zan.]（副）首を伸ばして、首を長くして

လည်တိုင်[lɛdain] =လည်ပင်း

လည်တုန့်[lɛdoun]（名）ペンダントが付いた、首にぴったりの短いネックレース、首巻き

လည်တံ[lɛdan] =လည်ပင်း

လည်ထောင်[lɛ t'aun]（動）首を伸ばす、首を上げる

လည်ပေါ်[lɛbɔ]（名）楼閣の屋根と屋根の間の構造部分

လည်ပင်း[lɛbin:]（名）首、頚部

လည်ပင်းကြီးနာ[lɛbin:ʤi: na]（病）甲状腺腫

လည်ပင်းကြီးရောဂါ[lɛbin:ʤi: jɔ:ga] =လည်ပင်းကြီးနာ

လည်ပင်းဆန့်[lɛbin: sʼan.]（動）首を伸ばす
လည်ပင်းညောင်ရေအိုးဖြစ်[lɛbin: ɲaun je o: pʼjiʼ]（比）首を長くして待つ、首が細長くなるまで待つ
လည်ပင်းညှစ်သတ်[lɛbin: ɲiʼtạʼ]（動）扼殺する、首を絞め殺す
လည်ပင်းတယား:ယား:နှင့်[lɛbin: təja:ja:nɛ.]（副）（解雇、処刑などで）首筋が不安で、ひやひやして
လည်ပင်းတရှည်ရှည်နှင့်[lɛbin: təʃeʃenɛ.]（副）首を長くして
လည်ပင်းယား:[lɛbin: ja:]（形）（解雇、処刑等で）首が不安だ、首筋がひやひやする
လည်ပင်းအညှစ်ခံရ[lɛbin: əɲiʼ kʼan ja.]（動）首を絞められる
လည်ပတ်ကြို:[lɛbaʼtʃo:]（名）①カラー ②ネクタイ ③マフラー ④（犬の）首輪
လည်ပြန်ကြည့်[lɛbjan tʃi.]（動）振り向いてみる、肩越しに振り向く
လည်မျို[lɛmjo]（名）喉仏の上部
လည်ရေ:[lɛje:]（名）喉の皺、首の皺
လည်ရွဲ[lɛjwɛ:]（名）首飾り
လည်ရွဲတန်ဆာ[lɛjwɛ: tanza]=လည်ရွဲ
လည်[lɛ]（動）①廻る、回転する、旋回する စက်လည်သည်။ 機械が稼働している ③巡る、巡回する、見て回る မြို့လည်သည်။ 市内見物をする ④歩き回る、遊び回る ဟိုသွားလိုက်၊ ဒီလာလိုက်နှင့်။ あっちへ行ってみたり、こっちへ来てみたりして ⑤訪問する、遊びに行く ⑥回復する သတိလည်သည်။ 意識が戻る ⑦鋭い、機敏な လူရည်လည်သည်။ 世慣れている、世間慣れしている
လည်ပတ်[lɛ paʼ]（動）①回転する、旋回する ②歩き回る、遊び回る、遊び歩く ③（工場が）稼動する
လည်ပတ်မှု[lɛpaʼmu.]（名）動き、機能
လည်လည်ဝယ်ဝယ်ဖြစ်[lɛlɛwɛwɛ pʼjiʼ]（動）世慣れている、世事に通じる、世間慣れする
လည်လွန်:သည်ဘီး၊ ချေး:နင့်ခံ။（格）出る杭は打たれる（回転しすぎる車輪、糞を踏む）
လည်:[lɛ:]（動）倒れる、横たわる =လဲ
~လည်:[lɛ:]（助）①名詞に直接または何らかの助詞を介して繋がる、も、も又 =လဲ။ အသက်လည်းငယ်၏။ 年齢も若い အလင်းရောင်လည်းပျောက်ရှိ၏။ 明りも消えてしまった ခါ:ကလည်:နာ၏။ ခူ:ကလည်:နာ၏။ 腰も痛いし、膝も痛い အာခေါင်ထဲ့လည်းခြောက်သွေ့လာ၏။ 口の中もからからになってきた ဈေး:သည်လည်:ကိုလည်းတွေ့ရပါသည်။ 物売りの姿も見受けられる

လာရင်လည်:ကိစ္စမရှိပါဘူး။ 来なくても構いません ②文節に繋がる場合もある ရေတ်ငတ်သေသည်လည်းများ၏။ 喉の渇きで死んだものも多い
လည်:[lɛ:]（中）動詞を繰返しその中間に差し挟む、~でもある နာမည်ကခန့်လည်းခန့်တယ်။ 名前には威厳もある ကြည့်လည်းကြည့်နေရပါသည်။ မြင်လည်:မြင်နေရပါသည်။ 聞いてもいるし、目にしてもいる ကြောက်လည်းမကြောက်ပါဘူး။ 別に怖くはありません
လည်:ကောင်:[ləgaun:]（代名）上述の、前記の、その、例の =ငှင်။
~လည်:ကောင်:[ləgaun:]（助）格助詞に繋がる、重複させて使用する、~も~も共に=ငှင်။ ရှာတွင်နှား:ရောင်:သူသည်ငှင်၊ နှား:ဝယ်လိုသူသည်ငှင်၊ သူ့ကိုအား:ကိုးရပေသည် 村では牛を売りたい人も買いたい人も、彼を頼りにしている ကျွန်တော်သည်ဝက်ကလေး:များကိုငှင်:၊ နှား:ကလေး:များကိုငှင်:၊ မြင်ရပေပြီ 私は子豚も子牛もすっかり見慣れている တောင်သူ:ကြီးတို့နှင့်ငှင်:၊ တံငါသည်တို့နှင့်ငှင်:၊ ဆက်ဆံရသည်။ 農民達とも漁師達とも付合う必要があった
~လတ်[laʼ]（助動）新たに~する မိန်းမကိုယ်ဝန်ဆောင်ရောက်လတ်မည်။ 妊婦が一人やって来るだろう သည်မြို့တွင်မင်းရှစ်ဆက်ဖြစ်လတ်မည်။ この町で王が八代続くだろう ဆယ်လစေ့လတ်သောသား:တော်ကိုဘွား:မြင်လေ၏။ 10ヶ月経って王子を出産した ဘွား:သည်မှတလမြောက်လတ်သည်။ 誕生から一月経過した အရွယ်သို့ရောက်လတ်သည်။ 年頃に達した
လတ်[laʼ]①（形）（寸法、年齢、階層等が）中位だ、並みだ လူလတ်ပိုင်:: 中年層 ②（名）中等、中級 =အလတ်
လတ်[laʼ]（形）①新鮮だ ဓာတ်ဆား:ရည်ထုပ်ကကတ်ရဲ့လား: この食塩水は新鮮か ②小麦色だ အသား:လတ်သည်။ 肌は白くも黒くもない
လတ်ဆတ်[laʼsʼaʼ]（形）新鮮だ လတ်ဆတ်သည်သစ်သီး။ 新鮮な果物
လတ်တလော[laʼtəlo]（副）①直ぐに、即刻、②突然、不意に အခုလတ်တလောဖြစ်ပေါ်လျက်ရှိသောအရေ: 今目先で起っている事柄
လတ်တလောဆုံ:[laʼtəlo: sʼoun:]（動）急死する
လတ်တလောပြတ်[laʼtəlo: ɲan]（名）閃き、機転
လတ်တလောပြဿနာ[laʼtəlo: pjaʼtənaʼ]（名）眼前の焦眉、不意に直面した問題
လတ်တလောဘေးအန္တရာယ်[laʼtəlo: be:andəjɛ]（名）不意の災害
လတ်တလောသေ[laʼtəlo: te]（動）即死する
လတ်ယား:လတ်ယား:[laʼja: laʼja:]=လတ်လျား:လတ်လျား:

လတ်ရား:လတ်ရား:လုပ်[la'ja: la'ja: lou'] = လတ်လျား:လတ်လျား:လုပ်
လတ်လတ်ဆတ်ဆတ်[la'la' s'a's'a'] (副) 新鮮で
လတ်လျား:[la'ja:] (副) 只管無為に、漫然と、ぶらぶらと、のんびりと
လတ်လျား:လတ်လျား:[la'ja:la'ja:] (副) 当てもなく、漫然と、ぶらぶらと、何もせずに
လတ်လျား:လတ်လျား:လုပ်[la'ja:] (動) 何もせず悠然とする、無為に時を過す、目的もなく行ったり来たりする
လတ်တံ့[lətan.] (未来) 推測を現わす、〜であろう =လတ္တံ့‖ သေရလတ်တံ့‖ 死ぬであろう ေကား:ဆိုလတ်တံ့‖ 物を言うであろう အလိုပြည့်လတ်တံ့‖ 望みが叶うであろう ၍ဩသူသည်ဘီလူးဖြစ်လတ်တံ့‖ この人は多分鬼であろう
လတ္တီတွဒ်[la'ti.tu'] (名) 緯度 <英
လုပ်[lou'] (名) ロー杯、一口分
လုပ်ချင်း[lou'tʃin:] (動) 嗽をする =ပလုပ်ချင်း
လန်[lan.] (動) 魂消る、仰天する、吃驚する、肝を冷やす、ぎょっとする ဆရာကလန့်တပ်လိုက်တာ‖ 先生は吃驚仰天したよ
လန့်နိုး:[lan.no:] (動) 魂消て目覚める、吃驚して目を覚ます
လန့်ဖျား:[lan.p'ja:] (動) 驚いて熱を出す
လန့်ဖျား:ဖျား:စရာကြီး[lan.p'ja:bja:zəja:dʒi:] (名) 魂消て発熱する状態
လန့်ဖျပ်[lan.p'ja'] (動) 魂消る、仰天する、肝を潰す
လန့်အော်[lan.ɔ] (動) 魂消て声を挙げる、仰天して叫び声を出す
လန်[lan] (動) ①捲れ上がる、反り返る အနား:လန်သည်‖ 縁が反り返る အမိုး:လန်သည်‖ 屋根がめくれる ပက်လက်လန်သည်‖ 仰向けになる ②撃退される、追い返される တပ်လန်သည်‖ 退却する、うまく行かなくて引返す
လန်ကုတ်တီ[lanku'ti] (名) ふんどし <ヒ
လန်ချား:[lantʃa:] (名) 人力車 <漢
လန်ချား:သမား:[lantʃa: dəma:] (名) 人力車引き
လန်ဒန်[landan] (地名) ロンドン
လန်း[lan:] (形) ①新鮮だ、青々している ②気分がすっきりする、気持が爽快だ ③若々しい、溌剌としている မျက်နှာလန်းသည်‖ 表情が生き生きしている
လန်း:ဆန်[lan:s'an] (形) 新鮮だ、生き生きしている
လန်း:လန်း:ဆန်ဆန်[lan:lan: s'an:zan:] (副) 生き生きと、朗明に
လန်း:လန်း:ရှင်ရှင်[lan:lan:ʃinʃin] (副) 朗らか

に、快活で
လန်း:လန်း:ရှင်ရှင်ဖြစ်[lan:lan: ʃwinʃwin p'ji'] (動) 朗らかになる、快活になる
လိင်[lein] (名) ①性 ②生殖器 ③〈文法上の〉性 ④違反した姿彌の還俗を規定した十項目 <パLiṅga
လိင်ကိစ္စ[lein kei'sa.] (名) セックス、性の問題
လိင်ကျေးကျွန်[lein tʃe:tʃun] (名) 性の奴隷、慰安婦
လိင်ကျေးကျွန်ပြုခံရသူ[lein tʃe:tʃun bju. k'an ja. du] (名) (従軍)慰安婦にされた人
လိင်ခွဲခြား:မှု[lein k'wɛ:dʒa:mu.] (名) 性差別
လိင်ခွဲခြား:မှုပြဿနာ[lein k'wɛ:dʒa:mu. pja' təna] (名) 性差別の問題
လိင်ချင်း:တူ[leindʒin: tu] (形) 同性だ、性が同じだ
လိင်ချင်း:တူကိစ္စ[leindʒin:du kei'sa.] (名) 同性問題
လိင်ဆယ်ပါး:[lein s'ɛba:] (名) 姿彌が過ちを犯した時に還俗させられる10項目の決り
လိင်တာန်:ကြား:မှု[leinda' no:tʃa.mu.] (名) 性の目覚め
လိင်ပညာ[lein pjinna] (名) 性の知識、性科学
လိင်ပြန်[lein pjan] (動) 姿彌が還俗する =ရှင်လိင်ပြန်သည်‖
လိင်ဖောက်ပြန်[lein p'au'pjan] (動) 男女が過ちを犯す
လိင်မှု[leinmu.] (名) ①性行為 ②性犯罪
လိင်အင်္ဂါ[lein inga] (名) 性器、生殖器官
လပ်[la'] (形) ①空だ、空いている、空席となる ေနရာလပ်သည်‖ 場所が空いている ②覆いが無くなる、晒される
လပ်[la'] (名) バカラ賭博での数字の八
လပ်[la'] → လာ
လပ်ရှင်[la' ʃwin]→ ဘာသ်ရှင်
လပ်လျား:[la'ja:] →လတ်လျား:
လပ်လျား:လပ်လျား:[la'ja: la'ja:] →လတ်လျား:လတ်လျား:
လာဘ်[la'] (名) ①賄賂、不正なリベート ②福、幸運 ကျန်း:မာ ခြင်း:ဟာလာဘ်တပါးပဲ‖ 健康は幸せの一つだ
လာဘ်ကောင်[la'kaun] (名) 縁起物、(招き猫のように)幸福を招く物 ဦးကုတ်သည်လာဘ်ကောင်မဟုတ်လား‖ インドコキンメフクロウの置物は縁起物なのでしょう?
လာဘ်ကောင်း:[la' kaun:] (形) 収入が多い、実入りがよい
လာဘ်ခေါ်[la' k'ɔ] (動) ①付きを呼ぶ、幸運を招

လာဘ်စား

< ②賄賂を要求する
လာဘ်စား：[laʔ saː] (動) 収賄する、賄賂を受取る
လာဘ်စားခြင်း[laʔsa：dʑinː] (名) 収賄
လာဘ်စားမှု[laʔsa：mu̯] (名) 収賄事件、汚職事件、収賄罪
လာဘ်စားမှုတားဆီးရေးဥပဒေ[laʔsa：mu̯. ta：sʼiːjeː u.bəde] (名) 汚職防止法
လာဘ်တိတ်[laʔ teiʔ] (動) 幸運が立ち去る、不幸が訪れる
လာဘ်ထိုး[laʔ tʼoː] (動) 賄賂を贈る、贈賄する、買収する
လာဘ်ပေး[laʔ peː] (動) =လာဘ်ထိုး
လာဘ်ပေးလာဘ်ယူမှု[laʔpeː laʔju̯mu̯] (名) 贈収賄事件、贈収賄罪
လာဘ်မြင်[laʔ mjin] (動) ①幸運を予想する ②先見の明がある
လာဘ်ရှင်[laʔ ʃwin] (形) ①吉兆だ、縁起が良い ②実入りが多い、金回りがよい、収入が多い
လာဘ်လာဘ[laʔlaba̯] (名) ①収入、実入り ②賄賂、袖の下 ③福、幸運 <パ Lābha
လာဘ်လာဘမျှော်ကိုး[laʔlaba̯. mjɔːgoː] (動) 幸運を望む
လာဘ်လွဲ[laʔ lwɛː] (動) 幸運が逸れる
လာဘ်ဝင်[laʔwin] (動) 幸運に恵まれる
လိပ်[leiʔ] (動) 巻く、丸める အိပ်ရာလိပ်သည်။ 寝具を丸める လျှာလိပ်သည်။ 舌を巻く ဖျာကိုလိပ်ပါ။ 茣蓙を丸めなさい ဆံပင်လိပ်ခွေသည်။ 髪の毛が巻き毛になっている
လိပ်ခဲတင်လင်း[leiʔkʼɛ tinːlinː] (副) ①立ち往生して、にっちもさっちも行かず ②独断的に
လိပ်ခဲတင်လင်းဖြစ်[leiʔkʼɛːtinːlinː pʼjiʔ] (動) 進むに進めず退くに退けない、にっちもさっちも行かない、立ち往生する、膠着状態になる
လိပ်ခဲတည်းလည်း[leiʔkʼɛ tinːlinː]=လိပ်ခဲတင်းလင်း
လိပ်ပတ်လည်[lei paʔlɛ] (動) よく分る、納得できる、了解できる
လိပ်ပတ်လည်အောင်[leiʔpaʔlɛ aun] (副) よく判るように
လိပ်လည်း[leiːlɛː] (動) ①安定しない、悪化する、変容する ②挫折する、失敗する、災難に遭遇する
လိပ်[leiʔ] (名) 宛名
လိပ်စာ[leiʔsa] (名) 住所
လိပ်တပ်[leiʔ taʔ] (動) 宛名を書く
လိပ်မူ[leiʔ mu] (動) 宛とする、宛名にする
လိပ်[leiʔ] (動物) 亀

လိပ်ကျောက်[leiʔtʃauʔ] (魚) エイ
လိပ်ကျောက်ဆူး[leiʔtʃauʔsʼuː] (名) エイの背鰭
လိပ်ကျောက်မြီး[leiʔtʃauʔmiː] (名) エイの尾（鞭の代用品として使用）
လိပ်ကျည်[leiʔtʃi] (動物) ビルマスッポン（スッポン科） Trionyx formosus イラワジ、サルウイーン、シッタウンの三河川に棲息
လိပ်ကြယ်[leiʔtʃɛ] (星) オリオン座 =လိပ်တာရာ
လိပ်ကြက်တူရွေး[leiʔ tʃɛʔtujweː] (動物) ①タイマイ Eretmochelys imbricata ビルマ沿海ဟိုင်းကြီးကျွန်း で産卵する ②亀の一種 Platysternum megacephalum テナセリム、ペグー管区
လိပ်ကြည့်[leiʔtʃi] (動物) スッポン =လိပ်ကျည်
လိပ်ခေါင်း[leiʔgaunː] (病) 痔 =မြင်းသရိုက်
လိပ်ခေါင်းထုတ်[leiʔgaun tʼwɛʔ] (動) 痔になる
လိပ်ခေါင်းနာ[leiʔgaunna] =လိပ်ခေါင်း
လိပ်ခေါင်းရောဂါ[leiʔgaun jɔːga] =လိပ်ခေါင်း
လိပ်ခုံး[leiʔkʼounː] (名) ドーム、アーチ
လိပ်ခွေး[leiʔkʼweː] (動物) アカウミガメ（ウミガメ科） Caretta caretta
လိပ်ခွံ[leiʔkʼun] (名) 甲羅、亀の甲、鼈甲
လိပ်စွန်း[leiʔsun]① (動物) タイマイ Eretmochelys imbricata ② (魚) エイの1種 Rhinopterus javanicus
လိပ်ဆူးရွေ[leiʔsʼuːjwe] (植) トゲバーレリア（キツネノマゴ科） Barleria prionitis
လိပ်ပုပ်[leiʔpouʔ] (動物) ヤマガメ（イシガメ科）の一種 Geomyda trijuga ビルマ全土に棲息
လိပ်ပျော့[leiʔpjɔ̯] (動物) 亀の1種 Hissemys punctata アラカン管区内に棲息
လိပ်ပြောက်[leiʔpjauʔ] (動物) 亀の1種 Lissemys punctata scutata イラワジ、サルウイーン、ドゥタワディー諸河川に棲息
လိပ်ပြင်ဝန်း[leiʔpjinwunː] (動物) アオウミガメ（ウミガメ科） Chelonia mydas =ပြင်သာလိပ်
လိပ်သည်းကျောက်[leiʔtɛː tʃauʔ] (鉱) 片麻岩
လိပ်သရွေ[leiʔtəjwe] =လိပ်ဆူးရွေ
လိပ်အနားပျော့[leiʔ əna：bjɔ.] =လိပ်ပြောက်
လိပ်ဥ[leiʔu̯] (名) 亀の卵
လိပ်ဥတူး[leiʔu̯] (名) 女の子に声を掛ける、女の子をハントする（語源は「亀の卵を掘る」）
လိပ်ဥပျောက်လို့လိပ်မရှာ[leiʔu̯. pjauʔlo. lei ma. ʃa] (名) ビルマの遊びの一つ
လိပ်ကန်[leiʔkan] (名) 英米（アメリカ、イギリス）
လိပ်ပြာ[leiʔpja]① (虫) 蝶 ②魂、霊魂 ကိုယ့်လိပ်ပြာကိုယ်ရှက်သည်။ 我と我が身が恥ずかしい ကျွန်

လုပ်ငန်းပညာ

တော့လိပ်ပြာလည်းသန့်မည်။ 我が良心に恥じない
လိပ်ပြာကူး[leiʔpjagu:] (名) 平泳ぎ、バタフライ泳法
လိပ်ပြာခေါ်[leiʔpja kʼɔ] (動) 魂を呼ぶ、死者の霊魂を呼び出す
လိပ်ပြာငယ်[leiʔpja ŋɛ] (形) 不安だ、心もとない、心細い、頼りない
လိပ်ပြာစင်[leiʔpjazin] (名) 仏壇、位牌
လိပ်ပြာစဉ့်[leiʔpja sin] (動) 魂消る、途方に暮れる、肝を冷やす、まさに失神寸前だ
လိပ်ပြာဖြူ[leiʔpjabju] (虫) シロチョウ
လိပ်ပြာမလုံ[leiʔpja məloun] (動) 落着かない、内心忸怩たるものがある
လိပ်ပြာမလုံဖြစ်[leiʔpja məloun pʼji] (動) 我ながら納得が行かない、落着かない、不安に思う
လိပ်ပြာမတန့်[leiʔpja mətan.] (動) 落着かない、しっくりしない、疚しい気持ちなる
လိပ်ပြာလန့်[leiʔpja lan.] (動) 後めたい、我が影に脅える
လိပ်ပြာလုံ[leiʔpja loun] (動) 気持が落着く、明鏡止水の心境だ
လိပ်ပြာလှ[leiʔpja ɬa.] (形) 気立てがよい、性格が素直だ
လိပ်ပြာဝါ[leiʔpjawa] (虫) キチョウ
လိပ်ပြာသန့်[leiʔpja tan.] (動) 良心に恥じない、やましい気持はない、すがすがしい気持だ
လုပ်[louʔ] (動) ①する、行う、為す အလုပ်လုပ်သည်။ 仕事をする နိုင်ငံရေးလုပ်သည်။ 政治活動をする လယ်လုပ်သည်။ 農業をする ②作る စားပွဲလုပ်သည်။ テーブルを作る ③働く လက်သမားလုပ်သည်။ 大工として働く
လုပ်ကိုင်[louʔkain] (動) ①する、行う ②働く、仕事をする、活動する
လုပ်ကိုင်ကျင့်ဆောင်[louʔkain tʃin.sʼaun] (動) 活動する、行動する、実践する
လုပ်ကိုင်ကျွေးမွေး[louʔkain tʃwe:mwe:] (動) 扶養する、働いて養う
လုပ်ကိုင်စားသောက်[loukain sa:tauʔ] (動) 生計を立てる、生活する、働いて暮す
လုပ်ကိုင်ဆောင်ရွက်[louʔkain sʼaun ywɛ] (動) 行う、働く、活動する
လုပ်ကိုင်ပုံ[louʔkainboun] (名) 仕方、働く様子、活動振り
လုပ်ကိုင်ရင်းနှီးငွေ[louʔkain jin:ni:ŋwe] (名) 運用資金、運転資金、活動資金
လုပ်ကိုင်ရှာဖွေ[louʔkain ʃapʼwe] (動) 働いて稼

လုပ်ကြံပါအုံး[louʔtʃaba oun:] (動) 何とかしてくれ
လုပ်ကြံ[louʔtʃan] (動) ①謀反を起す、陰謀を企てる ②暗殺する、謀殺する ③捏造する、でっち上げる ④城を攻略する
လုပ်ကြံခြင်း[louʔtʃandʒin:] (名) ①陰謀、謀反 ②暗殺 ③捏造
လုပ်ကြံခြင်းခံရ[louʔtʃandʒin: kʼan ja.] (動) 暗殺される
လုပ်ကြံမှု[louʔtʃanm̥.] (名) ①陰謀、謀反 ②暗殺事件
လုပ်ကြံသတ်ဖြတ်[louʔtʃan tʃaʔpʼjaʔ] (動) 暗殺する
လုပ်ကျွေး[louʔtʃwe:] (動) 養う、扶養する、世話をする、面倒を見る
လုပ်ကျွေးပြုစု[louʔtʃwe: pju.zu.] (動) 扶養する、生活の面倒を見る
လုပ်ကျွေးသမှု[louʔtʃwe:təmu.] (名) 世話、扶養
လုပ်ကျွေးသမှုပြု[louʔtʃwe:dəmu. pju.] (動) 世話する、扶養する
လုပ်ခ[louʔkʼa.] (名) 報酬、賃金
လုပ်ခစား[louʔkʼa.za:] (名) 賃労働者
လုပ်ခဲ့[louʔkʼɛ.] (動) した、行った、働いた
လုပ်ခွင့်ရေးရာသင်တန်း[louʔkʼwinje:ja tindan:] (名) 職場研修、業務実習
လုပ်ခွင့်လုပ်ပိုင်အာဏာ[louʔkʼwin louʔpain ana] (名) 活動権限、事業権
လုပ်ငန်း[louʔŋan:] (名) ①作業、仕事 ②事業、業務 ③活動 ④働き、機能
လုပ်ငန်းကိုင်ငန်း[louʔŋan: kainŋan:] (名) 仕事、職業
လုပ်ငန်းကျွမ်းကျင်မှု[louʔŋan: tʃwan:tʃinm̥.] (名) 仕事の熟練、職務の習熟、技能
လုပ်ငန်းခွင်[louʔŋan:gwin] (名) 職場
လုပ်ငန်းစဉ်[louʔŋan:zin] (名) 仕事の予定、作業の段取り
လုပ်ငန်းဆောင်တာ[louʔŋan: sʼaunda] (名) ①機能、働き ②業務、職務、課業 ③職責、任務
လုပ်ငန်းဆောင်ရွက်[louʔŋan: sʼaun jwɛ] (動) 活動する、事業を遂行する
လုပ်ငန်းဆောင်ရွက်မှု[louʔŋan: sʼaun jwɛʔm̥.] (名) 働き、機能
လုပ်ငန်းတာဝန်[louʔŋan: tawun] (名) ①働き、機能 ②役割 ③職責、任務
လုပ်ငန်းပညာ[louʔŋan: pjinɲa] (名) 業務知識、

လုပ်ငန်းရှင်[louʔŋan:ʃin]（名）経営者、企業主
လုပ်ငန်းလုပ်တာ[louʔŋan: louʔta]（名）業務、事業
လုပ်ငန်းဗီဇာ[louʔŋan: biza]（名）業務査証、ビジネス・ビザ
လုပ်ငန်းအစီအစဉ်[louʔŋan: əsi əsin]（名）事業計画、事業予定、事業の段取り
လုပ်ငန်းအဖွဲ့[louʔŋan: əpʰɛ.]（名）事業組織、事業期間
လုပ်ငန်းအသေးစား[louʔŋan: əte̠:za:]（名）零細企業、小企業、小規模事業
လုပ်စာ[louʔsa]（名）稼ぎ、働き
လုပ်စာလုပ်ဖတ်[louʔsa louʔpʰaʔ]（名）成果、上り
လုပ်စား[louʔsa:]（動）働いて稼ぐ、生計を立てる
လုပ်စားးကိုင်စား[louʔsa: kainza:]（名）日雇い労働者
လုပ်စမ်းပါ[louʔsan:ba]（動）何とかしてくれ、何とか頼む
လုပ်ဆဲဖြစ်[louʔsʰwɛ pʰjiʔ]（動）働いている最中だ、している最中だ
လုပ်ဆောင်[louʔsʰaun]（動）執り行う、実行する、遂行する
လုပ်ဆောင်ချက်[louʔsʰaundʑɛʔ]（名）働き、行動、仕事、業績
လုပ်ဆောင်ပေး[louʔsʰaun pe:]（動）①してやる、してあげる ②してくれる、やってくれる
လုပ်ဆောင်ဖွယ်[louʔsʰaunbwɛ]（名）なすべき事
လုပ်ဇာတ်[louʔzaʔ]（名）虚構、でっち上げ、捏造
လုပ်ဇာတ်ခင်း[louʔzaʔ kʰin:]（動）でっち上げる、虚報を流す、デマを流す
လုပ်ဇာတ်ဖန်တီး[louʔzaʔ pʰandi:]（動）話をでっち上げる、捏造する
လုပ်တိုင်း[louʔtain:]（副）する度に、する都度
လုပ်ထုံးလုပ်နည်း[louʔtʰoun: louʔni:]（名）①手順、やり方 ②伝統的なやり方、仕来たり、旧来の方法
လုပ်နည်း[louʔni:]（名）やり方、仕方、方法、手段
လုပ်နည်းလုပ်ဟန်[louʔni: louʔhan]（名）やり方、する方法、手段、方法
လုပ်ပါအုံး[louʔpa oun:]（動）止めてくれ、助けてくれ、何とかしてくれ
လုပ်ပိုင်ခွင့်[louʔpaingwin.]（名）権利、する権利、執行権、活動権
လုပ်ပုံကိုင်ပုံ[louʔpoun kainboun]（名）仕方、やり方、働く様子

လုပ်ပုံလုပ်နည်း[louʔpoun louʔni:]（名）やり方、仕方、方法
လုပ်ပြ[louʔpja.]（動）して見せる、やって見せる、模範を示す
လုပ်ဖော်ကိုင်ဖက်[louʔpʰɔ kainbɛʔ]＝လုပ်တော်ကိုင်ဘက်
လုပ်ဖော်လုပ်ဖက်[louʔpʰɔ louʔpʰɛʔ]＝လုပ်တော်ကိုင်ဘက်
လုပ်ဖက်[louʔpʰɛʔ]（名）仲間、同僚
လုပ်တော်ကိုင်ဖက်[louʔpʰɔ kainbɛʔ]＝လုပ်တော်ကိုင်ဘက်
လုပ်တော်ကိုင်ဘက်[louʔpʰɔ kainbɛʔ]（名）同僚、仕事仲間
လုပ်တော်ဆောင်ဘက်[louʔpʰɔ sʰaunbɛʔ]（名）働く仲間、同僚
လုပ်မိလုပ်ရာ[louʔmi louʔja louʔ]（動）深く考えもせずにする、軽はずみな事をする、する事に慎重さを欠く
လုပ်ရေး[louʔje:]（名）行為、働き
လုပ်ရေးဆောင်တာ[louʔje: sʰaunda]（名）仕事、任務、割当て業務、担当業務
လုပ်ရိုးလုပ်စဉ်[louʔjo: louʔsin]（名）伝統的な仕方、いつものやり方、通常の方法
လုပ်ရည်ကိုင်ရည်[louʔje kain je]（名）遂行力、実践力、活動能力、活動資格、才幹
လုပ်ရည်ကြံရည်[louʔje tʃan je]（名）能力、企画実行力、企画遂行力
လုပ်ရည်ဝ[louʔje wa.]（形）能力に富む、経験豊富だ
လုပ်ရပ်[louʔjaʔ]（名）所業、仕業、行為
လုပ်လတံ့[louʔ lətan.]（動・文）するであろう
လုပ်လီလုပ်လဲ့[louʔli louʔlɛ.]（副）優美に、上品に、淑やかに、優雅に、しなやかに
လုပ်လဲ့လုပ်လီ[louʔlɛ. louʔli]＝လုပ်လီလုပ်လဲ့
လုပ်လက်စ[louʔlɛʔsa]（名）やりかけ、中途半端
လုပ်သား[louʔta:]（名）労働者、勤労者
လုပ်သားစု[louʔta:zu.]（名）労働者集団、労働者層
လုပ်သားပြည်သူ[louʔta: pjidu]（名）労働者人民
လုပ်သူ[louʔtu]（名）する人、働く人、行為者
လုပ်သေနတ်[louʔ təna]（名）私製の銃
လုပ်သက်[louʔtɛʔ]（名）職務歴、勤続年数、経験年数
လုပ်သက်ခွင့်[louʔtɛʔkʰwin.]（名）年次休暇、有給休暇
လုပ်သက်ဆု[louʔtɛʔsʰu.]（名）退職金 cf.ပင်စင်

လုပ်သင့်လုပ်ထိုက်[lou'tin. lou't'ai'] （動）すべきだ、為すべきだ、するのは当然だ
လုပ်ဟန်[lou'han] （名）やり方、仕方
လုပ်ဟန်ကြံဟန်[lou'han tʃan han] （名）陰謀の仕方、企み方
လုပ်အား：[lou'a:] （名）労力、労働力
လုပ်အားခ[lou'a:ga.] （名）労賃
လုပ်အားခသက်သာ[lou'a:ga. tɛ'ta] （形）賃金が安い
လုပ်အားပေး[lou'a: pe:] （動）労力を提供する、勤労奉仕する、助力を与える
လုပ်တိုင်း[lou'tain:] （名）墓地
လမ်း[lan:] （名）①道、道路、街路、通り ②方法、手段
လမ်းကူး[lan:gu:] （名）横断歩道
လမ်းကျ[lan: tʃa.] （形）①道路沿いだ、途中にある ②やり方が正しい、適切だ
လမ်းကျော်တံတား[lan:tʃɔ dəda:] （名）陸橋、立体交差の橋
လမ်းကြား[lan:tʃa:] （名）路地、小路、裏通り、横道、脇道
လမ်းကြောင်း[lan:tʃaun:] （名）路線、道筋、通路、軌道
လမ်းကြောင်းပေး[lan:tʃaun pe:] （動）道筋を示す
လမ်းကြိတ်စက်[lan:tʃei'sɛ'] （名）ロードローラー 土を突き固める機械
လမ်းကြို[lan: tʃoun] （動）丁度ついでだ、道すがらだ
လမ်းခရီး[lan: k'əji:] （名）道、旅路、旅程
လမ်းခရီးစရိတ်[lan:k'əji: zəjei'] （名）旅費
လမ်းခရီးအကြား[lan:k'ji: ətʃa:] （名）旅の途中、旅の間
လမ်းခုလပ်[lan: k'u.la'] ① （名）中途、中ほど ② （副）途中で
လမ်းခင်း[lan: k'in:] （動）①道を作る、道路を建設する ②話を誘導する、道を開く
လမ်းခင်းကျောက်[lan:gin:tʃau'] （名）砂利石
လမ်းချော်[lan: tʃɔ] （動）逸れる、逸脱する、脱線する、横滑りする
လမ်းချိုး[lan:'tʃo:] （名）曲がり角
လမ်းချင်းဆုံ[lan:tʃin: s'oun] （動）道路が交差する、十字路になる
လမ်းခွ[lan:gwa.] （名）分岐点
လမ်းခွဲ[lan:k'wɛ:] ① （動）道が分れる、別々の道になる ② [lan:gwɛ:] （名）支線 ③分岐点

လမ်းခုတ်လတ်[lan:ku'la'] =လမ်းခုလတ်
လမ်းဝ[lan:za.] （名）①出発点、道の始め ②手がかり、糸口、端緒
လမ်းစရိတ်[lan: zəjei'] （名）旅費、交通経費
လမ်းစဉ်[lan:zin] （名）①路線、進路 ②綱領、方針、指令
လမ်းစဉ်ပါတီ[lan:zin pati] （名）ビルマ社会主義計画党（１９６２年から８８年まで存在していた唯一の合法政党、議長はネーウイン将軍）
လမ်းစဉ်ပြောင်း[lan:zin pjaun:] （動）方針を変更する、路線を変える
လမ်းစဉ်လူငယ်[lan:zin luŋɛ] （名）ビルマ社会主義計画党の青少年組織
လမ်းစည်းကမ်း[lan: si:kan:] （名）交通規則
လမ်းဆင်း[lan:zin:] （名）下り坂
လမ်းဆုံ[lan:zoun] （名）交差点、合流点、分岐点
လမ်းဆုံလမ်းခွ[lan:zoun lan:gwa.] =လမ်းဆုံ
လမ်းဆုံး[lan: s'oun:] ① （動）道が尽きる、道が途切れる ② [lan:zoun:] （名）終点、終着地、目的地 ③行き止まり、限界
လမ်းဆုံးလျှင်ရွာတွေ။ （諺）最後まで諦めるな（道が尽きれば村がある）
လမ်းညွှန်[lan: ɲun] ① （動）指示する、差し示す ②案内する ③ （名）指針、入門書 ④案内書
လမ်းညွှန်ချက်[lan: ɲunɟɛ'] （名）指示事項、指導
လမ်းညွှန်မှာကြား[lan: ɲun maɟa:] （動）指示する
လမ်းတဝက်[lan: təwɛ'] ① （名）途中、半分の距離 半分の路程 ② （副）中途で、半ばで
လမ်းတို[lan:do] （名）近道
လမ်းတက်[lan:dɛ'] （名）上り坂
လမ်းတောင်း[lan: taun:] （動）目的地への道を尋ねる
လမ်းထောက်[lan:dau'] （名）中間地点、経過地点
လမ်းထောင့်[lan:daun.] （名）街角、通りの角
လမ်းထိပ်[lan:t'ei'] （名）突き当たり、通りに出る所、表通り
လမ်းထွင်[lan: t'win] （動）新しい方法を考案する
လမ်းဓါတ်မီး[lan: da'mi:] （名）街灯、街路灯
လမ်းနာမယ်ဆိုင်းဘုတ်[lan: nammɛ s'ain:bou'] （名）道路標識
လမ်းပခုံး[lan: pək'oun:] （名）路肩
လမ်းပေး[lan: pe:] （動）道を開ける、道を譲る
လမ်းပေါက်[lan: pau'] （動）道が通じる
လမ်းပိတ်[lan: pei'] （動）道路を封鎖する
လမ်းပိတ်ဆို့[lan: pei's'o.] =လမ်းပိတ်
လမ်းပန်း[lan:pan:] （名）道、道路 =လမ်း

လမ်းပန်းဆက်သွယ်မှု[lan:pan: sʼɛʼtwɛmu.]（名）交通、道路交通
လမ်းပန်းဆက်သွယ်ရေး[lan:pan: sʼɛʼtwɛje:]（名）道路交通
လမ်းပျက်[lan: pjɛʼ]①（動）道が不通になる ②[lan:bjɛʼ]（名）不通になった道
လမ်းပြ[lan: pja.]①（動）道を示す ②案内する ③[lan:bja.]（名）案内人、ガイド
လမ်းပြတိုင်[lan:bja.dain]（名）道標、道路標識
လမ်းပြမီး[lan:bja. mi:]（名）信号機
လမ်းပြရဲ[lan:bja. jɛ:]（名）交通警官
လမ်းပြအမှတ်အသား[lan:bja. əmaʼəta:]（名）交通標識、道路標識
လမ်းပြအိမ်မြှောင်[lan:bja. einmjaun]（名）羅針盤
လမ်းပြင်[lan: pjin]（動）道を直す、道路を補修する
လမ်းပြတ်[lan: pjaʼ]（動）不通となる、連絡が途絶える
လမ်းပွင့်[lan: pwin.]（動）①道路が開通する、連絡可能となる ②道が開ける、展望が開ける
လမ်းဖယ်[lan: pʼɛ]（動）①道を譲る ②障害物を取除く
လမ်းဖောက်[lan: pʼauʼ]（動）道を作る、道路を建設する
လမ်းဖောက်လုပ်ရေး[lan: pʼauʼlouʼje:]（名）道普請、道路建設
လမ်းဖုန်[lan: pʼoun]（動）人通りが多い、往来が激しくて道になる
လမ်းဖြောင့်[lan: pʼjaun.]①（形）道が真直ぐだ ②[lan:bjaun.]（名）真直ぐな道、直線道路
လမ်းဖြတ်[lan: pʼjaʼ]①（動）縁を切る、関係を絶つ ②（名）交差点 ③近道
လမ်းဖွင့်[lan: pʼwin.]（動）道を開く、通路を設ける
လမ်းဘို[lan:bo]（名）道路工事の現場監督
လမ်းဘေး[lan:be:]（名）道端
လမ်းဘေးစကြံ[lan:be: zin:dʑan]（名）歩道、人道
လမ်းဘေးဆိုင်[lan:be:zain]（名）露天
လမ်းဘေးပလက်ဖောင်း[lan:be: pəlɛʼpʼaun]（名）歩道
လမ်းဘေးပလက်ဖောင်းစွန်း[lan:be: pəlɛʼpʼaun zun:]（名）縁石、ふち石、歩道の外れ
လမ်းဘေးမြောင်း[lan:be: mjaun:]（名）側溝
လမ်းဘေးမျှောတိုင်[lan:be: mja:dain]（名）道

路標識、矢印
လမ်းမ[lan:ma.]（名）大通り
လမ်းမကြီး[lan:ma.dʑi:]（名）幹線道路、主要道路
လမ်းမမြင်ကမ်းမမြင်[lan:məmjin kan:məmjin]（副）極端に、手に負えない程
လမ်းမမြင်ကမ်းမမြင်ဖြစ်[lan:məmjin kan:məmjin pʼjiʼ]（動）途方に暮れる
လမ်းမမြင်ကမ်းမမြင်ရ[lan:məmjin kan:məmjin ja.]（動）果てしない、見渡す限りだ、一望千里だ
လမ်းမမှား[lan: məma:]（動）道に迷わない
လမ်းမီး[lan:mi:]（名）街灯
လမ်းမီးတိုင်[lan:mi:dain]（名）街灯、街路灯
လမ်းမတ်တတ်[lan: maʼtaʼ]（副）途中で
လမ်းများ[lan: mja:]（動）あちらこちらへ出かける、次々と訪れる
လမ်းမှာ[lan:ma]（副）途中で
လမ်းမှား[lan: ma:]（動）①道に迷う ②処理を誤る
လမ်းမှန်[lan:man]（名）正道、正しい方法、正当なやり方
လမ်းမှန်လိုက်[lan:man laiʼ]（動）正道を歩む
လမ်းမြှောင်[lan:man laiʼ]（名）脇道、側道
လမ်းရိုး[lan:jo:]（名）いつものやり方、伝統的方法
လမ်းရှင်း[lan: ʃin:]（動）交通が途絶える、人の往来、車の往来がない
လမ်းရှောင်[lan: ʃaun]（動）避ける、除ける
လမ်းရှည်[lan: ʃe]（名）長い道、長距離
လမ်းလေးခွ[lan: le:gwa.]（名）交差点、四つ角、十字路
လမ်းလွဲ[lan: lwɛ:]（動）道を逸れる
လမ်းလွဲလမ်းချော်[lan:lwɛ: lan:tʃʼɔ]（名）迷い道、逸れた道、脇道、枝道
လမ်းလျှောက်[lan: ʃauʼ]（動）①歩く、歩行する ②散歩する 否定形は လမ်းမလျှောက်ဘူး။
လမ်းလျှောက်ရုံပိုင်[lan: ʃauʼ jounbain]（名）移動駅長、代理駅長、臨時代理駅長
လမ်းလွှဲ[lan: l̥wɛ]（動）方向を転換する
လမ်းသရဲ[lan: təjɛ:]（名）街のちんぴら、不良分子、愚連隊
လမ်းသလား[lan: təla:]（動）ぶらつく、うろつく、練り歩く
လမ်းသာ[lan: ta]（形）道が安全だ、旅が安全だ、路上に障害がない
လမ်းသစ်[lan: diʼ]（名）新道
လမ်းသွားလမ်းလာ[lan:dwa: lan:la]（名）通行人

လမ်းသွယ်[laṉ:dwɛ](名)小道、細道、脇道
လမ်းဟောင်း[lan:haun:](名)旧道
လမ်းအမှား[lan: əma:](名)間違った道
လမ်းအမှန်[lan: əmaṇ](名)正しい道
လိမ့်[lein.](動)①転がる、回転する cf. လှိမ့်
②落付きがない、安定しない
လိမ့်ကျ[lein.tʃa.](動)転落する、転がり落ちる
လိမ့်ဆင်းသွား[lein.s'in: twa:](動)転がり降りる
လိမ့်[lein.](助動)疑惑、疑問を現わす ဘယ်သွား:
ပါလိမ့်။ どこへ行くのだろう？ ဘာများဖြစ်သွားးပါ
လိမ့်။ 何事が起きたのだろう？ ဘယ်ကများရလာပါလိမ့်
一体どこで手に入れたのだろう？ ဘာဖြစ်လို့မပြောခဲ့ပါ
လိမ့်။ なぜ言わなかったのだろう？
~လိမ့်မယ်[lein.mɛ](末助)推測を現わす မနက်ဖြန်
လာပါလိမ့်မယ်။ 明日来るだろう ဒီနား:တစ်ခုမှာရှိလိမ့်
မယ်။ この付近にあるだろう တမိုင်ကျော်ကျော်လောက်
ဝေးလိမ့်မယ်။ １マイル以上の距離はあるだろう
~လိမ့်မည်[lein.mji](末助・文)推測を示す ကျွန်
တော့်ကိုစောင့်နေလိမ့်မည်။ 私を待っている事だろう
ထိုကျောက်ဆောင်ကြီးသည်ပေတာကျော်မြင့်လိမ့်မည်။
その岩石は百尺以上の高さはあるだろう အသက်မှာအ
စိတ်ခန့်ရှိပေလိမ့်မည်။ 年齢は凡そ２５歳位であろう
လိမ်[lein](植)ハネミロバラン（シクンシ科）
Terminalia pyrifolia
လိမ်[lein](動)①欺く、騙す、嘘をつく、謀る、ペ
テンに掛ける ငါ့ကိုမလိမ်နဲ့။ 僕に嘘をつくな ②捩じ
る、ひねる、つねる ③捩じれる
လိမ်ကောက်[lein kau'](動)曲る、捩じれる、ひ
ねくれる
လိမ်ဆဲ့[lein s'wɛ:](動)つねる
လိမ်ညာ[lein ɲa](動)騙す、欺く、嘘をつく
လိမ်တက်[lein tɛ'](動)よじ登る、立ち上る
လိမ်ပြော[lein pjɔ:](動)嘘をつく、欺く
လိမ်ဖြည်[lein p'ɛ](動)捩じる、挫く
လိမ်ယှက်[lein ʃɛ'](動)絡まる、縫れる
လိမ်လည်[leinlɛ](動)騙す、謀る、ペテンに掛け
る、迷わす
လိမ်လည်ကောက်ကျစ်[leinlɛ kau'tʃi'](形)悪賢
い、狡猾だ
လိမ်လည်မှု[leinlɛmu.](名)①詐欺 ②詐欺罪
လိမ္မာ[leinda](形)騙し易い、欺き易い
လိမ္မာ[leinma]①(形)賢い、利口だ ②賢くする
လိမ္မာ[leinma]=လိမ်မာ။ လိမ္မာကြပါ။ 賢くあれ
လိမ္မာပါးနပ်[leinma pa:na'](形)利口だ、聡明
だ、賢い

လိမ္မာရေးခြားရှိ[leinma je:dʒa: ʃi.](形)利口
だ、聡明だ、物知りだ、判断力を具えている
လိမ္မော်[leinmɔ](植)ダイダイ（ミカン科）Citrus
aurantium
လိမ္မော်ရောင်[leinmɔ: jaun](名)橙色、オレンジ
色
လိမ္မော်ရည်[leinmɔje](名)オレンジ・ジュース
လိမ္မော်သီး[leinmɔ:di:](名)ミカン
လိမ်း[lein:](動)①塗る ဆေးလိမ်းသည်။ ペンキを
塗る ②化粧する သနပ်ခါးလိမ်းသည်။ ナガエミカンの
汁を（肌に）塗る
လိမ်းကျံ[lein: tʃan](動)①塗る、塗布する ②ま
みれる
လိမ်းဆေး[lein:ze:](名)塗り薬、軟膏
လုမ္ဗိနီ[lounbi.ni](地)ルンビニー、釈尊降誕の
地
လု[lan]①(動)尋で測る ②(名)長さの単位、尋
လေးလံနှစ်တောင်လှေ ４尋２肘尺の小舟 ဆယ့်ခုနစ်လံ
ပိုက်။ １７尋の網
လုက္ကတီ[lanku'ti] =လန်ကုတ်တီ
လုချား[lantʃa:](名)人力車
လုံလ[loun.la.](名)勤勉、熱意、刻苦精励、尽力
လုံလစိုက်[loun.la. sai'](動)励む、精励する、
熱中する
လုံလထုတ်[loun.la. t'ou'] =လုံလစိုက်
လုံလဝီရိယ[loun.la. wəri.ja.](名)勤勉、根
気、忍耐、辛抱、努力
လုံလဝီရိယစိုက်ထုတ်[loun.la. wəri.ja. sai'
t'ou'](動)全力を出す、集中努力する
လုံလဝီရိယရှိ[loun.la. wəri.ja. ʃi.](形)根
気がある、熱意がある
လုံလဩဃ[loun.la. ou'taha.](名)大変な
努力
လု[loun](名)坩堝（るつぼ）
လုံ[loun](形)①密閉状態だ ရေလုံသည်။ 水が漏れな
い လေလုံသည်။ 風が通らない ②堅い နှုတ်လုံသည်။
口が堅い စိတ်လုံသည်။ 疾しくない、身に覚えがない
လုံခြုံ[louŋdʒoun](形)安全だ、安穏だ
လုံခြုံရေး[louŋdʒoun je:](名)安全
လုံခြုံရေးကောင်စီ[louŋdʒoun je: kaunsi]
(名)①公安委員会 ②（国連）安保理事会
လုံခြုံရေးမှူး[louŋdʒoun je: mu.](名)（警察
の）警部 cf. ကြီးကြပ်ရေးမှူး
လုံလဲ[lounlɛ:](形)①水漏れしない ②落着いてい
る、平穏だ
လုံလောက်[lounlau'](形)十分だ、存分だ

လုံလောက်စွာ[lounlau'swa]（副）十分に、存分に

လုံလုံလဲလဲ[lounloun lɛ:lɛ:]（副）安全に、十分に、適切に

လုံလုံလောက်လောက်[lounloun lau'lau']（副）十分に လုံလုံလောက်လောက်မရှိဘူး॥ 十分にはない

လုံ[loun]（動）暖まる、温暖だ cf.လုံ

လုံကင်း[loungwin:]（名）（筒状に縫製してある）ロンジー

လုံချည်[lounʤi]（名）ロンジー（ビルマ人が着用する下半身を覆う布、一種のロング・スカート）

လုံမ[lounma.]（名）少女、娘、乙女

လုံမပျို[lounma.bjo] =လုံမ

လုံး[loun:]（動）①丸める、丸い形にする ②縫れる ③取組み合いをする、格闘する ④（形）丸い、球形をしている ⑤丸々と太っている、ぽっちゃりしている ⑥仲がよい、親密だ ⑦（助数）丸い物または家、家具等に使用 သစ်သီးတလုံး 果物1個 မာလကာသီးတလုံး バンジロウの実1個 ကုလားထိုင်တလုံး 椅子1脚 တိုင်သုံးလုံး 柱3本 အိမ်ငယ်တလုံး 小さな家1軒 ဟိုတယ်တလုံး ホテル1軒、食堂1軒

လုံးကြီးတင်[loun:ʤi:tin]（名）母音[i.]を示す円形の符号、子音文字の上に載せる

လုံးကြီးတင်ဆန်ခတ်[loun:ʤi:tin s'ank'a']（名）母音[i]を示す符号、子音文字の上に載せる

လုံးကြီးပေါက်လှ[loun:ʤi: pau'ʔla.]（名）豊満な肉体の持主、肉付きのよい女、丸ぽちゃ型の女性

လုံးကျွတ်[loun:ʧu']（尾）～は悉く、～は全て ပင် လုံးကျွတ် 樹木全体 အိမ်လုံးကျွတ် 一家総出で မြို့လုံးကျွတ် 町中、町全体 ရွာလုံးကျွတ် 村中、村を挙げて

လုံးချာလိုက်[loun:ʧa lai']（動）循環する、旋回する

လုံးချာလည်[loun:ʧa lɛ]（動）回転する、旋回する、ぐるぐる回る

လုံးချော[loun:ʧɔ]（形）丸くて滑らかだ

လုံးချက်ချက်[loun:ʧɛ' ʧɛ']（動）全体を料理する、姿煮にする

လုံးချင်း[loun:ʧin:]（形）独立した、別個の

လုံးချင်းတည်းခိုဆောင်[loun:ʧin: tɛ:k'ozaun]（名）離れ、独立した宿泊所

လုံးချင်းထွတ္တိ[loun:ʧin: wu't'u.]（名）単行本

လုံးစေ့ပတ်စေ့[loun.zi. pa'si.]（副）詳細に、存分に、充分に သူကောင်းတွေကြီးမယ်လုံးစေ့ပတ်စေ့မသည်တော့ပါ 彼の話は私には十分には分らなかった သတင်းစာများလုံးစေ့ပတ်စေ့မဖတ်ရဘူး॥ 新聞を読む機会も十分にはなかった

လုံးတီး[loun:di:]①（形）裸の ②（副）単独で

လုံးတီးဆန်[loun:di:zan]（名）玄米

လုံးတီးထမင်း[loun:di: t'əmin:]（名）玄米飯

လုံးထွေး[loun:t'we:]（動）①もつれ合う、ごっちゃになる、絡まり合う ②取組み合う、格闘する

လုံးထွေးသတ်ပုတ်[loun:t'we: ta'pou']（動）取組み合う、殴り合う、喧嘩をする

လုံးပါးပါး[loun:ba: pa:]（動）漸減する、次第に衰える、いつの間にか衰微する

လုံးပေါက်[loun:bau']（尾）副詞形成、全体を通じて ညလုံးပေါက် 夜を徹して နှစ်လုံးပေါက် 年中

လုံးပတ်[loun:ba']（名）円周、胴回り、幹の太さ

လုံးပန်း[loun:ban:]（動）奮闘する、努力する、骨折る

လုံးပန်းကြိုးစား[loun:ban: tʃo:za:]（動）専心する、全力を注ぐ

လုံးပန်းအားထုတ်[loun:ban: a:t'ou']（動）力を注ぐ、鋭意努力する、奮闘する

လုံးရင်း[loun:jin:]（名）総動員する cf.အလုံးအရင်း

လုံးရပ်သဏ္ဍာန်[loun: ja' tədan]（名）骨格、造り、構造

လုံးရှည်[loun:ʃe]（名）円柱、円筒、シリンダー

လုံးလာထွေးလာ[loun:la t'we:la:]（副）取組み合って、組打ちして、四つに組んで

လုံးလည်လိုက်[loun:lɛ lai']（動）回転する、無限に循環する

လုံးလတ်[loun:la']（名）中位、中程、中程度

လုံးလုံး[loun:loun:]（副）①全く、完全に တပတ်လုံးလုံး 1週間丸々 လောကကြီးကိုလုံးလုံးမေ့လျက်နေသည်॥ 世間の事を全く失念していた ②否定文、全く、全然 နောက်ဖက်သို့လုံးလုံးမလှည့်ခဲ့မကြည့်တော့။ 後方を全く振向いても見なかった ဒီရေယာဉ်နဲ့လုံးလုံးသွားနိုင်ဘူးလား။ この舟艇では全く行けないのか

လုံးလုံးကြီး[loun:loun:ʤi:]（副）完全に、全く、全然 မိမိဖက်ကိုလုံးလုံးကြီးပါမည်။ 完全に我が物となるだろう

လုံးလုံးနဲ့ပြား：ပြား：ကွဲ[loun:loun:nɛ. pja:bja: kwɛ:]（動）まるきり違う、様変りだ

လုံးလုံးလျားလျား[loun:loun: ja:ja:]（副）完全に、すっかり、全く、完璧に、例外なく

လုံးဝ[loun:wa.]（副）①完全に、全く လုံးဝမှောင်သွားသည်။ 真暗闇になった လုံးဝစီမံခန့်ခွဲသည်။ 完全に手配する、完全に用意する ②（否定文で）全然 အပြင်ကိုလုံးဝမထွက်တော့ဘူး။ それ以来全く外出はしなかった ဒီလောက်မိုက်လိမ့်မယ်လို့လုံးဝမထင်ခဲ့တော့။ これ程愚かだとは全く思っていなかった လုံးဝယုံးဘွယ်မရှိ

全く間違える事はない ရန်လဲလုံးဝမဖြစ်တော့ဘူး။ 全然喧嘩にもならない
လုံးဝဥဿုံ[loun:wa. ouʔtoun]（副）悉く、すっかり、全部
လုံးသေး[loun:de:]（名）小粒
လုံးသတ်[loun:taʔ]（動）格闘する
လျ[lja.]（形）僅かだ、細い、小さい နှမ်းလျသည်။弱々しい、衰弱している
လျာ[ja]（動）①充てる、割当てる、充当する ②計る、計量する
လျာကြည့်[jatʃi.]（動）見積もる
လျာထား[jat'a:]（動）充当する、割当てる
လျာထားချက်[jat'a:tɕɛʔ]（名）割当て、充当
လျား:[ja:~lja:]（動）伸びる、長くなる ရှည်လျား:သည်။ 長い　တန်း:လျား: 長屋
လျော့[jɔ.]（動）退く、弱まる、減る、減少する အပူချိန်လျော့သည်။ 温度が下がる　မြစ်ရေလျော့သည်။ 川の水が退く　အလေးချိန်လျော့သည်။重量が減る
လျော့ဆင်:[jɔ.s'in:]（動）減少する、減退する
လျော့တိလျော့ရဲ[jɔ.di.jɔ.jɛ:]（副）緩く、たるんで、緊密さに欠けていて、不安定で
လျော့နည်:[jɔ.nɛ:]（形）少ない、減少している
လျော့နည်:ကျဆင်:[jɔ.nɛ: tʃa.s'in:]（動）減少する
လျော့နည်:ခြင်:[jɔ.nɛ:dʑin:]（名）減少
လျော့ပါ:[jɔ.ba:]（動）減る、弱まる、薄れる
လျော့ရိလျော့ရဲ[jɔ.ji.jɔ.jɛ:] =လျော့တိလျော့ရဲ
လျော့ရဲ[jɔ.jɛ:]（形）緩い、弛緩している、たるんでいる
လျော့ရဲရဲနိုင်[jɔ.jɛ:jɛ: nain]（形）解けそうだ、ゆるみ勝ちだ
လျော့ရဲရဲရှိ[jɔ.jɛ:jɛ: ʃi.]（形）緩い、弛緩している
လျော့လျည်:လျော့လျဲ[jɔ.ji.jɔ.jɛ:]=လျော့တိလျော့ရဲ
လျော်[jɔ]①（動）償う、賠償する ②（形）相応しい、適切だ
လျော်ကန်[ljɔkan~jɔgan]（形）相応しい、適切だ、似つかわしい
လျော်ကြေ:[jɔtɕe:]（名）弁償、補償、賠償
လျော်ကြေ:ငွေ[jɔtɕe:ŋwe]（名）弁償金、賠償金
လျော်ကြေ:ပေ:[jɔtɕe: pe:]（動）弁償する、賠償する
လျော်ညီ[ljɔɲi]（動）釣合う、相応する、合致する、相応しい、適切だ
လျက်[jɛʔ]（動）舐める

လျက်ဆာ:[jɛʔs'a:]（名）ミネラル塩、舐め塩（一種の漢方薬）
~လျက်[ljɛʔ~jɛʔ]（接助）同時平行の動作を現わす、~して、~する一方で မျက်လုံးမှိတ်လျက်နာ:ထောင်နေသည်။ 目を閉じて聞いている မျက်စိနှစ်လုံးရှိလျက်ဘာမှမမြင်။ 両目がありながら何も見ていない
~လျက်နှဲ့[ljɛʔkənɛ.]（接助）~なのに、~でありながら လူချင်:တူပါလျက်ကန်နှဲ့လူလုံမနေနိုင်တာဖုဲ့ပြဿဘဝပေါ်။ 同じ人間でありながら人間として暮せなければ餓鬼と変りない ရိုးသာ:ဖြောင့်မတ်လျက်ကန်နှဲ့သက်ဆက်မဲ့အမှုပေါက်အမှုရှာ ပြီးလာဝည်။ 正直で誠実でありながら態々犯罪に関わりにやって来た
~လျက်ကယ်နှင့်[jɛʔkɛnɛ.]（接助）~でありながら、~であるにも拘わらず ငါထင်သည်ကိုပင်မင်:အသိအမှတ်ဖြစ်လျက်ကယ်နှင့်ကြက်ကို့မနှိင်ကျီးမီးရှိုသို့လုပ်နေသည်။ 僕が思っていることを君は承知の上で、鼠にてこずって米倉に火を放つ様なことをしている
~လျက်နှင့်[jɛʔnɛ.]（接助）=လျက်နှဲ့။ ဒေါ်သုဖြစ်လျက်နှင့်အခန်:တွင်:သို့ပြန်ဝင်လိုက်ရသည်။ 立腹してまた室内へと入ってしまった သင်သည်သိလျက်နှင့်ကြောင့်ကြ စ္စသည်။ 汝は知っていながら不安がっている
~လျက်သာ:[jɛʔta:]（接助）~したまま နာ:သည်ရပ်လျက်သာ:မွေ:သည်။ 牛は立ったままで出産する ဘုရင်:မြတ်နှင့်မျက်နာ:ချင်:ဆိုင်မိလျက်သာ:ဖြစ်သွာ:သည်။ 国王陛下と顔を突き合せる結果となってしまった
လျောက်[jauʔ]（名）軒桁、母屋桁（屋根の垂木を受ける横臥材）
လျောက်ပတ်[jauʔpaʔ~ljauʔpaʔ]（形）相応しい、適切だ、適当だ
လျောက်လျာ:[jauʔja:]①（形）相応しい、適切だ ②（副）あるがままに、なるがままに、意向に沿って、状況に合せて
လျင်[ɬjin]（形）早い、素早い、敏速だ
လျင်တဆော[ljin təs'ɔ:]（副）迅速に、早急に = အလျင်တဆော
လျင်မြန်[ɬjinmjan]（形）早い、素早い =လျင်မြန်
လျင်မြန်စွာ[ɬjinmjanzwa]（副・文）素早く、迅速に =လျင်မြန်စွာ
လျင်မြန်ဖြတ်လတ်[ɬjinmjan p'jaʔlaʔ]（形）素早い、機敏だ、敏速だ、迅速だ、きびきびしている
လျောင်:[ɬjaun:~ljaun:]（動）横たわる、横になる、横臥する
လျောင်:စက်[ɬjaun:sɛʔ]（動）敬臥、お休みになる、横臥なさる、就寝なさる cf.စက်တော်ခေါ်သည်။
လျောင်:တော်မူ[ljaun:dɔmu]（名）横臥仏
လျစ်လျူ[liʔlju]（副）関心を示さず、注意を寄せず

လျစ်လျူပြု[li²lju pju.]（動）無視する、注意を払わない、無頓着な、無関心でいる

လျစ်လျူရှု[li²lju ʃu.]（動）＝လျစ်လျူပြု

လျစ်လျူရှုထား[li²lju ʃu.t'a:]（動）無関心でいる、無視しておく、関心を払わないでいる

လျစ်လျူမှု[li²lju ʃu.mu.]（名）無関心、無視

လွ[lwa.]（形）①脆い ②真白だ

လေး[lwe:]（動）ぱくつく、がつがつ食う、（食べ物を）かき込む、舌鼓を打って食う

လွယ်[lwɛ]（動）①吊る、（肩から）下げる、吊り下げる ②孕む、身篭る

လွယ်ကြိုး[lwɛgo:]（名）紐、下げ紐、吊り紐、吊り革、負い紐

လွယ်ပလိုင်း[lwɛ pəlain:]（名）背負い篭

လွယ်အိတ်[lwɛ ei²]（名）（布製の）下げ鞄、肩掛け鞄、ショルダー・バッグ

လွယ်[lwɛ]①（形）易しい、容易だ、簡単だ ②（助動）～し易い မုန့်မြန့်သီးလွယ်တယ်။ 早く実り易い ဥစ္စာဟူသည်ပျောက်လွယ်သည်။ 財というものは失われ易い

လွယ်ကူ[lwɛku]＝လွယ်

လွယ်ကူစွာ[lwɛguzwa]（副・文）易しく、たやすく容易に

လွယ်ကူစွာဖြင့်[lwɛguzwap'jin.]＝လွယ်ကူစွာ

လွယ်ကူရေး[lwɛguze:]（名）易しさ、容易

လွယ်လင့်တကူ[lwɛlin.dəgu]（副・文）易々と、簡単に、容易に

လွယ်လွယ်[lwɛlwɛ]（副）簡単に、容易に、平易に

လွယ်လွယ်ကလေးနှင့်[lwɛlwɛ gəle:nɛ.]（副）いとも簡単に、至極簡単に、易々と

လွယ်လွယ်ကူကူ[lwɛlwɛ kugu]（副）容易に、易々と

လွယ်လွယ်ကူကူနှင့်[lwɛlwɛ kugumnɛ.]＝လွယ်လွယ်ကူ လွယ်လွယ်ကူကူနှင့်လို့မရဘူး။ 簡単には目を覚まさせる事はできない

လွယ်လွယ်နဲ့[lwɛlwɛnɛ.]＝လွယ်လွယ်

လွဲ[lwɛ:]（動）①逸れる、外れる、逸脱する ပစ်မှတ်လွဲသည်။ 的を外す အကင်းသည်။ 思い違いする、誤解する

လွဲချော်[lwɛ:tʃɔ]（動）ずれる、外れる、逸れる、逸脱する

လွဲချွတ်ယွင်းမှာ:[lwɛ: tʃu²jwin: ma:]（動）正道から外れる、間違いを犯す

လွဲသေဗျာသေ[lwɛ:ze 'ɛze]（間）そんな事が起こったら大変だが、そんな事があって堪るか、そんな事は断じてないように、こんな酷い事は二度と御免だ

လွဲပြီ:[lwɛ:pi:]（接助）を除いて、は別として → ကလွဲပြီ:

လွဲမှာ:[lwɛ:ma:]（動）誤まる、間違いを犯す

လွဲရင်[lwɛ:jin]（接助）→ ကလွဲရင်၊ကလဲ့ပြီ:။

လွဲရွေ[lwɛ:jwe.]（接助・文）→ ကလဲ့ရွေ

လွဲလို့[lwɛ:lo.]（接助）→ ကလဲ့လို့၊ကလဲ့ပြီ:။

လွဲလျှင်[lwɛ:jin~lwɛ:ɬjin]（接助・文）→လဲ့ရွေ၊မှလွဲလျှင်၊

လွင့်[lwin.]（動）①散る、飛び散る、吹き飛ぶ မုန့်တိုင်းကြောင့်ခေါင်မိုးတွေလွင့်သွာ:တယ်။ 嵐で屋根が吹き飛んでしまった ②色が褪せる、褪色する အင်္ကျီရောင်လွင့်သွာ:တယ်။ 上着の色が褪せてしまった ③（旗、織等が）はためく、翻る အလံလွင့်သည်။ 旗が翻る ④（人事異動で）飛ばされる

လွင့်စင်[lwin.sin]（動）飛び散る、飛び去る、消滅する

လွင့်စင်ကြေမွ[lwin.sin tʃemwa.]（動）飛び散って砕ける、砕け散る

လွင့်ပါ:[lwin.ba:]（動）飛び散る、四散する、消滅する

လွင့်ပြယ်[lwin.pjɛ]（動）褪せてしまう、消えて無くなる

လွင့်အောင်[lwin.aun]（副）①吹き飛ぶように ②はためくように、翻るように ③褪せるように

လွင်[lwin]（形）鮮やかだ、鮮明だ、生き生きしている အရောင်လွင်သည်။ 色が鮮やかだ

လွင်[lwin]（名）平地、空き地、原っぱ

လွင်တီ:ခေါင်[lwin ti:gaun]（名）大平原

လွင်ပြင်[lwinbjin]（名）平地、平原

လွိုင်ကော်[lwainkɔ]（地）ロイコー（カヤー州の州都）ロイ＝山（シャン語）

လွတ်[lu²]（動）①自由になる、逃れる、免れる ရန်သူလက်မှလွတ်သည်။ 敵の手から逃れる ②空いている နေရာလွတ်သည်။ 空席だ ③損なう、逸する、逃す အရေးလွတ်သည်။ チャンスを逃す、機会を逸する

လွတ်ကင်:[lu²kin:]（動）免れる、脱する、自由になる

လွတ်ကျ[lu²tʃa.]（動）離れて落ちる、取れて落ちる

လွတ်ကျွတ်[lu²tʃu²]（動）自由になる、逃れる

လွတ်ငြိမ်:[lu²nein:]（動）（責任、罪、債務、租税等を）免除される

လွတ်ငြိမ်:ချမ်:သာခွင့်[lu²nein: tʃan:dagwin.]（名）恩赦、特赦、大赦

လွတ်ငြိမ်:ခွင့်[lu²nein:gwin.]（名）（課税の）控除

လွတ်ငြိမ်:သက်သာခွင့်[lu²nein:gwin.]（名）恩赦

လွတ်တဲ့ငါ:ကြီ:[lu²tɛ.ŋa: tʃi:]（諺）逃げた魚は大きい

လွန်လွန်း

လွတ်ထွက်[luʔtʰwɛ] (動) 抜け出る、自由になる
လွတ်ပေါက်[luʔpauʔ] (名) ①抜け穴、逃げ道 ②脱出の機会
လွတ်မြောက်[luʔmjauʔ] (動) 自由になる、解放される、束縛から逃れる
လွတ်မြောက်မှု[luʔmjauʔmṳ.] (名) 解放、釈放
လွတ်မြောက်ရေး[luʔmjauʔje:] (名) 解放、自由
လွတ်ရာ[luʔja] (名) ①自由な所 ②避難所
လွတ်ရာတ်ရာ[luʔja tʃuʔja] (名) ①自由な場所、安全な場所 ②物蔭
လွတ်ရာလွတ်ကြောင်း[luʔja luʔtʃaun:] (名) 何とか逃れる術、とにかく逃げ道
လွတ်ရက်[luʔjɛʔ] (名) 釈放日
လွတ်လပ်[luʔlaʔ] (動) ①自由になる、制限されない ②独立する
လွတ်လပ်ခြင်း[luʔlaʔtʃin:] (名) 自由
လွတ်လပ်ခွင့်[luʔlaʔkʰwin.] (名) 自由になる権利、自由の機会、解放のチャンス
လွတ်လပ်စ[luʔlaʔsa.] (名) 解放当初、独立当初、独立したばかりの頃
လွတ်လပ်စွာ[luʔlaʔswa] (副・文) 自由に လွတ်လပ်စွာကိုးကွယ်ခွင့် 信仰の自由
လွတ်လပ်ရေး[luʔlaʔje:] (名) 独立、解放
လွတ်လပ်ရေးနေ့[luʔlaʔje:ne.] (名) 独立記念日、解放記念日 (ビルマの場合は毎年１月４日)
လွတ်လပ်သော နိုင်ငံများဖွဲ့စည်းပုံ[luʔlaʔtɔ: nainganmja: dəja.təhaja. əpʔwɛ.] (名) C.I.S. (１９９１年ソ連崩壊後成立した国家)
လွတ်လွတ်[luʔluʔ] (副) 体一つで、身一つで、何もなく
လွတ်လွတ်ကျွတ်ကျွတ်[luʔluʔ tʃuʔtʃuʔ] (副) 自由に、拘束なしに、のびのびと
လွတ်လွတ်လပ်လပ်[luʔluʔ laʔlaʔ] (副) 自由に、制約なしに
လွန်[lun.] (動) ①蠢く、たくる、身悶えする ဆန့်ငင်ဆန့်ငင်လွန်သည် 伸び縮みする ②寝返りを打つ、反転する
လွန့်လိမ့်[lun.lein.] (動) 巻き込む、丸め込む
လွန်[lun] (植) インドウミソヤ (ウルシ科) Buchanania lanzan
လွန်ဖို့[lunbo] =လွန်
လွန်[lun] (名) 錐、ドリル
လွန်ပူ[lunbu] (名) 錐
လွန်သွား:[luntwa:] (名) 錐の刃
လွန်[lun] (名) 捻じ紐、結った綱
လွန်ကြိုး[luntʃo:] (名) ①(綱引きの)綱 ②(雨乞い儀礼用の)綱
လွန်ဆွဲ[lun sʷɛ:] (動) 綱引きをする
လွန်ဆွဲပွဲ[lunzwɛ:bwɛ:] (名) ①綱引き競技、綱引き大会 ②雨乞いの綱引き儀礼
လွန်ဆွဲပြိုင်ပွဲ[lunzwɛ: pjainbwɛ:] =လွန်ဆွဲပွဲ
လွန်ပွဲ[lunbwɛ:] =လွန်ဆွဲပွဲ
လွန်[lun] (動) ①過ぎる、行き過ぎる、通り過ぎる、通り越す ②過ぎ去る ③過度だ、度を越す အစာ:လွန်သည် ။ 食べ過ぎる ④(病気が)手後れになる ⑤逆らう、背く မိဘစကားကိုလွန်သည်။ 親の言葉に背く ⑥犯す、侵犯する ကျူးလွန်သည်။ 罪を犯す、法を破る ⑦(王族、宰相等が)死去する ကွယ်လွန်သည်။ 逝去する
လွန်ကဲ[lunkɛ:] (動) 度を越す、過度だ、極端だ အအေး:ဓာတ်လွန်ကဲသည်။ 寒さが度を越す
လွန်ကဲမှု[lunkɛ:mṳ.] (名) 過度、極端
လွန်ကျူး:[luntʃu:] (動) ①違反する、規則に外れる ②姦通する、不義を犯す
လွန်ခဲ့[lunge.dɛ.] (形) 過去の လွန်ခဲ့တဲ့ငါးနှစ် 過去５年前 =ပြီးခဲ့တဲ့
လွန်ခဲ့သော[lunge.dɔ] (形・文) 過ぎ去りし လွန်ခဲ့သောသတင်းပတ် 先週 လွန်ခဲ့သောနှစ် 去年
လွန်ခဲ့သည့်[lunge.di.] (形・文) 過ぎ去りし လွန်ခဲ့သည့်နှစ် 去年、昨年 လွန်ခဲ့သည့်လ 先月
လွန်စွာ[lunzwa] (副・文) 極めて、非常に、甚だ、著しく လွန်စွာနည်းသည်။ 非常に少ない
လွန်ဆန်[lunzan] (動) 逆らう、背く、反対する、違反する
~လွန်ပါရော[lunbajɔ:] (末助) 余りにも～だ、～するにも度が過ぎる ဈေး:ကြီးလိုက်တာလွန်ပါရော။ 余りにも高価過ぎる ရှုပ်လိုက်တာလွန်ပါရော။ ややこしいにも程がある ဒီလူကြီးကကပ်နေတဲ့တာလွန်ပါရော။ この長老を極端に吝嗇だ
လွန်မြောက်[lunmjauʔ] (動) ①過ぎる、通り過ぎる、通り越える အခက်အခဲကိုလွန်မြောက်သည်။ 困難を乗り越える ②経つ、経過する သုံးရက်လွန်မြောက်ပြီ။ ３日経っている
လွန်ရာကျန်ရာ[lun ja tʃun ja] (副) 多いとしても、たかだか、せいぜい
~လွန်ရော[lun jɔ:] (末助) =လွန်ပါရော။ ကဲလိုက်တာလွန်ရော။ 度が過ぎるにも程がある စိတ်ပူလိုက်တာလွန်ရော။ 心配するにも程がある、これ以上の心配はない
လွန်လေပြီးသောအခါ[lunlepi:dɔ ək'a] (名) 昔
လွန်လွန်ကျွန်ကျွန်[lunlun tʃuntʃun] (副) 極端に、過度に、度を越して
လွန်လွန်:[lunlun:] (動) 度が過ぎる、限界

လှန်း

を越えている　ရင်စတာလှန်လှန်းပြီ။ あなたの冗談は酷すぎる

လှန်း[lun:]（助動）過度を示す、著しく~だ、~し過ぎる　များလှန်းသည်။ 多すぎる　ရှည်လှန်းသည်။ 長すぎる　ဝလွန်းသည်။ 太り過ぎだ　ပင်ပန်းလွန်းသည်။ 疲れ過ぎる　ဆာလွန်းသည်။ とてもひもじい　မလျော့လွန်းမတင်းညှိရသည်။ 余り緩くもなく強くもないように調節する

~လွန်းအားကြီး[lun: a:tʃi:]（形）著しい、極端だ　အိပ်ချင်လွန်းအားကြီးသည်။ 著しく眠い

လွန်း[lun:]（名）①（織機の）ひ、シャトル ＝ယက်ကန်းလွန်း ②（紐の）撚り

လွန်းချင်း[lun:tʃin]（名）古代の船 cf. ကတ္တရာ

လွန်းချင်း[lun:tʃin:]（名）（舟の修理をする）船渠、船体修理所、ドック

လွန်းကြင်[lun:tʃin]（名）仲のよい鳥、首を絡ませて愛し合う鳥

လွန်းကြင်လှေ[lun:tʃin le]（名）雌雄の鳥の姿を模した舟 ＝လွန်းကျင်

လွန်းတစေ့ချိတ်[lun: təja tʃʼei]（名）シルク製品の複雑なデザイン

လွန်းတင်[lun: tin]①（動）（舟を）ドックに入れる ②（名）撚り合わせた紐 နှစ်လွန်းတင် 二重の撚り合わせ　သုံးလွန်းတင် 三重の撚り合わせ

လွန်းထို[lun:tʼo:]（名）往復させる、折り返させる

လွန်းပေါင်းတင်[lun:baun: tin]（動）紐を撚り合わせる、縄をなう

လွန်းပုဆိုး[lun: pəsʼo:]（名）ジグザグ模様が入った男性用ロンジー

လွန်းပြန်[lun:bjan]（名）折り返し運転、送り迎え

လွန်းပြန်ယာဉ်[lun:bjan jin]（名）スペース・シャトル

လွန်းပျံယာဉ်[lun:bjan jin] ＝လွန်းပြန်ယာဉ်

လွန်းရာကျော်အချိတ်[lun: jaʤɔ ətʃʼei]（名）波模様をした複雑なデザインのシルク製品

လွန်းအိမ်[lun: ein]（名）ボビン・ケース

လွမ်း[lwan:~lun:]（動）恋しがる、恋しく思う ②懐かしがる、懐かしく思う ③憧れる、熱望する

လွမ်းခန်းဆွေးခန်း[lwan:gan: sʼwe:gan:]（名）悲嘆の場面

လွမ်းချင်း[lwan:ʤin:~lun:ʤin:]（名）想い出の歌、懐旧の歌

လွမ်းစရာကောင်း[lwan:zəja kaun:]（形）①寂しい ②懐かしい

လွမ်းဆွေး[lwan:sʼwe:]（動）①寂しく思う、人恋しく思う ②恋慕う、恋焦がれる、恋しく思う ③懐かしく思う

လွမ်းဆွတ်[lwan:sʼuʔ~lun:sʼuʔ]（動）悲嘆する

လွမ်းဆွတ်ကြည်နူး[lwan:sʼuʔ tʃinu:]（動）恋しく懐かしい

လွမ်းတ[lwan:ta.~lun:ta.]（動）想い出す、恋しく思う、懐かしむ

လွမ်းဖျားလွမ်းနာ[lwan:bja: lwan:na]（名）恋慕の病

လွမ်းဘွယ်[lwan:bwɛ~lun:bwɛ]（名）恋慕の情、懐かしさ、想い出

လွမ်းသူပန်းခွေ[lwan:du.pan:gwe]（名）追悼の献花、故人に捧げる花輪

လွမ်းသူပန်းခွေချ[lun:du.pan:gwe tʃa.]（動）献花して追悼する

လွ[ɬa.]（ɬa.）①（助動）非常に~だ、大変に~だ、著しく~だ　မင်းဆာလှပါတယ်။ とてもひもじい　ကျုပ်ခေါင်းကိုက်လှပါယ်။ ひどい頭痛がする　မိမိသည်ဆင်းရဲလှသည်။ 自分は大変に貧しい ②（助動）否定文で、さほど、それほどは、そんなには　ဒီထဲမှာခြင်သိပ်မကိုက်လှဘူး။ この中ではそれ程蚊には襲われない　ကျွန်တော်တို့ဘဝကလည်းသိပ်မထူးလှပါဘူး။ 我々の暮しもそれ程変りはしない

~လှချေလား:[ɬa.ʤila:]（文末助）強調形　နောက်ကျလှချေလား။ 随分と遅いではないか　ဒီပျဉ်ကတိုးကြီးလှချေလား။ このビルマテツボクの木は随分と大きいなあ　နင့်လက်သည်းတွေကရှည်လှချေလား။ 君の爪は随分長いじゃないか

~လှချည့်လား[ɬa.ʤi.la:]→လှချေလား။ အဖေဟာနင့်အဖေကြီးလှချည့်လား။ お父さんは随分と尊大だなあ　နှစ်ထောင်သုံးရာတောင်စာရင်းကွာတယ်ဆိုတော့များလှချည့်လား။ 2千3百チャッも帳簿に狂いがあるとは金額が大きすぎるじゃないか

လှ[ɬa.]（形）①奇麗だ、美しい ②器量がよい、容貌が整っている ③有利だ、順調だ　အရေးလှတယ်။ 順調に進んでいる　စစ်ရေးလှတယ်။ 戦況は有利だ

လှချင်ပချင်ဖြစ်[ɬa.ʤin pa.ʤin pʼji]（動）美しくなりたい

လှချင်ပချင်လို[ɬa.ʤin pa.ʤin lo.]（副）美しくなりたくて、奇麗になりたくて

လှစေချင်လွန်းသွားချောင်တိုက်။ရေးကင်းပြီလိုက်။（格）過ぎたるは及ばざるが如し（奇麗にしようと歯を磨きすぎて歯槽膿漏になる）

လှတမျက်နှာ၊ယဉ့်တကိုယ်လုံး။（格）素晴らしい女性だ、女として申し分ない（容貌のみならず立ち居振舞いも優雅）

လှတုန်းပတုန်း[ɬa.doun: pa.doun:]（名）美しい盛り、美貌の盛り

လှပ[ɬa.pa.]（形）奇麗だ、美しい

လှပျိုဖြူ[ɬa.pjobju]（名）美人、美女、別嬪

လှလှ[ɬa.ɬa.]①（形）奇麗な、美しい　လှယ်အိတ်လှလှလေးများ：奇麗なショルダー・バッグ　②（副）存分に、たっぷりと、とっくりと　ဒုက္ခလှလှတွေကြုံပြီ။ 大きな苦難に直面している

လှလှပပ[ɬa.ɬa. pa.pa.]（副）奇麗で、美しくて

လှသွေးကြွတုန်းအရွယ်[ɬa.dwe: tʃwa.doun:əjwɛ]（名）番茶も出花、魅力的な女の年齢、女っぽい色気の出る年頃

လှာ[ɬa]（助動）လာ の変形　နှသောသူမှလှာမှသည်：ပေးရသည်။ 入質した人が取りに来なければ渡せない　ထိုလက်စွပ်ကိုဆောင်ယူ၍မင်းထံမှာဆက်လှာသည်။ その指輪を持参して王に献上した

လှီ[ɬi]（形）取るに足りない、ちっぽけだ、か細い、

လှီး[ɬi:]（動）（刃物で）切る、薄切りする、スライスする　ကြက်သွန်လှီးသည်။ タマネギを切る　ခရမ်းသီးဓား：နှင့်လှီးသည်။ ナスを包丁で切る　လက်သည်းလှီးသည်။ ခြေသည်းလှီးသည်။ 足の爪を切る

လှီးဖြတ်[ɬi:p'ja?]（動）切る、切断する　ကြက်သွန်ဥကြီးကိုဓား:ဖြင့်လှီးဖြတ်သည်။ ニンニクを包丁で切る

လှီးလွှဲ[ɬi:ɬwɛ:]（動）（話を）逸らす、言い抜ける

လှီးလွှဲစကား：ပြော[ɬi:ɬwɛ: zəga: pjo:]（動）話題を逸らせる

လှီးလွှဲပုံချ[ɬi:ɬwɛɛ: poun tʃa.]（動）責任逃れをする、他人に罪を着せる

လှီးလွှဲပြော[ɬi:ɬwɛɛ: pjo:]（動）話を逸らす、誤魔化する、責任を転嫁する

လှု[ɬu.]（助動）→လှ

လှူ[ɬu]（動）寄付する、喜捨する、奉献する、奉納する、献上する　သွေးလှူသည်။ 献血する　အသက်ပေးလှူသည်။ 命を捧げる

လှူဒါန်း[ɬudan:]（動）寄付する、喜捨する、慈善を行う

လှူဒါန်းပစ္စည်း[ɬudan: wu?t'u.]（名）奉納品、喜捨物、寄付する品物

လှူဖွယ်ပစ္စည်း[ɬubwɛ pji?si:]=လှူဒါန်းပစ္စည်း

လှူရေးဆေးရေးကိစ္စ[ɬuje: tan:je: kei?sa.]（名）寄進、奉納、奉献

လှေ[ɬe.]（動）（籾を）箕で篩う、箕で選り分ける　စပါးလှေသည်။ 籾を篩う

လှေစင်[ɬe.zin]（名）（籾を篩い分ける）篩い台

လှေ[ɬe]（名）舟、小舟、ボート

လှေခတ်[ɬe k'a?]（動）舟を漕ぐ、舟を動かす

လှေစီးဒုက္ခသည်[ɬezi: dou?k'a.dɛ]（名）海上難民、海上脱出者、（南北ベトナム統一後の）ボートピープル

လှေဆိပ်[ɬezei?]（名）船着き場、（川岸の）洗い場

လှေတက်[ɬetɛ?]（名）小舟、ボート、舟艇等の総称

လှေထိုး[ɬe t'o:]（動）舟を竿で動かす、舟を棒で押す

လှေထိုးဝါး[ɬedo wa:]（名）舟を動かす竹竿

လှေထိုးသမား[ɬedo: dəma:]（名）（竹竿を使って舟を動かす）船頭

လှေထောက်ထိုး[ɬedau? t'o:]（動）川岸や川底を竹竿で付いて舟を動かす

လှေထောက်ထိုးဝါး[ɬedau? t'o:wa:]（名）（舟を動かすための）竹竿

လှေနံ[ɬenan]（名）船縁（ふなべり）

လှေနံဓားထစ်[ɬenan da:di?]（比）杓子定規で、固定的観念で、教条的で、馬鹿の一つ覚えで、前後の弁えもなく　（船縁に刃物で疵を付けて）

လှေနံနှစ်ဖက်နင်း[ɬenan nəp'ɛ? nin:]（副）二股を掛けて、二兎を追って、二つとも逃さずに

လှေပဲ့[ɬepɛ.]（名）舟の艫（とも）

လှေပဲ့ကိုင်[ɬepɛ. kain]①（動）舵を取る、操舵する　②[ɬepɛ.gain]（名）舵手、操舵手

လှေပေါက်[ɬe pau?]（動）船底に穴が空く

လှေပေါက်တုန်းတက်ကျိုး။（諺）好事魔多し、思いがけない災難に遭遇する（舟を漕いでいる最中に艪が折れる

လှေပြိုင်[ɬe pjain]（動）競艇をする

လှေပြိုင်ပွဲ[ɬe pjainbwɛ:]（名）競艇、ボート競技、レガッタ、ペーロン競争

လှေပွဲ[ɬebwɛ]=လှေပြိုင်ပွဲ

လှေဖောက်ပိုး[ɬe p'au?po:]（虫）フナクイムシ

လှေမှောက်[ɬe mau?]（動）船が転覆する

လှေရွက်[ɬejwɛ?]（名）帆

လှေလုပ်စား：[ɬe lou?sa:]（動）舟乗りとして暮す、船頭として暮す、舟漕ぎとして生計を立てる

လှေလှော်[ɬe ɬɔ]（動）舟を櫂で漕ぐ

လှေလှော်ရင်းတက်ကျိုး။（諺）=လှေပြေးတုန်းတက်ကျိုး။

လှေလှော်ရပ်[ɬeɬɔ ja?]（動）舟を漕ぐのを止める

လှေဝမ်း[ɬewun:]（名）船腹

လှေသောင်တင်ပွဲတော်[ɬe dəbin pwɛ:dɔ]（名）ボート競技、ペーロン競争

လှေသမား[ɬedəma:]（名）船乗り、水夫

လှေသူကြီး[ɬe dədʒi:]（名）舟の持主

လှေဦး[ɬe u:]（名）舟の舳先

လှေဦးပိုင်[ɬe u:bain:]=လှေဦး

လှောကာ：[ɬega:]（植）クスノキ科の植物 Machilus

လှေကား:ပန်း

villosa
လှေကား:ပန်း[ɬega:ban:] →မဟာလှေကား:
လှေကား:[ɬega:] (名) ①梯子 ②階段
　လှေကား:ဆင်း[ɬega sʼin:] (動) 階段を降りる
　လှေကား:တက်[ɬega tɛʼ] (動) ①階段を上がる ②梯子を上る ③[ɬegədɛʼ] (名) 梯子登り
　လှေကား:တပ်[ɬega taʼ] (動) 梯子を掛ける
　လှေကား:ထောင်[ɬega tʼaun] (動) 梯子を立てる
　လှေကား:ထစ်[ɬegədiʼ] (名) ①段々、階段 ②梯子の段
　လှေကား:ထစ်စိုက်ပျိုး[ɬegədiʼ saiʼpjo:] (動) 段段畑で栽培する
　လှေကား:ထစ်တောင်ယာ[ɬegədiʼ taun ja] (名) 段々畑
　လှေကား:ပေါက်[ɬegəbauʼ] (名) 階段の上り口、階段の下
　လှေကား:ရှင်[ɬegəʃin] (名) 梯子、取外し可能な階段
　လှေကား:ဦး[ɬegəu:] (名) 梯子の最先端、階段を上り切った所
လှေခါး:[ɬega:] =လှေကား:
လှေး:[ɬe:] ① (形) 微少な、ちっぽけな ② (虫) ノミ　ခွေး:လှေး: 犬蚤
လှဲ [ɬɛ.] (助動) 要請、依頼、説得、勧誘を現わす =လှည့် ။ ဒီတပိဿာလောက်ဝယ်ပြီးပို့လှဲ။ これ1縮斤位は購入して送れ ငါ့အကြေးတကျပ်ခွဲတောက်ဆပ်လှဲ။ 僕から借りた借金1チャット半を返済しに来て下さい
လှဲ [ɬɛ.] (動) ①巡る、巡回する ②廻す、回転させる ③振向く =လှည့်။
　လှဲကင်း[ɬɛ.gin:] =လှည့်ကင်း
　လှဲတိုက်[ɬɛ.taiʼ] (動) =လှည့်တိုက်
လှဲ[ɬɛ:] (動) ①倒す ထစ်ပင်လှဲသည်။ 木を倒す ခုတ်လှဲသည်။ 切り倒す、伐採する လက်လှဲသည်။ 腕相撲をする ②体を横たえる လှဲနေတာခင့်လွတ်ပါ။ 横になっていて失礼しました
　လှဲကျင်း[ɬɛ: tʃin:] (動) 掃く、掃除する =လှည့်ကျင်း
　လှဲျ[ɬɛ: tʃa.] (動) 倒す、押し倒す
　လှဲအိပ်[ɬɛ: eiʼ] (動) 横臥する
လှော်[ɬɔ] (動) ①漕ぐ、櫓で漕ぐ လှော်လှော်သည်။ ボートを漕ぐ တက်ဖြင့်လှော်သည်။ 櫓で漕ぐ ②炒る ♪လှော်သည်။ 豆を炒る ③嗾 (けしか) ける、煽りたてる
လှော်ga:] (名) 艫と舳先を飾り立てた王朝時代の御座船
လှော်ကား:သုံးထောင်မှူး[ɬɔga: toun:daun mu:] (名) ①国王用御座船3千の司令 ② (人) フローガ

ー・トンダウンフムー (タウングー時代の詩人)
လှော်ခတ်[ɬɔ kʼaʼ] (動) 漕ぐ
လှော်စာ[ɬɔza] (名) (餅米を蒸して発酵させた) 甘酒 =လှော်စာ
လှော်စာ[ɬɔza] =လှော်စာ
လှော်တက်[ɬɔdeʼ] (名) 櫓 (ろ) cf. ခတ်တက်
လှော်ရင်းနစ်[ɬɔjin: niʼ] (慣) 水泡に帰す、努力が無になる (漕いでいる間に (舟が) 沈む)
လှောက်[ɬauʼ] (動) 補う、補充する
လှိုက်[ɬaiʼ] (動) ①胸が詰る、感情が込み上げる ②掬う、淺う、窪みを作る အသဲမှာ
　လှိုက်စား:[ɬaiʼsa:] (動) 触む、侵食する、腐蝕する
　လှိုက်ဆူ[ɬaiʼsʼu] (動) 悲痛な思いになる
　လှိုက်ဖို[ɬaiʼpʼo] (動) 悲しみが込み上げる、沈痛な思いになる
　လှိုက်လှဲ[ɬaiʼɬɛ:] (動) 心から、心の底から အသံမှာ လှိုက်လှဲလှသည်။ 声は著しく悲痛であった
　လှိုက်လှဲစွာ[ɬaiʼɬɛ:zwa] (副・文) =လှိုက်လှဲ လှိုက်လှဲစွာရှိုက်ငယ်ငိုကြေးသည်။ 心の底から嘆き悲しむ、悲しみの涙に暮れる
　လှိုက်လှိုက်လှဲလှဲ[ɬaiʼɬaiʼɬɛ:ɬɛ:] (副) 心から、心の底から、まごころ込めて、誠心誠意 လှိုက်လှိုက်လှဲလှဲချစ်သည်။ 心底から愛している လှိုက်လှိုက်လှဲလှဲဝမ်းနည်းသည်။ 誠に残念だ လှိုက်လှိုက်လှဲလှဲဖြစ်သည်။ 悲痛な気持になる
လှိုင်ကန်[ɬingan] (名) (家畜を動かすための) 追い棒
လှောင်[ɬaun] (動) からかう、揶揄する、冗談口を叩く、嘲る
　လှောင်ပြောင်[ɬaun pjaun] (動) からかう、揶揄する
　လှောင်ပြုံးပြုံး[ɬaunbjoun: pjoun:] (動) 悪戯っぽく言う、皮肉っぽく笑う
လှောင်[ɬaun] (動) ①貯える、貯蔵する、仕舞う ②閉じ込める ③篭もる、蒸れる ④ (形) 息詰まる、息苦しい、風通しが悪い
　လှောင်ကုန်[ɬaungoun] (名) 在庫品、貯蔵品
　လှောင်ကုန်ခန်:[ɬaungoungan:] (名) 貯蔵室
　လှောင်ချိုင့်[ɬaungʃain.] (名) ①檻 ②鳥籠
　လှောင်ထား:[ɬaun tʼa:] (動) 貯えて置く、仕舞って置く
　လှောင်အိမ်[ɬaun ein] =လှောင်ချိုင့် ကျား:လှောင်အိမ် 虎の檻 သံမဏိလှောင်အိမ် 鉄の檻
လှောင်:[ɬaun:] (動・詩) ①散らばる、拡散する、広がる、行き渡る ②吸い込む、染み込む、吹き込む ③豊富だ、多量にある

လှိုင်[ɬain] =လှိုင့်။ →လှိုက်။

လှိုင်[ɬain] （形）①多い、豊富だ ②広がる、拡散する စက်ဆုပ်ဖွယ်ပုပ်နံ့လှိုင်သည်။ 厭な悪臭が漂っている

လှိုင်လှိုင်[ɬainɬain]（副）たっぷりと、どっさり အသီးများလှိုင်လှိုင်သီးသည်။ 果物が豊富に稔っている

လှိုင်လှိုင်ကြီး[ɬainɬainʨi:]（副）လှိုင်လှိုင် の強調形

လှိုင်း[ɬain:]（名）波、波浪 အသံလှိုင်း 音波

လှိုင်းကြီး[ɬain: tʃi:]（形）波が高い、海が荒れている

လှိုင်းကြံခုပ်[ɬain: tʃeʔkuʔ]（名）大波、荒れ狂う波、逆波

လှိုင်းစီး[ɬain: si:]（動）波に乗る、波乗りをする、サーフィンをする

လှိုင်းတပိုး[ɬain: dəbo:]（名）波浪、大波 =လှိုင်းတန်ပိုး

လှိုင်းတို[ɬaindo]（名）（電波の）短波

လှိုင်းတောက်[ɬain tauʔ]（動）船酔いする

လှိုင်းတန်ပိုး[ɬain: dəbo]（名）=လှိုင်းတပိုး

လှိုင်းတွန့်[ɬain:dun.]（名）波模様

လှိုင်းတွန့်ထ[ɬain:dun. t'a.]（動）①皺が寄る ②波打つ

လှိုင်းထ[ɬain: t'a.]（動）波が立つ、波が荒い、うねりがある

လှိုင်းထန်[ɬain: t'an]（動）波が荒れ狂う

လှိုင်းနှုန်း[ɬain: noun:]（名）（電波の）周波数

လှိုင်းပုတ်[ɬain: pouʔ]（動）波飛沫が上がる、波が打ち寄せる

လှိုင်းပုတ်သံ[ɬain:bouʔtan]（名）波飛沫

လှိုင်းမူး[ɬain: mu:]（動）船酔いする

လှိုင်းလတ်[ɬain:laʔ]（名）（電波の）中波

လှိုင်းအိ[ɬain: i.]（名）穏やかな波、静かな波

လှစ်[ɬiʔ]（動）①開ける ②晒す、露わにする

လှစ်ခနဲ[ɬiʔk'ənɛ:]（擬）スイーツと、するりと、ばらりと

လှည့်[ɬɛ.]（助動）要請、依頼、説得、懇願を現わす ပိုက်ဆံလိုချင်ရင်အဖေဆီလာတောင်းလှည့်။ お金を使いたかったら父の所へ貰いに来なさい အာရုံဆွမ်းလာပြီးချက်ပေးလှည့်။ 朝の托鉢用米飯を炊きに来て下さい ငါ၏အဖြစ်ကိုမြင်တော်မူလှည့်ပါ။ 某（それがし）の姿を見にお越し下され

လှည့်[ɬɛ.]（助動）~したり~したり ဟိုကလှည့်. ဒီက လှည့်နှင့် あっち行きこっち行きして、あちらこちらで工面して ကျွဲဖြူကြီးကိုစီးတလှည့်ဆွဲလှည့်ဖြင့်လာခဲ့သည်။ 白い水牛に乗ったり引張ったりしてやって来た

လှည့်[ɬɛ.]（動）①回る、巡回する လက်ယာရစ်လှည့်သည်။ 右回りに回る ရှင်လောင်းလှည့်သည်။ 得度予定の少年を連れて村中を練り歩く လူပျိုလှည့်သည်။ 女の子を口説きに出かける ②廻る、回転させる ③振向く、向きを変える မျက်နှာလှည့်သည်။ 顔の向きを変える ④惑わす、欺く ⑤借用する =လှည့်

လှည့်ကင်း[ɬɛ.gin:]（名）偵察、哨戒、パトロール

လှည့်ကြည့်[ɬɛ.tʃi.]（動）振向く、振返る

လှည့်ကွက်[ɬɛ.gwɛʔ]（名）甘言、惑わし、策略、策謀

လှည့်စား[ɬɛ.za:]（動）惑わす、欺く、騙す

လှည့်ဆိုင်း[ɬɛ.s'ai]（動）巡り歩く、巡回する

လှည့်ပေး[ɬɛ.pe:]（動）巡回して渡す

လှည့်ပတ်[ɬɛ.paʔ]（動）①旋回する、ぐるぐる回る ②巡回する ③欺く、誤魔化す、騙す

လှည့်ပတ်ခြင်း[ɬɛ.paʔtʃin:]（名）騙し、詐欺

လှည့်ပြော[ɬɛ.pjɔ]（動）話題を変える

လှည့်ဖျား[ɬɛ.bja:]（動）=လှည့်ဖြား

လှည့်ဖြား[ɬɛ.bja:]（動）①誘い出す、おびき出す ②欺く、誤魔化す

လှည့်လည်[ɬɛ.lɛ]（動）①回る、巡る ②周遊する、あちこち行く ③移動する ④向きを変える

လှည့်လည်ကြည့်[ɬɛ.lɛ tʃi.ʃu.]（動）見て回る、視察する、巡視する

လှည့်လည်သုံးစွဲငွေ[ɬɛ.lɛ toun:swɛ: ŋwe]（名）流通貨幣

လှည့်လည်ဟောပြော[ɬɛ.lɛ hɔ:pjɔ:]（動）巡回講演する

လှည်း[ɬɛ:]（動）=လှဲ။ 掃く、掃除する、清掃する တံမြက်လှည်းသည်။ 箒で掃く

လှည်းကျင်း[ɬɛ:tʃin:]（動）掃除する、清掃する

လှည်း[ɬɛ:]（名）①荷車 ②牛車 လှည်းတစီး 牛車1台

လှည်းကြမ်း[ɬɛ:dʒan:]（名）荷車、牛車

လှည်းစည်းကိုး[ɬɛ: si:goun:]（名）車軸とくびきとを繋ぐ皮紐

လှည်းတိုက်[ɬɛ: taiʔ]（動）牛車で運ぶ、荷車で運搬する

လှည်းထောက်[ɬɛ:dauʔ]（名）（牛車のくびきの中央に取付ける逆V字型をした）軸支え

လှည်းနေလှေအောင်မြင်းဇောင်မကျန်[ɬɛ:ne ɬe aun: mjin:zaun: mətʃan]（副）どこにいようと一人残らず（牛車にいる者、舟の中に潜んでいる者厩舎にいる者残らず）

လှည်းမောင်း[ɬɛ: maun:]（動）牛車を動かす、牛車を操る

လှည်းယာဉ်[ɬɛ:jin]（名）乗客用牛車

လှည်းယာဉ်ကြော[ɬɛ:jinʨɔ.]（名）=လှည်းယာဉ်

လှည်းလမ်းကြောင်း[ɬɛ: lan:dʒaun:]（名）①牛車道 ②牛車の轍の跡

လှည်းဝင်ရှို:[ɫɛ: win jo:] (名) 牛車の車軸
လှည်းဝိုင်း[ɫɛ:wain:] (名) 牛車集団、牛車の群
လှည်းသန်[ɫɛ:dan] (名) 牛車のくびきと車軸とを繋ぐ長い棒
လှည်ဦးစီး[ɫɛ: u:zi:] (名) 御者
လှန့်[ɫan.] (動) 脅す、怖がらせる、吃驚させる
လှန်[ɫan] (動) ①めくる စာမျက်နှာလှန်သည်။ (本の)頁をめくる ②上下をひっくり返す ③裏返す အဝတ်ကိုလှန်သည်။ 衣服を裏返す ④述べる ဇာတ်ကြောင်းလှန်သည်။ 回顧する ⑤取除く ⑥反対する、拒否する
လှန်လှော[ɫanɫɔ:] (動) 引っ掻き廻す、隈なく探す
လှန်ကန်[ɫangan] (名) 牛を追う突き棒 =နှား:ကန်
လှန်း[ɫan:] (動) 日干しする、日に干す、乾かす、晒す စပါးလှန်းသည်။ 籾を日に干す အင်္ကျီတထည်ကိုတန်းတင်လှန်းသည်။ 上着をロープに掛けて干す
လှန်းစင်[ɫan:zin] (名) 干し場、物干し台
လှပ်[ɫaʔ] (動) ①開ける တံခါးကိုလှပ်သည်။ ドアを開ける စောင်ကိုလှပ်သည်။ 毛布をめくる ②場所を空ける ③落す、抜かす အက္ခရာကိုလှပ်သည်။ 文字を抜かす
လှပ်[ɫaʔ] (形) (生地が) 薄い、目が細かい、繊細だ
လှပ်လှပ်[ɫaʔɫaʔ] (副) か弱くて、不十分で、脆くて
လှုပ်[ɫouʔ] (動) 震える、振動する、揺れ動く ငလျင်လှုပ်သည်။ 地震が起きる ကျောက်တုံးကြီးကိုလှုပ်လို့မရဘူး 大石を動かせない(びくともしない)
လှုပ်တုပ်တုပ်[ɫouʔtouʔtouʔ] (副) 震えて、よろよろして、がたがたして
လှုပ်နှိုး[ɫouʔno:] (動) 揺り起こす
လှုပ်ရှား[ɫouʔʃa:] (動) ①揺れ動く、振動する ②身動きする、蠢く ③動く、活動する
လှုပ်ရှားပြောင်းလဲ[ɫouʔʃa: pjaun:lɛ:] (動) 変動する、安定に欠ける
လှုပ်ရှားပြောင်းလဲမှု[ɫouʔʃa: pjaun:lɛ:mu.] (名) 変動
လှုပ်ရှားပုံ[ɫouʔʃa:boun] (名) 動き、身動き、動く様
လှုပ်ရှားမှု[ɫouʔʃa:mu.] (名) 動き、活動、運動
လှုပ်လှုပ်[ɫouʔɫouʔ] (副) 辛うじて、僅かに、幽かに
လှုပ်လှုပ်ရရ[ɫouʔɫouʔ jwa.jwa.] (副) そわそわして、落着きを失って、ざわついて
လှမ်း[ɫan:] (動) ①足を踏み出す、歩を進める ခြေလှမ်းသည်။ 歩を運ぶ ②手を伸ばす လက်လှမ်းသည်။ 手を伸べる ③手渡す ကမ်းလှမ်းသည်။ ④声を掛ける、呼ぶ ⑤幾らか離れている ⑥(副)距離を置いて、離れた所から
လှမ်းကြည့်[ɫan:tʃi.] (動) 目をやる、眺める、遥かに望む、遠望する
လှမ်းခေါ်[ɫan:kʼɔ] (動) 遠くから呼ぶ、声を掛ける
လှမ်းစိုက်[ɫan:saiʔ] (動) 手を伸ばして植える
လှမ်းဆွတ်[ɫan:sʼuʔ] (動) 手を伸ばして摘む ပန်းကိုလှမ်းဆွတ်သည်။ 手を伸ばして花を摘む
လှမ်းတက်[ɫan:tɛʔ] (動) (階段を)上がって行く
လှမ်းပြော[ɫan:pjɔ:] (動) 距離を置いて話す
လှမ်းဖက်[ɫan:pʼɛʔ] (動) 手を伸ばして抱く、抱擁する
လှမ်းမော်ကြည့်[ɫan:mɔ tʃi.] (動) 遠くを見上げる
လှမ်းမျှော်ကြည့်ရှု[ɫan:mjɔ tʃi.ʃu.] (動) 遠くを眺める、見渡す
လှမ်းယူ[ɫan:ju] (動) 手を伸ばして受取る
လှမ်းအော်[ɫan:ɔ] (動) 大声を上げる、遠くから叫ぶ
လှိမ့်[ɫein.] (動) ①転がす ②騙して歩く、詐欺を働いて回る
လှိမ့်ချ[ɫein.tʃa.] (動) 転がり落す
လှံ[ɫan] (名) 槍
လှံကစား:[ɫan gəza:] (動) 槍術の腕を見せる、槍を巧みに取扱う
လှံကန်[ɫangan] (名) 牛追い用の棒 =လှန်ကန်၊လှင်ကန်။
လှံချက်[ɫandʑɛʔ] (名) 槍に突かれた跡、槍傷
လှံချက်ပေါင်း[ɫandʑɛʔpaun:] (名) 槍傷の数
လှံစွပ်[ɫanzuʔ] (名) 銃剣
လှံစွပ်တပ်[ɫanzuʔ taʔ] (動) 銃に剣を取付ける
လှံစွပ်ထိုး[ɫanzuʔ tʼo:] (動) 銃剣で突き刺す
လှံပစ်[ɫandan pjiʔ] (動) 槍投げをする
လှံပစ်ပြိုင်ပွဲ[ɫandanbjiʔ pjainbwɛ:] (名) 槍投げ競技
လှံထိုး[ɫan tʼo:] (動) 槍で突き刺す
လှံထမ်းလာသည်သာ မြင်ရ၊ကံထမ်းလာသည်မမြင်ရ။ (諺) 先の事は判らない(槍を担いで来るのは見えるが、運を担いで来るのは見えない)
လှံဖျား:[ɫanbja:] (名) 槍の穂先
လှံဖျား:ပုစဉ်းနား:၊ကျီးကန်း:ချေးပါ။ (諺) 些細な事(無関係な事)を考えてよくよする(槍の穂先に蜻蛉が停まり、鴉が糞をたれる)
လှံရေး[ɫan je:] (名) 槍術、槍使い
လှုံ[ɫoun] (動) 促す、刺激する、煽る
လှုံဆော်[ɫoun.sʼɔ] (動) 煽る、扇動する
လှုံဆော်ချက်[ɫoun.sʼɔdʑɛʔ] (名) 刺激
လှုံဆော်မှု[ɫoun.sʼɔmu.] (名) 扇動、刺激
လှုံဆော်ရေး:[ɫouns'ɔje:] (名) 煽動
လှုံ[ɫoun] (動) ①暖まる、暖をとる မီးလှုံသည် 火で暖める、暖をとる နေစာလှုံသည်။ ひなたぼっこをする

②避難する、亡命する ခိုလှုံသည် 亡命する

လျှာ[ʃa](名)①舌 ②言葉、喋り လျှာသုတ်သည်။ 早口だ လျှာရှည်သည်။ 饒舌だ

လျှာခင်[ʃak'in](名)喉ひこ、口蓋垂、懸よう垂

လျှာစောင်းထိုး[ʃazaun:t'o:](動)厭味を言う、憎まれ口を叩く

လျှာထိုး[ʃado:](名)（凹部と凸部とを接続させる）ほぞ

လျှာထုတ်[ʃa t'ouʔ](動)舌を出す、あかんべーをする

လျှာနာခွံနာ[ʃana k'wana](病)口蹄病

လျှာပေါ်မှာ မြက်ပေါက်သေသောမသာမရှိ။（格）待てば海路の日和あり、どんな辛い事でも我慢して努力すれば必ず報われる（舌に草が生えて死んだ人等いない）

လျှာယား[ʃa ja:](動)喋りたい、口がむずむずする、喉まで出かかる

လျှာရှည်[ʃa ʃe](形)話が長たらしい、長広舌だ、饒舌だ、くどくど話す

လျှာလေး[ʃa le:](形)話し方が緩慢だ

လျှာလည်[ʃa lɛ](動)ある食べ物が気に入る、ある食べ物が好きになる

လျှာလိပ်သံ[ʃa leiʔtan](名)巻き舌の発音

လျှာသွတ်[ʃa twɛʔ](形)早口だ

လျှာသွတ်အသွတ်[ʃatwɛʔ adɛʔ](名)口達者

လျှော့[ʃɔ.](動)緩める ကြိုးလျှော့သည်။ ロープを緩める ခါးပတ်လျှော့သည်။ ベルトを緩める ②速度を落す အရှိန်လျှော့သည်။ ③減らす、減少させる စိတ်လျှော့သည်။ 気を緩める、諦める မာန်လျှော့သည်။ 意気阻喪する、意欲を失う ④諦める、断念する လက်လျှော့သည်။ 匙を投げる ⑤譲歩する ⑥値切る、価格を引き下げる ဈေးလျှော့သည်။ လျှော့ဈေးနှင့်ရောင်းသည် 安売りする、バーゲン・セールをする

လျှော့ချ[ʃɔ.tʃa.](動)①減らす、減少させる、削減する ②引き下げる、低める、低下させる ဈေးနှုန်းကိုလျှော့ချသည်။ 価格を引き下げる ရာထူးမှလျှော့ချသည်။ 役職を降格させる

လျှော့ချရေး[ʃɔ.tʃa.je:](名)削減、引下げ

လျှော့စား[ʃɔʔsa:](動)少なく食べる အချိုလျှော့စား။ 甘いものを食べるのは控えなさい အငန်လျှော့စား။ 塩辛いものを食べるのは控えなさい

လျှော့ဈေး[ʃɔ.ze:](名)安値、廉価、割引き価格

လျှော့တွက်[ʃɔ.twɛʔ](動)安く見積もる、低く評価する

လျှော့ပေး[ʃɔ.pe:](動)少なく渡す、減して渡す

လျှော့ပေါ့[ʃɔ.pɔ.](動)減らす、削減する、軽減する

လျှော့ပေါ့ရေး[ʃɔ.pɔ.je:](名)軽減、削減

လျှော့ပစ်[ʃɔ.pjiʔ](動)減らしてしまう、思い切って減らす

လျှော့ရက်[ʃɔ.jɛʔ](名)刑期の繰上げ、仮出所

လျှော်[ʃɔ]①(植)センニチモドキ（アオギリ科）Sterculia urens ②（名）植物繊維

လျှော်ကြိုး[ʃɔtɕo:](名)麻紐、麻縄

လျှော်တေ[ʃɔte](名)（修験者が着用する）黄麻製の衣、植物繊維の粗末な衣服

လျှော်တု[ʃɔdu.](植)アカハダクスノキ（クスノキ科）Beilschmiedia roxburghiana

လျှော်နီ[ʃɔni](植)アオギリ科ピンポン属の植物 Sterculia villosa

လျှော်ပင်[ʃɔbin](名)センニチモドキの木

လျှော်ဖြူ[ʃɔbju](植)ヤツデアオギリ（アオギリ科）Sterculia foetida

လျှော်ဝါ[ʃɔwa](植)アオギリ科ピンポン属の植物 Sterculia ornata

လျှော်[ʃɔ](形)だらしがない လျှော်တဲ့အကောင် だらしのない奴

လျှော်[ʃɔ](動)①洗う、洗濯する、洗浄する အဝတ်လျှော်သည်။ 衣服を洗濯する ခေါင်းလျှော်သည်။ 洗髪する ②取り立てをしない

လျှော်ဖွပ်[ʃɔp'uʔ](動)洗う、洗濯する

လျှော[ʃɔ:](動)①滑り落ちる ②緩む ဝမ်းလျှောသည်။ 下痢をする ③失敗する သားလျှောသည်။ 流産する ④（名）滑り台

လျှောချ[ʃɔ:tʃa.](動)①滑り落ち ②口を濁す、言い繕う、言い抜けする、言を左右にする、誤魔化す

လျှောစီး[ʃɔ: si:](動)滑り台で滑る

လျှောစီးသမား[ʃɔ:si:dəma:](名)スキーヤー、スケーター

လျှောစီးသူ[ʃɔ:si:du]=လျှောစီးသမား:

လျှောဆင်း[ʃɔ: s'in:](動)滑り降りる、滑降する

လျှောတံခါး[ʃɔ:dəga:](名)引き戸

လျှောမွေး[ʃɔ:mwe:](名)流産した胎児

လျှောမွေးနှင့်တခုကထသိချဲ့။（諺）針小棒大に言う、誇張して言う、大袈裟に言う（流産した胎児の話をベナーレスにまで話を広げる）

လျှို့ဝှက်[ʃo.hwɛʔ]①（形）秘密だ ②（動）秘密にする ③（副）秘密に、内々に、密かに、こっそりと

လျှို့ဝှက်စာ[ʃo.hwɛʔsa](名)秘密文書

လျှို့ဝှက်စာတမ်း[ʃo.hwɛʔ sadan:](名)秘密文書、機密文書

လျှို့ဝှက်စွာ[ʃo.hwɛʔswa] （副・文）密かに、内密に
လျှို့ဝှက်စွာသတင်းပေး[ʃo.hwɛʔswa dədin: pe:]（動）密告する
လျှို့ဝှက်ကွယ်[ʃo.hwɛʔ pʻoun:kwɛ]（名）こっそりと隠す、知られないよう隠匿する
လျှို့ဝှက်မဲစနစ်[ʃo.hwɛʔmɛ: səniʔ]（名）無記名投票方式
လျှို့ဝှက်မဲပေးစနစ်[ʃo.hwɛʔ mɛ:pe: səniʔ] = လျှို့ဝှက်မဲစနစ်
လျှို့ဝှက်ရေးအဖွဲ့အစည်း[ʃo.hwɛʔje:əpʻwɛ.əsi:]（名）秘密結社、秘密組織
လျှို့ဝှက်လုပ်ငန်း[ʃo.hwɛʔ louʔŋan:]（名）秘密活動、秘密の事業
လျှို့ဝှက်သဖွယ်[ʃo.hwɛʔ tɛ:pʻo]（名）サスペンス
လျှို့ဝှက်သဖွယ်ဇာတ်လမ်း[ʃo.hwɛ tɛ:pʻo zaʔlan:] サスペンス物語、推理小説、探偵小説
လျှို[ʃo]（動）①差し込む、差し入れる ခေါင်းအောက်မှ ညာလက်ကိုလျှိုကာ ခါးကိုဖက်လျက်ဆွဲရသည်။ 頭の下に右手を差し入れ腰を抱えながら引きずり出した ②屈める、身を屈める、腰を屈める တံခါးအောက်ကိုလျှိုဝင်သည် ロープの下を潜り抜ける ③隠す、表に出さない အစွမ်းကိုလျှိုသည်။ 能力を秘匿する
လျှိုထမ်း[ʃo tʻan:]（動）二人で天秤棒を担ぐ
လျှို[ʃo]（名）峡谷、渓谷
လျှိုမြောင်[ʃomjaun]（名）谷、峡谷、渓谷
လျှိုရိုး[ʃojo:]（名）谷、谷間、両側を山に挟まれた低地
လျှို့[ʃo:]（動）①潜る ရေထဲသို့ငုပ်လျှို့သည်။ 潜水する မြေလျှို့သည်။ 地に潜る ②くぐる
လျှောက်[jauʔ]（名）軒桁、母屋桁 →လျှောက်
လျှောက်[ʃauʔ]（動）①歩く、歩行する ②散歩する လမ်းလျှောက်သည်။ 散歩する
လျှောက်ရောင်း[ʃauʔjaun:]（動）売り歩く、行商する
လျှောက်လည်[ʃauʔlɛ]（動）歩き回る、見て回る
လျှောက်သွား[ʃauʔtwa:]（動）歩いていく
လျှောက်[ʃauʔ]（副）やたらと、徒に、やみくもに、手当り次第、向う見ずに အလကားလျှောက်လုပ်နေတာပဲ။ 意味もなく手当り次第にしている
လျှောက်ပြော[ʃauʔpjɔ:]（動）やたらと喋る
လျှောက်လုပ်[ʃauʔlouʔ]（動）やみくもにする
လျှောက်[ʃauʔ]（動）①申し上げる、奏上する ②申請する တပါးတည်းလျှောက်သည်။ 只一人で申請する
လျှောက်ကြား[ʃauʔtʃa:]（動）申し上げる、申し述べる、（年長者や上司に）報告する
လျှောက်ချက်[ʃauʔtʃɛ]（名）報告事項、申請事項

လျှောက်ခွင့်တင်ခွင့်[ʃauʔkʻwin. tingwin.]（名）申告の権利、奏上の機会、
လျှောက်ခွင့်ရှိ[ʃauʔkʻwin. ʃi.]（動）申告する権利がある、奏上する機会がある
လျှောက်ခွင့်ရှိသမျှ[ʃauʔkʻwin. ʃi.dəmja.]（副）申告する機会がある限り
လျှောက်ဆိုချက်[ʃauʔsʻodʒɛʔ]（名）陳述、申告事項、申請内容
လျှောက်တင်[ʃauʔtin]（動）申し伸べる、報告する
လျှောက်တင်သူ[ʃauʔtindu]（名）申請者、申告者、報告者
လျှောက်ထား[ʃauʔtʻa:]（動）①申し上げる、言上する、奏上する ②申請する
လျှောက်ထားချက်[ʃauʔtʻa:dʒɛʔ]（名）①奏上事項、言上内容 ②申請事項、申請内容
လျှောက်ထားတောင်းပန်[ʃauʔtʻa: taun:ban]（動）請願する
လျှောက်ထားသူ[ʃauʔtʻa:du]（名）申請者
လျှောက်ထုံး[ʃauʔtʻoun:]（名）①意見上申書 ②国王への言上書、建白書 cf. ဖြတ်ထုံး
လျှောက်ပတ်[jauʔpaʔ~ljauʔpaʔ] →လျှောက်ပတ်
လျှောက်လဲချက်[ʃauʔlɛ:dʒɛʔ]（名）見解、異議
လျှောက်လဲချက်ပေး[ʃauʔlɛ:dʒɛʔ pe:]（動）見解を述べる
လျှောက်လွှာ[ʃauʔɬwa]（名）申請書
လျှောက်လွှာခေါ်ယူ[ʃauʔɬwa kʻoju]（動）募集する、公募する
လျှောက်လွှာစက္ကူ[ʃauʔɬwa sɛʔku]（名）申請用紙
လျှောက်လွှာတင်[ʃauʔɬwa tin]（動）申請書を提出する
လျှောက်လွှာတင်သွင်း[ʃauʔɬwa tintwin:] = လျှောက်လွှာတင်
လျှောက်လွှာပုံစံ[ʃauʔɬwa pounzan]（名）申請用紙
လျှောက်သင့်[ʃauʔtin.]（動）申し述べるべきだ、発言すべきだ

~လျှင်[jin~ɬjin]（助動）仮定または条件を現わす、~ならば、~すると မယုံလျှုသူကြီးကိုမေးပါ။ 信じられなければ村長に尋ねなさい ငရုတ်သီးကိုစားလျှင်စပ်၏။ 唐辛子を食べると辛い ဝမ်းသာလျှင်ချွန်ထိုးလိမ့်တတ် သည်။ 嬉しければとんぼ返りをする癖がある အိမ်သို့ရောက်လျှင်ရေချိုး၏။ 家に着いたら行水をする နွေရာသီလျှင်မီးကြောက်ရသည်။ 夏には火事が怖い လှေဦးကိုနင်းလျှင်ပဲ့ထောင်သည်။ 舳先を踏むと艫が持上がる သူ့စကားဆုံးလေလျှင်ကျင်းမှာဆိတ်ငြိမ်သွားသည်။ 彼の話が終ると周囲は静寂になった

~လျှင်[ɬjin]（助）~に付き တနေ့လျှင်တနာရီမျှလဲ

လျှောင်းသည်။ 1日に1時間位は横になる　တပတ်လျှင်တကြိမ်အင်္ဂလိပ်စာသင်တန်းတက်ရသည်။週に1度は英語の講習会に出席する　မုန်တိုင်းသည်တနာရီလျှင်ငါးဆယ်နှင့်အထံတိုက်ခတ်သည်။嵐は時速百三十マイルの速度で襲った　ပစ်ပယ်ခံရမှုသည်တနှစ်လျှင်တသန်းခန့်ရှိသည်။遺棄事件は1年に凡そ百万件はある　ယာဉ်စီးခမှာလူတဦးလျှင်ကျပ်တရာ။乗物代は一人当たり百チャット

~လျှင်~ချင်း[ɫjin~tʃin:] (助動) ~するや否や、~した途端　နံနက်လင်းလျှင်လင်းခြင်းခရီးဆက်၍သွားရသည်။夜明けと共に旅を続けた　ရောက်လျှင်ရောက်ချင်းလမ်း၍ပေးသည်။着くや否や手渡した　မြင်လျှင်မြင်ချင်းကြိုက်လိုက်သည်။見た途端好きになった　ပြီးလျှင်ပြီးချင်းဆရာ့အားသွားပြရ၏။終了と同時に先生に見せに行った

လျှင်မြန်[ɫjinmjan] (形) 素早い = လျှင်မြန်

~လျှင်း[ɫjin:] (助動・文) 完全性、確実性を現わす　ဥစ္စာထုပ်ကိုယူ၍သွားလျှင်းလေ၏။荷物の包みを受取って立去った

လျှပ်[ʃa'] (動) ①掠る、掠める　②うかつにする、無造作にする

လျှပ်စား[ʃa'sa:] (動) 不正に利得を得る、汚職をする、収賄する

လျှပ်စား:ဖြတ်စား:[ʃa'sa: p'ja'sa:] (名) 不正利得、汚職

လျှပ်ဒို:ပစ်[ʃa'do: pji'] (動) 平たい石を投げて水面上を走らせる、水面上を掠めさせる

လျှပ်[ʃa'~ɫja'] ①(動) 光が反射する、ぴかぴか光る　②(名) 稲妻、稲光

လျှပ်စီး[ʃa'si:~ɫja'si:] (名) ①稲妻、稲光　②電流

လျှပ်စီးပြက်[ʃa' (ɫja') si: pjɛ'] (動) 稲光がする、稲妻が走る

လျှပ်စီးလက်[ʃa' (ɫja') so: lɛ'] =လျှပ်စီးပြက်

လျှပ်စစ်[ɫja'si'~ʃa'si'] (名) 電気

လျှပ်စစ်ကုလား:ထိုင်[ɫja'si' kəlɐt'ain] (名) 電気椅子

လျှပ်စစ်ခေတ်[ɫja'si' k'i'] (名) 電気の時代

လျှပ်စစ်ငါ:ခု[ɫja'si' ŋək'u] (魚) デンキナマズ

လျှပ်စစ်ငါ:ရှဉ့်[ɫja'si' ŋəʃin.] (魚) デンキウナギ

လျှပ်စစ်စီမံကိန်း[ɫja'si' simangein:] (名) 電気の計画、発電計画

လျှပ်စစ်စွမ်းအား:ဝန်ကြီး့ဌာန[ɫja'si' swan a: wundʒi: t'ana.] (名) 電力エネルギー省

လျှပ်စစ်ထမင်း:ပေါင်း:အိုး[ɫja'si't'əmin:baun:o:] (名) 電気炊飯器

လျှပ်စစ်ထမင်း:အိုး[ɫja'si't'əmin:o:] = လျှပ်စ်မင်းပေါင်း:အိုး

လျှပ်စစ်ဓာတ်[ɫja'si' da'] (名) 電気

လျှပ်စစ်ဓာတ်မီး[ɫja'si' da'mi:] (名) 電灯

လျှပ်စစ်ဓာတ်အား:[ɫja'si' da'a:] (名) 電力、電気

လျှပ်စစ်ဓာတ်အား:ခိုးသုံးအသုံးပြု[ɫja'si' da'a: k'o:twɛ ətoun:pju.] (動) 電気を不正使用する、盗電する

လျှပ်စစ်ဓာတ်အား:ပေး:စက်[ɫja'si'da'a: pe:zɛ'] (名) 発電機

လျှပ်စစ်ဓာတ်အား:ပေး:စက်ရုံ[ɫja'si'da'a:pe: sɛ' joun] = လျှပ်စစ်ဓာတ်အား:ပေး:စက်

လျှပ်စစ်ဓာတ်လိုက်[ɫja'si'da' lai'] (動) 感電する

လျှပ်စစ်ပစ္စည်း[ɫja'si' pji'si:] (名) 電気製品

လျှပ်စစ်ပစ္စည်းထုတ်လုပ်မှု[ɫja'si'pji'si: t'ou'lou'mu.] (名) 電気製品の生産

လျှပ်စစ်ပစ္စည်းထုတ်လုပ်ငန်း[ɫja'si'pji'si: t'ou'lou'mu. lou'ŋan:] (名) 電気製品の生産事業、電気製品製造業

လျှပ်စစ်ပစ္စည်းထုတ်လုပ်ငန်းရှင်[ɫja' pji'si: t'ou'lou'mu lou'ŋan:ʃin] (名) 電気製品製造事業経営者

လျှပ်စစ်ပန်ကာ[ɫja'si' panka] (名) 電気扇風機

လျှပ်စစ်မီး[ɫja'si' mi:] (名) 電灯、電気の灯り

လျှပ်စစ်မီးပူ[ɫja'si' mi:bu] (名) 電気アイロン

လျှပ်စစ်မီးပျက်[ɫja'si'mi: pjɛ'] (動) 停電する

လျှပ်စစ်မီးပြတ်[ɫja'si'mi: pja'] (動) 停電する

လျှပ်စစ်မီးပွင့်[ɫja'si' mi:bwin.] (名) 灯、電球

လျှပ်စစ်မီးဖို[ɫja'si' mi:bo] (名) 電気ヒーター、電気ストーブ

လျှပ်စစ်မီးရထား:[ɫja'si' mi:jət'a:] (名) 電気機関車

လျှပ်စစ်မော်တော်ယာဉ်[ɫja'si' mɔtɔjin] (名) 電気自動車

လျှပ်စစ်မိုတာ[ɫja'si' mota] (名) 発動機

လျှပ်စစ်ရေနွေး:အိုး[ɫja'si' jenwe: o:] (名) 電気湯沸かし、電気ポット

လျှပ်စစ်ရုံ[ɫja'si'joun] (名) 発電所

လျှပ်စစ်လျှပ်ပန်း[ɫja'si' ɫja'pan:] (名) 電光

လျှပ်စစ်သံလိုက်[ɫja'si' tanlai'] (名) 電磁石

လျှပ်စစ်သံလိုက်လှိုင်း[ɫja'si' tanlai' ɫain:] (名) 電磁波

လျှပ်စစ်အား:[ɫja'si' a:] (名) 電力

လျှပ်စစ်အား:ပြောင်:ကရိယာ[ɫja'si' a:pjaun: kəri.ja] (名) 変電機、変電装置

လျှပ်စစ်အင်္ဂါ[ɫja'si' inga] (名) 発電器官

လျှပ်တပြက်[ʃaʔdəbjɛʔ~ɬjaʔdəbjɛʔ] ① (名) 電光石火、一瞬、束の間 ②不意に

လျှပ်တပြက်စစ်ဆေးတွဲကိရိယာ[ɬjaʔdəbjɛʔ siʔsʔeːdɛ. kəri.ja] (名) インスタント検査装置

လျှပ်ပန်းလျှပ်နွယ်[ʃaʔpan/ʃaʔnwɛ] (名) 稲妻、稲光

လျှပ်ပြက်[ʃaʔpjɛʔ~ɬjaʔpjɛʔ] (動) 稲光がする、稲妻が走る

လျှပ်ရောင်ခြည်[ɬjaʔ jaunʥi] (名) 閃光

လျှပ်လက်[ɬjaʔ lɛʔ] (動) 光が閃く、稲妻が走る

လျှပ်ပေါ[ɬjaʔpɔ] (形) ①気ままだ、放埒だ、自堕落だ ②淫らだ、猥褻だ

လျှပ်ပေါ်လော်လည်[ɬjaʔpɔ lɔli] (形) 淫乱だ、淫蕩だ、浮気っぽい、多情だ

လျှမ်း[ʃan:] (動) ①漲る、水が一杯になる、溢れそうになる ②赤らむ、燃え上がる、耀く、まばゆい ③機会を逃す、うっかりして見逃す、うかつにも聞き逃す

လျှမ်းဖြန်ပြော[ʃan:pʔjan: pjɔ:] (動) 誇張する、知ったかぶりをする

လျှမ်းလျှမ်းတောက်[ʃan:ʃan:tauʔ] ① (形) きらきら耀いた ②抜群だ、卓越している ③ (副) きらきら耀いて ④卓越して =ရှန်းရှန်းတောက်။ နေရောင်ခြည်မှာ လျှမ်းလျှမ်းတောက်နေ၏ 陽光が煌いている တကိုယ်လုံး ရှန်းရှန်းတောက်ပူလောင်လာသည်။ 全身が火照るように熱くなってきた သူ့ဘဝလျှောက်လုံးမှာလျှမ်းလျှမ်းတောက်အောင်မြင်ကျော်ကြားခဲ့သည်။ 彼の全人生は輝かしい成功を納めた

လျှံ[ʃan] (動) 溢れる、氾濫する မြစ်ရေလျှံသည်။ 川水が氾濫する နားလျှံသည်။ 聞き飽きる、うんざりする

လျှံတက်[ʃantɛʔ] (動) 水嵩が増して氾濫する

လျှံထွက်[ʃantʔwɛʔ] (動) 溢れ出る

လွ[ɬwa.] (名) 鋸

လွစာ[ɬwa.za] (名) 鋸屑、おが屑

လွစာမှုန့်[ɬwa.za moun.] = လွစာ

လွစင်[ɬwa.zɛʔ] (名) 製材所

လွစင်[ɬwa.zin] (名) 鋸を挽く所、丸太を鋸に掛ける所、鋸台、木挽き穴

လွဆွဲ[ɬwa.sʔwɛ:] (動) 横挽き鋸で挽く

လွတိုက်[ɬwa. taiʔ] (動) 鋸を挽く、鋸を掛ける

လွဝိုင်:[ɬwa.wain:] (名) 丸鋸

လွဝိုင်:စက်[ɬwa.wain: zɛʔ] (名) 丸鋸の製材所

လွသမား[ɬwa.dəma:] (名) 木挽 (こびき)

လွသွား:[ɬwa.dwa:] (名) 鋸の目、鋸の刃

လွသွား:ဖော[ɬwa.dwa. pʔɔ] (動) 鋸の目を立てる

လွဆွေ:[ɬwa. twe:] (動き) 鋸の目立てをする

လွ[ɬwa] ① (動) 薄切りにする、削ぐ ② (形) 薄い

လွလွလေ:[ɬwaɬwale:] ① (名) ごく薄いもの ②

(副) ごく薄く

လွှား:[ɬwaː] (名) 楯、楕円形の楯 cf.ကာ။ ဒိုင်:။

လွှား:[ɬwaː] (動) ①(帆を)張る、(帆や楯を)揚げる ②(布等を)広げて覆う ③飛び越える

လွှား:[ɬwaː] (動) 罵倒的表現 မင့်အမေကလွှား:မှသဲ။ お前のお袋が・・・ မင့်ဖေကလွှား:တဲလား။ お前の親父が・・・ လွှား:<ကလွှား

လွှား:ကန်[ɬwaːgənɛ:] (擬) ひらりと

လွှဲ[ɬwɛː] (動) ①揺り動かす、揺すぶる လက်ကိုလွှဲသည်။ 手を揺り動かす ပုခက်လွှဲသည်။ 揺り籠を揺すぶる ②振り上げ振り下ろす ③方向を転換する လမ်းလွှဲသည်။ 進路を変える မျက်နှာလွှဲသည်။ 顔を背ける ④避ける、除ける ရှောင်လွှဲသည်။ ⑤譲る、譲り渡す、譲渡する တာဝန်လွှဲသည်။ 任務を譲る ⑥ငွေလွှဲသည်။ 送金する、振替えにする

လွှဲချ[ɬwɛː tʃʔa.] (動) 他人のせいにする、責任を転嫁する、責任を回避する

လွှဲစာ[ɬwɛːza] (名) 委任状、譲渡状

လွှဲထား:[ɬwɛː tʔaː] (動) 渡しておく、渡してある

လွှဲပြောင်:[ɬwɛːpjaun:] (動) 引渡す、譲渡する

လွှဲပြောင်:ပေ:[ɬwɛːpjaun peː] (動) 引渡す、譲り渡す、譲渡する

လွှဲပြောင်:ပေ:အပ်[ɬwɛːpjaun peːaʔ] = လွှဲပြောင်:ပေ:

လွှဲဖယ်[ɬwɛːpʔɛ] (動) 避ける、身を躱す

လွှဲအပ်[ɬwɛːaʔ] (動) 引渡す、引継ぐ、任せる、一任する

လွှင့်[ɬwin.] (動) ①(旗等を)振る、翻る အလံလွှင့်သည်။ 旗が翻る ②帆を上げる ရွက်လွှင့်သည်။ 帆走す る ③投げ捨てる ④流布する、普及する ⑤放送する、放映する အသံလွှင့်သည်။ 放送する ရုပ်မြင်သံကြား:ကလွှင့်သည်။ テレビで放映する

လွှင့်တင်[ɬwin.tin] (動) (旗を)揚げる、旗を掲揚する

လွှင့်ထူ[ɬwin.tʔu] (動) (帆や旗を)揚げる

လွှင့်ပစ်[ɬwin.pjiʔ] (動) 投げ捨てる、放り投げる ဆေးလိပ်ကိုလွှင့်ပစ်လိုက်သည်။ タバコを投げ捨てた

လွှင့်ဖမ်:အား:[ɬwin.pʔanaː] (名) 出力

လွှင့်သွား:[ɬwin.twa:] (動) 帆走する

လွတ်[ɬuʔ] (副) とても、非常に、甚だしく、著しく လွတ်ကြိုက်တာ။ とても気に入っている လွတ်ကောင်:တယ်။ 非常によい လွတ်အလုပ်လုပ်တဲ့ဆရာဘဲ။ よく働く先生だ

လွတ်[ɬuʔ] (動) ①放つ、手を放す လက်လွတ်သည်။ 手放す ②自由にする、釈放する အနှောင်မှလွတ်ထားသည်။ 束縛から解放する ③空けておく ဒီနေရာကိုလွတ်ထားးပါ

ここは空けて置きなさい ④遣わす、派遣する、送り出す、使いに出す လွှတ်လိုက်သည်॥ 人を遣わす、使いを出す ကား:လွှတ်သည်॥ 自動車を迎えに出す

လွှတ်ကျောင်း:စနစ်[ɬuʔtʃaun: səni] (名) 放牧制度

လွှတ်ခနဲ[ɬuʔkʰənɛ:] (擬) ひょいと、ふいと

လွှတ်တင်[ɬuʔtin] (動) (ロケットや人工衛星を) 打上げる

လွှတ်ပေး:[ɬuʔpe:] (動) ①自由にする、釈放する、解放する ②一任する

လွှတ်ပစ်[ɬuʔpjiʔ] (動) 投げ捨てる、放り投げる

လွှတ်လိုက်[ɬuʔlaiʔ] (動) 派遣する、使いを出す

လွှတ်[ɬuʔ] (名) (王朝時代の) 元老院、国務院

လွှတ်တော်[ɬuʔtɔ] (名) ①議会、議院 ②(王朝時代の) 元老院、国務院 (ဝန်ကြီး၁၀ဝန်ထောက်等で構成、国政全般を取扱った、大審院としての性格も併せ持っていた)

လွှတ်တော်ကိုယ်စာ:လှယ်[ɬuʔtɔ kozəlɛ] (名) 国会議員、代議士

လွှတ်တော်နှစ်ရပ်[ɬuʔtɔ nəjaʔ] (名) 上下両院 (独立後から１９６２年までは国民議院と民族議院)

လွှတ်တော်ရှေ့နေ[ɬuʔtɔ ʃe.ne] (名) 高等裁判所の弁護士

လွှတ်တော်လူကြီး:[ɬuʔtɔ luʤi:] (名) 代議士、国会議員

လွှတ်တော်အမတ်[ɬuʔtɔ əmaʔ] (名) 国会議員

လွှတ်တော်ဥက္ကဋ္ဌ[ɬuʔtɔ ouʔkətʼa.] (名) 国会議長

လွှတ်တက်[ɬuʔtɛʔ] (動) 元老院に出席する

လွှတ်တက်မင်း:သာ:[ɬuʔtɛʔmin:da:] (名) 元老院への出席権を持つ王子

လွှတ်ရုံ:တော်ကြီး[ɬuʔjoun:dɔʤi:] (名) 議事堂

လွှမ်:[ɬwan] (動) ①蓋をする、蓋で覆う、遮蔽する ②広がる、拡散する ရောဂါလွှမ်:သည်॥ 病気が蔓延する ③水が氾濫する

လွှမ်:ခြုံ[ɬwan: tʃoun] (動) 覆う、上から被せる包む、覆い包む、くるむ、遮蔽する

လွှမ်:မိုး:[ɬwan:mo:] (動) ①覆う ②圧倒する、支配する、影響を及ぼす သူ့ပင်တော်လွှမ်:မိုး:နေတယ်॥ 叛徒達が勢力を誇っている ③凌駕する

လွှမ်:မိုး:အုပ်စိုး:[ɬwan:mo: ouʔso:] (動) 支配力を誇り、全域を支配する

လွှ[ɬun.] (形) 著名だ、有名だ

ဝ

ဝ[wa.] (名) ビルマ文字第２９番目の子音文字

ဝကွက်[wa. kwɛʔ] (動) ①死刑囚の頬に円い刺青を施す ②円で囲む、円い印を付ける、マークを付ける

ဝကွက်ချန်[wa. kwɛʔ tʃan] (動) 残す、除外する、例外とする、括弧付きとする

ဝကွက်အပ်[wa. kwɛʔ aʔ] (動) 無条件で預ける、百％預ける、煮て食おうと焼いて食おうと先方の勝手だ

ဝကွင်:[wa.kwin] (動) ゼロの印を付ける ② [wa.gwin:] (名) ゼロの印、丸印、輪

ဝဆွဲ[wa.sʼwɛ:] (名) ビルマ語の子音文字の下に付けられる唇音化符号 (-w-) 例 ကျ၊ကျ၊ကျ

ဝမရှိဘဲမလုပ်နှင့်॥ (諺) 土台がないのに上部を作るなかれ、無から有を生ぜしめるな (能力もないくせにある振りをするな)

ဝမရှိ၊ဝိလုပ်[wa.məʃi. wi.louʔ] (動) 無から有を生じさせる 諺ဝမရှိဘဲမလုပ်နှင့်॥ からの派生

ဝ[wa.] (名) ワ族 (サルウィン川東部のシャン州東北部及び中国雲南省に住むアウストロアジア系の民族)

ဝ[wa.] (植) ゾウゴンニャク (サトイモ科) Amorphophallus campanulatus

ဝဥ[wa.u.] (名) ゾウゴンニャクの塊根

ဝ[wa.] (形) ①太っている、でっぷりしている、肥満している ②十分だ、いっぱいだ、満足だ အိပ်ရေ:ဝသည်॥ 眠りが満ち足りる ဗိုက်ဝသည်॥ 満腹だ ဝမ်:ဝ သည်॥ 満腹だ

ဝတုတ်ဘုတ်ထိုင်:ထိုင်:လူ[wa.ta.ta. bouʔt ʼain dain lu] (名) 百貫でぶ

ဝတုတ်[wa.touʔ] (形) でっぷりしている、肉体的に貫禄がある

ဝပြော:[wa.bjɔ:] (形) 豊かだ、豊富だ、たっぷりある、繁栄している

ဝပြော:စည်ပင်[wa.bjɔ: sibin] (動) 繁栄する、豊かに栄える、発展する

ဝပြော:သာယာ[wa.bjɔ: taja] (形) 豊かでのどかだ、豊かで平和だ

ဝပီ:တုတ်ခိုင်[wa.pʼi: touʔkʼain] (形) 栄養豊かで丸々している、体格ががっちりしている

ဝပြိုး:[wa.pʼjo:] (形) 豊満だ、肉付きがよい、ぽっちゃりしている、でっぷりしている

ဝပြိုး:တန်မာ[wa.pʼjo: tanma] (形) 肉付きがよくて丈夫だ、健康に生育している

ဝလင်[wa.lin] (形) 十分だ、存分だ

ဝလင်အောင်[wa.lin aun] (副) 十分になるように

ဝဝတုတ်တုတ်[wa.wa. touʔtouʔ]（副）丸々と、ぽっちゃりと

ဝဝဖိုင့်ဖိုင့်[wa.wa. pʻain.bain.]（副）でっぷりと

ဝဝဖြိုး:ဖြိုး:[wa.wa. pʻjo:bjo:]（副）でっぷりと

ဝဝဖြိုး:ဖြိုး:ဖြစ်[wa.wa. pʻjo:bjo: pʻjiʔ]（形）でっぷりしている

ဝဝလင်လင်[wa.wa. linlin]（副）たっぷりと、存分に ဝဝလင်လင်မစား:ရဘူး:။ たっぷりと食べてはいけない

ဝစနာလင်္ကာ[wa.səna lingaya.]（名）修辞、言葉の飾り

ဝစီကံ[wəzigan]（名）口業（三業の一つ）、口頭による罪 ＜パ Vacīkamma cf. ကာယကံ၊ မနောကံ။

ဝဒိန်[wədein]（名）とう利天、三十三天（六欲天の第二番目、須弥山の頂上の上にある）←တာဝတိံသာ

ဝဒိသာ[wədeinda]←တာဝတိံသာ

ဝဒိံ[wədein]＝ဝဒိန်

ဝနေတိမ်တောင်ဖြစ်[wa.ne deindaun pʻjiʔ]（形）曖昧だ、はっきりしない、判断に迷う

ဝရဇိန်[wərəzein]（名）金剛、金剛杵（帝釈天の武器）、雷電、雷光 ＜パ Vajira

ဝရဇိန်လက်နက်[wərəzein lɛʔnɛʔ]＝ဝရဇိန်

ဝရီး[wəji:]（名）（母方の）伯父 ＝ ဦးရီး

ဝရုဏ[wəru.na.]（名）ヒンドゥー教の水の神

ဝရတ်ငါး:[wəraʔŋa:]（魚）ベラ

ဝရန်တာ[wəranda]（名）ベランダ ＜ヒ

ဝရမ်:[wəjan:]→ဝရမ်:

ဝရမ်:သုန်:ကာ:[wəjoun: toun:ga:]（副）混乱して、無秩序で、支離滅裂で

ဝရမ်:[wəjan:]（名）逮捕令状 ＜英 Warrant

ဝရမ်:ထုတ်[wəjan: tʻouʔ]（動）逮捕状を発行する

ဝရမ်:ပြေး:[wəjan:bje:]（名）逃亡犯、逃走犯

ဝရံတာ[wəranda]＝ဝရန်တာ

ဝလချီ:သံကြောင့်လည်[wərətʃiʔ:tanɡaun lɛ]（動）仕事が山積みだ、てんてこ舞だ、忙殺されている、未解決だ

ဝလချီ:လည်[wərətʃi: lɛ]＝ဝလချီ:သံကြောင့်လည်

ဝလချေး:လည်[wərətʃi: lɛ]＝ဝလချီ:လည်

ဝသီ[wəti]（名）性格、気性、性向、癖、特質、特徴

ဝသန်[wətan]（名）暑季（ビルマ暦12月から2月迄）

ဝသန္တ[wətanta.]（名）初夏 ＜パ Vasanta

ဝသုန်[wətoun]（名）土、地 ＝မြေဝသုန် ＜ပ

ဝသုန္ဓရေ[wətoundəre]（名）地神、大地の女神、地母神（頭髪の水滴を絞り落す格好をしている、その像は仏像の足元に置かれている、頭痛除けの呪いとしてその像を撫でる）＜パ Vasundharā

ဝသုန္ဓရေနတ်[wətoundəre naʔ]＝ဝသုန္ဓရေ

ဝါ[wa]（接）言い換えを現わす、又は、或は、もしくは

ဝါ[wa]（名）①綿 ②（植）棉（アオイ科ワタ属に属する植物、その種子から綿を採取する）

ဝါကလေး:[wagəle:]（植）ベンガルワタ（アオイ科） Gossypium neglectum

ဝါကောက်[wa kauʔ]（動）棉を摘み取る、綿を採る

ဝါကြီး:[wadʒi:]（植）シナワタ、シャムワタ（アオイ科） Gossypium obtusifolium

ဝါကြစ်[wa tʃeiʔ]（動）綿を繰る（棉の種子と繊維とを選り分ける）

ဝါကြစ်စက်[wədʒeiʔsɛʔ]（名）綿繰機

ဝါကြစ်လိမ်[wədʒeiʔlein]（名）綿繰機のローラー、のし棒、ころ

ဝါခင်:[wagin:]（名）棉畑

ဝါချည်[wadʒi]（名）紡いだ綿糸、木綿糸

ဝါခြည်[wadʒi]→ဝါချည်

ဝါဂွမ်:[wagun: (gwan:)]（名）綿、綿花（種を取り除いた後の繊維、脱脂綿）

ဝါစေ့[wazi.]（名）棉の種子

ဝါစေ့ဆီ[wazi.zi]（名）棉の種子油

ဝါထုတ်လုပ်မှု[wa tʻouʔlouʔmu.]（植）棉の栽培

ဝါနီ[wani]（植）ワタ（アオイ科）の1種 Gossypium neglectum kokatia

ဝါပေါက်[wabauʔ]（名）棉の実を覆っている繊維の塊

ဝါပဲလေး:[wapʻəle:]（鳥）アオカッコウ、オニクロバンケンモドキ Phaenicophaeus tristis

ဝါပတ်[wa pʻaʔ]①（動）ほぐした棉を叩く、ほぐした棉を弾く、ほぐした棉を篭に入れて細かく砕く ②[wabaʔ]（名）油を搾った後の棉粕

ဝါပတ်ခြင်:[wapʻətʃin]（名）ほぐした棉の繊維弾くために入れる篭

ဝါပတ်လေး:[wapʻəle:]①（名）ほぐした棉を弾く（叩く）ための弓状の道具 ②（鳥）アオカッコウ、オニクロバンケンモドキ

ဝါပန်[wa pʻan]（動）棉の繊維の塊をほぐす

ဝါမျှင်[wamjin]（名）棉の種を取除いた繊維

ဝါ[wa]①（形）黄色い ②（動）威張る、自慢する、誇張する ကြီး:ဝါသည်။ ဝင့်ဝါသည်။

ဝါကျင်:ကျင်:[wa tʃin.dʒin.]（副）＝ဝါကြင့်ကြင့် ဝါကျင်:ကျင်:အရောင်ရှိသည်။ 黄ばんでいる

ဝါကြင့်ကြင့်[wa tʃin.dʒin.]（副）黄色がかっていて、黄味を帯びていて

ဝါကြင့်ကြင့်ဖြစ်[watʃin.dʒin. pʻjiʔ]（形）黄色が

かっている、黄味を帯びている
ဝါကြန့်ကြန့်[wa tʃan.ɟan.]=ဝါကြင့်ကြင့်။ ဝါကြန့်ကြန့်ရှိသည်။ くすんだ黄色をしている ဝါကြန့်ကြန့်အရောင်ရှိသည်။ 黄褐色をしている
ဝါစိမ်းစိမ်း[wa sein:zein:]（副）緑がかった黄色、黄緑色 ပင်စည်၏အရောင်သည်ဝါစိမ်းစိမ်းဖြစ်သည်။ 幹の色は黄緑色だ
ဝါညစ်ညစ်[wa ɲiʔɲiʔ]（副）黄ばんで
ဝါညစ်ညစ်ဖြစ်[waɲiʔɲiʔ pʔji]（形）黄ばんでいる အင်္ကျီမှာယခုမှဝါညစ်ညစ်ဖြစ်နေသည်။ 上着は今では黄ばんでいる
ဝါတာတာ[wa tata]（副）黄褐色をしていて
ဝါတာတာဖြစ်[watata pʔjiʔ]（形）黄褐色をしている、朽ち葉色をしている
ဝါပြော[wa pjɔ:]（動）自慢する、空威張りする
ဝါဖန့်ဖန့်[wa pʔan.ban.]（副）薄黄色をしていて
ဝါဖျော့ဖျော့[wa pʔjɔ.bjɔ.]（副）淡黄色をしていて
ဝါဖြော့ဖြော့[wa pʔjɔ.bjɔ.]=ဝါဖျော့ဖျော့
ဝါဝင်း[wawin:]（形）（肌が）黄色くて艶がある
ဝါဝင်းထိန်[wawin: tʔein]（動）黄色く艶を帯びて輝く
ဝါသဲ့သဲ့အရောင်[wa tɛ.dɛ. əjaun]（名）幽かに黄色味を帯びた色、黄色っぽい色
ဝါ[wa]（名）①（ビルマ暦4月から3ヶ月間続き7月に終る仏教徒の）安居（あんご）、雨安居、夏安居 ②法ろう、出家歴、比丘になってからの年数
ဝါကပ်[wa kaʔ]（動）安居に入る
ဝါကျိုး[wa tʃo:]（動）（出家が）安居を破る、違反する、安居期間内に移動する
ဝါကြီး[wa tʃi:]（形）①法ろうが長い、出家歴が長い ②経験を積んでいる、年期が入っている ③[wa ɟi:]（名）長老 =သက်ကြီးဝါကြီး
ဝါကြီးထပ်[waɟi: tʔaʔ]（動）（ビルマ暦4月の後にもう1ヶ月間）閏月と閏日とを挿入する（1年が385日となる）cf. ဝါငယ်ထပ်
ဝါကြီးဝါငယ်[waɟi: waŋɛ]（名）①法ろうの長短、出家歴の長短 ②年期の長短、経験の有無
ဝါကျွတ်[wa tʃuʔ]①（動）安居が明ける、持戒期間が終了する =သီတင်းကျွတ်သည်။ ②[waɟuʔ]（名）安居明け、安居期間の終了
ဝါကျွတ်ပွဲတော်[waɟuʔ pwɛ:dɔ]（名）安居明けを祝う祭（ビルマ暦7月に挙行）=သီတင်းကျွတ်ပွဲတော်
ဝါခေါင်[wagaun]（名）ビルマ暦5月
ဝါခေါင်လ[wagaun la.]=ဝါခေါင်
ဝါငယ်[wa ŋɛ]（形）法ろうが短い、出家歴が短い

ဝါငယ်ထပ်[waŋɛ tʔaʔ]（動）第2ワーゾー月を加える、閏月を挿入する（1年384日）cf. ဝါကြီးထပ်
ဝါစဉ်[wazin]（名）出家歴、法ろう歴、出家の序列
ဝါဆို[wa sʔo]①（動）（比丘が）安居を迎える、夏安居に入る ②[wazo]（名）ビルマ暦4月 ③（植）ホルトノキ科ホルトノキ属の植物 Elaeocarpus wallichii
ဝါဆိုနွယ်[wazo nwɛ]（植）クロウメモドキ科の植物 Ventilago madraspatana
ဝါဆိုပန်း[wazo ban:]①（植）安居期間に黄色い花を咲かせる草花 Globba marantina、Globba schomburghii ②ビルマ暦4月の満月に仏像に供える花
ဝါဆိုပွဲ[wazo bwɛ:]（名）ビルマ暦4月の祭、結夏節
ဝါဆိုဖယောင်းတိုင်[wazo pʔəjaun:dain]（名）ビルマ暦4月に供えられる大型の蝋燭
ဝါဆိုမြက်[wazo mjɛʔ]（植）ヤエガヤ（イネ科）Hacklochloa granularis
ဝါဆိုလ[wazo la.]=ဝါဆို
ဝါဆိုသင်္ကန်း[wazo tiŋan:]（名）安居に入った時比丘に捧げる袈裟 cf. မသိုးသင်္ကန်း
ဝါဆိုသင်္ကန်းကပ်[wazo tiŋan: kaʔ]（名）安居に入った時比丘に袈裟を献上する
ဝါတွင်း[wadwin:]（名）安居期間
ဝါတွင်းကာလ[wadwin: kala.]（名）=ဝါတွင်း
ဝါတွင်းသုံးလ[wadwin: toun:la.]（名）安居3ヶ月間
ဝါထပ်ရက်ငင်[watʔaʔ jɛʔŋin]（動）太陰暦を太陽暦に合せる
ဝါထွက်ချိန်[wadwɛʔtʃein]（名）安居終了の時
ဝါနု[wa nu.]（形）①出家歴が浅い ②経験が浅い
ဝါပ[waba]（名）安居期間3ヶ月を除いた他の9ヶ月
ဝါရ[wa ja.]（動）法ろうを重ねる、出家歴が殖える、（比丘が）持戒修行を積む
ဝါရင့်[wa jin.]（形）①出家歴が長い ②経験を積んでいる、ベテランだ
ဝါရှောင်[wa ʃaun]（動）持戒を遵守する、安居を守る
ဝါဝင်[wa win]（動）安居に入る
ဝါဝင်ချိန်[wawinɟein]（名）安居の始り
ဝါဦး[wa u:]（名）安居の始め
ဝါကျ[wɛʔtʃa.]（名）文章 ＜パ Vākya
ဝါကျပြုစ်[wɛʔtʃa.bjun:]（名）複文
ဝါကျဖွဲ့စည်းပုံ[wɛʔtʃa. pʔwɛ.zi:boun]（名）文章構成法、文法

ဝါကျရော

ဝါကျရော[wɛʔtʃa.jɔ:] =ဝါကျပြမ်း
ဝါကျရှိ[wɛʔtʃa.jo:] (名) 単文
ဝါစက[wasəka.] (名) 述語、述部 ＜パ Vācaka
ဝါစဿရဗေဒ[wasaʔtəra. beda.] (名) 音声学
ဝါစာ[wasa] (名) 話、会話、発話
ဝါစာကမာ[wasakəma] (名) 多言、無駄口、でたらめ
ဝါစင်္ဂ[wazinga.] (名) 品詞 (နာမ်၊ ကြိယာ။)
ဝါဏိဇ္ဇ[waneiʔza.] (名) 商売、商業、交易 ＜パ
ဝါဏိဇ္ဇပဋိပက္ခ[waneiʔza. pəti.pɛʔk'a.] (名) ①商売上のトラブル、商取引きの争い ②労使紛争
ဝါဏိဇ္ဇဗေဒ[waneiʔza. beda.] (名) 商業学
ဝါဒ[wada.] (名) 主義、思想 ＜パ Vāda
ဝါဒဖြန့်[wada. pʲjan.] (動) 宣伝する
ဝါဒဖြန့်စာရွက်စာတမ်း[wada.bjan. sajwɛʔ sadan:] (名) 宣伝文書
ဝါဒသဘောထား:[wada. dəbɔ:da:] (名) 信念、信条、見解
ဝါဒလမ်းစဉ်[wada. lan:zin] (名) 綱領、路線
ဝါဒီ[wada] (名) 刑務官、獄吏 ＜英 Warder
ဝါဒီ[wadi] (名) 主義者、信奉者 ＜パ Vādī
ဝါဖလေး[wapʻəle:] →ဝါဖတ်လေး
ဝါယာမ[wajama.] (名) 精進、勤勉、努力 ＜パ
ဝါယာမစိုက်[wajama. saiʔ] (動) 精進する、努力する
ဝါယော[wajɔ:] (名) 風、空気、大気 ＜パ Vāyo
ဝါယောကြ[wajɔ: tʃwe] (動) 風邪に罹る、風邪をひく
ဝါယောပေး[wajɔ: pe:] (動) 無駄口を叩く、お喋りをする
ဝါသနာ[wadəna] (名) 趣味 ＜パ Vāsanā
ဝါသနာကြီး[wadəna tʃi:] (動) のめり込む、熱中する
ဝါသနာထုံ[wadəna tʻoun] (動) 〜が趣味だ、〜を趣味とする、〜に興味がある ဂီတဝါသနာထုံသည်။ 音楽が趣味だ　စာဖတ်ဝါသနာထုံသည်။ 読書が趣味だ　မြန်မာစာကိုဝါသနာထုံကြသည်။ 皆ビルマ語に興味を抱いている
ဝါသနာပါ[wadəna pa] (動) 興味がある、〜が趣味だ အဆိုဝါသနာပါတယ်။ 歌が趣味だ အကဝါသနာပါတယ်။ 踊りが趣味だ ဉာဏ်ပစ်ဝါသနာပါသည်။ 狩猟が趣味だ ပန်းချီတော့ဝါသနာမပါဘူး။ 絵画は趣味ではない
ဝါသနာပါသူ[wadəna padu] (名) 興味を持つ人 သူ သည်စက်ဘီးစီးအလုပ်ဝါသနာပါသူဖြစ်သည်။ 彼は自転車に乗るのが趣味だ

ဝါသနာသန့်[wadəna tan] (動) 深い関心を寄せる
ဝါသနာအိုး[wadəna o:] (名) 心酔者、熱中している人、三度の飯より好きな人 ကျွန်တော့်တို့၏အတန်းဆရာကား စာပေဝါသနာအိုးဖြစ်သည်။ 私の担任教師は読書が何より好きだ ငါးမျှား:ဝါသနာအိုးများ:အဖို့ငါးများ:နိုင်သည်။ 魚釣りに目がない人は魚を釣ってもよい
ဝါ:[wa:] ①(動) 噛む、咀嚼する ②(形) 曖昧だ、はっきりしない မှုန်ဝါ:ဝါ: ぼんやりと
ဝါ:စာ:[wa:sa:] (動) 噛る、噛んで食べる ပန်:သီ: များ:ကိုဝါ:စာ:သည်။ リンゴを噛る
ဝါ:မျို[wa:mjo] (動) ①飲み込む ②併呑する
ဝါ:ဝါ:[wa:wa:] (副) ぼんやりと、不鮮明に
ဝါ:[wa:] ①(植) 竹 ②木製の小型カスタネット (左手で持ち強拍で撃つ) cf. ညှပ်
ဝါ:ကောက်[wɛgau?] (植) イネ科ギガントクロア属の竹 Gigantochloa albo-ciliata
ဝါ:ကုန်ညှင့်[wa:ku jwe. ɲiʔ] (動) 齢の一部 ← ရေနစ်ငွေ၊ ဝါ:ကုန်ညှင့်။
ဝါ:ကပ်[wəgaʔ] (名) (屋根の材料とする) 竹製の筵、竹織りの筵
ဝါ:ကပ်မိုး[wəgaʔmo:] (動) 竹製の筵で屋根を葺く
ဝါ:ကပ်မိုးထရံကာအိမ်[wəgaʔmo: tʻəjanga ein] (名) 屋根も壁も竹筵の家屋
ဝါ:ကုပ်[wəkouʔ] (植) タレハダマ (イネ科) Gigantochloa andamanica
ဝါ:ကြီး[wədʒi:] (植) イネ科デンドロカラムス属の竹 Dendrocalamus calostachys
ဝါ:ကျည်တောက်[wa: tʃidauʔ] (名) 竹筒、竹製の器
ဝါ:ကြီး[wədʒi:] (植) デンドロカラムス属の竹 Dendrocdalamus calostachys
ဝါ:ကြမ်းခင်း[wədʒan:gin:] (名) 割り竹の床
ဝါ:ခမောက်[wa: kʻəmauʔ] (名) 竹製の笠
ဝါ:ခေါင်း[wəkʻaun:] (名) 竹の筒の中
ဝါ:ခုတ်[wa: kʻouʔ] (動) 竹を伐る cf. ထင်းခုတ်
ဝါ:ချုပ်[wətʃaʔ] (植) インドトゲタケ (イネ科) Bambusa arundinacea
ဝါ:ခြင်[wətʃin:] (名) 竹籠、竹製の籠
ဝါ:ခြမ်း[wətʃan:] (名) 割り竹、細く裂いた竹
ဝါ:ချွန်[wətʃun] (名) 竹
ဝါ:စိမ်[wəzein:] (名) 青竹
ဝါ:ဆစ်[wəsʻiʔ] (名) 竹の節
ဝါ:ညှပ်အက[wəɲaʔ əka.] (名) 十文字に渡した竹の間を挟まれないように踊る踊り、バンブー・ダンス
ဝါ:တပြန်[wa: dəbjan] (名) 長さの単位、竹竿1竿分の長さ

ဝါးတရိုက်[waː təjaiʔ] =ဝါးတပြန်၊ တောင်ဘက်ဝါး
တရိုက်သညာသာတွင်ရှိသည်။ 竹一年分程南にある ဝါး
သုံးလေးရိုက်လောက်သားသည်။ 竹3、4竿分ばかり行
った ဝါးလေးငါးရိုက်ခန့်ခန့်။ 竹4、5竿位の距離
ဝါးတော[waːdɔː] (名) 竹薮、竹林
ဝါးတိုး[wədoː] (植) ナワタケ (イネ科)
　Gigantochloa apus
ဝါးတံစို့[waː təzo.] (名) 竹の串
ဝါးတွဲ[wədwɛː] (植) ビルマタケ (イネ科)
　Bambusa affinis
ဝါးထရံ[waː tʼajan] (名) 竹壁、竹籤の壁
ဝါးထည်[waːdɛ] (名) 竹製品
ဝါးဓား[waːda:] (名) 竹刀 (しない)、竹光
ဝါးနားပင်[waː nəbin:] (名) 節の詰った竹
ဝါးနီ[wəni] (植) マチク (イネ科) Dendrocala-
　mus latiflorus
ဝါးနက်[wənɛʔ] ①タイサンチク (イネ科) Bambusa
　vulgaris 黒色の竹 ②パイ・ラマログ (イネ科)
　Dendrocalamus longispathus
ဝါးနွယ်[wənwɛ] (植) パイ・ライ (イネ科)
　Oxytenanthera albo-ciliata
ဝါးနှီး[waːn̥iː] (名) (竹を細く裂いた) 竹ひご
ဝါးဘိုး[wəboː] (植) ソウダケ (大竹の1種) →ဝါးတိုး
ဝါးဘိုးတိုင်[wəboːdain] (名) ソウダケの柱
ဝါးဘိုးမျက်ဆန်ကျယ်[wəboː mjɛʔsʼan dʑɛ] →ဝါးတိုး
　မျက်ဆန်ကျယ် 巨大な竹の1種
ဝါးပင်[waːbin] (名) 竹
ဝါးပါ[wabaʔ] (名) 竹の皮 (笠の材料として使用)
ဝါးပျော့[wəbjɔʔ] (植) 竹の1種Dendrocalamus
　longifimbriatus
ဝါးပြော[wəbjauʔ] (植) タレハダケ (イネ科)
　Oxytenanthera nigrociliata
ဝါးဖယောင်း[waː bəjauːn] (植) ソウダケ (イネ
　科) の1種 Dendrocalamus brandisii
ဝါးဖောင်[wəpʼaun] (名) 竹筏
ဝါးဘျု[wəpʼju] (植) ①パイ・アヌル (イネ科)
　Dendrocalamus membranaceus ②ギガントク
　ロア属の竹 Gigantochloa verticillata
ဝါးဘျုကြီး[wəpʼjudʑiː] (植) タレハダケ (イネ科)
　Oxytenanthera nigrociliata
ဝါးဘိုး[wəboː] ①ソウダケ (イネ科) Dendro-
　calamus giganteus ②パイ・ヒア (イネ科)
　Cephalostachyum virgatum
ဝါးဘိုးကြီး[wəboːdʑiː] =ဝါးဘိုး
ဝါးဘိုးခြံ[wəboː tʃʰein] (植) フクロトウ (ヤシ
　科) Korthalsia lacinioisa

ဝါးဘိုးနှယ်[wəboː nwɛ] (植) エダフトダケ (イネ
　科) Dendrocalamus hamiltonii
ဝါးဘိုးမျက်ဆန်ကျယ် =ဝါးဘိုးနှယ်
ဝါးဘွေး[wəbweː] (植) ビルマタケ (イネ科)
　Bambusa affinis
ဝါးမင်း[wəminː] (植) 節の短い堅い竹 Bambusa
　wamin
ဝါးမျက်[wəmjɛʔ] (名) 竹のかん、竹の節と節の間
ဝါးမြစ်[wəmjiʔ] (名) 竹の根
ဝါးမှို[wəm̥o] (植) 竹薮に生える茸
ဝါးယာ[wəja:] ①タレハダケ (イネ科) 竹パルプ
　の原料 Oxytenanthera nigrociliata ②パ
　イ・ラマログ (イネ科)
ဝါးရောင်းငှက် →ဝါးရှောင်းငှက်
ဝါးရောင်းမှို[wəjaun: m̥o] (植) 竹薮に生える食用
　茸の1種
ဝါးရင်းတုတ်[wəjin: douʔ] (名) 青竹
ဝါးရှောင်းငှက်[wəjaun: ŋɛʔ] (鳥) ①オオガビチョ
　ウ (ムシクイ科) Garrulax pectoralis ②コ
　ガビチョウ (ムシクイ科) Garrulax monileger
ဝါးရှောင်းငှက်ခေါင်းဖြူ[wəjaun:ŋɛʔ gaun:bju]
　(鳥) ハクオウチュウ (ムシクイ科) Garrulax
　leocolophus
ဝါးရိုး[wəjoun] (名) 竹薮
ဝါးရိုးမြက်[wəjoun mjɛʔ] (植) ヒメビエ (イネ科)
　Panicum prostratum
ဝါးလက်ခုပ်[waː lɛʔkʼouʔ] (名) こきりこの一種
　(竹を縦に裂きそれを打合せて鳴らす打楽器の一種)
ဝါးလုံး[wəlounː] (名) 青竹、竹竿
ဝါးလုံးထောက်ခံ[wəloun:dauʔkʼoun] (名) 棒高
　跳び
ဝါးလုံးနစ်မိ၊ ဝါးခြမ်းနစ်မိ။ (諺) 人生には浮き沈みあ
　り (丸竹を踏んだり、割竹を踏んだり)
ဝါးလှည်း[wəɬɛː] (名) 竹を積んだ荷車
ဝါးထိုက်[wədaiʔ] (植) タレハダケ (イネ科)
　Oxytenanthera auriculata
ဝါးသည်း[waː touːn] (動) 竹が枯れる (開花後)
ဝါးသတ်[waː taʔ] (動) 竹を削る
ဝါးအစည်း[waː əsi:] (名) 束ねられた竹
ဝါးအစည်းပြေထွက်သို့[waː əsiː pjedəgɛ.do.]
　(副) 束ねた竹が解けるように
ဝါးဥ[waːu.] (植) インドアロールート (ショウガ
　科) Curcuma angustifolia =အာဒါလွတ်
ဝါးကနဲ[waːganɛː] (擬) ワーッと (笑う、欠伸をす
　る)
ဝိကာလ[wi.kala.] (名) 正午から翌朝日の出までの

ဝိညာဉ်

時間
ဝိညာဉ်[weinɲin］（名）①魂、霊魂 ②心、精神 ③意識、知覚 ④命、生命 ＜パ Viññāṇa
ဝိညာဉ်ချုပ်[weinɲin tʃouʔ]（動）死ぬ
ဝိညာဉ်တော်[weinɲindɔ]（名）（キリスト教の）聖霊
ဝိတက်[wi.dɛʔ]（名）考え、思い悩み ＜パ Vitakka
ဝိတက်များ:[wi.dɛʔ mja:]（動）思い悩む、あれこれ考える
ဝိဒူရဇာတ်[wi.dura. zaʔ]（名）ヴィドゥラ・ジャータカ（第５４６本生話）
ဝိနယပိဋက[wi.nəja. bi.dəgaʔ]（名）律蔵（三蔵の一つ）＜パ Vinaya Piṭaka
ဝိနည်:[wi.ni:]（名）律、僧迦の団体としての規則 ＜パ Vinaya
ဝိနည်:စာအုပ်[wi.ni: saouʔ]（名）律蔵
ဝိနည်:တော်[wi.ni:dɔ]＝ဝိနည်:
ဝိနည်:သတ်၊ ကြက်သတ်။（諺）プロは違法すれすれの違反をする（律を知る者、鶏を殺す）
ဝိနည်:ဓိုရ်[wi.ni:do]（名）律蔵全部を知悉している比丘 ＜パ Vinayadhara
ဝိနည်:ရှောင်[wi.ni: ʃaun]（動）規則の裏をかく、口実を使って誤魔化す、巧妙に出し抜く
ဝိနည်:လွတ်[wi.ni: luʔ]（副）規則違反から免れる、戒敕を免れる、戒蔵に違反しない
ဝိနိစ္ဆယ[wi.neiʔsʼəja.]（名）決定、判決 ＜パ
ဝိပါကဝုဋ္ဌ[wi.baga.wuʔ]（名）前世の因果、応報 ＜パ
ဝိပါက်[wi.bɛʔ]（名）応報、果報 ＜パ Vipāka
ဝိပါက်ခုနစ်ရက်၊ ကာလပါက်နောက်ပို:တက်။（諺）過去の行いは何倍にもなって跳ね返る（因果は７日間、時間の応報は重なる）
ဝိပဿနာ[wi.paʔtəna]（名）観、内観、観察、洞察 ＜パ Vipassanā
ဝိပဿနာတင်[wi.paʔtəna tin]（動）内観を行う
ဝိပဿနာပွါ:[wi.paʔtəna pwa:]（動）内観を深める（形あるものは全て無常、苦、無私だと洞察する）
ဝိပဿနာရှု[wi.paʔtəna ʃu.]（動）内観を行う
ဝိပဿီ[wi.paʔti]（名）枇婆裟仏（過去七仏の第１番目）＜パ Vipassin
ဝိဘတ်[wi.baʔ]（名）①助詞 ②助動詞 ＜パ
ဝိရိယ[wəri.ja.]（名）精進、努力、勤勉 ＜パ
ဝိရိယကောင်:[wəri.ja. kaun:]（形）熱心だ、熱意がある、勤勉だ ＜パ Viriya
ဝိရိယစိုက်[wəri.ja. saiʔ]（動）奮起する、努力を集中する
ဝိရိယလွန်သော် ၊ ဥဒ္ဓစ္စ။（諺）過ぎたるは及ばざるが如

し（勤勉も度を超せば、心の動揺）
ဝိရူပက္ခ[wi.rupɛʔkʼa.]（名）広目天（四天王の一人、須弥山の西を守護する）＜パ Virūpakkha
ဝိရူဠက[wi.rula.ka.]（名）増長天（四天王の一人 須弥山の南側の守護する）＜パ Virūḷha
ဝိရောစန[wi.rɔ:tʃana.]（名）大日如来
ဝိရောဓိ[wi.jɔ:di.]（名）反対、反感 ＜パ
ဝိရောဓိဖြစ်[wi.jɔ:di. pʼjiʔ]（形）逆だ、反対だ
ဝိလုပ်[wi. louʔ]（動）無から有を生じさせる→ဝမရှိအဲလုပ်။
ဝိဝါဒ[wi.wada.]（名）論争 ＜パ Vivāda
ဝိဝါဒကွဲ[wi.wada. kwɛ:]（動）見解が分かれる、意見が異なる
ဝိဝါဒကွဲပြား:[wi.wada. kwɛ:bja:]＝ဝိဝါဒကွဲ
ဝိဝါဒဖြစ်[wi.wada. pʼjiʔ]（動）論争になる
ဝိဝါဟ[wi.waha.]（名）結納金 ＜パ Vivāha
ဝိဝါဟမင်္ဂလာ[wi.waha. mingəla]（名）新婦を送り出す結婚式 cf.အာဝါဟမင်္ဂလာ 新婦を迎え入れる結婚式
ဝိသကြုံနတ်[wi.dəkʼoun naʔ]（名）ヴィシュヴァカルマ（天界の工匠、帝釈天の臣で工芸神）＜パ Vissakamma サ Viśva-Karman
ဝိသမလောဘ[wi.təma. lɔ:ba.]（名）貪欲、強欲 ဝိသမလောဘသမာ:：欲の皮が突っ張った人間 ဝိသမလောဘစီ:ပွါ:ရေ:သမာ:：金銭至上主義者、拝金主義者
ဝိသာခါ[wi.takʼa]（名）①てい宿（二十七星宿の第１６番目）②天秤座の１４個の星座、牛飼い座の東隣、蛇座の直ぐ上）③北冠座＝မြောက်ကိုသာခါ
ဝိသုကမ္မ[wi.dəkanma.]＝ဝိသကြုံနတ်
ဝိသုကြုံ[wi.dəkʼoun]＝ဝိသကြုံနတ်
ဝိသေသ[wi.teta.]①（形）特別の ②（名）特徴
ဝိသေသန[wi.tetəna.]（名）限定詞、修飾語 ＜パ
ဝိသေသရှိ[wi.teta. ʃi.]（動）特徴がある、特色がある、普通ではない ＜パ Visesa
ဝိသေသလက္ခဏာ[wi.teta. lɛʔkʼəna.]（名）特徴
ဝိသုဒ္ဓိမဂ်[wi.touʔdi.mɛʔ]（名）清浄道論 ＜パ
ဝီဇနေ:[wigənɛ:]（擬）ピューンと、ブーンと
ဝီခေါ်[wi kʼɔ]（動）ブーンと羽音がする
ဝီစကီ[wiseki]（名）ウイスキー ＜英 Whisky
ဝေ[we.]（動）①旋回する、向きが変る、向きを変える လေဝေသည်။ 風が旋回する、風向きが変る ရေဝေသည်။ 渦が巻く ②（煙が）立ち込める ③浮ぶ ဝေ့လည်ကြောင်ပတ်[we.lɛ dʑaunbaʔ]→ဝေ့လည်ကျောင်ပတ်
ဝေ့လည်ကြောင်ပတ်လုပ်[we.lɛ dʑaunbaʔ louʔ]（動）遠回しに言う、のらりくらりする

ဝေလည်ချောင်ပတ်[we.lɛʤaunbaʔ]（副）遠回しに婉曲に、回りくどくて、のらりくらりと、言い逃れをして、責任逃れで

ဝေဝဲ[we.wɛ:]（副）（涙が）浮んで

ဝေဝိုက်[we.waiʔ]（動）右往左往する、曲がりくねる

ဝေ[we]（動）①配る、配分する ဆန်ဝေသည်။ 米を配る ②手渡す ကြော်ငြာဝေသည်။ 広告を手渡す ③泡立つ、ふき零れる ထမင်းအိုးဝေကျသည်။ 釜がふきこぼれる ④茂る、繁茂する ပန်းတွေဝေနေတယ်။ 花が満開だ、咲き乱れる ⑤霞む、ぼんやりとする မျက်စိဝေသည် 目が霞む ခေါင်းထဲဝေနေသည်။ 頭がぼうつとする

ဝေခြမ်း[wetʃan:]（動）分ける、分配する

ဝေခွဲ[wekʰwɛ:]（動）識別する

ဝေခွဲမရနိုင်[wekʰwɛ: məja.nain]（動）判断に迷う

ဝေခွဲမရနိုင်အောင်ရှိ[wekʰwɛ: məja.nain ʃi.]（動）判別し難い

ဝေခွဲမရခဲ့ဖြစ်[wekʰwɛ: məja. pʰjiʔ]（動）判別しかねる

ဝေခွဲမရအောင်ဖြစ်[wekʰwɛ: məja.aun pʰjiʔ]（動）判断し難い

ဝေခွဲ၍မရနိုင်[wekʰwɛ:jwe. məja.nain]（動）判断に迷う

ဝေင[weŋa.]（動）配る、分配する、均分する、等分する ဝေငက်ပါ၊၎င်ငက်ပါ။ 分配しなさい

ဝေငဖြန့်ဖြူး[weŋa. pʰjan.bju:]（動）分け与える、分配する

ဝေစား[wesa:]（動）分配する မုန့်ကိုဝေစားသည်။ 菓子を分配する

ဝေစားမျှစားပြု[weza: m̥ja.za: pju.]（動）均等に分け合う、等分する

ဝေစု[wezu.]（名）分け前、取り分、配当

ဝေဆာ[wesʔa]（動）茂る、生い茂る、繁茂する

ဝေတက်[wetɛʔ]（動）泡立つ、ふきこぼれる နွားနို့သည်ဆူ၍ဝေတက်လာ၏။ 牛乳が沸騰してふきこぼれ出した

ဝေပုံ[weboun]（名）分け前、配分

ဝေပုံကျ[webounʤa.]（副）山分けして

ဝေပုံချ[weboun tʃʰa.]（動）配分する、手分けする

ဝေဖန်[weban]（動）①配当する、分配する ②批評する、批評する

ဝေဖန်ချက်[webanʤɛʔ]（名）批評、批判

ဝေဖန်စာ[webanza]（名）評論、批評文

ဝေဖန်စပ်စွဲ[weban suʔswɛ:]（動）非難する

ဝေဖန်စပ်စွဲချက်[weban suʔswɛ:ʤɛʔ]（名）非難

ဝေဖန်ပြစ်တင်[weban pjiʔtin]（動）非難する、咎

め立てする

ဝေဘန်[weban] →ဝေဖန်

ဝေမျှ[wem̥ja.]（動）均分する、等分する

ဝေဝဆာဆာ[wewe sʔaza]（副）たっぷりと、豊富に ဝေဝဆာဆာပြောပြကြသည်။ 喋りまくった ပိတော်ကံပန်းတွေဝေဝဆာဆာနဲ့ပန်းဆင်အုံးမယ်။ 青龍木の花を溢れんばかりに髪に挿そう

ဝေလီဝေလင်း[weli welin:]（名）暁、夜明け、未明

ဝေလီဝေလင်းအချိန်[weli welin: ətʃʰein]=ဝေလီဝေလင်း

ဝေဝါးဝါး[wewe wa:wa:]（副）ぼんやりと、霞んで

ဝေဇယန်[wezəjan]（名）①最勝殿（三十三天の中央にある帝釈天の宮殿）②帝釈天の乗物 ＜パ Vejayanta

ဝေဒနာ[wedəna]（名）苦しみ、苦痛、苦悩 ＜パ Vedanā

ဝေဒနာကျွမ်း[wedəna tʃwan:]（動）重病だ、重態だ、瀕死だ

ဝေဒနာခံစားရ[wedəna kʰanza:ja.]（動）苦しみを味わう

ဝေဒနာရှင်[wedəna ʃin]（名）苦しむ人、病人、患者

ဝေနေယျ[weneja.]（名）涅槃の可能性を持つ存在、救われる可能性のある存在、仏に教化され得る存在、人間 ＜パ Veneyya

ဝေပုလ္လတောင်[wepounla. taun]（名）方広山 ＜パ Vepulla

ဝေဘူကျောက်[webuʤauʔ]（鉱）片岩（雲母、石英、石榴石等を含む雲母片岩）、片麻岩（縞状組織を持つ変成岩）

ဝေယျဝစ္စ[weja wuʔsa.]（名）雑用 ＜パ Veyyā vacca

ဝေယျာဝစ္စအလုပ်[wejawuʔsa. əlouʔ]（名）雑事

ဝေယျာဝစ္စအသင်း[wejawuʔsa. ətin:]（名）仏塔や寺院の維持財団

ဝေရမဏိ[werəməni.]（名）パーリ語で五戒を唱える時の定型語（離と言う意味を現わす）ပါဏာတိပါတ ဝေရမဏိ 殺生よりの離、すなわち不殺生 ＜パ Veramaṇī

ဝေလငါး[wela.ŋa:]（動物）鯨 ＜英 Whale

ဝေလငါးဖမ်းဆီးမှု[wela. pʰan:zi:m̥u.]（名）捕鯨

ဝေလငါးမန်း[wela. ŋəman:]（魚）ジンベエザメ

ဝေလဒင်္ဂါး[wela. din:ga:]（名）ウェールズ皇太子（エドワード国王）の肖像がある金貨

ဝေလာဝေး[wela we:] (動) 遥かに及ばない、それどころか、とんでもない話だ、不可能だ

ဝေဿဘူ[weṯəbu] (名) 毘舎婆仏 (過去七仏の第3番目)

ဝေဿဝဏ်နတ်မင်း[weṯəwun naʼmin:] (名) 多聞天 (四天王の一人、須弥山の北を守護する) =ကုဝေရ

ဝေဿာလီပြောင်း[weṯali pjaun:] (植) シャルー (イネ科) Sorghum roxburghii

ဝေဿာလီဗျိုင်း[weṯali bjain:] (鳥) コサギ (サギ科) Egretta garzetta

ဝေဿန္တရာ[weṯandəja] (名) ①ヴェッサンタラー本生話 (ジャータカ第547話) ② (ジャータカ第547話の主人公である) ヴェッサンタラー王子

ဝေဿန္တရာမင်းကြီး[weṯandəja min:ɟi:] (名) ヴェッサンタラー王子

ဝေဿန္တရာဇာတ်[weṯandəja zaʼ] (名) ヴェッサンタラー本生話

ဝေဿန္တရာလုပ်[weṯandəja louʼ] (動) (ヴェッサンタラー王子の如く) 気前がよい、大盤振舞いをする

ဝေဿန္တရာသွေး[weṯandəja dwe:] (名) O型の血 (誰にたいしても血を提供できる)

ဝေဟင်ပစ်ဒုံးကျည်[wehinbjiʼ doun:tʃi] (名) 対空ミサイル

ဝေဠုဝန်ကျောင်း[welu.wun tʃaun:] (名) 竹林精舎

ဝေး[we:] ① (形) 遠い ② (動) 遠く離れている ဆေးလိပ်နဲ့ဝေးနေတာ ကြာပြီ။ 長い間喫煙とは縁がない စိတ်ဆိုးဖွယ်ဝေးတယ်။ 怒るような事はしない

ဝေးကွာ[we:kwa] (形) 離れている、遠隔の地にある

ဝေးစွ[we:zwa.] (助) 言うに及ばず、もとよりの事 သူ့ကိုစကား:စရံဘို့ဝေးစွ၊ သူ့အနား:ကပ်ရုံမျှ ဖြင့်ဒူး:တုန်ရင် ခုန်ပြစ်မိလေသည်။ 彼に話し掛けるなんてとんでもない、その近くに立寄るだけで思わず動悸が高まり膝が震える ဟိစဉ်ကမှရယ်ချင်မည်ဝေး:စွ၊ မျက်ရည်လည်သည့်အခါပင်လည်ခဲ့သေး:သည်။ その当時は笑うどころか、涙が滲んでさえ来る位だった

ဝေးလံ[we:lan] (形) 遥かに遠い、遠隔の地だ

ဝေးလံဒေသ[we:lan deṯa.] (副) 僻地、遠隔地

ဝေးဝေးက[we:we:ga.] (副) 遠くで ဝေးဝေးကရှောင်တယ်။ 遠くから避ける、近寄らない

ဝယ်[wɛ] (助・文) 於格を示す、~で、~において နဖူးပြင်ဝယ်ချွေးသီးများစို့နေ:သည်။ 額には汗が滲んでいた တောဝယ်သစ်သီးယူချေ:သည်။ 森で木の実を集めた ထီးဖြူရိပ်ဝယ်သိပ်ထာ:လေ၏။ 白傘の蔭に寝かせておいた

ဝယ်[wɛ] (動) 買う、購入する、購買する

ဝယ်ခြင်း[wɛdʑin:] (名) 購入、購買

ဝယ်ခြမ်း[wɛtʃan:] (動) 買う、購入する

ဝယ်စရာ[wɛzəja] (名) 買い物、買う物

ဝယ်စား[wɛ sa:] (動) 買い食いする、買って食べる

ဝယ်နိုင်အား[wɛnain a:] (名) 購買力

ဝယ်ယူ[wɛju] (動) 買い取る、購入する

ဝယ်ယူသုံးစွဲ[wɛju ṯoun:swɛ:] (動) 買って使う、購入使用する

ဝယ်လိုအား[wɛlo a:] (名) 購買力、需要

ဝယ်သူ[wɛdu] (名) 買い手、購入者

ဝယ်သောက်[wɛ ṯauʼ] (動) 買って飲む

ဝယ်အား[wɛ a:] (名) 需要、購買力

ဝယ်လင်တန်ဘွတ်ဖိနပ်[wɛlintan buʼpʼənaʼ] (名) 長靴 <英 Wellington Boots

ဝဲ[wɛ:] (名) 左 =လက်ဝဲ

ဝဲယာ[wɛ:ja] (名) 左右

ဝဲယာတဘက်တချက်[wɛ:ja təpʼɛʼtətʃʼɛʼ] (名) 両側、左右双方

ဝဲယာဘေး:နံဘက်[wɛ:ja be:nəpʼɛʼ] (名) 両側

ဝဲ[wɛ:] (病) (カイセンチュウ、ヒゼンダニによって生じる皮膚病) かいせん cf. 3ကိ၊ပွေး၊ဂျတ်။

ဝဲခြောက်[wɛ:dʑauʼ] (動) 乾いたかいせん

ဝဲစား:[wɛ: sa:] (動) かいせんに罹る

ဝဲစို[wɛ:zo] (名) 湿ったかいせん

ဝဲစွဲ[wɛ: swɛ:] (動) かいせんに罹る

ဝဲဝန်[wɛ:wn] (名) かいせん

ဝဲ[we:] ① (動) 飛翔する、空に舞う、空中を旋回する လေယာဉ်သည်ဝဲရှိဆင်းနေသည်။ 飛行機が旋回して舞い下りてきた ② (名) 渦

ဝဲကတော့[wɛ: gədo.] (名) 小型の渦巻

ဝဲမိ[wɛ: souʼ] (動) 渦に巻き込まれる

ဝဲမွတ်[wɛ: mouʼ] (動) 泡立つ

ဝဲသိုက်[wɛ: ɔ:ga.] (名) 大型の渦巻

ဝဲ[wɛ:] (動) 滲む、涙を帯びる、目がかる တာ:ပြောတော့နဲနဲဝဲတယ်။ 話をすると少し訛る ထား:ဝယ်သံဝဲဖြင့်ပြောသည်။ タヴォイ方言の訛りで発音する

ဝဲတဝဲတနှင့်[wɛ:ṯewɛ:ṯe nɛ.] (副) 訛っていて

ဝဲပျံ[wɛ:bjan] (名) 母屋の軒下の空間 =အဖိ

ဝဲလင်:[wɛ:lin:] =ဝဲပျံ

ဝေါ[wɔ:] (名) (国王、皇太子、王子達専用の) 輿

ဝေါကြီးမှူး[wɔ:dʑimu:] (名) 王朝時代の役職名、国王の輿を担ぐ人夫百二十人の頭領

ဝေါတော်[wɔ:dɔ] (名) 国王専用の屋根付きの輿

ဝေါပလာ[wɔ:pəla] (名) 無蓋の輿

ဝေါယာဉ်တော်[wɔ:jindɔ] =ဝေါလာ

ဝေါဟာရ[wɔ:hara.] (名) 単語、語彙</Vohāra

ဝေါဟာရအား:ဖြင့်[wɔ:hara.a:pʼjin.] (副) 単語

ဝိုးတဝါး[woːdəwaː]（副）①幽かに、ぼんやりと ② 漠然と、曖昧に

ဝိုးတဝါးမြင်[woːdəwa: mjin]（動）ぼんやりと見える、鮮明には見えない

ဝိုးတဝါးသိ[woːdəwaː ti.]（動）漠然と知る စာ အုပ်ဖတ်၍ဝိုးတဝါးသိကြသည်။ 皆本を読んで漠然とは知っていた

ဝိုးတဝါးရှိ[woːdəwaː ʃi.]（動）幽かに အလင်းရောင်ဝိုးတဝါးရှိသည်။ 灯りが幽かにあった

ဝိုးတိုးဝါးတား[woːdoːwaːdaː]（副）ぼんやりと、霞んで ဝိုးတိုးဝါးတားသတိရမိ၏။ ぼんやりと思い出した

ဝိုးဝါး[woːwaː]（形）曖昧だ、はっきりしない、朦朧としている ဝိုးဝါးပြာနေသောမျက်လုံးများ။ ぼんやりと霞んだ両目

ဝိုးဝိုးဝါးဝါး[woːwoː waːwaː]（副）ぼんやりと、霞んで、幽かに

ဝိုးဝင်း[woːwin]（動）きらきら輝く

ဝက်[wɛʔ]①（動）半分にする、二等分する ②（名）半分 တဝက် 半分 လက်မဝက် 半インチ နာရီဝက် 半時間

ဝက်ဝက်ကွဲ[wɛʔwɛʔkwɛ:]（副）過度に、極度に、溢れかえらんばかりに、耳を聾せんばかりに ဈေးကဝက်ဝက်ကွဲစည်ကားသည်။ 市場は溢れかえらんばかりに混雑している

ဝက်ဝက်ကွဲမျှ[wɛʔwɛʔkwɛːmja.]（副）=ဝက်ဝက်ကွဲ၊ ပွဲတော်က ဝက်ဝက်ကွဲမျှစည်ကားလှသည်။ 祭礼は溢れかえらんばかりに賑やかだ

ဝက်ဝက်ကွဲအောင်[wɛʔwɛʔkwɛː aun]=ဝက်ဝက်ကွဲ၊ ဝက်ဝက်ကွဲအောင်ပြေးတယ်။ 全速力で走った

ဝက်[wɛʔ]（動物）豚

ဝက်ကလေး[wɛʔkəleː]（名）子豚

ဝက်ကြိမ်[wɛʔtʃein]（植）ヒゲタデ（タデ科） Polygonum serrulatum

ဝက်ကြိမ်ကလေး[wɛʔtʃeingəleː]（植）ヒョウタンギシギシ（タデ科） Rumex nigricans

ဝက်ကျံ[wɛʔtʃan]（植）コアゼガヤツリ（カヤツリグサ科） Cyperus haspan

ဝက်ကြံ့[wɛʔtʃan.]（動物）アジアニカクサイ、スマトラサイ（サイ科） Rhinoceros sumatrensis

ဝက်ခေါက်[wɛʔkʻauʔ]（名）豚の皮

ဝက်ခေါက်ကင်[wɛʔkʻauʔkin]（名）豚の皮の油焼き

ဝက်ချေးပန်း[wɛʔtʃʻeːpəneː]（植）①オオバボンテンカ（アオイ科）Urena lobata ②ボンテンカ（アオイ科）Urena sinuata 帯の材料に使用

ဝက်ခြံ[wɛʔtʃan]（名）①豚小屋 ②法廷の被告台 ③ にきび

ဝက်စွယ်[wɛʔswɛ]（名）①猪の牙 ②牛車の軸止め、楔

ဝက်ဆီ[wɛʔsʻi]（名）ラード、豚の脂肪

ဝက်တုပ်တုပ်[wɛʔtouʔ touʔ]（動）手足を一緒に縛る、四肢を括る

ဝက်ထီး[wɛʔtʻiː]（名）牡豚

ဝက်နာကျ[wɛʔna tʃa.]（動）豚が伝染病に罹る

ဝက်ပေါင်ခြောက်[wɛʔpaundʒauʔ]（名）ハム

ဝက်ဖြစ်မှချေးမကြောက်။（諺）最低生活を経験すれば怖いものなし（豚になれば糞とて厭わず）

ဝက်မ[wɛʔma.]（名）牡豚

ဝက်မတမ်း[wɛʔmədan:]（名）初産の豚 cf.ကြက်မတမ်း：

ဝက်မလှတ်[wɛʔməluʔ]（植）ミナミバショウ、サンジャクバナナ（バショウ科） Musa chinensis

ဝက်မလှတ်ငှက်ပျော[wɛʔməluʔ ŋəpjɔː]=ဝက်မလှတ်

ဝက်မြေစာဥ[wɛʔmjeza u.]（植）オオサンカクイ（カヤツリグサ科） Scirpus grossus 塊根は食用になる

ဝက်မြေဥ[wɛʔmje u.]（植）ハマスゲ、カヤツリグサ

ဝက်မှင်ဘီး[wɛʔmin biː]（名）（豚毛の）ブラシ

ဝက်ရူးနာ[wɛʔjuːna]（病）癲癇（てんかん）

ဝက်ရူးပြန်[wɛʔjuː pjan]（動）癲癇の発作が起きる cf. ခေး၊ရူးပြန်

ဝက်ရူးပြန်ရောဂါ[wɛʔjuːbjan jɔːga]=ဝက်ရူးနာ

ဝက်လာ[wɛʔla]（植）クグガヤツリ（カヤツリグサ科） Cyperus compressus

ဝက်လာမြက်[wɛʔla mjɛʔ]（植）シチトウイ（カヤツリグサ科） Cyperus tegetum

ဝက်လျှော်[wɛʔʃɔ]（植）カトウ（アオギリ科） Firmiana colorata

ဝက်ဝက်ကွဲ[wɛʔwɛʔ kwɛː]①（形）夥しい ②（副）著しく

ဝက်ဝံ[wɛʔwun]（動物）①熊 ②マライグマ（クマ科）=ကျွဲဝံ၊ Ursus malayanus cf. မြင်းဝံ ヒマラヤグマ သစ်ဝံ ナマケグマ

ဝက်သား[wɛʔtʰaː]（名）豚肉

ဝက်သားကင်[wɛʔtʰa gin]（名）焼き豚

ဝက်သားချက်[wɛʔtʰa dʒɛʔ]（名）豚肉料理

ဝက်သားတစ်[wɛʔtʰa diʔ]（名）豚肉の断片

ဝက်သားတုံး[wɛʔtʰa doun:]（名）豚肉の塊

ဝက်သားပြောင်ကျွေး[wɛʔtʰaːbjaun tʃweː]（動）（他の物は交えずに）豚肉だけを食べさせる

ဝက်သက်[wɛʔtɛʔ]（病）麻疹（はしか）

ဝက်သက်ပေါက်[wɛʔtɛʔ pau]（動）麻疹に罹る

ဝက်သက်ဝမ်းဖြစ်[wɛʔtɛʔ wun:pʼjiʔ] (動) 麻疹に罹って下痢をする

ဝက်သိုက်[wɛʔtai ʔ] (名) 豚小屋

ဝက်သစ်ချ[wɛʔtiʔtʃʼa.] (植) ブナ科コナラ属の樹木 Quercus semiserrata 家具の材料として使用

ဝက်အူ[wɛʔu] (名) 螺子（ねじ）、木螺子

ဝက်အူခေါင်း[wɛʔu gaun:] (名) ねじ頭

ဝက်အူချောင်း[wɛʔutʃaun:] (名) ソーセージ

ဝက်အူစုပ်[wɛʔu souʔ] (動) 螺子をはめる、螺子をはめ込む

ဝက်အူရစ်[wɛʔujiʔ] (名) 螺子山、螺旋

ဝက်အူလန့်[wɛʔulun] (名) コルク抜き

ဝက်အူလှဲ[wɛʔulʰɛ.] → ဝက်အူလှည့်

ဝက်အူလှည့်[wɛʔu ɬʰɛ.][wɛʔulʰɛ.] (名) ねじ回し、ドライバー

ဝက်[wɛʔ] (名) 同じ調音点の発音群（ビルマ文字３３文字を同じ調音点でまとめた５文字ずつ、すなわちကဝက်｜စဝက်｜ၚဝက်｜တဝက်｜ပဝက် の５群）

ဝိုက်[waiʔ] (動) ①迂回する ②包囲する、取囲む

ဝိုက်ကွင်း[waiʔkwin:] (名) 括弧（カッコ）

ဝိုက်ချ[waiʔtʃʼa.] (名) 第２声調を示す符号の一つ cf. မောက်ချ

ဝင်[win.] (動) ①振回す ဓား:ကိုဝင်သည်။ 刀を振回す ②振る အလံဝင်သည်။ 旗を振る ③紡ぐ ④威張る、自慢する ကြား:ဝင်သည်။ 自慢する

ဝင်ကြား[win.tʃwa:] (動) 自慢する、誇る

ဝင်ဝါ[win.wa] (形) 尊大だ、傲慢だ、横柄だ

ဝင်[win] (動) ①入る ဝင်သူဝင်သည်။ 入る人は入る အိမ်ထဲဝင်သည်။ 屋内に入る တိုက်ပွဲဝင်သည်။ 戦闘に入る အသင်း:ဝင်သည်။ 入会する ထပ်ထဲဝင်သည်။ 入営する နေဝင်သည်။ 日が沈む ဆောင်း:ဝင်သည်။ 冬になる ပြိုင်ပွဲဝင်သည်။ 競技に参加する အပျိုဖော်ဝင်သည်။ 乙女になる、思春期に入る

ဝင်ကစပ်[wingəzuʔ] (貝) ヤドカリ

ဝင်ကုန်[wingoun] (名) 輸入品、輸入商品、輸入物資

ဝင်ကြေး[windʒe:] (名) 入会金、入会費

ဝင်ခ[winga.] (名) 入場料

ဝင်ခါနီ:[winga ni:] (名) 入る寸前、日没前近

ဝင်ခွင့်[wingwin] (名) 入る許可、入る許し

ဝင်ခွင့်ရ[wingwin. ja.] (動) 入る事を許される、入る事を認められる

ဝင်ငွေ[winŋwe] (名) 収入、所得

ဝင်ငွေကောင်း:[winŋwe kaun:] (形) 実入りがよい、収入が多い

ဝင်ငွေခွန်[winŋwegun] (名) 所得税

ဝင်ငွေထွက်ငွေ[winŋwe tʼwɛʔŋwɛ] (名) 収支

ဝင်ငွေပြောင့်[winŋwe pʼjaun.] (形) 収入が安定している、実入りがよい

ဝင်ငွေရှိ[winŋwe ja.ʃi.] (動) 収入がある、収入を得る

ဝင်ငွေလမ်း:[winŋwe lan:] (名) 収入の道、収入の方法

ဝင်စား:[winza:] (動) ①生れ変る လူဝင်စား:သည်။ 人間に生れ変る ②興味を持つ စိတ်ဝင်စား:သည်။ 関心を寄せる ③精神を集中する ချာ:နှင်သည်။ 精神を統一する、専念する ④敵側に寝返る、帰順する

ဝင်စီး[win si:] (動) 乗っ取る、占拠する cf. အပိုင်စီး:သည်။

ဝင်စေစပ်[win se.zaʔ] (動) 取り成す、調停する、間に割って入る

ဝင်စွက်[win swɛʔ] (動) 干渉する ပြည်တွင်:ရေး:ကို ဝင်စွက်တယ်။ 内政に干渉する

ဝင်ဆဲဖြစ်[winzɛ: pʼjiʔ] (動) 目下入りつつある、入っている最中だ

ဝင်ဆံ့[win sʼan.] (動) 溶け合う、うまく仲間入りを果す

ဝင်တိုး[win to:] (動) 押し入る、押込む

ဝင်တော်မူ[win dɔmu] (動) 敬語 ①（国王が）お入りになる ②（国王が）玉座から退出なさる cf. ထွက်တော်မူ

ဝင်တိုက်[win taiʔ] (動) ①ぶつかる、衝突する ②戦闘に加わる、入って攻撃する

ဝင်ထိုင်[win tʼain] (動) 座に加わる、加わって座る

ဝင်နေကပါ:[winne kaʔpa:] (名) 王朝時代の身分の一つ、他村からの転入者並びに転入者と地元民との間に生れた者 cf. အသည်။ အလာ။

ဝင်ပေါက်[winbauʔ] (名) 入口 cf. ထွက်ပေါက်

ဝင်ပြေ:[win pje:] (動) 逃げ込む

ဝင်ပွေ[win pwe.] (動) 近寄って抱き上げる

ဝင်ဖြတ်[win pʼjaʔ] (動) 口を挟む、差し出がましく物を言う

ဝင်ရိုး[win jo:] (名) 軸、車軸、心棒

ဝင်ရိုး:စွန်[win jo:zun] (名) ①枢軸 ②極 မြောက် ဝင်ရိုး:စွန် 北極 တောင်ဝင်ရိုး:စွန် 南極

ဝင်ရိုး:စွန်ဒေသ[win jo:zun deɪta.] (名) 極地

ဝင်ရိုး:စွန်နိုင်ငံ[win jo:dan: naingan] (名) （日独伊３カ国による第二次大戦中の）枢軸国

ဝင်ရိုး:တန်:မဟာမိတ်[win jo:dan: məhameiʔ] (名) 枢軸同盟

ဝင်ရောက်[win jauʔ] (動) ①入って来る ②加わる、

ဝင်ရောက်စုံစမ်း[win jau' sounzan:](動)参加して調査する

ဝင်ရောက်စွက်ဖက်[win jau' swɛ'p'ɛ'] =ဝင်စွက်

ဝင်ရောက်ဆင်နွဲ[win jau' s'innwɛ:](動)参加する、参加して実行する、共演する

ဝင်ရောက်ဆောင်ရွက်[win jau' s'aun jwɛ'](動)参加して実施する、参加して行う

ဝင်ရောက်လာ[win jau'la](動)入って来る、参加する

ဝင်ရောက်လက်နက်ချ[win jau' lɛ'nɛ' tʃa.](動)投降する、武器を棄てて帰順する

ဝင်ရောက်လုပ်ကိုင်[win jau' lou'kain](動)加わって働く、仕事に加わる

ဝင်ရှုပ်[win ʃou'](動)妨げる、干渉する

ဝင်လာ[win la](動)入って来る

ဝင်လမ်း[winlan:](名)入り道

ဝင်လျှင်ဝင်ချင်း[win jin windʒin:](副・文)入ると直ぐに、入るや否や、入った途端

ဝင်လျှင်ဝင်ချင်း။ ဆောက်နှင့်ထင်း။ (諺)初めから脱兎の如く、端から乱暴だ（入った途端に錐で穴を開ける）

ဝင်ဝင်ချင်း[win windʒin:]=ဝင်လျှင်ဝင်ချင်းの口語

ဝင်သက်[windɛ'](名)吸気、吸う息 cf. ထွက်သက်

ဝင်သွား[win twa:](動)入って行く

ဝက်ပါ[wingəba](名)迷路（ビルマでは中央に釈迦牟尼の仏壇を安置する）

ဝက်ပါခင်း[wingəba k'in:](動)迷路を設ける

ဝက်ပါပွဲ[wingəbabwɛ:](名)迷路遊び（ヴェッサンタラ本生話に因む催し、ビルマ暦8月すなわち太陽暦の11月満月の夜に行われた）

ဝက်ပါလျှည့်[wingəba ʃɛ.](動)迷路をさまよう

ဝင်း[win:](名)①垣、囲い、柵 ②屋敷、邸内、構内、敷地 ③王朝時代の近衛兵、御所警備兵

ဝင်းခင်း[win: k'in:](動)（国王外出の際その前後左右を）近衛兵が護衛する

ဝင်းခြံ[win:dʒan](名)囲い、柵、垣

ဝင်းတော်အိမ်တော်[win:dɔ eindɔ](名)お屋敷、御殿、館

ဝင်းတံခါး[win: dəga:](名)門、出入口

ဝင်းထရံ[win: dəjan](名)垣根、フェンス

ဝင်းပေါက်[win:bau'](名)門、出入口

ဝင်းမှူး[win:mu:](名)（王朝時代の）近衛兵団長

ဝင်းသား[win:ta:](名)（王朝時代の）近衛兵

ဝင်းအမှုထမ်း[win: əmu.dan:]=ဝင်းသား

ဝင်း[win:](形)明るい、艶々している သူ့အသား မှာဝါဝင်းနေသည်။ 彼女の肌は小麦色に輝いている

အသားမှာဖြူဝင်း၏။ 皮膚は白く艶々している

ဝင်းခနဲ[win:gənɛ:](擬)きらりと、ぴかりと

ဝင်းပ[win:pa.](動)輝く မျက်နှာမှာဝင်းပလာလေသည်။ 顔の表情が生き生きしてきた

ဝင်းပြောင်[win:pjaun](動)煌く、光る

ဝင်းဝါ[win:wa](動)金色に輝く ရွှေရောင်ဝင်းဝါသည်။ 黄金色に輝く

ဝင်းဝင်းပ[win:win: pa.](動)（月が）煌煌と照る

ဝင်းဝင်းလက်[win:win: lɛ'](動)きらきら輝く、燦然と光り輝く

ဝိုင်[wain](名)ワイン ＜英 Wine

ဝိုင်အရက်[wain əjɛ'](名)=ဝိုင်

ဝိုင်ယာကြိုး[wain ja dʒo:](名)ワイヤー ＜英

ဝိုင်သား[wainta:](名)ボイル、薄織物 ＜英

ဝိုင်အမ်ဘီအေ[wain an bi e](名)YMBA（青年仏教徒会）

ဝိုင်း[wain:]①（動）取巻く、取囲む、包囲する ရန်သူများကဝိုင်းထားသည်။ 多勢の敵に包囲されている ②籾を箕で篩う ③（形）円い、円形をしている ④（副）共同で、皆で協力して ⑤座、仲間、グループ ဖဲဝိုင်း トランプの座 ဂျင်ဝိုင်း 独楽遊びの仲間 ထမင်း ဝိုင်း 同じ食膳を囲んでいる人々

ဝိုင်းကူ[wain:ku](動)皆で手伝う、皆で協力する

ဝိုင်းကူညီကြ[wain: kuɲi dʒa.]=ဝိုင်းကူ

ဝိုင်းကြီးပတ်ပတ်[wain:dʒi: pa'pa'](名)籠目籠目遊び ဝိုင်းကြီးပတ်ပတ်ကစားကြသည်။ 籠目籠目遊びをする

ဝိုင်းကြီးပတ်ပတ်ဒူဝေဝေဂဇာ:[wain:dʒi:pa'pa' du wewe gəza:]=ဝိုင်းကြီးပတ်ပတ်ကစား

ဝိုင်းကြည့်ကြ[wain:tʃi.dʒa.](動)取巻いて見る、囲んで見る

ဝိုင်းခေါ်ကြ[wain:k'ɔdʒa.](動)皆で呼ぶ、皆に呼ばれる တကျောင်းလုံးကဝိုင်းခေါ်ကြလေသည်။ 全校の皆からそう呼ばれていた

ဝိုင်းစားကြ[wain:sa:dʒa.](動)一緒に食べる、皆で食べる မောင်နှမသုံးယောက်ထမင်းဝိုင်းစားကြ၏။ 兄弟3人で一緒に食事をした

ဝိုင်းစက်[wain:sɛ](形)円い、円形をしている ဝိုင်း စက်သောမျက်နှာ 円い顔

ဝိုင်းစဉ်းစားကြ[wain:sin:za: dʒa.](動)皆で考える、皆で協力して考える

ဝိုင်းဆရာ[wain: s'əja](名)円陣状太鼓の演奏者

ဝိုင်းတားကြ[wain:ta:dʒa.](動)皆で制止する

ဝိုင်းတော်ကြီး[wain:dɔdʒi:](名)ビルマの管弦楽団

ဝိုင်းတော်သား:[wain:dɔda:]（名）ビルマの管弦楽団員、管弦楽団のメンバー
ဝိုင်းနှိမ်ကြ[wain:neinʤa.]（動）皆で苛める、寄ってたかって苛める
ဝိုင်းပယ်[wain:pɛ]（動）皆で退ける、排斥する
ဝိုင်းပြီး[wain:pi:]（副）皆で、協力して
ဝိုင်းဖွဲ့ကြ[wain:p'wɛ.ʤa.]（動）円陣を組む、環になる、座を作る、グループを編成する
ဝိုင်းရယ်ကြ[wain:ji ʤa.]（動）皆で笑う、全員が笑う
ဝိုင်းရိုက်[wain:jaiʔ]（動）皆で殴る、取囲んで殴る
ဝိုင်းရံ[wain:jan]（動）取巻く、取囲む、包囲する
ဝိုင်းရှ[wain:jwe.]（副・文）皆で、協力して
ဝိုင်းရှာပေး[wain:ʃa pe:]（動）皆で探してやる、探すのを皆で手伝う　မေမေလဲဝိုင်းရှာပေးပါမယ်။ ママも探すのを手伝ってあげよう
ဝိုင်းလည်ကြ[wain:lɛʤa.]（動）取囲む
ဝိုင်းလုပ်ဝိုင်းစား:[wainːlouʔ wain:za:]（名）共同運営共同生活
ဝိုင်းဝိုင်း[wain:wain:]（副）円く、円形に
ဝိုင်းဝိုင်းစက်စက်[wain:wain:sɛʔsɛʔ]（副）真ん丸く、真円に
ဝိုင်းဝိုင်းလည်[wain:wain: lɛ]（動）円形に囲まれる、円形に包囲される
ဝိုင်းဝန်[wain:wun:]①（動）包囲攻撃する、取囲んで攻める　②（副）皆で、一緒に、協力して
ဝိုင်းဝန်းကူညီကြ[wain:wun kuɲiʤa.]（動）協力する、互いに助け合う
ဝိုင်းဝန်းကြည့်ရှုကြ[wain:wun tʃi.ʃu.mʤa.]（動）取囲んで見る
ဝိုင်းဝန်းတိုက်ခိုက်ကြ[wain:wun taiʔk'aitʃa.]（動）包囲攻撃する
ဝိုင်းသယ်ပေး:ကြ[wain:tɛ pe:ʤa.]（動）皆で運んでやる、助け合って運搬する
ဝိုင်းအုံ[wain:oun]（動）群がる、取囲む、包囲する
ဝစ[wiʔsa.]（名）糞、便 ＜パ Vacca
ဝစ္စနှစ်လုံးပေါက်[wiʔsa. ŋəloun:bauʔ]（名）第3声調を表示する符号（文字の右側に添付される）
ဝစ္စပေါက်[wiʔsa.pauʔ] ＝ ဝစ္စနှစ်လုံးပေါက်
ဝဋ်[wuʔ]（名）①因縁、宿縁、因果、応報、業　②輪廻 ＜パ Vatta ＝ကံကြမ္မာ
ဝဋ်ကောင်[wuʔkaun]（名）因果応報の報いを受けた者、償いを課せられた者、輪廻の苦しみを受けた者
ဝဋ်ကျွတ်[wuʔ tʃuʔ]（動）因縁から解放される、業から脱却する、輪廻から抜け出る
ဝဋ်ကြွေး:[wuʔtwe:]（名）前世の報い、因縁の報い、

不幸な巡り合わせ、因果
ဝဋ်ခံရ[wuʔ k'an ja.]（動）報いを受ける、祟りを蒙る、罰が当る、不幸な廻り合わせとなる
ဝဋ်ဆိုက်[wuʔ s'aiʔ]（動）罰が当る、報いを蒙る
ဝဋ်ဆင်းရဲ[wuʔ s'in:jɛ:]（名）輪廻の苦しみ
ဝဋ်ဒုက္ခ[wuʔ douʔk'a.]（名）輪廻の苦痛 ＜パ
ဝဋ်နာခံနာ[wuʔna k'anna]（病）業病、天刑病、癩病、ハンセン氏病
ဝဋ်မှာအမြဲ၊ ငရဲမှာအုပ်။ →ဝဋ်အမြဲ၊ ငရဲအုပ်။
ဝဋ်လိုက်[wuʔ laiʔ]（動）報いを受ける、罰が当る、悪い結果が付きまとう、応報から免れられない
ဝဋ်လည်[wuʔ lɛ]（動）因果は巡る、報いを受ける、罰が当る、因果応報だ
ဝဋ်ဝိပါက[wuʔwi.baga.]（名）前世の報い、因果応報、業 ＝ဝိပါကဝဋ်၊ ＜パ Vipāka vaṭṭa
ဝဋ်အမြဲ၊ ငရဲအုပ်။（諺）因果応報、悪行を避け功徳を積むよう心掛けよ（悪事の報いは付いて回る、功徳を積めば地獄には堕ちぬ）
ဝတ်[wuʔ]（名）①務め、義務、責任 ＜パ Vatta　လင်ဝတ် 夫の務め　မယား:ဝတ် 妻の務め ②因果 →ဝဋ် ③微小な物　ဝတ်ဆံ 植物の茎（ずい）　ဝတ်မှုန် 花粉
ဝတ်ရည် 花蜜
ဝတ်ကုန်ဝတ်ကျေ[wuʔkoun wuʔtʃe]（副）お義理に、お座なりに、通り一遍に、ありきたり ＝ဝတ်ကျေဝတ်ကုန်
ဝတ်ကျေ[wuʔtʃe]（動）義務を果す
ဝတ်ကျေတမ်း:ကျေ[wuʔtʃe tan:ʤe]（副）通り一遍、お義理で、その気もないままに、程々に、表面上　ဝတ်ကျေတမ်း:ကျေဆိုရှိအလုပ်လုပ်တယ်။ 最低限しか働かない
ဝတ်ကျေဝတ်ကုန်[wuʔtʃe wuʔkoun] ＝ဝတ်ကုန်ဝတ်ကျေ
ဝတ်ကျောင်း:[wuʔtʃaun:]（名）仏教寺院の礼拝堂
ဝတ်ကြီး:ဝတ်ငယ်[wuʔtʃi: wuʔŋɛ]（名）①孝行、親孝行　②師への奉仕、年長者への奉仕、長老への奉仕 ＝ရေပူရေမြ:
ဝတ်ကြီး:ဝတ်ငယ်ပြု[wuʔtʃi:wuʔŋɛ pju.]（動）①親孝行をする　②弟子として師に奉仕する
ဝတ်ကြွေ:[wuʔtʃwe:] →ဝဋ်ကြွေ:
ဝတ်ကြွေ:ကြီး:မား:[wuʔtʃwe: tʃi:ma:]（形）大きな報いだ、大きな罰だ
ဝတ်ချ[wuʔtʃa.]（動）お辞儀をする、頭を下げる、敬意を表わす
ဝတ်တရား:[wuʔtəja:] →ဝတ္တရား:
ဝတ္တရား:[wuʔtəja:]（名）①務め、義務　②責任
ဝတ္တရား:ကျေ[wuʔtəja: tʃe]（動）義務を履行する、責任を果す、義理を全うする

ဝတ္တရားကျေပြန်[wuʔtəja: tʃebjun] =ဝတ္တရားကျေ
ဝတ္တရားပျက်[wuʔtəja: pjɛʔ] (動) 義務を怠る、責任を果さない
ဝတ္တရားအမှုတော်ထမ်း[wuʔteja: əm̥u.dɔ t'an:] (動) 責任ある仕事をする、果すべき任務を遂行する
ဝတ်တက်[wuʔtɛʔ] (動) 臘呪経１１種、転法輪経等の読誦、礼拝、祈祷を欠かさず行う、三宝を供養する
ဝတ်ထိဇပါ[wuʔt'i.zəba] (副) 平気で、遠慮なく、傍若無人に
ဝတ်ပျက်[wuʔpjɛʔ] (動) 義務を怠る
ဝတ်ပြု[wuʔpju.] (動) ①三宝を拝む、祈祷する、礼拝する ②務めを果す、義務を遂行する ③奉仕する
ဝတ်ဖြည့်[wuʔp'je.] (動) ①拝む、礼拝する ②比丘に按摩をする
ဝတ်မြေ[wuʔmje] (名) 寺領地
ဝတ်မိုး:ဝတ်မြေ[wuʔmo: wuʔmje] =ဝတ်မြေ
ဝတ်ရွတ်[wuʔjuʔ] (動) 読誦祈祷を欠かさずに行う
ဝတ်[wuʔ] (動) ①着る、着用する、身にまとう အင်္ကျီဝတ်သည်။ 上着を着る ②穿く ဘောင်းဘီဝတ်သည်။ ズボンを穿く လုံချည်ဝတ်သည်။ ロンジーを穿く ③(宝石)を身に付ける လက်စွပ်ကိုဝတ်သည်။ 指環を嵌める
ဝတ်ကောင်းစားလှ[wuʔkaun:zəɬa.] (名) 晴着
ဝတ်ကြောင်[wuʔtʃaun] (名) ①俗人、世俗の人、在家信者 ②平服、俗人の衣服、出家でない人の衣装 ဝတ်ကြောင်ကိုပယ်သည်။ 平服を斥ける、俗人の衣服を脱ぎ捨てる、出家となる
ဝတ်စား[wuʔsa:] (動) ①着る、着用する、身にまとう ②盛装する、着飾る
ဝတ်စား:ဆင်ယင်[wuʔsa: s'injin] (動) 着る、着飾る、盛装する
ဝတ်စား:ဆင်ယင်ပုံ[wuʔsa: s'injinboun] (名) 服装、衣装、装束の様子
ဝတ်စား:ဆင်ယင်မှု[wuʔsa: s'injinm̥u.] (名) 服装
ဝတ်စား:တန်ဆာ[wuʔsa:dəza] (名) 衣装、装束、盛装
ဝတ်စုံ[wuʔsoun] (名) ①スーツ ②制服、ユニフォーム ကျောင်းဝတ်စုံ 学校の制服
ဝတ်ဆင်[wuʔs'in] (動) ①着る、身につける、着用する ②着飾る、盛装する
ဝတ်ဆင်ထား:[wuʔs'in t'a:] (動) 着ている、盛装している
ဝတ်ပုံစားပုံ[wuʔpoun sa:boun] (名) 服装、身なり
ဝတ်ဖြူ[wuʔp'ju] (名) 白衣
ဝတ်ရေး[wuʔje:] (名) 着る事、身にまとう事
ဝတ်ရုံ[wuʔjoun] ① (動) 裂裟を身にまとう ② (名) ガウン =ဝတ်လုံ၊ ဘွဲ့ဝတ်ရုံ 卒業式のガウン

ဝတ်လဲ:[wuʔlɛ:] (名) 特別な衣装
ဝတ်လဲတော်[wuʔlɛ:dɔ] (名) 王族の衣装
ဝတ်လစ်စလစ်[wuʔliʔsəliʔ] ① (名) 裸、全裸 ② (副) 裸で、全裸で =ကိုယ်တုံးလုံး
ဝတ်လုံ[wuʔloun] (名) ① (王朝時代身分に応じて着用した) 広袖付きの丹前に似た衣装 (中国の「ほう」に類似) ②ガウン ③司法官服 cf・ဝတ်လုံတော်ရ
ဝတ်လုံတော်ရ[wuʔloundɔja.] (名) (英領時代の) 高等法院の弁護士、法廷弁護士
ဝတ်လုံဖြူ[wuʔlounbju] (名) 白色のガウン、白色の丹前状衣装
ဝတ်[wuʔ] (名) 微小なもの、微細なもの
ဝတ်ဆံ[wuʔsʼan] (名) 花蕊 (ずい)、雄蕊
ဝတ်ဆံတိုင်[wuʔsʼandain] (名) おしべ
ဝတ်ဆံတည်[wuʔsʼan tɛ] (動) 花芽を出す、花が発芽する
ဝတ်ဆံတံ[wuʔsʼandan] (名) おしべ
ဝတ်ဆံဖို[wuʔsʼanbo] (名) おしべ
ဝတ်ဆံမ[wuʔsʼanma.] (名) めしべ、植物の柱頭
ဝတ်ဆံဝတ်မှုန်[wuʔsʼan wuʔmoun] (名) 花粉
ဝတ်ပန်း[wuʔpan:] (植) ベニバナ、サフラワー (キク科) Carthamus tinctorius =ဆူးပန်း
ဝတ်မှုန်[wuʔm̥oun] (名) 花粉
ဝတ်မှု့[wuʔm̥oun] = ဝတ်မှုန်
ဝတ်ရည်[wuʔje] (名) 花蜜
ဝတ္တကံမြေ[wuʔt'əgan mje] (名) 寺領地=ဝတ်ကံမြေ
ဝတ္ထု[wuʔt'u.] (名) ①物、物品 ②小説<パVatthu
ဝတ္ထုကလေး[wuʔt'u.gəle:] (名) 短編小説
ဝတ္ထုကြောင်း:[wuʔt'u.dʒaun:] (名) 物語の内容、小説の筋書き
ဝတ္ထုတို[wuʔt'u.do] (名) 短編小説
ဝတ္ထုပါး:လာ[wuʔt'u.ba: wa.la] (動) 小説に馴れてくる cf. လူပါးဝလာ
ဝတ္ထုပစ္စည်း[wuʔt'u. pjiʔsi:] (名) 物、財
ဝတ္ထုရှည်[wuʔt'u.ʃe] (名) 長編小説
ဝတ္ထုသွား[wuʔt'u.dwa:] (名) 小説の筋書き、内容、構成
ဝတ္ထုအတို[wuʔt'u. əto] = ဝတ္ထုတို
ဝိဇ္ဇာ[weiʔza] (名) ①知、知識 ②学問 ③専門家 ④妖術家、錬金術士 ⑤ (理科に対する) 文化<パVijjā
ဝိဇ္ဇာဓိုရ်[weiʔzədo] (名) 妖術家、錬金術士 <パ
ဝိဇ္ဇာဘွဲ့[weiʔza bwɛ.] (名) 文学士
ဝိဇ္ဇာရှစ်သောင်း၊ ဆရာပေါင်း။ (格) 妖術は八万、師多し (ဇော်ဂျီ၊ ဝိဇ္ဇာ၊ ရှင်အဟွေဏာ၊ ဘိုးဘိုးအောင် 等を信じている人々)
ဝုတ်ဝုတ်[wouʔwouʔ] (擬) ワンワン (吠える)

ဝန်ရှင်တော်[wun.ʃindɔ] (名) ① (王朝時代の) 軍司令官 ② (英領時代の) 弁務官 Commissioner

ဝန်ရှင်တော်မင်းကြီး[wun.ʃindɔ min:dʑi:] =ဝန်ရှင်တော်

ဝန်[wun] (名) ①荷物 ②任務 ③ (王朝時代の) 奉行

ဝန်ကင်း[wun kin:] (動) 責任を免れる、任務から解放される

ဝန်ကျယ်[wun (win) tʃɛ] (形) ①重荷だ、煩わしい ②嵩張る、容積が大きい

ဝန်ကျဉ်း[wun tʃin:] (形) 荷が軽い、雑用が少ない

ဝန်ကြီး[wundʑi:] (名) ① (王朝時代3人から7人で元老院を構成した) 宰相 ② (内閣の) 大臣、長官

ဝန်ကြီးချုပ်[wundʑi:dʑouʔ] (名) 総理大臣、首相

ဝန်ကြီးချုပ်ကတော်[wundʑi:dʑouʔ gədɔ] (名) 首相夫人、総理夫人

ဝန်ကြီးချုပ်ရုံး[wundʑi:dʑouʔ joun:] (名) 総理府

ဝန်ကြီးဌာန[wundʑi: tʼana.] (名) 省庁

ဝန်ကြီးများအဆင့်ညီလာခံ[wundʑi:mja: əsʼin.ɲilagan] (名) 閣僚級会議

ဝန်ကြီးမှူးကြီး[wundʑi: mu̯dʑi:] (名) (王朝時代の) 貴族、貴臣顕官

ဝန်ကြီးအဖွဲ့[wundʑi: əpʼwɛ.] (名) 内閣

ဝန်ကြီးအဖွဲ့အစည်းအဝေး[wundʑi:əpʼwɛ. əsi:əwe:] (名) 閣議

ဝန်ခံ[wun kʼan] (動) ①白状する、認める ②引受ける、承知する、約束する

ဝန်ခံချက်[wunkʼandʑɛʔ] (名) ①白状、告白 ②約束、保証、誓約

ဝန်ခံခြင်း[wunkʼandʑin:] (名) ①告白、約束、保証

ဝန်ခံစကား[wunkʼan zəga:] (名) 保証、約束

ဝန်ချ[wun tʃʼa.] (動) ①荷を下ろす ②認める、自認する、謝罪する

ဝန်ချတောင်းပန်[wuntʃʼa. taun:ban] (動) 誤まりを認める、告白謝罪する

ဝန်ချီစက်[wuntʃʼizɛʔ] (名) 起重機、クレーン

ဝန်စည်စလယ်[wunzizəlɛ] (名) 荷物、手荷物

ဝန်ဆောင်[wunsʼaun] (動) 任務を果す、責任を遂行する

ဝန်ဆောင်ခ[wunzaunga.] (名) 報酬、代価

ဝန်ဆောင်မှု[wunzaunmu̯.] (名) 役務、サービス

ဝန်ဆောင်မှုလုပ်ငန်း[wunzaunmu̯.louʔŋan:] (名) サービス業 (金融、交通、通信、郵便、飲食など)

ဝန်ဆောင်အဖွဲ့[wunzaun əpʼwɛ.] (名) 執行機関、執行組織

ဝန်တို[wun to] (動) ①妬む、嫉む ②吝嗇だ、欲が深い、出し惜しむ =သဝန်တို

ဝန်တင်[wun tin] (動) 荷を積む

ဝန်တင်ခ[wuntinga.] (名) 運送料

ဝန်တင်လှေ[wuntin ɬe] (名) 荷物を運搬する舟

ဝန်ထောက်[wundauʔ] (名) ① (王朝時代に元老院に勤めていた) 元老院補佐、宰相補佐 ② (県知事配下の) 郡長、Subdivisional Officer

ဝန်ထောက်မင်း[wundauʔmin:] (名) 郡長

ဝန်ထုပ်ဝန်ပိုး[wundouʔ wunbo:] (名) ①荷物 ②重荷、負担

ဝန်ထုပ်ဝန်ပိုးဖြစ်[wundouʔwunbo: pʼjiʔ] (動) 負担になる、重荷になる

ဝန်ထမ်း[wundan:] (名) 職員、従業員 အစိုးရဝန်ထမ်း: 官吏、公僕、公務員

ဝန်ထမ်းစိတ်[wundan:zeiʔ] (名) 公僕精神

ဝန်ထမ်းရဟန်း[wundan: jəhan:] (名) 荷運びの比丘

ဝန်ထမ်းလျှော့ရေး[wundan: ʃɔ.je:] (名) 人員削減、人員整理、リストラ

ဝန်နှင့်အား၊ မြှား့နှင့်လေး။ (諺) 物事には釣り合いが肝要、物事には限界がある (荷物と体力、弓と矢)

ဝန်ပိမှု[wunpi.mu̯.] (名) 圧力

ဝန်ပေါ့[wun pɔ.] (動) ①荷が軽くなる、責任が軽くなる ②[wunbɔ.] (名) 軽い荷物

ဝန်ပိုး[wunbo] ① (鳥) キガシラウミワシ (ワシタカ科) Haliaeetus leucoryphus ②ハイイロペリカン (ペリカン科) P. philippensis ③ (名) 余計な荷物、過剰な貨物、過剰積載

ဝန်ပိုးငယ်[wunbo ŋɛʔ] =ဝန်ပို့၊ ငယ်ကြီး၊ ဝန်ပိုး။

ဝန်မလေး[wun məle:] (形) 気にならない、苦にならない、負担にならない

ဝန်ရှင်တော်[wunʃindɔ] =ဝန်ရှင်တော်

ဝန်ရှင်တော်မင်းကြီး[wunʃindɔ min:dʑi:]=ဝန်ရှင်တော်

ဝန်လု[wunlu] (鳥) サメイロイヌワシ (ワシタカ科) Aquila rapax

ဝန်လေး[wun le:] (形) ①荷が重い、重荷を負う ②気が重い、気が進まない、気乗りしない、嫌気がさす、負担に感じる

ဝန်လို[wunlo] (鳥) シロハラウミワシ (ワシタカ科) Haliaeetus leucogaster

ဝန်လက်[wunlɛʔ] (鳥) ミサゴ (ワシタカ科) Pandion haliaetus

ဝန္ဒာမိ[wunda mi.] (動) 敬礼する <パ Vandami

ဝဏ္ဏ[wunna.] (名) 音節 <パ Vaṇṇa

ဝန်း[wun:] ① (動) 取巻く、包囲する ② (形) 円い

ဝန်းကျင်[wun:tʃin] (名) ①周り、周囲 အိမ်နှာ:ဝန်း

ကျင် 隣近所 ပတ်ဝန်းကျင် 周囲、環境 ②前後、付近
အပူချိန်မှာ အန္တတိငါးဒီဂရီဖာရင်ဟိုက်ဝန်းကျင်းတန့်နေသည်
気温は華氏マイナス５度に留まっている
ဝန်းစက်[wun:sɛʔ]（形）円い、真円だ ＝ဝိုင်းစက်
ဝန်းရံ[wun:jan]（動）取巻く、囲む、包囲する
ဝန်းဝိုင်း[wun:wain:]（形）円い、円形をしている
ဝန်းကနဲ့[woun:gənɛ:]（擬）ドカンと
ဝန်းဒိုင်းကြဲ[woun:dain:tʃɛ:]（動）轟音を発する
ဝန်းဒိုင်းကြဲအောင်[woun:dain:tʃɛ aun]（副）ガタン、ゴトンと音を立てて
ဝန်းဝန်းဒိုင်းဒိုင်း[woun:woun: dain:dain:]（擬）（銃声）バーンバーン、（砲声）ドカンドカン
ဝန်းဝန်းဝုန်းဝုန်း[woun:woun: woun:woun:]（擬）轟々と
ဝပ်[wuʔ]（動）①うずくまる、しゃがむ、這いつくばる ②鳥が抱卵する ကြက်မဝပ်နေသည်။ 雌鶏が卵を抱いている ③（水が）淀む、水溜りができる ရွှံ့နှင့်ရေများဝပ်နေသည်။ 泥水が溜まっている ရေဝပ်သည်။ 水が濁る
ဝပ်ချ[wuʔtʃa.]（動）お辞儀する、敬意を表わす、ひれ伏す
ဝပ်တွား[wuʔtwa:]（動）敬意を表わす、ひれ伏す
ဝပ်တွား[wuʔtwa:]（動）腹ばう、匍匐する
ဝပ်ရှော့[waʔɕɔ.]（名）自動車修理工場、整備工場＜英
ဝမ်း[wun:(wan:~win:)]（名）①腹 ②腹部 ③腸 ④子宮 ⑤糞、大便、排泄物 ⑥貝葉の表側
ဝမ်းကိုက်[wun:(win:)kaiʔ]①（動）赤痢に罹る、しぶり腹となる ②[wun:gaiʔ]（病）赤痢
ဝမ်းကိုက်နာ[wun:gaiʔna]（病）赤痢
ဝမ်းကိုက်ရောဂါ[wun:gaiʔ jɔ:ga] ＝ဝမ်းကိုက်နာ
ဝမ်းကျ[wun: tʃa.]①（動）腹を下す、下痢をする ②[wun:ချa.]（名）下痢
ဝမ်းကျောင်း[wun: tʃaun:]（動）稼ぐ、生計を立てる ＝အသက်မွေးဝမ်းကျောင်း။
ဝမ်းကြီး[wun tʃi:]（動）お腹が大きくなる、妊娠する、身籠る ＝ဝိုက်ကြီး
ဝမ်းကြွတ်[wun tʃouʔ]（動）腹がごろごろ鳴る
ဝမ်းကွဲ[wun: (win:) kwɛ:]①（動）従兄弟関係になる ②[wun:gwɛ:]（名）従兄弟 တဝမ်းကွဲ 従兄弟 တဝမ်းကွဲညီမတော်သည်။ いとこ姉妹に当る နှစ်ဝမ်းကွဲ 又従兄弟 ညီအစ်ကိုသုံးဝမ်းကွဲတော်စပ်သည်။ 又従弟の子供に当る သုံးလေးဝမ်းကွဲသည်။ 3、4親等離れている
ဝမ်းကွဲညီအစ်မ[wun:gwɛ: ɲiamei.]（名）いとこ姉妹
ဝမ်းကွဲတော်[wun:gwɛ: tɔ]（動）従兄弟の間柄にある、従兄弟関係にある

ဝမ်းကွဲတော်စပ်[wun: gwɛ: tɔsaʔ] ＝ဝမ်းကွဲတော်။ ညီအစ်ကိုဝမ်းကွဲတော်စပ်သည်။ 従兄弟関係にある
ဝမ်းကွဲသွေးစပ်[wun:gwɛ twe:saʔ]＝ဝမ်းကွဲတော်စပ်
ဝမ်းခါးလွ[wun: k'a: ɬa.]（動）楽に暮せる、充分食べて行ける
ဝမ်းခေါင်း[wun: gaun:]（名）①お腹、腹腔 ②船腹
ဝမ်းခိုင်[wun: k'ain]（動）下痢をしない、通じが固い
ဝမ်းချ[wun: tʃa.]（動）下剤を掛ける、通じを付けさせる
ဝမ်းချူ[wun: tʃu]（動）潅腸する
ဝမ်းချောင်[wun: tʃaun]（動）腹が減る、お腹が空く
ဝမ်းချုပ်[wun: tʃouʔ]（動）便秘になる cf. ဆီးချုပ်
ဝမ်းစာ[wun:za]（名）①自家米、自家消費米 ②（舟の）バラスト
ဝမ်းစာပဲး[wun:za zəba:]（名）飯米
ဝမ်းစာထဲ့[wun:za t'ɛ.]（動）①飯米を貯える ②バラストを入れる
ဝမ်းစာရှာ[wun:za ʃa]（動）生活の糧を稼ぐ、暮しの糧を求める
ဝမ်းစာရှာမှီး[wun:za ʃami:] ＝ဝမ်းစာရှာ
ဝမ်းဆွဲ[wun:zwɛ:]（名）産婆、助産婦
ဝမ်းဆွဲဆရာမ[wun:zwɛ: sʼəjama.] ＝ဝမ်းဆွဲ
ဝမ်းညှစ်[wun: ɲiʔ]（動）（排便の時）力む、気張る、息づむ
ဝမ်းတွင်း[wun:dwin:]（名）腹の中、胸中
ဝမ်းတွင်းက[wun:dwin:ga.]（副）腹の中では
ဝမ်းတွင်းကန်း[wun:dwin:gan:]（名）生れつきの失明、先天性盲目
ဝမ်းတွင်းပါ[wun:dwin:ba]（形）先天性の、生れつきの
ဝမ်းတွင်းရူး[wun:dwin:ju:]（名）先天性白痴
ဝမ်းတွင်းသား[wun:dwin:da:]（名）①はらわた ②（動物の）胎児
ဝမ်းထွက်သား[wun:dweʔta:]（名）実子、腹を痛めた我が子
ဝမ်းနာ[wun: na]（動）①胃が痛む ②陣痛が起きる
ဝမ်းနု[wun:nu:]（動）便が軟らかだ
ဝမ်းနုစာ[wun:nu:za]（名）便を軟らかくする食物
ဝမ်းနည်း[wun:nɛ:]（動）悲しく思う、残念に思う、遺憾に思う、申し訳なく思う
ဝမ်းနည်းကြွေး[wun:nɛ: tʃekwe:]（動）悲嘆に暮れる、悲痛な思いを味わう、深い哀悼の念を寄せる
ဝမ်းနည်းခြင်းအထိမ်းအမှတ်[wun:nɛ:ɡin: ət'ein: əmaʔ]（名）追悼式

ဝမ်းနည်းစရာကောင်း[wun:nɛ:zəja kaun:]（形）
誠に悲しい、残念で堪らない

ဝမ်းနည်းပူဆွေး[wun:nɛ: pɛʼlɛʼ]（動）悲痛な思い
をする

ဝမ်းနည်းပက်လက်[wun:nɛ: pɛʼlɛʼ]（副）深い悲し
みで ဝမ်းနည်းပက်လက်ဖြစ်သည်။ 悲嘆に暮れる、深い
悲しみに陥る

ဝမ်းနည်းပန်းနည်းဖြစ်[wun:nɛ: pan:nɛ: pʼjiʼ]
（動）身も世もあらぬ悲しみを味わう

ဝမ်းနည်းလုံးဆို့[wun:nɛ:loun: sʼo.]（動）悲しみ
が込み上げる cf. ဝမ်းသာလုံးဆို့

ဝမ်းနုတ်[wun: nouʼ]（動）下剤を掛ける、便通を付
ける、排便させる

ဝမ်းနုတ်ဆေး[wun:nouʼsʼe:]（名）下剤

ဝမ်းနှင့်မလှယ်။ သားမမည်။（諺）養子、嫡出子に敵わず
（腹を痛めた我が子でなければ子とは言えぬ）

ဝမ်းပူ[wun:bu]（名）張った腹、膨張した腹

ဝမ်းပိုက်[wun:bu paiʼ]（名）地引き網

ဝမ်းပေါက်[wun: pauʼ]（動）通じがある、便通が起
る

ဝမ်းပိုက်[wun:baiʼ]（名）お腹、腹部

ဝမ်းပိုက်ပြည့်[wun:baiʼ pje.]（形）満腹だ、腹一
杯だ

ဝမ်းပတ်ကြိုး[wun:baʼtʃo:]（名）腹帯

ဝမ်းပိတ်[wun: peiʼ]（動）便秘になる

ဝမ်းပိတ်ဆေး[wun:peiʼsʼe:]（名）下痢止め

ဝမ်းပန်းတနည်း[wun:ban: tənɛ:]（副）悲しく
て、残念で、遺憾で ဝမ်းပန်းတနည်းငိုသည်။ 悲痛な思
いで泣く ဝမ်းပန်းတနည်းပြောပြသည်။ 悲しい思いで
説明する ဝမ်းပန်းတနည်းဖြစ်သည်။ 悲しくなる

ဝမ်းပန်းတသာ[wun:ban: təta]（副）嬉しくて
ဝမ်းပန်းတသာ ကြိုဆိုသည်။ 歓迎する ဝမ်းပန်းတသာ
ဖြစ်သည်။ 嬉しくなる ဝမ်းပန်းတသာမျက်နှာထား: 喜
びに溢れた表情

ဝမ်းပျော့[wun: pjɔʼ]（形）便が軟らかい

ဝမ်းပြော[wun: pjɔ:]（動）通じがある、排泄す
る、脱糞する

ဝမ်းပြင်သား:[wun:bjin:da:] →ဝမ်းပျဉ်းသား:

ဝမ်းပျက်[wun: pjɛʼ]（動）お腹を壊す、下痢をする

ဝမ်းပျက်ရောဂါ[wun:bjɛʼ jɔ:ga]（病）下痢

ဝမ်းပျဉ်း[wun:bjin:]（名）魚の腹

ဝမ်းပျဉ်းသား:[wun:bjin:da:]（名）魚の腹の皮

ဝမ်းပြည့်[wun: pje.]（動）腹一杯になる、満腹に
なる

ဝမ်းဖော[wun: pʼɔ:]（動）腹が膨れる、腹部が膨
満する

ဝမ်းဖောဝမ်းရောင်[wun:pʼɔ: wun:jaun]（名）
（食べ過ぎ、又は消化不良で）腹部膨満の状態

ဝမ်းဖြောင့်[wun:pʼjaun.]（形）便通が正常だ

ဝမ်းဗိုက်[wun:baiʼ]（名）腹、腹部

ဝမ်းပဲမြက်[wun:bɛ:za mjɛʼ]（植）インドヒエ
（イネ科） Echinochloa colona

ဝမ်းဘဲ[wun:bɛ:]（鳥）カルガモ（ガンカモ科）
Anas poecilorhyncha

ဝမ်းဘဲယာသံ၊ ချောင်းကိုစစ်လို့မြစ်ကိုရှာ၊ ရေသောများလျှင်ငါး
မတွေ။（諺）高望みは怪我の元（支流から大河に出た
カルガモにアカツクシガモ、水のみ豊富で魚は見つか
らず）

ဝမ်းဘဲဥ[wun:bɛ: u.]（名）家鴨の卵

ဝမ်းဘဲဥကြော်[wun:bɛ:u.ʨɔ]（名）フライにした
家鴨の卵

ဝမ်းဘဲဥပုံ[wun:bɛ:u.boun]（名）楕円形

ဝမ်းမနာသား:[wun: məna da:]（名）成さぬ仲の子
供、義理の子、養子

ဝမ်းမနိုင်[wun: mənain]（動）腹を正常に保てな
い、下痢をする

ဝမ်းမလို[wun: məloun]（形）腹の調子がよくない

ဝမ်းမာ[wun: ma]（形）便が固い

ဝမ်းမီးအားကောင်း[wun:mi: a:kaun:]（形）消化
力が旺盛だ

ဝမ်းမီးအားနည်း[wun:mi: a:nɛ:]（形）消化力が弱
い

ဝမ်းမြောက်[wun:mjauʼ]（形）嬉しい、幸せだ

ဝမ်းမြောက်ကြည်နူး[wun:mjauʼ tʃinu:]（形）嬉し
い、幸せに思う

ဝမ်းမြောက်ဘွယ်ဖြစ်[wun:mjauʼpʼwɛ pʼjiʼ]（形）
喜ばしい事だ

ဝမ်းမြောက်ဝမ်းသာ[wun:mjauʼ wun:da]（副）喜
んで、大喜びで ဝမ်းမြောက်ဝမ်းသာဖြစ်သည်။ 喜ぶ
べき事だ、嬉しい、欣快だ ဝမ်းမြောက်ဝမ်းသာရှိ
သည်။ 嬉しく思う、喜んでいる

ဝမ်းမှန်[wun: man]（形）腹の調子がよい、胃腸の調
子が正常だ、排便が規則正しい

ဝမ်းရေ:[wun:je:]（名）暮し、生計

ဝမ်းရေ:စာရေ:[wun:je: sa:je:]（名）生活、生
計、暮し

ဝမ်းရေ:မဖူလို[wun:je: məpʼuloun]（形）暮しが
充分ではない、満足な生計が営めない

ဝမ်းရောဂါ[wun: jɔ:ga]（病）コレラ ＝ကာလဝန်:
ရောဂါ

ဝမ်းရောင်[wun: jaun]（動）鼓腹になる、（ガスが
腹の中に溜って）腹部が膨れる

ဝမ်းရစ်[wun: jiʔ]（動）腹がきりきり痛む、しぶり腹になる

ဝမ်းလျှားထိုး[wan:ja: tʻo:]（動）腹這う、匍匐する、腹這いになって進む

ဝမ်းလျှားမှောက်[wan:ja: mauʔ]（動）うつ伏せる、平伏する、腹這いになる、寝そべる

ဝမ်းလျှော[wun: ʃɔ:]（動）腹を下す、下痢をする

ဝမ်းလျှောရောဂါ[wun:ʃɔ: jɔ:ga]（病）下痢

ဝမ်းဝ[wun: wa.]（形）満腹だ、腹一杯だ

ဝမ်းသာ[wun:ta]（形）嬉しい、喜ばしい

ဝမ်းသာကြည်နူး[wun:ta tʃinu:]（動）欣快だ、幸せを感じる、至福の思いだ

ဝမ်းသာကြည်နူးစွာဖြင့်[wun:ta tʃinu: zwa pʻjin.]（副）微笑ましい思いで、至福の気持で

ဝမ်းသာလုံးဆို့[wuntaloun: sʻo.]（動）喜びが込み上げる、歓喜に浸る cf. ဝမ်းနည်းလုံးဆို့

ဝမ်းသာဝမ်းနည်းဖြစ်[wun:ta wun:nɛ: pʻjiʔ]（動）悲喜こもごもだ

ဝမ်းသာဝမ်းနည်းရော[wun:ta wun:nɛ: jɔ:]（動）喜びと悲しみとが交じり合う、複雑な思いだ

ဝမ်းသာအားရ[wun:ta a:ja.]（副）喜んで、大喜びで ဝမ်းသာအားရပြောသည်။ 喜んで話す、張り切って語る ဝမ်းသာအားရဖြစ်သည်။ 喜ぶ、嬉しく思う、喜び勇む

ဝမ်းသာအယ်လဲ[wun:ta ɛlɛ:]（副）喜んで、心から、溢れる思いで

ဝမ်းသက်[wun: tɛʔ]（動）便が軟らかい、腹を下す

ဝမ်းသွား[wun: twa:]（動）①排泄する、排便する ②便が軟らかい、下痢をする

ဝမ်းဟာ[wun: ha]（形）ひもじい、空腹だ

ဝမ်းအသာကြီးသာ[wun: ətadʑi: ta]（形）無性に嬉しい、最高に嬉しい、天にも昇る気持だ

ဝမ်းအေး[wun: e:]（形）腹の調子がよい

ဝမ်းအောင့်[wun: aun.]（動）お腹が痛い、腹部に鈍痛を覚える

ဝမ်းဆက်[wan:sʻɛʔ]（名）上下揃えのスーツ <英 One set

ဝံ့[wun.]（助動）大胆にも～する、思いきって～する、怖がらずに～する、平気で～する ကျွန်တော်သေဝံ့ပါတယ်။ 私は平気で死ねます ကျွန်တော်ကတိပေးဝံ့ပါတယ်။ 私は約束できます ကျွန်တော်မသွားဝံ့ဘူး။ 私は平気では行けない ကြောက်လန့်လို့မတွေးဝံ့ပါဘူး။ とても怖くて考えられない အစ်ကိုနှင့်မျက်နှာချင်းမဆိုင်ဝံ့တော့ပေ။ 兄とはもうまともに顔を合せる事ができない

ဝံ့စာ:[wun.za:]（動）勇敢にも立ち向う、思い切ってする

ဝံ့ဝံ့စားစား[wun.wun. sa:za:]（副）平気で、思い切って、大胆不敵にも ကျွန်တော့်မျက်နှာကိုဝံ့ဝံ့စား:စားကြည့်နေသည်။ 私の顔を平気で見ている

ဝံ[wun]（動物）熊 ＝ဝက်ဝံ

ဝံကြောင်[wuntʃaun]（動物）クマネコ（ジャコウネコ科）Arctictis binturong 樹上生活の猫

ဝံပုလွေ[wunbəlwe]（動物）狼

ဝံပြောင်[wunbjaun]（植）ドンヨウコウタン（マメ科）

ဝံသပုတ်[wuntəbouʔ]（植）ブナ科コナラ属の樹木 Quercus kingiana

ဝံသာနု[wuntanu.]（名）①同胞相助け合う相互扶助 ②民族主義者、国家主義者、愛国者

ဝံသာနုအဖွဲ့[wuntanu. əpʻwɛ.]（名）ウンターヌ組織（ウー・チッフライン指導の戦前のビルマの政治団体名、G.C.B.A. の別名）

ဝံသာနုအသင်း[wuntanu. ətin:]＝ဝံသာနုအဖွဲ့။

ဟွေ[hwe.]（動）①頭で押す、頭突きを食わせる ②角で突く ③（風が）舞う、吹き荒れる、旋回する လေတချက်ဟွေလိုက်သည်။ 一陣の風が吹き付けた

ဟွေယမ်း[hwe.jan]（動）①振る、振回す、ぐるぐる旋回させる အလံငယ်များဟွေယမ်း၍နှုတ်ဆက်ကြသည်။ 小旗を振って挨拶した ②吹き荒れる、舞い上がる မြောက်လေသည်ဟွေယမ်းတိုက်ခတ်လျက်ရှိလေသည်။ 北風が激しく吹き荒れていた

ဟွေး[gwe:]（植）①アムラタマゴノキ、キミドリモンビン（ウルシ科）Spondias mangifera

ဟွေးချို[gwe:dʑo]（植）①タマゴノキ、タヒチモンビン（ウルシ科）Spondias dulcis

ဟွေးငယ်ဝဲ[gwe:ŋɛbɛ:]（植）マメ科トビカズラ属 Mucuna nivea

ဟွေးဇီ[gwe:zi.]（名）睾丸

ဟွေးသင်[gwe: tin:]（動）去勢する

ဟွဲချိ[hwɛ: tʃi:]（動）驚嘆する 例 ကျောင်းတော်ရပ်သီး၊တည့်လပြီးသော်၊ဝဲ့ချိ:တမာ၊အံ့အဲ့ရာလျှင်၊မင်္ဂလာစေတီ။（ရှင်သီလဝံသ၊တံတားဦးတည်မော်ကွန်း）

ဟွက်[hwɛʔ]（動）①隠す、隠匿する နောက်ဝက်လိုက်သည်။ 手を後に隠した ②謎掛けをする စကားထာ ဟွက်သည်။ 謎々をする、謎掛けをする

ဟွက်ကွယ်[hwɛʔkwɛ]（動）隠す、覆い隠す

ဟွက်စာ[hwɛʔsa]（名）暗号文

ဟွက်ထား[hwɛʔtʻa:]（動）隠しておく、隠してある

ဟွမ်း[hwan]（形）窪んでいる、凹面をしている မြစ်ဟွမ်း 流域 ချိုင့်ဝမ်း 盆地、谷間

သ

သ[ta.]（名）ビルマ文字表第３０番目の文字

သကြီး[ta.ʤi:]（名）子音文字သの重複形＝ဿ

သ[ta.]（動）①体裁を整える、見苦しくなくする ဆံသသည် 髪を梳く、調髪する ②与える、提供する ဆက်သသည် 献上する ပို့သသည် 送り届ける ③（刃物を）研ぐ ဓား:လှံကိုသသည်။ 刀や槍を研ぐ ကိုယ့်ကပ်ကျေး:ကိုကိုယ်သနေရသည်။ 自分の鉞は自分で研ぐ

သ[tə]（頭）一部の動詞の前に添付される လက်သရမ်းသည်။ 手で悪戯する ပါး:ဝပ်သရမ်းသည်။ 口が悪い လေသလပ်ခံသည်။ 風を受ける လမ်:သလား:သည်။ 散歩する

သ[tə]（助）①文末助詞သည်の変形 မင်:တို့လဲငါ့အတွက် ဒုက္ခများလှထကွာ။ 君達も僕のために迷惑を蒙っているなあ ငါဟာကျမ်း:ကြီး:ကျမ်း:ငယ်အသွယ်သွယ်တို့ရေး:ဘူး:ပေါ့။ 俺は大小の様々な書物を書いた事があるんだぜ ②修飾語と被修飾語、限定詞と被限定詞とを繋くသော やသည်။ の変形 မွေးသဖခင် 生みの父親 မစား:သေး:သသူ まだ食べていない人 သွား:ဘူး:သသူ 行った事がある人 ယမင်းသည်ချစ်သသူ၊ မုန်း:သသူမရွေး:သေစေသည်။ 閻魔大王は好きな人、嫌いな人を問わず死の世界に引き込む အဆင်:လှသသူတို့သည်အဆင်:မလှသသူတို့ကိုမထီမဲ့မြင်ပြုကုန်သည်။ 容貌の優れた人は容貌の醜い人を蔑ろにする

~သကဲ့သို့[dəgedo.]（接助）まるで~のように、あたかも~の如く အရောင်များ:မီး:ဆလိုက်ထိုး:ထား:သကဲ့သို့ဖြစ်နေသည်။ 沢山の灯りがまるでサーチライトを照しているかのようだった နှစ်ယောက်တည်:စကား:ပြော:သကဲ့သို့ခင်မင်ရင်:နှီး:စွာပြောသည်။ まるで二人きりで話をしているように親しげに話した သံလွင်မြစ်သည်ရှမ်းပြည်နယ်ကိုအရှေ့နှင့်အနောက်ပိုင်:ခြား:ထား:သကဲ့သို့သည်။ サルウィーン河は、あたかもシャン州を東部と西部とに分割しているかのようだ ဝါး:အစည်:ပြုတ်သကဲ့သို့မညီညွတ်ဖြစ်သည်။ まるで束ねてあった竹が崩れたように不統一な状態になった ခြေဖြင့်ကန်ရသည်မှာလူ:တယောက်ကိုကန်ရသည်နှင့်မတူ:ဖွဲအိပ်တအိပ်ကိုကန်နေရသကဲ့သို့သည်။ 蹴ったのは人間を足蹴にしているようではなくまるで糠袋を蹴っているような感じであった

~သကို[dəgo]（末助）行為の確認、確かに~だね cf. ကို:။ ဘြော်-မိတ်ဆွေ:ကြီ:လဲပါသကို:။ やあ、貴方様も御一緒だったんですね

~သကယ်[dəkwɛ]（末助）親近感を現わす cf. ကယ်။ ရှိသကယ်။ いるんだよ、あるんだよ

~သတဲ့[dədɛ.]（助動）文末に使用、伝聞を現わす、~だそうだ cf. တဲ့။ ရွာတရွာမှာမိဘမဲ့လူငယ်လေး:တ ယောက်ရှိသတဲ့။ ある村に孤児が一人いたそうだ မိန်း:မနှံ့ကလေး:တယောက်ရှိသတဲ့။ 妻と子供が一人いるそうだ သူပိုက်နက်ကနှင့်ထုတ်လိုက်သတဲ့။ 自分の縄張りから追い出したそうだ ရန်ကုန်ရောက်နေတာတနှစ်လောက်ပဲရှိသေး:သတဲ့။ ラングーンにやって来てまだ１年位しか経っていないそうだ စည်:စိမ်ကြီ:ပုံများ:ကတာဝတိတို့ဗျာ:ကတ်တဘုံနှင့်မခြား:မနား:ဖြစ်နေသတဲ့။ 贅を尽した様はあたかもとう利天の神々と変りがないそうだ

~သတည်:[dədi:]（末助）陳述を示す ကျွန်တော်ရင်ထဲတွင်ကြည့်နှူ:နေမိပါသတည်:။ 私は胸中思わず喜びに浸ったのである ထိုသူအား:ပေး:အံ့သတည်:။ その人に上げるつもりなのだ စား:စရာမရှိခို:သတည်:။ 食べるものがなくて盗んだのだ တပည့်သား:မြတ်စုက်တောင်:အံ့သတည်:။ 弟子の乳房を要求するであろう မှတ်လွယ်စိမ့်သော ငှါတွဲ:ဖက်တကွပြခဲ့သတည်:။ 覚え易いように称号と共に教示したのである

~သတတ်[dəda']（末助）伝聞を示す သူဆင်:ရဲလင်မ ယား:နှစ်ယောက်ရှိသည်ရှိသတတ်။ 一組の貧しい夫婦がいたのだそうだ သား:သမီ:တို့ကိုဆုံ:မရပုံပြကုန်သတတ်။ 子供達を戒める様子だったという များ:သောဥစ္စာရှိ တတ်ဟူသည်မှန်လော။ 豊かな財産に恵まれていたと言うのは本当か ဘုရား:သခင်အထံဝပ်တရား:နာပါသတတ်။ 釈尊の下で説法を聴いたのだと言う ၍သို့လျင်ဆုံ:မသ တတ်။ 次のように諭したのだそうだ

~သတုံ:[dədoun]（末助・口）文中に疑問代名詞、疑問副詞を含む文で使用、疑問を現わす cf. တုံ:။ ဓ များ:ဘာမုန့်စား:သတုံ:။ 貴方は何の菓子を食べたのですか

~သတက်[dədɛ']（接助）意味の強調、更に~する、一層~する、益々~する များ:သတက်များ:လာတယ်။ 益々多くなってきた တာဝန်ကြီ:သတက်ကြီ:အောင်လုပ်ချင်တယ်။ 責任が益々重くなるように頑張りたい cf. သည်ထက်

~သနဲ[dənɛ.]（末助）意味を強調する ကား:တွေ:ကကြမ်:ပါဘိသနဲ့။ 車はどれも何と粗末な事よ

~သနည်:[dəni:]（末助・文）文中に疑問代名詞、疑問副詞を含む文で使用、疑問を現わす အဘယ်ကြောင့် ကြော်ကြော်ကြုန်သနည်:။ 何故わめいたのか သင်သည်အဘယ်ဆုကိုအလိုရှိသနည်:။ 汝は如何なる褒美を望むのか အဘယ်အမှုမှလာသနည်:။ 何よりもやって来たのか နင်၏အမည်ကား:အသိတ်သနည်:။ 次の名前は何と申すのか အဘယ်ကြောင့်ရှ်ရွာဟုခေါ်ပါသနည်:။ 何故にイエー村と呼ばれるのか

~သပေါ့[dəbɔ.]（末助）意味の強調、承認を現わす cf. ပေါ့။ အနိုင်အရှုံ:ဆိုတာရှိသပေါ့။ 勝負はもちろんあるさ

~သဖြင့်[təp'jin.] (接助) 原因、理由を現わす ငွေ မရှိသဖြင့်ဝယ်မပေးနိုင်ဘူး။ お金がなかったので買って やれなかった တံခါးပိတ်ထားသဖြင့်မဝင်နိုင်။ ドアが閉 まっていたので入れなかった ပူလွန်းအိုက်လွန်းသဖြင့် အင်္ကျီချွတ်ထားး၏။ あまりにも暑かったので上着を脱 いでおいた ခြေသံကြားရသဖြင့်နောက်သို့လှည့်ကြည့် လိုက်ရသည်။ 足音が聞えたので後を振向いてみた
~သဖွယ်[təp'wɛ] (副) 名詞に接続、あたかも~の如し、 まるで~のようだ သတင်းစာဆိုသည်ကကိုင်းပြည်၏နား မျက်စိသဖွယ်ဖြစ်နေသည်။ 新聞というのは国家の目や 耳のようなものだ မြေပဲခင်းများသည်မြစ်မ်းရောင်သ ဖွယ်ပြာလဲ့တောက်ပလျသည်။ 落花生畑はあたかもエメ ラルドのように青々と澄み輝いていた အင်္ဂါနေ့ဖွား သူ့ကို ဝါ ဆ၊ငည ပါသော အက္ခရာဖြင့်အမည်မှည့်ခေါ်မှု မှာစံတရပ်သဖွယ်ဖြစ်နေ၏။ 火曜日生れの人にサ、 ザ、ニャ等の文字を用いて命名する事は一つの慣習み たいになっている
~သဘွယ်[təp'wɛ]=သဖွယ်။ ဆရာသမားကိုမိဘဘွယ်ရှိ သေသည်။ 師をまるで親のように敬った ကျွန်တော်၏ ယောက်ဖသည်ကျွန်တော်ထက်ကြီးသော်လည်းသူငယ်ချင်း သဘွယ်သဘောထားသည်။ 私の義弟は私よりは年上だ がまるで友達のように見なしている
~သမို့[təmo.] (接助) 原因、理由を示す မေးစရာရှား သမို့ဒီလိုမေးရသလား။ 訊く事が少ないものだからそん な事を尋ねるのか
~သမှုပြု[dəmu.pju.] (名+動) ~事をする မိဘနှစ်ပါး ကိုလုပ်ကျွေးသမှုပြုသည်။ 親二人を扶養した လူထုကြီး ကားကျွန်တော်တို့တတွေအား မြို့ပြင်မှထုတ်၍ကြိုဆိုသမှု ပြုကြလေသည်။ 大群衆が我々一同を町外れまで出迎 えてくれた
~သမျှ[dəmja.] (助動) 名詞形成、するものは悉く、 するものは一切 ခိုင်နိုင်သမျှခိုင်စေသည်။ 可能な限り 丈夫にした ရှည်နိုင်သမျှရှည်စေသည်။ できるだけ長く した ပါသမျှငွေကုန်သွားသည်။ 持参した金は悉く使い 果した ရသမျှငွေကိုစုဆောင်းထားသည်။ 手に入る金は 全て貯えておいた ရှိသမျှအားဖြင့်ဆွဲ၏။ 有らん限り の力で引張った
~သယောင်ရှိ[dəjaun ʃi.] (助動) 形容詞形成、まる で~のような感じだ အမှုအရာကလည်းကြမ်းတမ်းရိုင်းစိုင်း သယောင်ရှိသည်။ 態度物腰も粗暴な感じだ မိမိအဖြစ် ကိုမနှစ်သယောင်ရှိမိသည်။ 自分の現状を遺憾に思 っているようだった
~သရွေ့[dəjwe.] (助動) 名詞形成、~するものは悉く အချိန်ရှိသရွေ့အိပ်နိုင်တယ်။ 時間があればいつでも寝て よい အချိန်ရှိသရွေ့ဝတ္ထုများကိုဖတ်သည်။ 時間があれ ばいつも小説を読んだ အားရှိသရွေ့လုပ်ခဲ့သည်။ 力の

ある限り働いた =သမျှ
~သလား[dəla:] (末助) 諾否で尋ねる時の疑問形 ကြောက်သလား။ 怖いか ခေါင်းခဲသလား။ 頭痛がす るのか သူ့ကိုသိသလား။ あの人を知っているか အိမ် မှာရှိသလား။ 在宅中ですか
~သလေး[dəle:] (末助) 音調を整える အရိုးများသ လေးချေးခါးသလေးစသဖြင့်ဇီဝဇောကြောင်တတ်သည်။ 骨が多いの、消化不良だのとよく文句を付ける
~သလဲ[dəlɛ:] (末助) 文中に疑問代名詞、疑問副詞を 含む文で使用、疑問を現わす ဘယ်သွားသလဲ။ どこへ 行ったのか ဘာကိစ္စလာသလဲ။ 何の用事で来たのか ဘယ်သူပြောသလဲ။ 誰が言ったのか
~သလော[dəlɔ:] (末助・文) 諾否疑問文で使用、疑 問を表わす ဆုံးဖြတ်ခဲ့ပါသလော။ 決定したのか ဆာ လောင်မွတ်သိပ်ကြိုပါလော။ ひもじいのか မှားသ လော။ မှန်သလော။ 間違っているのか正しいのか
~သလို[dəlo] (接助) 動詞に接続する、~のように ကျွ နော်ပြောသလိုလုပ်ပါ။ 私が言ったようにしなさい အ ထစ်အငေ့ဘာမှမရှိသလိုချောမောနေတယ်။ 障害は何も ないのように順調だ သဲထဲရေသွန်သလိုကျနေပြီ။ ま るで砂に水を注いだみたいになっている
~သလိုလို[dəlolo] (接助) ~か、または~のように သွေးလွှမ်းရှားမွှက်စံထားရသလိုလို။မစံစားရသလိုလိုထင်လာ သည်။ 血が騒ぐようにも、騒がないようにも思えた မေးပုံကသရော့်သလိုလို၊လှောင်ပြောင်သလိုလို။ 質問の 仕方はまるで馬鹿にしたような、あるいは揶揄したよ うな感じ
~သလောက်[dəlauʔ] (助動) 名詞形成、~する限り、 は悉く、は全て စားနိုင်သလောက်စား။ 食べられる だけ食べろ သိသလောက်ပြောပြပါ။ 知っているだけ 全て説明しろ ကျွန်တော်မှတ်မိသလောက်ခေတ်ကအခ အိတ်တလုံးလျှင်ဆယ်ရူးရှိ၏။ 私が覚えている限り 当時は米1俵が10チャッの値段だった
~သလောက်[dəlauʔ] (接助) ①さすが~だけあって လူကရပ်ချောသလောက်သဘောကောင်းတယ်။ 容貌が整 っているだけあって人柄もよい ②~の割には、~に反 して ခါတိုင်းဟာသလောက်နေ့ပြည့်နေလေသည်။ い つもは空腹なのに今日は満腹だ ကြောင်မကြီးမှာအရုပ် ဆိုးသလောက်ကြောင်သားတွေကာပင်ပန်းသ လောက်အကျိုးရှိတာမဟုတ်ဖူး။ 商売をするという事は 大変な割に儲かるわけではない လှသင့်သလောက်မလ ဘူး။ 思った程の美しさはない
သကဋ[təkəta.] (名) サンスクリット語
သကဋစာ[təkəta.sa] (名) 梵語文、サンスクリッ ト文

သကဒါဂါမိမဂ်[dəgədagami. mɛˀ］（名）（仏教の）一来向、須陀含向（涅槃に至る４階梯の第２階梯）

သက္ကရာဇ်[tɛˀgəjiˀ~dəgəjiˀ］（名）ビルマ歴紀元（本来は西暦紀元前５４４年の釈尊入滅を元年とするが、途中６２２年、５６０年を差引いたため現在では西暦６３８年を元年とする）=သက္ကရာဇ်∥＜サ

သက္ကရာဇ်ဖြို[tɛˀgəjiˀ pˈjo］（動）仏暦紀元から一定年数を差引く

သကလတ်[dəgəlaˀ］（名）羅紗 =သက္ကလတ်｜＜パ

သကာ[dəga］（名）糖蜜 ＜サ ကြံသကာ 黒砂糖

သကာကျ[dəga tʃa.］（動）気に入る、満足する

သကာပေါ်၊အချိုလောင်း∥（諺）環を掛けて益々良くなる（黒砂糖の上に甘味を注ぐ）

သကျမုနိ[tɛˀtʃa.mu.ni.］（名）釈迦牟尼

သကျသာကီဝင်[tɛˀtʃa.tagiwin］（名）釈迦族、ゴータマ仏が生れた氏族

သကျိုက်[dəd͡ʑɛˀ］（植）葦（タコノキ属）の一種、ござの原料になる Pandanus foetidus

သကျည်း[dəd͡ʑi:］（名）臍周囲の筋肉と腱=တကျည်း

သကြား[dəd͡ʑa.］①（名）砂糖＜サ ②（植）シマカナビキソウ（ゴマノハグサ科）Scoparia dulcis

သကြားခဲ[dəd͡ʑa.gɛ:］（名）氷砂糖、砂糖の塊

သကြားဆူးပေါက်[dəd͡ʑa: sˈu:bauˀ］（名）ピーナッツやヒヨコマメを砂糖で煮詰めた食べ物

သကြားဓာတ်[dəd͡ʑa:daˀ］（名）糖分

သကြားမင်း[dəd͡ʑa: min:］ →သိကြားမင်း

သကြားမုန်လာ[dəd͡ʑa: mounla］（植）砂糖大根=မုန်လာဥဖြူ

သကြားလုံး[dəd͡ʑa:loun:］（名）飴玉、キャンディー

သကြားသီး[dəd͡ʑa:di:］（植）①チクル、サポジラ（アカテツ科）Achras sapota 樹木全体に白色乳液あり ②スイショウガキ、カイニット（アカテツ科）Chrysophyllum cainito

သခမီး[təkˈəma.di:］（植）マクワウリ →သခါ:မသီး

သခင်[təkˈin］（名）①主、主君 ②我等ビルマ人連盟（ド・バマー・アシーアヨン）のメンバー

သခင်ပါတီ[təkˈin pati］（名）タキン党、我等ビルマ人連盟（ド・バマー・アシーアヨン）の別名

သခင်ဘဝ[təkˈin bəwa.］（名）タキン党の党員時代

သခင်မ[təkˈinma.］（名）タキン党の女性党員

သခါး:[təkˈwa:］（植）キュウリ（ウリ科）Cucumis sativus

သခါး:ခြစ်[təkˈwa:d͡ʑiˀ］（名）おろし金

သခါး:ငြဴတ်[təkˈwa: ŋəbjouˀ］（植）サンリョウウリ（ウリ科）Cucumis trigonus

သခါး:မ[təkˈəma.］（植）①マクワウリ ②マスク・メロン（ウリ科）Cucurbita moschata =သခါး:မသီး

သခါး:မွေ[təkˈwal:mwe:］（植）①マクワウリ ②メロン、アミメロン

သခါး:ရင့်[təklˈwa:jin］（植）マクワウリ（ウリ科）

သခါး:သီး[təkˈwa:di:］（名）胡瓜

သခါး:သီးမှအရိုးတော်ချင်း∥（諺）日和見主義（瓜が成った途端叔母さん顔をする）=ဘူး:သီးမှအရိုးတော်ချင်း

သခါး:သီးသနပ်[təkˈwa:di: tənaˀ］（名）胡瓜のサラダ

သခုတ်[təkˈuˀ］（植）ツノノキ（ノウゼンカズラ科）Dolichandrone crispa 値打ちがないとされる

သခုတ်ပင်ကမီးတကျည်ကျည်∥（諺）些細な事で脚を引張る、取るに足りぬ者が緊急事態の最中に我が侭を言ったり駄々を捏ねたりして困惑させる（山火事の最中に雑木のツノノキに火が燃え移ってジリジリと音を立て始める）

သခုတ်ဖို[təkˈuˀpˈo］（植）ウヨウシュウ（ノウゼンカズラ科）Stereospermum personatum

သခုတ်မ[təkˈuˀma.］（植）ハマセンダンキササゲ（ノウゼンカズラ科）Dolichandrone spathacea

သငယ်[təŋɛ］（尾）動物の仔 စာသငယ် 雀の雛 ယုန်သငယ် 兎の仔 ချေသငယ် インドキョン鹿の仔

သဇင်ကြက်ချေး:[dəzin tʃɛˀtʃi:］（植）蘭の１種 Dendrobium eriaeflorum

သဇင်ပန်း:[dəzin ban:］（植）ラン科マメヅタラン属の蘭 Bulbophyllum auricomum

သဇင်ဖို[dəzinbo］（植）蘭の１種 Liparis longipes

သညာ[tinɲa］（名）①知覚、認識 ②名称、呼称＜パ

သညာပေး:[tinɲa pe:］（動）悟らせる、知覚させる、入れ智慧をする、教唆する、唆す、煽動する

သတေး[tətˈe:］ →သူဃေး:

သတိ[dədi.］（名）①注意、配慮、警告 ②意識、知覚＜パ Sati

သတိချပ်[dədi. tʃaˀ］（動）①気付く、感づく ②憶えておく、記憶する、肝に銘じる、忘れぬようにする

သတိချွတ်ယွင်း:[dədi. tʃuˀjwin:］（動）①意識しない、注意を怠る ②意識を失う

သတိတမန်၊ဉာဏ်မြေကတုတ်∥（諺）肝心なのは、注意と智慧だ（注意は使節、智慧は土塁）

သတိတရရဖြစ်[dədi.təja.ja. pˈjiˀ］（動）しき

သတင်း

သတိတရး:ရ[dədi.təja:ja.]（動）①他山の石とする、教訓とする ②悔やむ、残念に思う、反省する

သတိထား[dədi.t'a:]（動）①注意を払う、用心をする、警戒する ②気が付く、注目する ③気をしっかり持つ သတိမထားမိဘူး။ うっかりして気がつかない

သတိထား:စရာ[dədi.t'a:zəja]（名）注意すべき事柄、用心すべき事柄

သတိပေး[dədi.pe:]（動）注意を与える、警告する、気付かせる

သတိပေးခံရ[dədi.pe: k'an ja.]（動）注意される、警告を受ける

သတိပေးချက်[dədi.pe:dɛ']（名）警告

သတိပေးစာ[dədi.pe:za]（名）警告書

သတိပြု[dədi.pju.]（動）①認める、気付く、気が付く ②注意する、用心する、心に留める

သတိပြန်ရ[dədi.pjan ja.]（動）意識を取戻す

သတိမမူ၊ ဂူမမြင်။（諺）何事にも細心の注意が肝心（不注意であれば洞窟の存在さえ見落としてしまう）

သတိမရတရချက်ရတချက်[dədi.məja. tətʃɛ' ja. tətʃɛ']（副）意識が無くなったり戻ったりして

သတိမရတရချက်ရတချက်ဖြစ်[dədi.məja. tətʃɛ' ja. tətʃɛ' p'ji']（動）意識がなくなったり戻ったりする

သတိမူ[dədi. mu]（動）気付く、注意を払う、留意する

သတိမေ့[dədi. me.]（動）①忘れる、油断する、注意を怠る သတိမမေ့နဲ့။ 忘れるな ②意識を失う、気が遠くなる、失神する

သတိမဲ့[dədi. mɛ.]（動）①不注意だ、うっかりす ②気絶する

သတိမြဲ[dədi. mjɛ:]（動）①意識がしっかりしている ②注意を怠らない

သတိရ[dədi. ja.]（動）①気が付く、意識を取戻す、我に帰る ②思い出す、懐かしむ

သတိရခြင်း:အထိမ်းအမှတ်[dədi.ja.dʒin: ət'ein: əma']（名）追悼式

သတိရလက်ဆောင်[dədi.ja. lɛ's'aun]（名）記念品 cf. အမှတ်တရလက်ဆောင်

သတိရှိ[dədi. ʃi.]（動）①意識がある ②落着いている、平静だ、沈着だ

သတိရှိရှိနဲ့[dədi. ʃi.ʃi.nɛ.]（副）注意を払って、用心深く

သတိလစ်[dədi. li']（動）①うっかりして気付かない、注意を怠る、不注意になる ②気を失う、意識を失う、失神する、気絶する

သတိလစ်ဟင်း[dədi. li'hin:]（動）＝သတိလစ်

သတိလည်[dədi. lɛ]（動）意識が戻る

သတိဝီရိယ[dədi. wəri.ja.]（名）用心、警戒、注意 ＜パ Sati Viriya

သတီ[dədi]（形）感じがよい、好ましい、好感が持てる မသတီစရာ 厭な感じ、後味の悪さ、気味悪いもの

သတီ[dədi]（植）プロテイウム（カンラン科）、硬木の1種 Protium serratum ＝ရစ်ပုတီး၊ ယင်ပုဒီး။

သတို့သမီး[dədo.təmi:]（名）①花嫁 ②女子、女児 ③良家の子女

သတို့သား[dədo.ta:]（名）①花婿 ②男子、男児 သတို့သား:ကိုဖွား:မြင်သည်။ 男児を出産した ③良家の子弟

သတိုး[dədo:]（名）（王朝時代に宰相に与えられた）称号、爵位 သတိုး:မင်း:ကြီး

သဒင်း[dədin:]（名）→သီတင်း။ ①持戒 ②布薩日 ③安居（夏安居、雨安居）

သဒင်းကျွတ်[dədin: tʃu']（動）安居が明ける → သီတင်းကျွတ်＝ဝါကျွတ်

သဒင်းကျွတ်လ[dədin:kjʊ' la.]→သီတင်းကျွတ်လ

သတင်း[dədin:]（名）ニュース、情報、消息

သတင်းကား:သွား:[dədin: ka:twa:]（名）噂が広がる

သတင်းကောင်း[dədin:gaun:]（名）朗報

သတင်းကျော်ကြား[dədin: tʃɔtʃa:]（動）噂が高い、情報が知れ渡る、名高い

သတင်းကြီး[dədin tʃi:]（形）噂になる、世評が高い

သတင်းကြေငြာခြင်း[dədin: tʃeɲadʒin:]（名）ニュース報道

သတင်းခေါင်းစဉ်[dədin: gaun:zin]（名）ニュースの項目、ニュースの見出し

သတင်းစာ[dədin:za]（名）新聞

သတင်းစာကွန်ဖရင့်[dədin:za kunp'ərin.]（名）記者会見 ＜英 Conference

သတင်းစာစက္ကူ[dədin:za sɛ'ku]（名）新聞紙

သတင်းစာဆရာ[dədin:za s'əja]（名）新聞記者

သတင်းစာတိုက်[dədin:za tai']（名）新聞社

သတင်းစာပို့[dədin:za po.]（動）新聞を配達する

သတင်းစာပို့ဂိုင်း[dədin:za po.gain:]（動）新聞を配達する

သတင်းစာဖတ်[dədin:za p'a']（名）新聞を読む

သတင်းစာဖြတ်ပိုင်း[dədin:za p'ja'pain:]（名）新聞の切抜き

သတင်းစာရှင်းလင်းပွဲ[dədin:za ʃin:lin:bwɛ:]

သတင်းစာလပေးကြည့်（名）記者会見
သတင်းစာလပေးကြည့်[dədin:za la.be: tʃi.]（動）新聞を月極めで購読する
သတင်းစဉ်[dədin:zin]（名）ニュースの見出し、ニュース公報、ニュース発表
သတင်းဌာန[dədin: t'na.]（名）通信社
သတင်းထူး[dədin:du:]（名）特種、特別ニュース
သတင်းတောက်[dədin: t'auʔ] ① （動）取材する ② [dədin:dauʔ]（名）新聞記者、報道記者
သတင်းတောက်လှပ်ရေး[dədin: t'auʔɬan: je:]（名）情報収集
သတင်းထုတ်ပြန်[dədin: t'ouʔpjan]（動）報道する
သတင်းထုတ်ပြန်ချက်[dədin: t'ouʔpjanɟɛʔ]（名）報道事項
သတင်းထုတ်လွှင့်မှုလုပ်ငန်း[dədin: t'ouʔɬwin.mu.louŋan:]（名）公報活動、公報事業
သတင်းဓာတ်ပုံ[dədin: daʔpoun]（名）ニュース写真、報道写真
သတင်းပေးပို့[dədin: pe:po.]（動）情報を提供する、ニュースを知らせる
သတင်းပို့[dədin: po.]（動）① 連絡する、知らせる、情報を伝える ② 報告する
သတင်းပို့ချက်[dədin: po.ɟɛʔ]（名）① 情報 ② 信号
သတင်းပေါက်ကြား[dədin: pauʔtʃa:]（動）情報が漏れる、ニュースが流れる
သတင်းပြေး[dədin: pje:]（動）噂が立つ、評判になる
သတင်းဖြစ်[dədin: p'jiʔ]（動）噂になる、噂が広まる
သတင်းဖြန့်ချိရေးဌာန[dədin: p'jan.tʃi.je: t'ana.]（名）通信社
သတင်းမေး[dədin: me:]（動）情報を問合せる、照会する
သတင်းမေးသွား[dədin: me:twa:]（動）様子を見に行く、見舞いに行く
သတင်းမွေး[dədin: mwe:]（形）よいニュースだ、素敵な報道だ、芳しい情報だ
သတင်းရ[dədin: ja.]（動）情報が入る、ニュースが伝わる
သတင်းရှင်းလင်းပွဲ[dədin: ʃin:lin:bwɛ:]（名）記者会見
သတင်းလွှင့်[dədin: lwin.]（動）情報を流す、噂を流す、噂を拡げる
သတင်းဝေဖန်ချက်[dədin: webanɟɛʔ]（名）ニュース解説

သတင်းဝေဖန်သူ[dədin: webandu]（名）ニュース解説者
သတင်းဦး[dədin:u:]（名）スクープ、特種、極秘情報
သတောင်းလည်[dədaun:lɛ]（名）糸で造った飾り、糸で拵えた房
သဓွေးဥ[dədwe:u.ʔ]（植）フサヤマノイモ（ヤマノイモ科）=ကတွေးဥ
သတ္တု[dədu']（植）ミミイチジク（クワ科）=ကတ္တုတ်
သထုံ[tət'oun]（地）タトン市（モン州の州都）
သဒါပဟာ[dədabəha]（植）ヘンルーダ（ミカン科）Ruta graveolens 多年草
သဒီ[dədi]（植）プロテイウム（カンラン科）Protium serratum
သန[təna.]（動）① 汚れる ② 汚す、けがす、冒涜する
သနပခွဲး[təna. pjiʔsi:]（植）パチョリ（シソ科）Pogostemon patchouli =သနပ်ခွဲညို
သနဝါ[təna. wa]（植）竹の1種、材質が丈夫Thyrsostachys oliveri
သနား[təna:]（動）① 哀れむ、可哀相に思う、不憫に思う、同情する ② （国王が臣に対して地位、称号、賞等を）授ける、授与する、賜わる、下賜する
သနားကရုဏာ[təna: gəju.na]（名）憐れみ、憐憫、慈悲
သနားကြင်နာ[təna: tʃinna]（動）慈しむ
သနားကြင်နာစိတ်[təna:tʃinnazeiʔ]（名）慈悲の心、慈愛の気持
သနားစဖွယ်ဖြစ်[təna:zəp'wɛ p'jiʔ]（形）愛らしい、可憐だ
သနားစရာ[təna:zəja]（名）① 可憐なもの ② 哀れなもの
သနားစရာကောင်း[təna:zəja kaun:]（形）可憐だ
သနားညှာတာ[təna: ɲata]（動）思いやる、同情する、庇う
သနားတော်မြတ်ခံရ[təna:dɔmjaʔ k'an ja.]（動）（国王から）恩賜される、下賜される
သနားဘွယ်ကောင်း[təna:bwɛ kaun:]（形）可哀相だ
သနားဘွယ်ရာ[təna:bwɛja]（名）憐れむべきもの、可哀想なもの
သနားကမား[təna:gəma:]（副）容姿端麗で、すらりとしていて、垢抜けしていて、見栄えがよくて
သနားကမားဖြစ်[təna:gəma: p'jiʔ]（形）容姿端

麗だ、すらりとしている
သနိ[təniʔ] (名) 由来、事情、次第
သနပ်[tənaʔ] ① (植) イヌヂシャ (ムラサキ科) Cordia dichotoma ② (名) 野菜サラダ (မျှစ်ချဉ်သနပ်၊ပဲသီးသနပ်၊ညောင်ချဉ်သနပ် 等がある)
သနပ်ဖက်[tənaʔpʻɛʔ] ① (名) イヌヂシャの葉 (この葉で葉巻を巻く) ② (植) マイ・ルーア (イネ科)
သနပ်ခါး[tənəkʻaː] (植) ナガエミカン (ミカン科) Limonia acidissima 樹皮や根を磨りおろした汁を化粧液として使う
သနပ်ခါးခေါက်[tənəkʻaːgauʔ] (名) ナガエミカンの樹皮
သနပ်ခါးတုံး[tənəkʻaːdounː] (名) ナガエミカンの丸太
သနပ်ခါးမှုန့်[tənəkʻaːmoun̥] (名) ナガエミカンの粉末
သနပ်ခါးရေ[tənəkʻaːje] (名) ナガエミカンの溶液
သနပ်ခါးလိမ်း[tənəkʻaː leinː] (動) ナガエミカンの溶液を (化粧液として) 塗る
သနပ်ခါးသွေး[tənəkʻaː twe] (動) ナガエミカン (の樹皮や根) を磨り下ろす
သနပ်တော်[tənaʔtʻɔ] (植) オトギリソウ科フクギ属の植物 Garcinia pictoria
သနပ်ပစ္စည်း[tənaʔpjiʔsiː] (植) パチョリ (シソ科) Pogostemon patchouli
သနပ်ဝါ[tənaʔwaː] (植) マイ・ルアーク (イネ科)
သနွင်း[tənwinː] (名) 鰐狩り用のロープ付き銛
သပေါ[təbɔ] (植) カヤツリグサ科カヤツリグサ属 Cyperus corymbosus 茣蓙の原料
သပေါဖျာ[təbɔ pʻja] (名) カヤツリグサで編んだ茣蓙
သပေါက်[təbauʔ] (名) 世襲的奴隷 →သားသပေါက်
သပေါက်မ[təbauʔma] (名) 罵倒語、売女、すべた、あばずれ →သားသပေါက်မ
သပေါက်မသား[təbauʔmaːsaː] (名) 罵倒語、売女の子、父なし子
သပေါင်းကြိမ်[təbaunː tʃʻein] (植) トウ (ヤシ科) の仲間 Calamus longisetus
သပိတ်[təbeiʔ] (植) コナラ (ブナ科) の仲間 Quercus helferiana
သပိတ်[təbeiʔ] (名) ①鉢、(出家が托鉢する時に持参する) 鉄鉢 ဆွမ်း၊ဆွမ်းဟင်းတို့ကိုဘုန်းကြီးကသပိတ်ဖြင့်ခံသွားသည်။ 飯や惣菜を僧侶が鉢に受取った ②ストライキ、ボイコット
သပိတ်စုံ[təbeiʔsoun] (名) ゼネスト
သပိတ်တား[təbeiʔ taː] (動) ピケを張る、スト破りに対抗する、スト破りを防ぐ
သပိတ်မှောက်[təbeiʔ mauʔ] (動) ①拒否の意思表示をする、出家が托鉢を伏せて食べ物の受取りを拒否する ②ストライキをする、ボイコットをする、不買運動をする ရွေးကောက်ပွဲသပိတ်မှောက်သည်။ 選挙をボイコットする
သပိတ်ရောင်[təbeiʔ jaun] (名) 鴉の濡れ羽色、艶のある黒色
သပိတ်လွယ်[təbeiʔlwɛ] (鳥) シキチョウ (ヒタキ科) Copsychus saularis
သပိတ်လွယ်ရင်အုပ်နီ[təbeiʔlwɛ jin ouʔ ni] (鳥) ノゴマ (ヒタキ科) Erithacus calliope
သပိတ်လှန့်[təbeiʔ l̥an̥] (動) ストを中止する、ボイコットを取り止める
သပိတ်ဝင်အိပ်ဝင်[təbeiʔwin eiʔwin] (副) 正味
သပိတ်သွတ်[təbeiʔ tuʔ] (動) 故人の冥福を祈って施食供養する、初七日の供養をする =ဆွမ်းသွတ်
သပျစ်သီး[təbjɛʔt̪iː] (植) ブドウ=စပျစ်သီး၊ဧပျစ်သီး။
သပျစ်သီး[təbjiʔt̪iː] =သပျစ်သီး
သပြာ[təbja] (貝) マドガイ
သပြု[təbju] (植) ビワモドキ (ビワモドキ科) Dillenia indica
သပြုသပြေ[təbju təbje] (植) フトモモ (フトモモ科) Syzygium cumini
သပြေ[təbje] (植) ムラサキフトモモ、ジャンボラン (フトモモ科) Eugenia jambolana
သပြေကြီး[təbjeʤiː] (植) セイタカフトモモ (フトモモ科) Eugenia grandis
သပြေခါ[təbjegaː] (植) ケラット (フトモモ科) Eugenia venusta
သပြေချင်[təbjeʤin] (植) ジャンボンアデク (フトモモ科) Eugenia operculata
သပြေအရွယ်[təbjezoːʔjwɛ] (名) 発育盛りの女子、年頃の女の子
သပြေညိုရောင်[təbjeɲo jaun] (名) 淡褐色
သပြေတိုင်[təbjedain] (名) 6本ある家の柱の内、北西隅に立てられる柱
သပြေနီ[təbjeni] (植) フトモモ科フトモモ属 Syzygium fruticosum
သပြေပန်း[təbjebanː] (名) (花ではなく) フトモモの小枝 (吉祥とされる)
သပြေပန်းခက်[təbjebanːgɛʔ] =သပြေပန်း
သပြေပြု[təbjebju] =သပြေ
သပြေရောင်[təbje jaun] (名) 赤褐色

သပြေသီးမှည့်ရောင်[dəbjedi:mɛ. jaun] (名)栗色、海老茶色、濃赤褐色

သပြေအုန်း[dəbje oun:] (植)ソメモノコメツブノボタン（ノボタン科）Memecylon edule

သပြစ်သီး[dəbji'di:] (名)ブドウ ＝သပျစ်သီး

သပွတ်[dəbu'] (植)ヘチマ（ウリ科）Luffa aegyptiaca

သပွတ်ကြီး[dəbu'tʃi:] (植)ドムサール（バンレイシ科）Miliusa velutina

သပွတ်ခါး[dəbu'k'a:] ＝သပွတ်

သပွတ်နွယ်[dəbu'nwɛ] (植)オオバナナノキ（バンレイシ科）

သပွတ်ရွက်[dəbu'jwɛ'] (植)ナガバキダチオウソウカ（バンレイシ科）

သပွတ်ဝါး[dəbu' wa:] (植)竹の1種 Neohouzeaua stricta

သပွတ်အူ[dəbu'u] (名)①ヘチマのスポンジ ②難問、解決困難な問題 ③厄介者、鼻つまみ者

သပွတ်အူလိုက်[dəbu'u lai'] (動)こんがらがる、ごたごたする、混乱する

သဖန်း[təp'an:] (植)フサナリイチジク、ウドングノキ（クワ科）Ficus glomerata

သဖြုန်[təp'jan] (名)パッピョー歌の終りに歌われる2、3連から成る1節

သျပာ[dəbja] →သပြ

သပြီ[dəbji'] →သပြီ၊ ဧပျစ်။

သပြစ်ရည်[dəbji'je] (名)葡萄酒、ワイン

သပြစ်တီး[dəbji'ti:] (名)葡萄

သဘာပတိ[dəbapəti.] (名)座長、議長 ＜パ

သဘာပတိအဖွဲ့[dəbapəti. əp'wɛ.] (名)議長団

သဘာပတိအဖွဲ့ဝင်[dəbapəti. əp'wɛ.win] (名)議長団のメンバー

သဘာဝ[dəbawa.] (名)①天然、自然 ②性 အမသဘာဝ 女性、牝 အထီးသဘာဝ 男性、牡 ③本能、習性

သဘာဝကိန်း[dəbawa.kein:] (名)自然数

သဘာဝကျ[dəbawa. tʃa.] (形)自然だ、実際的だ、現実的だ、写実的だ、リアルだ 否定形はသဘာဝမကျဘူး။ 不自然だ

သဘာဝကျကျ[dəbawa. tʃa.dʒa.] (副)自然に、自然らしく

သဘာဝဓာတ်ငွေ့[dəbawa. da'ŋwe.] (名)天然ガス

သဘာဝဓာတ်ငွေ့ရည်[dəbawa. da'ŋwe.je] (名)液化天然ガス

သဘာဝပုလဲ[dəbawa. pəlɛ:] (名)天然真珠

သဘာဝပတ်ဝန်းကျင်[dəbawa. pa'wun:tʃin] (名)自然環境

သဘာဝဘေးအန္တရာယ်[dəbawa. be:andəjɛ] (名)自然災害

သဘာဝရှုခင်း[dəbawa. ʃu.in:] (名)自然の眺め、自然の景観

သဘာဝဝန်းကျင်[dəbawa. wun:tʃin] (名)自然環境

သဘာဝဝန်းကျင်ထိန်းသိမ်းရေး[dəbawa wun:tin t'ein:tein:je] (名)自然環境の保全

သဘာဝတောတော[dəbawa. ti'tɔ:] (名)自然林、天然林

သဘာဝသမိုင်း[dəbawa. təmain:] (名)自然史

သဘာဝသိပ္ပံ[dəbawa. tei'pan] (名)自然科学

သဘာဝအလျောက်[dəbawa. əljau'] (副)自然に本能的に

သဘာဝအလှ[dəbawa. əla.] (名)天然の美

သဘာဝအားဖြင့်[dəbawa. a:p'jin.] (副)ありのままに、自然に

သဘာဝဘေးအန္တရာယ်[dəbawa. be:andəjɛ] (名)自然災害

သဘောကျော[dəbɔ.] →သပေါ်ကျော

သဘော[dəbɔ:] (名)①性質、本質 ②素質、性格、気質 ③気持、考え、意見、意向、見解 ④意味訳 ＜パ Sabhāva

သဘောကောင်း[dəbɔ: kaun:] (形)人柄がよい、気立てがいい、性格が優しい、性格が素直だ、素直だ ဒီလူကြီးကသဘောကောင်းပါတယ်။ この長老は人柄がよい

သဘောကျ[dəbɔ: tʃa.] (動)好む、気に入る、良いと認める 否定形はသဘောမကျဘူး။ 気に入らない

သဘောကွဲ[dəbɔ: kwɛ:] (動)意見が合わない、意見が分かれる、意味が食い違う

သဘောကွဲလွဲ[dəbɔ: kwɛ:lwɛ:] ＝သဘောကွဲ

သဘောကွဲလွဲမှု[dəbɔ: kwɛ:lwɛ:mu.] (名)意見の相違、意見の対立

သဘောစမ်း[dəbɔ: san:] (動)性質を調べる、性格を試す

သဘောဆိုး[dəbɔ: s'o:] (形)意地が悪い

သဘောတရား[dəbɔ:təja:] (名)原理、原則、理念、概念

သဘောတူ[dəbɔ: tu] (動)同意する、賛成する、認める、承知する 否定形はသဘောမတူဘူး။

သဘောတူစာချုပ်[dəbɔ:du sadʒou'] (名)同意書

သဘောတူညီ[dəbɔ: tuɲi] ＝သဘောတူ

သဘောတူညီချက်[dəbɔ: tuɲidʒe'] (名)合意事項、賛成事項、同意事項

သဘော　တူညီမှု [dəbɔː tuɲiɲu.] （名）賛成、同意、賛同

သဘော　တူညီလက်ခံ [dəbɔː tuɲi lɛʔkʰan]（動）受諾する、同意して受入れる

သဘော　တူပြတ်စဲခွဲနေထိုင် [dəbɔː tu pjaʔsɛː kʰwɛːkʰwa netʔain]（動）協議離婚する、同意して別居する

သဘော　တူအညီပြု [dəbɔː tu ətipju.]（動）同意承認する、賛成承認する

သဘော　တွေ့ [dəbɔː twe.]（動）好む、気に入る

သဘော　ထား [dəbɔː tʰaː]①（動）見なす、解釈する、考える ②[dəbɔːda.]（名）考え、意向、見解、気持 ③態度、様子 ④性格、人格

သဘော　ထားကြီး [dəbɔːda tʃiː]（形）寛大だ、寛容だ、度量が大きい、大らかだ

သဘော　ထားကျဉ်းမြောင် [dəbɔːda tʃinːmjaunː]（形）狭量だ、偏狭だ、度量が小さい

သဘော　ထားကွဲ [dəbɔːda kwɛː]（動）意見が異なる、意見が分れる

သဘော　ထားကွဲလွဲမှု [dəbɔːda kwɛːlwɛːmu.]（名）意見の相違、見解の違い

သဘော　ထားစစ်တမ်း [dəbɔːda siʔtanː]（名）意向調査

သဘော　ထားစစ်တမ်းကောက်ယူ [dəbɔːda siʔtanː kauʔju]（動）意向調査を行う

သဘော　ထားတောင်းခံ [dəbɔːda taunːkʰan]（動）意向を確かめる

သဘော　ထားနည်း [dəbɔːda nɛː]（形）量見が狭い

သဘော　ထားပျော့ပျောင်း [dəbɔːda pjɔ.bjaunː]（動）考え方が柔軟だ、物の見方が柔軟だ

သဘော　ထားပြည့်ဝ [dəbɔːda pʰjiwa.]（形）気持が充実している、気持が壮大だ

သဘော　ထားဖြူစင် [dəbɔːda pʰjusin]（形）性格が素直だ、心が純真だ、疾しいところがない

သဘော　ထားသေး [dəbɔːda teː]（形）狭量だ

သဘော　ထောက်ချက် [dəbɔː tʰauʔkʰandʒɛʔ]（名）賛成、同意、意見の支持

သဘော　တင်မြင်ချက် [dəbɔː tʰinmjindʒɛʔ]（名）見解、意見

သဘော　နု [dəbɔː nu.]（形）物の見方が未熟だ

သဘော　ပေါက် [dəbɔː pauʔ]（動）了解する、悟る、察する、納得する

သဘော　ပိုက် [dəbɔː paiʔ]（動）見なす、思う、解釈する、その気になる、受け止める

သဘော　ပုပ် [dəbɔː pouʔ]（形）根性が悪い

သဘော　ပြည့် [dəbɔː pje.]（形）大らかだ、度量が大きい、寛大だ

သဘော　ပြည့်ဝ [dəbɔː pje.wa.]＝သဘော　ပြည့်

သဘော　ဖြူ [dəbɔː pʰju]（形）素直だ、正直だ、廉直だ

သဘော　ဖြူအူစင် [dəbɔːpʰju u sin]（形）公正だ、高潔だ

သဘော　ဖွင့်ပြော [dəbɔː pʰwin.pjɔː]（動）意見を打ち明ける、意向を明らかにする

သဘော　မှာ [dəbɔː ma]（主語）意味は、言わんとするところは、意図するところは

သဘော　မျ [dəbɔː mja.]（動）①気持が一致する、同意する ②気に入る、賛同する

သဘော　ရ [dəbɔː ja.]（動）思う、信じる、解釈する、理解する、意見を抱く

သဘော　ရိုး [dəbɔː joː]（名）善意

သဘော　ရှိ [dəbɔː ʃi.]（動）①意味合いがある ②（副）好みに応じて、希望に応じて

သဘော　လိုချက် [dəbɔː lodʒɛʔ]（名）望み、願望

သဘော　လှယ် [dəbɔː lwɛ]（形）性格が従順だ、優しい、気難しくない

သဘော　သကာယ [dəbɔː dəgaja.]（名）性格、人柄

သဘော　သကာယကောင် [dəbɔː dəgaja. kaunː]（形）人がいい、気立てがよい、性格が素直だ

သဘော　သကန် [dəbɔː dəgan]（名）性質、性格

သဘော　သဘာဝ [dəbɔː dəbawa.]（名）趣旨、本旨、理念

သဘော　သေး [dəbɔː teː]（形）狭量だ、疑ぐり深い

သဘော　အတိုင်း [dəbɔː ətainː]（副）望みのままに、気の済むように、意向に沿って

သဘော　အယူအဆ [dəbɔː əju əsʔa.]（名）意見、考え、見解

သဘော　အရ [dəbɔː əja.]（副）意見として、意図するところとしては

သဘော　အား [dəbɔː aːpʰjin]（副）趣旨としては、本旨は

သဘက် [dəbɛʔ]（名）①餓鬼 ＝ပိတ္တာ ②ショール、マフラー、肩に掛ける部厚い布地 cf. ပဝါ

သဘက်ခါ [dəbɛʔkʰa]（名）明後日 →သန်ဘက်ခါ

သဘောက် [dəbauʔ]（名）→သား ပေါက်

သဘင် [dəbin]（名）①式、儀式、催し、祭、祝祭、祭典　ဘွဲ့နှင်းသဘင် 学位授与式　ပိုလ်ရှယ်သဘင် 関兵式 ②集まり、集合、集会 ＜パ Sabhāya

သဘင်ခံ [debin kʰan]（動）式典を行う、祭を催す

သဘင်တဲနန်း [dəbin tɛːnanː]（名）儀式用の仮御殿

သတင်ပညာ[dəbin pjinɲa]（名）芝居の演技、歌舞音曲の演奏技術、祭礼での各種催し

သတင်ပညာသည်[dəbin pjinɲadə] ＝သတင်သည်

သတင်သည်[dəbindɛ]（名）芸人、芸能人、歌い手、踊り子、役者、演技者、演奏者

သမ[təma.]（名）女性の職種を示す ကောက်စိုက်သမ 五月女 အငြိမ့်သမ ビルマ舞踊の踊り子

သမ[təma.]（動）①合体する、融合する ②混じる、混合する、一緒になる、まみれる ခွေးစေးနှင့်ဖုဒ်မျာ: သမသည်။ 汗と埃にまみれる ③まぶす、捏ねる、混ぜ合わせる ＜パ Sama

သမကောန သမကော၊ ဂေါ်ကောန ဂေါ်ကော။（諺）朱に混われば赤くなる（娑祢は娑祢、牛は牛）

သမတ[təməda.]（名）大統領 ＝သမ္မတ

သမတနိုင်ငံတော်[təməda. naingandɔ]（名）共和国

မသတမင်း[təməda.min:]（名）大統領閣下

မသတအိမ်တော်[təməda. eindɔ]（名）大統領官邸

သမနီရှည်[təməni. ʃe]（形）①期間が長い、奉仕期間が長い ②経験豊富だ

သမပိုင်း[təma.bain:]（名）温帯

သမပိုင်းဇုန်[təma.bain: zoun] ＝သမပိုင်း

သမယ[təməja.]（名）時、時間 အခါသမယ 時、期間 ＜パ Samaya

သမရိုးကျ[təməjo:dʑa.] →သမာ:ရိုးကျ

သမဝါယမ[təma.wajəma.]（名）協同組合 ＜パ

သမဝါယမဝန်ကြီးဌာန[təma.wajəma. wundʑi: t'ana.]（名）協同組合省（１９９９年現在）

သမဝါယမအသင်း[təma.wajəma. əti n:]（名）協同組合

သမာဒေဝ[təma dewa.]（名）善神 ＝သမ္မာဒေဝ

သမာဓိ[təmadi.]（名）①精神集中、精神統一 ②定禅定、三昧 ③（王朝時代の）住民互選の判事 ＜パ

သမာဓိတေဇ:[təmadi. teja:]（名）定、三昧

သမာပတ်[təmabaʔ]（名）等持 ＜パ Samāpatti

သမာအာဇီဝ[təma aziwa.]（名）正業、まともな職業 ＜パ Sammā Ājīva

သမာ:[təma:]（名）①漢方医、民間医 ＝ဆေး:သမာ:၊ ②男性の職種を示す လယ်သမာ: 百姓 လက်သမာ: 大工 အလုပ်သမာ: 労働者 မြင်:သမာ: 競馬の騎手 ဖဲသမာ: 賭博打ち ဗေဒင်သမာ: 占い師

သမာ:တော်[təma:dɔ]（名）①民間医、漢方医 ②（王朝時代の）御典医、王室侍医 ＝သမာ:တော်ကြီ:

သမာ:ယောင်[təma:jaun]（名）薮医者、偽医者、いかさま師、食わせ者

သမာ:အိုဝေ၊ ရွှေနေပျူဝေ။（諺）亀の甲より年の功（医者は経験年数、弁護士は若さ）

သမာ:ရိုးကျ[təməjo:dʑa.]①（名）伝統、伝来、慣例 ②（形）在来の、慣例的な、伝統的な、祖先伝来の

သမာ:ရိုးကျလက်နက်[təməjo:dʑa. lɛʔbɛʔ]（名）通常兵器

သမာ:ရိုးကျအယူအဆ[təməjo:dʑa. əju əs'a.]（名）保守的考え、伝統的概念

သမီး[təmi:]（名）娘、女の子供

သမီးကညာ[təmi: kaɲa]（名）処女、乙女、生娘

သမီးကညာ ၊ အခါ မလင့်စေနှင့်။（格）時期を失するな（娘は時を逸せず嫁がせよ）

သမီးခင်ပွန်း[təmi: k'inbun:]（名）夫妻、夫婦

သမီးတစ်ကောင်၊ နွာ:တထောင်။（諺）女の子には手間がかかる（娘一人は牛千頭）

သမီးတော်[təmi:dɔ]（名）王女、姫君、内親王 cf သာ:တော်

သမီးတောင်း[təmi: taun:]（動）娘を嫁に所望する、娘との結婚を申し込む

သမီးနူ[təmi:no.]（名）カサガイの仲間 Patella testudinaria

သမီးပေးမှသာ:မက်ရှိ။（格）小姑一人は鬼千匹（娘を嫁がせなければ婿の来手はない）

သမီးပျာ:[təmi:bja:]（名）養女

သမီးမောင်နှံ[təmi: maunnan]（名）夫妻、夫婦

သမီးမြောက်သာ:[təmi: mjauʔ ta:]（名）従兄弟（兄弟の娘と姉妹の息子との間柄）

သမီးယောက္ခမ[təmi: jauʔk'əma.]（名）舅、姑と婿、または舅、姑と嫁との中柄、義理の親子関係

သမီးယောက်ဖ[təmi: jauʔp'a.]（名）義理の兄弟即ち、自分と①妻の兄、弟 又は ②姉または妹の夫

သမီးယောက်ဖတော်[təmi: jauʔp'a. tɔ]（動）男二人が義理の兄弟関係にある、即ち自分と ①姉の夫または妹の夫 或いは ②妻の兄、または弟

သမီးယောက်မ[təmi: jaunma.]（名）女二人が義理の姉妹の間柄、即ち自分と ①兄の妻または弟の妻 ②夫の姉または妹

သမီးရင်:[təmi:jin:]（名）実の娘、腹を痛めた我が娘

သမီးရည်:စာ:[təmi: ji:za:]（名）恋人同士

သမီးရည်:စာ:မချစ်ကုန်၊ လင်မယာ:အရှက်ကုန်။（諺）親しき仲にも礼儀あり（恋人同士の愛情喪失、夫婦の間の羞恥心の欠如）

သမီးရှင်[təmi:ʃin]（名）娘を持つ親、娘の親、娘の保護者 cf. သာ:ရှင်

သမီးအချစ်၊ မြေ:အနှစ်။（格）孫は子より可愛い ＝သာ:အချစ်၊ မြေ:အနှစ်။

သမီးဦး[t̪əmi:u:] (名) 長女
သမုတိနတ်[t̪əmu.ti.naʔ] (名) 君主
သမုဟနာမ်[t̪əmuha.nan] (名) 集合名詞 ＝パ
သမုဟပြု[t̪əmuha.pju.] (動) 統合する、集合する
သမဲ[t̪əmɛ.] (植) ヒルギダマシ (クマツヅラ科)
　Avicennia officinalis
သမဲ့နက်[t̪əmɛ.nɛʔ] ＝သမဲ
သမက်[t̪əmɛʔ] (名) 婿 ＝သားမက်
　သမက်ဆွတ်[t̪əmɛʔsʔou] (貝) カニノテムシロ (オリイレヨフバイ科)
　သမက်တော် [t̪əmɛʔtɔ] (名) 王女の婿、姫君の婿
　သမက်တော်ဖမ်း[t̪əmɛʔtɔ pʰan] (動) 姫君に婿を迎える
　သမက်ဖမ်း[t̪əmɛʔ pʰan] (動) 娘に婿を迎える
　သမက်လောင်း[t̪əmɛʔlaun:] (名) 婿候補
သမဂ္ဂ[t̪a.mɛʔga.] (名) 連合 ＜パ cf. ကုလသမဂ္ဂ
သမင်[t̪əmin] (動物) シャムシカ (シカ科) Cervus eldi
　သမင်ကလေး[t̪əmingəle:] (名) 子鹿
　သမင်စာနီ[t̪əminzani] (植) クチナシ (アカネ科) の仲間 Gardenia turgida
　သမင်တော်က်[t̪əmin tauʔ] (動) 鹿が鳴く
　သမင်ဗို[t̪əminbo] (名) 牡鹿
　သမင်ဗျူ[t̪əminbju] (病) 白くも、皮膚病の一種 ＝ရုပ်ဆင်း
　သမင်မ[t̪əminma.] (名) 牝鹿
　သမင်မွေးရင်း၊ကျားစားရင်း॥ (諺) せっかくの努力が水の泡、元も子も無くす (鹿が生んだ子、虎の餌食)
　သမင်လည်ပြန်[t̪əmin lɛbjan] (副) 首を振じって肩越しに　သမင်လည်ပြန်ကြည့်သည်॥ 肩越しに後を振向く　သမင်လည်ပြန်ဖြစ်သည်॥ 首を捻って後向きになる
သမိုင်း[t̪əmain:] (名) 歴史
　သမိုင်းဌာန[t̪əmain: tʰana.] (名) 歴史学科
　သမိုင်းတင်[t̪əmain: tin] (動) 記録に残る、歴史に残る
　သမိုင်းတင်ခေတ်[t̪əmain: tin kʰiʔ] (名) 有史時代
　သမိုင်းပုံပြင်[t̪əmain: pounbjin] (名) 史話
　သမိုင်းမတင်မီခေတ်[t̪əmain: mətinmi kʰiʔ] (名) 有史以前
　သမိုင်းမတင်မီကာလ[t̪əmain: mətinmi kala.ga.] (副) 有史以前に
　သမိုင်းလမ်းကြောင်း[t̪əmain: lan:dʑaun:] (名) 歴史の流れ
　သမိုင်းဝင်[t̪əmain:win] (形) 歴史的な
သမုတ်[t̪əmouʔ] (動) ①呼ぶ、称する、名付ける、命

名する ②咎める、責める、非難する＜パ Samutti
သမုဒ္ဒရာ[t̪əmouʔdəja] (名) 大洋、海洋 ＜サ Samudra
သမုဒ္ဒရာနှင့်နွား၊ခြေရာ॥ (諺) 月とスッポン (海洋と牛の足跡)
သမုဒ္ဒရာ၊ဝမ်းတထွာ॥ (格) 人間、食べていくのは大変だ (海洋は満ちる事なし、腹も一杯になる事なし)
သမန်ကာရှန်ကာ[t̪əmanga ʃanga] (副) 表面的に、上っ面だけ、通り一遍に、ありきたり、ありふれた ＝သာမန်ကာရှန်ကာ　သမန်ကာရှန်ကာတော့ကြည့်သည်॥ 表面的に見る、通り一遍に眺める
သမန်း[t̪əman] (名) ①田植え直前の水田 ＝တမန်း ②植) インドキチジョウソウ (イネ科) ragrostis cynosuroides ②アシカキ (イネ科) Leersia hexandra
သမန်းကျား[t̪əman:dʑa:] (名) (イラワジ側西岸のチン州山麓地方で噂される) 虎への変身能力を持った人間
သမန်းမြတ်[t̪əman:mjɛʔ] →သမန်း
သမိန်[t̪əmein] (名) 王 ＜モ Smim
သမုန်း[t̪əmoun:] (植) 白い花が咲く薬用植物 Boscia variabilis
သမံတလင်း[t̪əmandəlin:] (名) 漆喰塗りの土間、たたき、叩き土、セメント塗りの土間
သမြော[t̪əmmjɔ:] (動) 惜しむ、勿体無い
သယောက်[t̪əjauʔ] (名) ①情夫 ②情婦
သယံဇူ[t̪əjanbu] (名) 仏恩、縁覚、独覚、壁支仏
သယံဇူဉာဏ်[t̪əjanbu ɲan] (名) 生得の智慧、仏陀の智慧
သယံဇာတ[t̪əjanzata.] (名) 資源、天然資源 ＜パ
သယံဇာတပစ္စည်း[t̪əjanzata. pjiʔsi:] (名) ＝သယံဇာတ ＜パ Sayaṁjāta
သရ[t̪əra.] (名) 母音 ＜パ Sara
သရဏဂုံ[t̪ərənəgoun] (名) 三帰依文 ဗုဒ္ဓံသရဏံ၊ဓမ္မံ၊သံဃံသရဏံ॥ 仏陀に帰依する、法に帰依する、僧に帰依する
သရဏဂုံဆောက်တည်[t̪ərənəgoun sʔauʔti] (動) 三宝に深く帰依する
သရဏဂုံတင်[t̪ərənəgoun tin] (動) ①三帰依文を唱和する ② (葬儀や法要の際に) 読経する、引導を渡す、永代経を上げる、枕経を読む
သရဏဂုံသုံးပါး[t̪ərənəgoun t̪oun:ba:] ＝သရဏဂုံ
သရဖီ[t̪ərəpʰi] (植) ①オトギリソウ (オトギリソウ科) Calophyllum amoenum ②オクロカルプス (オトギリソウ科) Ochrocarpus siamensis ③ニコバルカヌーノキ (オトギリソウ科) Caloph-

yllum spectabile

သရဖူ[tərəp'u] (名) 冠、王冠 ＜サ
သရဖူဆောင်း[tərəp'u s'aun:] (動) 頂点を極める、頂点に達する
သရဝတီ[tərəwun] (星) 女宿（二十七宿の第２２番目）、鷲座の三つ星
သရီရဓာတ်တော်[tərira. da'tɔ] (名) 舎利、仏舎利、仏陀の遺骨 ＜パ SarIra Dhātu
သရေ[təje] (名) 引分け、互角 ＝အရှုံးအနိုင်မရှိ။
သရေကျ[təje tʃa.] (動) ①互角になる、引分ける ②羨ましく思う、涎前の的だ
သရေပွဲ[tɛjebwɛ:] (名) 互角の勝負、試合の引分け
သရေဖြစ်[təje p'ji'] (動) 引分ける、互角だ
သရေ[təje] →သာ:ရေ
သရေကြီး[təjeʤɔ:] →သာ:ရေကြီး
သရေခေတ္တရာ[təjek'i'təja] (地) ピー（プローム）市郊外にある遺跡シュリクシェトラ（吉祥利土）
သရေစာ[təjeza] →သွား:ရေစာ
သရဲ[təjɛ:] (名) 幽霊 →သူရဲ
သရဲခြောက်[təjɛ: tʃ'au'] (動) 幽霊が出る、幽霊に脅かされる
သရဲပူး[təjɛ: pu:] (動) 幽霊が乗り移る cf. ဘီလူး:စီး
သရော်[tərɔ] (動) からかう、揶揄する、諷刺する
သရော်စာ[təjɔza] (名) 諷刺文
သရော်တော်တော်၊ချော်တော်တော်[təjɔ tɔɔ tʃ'ɔ tɔɔ] (副) からかって、揶揄して
သရော်ပြုံး:ပြုံး:[təjɔbjoun: pjoun:] (動) 嘲笑する、嘲り笑う、皮肉っぽく笑みを浮べる
သရော်ရယ်ရယ်[təjɔji ji] (動) 嘲り笑う、嘲笑する
သရော်[təjɔ] (植) ウオトリギ、オオバウオトリギ ＝တရော်
သရော်ရေ[təjɔje] (名) ウオトリギ樹皮の水溶液（シャンプーとして使用）
သရော်ဝါ:[təjɔwa:] (植) パイ・ヒヤ (イネ科) Melocannna virgata
သရော[təjɔ:] (名)（水面上の）浮遊物 ＝ရွှီး
သရော:[təjɔ:] (名) 飢餓、飢饉 cf. ခေါင်း:ပါ:
သရောခိုင်း:[təjɔ: k'ain:] (動) 飢餓に苦しむ、飢饉になる ＝သရောကြီးခိုင်း
သရို:[təjo] (名) (漆器の下地に塗る) 骨灰や木屑と樹脂とを練り合わせたもの
သရို:ကိုင်[təjo kain] (動) 骨灰、木屑と樹脂との混合物を塗る
သရက်[təjɛ'] (植) マンゴー（ウルシ科） Mangi-fera indica
သရက်ကင်း:[təjɛ'kin:] (名) ①マンゴーの実の初成り ②（植）マンゴージンジャー（ショウガ科） Curcuma amada
သရက်ထည်[təjɛ't'ɛ] (名) 厚地の更紗、チンツ
သရက်ထည်ပန်း[təjɛ't'ɛban:] (植) キキョウナデシコ、フロックス（ハナシノブ科） Phlox drummodii
သရက်ပုမုန်[təjɛ'pəmun] (植) バンレイシ科の薬用植物 Artabotrys burmanicus の雌の木
သရက်မြို[təjɛ'mjo.] (地) タイエッ町（イラワジ河中流西岸に位置する町）
သရက်ရက်[təjɛ'jwɛ'] (名) 脾臓 cf. ဘေလုံး:
သရက်ရက်အပို[təjɛ'jwɛ' əpo] (名) 副脾臓
သရက်သီး[təjɛ'ti:] (名) マンゴーの実
သရက်သီးကုလား:တည်[təjɛ'ti: kələdɛ] (名) 油漬けのマンゴー ＝ကုလား:တည်
သရက်သင်ပေါင်း[təjɛ' tinbaun:] (植) ロネホ（ウルシ科） Buchanania lancifolia
သရက်သစ်ဆေး[təjɛ' ti'si:] (植) ムラサキカバノキ、レンガス（ウルシ科） Gluta tavoyana
သရက္ခန်[tərɛ'k'an] (名) 白檀の芯材 ＜パ
သရိုင်[təjain] (名) 籾や穀物の保存に用いる竹簾
သရိ[təji'] (名) ①新芽、若葉の芽 ②（虫）野菜の害虫 Phthirius pubis ＝ချပ်ကောင်
သရဉ်း[təreze] (動) 詠唱する、斉唱する、唱和する
သရုပ်[təjou'] (名) ①形、形状、基本 ②本質、性質、性格、習性
သရုပ်ဆောင်[təjou' s'aun] (動) 演じる、演技する
သရုပ်ဆောင်မင်း:သား:မင်း:သမီး:[təjou's'aun min: da: min:dəmi:] (名) 俳優、役者
သရုပ်ဆောင်အ[təjou's'aunga.] (名) 出演料
သရုပ်ဆောင်သူ[təjou's'aundu] (名) 出演者、役者
သရုပ်ပေါ်[təjou' pɔ] (動) 明らかになる、浮き彫りになる、鮮明に現れる
သရုပ်ပျက်[təjou' pjɛ'] (動) 堕落する、退廃する
သရုပ်ပျက်ယဉ်ကျေး:မှ[təjou'pjɛ' jintʃe:mu.] (名) 退廃的文化
သရုပ်ပြ[tʃɛjou' pja.] (動) 実物で示す、実地に教える、図解する、例証する
သရုပ်ပြဆရာ[təjou'pja. s'əja] (名) （自然科学系の）助手 cf. နည်:ပြဆရာ
သရုပ်ဖော်[təjou' p'ɔ] (動) 明らかにする、浮き

彫りにする、描写する
သရုပ်ဖော်ပန်းချီ[təjouʔpʻɔ bədʑi]（名）挿絵
သရုပ်ဖော်ပုံ[təjouʔpʻɔboun]（名）挿絵
သရုပ်သကန်[təjouʔ dəgan]（名）形、形状、特徴
သရမ်း[təjan:]（動）前後の見境がない、傍若無人だ、勝手気ままだ、無秩序だ လက်သရမ်းသည် 手癖が悪い ပါးစပ်သရမ်းသည် 口が悪い、口汚ない、ずけずけ物を言う
သရွတ်[təjuʔ]（名）モルタル、漆喰、化粧漆喰
သရွတ်ကိုင်[təjuʔkain]（動）漆喰を塗る
သလာ[təla]（名）眼球の白濁、白内障 ＜パ Sallā
သလာကပ်[təla kaʔ]（動）白内障になる、白内障を患う
သလာတိမ်[təla tein]（名）=သလာ
သလာဖုံး[təla pʻoun:]（動）=သလာကပ်
သလာလွှမ်း[la ɫwan:]（動）=သလာကပ်
သလား:[təla:]（動）練り歩く ＝လမ်:သလာ:
သလေး[dəle:]（名）芳香性の赤米 =သလေး:ဆန်
သလဲ[təlɛ:]①（植）ザクロ ②=သဲ
သလင်း[təlin:]（鉱）①水晶 ②石英
  သလင်းကျောက်[təlin: dʑau]（鉱）石英岩、珪岩（変成岩）
  သလင်းမြောင်[təlin: mjaun]（名）（王室で使用されていた）紡錘型の容器
သလပ်[təlaʔ]（動）風を当てる လေသလပ်ခံသည် 風を当てて陰干しする
သလိပ်[təlei]（名）痰 ＜サ
  သလိပ်ခဲထုတ်[təleiʔ kʻaʔ]（動）痰を咳き出す、痰を吐き出す
  သလိပ်စစ်ဆေး:[təleiʔ siʔsʻe:]（動）喀痰検査をする
  သလိပ်ထ[təleiʔ tʻa.]（動）痰が出る
  သလိပ်ဟက်[təleiʔ hɛʔ]（動）咳払いして痰を吐く
သလုံး[təloun:]（名）ふくらはぎ、こむら=ခြေသလုံး
  သလုံးကြွက်သား[təloun: tʃwɛʔta:]（名）=သလုံးသား
  သလုံးသား:[təloun:ɖa:]（名）=သလုံး
သလွန်[təlun]（名）（国王や王族が使用した）寝台、長椅子 ＜モ =သလွန်တော်
သဝေထိုး:[təwetʻo:]①（名）各子音文字の左側に添付される[e]母音符号 例ေ ②（動）逸れる、通り過ぎる
သဝင်ကြောင်[təwin tʃaun]=သဝန်ကြောင်
သဝင်တို[təwin to]=သဝန်တို
သဝဏ်လွှာ[təwunɫwa]（名）①メッセージ ②祝辞
သဝန်ကြောင်[təwun tʃaun]（形）気持ちが穏やかでない、妬ましい、羨ましい、虫酸が走る=သဝင်ကြောင်

သဝန်တို[təwun to]（形）妬ける、嫉妬する、快く思わない
သဝဏ်လွှာ[təwunɫwa]=သဝင်လွှာ
သဿမေဓအခွန်[taʔtəmeda. ekʻun]（名）①（王朝時代の）人頭税（出家、不具者、王郎の公務従事者以外の全員に課税された）②（英領時代の）10分の1税
သဟဇာတ[təha.zata]→သဟဇာတ်＜パSahajāta
သဟဇာတ်[təha.zaʔ]（名）調和、和合
သဟဇာတ်ဖြစ်[təha.zaʔ pʻjiʔ]（形）似合う、似つかわしい、相応しい
သဟဒေဝီ[təha.dewi]（植）ムラサキムカシヨモギ（キク科）Vernonia cinerea
သဲ့[təhɛ:]（名）支え、支持、支援 cf. အမှီသဲ့
သဟောက်သဟ[təhauʔ təha.]（副）怒りに任せて、癇癪玉を破裂させて
သဟောက်သဟဖြစ်[təhauʔ təha. pʻjiʔ]（動）怒鳴り散らす、喚き散らす
သာ[ta]（形）①心地よい、快い、快適だ ②秀でる、抜きんでる、卓越する ဟိုကောင်သာပြီ။ あいつの方が勝っている ③照る、輝く လသာသည်။ 月が明るい
သာကြည်သဖြင့်[tatʃi dəpʻjin.]（副）従順に、素直に
သာချင်:[tadʑin:]（名）二節詩の第1節と第2節の押韻を際立たせて聴覚的に心地よく詠まれた詩
သာတူညီမျှ[tadu ɲimja.]（副）平等に、公平に、えこひいきなく
သာမွန်သာနွယ်[tamu. namu.]（名）慶弔、冠婚葬祭
သာယာ[taja]（形）①のどかだ、のんびりしている、閑静だ ②楽しい、快適だ、心地よい、気持がよい ③天気がよい、腫れている ④景観が素晴らしい素敵だ
သာယာကြည်နူး:[taja tʃinu:]（形）心地よい、素敵だ、快適だ、愉快だ
သာယာကြည်နူးဘွယ်[taja tʃinu:bwɛ]（名）快適
သာယာကြည်နူးဘွယ်ကောင်း:[taja tʃinu:bwɛ kaun:]（形）心地よい、素敵だ、素晴らしい
သာယာကြည်မွေ့[taja tʃimwe.]（形）麗しい、心地よい、快い
သာယာကြည်မွေ့ဘွယ်[taja tʃimwe.bwɛ.]（名）心地よさ、素晴らしさ
သာရစီး:[taja si:]①（動）有利な方につく、勝ち馬に乗る、楽な方に身を寄せる ②[tajazi:]（名）世渡りのうまい人、ご都合主義者、日和見主義者

သာယာစည်ပင်[ṭaja sibin]（形）順調だ、心地よく繁栄している

သာယာစွာ[ṭajazwa]（副・文）穏やかに、心地よく

သာယာနာပျော်[ṭaja napjɔ]（形）耳に心地よい 聴いて楽しい

သာယာနာပျော်စွာ[ṭaja napjɔzwa]（副・文）聴いて楽しく、耳に心地よく

သာယာနာပျော်ဘွယ်[ṭaja napjɔbwɛ]（名）聴いて楽しい感じ、聴いて快い状態

သာယာနာပျော်ဘွယ်အဲ[ṭaja napjɔbwɛ ətan]（名）麗しい声、耳に心地よい声

သာယာဝပြော[ṭaja wa.bjɔ]（形）平和で豊かだ

သာယာချမ်း[ṭaja e:ʥan:]（形）のどかで平和だ

သာယာဝတီချိုင်း[ṭajawədi bjain:]（鳥）チュウサギ（サギ科）Egretta intermedia

သာယာဝတီမင်း[ṭajawədi min:]（人）ターヤーワデイー王（コンバウン朝第8代の国王）

သာယာဝတီမြို့[ṭajawədi mjo.]（地）ターヤーワデイー町（イラワジ管区にある町の一つ）

သာရေးနာရေး[ṭaje: naje:]（名）慶弔、冠婚葬祭、お目出たや不幸、喜び悲しみ

သာရေးနာရေးကိစ္စ[ṭaje: naje: kei'sa.]＝ သာရေးနာရေး

သာလွန်[ṭalun]（人）ターレン（ニャウンヤン朝第4代の国王、1629－48）

~သာ[ta]（助動）可能性を示す မဆိုသာပါ။ 言えない言う訳にはいかない နင့်အလုပ်ကတသက်လုံးစား သာမယ်။ 君の仕事は、一生楽に暮して行ける ကျမအောင်းမပြော သာပါဘူး။ 私は強引には言えない ကျမကနေမသာလို့ လာခဲ့တာ။ 私は居たたまれなくて来たのよ

သာ[da]（助動）動詞の強調、動詞を重複させ間に挿入する、とにかく~する、~したいだけ~する နေသာနေပါ။ いたいだけいなさい ထိုင်သာထိုင်ပါ။ とにかくお座りなさい ခူးသာခူးပါ။ 摘みたいだけ摘んで来なさい လာသာလာပါ။ とにかくおいでなさい

သာ[ta]（助動）形容詞の前に添付する、もっと~だ、更に~だ、まだ~だ、遙かに~だ သာကောင်းတယ်။ もっと良い ကျုပ်ငယ်ငယ်ကတွေ့ဘူးတာကသာဆိုးသေးတယ်။ 僕が幼い頃に見たのは遙かに悪かった

သာတောင့်[tadaun.]（副助）更に、もっと သာတောင့်သာယာတယ်။ 更にのどかだ ရှုမောဘွယ်သာတောင့်လှပါကား။ 眺めは一層素晴らしい

သာတောင်[tadaun]（副助）より一層 သာတောင့်ကောင်းသေးတယ်။ まだましだ、もっとましだ、遙かにましだ

သာပြီး[tapi:]（副助）更に、もっと、一層 ကောက်သိမ်းချိန်မှာလုပ်ရင်သာ ပြီးမကောင်းဘူးလား။ 稲刈りの季節に働けば遙かに良いのではありませんか ဒီလူကို လူကောင်းလို့ထင်တာသာ ပြီးအံ့ဩစရာကောင်းသေးတယ်။ もっと驚いた事にはこの人をまともな人だと思っていた事だ

သာ၍[tajwe.]（副助・文）＝သာပြီး ပိုး၍မရှုသည်ကိုလိုက်ကျှလျှင်သာ၍ရက်ဖွပ်ကောင်းမည်။ 口説いても成功しなかった事が判るともっときまりが悪かろう ငါ့အသက်ဆုံးသော်လည်းအဆအရာသာ၍မြတ်သေး၏။ 私が死んだとしても（その方が）まだ百倍もましだ

သာ၍သာ၍[ṭajwe. tajwe.]（副助）＝သာ၍

သာလို[talo.]（副助）一層、更に、もっと

သာလွန်[talun]（形）一層有利だ、より優れている

သာလွန်၍[talun jwe.]（副）更に、尚、一層 သာလွန်အရေးကြီးသည်။ 益々大変だ

သာ[ta~da]（副助）~のみ、~だけ 名詞に直接または助詞（例 ကသာ။ ကိုသာ။ နဲ့သာ။ ၌သာ။ မှာသာ။ ၏သာ။ လို့သာ။ ဟူသာ။ 等）を介して間接的に繋がる ကောင်းကင်တွင်ကြယ်ကလေးများသာရှိပါသည်။ 空には小さな星だけがある သူ့အရပ်သည်ဦးလေး၏ပခုံးခန့်သာ မြင့်သည်။ 彼の身長は叔父さんの肩位しかない ကိုးနှစ်အရွယ်သာရှိသေးသည်။ 年齢はまだ9歳にすぎない စက်လှေကိုသာ စီးချင်တယ်။ エンジン付きの舟にしか乗りたくない သူ့ကိုသာမေးကြည့်ပါ။ ほかならぬ彼に尋ねて御覧なさい သမီးထေးနှုသာနေကြပါတယ်။ 末娘だけと暮している မသိဘူးလို့ပြောလိုက်။ 知らないとだけ言いたまえ အိမ်မှာသာနေတော့။ 家の中にだけいなさい သူတို့ကိုဝေးဝေးကာရှောင်ပါတော့။ 彼等を避けて遠くにいるようにしなさい လယ်ရှင်၏အမိန့်ပေးသောနေရာသာ လင်းနယ်ထည်သည်။ 地主が命じた場所にだけ脱穀場を据えた စိတ်ချ၍သာ ပြန်ပေတော့။ 安心して帰り給え စာအုပ်မြန်မြန်ပြီးပေးအောင်သာလုပ်။ 早く本が完成するよう専念せよ လိုက်လျှော့ရသည်သာ ဖြစ်သည်။ 要求に従う以外にない

~သာတည်း[tadi:]（副助）文末で使用、~だけである တနေ့မှာချုံနာပါ တေးဘဝသို့နိမ့်ကျမည်သာတည်း။ その内病弱な状態に陥ってしまうだけである

~သာမက[ta məka.]（副助）~のみならず、~だけでなく ဥများကိုသာမက၊ အရွက်ကိုလည်းချက်ပြုတ်စားကြသည်။ 塊根だけでなく葉も料理して食べた ရှေးခေတ်ကျေးတောနေတို့သည်ဘုရားကိုသာမက။ နတ်ကိုလည်းကိုးကွယ်ကြသည်။ 昔の田舎の人達は仏だけでなく精霊を信仰していた မိကျောင်းသည်ကုန်းပေါ်၌သာမက။ ရေထဲ၌ပါကျက်စားနိုင်သည်။ 鰐は陸上だけでなく水中でも棲息できる အထက်မြန်မာပြည်မှာသာမက၊ အောက်

မြန်မာပြည်အက်ကပါလူထုထက်လက်ခံလာတယ်။ 上ビルマだけでなく下ビルマの人々も受入れるようになった

~သာလျှင်[ṯaɬjin] (副助) ~だけ、~のみ အဖေသာလျှင်အခန်းတွင်ထိုင်နေလေ၏။ 室内に座っているのは父親だけだった စာအံ့ခြင်းသည်သာလျှင်ပညာတတ်စေသည်။ 教養を身に付けさせるのは朗読だけだ အချိန်ရှိသည်ဟု မြို့ထဲသို့သာလျှင်ထွက်၍လည်နေလေ့ရှိ၏။ 時間があれば町に遊びに行くのが常だった အားကစားကျောင်းစာကိုသာလျှင်အာရုံစိုက်သည်။ 運動と勉学だけに熱中していた ထိုအချက်သည်သာလျှင်အံ့ဘွယ်ဘနန်းထူးဆန်းသည်။ その点だけが著しく変っていた

~သာသာ[ṯada] (副助) 僅かに越えた程度で တဲကုပ်သာသာအိမ်ငယ်။ 小屋に毛が生えた程度の小さな家 လက်ကောက်ဝတ်သာသာ လောက်သာရှိသည့်တိုင်။ 手首よりほんの少しばかり太い柱 ပေသုံးဆယ်ပတ်လည်သာရှိတဲ့စားသောက်ဆိုင်။ 周囲30尺そこそこしかない食堂

သာကီဝင်[ṯagiwin] (名) 釈迦族 =သက္ကသာကီဝင်
သာဂူ[ṯagu] (植) サゴヤシ（ヤシ科）Metroxylon sagu <マ
သာဓက[ṯadeka.] (名) 証拠 ထင်ရှားသည်သာဓက 明白な証拠 <パ Sādhaka
သာဓကပြ[ṯadeka. pja.] (動) 証明する
သာဓု[ṯadu.] (名) (仏陀が自分の意に叶った時に用いた) 善いかな、然り、結構だ、天晴れだ、立派だ、素晴らしい、見事だ <パ Sādhu
သာဓုကီဠနသဒ္ဒဗင်[ṯadu. kiləna. dəbin] (名) 出家の葬儀 cf. ဘုန်းကြီးပျံ
သာဓုခေါ်[ṯadu. kʰɔ] (動) (普回向 အမျှဝေသည်။ に対する賞賛の言葉)、功徳を賞賛する、祝福する
သာဓုအနုမောဒနာခေါ်[ṯadu. ənu.mɔ:dəna kʰɔ] =သာဓုခေါ်
သာနိ[ṯano:] (植) セイロンテツボク、セイロンテリハボク（オトギリソウ科）Messua ferrea =ကံ့ကော်။
သာမည[ṯamjiɲɲa.] (形) 普通の、ありふれた、並みの、平凡な <パ Sāmañña
သာမဏေ[ṯamənei] (名) 沙弥（授具足戒を経ていない20歳未満の少年僧、三帰依十戒を遵守する） <パ Sāmaṇera
သာမဏေပြု[ṯaməne pju.] (動) (在家の少年を) 得度させる、沙弥にする
သာမန်[ṯaman] (形) 普通の、一般の、当り前の <パ
သာမန်နိုင်ငံကူးလက်မှတ်[ṯaman naingangu lɛʔ maʔ] (名) 一般旅券
သာမန်နိုင်ငံသား[ṯaman nainda:] (名) 一般国民

သာမန်မျက်စိဖြင့်[ṯaman mjɛʔsi. pʰjin.] (副) 普通の眼で、肉眼で
သာမန်ရငွေ[ṯaman ja.ŋwe] (名) 一般会計
သာမန်လူများ[ṯaman lumja:] (名) 普通の人々、一般庶民
သာမန်အားဖြင့်[ṯaman a:pʰjin.] (副) 一般に、普通に
သာမန်ကာလျှံကာ[ṯəmanga ʃanga] (副) 表面上、上っ面だけ အမေတော့သာမန်ကာလျှံကာဆိုပြီးဘာဆေးမျှမတိုက်မိဘူး။ 母は適当な事を言って何の薬も飲ませなかった
သာရကာ[ṯareka] (鳥) キュウカンチョウ =သာလိကာ <パ Sālikā
သာရိပုတ္တရာ[ṯari.pouʔtəra] (人名) 舎利弗（釈尊の二大弟子の一人）、釈尊の右脇侍
သာလဲယံ[ṯalajan] (形) 公開された、一般に開放された <パ Sārāya
သာလယံဇေယျ[ṯalajan zəjaʔ] (名) 多勢の人達が寝泊りする宿坊
သာလိက[ṯali.ga] (鳥) キュウカンチョウ（ムクドリ科） <パ Sālikā
သာလဲ[ṯalɛ:] (植) カジノキ、マムシカズ（クワ科）Broussonetia papyrifera 樹皮が製紙မိုင်းကိုင်စက္ကူ の原料にされる
သာလောဝါး[ṯalɔ:wa:] (植) 竹の1種 Bambusa thalawwa
သာဝက[ṯawəka.] (名) (仏陀の) 弟子、声聞 <パ Sāvaka
သာဝတ္တိပြည်[ṯawaʔtʰi.pje] (地) 舎衛城
သာသနာ[ṯadena] (形) ①教えの、教義の、宗教の、仏教の
သာသနာ့ဒါယကာ[ṯadena. dajəka] (名) ①在家信者、檀越、檀家 ②教説の保護者、後援者（ビルマ国王の別称）
သာသနာ့ဘောင်[ṯadena. baun] (名) 仏教教団、仏門、宗門、桑門
သာသနာ့ရိပ်မြို့[ṯadena. jeiʔmjoun] (名) 教義への隠遁、宗教への隠棲
သာသနာ့ရိပ်သာ[ṯadena. jeiʔta] (名) 庵、僧庵
သာသနာ့ဝန်ထမ်း[ṯadena. wundan:] (名) 仏教教団の構成員、出家、比丘、沙弥
သာသနာ့အမွေ[ṯadena. əmwe] (名) 宗教遺産、仏教遺産
သာသနာ့အမွေခံ[ṯadena. əmwegan] (名) 仏陀の教えを継承する者、出家、比丘、沙弥、僧門
သာသနာ့အမွေပေး[ṯadena. əmwe pe:] (動) 仏陀

သာသနာ

の教えを継承させる、子息を仏門に入れる

သာသနာ[tadəna] (名) ① (仏陀の) 教え、教義、教説 <パ Sāsana ②紀元

သာသနာခေတ်[tadəna kʻiʔ] (名) 教法の時代、仏教の時代

သာသနာညွှန်ကြားရေးဝန်[tadəna ɲuntʃaːjeːwun] (名) 宗務局長

သာသနာတော်[tadənadɔ] (名) 聖なる教え、仏陀の教義、教法

သာသနာတော်ရေး[tadənadɔjeː] (名) 宗教に関する事柄、仏陀の教えに関する事柄

သာသနာတော်အရေး[tadənadɔ əjeː] (名) 宗教問題、仏陀の教説に関する問題

သာသနာနှစ်[tadəna ɲiʔ] (名) 仏暦紀元 (釈尊入滅を以って元年とする、西暦紀元前544年に相当)

သာသနာပိုင်[tadənabain] (名) ① (王朝時代の) 仏教教団の総帥、大僧正、管長、法主 ② (キリスト教の) 法王、教皇、大司教 =ရဟန်းမင်းကြီး

သာသနာပြု[tadəna pju.] (動) 布教する、伝導する、教理を拡める

သာသနာပြုဆရာ[tadənabju. sʻəja] (名) 伝道師、布教師

သာသနာပြုမယ်သီလရှင်ကျောင်း[tadənabju. medila.jin tʃaunː] (名) 修道院

သာသနာရေး[tadənajeː] (名) 宗教的事柄、宗教的問題

သာသနာရေးဌာန[tadənajeː tʻana.] (名) 宗務庁

သာသနာရေးဝန်ကြီး[tadənajeː wundʒiː] (名) 宗務庁長官、宗務大臣 (内務大臣が兼任)

သာသနာရေးဝန်ကြီးဌာန[tadənajeː wundʒiː tʻana.] (名) 宗務省 (1999年現在)

သာသနာရောင်[tadənajaun] (名) 宗教的威光、宗教的輝き

သာသနာလျှောက်[tadənaʃauʔ] (名) 仏暦紀元の年月日を沙弥が和尚に告げる

သာသနာဝင်[tadənawin] (名) (パーリ語で記述された) 仏教史

သာသနာသက္ကရာဇ်[tadəna tɛʔgəjiʔ] (名) 仏暦紀元 (阿じゃ世王の創設、ビルマ暦紀元より1182年早い) =သာသနာနှစ်

သာသနာသုံးပါး[tadəna toun:baː] (名) 三蔵 (経、律、論)

သား[taː] (動) ①線を引く、定規で線を引く、罫を引く မျဉ်းသားသည် 線を引く မျဉ်းကြောင်းသားတယ် 罫線を引く ②明確にする ပြတ်သားသည် 明確だ、明瞭

だ ရိုးသားသည် 誠実だ、素朴だ

သားနား[taːnaː] (形) 清楚だ、秀麗だ、印象的だ

သားနားစွာ[taːnaːzwa] (副・文) 清楚に、秀麗に သားနားစွာဝတ်ဆင်သည် こざっぱりと着こなす

သားသားနားနား[taːda naːnaː] (副) 清楚に、華麗に、立派に、さっそうと သားသားနားနားအမျိုးသမီးတယောက်။ 華麗な一人の女性

သား[daː~taː] (助動) ①確かに、ちゃんと、既に、とっくに~の筈だ ကိုယ့်အိမ်မှာဆော့လဲ့ရလာနဲ့။ 自分の家でやんちゃをしてもできた筈なのに လှည်းပါသား ပြုလျှင်လည်းမစီးတာတုန်။ 牛車をちゃんと伴って来ているのになぜ牛車に乗らないのか သားတော့မီးတော့တပ်ကြီးအရှိသား။ 息子や娘やらが既に沢山いる မျက်စိမကောင်းတော့ရေးနိုင်ဖို့အခက်သား။ 目が悪いので書くのは大変だ လှေစပ်ထားရ၊အကောင်းသား။ 舟をこしらえて置けば良かったのに ②祈願、呪詛を表わす ဖြစ်ပေသား။ なりますように

~သားပဲ[daːbɛː~taːbɛː] (文末助) とっくに~だ、既に~だ=ဖြစ်တယ်။ ပြောင်းကြမယ်ဆိုတာကြာတော့အကြာသားပဲ။ 引越しをするという事は既に聞いてはいた ဒါကြောင့်အစထဲကမေမေ့ကိုကျမပြောသားပဲ။ だから最初からお母さんにそう言って置いたじゃないの မင်းဒီလိုပြောလိမ့်မယ်လို့ထင်သားပဲ။ 君がそう言うだろうと思ってはいた မင်းမှတ်မိသားပဲ။ 君は既に記憶している筈 ဟင်းတော့မနက်တစါထဲချက်ထားသားပဲ။ 料理は朝の内に全部仕上げてしまっていた

~သားရဲ့[taːjaː~daːjaː] (助動) かつて~した事がある、既に~し慣れている ခိုင်းသားရပြီးဖြစ်သောနွား။ よく使役し馴れている老牛

သား[taː~daː] (名) ①息子 cf. သမီး ②男子、男児 ကျောင်းသား: 男子学生 ရွာသား: 男性の村民 ③実子 (男女を問わない) ④誕生日、出身、職業等特定の概念に当てはまる者 စစ်သား: 軍人 သင်္ဘောသား: 船員 မနွေးမွေးတာအင်္ဂါသားပေ။ 昨日生れたのは火曜日生れの男児だ သူမှာလက်ပံတန်းသား: ဖြစ်သည်။ 彼はレッパダン出身者だ ⑤動物の肉 သားကောင်: 獲物 အမဲသား: 牛肉 ဝက်သား: 豚肉 ကြက်သား: 鶏肉 ⑥容量、重量を現わす ငါးကျပ်သား: 5チャッの分量 တကျပ်သား: 1緬斤 အစိတ်သား: 1緬斤の4分の1の分量 ⑦成分の塊 သစ်သား: 木材 ငွေသား: 現金 မြေသား: 土壌 ⑧複数を示す နှစ်ယောက်သား:ထိုင်ကြသည်။ 二人で腰を降ろした လေးယောက်သား:ထွက်ခဲ့ကြသည်။ 四人で出発した

သားကောင်[taːgaun] (名) ①獲物 ②獣、野獣、哺乳動物

သားကောင်းယောကျာ်း[taːgaun jauʔtʃaː] (名)

သားမှတ်မှတ်မယားမှတ်မှတ်

英雄、豪傑
သားကောင်းရတနာ [ta:gaun: jədəna] (名) 子宝
သားကြီး [ta:dʒi:] (名) 長子、第一子
သားကြီးမယား ကြီး [ta:dʒi: məja:dʒi:] (名) 正妻
သားကြီးဩရသ [ta:dʒi: ɔ:ra.ta.] (名) (遺産相続の面で特典を認められた) 長男
သားကျွေးမွေး [ta:tʃwe:mu.] (名) 子供の扶養
သားချော့ကချာ [ta:dʒɔ. gəbja] (名) 子守り歌
သားချော့သီချင်း [ta:dʒɔ.tətʃin:] (名) 子守り歌
သားချင်း [ta:dʒin:] (名) 実の兄弟姉妹、同胞 (はらから)
သားချင်းပေါက်ဖော် [ta:dʒin: pau'p'ɔ] = သားချင်း
သားငါး [ta:ŋa:] (名) 肉や魚
သားငါးကဏ္ဍ [ta:ŋa: ganda.] (名) 畜産部門
သားငယ် [ta:ŋɛ] (名) 幼い息子
သားစာသမီးစာ [ta:za təmi:za] (名) 子供の扶養の費用
သားစာကောင် [ta:za:gaun] (名) 肉食獣、肉食動物
သားစာတိရစ္ဆာန် [ta:za tərei's'an] = သားစာကောင်
သားစဉ်မြေးဆက် [ta:zin mjezɛ'] (名) 代々の子孫、子々孫々
သားစပ်ပေး [ta: sa'] (動) 人工受精をさせる နွားမကိုသားစပ်ပေးသည်။ 牝牛に人工受精させる
သားစိမ်းငါးစိမ်း [ta:zein: ŋa:zein:] (名) 鮮魚、精肉
သားဆက်မြေးခံ [ta:zɛ' mji:gan] (名) 後継者、子孫
သားတကဲ့မယားတကဲ့ဖြစ် [ta: dəgwɛ: məja: dəgwɛ: p'ji'] (動) 一家離散する、妻子と離れ離れになる、別居する
သားတော် [ta:dɔ] (名) 王子、親王 cf. သမီးတော်
သားတော်အစဉ်၊မြေးတော်အဆက်၊မြစ်တော်အညွှန့်။ (名) 子々孫々、末代に至るまで
သားထိုး [ta: t'o:] (動) 屠殺する
သားတုံး [ta:di'] (名) 肉塊
သားထောက်သမီးခံ [ta:dau' təmi:gan] (名) 親の面倒をみる子供、親を扶養する子供、遺産を相続する子供
သားထွေး [ta:dwe:] (名) 末っ子、末子
သားပေါက် [ta: pau'] ① (動) (卵が) 孵化する、(幼生が) 孵る ② [təbau'] (名) 幼生、雛
သားပေါက် [dəbau'] = သပေါက်

သားပိုက်ကောင် [ta:bai'kaun] (動物) カンガルー
သားပစ်မယားပစ်နှင့် [ta:bji' məja:bji' nɛ.] (副) 妻子をも省みずに、家族を棄てて
သားပုပ်လေလွင့် [təbou' lelwin.] (副) 口悪く、中傷的に
သားပျိုသမီးပျို [ta:bjo təmi:bjo] (名) 未婚の青年男女、汚れなき若者、清純な若者
သားပျက် [ta: pjɛ'] (動) 流産する
သားပျက်သားလျှော [ta:pjɛ' ta:ʃɔ:] = သားပျက်
သားပြောမယားပြောနှင့် [ta:bjɔ məja:bjɔ nɛ.] (副) 馴れ馴れしい調子で、亭主でもないのに亭主気取りで、自分の女房でもないのに女房扱いして
သားပြုံးထမင်း [ta:pjun t'əmin:] (名) 肉入り飯、かやく飯、ピラフ = ဒပေါက်ထမင်း
သားဖောက် [ta: p'au'] (動) ① (家畜に) 子供を生ませる、(家畜を) 交尾させる、人工受精を施す、人工交配する、人工増殖する ② (卵を) 孵化させる
သားဖွား [ta: p'wa:] (動) 出産する、分娩する
သားဖွားခန်း [ta:p'wa:gan:] (名) 産院
သားဖွားဆရာမ [ta:p'wa: s'əjama.] (名) 助産婦
သားဖွားဆေးရုံ [ta:p'wa: s'e:joun] (名) 産科病院
သားဖွားဆောင် [ta:p'wa:zaun] (名) 産院
သားဖွားရုံ [ta:p'wa:joun] (名) 産科医院
သားဖွားလမ်း [ta:p'wa:lan:] (名) 産道
သားမယား [ta:məja:] (名) 妻、家内、女房
သားမယားပြု [ta:məja: pju.] (動) (女を) 犯す、姦淫する
သားမယားယူ [ta:məja: ju] (動) 妻を娶る
သားမေ့မယားမေ့ဖြစ် [ta:me. məja:me. p'ji'] (動) 妻子を省みない、家族の事を忘れる
သားမက် [təmɛ'] (名) 婿、花婿 cf. ချွေးမ
သားမင် [ta:min:] (動物) ターキン (ウシ科) Budorcas taxicolor
သားမိန်းမ [ta:mein:ma.] (名) 女児
သားမြီးယပ် [ta:mji'ja'] (名) (ヤクの毛で造った) 払子 (ビルマ王室の「五種の神器」の一つ)
သားမြီး [ta:mji:] (名) 子孫
သားမြတ် [təmja'] (名) 乳房
သားမွေး [ta:mwe:] (名) 毛皮
သားမွေးထည် [ta:mwe:dɛ] (名) ウール製品、毛製品
သားမှတ်မှတ်မယားမှတ်မှတ် [ta: ma'ma' məja: ma'ma'] (副) 妻に優しく、妻らしく接して、妻を正式の配偶者として

သား:ယောကျာ်း

သား:ယောကျာ်း[ta:jau'tʃa:] (名) 男児
သား:ရေ[təje] (名) 皮、皮革
သား:ရေကျက်[təjedʑɛ'] (名) 鞣し皮
သား:ရေကြိုး[təjedʑo:] (名) ①皮紐、革帯、皮バンド ②ゴム紐、ゴムバンド
သား:ရေကွင်း[təjegwin:] (名) 輪ゴム
သား:ရေကွင်းပစ်[təjegwin: pji'] (動) 輪ゴムを飛ばす
သား:ရေခွ[təjegwa.] (名) パチンコ
သား:ရေစာ[təjeza] =သူ:ရည်စာ
သား:ရေစိမ်း[təjezein:] (名) 生の皮革
သား:ရေထု[təjedu.] (名) 人工皮革
သား:ရေထည်[təjedɛ] (名) 皮革製品、毛皮製品
သား:ရေပေါ်အိပ်၊သား:ရေနား:စား။ (諺) 恩を仇で返す、忘恩の輩 (敷皮の上に寝ながら、皮の端を嚙み切る)
သား:ရေနယ်[təje nɛ] (動) 皮を鞣す
သား:ရေသေတ္တာ[təje ti'ta] (名) 皮製のトランク
သား:ရေအိတ်[təje ei'] (名) 皮製のバッグ
သား:ရေး:သမီး:ရေး:[ta:je təmi:je:] (名) 子供の問題、子供の事柄、特に子供の結婚問題
သား:ရဲတိရစ္ဆာန်[ta:jɛ tərei's'an] (名) 野獣、猛獣
သား:ရင်း[ta:jin:] (名) 実の息子
သား:ရွှေအိုးထမ်းသည်ကိုမြင်ရ[ta: ʃweo t'an:di go mjin ja.] (諺) 一挙両得、一石二鳥 (金の壷を抱えた息子の姿を見る)
သား:လောင်း[ta:laun:] (名) ①胎児 ②孵化した幼生、幼虫
သား:လောင်းပေါက်[ta:laun pau'] (動) 孵化する
သား:လတ်[ta:la'] (名) 中の子 (長男と末子との中間)、二番目の子
သား:လိုး:စား:[ta:ɬi:da:] (名) 肉切り包丁、出刃包丁
သား:လျှော[ta: ʃɔ:] (動) 流産する
သား:သမီး[ta:dəmi:] (名) 子供達、息子と娘
သား:သမီး:ကျင့်ဝတ်ငါး:ပါး:[ta:dəmi: tʃin.wu' ŋa:ba:] (名) 親に対する子供達の五つの義務
သား:သမီး:မကောင်း၊မိဘခေါင်း။ (諺) 子供の不出来は親の責任 (子供の不行儀、両親の頭)
သား:သမီး:ရင်း[ta:dəmi:jin:] (名) 実の子供、腹を痛めた我が子
သား:သမီး:အရင်း[ta:dəmi əjin:]=သား:သမီး:ရင်း
သား:သား:[ta: ta:] (名) 男児 cf. မီ:မီ:
သား:သတ်[ta: ta'] (動) 屠殺する
သား:သတ်ရုံ[ta:ta'joun] (名) 屠殺場
သား:အကြီး:[ta: ətʃi:] (名) 上の子

သား:အချစ်၊မြေး:အနှစ်။ (格) 孫は子より可愛い
သား:အငယ်[ta: əŋe] (名) 下の子
သား:အဖ[ta:əp'a.] (名) 親子 (父親と子供)
သား:အမိ[ta:əmi.] (名) 親子 (母親と子供)
သား:အမွှာ[ta: əmwa] (名) 双生児
သား:အရင်း[ta: əjin:] (名) 実の息子
သား:ဥ[ta:u.] (名) 卵子
သား:ဥပါး:အိမ်[ta:u.bwa:ein] (名) 卵巣
သား:ဦး:[təu:] (名) 第一子、初産の子
သား:အိမ်[təein] (名) 子宮
သား:အိမ်ကင်ဆာ[təein kins'a] (名) 子宮癌
သိ[ti.] (動) ①知る ②知合いだ
သိကောင်း:စရာ[ti. gaun:zəja] (名) 知っておくべき事
သိကျွမ်း[ti. tʃwan:~ti.tʃun:] (動) 親しい、良く知っている、親密な間柄だ、慣れ親しんでいる
သိကျွမ်း:နား:လည်[ti.tʃwan: na:lɛ] (動) 熟知している
သိတဲ့အတိုင်း[ti.dɛ. ətain:] (副) 知っての通り、ご存知の通り、ご承知の如く
သိတတ်[ti.da'] (動) 知覚する、感知する
သိတတ်ပုံ[ti.da'poun] (名) 理解の仕方、感知している様子
သိပြီး:သား:[ti. pi:da:] (動) 先刻承知だ、とっくに知っている
သိမယ်[ti.mɛ] (動) 思い知らせてやる、今に思い知るぞ、思い知るがよい
သိမည်[ti.mji] (動) သိမယ်の文語形 သိမည်ဟုသတိပေး။ 只では済まぬぞと警告した
သိမြင်[ti.mjin] (動) 知る、理解する
သိမိ[ti.mi] (動) 過去の出来事、人物等を個人的に知っている、同時代の人として承認している
သိမိသူ[ti.midu] (動) 過去の人物、出来事等を個人的に知っている人
သိမှုအာရုံကြော[ti.mu. ajounɟɔ:] (名) 知覚神経
သိမှတ်[ti.ma'] (動) 知っている、承知している
သိမှတ်စရာ[ti.ma'səja] (名) 知っている事柄
သိမှတ်သူ[ti.ma'tu] (名) 知っている人
သိရ[ti. ja.] (動) 知る事ができる、知り得る
သိရော[ti. jɔ:] (動) 承知の筈だ ပြန်မလာခဲ့ရင်မင်းတော့သိရောတဲ့။ 帰って来なかったらどうなるか判っていような
သိရှိ[ti.ʃi.] (動) 知っている、承知している、理解している
သိရှိအံ့သြ[ti.ʃi. an.ɔ:] (動) 知って驚く、知って

魂消る
သိလာ [ti̱.la] (動) 知るようになる、悟ってくる
သိလား: [ti̱.la:] (間) (念を押す) いいね、判ったね
သိသာ [ti̱.da] (形) 明らかだ、明白だ
သိသာသိစေ။ မမြင်စေနှင့်။ (格) 自分のしている事を他人に知られてもよいが、見られてはならぬ
သိသိသာသာ [ti̱.di̱.tada] (副) 明らかに、明白に、目に見えて、手に取るように သိသိသာသာတိုးတက်လာသည်။ 明らかに進歩してきた သိသိသာသာမတွေ့ရဘူး။ はっきりとは認められない
သိသွား: [ti̱.dwa:] (動) 知られてしまう、判ってしまう
သိဟောင်းကျွမ်းဟောင်း: [ti̱.haun:tʃwan:haun:] (名) 顔馴染み、古くからの知合い
သိကြာ: [də̱dʒa:] (名) (ヒンドゥー教の) インドラ神 (仏教の) 帝釈天、神々の帝王、千眼の持主 ＜サśakra
သိကြာ:ပေါက် [də̱dʒa:bau'] (名) 神の出入口 (七重の塔の三層目の北西隅に設けられる)
သိကြာ:မ [də̱dʒa:ma̱.] (動) 天佑だ、天の助けだ
သိကြာ:မင်း: [də̱dʒa:min:] ＝သိကြာ:
သိတင်: [də̱din:] (名) ニュース、情報 ＝သတင်း:
သိတင်:စာ [də̱din:za̱] ＝သတင်း:စာ
သိတင်း: [də̱din:] →သိတင်း:
သိတင်း:ကျွတ် [də̱din:tʃu'] →သတင်း:ကျွတ်
သိတင်း:ကျွတ်လ [də̱din:dʒu'la̱.] →သတင်း:ကျွတ်လ
သိတင်း:နေ့ [də̱din:ne̱.] →သတင်း:နေ့
သိတင်း:ပတ် [də̱din:ba'] →သတင်း:ပတ်။ ＝ရက်သတ္တပတ်
သိတင်း:ဝါလ [də̱din:wala̱.] →သတင်း:ဝါလ
သိတင်း:သည် [də̱din:de̱] →သတင်း:သည်
သိထဝအကျာရ [ti̱.t'i̱.la̱.ɛ'k'əja̱] (名) 無気音 cf. ခန္တ
သိဟ် [tein] (名) 獅子宮 (黄道十二宮の第5番目)
သိဟ်ရာသီ [tein jadi̱] (名) ビルマ暦五月
သီ [ti̱] (動) ①霞む မျက်စိသီသည် 目が霞む ②掠める、すり抜ける
သီဝေ [ti̱we] (動) 霞む、朦朧とする、ぼんやりとする
သီဝေဝေ [ti̱wewe] (副) ぼんやりと、霞んで、朦朧として
သီသိကလေး: [ti̱di̱gəle] (副) 危うく、辛うじて、すんでのところで သေဘေး:မှသီသီကလေး:လွတ်သွား:သည်။ 死の危険からすんでのところで助かった
သီသီလေး: [ti̱:di̱:le:] ＝သီသိကလေး:။ ထိုးစစ်အောက်

ကသီသီလေး:လွတ်သွား:သည်။ 戦闘攻撃から辛うじて逃れた
သီသီကလေး:မျ့ [ti̱di̱gəle:mja̱.] (副) 僅かと言えども、ほんの僅かでも သူ့အမုန်း:ကိုသိသီလေး:မျ့မခံနိုင်ပေ။ 彼の憎悪を僅かでも受ける事はできない
သီသီဝေဝေ [ti̱di̱ wewe] (副) ぼんやりと、霞んで朦朧としていて
သီ [ti̱] (動) 糸を通す、紐を付ける ကြိုးနှင့်သီသည် 糸に通す
သီကုံး: [ti̱koun:] (動) ①花等に糸を通す、花環を作る
သီခေါင်: [ti̱gaun] (副) 極めて、著しく သီခေါင်မြင့်သောအုန်း:ပင် 極端に高いココヤシの木
သီ [ti̱] (動) 詩、文を作る တေး:သီသည် 歌を詠む
သီကုံး: [ti̱koun:] (動) 文章を綴る、作文する
သီချင်: [tə̱tʃin:] (名) 歌、歌謡
သီချင်:ကြီး: [tə̱tʃin:dʒi:] (名) ビルマの古典歌謡の一つ ကြီး:သီချင်း: ၊ ဘွဲ့သီချင်း:။
သီချင်:ခံ [tə̱tʃin:gan] (名) ビルマ歌曲の基本となった古典歌謡、古典演奏
သီချင်:စပ် [tə̱tʃin:sa'] (動) 作詩する
သီချင်:ဆို [tə̱tʃin:s'o] (動) 歌を歌う
သီချင်:ရေ:ဆရာ [tə̱tʃin:je:s'əja̱] (名) 作詞家
သီချင်:သာ: [tə̱tʃin:da:] (名) 歌詞
သီချင်:သံ [tə̱tʃin:dan] (名) 歌声
သီချင်:သွား: [tə̱tʃin:dwa:] (名) 歌の節、歌の旋律
သီဆို [tʃi̱'o] (動) 歌う
သီတာ [ti̱da] (名) ①河川 ②寒冷 သီတာရေ ひんやりした水
သီတာခုနှစ်ဖန် [ti̱da k'unnətan] (名) (須弥山を取巻く) 七河川
သီတင်: [ti̱din:] (植) ベニノキ、アケノキ (ベニノキ科) Bixa orellana
သီတင်: [də̱din:] (名) ①持戒、八斉戒を持する事 ②布薩日 (新月、満月、白分8日、黒分8日) ③安居 (雨安居、夏安居) ④週 တလ၌သီတင်း: 1〜2か月間
သီတင်:ကျွတ် [də̱din:tʃu'] (名) 安居が明ける、安居期間が終る
သီတင်:ကျွတ်လ [də̱din:dʒu'la̱.] (名) ビルマ暦7月
သီတင်:တပတ် [də̱din:dəba'] (名) 1週間
သီတင်:နေ့ [də̱din:ne̱.] (名) 布薩日 (新月、満月、上弦8日、下弦8日、この日には肉や魚を控える) ＝ဥပုဒ်နေ့
သီတင်:ပတ် [də̱din:ba'] (名) 週 (布薩日から次の布薩日までの間)

သီတင်းဝါ[dədin: wala.]（名）安居期間、持戒期間（ビルマ暦４月から７月までの３ヶ月間）

သီတင်းသီလ[dədin: tila.]（名）八戒、八聖戒

သီတင်းသည် [dədin:dɛ]（名）仏教の在家信者（優婆夷、優婆塞、清信士、清信女）

သီတင်းသုံး[dədin: toun:]（動）出家が暮す、修行生活を送る

သီဒါ[tida]→သီတာ

သီဒါခုနစ်တန်[tida k'unnətan]→သီတာခုနစ်တန်

သီပေါမင်း[tibo:min:]（人）テイーボー王（コンバウン朝最後の国王１８７８～８５）

သီဖ[tip'a.]（鳥）ヒメツバメチドリ（ツバメチドリ科）Glareola lactea

သီရိ[tiri.]（名）吉祥 ＜パ Sirī

သီရိဓမ္မသောကမင်းကြီး[tiri.dəma.tɔ:ka. min:ʤi:]（人）阿育王、アショカ王（マウリヤ王朝第3代の国王）

သီရိလင်္ကာ[tiri.linga]（国名）スリランカ

သီလ[tila.]（名）戒（自発的に悪を離れようという決意）、戒律、戒行 ＜パ Sīla ငါးပါးသီလ 五戒 ရှစ်ပါးသီလ 八戒 ဆယ်ပါးသီလ 十戒

သီလကောင်း[tila. kaun:]（形）前生での善行の恩恵を享受する、長寿を全うする

သီလကြောင်[tila. tʃaun]①（動）戒律を破る ② [tiləʤaun]（名）破戒者

သီလခံ[tila. k'an]（動）（仏像あるいは出家の前で）五戒（または八戒、十戒）を持つ事を誓う、持戒を唱える

သီလခံယူ[tila. k'an ju] ＝သီလခံ

သီလစောင့်[tila. saun.]（動）戒（五戒、八戒、十戒等）を遵守する

သီလဆောက်တည်[tila. s'au'ti] ＝သီလစောင့်

သီလတောင်း[tila. taun.]（動）持戒を唱和するため出家にその発声を頼む

သီလပေး[tila. pe:]（動）在家信者の要請に基づいて出家が持戒を発声する、出家が在家信者に五戒を唱和させる

သီလယူ[tila. ju]（動）出家の持戒の発声を受けて唱和する

သီလရှင်[tila.jin]→သီလရှင်

သီလရှင်ဝတ်[tila.jin wu']→သီလရှင်ဝတ်

သီလရှင်[tila.ʃin]（名）正学女、式叉摩那（剃髪して薄桃色の衣を身にまとい、八戒を遵守する女性、比丘尼ではない、沙弥尼）

သီလရှင်ဝတ်[tila.ʃin wu']（動）正学女になる

သီလသမာဓိ[tila. təmadi.]（名）戒と定と ＜パ

သီလသမာဓိတည်ကြည်[tila. təmadi. titʃi]（動）戒と定とを遵守する

သီလတေက္ခ[tila. tei'k'a]（名）戒と徳 ＜パ

သီဟရာဇာ[tiha. jaza]（植）山椒 Zanthoxylum hostile

သီဟသူ[tiha.tuja.]（名）勲功をあげた軍人に授与される称号、名誉称号

သီဟသန[tihatəna.]（名）獅子の像

သီဟာသနပလ္လင်တော်[tihatəna. palindo]（名）獅子の玉座（王宮東の「土の御殿」に設置されていた

သီဟိုဠ်[tiho]（国）セイロン（現スリランカ）

သီဟိုဠ်ကျွန်း[tihoʤun:]（名）セイロン島

သီဟိုဠ်သရက်[tiho təjɛ']（植）カシューナッツ（ウルシ科）Anacardium occidentale

သီဟိုဠ်သစ်ကြံပိုး[tiho ti'ʤəbo:]（植）セイロンニッケイ（クスノキ科）Cinnamomum zeylanicum

သီး[ti:]（植）ゾウノリンゴ（ミカン科）Feronia elephantum

သီးသီး[ti:di:]（名）ゾウノリンゴの実

သီး[ti:]（動）①実が成る、実を付ける、実る、稔る ②たわわにできる ③むせる、喉を刺激する、喉がいがらっぽい

သီးကင်း[ti:gin:]（名）果実のはしり、成り初め

သီးကျွဲပျောင်း[ti:ʤɛ:bjaun:]（植）シャルー（イネ科）Sorghum roxburghii

သီးချိန်စတန်းသီး၊ပွင့်ချိန်စတန်းပွင့်‖（格）番茶も出花、物には潮時がある（時が至れば花が咲き、時が至れば実も稔る）

သီးစား[ti:za:]（名）小作

သီးစားခ[ti:za:ga.]（名）小作料

သီးစားချ[ti:za: tʃa.]（動）（農地を）小作に出す、小作させる

သီးစားပင်[ti:za:bin]（名）果樹

သီးစားပြဿနာ[ti:za: pja'təna]（名）小作の問題

သီးစားမြေယာ[ti:za: mjeja]（名）小作地、小作に出した農地

သီးစားလယ်[ti:za: lɛ]（名）小作に出した田圃

သီးစားလုပ်[ti:za: lou']（動）小作する、小作農として暮す

သီးစားသမား[ti:za: lou']（名）小作農

သီးစားဥပဒေ[ti:za: u.bədə]（名）小作法

သီးညှပ်[ti:ɲa']（名）（農作物と果樹との）混作

သီးတုတ်ပြောင်း[ti:dou' pjaun:] ＝သီးကျွဲပျောင်း

သီးထောင်ဖွံ့[ti:daun p'u']（動）（刈り入れた稲を）家畜に踏ませて脱穀する

သီးထပ်[tḭ:daʔ]（名）①二毛作　②二毛作の裏作
သီးထပ်စိုက်[tḭ:daʔ saiʔ]（動）裏作をする、二毛作を行う
သီးထပ်စိုက်ပျိုးမှု[tḭ:daʔ saiʔpjoṃu.]（名）二毛作
သီးနှံ[tḭ:nan]（名）①穀物　②作物　ဝါသီးနှံ綿花
သီးနှံစားပိုး[tḭ:nan sa:bo:]（名）草食虫 cf.
　သားစားပိုး 肉食昆虫
သီးနှံဖျက်ပိုး[tḭ:nan pʻjɛʔpo:]（名）作物の害虫
သီးပင်[tḭ:bin]（名）果樹 cf. ပန်းပင်
သီးဖြူ[tḭ:bju]（植）ダイカイシ、ハンタイカイ
　（アオギリ科）Sterculia scaphigera
သီးမွေး[tḭ:mwe:]（名）バナナの1種、芳香性があ
　る、色は緑色または黄色
သီးရှည်[tḭ:ʃe]（植）ビルマタケ（イネ科）
　Bambusa affinis
သီး[tḭ:]（形）別個になっている、分離している
သီးခြား[tḭ:dʑa:]（形）別個だ、別々だ、区別があ
　る
သီးခြားနိုင်ငံ[tḭ:dʑa: naingan]（名）別個の国家
သီးခြားနိုင်ငံထူထောင်[tḭ:dʑa:naingan tʻudaun]
　（動）分離独立する、別個の国家を樹立する
သီးခြားပိုင်ဆိုင်[tḭ:dʑa: painsʻain]（動）個別に
　所有する、別々に所有する
သီးခြားဥပဒေ[tḭ:dʑa: u.bəde]（名）分離法、分
　離条例
သီးသန့်သန့်[tḭ:di: tan.dan.]（副）特別に、
　格別に、別個に
သီးသန့်[tḭ:dan.]（副）別個に、個別に、別々に
သီးသန့်ခွဲခြားပေး[tḭ:dan. kʻwɛdʑa: pe:]（動）
　切り離してやる、分離してやる
သီးသန့်ရထားတွဲ[tḭ:dan. jətʻa:dwɛ:]（名）特
　別車両
သီးသန့်လက်မှတ်[tḭ:dan. lɛʔmaʔ]（名）指定券
သီးသန့်လုပ်ထား[tḭ:dan. louʔtʻa:]（動）別に作
　っておく
သု[tu.kʻa]（名）幸せ、幸福＜パSukha cf.ဒုက္ခ
သုခမိန်[tu.kʻəmein]（名）賢者、識者、学識者＜パ
သုခုမအနုပညာ[tu.kʻu.ma. piɲɲa]（名）美術工
　芸、芸術＜パSukhuma
သုဂတိ[tu.gəti]（名）極楽、幸福な状態、功徳を積
　んだ人が死後赴く世界、四悪趣以外の人間界、天界、
　梵天界　＜パ Sugati
သုစရိုက်[tu.zəjaiʔ]（名）善行＜パ Sucarita
　cf. ဒုစရိုက်
သုည[touɲɲa.]（数）零、ゼロ＜パSuñña
သုညဒီဂရီအောက်[touɲɲa. digəri auʔ]（名）氷

点下、零下
သုတ[tu.ta.]（名）耳学問、博識＜パSuta
သုတစာပေ[tu.ta. sape]（名）知識文献 cf.
　ရသစာပေ
သုတိ[tu.ti.]（名）聴覚＜パSuti
သုတိမင်္ဂလာစကား:[tu.ti. mingəla zəga:]
　（名）賞賛の言葉、祝辞
သုတိသာယာ[tu.ti. taja]（形）のどかだ
သုတိသာယာမှု[tu.ti. tajaṃu.]（名）のどかさ、
　平和
သုတေသန[tu.tetəna.]（名）研究、調査＜パ
သုတေသနဆွေးနွေးပွဲ[tu.tetəna. sʻwe:nwe:
　bwɛ:]（名）学会、研究大会
သုတေသနဌာန[tu.tetəna. tʻana.]（名）研究
　所＜パ Sutesana ṭhāna
သုတေသနပညာရှင်[tu.tetəna. pjiɲɲaʃin]
　（名）研究者
သုတေသနပြု[tu.tetəna.pju.]（動）研究をする
သုတေသနလုပ်[tu.tetəna. louʔ]＝သုတေသနပြု
သုတေသီ[tu.teti]（名）研究者
သုဒဿနတောင်[tu.daʔtəna. taun]（地名）善見山
　（須彌山を取巻く七金山の4番目の山）
သုဓမ္မာဂိုဏ်း[tu.dəma. gain:]（名）19世紀後半
　に成立したビルマ仏教の宗派の一つ cf. ရွှေကျင်ဂိုဏ်း
သုဓမ္မာဇရပ်[tu.dəma. zəjaʔ]（名）①とう利天にあ
　る神々の集会所　②マンダレー丘の麓にミンドン王が
　建立した説法堂
သုနာပရန္တတိုင်း[tu.napəranta. tain:]（地）イラ
　ワジ河の西部及び北部を指すパガン時代の呼称
သုဘရာဇာ[tu.ba. jaza]（名）隠亡 ＝ဂူဆရာ
သုမင်္ဂလ[tu.mingəla]（名）目出度い事、慶事、祝事
　＜パ Su Maṅgala cf. ဒုမင်္ဂလ
သုဝဏ္ဏဘုမ္မိ[tu.wunna.bounmi.]（地名）金地国
　（「島史」および「大史」に現われる地名、現在のタ
　トンを中心とする下ビルマに比定される）
သုဝဏ္ဏသာမဇာတ်[tu.wunna.tama. zaʔ]（名）ジャ
　ータカ第540番のサーマ本生話
သုသာန်[touʔtan]（名）墓場、墓地 ＝သင်္ချိုင်းတော
　ပြင်။＜パ Susāna
သူ[tu.]（代）သ の斜格形、彼の、彼女の、彼に、
　彼女に、彼を、彼女を　သူ့အမေ 彼の母 သူ့အဘ 彼の
　声 သူ့ရွာ 彼の村 သူ့စာအုပ်တွေ 彼の書物 သူ့စိတ်ကသူ့
　အိမ်ဆီပြန်ရောက်နေတယ်။ 彼の心は自分の家へと舞い戻
　っている သူ့ကိုသိတဲ့လူနည်းတယ်။ 彼を知っている人は
　少ない အဲဒီပုလင်းကသူ့ကိုပေးလိုက်တဲ့ပုလင်းပါ။ その瓶
　は彼にあげた瓶です သူ့မှာကလေးနှစ်ယောင်ရှိတယ်။ 彼

သူ့ကိုယ်သူ

には子供が二人いる cf. ငါ၊ရှင်၊သင်။

သူ့ကိုငါဖျက်၊ငါ့လျှင်ဖျက်။ (諺) ミイラ取りがミイラになる、人を呪わば穴二つ (他人を破滅させようとして自分が破滅する)

သူ့ကိုယ်သူ[tṵ.go tṵ] (代) 彼自身、彼は彼なりに、自分ながら、我とわが身を သူ့ကိုယ်သူသတ်သေတယ်။ 自ら命を断った

သူကျွန်ဘဝ[tṵ.tʃun bəwa.] (名) 他人の支配下、第三者の奴隷

သူမျော[tṵ. kʼəmja] (代) 哀れな彼、可哀想な彼

သူခေတ်သူ့အခါအလျောက်[tṵ.kʼiʔ tṵ.əkʼa əljauʔ] (副) その時代に応じて

သူစကန်းနှင့်သူ[tṵ.sək'anːnɛ. tṵ] (副) その問題はそれなりに

သူထက်ငါ[tṵ.dɛʔ ŋa] (副) 我先にと、先を争って

သူထက်ငါဦးအောင်[tṵ.dɛʔŋa uːaun] (副) 誰よりも先に、我先に、先を争って သူထက်ငါဦးအောင်လုယက်ကြသည်။ 我先に奪い合った

သူထိုက်နှင့်သူကံ[tṵ.daiʔ nɛ. tṵ.kan] (名) 自業自得 မရသူ့ထိုက်နှင့်သူ့ကံပေါ့။ 駄目だったとしてもそれは自業自得だ

သူ့နေရာတွင်ကိုယ်[tṵ.nejadwin ko] (副) 自分の土地では自分が

သူ့နေရာတွင်သူ[tṵ.nejadwin tṵ] (副) 自分の場所では自分自ら

သူ့နေရာနဲ့သူ[tṵ.neja nɛ. tṵ] (副) その場に応じて、持ち分に応じて、時と場合に応じて

သူ့နည်းနဲ့[tṵ.niː nɛ.] (副) 自分なりのやり方で

သူ့နည်းနဲ့သူ[tṵ.niːnɛ. tṵ] (副) 彼は彼なりのやり方で

သူ့နည်းသူ့ဟန်[tṵ.niː tṵ.han] (名) 彼なりのやり方、彼なりの方法

သူ့နည်းသူ့ဟန်နှင့်[tṵ.ni:tṵ.han nɛ.] (副) 彼は彼なりのやり方で

သူပါသာသူ[tṵ.pʼada tṵ] (副) それはそれなりに、勝手に

သူလိုကိုယ်လိုထား[tṵ.lu ko.lu tʼaː] (動) 二派に分けて考える、敵味方に区別する

သူလို[tṵ.lo] ① (形) 彼のような ② (副) 彼のように

သူသဘောနှင့်သူ[tṵ.dəbɔːnɛ. tṵ] (副) 自分なりの考えで

သူဟာနဲ့သူ[tṵ.ha nɛ. tṵ] (副) それはそれなりに

သူဟာသူ[tṵ.ha tṵ] (副) 自分なりに သူဟာသူဘောကျနေတယ်။ 自分なりに気に入っている သူဟာသူဘာပြောရှိပြောမှန်းမသိချေ။ 自分でもどう言

ってよいのか見当がつかない

သူဟာသူလိုလို[tṵ.hatṵ əlolo] (副) 独りでに、自然に

သူ့အကျိုးဆောင်၊ကိုယ့်အကျိုးဆောင်။ (格言) 情は人の為ならず (他人のために尽せば、自分に福が訪れる)

သူ့အချိန်နဲ့သူ[tṵ.ətʃʼeinnɛ. tṵ] (副) その時に応じて、いずれに

သူ့အရင်ငါ[tṵ.əjin ŋa] (副) 我先にと

သူ့အိုးနှင့်သူ့ဆန်၊တန်ရုံ။ (諺) 蛙の子は蛙、万事自分の能力に相応しい結果となる (自分の釜と自分の米、似つかわしい)

သူ့အိမ်တက်၊သမက်သဖွယ်၊တအားးငယ်။ (比) 肩身が狭い (まるで入婿のように肩身が狭い)

သူ[tṵ] (代名) ① 彼 ② 彼女、あの人 ③ 他人、誰かある人 ④ 人、者 ⑤ 女性を現わす ကျောင်းသူ 女子学生 ရွာသူ 村の女性 ⑥ それ (無生物)

သူကောင်[tugaun] (名) 死体、屍

သူကောင်း[tugaunː] (名) ① (王朝時代の) 貴族 ② 紳士

သူကောင်းပြု[tṵ.gaun pju.] (動) (王朝時代) 爵位 (ဒုး၊တော်၊နန္ဒ၊ဘဝဲ၊နီး၊ခေါက်၊等) を授与する、貴族に列する

သူကောင်းမျိုး[dəgaunːmjoː] (名) イラワジ川西岸のサリン地方居住の世襲的身分 cf. တွင်းစားဓိုး

သူကောင်းမြောက်[tugaun: mjauʔ] (動) 貴族に列する、爵位を授ける

သူကျွမ်း[tṵdʒɛʔ] (名) 親しい人、熟知している人、十分に慣れ親しんでいる人 cf. သူစိမ်း

သူကြီး[dədʒiː] (名) 頭、首領、首長 မြို့သူကြီး (王朝時代の) မြို့の首長 ရွာသူကြီး 村長

သူကြီးကတော်[dədʒiː gədɔ] (名) 村長夫人

သူကြီးမင်း[dədʒiːminː] (名) 村長様

သူကြွယ်[dədʒwɛ] (名) 金持、長者、富豪 cf. သူဌေး

သူခိုး[təkʼoː] (名) 泥棒、盗人 cf. ခိုးသူ

သူခိုးကလူလွန်စ်။ (諺) 責任転嫁、盗人猛々しい (泥棒が自分は善人だと強硬に主張する)

သူခိုးကျသူခိုးကြို[təkʼoːdʒin. təkʼoːdʒan] (副) 泥棒のように、こっそりと、密かに

သူခိုးခံရ[təkʼoː kʼoːkʼan ja.] (動) 盗みに入られる、窃盗の被害を蒙る

သူခိုးတိုက်စိုးနှင့်[təkʼoː taiʔsoːninː] (諺) 見る目がない、人選の誤り (泥棒を金庫番に任命)

သူခိုးဓားပြ[təkʼoː dəmja.] (名) 窃盗強盗山賊

သူခိုးဓားရှိုမ်း[təkʼoː dəjoː kan] (諺) 敵に塩を送る (泥棒に刀の柄を手渡す)

သူခိုးဓားရှိုမ်းကမ်းသူ[təkʼoː dəjoː kanːdṵ] (名)

သူနာပြုတက္ကသိုလ်

利敵行為者、敵に味方する者、味方を裏切る者
သူခိုး[tək'o:pu] (動) 窃盗事件が頻繁に発生する
သူခိုးပြေးမှထိုးကင်းထ॥ (諺) 犬の遠吠え、過ぎた後での空自慢 (泥棒が逃げた後になって入墨を見せる)
သူခိုးဖမ်း[tək'o: p'an:] (動) 泥棒を捉える
သူခိုးဖမ်းလျစစ်အချက်ပေးခေါင်းလောင်း[tək'o: p'an: ɨja'si' ətʃɛ'pe: k'aun:laun:] (名) 警報器、侵入者感知機器
သူခိုးရှရာ။ ဝန်ထပ်ဝန်ပိုး နှင့်ပို့။ (諺) 泥棒に追い銭 (泥棒の巣窟へ荷物を背負って送る)
သူခိုးလက်ခံ[tək'o: lɛ'k'an] ① (動) 故買する、贓品を買取る ② (名) 故買商、贓物購入者 ③ 犯人隠匿者
သူခိုးသေတော်ညှို။ (諺) 悪の道に誘い込む (泥棒は死ぬ時の連れを募る)
သူငယ်[təŋɛ] (名) 児童、子供
သူငယ်ခေါင်းချအချိန်[təŋɛ gaun:tʃa. ətʃein] (名) 午後8時頃 (幼児が頭を垂れる時刻) =သူငယ်တိတ်ဆိတ်အချိန်
သူငယ်ချေး[təŋɛtʃi:] (植) ヤンバルゴマ、ネジトウガラシ (アオギリ科) Helicteres isora
သူငယ်ချင်း[təŋɛdʒin:] (名) 友達、友人
သူငယ်တော်[təŋɛdɔ] (名) (王朝時代に王宮内で雑用をした) 小姓、近習
သူငယ်တိတ်ဆိတ်အချိန်[təŋɛ tei's'ei' ətʃein] =သူငယ်ခေါင်းချအချိန်
သူငယ်တန်း[təŋɛdan:] (名) 幼稚園課程 (小学校1学年の直ぐ下の学年、小学校5年の基礎教育課程に正式に組込まれている)
သူငယ်တန်းကျောင်း[təŋɛdan: tʃaun:] (名) 幼稚園
သူငယ်နာ[təŋɛna] (病) 子供の病気、小児病、小児麻痺
သူငယ်နာတက်[təŋɛna tɛ'] (動) 小児病に罹る、小児麻痺になる
သူငယ်နှပ်စ:[təŋɛ na'sa:] (名) 物心付かぬ年齢、聞き分けのない年齢、幼児
သူငယ်ပြန်[təŋɛ pjan] (動) ①童心に帰る ②老人ぼけになる、耄碌する③大人げない、年端も行かない
သူငယ်ပြန်ခြင်းရောဂါ[təŋɛpjandʒin: jɔ:ga] (病) 耄碌、老人ぼけ、老人性痴呆症
သူငယ်ပြန်ခြင်းရှ[təŋɛpjandʒin: ʃi.] (動) ①童心に帰る、幼年時代に戻る ②耄碌する、老人性痴呆症になる
သူငယ်မ[təŋɛma.] (名) 少女、女の子
သူငယ်အိပ်ဆိပ်[təŋɛ ei's'ei'] (名) 幼児の就寝時刻 (午後8時頃)
သူငယ်အိမ်[təŋɛ ein] (名) 瞳、瞳孔
သူစိမ်း[dəzein] (名) 見知らぬ人、赤の他人 =လူစိမ်း
သူစိမ်းတရံဆံ[dəzein: təjanzan] =သူစိမ်း
သူဆင်းရဲ[tu s'in:jɛ:] (名) 貧乏人
သူဌေး[tət'e:] (名) 金持ち、富豪、長者
သူတကာ[tu dəga] (名) 他の人々、他の全員
သူတထူး[tu tət'u:] (名) 別の人、他の人、第三者
သူတပါး[tu dəba:] (名) =သူတထူး
သူတပြန်ငါတပြန်[tu dəbjan ŋa dəbjan] (副) 交互に
သူတမျိုးကိုယ်တဖုံ[tu təmjo: ko təp'oun] (副) 人それぞれ
သူတလူငါတမင်း[tu təlu ŋa təmin:] (副) ①各自勝手に行動して ②権力が分散乱立して
သူတော်ကောင်း[tudɔgaun:] (名) 善人、信心深い人、篤信の人、高潔な人、有徳の人、聖人
သူတော်ကောင်း၊ နတ်ကောင်းမ॥ (諺) 信仰篤い人は神々が支援する
သူတော်ကောင်းမ[tudɔgaun:ma.] (名) 善女、信心深い女性
သူတော်ချင်းချင်း၊သတင်းလေ့လေ့၊ပေါင်းဖက်တွေ့။ (格) 善男善女、噂が立って配偶者に出会う
သူတော်စင်[tudɔzin] (名) 善男善女、篤信の人、有徳の士、人格高潔な人
သူတော်သူမြတ်[tudɔ tumja'] (名) 善男善女、徳のある人、高潔な人
သူတို့[tudo.] (代) သူ の複数形、彼等
သူတို့တွေ[tudo.dədwe] (代) 彼等一同.
သူတို့ဘာသာ[tudo. p'ada] (副) 彼等は彼等で、勝手に
သူတောင်းစား[dədaun:za:] (名) 乞食、物貰い
သူတောင်းစား၊ နုတ်ပျော့က။ (比) 万事お手上げだ、にっちもさっちも行かない (乞食のお椀紛失)
သူတောင်းစား၊ ထမင်းဝတောပါးပြောင်။ (比) 身の回りが良くなれば変心する (乞食は満腹になれば頬の艶が良くなる)
သူတောင်းစား၊ ထမင်းဝလျှင်ရောင့်တက်။ (比) 乞食は腹が朽ちくなれば横柄になる
သူနာ[tuna] (名) 病人、患者 =လူနာ
သူနာတင်ကား[tunadin ka:] (名) 救急車 =လူနာတင်ကား
သူနာပြု[tunabju.] (名) 看護婦
သူနာပြုဆရာမ[tunabju. s'əjama.] =သူနာပြု
သူနာပြုတက္ကသိုလ်[tunabju. tɛ'kəto] (名) 看護大学

သူနာပြုယာဉ်[tunabju.jin] (名) 患者用車両
သူနိုင်ငါညှို့လုပ်[tunain ɲahin: louʔ] (動) 好機を捉えて苛め合う
သူပဂေး[tubəge:] (名) 無比の人、最高の人、一番富裕な人、天下一品
သူပိုင်ကိုယ်ပိုင်အငြင်းပွါး[tubain koubain əɲin: pwa:] (動) 所有を主張して争い合う
သူပုန်[dəboun] (名) 叛徒、謀反人、反権力反政府活動家
သူပုန်ကြေး[dəbounʤe:] (名) 叛徒が徴収する支援金、活動資金
သူပုန်ခေါင်းဆောင်[dəboun gaun:zaun] (名) 叛乱指導者、謀反人の首領
သူပုန်ထ[dəboun tʼa.] (動) 蜂起する、謀反を起す、叛乱する
သူပုန်ဗိုလ်[dəboun bo] (名) 叛乱の指導者
သူပုန်သူကန်[dəboun dəkan] (名) ＝သူပုန်
သူပြောငါပြော[tubjɔ: ŋabjɔ:] (名) 噂話、ゴシップ
သူပုဖန်းစား:[tupʼoun:za:] (名) 乞食＝သူတောင်းစား:
သူမ[tuma.] (代・文) 彼女
သူမတူအောင်[tu mətu aun] (副) 誰も及ばない位、群を抜いて、他人の追随を許さない位
သူမသာကိုယ်မသာ[tu məta ko məta] (副) どちらも負けず劣らずに、どちらも譲らず、互角で
သူမသာငါမသာ[tu məta ŋa məta] ＝သူမသာကိုယ်မသာ
သူမို့လို့[tu mo.lo.] (副) 彼だから、彼であるが故に、彼である事を考慮して
သူမိုက်[tumaiʔ] (名) ①愚者 ②無頼漢、無法者 cf. လူမိုက်
သူများ:[tumja:] (名) ①他人、他の人 ②人々 ③(代) 私 (女性から男性に)
သူများထမင်းအိုး၊မခဲ့စကောင်:။ (諺) 他人の幸を邪魔するな (他人の釜を割るべからず)
သူများနည်းတူ[tumja: ni:du] (副) 人並みに、他の人と同じように、皆と変りなく
သူများနာခေါင်းပေါက်နှင့်အသက်ရှူ။ (諺) 他人の樺で相撲を取る (他人の鼻の穴で呼吸する)
သူများနှင့်မတူအောင်[tumja:nɛ. mətu aun] (副) 他の人とは比べ物にならない程
သူများနှစ်သက်သေမှုကိုယ်ဝ။ (諺) 自分の命は他人の犠牲の上に成り立っている (自分が満腹するにはほかの命二つを犠牲にしている)
သူများမကောင်းကြံ၊ကိုယ်ဘေး:ဒင်္ဂါ။ (諺) 人を呪わば

穴二つ、天罰覿面 (他人に悪意を抱けば災難は自分に降りかかる)
သူများ:အကျိုးဆောင်၊ကိုယ့်အကျိုးဆောင်။ (格) 情は人の為ならず (他人の幸せを図れば自分の利益になる)
သူများ:အိမ်[tumja: ein] (名) 他人の家
သူမျက်မာ[tu jouʔma] (名) 人非人、卑劣漢、無頼漢、無法者、悪漢 ＝လူယုတ်မာ
သူရူး[tuju:] (名) 狂人
သူရဲ[təjɛ:] (名) 幽霊、死霊、悪霊＝တစ္ဆေ
သူရဲ[tuje:] (名) (王朝時代の) 武士、戦士 မြင်းစီးသူရဲ 騎馬戦士 ဆင်စီးသူရဲ 象戦士 ခြေသည်သူရဲ 歩兵
သူရဲကောင်း[tuje:gaun:~təjɛ:gaun:] (名) 勇士、志士、英雄、ヒーロー
သူ:ရဲခံ[təjɛ:kʼo] (名) 胸壁 (銃眼と銃眼との間)
သူရဲချောက်[təjɛ: tʃʼauʔ] (動) 幽霊が出る、うなされる
သူရဲဖမ်း:စား:[təjɛ: pʼan:za:] (動) 悪霊に取付かれる、幽霊が乗り移る
သူရဲတော[təjɛ:bɔ:] (名) 勇敢さ
သူရဲတောကြောင်[təjɛ:bɔ: tʃaun] (形) 臆病だ
သူရဲတောနည်:[təjɛ:bɔ: nɛ:] ＝သရဲတောကြောင်
သူရဲသူကြီ:[tuje: tukʼɛʔ] (名) (王朝時代の) 軍人、戦士、兵士
သူရင်:ငှါ:[səjin:ɲa:] (名) 作男、農業労働者
သူလာနှစ်ဘက်ကန်:[tula nəpʼɛʔ kan:] (動) 白内障で両眼とも視力を失う
သူလိုကိုယ်လို[tulo kolo] (副) 外の人達同様、人並みに、普通に、ごくありふれた形で
သူလိုငါလို[tulo ŋalo] (副) 他の人と同じように
သူလျှို[dəʃo] (名) スパイ
သူလျှိုလုပ်[dəʃo louʔ] (名) スパイを働く
သူလျှိုလုပ်ဆောင်[dəʃo louʔsʼaun] ＝သူလျှိုလုပ်
သူတူငါည[tudu ŋaɲa] (副) 貴方も私も、我々皆がお互いに
သူသေ[tude] (名) 遺体、死骸、亡骸＝လူသေ
သူအိ[tu i.] (代・文) 彼の ＝သူ
သူအို[tu o] (名) 年寄り、老人
သူဇာ[tuza] (人) スジャータ (善生)、インドラ神の妃
သူရဿတီ[turaʔtəti] (名) ①サラスヴァテイ、ヒンズー教の女神 (その像は孔雀に乗り楽器ヴィーナを抱えている) ②(仏教の) 弁財天
သူရိယ[turi.ja] (名) 太陽 ＜パ Suriya
သူရိယမာသ[turi.ja. mata.] (名) 太陽暦 cf. စန္ဒြမာသ

သေ[te̠] (名) 酒、醗酵させた飲み物、アルコール飲料
သေတင်းကုပ်[te̠ tin:gou˺] (名) 酒場、酒蔵
သေရည်[te̠ji] (名) 酒
သေရည်သေရက်[te̠ji te̠jɛ˺] =သေရည်
သေသောက်[te̠ tau˺] (動・文) 酒を飲む
သေ[te̠] (動) ①死ぬ ②動かなくなる、活動を停止する、機能しなくなる အကြောသေသည်။ 神経が麻痺する ပန်းသေသည်။ 勃起不能になる အိမ်အမြင့်ပေါ်ကကျ၍ကိုယ်အောက်ပိုင်းသေသွားသည်။ 高い所から落ちて体の下半身が動かなくなった ③（火が）消える မီးသေသည် 火が消える
သေကောင်ပေါ်လဲ[te̠gaun paun:lɛ:] (副) 今にも死なんばかりに、くたくたに、へとへとに
သေကောင်ပေါ်လဲဖြစ်[te̠gaun paun:lɛ:p'ji˺] (形) 今にも死にそうだ、瀕死の状態だ
သေက်ကောင်း[te̠gan kaun:] (形) よい死に方をする、死に様がよい、悔いのない死に方をする、往生際がよい
သေ့မရောက်၊ သက်မပျောက်။ (格) お迎えが来なければあの世へは行けない（運が尽きなければ命は終わらない）
သေကျိုးနပ်[te̠d͡ʑo: na˺] (形) 死に甲斐がある 否定形は သေကျိုးမနပ်ဘူ။死に甲斐がない
သေကြေ[te̠d͡ʑe] (動) 死ぬ、死滅する
သေကြေပျက်စီ[te̠d͡ʑe pjɛ˺si:] (動) 死滅する、命が失われる、物故する
သေကြောင်း[te̠d͡ʑaun:] (名) 死ぬ事
သေကြောင်းကြံ[te̠d͡ʑaun: t͡ʃan] (動) （自分の、または他人の）死を企む、死のうと考える、殺害を企てる
သေကြောင်းကြံစည်[te̠d͡ʑaun: t͡ʃanzi] =သေကြောင်းကြံ
သေကွဲ[te̠gwɛ: kwɛ:] (動) 死別する
သေနန်းပြတ်[te̠gan: pja˺] (動) 一生絶縁が続く、死ぬまで絶交が続く
သေနန်းဖြတ်[te̠gan: p'ja˺] (動) 一生絶交する、死ぬまで絶縁する
သေမ်းသေနာ:[te̠gan: te̠na] (名) 葬送の儀式、葬礼
သေချင်စော်နံ[te̠d͡ʑinzo nan] (形) 苦しくて死にそうだ、死なんばかりに困しい
သေချင်တဲ့ကျား၊ တောပြောင်း။ (諺) 不慣れな所へ引越したら碌な事はない（死を望む虎は縄張りを変える）
သေချင်ပါဘိ[te̠d͡ʑinbabi.] (動) ほとほと厭気がさす、愛想が尽きる、死んでしまいたい
သေချိန်တန်[te̠d͡ʑein tan] (動) 死ぬべき時が至る

သေခြင်းဆိုး[te̠d͡ʑin:zo:] (名) ①変死、横死、事故死、不慮の死 ②（罵倒）くたばり損ない奴、畳の上では死ねないぞ
သေခြင်းဆိုးသေ[te̠d͡ʑin:zo: te̠] (動) 事故死する、変死する、まともでない死に方をする、悲惨な死を遂げる
သေခြင်းတရား[te̠d͡ʑin: tə̠ja:] (名) 死という厳粛な事実
သေခြင်းပေါင်းရှင်ခြင်းပေါင်း[te̠d͡ʑin:baun: ʃin d͡ʑin:baun:] (名) 生死を共にする間柄、死ぬも生きるも一蓮托生
သေဆုံး[te̠s'oun:] (動) 死ぬ、死亡する、死去する
သေဆုံးမှုနှုန်း[te̠s'oun:mu.noun:] (名) 死亡率
သေဆုံးသူ[te̠s'oun:du] (名) 故人、死者
သေစောင်ငင်[te̠zɔ: ŋin] (動) 断末魔の苦しみを味わう、激痛を味わう
သေတနေ့၊ မွေးတနေ့။ (諺) 死を恐れるな、勇敢であれ 人間死ぬも生きるも一人きり（人間には生れてくる日があれば、死ぬ日もある）
သေတပန်သက်တဆုံး[te̠ də̠ban tɛ˺tə̠s'oun:] (副) 一生涯、終生
သေတူရှင်ဘက်[te̠du ʃinbɛ˺] (名) 一生の伴侶、死ぬも生きるも一緒
သေတန်းစာ[te̠dan:za] →သေတမ်းစာ
သေတမ်းစာ[te̠dan:za] (名) 遺言
သေတွင်း[te̠dwin:] (名) 死に繋がる危険、死地
သေတွင်းတူး[te̠dwin: tu:] (動) 自ら墓穴を掘る
သေတွင်းပို့[te̠dwin: po.] (動) 死に追いやる
သေဒဏ်[te̠dan] (名) 死刑（叛乱罪、殺人罪等の凶悪犯罪に対して宣告されるビルマの極刑）
သေဒဏ်စီရင်[te̠dan sijin] (動) 死刑を宣告する、死刑の判決が下る
သေဒဏ်စီရင်ချက်[te̠dan sijind͡ʑɛ˺] (名) 死刑の判決、死刑の宣告
သေဒဏ်ပေး[te̠dan pe:] (動) 死刑を宣する
သေဒဏ်အပြစ်ပေး[te̠dan əpji˺ pe:] (動) 死刑を宣告する、死刑の判決を下す
သေဒဏ်အပြစ်ပေးခံရ[te̠dan əpji˺pe: k'anja.] (動) 死刑を宣告される、死刑の判決を受ける
သေဒဏ်အပြစ်ပေးမှု[te̠dan əpji˺ pe:mu.] (名) 処罰としての死刑、死刑の判決
သေဒဏ်အပြစ်ပေးမှုဖျန်ဖျက်လှုပ်ချုပ်သိမ်း[te̠dan əpji˺ pe:mu. sun.ɫu˺ p'jɛ˺tein:] (動) ①死刑の判決を破棄する ②死刑制度を廃止する
သေနာကောင်[te̠nagaun] (名) （罵倒、悪態用語）くたばれ、くたばれ損ない奴（病で死ぬ奴の意）

သေနေ့စေ့[tene. si.]（動）天命が尽きる、死の時が至る、命が尽きる、（あの世から）お迎えが来る

သေပန်းပွင့်[teban: pwin.]（形）①安らかな死に方をする、苦しまずに死ぬ ②葬儀が盛大だ、死を悼む人が多い、その死が多勢の人に惜しまれる

သေပျော်[tepjɔ]（形）喜んで死ぬ、死を厭わない

သေပျောက်[tepjauʔ]（動）死ぬ、死去する

သေပြေးရှင်ပြေး[tebje: ʃinbje:]（副）①命懸けで、死にもの狂いで、必死で、一目散に　စာမေးပွဲနီးသော အခါသေပြေးရှင်ပြေးစာကျက်သည်။ 試験日が迫ると必死で勉強した သေပြေးရှင်ပြေးပြေးသည်။ 死にもの狂いで逃げる、一目散に逃げる ②大急ぎで、大慌てで သေပြေးရှင်ပြေးချက်ပြုတ်သည်။ 大慌てで料理を作る

သေပွဲဝင်[tebwɛ: win]（動）死ぬ、死に至る

သေဘေး[tebe:]（名）死の危険

သေဘော်ညီ[tebɔ ɲi.]（動）死出の伴侶を募る

သေဘော်သေဘက်[tebɔ tebɛʔ]（名）戦友

သေမကွဲရှင်မကွဲ[te məkwɛ ʃin məkwɛ:]（副）生死を共にして、死ぬも一緒生きるも一緒

သေမင်း[temin:]（名）死神、閻魔大王

သေမင်းကျိုင်းခေါင်[temin: tʃain:gaun]（虫）チャタテムシ

သေမင်းငင်[temin: ŋin]（名）①死に神が招く ②（罵倒語）くたばれ

သေမည်းတေး ။ ပြေးတွေ့[（諺）ぶち当たって砕けろ（死の危険に果敢に立ち向え）

သေမြေကြီး ။ ရှင်ရွှေထီး ။（諺）結果の如何に拘わらず最善を尽す（死ねば大地、命があれば黄金の傘蓋

သေရာပါ[teja pa]（形）終生治らない、不治だ

သေရာပါသွား[teja patwa:]（動）死ぬまで治らない、死ぬまで消えない

သေရေးရှင်ရေး[teje: ʃin je:]（名）安否、生死の問題、生きるか死ぬかの問題

သေလုနီးပါ:[telu.ni.ba:]（副）いつ死んでも不思議ではない位に、瀕死の状態で

သေလုမတတ်[telu.məta]（副）今にも死なんばかりに

သေလုမျောပါ:[telu.mjɔ:ba:]（副）息も絶え絶えに သေလုမျောပါ:ကြောက်လန့်သည်။ 恐怖の余り息も止まらんばかりに သေလုမျောပါ:ခံသည်။ 死ぬ目に遭う သေလုမျောပါ:ဖြစ်သည်။ 危篤に陥る、瀕死の状態になる

သေလဲအများ ။ ရှင်လဲအများ ။（格）死ぬも生きるも皆と一緒

သေလည်းကောင်း ။ ရှင်လည်းကောင်း။（格）死ぬもよし、生きるもよし、生死は問題でない

သေလွန်[telun]（動）死去する、物故する

သေသူ[tedu]（名）死者、故人、物故者

သေသောသူ ။ ကြာလျှင်မေ့။（格）去る者日々に疎し（死せる人、時が経てば忘れられる）

သေသွား:[tetwa:]（動）死んでしまう

သေအတူ ။ ရှင်မခွဲ။（副）生死を共にして、死ぬも生きるも一緒

သေချာ[tedʑa]（形）確かだ、確実だ သေချာမခြောက်သေး:ဘူး။ 未だ確実には乾いていない

သေချာဂဏ[tedʑa ga.na.]（副）①確実に ②徹底的に

သေချာစွာ[tedʑazwa]（副・文）確かに、確実に သေချာစွာစစ်ဆေးကြည့်သည်။ 確実に検査してみた

သေချာပေါက်[tedʑabauʔ]（副）確実に、間違いなく ကျူရှင်သာယူလိုက်ရင်ဒီနှစ်သေချာပေါက်အောင်မှာဘဲ။ 家庭教師を付けさえすれば確実に今年合格する筈だ

သေချာချာ[tede tʃadʑa]（副）確かに、確実に ဒါတော့သေသေချာချာမပြောနိုင်ဘူး။ その事は確実には言えない ကျွန်တော်သေသေချာချာမှတ်မိပါတယ်။ 私は確かに記憶しています သေသေချာချာချည်ပါ။ しっかりと縛りなさい

သေဌေး[tetʼe:]（名）資産家、長者、富豪

သေနာပတိ[tenapati.]（名）司令官＜パSenāpati

သေနဂျူဟာ[teninga.bjuha]（名）戦術

သေနတ်[tənaʔ]（名）銃、鉄砲（17世紀には使用）＜オ Snaphaan

သေနတ်ပစ်[tənaʔ pjiʔ]（動）銃を撃つ、発砲する

သေနတ်ပစ်ခံရ[tənaʔpjiʔ kʼan ja.]（動）銃で撃たれる、発砲される、射撃される

သေနတ်ပစ်ပြိုင်ပွဲ[tənaʔpjiʔ pjainbwɛ:]（名）射撃競技

သေနတ်ပစ်အတတ်[tənaʔpjiʔ əta]（名）射撃の腕前、射撃術

သေနတ်ပြီး:[tənaʔ pi:]（形）銃に対して不死身だ、銃弾に免疫がある

သေနတ်မောင်:ခလုတ်[tənaʔ maun:kʼəlouʔ]（名）銃の引き金

သေနတ်မှန်[tənaʔ man]（動）弾に当る、銃弾が命中する

သေနတ်သံ[tənaʔtan]（名）銃声

သေဝပ်[tewuʔ]（形）素直だ、従順だ

သေသပ်[tedaʔ]（形）きちんとしている、整然としている、こざっぱりしている、こぎれいだ

သေသပ်စွာ[tedaʔswa]（副・文）＝သေသေသပ်သပ်

သေသေသပ်သပ်[tede taʔtaʔ]（副）整然と、きち

んと、ちゃんと
သေး[tè:]（名）尿、小便　=ဆီး
သေးစော်နံ[tè:zɔ nan]（形）小便臭い、尿の臭いがする
သေးပါ[tè: pa]（動）尿を洩らす
သေးပေါက်[tè: pauʔ]（動）放尿する、小便する
သေးပန်း[tè: pan:]（動）=သေပေါက်
သေးဖြန်း/ဖြန်းပါ[tè: pʼjan:bjan: pa]（動）尿を迸らせる
သေးမတတ်ပေါက်[tè: maʼtaʼ pauʔ]（動）立ち小便をする

သေး[dè:~tè:]（助動）①未だ~だ　အသက်မှာတဆယ်သုံးနှစ်သာရှိသေးသည်။　年齢は未だ13歳に過ぎない　ပြောစရာတွေအများကြီးရှိသေးတယ်။　言うべき事柄が未だ沢山ある　②否定形で、未だ~でない　မသေသေးဘူး။　未だ死んでいない　ဒို့မအိပ်သေးဘူး။　我々は未だ寝ない　နက်ဖြန်ကျနော်မပြန်သေးဘူး။　私は未だ明日は帰らない　ဆရာလာဘက်ရည်မသောက်သေးဘူးလား။　先生は未だ御茶を飲まないのですか

သေး[tè:]（形）小さい　ဒီအကောင်ကသေးနေတယ်။　この個体は小さい　ခုနစ်သွားဟာနဲ့ကြီးတယ်၊ခြောက်သွားဟာနဲ့သေးတယ်။　7番目の歯は少し大きい、6番目の歯は少し小さい

သေးကွေး[tè:kwè:]（形）ちっぽけな、極小だ、取るに足りない

သေးငယ်[tè:ŋɛ]（形）小さい　သေးငယ်တဲ့ကိစ္စမဟုတ်ဘူး။　小さい問題ではない。

သေးနုပ်[tè:nouʔ]（形）①些細だ、微小だ　②劣っている、取るに足りない

သေးသေးကလေး[tè:dè:gəle:]（名）小さいもの
သေးသေးတင်[tè:dè:tin]（名）文字の上部に離して添付された母音の鼻音化を示す小さな点　例　ံ
သေးသေးဖွဲ့[tè:dè: pʼwɛ:bwɛ:]（名）小さな事、些細な事
သေးသေးလေး[tè:dè:le:]（名）小さいもの　ပျား အုံကသေးသေးလေးပါလား။　この蜂の巣はちっぽけじゃないか
သေးသိမ်[tè:dein]（形）①ちっぽけだ　②取るに足りない、問題にならない　②卑しい、劣っている、詰らない
သေးသွယ်[tè:dwɛ]（形）細い、か細い、細長い

သဲ့[tɛ̰.]（動）掬う、掬い取る
သဲ့ယူ[tɛ̰. ju]（動）掬い取る、掠め取る
သဲ့သဲ့[tɛ̰.dɛ̰.]（副）か弱くて、か細くて、微弱で　အသံသဲ့သဲ့　微かな音　လေညှင်းသဲ့သဲ့　微風
သယ်[tɛ]（動）①運ぶ、運搬する、運送する　ရေသယ်

သည်။　水を運ぶ　②（疾病を）伝染させる
သယ်ဆောင်[tɛsʼaun]（動）運ぶ、携帯する、運搬する
သယ်ထုတ်[tɛtʼouʔ]（動）運び出す
သယ်ပို့[tɛbo.]（動）運ぶ、運送する
သယ်ပိုး[tɛbo:]（動）①肩に担ぐ　②（責任を）担う
သယ်ယူ[tɛju]（動）運ぶ、運送する
သယ်ယူစရိတ်[tɛju zəjeiʔ]（名）運賃、運送貸
သယ်ယူပို့ဆောင်[tɛju po.sʼaun]（動）運搬する、運送する、輸送する
သယ်ယူပို့ဆောင်ရေး[tɛju po.sʼaun je:]（名）運輸、輸送

သဲ[tɛ̀:]（名）①砂　②肝→သည်း　③（雨が）激しい　→သည်း
သဲကန္တာရ[tɛ̀: gandaja.]（名）砂漠
သဲကန္တာရကျိုင်းကောင်[tɛ̀: gandaja. tʃain: gaun]（虫）砂漠バッタ
သဲကျောက်[tɛ̀:dʒauʔ]（名）砂岩
သဲကတ္တူ[tɛ̀:sɛʔku]（名）サンドペーパー、紙やすり
သဲဆပ်ပြာ[tɛ̀: sʼaʔpja]（名）（天然の）炭酸ソーダ、天然石鹸
သဲထဲရေသွန်[tɛ̀:dɛ̀: je tun]（動）無駄なことをする、無駄な結果に終る（砂に水を注ぐ）
သဲဒန်ပေး[tɛ̀dan pe:]（動）（寺院内での罰として）沙弥に砂を運ばせる　cf. ရေဒန်ပေး
သဲနာရီ[tɛ̀ naji]（名）砂時計
သဲပလုပ်[tɛ̀: pəlouʔ]（動物）ゴカイ（テナセリム海岸では食用にされる）
သဲပုံ[tɛ̀:boun]（名）砂山
သဲပုံစေတီ[tɛ̀:boun zedi]（名）砂で捨えたパゴダ
သဲပုံစေတီပွဲ[tɛ̀:bounzedi pʼəja:bwɛ:]（名）砂パゴダの祭（災害除去を願って執り行った）
သဲပြင်[tɛ̀:bjin]（名）砂原、砂浜
သဲဖား[tɛ̀: pʼa:]（動物）アカガエルの一種　Rana breviceps
သဲပုံဒေသ[tɛ̀:boun deta.]（名）砂地
သဲလွှမ်း[tɛ̀: pʼoun:ɬwan:]（動）砂に覆われる
သဲဖြည့်[tɛ̀: pʼje.]（動）土砂を補充する
သဲမုန်တိုင်း[tɛ̀:moundain:]（名）砂嵐
သဲမုန်တိုင်းတိုက်ခတ်[tɛ̀:moundain: taiʔkʼaʔ]（動）砂嵐が吹き付ける
သဲမြွေ[tɛ̀:mwe]（蛇）小型の蛇　Leptotyphlopida　日中は地中に潜み専ら夜間出没して昆虫を餌にする
သဲရေကျ[tɛ̀: jedʒa.]（動）水泡に帰す、無駄に終る　မျှော်လင့်ချက်မှာသဲရည်ကျဖြစ်သွားခဲ့သည်။　望みは

သဲရည်ကျ

水泡に帰してしまった
သဲရည်ကျ[tɛ:jeʤa.] →သဲရေကျ
သဲရှင်[tɛ:ʃin] (名) 流砂
သဲရုပ်ရုပ်ဖြင့်ဖြင့်[tɛ: ʃaʔaʔp'jin. ʃi.] (動) 砂でざらざらしている
သဲလွန်စ[tɛ:lunza.] (名) 手掛かり、ヒント
သဲလွန်စပြ[tɛ:lunza. pja.] (動) 手掛かりを残す、ヒントを示す
သဲလွန်စရ[tɛ:lunza. ja.] (動) ヒントを得る、端緒を掴む、手掛かりが得られる
သဲလွန်စရှာ[tɛ:lunza. ʃa] (動) 手掛かりを探す、ヒントを求める
သဲသောင်[tɛ:ḓaun] (名) 砂州、砂浜
သဲအိတ်[tɛ:eiʔ] (名) ①砂袋、土嚢 ②(ボクシングの) サンドバッグ
သဲကြိုးမဲကြိုး[tɛ:ʤi: mɛ:ʤi:] (副) ①闇雲に、ひたすら、がむしゃらに ②集中的に、滝のように、篠つくように(降る)
သဲကြိုး[tɛ:ʤo:] →သည်းကြိုး
သဲကွဲ[tɛ:gwɛ] (形) はっきりしている
သဲသဲကွဲကွဲ[tɛ:ḓɛ: mɛ:mɛ:] (副) はっきりと、明確に ဘာကိုမျှတော့သဲသဲကွဲကွဲမမြင်ရချေ။ 何もはっきりとは見えない
သဲဦးခံ[tɛ:ɲi: k'an] →သည်းညည်းခံသည်။
သဲသဲ[tɛ:ḓɛ:] (副) ①がやがやと、ざわざわと ②ざあざあと ပြင်းထန်သဲ၍လာသည်။ (雨の勢が)激しくなってきた
သဲသဲမဲမဲ[tɛ:ḓɛ: mɛ:mɛ:] ① (名) 真黒なもの ② 激しく、ひたすら、がむしゃらに ③ざあざあと、篠つくように သဲသဲမဲမဲတိုက်ခိုက်သည်။ 猛攻撃する သဲသဲမဲမဲပြုလုပ်သည်။ 無我夢中でする သဲသဲမဲမဲရွာသည်။ 土砂降りになる、豪雨になる
သဲသဲမဲမဲကြီး[tɛ:ḓɛ:mɛ:mɛ:ʤi:] (名) 真黒なもの ညဉ့်နက်သည့်တိုင်သဲသဲမဲမဲကြီးမအိပ်ဘဲထိုင်စောင့်သည် 夜が更けても黒い大きな影が眠りもせず座って待っていた
သဲသဲလှုပ်မျှ[tɛ:ḓɛ:ɬouʔmja.] (副) わんさと、詰め掛けていて
သဲပန်း[tɛ:ban:] (植) サマデラ (ニガキ科) Samadera indica
သဲပန်းတော်[tɛ:bandɔ] (植) ネズミノオ (イネ科)の仲間 Sporobolus tremulus
သဲမြက်[tɛ:mjɛʔ] =သဲပန်းတော်
သော့[tɔ.] (名) ①鍵 ②錠
သော့ကွင်း[tɔ.gwin:] (名) 鍵輪、南京錠の可動部分 cf. သော့အိမ်

သော့ခလောက်[tɔ. gəlauʔ] (名) 南京錠
သော့ခတ်[tɔ. k'aʔ] (動) 鍵を掛ける
သော့ချက်[tɔ.ʤɛʔ] (名) キーポイント、鍵と目される点
သော့ချက်နေရာ[tɔ.ʤɛʔ neja] =သော့ချက်
သော့တူ[tɔ.du] (名) 合鍵
သော့တွဲ[tɔ.dwɛ:] (名) 鍵の束
သော့ပေး[tɔ. pe:] (動) (時計の) ネジを巻く
သော့ပေါက်[tɔ. bauʔ] (名) 鍵穴
သော့ပိတ်[tɔ. peiʔ] (動) 鍵を掛ける、施錠する
သော့ဖွင့်[tɔ. p'win.] (動) 鍵を開ける
သော့သီး[tɔ. di:] (名) 時計の龍頭
သော့အိမ်[tɔ.ein] (名) 錠
သော့[tɔ.] (形) 素早い
သော့သွမ်း[tɔ.twan:] (形) 放蕩だ、不品行だ、身持ちが悪い

~သော်[dɔ] (接助) ①~ならば、~するとလျှောက်ထားရသော်ကောင်း၏။ 申請しておくとよい သခင်အလိုကိုစမ်းရသော်ကောင်း၏။ 主君の望みを試すとよい ခပ်နီးနီးကပ်၍နား‌ထောင်ရသော်ပို၍နား၀င်ချိုလိမ့်ဦးမည်။ もう少し接近して聴けたならばもっと素晴らしかっただろう ဘယ်သူမှမသိသော အရပ်တွင်သွား၍နေရသော်ပျော်ပျော်နေရလိမ့်ဦးမည်။ 誰の知らない所へ行くならばさぞ楽しい事だろう
②~したところ、~したところで ညောင်ပင်အောက်မှလှမ်းကြည့်သော်ဇရပ်ပျက်ကိုမြင်ရသည်။ バンヤン樹の下から見渡したところ壊れた宿坊が見えた စိုက်ဧကများကတွက်တွက်ချက်သော်သုံးသောင်းခြောက်ထောင်ကဧကရှိသည်။ 栽培面積を計算してみたところ3万6千エーカーあった မင်းသမီးကိုမြင်သော်မသိနိုင်ရာ။ 姫の姿を見たところで識別はできないに違いない
③~だから、~ものだから ၀ါးပင်ချင်းထိတ်လေသော်၀ိုးတ၀ါးညည်းညူသံကြားရသည်။ 竹が互いに擦れ合っているものだからうめき声は幽かだった သန်မာနေ‌သေးသောအဘိုးကိုမြင်ရ‌သော်အထူးပင်၀မ်းမြောက်မိသည်။ 丈夫な祖父の姿が見えたので格別嬉しかった မင်းဘူးသို့သုံးဆယ်ငါးမိုင်၀ေးသော်နှစ်နာရီခွဲသုံးနာရီနှင့်ရောက်ရှိနိုင်၏။ ミンブー町へは35マイルの距離があるから2時間半か3時間で到着できる

~သော်ကာ:[dɔga:] (接助) ~ならば、~した時 =ကာ:။ ထိုတက်သော်ကာ:။ それよりは ၃ပမာဆိုသော်ကာ:ရေပေါ်မှန်လုံးစာ:သုံးဖို့ပင်သည်။ 例を挙げるならば、お汁粉を食べようと購入した အကြင်မိန်းမတို့ကိုမထိမ်း‌မြား:မီသော်ကာ:မိခင်ဖခင်ပိုင်၏။ どの婦女も結婚する前には親の配下にある

~သော်ကော[dɔgɔ:] (末助) 勿論~さ (それで何が悪

いのか) ကောင်းပါသော်ကော ॥ それはよいとも ရှိ
ပါသော်ကော ॥ အရသ၊ အရတော် လုပ်ပါသော်ကော ॥
လိုတော် ကျွန်တော် ပြောပါသော်ကော ॥ 私が言った
じゃないか သိပ်ကိုသက်ဆိုင်နေသော်ကော ॥ 勿論大い
に関係あるさ ရောက်ဖူးပါသော်ကော ॥ 勿論行った事
はあるとも ကိုယ်စိတ်နှင့်ကိုယ်ကိုယ်ထင်သလိုနေသော်
ကော ॥ 自分の思いのままに暮しているさ မိန်းက
လေးတယောက်တက်လာပါသော်ကော ॥ 少女が一人上が
って来たのさ
~သော်ငြား:လည်း:[dɔ:ɲa:li:~dɔ:ɲalɛ:] (接助)~で
はあるが、~だけれども အသား:သည်ညိုသော်ငြား:
လည်း:စိုပြေနေသည် ॥ 肌は浅黒いが艶がある ကဆုန်
ဆိုသော်ငြား:လည်း:တော်သလင်:နေနှင့်မခြား: ॥ ビルマ暦
2月とはいうものの6月と変りはない အရွယ်တူပင်
ဖြစ်သော်ငြား:လည်း:အသိအမြင်ချင်း:မတူကြပေ ॥ 同年
はあるけれども見解は互いに異なる
~သော်မှ[dɔma.] (接助)~した方がまだ~だ သေသော်
မှတ္တံ့သြော်ကောင်း၏ ॥ 死んだ方が遥かにましだ
~သော်မျှ[dɔmja.] (接助)~でさえも、~ですら နှင့်
ထုပ်ဆုံး:နေဆဲဖြစ်၍တစ်စုတစ်ရာသော်မျှသဲသဲကွဲကွဲမမြင်ရ
依然霧に覆われているため一つはっきりとは見えな
い
~သော်လည်း:[dɔli:~dɔlɛ:] (接助)①~ではあるが
~ではあっても ကြယ်စုံသော်လည်း:လမသာပါ ॥ 星は
沢山あるものの月は出ていない မျက်ရည်ခြောက်သွား:
သော်လည်း:ဝေဒနာကမပျောက် ॥ 涙は乾いてしまった
けれど苦しみは消えない နေရာအနံ့လိုက်ရှာသော်လည်း:
လုံး:မတွေ့တော့ပါ ॥ 至る所普く捜索したけれども
全く見つからなかった သိလိုသော်လည်း:မေးသင့်မမေး
သင့်စဉ်:စား:ချိန်ဆရသည် ॥ 知りたかったけれど尋ねて
よいかどうか思案した အရည်အချင်း:ရှိသော်လည်း:ငွေ
အင်အား:မရှိ ॥ 素質はあったけれど資金がなかった
②それでも尚 အကျွန်ုပ်သည်အား:သိကြား:မင်:ကိုသော်
လည်း:စိုး:ရွံ့ခြင်:ခြား: ခြင်း:မရှိပါ ॥ 某インドラ神に対し
ても畏怖する事はない သဿရိမင်း:မှသော်လည်း:တင်နိုင်
မည်မဟုတ် ॥ ダッタギリ王と言えども絃を張る事はで
きまい
~သော်လည်း:ကောင်း:[dɔləgaun:] (副助)~でも~でも
~したり~したり ထိုနေရာထိုလှည်:ဖြစ်သော်လည်း:
ကောင်း:ခြေလျင်သော်လည်း:ကောင်း:သွား:နိုင်ပါ၏ ॥ そこ
へは小舟でも徒歩でも行けます လင်ကိုသော်ငှင်:ကောင်း:အိမ်
ထောင်ကိုသော်ငှင်:ကောင်း:ကျိုးမပို ॥ 夫に対しても家
庭に対しても幸はもたらさない ဝယ်၍သော်ငှင်:ကောင်း:လု၍
သော်ငှင်:သယ်ဆောင်လာခဲ့ကြသည် ॥ 購入したり強奪し
たりして運んできた
သော်က[tɔka.] (植) ヨウラクボク、ムユウジュモド

キ(ジャケツイバラ科) Amherstia nobilis
သော[tɔ:] (動) 冗談を言う、茶々を入れる、混ぜっ
返す
သော[tɔ:] (末助) 祈願を現わす အောင်စေသော ॥
成功しますように、うまく行きますように
သော[dɔ:] (接助) 文末助詞သည်の連体形、~すると
ころの、~したところの=သည် သစ်လွင်သောရှပ်အင်္ကျီ
新鮮なシャツ ကျယ်လောင်သောအသံ 大きな声 ပေ
ပေါင်း:သုံး:ထောင်ကျော်မြင့်သောတောင် 3千尺以上の高
さがある山 မြွေအလွန်ပေါသောနေရာဖြစ်သည် ॥ 蛇が
極めて多い所だ ချည်ထား:သောကြိုး:ကိုဖြေသည် ॥ 縛
ってあったロープをほどいた အံ့ဩသောမျက်လုံး:များ:
ဖြင့်ကြည့်နေသည် ॥ 驚いた眼差しで見ている
~သောကြောင့်[dɔ:dʑaun.] (接助) 理由、原因を示
す、~なので、~だから ယောကျား:ဖြစ်သောကြောင့်
သည်:ခံနိုင်၏ ॥ 男だから我慢できる လဆန်း:ဆယ်ရက်
နေ့ညဖြစ်သောကြောင့်လမာလျက်ရှိ၏ ॥ 自分10日の夜
なので月が明るい ကျောင်း:ပိတ်သောကြောင့်အိမ်သို့ပြန်
၍နေလေ၏ ॥ 休校になったので家へ帰って過した
~သောငှါ[dɔ:ŋa.] (接助) ~するために ပုဂံပြည်သို့သွား:
လိုသောငှါပန်ကြား:သည် ॥ パガンの都へ行くべく願い
出た
~သောဟု[dɔ:hu.] (助動) 引用を示す、~だと ယုန်
မရအင်ကသံပုရာရှာသောဟုဆို၏ ॥ 兎を捕まえない内
からライムを探したそうだ
~သောဟုသည်မှာ[dɔ:hudima] (主語)~と言うのは
ရှင်ဘုရင်စော်နံသောဟုသည်မှန်မည်လော ॥ 帝王の体臭が
すると言うのは本当なのか
~သောဟု၏[dɔ:hui.] (末助) 伝聞を現わす、~だ
と言う အမည်ပေး:ခဲ့သောဟု၏ ॥ 命名したと言う လှူ
ပြီး:မှသူတို့စား:သုံး:ကြသောဟု၏ ॥ 寄進し終えてから彼
等は食べたと言う တနေ့သုံး:ခါဆံကိုဖီးသောဟု၏ ॥ 1
日3回髪を梳いたと言う ခုနစ်ထောင်ကျော်သေသော
ဟု၏ ॥ 7千人以上死んだと言う ဆင်ပြောင်ဇွယ်ကိုသော်
လည်း:ချိုး:၍ပစ်သောဟု၏ ॥ 野生の雄象の牙でさえへし
折ったと言う
~သောအခါ[dɔ:ak'a] (接) ~した時 ထိုနေရာရောက်
သောအခါနေဝင်လု:ဖြစ်၏ ॥ そこに着いた時には日没
寸前だった မိဘများ:ကွယ်လွန်သွား:သောအခါ၌ဆင်:ရဲ့ရ
ကွစရောက်သည် ॥ 両親が亡くなった時貧困に直面した
~သောအား:ဖြင့်[dɔ:a:p'jin.] (接助) ~する事で、
~する事によって သူနာပြုနေရွက်ပြုကြိုဆိုသော
အား:ဖြင့် 看護婦達は御仏様に敬意を表する意味で
သောက[tɔ:ka.] (名) 憂い、憂慮、心配 パ Soka
သောကဖြစ်[tɔ:ka. p'ji'] (動) 心配になる
သောကမအေး:ဖြစ်[tɔ:ka. mae: p'ji'] (動) 心

သောကရောက်

が消えない、憂いが解消しない
သောကရောက်[tɔ:ka. jauʔ] (動) 憂う、気にする、心配する、憂慮する
သောကြာ[tauʔtʃa] (名) ①金曜 ②運星八曜の6番目、金曜、ヴィーナス <サ śukra
သောကြာကြယ်[tauʔtʃa tʃɛ] (星) 宵の明星、金星
သောကြာဂြိုဟ်[tauʔtʃa dʒo] (名) ①金星 ②(運星の)金星
သောကြာနေ့[tauʔtʃa ne.] (名) 金曜日
သောကြာနံ[tauʔtʃa nan] (名) ビルマ文字表第30番と31番目の2文字 (သ၊ဟ)
သောကြာလေမျိုး[tauʔtʃa lemjo: zə ga:o:] (慣) 金曜日生れの人はお喋り
သောကြာလေအိး[tauʔtʃa leo:] (名) 金曜日生れのお喋り、饒舌家
သောကြာသား[tauʔtʃa:da:] (名) 金曜生れの人
သောကြာအရပ်[tauʔtʃa: əjaʔ] (名) 北、北方
သောတ[tɔ:ta.] (名) ①耳 ②聴取、聴力 <パSota
သောတဆင်[tɔ:ta. sʻin] (動) 聴取する
သောတရှင်[tɔ:ta. ʃin] (名) 聴取者、聞き手、聴衆
သောတအာရုံ[tɔ:ta. ajoun] (名) 聴覚
သောတာပတ္တိဖိုလ်[tɔ:tapaʔti. pʻo] (名) 預流果 (修行者の階梯、聖者の流れに入った段階) <パ
သောတာပန်[tɔ:taban] (名) 須陀恒、預流果 <パ
သောမနဿ[tɔ:mənaʔta.] (名) 悦び、歓喜、喜悦
သောမနဿဖြစ်[tɔ:mənaʔta. pʻjiʔ] (動) 悦ぶ、歓喜する <パ Somanassa
သောမလတာ[tɔ:mələda] (植) ヘンルーダ (ミカン科) Ruta graveolens
သောသော[tɔ:dɔ:] (副) 轟々と、騒々しく、喧しく
သောသောညံအောင်[tɔ:dɔ: ɲan aun] (副) 轟音を発して =သောသော
သောသောညံမျှ[tɔ:dɔ: ɲeiʔmja.] (副) 轟音を立てて
သောသောအုတ်အုတ်[tɔ:dɔ: ouʔouʔ] (副) 騒然となって、がやがやと
သောသောအုန်းအုန်း[tɔ:dɔ: oun:oun:] =သောသောအုတ်အုတ်
သို့[dɔ.] (助) 方向を示す、~へ ဝဲမှယာသို့ 左から右へ အထက်မှအောက်သို့ 上から下へ သစ်ပင်ပေါ်သို့တက်ရသည်။ 樹上へ登った အိမ်သို့ပြန်ချင်သည်။ 家へ帰りたい နေလေးသည်အနောက်သို့ဝင်ခဲ့၏။ 日は西へ沈んだ ရေညှိနိမ့်ရာသို့စီးဆင်းသည်။ 水は低い方へと流れる သတင်းစာကိုကြမ်းပေါ်သို့ပစ်ချလိုက်၏။ 新聞を床の上に投げ落した ငါးများကိုပလိုင်းထဲသို့ကောက်ထည့်သည်။ 魚

を魚篭の中に拾い入れた
သို့[do.] (副助・文) ~の如し ဤသို့ このように ဤကဲ့သို့ かくの如く ဤသို့သော かくのごとき、このような ဤသို့ဆိုလျှင် それでは、それならば、そういう訳なら
သို့ကလို[do.gəlo] (副) そのように
သို့လောက်[do.gəlo] (副) それ程、そんなにまで
သို့စဉ်လျှက်[do.gozinljɛʔ] (接) しかし
သို့ကြောင့်[do.dʒaun.] (接) だから、そう言う訳で
သို့သော်မူ[do.zegamu] (接) しかし、だが、けれども
သို့ဥ်လျှက်[do.zinljɛʔ] (接) それなのに、にも拘わらず
သို့တစေ[do.dəze] (接) しかし、けれども、ではあっても、それにしても
သို့တိုင်[do.dain] (接) それでも、それにしても、それでも尚
သို့တိုင်အောင်[do. tain aun] (接) そうなっても、それ程にも
သို့တည်းမဟုတ်[do.di: məhouʔ] (接) 或いは、さもなくば、もしくは、それとも、又は
သို့နှင့်[do.nɛ.] (接) かくして、こうして、そう言う訳で、それ故に
သို့ပါလျှက်[do.baljɛʔ] (接) にも拘わらず、それなのに
သို့ပေမဲ့[do.bemɛ.] (接) しかし、けれども、にも拘わらず
သို့ပေမင့်[do.bemin.] (接) =သို့ပေမဲ့
သို့ပေသည်[do.bedi.] (接) =သို့ပေမင့်
သို့ဖြင့်[do.pʻjin] (接) ①かくて、こうして ②それ故に、だから
သို့ဖြစ်ခြင်းကြောင့်[do.pʻjiʔtʃin: dʒaun.] (接) そう言う訳だから、従って
သို့ဖြစ်သော်မူ[do. pʻjiʔsegamu] (接) しかし、そうではあるが
သို့ဖြစ်ပါပို့[do. pʻjiʔpajwe.] (接) 故に、それ故、従って
သို့ဖြစ်ပါလျှက်[do. pʻjiʔpaljɛʔ] (接) それでありながら、それにも拘わらず
သို့ဖြစ်ပေရာ[do. pʻjiʔpeja] (接) そう言う訳だから、それ故
သို့ဖြစ်ရကား[do. pʻjiʔja.ga:] (接) それ故に、そう言う訳で、であるからして
သို့ဖြစ်ရာ[do. pʻjiʔja] (接) であるからして、そう言う訳だから、故に
သို့ဖြစ်၍[do. pʻjiʔwe.] (接) だから、であるから、故に、それ故に、従って、そう言う訳だから

သို့ဖြစ်လေရာ[d̯o. p'ji'leja] (接) かくして、そう言う訳で

သို့ဖြစ်လင့်ကစား[d̯o. p'ji'lin.gəza:] (接) しかしながら、にも拘わらず

သို့ဖြစ်လျှင်[d̯o. p'ji'ɬjin] (接) 然らば、そうであるならば、もしそうなら

သို့ဖြစ်သော်လည်း[d̯o. p'ji'tɔlɛ:] (接) しかし、けれども、だが、ではあるが

သို့ဖြစ်သောကြောင့်[d̯o. p'ji'tɔ:d͡ʑaun.] (接) 故に、従って、そう言う訳だから

သို့ဖြစ်သည့်တိုင်အောင်[d̯o. p'ji'ti. tain aun] (接) それでも、それにしても、それでさえ

သို့မဟုတ်[d̯o. məhou'] (接) 又は、もしくは、或いは、နှစ်ရက်။သို့မဟုတ်သုံးရက်။ 二日または三日 ချိန်းဆိုထာ:သည့်အချိန်မှာ ၂ နာရီ သို့ မဟုတ် ၄ နာရီဖြစ်သည်။ 約束の時刻は午後２時又は４時であった လတစ်ရက်ဆုံးဆယ်။သို့မဟုတ်သုံးဆယ့်တရက်ရှိသည်။ ひと月には３０日又は３１日ある နှံ:ဆီ။သို့မဟုတ်ပဲဆီများကိုအသင့်ပြင်ဆင်ထားသည်။ 胡麻油又は豆油を事前に用意しておいた

သို့မဟုတ်ပါက[d̯o. məhou'paga.] (接) さもなくば、でなければ

သို့မဟုတ်လျှင်[d̯o. məhou'ɬjin] =သို့မဟုတ်ပါက

သို့မို့ကြောင့်[d̯o.mo.d͡ʑaun.] (接) だから、それ故に

သို့မှသာ[d̯o.ma.da] (接) そうしてこそ、そうして初めて、それでやっと、それでなければ

သို့မှသာလျှင်[d̯o.ma.daɬjin] =သို့မှသာ の強調形

သို့ရာတွင်[d̯o.jadwin] (接) しかしながら、けれども、だが、ところが

သို့လောသို့လော[d̯o.lɔ: d̯o.lɔ:] (接) あれこれと、あれやこれやと、ああではないかこうではないか

သို့လင့်ကစား[d̯o.lin.gəza:] (接) けれども、だが

သို့[d̯o.d̯o] (接) しかし、だが、けれども、ところが、もっとも

သို့သော်ငြားလည်း[d̯o.d̯ɔɲalɛ:] (接続 =သို့သော်

သို့သော်လဲ[d̯o.d̯ɔlɛ:] (接) だが、しかし、けれども

သို့သော်လဲဘဲ[d̯o.d̯ɔlɛ:bɛ:] =သို့သော်လဲ

သို့သော်လည်း[d̯o.d̯ɔlɛ:] (接) =သို့သော်လဲ

သို့အတွက်[d̯o. ətwɛ'] (接) と言う訳で、であるから、故に、と

သို့အတွက်ကြောင့်[d̯o. ətwɛ'tʃaun.] =သို့အတွက်

သို့[to] (名) (動物の) 牡の生殖器

သို့[to] (動) ①貯える、保存する ②(感情を) 隠す、抑える

သိုထာ:[to t'a:] (動) 貯えておく、仕舞っておく

သိုမှီ:[tomi:] (動) 貯める、貯える、貯蔵する、蓄積する

သိုလှောင်[toɬaun] (動) 仕舞う、保存する、貯える、貯蔵する

သိုလှောင်ခန်:[toɬaungan:] (名) 物入れ、貯蔵室、ストアルーム

သိုလှောင်ရုံ[toɬaun joun] (名) 倉庫 =ဂိုဒေါင်

သိုဝှက်[tohwɛ'] (動) 隠す、隠匿する

သိုသိုသိပ်သိပ်[todo tei'tei'] (副) こっそりと、目立たぬように、隠れるように

သိုသိပ်[todei'] ①(動) 隠す、秘匿する ②(形) 地味だ、渋い

သိုရင်:အင်္ကျီ[tojin: ein:d͡ʑi] (名) (王朝時代の) 王族、貴族等の礼服 (ガウン状、長い筒袖が特徴)

သို:[to:] (動) ①腐る、腐敗する、饐える သို:နေတဲ့မုယောမုန့်တွေ 腐った麦菓子 ②熟睡する သို:နေအောင်အိပ်ပျော်နေသည်။ 昏睡したように眠っている ③不快だ、浮かぬ表情をしている、快々としている

သို:[to:] ①(動物) 羊、綿羊 ②(名) フェルト帽 ③(去勢していない動物の) 牡 မြင်:သို: 牡馬

သို:ကလေ:[to:gəlɛ:] (名) 子羊、ラム

သို:ကျောင်:[to: tʃaun:] (動) 羊を飼う、羊の世話をする

သို:ကျောင်:သမာ:[to:taun:dəma:] (名) 羊飼い

သို:ဆောင်:[to:zaun:] (形) 欧州の、西洋の (フェルト帽子を被った)

သို:ဆောင်:စာပေ[to:zaun: sape] (名) ヨーロッパ文学

သို:ဆောင်:လူမျို:[to:zaun: lumjo:] (名) ヨーロッパ人、西洋人

သို:ထီ:[to:di:] (名) 牡羊

သို:ထိန်:[to:dein:] (名) 羊飼い

သို:မ[to:ma.] (名) 牝羊

သို:မွေ:[to:mwe:] (名) 羊毛、ウール

သို:မွေ:ချည်လုံ:[to:mwe: tʃiloun:] (名) 毛糸玉

သို:မွေ:ထို:[to:mwe: t'o:] (動) 毛糸を編む

သို:ဒါ:[to:da:] (名) 羊の肉、マトン

သို:ကာသိကာ[to:ga tiga] (副) すれすれの所で、辛うじて、やっとの事で အနှစ်ကိစ္စတို့ ၌ သာသို:ကာသိကာကြသည်။ (大部分は同じだが) 細かい点での微妙な違いがある

သို:သို:တန်:တန်:[to:do: tan.dan.] (副) 明確でなく、不確かに、不充分な形で

သက်[tɛ'] (名) テッ族 (アラカン州内居住のチベット・ビルマ語系の民族)

သက်[tɛʔ]（動）①降りる、降下する ②気持になる ကရုဏာသက်သည်॥ 憐憫の情を抱く ③苦しみを帯びる、やや苦味がある ခါးသက်သက်အရသာရှိသည်॥ 幾らか苦みがある

သက်ဆင်း[tɛʔs'in:]（動）下る、降りる မြစ်ကမ်းသို့သက်ဆင်းသည်॥ 川岸へと降りる

သက်ဆိုင်[tɛʔs'ain]（動）関りがある、関係がある、関連がある

သက်ဆိုင်ရာ[tɛʔs'ain ja]（名）関係者

သက်ဆိုင်ရာဌာန[tɛʔs'ain ja t'ana.]（名）関係当局

သက်ဆိုင်ရာအဖွဲ့[tɛʔs'ain ja əp'wɛ.]（名）関係組織

သက်ညှာ[tɛʔɲa]（動）思いやる、労る

သက်ညှာခြင်းပြု[tɛʔɲadʑin: pju.]（動）思いやりを寄せる、手心を加える

သက်ညှာမှု[tɛʔɲamu.]（名）労り、思いやり、寛大さ、寛容さ

သက်တံ[tɛʔtan.]（名）①虹 ②（病）瘍、ちょう

သက်တံပေါ်[tɛʔtan. pɔ]（動）虹が出る、虹が立つ

သက်တံပေါက်[tɛʔtan. pauʔ]（動）瘍ができる

သက်တံရောင်ခုနစ်မျိုး[tɛʔtan.jaun k'unnəmjo:]（動）虹の七色（ခရမ်း 紫 မဲနယ် 藍 အပြာ 青 အစိမ်း 緑 အဝါ 黄 လိမ္မော် 橙 အနီ 赤）

သက်ရောက်[tɛʔjauʔ]（動）①意味合いになる、意味合いを帯びる ②もたらす、結果になる အကျိုးသက်ရောက်သည်॥ 効果をもたらす、有効になる

သက်ဝင်[tɛʔwin]（動）①崇拝する ②心に抱く、気持になる မေတ္တာသက်ဝင်သည်॥ 恋慕の気持が生じる ③意味を帯びる、意味合いを持つ、該当する

သက်ဝင်ယုံကြည်[tɛʔwin jountʃi]（動）信仰する ဗုဒ္ဓဘာသာကိုသက်ဝင်ယုံကြည်လာသည်॥ 仏教を信じるようになる

သက်သက်ညှာညှာ[tɛʔtɛʔ ɲaɲa]（副）労って、思いやりをもって、温情的に

သက်[tɛʔ]（名）①命、生命 ②寿命 ③呼吸 ＜အသက်

သက်ကျား၊အို[tɛʔtʃa:o]（名）老人、高齢者、御老体

သက်ကြီး[tɛʔtʃi:]（名）目上の人、年配者、長老

သက်ကြီးကောင်[tɛʔtʃi:gaun]（名）昆虫の成虫

သက်ကြီးခေါင်းချ[tɛʔtʃi: gaun:tʃa.]（名）老人が頭を垂れる時刻（午後１０時頃）

သက်ကြီးခေါင်းချအိန်[tɛʔtʃi: gaun:tʃa.ʔein]=သက်ကြီးခေါင်းချ

သက်ကြီးစကား၊သက်ငယ်ကြား॥（格）亀の甲より年の功（長老の話に若者は耳を傾けよ）

သက်ကြီးပူဇော်ပွဲ[tɛʔtʃi: puzɔbwɛ:]（名）敬老の集い、（親を含む）老人への感謝の催し（水祭の時に挙行される）

သက်ကြီးရွယ်အို[tɛʔtʃi:jwɛo]（名）年寄り、老人、高齢者、老齢者

သက်ကြီးဝါကြီး[tɛʔtʃi: wadʑi:]（名）①長老 ②出家歴の長い比丘

သက်ငယ်[tɛʔŋɛ]（名）若い人 cf. သက်ကြီး

သက်ငယ်ကောင်[tɛʔŋɛgaun]（名）昆虫の幼虫

သက်ငယ်ခေါင်းချအိန်[tɛʔŋɛ gaun:tʃa.ətʃein]（名）午後8時頃（子供が頭を垂れる時刻）

သက်စေ့[tɛʔsi.]（形）年齢と同じ、年齢と同じ数の

သက်စွန့်ပုန်း[tɛʔsun. tʃo:ban:]（副）命懸けで、命を的に

သက်စွန့်ကြိုးပုန်းဆောင်ရွက်[tɛʔsun. tʃo:ban: s'aun jwɛʔ]（動）命懸けで実行する

သက်စွန့်ဆံဖျား[tɛʔsun. s'anbja:]（副）命懸けで

သက်ဆိုးမရှည်[tɛʔs'o: məʃe]（形）長生きしない、寿命が短い

သက်ဆိုးရှည်[tɛʔs'o: ʃe]（形）①長寿だ ②馬齢を重ねる

သက်တူရွယ်တူ[tɛʔtu jwɛdu]（名）同年輩、同じ年齢の者

သက်တော်[tɛʔtɔ]（名）（王族、出家等の）寿命、年齢 cf. ဝါတော်

သက်တော်စောင့်[tɛʔtɔzaun.]（名）護衛者、ボディーガード

သက်တော်ထင်ရှားရှိ[tɛʔtɔ t'inʃa: ʃi.]（動）（仏陀、国王、出家等）存命だ、在世中だ

သက်တော်ထင်ရှားရှိစဉ်[tɛʔtɔ t'inʃa: ʃi.zin]（名）（釈尊の）在世中、存命中

သက်တော်ရှည်အမတ်[tɛʔtɔʃe əmaʔ]（名）（王朝時代）国王から長寿を保証された（処刑されない）重臣

သက်တော်သောင်းကျော်ရှည်[tɛʔtɔ taun:dʑɔ ʃe]（形）御長寿だ（万年以上の長生き）cf. အသက်ရာကျော်ရှည်

သက်တောင့်သက်သာ[tɛʔtaun. tɛʔta]（副）寛いで、気楽に、安楽に、楽々と、苦労せずに

သက်တန်[tɛʔtan:]→သက်တမ်း

သက်တမ်း[tɛʔtan:]（名）①寿命、年齢 ②期限、寿命

သက်တမ်းကုန်[tɛʔtan:koun]（動）①寿命が尽きる、天寿を全うする ②期限が切れる、任期が終了する

သက်တမ်းကုန်ဆုံး[tɛʔtan: kounsʼoun:]=သက်တမ်းကုန်

သက်တမ်းတိုး[tɛʔtan: to:]（動）期間を延長する、

任期を延ばす

သက်တမ်းအရှင်ဆုံး[tɛʔtan: əjin.zoun:]（名）最古の寿命

သက်တမ်းအား:ဖြင့်[tɛʔtan: a:pʻjin.]（副）年代的に、期限的に、寿命として

သက်နွေးကပ်[tɛʔnaun ̞kaʔ]（名）新生代

သက်ပျောက်ဆွမ်း[tɛʔpjauʔ sʻun:]（名）（故人を偲んで葬儀当日、または命日に）出家に供える食べ物

သက်ပြင်း[tɛʔpjin:]（名）溜息

သက်ပြင်းကြီးချ[tɛʔpjin:ʥi: tʃa.]（動）溜息をつく

သက်ပြင်းချ[tɛʔpjin: tʃa.]＝သက်ပြင်းကြီးချ

သက်မရှ[tɛʔma. tʃa.]＝သက်ပြင်းချ

သက်မဲ့[tɛʔmɛ.]（名）無生物、命の無いもの

သက်မဲ့လောက[tɛʔmɛ. lɔ:ka.]（名）物の世界、命無き物の世界

သက်မဲ့အရာဝတ္ထု[tɛʔmɛ. əja wuʔtʻu.]（名）無生物

သက်ရစ်[tɛʔjiʔ]（名）年輪 ＝နှစ်ကွင်း

သက်ရှ[tɛʔʃi.]（名）生き物、命あるもの

သက်ရှိလောက[tɛʔʃi ʃa.]（名）生き物の世界、命あるものの世界

သက်ရှိထင်ရှား[tɛʔʃi. tʻinʃa: ʃi.]（動）生存している

သက်ရှိသက်မဲ့[tʃɛʔʃi. tɛʔmɛ.]（名）命あるもの無きもの、生物無生物の全て

သက်ရှိသက်မဲ့အရာဝတ္ထု[tʃɛʔʃi.tɛʔmɛ.əjawuʔtʻu.]＝သက်ရှိသက်မဲ့

သက်လတ်[tɛʔlaʔ]（名）中年

သက်လုံ[tɛʔloun]（名）精力、スタミナ

သက်လုံကောင်း[tɛʔloun kaun:]（形）精力的だ、スタミナがある

သက်လယ်ကပ်[tɛʔlɛ kaʔ]（名）中生代

သက်လျှာ[tɛʔlja]（名）愛する人、かけがえのない人、大事な人

သက်ဝေ[tɛʔwe]（名）愛妻（命を分け合う人）

သက်သာ[tɛʔta]（形）①回復する、快くなる ဖျား:တာသက်သာသွား:ပြီလာ:။ 君の熱病は治ったかね ②（形）楽だ、楽になる、安楽だ、和らぐ အလုပ်ေရးသက်သာသည်။ 仕事は楽だ ③割安だ、経済的だ ေစျး:သက်သာသည်။ 価格が経済的だ ④（被害が）軽微だ

သက်သာချောင်ချိ[tɛʔta tʃaunʥi.]（形）楽だ、ゆとりがある、余裕がある

သက်သာချောင်ချိဘွယ်ရှ[tɛʔta tʃaunʥi.bwɛja ʃi.]＝သက်သာချောင်ချိ

သက်သာချောင်ချိရေး[tɛʔta tʃaunʥi. je:]（名）福利、福利厚生

သက်သာချောင်ချိရေးဆိုင်[tɛʔta tʃaunʥi. je: sʻain]（名）（学校や職場の）厚生施設、購買部

သက်သာရာ[tɛʔtaja ja.]（動）楽になる、安楽になる、苦痛を免れる、助かる

သက်သက်သာသာ[tɛʔtɛʔ tada]（副）楽々と

သက်သောင့်သက်သာ[tɛʔtaun. tɛʔta]＝သက်တောင့်သက်သာ

သက်သောင့်သက်သာရှ[tɛʔtaun.tɛʔta ʃi.]（形）快適だ、安楽だ、余裕がある

သက်သတ်လွတ်[tɛʔtaʔluʔ]（名）精進料理

သက်သတ်လွတ်စား:[tɛʔtaʔluʔ sa:]（動）精進料理を食べる、肉食を避ける

သက်ဦးကပ်[tɛʔu: kaʔ]（名）古生代

သက်ဦးဆံပိုင်[tɛʔu: sʻanbain]①（名）専制君主、絶対王政 ②（形）専制的、独裁的

သက်အိုရယ်ကြီး[tɛʔo jwɛʥi:]（名）老人、高齢者

သက္ကတဘာသာ[tɛʔkəta. bada]（名）サンスクリット語

သက္ကရစ်[tɛʔgəjiʔ~dəgdjiʔ]（名）紀元 သာသနာ သက္ကရစ် 仏教紀元 ကောဇာသက္ကရစ် ビルマ暦紀元（起源はピュー族のヴィクラマ王朝）ခရစ်သက္ကရစ် 西暦紀元

သက္ကရစ်ငေ[dəgəjiʔ tʃe]（動）＝သက္ကရစ်ဖြ

သက္ကရစ်စာချုပ်[dəgəjiʔ saʨʻouʔ]（名）契約書

သက္ကရစ်တို[dəgəjito]（名）西暦１４３８年モーニン王によって798年短縮されたビルマ暦

သက္ကရစ်ဖြ[dəgəjiʔ pʻjo]（動）紀元からある年数を削除する、暦年を短縮する

သက္ကရစ်ရှည်[dəgəjiʔ ʃe]（名）西暦１４３８年モーニン王によって短縮されなかったビルマ暦

သက္ကလပ်[dəgəlaʔ]（名）羅紗、毛織物、フェルトくべ

သက္ကယ[tɛʔkaja.]（名）我執、自己への執着、自分の肉体への執着＜パ Sakkāya ၎င်းအိမ် ၎င်းသား:သမီ:ရယ်လို့သက္ကာယအစွဲအလမ်းမ:ကြီး:ရ။ 我が家、我が子供といった執着に捕われてはならない

သက္ကာရ[tɛʔkaja.]（名）奉納、結納＜パ Sakkāra

သက်ကယ်[tɛʔkɛ]（植）＝သက်ကယ် ①チガヤ（イネ科）の仲間 Imperata cylindrica ②ワセオバナ（イネ科）の仲間 Saccharum ravennae

သက်ကယ်လေး[tɛʔkɛgale:]（植）ウンヌケ（イネ科）の仲間 Eulalia trispicata

သက်ကယ်ကြီး[tɛʔkɛʥi:]（植）①ワセオバナ（イネ科）Saccharum spontaneum ②ムラサキワセオバナ（イネ科）Saccharum narenga

သက်ကယ်မိုး[tɛʔkɛmo:] (名) 茅葺きの屋根
သက်ကယ်မင်း[tɛʔkɛmin:] (植) オオナンヨウカルカヤ (イネ科) Themeda villosa
သက်ကယ်မြက်[tɛʔkɛmjɛʔ] (植) スズメノヒエ (イネ科)
သက်ငယ်[tɛʔkɛ] →သက်ကယ်
သက်ငယ်ချစ်[tɛʔkɛ pjiʔ] (動) 屋根葺き用の茅を編む
သက်ရင်းကတို[tɛʔjin: gədo:] (植) クロトン (トウダイグサ科) の仲間 Croton joufra
သက်ရင်းကြီး[tɛʔjin:ʤi:] (植) クロトン (トウダイグサ科ハズ属) の仲間 Croton oblongifolius
သက်သေ[tɛʔte] (名) ①証人、目撃者 ②証拠 <サ
သက်သေခံ[tɛʔte kʼan] (動) 証人に立つ、証明する、立証する
သက်သေခံပစ္စည်း[tɛʔtegan pjiʔsi:] (名) 証拠品
သက်သေတည်[tɛʔte ti] (動) 証人として出廷する
သက်သေထူ[tɛʔte tʼu] (動) 証明する、立証する
သက်သေပြ[tɛʔte pja.] (動) 証明する、実証する、証拠を見せる
သက်သေသာဓက[tɛʔte tadəka.] (名) 証拠、根拠
သက်သေသက္ကာယ[tɛʔte tɛʔkaja.] (名) 証人
သက်သက်[tɛʔtɛʔ] (副) ①只単に、それのみ、それだけ နွားနို့သက်သက်ချည်း 純粋の牛乳 ထိမ်းမြားလက်ထပ်မှုမှာလောကီရေးသက်သက်ဖြစ်သည် 結婚は単に世俗的な出来事である အပျော်သက်သက်လမ်းသလားနေသည် 只憂さ晴らしに散歩している ငိုရုံသက်သက်ထိုင်ငိုနေကြသည် 只泣きじゃくっている အလယ်သက်သက်လာခဲ့သည် 遊びに来るだけ来なさい ②訳もなく မင်းသက်သက်နှိုင်ကျင့်တာသဲ 君は理由もなく乱暴を働いたのだ ③個別に、別々に ④慎重に、周到に
သက်သက်မဲ့[tɛʔtɛʔmɛ.] (副) 訳も無く、理由もなく သက်သက်မဲ့မတရားဖမ်းတာ 正当な理由もなく不当に逮捕したのだ
သောက်[tauʔ] (動) ①飲む ရေနေ့သောက်တယ် 湯を飲む အရက်သောက်တယ် 酒を飲む နွားနို့သောက်တယ် 牛乳を飲む ②喫煙する ဆေးလိပ်သောက်တယ် タバコを吸う
သောက်စား:[tauʔsa:] (動) 飲む
သောက်ဆေး:[tauʔsʼe:] (名) 飲み薬
သောက်ဖော်[tauʔpʼɔ] (名) 飲み仲間、飲み友達
သောက်ရေ[tauʔje] (名) 飲み水
သောက်သုံး[tauʔtoun:] (動) 飲む、飲用する
သောက်သုံးရေ[tauʔtoun:je] (名) 飲み水、生活水
သောက်ရေအိုး[tauʔje o:] (名) 水甕

သောက်[tauʔ] (動) 明るくなる မိုးသောက်သည် 夜が明ける
သောက်ကြယ်:ကြယ်[tauʔʃu tʃɛ] (名) 明けの明星、金星
သောက်သောက်လဲ[tauʔtauʔ lɛ:] (副) 大量に、夥しく သောက်သောက်လဲကုန်ကျရာအကြောင်းရှိသည် すっからかんに消費してしまうには訳がある
သောက်[tauʔ] (名) 女性の性器 စောက် の言い換え
သောက်ကောင်မ[tauʔkaunma.] (名) (侮辱語) すべた、売女
သောက်ကျူနည်း[tauʔtʃo: nɛ:] (形) 何の役にも立ちはしない
သောက်ရှက်ကွဲ[tauʔʃɛʔ kwɛ:] (動) 赤っ恥を掻かされる
သောက်သုံးကျ[tauʔtoun:tʃa.] (動) 役に立つ လူမှုရေးမှာလဲလုံးဝသောက်သုံးကျတဲ့ကောင်မဟုတ်ဖူး 社会生活の面でも何の役にも立ちはしない
သောက်သုံးမကျ[tauʔtoun: mətʃa.] (動) 役立たずだ မင်းလောက်သောက်သုံးမကျတဲ့ကောင်ကိုထားလို့အလကား 貴様のような役立たずを置いておいても無駄だ
သိုက်[taiʔ] (名) ①予言 ②隠匿財宝、掘出し物 ③鉱床
သိုက်စာ[taiʔsa] (名) ①未来の予言書 ②財宝の隠し場所を記した文書
သိုက်စာနာ[taiʔsa na] (動) 占う、兆をよむ
သိုက်ဆရာ[taiʔsʼəja] (名) ①予言者 ②隠し財宝に詳しい人
သိုက်တူး:[taiʔ tu:] (動) 隠し財宝を掘り出す
သိုက်တူးသူ[taiʔ tu:du] (名) 隠し財宝の探索者、一攫千金を狙う人
သိုက်လိုက်စာ:[taiʔ laiʔsa:] (動) 宝物探しに没頭する、財宝探しに打込む
သိုက်[taiʔ] (名) ①群、団体、グループ ②巣 ငှက်သိုက် 鳥の巣
သိုက်မြိုက်[taiʔmjaiʔ] (形) 盛大だ
သိုက်မြိုက်စွာ[taiʔmjaiʔswa] (副・文) 盛大に
သိုက်သိုက်မြိုက်မြိုက်[taiʔtaiʔ mjaiʔmjaiʔ] (副) 盛大に、華やかに、賑やかに
သိုက်သိုက်ဝန်:ဝန်:[taiʔtaiʔ wun:wun:] (副) 賑やかに
သိုက်သိုက်ဝန်:ဝန်:ရှိ[taiʔtaiʔwun:wun: ʃi.] (形) 賑やかだ
သိုက်တန်တား:ဝါး:[taiʔtanda: wa:] (植) イネ科ギガントクロア属の竹 Gigantochloa macrostachya

သိုက်ဝါး[ṯaiʔwa:] (植) ビルマタケ（イネ科）の仲間 Bambusa affinis

သိုက်ဝါးကြီး[ṯaiʔwa:dʑi:] (植) ビルマタケ（イネ科）Bambusa burmanica

သိုက်ဝါးဘိုး[ṯaiʔwa:bo:] (植) ①タケ（イネ科）Dendrocalamus brandisii ②竹の1種 Bambusa kingiana

သင့်[ṯin.] (代) 二人称 သင် の斜格形 သင့်ကို 汝を သင့်အား 汝に

သင့်ထိုက်နှင့်သင့်ကံ[ṯin.daiʔnɛ. ṯin.kan] (名) 自業自得

သင့်[ṯin.] (動) ①当る、命中する မြှားသင့်သည်။ 矢に当る လက်နက်သင့်သည်။ 武器が命中する ②中毒する အဆိပ်သင့်သည်။ 毒に当る ③降りかかる、襲う ဘေးဥပဒ်သင့်သည်။ 危険に遭遇する ငှက်ဖျားသင့်သည်။ マラリアに罹る ④適する、効き目がある အဆင်သင့်သည်။ 好都合だ、よい塩梅だ အချိန်သင့်သည်။ 容易万端整っている、丁度よい時間だ ⑤（金額に）達する ⑥性的関係を持つ、夫婦関係にある ထိုမိန်းမနှင့်သင့်၍ရသည်။ その女と関係してできた

သင့်ငွေ[ṯin.ŋwe] (名) 該当金額、相当する額 = ကျငွေ

သင့်တော်[ṯin.tɔ] (形) 相応しい、適切だ

သင့်တင့်[ṯin.tin.] (形) ①親しい、親密だ、仲がよい ②相応しい、好ましい ရုပ်လည်းသင့်တင့်၏။ 容貌が秀でている

သင့်တင့်လျောက်ပတ်[ṯin.tin. jauʔpaʔ] = သင့်တော်

သင့်မသင့်[ṯin. məṯin.] (副) 適切かどうか

သင့်မြတ်[ṯin.mjaʔ] (動) ①親しい、仲がよい、睦まじい ②（男女が）親しくなる、特別な関係になる

သင့်ရုံတန်ရုံ[ṯin.joun tan joun] (副) 程々に、度を超さぬように သင့်ရုံတန်ရုံစားသည်။ 程々に食べる

သင့်လျော်[ṯin.ljɔ] (形) 相応しい、適切だ、似合う လက်ရှိအခြေနေနှင့်မသင့်လျော်ဘူး။ 現状にはそぐわない

သင့်လျော်မှန်မြတ်[ṯin.ljɔ munmjaʔ] (形) 相応しく高貴である、適切で尊い

သင့်လျော်လျောက်ပတ်[ṯin.ljɔ jauʔpaʔ] = သင့်လျော်

သင့်သင့်မျှမျှ[ṯin.tin. mja.mja.] (副) 仲良く

သင့်[din.~ṯin.] (助動) 妥当性、正当性を示す、〜すべきだ မစားသင့်သောအစာ 口にすべきでない食べ物 ဒီနေရာမှာဒီကားတွေမပြောသင့်ဘူး။ ここではそのような話を口にすべきではない ခင်ဗျားဒီလိုတော့မနှောင့်ယှက်သင့်ပါဘူး။ 貴方はそのような妨害をすべき

ではありません နတ်သျှင်နောင်ကိုသစ္စာဖောက်လို့မှတ်သင့်ဘူး။ ナッシンナウン（タウングー朝の王）を裏切り者と見なしてはならない

~သင့်~ထိုက်[din. -daiʔ] = သင့်။ ရသင့်ရထိုက်တဲ့အခွင့်အရေးများ။ 得るべき権利 ရှိသင့်ရှိထိုက်သောစိတ်ထား။ 具えておくべき心構え မဖြစ်သင့်မဖြစ်ထိုက်သောကပ်ကြီးတခု 起きてはならない大災厄 သတင်းဆိုသည်မှာအများပြည်သူသိသင့်သိထိုက်သောဖြစ်ရပ်များဖြစ်သည်။ ニュースというのは国民大衆が知るべき出来事です ရောက်သင့်ရောက်ထိုက်တဲ့နေရာတွေကိုရောက်နိုင်တယ်။ 訪れるべき所を訪れる事ができた မလုပ်သင့်မလုပ်ထိုက်ရာကိုလုပ်မိတာပါ။ してはいけない事を誤まってしてしまったのです

~သင့်~အပ်[~din. ~aʔ] = သင့်။ ရှိသင့်ရှိအပ်သည်။ あるべきだ

သင်[ṯin] (代・文) 二人称、汝、お前

သင်[ṯin] (植) (水辺に生える) 麻（クズウコン科）の一種 Clinogyne dichotomata

သင်ပေါင်း[tinbaun:] (植) ①ロネホ（ウルシ科）Buchanania lancifolia ②フェニックス、マライソテツジュロ Phoenix paludosa

သင်ပေါင်းစာ[tinbaun:sa] (鳥) コシジロキンバラ Lonchura striata

သင်ပေါင်းပိုး[tinbaun:bo:] (名) (フェニックスの新芽を餌にする) サイカブトムシの幼虫

သင်ပေါင်းလျှော[tinbaun:ʃɔ] (植) トウユウナ（アオイ科）の仲間 Thespesia lampas

သင်ပန်း[tinban:] (植) オオハマボウ、ヤマアサ（アオイ科）Hibiscus tiliaceus

သင်ပုန်း[tinboun:] (植) ジタノキ、トバンノキ（キョウチクトウ科）Alstonia scholaris

သင်ဖျာ[tinbja] (名) သင်ဖြူ

သင်ဖြူ[tinbju:] (植) 麻（クズウコン科）の一種 =သင်။ ②その繊維で織った茣蓙

သင်ဖြူခင်း[tinbju: kʼin:] (動) 茣蓙製の茣蓙を敷く

သင်[ṯin] (動) ①習う、学ぶ、学習する အဆိုသင်သည်။ 歌を習う အကသင်သည်။ 踊りを習う ②教える ③取除く、片づける ပေါင်းသင်သည်။ 除草する、草取りをする ④剥く、剥ぐ အခွံသင်သည်။ 皮を剥く

သင်ကြား[tintʃa:] (動) ①学ぶ、勉強する、学習する ②教える

သင်ကြားပို့ချ[tintʃa: po.tʃa.] (動) 講義する

သင်္ခန်းစာ[ṯingan:za] (名) ①課業、授業、教科、授業科目 ②教訓

သင်္ခန်းစာပေး[ṯingan:za pe:] (動) ①教訓を与え

る ②懲らしめる、思い知らせる
သခင်းစာယူ[tingan:za ju] (動) 教訓とする
သင်ခန်းစာ[tingan:za] ＝သခင်းစာ
သင်ခမ်းစာ[tingan:za] ＝သခင်းစာ
သင်တန်း[tindan:] (名) ①学級、クラス ②研修会、講習会
သင်တန်းကျောင်း[tindan:tʃaun:] (名) 研修所、訓練所
သင်တန်းကျောင်းသား[tindan: tʃaun:da:] (名) 受講生、研修生、訓練生
သင်တန်းဆင်း[tindan: s'in:] (動) 研修を終える
သင်တန်းဆင်းပွဲ[tindan: s'in:bwɛ:] (名) 修了式
သင်တန်းဆင်းလက်မှတ်[tindan:zin lɛʔmaʔ] (名) 修了証書
သင်တန်းတက်[tindan: tɛʔ] (動) 受講する、研修に出席する
သင်တန်းသား[tindan:da:] (名) 受講生
သင်တန်းသူသင်တန်းသား[tindan:du tindan:da:] (名) ＝သင်တန်းသား
သင်ပေး[tinpe:] (動) 教える အကသင်ပေးသည်။ 踊りを教える အဆိုသင်ပေးသည်။ 歌を教える
သင်ပုန်း[tinboun:] (名) ①黒板 ②石板、スレート
သင်ပုန်းကျောက်[tinboun: tʃauʔ] (鉱) 粘板岩
သင်ပုန်းကြီး[tinboun:dʒi:] (名) ①ビルマ文字の基礎、ビルマ文字の初歩、ビルマ文字のイロハ ②文字練習用の木板、石板、スレート
သင်ပုန်းကြီးလေးဆယ်[tinboun:dʒi: le:zɛ] (名) ビルマ文字の基本文字に各種の符号 (ရေး၊ချ၊ လုံးတင်၊ သေးသေးတင်၊ ချောင်းငင်၊ အပင့်အရစ်၊ ဟထိုး၊ အသတ် 等) を加えたもの
သင်ပုန်းခေါင်း[tinboun:gaun:] (名) 黒板の上部、スレートの上部
သင်ပုန်းချေ[tinboun: tʃe] (動) ①木板やスレートを水洗後再び黒く塗る、石板、スレートを再使用する ②(債務、刑罰等を) 帳消しにする、全てを洗い流す、赦す、赦免する
သင်ပုန်းချေလွတ်ငြိမ်းခွင့်[tinboun: tʃe luʔɲein gwin.] (名) 恩赦
သင်ပုန်းဖျက်[tinboun: p'jɛʔ] (名) 黒板拭き
သင်ပြ[tinpja.] (動) 教える、示す
သင်ပြလေ့ကျင့်[tinpja. le.tʃin.] (動) 教え練習させる、訓練する
သင်ယူ[tin ju] (動) 学び取る、学習する
သင်ရိုး[tin jo:] (名) 基礎過程
သင်ရိုးညွှန်းတမ်း[tin jo: ɲun:dan:] (名) 履修科目、教科課程、カリキュラム
သင်ရိုးမာတိကာ[tin jo: mati.ka] (名) 講義一覧、講義項目表、シラバス
သင်ရိုးသင်စဉ်[tin jo: tinzin] (名) 伝統的教え、伝統的学習
သင်အံလေ့ကျက်[tin an le.tʃɛʔ] (動) 研修する、学習する
သင်္ကာ[tinga] (名) 疑い、嫌疑、容疑 ＜パ Saṅkā မယုံသင်္ကာမှု 嫌疑、不審
သင်္ကာကင်း[tinga kin:] (動) 疑いが晴れる、容疑が消える
သင်္ကာမကင်း[tinga məkin:] (副) 怪しくて、疑わしくて、疑惑が晴れずに
သင်္ကာမကင်းရှိ[tinga məkin: ʃi.] (形) 疑いが晴れない、疑惑が残る
သင်္ကာယနာ[tʃingajəna.] (名) 疑い、疑惑
သင်္ကာရှင်း[tʃinga ʃin:] (動) 疑いが晴れる
သင်္ကေတ[tinketa.] (名) 記号、符号、マーク ＜パ Saṅketa
သင်္ကေတသချာင်္[tinketa. tintʃa] (名) 代用数字 (မေရု＝弥弥山、一つしかないから＝1、ပါ3＝足 2本あるから＝2) 等
သင်္ကန်း[tingan:] (植) ロックダマール、メラワン (フタバガキ科) Hopea odorata
သင်္ကန်းကျောက်[tingan:tʃauʔ] (植) ホペア (フタバガキ科) の仲間 Hopea helferi
သင်္ကန်းနက်[tingan:nɛʔ] ＝သင်္ကန်းကျောက်
သင်္ကန်း[tingan:] (名) (出家が身にまとう) 袈裟、三衣
သင်္ကန်းကြီး[tingan:dʒi:] (名) 大衣、複衣
သင်္ကန်းဆီ[tingan: s'i:] (動) 仏門に入る、僧侶集団に参加する、出家集団に加わる
သင်္ကန်းဖူ[tingan: p'uʔ] (鳥) 鷲の仲間 Ardea siberica
သင်္ကန်းရန်း[tingan: jan:] (動) 袈裟を身につける (寺院内にいる時の着用の仕方)
သင်္ကန်းရုံ[tingan: joun] (動) 袈裟で身を包む (両肩共覆う)
သင်္ကန်းဝတ်[tingan: wuʔ] (動) 仏門に入る (袈裟を着用する)
သင်္ကန်းသုံးထည်[tingan: toun:dɛ] (名) 袈裟、三衣 (ဒုကုဋ် 大衣 ကိုယ်ဝတ် (စကပ်) 上衣、七条 သင်းပိုင် 安陀衣、五条
သင်္ကြန်[dədʒan~tin.dʒan] (名) ①ビルマ暦の大晦日から元日 (古い年から新年) への移り変り ②大晦日3日間催される水祭り (それが明けると元日)

သင်္ကြန်ကိုင်း[d̪əɟaŋɡainː] (植) ワセオバナ（イネ科）の仲間 Saccharum fuscum
သင်္ကြန်ကျ[d̪əɟan tʃa.] (動) 古い年から新年へ移る、ビルマ暦の大晦日になる、水祭りが始まる
သင်္ကြန်ကျချိန်[d̪əɟan tʃa.dʑein] (名) 古い年から新年へ移り変る時刻（太陽が牡羊座に入った時）
သင်္ကြန်စာ[d̪əɟanza] (名) ①古い年から新年への移りを変りを告げ、新しい年の出来事を予測した文書
သင်္ကြန်တော်ခေါ်[d̪əɟandɔ kɔ] (動) ビルマ暦の正月を祝う、水祭りを挙行する
သင်္ကြန်တက်[d̪əɟan tɛʔ] (動) 大晦日が終る、水祭りが終る
သင်္ကြန်ထမင်း[d̪əɟan tʼəminː] (名) 新年を迎えるために用意された飯（米を水に浸しておいて炊く）
သင်္ကြန်ပန်း[d̪əɟan panː] (名) ビルマ暦新年の7日間、各曜日毎に供える7種の花
သင်္ကြန်ပွဲ[d̪əɟanbwɛː] (名) 水祭り
သင်္ကြန်ရေ[d̪əɟan je] (名) 水祭りの間人々に掛けられる水
သင်္ကြန်ရေသဘင်ပွဲတော်[d̪əɟan jed̪əbinpwɛːdɔ] (名)（大晦日3日間催される）水祭り
သင်္ကြန်ရက်[d̪əɟan jɛʔ] (名) ビルマ暦の大晦日
သင်္ကြန်အကျနေ့[d̪əɟan ətʃa.neʔ] (名) 水祭りの最初の日
သင်္ကြန်အကြိုနေ့[d̪əɟan ətʃone.] (名) 水祭りの前日
သင်္ကြန်အကြတ်နေ့[d̪əɟan ətʃaʔneʔ] (名) 水祭りの2日目
သင်္ကြန်အတက်နေ့[d̪əɟan ətɛʔneʔ] (名) 水祭りの3日目（大晦日、元日の前日）
သခံပူပွိ[tinkʼa.pu.zaʔpʼi.] (植) アサガオカラクサ（ヒルガオ科）Evolvulus alsinoides
သင်္ခါရ[tinkʼaja] (名) 行、不定、無常 ＜パ Saṅkhāra ပစ္စည်းသင်္ခါရ 財の移ろい易さ လူသင်္ခါရ 人の移ろい易さ ခပ်သိမ်းကုန်သောသင်္ခါရတို့သည်အမြဲမရှိကုန်॥ 諸々の行は、不変ではあり得ない
သင်္ခါရတရား[tinkʼaja təjaː] (名) 行、諸行無常
သင်္ခါရလောက[tinkʼja. lɔːka.] (名) 諸行無常の世界、生成消滅の世界
သင်္ခါရသဘော[tinkʼja. d̪əbɔː] (名) 諸行無常の理 သက်ရှိသက်မဲ့အားလုံးတို့သည်သင်္ခါရသဘောကိုမလွန်ဆန်နိုင်ကြ॥ 命あるもの、ないもの、その全てが諸行無常の理に背く事はできない
သခမ်း[tinkʼanː] (名) 庵、草庵 ကျောင်းသခမ်း 寺庵 ရသေ့သခမ်း 行者の庵、修験者の庵
သင်္ချာ[tintʃa] (名) ①算数、数学 ②数 ＜パ Saṅkhyā

သင်္ချာဂဏန်း[tintʃa gənanː] (名) 数、数字
သင်္ချာတွက်[tintʃa twɛʔ] (動) 計算する
သင်္ချာပြစည်း[tintʃa pjiʔsiː] (名) 助数詞 例 ကျောင်းသားတယောက် 学生1人 နွားတကောင် 牛1頭 မာလကာသီးတလုံး バンジロウ1個
သင်္ချာပညာရှင်[tintʃa pinɲaʃin] (名) 数学者
သင်္ချေ[tintʃe] (名) 阿僧祇、無数 ＝အသင်္ချေ
သင်္ဂဟ[tiŋɡəha.] (名) 友＜パ Saṅgaha ＝မိတ်ဆွေ
သင်္ဂဟတရားလေးပါး[tiŋɡəha. təja: leːbaː] (名) 優れた4種の社会的行為（慈善、親切、善意、同情）
သင်္ဂါယနာ[tiŋɡajəna] (名) 宗教会議、（仏典の）結集 ＜パ Saṅgāyanā
သင်္ဂါယနာတင်[tiŋɡajəna tin] (動) 仏典結集を行う
သံဃာ[tiŋɡa] (名)（釈尊の教えを信奉し実践する人々の）教団、僧侶集団、出家集団 ＜パ Saṅgha
သံဃာတော်[tiŋɡadɔ] (名) ①出家集団 ②出家
သင်တိုင်း[tindainː] (名) 貫頭衣
သင်တိုင်းဝတ်[tindain: wuʔ] (動) 貫頭衣を着る
သင်တုန်း[tindounː] (名) 剃刀
သင်တုန်းဓား[tindoun:da:] (名) ＝သင်တုန်း
သင်ပုဒ်[tinbouʔ] (名)（仏像に供える）米飯、斎飯
သင်ပုဒ်ဆီမီး[tinbouʔ sʼimiː] (名)（仏像に供える）斎飯や灯明
သင်ပုဒ်ပုလင်[tinbouʔ pəlin] (名) お供え物の台
သင်း[dinː] (代) 三人称 ①彼 ②あれ、あの物=3င်း
သင်းတို့[din:do.] (代名) ①三人称、彼等、奴等、奴さん達 ②二人称、お前達、お前等、汝等=3င်းတို့ သင်းတို့ကြ 奴等の考え、奴等の企み
သင်းတိုက်သင်းကံ[dinːdaiʔ dinːkan] (名) 自業自得
သင်း[tinː] (名) 群、グループ ＜အသင်း
သင်းကွဲ[tin:gwɛ] (動) はぐれ者、群からの脱落者、単独行動者
သင်းခွဲ[tin: kʼwɛː] (動) 派閥割れする、仲間割れする
သင်းပင်း[tin:bin:] (動) 仲間
သင်းပင်းဖွဲ့[tin:bin: pʼwɛ.] (動) 仲間を組む、徒党を組む
သင်း[tin] ① (形) 香ばしい、香りがいい、馥郁と香る မြေ့သင်းသည် ॥ 土の匂いがする ② (動) 焼く、焦がす
သင်းပျံ့[tin:pjan.] (動) 芳香を放つ、香気を発する、馥郁と香る

သင်း:သင်း:ပျံ့ ပျံ့ [tin:din: pjan.bjan.] (副) 馥郁と

သင်း[tin:] (動) 去勢する

သင်းကု[tin:ku˻] ＝သင်း

သင်းသတ်[tin:ta˻] (動) （伐採前に木を枯らす為に) 樹皮を環状に剥ぎ取る

သင်းကတူ[tin:gədu:] (植) ゲルツ、ヴァチカラワン（フタバガキ科) Parashorea stellata

သက်ဒူ[tin:gədu:] →သင်းကတူ

သင်းကျစ်[tin:dʑi˻] (名) （国王の額に飾る黄金の) 額帯 cf. သရဖူ

သင်္ချိုင်း[tin:dʑain:] (名) 墓、墳墓

သင်္ချိုင်းကုန်း[tin:dʑain:goun:] (名) 墓場、墓地

သင်းနွေချော်[tin:gwedʑa˻] (動物) センザンコウ、ジャワセンザンコウ、ミミセンザンコウ（センザンコウ科) Manis pentadactyla

သင်္ဂြိုဟ်[tin:dʑo] (動) ①埋葬する မီးသင်္ဂြိုဟ်သည်။ 火葬する ②援助する、扶助する လုပ်ကျွေးသင်္ဂြိုဟ်သည် 扶養する ③ (名) 摂（論蔵の基本書) ＜パSaṅgaha

သင်္ဂြိုဟ်ကိုးပိုင်း[tin:dʑo ko:bain:] (名) 仏教の九部、九分教、阿含経

သင်္ဂြိုဟ်ဖုတ်ကြည့်[tin:dʑo p'ou˻tʃi:] (動) 火葬する、荼毘にふす

သင်းထောက်ဥ[tin:dau˻ u.] (植) クズイモ（ヤマノイモ科) Dioscorea decipiens

သင်းပိုင်[tin:bain] (名) 内衣、七条、安陀衣 ＜モ

သင်္ဘော[tin:bɔ:] (名) ①船、船舶 ② (植) パパイヤ、モクカ（パパイヤ科) Carica papaya ＜サ

သင်္ဘောကနန်ခို[tin:bɔ: kənək'o] (植) アカバヤトロパ（トウダイグサ科) Jatropa gossypifolia

သင်္ဘောကုက္ကို[tin:bɔ: kou˻ko] (植) アメリカネム（ネムノキ科) Enterolobium saman

သင်္ဘောကျင်း[tin:bɔ:dʑin:] (名) 造船所、（船の）ドック

သင်္ဘောကြက်သွန်[tin:bɔ: tʃɛ˻tun] (植) タマネギ →ကြက်သွန်

သင်္ဘောကြမ်း[tin:bɔ:dʑan:] (名) ①船の甲板、デッキ ②天井裏、屋根裏

သင်္ဘောခံ[tin:bɔ: k'an] (植) カリッサ（キョウチクトウ科) Carissa carandas

သင်္ဘောချက်[tin:bɔ:dʑɛ˻] (星) 小犬座

သင်္ဘောခွေး[tin:bɔ:gwe:] (名) 西洋犬

သင်္ဘောငရုတ်[tin:bɔ: ŋəjou˻] (植) シシトウガラシ、ピーマン（ナス科) Capsicum grossum

သင်္ဘောစိတ္တာ[tin:bɔ: zəga:] (植) インドソケイ、トガリバソケイ（キョウチクトウ科) Plumeria acutifolia

သင်္ဘောဆီ[tin:bɔ: zi:bju] (植) アメダマノキ、チェルマイ（トウダイグサ科) Phyllanthus distichus

သင်္ဘောဆေး[tin:bɔ:ze:] (名) 塗料、顔料、ペイント、ペンキ

သင်္ဘောဆေးခါး[tin:bɔ: s'e:ga:dʑi:] (植) チレッタセンブリ（リンドウ科) Swertia chirata

သင်္ဘောဆင်း[tin:bɔ: s'in:] (動) 乗船する

သင်္ဘောဆိပ်[tin:bɔ:zei˻] (名) 桟橋、埠頭、港

သင်္ဘောဆိပ်မြို့[tin:bɔ: zei˻mjo.] (名) 港町

သင်္ဘောဇလပ်[tin:bɔ: zəla˻] (植) ①マダガスカルシタキソウ（ガガイモ科) Stephanotis floribunda ②キョウチクトウ科の植物 Kopsia fruticosa

သင်္ဘောတမာ[tin:bɔ: təma] (植) センダン、インドセンダン（センダン科) Melia azadarach

သင်္ဘောတည်[tin:bɔ: tɛ] (植) ナガバキダチオウソウカ（バンレイシ科) Polyalthia longifolia

သင်္ဘောထနောင်း[tin:bɔ: t'ənaun:] (植) モデスタアカシア（ネムノキ科) Acacia modesta

သင်္ဘောထွက်[tin:bɔ: t'wɛ˻] (動) 出航する

သင်္ဘောနာနတ်[tin:bɔ: nana˻] (植) サイザルアサ（リュウゼツラン科) Agave sisalana

သင်္ဘောနာနတ်ကြီး[tin:bɔ: nana˻tʃi:] (植) モーリシャスアサ、フルクレサイザル（ヒガンバナ科) Agave vera-cruz Furcraea gigantea

သင်္ဘောနွယ်ချို[tin:bɔ: nwɛdʑo] (植) カンゾウ（マメ科) Glycyrrhiza glabra

သင်္ဘောပင်[tin:bɔ:bin] (名) パパイヤの木

သင်္ဘောပဲ[tin:bɔ:bɛ:] (星) 大犬座

သင်္ဘောဗူး[tin:bɔ:bu:] (植) カザリウリ（ウリ科) Cucurbia ovifera

သင်္ဘောမညှို့ပန်း[tin:bɔ:məɲo:ban:] (植) ニチニチソウ（キョウチクトウ科) Lochnera rosea

သင်္ဘောမဆလီ[tin:bɔ: mɛ:zəli] (植) ハネミセンナ（ジャケツイバラ科) Cassia alata

သင်္ဘောမန်ကျည်း[tin:bɔ: mədʑi:] (植) キンキジュ（ネムノキ科) Pithecellobium dulce

သင်္ဘောရေကြက်[tin:bɔ: jedʑɛ˻] (鳥) オオバン（クイナ科) Fulica atra

သင်္ဘောလက်ပံ[tin:bɔ: lɛ˻pan] (植) インドワタノキ、カポック（パンヤ科) Eriodendron

anfractuosum
သင်္ဘောလမ်း[tin:bɔ: lan:] (名) 航路
သင်္ဘောဝါ[tin:bɔ: wa] (植) カイトウメン (アオイ科)
သင်္ဘောသဖန်း[tin:bɔ: təp'an:] (植) イチジク (クワ科) Ficus carica
သင်္ဘောသား[tin:bɔ:da:] (名) 船員、船乗り
သင်္ဘောသီး[tin:bɔ:di:] (名) パパイヤの実、木瓜
သင်္ဘောသစ်ကြံပိုး[tin:bɔ: ti'dʒəbo:] (植) シナニッケイ、トンキンニッケイ (クスノキ科) Sinnamomum cassia
သင်္ဘောအသွားအလာ[tin:bɔ: ətwa: əla] (名) 船の往来
သင်္ဘောအာဒါလုပ်[tin:bɔ: adalu'] (植) クズウコン、ニシインドアロールート (クズウコン科) Maranta arundinacea
သင်္ဘောဥသြဲသံ[tin:bɔ: ou'ɔ:dan] (名) 汽笛、船の警笛
သင်္ဘောဦး[tin:bɔ:u:] (星) 双子座
သင်္ဘောဩဇာ[tin:bɔ: ɔ:za] (植) ギュウシンリ (バンレイシ科) Annona reticulata
သင်းမှူး[tin:mu:] (名) (王朝時代の) 元老院勤務の役人の監督
သင်းဝင်[tin:win] (植) ムラサキタガヤサン (マメ科) Millettia pendula
သင်းဝင်ဖြူ[tin:winbju] (植) クロヨナ、ゴヨウフジ (マメ科) Pongamia pinnnata
သောင်[taun] (名) 砂浜、砂洲、砂丘
သောင်နုန်း[taungoun] (名) 砂洲、浅瀬
သောင်တင်[taun tin] (動) ①座礁する、浅瀬に乗上げる ②居着く、居残る、残留する、居候する ③宙に浮く、棚上げされる、凍結される
သောင်တင်ခြင်းခံရ[taun tindʒin: k'an ja.] (動) 座礁する、浅瀬に打ち寄せられる
သောင်တင်း[tauntin:] (鳥) ヒメツバメチドリ (ツバメチドリ科) Glareola lactea
သောင်တိမ်[taundein] (名) 浅瀬
သောင်ပြင်[taunbjin] (名) 砂浜
သောင်တမင်ရေမကျဖြစ်[taun mətin je mətʃa p'ji'] (動) どっちつかずだ、決定的でない
သောင်း[taun:] (数) 万
သောင်းချောက်ထောင်[taun: tʃ'aut'aun] (名) 無数、無限 ပန်းနာရင်ကျပ်ဖြစ်စေသောအကြောင်းမှာ သောင်းချောက်ထောင်ရှိသည် ။ 喘息の原因は無数にある
သောင်းနှင့်ချီ[taun:nɛ. tʃ'i] (動) 一万に達する
သောင်းပြောင်း[taun:bjaun:] (名) あれこれ、各種、多種多様、寄せ集め
သောင်းပြောင်းထွေလာ[taun:bjaun: t'wela] (名) 寄せ集め、雑多な集まり、ごっちゃ、一緒くた、森羅万象
သောင်းသောင်း[taun:daun:] (副) がやがやと、わいわいと、騒然と
သောင်းသောင်းဖြဖြ[taun:daun: p'ja.bja.] (副) ①騒然となって ②一致して、一丸となって
သောင်းသောင်းအုတ်အုတ်[taun:daun: ou'ou'] (副) 騒然と、騒々しく
သောင်းကျန်း[taun:dʒan] (動) ①背く、反乱を起す、蜂起する ②狂暴だ、手に負えない、始末に負えない ကြွက်များသောင်းကျန်းသည် ။ 鼠が跳梁する ကျားဆိုတကောင်သောင်းကျန်းသည် ။ 1頭の虎が狂暴だ
သောင်းကျန်းသူ[taun:dʒan:du] (名) 叛徒
သိုင်း[tain:] ① (動) 襷掛けにする ဓလွယ်သိုင်းသည် ။ (王朝時代国王授与の) 綬を肩から斜めに吊る လုံချည်ကိုခွင်းသိုင်းသည် ။ ロンジーを引上げて片方の肩に掛ける ② (名) ビルマ式剣術、フェンシング ③ (名) (国王外出の際に先導する役人が携えていた釣竿に類似した) 道具
သိုင်းကစား[tain: gəza:] (動) 刀を振回す、
သိုင်းကား[tain: ka:] (名) ちゃんばら映画
သိုင်းကျိုး[tain:dʒo:] (名) 襷
သိုင်းကြိမ်[tain:dʒein] (植) タチトウ (ヤシ科) Calamus erectus
သိုင်းခုတ်[tain: k'ou'] (動) 剣闘をする、斬り合いをする
သိုင်းချ[tain:tʃoun] (動) 斜めに掛ける、襷掛けにする
သစ်[ti'] ① (動) (顔を) 洗う မျက်နှာသစ်သည် ။ 洗顔する ② (形) 新しい အမိုးသစ် 新しい屋根 မိတ်ဆွေသစ် 新しい友達
သစ်ဆန်း[ti's'an:] (形) 新奇だ
သစ်လွင်[ti'lwin] (形) 新しい、新鮮だ မောင်မယ်သစ်လွင် 新入生、新入学生
သစ်သစ်[ti'ti'] (副・古) 余す所なく、悉く
သစ်သစ်လွင်လွင်[ti'ti' lwinlwin] (副) 新しく、新鮮で
သစ်[di'-ti'] (名) 長さの単位、指1本の幅 လက်လေးသစ် 指4本分の幅 ဆံပင်လေးသစ် 指4本分ある髪
သစ်[ti'] (動物) 豹 =ကျားသစ်
သစ်ကုလား အုပ်[ti' kələou'] (動物) キリン
သစ်ကျွတ်[ti'tʃou'] (動物) チーター
သစ်ကြောင်[ti'tʃaun] (動物) ウンピョウ (ネコ

သစ်ကြုံတ်

科)の仲間 Neofelis gray
သစ်ကြုံတ်[tḭʔtʃouʔ]（動物）ベンガルヤマネコ（ネコ科）Felis bengalensis
သစ်နက်[tḭʔnɛʔ]（動物）ヒョウ（ネコ科）Panthera pardus
သစ်ဝံ[tḭʔwun]（動物）ナマケグマ（クマ科）Melursus ursinus
သစ်[tḭʔ]（名）木、材木、丸太
သစ်ကတိုး[tḭʔ gədo:]（植）インドチャンチン（センダン科）Cedrela toona
သစ်ကိုင်း[tḭʔkain:]（名）木の枝、大枝 cf.သစ်ခက်
သစ်ကိုင်းခြောက်[tḭʔkain:tʃʰauʔ]（名）枯れ枝
သစ်ကျား[tḭʔtʃa:] ＝သစ်ကျား:သီး
သစ်ကျားသီး[tḭʔtʃʰa.di:]（植）クルミ、テウチグクルミ、ペルシアグルミ（クルミ科）Juglans regia
သစ်ကျောက်နွယ်[tḭʔ tʃauʔnwɛ]（植）マルミノチチカツラ（キョウチクトウ科）Willoughbeia edulis
သစ်ကြုံပို့[tḭʔ tɕəbo:]（植）セイロンニッケイ（クスノキ科）Cinnamomum cassia
သစ်ခါ:[tḭʔkʰa:]（植）ビルママホガニー（シナノキ科）Pentacme burmanica
သစ်ခက်[tḭʔkʰɛʔ]（名）木の枝、小枝 cf.သစ်ကိုင်း
သစ်ခေါက်[tḭʔkʰauʔ]（名）樹皮
သစ်ခေါင်း[tḭʔgaun:]（名）木の洞（うろ）、空洞
သစ်ခုတ်သမား:[tḭʔkʰouʔtəma:]（名）樵（きこり）
သစ်ချရည်:[tḭʔtʃʰa.di]（植）コナラ（ブナ科）の仲間 cf. သစ်အယ်သီး
သစ်ချရည်:ညို[tḭʔtʃʰa.di:ɲo]（植）コナラ（ブナ科）の仲間 Quercus incana
သစ်ချို[tḭʔtʃʰo]（植）アカテツ科の木 Sideroxylon tomentosum
သစ်ခပန်:[tḭʔkʰwa.ban:]（名）蘭、蘭の花
သစ်ခွဲ[tḭʔ kʰwɛ:]（動）製材する、丸太を板材にする
သစ်ခွဲသား:[tḭʔkʰwɛ:da:]（名）製材 cf・သစ်လုံ:
သစ်ငုတ်[tḭʔŋouʔ]（名）木の切り株
သစ်ငုတ်တို[tḭʔŋouʔto] ＝သစ်ငုတ်
သစ်ဆေး:[siʔsi:~tḭʔsi:]（植）ビルマウルシ（ウルシ科）Melanorrhoea usitata
သဆေး:[siʔsi:~tḭʔsi:] ＝သစ်ဆေး
သစ်ဆေးကော်:[siʔsi: kauʔ]（動）漆を採取する
သစ်ဆေးကိုင်[siʔsi: kain]（動）漆を塗る
သစ်ဆေးဝဲ[siʔsi: tʼo:]（動）樹脂を採取する
သစ်ဆေးဖို[siʔsi:bo]（植）①インドウミソヤ（ウル

シ科）Buchanania lanzan ②スミウルシ（ウルシ科）Semicarpus anacardium
သစ်ဆေးသကြား:လုံ:[siʔsi: dədʑa:loun:]（名）チューインガム
သစ်စက်[tḭʔsɛʔ]（名）製材所
သစ်စိမ်:[tḭʔsein:]（名）新材、新しい木材
သစ်စိမ်:ချို:[tḭʔsein:tɕʰo: tʃʰo:]（動）冷たくあしらう、冷淡に振舞う、邪険にする、突然絶交する
သစ်ဆည်း:လည်:[tḭʔ sʼwɛ:lɛ:]（植）フジバシデ（クルミ科）Engelhardia spicata
သစ်ဆိမ့်[tḭʔsʼein.]（植）セイタカミロバラン（シクンシ科）Terminalia belerica
သစ်ဆေး:မီ:သွေး:[tḭʔsʼwɛ: mi:dwe:]（名）泥炭
သစ်တပင်ကောင်း:၁၇က်တသောင်:ခုရ။（格）寄らば大樹の陰（よい木が1本あれば、鳥1万羽が休める）
သစ်တာ[tḭʔta]（名）箱 ＝သေတ္တာ
သစ်တော်သီး:[tḭʔto.di:] ＝သစ်တော်သီး
သစ်တော်သီး:[tḭʔtodi:]（植）ナシ、セイヨウナシ（バラ科）Pyrus communis
သစ်တော[tḭʔto:]（名）森、林、森林
သစ်တောထွက်ပစ္စည်း:[tḭʔto:dwɛʔ pjiʔsi:]（名）林産品
သစ်တောရေး:[tḭʔto:je:]（名）林業問題
သစ်တောရေးရာဝန်ကြီး:ဌာန[tḭʔto:je:je wundʑi: tʼana.]（名）林野省（1999年現在）
သစ်တို[tḭʔto]（植）サントール、ケチャペ（センダン科）Sandoricum koetjape 果実は食用
သစ်တောက်ကုပ်ဝါ[tḭʔtauʔ gouʔwa]（鳥）キエリアオゲラ Picus flavinucha
သစ်တောက်ကျား:[tḭʔtauʔtʃa:]（鳥）セグロコゲラ Picoides nanus
သစ်တောက်ငှက်[tḭʔtauʔŋɛʔ]（鳥）キツツキ
သစ်တောက်ငှက်ပု[tḭʔtauʔŋɛʔpu.]（鳥）コゲラ
သစ်တောက်နက်[tḭʔtauʔnɛʔ]（鳥）クマゲラ
သစ်တပ်[tḭʔtaʔ]（名）木柵で囲まれた砦
သစ်တုံ:[tḭʔtoun:]（名）丸太 ＝သစ်လုံ:
သစ်ထုတ်[tḭʔ tʼouʔ]（動）木を切り出す
သစ်ထွင်:ကား:[tḭʔtʼwin: ka:]（名）木版画
သစ်ထွင်:ပန်:ချီ[tḭʔtʼwin: bədʑi:]（名）木版画
သစ်နန်:[tḭʔ sʼənwin:]（植）コロンボモドキ（ツヅラフジ科）Coscinium fenestgratum
သစ်နပ်:[tḭʔ nəpʼa:]（名）材木を牽引する為の穴
သစ်နီ[tḭʔni]（植）アモラギ（センダン科）Amoora rohituka
သစ်နက်[tḭʔnɛʔ]（植）シタン、マルバシタン（マメ科）Dalbergia latifolia

သစ်နံကိုင်း[ti' nangain:] (植) ヨモギ (キク科) の仲間 Artemisia parviflora
သစ်ပက်န်[ti' pəlwe] (植) 硬木 (マメ科) の一種 Dalbergia lanceolaria
သစ်ပလေ့[ti' pəlwe] (植) 有棘植物 (ニガキ科) の一種 Balanites triflora
သစ်ပိုး[ti'po:] (虫) 甲虫の一種、落葉の下にいる
သစ်ပင်[ti'pin] (名) 木、樹木
သစ်ပင်ခွ[ti'pin gwa.] (名) 木の叉
သစ်ပင်စိုက်[ti'pin sai'] (動) 木を植える、植樹する
သစ်ပင်စိုက်ပွဲ[ti'pin sai'pjo:bwɛ:] (名) 植樹祭
သစ်ပင်မြွေ[ti'pin mwe] (蛇) 樹上性の蛇 Thplops porrectus
သစ်ပင်ရိပ်[ti'pin jei'] (名) 木陰
သစ်ပုပ်[ti'pou'] (植) ①シズイボク、ニルギリエルム (ニレ科) Celtis tetranda ②ヒルギカズラ (マメ科) の仲間 Dalbergia kurzii
သစ်ပြောက်[ti'pjau'] (植) シラキ (トウダイグサ科) の仲間 Sapium insigne
သစ်ဖယောင်း[ti' p'əjaun:] (植) アカネ科の一種 Neonauclea excelsa
သစ်ဖု[ti'p'u.] (名) 木の瘤、木の節
သစ်ဖောက်ပိုး[ti'p'au'po:] (虫) キクイムシ
သစ်ဖြူ[ti'p'ju] (植) ①タイワンネム (ネムノキ科) Albizzia procera ②=သစ်မန်ကျည်း
သစ်ဖွဲ[ti'p'wɛ:] (植) インドオリーブ、タマゴホルトノキ (ホルトノキ科) Elaeocarpus floribundus
သစ်ဗမန္တခင်စပ်ကြာ:ၤၢ်ၤပေါင်းကုပ်။ (格) 一時の間に合せ、方便 (木が手に入るなら竹で穴かがりをせよ)
သစ်မအီး[ti' məi:] (植) スリアンパワン (センダン科) Cedrela serrata
သစ်မာ[ti'ma] (名) 硬木
သစ်မင်းဗို[ti'min:bo] (植) トガリバマキ、ヤママキ (マキ科) Podocarpus neriifolius
သစ်မင်းမ[ti'min:ma.] (植) オオバナギ、ヒロバナギ (マキ科) Podocarpus wallichianus
သစ်မည်စည်[ti'mɛzɛ] (植) 硬木の1種 Bassia longifolia
သစ်မန်ကျည်း[ti' məʤi:] (植) ニオイネムノキ (ネムノキ科) Albizzia odoratissima
သစ်မျက်[ti'mjɛ'] (名) 木の節、用材の節
သစ်မြစ်[ti'mji'] (名) 木の根
သစ်မွေး[ti'mwe:] (植) ジンコウ、キャラ (ジンチョウゲ科) Aquilaria agallocha =အကျော်

သစ်ယာ[ti'ja] (植) バラウ、ヤカール (フタバガキ科) Shorea obtusa
သစ်ရာ[ti'ja] (植) ①イジュ、コウボクカ (ツバキ科) Schima wallichii ②=သစ်ယာ
သစ်ရာဖြူ[ti'jabju] (植) ヒメツバキ (ツバキ科) Schima noronhae
သစ်ရွက်[ti'jwɛ'] (名) 木の葉
သစ်ရွက်ကြွေ[ti'jwɛ' tʃwe] (動) 落葉する、木の葉が落ちる
သစ်ရွက်ခြောက်[ti'jwɛ'tʃau'] (名) 枯葉
သစ်ရွက်ပုပ်[ti'jwɛ'pou'] (名) 朽ちた葉
သစ်ရွက်သစ်ခက်[ti'jwɛ' tik'ɛ'] (名) 木の葉、木の枝
သစ်ရှီ[ti'do] (植) ペンタクメ (シナノキ科) の1種 Pentacme griffithii
သစ်လုံး[ti'loun:] (名) 丸太 cf. သစ်ခဲ့သား
သစ်သား:[ti'ta:] (名) 材木
သစ်သားတန်[ti'ta:dan:] (名) 木の柵
သစ်သားပြား[ti'ta:bja:] (名) 板、木板
သစ်သားသေနတ်[ti'ta: təna'] (名) 木銃
သစ်သီး[ti'ti:] (名) 果実、果物
သစ်သီးကိတ်မုန်[ti'ti: kei'moun.] (名) フルーツ・ケーキ
သစ်သီးဝလံ[ti'ti:wəlan] (名) 果物
သစ်သောသီး[ti'to.di:] =သစ်တော်သီး: 梨
သစ်သင်းသတ်[ti'tin: ta'] (動) (伐採する前に) 木の根元の樹皮を環状に剥ぎ取る
သစ်ဥ[ti'u.] (名) 木の根、塊根、根茎
သစ်ဥသစ်ဖု[ti'u. ti'p'u.] (名) 塊茎、球茎
သစ်အူ[ti'u] (名) 木の芯、木の髄
သစ်အယ်[ti'ɛ] (植) ①ホソバクリカシ (ブナ科) Castanopsis indica ②ヒシグリ (ブナ科) Castanopsis tgribuloides
သစ်အယ်ပန်း[ti'ɛban:] (植) コナラ (ブナ科) の仲間 Quercus polystachya
သစ္စာ[ti'sa] (名) ①忠実、忠誠、忠義 သစ္စာရှိသည်။ 忠実だ、誠実だ ②誓い、願、誓願 သစ္စာဆိုသည်။ 忠誠を誓う ③真実、真諦 ＜パ Sacca
သစ္စာကတိ[ti'sa gədi.] (名) 約束、誓約
သစ္စာခံ[ti'sa k'an] ①(動) 服従する、臣従する、忠誠を誓う ②[ti'səgan] (名) 従臣、従僕
သစ္စာခံစေ[ti'sa k'anze] (動) 服従させる、臣従させる
သစ္စာခံသောက်[ti'səgan tau'] (動) 忠誠の水を飲む、臣従を誓う

သစ္စာစကား[ti̠ʔsa zəga:] (名) 誓い、誓約
သစ္စာစကားဆို[ti̠ʔsa zəga: sʼo] (動) 誓いの言葉を述べる、宣誓する
သစ္စာစောင့်[ti̠ʔsa saun.] (動) ①忠実だ、誠実だ ②貞節だ、貞淑だ、操を守る
သစ္စာဆို[ti̠ʔsa sʼo] (動) =သစ္စာစကားဆို
သစ္စာတော်ခံ[ti̠ʔsadɔ kʼan] (動) 忠誠を誓う
သစ္စာတော်ပေး[ti̠ʔsadɔ pe:] (動) 国王が従臣に忠節を誓わせる、臣下の者を信任する
သစ္စာတိုက်[ti̠ʔsa taiʔ] (動) 臣従の誓いをさせる 服従させる、臣従させる
သစ္စာတိုင်[ti̠ʔsa tain] (動) 誓約する、誓願する
သစ္စာတည်[ti̠ʔsa ti] (動) 忠実だ、誠実だ
သစ္စာထား[ti̠ʔsa tʼa:] (動) 誓う、盟約を誓う、誓いを立てる、誓願する
သစ္စာနည်း[ti̠ʔsa nɛ:] (形) 不誠実だ
သစ္စာပေး[ti̠ʔsa pe:] (動) 忠誠の誓いを授ける
သစ္စာပေးစေ[ti̠ʔsa pe:ze] (動) 忠誠を誓わせる
သစ္စာပေးစေလွှတ်[ti̠ʔsəbe: seɬuʔ] (動) 忠誠を誓わせに派遣する、臣従の使者を派遣する
သစ္စာပေးရောက်လာ[ti̠ʔsəbe: jauʔla] (動) 臣従に出頭する
သစ္စာပန်း[ti̠ʔsəban:] (植) グラジオラス
သစ္စာပြု[ti̠ʔsa pju.] (動) 誓う、願を掛ける
သစ္စာဖောက်[ti̠ʔsa pʼauʔ] ① (動) 裏切る、変節する ②[ti̠ʔsəbauʔ] (名) 裏切り者、変節者
သစ္စာဖောက်မှု[ti̠ʔsa pʼauʔmu.] (名) 裏切り、変節
သစ္စာဖောက်လူယုတ်မာ[ti̠ʔsəbauʔ lujouʔma] (名) 裏切り者、卑劣漢
သစ္စာမူ[ti̠ʔsa mu] =သစ္စာပြု
သစ္စာမဲ့[ti̠ʔsa mɛ:] (形) 不誠実だ、不忠実だ、誠意がない
သစ္စာရေ[ti̠ʔsaje] (名) 忠誠を誓う水、臣従を誓う水
သစ္စာရေတိုက်[ti̠ʔsaje taiʔ] (動) 忠誠を誓う水を飲ませる、臣従を誓約させる、忠誠を誓わせる
သစ္စာရေသောက်[ti̠ʔsaje tau̠ʔ] (動) 忠誠を誓う水を飲み、 臣従を誓約する
သစ္စာရှိ[ti̠ʔsa ʃi.] (形) ①忠義だ、忠実だ、誠実だ ②貞節だ、貞淑だ
သစ္စာလေးပါး[ti̠ʔsa le:ba:] (名) 四諦、四聖諦（苦諦、集諦、滅諦、道諦の四諦）cf. မဂ္ဂင်ရှစ်ပါး
သစ္စာသောက်[ti̠ʔsa tau̠ʔ] (動) 忠誠の水を飲む、従属を誓う
သေတ္တာ[ti̠ʔta] (名) 箱

သည်[di.~ti.] (助動) 文末助詞 သည် の連体形 ချစ်စရာကောင်းသည့်မိန်းမ 可愛らしい女 စွန်လွှတ်ကစားနေသည့်ကလေးငယ်များ 凧上げをしている子供達 မချုပ်ရသေးသည့်ထမီ まだ縫製していない女性用ロンジー တာဝန်ထမ်းဆောင်နေသည့်ကျောင်းဆရာ 職務遂行中の教師 ထင်ရှားသည့်ပန်းချီဆရာဖြစ်သည်။ 有名な画家である ဖန်ခွက်ကွဲသွားသည့်အသံကိုကြားရသည်။ コップが割れる音が聞えた
သည်[di.~ti.] (代・文) 指示代名詞 သည် の連体形 その
သည်ကလောက်[di.kəlauʔ] (接) これ程、そんなに
သည်နောက်[di.nauʔ] (接) その後
သည်ပြင်[diʔpjin] (接) その外
သည်အတွက်[di.ətwɛʔ] (接) そのため
သည်[di] (代・文) 口語形の指示代名詞 ဒီ に相当、これ、この、それ、その သည်ပဲ この豆 သည်ယုန် この兎
သည်ကတည်း[di gədɛ:ga.] (接) それ以来、その時以来、この時から
သည်ကဲ့သို့[di gɛ.dọ.] (副) そのように
သည်ခါဆော်[di kʼadɔ] (接) 今回は
သည်တခေါက်ကို[di dəkɕeingo] (接) 今回のところ
သည်တခါ[di təkʼa] (接) 此の度は、今回は
သည်တခါတော့[di təkʼadɔ.] (接) =သည်တခါ
သည်တုန်းက[didoun:ga.] (接) その時、その当時
သည်နေ့[dine.] (副) 今日、本日
သည်နေရာတွင်[di nejadwin] (副) ここで、この際
သည်နောက်[dinauʔ] (接) その後
သည်ပုတ်ထဲကထ။သည်ပဲထဲက။ (諺) 同じ穴の狢、所詮皆同じ (その豆籠の中から出るのは豆ばかり)
သည်ယုန်မြင်လို့။သည်ချုံထုံ။ (諺) 将を射んと欲すれば先ず馬を射よ (兎を見掛けたのでその藪を切り払う)
သည်လို[dilo] (接) このように
သည်လိုနှင့်[dilonɛ.] (接) かくて、このようにして
သည်လောက်[dilauʔ] (副) これほど、こんなに
သည်လောက်တောင်[dilauʔ taun] (副) これ程までに
သည်လောက်ထိအောင်[dilauʔtʼi.aun] (副) これ程にまで、こんなにも
သည်အချိန်မှာ[di ətɕʼein ma] (副) その当時
သည်အတိုင်း[di ətain:] (副) このまま、この通り
သည်အတွက်[di ətwɛʔ] (接) そのため、その所為で
သည်အရွယ်ရောက်ခါမှသည်မျောက်မှာအမြီးမပေါက်။ (諺) 木石に非ず (こんな年齢に達した以上今更猿のように尻尾が生える訳でもあるまいに)
သည်[di] (助) 主格を示す、~は ပွေးသည်နှင့်တိုက်သတ္တဝါတမျိုးဖြစ်သည်။ ヤブネズミは哺乳類の1種だ ပင်

ကျမျင်သည်အလွန်ခိုင်ခံ့သည်။ 蜘蛛の糸はとても丈夫だ ကျွန်းသစ်သည်ကြာရှည်ခံသည်။ チーク材は長持ちする ငှက်ပျောသီးသည်ပျော့နွဲ့ညံ့သည်။ バナナは柔らかい

သည်ကာ：[diga:]（助）主語の強調 ၍သည်ကာ： これは မင်းချင်းတို့သည်ကား： 従者達は

~သည်[dɛ]（尾）名詞の後に付く、~する人、~を商う人 ကုန်သည် 商人 မုန့်ဟင်းခါးသည် ビルマ蕎麦屋 အကြော်သည် 揚げ物屋 အနှိပ်သည် 按摩 ရောဂါသည် 病人、患者 ဇနီးသည် 家内

~သည်[di]（末助）断定、叙述を示す ခြောက်လခန့်မျှကြာသွားလေသည်။ 6ヶ月ばかり経ってしまった သား:သမီးသုံးယောက်ရှိသည်။ 子供が3人いる ညနေ ၈ နာရီခွဲခန့်ရထား:စထွက်သည်။ 午後8時半頃汽車が出発した ဧရာဝတီတိုင်းသည်မြန်မာပြည်၏စပါးကျီဖြစ်လေသည်။ イラワジ管区はビルマの穀倉である

~သည်ကို[digo]（末助）対格助詞と結合して名詞節を形成、~である事を、である事に တာဝန်ရှိသည်ကိုမမေ့သင့်။ 責任がある事を忘れてはいけない အနွေးထည်ပါမလာသည်ကိုနောင်တရမိသည်။ 防寒着を携行しなかった事を思わず後悔した အကောင်အထည်ဖော်နိုင်ခဲ့သည်ကိုတွေ့ရသည်။ 実現させた事が認められる အကျင့်အကြံသာဖြစ်သည်ကိုသတိမူသင့်သည်။ 策謀にすぎない事に注意すべきだ သင်္ဘောတစင်ကုန်းပေါ်တင်နေသည်ကိုတွေ့ရှိရသည်။ 船が1隻座礁しているのを見かけた

~သည်ထက်[didɛ’]（接助）益々~する、一層~になる စည်းကမ်းများပြင်းသည်ထက်များပြင်းလာခဲ့သည်။ 賑やかさの度合いが益々強まってきた ကျောင်းသားများသည်များသည်ထက်များလာလေ၏။ 学生の数は益々殖えてきた တတ်လိုစိတ်များပြင်းထက်သည်ထက်ပြင်းထက်လာသည်။ 勉強への意欲が益々高まってきた

~သည်နှင့်[dinɛ.~dinin.]（接助）①~なので、~であるために ရင်ထဲမှာနာလှသည်နှင့်အိပ်၍မပျော်ချေ။ 胸の中の痛みのせいで熟睡できなかった ②~するや否や、~したら直ちに ပြောလိုက်သည်နှင့်ပြန်သွားလေ၏။ 言い終ると直ぐに帰って行った မိုးကျသည်နှင့်လယ်ထဲဆင်းကြသည်။雨季になると直ぐに田圃に出た

~သည်မှာ[dima]（末助）於格助詞と結合して名詞節を形成、主格を示す、~する事は、~するのは နှာရည်ယိုသည်မှာဗိုင်းရပ်ပိုးကြောင့်ဖြစ်သည်။ 鼻水が出るのはウイルスの所為である သလုပ်သမားဆိုသည်မှာမိမိ၏ကာယလုပ်အား:ဖြင့်အသက်မွေးမ်း:ကျောင်းပြုသူကိုဆိုသည်။ 労働者というのは自分の肉体労働で生計を立てている人を指す ပြင်ရဆင်ရသည်မှာလွယ်ကူသည်မဟုတ်။ 準備を整えなければならないのは容易ではない ထိုကြောင့်

တောင်:သံကိုကြာ:ရသည်မှာနေ့တိုင်းညတိုင်းဖြစ်၏။ その祈りの声を耳にするのは毎日毎晩の事だった အဖေသေသည်မှာယခုနှစ်နှစ်ရှိချေပြီ 父が死んで今年で3年になる

~သည်မျှ[dimja.]（接助）~する限りは、~ならば

သည်လည်း:ညာက်ပြော[dilɛ:ɲa.bɛ’ pjɔ:]（動）一字一句正確に言う

သည်:[ti:]（形）激しい、猛烈だ、強烈だ မိုးသည်:သည်။ 土砂降りの雨 ရောဂါသည်:သည်။ 病は重態だ

သည်:ထန်[ti:t'an]（形）=သည်:

သည်:ထန်စွာ[ti:t'anzwa]（副・文）激しく、猛烈に、強烈に မိုးသည်:ထန်စွာရွာသည်။ 雨が激しく降る

သည်:သည်:မည်:မည်:[tɛ:dɛ:mɛ:mɛ:]（副）激しく篠つくように မိုးသည်:သည်:မည်:မည်:ရွာချသည်။ 篠つくような豪雨だ

သည်:သည်:လှုပ်[tɛ:dɛ: ɫou’]（動）動きが激しい ပါ:စပ်ပေါက်များအဘယ်ကြောင့်သည်:သည်:လှုပ်နေကြသလဲ။ 皆の口が何故激しく動いているのか ရွှေတူသွင်အကြောင်း:သည်:သည်:လှုပ်မျှပြောဆိုရေး:သား:ကြသည်။ ၅၀ 周年記念の事が盛んに語られ記された

သည်:[ti:]（名）肝 <အသည်:

သည်:ခံ[ti:k'an]（動）耐える、堪える、我慢する 否定形は သည်:မခံနိုင်ဘူး။ 我慢できない

သည်:ခံခြင်း[ti:k'anɟin:]（名）我慢、忍耐、辛抱

သည်:ခံစိတ်[ti:k'anzei’]（名）忍耐精神

သည်:ချာ[ti:ʤa]（名・古）①愛児、吾が子 ②愛妻

သည်:ခြေ[tɛ:ʤe ti:ʤe]（名）胆汁

သည်:ခြေကြိုက်[tɛ:ʤe tʃai’]（形）好ましい、お気に入りだ သည်:ခြေကြိုက်ငွေ お気に入りのお金 သည်:ခြေကြိုက်စကာ： お気に入りの話

သည်:ခြေပျက်[tɛ:ʤe pjɛ’]（動）精神的に動揺する、錯乱する

သည်:ခြေရည်[tɛ:ʤeje]（名）胆汁

သည်:ခြေအိတ်[tɛ:ʤe ei’]（名）胆嚢

သည်:ညည်:ခံ[tɛ:ɲik'an]（動）①我慢する、堪える、堪え忍ぶ ②許す、承知する、了承する、了解する

သည်:ညည်:ခံ・နိဗ္ဗာန်ရောက်။（諺）待てば海路の日和あり（辛抱せよ、涅槃に到達できる）

သည်:ထိတ်[tɛ:t'ei’]（動）肝が縮む、魂消る

သည်:ရင်[ti:jin.]（形）（言葉遣いが）ぞんざいだ、荒っぽい、粗野だ、乱暴だ

သည်:အူ[tɛ:u]（名）子供、吾が子

သည်:အူကြေမတတ်・ကရုဏာမကင်：။（諺）相手に憐憫の情を寄せる（胆嚢が取れんばかりに憐憫とは縁が深い

သစ္စလီ[tinzali]（名）国王が使用した四脚の椅子

သိဉ္ဇို:[teinzo:]（名）等活地獄（八大地獄の一番目）

သဏ္ဌာန်[dədan] (名) 形、形状、形態
　သဏ္ဌာန်တူ[dədan tu] (動) 形が似ている
　သဏ္ဌာန်လုပ်[dədan louʔ] (動) 似せる、模倣する、真似る
သန္ဓရီ[dandaji] (名) 神話
သတ်[taʔ] (動) ①殺す လက်နှင့်သတ်သည်။ 手で殺す　②（声門閉鎖音又は鼻音を創り出すために）ビルマ文字の母音を消す （က်၊ဝ်၊ဉ်၊န့်၊မ် 等）③（火を）消す မီးသတ်သည်။ 消火する ④（エンジン等を）停める、停止する ⑤殴り合う、取組み合う နပန်းသတ်သည်။ 格闘する ⑥香りを添える、風味を出す ဆီသတ်သည်။ 油の中にタマネギやニンニクを入れる ⑦刈り込む、手入れする အနားသတ်သည်။ 縁かがりをする
သတ်စား[taʔsa:] (動) ①（鶏、鴨等を食肉用に）潰す ②食い殺す
သတ်ညွှန်း[taʔɲun:] (名) 語末子音の綴字に関する正書法
သတ်ပစ်[taʔpjiʔ] (動) 絶滅させる
သတ်ပုတ်[taʔpouʔ] (動) 格闘する、取組合いになる
သတ်ပုတ်ညှင်းဆဲ[taʔpouʔ ɲin:zɛ:] (動) 打ちのめし痛めつける
သတ်ပုံ[taʔpoun] (名) 語末子音の綴り方、綴字法
သတ်ပုံကျမ်း[taʔpounɡan:] (名) 綴字書
သတ်ဖြတ်[taʔpʰjaʔ] (動) 殺す、殺害する
သတ်ဖြတ်ခြင်း[taʔpʰjaʔ] (名) 殺害
သတ်ဖြတ်တိုက်ခိုက်[taʔpʰjaʔ taiʔkʰaiʔ] (動) 戦って殺し合う、戦闘殺害する
သတ်မိ[tami.] (動) 誤って殺す
သတ်မှတ်[tamʰaʔ] (動) ①（場所、日時等を）定める ②指定する ③規定する ④認める、認定する
သတ်မှတ်ထား[tamʰaʔtʰa:] (動) 決めておく、定めてある、指定してある
သတ်မှတ်ရက်[tamʰaʔjɛʔ] (名) 期日、指定日
သတ်သူ[taʔθu] (名) 殺害犯人、加害者
သတ်သေ[taʔθe] (動) 自殺する မိမိကိုယ်မိမိသတ်သေသည်။ 自ら死を選ぶ、自死する
သတ်သတ်[taʔtaʔ] (副) 別に、別個に、区別して အိမ်သတ်သတ်ငှါးနေရတယ်။ 別に家を借りて暮らした ဝက်သား:ချပ်:သတ်သတ်တခွက် 豚肉ばかり別に一皿
သတ္တာဟနံ[taʔta. tʰana.] (名) (悟りを開いた仏陀が7日間ずつ瞑想を行なった）七箇所 ＜パ
သတ္တဗေဒ[taʔta. beda.] (名) 生物学 ＜パ
သတ္တမ[taʔtama.] (数) 第七 ＜パ Sattama
သတ္တရတန်[taʔtərəban] (名) 七金山（須彌山を取巻く七つの山）＝ တောင်စဉ်ခုနစ်ထပ် cf. သိကၡာခုနစ်တန်
သတ္တဝါ[dədəwa ~ taʔtəwa] (名) 生物、生き物、命あるもの ＜サ Sattva

သတ္တဝါတခု။တခု။ (諺) 運こそ全て（一つの生き物、一つの運）
သတ္တန္တရကပ်[taʔt'andəra. kaʔ] (名) 戦災、刀兵災（三大災害の一つ）＜パ Satthantara－kappa
သတ္တမေဓ[taʔtəmeda.] (名) タッタメーダ税（王朝時代の人頭税）＜パ
သတ္တိ[taʔti.] (名) ①能力 ②勇気、勇敢さ、勇猛さ ＜パ Satti
သတ္တိကောင်း[taʔti. kaun:] (形) 勇敢だ
သတ္တိကောင်းကောင်းနှင့်[taʔti. kaun:gaun:nɛ.] (副) 勇気を奮って、勇敢に
သတ္တိကြောင်[taʔti. tʃaun] (形) 臆病だ、勇気に欠ける
သတ္တိခဲ[taʔti. gɛ:] (名) 勇敢な人、肝の座った人
သတ္တိခဲဆတ်ဆတ်ကြီး[taʔti. gɛ: zaʔzaʔtʃɛ:]＝ သတ္တိခဲတတ်တတ်ကြီး
သတ္တိခဲတတ်တတ်ကြီး[taʔti. gɛ: zaʔzaʔtʃɛ:] (名) 勇猛果敢な人、豪胆な人、肝玉の座った人
သတ္တိနည်း[taʔti. nɛ:] (形) 臆病だ、勇気がない
သတ္တိပြ[taʔti. pja.] (動) ①手腕を示す、能力を披露する ②効き目が現われる、効果が出る
သတ္တိပြောင်[taʔti. pjaun] (形) 勇猛果敢だ、恐れを知らない
သတ္တိဗျတ္တိ[taʔti. bjaʔti.] (名) 勇気、勇猛
သတ္တိဗျတ္တိရှိ[taʔti. bjaʔti. ʃi.] (形) 積極果敢だ、勇猛果敢だ
သတ္တိရှိ[taʔti. ʃi.] (動) 勇気がある
သတ္တိရှိရှိ[taʔti. ʃi.ʃi.] (副) 勇敢に、大胆に、積極的に
သတ္တိရှိရှိနှင့်[taʔti. ʃi.ʃi.nɛ.]＝ သတ္တိရှိရှိ
သတ္တိသုံးပါး[taʔti. toun:ba:] (名) 国王としての三種の素質（犯罪者への刑罰、富の収得、賢者との対話）
သတ္တု[taʔtu.] (名) ①鉱物 ②金属
သတ္တုကျ[taʔtu. tʃa.] (動) 責任は挙げてそこにある、一切の責任がある
သတ္တုကြော[taʔtu. dʒo:] (名) 鉱脈
သတ္တုချ[taʔtu. tʃʰa.] (動) ①鉱石を精練する、金属を取り出す ②分解する、細かく分析する
သတ္တုချကြည့်[taʔtu. tʃʰa.tʃi.] (動) 分析してみる、検討してみる
သတ္တုစပ်[taʔtu. zaʔ] (名) 合金
သတ္တုတွင်း[taʔtu. dwin:] (名) 鉱山
သတ္တုတွင်းဝန်ကြီးဌာန[taʔtu. dwin: wundʒi: tʰana.] (名) 鉱山省

သတ္တုရိုင်း[ta'tu.jain:]（名）鉱石、原鉱
သတ္တုရည်[ta'tu.je]（名）薬草の液汁、煎じた薬草
သဒ္ဒါ[dəda]（名）文法 ＜パ Sadda
သဒ္ဒါကျမ်း[dədadʑan:]（名）文法書
သဒ္ဒါနည်း[dədani:]（名）文法の規則
သဒ္ဓါ[dəda]（名）①三宝、業、因果への信頼、信、篤信 ＜パ Saddhā ②忠実、誠実 ③寛容性、寛大
သဒ္ဓါ[dəda]（形）①敬虔だ、篤信だ ②忠実だ、誠実だ ③（相手に）寛容だ ကိုယ့်ဝမ်းတောင်ကိုယ်မသဒ္ဓါဘူး။ 自分の腹でさえ信用していない
သဒ္ဓါကြည်ညို[dəda tʃiɲo]（動）敬虔だ、篤信だ
သဒ္ဓါကြေး[dədadʑe:]（名）ほんの志、善意の義援金
သဒ္ဓါပျက်[dəda pjɛ']（動）敬虔さを失う
သဒ္ဓါပွါး[dəda pwa:]（動）信心を深める
သဒ္ဓါရက်ရော[dəda jɛ'jɔ:]（形）寛大だ、寛容だ、おおらかだ、気前がよい
သဒ္ဓါလွန်သော၊ တဏှာကျွန်။（諺）過ぎたるは及ばざるが如し（何事も程々に、敬虔さも、過ぎれば情欲の奴隷）
သဒ္ဓါလွန်သော၊ ရာဂ။（諺）過ぎたるは及ばざるが如し
သဒ္ဓါလွန်း၊ ဆွမ်းတော်ရုံရပ်။（諺）親しき仲にも礼儀あり（他人の好意にいつまでも甘えるな、寛容さも過ぎれば斎飯の為にただ立止まるだけ）
သဒ္ဓါသဖြင့်[dəda təp'jin.]（副）敬虔に
သိက္ခာ[tei'k'a]（名）①（出家の）戒の実践 ②出家歴、出家年数 ③威厳、尊厳 ＜パ Sikkhā
သိက္ခာကျ[tei'k'a tʃa.]（動）①戒を破る ②威信が失墜する、尊厳が失われる
သိက္ခာချ[tei'k'a tʃa.]（動）①法衣を剝ぐ、僧職を奪う、出家集団から追放する ②卑しめる、辱める、恥辱を与える、誹謗する、品位を傷つける
သိက္ခာတော်[tei'k'adɔ]（名）①波羅提木叉（比丘が順守すべき二百二十七の戒）②比丘歴、出家歴 သက္ခာတော်ရဂနှစ်၊ သိက္ခာတော်ရေပါရသည်။ 年齢87歳比丘歴67年になる
သိက္ခာထိခိုက်[tei'k'a t'ik'ai']（動）品位を傷付ける、面目を失わせる
သိက္ခာပုဒ်[tei'k'abou']（名）戒行、律（出家が守るべき戒律）
သိက္ခာမဲ့[tei'k'a mɛ.]（形）下品だ、品がない
သိက္ခာရှိ[tei'k'a ʃi.]（形）威厳がある、品がある、落着きがある、誠実だ
သိက္ခာရှိစွာ[tei'k'a ʃi.zwa]（副・文）誠実に
သိက္ခာသုံးပါး[tei'k'a toun:ba:]（名）3種の実践徳目（持戒、定または三昧、内観）
သိဒ္ဓိ[tei'di.]（名）①成就、完成 ②法力、神通力

သိဒ္ဓိတင်[tei'di. tin]（動）賞揚する、賞賛する
သိဒ္ဓိထုံပန်း[tei'di.t'oun ban:]（植）アザミ
သိဒ္ဓမင်း[tei'da' min:]（人）=သိဒ္ဓတ္ထမင်းသား
သိဒ္ဓတ္ထမင်းသား[tei'da't'a. min:da:]（人）悉達多太子（在家時代の釈尊）＜パ Siddhattha
သုက်[tou']（名）精液 ＜パ Sukka
သုက်[tou']（名）経（三蔵の一つ）＜パ Sutta
သုတ္တန္တပိဋက[tou'tanda. bi.dəga.]（名）経蔵
သုက်[tou']（名）→သုတ်
သုက်ကြော[tou'tʃɔ:]（名）精線、前立線
သုက်ပိုး[tou'po:]（名）精子
သုက်ပိုးကောင်[tou'po:gaun]=သုက်ပိုး
သုက်ရည်[tou'je]（名）精液
သုက်ဆေး[tou'twe:]（名）=သုက်ရည်
သုက်လွတ်[tou' lu']（動）夢精する
သုတ်[tou']（動）①拭う、拭く မျက်ရည်ကိုသုတ်သည်။ 涙を拭う ချွေးကိုသုတ်သည်။ 汗を拭く ခြေကိုသုတ်ရှေ့ သုတ်တယ်။ 足跡を水で拭き去る ②塗る ပေါင်မုန့်ကိုထောပတ်သုတ်သည်။ パンにバターを塗る ဆေးနက်သုတ်ထားသည်။ 黒色塗料を塗ってある ③勢いよく進む ခြေကုန်သုတ်သည်။ 大急ぎで行く ④ひったくる、強奪する အလစ်သုတ်သည်။ 万引きをする、隙を見て奪う ⑤襲いかかる စွန်သုတ်သည်။ 鳶がさらう ⑥（風が）通り抜ける လေသုတ်သည်။
သုက်ခြေတင်[tou'tʃe tin]（動）急ぐ、急ぎ足で歩く
သုက်ခြေနှင်[tou'tʃe nin]=သုက်ခြေတင်
သုတ်ဆေး[tou's'e:]（名）ペンキ、ペイント、塗料
သုတ်ပုဝါ[tou'pəwa]（名）拭く布 လက်သုတ်ပုဝါ ハンカチ မျက်နှာသုတ်ပုဝါ タオル
သုတ်ဖြူး[tou'p'ju:]（動）（風が）吹き抜ける တောင်လေသည်သုတ်ဖြူးလျက်ရှိသည်။ 南風が吹き抜けていた
သုတ်သီးသုတ်ပျာ[tou'ti: tou'pja]（副）急いで、急ぎ足で、息せき切って သုတ်သီးသုတ်ပြန်သွားတယ်။ 慌ただしく帰って行った
သုတ်သင်[tou'tin]（動）①取り除く、一掃する、駆除する ဖုံများကိုသုတ်သင်သည်။ 埃を取り除く ②処刑する、殺害する
သုတ်သင်ပစ်[tou'tin pji']（動）一掃する、拭い去る
သုတ်သင်ဖယ်ရှား:[tou'tin p'ɛʃa]（動）取り除く
သုတ်သင်ရှင်းလင်း[tou'tin ʃin:lin:]（動）片付ける、一掃する、払拭する
သုတ်သုတ်[tou'tou']（副）急いで、慌ただしく
သုတ္တနိပါတ်[tou'ta. nipa']（名）経集（スッタ・ニ

バータ）
သုဒ[tou'da.]（名）自動詞　cf. ကာရိုက် 他動詞
သုဒကိန်း[tou'da. kein:]（名）素数
သုဒ္ဓဝါသဗြဟ္မာပြည်[tou'da. bjəmapje]（名）浄居天（အဝိဟ၊အတပ္ပ၊သုဒဿ၊သုဒဿီ၊အကနိဋ္ဌ）の五天）
သုဒ္ဓဝါသဘုံ[tou'da.]＝သုဒ္ဓဝါသဗြဟ္မာပြည်
သုဒ္ဓေါဒန[tou'dɔːdəna.]（人名）浄飯王（釈尊の父）
သန့်[tan.]①（形）清らかだ、清潔だ、清浄だ　②（動）屑、籾殻を取り除く、仕分けする、選り分ける
သန့်စင်[tan.sin]①（形）清浄だ、純潔だ　②（動）清浄にする　③（王妃、王女が）出産する、分娩する
သန့်စင်ပန်း[dəzin ban:]（植）マメヅタラン
သန့်ပြန့်[tan.pjan.]（形）清潔だ ရုပ်လက္ခဏာသန့်ပြန့်သည်။ 容貌が垢抜けしている　နေရာထိုင်ခင်းလည်းသန့်ပြန့်သည်။ 暮し振りもこぎれいだ
သန့်ရှင်း[tan.ʃin:]（形）①清潔だ အမှုက်သရိုက်သန့်ရှင်းပေးသည်။ ごみを取り片付けてくれた　②清廉だ
သန့်ရှင်းစင်ကြယ်[tan.ʃin: sintʃɛ]（形）清潔だ
သန့်ရှင်းဖဆပလ[tan.ʃin: p'a.s'a.pa.la.]（名）反ファシスト人民自由連盟の清廉派（１９５８年に安定派と対立、分裂した）
သန့်ရှင်းရေး[tan.ʃin:je:]（名）清潔、清廉、清掃
သန့်ရှင်းရေးသမား[tan.ʃin:je: dəma:]（名）清掃夫
သန့်တက်ရေ[tan.tɛ'je]（名）（出家、国王等が）排便後に使用する水
သန့်တက်အိမ်[tan.tɛ'ein]（名）厠（かわや）
သန့်သန့်[tan.dan.]（副）清潔に、身奇麗に
သန့်သန့်ပြန့်ပြန့်[tan.dan. pjan.pjan.]（副）清潔に、こざっぱりと
သန့်သန့်ရှင်းရှင်း[tan.dan. ʃin:ʃin:]（副）清潔に သန့်သန့်ရှင်းရှင်းဖြစ်သည်။ 清潔になる　သန့်သန့်ရှင်းရှင်းရှိသည်။ 清潔だ သန့်သန့်ရှင်းရှင်းလုပ်သည်။ 清掃する、奇麗にする、清潔にする
သန်[tan]（形）①勢がある အပြေးသန်သည်။ 走るのが速い、逃げ足が速い　အစီးသန်သည်။ 流れが速い　②過剰だ、行きすぎだ အကြာသန်သည်။ よく自慢したがる　အဆောသန်သည်။ 悪戯好きだ အစသန်သည်။ よく揶揄する ဇောသန်သည်။ 強い意欲がある ငိုအာ:ထက်ရည်အာ:သန်သည်။ 泣くよりも笑いたくなる　③得意だ ကျူးသန်သည်။ 詩が得意だ ပန်းချီသန်သည်။ 絵が得意だ　④丈夫だ、健康だ အပင်သန်သည်။ 木が繁茂する ပန်း:ပင်တွေမသန်ဘူး။ 花に元気がない ခြေတဖက်မသန်ဘူး။ 片足がよくない
သန်စွမ်း[tanzwan:~tanzun:]（形）丈夫、壮健
だ、健康だ、体力がある、力強い
သန်တုန်း:ဖြန်တုန်း:[tandoun: mjandoun:]（名）伸び盛り、最も勢いのある時、威勢のいい時期、かくしゃくとしている時
သန်မာ[tanma]（形）丈夫だ、壮健だ、元気だ、頑健だ、たくましい
သန်မြန်[tanmjan]（形）健やかだ、元気だ、力強い
သန်သန်စွမ်းစွမ်း[tandan swan:swan:]（副）丈夫で、頑丈で
သန်သန်မြန်မြန်[tandan mjanmjan nɛ.]（副）元気に、健やかに
သန်[tan]（動物）回虫
သန်ကောင်[tangaun]①＝သန်　②→သန်:ခေါင်
သန်ကောင်ကပ်[tangaun ka']（動）回虫がわく
သန်ကောင်ကျော[təgaundʑɔ]→သန်:ခေါင်ကျော
သန်ကောင်ကြက်တွန်[təgaun tʃɛ'tun]→သန်:ခေါင်ကြက်တွန်
သန်ကောင်ယံ[təgaunjan]→သန်:ခေါင်ယံ
သန်ချ[tan tʃa.]（動）虫下しをする、寄生虫を駆除する
သန်ချဆေး[tan tʃa.ze:]（名）虫下し、寄生虫を駆除する薬
သန်ဗိုက်ပူလေး[tan bai'pule:]（名）回虫症の腹
သန္တာ[tanda]（名）珊瑚　＜パ
သန္တာကောင်[tandagaun]（名）珊瑚虫
သန္တာကျောက်တန်းကြီး[tanda tʃau'tan:dʑi:]（名）珊瑚礁
သန္တာကျွန်း[tanda dʑun:]（名）珊瑚の島
သန္တာငါး[tanda ŋa:]（魚）シテンヤッコ Coral Fish
သန္တာမြွေ[tanda mwe]（蛇）ワモンベニヘビ（コウガ科）Micrurus callophis 有毒
သန္တာရောင်[tanda jaun]（名）赤みを帯びた朱色
သန္တာန်[tandan]（名）継続、持続　＜パ Santāna
သဏ္ဌာ[dədan]（名）形、形状、形態＜パSanthāna
သဏ္ဌာန်တူ[dədan tu]（形名）①形が同じだ ②形状が似ている သဏ္ဌာန်တူပုံ 相似形
သန္တုသိတ[tantou'ti.ta.]（名）都率天（六欲天の第４番目）
သန္ဓေ[dəde~tande]（名）①受胎、妊娠　②胎児　③植物の胞芽 ④生来の気性、性質　＜パ
သန္ဓေကာလ[dəde kala.]（名）妊娠期間
သန္ဓေယူ[dəde k'an ju]（動）身篭る、懐妊する
သန္ဓေဝသ[dəde dəza.]（名）子孫、（植物の）胞芽、単性繁殖
သန္ဓေဝသတည်[dədedəza. ti]（動）植物が萌芽す

သန္ဓေတား:[dəde ta:]（動）避妊する
သန္ဓေတား:ဆေး[dəde ta:ze:]（名）避妊薬
သန္ဓေတည်[dəde ti]（動）①身篭る、受胎する ②芽生える、発芽する
သန္ဓေပါ[dədeba]（形）生来の、生れつきの
သန္ဓေပေး[dəde pe:]（動）身篭らせる、妊娠させる
သန္ဓေပျက်[dəde pjɛʔ]（動）流産する
သန္ဓေပျက်ကျ[dəde pjɛʔtʃa.] = သန္ဓေပျက်
သန္ဓေပျက်[dəde pʔjɛʔ]（動）堕胎する、胎児を掻爬する、人工流産をさせる
သန္ဓေပျက်ချ[dəde pʔjɛʔtʃa.] = သန္ဓေပျက်
သန္ဓေရှိ[dəde ʃi.]（動）身篭る、受胎する、孕む、妊娠する
သန္ဓေသား[dədeda:]（名）胎児
သန္ဓေသား:လောင်း[dəde ta:laun:] = သန္ဓေသား:
သန္ဓေအောင်[dəde aun]（動）①受胎する、妊娠する ②胎生である（卵生ではない）
သန္ဓေ့[tande:]（名）（水を入れる）金属の杯、鉢
သန္နိဋ္ဌာန်[tanneiʔtʼan~tandeiʔtʼan]（名）決意 <パ Sanniṭṭhāna
သန္နိဋ္ဌာန်ချ[tandeiʔtʼan tʃa.]（動）決断する、決意する
သန္နိပါတ်နာ[tanni.baʔna]（名）複合性の疾患、集合病 <パ
သန်ဘက်[tanbɛʔ]（名）明後日 = သဘက်
သန်ဘက်ခါ[dəbɛʔkʼa]（名）明後日 = သဘက်ခါ
သန်လျက်[tan jɛʔ~tanljɛʔ]（名）片刃または双刃の剣、短剣 <サ
သန်လျက်ခုံ[tanljɛʔkʼoun]（名）２河川の合流点に形成された砂洲または岬
သန်လျင်း[tanɨjin:]（名）（二本の担い棒で担ぐ）駕籠
သန်[tan]（植）モモタマナ（シクンシ科）の仲間 Terminalia oliveri 樹皮から染料を採る
သန်:[tan:]（数）百万（ဆယ်သန်: １千万 သန်:တရာ １億）
သန်:ကြွယ်[tan:dʒwɛ]（名）百万長者
သန်:ကြွယ်သူဌေး[tan:dʒwɛ tətʼe:] = သန်:ကြွယ်
သန်:ချီ[tan: tʃʼi]（動）百万に上る、百万に達する လူများသန်:ချီသေဆည်။ 百万人もの人が死んだ
သန်:ပေါင်းများစွာ[tan:baun: mja:zawa]（副）何百万といって
သန်:[tan:]（虫）①シラミ ②アタマジラミ Phthririus capitis
သန်:ကြေးမ[tan:dʒi:ma.]（虫）コロモジラミ Pediculus vestimenti
သန်:ချေး[tan:dʒi:]（虫）コロモジラミ = ကိုယ်သန်:
သန်:စွဲ[tan: swɛ:]（動）虱がわく
သန်း[tan:]（動）①横切る、横断する ကူးသန်းသည်။ 横切って行く ဖြတ်သန်းသည်။ 通り抜ける မြေခွေးတစ သည်ရှေထား:ကိုသန်း၍လကျ်ာဘက်သိုကူးသန်း:သွား:သည်။ 狐が一匹、馬車と交叉するように右側へ横切って行った ②色を帯びる、濃くなる、強まる、深まる အနီရောင်သန်း:သည်။ 赤みを帯びる ပန်း:ရောင်သန်း:နေသည်။ 桃色がかっている အပြာရောင်သန်း:လာသည်။ 青色を帯びてくる နေဝင်သည်နှင့်မှောင်ရိပ်သန်းလာခဲ့သည်။ 日が沈むと闇が濃くなってきた ရောင်နီများသန်း:နေသည်။ 空の赤味が濃くなってきた（夜明け間近だ）အသီ:ရင်သော အဝါမှုအဝါရောင်သန်း:လာလေ၏။ 実が熟すと濃黄色になってくる
သန်းခေါင်[dəgaun]（名）真夜中、深夜
သန်းခေါင်ကျော်[dəgaun tʃɔ]①（動）真夜中を過ぎる ②[dəgauntʃɔ]（名）真夜中過ぎ
သန်းခေါင်ကြက်တွန်[dəgauntʃɛʔ tun]（動）真夜中に鶏が時を告げる
သန်းခေါင်စာရင်း[dəgaun səjin:]（名）国勢調査、人口統計
သန်းခေါင်စာရင်းကောက်[dəgaun səjin: kauʔ]（動）国勢調査を行う
သန်းခေါင်ထက်ညဥ့်မနက်။（諺）冬来たりなば春遠からじ（真夜中以上に夜は更けず）
သန်းခေါင်ယံ[dəgaun jan]（名）深更、ほぼ真夜中
သိန်:[tein:]（鳥）→သိမ်း
သိန်:[tein:]（数）十万
သိန်:ထီ[tein:di]（名）賞金十万チャッの宝籤
သိန်:ပေါင်း[tein:baun:]（名）何十万、幾十万
သိန်:ဂို[tein:go]（地）= သိန်:ယို
သိန်:ဂိုကျွန်း[tein:go dʒun:]（名）= သိန်:ယိုကျွန်း
သိန်:ယိုကျွန်း[tein:go dʒun:]（地）セイロン、スリランカ
သိန္ဓော မြင်း[tein:dɔ mjin:]（名）①サラブレッド ②駿馬、天馬
သုန်[toun]①（動）向きを変える、方向を転換する ②（形）不機嫌で、無愛想だ、むっつりしている
သုန်ဖျင်း[tounpʼjin:]（形）（果物や作物が）萎びる、干からびる
သုန်မှန်[tounmoun]（形）不興気だ、不機嫌だ、むっとする、ぶすっとする မျက်နှာသုန်မှန်သည်။ 浮かぬ顔をする
သုန်သုန်[toundoun]（副）ざわざわと、ごうごうと、威勢よく

သုဉ်း

သုဉ်း[toun:]（動）①消滅する ②（木が）枯れる、萎れる
သပ်[taʔ]（名）楔
သပ်ပင်း[taʔ pin:]（動）楔を打つ
သပ်[taʔ]（動）①撫でる、さする ကျော့သပ်သည်။ 背中を撫でる ရင်သပ်သည်။ 胸を撫でる ②はみ出さないようにする、掻き寄せる ပူယောင်းနေသောဆံပင်တို့ကိုလက်ဖြင့်သပ်သည်။ ぼさぼさの髪を手で撫でつける ③削る、削ぐ ဓားထက်ထက်နဲ့သပ်တယ်။ 鋭い刃物で削ぐ
သပ်ချ[taʔ tɕa.]（動）払い落とす မျက်နှာမှချွေးသီးချွေးပေါက်များကိုလက်ချောင်းတွေနဲ့သပ်ချသည်။ 顔の汗を指で払い落とした
သပ်ယပ်[taʔjaʔ] →သပ်ရပ်
သပ်ရပ်[taʔjaʔ]（形）整っている、よく片付いている、きちんとしている、身奇麗だ
သပ်ရပ်စွာ[taʔjaʔswa]（副・文）きちんと、こざっぱりと ဆံပင်ကိုသပ်ရပ်စွာဖီးလိမ်းသည်။ 髪をきちんと整えている အဝတ်ကိုသပ်ရပ်စွာဝတ်ဆင်တတ်၏။ いつもきちんとした服装をしている
သပ်ရပ်သေချာစွာ[taʔjaʔ tedʑazwa]（副・文）ちゃんと、きちんと、整然と
သပ်သပ်ယပ်ယပ်[taʔtaʔ jaʔjaʔ] →သပ်သပ်ရပ်ရပ်
သပ်သပ်ရပ်ရပ်[taʔtaʔ jaʔjaʔ]（副）きちんと、身奇麗に、こざっぱりと သပ်သပ်ရပ်ရပ်ဖြစ်သည်။ 身奇麗だ、こざっぱりとしている သပ်သပ်ရပ်ရပ်ရှိသည်။ きちんとしている、整然としている
သပူရိသ[taʔpu.ri.ta.]（名）善人＝သူတော်ကောင်း ＜パ Sappurisa
သပ္ပယ်[taʔpɛ] ①（形）仏像が厳かだ、荘厳だ、崇高だ ②（動）出家が沐浴する、行水する ③仏像を水で洗う ＜パ Sappāya
သပ်သပ်[taʔtaʔ]（副）→သက်သက် တနေ့သပ်သပ်သွား။ 別の日に改めて行け အိမ်သပ်သပ်ငှါးနေရမယ်။ 家を別に借りて過ごさねばならない
သဗ္ဗညုတဉာဏ်[taʔbjinɲu.ta.ɲan]（名）叡智、一切全知 ＜パ Sabbaññutā ñāṇa
သဗ္ဗညုတဘုရား[taʔbjinɲu.ta. pʰəja:]（名）釈尊、如来、正等悟者
သဗ္ဗညုတရွှေဉာဏ်တော်[taʔbjinɲu.ta. ʃwe ɲan dɔ] ＝သဗ္ဗညုတဉာဏ် の敬語的表現
သဗ္ဗညုရှင်[taʔbjinɲu. ʃin]（名）一切全知者、仏陀
သိပ်[teiʔ]（動）①痩せさせる、就寝させる ကလေးကိုသိပ်သည်။ 子供を寝かせる ②詰め込む、圧縮する、圧搾する ငါးပိသိပ်သည်။ 魚醤を圧搾する ငါးချဉ်သိပ်သည်။ 酢漬けの魚を漬け込む ③鎮める ဖုသိပ်သွား။

အောင်ရေဖျန်းသည်။ 埃が静まるよう散水する ④減らす、緩和する ချွေးသိပ်သည်။ 汗を抑える
သိပ်ထည့်[teiʔ'tɛ.]（動）詰め込む、押込む အင်္ကျီလုံချည်များကိုလွယ်အိတ်တခုထဲသိပ်ထည့်သည်။ 上着やロンジーを下げ鞄の中に詰め込んだ
သိပ်သည်း[teiʔti]①（形）密だ、ぎっしり詰まっている လူနေသိပ်သည်းသည်။ 人が密集する လူဦးရေသိပ်သည်းသည်။ 人口が稠密だ မိုးတွေလဲသိပ်သည်းလာပြီ။ 雨も集中的に降り始めた ②慎ましい、こじんまりしている အနေအထိုင်သိပ်သည်းသည်။ 暮し振りが慎ましい
သိပ်သည်းဆ[teiʔti.za.]（名）比重
သိပ်သိပ်သည်းသည်း[teiʔteiʔ ti:di:]（副）密に、緊密に မြေနီလမ်းသည်မိုးဒက်ကြောင့်သိပ်သိပ်သည်းသည်းရှိလျက။ 赤土の道は雨のせいで凝固していた
သိပ်[teiʔ]（副）①とても、非常に、著しく ကျမရေသိပ်ဝတ်တယ်။ 私はとても喉が渇いている လှေစီးရတာသိပ်ပျော်စရာကောင်းတာဘဲ။ 舟に乗るのはとても楽しい ဘုရားပွဲတော်တွေကသိပ်စည်ကားတာဘဲ။ 仏塔祭りはとても賑やかだ ②（否定文で）あまり、さほど、それ程、そんなには ခြင်တွေသိပ်မကိုက်ပါဘူး။ 蚊に食われる事はあまりない ပြောစရာကတော့သိပ်မရှိပါဘူး။ 言うべき事はそれ程ない
သိပ်ကို[teiʔko]（副）＝သိပ် သိပ်ကိုချစ်ပါတယ်။ とても愛している သိပ်ကိုအားနာတာဘဲ။ 随分と申し訳ない သိပ်ကိုကျေးဇူးတင်ပါယ်။ とても感謝している
သိပ်တော့[teiʔtɔ.]（副）否定文で使用 ＝သိပ် သိပ်တော့မဟုတ်လှဘူး။ あまりうまく行かない
သိပ်ပြီး[teiʔpi:]（副）否定、肯定両文で使用 သိပ်ပြီးကျယ်တယ်။ とても広い သိပ်ပြီးစိတ်ပူမနေပါနဲ့။ あまり心配するな
သိပ်ပြီးတော့[teiʔpi:dɔ.]（副）否定文で使用、あまり、それ程は
သိပ်တောင်[teiʔtaun]（副）否定文で使用、そんなには
သိပ္ပံ[teiʔpan]（名）科学 ＜パ Sippa
သိပ္ပံနည်းကျ[teiʔpan ni:tɕa.]（形）科学的だ
သိပ္ပံနည်းကျကျ[teiʔpan ni:tɕa.dʑa.]（副）科学的に
သိပ္ပံနှင့်နည်းပညာရပ်ဆိုင်ရာဌာန[teiʔpan nɛ. ni: pinɲaʔ s'ain ja t'ana.]（名）科学技術庁
သိပ္ပံနှင့်နည်းပညာဝန်ကြီးဌာန[teiʔpannɛ. ni:pin ɲa wundʑi: t'ana.]（名）科学技術省
သိပ္ပံပညာ[teiʔpan pinɲa]（名）科学
သိပ္ပံပညာရှင်[teiʔpan pinɲaʃin]（名）科学者
သုပ်[touʔ]（動）（手で）捏ね合せる、混ぜ合わせる

လက်သုပ် 野菜サラダ

သမ်း[tan:]（動）欠伸する အိပ်ချင်၍သမ်းသည်။ 眠くて欠伸をした

သမ်းေပါ[tan we]（動）欠伸をする

သမ္ဗရာ[tanbəja]（植）ライム（ミカン科）Citrus medica acida ＝သံပရာ

သမ္ဗရို[tanbəjo]（植）ヒメレモン、カントンレモン（ミカン科）Citrus medica limonum

သမ္ဗန်[tanban]（名）（中国の）さんぱん、艀

သမ္ဗန္ဓ[tanbanda.]（名）接続助詞（သော်လည်း၊ သော ကြောင့် 等）

သမ္မတ[təmada.]（名）大統領 ＝သမတ

သမ္မတနိုင်ငံ[təmada. naingan]（名）共和国

သမ္မတအိမ်တော်[təmada. eindɔ]（名）大統領官邸 cf.အိမ်ဖြူတော် ホワイト・ハウス

သမ္မာကျမ်း[təma tʃan:]（名）聖書、バイブル

သမ္မာကျမ်းဟောင်း 旧約聖書 သမ္မာကျမ်းသစ် 新約聖書

သမ္မာဒေဝ[təma dewa.]（名）善神 ＜パ

သမ္မာဒေဝနတ်[təmadewa. naʔ]（名）善神

သမ္မာအာဇီဝ[təma aziwa.]（名）まともな暮し、正当な方法による稼ぎ ＜パ

သမွန်[tanman]（名）召喚状 ＜英 Summon

သမွန်စာ[tanman za]＝သမွန်

သိမ့်[tein.]（動）震える、振動する

သိမ့်သိမ့်[tein. dein.]（副）がたがたと、ぶるぶると、震えて

သိမ့်သိမ့်ညံ[tein. dein. ɲan]（形）けたたましい、騒然とする

သိမ့်သိမ့်တုန်[tein. dein. toun]（動）震える、身が震える、振動する、揺れ動く မြေကြီးမှာဗုံးပျားပေါက်ကဲ့တိုင်းသိမ့်သိမ့်တုန်နေ၏။ 大地は爆弾が破裂する度に振動した

သိမ့်သိမ့်ခါလှုပ်လှုပ်[tein. dein. kʰa tounʔouʔ]（動）ごとごと揺れる

သိမ့်သိမ့်ညှော်မျှ[tein. dein. ɲuʔmja.]（副）騒然と သိမ့်သိမ့်ညှော်ကြော်ကြော်ကြသည်။ 騒然と喚声を挙げた

သိမ့်သိမ့်နဲ့နဲ့[tein. dein. nɛ.nɛ.]（副）ぐらぐらと、ぐらついて

သိမ့်သိမ့်လုပ်[tein. dein. ʔouʔ]（動）がたがた揺れる、揺れ動く

သိမ်[tein]（名）戒壇（出家に授戒を行う建物）＜パ

သိမ်နုပ်[tein nouʔ]（動）新しい戒壇を設けるため古い戒壇を取り片付ける

သိမ်ဝင်[tein win]（動）戒壇に入る、戒を授かる、結界される、比丘になる

သိမ်သမုတ်[tein təmouʔ]（動）結界をする、（その土地を）戒壇とする

သိမ်[tein]（形）①小さい、細く小さい ချိုးသိမ်သည်။ 腰が細い ②矮小だ、卑屈だ、劣等だ သေးသိမ်သည်။ ③（動）縮まる、萎縮する

သိမ်ငယ်[teinŋɛ]（形）①細く小さい ②肩身が狭い、貧相だ、貧弱だ

သိမ်ဖျင်း[teinpʰjin:]（形）①小さい ②劣っている、些細な事で、取るに足りない、詰らない

သိမ်မွေ့[teinmwe.]（形）①繊細で、微妙だ、デリケートだ ②優雅だ、上品だ、洗練されている、淑やかだ ③穏やかだ、温和だ、柔和だ အပြောအဆိုသိမ်မွေ့သည်။ 話し方がソフトだ ④難解だ ⑤咄嗟に判断できない

သိမ်မွေ့နုညံ့[teinmwe. nu.ɲan.]（形）軟らかく繊細だ、上品だ、優しい အသားအရေသိမ်မွေ့နုညံ့သည် 皮膚は軟らかく繊細だ

သိမ်မွေ့ယဉ်ကျေး[teinmwe. jintʃe:]（形）上品で礼儀正しい

သိမ်သိမ်မွေ့မွေ့[teindein mwe.mwe.]（副）①優雅に、上品に、淑やかに ②穏やかに、温和に သိမ်သိမ်မွေ့မွေ့ဖြေရှင်းသည်။ 穏やかに解決した

သိမ်း[tein:]（鳥）ミナミハイタカ（ワシタカ科）Accipiter badius

သိမ်းကျား[tein:dʑa:]（鳥）マダラチュウヒ（ワシタカ科）Circus melanoleucos

သိမ်း[tein:]（動）①取って置く、残して置く သူ့အတွက်သိမ်းထားသည်။ 彼のために取って置く ②片付ける、取り片付ける、仕舞う အိပ်ရာသိမ်းသည်။ 寝具を片付ける ③包装する、梱包する ပစ္စည်းသိမ်းသည်။ 荷物を梱包する ④集める အမှိုက်သိမ်းသည်။ 塵埃を収集する ⑤束ねる ဆံပင်သုံးပုံတပုံသိမ်းသည်။ 髪を三分の一束ねる ⑥収穫する ကောက်သိမ်းသည်။ 稲を取入れる ⑦没収する、押収する ⑧占領する、占拠する ⑨終える、幕を降す ဇာတ်သိမ်းသည်။ 芝居の幕を降す ⑩抑制する မျက်ရည်သိမ်းသည်။ 涙を堪える

သိမ်းကျုံး[tein:tʃoun:]（動）①まとめる、包括する、一括する ②集める、収集する ③収拾する、事態を収める、けりを付ける

သိမ်းကျုံးဖက်[tein:tʃoun pʰɛʔ]（動）抱き付く、抱擁する

သိမ်းဆည်း[tein:sʰi:]（動）①仕舞う、収める、片付ける、取込む ②没収する、押収する、接収する

သိမ်းဆည်းယူခြင်း[tein:sʰi: juɲin]（動）没収する、取上げる

သိမ်းဆည်းရမိ[tein:sʰi: ja.mi.]（動）接収する、没収する、押収する

သိမ်းဆည်းရေး[tein:s'i:je:] (名) 没収
သိမ်းထား:[tein: t'a:] (動) 仕舞っておく、保存しておく
သိမ်းထုပ်[tein: t'ouʔ] (動) 仕舞う、保管する、管理する
သိမ်းပကား[tein: bəga] (動・文) 保存する、保管する
သိမ်းပိုက်[tein:paiʔ] (動) ①占領する、占拠する、占有する ②没収する、押収する ③後を継ぐ、継承する ④（国王が）女性と肉体関係を持つ
သိမ်းမြန်း[tein:mjan:] (動) ①（領土を）奪う ②（王位を）獲得する နန်းကိုသိမ်းမြန်းသည်။ 王宮を取得する（王位に就く） ရွှေထီးရွှေနန်နန့်ကိုသိမ်မြန်းစိုးအုပ်တော်မူသည်။ 王位を継承なされた
သိမ်းယူ[tein:ju] (動) ①奪う、奪い取る、剥奪する、没収する ②占有する、占拠する、占領する
သိမ်းယူအုပ်ချုပ်[tein:ju ouʔtʃouʔ] (動) 占領支配する、占有管理する
သိမ်းရုံး:[tein:joun:] (動) ①集める ဘဏ္ဍာတော်များကိုသိမ်းရုံးသည်။ 財を収集する ②結集する、糾合する、まとめる ကျေးရွာများကိုသိမ်းရုံးသည်။ 村々を糾合する
သိမ်းသွင်း:[tein:twin:] (動) ①引き入れる、引き込む、引き込める ②併合する、併呑する ③手なづける、味方につける
သိန္ဓောမြင်း[tein:dɔ: mjin:] (名) ①サラブレッド、駿馬 ②天馬
သံ[tan] (名) ①鉄 ②釘 ③回虫 →သန်
သံကတော့[tan gədɔ.] (名) 漏斗
သံကလေ[tan gəlɛ] (名) 金梃子、バール
သံကွန်ကရိ[tangu kunkəri.] (名) 鉄筋コンクリート ＜Concrete
သံကောက်[tangauʔ] (名) U字鋼
သံကြိုး[tandʒo:] (名) ①針金 ②電線 ③電信、電報 ④鎖
သံကြိုးစာ[tandʒo:za] (名) ①電信、電報 ②電文
သံကြိုးတိုင်[tandʒo:dain] (名) 電信柱、電柱
သံကြိုးရိုက်[tandʒo: jaiʔ] (動) 電報を打つ、打電する、発信する
သံကြိုးရောက်[tandʒo: jauʔ] (動) 電報が届く
သံကြိုးရုံ[tandʒo:joun] (名) 電報局、電信局
သံကွင်း[tangwin:] (名) 鉄の環、鎖の環
သံကွန်ခြာ[tan kundʒa] (名) 鉄条網
သံခမောက်[tan k'əmauʔ] (名) 鉄兜、ヘルメット
သံခေတ်[tan k'iʔ] (名) 鉄器時代
သံခေါင်း:[tangaun:] (名) 釘の頭

သံချေးခေး:[tan tʃaze:] (名) →သန်ချေးခေး
သံချေးခေးကြေး:[tantʃaze: tʃwe:] (名) →သန်ချေးခေးကြေး
သံချေး:[tandʒi:] (名) 錆、鉄錆
သံချေးတက်[tandʒi: tɛʔ] (動) 錆びる、錆付く
သံချက်[tandʒɛʔ] (名) 釘の跡、釘を打った所
သံချောင်း[tandʒaun:] (名) ①釘 ②鉄の棒
သံချောင်းခေါက်[tandʒaun: k'auʔ] (動) （鉄片を使用して）始業の鐘を鳴らす
သံခြေ[tan dʒain.] (名) 鉄の檻
သံချပ်[tandʒaʔ] (名) 鎖帷子、鎧
သံချပ်ကာကား:[tandʒaʔka ka:] (名) 装甲車
သံချပ်ဝတ်လုံ[tandʒaʔ wuʔloun] (名) 鎖帷子、鎧
သံချပ်အင်္ကျီ[tandʒaʔ in:dʒi] (名) 鎖帷子、鎧
သံခြေကျင်း:[tan tʃidʒin:] (名) 鉄の足枷
သံခွါ[tan k'wa] (名) 蹄鉄
သံစို[tan so.] (名) 冷鉄用のたがね
သံစည်ပုံး:[tan siboun:] (名) バケツ、ブリキ缶
သံဆူးကြိုး:[tan s'u:dʒo:] (名) 有刺鉄線、鉄条網
သံဆတ်တက်[tanzeiʔ tɛʔ] (動) ①錆つく ②破傷風に罹る
သံဆန်ခါ[tan zəga] (名) ①金網 ②鉄格子、鉄柵
သံဆန်ခါတန်း:[tanzəga dan:] (名) 鉄柵
သံဆုံ[tanzoun] (名) 鉄製の白
သံဆော[tan zəga] ＜သံဆန်ခါ
သံကောတံခါး[tanzəga dəga:] (名) 鉄格子の扉
သံကောတံခါးမျက်နှာဖုံး:[tanzəga dəga: mjɛʔnə p'oun:] (名) （剣道の）面
သံညှပ်[tan ɲaʔ] (名) ①やっとこ、釘抜き、ペンチ、ピンセット ②鼠取り
သံတူ[tan tu] (名) 金槌（かなづち）、鉄槌
သံတူးရှင်း:[tan dəjwin:] (名) 土掘り用の金梃
သံတိုသံမယ[tando mɛna.] (名) 釘、ボルト、螺子等の総称
သံတိုသံစ[tando tanza.] (名) 屑鉄
သံတောင်[tandaun] (名) 長さの単位（約20インチ）
သံတိုင်[tandain] (名) 鉄柵、鉄格子
သံတံတား:[tan dəda:] (名) 鉄橋
သံတွေ့ခဲ[tandwegɛ:] (名) 溶解鉄の塊、灼熱の鉄の塊
သံထည်[tandɛ] (名) 鉄製品
သံဓာတ်[tan daʔ] (名) 鉄分 သွေးထဲတွင်သံဓာတ်နည်းပါးသည်။ 血液中に鉄分が不足している
သံနန်း[tan nan:] (名) 針金
သံပခြောက်[tan pətʃouʔ] (動物) ウニ

သံပုရာ[tanbəja]（植）ライム →သမ္မရာ
သံပူ[tanbu]（名）火中で熱した鉄板、焼き鏝、熱した針
သံပတ်[tanbaʔ]（名）①（時計の）螺子、発条（ぜんまい）、スプリング ②鉄のたが、鉄の枠
သံပတ်ကုန်[tanbaʔ koun]（動）発条が緩む
သံပတ်ပေး[tanbaʔ pe:]（動）（玩具の）発条を巻く、（時計の）螺子を巻く
သံပတ်လျော့[tanbaʔ jɔ.]（動）スプリングが緩む
သံပုံး[tanboun:]（名）バケツ
သံပြား[tanbja:]（名）鉄板
သံပြားဝိုင်းပစ်[tanbja:wain: pjiʔ]（名）円盤投げをする
သံပြားဝိုင်းပစ်ပြိုင်ပွဲ[tanbja:wain: pjiʔpjain bwɛ:]（名）円盤投げ競技
သံဖိုရုံ[tanbo joun]（名）鋳鉄工場
သံဖြူ[tanbju]（名）①錫 ②ブリキ
သံဘူး[tanbu:]（名）アルミ缶、スチール缶
သံဘူးလက်ကိုင်ကွင်းအပြား[tanbu: lɛʔkain:gwin: əpjal]（名）アルミ缶、スチール缶のプルトップ
သံမဏိ[tanməni.]（名）鋼鉄、鋼（はがね）
သံမဏိတပ်[tanməni.daʔ]（名）（戦前のビルマの大学学生自治会連合が編成した）実動部隊
သံမနိုင်ကျောက်မနိုင်[tan mənain tʃauʔ mənain]（植）マルバタケハギ（マメ科）Alysicarpus vaginalis 利尿の効果あり
သံမင်း[tanmin:]（鉱）タングステン
သံမံတလင်း[təman talin:]→သမံတလင်း
သံမှို[tanmo]（名）鋲、画鋲
သံမှိုကြီး[tanmo̰dʒi:]（名）リベット
သံမှိုနက်[tanmo nɛʔ]（動）リベットを打ち込む
သံရိုက်[tʃan jaiʔ]（動）釘を打つ
သံရိုင်း[tʃan jain:]（名）鉄鉱石
သံရည်ကျိုစက်[tan je tʃozɛʔ]（名）製鉄工場
သံရှင်[tanʃin]（名）鋼 =သံမဏိ
သံလက်[tanlɛʔ]（名）鏝（こて）
သံလိုက်[tanlaiʔ]（名）磁石
သံလိုက်ဓာတ်[tanlaiʔ daʔ]（名）磁気
သံလမ်း[tanlan:]（名）鉄道線路
သံလုံးပစ်[tanloun:pjiʔ]（名）砲丸投げ
သံလျှက်[tanljɛʔ]（名）短剣 =သန်လျက်
သံလျှက်ကိုင်[tanljɛʔ kain]①（動）太刀を捧げ持つ ②（名）太刀持ち
သံလျှက်နံ့[tanljɛʔkʼoun]（名）岬
သံလွင်[tanlwin]（名）①カスタネット、小型のシンバル ②（植）オリーブ ③（地）サルウイン河

သံသေလမ်းစဉ်[tande lan:zin]（名）（錬金術での）鉄の加工 cf. ပြဒါးသေ
သံအဆုတ်[tan əsʼouʔ]（名）人工心肺
သံ[tan]（名）外交使節
သံကြီးတမန်ကြီး[tandʒi: təmandʒi:]（名）外交使節
သံတမန်[tan təman]（名）外交使節、外交官
သံတမန်နိုင်ငံကူးလက်မှတ်[tantəman naingangu: lɛʔmaʔ]（名）外交旅券
သံတမန်ရေးရာဉီးစီးဌာန[tantəman je:ja u:zi: tʼna.]（名）（外務省の）外交局
သံတမန်အဆက်အသွယ်ဖြတ်[tantəman əsʼɛʔətwɛ pʼjaʔ]（動）外交関係を絶つ、断交する
သံတဲ[tandɛ:]（名）役人用宿泊施設、サーキット・ハウス =ဝိုင်တဲ
သံမှူး[tanmu:]（名）参事官
သံမှူးကြီး[tanmu:dʒi:]（名）公使
သံရုံး[tan joun:]（名）大使館
သံရုံးအဖွဲ့ဝင်[tan joun əpʼwɛ.win]（名）外交官、大使館員
သံအမတ်[tan əmaʔ]（名）大使
သံအမတ်ကြီး[tan əmaʔtʃi:]（名）大使
သံ[tan]（名）①声 <အသံ။ ပြောသံ 話し声 ကျား သံ 虎の声 ခွေးဟောင်သံ 犬の吠え声 ②音 လေယာဉ်စက် သံ 飛行機の爆音
သံကုန်ဟစ်[tangoun hiʔ]（動）声を張り上げる、大声で叫ぶ、絶叫する
သံကုန်အော်ဟစ်[tangoun ɔhiʔ]=သံကုန်ဟစ်
သံကြောင်းတူ[tangwɛ: tʃaun:du]（名）同意語、類義語
သံချပ်[tandʃaʔ]（名）（祭りの時に歌われる）囃子唄、交互に歌う合唱、交互歌
သံချပ်ထိုး[tandʃaʔ tʼo:]（動）囃子唄を歌う、囃し立てる、合唱に合いの手を入れる
သံစဉ်[tanzin]（名）①音階 ②旋律、メロディー
သံစုံတီးဝိုင်း[tanzoun ti:wain:]（名）交響楽団、オーケストラ
သံစုံသေတ္တာ[tanzoun tiʔta]（名）オルゴール
သံညီကြောင်းကွဲ[tandu tʃaun:gwɛ:]（名）①同音異義語 例 အိမ်မြှောင် 守宮（やもり） အိမ်မြှောင် 羅針盤 ②同類、類似、似たり寄ったり
သံတော်ခံ[tandogan]（名）（王朝時代の）儀典官
သံတော်ဆင့်[tandɔzin.]（名）（王朝時代の）御側用人、伝奏官（国王の面前で公文書を読上げる役人、枢密官の配下で枢密院に勤務、元老院に送付する勅令を နှုတ်ခံတော် に引渡した）

သံတော်ဦးတင်[tʃandɔ u:tin]（動）①国王へ言上する、奏上する、申し上げる ②（返辞）承知仕り候

သံတို[tando]（名）短母音（第一声調、အ၊အိ၊အု၊等の発音）

သံတိုင်[tandain]（名）①掛け声、呼掛け声、誘いの声 ②史詩の2連の内の第一 ③先行する独唱

သံထင်[tandin]（名）有声音（母音、鼻音及びဝ၊ဝ၊၃၊ဝ၊等）

သံနေသံထား:[tanne tanda:]（名）発音の様子、音の抑揚、発音の長短高低、音調の転換、音色、節回し

သံနှီ[tanno.]（名）無声音（က၊အ၊တ၊ထ၊ပ၊等）

သံပေါက်[tanbauʔ]（名）4－3－5又は4－3－7で構成される3行詩（ビルマ歌謡の基本の構成、末尾一末尾－2番目と押韻される）例①သူကမိုးကဲ့၊ လူတွေအဲ၊ ဆုတ်ရှဲတို့ရာ:။ 威張りちらす人、人々が集まるや遂に譲歩 ②မျှောသပြေ၊အသီးကြွေ၊ မိုးမြေကိုလည်း၊ ရစ်ရမည့်။ ムラサキフトモモ、果実が落果、天空そのいずれもが綴りはヤイツ ③အစ်လေး၊ အလပ်သုံး၊ အဆုံး:ငါ:ခုနစ်။ 最初は4個、中は3、最後は5か7個

သံဝိုင်း[tanbain:]（名）史詩（မော်ကွန်း記録詩の終章に使われる詩）

သံပြိုင်[tanbjain]（名）合唱、斉唱 ②（副）声を揃えて、異口同音に、全員一斉に သံပြိုင်သီဆိုသည် 合唱する、斉唱する

သံပြတ်[tanbjaʔ]（名）①他の音との間で連声にならない音 ②第一声調の発音（短い母音の後、声門が緊張する）

သံယောင်လိုက်[tan jaunlaiʔ]（動）異口同音に言う、口真似をして言う、おおむね言う、付和雷同する

သံရပ်[tan jaʔ]（名）声門閉鎖音（ကိ၊စ်၊တိ၊等の発音）

သံရှည်[tanʃe]（名）長母音（第2声調、အာ၊အီ၊အူ等の発音）

သံခိပ်[tankʻeiʔ]（名）精選、抜粋、要旨、概略、要点 ＜ပ Saṃkhepa

သံယာ[tanga]（名）出家集団、僧団、仏教教団＝သံဃာ ＜ပ Saṅgha

သံယာဝင်[tangazin]（名）喜捨の時に出家が座る壇

သံယာတော်[tangado]（名）比丘、出家

သံတေ[tande]（植）ウヨウシュウ（ノウゼンカズラ科）Stereospermum personatum

သံပရဲ[tanbəje]（植）ヒメレモン、カントンレモン（ミカン科）Citrus medica limonum

သံပုရာ[tanbəja]（植）ライム（ミカン科）Citrus medica acida

သံပုရာပိုင်:[tanbəja bain:]（名）中華鍋＝သံယ်အိုး

သံပုရာဖျော်ရည်[tanbəja pʻjɔje]（名）ライム・ジュース

သံပုရာသီး[tanbəjadi:]（名）ライムの実

သံပယို[tanpəjo]（植）→သံပရဲ

သံပျင်[tanbjin]（名）（王朝時代の）官吏 cf. ကလန်

သံယောဇဉ်[tan jɔ:zin]（名）愛着、執着、情 ＜ပ Saṃyojana

သံယောဇဉ်ကြီး[tan jɔ:zin tʃi:]（形）愛着が深い ＜ပ Saṃyojana

သံယောဇဉ်ငြိတွယ်[tan jɔ:zin ɲi.twɛ]（動）愛着がある、思いを寄せる

သံယောဇဉ်တွယ်[tan jɔ:zin twɛ]（動）愛着を寄せる

သံယောဇဉ်ထား:[tan jɔ:zin tʻa:]（動）思いを寄せる、情を抱く

သံယောဇဉ်ရှိ[tan jɔ:zin ʃi.]（動）愛着がある

သံယုတ်ကျမ်:[tan jouʔ tʃan:]（名）相応部経典（五部経典の一つ）

သံယုတ္တနိကာယ်[tan jouʔta.ni.kɛ]（名）相応部経典 ＜ပ Saṃyutta Nikāya

သံလွင်[tanlwin]（植）オリーブ（モクセイ科）Olea europa

သံလွင်ဆီ[tanlwinzo]（名）オリーブ油

သံလွင်မြစ်[tanlwin mjiʔ]（地）サルウィン河

သံဝါသ[tanwata.]（名）①性交 ②同棲 ＜ပ Saṃvāsa

သံဝါသပြု[tanwata. pju.]（動）①性交する ②同棲する、一緒になる

သံဝါသဖြစ်[tanwata. pʻjiʔ]（動）性交する、交接する、同衾する

သံဝါသအပြုခံရ[tanwata. əpju. kʻan ja.]（動）性交される、肉体関係を持たされる

သံဝေဂ[tanwega.]（名）良心の呵責、悔恨、自責 ＜ပ Saṃvega

သံဝေဂစိတ်[tanwega. seiʔ]（名）呵責の念、良心の咎め、厭離心

သံဝေဂဏံပွါ:မျာ:[tanwega. ɲan pwa:mja:]（動）冥福を祈る、追悼する

သံဝေဂရ[tanwega. ja.]（動）①悔恨する、反省する ②虚しさを覚える、苦悩する

သံဝေဂသီချင်:[tanwega. tətʃʻin:]（名）人生の虚しさを歌った歌

သံဝဋ်ကပ်[tanwuʔta. kaʔ]（名）壊劫（えこう、世界の成立から破滅に至る四劫の内の第3期）

သံဝဋ္ဋာယီကပ်[tanwuʔta.taji kaʔ]（名）空劫（四劫の第4期）

သံသကြို့[ṭanṭekərei']（名）梵語、サンスクリット

သံသယ[ṭandəja.]（名）疑い、疑惑＜パ Saṁsaya

သံသယဖြစ်[ṭandəja. p'ji']（動）疑いを抱く、疑問に思う

သံသယမကင်းဖြစ်[ṭandəja. məkin: p'ji']（動）疑わしい、疑惑と無縁ではない

သံသယရှိ[ṭandəja. ʃi.]（動）疑わしい、疑いがある

သံသယရှင်း[ṭandəja. ʃin:]（動）疑惑が晴れる

သံသယဝင်[ṭandəja. win]（動）疑惑が生じる

သံသရာ[ṭandəja]（名）輪廻、転生、流転 ＜パ Saṁsāra

သံသရာလည်[ṭandəja lɛ]（動）①輪廻を続ける、輪廻から逃れられない ②循環する、回転を続ける

သံသရာဝဋ်[ṭandəja wu']（名）輪廻の因果

သံသေဒဇပုဋ္ဌသေ္ၼ[ṭandedeza. bədei'dəde]（名）湿生（蚊、蝿等湿気から生じた生き物）

သံသေဒဇဝွာ:[ṭandedeza. p'wa:]（動）（胎生でも卵生でもなく）湿地から生じる

သံသစ်[ṭanda']（植）①オオセンダンキサササゲ（ノウゼンカズラ科）Stereospermum fimbriatum ②ネムノキ（ネムノキ科）の仲間 Albizzia luciba

သုံ့[ṭoun.]（名・文）俘虜

သုံ့ပန်း[ṭoun.ban:]（名）俘虜、捕虜 စစ်သုံ့ပန်း 戦争捕虜

သုံ့လူ[ṭoun.lu]（名.文）俘虜、捕虜

သုံး[ṭoun:]（動）使う、用いる、使用する、利用する

သုံးချင်တိုင်းသုံး[ṭoun:dʒindain: ṭoun:]（動）使いたいだけ使う、濫費する

သုံးစား:[ṭoun:za:]（動）服用する ဆေး၀ါးသုံးစားသည်။ 薬を服用する

သုံးစွဲ[ṭoun:swɛ:]（動）①使用する ②常用する ③消費する

သုံးစွဲပုံ[ṭoun:swɛ:boun]（名）①使用法 ②消費の仕方

သုံးစွဲပုံအညွှန်း[ṭoun:swɛ:boun əɲun:]（名）使用法の説明

သုံးဆောင်[ṭoun:s'aun]（動）①（食事を）お上りになる、召し上がる ②使う、用いる

သုံးနှန်း[ṭoun:noun:]（動）言葉で用いる、言葉として使う

သုံးဖြုန်း[ṭoun:p'joun:]（動）浪費する、無駄にする

သုံးရေ[ṭoun:je]（名）生活用水

သုံးသပ်[ṭoun:da']（動）①思案する、検討する ②

撫でる ③洗う、行水する ④掌で叩く

သုံးသပ်ချက်[ṭoun:da'tʃɛ']（名）検討

သုံး[ṭoun:]（数）3 ビルマ数字は ၃

သုံးကြိမ်[ṭoun:dʒein]（名）3回、3度

သုံးခါ[ṭoun:ga]（名）3度、3回

သုံးချိုးတချို့[ṭoun:dʒo: təṭʃo:]（名）三分の一

သုံးချက်ညီ[ṭoun:dʒɛ'ɲi]（名）押韻法の一つ（脚韻が1行目の4音節目、2行目3音節目、3行目2音節目のように移動する） 例 စိုးရသခင်၊ ကျေး:ဇူးရှင်တို့၊ ပြစ်တင်မောင်းမဲ။

သုံးချောင်းထောက်[ṭoun:dʒaun:dau']（名）三脚

သုံးခူထင်းရူး[ṭoun:gwa. t'in:ju:]（植）カシアマツ（三葉松）

သုံးဆယ်ခုနစ်မင်းနတ်[ṭoun:zɛ.k'unnəmin: na']（名）三十七柱の神々（ナッ）

သုံးဆယ်ခြောက်ကောင်[ṭoun:zɛ.tʃau'kaun]（名）花札の一種（虎、象、蛇36種類の絵柄の内どれか一つを当たりとして行う籤、または賭博）cf. လေးကောင်ရင်

သုံးဆယ်တစ်ရက်[ṭoun:zɛ.dəboun]（名）三十一天（欲界十一、色界十六、無色界四）

သုံးဆယ်နှစ်ကော့ဌာသ[ṭoun:zɛ. nəkɔ:t'aṭa.]（名）（肉体を形成する髪、毛、皮膚、肉、骨、腸等の）三十二の要素

သုံးဆယ်ရှစ်ဖြာမင်္ဂလာ[ṭoun:zɛ.ʃi'p'jamingəla]（名）（吉祥経で説かれている）吉祥38相（親への孝行、妻子の扶養、寄進、尊い行動、悪行からの乖離、謙遜、忍耐、節約、感謝、禁酒等）

သုံးဆယ်[ṭoun:zɛ]（数）30

သုံးထောင်[ṭoun:daun.]（名）三角

သုံးထောင်ကျင်းတွယ်[ṭoun:daun. tʃintwɛ]（名）三角定規

သုံးထောင်[ṭoun:daun]（数）3千

သုံးထပ်ကျား:[ṭoun:da'tʃa:]（名）双方共駒を6個ずつ持って三重の方形枠の中で対戦するビルマ碁

သုံးထပ်တိုက်[ṭoun:da'tai]（名）三階建の建物

သုံးထပ်ပဒိုင်း[ṭoun:da' bədain:]（植）ヨウシュチョウセンアサガオ（ナス科）Datura stramonium

သုံးထပ်သား:[ṭoun:da'ta:]（名）合板、ベニヤ板

သုံးထမ်းပိုး[ṭoun:dəbo:]（名）三種の柄（ထွန်တမ်းပိုး: 馬鍬、လှည်းထမ်းပိုး: 牛車、ဆုံထမ်းပိုး: 碓きの臼）

သုံးပါတီ[ṭoun: pati]（名）（ビルマ独立後反乱活動を行った）白旗共産党、赤旗共産党、人民義勇軍の三派

သုံးပင်နှစ်ခန်း[ṭoun:bin nək'an:]（名）間柱3

သုံးပိုင်းပိုင်း

本、2区画の家屋
သုံးပိုင်းပိုင်း[t̪oun:bain: pain:]（動）三部に分ける、三分する
သုံးပုံတပုံ[t̪oun:boun dəboun]（名）三分の一
သုံးပုံနှစ်ပုံ[t̪oun:boun nəpoun]（名）三分の二
သုံးပွဲ[t̪oun:bounpʼɛː]（名）三人で行うドミノ、トランプ賭博（シャン・ドミノではカードを10枚、ビルマ・ドミノでは14枚を使用する）
သုံးပုံဖဲရိုက်[t̪oun:boun pʼɛː jaiʼ]（動）三人でトランプ（賭博）をする
သုံးပွဲတပွဲ[t̪oun:bwɛ dəbwɛː]（名）試合での得点が3対1　သုံးပွဲတပွဲဖြင့်နိုင်သည်။ 3対1で勝った
သုံးပွဲနှစ်ပွဲ[t̪oun:bwɛː nəpwɛː]（名）試合での得点が3対2　သုံးပွဲနှစ်ပွဲဖြင့်အနိုင်ရသည်။ 3対2で勝利を得た
သုံးပွဲပွဲမရှိ[t̪oun:bwɛ pwɛː məʃi.]（名）試合で得点が3対ゼロ　သုံးပွဲမရှိနိုင်သည်။ 3対ゼロで勝った
သုံးပွင့်ဆိုင်[t̪oun:bwin.zain]（名）鼎立
သုံးပွင့်ဆိုင်ကိုယ်စားလှယ်[t̪oun:bwin.zain kozəlɛ]（名）三者代表
သုံးပွင့်ဆိုင်ရပ်[t̪oun:bwin.zain jaʼ]（動）鼎立する、三者向い合って立つ
သုံးပွင့်ဆိုင်သဘောတူညီချက်[t̪oun:bwin.zain)dəbəː tuɲidʑɛʼ]（名）三者合意
သုံးပွင့်ဆိုင်အချစ်[t̪oun:bwin.zain ətʃiʼ]（名）恋愛の三角関係
သုံးဖန်လှ[t̪oun:banla.]（植）フヨウ（アオイ科）Hibiscus mutabilis
သုံးဘီးကား[t̪oun:bein: aː]（名）小型三輪自動車（1960年代から80年代にかけて短距離区間のタクシーとして利用された）
သုံးဘီးစက်ဘီး[t̪oun:bein: sɛʼbein:]（名）三輪車
သုံးမတ်[t̪oun:maʼ]（名）補助貨幣ピャーの呼称の一つ、75ピャーの別称
သုံးမြွှာပူး[t̪oun:m̥wabu.]（名）三つ子
သုံးမြွှာသား[t̪oun:m̥wada:]＝သုံးမြွှာပူး
သုံးမြှောင့်[t̪oun:mjaun.]（名）三稜
သုံးယောက်ရက်ပေါင်းလောင်းကျော်[t̪oun:]（諺）三人寄れば文殊の智慧（3人力を合せればカヌーを追い越す）
သုံးရာ[t̪oun: ja]（数）三百
သုံးရက်လ[t̪oun:jɛʼ la.]（名）三日月
သုံးရောင်ခြယ်အလံ[t̪oun:jaundʑɛ əlan]（名）三色旗（黄、緑、赤の三色、タキン党の党旗）
သုံးလပဲ[t̪ounla.bɛː]（植）ササゲ（マメ科）Vigna sinensis

သုံးလူဖျား[t̪oun:lu.pʼja:]（名）世尊の別名（三界の頂点）
သုံးလူဘ[t̪oun:lu.ba.]（名）世尊、仏陀の別名（三界の父）
သုံးလူအထွတ်[t̪oun:lu. ətuʼ]（名）仏陀の別名（三世界の頂点）
သုံးလေးရက်[t̪oun:le:jɛʼ]（名）3、4日
သုံးလုံးတပိုဒ်[t̪oun:loun: dəbai]（名）3音節1行の時　例 ပါး:နော်:ပင်:၊ရေသွင်:မဝင်။ 節の詰った竹は水を注いでも入らず（韻は、1行目が末尾、2行目は第2音節）
သုံးလှန်းတင်[t̪oun:lun:din]（名）①三種混合 ②真田紐
သုံးလှန်းတင်ကြိုး[t̪oun:lun:din tʃo:]（名）真田編みのロープ
သုံးလှန်းတင်ထမင်း[t̪oun:lun:din tʼəmin:]（名）3種混ぜ合わせた飯
သုံးဝမ်းကွဲ[t̪oun:wun:gwɛː]（名）曾祖父母の兄弟姉妹の曾孫（8親等相当者）cf.တဝမ်းကွဲ။ နှစ်ဝမ်းကွဲ။
သုံးဝမ်းကွဲတော်[t̪oun:wun:gwɛː tɔ]（動）8親等の血縁関係にある
သုံးသီးစားစိုက်ပျိုး[t̪oun:di:za: saiʼpjo:]（動）（作物の）三毛作をする
သုံးသန်း[t̪oun:d̪an:]（数）三百万
သုံးသိန်း[t̪oun:d̪ein:]（数）三十万
သုံးသောင်း[t̪oun:d̪aun:]（数）三万
သုံးဦးစပ်[t̪oun: u:zaʼ]（名）三種類の魚を原料とする魚醤
သွာတိ[t̪wati.]（名）こう宿（二十七宿の第15番目）、牛飼い座のアウクトゥルス
သွား[t̪wa:]（名）①歯 သွား:တချောင်း: 歯1本 ②刃 ဓား:သွား: 刃物の刃 လှံ:သွား: 槍の刃 ③文体、語調 စာ:သွား: လေး:သွား: ④節、旋律
သွားကိုက်[t̪wa kaiʼ]（動）歯が痛む
သွားကိုက်ပျောက်ဆေး[t̪wa:gaiʼ pjauʼsʼe:]（名）歯痛止めの薬
သွားကျဲ[t̪wa: tʃɛː]（形）歯並びが悪い、歯が疎らだ、歯の間に隙間が多い
သွားကျဲရေယို၊ သွားလပ်ကျိုး၊ မျက်ရည်ခံမဲ့တဲ့။（格）亭主が早死にする三つの原因（女房の歯並びが悪い、歯が欠けている、目の下に黒子がある）
သွားကျိုး[t̪wa: tʃo:]（動）歯が折れる、歯が欠ける
သွားကျိန်း[t̪wa: tʃein:]（動）歯に凍みる
သွားကြားထိုး[t̪wa:dʑa: tʼo:]①（動）爪楊枝を使う ②[t̪wa:dʑa:do]（名）爪楊枝
သွားကြားထိုးတုတ်ချောင်းကလေး[t̪wa:dʑa:do douʼ

သွား：

tʃaun:gəle:] =သွား：ကြား：ထိုး
သွား：ကြား：ထိုးတံ[twa:dʒa: t'odan] =သွား：ကြား：ထိုး
သွား：ကြား：အရှိ：ညှိ။မျက်စပ်ပိုး၀င် ။（格言）夫婦は互い
に譲り合い、我慢して暮す事だ（居心地の悪さ、歯の
間に詰った物、目の中に入った虫）
သွား：ကြိတ်[twa: tʃei'] （動）歯ぎしりする、歯噛み
する
သွား：ကြိတ်သံ[twa:tʃei'tan] （名）歯ぎしり
သွား：ကျွတ်[twa: tʃu'] （動）歯が取れる、歯が抜け
る
သွား：ကြွေ[twa: tʃwe] （動）歯が抜け落ちる
သွား：ခေါ်[twa: k'ɔ:] （形）出っ歯だ
သွား：ချေး：[təʧi:] （名）歯糞
သွား：ချေး：ကျောက်[təʧi:dʒau'] （名）歯石
သွား：ချေး：ထူ[təʧi: t'u] （形）歯糞が一杯だ
သွား：ချွန်ချွတ်ထက်ထက်ရှိ[twa: tʃundʒunt'ɛ't'ɛ'
ʃi.] （形）歯が鋭い、歯が鋭く尖っている
သွား：စိုက်[twa: sai'] （動）入れ歯をする
သွား：စိုက်ဆရာ၀န်[twa:sai' s'əjawun] （名）歯科
医
သွား：တု[twa:du.] （名）入れ歯、義歯
သွား：တက်[dədɛ'] （名）八重歯
သွား：တိုက်[twa: tai'] （動）歯を磨く
သွား：တိုက်ဆေး[twa:dai's'e] （名）歯磨き
သွား：တိုက်ဆေး：ဗူး[twa:dai's'ebu:] （名）歯磨きチ
ューブ
သွား：ထပ်[twa: t'a']① （動）歯が重なり合う、八重
歯になる ②[tət'a'] （名）八重歯
သွား：နာ[twa: na] （動）歯が痛む
သွား：နဲ့[twa: nɛ.] （動）歯がぐらつく、歯が不安定
になる
သွား：နုတ်[twa: nou'] （動）抜歯する
သွား：နုတ်ခံရ[twa:nou' k'an ja.] （動）抜歯され
る
သွား：ပိုး：စား：[twa: po:sa:] （動）虫歯になる
သွား：ပိုး：စား：ရောဂါ[twa: po:za: jɔ:ga] （名）虫
歯
သွား：ပေါက်[twa: pau'] （動）歯が生える သွား：မ
ပေါက်ကြသေးသောကလေးများ： まだ歯が生えていない
幼児
သွား：ပုပ်လေလွင့်[dəbou' lelwin.] （副）罵詈雑言
の限りを尽くして
သွား：ပုပ်လေလွင့်စကား：[dəbou'lelwin.zəga:]
（名）中傷、悪口雑言
သွား：ပုပ်လေလွင့်ပြော[dəbou'lelwin. pjɔ:]
罵詈雑言を浴びせる

သွား：ပွတ်တံ[dəbu'tan] （名）歯ブラシ
သွား：ဖာ[twa: p'a] （動）歯を治療する、歯に金属
を被せる
သွား：ဖုံး[təp'oun:] （名）歯茎
သွား：ဖုံး：ရောဂါ[təp'oun: jɔ:ga] （病）歯肉炎
သွား：ဖုံး：ရောင်ရောဂါ[təp'oun:jaun jɔ:ga] （病）
歯肉炎、歯周炎
သွား：ဖြဲ[twa: p'jɛ:] （動）歯を剥き出す
သွား：ရည်[təje] （名）唾液、涎
သွား：ရည်ကျ[təje tʃa.] （動）①涎が垂れ落ちる ②
欲しくなる、渇望する
သွား：ရည်ခံ[təjegan] （名）涎掛け
သွား：ရည်စာ[təjeza] （名）駄菓子、間食、スナック
သွား：ရည်ယို[təje jo] （動）涎を垂らす
သွား：ရည်သိမ်း[təje tein:] （動）涎を拭う
သွား：[twa:] （動）①行く、出かける、進む ရေး：သွား：
သည် ။ 市場へ行く ဘုန်း：ကြီး：ကျောင်း：သွား：သည် ။ 寺へ出
かける ②去る、立ち去る ③逝く、死ぬ
သွား：ကြည့်[twa: tʃi.] （動）行っている、見に行く
သွား：ခေါ်[twa: k'ɔ] （動）呼びに行く、連れに行く
သွား：ချည်လာချည်[twa:dʒi ladʒi] （副）行ったり
来たり
သွား：ဆယ်[twa: s'ɛ] （動）行って掬う、掬いに行く
သွား：နေကျလာနေကျ[twa:nedʒa. lanedʒa.]
（副）始終行ったり来たりして သွား：နေကျလာကျ
လမ်း： いつも行き来している道
သွား：ပို့[twa: po.] （動）送り届ける、送りに行く
သွား：ပေါင်း：[twa: paun:] （動）行って加わる
သွား：ပျင်း：[twa: pjin:] （形）行くのに飽きる
သွား：ပြီ[twa:bi] （動）①やられた、万事休す ②も
う行った、さようなら
သွား：ဖန်များ：၁ခရီး：ရောက် ။ （諺）千里の道も一歩から
（行けば行くほど旅は捗る）
သွား：ယင်း：၁ခန့်လွဲ ။ （諺）一石二鳥、序に（歩きながら
身のこなしを整える）
သွား：ရေး：လာရေး：[twa:je: laje:] （名）往来問題
သွား：ရေး：လာရေး：ခက်ခဲ[twa:je:laje: k'ɛ'k'ɛ:]
（形）往来が困難だ
သွား：ရောက်[twa: jau'] （動）行き着く、到着する
သွား：ရောက်တွေ့ဆုံ[twa: jau' twe.s'oun] （動）会
いに行く、行って面会する
သွား：ရောက်တွေ့ဆုံနုတ်ဆက်[twa: jau' twe.s'oun
nou's'ɛ'] （動）表敬訪問する
သွား：လာ[twa:la] （動）①行って来る ②情交を結
ぶ、肉体関係を持つ
သွား：လာရာ[twa:laja] （名）往来した所

သွားလာလှုပ်ရှား[t̪wa:la ɬouʔʃa:]（動）行き来して活動する

သွားလာဝင်ထွက်[t̪wa:la wintʰwɛʔ]（動）性的関係を持つ、情交を結ぶ、私通する

သွားလေရာရာ[t̪wa:lejaja]（名）行く先々、出かけた所悉く

သွားလေသူ[t̪wa:ledu]（名）故人、物故者

သွားလည်[t̪wa:lɛ]（動）遊びに行く、訪問する

သွားသတိရ[t̪wa:dedi.ja.]（動）ふと思い出す

သွားအတူလာအတူဖြစ်[t̪wa:ətu la ətu pʰjiʔ]（動）一緒に行動する、行き来を共にする

သွား[t̪wa:]（助動）～してしまう ပြူတင်းပေါက်ပွင့်သွားပြီ။ 窓が開いてしまった ဧည့်သည်ပါးသွားပြီ။ 客も疎らになってしまった နည်းနည်းနောက်ကျသွားတော်။ 少し遅くなってしまった သုံးရက်ကြာသွားတော်။ 3 日経ってしまった အတော်ပိန်သွားတယ်။ 随分と痩せてしまった မောသွားပြီလား။ 疲れてしまったか

သွေ့[t̪we.]（動）（濡れた手や髪が）乾く、乾燥する
သွေ့ခြောက်[t̪we.tʃʰauʔ]（動）乾く

သွေ[t̪we]（動）逸れる、逸脱する
သွေဖီ[t̪wepʰi]（動）①常軌を逸する、極端だ、異端だ ②反抗する、敵対する、抗争する
သွေဖီရေး[t̪wepʰije:]（名）異常、異端 လက်ျာသွေဖီရေး 極右
သွေဖည်[t̪wepʰi] =သွေဖီ
သွေဖည်ရေးသမား[t̪wepʰije:dəma:]（名）過激派
သွေလွဲ[t̪welwɛ:]（動）歪ませる
သွေလွန်းဖည်လွန်း[t̪welun: pʰɛlun:]（形）余りにも極端すぎる

သွေး[t̪we:]（動）①研ぐ、研磨する ဓားတုံးနေလို့သွေးလိုက်ဦးမယ်။ 刃物が鈍くなっているので研磨する ②磨り下ろす သနပ်ခါးသွေးသည်။ ナガエミカンの樹皮を磨り下ろす（化粧液を作る）

သွေး[t̪we:]（名）①血、血液 ②血族 ရင်းသွေး 愛児 ③血統 ④気性、気質 သွေးကြွသည်။ 血が沸き立つ 興奮する သွေးအေးသည်။ 興奮が納まる、気が静まる、冷静になる

သွေးကင်ဆာ[t̪we: kinsʼa]（名）白血病
သွေးကောင်း[t̪we: kaun:]（形）神経が太い、豪胆だ、豪毅だ、大胆だ
သွေးကျဆေး[t̪we:tʃa.ze:]（名）血圧降下剤
သွေးကြီး[t̪we: tʃi:]（形）つけ上がる、思い上がる、のぼせる、慢心する、尊大だ、傲慢だ
သွေးကြီးမွေးကြီး[t̪we:dʒi: mwe:dʒi:]（副）傲慢で、尊大で、つけ上がって
သွေးကြော[t̪we:dʒɔ:]（名）血管

သွေးကြောကျဉ်းရောဂါ[t̪we:dʒɔ: dʒin jɔ:ga]（病）動脈硬化症
သွေးကြောမျှင်[t̪we:dʒɔ:mjin]（名）毛細血管
သွေးကြောင်[t̪we: tʃaun]（形）臆病だ、怖じ気づく、弱気になる
သွေးကွဲ[t̪we: kwɛ:]（動）①仲違いする、分裂する 仲睦まじくない ②血統が異なる、同系ではない
သွေးကွဲမြေခြား[t̪we:gwɛ: mjedʑa:]（名）異国の異種族
သွေးကြွ[t̪we: tʃwa.]（動）①血が沸き立つ、興奮する、意気盛んとなる ②血圧が上がる、脈拍が速くなる
သွေးခဲ[t̪we: kʰɛ:]①（動）血が固まる ②[t̪we: gɛ:]（名）血の塊、血漿 ③愛児
သွေးခုန်[t̪we: kʰoun]（動）脈が速くなる、動悸が高まる、鼓動が速くなる
သွေးခုန်နှုန်း[t̪we:kʰoun noun:]（名）脈拍
သွေးချိုဆီးရောဂါ[t̪we:dʑo sʼi:dʑo jɔ:ga]（病）糖尿病
သွေးချင်း[t̪we:dʑin:]（名）血縁同志
သွေးချင်းတူ[t̪we:dʑin: tu]（形）同族だ、同じ血が流れている
သွေးချင်းမိသားစု[t̪we:dʑin: mi.da.zu.]（名）血族
သွေးချင်းသားချင်း[t̪we:dʑin: t̪a:dʑin:]（名）同胞、同一民族
သွေးချောင်းစီး[t̪we: tʃaun: si:]（動）流血の惨事になる
သွေးချောင်းစီးပွဲ[t̪we:tʃaun:si:bwɛ:]（名）流血事態
သွေးချည်[t̪we:dʑi u.]（動）内出血する、鬱血する、血まめができる、打撲傷を受ける、打ち身挫傷ができる
သွေးခွဲ[t̪we: kʰwɛ:]（動）仲を引き裂く、仲違いさせる、不和を起こさせる、軋轢を生じさせる
သွေးခွဲမှု[t̪we:kʰwɛ:m̥u.]（名）分裂、仲違い、不和
သွေးငယ်[t̪we: ŋɛ]（形）臆病だ
သွေးစေး[t̪we:zi:]（名）血糊
သွေးစုနာ[t̪we-zu.na]（病）皮膚の腫れ物、化膿、できもの
သွေးစို[t̪we: so.]（動）血が滲む
သွေးစစ်[t̪we: siʔ]（動）①血液を検査する ②（形）純血だ、血統が正しい
သွေးစည်း[t̪we: si:]（動）団結する
သွေးစည်းညီညွတ်[t̪we:si: ɲi.ɲuʔ]（動）一致団結する

သွေးစည်းညီညွတ်ရေး[twe:si: ɲiɲuʔje:]（名）団結統一

သွေးစုံ:[twe:zoun:]（名）１３歳位の少女、思春期前の少女、乙女

သွေးစပ်[twe: saʔ]（動）血が繋がっている、血縁関係にある

သွေးစုပ်[twe: souʔ]（動）①吸血する ②搾取する

သွေးစုပ်မှုလောက[twe:souʔmu. lɔ:ka.]（名）吸血世界、搾取の世界、生き地獄

သွေးစုပ်လင်းဆွဲ[twe:souʔ lin:zwɛ:]（動物）吸血コウモリ

သွေးစုပ်သမား:[twe:souʔtəma:]（名）吸血鬼

သွေးစမ်း[twe: san:]（動）①脈を見る、脈拍を調べる ②様子を見る、様子を窺う

သွေးစမ်းကြည့်[twe. san:tʃi.] =သွေးစမ်း

သွေးစိမ်:[twe:zein:]（名）鮮血、新鮮な血

သွေးစွန်း[twe: sun:]（動）血が付く、血に染まる

သွေးဆာ[twe: s'a]（形）血に飢えている、狂暴だ

သွေးဆူ[twe: s'u]（動）血が逆流する、激昂する

သွေးဆူလွယ်[twe:s'u lwɛ]（形）興奮し易い、血気に逸り易い、激情家だ

သွေးဆေး[twe:ze:]（名）①血液浄化剤、血液強壮剤、造血剤 ②ホルモン

သွေးဆိုး[twe: s'o:]①（形）邪だ、腹が黒い、心変わりする ②[twe:zo:]（名）不純な血液

သွေးဆင်း[twe: s'in:]（動）（女性の下腹部から）出血する

သွေးဆောင်[twe:s'aun]（動）唆す、誘惑する、興奮させる ＝ဖြားယောင်း

သွေးဆောင်ဆွဲခေါ်[twe:zaun s'ɛ:k'ɔ]（動）誘惑して連れ去る

သွေးဆောင်ဆွဲခေါ်မှု[twe:zaun s'ɛ:k'ɔmu.]（名）拉致罪、誘拐罪

သွေးဆောင်မှု[twe:s'aunmu.]（名）誘惑、拉致

သွေးဆုတ်[twe: s'ouʔ]（動）①血の気が無くなる、顔面蒼白になる ②血圧が急激に下がる、死にかける

သွေးဆိပ်တက်[twe:zeiʔ tɛʔ]（動）尿毒症を起す

သွေးဆုံး[twe: s'oun:]（動）生理が無くなる、閉経する

သွေးဆုံးကိုင်[twe.zoun: kain]（動）更年期障害を起す

သွေးဆုံးရောဂါ[twe:zoun:jɔ:ga]（病）更年期障害

သွေးတူခြင်[twe:tudʒin:]（名）①同一氏姓 ②同一種族、同一民族

သွေးတူမြေခြား[twe:du mjedʒa:]（名）同族だが国が異なる人、外国居住の同一民族

သွေးတိုး[twe: to:]（動）①脈が速くなる ②高血圧になる ③動きが速まる

သွေးတိုးကျဆေး[twe:do: tʃa.ze:]（名）血圧降下剤

သွေးတိုးချိန်ကြည့်[twe:do: tʃeintʃi.]（動）血圧を測定する

သွေးတိုးစမ်း[twe:do: san:]（動）①血圧を測る ②様子を見る

သွေးတိုးနှုန်း[twe:do:noun:]（名）脈拍

သွေးတိုးမြန်[twe:do: mjan]（形）脈が速い

သွေးတိုးရောဂါ[twe:do: jɔ:ga]（病）高血圧症

သွေးတိုးအား:[twe:do: a:]（名）血圧

သွေးတက်[twe: tɛʔ]（動）①血が上る、顔が火照る ②血圧が高まる ③敗血症になる

သွေးတိုင်းကိရိယာ[twe: tain: kəri.ja]（名）血圧測定器

သွေးတိုင်းကြည့်[twe: tain:tʃi.]（動）血圧を測る

သွေးတိတ်[twe: teiʔ]（動）血が止まる、出血が止まる

သွေးတို့[twe: t'o:]（動）①励ます、力づける、士気を鼓舞する ②けしかける、唆す、煽動する

သွေးထွက်[twe: t'wɛʔ]（動）血が出る、出血する

သွေးထွက်နည်း[twe:dwɛʔ nɛ:]（形）出血が少ない

သွေးထွက်သံယိုဖြစ်[twe:dwɛʔtan jo p'jiʔ]（動）血を流す、流血の事態となる

သွေးထွက်သံယိုမှု[twe:dwɛʔtan jomu.]（名）流血事件

သွေးထွက်သံယိုအရေးအခင်း[twe:dwɛʔtan jo əje: ək'in:]（名）流血事件、流血騒動

သွေးထွက်အောင်မှန်[twe: t'wɛʔ aun]（副）間違いない、絶対に正しい、間違いの余地が無い ကျွန်တော်တို့ဆထင်မြင်ချက်သွေးထွက်အောင်မှန်နေသည်။ 私の解釈は絶対に正しい ခင်ဗျားစကားမှာသွေးထွက်အောင်မှန်လှပါသည်။ あなたの話は絶対に間違いない

သွေးနာထင်ရောက်[twe: nətin jauʔ]（動）自惚れる、つけあがる、思い上がる、傲慢になる

သွေးနီတုံး[twe:ni: doun:]（名）赤血球

သွေးနီဥ[twe:ni: u.] =သွေးနီတုံး

သွေးနီး[twe: ni:]（形）血が濃い、血縁関係が近い

သွေးနု[twe:nu.]（名）産後の肥立ち、出産直後

သွေးနုကိုယ်၊သားနုကိုယ်။（慣）生身の人間、生身の身体、誤まり多き人間、人間の脆さ

သွေးနည်း[twe: nɛ:]（形）臆病だ

သွေးနံ့[twe:nan.]（名）血の匂い

သွေးနွေးသတ္တဝါ[twe:nwe:dədəwa]（名）温血動物

သွေးနှောရောစပ်[twe: nɔ: jɔ:saʔ]（動）血が混じ

り合う、異種族間の通婚が行われる
သွေးနှင့်ကိုယ်။ သား：နှင့်ကိုယ်။ →သွေးနဲ့ကိုယ်။သား：နဲ့ကိုယ်။
သွေးပူ[ṯwe: pu] (動) 興奮する、のぼせる、逆上する、かっかっする
သွေးပေါ်[ṯwe: pɔ] (動) 月経がある、生理がある
သွေးပေါင်[ṯwe: paun] (動) 産前出血が始まる
သွေးပေါင်ကျ[ṯwe:baun tʃa.] (動) 血圧が下がる
သွေးပေါင်ချိန်[ṯwe:baun tʃein] (動) 血圧を測る
သွေးပန်း[ṯwe: pan] (動) 血が迸り出る
သွေးပုပ်ပြည်ပုပ်[ṯwe:bouʔ pjibouʔ] (名) 血と膿
သွေးပျက်[ṯwe: pjɛʔ] (動) 血の気が引く、驚愕の余り錯乱状態になる
သွေးပြော[ṯwe: pjɔ:] (動) 血の繋がりを感じる、何となく親しみを覚える
သွေးပြန်ကြော[ṯwe:bjaɴdʒɔ:] (名) 静脈
သွေးဖိအား[ṯwe: pʼi.a:] (名) 血圧
သွေးဖိအားတိုင်းကိရိယာ[ṯwe:pʼi.a tain:kəri.ja] (名) 血圧測定装置
သွေးဖောက်[ṯwe: pʼauʔ] (動) 血を取り出す
သွေးဖောက်စစ်ဆေး[ṯwe: pʼauʔ siʔsʼe:] (動) 血液検査をする
သွေးဖျော့နာ[ṯwe:bjɔ:na] (病) 貧血症
သွေးဖျဉ်းနာ[ṯwe:pʼjin:na] (病) 水腫
သွေးဖျည်းနာ[ṯwe:pʼjin:na] =သွေးဖျဉ်းနာ
သွေးဖျာ[ṯwe: pʼja] (動) 血走る
သွေးဖြူတုံး[ṯwe:bju douɴ:] (名) 白血球
သွေးဖြူ[ṯwe:bju u.] =သွေးဖြူတုံး
သွေးဘဏ်[ṯwe: ban] (名) 血液銀行
သွေးမစုန်[ṯwe: məsun:] (名) 癩病患者、ハンセン氏病患者 =နူနာ
သွေးမတော်သားမတော်[ṯwe: mətɔ taʔ mətɔ] (動) 血縁関係にない
သွေးမတိတ်ရောဂါ[ṯwe:məteiʔ.cʼi.ga] (病) 血友病
သွေးမယ့်[ṯwe: mətan:] (形) 血筋がよくない、血統がよくない、家系がよくない（癩病の家系だ）
သွေးမြောက်[ṯwe: mjauʔ] (動) 煽てに乗る、煽てられる、のぼせ上がる、思い上がる、奢り昂ぶる
သွေးမျှင်ကြော[ṯwe:mindʒɔ:] (名) 毛細血管
သွေးမှိန်[ṯwe: mun] (動) 昏倒する、意識を失う
သွေးရူးသွေးတန်း[ṯwe:ju ṯwe:dan:] (副) 逆上して、狂乱状態で、乱心状態で、ヒステリックに
သွေးရူးသွေးတန်းလုပ်ဆောင်[ṯwe:ju ṯwe:dan: louʔsʼaun] (動) 血迷った事をする
သွေးရေး[ṯwe:je:] (名) 骨肉の問題、血縁問題、氏族問題
သွေးရေးညီတူခြင်း[ṯwe:je: ɲiɲuʔtʃin:]

(名) 血族の結束、氏族の団結
သွေးရဲ[ṯwe: jɛ:] (形) 肝が太い、豪胆だ
သွေးရဲရဲတောက်[ṯwe: jɛ:jɛ: tauʔ] (動) 血沸き肉躍る
သွေးရဲရဲဆံရဲရဲ[ṯwe:jɛ:jɛ: tan jɛ:jɛ:] (副) 血まみれで、血だらけで、鮮血に染まって
သွေးရင်းသားရင်း[ṯwe:jin: ta:jin:] (名) 血族、血縁の間柄
သွေးရည်ကြည်[ṯwe:jedʒi] (名) 血漿
သွေးလေး[ṯwe: le:] (形) 昏睡状態だ、眠りこけている
သွေးလန့်[ṯwe: lan.] (動) びくつく、脅える、驚愕する、正気を失う、恐怖、ショックのあまり外傷性症状（トロウマ）を呈する
သွေးလန့်တုန့်လှုပ်[ṯwe:lan. tounlʼouʔ] (動) あがる、上気する
သွေးလွန်[ṯwe: lun] (形) 出血が夥しい
သွေးလွန်တုပ်ကွေး[ṯwe:lun touʔkwe:] (病) 流行性出血熱、出血性デング熱
သွေးလှူ[ṯwe: ɬu] (動) 献血する
သွေးလှူဒါန်[ṯwe: ɬudan:] =သွေးလှူ
သွေးလှူဘဏ်[ṯwe:ɬuban] (名) 血液銀行
သွေးလှပ်ကြော[ṯwe: ɬuʔtʃɔ:] (名) 動脈
သွေးဝေး[ṯwe: we:] (形) 血縁関係が遠い、血縁関係が薄い
သွေးဝမ်း[ṯwe:wun:] (名) ①血便 ②(病) 赤痢
သွေးသား[ṯwe:ta:] (名) 血肉、血縁関係者
သွေးသားကောင်း[ṯwe:ta:kaun:] (形) 血色がよい
သွေးသားဆူဝေတက်ကြွ[ṯwe:ta: sʼuwe tɛʔtʃwa.] (動) 血が騒ぐ、興奮する
သွေးသားတော်စပ်[ṯwe:ta: tɔsaʔ] (動) 血が繋がっている、血縁関係にある
သွေးသားအရင်း[ṯwe:ta: əjin:] (名) 血族
သွေးသောက်[ṯwe: tauʔ] ① (動) 血盟を結ぶ ② [ṯwe:dauʔ] (名) 盟友、血盟を結んだ同志
သွေးသောက်ကြီး[ṯwe:dauʔtʃi:] (名) (王朝時代兵士50名を指揮した) 隊長
သွော်[ṯwe:dauʔ] →သွေးသောက်
သွေးသံရဲရဲ[ṯwe:tan jɛ:jɛ:] (副) 血塗れになって、鮮血に染まって
သွေးသွားရပ်ဆိုင်း[ṯwe:dwa: jaʔsʼain:] (動) 血行が停止する
သွေးသွင်း[ṯwe: twin:] (動) 輸血する
သွေးအကြည်ရည်[ṯwe: ətʃije] (名) 血清
သွေးအဆီဓာတ်[ṯwe: əsʼidaʔ] (名) 血中脂肪、コレステロール

သွေးအမျိုးအစား [twe: əmjo:əsa:] (名) 血液型
သွေးအလှူ [twe: əɬu] (名) 献血
သွေးအားကောင်း [twe:a: kaun:] (形) 強壮だ、精力旺盛だ
သွေးအားနည်း [twe:a: nɛ:] (形) 貧血になる、血行が悪い
သွေးအားနည်းမှု [twe:a:nɛ:mu.] (名) 貧血
သွေးအားနည်းရောဂါ [twe:a:nɛ: jo:ga] (病) 貧血症
သွေးဥမွှာ [twe:u.m̥wa:] (名) 血小板
သွေးအေး [twe: e:] (形) 気が静まる、興奮が収まる、気持が落着く
သွေးအေးသတ္တဝါ [twe:e: dədəwa] (名) 冷血動物
သွေးအိုင် [twe: ain] (名) 血溜り
သွေးအန် [twe: an] (動) 血を吐く、喀血する、吐血する
သွေးအုပ်စု [twe: ouʔsu.] (名) 血液型
သွဲ့ [twɛ.] (動) ①(刀を)振り回す ②(木の枝が)揺れ動く
သွယ် [twɛ] ① (形) 細長い မျက်နှာသွယ်သည်။ 顔が細長い လက်ချောင်းများသွယ်သည်။ 指が細い ② (動) 繋ぐ、敷設する ကြိုးသွယ်သည်။ ロープを張る ③やり取りする ကုန်သွယ်သည်။ 交易する
သွယ်တန်း [twɛ. tan:] (動) 繋がる、(パイプライン等が)伸びる
သွယ်ဖောက် [twɛ. pʰauʔ] (動) (道を)繋ぐ
သွယ်ဝိုက် [twɛwaiʔ] (副) 間接的に
သွယ်ဝိုက်ခွန် [twɛwaiʔkʰun] (名) 間接税
သွယ်ဝိုက်ပြော [twɛwaiʔ pjo:] (動) 遠回しに言う
သွယ်ဝိုက်လည်ပတ် [twɛwaiʔ ɬɛ.paʔ] (動) 回り道をする、遠回りする
သွယ်ဝိုက်ပြီးတော့ [twɛwaiʔpi:dɔ.] =သွယ်ဝိုက်
သွယ်ဝိုက်ရွေ့ [twɛwaiʔjwe.] (副・文) =သွယ်ဝိုက်
သွယ်သွယ်လေး [twɛdwɛle:] (副) 細長いもの
သွက် [twɛʔ] (形) ①素早い、敏捷だ ②口早だ ပရိတ်ရွတ်သွက်သည်။ 早口で護呪経を唱える အာသွက်လျှာ သွက်။ 早口で、ぺらぺらと、口達者で ③威勢がよい、活発だ ④液体が薄い、濃くない
သွက်လက် [twɛʔlɛʔ] (形) ①速やかだ、敏捷だ ②早口だ ③活発だ、きびきびしている、溌剌としている
သွက်လက်ချက်ချာ [twɛʔlɛʔ tʃʰɛʔtʃʰa] (形) きびきびしている、てきぱきしている
သွက်လက်ချက်ချာစွာ [twɛʔlɛʔ tʃʰɛʔtʃʰazwa] (副・文) てきぱきと、きびきびと
သွက်လက်ထက်မြက် [twɛʔlɛʔ tʰɛʔmjɛʔ] (形) 敏捷だ、機敏だ

သွက်လက်ဖျတ်လပ် [twɛʔlɛʔ pʰjaʔlaʔ] (形) きびきびしている、てきぱきしている、敏捷だ
သွက်သွက် [twɛʔtwɛʔ] (副) 素早く、敏捷に
သွက်သွက်ခါ [twɛʔtwɛʔ kʰa] (動) ぶるぶる震わせる
သွက်သွက်ခါအောင် [twɛʔtwɛʔkʰa aun] (副) ぶるぶると、びくびくと လက်များသွက်သွက်ခါအောင်လှုပ်ရှားသည်။ 指がぶるぶる震えた
သွက်သွက်လက်လက် [twɛʔtwɛʔ lɛʔlɛʔ] (副) きびきびと、敏捷に、溌剌と
သွက်သွက်လည် [twɛʔtwɛʔ lɛ] (動) 壊滅する、ばらばらになる
သွက်သွက်လည်အောင် [twɛʔtwɛʔ lɛ aun] (副) 壊滅的に、完璧に
သွက်ချာပါဒ [twɛʔtʃapada.] (病) 麻痺、中風、全身不随
သွက်ချာပါဒရောဂါ [twɛʔtʃapada. jo:ga] (病) =သွက်ချာပါဒ
သွက်ချာပါဒလိုက် [twɛʔtʃapada. laiʔ] (動) 中風になる、麻痺を起す
သွင်ပြင် [twinbjin] (名) 容貌、様子、形態
သွင်ပြင်လက္ခဏာ [twinbjin lɛʔkʰəna] (名) 形態
သွင်ပြောင်ကျောက် [twinbjaun tʃauʔ] (名) 変成岩
သွင်သွင် [twindwin] (副) とうとう、ရေသွင်သွင်စီး သည်။ 水がとうとうと流れる
သွင်း [twin:] (動) ①入れる、注ぐ、注入する、納める、納入する ပစ္စည်းများကိုအခန်းအတွင်းသို့သွင်းလိုက်ရ သည်။ 物を室内に入れた အိပ်ရာဖုံးကိုဘီဒိုတွင်သွင်း လိုက်သည်။ 寝具カバーを戸棚の中に入れた ဂီယာသွင်း သည်။ (車の)ギヤーを入れる လူတာသွင်းသည်။ 人並みに遇する ②誘い入れる ဇာတ်သွင်းသည်။ 芝居に加える ③輸入する ④録音する အသံသွင်းသည်။
သွင်းကုန် [twin:goun] (名) 輸入品
သွင်းကုန်ကောက်ခံခွန် [twin:goun kauʔkʰun] (名) 輸入関税
သွင်းကုန်တန်ဘိုး [twin:goun tanbo:] (名) 輸入額
သွင်းကုန်ခွန် [twin:goungun] (名) 輸入税
သွင်းယူ [twin:ju] (動) 持ち込む
သွပ် [tuʔ] (動) ①入れる、挿入する、差し込む、突っ込む ②編入する、併合する
သွပ်လုပ်ငန်း [tuʔ louʔŋan:] (名) 缶詰産業
သွပ်သွင်း [tuʔtwin:] (動) =သွပ်။ သားများကိုသာ သနာတော်သို့သွပ်သွင်းသည်။ 子供達を仏門に入れる
သွန် [tun] (動) ①こぼす、流す、水を棄てる ②力を注ぐ
သွန်ချ [tuntʃa.] (動) 降り注ぐ
သွန်သင် [tuntin] (動) 諭す、戒める、教えこむ

သွန်သင်ချက်

သွန်သင်ချက်〜

သွန်သင်ချက်[tuntincɛ'] (名) 戒め、教え、教訓
သွန်သင်ဆုံးမ[tuntin s'oun:ma.] (動) 諭す、訓導する、指導する
သွန်သင်လမ်းပြ[tuntin lan:pja.] (動) 諭し導く、教導する
သွန်း[tun:] (動) ①水を注ぐ、降り注ぐ、灌水するရေသွန်းသည်။ 灌水供養する ②鋳造する ရွှေဒင်္ဂါးများကိုသွန်းချလိုက်သည်။ 銀貨を鋳造した
သွန်းခတ်[tun:k'a'] (動) (貨幣を) 鋳造する
သွန်းလောင်း[tun:laun:] (動) (水を) 注ぐ ရေသွန်းလောင်းသည်။ 水を注ぐ
သွပ်[tu'] (形) 精神薄弱だ ပေါ့သွပ်သည်။ 軽度の精神薄弱だ ရူးသွပ်သည်။ 気が狂っている
သွပ်[tu'] (名) ①亜鉛 ②トタン
သွပ်ပြား[tu'pja:] (名) トタン板
သွပ်မိုး[tu'mo:] (名) トタン屋根
သွပ်မိုးပျဉ်ကာ[tu'mo: pjinga:] (名) 亜鉛葺き板壁の家 (茅葺き、ニッパ椰子葺きの小屋が多い地方ではトタン屋根の家は立派な家になる)
သွမ်း[tun:] (形) 質が悪い、身持ちが悪い、放蕩をする
သျှရကာရည်[ʃəraka je] (名) 酢、酢酸 =ရှလကာရည်
သျှား:ဇီရာ[ʃa: zija] (植) ヒメウイキョウ (セリ科) Carum carui
သျှား:ဖြူ[ʃa:bju] (植) アンマロク、ユカン (トウダイグサ科) Phyllanthus emblica
သျှိသျှား[ʃi.ʃa:] (植) ①タイワンコミカンソウ (トウダイグサ科) Phyllanthus simplex ②アンマロク (トウダイグサ科)
သျှင်[ʃin] (名) ①主、主君 ②出家→ရှင်
သျှောင်[ʃaun] (名) (男性の) 髷
သျှောင်ထုံး[ʃaun t'oun:] ① (動) 髷を結う ② [ʃaundoun:] (名) =သျှောင်
သျှမ်းကစော့[ʃan: gəzɔ.] (植) =ရှမ်းကစော့။ ハブソウ、クサセンナ (ジャケツイバラ科) Cassia occidentalis
သျှမ်းဆီ[ʃan:zi] (植) ククイノキ (トウダイグサ科) Aleurites moluccana =ရှမ်းဆီ။
သျှမ်းဆီး[ʃan:zi:] (植) ①イチゴ、ヘビイチゴ (バラ科) Fragaria vesca ②モモ (バラ科) Prunus persica =ရှမ်းဆီး
သျှမ်းနှမ်း[ʃan:nan:] (植) エゴマ (シソ科) Perilla ocimoides =ရှမ်းနှမ်း

ဟ

ဟ[ha.] (名) ビルマ文字表第31番目の子音文字
ဟထိုး[ha.t'o:] (名) 鼻音および側音を無声化する為に子音文字の下に添付する符号 例 နှ | မှ | လှ | 等
ဟ[ha.] (動) ①開ける ပါးစပ်ဟယ်။ 口を開ける ② (ドアが) 開く
ဟကွဲ[ha.gwɛ:] (動) 裂ける ထဘီဟကွဲယ်။ 女性用ロンジーが裂けている
ဟပြဲ[ha.bjɛ:] (動) 開く အင်္ကျီဟပြဲတယ်။ 上着が開いている တံခါးဟပြဲတယ်။ ドアが開いている
ဟ[ha.] (感) おや、あれ ဟ။ ဒီမှာခြေရာတွေမနည်းပါလား။ おや、ここには足跡が少なくないな ဟ။ မင်းတယောက်ထဲဒေါ်ကြီးလှချည်လား။ 何とまあ、君一人だけが激昂しているじゃない ဟ။ မလိုချင်လို့ဖြစ်မလား။ あれ、要らないと言って済むだろうか
ဟ[ha.] (副助) 文末に添付される感情表現、自分より年下の相手に対して使用 လာခဲ့ပါ။ 来いよ ငါလဲကိစ္စရှိသေးတယ်ဟ။ 僕だってまだ用事があるんだよ ကြာရင်မင်းဒုက္ခရောက်မယ်ဟ။ その内に君が苦しむ事になるぞ အစကတော့ဘာလို့လိုမပြောသလဲဟ။ どうして初めにそう言わなかったんだね ငါ့ကိုဦးလေးလို့ခေါ်ပါနဲ့ဟ။ 僕の事を叔父さんなんて呼ぶなよ အတင်းအဓမ္မဖမ်းဆီးတာမျိုးကိုမလုပ်ဘူးဟ။ 不法に逮捕するような事はしないさ
ဟဒယ[ha.dəja.] (名) 心、気持 <パ Hadaya
ဟဒယနှလုံး[ha.dəja. nəloun:] =ဟဒယ
ဟဒယရုပ်ဝတ္တု[ha.dəja. jou'wu't'u.] (名) 具体的な物
ဟဒယရှင်ဆေး[ha.dəja. ʃwinze:] (名) ユーモア、滑稽な話
ဟရော[həro.] (間) 多勢の人に注意を促す、君達！
ဟလဝါ[həlawa] (名) →ဟာလဝါ
ဟလို[həlo] (間) 電話での呼び掛け、もしもし
ဟဝါ[həwa] (代) (具体的に明示しない場合) あれ、例の人、例の物 =အဝါ
ဟဿတ[ha'təta.] (名) みつうち (二十七宿の13番目の星宿)
ဟဿရ[ha'ta. ja.ta.] (名) ユーモア、滑稽さ
ဟာ[ha] (助) 主格を示す、〜は အဲဒီသတင်းတွေဟာမှန်ပါတယ်။ そのニュースは正しい အဖိုးဟာပို၍ဝလာတယ်။ 祖父は益々太ってきた ဒီအလုပ်ဟာငါ့အလုပ်ဟ။ この仕事は僕の仕事だ ပျူလှာတွေဟာလယ်သမားတွေ့မိတ်ဆွေပါ။ 燕は農民達の友達だ သူတပါးပစ္စည်းကိုပိုင်ရှင်မသိဘဲယူတာဟာခိုးတာဘဲ။ 他人の持ち物をその人に

知られぬように取る事は盗みだ အချိန်ဟာလူကိုမစောင့်
ဘူး။ 時は人を待たない ဒီရေဟာအစ်စ်တွင်းကရေလား။
この水は井戸水かね？
~ဟာ ဖြင့်[hap'jin.]（助）主格の強調 မြတ်စွာဘုရား
ကအသိအမှတ်ပြုပြီးဟောပြောခြင်းခံရတဲ့ပုဂ္ဂိုလ်တွေဟာဖြင့်
ဂုဏ်ယူစရာကြီးဘဲ။ 釈尊に認められて説法を受けた人々
は名誉な事だ
~ဟာလဲ[halɛ：]（助）主格を示す တနေရာနဲ့တနေရာ
ဟာလဲနှစ်မိုင်ကျော်ကျော်ကွာဝေးနေပါတယ်။ ある場所
と次の場所とは2マイル以上も離れている ပါဝင်လုပ်
ကိုင်ကြသူများဟာလဲများပြားလှပါတယ်။ 参加して活動
した人々は著しく多い မြဝတီမင်းကြီးရဲ့သုခုံးစုပေမူ
ဟာသုံးစောင်လောက်ရှိနေတယ်လို့သိရပါတယ်။ ミャワ
デイー卿の音楽の貝葉は3冊位はあるとの事だ

ဟာ[ha]（名）（具体的に明示しない場合の）もの
ဒီကောင်လည်ပင်းကဟာကတာတုန်း။ この子の首にでき
ているものは何だ ဘယ်ကဟာကိုမှာထား။ 左のも
のを右に置きなさい ဈေးအနည်းဆုံးဟာကိုလက်ညှိုး နဲ့
ထောက်ပြတယ်။ 一番安価なものを指で指し示した
ဟိုဟာလည်းလိုချင် ။သည်ဟာလည်းလိုချင်။ あれも欲しけ
ればこれも欲しい

ဟာ[ha]（感）①驚きを現わす、あら、まあ、ほう
ဟာ၊ ရုပ်တယ်ဟျာ။ いやあ、恥ずかしいな ဟာ၊ ဘာ့
ကြောင့်။ あら、なぜ泣いているの ②拒否の感情を現
わす ဟာ၊ ဘယ်ဖြစ်မလဲ။ えっ、とんでもない ဟာ၊ ဟို
မှာမြင်ဘူးလား။ ほら、あそこに見えるだろう ဟာ၊
မပြောပါနဲ့တော့။ いや、それ以上言うなよ

ဟာ[ha]（副助）文末に付ける感情表現、~なんだから
ပြောမှပြောပလေဟာ။ よくもそんな事が言えたものだ
သိချင်လို့မေးနေတဲ့ဟာ။ 知りたいから尋ねているのに
ငါ့မှာအရေးကြီးတဲ့စဉ်္စီ့နေလို့ပါဟာ။ 大事な用件がある
からなんだよ ကျုပ်ကကိုရင်သိပ်ဖြစ်ချင်နေတဲ့ဟာ။ 僕は
とても袈裟になりたいのに ဘအိုကြီးတော့ ချူချာဖျော့
ပေါ့ဟာ။ 老齢だから病気がちなんだよ

ဟာ[ha]（形）空虚だ、空っぽだ、空いている ဝမ်း
တော်တော်ဟာနေ၏။ とても空腹だ စိတ်ထဲမှာဟာနေ
တယ်။ 心の中が虚しい
ဟာကွက်[hagwɛ?]（名）欠陥、欠点 cf.ပျော့ကွက်
ဟာကွက်လစ်ကွက်[hagwɛ? li?kwɛ?]（名）足りない
点、不備な点、不足事項
ဟာတာဖြစ်[hatata p'ji?]（形）虚しい、空虚
だ、不安で、物足りない စိတ်ထဲမှာဟာတာဖြစ်နေ
တယ်။ 心の中が虚しい ခြောက်ကပ်ဟာတာသောအသံ
乾いた虚ろな声
ဟာတီးဟာဖြင့်[hati:hata p'jin.]（副）虚
しく、空虚な思いで、虚ろな気持ちで

ဟာတီးဟာတာဖြစ်[hati:hata p'ji?]（形）虚し
い、空虚な感じだ
ဟာလဟင်းလင်း[hala hin:lin:]①（副）空っぽ
で、がらんとして、空虚で、ぽっかりと空洞ができて
②（名）空虚
ဟာလဟင်းလင်းဖြစ်[hala hin:lin: p'ji?]
（形）空っぽだ、空虚だ、中が空洞だ အက်ကြောင်း
များဟာလဟင်းလင်းဖြစ်နေ၏။ 割れ目がぱっくりと
空いている လမ်းကလေးမှာလာဟာလဟင်းလင်းဖြစ်နေ၏။
その小道は人影が全くなかった ကျောင်းခန်းဟာ ဟာ
လဟင်းလင်းဖြစ်နေသည်။ 僧坊はがらんとしていた
ဟာလဟင်းလင်းပွင့်[hala hin:lin: pwin.]
（動）ぽっかりと空く မြင်မြင်သမျှတို့မှာအကုန်ဟာ
လဟင်းလင်းပွင့်နေသည်။ 見えるものは全てぽっかり
と空いていた
ဟာရဝါ[harəwa] →ဟာလဝါ
ဟာလဝါ[harəwa]（名）（パテイン名産の）外郎
ဟာသ[hata.]（名）ユーモア、ウイット、洒落 〈パ
ဟာသဇာတ်မြူ[hata.za?mju:]（名）滑稽な劇
ဟာသဉာဏ်[hata.ɲan]（名）ユーモア心
ဟာသနော့[hata. nɔ:]（動）おどける、とぼけ
る、ユーモアたっぷりに振舞う
ဟား:[ha:]（動）冷笑する、嘲笑する
ဟားကနဲ[ha:gənɛ:]（擬）ワッて、ワーワーと
ဟားကွက်[ha:gwɛ?]（名）冗談、ジョーク、嘲笑い
ဟားတိုက်[ha: tai?]（動）①高笑いする、どっと笑
う ②冷笑する ဘာများကိုဟားတိုက်နေကြသလဲ။ 一体
何を笑っているのかね

ဟိတ[hi.ta.]（名）福祉 ပရဟိတ 公共の福祉 အတ္တ
ဟိတ 自己の利益
ဟိတောပဒေသကျမ်း[hi.tɔ:pa.deta. tʃan:]
（名）（文献名）ヒトパデシャ（有益なる教訓）
ဟိနယာန[hi.na.jana]（名）小乗仏教→ဟီနယာန
ဟိနယန[hi.najəna.] →ဟီနယန
ဟိနယာန[hi.najana.] →ဟီနယာန
ဟိမဝန္တာ[hi.məwunta]（地）ヒマラヤ
ဟိမဝန္တာတော[hi.məwunta tɔ:]（名）ヒマラヤの森
ဟိမဝန္တာတောင်[hi.məwunta taun]（名）ヒマラ
ヤ山
ဟိမဝန္တာရပ်[hi.məwunta ji?]（鳥）ニジキジ
ဟိမဝန္တာဝက်ဝံ[hi.məwunta wɛ?wun]（動物）ヒマ
ラヤグマ
ဟိရိဩတ္တပ္ပဝဏ္ဏရား:[hi.ri.u?ta.pa. təja:] →ဟီရိ
ဩတ္တပ္ပဝဏ္ဏရား:
ဟီ[hi]（動）（馬が）嘶く

ဟီဟီ[hihi]（擬）ゲラゲラ
ဟီဟီဟာဟာ[hihi haha]（擬）キャーキャー、ゲラゲラ
ဟီနယာနဂိုဏ်း[hina.jana. gain:]（名）小乗仏教
ဟီရိဩတ္တပ္ပ[hiri.uʔtaʔpa.]（名）慙愧の念 ＜パ
ဟီရိဩတ္တပ္ပကင်[hiri.uʔtaʔpa. kaʔ]（動）羞恥の念がある
ဟီရိဩတ္တပ္ပတရား[hiri.uʔtaʔpa. kaʔ]（名）慙愧
ဟီး[hi:]（形）でかい、堂々としている
ဟီးနိုးကား[hi:no: ka:]（名）小型のバス、マイクロバス（日野の車）
ဟီးလေး[hi:le:]（歎声）ホーイホーイ
ဟီးလေးခို[hi:le: k'o]（動）しがみつく、すがり付く
ဟီးဟီး[hi:hi:]（擬）泣き声、エーンエーン
~ဟု[hu.]（格助）引用を示す、～と အလန်ဝေးသည်ဟု ထင်ခဲ့၏။ 極めて遠いと思った နားလည်ပါသည်ဟုပြောသွားသည်။ 分りましたと言った အမေးခံရလိမ့်မည်ဟုထူးဆွေးသည်။ 質問されるだろうと考えられた မကောင်းဘူးဟုမဆိုပါ။ 悪いとは言わない အနွေးထည်လိုအပ်လိမ့်မည်ဟုမထင်သောကြောင့်ယူမလာခဲ့။ 防寒着が必要だろうとは思っていなかったので持参しなかった စုစုပေါင်းတထောင်ထက်မနည်းရှိလိမ့်မည်ဟုခန့်မှန်းရသည်။ 合計1千は下らないだろうと推測された
~ဟုသာ[hu.da]（格助）～とのみ、～とだけ စာရေးသူအနေဖြင့်ဖတ်ဖြစ်အောင်ဖတ်ပါဟုသာပြောပါရစေ။ 著者としては読めるだけ読んで下さいとだけ言わせていただく
ဟု[hu]（動）言う、と言う、述べる
ဟုက[huga.]（接助）言うならば、言うのであれば
ဟုရွေ[hujwe.]（接助）と言って、と言っては စားစရာဟုရွေမရှိပါ။ 食べ物といってない ကျွန်တော်တို့တွင်ပစ္စည်းဟုရွေများများစားစားမပါကြ။ 私達は身の回り品といって沢山は持って来ていない မှားသည်မှန်သည်ဟုရွေဖန်လိုပါ။ 正しいとか正しくないとか言って批判はしたくない ဆေးဝါးကုသဟုရွေဟုတ္တိပတ္တိမရှိ။ 薬による治療と言っては本格的にはない
~ဟုရွေငင်~ဟုရွေငင်း[~hujwe.ləgaun:~hujwe. ləgaun:]（接助）～だとか～だとか言って
ဟုလို[hulo]（動）と言いたい
ဟုသတည်း[hudədi:]（動）と言う事である、と言うのである
ဟုသတတ်[hudəda?]（動）引用、伝聞を現わす、～だそうだ ကျောင်းဆက်၍မတက်နိုင်ဘဲရပ်ဆိုင်းရသောဟုသတတ်။ 引き続き在学せず止めざるを得なかったそうだ ၍ဆိုတနာရီနီးပါးသီဆိုကခုန်နေကြသောဟုသတတ်။

そのように1時間近く歌ったり踊ったりしたとの事である
ဟူသမျှ[hudəmja.]（名）と言うもの悉く、言うものは全て、有らん限りの တလိုင်းဟူသမျှသား၍ဝင်သည်။ タライン人は悉く入りに行った အသံဟူသမျှကိုနား စွင့်၏။ あらゆる物音に耳を傾けた သူ့ရဲ့ကောင်းဟူသမျှလည်းအညာသို့သာပါလေသည်။ 戦士は悉く上ビルマへと従軍していた
ဟူသရွေ့[hudəjwe.] ＝ဟူသမျှ။
ဟူသော[hudə:]（形）～と言う、～と称する အလင်းတည်းဟူသောကိုးကွယ်ရာကိုမရ။ 灯り也という信じるべきものが得られない လူမှာအဝတ်၊တောင်းမှာအကွပ်ဟူသောစကားရှိသည်။ 人には衣装、籠には縁かがりと言う言葉がある
ဟူသည်[hudi]（助）主格を示す、～と言うのは ရှင်ဘုရင်စော်နံသောဟူသည်မှန်မည်လော။ 国王に相応しい雰囲気があるというのは誠だろうか
ဟူ၍[hu i.]（動）と言う စစ်ကိုင်းရောက်၍ခြိမ်းချောက်သောဟူ၍။ サガインへ行って脅威を与えたと言う
ဟူးရား[hu:ja:]（名）①予言師 ②占い、星占い、占星術 ＜サ
ဟူးရားညို[hu:ja:ɲo]（名）ビルマ人（アラカン出身）占星術師
ဟူးရားဖြူ[hu:ja:bju]（名）インド人占星術師 ＝ပုဏ္ဏား၊ဖြူ
ဟူးရားဗေဒင်[hu:ja: bedin]（名）星占い、占星術
ဟွေ[he.]（間）呼び掛け、おい ဟွေ၊ထမိန်း။ おい、立てよ ဟွေကောင်မတွေ၊လာကြဟွေ။ おい女の子達、来いよ ဟွေသူငယ်။ဒီတောင်းကိုယူမ်ပါ။ おい君、この籠を取ってくれ給え ဟွေ၊မပြေးနဲ့။ おい、逃げるな ဟွေကောင်၊မငိုနဲ့ကွ။ おいお前、泣くなよ
ဟွေ[he.]（副助）文末に付く ငါလာပြီဟွေ။ 僕、来たぞ ငါလဲလိုက်မယ်ဟွေ။ 僕も同行するよ ပြန်ကြစို့ဟွေ။ 帰ろうぜ အေးဟုတ်တယ်ဟွေ။ うん、そうだよ ဒီနေ့ဘာဖြစ်လာသလဲဟွေ။ 今日はどうしたんだね လူဆိုတာဒီလိုဟွေ။ 人間とはそんなものさ ဘယ်လဲဟွေ။ どこなのさ တုံးခေါက်ပြီဟွေ၊ထကြစို့။ ほうが打ち鳴らされたぞ、起きよう
ဟွေ[he]（感）驚きを示す、あれ、ヘー
ဟေမဝန်[heməwun]（名）ヒマラヤ、雪山 ＜パ
ဟေမန်[heman]（名）冬＜パ Hemanta
ဟေမန်ဆောင်းဒဏ်[heman s'aun:dan]（名）冬の寒さ、厳冬期の寒気
ဟေမန္တရတု[hemanda. jədu.]（名）秋、秋の季節
ဟေဝန်[hewun]（名）森 ＜パ Himavanta
ဟေဝန်မြိုင်[hewunmjain]（名）ヒマラヤの森

=ဟေမဝန်
ဟေး[he:]（間）呼び掛け、おーい　ဟေး:ဟေး:၊မပြန်ပါနဲ့ကွ။ おーいおーい、帰るなよ
ဟေး:လာ:ဝါ:လာ:[he:la:wa:la:]（副）ああだこうだと、わいわいがやがやと、大声で喚きたてて
ဟေး:လာ:ဝါ:လာ:နဲ့[he:la:wa:la:nɛ.]（副・文）=ဟေး:လာ:ဝါ:လာ:
ဟေး:လာ:ဝါ:လာ:နှင့်[he:la:wa:la:nɛ.]=ဟေး:လာ:ဝါ:လာ:နဲ့
ဟေး:လာ:ဝါ:လာ:လုပ်[he:la:wa:la: louʔ]（動）わいわいがやがや言う、喚きたてる
ဟဲ့[hɛ.]（呼び掛け）叱責、威嚇等を示す、おい　ဟဲ့၊ခွဲရတယ်ဟဲ့။ おい、分けなければならないんだぞ　ဒို့ဆွေကြီးမျိုးကြီးဟဲ့။ 我々は名門の出なんだぞ
ဟယ်[hɛ]（間）①文頭に置かれる、意外性、または相手への注意喚起 ဟယ်၊ပိုက်ဆံတွေအများကြီးပါလား။ わあ、お金が沢山あるじゃないか ②文末に置かれる　ငါသိပါတယ်ဟယ်။ 僕は知っていますよ　ဒီလိုအခြေအနေမြင်ရတာဝမ်းသာလိုက်တာဟယ်။ こんな状態を目にする事ができたとても嬉しいよ　နင်ဟာမဟုတ်သေးပါဟယ်။ お前さん、間違ってはいませんかね　သူ့အမှားနာမရှိပါဟယ်။ 彼に対しては何とも申し訳ありません ③動詞に直結、~したり~したり ကျုပ်အမေဟာချက်တယ်၊ပြုတ်တယ်၊ဖွတ်တယ်၊လျှော်တယ်နဲ့မနားတမ်းဘဲလုပ်နေတယ်။ 僕の母は料理だ、洗濯だと休みなく働いている　နေ့လည်ကသွား:တယ်၊လာတယ်၊လုပ်တယ်ကိုင်တယ်နှင့်ပင်ပန်း:ခဲ့ရတယ်။ 昼間は、行ったり来たり仕事をしたりと苦労をした
ဟယ်လို[hɛlo]（間）呼び掛け、もしもし
ဟဲ့[hɛ.]（動）声に出して笑う ပြုံး:ရုံမက၊ဟဲ့လိုက်တယ်။ 微笑しただけではなく声を挙げて笑った
ဟဲဟဲဟဲဟဲနဲ့[hɛ:hɛ:hɛ:hɛ:nɛ.]（擬）へらへらと
ဟော့ရမ်း[hɔ.jan:]（形）①御しにくい、始末に負えない ②投げやりだ、捨て鉢だ、無謀だ、向う見ずだ
ဟော့ဟော့ရမ်းရမ်း[hɔ.hɔ. jan:jan:]（副）見境もなく、無軌道に、無謀に
ဟော်[hɔ]（名）シャン族藩侯の館、屋敷、邸宅
ဟော်နန်း[hɔnan:]=ဟော်
ဟော်ကီကစား:[hɔki gəza:]（動）ホッケーをする
ဟော်တယ်[hotɛ]（名）①ホテル ②食堂、レストラン =ဟိုတယ်
ဟော်တယ်နှင့်ခရီး:သွား:လာရေး:လုပ်ငန်း:ဝန်ကြီး:ဌာန[hotɛne. k'əji:twa:laje louʔŋan: wunʤi: t'ana.]（名）観光省（ホテル・旅行業省）
ဟော [hɔ:]（感）驚きを現わす、ああ、おや何と、ほら御覧、ねえ ဟော၊ရထား:လာနေပြီ။ ほら、汽車が来

たよ ဟော၊ပြန်ရောက်လာပြီ။ あら、帰って来たよ
ဟောချ[hɔ.bja.]（感）これはいい、これは凄い
ဟော[hɔ:]（動）説く、述べる、説法する、説教する、伝道する တရား:ဟောသည်။ 仏法法理を説く ဗေဒင်ဟောသည်။ 占いの結果を述べる
ဟောကိန်း:[hɔ:gein:]（名）予言
ဟောကိန်း:ထုတ်[hɔ:gein: t'ouʔ]（動）①予言をする ②予想を立てる
ဟောကြား:[hɔ:tʃa:]（動）説く、述べる、説法する
ဟောဇာ[hɔ:za]（名）仏陀の説法内容を韻文で編纂したもの、ジャータカ（前世物語）を脚色したもの
ဟောပြော[hɔ:pjɔ:]（動）講演する、演説する
ဟောပြောချက်[hɔ:pjɔ:ʤɛʔ]（名）演説、講演内容
ဟောပြောပွဲ[hɔ:pjɔ:bwɛ:]（名）講演会、演説会
ဟောပြောသူ[hɔ:pjɔ:du]（名）演者、講演者
ဟောဒါ[hɔ:da]（代）これは、こちらは ဟောဒါက ပရုပ်ဆီ။ これは樟脳油　ဟောဒါကမင်း:ဘူး:မြို့။ こちらはミンブー町　ဟောဒါကသမီး:ဘို့သရက်ထည်ချောကလေး။ これは娘のための厚地更紗だ
ဟောဒီ[hɔ:di]（形）この ဟောဒီကာရွက်မှာဆီးရေး:ပါ။ この紙に油と書きなさい　ဟောဒီကား:ကတကယ်မြန်သည်။ この車は確かに速い　ဟောဒီလုံချည်တယ်သူဝယ်မလဲ။ このロンジーは誰が買うのだろうか
ဟောဒီမှာ[hɔ:dima]（副）こちらに、ここに ဟောဒီမှာရှုဆေး:။ ここに吸入薬
ဟောဒီဟာ[o:diha]（代名）これは、こちらは
ဟောဒည်[hɔ:di]=ဟောဒီ
ဟောဟဲ[hɔ:hɛ:]（名）息切れ、喘ぎ
ဟောဟဲလိုက်[hɔ:hɛ: laiʔ]（動）息を切らす、喘ぐ
ဟောဟဲဟောဟဲ[hɔ:hɛ:hɔ:hɛ:]（擬）（激しい息使い）はあはあ
ဟောဟောတိုင်း:တိုင်း:[hɔ:hɔ: dain:dain:]（副）大胆率直に、歯に衣着せずに、ずけずけと、あけすけに
ဟောဟောတိုင်း:တိုင်း:။ ဟောဟောတိုင်း:တိုင်း:ပြောတတ်ဆိုတတ်သည်။ ずけずけ言う、開けっぴろげに言う
ဟောဟို[hɔ:ho]（形）あの、あそこの、向うの
ဟောဟိုနားမှာ[hɔ:hona:ma]（副）あの辺りに
ဟောဟိုမှာ[hɔ:homa]（副）あそこに、向うに ဟောဟိုမှာမုန့်သည်ဆိုင်မှာဝယ်စား:မယ်။ あそこの菓子売りのところで買って食べよう
ဟို[ho]（形）（幾らか離れた所）あの、あそこの ဟိုပေပင်ကြီး:။ あのタラバ椰子の大木 ဟိုပန်း:ကန်ကိုစား:ပွဲပေါ်တင်လိုက်။ あの皿をこの食卓の上に置け ဟိုစား:ပွဲခုံဒီဘက်ရွှေ့လိုက်။ あのテーブルをこちら側へ移動させよ

ဟို[hoga.］（副）あそこで、あそこの、あそこから
ဟိုကဆူရင်ဟိုလိုက်လုပ်တယ်။ あっちが騒げばあっち側についてやる
ဟိုကောင်[hogaun］（代）奴、あいつ　複数形は ဟိုကောင်တွေ　奴等、あいつ等
ဟိုကစ္စဒီကိစ္စလေးတွေ[ho kei'sa. di kei'sa.le: dwe］（名）あれやこれや、あれこれ
ဟိုကျရင်[ho tʃa.jin］（副）向うでは
ဟိုကြည့်ဒီကြည့်ကြည့်[ho tʃi. di tʃi. tʃi.］（動）あっちを見たりこっちを見たりする
ဟိုကြည့်ဒီကြည့်နှင့်[hotʃi. ditʃi.nɛ.］（副）あっちを見たりこっちを見たりして
ဟိုကြည့်ဒီကြည့်လုပ်[hotʃi. ditʃi. lou'］（動）あっちを見たりこっちを見たりする、右顧左眄する
ဟိုကြည့်သည်ကြည့်နှင့်[hotʃi. ditʃi.nɛ.］＝ဟိုကြည့်ဒီကြည့်နှင့်
ဟိုစင်ပေါ်က[ho sinbɔga.］（形）あの棚の上の　ဟိုစင်ပေါ်ကဝီကီပုလင်း　あの棚の上のウィスキーの瓶
ဟိုတနေ့က[ho təne.ga.］（副）先日、この前
ဟိုတုန်း[hodoun:］（名）あの頃、あの当時
ဟိုတုန်းက[hodoun:ga.］（副）あの頃、あの当時
ဟိုတုန်းကလို[hodoun:ga.lo］（副）以前のように、あの頃のように
ဟိုတွေးသည်တွေး[hotwe: ditwe: twe:］（動）あれこれ考える、ああだこうだと考える
ဟိုဒေသဒီဒေသ[hodeta. dideta.］（名）あっちの地域、こっちの地域
ဟိုဒင်း[hodin:］① （代）あれ、あの物　② （間）具体的に明示できない場合、ええと、あれだ、例の
ဟိုဒင်းလုပ်ဒီဒင်းလုပ်[hodin: lou' didin: lou' nɛ.］（副）あれをしたりこれをしたりして
ဟိုနား ဒီနား[hona: dina:］① （名）あちこち　② （副）あちこちに
ဟိုနား တင်ပါဘဲ[hona:din babe:］（形）つい近くです、すぐ傍です、あの辺りです
ဟိုနား မှာ[hona:ma]（副）あの辺りに
ဟိုနေ့က[hone.ga.]（副）先日、当日、その日
ဟိုနိုင်ငံ[ho naingan]（名）あちらの国
ဟိုပစ်ဒီပစ်[ho pji' di pji']（副）あっちに捨てこっちに捨てして、捨て散らかして
ဟိုပြေးဒီပြေး[ho pje: di pje:]（副）あっちへ逃げこっちへ逃げして
ဟိုဘက်[hobɛ']（名）向う側、あちら側
ဟိုဘက်က[hobɛ'ka.]① （副）向うに　② （形）そちらの、そちら側の、向うの
ဟိုဘက်ကို[hobɛ'ko]（副）向うへ、向うに

ဟိုဘက်ကမ်း[hobɛ' kan:]（名）向う岸、対岸
ဟိုဘက်တော[hobɛ' tɔ]（名）向う側の森
ဟိုဘက်ဒီဘက်[hobɛ' dibɛ']（名）彼我双方、向うとこちら、向う側とこちら側
ဟိုဘက်နား[hobɛ' na:]（名）あの辺、あの辺り
ဟိုဘက်မှာ[hobɛ'ma]（副）向う側に、あちらが側に　ဟိုဘက်မှာကြည့်ပါဦး။ 向う側を見て御覧
ဟိုဘက်လမ်း[hobɛ' lan:]（名）向う側の道
ဟိုရောက်သည်မရောက်ဖြစ်[ho məjau' di məjau' p'ji']（動）どっちつかずだ、不安定だ
ဟိုမသည်မ[ho ma. di ma.]（副）あちこち　ဟိုမသည်မရန်သူ့ကိုလိုက်ရှာ ကြ၏။ あちこちで敵を捜索した
ဟိုမှာ[ho ma]（副）向うに、あそこに、向うで、あっちで
ဟိုမှာဘက်ကို[homabɛ'ko]（副）向う側に、向う側へ
ဟိုမှာဘက်ကမ်း[homabɛ' kan:]（名）向う岸、対岸
ဟိုးဒီးဒီးဒီး[hojo: dijo:]（副）あちらを咎めこちらを咎めして
ဟိုရေးအခါက[ho ʃe:ək'aga.]（副）昔、ずっと昔遥か昔
ဟိုရေးရေးတုန်းက[ho ʃe:ʃe: doun:ga.]（副）昔々
ဟိုရေးရေးဘဝက[ho ʃe:ʃe: bəwa.ga.]（副）前世で、遥か前の世に
ဟိုရှောက်ဒီရှောက်[ho ʃau' di ʃau']（副）あちこち歩き回って、あちらを歩きこちらを歩きして
ဟိုရွှေ့ဒီရွှေ့[ho ʃwe. di ʃwe.nɛ.]（副）あちこち移動して、あちらへ移したりこちらへ移したりして
ဟိုလူ[ho lu]（名）あの人
ဟိုလူမျိုး[ho lumjo:]（名）あの民族
ဟိုလို[holo]（副）あのように、そのように
ဟိုလိုလိုဒီလိုလို[ho lolo di lolo]（副）ああでもないこうでもないと、あれこれ
ဟိုလိုလိုသည်လိုလို[hololo dilolo]＝ဟိုလိုလိုဒီလိုလို
ဟိုသင်း[ho din:]（名）＝ဟိုဒင်း
ဟိုဝင်ဒီထွက်လုပ်[ho win di t'wɛ' lou']（動）あちらこちら出入りする
ဟိုသွားဒီသွား[ho twa: di twa:]（副）あちらへ行ったりこちらへ行ったり
ဟိုဟာ[ho ha]（代）あれ、あの物　ဟိုဟာဘာလဲ။ あれは何ですか？
ဟိုဟိုဒီဒီ[hoho didi]（副）あちこち、そこここ
ဟိုဟိုသည်သည်[hoho didi]（副）＝ဟိုဟိုဒီဒီ။　ခြံထဲမှာဟိုဟိုသည်သည်လျှောက်နေကြတယ်။ 庭園内をあちこち散策している
ဟိုအခါတုန်းက[ho ək'a doun:ga.]（副）あの頃、

ဟိုအချိန်တုန်းက[ho ətʃein doun:ga.]（副）あの時、あの当時

ဟိုအနား:[ho əna:]（名）あの近く、あの辺、あの辺り

ဟိုအရင်ခေတ်တုန်းက[ho əjin: k'iˀ toun:ga.]（副）昔、以前に

ဟိုအရင်တုန်းက[ho əjin doun:ga.]（副）昔は、以前は

ဟိုတယ်[hotɛ] →ဟော်တယ်

ဟို:[ho:]（動）止まれ ＜ヒ

ဟို:ဟို:[ho:ho:]（動）停まれ、停止せよ、いい加減にしないか

ဟို:[ho:]（名）ずっと向う、遥か彼方 ဟို:အနှစ်လေး:ဆယ်နီး:ပါ:ကာလလောက်ကတွေ့ကြုံဆုံစည်:ခဲ့ဖူး:တယ်။ 遥か４０年近くも前に遭遇した事がある

ဟို:တုန်းက[ho: doun:ga.]（副）かつて

ဟို:မှာ[ho:ma]（副）ずっと向うに

ဟို:ရှေ:ရှေ:တုန်းက[ho: ʃe:ʃe:doun:ga.]（副）昔々、遥か昔

ဟို:ရှေ:ရှေ:ယခင်က[ho: ʃe:ʃe: jək'inga.]（副）ずっと昔

ဟို:အနှစ်ငါ:ဆယ်နီး:ပါ:ကာလလောက်က[ho: ənˀiˀŋa: zɛ ni:ba: kala.lauˀka.mjin:dʑi:ma]（副）遥か５０年近くも昔

ဟို:အမြင့်ကြီ:မှာ[ho: əmjin:dʑi:ma]（副）あの遥か高い所に မာလကာသီ:တွေ:ကဟို:အမြင့်ကြီ:မှာဘဲ။ バンジロウの実は遥か高いところにあるんだ

ဟို:အဝေ:မှ[ho: əwe:ma.]（副）ずっと遠方に ဟို:အဝေ:မှတော:အုပ်များ:ကိုမြင်နိုင်သည်။ 遥か彼方に森が見える

ဟို:အဝေ:မှာ[ho: əwe:ma]（副）遥か遠方に、ずっと遠くの方に

ဟို:လေး:တကျော်ဖြစ်[ho:le: dəkjɔ pˀjiˀ]（動）知れ渡る、轟き渡る、普く広がる、著名、周知の事だ

ဟို:ဟို:[ho:ho:]（副）広く、普く

ဟို:ဟို:ကျော်[ho:ho: tʃɔ]（動）広く知れ渡る、普く知られる သတင်:သည်ထိုဒေသဝိုက်တွင်ဟို:ဟို:ကျော်နေသည်။ 噂はその地方一体に広く知れ渡っていた

ဟက်[hɛˀ]（動）①咳払いする သလိပ်ဟက်သည်။ 痰を吐く ②切り裂く、ざっくり切り込む、切り取る

ဟက်တက်[hɛˀtɛˀdʑi:]（副）ばくりと口を開けて、ばくりと裂けて

ဟက်တက်ကြီ:[hɛˀtɛˀdʑi:] =ဟက်တက်

ဟက်တက်ကွဲ[hɛˀtɛˀ kwɛ:]（動）ざっくり裂ける、ばくりと口を開けると

ဟက်ပက်[hɛˀpɛˀ]（動）裂ける、割れる

ဟက်ဟက်ပက်ပက်[hɛˀhɛˀpɛˀpɛˀ]（副）思う存分、思いきり ဟက်ဟက်ပက်ပက်ရယ်မော်မိသည်။ 思いきり笑った、ゲラゲラ笑った、大声を挙げて笑った ကျွန်နှင့်ဟက်ဟက်ပက်ပက်စကာ:မပြော။ 私とは打ち解けて話をしない、胸襟を開いて話さない

ဟက်တာ[hɛˀta]（名）面積の単位、ヘクタール ＜英

ဟောက်[hauˀ]（動）①鼾（いびき）をかく တခေါခေါဖြင့်ဟောက်သည်။ グーグーと鼾をかく ②吠える、咆哮する ခြင်္သေ့ဟောက်သည်။ ライオンが咆哮する ③鳴く ချေဟောက်သည်။ インドキョン（吠え鹿）が鳴く ④叱りつける、叱責する、怒鳴る、怒号する、怒声を発する

ဟောက်သံ[hauˀtan]（名）鼾

ဟောက်[hauˀ]（副）窪んで、落ち窪んで

ဟောက်တောက်[hauˀtauˀ]（副）（目が）窪んで、落ち窪んで

ဟောက်ပက်[hauˀpɛˀ]＝ဟောက်

ဟိုက်[haiˀ]①（動）削る、抉り出す ②内側に窪んでいる、陥没している ③疲労困ばいする、息も絶え絶えだ

ဟိုက်[haiˀ]（間）驚きを現わす、えっ ဟိုက်၊ဒုက္ခပါဘဲ။ あーあ、困ったな ဟိုက်၊မဖြစ်ဘူ:။ いや、駄目だ

ဟိုက်ဒရိုဂျင်[haidərodʑin]（名）水素 ＜英

ဟိုက်ဒရိုဂျင်ဗုံ:[haidərodʑin boun:]（名）水爆

ဟိုက်ဒရိုဆိုင်ယာနိုက်ဒဂွေ[haidərə s'ain ja naiˀ daŋwe.]（名）青酸ガス

ဟင့်အင်:[hin.in:]（間）拒否、否定を現わす、いいや、ううん、否、いいえ ဟင့်အင်:၊မမှတ်မိဘူ:။ いいや覚えてない ဟင့်အင်:၊တခါမှရောက်ဘူ:ဘူ:။ いいや、一度も行った事がない ဟင့်အင်:၊မပြန်ဖြစ်ပါဘူ:။ ううん、帰れなくなった

ဟင့်[hin.]（間）①不承知、不賛成を現わす ဟင့်၊မသိဘူ:။ いや、知らない ②驚き、呆れ、嘆き、ぼやき等を現わす ဟင့်၊ဟုတ်လာ:။ へえ、そうか ဟင့်၊ဘဲဥကလဲအခွံတောင်မနုတ္တရသေ:ပါလာ:။ 何だ、家鴨の卵の殻さえまだ剥いてないじゃないか

ဟင့်[hin]（副助）疑問文の文末で使用、確認を現わすどう？え？ね？ သူကဘယ်သူလဲဟင့်။ あの人はだれだね、え？ ဘယ်တော့သွာ:မလဲဟင့်။ いつ出かけるのかね？ ရှေ့တာလုပ်ရမှာလဲဟင့်။ これから何をしたらよいのだろうか、ね？ ဒီကိုပြန်မလာတော့ဘူ:လာ:ဟင့်။ こヘはもう帰って来ないのか、え？ ကျွန်တော်တို့ဘယ်လိုလုပ်ရမလဲဟင့်။ 私達はどうしたらよいのでしょうかね？ ဦ:လေ:၊လာစာ:နိုင်ပါ့လာ:ဟင့်။ 叔父さんは食べに来られるでしょうか、え？

ဟင်:[hin:]（副）不満、不平、叱責、制止等を表わす

ဟင်းချ

何だって？ဒို့ထန်းတောတွေအတွက်ထန်းစုမရတော့ဘူးဆိုတာ၊ဟင်း။ 我が扇椰子の林ではもう収穫できないと言うのか、ふん。
ဟင်းချ[hin: tʃ'a.]（動）安堵の溜息を漏らす、嘆息する、ほっと一安心する
ဟင်[hin:]（形）開いている、空っぽだ
ဟင်းလင်း[hin:lin:]① (形) 露わになっている、露出している ②（副）見渡す限り何もなく、覆い隠す物は何もなく
ဟင်းလင်းပြင်[hin:lin:bjin]（名）空き地
ဟင်း[hin:]（名）おかず、惣菜、副食 ဟင်းတခွက်
ဟင်းကနပ်[hin:gə.nwɛ]（植）→ဟင်းနနယ်
ဟင်းကောင်း[hin:gaun:]（名）御馳走
ဟင်းကောင်းဟင်းမွန်[hin:gaun: hin:mun] =ဟင်းကောင်း
ဟင်းကျေး[hin:dʒe:]（名）おかずの材料、食材
ဟင်းခပေါင်[hin: k'əbaun:]（植）カクロール（ウリ科）Momordica dioica
ဟင်းခါ[hin:ga:]（名）胡椒を多めに入れたスープ
ဟင်းခတ်[hin: k'a?]① (動) 調味料を加える、薬味を加える ②[hin:ga?]（名）調味料、薬味
ဟင်းချို[hin:dʒo]（名）スープ、御吸い物
ဟင်းချက်[hin: tʃ'ɛ?]（動）料理する、惣菜を煮炊きする
ဟင်းချက်ကောင်း[hin:dʒɛ? kaun:]（形）料理が上手だ
ဟင်းချက်စရာ[hin: tʃ'ɛ?səja]（名）おかずの材料、食材
ဟင်းချက်နည်း[hin: tʃ'ɛ?ni:]（名）料理法
ဟင်းခွက်[hin:gwɛ?]（名）おかず皿、惣菜の器
ဟင်းလလာ[hin:gəla:]（植）フウチョウソウ（ヒユ科）Cynandropis pentaphylla
ဟင်းလလာဖြူ[hin:gəlabju]（植）=ဟင်းလလာ
ဟင်းစာ[hin:za:]（名）料理の材料としての肉、食材用の肉
ဟင်းစာကြက်[hinza:dʒɛ?]（名）食用の鶏（開鶏用ではない）
ဟင်းစာတောင်း[hinza: taun:]（動）食材を貰う
ဟင်းနနယ်[hin:nu.nɛ]（植）①ヒユ、ヤサイビユ（ヒユ科）Amaranthus mangostanus ②→ဟင်းနနယ်ဆူပေါက် ③アオビユ ④葉鶏頭 ⑤スギモリ鶏頭
ဟင်းနနယ်ကြီး[hin:nu.nɛdʒi:]（植）葉鶏頭
ဟင်းနနယ်ဆူပေါက်[hin:nu.nɛ s'uba?]（植）ハリビユ（ヒユ科）Amaranthus blitus
ဟင်းပေါင်း[hin:baun:]（名）ごった煮
ဟင်းဖတ်[hin:ba?]（名）汁の実、汁の具

ဟင်းမလုပ်ပင်[hin:məlou?pin]（植）毒草
ဟင်းမွေးပင်[hin:mwe:bin]（植）タチジャコウソウ
ဟင်းရည်[hin:je]（名）スープ、吸い物、汁物
ဟင်းရမ်း[hin:jan]（植）（水生の）香草の1種 Boottia cordata
ဟင်းရွက်[hin:jwɛ?]（名）①野菜 ②山菜
ဟင်းရွက်ခူး[hin:jwɛ? k'u:]（動）野菜を摘む
ဟင်းလေး[hin:le:]（名）①ごった煮、寄せ鍋 ②出家が托鉢で得たおかず
ဟင်းလေးအိုး[hin:le:o:]（名）①ごった煮 ②博識家、知識の泉、百科事典
ဟင်းလျာ[hin:ja]（名）おかず、惣菜、副食物
ဟင်းလျာပြိုင်ပွဲ[hin:ja pjainbwɛ:]（名）料理コンテスト
ဟင်းသီးဟင်းရွက်[hin:di: hin:jwɛ?]（名）野菜
ဟင်းသီးဟင်းရွက်ကြော်[hin:di:hin:jwɛ?tʃ'o]（名）野菜炒め
ဟင်းသောက်ဇွန်း[hin:tau? zun:]（名）スープ用のスプーン
ဟင်းသောက်ပန်းကန်[hin:tau? bəgan:]（名）汁椀、スープ皿
ဟင်းစာ[hin:za:]（名）惣菜用の獲物
ဟင်းအဖြူ[hin: əp'ju]（名）
ဟင်းအိုး[hin:o:]（名）料理鍋、おかずの鍋
ဟင်းသပြေ[hin:dəbəda:]（名）①水銀 ②朱（漆器の彩色に用いる）＜パ
ဟင်းသပြေရောင်[hin:dəbəda: jaun]（名）朱色
ဟင်းသပြေရှိုင်း[hin:dəbəda: jain:]（名）辰砂
ဟသပဒါ[hin:dəbəda:]→ဟင်းသပြေ
ဟတ်[hin:da]（鳥）アカツクシガモ（ガンカモ科）Tadorna ferruginea
ဟတ်ခြေ[hin:da tʃ'i]（植）ナンヨウクジャクシダ（ウラボシ科）Adiantum lunulatum
ဟတ်တာရာ[hin:da taja:]（星）御者座の5角形
ဟတ်တာ[hin:dəda.]（地）ヒンダタ（イラワジ・デルタにある町）

ဟောင်[haun]（動）①（犬が）吠える ခွေး:ဟောင်သည် 犬が吠える ②悪臭がする、腐臭が漂う အပုပ်နံ့များ:ဟောင်လာသည်။ 腐敗臭が漂って来た
ဟောင်စော်နံ[haunzɔ: nan]（動）腐敗臭がする
ဟောင်လှသည်ခွေးလူများလေး[諺]過ぎたるは及ばざるが如し（吠えすぎる犬を人間は気にしない）
ဟောင်ကောင်[haunkaun]（地）香港
ဟောင်ဗွာဗွာလုပ်[haunp'wabwa lou?]（動）無分別に大声で喋りまくる
ဟောင်ဗွာဟောင်ဗွာပြော[haunbwa haunbwa

pjɔ:］（動）辺り構わず大声で喋る

ဟောင်း［haun:］（形）①古い ●လေ့ထုံးစံဟောင်း 古くからの仕来たり ②中古品だ

ဟောင်းနွမ်း［haun:nun:~haun:nwan:］（形）古びている、古ぼけている

ဟောင်းမြင်း［haun:mjin:］（形）古くなっている、古びている、年数が経っている

ဟောင်းမြေ［haunmje.］（形）古くなって傷んでいる ထရံကာနံရံများမှာဟောင်းမြေလှပြီဖြစ်သည်။ 壁のニッパヤシは古くなって傷んでいる

ဟောင်းလောင်း［haun:laun:］（副）ぽっかりと、ばっくりと

ဟောင်းလောင်းပေါက်［haun:laun: pauʔ］（動）ぽっかりと開く、ばっくりと開く

ဟိုင်း［hain:］①（動）婚期を逃す、売れ残る အပျိုဟိုင်း 売れ残り、オールドミス ②（名）牙のない象 ③牙のない象の象徴、暗黒星、羅睺星 ＝ရာဟုဂြိုဟ်

ဟိုင်းဆင်［hain:s'in］（名）牙のない象

ဟစ်［hiʔ］（動）叫ぶ、大声を出す

ဟစ်ကြော်［hiʔtʃɔ］（動）喚く、大声を出す ＝ဟစ်

ဟစ်တိုင်［hiʔtain］（名）（王朝時代の）直訴の場

ဟစ်အော်［hiʔɔ］（動）叫ぶ、大声を張り上げる

ဟစ်အော်ခေါ်［hiʔɔ k'ɔ］（動）大声で呼ぶ、大声で招く

ဟည်း［hi:］（動）①象が咆哮する ②大音響を発する မြေကြီးဟည်းသည်။ 地響きがする、大地が音を立てる、轟音を発する

ဟတ်［haʔ］（名）滝、瀑布 ＜シャ

ဟတ်ချို［haʔtʃ'o:］（擬）くしゃみの音、ハックション

ဟတ်ချို、ဟတ်ချိုလို့နှာချေသည်။ ハックション、ハックションとくしゃみをする

ဟိတ်［heiʔ］（名）①誇り、威信、自尊心 ②兆し、前兆 ③理由、動機、原因 ＜パ Hetu

ဟိတ်ကြီးဟန်ကြီး［heiʔtʃ'i: handʑi:］（副）勿体ぶって、威張りくさって

ဟိတ်ထုတ်［heiʔ t'ouʔ］（動）勿体ぶる、気取る、空威張りする、笠に着て威張る

ဟိတ်လုပ်［heiʔ louʔ］（動）派手に振舞う

ဟိတ်ဟန်［heiʔhan］（名）横柄さ、傲慢さ、威厳

ဟိတ်ဟန်ဆောင်［heiʔhan s'aun］（動）威厳を装う、昂然と胸を張る

ဟိတ်ဟန်တပြပြလုပ်［heiʔhan dəbja.bja louʔ］（動）折に触れて横柄さを示す

ဟိတ်ဟန်ထုတ်［heiʔhan t'ouʔ］（動）横柄に振舞う

ဟိတ်ဟန်ပြ［heiʔhan pja.］（動）横柄さを示す、威張る

ဟိတ်ဟန်များ［heiʔhan mja:］（形）威張りくさる

ဟိတ်ဟန်လုပ်［heiʔhan louʔ］（形）振舞いが横柄だ、威張りくさっている

ဟုတ်［houʔ］（形）そうだ、その通りだ、正しい、事実だ

ဟုတ်ကဲ့［houʔkɛ.］（間）返事、相槌、はい

ဟုတ်ကဲ့လား［houʔkɛ.la:］（間）そうか？ そうなのか？ 本当なのか？

ဟုတ်ကြောင်းမှန်ရာ［houʔtʃaun: man ja］（名）真実、事実、ありのまま

ဟုတ်ချင်ဟုတ်မှာ［houʔtʃin houʔmabɛ:］（形）そうかも知れない

ဟုတ်ချင်မှဟုတ်မှာ［houʔtʃinma. houʔma］（形）そうではないかも知れない

ဟုတ်စ［houʔsa.］（副）念を押す、そうだな？ そうなんだな？ မင်းနှာမလည်ဘူးဟုတ်စ။ 君は判らないそうだな

ဟုတ်တာဆို၊နာလို့ခံဿ။ （諺）良薬、口に苦し（正しい事を聞かされると耳に痛い）

ဟုတ်တာပေါ့［houʔtapɔ.］（形）勿論だよ、そうだよその通りさ ＝ပါပေါ့။ そうさ、そうだよ

ဟုတ်တိပတ်တိ［houʔti. paʔti.］（副）本格的に、本気になって、徹底的に、存分に、（否定文で）取り立てて、まともに ကျနော်ကစာလဲဟုတ်တိပတ်တိမတတ်ဖူ:။ 私は文字もまともには読めない

ဟုတ်တိပတ်တိ［houʔti. paʔti.］＝ဟုတ်တိပတ်တိ။ ဟုတ္တိပတ္တိတာမှမပြောဘူး။ 本格的には何も言わない သာအခွင့်အရေးမယ်ဟုတ်တိပတ်တိမရှိ။ 何の権利もこれといってはない ဆေးဝါးကုသမှုလည်ဟုတ်တိပတ်တိမရှိ။ 治療と言っても本格的にはなかった

ဟုတ်တိုင်းမှန်ရာ［houʔtain: man ja］（名）事実、ありのまま စိတ်ထဲတွင်ရှိသမျှကိုဟုတ်တိုင်းမှန်ရာပြောချလိုက်သည်။ 心の中にある事は全てその通り申し述べた

ဟုတ်တုတ်တုတ်［houʔtouʔtouʔ］（形）かなり正確に、真実味をもって

ဟုတ်နိုးနိုး［houʔ no:no:］（副）もっともらしく、可能性があるかのように、正当なように

ဟုတ်နိုင်［houʔ nain］（形）有り得る、可能性はある

ဟုတ်ပါလား［houʔpala:］（形）その通りですね တယ်ဟုတ်ပါလား။ 確かにそうだな、成程ね

ဟုတ်ပြီ［houʔpi］（形）ああ、そうだ、よし、そうだ

ဟုတ်မဟုတ်［houʔ məhouʔ］（名）真偽の程、事実かどうか

ဟုတ်မှမဟုတ်တဲ့［houʔma. məhouʔp'ɛ］（形）絶対にそうではない、そんな事は有り得ない

ဟုတ်မှန်［houʔman］（形）その通りだ、正しい

ဟုတ်မှန်ရာ[hou'man ja](名)正しい事
ဟုတ်မှန်သည့်အတိုင်း[hou'mandi. ətain:](副)ありのままに、正直に
ဟုတ်ရာမှန်ရာ[hou'ja man ja]=ဟုတ်မှန်ရာ
ဟုတ်လား:[hou'la:](形)①そうですか？②（念を押す）いいかね？いいな？そうだな？そうだろう
ဟုတ်လိုက်တဲ့စကား:[hou'lai'tɛ. zəga:](名)こいつは傑作だ、誠にもっともだ
ဟုတ်သား:တဲ့[hou'ta:bɛ:](形)その通りだ、言うまでもない事だ
ဟုတ်ဟုတ်ညာ:ညာ:[hou'hou' ɲa:ɲa:](副)確実に、具体的に、本格的に ဟုတ်ဟုတ်ညာ:ညာ:ပြောဆိုသည်။ 具体的に語る
ဟုတ်ဟုတ်မဟုတ်ဟုတ်[hou'hou' məhou'hou'](副)そうであろうとなかろうと、是非に拘わらず
ဟန်[han.](動)阻む、遮る、妨げる
ဟန့်တား:[han.ta:](動)阻止する、制止する、遮る
ဟန့်တား:ရေး[han.ta:je:](名)阻止、制止、防止
ဟန်[han](動)①背筋を伸ばして立つ、ふらつかない、持ち堪える မဟန်နိုင်တဲ့လဲကျသား:တယ်။ 均衡を失って倒れてしまった ②平気を装う、平然と構える ③（形）上々だ、よい調子だ နင့်အကြံမဟန်ပါဘူး။ お前さんの考えははかばかしくない
ဟန်[han](名)①形、スタイル ②身振り手真似 လက်ခြေဟန်။ ポーズ、姿勢、様子、模様 ငုလင့်ဟန်ဖြင့်ကြည့်သည်။ 待ちくたびれた様子で見た
ဟန်ကိုယ့်ဖို့ မာန်သူ့ဖို့။（諺）柳に風、自分の内心はさらけ出すべからず（取り繕うは己のため、気位は他人のため）
ဟန်ကျ[han tʃa.](形)具合がいい、上々だ、よい調子だ、好都合だ ခင်ဗျာ:လုပ်ငန်း:ဟန်ကျရဲ့လား။ 貴方の仕事はうまく行っていますか ဆေး:တိုက်ဖွင့်တာ ဟန်ကျရဲ့လား။ 開設した診療所は順調ですか ဟန်မကျဘူး။ 具合がよくない、都合が悪い
ဟန်ကျပန်ကျ[handʒa. pandʒa.](副)ちゃんと、調子よく、順調に、快適に
ဟန်ကျပန်ကျဖြစ်[handʒa. pandʒa. p'ji'](形)(形)万事好調だ、諸事万端調子よく行っている
ဟန်ကြီး:[han tʃi:](形)尊大だ、高慢だ、横柄だ
ဟန်ကြီး:ပန်ကြီး:[handʒi: pandʒi:]①(副)偉そうに、生意気に、横柄に、傲慢に、不遜に ②(名)横柄、尊大、傲慢
ဟန်ကြီး:ပန်ကြီး:လုပ်[handʒi: pandʒi: lou'](動)偉そうにする、威張りくさる、傲慢に振舞う、気取る
ဟန်ကြွား:[han tʃwa:](動)昂然としている
ဟန်ချက်[handʒɛ'](名)重心、均衡、バランス

ဟန်ချက်ညီ[handʒɛ' ɲi](動)均衡が取れている、平衡する
ဟန်ချက်ညီညီ[handʒɛ' ɲiɲi](副)バランスよく、均衡のとれた形で
ဟန်ဆောင်[han s'aun](動)見せかける、振りをする、装う、誤魔化す နာချင်ဟန်ဆောင်တယ်။ 痛うな振りをする စာဖတ်ဟန်ဆောင်သည်။ 読書している振りをする သိရက်နဲ့မသိဟန်ဆောင်တယ်။ 知っていながら知らない振りをする ရူး:ဟန်ဆောင်သည်။ 気が狂った振りをする မချစ်တဲ့နဲ့ချစ်ဟန်မဆောင်ချင်ဘူး။ 愛してもいないのに愛している振りはしたくない
ဟန်တလုံး:ပန်တလုံး:နှင့်[hantəloun: pantəloun; nɛ.](副)昂然と、意気軒昂と、肩で風を切って
~ဟန်တူ[han tu](助動)~のようだ、~らしい ဆာ လောင်နေဟန်တူသည်။ 空腹な様子だ နာကျင်းသား:ဟန်တူပါသည်။ 痛みを受けたようだ အင်အား:ကြီး:ဟန်တူသည်။ 勢力は大きいようだ ပျောက်ပျက်ကုန်ဟန်တူသည်။ 紛失してしまったらしい သား:သမီး:မရလို့ဝိုလ်ချင်နေဟန်တူသည်။ 子供が生まれないのでとても欲しがっている様子だ
ဟန်တွေပန်တွေလုပ်[handwe pandwe lou'](動)取り繕う、気取る
ဟန်တော်ခုတ်[handa'k'ou'](動)気取る、いい格好をする
ဟန်နှင့်ပန်နှင့်[hannɛ. pannɛ.](副)誇らしげに、自慢そうに、昂然と
ဟန်ပါ[han pa](動)颯爽としている、格好がいい
ဟန်ပါပါ[han paba](副)颯爽と、格好よく、よく似合った格好で
ဟန်ပန်[hanpan](名)様子、態度、素振り、挙動
ဟန်ပန်မူရာ[hanpan muja](名)態度、素振り、立居振舞い、挙動
ဟန်ပျက်[han pjɛ'](動)落着きを失う、うろたえる、態度が変わる
ဟန်ပြ[han pja.](動)見せかける、派手に振舞う
ဟန်ပြလုပ်[hanbja. lou'](動)振りをする、見せかける、表面上装う
ဟန်ပြု[han pju.](助動)~振りをする ကြား:ဟန်ပြုသည်။ 聞く振りをする မမြင်ဟန်ပြုနေသည်။ 見えない振りをする အိပ်ချင်ဟန်ပြုသည်။ 眠たい振りを装う
ဟန်ပြင်[han pjin](動)①身構える、スタンバイに入る ②おめかしする、化粧する
ဟန်မဆောင်နိုင်အောင်ဖြစ်[han məs'aun nain aun p'ji'](動)平静を装ってはおれない位だ

ဟန်မတူဘူး[han mətubu:]（助動）〜のようではない ဒီဆရာလာတာကိုနဲ့မှသဘောကျဟန်မတူဘူး။ その人の到来がまったく気に入らない様子だ

ဟန်မပျက်[han məpjɛʔ]①（動）素知らぬ振りをする、何食わぬ顔をする ②素知らぬ振りで、何食わぬ顔をして、慌てた素振りを見せずに ဟန်မပျက်ပြန်ထားတယ်။ 素知らぬ振りで元に戻しておいた လေးလံတာကိုဟန်မပျက်ဝတ်နိုင်တယ်။ 重い衣装を何食わぬ顔で着こなしている

ဟန်မပျက်အောင်[han məpjɛʔaun]（副）素知らぬ振りをして、何食わぬ顔をして

ဟန်မလုပ်[han məlouʔ]（動）勿体ぶらない、取り繕わない ဟန်မလုပ်နဲ့။ 勿体ぶるな

ဟန်ရပန်ရရှိ[han ja. pan ja. ʃi.]（動）取り繕っている

ဟန်ရေးတပြပြလုပ်[han je: dəbja.bja. louʔ]（動）見栄を張りたがる

ဟန်ရေးပြ[han je: pja.]（動）見栄を張る、素振りを見せる

ဟန်ရှိ[han ʃi.]（助動）〜らしい အရက်မူးနေဟန်ရှိသည်။ 酒に酔っているらしい ရောက်ရှိနေကြဟန်ပေသည်။ 到着したようだ

~ဟန်လက္ခဏာရှိ[han lɛʔkʰəna ʃi.]（形）模様である、様子が見られる、痕跡がある အနည်းငယ်အမျက်သိုဟန်လက္ခဏာရှိသည်။ 少し腹を立てた様子だ、少しむっとした様子だ ငွေစင်ငွေဂိတ်သုံးစွဲကြဟန်လက္ခဏာရှိသည်။ 銀塊を使用していた痕跡がある

ဟန်လုပ်[han louʔ]（動）表面上取り繕う、振りをする、何気ない振りをする、何食わぬ顔をする、もったいぶる、やせ我慢する、紳士気取りをする、謙遜ぶる 否定形はဟန်မလုပ်နဲ့။ 勿体ぶるな、気取るな

ဟန်လွှဲ[han ɨwɛ:]（動）（歩く時に）腕を振る

ဟန်အမူအရာ[han əmu əja]（名）仕草、態度、物腰

ဟန်ဂေရီ[hangeri]（国）ハンガリー

ဟန်တိန်တုတ်[hantein douʔ]（名）先端に金具を取付けたステッキ、一種の仕込み杖

ဟန်းကော[han:gɔ:]（名）飯盒　<日

ဟိန်း[hein:]（動）①鳴り響く、響き渡る、轟く အသံဟိန်းသည်။ 声が響き渡る ②（猛獣が）吼える、咆哮する ကျားဟိန်းသည်။ 虎が吼える ③（形）建物が巨大だ

ဟိန်းဟောက်[hein:hauʔ]（動）=ဟိန်း

ဟိန်းဂို[hein:go]（植）アギ（セリ科）=ရှိန်းခို

ဟိန္ဒူနတ်ဘုရားရုပ်တု[heindi naʔpʰəja: jouʔtu.]（名）ヒンズー神像

ဟိန္ဒီဘာသာ[heindi baḍa]（名）ヒンディー語

ဟိန္ဒီဘုရားကျောင်း[heindi pʰəja:tʃaun:]（名）ヒンズー寺院

ဟိန္ဒူဘာသာ[heindu baḍa]（名）ヒンズー教

ဟိန္ဒူဘာသာယုံကြည်ကိုးကွယ်သူ[heindu baḍa joun tʃi ko:kwɛdu]（名）ヒンズー教徒

ဟိန္ဒူဘာသာဝင်[heindu baḍawin]（名）ヒンズー教徒、ヒンズー教信者

ဟိန္ဒူအယူဝါဒ[heindu əjuwada.] =ဟိန္ဒူဘာသာ

ဟုန်[houn]（名）勢 မီးဟုန် 火勢 တဟုန်တည်း 一気に

ဟုန်:[houn:]（植）トバ、ハイトバ、デリス（マメ科）Derris elliptica

ဟုန်:မြစ်[houn:mjiʔ]（名）トバの根（魚毒に利用）

ဟုန့်[houn:]（名）吠える、怒鳴る、喚く

ဟုန်:ဂနဲ[houn:ganɛ:]（副）めらめらと

ဟုန်:ဟုန်:[houn:houn:]（副）①めらめらと　②激しい勢で

ဟုန်:ဟုန်:တောက်[houn:houn: tauʔ]①（動）めらめらと燃える、炎上する　②[houn:houn:dauʔ]（副）炎上して မီးဟုန်:ဟုန်:တောက်သည်။ 火がめらめらと燃え上がる

ဟုန်:ဟုန်:တောက်လောင်[houn:houn: tauʔlaun] =ဟုန်:ဟုန်:တောက် မီးဟုန်:ဟုန်:တောက်လောင်နေသည်။ 火がめらめらと燃え上がっている

ဟုန်:နတ်[houn: naʔ]（名）火の神 <ヒンズー教のアグニ

ဟပ်[haʔ]（動）①噛み付く、咥える ခွေးဟပ်တယ်။ 犬が噛みつく　②食い付く ငါးတကောင်လာဟပ်သည်။ 魚が一匹食い付いた　③くっつける、密着させる　④照り返す、反射する、反映する ရေမျက်နှာပြင်မှပြန်ဟပ်နေသောအလင်း 水面から反射している光

ဟပ်ချို:[haʔtʃo:]（擬）くしゃみ、ハックション

ဟပ်ထိုး[haʔto:]（副）前のめりに

ဟပ်ထိုးစိုက်ကျသွား:[haʔto: saitʃa. twa:]（動）つんのめる、前のめりに倒れる

ဟပ်ထိုးလဲ[haʔto: lɛ:]（動）前のめりに倒れる

ဟုမ္မရူး:[houn:məru:]（名）自治（1930年代の政治スローガン）<英 Home Rule

ဟုမ္မလင်:[houn:məlin:]（地）ホンマリン（チンドウイン河左岸に位置する、ナーガ丘陵の中心地）

ဟံသာရှဉ့်[handajiʔ]（植）ホウライシダ（ウラボシ科）Adiantum capillus-veneris

ဟံသာဝတီ[hantawadi]（名）①イラワジ河下流の旧県名　②モン王国およびモン王朝の名前

ဟို့[houn]（形）①有り余る　②飽きる、食傷する

ဟို:[houn:]（名）①火の神　②護摩

ဟုံးနတ်[houn: naʔ] →ဟုန်းနတ်
　ဟုံးနတ်ပူဇော်[houn:naʔ puzɔ] (動) 護摩供養をする
　ဟုံးပူဇော်[houn: puzɔ] =ဟုံးနတ်ပူဇော်
　ဟုံးမီးနတ်[houn: mi: naʔ] →ဟုံးနတ်
　ဟုံးမီးပုံ[houn: mi:boun] (名) 護摩供養の火炎
ဟုံးစုံး[houn:zoun:] (動・古) 歓声を挙げる、歓喜する、鬨の声を挙げる
ဟွတ်[huʔ] (擬) 咳、ゴホン တဟွတ်ဟွတ်နှင့်ချောင်းဆိုးသည်။ ゴホンゴホンと咳をする
ဟွန်ဒူးရပ်[hundu:raʔ] (国) ホンジュラス
ဟွန်း[hun:] (名) 警笛 ＜英 Horn
　ဟွန်းတီး[hun: ti:] (動) クラクションを鳴らす
　ဟွန်းပေး[hun: pe:] =ဟွန်းတီး
　ဟွန်းမှုတ်သံ[hun: mouʔtan] =ဟွန်းသံ
　ဟွန်းသံ[hun:dan] (名) クラクション

ဌ

ဌကြီး[la.dʑi:] (名) ビルマ字母表第３２番目の子音文字
ဌင်းက[ləda.] (鳥) =လင်းက။ ①ベンガルハゲワシ Gyps bengalensis ②インドシロエリハゲワシ Gyps indicus
ဌင်းကပါးပျဉ်း[ləda. bəbjin:] (植) マラバルノボタン (ノボタン科) Melastoma malabathricum
ဌင်းကမှိုင်မှိုင်[ləda.main main] (動) 落ち込む、失望してうな垂れる

အ

အ[a.]（名）ビルマの基本文字３３字の最後の文字、単独では[a.]、多音節語の語頭では中舌母音[ə]と発音される

အ[a.]（形）①唖だ、口が利けない ②阿呆だ、思考力に乏しい ③音が不鮮明だ、音がくぐもる ငွေသံမြင်ပြန်လဲသည်။ 銀貨の音がくぐもるので取替えた ④不活発だ、生気がない လုပ်ငန်းအသည်။ 仕事が捗らしくない ⑤不相応だ、不釣合いだ ပုံအသည်။ 形がずんぐりしている ⑥効力を失う、変成する ထုံးအသော်းသည်။ 石灰の成分が変る

အ[a.]（頭）パーリ語の名詞の否定 အကုသိုလ် 悪業<ကုသိုလ် 善業、အနိစ္စ 無常<နိစ္စ 常、အဝိဇ္ဇာ 無智、無明<ဝိဇ္ဇာ 智、明 အမင်္ဂလာ 不吉、凶<မင်္ဂလာ 吉祥、吉瑞

အကာလ[a.kala.]（名）深夜（人が寝ている時刻）、途方もない時刻、怪しげな時刻、真夜中

အကုသိုလ်[a.ku.do]（名）悪行、悪業、不善

အကုသိုလ်ကံ[a.ku.do kan]（名）悪業の報い、悪運

အကုသိုလ်တရား[a.ku.do təja:]（名）悪業の理

အကုသိုလ်သည်တခုတခုမလာ၊စုံတွဲလာတတ်၏။ 不幸は単独ではなく複数で訪れる

အ[ə]（頭）名詞化又は副詞化の接頭辞 ①名詞形成 အလုပ် 仕事<လုပ် する、行なう、အမှား 間違い<မှား 間違う、②重複させた名詞の前に付く အမြို့မြို့အရွာရွာ 各町村 အမြို့မြို့အရွာရွာနှင့်ဆို 町や村々 အကြိမ်ကြိမ်အခါခါ 繰返し အကြိမ်ကြိမ်အဖန်ဖန် 何度も အဖန်ထပ် 再三、反復して ③数詞、助数詞の名詞化 အရာ 百 အထောင် 千 အသောင်း 万 အယောက်သုံးဆယ် ３０人 အခါနှစ်ဆယ် ２０回 အကောင်လေးဆယ် ４０匹 ④動詞、形容詞からの副詞形成 အမြန် 急いで<မြန် 早い အပြေးလွှား 大急ぎで、慌ただしく<ပြေးလွှား 駆け回る

အက[əka.]（名）踊り、舞踊

အကကောင်း[əka. kaun:]（形）踊りが上手だ

အကတိုက်[əka. taiʔ]（動）踊りの稽古をする

အကအန[əka.ək'oun]（名）舞踊

အကစား[əgəza:]（名）①遊び ②賭博

အကနိဋ္ဌ[əkəni.tʼa. boun]（名）（仏教宇宙の）有頂天、色究竟天、色界の最高天

အကာ[əka]（名）①仕切り、柵、垣、隔壁 ②覆い、遮蔽物 ③保護、防禦 ④白材、白太 ⑤果物の皮 ⑥卵の白身 =ကြက်ဥအကာ cf. အနှစ်

အကာခွံ[əkagun]（名）外皮、殻

အကာအကွယ်[əka əkwɛ]（名）①保護、防衛 ②防禦物、遮蔽物 ③護符 အကာအကွယ်ပေးသည်။ 守ってやる、保護してやる အကာအကွယ်ပြုသည်။ 防ぐ、防衛する အကာအကွယ်ယူသည်။ 楯となる

အကာအရံ[əka əjan]（名）仕切り、幕、囲い、遮蔽物

အကား:[əka:]（名）①拡大、拡張 ②誇張

အကု[əku.]（名）治療

အကုဋေ[əgəde]（数）１千万

အကုအေတ[əku.əta]（名）治療

အကူ[əku]（名）協力、補助

အကူငွေ[əku ŋwe]（名）香典

အကူစရေး[əku zəje:]（名）事務見習い、事務補助員

အကူပစ္စည်း[əku pjiʼsi:]（名）補助材

အကူပြု[əku pju.]（動）協力する、役立つ、貢献する

အကူလှတ်[əku ɬuʔ]（動）支援に送る、支援を派遣する

အကူအညီ[əku əɲi]（名）協力、支援 အကူအညီတောင်းသည်။ 協力を求める、協力を要請する အကူအညီပေးသည်။ 協力する、協力を与える အကူအညီယူသည်။ 協力を受入れる အကူအညီရသည်။ 協力を得る、支援を得る

အကူအပံ့[əku əɲi]（名）援助、物質的援助、支援

အကူး:[əku:]（名）①時の境目、季節の移り変り ②場所の繋ぎ目、渡り ③推移 ④写し、コピー

အကူးကာလ[əku: kala.]（名）季節の移り変り အချိန်မှာမိုးအကုန်ဆောင်းအကူးကာလဖြစ်သည်။ 時期は雨季の終り、乾季への移り変りの時期であった

အကူးအဆက်[əku:əsʼɛʔ]（名）伝染

အကူးအပြောင်း[əku:əpjaun:]（名）変動、変遷、推移、移り変り

အကူးအသန်း[əku:ətan:]（名）①通過、渡り、往来 ②交易

အကဲ့ရဲ့[əkɛ.jɛ.]（動）蔑視、侮蔑、貶し

အကဲ့ရဲ့ခံရ[əkɛ.jɛ. kʼan ja.]（動）貶される、中傷される、非難される

အကယ်[əkɛ]（①（副）実際に、事実 ②（名）事実、実際

အကယ်စင်စစ်[əkɛ sinziʼ]①（接）もしも~ならば（後に၍を伴う） ②（名）真実、事実

အကယ်တည်[əkɛti.]（接）もしも~なら

အကယ်၍[əkɛjwe.]（接）もしも~なら（後にလျှင်၊ပါက၊အံ့၊等を伴う） အကယ်၍တိုက်ပြည်အောင်ဆမ်ဘုန်းပေးမကဘိုက်လေး၊ပြီးအိပ်ချင်လာတတ်သည်။ もしも

腹一杯飯を食ったならば腹が重くなって眠気を催す

အကယ်၍တည်း[əkɛjwe.di:]（接）もしも~ならば
အကယ်၍သာ[əkɛjwe.da]（接）もしも、仮に~なら
အကယ်လို့[əkɛlo.]（接）もしも、仮に
အကယ်သန္ဓူ[əkɛtandu.]（接）①もしも、仮に ②間違いなく、絶対に
အကဲ[əkɛ:]（名）①能力、素質 ②質、品質 ③外観、容貌、様子、特徴 ④合金 ⑤頭、頭目 ⑥過度、過多
အကဲကိုင်[əkɛ: kain]（動）気取る、もったいぶる、容易に妥協しない、信念を貫く
အကဲကြည့်[əkɛ: tʃi.]（動）状況を見る、見積る、評価する、鑑識する
အကဲခတ်[əkɛ: k'aʔ]（動）①顔色を窺う、様子を見る ②（宝石を）鑑定する、目利きする、判断評価する
အကဲစမ်း[əkɛ: san:]（動）反応を見る、様子を窺う、様子を試す
အကဲဆတ်[əkɛ: sʔaʔ]（形）神経過敏だ、気短かだ、怒りっぽい
အကဲပါ[əkɛ: pa]（形）①高慢ちきだ、横柄だ ②慎重だ、用心深い、過剰に反応する ③言う事を利かない、容易に妥協しない、頑固だ、嫌々だ、渋々だ
အကဲဖြတ်[əkɛ: p'ja]①（動）鑑定する、評価する ②[əkɛ:bjaʔ]（名）鑑定人
အကဲဖြတ်မှား:[əkɛːbjaʔ ma:]（動）評価を誤る、鑑定を誤る
အကဲရ[əkɛ: ja.]（動）①印象を得る ②不安になる
အကဲလှ[əkɛ: ɬa.]（形）美貌だ、秀麗だ
အကဲအရိပ်[əkɛ:əjeiʔ]（名）暗示、ヒント လူကဲလူရိပ် 人の様子、人の印象
အကော်[əkɔ]（名）こじ開け、
အကော်ခက်[əkɔ kʔɛʔ]（形）取り出す事が難しい、こじ開けられない
အကော်အကတ်[əkɔ əkaʔ]（名）屁理屈
အကို[əko]（名）兄 →အစ်ကို
အကိုကြီး[əkogɹi:]（名）（複数の兄の内）上の兄
အကိုလေး[əkole:]（名）（複数の兄の内）下の兄
အကိုဝမ်းကွဲ[əko wun:gwɛ:]（名）（自分より年上の）従兄弟
အကိုး[əko:]（名）参考、参照、引用
အကိုးအကား:[əko:əka:]（名）根拠、典拠、出典
အကိုးအကွယ်[əko:əkwɛ]（名）信仰、信心
အကိုးအကွယ်ခံယူ[əko:əkwɛ k'an ja.]（動）信仰される
အကောက်[əkauʔ]（名）①湾曲、屈曲、屈折 ②拾得 ③不正、悪事 ④選出 ⑤判決 ⑥租税 ⑦関税 ⑧

解釈
အကောက်ကြံ[əkauʔ tʃan]（動）悪事を企む、罠に掛ける
အကောက်ခွန်[əkauʔk'un]（名）関税
အကောက်ခွန်ကင်းလွတ်[əkauʔk'un kin:luʔ]（動）関税が免除される、免税となる
အကောက်ခွန်နှင့်ကုန်သွယ်ရေး:ဆိုင်ရာအထွေထွေသဘောတူညီချက်အဖွဲ့(ဂက်)[əkauʔk'un nɛ kounðwɛje: s'ainja ətwedwe dəbɔ:tuɲiɲɛʔ əp'wɛ.]（名）関税貿易一般協定（ガット）
အကောက်ခွန်ရငွေ[əkauʔk'un ja.ŋwe]（名）関税収入
အကောက်ဉာဏ်[əkauʔɲan]（名）悪企み、悪智慧、狡猾さ အကောက်ဉာဏ်ကြံသည်။ 悪企みをする、悪智慧を働かす
အကောက်မဲ့[əkauʔmɛ.]（副）免税で、無税で
အကောက်ရုံ[əkauʔjoun]（名）料金徴収所
အကောက်ရုံး:[əkauʔjoun:]（名）税関
အကောက်သွား:[əkauʔ twa:]（動）屈折して進む、湾曲して進む
အကောက်အကွေ့[əkauʔəkwe.]（名）屈折、湾曲
အကောက်အစား:[əkauʔəsa:]（名）関税、租税
အကောက်အဖြောင့်[əkauʔ əp'jaun.]（名）曲直
အကောက်အရာရှိ[əkauʔ əjaʃi.]（名）税関吏、税関職員
အကိုက်[əkaiʔ]（名）①痛み、疼痛 ②噛み付き ③合致、一致 ④（副）丁度よく、これ幸い
အကိုက်ခံရ[əkaiʔ k'an ja.]（動）噛まれる
အကိုက်အခဲ[əkaiʔək'ɛ:]（名）①痛み、疼痛 ②噛み付き အကိုက်အခဲပျောက်သည်။ 痛みが消える အကိုက်အခဲပျောက်ဆေး: 痛み止め、頓服
အကင်[əkin]（名）①焙り、火焙り ②焼き
အကင်း:[əkin:]（名）①初成りの果実、青い果実 cf. အသီးမှဉ့် ②熱気 ③機敏さ ④抜け目のなさ
အကင်းတက်[əkin: tɛʔ]（動）熱が上がる、体温が上がる
အကင်းထူ[əkin: t'u]（形）鈍感だ、愚鈍だ
အကင်းပါး:[əkin: pa:]（形）①聡い、目ざとい、目端が利く、機転が利く、察しがよい အကင်း:ပါးသောကလေး:ဖြစ်သည်။ 察しのよい子供だ ②抜け目がない
အကင်းသေ[əkin: te]（動）（病状が）治まる、静まる、病気が治まる、熱が治まる、回復する
အကင်းသတ်[əkin: taʔ]（動）（病状を）和らげる、症状を緩和させる
အကောင်[əkaun]（名）①体、身体 ②死体、遺体 ③生き物（虫、動物、獣等） ④（代）奴、あいつ、野郎

⑤（助数）動物、鳥、魚、虫等を示す နွားတစ်ကောင်牛1頭 မြွေတစ်ကောင် 蛇1匹 ကြက်အကောင်တရာ 鶏百羽

အကောင်ငယ်[əkauŋɛ]（名）幼虫

အကောင်ပေါက်[əkaun pau']（動）雛が孵る、雛が孵化する

အကောင်လေး[əkaunle:]（名）幼生

အကောင်လိုက်[əkaun lai']（副）丸のまま、丸ごと

အကောင်အထည်[əkaun et'ɛ]（名）①動物の体 ②体格、体つき ③実態、実質、実現、具現 အကောင်အထည်ပေါ်သည်။ 実現する、具体化される、形になる အကောင်အထည်ဖော်သည်။ 実現させる、具体化する形にする

အကောင်အထည်အား ဖြင့်[əkaun et'ɛ a:p'jin.] 具体的に、現実に

အကောင်း[əkaun:]（名）①良いもの、良い事 ②正常、まとも ③真面目な話、真剣な話、本気な話 ④（副）真剣に、真面目に

အကောင်းကြိုက်[əkaun: tʃai']（動）良い物を好む、上質品を好む

အကောင်းစား[əkaun:za:]（名）上質、上等品、高級品 cf. အညံ့စာ

အကောင်းဆုံး[əkaun:zoun:]（名・副）最も良い、最良品、最高品 ကျုပ်တို့သူနဲ့မဆက်ဆံတာအကောင်းဆုံးပဲ။ 彼とは付き合わない方が一番よい

အကောင်းထင်[əkaun:t'in]（動）①良いと思う、よい物だと思う ②まともだと見なす、善意に解釈する

အကောင်းပကတိ[əkaun: bəgədi.]（名）現状通り、元通り、そっくり元のまま、完全回復 အကောင်းပကတိပြန်ဖြစ်သည်။ 原状回復する အကောင်းပကတိရှိသည်။ 本来の良好な状態にある

အကောင်းပြော[əkaun: pjɔ:]（動）①まともに言う、真面目に話す、真剣に語る ②好意的に言う、相手の事を考えて話す

အကောင်းမေး[əkaun: me:]（動）まともに聞く、真剣に尋ねる、真面目に質問する

အကောင်းမြင်[əkaun: mjin]（動）まともに見る、善意に受取る、好意的に解釈する、快く思う

အကောင်းလုပ်[əkaun: lou']（動）ちゃんとする、まともにする、真面目にする

အကောင်းသာ:[əkaun:da:]（副）調子がよかったのに、具合がよかったのに、何ともなかったのに

အကောင်းသားပဲ[əkaun:da:bɛ]（形）勿論結構だ、言うまでもなくよい、承知した

အကောင်းအဆိုး[əkaun: əs'o:]（名）善し悪し、善悪、正邪

အကောင်းအနှစ်[əkaun: əmun]（名）良いもの、優れたもの

အကိုင်[əkain]（名）①持つこと、手にすること ②握り、手すり ③取扱い、操作、操縦

အကိုင်ကြမ်း[əkain tʃan:]（形）取扱いが粗暴だ、操作が乱暴だ

အကိုင်အတွယ်[əkain ətwɛ]（名）取扱い、操作、操縦、運用、管理

အကိုင်အပွဲ[əkain əpɛ.]（名）操作、操縦

အကိုင်း[əkain:]（名）木の枝、大枝

အကိုင်းခြောက်[əkain: tʃau']①（動）枝が枯れている ②[əkain:dʒau']（名）枯枝

အကိုင်းအခက်[əkain: ək'ɛ']（名）枝、大枝小枝

အကိုင်းအရှိုင်း[əkain: əʃain:]（名）篤信、敬虔

အကပ်ကိုင်[əka' kain]（動）気難しい、意固地だ、頑固だ、扱いにくい、非協力的だ

အကတ်အသတ်[əka'əta']（名）難しさ、困難

အကန့်[əkan.]（名）①隔壁、仕切り、間仕切り ②区画 ③制限、限定

အကန့်အသတ်[əkan.əta']（名）制限、制約、限定、限度

အကန့်အသတ်မရှိ[əkan. əta' məʃi.]（副）制限なく、無制限に အကန့်အသတ်မရှိသတ်တမ်းတိုးသည်။ 無期限に延長する

အကန်[əkan]（名）①蹴り ②反動

အကန်ခံရ[əkan k'an ja.]（動）蹴られる

အကန်အကျောက်[əkan ətʃau']（名）足蹴 အကန်အကျောက်ခံရသည်။ 足蹴にされる

အကန်း[əkan:]（名）①盲人、失明者 ②無学、文盲 ③役立たず、屑

အကန်း။တစ္ဆေကြောက်။（諺）盲、蛇に怖じず（盲人、幽霊を恐れず）

အကိန်းအခန်း[əkein:ək'an:]（名）数字

အကုန်[əkoun]①（名）全て、全部、皆 ②支出、出費、経費 ③終り、終了、末 ④（副）何でも、残らず မင်းအကုန်စားလိုက်။皆食べなさい မင်းကိုကလေးလူကြီးတွေအကုန်ချစ်ကြတယ်။子供も大人も皆君が好きだ

အကုန်ခံ[əkoun k'an]（動）支出する、負担する、投資する

အကုန်ခံရ[əkoun k'an ja.]（動）負担に耐える、支出を余儀なくされる

အကုန်ယူ[əkoun ju]（動）全て取る、残らず取る

အကုန်လုံး[əkounloun:]（名）全て、全部

အကုန်အကျ[əkoun ətʃa.]（名）費用、出費、支出 အကုန်အကျခံသည်။ 支出する、費用を受持つ、負担する、投資する＝အကုန်ခံ။ အကုန်အကျများသည်။経費がかかる、支出が多い

အကုန်အစင်[əkoun əsin]① (名) 全部、一切合財 ② (副) 悉く、残らず အကုန်အစင်ဖွင့်ပြောသည်။ 包み隠さずに打ち明ける ＝အကုန်

အကုန်အပြည့်[əkoun əpje.] (名) 全て、一切

အကုန်း[əkoun:] (名) 猫背、せむし

အကပ်[əka'] (名) ①献上、奉納 ②接近、接触 ③縁故、コネ ④残り物 ⑤少量、僅少

အကပ်ကောင်း[əka' kaun:] (形) 巧みに擦り寄る、接し方が巧みだ

အကပ်ခံ[əka' k'an] (動) 接近を許す、接近に耐える

အကပ်ခံနိုင်[əka' k'an nain] (動) 接近できる、接近可能だ

အကပ်မကောင်း[əka' məkaun:] (形) 接し方が拙劣だ

အကပ်အငြိ[əka' əɲi.] (名) 付着

အကပ်အရပ်[əka' əja'] (名) ①縁故、コネ、便宜を図ってくれる人 ②うまく取り入る事

အကပ်အသပ်[əka'əta'] ① (名) 僅かな残り物、残り粕、僅かな残留物、付着物 အိုး်ထဲမှာအကပ်အသပ်မျှသာကျန်သည်။ 鍋底にあった残り粕だけだった

အကမ်း[əkan:] (名) 引き出物、手土産、贈答品

အကမ်းအလှမ်း[əkan:əɪan:] (名) ①贈答品 ②申し入れ、申込み

အကျ[ətʃa.] (名) ①落下、降下、下落 ②落第、不合格 ③犠牲者、戦死者 ④脱字 ⑤訴訟費用 ⑥他人の使い古し、お下がり ⑦ (副) きちんと、適切に、均衡が取れていて、見栄えがして

အကျနေ့[ətʃa.ne.] (名) 水祭りの第１日目 cf. သကြန်

အကျအဆုံး[ətʃa.əs'oun:] (名) 死者、戦死者

အကျအန[ətʃa. əna.] ① (名) 構え、姿勢 ② (副) きちんと、ちゃんと အကျအနထိုင်လိုက်သည်။ ちゃんと座った ③確実に cf. ကျကျနန

အကျအပေါက်[ətʃa. əpau'] (名) (書物の中の) 脱落、脱字

အကျအရှုံး[ətʃa. əʃoun:] (名) 落第、失敗、不合格

အကျား[ətʃa:] (名) 縞、縞模様、格子縞

အကျို[ətʃi.] (名) 粘りのあるもの、粘々したもの

အကျိုအချဲ[ətʃi.ətʃɛ'] (名) 粘液、粘液質

အကျူး[ətʃu:] (名) 超過

အကျူးအကျော်[ətʃu:ətʃɔ'] (名) 侵略

အကျူးအလွန်[ətʃu:əlun'] ① (名) 侵害、違反 လက်အကျူးအလွန်အပြစ်လျော့စေ။ 暴力行為 (言い過ぎと手出し) の罪は償わせよ ② (副) 著しく、極め

て ＝အလွန်အကျူး

အကျေအနပ်[ətʃe əna'] ① (名) 満足 ② (副) 満足して

အကျေအလည်[ətʃe əlɛ] (副) 全員納得して、全員合意の上で

အကျယ်[ətʃɛ] ① (名) 広さ、範囲 ② (副) 詳しく、詳細に、念入りに、精緻に

အကျယ်ကြီး[ətʃɛtɕi:] (副) 広大で

အကျယ်ကြား[ətʃɛ tʃa:ti.ja.] (動) 詳しく聞く

အကျယ်ချဲ့[ətʃɛ tʃɛ.] (動) ①広げる、拡大する、拡張する ②詳述する

အကျယ်ချုပ်[ətʃɛ tʃou'] ① (動) 軟禁する ② [ətʃɛ dʑou'] (名) 軟禁、自宅拘束

အကျယ်ချုပ်ထိန်း[ətʃɛdʑou' t'ein:tein: k'an ja.] (動) 軟禁される

အကျယ်ချုပ်နှင့်[ətʃɛdʑou'ne.] (副) 軟禁状態で အကျယ်ချုပ်နှင့်နေရသည်။ 禁足状態で過す

အကျယ်ဆို[ətʃɛ s'o] (動) 詳しく述べる

အကျယ်တဝင်[ətʃɛtəwin.] (副) 詳細に、広範囲に亘って

အကျယ်အဝန်း[ətʃɛ əwun:] (名) 広さ、範囲、面積

အကျယ်အဝှမ်း[ətʃɛ əhwan:] (名) ＝အကျယ်အဝန်း

အကျဲ[ətʃɛ:] (名) ①疎ら、隙間、隔たり ② (液体の) 希薄さ

အကျဲသာ[ətʃɛ:da:] (副) そんな筈はない

အကျော့[ətʃɔ'] →အကျော်

အကျော့အလော့[ətʃɔ' əlɔ'] →အကျော်အလော်

အကျော်[ətʃɔ'] (名) (植) ①ジンコウ、キャラ (ジンチョウゲ科) Aquilaria agallocha ②シロバナインドソケイ Plumeria obtusa」

အကျော်[ətʃɔ'] (名) ①有名、著名 ②超過 ③階段の段

အကျော်စေရ[ətʃɔzeya.] (名) 名声、評判

အကျော်တစော[ətʃɔdəzɔ:] (副) 広く、普く

အကျော်တစော်ဖြစ်[ətʃɔdəzɔ: p'ji'] (形) 広く知られている、普く知られている

အကျော်အကြား[ətʃɔ ətʃa:] (名) 著名、高名

အကျော်အစော[ətʃɔ əsɔ:] (名) 名声、高名

အကျော်အမော်[ətʃɔ ɛmɔ:] (名) 著名人

အကျော်ပေး[ətʃɔ: pe:] (名) ハンデを付ける、差を設ける、不利な立場に置く

အကျိုး[ətʃo:] (名) ①結果、効果、成果 ကောင်းကျိုးဆိုးကျိုး 良い結果と悪い結果 ②儲け、利益 ③折損、破損

အကျိုးကျေးဇူး[ətʃo: tʃe:zu:] (名) 恵み、恩恵、

အကျိုး

成果、利益
အကျိုးကျေးဇူးခံရ[ətʃoː tʃeːzuː k'an ja.]（動）恩恵を蒙る、利益を享受する
အကျိုးခံစား[ətʃoː k'anzaː]（動）利益を得る、恩恵を蒙る、利益を享受する
အကျိုးခံစားခွင့်[ətʃoː k'anzaː gwin.]（名）権利
အကျိုးငှါ[ətʃoː ŋa]（助）〜するために　ဘီလူးကိုနိုင်စေခြင်းအကျိုးငှါယတြာကိုပြုပြင်စီရင်၍ပေးမည်။ 羅刹に打ち勝つために厄難の術を教えてあげよう
အကျိုးစီးပွါး[ətʃoːsiːbwaː]（名）利益、幸福、繁栄
အကျိုးဆက်[ətʃoːzɛʔ]（名）①結果、結末　②余波、副産物
အကျိုးဆောင်[ətʃoː s'aun]①（動）便宜を図る、有利なように計らう、利益をもたらすよう図る、の為に尽す　②[ətʃoːzaun]（名）幹事、役員、世話役
အကျိုးဆောင်ရှေ့နေ[ətʃoːzaun ʃe.ne]（名）弁護士
အကျိုးတရား[ətʃoː təjaː]（名）結果、成果 cf. အကြောင်းတရား
အကျိုးထူး[ətʃoː t'uː]①（動）事態が好転する、良いへと変化する、為になる、得をする　②[ətʃoːduː]（名）特別な効果、特殊な成果
အကျိုးနဲ့အကြောင်းနဲ့[ətʃoːnɛ. ətʃaunːnɛ.]（副）筋道を立てて、事情をきちんと説明して
အကျိုးနည်း[ətʃoː nɛː]（動）損をする、損失を蒙る、利益を損なう、取り返しがつかなくなる
အကျိုးနည်းဆင်းရဲဒုက္ခရောက်[ətʃoːnɛː s'inːjɛː douʔk'a. jauʔ]（動）損失を蒙り苦難に陥る
အကျိုးနပ်[ətʃoː naʔ]（動）し甲斐がある、やり甲斐ある（実際の用法としては、語頭の位置に動詞が置かれる）　လူဖြစ်ကျိုးနပ်သည်။ 人間として生れた甲斐があった　ဘုန်းကြီးလုပ်ရကျိုးနပ်မှာဘဲ။ 出家になった甲斐があろう　အကျက်ရသည့်အကျိုးနပ်မည်။ 勉強し甲斐があるだろう　ရွှေဖရုံသီးစိုက်ရကျိုးနပ်တယ်။ 南瓜を栽培した甲斐があった　သူလာပို့တာပို့ရကျိုးနပ်ပြီ။ 彼を送ってきた甲斐があった
အကျိုးပေး[ətʃoː peː]①（動）貢献する、利益をもたらす、よい結果をもたらす、有益だ　②[ətʃoːbe]（名）結果、結末
အကျိုးပေးတူ[ətʃoːbeː tu]（動）結果が同じだ、効果が同じだ、利益が同じだ、変り映えしない
အကျိုးပြု[ətʃoː pju.]（動）尽す、役立つ、寄与する、貢献する
အကျိုးပြုပိုးကောင်[ətʃoːpju. poːgaun]（名）益虫

အကျိုးဖြစ်ထွန်း[ətʃoː p'jiʔt'unː]（動）効果をもたらす、成果が挙がる
အကျိုးမထွက်[ətʃoː məjouʔ]（動）不利にはならない、損にはならない
အကျိုးမဲ့[ətʃoː mɛ.]①（形）無駄だ、無益だ、効果がない　②（副）無駄で、無益で
အကျိုးများ[ətʃoː mjaː]（形）大いに有利だ、有益だ、利益が多い
အကျိုးယုတ်[ətʃoː jouʔ]（動）不利になる、損になる、無益だ、有害だ
အကျိုးရှိ[ətʃoː ʃi.]（動）利益がある、益するところがある、役に立つ
အကျိုးရလဒ်[ətʃoː jəlaʔ]（名）結果、成果、効果
အကျိုးရလဒ်ပေါ်[ətʃoː jəlaʔ pɔ]（動）効果が表れる、成果が得られる
အကျိုးလိုရှိညွှန်ရေလောင်း၊ပတ်ထမ်းတွေ။ 天罰覿面（利益を祈り祝福の水を掛け、しっぺ返しを受ける
အကျိုးသက်ရောက်[ətʃoː tɛʔjauʔ]（動）効き目がある、効果が挙がる、効力を発する
အကျိုးသက်ရောက်မှု[ətʃoː tɛʔjauʔmu.]（名）効果、成果
အကျိုးသက်ရောက်မှုရှိ[ətʃoːtɛʔjauʔmu. ʃi.]（動）成果が挙がる、良い結果となる
အကျိုးသင့်အကြောင်းသင့်[ətʃoːdin. ətʃaunːdin.]（副）筋道を立てて、合理的に、情況に応じて、相応に
အကျိုးအကြောင်း[ətʃoːətʃaunː]（名）①因果　②経緯、事情、状況、一部始終、詳細
အကျိုးအကြောင်းညီညွတ်[ətʃoːətʃaun ɲiɲuʔ]（動）話の辻褄が合う、合理性がある
အကျိုးအကြောင်းညီညွတ်မှု[ətʃoːətʃaun ɲiɲuʔmu.]（名）合理性
အကျိုးအပဲ့[ətʃoː əpɛ.]（名）①破損　②破片、断片
အကျိုးအပျက်[ətʃoː əpjɛʔ]（名）破損、欠損
အကျိုးအပြစ်[ətʃoː əpjiʔ]（名）利害、損得　ဤအိပ်မက်၏အကျိုးအပြစ် この夢の得失
အကျိုးအမြတ်[ətʃoː əmjaʔ]（名）恩恵、恩典、儲け、収益、利益、利潤
အကျိုးအမြတ်ထွက်[ətʃoːəmjaʔ t'w]（動）利益が挙がる、収益になる、儲けになる
အကျက်[ətʃɛʔ]（名）①煮えたもの　②（卵の）固ゆで　③習熟　④知り合い、熟知 ကြက်ဥပြုတ်အကျက်
အကျက်ပြုတ်[ətʃɛʔ pjouʔ]（動）（卵を）固ゆでにする
အကျက်သေ[ətʃɛʔ te]（動）大往生する、畳の上で

အကျောက်အကန်

死ぬ cf. အစိမ်းသေ
အကျောက်အကန်[ətʃau' əkan]（副）頑として、頑固に、強情に、強硬に
အကျင့်[ətʃin.]（名）①行い、行為、実行、実施 ②品行 ③癖、習性
အကျင့်ကောင်း[ətʃin. kaun:]（形）品行方正だ、行状がよい
အကျင့်ခံရ[ətʃin. k'an ja.]（動）される、やられる
အကျင့်စာရိတ္တ[ətʃin. zarei'ta.]（名）品行、生活態度、倫理道徳
အကျင့်စာရိတ္တကောင်း[ətʃin.zarei'ta. kaun:]（形）品行方正だ
အကျင့်စာရိတ္တပျက်[ətʃin.zarei'ta. pjɛ']（動）行状が悪い、身を持ち崩す、堕落する
အကျင့်ဆိုး[ətʃin. s'o:]①（形）行いが悪い、不道徳だ ②[dtʃin.zo:]（名）悪い癖、悪癖、悪習
အကျင့်တရား[ətʃin.tәja:]（名）品行
အကျင့်တန်[ətʃin. tan]（形）不道徳だ、不品行だ
အကျင့်ပါ[ətʃin. pa]（動）慣れる、習慣づく、癖になる、癖がある
အကျင့်ပျက်[ətʃin. pjɛ']①（動）堕落する、品行が悪くなる ②習慣がなくなる、癖が消える ③[ətʃin.bjɛ']（名）ならず者、ごろつき、無頼漢
အကျင့်ပျက်မှု[ətʃin. pjɛ'm̥u.]（名）不品行、不道徳な行為
အကျင့်ဖောက်[ətʃin. p'au'pjan]（動）不道徳な振舞いをする
အကျင့်ဖောက်ပြန်[ətʃin. p'au'pjan]（動）振舞いが不道徳だ、品行が悪い
အကျင့်ဖြစ်[ətʃin. p'ji']（動）癖になる、習慣づく
အကျင့်ရ[ətʃin. ja.]（動）慣れる、習慣になる
အကျင့်ရိုင်း[ətʃin.jain:]（形）振舞いが粗野だ、野蛮だ
အကျင့်ရှိ[ətʃin. ʃi.]（動）慣れている、習慣になっている
အကျင့်လုပ်[ətʃin. lou']（動）慣れ親しむ、実行する、習慣づける
အကျင့်သီလ[ətʃin.tila.]（名）徳行、方正な品行
အကျင့်သီလနှင့်ပြည့်စုံသည်။ 徳行を具えている
အကျင့်သီလရှိ[ətʃin.tila. ʃi.]（動）徳行がある、品行方正だ
အကျင့်သိက္ခာ[ətʃin.tei'k'a]（名）高潔さ、廉直さ
အကျင့်သိက္ခာမဲ့[ətʃin.tei'k'a mɛ.]（動）誠実さに欠ける、廉直さがない

770

အကျင့်အကြံ[ətʃin. ətʃan]（名）企画実行、企画実践
အကျင့်အမူ[ətʃin. əmu]（名）行為
အကျစ်[ətʃi']（名）①締り ②撚り、撚じり
အကျဉ်း[ətʃin:]（名）①概要、概略 ②監禁、拘束、牢獄 ③狭さ、狭隘
အကျဉ်းကျ[ətʃin; tʃa.]（動）監禁される、幽閉される、投獄される
အကျဉ်းကျကာလ[ətʃin:dʒa. kala.]（名）刑期、禁固期間、投獄期間
အကျဉ်းခံရ[ətʃin: k'an ja.]（動）幽閉される、監禁される、投獄される
အကျဉ်းချ[ətʃin: tʃa.]（動）監禁する、幽閉する、投獄する
အကျဉ်းချုပ်[ətʃin: tʃ'ou']①（動）要約する、簡潔にまとめる ②[ətʃin:dʒou']（副）簡潔に、要約して ③（名）概要、概略
အကျဉ်းချုံ[ətʃin; tʃ'oun:]（動）かいつまんで言う、短くまとめる、省略する、簡略化する
အကျဉ်းဆို[ətʃin: s'o]（動）簡単に述べる、概要を述べる
အကျဉ်းထောင်[ətʃin:daun]（名）牢獄、刑務所
အကျဉ်းရုံ[ətʃin: joun:]（動）縮める、簡潔にする、規模を縮小する
အကျဉ်းသား[ətʃin:da:]（名）囚人 cf. အချုပ်သား
အကျဉ်းအကြပ်[ətʃin:ətʃa']（名）①窮屈 ②苦境、困難
အကျဉ်းအကြပ်တွေ့[ətʃin:ətʃa' twe.]（動）苦境に陥る、困難に直面する
အကျဉ်းအကြပ်တွေ့မှ၊အစွမ်းအစပေါ်သည်။（格）艱難辛苦、汝を玉にす（苦境に直面して初めて能力を発揮する）
အကျဉ်းအကြပ်ဖြစ်[ətʃin:ətʃa' p'ji']（動）①窮屈 ②苦境にある
အကျဉ်းအားဖြင့်[ətʃin:a:p'jin.]（副）概略、簡潔に、大雑把に、かいつまんで言うと
အကျည်တန်[ətʃi: tan] →အကျည်းတန်
အကျည်းတန်[ətʃi: tan]（形）醜い、不細工だ
အကျည်းတန်မှု[ətʃi:tanm̥u]（名）不器量、不細工、醜さ
အကျည်းတန်သူ[ətʃi:tanm̥u]（名）器量の悪い人、醜い人
အကျိတ်[ətʃei']（病）①腫物 ②淋巴腺の腫れ
အကျိတ်ထွက်[ətʃei' t'wɛ']（動）①淋巴腺が腫れる ②腫瘍ができる
အကျိတ်ပေါက်[ətʃei' pau']＝အကျိတ်ထွက်

အကျိုတ်ဖြစ်[ətʃeiʔ pʼjiʔ] =အကျိုတ်ပေါက်
အကျိုတ်အစဲ[ətʃeiʔəkʼɛː] (名) ①ぐりぐり、硬いところ ②恨み、怨恨
အကျန်[ətʃan] (名) 残り、残余、剰余
အကျပ်[ətʃaʔ] (名) ①困難、苦難 ②重量の単位、約１７グラム
　အကျပ်ကိုင်[ətʃaʔ kain] (動) 無理を言う、駄々を捏ねる、難題を吹っかける、窮地に追い込む、圧力をかける
　အကျပ်ကြုံ[ətʃaʔ tʃoun] (動) 困難に直面する、困り果てる、苦境に立つ
　အကျပ်တွေ့[ətʃaʔ twe.] =အကျပ်ကြုံ
　အကျပ်ရိုက်[ətʃaʔ jaiʔ] (動) 苦境に陥る、身動きが取れない、苦しい立場にある
　အကျပ်သား[ətʃaʔta̱] (形) 困った事だ、難題だ
　အကျပ်အတင်း[ətʃaʔ ətinː] (名) =အတင်းအကျပ်
　အကျပ်အတည်း[ətʃaʔətɛː] (名) ①困難、難局、苦境、窮地→အကြပ်အတည်း။ စီးပွါးရေး:အကျပ်အတည်း: 経済的困窮 ②(副) 厳格に
　အကျပ်အတည်း:ကြုံ[ətʃaʔətɛː tʃoun] (動) 難局に直面する
အကျုံးဝင်[ətʃoun: win] (動) 含まれる、包含される、範囲に入る、該当する အကျုံးဝင်သူည်နှစ်ယောက်သာရှိသည်။ 該当者は二人しかいない 否定形は အကျုံး:မဝင်ဘူး။ 含まれない、範囲に入らない、該当しない
အကြာ[ətʃa] (名) 間、時の経過 ခဏအကြာ၌ 一寸の間、暫くして နှစ်ရက်အကြာ 2日間 နာရီဝက်ခန့်အကြာ 半時間程して
　အကြာကြီး[ətʃaʤiː] (名・副) 長い間、長時間
　အကြာအမြင့်[ətʃa əmjin.] (名) 長い間、長時間
　အကြာအရှည်[ətʃa əʃe] (名) 長い間、長期間
အကြား:[ətʃaː] (名) ①間、中間、間隔、隔たり ထွက်လာကြသောလူများ:အကြား:တွင် 出てきた人々の間に ②聞え、聴取 ③縞、縞模様 →အကျား:
　အကြား:ကတ်[ətʃa kaʔ] (形) 耳障りだ、聞き辛い、聞き苦しい
　အကြား:အမြင်[ətʃaːəmjin] (名) ①見聞、見識、知識 ②直感
　အကြား:အမြင်ပေါက်[ətʃaːəmjin pauʔ] (動) 直感が働く
အကြီး[ətʃiː] (名) ①大きなもの ②年長者 သမီးအကြီး 長女、上の娘 သား:အကြီး: 長男、上の息子
　အကြီး:စား:[ətʃiːzaː] (名) 大型 အကြီး:စား:စက်မှုလုပ်ငန်း။ 重工業
　အကြီး:ဆုံး:[ətʃiːzounː] (名) ①最大 ②最年長 အမအကြီး:ဆုံး: 長姉 သသက်အကြီး:ဆုံး:ဖြစ်သည်။ 最年長だ

အကြီး:တော်[ətʃiːdɔ] (名) 王子の養育侍従、教育担当侍従
အကြီး:အကဲ[ətʃiːəkɛː] (名) 長、首領、首脳、幹部、長老、有力者
အကြီး:အကျယ်[ətʃiːətʃɛ] (副) 大々的に、大規模に、強力に、著しく အကြီး:အကျယ်ပျာ:သည်။ 高熱を発した အကြီး:အကျယ်စိတ်ပျက်မိသည်။ 大いに落胆した အကြီး:အကျယ်အံ့ဩရသည်။ 大いに驚いた ဒုက္ခအကြီး:အကျယ်တွေ့သည်။ 大変な困難に直面した
အကြီး:အငယ်[ətʃiːəŋɛ] (名) 大小
အကြီး:အမှူး:[ətʃiːəmṵː] (名) 首領、首脳、幹部
အကြီး:အမှူး:ပြု[ətʃiːəmṵː pju.] (動) 指導する、指導者として行動する
အကြီး:အသေး[ətʃiː əte̱ː] (名) 大小
အကြီး:အဝ်လုပ်[ətʃiːəouʔ louʔ] (動) 首領を務める、頭目になる
အ~ကြီး:[ə~ʤiː] (頭) 副詞形成、အကြာကြီး<ကြာ 随分長い間 အများ:ကြီး:<များ:များ: ものすごく沢山 အစောကြီး:<စောစော 早く
အ~ကြီး:~[ə~ʤiː~] (頭) 形容詞形成、最大級を示す အပျော်ကြီး:ပျော်ရတယ်။ とても楽しかった အမော:ကြီး:မော:သည်။ 随分疲れた အကြေနပ်ကြီး:ကြေနပ်တယ်။ 大満足だった အမုန်း:ကြီး:မုန်း:လိုက်သည်။ ものすごく憎んだ အရက်ကြီး:ရက်ရသည်။ 非常に恥ずかしかった အပူကြီး:ပူသည်။ 大変に熱い
အကြေ[ətʃe] (副) ちょっぴり、ほんの僅か ရာဝင်ကြေ:ကိုအကြေဆပ်မယ်။ ほんの僅か雪辱を果す
အကြေ[ətʃe] (名) (イラワジ河の)下流地域、下ビルマ、南部ビルマ=အကြေ:ဒေသ၊ အကြေအရပ် cf. အထက
အကြေအညာ[ətʃe əɲa] (名) (イラワジ河の)上流下流、上下ビルマ、南北ビルマ
အကြေး[ətʃeː~ətʃiː] (名) 鱗
အကြေး:ခွံ[ətʃeː~ətʃiːgun] (名) ①鱗 ②外皮
အကြေး:ခိုး[ətʃeː tʼoː] (動) 鱗を剥がす
အကြော[ətʃɔ] (植) 沈香 →အကျော်
အကြော်[ətʃɔ] (名) 天婦羅、フライ、油で揚げたもの မုန့်ဆီကြော် 油で揚げた菓子 ပဲကြော် 豆のフライ ငါးကြော် 魚のフライ ဗူးသီးကြော် 油で揚げたユウガオ
အကြော်အလှော်[ətʃɔ əlɔ] (名) 揚げものと煎ったもの
အကြော:[ətʃɔː] (名) ①筋、腱 ②神経 အာရုံကြော ③血管 သွေး:ကြော ④水路 မြစ်ကြော ⑤鉱脈 သတ္တုကြော
အကြော:ကိုက်[ətʃɔː kaiʔ] (動) 神経痛を引起こす
အကြော:ကိုင်[ətʃɔː kain] (動) ①筋肉が引きつ

အကြောကြီး

る、顔面が痙攣する ②引きつった筋肉をほぐす、按摩する

အကြောကြီး:[ətʃɔ: tʃi:]①（動）思い込む ②[ətʃɔ:ʤi:]（名）思い込み အကြောကြီးနှင့်ပြောသည်။ 思い込みで言う

အကြောဆိုင်:[ətʃɔ: s'ain:]（動）筋肉が強ばる、筋が収縮する、四肢が麻痺する

အကြောဆွဲ:[ətʃɔ: s'wɛ:]（動）筋肉が痙攣を起す、手足が痙攣する、引きつる

အကြောတက်[ətʃɔ: tɛʔ]（動）肩が凝る、肩凝りが起きる、首筋が凝る

အကြောတထောင်ပင်[ətʃɔ:tət'aun bin]（植）オオバコ

အကြောတင်:[ətʃɔ: tin:]（動）筋肉が強ばる

အကြောတောင့်[ətʃɔ:]（動）筋肉が強ばる

အကြောထ[ətʃɔ: t'a.]（動）筋が浮き出る、血管が浮き出る

အကြောထုံ[ətʃɔ: t'oun]（動）しびれる、麻痺する

အကြောထုံး:[ətʃɔ: t'oun:]（動）挫く

အကြောပြင်ဆရာ[ətʃɔ:bjin s'əja]（名）整体師

အကြောပြိုင်:ပြိုင်:ထ[ətʃɔ: pjain:bjain:t'a.]（動）筋が目立つ、血管が浮き出る

အကြောပြတ်[ətʃɔ: pjaʔ]（動）腱を切る

အကြောမျက်[ətʃɔ: mjɛʔ]（動）挫く、捻挫する

အကြောလွဲ[ətʃɔ: lwɛ:]（動）脱臼する

အကြောသေ[ətʃɔ: te]（動）小児麻痺になる、四肢が麻痺する、半身不随になる

အကြောသေရောဂါ[ətʃɔde jɔ:ga]（病）小児麻痺、半身不随

အကြောအခြင်:[ətʃɔ: ətʃin]（名）筋や腱 အကြောအခြင်များ:တောင့်တင်:နေသည်။ 筋が強ばる、筋肉が凝る အကြောအခြင်းလျော့သွား:သည်။ 筋肉の強ばりが癒える

အကြို[ətʃo]（名）①出迎え ②前夜

အကြိုနေ့[ətʃo ne.]（名）（水祭りの）前日

အကြိုသမိုင်:[ətʃo təmain:]（名）前史、先史

အကြိုအပို့[ətʃo əpo.]（名）送迎

အကြိုအပို့ပြုလုပ်[ətʃo əpo. pju.louʔ]（動）送迎する

အကြိုအကြော:[ətʃo ətʃa:]（名）はざ間、狭隘な場所、僻地 ချုံကြိုချုံကြော:茂みの間 သစ်ကြိုသစ်ကြော:木の間 အိမ်ကြိုအိမ်ကြော:家々のあいだ、小路 တောကြိုတောကြော:森の中

အကြို:စား:ဆုံး:ဖြစ်[ətʃo:za:zoun: p'ji:]（動）一番よく努力する、最大限に努力する

အကြို:တစား:[ətʃo:dəza:]（副）努力して、奮闘して

အကြောက်[ətʃauʔ]（名）恐れ、恐怖

အကြောက်ကြီး[ətʃauʔ tʃi:]（形）極端に怖がりだ

အကြောက်ဆုံး:ဖြစ်[ətʃauʔs'oun: p'ji:]（形）最大の恐怖だ

အကြောက်အလန့်[ətʃauʔəlan.]（名）恐怖、怖がり

အကြိုက်[ətʃaiʔ]（名）①好み、お気に入り、願ったり叶ったり ②その時、その時刻 ဝင်လာသောအကြိုက် 入ってきたその時

အကြိုက်ဆုံး:[ətʃaiʔs'oun:]（名）一番好き、最も好き

အကြိုက်ညီ[ətʃaiʔ ɲi]（動）好みが合う、好みが一致する

အကြိုက်တွေ့[ətʃaiʔ twe.]（動）気に入る

အကြိုက်လိုက်[ətʃaiʔ laiʔ]（動）好みに合せる、好みに応じる、好みに従う

အကြင်[ətʃin]（代名・古）①何か、何かあるもの、その、あの ②誰か、誰かある人、その人 အကြင်သူ၏အိမ်၌တည်း:မျှလည်း:တည်း:ဖူး:အံ့၊ ထိုသူအား:စိတ်ဖြင့်မျှလည်း:ပြစ်မှား:ခြင်း:ကိုမပြုအပ်။ 誰かの家に一晩でも泊った事があれば、その家の人にたとえ心中なりといえども冒涜してはならない

အကြင်လူတယောက်[ətʃin lu təjauʔ]（名）誰かある人

အကြင်လင်မယား:[ətʃin linməja:]（名）夫婦、夫婦たる者、偕老同穴の契りを結んだ者

အကြင်သူ[ətʃin tu]（名）誰かある人、誰でも、人は皆 အကြင်သူသည်စံပယ်ခိုင်အံ့၊ ထိုသူကိုပန်း:ကုံး:ကိုပေး:အပ်တော်မူမည်။ 調べる事ができる人がいたならば、その人にこの花輪を差し上げよう အကြင်သူသည်သေဘေး:မှလွတ်လပ်အံ့သောအမြိုက်တရား:ကိုသိစေ။ 誰でも死の苦しみから逃れられる甘露を知っている

အကြင်သူတို့[ətʃin tudo.]（名）その人達

အကြင်အကြင်သိုသောနှို[ətʃin ətʃindɔ: dəbɔ: ʃi.]（動）かくかくしかじかの意味がある

အကြင်အခါခိုင်[ətʃin ək'a nai]（副）ある時、その時には、その時はいつでも、どんな時でも အကြင်အခါခိုင်ဆံဖြူကိုမြင်ငြား:အံ့၊ ထိုခိုမြင်သည်ရှိသော်ငါအား:ပြော:လော။ 白髪を見つけた時には、いつでも余に告げるべし

အကြင်အရပ်ခိုင်[ətʃin əjaʔ nai:]（副）ある所で、そこでも何処でも、如何なる場所でも

အကြင်[ətʃin]（名）慈しみ、慈愛、仁愛

အကြင်နာ[ətʃinna] =အကြင်

အကြင်နာမဲ့စွာ[ətʃinna mɛ.zwa]（副）無慈悲に、冷酷に

အကြင်နာမဲ့သူ[ətʃinna mɛ.du]（名）無慈悲な人、

冷酷な人
အကြင်အနာ [ətʃin əna]（名）=အကြင်နာ
အကြောင့်ကြ [ətʃaun.dʒa.]（名）憂い、憂慮、不安、心配
အကြောင့်ကြမဲ့ [ətʃaun.dʒa.mɛ.]（副）憂いなく、心配なく
အကြောင့်အကြ [ətʃaun.ətʃa.] =အကြောင့်ကြ
အကြောင်တိုက် [ətʃaun taiʔ]（動）不当に扱う、乱暴に接する、平気で人を傷つる
အကြောင်ရိက် [ətʃaun jiʔ]（動）相手をぺてんに掛ける、はったりをかませる、鉄面皮にやり通す
အကြောင်သား [ətʃaunda:]（副）茫然として、呆気に取られて、ぽかんとして　အကြောင်သား:ကြည့်သည်။ ぽかんとして見る　အကြောင်သား:ငေး:သည်။ 茫然と眺める
အကြောင်း [ətʃaun:]（名）①事、事柄 ②根拠、訳、事情、理由 ③原因　အကြောင်းနှင့်အကျိ: 因果、原因と結果 ④線　ရထား:ကြောင်း: 車の痕跡、轍
အကြောင်းကတော့ [ətʃaun: ga.dɔ.]（主）訳は、理由は、原因は
အကြောင်းကိစ္စ [ətʃaun: keiʔsa.]（名）用事、問題、事情
အကြောင်းကုန် [ətʃaun: koun]（動）愛情が冷める、縁が切れる、夫婦の仲が終る、夫婦の絆が切れる
အကြောင်းကံ [ətʃaun: kan]（名）主因
အကြောင်းကြား [ətʃaun: tʃa:]（動）知らせる、通知する、連絡する、報告する
အကြောင်းကြားစာ [ətʃaun:tʃa:za]（名）連絡状、通知書
အကြောင်းကြောင်း [ətʃaun:dʒaun:]（名）様々な事情
အကြောင်းကြောင်းကြောင် [ətʃaun:dʒaun:dʒaun.]（副）様々な事情で
အကြောင်းခံ [ətʃaun:gan]（名）真因、基本的理由
အကြောင်းချင်းရာ [ətʃaun:tʃʰin:ja]（名）事柄、事情、出来事
အကြောင်းစပ် [ətʃaun: saʔ]（動）関わりがある
အကြောင်းစုံ [ətʃaun:zoun]（名）諸々の事柄、詳細
အကြောင်းဆို [ətʃaun: sʰo]（動）訳を言う、理由を述べる
အကြောင်းဆက် [ətʃaun: sʰɛʔ]（動）夫婦となる、結婚生活に入る、世帯を持つ
အကြောင်းဆိုင် [ətʃaun: sʰai]（動）時宜を得る、巡り合せになる、チャンスに巡り合う、遭遇する
အကြောင်းဆုံစည် [ətʃaun: sʰounzi]（動）夫婦となる、

အကြောင်းညီညွတ် [ətʃaun: ɲiɲuʔ]（動）万事うまく行く、都合よく運ぶ
အကြောင်းတခုခုကြောင့် [ətʃaun: təkʰu.gu.dʒaun.]（副）何かの都合で、何らかの事情で
အကြောင်းတရား [ətʃaun:təja:]（名）原因、理由
အကြောင်းတိုက်ဆိုင် [ətʃaun: taiʔsʰain]（動）偶然に巡り合う、関係が生じる、機会に巡り合う
အကြောင်းထူး [ətʃaun: tʰu:]①（動）事情が変る、事態が変る、変りばえが生じる、重大な事になる ② [ətʃaun:du:]（名）特別な理由、特殊な事情
အကြောင်းပါ [ətʃaun: pa]（動）男女が結ばれる、男女の間柄になる、夫婦になる
အကြောင်းပြ [ətʃaun: pja.]（動）①訳を言う、事情を説明する、理由を述べる ②口実にする ③思い知らす
အကြောင်းပြကောင်း [ətʃaun:bja. kaun:]（形）巧みな説明をする
အကြောင်းပြချက် [ətʃaun: pja.dʒɛʔ]（名）理由付け、口実
အကြောင်းပြု [ətʃaun: pju.]（動）~に基づく、に因む、を理由とする、を契機とする
အကြောင်းပြု၍ [ətʃaun:pju.jwe.]（副）~を基として、を理由に、に因んで、をきっかけに　မင်းတဲကို အကြောင်းပြု၍ပြည်ကြီးဖြစ်လတ်၏။ 国王の仮小屋を基に国が起った
အကြောင်းပြန် [ətʃaun: pjan]（動）①返事する ②回顧する
အကြောင်းမဆိုက် [ətʃaun: məsʰaiʔ]（動）よい結果にならない
အကြောင်းမညီမညွတ် [ətʃaun: məɲiməɲuʔ]（副）うまく行かなくて、調子よく行かなくて、都合が悪くて
အကြောင်းမညီမညွတ်ဖြစ် [ətʃaun: məɲiməɲuʔ pʰjiʔ]（動）都合が悪い、うまく行かない
အကြောင်းမထူး [ətʃaun: mətʰu:]（動）変りばえしない、事態は変らない
အကြောင်းမရွေး [ətʃaun:məjwe:]（副）理由を選ばず、訳など問わず、どんな理由であろうと
အကြောင်းမရှိအကြောင်းရှာ [ətʃaun:mḛi.ətʃaun:ʃa]（副）理由もないのに口実を付けて、何もないのに強引に
အကြောင်းမလှ [ətʃaun: məl̥a.]（副）不幸な事で、不運な事で
အကြောင်းမလှဖြစ် [ətʃaun:məl̥a. pʰjiʔ]（形）不幸な事で、不運
အကြောင်းမသင့် [ətʃaun: mətin.]（動）調子が悪

အကြောင်းမူကား

い、巡り合せがよくない、うまく行かない

အကြောင်းမူကား[ətʃaun: muga:]（名）その訳は、理由は

အကြောင်းမဲ့[ətʃaun:mɛ.]（副）訳もなく、原因も無しに、理由なく、意味もなく အကြောင်းမဲ့အပြစ်တင်သည်။ 訳を無しに非難する အကြောင်းမဲ့ပြုံးနေသည်။ ただ漫然と微笑している အကြောင်းမဲ့မဟုတ်ဘူး။ 理由がない訳ではない

အကြောင်းမျှ[ətʃaun: mja.]（動）男女が結ばれる、夫婦になる

အကြောင်းယုတ္တိ[ətʃaun: jou'ti.]（名）根拠、裏付け、理由

အကြောင်းရင်း[ətʃaun:jin:]（名）本当の訳、真の理由、根本的事情

အကြောင်းရှာ[ətʃaun: ʃa]（動）①原因を追及する ②口実を設ける、言いがかりを付ける、難癖を付ける

အကြောင်းရှိ[ətʃaun: ʃi.]（動）訳がある、理由がある、必要がある、可能性がある

အကြောင်းသိ[ətʃaun: t̪i.]①（動）訳を知っている、内部事情に明るい、裏表に通じている ②[ətʃaun:d̪i.]（名）訳知り、事情に精通した人、内部事情に詳しい人

အကြောင်းသင့်[ətʃaun: t̪in.]（形）①序だ、丁度よい機会だ ②都合がよい ③仲がよい、友好的だ ④（男女が）仲よくなる、結ばれる、じっこんになる、ねんごろになる、夫婦となる

အကြောင်းသင့်မြတ်[ətʃaun: t̪in.mja']（動）男女が結ばれる、結婚する

အကြောင်းအကျိုး[ətʃaun: ətʃo:]（名）因果、因果関係、原因と結果 ＝အကျိုးအကြောင်း

အကြောင်းအချက်[ətʃaun: ətʃɛ']（名）①事実、現実、事柄 ②訳、事情、理由、原因

အကြောင်းအရာ[ətʃaun:əja]（名）事情、事実、出来事、事象、事柄

အကြောင်းအားလျော်စွာ[ətʃaun: a:ljɔzwa]（副）事情があって、理由があるので、事情に応じて、成行きから

အကြည့်[ətʃi.]（名）見る事、視線、眼差し

အကြည့်ချင်းဆုံ[ətʃi.tʃin: s'oun]（動）目と目が合う、視線が合う

အကြည်တန်[ətʃi tan] →အကျည်းတန်

အကြည်ရစ်[ətʃi.ja. s'o:]（形）みすぼらしい、みっともない、見苦しい

အကြည့်အမြင်[ətʃi.əmjin]（名）見る事、視線、眼差し

အကြည့်အရှု[ətʃi.əmʃu.]（名）世話、保護、支援

အကြည်[ətʃi]（名）①透明 ②感覚、五感 ③悦び、快感 ④親密さ

အကြည်ဆိုက်[ətʃi s'ai']（動）悦びに浸る、悦に入る、楽しむ

အကြည်ညို[ətʃiɲo]（名）尊崇、敬愛

အကြည်ညိုခံရ[ətʃiɲo k'an ja.]（動）尊崇される、敬愛される

အကြည်ညိုပျက်[ətʃiɲo pjɛ']（動）親愛の情を失う、敬愛の念を失くす

အကြည်ညိုပျက်မှု[ətʃiɲo p'jɛ'mu.]（名）名誉毀損罪

အကြည်တပြု[ətʃi təp'ju]（副）誠意をもって、誠心誠意

အကြည်တသော[ətʃi dəd̪a]（副）快く、気持よく、気前よく

အကြည်တော်[ətʃido]（名）①陛下（国王相互間の呼称、二人称）②殿下 ③閣下

အကြည်ဓာတ်[ətʃida']（名）五感、五種の感覚器官、知覚器官

အကြည်အညို[ətʃi əɲo]（名）敬愛、尊崇

အကြည်အပြု[ətʃi əp'ju]（副）懇切に、ねんごろに、誠意をもって

အကြည်အသာ[ətʃi əta]（副）快く、気持よく、気安く、気前よく

အကြတ်နေ့[ətʃa'ne.]（名）水祭りの第2日 cf. အကြုနေ့၊ အကျုံနေ့၊ အတက်နေ့။

အကြိတ်အနယ်[ətʃei'nɛ]（副）押し合いへし合いして、競い合って、もみ合って、切磋琢磨して အကြိတ်အနယ်ကစားသည်။ 押し合い圧し合いして遊ぶ အကြိတ်အနယ်ယှဉ်ပြိုင်သည်။ 競り合う、接戦を演じる အကြိတ်အနယ်ဆွေးနွေးသည်။ 口論乙駁する

အကြပ်[ətʃa']（名）①困難、困窮 →အကျပ် ②監督、管理者 ③（王朝時代、兵士１０人を率いた）下士官

အကြပ်ကိုင်[ətʃa' kain]（動）無理難題を言う、屁理屈を捏ねる、相手を困らせる ＝အကျပ်ကိုင်

အကြပ်ကြုံ[ətʃa' tʃoun]（動）困り果てる、難問に直面する、苦境に陥る ＝အကျပ်ကြုံ

အကြပ်တွေ့[ətʃa' twe.]（動）＝အကျပ်တွေ့

အကြပ်ရိုက်[ətʃa' jai']（動）＝အကျပ်ရိုက်

အကြပ်အတည်း[ətʃa' ətɛ:]（名）＝အကျပ်အတည်း

အကြမ်း[ətʃan:]（名）①粗雑 ②下造り、荒造り ③暴力、粗暴 ④概要、概略 ⑤原稿、草稿、下書き ⑥番茶 ⑦（副）凡そ、大体、大雑把に

အကြမ်းကိုင်[ətʃan: kain]（動）手荒く取扱う、暴力的に振舞う

အကြမ်းဆွဲ[ətʃan: s'wɛ:]（動）草稿を作る、原稿

အကြမ်းနည်း[ətʃan: ni:]（名）暴力的方法 cf. အနည်း

အကြမ်းပတမ်း[ətʃan:bədan:]（副）荒々しく、乱暴に、強硬に　အကြမ်းပတမ်းဖြေရှင်းသည်။ 乱暴に片付けた

အကြမ်းပက်စီ[ətʃan:bɛˀzi.]（名）下ネタ、猥褻な話

အကြမ်းဖက်[ətʃan: pʼɛˀ]① (動) 暴力を振う、暴力に訴える ②[ətʃan:bɛˀ]（副）暴力的に、暴力を振って　အကြမ်းဖက်ဆူသည်။ 暴動を起す　အကြမ်းဖက်တိုက်ခိုက်သည်။ 武力で攻撃する　အကြမ်းဖက်သောင်းကျန်းသည်။ 武力で反乱を起す

အကြမ်းဖက်မှု[ətʃan:pʼɛˀmu.]（名）暴力行為、テロ行為

အကြမ်းဖက်ဝါဒ[ətʃan:pʼɛˀ wada.]（名）暴力主義　テロリズム

အကြမ်းဖက်သမား[ətʃan:pʼɛˀtəma:]（名）テロリスト

အကြမ်းဖက်သူ[ətʃan:pʼɛˀtu]（名）①暴徒 ②テロリスト

အကြမ်းဖက်အုပ်စု[ətʃan:pʼɛˀ ouˀsu.]（名）①暴力団 ②テロリスト集団

အကြမ်းချင်းပြောရရင်[ətʃan:bjin pjɔ:ja.jin]（副）大雑把に言うと、あらましを述べると

အကြမ်းချင်းအားဖြင့်[ətʃan:bjin aːpʼjin.]（副）概略、大まかに、大雑把に言って

အကြမ်းမတမ့်မှု[ətʃan: məpʼɛˀmu.]（名）非暴力

အကြမ်းသမား[ətʃan:dəma:]（名）重労働者

အကြမ်းအနုမရွေး[ətʃan: ənu. məjwe:]（副）硬軟を問わず、暴力非暴力を問わず

အကြမ်းအားဖြင့်[ətʃan: aːpʼjin.]（副）大雑把に言って、かいつまんで言うと、概ね

အကြမ်းအိုး[ətʃan:o:]（名）茶瓶、急須

အကြိမ်[ətʃein]（名）度、回 ၅ကြိမ်သည်ပဉ္စမဆုံးအကြိမ်ပင်ဖြစ်သည်။ 今回が最初である

အကြိမ်ကြိမ်[ətʃeinʤein]（副）度々、何度も、再三、繰り返し、何度も何度も　အကြိမ်ကြိမ်တားသည်။ 何度も制止した　အကြိမ်ကြိမ်သတိပေးသည်။ 何度も注意した　အကြိမ်ကြိမ်ဆူတောင်းသည်။ 再三折った　အကြိမ်ကြိမ်ဖိတ်ခေါ်သည်။ 何度も招待した　ဦးအကြိမ်ကြိမ်ချမိပီတော့သည်။ 思わず何度も頭を下げた

အကြိမ်ကြိမ်အခါခါ[ətʃeinʤein əkʼaga]=အကြိမ်ကြိမ်

အကြိမ်ကြိမ်အဖန်ဖန်[ətʃeinʤein əpʼanban]=အကြိမ်ကြိမ်

အကြိမ်ပေါင်းများစွာ[ətʃeinbaun: mja:zwa]（副）何回も、何度も

အကြိမ်များစွာ[ətʃain mja:zwa]=အကြိမ်ပေါင်းများစွာ

အကြိမ်မြောက်[ətʃein mjauˀ]（名）回目、度目　၅မအကြိမ်မြောက် 第1回目　တကြိမ်မြောက် 1度目

အကြိမ်အဖန်[ətʃain əpʼan]（名）回数、度数

အကြိမ်အမောင်း[ətʃein əmaun:]（名）威嚇、怒号、怒声、叱責

အကြံ[ətʃan]（名）①考え、思い付き、企画 ②意図、意向、つもり、目論見

အကြံကောင်း[ətʃan kaun:]（形）よい思い付きだ

အကြံကုန်[ətʃan koun]（動）万策尽きる、思案に暮れる、匙を投げる

အကြံကုန် ၊ ဝမ်းနဲဆားချက်။（諺）万策尽き果てる（思案に暮れて、迦楼羅、塩を煮る）

အကြံကုန်ဉာဏ်ကုန်ဖြစ်[ətʃangoun ɲangoun pʼjiˀ] =အကြံကုန်

အကြံကြီးအကြံကျယ်[ətʃanʤi: ətʃanʤɛ]（名）規模壮大な考え、とてつもない企て、大それた発想

အကြံကြံ[ətʃan tʃaˀ]（動）考えあぐねる

အကြံကွက်[ətʃan kwɛˀ]（動）気が変る、心変りする

အကြံဉာဏ်[ətʃanɲan]（名）①考え、策、思い付き ②意見、助言、提案

အကြံဉာဏ်တောင်း[ətʃanɲan taun:]（動）意見を求める、智慧を借りる

အကြံဉာဏ်ပေး[ətʃanɲan pe:]（動）意見を述べる、助言する、相談に乗る、提案する、進言する

အကြံတူ[ətʃan tu]① (動) 考えが同じだ、似た考えをする ②[dtʃandu]（名）似た考えの持主

အကြံတူ၊ နောက်လူကောင်းစမြဲ။（格言）同じ発想なら後の者が有利

အကြံတူ၊ ရန်သူ။（格）似た者同士の争い（似た考えの持主は競争相手になる）

အကြံထူးဉာဏ်ထူး[ətʃandu: ɲandu:]（名）奇抜なアイデア、斬新な発想

အကြံထုတ်[ətʃan tʼouˀ]（動）思索する、考えを巡らす、策を練る、智慧を搾る

အကြံနဲ့[ətʃan nɛ.]（副）下心があって、企んで

အကြံပေး[ətʃan pe:]①（動）勧める、意見を出す、助言する、勧告する、提案する ②[ətʃanbe:]（名）顧問

အကြံပေးချက်[ətʃan pe:ʤɛˀ]（名）意見、提案、助言、勧告

အကြံပေးစကား[ɛtʃanbe: zaga:]（名）助言、勧告

အကြံပေး:ဉာဏ်ပေး:[ətʃan pe: ɲan pe:] ① (動) 助言する、意見を出す、提案する、勧告する ② [ətʃanbe: ɲanbe:] (名) 顧問、勧告者、忠告者
အကြံပေး:ပုဂ္ဂိုလ်[ətʃanbe: pouˀgo] (名) 顧問、相談役
အကြံပေး:မှု[ətʃan pe:mu.] (名) 提案、助言、勧告
အကြံပေး:အရာရှိ[ətʃanbe: əjaʃi.] (名) 顧問、相談役
အကြံပါးစပ်ကိ[ətʃan pɛˀsɛˀ] (形) 思慮が浅い
အကြံပေါက်[ətʃan pauˀ] (動) 思い付く、考えがひらめく
အကြံပိုင်[ətʃan pain] (動) よい思い付きだ、効果的な考えだ
အကြံပျက်[ətʃan pjɛˀ] (動) 企画が流れる、企みが失敗する
အကြံပြု[ətʃan pju.] (動) ①企てる、企画する ②勧める、提案する、助言する、アドバイスする
အကြံပြုချက်[ətʃan pju.dʑɛˀ] (名) 考え、企画、提案
အကြံပြုစာ[ətʃan pju.za] (名) 意見書、提案書
အကြံပြောင်း[ətʃan pjaun:] (動) 考えを変える
အကြံမဆိုး[ətʃan məsˈoː] (形) 考えは悪くない
အကြံမြောက်[ətʃan mjauˀ] (動) 謀り事が思い通りになる、考えが図に当る、計画通り実現する
အကြံယူ[ətʃan ju] (動) 策を練る、熟考する、考え抜く
အကြံရ[ətʃan ja.] (動) よい考えを思い付く、一計を案じる
အကြံရခက်[ətʃan ja. kˈɛˀ] (動) 途方に暮れる、思案に迷う
အကြံရှိ[ətʃan ʃi.] (動) 考えがある
အကြံလျော့[ətʃan ʃɔ.] (動) 企てを放棄する、企みを断念する
အကြံသာ[ətʃan t̪a] (形) アイデアが優れている、企画が優っている
အကြံအစည်[ətʃan əsi] (名) 企画、目論見、意図
အကြံအစည်ပျက်[ətʃan əsi pjɛˀ] (動) 目論見が外れる
အကြံအဖန်[ətʃan əpˈan] (名) 企み、企て、謀り事
အကြံအဖန်လုပ်[ətʃan əpˈan louˀ] (動) 企む、企てる、一計を案じる
အကြံဦး:[ətʃan u:] (動) ①先んじる、先手を打つ、率先する、先取する ②先に思い付く、企画面で先手を打つ
အကြံအိုက်[ətʃan aiˀ] (動) 思案に暮れる、考えあぐねる、進退窮まる

အကြံအောင်[ətʃan aun] (動) 考えが的中する、企画が実現する、計画が成功する
အကြုံ[ətʃoun] (名) 遭遇、出会い
အကြုံ:ဝင်[ətʃoun: win] →အကျုံ:ဝင်
အကြ[əkwa.] (名) 一緒、共
အကွာ[əkwa] (名) 離れたところ、間隔
အကွာအဝေး[əkwa əwe:] (名) 距離、長さ、間隔
အကွေ့[əkwe.] (名) 曲り角、湾曲、カーブ
အကွေ့အကောက်[əkwe.əkauˀ] (名) 屈曲、曲折、じぐざぐ
အကွယ်[əkwɛ] (名) ①隠れたところ ②陰、物陰
အကွယ်အကာ[əkwɛ əka] (名) 防禦、防禦物
အကွယ်အကာယူ[əkwɛ əka ju] (動) 身を守る、身を隠す、防禦する
အကွယ်အဝှက်[əkɛ əhwɛˀ] (名) 隠蔽
အကွယ်အဝှက်မရှိ[əkwɛ əhwɛˀ məʃi.] (副) 隠す事なく
အကွဲ[əkwe:] (名) ①割れ目、亀裂 ②破片、断片 ③分離、隔離、分割
အကွဲကွဲ[əkwe:gwe:] (副) 分離して、ばらばらに、分散して、四散して
အကွဲကွဲရှိ[əkwe:gwe: ʃi.] (形) ばらばらになっている、四散している
အကွဲအပြား:[əkwe:gwe: əpja:bja:] (副) ばらばらに、分裂して、分散して
အကွဲအပြား:[əkwe: əpja:] (名) 差異、違い、区別
အကွဲအပြဲ[əke:əpjɛ:] (名) ①亀裂、分裂、割れ目 ②不和、軋轢 ③打ち身、打ち傷
အကွဲအရှ[əkwe:əʃa.] (名) 破損、欠損
အကွဲအအက်[əkwe:əɛˀ] (名) 分裂
အကွက်[əkwɛˀ] (名) ①格子、網の目、パネル ②斑紋、斑点 ③汚れ、しみ、汚点 ④土地の区画 ⑤罠、計略 ⑥機会、好機 ⑦場面、情景
အကွက်ကောင်း[əkwɛˀ kaun:] ① (形) よい機会だ、チャンス到来だ ② (名) 好機、絶好の機会
အကွက်ကောင်းပေါ်[əkwɛˀkaun: pɔ] (動) よい機会に恵まれる、チャンスが到来する
အကွက်ကျ[əkwɛˀ tʃa.] (動) うまく行く、ぴったりだ、適切だ
အကွက်ကျကျ[əkwɛˀ tʃa.dʑa.] (副) 的確に、適切に、効果的に
အကွက်ကျအောင်[əkwɛˀ tʃa.aun] (副) うまく行くように、的確に、巧みに
အကွက်ကြည့်[əkwɛˀ tʃi.] (動) 機を窺う、チャンスを待つ
အကွက်ချ[əkwɛˀ tʃa.] (動) ①きちんと計画する、

整備する、段取りをする、軌道を敷く、手筈を整える ②区画する

အကွက်ချပေး[əkwɛ' tɕ'a.pe:] (動) 段取りをする、軌道を敷いてやる အစီအစဉ်အကွက်ချပေးသည်။ 計画の段取りを整えてやる

အကွက်စေ့[əkwɛ' si.] (動) 抜かりない、完璧だ、行き届いている、遺漏ない

အကွက်စေ့စေ့[əkwɛ' si.zi.] (副) 洩れなく、抜かりなく、確実に、完璧に

အကွက်ဆိုက်[əkwɛ' s'ai'] (動) 思いが適う、機会に恵まれる、好機に遭遇する

အကွက်ဆင်[əkwɛ' s'in] (動) 図る、目論む、仕組む、罠にはめる、画策する、策謀を巡らす

အကွက်ပေါ်[əkwɛ' pɔ] (動) チャンスに恵まれる、要求が叶う

အကွက်မိ[əkwɛ' mi.] (動) 壺にはまる

အကွက်မြင်[əkwɛ' mjin] (動) 機会を見る、機会を捉える

အကွက်မှန်[əkwɛ' man] (形) 壺を心得る、コツを得る

အကွက်ယူ[əkwɛ' ju] (動) 応用する

အကွက်ရိုက်[əkwɛ' jai'] (動) 区画する

အကွက်ဝင်[əkwɛ' win] (動) 目論見通りになる、仕組んだ通りになる、罠にはまる

အကွက်အကျား[əkwɛ'ətɕa:] (名) 斑点、斑紋

အကွက်အကွင်းသစ်[əkwɛ'əkwin:di'] (名) 新世界、新地域

အကွင်း[əkwin:] (名) ①括弧 ②円環、円形のもの、環形のもの

အကွင်းကွင်းအကွက်ကွက်[əkwin:gin: əkwɛ'kwɛ'] (副) はっきりと、くっきりと

အကွင်းသား[əkwin:da:] (副) くっきりと、明確に

အကုန်[əkun.] (名) 装飾、潤色、(話の) 補強

အကုန်တက်[əkun. tɛ'] (動) (話を) 付け加える、重ねて言う、補強する、強弁する ＝ဆင်ခြေတက်

အကုပ်[əku'] (名) ① (ござ、筵等の) 縁、へり ② (歯の) 補綴 ③監督者、管理者

အကုပ်ပဲ့ကြမ်း။ ပရမ်းပတာ။ (格) 統制なくば無秩序となる (縁取りしてない床、ばらばら)

အကုပ်အကဲ[əku'əkɛ:] (名) 指揮、監督、差配

အကုပ်အမျက်[əku'əmjɛ'] (名) 処刑

အကုပ်အမျက်ခံရ[əku'əmjɛ' k'an ja.] (動) 処刑される

အကျွေး[ətɕwe:] (名) もてなし、接待、馳走

အကျွေးအမွေး[ətɕwe:əmwe:] ＝အကျွေး။ အကျွေးအမွေးဖြင့်ညှို့ခံသည်။ ご馳走でもてなす

အကျွတ်[ətɕu'] (名) 外れること、取れること、脱落

အကျွတ်တရား[ətɕu'təja:] (名) 悟り、解脱

အကျွတ်တရားရ[ətɕu'təja: ja.] (動) ①悟りを得る、解脱する ②後悔する、改心する、真人間になる

အကျွတ်အလွှတ်[ətɕu'əlwin.] (名) 脱離、剥離

အကျွန်[ətɕun] (代.文) 一人称、それがし、自分

အကျွန်နို[ətɕənou'] (代・文) 一人称、それがし拙者、私め ＝ကျွန်တော်

အကျွမ်းတဝင်[ətɕun:dəwin -tɕwan: dəwin] (副) ①親しく、親密で、よく馴れていて ②熟知していて အကျွမ်းတဝင်ဖြစ်သည်။ 親しい、親密だ、仲がよい အကျွမ်းတဝင်ရှိသည်။ ①熟知している ②親密だ ဝတ္ထုနှင့်အကျွမ်းတဝင်မရှိလှသေး။ まだ小説にはそれ程馴染んでいない

အကျွမ်းဖွဲ့[ətɕwan: p'wɛ.] (動) 親密になる、親しくなる

အကျွမ်းဝင်[ətɕwan: win] (動) ①熟知する、精通する ②親しむ、慣れ親しむ、親密になる ③理解する、了解する ဗမာစာနှင့်ကျေး:တောရွာတွင်အကျွမ်းဝင်ခဲ့ ဘူးသည်။ ビルマの鳶には田舎の村で既に馴染んでいた

အကြ[ətɕwa.] (名) 浮き上がり、盛り上がり

အကြား[ətɕwa:] (名) 自慢

အကြားသန်[ətɕwa: tan] (動) 鼻持ちならない、自慢の度が過ぎる

အကြားအဝါ[ətɕwa: əwa] ＝အကြား

အကြေ[ətɕwe] (名) ①小銭、硬貨、コイン အကြေပါ ရင်ပေးပါ။ 小銭を持っていたら下さい ② (葉、果実等の) 落下、落下したもの

အကြေပြန်အမ်း[ətɕwe pjan an:] (動) 釣銭を渡す、お釣を返す

အကြေလဲ[ətɕwe lɛ:] (動) 小銭に換える、両替する、お金を崩す

အကြေအနုပ်[ətɕwe ənou'] (名) 小銭

အကြေအပဲ့[ətɕwe əpɛ.] (名) 欠け落ちたもの、屑物

အကြေအမ်း[ətɕwe an:] (動) 釣銭を返す、差額を返還する

အကြေး[ətɕwe:] ①(名) 借金、負債、債務 ②(副) 付けで、掛けで、信用取引で、後払いで

အကြေးစား[ətɕwe: sa:] (動) 付けで買い物をして暮す

အကြေးဆပ်[ətɕwe: s'a'] (動) 借金を返す、債務を返済する、負債を返還する

အကြေးတင်[ətɕwe: tin] (動) ①負債を負う、借金をする ②手に余る、重荷だ

အကြေးတောင်း[ətʃweː taun:] (動) 債務の返済を求める

အကြေးထူ[ətʃweː t'uː] (動) 借金がかさむ、債務が増大する

အကြေးနှင့်သိမ်း[ətʃweːne. tein:] (動) 借金のかたに取る、債務の担保とする

အကြေးပေး[ətʃweː peː] (動) 掛け売りをする

အကြေးပြန်ဆပ်[ətʃweː pjan s'a'] =အကြေးဆပ်

အကြေးယူ[ətʃweː juː] (動) 付けで貰う、後払いで受取る

အကြေးရ[ətʃweː ja.] (動) ①債務を返済してもらう ②代金後払いで手に入れる、信用借りする

အကြေးရောင်း[ətʃweː jaun:] (動) 付けで売る、掛け売りをする、現金後払いで売る

အကြေးဝယ်[ətʃweː wɛ] (動) 付けで買う、代金後払いで購入する

အကြေးဝယ်ကတ်[ətʃweːwɛ ka'] (名) クレジット・カード

အကြေးအငှါ်[ətʃweː ǝŋan:] (名) 掛け売り、貸し方記入

အကြယ်အဝ[ətʃwɛ ǝwa.] (名) 豊富

အကြွင်း[ətʃwin:] (名) ①残り、残余、余り ②残りの数

အကြွင်းမရှိ[ətʃwin: mǝʃi.] (副) 残りなく、全面的に

အကြွင်းမဲ့[ətʃwin:mɛ.] (副) 残りなく、悉く、全て

အကြွင်းအကျန်[ətʃwin:ətʃan] (名) 残り、残り物、残留物 ရေကြင်းရေကျန် 残った水、溜り水 စားကြင်းစားကျန် 食べ残し

အကြွပ်[ətʃwu'] (鉱) 蒼鉛、ビスマス =ကြွပ်

အခ[ək'a.] (名) 報酬、代金、賃金 ကားခ 車代 ဘတ်စကားခ バス賃 ရှိးခ 汽車賃 မြင်းလှည်းခ 馬車賃 လှေခ 舟賃

အခကြေးငွေ[ək'a. tʃeːŋwe] (名) 賃金、報酬

အခစား[ək'a.zaː] ①(名) 日雇い労働者、日給労働者 ②(形) プロの、職業的な

အခစားနား[ək'a. saːnaː] (名) 報酬

အခစားဝင်[ək'a.zaː win] (動) (国王に)伺候する、拝謁する

အခစားအလုပ်[ək'a.zaː ǝlou'] (名) 賃仕事

အခနှုန်း[ək'a.noun:] (名) 賃金の割合、賃金の多少

အခပေး[ək'a. peː] ①(動) 報酬を支払う ② [ək'a.beː] (副) 有料で、有料の

အခမဲ့[ək'a.mɛ.] (副) 無料で、只で အခမဲ့ဆေးဝါးကုသသည်။ 無料で治療してくれた အခမဲ့ကညီဍီသည်။ 只で協力する事になった အခမဲ့ပေးပို့သည်။ 只で送付した အခမဲ့ရရှိထားသည်။ 無料で入手しておいた

အခရာ[ək'ǝja] (名) ①要、肝心、要点、重要な点、決定的な要素 ကျွဲနွားတို့တွင်နှာကြိုးသည်အခရာဖြစ်သည်။ 家畜には鼻孔に通したロープが重要だ အရာရာလေမျှင်၌သိမ်နမသာလျှင်အခရာဖြစ်သည်။ あらゆる場合において自分の女房こそが肝心要だ ②愛嬌、甘えた口調、媚態 ဘောလယ်တွင်တွတ်တီးတွတ်တာ အခရာအများပါသည်။ ボーレー(ビルマの古典詩歌)には甘えたような口調や姿勢が多い

အခါ[ək'a] (名) ①時 သောက်တဲ့အခါမူးလာတယ်။ 飲むと酔って来た ဆဲ့ဖြတ်တဲ့အခါမင်းကိုပြောမယ်။ 決定した時には君に告げよう ထိုနေရာရောက်သောအခါနေဝင်လုဆဲဖြစ်၏။ そこに着いた時には日が沈みかけていた ②吉祥の時刻

အခါကောင်း[ək'a kaun:] ①(形) 目出たい日だ、吉日だ ②吉祥の時刻になる ③[ək'agaun:] (名) 吉祥の時刻、吉日、晴れの日

အခါကြီးနေ့ကြီး[ək'adʒi: ne.dʒi:] (名) 祝日、祭日 (နှစ်ဆန်းတရက်နေ့၊ လွတ်လပ်ရေးနေ့၊ လပြည့်နေ့၊)

အခါကြီးရက်ကြီး[ək'adʒi: jɛ'tʃi:] (名) 宗教的祭日、祝日 (သီတင်းကျွတ်၊ တန်ဆောင်တိုင်၊ သကြန်၊ 等)

အခါခါ[ək'aga] (副) 繰返し、何度も

အခါတပါး၌[ək'a dəbaːnai'] (副・文) ある時、かつて

အခါတပါးသောနေ့၌[ək'a dəbaːdɔː ne.nai'] (副・文) ある日

အခါတော်[ək'adɔ] (名) 吉祥の日時

အခါတော်နေ့[ək'adɔne.] (名) ビルマ暦4月黒分1日 =ဓမ္မစကြာအခါတော်နေ့ 釈尊による初転法輪の日

အခါတိုင်း[ək'a dain:] ①(名) 通常、平常、平時 ②(副) する度に、する時はいつでも

အခါတန်[ək'a tan] (動) 時が至る、時になる

အခါတုန်း[ək'a doun ga.] (副) 時に

အခါနီး[ək'ani:] (形) 時が迫る、時が近い မင်္ဂလာဆောင်ခါနီး 挙式寸前、挙式直前 စစ်ဖြစ်ခါနီး 開戦間近

အခါနှောင်း[ək'a naun:] (形) 時宜を失する、遅すぎる、後の祭りだ

အခါနှောင်းမှ၊ အလာကောင်းသည်။ (諺) 後の祭り

အခါပေး[ək'a peː] ①(動) 目出度い日時を告げる、目出度い日取りを決める、吉祥の日時を知らせる ②[ək'abeː] (名) 陰謀の首謀者 (日取りを決めて采配する中心人物) =အခါပေးကွပ်ကဲအုပ်ချုပ်သူ

အခါမပြတ်[ək'a mǝpja'] (副) 絶えず

အခါမလင့်[ək'a mǝlin.] (動) 待たせない、遅

らせない ②(副)時を置かず、即刻、時期を失する事なく、いつでも
အခါမလပ်[əkʻa məlaʼ] (副) 絶えず、間断なく、常に、いつでも
အခါမဲ့[əkʻamɛ.] ①(名) 怪しげな時刻、時ならぬ時刻 ②(副) 時期はずれ、季節外れに　အခါမဲ့ကိုမိုးကြီးသည်:စွာရွာလက်သည်။ 季節外れに大雨が降った
အခါမဲ့နည့်[əkʻamɛʼnaiʼ] (副) 季節はずれに　အခါမဲ့ဉ်ပင်လုံးကျွတ်မျှသီးသည်။ 季節はずれに樹木全体に実がなった
အခါမျိုး[əkʻamjoː] (名) 類の時、ある種の時期
အခါရက်[əkʻajeʼ] (名) 祝日
အခါရောက်[əkʻa jauʼ] (動) 吉日になる、吉祥の時刻に達する
အခါလေးမြင့်[əkʻa leːmjin.] ①(形) 時間がかかる、長時間かかる ②(名) 長い間
အခါလင်[əkʻa lin.] (動) ①時を待つ、待機する ②時期を失する
အခါလည်[əkʻa lɛ] (動) 1年が経過する、(人の死後) 1周忌になる、(誕生後) 1年経つ　တစ်ခါလည်နှစ်ခါလည်သာ:အရွယ် 1歳か2歳の年齢　သုံးခါလည်သည်။ 3歳になる
အခါလည်ကျော်[əkʻalɛcɔː] (名) 1歳以上、1年以上
အခါလွန်[əkʻa lun] (動) ①吉祥の時期が過ぎ去る ②祭日が過ぎる、水祭りや安居の期間が明ける
အခါသမယ[əkʻa təmaja.] (名) 時、時勢
အခါသင့်[əkʻa tin.] (動) その時になる、その時期に至る
အခါအခွင့်[əkʻa əkʻwin.] (名) 機会、チャンス
အခါအခွင့်ကြု[əkʻa əkʻwin. tʃoun] (動) チャンスに恵まれる、好機に遭遇する
အခါအခွင့်သင့်[ɛkʻa əkʻwin. tin.] (動) 好機が到来する
အခါအားလျော်စွာ[əkʻa aːljɔzwa] (副) その時に応じて、適宜
အခါး[əkʻaː] (名) ①苦み ②番茶
အခါးရည်[əkʻaje] (名) 番茶 =ရေနွေးကြမ်း
အခါးအရသာဖြစ်[əkʻaː əjəda ʃi.] (動) 苦みに変る
အခု[əkʻu.] (名) ①支え ②当て物、パッド ③個数
အခုအခံ[əkʻu.əkʻan] (名) ①支え、支持 ②抵抗
အခုု[əkʻu.~əgu.] (名) 今、現在
အခုကာလ[əkʻu.~əgu. kala.] (名) 現在
အခုခေတ်[əkʻu.~əgu.kʻiʼ] (名) 現代
အခုတခါ[əkʻu.~əgu.təkʻa] (副) 今回

အခုတခါထဲ[əgu. təkʻadɛː] (副) 今直ちに、今即刻
အခုတလော[əkʻu.~əgu.təlɔː] (名) 最近、この頃
အခုတော့[əkʻu.~əgu.dɔ.] (副) 今では
အခုတင်[ekʻu.~əgu.din] (名) たった今、つい今
အခုတောင်မှ[əgu. taunma.] (副) 今になっても
အခုထိအောင်[əkʻu.~əgu.tʻi. aun] (副) 今になっても、今に至るも
အခုထိထိ[əkʻu.~əgu.dɛʼtʻi.] (副) 今に至るも、今までのところ
အခုန[əkʻu.~əgu.na.] (名) 今しがた、たった今
အခုနက[əgu.na.ga.] (副) つい今しがた、つい先程
အခုဘဲ[əkʻu.~əgu.bɛː] (副) たった今、つい今しがた
အခုမှ[əgu.ma.] (副) 今やっと、今ようやく
အခုမှဘဲ[əgu.ma.bɛː] =အခုမှ
အခုလို[əkʻu.~əgu.lo] (副) 今のように
အခုလောက်[əkʻu.~əgu.lauʼ] (副) 今ほど
အခုလောရှိလိမ့်[əgu.lauʼ ʃi.lo.ma.] (副) 今頃やっと、今頃になってようやく
အခုအခါ[əkʻu.~əgu.əkʻa] (名) 今、現在
အခုအခါမှာတော့[əkʻu.~əgu. əkʻamədɔ.] (副) 今では、今日では
အခုအချိန်[əkʻu.~əgu. ətʃein] (名) 今、現在
အခဲ[əkʻɛː] (名) ①塊、凝固物 =အခိုင်အခဲ ②恨み、怨恨 ③困難 =အခက်အခဲ
အခဲမကြေနိုင်[əkʻɛː matʃenain] (動) 恨みが晴れない、根に持つ
အခဲမကြေနိုင်ဖြစ်[əkʻɛːmatʃenain pʻjiʼ] (形) 絶対に赦せない、恨みが晴れない、恨み骨髄に徹する、根に持つ
အခဲမကြေဖြစ်[əkʻɛːmatʃe pʻjiʼ] (形) 赦せない、恨みが消えない、不満が残る
အခဲအခိုင်[əkʻɛːəsain] (名) 塊
အခဲယဉ်းဆုံးဘဲ[əkʻɛː jinːzounːbɛː] (形) 最も困難だ、最も厄介だ
အခေါ်[əkʻɔ] (名) ①呼称、名称 ②呼び出し、召喚
အခေါ်ခိုင်း[əkʻɔ kʻainː] (動) 呼びにやる、呼びに行かせる
အခေါ်ခံ[əkʻɔ kan] (動) 呼び出しに応じる
အခေါ်ခံရ[əkʻɔ kʻan ja.] (動) 呼ばれる、称される
အခေါ်စေလွှတ်[əkʻɔ seʼuʼ] (動) 呼びに遣わす
အခေါ်တော်လွှတ်[əkʻɔdɔʼuʼ] (動) (国王の) お呼

びがかかる、召喚のお呼びがかかる
အခေါ်ရခက်[əkʻɔja. kʻɛʔ] (形) 呼ぶのは難しい、呼ぶのに困る、呼びにくい
အခေါ်လွှတ်[əkʻɔ ɬuʔ] (動) 使いを寄越す
အခေါ်အပေါ်[əkʻɔ əwɛ] (名) 呼び方、呼称
အခေါ်ဘဏီ[əkʻɔːbəni] (数) 大数（１０の４２乗、１の後に零が４２個付く数） <パ Akkhohinī
အခိုအကပ်[əkʻo əkaʔ] (名) 責任回避、さぼり、ずるけ
အခိုး[əkʻoː] (名) ①煙 ②蒸気 ③気体 ④窃盗、盗み
အခိုးခံရ[əkʻoː kʻan ja.] (動) 盗まれる、盗難に遭う
အခိုးထွက်[əkʻoː tʻwɛʔ] (動) 煙が出る
အခိုးပြေ[əkʻoː pje] (動) 煙が消散する、熱気が消失する
အခိုးဝင်[əkʻoː win] (動) 煙が眼に沁みる
အခိုးအငွေ့[əkʻoː əŋwe.] (名) 蒸気、気体、煙
အခိုးအလျှံ[əkʻoː əʃan] (名) 煙と炎 အခိုးအလျှံထွက်သည်။ 煙が出る、炎が上がる
အခက်[əkʻɛʔ] (名) ①木の枝、小枝 cf. အကိုင်း ②困難、困苦、厄介、大変、危機 =အခက်အခဲ
အခက်ကြုံ[əkʻɛʔ tʃoun] (動) 困難に遭遇する
အခက်တွေ့[əkʻɛʔ twe.] =အခက်ကြုံ
အခက်သာ:ဘဲ[əkʻɛʔtaːbɛː] (形) 困った事だ
အခက်အခဲ[əkʻɛʔəkʻɛ] (名) 困難、難題、苦労
အခက်အခဲတွေ့[əkʻɛʔəkʻɛ twe.] =အခက်တွေ့
အခက်အခဲရှိ[əkʻɛʔəkʻɛ ʃi.] (動) 困難がある、難題がある
အခက်အလက်[əkʻɛʔ əlɛʔ] (名) 樹枝、木の枝
အခေါက်[əkʻauʔ] (名) ①樹皮 ②（動物の）皮、表皮 ③折り畳み、折り目、襞 ④層 ⑤（往来の）回数
အခေါက်ခေါက်[əkʻauʔkʻauʔ] (副) 繰返し、何度も
အခေါက်ခေါက်အခါခါ[əkʻauʔkʻauʔ əkaga] =အခေါက်ခေါက်
အခေါက်ကိုးရှည်[əkʻauʔtoun ʃwe] (名) 打ち伸ばして薄くした金の箔
အခေါက်ထူ[əkʻauʔ tʻu] (形) 愚鈍だ、無骨だ
အခိုက်[əkʻaiʔ] (名) ①時、瞬間 ထိုအခိုက် その時 သည့်အခိုက်မှာ その時に မကံမလှသည့်အခိုက် 不十分だった時、豊かでなかった時 ②打撃、衝撃
အခိုက်ကြုံ[əkʻaiʔ tʃoun] (動) その時に遭遇する
အခိုက်အခါ[əkʻaiʔəkʻa] (名) 時、瞬間
အခိုက်အတန့်[əkʻaiʔ ətan.] (名) 暫くの間、短期間 အခိုက်အတန့်ကောင်းခဲ့ဖူးသည်။ 暫定的によかった事がある

အခိုက်အတန့်မျှသာ[əkʻaiʔətan.mja.da] (副) ほんの僅かな間、僅かな間だけ
အခိုက်အတန့်အား:ဖြင့်[əkʻaiʔətan. aːpʻjin.] (副) 瞬間的に အခိုက်အတန့်အားဖြင့်အရှိန်လျော့သည်။ 一瞬速度を落した
အချင်[əkʻin] (名) ①糸の１束、１かせ ②（笛の）舌（リード）③弁 ④親しみ、親近
အချင်အမင်[əkʻin əmin] (名) 親しみ、親近
အချင်း[əkʻinː] (名) ①敷物、カーペット စားပွဲခင်း テーブルクロス ②床板 =ကြမ်းခင်း ③菜園、果樹園 နှမ်းခင်း 胡麻畑 မြေပဲခင်း 落花生畑 ဝါခင်း 綿畑 ④出来事 =အရေးအခင်း
အချင်းကြီး[əkʻinːʤi] (名) ①大便 ②重大な出来事
အချင်းကြီးသွား[əkʻinːʤi twaː] (動) 排便する
အချင်းကြီးအချင်းငယ်[əkʻinːʤi əkʻinːŋɛ] (名) ①大小便 ②大小の出来事
အချင်းကြီးအချင်းငယ်သွား[əkʻinːʤi əkʻinːŋɛ twaː] (動) 排泄に行く、用を足しに行く、大小便をしに行く
အချင်းကြီးအချင်းလေး[əkʻinːʤi əkʻinːleː] (名) 大小便
အချင်းငယ်[əkʻinːŋɛ] (名) 小便、尿
အချင်းလေး[əkʻinːleː] =အချင်းငယ်
အချင်းလေးသွား[əkʻinːleː twaː] (動) 排尿をする、小用を足す、小便をする
အချင်းသွား[əkʻinː twaː] (動) 用を足しに行く排泄に行く
အချင်းအကျင်း[əkʻinːətʃinː] (名) ①配列、配置 ②陳列、展示
အခေါင်[əkʻaun] (名) ①頂上、頂点、最高点 ②屋根
အခေါင်ဆုံ:[əkʻaunzounː] (名) 梢 အခေါင်ဆုံးမှအသီးကိုဆွတ်ပါ။ 梢の実をもぎ取りなさい
အခေါင်အထွတ်[əkʻaun ətʻuʔ] (名) 最高処、最高の地位、玉座、王位
အခေါင်အဖျား:[əkʻaun əpʻjaː] (名) 最高処、頂点
အခေါင်း[əkʻaunː] (名) ①中空、空洞、木の洞（うろ）သစ်ခေါင်း 木の洞 အခေါင်းရှိသောသစ်ပင်ကြီး うろのある大木 ②植物の球茎、塊茎 ③棺
အခေါင်းပိတ်[əkʻaun peiʔ] (動) 竹の節が詰っている
အခိုင်[əkʻain] (名) ①堅固、強固 ②（何層にもなった）枝 ငှက်ပျောခိုင် バナナの１枝（房が何層も付いている）သပျစ်သီးခိုင် ブドウの１枝（１房ではない）cf. အဖီး။

အခိုင်နေ[ək'ain ne]（動）堅持する、固守する

အခိုင်အခံ့[ək'ain ək'an]（副）堅固に、頑丈に、丈夫に　အခိုင်အခံ့ပြုလုပ်သည်။　頑丈に作った

အခိုင်အမာ[ək'ain əma]（副）堅く、堅固に、頑丈に、丈夫に　အခိုင်အမာပြုသည်။　堅固にする　အခိုင်အမာပြောသည်။　きっぱりと言う　အခိုင်အမာပြောဆိုသည်။　断言する　အခိုင်အမာယုံကြည်သည်။　確信する　ဆုံးဖြတ်ချက်အခိုင်အမာချသည်။　きっぱりと決定を下した

အခိုင်အလုံ[ək'ain əloun]（副）堅固に、確かに、疑いなく　အခိုင်အလုံနေသည်။　堅固にする、守備を固める

အခိုင်အသေ[ək'ain əse]（名）使用人、召使

အခုတ်[ək'a']（名）打撃、衝撃

အခုတ်[ək'ou']（名）①切断　②（エンジンの）始動

အခုတ်ခံ[ək'ou' k'an]（動）切込みに耐える

အခုတ်ခံရ[ək'ou' k'an ja.]（動）切られる、斬られる

အခန်[ək'an.]（名）①推測、推定　②距離

အခန့်စား[ək'an.za:]（副）豊かに、悠然と、豪勢に　＝အခန့်သား။　အခန့်စားနေသည်။　豪華に暮す　အခန့်စားသေရတယ်။　心置きなく死ねる

အခန့်တန်[ək'an. tan]（動）頃合いになる

အခန့်မသင့်[ək'an. mətin.]（形）折りがわるい、都合が悪い、うまく行かない、調子が悪い　စိတ်အခန့်မသင့်လို့　虫の居所が悪くて

အခန့်မသင့်က[ək'an.mətin.ga.]（副）下手すると、悪い場合には

အခန့်မသင့်၍[ək'an.mətin.jwe.]（副）折悪しく、運悪く

အခန့်မသင့်ရင်[ək'an.mətin.jin]（副）運が悪ければ、下手をすると　ချောကလက်ကလဲအခန့်မသင့်ရင်ဝမ်းသွားတာဘဲ။　チョコレートも時によると下痢を惹き起す

အခန့်သား[ək'anda:]（副）豪華に、豪勢に　အခန့်သားဝတ်စားထားသည်။　豪華に着こなしている　သူ၏လက်ကြား၌ဒူးယားစီကလက်ကအခန့်သားပါလာသည်။　彼の指には（タバコの）ドゥーヤーが悠然とあった

အခန့်သင့်[ək'an tin.]①（形）幸先がよい、好都合だ、うまい具合だ、時宜を得ている　②[ək'an.din.]（副）折りよく、好時期に、うまい具合に、丁度よく、都合よく、幸先よく　အခန့်သင့်တွေ့သည်။　折りよく出会った　အခန့်သင့်ရသည်။　都合よく手に入った　အခန်းတံခါးမှာတွန့်လိုက်သောအခါအခန့်သင့်ပွင့်သွားလေ၏။　部屋の扉は押すとうまい具合に開いた

အခန်း[ək'an:]（名）①部屋　မလင်းစားခန်း　食堂　②（書物の）章、（芝居の）場面

အခန်းကဏ္ဍ[ək'an: ganda.]（名）分野、部門

အခန်းခ[ək'an.ga.]（名）部屋代、室賃

အခန်းဆက်[ək'an:zɛ']（名）（読み物の）続き物、続編

အခန်းတွင်းဝတ်လုံ[ək'an:dwin: wu'loun]（名）ガウン、寝間着

အခန်းပြောင်း[ək'an: pjaun:]（動）①部屋を変る、部屋を移る　②章や幕が変る

အခန်းဖော်[ək'an:bɔ]（名）ルームメイト、同宿者

အခန်းတော်[ək'an:bɔ]　＝အခန်းဖော်

အခန်းမ[ək'an:ma.]（名）中心となる部屋、ホール

အခန်းရှင်[ək'an:ʃin]（名）部屋の主

အခန်းလွတ်[ək'an lu']①（動）部屋が空いている、空室だ　②[ək'anlu']（名）空き部屋、空室

အခန်းဝ[ək'an:wa.]（名）部屋の入口

အခန်းအောင်း[ək'an: aun:]（動）室内に潜む、部屋の中に身を隠す

အခန်းအပ်[ək'an: a']（動）部屋を明け渡す

အခုန်[ək'oun]（名）跳躍

အခုန်ကောင်း[ək'oun kaun:]（形）跳躍が優れている、跳躍が得意だ

အခုန်သန်[ək'oun tan]（動）よく跳ぶ、跳躍が得意だ

အခုန်အက[ək'oun aka.]（名）踊り、舞踊

အခုန်အပျံ[ək'oun əpjan]（名）跳躍

အခုန်အလွား[ək'oun əɪwa:]（名）跳躍

အခုပ်ခိုင်း[ək'a' k'ain:]（動）汲ませる

အခမ်းအနား[ək'an:əna:]（名）①式、式典、儀式　ဖွင့်လှစ်ပွဲအခမ်းအနား:　開会式、開設記念式典　②礼装、勲章

အခမ်းအနားပွဲ[ək'an:əna:bwɛ:]（名）式典、儀典

အခမ်းအနားဖွင့်[ək'an:əna: p'win.]（動）式典を開く、儀式を挙行する

အခမ်းအနားမှူး[ək'an:əna:mu:]（名）司会者、司会役、進行役

အခံ[ək'an]（名）①底、基底　②基礎、基盤　③受け止め　④古典詩ရတုの詠み出し

အခံရ[ək'an ja.]（名）受け止める事、耐える事

အခံကြပ်[ək'an ja. tʃa']（形）耐え難い

အခံရခက်[ək'an ja. k'ɛ']（形）我慢がならぬ、耐えられない、口惜しい

အခံရဆိုး[ək'an ja s'o:]（形）耐えられない、耐え難い、居たたまれない

အခံရတု[ək'an jədu.]（名）季節詩で、下の句（補充の句）を受ける上の句　cf. အလိုက်ရတု

အ~ခံရ[ə~k'an ja.] (動) 受身形、~される အတော်ကား:ခံရသည်။ 侮辱される အဆူခံရသည်။ 叱られる အပြစ်တင်ခံရသည်။ 非難される အဖမ်းခံရသည်။ 捕えられる အရိုက်ခံရသည်။ 殴られる အရွေးခံရသည်။ 選ばれる အလုခံရသည်။ 奪われる အလိမ်ခံရသည်။ 騙される အဝိုင်းခံရသည်။ 包囲される အသတ်ခံရသည်။ 殺される အပြောခံရသည်။ 言われる

အခုံး[ək'oun:] 凸面体、凸状

အချ.[ət∫a.] (名) ①落下 ②(詩歌の)終り、結句

အချာ[ət∫a] (名) 中心、中核

အချီ[ət∫i] (名) ①運び上げ、持ち上げ ②進軍、進撃 ③(詩歌の)詠い出し、詠み初め ④子守り、保母

အချီခိုင်း[ət∫i k'ain:] (動) 抱き上げさせる、抱え上げさせる

အချီတော်[ət∫ido] (名) (王子、王女達の)保母

အချီအချ[ət∫i ət∫a.] ①(名) 詩の詠み始めと詠み終り ②双方のやり取り ③(副) 交互に အချီအချပြောသည်။ 交互に話す、押し問答をする、甲論乙駁する

အချီအငေါ်[ət∫i əŋɔ] (名) 優美さ

အချီး[ət∫i:] (名) 序、序言、序文 =စကားချီး

အချီးမှမ်းခံရ[ət∫i:mun: k'an ja.] (動) 誉められる、賞賛される

အချီးအမြှင်[ət∫i: əmjin.] (名) 賞賛

အချီးအမြှင်ခံရ[ət∫i: əmjin. k'an ja.] (動) 賞賛される

အချေ[ət∫e] (名) 反証、反論

အချေအတင်[ət∫e ətin] (名) 反駁、応酬

အချေအတင်စကားပြော[ət∫e ətin zəga:pjɔ:] (動) 言い合う、論争する、互いにやり合う

အချေအတင်ပြော[ət∫e ətin pjɔ:] (動) =အချေအတင်စကားပြော

အချော့[ət∫ɔ.] (名) 宥め、慰め、慰撫、労り

အချော့ကြိုက်[ət∫ɔ. t∫ai'] (動) おだてに乗り易い

အချော[ət∫ɔ:] (名) ①美しいもの ②美人 ③滑らかさ、滑らかなもの ④原稿の清書、浄書

အချောကူး[ət∫ɔ: ku:] (動) 浄書する、清書する、奇麗に仕上げる

အချောကိုင်[ət∫ɔ: kain] (動) ①漆喰で塗装する ②清書する、浄書する ③文章を添削する、修正する

အချောဆုံးဖြစ်[ət∫ɔ:zoun: p'ji'] (形) 最も美しい

အချောတိုက်[ət∫ɔ: tai'] (動) 滑らかになるよう磨く

အချောပြန်ကူး[ət∫ɔ: pjan ku:] (動) 原稿を清書する

အချောရေး[ət∫ɔ: je:] (動) 清書する

အချောသပ်[ət∫ɔ: ta'] (動) ①滑らかにする、でこぼこを取る、仕上げる ②浄書する

အချောအလှ[ət∫ɔ: əɬa.] (名) 美、美しいもの

အချို့.[ət∫o.] ①(名) 幾つか、幾らか、何人か、若干 ②(形) 幾つかの、幾らかの、何人かの、若干の、一部の ကျောင်းသားအချို့ 何人かの学生

အချို့ဆိုရင်[ət∫o. s'o jin] (接) ある者は、一部の者は、若干の者は

အချို့သော[ət∫o.dɔ:] (形) 一部の、幾つかの、何人かの အချို့သောကျောင်းသားများ 一部の学生達

အချို့အဆင့်[ət∫o.əs'in.] (名) ある段階、部分的段階

အချို့အဝက်[ət∫o.əwɛ'] (名) 一部 အချို့အဝက်ပေးဆပ်သည်။ 部分返済をする အချို့အဝက်ပြောင်းလဲသည်။ 一部を変更する

အချို[ət∫o] (名) ①甘さ、甘味、甘味 ②甘いもの

အချိုဓာတ်[ət∫o da'] (名) 糖分

အချိုပေါ်၊သကာလောင်း။ (諺) 良いものは益々良くなる (甘いものの上に黒砂糖を掛ける)

အချိုနှံ့ပို့[ət∫o nɛ. po.] (動) 甘言で送る、騙して送る

အချိုပွဲ[ət∫obwɛ:] (名) ①デザート、甘いもの、食後の菓子 ②菓子のお供え

အချိုမှုန့်[ət∫omoun.] (名) 人口調味料、粉末調味料、味の素

အချိုရှာ သကာတွေ့။ အပျိုရှာကညာတွေ့။ (諺) 渡りに舟 (甘みを探して黒砂糖を見つける、娘を探して処女が見つかる)

အချိုရည်ဘူး[ət∫oje bu:] (名) 缶ジュース、缶入り飲みもの

အချိုသပ်[ət∫o ta'] (動) 宥める、宥めすかす

အချိုအသာကင်း[ət∫o əja.da kin:] (形) 甘みがない、甘みに欠ける

အချိုး[ət∫o:] (名) ①割合、比率 ②折れ、折損 ③(2節詩、3節詩等のの)第1節 ④態度、暮し振り、仕草、癖、習慣

အချိုးကျ[ət∫o: t∫a.] (形) ①釣合いが取れる、均整がとれる ထိုဇရပ်ကလေးကားသေးငယ်သော်လည်းလုံးဝအချိုးကျသည်။ その宿坊は小さいがとてもバランスがよい ②(立居振舞、話し振り等が)洗練されている、板についている ③[ət∫'o:dʒa.] (副) 比例して、割合に応じて အချိုးကျပေးသည်။ 割合に応じて配分した、比例配分した လစဉ်အချိုးကျအခွန်ဆောင်သည်။ 毎月割合に応じて納税した

အချိုးကျကျ[ət∫oː t∫a.ʤa.]（副）割合に応じて、比例して、バランスよく

အချိုးတူ[ət∫oː tu]（形）①割合が同じだ、比率が同じだ ②[ət∫oːdu]（副）同じ割合で、同一比率で

အချိုးပြေ[ət∫oː pje]（動）釣合いが取れている　否定形は အချိုးမပြေဘူး။　釣合いが取れない

အချိုးအစား:[ət∫oːəsaː]（名）①割合、比率 ②釣合い、バランス

အချိုးအစားကျ[əť∫oːəsaː t∫a.]（形）釣合いがとれている、バランスがよい

အချိုးအစားကျန[əť∫oːəsaː t∫a.na.] =အချိုးအစားကျ

အချိုးအစားအားဖြင့်[əť∫oːəsaː aːpʼjin.]（副）バランスとしては、割合としては、比率としては

အချိုးအဆက်ကျ[əť∫oːəsʼɛʼ t∫a.]（形）均整がとれる、釣合いがとれる　ထိုသူမှာရုပ်ရည်သန့်သန့်၊ အချိုးအဆက်ကျလှ၏။　その人は容貌も優れ、均整もとれている

အချိုးအဆစ်ပြေပြစ်[əť∫oːəsʼiʼ pjebjiʼ]（形）均整がとれている

အချိုးအားဖြင့်ဆိုလျှင်[əť∫oː aːpʼjin. sʼoɬjin]（副）割合としては

အချက်[ət∫ɛʼ]（名）①点 ②記号、信号 ③要点、論点、要項、項目 ④中心、中枢 ⑤好機、チャンス ⑥一撃、一発 ⑦要因、原因 ⑧煮炊き

အချက်ကျ[ət∫ɛʼ t∫a.]（形）要領を得ている、適切だ、的を射ている、辻褄が合っている

အချက်ကျကျ[ət∫ɛʼ t∫a.ʤa.]（副）要領よく、適切に、的確に、核心を突いた形で

အချက်ကြီး[ət∫ɛʼt∫iː]（名）重要な点、重要な要素

အချက်ပေး[ət∫ɛʼ peː]（動）合図する、通報する

အချက်ပေးခေါင်းလောင်း[ət∫ɛʼpeː kʼaun:laun:]（名）目覚ましのベル

အချက်ပေါင်းများစွာ[ət∫ɛʼpaun: mja:zawa]（副）何十回も、何十発も　အချက်ပေါင်းများစွာရိုက်နှက်သည်။　何十回も殴った

အချက်ပိုင်[ət∫ɛʼ pain]（動）腕は確かだ、要点を掴む、有利に進める

အချက်ပြ[ət∫ɛʼpja.]（動）合図する、信号を発する

အချက်ပြဆက်သွယ်ရေး[ət∫ɛʼpja. sʼɛʼtweje:]（名）信号

အချက်ပြမီး[ət∫ɛʼpja. miː]（名）交通信号

အချက်မသိတော့၊ သားမက်သူခိုးထင်။（諺）勘違い（事情を知らずに、娘の許婚者を盗人と勘違い）

အချက်အချာ[ət∫ɛʼət∫a]（名）中核、中枢、中心点、

အချက်အချာကျ[ət∫ɛʼət∫a t∫a.]（形）要だ、要の位置にある、中心となる

အချက်အပြုတ်[ət∫ɛʼ əpjouʼ]（名）煮炊き、料理法、料理の仕方

အချက်အရာ[ət∫ɛʼəja]（名）①事柄 ②形跡、痕跡

အချက်အလက်[ət∫ɛʼəlɛʼ]（名）要点、事実、資料、データ、情報

အခြောက်[ət∫auʼ]（名）脅し、脅迫

အခြောက်အခြိမ်း[ət∫auʼ ət∫ein:] =အခြောက်

အချင်[ət∫in.]（名）度量、容量、容積

အချင်အတာ[ət∫in.əta]（名）度量衡

အချင်အတွယ်[ət∫in.ətwɛ]（名）容量、容積

အချင်း[ət∫in:]（名）①直径 ②出来事、事件→အခြင်း ③（代）二人称、君、諸君、汝、そなた、そこも ④侍従、従者 ⑤歌、詩 ⑥胞衣（えな）、胎盤

အချင်းချင်း[ət∫in:ʤin:]（副）互いに、相互にကောင်းသူအချင်းချင်း　善良な人同士　မကောင်းသူအချင်းချင်း　素行の悪い者同士　ရဟန်းတော်အချင်းချင်း　比丘同士　နွားအချင်းချင်း　牛同士　ဘဝတူအချင်းချင်း　ပဋိပက္ခဖြစ်ကြသည်။　同じ境遇の者同志で争いとなった　အချင်းချင်းမကျူးကျော်ရေးစာချုပ်　相互不可侵条約

အချင်းတို့[ət∫in:do.]（代）二人称、君達、諸君

အချင်းဖြစ်ပွား:[ət∫in: pʼjiʼpwa:]（動）争いが起る、揉め事が生じる、事件が発生する

အချင်းများ[ət∫in: mja:]（形）争う、喧嘩になる、揉め事が起る

အချင်းမျဉ်း[ət∫in:mjin:]（名）直径

အချင်းဝက်[ət∫in:wɛʼ]（名）半径

အချင်းအရာ[ət∫in:əja]（名）状況、事柄

အခြောင်[ət∫aun]①（副）何の関わりもないのに　ကျနော်ကသူများအခြောင်အခြောင်ရက်စက်ခံနေရတာ။　私は何の関係もないのに他人のために辱めを受けた ②隙を突いて、混乱に付け入って ③楽に、楽々と、易々と、只で　အခြောင်နေရာယူသည်။　楽々と座を獲得した ④（名）怠け者、怠惰を貪るもの ⑤売春婦

အခြောင်ကြံ[ət∫aun t∫an]（動）隙に付け入る

အခြောင်ခို[ət∫aun kʼo]（動）安逸を貪る、ずるける、怠ける、無為に過す　အခြောင်မခိုရဘူး။　ぶらぶらしていてはいけない

အခြောင်နှိက်[ət∫aun naiʼ]（動）隙を見て取る、人取りして、濡れ手に粟を図る、せしめる

အခြောင်ရ[ət∫aun ja.]（動）楽安で手に入れる　အခွင့်အရေးကိုအခြောင်ရယူသည်။　権利を楽に手に入れた

အခြောင်လိုချင်[ət∫aun loʤin]（動）楽をして入

အချောင်လိုက်

手したがる သူတပါးပစ္စည်းကိုအချောင်လိုချင်သည်။ 他人の財産を只取りしたがる

အချောင်လိုက်[əʧaun laiʔ] (動) 濡れ手で粟を掴む 漁夫の利を占める

အချောင်သမား：[əʧaun dəma:] (名) ①怠け者、楽をしたがる者 ②只取りしたがる者、隙を狙う者、便乗主義者

အချောင်း[əʧaun:] (名) (鉛筆等) 棒状のもの

အချောင်းလိုက်[əʧaun:laiʔ] (副) 筋状に ဆံပင်ကလေးများသည်အချောင်းလိုက်ကပ်နေကြသည်။ 頭髪が線条に付着している

အချိုင့်[əʧainʔ.] (名) 窪み、窪地

အချစ်[əʧiʔ] (名) ①愛、愛情、恋 ②愛する人 ③恋人への呼掛け

အချစ်ကြီးကအမျက်ကြီး။ (諺) 可愛さ余って憎さ百倍

အချစ်စစ်[əʧiʔsiʔ] (名) ①故意の鞘当て ②純愛、本物の愛

အချစ်ဆုံးဖြစ်[əʧiʔsʔoun: pʔjiʔ] (形) 一番好きだ、最も好きだ、最も愛している、一番親しい

အချစ်တော်[əʧiʔtɔ] (名) 寵児、お気に入り、ペット

အချစ်တော်မဝင်[əʧiʔtɔ məwin] (動) 寵児には入らない、お気に入りにはならない

အချစ်ထုံး[əʧiʔtʔoun:] (名) 恋の手本、恋の前例

အချစ်ပျယ်[əʧiʔ pjɛ] (動) 愛が冷める、愛が薄れる

အချစ်ပျက်[əʧiʔ pjɛʔ] (動) 愛を失う、不仲になる

အချစ်ရှာ အသာတွေ့၊ အပြစ်ရှာ အနာတွေ့။ (諺) あばたも笑窪、犬も歩けば棒に当る

အချစ်ဝင်[əʧiʔ win] (動) 恋心が芽生える

အချစ်အကြိုက်[əʧiʔ əʧaiʔ] (名) 愛情

အချစ်အခင်[əʧiʔəkʔin] (名) 親しみ、親愛の情

အချစ်ဦး[əʧiʔʔu:] (名) 初恋の人

အချဉ်[əʧin] (名) ①酸味、酸っぱさ ②酸味のあるもの、酸味のある食べ物、酸味のある液体

အချဉ်ဓာတ်[əʧin daʔ] (名) 酸、酸性

အချဉ်ပေါက်[əʧin pauʔ] (動) ①醱酵する ②酸味が出る、酸っぱくなる

အချဉ်ဖောက်[əʧin pʔauʔ] (動) ①醱酵させる ②酸味を出す、酸っぱくする

အချဉ်း[əʧin:] (名) 接近

အချည်[əʧi] (名) ①縛り、括り ②縛るもの

အချည်း[əʧi:] (名) 無駄

အချည်းနှီး[əʧi:ɲi:] (名) 無駄、無益

အချည်းနှီးဖြစ်[əʧi:ɲi: pʔjiʔ] (形) ①無駄だ、

無益だ、役に立たない ②虚しい、空虚だ

အချည်းအနှီးဖြစ်[əʧi:əɲi pʔjiʔ] ＝အချည်းနှီးဖြစ်

အချိတ်[əʧeiʔ] (名) ①波状紋 ②風刺

အချိတ်ထမီ[əʧeiʔ tʔəmein] (名) 波状紋のある女性用ロンジー

အချိတ်ပုဆိုး[əʧeiʔ pəsʔo:] (名) 波状紋のある男性用ロンジー

အချိတ်လုံချည်[əʧeiʔ loungji] (名) 波状紋のあるロンジー

အချိတ်အဆက်[əʧeiʔəsʔɛʔ] (名) ①繋がり、脈絡 ②恋人 သူတို့ချင်းကအချိတ်အဆက်အကား။ 彼ははぐれだ ချစ်ရေးကြိုက်ရေးအချိတ်အဆက်စကား။ 口説きの言葉 ကာရန်အချိတ်အဆက် 押韻の繋がり

အချိတ်အချယ်[əʧouʔəʧɛ] →အချိုပ်အချယ်

အချိန်[əʧein] (名) ①時、時間 စား：ချိန်သောက်ချိန် 食事時間 ②重さ、重量

အချိန်ကာလ[əʧein kala.] (名) ①時間 ②時候、季節

အချိန်ကိုက်[əʧein kaiʔ] ①(動) 時間が合致する、時間が一致する ②(副) 定刻に、定刻通り

အချိန်ကောင်းကြီး[əʧeingaun:gji:] (名) よい時間

အချိန်ကန့်သတ်[əʧein kanʔ.taʔ] (動) 時間を制限する

အချိန်ကုန်[əʧein koun] (動) ①時間がなくなる、時間が尽きる、時間を消耗する、時間が無駄になる ②時間がかかる、時が経過する、時間が経つ

အချိန်ကုန်သက်သာ[əʧeingoun tɛʔ.ta] (形) 時間が節約できる、時間が短縮できる

အချိန်ကျ[əʧein ʧa.] (動) 時間になる、時が至る 否定形はအချိန်မကျဘူး။ 時期尚早だ

အချိန်ကြာကြာ[əʧein ʧaʤa] (副) 長い間

အချိန်ကြာမြင့်စွာ[əʧein ʧamjin.zwa] (副・文) 長時間

အချိန်ကြန့်ကြာ[əʧein ʧanʔ.ʤa] (動) 時間が遅延する

အချိန်ခလုတ်[ɛʧein kʔalouʔ] (名) サーモスタット

အချိန်ခိုင်း[əʧein kʔain:] (動) 重さを計らせる

အချိန်ချိန်ကိုက်[əʧeinʤin: taiʔ] (動) 偶然の一致が起きる

အချိန်ချိန်[əʧeinʤein] (副) 何度も、幾度も

အချိန်စာရင်း[əʧein səjin:] (名) ①時刻表、時間表 ②予定表 ③年表

အချိန်စာရင်းတိုက်[əʧein səjin: taiʔ] (動)

時刻表を調べる、時刻表と照らし合わせる
အချိန်စီး[ətʃein si:]（動）①重みがある、見た目より重い ②年齢に応じた判断力を持つ、年相応に成熟する、年齢相応の智慧がある
အချိန်စေ့[ətʃein si.]（動）丁度時間となる、制限時間となる、時間切れになる、その時になる、時が至る
အချိန်ဆွဲ[ətʃein sʰwɛ:]（動）時間を引き伸ばす、時間を延長する
အချိန်ဇယား[ətʃein zəja:]（名）時間表
အချိန်ညောင်း[ətʃein ɲaun:]（動）時間がかかる、時間が長引く
အချိန်တာ[ətʃeinta]（名）時間、時間の長さ
အချိန်တိကျ[ətʃein ti.tʃa]（形）時間に正確だ
အချိန်တိုတိုနှင့်[ətʃein todo nɛ.]（副）短時間で
အချိန်တိုတိုဖြင့်[ətʃein todo pʰjin.]（文）＝အချိန်တိုတိုနှင့်
အချိန်တိုနှင့်[ətʃeindo nɛ.]（副）短い時間内に、急いで
အချိန်တိုက်[ətʃein taiʔ]（動）時刻を合わせる
အချိန်တန်[ətʃein tan]（動）機が熟する、時が至る、その時になる、してよい頃になる ရိတ်ချိန်တန်နေပြီဖြစ်သောလယ်ခင်းသီးနှံများ။ 刈り入れ時を迎えた田圃の稲穂
အချိန်တန်၊ နွားပိန်ကန်။（諺）番茶も出花（時がくれば痩せた牛とて蹴る）
အချိန်နာရီကျ[ətʃein naji tʃa.]（動）定刻になる、定められた時間になる
အချိန်နည်း[ətʃein nɛ:]（形）時間が少ない
အချိန်နှောင်း[ətʃein n̥aun:]（形）遅過ぎる、時期遅れだ、時既に遅し
အချိန်ပို[ətʃeinbo]（名）時間外労働、超過勤務、残業
အချိန်ပိုင်[ətʃein pain]（動）自分の時間を持つ
အချိန်ပိုင်း[ətʃeinbain:]（名）非常勤、パートタイム
အချိန်ပိုင်းဆရာ[ətʃeinbain: sʰəja]（名）非常勤講師
အချိန်ပိုင်းလုပ်ငန်း[ətʃeinbain: louʔŋan:]（名）パートの仕事、時間単位の仕事
အချိန်ပြည့်[ətʃeinbje.]（①（形）専任の、常勤の ②（副）時間をたっぷり取って、存分に、無念して အချိန်ပြည့်ပြေးဆွဲသည်။ フル稼働している
အချိန်ဖြုန်း[ətʃein pʰjoun:]（動）時間を浪費する
အချိန်မတော်[ətʃein mətɔ]（副）時ならぬ時刻、怪しげな時刻
အချိန်မရွေး[ətʃein məjwe:]（副）時を選ばず、どんな時でも、いつでも、絶えず
အချိန်မီ[ɛtʃein mi]＝အချိန်မှီ
အချိန်မှီ[ɛtʃein mi]①（動）間に合う ②（副）間に合うように、手後れにならないように、遅滞なく、事前に
အချိန်မှတ်[ətʃein maʔ]（動）時間を記録する
အချိန်မှန်[ətʃein man]（形）時間通りだ、時間に正確だ、規則正しい
အချိန်မှန်မှန်[ətʃein manman]（副）①定刻に、時間きっかりに、時間通りに ②定期的に
အချိန်ယူ[ətʃein ju]①（動）時間を取る、時間をかける、時間を稼ぐ ②（副）時間をかけて、気長に
အချိန်ရ[ətʃein ja.]（動）時間が得られる
အချိန်ရတိုင်း[ətʃein ja.dain:]（副）都合がつく度、時間が得られる度、時間があればいつでも
အချိန်ရှိ[ətʃein ʃi.]（動）時間がある、時間に余裕がある
အချိန်လုယူ[ətʃein lu.ju]（動）一刻を争う、時間を惜しむ
အချိန်လင့်[ətʃein lin.]（動）①時を待つ ②時間がない、時が過ぎ去る
အချိန်လွန်[ətʃein lun]（動）①時間が過ぎ去る ②時間に遅れる、間に合わない、時宜を失する
အချိန်အကန့်အသတ်မရှိ[ətʃein əkan.əta'məʃi.]（副）無期限に
အချိန်အခါ[ətʃein əkʰa]（名）時、時刻、時間
အချိန်အတွယ်[ətʃein ətwɛ]（名）重量
အချိန်းအချက်[ətʃein:ətʃɛʔ]（名）約束、取り決め、日取り、打合わせ
အချိန်းအချက်ပြု[ətʃein:ətʃɛʔ pju.]（動）打合わせる、取り決める
အချပ်[ətʃaʔ]（名）薄いもの、平たいもの、薄片
အချပ်အခဲ[ətʃaʔəkʰɛ:]（名）平たい塊
အချေ[ətʃeiʔ]（名）ラック（アカシア系の植物に作られたラック貝殻虫の分泌物）＝ချေ
အချုပ်[ətʃouʔ]（名）①まとめ、要約、概要 ②契約 ③首長、統領 ④拘留、拘禁 ⑤留置所
အချုပ်ကား[ətʃouʔka:]（名）囚人護送車
အချုပ်ခန်[ətʃouʔkan:]（名）留置場
အချုပ်ခံ[ətʃouʔ kʰan.]（動）指揮官に任じる
အချုပ်ထောင်[ətʃouʔ tʰaun]（名）刑務所、牢獄、監獄
အချုပ်သား[ətʃouʔt̪a:]（名）囚人

အချုပ်သမား

အချုပ်သမား[əʧouʔtəma:] (名) 拘留者、容疑者
အချုပ်သင်္ကေတစရင်[əʧouʔ dəgəji'] (名) 契約
အချုပ်အချာ[əʧouʔəʧa] →အချုပ်အချာ
အချုပ်အချယ်[əʧouʔəʧɛ] (名) 制限、束縛、拘束
အချုပ်အချာ[əʧouʔəʧa] (名) ①首長、頭目 ② 眼目
အချုပ်အချာအာဏာ[əʧouʔəʧa ana] (名) 主権、統治権
အချုပ်အချာအာဏာပိုင်[əʧouʔəʧa ana pain] (動) 主権を持つ、統治権を所有する
အချုပ်အချာအာဏာပိုင်ဆိုင်မှု[əʧouʔəʧa ana pains'ainmu.] (名) 主権の所有、主権の保持
အချုပ်အနှောင်[əʧouʔənaun] (名) 拘束、束縛、制約
အချုပ်အား:ဖြင့်[əʧouʔ a:p'jin.] (副) 要約すれば、要するに
အချုပ်အား:ဖြင့်ဆိုသော်[əʧouʔa:p'jin. s'ɔ] (副) まとめてみると、要約するならば
အချုပ်အား:ဖြင့်ဆိုရသော်[əʧouʔa:p'jin. s'o ja.ɔ] (副) 結論として言うと
အချမ်း[əʧan:] (名) 寒さ、冷たさ
အချမ်းဓာတ်[əʧan:daʔ] (名) 寒気
အချမ်းပို[əʧan: po] (動) 寒さがひどくなる、寒気が増す
အချမ်းပြေ[əʧan: pje] (動) 寒気が緩む、寒さが和らぐ
အချမ်းလုံ[əʧan: loun] (動) 寒さが遮断される、寒さを受付けない
အခြား:[əʧa:] ① (名) 分離線、境界線 ② (形) 他の、ほかの、別の、そのほかの
အခြား:တိုင်း:ပြည်[əʧa: tain:pje] (名) 他の国、ほかの国
အခြား:နည်း:လမ်း:[əʧa: ni:lan:] (名) ほかの方法、他のやり方、別の手段
အခြား:တပါး:မှာ[əʧa: dəba:ma.] (副) 他に、他所に、どこかに
အခြား:မဟုတ်[əʧa: məhouʔ] (形) ほかでもない
အခြား:မဲ့[əʧa:mɛ.] (副) 隙間なく、間を置かず、引き続き、連続して
အခြား:မဲ့တွင်[əʧa:mɛ.naiʔ] (副) その後引き続き
အခြား:မဲ့[əʧ'a:mɛ.naiʔ] =အခြား:မဲ့တွင် ။ ရှတပြီးသည်၏အခြား:မဲ့တွင် 読み上げたその後引き続いて
အခြား:သူ[əʧadu] (名) ほかの人、他の人
အခြား:သော[əʧa:ɔ] (形) 他の、ほかの အခြား:သောကျောင်း:သား:များ: 他の学生達
အခြား:သို့[əʧa:do.] (副) 他へ、他の場所へ

အခြား:အကြောင်း:များ:ကြောင့်[əʧa: əʧaun:mja: ʤaun.] (副) その他の理由によって
အခြား:အခြား:သော[əʧa: əʧa:dɔ:] (形) 諸々の、色々な、雑多な အခြား:အခြား:သောနိုင်ငံများ: その他の国々 အခြား:အခြား:သောအရာများ: その他の事柄 အခြား:အခြား:သောဝန်း:ကျင်အသိုင်း:အဝိုင်း:များ: その他の環境
အခြေ[əʧe] (名) ① (椅子等の) 脚 ②基礎、基盤 ③状態、情況、形勢
အခြေကျ[əʧe tʃa.] (動) 安定する、落着く
အခြေခိုင်[əʧe k'ain] (動) 安定する、基礎が固まる、しっかりする
အခြေခံ[əʧe k'an] ① (動) 基づく、基礎とする ② [əʧegan] (形) 基本的な ③ (名) 基本、基礎
အခြေခံကျ[əʧegan tʃa.] (動) 基礎となる、基本となる
အခြေခံကျကျ[əʧegan tʃa.ʤa.] (副) 基本的に
အခြေခံနှစ်[əʧegan niʔ] (名) 基準年
အခြေခံပညာ[əʧegan pjinna] (名) 基礎教育
အခြေခံမူ[əʧegan mu] (名) 基本原則
အခြေခံလစာ[əʧegan ləza] (名) 基本給
အခြေခံဝါဒီအုပ်စု[əʧegan wadi ouʔsu.] (名) (イスラム) 原理主義者
အခြေခံသဘောတရား:[əʧegan dəbɔ: təja:] (名) 基本理念、基本的思想、基本的精神
အခြေခံအား:ဖြင့်[əʧegan a:p'jin.] (副) 基本的に
အခြေခံဥပဒေ[əʧegan u.bəde] (名) 憲法
အခြေခံအုပ်မြစ်[əʧegan ouʔmjiʔ] (名) 社会的基盤、インフラストラクチャー
အခြေချ[əʧe tʃa.] (動) 居付く、住み付く、定住する、定着する
အခြေချနေထိုင်[əʧeʤa. net'ain] (動) 定住する、住み着く
အခြေစိုက်[əʧe saiʔ] (動) ①住み着く、定住する ②根を下ろす、基礎固めをする ③基地を置く、活動拠点とする
အခြေစိုက်စခန်း:[əʧesaiʔ sək'an:] (名) 基地、駐屯地
အခြေတကျ[əʧe dəʤa.] (副) よい形で、好ましい形で
အခြေတင်အနေတင်ဖြစ်[əʧedin. ənedin.p'jiʔ] (動) よい暮しをしている、上流の生活をしている
အခြေတည်[əʧe ti] (動) ①基礎を置く、基盤とする ②住み着く、定住する
အခြေနုပ်[əʧe nouʔ] (形) 貧弱だ、貧相だ

အခြေပျက်[ətʃe pjɛʔ]（動）①事態が変る ②暮し向きが悪化する、逆境に転じる、没落する ③運が下向く

အခြေပျက်အနေပျက်ဖြစ်[ətʃebjɛʔ ənebjɛʔpʼjiʔ]（動）散々な目に遭う、転落する

အခြေပြု[ətʃe pju.]①（動）基礎とする、基礎を作る ②[ətʃebju.]（副）足場として、根拠にして

အခြေမပေးလို့[ətʃe məpe:lo.]（副）仕方なく、運に恵まれず

အခြေမပျက်[ətʃe məpjɛʔ]（副）常態を崩さずに、何食わぬ顔で、慌てる事なく

အခြေမရှိအနေမရှိ[ətʃe məʃi. əne məʃi.]（名）住所不定

အခြေမလှ[ətʃe məɬa.]（形）うまく行かない、情勢が好ましくない、見通しが悪い、失敗しそうだ

အခြေမလှဖြစ်[ətʃe məɬa. pʼjiʔ]（動）①うまく行かない ②暮しが落ちぶれる、落魄する

အခြေလေးချောင်း[ətʃe le:tɕaun:]（名）四つ足、四本脚、即ち（人間に対する）動物

အခြေသဘော[ətʃe dəbɔ:]（名）基本的意向、基本的態度

အခြေအကျဆုံး[ətʃe ətɕa.zoun:]（形）最も基本の အခြေအကျဆုံးအခွင့်အရေး：最も基本的な権利

အခြေအနေ[ətʃe əne]（名）情況、状態、情勢、様子、形勢 ကျန်းမာအခြေအနေ　健康状態

အခြေအနေကြည့်[etʃe əne tʃi.]（動）様子を見る

အခြေအနေမလှ[etʃe əne məɬa.]（形）形勢が不利だ

အခြေအမြစ်[ətʃe əmjiʔ]（名）①基礎、基盤 ②根源、根拠 ③基地、拠点 တလိုင်းတို့အခြေအမြစ်ပြုဘူးသည်။ タライン達が基地にした事がある

အခြေအမြစ်မရှိ[ətʃe əmjiʔ məʃi.]（形）根拠がない

အခြောက်[ətʃauʔ]（名）①乾燥 ②干物、乾燥品 ③（王朝時代の）農業税 ④同性愛者、おかま、ホモ、ゲイ・ボーイ

အခြောက်ကုန်[ətʃauʔ koun]（名）干物、乾燥品

အခြောက်ခံ[ətʃauʔ kʼan]（動）陰干しする、乾燥させる

အခြောက်တိုက်[ətʃauʔtaiʔ]（副）徒に、訳もなく、理由もなく　အခြောက်တိုက်ကြာ:သည်။ 徒に威張っている　အခြောက်တိုက်စိတ်တိုနေသည်။ 訳もなく腹を立てている　ငါကအခြောက်တိုက်မုဆိုးမလေးဖြစ်ရတော့မယ်။ 私は理由もなく未亡人になろうとしている

အခြောက်လှန်း[ətʃauʔ ɬan:]（動）日に干す、日干しにする

အခြောက်အခြိမ်း[ətʃauʔ atʃʼein:]（名）脅し、脅迫、恐喝 =အခြောက်အခြိမ်း

အခြင်[ətʃin]（名）①（屋根の）垂木 ②容量

အခြင်ဝါး[ətʃin wa:]（名）竹の垂木

အခြင်အတာ[ətʃin əta]（名）度量衡 =အချင်းအတာ

အခြင်း[ətʃin:]（名）①事件、出来事 ②外形、外貌 ③特性、特徴

အခြင်းပွား[ətʃin: pwa:]（動）争いが生じる、紛争が発生する

အခြင်းဖြစ်[ətʃin: pʼjiʔ]（動）争いが起きる、揉め事が生じる、事件が発生する

အခြင်းဖြစ်ပွား[ətʃin: pʼjiʔpwa]=အခြင်းဖြစ်

အခြင်းများ[ətʃin: mja:]（形）揉め事が多い

အခြင်းအရာ[ətʃin:əja]（名）①出来事、事実 ②事柄、現象 ③外観、外形 ④様子、態度

အခြစ်[ətʃiʔ]（名）①引っ掻き傷、掻き傷 ②焼け焦げ、焦げ付き

အခြစ်ကင်[ətʃiʔ kin]（動）焼け焦げる

အခြည်[ətʃi]（名）線、光線

အခြမ်း[ətʃan:]（名）①半分 ②部分

အခြိမ်းအခြောက်ခံရ[ətʃein:ətʃauʔ kʼan ja.]（動）脅迫される、脅される

အခြံအရံ[ətʃan əjan]（名）従者、随員、お付きの者

အခြံအရေ[ətʃan əjwe]=အခြံအရံ

အခွ[əkʼwa.]（名）又、二股、木の叉

အခွါ[əkʼwa]（名）分離、脱離、隔離

အခွေ[əkʼwe]（名）輪、コイル、巻いたもの

အခွဲ[əkʼwɛ:]（名）①分離、分割 ②半分、部分

အခွဲအထက်[əkʼwɛ:ətʼwɛʔ]（名）離脱

အခွဲအခြမ်း[əkʼwɛ:ətʃan:]（名）分割、分離

အခွဲအဝေ[əkʼwɛ:əwe]（名）分配

အခွက်[əkʼwɛʔ]（名）①窪み、凹面 ②凹状に鋳造した銀 ③緬斤　အခွက်လေးဆယ်ခန့်အလေးချိန်ရှိမည်။ 40 緬斤程の重量があるだろう　အခွက်လေးဆယ်ရှိသောလိပ်ကြီး။ 40緬斤の大亀

အခွက်အခုံ:[əkʼwɛʔəkʼoun:]（名）凹凸

အခွင့်[əkʼwin.]（名）①許し、許可 ②権利 ③機会、チャンス ④休暇

အခွင့်ကောင်း[əkʼwin.gaun:]（名）好機、絶好の機会、チャンス အခွင့်ကောင်းပေါ်သည်။好機が訪れる　အခွင့်ကောင်းယူသည်။ チャンスを捉える、好機を逃さない　အခွင့်ကောင်းရသည်။好機を得る

အခွင့်ကြုံ[əkʼwin. tʃoun]（動）機会に恵まれる、

အခွင့်ပေး

チャンスに遭遇する

အခွင့်ပေး[ək'win. pe:] (動) ①許可を与える ②機会を与える

အခွင့်ပြု[ək'win.pju.] (動) 許可する、認可する

အခွင့်ပြုချက်[ək'win pju.ʤɛ'] (名) 許可、認可

အခွင့်ပြုပါတော့[ək'win. pjubadɔ.] (挨拶) これで失礼する、お暇する

အခွင့်မရဘဲ[ək'win. məja.bɛ:] (副) 許可なく、許しを得ずに

အခွင့်ရ[ək'win. ja.] (動) ①機会を得る ②許可を得る

အခွင့်လွှတ်[ək'win. ɬu'] (動) 赦す、赦免する、了承する、了解する

အခွင့်သာ[ək'win. ta] (形) ①好都合だ、よい機会だ ②有利な状況にある、チャンスを得る 否定形はအခွင့်မသာဘူး။ 好機に恵まれない

အခွင့်သင့်[ək'win. tin.] (動) よい機会に恵まれる

အခွင့်အခါ[ək'win.əka] (名) 好機、チャンス

အခွင့်အရေး[ək'win.əje:] (名) ①権利、特権 ②機会、チャンス အခွင့်အရေးတောင်းဆိုသည်။ 権利を要求する အခွင့်အရေးပေးသည်။ チャンスを与える、特別扱いする အခွင့်အရေးယူသည်။ チャンスを活用する အခွင့်အရေးရသည်။ ①権利を得る ②機会を得る အခွင့်အရေးရှိသည်။ 権利がある

အခွင့်အလမ်း[ək'win.əlan:] (名) ①チャンス、機会 ②手がかり、見通し ③権利 အခွင့်အလမ်းကောင်းသည်။ よい機会だ အခွင့်အလမ်းကုန်ဆုံးသည်။ 手がかりがなくなる、見通しが消える အခွင့်အလမ်းပေးသည်။ ①機会を与える ②手がかりを与える အခွင့်အလမ်းပေါ်သည်။ 見通しが立つ、チャンスが訪れる အခွင့်အလမ်းသာသည်။ チャンスに恵まれる、好機が訪れる

အခွင့်အာဏာ[ək'win. ana] (名) 権限

အခွန်[ək'un] (名) 税、租税 ဝင်ငွေခွန် 所得税 မြေခွန် 土地税 အိမ်ခွန် 家屋税 အကောက်ခွန် 関税

အခွန်ကောက်[ək'un kau'] (動) 徴税する、租税を徴収する

အခွန်ကောက်ခံ[ək'un kau'k'an] =အခွန်ကောက်ခံ

အခွန်ခံ[ək'un k'an] =အခွန်ကောက်ခံ

အခွန်စာရေး[ək'un səje:] (名) 税務官

အခွန်စည်းကြပ်[ək'un si:tʃa'] (動) 課税する、徴税する

အခွန်ဆောင်[ək'un s'aun] (動) 納税する、税を納める

အခွန်တော်ကင်းလွတ်[ək'undɔ kin:lu'] (動) 免税になる、無税になる、税が免除される

အခွန်တော်ငွေ[ək'undɔ ŋwe] (名) 税収、租税収入

အခွန်တော်ပြေစာ[ək'undɔ pjeza] (名) 納付領収書、租税納付領収書

အခွန်တော်ဝင်ငွေထောက်ချက်[ək'undɔ winŋwe ba'ʤɛ'] (名) 租税収入予算

အခွန်ထမ်းဆောင်[ək'un t'ans'aun] (動) 租税を負担する、税を納める

အခွန်ပေးဆောင်[ək'un pe:s'aun] (動) 納税する

အခွန်ဘဏ္ဍာ[ək'un banda] (名) 租税、財政

အခွန်ရငွေ[ək'un ja.ŋwe] (名) 税収、租税収入

အခွန်ရေး[ək'un je:] (名) 租税問題

အခွန်ဝန်[ək'un wun] (名) (王朝時代の)租税奉行 (太守 မြို့ဝန် の補佐官)

အခွန်အကောက်[ək'un əkau'] (名) 租税

အခွန်အကောက်စည်းကြပ်[ək'un əkau' si:tʃa'] (動) 徴税する

အခွန်အကောက်နှင့်ကုန်သွယ်ရေးဆိုင်ရာသဘောတူညီချက် [ək'unəkau' nɛ. kountwe je: s'ainja dəbɔ:tuɲiʤɛ'] (名) 関税貿易一般協定 (ガット)

အခွန်အတုတ်[ək'un ətou'] (名) 租税

အခွန်အတုတ်စည်းကြပ်[ək'un ətou' si:tʃa'] (動) 課税する、徴税する

အခွန်အုပ်[ək'un ou'] (名) 税務署長

အခွန်း[ək'un:] (名) 話、言葉

အခုပ်ခိုင်း[ək'u' k'ain:] (動) 鶏に蹴り合いをさせる、闘鶏させる

အခွံ[ək'un] (名) ①殻 ဝပါးခွံ 籾殻 မြေပဲခွံ 落花生の殻 အုန်းသီးခွံ 椰子の殻 ②皮 ငှက်ပျောခွံ バナナの皮 လိမ္မော်ခွံ ミカンの皮 ③瞼 မျက်ခွံ 眼瞼

အခွံကွာ[ək'un kwa] (動) 皮が剥げる

အခွံခွာ[ək'un k'wa] (動) 皮を剥ぐ、皮を剥く

အခွံထူ[ək'un t'u] (形) 皮が厚い

အခွံနွာ[ək'un ŋwa:] (動) (バナナ、ザボン等の)皮を剥く

အခွံပါး[ək'un pa:] (形) 皮が薄い

အခွံမာ[ək'unma] (名) ①甲羅 ②硬い殻 ③甲虫

အခွံလဲ[ək'un lɛ:] (動) 脱皮する

အခွံသင်[ək'un tin] (動) 皮を剥く

အချဲ[əʧwɛ:] (名) ①痰 ②粘液 ③甘言、口車、媚態

အချဲကောင်း[əʧwɛ: kaun:] (形) 鼻を鳴らす、甘言が巧みだ、口車に乗せるのがうまい ဒီမိန်းမတယ်အချဲကောင်းတယ်။ この女は甘言で誘うのが巧みだ

အချဲလျှာ[əʧwɛ:ɬwa] (名) 粘膜

အချုပ်အယွင်း[əʧu'əjwin:] (名) 誤謬、間違い

အချွန်[əʧun] (名) ①鋭利 ②尖ったもの、鋭利なもの
အချွန်အတက်[əʧun ətɛ'] (名) 尖った物
အချွန်း[əʧun:] (名) 先端の尖ったもの
အခြေအရံ[əʧwe əjan] (名) 従者、随員
အဂတိ[a.gədi.] (名) ①不正、不正行為、悪事、背信 ②えこ贔屓 ＜パ Agati
အဂတိလေးပါး[ə.gədi. le:ba:] (名) 四種の不正（私利、悪意、愚、恐怖）
အဂတိလိုက်စား[ə.gədi. lai'sa:] (動) 不正を働く
အဂတိလိုက်စားမှု[ə.gədi. lai'sa:mu.] (名) 不正行為、汚職
အဂျဝန်[əʤɛwan] (植) カルム、アヨワン（セリ科） Carum copticum ＝စမုန်ဖြူ
အဃောသ[a.gɔ:ta.] (名) 無声音（က၊ခ၊တ၊ထ၊ပ၊ဖ 等）＜パ A Ghosa ＝အသံပေါ့အက္ခရာ
အငူ[əŋu] (名) ①突き出た部分、突端 ②岬 ③頂 ရေခဲတောင်အငူ 氷山の一角
အငူသာ:အငိုင်သာ:[əŋuda: əŋainda:] (副) うなだれたまま
အငေးသား:ကြည့်[əŋe:da: tʃi.] (動) 茫然として見る、ぼうっとして見る
အငေး:အငိုင်[əŋe:əŋain] (副) ぼんやりと、茫然と
အငေး:အငိုင်ကြည့်[əŋe:əŋain tʃi.] (動) 茫然として見る
အငယ်[əŋɛ] (名) ①小さいもの ငါး:ငယ် 小魚 ဖား:ငယ် 蛙の子 ယုန်ငယ် 子兎 ချောင်:ငယ် 小川 မြောင်:ငယ် 排水溝 ②幼いもの、年下、幼児 သမီးအငယ် 末娘
အငယ်စား:[əŋɛza:] (名) 小型
အငယ်ဆုံး[əŋɛzoun:] (名) ①最小 ②一番年下
အငယ်အနှောင်:[əŋɛ ənaun:] (名) 妾 အငယ်အနှောင်:ထား:သည်။ 妾を囲う
အငေါ့.[əŋɔ.] (名) 皮肉、当てこすり、風刺
အငို[əŋo] (名) 泣く事
အငိုတိတ်[əŋo tei'] (動) 泣き止む
အငိုလွယ်[əŋo lwɛ] (形) すぐ泣く、涙もろい
အငိုလွယ်၊အရွှေကြက်ခံ။ (諺) 初めは処女の如く、終りは脱兎の如し（泣き始めはよいが、しゃくり始めると始末に負えない）
အငေါက်အငမ်း[əŋau' əŋan:] (名) 叱責
အငိုက်[əŋai'] (名) 隙、油断
အငိုက်ဖမ်း[əŋai' p'an:] (動) 隙を突く、不意を襲う、急襲する
အငိုက်မိ[əŋai' mi.] (動) 隙を突かれる、不意を襲われる

အငတ်[əŋa'] (名) 飢え、ひもじさ、飢餓
အငတ်ခံ[əŋa' k'an] (動) 飢えに耐える、ひもじさに耐える
အငတ်ငတ်အပြတ်ပြတ်ဖြင့်[əŋa'ŋa' əpja'pja' p'jin.] (副) 食べる物にも事欠いて、食べ物もろくになく
အငတ်ငတ်အမူ့မူ့[əŋa'ŋa' əmu'mu'] (副) 飢えに苦しんで、飢餓に陥って
အငတ်ထား:[əŋa' t'a:] (動) 飢えを放置する、ひもじい思いをさせる
အငတ်ဘေး:[əŋa'be:] (名) 飢餓、飢餓の苦しみ
အငတ်အပြတ်[əŋa'əpja'] (名) 飢餓、食糧の払底
အငတ်အပြတ်ခံ[əŋa'əpja' k'an] (動) 飢えを忍ぶ、飢えに耐える
အငုတ်[əŋou'] (名) 切り株、伐採した木の残り株
အငန်[əŋan] (名) ①塩味、塩辛さ ②塩辛いもの
အငန်ဓာတ်[əŋan da'] (名) 塩分、塩気
အငမ်း:မရ[əŋan: məja.] (副) 無性に、貪るように、飢えたように、抑制できずに အငမ်း:မရသောက်သည်။ 貪るように飲む အငမ်း:မရကြား:ချင်နေသည်။ 無性に聞きたい အငမ်း:မရဖြစ်သည်။ 欲しくてたまらない
အငှ[əŋan.] (名) 掛け売り、信用貸し、信用払い
အငှဆိုင်း:နှင့်ရောင်း:[əŋan.zain:nɛ. jaun:] (動) 現金後払いで売る、現物先渡しで売る
အငှပေး:[əŋan. pe:] (動) ＝အငှရောင်း:
အငှရောင်း:[əŋan. jaun:] (動) 商品を代金後払いで売る、掛け売りをする、付けで売る
အငှရောင်း:ဖြစ်[əŋan.jaun: p'ji'] (動) 掛け売りになる、信用売りをする
အငှအရောင်း:အဝယ်လုပ်[əŋan. əjaun:əwɛ lou'] (動) 掛けで売買する မြေပဲအငှအရောင်း:အဝယ်လုပ်သည်။ 落花生を掛けで売買する
အငုံ[əŋoun] (名) 蕾
အငြူအစူ[əŋu əsu] (名) 妬み、そねみ、敵視
အငြိုအငြင်[əŋo əŋin] (名) 嫌悪、憎悪
အငြိုအငြင်ခံရ[əŋo əŋin k'an ja.] (動) 憎まれる、怨まれる、不快の念を抱かれる
အငြိုး:[əŋo:] (名) 恨み、怨恨
အငြိုး:ထား:[əŋo: t'a:] (動) 怨む、恨みを抱く、復讐心を抱く
အငြိုး:နှင့်[əŋo:nɛ.] (副) 恨みを抱いて
အငြိုး:အတေး:ထား:[əŋo:əte: t'a:] (動) 恨みを抱く
အငြင်း:[əŋin:] (名) 口論、論争
အငြင်း:ပွါး:[əŋin: pwa:] (動) 争いが起きる、口論する、論争になる

အငြင်းပွါးမှု[əɲin:pwa:mu.]（名）争い、紛争
အငြင်းသန်[əɲin: tan]（形）①理屈っぽい、論争好きだ ②喧嘩早い、激しく争う ③強情だ、自分の非を認めない ④仲が悪い
အငြင်းအခုံ[əɲin: ək'oun]（名）論争、口論
အငြင်းအခုံဖြစ်ပွါး[əɲin:ək'oun p'ji?pwa:]（動）口論が起きる、論争する
အငြင်းဝါကျ[əɲin: wɛ?tʃa.]（名）否定文
အငြိမ့်[əɲein.]（名）（女性の踊り子と道化師とで構成され、音楽に合せて演じられる）ビルマの古典舞踊
အငြိမ့်က[əɲein. ka.]（動）アニェインを舞う、アニェインを演じる
အငြိမ့်တော်သား[əɲein.dɔda:]（名）アニェイン舞踊団のメンバー、団員
အငြိမ့်ပွဲ[əɲein.bwɛ:]（名）アニェインの催し
အငြိမ့်မင်းသမီး[əɲein. min:dəmi:]（名）アニェインの舞い子
အငြိမ်[əɲein]（名）静寂、閑静、平静
အငြိမ်နေ[əɲein ne]（動）安静にする、静かにする、温和しくする
အငြိမ်မနေတဲ့[əɲein mənebɛ:]（副）おとなしくしておらず、静かにしておらず
အငြိမ်းစား[əɲein:za:]（名）退官者、退役者、退職者、年金生活者
အငြိမ်းစားပေး[əɲein:za: pe:]（動）退官を承認する、退役を認める、退職を承認する
အငြိမ်းစားယူ[əɲein:za: ju]（動）退職する
အငွေ[əŋwe.]（名）①蒸気、湯気 =ရေငွေ့၊ရေနွေးငွေ့ ②気体
အငွေ့ထက်[əŋwe. t'wɛ?]（動）湯気が出る
အငွေ့ပျံ[əŋwe. pjan]（動）蒸発する、気化する、湯気が立つ
အငွေ့အသက်[əŋwe ətɛ?]（名）①匂い、香り ②発散、蒸発、蒸気 ③影響、反映 ရာမဇာတ်ခုံ့ယိုးဒယားရာမဇာ၏အငွေ့အသက်ကိုတွေ့နိုင်သည်။ ラーマーヤナの芝居ではタイ版ラーマの影響が見られる
အငှါး[əŋa:]（名）①借り、借用、貸借 ②雇用 ③小用
အငှါးကား[əŋa:ka:]（名）①ハイヤー ②レンタカー
အငှါးချ[əŋa: tʃa.]（動）①貸し出す、貸してやる、リースする ②（土地を）小作に出す ③雇う、雇用する
အငှါးယာဉ်[əŋa:jin]（名）①ハイヤー ②タクシー
အငှါးလိုက်[əŋa: lai?]（動）①車を貸し出す、有料で送り届ける、運んでやる ②賃仕事を引受ける、雇

用される
အစ[əsa.]（名）①初め、始まり、起源、最初 ②部分、断片、破片 ③からかい、揶揄
အစက[əsa.ga.]（副）最初は、始めは
အစကတော့[əsa.ga.dɔ.]（副）最初の内は、初めの頃は
အစကည်းက[əsa.ga.dɛ:ga.]（副）最初から、初めからずっと
အစကနဦး[əsa. kənəu:]（名）初め、最初、発端、手始め
အစကနဦးက[əsa. kənəu:ga.]（副）初めに於いては
အစကလေး[əsa.gəle:]（名）端切れ、布切れ
အစကောင်းမှ၊အနှောင်းသေချာ။（格）始めよければ終りよし（始めがよくなければ終りは確かなものにならない）
အစခံရ[əsa. k'an ja.]（動）からかわれる、揶揄される
အစချိ[əsa. tʃi]（動）始める
အစအဆကရာ[əsa.za. əjaja]（名）あれこれ、あらゆる面、色々な面、万事、諸事万端
အစတင်[əsa. tin]（動）始める
အစတည်[əsa. ti]（動）始まる
အစတုန်းက[əsa.doun:ga.]（副）最初は、始めの内は
အစတုံး[əsa. toun:]（動）けりを付ける、始末する、消す、殺す
အစပထမ[əsa. pət'əma.]（名）最初
အစပိုင်[əsa.bain:]（名）初期、始めの頃
အစပျိုး[əsa. pjo:]（動）始める、開始する、最初に手がける、切り出す、口火を切る =နှီးပေါ်ချိ
အစပျောက်[əsa. pjau?]（動）姿を消す、消滅する
အစပြု[əsa.pju.]（動）①始める、開始する、着手する ②始めとする、基とする
အစဖော်[əsa. p'ɔ]（動）①きっかけを与える、きっかけを作る ②明らかにする、露わにする
အစဖျောက်[əsa. p'jau?]（動）完全に消し去る
အစမူလ[əsa. mula.]（名）最初、起源
အစရှိသော[əsa. ʃi.dɔ:]（形）始めとする、と言った、～等々の
အစရှိသည်[əsa. ʃi.di.] =အစရှိသော、 တိုးတက်ပုံ လုပ်ဆောင်ငံပုံအစရှိသည်တို့ 進歩、業績等 မန္တလေး၊ မော်လမြိုင်၊ပုသိမ်အစရှိသည်တို့။ マンダレー、モールメイン、バテイン等々
အစရှေ့ဆုံး[əsa.ʃe.zoun:]（名）最初、出だし
အစသတ်[əsa. ta?]（動）済ませる、片付ける、終

らせる、締め括る ညစာကို၁၅မိနစ်အတွင်းအစသတ်ရ၏ 夕食を15分間で片付けた

အစသိမ်း[əsa. t̪ein:] (動) 締めくくる、決着を付ける、終らせる

အစအဆုံး[əsa.əs'oun:] (名) 終始、一部始終 အစအဆုံးတက်ရောက်ခဲ့သည်။ 最初から最後まで出席した

အစအန[əsa.əna.] (名) ①断片 ရွှံ့စအန ドロの断片 အဝတ်စအဝတ်န 布切れ လူစလူန 人影 ②痕跡 သွေးစ သွေးန 血痕、血の痕跡

အစာ[əsa] (名) ①食べ物 ②餌、餌食 ③(袋等の)詰め物 ④(打楽器の皮面に塗布する)塗り物(飯粒と灰との混ぜ合せ)

အစာကြေ[əsa tʃe] (動) こなれる、消化する

အစာကျွေး[əsa tʃwe:] (動) (家畜に)餌をやる、餌を食わせる

အစာချေ[əsa tʃe] (動) 消化する

အစာငတ်[əsa ŋa'] (動) 腹が空く、ひもじい思いをする、空腹になる、飢える

အစာငတ်ခံ[əsa ŋa' k'an] (動) ①ひもじさに耐える、空腹をこらえる、飢えに耐える ②絶食する、ハンストをする

အစာငတ်ခံဆန္ဒပြပွဲ[əsaŋa'k'an s'anda. pja bwɛ:] (名) ハンスト、ハンストによる意思表示

အစာငတ်ခံတိုက်ပွဲ[əsaŋa'k'an tai'pwɛ:] (名) ハンスト闘争

အစာငတ်ရေငတ်ဖြစ်[əsaŋa' jeŋa' p'ji'] (動) 食べる物がない、飢餓状態になる

အစာစား[əsa sa:] (動) 餌を食う、餌を摂取する

အစာတင်[əsa tin] (動) (糸や布に)糊付けする ချည်မျှင်များကိုအစာတင်ရန်ကော်မှုန့်ကိုအသုံးချသည်။ 糸に糊付けするには糊を使用する

အစာပိုးဆိပ်တောက်ရောဂါ[əsa po:zei'tau' jɔ:ga] (病) 食中毒

အစာပျက်အသောက်ပျက်ဖြစ်[əsabjɛ' ət̪au'pjɛ' p'ji'] (動) 食欲不振になる

အစာပြွန်[əsa pjun] (名) 食道

အစာမကြေဖြစ်[əsa mətʃe p'ji'] (動) 消化不良になる

အစာမကြေရောဂါ[əsa mətʃe jɔ:ga] (病) 消化不良

အစာမျိုးငါး[əsa mja: ŋa:] (魚) イザリウオ

အစာရှာ[əsa jeza] (名) ①食べ物 ②餌

အစာရှာပြတ်လပ်[əsa jeza pja'la'] (動) 食糧が尽きる

အစာရှာ[əsa ʃa] (動) 餌を捜す

အစာရှာထွက်[əsaʃa t'wɛ'] (動) 餌を探しに出かける

အစာရှောင်[əsa ʃaun] (動) 特定の食物を忌避する、食べ物に好き嫌いがある

အစာရွေး[əsa jwe:] (動) 食べ物を選り好みする

အစာလမ်းကြောင်း[əsa lan:dʒaun:] (名) 食道

အစာလမ်းကြောင်းကင်ဆာ[əsa lan:dʒaun: kin s'a] (病) 食道癌

အစာဝ[əsa wa.] (動) 満腹する、腹一杯になる

အစာဝင်[əsa win] (動) 食欲がある

အစာသဒိ[əsadi'] (名) 胃の中の未消化物

အစာသွတ်[əsa t̪u'] (動) (袋に詰め物を)詰める

အစာဟောင်း[əsahaun:] (名) 糞、便、大便

အစာဟောင်းအိမ်[əsahaun: ein] (名) 結腸

အစာအဆိပ်ဖြစ်[əsa əs'ei' p'ji'] (動) 食中毒を起す

အစာအဆိပ်သင့်[əsa əs'ei' t̪in.] (動) 食中毒になる

အစာအဆိပ်သင့်မှု[əsa əs'ei't̪in.mu.] (名) 食中毒、食中毒の事故

အစာအာဟာရ[əsa ahara.] (名) 栄養、滋養

အစာအိမ်[əsa ein] (名) 胃

အစာအိမ်ကင်ဆာ[əsaein kins'a] (病) 胃癌

အစာအိမ်နာ[əsaein na] (病) 胃炎

အစာအိမ်ပေါက်[əsaein pau'] (動) 胃潰瘍になる

အစာအိမ်ရောဂါ[əsaein jɔ:ga] (病) 胃炎、胃病

အစာအိမ်ရောင်နာ[əsaein jaunna] (病) 胃炎

အစာအိမ်ရည်[əsaein ʃe] (名) 胃液

အစား[əsa:] (名) ①食べる事 ②食べ物、食品 ③種類、類型 အကောင်းစား 優良品 ④割り算、除数 ⑤代り、代理 ထမင်းအစားဆန်ပြုတ်သာသောက်ခဲ့သည်။ 食べたのは飯代りの粥だけだった စပါးအစားပြောင်းစိုက်ရပါတယ်။ 稲の代りにモロコシを栽培した သူ့အစား ကျွန်တော်ကိုထားခဲ့ပါတယ်။ 彼の代りに私を残した မင်းဟင်းကချိုရမည့်အစားငန်နေတာ။ 君の料理は甘くならずにむしろ塩辛い အလကားနေမည့်အစား မြေပဲလော့တို့ဗီး သီးတို့ရောင်းမယ်။ ぶらぶらせずに落花生やナツメを売ろう

အစားကောင်း[əsa: kaun:] (動) よく食べる、食欲旺盛だ

အစားကြီး[əsa: tʃi:] (形) 大食漢だ、大食いだ

အစားကြူ[əsa: tʃu:] (動) 貪るように食べる、過食する

အစားစား[əsa:za:] (名) 色々、各種、様々

အစားဆင်းရဲ[əsa: s'in:jɛ:] (形) ろくに食えない程貧しい、貧弱な食べ物を食う

အစားဆပ်[əsa: s'a'] (動) 代りの物を返す、償い

အစားထိုး[əsa: tʼo:]（動）①換える、取り替える、代替する ②替わる、入れ替わる

အစားထိုးစွမ်းအင်[əsa:tʼo swan:in]（名）代替エネルギー

အစားထိုးပစ္စည်း[əsa:tʼo: pjiʼsi:]（名）補充部品、代替品、スペアパーツ

အစားထိုးလောင်စာ[əsa:tʼo: launza]（名）代替燃料

အစားနည်း[əsa: nɛ:]（形）少食だ

အစားပုပ်[əsa: pouʼ]（動）食い過ぎる、食い意地が汚い、手当たり次第に食べる

အစားပျက်[əsa: pjɛʼ]（動）食欲不振になる、食欲がない

အစားမတော်တလုပ်။အသားမတော်တလုပ်။။（諺）万事細心の注意が肝心（食中毒も最初の一口から、旅先の事故も最初の一歩から）

အစားများ[əsa: mja:]（形）食べ過ぎる

အစားမှား[əsa: ma:]（動）食い合せる、食べ物に当る、体に合わぬ物を口にする

အစားရပ်[əsa: jaʼ]（動）食べ止める

အစားရှာ[əsa: ʃa]（動）代りを探す、代理を求める

အစားလက္ခဏာ[əsa: lɛʼkʼəna]（名）割り算記号

အစားလမ်းကြောင်း[əsa: lan:dʒaun:]（名）食道

အစားသင်္ကေတ[əsa: tinketa]（名）割り算の符号

အစားသွင်း[əsa: twin:]（動）①取り替える ②代理を立てる

အစားအစာ[əsa:əsa]（名）①食べ物、食糧 ②餌

အစားအစာချို့တဲ့မှု[əsa:əsa tʃoʼ.tɛ.mṵ.]（名）栄養不良、栄養失調

အစားအစာလမ်းကြောင်း[əsa:əsa lan:dʒaun:]（名）食道

အစားအသောက်[əsa:ətauʼ]（名）食べ物

အစားအသောက်ဆိုင်[əsa:ətauʼ sʼain]（名）レストラン、食堂

အစားအသောက်ပျက်[əsa:ətauʼ pjɛʼ]（動）食欲が失くなる

အစိ[əsi]（名）配置、配列

အစိခံ[əsigan]（名）（タバコの）フィルター

အစိခံစီးကရက်[əsigan si:kərɛʼ]（名）フィルター付きの煙草

အစီရင်[əsijin]（名）①決定、判決 ②計画、準備、用意 ③儀式、典礼 ④（王朝時代の）地方判官

အစီရင်ခံ[əsijin kʼan]（動）（上司に）報告する

အစီရင်ခံစာ[əsijinkʼanza]（名）報告書、レポート

အစီအကုံး[əsi əkoun:]（名）作文

အစီအစဉ်[əsi əsin]（名）①計画、準備、手配、手筈 ②配列、配列の仕方、並べ方、配置 ③順序 ④プログラム

အစီအစဉ်ပြောင်း[əsiəsin pjaun:]（動）予定を変更する

အစီအစဉ်အတိုင်း[əsi əsin əttain:]（副）計画通り、予定通り

အစီအမံ[əsi əman]（名）計画、準備

အစီအမံပြုလုပ်[əsi əman pjuʼlouʼ]（動）計画する、準備する

အစီအရီ[əsi əji]（副）次々に、次から次へと、ずらりと

အစီအရင်[əsi əjin]（名）①順序 ②決定

အစီး[əsi:]（名）①流れ ②乗車、乗馬、乗船 ③利息 ④（車両の）台数　ကား:တစီး: 自動車1台　လေယာဉ်တစီး: 飛行機1機

အစီးသန်[əsi: tan]（形）流れが速い

အစီးအနင်း[əsi:ənin:]（名）①国王の下賜品（綬、勲章など）cf. အဆောင်အယောင် ②（牛車、家畜、輿等の）乗物

အစီးအပွါး[əsi:əpwa:]（名）利益、儲け、繁盛、興隆、発展

အစု[əsu.]（名）①集まり、集合、まとまり、グループ ②株式 ③（財産の）分け前、配分、分担所有 ④（王朝時代の）公務従事者の職種身分＝အမှထမ်း။အစု။။ ဒိုင်းအစု 楯兵集団　မြင်းအစု 騎馬軍団　ဝင်းအစု 近衛兵団　သေနတ်အစု 小銃兵団　အမြောက်အစု 砲兵軍団

အစုစု[əsu.zu.]（①（名）集合、蓄積 ②（副）様々に、種々に、各群毎に

အစုစုအချက်ချက်[əsu.zu. ətʃʼɛʼtʃʼɛʼ]（名）各種各様

အစုစုအရပ်ရပ်[əsu.zu. əjaʼjaʼ]＝အစုစုအချက်ချက်

အစုစုအသွယ်သွယ်[əsu.zu. ətwɛdwɛ]＝အစုစုအချက်ချက်

အစုပ်[əsu.zaʼ]（名）①共同出資者 ②（副）共同出資して

အစုပ်လုပ်ငန်းရှင်[əsu.zaʼ louʼŋa:ʃin]（名）出資者

အစုရှယ်ယာ[əsu. dɛja]（名）株式

အစုရှယ်ယာဈေးကွက်[əsu.dɛja ze:gwɛʼ]（名）株式市場

အစုရှယ်ယာရှင်[əsu.ʃɛjaʼin]（名）株主

အစုရှယ်ယာထည့်ဝင်ငွေ[əsu.ʃɛja tʼɛ.win ŋwe]

အစုရှယ်ယာလက်မှတ်[əsu.ʃɛja lɛˀmaˀ] (名) 株券
အစုရှင်[dsu.ʃin] (名) 株主
အစုလိုက်အပြိုလိုက်[əsu.laiˀ əpjounlaiˀ] (副) 群を成して、集団で　အစုလိုက်အပြိုလိုက်သတ်ဖြတ်မှု 集団殺戮
အစုလိုက်အအုပ်လိုက်[əsu.laiˀ əouˀlaiˀ] (副) 群を成して、集団で、どやどやと
အစုလိုက်အအုံလိုက်[əsu.laiˀ əounlaiˀ] = အစုလိုက်အအုပ်လိုက်
အစုဝင်[əsu.win] (名) 集団の構成員、加盟員、メンバー
အစုအငန်း[əsu.əŋan:] (名) 職能毎に編成された王朝時代の身分、役人階層、軍人階層
အစုအဆောင်း[əsu.əsˀaun:] (名) 収集、蓄積
အစုအပေါင်း[əsu.əpaun:] (名) 統合、集計、合計
အစုအပြိုလိုက်[əsu.əpjoun laiˀ] (副) 集団で　အစုအပြိုလိုက်သတ်ဖြတ်မှု 集団殺戮　အစုအပြိုလိုက်ယာဉ်တိုက်မှု 複合自動車事故
အစုအရုံး[əsu.əjoun:] ① (名) 集合、集団、群衆 ② (副) 大挙して
အစုအဝေး[əsu.əwe:] (名) 集まり、寄り集まり、集合　လူစုလူဝေး 群衆
အစုအအုံ[əsu.əouˀ] (名) 集団、群
အစဉ်အစဉ်[əsu əsin] (名) 伝統、繋がり　ဘိုးဘွား:ဘီဘင်အစဉ်အစဉ် 先祖代々の伝統
အစုံးအစန်း[əsu: əsan:] (名) 質問、訊問、審査
အစေ့[əsi.] (名) ①種、種子 ②粒 ③ (果実の)核、仁 ④高祖の曽祖父、七代前の先祖 ⑤ (副) きっちりと、きつく、固く ⑥一杯に、洩れなく
အစေ့ချစက်ကိရိယာ[əsi.tʃˀa. sɛˀ kəri.ja] (名) 種蒔き機
အစေ့ဖောက်ပိုး[əsi.pˀauˀpo:] (虫) ①バクガ (麦蛾) (キバガ科) Sitotroga cerealella ②コクゾウムシ
အစေ့မဲ့ဝပျစ်သီး[əsi.mɛ. zəbjiˀti:] (名) 種無レブドウ
အစေ့ည[əsi.əŋa.] (副) 全員に、洩れなく、普く
အစေ့အစပ်[əsi.əsaˀ] ① (名) 調停、和解 ②仲介者、仲人、媒酌人 ③ (副) 双方納得の上で、双方合意で ④広範囲に
အစေခံ[əsegan] (名) 召使い、使用人
အစေခိုင်း[əse əkˀain:] (名) ①使役 ②サービス
အစေအပါး[əse əpa:] (名) 付添い、召使い、使用人、下男

アစေအသုံး[əse ətoun: pju.] (動) 使役する、こき使う
အစေး[əsi:] (名) ①樹脂 ②乳液、粘液、やに
アစေးကပ်[əsi: kaˀ] (形) 親しい、仲がよい、じっこんだ
アစော်[əsɔ] (名) 臭い、悪臭
アစော်နံ[əsɔnan] (動) 悪臭がする
アစော်ကား[əsɔga: kˀan ja.] (動) 侮辱される
アစော်အကား[əsɔ əka:] (名) 尊大、傲慢、侮辱
アစောကြီး[əsɔ:dʑi:] (副) ①朝早く ②時間的に早く、予定より早く　အိပ်ရာမှအစောကြီးထသည်။ 朝早く起床した
アစောဆုံး[ɛsɔ:zoun:] (副) 最も早く、最も初期に
アစို့[eso.] (名) ①新芽 cf. အညှောက် ②王朝時代の公務従事者 = အစို့
အစို့အငန်း[əso.əŋan:] (名) (王朝時代の) 世襲的公務従事者の職種、身分 = အစုအငန်း
アစို[əso] (名) ①湿り、濡れ ②生の物　ငါး:အစို 鮮魚
アစိုဓာတ်[əso daˀ] (名) 湿気
アစိုဓာတ်ဖန်[əsodaˀ pˀan.] (動) 湿っぽい、湿り気がある
アစိုပြန်[əso pjan] (動) (砂糖や塩等が) 湿気を帯びる、湿気る
アစိုး[əso:] (名) 支配、君臨
アစိုးတရစီမံ[əso:dəja. siman] (動) 権威を以って処理する
アစိုးပိုင်[əso: pain] (動) 支配、君臨する、生殺与奪の権限を行使する
アစိုးရ[əso:ja.] ① (動) 統治する、支配する ② (名) 政府、内閣
アစိုးရက်စ္စ[əso:ja. keiˀsa.] (名) 公務、公用
アစိုးရကြေညာချက်[əso:ja. tʃeɲadʑɛˀ] (名) 内閣告示、政府告示
アစိုးရကြေညာစာတမ်း[əso:ja. tʃeɲa sadan:] (名) 官報
アစိုးရကျောင်း[əso:ja.tʃaun:] (名) 国立学校
アစိုးရငွေ[əso:ja.ŋwe] (名) 国費
アစိုးရငွေချေးလက်မှတ်[əso:ja.ŋwetʃe: lɛˀmaˀ] (名) 国債
アစိုးရစရိတ်[əso:ja. zəjeiˀ] (名) 国費
アစိုးရစာတိုက်ခန်း[əso:ja. sapˀaˀkˀan:] (名) 国立図書館、内閣資料室
アစိုးရဆန့်ကျင်ရေးလှုပ်ရှားမှု[əso:ja. sˀan.tʃin je: ɬouˀʃa:mu.] (名) 反政府運動、反政府活動
アစိုးရဌာန[əso:ja. tˀana.] (名) 政府省庁

အစိုးရတပ်[əso:ja. ta']（名）政府軍、正規軍
အစိုးရပညာတော်သင်[əso:ja. pjinṇadɔdin]（名）国費留学生
အစိုးရပြန်တမ်း[əso:ja. pjandan:]（名）官報
အစိုးရဖွဲ့[əso:ja. p'wɛ.]（動）組閣する
အစိုးရမဟုတ်သောလူမှုအဖွဲ့အစည်း[əso:ja. məhou' tɔ: lumu. əp'wɛ.əsi:]（名）NGO（非政府団体）
အစိုးရမဟုတ်သောအဖွဲ့အစည်း[əso:ja. məhou'tɔ: əp'wɛ.əsi:]（名）NGO
အစိုးရမင်း[əso:ja.min:]（名）お上
အစိုးရရုံး[əso:ja. joun:]（名）官庁
အစိုးရရှေ့နေ[əso:ja. ʃene.]（名）検察官、検事
အစိုးရလက်အောက်ခံ[əso:ja. lɛ'au'k'an]（名）政府配下、政府直属の機関
အစိုးရလုပ်ငန်း[əso:ja. lou'ŋan:]（名）政府企業、国営企業
အစိုးရသား[əso:ja.da:]（名）国家公務員
အစိုးရအဆင့်မြင့်အရာရှိ[əso:ja. əs'in.mjin. əjaʃi.]（名）政府高官
အစိုးရအဖွဲ့ဝင်[əso:ja. əp'wɛ.win]（名）閣僚
အစိုးရအမှုထမ်း[əso:ja. əmu.dan:]（名）国家公務員、官吏
အစိုးရဧည့်ဂေဟာ[əso:ja. ɛ.geha]（名）迎賓館
အစိုးရဧည့်သည်တော်[əso:ja. ɛ.dɛdɔ]（名）国賓
အစိုးရိမ်[əso:jein]（名）心配、憂慮、懸念
အစိုးရိမ်လွန်[əso:jein lun]（動）心配しすぎる、深く憂慮する
အစက်[əsɛ']（名）①滴 ②点、斑点
အစက်စက်[əsɛ'sɛ']（副）点々と、ぽとぽとと သွေးအစက်စက်ကျသည်။ 血がぽとぽと垂れ落ちる
အစက်အပြောက်[əsɛ'əpjau']（名）斑点、斑紋
အစောက်[əsau']（名）①深さ ②（船の）喫水 ③絶壁、急勾配
အစင်း[əsin:]（名）①筋、縞 ②みみず腫れ、むち跡、掻き傷 ③（船の）隻数 လှေအစင်း: 舟1隻
အစင်းကြောင်း[əsin:ʤaun:]（名）縞模様、線状
အစင်းစင်းနှင့်[əsin:zin: nɛ.]（副）筋を成して、縞になって
အစင်းလိုက်[əsin:lai']（副）縞になって
အစင်းအခြစ်[əsin:ətʃi']（名）①かすり傷、掻き傷 ②線描、落書き
အစောင့်[əsaun.]（名）見張り、看守、守衛、警備員
အစောင့်ထား[əsaun. t'a:]（動）見張りを置く、監視人を置く、警備員を配置する
အစောင့်သူရဲ[əsaun. tujɛ:]（名）警備兵、監視兵

အစောင့်အကြပ်[əsaun.ətʃa']（名）①監視、見張り ②警備、警護
အစောင့်အနေနဲ့ထား[əsaun.əne k'an.t'a:]（動）守備させる、駐屯を命じる
အစောင့်အနေထား[əsaun.əne t'a:]（動）守備隊を配備する
အစောင့်အရှောက်[əsaun.əʃau']（名）①保護 ②護衛
အစောင့်အရှောက်ခံဖြစ်[əsaun.əʃau'k'an p'ji']（動）保護領となる
အစောင့်အရှောက်နိုင်ငံ[əsaun.əʃau' naingan]（名）保護領
အစောင့်စောင့်[əsaunzaun]（形）何通もの
အစောင့်အမ[əsaun ema.]（名）援助、扶助
အစောင်း[əsaun:]（名）①斜め、傾斜 ②当てこすり
အစောင်းအချိတ်[əsaun:ətʃei']（名）諷刺、当てこすり
အစိုင်[əsain]（名）塊、堆積
အစိုင်အခဲ[əsain ək'ɛ:]（名）塊、固形、固体
အစစ်[əsi']（名）①正真正銘、本物、純粋 ဗမာအစစ် 生粋のビルマ人 ယုန်အစစ် 本物の兎 ②取調べ、訊問審査
အစစ်ခံ[əsi' k'an]（動）取調べを受ける、審査を受ける
အစစ်ခံချက်[əsi'k'anʤɛ']（名）供述
အစစ်အကြောခံ[əsi'ətʃɔ: k'an]（動）訊問を受ける、取調べを受ける
အစစ်အဆေး[əsi'əs'e:]（名）取調べ、審査、検査
အစစ်အဆေးခံ[əsi'əs'e: k'an ja.]（動）検査される、取調べられる、訊問される
အစစ်အမှန်[əsi'əman]（名）①真実 တရားအစစ်အမှန် ②本物、純粋
အစဉ်[əsin]（①（名）①順序 ②繋がり、連続 ③前例、慣例、伝統 အစဉ်ကိုဖျက်သည်။ 慣例を崩す ④（副）いつも、いつでも、絶えず အစဉ်ညီညွတ်သည်။ いつも調和している အစဉ်ပျော်ရွှင်သည်။ 常時愉快だ အစဉ်လေးစားသည်။ 常に貴ぶ မျက်နှာကအစဉ်ပြုံးနေသည်။ 顔はいつも微笑している နေစဉ် 毎日 လစဉ် 毎月
အစဉ်တစိုက်[əsin dəzai']（副）①絶えず、いつもひたすら ②連続して、引続き、継続して、一貫して ③順番に、順序通り
အစဉ်ထာဝရ[əsin t'awəja.]（副）永久に
အစဉ်မပြတ်[əsin məpja']（副）いつも、常に、絶えず、ひっきりなしに
အစဉ်လိုက်[əsin lai']（副）順番に、順序通り
အစဉ်သဖြင့်[əsin təp'jin.]（副）いつも、常に、

အစဉ်အဆက်[əsin əs'ɛˀ]（名）継承、代々、歴代 ဘိုးစဉ်ဘောင်ဆက် 先祖代々 မင်းစဉ်မင်းဆက် 王統
အစဉ်အတိုင်း[əsin ətain:]（副）①引続き、そのまま、連続して ②順番に、次から次へと ③従来のまま、仕来たりに従って、伝統に応じて
အစဉ်အမြဲ[əsin əmjɛ:]（副）常に、絶えず
အစဉ်အလာ[əsin əla]①（名）伝統、仕来たり ②常態 ③（副）順番に、順々に ④慣例的に、伝統的に
အစဉ်အလာအာ:ဖြင့်[əsin əla a:p'jin.]（副）伝統的に
အစဉ်းအစာ:[əsin:əsa:]（名）考慮、熟慮
အစည်း[əsi:]（名）束、包み ပန်းစည်း 花束
အစည်းကိုက်[əsi: kaiˀ]（動）調子が合う
အစည်းပြေ[əsi: pje]（動）包みが解ける、束が瓦解する
အစည်းအကြပ်[əsi:ətʃaˀ]（名）統制、管理、管制
အစည်းအကြပ်ပျက်[əsi:ətʃaˀ pjɛˀ]（動）統制を失う
အစည်းအရုံး[əsi:əjoun:]（名）組織、団体、結社
အစည်းအဝေး[əsi:əwe:]（名）会議、集会
အစည်းအဝေးခန်းမ[əsi:əwe: k'an:ma.]（名）会議室
အစည်းအဝေးခန်းမဆောင်[əsi:əwe: k'an:ma.zaun]（名）大会議室、会議用ホール
အစည်းအဝေးတက်ရောက်[əsi:əwe: tɛˀjauˀ]（動）会議に出席する
အစည်းအဝေးလုပ်[əsi:əwe: louˀ]（動）会議を開く
အစိတ်[əseiˀ]（名）①部分 ②（数）四分の一 ③百の四分の一、25 အသက်အစိတ်ခန့်ရှိသည်။ 年齢は25歳位だ ။ နို့နို့အစိတ်သာ: 牛乳25チャット分 မိန့်ခံအစိတ် 25分
အစိတ်စိတ်အမွှာမွှာ[əseiˀseiˀ əm̥wam̥wa]（副）粉々に、バラバラに、散り散りに、分裂して、四分五裂になって အစိတ်စိတ်အမွှာမွှာကွဲသည်။ 砕け散る、粉々になる အစိတ်စိတ်အမွှာမွှာပြာသည်။ ばらばらになる、分散する အစိတ်စိတ်အမွှာမွှာကြေပျက်သည်။ 粉々に砕ける အစိတ်စိတ်အမွှာမွှာပြို့ကွဲသည်။ 粉々に崩れる အစိတ်စိတ်အမွှာမွှာဖြစ်သည်။ ばらばらになる
အစိတ်တန်[əseiˀ tan]（名）25チャット紙幣
အစိတ်သာ:[əseiˀṭa:]（名）1緬斤の四分の一、25チャットの重さ
အစိတ်အစိတ်[əseiˀəseiˀ]（副）部分的に
အစိတ်အပိုင်း[əseiˀəpain:]（名）①部分、分野 ②

器官 ③構成要素
အစုတ်[əsouˀ]（名）①破れ、綻び ②破れたもの ③ぼろぎれ
အစုတ်စုတ်အပြတ်ပြတ်[əsouˀsouˀ əpjaˀpjaˀ]（副）ぼろぼろになって、ずたずたで
အစုတ်အပြဲ[əsouˀəpjɛ:]（名）破れ、綻び
အစံ့သာ:[əsan.da:]（副）長々と
အစုန်[əsoun]（名）①（河川の）下り ②（列車の）下り ③卑属、自分より世代が下の直系血族 cf. အဆန်
အစုန်ရထာ:[əsoun jɛtˀa:]（名）下り列車
အစပ်[əsaˀ]（名）①辛さ ②繋がり、接合、接触、付着 ③混合、調合 ④縁、へり、森の外れ ⑤雑種 ⑥作詩
အစပ်အဟပ်[əsaˀəhaˀ]（名）繋ぎ合せ、組合せ
အစိပ်[əseiˀ]（名）過密
အစိပ်အကျဲ:[əseiˀətʃɛ:]（名）疎密
အစမ်း[əsan:]（名）試み、試し အစမ်းချက်သည်။ 試しに煮る အစမ်းထား:သည်။ 試しに置く、試験的に置く
အစမ်းစာမေ:ပွဲ[əsan: sa:me:bwɛ:]（名）予備テスト、模擬試験
အစမ်းအသပ်[əsan:ətaˀ]（名）①試し ②診察
အစိမ်း[əsein:]（名）①緑色 သစ်သီး:အစိမ်း: 青果 ②生のもの、料理してないもの အစိမ်းစာ:သည်။ 生で食べる ကြက်ဥအစိမ်းအစိမ်းသောက်သည်။ 生卵を飲む ③見知らぬ人 ④横死、変死、事故死した人、自殺した人等の霊魂、怨霊
အစိမ်း:ကြော်[əsein:tʃɔ]（名）野菜炒め
အစိမ်း:တိုက်[əsein: taiˀ]（動）怨霊に崇らせる
အစိမ်း:ပစ်[əsein: piˀ]（動）怨霊に生肉を供える
အစိမ်း:ပုပ်ရောင်[əsein:bouˀ jaun]（名）暗緑色
အစိမ်း:ရင့်[əsein:jin.]（形）緑色が濃い
အစိမ်း:ရောင်[əsein: jaun]（名）緑色
အစိမ်း:လိုက်[əsein:laiˀ]（副）生のままで、料理をせずに အစိမ်း:လိုက်စာ:သည်။ 生のまま噛りつく
အစိမ်း:သနပ်[əsein:təna̰ˀ]（名）野菜サラダ
အစိမ်း:သေ[əsein: te]①（動）事故死する、変死する、横死する [əsein:de]（名）変死、事故死
အစိမ်း:အကျက်[əsein: ətʃɛˀ]（名）①生のものと料理したもの ②見知らぬ者と旧知の者
အစိမ်း:အကျက်မရွေး[əsein:ətʃɛˀ məjwe:]（副）見知らぬ者と旧知の者とを区別せず、よく知っている者であろうとなかろうと
အစုံ[əsoun]（名）①ペア、対、セット မျက်စိအစုံ 両眼 သာ:မြတ်အစုံ 両乳房 ②各種取合わせ、詰め合せ、取り揃え、様々
အစုံပေါင်း[əsounbaun:]（名）それぞれの合計

အစုံသား:ဘဲ[əsoundaːbɛ]（形）皆揃っている、完全だ

အစုံအမ်း[əsun əsan:]（名）調査、査察

အစုံအစုံ[əsoun əsoun]（副）ペアで、セットで、対で

အစုံအညီ[əsoun əɲi]（副）皆揃って、全員揃って

အစုံအလင်[əsoun əlin]① （名）完全、完備 ② 詳細 ③ （副）存分に、十分に、洩れなく ④ 詳細に

အစွယ်[əswɛ]（名）①犬歯 ② （動物の）牙 ③ 突出部分、派生部分

အစွယ်ပေါက်[əswɛ pau]（動）牙が生える

အစွယ်လိုသူမိဖုရား၊ အသွား:စေလွှတ်မင်း:ကောရာဇ်၊ လေး:ပစ်သူကား:ဘုရား:ကျွန်တော် ။（慣）言い訳の表現（象牙を欲しがったのはお妃、派遣したのは王様、弓を射たのはこの私）

အစွယ်အပွါ:[əswɛ əpwa:]（名）①子孫、後裔 ②派生物 ③憑依、取付き

အစွဲ[əswɛː]（名）①信念、確信 ②強迫観念 ③迷信 ④憑依

အစွဲကပ်[əswɛː ka]（動）憑依される、悪霊に取りつかれる

အစွဲကြီး[əswɛː tʃiː]（形）迷信深い

အစွဲကျွတ်[əswɛː tʃuʔ]（動）悪霊が退散する、悪霊から解放される

အစွဲချွတ်[əswɛː tʃuʔ]（動）悪霊を追い払う、悪霊を退散させる

အစွဲပြု[əswɛː pju.]（動）に因む、に依る、に基く、に帰する

အစွဲပြု၍[əswɛː pju.jwe.]（副）に因んで、に基いて

အစွဲလွဲ[əswɛː lwɛː]（動）誤まった考えを抱く

အစွဲသန်[əswɛː tan]（動）①強く執着する、強い執着を抱く ②迷信深い

အစွဲအဆို[əswɛː əsʼo]（名）告訴

အစွဲအမြဲ[əswɛː əmjɛː]（名）堅固、確固、牢固

အစွဲမှတ်ပြု[əswɛː əmaʔ pju.]（動）に因む、を記念する

အစွဲမှတ်ပြု၍[əswɛː əmaʔ pju.jwe.]（副）に因んで、を記念して

အစွဲအလမ်း[əswɛː əlan:]（名）思い込み、信念、確信 ②愛着、執着 ③迷信

အစွဲအလမ်းကြီး[əswɛː əlan tʃiː]（形）①愛着が強い ②思い込みが強い ③頑迷だ

အစွဲအလမ်းပြု[əswɛː əlan pju.]（動）愛着を寄せる、執着する　မင်:ကိုအစွဲအလမ်းပြုတယ် ။ 君に愛着を寄せている

အစွတ်[əsuʔ]（名）①湿り気 ②（王朝時代の）湖沼税、河川税、漁業税

အစွန်[əsun]（名）（机等の）端、へり、縁、突端

အစွန်ကျ[əsun tʃa.]（動）周辺になる、場末に当る

အစွန်ဆုံး[əsunzoun:]（名）最果て、一番端　တောင်ဘက်အစွန်ဆုံး : 一番南の端　အနောက်ဖက်အစွန်ဆုံး : 一番西の端　ညာဘက်အစွန်ဆုံး : 一番右の端、最右翼

အစွန်အနား:[əsun əna.]（名）端、末端、縁、外れ

အစွန်အဖျား:[əsun əpʼja:]（名）外れ、端、末端　မြို့စွန်မြို့ဖျား: : 町外れ

အစွန်အမွေး[əsun əmei]（名）遠縁の者　သား:စွန်မြေး:မြတ်တို့ည်မရှိကုန် ။ 血縁のある子孫はいない

အစွန်း[əsun:]（名）①（鉛筆など尖った物の）端、先端 ②出っ張り、突き出たところ、岬 ③欠点、欠陥、短所 ④染み、汚点

အစွန်း:တန်[əsun:dan]（副）精一杯、できる限り

အစွန်း:ထွက်[əsun: tʼwɛ]（動）①端が出る、余る ②突き出る

အစွန်း:ထွက်တန်ဖိုး[əsun:dwɛ tanboː]（名）剰余価値

အစွန်း:ရောက်[əsun: jauʔ]（動）急進化する、極端になる

အစွန်း:ရောက်ကျင့်စဉ်[əsun:jauʔ tʃin.zin]（名）過激な行動

အစွန်း:ရောက်လက်ယာအုပ်စု[əsun:jauʔ lɛʔja ouʔsu.]（名）極右グループ

အစွန်း:ရောက်ဝါဒီ[əsun:jauʔ wadi]（名）過激主義者、急進的な考えを持つ者

အစွန်း:ရောက်သမား:[əsun:jauʔtəmaː]（名）過激派

အစွန်း:ရောက်အကြမ်း:ဖက်အုပ်စု[əsun:jauʔ ətʃan:pʼɛʔ ouʔsu.]（名）過激派グループ、暴力主義グループ

အစွန်း:လွတ်[əsun: ɬuʔ]（動）妥当性を欠く、則を超える

အစွန်း:အကွက်[əsun:əkwɛ]（名）汚れ、染み

အစွန်း:အငြိ[əsun:əɲi.]（名）汚点、後暗い事、疾しい事

အစွန်း:အစ[əsun:əsa.]（名）痕跡、手がかり、端くれ

အစွန်း:အထင်:[əsun:ət'in:]（名）①染み、汚れ ②汚点、欠陥

အစွန်း:အထင်:ခံ[əsun:ət'in: kan]（動）汚す

အစွန်း:အဖျား:[əsun:əpjaː]（名）端、縁、へり

အစပ်[əsaʔ]（名）辛味、ひりひりした辛さ

အစုပ်[əsuʔ]（名）①カバー、枕カバー ②非難、中傷

အစုပ်စံခံရ[əsuʔswɛ: kʼan ja.]（動）非難される

အစွပ်အစွဲခံရ[əsu'əswɛːk'an ja.]（動）非難される

အစွမ်း[əsun:~əswan:]（名）①力、能力 ②効能、効き目

အစွမ်းကုန်[əsun:goun~əswan:goun]（副）カー杯、精一杯、できる限り、懸命に、最大限に အစွမ်းကုန်ကြိုးစားသည်။ 懸命に努力する အစွမ်းကုန်အားထုတ်သည်။ 最大限に力を出す

အစွမ်းထက်[əswan: t'ɛ']（動）効き目がある、よく効く

အစွမ်းပြ[əsun: pja.]（動）①力量を示す、腕前を披露する ②効き目を表わす、効能を発揮する

အစွမ်းရှိ[əsun: ʃi.]（動）力を持つ、能力がある

အစွမ်းသတ္တိ[əswan: ta'ti.]（名）能力、効き目、力量 အစွမ်းသတ္တိပြသည်။ 能力を発揮する、効き目を見せる、力量を示す အစွမ်းသတ္တိရှိသည်။ 能力がある 効き目がある、力量がある

အစွမ်းအစ[əsun:əsa.]（名）能力、本領

အစွမ်းအာနိသင်[əswan: ani.tin]（名）効き目、効能、効果

အစွံဆုံး[əsunzoun:]（形）最も人気がある、最も好まれる

အစွံထုတ်[əsun t'ou']（動）よく持てる、人気を博す

အဆ[əs'a.]（名）倍 ဆယ်ဆမြန်သည်။ １０倍速い ကျွန်ုပ်တို့တွေအခုထက်သုံးလေးဆများလာမယ်။ 家畜は今より3、4倍増えるだろう

အဆပေါင်းများစွာ[əs'a.baun: mja:zwa]（副）何倍も、何十倍も

အဆမတန်[əs'a.mətan]（副）過度に、法外に、名状しがたい程に ကုန်ဈေးနှုန်းများအဆမတန်မြင့်တက်သည်။ 物価は極端に上昇している အဆမတန်ပိန်ချုံးလာသည်။ 異常に痩せてきた

အဆများစွာ[əs'a. mja:zwa]（副）何倍も အဆများစွာသာသည်။ 何倍も優れている、何倍も有利だ

အဆအရာ၊အဆအထောင်[əs'a.əja əs'a.ət'aun]（名）何百倍何千倍

အဆအရာအဆအထောင်[əs'a. əja ət'aun] ＝အဆအရာအဆအထောင်

အဆာ[əs'a]（名）①飢え、ひもじさ ②隠し味 ③付加物、添え物、飾り、④欠点、瑕疵

အဆာကြယ်[əs'a tʃɛ]（形）①貪欲だ ②口煩い、文句が多い、容易に納得しない

အဆာခံ[əs'a k'an]（動）①ひもじさに耐える ②腹時ちがする

အဆာပြေ[əs'a pje]（動）空腹が消える、ひもじさが癒える အဆာပြေစားသည်။ 飢えが癒えるように食べる、空腹が紛れるように食べる

အဆာသွပ်[əsa tu']（動）隠し味を加える、見栄えをよくするため他の物を加える、添える

အဆီ[əs'i]（名）①油、油脂、脂肪 ②精華 ③髄

အဆီကိုစား၊အသားကိုမျှို။（慣）徹底的に搾取する、骨の髄までしゃぶり尽す（髄を口にし、肉を呑み込む）

အဆီခဲ[əs'igɛ:]（名）脂肪の塊

အဆီညှစ်[əs'i ɲi']（動）精選する、エッセンスを抽出する

အဆီထုတ်[əs'i t'ou']（動）搾油する

အဆီဓာတ်[əs'i da']（名）脂肪分

အဆီပေါက်[əs'i pau']（動）（マンゴー等の）汁にかぶれる

အဆီပျဉ်[əs'ibjin]（名）脂肪層、脂肪の塊

အဆီပြန်[əs'i pjan]（動）脂ぎる အဆီပြန်သောမျက်နှာ 脂ぎった顔

အဆီမြင်းဖူ[əs'i mjin:bu.]（名）粉瘤 Lipoma

အဆီလောင်[əs'ilaun]（動）かぶれる、炎症を起す

အဆီအငေါ်တည့်[əs'i əŋɔ tɛ.]（動）似合う、似つかわしい、調和が取れる

အဆီအငေါ်မတည့်[əs'i əŋɔ mətɛ.]（動）似つかわしくない စကားစပ်တော်တာ အဆီအငေါ်မတည့်နိုင်ဘူး။ 文章は流暢さに欠ける

အဆီအစိမ့်[əs'i əs'ein.]（名）旨味、脂肪と旨味

အဆီအနှစ်[əs'i əɲi']（名）①精華、精髓、真髓 သုံးပိဋကဗုဒ္ဓဘာသာရဲ့အဆီအနှစ်စာပေကွာ။ 論蔵の基本文献は仏教の真髓だ ②滋養のある食べ物

အဆီအရှက်[əs'i əju']（名）脂肪と腱（筋肉）

အဆီအသား[əs'i əta:]（名）脂肪と肉

အဆီအသားပါ[əs'i əta: pa]（形）有益だ、教訓的だ

အဆီး[əs'i:]（名）妨げ、障壁、障害

အဆီးအတား[əs'i: əta:]（名）妨げ、妨害 အဆီးအတားမရှိပျက်သည်။ 抵抗もできず敗北した

အဆူ[əs'u]（名）①叱責 ②肥滴 ③沸騰

အဆူခံရ[əs'u k'an ja.]（動）叱られる、叱責される

အဆူဆူ[əs'uzu]（形）何体もの（仏像、仏塔）

အဆူး[əs'u:]（名）棘、茨

အဆူးအငြောင့်[əs'u:əɲaun.]（名）①棘、茨 ②山賊、匪賊

အဆဲ[əs'ɛ]（名）罵り、罵倒

အဆဲခံရ[əs'ɛ: k'an ja.]（動）罵られる、罵倒される

အဆဲအဆို[əs'ɛ:əs'o] ＝အဆဲ

အဆော်[əs'ɔ]（名）①激励、鼓舞、督促 ②拳固、お

目玉

အဆော်ခံရ[əs'ɔ k'an ja.]（動）やられる、小突かれる

အဆောတလျင်[əs'ɔ: təijin]（副）早めに、急いで、大至急、迅速に、緊急に

အဆို့[əs'o.]（名）（瓶、樽等の）栓 ရေပူးအဆို့ကိုဖွင့်သည်။ 水筒の栓を抜く

အဆို့အပိတ်[əs'o.əpei?]（名）閉鎖

အဆို[əs'o]（名）①声明、見解 ②提案、提議、動議 ③起訴 ④歌唱、吟唱、詠唱

အဆိုကောင်း[əs'o kaun:]（形）歌がうまい

အဆိုကိစ္စ[əs'o kei?sa.]（名）提議、動議

အဆိုကျော်[əs'o ɕɔ]（名）歌手

အဆိုကြမ်း[əs'o ɕan:]（名）動議案、提議草案

အဆိုခံရ[əs'o k'an ja.]（動）言われる

အဆိုစိစစ်ရေး[əs'o sisi?je:]（名）提案の審議

အဆိုတင်[əs'otin]（動）提案する、動議を提出する

အဆိုတင်သွင်း[əs'o tintwin:]=အဆိုတင်

အဆိုတတ်[əs'o ta?]（動）歌える

အဆိုပါ[əs'oba]（形）前記の、上記の、前に述べた =အထက်ပါ

အဆိုပြု[əs'o pju.]（動）申し述べる、申し立てる、言い出す、申し入れる、意見を開陳する

အဆိုပြုချက်[əs'o pju.ɕɛ?]（名）提案、申し入れ事項

အဆိုပြုခြင်း[əs'o pju.ɕin:]（名）申し入れ

အဆိုပြုလွှာ[əs'o pju.ɬwa]（名）申し入れ書

အဆိုမူကြမ်း[əs'o muɕan:]（名）申し入れの原案

အဆိုအက[əs'o əka.]（名）歌や踊り、歌舞音曲

အဆိုအကအဖွဲ့[əs'o əka. əp'wɛ.]（名）歌舞団

အဆိုအဖြစ်[əs'o əp'ji?]（副）提案として、申し入れとして

အဆိုး[əs'o:]（名）悪、悪いこと、悪事、悪質

အဆိုးဆုံး[əs'o:zoun:]（名）最悪、最も悪質

အဆိုးဆုံးဖြစ်[əs'o:zoun: p'ji?]（形）最悪だ、最も悪質だ、最も質が悪い

အဆိုးမြင်မြင်[əs'o: mjinmjin]（動）悪く取る、悪意に解釈する、白眼視する

အဆိုးမြင်ဝါဒီ[əs'o:mjin wadi]（名）物事を悪く取る人、ひねくれ者

အဆိုးရွာဆုံး[əs'o:jwa:zoun:] =အဆိုးဆုံး

အဆိုးဝါးဆုံး[əs'o:wa:zoun:] =အဆိုးရွာဆုံး

အဆိုးသွမ်းဆုံး[əs'o:tun:zoun: ~əs'o:twan:zoun:] =အဆိုးဝါးဆုံး

အဆိုးအကောင်း[əs'o: əkaun:]（名）事の善し悪し、善悪

အဆက်[əs'ɛ?]（名）①接続、継ぎ目 ②続き、連続、継続 ③奉献、献上 ④末裔、子孫 ⑤愛人、恋人

အဆက်ဆက်[əs'ɛ?s'ɛ?]（名）歴代、代々 ②（副）引き続き、継続して、連続的に

အဆက်ပြတ်[əs'ɛ? pja?]（動）繋がりが切れる、縁が切れる、無縁となる、没交渉になる ကျွန်မနဲ့အဆက်ပြတ်နေတယ်။ 私とは連絡が途絶えている

အဆက်ဖြတ်[əs'ɛ? p'ja?]（動）繋がりを切る、縁を断つ

အဆက်မပြတ်[əs'ɛ? məpja?]（副）絶えず、絶間なく、間断なく ရေနွေးကိုအဆက်မပြတ်သောက်လိုက်သည် 絶間なく湯を飲む

အဆက်အအံ[əs'ɛ?ək'an]（名）跡継ぎ、継承者 အဆက်အအံသား:သမီး: 遺産相続人、跡継ぎの子供

အဆက်အစပ်[əs'ɛ?əsa?]（名）接触、繋がり、関連性、脈絡

အဆက်အအံ[əs'ɛ?əs'an]（名）付き合い、交際

အဆက်အနွယ်[əs'ɛ?ənwɛ]（名）①家系、家柄、血統 ②子孫、末裔

အဆက်အပေါက်[əs'ɛ?əpau?]（名）体格、体つき

အဆက်အသ[əs'ɛ?əta.]（名）献呈、献上、奉献

အဆက်အသွယ်[əs'ɛ?ətwɛ]（名）接触、繋がり、連絡

အဆက်အသွယ်ပြတ်[əs'ɛ?ətwɛ pja?]（動）縁が切れる、連絡が跡絶える

အဆက်အသွယ်ရှိ[əs'ɛ?ətwɛ ʃi.]（動）連絡がある

အဆက်တီလင်း[əs'ɛ?tilin:]（イ）アセチレン <英

အဆောက်[əs'au?]（名）建造

အဆောက်အအုံ[əs'au?əu]（名）①設備 ②建物、建造物 =အဆောက်အအုံ

အဆောက်အဦပုံစံ[əs'au?əu pounzan]（名）①建築様式 ②（建物の）設計図、青写真

အဆောက်အဦး[əs'au?əu:] =အဆောက်အအုံ

အဆောက်အအုံ[əs'au?əoun]（名）①建物 ②構造

အဆိုက်[əs'ai?]（名）①寄港、接岸 ②時期

အဆိုက်သင့်[əs'ai? tin.]（動）時が合う、時期が合致する

အဆင့်[əs'in.]（名）①段、段階 ②層 ③召喚

အဆင့်ဆင့်[əs'in.zin.]（副）段階的に、一歩一歩、順番に、徐々に、次々と、後から後へと လုပ်ငန်းစဉ်အဆင့်ဆင့် 各段階の課程

အဆင့်တက်[əs'in. tɛ?]（動）段階が上がる、高級になる

အဆင့်တစ်[əs'in. ti?]（名）順位1番、首席

အဆင့်နိမ့်[əs'in. nein.]（形）順位が低い、下級だ、低級だ

အဆင့်မီ[əs'in. mi]（動）水準に達する

အဆင့်မြင့်[əs'in mjin.]（形）水準が高い、高度だ、高級だ

အဆင့်မြင့်တန်း[əs'in.mjin.dan:]（名）高校課程

အဆင့်မြင့်နည်းပညာ[əs'in.mjin. ni:pjiɲa]（名）高等技術

အဆင့်မြင့်မှမ်း[əs'in.mjin. mun:man]（動）レベルアップする、高度な水準に引上げる

အဆင့်အတန်း[əs'in.ətan:]（名）水準、度合、段階、レベル

အဆင့်အတန်းမြင့်[əs'in ətan: mjin.]（形）レベルが高い、性能が高い

အဆင့်အတန်းမှီ[əs'in ətan: mi]（形）水準を満たす、基準に達する

အဆင့်အမြင့်ဆုံးဖြစ်[əs'in əmjin.zoun: p'ji']（形）最高の水準だ、最高のレベルだ

အဆင်[əs'in]（名）①模様、柄 ②様式 ③形、外見

အဆင်ဆန်း[əs'in s'an:]①（形）珍しい柄だ、変った柄 ②[əs'inzan:]（名）新柄、珍奇な柄

အဆင်ဆန်းအသွင်ဆန်း[əs'inzan: ətwinzan:]（名）新鮮な柄

အဆင်တန်ဆာ[əs'in dəza ~əs'in tanza]（名）装飾品

အဆင်တပ်[əs'inda']（名）連続紋

အဆင်ပြေ[əs'in pje]（形）①順調だ、うまく行く、調子がいい、都合がよい ②調和する、似合う cf. ငါးနေတာအဆင်ပြေရဲ့လား။ 魚釣りは調子よく行っているかね

အဆင်မပြေဖြစ်[əs'in məpje p'ji']（形）うまく行かない、都合が悪い

အဆင်သင့်[əs'in tin.]①（形）都合がよい、時宜に適している、用意万端整う、準備が整う、よい塩梅だ、好都合だ ②[əs'indin.]（副）運よく、ちょうどよい具合に အဆင်သင့်စောင့်သည်။ 用意して待つ အဆင်သင့်ထိုင်သည်။ 手筈を整えて坐る အဆင်သင့်ပြင်ထားသည်။ ちゃんと修理してある အဆင်သင့်ရေသောက်ရသည်။ うまい具合に水を飲む事ができた ကော်ဖီပူပူလေးအဆင်သင့်ဖြစ်နေပြီ။ 熱いコーヒーの準備が出来ている

အဆင်ကွက်[əs'in əkwɛ']（名）柄、模様

အဆင်အပြင်[əs'in əpjin]（名）装い、装飾 ေလ အဆင်အပြင် 風の様子

အဆင်အပြင်ကောင်း[əs'in əpjin kaun:]（形）整った装いだ、素敵な装いだ

အဆင်အသွေး[əsin ətwe:]（名）（布地の）色、柄

အဆင်ခြင်[əs'indʑin]（名）思考

အဆင်ခြင်ကင်း[əs'indʑin kin:]（形）無分別だ、何も考えない、極楽蜻蛉だ

အဆင်ခြင်မဲ့လုပ်ဆောင်[əs'indʑinmɛ. lou's'aun]（動）無分別に行なう、前後の見境もなく遂行する

အဆင်အခြင်[əs'in ətʃin]（名）考慮、思慮、分別

အဆင်း[əs'in:]（名）下り、下降

အဆင်းတွန်း[əs'in: tun:]（動）益々苦境に追いやる、一層苦しめる

အဆင်းတွန်းခံရ[əs'in: tun: k'an ja.]（動）泣き面に蜂の仕打ちを受ける、苦境に追い込まれる

အဆင်းဘီးတပ်ပေး[əs'in: bein: ta'pe:]（動）事態を益々悪化させる、苦境に輪を掛ける、追い討ちを掛ける

အဆင်းအတက်[əs'in: ətɛ']（名）上り下り、昇降

အဆင်း[əs'in:]（名）①形状、外貌 ②容貌 ③色彩

အဆင်းလှ[əs'in: ɬa.]（名）柄が美しい、色彩が素晴らしい

အဆင်းအရောင်[əs'in: əjaun]（名）色彩、色艶、光沢

အဆင်းအရည်[əs'in: əje]（名）①容貌 ②光沢

အဆင်းအဝါ[əs'in: əwa]（名）外観、見掛け

အဆင်းအသွင်[əs'in: ətwin]（名）外観、外見

အဆင်းအင်္ဂါ[əs'in: inga]（名）容貌

အဆင်းရဲ[əs'in:jɛ:]（名）①貧乏、貧困 ②苦しみ苦難

အဆင်းရဲကြီးဆင်းရဲ[əs'in:jɛ:dʑi: s'in:jɛ:]（形）輪を掛けて貧しい、極端に貧しい

အဆင်းရဲခံ[əs'in:jɛ: k'an]（動）貧乏に耐える、苦難に耐える

အဆင်းရဲဆုံး[əs'in:jɛ:zoun:]（名）最も貧困 အဆင်းရဲဆုံးဖွံ့ဖြိုးဆဲနိုင်ငံ 最貧国

အဆောင်[əs'aun]（名）①寮、寄宿舎 ②棟、建物、御殿 ③離れ、別宅 ④衣冠束帯 ⑤護符、お守り

အဆောင်ဆောင်[əs'aunzaun]（形）幾棟かの（寮、校舎等）

အဆောင်တော်[əs'aundɔ]（名）①御殿、王宮内の館、屋敷 ②（国王より下賜された）衣冠束帯

အဆောင်တော်မြ[əs'aundɔmjɛ:]（名）侍従、御側用人

အဆောင်မှူး[əs'aun mu:]（名）舎監、寮長

အဆောင်အယောင်[əs'aun əjaun]（名）①衣冠束帯（身分位階に応じて国王より下賜された勲章、綬、傘、剣等）cf. အစီးအနင်း ②お守り、護符

အဆောင်အရွယ်[əs'aun əjwɛ']＝အဆောင်အယောင်

အဆိုင်အဆိုင်[əs'ain əs'ain]（副）群がるように

အဆိုင်း

ပင်လုံးကျွတ်အဆိုင်နှင့်ဝေကုန်၏။ 木全体に群がるように咲いている
အဆိုင်း[əs'ain:] (名) ① (金の) 箔 ② (輪番制、交替制の) 班、組 ဒီစက်ရုံမှာအဆိုင်းနဲ့အလုပ်လုပ်တယ်။ この工場では輪番性で仕事をしている သင်္ဘောသား များမှာအဆိုင်သုံးဆိုင်ခွဲ၍အလုပ်လုပ်ကြသည်။ 船員達は3班に分れて働いている
အဆိုင်းခံရ[əs'ain: k'an ja.] (動) 延期される、お預けを食う
အဆိုင်းလိုက်[əs'ain: lai'] (副) 班毎に、組毎に
အဆစ်[əs'i'] (名) ①節、関節 ②余分なもの、おまけ ③値切り
အဆစ်ထည့်[əs'i' tɛ.] (動) おまけを渡す、余分に渡す
အဆစ်ပါ[əs'i' pa] ① (動) おまけがつく ② (副) おまけに ကိုယ်ဝန်အရင့်အမာနဲ့ဆိုယင်အသက်တချောင်းအဆစ်ပါသွားမှာဘဲ။ 臨月の場合には命がもう一つ余計に失われる事になる
အဆစ်ပိုး[əs'i'po:] (虫) サンカメイガ =ဆစ်ပိုး
အဆစ်မြဲ့[əs'i' mjɛ'] (動) 関節をくじく
အဆစ်ရောင်နာ[əs'i'jaun na] (名) 関節炎
အဆစ်လဲ့[əs'i' lwɛ:] (動) 脱臼する
အဆစ်အပိုင်း[əs'i'əpain:] (名) 部分、段
အဆစ်အဖု[əs'i'əp'u.] (名) ①継ぎ目、突起、瘤 ②難問、難解な箇所
အဆစ်အမြစ်[əs'i'əmji'] (名) 節、関節 အဆစ်အမြစ်ကိုက်သည်။ 節々が痛む
အဆုတ်[əs'ou'] (名) ①肺 ②退却、後退、撤退
အဆုတ်ကင်ဆာ[əs'ou' kinsa'] (名) 肺癌
အဆုတ်ငါး[əs'ou' ŋa:] (魚) 肺魚
အဆုတ်နာ[əs'ou'na] (病) 肺病、肺結核
အဆုတ်ပါငါး[əs'ou'pa ŋa:] =အဆုတ်ငါး
အဆုတ်မြေးရောင်ရောဂါ[əs'ou'me:jaun jɔ:ga] (病) 肋膜炎
အဆုတ်ရောင်ရောဂါ[əs'ou' jɔ:ga] =အဆုတ်နာ
အဆုတ်ရောင်ရောဂါ[əs'ou'jaun jɔ:ga] (病) 肺炎
အဆုတ်သွေးကြော[əs'ou'twe:ʥɔ:] (名) 肺動脈
အဆုတ်အဆိုင်းမရှိ[əs'ou'əs'ain: məʃi.] (副) 躊躇せずに、臆せずに、即座に
အဆန်[əs'an] (名) ①穀物 ② (果実の) 仁、(落花生の) 中身、(卵の) 卵黄、(貝の) 中身 ③遡行 ④ (釣り鐘の) 舌 ⑤弾、銃弾、砲弾 ⑥尊属 (自分より前の血族)
အဆန်ရထား[əs'an jət'a:] (名) 上り列車
အဆန်း[əs'an:] (名) 目新しいもの、珍しいもの、奇異なもの、不思議なこと

အဆန်းတကျယ်ဖြစ်[əs'an:dəʥɛ p'ji'] (形) 不思議だ、奇異だ
အဆန်းထွင်[əs'an: t'win] (動) 新製品を創造する 独自性を出す、独創性を発揮する
အဆန်းပြ[əs'an: pja.] (動) 新製品を展示する
အဆန်းလုပ်[əs'an: lou'] (動) 奇異な事をする、奇をてらう、奇抜な事をする、変な事を言う
အဆန်းအပြာ[əs'an: əpja:] (名) 珍奇なもの
အဆန်းအသစ်[əs'an: əti'] (名) 目新しいもの
အဆိပ်[əs'ei'] (名) ①毒 ②毒薬
အဆိပ်ခတ်[əs'ei' k'a'] (動) 毒を盛る
အဆိပ်ငွေ့[əs'ei'ŋwe.] (名) 毒ガス
အဆိပ်ဆူး[əs'ei's'u:] (名) (蜂の) 毒針
အဆိပ်ဆေး[əs'ei's'e:] (名) 毒薬
အဆိပ်တက်[əs'ei' tɛ'] (動) 毒が廻る
အဆိပ်တောက်[əs'ei' tau'] (動) (食物で) 中毒する
အဆိပ်ဓာတ်ငွေ့[əs'ei' da'ŋwe.] (名) 毒ガス
အဆိပ်ပင်[əs'ei'pin] (植) ビシュ (キンボウゲ科) Aconitum ferox
အဆိပ်ပြယ်[əs'ei' pjɛ] (動) 毒が中和される
အဆိပ်ပြင်း[əs'ei' pjin:] (形) 猛毒だ
အဆိပ်ပြင်းထန်[əs'ei' pjin:t'an] =အဆိပ်ပြင်း
အဆိပ်ဖြေ[əs'ei'p'je] ① (動) 解毒する、毒を中和させる ② (植) ギンネム、ギンゴウカン (ネムノキ科) Leucaena glauca =ဘောစကိုင်း
အဆိပ်ဖြေဆေး[əs'ei'p'jeze:] (名) 解毒剤
အဆိပ်မိ[əs'ei' mi.] (動) 毒に当る、中毒する
အဆိပ်ရည်[əs'ei'je] (名) 毒液
အဆိပ်လူးမြား[əs'ei'lu:mja:] (名) 毒矢
အဆိပ်သင့်[əs'ei' tin.] (動) 中毒する、中毒を起す、毒が廻る
အဆိပ်သင့်ပစ္စည်း[əs'ei'tʃin. pji'si:] (名) 有毒物質
အဆိပ်သည်မှို[əs'ei'tin.mo] (名) 毒茸
အဆိပ်အတောက်[əs'ei'ətau'] (名) 毒
အဆုပ်[əs'ou'] (名) ① (食べ物) 一握り、一つかみ ②握り拳
အဆိမ့်[əs'ein.] (名) 旨味、こく、うまさ (ドリアン、ピーナッツ等の味)
အဆံမရှိ၊အသာရှိ။ (諺) 中身が無く、音だけ聞える
အဆုံ[əs'oun] (名) ① (河川の) 合流点 ②遭遇
အဆုံး[əs'oun:] (名) ①終り、終止、終了 ②最後 ③損失、紛失 ④死亡
အဆုံးခံ[əs'oun: k'an] (動) 手放す、放棄する、承知の上で失う、喪失に甘んじる、紛失に耐える 否

အညွှ

定形はအဆုံးမခံနိုင်ဘူး။ 損失に耐えられない
အဆုံးခံရ[əs'oun: k'an ja.]（動）①失わざるを得ない、やむなく失う ②質流れになる
အဆုံးစီရင်[əs'oun: sijin]（動）①決著を付ける、始末を付ける、命を絶つ ②死刑を宣告する、死刑に処す、処刑する
အဆုံးစွန်[əs'oun:zun]（名）①末端、最後 ②末代、末裔 အဆုံးစွန်သောအခြေအနေ 最終状況
အဆုံးတိုင်[əs'oun:dain]（副）最後まで အဆုံးတိုင်ရောက်သည်။ 最後に至る、終了する အဆုံးတိုင်လုပ်သည်။ 最後まで行う
အဆုံးထား[əs'oun: t'a:]（動）見切りをつける
အဆုံးရှုံးခံရ[əs'oun: ʃoun: k'an ja.]（動）失う、喪失する
အဆုံးသတ်[əs'oun: ṭaʔ]（動）終える、終了する、終止符を打つ、締め括る
အဆုံးအစ[əs'oun: əsa.]（名）終始、始めと終り
အဆုံးအထိ[əs'oun: ətʰi.]（副）最後まで、終点まで、末端まで
အဆုံးအဖြတ်[əs'oun: əpʰjaʔ]（名）決定、結論 အဆုံးအဖြတ်ခံသည်။ 審判を仰ぐ、判定を受ける အဆုံးအဖြတ်ခံယူသည်။ 決定してもらう အဆုံးအဖြတ်ပေးသည်။ 決めてやる、判定を下す အဆုံးအဖြတ်ယူသည်။ 決める、決定する
အဆုံးအမ[əs'oun:əma.]（名）教え、諭し、戒め、教訓、訓戒、諫言
အဆုံးအရှုံး[əs'oun:əʃoun:]（名）①損失、損害 ②犠牲、死亡
အဆုံးအရှုံးခံရ[əs'oun:əʃoun: k'an ja.]（動）失う、喪失する、損失を出す
အ~ဆုံး[ə~s'oun:][ə~zoun:]（頭）形容詞形成、最も~だ、一番~だ သက်အကြီးဆုံးဖြစ်သည်။ 最年長だ သဘောအကောင်းဆုံးတယောက်ဖြစ်သည်။ 一番人柄がよい လောကမှာဘယ်သူကိုချစ်ဆုံးလဲ။ この世では誰が一番好きですか အေအိုင်ဒီအဆက်ရောဂါသည်လူငယ်များ၊ အားအသက်အနုရွယ်အပေးဆုံးရောဂါဖြစ်သည်။ エイズは青少年の命に対して一番危険な病気だ မြို့တော်သည်လူသတ်မှုအများဆုံးဒေသဖြစ်၏။ 首都は殺人事件が一番多い所である ကမ်းရိုးတန်းဟာရွာအရွာဆုံးဒေသသည်။ 海岸地方は降雨が最大の地域だ စကော့ဈေးသည်လှုပ်စည်ကား ဆုံးဖြစ်သည်။ スコット市場は最も賑やかだ
အဆွေ[əs'we]（名）①友、友達、友人 ②（代）二人称 ③血族
အဆွေခုနစ်ဆက်[əs'we k'unnəsʔɛʔ]（名）先祖七代（အဆွေ 父から ော又は အဘော 高祖父の曾祖父迄）

အဆွေခင်ပွန်း[əs'we k'inbun:]（名）親友
အဆွေတော်[əs'wedɔ]（代）①国王、元首相互間で使用される二人称 =အကြည်တော် ②貴方様
အဆွေအမျိုး[əs'we əmjo:]（名）親戚、親族または姻族 =ဆွေမျိုး
အဆွေအမြောင်[əs'we əmjaun]（名）妾
အဆွေး[əs'we:]（名）①憂い、悲哀 ②（板や木の）腐蝕、腐朽
အဆွေးဝတ္ထု[əs'we: wuʔt'u.]（名）哀愁小説
အဆွေးအမြောင်း[əs'we:əmjaun:]（名）腐蝕
အဆွယ်[əs'wɛ]（名）説得、折伏
အဆွယ်အပွား[əs'wɛ əpwa:]（名）派生物
အဆွယ်အမြောင်[əs'wɛ əmjaun]（名）妾
အဆွဲ[əs'wɛ:]（名）牽引
အဆွဲအငင်[əs'wɛ:əŋin]（名）歌の旋律
အဆွံ[əs'un.]（名）吃り cf. အအ
အဇဋ[əzada]（名）（果てなき）空、大空、天 ＜パ
အဇာတသတ်မင်း[əzata.taʔ min:]（人）阿じゃ世王（父ビンビシャラ王を殺害して即位した）尊属殺人（父親殺し）の加害者
အညရ[iɲɲaʔtəra.]（名）凡人、並の人、普通の人無名の人 ＜パ Aññatara
အညရ[iɲɲaʔtəra.]=အညတရ
အညမည[iɲɲa.miɲɲa.]①（名）相互関係、相関関係 ②（副）相互に ＜パ Aññamañña
အညာ[əɲa]（名）①上流 ②上ビルマ ③詐欺
အညာကုက္ကို[əɲa kouʔko]（植）ビルマネム（ネムノキ科）Albizzia labbek
အညာကုန်[əɲagoun]（名）上ビルマの物産
အညာကုန်သည်[əɲa koundɛ]（名）上ビルマの商人
အညာစကား[əɲa zəga:]（名）上ビルマの言葉
အညာတက်[əɲa tɛʔ]（動）上ビルマへ行く
အညာဒေသ[əɲa deta]（名）上ビルマ地方（マンダレー、チャウセー、シュエボー、モンユワ等）
အညာသား[əɲada:]（名）上ビルマの人、上ビルマの住人
အညာသူ[əɲadu]（名）上ビルマの女性
အညာမိ[əɲa mi.]（動）騙される、詐欺に遭う
အညာအလိမ်[əɲa əlain:]（名）詐欺
အညီ[əɲi]①（名）調和、一致 ②均等 ③平坦 ④（副）によって、に相応しく、である故に→နှင့်အညီ
အညီအညာ[əɲi əɲa]（名）一致
အညီအညွတ်[əɲi əɲuʔ]①（名）統一、一致 ②（副）調和して、一致して、全員一致で သုံးယောက်လုံးပင်အညီအညွတ်ထွက်ဆိုသည်။ 3人共全員一致で証言した

အညီအမျှ[əɲja.]①（副）等しく、均等に、平等に　အညီအမျှခွဲဝေသည်။ 均分する、均等に分配する　②（名）均等、平等

အညု[əɲu.]（名）魅惑、誘惑

အညို[əɲo]（名）①褐色、茶色、狐色　②チョコレート色、濃紺色、濃藍色

အညိုရောင်[əɲo jaun]　=အညို

အညိုအမဲဒဏ်ရာ[əɲo əmɛ: danja]（名）打ち身、打ち傷、内出血による青痣

အညိုအမည်း[əɲo əmɛ:]（名）=အညိုအမဲ

အညိုအမည်းစွဲ[əɲo əmɛ: swɛ:]（動）青痣が残る

အညက်[əɲɛ']（名）（粒子の細かい）粉末

အညက်ကြိတ်[əɲɛ'ʧei']（動）粉末にする、細かい粒子にする

အညင်[əɲin]（名）穏やかさ、温和さ、柔和さ

အညင်သာဆုံး[əɲindazoun:]（副）最も穏やかな形で

အညင်အသာ[əɲin əta]（副）静かに、そっと

အညင်း[əɲin:]（植）テンプス（フジウツギ科）Fagraea fragrans =အနန့်

အညင်းအခံ[əɲin: ək'oun]→အခြင်းအခံ

အညောင်း[əɲaun:]（名）①だるさ　②筋肉の硬直、筋肉の凝り　③淋病の症状、尿の白濁

အညောင်းခံ[əɲaun k'an]（動）筋肉の凝りに耐える

အညောင်းဆန့်[əɲaun: s'an.]（動）背伸びをする　手足を伸ばす、こわばった体をほぐす

အညောင်းပြေ[əɲaun: pje]（動）凝りがほぐれる、骨休めになる　အညောင်းပြေလမ်းလျှောက်သည်။ 体をほぐすために散歩する

အညောင်းပြေအညောင်းပြေ[əɲaun:bje əɲabje]（副）体の凝りをほぐすために、疲れを癒しに、骨休めに

အညောင်းဖြေ[əɲaun: p'je]（動）体の凝りをほぐす、疲れを癒す、骨休めをする

အညောင်းမိ[əɲaun: mi.]（動）①運動不足で体が強張る、筋肉が凝る　②淋病に感染する

အညောင်းအညာ[əɲaun:əɲa]（名）体の凝り、筋肉の硬直　အညောင်းအညာဆန့်သည်။ 体の凝りをほぐすために手足を伸ばす、背伸びをする　အညောင်းအညာဖြေသည်။ 体の凝りをほぐす　အညောင်းအညာမိသည်။ 体が強張る、筋肉が硬直する

အညစ်[əɲi']（名）①絞り　②汚れ、不潔、垢　③糞尿、汚物　④塵、屑、がらくた

အညစ်ခံရ[əɲi' k'an ja.]（動）不当に扱われる、卑劣なやり方をされる、屈辱を蒙る

အညစ်အကြေး[əɲi'əʧe:]（名）汚物、排泄物、糞尿

အညစ်အညမ်း[əɲi'əɲan]（名）汚染

အညစ်အပတ်[əɲi'əpa']（名）汚いもの、不潔なもの

အညံ.[əɲane.]（名）①劣等、下等　②劣等品　③敗北、屈服

အညံ့ခံ[əɲane. k'an]（動）破れる、敗北する、屈服する

အညံ့စား[əɲane. za:]（名）低品質、劣等品、低級品、不良品

အညံ့စိတ်စိတ်[əɲane.swɛ:zei']（名）劣等感

အညံ့မခံ[əɲane. mək'an]（動）敗北を認めない、負けない、弱気を出さない

အညံ့မခံဘဲ[əɲane. mək'anbɛ:]（副）敗北を認めず、弱音を吐かずに、

အညံ့အကောင်း[əɲane.əkaun:]（名）優劣

အညံ့အဖျင်း[əɲane.əp'jin:]（名）劣等品、不良品

အညွန့်[əɲun.]（名）①芽、若芽、新芽　ဆူးပုပ်ညွန့်　トゲゲウカンの芽　ကြက်ဟင်းခါးညွန့်　ツルレイシの巻きひげ　သပြေညွန့် ၊ ကံကော်ပန်း　等も花ではなく芽である　②頂、尖端　③利息　④誕生日の次の曜日を表わす文字　例　水曜の　အညွန့်　は　၀၊၀၊၀၊၀၊၀။

အညွန့်ကျိုး[əɲun. ʧo:]（動）芽が潰れる、可能性が消える

အညွန့်ခူး[əɲun. k'u:]（動）横取りする、上前をはねる、搾取する

အညွန့်ချိုး[əɲun. ʧo:]（動）芽を折る、芽を潰す、可能性を消す、発展を阻む

အညွန့်တက်[əɲun. tɛ']（動）芽が伸びる　အညွန့်တက်တုန်းအရွယ်　伸び盛りの年齢

အညွန့်တုံး[əɲun. toun:]（動）①芽が潰れる、成長が阻まれる、発展が阻害される、可能性を失う　②子孫が断絶する

အညွန့်လှ[əɲun. lu.]（動）可能性が芽生える

အညွန့်အညောက်[əɲun.əɲau']（名）新芽、若芽

အညွန့်အဖူး[əɲun.əp'u:]（名）①若芽、新芽　②精華、精選されたもの

အညှာ[əɲa]（名）①葉柄、果柄　②気遣い、心配り、配慮

အညှာတာတရား[əɲata təja:]（名）気配りの精神、思いやりの心

အညှာပေး[əɲa pe:]（動）気を遣う、思いやる、配慮する

အညှာအညာ[əɲa əta]（名）思いやり、気配り、配慮

အညှိ[əɲi.]（名）①（表面の）汚れ、垢　②緑青　③苔、地衣類　④調整

အညှီ[əɲi] (名) (魚等の) 生臭さ အညှီရှိလို့ယင်အုံတာ။ 悪臭がするから蝿がたかるんだ
အညှီနံရှိ[əɲinan.ʃi.] (動) 生臭い
အညှီအဟောက်[əɲi əhau²] (名) ① (肉、鮮魚等の) 生臭さ ②生臭いもの
အညှော်[əɲɔ] (名) 焦げ臭さ
အညှို့[əɲo.] (名) ①声帯 ② (弓の) 弦 ③魅惑
အညှို[əɲo] (名) 掌を広げた時の親指と人差し指の間の長さ cf. အထွာ
အညှို:[əɲo:] (名) 萎み、萎縮、萎れ
အညှို:ထား[əɲo: t'a:] → အငြိုထား:
အညှောက်[əɲau²] (名) ① (種から芽生えた) 芽、(地中から姿を現わした) 芽、若芽 cf. အညွှန် ②高祖の祖父、七代前の尊属
အညှောက်ထွက်[əɲau² t'wɛ²] (動) 芽生える、発芽する
အညှောင်[əɲaun.] (名) 上下動、上下の動き
အညှစ်[əɲi²] (名) 絞り、締め
အညှစ်ခံရ[əɲi² k'an ja.] (動) 締められる
အညှဉ်းဆဲခံရ[əɲin:zɛ k'an] (動) 苛められる、虐待される、不当に扱われる
အညှဉ်းပန်းအနှိပ်စက်ခံရ[əɲin:ban: ənei²sɛ² k'an ja.] (動) 拷問される
အညှပ်ခံရ[əɲa² k'an ja.] (動) 挟まれる
အညွှန်:[əɲun:] (名) ① (使用の) 説明、指示 ② (本の) 索引
အညွှန်းစာ[əɲun:za] (名) 説明書
အညွှန်းစာအုပ်[əɲun: saou²] (名) 参考書
အညွှန်းနာမဝိသေသန[əɲun: nama.wi.tetəna.] (名) 指示形容詞
အညွှန်းမာတိကာ[əɲun: mati.ka] (名) 索引
အဋ္ဌရှစ်ပါး[a²t'a.ti ʃi²pa:] (名) 八戒、八斎戒 =ရှစ်ပါးသီလ
အဋ္ဌကထာ[a²t'a.kət'a] (名) (パーリ語三蔵の) 義疏、(パーリ語三蔵の) 註釈書
အဋ္ဌမ[a²t'əma.] ① (名) 第八 ② (形) 第八の、第八番目 <パ Aṭṭha
အဋ္ဌာရသဝတ်ဆယ့်ရှစ်ရပ်[a²t'ara.ta. təs'ɛ.ʃi² pa:] (名) 十八芸 =ဆယ့်ရှစ်ရပ်ပါ
အဏု[ənu.] (形) 微少な、微細な <パ Aṇu
အဏုကြည့်မှန်ပြောင်း[ənu.tʃi. manbjaun:] (名) 顕微鏡
အဏုကြည့်မှန်ဘီလူး[ənu.tʃi. manbəlu:] (名) 拡大鏡、虫眼鏡
အဏုမြူ[ənu.mju] (名) 原子
အဏုမြူစစ်ပွဲ[ənu.mju si²pwɛ:] (名) 核戦争

အဏုမြူစွမ်းအင်[ənu.mju swan:in] (名) 核エネルギー
အဏုမြူဓာတ်အား:ပေးစက်ရုံ[ənu.mju da²a:be: sɛ²joun] (名) 原子力発電所
အဏုမြူဗုံ:[ənu.mju boun:] (名) 原子爆弾
အဏုမြူရောင်ခြည်[ənu.mju jaunʧi] (名) 放射線
အဏုမြူလက်နက်[ənu.mju lɛ²nɛ²] (名) 核兵器
အဏုမြူအင်အား:[ənu.mju in a:] (名) 原子力
အတာ[əta] (名) ①新年、元旦、旧年から新年への移り変り ②長さの単位、7尺 (約3メートル弱)
အတာကူ:[əta ku:] (動) 年が変る、新年になる မိန်ရာသီမှမိဿရာသီသို့အတာကူးသည်။ ビルマ暦12月 (魚座) からビルマ暦1月 (牡羊座) へと年が変る
အတာကျ[əta tʃa.] (動) 新年の行事が始まる、水祭りが始まる
အတာတက်[əta tɛ²] (動) 新年の行事が終る、水祭りが終る、元旦を迎える
အတာပြန့်နှစ်[əta pjan ɲi²] (名) 閏年
အတာပွဲ[ətabwɛ:] (名) 新年の行事、水祭り
အတာရေသဘင်[əta jedəbin] (名) 新年の水祭り (互いに水を掛け合って祝う)
အတာသင်္ကြန်[əta dədʒan] (名) 新年 (正月、元旦) の催し、水祭り =နှစ်ကူးပျော်ပွဲ
အတား:[əta:] (名) 妨げ、阻止、制止、封鎖
အတား:အဆီး:[əta:əs'i:] (名) 妨げ、阻害、制止、封鎖
အတိ[əti.] ① (名) 純正、混じり物なし ② (副) 只～のみ、～で満ちていて、～で充満していて စစ်ဘေးကြောင့်ပျက်ပျုံ:အပိဖြစ်သွားသည်။ 戦災で灰燼に帰してしまった ရခိုင်ရိုးမ၏အရှေ့ဘက်အပိဖြစ်သည်။ アラカン山脈の東部は竹藪ばかりだ ၃တပ်၊きっちり、正確に ၃တပ်:ဆယ်:အတိပေး။ 30チャット丁度下さい ④純粋の、混じりのない =အတိပြီ ⑤過度に、極端に ကိုယ်ရောင်ကွယ်ခဲ့၍အမိုက်အတိဖြစ်ရသည်။ 体の光が消え失せて真暗闇になった
အတိဇာတ[əti. zata.] (形) 親を凌駕する才能を持つ <パ Atijāta
အတိဇာတသား:[əti.zatada:] (名) 親より出世した子、親を凌駕した子
အတိကျ[əti.dədʒa.] (副) 正確に、確実に
အတိဒုက္ခ[əti.dou²k'a.] (名) ①苦労、苦痛、困難、難局 ②極貧、極端な窮乏 <パ Atidukkha
အတိဒုက္ခခံစားရ[əti.dou²k'a. k'anza:ja.] (動) 臥薪嘗胆の苦労をする、辛苦のどん底を経験する

အတိဒုက္ခခံရ

အတိဒုက္ခခံရ[əti.douˀkʼa. kʼan ja.] (動) 貧苦を味わう、大変な苦労をさせられる

အတိဒုက္ခရောက်[əti.douˀkʼa. jauˀ] (動) 苦難に遭遇する、貧窮状態に陥る

အတိဝုဏ္ဍောဒါသ[əti.wouˀta.dɔːda̠.] (名) 誇大に過ぎるもの、誇張しすぎのしっぺ返し ＜パ

အတိပြီး[əti.piː] (形) ①混じりっけなし、純粹の ရွှေအတိပြီးသောလက်စွပ် 純金の指輪 ရတနာအတိပြီးသောလေးမြားတို့နှင့်အပ်သည်။ 宝石だけで拵えた弓矢を授けた ကျောက်အတိပြီးသောတောင်စောင်း 岩石だらけの山腹 ②極端に、著しく အလင်းရောင်ပျောက်ကွယ်သွားသဖြင့်မှောင်အတိပြီးလျက်ရှိသည်။ 明るさが消えてしまったため真暗闇になっている

အတိအကျ[əti.ətʃa.] (副) はっきりと、確実に、正確に အတိအကျပြောရသည်။ はっきりと話した

အတိအကျတော့[əti.ətʃa.dɔ̠.] (副) 確実には

အတိအကျဆုံး[əti.ətʃa.zouɴ:] (副) 最も明確に、最も確実に

အတိအလင်း[əti.əliɴ:] (副) はっきりと、あからさまに、明確に、率直に、平易に အတိအလင်းရေးသည်။ はっきりと書く အတိအလင်းကြေညာလိုက်သည်။ 明確に宣言する အတိအလင်းဖော်ပြထားသည်။ はっきりと説明してある

အတီ[əti] (疑代・疑副・古) ①いずこ、何処 ②何

အတီတေ[ətide] (名) 昔 ရှေးအတီတေကာလ 太古

အတီနည်း[əti niː] (疑形) 如何に အကြောင်းအရာနည်း။ 事情は如何なりや？

အတီမှာ[ətima̠] (疑副) 何処で အတီမှာရအံ့နည်း။ 何処で入手できるだろうか ယနေ့ညနှင့်အတီမှာအိပ်သနည်း။ 今夜次はいずこにて就寝するや？

အတီမျှ[ətimja̠.] (疑副) 如何ほど、どれ位 လူအသက်အတီမျှရှည်ဉီးမည်နည်း။ 某はどれ程生きできるであろうか？ ထိုမှာဘက်ကမ်းနှင့်ဤမှာဘက်ကမ်းသည်အတီမျှကွာဝေးသနည်း။ こちら側から対岸まではどれ位の距離があるのか？

အတီသို့[ətidoˀ.] (疑副) 如何に、どのように

အတီအရပ်[əti əjaˀ] (疑代) どこ、何処 အတီအရပ်သို့သွားရအံ့နည်း။ どこへ行けばよいのだろうか

အတီး[ətiː] (名) ①演奏 ②殴打

အတီးကောင်း[ətiː kauɴ:] (形) 演奏が巧みだ

အတီးခိုင်း[ətiː kʼainː] (動) 演奏させる、（楽器を）弾かせる

အတီးခံရ[ətiː kʼan ja.] (動) 打たれる、折檻される

အတီးတတ်[ətiː taˀ] (動) 演奏できる

အတီးအက[ətiː əka̠.] (名) 演奏と舞踊

အတီးအမှုတ်[ətiːəmouˀ] (名) （打楽器と吹奏楽器による）演奏

အတု[ətu.] (名) ①真似、模倣 ②贋物、贋作、模造品

အတုခိုး[ətu. kʼoː] (動) 真似をする、模倣する

အတုခိုးမှား[ətu.kʼoː ma̠ː] (動) 真似をし間違える

အတုမရှိ[ətu. ma̠ʃi.] (形) 匹敵するものがない、比べようがない、無比の、無類の

အတုမဲ့[ətu.mɛ.] (形) 比類なき

အတုမြင်၊အတတ်သင်[။] (諺) 門前の小僧、習わぬ経を詠む（見よう見まねでできるようになる）

အတုယူ[ətu. ju] (動) 張り合う、見習う、模倣する

အတုယူဖွယ်[ətu.jubwɛ] (名) 見習うべき事柄、範とすべき事柄

အတုလိုက်[ətu. laiˀ] (動) 真似をする、模倣する

အတုလုပ်[ətu. louˀ] (動) 偽造する

အတုအပ[ətu.əpa̠.] (名) ①模造、偽造 ②競い、張り合い、競合

အတုအယောင်[ətu.əjauɴ] (名) 模造品、偽造品、贋物

အတူ[ətu] (副) ①共に、一緒に အတူနေသည်။ 一緒に住む အတူရှိသည်။ 一緒にいる ညီအစ်မနှစ်ယောက်အတူစား:ကြသည်။ 姉妹二人が一緒に食べた ②同じく、同様に သူတို့ခြေကျင်သွားမဲ့အတူအကျမတို့လဲခြေကျင်လိုက်တာပေါ့ あの人達が徒歩で行くように、私達も徒歩について行きましょうよ

အတူတကွ[ətu dəgwa] (副) 一緒に、共に အတူတကွနေထိုင်ကြသည်။ 一緒に暮している

အတူတူ[ətudu] (副) ①同じく အတူတူပဲ။ 同じ事 ②共に、一緒に အတူတူဆင်းကြအောင်။ 一緒に降りましょう အတူတူသွား:ကြမယ်။ 一緒に行きましょう အတူတူမသွား:ဘူး။ 一緒には行かない အလုပ်အတူတူလုပ်သည်။ 仕事を一緒にする ③同じ事なら、いっその事、〜である以上、〜であるからには တန့်တို့မရှိတဲ့ဘဝမှာနေမယ့်အတူတူသေတာကကောင်းဦးမယ်။ 惨めな姿で生きていくよりは、いっその事死んだ方がまだましだ အနွေး:ဓာတ်မရမယ့်အတူတူခေါင်းကိုစည်းထား:သည်။ 防寒着が手に入らない以上、頭に鉢巻きをしてから ရှုံး:မယ့်အတူတူမကန်ဘဲနေပုံ:ကောင်း:မယ်။ （試合に）負けるからには（ボールを）蹴らずにいた方がまだましだ မနှစ်သက်သော်လည်း:အကြောင်းထူး:သည်အတူတူလက်ခံနေရသာ:မယ်။ 好きではないが特に変化がない以上受入れて過そう

အတူတူနှင့်အနုနု[ətudu nɛ. ənunu] (比) 一つ穴のムジナだ နှစ်ဦး:ကအတူတုနှင့်အနုနုပင်ဖြစ်သည်။ 二人は

အတူ

一つ穴のムジナだ

အတူ:[ətu:] (名) 焦げ、焦げたもの

အတေး:[əte:] (名) 恨み、怨恨
　အတေး:အမှတ်ထာ:[əte:əm̥a' t'a:] (動) 恨みを忘れない、怨恨の念を抱く

အတော့ကို[ətɔ.go] (副) かなり、相当に、随分と အတော့ကိုကဆီလင်တနိုင်တာ။ 随分と困惑したものだ အတော့ကိုရှာရတယ်။ 随分と探した အဲဒီဆောင်းကလဲအတော့ကိုအေးတဲ့ဆောင်းဘဲ။ その冬は相当に寒い冬だった အတော့ကိုယောက်ျား:ပီသတဲ့လူပါလား:။ なかなか男らしい人ではないか အတော့ကိုစေးနဲတဲ့လူကြီးဘဲ။ 随分とけちな人

အတော်[ətɔ] (副) ①すこぶる、随分、相当 ငါ:ဖမ်:ရတာအတော်ပင်ပန်:တယ်။ 魚を獲るのは随分と辛い ရက်ပေါင်:အတော်ကြာခဲ့ပြီ။ かなりの日数が経っている ②もうすっかり、完全に သူ့ဖခင်သည်အတော်ပိန်သွာ:သည်။ 彼の父親はすっかり痩せ衰えてしまった ③それなりに、そこそこ ④丁度うまい具合に

အတော်ကလေ:[ətɔgəle:] (副) やや、幾分、程々に

အတော်ကြာအောင်[ətɔ tʃa aun] (副) 暫くの間

အတော်ဆုံ:ဖြစ်[ətɔzoun: p'jiʔ] (形) 一番よくできる、一番優れている

အတော်ဆုံ:လူ[ətɔzoun:lu] (名) 一番よくできる人、一番優れている人

အတော်ဘဲ[ətɔbe:] (形) 丁度よかった、もっけの幸だ、ぴったりだ မင်:လာတာနဲ့အတော်ဘဲ။ 君が来たので丁度よかった ခရီ:ထွက်ချင်နေတာနဲ့အတော်ဘဲ။ 旅行をしたいと思っていたところなのでもっけの幸いだ မနက်ဖြန်စနေ့နေ့ဆိုတော့အတော်ဘဲ။ 明日は土曜日だから丁度よい

အတော်များ:များ:[ətɔ mja:mja:] (副) かなり多く、随分と沢山 ရောဂါဝေဒနာရှင်အတော်များ:များ:။ かなり多くの患者達

အတော်လေ:[ətɔle:] (副) 幾らか、いささか အတော်လေ:ဝေ:တယ်။ 程々に違い

အတော်သာ:[ətɔda:] (副) ①なかなかやるじゃないか ②まだましです

အတော်အနံ[ətɔ ətan] (副) ①かなり、相当に ငွေကြေ:အတော်အတန်ပြည့်စုံသည်။ 資産が相当にある ②程々に、適度に、いささか、ある程度は

အတော်အလျာ:[ətɔ əlja:] (副) すこぶる တကာတို့ကိုအတော်အလျာ:အမှတ်ပါ:ခံထာ:ပါသည်။ 檀家（のそち）達をそれ相当のものだと信じて批僧は預けておいたのだ

အတော်အသင့်[ətɔ ətin.] (副) 程々に、適宜 ၈

သင်ခန်:နှင့်အတော်အသင့်ဝေ:သည်။ 図書館とは程々の距離がある

အတော[ətɔ:] (名) ①序曲、前奏曲 ②終曲

အတောသတ်[ətɔ: ta'] (動) 終る、終結する

အတောမသတ်[ətɔ: məta'] (副) 止めどなく、休む事なく、無限に、際限なく အတောမသတ်ပျော်ရှင်ရသည်။ 限りなく楽しかった မျက်ရည်ပေါက်ကလေ:အ အတောမသတ်ရွဲဖြစ်သည်။ 涙が止めど無く流れ落ちる အလွန်သဘောကျသဖြင့်အတောမသတ်ရယ်လေတော့သည်။ すごく気に入ったので笑い転けてしまった ရေပြင်ကြီ:သည်အတောမသတ်ကျယ်ပြန်လှသည်။ 水面は限りなく広大であった

အတောမသတ်နိုင်အောင်[ətɔ: məta'nain aun] =အတောမသတ်

အတောမသတ်အောင်[ətɔ: məta'aun] =အတောမသတ်နိုင်အောင်

အတောအတွင်:[ətɔ:ətwin:] (副) その間、一方では、同時に

အတို့[əto.] (名) ①お浸し ②突つき、タッチ、軽い接触

အတို့ခံရ[əto. k'an ja.] (動) 触れられる、タッチされる、（指先で）突つかれる

အတို[əto] (名) 短いもの ဘောင်:ဘီအတို 半ズボン

အတိုကောက်[ətogauʔ] ① (名) ①省略、頭文字の組合わせ 例 ဖဆပလ<ဖက်ဆစ်ဆန့်ကျင်ရေ:ပြည်သူလွတ်လပ်ရေ:အဖွဲ့ချုပ် 反ファシスト人民自由連盟 မဆလ<မြန်မာ့ဆိုရှယ်လစ်လမ်:စဉ်ပါတီ ビルマ式社会主義綱領党 ② (副) 略して、省略して အတိုကောက်ခေါ်ဝေါ်သည်။ 略称する

အတိုကောက်မှာ[ətogauʔma] (副) 概要においては、要するに

အတိုကောက်အာ:ဖြင့်[ətogauʔa:p'jin.] (副) 簡略に、略して

အတိုချုပ်[əto tʃouʔ] ① (動) 要約する、概括する ② [ətotʃouʔ] (副) かいつまんで、簡単に言うと ③ (名) 概要、粗筋

အတိုချုပ်ပြီရလျှင်[ətotʃouʔ s'oja.ḭjin] (副) 簡略化して言うと、概要を述べると

အတိုချုပ်:[əto tʃoun:] (動) 概括する、かいつまんで話す

အတိုဆုံ:[ətozoun:] ① (名) 最短 ② (副) 最も短い

အတိုတောင်:ဆုံ:[ətodaun:zoun:] =အတိုဆုံ:

အတို့အစ[əto əsa.] (名) かけら、断片 သတ္တုဖယ်ဖ 鉄片、屑鉄

အတိုအတောင်:[əto ətaun:] (名) 短いもの

အတိုအထွာ[əto ət'wa] (名) 端切れ、小さな物

သုံးထပ်သား အတိအထာ ベニヤ板の板切れ
အတိုး[əto:]（名）①利子 ②増加、増大
အတိုးချ[əto: tʃa.]①（動）利子付きで融資する ②損失を取戻すため高利で貸し付ける ③挽回するために頑張る、普段の何倍も努力する ④（副）利子付きで ⑤思いきり、思う存分、いつもより多めに
အတိုးငွေ[əto:ŋwe]（名）利子
အတိုးစား အမြတ်စား[əto:za: əmja'sa:]（名）高利貸し、不労所得で暮している人
အတိုးတက်[əto: tɛ']（動）利子が上がる、利子が殖える
အတိုးနည်း[əto: nɛ:]（形）低利だ、利子が少ない
အတိုးနှုန်း[əto:noun:]（名）利率
အတိုးပေး[əto: pe:]（動）利子を支払う
အတိုးမဲ့[əto: mɛʃi.]①（形）無利子だ ②（副）無利子で
အတိုးရင်းပွါး[əto:jin:bwa:]（名）複利
အတိုးလွှတ်[əto: ɬu']①（動）無利子にする、利子を免除する ②（副）無利子で
အတိုးအဆုတ်[əto:əs'ou']（名）変動、増減、進退
အတိုးအညွန့်[əto:əɲun.]（名）利息
အတိုးအပွါး[əto:əpwa:]（名）①利子、利息 ②繁殖
အတိုးအလျှော့[əto:əʃɔ.]（名）増減
အတိုးအဝေ့[əto:ək'we.]①（名）押し合いへし合い ②（副）押し合いへし合いして、先を争って、我先に
အတက်[ətɛ']（名）①上 ②上昇 ③登山 ④進展、発展 ⑤（川水の）増水 ⑥派生物、ひこ生え、野良生え ⑦（雄鶏の）蹴爪 ⑧（植物の）根茎 ချင်းမင်းအတက် ショウガの根茎 မိဿလင်အတက် ボンツクショウガの根茎
အတက်ကောင်းပေါက်[ətɛ'kaun: pau']（動）鋭い蹴爪が生える
အတက်နေ့[ətɛ'ne.]（名）水祭りの最後の日（インドラ神の帰還の日）
အတက်မခံ[ətɛ' mək'an]（動）乗船を拒む
အတက်လမ်း[ətɛ'lan:]（名）上り坂
အတက်အကျ[ətɛ'ətʃa.]（名）昇降、上がり下がり、（景気の）変動
အတက်အဆင်း[ətɛ'əs'in:]（名）乗り降り、上り下り、上がり下がり
အတောက်[ətau']（名）①輝やき ②焔
အတောက်အပြောင်[ətau'əpjaun]（名）輝いているもの、新鮮なもの
အတိုက်[ətai']（名）①攻撃 ②飲み物の接待 ③比較、対照
အတိုက်ခံ[ətai' k'an]（動）①攻撃に耐える ②非難

を甘受する
အတိုက်ခံရ[ətai' k'an ja.]（動）①攻められる、攻撃される ②非難される ③（車に）ぶつけられる、撥ねられる
အတိုက်အခိုက်[ətai'ək'ai']（名）攻撃
အတိုက်အခိုက်ခံရ[ətai'ək'ai' k'an ja.]（動）攻撃される
အတိုက်အခံ[ətai'ək'an]①（名）野党、反対勢力 ②逆らって、反抗して
အတိုက်အခံတွေ့[ətai'ək'an twe.ja.]（動）反対に遭う
အတိုက်အခံပါတီ[ətai'ək'an pati]（名）野党
အတိုက်အခံပြု[ətai'ək'an pju.]（動）逆らう、やり合う、対抗する、抗戦する、論争する
အတိုက်အခံဖြစ်[ətai'ək'an p'ji']（動）口論になる、喧嘩になる
အတိုက်အခံလုပ်[ətai'ək'an lou']（動）反対する
အတိုက်အခံအမတ်[ətai'ək'an əma']（名）野党議員
အတင်ရဲ[ətin. jɛ:]（形）①大胆不敵だ、怖いもの知らずだ、果敢に振舞う ②冒険する、危険を犯す
အတင်အတယ်[ətin.etɛ]（名）素敵さ、素晴らしさ
အတင်ခံ[ətin k'an]（動）敢えて乗せられる、乗せられるのに耐える
အတင်ဂိုဏ်း[ətin gain:]（名）ビルマ仏教の宗派、外出する時に袈裟の右肩を露わにする cf. ရှုံဂိုဏ်း ボードーパーヤー王の勅命で အတင်ဂိုဏ်း に統一された
အတင်စီး[ətinzi:]（名）威嚇、やり込め စကား အတင်စီးမခံဘူး။ 威嚇は受けない
အတင်စီးခံရ[ətinzi: k'an ja.]（動）やり込められる
အတင်တင်[ətindin]（名）多数 လူကောင်အတင်တင် မြေပြင်ပြည့်မျှတလိုင်းတို့သေသည်။ 地上一杯死体で埋め尽くされんばかりにタライン人達が死んだ
အတင်အလျှောက်ကောင်း[ətin əʃau' kaun:]（形）巧みな申し出をする、陳述振りが目立つ
အတင်း[ətin:]①（名）緊張 ②陰口、ゴシップ အတင်းပြောသည်။ 陰口を言う、ゴシップを話す ③強引さ ④度量衡の単位、緬斗（１６緬升）⑤（副）強引に、強制的に、無理矢理に、力づくで、遮二無二 အတင်းဆွဲခေါ်သွားသည်။ 強引に連れ去った အတင်းတောင်းသည်။ 強引に要求する အတင်းရန်ကန်သည်။ 力づくで暴れる အတင်းလုသည်။ 強奪する、無理矢理奪う ⑥全力を発揮して အတင်းလိုက်သည်။ 執拗に追跡する
အတင်းအကြပ်[ətin: ətʃa']（副）①厳しく、苛酷

に ②カずくで、強制的に
အတင်းအမွမ္[ətin: a.dəma.]（副）強引に、強制的に、無理矢理、無理強いをして、無法に
အတင်းအဖျဉ်း[ətin:əp'jin:]（名）陰口、悪口、噂話、ゴシップ　အတင်းအဖျဉ်းပြောသည်။ 陰口をきく、ごり押しに言う
အတင်းအမာ[ətin:əma] ①（名）堅固、確固不動 ②（副）強固に、頑強に　အတင်းအမာခံသည်။ 頑固だ、強情だ
အတောင့်[ətaun.]（名）①円筒形をしたもの ②豆の鞘、唐辛子の実 သီးတောင့် ③薬莢 = ယမ်းတောင့် ④（薬の）カプセル = ဆေးတောင့်၊ အတောင့်ကြီးသည်။（豆の）鞘が大きい
အတောင့်တမဲ့[ətaun.təmɛ.]（副）欲しいものがなくて
အတောင်[ətaun]（名）①羽 ②翼 တောင်ပံ ③長さの単位、肘尺（肘から指先までの長さ、約１８インチ）
အတောင်ခတ်[ətaun k'a']（動）羽ばたく、翼を動かす cf. ယပ်တောင်ခတ်သည်။ 扇で煽ぐ
အတောင်စု[ətaun su.]（動）翼を畳む
အတောင်ပံ[ətaunban]（名）（鳥の）羽根、（蜻蛉の）羽
အတောင်ရိုက်[ətaun jai']（動）羽ばたく
အတောင်အမွေး[ətaun əmwe:]（名）羽根、羽毛
အတောင်း[ətaun:]（名）要求、請求
အတောင်းလာ[ətaun: la]（動）請求が来る
အတောင်းအခံ[ətaun: ək'an]（名）要望、要請
အတိုင်[ətain]（名）①訴え ②（紡績の）経、経線、縦糸 ②２頭立ての牛車のくびきの左側の牛 ④交替で歌う歌の音頭取り
အတိုင်ခံရ[ətain k'an ja.]（動）訴えられる
အတိုင်ချည်[ətain t∫'i]（名）（紡績の）縦糸
အတိုင်နွား[ətain nwa:]（名）２頭立て牛車の左側の牛
အတိုင်ပင်[ətainbingan]（名）顧問
အတိုင်ပင်ခံပုဂ္ဂိုလ်[ətainbingan pou'go]（名）顧問、相談役
အတိုင်ပင်ခံအဖွဲ့[ətainbingan əp'wɛ.]（名）諮問委員会
အတိုင်ဘက်[ətainbɛ']（名）牛車のくびきの左側
အတိုင်အပင်[ətain əpin]（名）①相談、協議 ②顧問
အတိုင်အဖောက်[ətain əp'au']①（名）（紡績の）経（縦糸）と緯（横糸）②音頭に合わせる事、調子を合わせる事 ③（副）音頭をとって、交互に、こもごも သူတို့အတိုင်အဖောက်လေညည်သည်။ 彼等はこもごも

長話をした
အတိုင်အဖောက်ညီ[ətain əp'au' ɲi]（動）（二人の）息が合う、平そくが合う、調子が合う
အတိုင်အဖောက်ပြော[ətain əp'au' pjɔ:]（動）交互に話をする
အတိုင်း[ətain:]（接）~の通り、の如く、に従って ကျေညာထားသည့်အတိုင်း 予告していた通り ဟုတ်မှန်သည့်အတိုင်းဖြေကြကုန်၏။ 事実通り答えた ကျွန်မှာတဲ့အတိုင်းမင်းကမလုပ်ဘူးလား။ あなたは私が依頼した通りにはしなかったのですか သူတို့တောင်းသည့်အတိုင်းမပေးဘူး၊ 彼等は要求通りには渡してくれない တောလမ်းအတိုင်းခရီးဆက်ခဲ့သည်။ 山道に沿って旅を続けた ရှေးတုံးကသုံးတဲ့အတိုင်းမြင်းလှည်းသုံးကြပါသေးတယ်။ 昔使われたように牛車が未だ使われている
အတိုင်း[ətain:]（名）測定、寸法
အတိုင်းထက်အလွန်[ətain: dɛ' əlun]（副）更に一層、群を抜いて、極度に、異常に、とてつもなく
အတိုင်းမသိ[ətain: məti.]（副）計り知れない位に、無限に、無性に、際限なく　အတိုင်းမသိမ်းသာ သွားမိ၏။ 際限なく喜んだ　အတိုင်းမသိပျော်ရွှင်သွားမိသည်။ 限りなく楽しんだ
အတိုင်းမသိအောင်[ətain: məti.aun]（副）限りなく、無限に
အတိုင်းသား[ətain:da:]（副）くっきりと、手に取るように　အတိုင်းသားကြားနေရသည်။ はっきりと聞こえた　အတိုင်းသားမြင်ရသည်။ 手に取るように見えた
အတိုင်းအဆ[ətain:əs'a.]（名）①規模、範囲、大きさ အာဏာစက်အတိုင်းအဆ 権力の及ぶ範囲 ②推測、見当
အတိုင်းအဆမရှိ[ətain:əs'a. mə∫i.]（形）計り知れない、限りがない
အတိုင်းအတာ[ətain:əta]（名）範囲、規模 အတိုင်းအတာပမာဏရှာသည်။ 大きさを求める တရုပ်ပြည်တဝန်းလုံးအတိုင်းအတာဖြင့်လုပ်ဆောင်သည်။ 中国は全国的規模で実施する
အတိုင်းအတွာ[ətain:ət'wa]（名）①長さ、寸法 ②罵倒、悪罵
အတိုင်းအရှည်[ətain:ə∫e]（名）①長さ、距離 ②広さ、大きさ、範囲
အတိုင်းတိုင်း[ətain:dain:]（名）諸国
အတိုင်းတိုင်းအပြည်ပြည်[ətain:dain: əpjibji]（名）各国、諸国
အတစ်[əti']（名）（肉の）塊、一切れ、一片
အတစ်တစ်[əti'ti']（副）ぶつ切りにして
အတည်အလင်း[əti.əlin:] →အတည့်အလင်း
အတည်အလင်းတော်ပြ[əti.əlin: p'ɔpja.]

အတည်

（動）明確に説明する
အတည်[əti]① (名) 安定、落着き ② (副) 本当に、確かに、現実に、実際に ③本気で、真剣に、真面目に
အတည်ကျ[əti tʃa.] (動) 安定する、不変だ
အတည်တကျ[əti dəkʒa.] (副) ①落着いて、安定した形で、確実に ②一定に、固定して ③確定的に、明瞭に、率直に
အတည်တကျနေ[ətidəkʒa. ne] (形) 定住する
အတည်တကျနေစရာမရှိ[ətidəkʒa.nezəja məʃi.] (動) 住所不定だ
အတည်ပေါက်[ətibau̯ʔ]① (名) 本気な風 ② (副) まともに、本気で、真面目に、もっともらしく ③ 本当に、正直に、実際に
အတည်ပြု[əti pju.] (動) 認める、承認する、裁可する、批准する
အတည်ပြုခြင်း[əti pju.tʃin:] (名) 承認、批准、法令化
အတည်ပြုလိုက်နာ[ətipju. laiʔna] (動) 認めて応じる、承認応諾する
အတည်ပြုလုပ်ထား[ətipju. louʔtʰa:] (動) 認めて作成してある
အတည်ပြော[əti pjɔ:] (動) 真剣に言う、真面目に話す ကျုပ်အတည်ပြောနေတာဘဲ။ 私は真面目に話しているのだ ခင်ဗျားစကားကိုအတည်ပြောစမ်းပါ။ 真剣に話しなさい
အတည်ဖြစ်[əti pʰjiʔ] (動) (条約や法令が) 成立する、確定する、発効する
အတည်မရှိ[əti məʃi.] (動) 安定していない、確立していない
အတည်လုပ်[əti louʔ] (動) 真面目にする、真剣にする
အတည်အတံ့[əti ətan.] (副) 落着いて、安定して အတည်အတံ့စကား ပြောသည်။ 落着いて話をした
အတတ်[ətaʔ]① (名) 技術、技能、技法、専門知識 စောင်းအတတ် 竪琴の技量、腕前 ② (副) 確かに、確実に
အတတ်ဆယ်ရှစ်ပါး[ətaʔ sʰɛ.ʃiʔpa:] (名) 古代インドの１８典籍 (リグ・ヴェーダ、ヤジュル・ヴェーダ、サーマ・ヴェーダ、アタルダ、ヴェーダ、ヴャーカラナ、プラーナ等)
အတတ်ဆန်း[ətaʔ sʰan:] (動) 柄にもない事をする、した事もない事をする、突飛な事をする、仕来りに外れる、奇妙な言動をする
အတတ်နိုင်ဆုံး[ətaʔnainzoun:] (副) できるだけ、できる限り、可能な限り、最大限
အတတ်ပညာ[ətaʔ pjinɲa] (名) 技術、知識、学問

အတတ်ပညာလွှဲပြောင်းရေး[ətaʔpjinɲa hlwɛ: pjaun:je:] (名) 技術移転
အတတ်လွန်[ətaʔ lunɛ:] (形) 程が過ぎる、過度になる
အတတ်သိ[ətaʔ tʰi.] (動) 明確に知る、確実に知る
အတိတ်[əteiʔ] (名) ①過去 ②縁起、縁起言葉 ③予兆、前兆 ④匿名、変名
အတိတ်ကာလ[əteiʔ kala.] (名) (時制の) 過去
အတိတ်ကောက်[əteiʔ kauʔ] (動) 予兆を判断する、予兆を解釈する
အတိတ်ကြ:[əteiʔ tʃa:] (動) 予言する
အတိတ်ခေတ်[əteiʔkʰiʔ] (名) 過去の時代
အတိတ်ဆောင်[əteiʔ sʰaun] (動) 過去を思い出す、過去の記憶が蘇る、過去を引き合いに出す、過去に言及する
အတိတ်ထုံးစံ[əteiʔ tʰoun:zan] (名) 前例、過去の事例、過去の仕来たり
အတိတ်နမိတ်[əteiʔ nəmeiʔ] (名) 兆し、予兆、前兆、兆候、縁起
အတိတ်နမိတ်ယူ[əteiʔnəmeiʔ ju] (動) 縁起を担ぐ
အတိတ်ပေး[əteiʔ pe:] (動) 暗示する
အတိတ်ဘဝ[əteiʔ bəwa.] (名) 前世
အတိတ်ရေး[əteiʔ je:] (動) 占い言葉を書く、縁起の言葉を記す
အတိတ်သြဘာ[əteiʔ ɔ:ba] (名) 暗示、言辞、賞賛の言葉
အတုတ်[ətouʔ] (名) ずんぐりしたもの
အတုတ်ဆုံးဖြစ်[ətouʔsʰoun: pʰjiʔ] (形) 最も短い、最もずんぐりしている
အတန့်[ətan.] (名) 格子
အတန်[ətan] (副) ①幾らか、ある程度、若干 ကွဲပြားမှုအတန်များသည်။ 違いがある程度は存在する ②十分に、十分なだけ အတန်ရင့်သည်။ 十分に熟している
အတန်ကလေး[ətangəle:] (副) 多少、ある程度 အတန်ကလေးပိုကြာသည်။ 後もう少し時間がかかる
အတန်ကြာ[ətantʃa] ① (動) 暫く時が経つ ② (副) 暫くの間
အတန်ကြာတော့[ətan tʃadɔ.] (副) =အတန်ကြာလျှင် の口語形
အတန်ကြာလျှင်[ətan tʃaɬjin] (副・文) 暫くして、暫くすると、暫く経つと
အတန်ကြာသော်[ətan tʃadɔ] =အတန်ကြာလျှင်
အတန်ငယ်[ətanŋɛ] (副) ①幾らか、やや、若干 ②暫くの間、ちょっとの間
အတန်တန်[ətandan] (副) ①繰返し、反復して、何度も အတန်တန်ကြိုးစားသည်။ 何度も努力した အ

တန်တန်တောင်းပန်သည်။ 何度も許しを乞うた အ
တန်တန်ပြောသည်။ 繰返し言った အတန်တန်မေး
သည်။ 何度も尋ねた ②引続き、連続して、次々と
အတန်အသင့်[ətan ətin.]（副）程々に、適度に、そこそこに、それなりに
အတန်း[ətan:]（名）①列、行列 လှည်းတန်းကြီး 牛車の長い列 ②段、段階、品等 ③学年
အတန်းကျ[ətan: tʃa.]（動）落第する、留年する、原級留置きとなる
အတန်းခေါင်းဆောင်[ətan: gauŋzauŋ]（名）級長、学級委員
အတန်းတမျိုးနည်းတမျိုး[ətan: təmjo: ni: təmjo:]（名）異なった基準、水準と方法とは別々
အတန်းတူ[ətan:du]（名）同学年
အတန်းတက်[ətan: tɛʔ]（動）授業に出席する
အတန်းတက်စာမေးပွဲ[ətan:dɛʔ same:bwɛ:]（動）進級試験
အတန်းတင်စာမေးပွဲ[ətan:din same:bwɛ:]（動）進級試験
အတန်းပိုင်ဆရာ[ətan:bain sʼəja]（名）担任、クラス担任の教師
အတန်းပိုင်ဆရာမ[ətan:bain sʼəjama.]（名）クラス担任の女教師
အတန်းဖော်[ətan:bɔ]（名）クラスメイト
အတန်းဖော်သူငယ်ချင်း[ətan:bɔ təŋɛdʑin:]（名）=အတန်းဖော်
အတန်းမြင့်[ətan: mjin.]（形）①水準が高い ②学年が上だ、高学年だ
အတန်းလစ်[ətan: liʔ]（動）授業をサボる、授業から抜け出す
အတန်းအစား[ətan: əsa:]（名）①等級、品等 ②階級 လူတန်းစား: 社会的階層
အတန်းအစားခွဲ[ətan: əsa: kʼwɛ:]（動）①等級を分ける ②階層差別をする、身分差別をする
အတန်းအမှုဆောင်[ətan: əmu.zauŋ]（名）学級委員、クラス委員
အတုန်[ətoun]（名）震え、身震い
အတပ်[ətaʔ]（副）①（名）取付け、装備、装着、設置 ②（副）確かに、確実に、的確に အတပ်တွေးလိုက်သည်။ 確実に考える အတပ်သိရသည်။ 的確に知る အတပ်သိရအောင်စုံစမ်းတယ်။ 確実に分るよう調べる
အတုပ်[ətouʔ]（名）縛り
အတုပ်အနှောင်[ətouʔəṇauŋ]（名）縛り、束縛、拘束
အတိမ်[ətein]（名）浅さ、浅いところ
အတိမ်အနက်[ətein ənɛʔ]（名）深浅

အတိမ်း[ətein:]（名）①傾斜 ②偏向 ③回避
အတိမ်းအစောင်း[ətein: əsaun:]（名）偏り、偏向
အတိမ်းအရှောင်[ətein: əʃun]（名）避ける事、躱す事、待避、避難
အတံ[ətan]（名）①（植物の）茎 ②細長い棒状のもの ခဲတံ 鉛筆
အတုံ့[ətoun.]①（名）反応 ②（副）交互に
အတုံ့အပယ်ရှိ[ətoun.əpɛ ʃi.]（動）排斥する
အတုံ့အပြန်[ətoun.əpjan]（副）①交互に、相互に ②反応する形で
အတုံ့အလှည့်[ətoun.əlɛ.]（名）①相互性 ②報復、仕返し ③（副）交互に
အတုံး[ətoun:]（名）①塊、団塊 ②鈍さ、鈍いもの
အတုံးတုံး[ətoun:doun:]（副）塊毎に、区々に အတုံးတုံးဖြတ်သည်။ 塊毎に切り分ける
အတုံးလိုက်အတစ်လိုက်[ətoun:laiʔ ətiʔlaiʔ]（副）①（肉）を塊毎に、塊に応じて ②手を加えずに、加工せずに、生のままで、塊のままで ③話を直截に、単刀直入に、歯に衣を着せずに ④遠慮会釈なく、情容赦なく、無慈悲に
အတုံးအခဲ[ətoun:əkʼɛ:]（名）塊、固形、結晶
အတုံးအတစ်[ətoun:ətiʔ]（名）（肉の）塊、肉切れ、（肉の）一口
အတုံးအရုံး[ətoun:əjoun:]（副）折り重なって、積み重なって、群を成して、ばたばたと、見渡す限りごろごろと、至る所見るも無残に အတုံးအရုံးသေးဆုံးသည်။ 折り重なって死ぬ သစ်ပင်များအတုံးအရုံးလဲကုန်လေသည်။ 沢山の樹木が積み重なるように倒れている
အတွေ့[ətwe.]（名）①面会、遭遇 ②触覚、感覚 ③経験、体験
အတွေ့ကြုံ[ətwe. tʃoun]（動）遭遇する
အတွေ့ခံ[ətwe. kʼan]（動）面会を認める、面会を受け入れる 否定形はအတွေ့မခံဘူး။ 面会に応じない
အတွေ့ရများ[ətwe.ja. mja:]（形）よく出会う、見かける事が多い、頻繁に遭遇する
အတွေ့အကြုံ[ətwe.ətʃoun]（名）経験、体験 ပင်လယ်ကမ်းခြေတွင်လျှောက်ရမည့်အတွေ့အကြုံ 海岸を歩く経験 အတွေ့အကြုံမရှိဘူး။ 経験がない、未経験だ အတွေ့အကြုံများသည်။ 経験が多い、経験豊富だ အတွေ့အကြုံရှိသည်။ 経験がある
အတွေ့အထိ[ətwe.əti.]（名）感触、接触
အတွေ့အမြင်[ətwe.əmjin]（名）経験
အတွေး[ətwe:]（名）考え、考え事、思い、思索
အတွေးကောင်း[ətwe: kaun:]（形）考え事に熱中する、夢中になって考える

အတွေးခေါင်[ətweː kʼaun](動)思い過ごす、深く考えすぎる、現実離れした考えをする、狂気の沙汰だ

အတွေးနယ်ချဲ့[ətweːne tɕʼɛ.](動)想像を広げる

အတွေးနက်[ətweː nɛʔ](形)深く考える、沈思する

အတွေးရခက်[ətweːja. kʼɛʔ](動)考えが及ばない

အတွေးဝင်လာ[ətweː winla](動)思い付く、考えが浮ぶ

အတွေးအခေါ်[ətweːəkʼɔ](名)①思考、熟考、熟慮 ②見解

အတွေးအဆ[ətweːəsʼa.](名)推測、憶測

အတွေးအတော[ətweːətɔ](名)思索、思慮

အတွေးအထင်[ətweːətʼin](名)考え、見解

အတွယ်[ətwɛ](名)①粘着、付着 ②愛着、執着 ③懸垂、ぶら下がり ④衝突、摩擦

အတွယ်အတာ[ətwɛ əta](名)執着、愛着

အတွဲ[ətwɛː](名)①対、組合わせ、ペアー、二人連れ ②(汽車の)車両

အတွဲလိုက်[ətwɛːlaiʔ](副)①ペアーになって、ひと組で、一対で ②一連になった လက်မှတ်အတွဲလိုက်(バス、地下鉄等の)回数券

အတွက်[ətwɛʔ](名)計算、勘定

အတွက်မှား[ətwɛʔ m̥aː](動)①計算を間違える ②見込み違いをする

အတွက်အချက်[ətwɛʔətɕʼɛʔ](名)計算、勘定、算術

အတွက်[ətwɛʔ](接助)①目的、目標を示す、~のために、~にとって、~について ကျွန်တော့အတွက်စိတ်ချပါ။ 私についてはご安心下さい မင်းအတွက်လက်ဆောင်ပါတယ်။ 君のために贈り物を持ってきた သူတို့အတွက်မပူရတော့ဘူး။ 彼等のことは心配要りません နေ့ရေးစားရေးအတွက်ကြိုးစားနေတယ်။ 暮しのために努力している ②原因、理由を示す、~であるために、~であるが故に သေတ္တာကြီးကိုထမ်းလာရတဲ့အတော်ဘမော်နေပါတယ်။ 大きな箱を担いできたために疲れている ဓါတ်ပုံပါအတွက်မာတိပုံရိုက်ကျွမ်းကျင်တယ်။ 興味があるので写真の撮影が上手なのだ ကျွန်မအရေးထိတ်မှာစိုးတဲ့အတွက်ပြောနေတာပါ။ 健康を損ねる惧れがあるから言っているのだ မြန်မာဦးသည်ထိုင်း၊တရုတ်၊အင်္ဂလိပ်စသည်နိုင်ငံများနှင့်ဆက်ဆံလာရသည်အတွက်အတွေ့အကြုံများရရှိလာသည်။ ビルマ人達はタイ、中国、イギリス等の国々と付き合うようになったため経験が豊かになった

အတွက်ကတော့[ətwɛʔka.dɔ](接助)①のためには ②にとっては

အတွက်ကြောင့်[ətwɛʔ tɕʼaun.](接助)であるために、であるが故に

အတွက်ငှါ[ətwɛʔŋ̊a](接助)のために

အတွက်မရှိ[ətwɛʔ məʃi.](副)訳もなく、理由もなしに

အတွက်မို့[ətwɛʔmo.](接助)であるから、であるために、であるが故に

အတွင်[ətwin](副)相変わらず、絶えず、引っ切りなしに、立て続けに ဆေးပေါ့လိပ်ကိုအတွင်ဖွာသည်။ 絶えず煙草をくゆらせている ဆရာနံကြီးများကသိပ္ပံနည်းကျတယ်ဆိုတဲ့စကားကိုတွေ့စဉ်ပြောနေကြတယ်။ 医者達が科学的という言葉を始終口にしている

အတွင်ကရ[ətwin kəja.](副)敏速に、迅速に

အတွင်း[ətwin:](名)①中、内部 ဆိုင်အတွင်း 店内、店の中 ②間、期間 စစ်အတွင်း 戦時中 တပတ်အတွင်း 1週間以内 လွန်ခဲ့သည့်နှစ်အတွင်း 去年の内に

အတွင်းကိစ္စ[ətwin: keiʔsa.](名)私事、内部の問題、内輪の事情、内幕

အတွင်းကျ[ətwin: tɕa.](形)内輪の事だ、内部的な事だ

အတွင်းကျကျ[ətwin: tɕa.tɕa.](副)①比較的内側に、内側よりに ②緊密に

အတွင်းကျုံး[ətwin: tɕoun:](名)内堀

အတွင်းကြေ[ətwin: tɕe](動)①打ち傷を負う、打撲傷を受ける ②心を痛める、精神が撹乱される ③(副)打撲傷を受けて、打ち身になって

အတွင်းကြေကြေ[ətwin: tɕe tɕe](動)打ち身になる、打撲傷を負う、挫傷する、内部に傷を受ける အတွင်းကြေကြေမှဒဏ်ရာရသည်။ 挫傷する、打ち傷を負う、内部に傷を受ける

အတွင်းကြည့်ပြောင်း[ətwin: tɕi.bjaun:](名)内視鏡

အတွင်းကြိတ်[ətwin: tɕeiʔ](副)密かに、秘密裡に အတွင်းကြိတ်မေးသည်။ 内心問う、自問する

အတွင်းကြံ[ətwin: tɕan](動)内心思う

အတွင်းခံ[ətwin:gan](名)(女性用の)肌着、下着

အတွင်းခံဘောင်းဘီ[ətwin:gan baun:bi](名)パンツ、パッチ、ステテコ

အတွင်းခံအင်္ကျီ[ətwin:gan in:dʑi]=အတွင်းခံ

အတွင်းစကား[ətwin: zəgaː](名)内緒話、ひそひそ話

အတွင်းစာ[ətwin: za](名)密書

အတွင်းစိတ်[ətwin:zeiʔ](名)内心、心の中、内面

အတွင်းစိတ်ဓာတ်[ətwin:sei'daʔ](名)内面の心理

အတွင်းစက်[ətwin: zɛʔ](名)内部機構

အတွင်းစိတ်ဓာတ်[ətwin: sei'daʔ](名)内面の心理

အတွင်းဌာန[ətwin: tʼana.](名)内部組織、地下

組織、第五列

အတွင်းတာရာ[ətwin: taja] =အတွင်းတာရာကိုးလုံး

အတွင်းတာရာကိုးလုံး[ətwin: taja ko:loun:]（名）赤道より北にある九大星座（ကျီ:၊ ဟသ်၊ ပုဇွန်၊ ခြင်္သေ့၊ ဆံကျင်၊ တံငါ၊ ဆင်၊ မြင်း၊ ဂျိုင်း)

အတွင်းတော်[ətwin:dɔ]（名）①王宮の謁見の間 ②大奥

အတွင်းတက်[ətwin:dɛʔ]（名）内部の痙攣

အတွင်းတက်တက်[ətwin:dɛʔ tɛʔ]（動）内部に痙攣が起きる

အတွင်းတိမ်[ətwin:dein]（病）白内障、そこひ（失明する眼病）

အတွင်းထောင့်[ətwin:daun.]（名）内角

အတွင်းနား[ətwin: na:]（名）中耳

အတွင်းပိုင်း[ətwin:bain:]（名）内部、内側

အတွင်းဘဝါ[ətwin: bəwɔ:]（名）王朝時代の身分位階の一つ cf. နေရာငါးသွယ်

အတွင်းဘက်[ətwin:bɛʔ]（名）内側、内面

အတွင်းမီး[ətwin:mi:]（名）内紛、内輪の揉め事、内輪の争い

အတွင်းမီးတောက်[ətwin:mi: tauʔ]（動）内紛が起る、内輪揉めが生じる အတွင်းမီးတောက်၍မျောက်အိုကြီးလိုဖြစ်သည်။ 内輪の苦労が多くて顔色が冴えない

အတွင်းမီးလောင်[ətwin:mi: laun]（動）個人的な悩み事が生じる

အတွင်းမီးအင်ဂျင်စက်[ətwin:mi: indʑin zɛʔ]（動）内燃機関

အတွင်းရေး[ətwin:je:]（名）内部事情、内幕、秘密事項

အတွင်းရေးမှူး[ətwin:je:m̥u:]（名）①秘書 ②書記長 ③事務長

အတွင်းရေးမှူးချုပ်[ətwin:je:m̥u:dʑouʔ]（名）①幹事長 ②事務局長 ③事務総長

အတွင်းရောဂါ[ətwin: jɔ:ga]（名）内科疾患

အတွင်းလူ[ətwin:lu]（名）腹心、味方、身内、内部の者、信頼のおける者

အတွင်းလူနာ[ətwin:luna]（名）入院患者

အတွင်းဝန်[ətwin:wun]（名）①（政府各省の）次官 ②王朝時代の枢密官（通常4名で枢密院を構成、宮内事務および王宮内部の問題処理を担当した）

အတွင်းဝန်ကလေး[ətwin:wun gəle:]（名）次官補

အတွင်းဝန်ချုပ်[ətwin:wun dʑouʔ]（名）官房長官

အတွင်းဝန်များရုံး[ətwin:wun mja: joun:]（名）政府合同庁舎（首都に新旧2個所ある）

အတွင်းသဘော[ətwin: dəbɔ]（名）①性格、性情、内心、心情 ②本質、実質的な意味

အတွင်းသရုပ်[ətwin: təjouʔ]（名）中身、実質

အတွင်းသိ[ətwin:di.]（名）内部事情に通じている者

အတွင်းသိအစင်သိ[ətwin:di. əsin:di.] =အတွင်းသိ

အတွင်းသူပုန်တပ်[ətwin: dəboundaʔ]（名）パルチザン、ゲリラ

အတွင်းသူပုန်ထ[ətwin: dəboun tʰa.]（動）内部から反乱を起す、ゲリラ活動をする、パルチザン活動をする

အတွင်းသုံးဆယ်ခုနစ်မင်း[ətwin: toun:zɛ.kʰun nəmin:]（名）37柱の神々（その大半は歴史上実在した人物の死霊、怨霊がその起源になっている)

အတွင်းအပ[ətwin: apa.]（名）内外

အတွင်းအာယတန[ətwin: aja.təna.]（名）内部の六根（眼、耳、鼻、舌、身、意）< パ Āyatana

အတွင်းအင်္ဂါ[ətwin: inga]（名）内蔵

အတွင်းအောင်ခြင်း[ətwin: aundʑin:]（名）釈尊の煩悩の克服、八大調伏（寺子屋での必須教科の一つ）=အောင်ခြင်းရှစ်ပါး၊ cf. အပြင်အောင်ခြင်း

အတွင်းဥစ္စာ[ətwin: ouʔsa]（名）①内的なもの、心理的なもの ②（不動産に対する）金銀宝石等の動産

အတွန့်[ətun.]（名）①皺 ②襞、折り目 ③楣曲

အတွန့်တက်[ətun. tɛʔ]（動）議論好きだ、理屈っぽい、言い訳する、弁解する

အတွန့်အလိပ်[ətun.əleiʔ] =အတွန့်

အတွန်[ətun]（名）（鳥、家畜等の）鳴き声

အထ[ətʰa.]（名）①起立 ②満ち潮

အထကောက်[ətʰa. kauʔ]（動）意味を取り違える、誤解する

အထမြောက်[ətʰa. mjauʔ]（動）完成する、達成する、成就する、実現する

အထအနကောက်[ətʰa.əna. kauʔ]（動）誤解して非難する、意味を取り違えてけちを付ける、言い掛かりを付ける、筋違いの文句を言う

အထက[a.tʰa.ka.]（名）高校<အထက်တန်းကျောင်း

အထာ[ətʰa]（名）性格、性質、気質、気性 သူ့အထာကိုကျွန်တော်သိပါတယ်။ 彼の性格を私は知っています တောဆင်ရိုင်းများ၏အထာကိုသိတတ်ရမယ်။ 野生の象の性質を知っておくべきだ

အထာကျ[ətʰa tɕa.]（動）慣れる、落着く、しっくりする =နေသားကျသည်

အထား:[ətʰa:]（名）置く事、配置、配列

အထားအသို[ətʰa: ətʰo]（名）配置、配列、構図 ဝါကျအထားအသိုရှင်းသည်။ 文章構成が簡明だ、構文

が明瞭だ

အထား:အသိုလဲ[ət'a:əto lwɛ:] (動) 片付け方を間違える、配置の仕方が狂う

အထိ[ət'i.] ① (名) 接触、触覚、感触 ②命中 ③ (助) ～まで မနက်ဖန်ရှစ်နာရီအထိစောင့်မယ်။ 午前8時まで待つ ပပျိုးတောင်အထိသွားရမယ်။ ボウパー山まで行かねばならぬ စောင်ကိုခေါင်းအထိအုပ်ခြုံလိုက်သည်။ 毛布を頭まで被っている ညဉ့်နက်သန်းခေါင်အထိဆွေးနွေးသည်။ 深夜まで話し合った ထမင်းကျက်တဲ့အစကားလက်ဆုံကျနေကြတယ်။ 飯が炊けるまで話に花を咲かせていた မိုးချုပ်တဲ့အထိပေါ်မလာဘူး။ 夜が更けるまで現れない ဆယ်တန်းအောင်သည်အထိအင်္ဂလိပ်ဘာသာဖြင့်သင်ရ၏။ 第10学年を終了するまで英語で学んだ

အထိနာ[ət'i. na] (動) 手痛い目に遭わされる、うんと思い知らされる、

အထိအခိုက်[ət'i. ək'ai'] (名) ①負傷、損傷 ②損害、打撃

အထိအတွေ့[ət'i.ətwe.] (名) 接触、感触

အထိအပါ:[ət'i.əpa:] (名) 損傷、負傷、傷害

အထိအရောက်[ət'i.əjau'] (副) 効果的に အထိအရောက်လျှောက်သည်။ 効果のある形で奏上する

အထီး[ət'i:] (名) (動物の)牡 ခွေး:ထီး 雄の犬 ဆိတ်ထီး 雄の山羊 ဝက်ထီး 雄の豚 ②単独、孤独

အထီးကျန်[ət'i: tʃan] (動) 一人取残される、一人ぼっちになる、一人きりになる、孤独の身になる အထီးကျန်နေသည်။ 一人暮しをする အထီးကျန်ဖြစ်သည်။ 一人暮になる、孤独になる အထီးကျန်ဖြစ်စေသည်။ 孤立させる

အထီးကျန်မူဝါဒ[ət'i:dʒan muwada.] (名) 孤立主義

အထီးတည်း[ət'i:di:] (副) 孤独に、一人だけで တော်အရပ်၌တယောက်အထီးတည်းနေရစ်ဘိဟူကား။ 森の中に只一人、孤独に暮していたのだなあ

အထီးအမ[ət'i: əma.] (名) 雌雄

အထု[ət'u.] (名) ①厚さ、厚み ②規模 ③殴打、打撃 ④彫刻

အထုခံရ[ət'u. k'an ja.] (動) 打たれる、叩かれる

အထုအချေ[ət'u. ətʃe] (名) 反論、反駁

အထုအထည်[ət'u. ətɛ] (名) 規模 cf. ထုထည်

အထူ[ət'u] (名) ①厚さ、厚み cf. အပါ။ ဒီပျဉ်ချပ်ရဲ့အထူဘယ်လောက်ရှိသလဲ။ この板の厚さはどれ位あるのか ②樹立

အထူး[ət'u:] ① (名) 特別、特殊 ②返事、応答 ③ (副) 特に、殊に、他とは違って ကျေးဇူးအထူးတင်ပါ

တယ်။ 誠に有難うございます

အထူးကိုယ်စား:လှယ်[ət'u: kozəlɛ] (名) 特使、特別代表

အထူးခုံရုံ:[ət'u: k'oun joun:] (名) 特別法廷

အထူးချွန်ဆုံ:ဖြစ်[ət'u: tʃunzoun: p'ji'] (形) 最も卓越している、最も優れている

အထူးဆပ်ကော်မီတီ[ət'u: s'a'komiti] (名) 特別小委員会

အထူးတရားခုံရုံ:[ət'u: təja: k'oun joun:] = အထူးခုံရုံ:

အထူးတလည်[ət'u: təlɛ:] (副) 特別、格別に、殊更、わざわざ အထူးတလည်ချီးမွမ်းထိုက်သည်။ 取立てて賞賛するに値する

အထူးထူ:[ət'u:du] ① (形) 様々な、種々の မုန့်အထူးထူးတို့ 様々な菓子類 ② (副) 様々に、種々に

အထူးထူးသော[ət'u:du:dɔ:] (形) 諸々の、様々な အထူးထူးသောလက်နက်တို့ 様々な武器

အထူးထူးအဆန်ဆန်[ət'u:du: əs'an:zan:] (名) 奇妙なもの、異常なもの

အထူးထူးအထွေထွေ[ət'u:du: ət'wedwe] (形) 各種の、様々な

အထူးထူးအပြား:ပြား:[ət'u:du: əpja:bja:] (形) 各種の、様々な

အထူးနှုန်:[ət'u: ṇoun:] (名) 特価

အထူးပြု[ət'u: pju.] (動) ① (文法で) 修飾する、限定する、形容する ② (学問を) 専攻する

အထူးရခက်သာ[ət'u:ja. tɛ'ta] (形) 返事をしなくても済む、返事をするのが楽になる

အထူးလေယာဉ်[ət'u: lejin] (名) 特別機

အထူးလျှော့နှုန်:[ət'u: ʃɔ.ṇoun:] (名) 特価、特別価格

အထူးသဖြင့်[ət'u: təp'jin.] (副) 特に、殊に、中でも、就中

အထူးအချာ:[ət'u:ətʃa:] (名) 特殊、特徴

အထူးအခွင့်အရေ:[ət'u: ək'win.əje:] (名) 特権、特別な権利

အထူးအခွင့်အရေ:ပေးကုန်သွယ်ဖက်နိုင်ငံ[ət'u:ək'win. əje: pe: kountʃwɛbɛ' naingan] (名) 最恵国待遇の貿易相手国

အထူးအခွင့်အာဏာ[ət'u: ək'win. ana] (名) 特権、特別な権限

အထူးအချွန်[ət'u:ətʃun] (名) 卓越、傑出

အထူးအဆန်:[ət'u:əs'an:] (名) 奇異、珍奇、奇抜なもの、珍奇な存在、変った事 လူထူးလူဆန်: 風変りな人

အထူးအထွေ[ət'u:ət'we] ① (名) 特別なもの、格別

အထူးအာဏာ[ət'u: ana] (名) 特別な権限
အထူးအာဏာကုန်လွှဲအပ်ခြင်းခံရ[ət'u: anagoun ɬwɛ:a'tʃin: k'an ja] (動) 特命で全権を委任される
အထူးအာဏာကုန်လွှဲအပ်ခြင်းခံရသော သံအမတ်ကြီး[ət'u: anagoun ɬwɛ:a'tʃin: k'an jadɔ: tan əma'tʃi:] (名) 特命全権大使
အထူးအားဖြင့်[ət'u: a:p'jin.] (副) 特に、殊に異例として
အထူးည့်သည်[ət'u: ɛ.dɛ] (名) 来賓
အထေ့[ət'e.] (名) 風刺、皮肉
အထေ့အငေါ့[ət'e.əŋɔ.] (名) 当てこすり、風刺
အထေး[ət'e:] (名) 縫い、補修、修理、修繕
အထဲ[ət'ɛ:] ① (名) 中、内部 စိတ်ထဲ 心中 ကိုယ်ထဲ 体内 ရင်ထဲ 胸中 အခန်းထဲ 室内 အထဲမှာအကျယ်ကြီး။ 内部は広大だ ②おまけに、その上に、更に加えて နှင့်လက်ရေးကလေးတွေက ညစ့်ရတဲ့အထဲမှာ သေးလှန်းတယ်။ お前の筆跡は下手な上に、文字が小さすぎる စာ:စရာမရှိတဲ့အနိုင်ကယုသနာ: နေရတယ်။ 食べ物が少ないというのにお前は施しまでしている လဆုတ်ရက်ဖြစ်တဲ့အထဲလျှပ်စစ်မီးပျက်တာလဲနာရီဝက်လောက်ကြာတယ်။ 下弦の月に加えてもう30分も停電になっている စစ်ဖြစ်လို့ပြာပုံကျနေတဲ့အထဲထပ်ပြီးအခွန်တွေတိုးဦးမယ်။ 戦争で灰燼に帰したと言うのに増税まで行われる
အထဲကနေ[ət'ɛ:ga.ne] (副) 中から
အထဲမှာ[ət'ɛ:ma̱] (副) 中に
အထိုး[ət'o:] (名) 一撃、一打
အထိုးခံရ[ət'o: k'an ja.] (動) 殴られる、打撃を受ける
အထိုးအကြိတ်[ət'o:ətʃei'] (名) 殴打
အထိုးအကြိတ်ခံရ[ət'o:ətʃei' k'an ja.] (動) 殴られる、殴打される
အထက်[ət'ɛ'] (名) ①上、上部、上位、高所 ②上司、上役 ③前、以前、元 ④上ビルマ ⑤以上 တရာ အထက်မကျော်စေဘူး။ 百を超えてはならない
အထက်က[ət'ɛ'ka.] (副) ①以前に、先に、前に ②(形) 上述の、前述の、前記の
အထက်ခုနစ်ဆက်[ət'ɛ' k'unnəs'ɛ'] (名) 先祖7代、直系尊属7代 (ဘ 父 ဘိုး 祖父 ဘေး 曾祖父 ဘီ 高祖父 ဘင် 高祖父の父 ဘော 高祖父の祖父 ဘော 高祖父の曾祖父)
အထက်စီး[ət'ɛ' si:] (動) のさばる、大きな顔をする、我が物顔に振舞う、傍若無人に振舞う
အထက်ဆင့်[ət'ɛ's'in] ① (動) 重ねる、上から重ねる ② (名) 女性用ロンジーの腰の部分の黒色バンド

အထက်ဆွေစဉ်မျိုးဆက်[ət'ɛ' s'wezin mjo:zɛ'] (名) 先祖歴代
အထက်တန်း[ət'ɛ'tan:] (名) 上級、高級、上等、高等
အထက်တန်းကျ[ət'ɛ'tan: tʃa.] (形) 上等だ、高級だ
အထက်တန်းကျောင်း[ət'ɛ'tan: tʃaun:] (名) 高等学校
အထက်တန်းစား[ət'ɛ'tan:za:] (名) ①高級品 ②上流階層
အထက်တန်းပြဆရာမ[ət'ɛ'tan:bja. s'əjama.] (名) 高校の女教師
အထက်တန်းလွှာ[ət'ɛ'tan: ɬwa] (名) 上流階層、上流社会
အထက်ထပ်[ət'ɛ't'a'] (名) ①上層 ②(家の)二階
အထက်နိုင်ငံ[ət'ɛ' naingan] (名) (イラワジ河上流の) 上ビルマ
အထက်နတ်[ət'ɛ' na'] (名) 上座の神 cf.အောက်နတ်
အထက်နှင့်အောက်[ət'ɛ' nɛ. au'] (名) 上下
အထက်နှုတ်ခမ်း[ət'ɛ' nək'an:] (名) 上唇
အထက်ပါ[ət'ɛ'pa] (形) 上記の、前述の
အထက်ပါအတိုင်း[ət'ɛ'pa ətain:] (副) 上記の通り、前述のように
အထက်ပင့်အောက်ဖိလုပ်[ət'ɛ'pin. au'p'i.lou'] (名) 強きを助け弱きを挫く、弱肉強食の世界だ
အထက်ပိုင်း[ət'ɛ'pain:] (名) 上部、上の部分
အထက်ပြန်အောက်ပြန်[ət'ɛ'pjan au'pjan] (副) 表裏交互に
အထက်ဖော်ပြပါ[ət'ɛ' p'ɔpjaba] (形) 上に述べた、先に触れた、前述の
အထက်ဗမာပြည်[ət'ɛ' bəmapji] (名) 上ビルマ
အထက်ဘဝင်[ət'ɛ' bəwe] (名) 有頂天、色界の最上天 <パ Bhavagga
အထက်မပို[ət'ɛ' məpo] (動) 以上でない、上を超えない
အထက်မီးအောက်မီး[ət'ɛ'mi: au'mi:] (名) 米の粉に、椰子砂糖、落花生等を加え、上下から熱を加えて作った菓子、表面にケシの粒をまぶす =ဘိန်းမုန့်
အထက်လူကြီး[ət'ɛ' luʤi:] (名) 上司、上役
အထက်လေးနှင့်ပြော[ət'ɛ' lenɛ. pjɔ:] (動) 上ビルマの訛りで話す
အထက်လမ်း[ət'ɛ' lan:] (名) 善道、三宝関係の療法、白魔術 cf. အောက်လမ်း
အထက်လမ်းဆရာ[ət'ɛ'lan: s'əja] (名) 魑魅魍魎を追い払う術師、悪霊、妖怪変化を追い払う導師

အထက်လွှတ်တော်[ət'ɛʔ lu'ʔɔ] (名) ①上院 ②参議院 cf. အောက်လွှတ်တော်
အထက်သွား[ət'ɛʔ twa:] (名) 上の歯
အထက်အညာ[ət'ɛʔ əɲa] (名) 上ビルマ
အထက်အရှင်[ət'ɛʔ əʃiɴ] (名) 上司
အထက်အောက်[ət'ɛʔ auʔ] (名) 上下
အထောက်[ət'auʔ] (名) ①支え、支持、支えるもの ②援助、補助 ③証拠、根拠 ④密偵
အထောက်တော်[ət'auʔ tɔ] (名) ①外出する国王の露払い、前衛 ②探偵、密偵
အထောက်အကူ[ət'auʔ əku] (名) ①扶助、支援 ②貢献、寄与 အထောက်အကူပေးသည်။ 役立てる、寄与する、貢献する အထောက်အကူပြုသည်။ 寄与する、貢献する、役立つ အထောက်အကူဖြစ်သည်။ 役立つ、寄与する、貢献する
အထောက်အကိုး[ət'auʔ əko:] (名) 根拠、典拠
အထောက်အခံ[ət'auʔ əkʰaɴ] (名) ①支持、支援、協力 ②支持者、支援者、後援者、協力者
အထောက်အညာ[ət'auʔ əɲa] (名) 思いやり、気遣い、配慮
အထောက်အထား[ət'auʔ əta:] (名) 証拠、根拠、確証 အထောက်အထားပြုသည်။ 証拠とする、資料とする အထောက်အထားရှိသည်။ 証拠がある
အထောက်အပင့်[ət'auʔ əpʰiɴ] (名) 支援、手助け
အထောက်အပံ့[ət'auʔ əpʰaɴ] (名) 助け、支援、援助、助成、補助
အထိုက်[ət'aiʔ] (名) ①値打ち ②適切、妥当
အထိုက်အလိုက်[ət'aiʔ əlaiʔ] (副) ~と釣り合って、と一致して、それなりに、それ相応に、分相応に、相手に話を合せて
အထိုက်အလျောက်[ət'aiʔ əljauʔ] (副) それなりに、それ相応に အထိုက်အလျောက်သွားပါ။ それなりに行きなさい သာမန်ပြည်သူတို့သည်လည်းအထိုက်အလျောက်နစ်နာသည်။ 一般国民達もそれなりに不利益を蒙った လူမှုရေးကဏ္ဍလည်းအထိုက်အလျောက်ပြောင်းလဲလာရသည်။ 社会生活の分野でもそれ相応に変化してきた
အထင်[ət'iɴ] (名) ①考え、意見、見解 ②想像、推測、憶測、推量、見当
အထင်ကရ[ət'iŋɡəja.] (形) 著名だ、有名だ、卓越している ②(副) 目立って、卓越して
အထင်ကြီး[ət'iɴ tʃi:] (動) ①信頼を置く、重要視する、高く評価する、感心する ②買いかぶる、過大評価する ③自負する、自惚れる
အထင်ကြီးစရာရှိသည်။ ①信頼がある、重要視される、高く評価される ②買いかぶられる、過大評価される ③自負に値する、自惚れる訳がある အထင်ကြီးစရာမရှိဘူး။ ①信頼に値しない、重要視する必要はない、高く評価する根拠がない ②買いかぶる必要はない、過大評価する必要はない
အထင်ကြီးစိတ်[ət'iɴ dʒi:zeiʔ] (名) 自惚れ
အထင်ခံရ[ət'iɴ k'aɴ ja.] (動) 思われる
အထင်တကြီးဖြစ်[ət'iɴ dəɡji: pʰjiʔ] (動) 大きく信頼される
အထင်နဲ့မေး[ət'iɴ nɛ. me:] (動) 憶測で尋ねる、見当で質問する
အထင်မှား[ət'iɴ ma:] (動) 誤解する、思い違いする、誤った判断をする
အထင်ရှိ[ət'iɴ ʃi.] (動) 解釈する、受取る、認識する
အထင်လွဲ[ət'inlwɛ:] (動) 誤解する、思い違いする
အထင်လွဲခြင်းခံရ[ət'iɴ lwɛ: dʒiɴ: k'aɴ ja.] (動) 誤解される
အထင်လွဲအမြင်လွဲဖြစ်[ət'inlwɛ:əmjinlwɛ:pʰjiʔ] (動) 見方が異なる、理解が異なる、誤解する
အထင်သေး[ət'iɴ te:] (動) ①見くびる、見下す、軽く見る、過少評価する、蔑視する、馬鹿にする ②卑下する、卑屈に思う
အထင်အမြင်[ət'iɴ əmjiɴ] (名) 考え、見解、意見 အထင်အမြင်ကြီးသည်။ 高く評価する အထင်အမြင်မှားသည်။ 誤解する အထင်အမြင်လွဲသည်။ 見当違いをする、誤解する အထင်အမြင်သေးသည်။ 軽視する、軽蔑する
အထင်အမှတ်[ət'iɴ əmaʔ] (名) 意見、見解
အထင်အရှား[ət'iɴ əʃa:] ①(名) 明確、明晰、顕著、著名 ②(副) はっきりと、くっきりと、明らかに、目立って အထင်အရှားတွေ့သည်။ はっきりと見られる
အထင်အရှားဆုံး[ət'iɴ əʃa:zouɴ:] (副) 最も顕著で、一番知られていて、卓越していて
အထင်အလင်း[ət'iɴ əliɴ:] (副) 明らかに、明白に、顕著に
အထင်သား[ət'iɴ da:] (副) 鮮明に、くっきりと ကျောက်တိုင်များကိုအထင်းသားတွေ့လိုက်ရသည်။ 石柱をはっきりと見掛けた ကျောက်သင်ပုန်းကြီးကိုအထင်းသားလှမ်းမြင်နိုင်သည်။ 黒板がはっきりと遠望される
အထောင်[ət'auɴ] ①(名) 直立 ②(数) 千 cf. အရာ
အထောင်း[ət'auɴ:] (名) ①撞き潰す事 ②殴打
အထိုင်[ət'aiɴ] (名) 坐る事
အထစ်[ət'iʔ] (名) ①刻みめ、切り込み、ぎざぎざ ②段、階段 ③(言葉の) 吃り、口篭り

အထစ်ထစ်အငေါ့ငေါ့[ətʼiʼtʼiʼ əŋɔ.ŋɔ.]（副）① 吃り吃り、つかえつかえ ②途切れ途切れに　အထစ်ထစ်အငေါ့ငေါ့ဖြစ်သည်။ 次々と障害が生じる、次々に問題が起きる

အထစ်ထစ်အရစ်ရစ်[ətʼiʼtʼiʼ əjiʼjiʼ]（副）①ぎこちなく ②刻み目が多くて、ぎざぎざがあって

အထစ်အငေါ့[ətʼiʼ əŋɔ.]（名）①引っ掛かり、つかえ、差し支え、障害、蹟き ②吃り

အထစ်အငေါ့မရှိ[ətʼiʼəŋɔ. məʃi.]（副）滑らかに、順調に、スムーズに

အထစ်အငေါ့ရှိ[ətʼiʼəŋɔ. ʃi.]（副）障害がある、順調に行かない

အထည့်ခံရ[ətʼɛ. kʼan ja.]（動）入れられる

အထည်[ətʼɛ]（名）①反物、布地、衣類、衣料 ②本体、体躯　ကိုယ်ထည် 胴体

အထည်ကြီးပျက်[ətʼɛdʒi:bjɛʼ]（名）没落者、破産者、経済的転落者

အထည်ကြမ်း[ətʼɛdʒan:]（名）目の粗い布地

အထည်ချော[ətʼɛdʒɔ:]（名）目の細かい布地

အထည်ချုပ်[etʼɛ tʃʼouʼ]（動）縫製する、裁縫する

အထည်ချုပ်လုပ်ငန်း[etʼɛdʒouʼ louʼŋan:]（名）縫製業、仕立て業

အထည်ချုပ်လုပ်ငန်းရှင်[etʼɛdʒouʼ louʼŋan:ʃin]縫製業者、仕立て業者

အထည်ဆိုင်[ətʼɛzain]（名）反物屋、衣料品店

အထည်ပျက်[ətʼɛbjɛʼ]（名）①金地金（延べ棒またはコイン以外の金）②破損商品 ③処女喪失の女子

အထည်ပျက်ရွှေ[ətʼɛbjɛʼ ʃwe] = အထည်ပျက်

အထည်ရက်လုပ်[ətʼɛ jɛʼlouʼ]（動）布を織る、紡績をする

အထည်လုပ်ငန်း[ətʼɛ louʼŋan:]（名）紡織業

အထည်အလိပ်[ətʼɛ əlei]（名）布地、反物、織物

အထည်အလိပ်ဆိုးဆေး[ətʼɛ əlei sʼo:ze:]（名）染料、捺染

အထည်အဝတ်[ətʼɛ əwuʼ]（名）織物、繊維製品

အထိတ်တလန့်[ətʼeiʼtəlan.]（副）驚いて、魂消て、驚愕して、仰天して、おっかなびっくりで

အထိတ်ထိတ်[ətʼeiʼtʼeiʼ]（副）びくびくして、冷や冷やしながら

အထိတ်ထိတ်အလန့်လန့်ဖြစ်[ətʼeiʼtʼeiʼ əlan.lan.pʼjiʼ]（動）びくびくしている、戦々恐々としている

အထုတ်[ətʼouʼ]（名）取り出し

အထိန်း[ətʼein:]（名）①管理、管轄 ②守衛、看守 ③乳母、保母

အထိန်းတော်[ətʼein:dɔ]（名）（王子、王女の）乳母、子守り役、世話役、侍従

အထိန်းအကျောင်း[ətʼein: ətʃaun:]（名）（家畜の）世話

အထိန်းအကြပ်[ətʼein: ətʃaʼ]（名）管理、監督

အထိန်းအကုပ်[ətʼein:əkuʼ]（名）抑制、制御、管理

အထိန်းအချီ[ətʼein: ətʃi]（名）保母

အထိန်းအသိမ်း[ətʼein: ətein:]（名）統御、統括、管理、監督

အထိန်းအသိမ်းရခက်[ətʼein:ətein:ja. kʼɛʼ]（形）統御しにくい、統括し難い、管理困難だ

အထပ်[ətʼaʼ]（名）①層、階層 ②（建物の）階

အထပ်ခိုး[ətʼaʼkoː]（名）中二階

အထပ်တရာ[ətʼaʼtəja]①（名）クレープ、幾重にも焼いた食べ物 ②（植）キンセンカ、マリーゴールド

အထပ်ထပ်[ətʼaʼtʼaʼ]①（形）層になった、幾重にも重なった　စောင်အထပ်ထပ် 何枚も重ねた毛布　တံခါးအထပ်ထပ် 何重もの扉　တောအထပ်ထပ် 幾重にも連なった森や山 ②（副）繰り返し、再三、反復して　အထပ်ထပ်ပြောဆိုသည်။ 繰り返し言う

အထပ်ထပ်မေးသည်။ 再三尋ねる　အထပ်ထပ်သတိပေးသည်။ 繰り返し注意する

အထပ်ထပ်အခါခါ[ətʼaʼtʼaʼ əkʼaga]（副）繰り返し、何度も、重ね重ね

အထပ်မြင့်အဆောက်အအုံ[ətʼaʼ əoun]（名）高層建築

အထပ်လိုက်[ətʼaʼlai]（副）束ねて、束にして

အထပ်သား[ətʼaʼta:]（名）合板、ベニヤ板

အထပ်ထပ်[ətʼaʼ ətʼaʼ]（副）何度も、繰り返し、幾重にも

အထပ်အလွှာ[ətʼaʼ əɬwa]（名）層、重層

အထိပ်[ətʼeiʼ]（名）頂、頂上、絶頂

အထုပ်[ətʼouʼ]（名）包み、包装　ထမင်းထုပ် 弁当

အထုပ်အထည်[ətʼouʼətʼɛ]（名）包み、包装

အထုပ်အပိုး[ətʼouʼəpo:]（名）荷物、荷包み、梱包

အထုပ္ပတ္တိ[aʼtʼouʼpatti.] → ထုပ္ပတ္တိ

အထမ်း[ətʼan:]（名）①担ぐ事 ②担ぐ物、荷物 ③担ぐ者、ポーター

အထမ်းသမား[ətʼan:dəma:]（名）ポーター

အထိမ်အဝှက်[ətʼein:əhwɛʼ]（名）隠匿、隠蔽

အထိမ်းအမှတ်[ətʼein:əmaʼ]（名）①記念 ②表徴、象徴、シンボル ③祝賀

အထိမ်းအမှတ်တိုင်[ətʼein:əmaʼ tain]（名）記念塔、記念柱

အထိမ်းအမှတ်တံဆိပ်ခေါင်း[ətʼein:əmaʼ dəzeiʼ gaun:]（名）記念切手

အထိမ်းအမှတ်နေ့[ətʼein:əmaʼ ne.]（名）記念日

အထိမ်းအမှတ်ပြု [ət'ein:əma' pju.]（動）記念する、銘記する

အထိမ်းအမှတ်လက်ဆောင် [ət'ein:əma' lɛ's'aun]（名）記念品

အထိမ်းအမှတ်သဘင် [ət'ein:əma' dəbin]（名）記念祭典、記念式典

အထံ [ət'an]（名）所、元、所在地 ဆရာရှေးအထံသို့ ရောက်လာကုန်၏။ 修行者の所へやって来た မိဘတို့၏ အထံသို့ပြန်လာ၏။ 両親の元へ帰ってきた

အထုံ [ət'oun]（名）①香り、芳香、香料 ②嗜好、趣味 ③痺れ、麻痺

အထုံး [ət'oun:]（名）①結び、繋ぎ ②髷、結髪

အထုံးအဆက် [ət'oun:əs'ɛ']（名）①（糸、紐等の）捩り、結び ②友好関係 အဆက်အတို့အထုံးတို့ 友達

အထုံးအဖွဲ့ [ət'oun:əp'wɛ.]（名）①結び、結び目 ②結髪、髷

အထွာ [ət'wa]（名）長さの単位（掌を広げた時の親指と中指との間の長さ、約23センチ）＝ထွာ

အထွေထွေ [ət'wedwe]（名）①雑多、諸々 ②（形）様々な、各種の、諸々の、種々雑多な ③一般的な、総括的な

အထွေထွေကုန်မျိုးစုံ [ət'wedwe koun mjo:zoun]（名）一般雑貨、日用雑貨品

အထွေထွေညီလာခံ [ət'wedwe ɲilagan]（名）総会

အထွေထွေဟူသုတ [ət'wedwe bəhu.tu.ta.]（名）常識、一般常識

အထွေထွေရောဂါကုဆေးရုံကြီး [ət'wedwe jɔ:ga ku s'e:jounʤi:]（名）総合病院

အထွေထွေရွေးကောက်ပွဲ [ət'wedwejwe:kau'bwɛ:]（名）総選挙

အထွေထွေရောဂါကုဆေးရုံကြီး [ət'wedwe jɔ:gagu. s'e:jounʤi:]（名）総合病院

အထွေထွေလုပ်တော်ကြီး [ət'wedwe ɫu'tɔʤi:]（名）国連総会

အထွေထွေသပိတ်ကြီး [ət'wedwe dəbei'tʃi:]（名）ゼネスト

အထွေထွေသပိတ် [ət'wedwe tei'pan]（名）一般科学

အထွေထွေအတွင်းရေးမှူး [ət'wedwe ətwin:je: mu:]（名）書記長、事務局長、事務総長

အထွေထွေအပြာပြာ [ət'wedwe əpja:bja:]（形）雑多な、種々の、各種の

အထွေထွေအရာရာ [ət'wedwe əjaja]①（形）様々な、諸々の ②（名）種々雑多、あれこれ

အထွေအူ [ət'we ət'u:]①（名）異常、異常なもの ②（副）格別、特別に、取り立てて

အထွေအပြာ [ət'we əpja:]（名）各種、雑多なもの

အထွေအရာ [ət'we əja]（名）各種 ရှေ့ဆို့ငါတို့မှာအ ထွေအရာမရှိပြီ။ これから先、我々にはもうあれこれはない

အထွေး [ət'we:]（名）①末子 သားအထွေး 末息子 သမီးအထွေး ②縺れ、絡まり、混雑、混乱

အထွေးဆုံး [ət'we:zoun:]（副）一番末で、最も年少で

အထွေးထွေး [ət'we:dwe]（副）入り乱れて、乱雑で、混雑して、混乱して、紛糾して

အထွေးထွေးရှိ [ət'we:dwe ʃi.]（形）入り乱れている、混雑している、ごっちゃになっている

အထွေးအပျက် [ət'we: əʃɛ']（名）混雑、混乱

အထွေးအရုပ် [ət'we: əʃou']（名）紛糾、複雑、ややこしさ

အထွက် [ət'wɛ']（名）①出口 ②出発 ဆေးရုံမှအထွက် တွင် 病院を出る時に ③生産、産出、収穫 စပါးအထွက် 米の収穫

အထွက်တိုး [ət'wɛ' to:]（動）生産が殖える、収穫が殖える、増産する

အထွက်နေ့ [ət'wɛ'ne.]（名）黒分1日、下弦1日

အထွက်နောက်ကျ [ət'wɛ' nau'tʃa.]（形）出発が遅れる

အထွက်နည် [ət'wɛ' nɛ:]（形）収穫が少ない

အထွက်များ [ət'wɛ' nɛ:]（形）収穫が多い လူထွက် များသည်။ 人出が多い

အထွက်လျော့ကျ [ət'wɛ' jɔ.tʃa.]（動）収穫が減る、生産高が減少する

အထွက်အဆို [ət'wɛ' əs'o]（名）供述、陳述

အထွက်အဝင် [ət'wɛ' əwin]（名）出入り

အထွင်း [ət'win:]（名）彫り、抉り

အထွတ် [ət'u']（名）頂上、頂点、絶頂、最高点

အထွတ်သဘင် [ət'u' dəbin]（名）最高の祭典

အထွတ်အချာ [ət'u'ətʃa]（名）頂点、最高の位置

အထွတ်အထိပ် [ət'u'ət'ei]（名）頂点、頂上、最高

အထွတ်အမြတ် [ət'u'əmja']（名）①最も尊貴なもの 最も高貴なもの、最も尊崇するもの ②頂点、最高位

အထွတ်အမြတ်ထား [ət'u'əmja' t'a:]（動）最も貴ぶ、最も崇める ဗမာလူမျိုးများအထွတ်အမြတ်ထားကြ သည့်စေတီတော်။ ビルマ人が最高のものと崇める仏塔

အထွတ်အမြတ်ရောက် [ət'u'əmja' jau']（動）王位に就く、即位する

အထွန်းတက် [ət'un. tɛ']（動）①論争する、口論する ②これでもかこれでもかと駄目押しをする သူ့အ မိန့်အထွန်တက်ခွင့်မရှိ။ 彼の命令に疑義を挟む事は許されない ＝အထွန့်တက်

အဒရ [ədəra.]（星）参宿（二十七宿の6番目、オリ

オン座のベテルギウス）＝အဖြိုင်လိပ်ကြယ်လက်။

အဒေါ်[əcdɔ]（名）①叔母（父の妹、母の妹）②（母と同じ年代の）婦人、おばさん

အဒေါ်ကြီး[əcdɔcɨɉiː]（名）５０歳以上の婦人、初老の女性

အဒေါ်ဝမ်းကွဲ[əcdɔ wun:gwɛː]（名）自分の母親とは従妹に当たる人

အဒေါ်ဝမ်းကွဲတော်[əcdɔ wun:gwɛː tɔ]（動）相手は自分の母親とは従妹に当たる間柄だ

အဒေါသ[a.dɔːda.]（名）怒りがない、安らかな心

အဓိက[ədi.ka.~ədi.ga.]（名）①主なもの、主要なもの、重要なもの、基本的なもの ②要点、顕著な要素、有力な要素

အဓိကကျ[ədi.ka. tʃa.]（形）主要だ、重要だ、肝要だ、基本的だ

အဓိကစီးပွါးရေး[ədi.ka. siːbwaːjeː]（名）主要経済、中心の経済

အဓိကထား[ədi.ka. taʻ]（動）主体とする、中心とする、基本とする、主要なものとする

အဓိကထွက်ကုန်[ədi.ka. tʻwɛʻkoun]（名）主要な産物

အဓိကဖြစ်[ədi.ka. pʻjiʻ]（形）主力だ、主要だ

အဓိကအား[ဖြင့်[ədi.ka. aːpʻjin.]（副）主として、基本的には

အဓိကအင်အားစု[ədi.ka. in aːzu.]（名）主要勢力

အဓိကရ[ədi.gəja~ədi.kəra.]（形）①主要な、顕著な、目立つ、卓越した ②巨大な အဓိကရကုက်ကိုပင်ကြီး 巨大な合歓の木

အဓိကရုဏ်း[ədi.gəjounː]（名）①いざこざ、争い、紛争 ②衝突、騒動、暴動 အဓိကရုဏ်းဖြစ်ပါးသည်။ いざこざが起きる、衝突が起きる、騒動になる、暴動になる

အဓိဌာန်[ədeiʻtʻan]（名）①誓い、願、誓願 ②決意、決心 အဓိဌာန်ချသည်။ 決意する အဓိဌာန်ပြုသည်။ ①願を掛ける、誓願する ②決意する、決心する

အဓိပတိ[ədi.pəti.~ədi.bədi.]（名）①国家元首（戦時中元首に就任したバモー博士への呼称）②大学の総長

အဓိပ္ပါယ်[ədeiʻbɛ]（名）意味、内容 ＜パ Adhippāya

အဓိပ္ပါယ်ကောက်[ədeiʻbɛ kauʻ]（動）解釈する、内容を掴む、意味を取る

အဓိပ္ပါယ်ဆောင်[ədeiʻbɛsʻaun]（動）意味を帯びる

အဓိပ္ပါယ်ပေါက်[ədeiʻbɛ pauʻ]（動）意味が解る、意味を理解する

အဓိပ္ပါယ်ပြန်[ədeiʻbɛ pjan]（動）解釈する

အဓိပ္ပါယ်မဲ့[ədeiʻbɛ mɛ.]①（形）無意味だ ②（副）無意味に

အဓိပ္ပါယ်မဲ့စွာ[ədeiʻbɛ mɛ.zwa]（副・文）意味なく、訳もなく、無意味に

အဓိပ္ပါယ်ရ[ədeiʻbɛ ja.]（動）意味する

အဓိပ္ပါယ်ရှင်းလင်းချက်[ədeiʻbɛ ʃinːlinːcʻɛʻ]（名）定義

အဓိပ္ပါယ်လင်း[ədeiʻbɛ linː]（形）意味が明らかだ

အဓိပ္ပါယ်ဝင်[ədeiʻbɛ win]（動）意味になる、意味する

အဓိပ္ပါယ်သက်ရောက်[ədeiʻbɛ tɛʻjauʻ]（動）意味になる

အဓမ္မ[a.dəma.]①（名）不法、違法、強引、暴力 ②（副）強引に、強制的に、無理矢理 ＜パ Adhamma အင်္ဂလိပ်များတို့ ဖြုပျောသည်မှာ တနိုင်ငံလုံးကိုအဓမ္မသိမ်း ပိုက်လိုက်ကြသည်။ イギリス人達はビルマ全土を強引に占領した

အဓမ္မကျင့်[a.dəma. tʃin.]（動）無茶をする、無法を働く

အဓမ္မကျင့်မှု[a.dəma.tʃin.mu.]（名）無法な行為

အဓမ္မငွေချေးငှါး[a.dəma. nwetʃeː tʃiːŋaː]（動）不法な金貸しをする

အဓမ္မပြု[a.dəma. pju.]（動）暴力をふるう、暴行する、無茶をする

အဓမ္မပြုကျင့်[a.dəma. pju.tʃin.]（動）暴行する、暴力をふるう

အဓမ္မအကျင့်[a.dəma. ətʃin.]（名）暴行、不法行為

အဒွန်[ədun.]（名）①長さ ②期間

အဒွန်ရှည်စွာ[ədun. ʃezwa]（副）長い間、恒久的に、末長く

အနဝတပ[ənəwədaʻ]（名）阿耨達池、無熱悩池（ヒマラヤ山の北にあり、閻浮洲に注いで潤すとされる）

အနဝတတ်အိုင်[ənəwədaʻ ain]＝အနဝတပ

အနာ[əna]（名）①痛み ②傷、怪我、負傷 ③病、病気、疾病 ④（物の）傷み、疵、欠陥、瑕疵

အနာကု[əna ku.]（動）傷を治す、治療する

အနာကူး[əna kuː]（動）患部が転移する、病が移る

အနာကင်း[əna kinː]（動）病とは無縁だ、無病息災だ

အနာကျက်[əna tʃɛʻ]（動）傷が癒える

အနာကြီး[ənacɨɉiː]＝အနာကြီးရောဂါ

အနာကြီးရောဂါ[ənacɨɉiː jɔːga]（病）ハンセン氏病、癩病

အနာကြီးရောဂါသည်[ənacɨɉiː jɔːgadɛ]（名）ハン

အနာကျမ်း

セン氏病患者
အနာကျမ်း[əna tʃun:] (動) 重態に陥る
　အနာခံ[əna k'an] (動) ①痛みを堪える、痛みに耐える ②不利になる、損失を蒙る、犠牲になる
　အနာခံရင်အသာစံရမယ်။ (格) 苦労すれば報われる（痛みに耐えれば安らぎが得られる）
　အနာစက်[ənazɛˀ] (病) 膿か疹
　အနာစိမ်း[ənazein:] (病) 腫れ物、せつ、ねぶと
　အနာဆေး[əna s'e:] (動) 傷口を洗浄する
　အနာဆိုး[ənazo:] (病) 悪質な傷、めんちょう、ようちょう
　အနာတခြား:ဆေးတခြား:ဖြစ်[əna tətʃa: s'e: tətʃa: p'jiˀ] (動) ちぐはぐになる、うまく行かない、帯に短し襷に長しだ
　အနာတရ[ənadəja.] (名) 怪我、負傷、深手、重傷
　အနာတရဖြစ်[ənadəja. p'jiˀ] (動) 重傷を負う
　အနာပဆုပ်[əna pəsʼouˀ] (病) よう（胸や背中にできる化膿性の腫れ物）
　အနာပေါ်ဒုတ်ကျ။ (諺) 古傷を掻き毟る（傷口に棍棒を食らわす）
　အနာပေါက်[əna pauˀ] (動) でき物ができる、腫れ物ができる
　အနာပျောက်[əna pjauˀ] (動) 傷が治る
　အနာဖေး[ənap'e:] (名) かさぶた
　အနာမျိုးကိုးဆယ်ခြောက်ပါး:[ənamjo: ko:zɛ.tʃauˀpa:] (名) 様々な疾病
　အနာယဉ်[ənajin] (病) 性病、花柳病 =ကာလသားရောဂါ
　အနာယဉ်း[əna jin:] (動) ①病がぶり返す ②傷が悪化する、化膿する
　အနာရ[əna ja.] (動) 傷ができる
　အနာရင်း[əna jin:] (動) 傷が膿む、化膿する
　အနာရွတ်[ənəjuˀ~ənajuˀ] (名) 傷痕
　အနာရှိက၊ဆေးရှိ၏။ (諺) 原因が判れば対策も立てられる（傷あれば薬あり）
　အနာလက္ခဏာ[əna lɛˀk'əna] (名) 病状、症状
　အနာလွတ်ကင်း[əna luˀkin:] (動) 病が治る
　အနာဝင်[əna win] (動) 破傷風に罹る、敗血症になる
　အနာဝင်[əna win] (動) 破傷風に罹る
　အနာသက်သာ[əna tɛˀta] (形) 痛みが軽くなる、病状が快方に向う
　အနာဟောင်း[əna haun:] (形) ①慢性病 ②古傷、古瑕
　အနာအဆာ[əna əsʼa] (名) ①傷、傷口、爛れ、腫れ物 ②瑕、瑕疵、欠陥

အနာအို[əna o] (名) 慢性疾患
အနာအုံ[əna oun] (名) 腫れた傷、腫れ物
အနာဂါမိဖလ[ənagami. p'əla.] (名) 不還果 ＜パ（修行者の第3階梯、再び迷いの世界に戻る事はない）
အနာဂါမိ[ənagan] (名) ＝အနာဂါမိ ＜Anāgāmin
အနာဂတ်[ənagaˀ] (名) 未来、将来 ＜パ Anāgata
အနာဂတ်ကာလ[ənagaˀ kala.] (名) 未来の時
အနာဂတ်ရေး[ənagaˀje:] (名) 未来の問題、将来の問題
အနာဂတ်ဘဝ[ənagaˀ bəwa.] (名) 前途、将来の暮し
အနား:[əna:] (名) ①傍、近く、付近 ကျွန်တော့အနား:သို့ရောက်သည်။ 私の傍へやって来た ②休み、休憩、休息 ③（図形の）一辺 ④縁、へり
အနား:ကပ်[əna: kaˀ] (動) 接近する
အနား:ကပ်မခံ[əna:gaˀ məkʼan] (形) 接近を許さない、近づけさせない
အနား:ကွပ်[əna: kuˀ] ①(動) (茣蓙、篭等の) 縁かがりをする、縁縫いをする ②[əna:guˀ] (名) 縁かがり、縁取り ဘောင်:ဘီအနား:ကွပ် ズボンの裾かがり လက်ကိုင်ပုဝါအနား:ကွပ် ハンカチの縁取り အနား:ကွပ်ပါသော်သင်ဖြူ 縁かがりをした茣蓙
အနား:စောင်း[əna:zaun:] (名) ①舷側 ②（三角形の）斜辺
အနား:ညီ[əna: ɲi] (形) 等辺だ、全ての辺が等しい
အနား:ညီတြိဂံ[əna:ɲi təri.gan] (名) 正三角形 cf. နှစ်ဖက်နား:ညီတြိဂံ 二等辺三角形
အနား:တိုး[əna: to:] (動) 近寄る、接近する
အနား:ပေး[əna:pe:] (動) 休ませる、休暇を与える
အနား:ပတ်[əna:baˀ] (名) (衣の) 縫い縁、飾り縁
အနား:ပတ်လည်[əna: paˀlɛ] (名) 周囲一帯
အနား:ပြိုင်စတုဂံ[əna:bjain sətu.gan] (名) 平行四辺形
အနား:မညီတြိဂံ[əna: məɲi təri.gan] (名) 不等辺三角形
အနား:ယူ[əna: ju] (動) ①休む、休息を取る အိပ်ရာထဲအနား:ယူနေတယ်။ 寝床で休んでいる ②引退する、退職する
အနား:ရေး[əna:je:] (名) 縁、緣、縁取り
အနား:ရှိ[əna: ʃi.] (動) 近くにある
အနား:လှန်[əna: loun:] (動) 縁を取る、折り返しを縫う
အနား:သတ်[əna: taˀ] (動) 縁取りをする、縁かがりをする
အနိဋ္ဌာရုံ[ənei̯ˀt'ajoun] (名) 不快感、好ましからざる事、不合理性、欠陥、欠点 ＜パ Aniṭṭhā-

rammaṇa လူမှုရေးအနိဋ္ဌာရုံ 社会悪
အနီ[əni](名)①赤 ②赤いもの
အနီမြေ[ənigan](名)赤地、赤色の地
အနီထောင့်[əni daun.](名)（ボクシングの）赤コーナー
အနီဖြစ်[əni pʻjiʼ](形)赤である、赤い
အနီရောင်[əni jaun](名)赤色
အနီအဖြူ[əni əpʻju](名)紅白
အနီအောက်ရောင်ခြည်[əni auʼ jaunʤi](名)赤外線 ＝အင်ဖရာရက်ရောင်ခြည်
အနီး[əni:](名)近く、傍、付近 အနီးသို့ချဉ်းကပ်သည် 近くへ寄る、接近する
အနီးကပ်[əni: kaʼ]①(動)近づく、接近する ②近くで လက်အနီးကပ်ကြည့်သည်။ 月を望遠鏡で見る
အနီးကပ်ဆုံးဖြစ်[əni:kaʼs'oun: pʻjiʼ](形)最も近い、一番近い
အနီးဆုံး[əni:zoun:](形)一番近い、最寄りの
အနီးတဝိုက်[əni təwaiʼ](名)付近一帯
အနီးမှုန်[əni:moun](名)遠視
အနီးမှုန်သူ[əni: moundu](名)遠視眼の持主
အနီးရှိ[əni: ʃi.](動)近くにいる、付近にある
အနီးအနား[əni:əna:](名)近く、付近、近隣
အနီးအပါး[əni:əpa:](名)傍、近く、付近
အနီးအဝေး[əni: əwe:](名)遠近
အနု[ənu.](名)①柔軟 ②軟らかい物、柔軟なもの မြက်ခို 若草 ③優雅なもの、上品なもの ④幼いもの ⑤未熟なもの、不慣れ、経験不足 ⑥平和的方法
အနုကြမ်း[ənu.ʤan:](名)強請り、たかり、口先巧みに脅し取る強盗
အနုကြမ်းစီး[ənu.ʤan: si:](動)強請る、金品を強請り取る
အနုကြည့်မှန်ဘီလူး[ənu.tʃi. manbəlu:](名)顕微鏡
အနုစိတ်[ənu. seiʼ]①(動)細分する ②[ənu.zeiʼ](副)事細かに、詳細に、精密に
အနုစိတ်လက်ရာ[ənu.zeiʼ lɛʼja](名)詳細な作品、精緻な作品
အနုဆေး[ənu.ze:](名)媚薬
အနုဆေးအကြမ်းဆေး[ənu.ze: ətʃan:ze:](名)才色兼備
အနုဆွတ်[ənu.zouʼ](名)煎り米を粉末にし椰子砂糖液を振り掛けた団子
အနုဇာတ[ənu.zata.](名)親譲り、親そっくりの子供 ＜パ Anujāta
အနုဇီဝမို့[ənu.ziwa. moʼ](名)微生物
အနုညာတ[ənounɲata.](名)同意、承諾、認証、

許可 ＜パ Anuññāta ဒါဟာအနုညာတမဟုတ်ဖူး။ これは同意ではない
အနုနည်[ənu.ni:](名)暴力を伴わないやり方、暴力に頼らないやり方
အနုပညာ[ənu.pjinɲa](名)美術、芸術（音楽も含む）
အနုပညာမြောက်[ənu.pjinɲa mjauʼ](形)芸術的だ
အနုပညာရှင်[ənu.pjinɲa ʃin](名)芸術家
အနုပညာသည်[ənu.pjinɲadɛ]＝အနုပညာရှင်
အနုကြမ်း[ənu.ətʃan:](名)硬軟
အနုအယ်[ənu.əjwa.](名)初々しい人、若々しい人（娘、乙女、処女）
အနုအရင့်[ənu.əjin.](名)慣れ不慣れ、熟練未熟練、進度の遅速 ရောဂါအနုအရင့် 病状の軽重
အနုအရွ[ənu.əjwa.](名)幼く脆いもの、未熟なもの
အနုမောဒနာ[ənu.mɔ:dəna](名)随喜、祝福の言葉 ＜パ Anumodana
အနုမောဒနာခေါ်[ənu.mɔ:dəna kʼɔ](動)祝福の言葉を述べる、祝福する
အနုမြူ[ənu.mju](名)原子 ＜パ Aṇu
အနုမြူစွမ်းအင်[ənu.mju swan:in](名)核エネルギー
အနုမြူဓာတ်ပေါင်းဖို[ənu.mju daʼpaun:bo](名)原子炉
အနုမြူဓာတ်အား[ənu.mju daʼa:](名)原子力
အနုမြူဗုံး[ənu.mju boun:](名)原子爆弾 အနုမြူဗုံးချသည်။ 原爆を投下する
အနုမြူရောင်ခြည်[ənu.mju jaunʤi](名)放射線
အနုမြူလက်နက်[ənu.mju lɛʼnɛʼ](名)核兵器
အနုမြူလက်နက်စခန်း[ənu.mjulɛʼnɛʼ sʼəkʼan:](名)核基地、核兵器基地
အနုမြူလက်နက်မျှားမပြန့်ပွါးရေးစာချုပ်[ənu.mju lɛʼnɛʼmja: məpjan.pwa:je: saʧouʼ](名)核兵器拡散防止条約
အနုလုံပဋိလုံ[ənu.loun pəṭi.loun](副)徹頭徹尾、頭から終りへ終りから頭へ、繰返し ＜パ Anuloma Paṭiloma
အနု[ənu](名)レプラ患者、ハンセン氏病患者、癩病患者
အနုတောမှာလူချော။(諺)掃き溜めに鶴（レプラ患者の間では醜男といえども美男子扱い）
အနုမ[ənuma.](名)女性のレプラ患者
အနူးအညွတ်[ənu:əɲuʼ](副)①謹んで、恭しく အနူးအညွတ်ပြောသည်။ 敬意を込めて話した အနူးအညွတ်

ဖိတ်ခေါ်သည်။ 謹んで招待した အနေ့အညတ်လက်ခံသည်။ 恭しく受領した ②快く、進んで အနေ့အညတ်ဆောင်ရွက်သည်။ 快く実行した

အနေ့နေ့အရက်ရက်က[əne.ne. əjɛʔjɛʔ ka.]（副）何日も何十日も前から

အနေ့နေ့အလလက[əne.ne. əla.la. ka.]（副）何十日も何ヶ月も前から、何ヶ月も掛けて

အနေ[əne]（名）①状況、状態 ②立場、身分、地位 ③暮し、生活 ④滞在

အနေကန်[ənekan]（名）曖昧さ、不確実さ ＜パ

အနေကန်စကား[ənekan zəga:]（名）不確かな話、疑わしい話 ＜パ Anekanta

အနေကျ[əne tʃa.]（動）落着く、慣れる、安定する

အနေကျအောင်[əne ta.aun]（副）落着くよう、慣れるように、安定するように အနေကျအောင်မသိဘူ 落着くようには知り得ない

အနေကျပ်[əne tʃaʔ]（形）居心地が悪い、居辛い、窮屈だ

အနေကျဉ်[əne tʃoun.]（形）住み辛い、居心地がよくない、窮屈に感じる、身動きしにくい

အနေခက်[əne kʼɛʔ]（形）居辛い、落着かない、困惑する、当惑する

အနေချောင်[əne tʃaun]（形）ゆったりしている、のびのびしている、住み心地がいい

အနေဆင်းရဲ[əne sʼin:jɛ:]（形）暮しが貧しい、貧しく暮す

အနေတကျ[əne dəga.]（副）落着いた形で အနေတကျသိရသည်။ 落着いた形で知る事ができた

အနေတော်[ənedɔ]（名）①程々、丁度よい程度、過不足なし、中庸 ②太ってもいず痩せてもいず、中肉中背 အနေတော်ကျသည်။ 程々になる、程よい状態になる အနေတော်ဖြစ်သည်။ 程々だ、丁度よい、極端でない、過不足なし、中庸だ အရပ်ကအနေတော်ဖြစ်သည်။ 背丈は中肉中背だ

အနေတရ်[əne taʔ]（動）いられる

~အနေနဲ့[əne nɛ.]（副）~として、~の立場で

~အနေနဲ့တော့[əne nɛ.dɔ.]（副）~としては、~の立場では ကျွန်တော့အနေနဲ့တော့မဆုံးဖြတ်ရဘူ။ 私の立場としては決定しかねる

အနေနဲ့လဲ[əne nɛ.lɛ:]（副）~としても ခင်ဗျား:တို့ အနေနဲ့လဲဆွေးနွေးကြပါအုံ:။ あなた達としてもこれから話し合ってごらんなさい

အနေပြောင်း[əne pjaun:]（動）様子が変る

~အနေဖြင့်[əne pʼjin.]（副）~として ချွတ်ယွင်းချက်တခုအနေဖြင့်စဉ်းစားမိပါသည်။ 欠陥の一つとして

考慮した

အနေမတတ်[əne məta']（動）いられない

အနေမျိုး[ənemjo:]（名）類の状況、といった様子、のような立場

အနေရကျပ်[əne ja. tʃa']（形）居辛い、居たたまれない

အနေရခက်[əne ja. kʼɛ']（形）居たたまれない、居心地が悪い

အနေရအထိုင်ရခက်[əne ya. ətain ja kʼɛ'] （形）居辛い

အနေသာကြီ:[ənedaʒi:]（名）無関係、無縁、没交渉

အနေအထား[əne ətʼa:]（名）①形勢、状態、様子 ကိုယ်ခန္ဓာအနေအထား: 体の様子 ②形状

အနေအထား:ကျ[əne ətʼa: tʃa.]（形）調和が取れている、うまく納まっている

အနေအထိုင်[əne ətʼain]（名）生活、暮し

အနေကဇာတ်သံသရံ[ənega. zati. taṇḍajan] （名）仏像入魂法要でのパーリ語のげ頌の出だし（諸々の生死輪廻の意）＜パ Anekajāti Saṁsāraṁ

အနေကဇာတင်[ənegəza tin]（動）仏像に魂を入れる、仏像を仏陀として礼拝する

အနေကဇာတင်ပွဲ[ənegəza tinbwɛ:]（名）仏像入魂儀式、仏像を仏陀として礼拝する法要

အနေကဇာတင်မင်္ဂလာအခမ်း:အနား:[ənegəza tin mingəla ək'an:əna:]（名）仏像入魂儀式

အနယ်[ənɛ]（名）沈澱物→ အနည်

အနယ်ထိုင်[ənɛ t'ain] →အနည်ထိုင်

အနယ်နယ်[ənɛnɛ]（名）各地

အနယ်နယ်အရပ်ရပ်[ənɛnɛ əjaʔjaʔ] =အနယ်နယ်

အနဲ:ဆုံး[ənɛ:zoun:] →အနည်:ဆုံး

အနဲ:အကျဉ်:[ənɛ: ətʃin:] →အနည်:အကျဉ်:

အနဲ:အပါ:[ənɛ: əpa:] →အနည်:အပါ:

အနော်ရထာ[ənɔjətʼa]（人）アノーヤター（パガン王朝の實質的創設者、1044~77）

အနောတ္တအိုင်[ənɔ:daʔta. ain] =အနော:တတ်အိုင် →အနဝတတ်အိုင် ＜パ Anotatta

အနောမဒါတိ[ənɔ:ma.daʔti]（名）高見仏（第10番目の過去仏）

အနို[əno.]（間）ところで、それはそうと、だけど、それでは =အဆို

အနိုပေမဲ့[əno.bemɛ.]（間）だけど、しかし、だが =သို့ပေမဲ့ しかし（上ビルマの用法）

အနိုး[əno:]（名）目覚め、覚醒

အနုတ်[ənɛʔ]（接）~の中で、~の内では မောင်နုမငါ:ယောက်ရှိသည်အနုတ်ကျွန်တော်ကအကြီ:ဆုံ:ဖြစ်သည်။ 兄

弟5人いる中で、私が一番上だ

အနက်[ənɛʼ]（名）①黒 ဖဲကြိုးအနက် 黒リボン ②闇、暗闇 ③深さ、深度

အနက်ကျား[ənɛʼ tʃa:]（名）黒い縞模様

အနက်ပြောက်[ənɛʼpjauʼ]（名）黒玉模様、黒点

အနက်ရောင်[ənɛʼ jaun]（名）黒色

အနက်ရောင်ဒေသ[ənɛʼ jaun deta.]（名）無法地帯、不法地帯、法が及ばない地域、叛徒支配地域

အနက်ရောင်နယ်မြေ[ənɛʼ jaun nɛmje]＝အနက်ရောင်ဒေသ

အနက်အစောက်[ənɛʼəsauʼ]（名）深さ、深度

အနက်[ənɛʼ]（名）意味、内容、意義、解釈 အနက်ကို ဆောင်သည်။ 意味する、意味になる

အနက်ကောက်[ənɛʼ kauʼ]（動）解釈する、定義する

အနက်တူစကားလုံး[ənɛʼtu zəgəloun:]（名）同義語

အနက်တူဝေါဟာရ[ənɛʼtu wɔ:hara.]（名）同義語

အနက်ထင်[ənɛʼ tʼin]（動）意味が明らかだ、意義が明確だ

အနက်ထွက်[ənɛʼ tʼwɛʼ]（動）という意味になる

အနက်ပြန်[ənɛʼ pjan]（動）翻訳する

အနက်ဖော်[ənɛʼ pʼɔ]（動）明らかにする、解明する

အနက်ဖွင့်[ənɛʼ pʼwin.]（動）定義する

အနက်ရ[ənɛʼ ja.]（動）意味になる、意味を持つ

အနက်ရှင်းလင်း[ənɛʼ ʃin:lin:]（形）意味が明らかだ

အနက်သဘော[ənɛʼ dəbɔ:]（名）意義

အနက်သမှန်[ənɛʼ taṇban]（名）意義、解釈

အနက်အဓိပ္ပါယ်[ənɛʼ ədeiʼbɛ]（名）意味

အနဂ္ဃ[ənɛʼga.]（名）比類のない値打、鑑定不能な価値 ＜パ Anaggha

အနောက်[ənauʼ]（名）①西 ②後、背後、後方、裏

အနောက်ကျွန်း[ənauʼ tʃun:]（名）（須弥山の西側にある）牛貨州 cf. ဇမ္ဗူဒီပ်ကျွန်း

အနောက်ဂျာမနီ[ənauʼ dʒaməni]（名）西ドイツ

အနောက်စူးစူး[ənauʼsu:zu:]（名）真西

အနောက်ဆုံး[ənauʼsʼoun:]（名）最後

အနောက်တောင်[ənauʼtaun]（名）南西

အနောက်တောင်ထောင့်[ənauʼtaun daun.]（名）南西隅、南西角、南西方角

အနောက်တိုင်း[ənau: tain:]（名）西洋 cf. အရှေ့တိုင်း

အနောက်တိုင်းဆေး[ənau:tain:ze:]（名）西洋医学の薬

အနောက်တိုင်းအက[ənau:tain: əka.]（名）西洋舞踊、ダンス

အနောက်နိုင်ငံ[ənauʼ naingan]（名）西洋諸国

အနောက်နန်းမိဖုရား[ənauʼnan: mi.bəja:]（名）西宮妃（王妃の第4席）

အနောက်ပိုင်း[ənauʼpain:]（名）西部

အနောက်ပိုင်းဖျား[ənauʼpain:bja:]（名）極西、最西端

အနောက်ဖက်[ənauʼpʼɛʼ]（名）西側、西方

အနောက်ဖက်ကမ်း[ənauʼpʼɛʼkan:]（名）西岸

အနောက်ဖက်လွန်[ənauʼpʼɛʼlun]（人）アナウッペッルン（ニャウンヤン朝初代の王、1605～28）

အနောက်ဘက်[ənauʼpʼɛʼ]＝အနောက်ဖက်

အနောက်မျက်နှာ[ənauʼ mjɛʼṇa]（名）西面

အနောက်မြောက်[ənauʼmjauʼ]（名）西北

အနောက်မြောက်ထောင့်[ənauʼmjauʼ daun.]（名）西北隅、西北角、西北方角

အနောက်မြောက်ဘက်[ənauʼmjauʼpʼɛʼ]（名）西北方面

အနောက်ဝင်း[ənauʼ win:]（名）（王朝時代の）近衛4軍団の一つ

အနောက်ဝန်[ənauʼ wun]（名）（王朝時代の）大奥奉行（大奥で働く女官達を管理した）

အနောက်အရပ်[ənauʼ əja.]（名）西部地域

အနောက်ဥရောပ[ənauʼ u.jɔ:pa.]（名）西ヨーロッパ、西欧

အနောက်အင်အားကြီးနိုင်ငံများ[ənauʼ in a:dʒi: naingan mja:]（名）西洋列強

အနောက်အုပ်စု[ənauʼ ouʼsu.]（名）西側陣営

အနောက်အုပ်စုနိုင်ငံများ[ənauʼouʼsu. naingan mja:]（名）西側諸国

အနှောက်အပြောင်[ənauʼ əpjaun]（名）揶揄、ふざけ、からかい、冷やかし

အနင်း[ənin:]（名）踏む事

အနင်းအနှိပ်[ənin:əṇeiʼ]（名）按摩

အနင့်သား[ənin.da:]（副）過度に、過剰に、極端に

အနိုင်[ənain]①（名）勝利 ②（副）力づくで、強引に、強制的に、暴力で、武力で

အနိုင်ကျင့်[ənain tʃin.]（動）乱暴する、腕に物を言わせる、有無を言わせずにする、強引にする、無理矢理する、傍若無人に振舞う、高飛車に出る、抑圧する、弱い者苛めをする

အနိုင်ကျင့်ခံရ[ənaintʃin. kʼan ja.]（動）乱暴される、強引にやられる、傍若無人に振舞われる

အနိုင်ကျင့်စော်ကား[ənaintʃin. sɔga:]（動）侵害する、高飛車に出る、我が物顔でのさばる

အနိုင်ခံ[ənain kʼan]（動）敗北に耐える、負けてや

အနိုင်တိုက်[ənain taiʔ] (動) 勝つように戦う、勝つまで戦う、勝利を得るまで攻撃する

အနိုင်နိုင်[ənainnain] (副) 懸命に、必死に、苦労の末、やっとの事で、辛うじて、どうにかこうにか、かつがつ、ぎりぎりで ငါတို့မှာထမင်းစားဖို့တောင်အနိုင်နိုင်ပါဘဲ။ 僕達は食事をするのもかつがつなんだ လမ်းအလွန်ဆိုးသောကြောင့်လှည်းများပင်အနိုင်နိုင်သွားရလေ၏။ 悪路なので牛車で行くのさえどうにかこうにかだ

အနိုင်နဲ့[ənain nwɛʔ] (動) 勝利に与かる

အနိုင်ပေး[ənain peː] (動) 敗れる、敗北する、相手を勝たせる、相手に勝ちを譲る

အနိုင်ပေါ်[ənain pɔ] (動) 勝ちに恵まれる cf. အရှုံးပေါ်

အနိုင်မခံ[ənain məkʰan] (形) 敵に勝たせはしない、敗北は認めない

အနိုင်မခံအရှုံးမပေး[ənainməkʰan əʃouːməpeː] (副) 屈服せずに、敗北を認めずに

အနိုင်ယူ[ənain ju] (動) 勝ち取る、勝利を得る、征服する

အနိုင်ရ[ənain ja.] (動) ①勝つ、勝利を得る ②勝訴する

အနိုင်လု[ənain lu.] (動) 争う、競う、張り合う

အနိုင်အထက်[ənain ətʰɛʔ] (副) 力づくで、強引に、強制的に、相手の意志を無視して အနိုင်အထက်ကျင့်သည်။ 強引に振舞う、暴力を振るう အနိုင်အထက်ယူသည်။ 力づくで奪う

အနိုင်အပိုင်[ənain əpain] =အနိုင်အထက်
အနိုင်အရှုံး[ənain əʃouː] (名) 勝敗
အနစ်[əniʔ] (名) 粕、残り滓、沈澱物
အနစ်နာ[əniʔna] (名) 損失、被害
အနစ်နာခံ[əniʔna kʰan] (動) ①自ら犠牲となる、不利益を蒙る ②苦しみを忍ぶ、苦痛に耐える
အနစ်နာခံရ[əniʔna kʰan ja.] (動) 被害を受ける、損害を蒙る
အနည်[ənɛ] (名) 澱（おり）、沈澱物
အနည်ကျ[ənɛ tʃa.] (動) 沈澱する
အနည်ကျကျောက်[ənɛdʒa. tʃauʔ] (鉱) 水成岩
အနည်ထိုင်[ənɛ tʰain] (動) ①沈澱する、濁りが澄む ②落着く、安定する、解決する
အနည်အနစ်[ənɛ əniʔ] (名) 残留物 ပိုးသတ်ဆေးအနည်အနစ် 残留農薬、残留殺虫剤
အနည်အမှုန့်[ənɛ əmoun] (名) 沈殿物、不純物
အနည်း[ənɛː] (名) 少し、少量、若干
အနည်းငယ်[ənɛːŋɛ] (副) 少し、少量、若干、幾らか、幾分、少々 ပစ္စည်းအနည်းငယ် 若干の品物 ဆီအနည်းငယ်နှင့်ဟင်းလေးအိုးကျို့သည်။ 僅かな油でごった煮をこしらえた
အနည်းဆုံး[ənɛːzouːn] (副) 少なくとも、最低限、最少限 တနေ့ကိုအနည်းဆုံးတရာငါးဆယ်ကုန်တယ်။ 1日に最低150チャッはかかった
အနည်းနှင့်အများ[ənɛː nɛ. əmja] (副) 多かれ少なかれ、多少は、幾らかは မည်သူ့မဆိုမျိုးချစ်စိတ်အနည်းနှင့်အများရှိကြသည်။ 誰にでも多かれ少なかれ愛国心はある မည်သည့်အစားအစာမဆိုအနည်းနှင့်အများသကြားဓာတ်ပါဝင်နေသည်။ どんな食べ物にも幾らかは糖分が含まれている
အနည်းနှင့်အများဆိုသလို[ənɛː nɛ. ɛmja sʔo dəlo] (副) 多少は、大なり小なり
အနည်းအကျဉ်း[ənɛː ətʃinː] ① (名) 少量 ② (副) 一寸、少し、若干、少々
အနည်းအပါး[ənɛː əpaː] (名) 若干、少々
အနည်းအများ[ənɛː əmja] (名) 多少、多寡
အနည်နည်း[əni:ni: əpʰounboun] (副) 色々なやり方で、様々な方法で、様々な手段で
အနည်နည်းအဖုံဖုံ[əni:ni: əpʰounboun] = အနည်းနည်း
အနတ္တ[əna.ta.] (名) 無我、空 ＜パ Anatta
အနတ္တလက္ခဏာ[əna.ta. lɛʔkʰəna] (名) 諸方無我印 cf. လက္ခဏာယာဉ်သုံးပါး
အနိစ္စ[əneiʔsa.] (名) 無常 ＜パ Anicca
အနိစ္စဘဝ[əneiʔsa. bəwa.] (名) 無常の世界、浮世、娑婆世界、この世
အနိစ္စရောက်[əneiʔsa. jauʔ] (動) 敬語、逝去遊ばされる、国王が崩御なさる、皇后がみまかる
အနိစ္စလက္ခဏာ[əneiʔsa. lɛʔkʰəna] (名) 諸行無常印 cf. လက္ခဏာယာဉ်သုံးပါး
အနိတ်[əneiʔ] (名) ①上等品 ②別嬪、美人
အနုတ်[ənouʔ] (名) ①引き算、減数 ②小銭（マンダレーでの用法）→အနှံ၊ ငွေအနုတ်မပါဘူး။ 小銭の持ち合せがない
အနုတ်ကိန်း[ənouʔ keinː] (名) 減数、引き算の数（70−30＝40の場合の40を指す）
အနုတ်ဒီဂရီ[ənouʔ digəri] (名) 氷点下、マイナス温度
အနုတ်လက္ခဏာ[ənouʔ lɛʔkʰəna] (名) 引き算の記号、減算の記号（−）
အနုတ်အသိမ်း[ənouʔ əteinː] (名) 資力、財力、購買力
အနန္တ[ənanda.] (名) ①無限、無量、無窮 ②多数、沢山 ＜パ Ananta

အနန္တောအနန္တငါး:ပါ:[ənantɔː ənanta. ŋaːbaː]（名）礼拝対象とされる五大無量（仏、法、僧、親、師の五者）

အနန်:[ənanː]（植）テンブス（フジウツギ科）Fagraea fragrans

အနန်း:ဗို[ənanːbo]（植）ブコイノキ（ミソハギ科）Crypteronia paniculata

အနပ်[ənouʔ]（名）小銭、ばら銭

အနမ်း[ənanː]（名）接吻

အနမ်းခိုင်း[ənanː kʼainː]（動）匂いを嗅がせる

အနိမ့်[ənein.]（名）低地、低い所 cf. အမြင့်

အနိမ့်ဆုံး[ənein.zounː]① (形) 一番低い ②（副）最低、少なくとも အနိမ့်ဆုံးသုံးကြိမ်တိုင်တိုင်ခိုက်သည်။ 最低3回に攻撃した

အနိမ့်ဆုံးပညာအရည်အချင်း[ənein.zounː pjinɲa əje əʧinː]（名）最低限の学歴

အနိမ့်ဆုံးလုပ်ခ[ənein.zounː louʔkʼa.]（名）最低賃金、最低限の賃金

အနိမ့်ဆုံးလုပ်ခလစာ[ənein.zounː louʔkʼa.la.za]（名）最低限の月給

အနိမ့်အမြင့်[ənein. əmjin.]（名）高低

အနံ[ənan.]（名）匂い、香り、臭い ဓာတ်ဆီနံ့ ガソリン臭 ဆီးကရက်နံ့ 煙草臭 မြေပဲနံ့ 落花生の匂い အရက်နံ့ 酒の匂い ငါးနံ့ 魚の匂い ချွေးနံ့ 汗の臭い

အနံခံ[ənan. kʼan]（動）①臭いを感じる、臭いを嗅がされる ②犬が臭いを嗅いで追う、遺臭を追跡する

အနံခံကောင်း[ənan.gan kaunː]（形）嗅覚が優れている

အနံစူ:[ənan. suː]（形）強烈な匂いがする、刺激的な匂いがする、鼻をつくような匂いがする

အနံထွက်[ənan. tʼwɛʔ]（動）臭いを発散する、臭気を放つ

အနံနံ[ənan.nan]（動）臭い、臭気がある ကြက်သွန်သည်အနံနံသည်။ 玉葱には臭気がある

အနံပျက်[ənan. pjɛʔ]（動）匂いがなくなる、嗅覚を失う

အနံ့ပြယ်[ənan. pjɛ]（動）匂いが薄れる、匂いが消える

အနံ့မွှေး[ənan. mwe:]（形）よい香りがする、芳香がある

အနံ့ရ[ənan. ja.]（動）匂う、匂いがする、臭いがする

အနံ့ရှူ[ənan. ʃu]（動）匂いを嗅ぐ

အနံ့အသက်[ənan.ətɛʔ]（名）①臭い、臭気 ②体臭

အနံ့အသက်ဆိုး[ənan.ətɛ sʼoː]（名）悪臭、不快臭

အနံ[ənan]（名）①幅 ②（縦に対する）横 ③腋、脇腹 ④臭気、悪臭

အနံကျဉ်း[ənan tʃinː]（形）幅が狭い

အနံအစော်[ənan əsɔ]（名）悪臭、腐敗臭

အနု[ənoun]（名）砥でなし、薄のろ、愚鈍

အနုအချာ[ənoun əʧa]＝အနု

အနွေး[ənweː]（名）温かさ、温暖

အနွေးထည်[əweːdɛ]（名）防寒着

အနွေးဓာတ်[ənweːdaʔ]（名）暖気

အနွဲ့အချွဲ့[ənwe.əʧwɛː]（名）甘え、嬌態

အနွဲ့ပျောင်း[ənweː əpjaunː]（名）しなやかさ、柔軟性

အနွယ်[ənwɛ]（名）①系統、血統 ②子孫 ③蔓

အနွမ်း[ənunː～ənwanː]（名）中古、中古品

အနွံအတာခံ[ənun əta kʼan]（動）堪える、耐え忍ぶ、我慢する、苦しみに耐える、辛さに耐える

အနွံအနာခံ[ənun əna kʼan]＝အနွံအတာခံ

အနှာ[əna]（代）それ（上ビルマの用法）

အနှာပေမဲ့[ənabemɛ.]（接）しかし（上ビルマの用法）

အနှာလို[ənalo]（代）このように

အနှီ[əni]（代）これ（上ビルマの用法）

အနှီတော့[ənidɔ.]（接）そこで、だから

အနှီတုန်းက[ənidounːga.]（副）その時、その当時

အနှီသော[ənidɔː]（代）このような အနှီသောရက်တို့ကိုကုန်လွန်စေခဲ့၏။ このような日々を過ごした

အနှီသို့သော[ənido.dɔː]（副）かくの如き

အနှီး[əniː]（名）（赤ん坊の）おしめ

အနှီးပိုက်[əniːbeiʔ]＝အနှီး

အနှီးလဲ[əniː lɛː]（動）おしめを取り替える

အနှီးလှန်း[əniː ɬanː]（動）おしめを干す

အနှီးလျှော်[əniː ʃɔ]（動）おしめを洗う

အနှေး[əneː]（名）緩慢、遅鈍

အနှေးယာဉ်[əne: jin]（名）①鈍行車 ②（自動車に対する）自転車、輪タク、牛車、馬車

အနှေးအမြန်[əneː əmjan]（名）緩急、遅速

အနှော[ənɔː]（名）混合

အနှိုးရခက်[ənoː ja. kʼɛʔ]（形）目覚めさせるのが難しい、覚醒が困難だ

အနှောက်[ənauʔ]（名）①充満 ②打撃

အနှောက်အယှက်[ənauʔ əjɛʔ]＝အနှောင့်အယှက်

အနှောက်အရှက်[ənauʔ əʃɛʔ]＝အနှောင့်အယှက်

အနှိုက်ခံရ[ənaiʔ kʼan ja.]（動）掘られる、掘りの被害に遭う

အနှင်ရခက်[ənin ja. kʼɛʔ]（形）追い払いにくい、追放するのが難しい

အနှောင့်[ənaun.]（名）刀の峯
အနှောင့်နှင့်ရိုက်[ənaun. nɛ. jai’]（動）峯打ちを食らわす
အနှောင့်အယှက်[ənaun. əʃɛ’]（名）妨害、妨げ、邪魔　အနှောင့်အယှက်ပေးသည်။ ①迷惑をかける、困らせる ②妨害する　အနှောင့်အယှက်ဖြစ်သည်။ 妨害になる、邪魔になる、迷惑になる　အနှောင့်အယှက်မလွတ်ဘူး။ 厭味ばかり言われる、非難中傷から免れられない
အနှောင့်အသား・မလွတ်[ənaun.əʃɛ’məlu’]（動）非難中傷の性格を帯びる、話の中身が名誉を傷付ける事になる、厭味を言う
အနှောင်[ənaun]（名）束縛、拘束
အနှောင်အဖွဲ့[ənaun əp'wɛ.]（名）絆、結びつき ②束縛　မိသားစုအနှောင်အဖွဲ့ 家族の絆
အနှောင်း[ənaun:]（名）①後半、後期 ②後妻、再婚相手
အနှောင်းပိုင်း[ənaun:bain:]（名）①遅い時刻 ②後半、後期
အနှိုင်း[ənain:]（名）①比較 ②比較の対象
အနှိုင်းခံရ[ənain: k'an ja.]（動）比べられる、比較される
အနှိုင်းမသိ[ənain: məti.]（副）喩えようもなく
အနှိုင်းအထိုင်း[ənain:ək'ain:]（名）比喩、喩え
အနှစ်[əni’]（名）①中身 ②（木の）髄、心　စန္ဒကူးအနှစ် 白檀の心材　နံသာအနှစ် 沈香の心材 ③（卵の）中身、黄味、卵黄
အနှစ်ချုပ်[əni’tʃ'ou’]①（動）要約する、要点をまとめる、肝心要の事柄を集約する ②（名）要約、要点
အနှစ်မရှိတဲ့တော ၊ ကြက်ဆူပင်မင်းမူ။（諺）鳥なき里の蝙蝠（心材のない木の森ではヒマが繁茂する）
အနှစ်မရှိသောငှက်ပျောတုံး၊ လက်ပံတုံး။（諺）五十歩百歩（心材のないバナナの幹、キワタの幹）
အနှစ်သာရ[əni’taja.]（名）①本質、実質、内容、中身 ②精髄、精華
အနှစ်သာရရှိ[əni’taja. ʃi.]（動）中身がある、内容が充実している
အနှစ်သာရအားဖြင့်[əni’taja. a:p'jin］（副）内容的に、実質的に、本質的に
အနှစ်[əni’]①（名）年 ②（助数）（端数が付かない場合の）年、歳　အနှစ်နှစ်ဆယ် ２０年　အနှစ်တရာ　百年
အနှစ်ရှစ်သောင်း ８万年
အနှစ်နှစ်[əni’ni’]（副）何年も何十年も
အနှစ်နှစ်အလလ[əni’ni’ əla.la.]（名・副）長年、長い歳月、幾星霜もの間
အနှစ်နှစ်အလလက[əni’ni’ əla.la.ga.]（副）長い歳月の間、長期間
အနှစ်မြောက်[əni’ mjau’]（動）周年になる、年目にあたる
အနှစ်သက်ဆုံး[əni’tɛ’s'oun:]（副）最もお気に入りの
အနှစ်သက်ဆုံး・ဖြစ်[əni’tɛ’s'oun. p’ji’]（形）一番のお気に入りの、一番寵愛されている
အနှုန်း[ənoun:]（名）①率、比率、割合 ②価格
အနှုန်းထား[ənoun: t'a:]（動）①価格にする ②率にする
အနှိပ်[ənei’]（名）按摩、マッサージ、指圧
အနှိပ်ကောင်း[ənei’ k'aun:]（形）按摩が巧みだ
အနှိပ်ခံ[ənei’ k'an]（動）按摩してもらう
အနှိပ်ပညာ[ənei’ pjinɲa]（名）按摩の手腕、按摩の技術
အနှိပ်သည်[ənei’tɛ]（名）按摩をする人、マッサージ師
အနှိပ်အကွပ်[ənei’əku’]（名）鎮圧、弾圧
အနှိပ်အစက်[ənei’əsɛ’]（名）苛め、虐待、弾圧
အနှိပ်အနယ်[ənei’ənɛ]（名）按摩、指圧
အနှိပ်အနင်းခိုင်း[ənei’ənin: k'ain:]（動）按摩させる、揉んだり踏んだりさせる
အနှိပ်မခံရ[ənein k'an ja.]（動）馬鹿にされる、手玉に取られる、酷い目に遭わされる、弾圧される、抑圧される
အနှံ့[ənan.]（副）広く、普く、くまなく、至る所　ကမ္ဘာအနှံ့ 世界中
အနှံ့ကြဲ[ənan. tʃɛ:]（動）広く撒布する、八方にばらまく
အနှံ့ရောက်[ənan. jau’]（動）普く訪れる
အနှံ့အစပ်[ənan. əsa’] ＝အနှံ့
အနှံ့အပြား[ənan. əpja:] ＝အနှံ့　ပမာပြည့်အနှံ့အပြား：ビルマ全土、ビルマ国内至る所
အနှံ[ənan]（名）穂　စပါး・အနှံ 稲穂
အပ[əpa.]①（名）外、外部 ②妖怪、魑魅魍魎 ③（助）～は別として、～を除いて、～以外は　ခဲတံနှင့်ရာဘာမှအပမယူလာရ။ 鉛筆と消しゴム以外は持って来てはいけない
အပထား[əpa. t'a:]①（動）除外する、取り除く、別とする ②（助）は言うまでもなく、はともかくとして、は別にして、は除外して
အပမိ[əpa. mi]（動）①妖怪、魑魅魍魎に取り付かれる、乗り移られる、憑依される ②他人の言いなりになる
အပရဂေဝါယျာန[əpəra.gɔ:jana.]（名）西牛貨洲 ＜パ Aparagoyāna（須彌山の四方に位置する四大

အပရဂေါရာကျွန်း[əpəra.gɔ:ja tʃun:] →အပရဂေါယာန

အပလီ[əpəli] (名) ごまかし、欺き

အပါ[əpa] (名) ①包含 ②持参、携帯

အပါခေါ်[əpa kɔ] (動) 連れて来る、伴って来る

အပါသား:ဘဲ[əpada:bɛ:] (動) 一緒に、伴っている

အပါယူဆောင်သွား:[əpa jus'aun twa:] (動) 携行する、一緒に持参する、伴う

အပါအဝင်[əpa əwin] (名) 包含、含まれる人、含まれるもの ကတော်ဆယ်ပါးတပါးအပါအဝင် 十大夫人に含まれる一人 အပါအဝင်တွဲစပ်သည်။ 含まれ関わりを持つ အပါအဝင်ထားသည်။ 包含構成する အပါအဝင်ပြုလုပ်သည်။ 参加して行なう အပါအဝင်ဖြစ်သည်။ 含まれる、包含される、一員である

အပါး:[əpa:] (名) ①側、傍、間近か အပါးကိုလာ၍ ပြောင်လျောင်ကြ၏။ 傍にきて挪揄した ②薄さ、薄いもの ③敏感な人、鋭敏な人 ④(助数)出家の人数、場所 ဘုန်း:ကြီး:တပါး: 比丘お一人 အရပ်တပါး: ほかの土地

အပါးကကွာ[əpa:ga. kwa] (動) 傍を離れる

အပါးကမကွာ[əpa:ga. məkwa] (動) 傍を離れない

အပါးတော်[əpa:dɔ] (名) 国王の側、身近

အပါးတော်မြဲ[əpa:dɔmjɛ:] (名) 側近、侍従、秘書

အပါးဆောင်[əpa: s'aun] (動) 賢人振る

အပါး:ဝ[əpa:. wa.] (形) ①経験豊かだ、熟練している ②生意気だ、厚かましい、無作法だ cf. လူပါး:ဝ

အပု[əpu.] (名) 背が低い人、ちび cပု 日本人の別称

အပူ[əpu] (名) ①熱、暑さ ②憂い、心配、悩み、苦悩、心痛 ③悲しみ、悲哀 ④惨めさ ⑤催促

အပူကဲ[əpu kɛ:] (動) 過熱する

အပူကန်[əpu kan] (動) (高熱のせいで)体が火照る、目は充血し喉は腫れ発疹が出る ဒူးရင်း:သီး:များ:များ:စား:ရင်အပူကန်လိမ့်မယ်။ ドリヤンを食べ過ぎると体が火照る

အပူကပ်[əpu kaʔ] (動) せがむ、せびる、ねだる ရွာလူထုကကျွန်တော်ကိုအပူကပ်သည်။ 村人達が私に強要した

အပူကြီး[əpu tʃi:] (形) ①高熱だ、高温だ ②心配が大きい

အပူချိန်[əpudʑein] (名) ①温度 ②体温

အပူချိန်ပြောင်း:သတ္တဝါ[əpudʑeinbjaun: dədəwa] (名) 変温動物

အပူငုပ်[əpu ŋouʔ] (動) 熱射病にかかる

အပူငွေ့[əpuŋwe.] (名) ①熱気 ②蒸気

အပူငွေ့သင်[əpuŋwe. tin.] (動) 熱気に当る、蒸気に当る

အပူစီး:ကူး[əpu si:ku:] (動) 熱が対流する

အပူစွမ်း:အင်[əpu swan:in] (名) カロリー、熱

အပူတပြင်း:[əpu dəbjin:] (副) ①早急に、大急ぎで အပူတပြင်း:ဖွေသည်။ 大急ぎで探した ပင်လယ်ကိုမြင်ချင်စိတ်အပူတပြင်း:ဖြစ်ပေါ်သည်။ 海を見たいという気持ちが急に生じた ②熱心に、熱烈に、強烈に အပူတပြင်း:တွေး:တောသည်။ 真剣に考えた

အပူတိုး:[əpu to:] (動) 熱が上がる、高熱が出る

အပူတက်[əpu tɛʔ] (動) 熱が上がる、高熱になる

အပူတိုက်[əpu taiʔ] (動) ①熱する、熱を加える、熱くする ②アイロンを掛ける ③心配させる、悩ませる、困らせる ④せがむ、催促する

အပူတိုက်စာ[əpu tai'sa] (名) 催促状

အပူတိုင်:[əpu tain:] ① (動) 熱を測る ② [əpu dain:] (名) 寒暖計

အပူထုတ်[əpu t'ouʔ] (動) (指圧や按摩をして)体熱を外へ放出する、熱を体外へ出す

အပူဒီဂရီ[əpu digeri] (名) 温度

အပူဓာတ်[əpu daʔ] (名) 熱

အပူပေး:[əpu pe:] (動) 暖める、加熱する

အပူပေး:စက်[əpu pe:zɛʔ] (名) 暖房装置

အပူပိုင်[əpubain:] (名) 熱帯

အပူပိုင်းဇုန်[əpubain:zoun] =အပူပိုင်

အပူပိုင်:ဒေသ[əpubain: deta.] =အပူပိုင်:ဇုန်

အပူပိုင်:သစ်တော[əpubain: tiʔtɔ:] (名) 熱帯林

အပူပြောင်း:သတ္တဝါ[əpubjaun: dədəwa] (名) 変温動物

အပူပြန်[əpu pjan] (動) 体内に熱が篭る

အပူဖြာထွက်[əpu p'jatʔwɛʔ] (動) 熱が発散する

အပူမိ[əpu mi.] (動) ①熱射病にかかる、打ちのめされる ②苦悩する、憂慮する、心配する

အပူရေလောင်[əpu je laun] (動) 熱湯で火傷する

အပူရှောင်[əpu ʃaun] (動) 暑さを避ける

အပူရှိန်[əpuʃein] (名) 熱、熱気、炎熱、炎暑

အပူရှိန်မြင့်မာလာမှု[əpuʃein mjin.malamu.] 気温の上昇

အပူရှပ်[əpu ʃaʔ] (動) 日射病に罹る

အပူလောင်[əpu laun] (動) ①火傷をする ②湯火傷する、熱湯または湯気で火傷する

အပူလောင်နာ[əpulaunna] (名) 火傷

အပူလည်[əpu lɛ] (動) 血行が良くなる

အပူလှိုင်:[əpu ɬain:] (名) 熱波

အပူလျှောက်ကူး:[əpu ʃauʔku:] (動) 熱が伝わる

အပူလျှပ်

အပူလျှပ်[əpuʃa'] =အပူရှပ်
အပူဝင်[əpu win] (動)(体内に)熱が入る、日射病にかかる
အပူအချိန်[əpu ətʃein] (名)温度
အပူအစပ်[əpu əsa'] (名)辛いもの、辛い食べ物
အပူအပင်[əpu əpin] (名)苦悩、心配
အပူအပန်[əpu əpan] (名)憂鬱、心配
အပူအပြင်း[əpu əpjin:] (副)激しく、熱烈に
အပူအအေး[əpu əe:] (名)寒暑、寒暖
အပူအလောင်[əpu əlaun] (名)灼熱
အပူအအေးချိန်တိုင်း[əpu əe: tʃeindain:] (名)寒暖計
အပူးခံ[əpu: k'an] (動)憑依される、悪霊に取り付かれる
အပူးအယှက်[əpu:əʃɛ'] (名)絡まり、縺れ
အပေခံ[əpe k'an] (動)汚れに耐える、汚れても構わない
အပေခံရ[əpe k'an ja.] (動)汚される
အပေး[əpe:] (名)手渡し、譲渡、支給、贈与
အပေးခံရ[əpe: k'an ja.] (動)渡される
အပေးအကမ်း[əpe: əkan:] (名)①贈与 ②施し、喜捨
အပေးအယူ[əpe: əju] (名)やり取り
အပေးအယူလုပ်[əpe: əjulou'] (動)やり取りをする
အပဲ့[əpɛ.] (名)かけら、砕片
အပယ်[əpɛ] (名)①排除、除外 ②縮軛(1・75エーカー)
အပယ်ခံ[əpɛgan] (名)排斥されたもの、除け者・
အပယ်ခံရ[əpɛ k'an ja.] (動)斥けられる、取り除かれる、排除される
အပါယ်[əpɛ] (名)悪趣 <パ Apaya
အပါယ်လေးပါး[əpɛ le:ba:] (名)四悪趣 ငရဲဘုံ地獄界 တိရစ္ဆာန်ဘုံ畜生界 ပြိတ္တာဘုံ餓鬼界 အသူရကယ်ဘုံ 阿修羅界
အပါယ်လေးဘုံ[əpɛ le:boun] =အာပါယ်လေးပါး
အပေါ့[əpɔ.] (名)①軽さ、軽いもの ②(味の)薄さ、淡白さ ③尿、小便
အပေါ့စားစက်မှုလက်မှု[əpɔ. za: sɛ'mu.lɛ'mu.] (動)軽工業 cf. အကြီးစားစက်မှုလက်မှု
အပေါ့စွန့်[əpɔ. sun] (動)おしっこをする、小便をする、排尿する
အပေါ့သွား[əpɔ. twa:] (動)小用を足す
အပေါ့အပါ[əpɔ. əpa:] (名)小用、おしっこ
အပေါ့အသွား[əpɔ. əpa: twa:] (動)用足しに行く
အပေါ့အလေး[əpɔ. əle:] (名)①軽重 ②甘辛

③大小便
အပေါ့အလေးသွား[əpɔ. əle: twa:] (動)排泄する、大小便をする
အပေါ့အလျော့ပြု[əpɔ. əɟo. pju.] (動)蔑ろにする、油断する
အပေါ်[əpɔ] (名)①上、上部、上層 ကြမ်းပြင်ပေါ် 床の上 ②出現、現われ ③(助)に対して、に関して မိမိအပေါ်အဘယ်ပုံထင်မြင်နေသနည်း။ 自分に対してどのように思っているのか ဗုဒ္ဓဘာသာအပေါ်မေးချင်နေသောမေးခွန်းများကိုလည်းဖြေရှင်းထားသည်။ 仏教に関して聞きたい質問にも答えておいた
အပေါ်ခွံ[əpɔgun] (名)表皮
အပေါ်စီး[əpɔ si:] ①(動)威張る、横柄に振舞う、居丈高だ ②[əpɔzi:] (名)有利な立場
အပေါ်စီးနှင့်[əpɔzi: nɛ.] (副)高飛車に、居丈高に、有利な立場で
အပေါ်ထောင်[əpɔ t'aun] (動)上向きに立てる
အပေါ်ထပ်[əpɔda'] (名)二階、上の階、地上の階 cf. အောက်ထပ်
အပေါ်နှုတ်ခမ်း[əpɔ nɛk'an:] (名)上唇
အပေါ်ပူအောက်ပူဖြစ်[əpɔ pu au' pu p'ji'] (動)逃げ場がない位に熱い、上も下も熱い
အပေါ်ပိုင်း[əpɔbain:] (名)上部、上の部分
အပေါ်ဖုံး[əpɔboun:] (名)①表紙 ②蓋 ③外装、包装
အပေါ်ဖုံးအင်္ကျီ[əpɔboun: ingji:] (名)ビルマ人男性の上着 =တိုက်ပုံအင်္ကျီ
အပေါ်ယံ[əpɔjan] ①(名)表面、上辺 ②(副)表面上、表面的に、上辺は
အပေါ်ယံရွှေမွမ်းကြို၊အထဲကနောက်ချေး။(諺)女面夜叉(上辺は金粉を施し、内部に牛糞を詰める)
အပေါ်ရုံ[əpɔjoun] (名)①上から掛けるもの、セーター、カーデガン、ジャケット ②(比丘の)大衣
အပေါ်လွှာ[əpɔ ɫwa] (名)上層、表層
အပေါ်သွား[əpɔ twa:] (名)上の歯
အပေါ်ဆေး[əpɔdwe:] (名)血圧の上限
အပေါ်အင်္ကျီ[əpɔ ingji:] (名)上着、ジャケット、ブレザー
အပေါ်အင်္ကျီရှည်[əpɔ ingjiʃe] (名)オーバー、外套
အပေါး[əpɔ:] (名)①豊富 ②安価 ③愚かさ
အပေါးစား[əpɔ:za:] (名)①徳用品、普及品、廉価品、安物 ②粗悪品 အပေါးစားချည်ဆွယ်တာ 安物の綿のセーター
အပေါထ[əpɔ t'a] (動)馬鹿な事を言う、見当違いなことをする

အပို့[əpo.]（名）送付、発送
အပို့ခံရ[əpo. k'an ja.]（動）送られる
အပို[əpo]①（名）余り、余分、余計、余剰 ②（形）追加の、付録の ③（副）余分に
အပိုကြေး[əpoʤe:]（名）追徴金、追加料金
အပိုငွေ[əpo ŋwe]（名）余剰金、余分な金
အပိုတန်ဘိုး[əpo tanbo:]（名）剰余価値
အပိုနေ့[əpo ne.]（名）持戒日の翌日
အပိုပစ္စည်း[əpo pji'si:]（名）部品、予備の部品、スペアーパーツ
အပိုဘီး[əpo bein:]（名）予備のタイヤ
အပိုဝင်ငွေ[əpo wiŋwe]（名）追加収入、余分な収入
အပိုအဆာ[əpo əs'a]（名）余分、余計
အပိုအမို[əpo əmo]（名）過剰、余分、過度
အပိုအလို[əpo əlo]（名）過不足
အပိုအလျှံ[əpo əʃan]（名）余り、余剰、余分 ငငွေလျှံ[？]剰余金
အပိုး[əpo:]（名）①背負い ②振舞い、行状
အပိုးကျိုး[əpo: tʃo:]（形）聞き分けがよい、恭順だ、身持ちがよい、品行がよい、規律正しい
အပိုးမသေလှ[əpo: məte̱ḭa.]（形）身持ちがあまりよくない
အပိုးသေ[əpo: te̱]（形）身持ちがよい、品行がよい
အပိုးသတ်[əpo: ta']（動）取り澄ます、済ました顔をする、表情を取り繕う
အပက်[əpɛ']（名）水掛け
အပက်ခံ[əpɛ' k'an]（動）水を掛けてもらう、
အပက်ခံရ[əpɛ' k'an ja.]（動）水を掛けられる、水を浴びせられる
အပေါက်[əpau']（名）①穴 ②入口 ③窓、窓口 ④（植物の）芽生え、発生 အပေါက်ဆိုးသည်။ 口が悪い、口汚ない、ぞんざいな口をきく အပေါက်ဖောက်သည်။ 穴を開ける အပေါက်ဖြစ်သည်။ 穴が開く、穴になる
အပေါက်ဝ[əpau'wa.]（名）出入口
အပေါက်အစ[əpau'əsa']（名）①手掛かり、端緒 ②口実
အပေါက်အစက်[əpau' əsɛ']（名）滴、水滴
အပေါက်အဆင်[əpau' əs'ɛ']（名）体躯、体形
အပေါက်အပြဲ[əpau' əpjɛ:]（名）ほころび、破れ
အပေါက်အလမ်း[əpau' əlan:]（名）①道、通路、通り道 ②見込み အပေါက်အလမ်းတည့်သည်။ ①順調に運ぶ、うまく行く ②話が合う、意気投合する
အပေါက်အဝ[əpau'əwa.]（名）①穴、孔 ②出入口
အပိုင်[əpai']（名）抱擁、抱きかかえ

အပိုင်း[əpai']（名）章、条、節
အပင်[əpin.]（名）①持ち上げ ②招き、招請 ③基本のビルマ文字に添付する口蓋化符号 ＝ယပင်
အပင့်ခိုင်း[əpin. k'ain:]（動）（医者、僧侶を）招聘させる、呼んで来させる
အပင့်လာ[əpin. la]（動）招聘に来る
အပင့်အဖိတ်[əpin. əp'ei']（名）招請、招へい
အပင့်အရစ်[əpin. əji']（名）基本のビルマ文字に添付する口蓋化符号２種類 ＝ယပင်ရရစ်
အပင်[əpin]（名）木、樹木、植物
အပင်န[əpinnu.]（名）若木、幼木
အပင်ပေါက်[əpin pau']（動）植物が芽を出す、生える
အပင်ပန်းခံ[əpinban: k'an]（動）苦しみに耐える、辛い思いをする、苦しみを味わう
အပင်အပန်း[əpin əpan:]（名）苦しみ、苦労 အပင်အပန်းကြီးသည်။ 苦心して企画する အပင်အပန်းခံသည်။ 苦労に耐える、苦痛をなめる、苦心に耐える
အပင်း[əpin:]（名）①聾、聴覚障害者 ②脾臓が肥大する風土病 ③呪術師が人体に封じ込む異物（災をもたらす）
အပင်းထည့်[əpin: t'ɛ.]（動）異物を入れる
အပင်းသွင်း[əpin: twin:]（動）異物を詰め込む
အပင်းအအ[əpin: ʔa.]（名）聾唖者
အပင်းအတင်း[əpin: ətin:]（名）団体、集団
အပေါင်[əpaun]（名）①抵当、担保 ②股、腿
အပေါင်ခံ[əpaun k'an]（動）抵当として預かる、入質を受入れる、入質と引き換えに融資する
အပေါင်ခံပစ္စည်း[əpaungan pji'si:]（名）担保品、入質品、抵当品
အပေါင်ဆိုင်[əpaunzain]（名）質屋
အပေါင်ဆုံး[əpaun s'oun:]（動）質流れになる
အပေါင်ထား[əpaun t'a:]（動）質に入れる、担保として置く、借金のかたとして置く
အပေါင်လက်မှတ်[əpaun lɛ'ma']（名）質札
အပေါင်အနှံ[əpaun ənan]（名）入質、抵当、担保
အပေါင်အနှံပြု[əpaun ənan pju.]（動）抵当に入れる、担保とする
အပေါင်း[əpaun:]（名）①加算、足し算 ②合計 ③全て、全部 ④蒸したもの
အပေါင်းကိန်း[əpaun:kein:~apain:gein:]（名）足し算、加算
အပေါင်းဆံ့[əpaun: s'an.]（動）詰め込んでも入る、一緒に収容可能だ
အပေါင်းတို့[əpaun:do.]（名）全員、皆、諸君
အပေါင်းပါ[əpaun:ba]（副）全員共々、皆一緒に

အပေါင်းလက္ခဏာ[əpaun: lɛˀkˀəna] (名)足し算の符号、加算符号

အပေါင်းအဖော်[əpaun: əpˀɔ] (名)仲間、伴侶

အပေါင်းအဖော်ပြုလုပ်[əpaun:əpˀɔ pju.louˀ] (動)仲間にする、付き合う、交際する

အပေါင်းအဖက်[əpaun: əpˀe] (名)仲間、連れ

အပေါင်းအဘော်[əpaun: əpˀɔ] =အပေါင်းအဖော်

အပေါင်းအဘက်[əpaun: əpˀɛ] =အပေါင်းအဖက်

အပေါင်းအသင်း[əpaun: ətin:] (名)仲間、同僚、交際相手、付き合い仲間

အပေါင်းအသင်းပြု[əpaun:ətin: pju.] (動)付き合う、交際する

အပိုင်[əpain] ① (名)占有、所有 ②管轄区域、縄張り ③ (副)占有して

အပိုင်ခံ[əpain kˀan] (動)所有される

အပိုင်စား[əpain sa:] ① (動)占有する、所有権を持つ、縄張りとする ② [əpainza:] (名)占有権

အပိုင်စားပေး[əpainza: pe:] (動)所有権を与える、占有権を認める、完全に委ねる

အပိုင်စီး[əpain si:] (動)横取りする、物にする、不法占拠する、乗取る、ハイジャックする ယာဉ်များကိုအပိုင်းသွားသည်။ 乗物がハイジャックされた

အပိုင်စီးမှု[əpain si:mu.] (名)乗っ取り、ハイジャック

အပိုင်တောင်း[əpain taun:] (動)請求する、完全な引渡しを要求する

အပိုင်ပေး[əpain pe:] (動)完全に引き渡す、物を所有権と共に引き渡す、譲渡する

အပိုင်ယူ[əpain ju] (動)自分の物とする、自己所有とする、物を所有権と共に占有する

အပိုင်ရ[əpain ja.] (動)自己所有とする

အပိုင်ရယူ[əpain ja.ju] =အပိုင်ရ

အပိုင်ရောင်း[əpain jaun:] (動)売却する、売渡す

အပိုင်သိမ်း[əpain tein:] (動)占有する、完全に奪い取る、自分のものとする

အပိုင်း[əpain:] (名)①区分、区画 ②部分、分野

အပိုင်းကိန်း[əpain:kein:~apain:gein:] (名)分数 cf. ဒသမကိန်း

အပိုင်းကိန်းတု[əpain:gein:du.] (名)仮分数

အပိုင်းဂဏန်း[əpain: gənan:] (名)分数

အပိုင်းဂဏန်းယောင်[əpain:gənan:jaun] (名)仮分数

အပိုင်းပိုင်း[əpain:bain:] (副)部分部分に、分断して、ばらばらに、千切れ千切れになって

အပိုင်းပိုင်းပြတ်[əpain:bain: pjaˀ] (動)細分切れる、部分部分に切れる

အပိုင်းပိုင်းဖြစ်[əpain:bain: pˀjiˀ] (動)切れ切れになる、細分される

အပိုင်းပိုင်းဖြတ်[əpain:bain: pˀjaˀ] (動)細分する、細かく切る

အပိုင်းအပြတ်ပြတ်[əpain:bain: əpjaˀpjaˀ] (副)ばらばらに、区々に

အပိုင်းအခြား[əpain: əʧˀa:] (名)区切り、区分、区別、範囲

အပိုင်းအခြားသင်္ကေတ[əpain:əʧˀa: tinketa.] (名)区分符号、区分表記

အပိုင်းအစ[əpain:əsa] (名)断片、部分 သံဖြူပြား အပိုင်းအစများ ブリキの断片

အပိုင်းအပိုင်း[əpain: əpain:] =အပိုင်းပိုင်း

အပစ်[əpjiˀ] (名)①投棄、投げること ②撃つ事、発砲、射撃

အပစ်ရပ်ရေး[əpjiˀ jaˀje:] (名)停戦、発砲中止

အပစ်အခတ်[əpjiˀ əkˀaˀ] (名)発砲、射撃、銃撃

အပစ်အခတ်ရပ်စဲ[əpjiˀəkˀaˀ jaˀsɛ:] (動)戦闘を停止する

အပစ်အခတ်ရပ်စဲမှု[əpjiˀəkˀaˀ jaˀsɛ:] (名)戦闘中止、停戦

အပစ်အခတ်ရပ်စဲရေးစာချုပ်[əpjiˀəkˀaˀ jaˀsɛ:je: saʤouˀ] (名)停戦協定

အပစ်အခတ်ရပ်ရေး[əpjiˀəkˀaˀ jaˀje:] (名)戦闘中止、停戦

အပတ်[əpaˀ] (名)①円周 ②周期、期間、定期 ③週 အပတ်တပတ် 1週間

အပတ်စေ့[əpaˀ si.] (動)明晰になる、はっきりする、明瞭になる

အပတ်စဉ်[əpaˀsin] (形)毎週の、週刊の

အပတ်တကုတ်[əpaˀ dəgouˀ] (副)勤勉に、精を出して အပတ်တကုတ်ကြိုးစားသည်။ 勤勉に努力する

အပတ်လည်[əpaˀlɛ] (副)よく判る ဆေးပတ်မလည်ဘူး။ 薬の事はよく分らない

အပိတ်[əpeiˀ] (名)閉鎖、封鎖

အပိတ်အဆို့[əpeiˀəsˀo.] =အပိတ်

အပုတ်[əpouˀ] (名)①(拳での)叩き、殴り

အပုတ်အခတ်[əpouˀ əkˀaˀ] (名)=အပုတ်

အပုဒ်[əpouˀ] (名)(詩歌の)句、段、首

အပန်း[əpan:] (名)疲れ、疲労

အပန်းကြီး[əpan: tʃi:] (形)疲労困憊する 否定形は အပန်းမကြီးဘူး။

အပန်းကြီးစွာ[əpan: tʃi:zwa] (副・文)大変な苦労をして

အပန်းတကြီး[əpan: dəʤi:] (副)苦労を厭わず、労を惜しまず、苦心して အပန်းတကြီးသွားရသည်။

အပျော်

苦労をして出かけた

အပန်းပြေ[əpan: pje]（動）疲れがほぐれる、疲労が癒える

အပန်းဖြေ[əpan: p'je]（動）疲れをほぐす、疲労を癒す、憩う

အပန်းဖြေခန်း[əpan:bje gan:]（名）休憩室、娯楽室

အပန်းဖြေစခန်း[əpan:bje sək'an:]（名）リゾート地、避暑地

အပန်းဖြေဆေး[əpan:bje ze:]（名）疲労回復剤

အပန်းဖြေပန်းခြံ[əpan:bje pan:ʤan]（名）遊園地

အပန်းဖြေဆေး[əpan:bje ze:]（名）疲労回復剤

အပန်းဖြေရိပ်သာ[əpan:bje jei'ta]（名）休養室、娯楽室

အပန်းမကြီး[əpan: məʧi:]（形）苦にならない、差し支えない အပန်းမကြီးဘူးဆိုရင် 差し支えなければ、苦にならなければ

အပိန်း[əpein:]（副）全面に分厚く、こってりと

အပိန်းသား[əpein:da:]（副）全面にべったりと、こってりと（塗）

အပုန်း[əpoun:]（名）隠匿

အပုန်းအကွယ်[əpoun: əkwɛ']（名）隠遁

အပို[əpa']（名）①陰唇 ②（植物の）がく ③鞘 ④バナナの樹皮

အပုပ်[əpou']（名）腐敗、腐敗したもの

အပုပ်ကောင်[əpou' kaun]（名）死骸、腐乱死体

အပုပ်ခံ[əpou' k'an]（動）食べ頃になるまで残しておく、傷みかけるまで置いておく、腐敗寸前まで置く、醸酵させる

အပုပ်ချ[əpou' ʧa.]（動）①汚れを落す、清める ②他人のあら捜しをする、悪口を言う、人前で公然と貶す、くさす、非難中傷する

အပုပ်ချိန်[əpou'ʧein]（名）夕暮れ時、夕方（怨霊、魑魅魍魎が出没すると考えられている）

အပုပ်နိုင်ဆေး[əpou'nain ze:]（名）防腐剤

အပုပ်နံ့[əpou' nan.]（名）腐臭、腐敗臭

အပုပ်နံ့ထွက်[əpou'nan. t'wɛ']（動）腐臭を発する

အပုပ်အစပ်[əpou' əsa']（名）腐敗物、腐乱物

အပုပ်အသိုး[əpou' əto:]（名）腐敗物、腐乱物

အပိမ့်[əpein.]（名）①窪み、凹み ②発疹、吹き出物

အပံ့[əpan.]（名）援助、扶助、助成

အပံ့မှီ[əpan. mi]（動）憑依する、怨霊が取り付く

အပုံ[əpoun]（名）①絵、写真 ②積み重ね、堆積 ③（副）山のように、どっさりと、沢山

အပုံကြီး[əpoungi:]（副）①大量に、沢山 အချိန်

တွေအပုံကြီးရှိပါသေးတယ်။ 時間は未だたっぷりある ②著しく、極めて အပုံကြီးကံကောင်းတယ်။ 極めて幸運だった အပုံကြီးဝမ်းမြောက်တယ်။ とても嬉しい အပုံကြီးကျေနပ်သွားတယ်။ 大変に満足した အပုံကြီးချစ်ပါတယ်။ とても愛している

အပုံကြီးကို[əpoungi:go]（副）=အပုံကြီး၊ ရောက်စကနအပုံကြီးကိုခြားနားသွားတာပဲ။ 到着早々とは著しく異なってしまった

အပုံအယှဉ်[əpoun əjin]（副）沢山、多数

အပျော့[əpjɔ.]（名）①柔らかいもの ②問題なし、朝飯前、屁の河童、赤ん坊の手を捻るようなもの

အပျော်[əpjɔ]（名）楽しみ、娯楽、快楽

အပျော်ကြီးပျော်[əpjɔgi: pjɔ]（形）大変に楽しい、大いに愉快だ

အပျော်ကြူး[əpjɔ ʧu:]（動）遊びに熱中する、遊びに耽る、快楽に耽溺する

အပျော်ခရီး[əpjɔ k'əji:]（名）観光旅行

အပျော်ခရီးထွက်[əpjɔ k'əji: t'wɛ']（動）観光旅行に出かける

အပျော်ဆုံး[əpjɔzoun:]（形）最も楽しい、最も愉快だ

အပျော်တမ်း[əpjɔdan:]①（名）アマチュア ②（形）（プロではない）アマの、志願した

အပျော်တမ်းစစ်သား[əpjɔdan: si'ta:]（名）志願兵

အပျော်တမ်းလက်နက်ကိုင်[əpjɔdan: lɛ'nɛ'kain]（名）義勇兵

အပျော်တမ်းလက်ဝှေ့အသင်း[əpjɔdan: lɛ'p'we. ətin:]（名）アマチュア拳闘協会

အပျော်တမ်းသမား[əpjɔdan:dəma:]（名）=အပျော်

အပျော်ဖတ်စာအုပ်[əpjɔba saou']（名）娯楽小説、娯楽読み物

အပျော်မယား[əpjɔ məja:]（名）情婦、妾

အပျော်လိုက်[əpjɔ lai']（動）道楽をする、放蕩に耽る、遊興にうつつを抜かす、肉欲に耽る、女色に溺れる

အပျော်သဘော[əpjɔ dəbɔ:]（名）楽び心

အပျော်အပါး[əpjɔ əpa:]（名）①歓楽、享楽、快楽 ②肉欲、放蕩

အပျော်အပါးရှောင်[əpjɔ əpa: ʃaun]（動）悦楽を避ける、肉欲から遠ざかる（戒律を守る）

အပျော်အပါးလိုက်[əpjɔ əpa: lai']（動）女色に耽る、快楽を追い求める

အပျော်အမြူး[əpjɔ əmju:]（名）歓楽、享楽、快楽

အပျော်အမှုထမ်း[əpjɔ əmudan:]（名）奉仕者、有志者

အပျော်အရှင်[əpjɔ əˈwin]（名）享楽、快楽

အပျို[əpjo]（名）乙女、生娘、処女、未婚女性

အပျိုကညာ[əpjo kəɲa]（名）処女、生娘

အပျိုကလေး[əpjogəle:]（名）少女

အပျိုကြီး[əpjoʤi:]（名）未婚の年配女性、オールドミス

အပျိုကြီးဖားဖား[əpjoʤi: pʼaːba:]（名）娘盛り番茶も出花

အပျိုစင်[əpjozin]（名）純潔

အပျိုတော်[əpjodɔ]（名）（王朝時代の）腰元、典侍女官

အပျိုနှံ[əpjono.]（貝）オオベッコウ（ツタノハガイ科）

အပျိုပေါက်[əpjobauʼ]（名）思春期の娘、年頃の娘

အပျိုပေါက်စ[əpjo pauʼsa.]＝အပျိုပေါက်

အပျိုဖော်ဝင်[əpjobɔ win]（動）娘が年頃になる、女らしくなる

အပျိုဖော်ဝင်စ[əpjobɔ winza.]（名）思春期＝ရှေးဦးသိမ်းစအရွယ်

အပျိုဖြစ်[əpjo pʼjiʼ]（動）初潮を経験する

အပျိုဖြန်း[əpjobjan:]（名）女らしくなった娘、娘っぽくなった少女

အပျိုဗိုက်[əpjobaiʼ]（名）初めての妊娠

အပျိုဗိုက်ဖြစ်[əpjobaiʼ pʼjiʼ]（動）初めて身篭る初産だ

အပျိုဘော်ဝင်[əpjobɔ win]（動）＝အပျိုဖော်ဝင်

အပျိုမွေး[əpjo:mwe:]（名）初産

အပျိုရည်[əpjoje]（名）純潔、処女性、貞操

အပျိုရည်ပျက်[əpjoje pjɛʼ]（動）純潔を失う、処女を喪失する

အပျိုရံ[əpjojan]（名）花嫁の付き添い女

အပျိုလူပျို[əpjo lubjo]（名）未婚の男女

အပျိုဟိုင်း[əpjohain:]（名）行かず後家、未婚の老女

အပျိုအအိမ်ရွေး[əpjo əo məjwe:]（副）女子の未婚、既婚を問わず

အပျက်[əpjɛʼ]（名）破壊、損壊、滅亡

အပျက်စမ်းအား[ɛpjɛʼ swan:a:]（名）破壊力

အပျက်မြန်[əpjɛʼ mjan]（形）すぐ壊れる、簡単に故障する

အပျက်အစီး[əpjɛ əsi:]（名）破壊、損壊

အပျက်အပျက်[əpjɛʼəpjɛʼ]→အပျက်အပြက်

အပျက်အပျက်နှင့်နှာခေါင်းသွေးထွက်။（格）ふざけ合い程々に（ふざけ合っている内に到頭流血の惨事となる

အပျောက်[əpjauʼ]（名）①損失、紛失　②失踪、行方不明　③回復、治癒　④（借家の）礼金（返還されない

အပျောက်ကု[əpjauʼ ku.]（動）完治させる

အပျောက်အဆုံး[əpjauʼ əsʼoun:]（名）紛失、行方不明

အပျောက်အပျက်[əpjauʼ əpjɛʼ]（名）損失

အပျင်း[əpjin:]（名）ものぐさ、怠惰、退屈

အပျင်းကြီး[əpjin: tʃi:]①（形）極めて怠惰だ、著しくものぐさだ、怠け者だ　②[əpjin:ʤi:]（名）ものぐさ、怠け者

အပျင်းကြီးပျင်း[əpjin:ʤi: pjin:]（形）①著しく怠惰だ　②退屈で仕方がない

အပျင်းထူ[əpjin: tʼu]（形）著しく怠慢だ、ものぐさが酷い、極端にぐうたらだ

အပျင်းထုတ်[əpjin: tʼouʼ]（動）背を伸ばす、疲れを癒す

အပျင်းပြေ[əpjin: pje]①（動）退屈が紛れる、気晴しになる　②（副）退屈凌ぎに、憂さ晴しに、気晴らしに＝အညောင်းပြေ။ အပျင်းပြေစာဖတ်သည်။ 退屈凌ぎに本を読む　အပျင်းပြေလမ်းလျှောက်သည်။ 気晴しに散歩する

အပျင်းဖက်[əpjin: pʼɛʼ]（動）怠ける

အပျင်းဖြေ[əpjin: pʼje]（動）退屈を紛らわせる

အပျင်းသန်[əpjin: tan]（形）怠惰だ、ものぐさだ

အပျင်းအို[əpjin: o:]（名）大のものぐさ

အပျစ်[əpjiʼ]（名）（屋根を葺く為の）ニッパ椰子で編んだ素材

အပျစ်[əpjin:]（名）肉のたるみ

အပျံ[əpjan]（名）飛翔、飛行

အပျံစား[əpjanza:]（名）上等品、高級品　ဆိုင်ကတော့အပျံစားကွ။ 店は一流だ

အပြ[əpja.]（名）①展示、紹介、表示　②支持　③教え

အပြကောင်း[əpja. kaun:]（形）教え方が巧みだ

အပြာ[əpja]（名）青

အပြာချောက်[əpjaʤauʼ]（名）くすんだ青

အပြာစာအုပ်[əpja sauʼ]（名）ポルノ本、エロ本春画本

အပြာထောင့်[əpja daun.]（名）（ボクシングの）青コーナー

အပြာနု[əpja nu.]（名）淡青色

အပြာပုပ်ပုပ်ရောင်[əpja pouʼpouʼ jaun]（名）暗青色

အပြာရင့်[əpjajin.]（名）濃い青色

အပြာရောင်[əpja jaun]（名）青色

အပြားရုပ်ရှင်[əpja jouʔʃin]（名）ポルノ映画
အပြားဝတ္ထု[əpja wuʔt'u.] =အပြားစာအုပ်
အပြား:[əpja:]（名）①平たいもの、偏平な物 ②異なった種類
အပြား:ထဲမှအလုံး:[əpja:dɛ:ma. əloun:]（名）目立つ物、卓越した物 =အပြား:ထဲကအလုံး:
အပြီပြီ[əpjibji]（形）色々な、様々な အပြီပြီသော အရပ်ရပ် 各地
အပြီး:[əpi:~əpji:]①（名）終り、終了 ရုပ်ရှင်အပြီးတွင်ဟိုတယ်တခုခုတွင်သွား:ရောက်သည်။ 映画が終わってからある食堂へ出かけた ②（副）完全に、完璧に、徹底的に စက်တင်ဘာလတွင်:မှာအပြီးစုံစမ်:မယ်။ 9月中には徹底的に調べます ③断然、きっぱりと
အပြီး:ဆေး[əpi:ze:]（名）災難への免疫用お守り ဒုတ်အပြီး:ဆေး 棍棒除け ဓား:အပြီး:ဆေး 刀剣除け သေနတ်ပြီး:ဆေး 銃弾除け
အပြီး:တိုင်[əpi: tain]①（動）完成に至る ②（副）完全に、最後まで、悉く、すっかり အပြီး:တိုင်ငြိမ်:ချမ်:ရေး:ရသည်။ 完全な平和が得られる
အပြီး:ပြော[əpi: pjɔ:]（動）きっぱりと言う、断言する、最後まで言う、言い終える
အပြီး:သတ်[əpi: taʔ]①（動）終止符を打つ、終える ②（副）最後まで、完全に、徹底的に
အပြီး:သတ်ဆုံး:ဖြစ်ချက်[əpi:taʔ s'oun:p'jaʔtʃɛʔ]（名）最終決定
အပြီး:သတ်တော့[əpi:taʔtɔ.]（副）結局、終ってみると
အပြီး:အစီး[əpi:əsi:]（名）完成、完了、終了
အပြီး:အငြိမ်:[əpi:əɲein:]（副）①きっぱりと、断固として ②完全に、完璧に
အပြီး:အပိုင်[əpi:əpain]（副）完全に、徹底的に、完璧に အပြီး:အပိုင်ချေမှုန်:သည်။ 徹底的に撃滅する အပြီး:အပိုင်ဆုံ:ဖြစ်ထား:သည်။ 決定は絶対的だ အပြီး:အပိုင်ဖယ်ရှား:သည်။ 完全に取除く အပြီး:အပိုင်အနိုင်ရသည်။ 圧勝する、完勝する အပြီး:အပိုင်ရုပ်သိမ်:သည်။ 完全撤退する
အပြီး:အပြေ[əpi:əpje]（名）清算、万事解決
အပြီး:အပြတ်[əpiʔ əpjaʔ]（副）最終的に、決定的に 完全に အပြီး:အပြတ်သိမ်:ပိုက်သည်။ 完全に占領した
အပြု[əpju.]（名）①行為、行動、動作 ②時、瞬間 ပြန်ဆုတ်မည်အပြုတွင် 引返そうとしたその瞬間
အပြုခံရ[əpju. k'an ja.]（動）される、やられる
အပြုခံသူ[əpju. k'an ja.du]（名）される人、施される人
အပြုသဘော[əpju. cəbɔ:]（名）前向きの姿勢、建設的意向
အပြုသဘောဆောင်[əpju. dəbɔ: s'aun]（動）前向きだ、建設的だ
အပြုအကျင့်[əpju.etʃin.]（名）行為、行動
အပြုအစု[əpju.əsu.]（名）世話、介護、看護
အပြုအပြင်[əpju.əpjin]（名）①飾り、装飾 ②繕、手直し、修正、訂正
အပြုအမူ[əpju.əmu]（名）動作、行為、行動、振舞い、仕事
အပြုအင်အား:[əpju. in a:]（名）建設的勢力、前向きのグループ
အပြူ[əpju:]（名）瞳目
အပြေအပြစ်[əpje əpjiʔ]①（名）滑らか、円滑さ、順調 ②（副）円滑に、順調に、滞りなく
အပြေအလည်[əpje əlɛ]（副）決着するまで、滞りなく、納得行くように、満足のいく形で
အပြေ:[əpje:]（名）駈けっこ、走り、走る事
အပြေ:ကောင်:[əpje: kaun:]（形）よく走る
အပြေ:ကျင့်[əpje: tʃin.]（動）走る練習をする
အပြေ:တက်[əpje: tɛʔ]（動）①駆け上がる、駆け上る ②追い越す
အပြေ:တပိုင်:ရှူ[əpje: dəbain: ʃu]①（動）息を切らせる အသက်ကိုအပြေ:တပိုင်:ရှူ:ရင်:ခြေကုန်သုတ်ခဲ့သည်။ 息を切らせながら早足で歩いた ②（副）息せき切って、呼吸も満足にしないで
အပြေ:ပြိုင်[əpje: pjain]（動）駆けくらべをする、走り比べをする、距離競走をする
အပြေ:ပြိုင်ပွဲ[əpje:pjain bwɛ:]（名）距離競走
အပြေ:ဖြောင့်[əpje: p'jaun.]（形）直進する
အပြေ:မဟုတ်[əpje: məhouʔ]（副）息せき切って、呼吸も満足にはせずに
အပြေ:မြန်[əpje: mjan]（形）走るのが速い
အပြေ:လိုက်[əpje: laiʔ]（動）走って追いかける
အပြေ:သန်[əpje: tan]（形）走るのが得意だ、走るのが巧みだ
အပြေ:အလွှား:[əpje:əlwa:]①（名）走行 ②（副）大急ぎで နံနက်စာကိုအပြေ:အလွှား:စား:ခဲ့သည်။ 朝食を大急ぎで食べてきた အပြေ:အလွှား:ဖြေရသည်။ 大急ぎで答えた အပြေ:အလွှား:ရေး:ရသည်။ 大急ぎで行水をした အပြေ:အလွှား:သွား:သည်။ 大急ぎで出かけた
အပြေ:ဦး:[əpje: u:]（動）先陣を切る、先頭を走る
အပြဲ[əpjɛ:]（名）破れ、綻び、裂け目
အပြော[əpjɔ:]（名）①話、話し方、物の言い方、話し振り ②範囲、広さ
အပြောကောင်:[əpjɔ: kaun:]（形）口がうまい、話が上手だ

အပြောကြီး[əpjɔ: tʃi:]（形）話が大きい、話が大袈裟だ、大言壮語する、自慢話をしがちだ

အပြောကျယ်[əpjɔ: tʃɛ]（形）広大だ ယူဇနာတရာအပြောကျယ်သော၍ပင်လယ်ကြီး：百由旬もあるこの広大な大海

အပြောခက်[əpjɔ: k'ɛ']（形）言いにくい

အပြောခိုင်း[əpjɔ: k'ain:]（動）話させる

အပြောခံရ[əpjɔ: k'an ja.]（動）言われる、噂される

အပြောချို[əpjɔ: tʃo]（形）話が巧みだ、口先が上手だ

အပြောစကား:[əpjɔ: zəga:]（名）話し言葉 cf. အရေးစကား:

အပြောထွား[əpjɔ: t'wa:]（形）話がでかい、大きな口を利く、でかい口を叩く

အပြောပါ[əpjɔ: pa]（形）話術が巧みだ、説得的に話をする、納得のいく話し方をする

အပြောပိုင်[əpjɔ: pain]（動）要領よく話す、要点を押えて的確に話す、話のつぼを心得ている、雄弁だ

အပြောများ[əpjɔ: mja:]（形）よく言われる、言う事が多い

အပြောမြန်[əpjɔ: mjan]（形）喋り方が早い

အပြောရခက်[əpjɔ: ja. k'ɛ']（形）言いにくい、話しにくい

အပြောလည်ပတ်ချီ[əpjɔ:lɛba' tʃota]（動）話し方が巧みだ

အပြောလွယ်[əpjɔ: lwɛ]（形）話し易い、言い易い

အပြောသမား:[əpjɔ: dəma:]（名）①弁士 ②口先だけで実行を伴わない人

အပြောသန်[əpjɔ: tan]（形）口が達者だ

အပြောအဆို[əpjɔ: əs'o]（名）①話し方 ②酷評

အပြောအဟော[əpjɔ: əhɔ]（名）講演

အပြို[əpjo]（名）崩壊

အပြက်[əpjɛ']（名）おふざけ、軽はずみ、不真面目

အပြက်အချော်[əpjɛ' ətʃɔ]（名）不真面目な話、おふざけ、軽はずみ

အပြက်အပြက်[əpjɛ' əpjɛ']（副）面白半分に、冗談に、ふざけて

အပြောက်[əpjɑ']（名）①斑点 ②建物の飾り、彫刻

အပြောက်အပိန်:[əpjɑu' əpein:]（名）斑紋を施した彫刻

အပြောက်အမွမ်:[əpjɑu' əmun:]（名）建物の彫刻

အပြင်[əpjin]①（名）外、外部、屋外 ②平面 ③（助）ほかに、他に、以外に、更に လှတဲ့အပြင်ကြည့်လဲ့ကစီအေးတယ်။ 美しいだけでなく眼に爽やかでもある ဆုပစ္စည်းအပြင်ဆုငွေလည်းရမယ်။ 賞品以外に賞金も貰える မီးသင့်ကျောက်အပြင်အသင့်ပြောင်း:ကျောက်ဆိုတာမျှိုးရှိတယ်။ 火成岩の外に変成岩というのもある လုံချည်တွေဝယ်ပေးတဲ့အပြင်ငွေ:ဆယ်သပ်သပ်ပေးသေးတယ်။ ロンジーを買ってくれただけでなくお金も50チャッ別に呉れた တို့နင့်ကို့ကျေး:ဇူးမတင်တဲ့အပြင်တောင်ပြောလိမ့်အုံးမယ်။ 我々は君に感謝しないだけでなく非難さえする事になる

အပြင်တာရာ[əpjin taja]（名）二十七宿の軌道の外側にある星座二十八

အပြင်တိမ်[əpjindein]（病）白内障、しろそこひ cf. အတွင်:တိမ်

အပြင်ထွက်[əpjin t'wɛ']（動）外出する

အပြင်ထောင်[əpjin daun.]（名）外角

အပြင်နား:[əpjin na:]（名）外辺

အပြင်ပ[əpjinba.]（名）外、外部

အပြင်ပန်:[əpjinban:]（名）表面、外部、外面

အပြင်ပန်:မြင်ကွင်:[əpjinban: mjingwin:]（名）外観

အပြင်ဖက်[əpjinbɛ']（名）外側

အပြင်ဘဝေါ[əpjin bəwɔ:]（名）（王朝時代の）高貴な身分5位階の一つ cf. နေရာငါးသွယ်

အပြင်ဘက်[əpjinbɛ']→အပြင်ဖက်

အပြင်မထွက်ရအမိန့်[əpjin mət'wɛ'ja. əmein.]（名）外出禁止令

အပြင်လူ[əpjin lu]（名）外部の者、局外者

အပြင်လူနာ[əpjin luna]（名）外来患者、通院患者

အပြင်လူနာစမ်:သပ်ခန်:[əpjin luna san:ta' k'an:]（名）外来患者診察室

အပြင်လောက[əpjin lɔ:ka.]（名）外界、外部の世界

အပြင်သုံ:ဆယ်ခုနှစ်မင်:[əpjin toun:zɛ.k'unnə min:]（名）四天王を含む三七体の神々

အပြင်သွား:[əpjin twa:]（動）①外出する ②用足しに行く

အပြင်အဆင်[əpjin əs'in]（名）用意、準備

အပြင်အဆင်ကောင်:[əpjin əs'in kaun:]（形）用意がよい、手配がよい

အပြင်အပ[əpjin əpa.]（名）外部、外側

အပြင်အလျှာ[əpjin əlja]（名）様子、格好

အပြင်အောင်:ခြင်:[əpjin aunʤin:]（名）釈尊によるᅠ魔羅、アーラーワカ羅刹、ナーラーギリ象等外敵8種の調伏、寺子屋教育の必須教科の一つ ＝အောင်:ခြင်:ရှစ်ပါ:

အပြင်:[əpjin:]（名）①濃さ、濃厚さ လိမ္မော်ရည်အပြင်: 濃縮ジュース ②強烈 ③（副）激しく、猛烈に

強烈に、強力に
အပြင်းခေါ် [əpjin: k'ɔ] (動) 無理に連行する
အပြင်းဆုံး [əpjin:zoun:] (副) 最も激しい
အပြင်းထန်ဆုံးဖြစ် [əpjin:t'anzoun: p'ji'] (形) 一番激しい、最も激烈だ
အပြင်းဖျား [əpjin: p'ja:] (動) 高熱を発する
အပြင်းအထန် [əpjin: ət'an] (副) 激しく、猛烈に ဒဏ်ရာအပြင်းအထန်ရသည်။ 重傷を負った အပြင်းအထန်ကိုက်သည်။ 激しく痛む အပြင်းအထန်ကန့်ကွက်သည်။ 猛烈に反対した အပြင်းအထန်ခုခံသည်။ 激しく抵抗した

အပြောင် [əpjaun] (名) ①戯れ、おふざけ ②光り輝き、艶 ③妾
အပြောင်မယား [əpjaun məja:] (名) 妾
အပြောင်အပျက် [əpjaun əpje'] (名) おふざけ、悪ふざけ、ばか騒ぎ、どんちゃん騒ぎ
အပြောင်အလျောင် [əpjaun əlaun] (名) ふざけ、からかい、揶揄 အပြောင်အလျောင်ခံသည်။ 揶揄される、からかわれる အပြောင်အလျောင်ပြောသည်။ ふざけて言う、揶揄する

အပြောင်း [əpjaun:] (名) 変化、変動、変遷、移り変り
အပြောင်းအရွှေ့ [əpjaun: əʃwe:] (名) ①移動、移転 ②転勤
အပြောင်းအလဲ [əpjaun: əlɛ:] (名) ①変化、変動 ②交替

အပြိုင် [əpjain] ① (名) 競争相手、対抗相手 ②平行 ③ (副) 競い合って、争って、張り合って、肩を並べて မြင်းအပြိုင်စီးသည်။ 競って馬を走らせる ③同時に、付随して
အပြိုင်အဆိုင် [əpjain əs'ain] ① (名) 競争、対抗 ② (副) 競い合って、張り合って ဗူးသီးများကအပြိုင်အဆိုင်သီးနေပြီ။ フクベの実が競い合うように成っている လက်နက်များကိုအပြိုင်အဆိုင်တင်သွင်းသည်။ 武器を競争して輸入している
အပြိုင်းပြိုင်း [əpjain:bjain:] (副) 目立って、浮き上がって、筋になって、筋模様になって နံရိုးအပြိုင်းပြိုင်းပေါ်သည်။ 肋骨が浮き上がって見える
အပြိုင်းအရိုင်း [əpjain:əjain:] (副) ずらりと、一杯、ぞろぞろと

အပြစ် [əpji'] (名) ①罪、罪悪 ②犯罪、違反 ③過失、過ち ④欠点、欠陥、瑕疵
အပြစ်ကင်း [əpji' kin:] (形) ①罪はない、無罪だ、無実の、過ちはない、潔白だ、清廉だ、非の打ち所がない ②無邪気だ
အပြစ်ကင်းစင် [əpji' kin:sin] = အပြစ်ကင်း

အပြစ်ကင်းမဲ့ [əpji'kin: mɛ.] = အပြစ်ကင်း
အပြစ်ကြီး [əpji' tʃi:] (形) 極悪の罪だ、大罪だ
အပြစ်ကျ [əpji' tʃa.] (形) 咎められる、責められ
အပြစ်ကျူးလွန် [əpji' tʃu:lun] (動) 罪を犯す
အပြစ်စွဲဆို [əpji' swɛ:s'o] (動) ①非難する ②告発する、提訴する
အပြစ်ဆို [əpji' s'o] (動) 咎める、非を責める、非難する
အပြစ်တင် [əpji' tin] (動) 責める、非難する
အပြစ်တင်ခံရ [əpji'tin k'an ja.] (動) 責められる、非難される
အပြစ်တင်ချက် [əpji'tinʥe'] (名) 非難事項
အပြစ်ဒဏ် [əpji'dan] (名) 罰、刑罰 အပြစ်ဒဏ်ခပ်သည်။ 罰する、処罰する အပြစ်ဒဏ်ပေးသည်။ 罰を与える、処罰する အပြစ်ဒဏ်ပေးခြင်းခံသည်။ 処罰に耐える အပြစ်ဒဏ်ပေးခြင်းခံရသည်။ 処罰される
အပြစ်ပေး [əpji' pe:] (動) 処罰する、懲罰する
အပြစ်ပေးခံရ [əpji'pe: k'an ja.] (動) 処罰される、有罪とされる、咎められる
အပြစ်ပေါ့ [əpji' pɔ.] (形) 罪が軽い
အပြစ်ပြု [əpji' pju.] (動) 罪を犯す、過ちを犯す
အပြစ်ပြေ [əpji' pje] (動) 罪が消える、罪が解消する
အပြစ်ပြော [əpji' pjɔ:] (動) 咎める、批判する
အပြစ်ပြောခံရ [əpji'pjɔ: k'an ja.] (動) 咎められる、批判される、非難される
အပြစ်ပို့ [əpji' p'o.] (動) 責任を転嫁する、罪を被せる
အပြစ်ဖြေ [əpji' p'je] (動) 罪を償う、贖罪する
အပြစ်မကင်း [əpji' mɛkin:] (動) 罪から免れない、非難に値する
အပြစ်မရှိ [əpji' mɛʃi.] (形) 無罪だ、清廉だ、潔白だ
အပြစ်မဲ့ [əpji' mɛ.] (形) 汚れのない、無垢の、罪のない
အပြစ်မြင် [əpji' mjin] (動) あら探しをする、欠点探しをする
အပြစ်ယူ [əpji'ju] (動) 罪だと見る、罪だと見なす
အပြစ်ရောက် [əpji' jau'] (動) 罪となる、有罪となる
အပြစ်ရှာ [əpji' ʃa] (動) あら探しをする、欠点を探す
အပြစ်ရှိ [əpji' ʃi.] (動) 罪がある、有罪だ
အပြစ်ရှစ်ပါး [əpji' ʃi.pa:] (名) 破滅に至る8種の行為
အပြစ်လွတ် [əpji' lu'] (動) 無罪となる、罪が赦さ

အပြည်

れる
အပြစ်လွှဲချ[əpji' ɬwɛː'ʧa.]（動）責任を転嫁する
အပြစ်လွှတ်[əpji' ɬu']（動）罪を赦す、免罪する
အပြစ်အနာ[əpji' əna]（名）瑕、欠陥
အပြစ်အနာအဆာ[əpji' əna əs'a]＝အပြစ်အနာ
အပြစ်အန္တရာယ်[əpji' andəjɛ]（名）罪過、危害
အပြည့်[əpje.]①（名）一杯、充満 ②（副）一杯に、隙間なく、満々と、なみなみと ရေအပြည့်ထည့်ထား သည်။ 水をなみなみと入れてある ဝမ်းဗိုက်အပြည့်စား သည်။ 腹一杯食べた
အပြည့်သာ:[əpje.da:]（副）既に充分、とっくに一杯 ရိက္ခာနှင့်ပစ္စည်းများအပြည့်သားဖြစ်နေသည်။ 食糧も備品も既に完備している
အပြည့်အစုံ[əpje.əsoun]①（名）完璧、完全、完備 ②（副）十分に、存分に、たっぷりと တန်ဆာပလာ အပြည့်အစုံရှိသည်။ 諸道具は全て揃っている လိပ်စာ အပြည့်အစုံရေးပါ။ 住所を省略せずに書きなさい မိန့် ခွန်းအပြည့်အစုံမှာအောက်ပါအတိုင်းဖြစ်သည်။ 演説の全文は次の通りである
အပြည့်အလျှံ[əpje.ə.ʃan]①（名）充満 ②（副）なみなみと、満々と
အပြည့်အဝ[əpje.əwa.]（副）完全に、全面的に、十分に、たっぷりと အပြည့်အဝပေးဆပ်သည်။ 完済する လျှပ်စစ်ဓာတ်အား အပြည့်အဝရရှိသည်။ 電気は十分に得られる ငြိမ်းချမ်းမှုရဲ့လဒ်မျာကိုအပြည့်အဝစားးနိုင် တော့သည်။ これで平和の成果をたっぷりと享受する事ができる
အပြည့်အသိပ်[əpje.ətei]（副）ぎっしりと、充満して သိမှတ်ဖွယ်များအပြည့်အသိပ်ပါဝင်နေ၏။ 覚えておくべき事柄がぎっしりと含まれている
အပြည်[əpje]（名）緬升
အပြည်ပြည်ဆိုင်ရာ[əpjebje s'ain ja]（形）国際的な
အပြည်ပြည်ဆိုင်ရာငြိမ်းချမ်းရေး[əpjebje s'ain ja ɲein:dʑan:je:]（名）国際平和
အပြည်ပြည်ဆိုင်ရာငွေကြေးရံပုံငွေအဖွဲ့[əpjebjes'ain ja ŋwetʃe:janbounŋwe əp'wɛ.]（名）国際通貨基金、IMF
အပြည်ပြည်ဆိုင်ရာစာချုပ်လွှာ[əpjebje s'ain ja saʧuɬwa]（名）国際条約文書
အပြည်ပြည်ဆိုင်ရာရာဇဝတ်ရဲတပ်ဖွဲ့[əpjebje s'ain ja jazəwu' jɛ:əp'wɛ.dʑou']（名）国際刑事警察機構、インターポール
အပြည်ပြည်ဆိုင်ရာရေပြင်[əpjebje s'ain ja je bjin]（名）公海
အပြည်ပြည်ဆိုင်ရာလေဆိပ်[əpjebje s'ain ja lezei']（名）国際空港
အပြည်ပြည်ဆိုင်ရာလွတ်ငြိမ်းချမ်းသာခွင့်အဖွဲ့[əpjebje s'ainja lu'ɲein:tʃan:dagwin. əp'wɛ.]（名）アムネスティー・インターナショナル
အပြည်ပြည်ဆိုင်ရာလုပ်သမားအဖွဲ့[əpjebje s'ain ja əlou'təma: əp'wɛ.]（名）国際労働機構、ILO
အပြည်ပြည်ဆိုင်ရာဥပဒေ[əpjebje s'ainja u.bə de]（名）国際法
အပြည်ပြည်အရပ်ရပ်[əpjebje əjwajwa]（名）各国各地
အပြတ်[əpja']①（名）切断、断絶 ②（副）きっぱりと အပြတ်ပြောသည်။ 断言した ③悉く、一切合切、徹底的に အများမမြင်တုန်းအပြတ်ဝါးရမယ်။ 皆に見られない内に全部食い尽してやろう ဒီကြွက်တွေကိုအပြတ် နှိမ်နင်းရမယ်။ この鼠達を徹底的に駆除しなければならない
အပြတ်ခံ[əpja' k'an]（動）切れる事に耐える、無くなる事に耐える
အပြတ်အသတ်[əpja'əta']（副）①すっかり、圧倒的に အပြတ်အသတ်နိုင်သည်။ 圧勝する ②断固として、きっぱりと ③紛う事なく、間違いなく
အပြတ်အသတ်မကွာ[əpja'əta' məkwa]（動）接戦状態だ
အပြုတ်[əpjou']（名）①煮炊き、茹でたもの ②（副）徹底的に
အပြုတ်တိုက်[əpjou' tai']（動）徹底的に攻撃する、壊滅するまで攻撃する
အပြန်[əpjan.]（名）偏平なもの、平面
အပြန်[əpjan]（名）帰り、帰途
အပြန်ခရီး[əpjan k'əji:]（名）帰り道、復路
အပြန်တရာ[əpjan təja]（副）夥しく
အပြန်လမ်း[əpjan lan:]（名）帰路、帰り道
အပြန်အလှန်အလှန်[əpjanbjan əɬanɬan]（副）①繰返し、何度も ②相互に、交互に ③前後に、行ったり来たり
အပြန်အလှန်[əpjan əɬan]（副）相互に、交互に အပြန်အလှန်နှုတ်ခွန်းဆက်သည်။ 互いに挨拶を交わした အပြန်အလှန်စဉ်စွဲသည်။ 互いに語り合った အပြန်အလှန် ဆွဲသည်။ 互いに引張り合った အပြန်အလှန်ပစ်ခတ် သည်။ 相互に撃ち合う အပြန်အလှန်ပြောဆိုသည်။ 互いに語り合う အပြန်အလှန်မေးမြန်းသည်။ 互いに尋ね合う
အပြန်အလှန်ကုန်သွယ်မှု[əpjan əɬan kounṭwe mu.]（名）相互貿易
အပြန်အလှန်ဆက်ဆံမှု[əpjan əɬan s'ɛ's'anmu.]

（名）相互交流
အပြန်အလှန်ပစ်ခတ်မှု[əpjan əɬan pji'k'a'mu.]
（名）相互射撃、相互発砲
အပြန်အလှန်ပြောခန်း[əpjan əɬan pjɔ:gan:]
（名）対話の場面
အပြန်အလှန်ပြောဆိုမှု[əpjan əɬan pjɔ:s'omu.]
（名）対話
အပြန်အလှန်ဖလှယ်ရေး[əpjan əɬan p'əɬɛje:]
（名）相互交流、相互交換
အပြိုလိုက်[əpjoun lai']（副）一斉に、まとまって、どっそりと အပြိုလိုက်သတ်ဖြတ်မှု 大虐殺
အပြိုး[əpjoun:]（名）微笑み、微笑
အပြိုးပျက်[əpjoun: pjɛ']（動）笑みが消える
အပြိုးမပျက်[əpjoun: məpjɛ']（副）笑みを絶やさず、絶えず微笑しながら
အပွ[əpwa.]（名）ゆるみ、弛緩
အပွား[əpwa:]（名）①増加 ②利子、利息
အပွေ့[əpwe.]（名）抱擁
အပွေ့အပိုက်[əpwe.əpai']（名）抱擁
အပွေး[əpwe]（名）乱れ、混乱、どさくさ
အပွေးအရှုပ်[əpwe əʃou']（名）混乱、ややこしさ လူပွေးလူရှုပ် 皆の嫌われ者、鼻つまみ者
အပွေး[əpwe:]（名）鱗状の樹皮、樹木の外皮
အပွေးပိုး[əpwe:bo:]（虫）（植物につく）アブラムシ
အပွေးမြင်အပင်သိ၊အသွေးမြင်အသွင်သိ။（諺）百聞は一見に如かず、一事が万事（外皮を見れば樹木が判る）
အပွေးအခေါက်[əpwe: ək'au']（名）鱗状の樹皮
အပွဲ့ပွဲ့[əpwe:bwɛ: ŋwɛ.]（動）様々な祭礼を催す
အပွင့်[əpwin.]（名）①花 ပဲပွင့် 豆の花 နှမ်းပွင့် 胡麻の花 ဖရုံပွင့် 南瓜の花 ဂေဒါပွင့် ホテイアオイの花 ငှက်ပျောပွင့် バナナの花 ပန်းပွင့် 花びら cf. ပန်း ②（塩、砂糖等の）顆粒、結晶
အပွင့်ပွင့်[əpwin. pwin.]（動）花が咲く、開花する
အပွန်း[əpun:]（名）擦り、擦過傷
အပွန်းအပဲ့[əpun:əpɛ.]（名）擦り傷、擦り剥き、擦過傷
အပျစ်[əpju']（名）（果物の）房
အပျစ်အရှတ်[əpju'əʃu']（副）ふさふさして、房状に
အဖ[əp'a.]（名）①父 ②（鶏の）雄 ကြက်ဖ 雄鶏
အဖမဲ့သား:[əp'a.mɛ. ta:]（名）父なし子
အဖာ[əp'a]（名）（衣服の）つぎ、つぎはぎ、繕い
အဖိ[əp'i.]（名）①押え、圧力 ②紙抑え、文鎮 ③高祖父（曽祖父の父）
အဖိနှိပ်ခံ[əp'i.ṇei'k'an]（名）被抑圧者

အဖိအနှိပ်[əp'i.əṇei']（名）抑圧
အဖီ[əp'i]（名）下屋（げや）、庇部屋、差し掛け小屋、軒下の寄生小屋、派生家屋
အဖီအိမ်[əp'i ein]（名）下家（げや）、庇部屋、張出し部屋
အဖီး[əp'i:]（名）①みみず腫れ、むち跡 ②バナナの房 cf. အခိုင်
အဖီးအလိမ်း[əp'i: əlein:]（名）化粧
အဖု[əp'u.]（名）①突起、瘤 ②球茎 ③（病）吹き出物、丘疹、せつ、ねぶと
အဖုပေါက်[əp'u. pau']（動）発疹ができる、吹き出物ができる
အဖုကျိတ်[əp'u. ətʃei']（病）発疹、腫れ、吹き出物、ぶつぶつ、結節
အဖုအတိ[əp'u. ət'i']（名）ぶつぶつ、でこぼこ、瘢痕
အဖုအတိများ:[əp'u.ət'i' mja:]（形）でこぼこが多い、瘢痕面だ、ごつごつする
အဖုပိမ့်[əp'u. əpein.]（名）①発疹 ②凹凸
အဖုပိမ့်တ[əp'u. əpein. t'a.]（動）発疹で出る
အဖူး[əpu:]（名）①蕾 ငှက်ပျောဖူး: バナナの蕾 စပယ်ဖူး: ジャスミンの蕾 မုန်တိုင်ဖူး インドソテツの蕾 ②参詣、参拝
အဖူးထွက်[əp'u. t'wɛ']（動）参詣に出かける
အဖူးအငုံ[əp'u. ɛŋoun]（名）蕾
အဖူးအနုန့်[əp'u. əŋun.]=အဖူး①
အဖူးအမြှင်[əp'u. əmjin]=အဖူး②
အဖေ[əp'e]（名）父、父親
အဖေသာ:[əp'edu ta:]（名）父親似
အဖေတူအမေကွဲ[əp'edu əmegwɛ:]（名）腹違いの兄弟 အဖေတူအမေကွဲနှမ 腹違いの妹
အဖေအမေ[əp'e əme]（名）父母＝မိဘ
အဖေး:[əp'e:]（名）①かさぶた ②曾祖父
အဖော်[əp'ɔ]（名）①連れ、伴侶、仲間 ကစားဖော် 遊び仲間 စကားပြောဖော် 話友達 ②（薬の）調合
အဖော်ခေါ်[əp'ɔ k'ɔ]（動）連れとして誘う
အဖော်ခေါ်စာ[əp'ɔ sa']（動）誘う、仲間に誘う
အဖော်ခေါ်ရှိ[əp'ɔ ɲi]（動）誘う、誘い掛ける、仲間を募る、勧誘する
အဖော်ပါ[əp'ɔ pa]（動）連れ立つ、同伴する
အဖော်ပြု[əp'ɔ pju.]（動）仲間とする、友とする
အဖော်မဲ့[əp'ɔ:mɛ.]（動）連れ無しだ、仲間が居ない
အဖော်မျှော်[əp'ɔ mjɔ]（動）連れを待つ、仲間が来るのを待ち望む
အဖော်ရ[əp'ɔ ja.]（動）ちゃんとしてくれる、務めをきちんと果してくれる、助けになる、貢献する、

အဖော်လိုက်

役立つ စကားပြောဖော်ရသည်။ ちゃんと話してくれる မိဘကိုကူဖော်ရသည်။ 親の手伝いをちゃんとしてくれる သတင်းမေးဖော်ရသည်။ ちゃんと情報を確かめてくれる လယ်ကိုဝိုင်း၍ထွန်ဖော်ရသည်။ 田圃を皆で耕してくれる ကန်သင်းပေါက်ဖော်ရသည်။ 畦をちゃんと作ってくれる

အဖော်လိုက်[əp'ɔ laiʔ] (動) 連れとして同行する、仲間としてついて行く

အဖော်သွေး[əp'ɔ twe:] (動) 仲間として誘う ကျုပ်ကိုအဖော်မသွေးပါနဲ့။ 僕を仲間には引き込むな

အဖော်အစပ်[əp'ɔ əsaʔ] (名) (薬の) 調合

အဖော်အဖက်[əp'ɔ əpʔɛʔ] (名) 仲間 တိုင်ပင်ဖော် တိုင်ပင်ဖက် 相談仲間

အဘော်အဘက်[əp'ɔ əpʔɛʔ] →အဖော်အဖက်။ ကစားဘော်ကစားဘက် 遊び仲間、遊び友達

အဖို့[əp'ò.] ①(名) 分け前、割当て、分配 ②(助)~にとって、のためには ပြည်သူတို့အဖို့စားအနေအနည်းငယ်ချောင်လည်ညသည်။ 国民にとって暮しが幾らか楽になった ခွေးကလေးအဖို့အရိုးဟာအကောင်းဆုံးပေါ့။ 犬にとって骨は最高さ

အဖို[əp'ò] (名) (動物、鳥、昆虫、植物の) 雄、牡 ဆင်ဖို 牡象 မြင်းဖို 牡馬 မြေခွေးဖို 牡狐 ယုန်ဖို 雄兎 ငှက်ဖို 雄の鳥 ကျီးဖို 雄の鴉 စာဖို 雄の雀 ထန်းဖို オオギヤシの木の牡 ဝတ်ဆံဖို おしべ ②不姙、石女 (うまずめ)

အဖိုပိုး[əp'òbò:] (名) 精子

အဖိုမျိုးစေ့[əp'ò mjò:zì.] = အဖိုပိုး

အဖိုး[əp'ò:] (名) 値段、価格 စာအုပ်ဖိုး 本代 မုန့်ဖိုး 菓子代 သတင်းစာဖိုး 新聞代

အဖိုးကြီး[əp'ò: tʃì:] (形) 値段が高い、高価だ

အဖိုးချို[əp'ò: tʃò] (形) 安価だ、値が安い

အဖိုးတန်[əp'ò: tan] (形) 貴重だ、値打ちがある、価値がある အဖိုးတန်တဲ့ရှေးဟောင်းရုပ်တု။ 貴重な古代の彫像

အဖိုးတပ်[əp'ò: taʔ] (動) 値をつける、価格を表示する

အဖိုးထိုက်[əp'ò: t'aiʔ] (形) 値打ちがある、価値がある

အဖိုးထိုက်တန်[əp'ò: t'aiʔtan] = အဖိုးထိုက်တန်

အဖိုးနည်း[əp'ò: nɛ:] (形) 安価だ、値段が安い

အဖိုးဖြတ်[əp'ò: p'jaʔ] (動) 評価する、鑑定する

အဖိုးရင်း[əp'ò: jìn:] (名) 原価

အဖိုးလျော့[əp'ò: jɔ.] (名) 価値が下がる

အဖိုးအတိုင်းမသိ[əp'ò: ətain: məti.] (動) 無限の価値がある、価値は計り知れない

အဖိုးအနဂ္ဃ[əp'ò: ənɛʔga.] (名) 測り知れない値打、超貴重品、超高価品、高価値

အဖိုးအနဂ္ဃထိုက်[əp'ò: ənɛʔga. t'aiʔ] (動) 計り知れない価値を持つ、著しく貴重だ、極めて高価だ

အဖိုး[əp'ò:] (名) 祖父 =ဖိုးဖိုး

အဖိုးကြီး[əp'ò: dʒì:] (名) (一般に) 爺さん、年寄り、老人 cf. အဖယ်ကြီး

အဖိုးကြီးနားရွက်[əp'ò: dʒì:nəjwɛʔ] (植) キクラゲ

အဖိုးကြီးမွတ်ဆိတ်[əp'ò: dʒì: mouʔs'eiʔ] (植) 羊歯の一種

အဖိုးအို[əp'ò:ò] (名) 老人、年寄り、高齢者

အဖက်[əpʔɛʔ] (名) ①抱擁 ②伴侶、仲間、同僚

အဖက်တန်[əpʔɛʔ tan] (動) 似つかわしい、仲間に相応しい

အဖက်ဖက်[əpʔɛʔpʔɛʔ] (名) 各方面、あらゆる方面

အဖက်ဖက်က[əpʔɛʔpʔɛʔ ka.] (副) あらゆる面で、色々な面で

အဖက်ဖက်မှ[əpʔɛʔpʔɛʔ ma.] (文) =အဖက်ဖက်က

အဖက်လုပ်[əpʔɛʔ louʔ] (動) 組む、相手にする、付き合う

အဖက်အစပ်[əpʔɛʔ əsaʔ] (名) 関わり、接触

အဖောက်[əpʔauʔ] (名) ①穴開け、鑽孔 ②(紡績)の)緯 cf. အဝိုင်

အဖောက်ခံရ[əpʔauʔ k'an ja.] (動) 空巣に入られる

အဖောက်ချည်[əpʔauʔtʃì] (名) (紡績の) 縦糸

အဖောက်အတွင်း[əpʔauʔ ətwin:] (名) 鑽孔

အဖင့်[əpʔìn.] (名) 遅延

အဖတ်[əpʔaʔ] (名) ①残り滓 ပဲဖတ် 豆滓 ကွမ်းဖတ် キンマの噛み滓 ②(汁物の) 具 ③読む事、読書

အဖတ်ဆယ်[əpʔaʔ sʔɛ] (動) 更正する、取り返す、取戻す、収拾する

အဖတ်ဆယ်မရ[əpʔaʔsʔɛ məja.] (動) 取り返しがつかない、収拾がつかない

အဖတ်တင်[əpʔaʔ tin] (動) ①滓が残る、結果となる ပင်ပန်းတာအဖတ်တင်တော့သည်။ 後に残ったのは疲れだけだ ကြွေးမြီများကိုတက်လာခဲ့သည်သာအဖတ်တင်ခဲ့ပေသည်။ 結果としては債務が増大しただけだった ②正味残る、純益がある、溜まる、儲かる ရခဲ့တဲ့ငွေလေးဆယ်မှာတော့အဖတ်တင်လျက်ရှိသေးတယ်။ 入手したお金４０チャッは手元に残っている ③子供を授かる、子供が死なずに生き残る သားသမီးငါးယောက်ပင်မွေးဖွားသော်လည်းတယောက်သာအဖတ်တင်ခဲ့သည်။ 男女５人の子供が生れたけれど残ったのは一人だけだった

အဖတ်မတင်[əpʔaʔ mətin] (動) 後に残らない

အဖတ်အရည်[əpʔaʔ əje] (名) 汁と具 (実)

အဖတ်အရှု[əp'aʔ əʃu.]（名）閲読、読書
အဖိတ်[əp'eiʔ]（名）①招聘 ②溢れ、横溢
အဖိတ်နေ့[əp'eiʔne.]（名）布薩日の前日
အဖိတ်အခေါ်[əp'eiʔ ək'ɔ]（名）招き、招待、招聘
အဖိတ်အစင်[əp'eiʔ əsin]（名）①溢れ、流出 ②死亡
အဖုတ်[əp'ouʔ]（名）叢 သန်းဖုတ် モモタマナの茂み ３ဟုတ်ဖုတ် クマツヅラの茂み သင်ပေါင်းဖုတ် ロネホの茂み
အဖန်[əp'an]（名）①回、度数 ②渋味、渋さ ③緑茶、番茶
အဖန်ငါးရာငါးကမ္ဘာ[əp'an ŋa:ja ŋa:gəba]（名）未来永劫の繰返し（自殺した人は来世も引続き5百回は自殺を繰り返すとされる）
အဖန်တလဲလဲ[əp'an təlɛ:lɛ:]（副）何度も、幾度も、繰返し
အဖန်ဖန်[əp'anban]（副）再三、反復して
အဖန်ဖန်အခါခါ[əp'anban ək'aga]（副）繰返し、何度も何度も
အဖန်ရည်[əp'an je]（名）番茶、緑茶
အဖမ်း[əp'an:]（名）逮捕、拿捕、捕獲
အဖမ်းခံ[əp'an: k'an]（動）自首する、逮捕されに出頭する
အဖမ်းခံရ[əp'an: k'an ja.]（動）捉えられる、逮捕される
အဖမ်းခံရသူ[əp'an: k'an ja.du]（名）逮捕された者、拘束された者
အဖမ်းအဆီး[əp'an: əs'i:]（名）逮捕
အဖမ်းအဆီးခံရ[əp'an: əs'i: k'an ja.]（動）逮捕される
အဖုံဖုံ[əp'ounboun]（形）様々な、色々な နည်းအဖုံဖုံ 色々な方法 မေးခွန်းအဖုံဖုံထုတ်သည်။ 種々の質問を行った
အဖုံး[əp'oun:]（名）蓋、カバー、遮蔽物
အဖုံးပွင့်[əp'oun: pwin.]（動）蓋が開く
အဖုံးဖုံး[əp'oun: p'oun:]（動）蓋をする
အဖုံးအပိတ်[əp'oun: əpeiʔ]（名）蓋、遮蔽物
အဖုံးအပိတ်တံခါးရွက်[əp'oun:əpeiʔ dəgəjwɛʔ]（名）観音開きの扉
အဖုံးအအုပ်[əp'oun: əouʔ]（名）蓋、遮蔽
အဖျား[əp'ja:]（名）①熱発、熱病 ②端、尖端 နှုတ်ဖျား: 口の端 ③遠縁の者、遠い親戚
အဖျားကျ[əp'ja: tʃa.]（動）熱が下がる
အဖျားခတ်[əp'ja: k'aʔ]（動）①撫で打ちする、鞭打つ ②とばっちりを食う、側杖を食う、影響を蒙る

အဖျားချ[əp'ja: tʃa.]（動）（文章で）句末を結ぶ
အဖျားချဆေး[əp'ja:tʃa. ze:]（名）解熱剤、熱冷まし
အဖျားဆေး[əp'ja:ze:]＝အဖျားချဆေး
အဖျားဆုတ်[əp'ja: s'ouʔ]（動）熱が下がる
အဖျားဆွတ်[əp'ja: s'uʔ]（動）①一端しか理解できない、一部分しか聞き取れない、不完全にしか判らない ②名前の一部を省く、名前の後半のみを呼ぶ、略称する အဖျားဆွတ်ပြီးခေါ်သည်။ 名前を略称する
အဖျားတက်[əp'ja: tɛʔ]（動）熱が出る、熱発する、熱が上がる
အဖျားတိုင်း[əp'ja: tain:]（動）熱を測る
အဖျားဖြတ်ဆေး[əp'ja:bjaʔ s'e:]（名）解熱剤、熱さまし
အဖျားရောဂါ[əp'ja: jɔ:ga]（病）熱病
အဖျားရှူ[əp'ja: ʃu:]（動）①次第に先が細くなる、先細りになる、先端が尖る ②竜頭蛇尾に終る、尻すぼみになる、失敗に終る
အဖျားဝင်[əp'ja: win]（動）熱病に罹る
အဖျားအနာကင်း[əp'ja:əna kin:]（動）無病息災だ
အဖျော့[əp'jɔ.]（名）（色彩の）淡さ、薄さ
အဖျော်[əp'jɔ]（名）①果汁、フルーツジュース、飲物 ②娯楽
အဖျော်ယမကာ[əp'jɔ jəməka]（名）①飲み物、清涼飲料、ジュース、サイダー類 ②アルコール飲料、リキュール
အဖျော်ရည်[əp'jɔ je]（名）果汁、清涼飲料
အဖျက်[əp'jɛʔ]（名）破壊
အဖျက်ခိုင်း[əp'jɛʔ k'ain:]（動）①破壊させる ②妨げさせる
အဖျက်ခံ[əp'jɛʔ k'an]（動）破壊に耐える、破壊を堪え忍ぶ
အဖျက်စွမ်းအား[əp'jɛʔ swan:a:]（名）破壊力
အဖျက်စွမ်းအားကြီးမား[əp'jɛʔswan:a: tʃi:ma:]（形）破壊力が大きい
အဖျက်ပိုး[əp'jɛʔ po:]（動）害虫
အဖျက်မခံ[əp'jɛʔ mək'an]（動）破壊に耐えない、破壊を堪えない ကျွပ်အိမ်အဖျက်မခံနိုင်ဘူး။ 僕は家の破壊には耐えられない
အဖျက်လုပ်ငန်း[əp'jɛʔ louʔŋan:]（名）破壊活動
အဖျက်ဝါဒ[əp'jɛʔ wada.]（名）破壊主義
အဖျက်သဘော[əp'jɛʔ dəbɔ:]（名）破壊の意向、妨害的精神
အဖျက်သမား[əp'jɛʔ təma:]（名）（政治的）破壊

အဖျက်အဆီး

分子、破壊者

အဖျက်အဆီး[əp'jɛˀ əs'i:] (名) 破壊、損壊

အဖျက်အင်အား၈[əp'jɛˀ in a:zu.] (名) 破壊勢力、破壊分子

အဖျင်း[əp'jin:] (名) ①（穀類の）しいら、しいな（実入りがない、殻だけ） ②無用物、役立たず ③無駄話、雑談

အဖျင်းဆုံး[əp'jin:zoun:] (副) 最低、最小、少なくとも လယ်သမား:တအိမ်ထောင်ဟာအဖျင်းဆုံးငရုတ်သီးတနှစ်ကဆယ်ပိဿာသုံးမယ်။ 農家1世帯ではトウガラシを年間最低3緬斤は消耗するだろう လယ်သီးစား:ချထား:သောလယ်တွင်အဖျင်း:သုံးဆယ်ငါးတင်:ထွက်နိုင်သည်။ 小作農地では最低35緬斗は収穫可能だ ငါးနှစ်ကြာရင်ခင်ဗျား:အဖျင်း:ငွေသုံး:ထောင်ချမ်:သာမယ်။ 5年経てば貴方は最低3千チャッは儲かるだろう

အဖျင်းစကား:[əp'jin: zəga:] (名) 雑談、無駄話

အဖျင်းပြော[əp'jin: pjɔ:] (動) 無駄話をする、軽口を叩く

အဖျင်းဖယ်[əp'jin: p'ɛˀ] (動) 怠ける

အဖျာဖျာ[əp'jabja] (形) 様々な、色々な ဗဟုသုတအဖျာဖျာ 常識、雑学 လူမှုရေးရာအဖျာဖျာ 社会生活でのあれこれ、娑婆世界の一般常識

အဖြီး[əp'ji:] (名) ①知ったかぶり、はったり、こけおどし ②多量、大量

အဖြီးသမား:[əpji:dəma:] (名) 知ったかぶり、はったり屋

အဖြူ[əp'ju] (名) 白 မျက်ဖြူ 白眼 မျက်နှာဖြူ 白人 မြေဖြူ 白墨 အင်္ကျီဖြူ 白い上着

အဖြူထည်[əp'judɛ] (名) ①骨格、骨組み ②半加工品、仕上げの済まない製品

အဖြူရောင်[əp'ju jaun] (名) 白色

အဖြူရောင်နယ်မြေ[əp'jujaun nɛmje] (名) 安全地域、合法地域、治安が確立した地域、政府支配地域

အဖြူလူ[əp'ju lu] (名) 白子、色素欠乏症、アルビノ

အဖြူအမဲ[əp'ju əmɛ:] →အဖြူအမည်:

အဖြူအမည်:[əp'ju əmɛ:] (名) ①白黒 ②（写真の）白黒、モノクロ

အဖြူအမည်:ကွဲ[əp'ju əmɛ: kwɛ:] (動) はっきりしている、きっぱりしている

အဖြူအမည်:တီဗွီ[əp'ju əmɛ: tibwi] (名) 白黒テレビ

အဖြူအမည်:ဓာတ်ပုံ[əp'ju əmɛ: daˀpoun] (名) モノクロ写真、白黒写真

အဖြေ[əp'je] (名) ①答え、解答 ②回答、応答

အဖြေစာရွက်[əp'je sajwɛˀ] (名) 回答用紙、答案用紙

အဖြေတိုက်[əp'je taiˀ] (動) 答案を照合する

အဖြေပေး:[əp'je pe:] (動) 答える、回答する

အဖြေရ[əp'je ja.] (動) 答が得られる

အဖြေရကြပ်[əp'je ja. tʃaˀ] (形) 返答に窮する

အဖြေရခက်[əp'je ja. kˀɛˀ] (形) 答えにくい、答えるのが難しい

အဖြေရှာမရဖြစ်[əp'je ʃa məja. p'jiˀ] (動) 解らない、見当がつかない、答が見出せない

အဖြေလွှာ[əp'je ɬwa] (名) 答案用紙

အဖြိုက်ကျောက်[əp'jaiˀ tʃauˀ] (鉱) タングステン鉱

အဖြိုက်နက်[əp'jaiˀnɛˀ] (鉱) タングステン（鉄マンガン重石）

အဖြောင့်[əp'jaun.] (名) ①真直ぐ ②真実

အဖြစ်[əp'jiˀ] ① (名) 出来事、状態、状況 ② (助) ～として、～の役目を、～の機能を ဆေးအဖြစ်သောက်ရတာဘဲ။ 薬として飲んでいるのだ အခမ်း:အနား:မှူ:အဖြစ်ကျွန်တော်ကဆောင်ရွက်ပါတယ်။ 司会者の仕事は私が務めました

အဖြစ်ခံယူ[əp'jiˀ kˀan ju] (動) ～として受け止める

အဖြစ်ဆိုး:[əp'jiˀsˀo:] (名) 苦境、窮境、災難

အဖြစ်တူ[əp'jiˀtu] (名) 同じ出来事、似た出来事、類似の出来事

အဖြစ်နဲ့[əp'jiˀnɛ.] (助) ～として、～の立場で

အဖြစ်နှင့်တည်ရှိ[əp'jiˀnɛ. tiʃi.] (動) ～の立場で存在する、～の役割で存在する

အဖြစ်ဖြင့်[əp'jiˀ p'jin.] (助) ～として、～の立場で ကျွန်တော်သမား:အဖြစ်ဖြင့်လုပ်ကိုင်စား:သောက်နေသည်။ 船頭として暮している

အဖြစ်များ:[əp'jiˀ mja:] (形) 発生が多い、よく起る

အဖြစ်မျိုး:[əp'jiˀmjo:] (名) 類の出来事、類の状態

အဖြစ်မှ[əp'jiˀma.] (副) ～の状態から、～の立場から

အဖြစ်မှန်[əp'jiˀman] (名) 真相

အဖြစ်ရ[əp'jiˀ ja.] (動) ～の地位を得る、～の役柄を得る、～として獲得する

အဖြစ်လဲ[əp'jiˀ lɛ:] (動) 変形する、変容する

အဖြစ်သနစ်[əp'jiˀtəniˀ] (名) 出来事

အဖြစ်သည်:[əp'jiˀ tɛ:] (形) 過敏だ、実際以上に極端だ、異常に反応する

အဖြစ်အပျက်[əp'jiˀ əpjɛˀ] (名) 出来事

အဖြည့်[əp'je.] (名) 補充

အဖြည့်ခံ[əp'je.gan] (名) ①埋めくさ、添え物 ②

代理、代役

အဖြတ်[əp'ja']（名）（給料からの）控除、天引き

အဖြတ်အတောက်[əp'ja' ətau']（名）①切断 ②控除、天引き ③（話の）区切り、めり張り

အဖြုတ်[əp'jou']（名）取り外し、除去

အဖြုန်း[əp'joun:]（名）①浪費 ②屑、粕、切り屑

အဖွခံရ[əp'wa. k'an ja.]（動）掻き乱される、撹乱される

အဖွား[əp'wa:]（名）祖母、お婆さん ＝အဘွား

အဖွားကြီး[əp'wa:dʑi:]（名）①祖母の姉 ②老女、高齢の女性

အဖွားလေး[əp'wa:le:]（名）祖母の妹

အဖွားအို[əp'wa:o]（名）おばあさん、老婆、老女

အဖွေအရှာ[əp'we əʃa]（名）捜索

အဖွေး[əp'we:]（名）真白、純白

အဖွေးသား[əp'we:da:]（副）①真白に ②目立って ③輝いて

အဖွဲ့[əp'wɛ.]（名）①組織、団体、結社 ②詩詞 မြို့ဖွဲ့（詩の）市街篇 ကန်တော်ဖွဲ့（詩の）水辺篇

အဖွဲ့ကျ[əp'wɛ.tʃa.]（動）仲間付き合いをする、じっこんにする、気が合う、影の形に寄り添うごとく付き合う

အဖွဲ့ချုပ်[əp'wɛ.dʑou']（名）①連盟、同盟 ②団体本部、協会本部

အဖွဲ့ခွဲ[əp'wɛ.gwɛ:]（名）支部

အဖွဲ့ဖွဲ့အစည်းစည်း[əp'wɛ.bwɛ. əsi:zi:]（名）多くの組織、様々な団体

အဖွဲ့လိုက်[əp'wɛ.lai']（副）団体で、グループ毎に

အဖွဲ့ဝင်[əp'wɛ.win]（名）会員、団員、構成員、メンバー

အဖွဲ့ဝင်နိုင်ငံ[əp'wɛ.win naingan]（名）加盟国

အဖွဲ့အစည်း[əp'wɛ. əsi:]（名）組織、機構

အဖွဲ့အနွဲ့[əp'wɛ. ənwɛ.]（名）文章構成、記述、作文、作詩

အဖွဲ[əp'wɛ:]（名）（米等の）屑

အဖွင့်[əp'win.]（名）①開き、開放 ②開場、開店、設立、発足 ③解明、説明、詳解、註釈

အဖွင့်အပိတ်[əp'win. əp'ei']（名）開閉

အဖွင့်အမှာစကားပြောကြား[əp'win. əma zəga: pjɔ:tʃa:]（動）開会挨拶を述べる

အဖွပ်အလျှော်[əp'u' əʃɔ]（名）洗い物、洗濯、洗浄

အဖုံအထွာ[əp'un. ət'wa:]（名）豊満な肉体、巨大な体

အဘ[əba.]（名）①父 ②小父さん（父親位の男性への呼び掛け）

အဘိ[əbi.]（名）高祖父（祖父の父）

အဘိညာဉ်[əbeinɲan]（名）神通力、超能力 ＜パ

အဘိဓာန်[əbei'dan]（名）辞書、辞典 ＜パ

အဘိဓမ္မာ[əbi.dəma]（名）①（三蔵の中の）論蔵 ②（個人的）哲学、信念 ＜パ Abhidhamma

အဘိဓမ္မာတရားတော်ခုနစ်ကျမ်း[əbi.dəma təja:dɔ k'unnətʃan:]（名）論蔵七論（法集論、分別論、界説論、人施設論、論事論、双対論、発趣論の七つ）

အဘိဓမ္မာပိဋက[əbi.dəma bi.dəga']＝အဘိဓမ္မာ

အဘိရာဇာ[əbi.jaza]（人）アビヤーザー（タガウン王国の創設者）

အဘိသိက်[əbei'tei']（名）秘儀に与る儀式、灌頂、灌頂の儀式（国王即位の時、或いは授戒、結婚の時に頭頂に清めの水を注ぐ儀式）＜パ Snjodrls

အဘိသိက်ခံရ[əbei'tei' k'an]（動）灌頂の儀式を受ける

အဘိသိက်သွန်း[əbei'tei' tun:]（動）灌頂の儀式を執り行う

အဘီ[əbi]（名）高祖父（又は高祖父の祖父）

အဘေး[əbe:]（名）曾祖父 ＝အဘေး

အဘေးမ[əbe:ma.]（名）曾祖母

အဘေးကြောင်[əbe. dʑaun.]＝အဘယ်ကြောင့်

အဘယ်[əbɛ]（形）愛すべき

အဘယ်မယား[əbɛ mɛja:]（名）愛妻、愛すべき伴侶

အဘယ်[əbɛ]（疑代）①何 ②何と言う ③どのような、如何なる ⑤ပန်:သည်အဘယ်မည်သောပန်:နည်း။ この花は何という花なのか ⑤တောင်ကား:အဘယ်မည်သောတောင်နည်း။ この山は何と言う山なのか အဘယ်အသားကိုကြိုက်သနည်း။ 何の肉が好きか အဘယ်အကျိုးရှိပါအံ့နည်း။ いかなる利益があるのだろうか အကြောင်းကား:အဘယ်နည်း။ 原因は何なのか

အဘယ်ကို[əbɛ go]（疑副）何を အဘယ်ကိုအလိုရှိပါသနည်း။ 何をお望みか

အဘယ်ကြောင့်[əbɛ dʑaun.]（疑副）なぜ、何故にいかなる理由で、何が故に အဘယ်ကြောင့်၍အရပ်၌နေသနည်း။ 何故にこの地で暮しているのか အဘယ်ကြောင့်ရို့ကိုကြည့်သနည်း။ 何故に私を見たのか ချစ်နေသူအပါး၌အဘယ်ကြောင့်မနေသနည်း။ 愛する人の側でなぜ棄さないのか

အဘယ်ကြောင့်ဆိုလျှင်[əbɛdʑaun. s'oɬjin]＝အဘယ်ကြောင့်ဆိုသော်

အဘယ်ကြောင့်ဆိုသော်[əbɛdʑaun. s'odɔ]（接）なぜならば、如何なる理由に依るかと言うと

အဘယ်ကြောင့်နည်း[əbɛdʑaun. ni:]（疑副）なぜなのか、何故に、どうしてか

အဘယ်ကြောင့်နည်းဟူမူ[əbɛdʑaun.ni: humu]＝အ

အဘယ်မှာ

အဘယ်ကြောင့်ဆိုတော်
အဘယ်မှာ[əbɛma] (疑副) どこに、何処に အဘယ်မှာ ရှိသနည်း။ どこにあるのか
အဘယ်မှာလျှင်[əbɛmaːljin]＝အဘယ်မှာ
အဘယ်မျှ[əbɛmja.] (疑副) どれほど、どんなに、如何に、どれ位 အဘယ်မျှပါးနပ်လိမ္မာသောမိန်းမဖြစ် ေကောမူ 如何に賢い女であろうとも
အဘယ်သူ[əbɛdu] (疑代) 誰、何人 အဘယ်သူ့အား အပ်နှင်းရပါမည်နည်း။ 誰に引渡すべきだろうか သည်သူလည်းအဘယ်သူ့သမီးနည်း။ この少女は誰の娘なのか အမော်သည်အဘယ်၏အမျိုးအနွယ်ဖြစ်သနည်း။ そなたは誰の身内なのか အဘယ်သူ၏တာမှသမင်ပြေ:သနည်း။ 誰の縄張りから鹿が逃げ出したのか
အဘယ်သို့[əbɛdo.] (疑副) どのように、如何ように အဘယ်သို့ပြုရမည်နည်း။ 如何にすべきか အဘယ်သို့ထို အပြစ်ကိုချေအံ့နည်း။ その罪をどのように償うべきか ဘုရားမှန်းအဘယ်သို့သိရအံ့နည်း။ 仏である事をどのようにして知り得るのだろうか အဘယ်သို့ပြုရမည်နည်း။ どのようにして見せるのだろうか
အဘယ်သို့မျှ[əbɛdo.mja.] (副) どんなにも、どのようにしても、いかなる方法でも အဘယ်သို့မျှမတတ်နိုင်။ 何とも致し方ない
အဘယ်သို့သော[əbɛdo.do.] (疑形) どのような、如何なる အဘယ်သို့သောအဝတ်အစားတို့ကိုကြိုက်သနည်း။ 如何なる衣装を好まれるや အဘယ်သို့သောအကြောင်းကိစ္စရှိ၍လာရောက်သနည်း။ 如何なる用件でおいでになったのか အဘယ်သို့သောအမျိုးအနွယ်အမည်နာမတွင်သနည်း။ 如何なる氏族の名前がついているのか အဘယ်သို့သော ပြည်ရွာကနည်း။ 如何なる土地の出身か
အဘယ်အကြောင်းကြောင့်[əbɛ ətʃaun. dʒaun.] (疑副) どんな訳で、何故に、いかなる理由で အဘယ်အကြောင်းကြောင့်လာရောက်သနည်း။ どのような理由でやって来たのか အဘယ်အကြောင်းကြောင့်သတ်သနည်း။ 如何なる訳で殺したのか
အဘယ်အတွက်ကြောင့်[əbɛ ətwɛʔ tʃaun.] (疑副) なぜ、何のために、どういう訳で
အဘယ်အရာမျှ[əbɛ əjamja.] (副) いかなる物も
အဘယ်အရပ်၌[əbɛ əjaʔnaiʔ] (疑副) どこで、何処において
အဘယ်အရပ်မှ[əbɛ əjaʔma.] (疑副) どこから、何処より အဘယ်အရပ်မှလာသနည်း။ どこから来たのか
အဘယ်အရပ်သို့[əbɛ əjaʔto.] (疑副) どこへ、何処へ အဘယ်အရပ်သို့ပို့ဆောင်ရမည်နည်း။ 何処へ送る必要があるのか
အဘော်[əp'ɔ de] (名) ＝အဖော်
အဘော်ရ[əp'ɔ ja.] ＝အဖော်ရ

အဘော်လုပ်[əp'ɔ louʔ] ＝အဖော်လုပ်
အဘို့[əp'o.] ① (名) 分、分け前、割当て ＝အဖို့ ② (助) にとって、のためには、の分として ကျွန်ုပ်အဘို့ရာ့ 私の場合には ညစာအဘို့တွင် 夕食用としては သူ့ယောက်အဘို့၌လာဘိသပ်ပကာရှင်လှသည်။ 少年の分としては賄賂が手に入った
အဘိုး[əp'o:] (名) ①祖父 ＝အဖိုး။ ②老人、老齢男性 ③価格、値段、代金、代価 ＝အဖိုး။ လက်ရည်ဘိုး お茶代 သတင်းစာဘိုး 新聞代 ရုပ်ရှင်ဘိုး 映画代
အဘိုးကြီး[əp'o: tʃi:] ① (形) 高価だ、値段が高い ② (名) 老齢男性、爺さん
အဘိုးချီ[əp'o: tʃi:] (形) →အဖိုးကြီး
အဘိုးငွေ[əp'o:ŋwe] →အဖိုးငွေ
အဘိုးချို[əp'o: tʃo] →အဖိုးချို
အဘိုးတန်[əp'o: tan] →အဖိုးတန်
အဘိုးထား[əp'o: t'a:] →အဖိုးထား
အဘိုးထိုက်[əp'o: t'aiʔ] →အဖိုးထိုက်
အဘိုးထိုက်တန်[əp'o: t'aiʔtan] →အဖိုးထိုက်တန်
အဘိုးနည်း[əp'o: nɛ:] →အဖိုးနည်း
အဘိုးနည်းနည်း[əp'o: nɛ:nɛ:] →အဖိုးနည်းနည်း
အဘိုးသက်သာ[ɛp'o: tɛʔta] →အဖိုးသက်သာ
အဘိုးအနင္ဂထိုက်[əp'o: ənɛʔga. t'aiʔ] →အဖိုးအနင္ဂထိုက်
အဘက်ဘက်[əp'ɛʔp'ɛʔ] →အဖက်ဖက်
အဘင်[əbin] (名) 高祖父の父
အဘိဇ္ဈာ[əbeiʔza] (名) 欲望、貪欲
အဘိဇ္ဈာပွါး[əbeiʔza pwa:] (動) 欲望を募らせる
အဘိတ်နေ့[əp'eiʔne.] →အဖိတ်နေ့
အဘန်တလေးလေး[əp'an təlɛ:lɛ:] → အဖန်တလေးလေး
အဘမ်းခံရ[əp'an: k'an ja.] →အဖမ်းခံရ
အဘွား[əp'wa:] →အဖွား
အဘွားကြီး[əp'wa:dʒi:] →အဖွားကြီး
အဘွဲ့[əp'wɛ.] →အဖွဲ့
အမ[əma.] (名) ①姉＝အစ်မ။ ②女、女性 ဗမာအမ ビルマ人女性 ရှမ်းအမ シャン人女性 စာရေးအမ 女事務員 ③(動物、昆虫の) 牝、雌 မြင်းအမ 牝馬 နွားအမ 雌牛 ဆင်အမ 雌象 ခွေးအမ 牝犬 ငှက်အမ 雌の小鳥
အမပွဲဥ[əma. pwa:u.] (名) 卵子
အမမျိုးစေ့[əma. mjo:zi.] (名) 卵子
အမလေး[əmale:] (感) (不意の発声) まあ、きゃー、どうしょう、参った အမလေး၊ကယ်တော်မူကြပါ ရှင်။ きゃー、お助けください
အမဝမ်းကွဲတော်သူ[əma. wun:ɡwɛ: tɔdu] (名) 年長の従姉妹
အမဥ[əma.u.] (名) 卵子 ＝အမပွဲဥ
အမက[a.ma.ka.] (名) 国立小学校＜အစိုးရမူလတန်း

ကျောင်း

အမတ[əma.ta.] (名) 甘露 ＜サ

အမတော်ကြေး[əma.dɔdʑe:] (名) 政府による農業融資、農民への貸付金

အမတော်ကြေးငွေ[əma.dɔ tɕe:ŋwe] ＝အမတော်ကြေး

အမနာပ[a.mənapa.] (名) そしり、妬み、非難、陰口、悪口、罵り雑言、厭な話、不愉快な話 ＜パ

အမနာပပြော[a.mənapa. pjɔ:] (動) 厭な事を言う、罵り雑言を浴びせる、悪口三昧を口にする

အမရပူရ[əmara.pura.] (地) アマラプーラ（マンダレーの南に位置する古都）＝တောင်မြို့

အမာ[əma] (名) 硬いもの cf. အပျော့

အမာခံ[əmagan] (名) 基本となる、中心となるもの、土台、礎、基礎

အမာစာ[əmaza] (名) 硬い飯（粥でない）

အမာတက်[əma tɛʔ] (動) こぶが盛り上がる

အမာရွတ်[əmajuʔ] (名) 皮膚の傷痕、硬く厚くなった古傷の痕

အမိ[əmi.] (名) 母、母親 ＝အမေ၊အမယ်။

အမိနို့ကွဲကို[əmi. nauʔlaiʔ] (名) 乳離れしない子供

အမိနိုင်ငံ[əmi. naingan] (名) 母国、祖国

အမိမဲ့ဖြစ်[əmi.mɛ. p'jiʔ] (動) 母を亡くす

အမိမဲ့သား[əmi.mɛ.ta:] (名) 母のいない子

အမိမဲ့သား၊ ရေနည်းငါး။ (諺) 頼るものがない（母なし子、水のない魚）

အမိမြေ[əmi. mje] (名) 母国

အမိမြန်မာပြည်[əmi. myanma pje] (名) 母なるビルマの国

အမိအဖ[əmi. əp'a.] (名) 父母、両親 မြို့မိမြို့ဖများ： 都会の親達

အမိအဘ[əmi. əp'a.] →အမိအဖ

အမိ[əmi.] (名) 捕獲、逮捕

အမိခံ[əmi. k'an] (動) 自ら捕まる、自らの意志で網にかかる

အမိခံရ[əmi. k'anja.] (動) 捕まる、逮捕される

အမိဖမ်း[əmi. p'an:] (動) 物の見事に手に入れる

အမိအရ[əmi. əja.] (副) 絶対に、是が非でも、逃す事なく

အမိတာဘ[əmi.taba.] (名) 阿弥陀如来

အမူ[əmu] (名) 態度、挙動、行為

အမူတော်[əmudo] (名) 御振舞、御行為

အမူအကျင့်[əmu ətʃin.] (名) 振舞、行為、行動、挙動、習性

အမူအရာ[əmu əja] (名) 態度、様子、仕草、素振

り、挙動、所作、行為、行儀

အမူအရာပျက်[əmuəja pjɛʔ] (動) 落着きを失う

အမူအရာလုပ်[əmuəja louʔ] (動) 演技をする

အမူး[əmu:] (名) ①眩暈 ②酔い

အမူးပျောက်ဆေး[əmu: pjauʔs'e:] (名) 酔い醒まし、酔い止め

အမူးပြေ[əmu: pje] (動) ①目眩が収まる ②酔いが覚める

အမူးပြေဆေး[əmu:bje ze:] (名) 酔い覚し薬

အမူးသမား[əmu:dəma:] (名) 酔いどれ

အမူးအမော့[əmu:əmɔ] (名) ①眩暈 ②泥酔

အမေ[əme.] ①(名) 失念、忘却 ②(形) အမေ の斜格形、母の、母親の အမေ့ထွင်အပြင် 母の容貌 အမေ့လုံချည် 母のロンジー အမေ့မျက်နှာဟာမရှင်းဘူး။ 母の顔色は勝れない ③(副) အမေ の斜格形、母を、母に အမေ့ကိုလွမ်းမြင်နေရတယ်။ 母の姿を遠望する အမေ့ကိုဘယ်တော့မှမခွဲဘူး။ 母親とは絶対に離れない

အမေ[əme] (名) 母、母親 ＝မေမေ

အမေကျော်၊ ဒွေးတော်လွမ်း။ (諺) 不自然、石が流れて木の葉が沈む（母親を通り越して叔母を恋しがる）

အမေကြီး[əmedʑi:] (名) ①祖母 ②老母＝မေမေ

အမေတူသား[əmedu ta:] (名) 母親似

အမေတူအဖကွဲ[əmedu əp'egwɛ:] (名) 異父兄弟

အမေမှာသည့်အတိုင်း[əme məmadi. ətain:] (副) 母親に言われた通りに、馬鹿正直に、愚直に（自らの状況判断は一切なく）

အမေမှာသည့်ဆန်တခွဲ၊ သုံးစိတ်နှင့်မလဲ။ (諺) 馬鹿の一つ覚え、杓子定規、融通が利かない（母親に言われたのは 米半俵と取替えよ、然るに 4 分の 3 俵の好条件でも交換しない）

အမေလေး[əmele:] (感) 驚き、困惑等の時に発する ＝အမလေး

အမေရိကတိုက်[əmeri.ka. taiʔ] (地) アメリカ洲

အမေရိကန်[əmeri.kan] ①(形) アメリカの ②(名) アメリカ人

အမေရိကန်ဂျပန်နှစ်နိုင်ငံလုံခြုံရေးစာချုပ်[əmeri.kan dʑapan nənaingan loundʑoun je sadʑouʔ] (名) 日米安全保障条約

အမေရိကန်ဒေါ်လာ[əmeri.kan dɔla] (名) 米ドル

အမေရိကန်ဒေါ်လာတု[əmeri.kan dɔladu.] (名) 贋米ドル、米ドルの贋札

အမေရိကန်ပြည်ထောင်စု[əmeri.kan pjidaunzu] (国) アメリカ合衆国

အမေရိကန်ပြည်သား[əmeri.kan pjida:] (名) 米国民、アメリカ国民

အမေရိကန်အမျိုးသားလေကြောင်းနှင့်အာကာသအုပ်ချုပ်

ရေးအဖွဲ့（ナーサ）[əmeri.kan əmjo:da: le dʒaun: nɛ. akata. ouʔtʃouʔje: əpʼwɛ.]（名）米航空宇宙局、NASA

အမေး[əme:]（名）質問、訊問

အမေးကျွေးကျောင်း၊အဖြေဘုရားလောင်း။（諺）質問は誰にでもできるが答えるのは簡単ではない（質問は水牛飼い、答えは菩薩）

အမေးခံရ[əme: kʼan ja.]（動）尋ねられる、質問される

အမေးငါးထွေ[əme: ŋa:dwe]（名）五種類の質問（1・知らない事を質問 2・知ってはいるが真偽を確かめるために質問 3・覚えていた事を誤解していた質問 4・要求にこたえようとして質問 5・相手が知っているか否か知りたくて質問）

အမေးစကား[əme: zega:]（名）質問

အမေးတော်ရှိ[əme:dɔ ʃi.]（動）お尋ねがある、御下問がある

အမေးပုစ္ဆာ[əme: pouʼsʼa]（名）問い、質問、（試験）問題

အမေးဝါကျ[əme: wɛʔtʃa.]（名）疑問文

အမေးအမြူ[əme: əpʼju]（名）質疑

အမေးအဖြေ[əme: əpʼje]（名）問答

အမေးအမြန်း[əme: əmjan:]（名）質問

အမေးအမြန်းခံရ[əme: əmjan: kʼan ja.]（動）質問を受ける、質問される

အမေးအမြန်းထူ[əme: əmjan: tʼu]（動）質問が殺到する、あれこれ問い質す

အမယ်[əmɛ]①（名）母、母親 ②（感）驚愕、恐怖、苦痛等の表現 =အမလေး၊အမေလေး။

အမယ်ကြီး[əmɛdʒi:]（名）①老女、老婦人 ②母

အမယ်ကြီးအို[əmɛdʒi:o]（名）老女、老婦人、高齢女性

အမယ်ကြီးအိုအိုကြီး[əmɛdʒi:o sʼindʒi:]（名）老婆くさい柄、年寄りっぽい服装

အမယ်ကြီးအိုသခွါး[əmɛdʒi:o təkʼwa:]（植）ザラメキスズメウリ（ウリ科）Mukia scabrella

အမယ်ဘုတ်ကယ်၊သူချည်ခင်။（諺）ややこしい、ほぐせない（ボウ伯母さんの糸の束）

အမယ်လေး[əmɛle:]（感）=အမလေး：

အမဲ[əmɛ:]（名）①（狩猟の）獲物 ②黒→အမည်:

အမဲကွက်[əmɛ:gwɛʔ]（名）黒い染み、汚点 →အမည်:ကွက်

အမဲခြောက်[əmɛ:dʒauʔ]（名）干し肉、乾燥肉

အမဲဆီ[əmɛ:zi]（名）①牛脂 ②グリース

အမဲပေါ်[əmɛ: pɔ]（動）屠殺する

အမဲပစ်[əmɛ: pjiʔ]（動）狩りをする、狩猟をする

အမဲဖျက်[əmɛ: pʼjɛʔ]（動）①獲物を解体する ②苛める、虐待する、不当に扱う、正当な扱いをしない

အမဲရိုးကဟင်းအိုးမှအားမနာ။（諺）身の程知らず（牛の骨が鍋の中で大きな面をする）

အမဲရိုးနယ်၊ဟင်းအိုးမှအားမနာ။（諺）=အမဲရိုးကဟင်းအိုးမှအားမနာ။

အမဲရောင်[əme:jaun]（名）黒色 =အမည်:ရောင်

အမဲလိုက်[əme: laiʔ]（動）狩りをする、狩猟をする

အမဲလိုက်ခွေး[əme:laiʔ kwe:]（名）猟犬

အမဲသား[əme:da:]（名）牛肉

အမဲသား:ကင်[əme:da:gin]（名）ステーキ

အမဲသား:တစ်[əme:da:diʔ]（名）牛肉の肉片

အမော့[əmɔ]（名）①岬 ②突き出た所 ③急流、早瀬

အမော[əmɔ:]（名）①疲れ、疲労 ②骨折り損、くたびれ儲け ငိုလိုက်သည်မှာအမော။ 泣いたのは損だ ဆုတောင်းနေသည်မှာအမော။ 祈っていた事は無駄だった တယောက်တည်းထမ်းလာခဲ့ရတာအမောဘဲ။ 唯一人で担いで来たのは大変だった

အမောဆို့[əmɔ: sʼo.]（動）疲れ果てて息切れする、肩で息をする

အမောတကော[əmɔ:dəgɔ:]（副）①息を切らして、息切れして ②大急ぎで、大慌てで、忙しげに

အမောပြေ[əmɔ: pje]①（動）疲れが癒える、疲労が回復する ②[əmɔ:bje]（副）疲労回復に

အမောဖောက်[əmɔ: pʼauʔ]（動）息使いが激しい、息使いが荒い

အမောဖြေ[əmɔ: pʼje]（動）疲れを癒す、疲れを取る、休息する、休息する

အမောအပန်:[əmɔ: əpan:]（名）疲労

အမိုး[əmo:]（名）屋根

အမိုးဖွင့်ထရပ်ကား[əmo:pʼwin. tʼəraʔka:]（名）無蓋車 屋根のないトラック、覆い無しの貨物車

အမိုးမိုး[əmo: mo:]（動）屋根を葺く

အမိုးအကာ[əmo:əka]（名）屋根、覆い、遮蔽物

အမောက်[əmauʔ]（名）①隆起、山盛り、盛り上がり ②（鶏の）鶏冠 ③（龍の）冠毛、飾り毛

အမိုက်[əmaiʔ]（名）①暗黒、闇 ②無知、無知蒙昧、善悪の判断も付かぬ愚か者 အမိုက်နှင့်ပြင်မရှိတော့မည့်ကိန်:ဆိုက်သည်။ 馬鹿に付ける薬はない（無知蒙昧で手の施しようがない、お前程愚かな者はこの世にはいない） ③指8本分の幅、1肘尺の3分の1 =မိုက်

အမိုက်ခံ[əmaiʔ kʼan]（副）馬鹿を承知で、損を承知の上で

အမိုက်တိုက်[əmaiʔtaiʔ]（名）暗闇、暗黒

အမိုက်အမဲ[əmaiʔəme:]（名）無知、馬鹿さ、愚かさ

အမင်:[əmin:]（名）（斧、鎌等）刃物の込み（刀心）

အမင်္ဂလာ[a.mingəla] (名) 不吉、凶、不浄 ＜ပါသေနတ်သံသည်အမင်္ဂလာဖြစ်သည်။ 銃声は不吉だ

အမောင်[əmaun] (代) 二人称 ① (年長者から若者に) 君 ② (師匠から弟子に) 汝 ③ (親から子に) お前

အမည်[əmji] (名) 名、名前、名称

အမည်ကျော်ကြား[əmji tʃɔtʃa:] (形) 著名だ、有名だ

အမည်ကွဲ[əmjigwɛ:] (名) 別名、別称

အမည်ခံ[əmji kʼan] ① (動) 名乗る ② [əmji gan] (名) 名目、名前だけ、名義上、形式上

အမည်စွဲ[əmji swɛ:] (動) 名付ける

အမည်တပ်[əmji taʼ] (動) 命名する

အမည်တွင်[əmji twin] (動) 呼ぶ、称する、命名する

အမည်နာမ[əmji nama.] (名) 名前、名称

အမည်သညာ[əmji tinɲa] (名) 名前、名称

အမည်ပေး[əmji pe:] (動) 名付ける、命名する、呼ぶ

အမည်ပြောင်း[əmji pjaun:] (動) 改名する、名前を変える

အမည်ဖော်[əmji pʼɔ] (動) 名前を明かす

အမည်မဖော်လိုသည့်ပုဂ္ဂိုလ်[əmji məpʼɔlodi. pouʼgo] (名) 匿名希望者

အမည်မှည့်[əmji m̥ɛ] (動) 命名する、名付ける

အမည်ရင်း[əmjijin:] (名) 本名

အမည်လိမ်[əmjilein] (名) 仮名

အမည်း[əmɛ:] (名) 黒 ＝အမဲ

အမည်းကွက်[əmɛ:gwɛʼ] (名) 黒い染み、汚点

အမည်းစက်[əmɛ:zɛʼ] (名) 黒点

အမတ်[əmaʼ] (名) ① (王朝時代の) 貴族、貴族顕官 ② 議員 လွှတ်တော်အမတ် 国会議員、代議士 သံအမတ် 大使

အမတ်ကြီး[əmaʼtʃi:] (名) (王朝時代の) 大臣

အမတ်ကြီးအမတ်ငယ်[əmaʼtʃi: əmaʼŋɛ] (名) 身分の高い貴族、身分の低い貴族

အမတ်ချုပ်ကြီး[əmaʼtʃouʼtʃi:] (名) 総統

အမတ်မင်း[əmaʼmin:] (名) 代議士、国会議員

အမတ်လက်ယာ[əmaʼlɛʼja] (名) 右大臣

အမတ်လောင်း[əmaʼlaun:] (名) 代議士候補

အမတ်[əmouʼ] (名) 指5本分の幅

အမိန့်[əmein.] (名) 命令

အမိန့်ချ[əmein. tʃa.] (動) 命令を下す

အမိန့်စာ[əmein.za] (名) 命令書

အမိန့်တော်[əmein.dɔ] (名) 勅命、勅令、詔勅

အမိန့်တော်ချ[əmein.dɔ tʃa.] (動) 勅令が出される、詔勅を下す

အမိန့်တော်ပြန်[əmein.dɔ pjan] (動) 勅令を元老院へ伝える、勅令を公布する

အမိန့်တော်ပြန်တမ်း[əmein.dɔ pjandan:] (名) ① 勅令 ② 公報

အမိန့်တော်ရ[əmein.dɔja.] (名) ① (王朝時代の) 勅許を得た弁護士 ② 公認の弁護士

အမိန့်တော်ရရှေ့နေ[əmein.dɔja. ʃe.ne] ＝ အမိန့်တော်ရ

အမိန့်တော်ရေး[əmein.dɔje:] (名) (王朝時代の) 書記官 (စာရေးကြီး とは別)

အမိန့်တော်ရှိ[əmein.dɔʃi.] (動) 御下命がある、申し渡しがある

အမိန့်ထုတ်[əmein. touʼ] (動) 命令を発する

အမိန့်ပေး[əmein. pe:] (動) 命じる、命令する、指示する

အမိန့်ပြန်[əmein. pjan] (動) 勅令を公布する、命令を布告する

အမိန့်ပြန်တမ်း[əmein. pjandan:] (名) ① 勅令 ② 政令、政府告示、布告

အမိန့်မရသော[əmein. məja.dɔ:] (形) 命令に依らない、当局の指示に基づかない

အမိန့်ရှိ[əmein. ʃi.] (動) ① おっしゃる、仰せになる

အမိန့်ရှိပါ[əmein. ʃi.ba] (動) (電話で) 御用は何でしょうか、用件をお知らせください

အမိန့်ဝါကျ[əmein. wɛʼtʃa.] (名) 命令文

အမိန့်ယရှိ[əmein. ja.ʃi.] (動) 命令を受ける

အမုန်[əmoun] (名) 牡象が発情期に流出させる液

အမုန်း[əmoun:] (名) 憎しみ、憎悪

အမုန်းခံရ[əmoun: kʼan ja.] (動) 憎まれる、憎悪される

အမုန်းပွား[əmoun: pwa:] (動) 憎しみが募る

အများ[əmja:] (名) ① 多数、多くの者、多勢 ② 沢山

အများကြီး[əmja:tʃi:] (副) ① 沢山、一杯 လိပ်တွေအများကြီးရပြီ။ 亀が沢山獲れた ② 大変に、非常にとても、著しく

အများစု[əmja:zu.] (名) 多数派

အများဆန္ဒ[əmja: sʼanda.] (名) 多数意見

အများဆုံး[əmja:zoun:] ① (名) 最多、最高、最大 ② (副) 最も多く、一番多く ရွှေငါးသည်လူကြိုက်အများဆုံးငါးများဖြစ်သည်။ 金魚は人々に最も好まれる魚だ လူသိအများဆုံးငါးမှာရွှေငါးများဖြစ်သည်။ 人々に一番よく知られている魚は金魚だ

အများဆုံးဖြစ်ချက်[əmja: sʼoun:pʼjaʼtʃɛʼ]

အများးနည်းတူ

(名) 多数決
အများးနည်းတူ[əmja: ni:du:] (副) 多数意見と同様に、皆と同じように
အများးနည်းတူလုပ်[əmja:ni:du: louʔ] (動) 多数の意見に従う
အများးသဘော[əmja: dəbɔ:] (名) 多数意見、多数の意向、多数の意志
အများးသဘောတူဆုံးဖြတ်ချက်[əmja: dəbɔ:tu s'oun:p'jaʔťjɛʔ] (名) 多数決
အများးသူငြိုး[əmja: tuŋa] (名) 彼我多勢
အများးသုံးတယ်လီဖုန်း[əmja:toun təlip'oun:] (名) 公衆電話
အများးအပြား[əmja: əpja:] (副) 沢山、ふんだんに、一杯、たっぷりと ဥရောပမြို့တော်အများးအပြား ရေလွှမ်းမိုးခံရသည်။ ヨーロッパの多くの都市が洪水の被害に遭った တပ်မှထွက်ခဲ့ရသည့်စစ်သည်များးအပြားရှိခဲ့သည်။ 軍隊を除隊した兵士達が沢山いる
အများးအား[əmja: a:p'jin.] (副) 大抵、通常は、一般には、多くの場合に
အမျို[əmjo] (名) 呑み下し、呑み込み、嚥下
အမျိုခံရ[əmjo k'an ja.] (動) 呑まれる、呑み込まれる
အမျိုး[əmjo:] (名) ①種類 ②家系、家柄 ③親類、親戚
အမျိုးကောင်း[əmjo: kaun:] ①(形) 家柄がよい、名門だ ②[əmjo:gaun:] (名) 良家、名門の家柄
အမျိုးကောင်းသား[əmjo:gaun:da:] (名) 名門の出、良家の子女
အမျိုးကွဲ[əmjo:gwɛ:] (名) 分家
အမျိုးခုနစ်ဆက်[əsmjo: k'unnəsʔɛʔ] (名) 先祖、血族七代、直系尊属七代 =အထက်ခုနစ်ဆက် cf. အောက်ခုနစ်ဆက်
အမျိုးခွဲ[əmjo: k'wɛ:] (動) ①分類する、区分する ②民族差別をする、人種差別をする
အမျိုးဂုဏ်[əmjo: goun] (名) ①家門の誇り ②民族の誇り
အမျိုးစစ်[əmjo:ziʔ] (名) 純潔
အမျိုးစဉ်ဆက်[əmjo: sinzɛʔ] (名) 代々の祖先
အမျိုးစုံ[əmjo: soun] ①(動) 種類が揃う ②[əmjo:zoun] (名) 様々な種類、種類が揃ったもの အမြင်အမျိုးစုံ 様々な見解 ကုန်စိမ်းအမျိုးစုံရသည်။ 各種の生鮮食品が得られる
အမျိုးဆက်[əmjo:zɛʔ] (名) ①親等 ②系譜、血統、家系
အမျိုးတူဖြစ်[əmjo:du p'jiʔ] (形) 同系だ、同族だ
အမျိုးတူမတူ[əmjo:tu mətu] (副) 同類かどうか、

同族かどうか
အမျိုးတူမတူသိ[əmjo:tu mətu ţi.] (動) 同類かどうか知っている、同族かどうか知っている
အမျိုးတော်[əmjo: tɔ] (形) 親戚関係にある、家系の繋がりがある
အမျိုးနီးစပ်[əmjo: ni:saʔ] ①(形) 近い間柄にある血縁関係が近い ②[əmjo:ni:zaʔ] (名) 近縁
အမျိုးပြုတ်[əmjo: pjouʔ] (動) 絶滅する
အမျိုးပျက်[əmjo: pjɛʔ] (動) 一門の恥辱となる、一門に恥をかかせる
အမျိုးမစစ်[əmjo: məsiʔ] (形) 純粋ではない、質がよくない
အမျိုးမျိုး[əmjo:mjo:] (名) 様々、種々、色々 ဆေးတွေအမျိုးမျိုးရှိတယ်။ 色々な薬がある မုန့်အမျိုးမျိုးကျွေးတယ်။ 色々な菓子を食べさせる အရက်အမျိုးမျိုးယူနိုင်တယ်။ 様々な酒が買える အန္တရာယ်အမျိုးမျိုးကို ဖြတ်သန်းခဲ့ကြသည်။ 様々な危険を乗り越えてきた ရှုထောင့်အမျိုးမျိုးမှကြည့်သည်။ あらゆる角度から見る အကြောင်းအမျိုးမျိုးပြသည်။ 様々な言い訳をする ရှုထောင့်အမျိုးမျိုးမှကြည့်သည်။ 様々な角度から見る
အမျိုးမျိုးအစားစား[əmjo:mjo: əsa:za:] (名) 色々、各種、各種各様、種々様々
အမျိုးမျိုးအဖုံဖုံ[əmjo:mjo: əp'ounboun] (名) 各種各様、色々様々 ကျောင်းအမျိုးမျိုးအသင်းအဖွဲ့အဖုံဖုံ 色々な学校色々な組織
အမျိုးမှန်[əmjo: man] (形) 純粋だ、正当だ
အမျိုးယုတ်ညံ့[əmjo: jouʔɲan.] (形) 家柄が卑しい、低い身分の出だ
အမျိုးလေးပါး[əmjo: le:ba:] (名) 一般大衆、国民 <四姓 ပြဟ္မဏ၊ ခတ္တိယ၊ ဝေဿ၊ သုဒ္ဒ が語源
အမျိုးသမီး[əmjo:təmi:~əmjo:dəmi:] (名) ①女性 ②妻、夫人、奥さん
အမျိုးသမီးကယ်ဆယ်ရေးအဖွဲ့[əmjo:təmi: kɛzɛje: əp'wɛ.] (名) 女性更生組織
အမျိုးသမီးစာဆို[əmjo:təmi: sasʔo] (名) 女流詩人、女性詩人
အမျိုးသမီးအစည်းအရုံးအဖွဲ့ချုပ်[əmjo:təmi: əsi: əjoun əp'wɛ.dʒouʔ] (名) 婦人団体連合
အမျိုးသား[əmjo:ta:~əmjo:da:] (名) ①男性 ②夫 ③民族 မြန်မာအမျိုးသား: ビルマ人 ရှမ်းအမျိုးသား: シャン人 ④国民
အမျိုးသားကျောင်း[əmjo:da: tʃaun:] (名) 民族学校（1920年代民衆によって作られた学校、授業は英緬両語で行われた）
အမျိုးသားစီမံကိန်း[əmjo:da: simangein:] (名) 国民計画、国家計画

အမျိုးသားစီးပွါးရေး[əmjo:da: si:bwa:je:]（名）国民経済、国家経済

အမျိုးသားစိတ်[əmjo:da:zeiʔ]（名）民族心、民族意識、ナショナリズム

အမျိုးသားညီလာခံ[əmjo:da: ɲilagan]（名）（憲法草案作成のための）国民会議

အမျိုးသားဒီမိုကရေစီအဖွဲ့ချုပ်[əmjo:da: dimokəresi əp'wɛ.dʑouʔ]（名）国民民主連盟（NLD）

အမျိုးသားနေ့[əmjo:da: ne.]（名）国民記念日（ビルマ暦8月黒分10日）

အမျိုးသားပိုင်လုပ်[əmjoda:bain louʔ]（動）国有化する ＝ပြည်သူပိုင်လုပ်သည်

အမျိုးသားမှတ်ပုံတင်[əmjo:da: maʔpoun tin]（名）国民登録、住民登録

အမျိုးသားမှတ်ပုံတင်ကတ်ပြာ[əmjo:da: maʔpoun tin kaʔpja:]（名）住民登録票、IDカード

အမျိုးသားရေး[əmjo:da:je:]（名）民族問題

အမျိုးသားရေးဝါဒ[əmjo:da:je: wada.]（名）民族主義

အမျိုးသားရေးဝါဒီ[əmjo:da:je: wadi]（名）民族主義者

အမျိုးသားဝင်ငွေ[əmjo:da:winŋwe]（名）国民所得

အမျိုးသားဝတ်[əmjo:da: wuʔ]（名）民族衣装

အမျိုးသားဝတ်စုံ[əmjo:da: wuʔsoun]＝အမျိုးသားဝတ်

အမျိုးသားသီချင်း[əmjo:da: tətɕ'in:]（名）国歌

အမျိုးသားအလံ[əmjo:da: əlan]（名）国旗

အမျိုးသားအားကစားပွဲတော်[əmjo:da: a:gəza: bwɛ:dɔ]（名）国民体育大会

အမျိုးသန့်[əmjo: tan.]（形）純粋な血統だ 否定形はအမျိုးမသန့်ဘူး။ 素性がよくない

အမျိုးအစား[əmjo: əsa:]（名）①品種、種類 ②品質

အမျိုးအနွယ်[əmjo: ənwɛ]（名）系譜、血統、血族、家系、氏族

အမျိုးအမည်[əmjo: əmji]（名）素性、身元、正体

အမျိုးအရိုး[əmjo: əjo:]（名）血統、家系、系譜

အမျက်[əmjɛʔ]（名）①怒り、憤怒 ②木の瘤 ③宝石 ④（宝石の）疵

အမျက်ကျောက်[əmjɛʔtɕauʔ]（名）宝石

အမျက်ကြီး[əmjɛʔ tɕi:]（形）激昂する、憤激する

အမျက်ချောင်းချောင်းထွက်[əmjɛʔ tɕ'aun:dʑaun t'wɛʔ]（動）かんかんになって怒る、怒りが爆発する

အမျက်တော်ပွါး[əmjɛʔtɔ pwa:]（動）怒りが深まる、怒りが一層強まる

အမျက်ထား[əmjɛʔ t'a:]（動）怒りを抱く

အမျက်ထွက်[əmjɛʔ t'wɛʔ]（動）怒る、立腹する

အမျက်ဒေါသထွက်[əmjɛʔ dɔ:da. t'wɛʔ^]（動）怒る、憤怒を露わにする

အမျက်ဒေါသပွါး[əmjɛʔ dɔ:da. pwa:]（動）怒りを発する

အမျက်ပြေ[əmjɛʔ pje]（動）怒りが鎮まる、怒りが納まる

အမျက်ဖြေ[əmjɛʔp'je]（動）怒りを鎮める、怒りを和らげる、宥める

အမျက်ဖြေလင်္ကာ[əmjɛʔp'je linga]（名）憤怒鎮和の詩

အမျက်ဝင်[əmjɛʔ win]（動）怒りが生じる、恨みを抱く

အမျက်သို[əmjɛʔ to]（動）激昂する、かっとなる

အမြီး[əmi:]（名）尾、尻尾

အမြီးဆံ[əmi:zan]（名）尻尾の毛、剛毛

အမြီးညပ်[əmi: ɲaʔ]（動）尻尾を捕まえられる

အမြီးတို[əmi: to]（形）尾が短い

အမြီးထောင်[əmi: t'aun]（動）尾を立てる

အမြီးနှံစွာ[əmi: nək'wa.]（虫）紙魚（しみ）

အမြီးနှံ[əmi: nan.]（動）尾を振る

အမြီးပိုင်း[əmi:bain:]（名）①尾の部分 ②手先、部下

အမြီးပြန်ခေါင်းပြန်[əmi:bjan gaun:bjan]（副）①繰返して ②交互に

အမြီးပြန်ခေါင်းပြန်လှည့်[əmi:bjan gaun:bjan ɬɛ.]（動）繰り返し振り向く、何度も振り返る

အမြီးဖြတ်ဖော်ညီ[əmi:p'jaʔp'ɔ ɲi.]（動）類は友を呼ぶ

အမြီးရိုး[əmi:jo:]（名）尾骨

အမြီးရှည်စာဝတီ[əmi:se sawədi]（鳥）エナガ

အမြီးဝိုင်း[əmi:wain:]（鳥）クロオナガ（カラス科）Crypsirina temia

အမြီးအမောက်မတည်[əmi: əmauʔ mətɛ.]（形）筋道が通らない、辻褄が合わぬ、ちぐはぐだ、前後の釣合いが取れない、前後がしっくりしない

အမြှေတေ[əməde]（名）①核、精髄 ②幹部 ＜サ

အမြဲ[əmjɛ:]（副）常に、いつも、絶えず အမြဲလိုက်ပါသည်။ 常に同行する အမြဲဝတ်သည်။ 常用する

အမြဲစိမ်းတော[əmjɛ:zein: tɔ:]（名）常緑林

အမြဲစိမ်းပင်[əmjɛ:zein:bin]（名）常緑樹

အမြဲတစေ[əmjɛ:dəze]（副）常に、いつも စစ်ပွဲတိုင်းတွင်အမြဲတစေအနိုင်ရရှိခဲ့သည်။ 戦闘の度に常に勝利を得てきた

အမြဲတန့်[əmjɛ:]＝အမြဲတမ်း

အမြဲတမ်း[əmjɛːdan:]① (副) 常に、いつも ② (形) 常任の、常置の、常設の
အမြဲတမ်းကော်မတီ[əmjɛːdan: kɔməti] (名) 常置委員会
အမြဲတမ်းကော်မတီအဖွဲ့ဝင်[əmjɛːdan:kɔməti əp'wɛ.win] (名) 常置委員会委員
အမြဲတမ်းကိုယ်စားလှယ်[əmjɛːdan: kozəlɛ] (名) 常任代表
အမြဲတမ်းစစ်တပ်[əmjɛːdan: si'ta'] (名) 常備軍
အမြဲတမ်းတပ်မတော်[əmjɛːdan: ta'cbəmtɔː] (名) 常設の軍隊
အမြဲတမ်းနေ[əmjɛːdan: ne] (動) 常住する、永住する、いつも住んでいる
အမြဲတမ်းနေငှက်[əmjɛːdan: neŋɛʔ] (名) 留鳥
အမြဲတမ်းဖြစ်[əmjɛːdan: p'ji'] (動) 常に起きる、絶えず起こる
အမြဲတမ်းမဟုတ်သောအဖွဲ့ဝင်[əmjɛːdan: məhoutɔː əp'wɛ.win] (名) 非常任理事国
အမြဲတမ်းလို[əmjɛːdan:lo] (副) 大抵の場合、まず例外なく
အမြဲတမ်းသစ်တော[əmjɛːdan: ṭiʔtɔː] (名) 常緑林
အမြဲတမ်းအဖွဲ့ဝင်[əmjɛːdan: əp'wɛ.win] (名) 常任メンバー
အမြဲတမ်းအဖွဲ့ဝင်နိုင်ငံ[əmjɛːdan: əp'wɛ.win naingan] (名) 常任理事国
အမြဲတစေ[əmjɛː t'awəzin] (副) 永劫に、永遠に、永久に
အမြဲမပြတ်[əmjɛ məpja'] (副) 絶えず、絶え間なく、ひっきり無しに
အမြဲအစဉ်[əmjɛː əsin] (副) 常時
အမြော်အမြင်[əmjɔ əmjin] (名) 見込み、展望、将来の見通し、先見の明
အမြော်အမြင်အဆင့်အခြင်ဥာဏ်[əmjɔ əmjin əs'in əʧ'in ɲan] (名) 洞察力、先見の明
အမြော်အမြင်ဆင်ခြင်တုံတရား[əmjɔ əmjin s'inʤin doun təja:] (名) 判断力、洞察力
အမြော်အမြင်ကြီး[əmjɔ əmjin ʧi:] (形) 深い洞察力を持つ
အမြို့မြို့[əmjo.mjo.] (名) 多くの町、各町々
အမြို့မြို့တိုင်း[əmjo.mjo.:dain:] (副) どの町でも
အမြို့မြို့အနံအယံ[əmjo.mjo. ənɛnɛ] (名) 各地
အမြို့မြို့အနံအယံသတင်းများ[əmjo.mjo. ənɛnɛ dədin:mja:] (名) 各町各地のニュース
အမြို့မြို့အရပ်ရပ်[əmjo.mjo. əjwajwa] (名) 各町各村、全国各地、津々浦々
အမြောက်[əmjau'] (名) ①大砲 ②挙手
အမြောက်တပ်[əmjau'ta'] (名) 砲兵隊
အမြောက်ပစ်[əmjau' pji'] (動) 砲撃する、大砲を発射する
အမြောက်ပစ်ခတ်[əmjau' pji'k'a'] =အမြောက်ပစ်
အမြောက်အမြား[əmjau'əmja:] (副) 沢山、ふんだんに、存分に、たっぷりと ပစ္စည်းအမြောက်အမြား့်နှင့်သမီးကလေးတယောက်သည်ကျန်ရစ်သည်။ 沢山の財産と幼い娘が一人だけ残った
အမြိုက်[əmjai'] (名) 甘露 <サ Amṛta
အမြင့်[əmjin.] (名) ①高さ、高度、海抜 ②高所
အမြင့်ခုန်[əmjin. k'oun] ① (動) 高跳びをする ② [əmjin.goun] (名) 高跳び、ハイ・ジャンプ
အမြင့်ဆုံး[əmjin. zoun:] (名) 最高 ကမ္ဘာ့အမြင့်ဆုံး 世界最高 အမြင့်ဆုံးသစ်ပင် 一番高い樹木
အမြင့်အနိမ့်[əmjin. ənein.] (名) 高低
အမြင်[əmjin] (名) ①目撃、視認 ②見解、見地
အမြင်ကပ်[əmjin ka'] (形) 目障りだ、見る気がしない、見るのも厭だ
အမြင်ကျယ်[əmjin tʃɛ] (形) 視野が広い、物の見方が広い
အမြင်ကျဉ်း[əmjin tʃin:] (形) 視野が狭い、偏狭な考えを持つ
အမြင်ဆုံး[əmjin s'oun:] (動) 視野を失う
အမြင်မကျယ်[əmjin mətʃɛ] (形) 視野が広くない
အမြင်မတော်[əmjin mətɔ] (形) 似つかわしくない、みっともない、見苦しい、見かねる
အမြင်မတော် ၊ ဆင်တော်နှင့်ခလောက်ခြ ။ (格) 似合わないもの、王象に牛の鈴
အမြင်မတော်ဖြစ်[əmjin mətɔ p'ji'] (形) 似つかわしくない、みっともない、見苦しい
အမြင်မှား[əmjin ma:] ① (動) 見誤る、見間違える、錯覚する ② (名) 誤まった見方
အမြင်မှန်[əmjinman] (名) 正しい見方
အမြင်မှန်ရ[əmjinman ja.] (動) 物事を正しく判断する、正しい判断ができる
အမြင်ရဆိုး[əmjin ja. s'o:] (形) 見苦しい、みっともない
အမြင်ရှင်း[əmjin ʃin:] (形) 見た目がよい
အမြင်လှ[əmjin ɬa.] (形) 見た目がよい
အမြင်အကြား[əmjin ətʃa:] (名) 経験
အမြင်အားဖြင့်[əmjin a:p'jin.] (副) 見た目には、外見的には
အမြောင်[əmjaun:] (名) 狭さ、狭量、狭隘
အမြိုင်သာ[əmjain.da:] (副) 豪華に、豪勢に

အမြစ်[əmjiʔ]（名）①（植物の）根 ②源、根本、根元、基礎 ③（鳥の）砂嚢、砂肝 သူကကြက်အမြစ်ကြိုက်တယ်။ 彼は鶏の砂嚢が好きだ ④第1声調の符号

အမြစ်က[əmjiʔka.]（副）根本から、根底から အမြစ်ကနေဖြိုသည်။ 根底から崩す

အမြစ်ဆွေး[əmjiʔ sʰwɛ:]（動）根腐れを起す、根が腐蝕する

အမြစ်တွယ်[əmjiʔ twɛ]（動）①根を張る、根づく、定着する ②根が深い

အမြစ်ပါမကျန်[əmjiʔpa mətʃan]（副）根こそぎ

အမြစ်ပိုင်း[əmjiʔpain:]（名）根の部分

အမြစ်ပြတ်[əmjiʔ pjaʔ]（動）根絶する、根絶やしになる

အမြစ်ဖြတ်သုတ်သင်[əmjiʔpʰjaʔ touʔtin]（動）根絶させる、根絶やしにする、一掃する

အမြစ်မွှေး[əmjiʔmwe:]（名）毛根、毛細根

အမြည်း[əmji:]（名）（酒の）つまみ、突き出し、付け合わせ、オードブル

အမြတ်[əmjaʔ]（名）①儲け、利潤、利益 ②高貴、優良

အမြတ်ကြီးစား[əmjaʔtʃi: sa:]①（動）暴利を貪る ②[əmjaʔtʃi:za:]（名）高利貸し、暴利利得者

အမြတ်ခွန်[əmjaʔ kʼun]（名）所得税

အမြတ်စာရင်း[əmjaʔ səjin:]（名）収益帳簿

အမြတ်စား[əmjaʔ sa:]（動）利益を得る、収益を得る

အမြတ်ဆုံး[əmjaʔsʼoun:]（副）①最も高貴で ②最も収益があって

အမြတ်တနိုး[əmjaʔtəno:]（副）大事に、大切に、貴重に、有難く、勿体ながって အမြတ်တနိုးသိမ်းထားသည်။ 大事に仕舞っておく အမြတ်တနိုးထားသည်။ 大切に保管する ရှင့်အတွက်ကျမအမြတ်တနိုးချက်ပြုတ်ထားတယ်။ 貴方の為に丁重に料理をしておいた

အမြတ်တော်ခွန်[əmjaʔtɔgun]（名）所得税

အမြတ်ထုတ်[əmjaʔ tʼouʔ]（動）利用する、利益を引き出す、私腹を肥やす、自分に有利に計る、搾取する

အမြတ်ထုတ်ရေး:ကစား:[əmjaʔtʼouʔ ze:gəza:]（動）投機する、儲けるために価格を操作する

အမြတ်ထုတ်ရေး:ကစား:သူ[əmjaʔtʼouʔze:gəza:du]（名）投機筋

အမြတ်ထွက်[əmjaʔtʼwɛʔ]（動）儲かる、得をする、利益を受ける、利益があがる

အမြတ်နည်း[əmjaʔ nɛ:]（形）儲けが少ない

အမြတ်ဝေစု[əmjaʔ wezu.]（名）配当、利益の配当、儲けの分け前

အမြတ်အစွန်း[əmjaʔ əsun:]（名）儲け、利潤

အမြတ်အစွန်းနည်း[əmjaʔəsun: nɛ:]（形）儲けが少ない、薄利だ

အမြတ်အရှုံး[əmjaʔəʃoun:]（名）得失、損得

အမြိတ်[əmeiʔ]（名）①布の端、ヘリ ②（おかっぱ頭の）前髪

အမြန်[əmjan]①（名）早さ、敏速性 ②（副）早く、急いで、早急に အမြန်သွားတယ်။ 急いで行く အမြန်လာခဲ့ပါဦး။ 早く来なさい အမြန်ဆိုက်သည်။ 早めに着く တံခါးကိုအမြန်ပိတ်လိုက်သည်။ ドアを急いで閉めた ဆေးရုံကိုအမြန်ပို့ပေးပါဦး။ 急いで病院へ送って下さい

အမြန်ဆုံး[əmjanzoun:]（副）できるだけ早く、大急ぎで ကား:များကိုဖြင့်အမြန်ဆုံး:သွား:ကြသည်။ 自動車で大急ぎで出かけた အမြန်ဆုံးပြေးမှဖြစ်မယ်။ できるだけ早く逃げなければなるまい

အမြန်တိုင်:ကရိယာ[əmjan tain: kəri.ja]（名）速度計、スピードメーター

အမြန်နှုန်း[əmjan noun:]（名）速度、スピード

အမြန်ပေးစာ[əmjan pe:za]（名）速達

အမြန်ပြေးလမ်း[əmjan pe:lan:]（名）高速道路

အမြန်မောင်းရေယာဉ်[əmjan maun: jejin]（名）高速艇

အမြန်ရထား[əmjan jətʼa:]（名）急行列車

အမြန်လမ်း:မကြီး[əmjan lan:ma.dʑi:]（名）高速道路

အမြုံ[əmjoun.]（名）反芻

အမြုံ[əmoun]（名）不妊、石女（うまずめ）

အမြုံမ[əmounma.]＝အမြုံ

အမွေ[əmwe]（名）遺産

အမွေခံ[əmwe kʼan]①（動）遺産を相続する ②[əmwegan]（名）遺産相続人、遺産継承者

အမွေခွဲ[əmwe kʼwɛ:]（動）遺産を分ける、遺産を分割する

အမွေခွဲပေး[əmwe kʼwɛ:]＝အမွေခွဲပေး

အမွေခွန်[əmwegun]（名）相続税

အမွေစား:[əmweza:]（名）相続人、遺産相続者

အမွေစား:အမွေခံ[əmweza: əmwegan]＝အမွေခွဲ

အမွေစွန်[əmwe soun]（動）遺産が卑属（子孫）に相続される

အမွေဆို:[əmwezo:]（名）債務相続

အမွေဆက်ခံ[əmwe sʼɛʔkʼan]（動）遺産を相続する

အမွေဆက်ခံခွန်[əmwe sʼɛʔkʼangun]（名）相続税

အမွေဆက်ခံရေး:[əmwe sʼɛʔkʼan je:]（名）相続、遺産相続

အမွေဆိုင်[əmwe sʼain]①（動）相続権を持つ ②[əmwezain]（名）相続人、相続権者

အမွေဆန် [əmwe sʻan] (動) 遺産が尊属 (父母、祖父母等) に相続される
အမွေတောင်း [əmwe taun:] (動) 遺産を請求する
အမွေထိန်း [əmwedein:] (名) 遺産管理人
အမွေပေး [əmwe: pe:] (動) 遺産を与える、遺産を渡す
အမွေပစ္စည်း [əmwe: pjiʼsi:] (名) 遺産
အမွေပုံ [əmweboun] (名) 遺産の分け前
အမွေဖြတ် [əmwe pʻjaʼ] (動) 勘当する、廃嫡する、遺産の相続権を奪う
အမွေရ [əmwe ja.] (動) 遺産を貰う、遺産を取得する
အမွေရှင် [əmweʃin] (名) 被相続人
အမွေလု [əmwe lu.] (動) 遺産を奪う、遺産を奪い合う
အမွေဝေစု [əmwe wezu.] (名) 遺産の分け前
အမွေအနှစ် [əmwe əniʼ] (名) 遺産
အမွေး [əmwe:] (名) ①毛 ②養育
အမွေးညှင်း [əmwe:ɲin:] (名) うぶ毛、柔毛
အမွေးပေါက် [əmwe: pauʼ] (動) 毛が生える
အမွေးအတောင် [əmwe: ətaun] (名) 羽毛
အမွေးအတောင်ခါ [əmwe: ətaun kʻa] (動) 羽ばたく
အမွေးအမှင် [əmwe: əmin̦] (名) ①毛、体毛、剛毛 ②繊維
အမွေးအမျှင် [əmwe: əmjin̦] (名) 毛、羽毛、毛髪繊維
အမွဲ [əmwɛ:] (名) ①貧民、貧困者、貧窮者 ②灰褐色
အမွဲအပြာ [əmwɛ:əpja] (動) 極貧、貧窮
အမွဲအပြာဖြစ် [əmwɛ:əpja pʻjiʼ] (動) 極貧になる、貧窮する
အမွန်အမြတ် [əmun əmjaʼ] (名) 高貴、尊い存在
အမွမ်းအပြောက် [əmun: əpjauʼ] (名) 飾り、装飾
အမွမ်းအမံ [əmun: əman] (名) 飾り、装飾
အမွှာ [əmwa] (名) ①双生児、ふたご ② (ミカン、マンゴスチン等の) 果肉 မင်းကွတ်သီးမွာလိမ္မော်သီးစိတ်ကဲ့သို့အမြှာရှိသောအသီးဖြစ်သည်။ マンゴスチンはミカンのように果肉が分れた果物である ＝အမြွှာ
အမွှာကလေး [əmwagəle:] (名) ＝အမွှာ
အမွှာညီနောင် [əmwa ɲinaun] (名) 双生児兄弟
အမွှာညီအစ်မ [əmwa ɲi əma.] (名) 双生児姉妹
အမွှာပူး [əmwabu:] (名) 双生児、双子
အမွှာဘွား [əmwa pʻwa:] (動) 双子を出産する
အမွှာမွေး [əmwa mwe:] (動) 双子として生れる
အမွှာမွေးကလေး [əmwa mwe:gəle:] (名) 双子の子供

အမြွက် [əmjwɛʼ] (名) ①発言、発話 ②引用 ③風刺、暗示 ④僅少、ほんの僅か、ごく僅か
အမြွက်မျှ [əmjwɛʼma.] (副) ごく僅か အမြွက်မျှဖော်ပြပါအံ့။ ほんの僅かだけ説明しよう
အမြွက်မျှ [əmjwɛʼmja.] ＝အမြွက်မျှ
အမှာ [əma] (名) ①指示、訓示 ②注文、頼み、依頼、伝言 ③序文、前書き
အမှာစကား [əma zəga:] ＝အမှာ
အမှာစကားပြော [əma zəga: pjo:] (動) 訓令する、訓示する、訓示を与える
အမှာစကားပြောကြား [əma zəga: pjo:tʃa:] ＝အမှာစကားပြော
အမှာစာ [əmaza] (名) ①要求書、請求書、注文書 ②依頼文
အမှာတော်ရေး [əmadɔ je:] (名) (王朝時代の) 書記官、筆記官 (စာရေးကြီးとは別、国政に関する元老の指示、注文を記す仕事に従事)
အမှာအထာ [əma əti̥aʼ] (名) 指示、指図、言いつけ
အမှား [əma:] (名) 誤まり、間違い、誤謬、過失
အမှားကြီးမှား [əma:dʒi: ma:] (動) 大きな誤まりを犯す、大失敗する
အမှားပြင် [əma: pjin] (動き) 誤まりを正す、訂正する、修正する
အမှားပြင်ဆင်ချက် [əma: pjinsʻindʒɛʼ] (名) 正誤表
အမှားမှားအမှုင်းမှုင်း [əma:ma: əjwin:jwin:] (副) 間違いだらけで、あれこれ間違った挙げ句、しどろもどろで
အမှားမှားအမှုင်းမှုင်းဖြစ် [əma:ma: əjwin:jwin: pʻjiʼ] (動) 間違いを犯す、手違いをしでかす
အမှားယူ [əma: ju] (動) 誤まって受取る
အမှားရှာ [əma: ʃa] (動) あら探しをする
အမှားရှောင် [əma: ʃaun] (動) 間違いを避ける
အမှားလမ်း [əma: lan:] (名) 間違った道
အမှားမှုင်း [əma: əjwin:] (名) ①間違い、誤り ②違反、冒涜
အမှားမှုင်းဖြစ် [əma:əjwin: pʻjiʼ] (動) 間違いが生じる、過ちを犯す
အမှားအမှန် [əma: əman] (名) 正誤、正邪
အမှီ [əmi̥] (名) ①間に合う事、追いつく事 ②寄りかかるもの、背もたれ
အမှီပြု [əmi̥ pju.] (動) 頼りにする、依存する ပင်လယ်ကိုအမှီပြု၍လုပ်ကိုင်စားသောက်ကြသည်။ 海に依存して暮している
အမှီပြုစရာ [əmi̥pju.zəja] (名) 頼りとすべきもの

အမှီပြုရာ[əmi pju.ja] =အမှီပြုစရာ
အမှီရှိလျှင်ဘုရား:တောင်မပင့်။ (諺) 一人では何もできない（頼るものがなければ仏とて悟りは開けぬ）
အမှီရှိ[əmi ʃi.] (動) 頼るものがある
အမှီလိုက်[əmi laiʔ] (動) ①追いつくまで追跡する ②待ち合うようついて行く
အမှီသဲ[əmitəhɛ:] (名) 頼りとするもの
အမှီသဲပြု[əmitəhɛ: pju.] (動) 依る、依存する、依拠する တနင်္သာရီတိုင်းအနေဖြင့်လေကြောင်း၊ ရေကြောင်း၊ လမ်းကိုသာ အမှီသဲပြုကြသည်။ テナセリム管区としては、空路、水路だけに依存している
အမှီအခို[əmiəkʼo] (名) 支え、支持、頼りとするもの
အမှု[əmu.] (名) ①事務、業務、仕事 ②出来事、事件、問題、案件 ချစ်ခင်မှု 親愛 ယုယမှု 介護、介抱 လေးစားမှု 尊敬 ③訴訟、告訴
အမှုစွဲ[əmu. keiʔsa.] (名) 用事、用件
အမှုစီရင်ထုံး[əmu. sijin tʼoun:] (名) 判例、司法判決
အမှုစစ်[əmu. siʔ] (動) 事件を取調べる、審理する
အမှုဆင်[əmu. sʼin] (動) 罠に嵌める、罪に陥れる、捏造する、でっち上げる、濡れ衣を着せる
အမှုဆောင်[əmu. sʼaun] ① (動) 執り行う、執行する ② [əmu.zaun] (名) 役員、委員、幹部、理事
အမှုဆောင်ကောင်စီ[əmu.zaun kaunsi] (名) 執行評議会
အမှုဆောင်ညီလာခံ[əmu.zaun ɲilagan] (名) 評議会、評議員会議
အမှုဆောင်လူကြီး[əmu.zaun luʥi:] (名) 役員、委員、幹事
အမှုဆောင်အစည်းအဝေး[əmu.zaun əsi:əwe:] (名) 執行会議
အမှုဆောင်အဖွဲ့[əmu.zaun əpʼwɛ.] (名) 執行機関、執行組織
အမှုဆိုင်[əmu.sʼain] (動) 法廷で争う、訴訟を起す
အမှုတော်ထမ်း[əmu.dɔtʼan:] ① (動) 公務を担う、公務を執行する ② [əmu.dɔdan:] (名) 公務員
အမှုတော်ထမ်းရွက်[əmu.dɔ tʼan jwɛʔ] =အမှုတော်ထမ်း
အမှုတင်[əmu. tin] (動)（刑事事件として）起訴する
အမှုတွဲ[əmu.dwɛ:] (名) ①事件簿、事件の記録、ファイル ②共犯者
အမှုထား[əmu. tʼa:] (動) 気にかける、気に留める、注意する、重視する、 否定形は အမှုမထား:ဘူ:။ 気にしない、念頭にない

အမှုထမ်း[əmu.tʼan] ① (動) 勤務する、服務する、職務に従事する、任務を果す ② [əmu.dan:] (名) 公務員、役人 ③（王朝時代の身分の一つ）廷吏、官吏
အမှုထမ်းရွက်[əmu. tʼan jwɛʔ] (動) =အမှုထမ်း
အမှုထမ်းအရာထမ်း[əmu.dan: əjadan:] (名) 中級、下級の公務員 cf. အရာရှိ
အမှုနိုင်[əmu. nain] (動) 勝訴する
အမှုပေါက်အမှုဝရှာ[əmu.bauʔ əmu.wa. ʃa] (動) 解決策を探す、解決の緒を探す
အမှုပတ်[əmu. paʔ] (動) 事件に巻き込まれる、に関わり合いを持つ
အမှုပွေ[əmu. pwe] (動) 次々と揉め事に巻き込まれる、揉め事で身動きが取れない
အမှုဖြစ်[əmu. pʼjiʔ] (動) 訴訟沙汰になる、訴訟に巻き込まれる
အမှုဖွင့်[əmu. pʼwin.] (動) 事件として取上げる、訴訟を受け付ける、告訴を受理する、法廷で取扱う
အမှုမဲ့အမှတ်မဲ့[əmu.mɛ. əmaʔmɛ.] (副) ①何気なく、無意識に ②無関心で、無頓着で
အမှုမဲ့အမှတ်မို့[əmu.mɛ. əmaʔmɛ. mo.] (副) つい うっかりしていたものだから
အမှုရောက်[əmu. jauʔ] (動) 訴訟事件になる、裁判沙汰になる
အမှုရုပ်သိမ်း[əmu. jouʔtein:] (動) 告訴を取り下げる
အမှုရှာ[əmu. ʃa] (動) あら探しをする
အမှုရှုပ်[əmu. ʃouʔ] (動) 多くの問題に煩わされる
အမှုရှုံး[əmu. ʃoun:] (動) 敗訴する
အမှုလိုက်[əmu. laiʔ] (動) ①訴訟を引受ける、弁護に当る ②事件を担当する、訴迫する
အမှုလုပ်[əmu. louʔ] (動) 告訴する、起訴する
အမှုသည်[əmu.dɛ] (名) ①訴訟当事者、被告 ②原告
အမှုသည်မပါ။ စကား:မဆိုရာ။ (格) 被告を伴う事無く弁護をすべからず
အမှုအခင်း[əmu. əkʼin:] (名) ①事件 ②訴訟
အမှုအခင်းဖြစ်[əmu.əkʼin: pʼjiʔ] (動) ①事件が起る ②訴訟沙汰になる
အမှူ:[əmu:] (名) 監督、管理者、指導者
အမှူ:ပြု[əmu: pju.] (動) ①指導する、先頭に立つ、音頭を取る ဝန်ကြီးချုပ်အမှူ:ပြုသော အစိုးရအဖွဲ့ 首相が率いる内閣
အမှူ:အမတ်[əmu: əmaʔ] (名) 文武百官 =မှူးမတ်
အမေ့[əme:] →အမှေ့:
အမှော်[cme] (名) 籾殻、豆のさや等の屑
အမှောက်[əmauʔ] (名) 転覆

အမွိုက် 850

အမွောက်မွောက်အမှာ:မှာ:[əmauʔmauʔ əma:ma:]（副）間違いだらけで、しくじりを重ねて、へまばかりして
အမှိုက်[əmaiʔ]（名）塵（ごみ）、屑、がらくた、廃物、塵、埃
အမှိုက်ကပြည်မီးလောင်။（諺）蟻の穴から堤も崩れる、些細な事から大事に至る（ごみの失火から宮殿の高楼が焼失）
အမှိုက်ကလော[əmaiʔkəlɔ]（名）塵取り
အမှိုက်ကား:[əmaiʔ ka:]（名）ごみ収集車
အမှိုက်ကျုံ:[əmaiʔ tʃoun]（動）ごみを収集する
အမှိုက်ကျုံးဂေါ်ပြာ:[əmaiʔtʃoun gɔbja:]（名）塵取り、ごみ集め
အမှိုက်စွန့်[əmaiʔ sun]（動）ごみを棄てる
အမှိုက်စပ်[əmaiʔ pjiʔ] =အမှိုက်စွန့်
အမှိုက်ပုံ[əmaiʔ poun]（動）ごみを積み上げる
အမှိုက်ပုံ:[əmaiʔ poun:]（名）屑籠、ごみ入れ
အမှိုက်ပုံ:ထဲထည့်သည်။ 屑籠の中に入れる
အမှိုက်ရှင်:[əmaiʔ ʃin]（動）塵を片付ける、清掃する
အမှိုက်လှဲ[əmaiʔ ɬɛ:]（動）清掃する、掃除する
အမှိုက်သရိုက်[əmaiʔtəjaiʔ]（名）ごみ、埃、屑
အမှိုက်သယ်ယာဉ်[əmaiʔtɛjin]（名）ごみ運搬車
အမှိုက်သိမ်:[əmaiʔ tein]（動）塵を片付ける
အမှိုက်သိမ်:ကား:[əmaiʔ tein:ka:]（名）塵収集車
အမှိုက်သိမ်:အိတ်[əmaiʔtein: eiʔ] =အမှိုက်အိတ်
အမှိုက်အိတ်[əmaiʔ eiʔ]（名）ごみ袋
အမွေး[əmin]（名）毛、硬い毛、豪毛ပထမွေး
အမှောင့်[əmaun]（名）①祟り、怨霊の作用 ②干渉、妨害、口出し
အမှောင့်ပယောဂ[əmaun. pəjɔ:ga]（名）祟り、怨霊の作用
အမှောင့်သမား:[əmaun.dəma:]（名）妨害者、破壊者
အမှောင်[əmaun]（名）暗黒
အမှောင်ထု[əmaundu]（名）暗闇
အမှောင်လေး:ပါး:[əmaun le:ba:]（名）4種の暗黒（闇夜、深夜、暗雲、原生林）
အမှည့်[əmɛ]（名）①成熟 ②熟した果物
အမှည့်ကြွေကြွေ[əmɛ.dʒwe tʃwe]（動）老衰で死去する
အမှည့်လွန်စစ်သီ:[əmɛ.lun tiʔti:]（名）熟し過ぎた果物
အမှတ်[əmaʔ]（名）①記号、符号 ②印、徴、痕跡 ③点 ④点数 ⑤番号 ⑥記憶、追憶、思い出、回想
အမှတ်ကြီ:[əmaʔ tʃi:]（形）恨み骨髄に達する

အမှတ်စဉ်[əmaʔsin]（名）通し番号、整理番号
အမှတ်စဉ်မှပ်[əmaʔsin maʔ]（動）番号順に言う、点呼をする
အမှတ်တမဲ့[əmaʔ təmɛ.]（副）思わず、無意識に、何気なく、思いがけず
အမှတ်တရ[əmaʔ təja]（副）記念に、思い出として အမှတ်တရပေ:သည်။ 記念に渡す
အမှတ်တရဓာတ်ပုံ[əmaʔtəja. daʔpoun]（名）記念写真
အမှတ်တရနေ့[əmaʔtəja.ne.]（名）記念日
အမှတ်တရပေ:[əmaʔtəja. pe:]（動）記念に渡す
အမှတ်တရလက်ဆောင်[əmaʔtəja. lɛʔsʔaun]（名）記念品、記念の贈り物
အမှတ်တစ်စက်မှုဝန်ကြီ:ဌာန[əmaʔti sɛʔmu. wundʒi: tʔana.]（名）第一工業省
အမှတ်တံဆိပ်[əmaʔ dəzeiʔ]（名）徽章、紋章、ラベル、レッテル
အမှတ်ထာ:[əmaʔ tʔa:]（動）①見なす、思い込む、信じこむ、胆に命じる ②心にかける、気にする ③恨みを抱く
အမှတ်နည်:[əmaʔ nɛ:]（形）点数が低い
အမှတ်မထင်[əmaʔ matʔin]（副）思わず、うっかり何気なく、無意識に、不覚にも、迂闊にも、偶然に
အမှတ်ပေ:[əmaʔ pe:]（動）点を与える
အမှတ်မဲ့[əmaʔmɛ.] =အမှတ်မဲ့နေသည်။ うっかりしている、無頓着でいる
အမှတ်မှာ:[əmaʔ ma:]（動）見間違える、勘違いする記憶違いをする、間違って覚える
အမှတ်ရ[əmaʔ ja]（動）①記憶する、覚えている②思い起こす、思い出す、回想する ③点を取る
အမှတ်လက္ခဏာ[əmaʔ lɛʔkʔəna]（名）印、目印、符号、記号
အမှတ်အကေတ[əmaʔ tinketa]（名）符号、記号、表象、表徴
အမှတ်သညာ[əmaʔ inɲa]（名）①マーク、印し ②記憶、思い出 အမှတ်သညာထာ:သည်။ 記憶に残る、記憶に留める အမှတ်သညာပြုသည်။ 思う、見なす、解釈する
အမှတ်သညာမဲ့ရောဂါ[əmaʔtinɲa mɛ. jɔ:ga]（名）記憶喪失症
အမှတ်အသာ:[əmaʔ əta:]（名）①印、目印、記号、象徴 ②観察力、記憶 အမှတ်အသာ:ကောင်:သည်။ 記憶力がよい、観察力が細かい အမှတ်အသာ:ပြုသည်။ 記憶に留める、記録に残す
အမှန်[əman]① （名）正確 ②事実、真相、真実 ③（副）本当は、実を言うと

အမှန်ကတော့[əman ga.dɔ.] (副) 実を言うと、実のところは、真相は、本当のところは

အမှန်ကိုဆိုရလျှင်[əmango s'o ja.ɬjin] (副) 実を言うと、本当のところは、真相を打ち明けると

အမှန်ကိုဆိုရသော်[əmango s'o ja.dɔ] (文) =အမှန်ကိုဆိုရလျှင်

အမှန်စင်စစ်[əman sinzi'] (副) 正しくは、実のところは、実際は、本当のところは

အမှန်စင်စစ်မှာတော့[əman sinzi' mado.] =အမှန်စင်စစ်

အမှန်စစ်စစ်အား:ဖြင့်[əmansinzi' a:p'jin.mu] =အမှန်စင်စစ်မှာတော့ の文語形

အမှန်ဆိုရလျှင်[əman s'o ja.ɬjin] =အမှန်ကိုဆိုရလျှင်

အမှန်တကယ်[əman dəgɛ] (副) 実際に、本当に

အမှန်တရား[əman təja:] (名) ①真実 ②正義

အမှန်ပဲ[əman bɛ:] (形) 本当だ、事実だ、真実だ

အမှန်ရောက်[əman jau'] (動) 正しい事になる、事実に違わる

အမှန်လမ်း[əman lan:] (名) 正道

အမှန်အကန်[əman əkan] (名) 真実、正しくその通り

အမှန်အတိုင်း[əman ətain:] (副) ありのままに、正直に

အမှန်အတိုင်းဆိုလျှင်[əman ətain: s'ojin] (副) 実を言うと、正直に言うと、ありのままに言うならば

အမှန်အတိုင်းပြောရလျှင်[əman ətain: pjɔ: ja.ɬjin] =အမှန်အတိုင်းဆိုလျှင် の文語形

အမှန်အမှား:[əman əma:] (名) 正誤

အမှန်အားဖြင့်[əman a:p'jin] (副) 事実、実際のところ、本当のところ

အမှန်း:[əman:] (名) 当てずっぽう、憶測

အမှန်းအစ[əman: əs'a.] (名) 推測、憶測

အမှုန့်[əmoun.] (名) 粉、粉末 ကျောက်မီးသွေးမှုန့် 石炭の粉末

အမှုန့်မှုန့်အညဉ်ညဉ်[əmoun.moun. əɲe'ɲe'] (副) 粉々に

အမျှ[əmja.] ① (名) 均等、均分 အား:လုံးအမျှခံကြရမည်။ 全員均等に蒙るべきだ ② (冀福、普回向 ③助詞 と組合って、〜に応じて、〜に従って、〜だから နေစောင်းရွှေ့သွား:သည်နှင့်အမျှခရီး:တွင်လာလေသည်။ 日が傾いてきたのだから旅が捗った အလင်း:ရောင်ဝင်လာသည်နှင့်အမျှမဲပြာပြာအရောင်များပျောက်ကွယ်သွား:သည်။ 明りが差し込んできたので暗闇が消え去った

အမျှပေး:[əmja. pe:] (動) ①均等に分ける ②功徳のお裾分けをする、回向する、冀福を折る

အမျှပေးဝေ[əmja. pe:we] =အမျှဝေ

အမျှယူ[əmja. ju] (動) ①等しく受ける、均等に受領する ②(故人が) 功徳のお裾分けに預かる

အမျှဝေ[əmja. we] (動) ①均分する、均等に配分する ②(故人を偲んで) 功徳を等分する、回向する、冀福を折る、供養する

အမျှဝေပုံ[əmja. weboun] (名) ①均分法、等分法 ②冀福の折り方、回向の仕方

အမျှအတန်:[əmja. ətan:] (名) ①均等分配 ②普回向

အမျှော်အမြင်[əmjɔ əmjin] (名) 判断力、思慮分別 →အမြော်အမြင်

အမျှင်[əmjin] (名) ①繊維 ②蜘蛛の糸

အမျှင်ကလေး:[əmjingəle:] (名) 細い繊維

အမျှင်ကြော[əmjinjɔ:] (名) 神経

အမျှင်တန်:[əmin tan:] (動) 持続する、切れずに続く、尾を曳く

အမျှင်ရှပ်[əmin ʃou'] (動) 糸が縺れる

အမြူ[əmu] (名) 魅惑、引きつけ

အမွေ:[əme:] (名) 膜

အမြောက်[əmjau'] (名) ①煽て、おべんちゃら、諂い、おもねり、おべっか、阿諛追従 ②(数学の)掛け算、乗法

အမြောက်ကြိုက်[əmjau' tʃai'] (動) 煽てに乗り易い、お人好しだ

အမြောက်ခံရ[əmjau' k'an] (動) ①選ばれる、選出される ②煽てられる、おべんちゃらを言われる

အမြောက်ယေား:[əmjau' zəja:] (名) 九九の表

အမြောက်လက္ခဏာ[əmjau' lɛ'k'əna] (名) 掛け算記号

အမြောက်အစား:[əmjau' əsa:] (名) 引き立て、煽て、おもねり

အမြောင့်[əmjaun.] (名) 稜 သုံ:မြောင့် 三稜

အမြောင်:လိုက်[əmjaun: lai'] (副) 筋に沿って、線条沿いに

အမြှုပ်[əmjou'] (名) ①泡 ဆပ်ပြာမြှုပ် 石鹸の泡 ②沈没

အမြှုပ်ထ[əmjou' t'a.] (動) 泡立つ

အမြှုပ်ထွက်[əmjou' t'wɛ'] (動) 泡が出る、泡が流れ込る

အမြှုပ်အနှံ[əmjou' ənan] (名) 投資

အမွှာ[əmwa] (名) 双子 =အမြွှာ

အမွှား:[əmwa:] (名) 微小物

အမွှေအနှောက်[əmwe:ənau'] (名) 撹乱

အမွှေး:[əmwe:] (名) ①香り、芳香 ②香料

အမွှေး:တိုင်[əmwe:dain] (名) 線香

အမွှေး：နံသာ[əm̯we: nəda] (名) 香料
အမွှေး：အကြိုင်[əm̯we: ətʃain] (名) ①香り、芳香 ②香料、スパイス
အမွမ်း[əmun:] (名) ① (多重屋根の) 頂 ②飾り
အမွမ်းစကား[əmun:zəga:] (名) 修辞
အမွမ်းတင်[əmun: tin] (動) ①飾る、装いを凝らす ②潤色する、美文調で描く ③誉めそやす、賞賛する
အယား[əja:] (名) 痒さ、搔痒
အယားပြေ[əja: pje] (動) 痒みが消える
အယားဖျောက်[əja: pʼjauʼ] (動) 痒みを搔く
အယုအယ[əju.əja.] (名) 介抱、看病
အယူ[əju] (名) ①取る事 ②信念、確信 ③見解、意見 ④信仰、信心
အယူကြီး[əju tʃi:] (形) 迷信的だ
အယူခံ[əju kʻan] ① (動) 上訴する、上告する、控訴する ②[əjugan] (名) 控訴、上告、上訴
အယူခံတက်[əjugan tɛʼ] ＝အယူခံ
အယူခံတက်ရောက်[əjugan tɛʼjauʼ] ＝အယူခံတက်
အယူခံလွှာ[əjuganɨwa] (名) 上告書、控訴状
အယူခံဝင်[əjugan win] ＝အယူခံ
အယူခံဝင်ရောက်[əjugan win jauʼ] ＝အယူခံဝင်
အယူမှား[əju ma:] (動) 誤った考えを抱く
အယူမှန်[əju man] (動) 正しい考えを抱く
အယူရှိ[əju ʃi.] (動) ～と考える、～と見なす、～と信じる、意見を持つ
အယူဝါဒ[əju wada.] (名) ①思想、信条 ②信仰、信心
အယူသီး[əju ti:] ＝အယူသည်:
အယူသည်း[əju ti:] (形) ①頑迷だ、凝る ②迷信を信じる、縁起を担ぐ ③異端だ
အယူသည်းမှု[əjuti:mu.] (名) 迷信、縁起、ジンクス
အယူသန်[əju tan] (形) 頑迷だ、頑固だ、凝る、固執する
အယူအဆ[əju əsʼa] (名) ①考え、見解 ②判断、解釈 ③信念、意見
အယူအဆကွဲလွဲ[əju əsʼa.kwɛ:lwɛ:] (動) 意見を異にする、見解が異なる
အယူအဆကွဲလွဲမှု[əju əsʼa.kwɛ:lwɛ:mu.] (名) 意見の相違
အယို[əjo] (名) 洩れ
အယိုအဖိတ်[əjo əpʼei] (名) 洩れ、消耗
အယောက်[əjauʼ] (名) 人数 အယောက်လေးဆယ် 40人
အယောင်[əjaun] (名) 見掛け、風采、体裁、装い
အယောင်ဆောင်[əjaun sʼaun] (動) ①装う、振りをする ②化ける、化身する လူယောင်ဆောင်သည်။ 人間に化身する
အယောင်ယောင်အမှားမှား:ဖြစ်[əjaun jaun əma: ma: pʼjiʼ] ① (動) 気が転倒する ② (形) 紛らわしい、曖昧模糊としている
အယိုင်[əjain] (副) 素早く、敏速に
အယဉ်[əjin] (名) ①慣れ、馴れ、従順 ②良性 (悪性ではない) ③優美さ、優雅さ、典麗さ ④水の流れ
အယဉ်နှစ်ပါး[əjin nəpa:] (名) 太陽の軌道二つ ဒက္ခိဏာယဉ် 南行 ဥတ္တရာယဉ် 北行
အယဉ်သုံးစကား[əjindoun: zəga:] (名) 丁寧な表現、敬語
အယဉ်အကျေး[əjin ətʃe:] ① (名) 丁寧さ、優雅さ ② (副) 丁寧に、優雅に
အယဉ်ပါရှိ[əjin əpa. ʃi.] (動) ねんごろになる、親しくなる
အယဉ်အရိုင်း[əjin əjain:] (名) 貴賎、上品さと下品さ、優雅と野蛮
အယုတ်[əjouʼ] (名) ①不足、欠乏、不備、欠陥 ②劣ったもの、低級品 cf. အလတ်၊ အမြတ်။
အယုဒ္ဓယ[əjouʼdeja.] (地) (タイ国の) アユタヤ
အယုတ်သဖြင့်[əjouʼ təpʼjin.] (副) 少なくとも、最低限、最悪の場合でも、悪く行ったとしても
အယံ[əjan:] (名) 当てずっぽう、出まかせ、忖度
အယမ်းအဆ[əjan: əsʼa.] (名) ＝အယမ်း:
အယိမ်းအယိုင်[əjein: əjain] (名) 傾斜、傾き
အယုံ[əjoun] (名) 信用、信頼
အယုံကြီး[əjoun tʃi:] (形) 信頼を寄せる、信じて疑わない、心服する
အယုံသွင်း[əjoun twin:] (動) 信用させる、信じこませる、猫被りして信頼を得る အယုံသွင်းကာအတွင်းသို့ဝင်သည်။ 信用させて内部に入り込む
အယုံအကြည်[əjoun ətʃi] (名) ①信頼、信任 ②信念、確信 ③迷信
အယုံအကြည်ကင်းမဲ့[əjoun ətʃi kin:mɛ.] (動) 信頼を損ねる、信頼を失わせる
အယုံအကြည်ပျက်[əjoun ətʃi pjɛʼ] (動) 信頼を失う
အယုံအကြည်မရှိအဆို[əjoun ətʃi məʃi. əsʼo] (名) 不信任案
အယုံအကြည်ရှိ[əjoun ətʃi ʃi.] (動) 迷信がある
အယွဲ[əjwɛ.] ① (名) 歪み、ひずみ ＝အရွဲ့ ② (副) 相反して
အယွဲ့တိုက်[əjwɛ. taiʼ] (動) 逆らう、反抗する ＝အရွဲ့တိုက်။
အယွဲ့တိုက်ချင်စိတ်[əjwɛ.taiʼtʃinzeiʼ] (名) 反抗

အရာမယွင်း

心、反逆心
အယွဲ့တိုက်ပြော[əjwɛ.taiʔ pjɔ:] (動)逆らって言う、反抗して言う
အယှက်အတင်ဖြစ်[əʃɛʔətin pʼjiʔ] (動)紛争が起る
အယျုံ[əjoun.] (名)皺、収縮
အရ[əja.] ① (名)入手、取得、獲得、収穫 ② (帳簿)の貸方 ③意図、趣旨 ④ (副)必ずや、是が非とも、きっぱりと、断固として、決然として ⑤ (助) ~によれば、に基づき、によって ၁ပဒေအရဆိုလျှင် 法律によれば ဝန်ကြီးချုပ်၏ဖိတ်ကြားချက်အရ 首相の招待によって ဆရာဝန်၏ညွှန်ကြားချက်အရ 医者の指示に基づき
အရကောက်[əja. kauʔ] (動) (神秘を)解く、(秘義を)明らかにする
အရကုတ်[əja. kouʔ] (動)徹底的に努力する
အရကျက်[əja. tʃɛʔ] (動)暗記する、暗唱する、そらで言えるよう覚えこむ
အရခေါ်ရ[əja. kʼɔ ja.] (動)是が非でも連れて来る
အရဆောင်[əja. sʼaun] (動)絶対に伴う
အရလိုက်[əja. laiʔ] (動)是が非とも同行する
အရအမိ[əja.əmi.] ① (副)必ずや、是が非でも、しっかりと အရအမိရှိသည်။ しっかりと抑えている、握って離さない ② (名)手にあるもの、身につけたもの、修得したもの、レパートリー အရအမိနည်းသည်။ レパートリーが少ない、収穫が少ない
အ~ရခက်[ə~ja. kʼɛʔ] (形) ~し難い အခံအရခက်တယ်။ 耐えられない、我慢できない တော်တော်နာ:အလည်ရခက်တယ်။ なかなか理解が難しい
အရညာဝတီ[əriɲɲa.wati] (名)森林派の出家 <パ
အရသာ[əja.da] (名) ①味、風味、香味 ②風趣、味わい、感覚、快感 ငြိမ်းချမ်းခြင်း၏အရသာ 平和の味わい <パ Rasa
အရသာခံ[əja.da kʼan] (動)味わう
အရသာခြောက်ပါး[əja.da tʃʼauʔpa:] (名) 6種の味、六味 (ချို 甘み ချဉ် 酸 cန့် 塩辛さ စပ် 辛さ ဖန် 渋み ခါး 苦み)
အရသာတွေ့[əja.da twe.] (動) ①口に合う、美味しい ②快感を覚える
အရသာထူ:[əja.da tʼu:] (形)格別な味がする
အရသာပျက်[əja.da pjɛʔ] (動)味が損なわれる、不味い
အရသာရှိ[əja.da ʃi.] (形) ①美味しい、うまい、美味だ ②感じがよい
အရသာလေး[əja.da le:] (形)味が濃い、風味が強すぎる
အရဟတ္တ[ərəhatta.] (名)阿羅漢 (最高の解脱を完成した人) <パ Arahatta
အရဟတ္တဖိုလ်[ərəhattapʼo] (名)阿羅漢果 (修行者の最高の段階) <パ Arahatta Phala
အရဟတ္တမဂ်[ərəhattameʔ] (名)阿羅漢向、阿羅漢道 <パ Arahatta Magga
အရဟံ[ərəhan] (名)羅漢、修行者 <パ Arahant
အရာ[əja] (数)百 တရာ 百 နှစ်ရာ 2百
အရာအထောင်[əja ətʼaun] (数)何百何千
အရာ[əja] (名) ①事、事柄 ②物、物体 ③跡、痕跡 လက်ဝါးရာ 掌の跡 လက်သည်းရာ 爪跡 သူ၏လက်ချောင်းရာများကထင်ကျန်ခဲ့သည်။ 彼の指の跡が残っている ④所 နေရာ 場所 အိပ်ရာ 寝所 အား:ကိုးရာ 頼りとするところ စားသောက်ဖွယ်များရာ 食糧の在処 ⑤地位、立場 အိမ်ရှေ့အရာ 皇太子の地位 မိဘုရားကြီးအရာ 皇后の地位 ⑥家督、衣鉢 အဘအရာနှင်းအပ်သည်။ 家督を譲り渡す、父の跡目を継がせる
အရာကျ[əjaga. tʃa.] (動)免職する、降職する
အရာကောင်:[əja kaun:] (動) ①地位がよい ②物件がよい
အရာကျ[əja tʃa.] (動) ①地位を失う、失脚する、浪々の身となる ②愚かという事になる
အရာကြီး[əjadʒi:] (名)インド人 =ကုလား:ကြီး:၊ ဘော်
အရာကျွေး[əja tʃwe:] (動)物を与える
အရာခံ[əjagan] (名)下士官
အရာခံဗိုလ်[əjagan bo] (名)准尉
အရာဌာန[əja tʼana.] (名) ①場所、所 ②場合
အရာဌာနလိုက်[əja tʼana. əlaiʔ] (副) ①場所に応じて ②場合によって
အရာတော်[əjadɔ] (名) (王朝時代の)王倉、王庫、国王所有
အရာတော်မြေ[əjadɔ mje] (名)国王所有地 (王者親耕が行われた)
အရာတိုး[əjadɔ to:] (動)昇任する
အရာထင်[əja tʼin] (動)跡が残る、痕跡が残る
အရာထမ်း[əjadan:] (名)役人 cf. အမှုထမ်း
အရာထမ်းအမှုထမ်း[əjadan:əmudan:] (名)役人、公務員
အရာနုတ်[əja nouʔ] (動)解任する、解雇する
အရာပေး[əja pe:] (動)任用する
အရာမတင်[əja mətʼin] (動) ①形にならない ②効果がない
အရာမတင်ဖြစ်[əja mətʼin pʼjiʔ] (動)跡が残らない、効果がない
အရာမယွင်း[əja məjwin:] (動)変りがない、元のままだ

အရာမရောက်[əja məjauʔ] (形) 取るに足りない、問題にならない、効果がない

အရာမရောက်ဖြစ်[əja məjauʔ pʰjiʔ] (形) 効果がない、成果はない

အရာမဟုတ်[əja məhouʔ pʰɛ:] (副) 効果がなく、効力がなく

အရာမဟုတ်သည်နိုင်[əja məhouʔ tinai] (副) 関わりがない事柄に、不得意な分野で、不得手なのに

အရာရာ[əjaja] (名) あらゆるもの、あらゆる面、全て、あらゆる場合、万事

အရာရာ၌[əjaja naiʔ] (副) あらゆる場合に

အရာရာသော[əjajadɔ:] (形) あらゆる、様々な

အရာရောက်[əja jauʔ] (形) 有効だ、実効性がある、効果的だ

အရာရှိ[əjaʃi.] (名) ①政府高官、地位のある人、高級役人（官報に辞令が載る役人）②将校、士官

အရာရှိကြီး[əjaʃi. dʒi:] (名) 高級官吏、政府高官

အရာရှိအမှုထမ်း[əjaʃi. əmu.dan:] (名) 高級、下級の役人

အရာရှိအရာခံ[əjaʃi. əjagan] (名) 士官下士官

အရာဝင်[əja win] (形) 役に立つ、有用だ

အရာဝတ္ထု[əja wuʔtʻu.] (名) 物、物質

အရိမိဒေယျ[əjin.məde:ja.] =အရိမေတ္တေယျ

အရိမဒ္ဒနာ[əji.maʔdəna] (地) パガンの別名

အရိမေတ္တေယျ[əjin.məde:ja.~əri.miʔte:ja.] (名) 弥勒菩薩

အရိမေတ္တေယျမြတ်စွာဘုရား[əjin.məde:ja. mjaʔ swa pʰəja:] =အရိမေတ္တေယျ

အရိယ[əri.ja] (名) 聖者、尊者 ＜パ Ariya

အရီး[əji:] (名) ①父方のおば、父の姉妹、伯母、叔母 =ဒေါ်ကြီး၊ ကြီးတော် ॥ ②母の兄弟の妻、母方の伯父の妻、叔父の妻

အရီးကြီး[əji:dʒi:] (名) 父の姉、伯母

အရီးလေး[əji:le:] (名) 父の妹、叔母

အရူပဘုံ[jupa boun] (名) 無色界（三界の最上界）

အရူပလောက[əjupa lɔ:ga.] =အရူပဘုံ ＜パ

အရူး[əju:] (名) ①気違い、狂人、精神病患者 ②馬鹿者、愚か者、頓馬野郎

အရူးထ[əju: tʻa.] (動) 気が狂う、発狂する

အရူးထောင်[əju:daun] (名) 精神病院

အရူးမီးဝိုင်း[əju: mi:wain:] (名) 熱狂のあまり、取乱して、逆上して、気違いじみて、狂暴に、錯乱状態で

အရူးလုပ်[ju: louʔ] (動) 人を担ぐ、一杯食わせる

အရူးအမူး[əju: əmu:] (副) 過度に、常軌を逸する程に、狂気のように、夢中になって、熱狂的に အရူး

အမူးကြိုက်သည် ॥ 熱狂的に好きだ အရူးအမူးချစ်ကြိုက်သည် ॥ ぞっこん惚れ込む အရူးအမူးလမ်းတပ်မက်သည် 欲しくて欲しくて気が狂いそうだ

အရူးအမဲသား၊ ကျေး၊ နွား၊ မြင်တိုင်းလက်ညှိုးထိုး ॥ (諺) 馬鹿に付ける薬はない（気違いに牛肉を食わせると牛を見る度に指差す）

အရေ[əje] (名) ①数 ②皮、皮膚 နွား၊ ရေ 額の皮膚 ပါး၊ ရေ 頬の皮膚 ကျား၊ ရေ 虎の皮 ③液体 →အရည်

အရေခြုံ[əje tʃʻoun] ①(動) 仮面を被る、装う、偽装する ②(形) 偽装した、いんちきの、贋の ဆိုရှယ်လစ်အရေခြုံ 贋社会主義者 ဒုက္ခသည်အရေခြုံ 偽装難民

အရေချွတ်[əje tʃʻuʔ] (動) 脱皮する

အရေချွဲ[əje kʻwa] (動) 皮を剥ぐ

အရေခွံ[əjegun] (名) ①皮、皮革 ②甲羅

အရေခွံလဲ[əjegun lɛ:] (動) 脱皮する

အရေခွံသစ်[əjegundiʔ] (名) 新しい皮

အရေခွံဟောင်း[əjegun haun:] (名) 古い皮

အရေတွန့်[əje tun.] (動) 皺が寄る、皺になる

အရေထူ[əje tʻu] (形) 面の皮が厚い、厚顔だ、厚かましい、鉄面皮だ、鈍感だ、無感覚だ

အရေပြား[əjebja:] (名) 皮、皮膚

အရေပြားကင်ဆာ[əjebja: kinsʻa] (病) 皮膚癌

အရေပြားယား[əjebja: ja:] (形) 皮膚が痒い

အရေပြားရောဂါ[əjebja: jɔ:ga] (病) 皮膚病

အရေပြားရောဂါဌာန[əjebja:jɔ:ga tʻana.] (名) (病院の) 皮膚科

အရေလဲ[əje lɛ:] (動) (虫や蛇が) 脱皮する

အရေလည်[əje lɛ] (動) ①よく判る、納得が行く ②落着する、決着が着く

အရေအတွက်[əje ətwɛʔ] (名) 数、数値

အရေး[əje:] (名) ①記入、記載、執筆 ②事柄、事務 တိုင်းရေးပြည်ရေး 国政 ③事態、事件、問題 သာသနာရေး 宗教問題

အရေးကောင်း[əje: kaun:] ①(動) うまく発展する、事態が好転する ②(形) 先を急ぐ、急用がある

အရေးကောင်း၊ ဒိန်းဒေါင်းဖျက် ॥ (諺) 好事魔多し（大事な事をしている最中に思わぬ邪魔が入る

အရေးကိစ္စ[əje: keiʔsa.] (名) 用件、事柄、問題

အရေးကုန်[əje: koun] ①(動) 問題が片付く ②(副) 力の及ぶ限り、一生懸命、完璧に

အရေးကျ[əje:tʃa.] (動) 重要になる、必要になる

အရေးကြီး[əje: tʃi:] (形) ①重要だ、大事だ、大切だ ②急々、急を要する、緊急だ အရေးကြီးလို့ဆေးရုံကိုအမြန်မောင်း၊ ပါ ॥ 急を要するので病院へ急いで行って下さい

အရေး:ကြီးဆုံးဖြစ်[əje:tʃi:zoun:p'jiʔ]（副）最も重要だ ၍အချိန်သည်အရေးကြီးဆုံးကာလဖြစ်သည်။ この時期は最も大事な時期だ

အရေး:ကြီး၊ သွေးနီး။（格）血は水よりも濃い（緊急の時は身寄りの者）

အရေး:ကြုံ[əje: tʃoun]（動）危機に直面する、緊急事態に遭遇する、事変に出会う

အရေး:ခက်[əje: k'ɛʔ]（動）大変な事になる

အရေး:ခိုင်း[əje: k'ain:]（動）書かせる、書くように頼む

အရေး:စကား[əje: zəga:]（名）文章語、書き言葉

အရေး:စိုက်[əje: saiʔ]（動）留意する、注意する、注目する、重視する

အရေး:ဆို[əje: s'o]（動）①求める、要求する、請願する、請求する ②交渉する

အရေး:တကြီး[əje: dəɡʲi:]（副）①大急ぎで、慌だしく、緊急に、何はさて置き ②特に重大に、重大視して

အရေး:တကြီးကိစ္စ[əje:dəɡʲi: keiʔsa.]（名）緊急事項、重要事項

အရေး:တယူ[əje: dəju]（副）特別扱いして、特に意識して、特別に配慮して အရေးတယူကိုကွယ်သည်။ 特別に信仰している အရေးတယူပြုသည်။ 特別扱いする、特別に取上げる、真剣に対応する

အရေး:တော်[əje:dɔ]（名）国王の事績、国王の行動

အရေး:တော်ပုံ[əje:dɔboun]（名）①国王の武勲記、戦記、遠征記 ②歴史上の大事件、政治的変動、暴動、叛乱、革命

အရေး:တော်ရ[əje:dɔ ja.]（動）王室の公務に従事する

အရေး:တော်အောင်[əje:dɔ aun]（動）国王の意図が達成される、国王の企画が実現する

အရေး:တောင်း[əje: taun:]（動）承認を求める、要求する

အရေး:ထား[əje: t'a:]（動）重視する、注目する

အရေး:ထဲ[əje:dɛ:]（副）緊急事態に、非常事態に

အရေး:ထဲ၊ ဒါကရှည်။（諺）好事魔多し

အရေး:နိမ့်[əje: nein.]（動）戦況が不利だ、旗色が悪い、敗れる、敗北する、征服される ရေးကောက်ပွဲတွင်အရေးနိမ့်သည်။ 選挙で敗北した

အရေး:ပါ[əje: pa]（形）効果がある、有効だ、効力を発揮する、有意義だ

အရေး:ပါအရာရောက်[əje:pa əja jauʔ]（形）威力がある、効力がある、効果がある、有効だ

အရေး:ပေး[əje: pe:]（動）特別扱いする、偏愛する、寵愛する、ちやほやする、肩を持つ、肩入れする

အရေး:ပေါ်[əje: pɔ]①（動）事件が起きる、問題が生じる ②[əje:bɔ]（形）緊急の、臨時の ③（副）緊急に、臨時に အရေးပေါ်ခေါ်တွေ့သည်။ 緊急に呼んで会う အရေးပေါ်ဆက်သွယ်သည်။ 緊急に連絡する အရေးပေါ်ဆင်းသက်သည်။ 緊急着陸する အရေးပေါ်ဆောင်ရွက်သည်။ 緊急に措置する အရေးပေါ်ပြန်ဆင်းသည်။ 緊急に引返す

အရေး:ပေါ်ကြေညာချက်[əje:bɔ tʃɲaʑɛʔ]（名）非常事態宣言

အရေး:ပေါ်ဆေးရုံ[əje:bɔ s'e:joun]（名）救急病院

အရေး:ပေါ်ဆောင်ရွက်ချက်[əje:bɔ s'aunjwɛʔtʃ̚ɛʔ]（名）緊急措置、救急措置

အရေး:ပေါ်ညီလာခံ[əje:bɔ ɲilagan]（名）臨時大会

အရေး:ပေါ်ဌာန[əje:bɔ t'ana.]（名）（病院の）救急センター、救急患者治療室

အရေး:ပေါ်ပါတီညီလာခံ[əje:bɔ pati ɲilagan]（名）臨時党大会

အရေး:ပေါ်မြောင်းလျှော[əje:bɔ mjaun:ʃɔ:]（名）非常出口、非常脱出口

အရေး:ပေါ်လူနာ[əje:bɔ luna]（名）救急患者

အရေး:ပေါ်အခြေအနေ[əje:bɔ ətʃe əne]（名）緊急事態、非常事態

အရေး:ပေါ်အစာအစာ[əje:bɔ əsa:əsa]（名）非常用食糧、緊急用食糧

အရေး:ပေါ်အစည်းအဝေး[əje:bɔ əsi:əwe:]（名）緊急会議、臨時会議

အရေး:ပေါ်အမိန့်[əje:bɔ əmein.]（名）緊急命令

အရေး:ပေါ်အလုပ်သမား[əje:bɔ əlouʔtəma:]（名）臨時雇い労働者

အရေး:ပေါ်အသက်ရှူစက်[əje:bɔ ətɛʔʃuzɛʔ]（名）（航空機の）酸素吸入装置

အရေး:ပိုင်[əje:bain]（名）（英領時代の）県知事 = ခရိုင်ဝန် Deputy Commissioner

အရေး:ဖြစ်ပွား[əje: p'jiʔpwa:]（動）争いが起る、事件が発生する

အရေး:မကြီး[əje: məʧi:]（形）問題ではない、重要ではない

အရေး:မထား[əje: mət'a:]（動）問題にしない、気にしない

အရေး:မပါ[əje: məpa]（形）重要でない

အရေး:မလုပ်[əje: məlouʔ]（動）問題にしない、気にかけない

အရေး:မသာ[əje: məta]（動）旗色が悪い、状況が不利だ

အရေးမဟုတ်ပါလား[əjeː məhouʔpalaː] （形）問題ではないか、大切ではないか
အရေးမြင်[əjeː mjin]（動）事態を予想する、事件を予測する
အရေးယူ[əjeː ju]（動）①問題にする、取上げる、追及する、処置を取る、何らかの措置を取る ②告発する、弾劾する ③取締まる、検挙する
အရေးယူဆောင်ရက်ချက်[əjeː ju sʼaun jwɛʔtʃɛʔ]（名）対応処置、処方
အရေးယူနည်း[əjeː ju niː]（名）処置の仕方、取上げ方、取扱い方
အရေးယူပေး[əjeː ju peː]（動）問題を処置してやる、問題視してやる、取上げてやる
အရေးယူပိတ်ဆို့[əjeː peiʼsʼo]（動）制裁封鎖する
အရေးယူပိတ်ဆို့မှု[əjeː peiʼsʼomu]（名）制裁封鎖、封鎖措置
အရေးယူပိတ်ပင်[əjeː ju peiʼpin]（動）問題にして制止する、禁止する
အရေးယူရှုံ့ချ[əjeː ju ʃounʼtʃʼa]（動）問題にして非難する、問題にして貶す
အရေးရောက်အရာတွင်[əjeː jauʔ əjadwin]（動）効果的だ、かなりの成果を挙げる
အရေးရှိ[əjeː ʃi]（動）特別な事が起る、何か問題が起る、異変が生じる
အရေးလို[əjeː lo]（動）追及する
အရေးလုပ်[əjeː louʔ]（動）用心する、注意する、真剣に対処する
အရေးလှ[əjeː ɬa]（動）優勢になる、うまく行く、片付ける、落着する
အရေးသာ[əjeː tₐ]（形）優勢だ、旗色がよい、形勢がよい、有利に立つ
အရေးအကြီးဆုံးဖြစ်[əjeːətʃiːzounʼpʼjiʼ]（形）一番重要だ、最も大事だ
အရေးအကြောင်း[əjeː ətʃauŋ]（名）事柄、問題
အရေးအခင်း[əjeː əkʼinː]（名）①問題、事項 ②事件、争い、対立、紛争、騒動 ၁၉၈၈ခုနှစ်အရေးအခင်း：1988年の騒動
အရေးအရာ[əjeː əja]（名）事柄、問題 စစ်ရေးစစ်ရာ 戦争の事柄
အရေးအသား[əjeː ətₐː]（名）①執筆、記述、書き方、文章 ②文字
အရယ်[əji]（名）笑い
အရယ်သန်[əji tan]（形）笑い上戸だ
အရယ်အမောခံရ[əji əmɔː kʼan ja]（動）笑われる
အရဲ[əjɛː]（名）大胆、勇敢

အရဲစွန့်[əjɛː sunʼ]（動）勇気を出す、勇気を奮う
အရဲစွန့်ပြီး[əjɛː sunʼpi]（副）思い切って
အရဲစွန့်ရွေ့[əjɛː sunʼjweʼ] ＝အရဲစွန့်ပြီး の文語形
အရဲစွန့်လျက်[əjɛː sunʼljɛʼ] ＝အရဲစွန့်ရွေ့
အရော[əjɔː]（名）混合、混雑
အရောတဝင်[əjɔː dəwin]（副）親しく、親密に、分け隔てなく、忌憚無く、ざっくばらんに အရောတဝင်ပြုသည် 親しく付き合う、馴れ馴れしくする အရောတဝင်လုပ်သည် 仲良くする、親密に付き合う
အရောမဝင်[əjɔː məwin]（動）接しない、付き合わない သူကိုအရောမဝင်တာကောင်းတယ် 彼とは付き合わない方がよい
အရောရော[əjɔːjɔː]（副）混じり合って
အရောရောဖြစ်[əjɔːjɔː pʼjiʼ]（動）混じり合う တလိုင်း၊ ရှမ်း၊ မြန်မာအရောရောဖြစ်သည် タライン人、シャン人、ビルマ人が入り混じる
အရောရောအနှောနှော[əjɔːjɔː ənɔːnɔː]（副）混じり合って、混合して、ごっちゃになって
အရောဝင်[əjɔː win]（動）懇意にする、親しくする、親しく付き合う、馴れ馴れしくする
အရောအနှော[əjɔː ənɔː]（名）混雑
အရောအယှက်[əjɔː əjɛʼ]（名）混合
အရိုအသေ[əjo əte]①（副）尊敬して ②（名）尊敬
အရိုအသေကင်းမဲ့[əjo əte kinːmɛ]（形）敬意を持たない、尊敬の念がない
အရိုအသေပေး[əjo əte peː]（動）敬意を払う
အရိုအသေပြု[əjo əte pju]（動）①挨拶する、お辞儀する ②敬意を表わす、敬う
အရိုး[əjoː]（名）①骨 ကျော(ရိုး)背骨 ②軸、柄 ③葉柄、花梗 ④正直、純真、無邪気、率直
အရိုးကင်ဆာ[əjoː kinsʼa]（病）骨癌
အရိုးကျေကျေအရေခန်းခန်း[əjoː tʃeːtʃe əje kʼanːganː]（副）粉骨砕身
အရိုးကျိုး[əjoː tʃoː]（動）骨が折れる、骨折する
အရိုးခိုက်အောင်[əjoː kʼaiʼ aun]（副）骨身に沁みる位 အရိုးခိုက်အောင်အေးသည် 骨身に沁みる程寒い
အရိုးခံ[əjoː gan]（名）無邪気、純真、天真爛漫
အရိုးခံတိုင်း[əjoːgan ətainː]（副）ありのままに、正直に
အရိုးဂူ[əjoː gu]（名）墓石
အရိုးစွဲ[əjoː swɛː]（形）根深い、深く沁み込んだ、本格的だ
အရိုးတွန်[əjoː tun]（動）犠牲者は手がかりを残す、暗殺事件はいつかは発覚する
အရိုးထုပ်[əjoː tʼouʼ]（動）この地に骨を埋める、この地で余生を過す、この地で死ぬ

အရိုးနာ [əjo: na]（動）恨み骨髄に達する
အရိုးနု [əjo:nu.]（名）軟骨
အရိုးနုငါး [əjo:nu. ŋa:]（名）軟骨魚類
အရိုးနှင့်အဆစ် [əjo: nɛ. əs'i']（名）骨と関節
အရိုးပေါ်အရေတင် [əjo:bɔ əjedin]（名）痩身、骨と皮ばかり
အရိုးပျော့နာ [əjo:bjɔ.na]（病）①くる病 ②骨粗しょう症
အရိုးပျော့ရောဂါ [əjo:bjɔ. jɔ:ga]（病）①くる病 ②骨粗しょう症
အရိုးပြုတ်လဲ့ [əjo: pjou'lwɛ:]（動）脱臼する
အရိုးမာငါး [əjo:ma ŋa:]（名）硬骨魚類
အရိုးမျက် [əjo: mjɛ']（動）（喉に）魚の骨が刺さる
အရိုးရုပ် [əjo:jou']（名）骨格、どくろ
အရိုးအစဉ် [əjo: əsin]（名）伝統、昔からの仕来たり
အရိုးအဆစ် [əjo: əa'i']（名）体格、骨格
အရိုးအဆစ်ရောင်နာ [əjo:əs'i' jaunna]（病）関節炎
အရိုးအရင်း [əjo:əjin:]（名）切れ端、破片、残り物、残り滓、屑、スクラップ
အရိုးအိုး [əjo:o:]（名）骨壷
အရက် [əjɛ']（名）日、日数 အရက်နှစ်ဆယ် 20日間
အရက်ရက်အနေ့နေ့က [əjɛ'jɛ' əne.ne.ga.]（副）何日も何日も、何日も前から
အရက် [əjɛ']（名）酒、蒸留酒、アルコール飲料 ＜ア
အရက်ချက် [əjɛ' t͡ɕ'ɛ']（動）酒を造る、醸造する
အရက်စွဲ [əjɛ' swɛ:]（動）酒が病み付きになる、酒飲み（飲兵衛）になる、酒浸りになる
အရက်စွဲယစ်ထွက်ကြီး [əjɛ'swɛ: ji't'out͡ɕi:]（名）酒乱、アルコール中毒
အရက်ဆိုင် [əjɛ's'ain]（名）酒屋、赤提灯、縄暖簾
အရက်တိုက် [əjɛ' tai']（動）酒を飲ませる
အရက်နံ့ရ [əjɛ'nan. ja.]（動）酒臭い、酒の匂いがする
အရက်ပုန်း [əjɛ'poun:]（名）密造酒
အရက်ပြတ်လပ် [əjɛ' pja'la']（動）酒を切らす
အရက်ပြန် [əjɛ'pjan]（名）アルコール
အရက်ဖို [əjɛ'p'o]（名）造り酒屋、酒蔵
အရက်ဖြူ [əjɛ'p'ju]（名）蒸留酒
အရက်ဖြတ် [əjɛ' p'ja']（動）酒を断つ、禁酒する
အရက်မူး [əjɛ' mu:]（動）酒に酔う
အရက်မူးပြေ [əjɛ'mu: pje]（動）酔いが醒める
အရက်မူးသမ [əjɛ'mu:dəma.]（名）女の飲み助
အရက်မူးသမား [əjɛ'mu:dəma:]（名）酔っ払い、泥酔者
အရက်ဝိုင်း [əjɛ'wain:]（名）酒の席、酒飲みの座
အရက်သမ [əjɛ'təma.]（名）女の酒飲み
အရက်သမား [əjɛ'təma:]（名）酒飲み、左党
အရက်သေစာ [əjɛ' təza]（名）酒、アルコール類
အရက်သောက် [əjɛ' tau']（動）酒を飲む
အရက်အို [əjɛ'o:]（名）飲んだくれ、大の酒好き
အရက်စက် [əjɛ'sɛ']（名）冷酷、残酷
အရောက် [əjau']①（名）到着 ②（副）必着するように အရောက်ကြွပါ။ 是非お越しください မနက်ဖန်ရုံးနာရီအရောက်လာခဲ့။ 明朝8時に必着するよう来なさい
အရောက်ညီ [əjau' ni]（形）全員が揃う
အရောက်နည်း [əjau' nɛ:]（形）（人の）訪れがあまりない、人跡稀だ
အရောက်ပို့ [əjau' po.]（動）必ず送り届ける
အရောက်သွား [əjau' twa:]（動）必ず行く、必着するように行く
အရောက်အပေါက် [əjau'əpau']（名）①到達、到着、到来、出現 ②往来
အရောက်အဝင် [əjau'əwin]（名）到着入場
အရိုက် [əjai']（名）殴打、打つ事、殴る事
အရိုက်ခံ [əjai' k'an]（動）打つのに任せる、殴るのに耐える
အရိုက်ခံရ [əjai' k'an ja.]（動）打たれる、叩かれる、殴られる、殴打される
အရိုက်အနှက် [əjai' ənɛ']（名）折檻
အရိုက်အပုတ် [əjai' əpou']（名）殴打
အရိုက်အရာ [əjai' əja]（名）①家督、地位 ②跡目、衣鉢
အရင့် [əjin.]（名）成熟、完熟、円熟 cf. အရင့်
အရင့်ခံ [əjin. k'an]（動）老熟させる、（植物の）生育を抑える
အရင့်စော [əjin. sɔ:]（形）早熟だ
အရင့်အမာ [əjin. əma]（名）①成熟 ②円熟 ③臨月
အရင်အရင်တုန်းက [əjin.əjin doun:ga.]（副）ずっと以前に、遥か昔
အရင် [əjin]（副）①先に ②最初に ③以前に အရင်ဖတ်မလား။ 先に読みますか ကျွန်တော့်အားအရင်တက်စေသည်။ 私を先に登らせた
အရင်က [əjinga.]（副）以前、前に
အရင်ကတော့ [əjinga.dɔ.]（副）以前は、以前には
အရင်ကလို [əjinga.lo]（副）以前のように
အရင်စလို [əjinzəlo]（副）早々と、さっさと、素早く ＝အလျှင်စလို။ ကိုရင်လဲအရင်စလိုဒေါသမထွက်အုံး။ 娑弥もまだ早々と腹を立てるな ချင်ချင်းလက်ငင်းအ

အရင်ဆုံး

ရင်စလိမတိုက်သေး။ 即座に素早くはまだ攻撃しない
အရင်ဆုံး[əjinzoun:] (副) 真先に、一番初めに
အရင်တပတ်[əjin dəba'] (名) 先週
အရင်တုန်းက[əjindoun:ga.] (副) 以前、かつて
အရင်တုန်းကလို[əjindoun:ga.lo] (副) 以前のように
အရင်နှစ်က[əjin ni:ka.] (副) 前年、昨年
အရင်ဖြစ်သော[əjin p'ji'tɔ:] (形) 以前の、先の
အရင်မိန်းမ[əjin mein:ma.] (名) 前妻 cf. နောက်မိန်းမ 後妻
အရင်လို[əjin lo] ① (形) 先に必要だ、早急に入用だ ② (副) 以前のように
အရင်လိုအနေ့ဖြစ်။ (格) 急がば廻れ
အရင်အပတ်က[əjin əpa'ka.] (副) 先週
အရင်း[əjin:] (名) ①根本、根元、根の方、元の方 စိတ်ရင်း သဘောရင်း: 基本的な気持、根本的な感情 ②元手、資本、資金 ③前部、前面 ④ (形) 実の、本当の、血が繋がった သမီးအရင်း: 実の娘 သားအရင်း: 実の息子 အစ်ကိုအရင်း: 実の兄 ညီအရင်း: 実の弟 ညီအစ်ကိုအရင်း: 実の兄弟 အစ်မအရင်း: 実の姉妹
အရင်းကျမ်း[əjin: tʃan:] (名)（マルクスの）資本論
အရင်းခေါက်ခေါက်[əjin: k'au'k'au'] (名) 血族、血縁、血の繋がり သားအရင်းခေါက်ခေါက်: 血の繋がった息子 တူအရင်းခေါက်ခေါက်: 血の繋がった甥 တူမအရင်းခေါက်ခေါက်: 血の繋がった姪 ဦးလေးအရင်းခေါက်ခေါက်: 血の繋がった叔父
အရင်းခံ[əjin: k'an] ① (動) 基づく、基本とする ②[əjin:gan] (名) 根本、基本、基礎、源泉 ③ (形) 主要な、基本的な、根源的な
အရင်းခံညီညွတ်ရေးဝါဒ[əjin:gan ɲiɲu'je:wada.] (名) 基本的統一思想、統一主義の基礎
အရင်းခံသဘော[əjin:gan dəbɔ:] (名) 本質、根本的性質
အရင်းခံသဘောထား[əjin:gan dəbɔ:da:] (名) 基本的な見解、根本的な主張
အရင်းငွေ[əjin: ŋwe] (名) 元金
အရင်းစိုက်[əjin: sai'] (動) 元金を出資する、資金を立て替える
အရင်းစစ်အမြစ်မြေက။ (諺) 物事は根元に溯って源を探せ（元を探すと、根は地中に）
အရင်းတည်[əjin: ti] (動) 基礎を固める、土台を作る
အရင်းပြု[əjin: pju.] (動) 元手とする、元本とする
အရင်းမစိုက်လေ့ထိုးလိုက်။ (諺) 元手要らずの商売、手

取り早く始められる商売（元手は出さず、渡し舟を漕ぐ）
အရင်းမရှိအဖျားမရှိ[əjin:ma∫i. əp'ja:mə∫i.] (副) 出し抜けに、いきなり、藪から棒に、主題とは無関係に
အရင်းရှင်[əjin:∫in] (名) 資本家
အရင်းရှင်စနစ်[əjin:∫in səni'] (名) 資本主義制度
အရင်းရှင်နယ်ချဲ့သမား[əjin:∫in nɛt∫ɛ.dəma:] (名) 帝国主義者、資本家植民地主義者
အရင်းရှင်နိုင်ငံ[əjin:∫in naingan] (名) 資本主義国
အရင်းရှင်ဝါဒ[əjin:∫in wada.] (名) 資本主義思想
အရင်းလဲ၊အဖျား:ထင်၊ဖြစ်။ (諺) 元も子もなくす（根元が倒れれば枝先は薪になる）
အရင်းအချာ[əjin:ətʃa] (名) 肉親、血縁者、血の繋がり、直系の家族 မောင်နှမအရင်းအချာ: 血の繋がった兄弟姉妹 ညီအစ်ကိုမောင်နှမအရင်းအချာချင်း: 同じ血を分けた兄弟姉妹
အရင်းအစမရှိ[əjin:əsa. mə∫i.] (形) 元金がない、根拠がない
အရင်းအတွန့်[əjin:dɲun.] (名) 元金と利息
အရင်းအနှီး[əjin:dni:] (名) 元手、資本、資金
အရင်းအနှီးမြှုပ်နှံ[əjin:əni: mjou'nan] (動) 投資する
အရင်းအမ[əjin:əma.] (名) 主
အရင်းအမြစ်[əjin: əmji'] (名) 基礎、土台、根本 ရေအရင်းအမြစ် 水源 ရေသယံဇာတအရင်းအမြစ် 水資源の基礎
အရင်းအမြစ်အစစ်[əjin:əmji' əsi'] (名) 真の基礎
အရောင်[əjaun] (名) ①色、色彩 ကော်ဖီမှုန့်အရောင် コーヒーの粉末色 ဖက်ဖူးရောင် 若葉色 အုန်းခွံရောင် 椰子殻色 ပုဇွန်သွေးရောင် 蝦の血色 ရေညိုရောင် 苔色 မို့ပြာရောင် 青空色 မဟူရာရောင် 瑪瑠色 မြစိမ်းရောင် エメラルド色 ရွှေဝါရောင် 黄金色 ②腫れ、炎症
အရောင်ချွတ်[əjaun t∫u'] (動) 色を晒す、脱色させる、色を落す
အရောင်စူး[əjaun su:] (形) 色彩がけばけばしい
အရောင်စုံ[əjaunzoun] (動) 色が揃う、全ての色がある
အရောင်ဆိုး[əjaun s'o:] (動) 色を塗る、着色する
အရောင်တက်[əjaun tɛ'] (動) 艶が出る、色が輝く
အရောင်တင်[əjaun tin] ① (動) 艶を出す、着色する ②[əjaundin] (名) 化粧品、下化粧

အရောင်တင်ဆီ[əjaun tinziː] (名)艶出し、ワックス、ニス、ワニス
အရောင်တင်ဆေး[əjaun tinzeː] (動)艶出し
အရောင်ဓာတ်[əjaun daʔ] (名)色素
အရောင်နုနု[əjaun nu.nu.] (名)淡い色彩
အရောင်ပျက်[əjaun pjɛʔ] (動)色が褪せる、色が薄くなる、褪色する
အရောင်ဖျော့[əjaun pʰjɔ.] (形)色が淡い
အရောင်မခွဲခြားနိုင်သူ[əjaun mək'wɛtʃaːnaindu] (名)色盲
အရောင်မထွက်၊ အကွက်မလည်[əjaun matʼwɛʔ əkwɛʔ məlɛ] (動)色が鮮明でない、デザインも垢抜けしない
အရောင်မှိန်[əjaun mein] (動)色が褪せる
အရောင်ရဲ[əjaun jɛː] (形)色が濃い
အရောင်ရင့်ရင့်[əjaun jin.jin.] (名)濃厚な色、濃い色
အရောင်လျော့[əjaun jɔ.] (動)腫れが退く、炎症が消える
အရောင်လွင့်[əjaun lwin.] (動)色が褪せる、色が薄くなる
အရောင်လွင်[əjaun lwin] (形)色鮮やかだ、色彩が鮮明だ
အရောင်ဟပ်[əjaun haʔ] (動)反射する
အရောင်အဆင်း[əjaun əsʼin] (名)①色、色彩 ②柄、模様 အရောင်အဆင်းမှာအစိမ်းရောင်ဖြစ်၏။ 色は緑色である ③姿、形、容貌
အရောင်အဝါ[əjaun əwa] (名)①色合い ②艶、輝き、光沢
အရောင်အသွေး[əjaun ətweː] (名)①色、色彩、色艶 ②血色、顔色、肌の色 ③容貌
အရောင်အသွေးကောင်းမွန်[əjaun ətweː kaun: mun] (形)色彩が優れている
အရောင်အသွေးစုံ[əjaun ətweː soun] (形)多色だ、色彩豊かだ
အရောင်း[əjaun:] (名)売り、販売
အရောင်းစာရေး[əjaun: səjeː] (名)店員、売り子
အရောင်းဈေးသည်မ[əjaun: zeːdɛma.] (名)売り子、女店員
အရောင်းထိုင်း[əjaun: tʼain:] (形)売れ行き不振だ、商売が振わない
အရောင်းပြခန်း[əjaun: pja.gan:] (名)展示室、ショールーム
အရောင်းသွက်[əjaun: twɛʔ] (形)商売が活発だ、飛ぶように売れる、売れ足が早い

အရောင်းအဝယ်[əjaun:əwɛ] (名)売買、商売、取引
အရောင်းအဝယ်ကောင်း[əjaun:əwɛ kaun:] (形)商取引が活発だ、商売が繁盛する
အရောင်းအဝယ်စာချုပ်[əjaun:əwɛ sadʑouʔ] (名)売買契約書
အရောင်းအဝယ်ဖြစ်[əjaun:əwɛ pʼjiʔ] (動)商売になる、売買が成立する
အရိုင်း[əjain:] (名)①野生のもの、野蛮なもの ②未加工品、原料のまま ③粗野な人 ④(副)粗野に
အရိုင်းသုံးစကား[əjain:doun: zəga:] (名)粗野な話し方、粗雑な話し方
အရိုင်းအစိုင်း[əjain:əsain:] (名)蛮人、野蛮人
အရစ်[əjiʔ] (名)①分割払い、月賦、割武方式 ②輪、リング、環状、環紋、同心円状、木の年輪 ③ビルマ文字の口蓋化符号 =ရရစ်၊ 例ကြ၊ ခြ၊ ပြ၊ မြ။
အရစ်ကျ[əjiʔtʃa.] ①(動)分割になる ②(副)分割に
အရစ်ကျငွေချေစနစ်[əjiʔtʃa. ŋwetʃeː səniʔ] (名)分割払い方式、分割返済方式
အရစ်ကျပေးဆပ်[əjiʔtʃa. peːsʼaʔ] (動)分割返済する
အရစ်ရစ်[əjiʔjiʔ] (副)分割払いで
အရည်[əje~eji] (名)①液体、汁 ②光沢 ③能力、
အရည်ကြို[əje tʃo] (動)①溶かす ②(蝋や金属を)溶解する
အရည်ကြိုသောက်[əjetʃo tauʔ] (形)熟練している、堪能だ、一芸に秀でている
အရည်ခဲ[əje kʼɛː] (動)凝固する、凝結する
အရည်ညှစ်[əje ɲiʔ] (動)汁を絞る、ジュースを搾る
အရည်တူ[əje tu] (形)能力が等しい
အရည်နည်း[əje nɛː] (形)汁気が少ない、寡汁だ
အရည်ပျော်[əje pjɔ] (動)溶ける、液化する、溶解する
အရည်ဖျော်[əje pʼjɔ] (動)溶かす、液体にする
အရည်မရအဝတ်မရ[əje məja. əpʼaʔ məja.] (副)何の益も無く、何の成果もなく、何の意味もなく、虻蜂取らずで
အရည်ရွှမ်း[əje ʃun:] (形)①汁気が多い、多汁質だ、水分が多い ②艶々している
အရည်လိုက်[əje laiʔ] (動)品質による、質に応じる
အရည်လည်[əje lɛ] (動)①明白に解る、氷解する、納得が行く ②事態が解決する
အရည်ဝ[əje wa.] (形)①経験豊富だ ②十分に能力

အရည်အချင်း を有する
အရည်အချင်း[əje ətʃin:]（名）①質、素質 ②能力 ③資格
အရည်အချင်းရှိ[əje ətʃin: ʃi.]（動）①素質がある ②能力がある ③資格がある
အရည်အင်ရှိ[əje əŋan ʃi.]（動）男女が仲良くなる、ねんごろになる
အရည်အရောင်[əje əjaun]（名）（宝石の）輝き
အရည်အသွား[əje ətwa:]（名）長所、性向
အရည်အသွားတက်[əje ətwa: tɛʔ]（動）素質が向上する
အရည်အသွေး[əje ətwe:]（名）①素質 ②能力 ③性能 ④品質 ⑤色、色合い ကား:လမ်း၏အရည်အသွေးခြိုင်ခိုင်မှု 自動車道路の質の頑丈さ
အရည်အသွေးကောင်း[əje ətwe: kaun:]（形）①品質が優れている ②色、色合いがよい
အရည်အသွေးတက်[əje ətwe: tɛʔ]（動）①品質がよくなる ②性能が向上する
အရည်း[əji:]（名）森林派の僧侶
အရည်းကြီး[əji: dʑi:]（名）（パガン時代前半に勢力を誇った）左道密教（タントラ、マントラ）系の出家
အရုဏ်[ajoun]（名）夜明け、曙、黎明 ＜パ Aruṇa
အရုဏ်ကပ်[ajoun kaʔ]（動）夜明けに喜捨をする
အရုဏ်ကျင်း[ajoun tʃin:]（動）夜が明ける、黎明を迎える
အရုဏ်ခံတန်ဆောင်[ajoungan dəzaun]（名）寺院内の読経広間
အရုဏ်ဆွမ်း[ajoun zun:]（名）夜明けに出家に提供する斎飯、出家の朝の食事
အရုဏ်ဆွမ်းကပ်[ajounzun: kaʔ]（動）夜明けに托鉢に訪れた出家に斎飯を提供する
အရုဏ်တော်ကပ်သူ[ajoundɔ kaʔtu]（名）夜明けに喜捨をする檀家
အရုဏ်တက်[ajoun tɛʔ]①（動）夜が明ける、日が昇る ②[ajoundɛʔ]（名）夜明け、黎明、暁
အရုဏ်လာ[ajoun la]（動）夜が明ける
အရုဏ်မကျင်းမီ[ajoun mətʃin:mia]（副）夜明け前に、夜が明けない内に
အရုဏ်ဦး[ajoun u:]（名）早暁
အရုဏ်ဦးရောင်ခြည်[ajoun u: jaundʑi]（名）旭、旭日
အရန်[əjan]（名）予備 အရန်ပါတီဝင် 党員候補
အရပ်[əjaʔ]（名）停止、中止、休止
အရပ်ခိုင်း[əjaʔ k'ain:]（動）停止させる
အရပ်[əjaʔ]（名）背丈、身長

အရပ်တိုင်း[əjaʔtain:]（動）身長を測定する
အရပ်နိုင့်[əjaʔ nein.]（形）背が低い
အရပ်ပု[əjaʔ pu]（形）小人だ、背が低い
အရပ်မြင့်[əjaʔ mjin.]（形）背が高い
အရပ်ရှည်[əjaʔ pu.]（形）のっぽだ、背が高い、長身だ
အရပ်အမောင်း[əjaʔ əmaun:]（名）背丈、身長、体格、図体
အရပ်[əjaʔ]（名）①所、場所、地方、地区、地域、土地、地元 ②方角、方向 ③（形）民間の
အရပ်ကောင်းမှ၊အလောင်းလှ။（格）遠くの親戚より近くの他人（地元での評判がよくて初めて葬儀も立派になる）
အရပ်စကား[əjaʔ zəga:]（名）会話体の言語、口語体の言語
အရပ်ဆယ်မျက်နှာ[əjaʔ sʼɛ mjɛʔna]（名）十方（東西南北とその各中間の八方に上下を加えたもの）
အရပ်တကာ[əjaʔ dəga]（名）各地、至る所、あらゆる所
အရပ်ဒပါ[əjaʔ dəba]（名）よその土地
အရပ်ဒေသ[əjaʔ deta.]（名）場所、地方、地域
အရပ်ပြောပြော[əjaʔpjɔ: pjɔ:]（動）地域の言葉で話す、地元の言葉で話す
အရပ်ပျက်[əjaʔpjɛʔ]（名）身持ちの崩れかけた女
အရပ်ဘက်[əjaʔbɛʔ]（名）民間関係 cf.စစ်ဘက်
အရပ်ဘက်ခရီးသည်တင်လေယာဉ်[əjaʔbɛʔ kʼəji:dedin lejin]（名）民間旅客機
အရပ်မျက်နှာ[əjaʔ mjɛʔna]（名）方位
အရပ်ရပ်[əjaʔjaʔ]①（名）各地、全ての地方、方々 ②（形）諸々の ကိစ္စအရပ်ရပ် 色々な用件 အခြေအနေအရပ်ရပ် 様々な状況ြပ္ရန်အရပ်ရပ် 色々な問題 တာဝန်အရပ်ရပ် 色々な任務、諸々の責任 ရိုးရာယဉ်ကျေးမှုအရပ်ရပ် 色々な伝統文化 မြန်မာနိုင်ငံအရပ်ရပ် ビルマ国内各地 ကမ္ဘာအရပ်ရပ် 世界各地 ထိုသတင်းမှာအရပ်ရပ်သို့ပြန့်နှံ့သွားသည်။ そのニュースは各地へと拡がった
အရပ်ရပ်သော[əjaʔjaʔtɔ:]（形）様々の、色々な、諸々の
အရပ်ရှစ်မျက်နှာ[əjaʔ ʃiʔ mjɛʔna]（名）八方
အရပ်ရွှေ့[əjaʔ ʃweʔ]（動）引越す、移転する
အရပ်လူကြီး[əjaʔ ludʑi:]（名）地元の長老、地域の長老
အရပ်လေးမျက်နှာ[əjaʔ le mjɛʔna]（名）四方
အရပ်ဝတ်အရပ်စား[əjaʔwuʔ əjaʔsa:]（名）私服
အရပ်သား[əjaʔta:]（名）①地元の人 ②民間人
အရပ်သူ[əjaʔtu]（名）その土地の女性、地元の女性

အရပ်သူအရပ်သား:[əjaʔtu əjaʔtaː] (名) ①その土地の人、地元の人 ②民間人

အရပ်သင်္ဘော[əjaʔ tinːbɔː] (名) 民間船

အရပ်သုံးစကား:[əjaʔtounː zəgaː] (名) 日常言語、口語体の言語

အရပ်အကွက်[əjaʔ əkwɛʔ] (名) 地区、区域

အရပ်အနေပြု[əjaʔəne pju.] (動) 居住地とする

အရိပ်[əjeiʔ] (名) ①影 ②陰、日陰、木陰 မန်ကျည်းရိပ် タマリンドの木陰 ပိန္နဲရိပ် ハラミツの木陰 သရက်ရိပ် マンゴーの木陰 ③反映、反射、生き写し ④気配、兆候、前兆、暗示 ⑤様子、素振り、言動

အရိပ်ကောင်း:[əjeiʔkaunː] (名) こんもり茂った木陰

အရိပ်ကြည့်[əjeiʔ tʃi.] (動) 好意的に見守る、大事にする

အရိပ်ခို[əjeiʔ kʰo] (動) 日差しを避ける、木陰に入る、木陰で憩う

အရိပ်ခိုခို၊ အခက်ချိုးချိုး။ (諺) 恩を仇で返す（木陰に宿りながら枝を折る）

အရိပ်တကြည့်ကြည့်နှင့်[əjeiʔdəɡʲi.dʑi.nɛ] (副) 様子を見ながら、絶えず気を配って、可愛がって、大事にして

အရိပ်ထိုး[əjeiʔ tʰoː] (動) 陰を差す、陰が出来る

အရိပ်ထင်[əjeiʔ tʰin] (動) 影を映す、影が映る、影が現れる

အရိပ်ထွက်[əjeiʔ tʰwɛʔ] (動) 影が生じる

အရိပ်နမိတ်လက္ခဏာ[əjeiʔ nəmeiʔ lɛʔkʰəna] (名) 予兆、前兆、気配

အရိပ်ပြ[əjeiʔ pja.] (動) 仄めかす、暗示する

အရိပ်ပြပွဲ[əjeiʔ pja.bwɛʔ] (名) 映画＝ရုပ်ရှင်

အရိပ်ပြပွဲ၊ အကောင်ထင်။ (諺) 一を聞いて十を知る（影を見ただけで実体が分る）

အရိပ်သာ[əjeiʔ ta] (形) 陰が心地好い、よい木陰だ

အရိပ်သုံးပါး:[əjeiʔ tounːbaː] (名) 3 種の影（外観、匂い、音）

အရိပ်အကဲ[əjeiʔəkɛː] (名) 気配、兆候、様子、雰囲気、表情 သား:နှင့်လင်၏အရိပ်အကဲကိုသာ ကြည့်သည်။ 息子と婿との様子だけに目を向けた

အရိပ်အခြေ[əjeiʔətʃʰe] (名) 様子、情景、兆候

အရိပ်အခြည်[əjeiʔətʃʰi] (名) ①兆候、様子、気配 ②人影、姿 လူရိပ်လူခြည် 人の気配

အရိပ်အငွေ့[əjeiʔəŋwe] (名) ①気配、兆し、暗示 ②印、痕跡 ③影響

အရိပ်အမြွက်[əjeiʔəmjwɛʔ] (名) ヒント、仄めかし、気配 အရိပ်အမြွက်ပြသည်။ 仄めかす、ヒントを与える

示す အရိပ်အမြွက်မှမသိပါစေနဲ့။ ヒントすら与えるな 気配すら悟られるな

အရိပ်အယောင်[əjeiʔ əjaun] (名) 兆し、気配、兆候

အရိပ်အယောင်မျှ[əjeiʔəjaunm̥ja.] (副) 兆しすら、気配すらも、影も形も

အရိပ်အရာ[əjeiʔ əja] (名) 家督、権限

အရိပ်အရောင်[əjeiʔ əjaun] (名) 気配、雰囲気、兆候 ဒေါသအရိပ်အရောင် 怒りの気配、怒りの雰囲気

အရိပ်အရာ[əjeiʔ əja] (名) 家督、位階、官職、特権 နောင်တော်၏အရိပ်အရာဖြစ်သောရွှေနန်း။ 兄君の遺産である王位

အရိပ်အဝါ[əjeiʔ awata.] (名) ①陰、木陰、緑陰 ②避難場所

အရုပ်[əjouʔ] (名) ①姿、形、像、画像、彫像 ②人形、操り人形 ဆင်ရုပ် 象の玩具 မြင်းရုပ် 馬の玩具 ကြက်ရုပ် 鶏の玩具 ③傀儡

အရုပ်ကြိုးပြတ်[əjouʔ tʃo pjaʔ] ① (動) （糸の切れた操り人形のように）その場に崩れ落ちる、床に崩れ落ちる ② (副) その場にうつぶせになって、その場に崩れ折れて

အရုပ်စာအုပ်[əjouʔ sauʔ] (名) 絵本

အရုပ်ဆိုး[əjouʔ sʰoː] (形) ①醜い、不器量だ、醜男だ、醜女だ ②格好が悪い、不格好だ

အရုပ်ဆိုးအကျည်းတန်မှု[əjouʔsʰoː ətʃiːtanm̥u] (名) 醜怪な事件

အရုပ်ပျက်[əjouʔ pjɛʔ] (動) 変貌する、姿が変る

အရုပ်အရည်[əjouʔəji] (名) 姿、容貌、風采

အရမ်း[əjanː] (副) ①度を超して、とてつもなく、物凄く သွေးများ:အရမ်းထွက်နေသည်။ 出血が激しい မင်းကလမ်းလျှောက်တာအရမ်းနှေးဘိ။ 君の歩き方は異常に遅い ခွေး:တွေအရမ်းဆူနေတယ်။ 犬がやたらと騒いでいる ②無分別に、出鱈目に、いい加減に、やたらと、むやみに、勝手に、乱暴に ပတ်တီးကိုအရမ်းမဖြိုင့်နဲ့။ 包帯を勝手に解くな လက်နှိပ်ဓာတ်မီးကိုအရမ်းမထိုးနဲ့။ 懐中電灯をむやみに照すな ငွေကိုဘယ်တော့မှအရမ်းမသုံးဘူး။ 絶対にお金はいい加減には使わない

အရမ်းကာရော[əjanːkajɔː] (副) 無茶苦茶に、出鱈目に

အရမ်းကို[əjanːgo] (副) 異常に、並外れて အရမ်းကိုချစ်တာဘဲ။ 物凄く愛している အရမ်းကိုကောင်းတယ်။ 並外れてよい မင်း:အရမ်းကိုပိန်နေပါလား။ 君は異常に痩せているじゃないか အရမ်းကိုပြောင်းလဲသွား:ပြီ။ 著しく変化してしまった

အရမ်းမဲ့[əjanːmɛ.] (副) ①むやみに、やたらと、勝手に、無鉄砲に、無分別に ②黙しく、凄く

အရမ်းအဆ [əjan:əs'a] （名）憶測、推量 ② （副）大体の判断で、おおよその見当で、当てずっぽうで

အရံ [əjan] （名）①囲い、柵、垣 ②従者、家来 ③包囲攻撃 ④（形）予備の、控えの、準

အရံဂြိုဟ် [əjan ɟo] （名）衛星

အရံစစ်သား [əjan si'ta:] （名）予備役軍人

အရံပါတီဝင် [əjanpatiwin] （名）準党員、党員候補

အရံသင့် [əjan tin.] （副）準備が整っていて、待機していて、スタンバイの状態で→အရံနသင့်၊အဆင်သင့်

အရံအဖြည့် [əjan əp'je] （名）添え物、副次的存在

အရိုဂိုဏ်း [əjoun gain:] （名）通肩派（ビルマ仏教の宗派、外出する時両肩を袈裟で覆う）cf. အတင်ဂိုဏ်း

အရိုးအစု [əjoun:əsu] （名）集合、寄り集まり

အရွသင် [əjwa. tin] （動）（女の子のくせに）落着きがない、品がない、はしたない

အရွေလိုက် [əjwe lai'] （動）（爬虫類が）交尾する cf. မိတ်လိုက်

အရွေးခံ [əjwe: k'an] （動）立候補する、自ら選挙に立つ

အရွေးခံရ [əjwe: k'an ja.] （動）選ばれる、選出される

အရွဲ့ [əjwɛ.] ①（名）斜め、歪み、ひずみ ②（副）逆らって、反抗して

အရွဲ့တိုက် [əjwɛ. tai'] （動）①逆らう、反抗する ②すねる、ひねくれる、片意地を張る、つむじ曲りだ

အရွဲ့တိုက်ပြော [əjwɛ.tai' pjɔ:] （動）つむじ曲りを言う、天の邪鬼を言う

အရွဲ့၊ အထွေ [əjwɛ.ət'e.] （名）①諷刺、当てこすり、皮肉 ②つむじ曲がり、片意地、天の邪鬼

အရွယ် [əjwɛ] （名）①年齢 ဆယ်နှစ်အရွယ်ကလေးမ 年齢10歳の女の子 ②寸法、規模 ③（銃の）口径 ④構え、狙い

အရွယ်ကောင်း [əjwɛ kaun:] ①（形）元気旺盛だ、血気盛んだ、油が乗った年齢だ、最良の年頃だ ② [əjwɛgaun:] （名）年齢盛り

အရွယ်ကြီး [əjwɛ tʃi:] （形）①年齢が上だ、年を取っている အရွယ်အတန်ကြီးသည်။ 幾らか年齢が上だ ②寸法が大きい

အရွယ်ကျ [əjwɛ tʃa.] （動）老けている、老化している、年を取っている

အရွယ်ငယ် [əjwɛ ŋɛ] （形）①年齢が若い、年下だ ②サイズが小さい

အရွယ်ဆယ်ပါး [əjwɛ s'ɛba:] （名）年齢の十区分

အရွယ်တင် [əjwɛ tin] （形）若々しい、若く見える、若さがある

အရွယ်ထောက် [əjwɛ t'au'] （動）年を取る、加齢する

အရွယ်နဲ့မလိုက်အောင် [əjwɛ nɛ. məlai'aun] （副）年に似合わず、年齢不相応に

အရွယ်ပမာဏ [əjwɛ pəmana.] （名）大きさ、規模、サイズ、寸法

အရွယ်မရောက်တရောက်ကလေး [ɛjwɛ məjau'təjau' kəle:] （名）半人前、成人一歩手前の年齢

အရွယ်မရောက်သေးသူ [əjwɛ məjau'te:du] （名）未成年者（ビルマの法律では18歳未満）

အရွယ်ရောက် [əjwɛ jau'] （動）成人に達する、年頃に達する ＝လူလား‌မြောက်

အရွယ်ရှိ [əjwɛ ʃi] （動）元気盛りだ

အရွယ်လွန် [əjwɛ lun] （動）年齢的に盛りを過ぎる、老化する、老人となる

အရွယ်သေးငယ် [əjwɛ te:ŋɛ] （形）①幼い、幼少だ ②形が小さい

အရွယ်အစား [əjwɛ əsa:] （名）寸法、大きさ、規模、サイズ

အရွက် [əjwɛ'] （名）葉 သရက်ရွက် マンゴーの葉 ချဉ်ပေါင်ရွက် ローゼルソウの葉 ကျွန်းရွက် チーク樹の葉 အင်းရွက် ラワンの葉 စပါးရွက် 稲の葉

အရွက်ကြွေ [ɛjwɛ' tʃwe] （動）落葉する

အရွက်နု [əjwɛ'pɔ:] （名）新芽、若葉

အရွက်ပိုး [əjwɛ'pɔ:] （虫）メイチュウ、シロナヨトウ

အရွတ် [əju'] （名）腱、筋、靭帯、軟骨

အရွတ်ဆိုရလွယ်ကူ [əju's'oja. lwɛku] （形）発音し易い

အရွတ်ဝန် [əju'wun] （名）（王朝時代の）地方役人

အရွံ့ပါ [əjun. pa] （動）怯える、尻込みする

အရွံ့ရှား [əjun əʃa:] （名）嫌悪

အရှ [əʃa.] （名）かすり傷、擦過傷

အရှအနာ [əʃa.əna.] ＝အရှ

အရှာ [əʃa] （名）捜索、探索

အရှာလာ [əʃa la] （動）探しに来る

အရှာအဖွေ [əʃa əp'we] （名）探索、捜索

အရှား [əʃa:] （名）稀少

အရှိ [əʃi.] （名）存在、実態、実際の姿、現実、事実

အရှိကိုအရှိအတိုင်း [əʃi. ətain:] （副）実際の姿をありのままに

အရှိအတိုင်း [əʃi. ətain:] （副）ありのままに、あるがままに

အရှေ့ [əʃe.] （名）①東 ②前、前方、前面 表

အရှေ့တောင် [əʃe.taun] （名）東南

အရှေ့တောင်ထောင့်[əʃe.taun daun.]（名）東南隅、東南角

အရှေ့တောင်ဘက်[əʃe.taun bɛˀ]（名）東南側、東南面

အရှေ့တောင်အာရှ[əʃe.taun aʃa.]（名）東南アジア

အရှေ့တောင်အာရှနိုင်ငံများ[əʃe.taun aʃa.nain ganmja:]（名）東南アジア諸国

အရှေ့တောင်အာရှနိုင်ငံအသင်း[əʃe.taun aʃa.nainganmja: ət̪in:]（名）アセアン諸国、東南アジア諸国連合

အရှေ့တိုင်း[əʃe.tain:]（名）東洋、オリエント cf. အနောက်တိုင်း

အရှေ့တိုင်းနိုင်ငံ[əʃe.tain: naingan]（名）東洋諸国

အရှေ့နိုင်ငံ[əʃe. naingan]（名）東洋諸国

အရှေ့ပိုင်း[əʃe.bain:]（名）東部

အရှေ့ပိုင်းတိုင်းစစ်ဌာနချုပ်[əʃe.bain:tain: siˀ t'ana.]（名）東部軍管区司令部

အရှေ့ဖျား[əʃe.bja:]（名）極東

အရှေ့ဘက်[əʃe.bɛˀ]（名）①東方、東側 ②表側

အရှေ့မျက်နှာ[əʃe.mjɛˀn̥a]（名）東方、東部、東面

အရှေ့မြောက်[əʃe.mjauˀ]（名）東北

အရှေ့မြောက်စွန်း[əʃe.mjauˀ sun:]（名）東北端

အရှေ့မြောက်ထောင့်[əʃe.mjauˀ daun.]（名）東北隅、東北角

အရှေ့ရိုးမတောင်တန်း[əʃe. jo:ma. taundan:]（地）東部山脈（チンドウィン河東側の山脈）

အရှေ့လေ[əʃe. le]（名）東風

အရှေ့အနောက်[əʃe. ənauˀ]（名）東西

အရှေ့အနောက်တန်[əʃe.ənauˀ tan:]（動）東西に延びる、東西に連なる

အရှေ့အရပ်[əʃe. əjaˀ]（名）東部

အရှေ့အလယ်ပိုင်း[əʃe.əlɛbain:]（名）中近東

အရှေ့အလယ်ပိုင်းဒေသ[əʃe.əlɛbain: det̪a.]（名）中東地域

အရှေ့အာရှတိုက်သာတညီမျှရေး[əʃe.aʃa.taiˀ t̪aduɲimjaje:]（名）大東亜共栄圏

အရှေ့အာရှတိုက်သာတညီမျှအတူပူးတွဲတက်ရေး[əʃe. aʃa.taiˀ t̪aduɲimja. ətu tʃi:bwa: to: tɛˀje:]（名）大東亜共栄圏

အရှေ့ ဥရောပနိုင်ငံများ[əʃe. u.jo:pa. naingan mja:]（名）東欧諸国

အရှေ့အုပ်စု[əʃe. ouˀsu.]（名）東側グループ

အရှေ[əʃɔ]（名）役立たず

အရှိအရှိ[əʃoəʃo]（副）ぞろぞろと、次々と ＝အလျှို

အလျှို

အရှိုး[əʃo:]（名）鞭痕、みみず腫れ

အရှိုးထ[əʃo: t'a.]（動）みみず腫れになる

အရှိုးထင်[əʃo: t'in] ＝အရှိုးထ

အရှိုးရာ[əʃo: ja]（名）鞭痕、みみず腫れ

အရှိုးအဖူး[əʃo:əp'u:]（名）みみず腫れ、青あざ

အရှက်[əʃɛˀ]（名）①恥、羞恥 ②秘部、恥部

အရှက်ကြီးကွဲ[əʃɛˀtʃi: kwɛ:]（動）大恥を掻く

အရှက်ကိုပြီး[əʃɛˀko ŋe.pi]（副）恥を忍んで

အရှက်ကွဲ[əʃɛˀ kwɛ:]（動）恥を掻く、恥をかかされる、辱めを受ける

အရှက်ခွဲ[əʃɛˀ k'wɛ:]（動）恥をかかせる、辱めを与える

အရှက်တကွဲဖြစ်[əʃɛˀ dəgwe: pˀji]（動）恥を掻かされる、辱めを受ける

အရှက်တကွဲအကျိုးနည်း[əʃɛˀdəgwe: ətʃo:nɛ:]（副）大恥辱を蒙って、汚名を着せられて、不名誉な立場に立たされて、体面を失って

အရှက်နဲ့လူလုပ်သည်၊ အသက်နဲ့လူမလုပ်။（格）恥を知れ 人間は命があるから生きているのではない、羞恥心で生きているのだ

အရှက်နည်း[əʃɛˀ nɛ:]（形）恥知らずだ、厚かましい、厚顔だ

အရှက်ပြေ[əʃɛˀ pje]（副）照れ隠しに

အရှက်မကွဲ[əʃɛˀ məkwɛ:]（動）恥を掻かない

အရှက်ရ[əʃɛˀ ja.]（動）恥を掻く、辱められる

အရှက်လုံ[əʃɛˀ loun]（動）恥部が隠れる、恥部が見えない

အရှက်လုံစေ[əʃɛˀ lounze]（動）恥部を隠させる、恥部を覆う

အရှိုက်[əʃaiˀ]（名）①鳩尾＝ရင်ညွန့် ②息切れ、固唾

အရှိုက်ထိ[əʃaiˀ t'i.]（動）弱点を突かれる

အရှိုက်ထိုး[əʃaiˀ t'o:]（動）弱点を突く

အရှင်[əʃin]（名）①生き物、命あるもの ကြက်အရှင် 生きた鶏 ②主君、主人、所有者 ③陛下、御尊体 ④法師、お坊様 အရှင်ဘုရား ⑤取り外し自由、着脱可能、非固定

အရှင်ကြီး[əʃindʒi:]（名）民衆の守護神として人に福をもたらすとされる善神、３７体の神々、神霊

အရှင်ကြီးအရှင်ကောင်း[əʃindʒi: əʃingaun:]（名）善神、福をもたらす神

အရှင်တပ်[əʃin taˀ]（動）取り外しが利く、仮に取付ける

အရှင်ဘုရား[əʃin pˀəja:]（代）①仏陀への二人称 仏様 ②（在家信者から僧侶に対する）二人称、御坊様、和尚様 ③国王への二人称、陛下

အရှင်ဘုန်း:ကြီး၊ ကျွန်စာ:ပြီး॥ (ဆို) 親の七光り、虎の威を借る狐 (主君の出世、弟子も不死身)

အရှင်ဘမ်း[əʃin pʻan:] (動) 生け捕りにする、生きたまま捉える cf. အသေဖမ်း

အရှင်မိ[əʃin mi.] (動) 生け捕りになる、生きたまま捕えられる

အရှင်မင်းကြီး[əʃin min.dʒi:] (代) 二人称、陛下、殿下

အရှင်မင်းမြတ်[əʃin min.mjaʔ] (名) 陛下

အရှင်မြင့်လျှင်ကျွန်တင့်[əʃin mjin.kjun tʃun tin.] (諺) 虎の威を借る狐 (主君が出世すればその部下がのさばる)

အရှင်လတ်လတ်[əʃin laʔlaʔ] (副) 生きたままで

အရှင်သခင်[əʃin t̪əkʻin] (名) 主君、主人

အရှောင်အတိမ်း[əʃaun ətein:] (名) 回避

အရှည်[əʃe] (名) ①長さ ②長いもの တောင်းဘီအရှည် 長ズボン

အရှည်ကြီး[əʃedʒi:] (副) 著しく長く、非常に長く

အရှည်ဆွဲ[əʃe swɛ:] (動) 長びかせる

အရှည်ထား[əʃe tʻa:] (動) 長くしておく

အရှည်လိုက်[əʃe laiʔ] (副) ①長さに応じて ②縦に、縦長に

အရှည်သဖြင့်[əʃe t̪əpʻjin.] (副) 末長く、幾久しく、長期間 နောင်အရှည်သဖြင့်အသုံးပြုမည်॥ 今後末長く使用する

အရှည်အကြာ[əʃe ətʃa] (名) 長期間、末永く

အရှည်အလျား[əʃe əlja:] (名) 長さ

အရှင်း[əʃin:] (名) (家畜) 一番い

အရှိန်[əʃein] (名) ①勢 ②速さ ③お蔭、権威、影響

အရှိန်ကောင်း[əʃein kaun:] (形) 勢がよい、勢がある、スピードがある、調子よく進む

အရှိန်ပြင်း[əʃein pjin:] (形) 勢が激しい

အရှိန်ပြင်းထန်စွာဖြင့်[əʃein pjin:tʻanzwa pʻjin.] (副) 勢よく

အရှိန်မြင့်[əʃein mjin.] (形) 勢が高まる、速度がつく、速度が速まる

အရှိန်မြင့်ဆောင်ရွက်[əʃein mjin. sʻaun jwɛʔ] (動) 促進する

အရှိန်ယူ[əʃein ju] (動) 勢いを増す、勢を付ける用意を進める、準備に取り掛かる

အရှိန်လျော့[əʃein jɔ.] (動) 速度が落ちる、勢が弱まる

အရှိန်လျော့[əʃein ʃɔ.] (動) 速度を落す、勢を弱める

အရှိန်သေ[əʃein t̪e] (動) 勢を失う、速度を失う

အရှိန်သတ်[əʃein t̪aʔ] (動) 速度を抑える、速度を落す、勢を失う、減速する

အရှိန်အစော်[əʃein əsɔ] (名) ①力、作用 ②地位

အရှိန်အဝါ[əʃein əwa] (名) ①勢、力、威力 ②影響

အရှိန်အဝါကြီးမား[əʃein əwa tʃi:ma:] (形) 影響力が大きい

အရှိန်အဝါကြီးမြင့်[əʃein əwa tʃi:mjin.] (形) =အရှိန်အဝါကြီးမား

အရှိန်အဝါနည်း[əʃein əwa tʃi:mjin.] (形) 影響力があまりない

အရှိန်အဝါနည်းပါး[əʃein əwa nɛ:ba:] (形) 影響力が少ない

အရှိန်အဟုန်[əʃein əhoun] (名) 速度、勢

အရှုပ်[əʃouʔ] (名) 縺れ、ややこしさ、込み入った状態

အရှုပ်တော်ပုံ[əʃouʔtɔ boun] (名) 醜聞、スキャンダル

အရှုပ်အထွေး[əʃouʔətʻwe:] (名) 複雑な事、厄介な事、ややこしい事柄、トラブル、紛争

အရှုပ်အရှင်း[əʃouʔəʃin:] (名) 解決すべき問題、解決を要する事柄、難問、紛争

အရှူ.[əʃoun.] (名) 皺、縮み、収縮、窪み

အရှုံး[əʃoun:] (名) ①負け、敗北 ②損、損失、損害 ③失敗 ④落第

အရှုံးကာမိ[əʃoun: kami.] (動) 損失を償う、損失を補填する

အရှုံးကြီးရှုံး[əʃoun:dʒi: ʃoun:] (動) ①完敗する ②大損をする

အရှုံးခံ[əʃoun: kʻan] (動) ①負ける、敗北する ②失う、損失を蒙る

အရှုံးငွေ[əʃoun: ŋwe] (名) 損金

အရှုံးစာရင်း[əʃoun: səjin:] (名) 赤字、欠損

အရှုံးပေး[əʃoun: pe:] (動) ①脱帽する、降参する、諦める、断念する ②屈伏する、敗北する

အရှုံးပေါ်[əʃoun: pɔ] (動) 負ける事がある cf. အနိုင်ပေါ်

အရှုံးပြမှု[əʃoun: pja.mu.] (名) 赤字、欠損

အရှုံးမပေး[əʃoun: məpe:] (動) 負けはしない、屈伏しない

အရှုံးအနိုင်[əʃoun: ənain] (名) ①勝敗 ②得失

အရှုံးအမြတ်[əʃoun: əmjaʔ] (名) 損得、得失

အရွှေ[əʃwe.] (名) 移動、移転

အရွှေ, အရွှေ့အပြောင်း[əʃwe.əpjaun:] (名) 移動

အရွှင်[əʃwin] (名) 悦び、楽しみ、快楽

အရွှင်အပျော်[əʃwin əpjɔ] (名) 快楽

အလှူး

အရှင်အမြူး[əʃwin əmju:] (名) 悦楽
အရှု[əʃuʔ] (名) おどけ、ひょうきんさ、滑稽さ
အရှန်[əʃun] (名) ①輝き ②快活さ、ユーモア、滑稽さ、可笑しさ
အရှန်ဖောက်[əʃun: pʔauʔ] (動) 話にユーモアを盛り込む
အရှန်အပြက်[əʃun:əpjɛʔ] (名) ユーモア、ジョーク
အရှန်အသော[əʃun:ətọ:] (動) 快活さ、ユーモア
အလက[a.la.ka.] (名) 中学校、国立中学校 <အလယ်တန်းကျောင်း
အလကား[ələga:] (副) ①只で、無料で အလကားပေးသည်။ 只で呉れた ဆေးလိပ်အလကားရတယ်။ タバコを只で貰った ②冗談で、ふざけて、茶化して အလကားပြောသည်။ 冗談で言う အလကားမပြောစမ်းပါန်။ 冗談を言うな ③無駄に、無意味に、役立たずで အချိန်အလကားကုန်သည်။ 時間を無駄に費やした အလကားရတဲ့နွား၊ သွားဖြဲမကြည့်နှင့်။ (諺) 石橋を叩いて渡る必要はない (只で手に入れた牛、口を押し広げて歯を見る必要はない)
အလကားလူ[ələga: lu] (名) 役立たず
အလကားသတ္တဝါ[ələga: dədəwa] =အလကားလူ
အလလ[əla.la.] (副) ①毎月毎月 ②何ヶ月も
အလဟဿ[ələhaʔta.] (副) 無意味に、無駄に အချိန်ကိုအလဟဿမကုန်စေရဘူး။ 時間を浪費してはならない
အလဟဿ[ələhaʔta.] =အလဟဿ <パ Alahasa
အလာ[la] (名) ①来ること ②(王朝時代の) 身分の一つ、他所からの転入者と定住者との間の子 cf. အဓည်၊ ကျွန်။
အလာကောင်းသော်လည်း၊ အခါနှောင်းသည်။ (諺) 時既に遅し (来るには来たものの遅すぎる)
အလာကြီး[əladʑi:] (名) ①やり手、隅には置けぬ奴 ②期待以上の成果
အလာထူး[əla tʔu:] (動) 滅多に来ない人が来る
အလာမှာ[ələma] (副) 来しなに、出掛けに
အလာလမ်း[əla lan:] (名) 往路
အလာသား[ələda:] (名) ①思った以上のやり手、期待を上回る人物 ②予想以上のでき
အလား[əla:] (名) ①方位、方向 အရှေ့အလား: 東の方向 တောင်သို့အလား: 南の方向 မြောက်သို့အလား: 北の方角 ②形、姿 ③(助) あたかも〜の如く、まるで〜のように အသက်ရှင်နေသည့်အလားတွေ့ရသည်။ まるで生きているように見えた မျက်ရည်များသည်တမံကျိုးပေါက်သည့်အလားပါး၊ပြင်ပေါ်လိမ့်ဆင်းလာသည်။ 涙がまるで堤防が切れたように頬を伝わって流れ落ちた မိမိအားမကြည့်ချင်မမြင်ချင်သည့်အလားခေါင်းငုံ့ထား

သည်။ まるで自分を見たくないかのように下をうつむいていた အိပ်စက်ရာမှလန့်နိုးသူများအလားထကြလှုပ်ရှား လာသည်။ あたかも眠りから驚いて目覚めた人みたいに起き上がって動き始めた ဇာတ်ပွဲကောင်းတခုကိုကြည့် နေသည့်အလားတိတ်ဆိတ်ငြိမ်သက်နေကြသည်။ 素敵な芝居を見ているかのように静まり返っていた
အလားတူ[əla: tu] ①(形)同様に ②[əla:du] (形)同様の、類似の ③(副)同様に、同じく
အလားတူကာလ[əla:du kala.] (名) 同じ時期 လွန်ခဲ့သည့်နှစ်အလားတူကာလ 昨年同期
အလားတူဖြစ်[əla:du pʔjiʔ] (形) 同様だ
အလားအလာ[əla:əla] (名) ①未来、前途 ②趨勢、可能性 ③見込み、予想、展望 အလားအလာကောင်းသည်။ 見通しはよい、よい傾向だ အလား:အလာရှိသည်။ 見込みはある、可能性はある အကျနာဘို့အလား:အလာရှိနေသည်။ 転落の可能性が高い
အလ္လပဿလ္လပ[anlapa. tạnlapa] (名) 世間話、雑談、四方山話 <パ Ālāpa Sallāpa
အလီ[əli] (名) 九九 နှစ်နှစ်လေးပါ။ 2、2が4
အလီတိုး[əli to:] (動) 倍数になる
အလီပေါင်[əlibaun:] (名) 九九
အလီလီ[əlili] (副) ①反復して、再三 ②種々雑多な
အလီလီအလာလာ[əlili əlala] (副) ①再三、何度も繰り返して သူ့ကိုယ်သူအလီလီအလာလာဆုံးမတယ်။ 彼自身何度も諌めた ②細切れに、少しずつ
အလု[əlu.] (名) 奪取
အလုခံရ[əlu. kan ja.] (動) 奪われる
အလုအယက်[əlu.əjɛʔ] ①(名) 奪い合い အလုအယက်ရှုသည်။ 奪われる、強奪される ②(副) 我先に、先を争って、挙って、競って、奪い合って အလုအယက်မေးသည်။ 挙って質問する、口々に尋ねる ③大急ぎで အလုအယက်ထသည်။ 大急ぎで起き上がる
အလူး[əlu:] ①(名)塗布 ②(副)塗れて
အလူးလူး[əlu:lu:] (副) 塗れて သဲအလူးလူးဖြစ်သည်။ 砂だらけだ、砂に塗れている
အလူးအလဲ[əlu:əlɛ:] (副) ①痛ましく、苦労して 息も絶え絶えに、七転八倒の苦しみを蒙って ②手に負えない位、制御できない程
အလူးအလဲခံရ[əlu:əlɛ: kan ja.] (動) 辛苦を舐める、痛ましい程蒙る ပူပြင်းခြောက်သွေ့ဒဏ်ကိုအ လူးအလဲခံရတယ်။ 酷暑の苦しみを痛ましい程蒙った
အလူးအလဲထ[əlu:əlɛ: tʔa.] (動) 必死で起き上がる
အလူးအလဲမိန်[əlu:əlɛin.] (副) まさに死なんばかりに、猛烈に

အလေ[əle.](名)癖、習慣、慣習、仕来たり、習性
အလေ့ကျ[əle.ကျa.](副)自然に、自然のままに
အလေ့ကျပေါက်[əle.ကျa. pau']①(動)自生する、自然に生える အလေ့ကျပေါက်နေတဲ့နေ့မ်းချဉ်သီးပင် 自然に生えたトマトの木 ②[əle.ကျa. pau']（形）野生の、自生した
အလေ့စရိုက်[əle.zəjai'](名)本能
အလေ့ပေါက်[əle.bau']①(形)野生の、自生の ②(名)野生のもの、野生種
အလေ့အကျင့်[əle.ətʃin.](名)①慣れ、習慣 ②練習、訓練
အလေ့အကျင့်ရ[əle.ətʃin. ja.](動)慣れている
အလေ့အထ[əle.ət'a.](名)習慣、仕来たり、癖、習性 စားသောက်သည့်အလေ့အထ 食べる習慣
အလေ့အထမရှိ[əle.ət'a. ʃi.](動)習慣はない ငွေကြေးကိုတော့ပေးလေ့ပေးထမရှိဘူး။ お金を渡す習慣はない ညဉ့်နက်တင်လာလေလာရှိမရှိ 夜間訪れる習慣はない မျောက်ထိုးကျွန်းတော်တို့ရရင်ကစားလေ့စားထမရှိဘူး။ ヤマノイモを我々の所では食べる習慣がない ဝတ်လျှော်ထမရှိတော့အချိန်အစာ၊မကျလျှ။ 着る習慣がないものだからいくらかアンバランスだ
အလေ့အထရှိ[əle.ət'a. məʃi.](動)習慣がある အမြဲကျင့်လေ့ကျင့်ထရှိသည်။ いつも実践する習慣だ နာမည်ကိုတပ်၍ခေါ်လေခေါ်ထရှိသည်။ 名前を重ねて呼ぶ習慣がある အနက်အဓိပ္ပါယ်တူတူ ခွင်းဖက်စပ်ပြီး ပြောလေပြောထရှိတယ်။ 類似の意味を持つ言葉を組合せて言う習慣がある
အလေ့အလာ[əle.əla](名)①学ぶ事、学習 ②癖
အလေ[əle](名)①散逸、散らばり ②放浪、流浪
အလေလိုက်[əle lai'](動)放浪する、漂泊する、ほっつき歩く
အလေအလွင့်[əle əlwin.]＝အလေ။ ငါးလေငါးလွင့် 無駄になる魚 ခွေးလေခွေးလွင့် 野良犬 အလေအလွင့်တွေသိပ်များတယ်။ 零れ落ちる水が多すぎる
အလေး[əle:](名)①重さ、重量 ②（秤の）錘 ③敬礼 ④大便、排泄物
အလေးကဲ[əle: kɛ:](動)重点が掛かる
အလေးခိုး[əle: k'o:](動)計りを誤魔化す、計量を誤魔化す
အလေးချိန်[əle: t'ein]①(動)重さを計る ②[əle:ချein](名)重さ、重量
အလေးချိန်ကင်းမဲ့မှု[əle:ချein kin:mɛ.mu.](名)無重力
အလေးစာ[əle:za:](名)尊敬、敬意
အလေးစာခံရ[əle:za: k'an ja.](動)敬われる、尊敬される

အလေးစွန့်[əle: sun.](動)排泄する、大便をする、脱糞する
အလေးတူ[əle: tu](形)同じ重さだ
အလေးတင်ပေး[əle: tin:pe:](動)不足分を増やす、量目を多めにしてやる
အလေးထား[əle: t'a:](動)重視する、尊重する
အလေးပေး[əle: pe:](動)重視する、便宜を図る、優先する
အလေးပြု[əle: pju.](動)①敬意を表す、敬礼する ②特別に配慮する、気を遣う
အလေးမ[əle: ma.]①(動)重量挙げをする ②[əle:ma.](名)重量挙げ
အလေးမပြိုင်ပွဲ[əle:ma. pjainbwɛ:](名)重量挙げ競技
အလေးမူ[əle: mu](動)重要視する
အလေးအစား[əle:əsa:](名)尊重、敬意、重視
အလေးအနက်[əle:əne'](①)(名)重要性、意義 ②(副)真剣に အလေးအနက်ဆွေးနွေးသည်။ 真剣に討議する အလေးအနက်တိုက်တွန်းသည်။ 真剣に勧める အလေးအနက်ယုံကြည်သည်။ 真面目に信じている
အလေးအပင်[əle:əpin](名)重いもの
အလဲ[əlɛ.](感)驚きを表わす、おや အလဲ။သူဒီတွေ တောင်ဖတ်ထားတယ်။ おや、彼はこんなものまで読んでいたんだ
အလယ်[əlɛ](感)驚き、痛み等を表わす、あー、わーあ痛 အလယ်။နာလိုက်တာ။ わー、痛い အလယ်။ဘယ်နာပါလိမ့်မလဲ။ あー、どうした事だろう
အလယ်[əlɛ](名)①中央、真中、中間 ②眼前、面前
အလယ်ခေါင်[əlɛgaun](名)真中、真只中、中央 မြို့လယ်ခေါင် 街の中 လမ်းလယ်ခေါင် 路上 ဈေးလယ်ခေါင် 市場の中 ရန်ကုန်မြို့လယ်ခေါင်ကြီးတွင်မြွေတွေ့နိုင်ပါ။ ラングーンの街中で蛇を見掛ける事はない
အလယ်ခေတ်[əlɛ k'i'](名)中世
အလယ်ချက်[əlɛချe'](名)中心、中央
အလယ်ချက်မ[əlɛ t'ɛ'ma.](名)中心点
အလယ်တည့်တည့်[əlɛ tɛ.dɛ.](副)真中、丁度中央
အလယ်တန်း[əlɛdan:](名)中等、中級
အလယ်တန်းကျောင်း[əlɛdan: tʃaun:](名)中学校 略称は အလက
အလယ်တန်းပြဆရာမ[əlɛdan:bja. s'əjama.](名)中学校の女性教諭
အလယ်နန်းမိဖုရား[əlɛnan: mi.bəja:](名)第三席の王妃 cf. တောင်နန်းမိဖုရား။မြောက်နန်းမိဖုရား။
အလယ်ပိုင်း[əlɛbain:](名)中部、中部地方、中部地区

အလယ်ပစ္စယံ[əlɛ pjiʔsəjan] (名) 中央祭壇
အလယ်ရပ်[əlɛ jaʔ] (名) 中心地、中央の地点
အလယ်အပတ်[əlɛ əpaʔ]→အလည်အပတ်
အလယ်အလတ်[əlɛ əlaʔ] (名) 中間、中庸
အလယ်အလတ်ကျင့်စဉ်[əlɛ əlaʔ tʃin.zin] (名) 中庸
အလယ်အလတ်တန်းစား[əlɛ əlaʔtan:za:] (名) 中間層、中流階級
အလယ်အလတ်အဆင့်အတန်း[əlɛ əlaʔ asʔin.ətan:] (名) 中流、中間の水準
အလယ်လေး[əlɛlɛ:] (感) おやおや
အလဲ[əlɛ:] (名) ①変換 ②交換 ③転倒、倒伏 =အလည်း
အလဲဆင်န်း[əlɛ:sʔin nin:]=အလည်း:ဆင်န်း
အလဲအကျ[əlɛ ətʃa.] (名) 転倒、倒壊
အလဲအပြောင်း[əlɛ əpɛ:] (名) 変化、変動
အလဲအလျောင်း[əlɛ əljaun:] (名) 横臥
အလဲအလှယ်[əlɛ əlɛ] (名) 取り替え、交換
အလောကြီး[əlɔ:dədʒi:] (副) ①急いで、性急に、せかせかと、大急ぎで အလောတကြီးခေါ်သည် 急いで呼んだ ②心から、心を込めて
အလောတကြီးနှင့်[əlɔ:dədʒi: nɛ.] (副) 急いで အလောတကြီးနှင့်မေးလိုက်တော်သည်။ 急いで尋ねた ပျားအုံကိုအလောတကြီးနှင့်နှိုက်တယ်။ 蜂蜜を大急ぎで取り出した
အလောတော်[əlɔ:dɔ] (副) 程々に、丁度よく、丁度ぴったり အရပ်မှာပုလည်း:မပု၊ရှည်းလည်း:မရှည်၊ အလောတော် ဖြစ်သည်။ 身長は高すぎも低すぎもせず、中肉中背で အတန်းနှင့်အသက်သည်အလောတော် ပင် ဖြစ်သည်။ 学年と年齢とが丁度均整している ထင်းခွဲများကိုအလောတော်ရအောင်ဓားမဖြင့်ခွဲရန်။ 薪が程よく得られるよう鉈で割った
အလောသုံးဆယ်[əlɔ:tʃoun:zɛ] (副) 大急ぎで、大慌てで အလောသုံးဆယ်မေးနေသည်။ 大急ぎで尋ねている အလောသုံးဆယ်ပြင်ဆင်သည်။ 大急ぎで準備する အလောသုံးဆယ်ပြေးဆင်းလာသည်။ 大慌てで駆け降りてきた ဆေးရုံသိုအလောသုံးဆယ်သယ်ပိုယူဆောင်သွားသည်။ 大急ぎで病院へ運んで行った နင်ဘာဖြစ်လို့အလောသုံးဆယ်တွေ့ချင်ရတာလဲ။ なぜお前さんは緊急に面会したいのか
~အလို့ငှာ[əlo.ŋa] (助) ~のために、~するために မင်းတို့စီးပွါးအလို့ငှာဓမ္မသတ်ကျမ်းကိုပြုတော်မူပေ၏။ 汝等の繁栄のために法典を編纂なされたのだ မင်းသမီးကိုမျောက်သား:တော် အလို့ငှာဆောင်ရသော် လျောက်ပတ်၏။ 姫をお妃としてお迎えになるで宜しかろう တလျှောင်ကြိမ်ကျသနေ့ကျစေရန်အလို့ငှာ ၌ကလေးများကိုထုတ်ပေး

လေ့ရှိသည်။ 毎月1回妊娠可能ならしめるために卵子を排出している ကျေနပ်စေရန်အလို့ငှာဖြေရှင်:ချက်တရပ်လို အပ်သည်။ 満足させるために解決策が必要だ
အလို[əlo] (感) 驚きを表わす、おやまあ、何事を呆れたものだ အလို–ခက်လှချည့်။ まあ、困ったわね အလို–ငါ့ကိုမင်:ကသွန်သင်ရသေ:သလား:။ 何とまあ、お前さんはまだ私に説教するおつもりか
အလို[əlo] (名) ①需要、必要 ②望み、願い、願望、意向 ③目的 ④意義、言わんとする事 ⑤（時間的）不足、不十分 ပွဲပြီးရန်ဆယ်မိနစ်စခန်ဲ့အလိုတွင် 祭りが終る10分ばかり前に အမေရိကန်သမ္မတလာရောက်မိရက် သတ္တပတ်တခန်အလိုတွင် アメリカ大統領が訪問する1週間ばかり前に
အလိုကျ[əlo tʃa.] ①（動）望みが叶う、願望に沿う、気に入る ②[əlodʒa.] (副) 好きなだけ、望み通りに、思うままに、思う存分
အလိုကျူ[əlodʒu] (植) ダンチク、ヨシタケ（イネ科) Arundo donax
အလိုစမ်း[əlo san:] (動) 気持を試す
အလိုဆန္ဒ[əlo sʔanda.] (名) 要望、願望
အလိုဆန္ဒကင်း[əlosʔanda. kin:] (動) 意欲がない、意欲を失う
အလိုတူ[əlo tu] (動) 同意する、合意する
အလိုတူအလိုပါ[əlodu əloba] (名) ①合意、意気投合 ②共犯者 မြန်မာတို့ကိုအလိုတူအလိုပါလက်တင်ထား: သည်။ ビルマ人達を共犯者として配下に置いた အလို တူအလိုပါ ဖြစ်သည်။ 共犯者となる
အလိုတော်ကျ[əlodɔdʒa.] ①（副）お気に召すまま ②（名）子飼いの弟子
အလိုတော်ပြည့်[əlodɔ pje.] (動) 望みが叶う、願いが満たされる
အလိုတော်ရီ[əlodɔji.] (名) 追従者、走狗、手先
အလိုပြည့်[əlo pje.] (動) 願いが叶う、望みが満たされる
အလိုမတူ[əlo mətu] (動) 望まない、合意しない
အလိုမရှိ[əlo məʃi.] (動) 必要としない、要らない
အလိုမှာ[əloma] (主) 要点は
အလိုရှိ[əlo ʃi.] (動) ①欲する、必要とする、必要がある ②（人材を）求める、求人する
အလိုရှိတိုင်း[əlo ʃi.dain:] (副) 必要な都度
အလိုလေး[əlole:] (感) あー、おや
အလိုလို[əlolo] (副) 自然に、自動的に、独りでに သူ့အလိုလို့ဒုက္ခဖြစ်သည်။ 自分勝手に苦労している
အလိုလိုက်[əlo laiʔ] (動) 自由にさせる、言うがままにさせる、要求に応じる、わがままを容認する、甘やかす、溺愛する အထွေးဆုံးသား:ကိုအဖေကအလိုလိုက်

အလိုအလျောက်

သည်။ 父は末の息子を甘やかした
အလိုအလျောက်[əlo əljauʔ]（副）①自然に、自動的に、独りでに အလိုအလျောက်ပျက်စီးသည်။ 独りでに壊れた ②我が意のまま、気持の赴くまま
အလိုအလျောက်စက်[əloəljauʔ sɛʔ]（名）オートメーション
အလိုအလျောက်စက်တပ်ဆင်[əloəljauʔsɛʔtaʔsʔin]（動）自動式にする、オートメーション方式にする
အလိုအလျောက်တယ်လီဖုန်း[əloəljauʔtɛlipʔoun:]（名）自動電話
အလို[əlo:]（名）性交
အလက[əlɛʔ]（名）①（椰子、棕櫚等の）葉 ②四肢、手足 ③銃、大砲等の助数詞
အလို[əlaiʔ]（名）不足分、差額分の穴埋め、物々交換の際に不足分を埋め合せるもの
အလိုက်ပေး[əlaiʔ peː]（動）料金の不足分を払う
~အလိုက်[əlaiʔ]（助）~に応じて、~によって、~別に အတန်းအလိုက် 学年毎に နေရာဌာနအလိုက် 場所に応じて အရွယ်အစားအလိုက် 寸法に応じて စွမ်းအားအလိုက် 能力毎に အနီးအဝေးအလိုက် 遠近に応じて နိုင်ငံအလိုက် 国毎に ရပ်ရွာအလိုက်ကွဲပြားသည်။ 村落毎に異なっている အမျိုးအစားအလိုက်စုပေးသည်။ 種類毎に集めてやる ယောက်ျားဖြစ်သော်ယောက်ျားအလိုက်ကစားသည်။ 男なので男同士で遊ぶ
အလိုက်ကမ်းဆိုး[əlaiʔkan:zo:]（副）気が利かなくて、察しが悪くて
အလိုက်ကမ်းဆိုးမသိ[əlaiʔkan:zo: məti.]（形）気が利かない、察しが悪い、勘が鈍い
အလိုက်တသိ[əlaiʔ dədi.]（副）気を利かせて အလိုက်တသိစကားလွှဲလိုက်သည်။ 気を利かせて話題を変えた
အလိုက်မကင်းရှိ[əlaiʔməkin: ʃi.]（動）互いに関わらない訳にいかない、無縁ではいられない
အလိုက်မသိ[əlaiʔ məti.]①（形）気が利かない ②（副）気が利かず、融通が利かず
အလိုက်မှာ[əlaiʔma]（副）追跡の際に、同行の際に
အလိုက်ရတု[əlaiʔ jədu.]（名）季節詩の中で、上の句 အခံရတု に対する下の句
အလိုက်သိ[əlaiʔ ti.]（動）気が利く、察しがよい
အလိုက်သိစွာ[əlaiʔti.zwa]（副）機転を利かせて、その場に相応しく
အလိုက်တင်[əlaiʔ tin.]（副）相手に合せて、情況に合せて、妥協して、譲歩して、融通を利かせて、折れ合って、自然に、ありのままに
အလိုက်တင်အျျအျ[əlaiʔtin. əljaːtin.]（副）相手の意を汲んで、相手に調子を合せて、融通

を利かせて
အလိုက်အထိုက်[əlaiʔətʔaiʔ]（副）情況に応じて、環境に則して、調和して、相手に合せて အလိုက်အထိုက်တော့ ရောင်းရသေးတာပဲ။ それなりに売れはしている မသိဟန်ဆောင်ပြီးအလိုက်အထိုက်ပြန်ပြောသည်။ 知らない振りをしてそれなりに返答した အလိုက်အထိုက်ခေါင်းပြုတ်နေလိုက်သည်။ それなりに下をうつむいていた အလိုက်အထိုက်သာဆက်ဆံသည်။ それなりに付き合う အလိုက်အထိုက်ကြံသည်။ それなりに考える
အလင်း[əlin:]（名）光、明り、光明、照明
အလင်းကွယ်[əlin: kwɛ]（動）①光を失う、暗闇になる ②失明する
အလင်းထုတ်အင်္ဂါ[əlin:douʔ inga]（名）発光器官
အလင်းနှစ်[əlin: niʔ]（名）光年
အလင်းပြ[əlin:bja.]（形）解説した、説明した
အလင်းပြန်[əlin: pjan]①（動）反射する ② [əlin:bjan]（名）反射
အလင်းပြန်အဝေးကြည့်မှန်ပြောင်း[əlin:bjan əweː tʃi. manbjaun:]（名）反射望遠鏡
အလင်းရောင်[əlin:jaun]（名）明り、光、光明
အလင်းရောင်ကွယ်[əlin:jaunkwɛ]（動）視力を失う
အလင်းရောင်နှစ်[əlin:jaun niʔ]（名）光年
အလင်းလှိုင်း[əlin:ɬain:]（名）光波
အလင်းဝင်[əlin: win]（動）帰順する、投降する
အလင်းဝင်ပေါက်[əlin: winbauʔ]（名）①明り窓 ②（カメラの）絞り
အလင်းအမှောင်[əlin:əmaun]（名）光陰、明りと闇
အလင်္ကာ[əlinga]（名）①詩形論、韻律学 ②修辞、洗練された表現、芸術的表現、美辞麗句
အလင်္ကာကျော်စွာ[əlinga tʃɔzwa]（名）文芸上の功績者に贈られる称号
အလောင်း[əlaun:]（名）①死体、遺体、亡骸、屍 ②身軽、予定者、候補者 သမက်လောင်း 婿の予定者 ဗိုလ်လောင်း 幹部候補生、士官候補生 သမ္မတလောင်း 大統領候補 ④蛹 ④菩薩
အလောင်းကစား[əlaun: gəzaː]（動）柩を火葬場へ運ぶ途中、前後に揺り動かす
အလောင်းကောင်[əlaun:gaun]（名）死体、亡骸
အလောင်းခြောက်[əlaun:tɕʰauʔ]（名）ミイラ
အလောင်းစင်[əlaun:zin]（名）棺架、遺体を安置しておく台（ခေါင်း とは別）
အလောင်းတော်[əlaun:dɔ]（名）①菩薩 ②国王の遺体、亡骸
အလောင်းတော်အလောင်းမြတ်[əlaun:dɔ əlaun:mjaʔ]＝အလောင်းတော်
အလောင်းတင်ရထား[əlaun:din yətʔaː]（名）

霊柩車
အလောင်:မင်:တရား:ကြီ:[əlaun: min:təja:ʤi:]
=အလောင်:ဘုရား:
အလောင်:ဘုရား:[əlaun: b'əja:] (人) アラウンバ
ヤー (コンバウン王朝の創設者、1752-60)
အလောင်:အလျာ[əlaun:əlja] (名) 菩薩 (仏陀、
ぴゃく支仏、羅漢の前身)
အလောင်:အစာ:[əlaun:əsa:] (名) 賭け、博打、賭
博
အလောင်:အစာ:လုပ်[əlaun:əsa: lou'] (動) 賭け
をする、賭博をする
အလစ်[əli'] (名) 一瞬の隙、一瞬の油断、一瞬の不注
意 အလစ်မှာလှစာ:မယ်။ 目を離した隙に食ってやろう
အလစ်ချောင်:[əli' tʃaun:] (動) 隙を窺う
အလစ်နိူက်[əli' n̥ai'] (動) 万引きをする、隙を見
て盗む
အလစ်ပေ:[əli' pe:] (動) 隙を見せる、隙を与え
る、見逃す
အလစ်မပေ:ဘဲ[əli' məpe:bɛ:] (副) 隙を与えず、
目を逸らす事なく
အလစ်ပြေ:[əli' pje:] (動) 抜け出す、隙をみて逃
げる
အလစ်သမာ:[əli'təma:] (名) 置き引き、引ったく
り
အလစ်သုတ်[əli'tou'] ① (動) 万引きをする、隙をみ
て持ち去る、引ったくる ② (名) 万引き、置き引き
ဆိုင်မှာအလစ်သုတ်လာသည်။ 店で万引きをする
အလဇ္ဇီ[əli'zi] (形) 恥知らずの、無恥な、無恥厚顔
な ＜パ Alajjin
အလဇ္ဇီစကာ:[əli'zi zəga:] (名) 猥褻語、醜い言
葉
အလည်[əlɛ] (名) (家庭の)訪問
အလည်ခေါ်[əlɛ k'ɔ] (動) (自宅に)招く
အလည်လာ[əlɛ la] (動) (来客が)訪れる、遊び
に来る
အလည်လွှံ[əlɛ lun] (動) 遊び惚ける
အလည်သွာ:[əlɛ twa:] (動) (他所の家を)訪れ
る、遊びに行く
အလည်အပတ်[əlɛ əpa'] (名) =အလည်
အလည်အပတ်ရောက်ရှိ[əlɛ əpa' jau'ʃi.] (動) 遊
びにやって来る、訪問する
အလည်အပတ်လာရောက်[əlɛ əpa' lajau']=အလည်
အပတ်လာ
အလည်အပတ်သွာ:[əlɛ əpa' twa:] (動) 他人の家
庭を訪れる、遊びに行く
အလည်အပတ်သွာ:ရောက်[əlɛ əpa' twa:jau']

=အလည်အပတ်သွာ:
အလည်အပတ်လာ[əlɛ əpa' la] =အလည်လာ
အလဲ:[əlɛ:] (名) ①倒壊 ②交換、取り替え =အ
လဲ
အလဲ:ဆင်နင်:။ (諺) 泣き面に蜂、踏んだり蹴ったり
の目にあう (倒れたところを象に踏まれる)
အလတ်[əla'] (名) ①中型 ②中間、中等 ရာထူ:အလတ်
中間の役職、地位 ③男、次女 သာ:အလတ် 真中の
男児 သမီ:အလတ် 真中の女児
အလတ်စာ:[əla'sa:] (名) ①中形 ②中級品、中等
品
အလတ်တန်:စာ:[əla'tan:za:] (名) 中産階級
အလတ်တလော[əla'təlɔ:] (副) 速やかに =လတ်တ
လော
အလန့်[əlan.] (名) 驚き、驚愕
အလန့်တကြာ:[əlan.dəʤa:] (副) 驚いて、驚愕し
て、仰天して、魂消て အော်သံကိုအလန့်တကြာ:ကြာ:ရ
သည်။ 叫び声を耳にして魂消た
အလန့်တကြာ:ဖြစ်[əlan.dəʤa. p'ji'] (動) 魂消
る、仰天する、驚愕する
အလန့်လန့်[əlan.lan.] (副) びくびくして、怯えな
がら
အလပ်စကာ:[əla'səka:] (地) アラスカ
အလိပ်[əlei'] (名) ①巻物、巻いたもの ②包み、梱
包 ③ (煙草の) 本数
အလုပ်[əlou'] (名) ①仕事 ②職業 ③活動
အလုပ်မှပြန်လာသည်။ 仕事から帰ってくる အလုပ်မှ
ထုတ်ပစ်သည်။ 解雇する、仕事から追放する အလုပ်မှ
ရပ်စဲသည်။ 停職処分にする အလုပ်မှဖယ်ရှာ:သည်။
仕事から除外する
အလုပ်ကောင်:သမာ:[əlou'kaun:dəma:] (名) 真面
目な労働者、勤勉な労働者
အလုပ်ကိစ္စ[əlou' kei'sa.] (名) 仕事、業務、事
務、用件
အလုပ်ကြော်ငြာခေါ်[əlou' tʃɔɲa k'ɔ] (動) 人を
募集する、公募する
အလုပ်ကြို:စာ:[əlou' tʃo:za:] (動) 頑張って仕事
する、仕事に精を出す、熱心に働く
အလုပ်ကြမ်:[əlou'tʃan:] (名) 肉体労働、重労働
အလုပ်ကြမ်:နှင့်ထောင်ဒဏ်[əlou'tʃan: nɛ. t'aun
dan] (名) 懲役刑
အလုပ်ကြမ်:သမာ:[əlou'tʃan:dəma:] (名) 肉体労
働者
အလုပ်ခန့်[əlou' k'an.] (動) 採用する、雇う、雇
用する
အလုပ်ခန့်စာ[əlou' k'an.za] (名) 辞令

အလုပ်ချောင်[əlou' tʃaun] (形) 仕事が暇だ
အလုပ်ခွင်[əlou'k'win] (名) 職場
အလုပ်ခွင်ဝင်အင်အား:[əlou'k'win win in a:] (名) 就職者の数、求職者の数
အလုပ်စခန်း[əlou' sək'an:] (名) 作業現場、仕事現場
အလုပ်ဆင်း[əlou' s'in:] (動) ①出勤する、仕事に行く ②仕事に取り掛かる、
အလုပ်ဆင်းဇယား:[əlou's'in:zəja:] (名) 出勤簿
အလုပ်တာဝန်[əlou'tawun] (名) 職務、職責
အလုပ်တိုက်[əlou'tai'] (名) 事務所、ビル内の事務所
အလုပ်တပ်[əlou'ta'] (名) 労働団、労働隊
အလုပ်တွင်[əlou' twin] (動) 仕事が捗る、能率が上がる、作業が進展する
အလုပ်တွင်ကျယ်[əlou' twintʃɛ] =အလုပ်တွင်
အလုပ်ထုတ်[əlou' t'ou'] (動) 解雇する、首にする
အလုပ်ထွက်[əlou' t'wɛ'] (動) 仕事を辞める、辞職する、退職する
အလုပ်ထွက်စာ[əlou't'wɛ'sa] (名) 退職願、辞職届
အလုပ်ပါး:[əlou' pa:] (形) ①仕事が少ない、仕事が閑散としている ②責任が軽い
အလုပ်ပိတ်ရက်[əlou' pei'jɛ'] (名) 休日
အလုပ်ပျက်[əlou' pjɛ'] (動) 失業する、職を失う、仕事を失う、仕事ができなくなる
အလုပ်ပျက်ခံ[əlou'pjɛ' k'an] (動) 仕事を犠牲にする
အလုပ်ပျင်း:[əlou' pjin:] (形) 怠け者だ
အလုပ်ပြတ်[əlou' pa'] (動) 仕事がなくなる
အလုပ်ပြုတ်[əlou' pjou'] (動) 失業する、解雇される、解任される、職を失う
အလုပ်ဖြစ်[əlou' p'ji'] (動) うまく行く、実現する、出来上がる、順調に進む
အလုပ်ဖြုတ်[əlou' p'jou'] (動) 解雇する
အလုပ်ဖြုတ်ခံရ[əlou'p'jou' k'an ja.] (動) 解雇される、解任される
အလုပ်မရှိ၊တရာ့ကိုး။ (格) 失業者、(刑法) 百九条で逮捕する
အလုပ်မဲ့ထောင်ဒဏ်[əlou'mɛ. t'aundan] (名) 禁錮刑
အလုပ်များ:[əlou' mja:] (形) 忙しい、多忙だ
အလုပ်ရ[əlou' ja.] (動) 職を得る、職に就く
အလုပ်ရုံ[əlou'joun] (名) 工場
အလုပ်ရွေး:[əlou'jwe:] (動) 仕事を選ぶ、仕事を選り好みする
အလုပ်ရှာ[əlou' ʃa] (動) 職を探す、求職する

အလုပ်ရှိ[əlou' ʃi.] (動) 仕事がある
အလုပ်ရှင်[əlou' ʃin] (名) 雇い主、事業主、経営者
အလုပ်ရှုပ်[əlou' ʃou'] (形) ①多忙だ、繁忙だ、大忙しだ、雑用が多い、慌ただしい ②ややこしい、面倒だ、厄介だ
အလုပ်လက်ကိုင်[əlou' lɛ'kain] (副) 仕事があって、職に就いていて、勤務していて
အလုပ်လက်မဲ့[əlou' lɛ'mɛ.] (名) 失業者
အလုပ်လက်မဲ့ထောက်ပံ့ကြေး:[əlou'lɛ'mɛ. t'au' pan.dʒe:] (名) 失業手当
အလုပ်လက်မဲ့နှုန်း[əlou'lɛ'mɛ.noun:] (名) 失業率
အလုပ်လက်မဲ့ဖြစ်[əlou'lɛ'mɛ. p'ji'] (動) 失業する、職を失う
အလုပ်လက်မဲ့ဦးရေ[əlou'lɛ'mɛ. u:je] (名) 失業者数、失業人口
အလုပ်လဟင်း:[əlou' li'hin:] (動) 仕事が捗らない、能率が上がらない
အလုပ်လုပ်[əlou' lou'] (動) 働く、仕事をする
အလုပ်လုပ်ကိုင်[əlou' lou'kain] =အလုပ်လုပ်
အလုပ်ဝင်[əlou' win] (動) 就職する
အလုပ်ဝတ္တရား:[əlou' wu'təja:] (名) 職務
အလုပ်သဘော[əlou' dəbo:] (名) ①仕事の性質 ②働く意義、仕事の意義
အလုပ်သမ[əlou'təma.] (名) 女性労働者、女工、女人夫
အလုပ်သမား:[əlou'təma:] (名) (男性の) 労働者、労務者、人夫、工員
အလုပ်သမား:တန်း:လျာ:[əlou'təma: tan:ja:] (名) 労働者の住宅、長屋
အလုပ်သမား:နေ့[əlou'təma. ne.] (名) メーデー
အလုပ်သမား:မွတ်ပုံတင်ရုံး[əlou'təma: ma'pountin joun:] (名) 職業安定所
အလုပ်သမား:ရှား:ပါး:မှု[əlou'təma: ʃaba:mu.] (名) 労働者不足
အလုပ်သမား:လူတန်း:စား:[əlou'təma: ludan:za:] (名) 労働者階級
အလုပ်သမား:ဝန်ကြီး:ဌာန[əlou'təma: wundʒi: t'ana] (名) 労働省
အလုပ်သမား:သမဂ္ဂ[əlou'təma: ta.mɛ'ga.] (名) 労働組合
အလုပ်သမား:အစည်း:အရုံး[əlou'təma:əsi:əjoun:] (名) 労働組合連合 (TUCB)
အလုပ်သမား:အစည်း:အရုံး:အဖွဲ့ချုပ်[əlou'təma: əsi: əjoun: əp'wɛ.dʒou'] (名) 労働組合連合本部
အလုပ်သမား:အရေး:[əlou'təma: əje:] (名) 労働者問題

အလုပ်သင်[əlouʔtin] (名) 見習い
အလုပ်သင်ဆရာဝင်[əlouʔtin sʼəjawun] (名) 見習い医師、インターン
အလုပ်သင်မြို့အုပ်[əlouʔtin mjo.wun] (名) 町長見習い
အလုပ်သင်ဗိုလ်လောင်း[əlouɲtin bolaun:] (名) 見習士官
အလုပ်သင်အရာရှိ[əlouʔtin əjaʃi.] (名) 上級公務員見習い
အလုပ်သိမ်း[əlouʔ tein:] (動) 仕事を終える、仕事を片付ける、仕事を撤収する
အလုပ်သိမ်းချိန်[əlouʔ tein:ʨein] (名) 仕事を終える時刻、退庁時刻、退社時刻
အလုပ်သွား[əlouʔ twa:] (動) 仕事に行く
အလုပ်အကိုင်[əlouʔəkain] (名) 仕事、職業
အလုပ်အကိုင်ပျက်[əlouʔəkain pjɛʔ] (動) ①仕事に支障が起る ②職を失う
အလုပ်အကိုင်ရရှိရေး[əlouʔəkain ja.ʃi.je:] (名) 就職問題、雇用問題
အလုပ်အကိုင်သက်တမ်း[əlouʔəkain təʔtan] (名) 職歴、勤務歴、勤務年数
အလုပ်အကြံ[əlouʔətʃan] (名) ①労働 ②城攻め、攻略
အလုပ်အကျွေး[əlouʔətʃwe:] (名) ①扶養 ②奉仕、貢献 ③従者、付き添い
အလုပ်အကျွေးပြု[əlouʔətʃwe: pju.] (動) ①扶養する ②奉仕する、貢献する
အလုပ်အများဆုံးဖြစ်[əlouʔ əmja:zoun: pʼji ʔ] (動) ①一番忙しい、最多忙だ ②仕事の量が最大に殖える
အလုပ်အမှုဆောင်[əlouʔ əmu.zaun] (名) 執行委員
အလုပ်အမှုဆောင်အဖွဲ့[əlouʔ əmu.zaun əpʼwɛ.] (名) 執行委員会
အလုပ်အမှုဆောင်အဖွဲ့ဥက္ကဋ္ဌ[əlouʔəmu.zaun əpʼwe.ouʔkətʼa.] (名) ①執行委員長 ②総務会長
အလုပ်အင်အားစုပေါင်းမှု[əlouʔ in a: su.paun: mu.] (名) 労働力の結集
အလုပ်အပ်[əlouʔ aʔ] (動) 仕事を託す
အလမ္ပာယ်[əlanbɛ] (名) 蛇使い＜パ Alampāyana
အလိမ္မာ[əleinma] (名) 聡明さ、智慧、知識
အလိမ်[əlein] (名) ①詐欺、騙り ②ねじり、よじり、捻転
အလိမ်ခံရ[əlein kʼan ja.] (動) 騙される、詐欺に遭う
အလိမ်ပေါ်[əlein pɔ] (動) 嘘がばれる、嘘が発覚する

အလိမ်မာ[əleinma] =အလိမ္မာ
အလိမ်မာဆုံး[əleinmazoun: pʼjiʔ] (形) 最も賢明だ、最も聡明だ
အလိမ်မာနှင့်[əleinma nɛ.] (副) 賢明に、聡明に、上手に
အလိမ်မာသုံး[əleinma toun:] (動) 機転を利かす、賢明に立ち回る、手練を用いる
အလိမ်မိ[əlein mi.] (動) 詐欺に遭う、一杯食わされる
အလိမ်အကောက်[əlein əkauʔ] (名) ①狡猾さ ②不正 ③湾曲
အလိမ်အညာ[əlein əɲa] (名) 詐欺
အလိမ်းလိမ်း[əlein:lein:] (副) ①べったりと、べったりと、一面塗り潰されて、一面覆われて ②埃だらけになって　သွေးအလိမ်းလိမ်းဖြင့် 血だらけになって
အလိမ်းလိမ်းကပ်[əlein:lein: kaʔ] (動) (血で) まみれる
အလိမ်းအကျံ[əlein:ətʃan] (名) 塗布
အလံ[əlan] (名) ①旗 ②(長さの単位) 尋
အလံကိုင်[əlangain] (名) 旗手
အလံချ[əlan tʃa.] (動) 旗を下ろす
အလံစိုက်[əlan saiʔ] (動) 旗を揚げる、旗を揚げる
အလံစိမ်း[əlanzein:] (名) 緑色の旗
အလံတော်[əlandɔ] (名) 国旗
အလံတင်[əlantin] (動) 旗を上げる、旗を掲揚する
အလံတိုင်[əlandain] (名) ①旗竿 ②旗の掲揚台
အလံတစ်ဝက်လွင့်ထူ[əlan tainwɛʔ ɫwin.tʼu] (動) (弔慰を表わすために) 半旗を掲げる
အလံထူ[əlan tʼu] (動) (勝利、完成を祝って) 旗を立てる、旗を掲揚する
အလံထောင်[əlan tʼaun] (動) 旗を揚げる
အလံနီ[əlan ni] (名) ①赤旗 ②赤旗共産党の略称
အလံနီကွန်မြူနစ်ပါတီ[əlannni kunmjuniʔ pati] (名) 赤旗共産党 (タキン・ソーを党首に独立直後武装蜂起した極左組織)
အလံပြ[əlan pja.] ① (動) 旗を見せる、旗で信号を送る ②[əlanbja.] (名) 信号
အလံဖြူ[əlanbju] (名) ①白旗 ②白旗共産党の略
အလံဖြူကွန်မြူနစ်ပါတီ[əlanbju kunmjuniʔpati] (名) 白旗共産党 (赤旗共産党と分裂した後の組織、タキン・タントゥンが委員長)
အလံရှူ[əlanʃu:] (名) 客引き、見張り
အလံရှူးလုပ်[əlanʃu: louʔ] (動) 客引きをする、見張りをする

အလုံ[əloun]（名）①充分、充足 ②堅牢、堅固 ③ 安全
အလုံေထာင်[əloundaun]（名）独房
အလုံပိတ်[əloun pei']（動）密閉する、密封する ဒီလူကြီးကသူ့အိမ်ကိုအလုံပိတ်ထားတယ်။ 彼は自宅を完全に閉鎖している
အလုံပိတ်ထည့်သွင်း[əlounbei' t'ɛ.twin:]（動）密封する
အလုံအေလာက်[əloun əlau]（副）充分に、存分に အလုံအေလာက်ြဖန့်ြဖူးေပးသည်။ 十分に配給した
အလုံး[əloun:] ① （名）丸いもの、球状のもの ②胴体、差し回し ③個数 ④全て、全部 ငမွဒိါက်ျွန်းအလုံး၌ရှိေသာမင်းအေပါင်းတို့ကိုေအာင်ြမင်ေတာ်မူသည်။ 閻浮提全域にいる諸国の王全てを征服なされた
အလုံးစုံ[əloun:zoun]①（名）全て、一切合財 ②（副）全て、悉く အလုံးစုံေြပာြပသည်။ 全て説明した အလုံးစုံသိသည်။ 全て知っている အလုံးစုံတူ၏။ 全部似ている
အလုံးစုံေသာ[əloun:zoundɔ:]（形）全ての、前部の
အလုံးဆို့[əloun: s'o.]（動）胸が一杯になる、熱いものが込み上げる
အလုံးရင့်[əloun: jin.]（動）果実が熟す
အလုံးလိုက်[əloun: lai']①（動）球の大きさに応じる ②（副）丸ごと（分割せず）、塊のまま
အလုံးအခဲ[əloun:ək'ɛ:]（名）塊
အလုံးအထည်[əloun:ət'ɛ]（名）体つき、体格 ကိုယ်လုံးကိုယ်ထည် 肉体、体つき
အလုံးအရင်း[əloun:əjin:]（名）①軍勢、軍団、兵力 ②群集、集団 ③（副）群を成して、大挙して
အလုံးအရပ်[əloun:əja']（名）図体、体の大きさ、身長
အလျား[əlja:]（名）①長さ ②（横に対する）縦、奥行き cf. အနံ
အလျားခုန်[əlja: k'oun]（動）幅跳びをする
အလျားတိုင်ကီရိယာ[əlja: tain kəri.ya]（名）物差し
အလျားေမှာက်[əlja: mau']（動）腹這いになる、伏せる
အလျားရှည်[əlja: ʃe]（形）縦長だ
အလျားလိုက်[əlja:lai']（副）縦に cf. ေဒါင်လိုက် ေဘးတဖက်မှတဖက်သို့အလျားလိုက်။ 片方からもう一方へと縦に
အလျားဝပ်[əlja: wu']（動）平伏す、長々と伏せる
အလျူမီနီယမ်[əluminiyan]（鉱）アルミニューム
အေလျာ့[əljɔ.]（名）①減少、減退 ②緩み

အေလျာ့ခံ[əljɔ. k'an]（動）減少に耐える
အေလျာ့အေမ့ေန[əljɔ.əme.ne]（動）不注意に過す、漠然と過す
အေလျာ့ေပး[əljɔ. pe:]（動）緩める
အေလျာ့အတင်း[əljɔ: ətin:]（名）伸縮、ゆるみと張り
အေလျာ်[əljɔ]（名）償い、弁償、賠償
အေလျာ်ေတာင်း[əljɔ taun:]（動）償いを求める、弁償を求める
အလျက်[əjɛ']（名）舐める事
အလျက်ခိုင်း[əjɛ' k'ain:]（動）舐めさせる
အလျက်ခံရ[əjɛ' k'an ja.]（動）舐められる
အေလျာက်[əljau']（助）〜に応じて、に相応しく、なので、であるから、〜なりに သဘာဝအေလျာက်ေမွးနိုင်သည်။ 自然分娩が可能だ တက်ြခင်းအေလျာက်ရှင်သွား၊ကျေလသည်။ 上り下りに応じて奮闘した စားစရာနည်းလျှင်နည်းသည်အေလျာက်များလျှင်များသည်အေလျာက်စား၊ကြသည်။ 食物が少なければ少ないなりに、多ければ多いなりに食べたものだ ခံ့ဆူ:၊ဆူ:ဆူ:တို့သည်သဘာဝအေလျာက်ချွန်သည်။ カリッサの棘やイヌナツメの棘は自然のままで鋭い ြမို့ငယ်ေလးတြမို့လိုြဖစ်သည်အေလျာက်ကား:ဆိပ်မှာစည်စည်ကား:ကား:ရှိပါ၏။ 小さな町同様であったからバスの発着所は賑やかだった ဆင်းရဲသားလဲဆင်းရဲသားအေလျာက်၊သူေဌးလဲသူေဌး:အေလျာက်ေချးငှါးရတာဘဲ။ 貧乏人は貧乏人なりに、金持は金持なりに、貸し借りをしたものだ
အလျင်[əljin~əjin]①（名）流れ、速さ、勢 ေရအလျင် 水の流れ、流速 ②（副）先ず、先に、早やと ③急いで、早く ＝အရင်
အလျင်ရှိ[əljin tʃi]（動）素早く進撃する
အလျင်စလို[əjinzəlo]（副）素早く、急いで、そくさくと、せっかちに ＝အရင်စလို
အလျင်စီး[əljin si:]（動）勢よく流れる
အလျင်တေဆာ[əjin təs'ɔ:]（副）速やかに、急いで、素早く、至急
အလျင်လို[əjin lo]（動）急ぐ、急ぐ必要がある
အလျင်လို၊အေနှးေတွ့။（諺）急がば廻れ（急ぐ必要があるのに、現実には遅い）
အလျင်အြမန်[əljin əmjan]（副）急いで、素早く、至急 အလျင်အြမန်တိုးတက်သည်။ 急速に発展した အလျင်အြမန်ေရာက်လိုသည်။ 早く到着したい
အလျှင်[əlin]（名）連続、継続
အလျှင်မြပတ်[əlin məpja']（副）間断なく
အလျှင်တင်[əlin tin.]（形）うまい具合だ、調子よくいく
အလျှင်း[əʃin:]（副）全く、全然 အလျှင်းမလုပ်ဖူး။

အလျဉ်း

全く動かない အလျဉ်းလက်ခံနိုင်ခြင်းမရှိ။ 受入れる事は全然ない ရေခဲမုန့်ဆိုတာအလျဉ်းမရှိဘူး။ アイスクリームと言うのは全くない ရေသတ္တဝါကိုအလျဉ်းမတွေ့ရတော့။ 水中の生き物はもはや全く見かけられない အဆက်အသွယ်လည်းအလျဉ်းမရှိ။ 連絡も全然ない

အလျဉ်းသင့် [əljin: tin.] (動) 居合わせる、巡り合せになる、うまく行き当たる、チャンスに遭遇する

အလွယ် [əlwɛ] ① (名) 容易 ② (副) 容易に、簡単に、易々と、楽々と

အလွယ်ဆုံး ဖြစ် [əlwɛzoun: p'ji'] (形) 最も容易だ、一番簡単だ

အလွယ်တကူ [əlwɛ dəgu] (副) 容易に、簡単に အလွယ်တကူဝင်ခွင့်ရသည်။ 簡単に入場許可が得られた

အလွဲ [əlwɛ:] (副) ①間違い、過ちに ②ずれ、行き違い

အလွဲတချော် [əlwɛ: tətʃɔ] (副) ちぐはぐになって

အလွဲထင် [əlwɛ: t'in] (動) 誤解する

အလွဲသုံးစား [əlwɛ: toun:za:] (動) ①職権を濫用する、誤用する ②公金を流用する、横領する ③ (名) 職権の流用、公金の横領、背任

အလွဲသုံးစားပြု [əlwɛ: toun:za: pju.] (動) ①濫用する、誤用する ②横領する

အလွဲသုံးစားမှု [əlwɛ: tʃounza:mu.] (名) 横領罪、背任罪

အလွဲသုံးစားလုပ် [əlwɛ: toun:za: lou'] = အလွဲသုံးစားပြု

အလွဲလွဲအချော်ချော် [əlwɛ:lwɛ: ətʃɔ:tʃɔ] (副) 不手際で、へまをしかして、ちぐはぐになって、思うように行かなくて、裏目になって

အလွဲလွဲအချော်ချော်ဖြစ် [əlwɛ:lwɛ: ətʃɔ:tʃɔ p'ji'] (形) 不手際だ、へまをしかす、ちぐはぐになる、思うように行かない

အလွဲလွဲအမှားမှား [əlwɛ:lwɛ: əma:ma:] = အလွဲလွဲအချော်ချော်

အလွဲလွဲအမှားမှားဖြစ် [əlwɛ:lwɛ: əma:ma: p'ji'] = အလွဲလွဲအချော်ချော်ဖြစ်

အလွဲအမှား [əlwɛ: əma:] (名) 間違い、誤まり、失敗、へま、しくじり、裏目

အလွင် [əlwin.] (名) 放浪、流浪

အလွတ် [əlu'] (名) 空っぽ 同တ်အလွတ် 空っぽの鞄 အခန်းလွတ် 空室、空き部屋 ②解放、自由 ③ (副) 暗誦して、そらで အလွတ်ကျက်သည်။ 暗誦する အလွတ်ပြောသည်။ 原稿なしで話す အလွတ်ရသည်။ そらんじて、暗誦できる ④身柄を拘束せずに、在宅のままで

အလွတ်ပညာသင်ကျောင်း [əlu' pjiɲɲadintʃaun:] (名) 促成学習塾、補習学校

အလွတ်မခံ [əlu' məkʻan] (動) 逃しはしない

အလွတ်မပေးဘဲ [əlu' məpe:bɛ:] (副) 逃さずに、洩らさずに

အလွတ်မဲ့ [əlu'mɛ.] (副) 無思慮に、無茶に

အလွတ်သင်တန်း [əlu' tindan:] (名) 暗記中心の研修会

အလွန်အလွန် [əlun.əlun] (副) 甚だしく、過度に、極端に အလွန်အလွန်ကောင်းသည်။ 非常によい အလွန် အလွန်ရှည်လျားသည်။ 著しく長い ကျွန်တော်အလွန်အလွန်ဝမ်းသာရမျာပေါ့။ 私達はこの上なく嬉しい ဂျပန် ပြည်လူဦးရေသည်အလွန်အလွန်များပြားသည်။ 日本の人口は異常に多い

အလွန် [əlun] (副) 非常に、大変に、実に、誠に အလွန်လှပသည်။ とても美しい အလွန်ရင်းနှီးသည်။ とても親しい အလွန်ဆော့သည်။ 大変にやんちゃだ အလွန်ဒေါသထွက်သည်။ 激昂する အလွန်ရိုးသားသူဖြစ်သည်။ 極めて誠実な人だ မင်းအကြံအလွန်ကောင်းတဲ့အကြံပဲ။ 君の考えは実によい考えだ ထိုညကျွန်တော်တို့အလွန်ပျော်ရွှင်။ その夜我々はとても楽しかった ကလေးမှာချစ်စရာအလွန်ကောင်းပါဝ်။ 子供はとても可愛かった

အလွန်ကို [əlungo] (副) とても、非常に、凄く

အလွန်ဆုံး [əlunzoun:] (副) せいぜい、たかだか、最高でも、最大限 အလွန်ဆုံးအချိန်အဆယ်တဆယ်လောက်ရှိမှာဘဲ။ せいぜい10ヴィス位の重さしかない မင်းတို့အိမ်နဲ့ဆိုရင်အလွန်ဆုံးပေတရာလောက်ဘဲဝေးမယ်။ 君達の家からたとかだ百フィート位の距離だ

အလွန်တရား [əlun təja:] (副) = အလွန်၊ အလွန်တရားကြိုက်နှစ်သက်သည်။ 非常に気に入った အလွန်တရားဆင်းရဲလှသည်။ とても貧しい

အလွန်အကျူး [əlun ətʃu:] (副) 極めて、著しく、甚だしく အလွန်အကျူးဝမ်းမြောက်သည်။ 嬉しくて堪らない

အလွန်အကျွံ [əlun ətʃun] (副) 過度に、極度に အရက်ကိုအလွန်အကျွံသောက်တယ်။ 酒をがぶ飲みする အလွန်အကျွံစားသည်။ 過食する အလွန်အကျွံဝသည်။ 太りすぎだ ဆေးလိမ်းခြင်းအလွန်အကျွံမဖြစ်စေရ။ ペンキを塗り過ぎるべからず

အလွန်အမင် [əlun əmin:] (副) 過度に、極度に、大袈裟に အလွန်အမင်ကျေနပ်သည်။ この上なく満足だ အလွန်အမင်ငိုကြွေးတော့တယ်။ 悲嘆号泣した အလွန်အမင်ဒေါထွက်တယ်။ 怒髪天を突く စီးပွါးရေးအလွန်အမင်တိုးတက်ခဲ့သည်။ 経済が著しく発展した

အလွန်း [əlun:] (名) ロープ、綱、縄

အလွန်းသင့် [əlun: tin.] (形) 親しい、親密だ、じっこんだ

အလွမ်း [əlwan:~əlun:] (名) ①悲哀 ②懐かしさ、郷愁 ③恋しさ、恋慕、愛慕 ④憧れ、熱望

အလွမ်းပြဇာတ်[əlwan: pja.za'] (名) 悲劇の芝居
အလွမ်းပြေ[əlwan: pje] (動) 郷愁が癒える、恋しさが癒える
အလွမ်းဖြေ[əlwan: p'je] (動) 恋しさを癒す、懐かしさを癒す
အလွမ်းဝတ္ထု[əlwan: wu'tu.] (名) ①ロマンス小説、哀愁小説 ②悲劇小説
အလွမ်းအဆွေး[əlwan: əs'we:] (名) 嘆き、憂愁
အလှ[əɬa.] (名) ①美、美しさ ②美貌
အလှကုန်[əɬa.goun] (名) 化粧品
အလှကုန်ပစ္စည်း[əɬa.goun pji'si:] =အလှကုန်
အလှကွက်မောက်[əɬa.goun mau'] (動) 美貌を鼻にかける
အလှဆင်[əɬa. s'in] (動) 美しくする、飾る
အလှဆုံးဖြစ်[əɬa.zoun: p'ji'] (形) 最も美しい
အလှထူးလှ[əɬa.du: ɬa.] (形) 格別に美しい
အလှပြ[əɬa. pja.] (動) 美しいものを展示する、飾りとして置く
အလှပြဖက်ရှင်[əɬa.bja. p'ɛ'ʃin] (名) ファッション
အလှပြုပြင်[əɬa. pju.bjin] (動) 化粧する
အလှပြုပြင်ရေး:ဆိုင်[əɬa. pju.bjin je: zain] (名) 美容院 =အလှပြင်ဆိုင်
အလှပြင်[əɬa. pjin] =အလှပြုပြင်
အလှပြင်ဆိုင်[əɬa.bjin zain] =အလှပြုပြင်ရေး:ဆိုင်
အလှပြပစ္စည်း[əɬa.bjin pji'si:] (名) 化粧品
အလှပြိုင်ပွဲ[əɬa. pjainbwɛ:] (名) 美人コンテスト
အလှမွေးငါး[əɬa. mwe: ŋa:] (名) 鑑賞魚
အလှအပ[əɬa. əpa.] =အလှ
အလှူဒကာ[əɬu. dəka] (名) 檀家、檀越
အလှူအမ[əɬu. əma.] (名) 女性檀越
အလှူ[əɬu] (名) ①布施、施し、喜捨、寄付、募金、浄財 ②得度式や授具足戒式での披露宴
  အလှူခံ[əɬu k'an] ①(動) 施しを受ける、貰い受ける、喜捨して貰う、募金を受ける、寄付を集める ②[əɬugan] (名) 寄付を集める人、喜捨して貰う人、受益者
  အလှူခံငွေစာရင်း:[əɬugan ŋwe səjin:] (名) 奉賀帳
  အလှူခံထွက်[əɬugan t'wɛ'] (動) 募金に廻る、寄付集めに出かける
  အလှူခံသေတ္တာ[əɬugan ti'ta] (名) 賽銭箱
  အလှူငွေ[əɬu ŋwe] (名) ①募金、寄付金 ②賽銭、御布施

အလှူတကာ[əɬu dəga] (名) 寄付者、檀家
အလှူတော်မင်္ဂလာပွဲ[cɬu'ɬe mingəla] =အလှူပွဲ
အလှူဒါန[əɬu dana.] (名) 布施、寄付、喜捨
အလှူဒါနပြု[əɬu dana. pju.] (動) 布施する、喜捨する、寄付する
အလှူနေ့[əɬu ne.] (名) 得度式または授具足戒式を行う日
အလှူပေး[əɬu pe:] (動) 布施をする、喜捨をする、寄進する、寄付する、募金を差し出す
အလှူပြု[əɬu pju.] (動) 布施をする、浄財を提供する
အလှူပြုမင်္ဂလာ[əɬubju. mingəla] =ရှင်ပြုမင်္ဂလာ
အလှူပွဲ[əɬubwɛ:] (名) ①布施を行う儀式、得度式または授具足戒式での披露宴 ②募金の催し、チャリティー・ショー
အလှူဖိတ်[əɬu p'ei'] (動) 得度式に招く
အလှူမင်္ဂလာ[əɬu mingəla] =အလှူတော်မင်္ဂလာပွဲ
အလှူရှင်[əɬudin] (名) ①布施をする人、浄財の提供者、募金者、寄付者、献金者 ②得度式の経費負担者
အလှူရှင်နိုင်ငံ[əɬuʃin naingan] (名) (経済援助、借款等の)供与国、提供国、援助国
အလှူရေစက်[əɬu jezɛ'] (名) 授具足戒での灌水供養
အလှူလုပ်[əɬu lou'] (動) 布施を行う、他人に振舞う
အလှူအတန်[əɬu ətan:] (名) ①布施、施し、喜捨 ②得度式、授具足戒式等の慶祝行事
အလှူအဒါန်:[əɬu ətan:] =အလှူအတန်:
အလှူအိမ်[əɬu ein] (名) 得度を行う家
အလှေ[əɬe.] (名) 篩、籾の選別
အလှေး[əɬe:] (名) ①屑、詰らないもの ②微少な虫
အလှဲ[əɬɛ.] →အလှည့်
အလှဲအကျင်း[əɬɛ:ətʃin:] →အလှည့်အကျင်း
အလှော်ကောင်း[əɬɔ kaun:] (形) 脱得が巧みだ、説得力がある、おだてがうまい
အလှောင်အခံရ[əɬaun əsa. k'an ja.] (動) 揶揄される、からかわれる
အလှောင်အပြောင်ခံရ[əɬaun əpjaun k'an ja.] (動) からかわれる、揶揄される
အလှိုင်:[əɬain:] (名) ①まやかし、はったり、こけおどし ②(藁の)束
အလှိုင်:လှိုင်:အလိပ်လိပ်[əɬain:ɬain: əlei'lei'] (副) もくもくと、沸き上がるように
အလှည့်[əɬɛ.] (名) ①順番 မင်း:ပြီးရင်ငါ့အလှည့်နော် ။ 君が済んだら僕の番だね ②振向き、旋回、回転 ③ト

リック、ごまかし ④牛車のくびきの右側の牛 cf. အ
တိုင် ⑤順番に、交替で

အလှည့်ကုန်[əɬɛ. koun] (動) 順番が終る

အလှည့်ကျ[əɬɛ. tʃa.] ①(動) 順番になる、順番が来る ②[əɬɛ.dʒa.] (副) 順番に、交替で အလှည့်ကျလုံခြုံရေးကောင်စီဝင် 非常任安保理事国

အလှည့်ကြို[əɬɛ. tʃoun] (動) 順番に会う、交替に会う

အလှည့်နွား[əɬɛ. nwa:] (名) 牛車のくびきの右側の牛 cf. အတိုင်နွား:

အလှည့်ပေး[əɬɛ. pe:] (動) 順番を与える、順番を廻す

အလှည့်ပြစက်[əɬɛ.pja.zɛˀ] (名) 方向指示器

အလှည့်ဘက်[əɬɛ. bɛˀ] (名) 牛車の右側、右手

အလှည့်မသာ[əɬɛ. məta] (形) 巡り合せが悪い

အလှည့်မသင့်[əɬɛ. mətin.] (形) 都合が良くない、準備ができていない

အလှည့်ရောက်[əɬɛ. jauˀ] (動) 順番になる、順番が訪れる

အလှည့်သာ[əɬɛ. ta] (形) 巡り合せがよい

အလှည့်သင့်[əɬɛ. tin.] (動) よい機会だ、よいタイミングだ

အလှည့်အပတ်[əɬɛ. əpaˀ] (名) ①駆け引き、話術、巧みな話し方 ②技巧、巧妙さ

အလှည့်အပြောင်း[əɬɛ.əpjaun:] (名) 変動、転換

အလှန့်[əɬan.] (名) 脅し、恐喝

အလှန့်အခြောက်[əɬan.ətʃauˀ] =အလှန့်

အလှန့်အပြန်[əɬan.əpjan] (動) 交互に、交替で

အလှုပ်[əɬouˀ] (名) 振動

အလှုပ်အရှား:[əɬouˀə̰ɬa:] (名) 動き、運動 ထူးထူးထွေထွေအလှုပ်အရှား:မတွေ့ရပါ။ 特に目立った動きは見られなかった

အလှမ်း:[əɬan:] (名) ①歩み、一歩 ②手を伸ばして届く距離

အလှမ်းကျယ်[əɬan: tʃɛ] (形) 能力を超える、手が届かない

အလှမ်းကျယ်၊အလယ်လပ်။ (諺) 灯台下暗し (歩幅が広すぎると間が開く)

အလှမ်းကွာ[əɬan: kwa] (動) 離れている、かけ離れている、距離がある

အလှမ်းကွာဝေး:[əɬan: kwawe:] (動) 遠く離れている、遠方にある

အလှမ်းမမှီနိုင်[əɬan: məmi nain] (動) 手が届かない、伸ばしても届かない

အလှမ်းဝေး:[əɬan: we:] =အလှမ်းကွာဝေး:

အလှမ်းအဝေး:[əɬan:əwe:] (名) 距離

အလျော့[əlɔ.] (名) ①減少 ②譲歩 ③値引き

အလျော့ပေး[əlɔ. pe:] (動) 折れて出る、譲歩する、妥協する、相手に合せる

အလျော့မပေး[əlɔ. məpe:] (動) 譲歩しない、妥協しない、折れて出ない ②(副) 諦めずに

အလျော့အတင်း[əlɔ.ətin:] (名) 弛緩と緊張

အလျော့အတင်းလုပ်[əlɔ.ətin: louˀ] (動) 駆け引きを行う

အလျော်အဖွပ်[əlɔ əpˀuˀ] (名) ①洗濯 ②洗浄

အလျှိုလျှို[əlʃolʃo] (副) ぞろぞろと အလျှိုလျှိုရောက်လာကြကုန်သည်။ ぞろぞろとやって来た

အလျှိုအလျှို[əlʃo olʃo] (副) 次から次へと、ぞろぞろと အလျှိုအလျှိုထွက်လာကြသည်။ 次々に出てきた အလျှိုအလျှိုပေါ်ပေါ်လာသည်။ 次々に現れてきた အလျှိုအလျှိုဝင်လာကြပြီ။ 次から次へと入ってきた

အလျှောက်အလဲ[əlʃauˀ əlɛ:] (名) 申請、申告

အလျှင်[əlʃin] (代名) 神、僧侶、主君に対する二人称 =အရှင်

အလျှင်[əɬjin] =အလျှင်

အလျှင်အမြန်[əɬjin əmjan] =အလျှင်အမြန်

အလျှင်း:[əlʃin:] =အလျှင်။ ငါသတင်းကိုနှင့်တို့အလျှင်း:ပင်မသိ။ 某の噂を汝等は全く知らない မစား:ရလျှင်အလျှင်း:မဝပ်။ 食べられなければ全然食べない လုပ်လျှင်အလျှင်း:မလုပ်။ できなければ全くしない ထူထောင်ခြင်း:အလျှင်း:မရှိ။ 再建は全く行われていない

အလျှံ[əljan~əɬjaˀ] (名) 閃き、閃光

အလျှံ[əljan~əɬjan] (名) ①閃光、炎、火炎 ②(水が) 充満、満々

အလျှံထွက်[əlʃan tˀwɛˀ] (動) 閃光を発する =မီးလျှံထွက်သည်။

အလျှံပယ်[əʃanbɛ ~ əɬjanbɛ] (副) 豊かに、たっぷりと、ふんだんに、豊富に、有り余る程

အလျှံပယ်ဖြစ်[əʃanbɛ pˀjiˀ] (動) あり余る、だぶつく、過剰だ

အလျှံပယ်ဖြစ်[əʃanbɛ pˀjiˀ] (動) 有り余る、だぶつく

အလျှံပယ်ရှိ[əʃanbɛ ʃi.] (動) たっぷりある、豊富にある မိမိတို့တွင်ကျောက်မီးသွေးအလျှံပယ်ရှိသည်။ 自分達には石炭がふんだんにある

အလျှံအဝပ်[əʃan əpɛ] (副) 豊富に、ふんだんに、たっぷりと、豊かに

အလွှာ[əɬwa] (名) ①層 ②地層 ③覚え書き

အလွှာလွှာ[əɬwaɬwa] (副) 何層にも

အလွှာ:[əɬwa:] (名) かさぶた

အလွှဲ[əɬwɛ:] (名) ①回避 ②譲渡

အလွှဲအပြောင်း[əɬwɛ:əpjaun:] (名) 移動、移転

အလွဲအရှောင်င်[əɫɛːəɫauŋ]（名）回避
အလွှတ်[əɫuʔ]（名）①派遣　②釈放
အလွှမ်း[əɫwan:]（名）覆い、遮蔽物
အလွှမ်းအခြုံ[əɫwan:ətʃouŋ]（名）遮蔽、遮蔽物
အဝ.[əwa.]①（名）口、入口　②（地）アワ（インワ王朝の都及びその王朝名、今は廃虚）　③（副）たっぷりと、腹一杯　အဝစားပါ။ たっぷり食べなさい　နို့တွေအဝသောက်တယ်။ ミルクをたっぷり飲んだ
အဝဆုံး[əwa.zoun:]（形）一番太っている
အဝဝ[əwa.wa.]（名）①皆、全部、一切合切　②（形）諸々の、様々な　ကိစ္စအဝဝ 様々な用事
အဝအလင်[əwa.əlin]（副）たっぷりと、腹一杯
အဝါ[əwa]（名）夏安居回数、法ろう、出家歴　အဝါနှစ်ဆယ် 出家歴２０年　အဝါခြောက်ဆယ် 比丘歴６０年
အဝါ[əwa]（名）①黄、黄色　②光沢
အဝါခံ[əwagan]（名）黄色地、黄色の下地
အဝါနု[əwanu.]（名）淡黄色
အဝါဖျား[əwabja:]（病）黄熱病
အဝါရင့်[əwa jin.]（名）濃黄色
အဝါရောင်[əwa jauŋ]（名）黄色
အဝါရောင်နု[əwajauŋ nu.]（名）薄黄色、淡黄色
အဝါး[əwa:]（名）咀嚼
အဝါးဝ[əwa: wa]（動）①熟練する、精通する、経験豊富だ　②世知に長けている　လူပါးဝသည်။ 厚かましい、生意気だ
အဝီစိ[əwizi.]（名）阿鼻地獄（八大地獄の最下層）
အဝီစိကောင်း[əwizi. kauŋ:]（名）罵り言葉、地獄の住民
အဝီစိချေကပ်[əwizi.tɕʰoː kaʔ]（動）阿鼻地獄の底に付着する（最大の罰を蒙る）　အဝီစိချေကပ်မယ့်သူများ လေးတွေ 地獄の底で苦しみを蒙る事になる泥棒達
အဝီစိငရဲ[əwizi. ŋəjɛ]=အဝီစိ
အဝီစိတွင်း[əwizi.dwin:]（名）ボーリング井戸
အဝေ[əwe.]（名）風向き
အဝေ[əwe]（名）配分
အဝေခိုင်း[əwe kʰain:]（動）分けさせる、分配させる
အဝေမတည့်ဖြစ်[əwe mətɛ. pʰjiʔ]（動）配分でもめる
အဝေရာ[əweja]（植）ギンゴウカン（マメ科）
အဝေး[əwe:]（名）遠方、遠隔地
အဝေးကြီး[əwe:tɕi:]（名）極めて遠方
အဝေးကြည့်မှန်ပြောင်း[əwe:tɕi. manbjauŋ:]（名）望遠鏡
အဝေးပြေးကား[əwe:bje: ka:]（名）長距離路線の自動車

အဝေးပြေးလမ်း[əwe:bje: lan:]（名）長距離道路、高速道路
အဝေးပြေးလမ်းမကြီး[əwe:bje: lan:ma.tɕi:]=အဝေးပြေးလမ်း
အဝေးပြောဌာန[əwe:bjoː tʰna.]（名）市外電話局
အဝေးပြောတယ်လီဖုန်း[əwe:bjoː tɛlipʰpʰoun:]（名）遠距離電話、市外電話
အဝေးမြို့ဝန်[əwe: mjo.wun]（名）（王朝時代の）地方太守
အဝေးမှုန်[əwe: moun]（名）近眼、近視眼
အဝေးမှုန်ရောဂါ[əwe:moun joːga]=အဝေးမှုန်
အဝေးအရှိခြုံး[əwe: əjaʃi.tɕʰi:]（名）（王朝時代に）遠隔地に派遣された高官
အဝယ်[əwɛ]（名）購入、購入
အဝယ်ခိုင်း[əwɛ kʰain:]（動）購入させる、買わせる、買いに行かせる
အဝယ်တော်[ewɛdɔ]（名）買い付け人、バイヤー、御用達商人
အဝယ်ထိုင်[əwɛ tʰain:]（形）購買力が鈍い
အဝေးဒိုင်[əwɛ dain]（名）買い付けセンター
အဝက်[əwɛʔ]（名）半分　လက်မဝက် 半インチ　နှစ်ဝက် 半年　နာရီဝက်ခန့်ကြာသွားသည်။ 半時間程経ってしまった　မိုင်ဝက်ခန့်ဝေးသည်။ 半マイル程の距離がある
အဝက်သား[əwaʔtaː]（名）１緬斤の８分の１、１２・５チャッの重量=ဆယ့်နှစ်ကျပ်ခွဲ။ ဆီအဝက်သား: 油１２・５チャッ
အဝင်[əwin]（名）①入口　②立ち入り、入場
အဝင်မခံ[əwin məkʰan]（動）立ち入りを認めない
အဝင်ဝ[əwin wa.]=အဝင်
အဝင်အထွက်[əwin ətwʔɛʔ]（名）①出入り、出没　②収支　③交際、付き合い
အဝင်အထွက်များ:[win ətwʔɛʔ mja:]（形）出入りが多い、出入りが激しい
အဝိုင်:[əwain:]（名）①円、円形のもの　②包囲
အဝိုင်းကြီး[əwain:tɕi:]（名）道路交差点のロータリー
အဝိုင်းခံရ[əwain: kʰan ja.]（動）包囲される
အဝတ်[əwuʔ]（名）服、衣服、衣装、着るもの
အဝတ်ကောင်း:အဝတ်ကောင်း[əwuʔkauŋ: əsa: gaun:]（名）晴れ着、一張羅
အဝတ်ကြီး[əwuʔtʃi:]（名）大きな布
အဝတ်ချုပ်[əwuʔ tʃʰouʔ]（動）縫製する、衣服を縫う
အဝတ်စ[əwuʔsa.]（名）布切れ
အဝတ်စုတ်[əwuʔsouʔ]（名）ぼろ布、ぼろ衣装
အဝတ်ဆိုင်[əwuʔ sʰain]（名）呉服屋 cf. အညှို

အသား：

ဆိုင်
အဝတ်တန်ဆာ[əwuʔ tanza] (名) 衣装、装束
အဝတ်ဖုပ်[əwuʔ pʔuʔ] (動) 洗濯する ＝အဝတ်လျှော်
အဝတ်လဲ[əwuʔ lɛː] (動) 着替える
အဝတ်လျှော်[əwuʔ ʃɔ] (動) 洗う、洗濯する
အဝတ်လျှော်စက်[əwuʔ ʃɔzɛʔ] (名) 洗濯機
အဝတ်လျှော်ဆော်ဒါ[əwuʔ ʃɔ sʔoda] (名) 粉石鹸、洗濯ソーダ
အဝတ်အစား[əwuʔəsaː] (名) 衣類、衣服、衣装、服装
အဝတ်အစားလဲ[əwuʔəsaː lɛː] (動) 着替える
အဝတ်အဆင်[əwuʔəsʔin] (名) 衣装、衣類
အဝတ်အထည်[əwuʔətʔɛ] (名) 衣服、衣類、衣装
အဝိဇ္ဇာ[əweiza] (名) 無智、無知蒙昧くパ Avijjā
အဝန်း[əwunː] (名) ①円周 ②範囲、規模 နိုင်ငံနှင့်အဝန်းလုပ်ဆောင်သည်။ 国家的規模で遂行する ကမ္ဘာနှင့်အဝန်းကျယ်ပြန့်သည်။ 世界的規模で広がる
အဝန်းအဝိုင်း[əwunːəwainː] (名) ①円 ②範囲
အဝါ[əhwa] (代) (具体的に明示しない) あれ、例のもの ဘယ်အဝါကဘယ်လိုဆိုဆို 何処の誰がどう言おうと
အဝေ[əhwe.] (名) 突風、吹き荒れ
အဝုန်[əhwun～əhwan] (名) 勢
အဝုန်အဝါ[əhwun əwa～əhwan əwa] (名) ①貴臣顕官、高位高官 ②華麗、絢爛豪華
အဝုန်အဝါအကျော်အစော[əhun əwa ətʃɔ əsɔː pʔjiʔ] (動) 著名となる、有名となる
အဝုန်း[əhwunː] (名) (王朝時代の) 王宮執務身分の者を指揮する中級官吏 例 ဒိုင်းအဝုန် の場合は ငယ်သော-ဒိုင်းခေါင်း-အဝုန်း-ဒိုင်းစာရေး-ဒိုင်းဝန် となる
အဝှန်း[əhwanː] (名) 低地、低湿地、盆地
အသကအသက[ətəka. ətəka.] (副) それぞれ
အသနား[ətəna kʔan] (動) 許しを乞う、懇願する、嘆願する、哀願する
အသနားခံစာ[ətəna:kʔanza] (名) 請願書、嘆願書
အသနားတော်ခံရ[ətəna:dɔ kʔan ja.] (動) お褒めに与る
အသပြာ[ədəbja] (名・古) コイン、銭、硬貨
အသရေ[ətəje] (名) 名誉、名声 ＜サ śrī
အသရေပျက်[ətəje pjɛʔ] (動) 名誉が損われる、名誉毀損になる
အသရေဖျက်[ətəje pʔjɛʔ] (動) 誹謗する、名誉を傷付ける、名誉を毀損する
အသရေဖျက်မှု[ətəje pʔjɛʔmu.] (名) 名誉毀損罪
အသရေယုတ်ညံ့[ətəjɛ jouʔnan.] (形) 不名誉な
အသာ[əta] (副) ①静かに、そっと、おとなしく、軟

らかく မင်းအသာနေမင်းပါ။ お前は静かにしていろ ②気楽に、安楽に ③内密に、人目を忍んで အသာချောင်းကြည့်သည်။ こっそり盗み見をした
အသာကလေး[ətagəleː] (副) そっと、注意深く
အသာငြိမ်ငြိမ်[əta ɲeinɲein] (副) 静かに、おとなしく
အသာစီး[ətaziː] (名) 優位、優勢、有利 အသာစီးရသည်။ 優勢だ、凌駕する、他人を出し抜く
အသာစီးရမှု[ətaziː ja.mu.] (名) 優位、優勢、有利
အသာဆုံးဖြစ်[ətazoun pʔjiʔ] (形) 最も優っている
အသာတကြည်[əta dəɟi] (副) ①静かに、そっと、丁寧に、親切に ②快く ③謙虚に、素直に、おとなしく、従順に
အသာထား[əta tʔaː] (動) 取敢えず除く、除外する、別にする、後回しにする
အသာပေး[əta peː] (動) 相手を優位に立たせる、優遇する、ハンデをつける、厚遇する
အသာရ[əta ja.] (動) 優る、凌駕する
အသာလေး[ətaleː] ＝အသာကလေး
အသာအကြည်[əta ətʃi] (副) ＝အသာတကြည်
အသာအယာ[əta əja] (副) ①丁重に、丁寧に ②優しく、穏やかに、静かに အသာအယာပြောဆိုသည်။ 穏やかに語る လက်ကိုအသာအယာကိုင်သည်။ 手を静かに握った ပခုံးနှစ်ဖက်ကိုအသာအယာကိုင်သည်။ 両肩に優しく触れた ③楽しく、快く、気持よく
အသာအယာဖြင့်[əta əja pʔjin.] ＝အသာအယာ
အသား[ətaː] (名) ①肉 အမဲသား：牛肉 ဝက်သား：豚肉 ဆိတ်သား：マトン ကြက်သား：鶏肉 ယုန်သား：兎の肉 ②皮膚、肌 ③(布の) 生地
အသားကင်[əta:gin] (名) 焼き肉、バーベキュー
အသားကပ်[əta. kaʔ] (動) 肌に密着する
အသားကပ်စုပ်ကျယ်[əta:gaʔ suʔtʃɛ] (名) 肌に密着する肌着、メリヤス肌着
အသားကပ်ဘောင်းဘီ[əta:gaʔ baun:bi] (名) タイツ
အသားကပ်အင်္ကျီ[əta:gaʔ inɟi] (名) レオタード
အသားကျ[əta: tʃa.] ① (動) 落着く、安定する、慣れる ② [əta:dʒa.] (名) (馬の) 並み足
အသားစားငါး[əta:za ŋaː] (名) 肉食魚
အသားစားငှက်ရဲ့မျိုး[əta:za ɲɛʔjɛːmjoː] (名) 猛禽類
အသားစားတိရစ္ဆာန်[əta:za tərei'sʔan] (名) 肉食獣

အသား:စားပင်[ǝtaːzaːbin] (名) 食虫植物
အသား:စိုင်[ǝtaːzain] (名) 肉の塊
အသား:ဆောင်[ǝtaː sˈaun] (動) 肌色を美しく見せる、肌色を際立たせる、肌に色艶がある
အသား:ညို[ǝtaː ɲo] (形) 肌は褐色だ、肌が浅黒い
အသား:ညိုညို[ǝtaː ɲoɲo] (副) 肌が浅黒く
အသား:ညှပ်မုန့်[ǝtaː ɲaʔ moun.] (名) サンドイッチ
အသား:တင်[ǝdǝdin] (名) 正味、実質、純益 လခေတရကအသား:တင်ရတယ်။ 月給は手取り百チャッ支給される
အသား:တင်ထုတ်လုပ်မှု[ǝdǝdin tˈouʔlouʔmṵ.] (名) 純生産、実質生産 ပြည်တွင်းအသား:တင်ထုတ်လုပ်မှု 国際純生産
အသား:တင်ဝင်ငွေ[ǝdǝdin winŋwe] (名) 純所得、手取り収入
အသား:တင်အမြတ်[ǝdǝdin ǝmjaʔ] (名) 純益
အသား:တင်အမြတ်ငွေ[ǝdǝdin ǝmjaʔŋwe] (名) 純益、実質の儲け
အသား:တင်အလေး:ချိန်[ǝdǝdin ǝleːdʑein] (名) 正味の重量
အသား:ဓာတ်[ǝtaːdaʔ] (名) 蛋白質
အသား:ပါ[ǝtaː pa] (動) 実質がある、内容に富む
အသား:ပေး:[dtaː peː] (動) 力を入れる、強調する、重視する、肩を持つ、優先させる ဝက်သား:၊ဝက်ဆီစသည်တို့ကိုအသား:ပေး:စား:သုံး:နက်သည်။ 豚肉やラード等を主に消費している
အသား:ပို[ǝtǝbo] (病) 腫瘍
အသား:ပပ်[ǝtaː paʔ] (動) (皮膚に) ひびが入る、ひびが切れる、あかぎれができる
အသား:ဖြူ[ǝtaː pˈju] (形) 肌が白い、色が白い
အသား:ဖြူဖြူ[ǝtaː pˈjubju] (副) 色白で
အသား:ဘူး:[ǝtaːbuː] (名) 肉の缶詰
အသား:မာ[ǝtǝma] (名) 皮膚硬結、皮膚の堅くなった所、たこ
အသား:မာပေါက်[ǝtǝma pauʔ] (動) 皮膚にたこができる အသား:မာပေါက်၍ကွဲအက်နေပြီ たこができてひび割れている
အသား:မာဖု[ǝtǝmabu.] (名) 手の瘤
အသား:မြတ်[ǝtǝmjaʔ] (名) =သား:မြတ်
အသား:ယူ[ǝtaː ju] (動) ①顕示する、露わにする ②誇りにする、自慢する、威張る
အသား:ရှောင်[ǝtaː ʃaun] (動) 肉食を避ける
အသား:လတ်[ǝtaː laʔ] (形) 皮膚に艶がある
အသား:လတ်လတ်[ǝtaː laʔlaʔ] (副) 肌は白からず黒からずで
အသား:လွတ်[ǝtǝluʔ] (副) 訳も無しに、理由もなく、根拠なく、因果関係なしに အသား:လွတ်ရန်လိုသည် 訳もなく喧嘩したがる အသား:လွတ်အော်ဟစ်ကြပါ:ဝါ:လိုက်ရသည်။ 訳もなく大声で怒鳴った ကျွန်တော့်ကိုအသား:လွတ်အပြစ်မတင်ပါနဲ့။ 理由もなく私を非難するなရှင်ဘုရင်အသား:လွတ်ချီ:ကျူ:ကြသည်။ 国王を理由もなく賞賛した လူကြီး:၊ကလေး:၊မိန်:မနှင့်ဒုက္ခိတများကအသား:လွတ်သေဆုံး:ကြရသည်။ 老人、児童、女性、身体障害者等が訳もなく死んでいった
အသား:ဝါရောဂါ[ǝtǝwa jɔːga] (名) 黄疸
အသား:ဝါဝင်:[ǝtaː wawin] (形) 肌は褐色に輝く、肌は浅黒い
အသား:ဝါအသည်:ရောင်ရောဂါ[ǝtǝwa ǝtɛːjaun jɔːga] (病) 肝炎
အသား:သေ[ǝtaː te] (動) 木材が乾燥する
အသား:သေစေ[ǝtaː tǝze] (動) 木材を乾燥させる
အသား:အရေ[ǝtaː ǝje] (名) 皮膚、肌
အသား:အရေခွဲခြား:မှု[ǝtaːǝje kʰwɛːtɕaːmṵ.] (名) 肌の色による差別、人種差別
အသား:အရေတွန့်လိပ်[ǝtaːǝje tun.leiʔ] (動) 肌に皺が寄る
အသား:အရောင်[ǝtaː ǝjaun] (名) 肌色、皮膚の色
အသား:အရောင်ခွဲခြား:မှု[ǝtaː ǝjaun kʰwɛːtɕaːmṵ.] (名) 皮膚の色による差別
အသောဏီ[ǝtǝwǝni] (星) 婁宿、牡羊座
အ~သား:[ǝ~taː~ǝ~da] (副) 確実性、明白性を表わす ပြောရမှာတော့အက်သား:။ 話すのは大変だ、言い難し ပါ:စပ်အဟောင်:သား:ဖြစ်သည်။ 口をぽかんと開けていた、唖然としていた
အသိ[ǝti.] (名) ①認識、知っている事、熟知している事 ②知り合い、知己
အသိကျွမ်:ဖွဲ့[ǝtit.ʃwan pˈwɛ.] (動) 仲良くする、親しくする
အသိခေါက်ခက်၊အဝင်က်၊ (諺) 馬鹿に付ける葉はない (何度言い聞かせても一向に判ってくれない)
အသိစိတ်ဓာတ်[ǝti. seiʔdaʔ] (名) 認識
အသိဉာဏ်[ǝti. ɲan] (名) 知能、知力、知識、認識
အသိတရား:[ǝti. tǝja] (名) 察し、認識、知識
အသိတရား:ရ[ǝti.tǝja. ja.] (動) 悟る、認識する
အသိတိမ်[ǝti. tein] (形) 認識が浅い、無分別だ
အသိပညာ[ǝti. pjinɲa] (名) 知識、学識
အသိပေး:[ǝti. peː] (動) 知らせる、通知する
အသိဖြစ်[ǝti. pˈjiʔ] (動) ①周知の事だ ②知合いだ、友人だ
အသိဖွဲ့[ǝti.pˈwɛ.] (動) 知合いになる、仲良くなる

အသိဖွဲပေး[əti. p'wɛ.pe:]（動）紹介する
အသိမိတ်ဆွေ[əti. mei's'we]（名）知合い、友人
အသိဟောင်း[əti.haun:]（名）古い知合い、昔馴染み、幼な馴染み
အသိအကြား[əti.ətʃa:]（名）知識、見聞
အသိအကျွမ်း[əti.ətʃwan:]（名）知合い、知己、親しい間柄、馴染み
အသိအကျွမ်းဖြစ်[əti.ətʃwan: p'jiʔ]（動）知合いになる、親しくなる、親密になる
အသိအမြင်[əti.əmjin]（名）見聞、知識
အသိအမှတ်[əti.əmaʔ]（名）承認、認識、知覚
အသိအမှတ်ပြု[əti.əmaʔ pju.]（動）認める、承認する
အသိအမှတ်ပြုခြင်း[əti.əmaʔ pju.ʤin:]（名）認識、認定、承認
အသိအမှတ်ပြုခြင်းခံရ[əti.əmaʔ pju.ʤin: k'an ja.]（動）認められる、承認される
အသိအမှတ်ပြုရေး[əti.əmaʔ pju.je:]（名）承認
အသိအိမ်[əti.ein]（名）友人宅、知合いの家
အသိအဆို[əti əs'o]（名）歌、歌唱
အသီး[əti:]（名）実、果実 ပူးသီး ヒョウタン ခရမ်းသီး ナス ဖရုံသီး カボチャ ငှက်ပျောသီး バナナ
အသီးဆန်[əti:zan]（名）果実の核
အသီးညွတ်[əti:ɲadan]（名）托葉、果実の付け根の部分
အသီးတုံး[əti: toun:]（動）実りの盛りを過ぎる
အသီးတီး[əti: ti:]（動）実を付ける、稔る、果実がなる အသီးသီးတဲ့အပင် 実が成る木 အသီးမသီးဘူး။ 実は成らない
အသီးအနှံ[əti:ənan]（名）穀物、農作物
အသီးအောင်[əti: aun]（動）実が成る、結実する
အသီးသီး[əti:di:]①（形）それぞれの、各々の、各自の ②（副）別個に、別々に ဒေသအသီးသီးမှည့်သည့်များ။ 各地からの来訪客 နမ်အသီးသီးတွင်လည်းအသင်းများကိုတည်ထောင်သည်။ 地方各地にも組織を結成したဆရာတော်၏ကျေးဇူးများကိုအမှတ်အသီးသီးကဖော်ထုတ်ပြီကြားသည်။ 和尚様の威徳を議員それぞれが報告したကွက်လပ်အသီးသီးနှာမ်စားကိုဖြည့်ပါ။ 空白部分それぞれに代名詞を記入しなさい
အသီးသီးအခြား:ခြား:[əti:di: ətʃa:ʤa:]（副）別々に、それぞれ、別個に
အသီးအခြား:[əti:ətʃa:]（副）別個に、別々に
အသီးအသီး[əti:əti:]（副）別々に、別個に အသီးသီးနေလေ၏။ 別々に暮した
အသုဘ[a.tu.ba.]（名）①死体、遺体、亡骸 ②葬儀
အသုဘကူဇေ[a.tu.ba. kuŋwe]（名）香典

အသုဘကိစ္စ[a.tu.ba. keiʔsa.]（名）葬儀、葬式
အသုဘမြှုပ်[ə.tu.ba. ťa.]（動）埋葬する
အသုဘပို့[a.tu.ba. po.]（動）葬送する、亡骸を墓地へ運ぶ
အသုဘယာဉ်[a.tu.ba. jin]（名）霊柩車＝နှင်ဠာန်ယာဉ်
အသုဘရှု[a.tu.ba. ʃu.]（動）葬儀に参列する、野辺の送りをする、葬送する
အသုဘရှင်[a.tu.ba. ʃin]（名）喪主
အသုဘလိုက်ပို့[a.tu.ba. laiʔpo.]（動）葬送する
အသုဘအိမ်[a.tu.ba.einʔ]（名）喪中の家
အသူရ[ətu.ja.] →အသူရာ
အသူရာ[ətu.ja] →အသူရာ
အသူရာပြည်[ətu.ja pje]（名）阿修羅界（ビルマ人の観念では海中にある）
အသူရာ[ətuja~ətura]（名）阿修羅（須弥山の下に住む）
အသူရကဲ[əturəkɛ] ＝အသူရာ
အသူ[ətu]（疑代・古）誰、どなた ＝မည်သူ၊ဘယ်သူ။ သူကအသူနည်း။ あれは誰なのか အရှင်ဆရာကား၊အသူနည်း။ 貴僧の師匠はどなたか အသူမစင်စွန့်သနည်း။ 誰が糞をしたのか သမုဒ္ဒရာအလယ်၌ကူးသည်ကား၊အသူနည်း။ 大海の真只中を泳いでいるのは誰か သူတို့ကိုလာ၍ကြိုသူများသည်အသူနည်း။ 彼等を出迎えに来た人達は誰なのか
အသူ[ətu]（名）挙手した時の指先から足許迄の高さ ＝လက်ခုပ်တဖောင်၊လက်တဖောင်။
အသူတရာ[ətuteja]①（名）直立して挙手した時の指先迄の高さの百倍 ②（副）計り知れないほど（深い）③高くそびえて
အသူရိန်[ətujein]（名）羅侯 ＝ရာဟု
အသေ[əte]（名）①（動物の）死骸 ②固定されたもの、取り外しができないもの ③（副）固定して
အသေကောင်[ətegaun]（名）（動物の）死骸、屍 cf. အလောင်း（人間の）遺体
အသေကြီး[əteʤi:]（名）大往生
အသေခံ[əte k'an]（動）自ら死を選ぶ、自らの意志で死ぬ、自ら犠牲になる
အသေတပ်[ətegan taʔ]（名）特攻隊
အသေတပ်ပွဲ[ətegan taʔpwɛ.]（名）決死隊
အသေဖုံးခွဲ[ətegan boun:k'wɛ:]（動）自爆する
အသေဗ[ətegan jɛ:]（形）平気で死ねる、死を恐れない
အသေဆိုး[ətezo:]（名）変死、横死、不慮の死、正常でない死
အသေဆိုးသေရ[ətezo: teja.]（動）惨めな死に方

အသေထား:
をする、哀れな死に方をする
အသေထား:[əte t'a:] (動) 固定する
အသေပြောင့်[əte p'jaun.] (形) 安らかに死を迎える
အသေမပြောင့်နိုင်ဖြစ်[əte məp'jaun. nain p'ji'] (形) 安らかには死ねない、まともな死に方はできない
အသေမိ[əte mi.] (動) 殺して捉える（生け捕りではない）、射殺する
အသေမွေး:[əte mwe:] (動) 死産する
အသေသတ်[əte ta'] (動) 殺す、殴って死なせる
အသေအပျက်[əte əpjɛ'] (名) 死、死亡
အသေအပျောက်[əte əpjau'] (名) 死傷、死亡、行方不明
အသေအပျောက်နှုန်း[əte əpjau' noun:] (名) 死亡率
အသေအချာ[əte ət∫a] (副) 明確に、確かに、確実に、きちんと、ちゃんと အသေအချာကြည့်သည်॥ 確実に見る အသေအချာမသိရသေးဘူး॥ はっきりとはまだ分らない တိုက်တခုထဲဝင်သွားတာငါအသေအချာမြင်လိုက်တယ်॥ あるビルの中に入って行ったのを確かに僕は目撃した
အသေအလဲ[əte əlɛ:] (副) ①全力挙げて、懸命に ②必死に、命を的にして ③非常に အသေအလဲပိုးသည်॥ 熱心に口説く အသေအလဲရိုက်သည်॥ 厳しく折檻する အသေအလဲကြောက်သည်॥ この上なく怖い ဝတ္ထုများကိုအသေအလဲကြိုက်သည်॥ 小説が三度の飯より好きだ
အသေး:[əte:] (名) ①小 ②小型、小さなもの
အသေး:စား[əte:za:] (名) 小型
အသေး:နှင့်အလတ်စား:စက်မှုလုပ်ငန်း[əte:za. nɛ. əla'sa: sɛ'mu.lou'ŋan] (名) 中小規模の工業
အသေး:စိတ်[əte:zei'] ① (名) 詳細、細部、細目 ② (副) 詳しく、詳細に、細部に亘って
အသေး:စိတ်လုပ်ငန်း[əte:zei' lou'ŋan:] (名) 細かい仕事、細部の仕事
အသေး:လေး[əte:le:] (名) 小さなもの
အသေး:သုံး[əte:doun:] (名) 小口の現金、小払いの現金
အသေး:အဖွဲ[əte:əp'wɛ:] (名) 些細なもの、些末事、小さな事
အသေး:အမွှာ:[əte:əmwa:] (名) 取るに足りない事、些細な事
အသေး:အမွှာ:ကိစ္စ[əte:əmwa: kei'sa.] =အသေးအမွှာ:
အသဲ[əte:] →အသည်း

အသဲကင်ဆာ[ətɛ: kins'a] →အသည်းကင်ဆာ
အသဲစွဲချစ်[ətɛ:zwe: t∫i'] →အသည်းစွဲချစ်
အသဲနှလုံး:[ətɛ: nəloun:] →အသည်းနှလုံး
အသဲယား:[ətɛ: ja:] →အသည်းယား
အသဲရောင်ရောဂါ[ətɛ:jaun jɔ:ga] →အသည်းရောင်ရောဂါ
အသော့[ətɔ.] (副) 急いで、性急に、せかせかと
အသော့နှင့်[ətɔ. nin] (動) 急ぐ
အသော:[ətɔ:] (名) 冗談、ジョーク、ユーモア、機知、機転
အသော:ဝတ္ထု[ətɔ:wu't'u.] (名) ユーモア小説
အသော:က[ətɔ:ka.] (植) ①ナガバキダチオウソウカ（バンレイシ科） Polyalthia longifolia ②ムユウジュ、アショカノキ（ジャケツイバラ科） Sraca indica ③ムユウジュモドキ、ヨウラクボク（ジャケツイバラ科） Amherstia nobilis =သော်က॥
အသော:ကမင်:ကြီး[ətɔ:ka. min:dʒi:] (人) アショカ王（マウリヤ王朝第3代の国王、第3回の仏典結集を行った）
အသို့[ədo.] (副・古) 如何に、どのように အမည်အသို့တွင်သနည်း॥ 名前は何と付けたのか ယခုအသို့ပြုရသော်ကောင်:မည်နည်း॥ 今どのようにしたらよいのだろうか အသို့ကြစည်၍သတ်သနည်း॥ どのように企んで殺したのか
အသို့နည်:[ədo. ni:] (形) 如何にして、如何なる訳で、何故に、如何なりや
အသို့နည်:နှင့်[ədo.ni: nɛ.] (副) 如何なる方法で
အသို့လျှင်[ədo.ɬjin] =အသို့ မိမိအသက်ကိုအသို့လျှင်စွန့်ပစ်ရာပါမည်နည်း॥ 自分の命をどうして棄てる事ができようぞ အသို့လျှင်ဖြစ်ပါနိုင်မည်နည်း॥ どのようになるのだろうか ငရဲမီးမှအသို့လျှင်လွတ်မြောက်နိုင်ပါအံ့နည်း॥ 地獄の火炎からどうすれば逃れられるのだろうか
အသို့သော[ədo.dɔ:] (疑形) どのような、如何なる
အသို[əto] (名) 貯蔵、保存
အသိုအလှောင်[əto əɬaun] (名) 貯蔵
အသိုအဝှက်[əto əp'wɛ'] (名) 隠匿
အသိုး:[əto:] (①) ①腐敗、腐敗物 ထမင်းအသိုး: ②睾丸 ③（去勢してない動物の）雄、牡 ခွေး:အသိုး: 牡犬 နွား:အသိုး: 牡牛 မြင်း:အသိုး: 牡馬
အသိုး:ထုတ်[əto: t'ou'] (動) 去勢する
အသက်[ətɛ'] (名) ①命、生命 အသက်တချောင်း: 一つの命 ②寿命 ③年齢 အသက်ခုနှစ်နှစ် 年齢7歳 ④呼吸
အသက်ကယ်ကိရိယာ[ətɛ'kɛ kəri.ja] (名) 救命器具
အသက်ကယ်ဘော[ətɛ'kɛ bɔ:] (名) 救命用浮袋、

အသက်ကယ်လှေ[ətɛˀkɛ ɬe] (名) 救命ボート
အသက်ကယ်ဝတ်စုံ[ətɛˀkɛ wuˀsoun] (名) 救命衣
အသက်ကယ်အင်္ကျီ[ətɛˀkɛ indʑi] (名) 救命衣
အသက်ကုန်[ətɛˀ koun] (動) 寿命が尽きる、絶命する、死ぬ
အသက်ကြီး[ətɛˀ tʃiː] (形) ①年を取っている ②年上だ、年長の
အသက်ခန္ဓာ[ətɛˀ kˀanda] (名) 身命
အသက်ချမ်းသာပေး[ətɛˀ tʃanːda peː] (動) 命を助ける、助命する
အသက်ချမ်းသာရ[ətɛˀ tʃanːdaja ja.] (動) 助かる、命が助かる
အသက်ငယ်[ətɛˀ ŋɛ] (形) 若い、年若い
အသက်ငယ်ငယ်နှင့်[ətɛˀ ŋɛŋɛnɛ.] (副) 年若くして、若年で
အသက်ငင်[ətɛˀ ŋin] (動) ①息を引取る、絶命寸前だ、臨終間際だ、命が尽きかけている ②消えかける、消滅寸前だ
အသက်စည်စိမ်[ətɛˀ siːzein] (名) 命、生命
အသက်စွန့်[ətɛˀ sun.] (動) 命を捨てる、命を投げうつ、命を賭ける、命を捧げる、命を犠牲にする
အသက်စွန့်လတ်[ətɛˀ sun.ɬuˀ] = အသက်စွန့်
အသက်ဆက်စက်ပစ္စည်းကိရိယာ[ətɛˀsˈɛˀ sɛˀpjiˀsiː kəri.ja] (名) 生命維持装置
အသက်ဆံဖျား[ətɛˀ sˀanbja] (副) 懸命に、命懸けで、命を的に、危険を冒して、我が身の危険も省みず
အသက်ဆံဖျားထား[ətɛˀsˀanbja taˀ] (動) 命の危険を冒す、命を的にする、命を捧げる
အသက်ဆုံး[ətɛˀ sˀoun] (動) 命を失う
အသက်ဆုံးရှုံး[ətɛˀ sˀounːʃoun] = အသက်ဆုံး
အသက်ဇီဝ[ətɛˀziwa.] (名) 生命
အသက်တော်ရှည်[ətɛˀtɔ ʃe] (形) 御寿命が長い
အသက်တို[ətɛˀ to] (形) 短命だ、寿命が短い
အသက်တစ်ဆုံး[ətɛˀtˈɛˀsˀoun] (名) 一生、一涯、生涯
အသက်ထင်ရှား[ətɛˀ tˀinʃa] = အသက်ထင်ရှား ရှိ
အသက်ထင်ရှားရှိ[ətɛˀ tˀinʃa ʃi.] (形) 生きている、存命だ
အသက်ထွက်[ətɛˀ tˀwɛˀ] (動) 絶命する、息を引取る
အသက်နှင့်ထိခိုက်မှုအာမခံ[ətɛˀ nɛ. tˀi.gaiˀmu. ama.kˀan] (名) 生命障害保険
အသက်နှင့်ရင်း[ətɛˀ nɛ. jinː] (動) 命を代償にする、命を犠牲にする

အသက်နှင့်လဲ[ətɛˀ nɛ. lɛː] (動) 命に代える、命と引換えにする အသက်နှင့်လဲပြီးခံခကာကွယ်တယ်။ 命を的に抵抗し防衛した
အသက်နံထာ[ətɛˀ nantˈa] (動) 命を打込む
အသက်ပါ[ətɛˀ pa] ①(形) 活き活きしている、活気溢れる、躍動感がある、真実味に富む ②(動) 命を失う
အသက်ပေး[ətɛˀ peː] (動) 命を捧げる、命を犠牲にする
အသက်ပေးလှူ[ətɛˀ peːɬu] = အသက်ပေး
အသက်ပေါင်[ətɛˀpaun] (名) 生命保険
အသက်ပျောက်[ətɛˀ pjauˀ] (動) 絶命する、息絶える、死ぬ
အသက်ပြင်း[ətɛˀ pjinː] (形) 生命力が旺盛だ、運が強い
အသက်ပြင်းပြင်းရှု[ətɛˀ pjinːbjinː ʃu] (動) 深呼吸をする
အသက်ဘေး[ətɛˀ beː] (名) 命の危険
အသက်မွေး[ətɛˀ mweː] (動) 暮す、生活する、暮を立てる、生計を営む
အသက်မွေးမြူ[ətɛˀ mweːmju] = အသက်မွေး
အသက်မွေးမှီ[ətɛˀ mweːmi] (動) 暮しの基盤とする
အသက်မွေးဝမ်းကျောင်း[ətɛˀmweːwunːdʑaunː] (名) 暮し、生計
အသက်မွေးဝမ်းကျောင်းပြု[ətɛˀmweːwunːdʑaun pju.] (動) 暮す、生活する、生計を営む
အသက်မွေးဝမ်းကျောင်းလုပ်ငန်း[ətɛˀmweːwunː dʑaunː louˀŋanː] (名) 生計手段
အသက်ရာကျော်ရှည်[ətɛˀ jadʑɔ ʃe] (形) 百歳以上長生きする
အသက်ရာကျော်ရှည်စေသော[ətɛˀ jadʑɔ ʃezeʃɔː] (動) 祈願形、百歳以上の長寿でありますように、長生きでありますように
အသက်ရင့်[ətɛˀ jin.] (形) 年取っている、老化している
အသက်ရစ်[ətɛˀjiˀ] (名) (樹木の) 年輪
အသက်ရှူ[ətɛˀ ʃu] (動) 呼吸をする
အသက်ရှူကုထုံးနည်း[ətɛˀ ʃu ku.tˀounːniː] (名) 人工呼吸、人工呼吸救命法
အသက်ရှူကြပ်[ətɛˀʃu tʃaˀ] (形) 息苦しい
အသက်ရှူချင်ရ[ətɛˀ dugwin. ja.] (動) 安堵する、一安心する
အသက်ရှူချောင်[ətɛˀʃu tʃaun] (動) 胸を撫で下ろす、安堵する、ほっとする
အသက်ရှူပေါက်[ətɛˀʃubauˀ] (名) 抜け穴、逃げ道、脱出口

အသက်ရှူပေါက်ရစေ[ətɛʔʃubauʔ ja.ze]（動）息をつかせる

အသက်ရှူပြွန်[ətɛʔʃubjun]（名）気管

အသက်ရှူဖြောင့်[ətɛʔʃu pʔjaun.]（形）安堵する、ほっと一安心する

အသက်ရှူမှား:[ətɛʔʃu maː]（動）息が止まる、息詰まる、胸苦しい

အသက်ရှူမှန်[ətɛʔʃu man]（形）安堵する、一安心する

အသက်ရှူရကြပ်[ətɛʔʃuja. tʃaʔ]（動）息苦しい

အသက်ရှူရပ်[ətɛʔʃujaʔ]（動）息が絶える、呼吸が停まる

အသက်ရှူလေပြွန်[ətɛʔʃu lebjun]（名）気管

အသက်ရှူလမ်းကြောင်း[ətɛʔʃu lanːdʑaunː]（名）気管支、呼吸器

အသက်ရှူအင်္ဂါ[ətɛʔʃu inga]（名）呼吸器官

အသက်ရှင်[ətɛʔʃin]（動）生きている、命がある、生存している

အသက်ရှည်[ətɛʔʃe]（形）長寿だ、長生きだ

အသက်လွှတ်ပြေး[ətɛʔ lu.jwe. pjeː]（動）命懸けで逃げる

အသက်လမ်းကြောင်း[ətɛʔ lanːdʑaunː]（名）（手相の）生命線

အသက်ဝင်[ətɛʔ win]（動）①始まる、動き出す ②元気づく、活気が蘇る、命が蘇る、生き返る ③鮮明だ、くっきりしている

အသက်သခင်[ətɛʔ tək'in]（名）命の恩人、救い主

အသက်သေ[ətɛʔ te]（動）死ぬ

အသက်သတ်လွတ်စား:[ətɛʔtaʔluʔ saː]（動）肉食を避ける、精進料理を食べる

အသက်သွေး:[ətɛʔ tweː]（名）生命

အသက်သွေးကြော[ətɛʔ twedʑɔː]（名）大動脈、不可欠の存在

အသက်သွေးခဲ[ətɛʔ twe:geː]（名）礎、基礎、命綱、活力の源泉、生命維持に不可欠の存在 အသက်သွေးခဲဖြစ်သောဆန်စပါ်: 命綱である米 မြန်မာ့ယဉ်ကျေးမှု၏အသက်သွေးခဲပမာ ဖြစ်သောပျို့ကဗျာလင်္ကာ။ ビルマ文化の源泉とも言うべき詩歌

အသက်သွင်း:[ətɛʔ twinː]（動）命を吹き込む、活性化する

အသက်အပိုင်းအခြား:[ətɛʔ əpainːətʃaː]（名）年齢区分

အသက်အရွယ်[ətɛʔəjwɛ]（名）年齢

အသက်အရွယ်ကြီးရင့်[ətɛʔəjwɛ tʃiːjin.]（形）高齢に達する、老化する、老いぼれる、耄碌する

အသက်အရွယ်ထောက်[ətɛʔəjwɛ tʔau]（動）年を

取る、老齢となる

အသက်အရွယ်မရွေး:[ətɛʔəjwɛ məjweː]（副）年齢を問わず、年齢不問で

အသက်အရွယ်အား:ဖြင့်[ətɛʔəjwɛ aːpʔjin.]（副）年齢的に

အသက်အသေခံ[ətɛʔəte kʔan]（動）命を捧げる、従容として死を迎える、命を捨てる覚悟がある、死を怖がらない

အသက်အာမခံ[ətɛʔ ama.gan]（名）生命保険

အသက်အာမခံထား:[ətɛʔ ama.gan tʔaː]（動）生命保険を掛ける

အသက်အာမခံကုမ္ပဏီ[ətɛʔ ama.gan kounpəni]（名）生命保険会社

အသက်အား:ဖြင့်[ətɛʔ aːpʔjin.]（副）年齢的に、年齢として

အသက်ဦးဆံပိုင်[ətɛʔuːsʔanbain]（名）専制君主 အသက်ဦးဆံပိုင်အုပ်ချုပ်သည်။ 専制支配を行う

အသက်ဦးဆံပိုင်စနစ်[ətɛʔuːsʔanbain sənɪʔ]（名）絶対王政、専制君主政治

အသက်အောင့်[ətɛʔ aun.]（動）息を詰める、息を凝らす、息を殺す

အသက်အန္တရာယ်[ətɛʔ andəjɛ]（名）命の危険

အသက်အန္တရာယ်ဖြစ်[ətɛʔ andəjɛ pʔjiʔ]（形）命が危ない、命が危険に晒される

အသက်သာခို[ətɛʔtaka kʔo]（動）ずるける、辛苦を避ける、安逸を貪る

အသောက်[ətauʔ]（名）飲む事

အသောက်အစား[ətauʔəsa]（名）飲酒

အသိုက်[ətaiʔ]（名）巣、ねぐら

အသိုက်ဖွဲ့[ətaiʔ pʔwɛ.]（動）巣を作る、営巣する

အသိုက်အမြုံ[ətaiʔəmjoun]（名）①巣、住処、ねぐら ②グループ、集団

အသိုက်အဝန်း[ətaiʔəwunː]（名）グループ、集団、社会、範囲、居住環境

အသင့်[ətin.]（形）အသင့် の斜格形、次の

အသင့်အား:[ətin. aː]（副）次に、次に対して

အသင့်[ətin.]（副）①用意が整っていて、準備完了の状態で、待機していて အသင့်စောင့်သည်။ 前もって待機する အသင့်စောင့်ဆိုင်သည်။ 待機する အသင့်ထား:သည်။ 用意しておく、準備しておく အသင့်နေသည်။ 待機する အသင့်နေရာယူသည်။ 待機する、準備ができている ပြေးဘို့အသင့်ပြင်သည်။ 逃げる用意ができている အသင့်ရှိသည်။ 準備が整っている

အသင့်အတင့်[ətin.ətin.]①（副）適度に、程よく、ある程度 မတ်ဆယ့်နှစ်ရက်တင်တိမ်အသင့်အတင့်ဖြစ်ထွန်းမည်။ 3月12日には雲があちこちに出るだろう ဆမ်း

ဟင်းအသင့်အတင့်ရလျှင်ပြန်လာကြသည်။ 托鉢の斎食が
ある程度手に入ったら戻って来る ②（名）友好、仲良
し

အသင့်အတင့်ကလေး[ətin.ətin.gəle:]（副）程々
に、ある程度、適量

အသင့်အတင့်ဖြစ်[ətin.ətin. p'ji']（動）仲直り
する

အသင့်အတင့်ဖြစ်စေ[ətin.ətin. p'ji'se]（動）
仲直りさせる

အသင်[ətin]（代・文）二人称、汝、お手前、そなた

အသင်္ချေ[ətintʃe]（名）①無限 ②（数）阿僧祇
（1の後に零が140個付く数） နှစ်ပေါင်းအသင်္ချေ
ကြာသွားတယ်။ 1阿僧祇の年数が経った

အသင်္ချေယျု[ətintʃeja.]（名）阿僧祇（10の
140乗、即ち1の後に零が140付く数）

အသင်္ချေယျုကပ်[ətintʃeja. ka']（名）阿僧祇劫

အသင်း[ətin:]（名）組織、団体、結社、チーム

အသင်းချုပ်ကြီး[ətin:dʒoutʃi:]（名）連盟、連合

အသင်းဖွဲ့[ətin: p'wɛ]（動）組織を作る、団体を
組む、協会を設ける

အသင်းများကွဲ[ətin:mja: kwɛ:]（動）組織が分裂
する

အသင်းလိုက်ပြိုင်ပွဲ[ətin:lai' pjainbwɛ:]（名）
団体競技

အသင်းဝင်[ətin:win]（名）会員、団員、メンバー

အသင်းဝင်ကြေး[ətin:windʒe:]（名）入会金

အသင်းသား[ətin:da:] =အသင်းဝင်

အသင်းသူအသင်းသား[ətin:du ətin:da:] =အ
သင်းဝင်

အသင်းအပင်း[ətin:əpin:]（名）①仲間、同僚 ②
団体、組織、群

အသင်းအပင်းကွဲပြား[ətin:əpin: kwɛ:bja:]
（動）組織が分裂する、仲間割れする

အသင်းအပင်းဖွဲ့[ətin:əpin: p'wɛ.]（動）群をな
す、組織を作る、団体を組織する

အသင်းအဖွဲ့[ətin:əp'wɛ.]（名）組織、団体、結
社、協会

အသောင်း[ətaun:]（数）万 တသောင်း: 1万

အသိုင်းအဝိုင်း[ətain:əwain:]（名）①枠、仲間、交
際範囲、交際仲間 ②親類縁者 ③活動範囲、環境 ④
盛り沢山の描写、美辞麗句

အသစ်[əti']①（名）新品 ②（形）新しい ဦးထုပ်အ
သစ် 新しい帽子 အင်္ကျီအသစ် 新しい上着 စာအုပ်အသစ်
新刊書 ③（助数）指幅 ဝီစကီလေးလက်နှစ်သစ်မျှ
သောက်သည်။ ウイスキーを指二本分も飲んだ

အသစ်ကျပ်ချပ်[əti' tʃa'tʃi'~əti' dʒa'tʃ'u']

（名）さら、新品、未使用品

အသစ်စက်စက်[əti' sɛ'sɛ']（名）真新しい品、新品
မယားအသစ်စက်စက် 新妻

အသစ်ထုတ်ပေး[əti' t'ou'pe:]（動）新規発行する

အသစ်အဆန်း[əti'əs'an:]（名）目新しいもの、新
案物、新規製品

အသစ်အလွင်[əti'əlwin]（名）新品

အသစ်အဟောင်း[əti' əhaun:]（名）新旧

အသည်[əti~ətɛ:]（名）王朝時代の身分の一つ、納税
賦役等の義務を除き公務には服さない、平民、農民
cf. အစအမှထမ်း

အသည်ဝန်[ətiwun]（名）平民奉行

အသည်သား[ətɛda:] =အသည်

အသည်း[ətɛ:]（名）肝、肝臓

အသည်းကင်ဆာ[ətɛ: kins'a]（病）肝臓癌

အသည်းကောင်း[ətɛ: kaun:]（形）肝が据わってい
る、剛毅だ

အသည်းကြီး[ətɛ: tʃi:]（形）①肝が太い、剛毅だ
②執念深い

အသည်းကြီးနာ[ətɛ: dʒi:na]（病）肝臓肥大症

အသည်းကြောင်[ətɛ: tʃaun]（形）肝が小さい、怖
がりだ、小心だ

အသည်းကွဲ[ətɛ: kwɛ:]（動）強い衝撃を受ける、深
い悲しみに暮れる

အသည်းကြပ်တက်ရောဂါ[ətɛ: dʒu't' jɔ:ga]
（病）肝硬変

အသည်းခိုက်[ətɛ: k'ai']（動）衝撃を受ける

အသည်းခွဲ[ətɛ: k'wɛ:]（動）恋人を捨てる、破鏡
の憂き目を与える

အသည်းငယ်[ətɛ: ŋɛ]（形）肝が小さい、気が小さ
い、臆病だ、心細い思いをする

အသည်းစိမ့်[ətɛ: sein.]（動）肝を冷やす အသည်း
စိမ့်လောက်အောင်ချမ်းအေးလှသည်။ 肝が冷える程に寒
い

အသည်းစွဲ[ətɛ: swɛ:]①（動）忘れられない、心に
残る、虜になる ②[ətɛ:zwɛ:]（名）お気に入
り、御寵愛 ③（副）肝に銘じて

အသည်းစွဲချစ်[ətɛ:zwɛ: tʃi']（動）寵愛する、ぞ
っこん気に入る、べた惚れする

အသည်းစွဲလုပ်ငန်း[ətɛ:zwɛ: lou'ŋan:]（名）執念
の仕事、一生の事業

အသည်းစွဲဝတ္ထု[ətɛ:zwɛ: wu't'u.]（名）最も執着
している小説、最も気に入った小説

အသည်းတထိတ်ထိတ်[ətɛ: tət'ei't'ei']（副）は
らはらして、どきどきしながら

အသည်းတုန်အူတုန်[ətɛ:doun udoun]（副）①恐怖

အသည်းနာ

အသည်းတုန်အူတုန်စရာကောင်း[ət̪ɛːdoun udoun zəja kaun:] (形)（恐怖の余り）震え上がる、戦く、肝を冷やす、身の毛がよだつ
အသည်းနာ[ət̪ɛː na] (動) ①胸が痛む、深く心を痛める、身に応える、痛恨の出来事だ ②腹立たしい、怒りを覚える、憤慨する
အသည်းနာစရာကောင်း[ət̪ɛːnazəja kaun:] (形) ①痛ましい限りだ ②腹立たしい限りだ
အသည်းနှလုံး[ət̪ɛːnəloun:] (名) ①肝臓と心臓 ②心、気持
အသည်းမာရောဂါ[ət̪ɛːma jɔːga] (病) 肝硬変
အသည်းယား[ət̪ɛː ja:] (形) ①肝を冷やす、背筋が寒くなる、ぞっとする ②じれったい、苛々する
အသည်းယားစရာကောင်း[ət̪ɛː ja:zəja kaun:] (形) 居たたまれない思いだ、恐怖で目を背けたくなる程だ
အသည်းရောင်[ət̪ɛː jaun] ① (動) 肝臓が腫れる ② (病) 肝炎
အသည်းရောင်ရောဂါ[ət̪ɛːjaun jɔːga] (病) 肝炎
အသည်းရောင်ရောဂါဘီ[ət̪ɛː jaun jɔːga bi] (名) B型肝炎
အသည်းအဆီဖုံရောဂါ[ət̪ɛː əsʼiboun: jɔːga] (病) 肝脂肪症
အသည်းအထန်[ət̪ɛːətʼan] (副) 猛烈に、激しく
အသည်းအထန်နေမကောင်း= ဖြစ်သည်။ 激しく体調が悪い
အသည်းအဆယ်[ət̪ɛːətan] (副) 重態で、危篤状態で
အသည်းအဆန်မမာခဲ့ဘူး။ 危篤状態だった
အသည်းအဆယ်ဖြစ်[ət̪ɛːətan pʼjiʼ] (動) 重態に陥る、危篤状態になる
အသည်းအေး[ət̪ɛː eː] (形) 肝を冷やす、ひやりとする
အသည်းအေးခန်းအေးခန်းနေ[ət̪ɛː eːgəneːeːgəneː ne] (副) 肝を冷やす事がない、冷や冷やして過す
အသတ်[ətaʼ] (名) ①殺害、殺戮 ②語末の声門閉鎖音（ က်၊ စ်၊ တ်၊ ပ် ၊) 及び鼻音 (င်၊ ည်၊ န်၊ မ်) を示す符号
အသတ်ခံရ[ətaʼ kʼan ja.] (動) 殺される
အသတ်ခံရသူ[ətaʼkʼan ja.du] (名) 殺された人 犠牲者、被害者
အသတ်အပုတ်[ətaʼəpouʼ] (名) 殴り合い、決闘、格闘
အသတ်အဖြတ်[ətaʼəpʼjaʼ] (名) 殺害、殺戮
အသုတ်[ətouʼ] (名) 群、集団、グループ ပဉ္စမသုတ် 第1陣
အသန့်အပြန့်[ətan.əpjan.] (名) 清潔さ

အသန်း[ətan:] (数) 百万 နှစ်သန်း 2百万
အသိန်း[ətein:] (数) 十万 နှစ်သိန်း 20万
အသောင်းကိန်း[ətoun: kein:] (名) 倍数
အသုန်း[ətoun:] (名) ①終止、終了 ②消滅、消失
အသပ်အရပ်[ətaʼəjaʼ] (副) きちんと、ちゃんと =သပ်သပ်ရပ်ရပ်
အသိပ်ခံရ[ətei? kʼan ja.] (動) 眠らされる
အသုပ်[ətouʼ] (名) 野菜サラダの1種、突き合せ、野菜に麺、魚醤等を加え混ぜ合せて食べるもの ဂျင်းသုပ် ショウガのおつまみ လဖက်သုပ် 食用茶のおつまみ
အသိမ်း[ətein:] (名) 没収、接収
အသိမ်းခံရ[ətein: kʼan ja.] (動) 没収される、接収される
အသိမ်းအပိုက်[ətein:əpaiʼ] (名) ①占領 ②妾、側室
အသိမ်းအပိုက်ကိုခံယူ[ətein:əpaiʼko kʼan ju] (動) 相手に身を任せる、相手の所有物となる
အသိမ်းအယူ[ətein:əju] (名) 接収、没収
အသံ[ətan] (名) ①音 ②声 သီချင်းသံ 歌声 စကား ပြောသံ 話し声 အသက်ရှူ့ သံ 寝息 လေချွန်သံ 口笛 သီချင်းသံ 歌声 လက်ခုပ်လက်ဝါးသံ 拍手の音 ရယ်မော သံ 笑い声 သေနတ်သံ 銃声 အမြောက်သံ 砲声
အသံကောင်းသမား[ətangaun:dəma:] (名) ほら吹き、自慢屋
အသံကုန်[ətangoun] (副) 声を限りに
အသံကျယ်[ətan tʃɛ] (形) 声が大きい
အသံကျယ်စွာ[ətan tʃɛzwa] (副) 大きな声で
အသံကျယ်စွာနှင့်[ətan tʃɛzwa ne.] =အသံကျယ်စွာ
အသံကျယ်မိ[ətan tʃɛʼmi.] (動) 聞き覚えがある、声に覚えがある
အသံကြောင်[ətandʑaun] (形) 不協和音、耳障りな音、甲高い声
အသံကြောင်ကျား[ətandʑaundʑa:] (名) 小さくて鋭い声
အသံကွဲ[ətan kwɛ] (動) 声が嗄れる
အသံခင်[ətangin] (名) 声門
အသံချဲ့ခက်[ətan tʃʼɛ.gwɛʼ] (名) マイク、マイクロホン
အသံချဲ့စက်[ətantʃʼɛ.zɛʼ] (名) 拡声器、スピーカー
အသံချို[ətan tʃʼo] (形) 声が軟らかい、耳に心地よい
အသံစာစာ[ətan saza] (副) 鋭い声で、耳に煩しく
အသံစိမ်း[ətanzein:] (名) 聞き慣れない声
အသံဆူ[ətan sʼu] (形) 声が煩い、音が喧しい
အသံဆူညံ[ətan sʼuɲan] =အသံဆူ

အသံညှိ[ətan ɲi.]（動）①声を合せる ②音を調節する、調律する
အသံညွှင်း[ətanɲin:]（名）和声
အသံတို[ətando]（名）短い音
အသံတိုး[ətan to:]（形）声が低い、小声だ
အသံတိတ်[ətan tei']（動）話し声が止む、静かになる、静寂になる
အသံတိတ်ပြဇာတ်[ətandei' pja.za']（名）パントマイム、無言劇
အသံတိတ်ရုပ်ရှင်[ətandei'jou'ʃin]（名）無声映画
အသံတိမ်[ətan tein]（動）声が小さくなる、声が消え入る
အသံထား[ətanda:]（名）音調、音階
အသံထက်[ətan t'ɛ']（形）声が鋭い
အသံထွက်[ətan t'wɛ']①（動）声を出す、発音する ②[ətandwɛ']（名）発音
အသံထွက်ဇာတ်ကား[ətandwɛ' za'ka:]（名）トーキー映画
အသံနေအသံထား[ətanne ətanda:]（名）音の抑揚、声調
အသံနေအသံထားပြော[ətanne ətanda: pjɔ:]（動）抑揚を付けて話す
အသံနက်[ətannɛ']（名）悲鳴、苦痛の大声
အသံပေး[ətan pe:]（動）①声を掛ける ②他者に呼びかける
အသံပေါက်[ətan pau']（動）音が達する、音が響く
အသံပြာ[ətan pja]①（動）声がしゃがれる ②[ətanbja]（名）しゃがれ声、弱々しい声、力のない声
အသံပြု[ətan pju'.]（動）声を出す、声を立てる
အသံပြုကြိုး[ətan pju'. t'ʃo:]（名）声帯
အသံပမ်း[ətan p'an:]（動）録音する
အသံပမ်းစက်[ətan p'anzɛ']（名）録音機、テープレコーダー
အသံဗလံ[ətan bəlan]（名）騒音
အသံမစဲဖြစ်[ətan məsɛ: p'ji']（動）①話し声が止まない ②音が止まない
အသံမြည်[ətan mji]（動）声を立てる、音を出す
အသံရှင်[ətanʃin]（名）声の主
အသံရှည်[ətanʃe]（名）長音
အသံလွန်လှိုင်း[ətanlun ɬain:]（名）超音波
အသံလွန်လှိုင်းရောဂါအဖြတ်ကိရိယာ[ətanlunɬain: jɔ:ga əkɛ:p'ja' kəri.ya]（名）超音波診断装置
အသံလှိုင်း[ətan ɬain:]（名）音波
အသံလွှဲပြော[ətan ɬwɛ:pjɔ:]（動）他人の声音を

模倣する
အသံလွှင့်[ətan ɬwin.]（動）放送する
အသံလွှင့်ဇာတ်လမ်း[ətanɬwin. za'lan:]（名）放送劇
အသံလွှင့်ဌာန[ətanɬwin. t'na.]（名）放送局
အသံလွှင့်ရုံ[ətanɬwin. joun]＝အသံလွှင့်ဌာန
အသံလွှင့်အစီအစဉ်[ətanɬwin. əsiəsin]（名）放送番組、放送ののプログラム cf. ရုပ်မြင်သံကြား：အစီအစဉ် テレビの番組
အသံဝါ[ətanwa]（名）①威圧的な声、勝ち誇った声、響き渡る声 ②低音
အသံဝဲ[ətan wɛ:]（動）発音が訛る、訛りがある
အသံဝင်[ətan win]（動）声がかすれる、声が消え入る、声が出なくなる
အသံသာ[ətan ta]（形）声がよい、美声だ
အသံသွင်း[ətan twin:]（動）録音する
အသံဟိန်း[ətan hein:]（動）声が響き渡る、声が荒い
အသံသြ[ətan ɔ:]（名）太く低い声、重々しい声、荘重な声
အသံအက်[ətan ɛ']①（動）声が割れる ②（名）潰れ声
အသံအောင်[ətan aun]（形）声が朗々としている
အသံအုပ်[ətan ou']（動）声を潜める、声を殺す
အသုံး[ətoun:]（名）①使用、利用 ②消費
အသုံးကျ[ətoun: tʃa.]（形）有用だ、役立つ 否定形はအသုံးမကျဘူး။ 役に立たない
အသုံးကြီး[ətoun: tʃi:]（形）金遣いが荒い、浪費家だ
အသုံးခံ[ətoun: k'an]（動）①耐久性がある、耐用性に富む ②使用に供する、使ってもらう
အသုံးချ[ətoun: tʃa.]（動）①利用する、活用する ②上前を撥ねる、搾取する
အသုံးချခရ[ətoun: tʃa. k'an ja.]（動）利用される
အသုံးချသင်္ချာ[ətoun:tʃa.tintʃa]（名）応用数学
အသုံးစရိတ်[ətoun:zəjei']（名）経費、費用、支出
အသုံးစာရေး[ətoun: səje:]（名）（王朝時代の）建設工事の管理官（စာရေးကြီး とは別）
အသုံးတော်ခံ[ətoun:dɔ k'an]①（動）ご利用に供する、利用してもらう ②演技する、上演する、公演する、御覧に入れる ③[ətoun:dɔgan]（名）使われるもの、召使い、利用される品
အသုံးတော်ခံရ[ətoun:dɔ k'an ja.]（動）演じさせられる
အသုံးတည့်[ətoun: tɛ.]①（動）使える、利用でき

အသုံးတည့်မှု[ətoun: tɛ.mu.] (名) 利用可能
အသုံးပြု[ətoun: pju.] (動) 使う、用いる、使用する
အသုံးပြုသိပ္ပံ[ətoun:pju.tei'pan] (名) 応用科学
အသုံးဖော[ətoun: p'wa] (形) 金遣いが荒い、浪費家だ、浪費する、濫用する
အသုံးမကျ[ətoun: matʃa.] (動) 役に立たない
အသုံးမနံ[ətoun:mənan] (動) 無用だ、役に立たない
အသုံးများ[ətoun: mja:] (形) よく使われる、頻繁に使用される
အသုံးလို[ətoun: lo] (形) ①必要だ、入用だ ②金が要る
အသုံးဝင်[ətoun: win] (動) 役立つ、有用だ
အသုံးအစား[ətoun:əsa:] (名) ①消費 ②生活費
အသုံးအစွဲ[ətoun:əswɛ:] (名) ①使用 ②支出
အသုံးအဆောင်[ətoun:əs'aun] (名) ①家具什器、備品 ②道具、器具、用具、物品
အသုံးအနှုံး[ətoun:ənoun:] (名) ①言葉遣い、言葉の用法、語法
အသုံးလုံး[a.toun:loun:] (名) 読み書き算盤
အသုံးလုံးမကျေ[a.toun:loun: mətʃe] (動) 読み書き算盤ができない
အသွား[ətwa:] (名) ①(刃物の) 刃 ②行き、行く途中、往路 ③出かけ、歩き ④(音楽の) 節、旋律
အသွားနှေး[ətwa: ne:] (形) 歩くのが遅い
အသွားနှုန်း[ətwa:noun:] (名) 歩行速度
အသွားရအလာရ[ətwa:ja. əlaja.] (名) 往来、往復
အသွားရပ်[ətwa: ja'] (動) 進行停止する
အသွားလမ်း[ətwa:lan:] (名) 往路
အသွားအပြန်[ətwa:əpjan] (名) 往復
အသွားအပြန်လက်မှတ်[ətwa:əpjan lɛ'ma'] (名) 往復券、往復切符
အသွားအလာ[ətwa:əla] (名) ①行き来、往来 ②動静、行動
အသွေ့[ətwe.] (名) 乾燥
အသွေ့အခြောက်[ətwe.ətʃ'au'] =အသွေ့
အသွေး[ətwe:] (名) ①血 ②色調 ③肌色、血色
အသွေးကျ[ətwe: tʃa.] (形) よい色、色が映える、色彩がよい、色が合う
အသွေးအမွေး[ətwe:əmwe:] (名) ①様子、見かけ、外観、体裁 ②容貌、顔色、血色
အသွေးအရောင်[ətwe:əjaun] (名) 色彩
အသွေးအရည်[ətwe:əji] (名) 外見、見かけ、容貌

အသွေးအသား:[ətwe:əta:] (名) ①肉体、身体 ②骨肉、愛児
အသွယ်[ətwɛ] (名) ①河川の助数詞 မြစ်တသွယ် １本の川 ②歓喜、恐怖等の感情を現わす助数詞
အသွယ်သွယ်[ətwɛdwɛ] ①(形) 様々の、色々な အရည်အသွယ်သွယ် 様々な危険 ②(副) 滴がたらたらと、筋をなして、滝のように အသွယ်သွယ်သောမျက်ရည်သည်ကျသည်။ 涙が幾筋も流れ落ちた
အသွင်[ətwin] (名) 形、姿、形態
အသွင်ကူးပြောင်း[ətwin ku:pjaun:] (動) ①変容する、変貌する ②改造する
အသွင်ဆောင်[ətwin s'aun] (動) 形をする、形になる
အသွင်တူ[ətwin tu] (動) 形が似る、姿が似る
အသွင်ပြောင်း[ətwin pjaun:] (動) 姿が変る、変形する、変容する、変質する、(昆虫が) 変態する
အသွင်ပြောင်းကျောက်[ətwinbjaun: tʃau'] (鉱) 変成岩
အသွင်ရုပ်ဖျောက်[ətwin jou' p'jau'] (動) 変装する
အသွင်လက္ခဏာ[ətwin lɛ'k'əna] (名) 様相、特徴
အသွင်သဏ္ဍာန်[ətwin dədan] (名) ①形、形状 ②(病の) 症状
အသွင်အပြင်[ətwin əpjin] (名) 姿、形、外観、外見、形態
အသွင်အယောင်[ətwin əjaun] (名) 容貌、外観
အသွင်အားဖြင့်[ətwin a:p'jin.] (副) 外形上、外観的に、形態的に
အသွင်း[ətwin:] (名) ①挿入 ②輸入 ③結納金、結納品、新郎側から新婦側へ渡される金品
အသွမ်း[ətun] ①(副) 意地悪く ②(名) 役立たず
အသွမ်းသွေး[ətun: twe:] (動) 嘲る、愚弄する
အရှင်[əʃin] =အရှင်။ (名) ①陛下 ②奏上、和尚、上人 ③主人、主君
အရှင်ဘဝရှင်မင်းတရားကြီး[əʃin bəwa.ʃin min: təja:dʒi:] (名) 国王陛下
အရှင်သခင်[əʃin tək'in] (名) 主君
အဟ[əha.] (名) 破れ目、隙間
အဟာရ[əhaja.] (名) 滋養、栄養 →အာဟာရ
အဟီ[əhi] (名) ひひん (馬の嘶き)
အဟော[əho:] (名) ①予言 ②説教
အဟောကောင်း[əho: kaun:] (形) 講演が巧みだ
အဟောသိကံ[əho:ti.kan] (名) 無駄、無益 ＜パ
အဟောသိကံဖြစ်[əho:ti.kan p'ji'] (動) 無駄に終る、水泡に帰す ပုပ္ပါးတောင်စောင်းမှစီးကျသော ချောင်းရေများအဟောသိကံဖြစ်ခဲ့သည်။ ポウパー山か

ら流れ出る川水は無駄になっていた လယ်ခင်းသီးနှံ များလည်းအဟောသိကံဖြစ်ကုန်သည်။ 農作物も無駄に なってしまった

အဟက်[əhɛ'] (名) (釣針や銛の)返し
အဟောက်[əhau'] (名) ①咆哮 ②鼾
အဟင်ဆအဟင့်[əhin.əhin.] (擬) しくしく(泣く)
အဟင့်[əhin] (感) ふん、はあ
အဟောင်[əhaun] (名) ①悪臭、腐臭 ②犬の吠え声
အဟောင်း[əhaun:] (名) お古、古いもの
  အဟောင်းအမြေ[əhaun:əmje.] (名) 老朽化したも の、老朽腐触したもの
  အဟောင်းအမြင်း[əhaun:əmjin:] (名) 古いもの
အဟောင်းသားနှင့်[əhaun:da:nɛ.] (副) 呆気に取ら れて、ぽかんとして ပါးစပ်အဟောင်းသား:ဖြစ်သည်။ 口 をぽかんと開けている、口をあんぐり開けている
အဟောင်းသီးပင်[əhaun:di:bin] (植) ホルトノキ科 Elaeocarpus serratus
အဟစ်[əhi'] (名) 叫び、絶叫
  အဟစ်အကြော်[əhi'ətɕɔ] (名) 喚声
  အဟစ်အခေါ်[əhi'əkʰɔ] (名) 呼号
  အဟစ်အအော်[əhi'əɔ] (名) 叫び、叫喚
အဟိတ်တိရစ္ဆာန်[əhei'tərei's'an] (名) 畜生 <パ Ahetuka tiracchāna
အဟုတ်[əhou'] ① (名) 真実、事実、本当の事 ② (副) 本当に
  အဟုတ်ကို[əhou'ko] (副) 本当に အဟုတ်ကိုပြောတာ နော်။ 本当に話したのだね အဟုတ်ကိုလာခဲ့။ 本当に来 たまえ
  အဟုတ်ထင်[əhou' tʰin] (動) 本当だと思う
  အဟုတ်ပြော[əhou' pjɔ:] (動) ①真相を語る、本 当の事を話す ②(冗談、揶揄でなく)真面目に語る
  အဟုတ်မှတ်[əhou' ma̱'] (動) 本気にする
  အဟုတ်အမှန်[əhou'əman] (名) 真実、正確
  အဟုတ်အောက်မေ့[əhou' aun:me.] (動) 本当だと 思い込む
အဟန့်[əhan.] (名) 妨げ、阻止、制止、抑止
  အဟန့်အတား[əhan.əta:] (名) 妨げ、阻止、制止
အဟန်[əhan] (名) 姿、形態、外観、様相
  အဟန်ဆောင်[əhan s'aun] (動) 外見を装う
အဟုန်[əhoun] (名) 勢、弾み
အဟပ်[əha'] (名) ①接合 ②(犬の)噛み付き、(魚 の)食いつき
အဟမ်း[əhan:] (感) (咳払い) オホン
အအ[əa.] (名) ①唖 =လူအ ②馬鹿、阿呆
အအား:[əa:] (名) 暇 အအား:နေသည်။ 暇だ、する事 がない、のんびりしている、のんびりと過ず အအား:

ပေး:သည်။ 遊ばせておく
အအား:မနေ[əa: məne] ①(動)暇ではない ②(副)暇なく、余裕なく
အအီ[əi] (名) 脂こさ、脂こいもの
အဥ[əu.] (名) ①卵 ကြက်ဥ 鶏卵 ငါး:ဥ 魚の卵 ②塊 茎、塊根 မျောက်ဥ ヤマノイモ ကန်စွန်း:ဥ サツマイモ
အအူ[əu] (名) 腸
အဦး[əu:] (名) ①前面、前部 ②初め、最初
  အဦး:ဆုံး:[əu:zoun:] (名) 一番始め、最初
  အဦး:အစ[əu:əsa.] (名) 初め、冒頭
  အဦး:အထိပ်[əu:ət'ei'] (名) 前 ရှေ့ဦးရှေ့ထိပ် မြို့ဦး မြို့ထိပ်
အအေး:[əe:] (名) ①寒さ、寒気 ②冷たいもの、冷や したもの、冷凍品 ③平和、平静
  အအေး:ခန်[əe:gan:] (名) 冷凍室
  အအေး:ခံ[əe: k'an] (動) ①冷やす、冷たくする、 冷却する、冷凍する ②寒さに耐える、寒冷に強い
  အအေး:စာ[əe:za] (名) (体を冷やす食べ物) 野菜 類、青物
  အအေး:စက်[əe:zɛ'] (名) 冷房機械、エアコン
  အအေး:ဆိုင်[əe:zain] (名) 冷たい飲み物を売る店
  အအေး:ဒဏ်[əe:dan] (名) 寒気
  အအေး:ဒဏ်ခံ[əe:dan kʰan] (動) 寒さに耐える
  အအေး:ဓာတ်[əe:da'] (名) 寒気、冷気、寒さ
  အအေး:ပတ်[əe: pa'] (動) 風邪をひく、感冒に罹る
  အအေး:ပိုင်:ဇုန်[əe:bain: zoun] (名) 寒帯
  အအေး:မလုပ်[əe: məloun] (動) 寒気が遮断されない
  အအေး:မိ[əe: mi.] (動) 風邪を引く、感冒に罹る
  အအေး:မိချင်[ər:midʑin] (動) 風邪を引いたようだ
  အအေး:မိရောဂါ[əe:mi jɔ:ga] (病) 風邪、感冒
  အအေး:မလွယ်[əe:mi lwɛ] (形) 風邪を引き易い
  အအေး:လုပ်[əe: loun] (動) 寒気が遮断される
  အအေး:လှိုင်း:[əe: ɬain:] (名) 寒波
အအော်[əɔ] (名) 叫び、叫喚
  အအော်အငေါက်ခံရ[əɔ əŋau' kʰan ja.] (動) 怒 号される、怒鳴られる
အအို[əo] (名) ①老人、高齢者 ②既婚婦人 ③生娘で ない娘、非処女 လူအို お年寄り、高齢者 နွားအို 老牛
  အအိုကြီး[əo dʑi:] (名) 老婦人
အအက်[əɛ'] (名) 割れ目、裂け目、亀裂
  အအက်အကွဲ[əɛ'əkwɛ:] (名) 割れ目、裂け目、亀裂
အအပ်ခံ[əa' k'an] (動) 預かる、受入れる
အအိပ်[əei'] (名) 眠り、睡眠
  အအိပ်ကြီး[əei' tʃi:] (形) 寝坊だ、よく眠る
  အအိပ်ကြူး[əei' tʃu:] (動) 眠気を貪る
  အအိပ်ခိုင်း:[əei' k'ain:] (動) 眠らせる

အအိပ်ဆတ်[əei ʔsʔaʔ]（形）眠りが浅い、目覚め易い
အအိပ်ပုပ်[əeiʔ pouʔ]（動）朝寝坊だ
အအိပ်ပျက်[əeiʔ pjɛʔ]（動）眠れない、眠りが妨げられる、睡眠不足だ、不眠だ
အအိပ်ပျက်ခံ[əeiʔpjɛʔ kʔan]（動）睡眠不足に耐える、徹夜に耐える
အအုပ်[əouʔ]（名）①管理、統制 ②覆い、遮蔽物 ③（詩歌の）末尾の韻、対照詩節
အအုပ်အချုပ်[əouʔətʃouʔ]（名）統制、管理、管制
အအုပ်အထိန်း[əouʔətʔein:]（名）保護、管理、監督
အအုပ်လိုက်အစုလိုက်[əouʔlaiʔ əsu.laiʔ]（副）群を成して
အအိမ်[əein]（名）鞘 ဓား:အိမ် 刀剣の鞘
အအုံးခံ[əoun: kʔan]（動）枕をする ＝ခေါင်းအုံးခံ
အာ[a]（感）ああ、やあ အာဗျာ၊မလုပ်စမ်းပါနဲ့။ やあ、止めてくれよ
အာ[a]①（動）口を開ける、裂ける ②喋る、喋りまくる ③鴉が鳴く တခွန်းတည်းအာလာသောကျီးသံ 一声だけ聞えた鴉の鳴き声 ④（名）口腔
အာကျယ်[a tʃɛ]（動）①大声で話す、大声で喚く ②厚かましい、無作法だ、厭味を言う
အာကြမ်း[a tʃan:]（形）口が悪い、口汚ない
အာကွဲ[akwɛ:]（動）口を開ける、裂ける
အာချလောက်[a kʔəlauʔ]（動）嗽をする、口を漱ぐ
အာခင်[agin]（名）蓋垂、懸よう垂、喉ちんこ ＝လျှာခင်
အာခေါင်[agaun]（名）口蓋、口腔内
အာခေါင်နာ[agaunna]（病）口内炎
အာခေါင်ပျော့[agaunbjɔ.]（名）軟口蓋
အာခေါင်မာ[agaunma]（名）硬口蓋
အာခံ[a kʔan]（動）逆らう、反抗する、口答えする
အာခြောက်[a tʃauʔ]（動）口の中がからからになる
အာငွေ့[aŋwe.]（名）温かい吐息、吐く息
အာငွေ့ပေး[aŋwe. pe:]（動）吐息で暖める、息を吐き掛ける
အာစလျှာစ[aza.ʃaza.]（名）能弁、多弁
အာစလျှာစရှိ[aza.ʃaza. ʃi.]（動）能弁だ、多弁だ、話が上手だ
အာစောက်[azauʔ]（名）硬口蓋、咽頭
အာစပ်သီး[azaʔti:]（名）扁桃腺
အာထက်လျှာထက်ရှိ[adeʔ dadeʔ ʃi.]（動）口が達者だ、口の回転が速い
အာပူမှုတ်[əbu mouʔ]（動）息を吹きかけて暖める
အာပေါင်[abaun]（名）咽頭
အာပုပ်[abouʔ]（名）口臭
အာဘောင်အာရင်းသန်[abaun ajin: tan]（動）勢込んで話す、熱意を以って話す、断定的に話す、独断的に話す
အာရဲရဲပြောဆို[a jɛ:jɛ: pjɔ:sʔo]（動）大胆な物の言い方をする
အာလေးလျှာလေး[ale:ʃale:]（名）不明瞭な話し方、ぼそぼそした聞き取りにくい話し方、重い口
အာလေးလျှာလေးနှင့်[ale:ʃale: nɛ.]（副）不明瞭に、ぼそぼそと
အာလောက်အာလောက်[alauʔ alauʔ]（擬）カアカア（鴉の鳴き声）
အာလုပ်[alouʔ]（名）呼び掛け、話し掛け
အာလုပ်ကျင်း[alouʔ tʃin:]（動）嘯をする
အာလုပ်[alouʔ]（名）呼掛け
အာလုပ်စကား[alouʔ zəga:]（名）呼び掛け、呼び掛けの言葉
အာသီးရောင်[adi: jaun]（動）扁桃腺が腫れる ＝ ပသိရောင်
အာသွက်လျှာသွက်[adwɛʔ ʃadwɛʔ]（副）滑らかに、流暢に、ぺらぺらと အာသွက်လျှာသွက်မြက်ကြားသည် 立て板に水の如き弁舌 အာသွက်လျှာသွက်ပြောဆိုသည်။ ぺらぺら喋る
အာက[aga.]（形）普通でない、並みでない、並み外れた、非凡な ＝အာဂ
အာက[aka] ＝အာဂ
အာကာဝတီ[akawedi]（植）オオミノトケイソウ（トケイソウ科） Passiflora quadrangularis
အာကာသ[akata]（名）①大気、宇宙 ②虚空、真空
အာကာသရီးသည်[akata. kʔəji:dɛ]（名）宇宙飛行士
အာကာသစခန်းယာဉ်[akata. səkʔan:jin]（名）宇宙基地
အာကာသစိုး[alata.zo:]（名）虚空神、宇宙の神
အာကာသဒုံးပျံ[akata. doun:bjan]（名）宇宙ロケット
အာကာသယာဉ်[akata. jin]（名）①宇宙船 ②人工衛星
အာကာသယာဉ်ပစ်လွှတ်ရေး[akata.jin pjiʔɫuʔ je:]（名）宇宙船の打ち上げ
အာကာသယာဉ်မှူး[akata.jinmu:]（名）宇宙飛行士
အာကာသလွန်ပြန်ယာဉ်[akata. lun:bjan jin]（名）スペース・シャトル
အာကာသဟင်းလင်းပြင်[akata. hin:lin:bjin]（名）真空、宇宙、宇宙空間
အာကဏှသည္ဒ[akaʔdəna. taʔti.]（名）引力
အာဂ[aga.]→အာက

အာဂန္တု[agandu.] ①（名）客、来客 ②（形）臨時の、暫定的な ③（副）一寸の間、暫時 ＜パ Āgantuka

အာဂန္တုဝတ်[agandu. wuʔ]（名）客へのもてなし、接客

အာဂန္တုပြျား:[agandu.pʻjaː]（動）一寸熱を出す、微熱を出す

အာဂုံ[agoun]（名）暗誦、記憶 ＜パ Āgama အာဂုံဆောင်သည်။ 暗記する、暗誦する、そらんじる အာဂုံမျှား:သည်။ よく暗記する、豊富にそらんじる

အာဂျင်တီးနား:[ainti:naː]（国）アルゼンチン

အာဃာတ[agata.]（名）恨み、怨み、憎しみ、憎悪 ＜パ Āghāta

အာဃာတထား:[agata. tʻaː]（動）怨みを抱く、根に持つ

အာဃာတပြေ[agata. pje]（動）怨みが消える

အာဃာတပွါး:များ:လာ[agata. pwaːmjaːla]（動）怨恨が強まる

အာဃာတပြေ[agata. pʻje]（動）怨みが解ける、怨みが癒えない

အာဃာတမပြေ[agata. məpʻje]（動）怨みが解けない、怨恨が癒えない

အာဃာတပြေ[agata. pʻje]（動）怨恨を癒す

အာစရိယ[asəri.ya.]（名）阿じゃ梨、指導僧 ＜パ Ācariya

အာစရိယဆရာ[asəri.ja.sʻəja]（名）阿じゃ梨、指導僧 ＜パ Ācariya

အာဆီယံ[asʻijan]（名）東南アジア諸国連合、アセアン ＝အရှေ့တောင်အာရှနိုင်ငံများအသင်း

အာဇာနည်[azani]（名）烈士、志士、義士、殉難の士 ＜パ Ajaññā

အာဇာနည်နေ့[azani ne.]（名）烈士の日（アウンサン将軍以下7名の建国の志士が暗殺された日、7月19日）

အာဇာနည်ပုဂ္ဂိုလ်[azani pouʔgo]（名）殉難の士

အာဇာနည်ဗိမာန်[azani beiʔman]（名）殉難の士記念堂（シュエダゴン・パゴダの北側にある）

အာဏာ[ana]（名）権力 ＜パ Āṇā

အာဏာစက်[anazɛʔ]（名）権力、覇権

အာဏာတိက္ကမ[ana teiʔkəma.]（名）権威、権勢

အာဏာတည်[ana ti]（動）①権力が確立される、権威が確立される ②法律が発効する

အာဏာပိုင်[anabain]（名）統治者、権威者、当局

အာဏာပိုင်ပြု[anabain pju]（動）権力者となる

အာဏာပြ[ana pja]（動）権力を誇示する

အာဏာဖီဆန်[ana pʻizan]（動）権力に逆らう、権威に刃向う

အာဏာမဲ့ပါတီ[anamɛ. pati]（名）野党

အာဏာယစ်မူ:[ana jiʔmuː]（動）権力に溺れる

အာဏာရ[ana ja.]（動）権力を取得する

အာဏာရပါတီ[anaja. pati]（名）与党

အာဏာရယူ[ana ja.ju]（動）権力を獲得する

အာဏာရူး[ana juː]（動）権力に狂う

အာဏာရူးရူး:[ana juːjuː]（動）権力に狂う、権力の亡者になる

အာဏာရှင်[anaʃin]（名）権力者、独裁者

အာဏာရှင်စနစ်[anaʃin səniʔ]（名）専制制度、独裁制度

အာဏာရှင်ဝါဒ[anadin wada.]（名）専制主義、独裁主義

အာဏာရှင်အစိုးရ[anaʃin əsoːja.]（名）独裁政権

အာဏာလု[ana lu.]（動）権力を奪取する

အာဏာလက်ရှိ[ana lɛʔʃi.]（形）①現行政権の、現政府の ②現行の、現実の、現有の

အာဏာလက်လွှတ်[ana lɛʔłuʔ]（動）権力を手放す

အာဏာလွှဲပြောင်း[ana ɫwɛːpjaunː]（動）権力を譲渡する

အာဏာလွှဲပြောင်းပေး:အပ်[ana ɫwɛːpjaunː peːaʔ]=အာဏာလွှဲပြောင်း

အာဏာသာ:[anadaː]（名）（王朝時代の）死刑執行吏

အာဏာသိမ်း[ana teinː]（動）権力を奪取する、クーデターを起す

အာဏာသိမ်းမှု[ana teinːmu.]（名）クーデター

အာဏာသိမ်းယူ[ana teinːju]=အာဏာသိမ်း

အာဏာသုံး:[ana tounː]（動）権力を行使する

အာဏာအလွဲသုံး:စား:[ana əlwɛː tounːzaː]（動）権力を濫用する

အာတိတ်[ateiʔ]（名）北極、北極圏 ＜英 Arctic

အာတိတ်စက်ဝိုင်[ateiʔ sɛʔwainː]（名）北極圏

အာတိတ်ဒေသ[ateiʔ deta.]（名）北極地方

အာတိတ်သမုဒ္ဒရာ[ateiʔ təmouʔdəja]（名）北極海

အာဒါလွတ်[adaluʔ]（植）①クズウコン（クズウコン科）Maranta arundinacea ②ショクヨウカンナ（カンナ科）Cannaedulis ③ヒガシインドアロールート（ショウガ科）Curcuma angustifolia

အာနာပါန[ana pana.]（名）出入息瞑想 ＜パ

အာနိသင်[ani.tin]（名）効き目、効力、威力 ＜パ

အာနုဘော[anu.bɔ]（名）威力、威徳 ＜パ Ānubhāva

အာနုဘော်ကြီး:[anu.bɔ tʃiː]（形）威力が大きい

အာနန္ဒာ[ananda]①（人）阿難陀（仏陀の従兄弟で弟

子の一人）②（動物）鯨
အာနံ[anan]（地）安南
အာပေါ[abɔ:]（名）①水 ②流動性 ＜パ Āpo
အာပတ်[aba']（名）（律に対する出家の）違反、（出家が犯した）過失、罪 ＜パ Āpatti
အာပတ်ဖြေ[aba' p'je]（動）①犯した罪の償いをする ②（キリスト教徒が）懺悔する
အာပတ်လွတ်[aba'lu']（動）（出家が）罪科を免れる
အာပတ်သင့်[aba' tin.]（動）（出家が）罪を犯す、律に背く
အာဖဂန်နစ္စတန်[ap'əganni'sətan]（国）アフガニスタン
အာဖဂန်စွတန်[apganni'sətan] ＝ အာဖဂန်နစ္စတန်
အာဖရိက[ap'əri.ka.]（地）アフリカ
အာဖရိကတိုက်[ap'əri.ka. tai']（名）アフリカ洲
အာဖရိကနိုင်ငံများ[ap'əri.ka. naingan mja:]（名）アフリカ諸国
အာဘော်[abɔ]（名）①意図、見解、意見 ②社説＜パ
အာမခံ[ama. k'an]①（動）保証する、請け合う、引き受ける、責任を持つ ②[ama.gan]（名）誓約、保証 အာမခံဖြင့်ပြန်လွတ်သည်။ 仮釈放する ③保証人、引受人 ④担保 ⑤保険
အာမခံကော်မရှင်[ama.gan kɔməʃin]（名）保証人委員会
အာမခံကြေး[ama.gan kɔməʃin]（名）保険料、保険の掛け金
အာမခံချက်[ama.k'anʨɛ']（名）保証
အာမခံငွေ[ama.ganŋwe]（名）①保険金 ②保証金
အာမခံစနစ်[ama.gan səni']（名）保険制度
အာမခံချုပ်[ama.gan saʨou']（名）保険証券
အာမခံစာတမ်း[ama.gan sadan:]（名）保険証書
အာမခံတင်[ama.gan tin]（動）①保証人を立てる ②保釈金を積む ③融資の担保に置く、抵当に入れる
အာမခံထား[ama.gan t'a:]（動）①保証する ②保険に加入する ③入質する、担保に置く
အာမခံပေး[ama.gan pe:]（動）①保釈する、保釈金を積んで釈放する ②保証する、保証人に立つ
အာမခံပစ္စည်း[ama.gan pji'si:]（名）担保、抵当、保証の品
အာမခံလုပ်ငန်း[ama.ganlou'ŋan:]（名）保険業務
အာမခံလျှောက်[ama.gan ʃau']（動）保釈を申請する
အာမခံဝင်[ama.gan win]（動）保険に入る
အာမခံသေတ္တာ[ama.gan ṭi'ta]（名）金庫
အာမဘန္တေ[ama.ban:te k'an~ama.ban:de k'an]（動）（葬儀、法要の際三帰依文の後に遺族が唱和するパーリ語の文言）承知する、応諾する、保証する ＜パ Āma bhante
အာမေဍိတ်[amedei']（名）感嘆詞 ＜パ Āmedita
အာမေဍိတ်သံ[amedei' ṭan]（名）嘆声、感嘆の言葉
အာယု[aju.]（名）（占星術上の）吉祥の方角＜パ
အာယုကပ်[aju. ka']（名）寿命、一生
အာယုဒီဃ[aju.diga.]（名）長寿
အာယုဗေဒ[ajou'beda.]（名）アーユルヴェーダ（古代インドの医学書）
အာရဗီလောဘန်[arəbi lɔban]（植）インドニュウコウノキ（カンラン科）
အာရေဗျ[arebja.]（地）アラビア
အာရေဗျပင်လယ်[arebja.pinlɛ]（名）アラビア海
အာရပ်စော်ဘွားများနိုင်ငံ[ara' sɔbwa:mja: naingan]（国）アラブ首長国連邦
အာရပ်နိုင်ငံများ[ara' nainganmja:]（名）アラブ諸国
အာရပ်လူမျိုး[ara' lumjo:]（名）アラビア人
အာရုံ[ajoun] →အာရုံကပ်
အာရုံဆွမ်း[ajounzun:]（名）斎飯、托鉢用の米飯
အာရုံဆွမ်းချက်[ajounzun: ʨʼɛ']（動）斎飯を炊く、托鉢用の米飯を炊く
အာရုံ[ajoun]（名）①神経 ②感覚 အကြား အာရုံ 聴覚 အမြင်အာရုံ 視覚 အသိအာရုံ 知覚 ③関心 ④暁、早朝 →အာရုံကပ်
အာရုံကပ်[ajoun ka']（動）心に強く印象づける
အာရုံကြော[ajounʨɔ:]（名）神経
အာရုံခံ[ajoun k'an]①（動）感じる、知覚する ②[ajoungan]（名）（仏塔の周囲に設けられた）瞑想堂、礼拝堂、勤行堂
အာရုံခံအင်္ဂါ[ajoungan inga]（名）感覚器官
အာရုံခြောက်ပါး[ajounʨʼau'pa:]（名）六塵（色、声、香、味、触、法）、六種の感覚
အာရုံငါးပါး[ajoun ŋa:ba:]（名）五塵（六塵から法を除いた五種）、五官＝ကာမဂုဏ်ငါးပါး
အာရုံစူးစိုက်[ajoun su:zai']（動）関心が向く、気を取られる、注意を向ける
အာရုံစူးစိုက်မှု[ajoun su:zai'mu.]（名）注意力
အာရုံစော[ajounsɔ:]（動）気が逸る、気持が逸る
အာရုံစိုက်[ajoun sai']（動）熱を入れる、力を注ぐ、注意を向ける、関心が向く、神経を集中する、専念する
အာရုံစွဲကပ်[ajoun swɛ:ka']（動）執着心を持つ、心に刻まれる
အာရုံတက်[ajoun tɛ'] →အာရုံကတက်

အာရုံထား[ajoun t'a:]（動）心に留める、関心を寄せる、神経を注ぐ
အာရုံပြု[ajoun pju.]（動）①注意を払う、心を寄せる、関心を向ける、構う、気にする ②念じる、心に思い浮かべる、精神を集中する、瞑想する
အာရုံပြောင်း[ajoun pjaun:]（動）関心を逸らせる、注意を逸らせる
အာရုံပျံ့[ajoun pjan.]（動）気が散る、注意が散漫になる
အာရုံလွဲပြောင်း[ajoun lwɛ:pjaun:]（動）関心を逸らせる、気持を紛らわせる
အာရုံအင်္ဂါ[ajoun inga]（名）感覚器官
အာရှ[aʃa.]（地）アジア
အာရှတိုက်[aʃa. tai']（名）アジア洲
အာရှတိုက်သား[aʃa. tai'ta:]（名）アジア人
အာရှတောင်ပိုင်း[aʃa. taunbain:]（名）南アジア
အာရှနိုင်ငံများ[aʃa. nainganmja:]（名）アジア諸国
အာရှပစိဖိတ်စီးပွါးရေးပူးပေါင်းဆောင်ရွက်မှုအဖွဲ့[aʃa. pəsi.p'ei' si:bwa:je: pu:baun: s'aun jwɛ'mu. əp'wɛ.]（名）アジア太平洋経済協力機構 =APEC
အာရှဖွံ့ဖြိုးရေးဘဏ်[aʃa. pun.bjo:je: ban]（名）アジア開発銀行
အာရှလူမျိုး[aʃa. lumjo:]（名）アジア人
အာလူး[alu:]（植）ジャガイモ、バレイショ（ナス科）Solanum tubersum ＜サ Ālū
အာလူးကြော်[alu:ʤɔ]（動）ポテトフライ、ポテトチップス
အာလူးချို[alu:ʨo]（名）サツマイモ
အာလူးဖုတ်[alu: p'ou']（動）言いふらす、告げ廻る、喋り散らす、吹聴する
အာလမ္ဗယ်[əlanbɛ]→အာလမ္မယ်
အာလိန်ငါးဆင့်[alein ŋa:zin.]（名）須彌山を支える五層の世界（四天王、夜叉、鳩槃茶、迦楼羅、龍）
အာဝါသ[awata.]（名）住まい、住所 ＜パ Āvāsa
အာဝဇ္ဇန်း[awi'zan:]（名）①思考、思索、思慮、熟考、瞑想、観照 ②能弁、流暢さ ＜パ Avajjana
အာဝဇ္ဇန်းရှင်[awi'zan: ʃin]（動）口が達者だ、舌がよく廻る、調子よく喋る
အာသဝေါ[atəwɔ:]（名）本能 ＜パ Āsava
အာသာ[ata]（名）欲、欲求、欲望 ＜パ Āsā ဆေးလိပ်သောက်ချင်သောအာသာ ဖြစ်လာသည်။タバコを吸いたいという気持になった၊လိုချင်သည့်အာသာ ဖြင့်ကြည့်နေသည်။食べたい気持で見ていた
အာသာငမ်းငမ်း[ata ŋan:ŋan:]（副）強烈な欲望

が生じて、激しい願望で အာသာငမ်းငမ်းစားလိုစိတ် ပြင်းထန်နေသည်။猛烈たる食欲が湧き起ってきた
အာသာဆန္ဒ[ata s'anda.]（名）願い、願望、欲望
အာသာပြေ[ata pje]（動）欲求が収まる、欲望が消える
အာသာပြင်းပြ[ata pjin:bja.]（形）欲望が強い、欲求が強烈だ、無性に～したい
အာသာဖြေ[ata p'je]（動）欲求を満たす、欲望を満足させる
အာသာဝတီ[atawədi]（名）千年に1度しか開花しないと言われる仏教説話の花、西番蓮
အာသီသ[atita.]（名）願い、願望
အာသံ[atan]（地）アッサム
အာဟာရ[əhaja.-ahaja.]（名）①食べ物 ②栄養、滋養 ＜パ Āhāra
အာဟာရချို့[əhaja. tʃo.tɛ.]（動）栄養が足りない、栄養失調になる
အာဟာရချို့တဲ့ခြင်း[əhaja. tʃo.tɛ.ʤin:]（名）栄養不良、栄養失調
အာဟာရချို့တဲ့မှု[əhaja. tʃo.tɛ.mu.]（名）栄養不良、栄養失調、
အာဟာရဓာတ်[əhaja. da']（名）栄養素、滋養分
အာဟာရပြတ်[əhaja. pja']（動）①栄養が切れる、栄養失調になる ②食べ物を切らす
အာဟာရလျော့နည်း[əhaja. jɔ.nɛ:]（形）栄養が足りない、栄養不足だ
အာဠာဝက[alawəka.]（名）アーラーワカ羅刹（釈尊に調伏された）
အား[a:]（擬）カーカー（カラスの鳴き声）
အား[a:]（間）ああ အား：သိပ်ခံရတာပေါ့။ああ、ずいぶんやられたよ
အား[a:]①（形）空だ、空虚だ、空いている ②暇だ、自由だ ③（助動）否定形で使用、する余裕がない、する関心がない မလိုက်အားသေးပါဘူး။まだ同行する余裕がない မျက်နှာပင်မသစ်အားသေး။まだ洗顔をするゆとりもない ပြုံကန်တော့မယူအားဘူး။とっさには返答しかねる သယ်ယူရစာဖတ်အား ကြမယ်။誰が読書の暇などあるものか ကျွန်တော်လဲသူတို့ကိုသိပ်ဂရုစိုက်အားဘူး။私も彼等にそれ程の関心を示す余裕はない ရှင်ရှင်ကောင်သွားမကြည့်အားဘူး။映画を見に行く余裕さえない
အားလပ်[a:la']（形）①空いている ②暇だ、手がすいている、する事がない
အားလပ်ချိန်[a:la'tʃein]（名）暇、余暇
အားလပ်ရက်[a:la'jɛ']（名）休日
အားအားရှိ[a:a: ʃi.]（動）暇を持て余す

အား:[a:]（助）① 対格を表わす、~を ကျွန်ုပ်သည်အရှင်မင်းကြီးအားသိပါ၏။ 私は陛下を存じています ပိုက်ကွန်အပြဲအားဖာထေးသည်။ 破れた漁網を繕う ရွာလုံးကျွတ်အားမနှစ်မြို့ကြ။ 村民全てが彼を厭がる ဒေါင်အားဖောက်ထွင်းလုယက်သည်။ 協同組合の倉庫に侵入して略奪した ② 与格を表わす、~に、に対して ကျွန်ုပ်အားပြောပါလော့။ 私に言いなさい သင့်အားဆယ်ပါးသောဆုကိုငါပေးအံ့။ 汝に対して余は十種の褒美を授けよう မင်းကြီးအားအကြောင်းကိုလျှောက်ထားကြကုန်၏။ 王に経緯を申し上げた ရေငွေ့သောလေတို့သည်လူသားတို့အားလန်းဆန်းစေသည်။ 水蒸気を含んだ風は人々を生き生きとさせた

အား[a:]（名）① 力、強さ စက်အား: 機械力 ဓာတ်အား: 電力 ② 資源、資力 လူအား: 人的資源 ငွေအား: 資本

အားကစား[a:gəza:]（名）運動、スポーツ、体育

အားကစားကွင်း[a:gəza:gwin:]（名）運動場、競技場

အားကစားချွန်[a:gəza:tʃun]（形）スポーツに優れている

အားကစားပြိုင်ပွဲ[a:gəza:pjainbwɛ:]（名）運動会、運動競技会

အားကစားရုံ[a:gəza:joun]（名）体育館

အားကစားလှုပ်ရှားမှု[a:gəza:ɬouʃa:mu.]（名）運動、スポーツ

အားကစားဝန်ကြီးဌာန[a:gəza:wundʒi:t'ana.]（名）スポーツ省

အားကစားသမား[a:gəza:dəma:]（名）運動選手、スポーツ選手

အားကစားဝတ်အစား[a:gəza:əwu'əsa:]（名）運動着、スポーツウェアー

အားကိုး[a:ko:]（動）頼りにする、頼る、当てにする ဘာမျှအားမကိုးရဘူး။ 何も頼りにはできない

အားကိုးခုန်ကိုးပြော[a:ko:k'ungo:pjɔ:]（動）頼りにして話す、期待して話す

အားကိုးတကြီး[a:ko:dədʒi:]（副）① 大きく依存して ② 頼もしく思って、大きく期待して

အားကိုးရာ[a:ko:ja]（名）① 頼りにする人 ② 頼りにする所

အားကိုးရာမဲ့[a:ko:ja mɛ.]（形）① 頼りにする人がいない、身寄りがいない ② （名）孤独の身

အားကိုးရာမဲ့ဖြစ်[a:ko:jamɛ. p'jiʔ]（動）孤独の身となる、寄る辺を失う、身の置き所がない

အားကိုးအားထား[a:go:a:da:]（名）頼りにする人

အားကိုးအားထားပြု[a:go:a:da: pju.]（動）頼りにする、頼る

အားကိုးအားထားမှုရရှိ[a:ko:a:t'a:mu. ja.ʃi.]（動）支援が得られる

အားကောင်း[a: kaun:]（形）① 力がある、体力がある、強力だ ② 調子が出る、油が乗る ဝယ်လိုအားသည်အားကောင်းနေဆဲဖြစ်သည်။ 購買力は依然として根強い

အားကောင်းလာ[a:kaun: la]（動）勢いを増す、強力になる

အားကောင်းသူ[a:kaun:du]（名）力強い人

အားကုန်[a: koun]① （動）力が尽きる、力を消耗する、衰える、弱まる ② （副）力一杯、こん身の力を込めて

အားကျ[a: tʃa.]（動）頼もしく思う、羨ましく思う、憧れる、共鳴する、心酔する

အားကျစရာ[a:tʃa.zəja]（名）羨ましい事、羨ましい話

အားကျစရာကောင်း[a:tʃa.zəja kaun:]（形）誠に羨ましい、実に羨ましい

အားကျမခံ[a:dʒa. məkan]① （動）負けてはいない、物ともしない ② （副）負けてはならじと、張り合って、物ともせずに、諦めずに

အားကြီး[a: tʃi:]① （形）強力だ ② [a:dʒi:]（副）非常に、大変、極度に、強力に、著しく အားကြီးပူတယ်။ 物凄く暑い အားကြီးကြောက်စရာကောင်းတယ်။ とても恐ろしい အားကြီးမုန်းသည်။ 非常に憎い

အားကြိုးမာန်တက်[a:dʒo:mantɛʔ]（副）懸命に、熱心に、熱中して、極力、こん身の力を込めて အားကြိုးမာန်တက်ဆောင်ရွက်တယ်။ 一生懸命に遂行した အလုပ်ကိုအားကြိုးမာန်တက်လုပ်တယ်။ 仕事を懸命にこなした တွင်းကြီးအားကြိုးမာန်တက်တူးတယ်။ 大きな穴を熱心に掘った

အားကြွဆေး[a:tʃwa.ze:]（名）興奮剤

အားခဲ[a: kɛ:]① （形）断固としている、決然としている ② （動）頑張る、奮闘する、努力する

အားခွန်[a:k'un]（名）力、体力

အားခွန်ဗလ[a:k'un bəla.]（名）体力

အားချင်းပြိုင်[a:dʒin: pjain]（動）力比べをする

အားချင်းမျှ[a:dʒin: mja.]（形）互角だ

အားငယ်[a: ŋɛ]（形）心細く思う、気落ちする、しょげる、意気消沈する、無気力になる

အားငယ်စရာ[a:ŋɛzəja]（名）心細さ အားငယ်စရာမလိုဘူး။ 心細く思う必要はない

အားငယ်စရာကောင်း[a:ŋɛzəja kaun:]（形）とても心細い、心細くて堪らない

အားငယ်စရာဖြစ်[a:ŋɛzəja p'jiʔ]（動）心細く思

~အားဖြင့်

う、心細くなる
အားငယ်စိတ်[a:nɛzeiʔ]（名）心細さ、心細い思い
အားစိုက်[a: saiʔ]（動）力を注ぐ、全力を傾注する
အားစိုက်ခွန်စိုက်[a:saiʔ k'unzaiʔ]（副）全力を傾けて、一生懸命に
အားစမ်း[a: san:]（動）力試しをする
အားဆေး[a:ze:]（名）栄養剤、精力増強剤、体力増強剤
အားတိုးဆေး[a:do:ze:]（名）健康増進剤、強壮剤
အားတက်[a: tɛʔ]（動）元気付く、勇気付く、奮い立つ、力強く思う
အားတက်စရာ[a:tɛʔsəja]（名）元気付く事、励ましになる事
အားတက်သရော[a:tɛʔtəjo:]（副）熱心に、力強く、勢よく、張り切って、意気込んで、発奮して
အားတက်သရောရှိ[a:tɛʔtəjo: ʃi.]（動）勇気づく、頼もしく感じる
အားတိုက်ခွန်တိုက်[a:daiʔ k'undaiʔ]（副）力を注いで、力を込めて
အားတိုက်အင်တိုက်[a:daiʔindaiʔ]（副）思い切り、力一杯、こん身の力を込めて
အားတင်း[a: tin:]（動）①精力を集中する、気を取直す、気持を引締める ②体力を回復する
အားတန်[a: tan]（動）匹敵する
အားတုံ့အားနာ[a:doun. a:na]（副）恐縮して、気が引けて、申し訳なく思って
အားတုံ့အားနာဖြစ်[a:doun.a:na p'jiʔ]（動）気が引ける、申し訳なく思う、気の毒に思う
အားထား[a: t'a:]（動）頼る、頼りにする、依存する
အားထားခြင်းခံရ[a:t'a:dʑin: k'an ja.]（動）頼られる、頼りにされる
အားထားရ[a:t'a: ja.]（動）頼りになる
အားထားသုံးပြု[a:t'a: ətoun:pju.]（動）頼りにして使う、拠り所に利用する
အားထုတ်[a: t'ouʔ]（動）力を出す、力を注ぐ、努める、努力する、奮闘する、骨を折る
အားထုတ်ကြိုးပမ်း[a:t'ouʔ tʃo:ban:]（動）力一杯頑張る、粉骨細心努力する
အားထုတ်ဆောင်ရွက်[a:t'ouʔ s'aun jwɛʔ]（動）懸命に行なう、力を出して遂行する
အားထုတ်ပြုလုပ်[a:t'ouʔ pju.louʔ]（動）努力して作る、力を入れて行なう
အားနာ[a: na]（動）気兼ねする、恐縮する、申訳なく思う、相済まなく思う、気が引ける
အားနာစရာကောင်း[a:nazəja kaun:]（形）誠に

申訳ない、誠に相済まない
အားနာစရာကြီး[a:nazəjadʑi:]（名）誠に申訳ない事、実に相済まない事
အားနာပါးနာ[a:na pa:na]（副）恐縮して、相済まなく思って、気が引けて
အားနာပါးနာနှင့်[a:napa:na nɛ.]（副）恐縮して、気の毒がって
အားနည်း[a: nɛ:]（形）①虚弱だ ②力が弱い
အားနည်းသောလျှပ်စစ်မီးပွင့်ကလေး弱々しい電球
အားနည်းချက်[a:nɛ:dʑɛʔ]（名）弱点、欠陥、泣き所
အားနွဲ့[a: nwɛ.]（形）弱々しい、力がない
အားပါးတရ[a:ba:dəja.]（副）①存分に、思い切り、勢い込んで、熱心に、熱意を以って　အားပါးတရငိုတယ် ။ 思い切り泣く　အသက်ကိုပင်အားပါးတရမရှူရကြ။ 思う存分呼吸もできない ②喜び勇んで
အားပေး[a: pe:]（動）励ます、激励する、力づける、元気づける、勇気づける、応援する、支援する
အားပေးချီးမြှင့်[a:pe: tʃi:mjin.]（動）支持する、賞賛する
အားပေးငွေ[a:pe: ŋwe]（名）奨励金
အားပေးစကား[a:pe: zəga:]（名）励ましの言葉、激励の辞、勇気づける言葉、応援の弁
အားပေးမှု[a:pe:mu.]（名）励まし、激励
အားပေးအားမြှောက်ပြု[a:pe: a:mjauʔ pju.]（動）①けしかける、唆す、教唆する、煽動する ②元気づける、励ます、激励する
အားပျော့[a: pjɔ.]（形）力が弱い、
အားပြု[a: pju.]（動）に頼る、を頼りとする
အားပြိုင်[a: pjain]（動）競い合う、競合する
အားပြည့်[a: pje.]（動）力が漲る、元気を回復する
အားပြတ်[a: pjaʔ]（動）力が尽き果てる、疲労困憊する

~အားဖြင့်[a:p'jin.]（助）副詞形成、に依って、~的に ပျမ်းမျှခြင်းအားဖြင့် 平均して　တနည်းအားဖြင့်ဆိုလျှင် 換言すれば　အသက်အားဖြင့် 年齢的に言って　စီးပွါးအားဖြင့် 経済的に　အလေးချိန်အားဖြင့် 重量的に　အချိုးအားဖြင့် 割合として　များသောအားဖြင့် 普通、大抵の場合　အကြမ်းဖျင်းအားဖြင့် 大雑把に言って　မူအားဖြင့် 原則として　စင်စစ်အားဖြင့် 実際には、本当の所は　အချိုးအားဖြင့် 割合から言えば
အားဖြည့်[a: p'je.]（動）元気を回復させる、力を補充する、力を増強する　သဘောတူချက်ကိုအားဖြည့်သည်။ 同意事項を補充する
အားဖြည့်လုပ်ငန်း[a:p'je. louʔŋan:]（名）補強活動
အားမတန်[a: mətan]（動）力が及ばない、叶わな

い、太刀打ちできない　အားမတန်ရင်မာန်လျှော့ရမည်။ 長いものには巻かれろ

အားမနာတမ်း[a: mənadan:] (副) 遠慮なく

အားမနာပါးမနာ[a:məna pa:məna] (副) 遠慮会釈なしに

အားမရ[a:məja.] (動) 物足りない、気が済まない

အားမလိုအားမရ[a:məlo a:məja.] (副) 物足りなくて、もどかしくて、じれったくて、歯がゆくて、満足できなくて　အားမလိုအားမရမျက်နှာပွင့်သည်။ 物足りない表情をしている　ကျွန်တော်ကိုအားမလိုအားမရကြည့်သည်။ 私をもどかしそうに見た

အားမလိုအားမရဖြစ်[a:məlo a:məja. p'ji²] (動) 物足りなく思う、もどかしく思う、じれったい、苛々する、欲求不満を覚える

အားမဲ့[a: mɛ.] (形) 力がない、無力だ

အားများ[a: mja:] (形) 有力だ、強力だ

အားမြောက်[a: mjauʔ] (動) 元気づく、勇気づく

အားမွေး[a: mwe:] (動) 力を貯える、実力を養う、能力を培う

အားမျှ[a:mja.] (動) 実力が伯仲する、力が互角だ

အားမြှောက်[a: mjauʔ] (動) 力づける、鼓舞激励する

အားယူ[a: ju] (動) ①身構える ②力を貯める、弾みを着ける、勢を付ける、手ぐすね引いて待つ

အားယုတ်[a: jouʔ] (動) 体力が衰える

အားရ[a: ja.] (動) ①勇気づく、元気づく ②気に入る、心ゆく、得心する、充実感を得る

အားရစရာကောင်း[a:ja.zəja kaun:] (形) 頼もしい限りだ、力強く思う、大いに勇気づけられる

အားရကျေနပ်[a:ja. tʃenaʔ] (動) 満足する

အားရနှစ်သက်ရှိ[a:ja. ɲiʔtɛʔ ʃi.] (動) 大いに満足する、満足し元気出る

အားရပါးရ[a:ja. pa:ja.] (副) 思う存分、力一杯、たっぷりと、意気込んで　အားရပါးရစားသည်။ 思う存分遊ぐ　အားရပါးရယ်တယ်။ 思いっきり笑う　အားရပါးရငိုကျလိုက်တယ်။ 思いっきり泣いた　အားရပါးရနမ်းလိုက်တယ်။ 思い切り接吻した　အားရပါးရပျော်လိုက်တယ်။ 思う存分楽しむ　အားရပါးရသောက်စမ်းပါ။ たっぷり召し上がれ　ပန်းများကိုအားရပါးရခူးတယ်။ 花々を思う存分摘んだ　အားရပါးရအပြစ်တင်သည်။ 思い切り非難する

အားရပါးရဖြင့်[a:ja.pa:ja.p'jin.] = အားရပါးရ။　မျက်လုံးများကိုအားရပါးရဖြင့်ကြည့်သည်။ 瞳を思う存分見つめた

အားရှင်လန်း[a:ja. ʃwinlan:] (動) 思い切り楽しい思いを味わう、誠に愉快に思う

အားရှင်လန်းစွာ[a:ja. ʃwinlan:zwa] (副) 喜んで、喜び勇んで、欣喜雀躍して

အားရဝမ်းသာ[a:ja. wun:ta] (副) 喜び勇んで、満足して

အားရဝမ်းသာစွာဖြင့်[a:ja.wun:tazwa p'jin.] = အားရဝမ်းသာ

အားရဝမ်းသာဖြစ်[a:ja.wunta p'jiʔ] (形) 愉快に思う、楽しい

အားရှိ[a: ʃi.] (動) ①力がある、強力だ ②元気づく、勇気づく、元気が出る

အားရှိစရာကောင်း[a:ʃizəja kaun:] (形) 頼もしい、心強い

အားရှိတိုင်း[a: ʃi.dain:] (副) 元気づく度に

အားရှိပါးရှိ[a:ʃi. pa:ʃi.] (副) 力一杯、元気よく、活発に、心から、心底から、思う存分

အားလျော့[a: jɔ.] (動) 力が弱まる、気力が衰える

အားလျော့စွာ[a:ljɔzwa] (接回) ~であるから、~なので　ကျေးကောက်ဝိုက်လည်စီးဆင်းသောချောင်းကြီးတခုဖြစ်သည့်အားလျော့စွာသဲဖြေဖြေဖြူလျက်တွေ့မြင်ရသည်။ 蛇行して流れている河だから白い砂が目撃された

အားလျော့[a: ʃɔ.] (動) 弱気を出す、弱音を吐く

အားသာ[a: ta] (動) 優る、上回る、凌駕する

အားသစ်လောင်း[a:tiʔ laun:] (動) 新しい力を注ぐ、活力を注入する

အားသန်[a: tan] (形) 力が強い、張り切る

အားသွင်း[a: twin:] (動) ①力を注ぐ ②充電する

အားသွန်[a:tun] ① (動) 力を尽す、奮闘する ② (副) 全力で、奮闘して

အားသွန်ကြိုးပမ်း[a:tun tʃo:ban:] (動) 懸命に努力する　အားသွန်ကြိုးပမ်းဆောင်ရွက်သည်။ 力の限り努力遂行する

အားသွန်ခွန်စိုက်[a:tun k'unzaiʔ] (副) 力を出して、力一杯、精根込めて

အားအထားရဆုံးဖြစ်[a ətʼa:ja.zoun: p'jiʔ] (動) 一番頼りにしている

အားအင်[a:in] (名) 力、勢力

အားအင်ဗလ[a:in bəla.] (名) 体力

အားလုံး[a:loun:] ① (名) 全て、全部、一切、皆 ② (副) 皆で、全部で　ကျွန်တော်အားလုံးဝယ်သွားမယ်။ 私が全部買って行きます

အားလုံးကုန်[a:loun: koun] (動) 全て無くなる、全て使い尽す

အားလုံးနီးပါး[a:loun: ni:ba:] (副) 殆ど全て、百％近く

အား:လုံးပေါင်း:[a:loun: paun:]①（動）全てを合わせる、全て合計する ②[a:loun:baun:]（名）総計

အား:လုံးလိုလိုပင်[a:loun:lolobin]（副）殆ど全て

အား:လုံးအစုံ[a:loun: əsoun]（副）全て揃って

အိ[i.]①（形）軟らかい、柔軟だ တင်သား:၊ရင်သား:တွေကအိနေတယ်။ 臀部や乳房は軟らかい ②脆い、か弱い ③（動）（物が）撓む、（重くて）垂れ下がる ④（波が）うねる ⑤（雲が）垂れ込める

အိစက်[i.sɛ']（形）軟らかい、すべすべしている、ふわふわしている

အိညက်[i.ɲu']①（動）撓む ②（形）軟弱だ ③脆い

အိဝင်:[i.win:]（形）軟らかい、ふわふわしている မိုးသား:ကိုသည်ခံသံ:မှည့်လိုအိဝင်:နေသည်။ 雲はまるで熟れたカリッサの実のようにふわふわしている

အိအိ[i.i.]（副）①すべすべして လက်မောင်:သား:အိအိ すべすべした二の腕 ②ふわふわと တအိအိတက်လာသောမိုး:သား: もくもくと沸き上がってきた雲

အိအိစက်စက်[i.i.sɛ'sɛ']（副）すべすべして အိအိစက်စက်ဝသည်။ 太ってすべすべしている

အိအိစက်စက်ကြီး[i.i.sɛ'sɛ'tʃi:]（副）ふんわりと軟らかく ကောက်လိုင်း:များသည်သူ့ခန္ဓာကိုယ်အောက်မှ အိအိစက်စက်ကြီးခံနေသည်။ 彼の体の下を稲藁がふんわりと支えていた

အိအိစက်စက်ဖြစ်[i.i.sɛ'sɛ' p'ji']（形）すべすべしている ပျော်သောပို:တုန့်လျှံချည်သည်သူ၏ပေါင်တံပေါ်တွင်အိအိစက်စက်ဖြစ်နေသည်။ 軟らかい絹のロンジーが彼の太股の上ですべすべしている

အိအိစက်စက်ရှိ[i.i.sɛ'sɛ' ʃi.]=အိစက်

အိအိညက်ညက်ရှိ[i.i.ɲɛ'ɲɛ' ʃi.]（形）軟らかい မြက်ရှင်:များဖြစ်သော်လည်:အိအိညက်ညက်ရှိသည်။ 野草ではあるが軟らかい

၏[i.]（助・文）属格を示す、〜の ၏ဒူး:နာ၏။ 私の膝が痛い ကျွန်တော်၏အလှည့်ရောက်ပါ၏။ 私の順番が来た ၏နေရာကရှသည်တမျိုး:ထူးခြာ:လှ၏။ ここの景色は格別だ ကျွန်တော်၏ဖခင်မှာအသက်ခြောက်ဆယ်ကျော်ပြီ။ 私の父は年齢が60を超えている နေမင်း:ကြီး၏အလင်း:ရောင်သည်ထွန်း:လင်း:တော်က်လာပါပြီ။ 太陽の光が輝きはじめた လူ၏အရေပြာ:မှာစပါး:လုံး:တထောက်သာအထူရှိသည်။ 人間の皮膚は米粒1端の厚さしかない

၏[i.]（末助）断定、陳述を表わす、である ကျွန်တော်သည်ကျောင်း:ဆရာလုပ်ခဲ့၏။ 私は教師をしていた ထိုနေ့ညကျွန်တော်တို့အလှန်ပျော်၏။ その夜我々はとても楽しかった မကြာမီထမင်း:စာ:ကြ၏။ 暫くして飯を食べた

ဣကွေတာ[ikweta]（名）赤道 <英 Equator

ဣဋ္ဌာရုံ[ei't'a joun]（名）快感、欲望<パ Iṭṭha

ဣတလီ[itəli]（国）イタリア =အီတလီ

ဣတိပိသောဘာဂဝါ[iti.pi.tɔ:bagəwa]（文）パーリ語の仏憶念文、仏への祈祷文の出だし <パ Itipiso Bhagavā Arahaṃ Sammāsaṃbuddho

ဣတ္ထုရမူလီ[ei'tərə.muli]（植）ウマノスズクサ

အီ[i]①（形）脂っこい ②（動）堪能する、食傷する ③（潮の干満で）凪になる、濁む ④（牛車が）軋る ⑤（ハシナガバンケンが）鳴く

အီလန်းဝေ[isəlanwe]（形）とてつもなく多い

အီလည်[ilɛ]（形）否定形で使用 မအီမလည်မျက်နှာဖြင့် 浮かぬ表情で

အီလည်[ilɛ]（形）楽しい、心地よい 否定形で使用するのが普通 မအီမလည်မျက်နှာ 浮かぬ表情

အီလည်လည်[ilɛlɛ]（副）食傷していて

အီလည်လည်လုပ်[ilɛlɛ lou']（動）はっきりしない、確定的でない

အီသာ[ita]（形）健やかだ、丈夫だ、元気だ（否定形で使用する事が多い）မအီမသာရှိတယ်။ 気分が悪い ကိုယ်လက်မအီမသာဖြစ်တယ်။ 体調が思わしくない မင်း:ကြည့်ရတာမအီမသာနဲ့အိပ်ရေး:မဝဘူး:လား။ 見たところ君は気分が優れないようだが睡眠不足なのか

အီအီသာသာ[ii taʤa]（副）元気に、健やかに

အီကြာကွေး:[itʃakwe:]（名）（中国系の）ねじりドーナッツ <漢 油炸果

အီကွေတာ[ikweta]（名）赤道 =ဣကွေတာ

အီကွေဒေါ[ikwedɔ:]（国）エクアドル

အီဂျစ်[iʤi']（地）エジプト

အီဂျစ်ဝါ[iʤi' wa]（植）カイトウメン、ブラジルワタ（アオイ科）

အီတလီ[itali]（国）イタリー

အီနောင်ဇတ်[inaun za']（名）イーナウン物語（タイのイナオ物語からの翻案、原典はジャワのパンジー物語）

အီဖေကိုယ်[ip'ego]（名）この俺様だ、出しゃばり =ငါ့ဖေကိုယ်။ စိကန်ဆိုအီဖေကိုယ်ဟုဆိုရမည်သူ။ 何かあればこの俺様だと自己顕示したがる男

အီဘိုလာပိုင်း:ရပ်စ်[ibola bain:ra']（名）エボラ出血熱ウイルス

အီဘိုလာပိုင်း:ရပ်ပို:[ibola bain:ra'po:]（名）エボラ出血熱ウイルス

အီရတ်[ira']（国）イラク

အီရန်[iran]（国）イラン

အီလက်ထရွန်[ilɛ't'ərun]（名）電子、エレクトロン <英 Electron

အီလက်ထရှန်နစ်[ilɛʔtʼərunniʔ]（名）電子工学、エレクトロニクス ＜英 Electronics

အီလက်ထရှန်နစ်ပစ္စည်း[ilɛʔtʼərunniʔ pjiʔsi:]（名）エレクトロニック部品、電子部品

အီအီး[i i:]（名）幼児語、ウンチ ＝ဈင်

အီအီးပါ[i i: pa]（動）ウンチをする

အီအီးယို[i i: jo]＝အီအီးပါ

ဤ[i]（代・文）①これ ②（形）この ဤနှစ်ဤလဤရက် 今年今月今日 ဤအကြိမ်သည်ပဥ္စမအကြိမ်ဖြစ်၏။ この度が初めてだ ဤအမှုကိုမမှုနှင့်။ こんな事はするな ဤအိမ်သည်နှစ်ထပ်ပျဉ်ထောင်အိမ်ကြီးဖြစ်၏။ この家は二階建て木造の大邸宅です ဤအသံကားလူ့မိန်းမ၏အသံတည်း။ この声は人間の女性の声だ ဤမြို့နယ်တွင်စိုက်ပျိုးမြေကေရစ်ဟောင်ရှိသည်။ この郡内には農耕地が8チェーカーある

ဤကမှ[iga.ma.]（副）ここから、これから

ဤကား[iga:]（主）これが、これは

ဤကဲ့သို့[igɛ.dɔ.]（副）このように、かくの如く

ဤကဲ့သို့ပင်[igɛ.dɔ.bin] ＝ဤကဲ့သို့

ဤကဲ့သို့သော[igɛ.dɔdɔ:]（形）このような

ဤတွင်[idwin]（副）ここで、ここに於いて

ဤတွင်မျှမက[idwinmja. məka.]（副）ここだけでなく、それだけに留まらず

ဤနေရာ[i neja]（名）ここ、この場所

ဤနည်းနှင်နှင်[i ni: ninnin]（副）全く同様に

ဤနည်းဖြင့်[i ni: pʼjin.]（副）このやり方で、こうした方法で

ဤနည်းအားဖြင့်[i ni: a:pʼjin.]（副）この方法で、このやり方で

ဤမည်သော[i mjidɔ:]（形）このような、かく言うところの

ဤမည်သောအကြောင်းကြောင့်[i mjidɔ: ətʃaun: dʒaun.]（副）このような訳で、かくかくの理由によって

ဤမျှ[imja.]（副）これ程、こんなに

ဤမျှမက[imja. məka.]（副）そればかりでなく

ဤမျှမကသေး[imja. məka.de:]＝ဤမျှမက

ဤမျှလောက်[imja.lauʔ]（副）これ程、こんなに迄

ဤမျှသာ[imjada]（副）たったそれだけ

ဤရှိဤမျှ[ijwe. imja.]（副）これこれしかじか、かくかくしかじか

ဤလောက[i lɔ:ka.]（名）この世

ဤလို[ilo]（副）このように

ဤလိုနှင့်[ilo nɛ.]（副）かくして、このようにして

ဤသူတို့[i tudo.]（名）この人達

ဤသို့[idɔ.]（副）①このように、かくの如く ②次のように

ဤသို့စင်[idɔ.zin]（副）かくの如く、このように

ဤသို့ဆိုလျှင်[idɔ. sʼoɨjin]（副）そう言うのであれば、然らば、それならば

ဤသို့တည်[idɔ.di:]（形）次の通りだ、かくの如し

ဤသို့နှင့်[idɔ. nɛ.]（副）かくて、このようにして

ဤသို့ပင်[idɔ.bin]（副）このようにしても、このようにしてさえ

ဤသို့ဖြင့်[idɔ.pʼjin.]（副）かくて、こうして、このようにして

ဤသို့ဖြစ်၍[idɔ. pʼjiʔwe.]（副）かくて、こうして

ဤသို့ဖြစ်သောကြောင့်[idɔ. pʼjiʔtɔ: dʒaun.]（接）従って、それ故に、そう言う訳だから

ဤသို့မှ[idɔ.ma.]（副）かくてようやく、こうして初めて

ဤသို့လျှင်[idɔ.ɨjin]（副）①かくの如く、このようにして、かくて ②次のように、次の如く

ဤသို့သော[idɔ.dɔ:]（形）このような、かくの如き ဤသို့သောပုံပြင်များစွာရှိသည်။ このような物語は沢山ある

ဤသို့သောနည်းဖြင့်[ιdɔ.dɔ: ni:pʼjin.]（副）このようなやり方で、かくの如き方法で

ဤသို့အားဖြင့်[idɔ. a:pʼjin.]（副）かくて、このようにして

ဤသည်[idi]（名）これ、この事

ဤသည်တို့[idido.]（名）これ等

ဤသည်ပင်လျှင်[idi binɨjin]（副）これでさえ

ဤသည်လို[idilo]（副）このように、そのように

ဤတွက်ကြောင့်[i ətwɛʔtʃaun.]（副）そのために、そのせいで

အီး[i:]（名）おなら、屁、ガス

အီးစော်နံ[i:zɔ nan]（形）おなら臭い

အီးပေါက်[i: pauʔ]（動）おならをする、放屁する

အီးအီးပါ[i:i: pa]（動）（幼児語）ウンチする

အီးအီးပေါက်[i:i: pauʔ]＝အီးအီးပါ အီးအီးပေါက်ချင်တယ်။ ウンチしたい

အီးအီးယို[i:i: jo]＝အီးအီးပါ

အီးအီးစီး[i:i:si:]（名）ヨーロッパ共同体、EEC ＝ဥရောပဟံဥေး:အဖွဲ့

ဥ[u.]（動）卵を産む、産卵する

ဥ[u.]（名）①卵 ကြက်ဥ 鶏卵 လိပ်ဥ 亀の卵 ငါးဥ 魚の卵 ②球根、球茎 ကြက်သွန်ဥ タマネギ မြေပဲဥ 落花生

ဥကာ[u.ga]（名）卵の白身

ဥကျ [u. tʃa.]（形）産卵が減少する
ဥကြော် [u. tʃɔ]（名）フライド・エッグ ＝ကြော်ဥ
ဥချ [u. tʃa.]（動）（昆虫が）産卵する
ဥခွံ [u.gun]（名）卵の殻
ဥတလုံးတကောင်ကြက် [u.təloun: dəgaungwɛʔ]（名）天涯孤独の身
ဥနှစ် [u.niʔ]（名）卵の黄身
ဥမကွဲသိုက်မပျက် [u. məkwɛ: taiʔ məpjɛʔ]（副）結束して、一致団結して
ဥမမယ်စာမမြောက်သေး [u.məme sa məmjauʔte:]（動）まだ幼い、生まれたばかりだ、まだ物心がつかない ဥမမယ်စာမမြောက်သေးသောအရွယ် まだ西も東も判らない年頃、まだ物心つかない年頃、幼児
ဥရုပ်ကြင်း [u.jouʔtʃwin:]（名）卵の化石
ဥအနှစ် [u. əniʔ]（名）卵の黄味
ဥအု [u. u.]（動）卵を産む、産卵する
ဥအက်ကွဲ [u. ɛʔkwɛ:]（動）卵が割れる、雛が孵化する
ဥအိမ် [u. ein]（名）卵巣
ဥဂင် [u.gin]（名）①玉座の背後のアーチ部分、玉座の後背 ②王宮、宮殿
ဥဂင်တော် [u.gindɔ] ＝ဥဂင်
ဥဂင်တော်ဖွင့် [u.gindɔ p'win.]（動）玉座に初めて登座する →即位する、国王に就任する
ဥကြည် [u.dʒi]（動物）イタチ、ニオイネコ
ဥခါး [ouʔk'a:~u.ga:]（植）クワイ（オモダカ科）
ဥချိုး [u.dʒo:]（鳥）鳩 ＝ချိုး
ဥတု [u.du.]（名）①季節 ②気候、天候 ③月経、生理
ဥတုသုံးပါး [u.du. toun:ba:]（名）三季（နွေဥတု 暑季 မိုးဥတု 雨季 ဆောင်းဥတု 冷涼季）
ဥတဲ့ [u.dɛ]（名・古）門、入口
ဥတည်ဘွား [u.tibwa:]（名）中国皇帝に対するビルマ側の呼称 ＜サ Udaya 日の出
ဥတည်မင်း [u.timin:] ＝ဥတည်ဘွား
ဥဒဟို [u.dəho]（副）自由に、何の制約もなく、支障なく、勝手気侭に
ဥဒါဟရုဏ် [u.dahəroun]（名）例、実例、喩え ＜パ Udāharaṇa
ဥဒါဟရုဏ်အားဖြင့် [u.dahəroun a:p'jin.]（副）例えば
ဥဒေါင်း [u.daun:]（鳥）孔雀、マクジャク
ဥဒ္ဒညမင်း [u.dimin:] ＝ဥတည်မင်း
ဥဒါန်း [u.dan:]（名）①歓声、喜びの声、歓喜の言葉、祝賀 ②相伝、伝説、言い伝え ＜パ Udāna

ဥဒါန်းကြူး [u.dan tʃu:]（動）喜びの声を発する、歓声を上げる、歓喜の言葉を述べる
ဥဒါန်းကြူးရင် [u.dan tʃu:jin.] ＝ဥဒါန်းကြူး
ဥဒါန်းစကား [u.dan zəga:]（名）伝説、言い伝え
ဥဒါန်းတွင် [u.dan twin]（動）言い伝えられる、歴史に残る、歴史に名を留める
ဥဒါန်းမကြေ [u.dan mətʃe]（動）①歴史に残る、不滅だ、不朽だ ②怨み骨髄に徹する
ဥန်း [oun:ne:]（植）ムクバナタオレボク（クワ科）Streblus asper 刻まれた樹皮が葉巻の内部に詰められる
ဥပကာရ [u.pəkaja.]（名）恩、恩人 ＜パ Upakāra
ဥပစာ [u.pəza]（名）①喩え、比喩 ②近所、周囲、近郊 ③大学の予科 ＜パ Upacāra
ဥပစာကောလိပ် [u.pəza kɔ:leiʔ]（名）（旧制度下の）大学の予科、4年生大学の教養課程
ဥပစာစကား [u.pəza zəga:]（名）喩え、比喩
ဥပစာတန်း [u.pəza dan:]（名）（旧制度での大学の）前期2年間の教養課程
ဥပဒေ [u.bəde]（名）①法律、法令 ②伝統的規定、定め ＜パ Upadesa
ဥပဒေကျူးလွန် [u.bəde tʃu:lun]（動）法を犯す、違法行為をする
ဥပဒေကြမ်း [u.bəde dʒan:]（名）①法案 ②法律書
ဥပဒေချိုးဖောက် [u.bəde tʃo:p'auʔ]（動）法に背く、法に触れる
ဥပဒေချိုးဖောက်မှု [u.bəde tʃo:p'auʔmu.]（名）法律違反、違法行為
ဥပဒေတည် [u.bəde ti]（動）法律が発効する
ဥပဒေတွင်း [u.bədedwin:]（名）①合法 ②法律界
ဥပဒေထား [u.bəde t'a:]（動）法律を制定する、法を作成する
ဥပဒေထုတ် [u.bəde t'ouʔ]（動）法律を公布する
ဥပဒေပ [u.bəde pa.]（名）非合法、法の外
ဥပဒေပြဋ္ဌာန်း [u.bəde pjaʔt'an]（動）法律を制定する
ဥပဒေပြဋ္ဌာန်းချက် [u.bəde pjaʔt'andʒɛʔ]（名）法の定め、法律の規定
ဥပဒေပြု [u.bəde pju]（動）法律を作る、法を制定する、立法する
ဥပဒေပြုကောင်စီအဖွဲ့အစည် [u.bəde pju. kaun si əp'wɛ.əsi:]（名）立法評議会
ဥပဒေပြုစုရေး [u.bəde pju.zu.je:]（名）法律の起草、立法
ဥပဒေပြုမင်းတိုင်ပင်အဖွဲ့ [u.bəde pju. min:tain bin əp'wɛ.]（名）立法諮問組織

ဥပဒေပြုလုပ်[u.bəde pju.louʔ]（動）法律を制定する、立法する

ဥပဒေပြုလွှတ်တော်[u.bəde pju. ɬuʔtɔ]（名）立法議会

ဥပဒေပြုအာဏာ[u.bəde pju. ana]（名）立法権

ဥပဒေဘောင်[u.bəde baun]（名）合法、法の枠内

ဥပဒေဘောင်အတွင်းဝင်ရောက်[u.bədebaun ətin: win jauʔ]（動）合法化する、帰順する

ဥပဒေမူကြမ်း[u.bəde muʥan:]（名）法案

ဥပဒေမဲ့[u.bəde mɛ.]（形）無法だ

ဥပဒေမဲ့ခိုးဂုဏ်သတ်ဖြစ်မှု[u.bədemɛ. k'o:p'wɛʔ taʔpʔjaʔmu.]（名）密猟屠殺

ဥပဒေရေးဆွဲ[u.bəde je:sʔwɛ:]（動）法律を起案する、法を起草する

ဥပဒေလက်လွတ်[u.bəde lɛʔluʔ]（副）無法に

ဥပဒေသ[u.bədeta.]（名）①規範 ②法則

ဥပဒေသီးခြား[u.bəde tị:ʥa:]（名）別個の法律

ဥပဒေအုပ်စိုးရေး[u.bəde ouʔso:je:]（名）法治、法による支配、法に基づく統治

ဥပဓိရုပ်[u.bədi. jouʔ]（名）容貌 ＜パ Upadhi rupa

ဥပဓိရုပ်ကောင်း[u.bədi.jouʔ kaun:]（形）美貌だ、りりしい顔立ちをしている

ဥပပတ်ဖြစ်[u.bəbaʔ pʔjiʔ]（動）自然に生じる、自発的に生じる ＜パ Upapāta、Upapatti

ဥပမာ[u.pəma]（名）①例 ②喩え、比喩＜パUpamā

ဥပမာပြရပုံမှု[u.pəma. pja.ja.bamu]（副）譬えば、例を示すと

ဥပမာအား‌ဖြင့်[u.pəma. a:pʔjin:]（副）例えば

ဥပမေယျ[u.pəmeja.]（名）比較対象、比較されるもの ＜パ

ဥပရာဇာ[u.pəjaza]（名）摂政、皇太子 ＜パ Uparāja

ဥပါ[u.pa]（名）流星、いん星 ＜パ Uppāta

ဥပါဒါန်[u.padan]（名）①貪欲 ②執着、愛着、夢中 ＜パ Upādāna

ဥပါဒါန်စွဲကပ်[u.padan swɛ:kaʔ]（動）執着する

ဥပါဒါန်စွဲလမ်းခြင်း[u.padan swɛ:lan:ʥin:]（名）貪欲の虜

ဥပါဒါန်လေးပါး[u.padan le:ba:]（名）4種の執着（肉欲、外道、持戒の週間、我執）

ဥပါသကာ[u.pəteka]①（名）優婆塞、信士、在家信者 ＜パ Upāsaka ②（植）インドルサルサ（ガガイモ科）Hemidesmus indicus ③チロフォラ（ガガイモ科）Tylophora asthamatica

ဥပါသိကာ[u.pati.ka]（名）優婆夷、信女、女性の在家信者 ＜パ Upāsikā

ဥပါယ်[u.pɛ]（名）策略、策謀 ＜パ Upāya

ဥပါယ်တမျဉ်[u.pɛtəmjin]（名）計略、策略、謀略

ဥပါယ်ပြု[u.pɛ pju.]（動）策略を施す

ဥပေါသတ[u.pɔ:tɐta.]（名）布薩＜パ Uposatha ＝ဥပုသ်

ဥပေါသတဆင်[u.pɔ:tɐta. sʔin]（名）ウポーサタ象（ジャータカ物語に登場する象の名）

ဥပေက္ခာ[u.pɛʔkʔa]（名）捨、捨心、無関心、等閑視 ＜パ Upekkha

ဥပေက္ခာပြု[u.pɛʔkʔa pju.]（動）無視する、見捨てる、素知らぬ顔をする、構わない、放っておく、冷淡だ

ဥပေက္ခာရှု[u.pɛʔkʔa ʃu.]（動）＝ဥပေက္ခာပြု

ဥပစ္ဆေဒက[u.pjɛʔsedəka. kan]（名）変死の運命、横死の宿命 ＜パ pacchedaka Kamma

ဥပစ္ဆေဒကနဲ့သေ[u.pjɛʔsedəka.nɛ. te]（動）変死する、横死する

ဥပဒ်[u.baʔ]（名）災い、災厄、災害 ＜パUpaddava

ဥပဒ်ပြု[u.baʔ pju.]（動）危害を加える

ဥပါတ်[u.baʔ]（名）災害 ＝ဥပဒ်

ဥပါဒ်[u.paʔ~u.baʔ]①（動）起る、現れる、生じる ②執着する、未練が残る ဘာမှဥပါဒ်မိ။ 何も気にしない မည်သူ့ကမှဥပါဒ်မိကြမူ။ 誰も気にかけない ③（名）発生、成立、存在 ＜パ Uppāda

ဥပုဒ်[u.bouʔ] →ဥပုဒ်

ဥပုသ်[u.bouʔ]（名）八斎戒、布薩、持戒 ＜パ Uposatha

ဥပုသ်စောင့်[u.bouʔ saun.]（動）戒を守る、八斎戒を守る、持戒を維持する

ဥပုသ်စောင့်ငှက်[u.bouʔsaun. ŋɛʔ]（名）（鳥）トビ（ワシタカ科）Milvus migrans

ဥပုသ်ဆောက်[u.bouʔ sʔauʔ]＝ဥပုသ်စောင့်

ဥပုသ်ဆောက်တည်[u.bouʔ sʔauʔti]=ဥပုသ်ဆောက်

ဥပုသ်နေ့[u.bouʔ ne.]（名）布薩日、持戒日、精進日（毎月の上弦8日、満月日、下弦8日、新月日の4日）

ဥပုသ်ပြု[u.bouʔ pju.]（動）（新月、満月の日に比丘が戒壇に集まって）律を唱和する

ဥပုသ်သီတင်း[u.bouʔ dədin:]（名）持戒

ဥပန်း[u.ban:]（植）フタバガキ科の高木 Shorea farinosa

ဥပန်းကြက်[u.ban: ʥɛʔ]（名）白地に黒が混じった毛を持つ鶏

ဥပန်းငှက်[u.ban: ŋɛʔ]（鳥）アジアヘビウ、アメリカヘビウ（ヘビウ科）Anhinga melanogaster

ဥချိုး[u.bjain:] (鳥) コサギ（サギ科）Egretta garzetta

ဥချိုးကြီး[u.bjain:dʑi:] (鳥) ダイサギ（サギ科）Egretta alba

ဥမင်[u.min~oun:min] (名) ①トンネル ②洞窟 ＜ပ Ummagga

ဥမင်လိုက်ခေါင်း[oun:min ɫaingaun:] (名) トンネル

ဥမင်လိုက်ခေါင်းဖောက်[oun:minɫaingaun:p'au'] (動) トンネルを掘る、掘削する

ဥမှန်ပင်[u.mun:bin] (植) サツマイモ（ヒルガオ科）の仲間 Ipomoea hederacea

ဥမှန်းဥ[u.mun. u.] (植) クズ（マメ科）の仲間 Pueraria tuberosa

ဥယျာဉ်[u.jin~u:jin] (名) 園、庭園、公園 ＜ပ Uyyāna

ဥယျာဉ်လုပ်ငန်း[u:jin lou'ŋan:] (名) 造園業、ガーデニング

ဥယျာဉ်ဝါ[u:jin wa] (植) キダチワタ、アジアワタ（アオイ科） Gossypium arboreum

ဥရုဂွေးအကြောဆွေးနှေးပွဲ[u.ru.gwe: ətʃo. s'we:nwɛ:bwɛ:] (名) 多角的貿易交渉、ウルグアイ・ラウンド ＜ Uruguay Round

ဥရှုတိုင်[u.ju dain] (地) 母屋の南東隅の柱

ဥရောပ[u.jɔ:pa.] (地) ヨーロッパ、欧州

ဥရောပကောင်စီ[u.jɔ:pa. kaunsi] (名) 欧州連合

ဥရောပတိုက်[u.jɔ:pa. tai'] (名) 欧州、ヨーロッパ洲

ဥရောပတိုက်သား[u.jɔ:pa. tai'ta:] (名) 欧州人

ဥရောပနိုင်ငံများ[u.jɔ:pa. nainganmja:] (名) ヨーロッパ諸国、欧州諸国

ဥရောပဗဟိုဘဏ်[u.jɔ:pa. bəho ban] (名) ヨーロッパ中央銀行

ဥရောပဘုံငွေကြေး[u.jɔ:pa.boun ŋwetʃe] (名) ユーロ通貨

ဥရောပဘုံဈေး[u.jɔ:pa. boun ze:] (名) 欧州共同体 E.C.

ဥရောပဘုံဈေးအဖွဲ့[u.jɔ:pa. bounze: əp'wɛ.] (名) E.E.C.

ဥရောပဘုံဈေးအဖွဲ့ဝင်[u.jɔ:pa.bounze: əp'wɛ. win] (名) E.C.加盟国

ဥရောပသမဂ္ဂ[u.jɔ:pa. ta.mɛ'ga.] (名) 欧州連合、E.U. ＝အီးယူ

ဥရှစ်[ou'ʃi'] (植) マルメロ、ベルノキ（ミカン科） Aegle marmelos

ဥလက်ကမ္ဗလ[u.la' kanbəla.] (植) アオギリ科 Abroma augusta

ဥသက[ou'təka.] (植) アンモニアカム（セリ科） Dorea ammoniacum

ဥသဘ[ou'təpa.] (名) ①牡牛 ②距離の単位 20တာ に相当 ＜ပ Usabha

ဥဿဒရက်ငရဲငယ်[ou'tədajɛ' ŋəjɛ:nɛ] (名) 小地獄

ဥဿဘယား[ou'təp'əja] (名) 黄玉、トパーズ

ဥဿာပဲကူး[ou'ta pɛ:gu:] (地名) ペグー市の古名

ဥဿာဟ[ou'taha.] (名) 努力、精進

ဥဿုံ[ou'toun] (名) 全て、全部、皆、一切合切

ဥဿဉ်ဆဉ်ဂံ[ou'touɲi s'a't'əgan] (名) 六角形

ဥဿဉ်ပဉ်ဉံ[ou'touɲi pjinsəgan] (名) 五角形

ဥဿဉ်အဉ်ဂံ[ou'touɲi a't'əgan] (名) 八角形

ဥဿောင်[ou'ʃaun] (名) 髪、頭髮

ဥဿောင်ကျင်[ou'ʃaun tʃin] (名) 簪、ヘアピン

ဥဿောင်ထုံး[ou'ʃaun t'oun:] (動) 髷を結う

ဥဿစ်[ou'ʃi'] (植) ベルノキ、マルメロ（ミカン科） Aegle marmelos

ဥသြ[ou'ɔ:] (名) ①サイレン ②(鳥) オニカッコウ

ဥသြငှက်[ou'ɔ: ŋɛ'] (鳥) ①オニカッコウ（ホトトギス科） Eudynamys scolopacea ②チャバラカッコウ（ホトトギス科） Cuculus varius

ဥသြဆွဲ[ou'ɔ: s'wɛ:] (動) サイレンを鳴らす

ဥသြမှုတ်[ou'ɔ: mou'] (動) 汽笛を鳴らす

ဥသြမှုတ်သံ[ou'ɔ: mou'tan] (名) 汽笛、サイレン

ဥသြဒန်[ou'ɔ:dan] ＝ဥသြမှုတ်သံ

အူ[u] (動) ① (動物が) 唸る、遠吠えする ခွေးအူသည် 犬が遠吠えをする ② (煙が) もくもくと出る、立ち込める မီးခိုးတွေအူတယ်။ 煙が立ち込める、煙がくすぶる ③耳鳴りがする နားအူသည်။ ④ (食べ物が) 新鮮でない、腐りかけている、かび臭い、(ビール等の) 気が抜ける ⑤一杯になる、溢れかえる

အူတက်[u tɛ'] (動) (煙が) 立ち昇る

အူထက်[u t'wɛ'] (動) 立ち昇る မီးခိုးတွေအူထက်နေတယ်။ 煙が立ち昇っている

အူအောင်ပွင့်[u aun pwin.] (動) 満開となる

အူ[u] (名) ①腸 ② (木の) 心、髓

အူကျ[uʃa.] (動) 脱腸になる、ヘルニアを起す

အူကျနာ[uʃa.na] (病) 脱腸、ヘルニア

အူကျရောဂါ[uʃa. jɔ:ga] ＝အူကျနာ

အူကြောင်ကြောင်[u tʃaunȵaun] (副) ①うろたえて ②途方に暮れて အူကြောင်ကြောင်တွေရောက်ပြောမနေစမ်းနဲ့။ 訳の判らない事をやたらと口走るもので

အကြောင်းကြောင်းဖြစ်

はない
အကြောင်းကြောင်းဖြစ်[u tʃauŋdʑaun p'ji'] (動) ①うろたえる、狼狽する ②判然としない、途方に暮れる
အကြောင်းကြောင်းလုပ်[u tʃauŋdʑaun lou'] (動) いい加減だ、はっきりしない、すっきりしない
အချာချာ[u tʃadʑa] (副) 何とはなしに、何となく、上の空で、茫然と、途方に暮れて
အဆင့်[u sin:] (動) 性格が素直だ、素朴だ、朴訥だ
အတကြိုက်ကြိုက်ဖြစ်[u dəɡoṵdʑoṵ p'ji'] (動) 腹がぺこぺこだ、空腹で腹が鳴る、腹がクウクウ言う
အတုတု[u tudu] (副) 途方に暮れて、茫然として、訳が分らず
အတုတုဖြစ်[u tudu p'ji'] (動) 途方に暮れる、茫然となる
အတုတုလုပ်[utudu lou'] (動) いい加減な事をする
အတို[u to] (形) ①気が短い ②やきもち焼きだ မိန်းမဆိုတာဟာ အတိုများပါါကလား။ 女というのはやきもち焼きだなあ
အတက်[u tɛ'] (動) 笑い転げる、腹を抱えて笑う
အတက်မတက်ရမ်မော[u tɛ'məta' jimɔ:] (動) 腹を抱えて笑う、爆笑する
အတိုင်[udain] (名) (果実の) 心
အတုံဆင်း[udouns'in:] (名) 同腹の兄弟姉妹
အနူ[unu.] (名) (動物の) 小腸
အနိ[u ṇei] (動) 笑いを堪える、腹を抱えて笑う
အပိတ်[u pei'] (動) 腸閉塞になる
အမ[uma.] (名) 大腸
အမကြီး[uma.dʑi:] (名) 結腸
အမတောင့်[uma. taun.] (動) 腹がくちくなる、満腹になる
အမတောင့်မှဆီလစောင့်နိုင်[uma. taun.ma. tila. saun.nain] (格) 衣食足りて礼節を知る
အမရောင်နာ[uma. jaunna] (名) 大腸炎
အမြူး[u mju:] (形) 浮き浮きする、陽気になる、歓喜する、はしゃぐ
အမြူးမြူးနှင့်[u mju:mju: nɛ.] (副) 嬉しくなって、小躍りして、欣喜雀躍して、はしゃいで
အယား[u ja:] (形) じれったい、やきもきする
အယားဖားယား[uja: p'a:ja:] (副) ①慌てふためいて、そそくさと、一目散に ②髪振り乱して、なりふり構わず အယားဖားယားထွက်ပြေးကြသည်။ 慌てて逃げ出した
အရောင်ငန်းဖျား[ujauŋ ŋan:bja:] (病) 腸チフス
အရောင်ငန်းဖျားရောဂါ[ujaunŋan:bja: jɔ:ɡa]

=အရောင်ငန်းဖျား:
အရောင်ငန်းဖျား:ဝင်[ujaunŋan:bja: win] (動) 腸チフスに罹る
အရောင်ဖျား:[ujaunbja:] =အရောင်ငန်းဖျား:
အရောင်ဖျား:ရောဂါ[ujaunbja: jɔ:ɡa] =အရောင်ဖျား:
အရည်[uje] (名) 腸液
အရည်[u ʃe] (形) 気が長い、度量が大きい
အရွင်[u ʃwin] (動) 快活だ、陽気になる、浮き浮きする
အရွှင်မြူး:[uʃwin mjudu:] (副) はしゃいで、陽気になって
အလိမ်[u lein] (動) 腸が捩じれる、腸捻転を起す
အလျား:ဖား:လျား:[uja:p'a:ja:] =အယား:ဖား:ယား:။ အိမ်ပေါက်ဝဆီလူငယ်တယောက်အလျား:ဖား:လျား:ပေါက်လာသည်။ 家の入口へ青年が一人あたふたと現れた
အလိုက်သည်းလိုက်[u ɬai' tɛ' ɬai'] (副) 本気になって、心から、心を込めて、衷心より အလိုက်သည်းလိုက်ကူညီသည်။ 心から協力した
အလျောက်ပိုး:[u ʃau'po:] (虫) ズイムシ、メイチュウ Schoenobius bipunctifer の幼虫
အသေ:အမွာ:[u dei: u mwa:] ① (名) ちっぽけなもの、些細なもの、取るに足りぬもの ② (副) 微に入り細を穿ち、隅から隅まで余すところなく
အသိမ်[u dein] (名) 小腸
အသိမ်ဦး:[u dein u:] (名) 十二指腸
အဟောင်းလောင်းဖြစ်[u haun:laun: p'ji'] (動) 空腹だ、腹ぺこだ
အအချင်ပေါက်[u ə'tʃin pau'] (動) 虫の居所が悪い、機嫌が悪い、感情が昂ぶっている、興奮状態にある
အအတက်[u əte'] (名) 盲腸、虫垂、虫様突起
အအတက်ပေါက်[u əte' pau'] (動) 虫垂炎を起す
အအတက်ရောင်[u əte' jaun] (動) 盲腸炎を起す
အအတက်ရောင်နာ[u əte'jaun na] (病) 盲腸炎
အအသည်:[u əte:] (名) 内臓
အဲအဲ[uwɛ: uwɛ:] (擬) 赤ん坊の泣き声、オギャーオギャー
အအသောင်:သောင်:[u u taun:daun:] (副) 響き渡って、轟然と、騒然と
ဦ[u] (動) =အု
ဦ:[u:] (動) ①先んじる、先手を制する လက်ဦးသည်။ ②火で炙って金の輝きを出す ရွှေဦးသည်။
ဦး:[oun:] (助動) ①これから、今後、更に～する ကျွန်တော်တို့လမ်းလျှောက်ထွက်ဦးမယ်။ 私達はこれから散歩に出かけましょう ②繰返しを示す ဘယ်တော့လာဦးမ

လဲ။ 今度はいつ来るのですか ③奨励、督促を表わす　သီချင်းတပုဒ်ဆိုပါဦး။ 歌を1曲歌いたまえ
ဦး[u:]①（名）頭 ②前の部分、前部、前面、上の部分 ③初め、最初、初期 ④叔父 ⑤（年長者への呼び掛け尊称）小父さん、（年長者の自称）⑥年長者の名前に付ける冠称 例 ဦးနု ウー・ヌ（ビルマの初代総理）
ဦးကုလားရာဇဝင်[u:kəla: jazəwin]（名）ウー・カラー王統史、年代記
ဦးကင်း[u:gin:]（名）①額、頭の前部、前頭部 ②頂上、先端
ဦးကိုင်[u:gain]①（名）リーダー ②戸主 ③（副）指導者として、代表として、主催者として ⑤အလုပ်ကို ကျော်မြင့်ကဦးကိုင်ပြုလုပ်သည်။ この仕事ではウー・チョーミンが中心となって行った
ဦးကျိုး[u: tʃo:]（動）へりくだる、謙遜する、尊大さが消える
ဦးကြီး[u:dʒi:]（名）①伯父（母の兄）②年配者への呼び掛け、二人称 ③農民、農民への呼び掛け
ဦးခက်[u:kɛʔ]（名）面繋（おもがい）、馬具の1部
ဦးခိုက်[u: k'aiʔ]（動）足元にひれ伏す、平身低頭する、土下座する、相手の足に頭を付ける、額づく
ဦးခေါင်း[ouʔk'aun:~u:gaun:]（名）頭、頭部
ဦးခေါင်းခွံ[ouʔk'aun:gun]（名）頭蓋骨
ဦးခန်း[u:gan:]（名）前部船室
ဦးချ[u: tʃa.]（動）①頭を下げる、お辞儀をする、敬礼する、礼拝する ②両親の食べる分を先に取っておく（親への敬意）
ဦးချို[u:dʒo]（名）角
ဦးချိုကျိုး[u:dʒo tʃo:]（動）角が折れる
ဦးချင်းညီ[u:dʒin: ɲi]（動）双方が頭を並べる
ဦးခွံ[ouʔk'un~u:gun]（名）頭骨、頭蓋骨
ဦးစား[u:za: pe:]（動）優先する、優先権を与える
ဦးစားပေးမူဝါဒ[u:za:pe: muwada.]（名）優先的原則
ဦးစီး[u: si:]①（動）導く、先導する、指揮する、指導する ②[u:zi:]（名）象使い ဆင်ဦးစီး ③水先案内人 လှေဦးစီး ④牛車の御者 လှည်းဦးစီး ⑤所帯主、戸主 အိမ်ထောင်ဦးစီး ⑥指導者、首脳、幹部、管理職 ⑦（軍の）参謀 =စစ်ဦးစီး
ဦးစီးခေါင်းဆောင်[u:zi: gaun:zaun]（名）先導者、指導者、指揮者、幹部
ဦးစီးခေါင်းဆောင်ပြုလုပ်[u:zi: gaun:zaun pju. louʔ]（動）先導する、指導する、指揮する
ဦးစီးချုပ်[u:zi.dʒouʔ]（名）参謀長
ဦးစီးဌာန[u:zi: t'ana.]（名）（中央省庁の）局

ဦးစီးအရာရှိ[u.zi: əjaʃi.]（名）参謀
ဦးစီးဦးကိုင်[u.zi: u:gain]（名）担当者
ဦးစောက်[u:zauʔ]（副）上下逆さまに、あべこべに
ဦးစောက်ကျ[u:zauʔ tʃa.]（動）逆さまに墜落する
ဦးစွာ[u:zwa]（副）先ず、初めて、最初は
ဦးစွာပဌမ[u:zwa pətʼəma.]（副）先ず最初に
ဦးစွန်း[u:zun:]（名）①頂点、絶頂 ②鳥の冠毛 ③都
ဦးစွန်းတည်ထွင်စိုက်ထောင်[u:zun:ti t'un:saiʔ t'aun]（動）都を築く
ဦးစွန်းထွန်း[u:zun: t'un:]（動）民族が発祥する
ဦးစွန်းဖုတ်[u:zun:bouʔ~u:zun:p'ouʔ]（名）前髪（頭部前面中央に削り残された頭髮）、モヒカン頭
ဦးဆေး[u: s'e:]（動）頭を洗う
ဦးဆက်[ouʔs'ɛʔ]（名）環椎、第一頚椎
ဦးဆောက်ပန်း[u:s'auʔpan:]（名）玉座の頂上にあるインドラ神の脇の飾り花
ဦးဆောင်[u: s'aun]（動）率いる、率先する、先導する、先頭に立つ
ဦးဆောင်ညွှန်ကြားရေးမှူး[u:s'aun ɲunʔtʃa:je: mu:]（名）（公社）総裁（ညွှန်ကြားရေးမှူးချုပ် の指揮監督下にある）
ဦးဆောင်မှု[u:s'aunmu.]（名）指揮、指導
ဦးဆောင်ဦးရွက်ပြု[u:s'aun u:jwɛʔ pju.]（動）率先する、率先遂行する、先頭に立つ
ဦးဆောင်း[ouʔs'aun:]（名）被り物、菅笠、陣笠 (မောက်တို၊မောက်ရှူ၊)
ဦးဆံ[u:s'an~u:zan]（名）頭髪
ဦးဆံဖားလျား[u:s'an p'a:ja:]（副）髪を振り乱して、ざんばら髪で
ဦးဆုံး[u:zoun:]①（形）第一の、最初の、一番先頭の ②（副）最初に
ဦးဇင်း[u:zin:]（名）①出家歴20年未満の比丘、比較的若い比丘 ②出家の1人称、拙僧
ဦးညွတ်[u: ɲuʔ]（動）頭を下げる、会釈する、お辞儀する
ဦးညွတ်အလေးပြု[u:ɲuʔ əle:pju.]（動）敬礼する
ဦးတိုက်[u: taiʔ]（動）①足元にひれ伏す、平身低頭する、相手の足に頭をつける、額づく ②向う、目指す
ဦးတိုက်စပ်နည်း[u:daiʔ saʔni:]（名）各行の頭部の韻を先行する行の末尾の韻に合せる押韻法 例① ညညာစည်းဝေး၊မေး၊ကြလတ်တို့။ ဝေး၊မေး၊が押韻 ②အမိကား၊တိုက်၊သိုက်ကား၊မယား၊သားကား၊နှမ်ဆက်။ တိုက်とသိုက် 及び ယားとသား၊とが押韻
ဦးတိုက်လှည့်[u:taiʔ lɛ.]（動）頭を向ける

ဦးတိုက်လျှောက်[uːdaiʔ ʃauʔ]（動）①平身低頭して申し述べる ②裁判に訴える

ဦးတင်[uː tin]（動）先に譲る、優先させる

ဦးတည်[uːti~uːtɛ]（動）向う、目指す

ဦးတည်ဘာ[uːtibwa]→ဥတည်ဘာ：

ဦးတည်ချီတက်[uːti tʃitɛʔ]（動）向って前進する、向って進軍する

ဦးတည်ချက်[uːtidʑɛʔ]（名）目標、目的地、指向している所、ゴール နိုင်ငံရေးဦးတည်ချက် 政治目標

ဦးတည်ရာမဲ့[uːtija mɛ.]（副）当てもなく

ဦးတည်လမ်းကြောင်း[uːti lanːɡaun]（名）進路

ဦးထား[uːtʔa]（動）勝ち越している、前方にある

ဦးထိပ်[uːtʔeiʔ]（名）頭の頂、ひよめき

ဦးထိပ်ထား[uːtʔeiʔ tʔa]（動）敬意を表する、敬う、尊重する、崇め奉る

ဦးထိပ်ထက်ဆင်ရှက်[uːtʔeiʔ tʔɛʔsin jwɛʔ]（動）（国王に向って）承知つかまつる、心得て候

ဦးထိပ်ရှက်[uːtʔeiʔ jwɛʔ]（動）尊重する、守る、遵守する

ဦးထုပ်[ouʔtʔouʔ]（名）帽子

ဦးထုပ်ချွတ်[ouʔtʔouʔ tʃʔuʔ]（動）帽子を脱ぐ

ဦးထုပ်ဆောင်း[ouʔtʔouʔ sʔaunː]（動）帽子を被る

ဦးထမ်းပဲထမ်း[uːtʔan pɛ.tʔan]（副）任務を分担して、責務を平等に分担して

ဦးနု[uː nu.]（人）ウー・ヌ（1947年アウンサン将軍の死によって首相に就任、1962年のクーデターで身柄を拘束された）

ဦးနင်းပဲထောင်[uːnin pɛ.tʔaun]（副）御しにくて、始末に負えなくて

ဦးနင်းပဲထောင်ကစားစရာ[uːninː pɛ.tʔaun ɡəzaːzəja]（名）シーソー

ဦးနောက်[ounːnauʔ]（名）脳、頭脳

ဦးနောက်ခြောက်[ounːnauʔ tʃʔauʔ]（動）頭を痛める、頭を悩ませる、困惑する、途方に暮れる

ဦးနောက်ချုပ်ယွင်းမှု[ounːnauʔ tʃʔuʔjwinːmu.]（名）脳障害

ဦးနောက်ငယ်[ounːnauʔŋɛ]（名）小脳

ဦးနောက်ထိခိုက်[ounːnauʔ tʔi.ɡaiʔ]（動）脳挫傷を受ける

ဦးနောက်ပျက်[ounːnauʔ pjɛʔ]（動）気が触れる、頭がおかしくなる、神経に障害を来す

ဦးနောက်ပျက်စီမှု[ounːnauʔ pjɛʔsiːmu.]（名）脳障害

ဦးနောက်မြေရောင်ရောဂါ[ounːnauʔme: jaun jɔːɡa]（病）脳膜炎

ဦးနောက်ယိုစီးမှု[ounːnauʔ josiːmu.]（名）頭脳流出（優秀な人材の海外流出）

ဦးနောက်ရှုပ်[ounːnauʔ ʃouʔ]（動）面食らう、狼狽する、気持が乱れる、頭が混乱する

ဦးနောက်ရောင်ရောဂါ[ounːnauʔ jaun jɔːɡa]（病）脳炎

ဦးနောက်လှိုင်း[ounːnauʔ ɬain]（名）脳波

ဦးနောက်သေဆုံး[ounːnauʔ tesʔounː]（動）脳死になる

ဦးနောက်သွေးကြော[ounːnauʔ twe:dʑɔː]（名）脳血管

ဦးနောက်သွေးကြောပိတ်[ounːnauʔ twe:dʑɔː peiʔ]（動）脳梗塞になる、脳溢血を起す

ဦးနောက်သွေးကြောပိတ်ရောဂါ[ounːnauʔ twe:dʑɔː peiʔ jɔːɡa]（病）脳卒中、脳梗塞、脳溢血

ဦးနောက်အခြောက်ခံခံ[ounːnauʔətʃʔauʔkʔan ja.]（動）頭を悩まされる

ဦးနောက်အမြှေးရောင်ရောဂါ[ounːnauʔ əmeː jaun jɔːɡa]（病）脳膜炎

ဦးညွှတ်[uː nein tʃʔa.]（動）頭を下げる、お辞儀をする、敬意を表する

ဦးပဥ္စလို[uːpounɲa. louʔ]（比）日取りを選んでくれる、よい智慧を貸す cf. ဦးပဥ္စ 人名

ဦးပဲထမ်း[uːpɛ. tʔan]（動）①二人一組で担ぐ、天秤棒で担ぐ ②任務を分担する

ဦးပေါင်း[uːbaun]（名）（王朝時代身分の高い人達によって用いられた鉢巻状の）頭巾

ဦးပိုင်း[uːbain]（名）①（舟の）舳先、船首、先頭部分 cf. ပဲပိုင်း ②初め、初期 ညဦးပိုင်း 宵の内、夕方

ဦးပဇင်း[uːbəzin]（名）①（出家歴の浅い）比丘 ②出家の自称、拙僧 ③在家信者からの出家への呼び掛け、御坊様 =ဦးဇင်း

ဦးပြည်း[uːbjiː]（名）坊主頭、頭髪を剃り落とした頭 ရိပ်ခါစဦးပြည်း 剃ったばかりの坊主頭

ဦးဖျား[uːbja]（名）最初、真先

ဦးဖောင်း[uːbaun]＝ဦးပေါင်း

ဦးမလေး[uː məle]（動）ためらわない、気にしない、躊躇しない、てきぱきと処理する

ဦးမော့[uː mɔ.]（動）上向く、見上げる

ဦးမင်း[uːmin]（名）①叔父（母の弟） ②叔父（父方の）叔母の夫

ဦးမင်းကျော်[uːminːdʑɔ]（名）ウー・ミンジョー（三十七柱の神霊の一つ、酒乱で死んだとされる）

ဦးမှင်[uːmin]（名）（昆虫の）触角

ဦးမှင်ရှည်နံကောင်[uːminʃe nanɡaun]（虫）キリギリス

ဦးရီး[uːjiː] (名) ①伯父（母の兄）=ဦးကြီး၊ အရီး။ ②伯父（父方の叔母の夫）

ဦးရှုတိုင်[uːju dain] (名) 家の南東の柱 =ဉရှုတိုင်

ဦးရေ[uːje] (名) ①頭皮 ②人数 cf. လူဦးရေ

ဦးရေခြောက်[uːje tɕauʔ] (動) 頭がかさかさになる

ဦးရေသတ်မှတ်ချက်[uːje taːmaʔtɕɛʔ] (名) 定員

ဦးရစ်[uːjiʔ] (名) ビルマ帽、頭布、頭巾、ターバン

ဦးရှင်ကြီး[uːʃinʥiː] (名) ウー・シンジー（南部ビルマの汽水域で船乗り達に信心されている土俗神、竪琴を抱え両脇に虎と鰐を伴う）

ဦးရှင်ကြီးတင်[uːʃinʥiː tin] (動) ウー・シンジーに供える

ဦးလေး[uː leː] (動) 気乗りしない、二の足を踏む、ためらう、躊躇する、気が進まない

ဦးလေး[uːleː] (名) ①叔父（父の弟、母の弟）②年配の男性への呼び掛け、小父さん

ဦးလေးတဝမ်းကွဲ[uːleː təwunːgwɛː] (名) 又従兄弟の一方が従兄弟の相手の方を呼ぶ時の呼称

ဦးလေးနှစ်ဝမ်းကွဲ[uːleː nəwunːgwɛː] (名) ①一方は孫、相手は子の間柄 ②一方は曾孫、相手は孫の間柄

ဦးလည်မသုန့်[uːlɛ mətoun] (副) ひたすら、脇目も振らずに、躊躇する事なく、忠実に အမျိုးသားတာ ဝန်ကိုဦးလည်မသုန့်ထမ်းဆောင်ခဲ့ကြပြီ။ 国民としての任務を忠実に実行した တိုင်းပြည်ကပေးအပ်သည့်တာဝန်ကို ဦးလည်မသုန့်ထမ်းရွက်သည်။ 国家から与えられた責任を忠実に果した

ဦးလည်မသုန်[uːlɛ mətoun] =ဦးလည်မသုန့်။ ဘုရင့် အမှုတော်ကိုဦးလည်မသုန်ဆောင်ရွက်သည်။ 国王への奉仕を忠実に行った

ဦးလည်မသုံ[uːlə mətoun] =ဦးလည်မသုန့်။ ဦးလည် မသုံယုံကြည်သည်။ ひたすら信仰している အမှုတော်ကို ဦးလည်မသုံထမ်းရွက်သည်။ 公務を忠実に果す

ဦးလုံး[ouʔloun] (名) 思春期の乙女の髪型

ဦးလုံးသိမ်း[ouʔloun teinː] (動) 頭髪を束ねる

ဦးဝိစာရ[uː wi.zaja.] (人) ウー・ウィザヤ（仏教徒青年会の指導者、１９２９年獄死した）

ဦးသျှောင်[ouʔʃaun] (名) ①冠のような頭飾り ②男性の髷

ဦးဦး[uːuː] (名) ①男性年配者への呼び掛け、小父さん ②児童に対する時の男性年配者の自称

ဦးဦးဗျာဗျာ[uːuː pʼjaːbjaː] (副) 一番始めに、真先に、先頭を切って

ဦးအောင်[uː aun] (副) 先んじるよう、先手を取るよう

ဦးအောင်ဇေယျ[uː aunzeja] (人名) アラウンパヤー（コンバウン王朝の始祖）の別称

ဦးအောင်ပြု[u aun pju.] (動) 先手を取る、先んじる

ဦးဥတ္တမ[uː ouʔtəma.] (人) ウー・オウタマ（ビルマ民族主義の指導者、１９３９年に死去）

အေ့[e.] (間) 親密さを表わす女性専用語で文末で使用 ဟုတ်ကောမေ့ထမင်းဆာလှပြီအေ့။ あんたったら、お腹が空いたわね ည်းဇလုံထဲကတာတုန်းအေ့။ お前さんの鉢の中にあるのは何なのさ ဒီကောမကတော်တော် ချောတယ်အေ့။ その女は随分別嬪だわよ ဉာဏ်တော် တော်ကောင်းတာအေ့။ 頭は相当切れるわよ ည်းပန်း တွေယူပေါ်ပါလား့အေ့။ お前さん、ずいぶん沢山の花を持ってるわね ငါတော့မအိပ်သေးပါဘူးအေ့။ あたしは未だ寝ないわよ

အေ[e] (間) 女性専語、文末で使用 ငါသိပ်စိတ်ညစ်တာ ဘဲအေ။ あたし実に情ないわ မခက်ပါဘူးအေ။ 難しくはないわ ဒီလိုမပြောပါနဲ့အေ။ そんな事言わないでよ ည်းတို့ကကြပါအေ။ あんた達で踊りなさいよ တကယ်၊ စစ်လိုက်ဆေးလိုက်တာအေ။ 呆れたものだわ、あれこれ訊問するんだからね ည်းအဖော်တွေကာဖီပျော် တိုက်ပါအေ။ あんたの連れの人達にコーヒーを差上げなさいよ

အေဇု[ezu.] (植) マルバツルノゲイトウ（ヒユ科） Arternanthera pungens

အေဆီယံ[esiʼijan] (名) 東南アジア諸国連合、アセアン＜ အာဆီယံ

အေဒီ[edi] (名) 西暦紀元＜英 A.D.

အေအိုင်ဒီအက်[e ain di ɛʔ] (名) 免疫不全症候群、エイズ＜ AIDS

ေ[e] (間) ①返事、はい ②相槌、うん、そうそう =အေ၊

ေ[eː] =အေး

ေချင်း[eːʥinː] (名) 史謡（ビルマ古典詩の１種、王子王女の子守り歌、母音エーで始まり、エーで終るのが特徴）

ေချမ်း[eːʥanː] =အေးချမ်း

ေချမ်းသာယာ[eːʥanː taja] =အေးချမ်းသာယာ။ လူလောကေချမ်းသာယာမယ်။ この世は泰平だ

ေတာ့ပြု[e dəmja.] =အေးတာ့ပြု

ေမြ[eːmja.] =အေးမြ။

ေမြသာယာ[eːmja. taja] =အေးမြသာယာ

ေယဉ်[eːjin] =အေးယဉ်

ေယဉ်ကြူ[eːjin tɕuː] =အေးယဉ်ကြူ။

ေေ[eːeː] =အေးအေး

ေေဆးဆေး[eːeːsʼeːzeː] =အေးအေးဆေးဆေး

ဧက[eka.] (名)エーカー、面積の単位、約4平方キロ、約千二百坪 ＜英 Acre
ဧက[eka. ~e:ka.] (数) 1 ＜パ Eka
ဧကစာ[ekəza] (副)単独で、一人で
ဧကမု[egəmu] (名)単位
ဧကရီ[ekəji] (名)女王、皇后
ဧကရာဇ်[ekəji'~egəri'] ①(名)皇帝、君主、天皇 ②[egəji'](植)コルクノウゼン（ノウゼンカズラ科）Millingtonia hortensis
ဧကရာဇ်ကိန္နရငါး[ekəji' keinnəja ŋa:] (魚)キンチャクダイ
ဧကရာဇ်ဘုရင်မင်းမြတ်[ekəji' bəjin min:mja'] (名)皇帝陛下、天皇陛下
ဧကဝုစ်[egəwou'] (名)単数 ＜パ Ekavacana
ဧကဝုစ်ကိန်း[egəwou' kein:] ＝ဧကဝုစ်
ဧကဏ္ဏာဘာသာ[egəwunna. bad̪a] (名)単音節語
ဧကသီ[ekət̪i] (名)七条、上衣、三衣の一つ ＝ဧကသီ
ဧကသီ[ekət̪i] ＜パ Ekacciya ＝ဧကသီ၊ ကိုယ်ဝတ်။
ဧကသီသင်္ကန်း[əkət̪i t̪ingan:] ＝ဧကသီ
ဧကန်[ekan] (副)確かに、きっと、誠に ＜パ
ဧကန္တ[ekanda.~ekanta.] (副)恐らく、多分、きっと、紛れもなく、さては ＜パ Ekanta
ဧကန္တပြစ်[ekanda. p'ji'] (形)確かだ、誠だ、本当だ
ဧကန်ပြစ်[ekan p'ji'] ＝ဧကန္တပြစ်
ဧကန်မချွတ်[ekan mət͡ʃu'] (副)間違いなく、きっと
ဧကန်ဧက[ekan eka.] ＝ဧကန်
ဧနီ[eni] (名)鹿 ＜パ Eṇi
ဧပြီလ[epji la.] (名)(太陽暦の) 4月 ＜April
ဧပြီအရူးနေ့[ep əju:ne.] (名)エープリルフール
ဧရာ[eja] (名)(船の)竜骨、キール
ဧရာမ[ejama.] (形)巨大な、非常に大きい ဧရာမလှေကြီး: 大きな舟 ဧရာမနွားချည်ကြိုး: でかい牛の繋ぎ綱 ဧရာမဗူးသီးတလုံး: 巨大なヒョウタン ဧရာမဒုက္ခကြီး: 大きな災難 ဧရာမအကျပ်အတည်းကြီး: 大きな難題
ဧရာဝတီ[ejawədi] (地)イラワジ河
ဧရာဝတီတိုင်း[əjawədi tain:] (名)イラワジ管区
ဧရာဝတီမြစ်[ejawədi mji'] ＝ဧရာဝတီ
ဧရာဝဏ်ဆင်[ejawan s'in] (名)帝釈象（インドラ神の乗物である象）
ဧရိယာ[eri.ja] (名)面積 ＜英 Area
အေး[e:] (間)①同年輩間での返事(頷いて)ええ、そうだね ②同年輩間での相槌(同意して、喜んで)うん、そうだ、そうなんだ、そうよ、そうそう
အေးကွာ[e:kwa.] (間)そうさ、そうだよ

အေးကွယ်[e:kwɛ] (間)そうだな、そうね
အေး[e:] (形)①冷たい、ひんやりしている ②寒い ③涼しい ④のどかだ、のんびりしている、静かだ、落着いている、悠然としている ⑤(動)鎮まる、落着する、決着が着く ＝၎
အေးကနဲ[e:gənɛ ne] (動)ひんやりしている、冷感を覚える
အေးကျင်း[e:d͡ʒin:] (名)防空壕
အေးချမ်း[e:d͡ʒan:] (形)①寒冷だ ②平和だ、泰平だ、安寧だ
အေးချမ်းစွာ[e:d͡ʒan zwa] (副)平和に、落着いて
အေးချမ်းရေး[e:d͡ʒan je:] (名)平穏、平安
အေးချမ်းသာယာ[e:d͡ʒan taja] (形)のどかだ、平和だ、安寧だ နိုင်ငံတော်ကြီးအေးချမ်းသာယာတော့မည်။ 国が平和でのどかになるだろう
အေးချမ်းသာယာရေး[ə:d͡ʒan taja je:] (名)安寧、安穏、平穏、平和
အေးစက်[ə:sɛ'] (形)①冷たい、寒冷だ、ひんやりする ②素気ない、冷淡だ ③気乗りしない
အေးစက်စက်[e:sɛ'sɛ'] (副)①ひんやりして ②冷淡で、そっけなく
အေးစက်စက်ကြီးပြစ်[e:sɛ'sɛ't͡ʃi: p'ji'] (形)①冷たい、ひんやりしている ②誠にそっけない、きわめて冷淡だ
အေးစက်စက်နိုင်[e:sɛ'sɛ' nain] (形)そっけない、冷ややかだ
အေးစက်စက်နှင့်[ə:sɛ'sɛ' nɛ.] (副)冷ややかに、そっけなく
အေးစိမ့်စိမ့်[e:sein.zein.] (副)ぞくぞく冷えて
အေးစိမ့်စိမ့်ပြစ်[e:sein.zein. p'ji'] (形)冷気を覚える、しんしんと冷える、ぞくぞくする
အေးဆေး[e:s'e:~e:ze:] (形)穏やかだ、物静かだ、おとなしい、無口だ
အေးတိအေးစက်[e:ti.e:sɛ'] (形)冷淡で、無関心で、平然としていて
အေးတိအေးစက်ရှိ[e:ti.e:sɛ' ʃi.] (形)平然としている、無関心だ、冷淡だ
အေးတိအေးစက်ကြီးပြော[ə:ti.e:sɛ't͡ʃi: pjɔ:] (動)平然と語る、冷淡に言う
အေးဒမ်ပြ[e:dəmja.] (名)空き巣、忍び込み ＝ထောင်ပြ
အေးဒမ်ပြတိုက်[e:dəmja. tai'] (動)空き巣に入る、他人の家に忍び込む
အေးမတာ[e:mət̪a] (名)もがり、仮もがり、あらき
အေးမြ[e:mja.] (形)①爽やかだ、すっきりしている、心安らかだ ②ひんやりしている、冷涼だ

အေးမြမှု[e:mja.mu.]（名）心の安らぎ
အေးမြသာယာ[e:mja. taja]（形）平和でのどかだ、平静安寧だ
အေးယဉ့်[e:jin]（名）子守り歌 ＝ပေယဉ့်
အေးယဉ့်ကြူး[e:jin tʃu:]（動）子守り歌を歌う ＝ပေယဉ့်ကြူး
အေးရိပ်[e:jeiʔ]（名）木陰、緑陰
အေးရိပ်ခို[e:jeiʔk'o]（動）涼を求める、木陰に入る
အေးအတူပူအမျှ[e: ətu pu əmja.]（副）苦労を共にして、かん難辛苦を共にして、喜びも悲しみも共に分け合って
အေးအေး[e:e:]（副）冷たく、ひんやりと ရေအေးအေးတခွက်ကိုသောက်၏။ 冷たい水を1杯飲んだ
အေးအေးဆေးဆေး[e:e: s'e:ze:]（副）穏やかに、落着いて、気楽に、のんびりと အေးအေးဆေးဆေးနေသည်။ のんびりとしている、ゆったりとしている、気楽に暮す
အေးအေးလူလူ[e:e: lulu]（副）平和に、のんびりと、静かに、ゆったりと、悠然と、悠々と
ဧည့်[ɛ.]（名）①客、来客、訪問者 ②宿泊客
ဧည့်ကြို[ɛ.dʒo]（名）受付
ဧည့်ကြိုဌာန[ɛ.dʒo t'ana.]＝ဧည့်ကြို
ဧည့်ခန်း[ɛ.gan:]（名）客間、応接室
ဧည့်ခန်းမဆောင်[ɛ. k'an:ma.zaun]（名）応接間、接客広間
ဧည့်ခံ[ɛ. k'an]（動）もてなす、接待する、客を受入れる
ဧည့်ခံကျွေးမွေး[ɛ.k'an tʃwe:mwe:]（動）もてなす、歓待する、馳走する
ဧည့်ခံခန်းမဆောင်[ɛ.gan k'an:ma.zaun]（名）応接ホール
ဧည့်ခံပြုစု[ɛ.k'an pju.zu.]（動）丁重にもてなす、丁寧に応対する
ဧည့်ခံပွဲ[ɛ.k'anbwɛ:]（名）歓迎会、宴会、パーティー
ဧည့်ခံသူ[ɛ.k'andu]（名）応対者、応接者
ဧည့်ဂေဟာ[ɛ. geha]（名）迎賓館、ゲスト・ハウス
ဧည့်စာရင်း[ɛ. zəjin:]（名）宿泊者名簿
ဧည့်စာရင်းစာအုပ်[ɛ. zəjin: sauʔ]（名）芳名録
ဧည့်စာရင်းတိုင်[ɛ. zəjin: tain]（動）宿泊者名簿を当局に届ける
ဧည့်စာရင်းတိုင်ကြား[ɛ. zəjin: taintʃa:]＝ဧည့်စာရင်းတိုင်
ဧည့်ထောက်ခံ[ɛ.dauʔ k'an]（動）渋々接待する、仕方なく応対する、招かれざる客を受入れる
ဧည့်ပရိသာတ်[ɛ. pəreiʔtaʔ]（名）参列者、出席者

ဧည့်ပါမောက္ခ[ɛ. pamauʔk'a.]（名）客員教授
ဧည့်မတ[ɛ.matʔa.]（名）エ・マタ、下ビルマで栽培されている中生稲の代表
ဧည့်မြေ[ɛ. mje]（名）①沈泥 ②異郷、訪問先の土地、滞在地
ဧည့်ရိပ်သာ[ɛ. jeiʔta]（名）来客用宿舎、ゲスト・ハウス
ဧည့်ဝတ်[ɛ.wuʔ]（名）歓待、厚遇、親切なもてなし
ဧည့်ဝတ်ကျေ[ɛ.wuʔ tʃe]（形）親切だ
ဧည့်ဝတ်ကျေပြွန်[ɛ.wuʔ tʃebjun]＝ဧည့်ဝတ်ကျေ
ဧည့်ဝတ်ပြု[ɛ.wuʔ pju.]（動）歓待する、親切にもてなす
ဧည့်ဝတ်မကျေ[ɛ.wuʔ matʃe]（形）非友好的だ、不親切だ、客扱いが悪い
ဧည့်သည်[ɛ.dɛ]（名）客、来客、訪問者
ဧည့်သည်ငှက်[ɛ.dɛ ŋeʔ]（名）渡り鳥
ဧည့်သည်တော်[ɛ.dɛdɔ]（名）来賓、賓客
ဧည့်သည်ဝတ်ပြု[ɛ.dɛwuʔ pju.]＝ဧည့်ဝတ်ပြု
အဲ[ɛ]（形）①腹がくちる、満腹する ②過剰だ ③大きくなる
အယ်ဂျီးရီးယား[ɛdʒiri:ja:]（国）アルジェリア
အယ်ဆာဗေဒို[ɛs'abedo]（国）エルサルバドル
အယ်ဒီတာ[ɛdita]（名）編集者 ＜英 Editor
အယ်ဒီတာချုပ်[ɛditadʒouʔ]（名）編集長
အယ်ဘေးနီးယား[ɛbe:ni:ja:]（国）アルバニア
အယ်လ်နီညို[ɛ niɲo:]（名）エルニーニョ（南太平洋東部で起る海水温度の上昇現象）
အယ်လ်ဘေးနီးယား[ɛlebe:ni:ja:]（国）アルバニア
အယ်လ်ဘေးနီးယား[ɛləbe:ni:ja:]（国）アルバニア
အယ်လဘမ်း[ɛləban:]（名）アルバム ＜英 Album
အယ်အယ်[ɛ ɛ]（擬）エーンエーン（泣き声）
အဲ[ɛ:]（名）ビルマの昔の歌（အဲ で始まり、အဲ で終るのが特徴）＝အဲချင်း
အဲ[ɛ:]（間）思案中の発話、えーと、あのー、うーん အဲ။ ဦးလေးဒီနမ်ပြောရုံနဲ့လဲမသိသေးဘူး။ うーん、小父さんがその名前を言っただけではまだ判らない
အဲ[ɛ:]（間）そうだ、それ見た事か
အဲအဲ[ɛ:ɛ:]（間）そうそう
အဲ[ɛ:]（代）それ
အဲဒါ[ɛ:da]（代）それは အဲဒါထွန်စက်လို့ခေါ်တယ်။ それは耕作機と言うんだ အဲဒါယ်သူတွေလဲ။ あれは誰なの? အဲဒါဘာလုပ်ဖို့လဲ။ それは何するつもり?
အဲဒါက[ɛ:daga.]（主）それは
အဲဒါလေးတော့[ɛ:dagəle: dɔ.]（代）それは、それについては
အဲဒါကိုတော့[ɛ:da gɔdɔ.]（副）その事を、その事

についてはの
အဒါကြောင့်[ɛ:da dʑaun.] (接) だから、それ故、そう言う訳で
အဒါကြောင့်မို့[ɛ:da dʑaun.mo.] =အဒါကြောင့်
အဒါကြောင့်မို့လို့[ɛ:da dʑaun.mo.lo.] =အဒါကြောင့်
အဒါတော့[ɛ:da dɔ.] (代) それは、その事は、その事については
အဒါနဲ့[ɛ:da nɛ.] (接) それで、そう言う訳で、そこで
အဒါနဲ့ပေါ့လေ[ɛ:da nɛ.pɔ.le] (接) だからさ、そう言う訳でね
အဒါလောက်ကလေးနဲ့[ɛ:da lauʔkəle: nɛ.] (副) それ位の事で
အဒီ[ɛ:di] (代) それ、その (話題のもの)
အဒီကို[ɛdi go] (副) そこへ
အဒီည[ɛdi ɲa.] (名) その夜、その晩
အဒီတော့[ɛ:di dɔ.] (接) それで、そこで、そう言う訳で
အဒီတော့မှ[ɛ:di dɔ.ma.] (接) その時になって、そこで初めて
အဒီတုန်းက[ɛ:di doun.ga.] (接) 当時、その当時
အဒီနေ့[ɛ:di nɛ.] (名) その日、当日
အဒီနေရာကိုတော့[ɛ:dinejagodɔ.] (副) そこへは
အဒီနောက်[ɛ:di nauʔ] (副) その後、それから
အဒီလူ[ɛ:di lu] (名) その人
အဒီလို[ɛ:dilo] (副) そのように
အဒီလိုချည်းပဲ[ɛ:dilo dʑi:bɛ:] (形) そんな事ばかりだ、そう言う事だらけだ
အဒီလိုနဲ့[ɛ:dilo nɛ.] (副) そのようにして
အဒီလိုနဲ့ပဲ[ɛ:dilo nɛ.bɛ:] =အဒီလိုနဲ့
အဒီအခါ[ɛ:di ək'a] (名) その時
အဒီအခါကျရင်[ɛ:di ək'a tʃa.jin] (副) その時に、その時になると
အဒီအခါမျိုး[ɛ:di ək'amjo:] (名) そう言ったような時、そう言った場合
အဒီအချိန်[ɛ:di ətʃ'ein] (名) その時、その時刻
အဒီအချိန်က[ɛ:di ətʃ'einga.] (副) その時に
အဒီအချိန်ကျရင်[ɛ:di ətʃ'ein tʃa.jin] (副) その時になれば
အဒီအချိန်မှာ[ɛ:di ətʃ'einma.] (副) その時に
အဒီအပြင်[ɛ:di əpjin] (接) その外、それ以外に
အသလို[ɛ:dəlo] (副) そのように
အသလိုနဲ့[ɛ:dəlo nɛ.] =အသလို
အသလိုမျိုး[ɛ:dəlomjo:] (名) そのような類のもの
အသလိုပါဘဲ[ɛ:dəlo babɛ:] (形) そのようなもの

だ、そのような訳だ
အချင်း[ɛ:dʑin:] (名) ビルマの古典詩の1種 =အ
အမောင်း[ɛ:maun:] (名) 矛 လှံရှည်အမောင်း 槍や矛
အော့[ɔ.] (動) ①吐き気を催す、むかつく、むかむかする ②吐く、嘔吐する
အော့ကြောလန်[ɔ. dʑɔ:lan] (形) 厭で堪らない、絶交したい程だ、むかつく程厭だ、愛想が尽きる
အော့နှလုံးနာ[ɔ. nəloun: na] (動) 忌み嫌う、毛嫌いする、虫酸が走る、吐き気を催す
အော့အန်[ɔ.an] (動) 吐く、嘔吐する、もどす
အော်[ɔ] (名) 湾 ဗင်္ဂလားအော် ベンガル湾
အော်[ɔ] (感) 驚き、喜び、憐れみ、同情、悲哀、詠嘆等を表わす、あー、そうだったのか、ああ、そうか
အော်ဟုတ်လား။ あー、そうですか
အော်[ɔ] =အော် အော်။ငါ့မွေးနေ့ပါဘဲ။ そうか、すっかり忘れていた အော်။ဖြစ်မှဖြစ်လေခြင်း။ あー、何という事だ အာ။ငါလဲနေ့ဒီသုသာန်မှာဘဲခေါင်းချရမှာပါလား။ そうだ、僕もいつかはこの墓地に葬られる事になるんだ အော်။ဘယ်သူမှငိုမယ့်သူမရှိပါကတကား။ あー、誰も泣く人はいないんだなあ
အော်[ɔ] (動) 叫ぶ、大声を出す ဖား:အော်သံ 蛙の声
အော်ကျယ်ဟစ်ကျယ်[ɔdʑɛ hiʔtʃɛ] (副) 大声で、声を張り上げて
အော်ကျယ်ဟစ်ကျယ်နဲ့[ɔdʑɛ hiʔtʃɛ nɛ.] (副) 大声で、喚くように
အော်ကြီးဟစ်ကျယ်[ɔdʑi: hiʔtʃɛ] =အော်ကျယ်ဟစ်ကျယ်
အော်ကြီးဟစ်ကျယ်ပြော[ɔdʑi:hiʔtʃɛ pjɔ:] (動) 声を張り上げる、大声で話す、喚き声で喋る
အော်ငေါက်[ɔ ŋauʔ] (動) 怒鳴る、一喝する、大声で叱責する、雷を落す
အော်ပြော[ɔ pjɔ:] (動) 大声で話す
အော်မြည်[ɔ mji] (動) (動物が) 鳴く、声を発す
အော်လံ[ɔlan] (名) メガホン
အော်သံ[ɔdan] (名) 叫び声、喚き声、大音声
အော်ဟစ်[ɔhiʔ] (動) 叫ぶ、絶叫する、大声をあげる
အော်ဟစ်ကြိမ်းမောင်း[ɔhiʔ tʃein:maun:] (動) 大声で叱責する、怒鳴る、大声で叱りつける
အော်ဟစ်သံ[ɔhiʔtan] (名) 叫び声
အော်အော်[ɔ ɔ] (動) 盛んに大声を発する
အော်လီ[ɔgəli] (動) 吐き気、悪心
အော်လီဆန်[ɔgəli s'an] (動) ①吐き気を催す、胃がむかむかする ②虫酸が走る、吐き気が出そうだ
အော်တို[oto] (名) 自動式電話 <英 Auto
အော်တိုမက်တစ်[ɔtomɛʔtiʔ] (副) 自動的に <英
အော်တိုမက်တစ်ထိန်းစနစ်[ɔtomɛʔtiʔ t'ein:

səniˀ]（名）自動制御方式 ＜英 Automatic

အော်ဒါ[ɔda]（名）注文、オーダー ＜英 Order

အော်ပရာ[ɔpəra]（名）オペラ ＜英 Opera

အော်ပရေတာ[ɔpəreta]（名）電話交換手 ＜英

အော်ယော[ɔjɔ:]（鳥）アジアコビトウ（ウ科）Phalacrocorax niger

အော်လဲ[ɔlɛ:]（植）ブドウハゼ、ナンキンハゼ（トウダイグサ科） Carumbium baccatum

အော်အီးအီးအွတ်[ɔ i:i: uˀ]（擬）コケコッコー ＝အောက်အီးအီးအွတ်

အော[ɔ:]（間）おや、何だ

　အောချ[ɔ: tʃa.]（動）①どうにもならぬ、お手上げだ、諦める、断念する、敗北する ②一方に投資する、集中投資する

　အောတိုက်[ɔ: taiˀ]（形）夥しい、異常に多い

သြ[ɔ:]（感）ほう、そうだ သြ၊မင်းတို့မှာအဖွား၊လဲရှိသေးသကိုး။ ほう、君達にはお婆さんもまだいたんだね

　သြကာသ[ɔ:kada.～ɔ:gada.]（名）パーリ語の祈祷文、祈りの文言の出だし（3回唱える）、許し、許可の意 ＜パ Okāsa ＝ဘုရားရှိခိုးဂါထာ

　သြကာသလောက[ɔ:gada. lɔ:ka.]（名）自然世界、自然環境 ＜パ Okāsa Loka

　သြချ[ɔ:tʃa.]＝အောချ

　သြစတြီးယား[ɔ:səteri:ja:]（国）オーストリア

　သြစတြေးလီးယား[ɔ:sətere:li:ja:]（国）オーストラリア

　သြစတြေးလျ[ɔ:sətere:lja.]＝သြစတြေးလီးယား

　သြဇာ[ɔ:za]（名）①力、権力、権威 ②影響 ③指令、命令 ④滋養、栄養 ⑤肥料 ⑥（植）バンレイシ釈迦頭果（バンレイシ科） Annona squamosa ＜パ Ojā

　သြဇာကြီး[ɔ:za tʃi:]（形）影響が大きい

　သြဇာခံ[ɔ:za k'an]（動）①影響を受ける、影響下にある ②命令を受ける、従順だ

　သြဇာဂုဏ်[ɔ:za goun]（名）自由闊達な文章、精密な表現

　သြဇာညောင်း[ɔ:za ɲaun:]（動）影響を及ぼす、影響力を持つ လူငယ်များအပေါ်သြဇာညောင်းသည်။ 若者達に影響を及ぼす

　သြဇာတိက္ကမ[ɔ:za teiˀkəma.]（名）影響力 ＜パ

　သြဇာပေး[ɔ:za pe:]（動）①命令する、指示する、指令する ②影響を及ぼす

　သြဇာပင်[ɔ:za bin]（名）バンレイシの木

　သြဇာပြယ်[ɔ:za pjɛ]（動）影響力が弱まる

　သြဇာလွှမ်းမိုး[ɔ:za ɬwan:mo:]（動）影響を及ぼす

　သြဇာသီး[ɔ:za di:]（名）バンレイシの果実

　သြဇာသက်ရောက်[ɔ:za tɛˀjauˀ]（動）影響を及ぼす

　သြဇာသက်ရောက်မှု[ɔ:za tɛˀjauˀmu.]（名）影響

　သြဘာ[ɔ:ba]（名）賞賛、賛辞、拍手喝采 ＜パ Obhāsa

　သြဘာစ[ɔbaza]（名）目出たい席上での賛辞

　သြဘာပေး[ɔba pe:]（動）①誉めそやす、声援を送る、拍手喝采する ②祝福する

　သြဘာသံ[obadan]（名）歓声、同感の声、応援

　သြရသ[ɔ:ra.ta.]（名）嫡出子で第一子（長男または長女、一定の条件の下で父または母の遺産の4分の1を相続する権利を持つ） ＜パ Orasa

　သြဝါဒ[ɔ:wada.]（名）戒め、教訓、忠告、助言 ＜パ Ovāda

　သြဝါဒခံ[ɔ:wada. k'an]（動）教えを受入れる

　သြဝါဒခံယူ[ɔ:wada. k'an ju]（動）法話を聴く

　သြဝါဒစကား[ɔ:wada. zəga:]（名）訓示、訓話

　သြဝါဒပေး[ɔ:wada. pe:]（動）教訓を与える

အို[o]（間）①呼び掛け、もしもし、一寸、あの ②驚き、驚愕、同情等を示す、何とまあ、အို၊နီးလှပါပကော။ いやあ、随分と近づいているではないか ③不承知、不賛成を示す、否々 အို၊မဟုတ်တာရှင်။ まあ、とんでもないわ အို၊ဆိုင်လို့ပြောရတာပေါ့။ いや、関係があるから言ってるのさ

အို[o]（形）①年を取っている、老齢だ、老衰している အဖိုးအို 老人、爺さん အဖွား၊အို 老婆、婆さん ②古い、古びている ③苦悩する、心痛する မျက်နှာထားအိုလှသည်။ 憔悴した表情をしている

　အိုကြီးအိုမ[odʒi: oma.]（名）老人、高齢者

　အိုနာ[ozəna]（動）年を取る、老いる、老化する

　အိုစာ[osa]①（動）老けてみえる ②[oza]（名）老後の貯え、へそくり

　အိုစာကျဆင်း[oza tʃa.s'in:]（動）老け込む、老衰する

　အိုစာမင်စာ[oza min:za]（名）老後の貯え、老齢資金、老年期の生活費

　အိုတာ[ozeta]（名）老化現象

　အိုနာကျိုကန်[ona tʃo:gan:]（名）高齢者、老衰者、老人

　အိုနာစာ[onaza]（名）老後の貯え、老齢資金

　အိုနာစာရန်ပုံငွေ[onaza janboun ŋwe]（名）老齢年金

　အိုမင်း[omin:]（形）①老化する、老齢となる ②古くなる

　အိုမင်းမစွမ်း[omin: məswan:]（副）年を取って衰え、老化して

အိုမင်းမစွမ်းဖြစ်[omin: məswan: p'ji'] （動）老衰する、年取って体が弱る

အိုမင်းမစွမ်းရှိ[omin: məswan: ʃi.]（動）老衰する、老化して衰弱する

အိုမင်းရင့်ရော်[omin: jin.jɔ]（動）老衰する

အိုမင်းဟောင်းနွမ်း[omin: haun:nun]（形）古ぼけている

အိုရုပ်ပေါက်[ojou' pau']（動）老ける、老け込む、老けた表情になっている、

အိုအောင်မင်းအောင်ပေါင်း[o aun min: aun paun:]（動）偕老同穴の契りを結ぶ

အိုဇုန်း[ozoun:]（名）オゾン ＜英 Ozone

အိုလံပစ်[olanpi']（名）オリンピック ＜英

အိုလံပစ်အားကစားပွဲ[olanpi' a:gəza:bwɛ:]（名）オリンピック大会 ＜英 Olympic

အိုသွေးပိုင်ရှင်[odwe: painʃin]（名）O型血液の持主

အို[o:]（名）凝り性、一つ事に熱中するタイプ、耽溺する性格 အပျင်းအို: 怠け者 အရက်အို: 飲兵衛 ပေါအို: 怒りん坊 စာပေဝါသနာအို: 読書の虫 ရုပ်ရှင်ဝါသနာအို: 映画好き ဟဒယအိုးပေါက်ကွဲသည်။ 笑いが止まらない

အို[o:]（名）①鍋 ②釜 ③甕、壷 မြေအို: 土鍋 ထမင်းအို: 飯炊きの釜 ဟင်းအို: 煮物用の鍋 ပြုတ်အို: 茹で鍋 ရေနွေးအို: 湯沸し、やかん ရေအို: 水甕 ဆီအို: 油壷 ဆန်အို: 米びつ မင်အို: インク瓶

အိုးကမပူ၊စလောင်းကပူ။（諺）逆様（鍋は熱くならず、蓋が熱くなる）

အိုးကင်း[o:gin:]（名）底の浅い中華鍋

အိုးချင်းထားအိုးချင်းထိ၊ကြိုးချင်းထားကြိုးချင်းငြိ။（諺）男女の間柄、遠くて近くは男女の仲（壷同士置いておけば壷同士くっつき、縄同士置いておけば縄同士絡まる）

အိုးခြေအိမ်ခြေ[o:dʑe eindʑe]（名）住まい、自宅

အိုးခွက်[o:k'wɛ']（名）鍋釜茶碗類、鍋釜食器類

အိုးရည်[o:zəji:]（名）うわぐすりを掛けた大甕

အိုးစား[o:za:]（名）①（王朝時代の）兵士５人１組の分隊 ②その分隊の指揮官、分隊長

အိုးစားကွဲ[o:za: kwɛ:]（動）①別々になる、別れ別れになる ②首が飛ぶ、命がなくなる အသက်နှင့်ကိုယ်ခန္ဓာအိုးစားကွဲသည်။ 命と体とが別々になる ③絆が切れる、夫婦が離婚する、友人同士が仲たがいする

အိုးစားခွဲ[o:za: k'wɛ:]（動）切り離す、別れ別れにする

အိုးစောင်းခြမ်းကွဲ[o:zaun:dʑan:gwɛ:]（名）土鍋、椀、鉢、甕等の破片、陶器片

အိုးစည်[o:zi]（名）長い響胴が付いた単面の太鼓（叩く時には肩からベルトで吊す）

အိုးစည်သိပတ်ဝိုင်း[o:zi do:ba' wain:]（名）単面太鼓と両面太鼓で構成された楽団

အိုးစည်ဝိုင်း[o:zi wain:]（名）単面太鼓の楽団

အိုးစွပ်ခွက်စွပ်[o:zu' k'wɛ'su']（副）他人のせいにして、他人を悪者扱いして

အိုးစွပ်ခွက်စွပ်စား[o:zu' k'wɛ'su' sa:]（動）鍋釜から直接食べる

အိုးစွပ်မစား၊ခွက်စွပ်မစား။（諺）下品な行為はしない（鍋釜の中の食べ物を手掴みで直接食べるような事はしない）

အိုးဆေး[o: s'e:]（動）鍋、釜を洗う

အိုးတို:အတ[o:do a.ta.]（副）不器用で、頓馬で、馬鹿みたいで

အိုးတိုးအတဖြစ်[o:do a.ta. p'ji']（動）たじろぐ、ためらう、逡巡する

အိုးတိုးအင်တင်[o:do in.tin.]（副）胃がもたれて、過食のため居心地が悪くて

အိုးတိုးအမ်းတမ်း[o:do an:dan:]（副）一瞬たじろいで、躊躇して、困惑して

အိုးတိုက်[o: tai']（動）鍋、釜を磨く

အိုးတိုက်ဖွဲပြာ[o:dai' p'wɛ:bja]（名）鍋釜を磨くための焼いた籾殻

အိုးတုတ်[o:dou]（名）胴が大きく口が小さい素焼きの壷

အိုးတန်ဆန်ခတ်[o:dan s'anga']（名）状況に応じた（釜の大きさに適した米を入れる）話し方

အိုးထိန်း[o:dein:]①陶工 ②（植）マラバルニワウルシ（ニガキ科）Ailanthus triphysa

အိုးထိန်းစက်[o:dein:zɛ']（名）轆轤（ろくろ）

အိုးထိန်းသည်[o:dein:dɛ]（名）陶工

အိုးနှင့်ခွက်နှင့်[o:nin: k'wɛ'nin:]（副）無秩序で、手の付けられない状態で、順序も何もない有様で、支離滅裂で အိုးနှင့်ခွက်နှင့်ဖြစ်သည်။ 千鳥足になっている အိုးနှင့်ခွက်နှင့်ဆိုသလိုပြောတတ်ဆိုတတ်ကြတယ်။ しどろもどろな話し方をするものだ

အိုးပိုင်အိမ်ပိုင်ရှိ[o:bain einbain ʃi.]（動）個人所有の家がある、自宅を持っている

အိုးပစ်အိမ်ပစ်[o:bji' einbji']（副）家も家族も捨てて、家庭を省みる事なく

အိုးပြွန်[o:bji']（名）（王宮内で使用された）狭口胴広の水差し ＝အိုးပျစ်

အိုးဖို[o:bo]（名）窯

အိုးဘု[o:bou']（名）玩具用の小さな鍋釜

အိုးမလုံအိုးပွင့်[o: məloun oun pwin.]（諺）心

疾しき者は口が軽い（不安定な土鍋は本体まで口を開ける）

အိုးမဲ့အိမ်မဲ့[o:mɛ. einmɛ.]（名）家を失った人
အိုးမဲ့အိမ်မဲ့ဖြစ်ရ[o:mɛ. einmɛ. p'ji'ja.]（動）家を失う、帰るべき家がない
အိုးမဲ[o:mɛ:]（名）煤、鍋墨、油煙
အိုးမဲသုတ်[o:mɛ: tou']（動）親の顔に泥を塗る、一家の面汚しとなる、一家の恥さらしとなる
အိုးမြေ[o:mje]（名）陶土
အိုးလူးခွက်လူး[o:lu: k'wɛ'lu:]（副）鍋底の残り物をおかずにして
အိုးလူးအင်းလူး[o:lu: inlu:]（名）鍋底に付着している飯粒
အိုးလုပ်[o:lou']（動）壷、土鍋、釜等を作る
အိုးသူကြီး[o:dədʒi:]（名）司厨長、料理長、シェフ
အိုးအင်းလောင်း[o:in səlaun:]（名）鍋釜什器
အိုးအိမ်[o:ein]（名）住宅、家屋、人家
အိုးအိမ်မဲ့ဒုက္ခသည်[o:einmɛ. dou'k'a.dɛ]（名）家を失った難民、被災者、罹災者、避難民
အိုးအိမ်မဲ့ဖြစ်[o:einmɛ. p'ji']（動）家を失う、住宅をなくす
အိုးဝေ[o:we]（名）①孔雀の鳴き声 ②戦前のラングーン大学学生自治会発行の雑誌
အက်[ɛ']（名）法令 ＜英 Act
အက်ဥပဒေ[ɛ'u.bəde]（名）法律、法令、条例
အက်ဥပဒေပုဒ်မ[ɛ'u.bəde pou'ma.]（名）法律の条項
အက်[ɛ']（動）裂ける、ひびが入る、亀裂が生じる
အက်ကြောင်း[ɛ'tʃaun:]（名）裂け目、割れ目、亀裂
အက်ကြောင်းပေါ်[ɛ'tʃaun: pɔ]（動）亀裂が現れる、割れ目が生じる
အက်ခွဲ[ɛ'kwɛ:]（動）裂ける、割れる、亀裂が入る
အက်ခြမ်း[ɛ'tʃan:]（動）ひび割れする、裂けができる、口を開ける
အက်ရာ[ɛ'ja]（名）ひび割れ、裂け目、亀裂
အက္ခရာ[ɛ'k'əja]（名）字、文字 ＜パ Akkhara
ဗျည်းအက္ခရာ 子音文字 သရအက္ခရာ 母音文字
အက္ခရာစဉ်[ɛ'k'əjazin]（名）文字順、文字の配列順
အက္ခရာဆင့်[ɛ'k'əjazin.]（名）異なったビルマ文字2文字を上下に重ねたもの မန္တလေး：マンダレー အက္ခရာ 文字 ကမ္ဘာ 世界
အက္ခရာတင်[ɛ'k'əja tin]（動）文字にする、記す、記録する
အက္ခရာဝလိ[ɛ'k'əja wəli.]（名）文字の配列順序
အက္ခရာသင်္ချာ[ɛ'k'əja tintʃa]（名）代数 cf.

ဂဏန်းသင်္ချာ
အက္ခရာသင်္ချာအတတ်[ɛ'k'əja tintʃa əta']（名）代数学
အင်ဆစ်[ɛ's'i']（名）酸 ＜英 Acid
အဂ္ဂမဟာပဏ္ဍိတ[ɛ'ga. məha pandi.ta.]（名）大僧正、三蔵に通暁した長老比丘に対しビルマ政府から献呈される名誉称号
အဂ္ဂမဟေသီ[ɛ'ga.məheti]（名）皇后、正妃＝မိဖုရား：ခေါင်ကြီး
အဂ္ဂဝါစက[ɛ'ga. tawəka.]（名）釈尊の両脇に同伴する二大高弟（သာရိပုတ္တရာ 舎利弗 မောဂ္ဂလာန် 目蓮）
အဂ္ဂသာဝိကာ[ɛ'ga. tawi.ka]（名）釈尊の女弟子
အဂ္ဂိရတ်[ɛ'gi.ja']（名）錬金術 ＜パ Aggi
အဂ္ဂိရတ်ထိုး[ɛ'gi.ja' t'o:]（名）錬金術を使う
အဂ္ဂိရတ်သမား[ɛ'gi.ja' təma:]（名）錬金術師
အောက်[au']（動）①黴が生える ②顔を顰める、不快そうな表情をする ③囮を使って野生の象を柵の中に導入する ④鍵を掛けて開き出す、話を引き出す
အောက်စော်နံ[au'sɔnan]（動）かび臭い匂いがする
အောက်တောက်တောက်[au' tau'tau']（副）陰気に、かび臭くて
အောက်သိုးသိုး[au' to:do:]①（副）顔を顰めて、しかめっ面をして အောက်သိုးသိုးမျက်နှာထား: 仏頂面 ②（名）かび臭さ、酸っぱい匂い
အောက်သိုးသိုးဖြစ်[au' to:do: p'ji']（動）①しかめっ面になる、厭な顔をする、仏頂面になる ②かび臭くなる
အောက်အောက်သက်သက်[au'au' tɛ'tɛ']（副）陰うつな表情をして
အောက်[au']①（名）（位置的に）下 ②（年齢的に）下 ③（助）~よりは（下回る、不足する） အသက်ငါ:နှစ်အောက်ကလေးငယ်များ: 年齢5歳未満の幼児達 အသက်ဆယ်ရှစ်နှစ်အောက်လူငယ်များ:ဆေးလိပ်မသောက်ရ။ 年齢18歳未満の青少年は喫煙してはならない အင်ဒိုချိုင်း:နား:ဒေသမှာကျား:ကောင်ရေသည်ငါ:ရာအောက်လျော့ပြီးရှိမည်။ インドシナ地方では虎の頭数は5百頭に満たないだろう နန္ဒမင်း:သား:ကား:ဘုရား:လောင်:အောက်နှစ်ရက်သုံးရက်ငယ်သည်။ ナンダ王子は菩薩よりは2、3日後に生れた ④（動）下回る、足りない တော်တော်များ:တယ်၊တထောင်ထက်မအောက်ဖူး။ ずいぶん多い、1千を下回る事はない မြန်မာစာတွင်ကိုး:ဆယ်ထက်မအောက်သောအမှတ်ကိုရရှိသည်။ ビルマ語学では90点以上の成績を挙げた
အောက်က[au'ka.]（副）下で、下の方で
အောက်ကမြစ်[au'ka. mji']（名）ビルマ語の母音

အောက်ကလီအာ

e, ɛ, ɔ, o 及び鼻音 an, in, ein, oun, aun 等の第1声調を示す符号、子音文字の右下に添加する 例 မေ့၊ ပေါ့၊ မိန့်၊ လင့်၊ 等

အောက်ကလီအာ [auʔkəlia] (形) ①不明瞭だ、不明晰だ ②正直でない ③合いの子だ、混血だ、雑種だ

အောက်ကလီအာသံနှင့်ပြောသည် 不明瞭な発音で話した

အောက်ကျ [auʔtʃa.] (形) ①劣っている、低級だ、劣等だ、下賎だ ②後進的だ、遅れている ③肩身が狭い、身が縮む、屈辱的だ

အောက်ကျခံ [auʔtʃa. kʻan] (動) へりくだる、謙遜する、下手に出る、卑下する、卑屈に暮す

အောက်ကျနောက်ကျ [auʔtʃa. nauʔtʃa.] (副) ①後進的で ②劣っていて、低位で、下級で

အောက်ကျနောက်ကျခံ [auʔtʃa. nauʔtʃa. kʻan] (動) へりくだる、下手に出る

အောက်ကျနောက်ကျခြင်း [auʔtʃa. nauʔtʃa. kʻan dʑin:] (名) 下位、低級、後進性

အောက်ကျနောက်ကျဖြစ် [auʔtʃa. nauʔtʃa. pʻjiʔ] ①(形) 遅れている、後進的だ ②(動) 低迷する、停滞する

အောက်ကျနောက်ကျရှိ [auʔtʃa. nauʔtʃa. ʃi.] (動) =အောက်ကျနောက်ကျဖြစ်

အောက်ကျူ [auʔtʃu] (植) アカギ、ビショップウッド

အောက်ကျို [auʔ tʃo.] (動) 謙虚になる、へりくだる、卑下する、下手に出る

အောက်ခုနစ်ဆက် [auʔ kʻunnəsʻɛʔ] (名) 直系卑属7代、子孫7代 (သား: 子 မြေး 孫 မြစ် 曾孫 တီ 玄孫 ကျွတ် 玄孫の子 ဆက် 玄孫の孫 ဆက် 玄孫の曾孫

အောက်ခံ [auʔkʻan] (名) ①土台、基礎、下支え、下敷き ②下地、生地

အောက်ခံတုံး [auʔkʻan toun:] (名) 礎石

အောက်ခံပြား [auʔkʻan bja:] (名) 底板

အောက်ခံအနီရောင် [auʔkʻan ənijaun] (名) 赤色の下地

အောက်ခံအနက်ရောင် [auʔkʻan ənɛʔjaun] (名) 黒色の下地

အောက်ခံအပြာရောင် [auʔkʻan əpjajaun] (名) 青色の下地

အောက်ခံအဖြူရောင် [auʔkʻan əpʻjujaun] (名) 白色の下地

အောက်ခံအကျႌ [auʔkʻan in:dʑi] (名) 男性用の肌着

အောက်ခံဘောင်းဘီ [auʔkʻan baun:bi] (名) パンツ、ズボン下、パッチ、ステテコ

အောက်ချပေး [auʔtʃa.pe:] (動) 下に降ろす

အောက်ခြေ [auʔtʃe] (名) ①足元 ②山麓、下の方 ③底 ④基礎、土台

အောက်ခြေမှတ်ချက် [auʔtʃe maʔtʃʻɛʔ] (名) 脚注

အောက်ခြေသိမ်း [auʔtʃedein:] (副) 底から、基底から残らず、根こそぎ、全て、一切合財

အောက်ဆင့် [auʔsʻin.] (名) 下段

အောက်ဆင်း [auʔ sʻin:] (動) 下に降りる

အောက်ဆုံး [auʔsʻoun:] (名) 底、最も下、最低

အောက်ဆုံးထပ် [auʔsʻoun:daʔ] (名) 1階

အောက်ဆုံးအဆင့် [auʔsʻoun: əsʻin.] (名) 最下層、最下段

အောက်ဆွေစဉ်မျိုးဆက် [auʔ sʻwezin mjo:zɛʔ] (名) 末裔、子孫

အောက်တည့်တည့် [auʔ tɛ.dɛ.] (名) 真下

အောက်တန်း [auʔtan:] ①(名) 低級、下級 ②(副) 最低限、最小限 ခြေတစ်ဖက်လုံးဖြတ်ရတယ်ဆိုတော့ အောက်တန်းနှစ်လသုံးလတော့ဆေးရုံမှာ ကြာလိမ့်မယ် 片足を切断した以上、最低2、3ヶ月は入院する事になるだろう

အောက်တန်းကျ [auʔtan: tʃa.] (形) 程度が低い、水準が低い、低級だ、下等だ、下層だ

အောက်တန်းစာရေး [auʔtan: səje:] (名) 下級事務員

အောက်တန်းစား [auʔtan:za:] (名) 下層階級

အောက်ထပ် [auʔtʻiʔ] (副) 最低限 ကျနော့်အတွက်ဆုံးကျိပ်တော့ အောက်ထပ်ကျတယ် 自分の分として最低3チャッは残っている လည်းလမ်းအတိုင်းဆိုနှစ်တိုင်ခဲ့ဆုံးတိုင် အောက်ထပ်ဘဲ 牛車道沿いである以上最低2、3タインはある ဆွယ်တာတထည်နှစ်ရာအောက်ထပ်ရှိတယ် セーター1着最低2百チャッはする အောက်ထပ်နှစ်ရာတွေ့ ချေးရမယ် 最低2百チャッは借金しなければならない ဝက်တကောင်ကိုအောက်ထပ်သုံးရာ 豚1頭は最低3百チャッする အောက်ထပ်သုံးလေးရက်အတွင်းကား ခိုင်းလို့မဖြစ် 最低3、4日間は使役できない

အောက်ထပ် [auʔtʻaʔ] (名) 1階、下階 cf. အပေါ်ထပ်

အောက်နား [auʔna:] (名) ①下の辺、下の辺り ②裾

အောက်နှုတ်ခမ်း [auʔnəkʻan:] (名) 下唇

အောက်ပါလိပ်စာသို့ [auʔpa leiʔsa do.] (副) 下記の住所へ

အောက်ပါအတိုင်း [auʔpa ətain:] (副) 次の通り、以下の通り、下記の如く、次のように

အောက်ပိုးကျိုက် [auʔpo: tʃaiʔ] (動) ロンジーの前布を股間を通して後に回し背中に締め込む cf. ခါး: တောင်းကျိုက်

အောက်ပိုင်း [auʔpain:] (名) ①下部、底部 ②ビル

マ南部、下ビルマ

အောက်ပြည်[auʔpje] (名) 下ビルマ、南部ビルマ

အောက်ပြည်အောက်ရွာ[auʔpje auʔjwa] =အောက်ပြည်

အောက်ဖက်[auʔpɛʔ] (名) 底、底面、下の方

အောက်ဗမာပြည်[auʔ bəmapje] (名) 下ビルマ

အောက်မေ့[aun:me.] (動) ①思う、感じる、解釈する ②懐かしむ、郷愁を覚える

အောက်မေး[auʔme:] (名) 下顎

အောက်မိုး အောက်လေ[auʔmo: auʔle] (名) 下ビルマの風雨

အောက်မျဥ်း[auʔmjin:] (名) アンダーライン

အောက်မြစ်[auʔmjiʔ] (名) =အောက်ကမြစ်

အောက်မြန်မာနိုင်ငံ[auʔ mjanma naingan] =အောက်မြန်မာပြည်

အောက်မြန်မာပြည်[auʔ mjanma pje] =အောက်ဗမာပြည်

အောက်မှာ[auʔma] (副) 下に

အောက်လက်[auʔlɛʔ] (名) 椰子の下方の葉

အောက်လင်း[auʔlin:] (名) 石油ランプ

အောက်လင်းဓာတ်မီး[auʔlin:daʔmi:] =အောက်လင်း

အောက်လမ်း[auʔlan:] (名) 妖術、呪術、黒魔術、外道 cf. အထက်လမ်း

အောက်လမ်းဆရာ[auʔlan: sʻəja] (名) 妖術師、呪術師、黒魔術師

အောက်လိမ့်ကျ[auʔ lein.tʃa.] (動) 下に転がり落ちる、転落する

အောက်လွှတ်တော်[auʔ ɫuʔtɔ] (名) ①衆議院 ②(米国の)下院

အောက်သား[auʔta:] (名) 下ビルマの住民、南部ビルマの住民

အောက်သူ[auʔtu] (名) 下ビルマの女性住民

အောက်သက်ကြေ[auʔtɛʔtʃe] (動) 万事に精通している、専門的知識を具えている

အောက်သက်ကြေစွာ[auʔtɛʔtʃezwa] (副) 基礎から一切合財

အောက်သွား[auʔtwa:] (名) 下の歯

အောက်သွေး[auʔtwe:] (名) 血圧の下限

အောက်ချင်း[auʔtʃin: ŋɛʔ] (烏) シロハラクロサイチョウ(サイチョウ科) Anthracoceros malabaricus

အောက်ချင်းငှက်[auʔtʃin: ŋɛʔ] =အောက်ချင်း

အောက်ချင်းစာ[auʔtʃin:za] (植) ホンコクタン、タイコクタン(カキノキ科) Diospyros ehretioides

အောက်ချင်းစာနီ[auʔtʃin:za ni] (植) アマリ、

ブカック(センダン科) Amoora wallichii

အောက်စီဂျင်[auʔsiʥin] (名) 酸素 <英 Oxygen

အောက်စီဂျင်ဓာတ်[auʔsiʥin daʔ] (名) 酸素

အောက်ဆီဂျင်[auʔsʻiʥin] =အောက်စီဂျင်

အောက်ဆီဂျင်လေရှူကိရိယာ[auʔsʻiʥin leʃu kɛri.ja] (名) 酸素吸入装置

အောက်ဆိုက်[auʔsʻaiʔ] (名) ①副収入、別口の収入 ②酸化物 <英 Oxide

အောက်တိုဘာ[auʔtoba] (名) 十月<英 October

အောက်ဒိုး[auʔdo:] (名) 戸外、屋外<英 Outdoor

အောက်အီးအီးအုပ်[auʔi:i:uʔ] (擬) コケコッコー

အောက်အစ်အစ်အုပ်[auʔiʔiʔuʔ] =အောက်အီးအီးအုပ်

အိုက်[aiʔ] (動) ①暑く感じる ②蒸し蒸しする、風通しが悪い、息苦しい ③萎れる ④困り果てる、判断に迷う

အိုက်စပ်စပ်[aiʔsaʔsaʔ] (副) 暑苦しくて、蒸し暑くて

အိုက်စပ်စပ်ကြီးပူ[aiʔsaʔsaʔtʃi: pu] (形) 暑苦しい

အိုက်စပ်စပ်တီးပြီး[aiʔsaʔsaʔtʃi: pʻjiʔ] (形) 暑苦しい、蒸し暑い、蒸し蒸しする

အိုက်စပ်စပ်ရှိ[aiʔsaʔsaʔ ʃi.] (形) 蒸し暑い、蒸し蒸しする

အိုက်စရင်[aiʔsəkərin] (名) アイスクリーム

အိုက်စလန်[aiʔsəlan] (国) アイスランド

အင်[in.] (動) 食べ過ぎてむかむかする、胃が重苦しい、食傷する

အင်[in] (間) あっ、おー

အင်[in] (名) ①力、能力、力量 ②数量 ③椀、鉢、丼

အင်တိုက်အား တိုက်[indaiʔ a:daiʔ] (副) 熱心に、力一杯、全精力を注ぎ込んで、精力的に

အင်တင်တင်[in tindin] (副) 不承不承、渋々、躊躇しながら

အင်တင်တင်လုပ်[intindin louʔ] (動) ためらう、躊躇する、言を左右にする

အင်တုံ[indoun] (名) 大鉢、ボウル

အင်မထီအင်မတန်[inməti inmətan] (副) 非常に、極度に、著しく အင်မထီအင်မတန်တော်တဲ့လူ 極めて優秀な人 အင်မထီအင်မတန်ထူးကဲသောအခွင့်အရေး 極めて特殊な権利

အင်မတန်ကို[inmətan.go] (副) 相当に、大変に

အင်မတန်[inmətan] (副) とても、大変に、非常に အင်မတန်ကောင်းတယ်။ とても良い အင်မတန်ခက်ပါတယ်။ 非常に難しい အင်မတန်ရိုင်းတယ်။ 大変に野蛮だ

အင်အား[in a:] (名) ①力 ②体力 ③勢力 ④資産

အင်အားကောင်း[in a: kaun:] (形) 優勢だ、勢力

အင်အားကုန်ခမ်း

が勝っている
အင်အားကုန်ခမ်း[in a: kounk'an:](動)体力を使い果す、精力を消耗する
အင်အားကြီး[in a: tʃi:](形)強力だ、強大だ
အင်အားကြီးထွား[in a: tʃi:t'wa:](動)勢力が強大だ
အင်အားကြီးနိုင်ငံ[in a:dʒi: naingan](名)大国
အင်အားငယ်[in a: ŋɛ](形)力が弱い、勢力が弱い
အင်အားစု[in a:zu.](名)勢力、結集された力
အင်အားစစ်ဆေး[in a: si's'e:](動)勢力を調べる
အင်အားတောင့်တင်း[in a: taun.tin:](形)力が強い、力が充実している、強力だ
အင်အားနည်း[in a: nɛ:](形)力が弱い、勢力が弱い
အင်အားပြ[in a: pja.](動)実力を見せ付ける、勢力を示す
အင်အားပြိုင်[in a: pjain](動)実力を競う
အင်အားမမျှ[in a: məmja.](動)敵わない、勢力が不均衡だ
အင်အားရှိ[in a: ʃi.](動)力がある、勢力がある
အင်[in](植)①ラワン (フタバガキ科) の1種 Dipterocarpus tuberculatus ②ラワンの一種 Diopterocarpus obtusifolius
အင်ကသစ်[in kəṭi'](植)デイゴ (マメ科) Erythrina indica
အင်ကော်လ[ingo:la.](植)ナガバウリノキ (ウリノキ科) Alangium lamarckii 1年生の蔓草
အင်ကြင်း[indʒin:](植)①サラジュ、サラノキ (フタバガキ科) Shorea robusta ②白ラワン (フタバガキ科) Pentacme siamensis ③ホウガンボク (サガリバナ科)
အင်ကြင်းကျောက်[indʒin: tʃau'](名)木の化石
အင်ချဉ်[indʒin](植)アポロサ (トウダイグサ科) Aporosa macrophylla
အင်တိုင်း[indain:](植)オクナ (フタバガキ科) の仲間
အင်တိုင်းဆေးနီ[indain:s'e:ni](植)オクナ (オクナ科) ①Ochna pumila ②Ochna wallichii 茶に類似
အင်တိုင်းမျောက်မြီး[indain:mjau'mi:](植)ウシクサ (イネ科) の仲間 Heteropogon insignis
အင်တိုင်းမြက်ခါး[indain:mjɛ'k'a:](植)オオンチク (イネ科) Schizachyrium brevifolium
အင်တွဲ[indwɛ:](名)リュウノウコウの樹脂

အင်ဖို[inbo](植)フタバガキ科の樹木 Dipterocarpus obtusifolius
အင်ရွက်[in jwɛ'](名)フタバガキ科の植物の葉 (屋根を葺く材料に使われる)
အင်ဥ[in u.](植)フタバガキ科の木に生える食用茸
အင်္ကျီ[in:dʒi~ein:dʒi](名)①長袖付きの男性用上着、釦ではなく紐で留める cf.တိုက်ပုံအင်္ကျီ ②シャツ
အင်္ကျီချိတ်[in:dʒidʒei'](名)衣紋掛け、洋服掛け
အင်္ကျီချုပ်[in:dʒi tʃou'](動)上着を縫製する
အင်္ကျီချုပ်ဆိုင်[in:dʒidʒou' s'ain](名)テイラー
အင်္ကျီချွတ်[in:dʒi tʃu'](動)上着を脱ぐ
အင်္ကျီတို[in:dʒido](名)①短袖のシャツ ②広東系華僑
အင်္ကျီရှည်[in:dʒiʃe](名)①長袖のシャツ ②福建系華僑
အင်္ကျီလက်[in:dʒi lɛ'](名)上着の袖、シャツの袖
အင်္ကျီလက်ပြတ်[in:dʒi lɛ'pja'](名)半袖シャツ
အင်္ကျီလက်ပျား[in:dʒi lɛ'p'ja:](名)袖口
အင်္ကျီဝတ်[in:dʒi wu'](動)上着を着る
အင်္ကျီအိတ်[in:dʒi ei'](名)服のポケット
အင်္ဂတေ[ingəde](名)①漆喰、モルタル ②プラスター ③セメント ＜モ
အင်္ဂတေကိုင်[ingəde kain](動)①漆喰で塗り固める ②セメントを塗る
အင်္ဂလန်[ingəlan](国)イギリス、英国＜England
အင်္ဂလိပ်[ingəlei'](形)イギリスの、英国の
အင်္ဂလိပ်ကပြား[in:gəlei' ka.bja:](名)イギリス人との混血
အင်္ဂလိပ်စကား[in:gəlei' zəga:](名)英語
အင်္ဂလိပ်စာ[in:gəlei' sa](名)英文
အင်္ဂလိပ်ဖြစ်[in:gəlei'p'ji'](名)英国製
အင်္ဂလိပ်မ[in:gəlei'ma.](名)英国婦人、イギリス人女性 cf.ဗိုလ်မ
အင်္ဂလိပ်လက်လုပ်[in:gəlei'lou'](名)イギリス製
အင်္ဂဝိဇ္ဇာ[inga. wei'za](名)人相の判断、人を判断する能力 ＜パ Aṅga Vijja
အင်္ဂါ[inga](名)①器官、体の器官、四肢 ②生殖器 ③質、性質 ④火星 ⑤火曜 ⑥貝葉の裏表、貝葉1枚分 ပေစာအား ဖြင့်နှစ်ဆယ့်ခြောက်အင်္ဂါရှိသည်။ 貝葉としては26枚ある ＜パ Aṅga
အင်္ဂါချို့တဲ့[inga tʃo.tɛ.](動)体の器官を欠く、五体満足ではない
အင်္ဂါကြိုဟ်[inga dʒo](星)火星
အင်္ဂါစုံ[inga soun](動)①五体健全だ、体の器官が揃っている ②全ての要素を具えている
အင်္ဂါဇာတ်[ingaza'](名)性器、生殖器

အင်္ဂါတောင့်[inga daun.]（名）（仏塔の）東南角（象徴は獅子）

အင်္ဂါနေ့[inga ne.]（名）火曜日

အင်္ဂါနံ[inga nan]（名）火曜を表わす文字（ဝ၊ဆ၊ခ၊ဈ၊ဃ）、命名の時に使用される

အင်္ဂါမစုံ[inga məsoun]（名）身体不具者

အင်္ဂါရပ်[ingaja']（名）構成要素、条件、資質、能力

အင်္ဂါသမီး[inga təmi:]（名）火曜日生れの娘

အင်္ဂါသား[inga ta:]（名）火曜日生れの息子

အင်ဂိုလာ[ingola]（国）アンゴラ

အင်ဂျင်[indʑin]（名）エンジン＜英 Engine

အင်ဂျင်နီယာ[indʑinnija]（名）技師、エンジニア

အင်ဂျင်နီယာလုပ်ငန်း[indʑinnija lou'ŋan:]（名）技術

အင်ဂျင်နှစ်လုံးတပ်လေယာဉ်[indʑin nəloun:da' lejin]（名）双発機

အင်စပက်တော်[insəpɛ'tɔ]（名）査察官、検査官

အင်ဆက်ပိုး[ins'ɛ'po:]（名）昆虫＜英 Insect

အင်တာနက်[intanɛ']（名）インターネット＜英

အင်တာနက်ဆက်သွယ်ရေး[intanɛ' s'ɛ'twɛje:]（名）インターネット通信

အင်တာနက်သုံးစွဲ[intanɛ' toun:swɛ:]（動）インターネットを利用する

အင်ဒိုချိုင်းနား ကျွန်းဆွယ်[indotʃain:na:tʃun:zwɛ]（地）インドシナ半島

အင်ဒိုချိုင်းနား နိုင်ငံများ[indotʃain:na: naingan mja:]（地）インドシナ諸国

အင်ဒိုနီးရှား[indoni:ʃa:]（国）インドネシア

အင်ပျဉ်[inbjin]（病）蕁麻疹、発疹

အင်ပျဉ်တ[inbjin t'a.]（動）蕁麻疹を発症する

အံသာ[inda]（名）度、角度＜パ Aṃsa＝အံသာ

အင်း[in:]（名）①図表 ②碁盤の目状の枡目の中に数字を配した呪術用の占い表 cf. အိုင် ③宿星＜英 Inn

အင်းကွက်[in:gwɛ']（名）呪術用占い表の枡目

အင်းချ[in: tʃ'a.]（動）呪術用の占い表を作る

အင်းဆရာ[in: s'əja]（名）占い師

အင်းအိုင်[in:ain]（名）枡目の中に数字又は文字を配した占い表

အင်းအိုင်လက်ဖွဲ့[in:ain lɛ'p'wɛ.]（名）護符、お守り

အင်း[in:]（名）①池、沼、湖 ②池、沼、湖または河川を塞き止めて行う淡水漁業

အင်းခွေး[in:gwe:]（名）（動物）（獲物回収用の）レトリバー犬

အင်းခွန်[in:gun]（名）湖沼税、水産税、魚業税（池、沼、湖又は河川を塞き止めて行う淡水漁業の権利を取得するために納付する租税）

အင်းတဲ[in:dɛ:]（名）漁師小屋

အင်းလေး[in:le:]（地）インレー湖（シャン州西部にある湖）

အင်းလေးကဘလေ့[in:le: gəbalei']（動物）スッポン（スッポン科）Trionyx cartilagenous

အင်းလေးလုံချည်[in:le: loundʑi]（名）インレー地方産のロンジー

အင်းရှား[in:ja:]（名）長方形の池、長い形の池

အင်းသမား[in:dəma:]（名）池、沼または河川塞き止め池での漁夫

အင်းသား[in:da:]（名）①インダー族（インレー湖周辺の村落に住み、ビルマ語の方言を話す民族）②沼、池、湖等で漁業を行う漁師

အင်းသူကြီး[in:dədʑi:]（名）入札で池、沼、塞き止め河川での漁業権を得た人

အင်းအိုင်[in:ain]（名）池、沼、湖

အင်း[in:]（感）①相槌、うん、そうだ、うんうん ②断念、ううん、いや

အင်းပေါ့[in:po.]（感）相槌、うん、そうだ、そうだよ、勿論さ

အင်းမလုပ်အဲ့မလုပ်တဲ့[in:məlou' ɛ:məlou'bɛ:]（副）黙りこくったまま、押し黙ったまま、うんともすんとも言わず、物も言わずに

အင်းလေ[in:le]（感）そう、そうだな

အင်းလိုက်[in: lai']（動）うんと返事をする、承知する、承諾する

အင်းဆက်ပိုး[in:s'ɛ' po:]（名）虫、昆虫

အင်းပျဉ်[in:bjin]（名）丈の低い木造寝台

အင်းဝ[in:wa.]（地）インワ（イラワジ河中流東岸にある遺跡、濠や土塁の痕跡が現存する）＝ရတနာပူရ

အောင့်[aun.]（動）①痛む、鈍痛を覚える ရင်အောင့်သည်။ 胸が痛む ②耐える、堪える အသက်အောင့်သည်။ 息を凝らす、息を詰める ဆီးအောင့်သည် 排尿を我慢する ③不快に思う、感情を害する、居たまれない、口惜しい ④感情を抑える、抑制する ⑤（助数）瞬間 တစ်အောင့် 一瞬

အောင့်ခံ[aun.k'an]（動）①耐える、堪える、抑える、感情を抑制する

အောင့်အောင့်[aun.s'aun.]（動）①堪える、我慢する ②不満だ、不満を覚える＝ဆောင့်အောင့်

အောင့်တိအောင့်တောင့်[aun.di: aun.daun:]（副）窮屈な思いで、居辛い思いをして

အောင့်သက်လ[aun.tɛ' ɬa.]（形）とても窮屈だ、のびのびできない

အောင့်သက်သက်[aun.tɛʔtɛʔ]（副）①痛みを覚えて ②心穏やかでなく、口惜しくて ③気に食わなくて、不機嫌な状態で အောင့်သက်သက်နာကျင်လာသည်။ 疼痛を覚える အောင့်သက်သက်စာမျှးများရေးလာသည်။ 不愉快な手紙を書いてきた

အောင့်သက်သက်ဖြစ်[aun.tɛʔtɛʔ pʼjiʔ]（形）心穏やかでない、不快感を覚える ငါ့းဆယ်နှင့်လဲယူရန် အောင့်သက်သက်ဖြစ်နေသည်။ 50チャッで取替える事に不満を覚える

အောင့်အီး[aun.i:] →အောင့်အည်း

အောင့်အည်း[aun.i:]（動）①疼く、痛みを覚える ②堪える、抑制する ③妬む、嫉む

အောင်[aun]（助動）①～するように လက်ကိုအောင်ဆေးလေ။ 手をきれいに洗え ကျောင်းချိန်မှီအောင်တက်ပါ။ 授業時間に間に合うように登校しなさい ပညာတတ်အောင်ကြိုးစားပါ။ 勉強ができるよう努力しなさい ငါ့ကိုမှီအောင်လျှောက်ပေတော့။ 僕に追いつくよう歩け ထမင်းလုံးအောက်ကိုမကျအောင်စားရမယ်။ 飯粒を下に落さぬように食べなければならない အားရှိအောင် အိပ်လိုက်ပါအုံး။ 元気が回復するよう寝なさい မပုပ်မသိုးအောင်ဆေးရည်စိမ်သည်။ 腐敗しないよう薬水に浸す ဒီသချာင်္ဆယ်ပုဒ်ကိုမှန်အောင်တွက်ကြည့်စမ်း။ この算数の問題10問を正確に計算せよ ②勧誘を表わす、～しよう →ရအောင်

အောင်[aun]（動）①勝つ စစ်အောင်တယ်။ 勝利を得る ②成功する ③征服する မာရ်အောင်သည်။ 魔羅を調伏する ④及第する、合格する စာမေးပွဲအောင်တယ်။ 試験に合格する ⑤卒業する မူလတန်းအောင်တယ်။ 小学校を卒業する ⑥果物が熟する စိတ်အောင်သည်။ 精神的に成熟する

အောင်ခါ[aunga]（名）勝利の時

အောင်ခါတန်[aunga tan]（動）勝利の時が来る

အောင်ခါရောက်[aunga yauʔ]（動）勝利の時が至る

အောင်ချက်[aunʨɛʔ]（名）成績、合格点、合格の割合

အောင်ချိန်သင့်[aunʨein tin.]（動）勝利の時になる

အောင်ခြင်းရှစ်ပါး[aunʨin: ʃiʔpa:]（名）釈尊によって調伏された八種類の敵（魔羅、アラワカ羅刹、アングリマラ、ヴァカ・ブラフマー等）＝အပြစ်

အောင်ခြင်း cf. အတွင်းအောင်ခြင်း

အောင်ဇာ[aunza]（鳥）マミジロオオギヒタキ（ヒタキ科）Rhipidura aureola

အောင်စာရင်း[aun zəjin:]（名）合格表、合格者リスト

အောင်စာရင်းထုတ်[aunzəjin: tʼwɛʔ]（動）合格発表が行われる、合格者のリストが公示される

အောင်စည်[aunzi]（名）勝利を告げる太鼓

အောင်စည်အောင်မောင်း[aunzi aunmaun:]（名）勝利を告げる太鼓や銅鑼

အောင်ဆု[aun su.]（名）①優勝賞金 ②勝利の引き出物、優勝賞品

အောင်တံခွန်[aun dəgun]（名）勝利を知らせる幟または吹き流し

အောင်နိုင်[aun nain]（動）勝つ、勝利を得る、打ち勝つ

အောင်ပ၊ကုလား၊ဆွေသာ၊တော်ရင်၊မိတ်ဖက်ခြင်း။（格）縁起の良い男女の組合わせ（日曜生れと木曜生れ、月曜生れと金曜生れ、火曜生れと金曜生れ、土曜生れと水曜生れ）cf. မွာ၊သောက၊အင်၊၀၊ရ၀၊အိမ်ထောင်ဘက်အသက်မရှည်ရာ။

အောင်ပန်း[aunban:]（名）①勝利の花（勝利を象徴するフトモモの花）②成果

အောင်ပွဲ[aunbwɛ:]（名）①勝利 ②祝賀会

အောင်ပွဲခံ[aunbwɛ: kʼan]（動）①勝利を得る ②勝利の祝宴を張る

အောင်ပွဲဆင်နှဲ[aunbwɛ: sʼinnwɛ:]（動）勝利の宴を催す

အောင်ပွဲရ[aunbwɛ: ja.]（動）①勝利を得る ②試合に勝つ

အောင်ပွဲသပြေ[aunbwɛ: dəbje]（名）勝利を象徴するフトモモの花

အောင်ပွဲသဘင်[aunbwɛ: dəbin]（名）勝利の祝宴、勝利の祝賀会

အောင်ဘာလေ[aunbale]（名）当たり籤、富籤

အောင်ဘာလေထီးလက်မှတ်[aunbale tʼi:lɛʔmaʔ]（名）富籤、宝くじ

အောင်မာ[aunma]（感）何と言う事を

အောင်မယ်[aunmɛ]（感）驚きを表わす、あれまあ、おやまあ

အောင်မဲညို[aunmɛ:ɲo]（植）チョウマメ、コチョウマメ（マメ科）Clitoria ternatea

အောင်မယ်လေး[aunmɛle:]（感）＝အောင်မယ်

အောင်မောင်း[aun maun:]（名）勝利の銅鑼

အောင်မောင်းအောင်စည်[aunmaun: aunzi]＝အောင်စည်အောင်မောင်း

အောင်မြေနင်း[aunmje nin:]（動）①勝利を祈念して聖地を訪れる ②占領する ③凱旋する

အောင်မြင်[aunmjin]（動）①成功する、うまく行く ②勝つ、征服する ③合格する

အောင်မြင်စွာ[aunmjinzwa]（副）成功裡に အောင်မြင်စွာဖြေရှင်းပေးသည်။ うまく解決してやった

အောင်မြင်စွာနှင့်[aunmjinzwa nɛ.] =အောင်မြင်စွာ
အောင်မြင်မှု[aunmjinm̯u.]（名）成功
အောင်မြင်ရေး[aunjin je:]（名）勝利
အောင်မှတ်[aunm̯a']（名）①合格点 ②成績、得点
အောင်လက်မှတ်[aun lɛ'm̯a']（名）①卒業証書 ②合格証書
အောင်လောင်[aunlaun]（鳥）オオサイチョウ（サイチョウ科）Buceros bicornis
အောင်လံ[aunlan]①（名）勝利の旗 ②（地）アウンラン（イラワジ河中流東岸に位置する町）
အောင်သပြေ[aun d̯əbje]（名）（勝利をもたらすと信じられている）めでたいフトモモの花
အောင်သေသောက်[aund̯ə t̯au']（動）祝杯を挙げる
အောင်သေအောင်သား:[aund̯ə aund̯a:]（名）勝利の酒宴
အောင်သေအောင်သား:စား:[aund̯ə aund̯a: sa:]（動）勝利の酒宴を張る
အောင်သံပေး:[aund̯an pe:]（動）勝利のときの声を挙げる
အောင်အောင်မြင်မြင်[aun aun mjinmjin]（副）成功裡に
အောင်စ[aunsa.]（名）オンス
အောင်သွယ်[aund̯wɛ]①（動）二人の仲を取り持つ、仲介する、仲立ちする、仲人をする、媒酌人を務める ②（名）仲人、媒酌人
အောင်း:[aun:]（名）①中世の弦楽器 ②槍の穂先や舟の舳先に取付ける飾り ③（動物）（チベット高原に棲息する）ヤク（ウシ科）Bos grunniens
အောင်း:[aun:]（動）潜む、隠れ潜む ကြက်တို့မြေတို့အောင်း:သည်။ 鼠や蛇が潜んでいる
အောင်း:မွေ[aun.me.]→အောက်မွေ
အိုင်[ain]（名）呪文表（碁盤の目状の桝目の中に文字を配したもの）cf. အင်
အိုင်[ain]①（動）水が溜まる လမ်းပေါ်တွင်ရေတွေအိုင်နေသည်။ 路上に水が溜まっている ချွေးများအိုင်နေသည်။ 汗が溜まっている ②（名）水溜り
အိုင်ထွန်း:[ain t'un:]（動）水溜りができる、水が溜まる
အိုင်ပက်[ain pɛ']（動）水溜りの水を汲み出す、排水する
အိုင်ချင်း:[aind̯in:]（名）相聞歌（若者への思慕を詠んだ乙女の歌、呼び掛けで始まり လေ: で終る）
အိုင်အေအီးအေး[ain e i:e:]（名）国際原子力委員会、I.A.E.A.
အိုင်အိုဒင်း:[ain o din:]（名）ヨード、沃素 ＜英

အိုင်အိုဒင်းချို့တဲ့[ain o din: t'ʃo.tɛ.]（動）ヨードが欠乏する
အိုင်ယာလန်[ain ja lan]（国）アイルランド
အစ်[i']（名）煙草やキンマ等を入れる円筒状の蓋付きの容器 ကွမ်းအစ် キンマ入れ容器
အစ်[i']（動）①締める、締め付ける လည်ကိုအစ်သည်။ 首を絞める ②鎌を掛ける、訊き出す စကားအစ်ပြောသည်။ 鎌を掛けながら話す ③（形）腫れぼったい မျက်လုံးများသည်ငိုထား:ဟန်မြင့်အစ်နေ၏။ 泣いていたようで目が腫れぼったい ④食傷気味だ、胃がもたれる ⑤強請り取る
အစ်အောင်[i'au']（動）訊き出そうと鎌を掛ける
အစ်ကို[əko.]（形）အစ်ကိုの斜格形、兄の、兄に、兄をအစ်ကိုအကြောင်းကိုတွေးတယ်။兄の事を考える အစ်ကိုကိုကျေးဇူးတင်ရမှာ။兄に感謝しなければ
အစ်ကို[əko]（名）兄
အစ္စလန်ဘာသာ[i'səlan bad̯a]（名）イスラム教、マホメット教
အစ်နေ့[i' ne.]（名）イスラム教徒の祭日
အစ်မ[əma.]（名）姉
အစ်မဝမ်းကွဲတော်သူ[əma. wun:gwɛ: t̯od̯u]（名）従姉
အစ္စရေး:[i'sere:]（国）イスラエル
အစ္စလမ်ဘာသာ[i'səlan bad̯a] =အစ္စလန်ဘာသာ
အစ္စလမ်ဘာသာဝင်[i'səlan bad̯awin]（名）ムスリム、イスラム教徒
အဉ်တင်တင်[intindin]→အင်တင်တင်
အတ္တ[a'ta.]（名）我、自我、我執 ＜パ Atta
အတ္တကျိုး:[a'ta.d̯o:]（名）個人の利益、自分の利益
အတ္တဆန်[a'ta. s'an]（形）利己的だ
အတ္တသမား:[a'ta.d̯əma:]（名）利己主義者
အတ္တဟိတ[a'ta.hi.ta.]（名）私利私欲、個人の利益 ＜パ Attahita
အတ္တလန္တိတ်သမုဒ္ဒရာ[a'təlantei' t̯əmou'd̯əja]（名）大西洋 ＜英 Atlantic
အတ္ထုပ္ပတ္တိ[a't'ou'pa'ti.]（名）伝記、事情 ＜パ
ဣတ္ထိ[ei't'i.]（名）女性 ＜パ Itthi cf. ပုရိသ
ဣတ္ထိနမိတ်[ei't'i. nəmei']（名）女性 cf. နရနိမိတ် 男性
ဣတ္ထိဘာဝ[ei't'i. bawa.]（名）女性の姿、女性の立場
ဣတ္ထိယ[ei't'i.ja.] =ဣတ္ထိ
ဣတ္ထိလိင်[ei't'i. lein]（名）①女性 ②雌 ③文法用語の女性 ＜パ Itthi Liṅga cf. ပုလ္လိင်
ဣဒ္ဓိပါဒ်[ei'di.ba']（名）威力、超能力、超自然力 ＜パ Iddhipāda

ဣဒ္ဓိပါဒ်တန်ခိုး[ei'di.ba' dəgo:] (名) 超自然の威力

ဣဒ္ဓိပါဒ်ပြ[ei'di.ba' pja.] (動) 威力を見せる

အိတ်[ei'] (名) ①袋 ②鞄 ③バッグ ④ポケット

အိတ်ကပ်[ei'ka'] (名) ポケット、内ポケット

အိတ်ဆောင်နာရီ[ei's'aun naji] (名) 懐中時計

အိတ်ဆောင်မှတ်စုစာအုပ်လေး[ei's'aun ma'su. saou'kəle:] (名) 手帳

အိတ်ဖွင့်စာ[ei' p'win.za] (名) 公開質問状

အိတ်သွန်ဖာမှောက်[ei'tun p'amau'] (副) 悉く、残いなく、洗いざらい、一切合財 အိတ်သွန်ဖာမှောက် ပေးဝံ့သည်။ 全部渡せる အိတ်သွန်ဖာမှောက် ပြောကြား သည်။ 残らず話した အိတ်သွန်ဖာမှောက်ရောင်းချ လိုက်သည်။ 洗いざらい受け売りした အိတ်သွန် ဖာမှောက်ဖွင့်ဟပြောလိုက်ရသည်။ 全て白状した အိတ်သွန် ဖာမှောက်ရှင်းပြသည်။ 悉く説明した အိတ်သွန်ဖာ မှောက်သင်ပေးသည်။ 一切合財教示した

အိတ်လွတ်[ei'lu'] (副) ばらで、袋なしで

အိတ်ချ်အိုင်ဗွီရောဂါပိုး[ei'tʃ'i ainbwi jɔ:gabo:] (名) H.I.V. ウイルス

အိဒ်စ်ရောဂါ[ei'z jɔ:ga] (病) エイズ

အုတ်[ou'] (名) 煉瓦

အုတ်ကျိုး[ou'tʃo:] (名) 煉瓦片、煉瓦のかけら

အုတ်ကျိုးအုတ်ပဲ့[ou'tʃo: ou'pɛ.] (名) 瓦礫の山

အုတ်ကြား မြက်ပေါက်[ou'tʃa: mjɛ'pau'] (名) 氏素性の知れぬ者、何処の馬の骨か分らぬ者

အုတ်ကြွပ်[ou'tʃu'] (名) 瓦、タイル

အုတ်ကြွပ်တန်း[ou'tʃu' tan:] (名) 瓦葺きの屋根、甍の波

အုတ်ကြွပ်မိုး[ou'tʃu' mo:] (名) 瓦屋根

အုတ်ခဲ[ou'k'ɛ:] (名) 煉瓦

အုတ်ခုံ[ou'k'oun] (名) 柱礎、柱の台座、建物の土台

အုတ်ချပ်[ou'tʃa'] (名) 煉瓦

အုတ်ခွက်[ou'k'wɛ'] (名) 誓願板、奉献板

အုတ်ခွက်ဆင်တု[ou'k'wɛ' s'in:du.]=အုတ်ခွက်

အုတ်ဂူ[ou' gu] (名) 墳墓、陵

အုတ်တချပ်[သဲ့တပွင့်အဖြစ်။ (比) ほんの僅か、微力で取るに足りぬ、気恥ずかしい存在 (煉瓦1枚、砂1粒の存在) အုတ်တချပ်သဲ့တဖွင့်အဖြစ်ခံပုရိုက်ရက်။ 取るに足りぬ存在でいささか恥ずかしい

အုတ်တိုက်[ou'tai'] (名) 煉瓦造りの建物

အုတ်နီခဲ[ou'nigɛ:] (名) 煉瓦片

အုတ်ပူထိုး[ou'pu t'o:] (動) (妊産婦の余後措置として) 熱した煉瓦を用いて温湿布する

အုတ်ဖို[ou'p'o] (名) 煉瓦窯

အုတ်မြစ်[ou'mji'] (名) 礎石、土台、基礎

အုတ်မြစ်ချ[ou'mji'tʃa.] (動) ①礎石を置く、土台を作る、基礎を築く、起工する ②始める、開始する

အုတ်မြစ်ချပွဲ[ou'mji'tʃabwɛ:] (名) 起工式、地鎮祭

အုတ်ရိုး[ou'jo:] (名) 煉瓦塀

အုတ်လွှာ[ou'ɬwa] (名) 煉瓦の層

အုတ်သယ်ပွဲ[ou' təbwɛ:] (名) 仏塔建立の際に煉瓦を運ぶ催し

အုတ်အရောရောကျောက်အရောရော[ou'əjɔ:jɔ: tʃau' əjɔ:jɔ:] (副) 石や煉瓦が混在していて、玉石混交で、瓦礫の山になっていて

ဥက္ကဋ္ဌ[ou'kɛt'a.] (名) 議長、総裁、党首、委員長、主席 <パ Ukkaṭṭha

ဥက္ကာ[ou'ka] (名) 流星 <パ Ukkā

ဥက္ကာပျံ[ou'kabjan] (名) 宇宙塵

အုတ်ခါ[ou'k'a:] (名) (植) クワイ

အုတ်ဂျုံ[ou'dʒoun] (名) (植) オート麦、カラス麦、燕麦

ဥစ္စာ[ou'sa] ① (名) 物、物品 ②所有物、財、財産 ③ (間) 文末での感情表現、〜なのに တွေ့နေကြအုံးမှာပဲ့ဥစ္စာ။ またお会いする事になるのに ငါကတော့ဘယ်သိမလဲ စာမှမဖတ်တတ်တဲ့ဥစ္စာ။ あたしがどうして知っていようか、文字すら読めないのに ဝတ်ကြည့်ချင်လို့မှ လိုက်တဲ့ဥစ္စာ။ 着てみたいから注文したのに ကြည့် ကောင်းပါတယ်လို့ပြောနေတဲ့ဥစ္စာ။ 見栄えがすると言っているのに ငါ့ထည်းကပိုသိမလား လို့မေးရတဲ့ဥစ္စာ။ あたしよりあんたの方がもっと知っているのではないかと思って訊いているのに လမ်းလျှောက်နိုင်ရင်ပြီးတဲ့ ဥစ္စာတဲ့။ 歩ければそれで済む事なのに

ဥစ္စာဂုဏ်မှောက်[ou'sagoun mau'] (動) 資産家である事を鼻にかける

ဥစ္စာစီးပွား[ou'sa si:bwa:] (名) 財産

ဥစ္စာစောင့်[ou'təzaun.] (名) 財の守護霊、宝物を守護する霊魂 (異常な美人で目撃した人は発狂すると信じられている)

ဥစ္စာတိုက်[ou'sadai'] (名) 宝蔵

ဥစ္စာပေါ[ou'sa pɔ:] (形) 富裕だ、裕福だ、資産家だ

ဥစ္စာပစ္စည်း[ou'sa pji'si:] (名) 財、物品

ဥစ္စာရှင်[ou'sajin] =ဥစ္စာရှင်

ဥစ္စာရှင်လိုဥစ္စာခဲ[ou'sajinlo ou'sa jingɛ:] (格) 金持ちにならんと欲すれば自ら努力を積むべし (他人に頼るべからず)

ဥစ္စာရင်း[ou'sa jin:] (名) 元の物

ဥစ္စာရှင်[ou'saʃin] (名) 財の持主、所有者

ဥစ္စာသိုက်[ou'sa dai'] (名) 財宝を埋めた場所、財宝の埋蔵地

ဥတ္တရကုရု[ouʔtəra.ku.ru.]（名）北拘ろ洲（須弥山の北にあるとされる大陸） ＜パ Uttara Kuru

ဥတ္တရဘရဂုဏီ[ouʔtəra.pʼəra.gu.ni.]（星）①獅子座 ②翼宿（二十七宿の１２番目） ＜サ

ဥတ္တရဘဒြပိုဒ်[ouʔtəra.baʔderəbai']（星）①ペガサスの東辺２座 ②壁宿（二十七宿の２６番目） ＜サ

ဥတ္တရာယဉ်[ouʔtəra jin]（名）太陽軌道の北行（太陽はビルマ暦１０月の黒分１日から１０月満月までの間は南の端から北の端へと移動する） cf. ဒက္ခိဏာယဉ်

ဥတ္တရာယဉ်စုန်းတန်း[ouʔtəra jinzun:dan]（名）北回帰線

ဥတ္တရာသာဠ်[ouʔtəra.tan]（星）①射手座の東２座 ②斗宿（二十七宿の２１番目） ＜サ

အုတ်နဲ့[ouʔnɛ:]＝ဥနဲ့

အုတ်ရှိ[ouʔʃi]＝ဥရှိ

အုတ်အာသောင်သဲ[ouʔa: taun.dɛ:]（副）わいわいと、がやがや、騒然となって

အုတ်အော်ဒေယ[ouʔɔ:deja.]（名）群衆のどよめき、ざわめき

အုတ်အော်သောင်းတင်[ouʔɔ: taun.din:]（副）わいわい、がやがや、混乱状態で、騒然となって

အုတ်အော်သောင်းနင်း[ouʔɔ: taun:nin:]（副）賑々しく、がやがやと　တရပ်လုံးအုတ်အော်သောင်းနင်းဖြစ်ခဲ့သည်။ 地区全体が騒然となった

အုတ်အုတ်ကျက်ကျက်[ouʔouʔ tʃɛʔtʃɛʔ]（副）わいわいと、がやがやと、ざわざわと、やかましく、騒々しく　ထင်းရူးတောသည်အုတ်အုတ်ကျက်ကျက်ရှိနေသည်။ 松林はざわざわしている

အုတ်အုတ်ကျက်ကျက်[ouʔouʔ tʃwɛʔtʃwɛʔ]＝အုတ်အုတ်ကျက်ကျက်

အုတ်အုတ်သဲသဲ[ouʔouʔ tɛ:dɛ:]（副）ざわざわと、騒がしく

အန်[an]（動）吐く、もどす、嘔吐する

အန်စာ[anza]（名）吐瀉物、反吐

အန်ထုတ်[an tʼouʔ]（動）吐き出す

အန်ဖတ်[anbaʔ]（名）反吐（へど）

အန်[an]（名）①力 ②さいころ ③舟具 ＝အန်ချင်း

အန်ကစား[an gəza:]（動）①さいころ遊びをする ②さいころ賭博をする

အန်စာ[anza]（名）①さいころ ②へど、吐瀉物

အန်စာတုံး[anza doun:]（名）①さいころ ②立方体

အန်စာတုံးပစ်[anzadoun: pjiʔ]＝အန်စာပစ်

အန်စာထိုး[anza tʼo:]（動）さいころを振る

အန်ကယ်[ankɛ]（名）小父さん ＜英 Uncle

အန်ချင်း[anʤin:]（名）筏乗りによって歌われる歌

အန္ဓရကပ်[andəra. kaʔ]（名）中劫 ＜パ

အန္တရာယ်[andəjɛ]（名）①危険 ②災難、災害 ③妨害、障害 ＜パ Antarāya

အန္တရာယ်ကင်း[andəjɛ kin:]（形）危険を免れる、危険がない、安全だ

အန္တရာယ်ကင်းဂါထာ[andəjɛkin: gatʼa]（形）安全祈願のパーリー語の文言

အန္တရာယ်ကြီးမား[andəjɛ tʃi:ma:]（形）危険だ、危険が大きい

အန္တရာယ်စာဓာတုပစ္စည်း[andəjɛ datu. pjiʔsi:]（名）有害化学物質

အန္တရာယ်ပေး[andəjɛ pe:]（動）危険をもたらす、害を与える、有害だ、危険だ

အန္တရာယ်ပြု[andəjɛ pju.]（動）害を及ぼす、禍をもたらす、危険にさらす、危害を加える

အန္တရာယ်များ[andəjɛ mja:]（形）危険が多い

အန္တရာယ်ရှိ[andəjɛ ʃi.]（形）危険だ

အန္တတိတ်[antateiʔ]（形）南極の ＜英 cf. အာတိတ်

အန္တတိတ်ဒေသ[antateiʔ deta.]（名）南極地方

အန္တတိတ်သမုဒ္ဒရာ[antateiʔ təmouʔdəja]（名）南極海

အန်တီ[anti]（名）小母さん、小母様 ＜英

အန်တု[antu.]（動）逆らう、刃向う、挑む

အန်တုဖက်ပြိုင်[antu. pʼɛʔpjain]（動）挑む、逆らって挑戦する

အန်မတု[an mətu.]（動）逆らわない、刃向わない

အန်သေ[an te]（動）（手が）だるくなる

အန္ဓ[anda.]（名）無知、無学、愚 ＜パ Andha

အဏ္ဏဝါ[annəwa]（名）海洋、大洋 ＜パ Aṇṇava

အဏ္ဏဝါညစ်ညမ်းမှု[annəwa ɲiʔnan:mu.]（名）海洋汚染

အဏ္ဏဝါမျောလေ့[annwa mjɔ:leʔ]（名）オキアミ

အဏ္ဏဝါလောက[annwa lɔ:ka.]（名）海洋世界

အန္လပစလ္လပ[anlapa. tanlapa.]（名）駄話、雑談

အန်ဝင်ခွင်ကျ[an win gwin tʃa.]（副）うまく合致して、ぴったりはまって →အံဝင်ခွင်ကျ

အန်သေ[an te]（動）だるくなる

အန်း[an:]（動）腫れる、腫れ上がる

အန်းတန်းတန်းဖြစ်[an:tan:tan: pʼjiʔ]（動）腫れ気味になる、腫れっぽくなる

ဣန္ဒ[einda.]（名）インドラ神、帝釈天 ＜パ Inda

ဣန္ဒြ[eindəra.]＝ဣန္ဒ

ဣန္ဒြေ[eindəje]（名）慎み、落着き、品位、淑やかさ、上品さ、端麗さ ＜パ Indriya

ဣန္ဒြေကြီး[eindəje tʃi:]（形）沈着だ、冷静だ

ဣန္ဒြေချုပ်[eindəje tʃ'ouʔ] (動) 気品を保つ、落着きを保つ

ဣန္ဒြေစောင့်[eindəje saun.] (動) 落着きを保つ、品位を保つ

ဣန္ဒြေဆယ်[eindəje s'ɛ] →ဣန္ဒြေဆည်

ဣန္ဒြေဆည်[eindəje s'ɛ] (動) 気を取戻す、気を鎮める、落着きを取戻す、動揺を鎮める

ဣန္ဒြေဆောင်[eindəje s'aun] (動) 気を鎮める、上品に振舞う、落着いて行動する、泰然自若とする、気品を保つ

ဣန္ဒြေဆည်[eindəje s'ɛ] =ဣန္ဒြေဆယ်

ဣန္ဒြေပျက်[eindəje pjɛʔ] (動) 落着きを失う、動揺する、慌てる、狼狽する、冷静さを失う

ဣန္ဒြေဆယ်နိုင်[eindəje məs'ɛnain] (動) 取り乱す、落着いていられない、収拾がつかない

ဣန္ဒြေမဆယ်နိုင်အောင်[eindəjeməs'ɛnain aun] (副) 落着きを保てない位、冷静さが保てない程

ဣန္ဒြေမပျက်[eindəje məpjɛʔ] (副) 落着きを失わずに、冷静さを失う事なく、落着いて、慌てる事なく

ဣန္ဒြေမဲ့[eindəje mɛ.] (形) 無作法だ、慎み深さに欠ける、落着きがない、品がない

ဣန္ဒြေရ[eindəje ja.] (動) ①落着いている、冷静だ ②品がある、上品だ

ဣန္ဒြေရရ[eindəje ja.ja.] (副) 落着いて、上品に、淑やかに

ဣန္ဒြေရရနှင့်[eindəje ja.ja.nɛ.] =ဣန္ဒြေရရ

ဣန္ဒြေရှိ[eindəje ʃi.] (形) 落着いている、泰然としている、品がある、上品だ、淑やかだ

ဣန္ဒြေရှင်[eindəjeʃin] (名) 淑やかな人、上品な人、落着きのある人

ဣန္ဒြေလုပ်[eindəje louʔ] (動) 淑やかに振舞う、落着いて上品に振舞う

ဣန္ဒြေသိမ်းဆည်း[eindəje tein:s'i:] (動) 品位を保つ、落着きを保つ

အိန္ဒိယ[eindi.ja.~eindəri.ja.] (国) インド

အိန္ဒိယကြံ့[eindi.ja. tʃan.] (動物) インドサイ

အိန္ဒိယဆူးလေ[eindi.ja. s'u:le] (植) ロタック (ハマビシ科) Tribulus alatus

အိန္ဒိယတဝှမ်းလုံး[eindi.ja. təhwan:loun:] (名) インド全土、インド全国

အိန္ဒိယတိုင်း[eindi.ja. tain:] (名) インド国

အိန္ဒိယဒေါနာ[eindi.ja. dɔ:na.] (植) ヨモギ

အိန္ဒိယနိုင်ငံ[eindi.ja. naingan] (名) インド国

အိန္ဒိယပွေးကိုင်း[eindi.ja. pwe:gain:] (植) インドセンナ、ホソバセンナ

အိန္ဒိယလူမျိုး[eindi.ja. lumjo:] (名) インド人

အိန္ဒိယသမုဒ္ဒရာ[eindi.ja. təmouʔdəja.] (名) インド洋

အိန္ဒိယသော်က[eindi.ja. tɔ:ka.] (植) ムユウジュ、アショカノキ (ジャケツイバラ科) Saraca indica

အိန္ဒိယသစ်ကြံပိုး[eindi.ja. tiʔdʑəbo:] (植) タマラニッケイ (クスノキ科) Cinnamomum tamala

အိန္ဒိယအင်ကြင်း[eindi.ja. indʑin:] (植) サラノキ、サラソウジュ (フタバガキ科) Shorea robusta

အုန်း[oun:] (植) ココヤシ (ヤシ科) Cocos nucifera

အုန်းကကန်း[oun: gənan:] (動物) 椰子蟹

အုန်းကလော[loun: kəlo:] (植) イイギリ科ヒドノカルプス属の木 Hydnocarpus macrocarpa

အုန်းခွံ[oun:gun] (名) 椰子殻

အုန်းခွံရောင်[oun:gun jaun] (名) 椰子殻色、朽ち葉色、赤褐色

အုန်းငှက်ပျော[oun: ŋəpjɔ:] (植) オオギバショウ、タビビトノキ (バショウ科) Ravenala madagascariensis

အုန်းဆီ[oun:zi] (名) 椰子油 (女性の髪油として使われる)

အုန်းဆံ[oun:zan] (名) 椰子殻をほぐした繊維 (縄やロープの原料にする)

အုန်းဆံကြိုး[oun:zan dʑo:] (名) 椰子殻の繊維で綯ったロープ、棕櫚縄に類似

အုန်းထမင်း[oun:dəmin:] (名) ココナツ・ライス (ココナツ・ミルクで炊いた米飯)

အုန်းနို့[oun:no.] (名) ココナツ・ミルク (椰子の果肉を掻き取ってその粉末を絞った液汁)

အုန်းနို့ခေါက်ဆွဲ[oun:no. k'auʔs'wɛ:] (名) ココナツ・ヌードル、椰子汁麺、ココナツ・ミルクで作った麺

အုန်းနို့ထမင်း[oun:no. t'əmin:] (名) ココナツ・ミルクで作った粥 (ဆန်ပြုတ် とは言わない)

အုန်းနဲ့[oun:nɛ:] →၂ဲ့

အုန်းနောက်[oun:ṇau?] →ဦးနောက်

အုန်းပိုး[oun:bo:] (虫) タイワンカブトムシ (コガネムシ科) Rhynchophorus ferrugineus

အုန်းပင်[oun:bin] (名) ココヤシの木

အုန်းမောင်း[oun:maun:] (名) 辰鐘 (時を告げるため寺院で用いられる木製の小型ゴング) =ကုလား:တက်

အုန်းမောင်းခေါက်[oun:maun k'auʔ] (動) 辰鐘を打ち鳴らす

အုန်းမှုတ်[oun:mouʔ] (名) ①椰子殻 ②半分に割った

အုန်းမွေး[ouṇːm̥we:]（植）ホグチビユ（アカザ科）Aerua javanica

အုန်းရည်[ouṇːje]（名）ココヤシの果汁

အုန်းလေးဘက်ခေါင်[ouṇːleːbɛˀkʼauŋ]（動）駒型切妻棟造の屋根

အုန်းလေးဘက်ချ[ouṇːleːbɛˀt͡ʃa.]（動）駒型切妻構造の屋根にする

အုန်းလက်[ouṇːlɛˀ]（名）①ココ椰子の葉 ②屋根と屋根との合わせ目、隔棟

အုန်းသီး[ouṇːdiː]（名）ココ椰子の実

အုန်းသီးခွံ[ouṇːdiːguŋ]（名）ココヤシの殻

အုန်းသီးဆန်[ouṇːdiːzaŋ]（名）椰子の果肉

အုန်းသီးဆန်ခြောက်[ouṇːdiːzaŋd͡ʑauˀ]（名）コプラ、椰子の果肉を乾燥したもの

အုန်းအတွင်းသား[ouṇ ətwiṇːdaː]（名）椰子の果肉

အပ်[aˀ]（動）①（物、金等を）預ける သော့ကိုအပ်သည်။ 鍵を預ける ②託す ③引渡す、交付する ④身柄を預ける、身柄を引渡す ⑤児童を入学させる

အပ်ငွေ[aˀŋwe]（名）預金

အပ်ထား[aˀtʼaː]（動）①預けて置く ②預けてある

အပ်ထည်[aˀtʼɛ]（名）委託品

အပ်နှင်း[aˀn̥iṇː]（動）①（王権を）譲る、譲り渡す、移譲する ②（富や命を）引渡す、交付する ③授ける、授与する

အပ်နှင်းခြင်းခံရ[aˀn̥iṇːd͡ʑiṇːkʰaŋ ja.]（動）委託される、付託される

အပ်နှံ[aˀnaŋ]（動）①（金、物を）預ける、委託する ②（身柄を）預ける

အပ်[aˀ]（助動）~すべきだ လူတိုင်းကြိုးစားအပ်ပါတယ် 誰でも努力すべきだ ဆွေမျိုးနှီးစပ်ချင်းလက်မထက်အပ်ဖူး 近縁者同士結婚すべきではない မြွေနဲ့ဖားအတူမထား အပ်ဖူး။ 蛇と蛙とを一緒にしておくべきではない

အပ်[aˀ]（名）針

အပ်ကျတ်ကျ[aˀt͡ʃa.maˀt͡ʃa.] =အပ်ချတ်ချ

အပ်ကြောင်းထပ်[aˀt͡ʃauŋː tʼaˀ]（動）同じ事を繰返し述べる

အပ်ကြောင်းထပ်အောင်[aˀt͡ʃauṇː tʼaˀauŋ]（副）同じ事を繰返し繰返し

အပ်ချတ်ချ[aˀt͡ʃa.maˀt͡ʃa.]（副）確実に、明確に

အပ်ချတ်ချပြော[aˀt͡ʃa.maˀt͡ʃa pjɔː]（動）明確に言う အပ်ချတ်ချပြောနိုင်သည်။ 明確に言える

အပ်ချတ်ချသိ[aˀt͡ʃa.maˀt͡ʃa. ti.]（動き）確実に知る ရှင်ကျင့်ဝတ်တွေကိုအပ်ချတ်ချသိပြီးပြီလား။ あなたは、なすべき事をはっきりと知っていますか

အပ်ချည်[aˀt͡ʃi]（名）糸、縫い糸

အပ်ချည်လုံး[aˀt͡ʃi louṇː]（名）糸巻き、糸玉

အပ်ချည်မျှင်[aˀt͡ʃi m̥jiŋ]（名）縫い糸

အပ်ချုပ်[aˀ t͡ʃʼouˀ]（動）縫う

အပ်ချုပ်စက်[aˀt͡ʃʼouˀsɛˀ]（名）ミシン

အပ်ချုပ်ဆရာ[aˀt͡ʃʼouˀ sʼəja]（名）仕立て屋、テイラー

အပ်ချုပ်သမား[aˀt͡ʃʼouˀ təmaː]（名）お針子、縫製職人

အပ်ချည်[aˀt͡ʃi] =အပ်ချည်

အပ်စူး[aˀ suː]（動）針が突き刺さる

အပ်စိုက်[aˀ saiˀ]（動）鍼灸を施す

အပ်စိုက်ကုနည်[aˀsaiˀ ku.ni:]（名）鍼灸術

အပ်စိုက်ပညာ[aˀsaiˀ pjiɲa]（名）鍼灸

အပ်စပ်[aˀsaˀ]（形）似つかわしい、相応しい ရဟန်းလမ်းနှင့်မိန်းမန်မ်အပ်စပ်ချေ။ 出家の道と女とは矛盾する

အပ်ထောက်[aˀtʼauˀ]（名）指貫

အပ်နဖား[aˀ nəpʼaː]（名）針の穴

အပ်နဖားထိုး[aˀnəpʼaː tʼoː]（動）糸を針の穴に通す

အပ်နူတ်သီးငါးပုံ[aˀnouˀtiː ŋəbjaŋ]（魚）ダツ

အပ်ပစဉ်[aˀ bəziṇː]（虫）イトトンボ

အပ်ပေါက်[aˀpauˀ]（名）針の穴

အပ်သွား[aˀtwaː]（名）針の先

အိပ်[eiˀ]（動）①寝る、眠る ②（汽車、航空機等が）夜を過す ③動きが停止する ကုန်အိပ်သည်။ 貨物が停滞する ငွေအိပ်သည်။ 金が死蔵される ④（昆虫類、爬虫類が）冬眠する ⑤（ペンキが）乾く

အိပ်ခန်း[eiˀkʼaṇː]（名）寝室

အိပ်ချင်စိတ်[eiˀt͡ʃiṇ zeiˀ]（名）眠気

အိပ်ချင်မူးတူးနှင့်[eiˀt͡ʃiṇ muːduː nɛ.]（副）寝ぼけ眼に、朦朧として

အိပ်ချိန်[eiˀt͡ʃeiŋ]（名）睡眠時間

အိပ်ငိုက်[eiˀŋaiˀ]（動）うとうとする、こくりこくりする、眠気を誘われる、居眠りする

အိပ်စက်[eiˀsɛˀ]（動）（高貴な人が）就寝なさる、お休みする

အိပ်စင်[eiˀsiŋ]（名）（寝台車などの）寝棚

အိပ်ဆေး[eiˀsʼeː]（名）睡眠薬

အိပ်ဆတ်[eiˀsʼaˀ]（動）眠りが浅い、睡眠が浅い

အိပ်တန်း[eiˀtaṇː]（名）塒（ねぐら）

အိပ်တန်းတက်[eiˀtaṇː tɛˀ]（動）塒に帰る、（猛禽類）止り木に停まる

အိပ်ပျော်[eiˀpjɔ]（動）寝入る、寝込む、熟睡する

အိပ်ပျက်[eiˀ pjɛˀ]（動）眠りが妨げられる、睡眠不

足になる
အိပ်ပျက်ခံ[ei'pjɛ' k'an]（動）眠気に耐える、眠らずにいる、起きている
အိပ်ဖန်စောင့်[ei'p'anzaun.]（名）（王宮の）不寝番、夜間当直
အိပ်ပျက်ဆေး[ei'p'jɛ' s'e:]（名）眠気覚まし、覚醒薬
အိပ်မောကျ[ei'mɔ: tʃa.]（動）ぐっすりと眠る、熟睡する
အိပ်မက်[ein:mɛ']① (動) 夢を見る ② (名) 夢
အိပ်မက်ကောင်း[ein:mɛ'kaun:]（名）吉夢、目出度い夢
အိပ်မက်ဆိုး[ein:mɛ's'o:]（名）悪夢
အိပ်မက်ဆန်[ein:mɛ' s'an]（形）夢のようだ、夢みたいだ
အိပ်မက်ပေး[ein:mɛ' pe:]（動）夢を与える
အိပ်မက်မက်[ein:mɛ' mɛ']（動）夢を見る
အိပ်မက်မြင်[ein:mɛ' mjin]=အိပ်မက်မက်
အိပ်မြင်မက်[ein:mɛ' mjinmɛ']=အိပ်မက်မြင်
အိပ်မွှေ[ei'mwe.]① (動) 熟睡する ② (植) オオバナサルスベリ (ミソハギ科) Lagerstroemia speciosa
အိပ်မွှေချ[ei'mwe. tʃa.]（動）催眠術を掛ける
အိပ်မွှေနွယ်[ei'mwe. nwɛ]（植）サンショウモドキ (ヤブコウジ科) Embelia robusta
အိပ်မှုန်စုံမွှား:နဲ့[ei'moun sounmwa: nɛ.]（副）寝ぼけ眼で、半分眠ったままで
အိပ်မှုန်စုံမွှား:ဖြင့်[ei'moun sounmwa: p'jin.]=အိပ်မှုန်စုံမွှား:နဲ့
အိပ်မှုန်စုံမွှား:သံ[ei'moun sounmwa:dan]（名）寝ぼけ声
အိပ်ရာ[ei'ja]（名）寝床、ベッド
အိပ်ရာကထ[ei'jaga t'a.]（動）起床する
အိပ်ရာခင်း[eija k'in:]① (動) 寝床を用意する、布団を敷く ② [ei'jagin:]（名）敷布、シーツ
အိပ်ရာထ[ei'jat'a.]（動）①目覚める ②起床する
အိပ်ရာထချိန်[ei'ja t'a.tɕein]（名）起床時刻
အိပ်ရာနောက်ကျ[ei'jada. nautʃa.]（形）起床が遅れる
အိပ်ရာထိုင်ခင်း[ei'ja t'aingin:]（名）寝具
အိပ်ရာနိုး[ei'ja no:]（動）目覚める、覚醒する
အိပ်ရာပြင်[ei'ja pjin]（動）寝床の用意をする
အိပ်ရာလိပ်[ei'jalei']（名）（携帯用に）丸めた寝具
အိပ်ရာဝင်[ei'ja win]（動）寝床に入る、就寝する
အိပ်ရာသိမ်း[ei'ja tein:]（動）寝具を片付ける、

寝床を片付ける
အိပ်ရေး:ပျက်[ei'je: pjɛ']（動）①夜眠れない、眠りが妨げられる ②睡眠不足になる
အိပ်ရေး:မဝ[ei'je: məwa.]（形）眠りが満ち足りない、ぐっすり眠れない
အိပ်ရေး:မဝဖြစ်[ei'je:məwa. p'ji']（動）睡眠不足になる
အိပ်ရေး:ဝ[ei'je: wa.]（形）眠りが満ち足りる、ぐっすり眠れる
အိပ်လေ့မရှိ[ei'le. məʃi.]（動）眠る習慣はない
အိပ်လေ့ရှိ[ei'le.ʃi.]（動）眠る習慣がある、眠るのが普通だ
အုပ်[ou']（名）①群 နွား:အုပ် 牛の群 ဆင်အုပ် 象の群 ခိုအုပ် 鳩の群 ②飯櫃 ③（助数）冊 ပလာစာအုပ်တအုပ် ノート 1 冊
အုပ်ကြီး:နဲ့[ou'tʃi: nɛ.]（副）群を成して、大群で
အုပ်စု[ou'su.]（名）グループ、集団
အုပ်စုဖွဲ့[ou'su. p'wɛ.]（動）集団を編成する、グループを作る
အုပ်စုလိုက်[ou'su. lai']（副）群を成して、集団で
အုပ်ပွဲ[ou'p'wɛ.]（動）群を成す
အုပ်လိုက်[ou'lai']（副）群で、グループになって
အုပ်[ou']（動）①覆う ②被せる、蓋をする ③締め括る、終える ④小突く、ど突く ⑤先行の韻を受ける、先行の韻に合せる、韻を踏む
အုပ်ခြင်း[ou'tʃin:]（名）藤丸籠
အုပ်ချုံ[ou'tʃoun]（動）被せる、覆う、蓋をする
အုပ်ဆေး[ou's'e:]（名）子供の気付け薬（両手で揉み解したタバコの葉の匂いを発熱中の子供の体に吸収させる）
အုပ်ဆောင်း[ou's'aun:]（名）①半球状の覆い、蝿要らず ②携帯用の灯火、カンテラ မီး:အုပ်ဆောင်း: カンテラ ဃွန်း:အုပ်ဆောင်း:နှိ ③（灯火管制用の）円筒形のカバー
အုပ်ဆောင်း:ပုံ[ou's'aun:boun]（名）円錐形、円筒形
အုပ်ဆိုင်း[ou's'ain:]（動）①（雲、霧等が）覆うနှင်း:မျာ:အုပ်ဆိုင်း:နေသည်။ 霧が立ち込めている ②（樹木や木の葉が）覆う、覆い被さる、生い茂る、繁茂する အရွက်များ:နှင့်အုပ်ဆိုင်း:နေသည်။ 葉が覆い被さっている
အုပ်ဖမ်း[ou'p'an:]（動）飛び掛かって捉える
အုပ်မိုး[ou'mo:]（動）覆い被さる
အုပ်ဆိုင်း:ဆိုင်း:[ou'ou' s'ain:zain:]（副）わいわいがやがやと、騒然と လေသံကြာ:ရအောင်အုပ်ဆိုင်း:ဆိုင်း:နှင့်သင်ပေး၏။ 口笛も聞えない位にわい

わいがやがや言っている中で授業をした
အုပ်[ou̯ʔ]（動）管理する、統括する
အုပ်ချုပ်[ou̯ʔtʃou̯ʔ]（動）統治する、支配する
အုပ်ချုပ်စီမံ[ou̯ʔtʃou̯ʔ siman]（動）行政を執行する
အုပ်ချုပ်စီမံပုံ[ou̯ʔtʃou̯ʔ simanboun]（名）行政の仕方
အုပ်ချုပ်ပုံ[ou̯ʔtʃou̯ʔpoun]（名）統治の在り方
အုပ်ချုပ်မှု[ou̯ʔtʃou̯ʔmu̯.]（名）行政、統治
အုပ်ချုပ်မှုဒါရိုက်တာ[ou̯ʔtʃou̯ʔmu̯. daraiʔta]（名）専務取締役
အုပ်ချုပ်မှုအာဏာ[ou̯ʔtʃou̯ʔmu̯. ana]（名）統治権、行政権
အုပ်ချုပ်ရေး[ou̯ʔtʃou̯ʔje:]（名）行政、統治
အုပ်ချုပ်ရေးမှူး[ou̯ʔtʃou̯ʔje:mu̯:]（名）管理者、マネージャー
အုပ်ချုပ်ရေးယန္တရား[ou̯ʔtʃou̯ʔje: jandəja:]（名）行政機関
အုပ်ချုပ်သူ[ou̯ʔtʃou̯ʔtu̯]（名）支配者、統治者
အုပ်စီး[ou̯ʔsi:]（動）掌握する
အုပ်စိုး[ou̯ʔso:]（動）統治する、支配する
အုပ်စိုးပုံ[ou̯ʔso:boun]（名）統治の在り方、支配の仕方
အုပ်ထိန်း[ou̯ʔt'ein:]（動）世話する、保護する、監督する
အုပ်ထိန်းစ[ou̯ʔt'ein:za.]（名）世話し始め、保護し始め
အုပ်ထိန်းမှု[ou̯ʔt'ein:mu̯.]（名）保護、監督
အုပ်ထိန်းသူ[ou̯ʔt'ein:du̯]（名）保護者
အုပ်မနိုင်ထိန်းမရဖြစ်[ou̯ʔ mənain t'ein: məja. pʻji]（動）収拾がつかない、制御できない、コントロール不能だ
အုပ်ထုပ်[ou̯ʔt'ou̯ʔ] →ဦးထုပ်
အုပ်မင်[ou̯ʔmin] →ဥမင်
အုပ်ရှစ်သီး[ou̯ʔʃiʔti:] →ဥရှစ်သီး
အုပ်လုံးသိမ်း[ou̯ʔloun:tein:]（動）（女児が）髪を長くする、髪を束ねる
အုပ်လုံးသိမ်းခါစ[ou̯ʔloun: tein:gaza.]（名）18歳位の年頃、乙女
အမ္မိုနီယာ[anmoniya]（名）アンモニア ＜英
အန်း[an:]（動）①釣り銭を返す、釣りを出す ②たじろぐ、躊躇する、怯む အနည်းငယ်အမ်းသွားသည်။ 少したじろいだ စိတ်မှာခပ်အမ်းအမ်းဖြစ်သွားမိသည်။ 心中少しどぎまぎした
အမ်းငွေ[an: ŋwe]（名）釣り銭
အမ်းရော[an:zəja] =အမ်းငွေ
အမ်းတမ်းတမ်း[an: tan:dan:]（副）途惑って、ど

ぎまぎして အမ်းတမ်းတမ်းမျက်နှာဖြင့်ဖြေသည်။ 途惑った表情で答えた
အိမ်[ein]（名）①家、人家、家屋、住宅、住居 ②覆っているもの ဆီးအိမ် 膀胱 မျက်လုံးအိမ် 眼か ဓားအိမ် 刀の鞘 အီးအိမ် 提灯、ランタン、カンテラ နာရီအိမ် 時計のケース ③トランプ遊びの参加者
အိမ်ကပ်[ein kaʔ]（動）家に寄り付く
အိမ်ကျုံး[eintʃo:]（名）内弁慶
အိမ်ကျော်နင်းမှု[eintʃɔnin:mu̯.]（名）家宅侵入罪
အိမ်ကြီးရခိုင်[eindʒi: jəkʻain]（名）大邸宅
အိမ်ကြီးအိမ်ကောင်း[eindʒi: eingaun:]=အိမ်ကြီးရခိုင်
အိမ်ကြက်[eindʒɛʔ]（名）家禽、飼育中の鶏
အိမ်ခါးပန်း[ein gəban:]（名）家の上がり口、家の上がりがまち、家の帯飾り
အိမ်ခေါင်[ein kʻaun]（名）屋根の棟、大棟
အိမ်ခေါင်မိုး[ein kʻaunmo:]（名）家の屋根
အိမ်ခေါင်းရင်း[ein gaun:jin:]（名）①表の間、仏壇のある部屋 ②寝る時に頭を向ける方
အိမ်ခန်း[eingan:]（名）部屋、（アパートの）1室
အိမ်ခန်းခ[eingan:ga.]（名）部屋代
အိမ်ခန်းငှါ[eingan: ŋa:]（動）①部屋を貸す ②部屋を借りる、間借りする
အိမ်ချင်း[eintʃin:]（名）家同志
အိမ်ခြေ[eindʒe]（名）戸数
အိမ်ခြေရာခြေ[eindʒe jadʒe]（名）①邸宅 ②資産
အိမ်ခြေရာခြေမဲ့[eindʒe jadʒe mɛ.]（名）ホームレス、浮浪者
အိမ်ခြေရင်း[ein tʃijin:]（名）裏の間、寝る時に足を向ける方
အိမ်ခွဲ[ein kʻwɛ:]（動）分家する
အိမ်ငှါ[ein ŋa:]①（動）家を借りる ②（名）借家 အိမ်ငှါးတွင်နေရသည်။ 借家に住んでいる ③借家人、店子
အိမ်ပေါ်[ein zəbɔ]（名）（家や部屋を借りる時の）保証金、権利金、敷金、前渡金（出る時には返還される）cf. အပျောက်
အိမ်စာ[einza]（名）①宿題 ②（鳥）雀、イエスズメ（ハタオリドリ科）Passer domesticus
အိမ်စာပေး[einza pe:]（動）宿題を課す
အိမ်စောင့်[ein saun.]①（動）留守番をする ②[einzaun.]（名）留守番
အိမ်စောင့်ကျန်ခဲ့[einzaun. tʃanɛ.]（動）留守番をする、留守番として残る
အိမ်စောင့်နတ်[einzaun. naʔ]（名）家の守護神、マハーギリ・ナッ（屋内の柱に吊るされたココ椰子の

အိမ်စောင့်အစိုးရ[einzaun. əso:ja.]（名）暫定政府、選挙管理内閣（通常、１９５８年から６０年まで続いたネーウイン政府を指す）
အိမ်ဆောက်[ein s'auʔ]（動）家を建てる
အိမ်ဆောက်ခ[ein s'auʔk'a.]（名）建築費
အိမ်ဆိုင်[ein zain]（名）住宅店舗
အိမ်ရေး[einze:]（名）店舗
အိမ်ကာစေ့အောင်[eindəga si.aun]（副）どの家にも、１軒も洩れなく、全ての家に
အိမ်တစောင်မီးတပြောင်[ein dəzaun mi: də bjaun]（名）一家を構える事、分離独立
အိမ်တော်[eindɔ]（名）①官邸　②親王、内親王等の御殿
အိမ်တော်ပါ[eindɔba]（名）子飼いの家来、侍従、侍女、幼時からのお付きの者
အိမ်တော်ရာထီး[eindɔ: ja di:]（名）蛇の目笠、こうもり傘（マンダレー市内エインドーヤー・パゴダの周辺で製造されるのでそう呼ばれる）
အိမ်တက်[ein tɛʔ]①（動）新居に入る、新築家屋で暮す　②[eindɛʔ]（名）＝အိမ်တက်မင်္ဂလာ
အိမ်တက်မင်္ဂလာ[eindɛʔ mingəla]（名）新築祝い落成式、竣工式、引越し祝い、新築家屋への入居祝い
အိမ်တိုင်ယာရောက်[eindain jajauʔ]（副）全戸、軒並みに、住んでいる所まで、家まで訪ねて
အိမ်တိုင်ယာရောက်စစ်[eindain jajauʔ siʔ]（動）戸別調査をする、全家庭を訪問して調べる
အိမ်တိုင်ယာရောက်လည်[eindain jajauʔ lɛ]（動）戸別訪問する
အိမ်တိုင်း[eindain:]（副）どの家でも、どの家にも
အိမ်တိုင်းစေ့[eindain:zi.]＝အိမ်တိုင်း
အိမ်တန်ဘိုး[ein tanbo:]（名）家の価格、住宅の価格
အိမ်တန်းလျား[ein tan:ja:]（名）長屋
အိမ်တွင်းနက်[eindwin: naʔ]＝အိမ်စောင့်နတ်
အိမ်တွင်းပုန်း[dindwin: boun:]（名）①箱入り女性、深窓の女性、人目に触れないようにした婦人（主としてムスリム女性）②隠遁者、世捨て人
အိမ်တွင်းမှု[eindwin:mu.]（名）家事
အိမ်တွင်းမှုလုပ်၊သိမ်းထုပ်သေချာ။（格）家事をこなし、金はちゃんと包んで仕舞え（女に対する教訓）
အိမ်တွင်းရေး[eindwin:je:]（名）家庭内の問題
အိမ်တွင်းအင်တင်နာ[eindwin: intinna]（名）室内アンテナ　＜英 Antenna
အိမ်ထောင်[ein taun]①（動）家庭を持つ、世帯を持つ　②[eindaun]（名）世帯

အိမ်ထောင်ကျ[eindaun tʃa.]（動）世帯を持つ
အိမ်ထောင်ကြီး[eindaungʑi:]（名）①大世帯　②最初の結婚相手、初婚者　③やもめ、寡婦、後家、未亡人　④出戻り、結婚生活を経験した女性
အိမ်ထောင်ကြီးမိန်းမ[eindaungʑi: mein:ma.]（名）①最初の結婚相手であった女性　②破鏡の憂き目に遭った女性、出戻り　③未亡人、後家
အိမ်ထောင်ကြီးယောကျာ်း[eindaungʑi: jauʔtʃa:]（名）男やもめ
အိမ်ထောင်ကွဲ[eindaungwɛ:]（名）分家
အိမ်ထောင်ချ[eindaun tʃa.]（動）世帯を持たせる、家庭を持たせる
အိမ်ထောင်ချပေး[eindaun tʃa.pe:]＝အိမ်ထောင်ချ
အိမ်ထောင်ခွဲ[eindaun k'wɛ:]①（動）分家する　②[eindaungwɛ:]（名）分家
အိမ်ထောင်စု[eindaunzu.]（名）世帯、同居家族
အိမ်ထောင်ထူ[eindaun t'u]（動）①新所帯を持つ　②寡婦、未亡人またはおとこ鰥夫が再婚する
အိမ်ထောင်ပရိဘောဂ[eindaun pəri.bɔ:ga.]（名）世帯道具、家具
အိမ်ထောင်ပြု[eindaun pju.]（動）世帯を持つ
အိမ်ထောင်ပျက်[eindaun pjɛʔ]①（動）離婚する　②[eindaunbjɛʔ]（名）離婚者、離縁者
အိမ်ထောင်ဖက်[eindaunbɛʔ]（名）結婚相手、配偶者
အိမ်ထောင်ဖက်ပြု[eindaunbɛʔ pju.]（動）夫婦となる、世帯を持つ
အိမ်ထောင်ဖက်ရွေး[eindaunbɛʔ jwɛ:]（動）配偶者を選ぶ
အိမ်ထောင်ဘက်၊ ဘုရားတည်၊ ဆေးမင်ရည်စုတ်ထိုး။（格）この世での難事（所帯を持つ事、仏塔を建立する事、入墨を彫る事）
အိမ်ထောင်ရေး[eindaun je:]（名）夫婦間の事、世帯内の問題
အိမ်ထောင်ရေးအခွင့်အရေး[eindaun je: ek'win.əje:]（名）夫または妻の家庭での権利
အိမ်ထောင်ရက်သား[eindaun jɛʔta:]（副）既婚者で、既に世帯を持っていて、配偶者がいて
အိမ်ထောင်ရက်သားကျ[eindaun jɛʔta: tʃa.]（動）既に世帯を持っている
အိမ်ထောင်ရှင်[eindaun ʃin]（名）主婦
အိမ်ထောင်သက်[eindaundɛʔ]（名）結婚歴、世帯歴
အိမ်ထောင်သစ်[eindaundiʔ]（名）新世帯、新婚世帯
အိမ်ထောင်သည်[eindaundə]（名）世帯持ち、既婚

者
အိမ်ထောင်ဦး[eindaun u:]（名）新婚当時
အိမ်ထောင်ဦးစီး[eindaun u:zi:]（名）世帯主
အိမ်စာ:[ein da:]（名）鞘付きの刀剣
အိမ်နီးချင်း[ein ni:ʤin:]（名）①隣近所 ②近所の人々
အိမ်နီးချင်းတိုင်းပြည်[einni:ʤin: tain:pje]＝အိမ်နီးချင်နိုင်ငံ
အိမ်နီးချင်းနိုင်ငံ[einniʤin: naingan]（名）隣国
အိမ်နီးနားချင်း[einni:na:ʤin:]＝အိမ်နီးချင်း
အိမ်နောက်ဖေး[ein nauʔpʰe:]（名）家の裏 cf. အိမ်ရှေ့
အိမ်နံမှု[einnein.]（名）即位するまでの立場、皇太子または摂政の身分
အိမ်နံပါတ်[ein nanbaʔ]（名）家の番地
အိမ်နဘေး[ein nəbe:]（名）家の脇、家の横手
အိမ်ပေါက်စဉ်[einbauʔsi.]（副）1軒1軒、軒並み、戸別
အိမ်ပေါက်ဝ[einbauʔwa.]（名）家の入口、玄関
အိမ်ပစ္စည်းပစ္စည်း[einbjiʔ jabjiʔ]（副）家族を棄てて、家庭の事は顧みずに
အိမ်ပုံစံ[ein pounzan]（名）家の設計図、家の見取り図
အိမ်ပြေး[einbje:]（名）家出人、逃亡者
အိမ်ပြောင်း[ein pjaun:]（動）引越しをする
အိမ်ပြန်[ein pjan]（動）家に帰る、帰宅する
အိမ်ပြန်နောက်ကျ[einbjan nauʔtʃa.]（動）帰宅が遅れる
အိမ်ဖော်[einbɔ]（名）家政婦、メイド、お手伝い、女中、使用人
အိမ်ဖော်လခ[einbɔ ləga.]（名）使用人の月給
အိမ်ဖြူ[einbju]（名）ホワイト・ハウス
အိမ်ဖွဲ့[ein pʰwɛ.]（動）①（蜂が）巣を作る、（蜘蛛が）網を張る ②太陽にかさが架かる ＝နေအိမ်ဖွဲ့
အိမ်ဘေး[einbe:]（名）家の脇、家の横、家の側面
အိမ်မ[einma.]（名）母屋
အိမ်မဲ့ရာမဲ့[einma.]（副）宿無し、ホームレス
အိမ်မိုး[einmo:]①（動）屋根を葺く ②[einmo:]（名）家の屋根
အိမ်မျက်နှာစာ[ein mjeʔnəza]（名）家の正面、家の向い側
အိမ်မြေ[einmje]（名）宅地
အိမ်မြေကွက်[ein mjegwɛʔ]＝အိမ်မြေ
အိမ်မှု[einmu.]（名）家事、家の事
အိမ်မှုကိစ္စ[einmu. keiʔsa.]（名）家庭の事柄、家庭の用件、家庭の雑用

အိမ်မြှောင်[einmjaun]（名）①羅針盤 ②コンパス 両脚器 ③（動物）タシロヤモリ（ヤモリ科）Gehyramutilata Hemidactylus
အိမ်မြှောင်တံ[einmjaundan]（名）羅針盤の針
အိမ်ရာ[ein ja]（名）宅地、住まい、住所
အိမ်ရောက်[ein jauʔ]（動）家に着く、帰り着く
အိမ်ရိုက်သံ[ein jaiʔtan]（名）釘
အိမ်ရှိလူကုန်[einʃi.lugoun]（副）一家総出で、家中皆で
အိမ်ရှေ့[einʃe.]（名）①家の表 ②皇太子の身分
အိမ်ရှေ့ခန်း[einʃe.gan:]（名）表の間
အိမ်ရှေ့နင်း[einʃe. nin:]（動）皇太子に任じる、立太子の式を挙げる
အိမ်ရှေ့ပူ၊ အိမ်နောက်မချမ်းသာ။（格）表が騒がしければ裏が思いやられる（家の前で大人が口論すれば屋内の子供達は居たたまれない）
အိမ်ရှေ့ပေး[einʃe. pe:]＝အိမ်ရှေ့နင်း
အိမ်ရှေ့မိဖုရား[einʃe. mi.bəja:]（名）皇太子妃
အိမ်ရှေ့မင်း[einʃe. min:]（名）皇太子
အိမ်ရှေ့မင်းသား[einʃe. min:da:]＝အိမ်ရှေ့မင်း
အိမ်ရှေ့ဝန်[einʃe. wun]（名）皇太子府奉行
အိမ်ရှေ့အတွင်းဝန်[einʃe. ətwin:wun]（名）皇太子の秘書官、皇太子府枢密棺
အိမ်ရှေ့အိမ်[einʃe. ein]（名）向い側の家
အိမ်ရှင်[einʃin]（名）①家の所有者 ②大家、家主 ③ホスト、受入れ側、主催者、提供者
အိမ်ရှင်နိုင်ငံ[einʃin naingan]（名）主催国
အိမ်ရှင်မ[einʃinma.]（名）主婦
အိမ်ရှင်မျက်နှာမသာ၊ ဧည့်သည်အနေခက်။（格言）ホストの顔が勝れなければ客は居心地がよくない
အိမ်လခ[ein ləga.]（名）家賃
အိမ်လည်[ein lɛ]（動）他人の家庭を訪れる、他人の家に遊びに行く
အိမ်လည်ထွက်[einlɛ tʰwɛʔ]（動）人の家へ遊びに行く
အိမ်လည်သွား[einlɛ twa:]＝အိမ်လည်ထွက်
အိမ်ဝ[einwa.]（名）戸口、門口
အိမ်ဝယ်ယူရေး[ein wɛjuje:]（名）家の購入、住宅購入
အိမ်ဝယ်ယူရေးချေးငွေ[ein wɛjuje: tʃi:ŋwe]（名）住宅ローン
အိမ်ဝင်[ein win]（動）①家に入る ②癒えに立寄る
အိမ်ဝင်း[ein win:]（名）家の屋敷内
အိမ်သာ[einda]（名）便所、手洗い、トイレット
အိမ်သာဆင်း[einda sʰin:]（動）便所へ行く、トイレに入る

အိမ်သာတက်[einda tɛʔ] =အိမ်သာဆင်း
အိမ်သာသွား[einda twa:] =အိမ်သာတက်
အိမ်သာ:[einda:] (名) 家族
အိမ်သူအိမ်သာ:[eindu einda] =အိမ်သာ:
အိမ်ပေါင်[ein tin.] (動・文) 結婚する
အိမ်မိုး[eindoun] (名) 家庭用品
အိမ်သုံးကုန်[eindoun: goun] (名) 家具、家庭用品
အိမ်သုံးကုန်ပျွတ္တ[eindoun: kunpjuta] (名) パソコン
အိမ်သုံးစရိတ်[eindoun: zəjeiʔ] (名) 生活費、家計
အိမ်သုံးပစ္စည်း[eindoun: pjiʔsi:] (名) 家庭用品
အိမ်သုံးလျှပ်စစ်ပစ္စည်း[eindoun: łjaʔsiʔpjiʔsi:] (名) 家庭電気製品
အိမ်အသုံးအဆောင်ပစ္စည်း[ein ətoun: əsʔaun pjiʔsi:] (名) 家具什器
အိမ်ဝင်[ein u:] (名) 門口、玄関口
အိမ်ဦးခန်း[ein u:gan:] (名) 表の間、長老の間、仏壇のある部屋、寝る時に頭を向けて寝る部屋
အိမ်ဦးနတ်[ein u:naʔ] (名) 一家の主、大黒柱
အိမ်အောက်ခန်း[ein auʔkʔan:] (名) 階下の部屋
အိမ်အောက်မှာ[ein auʔma] (副) ①家の表に ②家の床下に
အိမ်း[ein:] (感) そうだなあ、うん
အံ့[an.] (動) 驚く、吃驚する、驚愕する
အံ့တပါး[an. dəba:] (名) 驚異、摩か不思議
အံ့ပါရယ်[an.bajɛ.] (形) 驚いたものだ、呆れたものだ、不思議だ、驚異だ
အံ့ဖွယ်[an.bwɛ] (名) 不思議な事、驚異
အံ့ဖွယ်ကောင်း[an.bwɛ: kaun:] (形) 誠に不思議だ、驚くべき事だ
အံ့ဖွယ်သင့်[an.bwɛ:təjɛ:] (名) ①驚異、驚くべき事、奇跡、圧巻 ②非凡な者、怪物
အံ့ဖွယ်သင့်ဖြစ်ရပ်မျိုး[an.bwɛ:təjɛ: pʔjiʔjaʔ mjo:] (名) 奇跡、神秘な出来事
အံ့ဘွယ်[an.bwɛ] =အံ့ဖွယ်
အံ့အား တသင့်ဖြစ်[an.a:dədin: pʔjiʔ] (動) 呆気に取られる、唖然とする
အံ့အား:သင့်[an.a: tin.] (動) 呆気に取られる、唖然とする
အံ့အား:သင့်စွာ[an.a:tin.zwa] (副・文) 驚いて、呆気に取られて
အံ့သြ[an.ɔ:] (動) 驚く、驚異を覚える
အံ့သြစရာ[an.ɔ:zəja] (形) 驚くべき事、不思議、驚異
အံ့သြစရာကောင်း[an.ɔ:zəja kaun:] (形) 驚くべき事だ

အံ့သြဘွယ်[an.ɔ:bwɛ] =အံ့သြစရာ
အံ့သြဘွယ်ကောင်း[an.ɔ:bwɛ kaun:] =အံ့သြစရာ ကောင်း
အံ့[an.] ① (末助・文) 三人称で未来、一人称で意志を表わす、口語形の မယ် に相当 နက်ဖြန်သွားအံ့။ 明日行く ငါအကြိုးပေးအံ့။ 私が案を出そう မြတ်စွာဘုရားကို သာပူဇော်အံ့။ 如来だけを礼拝しよう ဤသစ်သီးကိုစား တော့အံ့။ この果実を食べよう သေရအံ့သောဘေးကို မကြောက်သောသူမရှိ။ 死の危険を恐れない者はいない မသေသေအံ့သောသူကား တယောက်မျှမရှိ။ 死なずに生きて行ける者は一人もいない ရှာ၍ပင်တွေ့အံ့မထင်။ 探しても見つからないだろう ဤဥမှလူဇင်စစ်ဖွား မြင်အံ့။ この卵からまともな人間が生れるであろう ② (接助) အကယ်၍ と組合って、〜ならば、〜とすれば
〜အံ့ဆဲဆဲ[an.sʔɛ:zɛ:] (助動) 〜する寸前、まさに〜しようとして ဖြစ်ပျိုးအံ့ဆဲဆဲကုန်သွယ်ရေးစစ်ပွဲ 勃発寸前の貿易戦争
〜အံ့သောငှါ[an.dɔ:ɲa] (助動) 〜するために、〜せんがために သွားအံ့သောငှါမတတ်နိုင် 行く事はできない ကပ်လှန်သူများအား သတိရစေအံ့သောငှါအထိမ်းအမှတ် တိုင်များကိုစိုက်ထားသည်။ 故人を偲ぶために標柱が建ててある သင်သည်ယခုအခါအိမရှ၍တို့အား စောင့်ရှောက်ခြင်းကိုပြုအံ့သောငှါသင့်မြတ်၏။ 次はこれから我々を見守ってくれるのに相応しい သင်္ဂိယနာတင်အံ့သောငှါ ရဟန္တာငါးရာကိုရွေးတော်မူသည်။ 仏典結集を行なうために羅漢5百人をお選びになった သီတာဒေဝီကိုရှာအံ့ သောငှါသမုဒ္ဒရာပင်လယ်ကိုခုန်၍သွားလေသည်။ シータ一姫を捜すために大海を跳躍した
အံ[an] (名) 臼歯
အံကိုက်[an kaiʔ] (動) うまく噛み合う、ぴったり合う、しっくり行く、うまく行く
အံကြိတ်[an tʃeiʔ] (動) 歯噛みする、歯を食いしばる、口惜しがる、我慢する、切歯扼腕する
အံခဲ[an kʔɛ:] =အံကြိတ်
အံချော[an tʃɔ] (動) ずれる、食い違う、ちぐはぐになる
အံဆုံး[anzoun:] (名) 親知らず、第三大臼歯
အံဆုံးပေါက်[anzoun:pauʔ] (動) 親知らずが生える
အံဆုံးသွား[anzoun:dwa:] =အံဆုံး
အံမကိုက်[an məkaiʔ] (動) しっかりしない、うまく行かない、うまく合わない
အံမဝင်ဂွင်မကျ[an məwin gwin mətʃa.] (副) うまく噛み合わなくて、しっくりしなくて、そぐわなくて、似合わなくて
အံရွေ့သွား[an ʃe.dwa:] (名) 小臼歯
အံဝင်ခွင်ကျ[an win gwinja.] (副) しっくり合

って、うまく噛み合って、調和して、過不足なく
အံဝင်ခွင်ကျဖြစ်[an win gwindʒa. p'jiˀ]（動）うまく行く、うまく噛み合う、調子よく行く
အံသွား[andwa:]（名）臼歯 cf. ရှေ့သွား：
အံဆွဲ[anzwɛ:]（名）引出し
အံဆွဲဖွင့်[anzwɛ: p'win.]（動）引出しを開ける
အံတု[an tu.]（動）逆らう、刃向う
အံတုအံပြိုင်ပြု[andu. anbjain pju.] ＝အံတု
を報いる
အံ့ဘို[anjdo]（形）経験豊富な、経験を積む
အံထုတ်[an t'ouˀ] →အန်ထုတ်
အံဖတ်[anbaˀ] →အန်ဖတ်
အံမာ[anma]（感）何とまあ、とんでもない ＝အမယ်၊ အောင်မယ်။
အံမာလေး[anmale:] ＝အံမာ၊ အမယ်လေး။
အမယ်[anmɛ] ＝အံမာ
အမယ်လေး[anmɛle:] ＝အမယ်လေး
အုံ[oun.]（動）雲で覆われる、暗くなる、曇る
အုံဆိုင်း[oun.s'ain:]（動き）覆う、曇る、立ち込める
အုံပုန်း[oun.boun:]（名）感情を表面に現わさぬ人、隠し立てをする人、自分の意見を述べぬ人、立場を明らかにしない人
အုံမှိုင်း[oun.main:]（動）曇る、どんよりする ကောင်းကင်သည်အုံမှိုင်းနေသည်။ 空がどんより曇っている
အုံ့အုံ့ဆိုင်းဆိုင်း[oun.oun. s'ain:zain:]（副）どんより曇って、日が陰って
အုံ[oun]（名）①（桶などの）盛り上がった胴、膨らみ ရင်အုံ 胸元 နို့အုံ 乳房 ②（蜂、蟻の）巣 ပျား:အုံ 蜂の巣 ပရွက်ဆိတ်အုံ 蟻の巣 ခါချပ်အုံ 樹蟻の巣 ③（木の枝、葉等で作られた）ねぐら ④塊、集団 ပန်းအုံ 群がって咲く花 ⑤掘建て小屋
အုံ[oun]（動）①群れる、群がる、集合する ယင်အုံ

သည်။ 蝿が群がる ②遮る、覆う ③（頭が）ぼんやりする、すっきりしない ④（膏薬を）張る
အုံကြွ[ountʃwa.]（動）①激昂して騒然となる、放棄する、暴動を起す
အုံပွင့်[oun pwin.]（動）感情が爆発する
အုံတုံ[oundoun]（植）①センコウボクキョウシ、タンカラック（クスノキ科）Litsaea glutionosa ②Litsaea khasayana
အုံတုံလောက်ယား[oundou lauˀja:]（植）カシボクキョウシ（クスノキ科）Litsaea monopetala
ဥမ္မာဒန္တီ[ounma dandi]（名）①美人、麗人 ②（人を惑わす艶麗な）天女
ဥံ[oun]（感）真言、陀羅尼の発声、オーム、南無
ဥံဖွ[oun p'wa.] ＝ဥံ
ဥံတလဲလဲဖွတလဲလဲ[oun təlɛ:lɛ: p'wa. təlɛ:lɛ:]（副）何度も、繰返して
အုံး[oun:]（動）①火中にくべる、灰の中に入れる ②直接火に当てないで焼く、あぶる ＝မီး:အုံး ③枕にする ＝ခေါင်း:အုံး
အုံး[oun:]（助動）①更に、今後、もっと、これ以上 မုန့်ဟင်း:ခါး:အုံးမလား။ 魚汁麺をもっと食べますか ရေချိုး:အုံးမလား။ これから行水をしますか ကျွန်တော်လဲခဏနား:အုံးမယ်။ 私も暫く休みます ကျွန်တော်အဝတ်လဲလိုက်အုံးမယ်။ 私はこれから着替えをします ②命令を表わす သေသေချာချာပြောပါအုံး။ はっきり言いなさい ကျွပ်ကိုငွေပေးပါအုံး။ 僕にお金を下さい အထင်မကြီးနဲ့အုံး။ 誤解はするな ③禁止文で、未だ မအိပ်ပါရစေနဲ့အုံး။ まだ寝かせないでください ＝ဦး:
အုံး:မောင်[oun:maun]（名）辰鑼、ほう ＝ကုလား:တက်
အုံး:မောင်း:ခေါက်[oun:maun kauˀ] ＝ကုလား:တက်ခေါက်
အုံး:အုံး:ကြွက်ကြွက်[oun:oun: tʃwɛˀtʃwɛˀ]（副）わいわい、がやがや、騒然と ＝အုန်းအုန်း:ကြွက်ကြွက်

> 著者紹介

大野　徹［おおの・とおる］大阪外国語大学教授（ビルマ語学）

目録進呈　落丁本・乱丁本はお取替えいたします。

平成12年9月20日　Ⓒ第1版発行

ビルマ(ミャンマー)語辞典

著　者　　大　野　　　徹

発行者　　佐　藤　政　人

発　行　所

株式会社　大 学 書 林

東京都文京区小石川4丁目7番4号
振 替 口 座　00120-8-43740
電　話　(03) 3812-6281〜3番
郵便番号 112-0002

ISBN978-4-475-00145-8　　　　横山印刷・牧製本

大学書林
語学参考書

編著者	書名	判型	頁数
大野　徹　編	東南アジア大陸の言語	A 5 判	320頁
大野　徹　著	日本語ビルマ語辞典	A 5 判	640頁
大野　徹　著	ビルマ語四週間	B 6 判	280頁
原田正春　著	基礎ビルマ語	B 6 判	308頁
大野　徹　著	やさしいビルマ語読本	B 6 判	200頁
大野　徹　著	英語対照ビルマ語会話	B 6 判	148頁
藪　司郎　編	ビルマ語会話練習帳	新書判	168頁
大野　徹　編	ビルマ語基礎1500語	新書判	136頁
大野　徹　編	ビルマ語常用6000語	B 小型	536頁
松山　納　著	タイ語辞典	A 5 判	1312頁
松山　納　著	日タイ辞典（改訂増補版）	A 5 判	976頁
松山　納　著	タイ日・日タイ簡約タイ語辞典（合本）	新書判	1136頁
松山　納　著	簡約タイ語辞典	新書判	672頁
松山　納　著	日タイ辞典（ポケット版）	新書判	536頁
宇戸清治　著	やさしいタイ語文字の読み書き	A 5 判	152頁
宇戸清治　著	やさしいタイ語基本表現	A 5 判	204頁
河部利夫　著	基礎タイ語	B 6 判	280頁
坂本恭章　著	タイ語入門	B 6 判	854頁
岩城雄次郎　著	タイ語二十八課	B 6 判	204頁
宇戸清治／M.ペンヤグソン　著	現代タイ語会話	B 6 判	512頁
岩城雄次郎　著	英語対照タイ語会話	B 6 判	160頁
松山　納／岩城雄次郎　著	実用タイ語会話	新書判	152頁
河部利夫　編	タイ語会話練習帳	新書判	160頁
松山　納／坂本比奈子　編	タイ語基礎1500語	新書判	168頁
松山　納／坂本比奈子　編	タイ語常用6000語	B 小型	512頁
岩城雄次郎／斉藤スワニー　著	タイ語ことわざ用法辞典	B 6 判	216頁

——目録進呈——